A Concordance to the Plays and Poems of
FEDERICO GARCÍA LORCA

THE CORNELL CONCORDANCES

S. M. Parrish, *General Editor*

Supervisory Committee

M. H. Abrams
Donald D. Eddy
Ephim Fogel
Alain Seznec

POEMS OF MATTHEW ARNOLD, *edited by S. M. Parrish*
POEMS OF W. B. YEATS, *edited by S. M. Parrish*
POEMS OF EMILY DICKINSON, *edited by S. P. Rosenbaum*
WRITINGS OF WILLIAM BLAKE, *edited by David V. Erdman*
BYRON'S *DON JUAN*, *edited by C. W. Hagelman, Jr., and R. J. Barnes*
THÉÂTRE ET POÉSIES DE JEAN RACINE, *edited by Bryant C. Freeman*
BEOWULF, *edited by J. B. Bessinger, Jr.*
PLAYS OF W. B. YEATS, *edited by Eric Domville*
POEMS OF JONATHAN SWIFT, *edited by Michael Shinagel*
PLAYS OF WILLIAM CONGREVE, *edited by David Mann*
POEMS OF SAMUEL JOHNSON, *edited by Helen Naugle*
FABLES AND TALES OF JEAN DE LA FONTAINE, *edited by J. Allen Tyler*
POEMS OF OSIP MANDELSTAM, *edited by Demetrius J. Koubourlis*
POEMS OF SIR PHILIP SIDNEY, *edited by Herbert S. Donow*
PLAYS AND POEMS OF FEDERICO GARCÍA LORCA, *edited by Alice M. Pollin*

A Concordance to the Plays and Poems of

FEDERICO GARCÍA LORCA

Edited by
ALICE M. POLLIN

Programmed by
DANIEL C. WEINBERGER (*Plays*)
PHILIP H. SMITH, JR. (*Poems*)

Cornell University Press

ITHACA AND LONDON

Copyright © 1975 by Cornell University

All rights reserved. Except for brief quotations in a review, this book, or parts thereof, must not be reproduced in any form without permission in writing from the publisher. For information address Cornell University Press, 124 Roberts Place, Ithaca, New York 14850.

First published 1975 by Cornell University Press.
Published in the United Kingdom by Cornell University Press Ltd.,
2–4 Brook Street, London W1Y 1AA

International Standard Book Number 0-8014-0808-3
Library of Congress Catalog Card Number 73-20817
Printed in the United States of America

CONTENTS

Preface   vii

Concordance to the Plays   1

Concordance to the Poems   759

Appendixes Pertaining to the Plays

    I. Indexed Words in the Plays, in Order of Frequency   1063

    II. Asides, Stage Directions, and Similar Material, Concordance   1071

    III. Asides, Stage Directions, and Similar Material, in Order of Frequency   1125

    IV. Characters Speaking, in Order of Frequency   1131

    V. Characters Addressed, in Order of Frequency   1135

Appendixes Pertaining to the Poems

    VI. Indexed Words in the Poems, in Order of Frequency   1139

    VII. Titles, Subtitles, and Other Peripheral Material, Concordance   1147

    VIII. Concordance to the Six Galician Poems   1171

PREFACE

This computer-generated reference work is based on the fifteenth edition of Federico García Lorca's *Obras Completas*, published by Aguilar, S. A. de Ediciones in 1969 (Depósito Legal: BI 962–1969), and is used with the consent and permission of Dr. Francisco García Lorca and Señorita Isabel García Lorca, and Aguilar.

Two separate concordances are provided, one to the plays and the other to the poems of García Lorca. For each concordance is supplied, among the appendixes, a list of the words that occur in the plays or the poems, arranged in order of frequency, beginning with the highest frequency and running down through occurrences of five. There are six other appendixes; four pertain to the plays, one pertains to the poems, and the last is a concordance to Lorca's six Galician poems. The appendixes to the plays present stage directions, asides, and similar material, both indexed and in frequency order, together with a list of characters speaking, arranged by frequency, and a list of characters addressed, again arranged by frequency. The appendixes to the poems consist of the frequency list and a concordance to the titles and subtitles, together with other peripheral material.

In the two principal concordances high-frequency words—such as articles, prepositions, and forms of the verbs "ser," "estar" and "haber"—are listed alphabetically with their frequencies but without lines of context following them. Full listings are, however, given for "ser" as an infinitive and as a noun, and for "haber de" and "haber que." The lines containing the omitted high-frequency words were all inspected to make sure that no homographs were concealed therein.

A few homographs (65 in all) have been discriminated, though this has been done selectively to avoid blurring or misreading Lorca's subtle and imaginative usages. In the concordance to the plays, discriminations are indicated by use of the letters V (for verb), S (for substantive), C (for conjunction), I (for interjection), and A (for adverb or adjective), or by the use of manually added accents. In general, nouns and related adjectives and participles are listed under a single form (e.g., 'joven," "viejo," and "hecho"). A few striking examples of possibly deliberate ambiguity have been separately displayed (e.g., "vino que vino," "¿Qué deseo, que no deseo," and "banco"), partly to show how difficult it can be to classify even Lorca's simplest words.

Different systems of reference have been adopted for the two main concordances. In the concordance to the plays, each quoted line of text is preceded by an abbreviation for the play's title, then by act and scene numbers, then by

the speaker's name; following the line of text is the pertinent page number of the 1969 Aguilar edition. Where the act and scene are given as "0,0" the line is from a Prologue; where act and scene numbers are omitted entirely, the line comes from a short play that has no conventional subdivisions. The full list of title abbreviations for the plays follows:

Abbreviation	Title
BA	*La casa de Bernarda Alba*
BS	*Bodas de sangre*
CA	*Así que pasen cinco años*
DC	*Retablillo de Don Cristóbal*
EP CV	*El público: Cuadro V*
EP RR	*El público: Reina romana*
MM	*El maleficio de la mariposa*
MP	*Mariana Pineda*
PB	*Amor de Don Perlimplín con Belisa en su jardín*
TB DME	*Teatro Breve: La doncella, el marinero y el estudiante*
TB PBK	*Teatro Breve: El paseo de Buster Keaton*
TB QM	*Teatro Breve: Quimera*
RS	*Doña Rosita la soltera*
TC	*Los títeres de Cachiporra*
YE	*Yerma*
ZP	*La zapatera prodigiosa*

In the concordances to the poems, each line of text is identified by three numbers: the page number in the 1969 Aguilar edition, a serially assigned poem number (see list, below), and the line number. Further identifying references are supplied in the concordance to titles, subtitles, and other peripheral material, where each line is printed within pointed brackets and (within the brackets) is preceded and followed by a letter indicating the substance of the line, as follows:

a: name of an author cited by Lorca
c: a quotation, usually an epigraph
d: name of the person to whom a poem is dedicated
f: date of composition ("fecha")
p: place of composition
s: subtitle
t: main title

In the same concordance, for the two dramatic poems of the *Poema del Cante Jondo*, stage directions are enclosed within braces and speakers' names within brackets.

For the concordance to the six Galician poems, Professor Ernesto Da Cal of Queen's College, CUNY, corrected typographical errors in the Aguilar edition, but left untouched Lorca's Castilian version of several words.

To facilitate use of this concordance with other editions or with collections, two lists are provided. First is a list of poem titles in the numerical order employed in the concordance; and second is a list of the first lines of poems in alphabetical order. In both lists the first number is the page of the 1969 Aguilar edition on which the poem begins, followed by the arbitrarily assigned poem number.

Titles of Poems

LIBRO DE POEMAS

173:1	Veleta
175:2	Los encuentros de un caracol aventurero
181:3	Canción otoñal
183:4	Canción primaveral
184:5	Canción menor
185:6	Elegía a doña Juana la Loca
188:7	¡Cigarra!
190:8	Balada triste (Pequeño poema)
192:9	Mañana
195:10	La sombra de mi alma
196:11	Lluvia
198:12	Si mis manos pudieran deshojar
199:13	El canto de la miel
201:14	Elegía
204:15	Santiago (Balada ingenua)
208:16	El diamante
209:17	Madrigal de verano
211:18	Cantos nuevos
212:19	Alba
213:20	El presentimiento
215:21	Canción para la luna
217:22	Elegía del silencio
219:23	Balada de un día de julio
223:24	"In memoriam"
224:25	Sueño
225:26	Paisaje
227:27	Noviembre
229:28	Preguntas
229:29	La veleta yacente
231:30	Corazón nuevo
232:31	Se ha puesto el sol
233:32	Pajarita de papel
235:33	Madrigal
236:34	Una campana
237:35	Consulta
238:36	Tarde
239:37	Hay almas que tienen . . .
240:38	Prólogo
244:39	Balada interior
246:40	El lagarto viejo
248:41	Patio húmedo

249:42	Balada de la placeta
252:43	Encrucijada
254:44	Hora de estrellas: 1920. El camino
256:45	El concierto interrumpido
257:46	Canción oriental
260:47	Chopo muerto
262:48	Campo
263:49	La balada del agua del mar
264:50	Arboles
264:51	La luna y la muerte
265:52	Madrigal
266:53	Deseo
267:54	Los álamos de plata
269:55	Espigas
270:56	Meditación bajo la lluvia (Fragmento)
272:57	Manantial (Fragmento)
276:58	Mar
277:59	Sueño
278:60	Otro sueño
279:61	Encina
281:62	Invocación al laurel
283:63	Ritmo de otoño
287:64	Aire nocturno
289:65	Nido
289:66	Otra canción
290:67	El macho cabrío

POEMA DEL CANTE JONDO

295:68	Baladilla de los tres ríos

Poema de la siguiriya gitana:

296:69	Paisaje
297:70	La guitarra
298:71	El grito
299:72	El silencio
299:73	El paso de la siguiriya
300:74	Después de pasar
300:75	Y después
301:76	Poema de la soleá
302:77	Pueblo
302:78	Puñal
303:79	Encrucijada
303:80	¡Ay!

304:81	Sorpresa
304:82	La soleá
305:83	Cueva
306:84	Encuentro
306:85	Alba

Poema de la saeta:

307:86	Arqueros
308:87	Noche
308:88	Sevilla
309:89	Procesión
309:90	Paso
310:91	Saeta
311:92	Balcón
311:93	Madrugada

Gráfico de la Petenera:

312:94	Campana (Bordón)
313:95	Camino
313:96	Las seis cuerdas
314:97	Danza (En el huerto de la Petenera)
315:98	Muerte de la Petenera
315:99	Falseta
316:100	De profundis
316:101	Clamor

Dos muchachas:

317:102	La Lola
318:103	Amparo

Viñetas flamencas:

319:104	Retrato de Silverio Franconetti
320:105	Juan Breva
320:106	Café cantante
321:107	Lamentación de la muerte
322:108	Conjuro
323:109	Memento

Tres ciudades:

323:110	Malagueña
324:111	Barrio de Córdoba (Tópico nocturno)
324:112	Baile

Seis caprichos:

325:113	Adivinanza de la guitarra
326:114	Candil
326:115	Crótalo
327:116	Chumbera
327:117	Pita
328:118	Cruz
328:119	Escena del teniente coronel de la Guardia Civil

332:120	Canción del gitano apaleado
333:121	Diálogo del Amargo: Campo
341:122	Canción de la madre del Amargo

PRIMERAS CANCIONES

345:123	Remansos
345:124	Remansillo
346:125	Variación
346:126	Remanso, canción final
347:127	Media luna
347:128	Cuatro baladas amarillas:
347:128	I.
348:128	II.
349:128	III.
349:128	IV.
350:129	Palimpsestos:
350:129	I. Ciudad
351:129	II. Corredor
352:129	III. Primera página
353:130	Adán
353:131	Claro de reloj
354:132	Cautiva
354:133	Canción

CANCIONES
Teorías:

359:134	Canción de las siete doncellas (Teoría del arco iris)
360:135	Nocturno esquemático
360:136	La canción del colegial
361:137	[El canto quiere ser luz]
361:138	Tío-vivo
362:139	Balanza
363:140	Canción con movimiento
364:141	Refrán
365:142	Friso
365:143	Cazador
365:144	Fábula
366:145	[Agosto]
367:146	Arlequín
367:147	Cortaron tres árboles
368:148	Nocturnos de la ventana

Canciones para niños:

370:149	Canción china en Europa
371:150	Cancioncilla sevillana
372:151	Caracola
373:152	[El lagarto está llorando]
374:153	Canción cantada
374:154	Paisaje
375:155	Canción tonta

Andaluzas:

376:156	Canción del jinete

377:157	Adelina, de paseo
378:158	[Zarzamora con el tronco gris]
378:159	[Mi niña se fue a la mar]
379:160	Tarde
380:161	Canción de jinete
380:162	Es verdad
381:163	[Arbolé, arbolé]
382:164	[Galán]

Tres retratos con sombras:

383:165	Verlaine
384:166	Baco
384:167	Juan Ramón Jiménez
385:168	Venus
385:169	Debussy
386:170	Narciso

Juegos:

387:171	Ribereñas
388:172	A Irene García
389:173	Al oído de una muchacha
389:174	[Las gentes iban]
390:175	Canción del mariquita
391:176	Arbol de canción
392:177	[Naranja y limón]
392:178	La calle de los mudos

Canciones de luna:

393:179	La luna asoma
394:180	Dos lunas de tarde
395:181	Lunes, miércoles y viernes
396:182	Murió al amanecer
396:183	Primer aniversario
397:184	Segundo aniversario
397:185	Flor

Eros con bastón:

398:186	Susto en el comedor
398:187	Lucía Martínez
399:188	La soltera en misa
399:189	Interior
400:190	Nu
400:191	Serenata (Homenaje a Lope de Vega)
401:192	En Málaga

Trasmundo:

402:193	Escena
403:194	Malestar y noche
403:195	El niño mudo
404:196	El niño loco
405:197	Desposorio
405:198	Despedida
406:199	Suicidio

Amor:

407:200	Cancioncilla del primer deseo
408:201	En el Instituto y en la Universidad
409:202	Madrigalillo
409:203	Eco
410:204	Idilio
411:205	[Narciso]
411:206	Granada y 1850
412:207	Preludio
413:208	[Preludio]
413:209	Soneto

Canciones para terminar

414:210	De otro modo
415:211	Canción de noviembre y abril
416:212	[Agua, ¿dónde vas?]
416:213	El espejo engañoso
417:214	Canción inútil
417:215	Huerto de marzo
418:216	Dos marinos en la orilla
419:217	Ansia de estatua
420:218	Canción del naranjo seco
420:219	Canción del día que se va

ROMANCERO GITANO

425:220	Romance de la luna, luna
426:221	Preciosa y el aire
428:222	Reyerta
430:223	Romance sonámbulo
433:224	La monja gitana
434:225	La casada infiel
436:226	Romance de la pena negra
438:227	San Miguel
440:228	San Rafael
442:229	San Gabriel
445:230	Prendimiento de Antoñito el Camborio en el camino de Sevilla
447:231	Muerte de Antoñito el Camborio
449:232	Muerto de amor
451:233	Romance del emplazado
453:234	Romance de la Guardia Civil española

Tres romances históricos:

458:235	Martirio de Santa Olalla:
458:235	I. Panorama de Mérida
459:235	II. El martirio
460:235	III. Infierno y gloria
461:236	Burla de don Pedro a caballo (Romance con lagunas): Romance de don Pedro a Caballo
464:237	Thamar y Amnón

POETA EN NUEVA YORK

I. Poemas de la soledad en Columbia University:

471:238 Vuelta de paseo
472:239 (Intermedio) 1910
473:240 Fábula y rueda de los tres amigos
475:241 Tu infancia en Mentón

II. Los negros:

477:242 Norma y paraíso de los negros
478:243 Oda al rey de Harlem
482:244 Iglesia abandonada (Balada de la Gran Guerra)

III. Calles y sueños:

484:245 Danza de la muerte
487:246 Paisaje de la multitud que vomita (Anochecer de Coney Island)
489:247 Paisaje de la multitud que orina (Nocturno de Battery Place)
490:248 Asesinato (Dos voces de madrugada en Riverside Drive)
491:249 Navidad en el Hudson
492:250 Ciudad sin sueño (Nocturno del Brooklyn Bridge)
494:251 Panorama ciego de Nueva York
496:252 Nacimiento de Cristo
497:253 La aurora

IV. Poemas del lago Edem Mills:

498:254 Poema doble del lago Edem
500:255 Cielo vivo

V. En la cabaña del Farmer (Campo de Newburg):

501:256 El niño Stanton
503:257 Vaca
504:258 Niña ahogada en el pozo (Granada y Newburg)

VI. Introducción a la muerte (Poemas de la soledad en Vermont):

506:259 Muerte
507:260 Nocturno del hueco
509:261 Paisaje con dos tumbas y un perro asirio
510:262 Ruina
512:263 Luna y panorama de los insectos (Poema de amor)

VII. Vuelta a la ciudad:

515:264 New York (Oficina y denuncia)
517:265 Cementerio judío

VIII. Dos odas:

520:266 Grito hacia Roma (Desde la torre del Crysler Building)
522:267 Oda a Walt Whitman

IX. Huida de Nueva York (Dos valses hacia la civilización):

527:268 Pequeño vals vienés
528:269 Vals en las ramas

X. El poeta llega a la Habana:

530:270 Son de negros en Cuba
531:271 Pequeño poema infinito
532:272 [La luna pudo detenerse al fin]

LLANTO POR IGNACIO SÁNCHEZ MEJÍAS:

537:273 1. La cogida y la muerte
539:274 2. La sangre derramada
542:275 3. Cuerpo presente
544:276 4. Alma ausente

SEIS POEMAS GALEGOS:

549:277 Madrigal â cibdá de Santiago
549:278 Romaxe de Nosa Señora da Barca
550:279 Cantiga do neno da tenda
551:280 Noiturnio do adoescente morto
552:281 Canzón de cuna pra Rosalía Castro, morta
553:282 Danza da lúa en Santiago

DIVÁN DEL TAMARIT:
Gacelas:

557:283 I. Gacela del amor imprevisto
558:284 II. Gacela de la terrible presencia
559:285 III. Gacela del amor desesperado
560:286 IV. Gacela del amor que no se deja ver
560:287 V. Gacela del niño muerto
561:288 VI. Gacela de la raíz amarga
562:289 VII. Gacela del recuerdo de amor
563:290 VIII. Gacela de la muerte oscura
564:291 IX. Gacela del amor maravilloso

565:292	X. Gacela de la huida	598:313	Capricho
566:293	XI. Gacela del amor con cien años	599:313	Sinto
		599:313	Los ojos
567:294	XII. Gacela del mercado matutino	600:313	Initium
		600:313	Berceuse al espejo dormido
		601:313	Aire
Casidas:		601:313	Confusión
568:295	I. Casida del herido por el agua	601:313	Remanso
		602:314	Noche (Suite para piano y voz emocionada):
569:296	II. Casida del llanto		
569:297	III. Casida de los ramos	602:314	Rasgos
570:298	IV. Casida de la mujer tendida	602:314	Preludio
571:299	V. Casida del sueño al aire libre	603:314	Rincón del cielo
		603:314	Total
572:300	VI. Casida de la mano imposible	603:314	Un lucero
		604:314	Franja
572:301	VII. Casida de la rosa	604:314	Una
573:302	VIII. Casida de la muchacha dorada	604:314	Madre
		605:314	Recuerdo
574:303	IX. Casida de las palomas oscuras	605:314	Hospicio
		605:314	Cometa
		605:314	Venus
POEMAS SUELTOS:		606:314	Abajo
579:304	La oración de las rosas	606:314	La gran tristeza
582:305	Este es el prólogo	607:315	Surtidores:
585:306	Cada canción	607:315	País
586:307	[En la amplia cocina, la lumbre]	607:315	Aparte
		608:315	Jardín
588:308	[Siento]	608:315	Abandono
588:309	[Con la frente en el suelo]	609:316	Estío
589:310	[Se ha quebrado el sol]	610:317	Canción de la desesperanza
	El jardín de las morenas (Fragmentos):	610:318	La selva de los relojes
		611:318	Maleza
590:311	Pórtico	611:318	Vista general
590:311	Acacia	612:318	El
591:311	Encuentro	612:318	Donde se ahoga el sueño
591:311	Limonar	613:318	Eco del reloj
		613:318	Meditación primera y última
Suites:			
593:312	Suite del agua:	614:318	La hora esfinge
593:312	País	615:319	[Angulo eterno]
593:312	Temblor	615:320	Tardecilla del Jueves Santo
593:312	Acacia	616:321	[Chopo y torre]
594:312	Curva	616:322	Soledad insegura
594:312	Colmena	618:323	Oda a Salvador Dalí
595:312	Norte	622:324	Canción
595:312	Sur	623:325	La sirena y el carabinero (Fragmentos)
596:312	Este		
596:312	Oeste	624:326	Estampa del cielo
596:313	Suite de los espejos:		Tres historietas del viento:
596:313	Símbolo	624:327	I.
596:313	El gran espejo	625:327	II.
597:313	Reflejo	625:327	III.
597:313	Rayos	626:328	Herbarios (Libro)
597:313	Réplica	628:329	Escuela
597:313	Tierra		

Oda al Santísimo Sacramento del altar (Fragmento):

630:330	Exposición
631:331	Mundo
633:332	Demonio
634:333	Soledad (Homenaje a fray Luis de León)

Sonetos:

636:334	En la muerte de José de Ciria y Escalante
636:335	[Yo sé que mi perfil será tranquilo]
637:336	Epitafio a Isaac Albéniz
638:337	[Tengo miedo a perder la maravilla]
638:338	A Carmela, la peruana
639:339	A Mercedes en su vuelo
639:340	El poeta pide a su amor que le escriba
640:341	Canción de la muerte pequeña
641:342	Canto nocturno de los marineros andaluces
642:343	Canción
643:344	Miguel Pizarro
645:345	Tierra y luna

646:346	Luna y panorama de los insectos
647:347	Omega (Poema para muertos)
648:348	Normas:
648:348	I.
648:348	II.
649:349	Canción de cuna (A Mercedes, muerta)
649:350	Canción
650:351	Canción

CANTARES POPULARES:

653:352	Las tres hojas
654:353	Los cuatro muleros
655:354	El café de Chinitas
656:355	Los pelegrinitos
657:356	Sevillanas del siglo XVIII
658:357	Las morillas de Jaén
659:358	Anda jaleo
660:359	Los mozos de Monleón (Ledesma: Cancionero salmantino)
662:360	Nana de Sevilla
662:361	Los reyes de la baraja
663:362	La Tarara
664:363	Zorongo
664:364	Romance de Don Boyso

First Lines of Poems

537:273	A las cinco de la tarde.
403:194	Abejaruco.
605:314	Abrete, sésamo
600:313	Adán y Eva.
366:145	Agosto.
416:212	Agua, ¿dónde vas?
368:148	Alta va la luna
402:193	Altas torres.
365:143	¡Alto pinar!
371:150	Amanecía
333:121	Amargo.
283:63	Amargura dorada en el paisaje.
509:261	Amigo,
639:340	Amor de mis entrañas, viva muerte,
318:103	Amparo,
597:313	Andamos
615:319	Angulo eterno,
445:230	Antonio Torres Heredia,
602:314	Aquel camino
604:314	Aquella estrella romántica
472:239	Aquellos ojos míos de mil novecientos diez

353:130	Arbol de sangre moja la mañana
381:163	Arbolé arbolé
264:50	¡Arboles!
471:238	Asesinado por el cielo,
579:304	¡Ave rosas, estrellas solemnes!
315:99	¡Ay, petenera gitana!
380:162	¡Ay qué trabajo me cuesta
363:140	Ayer.
399:188	Bajo el Moisés del incienso,
317:102	Bajo el naranjo lava
400:190	Bajo la adelfa sin luna
279:61	Bajo tu casta sombra, encina vieja,
215:21	Blanca tortuga,
585:306	Cada canción
664:364	Camina Don Boyso
306:85	Campanas de Córdoba
599:313	Campanillas de oro.
630:330	Cantaban las mujeres por el muro clavado
359:134	Cantan las siete
249:42	Cantan los niños
391:176	Caña de voz y gesto,
528:269	Cayó una hoja

609:316	Ceres ha llorado	244:39	El corazón
615:320	Cielo de Claudio Lorena.	208:16	El diamante de una estrella
313:95	Cien jinetes enlutados,	229:29	El duro corazón de la veleta
188:7	¡Cigarra!	606:314	El espacio estrellado
345:123	Cipreses.	303:80	El grito deja en el viento
308:87	Cirio, candil,	406:199	El jovencito se olvidaba.
440:228	Coches cerrados llegaban	373:152	El lagarto está llorando.
490:248	¿Cómo fue?	397:185	El magnífico sauce
201:14	Como un incensario lleno de deseos,	263:49	El mar
		276:58	El mar es
588:309	Con la frente en el suelo y el pensamiento arriba,	390:175	El mariquita se peina
		484:245	El mascarón. ¡Mirad el mascarón!
564:291	Con todo el yeso		
594:312	Con un lirio en la mano	403:195	El niño busca su voz.
478:243	Con una cuchara,	623:325	El paisaje escaleno de espumas y de olivos
380:161	Córdoba.		
596:313	Cristo	213:20	El presentimiento
310:91	Cristo moreno	302:78	El puñal
326:115	Crótalo.	290:67	El rebaño de cabras ha pasado
530:270	Cuando llegue la luna llena	346:125	El remanso del aire
501:256	Cuando me quedo solo	295:68	El río Guadalquivir
393:179	Cuando sale la luna	254:44	El silencio redondo de la noche
323:109	Cuando yo me muera,		
409:202	Cuatro granadas	289:66	¡El sueño se deshizo para siempre!
260:47	¡Chopo viejo!		
616:321	Chopo y torre.	613:318	El Tiempo
641:342	De Cádiz a Gibraltar	269:55	El trigal se ha entregado a la muerte.
305:83	De la cueva salen		
654:353	De los cuatro muleros,	626:328	El viajante de jardines
653:352	Debajo de la hoja	624:327	El viento venía rojo
515:264	Debajo de las multiplicaciones	297:70	Empieza el llanto
582:305	Dejaría en este libro	593:312	En el agua negra,
411:206	Desde mi cuarto	384:167	En el blanco infinito,
598:313	Detrás de cada espejo	655:354	En el café de Chinitas
392:178	Detrás de las inmóviles vidrieras	374:153	En el gris,
		388:172	En el soto,
211:18	Dice la tarde: "¡Tengo sed de sombra!"	246:40	En la agostada senda
		586:307	En la amplia cocina, la lumbre
387:171	Dicen que tienes cara	315:98	En la casa blanca muere
608:315	¡Dios mío, he venido con	324:111	En la casa se defienden
597:313	Doña Luna,	376:156	En la luna negra
605:314	Doña Luna no ha salido.	407:200	En la mañana verde,
349:128	Dos bueyes rojos	428:222	En la mitad del barranco
600:313	Duerme.	314:97	En la noche del huerto,
223:24	Dulce chopo,	325:113	En la redonda
590:311	El agua	312:94	En la torre
601:313	El aire,	316:101	En las torres
350:129	El bosque centenario	347:128	En lo alto de aquel monte
602:314	El buey	599:313	En los ojos se abren
601:313	El búho	593:312	En mi memoria tendría
604:314	El camino de Santiago.	605:314	En Sirio
296:69	El campo	614:318	En tu jardín se abren
361:137	El canto quiere ser luz.	527:268	En Viena hay diez muchachas,
262:48	El cielo es de ceniza.	473:240	Enrique
415:211	El cielo nublado	610:318	Entré en la selva

319:104	Entre italiano	por la curva blanquísima de los caballos.
299:73	Entre mariposas negras,	
531:271	Equivocar el camino	264:51 La luna tiene dientes de marfil
498:254	Era mi voz antigua	347:127 La luna va por el agua.
367:147	Eran tres.	425:220 La luna vino a la fragua
398:186	Eras rosa.	196:11 La lluvia tiene un vago secreto de ternura,
257:46	Es la granada olorosa	
491:249	¡Esa esponja gris!	322:108 La mano crispada
596:312	Escala de aroma	603:314 La mano de la brisa
596:312	Escala de luna	377:157 La mar no tiene naranjas,
219:23	Esquilones de plata	199:13 La miel es la palabra de Cristo,
204:15	Esta noche ha pasado Santiago	
637:336	Esta piedra que vemos levantada	573:302 La muchacha dorada
		323:110 La muerte
662:360	Este galapaguito	487:246 La mujer gorda venía delante
571:299	Flor de jazmín y toro degollado.	396:183 La niña va por mi frente.
		559:285 La noche no quiere venir
459:235	Flora desnuda se sube	362:139 La noche quieta siempre.
352:129	Fuente clara.	604:314 La osa mayor
382:164	Galán,	542:275 La piedra es una frente donde los sueños gimen
270:56	Ha besado la lluvia al jardín provinciano	
		408:201 La primera vez
256:45	Ha roto la armonía	572:301 La rosa
656:355	Hacia Roma caminan	607:315 La sangre de la noche
239:37	Hay almas que tienen	370:149 La señorita
608:315	Hay cuatro caballeros	195:10 La sombra de mi alma
175:2	Hay dulzura infantil	272:57 La sombra se ha dormido en la pradera.
603:314	Hay un lucero quieto,	
561:288	Hay una raíz amarga	663:362 La Tarara, sí;
569:296	He cerrado mi balcón	374:154 La tarde equivocada
360:135	Hinojo, serpiente y junco.	348:128 La tierra estaba
633:332	Honda luz cegadora de materia crujiente,	612:318 La verdadera esfinge
		320:106 Lámparas de cristal
		327:116 Laoconte salvaje.
181:3	Hoy siento en el corazón	413:209 Largo espectro de plata conmovida,
277:59	Iba yo montado sobre	
320:105	Juan Breva tenía	412:207 Las alamedas se van,
209:17	Junta tu roja boca con la mía,	517:265 Las alegres fiebres huyeron a las maromas de los barcos
497:253	La aurora de Nueva York tiene	
		248:41 Las arañas
625:327	La brisa	504:258 Las estatuas sufren por los ojos con la oscuridad de los ataúdes
383:165	La canción,	
324:112	La Carmen está bailando	
328:118	La cruz.	624:326 Las estrellas
298:71	La elipse de un grito,	225:26 Las estrellas apagadas
603:314	La estrella	595:312 Las estrellas frías
313:96	La guitarra,	389:174 Las gentes iban
414:210	La hoguera pone al campo de la tarde	647:347 Las hierbas.
		664:363 Las manos de mi cariño
385:168	La joven muerta	365:142 Las niñas de la brisa
311:92	La Lola	436:226 Las piquetas de los gallos
397:184	La luna clava en el mar	622:324 Lento perfume y corazón sin gama,
394:180	La luna está muerta, muerta;	
464:237	La luna gira en el cielo	420:218 Leñador.
532:272	La luna pudo detenerse al fin	591:311 Limonar.

341:122   Lo llevan puesto en mi sábana
267:54   Los álamos de plata
307:86   Los arqueros oscuros
453:234   Los caballos negros son.
316:100   Los cien enamorados
361:138   Los días de fiesta
300:75   Los laberintos
660:359   Los mozos de Monleón
612:318   Los murciélagos nacen
300:74   Los niños miran
610:317   Los olivos subían
398:187   Lucía Martínez.
375:155   Mamá.
520:266   Manzanas levemente heridas
591:311   María del Reposo,
364:141   Marzo
372:151   Me han traído una caracola.
565:292   Me he perdido muchas veces por el mar
611:318   Me interné
345:124   Me miré en tus ojos
645:345   Me quedo con el transparente hombrecillo
353:131   Me senté
613:318   Me senté
235:33   Mi beso era una granada,
601:313   Mi corazón
231:30   Mi corazón, como una sierpe,
190:8   ¡Mi corazón es una mariposa,
240:38   Mi corazón está aquí,
212:19   Mi corazón oprimido
224:25   Mi corazón reposa junto a la fuente fría.
512:263   Mi corazón tendría la forma de un zapato
417:215   Mi manzano
378:159   Mi niña se fue a la mar,
451:233   ¡Mi soledad sin descanso!
385:169   Mi sombra va silenciosa
643:344   ¡Miguel Pizarro!
304:81   Muerto se quedó en la calle
557:283   Nadie comprendía el perfume
392:177   Naranja y limón.
411:205   Narciso.
399:189   Ni quiero ser poeta,
306:84   Ni tú ni yo estamos
460:235   Nieve ondulada reposa.
386:170   Niño.
492:250   No duerme nadie por el cielo. Nadie, nadie.
606:314   No puedes contemplarte
389:173   No quise.
544:276   No te conoce el toro ni la higuera,

562:289   No te lleves tu recuerdo.
396:182   Noche de cuatro lunas
616:322   Noche de flor cerrada y vena oculta.
631:331   Noche de los tejados y la planta del pie,
648:348   Norma de ayer encontrada
648:348   Norma de seno y cadera
477:242   Odian la sombra del pájaro
233:32   ¡Oh pajarita de papel!
252:43   ¡Oh, qué dolor el tener
326:114   ¡Oh, qué grave medita
299:72   Oye, hijo mío, el silencio.
507:260   Para ver que todo se ha ido,
237:35   ¡Pasionaria azul!
311:93   Pero como el amor
646:346   Pido a la divina Madre de Dios,
567:294   Por el arco de Elvira
522:267   Por el East River y el Bronx,
281:62   Por el horizonte confuso y doliente
458:235   Por la calle brinca y corre
309:89   Por la calleja vienen
569:297   Por las arboledas del Tamarit
400:191   Por las orillas del río
354:132   Por las ramas
354:133   Por las ramas del laurel
574:303   Por las ramas del laurel
351:129   Por los altos corredores
461:236   Por una vereda
640:341   Prado mortal de lunas
185:6   Princesa enamorada sin ser correspondida.
327:117   Pulpo petrificado.
628:329   ¿Qué doncella se casa
449:232   ¿Qué es aquello que reluce
289:65   ¿Qué es lo que guardo en estos
506:259   ¡Qué esfuerzo!
539:274   ¡Que no quiero verla!
420:219   ¡Qué trabajo me cuesta
636:334   ¿Quién dirá que te vio, y en qué momento?
590:311   ¿Quién segó el tallo
593:312   ¿Quién segó el tallo
568:295   Quiero bajar al pozo,
563:290   Quiero dormir el sueño de las manzanas,
417:214   Rosa futura y vena contenida,
419:217   Rumor.
360:136   Sábado.
183:4   Salen los niños alegres
232:31   Se ha puesto el sol. Los árboles

589:310	Se ha quebrado el sol
489:247	Se quedaron solos:
503:257	Se tendió la vaca herida;
418:216	Se trajo en el corazón
438:227	Se ven desde las barandas,
308:88	Sevilla es una torre
405:198	Si muero,
494:251	Si no son los pájaros
662:361	Si tu madre quiere un rey,
475:241	Sí, tu niñez ya fábula de fuentes.
649:350	Si tú oyeras
588:308	Siento
433:224	Silencio de cal y mirto.
217:22	Silencio, ¿dónde llevas
510:262	Sin encontrarse.
349:128	Sobre el cielo
321:107	Sobre el cielo negro,
413:208	Sobre el cielo verde,
302:77	Sobre el monte pelado
642:343	Sobre el pianísimo
560:286	Solamente por oír
634:333	Soledad pensativa
266:53	Sólo tu corazón caliente,
426:221	Su luna de pergamino
566:293	Suben por la calle
401:192	Suntuosa Leonarda.
595:312	Sur,
607:315	Surtidores de los sueños
238:36	Tarde lluviosa en gris cansado,
638:337	Tengo miedo a perder la maravilla
287:64	Tengo mucho miedo
367:146	Teta roja del sol.
184:5	Tienen gotas de rocío
301:76	Tierra seca,
405:197	Tirad ese anillo
611:318	Toda la selva turbia
560:287	Todas las tardes en Granada,
597:313	Todo es abanico.
227:27	Todos los ojos
379:160	Tres álamos inmensos
658:357	Tres moricas me enamoran
410:204	Tú querías que yo te dijera
442:229	Un bello niño de junco,
597:313	Un pájaro tan solo
496:252	Un pastor pide teta por la nieve que ondula
229:28	Un pleno de cigarras tiene el campo.
236:34	Una campana serena
278:60	Una golondrina vuela
638:338	Una luz de jacinto me ilumina la mano
618:323	Una rosa en el alto jardín que tú deseas.
639:339	Una viola de luz yerta y helada
365:144	Unicornios y cíclopes.
332:120	Veinticuatro bofetadas.
430:223	Verde que te quiero verde.
416:213	Verde rama exenta
384:166	Verde rumor intacto.
570:298	Verte desnuda es recordar la tierra.
304:82	Vestida con mantos negros
303:79	Viento del Este:
173:1	Viento del Sur,
625:327	Viento estancado.
309:90	Virgen con miriñaque,
657:356	¡Viva Sevilla!
596:313	Vivimos
594:312	¡Vivimos en celdas
447:231	Voces de muerte sonaron
192:9	Y la canción del agua
605:314	Y las estrellas pobres,
434:225	Y que yo me la llevé al río
650:351	Y yo te daba besos
409:203	Ya se ha abierto
649:349	Ya te vemos dormida.
346:126	Ya viene la noche.
404:196	Yo decía: "Tarde."
395:181	Yo era.
659:358	Yo me subí a un pino verde
500:255	Yo no podré quejarme
572:300	Yo no quiero más que una mano,
198:12	Yo pronuncio tu nombre
558:284	Yo quiero que el agua se quede sin cauce.
636:335	Yo sé que mi perfil será tranquilo
328:119	Yo soy el teniente coronel de la Guardia Civil.
265:52	Yo te miré a los ojos
482:244	Yo tenía un hijo que se llamaba Juan.
378:158	Zarzamora con el tronco gris,

Poemas Galegos

549:278	¡Al ruada, ruada, ruada
550:279	Bos Aires ten unha gaita
549:277	Chove en Santiago
552:281	¡Erguete, miña amiga,
553:282	¡Fita aquel branco galán,
551:280	Imos silandeiros orela do vado

Acknowledgments

Acknowledgments are most gratefully tendered to the following institutions and individuals who made the completion of this work possible: The American Council of Learned Societies (Thomas J. Condon, formerly Executive Associate); The International Business Machines Corporation; The Institute for Computer Research in the Humanities (Jack Heller, formerly Director) and Heights Academic Computing Facility at New York University; The Computing Centre and the WATCHUM (Waterloo Computing in the Humanities) group at the University of Waterloo, Ontario; and the Research Center of Rockland County State Hospital, through the courtesy of George W. Logeman, Nathan S. Kline, and Eugene M. Laska.

Among the colleagues, students, and friends whose counsel, encouragement, and assistance were indispensable are Gary and Judith Berlind, María Soledad Carrasco, Ernesto Da Cal, Robert Fierstein, Francisco García Lorca, Del Gordon, Alberto Gutiérrez de la Solana, Manuel Sañudo, Harry and Rizel Sigele, and, most especially, Esther Zilberstein for her superlatively accurate key-punching and her indefatigable aid in proofreading.

Nothing could have been accomplished without the constant encouragement and assistance of my husband, Burton R. Pollin, whose scholarship and editorial expertise were always available.

ALICE M. POLLIN

New York, New York

CONCORDANCE
TO THE PLAYS

Each quoted line of text is preceded by an abbreviation for the play's title, then by act and scene numbers, and then by the speaker's name; following the line of text is the pertinent page number of the Aguilar edition of 1969. Where act and scene are given as "0,0" the line is from a Prologue. For title abbreviations, see page viii.

Indexed words are arranged in order of frequency, down through a frequency of five, on pages 1065-1070.

a (3)
```
    TB DME Doncella        A, B, C, D, E, F, G, H, I, J, K, L, M, N.              898
    TB DME Doncella        A, B, C, D.                                           898
    TB DME Doncella        A, B, C, D.                                           898
a (1601)
aaaa (1)
    ZP 1,1 Zapatera        ¡Aaaa!                                                930
aaaaaaaaaa (1)
    DC 1,1 Cristóbal       Te haré aaaaaaaaaa.                                   1037
abajo (12)
    MP 3,8 Mariana         ¡Está abajo, en la puerta!                           884
    MP 3,8 Carmen          ¡Están abajo, niña!                                  888
    CA 2,1 Criada          Abajo.                                               1081
    CA 3,1 Arlequín        Abajo está.                                          1110
    CA 3,1 Muchacha        Abajo está.                                          1110
    BS 1,2 Suegra          Está abajo, tendido, con los ojos desorbitados, como 1189
                           si llegara del fin del mundo.
    YE 3,1 Dolores         La última vez hice la [...] tuvo dos criaturas ahí   1327
                           abajo en el río, porque [...]
    RS 1,1 Ama             Uno por la manta de arriba y otro por la manta de    1359
                           abajo, pero...
    RS 3,1 Tía             Y los pañuelos para las lágrimas que se queden aquí  1425
                           abajo.
    BA 2,1 La Poncia       La traen arrastrando por la calle abajo y por las    1505
                           trochas [...]
    BA 3,1 Bernarda        Pues encerrad las potras en la cuadra, pero dejadlo  1509
                           libre, no sea que nos eche abajo las paredes.
    BA 3,1 Bernarda        ¡Abre, porque echaré abajo la puerta!                1531
abandonada (1)
    MP 2,8 Conspirador 2   dejarla abandonada!                                  848
abandonado (3)
    MM 0,0                 Se prendó de una visión [...] de versos que dejó     669
                           abandonado sobre el musgo [...]
    CA 3,1 Máscara         Lo he abandonado.                                    1123
    BS 3,1 Luna            abandonado en el aire,                               1249
abandonados (2)
    DC 1,1 Director        Señoras y señores: Los [...] oscuro de los establos  1043
                           abandonados.
    CA 3,1 Máscara         El conde Arturo, con una camelia entre los labios,   1116
                           venía en una pequeña barca con su niño, los dos
                           abandonados por mí.
abandonan (1)
    MP 3,8 Fernando        ¡Ay, te abandonan todos! ¡Habla, quiéreme y vive!    886
abandonar (1)
    CA 3,1 Máscara         Ahora mismo acabo de abandonar para siempre al conde. 1123
abandonarnos (1)
    RS 3,1 Tía             Ama, ¡ya no puedo pagar tus mensualidades! Tendrás que 1417
                           abandonarnos.
abandonaron (1)
    MP 3,8 Fernando        Te abandonaron todos tus antiguos amigos.            885
abandone (1)
    PB 3,1 Perlimplín      Pues en vista de que le amas tanto, yo no quiero que 1015
                           te abandone.
abandono (1)
    MP 3,8 Mariana         a través del gran río del mundo que abandono.        886
abandonó (4)
    ZP 2,1 Zapatero        Y queriéndolo tanto como lo quería, ¿la abandonó?    964
    ZP 2,1 Zapatero        A mí... ¡me abandonó mi esposa!                      967
    ZP 2,1 Zapatero        Ella soñaba con un mundo [...] viento huracanado, me 967
                           abandonó para siempre.
    BA 1,1 Martirio        Luego aquí la abandonó y se fue con [...]            1459
abanica (1)
    TC 0,0 Mosquito        abanica tanto rostro [...]                           724
abanico (6)
    TC 1,1 Rosita          Me taparé con el abanico.                            729
    TC 2,1 Cocoliche       Cuando le regalé el chal de las rosas, me miró de una 737
                           manera..., y cuando le traje el abanico de nácar en el
                           [...]
    RS 2,1 Madre           Saben también el lenguaje del abanico, el lenguaje   1405
                           [...]
    RS 3,1 Rosita          Pero lo sabían todos [...] aire grotesco a mi abanico 1428
                           de soltera.
    BA 1,1 Bernarda        Niña, dame el abanico.                               1451
    BA 1,1 Bernarda        ¿Es este el abanico que se da a una viuda?           1451
abanicos (6)
    MP 1,4 Amparo          con abanicos redondos                                793
    DC 1,1                 Será necesario que las muchachas cierren los abanicos 1019
                           y las niñas [...]
    CA 2,1 Novia           Sería injusto..., todos menos los abanicos... porque 1097
                           se han roto.
    CA 2,1 Joven           Dos abanicos.                                        1097
```

		Pág.
abanicos (continuación)		
CA 2,1 Padre	Eran unos abanicos buenos..., pero vamos...	1098
RS 3,1 Ama	Cada una en una butaca de seda celeste que se meza ella sola, y unos abanicos de raso grana.	1425
abarcar (1)		
ZP 2,1 Alcalde	Muchas mujeres he conocido [...] cuyo talle se puede abarcar con estos dos [...]	949
abarrotados (1)		
EP RR Estudiante 2	Pero hasta los fosos están abarrotados de público.	1157
abeja (4)		
MM 1,6 Alacranito	un lagarto, una abeja,	700
MM 2,3 Mariposa	de la abeja.	709
CA 2,1 Novia	Detrás de toda esta sombra [...] pequeñita como una abeja que entrara de [...]	1079
CA 2,1 Maniquí	y un dolor blanco de abeja	1103
abejas (2)		
MM 2,5 Gusano 3	de abejas y gusanos	714
CA 1,1 Niño	surtidores y abejas por la sala.	1062
abierta (14)		
TC 3,1 Mozo 1	Cocoliche: a las doce de la noche tendrás la puerta abierta, y todo lo demás.	744
MP 1,1 Angustias	como vieja flor abierta en un encaje.	784
MP 2,8 Pedro	Yo no sé qué pensar; que tengo abierta	842
ZP 1,1 Zapatera	Pero ¿habrá tenido el valor de marcharse al cafetín, dejando la puerta abierta... y sin haber [...]	934
ZP 2,1 Zapatera	Siéntese usted en el estrado, métase usted en la cama, mírese usted en los espejos y póngase con la boca abierta debajo de las [...]	951
YE 1,2 Vieja 1	¡Ay, qué flor abierta!	1290
RS 1,1 Tío	Abierta en el mediodía	1357
RS 1,1 Rosita	Abierta en el mediodía	1374
RS 2,1 Rosita	Abierta estaba la rosa	1403
RS 2,1 Rosita	¡Abierta estaba!	1403
RS 2,1 Rosita	Abierta estaba la rosa,	1404
RS 2,1 Tío	abierta en el mediodía,	1410
RS 3,1 Ama	Es una herida abierta que mana sin [...]	1416
BA 2,1 La Poncia	¿Por qué te pusiste casi desnuda con la luz encendida y la ventana abierta al pasar Pepe [...]	1481
abiertas (3)		
MP 1,4 Amparo	cinco flores dejó abiertas,	793
EP CV Enfermero	Es cierto. Y las farmacias están abiertas para la agonía.	1164
BA 3,1 María Josefa	Yo quiero casas, pero casas abiertas y las vecinas [...]	1525
abierto (3)		
MP 2,7 Pedro	Hombres de acantilado y mar abierto,	838
PB 1,1 Duende 2	Cinco frías camelias de madrugada se han abierto en las paredes de la alcoba.	996
BA 1,1 La Poncia	Le he abierto la orza de los chorizos.	1440
abiertos (4)		
MP 2,5 Mariana	Quiero tener abiertos mis balcones al sol	832
PB 1,1 Perlimplín	¿Por qué están los balcones abiertos?	998
YE 3,1 Juan	Mirándome con dos agujas, pasando las noches en vela con los ojos abiertos al lado mío [...]	1332
BA 2,1 Bernarda	Nací para tener los ojos abiertos.	1503
ablandan (1)		
YE 1,1 Yerma	Yo veo por mis ojos que eso no puede ser... A fuerza de caer la lluvia sobre las piedras estas se ablandan y hacen crecer [...]	1276
ablandar (1)		
BA 3,1 Martirio	No quieras ablandar mis ojos.	1527
aborrecían (1)		
ZP 2,1 Zapatera	Pues a mí me consta que sus cuatro señoras, mal rayo las parta, le aborrecían a muerte.	950
aborrecido (1)		
YE 2,2 Yerma	De mí sé decir: que he aborrecido el agua de estos pozos.	1322
abra (2)		
YE 2,2 Yerma	Cuando tenga la cabeza atada con un pañuelo para que no se me abra la boca, y las manos [...]	1314
YE 3,2 Macho	a pedir que tu vientre se abra,	1341
abrace (2)		
BA 3,1 Adela	No te importa que abrace a la que no quiere; a mí, tampoco.	1527
BA 3,1 Adela	Ya puede estar cien años con Angustias, pero que me abrace a mí se te hace [...]	1527
abraces (1)		
BA 3,1 Martirio	¡No me abraces!	1527
abras (2)		
TC 6,1 Cocoliche	¡No me abras! Quiero morir aquí.	775
BS 3,1 Leñador 2	¡No abras el chorro de la sangre!	1255

abrasa (2)
    BS 3,1 Leonardo   Se abrasa lumbre con lumbre.   1259
    RS 3,1 Rosita   Me entendéis si pido [...] sé si me hiela o me abrasa   1430
                      el corazón cada [...]
abrasan (1)
    MM 2,7 Curianito   en mis labios que abrasan.   720
abrazaba (1)
    BA 2,1 Martirio   ¡He visto cómo te abrazaba!   1504
abrazada (1)
    BA 1,1 Martirio   Los veía en el corral [...] encontrarme de pronto   1460
                      abrazada por ellos.
abrazado (2)
    PB 3,1 Perlimplín   Yo soy mi alma y tú eres [...] has querido, morir   1017
                      abrazado a él.
    BS 2,2 Novio   Ahora que tu padre te hubiera abrazado más blando.   1237
abrazados (2)
    CA 3,1 Arlequín   abrazados sueño y tiempo,   1108
    BS 2,2 Mujer   Van abrazados, como una exhalación.   1243
abrázame (1)
    YE 3,2 Juan   ¡Abrázame!   1349
abrazar (2)
    BS 2,1 Criada   ¡Dichosa tú que vas a abrazar a un hombre, que lo vas   1207
                      a besar, que vas a sentir su peso!
    BS 2,1 Novio   Te voy a abrazar cuarenta años seguidos.   1222
abrazaras (1)
    BS 2,1 Novia   Y que me abrazaras tan fuerte, que aunque me llamara   1222
                      mi madre, que está muerta, no me pudiera despegar de
                      ti.
abrazas (1)
    CA 3,1 Mecanógrafa   ¿Cómo, si me abrazas, di,   1121
abrazo (3)
    MP 1,7 Fernando   Un abrazo y el alma de tu amante- Pedro de Sotomayor."   811
    BS 2,2 Madre   Con tu mujer procura [...] un poco de daño, un abrazo   1241
                      fuerte, un mordisco [...]
    RS 2,1 Ayola 1   ¡Un abrazo!   1409
abrazos (1)
    BA 2,1 Martirio   Yo romperé tus abrazos!   1504
abre (27)
    MM 1,5 Curianas   ¡Abre los ojos!   699
    TC 2,1 Cocoliche   Cuando le regalé el chal [...] el cual Pedro Romero   737
                      abre su capote, me dio [...]
    TC 3,1 Contrabandista 2 La dichosa cancioncilla me abre las ganas de beber.   741
    TC 6,1 Currito   ¡Abre!   774
    MP 1,5 Mariana   ¡Abre pronto, por Dios, anda!   801
    MP 1,6 Mariana   Abre,   806
    MP 2,8 Mariana   ¡Abre, Clavela! Soy una mujer   848
    ZP 2,1 Niño   ¡Abre!   969
    DC 1,1 Poeta   Abre tu balcón, Rosita,   1022
    CA 1,1 Amigo   ¡Abre la ventana! Tengo calor.   1060
    CA 2,1 Voz   ¡Abre!   1080
    BS 2,1 Novia   ¡Abre! Deben ser los primeros convidados.   1210
    BS 2,1 Leonardo   Abre y refresca tu recuerdo.   1213
    YE 3,1 Yerma   Abre. ¿Abres o no?   1331
    YE 3,2 Yerma   Señor, abre tu rosal   1339
    YE 3,2 Yerma   Abre tu rosa en mi carne   1339
    RS 1,1 Tío   Cuando se abre en la mañana,   1356
    RS 1,1 Rosita   la mayor abre sus ojos   1367
    RS 1,1 Rosita   Cuando se abre en la mañana   1374
    RS 2,1 Ayola 2   ¡Abre la carta!   1407
    RS 3,1 Rosita   Cuando se abre en la mañana   1435
    BA 1,1 Bernarda   Con la llave que todo lo abre   1448
    BA 2,1 Amelia   Abre la puerta del patio a ver si nos entra un poco de   1473
                      fresco.
    BA 2,1 La Poncia   Yo no acuso, Bernarda. Yo solo te digo: abre los ojos   1497
                      y verás.
    BA 3,1 La Poncia   ¡Abre!   1531
    BA 3,1 Bernarda   Abre. No creas que los muros defienden de la vergüenza.   1531
    BA 3,1 Bernarda   ¡Abre, porque echaré abajo la puerta!   1531
abreeeeeeee (1)
    TC 6,1 Currito   ¡Abreeeeeeee!   769
ábreme (2)
    TC 6,1 Currito   Ábreme.   768
    TC 6,1 Cocoliche   ¡Ábreme, que yo le mataré cuando venga!   776
abren (5)
    BS 3,1 Mendiga   Abren los cofres, y los blancos hilos   1250
    YE 2,1 Lavandera 2   Y las palomas abren las alas y el pico.   1309
    RS 1,1 Rosita   abren por las alamedas   1367
    RS 2,1 El Señor X   Hoy día se abren camino un Juan [...]   1376
    RS 2,1 Solterona 3   Según la humedad, las faldas de la niña, que son de   1392
                      papel finísimo, se abren o se cierran.

Pág.

abres (1)
  YE 3,1 Yerma   Abre. ¿Abres o no?   1331
abrí (1)
  TC 0,0 Mosquito   Abrí mi ojo todo lo que [...]   724
abrid (1)
  BS 3,1 Luna   ¡Abrid tejados y pechos   1249
abriendo (3)
  MP 3,1 Novicia 1   Ya están abriendo flores   863
  RS 1,1 Tío   Una que se está abriendo.   1357
  RS 1,1 Rosita   que me están abriendo heridas   1372
abrieran (1)
  YE 1,1 María   Por mi gusto hubiera esperado en la puerta a que   1278
                                  abrieran; y ¿a que no sabes lo que he comprado?

abrigará (1)
  TB QM. Mujer   Se abrigará bien por la noche.   909
abrigo (S) (1)
  MP 2,9 Pedrosa   en su casa, al abrigo de los vientos,   851
abrigo (2)
  RS 3,1 Rosita   Sí, voy a echarme un abrigo.   1435
  RS 3,1 Ama   ¿Se ha puesto su abrigo?   1437
abril (1)
  MM 1,4 Curianito   para darte besos con miel del abril.   686
abrió (2)
  PB 3,1 Belisa   ¿Quién te abrió tus venas para que llenases de sangre 1016
                                  mi jardín?

  EP CV Estudiante 4   El director de escena abrió los escotillones, [...]   1161
abrir (16)
  MM 0,0   La poesía que pregunta por qué se corren las estrellas 670
                                  es muy dañina para las almas sin abrir... Inútil es
                                  deciros [...]
  TC 5,1 Fígaro   Somos los alcaldes de las cabezas, y a fuerza de abrir 758
                                  caminitos entre [...]
  MP 1,6 Mariana   ¡No la quisiera abrir! ¡Ay, quién pudiera   803
  MP 2,5 Pedro   de abrir el pecho a bellas realidades cercanas   832
  MP 2,6 Mariana   Antes de abrir, que mires   833
  CA 2,1 Maniquí   abrir la rosa que cubre   1104
  CA 3,1 Arlequín   Nadie puede abrir semillas   1108
  CA 3,1 Payaso   Lunas y mares sin abrir.   1127
  CA 3,1 Payaso   Lunas y mares sin abrir.   1129
  YE 2,1 Lavandera 4   Y abrir el vientre a pájaro sin sueño   1308
  YE 3,1 Dolores   Como en seguida empezarán a abrir los portones, te vas 1330
                                  dando un rodeo por la acequia.
  RS 1,1 Ama   ¡Por Dios, cierra la sombrilla, no se puede abrir bajo 1358
                                  techado!
  RS 1,1 Ama   Aquí no la dejan a una ni abrir los labios.   1360
  RS 2,1 Madre   es como abrir los ojos,   1406
  BA 2,1 Coro   Abrir puertas y ventanas   1487
  BA 2,1 Martirio   Abrir puertas y ventanas   1487
abrirá (3)
  MP 3,9 Carmen   Porque has amado mucho, Dios te abrirá su puerta.   890
  CA 1,1 Viejo   ¡Ya se abrirá!   1060
  BA 3,1 María Josefa   la puerta sola se abrirá   1523
abrirás (1)
  BA 3,1 María Josefa   Sí, pero luego tú me abrirás, ¿verdad?   1525
abriré (1)
  EP RR Figura De P   Si me besas, yo abriré mi boca para clavarme después 1153
                                  tu espada en el cuello.
abriría (1)
  EP RR Figura De P   Si tú te convirtieras en pez luna, yo te abriría con 1146
                                  un cuchillo, [...]
abrirme (1)
  BA 3,1 María Josefa   ¿Vas a abrirme la puerta? ¿Quién eres tú?   1524
abrirnos (1)
  MM 0,0   ¡Cuántas veces el enorme [...] mujer para engañarnos y 670
                                  abrirnos las puertas [...]
abrirse (4)
  MP 1,4 Mariana   abrirse el dorado girasol del cielo.   790
  MP 1,5 Mariana   y abrirse lentos los pasos   796
  RS 2,1 Solterona 3   a ver abrirse las flores   1403
  RS 2,1 Solterona 3   a ver abrirse las flores   1405
abro (8)
  TC 5,1 Cristobita   Como me cortes, te abro en canal.   759
  TC 6,1 Rosita   ¿Te abro? ¡No te abro! ¡Ay!   776
  TC 6,1 Rosita   ¿Te abro? ¡No te abro! Ahora viene, y nos matará.   777
  TC 6,1 Rosita   ¿Te abro?   777
  TC 6,1 Rosita   ¡Te abro!   777
  BA 2,1 Adela   ¿Que me encierro en mi cuarto y no abro la puerta?   1482
absoluta (3)
  MP 1,7 Fernando   Esta noche, disfrazado de contrabandista, tengo   811
                                  absoluta necesidad de [...]

absoluta (continuación)
    MP 1,7 Fernando   Necesito antes de las nueve el pasaporte que tienes en   811
                                    tu poder y una persona de tu absoluta confianza que
                                    [...]
    EP CV Estudiante 3   Un racimo de heridas y una desorientación absoluta.   1166
absolutamente (2)
    ZP 2,1 Zapatera   ¿Yo? Me trae absolutamente sin cuidado, pero como lo   940
                                      veo en la puerta. .
    ZP 2,1 Zapatero   Absolutamente. En las Islas Filipinas, zapateros.   956
absurdo (1)
    ZP 0,0 El Autor   Por este miedo absurdo, y por ser el [...]   911
abuela (7)
    MM 1,2 Curianita Silvia   ¡Ay abuela!   678
    TC 1,1 Rosita   Heredó de su abuela tres duros y una caja de   727
                                      membrillo, y... ¡nada más!
    MP 1,8 Angustias   Tilín, talán; abuela,   817
    ZP 2,1 Zapatera   Y todo esto no es más [...] vieron mi madre y mi   974
                                      abuela y todas las mujeres [...]
    BA 1,1 Martirio   Y ella tiene el mismo sino de su madre y de su abuela,   1460
                                      mujeres las dos del que la engendró.
    BA 1,1 Magdalena   De ver los cuadros bordados de cañamazo de nuestra   1461
                                      abuela, el perrito de [...]
    BA 3,1 Martirio   Abuela, ¿dónde va usted?   1524
abuelo (8)
    MM 1,3 Doña Curiana   una noche su abuelo,   684
    ZP 2,1 Zapatera   Y que no me asusto de nadie, ¿lo oyes?, que yo tengo   942
                                      la sangre de mi abuelo, que esté en gloria, [...]
    ZP 2,1 Niño   Si quieres te puedo traer el espadón grande de mi   948
                                      abuelo, el que se fue a la guerra.
    BS 1,1 Madre   Tu abuelo dejó a un hijo en cada esquina.   1174
    BS 2,2 Criada   Siendo niña vi la boda de tu abuelo.   1234
    YE 3,2 Vieja   Ni su padre, ni su abuelo, ni su bisabuelo se portaron   1344
                                      como hombres de casta.
    BA 1,1 Bernarda   Así pasó en casa de mi padre y en casa de mi abuelo.   1451
    BA 1,1 Bernarda   Tiene a quién parecerse. Mi abuelo fue igual.   1452
aburrido (1)
    TC 4,1 Joven   ¡Es muy aburrido!   752
abusivos (2)
    ZP 1,1 Zapatera   ¡Qué hombres son los hombres, qué abusivos y qué...,   934
                                      qué..., vaya!
    ZP 2,1 Zapatera   ¡Abusivos!   942
acá (2)
    MM 2,2 Curiana N   ¡Venid acá! ¡Sin prisa!   706
    YE 1,1 María   Pero ven acá, criatura; hablas como si fueras una   1282
                                      vieja.
acaba (9)
    MM 2,6 Curianito   donde el amor no acaba.   718
    MM 2,7 Curianito   ¡Y con mi vida acaba!   721
    TC 1,1 Cocoliche   ¡Acaba ya!   729
    TC 1,1 Padre   Yo he dado tu mano a don Cristobita el de la porra,   732
                                      que acaba de pasar en su carroza por ahí.
    PB 2,1 Perlimplín   Acaba de volver la esquina.   1007
    PB 3,1 Perlimplín   Tu marido acaba de matarme con este puñal de   1016
                                      esmeraldas.
    DC 1,1 Cristóbal   Esto se acaba con el degüello.   1025
    CA 3,1 Mecanógrafa   No tienes tú ojos para verme desnuda, ni boca para   1126
                                      besar mi cuerpo que nunca se acaba.
    RS 2,1 El Señor X   Mi amigo, el señor Longoria, de Madrid, acaba de   1375
                                      comprar un automóvil [...]
acabad (1)
    BA 2,1 Bernarda   ¡Acabad con ella antes que lleguen los guardias!   1506
acabado (3)
    CA 2,1 Joven   Y porque después no hay nada, porque después no puedo   1096
                                      amar, porque después se ha acabado todo.
    YE 1,1 Juan   ¿Has acabado?   1275
    RS 3,1 Rosita   Todo está acabado... y, sin embargo, [...]   1429
acabamos (1)
    RS 2,1 Tío   El siglo que acabamos de empezar será un siglo   1375
                                      materialista.
acaban (2)
    CA 3,2 Criado   Vivió mucho tiempo con un conde italiano riquísimo,   1131
                                      padre del niño que acaban de enterrar.
    BA 1,1 Adela   Los hombres se acaban de ir.   1453
acabar (5)
    BS 1,1 Madre   ¿Y es justo y puede ser que una cosa pequeña como una   1173
                                      pistola o una navaja pueda acabar con un hombre, [...]
    BS 1,1 Novio   ¿Vamos a acabar?   1173
    BS 1,1 Madre   No vamos a acabar.   1173
    YE 1,2 Yerma   La causa que nos parece más inofensiva puede acabar   1292
                                      con él.
    RS 3,1 Rosita   Sería el cuento de nunca acabar.   1430

Pág.

acabará (1)
ZP 1,1 Zapatero   Afortunadamente creo que esto se acabará pronto;   923
porque yo no sé cómo tengo paciencia.
acabáramos (1)
RS 1,1 Ama   ¡Acabáramos!   1356
acabarás (1)
EP RR Figura De P   ¡Acabarás por dejarme ciego!   1149
acabaré (4)
ZP 2,1 Alcalde   Acabaré metiéndote en la cárcel.   952
BS 2,1 Criada   Aquí te acabaré de peinar.   1206
YE 1,1 Yerma   Si sigo así, acabaré volviéndome mala.   1282
YE 2,2 Yerma   Acabaré creyendo que yo misma soy mi hijo.   1318
acabaron (1)
BA 3,1 Adela   ¡Aquí se acabaron las voces de presidio!   1529
acabas (2)
CA 1,1 Joven   Siempre acabas no dando razones.   1055
EP CV Desnudo   ¿Cuándo acabas?   1155
acabe (3)
MP 2,1 Clavela   Os lo diré; pero cuando se acabe,   822
CA 1,1 Amigo 2   Que no se acabe nunca.   1072
BS 2,2 Novio   Ya estoy deseando que esto acabe. La novia está un   1239
poco cansada.
acabé (1)
TC 6,1 Cristobita   ¡Me acabé!   778
acabes (1)
MP 2,2 Mariana   Cuando acabes, te bajas a la puerta.   825
acabo (3)
MM 1,5 Alacranito   Ahora mismo me acabo de comer un gusano   692
TC 1,1 Padre   ¡Acabo de concertar tu boda!   731
CA 3,1 Máscara   Ahora mismo acabo de abandonar para siempre al conde.   1123
acabó (8)
TC 6,1 Cristobita   ¡Esto se acabó, se acabó y se requeteacabó!   773
TC 6,1 Todos   Se acabó, se acabó,   780
ZP 1,1 Zapatera   ya se acabó el alboroto   926
ZP 1,1 Zapatero   El zapatero a tus zapatos se acabó para mí.   927
DC 1,1 Cristóbal   Serán. Esto se acabó y se requeteacabó. Brrrrrr.   1040
BA 3,1 Martirio   Se acabó Pepe el Romano.   1530
acacia (1)
MP 3,4 Mariana   que, bajo la acacia en flor   871
acantilado (1)
MP 2,7 Pedro   Hombres de acantilado y mar abierto,   838
acaricia (1)
MP 1,4 Mariana   y ella lo acaricia creyendo que nunca   790
acariciada (1)
BS 3,2 Novia   Y yo corría con tu hijo [...] marchita, de muchacha   1269
acariciada por el fuego.
acariciar (3)
MM 1,5 Curiana N   ¡Acariciar tus alas de blanquísima seda   698
MP 3,4 Mariana   acariciar mi cabeza.   871
PB 3,1 Perlimplín   Ya muerto, lo podrás acariciar siempre en [...]   1015
acaso (4)
MM 2,1 Curianita Santa   ¡Que ha de ser negro lodo sobre la nieve acaso!,   704
MM 2,5 Gusano 3   ¿Eres acaso un hada?   715
MM 2,7 Curianito   ¿No contestas? ¿Acaso no has oído   719
ZP 2,1 Zapatera   Que te fijes bien por si acaso no me entero del todo.   957
acatada (1)
MP 2,7 Pedro   será acatada por el rey Fernando,   839
accidente (1)
RS 2,1 El Señor X   El conde Zboronsky, muerto en el accidente, y Marcel   1375
Renault, o Renol, que de ambas maneras suele y puede
decirse, muerto también en el accidente, son mártires
[...]
acción (1)
RS 3,1 Tía   Cuando pienso en la mala acción que le han hecho [...]   1414
acecha (3)
MP 2,7 Pedro   Algeciras acecha la ocasión,   838
MP 3,4 Mariana   del jardín, mi muerte acecha.   871
MP 3,8 Mariana   ¿Cuándo viene a morir, si la muerte me acecha?   884
acechan (1)
MP 2,5 Pedro   ¡Quién pudiera librarte de aquellos que te acechan   828
acechando (6)
MP 2,8 Conspirador 4   por todas partes nos está acechando.   842
MP 2,8 Mariana   ¡Como ellos, hay que estar siempre acechando!   846
ZP 2,1 Zapatera   Yo he hablado así porque [...] quiere que no esté   967
acechando la ocasión [...]
YE 3,2 Yerma   ¿Acechando?   1346
YE 3,2 Juan   Acechando.   1346
RS 3,1 Rosita   De todos modos los vecinos estarán acechando.   1426
aceche (1)
MP 2,5 Mariana   me aceche, como en este decisivo momento.   832

acecho (V) (1)
MP 2,5 Mariana   acecho un mar oscuro, sin fondo ni oleaje,   832
acecho (3)
MP 2,7 Conspirador 3   continúa en acecho, y algo sabe.   836
BS 3,1 Leñador 3   Oigo los grillos, las ranas, el acecho de la noche. 1246
BS 3,1 Luna   que siendo acecho de plomo   1249
aceite (6)
CA 1,1 Amigo 2   Bendita sea, cuando hay pan tostado, aceite y sueño 1072
                        después.
EP CV Traspunte   Solo faltan los candeleros, el cáliz y las ampollas de 1163
                        aceite alcanforado.
YE 2,1 Lavandera 4   Se me figura que guisan su comida con el aceite de las 1302
                        lámparas.
YE 2,1 Lavandera 4   Ella y sus cuñadas, sin [...] los cristales, dan   1304
                        aceite a la solería, [...]
RS 2,1 Ama   Los charcos que hay alrededor están pintados al aceite 1383
                        y encima de ellos [...]
BA 1,1 Criada   Suelos barnizados con aceite, alacenas, pedestales, 1444
                        [...]
acento (1)
RS 3,1 Martín   ¿Y es que no suena bien de acento y de cesura este   1420
                        verso: "y el hórrido estertor de mi combate"?
aceptamos (1)
MP 2,8 Conspirador 4   La aceptamos   845
acepté (1)
YE 1,2 Yerma   Me lo dio mi padre y yo lo acepté.   1290
acequia (4)
ZP 2,1 Zapatero   por la curva de la acequia.   962
YE 1,2 Yerma   Otra vez el mismo Víctor, [...] brazos para saltar una 1289
                        acequia y me entró un [...]
YE 2,2 Víctor   La acequia por su sitio, el rebaño en el redil, la   1323
                        luna en el cielo y el hombre con su arado.
YE 3,1 Dolores   Como en seguida empezarán a abrir los portones, te vas 1330
                        dando un rodeo por la acequia.
acerca (5)
MP 3,2 Mariana   Pero el mundo se me acerca,   865
BS 3,1 Leonardo   Yo vine a caballo. Ella se acerca por el camino.   1210
YE 1,2 Vieja 1   ¿No tiemblas cuando se acerca a ti?   1289
YE 1,2 Vieja 1   ¿No te da así como un sueño cuando acerca sus labios? 1289
BA 2,1 Angustias   No, porque cuando un hombre se acerca a una reja ya 1474
                        [...]
acercaba (2)
MP 1,5 Mariana   vi a Pedrosa. Se acercaba,   800
BS 3,2 Novia   Yo era una mujer quemada, [...] lleno de ramas, que 1269
                        acercaba a mí el rumor [...]
acércame (1)
MP 1,6 Mariana   ¡Acércame, Clavela, el candelabro!   804
acercan (3)
BS 3,1 Leñador 2   Parece que se acercan por todos los caminos a la vez. 1245
BS 3,1 Mendiga   Esa luna se va, y ellos se acercan.   1250
BS 3,1 Luna   Ya se acercan.   1251
acercar (2)
BS 2,1 Criada   No te vuelvas a acercar a ella.   1215
BA 1,1 Bernarda   No hay en cien leguas a la redonda quien se pueda   1457
                        acercar a ellas.
acercarse (1)
BA 2,1 La Poncia   Lo vi acercarse y al llegar me dijo: "Buenas noches." 1476
acercas (2)
MM 2,2 Curiana N   Si suspira, le acercas este ramo bendito.   707
MM 2,4 Alacranito   ¿A que a mí no te acercas?   711
acércate (6)
TC 1,1 Cocoliche   ¡Ay, Rosita mía! ¡Ven! ¡Ven! ¡Acércate!   730
TC 1,1 Cocoliche   Acércate.   731
PB 3,1 Perlimplín   Acércate.   1016
BS 1,3 Madre   Acércate.   1199
YE 3,1 Yerma   Acércate a mí y huele mis vestidos; ¡acércate!   1333
acercó (4)
MP 2,8 Conspirador 4   y se acercó, satisfecho   843
BA 2,1 La Poncia   Oye, Angustias: ¿qué fue lo que te dijo la primera vez 1474
                        que se acercó a tu ventana?
BA 2,1 La Poncia   Entonces Evaristo se acercó, se acercó que se quería 1476
                        [...]
acerico (1)
TC 2,1 Rosita   ¡Tú eres el acerico de mis ojos!   736
acericos (1)
TC 5,1 Currito   Son como dos vasitos de vino, como dos acericos de   757
                        monja, como dos suspirillos.
acero (6)
CA 3,1 Payaso   en flores de acero   1113
CA 3,2 Jugador 1   En un tiro al blanco, que no solamente se clava sobre 1138
                        el acero más duro sino sobre la gasa más fina.

Pág.

acero (continuación)
    EP CV Estudiante 4   Entonces que se paren las máquinas y arrojad los   1161
                    granos de trigo sobre un campo de acero.
    BS 1,2 Suegra   Su cuna de acero.   1186
    YE 1,1 Juan   Cuando los hombres se quedan enjutos se ponen fuertes   1274
                    como el acero.
    BA 1,1 Criada   Suelos barnizados con aceite, alacenas, pedestales,   1444
                    camas de acero, para que traguemos [...]
acerque (1)
    BA 1,1 Bernarda   Ve con ella y ten cuidado que no se acerque al pozo.   1453
acerqué (1)
    TC 3,1 Joven   Yo me acerqué a preguntaros una cosa, y me respondéis   745
                    por los cerros de Ubeda.
acerquéis (1)
    YE 3,2 Yerma   ¡No os acerquéis, porque he matado a mi hijo, yo misma   1350
                    he matado a mi hijo!
acerques (1)
    BS 2,1 Novia   ¡No te acerques!   1214
acíbar (1)
    RS 2,1 Rosita   Para todo hay en esta casa una gotita de acíbar.   1388
aclara (1)
    MM 2,7 Curianito   de la noche se aclara   720
acogida (1)
    RS 2,1 El Señor X   Encantado de su favorable acogida.   1377
acompaña (2)
    MP 3,8 Fernando   Solamente mi joven corazón te acompaña.   885
    RS 1,1 Tía   ¿Quién te acompaña?   1359
acompañada (1)
    BS 2,2 Padre   En espera de estar acompañada.   1228
acompañamiento (1)
    BS 1,3 Padre   Los novios y nosotros iremos en coche hasta la   1199
                    iglesia, que está muy lejos, y el acompañamiento en
                    los [...]
acompañándola (1)
    RS 2,1 Ama   Ayer me tuvo todo el día acompañándola en la puerta   1380
                    [...]
acompañarás (1)
    BA 3,1 María Josefa   ¿Me acompañarás tú a salir al campo?   1525
acompañaré (2)
    BS 3,1 Mendiga   Te acompañaré. Conozco esta tierra.   1255
    YE 3,1 Dolores   Si tienes miedo te acompañaré hasta la esquina.   1330
acompañe (1)
    MP 1,4 Mariana   que os acompañe Clavela?   795
acompaño (1)
    MP 1,6 Clavela   Salga, que yo le acompaño.   805
aconseja (1)
    RS 1,1 Sobrino   ¿Qué me aconseja usted?   1362
aconsejado (1)
    RS 2,1 Tía   Muchas veces te he aconsejado que escribas a tu primo   1389
                    y te cases aquí con otro.
acontecimientos (1)
    CA 1,1 Viejo   ¿No le angustia la hora de la partida, los   1048
                    acontecimientos, lo que ha de llegar ahora mismo...?
acordando (1)
    RS 3,1 Rosita   Ya sé que se está usted acordando de su hermana la   1431
                    solterona..., solterona como yo.
acordándome (1)
    TC 6,1 Rosita   Yo... Soy yo, acordándome de cuando era niña.   774
acordaréis (1)
    TC 6,1 Cristobita   ¡Os acordaréis de mí!   778
acordarme (2)
    MP 1,1 Angustias   a lo que no quiero acordarme.   784
    RS 1,1 Tía   De tu prima no quiero acordarme.   1362
acordeón (1)
    BA 2,1 La Poncia   Anoche llegó al pueblo una mujer vestida de   1485
                    lentejuelas y que bailaba con un acordeón, y quince de
                    [...]
acostábamos (1)
    ZP 2,1 Zapatera   Y el cuádruple... Me los decía todos a mí cuando nos   965
                    acostábamos.
acostadas (1)
    BA 3,1 María Josefa   Yo quiero casas, pero casas abiertas y las vecinas   1525
                    acostadas en sus camas [...]
acostado (1)
    BA 3,1 La Poncia   ¿No te habías acostado?   1522
acostar (1)
    MM 1,1 Doña Curiana   No pensar en eso, idos a acostar...   675
acostaremos (1)
    BA 3,1 Bernarda   Así nos acostaremos antes.   1514
acostarse (3)
    MP 2,2 Mariana   Es hora de acostarse.   824

```
acostarse (continuación)
  BA 3,1 Bernarda        Pero hay que acostarse. ¡Magdalena!                    1517
  BA 3,1 Martirio        Vaya a acostarse.                                      1524
acostarte (1)
  BA 2,1 Adela           En vez de limpiar la casa y acostarte para rezar [...] 1481
acosté (1)
  YE 1,1 Yerma           ¿Lloré yo la primera vez que me acosté contigo?        1276
acostumbrada (2)
  ZP 2,1 Zapatera        Yo no estoy acostumbrada a esos lujos.                 951
  BS 1,1 Vecina          Acostumbrada a la soledad.                             1180
acostumbrado (3)
  ZP 1,1 Zapatero        Yo no estoy acostumbrado a estos voceríos y a estar en 927
                         lenguas de todos.
  ZP 2,1 Zapatera        Buen hombre, Dios quiera [...] decencia a que estaba   975
                         acostumbrado.
  RS 3,1 Rosita          Me he acostumbrado a vivir [...]                       1428
acostumbrarás (1)
  BA 1,1 Magdalena       Ya te acostumbrarás.                                   1466
acostumbraré (1)
  BA 1,1 Adela           No me acostumbraré.                                    1466
acostumbró (1)
  RS 2,1 Ayola 1         Cuando yo tenía seis años venía aquí y el novio de     1399
                         Rosita me acostumbró a beberlas.
acrecentar (1)
  BA 3,1 Prudencia       Has sabido acrecentar tu ganado.                       1508
acribillado (1)
  BA 1,1 Adela           Regalarme unas cuantas pulgas que me han acribillado   1465
                         las piernas.
actitud (1)
  EP CV Estudiante 4     La actitud del público ha sido detestable.            1165
actitudes (1)
  ZP 0,0 El Autor        En todos los sitios late [...] aparece violenta o toma 912
                         actitudes agrias, porque [...]
acto (3)
  DC 1,1 Poeta           Si el director de escena [...] sus cabellos en el acto 1036
                         tercero, donde cae [...]
  EP CV Muchacho 1       El acto del sepulcro estaba prodigiosamente           1159
                         desarrollado.
  EP CV Estudiante 4     La repetición del acto ha sido maravillosa, [...]      1166
actores (1)
  ZP 0,0 El Autor        Respetable público... [...] con la mímica de los       911
                         actores y el artificio [...]
actual (1)
  RS 3,1 Martín          Ahí he querido renovarme haciendo una cosa del         1422
                         ambiente actual; ¡hasta hablo de un aeroplano!
acuárium (1)
  EP CV Estudiante 1     Cuando la gente va al acuárium no asesina a [...]      1165
acuda (1)
  CA 3,1 Arlequín        ¡Señor hombre, acuda!                                  1111
acude (2)
  ZP 2,1 Niño            donde acude el señorío.                                947
  ZP 2,1 Voz             donde acude el señorío.                                977
acudió (1)
  EP CV Estudiante 4     Y aunque los poetas pusieron una escalera para         1158
                         asesinarla, ella siguió dando voces y acudió la
                         multitud.
acudir (2)
  ZP 2,1 Vecina Verde    ¡Acudir, acudir!                                       963
acuerda (3)
  BS 1,1 Vecina          Nadie se acuerda del noviazgo.                         1181
  RS 3,1 Tía             Sobre todo cuando ella va a morir y se acuerda de su   1420
                         madre y la llama.
  RS 3,1 Martín          ¿No se acuerda usted que nombré décima musa a Rosita?  1422
acuerdas (5)
  MM 1,4 Curianita Silvia ¿Te acuerdas de la tarde                              688
  TB QM. Viejo           ¿Te acuerdas cómo saltaba la tapia, cómo se subía a    905
                         los árboles solo por verte?
  CA 1,1 Mecanógrafa     Un día se cayó y sangraba por la rodilla, ¿te acuerdas? 1055
  BS 1,1 Madre           ¿Cómo te acuerdas tú?                                  1182
  RS 2,1 Tía             Pero ¿no te acuerdas, hija? Era lo único que le afeaba 1400
                         un poco.
acuérdate (10)
  TC 4,1 Currito         Acuérdate, Cansa-Almas... de lo que mi padre te        753
                         quería.
  MP 2,8 Mariana         ¡Dios mío, acuérdate de tu pasión                      848
  CA 3,2 Jugador 2       Pero acuérdate del niño que [...]                      1137
  BS 2,1 Criada          acuérdate que sales                                    1222
  BS 2,1 Voces           acuérdate que sales                                    1224
  BS 2,1 Mujer           ¡Acuérdate que sales                                   1224
  BS 2,1 Voces           acuérdate que sales                                    1225
  YE 2,2 María           Pero acuérdate de las llagas de Nuestro Señor.         1319
```

acuérdate - adelantarme

                                                                           Pág.

acuérdate (continuación)
  RS 2,1 Madre   acuérdate, pecador.   1405
  BA 2,1 Bernarda   Bernarda: acuérdate que esta es tu obligación.   1496
acuerdes (1)
  BS 2,2 Padre   Hoy no es día de que te acuerdes de esas cosas.   1227
acuerdo (S) (1)
  MP 2,8 Conspirador 1   ¡Buen acuerdo!   845
acuerdo (3)
  MP 1,4 Amparo   ¡Ya me acuerdo! Dijo que en tus ojos   790
  BS 2,2 Novia   No me acuerdo.   1235
  RS 2,1 Ayola 2   Me acuerdo que algunas veces se le caían las lágrimas. 1397
acuéstanos (1)
  MP 2,2 Niña   Mamá, acuéstanos tú.   825
acuestas (3)
  CA 1,1 Amigo   ¿Y dónde están en esta casa los retratos de las   1056
                            muchachas con las que tú te acuestas?
  YE 1,2 Juan   Te acuestas y te duermes.   1300
  BA 3,1 Adela   ¿Ya te acuestas?   1516
acuéstate (1)
  BA 2,1 Amelia   Acuéstate un poco.   1490
acuesto (2)
  YE 2,2 Yerma   Cada noche, cuando me acuesto, encuentro mi [...]   1312
  RS 3,1 Rosita   Todo está acabado... y, sin embargo, con toda la   1429
                            ilusión perdida, me acuesto, y me levanto [...]
acuso (1)
  BA 2,1 La Poncia   Yo no acuso, Bernarda. Yo solo te digo: abre los ojos 1497
                            y verás.
achaca (1)
  RS 2,1 Ama   Pero ella lo achaca todo al otro.   1381
achacosa (1)
  MM 1,6 Curiana N   Te lo dice tu amiga, ya vieja y achacosa.   701
achaque (1)
  YE 2,2 Juan   Con ese achaque vives alocada, sin pensar en lo que   1314
                            debías, y te empeñas en meter la cabeza por una roca.
achicharradas (1)
  EP CV Dama 4   Ahora es seguro que el [...] guardianes tenían las   1164
                            manos achicharradas y no lo [...]
Adán (2)
  EP RR Figura De P   Si tú te convirtieras en pez luna, yo te abriría con   1146
                            un cuchillo, porque soy un hombre, más hombre que
                            Adán, y quiero que tú [...]
  EP RR Figura De C   ¿Un hombre más hombre que Adán?   1149
Adela (21)
  BA 1,1 Martirio   ¿Y Adela?   1462
  BA 1,1 Magdalena   Lo natural sería que te pretendiera a ti, Amelia, o a 1464
                            nuestra Adela, que tiene veinte [...]
  BA 1,1 Martirio   ¿Qué piensas, Adela?   1466
  BA 1,1 Magdalena   ¡Adela!   1466
  BA 2,1 Magdalena   Adela, ¿no vienes?   1471
  BA 2,1 Magdalena   Adela, niña, no te pierdas esto.   1477
  BA 2,1 Amelia   Adela.   1477
  BA 2,1 La Poncia   Lo que digo, Adela.   1480
  BA 2,1 La Poncia   No me desafíes, Adela, no me desafíes.   1482
  BA 2,1 Bernarda   ¡Adela!   1494
  BA 2,1 La Poncia   con Adela?   1500
  BA 2,1 La Poncia   Adela. ¡Esa es la verdadera novia del Romano!   1500
  BA 3,1 La Poncia   Es verdad que el año pasado anduvo detrás de Adela y 1520
                            ésta estaba loca [...]
  BA 3,1 Criada   Hay quien cree que habló muchas veces con Adela.   1521
  BA 3,1 La Poncia   Adela está decidida a lo que sea y las demás vigilan 1521
                            sin descanso.
  BA 3,1 Martirio   Adela. ¡Adela!   1526
  BA 3,1 Magdalena   ¡Adela!   1530
  BA 3,1 Bernarda   Aunque es mejor así. ¡Adela, Adela!   1531
  BA 3,1 Bernarda   ¡Adela!   1532
Adelaida (4)
  BA 1,1 Amelia   ¿Te fijaste? Adelaida no estuvo en el duelo.   1459
  BA 1,1 Amelia   Adelaida habrá pasado mal rato.   1459
  BA 1,1 Martirio   Luego aquí la abandonó [...] muchacha, la madre de   1459
                            Adelaida, y se casó con [...]
  BA 1,1 Amelia   Pero Adelaida no tiene culpa de esto.   1460
adelanta (1)
  BA 2,1 Adela   Hace la que puede y la que se adelanta.   1504
adelantado (1)
  EP CV Enfermero   Te has adelantado dos minutos.   1164
adelantaría (1)
  YE 2,2 Víctor   No se adelantaría nada.   1323
adelantarme (1)
  BA 3,1 Adela   He tenido fuerza para adelantarme.   1526

adelante (12)
MP 1,7 Fernando   Necesito antes de las [...] del Genil, para, río   811
                         adelante, internarme [...]
MP 2,6 Mariana   ¡Adelante, señores!   835
MP 2,9 Mariana   Adelante.   849
PB 0,0 Perlimplín   Adelante.   980
CA 1,1 Viejo   Los trajes se rompen, las anclas se oxidan y vamos   1075
                         adelante.
CA 1,1 Amigo 2   ¡Claro! ¡Todo eso pasa más adelante!   1075
YE 1,1 María   Oye: dicen que más adelante te empuja suavemente con   1280
                         las piernecitas.
YE 1,1 Víctor   Pues adelante.   1285
RS 3,1 Ama   Don Martín, adelante!   1417
RS 3,1 Rosita   Y yo lo oigo y no puedo gritar, sino vamos adelante,   1429
                         con la boca [...]
RS 3,1 Rosita   Adelante.   1431
BA 1,1 Bernarda   ¡Hasta que salga de esta casa con los pies adelante   1470
                         mandaré en lo mío y en lo vuestro!
adelanto (1)
RS 2,1 El Señor X   Pero de mucho más adelanto que el que se fue.   1375
adelfa (1)
YE 2,1 Lavandera 3   Y se echan polvos de blancura y colorete y se prenden   1303
                         ramos de adelfa en busca de otro que no es su marido.
adelfas (3)
ZP 2,1 Zapatero   entre jarales y adelfas,   958
CA 3,2 Joven   Voy a cortar todas las flores del jardín, sobre todo   1135
                         esas malditas adelfas que saltan por [...]
BS 3,2 Madre   cruz de amargas adelfas;   1271
además (15)
MM 1,5 Curiana N   Además le receto baños de luna y siesta,   700
TC 4,1 Mozo   Además te pagará bien. Trae dinero.   753
TC 6,1 Rosita   Yo estoy comprometida, y, además, no te quiero; tú me   763
                         has dejado antes.
MP 3,5 Mariana   Además, es hermoso y blanco; nadie   874
TB QM. Enrique   Sí, una ardilla para ti y además cinco pájaros que no   904
                         los haya tenido antes ningún niño.
TB QM. Enrique   Y, además, ¿a ti qué te importa?   907
DC 1,1 Madre   Y además quiero una mula   1030
CA 1,1 Joven   Además, sabes perfectamente que no me pertenezco.   1055
YE 1,2 Muchacha 2   Bueno, y además..., una se casa en realidad mucho   1293
                         antes de ir a la iglesia.
RS 2,1 Rosita   Además, ¿qué es un año, ni dos, ni cinco?   1389
RS 3,1 Rosita   Estaba atada, y además, ¿qué hombre vino a esta casa   1429
                         sincero y desbordante para procurarse mi cariño?
BA 2,1 Angustias   Y, además, ¡más vale onza en el arca que ojos negros   1472
                         en la cara!
BA 2,1 La Poncia   ¡Que es tu hermana y además la que más te quiere!   1479
BA 2,1 La Poncia   Además, ¿quién dice que no te puedes casar con él?   1481
BA 3,1 Magdalena   Además, ¡si te vas a ir antes de nada!   1513
adentro (3)
CA 1,1 Joven   Aún está más vivo lo de adentro aunque también cambie.   1052
BS 2,2 Madre   Porque tiene gente; que son sus primos del mar y todos   1244
                         los que llegan de tierra adentro.
YE 2,1 Lavandera 4   Son metidas hacia adentro.   1302
adiós (47)
adivinaba (1)
MP 2,8 Conspirador 1   Casi lo adivinaba.   841
adivinabas (1)
BA 2,1 La Poncia   Has visto lo malo de las gentes a cien leguas; muchas   1497
                         veces creí que adivinabas los pensamientos.
adivinará (1)
EP RR Centurión   El Emperador adivinará cuál de los dos es uno.   1152
adivinarlo (1)
TC 3,1 Espantanublos   No he podido adivinarlo.   742
adivinasteis (1)
MM 1,2 Curianita Silvia Lo adivinasteis.   683
adivine (1)
MP 2,5 Mariana   Mucho miedo de que esto se adivine,   829
adiviné (1)
MM 1,2 Doña Curiana   y te adiviné la pena.   683
administrar (1)
RS 2,1 Madre   Pero usted lo sabe muy bien: desde que faltó mi pobre   1393
                         marido hago verdaderos milagros para administrar la
                         pensión [...]

admirable (4)
TC 5,1 Fígaro   ¡Excelencia, admirable! Yo estoy encantado. ¡Tran,   759
                         larà, larà!
TC 5,1 Fígaro   ¡Esto es admirable!   760
PB 3,1 Perlimplín   Tú sabes cómo son las Hadas..., pequeñitas...Es   1009
                         admirable, pueden bailar sobre mi dedo meñique!
CA 1,1 Amigo   Iba con una mujer feísima, pero admirable.   1058

12

Pág.

admirablemente (1)
RS 3,1 Martín   Hace un rato tenían un escándalo enorme, porque el   1419
                       señor Consuegra, que explica latín admirablemente,
                       había [...]
adolescente (1)
PB 3,1 Marcolfa   El hermoso adolescente al que nunca verás el rostro.   1018
adolescentes (1)
MM 0,0   Tal vez os riáis al oír hablar a estos insectos como   670
                       hombrecitos, como adolescentes.
adonde (1)
EP RR   Figura De P   Cuando rondas el lecho y los objetos de la casa, te   1146
                       sigo, pero no te sigo a los sitios adonde tú, lleno de
                       sagacidad, [...]
adónde (12)
MP 1,6 Mariana   Y este corazón, ¿adónde me lleva,   805
MP 2,3 Mariana   como van, sin saber adónde van,   826
ZP 1,1 Zapatera   Y mucho... Pero, señor, ¿adónde habrá ido este hombre   934
                       desnortado?
BS 1,1 Madre   ¿Adónde?   1171
BS 1,2 Mujer   ¿Adónde vas, hijo?   1193
BS 2,1 Leonardo   ¿Adónde?   1223
BS 2,2 Padre   ¿Y adónde puede haber ido?   1242
BS 3,1 Novio   ¿Adónde te diriges?   1253
BS 3,1 Novia   ¿Adónde me llevas?   1259
RS 1,1 Rosita   ¿Adónde irán las manolas   1367
RS 1,1 Rosita   ¿Adónde irán a estas horas?   1367
RS 2,1 Tío   Y digo yo: ¿adónde van con tanta prisa?   1375
adoraba (1)
ZP 2,1 Zapatera   ¡Con lo que yo lo quería! ¡Lo adoraba!   964
adorada (2)
MP 1,7 Fernando   "Adorada Marianita."   811
MP 1,7 Fernando   "Adorada Marianita: Gracias [...]   811
adorado (1)
TC 1,1 Rosita   Cuatro veces me he pinchado ya en esta e última del "A   725
                       mi adorado padre."
adoras (1)
MP 3,8 Mariana   ¡Pues yo seré la misma Libertad que tú adoras!   885
adormideras (1)
CA 3,2 Criado   Dicen que con las anémonas y adormideras duele la   1135
                       cabeza a ciertas horas del día.
adormilada (1)
RS 1,1 Rosita   Una noche, adormilada   1371
adormiladas (1)
YE 2,2 Yerma   Que estoy ofendida, ofendida [...] sus crías tiernas,   1318
                       adormiladas, mientras [...]
adornada (1)
TB PBK Americana   ¿Tiene usted una espada adornada con hojas de mirto?   895
adornado (1)
MP 2,8 Conspirador 4   adornado con dos cintas.   843
adornados (1)
RS 2,1 Ama   Ya me duelen las manos de guardar mantelerías de   1380
                       encaje de Marsella y juegos de cama adornados de
                       quipure [...]
adornan (1)
CA 1,1 Niño   Agremanes y vidrios adornan mi caja;   1065
adornar (3)
RS 2,1 Ama   Pues para lo único que sirven las rosas es para   1388
                       adornar las habitaciones.
BA 2,1 Coro   para adornar su sombrero.   1487
BA 2,1 Adela   para adornar su sombrero.   1487
adornarse (1)
RS 1,1 Ama   ¿Cuándo la ha visto usted [...] o sacar hilos para   1354
                       adornarse una chapona?
adorne (1)
BS 2,2 Criada   y la luna se adorne   1226
adoro (2)
ZP 2,1 Zapatera   Dígale usted que lo adoro.   975
PB 1,1 Perlimplín   ¡Te adoro!   993
adquieren (1)
DC 1,1 Director   Las malas palabras adquieren ingenuidad [...]   1043
adrede (1)
ZP 2,1 Zapatero   haciendo brillar, adrede,   959
aeroplano (1)
RS 3,1 Martín   Ahí he querido renovarme haciendo una cosa del   1422
                       ambiente actual: ¡hasta hablo de un aeroplano!
aeróstato (1)
RS 2,1 El Señor X   Si Santos Dumont, en vez de estudiar Meteorología   1376
                       comparada, se hubiera dedicado a cuidar rosas, el
                       aeróstato dirigible estaría [...]
aeternam (1)
BA 1,1 Bernarda   "Requiem aeternam donat eis Domine."   1449

afán (1)
    YE 1,2 Muchacha 2   ¡Qué afán!   1293
afanes (2)
    RS 1,1 Rosita   daba al aire mis afanes   1371
    RS 2,1 Tío   Llega un momento en que [...] poner intensidad y   1386
        afanes en lo que está [...]
afeaba (1)
    RS 2,1 Tía   Pero ¿no te acuerdas, hija? Era lo único que le afeaba   1400
        un poco.
afeitar (1)
    TC 5,1 Fígaro   ¿Se va usted a afeitar?   756
afeitarme (2)
    TC 5,1 Cristobita   ¡Quiero afeitarme ahora mismo, sí, señor, ahora mismo,   758
        porque me voy a casar!
    TC 5,1 Cristobita   Las diez o las once, quiero afeitarme ahora mismo.   758
aferrado (1)
    RS 3,1 Tía   Te has aferrado a tu idea sin ver la realidad y sin   1429
        tener caridad de tu porvenir.
aficionadas (1)
    ZP 1,1 Alcalde   Eso tiene casarse a tu [...] buenas mozas todas,   924
        aficionadas a las flores [...]
afilada (1)
    CA 1,1 Viejo   Se apagan los ojos y una hoz muy afilada siega los   1075
        juncos de las orillas
afilado (1)
    EP RR Figura De P   En un cuchillo afilado, durante cuatro largas   1147
        primaveras.
afirmarlo (1)
    MM 2,1 Curianita Santa   Comadre, no afirmarlo.   704
afirmes (1)
    MP 2,7 Conspirador 3   No lo afirmes;   836
afligidas (1)
    MP 2,8 Conspirador 4   enlutadas y afligidas,   844
aflijas (2)
    TB QM. Viejo   No te aflijas.   906
    TB QM. Viejo   No te aflijas.   906
afloja (2)
    TC 5,1 Fígaro   A tira y afloja   757
    TC 5,1 Fígaro   A tira y afloja   757
afortunadamente (7)
    TB QM. Enrique   Sí. Muy distintos. Afortunadamente.   908
    TB QM. Enrique   Afortunadamente.   909
    TB QM. Viejo   Afortunadamente.   909
    ZP 1,1 Zapatero   Afortunadamente creo que esto se acabará pronto;   923
        porque yo no sé cómo tengo paciencia.
    RS 2,1 Madre   ¡Afortunadamente para ella!   1407
    BA 2,1 Angustias   Afortunadamente, pronto voy a salir de este infierno.   1472
    BA 2,1 Bernarda   Afortunadamente mis hijas me respetan y jamás   1500
        torcieron mi voluntad.
afuera (1)
    BS 3,1 Luna   ¿Quién se oculta? ¡Afuera digo!   1250
agarrado (1)
    BS 3,2 Novia   ¡Tu hijo era mi fin y [...] tu hijo me hubiesen   1269
        agarrado de los cabellos!
agarrar (2)
    YE 3,1 Yerma   Sino agarrar las criaturas y lavarlas con agua viva.   1327
    BA 2,1 Adela   Mira a ver si puedes agarrar la liebre con tus manos.   1482
agarraría (1)
    ZP 2,1 Mozo Del S   Tengo tanto coraje que agarraría a un toro de [...]   943
agarré (1)
    DC 1,1 Cristóbal   Buenas noches. Te agarré. Saca el cuello.   1027
agarro (1)
    CA 2,1 Novia   Y si me caigo, no hacerme sangre; y si agarro una   1087
        zarzamora, no herirme.
ágil (1)
    ZP 2,1 Zapatero   Es ágil. Quizá no puedas.   961
agita (1)
    MP 3,4 Mariana   Mi sangre se agita y tiembla,   871
agitado (1)
    CA 2,1 Joven   Ustedes me perdonen, pero de correr, de subir la   1092
        escalera, estoy agitado.
agitados (1)
    BS 2,2 Novia   Y estos momentos son agitados.   1236
agitan (1)
    RS 1,1 Rosita   ¿Por qué agitan los pañuelos?   1367
agiten (3)
    YE 1,1 Yerma   ¡Que se agiten las ramas al sol   1277
    YE 1,1 Yerma   ¡Que se agiten las ramas al sol   1278
    YE 1,1 Yerma   ¡Que se agiten las ramas al sol   1278
agonía (8)
    EP CV Enfermero   ¿Cuándo va a comenzar el toque de agonía?   1164

Pág.

agonía (continuación)

EP CV	Enfermero	Es cierto. Y las farmacias están abiertas para la agonía.	1164
EP CV	Desnudo	Para la agonía del hombre solo, en las plataformas y en los trenes.	1164
EP CV	Hombre 1	¡Agonía!	1165
EP CV	Hombre 1	Agonía.	1168
EP CV	Hombre 1	Agonía.	1169
YE 3,2	Yerma	los ojos como agonía.	1339
YE 3,2	Yerma	No vengas a solazarte como los niños pequeños en la agonía de un animalito.	1346

agoniza (1)

| EP CV | Muchacho 1 | Aquí está la gran equivocación de todos y por eso el teatro agoniza: el público no [...] | 1160 |

agonizante (1)

| CA 3,2 | Jugador 2 | Pero acuérdate del niño que en Suecia jugó con nosotros casi agonizante, y por poco [...] | 1137 |

agonizo (1)

| CA 3,1 | Joven | Me parece que agonizo sin ti. | 1124 |

agotarán (1)

| MP 2,8 | Pedro | Pero mis fuerzas no se agotarán. | 845 |

agrada (1)

| RS 3,1 | Rosita | No me agrada que me miréis así. | 1430 |

agradable (2)

| ZP 2,1 | Zapatero | Sí, sí, canallas...; [...] mía, qué calor más agradable sale por tus [...] | 971 |
| RS 2,1 | El Señor X | Mi amigo, el señor Longoria, [...] cierto es un hombre muy agradable, ha comprado [...] | 1375 |

agradece (2)

| YE 3,2 | Vieja | Cuando se tiene sed, se agradece el agua. | 1345 |
| BA 2,1 | Martirio | Agradece a la casualidad que no desaté mi lengua. | 1503 |

agradecer (2)

| MP 2,9 | Pedrosa | Me debe agradecer esta visita. | 855 |
| DC 1,1 | Cristóbal | Yo te doy la onza de oro de las que cagó el moro y tú me entregas a tu hija Rosita, y me lo debes agradecer porque ya está [...] | 1034 |

agradecerá (3)

TC 1,1	Rosita	¡Cuánto te lo agradezco, y Cocoliche cuánto te lo agradecerá!	732
TB QM.	Viejo	Tu mujer te lo agradecerá.	905
RS 2,1	Tío	Lo agradecerá mucho.	1377

agradecería (1)

| ZP 1,1 | Zapatero | Así es, vecinita de mi corazón, que le agradecería en el alma que se retirase. | 920 |

agradecí (1)

| BA 2,1 | La Poncia | Siempre agradecí tu protección. | 1498 |

agradecimiento (4)

PB 0,0	Perlimplín	No sé cómo expresarle nuestro agradecimiento.	986
PB PRO	Madre	¡Oh, nuestro agradecimiento...!	986
PB PRO	Madre	El agradecimiento de su [...]	986
PB 3,1	Perlimplín	¡Oh! ¡Si vieras qué agradecimiento guarda mi corazón hacia ti!	1009

agradezco (3)

TC 1,1	Rosita	¡Cuánto te lo agradezco, y Cocoliche cuánto te lo agradecerá!	732
MP 2,9	Mariana	Se lo agradezco mucho.	850
YE 1,1	Juan	Y yo te lo agradezco.	1275

agrado (1)

| YE 3,2 | Juan | Uno y otro, con suavidad, con agrado. | 1349 |

agranda (1)

| MP 3,2 | Mariana | mágicamente. Se agranda | 865 |

agraz (1)

| RS 2,1 | Ayola 2 | Y yo de agraz. | 1399 |

agremanes (2)

| ZP 1,1 | Zapatera | ¡Qué vueltas de pana azul y qué agremanes de seda! | 917 |
| CA 1,1 | Niño | Agremanes y vidrios adornan mi caja; | 1065 |

agria (3)

MP 1,7	Mariana	agria, que me sabe a miel.	813
ZP 1,1	Alcalde	Si tu mujer habla por la ventana con todos, si tu mujer se pone agria contigo, es porque [...]	925
RS 3,1	Rosita	Era agria y odiaba a los niños y a toda la que se ponía un traje nuevo..., pero yo no seré así.	1431

agrias (2)

| ZP 0,0 | El Autor | En todos los sitios late [...] violenta o toma actitudes agrias, porque ella lucha [...] | 912 |
| BS 1,3 | Criada | No pienses en cosas agrias. | 1203 |

agrio (1)

| TC 3,1 | Espantanublos | Hay vino dulce..., vino blanco..., vino... agrio, vino que vino... | 748 |

agrupados (3)
 EP CV Estudiante 4 Cuando estaba encerrado en la torre los vi subir, 1157
            agrupados, por la colina.
 BS 3,1 Luna   y los juncos agrupados 1249
 BS 3,1 Luna   y los juncos agrupados 1250
agrupan (1)
 BS 2,1 Muchacha 3   a sus plantas se agrupan las clavelinas. 1219
agua (116)
 MM 1,2 Curianita Silvia ¿Dónde está el agua 679
 MM 1,4 Curianito   Yo tengo el agua clara 687
 MM 1,5 Curiana N   que sabes los secretos del agua y de las flores! 697
 MM 2,1 Curianita Santa que habéis de ser la tierra y habéis de ser el agua, 703
 MM 2,3 Mariposa   Ahora comprendo el lamentar del agua, 708
 MM 2,5 Gusano 1   mirándose en el agua. 715
 MM 2,7 Curianito   o la espuma del agua. 720
 MM 2,7 Curianito   ¿Por qué si tiene el agua 720
 TC 1,1 Hora   Deja que el agua corra y la estrella salga. 734
 MP 1,4 Amparo   Un temblor divino, como de agua clara, 790
 MP 1,4 Amparo   ¡Este invierno va a ser de agua! 794
 MP 1,5 Mariana   o se esconde bajo el agua. 796
 MP 1,5 Fernando   largas cadenas de agua. 801
 MP 2,7 Conspirador 3 Y el Darro viene lleno de agua turbia. 836
 MP 2,9 Mariana   Como el agua que nace soy de limpia, 854
 MP 3,2 Mariana   las piedras, el agua, el aire, 865
 MP 3,3 Mariana   de diamantes y agua negra, 869
 MP 3,4 Voz   A la vera del agua, 871
 MP 3,4 Mariana   A la vera del agua, 872
 MP 3,8 Mariana   Ya soy como la estrella sobre el agua profunda, 886
 TB DME Estudiante   Dame agua. 901
 ZP 1,1 Zapatero   Yo no te digo más que he huido de los escándalos, como 922
            las salamanquesas del agua fría.
 ZP 1,1 Alcalde   Eso tiene casarse a tu [...] aficionadas a las flores 924
            y al agua limpia.
 ZP 2,1 Zapatera   Medio metro de agua y las chinas del fondo se veían 945
            reír, reír con el temblorcillo.
 ZP 2,1 Zapatera   El paró su caballo y la cola del caballo era blanca y 946
            tan larga que llegaba al agua del arroyo.
 ZP 2,1 Zapatero   y una carne como el agua 959
 PB 0,0 Una Voz   Agua tibia entre los juncos, 982
 PB 0,0 Perlimplín   Y si te soy franco, siento una sed... ¿Por qué no me 987
            traes agua?
 PB 1,1 Perlimplín   Desde que tú viniste de la iglesia está mi casa llena 988
            de rumores secretos, y el agua se entibia ella [...]
 PB 1,1 Belisa   Mi sed no se apaga nunca, como nunca se apaga la sed 989
            de los mascarones que echan el agua en las fuentes.
 PB 3,1 Voces   con agua salobre y nardos. 1011
 DC 1,1 Poeta   Si el director de escena quisiera, don Cristóbal vería 1036
            las ninfas del agua y doña Rosita podría [...]
 CA 1,1 Viejo   Mana sin cesar hilitos de agua fría. 1046
 CA 1,1 Viejo   Son unas trenzas con cuyo perfume se puede vivir sin 1050
            necesidad de pan ni de agua.
 CA 1,1 Viejo   El agua que viene por el río es completamente distinta 1052
            de la que se va.
 CA 1,1 Amigo   Dame agua con anís y con hielo. 1056
 CA 1,1 Gato   iba a recoger los peces por el agua 1064
 CA 1,1 Niño   entre los juncos del agua. 1065
 CA 1,1 Niño   los caballitos del agua. 1066
 CA 1,1 Amigo 2   No; se hizo cada vez [...] más que una gota de agua. 1074
 CA 2,1 Maniquí   serán para el agua turbia. 1100
 CA 2,1 Joven   Velero que el agua surca 1103
 CA 3,1 Muchacha   Banderas de agua verde 1110
 CA 3,1 Muchacha   al agua del mar. 1112
 CA 3,2 Joven   Dame un vaso de agua fría. 1132
 CA 3,2 Joven   ¿Se encuentra bien una fuente echando agua? Contesta. 1132
 EP RR Figura De P   Yo me convertiría en agua. 1147
 EP RR Figura De C   ¿Y si yo me convirtiera en agua? 1147
 EP CV Enfermero   Ya se ha enviado al teatro por el agua. 1157
 EP CV Estudiante 1   Cuando la gente va al acuárium no asesina a las 1165
            serpientes de mar, ni a las ratas de agua, ni a los
            peces [...]
 BS 1,1 Vecina   Iban negros los chiquillos que llevan el agua a los 1183
            segadores.
 BS 1,2 Suegra   que no quiso el agua. 1184
 BS 1,2 Suegra   El agua era negra 1184
 BS 1,2 Suegra   lo que tiene el agua 1184
 BS 1,2 Suegra   más fuerte que el agua. 1184
 BS 1,2 Mujer   que no quiso el agua! 1185
 BS 1,2 Mujer   que no quiso el agua! 1186
 BS 1,2 Leonardo   Con el agua bien fría. 1188
 BS 1,2 Suegra   más fuerte que el agua. 1193
 BS 1,2 Suegra   que no quiso el agua! 1193

agua (continuación)
BS 1,3	Novio	¿Sin agua?	1195
BS 2,1	Mujer	con el agua de tu pelo!	1221
BS 2,2	Criada	y el agua pasaba,	1225
BS 2,2	Criada	y el agua pasaba,	1226
BS 2,2	Criada	mira cómo el agua pasa.	1226
BS 2,2	Criada	y el agua pasaba.	1226
BS 2,2	Criada	deja que relumbre el agua!	1226
BS 2,2	Madre	Al agua se tiran las honradas, las limpias; ¡esa, no!	1244
BS 3,1	Luna	el agua de los estanques.	1249
BS 3,1	Novia	con los pies dentro del agua,	1260
BS 3,2	Novia	Yo era una mujer quemada, llena de llagas por dentro y por fuera, y tu hijo era un poquito de agua de la que yo esperaba [...]	1269
BS 3,2	Novia	Y yo corría con tu hijo que era como un niñito de agua, frío, y el otro [...]	1269
BS 3,2	Madre	y el agua forme un llanto	1271
YE 1,2	Vieja 1	Los hijos llegan como el agua.	1288
YE 1,2	Vieja 1	Han de deshacernos las trenzas y darnos de beber agua en su misma boca.	1290
YE 1,2	Yerma	Una agujita, un sorbo de agua.	1292
YE 1,2	Yerma	es la rota voz del agua.	1295
YE 1,2	Yerma	Parece un chorro de agua que te llena toda la boca.	1296
YE 1,2	Juan	Viene poca agua, es mía hasta la salida del sol y tengo que defenderla contra los ladrones.	1300
YE 2,1	Lavandera 5	para que el agua cante	1307
YE 2,1	Lavandera 1	para que tome al agua	1307
YE 2,2	Yerma	Para tener agua fresca en la comida.	1311
YE 2,2	Yerma	Roca que es una infamia que sea roca, porque debía ser un canasto de flores y agua dulce.	1314
YE 2,2	Yerma	Quiero beber agua y no hay vaso ni agua, quiero subir al monte y no tengo pies, quiero bordar mis enaguas y no encuentro [...]	1314
YE 2,2	Yerma	porque el agua da sal, la tierra fruta,	1316
YE 2,2	Yerma	Que estoy ofendida, ofendida [...] fuentes no cesan de dar agua y que paren las [...]	1318
YE 2,2	Yerma	Os quedáis frescas, ignorantes, como el que nada en agua dulce y no tiene idea de la sed.	1318
YE 2,2	Yerma	Pero ellos no saben que yo, si quiero, puedo ser agua de arroyo que las lleve.	1319
YE 2,2	Yerma	De mí sé decir: que he aborrecido el agua de estos pozos.	1322
YE 3,1	Yerma	Sino agarrar las criaturas y lavarlas con agua viva.	1327
YE 3,2	Vieja	¿Habéis bebido ya el agua santa?	1336
YE 3,2	Hembra	los caracoles del agua.	1340
YE 3,2	Hembra	la doncella en el agua!	1340
YE 3,2	Hombre 1	con el viento y el agua!	1340
YE 3,2	Yerma	El agua no se puede volver atrás ni la luna llena sale al mediodía.	1345
YE 3,2	Vieja	Cuando se tiene sed, se agradece el agua.	1345
YE 3,2	Yerma	Yo soy como un campo seco donde caben arando mil pares de bueyes y lo que tú me das es un pequeño vaso de agua de pozo.	1345
RS 1,1	Ama	Pero yo no digo que de tanto regar las flores y tanta agua por todas partes van a salir sapos en el sofá.	1352
RS 1,1	Primo	el agua me ha de prestar	1371
RS 2,1	Ama	En medio del terciopelo [...] con rosas verdes; el agua de la taza es un [...]	1383
RS 2,1	Solterona 3	otras, fuego, y otras, agua.	1405
RS 2,1	Madre	¡Un vaso de agua!	1408
RS 3,1	Tía	Yo ya estoy entregada..., y un día sopas, otro día migas, mi vasito de agua y mi rosario en [...]	1414
RS 3,1	Martín	Ayer se empeñaron en [...] balcón un jarro de agua.	1418
RS 3,1	Ama	¡A ver si el agua sube hasta que no quede un niño vivo!	1424
RS 3,1	Ama	Del primer empujón que le doy a la caldera de Pedro Botero hago llegar el agua caliente a los confines [...]	1425
RS 3,1	Rosita	Me entendéis si pido pan y agua y hasta un beso, [...]	1430
BA 1,1	La Poncia	En el "Pater Noster" subió, subió la voz que parecía un cántaro de agua llenándose poco [...]	1443
BA 1,1	Bernarda	Es así como se tiene que hablar en este maldito pueblo sin río, pueblo de pozos, donde siempre se bebe el agua con el miedo de [...]	1450
BA 1,1	Criada	Tuve durante el duelo [...] para que le dieras agua de fregar siquiera [...]	1452
BA 3,1	Prudencia	Yo dejo que el agua corra.	1507
BA 3,1	Adela	A beber agua.	1509
BA 3,1	Bernarda	Trae un jarro de agua fresca.	1509
BA 3,1	Adela	con papel y agua bendita?	1516
BA 3,1	Adela	Voy a beber agua.	1522

aguacero (4)
ZP 2,1 Zapatera   Que suenan con el aguacero los cristales del   974
                      ventanillo, ¡otro susto!
CA 1,1 Amigo 2   Va a caer un aguacero..., pero aguacero bonito el que   1073
                      cayó el año pasado.
CA 1,1 Amigo 2   El aguacero.   1077
aguada (1)
RS 2,1 Rosita   ¡Toma! Ya he hecho otro de nansú con mariposa a la   1395
                      aguada.
aguantan (1)
MP 1,5 Fernando   Y las gentes cómo aguantan.   799
aguantando (1)
MP 1,5 Fernando   que aguantando el airecillo   798
aguantar (2)
BS 2,1 Novia   Y sé que estoy loca y sé que tengo el pecho podrido de   1215
                      aguantar, y aquí estoy [...]
RS 3,1 Ama   Yo no tengo genio para aguantar estas cosas [...]   1416
aguantara (1)
ZP 2,1 Zapatera   Si no fuera porque tengo [...] ¿cómo es posible que yo   942
                      aguantara esto?
aguantarla (1)
RS 2,1 Tía   Hay que aguantarla; pero a veces me crispa los nervios. 1395
aguantarme (2)
TC 1,1 Rosita   dispone de mi mano, y no tengo más remedio que   733
                      aguantarme porque lo manda la ley.
ZP 1,1 Zapatero   Ya sé que tengo que aguantarme.   915
aguantas (2)
ZP 1,1 Zapatera   ¡Si te he hecho daño te aguantas!...   932
BA 2,1 La Poncia   ¡Deja en paz a tu hermana, y si Pepe el Romano te   1481
                      gusta, te aguantas!
aguanto (5)
ZP 1,1 Zapatera   También me aguanto yo..., piensa que tengo dieciocho   916
                      años.
ZP 1,1 Zapatero   Sí, señor, me he lucido... Ahora, que yo no aguanto   926
                      más.
BS 2,1 Madre   Me aguanto, pero no perdono.   1221
YE 3,1 Juan   Todo lo aguanto menos eso.   1332
BA 3,1 Adela   Ya no aguanto el horror de estos techos después de   1528
                      haber probado el sabor de su boca.
aguarda (9)
MM 1,2 Curianita Silvia   que él aguarda no vendrá.   682
MP 3,5 Pedrosa   que aguarda, como siempre, sus noticias.   873
ZP 2,1 Alcalde   Que la casa tiene una [...] fuente saltadora, pero   951
                      aguarda, para estar alegre, [...]
PB 3,1 Perlimplín   Mañana estarás libre como un pájaro... Aguarda hasta   1011
                      mañana... [...]
CA 1,1 Gata   Aguarda.   1067
CA 2,1 Joven   aguarda calor y ayuda.   1104
CA 3,1 Muchacha   Mi amante me aguarda   1109
YE 3,2 Hombre 1   ¡Que diga a quién aguarda!   1340
BA 1,1 Martirio   No hables así. La suerte viene a quien menos la   1464
                      aguarda.
aguardan (3)
MP 2,7 Pedro   que aguardan las noticias anhelantes.   838
CA 3,1 Joven   Sábanas blancas te aguardan.   1121
BS 3,1 Mendiga   aguardan por el suelo de la alcoba   1250
aguardando (1)
YE 2,2 Muchacha 2   Esperé a que saliera. Mi madre te está aguardando.   1320
aguardiente (2)
DC 1,1 Cristóbal   El aparato del aguardiente.   1026
BA 1,1 Bernarda   Dales las gracias y échales una copa de aguardiente.   1450
aguas (3)
MM 2,6 Curianito   ¿Me arrojaré a las aguas?   718
MM 2,7 Curianito   y el canto de las aguas?   719
YE 2,1 Lavandera 6   en las aguas del mar.   1309
aguda (2)
MP 2,5 Pedro   y esta aguda pasión de horizonte y silencio.   832
MP 2,8 Mariana   Pero a pesar de esta opresión aguda   846
agudizad (1)
ZP 2,1 Zapatero   Agudizad vuestros oídos y entendimiento.   958
agudo (1)
EP RR Figura De C   Un hombre, tan hombre que siento un dolor agudo en los   1149
                      dientes [...]
aguijón (1)
TC 2,1 Rosita   Lo que voy a decirte lleva el aguijón duro.   736
águila (1)
DC 1,1 Poeta   La luna es un águila blanca.   1036
aguja (2)
YE 2,1 Lavandera 1   Con una aguja de hacer calceta ensartaría yo las   1305
                      lenguas murmuradoras.
BA 1,1 Bernarda   Hilo y aguja para las hembras.   1452

Pág.

agujas (6)
MP 2,1 Clavela   Las agujas de plata,   822
MP 2,9 Mariana   que clava agujas sobre los pulmones   851
YE 1,2 Yerma   Usted me ha de decir lo que tengo que hacer, que yo   1288
                       haré lo que sea, aunque me mande clavarme agujas en el
                       sitio más [...]
YE 1,2 Yerma   Los robles ponen agujas,   1295
YE 3,1 Juan   Mirándome con dos agujas, pasando las noches [...]   1332
RS 1,1 Rosita   agujas estremecidas   1372
agujerito (1)
TC 0,0 Mosquito   Pero un día vi por el agujerito de la puerta una   724
                       estrella que temblaba como una fresca violeta de luz.
agujero (2)
TC 5,1 Un Granuja   por el agujero!   756
RS 2,1 El Señor X   Estuve por haberla traído un cañoncito de plata por   1377
                       cuyo agujero se veía la Virgen [...]
agujita (1)
YE 1,2 Yerma   Una agujita, un sorbo de agua.   1292
ah (30)
ahhhhh (1)
CA 1,1 Amigo   ¡Ahhhhh!...   1059
ahí (45)
TC 1,1 Padre   Yo he dado tu mano a don Cristobita el de la porra,   732
                       que acaba de pasar en su carroza por ahí.
ZP 1,1 Zapatera   Déjalos ahí, ya los arreglarán.   914
ZP 1,1 Zapatero   Ahí lo tiene usted.   926
ZP 1,1 Zapatera   Pero si anda por ahí revoloteando un mirlo [...]   930
ZP 1,1 Niño   ¡Quédate ahí, ahí, ahí!...   936
ZP 1,1 Niño   ¡Quédate ahí, ahí, ahí!...   936
ZP 1,1 Niño   ¡Quédate ahí!   936
ZP 1,1 Niño   Mariposa, ¿estás ahí?   936
ZP 2,1 Alcalde   Y vosotros, ¿qué hacéis ahí?   953
ZP 2,1 Zapatera   Por Dios, ¡quite de ahí!   969
DC 1,1 Director   Ahí van.   1021
DC 1,1 Director   Ahí viene la madre de doña Rosita.   1028
DC 1,1 Director   ¿Quién habla ahí de ese modo?   1036
CA 1,1 Viejo   Están las cosas más vivas dentro que ahí fuera,   1053
                       expuestas al aire o la muerte.
CA 2,1 Padre   Ahí dentro está, en el maniquí.   1089
CA 2,1 Criada   Ahí dentro está, en el maniquí.   1098
CA 3,1 Arlequín   ¡Eh! Por ahí no puede pasar.   1118
CA 3,1 Arlequín   Por ahí está el circo.   1118
CA 3,1 Arlequín   Ahí dentro, en el circo, hay oro blando, suficiente   1119
                       para hacer una estatua del mismo tamaño... que usted.
CA 3,1 Máscara   Se ha quedado ahí detrás con su niño.   1123
EP RR Centurión   Difícil es, pero ahí lo tienes.   1154
BS 2,1 Novia   No se puede estar ahí dentro, del calor.   1206
BS 3,1 Novio   Vete por ahí y da la vuelta.   1253
BS 3,2 Madre   Está ahí, y está llorando, y yo quieta, sin arrancarle   1268
                       los ojos.
YE 2,1 Lavandera 2   Silencio. ¿No ves que por ahí vienen las cuñadas?   1305
YE 3,1 Dolores   La última vez hice la [...] tuvo dos criaturas ahí   1327
                       abajo en el río, [...]
YE 3,1 Yerma   Y me pregunto: "¿Para qué estarán ahí puestos?"   1328
YE 3,2 María   Ahí tienes el carro.   1337
YE 3,2 Yerma   Ahí está.   1344
YE 3,2 Yerma   ¿Estabas ahí?   1346
RS 1,1 Ama   Ahí estaban.   1351
RS 1,1 Tía   ¡Y que es ahí al lado!   1362
RS 2,1 Ama   Ahí están las solteronas cursilonas.   1390
RS 2,1 Ama   Ahí están las de Ayola, el fotógrafo.   1395
RS 2,1 Ama   Ahí están las señoronas [...]   1395
RS 3,1 Martín   Ahí he querido renovarme haciendo una cosa del   1422
                       ambiente actual; ¡hasta hablo de un aeroplano!
RS 3,1 Ama   Ayer decía a voces: "No; ahí hay hipérbaton", [...]   1423
RS 3,1 Tía   "Ahí está Fulano"; y él: [...]   1427
RS 3,1 Rosita   Y hoy se casa una amiga [...] canso, y uno dice: "Ahí   1428
                       está la solterona"; [...]
BA 1,1 Criada   Ahí está don Arturo, que viene a arreglar las   1458
                       particiones.
BA 3,1 Adela   Ahí fuera está, respirando como si fuera un león.   1530
ahoga (2)
TC 6,1 Cristobita   ¡Me ahoga la rabia!   776
BA 3,1 Martirio   Tengo el corazón lleno de una fuerza tan mala, que,   1528
                       sin quererlo yo, a mí misma me ahoga.
ahogado (2)
MP 2,5 Mariana   en espera de gentes que te traigan ahogado.   832
YE 1,2 Yerma   Muy cerca. Y lloraba como ahogado.   1298
ahógame (1)
EP RR Figura De C   Llévame al baño y ahógame.   1147

ahogar (2)
    CA 2,1 Novia   Hay en tu pecho como un torrente donde yo me voy a   1079
                              ahogar.
    CA 2,1 Novia   Me voy a ahogar y luego tú saldrás corriendo y me   1079
                              dejarás muerta por las orillas.

ahogarlo (1)
    YE 3,1 Juan   Si pudiera dar voces levantaría a todo el pueblo para   1331
                              que viera dónde iba la honra de mi casa; pero he de
                              ahogarlo todo y callarme, [...]

ahogarme (1)
    MP 2,7 Mariana   que me falta muy poco para ahogarme.   840
ahogarse (1)
    BA 3,1 Adela   La que tenga que ahogarse que se ahogue.   1528
ahogo (1)
    BS 2,1 Novia   Y me arrastra y sé que me ahogo, pero voy detrás.   1215
ahogue (1)
    BA 3,1 Adela   La que tenga que ahogarse que se ahogue.   1528
ahondar (1)
    CA 3,2 Jugador 2   Tendrás necesidad de ahondar mucho.   1139
ahondarte (1)
    EP CV Enfermero   Ahora te daré la hiel, y luego, a las ocho, vendré con   1156
                              el bisturí para ahondarte la herida del costado.

ahonde (2)
    YE 1,1 Víctor   Dile a Juan que recoja las dos que me compró, y en   1285
                              cuanto a lo otro, ¡que ahonde!
    YE 1,1 Yerma   ¡Eso! ¡Que ahonde!   1285
ahora (170)
    MM 0,0   Un viejo silfo del bosque [...] fueron los rebaños, y   670
                              ahora el poeta os la [...]
    MM 0,0   Ahora, escuchad la comedia.   670
    MM 1,1 Doña Curiana   y tan solo ahora la hemos de gozar.   674
    MM 1,5 Alacranito   Ahora mismo me acabo de comer un gusano   692
    MM 2,3 Mariposa   Ahora comprendo el lamentar del agua,   708
    MM 2,5 Gusano 2   Ahora he visto en el lago   712
    MM 2,5 Mariposa   y ahora mi pobre cuerpo   715
    TC 0,0 Mosquito   Ahora que sale la luna [...]   724
    TC 0,0 Mosquito   Y ahora... ¡viento!:   724
    TC 1,1 Padre   Si al menos quisieras casarte, otro gallo nos   726
                              cantaría; pero me parece a mí que por ahora...
    TC 1,1 Rosita   Ahora viene la gente.   731
    TC 1,1 Rosita   Ahora mismo...   732
    TC 1,1 Rosita   Yo me enveneno ahora mismo con mixtos o con sublimado   734
                              corrosivo.
    TC 2,1 Rosita   El viento morisco hace girar ahora todas las veletas   736
                              de Andalucía.
    TC 2,1 Rosita   Ya te enterarás. Ahora, adiós.   737
    TC 2,1 Cristobita   Ahora, tome el dinero.   739
    TC 3,1 Espantanublos Ahora mismo.   741
    TC 3,1 Mozo 2   Y ahora, a brindar.   744
    TC 3,1 Mozo 2   Que se casa ahora con don Cristobita, y este, pues...   745
                              ¡Ya se lo puede figurar!
    TC 3,1 Joven   Ahora les gusta a las mujeres los chiquilicuatros.   746
    TC 4,1 Mosquito   Ahora, este pondrá sobre la dura vela: "RECUERDO", y   751
                              seguirá marchando, marchando...
    TC 4,1 Joven   Ahora me alegro de haber venido, pero tengo una rabia,   751
                              que las palabras no me salen de la boca.
    TC 5,1 Cristobita   ¡Quiero afeitarme ahora mismo, sí, señor, ahora mismo,   758
                              porque me voy a casar!
    TC 5,1 Cristobita   Las diez o las once, quiero afeitarme ahora mismo.   758
    TC 6,1 Rosita   Ahora quiero a Cristobita.   763
    TC 6,1 Cristobita   Yo también me voy a poner un gran sombrero y a colgar   768
                              cintas a la porra... Ahora vengo.
    TC 6,1 Rosita   Ahora me matará con la porra.   772
    TC 6,1 Rosita   Un pájaro ha pasado ahora mismo por la ventana, con   773
                              unas alas... ¡así de grandes!
    TC 6,1 Rosita   ¿Te abro? ¡No te abro! Ahora viene, y nos matará.   777
    TC 6,1 Rosita   Vete a tu casa; ahora, yo moriré.   777
    TC 6,1 Cocoliche   Ahora siento mi pecho lleno de cascabeles, lleno de   780
                              corazoncillos.
    MP 1,3 Mariana   Han llegado ahora mismo del colegio.   789
    MP 1,5 Mariana   Ahora mismo. Se olvidaron   797
    MP 1,5 Fernando   Ahora los ríos sobre España,   801
    MP 1,7 Fernando   ahora tengo que ayudar   812
    MP 1,7 Fernando   Ahora mismo.   814
    MP 2,5 Mariana   Ahora puedo perderte, puedo perder tu vida.   831
    MP 2,7 Mariana   Ahora llega.   840
    MP 2,8 Conspirador 4 Ahora mismo tenemos que callarnos.   842
    MP 2,9 Pedrosa   por mí la cancioncilla que ahora mismo   850
    MP 2,9 Pedrosa   Yo las sentí lejanas. Ahora vengo   851
    MP 2,9 Pedrosa   Me has despreciado siempre; pero ahora   856
    MP 2,9 Mariana   ¡Ahora empiezo a morir!   859

ahora (continuación)			Pág.

MP 2,9	Mariana	Mírame y llora. ¡Ahora empiezo a morir!	859
MP 3,1	Carmen	Ahora mismo, al obrador.	863
MP 3,5	Mariana	Ahora le estoy mirando cara a cara	875
MP 3,5	Mariana	Ahora menos lo diría.	877
MP 3,8	Mariana	Ahora ya no me importa. Mi esperanza lo ha oído	885
MP 3,8	Mariana	Y ahora ya no te quiero, porque soy una sombra.	887
MP 3,9	Mariana	Ahora sé lo que dicen el ruiseñor y el árbol.	889
TB QM.	Viejo	Estuve de cochero en su casa; pero si te confieso la verdad, ahora estoy mejor de mendigo.	905
TB QM.	Niña	Pues ahora el topo va a ser para mí.	908
TB QM.	Mujer	Ahora te podría tragar como si fueras un botón.	909
ZP 1,1	Zapatero	Sí, señor, me he lucido... Ahora, que yo no aguanto más.	926
ZP 1,1	Zapatera	¡Ahora!	936
ZP 1,1	Zapatera	¡Ahora!	936
ZP 2,1	Niño	Ahora no, pero he llorado.	944
ZP 2,1	Alcalde	Niño, niño, basta de voces... ¿Sabes tú lo que he hecho ahora?	948
ZP 2,1	Zapatero	Lo mismo que les estoy viendo a ustedes ahora.	955
ZP 2,1	Zapatera	Mi marido me dejó por culpa de las gentes y ahora me encuentro sola, sin calor de nadie.	963
ZP 2,1	Zapatera	¿Y qué hace usted ahora, corriendo mundo?	967
ZP 2,1	Zapatero	Y ahora casi me alegro [...]	968
ZP 2,1	Niño	Ahora entraba un grupo de hombres en casa del Alcalde.	973
ZP 2,1	Zapatero	¿Y si por casualidad llegara ahora mismo?	976
ZP 2,1	Zapatero	¿Quiere usted que llegue ahora mismo?	977
ZP 2,1	Zapatera	Y venid, venid ahora, si queréis.	978
PB 0,0	Marcolfa	No... Venga ahora mismo.	982
PB 1,1	Duende 1	Que las rendijas de ahora son oscuridad mañana.	994
PB 2,1	Perlimplín	No tengas miedo de hablarme..., yo sé que tú le amas... Ahora te quiero como [...]	1005
PB 3,1	Perlimplín	Antes no podía pensar [...] puertas... ¡En cambio, ahora!...	1009
PB 3,1	Perlimplín	Ahora cierro los ojos [...]	1009
PB 3,1	Perlimplín	Mañana estarás libre como un pájaro... Aguarda hasta mañana... Ahora vete y cumple con [...]	1011
PB 3,1	Perlimplín	Como ahora te ayudaré a llorarlo.	1014
PB 3,1	Marcolfa	Ahora le amortajaremos con el rojo traje juvenil con que paseaba bajo sus mismos balcones.	1017
DC 1,1		Yo voy a comer ahora un poquito pan, [...]	1020
DC 1,1	Cristóbal	Ahora verás.	1026
DC 1,1	Madre	Por tu culpa ahora nos tendrás que dar todo tu dinero.	1040
DC 1,1	Director	Ahora está naciendo el quinto.	1042
DC 1,1	Cristóbal	Ahora sabré de quién son esos niños.	1042
CA 1,1	Joven	Por ahora no puede ser... Por causas que no son de explicar.	1048
CA 1,1	Viejo	¿No le angustia la hora de la partida, los acontecimientos, lo que ha de llegar ahora mismo...?	1048
CA 1,1	Viejo	Porque lo otro es morirse ahora mismo, y es más [...]	1053
CA 1,1	Joven	Pero ahora, ¡ahora!, no.	1060
CA 1,1	Criado	El niño de la portera murió y ahora lo llevan a enterrar.	1070
CA 1,1	Amigo 2	Ahora, antes de entrar aquí vi a un niño que llevaban a enterrar con las primeras gotas de la lluvia.	1074
CA 1,1	Amigo 2	Yo era tierno y cantaba, y ahora hay un hombre, [...]	1075
CA 2,1	Novia	Yo me corté las trenzas porque le gustaban mucho, como ahora voy descalza porque [...]	1079
CA 2,1	Padre	Ahora empezará el eclipse.	1090
CA 2,1	Padre	Y ahora yo no lo veo.	1090
CA 2,1	Joven	¡Ahora nadie podría separar mis brazos de tu cuello!	1094
CA 2,1	Joven	Porque te he esperado y ahora gano mi sueño.	1094
CA 2,1	Joven	¿Qué voy a hacer ahora?	1095
CA 2,1	Joven	Me hacen ahora mismo un aire que me quema la piel.	1098
CA 2,1	Joven	No. Ahora mismo.	1106
CA 3,1	Arlequín	Ahora mismo.	1110
CA 3,1	Muchacha	¿Ahora?	1110
CA 3,1	Joven	Vámonos pronto. Ahora mismo.	1121
CA 3,1	Máscara	Ahora mismo acabo de abandonar para siempre al conde.	1123
CA 3,1	Máscara	Ahora me buscará por todos lados.	1123
CA 3,1	Joven	Ahora...	1124
CA 3,1	Mecanógrafa	¿Por qué dices ahora?	1125
CA 3,1	Joven	Pero la sangre golpea mis sienes con sus nudillos de fuego, y ahora te tengo ya aquí.	1125
CA 3,2	Criado	Ahora está de portera, pero antes fue una gran señora.	1131
CA 3,2	Joven	¿Y ahora?	1140
CA 3,2	Joven	Ahora mismo.	1141
EP RR	Figura De C	Y ahora yo serviré al emperador fingiendo la voz tuya.	1151
EP CV	Enfermero	Ahora te daré la hiel, y luego, a las ocho, vendré con el bisturí para ahondarte la herida del costado.	1156

ahora (continuación)

EP CV	Estudiante 2	Con gran alegría para su mujer, que ahora trabajará tanto que tendrá que ponerse dos grifos en las tetas.	1157	
EP CV	Dama 4	Ahora es seguro que el [...]	1164	
BS 1,1	Madre	No te irías al arroyo ahora y bordaríamos las dos cenefas y perritos de lana.	1174	
BS 1,1	Vecina	Ahora se casará.	1180	
BS 1,1	Vecina	Ahora, si fue decente o no, nadie lo dijo.	1181	
BS 1,2	Leonardo	¿Vas a llorar ahora?	1190	
BS 1,3	Criada	Ahora vienen.	1194	
BS 1,3	Madre	Pero ahora da. No te quejes. Yo no vengo a pedirte nada.	1196	
BS 2,1	Criada	Ahora mismo la voy a vestir.	1211	
BS 2,1	Criada	¡Debes irte ahora mismo!	1215	
BS 2,1	Leonardo	Cásate tú ahora.	1215	
BS 2,2	Padre	Ahora tienes que esperar. Mi hija es ancha y tu hijo es fuerte.	1229	
BS 2,2	Madre	Tu padre sembró mucho y ahora lo recoges tú.	1230	
BS 2,2	Novia	Ahora vuelvo.	1232	
BS 2,2	Muchacha 1	Ahora, que una se casa antes que otra.	1236	
BS 2,2	Novio	Ahora que tu padre te hubiera abrazado más blando.	1237	
BS 2,2	Madre	¿Quién tiene un caballo ahora mismo, quién tiene un caballo?	1244	
BS 3,1	Leñador 1	Ahora la estará queriendo.	1247	
BS 3,1	Leñador 3	Ahora sale la luna. Vamos a darnos prisa.	1248	
BS 3,2	Mujer	y ahora montón de nieve.	1270	
BS 3,2	Mujer	Ahora, musgo de noche	1270	
YE 1,1	Yerma	Ahora tienes la cara blanca, como si no te diera en ella el sol.	1274	
YE 1,2	Muchacha 2	Porque lo mismo hacíamos de novios que ahora.	1293	
YE 2,1	Lavandera 4	Estaban encargadas de cuidar la iglesia y ahora cuidan de su cuñada.	1301	
YE 2,1	Lavandera 3	Sí, ahora salen todos los rebaños.	1305	
YE 2,2	Yerma	Ahora, ahora déjame con mis clavos.	1313	
YE 3,1	Dolores	Ahora tendrás un hijo. Te lo puedo asegurar.	1328	
YE 3,1	Yerma	Dejarme libre siquiera la voz, ahora que voy entrando en	1334	
YE 3,2	Vieja	Y ahora, a ver a ese.	1336	
YE 3,2	Vieja	Antes no he podido decirte nada, pero ahora sí.	1344	
YE 3,2	Yerma	Ahora sí que lo sé de cierto.	1350	
RS 1,1	Ama	Pero aquí... rosas por la derecha, albahaca por la izquierda, anémonas, salvias, petunias y esas flores de ahora, de moda, los crisantemos, [...]	1353	
RS 1,1	Rosita	¿Y ahora?	1358	
RS 1,1	Tía	Ahora se enterará de que las telas no solo sirven para hacer flores, sino para empapar lágrimas.	1362	
RS 1,1	Ama	¡Estos son los hombres de ahora!	1364	
RS 1,1	Ama	¡Ahora se lo está diciendo!	1370	
RS 1,1	Ama	¡Dejadla ahora!	1370	
RS 2,1	Solterona 2	¿No vas ahora a la Alameda, Rosita?	1394	
RS 2,1	Solterona 3	Ahora estudio poco. Tengo muchas labores que hacer.	1397	
RS 2,1	Rosita	Pero como le es imposible venir por ahora, la boda será por poderes y luego vendrá él.	1409	
RS 3,1	Ama	Ahora me dará usted la razón.	1415	
RS 3,1	Rosita	Me he acostumbrado a vivir muchos años fuera de mí, pensando en cosas que estaban muy lejos, y ahora que estas cosas [...]	1428	
RS 3,1	Rosita	Ahora lo único que me queda es mi dignidad.	1430	
RS 3,1	Ama	Ahora, cuando lleguemos, tengo la comida hecha.	1437	
BA 1,1	La Poncia	¡Quisiera que ahora que no come ella, que todos nos muriéramos de hambre!	1440	
BA 1,1	La Poncia	Ahora que nadie como el antiguo sacristán Tronchapinos.	1443	
BA 1,1	Martirio	Antes era alegre; ahora ni polvos se echa en la cara.	1459	
BA 1,1	Magdalena	Porque si con veinte años parecía un palo vestido, ¡qué será ahora que tiene cuarenta!	1464	
BA 1,1	Amelia	¡Angustias tiene todo el dinero de su padre, es la única rica de la casa y por eso ahora que nuestro padre [...]	1464	
BA 1,1	Bernarda	¡Ahora, vete!	1469	
BA 2,1	La Poncia	A ver si ahora Angustias los usa en los suyos.	1484	
BA 2,1	Amelia	Ahora salen a segar.	1486	
BA 2,1	La Poncia	Ahora dan vuelta a la esquina.	1488	
BA 2,1	La Poncia	Ahora estás ciega.	1497	
BA 2,1	Martirio	No quise asomarme. ¿No habláis ahora por la ventana del callejón?	1502	
BA 2,1	Bernarda	Ahora vigilaré sin cerrarlos ya hasta que me muera.	1503	
BA 2,1	La Poncia	Ahora la quieren matar.	1505	
BA 3,1	Bernarda	Ahora te has vuelto callada.	1518	
BA 3,1	Criada	Ahora.	1522	
BA 3,1	Bernarda	Atrévete a buscarlo ahora.	1530	

			Pág.
ahrrrrrr (1)			
TC 6,1	Cristobita	¡Ahrrrrrr!	778
ahrrrrrrrr (2)			
TC 6,1	Cristobita	¡Ahrrrrrrrr!	776
TC 6,1	Cristobita	¡Ahrrrrrrrr!	778
airazo (1)			
RS 3,1	Ama	¡Qué airazo entra por la ventana!	1417
aire (84)			
MM 0,0		También el viejo silfo [...] hoja mecida por el aire tiene la estrella [...]	670
MM 1,2	Curianita Silvia	que el aire me trae su aliento.	681
TC 0,0	Mosquito	y el aire las movía.	724
TC 1,1	La Voz De C	Por el aire van	727
TC 1,1	La Voz De C	por el aire van,	727
TC 1,1	La Voz De C	van por el aire.	727
TC 1,1	Rosita	Por el aire van	728
TC 1,1	Rosita	por el aire van,	728
TC 1,1	Rosita	van por el aire.	728
TC 1,1	Voz	Por el aire van	735
TC 6,1	Cocoliche	Sal al aire libre, donde están los hombres .	768
TC 6,1	Mosquito	Después de todo ..., la luna no es tan menguante, ni el aire va, ni el aire viene...	771
MP 1,1	Angustias	una herida de cuchillo sobre el aire.	783
MP 1,5	Mariana	¡Con un aire y un silencio!	800
MP 1,7	Mariana	por el aire, por la mar,	809
MP 2,1	Clavela	cómo el aire menea	824
MP 2,5	Mariana	Un pájaro sin aire, ¿puede volar? ¡Entonces!...	828
MP 2,7	Pedro	Andalucía tiene todo el aire	838
MP 2,9	Mariana	El aire helado	851
MP 2,9	Angustias	Tiene miedo del aire y de la lluvia.	859
MP 3,2	Mariana	las piedras, el agua, el aire,	865
MP 3,3	Mariana	al aire la deslumbrante	869
ZP 0,0	El Autor	En todos los sitios late y anima la criatura poética que el autor ha vestido de zapatera con aire de refrán o simple [...]	912
ZP 1,1	Niño	Mariposa del aire,	936
ZP 1,1	Niño	mariposa del aire	936
ZP 1,1	Niño	mariposa del aire,	936
ZP 1,1	Niño	Mariposa del aire,	936
ZP 1,1	Niño	mariposa del aire,	936
ZP 2,1	Zapatera	Todavía me parece sentir en la cara aquel aire tan fresquito que venía por los árboles.	946
PB 1,1	Belisa	Porque esta noche ha corrido el aire como nunca.	998
PB 3,1	Belisa	¿Qué voces llenan de dulce armonía el aire de una sola pieza de la noche?	1012
DC 1,1	Director	Señoras y señores: Los [...] los olivos y en el aire oscuro de los establos [...]	1043
CA 1,1	Viejo	Están las cosas más vivas dentro que ahí fuera, expuestas al aire o la muerte.	1053
CA 2,1	Criada	El aire le va a quemar el cutis.	1087
CA 2,1	Joven	Sería el aire cuajado en bocas para besar tu cabeza.	1092
CA 2,1	Joven	¿Voy a dejar que la viva el aire?	1095
CA 2,1	Joven	Me hacen ahora mismo un aire que me quema la piel.	1098
CA 2,1	Joven	Se la pondrá el aire oscuro	1100
CA 2,1	Maniquí	el aire roto en el freno	1101
CA 2,1	Joven	Pájaro que el aire cruza	1103
CA 3,1	Mecanógrafa	Pero... lo veía por las rendijas...; quieto con unos ojos... Entraba el aire como un cuchillo, [...]	1115
CA 3,1	Arlequín	El poeta Virgilio construyó una mosca de oro y murieron todas las moscas que envenenaban el aire de Nápoles.	1119
CA 3,1	La Voz De La M	con el aire en un vaso	1120
CA 3,1	Joven	con el aire en un vaso	1120
CA 3,1	Mecanógrafa	en la rama del aire.	1122
CA 3,1	Mecanógrafa	con el aire en un vaso	1123
CA 3,1	Joven	Es tan pequeño... Aplasta las naricillas en el cristal de mi corazón y, sin embargo, no tiene aire.	1125
CA 3,1	Payaso	La mortaja del aire.	1127
CA 3,1	Arlequín	La mortaja del aire.	1129
CA 3,2	Joven	¿Y será posible que en esta casa esté siempre el aire enrarecido?	1135
EP CV	Estudiante 1	Tengo miedo de salir al aire.	1158
EP CV	Enfermero	Mucho cuidado con que el aire que ha de soplar no se lleve vuestras pelucas.	1164
BS 2,1	Novia	Son nublos. Un mal aire en el centro, ¿quién no lo tiene?	1208
BS 2,1	Mozo 1	porque viene el aire lloviendo azahar.	1218
BS 2,1	Criada	¡El aire pone flores	1223
BS 2,1	Criada	Aire oscuro el encaje	1223
BS 3,1	Luna	abandonado en el aire,	1249
BS 3,1	Luna	en los anchos pies del aire.	1249

aire (continuación)
BS 3,1 Luna   en los anchos pies del aire.   1250
BS 3,1 Luna   El aire va llegando duro, con doble filo.   1251
BS 3,1 Novia   y te sigo por el aire   1258
BS 3,1 Novia   al aire como banderas.   1259
BS 3,2 Novia   traen a la muerte por el aire!   1271
YE 1,1 Yerma   "Los jaramagos no sirven para nada", pero yo bien los 1276
                            veo mover sus flores amarillas en el aire.
YE 1,2 Vieja 1   Yo he sido una mujer de faldas en el aire, he ido   1287
                            flechada [...]
YE 1,2 Vieja 1   Muchas veces me he asomado [...] venía, pero era el   1287
                            aire.
YE 1,2 Yerma   Y tú también, tú también te callas y te vas con aire 1291
                            de doctora, sabiéndolo [...]
YE 2,1 Lavandera 4   Por el aire ya viene   1308
YE 2,2 Yerma   que pido un hijo que sufrir, y el aire   1316
YE 3,1 Yerma   Dejar que de mi cuerpo salga siquiera esta cosa   1335
                            hermosa y que llene el aire.
YE 3,2 Hembra   y el aire de la mañana   1340
YE 3,2 Niño   ¡Dale ya con el aire!   1342
YE 3,2 Juan   Ha llegado el último [...] cosas que están en el aire. 1347
YE 3,2 Yerma   ¿Fuera de la vida, dices? ¿En el aire, dices?   1347
RS 1,1 Ama   ¿Y no hay gatos y no hay perros, y no hay un golpe de 1356
                            aire que entra por la ventana?
RS 1,1 Rosita   daba al aire mis afanes   1371
RS 2,1 Tía   No es justo que te des ese ese aire de hombre superior 1386
                            [...]
RS 2,1 Solterona 2   ¡Le puede gustar tomar el aire!   1401
RS 2,1 Madre   ¡qué bien estás cuando el aire   1404
RS 3,1 Tía   Yo notaba algo en las cartas; los poderes que no   1415
                            venían, un aire dudoso..., no se [...]
RS 3,1 Rosita   Pero lo sabían todos [...] prometida y daba un aire   1428
                            grotesco a mi abanico [...]
RS 3,1 Solterona 3   ¡Se ha levantado un aire!...   1436
BA 2,1 La Poncia   A mí me parece mal que Pepe esté con Angustias, y a   1500
                            las gentes, y hasta al aire.
airecillo (1)
MP 1,5 Fernando   que aguantando el airecillo   798
aires (6)
MP 3,8 Mariana   que no podrán borrar los años ni los aires!   885
CA 1,1 Viejo   Pero ¿por que no decir que tiene quince nieves, quince 1049
                           aires, quince crepúsculos?
BS 2,1 Muchacha 2   ¡Aires de sosiego   1220
YE 3,1 Yerma   Yo no sé por qué empiezan los malos aires que   1333
                           revuelcan al trigo, ¡y mira tú si el trigo es bueno!
RS 1,1 Tío   mientras los aires se van,   1357
RS 1,1 Rosita   mientras los aires se van,   1374
ajada (2)
CA 1,1 Joven   La última vez que la [...] rostro y la ponían ajada,   1052
                           vieja, como si [...]
CA 3,1 Joven   flor ajada y cuerpo limpio,   1121
ajajay (1)
TC 1,1 Rosita   ¡Ajajay, mi niño!   725
ajenas (1)
PB 1,1 Duende 2   ¿Y qué te parece? Siempre es bonito tapar las faltas   993
                           ajenas.
ajenos (2)
MM 2,1 Curianita Santa   los dolores ajenos", dijo San Cucaracho.   704
BA 2,1 Amelia   Y mucho menos criar niños ajenos.   1484
ajonjolí (1)
RS 1,1 Ama   Por el ajonjolí,   1364
ajuar (3)
RS 2,1 Solterona 2   El día que te cases vas a llevar el mejor ajuar del   1395
                          mundo.
RS 3,1 Rosita   Yo sé que la hipoteca la hizo para pagar mis muebles y 1427
                          mi ajuar, y esto es lo que me duele.
BA 1,1 Bernarda   Mientras, podéis empezar a bordar el ajuar.   1451
ajustaré (1)
ZP 2,1 Zapatero   Sí, sí, canallas...; pero pronto ajustaré cuentas con   971
                          [...]
ajusticiada (1)
MP 3,5 Mariana   ajusticiada. Ya ve. No podrían.   874
al (255)
ala (6)
MM 1,5 Curiana C   Se ha roto un ala.   697
MM 2,7 Curianito   y tienes rota un ala.   719
MP 3,9 Mariana   ¡Corazón, no me dejes! ¡Silencio! Con un ala,   888
DC 1,1   Y si un pájaro mueve un ala, que también lo oigamos;   1019
                          [...]
CA 2,1 Novia   Una mirada que se parte como el ala de una mariposa   1092
                          seca.

ala - alas

Pág.

ala (continuación)
BS 2,2 Criada   y baja el ala del novio   1226
alabado (4)
BA 1,1 Mendiga   ¡Alabado sea Dios!   1444
BA 1,1 Mendiga   ¡Alabado sea Dios!   1444
BA 1,1 Bernarda   ¡Alabado sea Dios!   1448
BA 1,1 Todas   Sea por siempre bendito y alabado.   1448
alacena (1)
BS 2,2 Criada   En la parte baja de la alacena.   1234
alacenas (2)
BA 1,1 Criada   Suelos barnizados con aceite, alacenas, pedestales,   1444
                       [...]
BA 3,1 La Poncia   Tus hijas están y viven como metidas en alacenas.   1518
Alacranito (2)
MM 1,5 Curianito   ¡Alacranito!   694
MM 2,2 Curiana N   ¡Ten cuidado! ¡Si viene Alacranito!   707
alambre (4)
ZP 1,1 Zapatera   Mirlo de alambre, garabato de candil... Corre,   930
                       corre... ¿Se habrá visto?
CA 2,1 Novia   Están todos andando por el alambre con los ojos   1087
                       cerrados.
BS 3,2 Novia   Pero no con las manos; con garfios de alambre, con una   1269
                       hoz, y con fuerza, hasta que se rompa en mis huesos.
RS 2,1 Ama   En medio del terciopelo hay una fuente hecha con   1383
                       caracoles de verdad; sobre la fuente, una glorieta de
                       alambre con rosas verdes; [...]
alambres (1)
PS 2,1 Madre   Esas plumas y esos alambres me tienen costado muchas   1393
                       noches en vela.
alameda (1)
PB 2,1 Belisa   En mi paseo por la alameda venían todos detrás menos   1002
                       él.
Alameda (2)
MP 2,7 Mariana   que vaya a la Alameda del Salón   839
PS 2,1 Solterona 2   ¿No vas ahora a la Alameda, Rosita?   1394
alamedas (2)
RS 1,1 Rosita   abren por las alamedas   1367
BA 3,1 Bernarda   Pepe, tú irás corriendo vivo por lo oscuro de las   1532
                       alamedas, pero otro día caerás.
alamillos (1)
RS 2,1 Ama   Ya viene el correo por los alamillos.   1399
álamos (1)
MP 3,8 Mariana   última débil brisa que se pierde en los álamos.   886
alargan (1)
MP 1,6 Mariana   los segundos se alargan de manera   802
alarma (1)
EP CV Estudiante 1   Precisamente ella fue la que vio, por una claraboya   1158
                       del teatro, todo lo que ocurría y dio la voz de alarma.
alas (28)
MM 0,0   Un viejo silfo del bosque [...] con unas muletas sus   670
                       alas marchitas, contó [...]
MM 1,1 Doña Curiana   dos alas y cuatro pies.   676
MM 1,2 Curianita Silvia negras tus alas pequeñas,   680
MM 1,5 Curiana N   ¡Acariciar tus alas de blanquísima seda   698
MM 1,5 La Mariposa   mis alas son de plata.   699
MM 1,6 Curiana N   depende de las alas de esa gran mariposa.   700
MM 1,6 Curianito   de alas estremecidas, blanca como el armiño?   701
MM 2,1 Curianita Santa y hablaba de unas alas de mariposa herida,   704
MM 2,2 Curiana N   ¡Procurad que no rocen las alas con el suelo!   706
MM 2,2 Curiana N   Tú con las alas rotas y el corazón herido   707
MM 2,3 Mariposa   al resbalar sobre mis alas muertas.   708
MM 2,3 Mariposa   y la muerte me dio dos alas blancas,   708
MM 2,3 Mariposa   al resbalar sobre mis alas muertas.   709
MM 2,4 Alacranito   sus alas.   710
MM 2,5 Mariposa   Tengo las alas rotas   716
MM 2,7 Curianito   ¿Quién me manda sufrir sin tener alas?   721
TC 6,1 Rosita   Un pájaro ha pasado ahora mismo por la ventana, con   773
                       unas alas... ¡así de grandes!
MP 1,4 Amparo   de oro con alas bermejas.   794
MP 1,5 Mariana   para cerrarle las alas!   795
MP 3,5 Mariana   ¡Quién tuviera unas alas cristalinas   876
CA 1,1 Viejo   O bien a decir: tiene quince rosas, quince alas,   1049
                       quince granitos de arena.
CA 1,1 Niño   con las alas tronchadas y en el pico una flor.   1068
CA 1,1 Amigo 2   Yo vuelvo por mis alas,   1074
CA 1,1 Amigo 2   Yo vuelvo por mis alas,   1074
CA 1,1 Amigo 2   Yo vuelvo por mis alas,   1077
CA 1,1 Amigo   Yo vuelvo por mis alas,   1078
YE 2,1 Lavandera 2   Y las palomas abren las alas y el pico.   1309
YE 3,2 Yerma   las alas como tormentas,   1339

alba (16)
MM 2,2 Doña Curiana   Ella viene del alba. Es una flor errante,   705
MM 2,2 Doña Curiana   Ella viene del alba. Es una flor que vuela.   706
MP 3,3 Mariana   y el alba finge en las olas   869
MP 3,7 Novicia 1   nunca vi tantos, y al alba,   880
MP 3,7 Novicia 2   ...y al alba   880
MP 3,7 Novicia 1   ...y al alba   880
CA 2,1 Joven   jugando al alba en su gruta,   1100
CA 3,1 Arlequín   ¡Ay, cómo canta el alba, cómo canta!   1108
CA 3,1 Arlequín   ¡Ay, cómo canta el alba, cómo canta!   1109
BS 1,2 Mujer   caballo del alba!   1185
BS 1,2 Mujer   caballo del alba!   1194
BS 2,1 Mozo 1   El alba despeja   1217
BS 3,1 Luna   alba fingida en las hojas   1249
YE 2,1 Lavandera 6   yertos vidrios del alba.   1309
YE 3,2 Macho   hasta el blanco gemido del alba.   1341
RS 2,1 Rosita   por los cristales del alba.   1404
Alba (1)
BA 3,1 Bernarda   Ella, la hija menor de Bernarda Alba, ha muerto virgen. 1532
albahaca (3)
MP 2,1 Niña   La albahaca y los claveles   823
RS 1,1 Ama   Pero aquí... rosas por la derecha, albahaca por la   1353
                         izquierda, [...]
RS 2,1 Solterona 3   dice la flor de la albahaca.   1403
Albaicín (2)
MP 2,8 Mariana   allá en el Albaicín, y estoy temblando.   842
MP 2,9 Pedrosa   Allá en el Albaicín, la recogimos,   856
albañil (1)
RS 3,1 Martín   Soñé con el Parnaso y tengo que hacer de albañil y   1424
                         fontanero.
albor (2)
MM 1,1 Doña Curiana   Ya rompe el primer albor.   671
MM 1,1 Doña Curiana   Mirad cómo quiebra el primer albor.   673
alboradas (1)
MM 2,7 Curianito   y por las alboradas.   720
alboroto (1)
ZP 1,1 Zapatera   ya se acabó el alboroto   926
Alcaicería (1)
MP 3,3 Alegrito   de la antigua Alcaicería.   868
alcalde (4)
MP 1,5 Fernando   ¡Qué gran alcalde del crimen!   800
ZP 1,1 Zapatero   En el trabajo, señor alcalde.   923
ZP 2,1 Zapatera   Lo que usted debía saber hace muchos días, lo que   948
                         usted como alcalde no debía permitir.
ZP 2,1 Alcalde   Ni yo de alcalde.   951
Alcalde (4)
ZP 2,1 Niño   Ya la corteja el Alcalde,   947
ZP 2,1 Zapatero   Déjelos, señor Alcalde..., supongo que es usted, que 953
                         con ellos me gano la vida.
ZP 2,1 Niño   Ahora entraba un grupo de hombres en casa del Alcalde. 973
ZP 2,1 Voces   Ya la corteja el Alcalde,   978
alcaldes (1)
TC 5,1 Fígaro   Somos los alcaldes de las cabezas, [...]   758
alcance (3)
TB QM. Mujer   Yo quiero huir y que me alcance.   909
BA 1,1 La Poncia   Ella lo ha hecho sin dar alcance a lo que hacía, que 1455
                         está francamente mal.
BA 2,1 Bernarda ·   Y no quiero entenderte, porque si llegara al alcance 1500
                         de todo lo que dices te tendría que arañar.
alcanfor (1)
RS 3,1 Muchacho   Pues bajaba yo muerto de risa con el vejestorio   1433
                         puesto, llenando todo el pasillo de la casa de olor de
                         alcanfor, y de pronto [...]
alcanforado (1)
EP CV   Traspunte   Solo faltan los candeleros, el cáliz y las ampollas de 1163
                         aceite alcanforado.
alcanzar (1)
EP CV   Muchacho 1   Por las ramas de aquel árbol podemos alcanzar uno de 1164
                         los balcones y desde allí pediremos auxilio.
alcanzaron (1)
MP 1,8 Mariana   ¿Cómo alcanzaron eso?   818
alcaparras (1)
BS 1,2 Mujer   Las mujeres que cogen las alcaparras.   1188
alcé (1)
RS 1,1 Rosita   alcé los ojos, te vi   1372
alcoba (3)
PB 1,1 Duende 2   Cinco frías camelias de madrugada se han abierto en   996
                         las paredes de la alcoba.
CA 2,1 Novia   ¿Cómo voy a dejar que entres en mi alcoba cuando ya ha 1095
                         entrado otro?
BS 3,1 Mendiga   aguardan por el suelo de la alcoba   1250

alcohol - alegría

Pág.

alcohol (1)
DC 1,1 Director   Entre los ojos de las [...] ciudades, turbios por el   1043
                                  alcohol y las barajas.
aldea (2)
MM 1,2 Doña Curiana   ¡Es un mozo de la aldea!   682
MM 1,4 Curianito   Eres tú la estrella que alumbra a la aldea,   685
alegra (1)
BS 2,2 Padre   Me alegra el verlos. ¡Qué cambio para esta casa!   1231
alegráis (1)
BA 1,1 Magdalena   Ninguna de las dos os alegráis.   1463
alegraría (1)
BA 1,1 Magdalena   Si viniera por el tipo de Angustias, por Angustias   1463
                                    como mujer, yo me alegraría; pero viene por el dinero.
alegras (1)
BS 1,1 Madre   Sí, sí; y a ver si me alegras con seis nietos, [...]   1177
alegre (V) (1)
BS 2,1 Mujer   ¡Para que el campo se alegre   1221
alegre (10)
MP 2,5 Mariana   ¡Qué bien estoy contigo! Pero aunque alegre noto   830
ZP 1,1 Alcalde   Es que es una chiquilla alegre, eso es natural.   924
ZP 2,1 Alcalde   Que la casa tiene una [...] aguarda, para estar   951
                                    alegre, que una persona [...]
ZP 2,1 Zapatera   Yo soy mucho más alegre.   975
BS 2,1 Criada   ¡Así era ella de alegre!   1206
BS 2,1 Criada   Eso es otra cosa. ¡Pero es bien alegre!   1207
YE 1,2 Víctor   Soy alegre.   1296
RS 2,1 Tía   Tú eres alegre.   1389
BA 1,1 Martirio   Antes era alegre; ahora ni polvos se echa en la cara.   1459
BA 1,1 Magdalena   Aquella era una época más alegre.   1461
alegré (1)
CA 1,1 Joven   Se fueron a un largo viaje. Casi me alegré...   1048
alegremente (1)
ZP 2,1 Zapatero   cuando alegremente bailan   961
alegres (2)
BS 2,1 Novio   Son más alegres que los negros.   1221
BA 2,1 La Poncia   ¡Alegres!   1485
alegría (42)
MM 1,1 Doña Curiana   mirad la alegría que nos trae la aurora.   675
MM 1,2 Curianita Silvia ¡Ay, qué dicha! ¡Qué alegría!   683
MM 2,5 Gusano 1   ¡Bebe con alegría   715
MM 2,6 Curianito   un mundo de alegría más allá de esas ramas,   718
TC 3,1 Joven   Yo soy forastero y quisiera enterarme de quién es esa   744
                                    Rosita por la que brindan con tanta alegría.
MP 1,4 Mariana   con vuestra alegría de niñas pequeñas!   790
MP 1,4 Mariana   La misma alegría que debe sentir   790
MP 1,4 Mariana   La misma alegría que la viejecilla   790
MP 1,7 Fernando   Te sirvo con alegría.   808
MP 2,5 Pedro   donde la gente coma su pan con alegría,   832
MP 3,3 Mariana   ¿Tú qué sabes? ¡Qué alegría!   869
MP 3,5 Mariana   de callar y vivir con alegría.   874
ZP 2,1 Zapatera   Tiene usted razón, pero yo desde entonces no como, ni   964
                                    duermo, ni vivo; porque él era mi alegría, mi defensa.
ZP 2,1 Zapatera   ¡Me volvería loca de alegría!   976
DC 1,1   Así, pues, el poeta sabe que el público oirá con   1019
                                    alegría y sencillez expresiones [...]
DC 1,1 Director   Entre los ojos de las [...] mojadas, estallan con   1043
                                    alegría y con encantadora [...]
CA 2,1 Maniquí   de alegría en la cintura.   1103
EP CV Estudiante 2   Con gran alegría para su mujer, que ahora trabajará   1157
                                    tanto que tendrá que ponerse dos grifos en las tetas.
EP CV Estudiante 1   ¡Alegría!   1168
EP CV Estudiante 1   Alegría de los muchachos y de las muchachas y de las   1168
                                    ranas y de los pequeños taruguitos de madera.
EP CV Estudiante 5   ¡Alegría!   1168
EP CV Estudiante 5   ¡Alegría!   1168
EP CV Estudiante 5   ¡Alegría!   1168
BS 1,3 Padre   ¡Qué alegría!...   1197
BS 2,1 Novio   ¡Con la corona da alegría mirarte!   1221
YE 1,1 Yerma   Nadie se casó con más alegría.   1276
YE 1,2 Yerma   Con alegría.   1290
YE 1,2 Vieja 1   Aunque debía haber Dios, [...] podrida que encharcan   1291
                                    la alegría de los campos.
YE 2,1 Lavandera 5   ¡Alegría, alegría, alegría,   1309
YE 2,1 Lavandera 2   ¡Alegría, alegría, alegría,   1309
YE 3,2 Yerma   con rosales de alegría,   1338
YE 3,2 Macho   con rosales de alegría,   1343
RS 1,1 Primo   con las velas de alegría;   1372
RS 2,1 Ayola 2   ¡Ole! ¡Qué alegría!   1409
RS 3,1 Ama   Cuando yo enterré a mi marido lo sentí mucho, pero   1416
                                    tenía en el fondo una gran alegría..., alegría no...,
                                    golpetazos [...]

alegría (continuación)
    BA 1,1 María Josefa   Bernarda, yo quiero un varón para casarme y para tener   1470
                         alegría.
    BA 2,1 La Poncia   No hay alegría como la de los campos en esta época.   1485
alegrísimo (1)
    EP CV Estudiante 5   Porque están locos; pero [...] que me gusta con un   1167
                         alegrísimo deseo.

Alegrito (3)
    MP 3,3 Mariana   ¡Alegrito! ¿Qué?   867
    MP 3,3 Mariana   y yo soy noble, Alegrito.   867
    MP 3,3 Mariana   ¡Alegrito, no lo creas!   869
alegro (5)
    TC 4,1 Joven   Ahora me alegro de haber venido, pero tengo una rabia,   751
                         que las palabras no me salen de la boca.
    ZP 2,1 Zapatero   Y ahora casi me alegro de tenerme que [...]   968
    ZP 2,1 Zapatera   ¡Ay, cómo me alegro de que hayas venido!   978
    YE 1,1 Víctor   Me alegro por ti.   1285
    BA 1,1 Martirio   Yo me alegro. Es buen mozo.   1463
aleja (2)
    MP 1,6 Mariana   se aleja por la calle. ¿Tú lo sientes?   802
    MP 3,3 Alegrito   de Sotomayor se aleja   868
alejaba (1)
    RS 2,1 Rosita   que el rocío se alejaba;   1403
alejando (1)
    TC 4,1 Espectro De   de ti me voy alejando.   754
           Doña R
Alejandría (1)
    ZP 2,1 Zapatero   Aleluyas con los hechos del zapatero mansurrón y la   956
                         Fierabrás de Alejandría, vida de don [...]
alejar (1)
    MM 2,1 Curianita Santa   a quien hay que alejar...   703
alejarlo (1)
    BA 2,1 La Poncia   Claro. A él hay que alejarlo de aquí. Piensas bien.   1496
alejes (1)
    EP RR Figura De P   ¡No te alejes de mí, Eva cochina!   1150
aleluyas (1)
    ZP 2,1 Zapatero   Aleluyas con los hechos [...]   956
aleros (1)
    MP 3,7 Novicia 1   del jardín ni en los aleros;   880
alerta (4)
    MM 2,2 Curiana N   ¡Pues estemos alerta!   706
    YE 2,2 Juan   ¡Que tengo motivos para estar alerta!   1313
    YE 2,2 Yerma   Alerta, ¿de qué?   1313
    BA 3,1 Bernarda   Aquí no pasa nada. Ya estoy alerta contra tus   1519
                         suposiciones.

alfabeto (1)
    TB DME Doncella   Yo bordo en mis ropas todo el alfabeto.   897
alfiler (2)
    BS 2,2 Muchacha 1   ¿A quién diste el primer alfiler, a mí o a esta?   1235
    RS 3,1 Martín   A mí, como me ven inútil, me respetan un poquito;   1418
                         alguna vez un alfiler que otro en el [...]
alfileres (4)
    BS 2,2 Muchacha 1   Vamos a quitarle los alfileres.   1232
    BS 2,2 Muchacha 2   ¿De qué? Pero los dos alfileres sirven para casarse,   1236
                         ¿verdad?
    BS 3,1 Leonardo   Con alfileres de plata   1258
    RS 1,1 Primo   alfileres de lucero,   1372
alfombras (1)
    RS 2,1 Tío   Por no discutir soy capaz de hacerme la cama, de   1386
                         limpiar mis trajes con jabón de palo y cambiar las
                         alfombras de mi habitación.

alga (1)
    EP RR Figura De C   Si yo me convirtiera en pez luna, tú te convertirías   1146
                         en ola de mar o en alga, y si quieres algo [...]
algas (2)
    CA 3,1 Arlequín   Por las frescas algas   1112
    CA 3,2 Joven   El chartreuse es como una gran noche de luna verde   1142
                         dentro de un castillo donde hay un joven con unas
                         algas de oro.

Algeciras (1)
    MP 2,7 Pedro   Algeciras acecha la ocasión,   838
algo (39)
    MM 1,1 Doña Curiana   Según él, es de algo que nunca tendrá.   673
    TC 2,1 Cocoliche   Algo le pasa.   735
    TC 2,1 Cocoliche   ¿Te he hecho yo algo malo?   736
    TC 2,1 Cristobita   Yo le doy a usted los [...] porque ella es... algo   738
                         madurita.
    TC 3,1 Espantanublos   ¿Quiere su merced tomar algo?   741
    TC 5,1 Fígaro   Algo pasa.   757
    TC 5,1 Fígaro   ¡Indudablemente, algo pasa!   757
    TC 6,1 Cristobita   ¡Rosa! ¡Rosa! ¡Dime algo!   773

algo - alhelíes

algo (continuación)   Pág.
    MP 1,6 Fernando   ¿Necesitas algo?   804
    MP 1,7 Mariana   Algo peligroso.   808
    MP 2,5 Mariana   ¡Y algo que yo no sé decir, pero que existe! 830
    MP 2,7 Conspirador 3   continúa en acecho, y algo sabe.   836
    MP 2,7 Pedro   Y al fin sabremos algo.   840
    ZP 2,1 Zapatera   Yo soy la que va a tener que hacer algo gordo. 970
    DC 1,1 Cristóbal   Rosita, cántame algo.   1037
    EP RR   Figura De C   Si yo me convirtiera en pez luna, tú te convertirías 1146
                            en ola de mar o en alga, y si quieres algo muy lejano,
                            porque [...]
    EP CV   Desnudo   Y de Gonzalo, ¿se sabe algo?   1155
    BS 1,1 Novio   ¿Quieres algo?   1172
    BS 1,3 Padre   Ha sido necesario castigarla y hasta llorarla, para 1196
                            que nos dé algo provechoso.
    BS 1,3 Padre   ¿No tomamos algo?   1201
    BS 3,1 Leñador 1   ¿Qué? ¿Oyes algo?   1246
    YE 1,1 Juan   Si necesitas algo me lo dices y lo traeré.   1277
    YE 1,2 Muchacha 2   Por algo preguntarás.   1295
    YE 2,2 Juan   ¿Es que te falta algo? Dime. ¡Contesta!   1313
    YE 2,2 Víctor   ¿Decías algo?   1325
    RS 1,1 Tía   Con las manolas. Algo te pasa.   1361
    RS 2,1 Tía   Tomarán ustedes algo.   1394
    RS 2,1 Ayola 1   Más discreto es que la leas tú sola, porque a lo mejor 1407
                            te dice algo verde.
    RS 3,1 Tía   Yo notaba algo en las cartas; los [...]   1415
    RS 3,1 Martín   Ayer se empeñaron en [...] porque tiene un cuerpo algo 1418
                            retrepado, y cuando [...]
    RS 3,1 Martín   Todos los días entro temblando en el colegio esperando 1419
                            lo que van a hacerme, aunque, como digo, respetan algo
                            mi desgracia.
    RS 3,1 Ama   Ya está diciendo algo.   1430
    RS 3,1 Solterona 3   Yo vengo a dar una lección de piano que tengo aquí 1435
                            cerca y me llegué por si necesitaban ustedes algo.
    RS 3,1 Solterona 3   Pero si hace falta algo, ya sabe que en lo que pueda, 1436
                            aquí estoy yo.
    BA 1,1 Magdalena   Daría algo por verla feliz.   1462
    BA 2,1 La Poncia   Esta tiene algo.   1472
    BA 2,1 Bernarda   ¿Me tienes que prevenir algo?   1497
    BA 2,1 La Poncia   Y algo habrá.   1503
    BA 3,1 Criada   Ya terminé de fregar los platos. ¿Manda usted algo, 1520
                            Bernarda?
algodón (1)
    YE 3,1 Yerma   A veces, cuando ya estoy [...] parecen como cosas de 1328
                            algodón.
algodones (2)
    EP CV   Estudiante 4   La gente se olvida de [...] sillas y cubierta de 1160
                            algodones para que no [...]
    RS 3,1 Ama   Es una herida abierta [...] mundo, que traiga los 1416
                            algodones, las vendas [...]
alguien (7)
    PB 1,1 Perlimplín   Yo te he besado... Pero... si te hubiera besado 999
                            alguien más..., si te hubiera besado alguien más...
                            ¿Tú me [...]
    EP RR   Figura De C   Un hombre, tan hombre que siento un dolor agudo en los 1149
                            dientes cuando alguien quiebra un tallo, [...]
    BS 1,1 Madre   ¿Me puede alguien traer a tu padre?   1173
    RS 3,1 Ama   Es querer y no encontrar el cuerpo; es llorar y no 1416
                            saber por quién se llora, es suspirar por alguien que
                            uno sabe [...]
    RS 3,1 Tía   Parece como si alguien quisiera poner el jardín feo 1437
                            para que no tuviésemos pena de dejarlo.
    BA 3,1 Criada   Debe haber pasado alguien por el portón.   1522
algún (7)
alguna (13)
algunas (13)
alguno (1)
algunos (1)
Alhambra (7)
    MP 2,9 Pedrosa   que viene de la Alhambra.   851
    RS 1,1 Rosita   las que se van a la Alhambra,   1366
    RS 1,1 Rosita   ¡Ay, qué oscura está la Alhambra!   1367
    RS 1,1 Rosita   las que se van a la Alhambra,   1368
    RS 1,1 Manola 1   Nos subimos a la Alhambra   1369
    RS 1,1 Rosita   Alhambra, jazmín de pena   1369
    RS 3,1 Tía   Las que suben a la Alhambra   1432
alhelí (2)
    YE 2,1 Lavandera 4   y él rojo alhelí.   1308
    RS 1,1 Rosita   rojas como el alhelí.   1372
alhelíes (2)
    ZP 2,1 Zapatero   regaba sus alhelíes   961

alhelíes (continuación)
   YE 2,1 Lavandera 4   Yo alhelíes rojos   1308
alhucemas (1)
   RS 2,1 Tía   ¿No se da usted las friegas con alhucemas?   1391
alienta (1)
   MP 2,5 Pedro   los amigos, y alienta   832
aliento (3)
   MM 1,2 Curianita Silvia   que el aire me trae su aliento.   681
   MP 2,5 Mariana   ¡Así! Deja tu aliento sobre mi frente. Limpia 828
   BS 2,1 Criada   Y lo mejor es cuando te despiertes y lo sientas al 1207
                          lado y que él te roza los hombros con su aliento, como
                          con una [...]

aligera (3)
   TC 5,1 Cristobita   Aligera..., brrrrr..., aligera...   761
   YE 1,2 Yerma   Pues aligera, mujer.   1292
aligerando (1)
   BA 3,1 Criada   Bernarda está aligerando la boda y es posible que nada 1521
                          pase.

alimenta (4)
   EP RR Figura De C   Se alimenta con raíces.   1153
   EP CV Estudiante 2 Lo que pasa es que se sabe lo que alimenta un grano de 1161
                          trigo y se ignora lo que alimenta un hongo.
   BA 2,1 La Poncia   Alimenta esa esperanza, olvídalo, lo que quieras, pero 1481
                          no vayas contra la ley de Dios.

alimentado (1)
   RS 3,1 Rosita   Si la gente no hubiera [...] su mentira hubieran 1428
                          alimentado mi ilusión [...]

alimentar (1)
   MM 1,5 Curianito   matando al gusanito para te alimentar.   693
alimento (1)
   MM 2,5 Gusano 3   nacen para alimento   714
aliñar (1)
   ZP 1,1 Zapatera   Dile a tu madre que ya sabe mi marido lo que tiene que 914
                          hacer, y que así supiera ella aliñar con laurel y
                          pimienta [...]

alistogracia (1)
   MM 1,5 Alacranito   La alistogracia   691
alitas (1)
   MM 2,2 Curiana N   Sus alitas de cera   705
aliviar (1)
   YE 1,1 Yerma   Voy a guardar esta enjundia de gallina para aliviar su 1275
                          pecho, voy [...]

aliviártelos (1)
   MM 1,2 Doña Curiana   ¿Puedo aliviártelos, nena?   679
aljibe (2)
   TB DME Doncella   No tenemos aljibe.   901
   BS 2,2 Padre   No será ella. Quizá se haya tirado al aljibe. 1244
alma (39)
   MM 1,1 Curiana N   Mi alma tiene gran tristeza, ¡vecina!   672
   MM 1,5 Curianito   ¡Oh qué pena tan honda en el alma me siento   698
   MM 2,2 Curiana N   que decía perdiéndose en el alma del viento,   707
   MM 2,5 Mariposa   y el alma lentamente;   715
   MM 2,6 Curianito   para quitarme el alma.   718
   MM 2,7 Curianito   no tiene amor mi alma?   720
   TC 1,1 Rosita   ¡Si al menos pudiera vender mi alma al diablo! 733
   TC 4,1 Mosquito   El alma de doña Rosita es [...]   751
   MP 0,0 Niña   mas hermosa su alma quedó.   782
   MP 1,4 Mariana   Mi alma tiene el mismo color del vestido.   792
   MP 1,6 Fernando   Sentiría en el alma ser molesto...   802
   MP 1,7 Fernando   Un abrazo y el alma de tu amante- Pedro de Sotomayor." 811
   MP 1,7 Mariana   que muerde mi alma sencilla   813
   MP 1,7 Fernando   Ya tengo el alma cautiva;   815
   ZP 1,1 Zapatero   ¡Ay vecina de mi alma, no me dé usted escándalos, por 919
                          los clavitos de Nuestro Señor!
   ZP 1,1 Vecina   ¡Se arranca el alma!   919
   ZP 1,1 Zapatero   Así es, vecinita de mi corazón, que le agradecería en 920
                          el alma que se retirase.
   ZP 1,1 Zapatero   Me han provocado, me han, a veces, hasta insultado, y 922
                          no teniendo ni tanto así de cobarde he quedado sin
                          alma en mi almario, por el miedo [...]
   ZP 2,1 Zapatera   Si no fuera porque tengo [...] pobrecito marido de mi 942
                          alma, ¿cómo es posible [...]
   ZP 2,1 Alcalde   Anteayer estuve enfermo [...] ti, zapatera de mi alma. 949
   ZP 2,1 Zapatero   Vino de uvas negras como el alma de algunas mujeres 956
                          que yo conozco.
   ZP 2,1 Zapatera   Historietas antiguas [...] decía: "¡ preciosa de mi 965
                          alma, si esto ocurre [...]
   ZP 2,1 Zapatera   ¡Ay, qué zapaterillo de mi alma!   969
   PB 1,1 Duende 2   El alma de Perlimplín, chica [...]   995
   PB 2,1 Belisa   ¿Para qué quiero tu alma?, me dice.   1006

alma (continuación)   Pág.
  PB 2,1 Belisa   El alma es patrimonio de los débiles, de los héroes   1006
                       tullidos y las gentes enfermizas.
  PB 2,1 Belisa   Belisa, ino es tu alma lo que yo deseo !,   1007
  PB 3,1 Belisa   He sentido tu calor y tu peso, delicioso joven de mi   1012
                       alma... ¡Oh !...,
  PB 3,1 Perlimplín   Me mató porque sabía que te amaba como nadie...   1016
                       Mientras me hería gritó: "¡Belisa ya tiene un alma!"
  PB 3,1 Perlimplín   Yo soy mi alma y tú eres tu cuerpo... [...]   1017
  PB 3,1 Belisa   Sí, sí, Marcolfa, le quiero, le quiero con toda la   1018
                       fuerza de mi carne y de mi alma.
  BS 2,1 Novia   Pero se me calienta el alma de que vengas a verme y   1214
                       atisbar mi boda y preguntes con intención por el
                       azahar.
  YE 3,2 Vieja   y más alma.   1344
  RS 1,1 Rosita   amor, sobre el alma sola,   1372
  RS 2,1 Madre   Muchas veces les pregunto: "¿Qué queréis, hijas de mi 1393
                       alma: huevo en el almuerzo o silla en el paseo?"
  RS 3,1 Tía   Y no había calamidad [...] hombre tuvo..., el alma   1427
                       cristiana más pura...; [...]
  RS 3,1 Rosita   Sabía que se había casado; ya se encargó un alma   1428
                       caritativa de decírmelo, [...]
  BA 1,1 Mujer 1   Salud para rogar por su alma.   1449
  BA 3,1 Martirio   Ese hombre sin alma vino por otra. Tú te has   1526
                       atravesado.
almario (1)
  ZP 1,1 Zapatero   Me han provocado, me [...] quedado sin alma en mi   922
                       almario, por el miedo [...]
almas (4)
  MM 0,0   La poesía que pregunta por qué se corren las estrellas 670
                       es muy dañina para las almas sin abrir... Inútil [...]
  ZP 2,1 Zapatero   Impresionan a las almas impresionables.   966
  PB 2,1 Belisa   Las almas   1006
  BA 1,1 Bernarda   y las almas de tierra y mar.   1449
almendra (1)
  TC 6,1 Cocoliche   Ya no me dirá: "Carita de fruta"..., ni yo le diré: 771
                       "Carita de almendra"...
almendras (2)
  ZP 1,1 Mirlo   Zapaterilla blanca, como el corazón de las almendras,   930
                       pero amargosilla también.
  BS 2,2 Criada   las almendras amargas.   1226
almendrita (1)
  TC 6,1 Cristobita   ¡Chiquitita, almendrita!   772
almirez (1)
  BA 2,1 La Poncia   Un día me dijo no sé qué cosa y le maté todos los   1477
                       colorines con la mano del almirez.
almohada (4)
  BS 1,2 Mujer   tiene una almohada.   1186
  BS 3,2 Suegra   donde estuvo su almohada.   1265
  YE 1,2 Yerma   debajo de tu almohada,   1295
  BA 2,1 Angustias   ¿Dónde está el retrato de Pepe que tenía yo debajo de 1490
                       mi almohada?
almohadas (2)
  TB DMP Doncella   Mis almohadas no tienen iniciales [...]   897
  YE 3,1 Juan   Mirándome con dos agujas, [...] malos suspiros mis   1332
                       almohadas.
almohadones (1)
  CA 2,1 Novia   Pero yo dormía dulcemente en los almohadones del tren. 1089
almuerzo (2)
  BS 1,1 Madre   Hijo, el almuerzo.   1172
  RS 2,1 Madre   Muchas veces les pregunto: "¿Qué queréis, hijas de mi 1393
                       alma: huevo en el almuerzo o silla en el paseo?"
alocada (1)
  YE 2,2 Juan   Con ese achaque vives alocada, sin pensar en lo que   1314
                       debías, y te empeñas en meter la cabeza por una roca.
Alpujarra (2)
  MP 1,5 Fernando   camino de la Alpujarra.   799
  MP 2,5 Pedro   vagué por la Alpujarra. Supe que en Gibraltar   831
alrededor (7)
  CA 1,1 Joven   Pero es que yo estoy [...] sus trenzas de luz   1050
                       alrededor de mi cuello.
  BS 2,1 Criada   con vivas alrededor.   1218
  YE 1,1 Yerma   y salten las fuentes alrededor!   1277
  YE 1,1 Yerma   y salten las fuentes alrededor!   1278
  YE 1,1 Yerma   y salten las fuentes alrededor!   1278
  YE 3,2 Yerma   Alrededor de sus hojas   1339
  RS 2,1 Ama   Los charcos que hay alrededor están pintados [...]   1383
alta (6)
  MP 3,8 Mariana   ¡¡Libertad!! Porque nunca se apague tu alta lumbre   887
  CA 3,1 Mecanógrafa   Estoy muy alta.   1127
  BS 1,2 Muchacha   No, con su madre. Seria, alta. Pero ¡qué lujo!   1191

alta (continuación)
YE 1,2 Yerma   ¿Tu madre vive en la puerta más alta del pueblo?   1294
RS 2,1 Rosita   ¡tan alta!, ¡cómo reluce!   1403
BA 1,1 La Poncia   Ella, la más aseada; ella, la más decente; ella, la   1441
                      más alta.
altair (1)
RS 1,1 Tía   Eléboro, fucsias y los crisantemos, Luis Passy   1351
                      violáceo y altair blanco plata con puntas heliotropo.
altar (2)
BS 2,2 Muchacha 2   A mí delante del altar.   1235
RS 1,1 Ama   A mí las flores me huelen a niño muerto, o a profesión   1352
                      de monja, o a altar de iglesia.
altares (1)
RS 2,1 El Señor X   El conde Zboronsky, muerto [...] serán puestos en los   1375
                      altares el día en que [...]
altas (3)
MP 1,4 Amparo   (calañés y altas peinetas)   793
MP 3,9 Novicia 2   que en las altas barandas tu novio está esperándote.   890
CA 3,1 Muchacha   por las hierbas altas.   1112
alternar (1)
RS 2,1 Madre   Y se me llenan los ojos de lágrimas cuando las veo   1394
                      alternar con las que pueden.
alteza (1)
MM 1,5 Alacranito   ¡Oh alteza!   690
alto (I) (1)
TC 3,1 Joven   ¡Alto, señores!   744
alto (17)
TC 2,1 Cocoliche   Me suenan los oídos como si estuviera en lo alto de   737
                      una sierra.
TC 5,1 Jovencita   moreno y alto.   759
TC 5,1 Jovencita   moreno y alto.   761
MP 2,2 Niño   como los hombres, alto y grande, ¿sabes?   825
MP 3,9 Mariana   ¡Libertad de lo alto! Libertad verdadera,   890
ZP 1,1 Alcalde   A las mujeres, buenos apretones en la cintura, pisadas   925
                      fuertes y la voz siempre en alto, y si con esto se
                      [...]
PB 0,0 Marcolfa   Más alto.   982
CA 2,1 Novia   ¿Y tú no eras más alto?   1093
CA 3,1 Mecanógrafa   Si viniera mi amigo tan alto, con todo el cabello [...]   1117
BS 1,1 Madre   Hace veinte años que no he subido a lo alto de la   1178
                      calle.
YE 2,1 Lavandera 4   Entérate tú, ¿quieres que lo diga más alto?   1304
RS 1,1 Rosita   de alto pecho y larga cola?   1367
RS 2,1 Ama   Ahí están las señoronas por todo lo alto de Ayola,   1395
                      fotógrafo [...]
RS 3,1 Tía   Alguna vez tengo que hablar alto.   1428
BA 1,1 La Poncia   Anoche ataron a su marido a un pesebre y a ella se la   1455
                      llevaron en la grupa del caballo hasta lo alto del
                      olivar.
BA 1,1 Criada   Pepe el Romano viene por lo alto de la calle.   1467
BA 2,1 Criada   En lo alto de la calle hay un gran gentío y todos los   1503
                      vecinos están en sus puertas.
altos (1)
BS 3,2 Mendiga   sobre los hombros de los mozos altos.   1266
alturas (1)
RS 2,1 Tío   ¿Para qué voy a decir nada a estas alturas?   1386
alumbra (1)
MM 1,4 Curianito   Eres tú la estrella que alumbra a la aldea,   685
alumbrar (1)
BS 3,1 Luna   Voy a alumbrar las piedras. ¿Qué necesitas?   1251
alzada (1)
TC 1,1 Cristobita   Medirá un metro de alzada.   731
alzamiento (1)
MP 2,8 Conspirador 4 Tendremos que aplazar el alzamiento,   842
alzarnos (1)
MP 2,6 Pedro   Sí, al fin, hemos de alzarnos,   834
allá (19)
MM 0,0   Pero un día... hubo un insecto que quiso ir más allá   669
                      del amor.
MM 1,2 Doña Curiana   que conocí allá en su cueva,   680
MM 1,5 Curiana N   allá entre las umbrías de la vieja floresta.   700
MM 2,3 Mariposa   allá en los campos lejanos,   708
MM 2,6 Curianito   un mundo de alegría más allá de esas ramas,   718
MP 2,8 Mariana   allá en el Albaicín, y estoy temblando.   842
MP 2,8 Mariana   dicen allá, por el Mediterráneo,   846
MP 2,9 Pedrosa   Allá en el Albaicín, la recogimos,   856
ZP 1,1 Zapatero   Yo tenía dinerillos, salud, y dije: ¡allá voy!   926
CA 3,1 Payaso   ¡Tú, mira hacia allá!   1112
BS 2,2 Padre   Bailes de allá de la orilla del mar.   1231
BS 3,1 Mendiga   Allá lejos...   1253
BS 3,1 Novia   allá en mi casa de tierra.   1256

Pág.

allá (continuación)
YE 1,2 Yerma   Hacia allá voy.   1292
YE 1,2 Muchacha 2   Allá tú... Mira, me voy a dar la comida a mi marido.   1295
YE 2,2 Muchacha 2   ¡Allá tú!   1320
RS 2,1 Madre   Y allá vamos con unas patatas [...]   1394
RS 3,1 Martín   Vamos allá.   1424
RS 3,1 Ama   pero los demonios, tizonazo por aquí, tizonazo por   1425
                      allá, puntapié que te [...]
allí (32)
MM 2,7 Curianito   y desde allí verás el prado verde   720
TC 6,1 Cocoliche   Desde allí veremos cómo tiembla el mundo vestido con   777
                      la luna.
ZP 1,1 Zapatero   Lo que tú quieras... Ni que tire por allí ni que tire   920
                      por aquí...
ZP 1,1 Alcalde   Rosa, Manuela, Visitación [...] por casualidad están   925
                      allí.
CA 2,1 Criada   Allí llega su padre.   1087
CA 3,1 Payaso   Allí.   1113
CA 3,1 Máscara   Y después fui al hospital y allí supe que el conde   1116
                      [...]
CA 3,1 Arlequín   Allí están los carros y las jaulas con las serpientes.   1119
CA 3,1 Payaso   Por allí.   1130
CA 3,1 Arlequín   Por allí.   1130
CA 3,1 Arlequín   Por allí.   1130
EP PR Figura De C   Allí hay una vaca que guisa la comida para los   1151
                      soldados.
EP CV Estudiante 2   La callejuela está llena de gente armada y es difícil   1156
                      huir por allí.
EP CV Muchacho 1   Por las ramas de aquel árbol podemos alcanzar uno de   1164
                      los balcones y desde allí pediremos auxilio.
BS 1,1 Madre   ¡Allí comen, allí fuman, allí tocan los instrumentos!   1173
BS 1,1 Vecina   Y allí lo tienes.   1179
BS 1,1 Vecina   Vive sola con su padre allí, tan lejos, a diez leguas   1180
                      de la casa más cerca.
BS 1,2 Leonardo   De allí vengo.   1187
BS 1,2 Leonardo   No. ¿Qué iba a hacer yo allí, en aquel secano?   1188
BS 3,1 Luna   ¡Allí vienen!   1251
BS 3,1 Mendiga   De allí..., de muy lejos.   1254
BS 3,1 Mendiga   ¡Por allí!   1255
BS 3,2 Mendiga   Por allí vine.   1266
BS 3,2 Madre   y allí se para, en el sitio   1272
RS 1,1 Tía   Aquí no eres más que un paseante de los jardinillos, y   1362
                      allí serás un labrador.
RS 1,1 Tía   La lengua se me debió [...] igual a otro, y tú, allí: 1363
                      el caballo y la [...]
RS 2,1 Solterona 3   Allí nos reunimos siempre [...]   1394
RS 3,1 Ama   Allí encontró la rica que iba buscando y se casó, pero   1415
                      debió decirlo a tiempo.
BA 1,1 Angustias   Allí estaba.   1447
BA 2,1 La Poncia   ¡Siquiera allí se ríe y se oyen porrazos!   1484
ama (S) (2)
RS 3,1 Tía   Estoy muy viejecita, ama. Tenemos encima una ruina muy   1413
                      grande.
RS 3,1 Rosita   Ayer le oí decir al ama que todavía podía yo casarme.   1429
ama (8)
MM 1,2 Doña Curiana   ¿Y él os ama?   682
MP 1,6 Mariana   y respeta y ama lo que estoy bordando.   806
MP 1,7 Mariana   El ama la libertad   813
TB QM. Viejo   Es tu mujer y te ama.   906
PB 2,1 Belisa   Lo que no cabe duda es que me ama como yo deseo...   1006
PB 3,1 Perlimplín   Y no hay duda que lo ama.   1010
CA 2,1 Joven   ¡Pero se ama!   1094
CA 2,1 Novia   Tampoco se ama. ¡Vete!   1094
Ama (4)
RS 2,1 Rosita   Ama, trae los huesos de Santa Catalina.   1398
RS 3,1 Tía   Ama, ¡ya no puedo pagar tus mensualidades! Tendrás que   1417
                      abandonarnos.
RS 3,1 Tía   ¡Ama!   1427
RS 3,1 Solterona 3   ¡Ama!   1435
amaba (6)
MM 1,5 Curianita Silvia Me dijo que él amaba   695
PB 3,1 Perlimplín   Me mató porque sabía que te amaba como nadie...   1016
                      Mientras me hería gritó: "¡Belisa ya tiene un alma!"
PB 3,1 Perlimplín   Viejo verde, monigote [...] ascuas... Yo, en cambio,   1017
                      amaba tu cuerpo nada [...]
CA 2,1 Maniquí   Ella te amaba y se fue.   1104
CA 3,1 Mecanógrafa   Porque me amaba demasiado.   1115
CA 3,1 Máscara   Digo que el conde Arturo me amaba tanto que lloraba   1116
                      [...]
amaban (6)
MM 0,0   Se amaban por costumbre y sin preocupaciones.   669

amaban (continuación)
```
    EP CV   Estudiante 4      El tumulto comenzó cuando vieron que Romeo y Julieta      1160
                              se amaban de verdad.
    EP CV   Estudiante 2      El tumulto comenzó cuando observaron que no se amaban,    1160
                              que no podían amarse nunca.
    EP CV   Estudiante 2      Se amaban los esqueletos y estaban amarillos de llama,    1160
                              pero no se amaban los trajes y el [...]
    EP CV   Estudiante 4      La repetición del acto ha sido maravillosa, porque        1166
                              indudablemente se amaban con un amor incalculable,
                              [...]
amable (3)
    MM 1,1 Doña Curiana        La vida es amable, tiene pocos días,                      674
    MP 1,5 Mariana             El está amable conmigo                                    799
    MP 2,7 Mariana             pero mientras hablaba, tan amable,                        837
amables (1)
    CA 3,2 Joven               Demasiado amables.                                        1138
amada (1)
    CA 3,1 Mecanógrafa         Hace cinco años que me está esperando, pero... ¡Qué       1117
                               hermoso es esperar con seguridad el momento de ser
                               amada!
amado (3)
    MP 3,9 Carmen              Porque has amado mucho, Dios te abrirá su puerta.         890
    CA 1,1 Viejo               ¿Y la hubiera amado más, precisamente por eso?            1053
    CA 3,1 Mecanógrafa         Tú esperabas y me dejaste marchar, pero siempre te        1125
                               creías amado.
amanece (2)
    ZP 0,0 El Autor           También amanece así todos los [...]                        912
    ZP 2,1 Alcalde            Pero que te vayas enterando que no por mucho               951
                              despreciar amanece más temprano.
amanecer (13)
    MM 1,1 Doña Curiana        mi puerta con brisa del amanecer.                         676
    MM 1,4 Curianito           llorando el rocío del amanecer.                           685
    MM 1,6 Curianito           llorando el rocío del amanecer.                           701
    TC 3,1 Contrabandista 2    Al amanecer daremos vista al mar.                         743
    MP 1,4 Mariana             el gran girasol, al amanecer,                             790
    PB 1,1 Perlimplín          Como los dos hemos dormido lo bastante, veremos el        999
                               amanecer... ¿No te gusta?
    CA 1,1 Amigo 2             Quiero morirme siendo amanecer,                           1074
    CA 1,1 Amigo 2             amanecer.                                                 1077
    BS 2,1 Criada              En estas tierras no refresca ni al amanecer.              1206
    YE 2,2 Víctor              Y quiero pasar el puerto antes del amanecer.              1324
    YE 3,1 Vieja 1             Pronto empezará a amanecer. Debes irte a tu casa.         1330
    BA 3,1 Bernarda            Al amanecer.                                              1508
    BA 3,1 Bernarda            Avisad que al amanecer den dos clamores las campanas.     1532
amanezca (1)
    EP CV   Muchacho 1         Cuando amanezca nos guiaremos por las claraboyas.         1169
amante (19)
    MM 1,2 Curianita Silvia    a ver si un amante bueno                                  679
    MM 2,2 Doña Curiana        Su corazón amante                                         706
    MM 2,5 Gusano 1            A un amante buscamos                                      716
    MM 2,5 Gusano 3            con el amante fuerte!                                     717
    TC 1,1 La Voz De C         los suspiros de mi amante,                                727
    TC 1,1 Rosita              los suspiros de mi amante,                                728
    TC 1,1 Voz                 los suspiros de mi amante.                                735
    TC 1,1 Rosita              Ya los veo entrar... los suspiros de mi amante.           735
    TC 1,1 Rosita              Los suspiros de mi amante...                              735
    TC 2,1 Cocoliche           Mi amante siempre se baña                                 737
    TC 2,1 Cocoliche           mi amante borda pañuelos                                  737
    TC 6,1 Cocoliche           ¡Que venga! Así verá cómo su novia se entiende con el     769
                               amante.
    TC 6,1 Cocoliche           ¿Conque tú eres el amante de esa mujer? ¡Ya nos           770
                               veremos las caras!
    MP 1,7 Fernando            Un abrazo y el alma de tu amante- Pedro de Sotomayor."     811
    MP 1,7 Fernando            Yo iré en busca de tu amante                              812
    PB 3,1 Perlimplín          Esta noche vendrá el nuevo y desconocido amante de mi     1010
                               señora Belisa.
    CA 3,1 Muchacha            Mi amante me aguarda                                      1109
    CA 3,1 Arlequín            Tu amante verás                                          1110
    BS 3,2 Muchacha 1          Amante sin habla.                                         1263
amantes (1)
    TC 6,1 Cristobita          ¡Tienes los amantes a pares!                              778
amapola (4)
    MM 1,4 Curianito           ¡Oh amapola roja que ves todo el prado,                  685
    MM 1,6 Curianito           ¡Oh amapola roja que ves todo el prado!                  701
    TC 6,1 Cristobita          Son muy bonitas, tan bonitas como esa carilla de         772
                               amapola.
    YE 3,2 Macho               Amapola y clavel será luego                              1341
Amapola (2)
    MM 1,6 Curianito           Amapola, ya he visto mi estrella misteriosa.             700
    MM 2,7 Curianito           ¡Oh Amapola encantada!                                   720
```

amapolas - amarrado

		Pág.
amapolas (2)		
ZP 2,1 Alcalde	Muchas mujeres he conocido como amapolas, como rosas [...]	949
RS 1,1 Rosita	dos tardes con amapolas.	1365
amar (3)		
MP 3,8 Mariana	para vivir y amar su pensamiento propio.	885
CA 2,1 Novia	Amar.	1095
CA 2,1 Joven	Y porque después no hay nada, porque después no puedo amar, porque después se ha acabado todo.	1096
amara (1)		
MP 1,7 Fernando	El que de niño te amara	812
amarga (2)		
MM 1,5 Curiana N	¿qué amarga aurora vieron tus ojos al caer?	698
MP 1,7 Fernando	lleno de amarga pasión.	812
amargada (1)		
RS 1,1 Tía	Pero a mí me dejas la vida amargada.	1362
amargamente (1)		
RS 3,1 Muchacho	Pues bajaba yo muerto [...] tía se puso a llorar amargamente porque decía [...]	1433
amargas (4)		
BS 2,2 Criada	las almendras amargas.	1226
BS 3,2 Suegra	sobre las hierbas amargas.	1264
BS 3,2 Madre	cruz de amargas adelfas;	1271
YE 1,2 Yerma	Montes de hierbas amargas,	1296
amargo (4)		
MP 2,5 Mariana	esta angustia que tengo y este sabor amargo;	828
BS 2,1 Novia	O bien amargo.	1207
BS 3,2 Muchacha 2	amargo laurel.	1262
BA 2,1 Bernarda	Me hacéis al final de mi vida beber el veneno más amargo que una madre puede resistir.	1492
amargor (1)		
YE 3,2 Juan	Que tengo el amargor en la garganta.	1347
amargos (1)		
MP 1,6 Mariana	Ya cercan mi casa los días amargos.	805
amargosilla (1)		
ZP 1,1 Mirlo	Zapaterilla blanca, como el corazón de las almendras, pero amargosilla también.	930
amargura (5)		
MM 2,6 Curianito	tendría mi amargura fatal? Sobre las ramas,	719
MP 2,5 Pedro	¡Eso sí! ¡Qué mortal inquietud, qué amargura!	830
EP CV Desnudo	Padre mío, aparta de mí este cáliz de amargura.	1156
FS 2,1 Solterona 2	El jacinto es la amargura.	1403
BA 3,1 Martirio	Déjame que el pecho se me rompa como una granada de amargura.	1527
amarilla (5)		
TC 1,1 Rosita	Me pondré una flor amarilla sobre el cucuné, y un velo que arrastrará por toda la calle.	725
MP 1,7 Mariana	me estoy poniendo amarilla	813
MP 2,5 Mariana	había fiebre amarilla; la entrada era imposible,	831
ZP 1,1 Niño	Es amarilla, con pintas azules y rojas... y, ¡qué sé yo!...	935
YE 3,2 Mujer 2	florezca la rosa amarilla	1338
amarillas (7)		
MM 1,2 Curianita Silvia	y amarillas son las puntas	682
MP 2,5 Mariana	para que llene el suelo de flores amarillas	832
MP 2,7 Pedro	desde las viejas torres amarillas	838
CA 1,1 Amigo 2	Había tan poca luz, que se me pusieron las manos amarillas.	1073
YE 1,1 Yerma	"Los jaramagos no sirven para nada", pero yo bien los veo mover sus flores amarillas en el aire.	1276
RS 2,1 Rosita	Las amarillas son odio;	1405
BA 2,1 Adela	Trae cuatro mil bengalas amarillas y ponlas en las bardas del corral.	1482
amarillo (3)		
MM 1,2 Curianita Silvia	Tiene un lunar amarillo	682
PB 2,1 Marcolfa	El europeo, con su barba; el indio, el negro, el amarillo y el norteamericano.	1001
RS 1,1 Rosita	amarillo limonar,	1373
amarillos (3)		
CA 3,1 Joven	ruiseñores amarillos.	1121
EP CV Estudiante 2	Se amaban los esqueletos y estaban amarillos de llama, [...]	1160
BS 3,2 Novia	con los labios amarillos.	1272
amarradas (1)		
YE 2,2 Yerma	Cuando tenga la cabeza atada con un pañuelo para que no se me abra la boca, y las manos bien amarradas dentro del [...]	1314
amarrado (1)		
BS 2,1 Leonardo	Amarrado por ti, hecho con tus dos manos.	1213

amarse (1)
EP CV Estudiante 2   El tumulto comenzó cuando observaron que no se amaban,   1160
                         que no podían amarse nunca.

amarte (2)
PB 3,1 Perlimplín   Ya muerto, lo podrás [...] temor de que deje de amarte. 1015
EP RR Figura De C   Y danzando es la única manera que tengo de amarte.   1146
amas (6)
MP 3,8 Mariana   ¿Amas la Libertad más que a tu Marianita?   885
MP 3,9 Mariana   Amas la Libertad por encima de todo,   889
TB QM. Viejo   Tú la amas a ella.   906
PB 2,1 Perlimplín   No tengas miedo de hablarme..., yo sé que tú le   1005
                         amas... Ahora te quiero [...]
PB 3,1 Perlimplín   Pues en vista de que le amas tanto, yo no quiero que   1015
                         te abandone.
EP RR Figura De C   ¿Cómo no vienes conmigo, si me amas, hasta donde yo te   1146
                         lleve?

amasa (1)
BS 1,1 Madre   Amasa su pan y cose sus [...]   1175
amatista (1)
BA 1,1 Criada   Ha sacado del cofre sus anillos y los pendientes de   1453
                         amatista; se los ha puesto, [...]

amazona (1)
CA 3,1 Máscara   El conde besa mi retrato de amazona.   1130
ambas (2)
RS 2,1 El Señor X   El conde Zboronsky, muerto en el accidente, y Marcel   1375
                         Renault, o Renol, que de ambas maneras suele y [...]
RS 2,1 El Señor X   Hoy día se abren camino un Juan Bautista Say o Se, que   1376
                         de ambas maneras suele y [...]
ambiente (2)
DC 1,1 Director   Señoras y señores: Los campesinos andaluces oyen con   1043
                         frecuencia comedias de este ambiente bajo las ramas
                         [...]
RS 3,1 Martín   Ahí he querido renovarme haciendo una cosa del   1422
                         ambiente actual; ¡hasta hablo de un aeroplano!

ambientes (2)
ZP 0,0 El Autor   Por este miedo absurdo, [...] en busca de otros   911
                         ambientes donde la gente [...]
DC 1,1 Director   Entre los ojos de las [...] no resistimos en los   1043
                         ambientes de las ciudades, [...]

ambos (1)
MM 1,5 Alacranito   que estáis muy comestibles ambos a dos.   693
ame (3)
MM 1,2 Doña Curiana   ¡Yo haré que la ame por fuerza!   683
TB QM. Mujer   Yo quiero que él me desprecie... y me ame.   909
PB 3,1 Perlimplín   Yo necesito que ella ame a ese joven más que a su   1010
                         propio cuerpo.
amé (3)
MM 1,1 Curiana N   En fin, callaremos, yo mucho le amé.   674
TC 6,1 Rosita   Yo jamás te amé. Eres un hombre errante.   775
MP 3,2 Mariana   pero amé de una manera   866
améé én (1)
BA 1,1 La Poncia   ¡Améé-én!   1443
améis (1)
MM 0,0   Mientras que no améis profundamente a la piedra y al   670
                         gusano no entraréis en el reino de Dios.
Amelia (3)
BA 1,1 Magdalena   Lo natural sería que te pretendiera a ti, Amelia, o a   1464
                         nuestra Adela, [...]
BA 2,1 Martirio   Le corresponde a Amelia.   1471
BA 2,1 Martirio   Amelia.   1490
amén (2)
BA 1,1 La Poncia   Retumbaban las paredes, y cuando decía Amén era como   1443
                         si un lobo hubiese entrado en la iglesia.
BA 1,1 Todas   Amén.   1449
América (1)
RS 1,1 Sobrino   Por cumplir su palabra está mi padre en América, y   1363
                         usted sabe...

amiga (13)
MM 1,1 Doña Curiana   Amiga,   674
MM 1,1 Curiana N   Hasta luego, amiga, voy a descansar.   676
MM 1,6 Curiana N   Te lo dice tu amiga, ya vieja y achacosa.   701
MM 2,1 Curianita Santa   Amiga,   704
MM 2,2 Curiana N   Doña Curianita amiga.   706
MP 1,4 Amparo   conmigo mi triste amiga,   793
MP 1,4 Amparo   conmigo mi triste amiga,   794
MP 2,8 Mariana   a casa de una vieja amiga mía,   842
MP 3,5 Pedrosa   Yo sé que usted de todos es amiga.   876
CA 3,1 Máscara   ¡Oh, qué dulcísimo tormento, amiga mía!   1116
CA 3,1 Máscara   ¡Claro, amiga mía!   1118
FS 2,1 Ayola 1   ¡Y si soy amiga de Rosita es porque sé que tiene novio! 1401
RS 3,1 Rosita   Y hoy se casa una amiga y otra y otra, [...]   1428

amigas (3)			Pág.
MM 1,1 Curiana N	"Amigas cigarras grité-, ¿veis las estrellas?"		672
PB 2,1 Belisa	Yo he preguntado a todas mis amigas.		1007
RS 1,1 Rosita	¡Ay amigas! ¡Ay manolas!		1365

amigo (16)

MM 2,7 Curianito	y un ruiseñor inmenso que es mi amigo	719
MP 1,5 Fernando	¡Bravo amigo, Marianita!	799
MP 1,7 Mariana	¿Eres mi amigo?	807
MP 1,7 Mariana	¡Perdón, amigo!	814
MP 2,7 Mariana	¡Como es mi amigo	837
MP 2,9 Pedrosa	Quiero ser amigo suyo.	855
MP 2,9 Pedrosa	Pero no temas; soy amigo tuyo.	856
ZP 2,1 Zapatero	Llegó su amigo trotando	961
CA 1,1 Viejo	Yo fui gran amigo de esa familia.	1047
CA 1,1 Viejo	Y ¿quién recuerda un mapa exacto de las arenas del desierto... o el rostro de un amigo cualquiera?	1052
CA 1,1 Amigo	¿Un amigo tuyo?	1056
CA 3,1 Máscara	¿Y cuándo llega tu amigo?	1116
CA 3,1 Mecanógrafa	Si viniera mi amigo tan alto, con todo [...]	1117
CA 3,1 Viejo	Ella irá. Siéntate, amigo mío. Espera.	1127
RS 2,1 El Señor X	Mi amigo, el señor Longoria, [...]	1375
RS 2,1 Tía	Dice el nardo: "Soy tu amigo";	1404

amigos (10)

MM 1,5 Alacranito	amigos.	694
TC 0,0 Mosquito	Entonces yo avisé a mis amigos, y huimos por [...]	724
MP 1,1 Angustias	que la obligan sus amigos liberales.	784
MP 1,7 Fernando	Esta noche, disfrazado [...] tener noticias de los amigos.	811
MP 2,5 Pedro	los amigos, y alienta	832
MP 2,7 Pedro	Estarán sobre aviso los amigos.	838
MP 2,8 Mariana	¡Dios os guarde, amigos!	848
MP 3,8 Fernando	Te abandonaron todos tus antiguos amigos.	885
ZP 2,1 Zapatero	Y en mi pueblo vivía una mujer... en cierta época, que tenía el suficiente mal corazón para hablar con sus amigos por la ventana [...]	966
CA 1,1 Amigo 2	Me ayudaron dos niños, muy amigos míos.	1073

amiguitos (1)

TC 6,1 Mosquito	No hay que llorar, amiguitos, no hay que llorar.	771

amo (S) (1)

BS 2,2 Madre	Que ella no pueda disgustarse, pero que sienta que tú eres el macho, el amo, el que mandas.	1241

amo (6)

MM 0,0	Se prendó de una visión [...] con aquello de "yo te amo, mujer imposible".	669
MM 1,2 Curianita Silvia	es a quien amo.	681
MM 1,2 Curianita Silvia	¡Yo lo amo con locura!	682
TB QM. Mujer	El tiene ojos maravillosos; pero lo que yo amo es su fuerza.	909
TB QM. Mujer	Enrique... Te amo.	909
PB 1,1 Perlimplín	Belisa..., ¡yo te amo!	990

amontonados (1)

TB DME Doncella	Parecen amontonados en la cesta una antigua ciudad de la China.	896

amor (141)

MM 0,0	El amor, lo mismo que pasa [...]	669
MM 0,0	El amor pasaba de padres [...]	669
MM 0,0	Con la misma tranquilidad y la certeza que el polen de las flores se entrega al viento, ellos se gozaban del amor bajo la hierba húmeda.	669
MM 0,0	Pero un día... hubo un insecto que quiso ir más allá del amor.	669
MM 0,0	También el viejo silfo [...] los hombres que el amor nace con la misma [...]	670
MM 1,1 Curiana N	La mató el amor.	673
MM 1,1 Doña Curiana	que el gran Cucaracho os pague en amor	674
MM 1,2 Curianita Silvia	con su amor me desentierra.	679
MM 1,2 Curianita Silvia	¡Amor, quién te conociera!	680
MM 1,2 Doña Curiana	para curar el amor.	680
MM 1,2 Doña Curiana	¿Y dónde está vuestro amor?	681
MM 1,2 Curianita Silvia	pues tengo amor y riquezas.	683
MM 1,3 Curianito	Sin amor no me caso.	684
MM 1,4 Curianita Silvia	El amor.	686
MM 1,5 Alacranito	del amor en primavera.	690
MM 1,6 Curianito	¡de un amor que ya siente!	700
MM 2,1 Curianita Santa	que un amor imposible era su último canto	704
MM 2,1 Curianita Santa	Su cantar me recuerda mi amor de juventud.	705
MM 2,2 Curiana N	te vas hacia los reinos donde el amor se hiela.	707
MM 2,5 Gusano 1	Endulzan el amor	713
MM 2,5 Gusano 3	sabemos que el amor	713
MM 2,5 Gusano 3	como el amor, se pierde	713
MM 2,5 Gusano 1	... que buscando el amor	714

amor (continuación)

MM 2,5 Gusano 1	Pues goza del amor,	715
MM 2,5 Mariposa	No sé lo que es amor,	715
MM 2,5 Gusano 1	El amor es el beso	715
MM 2,5 Gusano 1	de amor por el camino.	716
MM 2,5 Mariposa	Yo no sé qué es amor.	716
MM 2,5 Gusano 3	¡...Y que llame al amor	717
MM 2,6 Curianito	¿Qué haré sobre estos prados sin amor y sin besos?	718
MM 2,6 Curianito	donde el amor no acaba.	718
MM 2,7 Curianito	no tiene amor mi alma?	720
MM 2,7 Curianito	de prender un amor que no comprendo?	721
TC 1,1 Rosita	El dinerillo, para las gentes del mundo; yo me quedo con el amor.	727
TC 4,1 Cocoliche	¡Cristobita te pegará, amor mío!	754
TC 6,1 Rosita	¿Cuándo veré a mi amor?	762
TC 6,1 Rosita	¡Ay, ay, cuándo veré a mi amor!	766
TC 6,1 Rosita	Yo te lo explicaré, amor mío. ¡Huye!	769
TC 6,1 Rosita	¡A ti solo, amor mío!	775
TC 6,1 Rosita	En tu pecho han levantado el vuelo miles de pájaros; amor mío,	777
MP 1,7 Mariana	Me escuece dentro su amor	813
MP 1,7 Mariana	Por este amor verdadero	813
MP 1,7 Fernando	Prisionero soy de amor,	815
MP 2,5 Mariana	y este sabor de amor que me quema la boca.	829
MP 2,5 Pedro	que me ofreces tu amor y tu casa y tus dedos.	830
MP 2,5 Mariana	y quererte, segura de tu amor sin que nadie	832
MP 3,2 Carmen	de amor, que nunca se cierran.	866
MP 3,5 Mariana	bordé el amor más grande de mi vida.	876
MP 3,8 Fernando	¡Tú tienes que vivir! ¡Mariana, por mi amor!	885
MP 3,8 Mariana	¿Y qué es amor, Fernando? ¡Yo no sé qué es amor!	886
MP 3,8 Mariana	¡Pedro, mira tu amor a lo que me ha llevado!	887
MP 3,9 Mariana	¡Amor, amor, amor, y eternas soledades!	889
MP 3,9 Mariana	¡Yo soy la Libertad porque el amor lo quiso!	890
MP 3,9 Mariana	¡Amor, amor, amor, y eternas soledades!	891
TB PBK Buster Keaton	¡Ay amor, amor!	894
ZP 0,0 El Autor	Por este miedo absurdo, [...] que tres peces, por amor de una mano y una [...]	911
ZP 2,1 Zapatero	roba tu amor en la puerta!	960
ZP 2,1 Zapatera	Nunca se rinde la que, como yo, está sostenida por el amor y la honradez.	974
PB 0,0 Una Voz	Amor, amor.	982
PB 0,0 Una Voz	amor.	982
PB 0,0 Belisa	¡Amor, amor!	987
PB 0,0 Belisa	Amor...	987
PB 1,1 Perlimplín	Y entonces fue cuando sentí el amor.	991
PB 1,1 Belisa	De los borrachitos que van y vienen, Perlimplinillo. ¡Amor!	998
PB 1,1 Perlimplín	Amor, amor	1000
PB 1,1 Perlimplín	Herido de amor huido;	1000
PB 1,1 Perlimplín	muerto de amor.	1000
PB 1,1 Perlimplín	Cógeme la mano, amor,	1000
PB 1,1 Perlimplín	herido de amor huido,	1000
PB 1,1 Perlimplín	¡muerto de amor!	1000
PB 3,1 Perlimplín	El amor de Belisa me ha dado un tesoro precioso que yo ignoraba... ¿Ves?	1009
PB 3,1 Marcolfa	Su amor debe rayar en la locura.	1010
PB 3,1 Voces	se mueren de amor los ramos.	1011
PB 3,1 Perlimplín	¡Se mueren de amor los ramos!	1011
PB 3,1 Perlimplín	¡Se mueren de amor los ramos!	1012
PB 3,1 Perlimplín	¡Se mueren de amor los ramos!	1012
PB 3,1 Belisa	sí..., ¡vuelve, amor mío!	1012
PB 3,1 Perlimplín	El te querrá con el amor infinito de los [...]	1015
PB 3,1 Belisa	¡Amor!...	1016
PB 3,1 Belisa	¡Amor!...	1016
CA 1,1 Viejo	¿No se atreve usted a huir?, ¿a volar?, ¿a ensanchar su amor por todo el cielo?	1049
CA 1,1 Viejo	¿No se atreve usted a concentrar, a hacer hiriente y pequeñito su amor dentro del pecho?	1049
CA 1,1 Joven	Pero tú no puedes comprender que se espere a una mujer cinco años, colmado y quemado por el amor que crece cada día.	1071
CA 2,1 Novia	Siempre cambias, amor mío.	1079
CA 2,1 Criada	Le regalé un pañuelo bordado por mí, que decía: "Amor, Amor, Amor", y se le perdió.	1087
CA 2,1 Joven	Es mi amor sin objeto.	1096
CA 2,1 Joven	traeré temblando de amor	1105
CA 3,1 Máscara	"Oh mio Dio!" Era igual que el conde Arturo de Italia. ¡Oh amor!	1116
CA 3,1 La Voz De La M	¿Dónde vas, amor mío,	1120
CA 3,1 La Voz De La M	amor mío,	1120
CA 3,1 Joven	¿Dónde vas, amor mío,	1120

amor (continuación)   Pág.

CA 3,1 Joven	vida mía, amor mío,	1120
CA 3,1 Mecanógrafa	Amor, déjame en el monte	1121
CA 3,1 Joven	Amor,	1122
CA 3,1 Joven	¡Amor mío!	1122
CA 3,1 Joven	Amor,	1122
CA 3,1 Joven	amor mío.	1122
CA 3,1 Joven	¡Amor no espera!	1122
CA 3,1 Mecanógrafa	¿Dónde vas, amor mío,	1123
CA 3,1 Mecanógrafa	¡Te he querido, amor! Te querré siempre.	1123
CA 3,1 Mecanógrafa	Y, sin embargo, yo he levantado mi amor y te he	1124
	cambiado y te he visto por los rincones de mi casa.	1126
CA 3,1 Mecanógrafa	Me haces daño, amor.	1126
CA 3,1 Mecanógrafa	Iba a morir de frío y tuve que buscar tu amor por	1127
	donde no hay gente.	
CA 3,1 Joven	¡Amor! Me iré contigo.	1129
CA 3,1 Mecanógrafa	Amor, amor.	1130
CA 3,1 Mecanógrafa	¡Te espero, amor! ¡Te espero! ¡Vuelve pronto!	1130
CA 3,2 Joven	Mi amor...	1143
CA 3,2 Eco	Amor.	1144
EP RR Figura De C	Si voy bajando por las ruinas iré encontrando amor y	1148
	cada vez amor.	
EP RR Figura De P	Y deja mi cabeza de amor en la ruina.	1153
EP CV Estudiante 4	La repetición del acto ha sido maravillosa, porque	1166
	indudablemente se amaban con un amor incalculable,	
	aunque [...]	
EP CV Estudiante 1	Y donde se hable de amor entraremos con botas de "foot	1168
	ball", echando fango por los espejos.	
BS 2,1 Criada	del amor florido.	1216
BS 2,1 Criada	y en cada cinta un amor	1218
BS 3,1 Leñador 3	Deja para el amor la oscura rama.	1248
BS 3,1 Leñador 1	¡Deja para el amor la rama oscura!	1249
BS 3,1 Leñador 2	Deja para el amor la rama verde.	1255
BS 3,1 Leñador 1	¡Deja para el amor la verde rama!	1255
BS 3,2 Madre	se mataron los dos hombres del amor.	1272
YE 1,1 Yerma	¿De dónde vienes, amor, mi niño?	1277
YE 1,1 Yerma	¿Qué necesitas, amor, mi niño?	1277
YE 2,2 Yerma	Pero tú has de venir, amor, mi niño,	1316
YE 3,1 Vieja 1	Pero mientras esperas la gracia de Dios debes	1328
	ampararte en el amor de tu marido.	
YE 3,2 Hembra	¡Ay, que el amor le pone	1342
RS 1,1 Rosita	por el beso del amor.	1371
RS 1,1 Rosita	amor, sobre el alma sola,	1372
RS 2,1 Rosita	suspiros de amor, el nardo;	1405
RS 2,1 Solterona 3	Es un devocionario de amor.	1407

Amor (2)

| MM 0,0 | ¡Y es que la Muerte se disfraza de Amor! | 670 |
| RS 2,1 Rosita | Gracias. ¡Amor! ¡Caridad! ¡Clemencia! | 1390 |

amordazada (2)

EP CV Estudiante 4	La gente se olvida de vida de [...] la verdadera Julieta	1160
	amordazada debajo de [...]	
EP CV Estudiante 4	¿Pero no te has dado [...] verdadera Julieta estaba	1167
	amordazada debajo de [...]	

amores (5)

MM 1,1 Curiana N	son labios de amores que me dejan besos	672
MM 1,5 Alacranito	¿Hablan ustedes de amores	690
MM 1,6 Curianito	¿Qué madejas de amores me ha enredado aquí el viento?	701
MM 2,2 Doña Curiana	Curianito no cesa de cantar sus amores.	707
YE 3,2 Hombre 1	¡Ay, marchita de amores	1340

amortajada (3)

MP 3,7 Novicia 2	me parece amortajada	881
ZP 2,1 Vecina Amarilla	Amortajada con su ramo en el pecho.	971
CA 1,1 Joven	Novia..., ya lo sabe usted; si digo novia la veo sin	1051
	querer amortajada en un cielo [...]	

amortajando (1)

| EP CV Estudiante 5 | La estaban amortajando las monjas y lo he robado. | 1166 |

amortajaremos (1)

| PB 3,1 Marcolfa | Ahora le amortajaremos con el rojo traje juvenil con | 1017 |
| | que paseaba bajo sus mismos balcones. | |

amparar (1)

| YE 1,2 Vieja 1 | Son los hombres los que tienen que amparar. | 1291 |

ampararte (1)

| YE 3,1 Vieja 1 | Pero mientras esperas la gracia de Dios debes | 1328 |
| | ampararte en el amor de tu marido. | |

amparase (1)

| RS 3,1 Tía | Y no había calamidad que no remediase... ni niños que | 1427 |
| | no amparase, porque ..., [...] | |

ampare (3)

MP 3,9 Carmen	¡Que la Virgen te ampare!	889
BS 3,2 Novia	Que la cruz ampare a muertos y vivos.	1271
YE 1,2 Yerma	Entonces, que Dios me ampare.	1291

amparo (1)
YE 3,1 Yerma   Es tu sangre y tu amparo lo que deseo.   1333
Amparo (3)
MP 1,2 Lucía   ¡Amparo!   785
MP 1,3 Mariana   ¡Amparo!   788
MP 1,4 Lucía   Vámonos, Amparo.   792
ampollas (1)
EP CV Traspunte   Solo faltan los candeleros, el cáliz y las ampollas de 1163
                          aceite alcanforado.
anarquistas (1)
MP 2,9 Pedrosa   y tantos anarquistas por Granada,   852
anciana (1)
BA 2,1 Bernarda   Pero todavía no soy anciana y tengo cinco [...]   1495
ancianos (1)
YE 1,2 Yerma   No quedan en las casas más que los ancianos.   1292
anclas (2)
CA 1,1 Amigo 2   Pero todavía no, todavía [...] gris que tenía unas   1075
                          anclas de plata... ¡Dios [...]
CA 1,1 Viejo   Los trajes se rompen, las anclas se oxidan y vamos   1075
                          adelante.
ancha (2)
MP 1,5 Fernando   donde la vena es más ancha,   799
BS 2,2 Padre   Ahora tienes que esperar. Mi hija es ancha y tu hijo 1229
                          es fuerte.
anchas (2)
MP 2,5 Pedro   en medio de estas anchas eternidades nuestras   832
BS 3,1 Mendiga   Espera... ¡Qué espaldas más anchas!   1254
ancho (5)
MM 1,5 Alacranito   tan ancho como estaba.   694
TC 0,0 Mosquito   Abrí mi ojo todo lo que pude me lo quería cerrar el 724
                          dedo del viento- y bajo la estrella, un ancho río
                          sonreía surcado [...]
ZP 2,1 Zapatera   Los voy a tener que plantar en lo ancho de la calle. 942
ZP 2,1 Vecina Roja Como estamos en lo ancho de la calle, no creo que le 953
                          estorbemos.
BS 1,3 Madre   Un hombre, unos hijos y una pared de dos varas de   1200
                          ancho para todo lo demás.
anchos (4)
MP 1,4 Amparo   los anchos sombreros grises   793
MP 2,5 Pedro   pisará tierra dura con anchos pies de plata.   829
BS 3,1 Luna   en los anchos pies del aire.   1249
BS 3,1 Luna   en los anchos pies del aire.   1250
anda (24)
MM 0,0   Un viejo silfo del bosque escapado de un libro del   670
                          gran Shakespeare, que anda por los prados sosteniendo
                          [...]
MM 1,1 Doña Curiana anda enamorado.   673
TC 4,1 Currito   Anda, por tus hijos, te pido que me dejes ir.   753
MP 1,5 Mariana   ¡Abre pronto, por Dios, anda!   801
TB DME Estudiante   Anda.   902
TB DME Estudiante   Anda...   903
ZP 1,1 Zapatera   ¡Pégame, si te parece; anda, tírame el martillo!   918
ZP 1,1 Zapatera   Pero si anda por ahí revoloteando [...]   930
ZP 1,1 Zapatera   ¡Anda!   935
CA 1,1 Niño   Porque no anda.   1062
CA 1,1 Amigo 2   Yo era tierno y cantaba, y ahora hay un hombre, un   1075
                          señor como usted, que anda por dentro de mí [...]
BS 1,1 Madre   Anda, ya estás muy grande para besos.   1178
BS 1,1 Madre   Anda con Dios.   1178
BS 2,2 Novio   ¿Dónde anda usted?   1240
BS 2,2 Madre   ¡Anda!   1244
YE 1,2 Yerma   Anda. Así pasan las cosas. Seguramente lo has dejado 1292
                          encerrado.
YE 1,2 Yerma   Anda.   1293
YE 3,1 Vieja 1   No es nadie. Anda con Dios.   1331
YE 3,1 Yerma   Anda.   1333
YE 3,2 Vieja   Anda.   1345
RS 1,1 Tía   Anda, barre el invernadero.   1356
RS 2,1 Tía   Anda, corta las flores.   1388
RS 2,1 Madre   ¡Anda, niña!   1402
RS 3,1 Rosita   ¡Anda con Dios, hijo!   1435
andáis (1)
BS 2,2 Criada   ¿No andáis satisfechos de tanto saludo?   1239
andaluces (3)
TC 3,1 Joven   Los andaluces van a pintarnos con cal hasta las carnes. 743
MP 3,5 Pedrosa   Los andaluces hablan; pero luego...   875
DC 1,1 Director   Señoras y señores: Los campesinos andaluces   1042
Andalucía (5)
TC 2,1 Rosita   El viento morisco hace girar ahora todas las veletas 736
                          de Andalucía.

Andalucía (continuación)   Pág.
  TC 3,1 Cocoliche   Pues bien: esa mujer es doña Rosita, la de la plaza,   745
                            la mejor cantaora de Andalucía, mi..., ¡sí!,
  MP 2,7 Pedro   Andalucía tiene todo el aire   838
  MP 2,8 Conspirador 4   las gentes de Andalucía,   843
  MP 3,9 Novicia 2   ¡Clavellina de mayo! ¡Rosa de Andalucía!,   890
andaluz (2)
  MP 2,1 Niña   Venía un andaluz,   823
  DC 1,1 Director   Llenemos el teatro de [...] a don Cristóbal el   1043
                            andaluz, primo del Bululú [...]
andan (1)
  YE 3,1 Yerma   A veces, cuando ya estoy [...] cosas, y los hombres   1328
                            que andan por la calle y [...]
andando (3)
  CA 2,1 Novia   Están todos andando por el alambre con los ojos   1087
                            cerrados.
  BS 2,1 Mujer   Vamos andando.   1224
  YE 3,1 Yerma   ¿Y pudo venir andando desde el río?   1327
andante (1)
  MP 2,5 Pedro   su herido corazón de Península andante,   832
andar (12)
  MP 2,5 Mariana   esta angustia de andar sin saber dónde voy,   829
  ZP 1,1 Zapatera   Mira, mira ... aquella blanca tan chiquita que casi   934
                            no puede andar.
  BS 1,3 Madre   Yo estoy ya vieja para andar por las terreras del río. 1196
  BS 2,1 Leonardo   Sí. ¡Echa a andar!   1225
  BS 3,1 Mendiga   ¿Cómo no te gusta estar tendido sobre ellas y no andar 1254
                            sobre las plantas de los pies, que son tan chicas?
  BS 3,2 Novia   Y yo corría con tu hijo [...] que me impedían el andar 1269
                            y que dejaban escarcha [...]
  YE 2,1 Lavandera 5   Estas machorras son así: [...] subirse al tejado y   1302
                            andar descalzas por esos [...]
  YE 2,2 Yerma   Déjame andar y desahogarme.   1315
  BA 1,1 Bernarda   ¡Andar a vuestras casas a criticar todo lo que habéis 1450
                            visto!
  BA 1,1 Magdalena   Por andar un poco.   1461
  BA 2,1 Martirio   A Pepe le gusta andar con la luna.   1491
  BA 3,1 Bernarda   Andar vosotras también.   1517
ande (2)
  TB QM. Viejo   Peor es que todo ande y que el río suene.   906
  RS 3,1 Ama   Ande.   1414
andéis (1)
  MM 1,1 Curiana N   lavaos con rocío y no andéis; tomad   674
andemos (1)
  MP 2,7 Mariana   para que andemos con cautela grande.   837
andes (1)
  YE 1,1 Yerma   No andes mucho y cuando respires respira tan suave   1280
                            como si tuvieras una rosa entre los dientes.
ando (2)
  MP 2,9 Pedrosa   Pero hace ya tres meses que ando loco   853
  BA 2,1 Angustias   Pues nada: "Ya sabes que ando detrás de ti, necesito 1475
                            [...]
andrajos (1)
  CA 1,1 Joven   la dibujo, la hago moverse [...] convierte en otra   1052
                            llena de andrajos que va por mí [...]
anduvo (1)
  BA 3,1 La Poncia   Es verdad que el año pasado anduvo detrás de Adela   1520
                            [...]
anega (1)
  BS 3,1 Luna   y me anega, dura y fría,   1249
anémonas (4)
  CA 3,1 Arlequín   ¡Qué espesura de anémonas levanta!   1108
  CA 3,1 Arlequín   ¡Qué espesura de anémonas levanta!   1109
  CA 3,2 Criado   Dicen que con las anémonas y adormideras duele la   1135
                            cabeza a ciertas horas del día.
  RS 1,1 Ama   Pero aquí... rosas por la derecha, albahaca por la   1353
                            izquierda, anémonas, salvias, petunias [...]
ángel (1)
  BA 1,1 Bernarda   Con el ángel San Miguel   1448
ángeles (1)
  CA 1,1 Niño   No vinieron los ángeles. No, Gato.   1062
angustia (10)
  MP 1,7 Fernando   triste angustia del momento!   812
  MP 2,5 Mariana   esta angustia que tengo y este sabor amargo;   828
  MP 2,5 Mariana   esta angustia de andar sin saber dónde voy,   829
  MP 3,8 Fernando   ¡No sé qué hacer! ¡Qué angustia! ¡Ya vendrán a   886
                            buscarte!
  CA 1,1 Viejo   ¿No le angustia la hora de la partida, los   1048
                            acontecimientos, lo que ha de llegar ahora mismo...?
  CA 2,1 Maniquí   mojan mis sedas de angustia   1102
  YE 1,1 María   No sé. Angustia.   1279

angustia (continuación)
YE 1,1 Yerma	Angustia.	1279
YE 2,2 Yerma	que hacen latir la rama de mi angustia.	1316
RS 2,1 Madre	¡Y qué angustia he pasado, señora, [...]	1393

angustiado (1)
EP RR Figura De P	Estoy esperando la noche, angustiado por el blancor de la ruina, para poder arrastrarme a tus pies.	1149

Angustias (31)
MP 1,2 Lucía	Doña Angustias, ¿qué os parece?	786
BA 1,1 La Poncia	La quedan cinco mujeres, cinco hijas feas, que quitando Angustias, la mayor, [...]	1442
BA 1,1 Bernarda	¿Y Angustias?	1453
BA 1,1 Bernarda	¡Angustias! ¡Angustias!	1454
BA 1,1 La Poncia	Angustias ya debe tener mucho más de los treinta.	1457
BA 1,1 Magdalena	Pepe el Romano viene a casarse con Angustias.	1463
BA 1,1 Amelia	Yo también. Angustias tiene buenas condiciones.	1463
BA 1,1 Magdalena	Si viniera por el tipo de Angustias, por Angustias como mujer, yo me alegraría; pero viene por el dinero.	1463
BA 1,1 Magdalena	Aunque Angustias es nuestra hermana, aquí estamos en familia y reconocemos que está vieja.	1463
BA 1,1 Amelia	¡Angustias tiene todo [...]	1464
BA 1,1 Magdalena	Lo mejor que puedes hacer es regalárselo a Angustias para la boda con Pepe el Romano.	1465
BA 1,1 La Poncia	¡Cuánto dinero le queda a Angustias!	1468
BA 1,1 Bernarda	¡Angustias!	1468
BA 2,1 Magdalena	Angustias. ¿Pongo también las iniciales de Pepe?	1471
BA 2,1 Magdalena	Todas, menos Angustias.	1472
BA 2,1 La Poncia	Todavía estaba Angustias con Pepe en la ventana.	1473
BA 2,1 La Poncia	Oye, Angustias: ¿qué fue lo que te dijo la primera vez que se acercó a tu ventana?	1474
BA 2,1 La Poncia	Tu hermana Angustias es una enferma.	1481
BA 2,1 Amelia	Los de Angustias para sus sábanas de novia son preciosos.	1483
BA 2,1 La Poncia	A ver si ahora Angustias los usa en los suyos.	1484
BA 2,1 Bernarda	Angustias tiene que casarse en seguida.	1496
BA 2,1 La Poncia	El, ¡claro!, se casará con Angustias.	1497
BA 2,1 La Poncia	A mí me parece mal que Pepe esté con Angustias, y a las gentes, y hasta al aire.	1500
BA 2,1 La Poncia	¡Hay que ver el entusiasmo de Angustias con su novio!	1501
BA 3,1 Prudencia	Y Angustias, ¿cuándo se casa?	1509
BA 3,1 Martirio	¿Cómo es que esta noche no viene el novio de Angustias?	1517
BA 3,1 Martirio	El se casará con Angustias.	1526
BA 3,1 Adela	Ya puede estar cien años con Angustias, pero que me [...]	1527
BA 3,1 Adela	Vamos a dormir, vamos a dejar que se case con Angustias, ya no me importa, [...]	1528

anhelantes (1)
MP 2,7 Pedro	que aguardan las noticias anhelantes.	838

anilina (1)
CA 3,2 Jugador 3	Yo jugué en la India [...] tiñó de rojo con una anilina especial todas [...]	1136

anillo (10)
MP 2,9 Mariana	Es mi anillo de bodas; no se mueva,	853
MP 3,9 Mariana	Quiero sentir la dura caricia de mi anillo	889
TB PBK Americana	¿Tiene usted un anillo con la piedra envenenada?	895
CA 2,1 Maniquí	Mi anillo, señor, mi anillo de oro viejo,	1099
CA 2,1 Maniquí	Mi anillo, señor, mi anillo de oro viejo.	1101
CA 2,1 Maniquí	Mi anillo, señor, mi anillo de oro viejo	1107
BA 3,1 Prudencia	¿Te ha regalado ya el anillo?	1510

anillos (6)
ZP 2,1 Zapatera	El venía con un traje negro entallado, corbata roja de seda buenísima y cuatro anillos de oro que relumbraban [...]	945
CA 2,1 Criada	Tuve un novio soldado que me clavaba los anillos y me hacía sangre; por eso lo despedí.	1084
CA 2,1 Novia	Tenía las manos llenas de anillos.	1093
BA 1,1 Criada	Ha sacado del cofre sus anillos y los pendientes [...]	1453
BA 1,1 María Josefa	Ni mis anillos ni mi traje negro de "moaré".	1470
BA 3,1 Adela	Los anillos de pedida deben ser de diamantes.	1510

anima (1)
ZP 0,0 El Autor	En todos los sitios late y anima la criatura poética [...]	912

animada (1)
BA 1,1 Amelia	Desde que vino el médico nuevo estás más animada.	1458

animal (2)
MM 0,0	También el viejo silfo [...] de su Creador, y el animal y la planta están [...]	670
BS 2,1 Criada	Vas a matar al animal con tanta carrera.	1211

		Pág.
animales (3)		
MM 0,0	También el viejo silfo le dijo al poeta: "Muy pronto llegará el reino de los animales y de las plantas; [...]	670
YE 3,1 Yerma	Los animales los lamen, ¿verdad?	1327
BA 1,1 Bernarda	Los pobres son como los animales; parece como si estuvieran hechos de otras sustancias.	1445
animalito (1)		
YE 3,2 Yerma	No vengas a solazarte como los niños pequeños en la agonía de un animalito.	1346
animas (1)		
YE 1,1 Víctor	Bueno, pues a ver si con el ejemplo te animas.	1285
ánimo (2)		
PB 2,1 Perlimplín	Porque comprendo tu estado de ánimo te entrego este [...]	1004
RS 3,1 Ama	Vengan. ¡Ánimo!	1426
ánimos (1)		
RS 3,1 Ama	Sí, sí; pero no me toque [...] la que tiene que dar ánimos en este duelo [...]	1436
anís (7)		
PB 3,1 Voces	La noche de anís y plata	1012
PB 3,1 Voces	Y anís de tus muslos blancos.	1012
CA 1,1 Amigo	Dame agua con anís y con hielo.	1056
CA 3,2 Joven	A usted seguramente le gustará el anís. Es una bebida...	1141
BS 2,1 Novia	Es como si me bebiera una botella de anís y me durmiera en una colcha de rosas.	1215
YE 1,2 Muchacha 2	Ya voy al arroyo, ya subo a tocar las campanas, ya me tomo un refresco de anís.	1294
RS 2,1 Ayola 1	Yo no quiero comer. Prefiero una palomilla de anís.	1399
anoche (10)		
MM 1,1 Doña Curiana	Anoche noté	674
MM 2,2 Doña Curiana	dijo mi niño anoche.	705
CA 1,1 Niño	que aprisionaron anoche mi garganta.	1063
CA 2,1 Novia	Anoche soñaba que todos [...]	1087
BS 1,3 Criada	¿Sentiste anoche un caballo?	1204
BA 1,1 La Poncia	Anoche ataron a su marido [...]	1455
BA 1,1 Magdalena	Anoche estuvo rondando la casa y creo que pronto va a mandar un emisario.	1463
BA 2,1 La Poncia	Anoche llegó al pueblo [...]	1485
BA 2,1 Martirio	¡Claro! ¿A qué hora te dormiste anoche?	1488
BA 3,1 Bernarda	¿A qué hora terminaste anoche de hablar?	1513
anochecer (4)		
MM 0,0	Un viejo silfo del bosque [...] historia oculta en un anochecer de otoño, cuando [...]	670
MM 0,0	Pero antes de empezar quiero haceros el mismo ruego que a él le hizo el viejo silfo aquel anochecer de otoño, cuando [...]	670
MM 0,0	Y si alguna honda lección [...] silfo de las muletas un anochecer tranquilo, [...]	670
MM 1,1 Curiana N	un anochecer.	672
ansia (5)		
MP 2,5 Mariana	Y yo soy la primera que lo pide con ansia.	832
CA 2,1 Maniquí	ansia de calor de boca.	1101
BS 3,1 Luna	en ansia de esta fuente de chorro estremecido!	1251
YE 1,2 Muchacha 2	En cambio, mi madre no [...] la que lo pide con ansia.	1293
YE 1,2 Vieja 1	Está bien que una casada quiera hijos, pero si no los tienes, ¿por qué esa ansia de ellos?	1328
ansía (2)		
YE 3,1 Yerma	No sufre. Lo que pasa es que él no ansía hijos.	1329
YE 3,1 Yerma	Se lo conozco en la mirada, y como no los ansía, no me los da.	1329
ansiaban (1)		
YE 3,1 Dolores	Muchas veces yo he hecho estas oraciones en el cementerio con mujeres que ansiaban críos, y todas [...]	1327
ansias (1)		
MM 1,6 Curiana N	No la mires con ansias, porque puedes perderte.	701
ansío (1)		
RS 1,1 Rosita	Yo ansío verte llegar	1372
ante (4)		
TC 4,1 Cocoliche	Me parece que la tengo ante mis ojos..., y esa música...	754
TC 6,1 Rosita	En tu pecho han levantado el vuelo miles de pájaros; amor mío, cuando te miro me parece que estoy ante una fuentecilla.	778
PB 1,1 Duende 1	Un bien..., porque no es justo poner ante las miradas del público el infortunio de un hombre bueno.	996
BA 2,1 Martirio	Para verlo yo. No necesito lucirme ante nadie.	1484

anteanoche (1)
  YE 2,1 Lavandera 5   Anteanoche, ella la pasó sentada en el tranco, a pesar 1302
        del frío.

anteayer (4)
  ZP 1,1 Zapatero   Anteayer... despedazó el jamón que teníamos guardado 920
        para estas Pascuas y nos lo comimos entero.
  ZP 2,1 Alcalde   Anteayer estuve enfermo [...] 949
  CA 1,1 Amigo   Yo, en cambio... Ayer hice tres conquistas y como 1057
        anteayer hice dos y hoy [...]
  RS 3,1 Ama   ¿Dónde cree usted que estará don Rafael Salé, 1425
        explotador de los pobres, que enterraron anteayer,
        Dios le haya [...]

antena (1)
  MM 2,4 Alacranito   ¡La punta de una antena! 710

antenas (5)
  MM 1,2 Curianita Silvia   divinas de sus antenas. 682
  MM 2,1 Curianita Santa   El hambre es un demonio con antenas de fuego 703
  MM 2,2 Curiana N   Sujetad las antenas, que las mueve la brisa 706
  MM 2,5 Gusano 1   y mover tus antenas. 716
  MM 2,7 Curianito   ¿Qué he visto en tus antenas? 720

antes (57)

Anthemis (1)
  RS 2,1 El Señor X   Sí, pero aplicada: para estudiar jugos de la Anthemis 1376
        olorosa, o el [...]

antifaz (1)
  RS 3,1 Muchacho   Yo me impresioné, como es natural y dejé el traje y el 1433
        antifaz sobre mi cama.

antigua (8)
  MM 2,5 Gusano 2   Cegó mi luz antigua. 714
  MP 1,1 Clavela   Si pensara como antigua, le diría... 784
  MP 1,8 Angustias   para esta antigua casa, 818
  MP 3,3 Alegrito   de la antigua Alcaicería. 868
  TB DME Doncella   Parecen amontonados en la cesta una antigua ciudad de 896
        la China.
  ZP 1,1 Zapatero   Pero, benditísima soledad antigua. 926
  CA 2,1 Novia   Y una mirada antigua. 1092
  CA 3,2 Criado   A su antigua mecanógrafa. 1134

antiguas (3)
  MM 0,0   ¡En cuántas antiguas historietas, una flor, un beso o 670
        una mirada hacen el terrible oficio de puñal!
  ZP 2,1 Zapatera   Historietas antiguas que usted no [...] 965
  YE 1,1 Yerma   Elena tardó tres años, y otras antiguas, del tiempo 1282
        [...]

antiguo (4)
  MP 2,1 Niña   y un verderol antiguo 823
  MP 2,5 Pedro   España entierra y pisa su corazón antiguo, 832
  BS 2,2 Criada   Para la medianoche, como no dormiréis, os he preparado 1234
        jamón y unas copas grandes de vino antiguo.
  BA 1,1 La Poncia   Ahora que nadie como el antiguo sacristán Tronchapinos. 1443

antiguos (4)
  MM 1,5 Alacranito   respeto a mis antiguos 694
  MP 3,8 Fernando   Te abandonaron todos tus antiguos amigos. 885
  BS 1,1 Madre   Le llevaré los pendientes de azófar, que son antiguos, 1177
        y tú le compras...
  BA 3,1 Bernarda   Los antiguos sabían muchas cosas que hemos olvidado. 1516

antipática (1)
  ZP 1,1 Zapatera   Pero aquella grandota y antipática se empeña en 934
        pisarla y nada... Pastor, ¡asombrado!

Antonio (4)
  MP 2,9 Pedrosa   con su tío el infante don Antonio. 852
  BA 1,1 Criada   Fastídiate, Antonio María Benavides, tieso con tu 1445
        traje de paño y tus botas enterizas.
  BA 1,1 Criada   ¡Ay Antonio María Benavides, que ya no verás estas 1445
        paredes ni comerás el pan de esta casa!
  BA 1,1 Bernarda   Concede el reposo a tu siervo Antonio María Benavides 1449
        y dale la corona de tu santa gloria.

anuncia (1)
  YE 3,2 Yerma   Voy a descansar sin despertarme sobresaltada, para ver 1350
        si la sangre me anuncia otra sangre nueva.

anunciará (1)
  RS 1,1 Rosita   me anunciará tu llegada? 1373

anzuelo (1)
  BA 1,1 Bernarda   ¿Es decente que una mujer de tu clase vaya con el 1454
        anzuelo detrás de un hombre el día de la misa de su
        padre?

añejo (1)
  MM 1,5 Curiana N   Dale el rocío añejo 699

año (22)
  TB DME Estudiante   Del año que viene. 901
  CA 1,1 Amigo 2   Va a caer un aguacero..., pero aguacero bonito el que 1073
        cayó el año pasado.

año - años

año (continuación)

CA 1,1 Amigo 2	Cuando yo tenía cinco años..., no, cuando yo tenía dos..., miento, uno, un año tan solo.	1073
CA 1,1 Amigo 2	un año cogí una de estas mujercillas de la lluvia y la tuve dos días en una pecera.	1073
CA 3,2 Jugador 1	Un mal año de juego.	1136
YE 1,1 Juan	Cada año seré más viejo.	1275
YE 1,1 Yerma	Cada año... Tú y yo seguimos aquí cada año...	1275
YE 3,1 Yerma	Yo quiero tener a mi [...] este fantasma sentado año tras año encima de mi corazón.	1328
YE 3,2 Vieja	Venís a pedir hijos al santo y resulta que cada año vienen más hombres solos a esta romería.	1336
YE 3,2 Vieja	El año pasado se mataron dos por una casada seca y quiero vigilar.	1337
YE 3,2 Muchacha 1	El año pasado, cuando se hizo oscuro, unos mozos atenazaron con sus manos los pechos de mi hermana.	1338
RS 2,1 Rosita	Además, ¿qué es un año, ni dos, ni cinco?	1389
RS 2,1 Madre	El año pasado nos regalaron a nosotras medio kilo.	1398
RS 3,1 Rosita	Si la gente no hubiera [...] ilusión como el primer año de su ausencia.	1428
RS 3,1 Rosita	Cada año que pasaba era como una prenda íntima que arrancaran de mi cuerpo.	1428
RS 3,1 Muchacho	En carnaval me puse un vestido de mi madre..., un vestido del año de la nana, verde...	1432
BA 1,1 La Poncia	Es capaz de sentarse encima de tu corazón y ver cómo te mueres durante un año sin que se le cierre [...]	1441
BA 1,1 La Poncia	Ese día me encerraré con ella en un cuarto y le estaré escupiendo un año entero.	1442
BA 2,1 Magdalena	¿De dónde son este año?	1485
BA 3,1 La Poncia	Es verdad que el año pasado anduvo detrás [...]	1520

años (91)

MM 1,2 Doña Curiana	y vivió seis años. Yo	680
TC 2,1 Rosita	Dentro de cien años girarán lo mismo.	736
TC 2,1 Padre	Tiene dieciséis años.	738
TC 4,1 Mozo	Cinco años.	751
MP 3,8 Mariana	que no podrán borrar los años ni los aires!	885
TB QM. Viejo	Aunque viviera cien años, yo no tendría miedo al tren.	905
ZP 1,1 Zapatera	También me aguanto yo..., piensa que tengo dieciocho años.	916
ZP 1,1 Zapatero	si tuviera cuarenta años o cuarenta y cinco, siquiera...	916
ZP 1,1 Zapatera	También tuve otro pretendiente... Aquel era medio señorito..., tendría dieciocho años, ¡se dice muy pronto!	917
ZP 1,1 Zapatera	¡Dieciocho años!	917
ZP 1,1 Zapatera	Tú no has tenido en tu vida dieciocho años... Aquel sí que los tenía, y me decía unas cosas... Verás...	918
ZP 2,1 Zapatera	Que a pesar de sus cincuenta y tantos años, benditísimos cincuenta años, me resulta más [...]	976
PB 0,0 Marcolfa	Con cincuenta años ya no se es niño.	980
PB PRO Madre	El agradecimiento de [...] de que hace veinte años que no trato a [...]	986
PB 3,1 Perlimplín	Me parece que han transcurrido cien años.	1009
DC 1,1 Madre	Tiene veinte años.	1034
CA 1,1 Joven	Hasta que pasen cinco años.	1048
CA 1,1 Joven	Muy jovencita. Quince años.	1049
CA 1,1 Viejo	Quince años que ha vivido ella, que son ella misma.	1049
CA 1,1 Joven	Pero es que yo estoy [...] puedo esperar cinco años, en espera de poder [...]	1050
CA 1,1 Joven	Pero en estos cinco años las volverá a tener.	1050
CA 1,1 Viejo	Si ella tiene quince años, puede tener quince crepúsculos o quince cielos.	1053
CA 1,1 Joven	Pero tú no puedes comprender que se espere a una mujer cinco años, colmado y quemado [...]	1071
CA 1,1 Amigo 2	Cuando yo tenía cinco años..., no, cuando yo tenía dos..., miento, uno, un año tan solo.	1073
CA 1,1 Amigo 2	En cambio, dentro de cuatro o cinco años existe un pozo en el que caeremos todos.	1075
CA 2,1 Criada	Cinco años.	1084
CA 2,1 Criada	Cinco años.	1084
CA 2,1 Padre	Tú le has escrito durante los cinco años que ha durado nuestro viaje.	1089
CA 2,1 Padre	Cinco años, día por día. ¡Ay Dios mío!	1090
CA 2,1 Novia	Ha nevado mucho estos últimos años.	1092
CA 2,1 Joven	Estás aquí, entre mis [...] una lluvia de cinco años.	1096
CA 3,1 Mecanógrafa	Hace cinco años que me está esperando, pero... ¡Qué hermoso es esperar con seguridad el momento de ser amada!	1117
CA 3,1 Viejo	Porque si él tiene veinte años puede tener veinte lunas.	1126
CA 3,1 Arlequín	De años.	1127

años (continuación)
CA 3,1 Mecanógrafa   ¡Así que pasen cinco años!   1129
CA 3,1 Arlequín   De años.   1129
CA 3,2 Joven   Cuando lo vi, a los veinte años, era tan pequeño [...]   1132
CA 3,2 Jugador 3   Y aunque ni a la otra ni a la señorita mecanógrafa se   1137
                      les ocurrirá venir por aquí hasta que pasen cinco
                      años, si es que vienen.

EP CV Estudiante 4   Romeo era un hombre de treinta años y Julieta un   1165
                      muchacho de quince.

BS 1,1 Madre   Cien años que yo viviera no hablaría de otra cosa.   1173
BS 1,1 Madre   Primero, tu padre, que me olía a clavel y lo disfruté   1173
                      tres años escasos.

BS 1,1 Novio   Tres años. Ya pude comprar la viña.   1176
BS 1,1 Madre   Tres años. Ella tuvo un novio, ¿no?   1176
BS 1,1 Madre   Hace veinte años que no he subido a lo alto de la   1178
                      calle.

BS 1,1 Vecina   Tendría ella quince años.   1181
BS 1,1 Vecina   El se casó ya hace dos años con una prima de ella, por   1181
                      cierto.

BS 1,1 Vecina   El tenía ocho años cuando las cuestiones.   1182
BS 1,2 Suegra   ¿No ves que fue tres años novia suya?   1190
BS 1,3 Madre   Los tres años que estuvo casado conmigo, plantó diez   1195
                      cerezos.

BS 1,3 Padre   Día en que ella cumple veintidós años justos.   1198
BS 1,3 Madre   ¡Veintidós años!   1199
BS 2,1 Novio   Te voy a abrazar cuarenta años seguidos.   1222
BS 2,2 Madre   Una fuente que corre un minuto y a nosotros nos ha   1229
                      costado años.

YE 1,1 Yerma   Elena tardó tres años, y otras antiguas, del tiempo de   1282
                      mi marido, mucho más; pero dos años y veinte días,
                      como [...]

YE 1,1 María   Una hermana de mi madre lo tuvo a los catorce años, ¡y   1282
                      si vieras qué hermosura de niño!

YE 1,2 Yerma   Tres años.   1286
YE 1,2 Yerma   Otra vez el mismo Víctor, teniendo yo catorce años (él   1289
                      era un zagalón), [...]

YE 1,2 Muchacha 2   Yo tengo diecinueve años y no me gusta guisar ni lavar.   1293
YE 2,2 Juan   Hace ya más de cinco años.   1313
YE 3,1 Vieja 1   Lo importante de este mundo es dejarse llevar por los   1328
                      años.

YE 3,2 Muchacha 1   Yo llegué con mi hermana. Lleva ocho años viniendo sin   1337
                      resultado.

RS 1,1 Ama   Cuando chiquita tenía [...] Rosita ya tiene ochenta   1354
                      años"..., y siempre así.

RS 2,1 Ama   ¿A usted le parece bien que un hombre se vaya y deje   1380
                      quince años plantada a una mujer [...]

RS 2,1 Ama   Cuarenta años llevo al lado de usted.   1382
RS 2,1 Tío   Llega un momento en que las personas que viven juntas   1386
                      muchos años hacen motivo de [...]

RS 2,1 Tío   Con veinte años no teníamos estas conversaciones.   1386
RS 2,1 Tía   No. Con veinte años se rompían los cristales...   1386
RS 2,1 Ayola 1   Cuando yo tenía seis años venía aquí y el novio de   1399
                      Rosita me acostumbró a beberlas.

RS 2,1 Tía   ¡Quince años!   1399
RS 3,1 Ama   Hace ya seis años que murió y no quiero que esté usted   1413
                      como el primer día.

RS 3,1 Ama   ¡Que nos espere muchos años todavía cortando rosas!   1413
RS 3,1 Tía   ¡Ojalá tuviera yo tus años!   1413
RS 3,1 Tía   Cuando pienso en la mala [...] quisiera tener veinte   1414
                      años para tomar un vapor [...]

RS 3,1 Tía   Ocho años lleva de matrimonio, y hasta el mes pasado   1415
                      no me escribió el canalla la verdad.

RS 3,1 Rosita   Me he acostumbrado a vivir muchos años fuera de mí,   1428
                      pensando [...]

RS 3,1 Muchacho   Hace ocho años.   1432
BA 1,1 La Poncia   Treinta años lavando sus sábanas; treinta años   1442
                      comiendo sus sobras; [...]

BA 1,1 Criada   Tin, tin, tan. ¡Que nos espere muchos años! Tin, tin,   1444
                      tan.

BA 1,1 Mujer 1   Hace años no he conocido calor igual.   1446
BA 1,1 Bernarda   ¡Ojalá tardéis muchos años en pasar el arco de mi   1450
                      puerta!

BA 1,1 Bernarda   En ocho años que dure el luto no ha de entrar en esta   1451
                      casa el viento de la calle.

BA 1,1 Criada   A pesar de sus ochenta años, tu madre es fuerte como   1452
                      un roble.

BA 1,1 Magdalena   Porque si con veinte años parecía un palo vestido,   1464
                      ¡qué será ahora que tiene cuarenta!

BA 1,1 Magdalena   Pepe el Romano tiene veinticinco años y es el mejor   1464
                      tipo de todos estos contornos.

		Pág.
años (continuación)		
BA 1,1 Magdalena	Lo natural sería que te pretendiera a ti, Amelia, o a nuestra Adela, que tiene veinte años, pero no que venga [...]	1464
BA 2,1 La Poncia	Hace años vino otra de estas y yo misma di dinero a mi hijo mayor para que fuera.	1486
BA 3,1 Adela	A mí me gusta ver correr lleno de lumbre lo que está quieto y quieto años enteros.	1516
BA 3,1 Adela	Ya puede estar cien años con Angustias, pero [...]	1527
apacible (1)		
MM 0,0	El amor, lo mismo que [...] tiempo era la vida apacible y serena.	669
apaga (3)		
PB 1,1 Belisa	Mi sed no se apaga nunca, como nunca se apaga la sed de los mascarones que echan el agua en las fuentes.	989
PB 1,1 Belisa	Desde luego maridito. Y apaga la luz, si te place.	992
apagado (5)		
MM 2,5 Gusano 3	Ya se ha apagado mi luz;	713
PB 1,1 Perlimplín	He apagado la luz.	992
CA 1,1 Joven	Pero es que yo estoy [...] noche, con todo el mundo apagado, sus trenzas [...]	1050
CA 1,1 Niño	Apagado va por el cielo.	1068
CA 2,1 Padre	Ya han apagado las lámparas.	1090
apagan (2)		
MM 1,2 Doña Curiana	que se apagan las estrellas	677
CA 1,1 Viejo	Se apagan los ojos y una hoz muy afilada siega los juncos de las orillas	1075
apagar (2)		
MM 1,1 Curiana N	"Todas las estrellas se van a apagar."	672
MM 1,1 Curiana N	Todas las estrellas se van a apagar.	675
apagará (1)		
BS 3,1 Mendiga	apagará con el rumor de troncos	1250
apagaría (1)		
RS 3,1 Rosita	Si me fuera posible apagaría el farol.	1426
apagarme (1)		
BA 2,1 Adela	No por encima de ti, que eres una criada; por encima de mi madre saltaría para apagarme este fuego que [...]	1482
apague (1)		
MP 3,8 Mariana	¡¡Libertad!! Porque nunca se apague tu alta lumbre	887
MM 1,1 Doña Curiana	¡Ay!, apaleaba mi caparazón.	674
aparato (3)		
DC 1,1 Cristóbal	El aparato del aguardiente.	1026
DC 1,1 Rosita	Es, es... el aparato de hacer encaje de bolillos.	1039
DC 1,1 Rosita	Vete ya, aparato.	1039
aparece (1)		
ZP 0,0 El Autor	En todos los sitios late [...] extrañe el público si aparece violenta o toma [...]	912
aparecerá (1)		
BA 2,1 La Poncia	¡Eso no, porque aparecerá!	1491
aparecerás (1)		
EP CV Hombre 1	Soledad de los edificios, de las esquinas de las playas, donde tú no aparecerás nunca.	1169
aparición (1)		
BA 3,1 Amelia	Es verdad. Daba miedo. Parecía una aparición.	1515
apariencia (1)		
ZP 2,1 Zapatero	Es un trabajo de poca apariencia y de mucha ciencia.	956
apariencias (1)		
EP CV Dama 2	Las voces estaban vivas y sus apariencias también.	1159
aparta (6)		
MM 1,2 Doña Curiana	¡Aparta! Es mi hijo.	682
EP RR Emperador	Aparta.	1153
EP CV Desnudo	Padre mío, aparta de mí este cáliz de amargura.	1156
BS 3,1 Mendiga	Ilumina el chaleco y aparta los botones,	1251
BS 3,1 Novia	¡Te quiero! ¡Te quiero! ¡Aparta!	1257
BA 3,1 Adela	¡Aparta!	1529
apartado (1)		
BA 1,1 Martirio	Dios me ha hecho débil y fea y los ha apartado definitivamente de mí.	1460
apartando (1)		
DC 1,1	Y si un pájaro mueve [...] nos parezca una mano apartando los juncos [...]	1019
apartarme (1)		
CA 1,1 Joven	Usted quiere apartarme de ella.	1050
apártate (1)		
YE 3,1 Juan	Apártate.	1333
aparten (2)		
BS 2,2 Criada	que se aparten las ramas	1225
YE 3,2 Hombres	¡Que se aparten las niñas!	1343
apartes (1)		
YE 3,1 Yerma	No me apartes y quiere conmigo.	1333

apártese (1)
DC 1,1 Cristóbal   Apártese usted mismo con las manos las yugulares.   1025
apasionada (2)
MM 2,7 Curianito   mi voz apasionada?   719
RS 2,1 Solterona 3   y el clavel: "¡Apasionada!"   1403
apasionadamente (1)
PB 3,1 Marcolfa   Ella se puso encendida como un geranio, se llevó las   1010
                          manos al corazón y se quedó besando apasionadamente
                          sus hermosas [...]

apasionado (2)
MM 1,4 Curianita Silvia   ¡Qué apasionado madrigal   686
MM 2,2 Doña Curiana   la canta por las noches de un modo apasionado.   706
apasionantes (1)
EP CV Estudiante 2   Pasaría que vendrían los hongos, y los latidos se   1161
                          harían quizá menos intensos y apasionantes.

apedreáis (1)
BA 2,1 Amelia   Y nos apedreáis con malos pensamientos.   1494
apena (3)
MM 1,2 Doña Curiana   de la causa que os apena.   681
MP 3,3 Alegrito   Me apena   870
RS 1,1 Tía   Claro es que nunca me ha gustado contradecirla, porque   1355
                          ¿quién apena a una criatura que no tiene padres?

apenado (1)
MP 2,8 Conspirador 3   ¡Don Pedro está apenado!   846
apenas (5)
MP 3,3 Mariana   brilla el limonar apenas   869
BS 3,2 Madre   que apenas cabe en la mano,   1272
BS 3,2 Novia   que apenas cabe en la mano;   1272
BS 3,2 Madre   Y apenas cabe en la mano,   1272
BA 2,1 Martirio   Claro, no duerme apenas.   1477
apetitosa (4)
MM 2,4 Alacranito   apetitosa y tierna?   711
TC 6,1 Cristobita   (¡Ay , qué apetitosa está!   767
TC 6,1 Cristobita   ¡Oh, qué apetitosa está!   770
ZP 2,1 Zapatero   ¡Qué apetitosa   959
aplasta (2)
MM 2,7 Curianito   es muy sutil y aplasta.   719
CA 3,1 Joven   Es tan pequeño... Aplasta las naricillas en el   1125
                          cristal de mi corazón y, sin embargo, no tiene aire.

aplastadas (1)
TC 6,1 Rosita   La sierra de Córdoba tiene sombras bajo sus olivares,   774
                         sombras aplastadas, sombras muertas que nunca se van.

aplazar (1)
MP 2,8 Conspirador 4   Tendremos que aplazar el alzamiento,   842
aplica (1)
MM 2,1 Curianita 1   Si Curianito el Nene no trabaja y se aplica,   703
aplicada (1)
RS 2,1 El Señor X   Sí, pero aplicada: para estudiar [...]   1376
aposentar (1)
ZP 2,1 Alcalde   Que la casa tiene una [...] que sé yo se quiera   951
                        aposentar en sus salas, [...]
apoyada (1)
MP 3,6 Mariana   apoyada sobre una   878
apoyarme (1)
CA 2,1 Novia   Llegará mi novio, el viejo, el lírico, y necesito   1078
                       apoyarme en ti.

aprenda (1)
TC 2,1 Rosita   Que mires a la izquierda y a la derecha del tiempo, y   736
                      que tu corazón aprenda a estar tranquilo.

aprendas (1)
RS 3,1 Tía   Que me veas vivir, para que aprendas.   1428
aprende (3)
MP 3,8 Fernando   ¡Mariana! ¡Aprende y mira cómo te estoy queriendo!   885
EP CV Estudiante 1   Cuando la gente va al [...] cristales sus ojos y   1165
                      aprende.
BA 1,1 Bernarda   Dame uno negro y aprende a respetar el luto de tu   1451
                      padre.

aprender (1)
TC 6,1 Currito   He venido al pueblo para aprender cómo se puede   771
                      olvidar.

aprenderás (1)
CA 3,2 Jugador 1   No aprenderás nunca a conocer a tus clientes.   1136
aprendí (1)
BS 2,2 Madre   Así aprendí de tu padre.   1241
aprendido (2)
PB 2,1 Perlimplín   He aprendido muchas cosas, y sobre todo puedo   1002
                      imaginarlas...
YE 1,2 Muchacha 2   Yo te puedo decir lo único que he aprendido en la   1294
                      vida: [...]

apretada (2)
MP 1,7 Fernando   dan una sombra apretada.   815

apretada - aquí

			Pág.
apretada (continuación)			
CA 2,1 Novia	Pero con una corona de jazmines en el cuello y toda mi carne apretada por un velo mojado por el mar.	1085
apretadas (1)			
CA 1,1 Amigo	Las trenzas aquí, apretadas, negrísimas, y luego...	1057
apretado (2)			
YE 1,1 María	¿No has tenido nunca un pájaro vivo apretado en la mano?	1280
BA 2,1 La Poncia	El que la contrataba era un muchacho de ojos verdes, apretado como una gavilla de trigo.	1485
apretar (2)			
MP 2,9 Pedrosa	puedo apretar tu cuello con mis manos,	856
CA 2,1 Criada	Muy delicadamente, casi sin apretar.	1084
apretase (1)			
RS 3,1 Rosita	Y sin embargo la esperanza me persigue, me ronda, me muerde; como un lobo moribundo que apretase sus dientes [...]	1429
apretéis (1)			
RS 3,1 Ama	Y él dirá: "¡Que tengo veinte millones de pesetas, no me apretéis con las tenazas!	1425
apretó (1)			
CA 2,1 Novia	¿Lo ves? No te apretó.	1084
apretones (1)			
ZP 1,1 Alcalde	A las mujeres, buenos apretones en la cintura, [...]	925
apriete (1)			
BS 3,2 Muchacha 2	y nudo que apriete	1262
aprisionaron (1)			
CA 1,1 Niño	que aprisionaron anoche mi garganta.	1063
aprovechamos (1)			
MP 2,7 Pedro	pero excelente si la aprovechamos.	838
aproveche (1)			
ZP 1,1 Vecina	Bien despachado vas de mujer, ¡que te aproveche!	921
apuntan (1)			
YE 2,2 Yerma	Que estoy ofendida, ofendida y rebajada hasta lo último viendo que los trigos apuntan, que las fuentes [...]	1318
apuntar (1)			
BA 3,1 Bernarda	No fue culpa mía. Una mujer no sabe apuntar.	1531
apuñala (1)			
YE 3,1 Yerma	Yo quiero tener a mi [...] hombre vivo que nos apuñala que llorar por [...]	1328
aquel (23)			
aquella (15)			
aquellas (1)			
aquello (7)			
aquellos (7)			
aquí (198)			
MM 1,2 Doña Curiana	Aquí sois todos poetas	678
MM 1,3 Doña Curiana	quedaos los dos aquí.	685
MM 1,6 Curianito	¿Qué madejas de amores me ha enredado aquí el viento?	701
MM 2,2 Curiana N	Ya están aquí, señora.	706
MM 2,2 Curiana N	¡Aquí la dejaremos bajo la luna! Siento	707
MM 2,6 Curianita C	(Ya tenemos aquí	718
TC 1,1 Padre	Aquí mando yo, que soy el padre.	732
TC 1,1 Hora	Mientras que aquí hace sol, en otras partes llueve.	734
TC 2,1 Cristobita	Esta porra que ve aquí ha matado muchos hombres franceses, italianos, húngaros... Tengo la lista en mi casa.	739
TC 3,1 Espantanublos	¿Pero quién demonios es ese hombre y a qué ha venido aquí?	746
TC 4,1 Mozo 2	Le dejaremos aquí; y descuida, que ya despertará cuando le dé en la cara el sereno de la noche.	750
TC 4,1 Joven	Aquí me cansaba demasiado.	751
TC 5,1 Fígaro	Por aquí, sudará resina.	761
TC 6,1 Rosita	¡Salid corriendo por aquí!	766
TC 6,1 Rosita	Ven aquí.	766
TC 6,1 Cristobita	me huele aquí.	767
TC 6,1 Rosita	¡Aquí!	769
TC 6,1 Cocoliche	¡No me abras! Quiero morir aquí.	775
TC 6,1 Cristobita	¿Qué hacías aquí?	776
MP 1,5 Fernando	antes de venir yo aquí,	798
MP 1,5 Fernando	al mandarlo aquí a Granada!	800
MP 1,6 Fernando	Desde aquí lo sentimos.	803
MP 1,7 Mariana	de morirme sola aquí.	809
MP 1,7 Fernando	¿Y aquí va?...	814
MP 2,5 Pedro	¡Ven aquí!	829
MP 2,6 Mariana	¡Ya están aquí!	834
MP 2,7 Conspirador 1	pero aquí se está bien.	835
MP 2,7 Mariana	Ayer estuvo aquí.	837
MP 2,7 Mariana	estuvo aquí toda la tarde,	837
MP 2,8 Mariana	Quizá estuviera aquí mejor guardada.	842

aquí (continuación)

MP 2,9	Pedrosa	¡Ya está aquí!	854
MP 2,9	Mariana	¡Salga de aquí!	857
MP 2,9	Mariana	¡Pedrosa, aquí me tiene!	857
MP 2,9	Mariana	¡Por aquí!	859
MP 3,2	Mariana	quedarme aquí, en el Beaterio,	864
MP 3,4	Mariana	Pero mi vida está aquí.	871
MP 3,4	Carmen	Aquí está, señor Pedrosa.	873
MP 3,5	Mariana	¿Y he de permanecer aquí encerrada?	876
ZP 1,1	Zapatero	Lo que tú quieras... Ni que tire por allí ni que tire por aquí...	920
ZP 1,1	Zapatera	Mientras no des por ellos diez pesetas, aquí se quedan.	921
ZP 1,1	Zapatero	Sé lo que haces y lo que no haces, y ya estoy colmado, ¡hasta aquí!	923
ZP 1,1	Mozo	Porque usted es digna de estar pintada en las tarjetas postales y no aquí..., en este portalillo.	931
ZP 1,1	Zapatera	Como si yo no estuviese aquí más que paraaa, paraaa... ¿Es que en este pueblo no puede una hablar con nadie?	932
ZP 2,1	Mozo Del S	Has puesto taberna y podemos estar aquí dentro todo el tiempo que queramos.	942
ZP 2,1	Niño	Ya estoy aquí.	943
ZP 2,1	Zapatero	¿Aquí se puede descansar?	953
ZP 2,1	Zapatera	Pues puede que en las Filipinas esos zapateros sean tontos, que aquí en estas tierras [...]	956
ZP 2,1	Vecina Roja	Usted es persona decente y no debe estar aquí.	971
ZP 2,1	Zapatera	Pues aquí estoy, si se atreven a venir.	973
ZP 2,1	Zapatera	Aquí estoy y Dios dirá.	974
ZP 2,1	Zapatero	¡Pues aquí está!	977
PB 1,1	Duende 1	Pero para eso estamos nosotros aquí. ¡Los duendes!	994
PB 2,1	Marcolfa	Aquí llega.	1002
PB 2,1	Perlimplín	¿Ha pasado hoy por aquí?	1005
PB 2,1	Perlimplín	Espera. Aquí está.	1007
PB 3,1	Belisa	Chist... ¡Es aquí, aquí!	1012
PB 3,1	Perlimplín	¿Qué haces aquí?	1012
PB 3,1	Perlimplín	¿Qué hacías aquí?	1013
DC 1,1	Cristóbal	Aquí estoy.	1026
DC 1,1	Madre	Rositaaaaaaa. Aquí está el médico.	1040
CA 1,1	Viejo	Volveré por aquí.	1053
CA 1,1	Mecanógrafa	No espero porque no me da la gana, porque no quiero y, sin embargo, no me puedo mover de aquí.	1054
CA 1,1	Mecanógrafa	No quiere tenerme aquí.	1055
CA 1,1	Amigo	Las trenzas aquí, apretadas, negrísimas, y luego...	1057
CA 1,1	Joven	Esta casa es mía y aquí no entra nadie.	1060
CA 1,1	Amigo	Entrará todo el mundo que quiera, no aquí, sino debajo de tu cama.	1060
CA 1,1	Amigo 2	Ahora, antes de entrar aquí vi a un niño que llevaban a enterrar con las primeras gotas de la lluvia.	1074
CA 2,1	Novia	Aquí no se sueña.	1094
CA 2,1	Joven	Estás aquí, entre mis manos, [...]	1096
CA 3,1	Máscara	Y aquí otra, ¿la ves?	1117
CA 3,1	Joven	¿Estás contenta aquí?	1124
CA 3,1	Joven	Pero la sangre golpea mis sienes con sus nudillos de fuego, y ahora te tengo ya aquí.	1125
CA 3,1	Viejo	Por aquí.	1130
CA 3,2	Jugador 3	Y aunque ni a la otra ni a la señorita mecanógrafa se les ocurrirá venir por aquí hasta que pasen [...]	1137
CA 3,2	Joven	¿Ningún hombre aquí?	1144
CA 3,2	Eco	Aquí...	1144
CA 3,2	Segundo Eco	Aquí...	1144
EP CV	Muchacho 1	Aquí está la gran equivocación [...]	1160
BS 1,1	Madre	Yo no puedo dejar aquí solos a tu padre y a tu hermano.	1175
BS 1,2	Muchacha	Mire usted: una golondrina aquí un barco aquí y aquí una rosa.	1191
BS 1,3	Padre	Si pudiéramos con veinte pares de bueyes traer tus viñas aquí y ponerlas en la ladera.	1197
BS 1,3	Madre	Cuando yo me muera, vendéis aquello y compráis aquí al lado.	1197
BS 1,3	Madre	Aquí tienes unos regalos.	1201
BS 1,3	Novia	¡Mentira! ¡Mentira! ¿A qué viene aquí?	1205
BS 2,1	Criada	Aquí te acabaré de peinar.	1206
BS 2,1	Novia	Pero se consumió aquí.	1206
BS 2,1	Criada	El azahar te lo voy a poner desde aquí hasta aquí, de modo que la corona luzca sobre el peinado.	1208
BS 2,1	Novia	¿Cuánto hay de aquí a la iglesia?	1209
BS 2,1	Novia	Y sé que estoy loca y sé que tengo el pecho podrido de aguantar, y aquí estoy quieta por [...]	1215
BS 2,1	Criada	Ya está aquí la gente.	1215
BS 2,1	Mozo 1	¡Que viene aquí! ¡Que sale ya!	1219
BS 2,1	Mozo 1	¡Aquí está el novio!	1220
BS 2,1	Madre	¿También están esos aquí?	1221
BS 2,1	Mujer	Pero de aquí no me muevo.	1224

aquí (continuación)   Pág.

BS 2,2 Criada	¡Ya están aquí!	1229
BS 2,2 Novia	¿Se queda usted aquí esta noche?	1231
BS 2,2 Mujer	Aquí los dos; sin salir nunca y a levantar la casa.	1232
BS 2,2 Muchacha 1	A mí me lo diste aquí.	1235
BS 2,2 Mujer	¿Pasó por aquí mi marido?	1238
BS 2,2 Novia	¿Con toda la gente aquí?	1240
BS 2,2 Padre	¡Aquí no está!	1242
BS 2,2 Voz	Aquí hay uno.	1244
BS 2,2 Madre	Aquí hay ya dos bandos.	1244
BS 2,2 Madre	Salid todos de aquí.	1244
BS 2,2 Madre	¡Fuera de aquí!	1244
BS 3,1 Mendiga	De aquí no pasan. El rumor del río	1250
BS 3,1 Mendiga	Aquí ha de ser, y pronto. Estoy cansada.	1250
BS 3,1 Novio	Por aquí.	1252
BS 3,1 Novio	Estoy seguro de encontrármelos aquí.	1252
BS 3,1 Novio	Y vamos pronto, que siento los dientes de todos los míos clavados aquí de una manera que [...]	1253
BS 3,1 Novio	¡Te digo si los viste! ¿Han pasado por aquí?	1254
BS 3,1 Novia	Desde aquí yo me iré sola.	1256
BS 3,1 Novia	Es justo que yo aquí muera	1260
BS 3,2 Niña	el hilo está aquí.	1263
BS 3,2 Madre	¿No hay nadie aquí?	1267
BS 3,2 Vecina	Vente a mi casa; no te quedes aquí.	1267
BS 3,2 Madre	Aquí.	1267
BS 3,2 Madre	Aquí quiero estar.	1267
BS 3,2 Novia	Aquí vengo.	1268
BS 3,2 Novia	Véngate de mí; ¡aquí estoy!	1270
YE 1,1 Yerma	Cada año... Tú y yo seguimos aquí cada año...	1275
YE 1,1 Juan	Estás mejor aquí.	1277
YE 1,1 Yerma	Pienso que no es justo que yo me consuma aquí.	1282
YE 1,2 Vieja 1	Tengo nueve hijos como nueve soles pero como ninguno es hembra, aquí me tienes a mí de un lado para otro.	1287
YE 1,2 Yerma	Sí. ¿Qué tienes aquí?	1297
YE 1,2 Yerma	Aquí..., en la mejilla; como una quemadura.	1297
YE 1,2 Víctor	Por aquí hay siempre muchos niños que vienen a robar fruta.	1298
YE 1,2 Juan	¿Qué haces todavía aquí?	1299
YE 2,1 Lavandera 3	Pero aquí se habla.	1301
YE 2,2 Juan	Esa no viene... Una de vosotras debía salir con ella, porque para eso estáis aquí comiendo en mi mantel [...]	1311
YE 2,2 Juan	Mi vida está en el campo, pero mi honra está aquí.	1311
YE 2,2 Yerma	Aquí tengo todo lo que necesito.	1312
YE 2,2 Yerma	Pan tierno y requesón y cordero asado como yo aquí, y pasto lleno de rocío tus ganados en el monte.	1312
YE 2,2 Yerma	Pero aquí, no.	1312
YE 2,2 Yerma	Que estoy ofendida, ofendida [...] golpes de martillo aquí en lugar de la boca [...]	1318
YE 2,2 Yerma	Aquí las gentes te quieren.	1322
YE 3,1 Cuñada 2	Aquí está.	1331
YE 3,1 Yerma	Aquí estoy.	1331
YE 3,1 Dolores	Van a pasar por aquí.	1335
YE 3,2 Mujer 1	¿A qué vienes aquí si no crees?	1336
YE 3,2 Vieja	Aquí vienen las mujeres a conocer hombres nuevos.	1345
RS 1,1 Ama	Pero aquí... rosas por la [...]	1353
RS 1,1 Tía	¡Vamos, aquí está!	1354
RS 1,1 Ama	¡Aquí está la sombrilla!	1358
RS 1,1 Ama	Aquí no la dejan a una ni abrir los labios.	1360
RS 1,1 Sobrino	Precisamente quiero quedarme aquí, y a eso vengo.	1362
RS 1,1 Tía	Aquí no eres más que un paseante de los jardinillos, y allí serás un labrador.	1362
RS 1,1 Tía	La lengua se me debió [...] toronjas, y mi niña, aquí, un día igual a [...]	1363
RS 2,1 Tía	Eso no lo puedes decir aquí. Me voy por no oírte.	1385
RS 2,1 Tía	Muchas veces te he aconsejado que escribas a tu primo y te cases aquí con otro.	1389
RS 2,1 Madre	Hijas, aquí tengo confianza.	1393
RS 2,1 Ayola 1	Nos reímos porque antes de entrar aquí...	1398
RS 2,1 Ayola 1	Cuando yo tenía seis años venía aquí y el novio de Rosita me acostumbró a beberlas.	1399
RS 3,1 Ama	¡Si está aquí don Martín!	1417
RS 3,1 Ama	Por aquí.	1420
RS 3,1 Ama	pero los demonios, tizonazo por aquí, tizonazo por allá, [...]	1425
RS 3,1 Tía	Y los pañuelos para las lágrimas que se queden aquí abajo.	1425
RS 3,1 Rosita	Pero yo prefiero salir de aquí con la calle a oscuras.	1426
RS 3,1 Ama	Aquí, el joven, iba ayer con su novia.	1434
RS 3,1 Ama	Por unos minutos nos encuentra aquí.	1435
RS 3,1 Solterona 3	Yo vengo a dar una lección de piano que tengo aquí cerca y me llegué por si necesitaban ustedes algo.	1435

aquí (continuación)
RS 3,1 Solterona 3   Pero si hace falta algo, ya sabe que en lo que pueda,   1436
aquí estoy yo.
BA 1,1 Criada   Fuera de aquí.   1444
BA 1,1 Bernarda   Que salgan por donde han entrado. No quiero que pasen   1447
por aquí.
BA 1,1 Bernarda   Aquí se hace lo que yo mando.   1452
BA 1,1 Bernarda   ¡Fuera de aquí todas!   1455
BA 1,1 La Poncia   Porque no es de aquí.   1456
BA 1,1 La Poncia   Los hombres de aquí no son capaces de eso.   1456
BA 1,1 Bernarda   Los hombres de aquí no son de su clase.   1457
BA 1,1 Martirio   Luego aquí la abandonó y se [...]   1459
BA 1,1 Martirio   Aquí.   1461
BA 1,1 Magdalena   Aunque Angustias es nuestra hermana, aquí estamos en   1463
familia y reconocemos que está vieja,
BA 1,1 María Josefa   Me escapé porque me quiero casar, porque quiero   1470
casarme con un varón hermoso de la orilla del mar, ya
que aquí los hombres huyen [...]
BA 1,1 María Josefa   ¡Quiero irme de aquí!   1471
BA 2,1 Martirio   Aquí es el único sitio donde no se puede pronunciar   1478
esta palabra.
BA 2,1 La Poncia   Aquí está.   1492
BA 2,1 Bernarda   ¡Fuera de aquí!   1495
BA 2,1 La Poncia   Claro; hay que retirarla de aquí.   1496
BA 2,1 La Poncia   Claro. A él hay que alejarlo de aquí. Piensas bien.   1496
BA 2,1 La Poncia   Bernarda: aquí pasa una cosa muy grande.   1498
BA 2,1 Bernarda   No creo que esta sea la "cosa muy grande" que aquí   1499
pasa.
BA 2,1 Bernarda   Aquí no pasa nada.   1499
BA 2,1 Bernarda   ¿Qué es lo que pasa aquí?   1502
BA 2,1 Bernarda   ¡Aquí no se vuelve a dar un paso sin que yo lo sienta!   1503
BA 3,1 La Poncia   ¿Estás todavía aquí?   1518
BA 3,1 Bernarda   Disfrutando este silencio y sin lograr ver por parte   1518
alguna "la cosa tan grande" que aquí pasa, según tú.
BA 3,1 Bernarda   Aquí no pasa nada. Ya estoy alerta contra tus   1519
suposiciones.
BA 3,1 Criada   No sé lo que va a pasar aquí.   1521
BA 3,1 Martirio   ¿Cómo está aquí?   1524
BA 3,1 María Josefa   ¿Por qué aquí no hay espumas?   1525
BA 3,1 María Josefa   Aquí no hay más que mantos de luto.   1525
BA 3,1 Adela   Aquí no hay ningún remedio.   1528
BA 3,1 Adela   ¡Aquí se acabaron las voces de presidio!   1529
BA 3,1 Angustias   De aquí no sales tú con tu cuerpo en triunfo.   1530
arado (1)
YE 2,2 Víctor   La acequia por su sitio, el rebaño en el redil, la   1323
luna en el cielo y el hombre con su arado.
arando (1)
YE 3,2 Yerma   Yo soy como un campo seco donde caben arando mil pares   1345
de bueyes [...]
araña (V) (1)
MM 0,0   Señores: La comedia que [...] arañar a la luna y se   669
araña su corazón.
araña (6)
MM 1,5 Alacranito   Era una hermosa araña.   695
MM 2,1 Curianita 1   Yo le vi columpiarse sobre un hilo de araña.   702
MM 2,1 Curianita 1   Sobre un hilo de araña nadie vive.   702
MM 2,3 Mariposa   Que cante la araña   708
MM 2,3 Mariposa   Que cante la araña   709
EP RR Figura De P   Tú has roto el hilo de la araña y ya siento que mis   1151
grandes pies se van volviendo pequeñitos y repugnantes.
arañar (2)
MM 0,0   Señores: La comedia que vais a escuchar es humilde e   669
inquietante, comedia rota del que quiere arañar a la
luna y se [...]
BA 2,1 Bernarda   Y no quiero entenderte, porque si llegara al alcance   1500
de todo lo que dices te tendría que arañar.
arañas (1)
CA 2,1 Joven   Dale el velo a las arañas   1100
arañazos (1)
YE 1,1 María   Lloraba como un torito, [...] llenaba la cara de   1282
arañazos.
árbol (10)
MM 2,1 Curianita Santa   pétalo en los rosales y corteza en el árbol."   703
TC 2,1 Mozo 2   Levántate y que se te importe poco que un pájaro en la   737
arboleda se pase de un árbol a otro.
MP 3,4 Mariana   como un árbol de coral   871
MP 3,9 Mariana   Ahora sé lo que dicen el ruiseñor y el árbol.   889
ZP 0,0 El Autor   Por este miedo absurdo, [...] se asuste de que un   911
árbol, por ejemplo, se [...]
EP CV Muchacho 1   Por las ramas de aquel árbol podemos alcanzar uno de   1164
los balcones y desde allí pediremos auxilio.

árbol - ardilla

			Pág.
árbol (continuación)			
BS 1,3	Madre	Cuatro horas de camino y ni una casa ni un árbol.	1195
BS 2,1	Criada	Un árbol quiero bordarle	1218
BS 3,1	Leñador 2	Un árbol de cuarenta ramas. Lo cortaremos pronto.	1248
BS 3,1	Novio	Y tiene tanto poderío, que puede arrancar este árbol de raíz si quiere.	1253
arboleda (1)			
TC 2,1	Mozo 2	Levántate y que se te importe poco que un pájaro en la arboleda se pase de un árbol a otro.	737
arboledas (1)			
BA 2,1	Martirio	Por tus marjales y tus arboledas.	1495
árboles (14)			
MM 2,5	Mariposa	y las hojas de los árboles,	714
TB QM.	Viejo	¿Te acuerdas cómo saltaba la tapia, cómo se subía a los árboles solo por verte?	905
ZP 2,1	Zapatera	Todavía me parece sentir en la cara aquel aire tan fresquito que venía por los árboles.	946
CA 3,2	Jugador 3	Yo jugué en la India [...] pudo escapar entre los árboles.	1136
EP RR	Centurión	Pare por cuatro o cinco a la vez y nunca al mediodía debajo de los árboles.	1152
BS 1,3	Madre	Tu padre los hubiera cubierto de árboles.	1195
BS 2,1	Novia	Mi madre era de un sitio donde había muchos árboles.	1206
BS 2,	Madre	Es la roturación de las tierras, la plantación de árboles nuevos.	1240
BS 3,1	Leonardo	por los árboles se quiebran.	1258
YE 1,1	Yerma	en los árboles canta el viento.	1277
YE 2,2	Juan	Ayer estuve podando los árboles.	1311
YE 2,2	Yerma	Los hombres tienen otra vida; los ganados, los árboles, las conversaciones, [...]	1314
YE 3,1	Juan	Cuando llego a un corro [...] callan las ramas de los árboles.	1333
BA 2,1	La Poncia	¡Como árboles quemados!	1485
arbolillo (1)			
TC 0,0	Mosquito	mi arbolillo	724
arbolito (1)			
TC 6,1	Rosita	¡Arbolito de mi jardín!	777
arca (5)			
MM 2,3	Mariposa	Vengo de un arca misteriosa	708
BA 1,1	Bernarda	En el arca tengo veinte piezas de hilo con el que podréis cortar sábanas y embozos.	1451
BA 1,1	Bernarda	Y tú ve guardando en el arca grande toda la ropa del muerto.	1458
BA 2,1	Angustias	Y, además, ¡más vale onza en el arca que ojos negros en la cara!	1472
BA 3,1	Bernarda	Nosotras tuvimos arca.	1511
arcángel (1)			
YE 3,2	Yerma	y un arcángel la vigila,	1339
Arcipreste (2)			
TC 1,1	Padre	De los cinco talegos que heredamos de tu tío el Arcipreste, no queda ¡ni tanto así!	725
TC 1,1	Rosita	¡Ay, qué barbas tenía mi tío el Arcipreste!	725
arco (1)			
BA 1,1	Bernarda	¡Ojalá tardéis muchos años en pasar el arco de mi puerta!	1450
arcón (1)			
BS 1,1	Madre	No sé cómo te atreves a llevar una navaja en tu cuerpo, ni cómo yo dejo a la serpiente dentro del arcón.	1173
arde (1)			
YE 2,1	Lavandera 4	Ella y sus cuñadas, sin [...] relumbra la vivienda más arde por dentro.	1304
arder (1)			
RS 2,1	Ama	Con este señor y con el otro, don Confucio Montes de Oca, bautizado en la logia número cuarenta y tres, va a arder la casa un día.	1378
ardiendo (2)			
CA 1,1	Joven	Pero las cosas vivas, ardiendo en su sangre, con todos sus perfiles intactos.	1047
BA 2,1	Bernarda	¡Carbón ardiendo en el sitio de su pecado!	1506
ardiente (1)			
PB 3,1	Perlimplín	pero me ha matado... Con este ramo ardiente de piedras preciosas.	1017
ardientes (2)			
MP 2,5	Pedro	ese rostro bravío y esos ojos ardientes	832
BS 3,2	Madre	Vuestras lágrimas son [...] raíces, y serán más ardientes que la sangre.	1267
ardilla (8)			
TB QM.	Voz	Una ardilla.	903
TB QM.	Enrique	Sí, una ardilla para ti y además cinco pájaros que no los haya tenido antes ningún niño.	904

ardilla (continuación)
    TB QM. Niña   Yo no quiero la ardilla.   908
    TB QM. Niña   Si me traes la ardilla, no te querré.   908
    TB QM. Niña   No me traigas la ardilla.   908
    TB QM. Niña   Que me traigas la ardilla.   910
    TB QM. Niña   Papá, que yo quiero la ardilla.   910
    TB QM. Niña   ¡Yo quiero la ardilla!   910
ardor (3)
    MM 1,4 Curianito   para calmar su ardor.   687
    PB 1,1 Belisa   El que me busque con ardor me encontrará.   989
    PB 3,1 Belisa   ¡Con más ardor que nunca!   1013
arena (17)
    MM 1,2 Curianita Silvia   Yo me enterraré en la arena   679
    MM 2,5 Mariposa   Habla el grano de arena,   714
    MP 1,4 Amparo   cruzó la pajiza arena   793
    MP 2,8 Conspirador 4 que al poner el pie en la arena   843
    MP 2,8 Conspirador 4 y muerto quedó en la arena,   844
    MP 3,8 Mariana   Como un grano de arena   887
    CA 1,1 Viejo   O bien a decir: tiene quince rosas, quince alas,   1049
                             quince granitos de arena.
    CA 1,1 Niño   y una paloma muerta por la arena   1068
    EP RR Figura De P   No, no te vayas. ¿Y si yo me convirtiera en granito de   1148
                            arena?
    EP RR Centurión   Por vuestra culpa estoy corriendo caminos y durmiendo   1152
                            sobre arena.
    EP CV Desnudo   ¿Dejaron salir a la gente bajo la arena?   1156
    BS 3,1 Leonardo   me eché en los ojos arena.   1257
    BS 3,2 Mendiga   Sobre la flor del oro, sucia arena.   1266
    BS 3,2 Muchacha 1   Sucia arena.   1266
    YE 2,1 Lavandera 1   ¡Ay de la que tiene los pechos de arena.   1307
    YE 2,1 Lavandera 1   ¡Ay de la que tiene los pechos de arena!   1310
    YE 3,2 Hembra   La arena de las orillas   1340
arenas (6)
    ZP 2,1 Mozo Del S   Tengo tanto coraje que agarraría a un toro de los   943
                           cuernos, le haría hincar la cerviz en las arenas y
                           después me comería [...]
    CA 1,1 Viejo   Y ¿quién recuerda un mapa exacto de las arenas del   1052
                           desierto... o el rostro de un amigo cualquiera?
    CA 2,1 Maniquí   se hundió por las arenas del espejo.   1099
    CA 2,1 Joven   Se hundió por las arenas del espejo.   1101
    CA 2,1 Maniquí   se hundió por las arenas del espejo.   1107
    BS 2,1 Criada   por las arenas!   1223
Arimatea (1)
    EP CV Traspunte   Pero se había perdido la barba de José de Arimatea.   1162
arisca (2)
    ZP 2,1 Zapatero   Ella era una mujer arisca,   958
    ZP 2,1 Zapatero   la arisca talabartera.   961
Arlequín (1)
    DC 1,1 Director   Llenemos el teatro de [...] París, y tío de don   1043
                           Arlequín, de Bérgamo, [...]
armada (1)
    EP CV Estudiante 2   La callejuela está llena de gente armada y es difícil   1156
                           huir por allí.
armando (1)
    RS 3,1 Tía   Estarán armando las camas para esta noche.   1426
armario (5)
    TC 6,1 Cocoliche   Si este armario no fuese de hierro...   770
    MP 1,8 Angustias   en el armario viejo   817
    RS 1,1 Tía   ¿Has mirado en el armario?   1354
    RS 3,1 Ama   Déme usted las llaves del armario.   1434
    BA 3,1 La Poncia   Lo mejor es el armario de luna.   1511
armas (1)
    BS 2,2 Madre   Tienen por fuerza que manejar armas.   1228
armiño (1)
    MM 1,6 Curianito   de alas estremecidas, blanca como el armiño?   701
armonía (2)
    PB 3,1 Belisa   ¿Qué voces llenan de dulce armonía el aire de una sola   1012
                           pieza de la noche?
    BA 3,1 Bernarda   Yo no me meto en los corazones, pero quiero buena   1513
                           fachada y armonía familiar.
armónica (1)
    PB 2,1 Perlimplín   Jamás he visto un hombre en quien lo varonil y lo   1005
                           delicado se den de una manera tan armónica.
armoniosa (1)
    MP 2,5 Pedro   luz armoniosa y fija que se siente por dentro?   830
aroma (1)
    MM 1,5 Curiana N   y aspirar el aroma del traje con que vistes!   698
arpa (1)
    CA 2,1 Joven   Quieta el arpa de la lluvia,   1103
arquitecturas (1)
    CA 2,1 Joven   livianas arquitecturas.   1100

arramblan - arrebol

arramblan (1)
   YE 2,1 Lavandera 4   Arramblan con todo.   1306
arranca (2)
   ZP 1,1 Vecina   ¡Se arranca el alma!   919
   BS 1,2 Leonardo   Por lo visto se las arranca con las piedras.   1187
arrancada (1)
   RS 3,1 Martín   ¿Cuándo es la arrancada definitiva?   1418
arrancáis (1)
   RS 3,1 Ama   ¡Os doy cuarenta mil duros si me arrancáis estas   1425
                       brasas de los pies!";
arrancar (2)
   CA 1,1 Joven   Muchas veces yo me he levantado a medianoche para   1047
                       arrancar las hierbas del jardín.
   BS 3,1 Novio   Y tiene tanto poderío, que puede arrancar este árbol   1253
                       de raíz si quiere.
arrancará (1)
   BA 1,1 La Poncia   Si Bernarda no ve relucientes las cosas me arrancará   1441
                       los pocos pelos que me quedan.
arrancaran (1)
   RS 3,1 Rosita   Cada año que pasaba era como una prenda íntima que   1428
                       arrancaran de mi cuerpo.
arrancarla (1)
   CA 3,2 Jugador 2   Que ya no podemos arrancarla del cuerpo.   1138
arrancarle (1)
   BS 3,2 Madre   Está ahí, y está llorando, y yo quieta, sin arrancarle   1268
                       los ojos.
arrancas (1)
   TC 6,1 Cocoliche   Cada día me vas pareciendo más rosada; cada día parece   777
                       que te arrancas un velo, y surges desnuda.
arrancó (1)
   MP 2,9 Mariana   que una mano invisible lo arrancó.   853
arranque (V) (1)
   BS 2,1 Leonardo   ¡Cuando las cosas llegan a los centros, no hay quien   1214
                       las arranque!
arranque (2)
   ZP 1,1 Zapatera   Puede que los tenga más hermosos que todas ellas y con   915
                       más arranque y más honra, [...]
   ZP 1,1 Alcalde   Si tu mujer habla por [...] porque tú no tienes   925
                       arranque.
arrastra (2)
   BS 2,1 Novia   Y me arrastra y sé que me ahogo, pero voy detrás.   1215
   BA 1,1 Amelia   ¡Si te ve nuestra madre te arrastra del pelo!   1465
arrastrada (1)
   BA 2,1 Adela   Yo no quería. He sido como arrastrada por una maroma.   1504
arrastrado (3)
   ZP 1,1 Zapatera   Cállate, larga de lengua, [...] tu casa te hubiera   912
                       arrastrado, viborilla [...]
   EP CV Muchacho 1   El público quiere que el poeta sea arrastrado por los   1159
                       caballos.
   BS 3,2 Novia   ¡Tu hijo era mi fin y [...] mulo, y me hubiera   1269
                       arrastrado siempre, siempre, [...]
arrastrando (2)
   BS 2,1 Muchacha 1   arrastrando tu cola de seda.   1218
   BA 2,1 La Poncia   La traen arrastrando por la calle [...]   1505
arrastrar (1)
   ZP 2,1 Zapatero   Os voy a arrastrar del pelo.   972
arrastrará (1)
   TC 1,1 Rosita   Me pondré una flor amarilla sobre el cucuné, y un velo   725
                       que arrastrará por toda la calle.
arrastrarme (1)
   EP RR Figura De P   Estoy esperando la noche, angustiado por el blancor de   1149
                       la ruina, para poder arrastrarme a tus pies.
arrastras (1)
   BS 3,1 Novia   porque me arrastras y voy,   1258
arrastró (1)
   BS 3,2 Novia   ¡Tu hijo era mi fin y yo no lo he engañado, pero el   1269
                       brazo del otro me arrastró como un golpe [...]
arrayán (3)
   MP 1,4 Amparo   sorprendida siempre bajo el arrayán,   790
   BS 3,2 Muchacha 1   dolor de arrayán.   1263
   YE 2,1 Lavandera 5   cubro con arrayán.   1307
arrayanes (1)
   RS 1,1 Rosita   en mi jardín de arrayanes   1371
arre (1)
   TC 1,1 Cristobita   ¡Arre, cochero!   731
arrebates (1)
   BA 3,1 Martirio   Yo no permitiré que lo arrebates.   1526
arrebol (1)
   TC 1,1 Rosita   Si yo por peinarme a la arremangué y darme arrebol en   726
                       la cara...

Pág.

arroyo (15)

ZP 2,1 Zapatera	Ya ves tú..., cuando lo conocí estaba yo lavando en el arroyo del pueblo.	945
ZP 2,1 Zapatera	El paró su caballo y la cola del caballo era blanca y tan larga que llegaba al agua del arroyo.	946
BS 1,1 Madre	No te irías al arroyo ahora y bordaríamos las dos cenefas y perritos de lana.	1174
BS 1,3 Padre	Si yo hubiera tenido hijos hubiera comprado todo este monte hasta la parte del arroyo.	1197
BS 2,1 Criada	Cinco leguas por el arroyo, que por el camino hay el doble.	1209
BS 3,1 Mendiga	No dejemos que pasen el arroyo. ¡Silencio!	1251
BS 3,2 Muchacha 1	¿Vienes por el camino del arroyo?	1266
BS 3,2 Niña	traen a los novios del arroyo.	1267
YE 1,2 Muchacha 2	Ya voy al arroyo, ya subo a tocar las campanas, ya me tomo un refresco de anís.	1294
YE 2,1 Yerma	En el arroyo frío	1300
YE 2,1 Lavandera 4	En el arroyo frío	1306
YE 2,1 Lavandera 2	En el arroyo frío	1310
YE 2,2 Yerma	Pero ellos no saben que yo, si quiero, puedo ser agua de arroyo que las lleve.	1319
YE 2,2 Juan	Iremos juntos hasta el arroyo.	1325
YE 3,1 Yerma	Yo tengo la idea de que [...] sobre ellas, oyendo ese arroyo de leche tibia [...]	1327

arroyos (3)

PB 3,1 Voces	Plata de arroyos y espejos.	1012
BS 3,1 Leñador 1	Pero ya habrán mezclado sus sangres y serán como dos cántaros vacíos , como dos arroyos secos.	1247
YE 3,2 Yerma	arroyos de leche tibia	1339

arroyuelo (1)

MM 2,2 Curiana N	y temo que se tronchen. ¡Saltad el arroyuelo!	706

arrugado (1)

YE 2,1 Lavandera 4	Es que las regalonas, las flojas, las endulzadas, no son a propósito para llevar el vientre arrugado.	1302

arrugas (2)

CA 1,1 Amigo 2	Porque no quiero estar lleno de arrugas y dolores como usted.	1074
CA 2,1 Maniquí	sobre tus tiernas arrugas.	1105

arruguitas (2)

CA 1,1 Joven	La última vez que la vi no podía mirarla muy de cerca porque tenía dos arruguitas en la frente, [...]	1052
CA 1,1 Viejo	¿A que si en aquel preciso instante ella confiesa que lo ha engañado, que no le quiere, las arruguitas se le hubieran [...]	1052

arruinaba (1)

RS 3,1 Tía	Me arruinaba cada día.	1427

arruinadas (1)

RS 3,1 Tía	¡Arruinadas!	1427

arrullará (1)

MM 2,7 Curianito	que arrullará tus sueños por las noches	720

arte (1)

ZP 2,1 Zapatero	Aleluyas con los hechos [...] Esteban y, sobre todo, arte de colocar el bocado [...]	956

artificio (1)

ZP 0,0 El Autor	Respetable público... [...] de los actores y el artificio del ingenio.	911

Arturo (9)

DC 1,1 Rosita	con el lindo Arturo,	1032
DC 1,1 Rosita	con Arturo y con Ramón.	1032
CA 3,1 Máscara	"Oh mio Dio!" Era igual que el conde Arturo de Italia. ¡Oh amor!	1116
CA 3,1 Máscara	El conde Arturo, con una camelia [...]	1116
CA 3,1 Máscara	¿Para el niño que el conde Arturo dejó morir en la escarcha?...	1116
CA 3,1 Máscara	Digo que el conde Arturo me amaba tanto [...]	1116
CA 3,1 Máscara	También Arturo tardará.	1117
CA 3,1 Máscara	Hablo así porque no quiero que Arturo me sienta.	1123
BA 1,1 Criada	Ahí está don Arturo, que viene a arreglar las particiones.	1458

arzobispo (1)

DC 1,1 Rosita	con un arzobispo,	1032

as (4)

CA 3,2 Jugador 1	Estaba pálido, tan pálido que en la última jugada ya no tenía más remedio que echar el "as de coeur".	1136
CA 3,2 Jugador 1	Lo echó, y al ir a cogerlo para... tenía un as de copas rebosando por los bordes y huyó bebiendo en él, con dos chicas, por el Gran Canal.	1136
CA 3,2 Jugador 2	El guarda un as.	1137
CA 3,2 Jugador 1	Es necesario que usted nos dé su as.	1142

asado (1)
  YE 2,2 Yerma   Pan tierno y requesón y cordero asado como yo aquí, y   1312
                     pasto lleno de rocío tus ganados en el monte.

ascensores (1)
  EP CV   Hombre 1   Soledad del hombre en el sueño lleno de ascensores,   1169
                     trenes donde tú vas a velocidades increíbles.

asco (6)
  MM 0,0   ¿Y por qué a vosotros los hombres, llenos de pecados y   670
                     de vicios incurables, os inspiran asco los buenos
                     gusanos [...]
  ZP 1,1 Zapatera   ¡Salamanquesas! ¡Ay, qué asco!   922
  ZP 1,1 Zapatera   ¡Qué asco!   930
  EP CV   Estudiante 2   Se amaban los esqueletos [...] pequeños sapitos de   1160
                     asco.
  YE 3,1 Yerma   A mí no me da asco de mi hijo.   1327
  YE 3,1 Yerma   Cuando me cubre cumple [...] que siempre he tenido   1329
                     asco de las mujeres calientes, [...]

ascua (2)
  ZP 2,1 Zapatera   Porque si lo dices cojo un pimiento picante y te pongo   944
                     la lengua como un ascua.
  CA 2,1 Novia   ¡Qué ascua blanca, qué fuego de marfil derraman tus   1079
                     dientes!

ascuas (3)
  ZP 2,1 Zapatera   Yo he hablado así porque estoy sobre ascuas; todo el   966
                     mundo me asedia, todo el mundo me critica; ¿cómo
  PB 3,1 Perlimplín   Viejo verde, monigote [...] jóvenes y labios de   1017
                     ascuas... Yo, en cambio, [...]
  YE 3,2 Mujer 2   las ascuas de su mejilla.   1339

aseada (1)
  BA 1,1 La Poncia   Ella, la más aseada; ella, la más decente; ella, la   1441
                     más alta.

asedia (1)
  ZP 2,1 Zapatera   Yo he hablado así porque estoy sobre ascuas; todo el   966
                     mundo me asedia, todo el mundo me critica; ¿cómo

asegurar (1)
  YE 3,1 Dolores   Ahora tendrás un hijo. Te lo puedo asegurar.   1328

aseguro (1)
  TC 4,1 Cocoliche   Lo aseguro.   755

asesina (1)
  EP CV   Estudiante 1   Cuando la gente va al acuárium no asesina a las   1165
                     serpientes [...]

asesinado (3)
  EP CV   Estudiante 4   Lo que es inadmisible es que los hayan asesinado.   1166
  EP CV   Estudiante 1   Y que hayan asesinado a la verdadera Julieta, que   1166
                     gemía debajo de las butacas.
  EP CV   Estudiante 3   Y, sin embargo, por eso la han asesinado.   1167

asesinarla (1)
  EP CV   Estudiante 4   Y aunque los poetas pusieron una escalera para   1158
                     asesinarla, ella siguió dando voces y acudió la
                     multitud.

asesinarlos (1)
  EP CV   Estudiante 5   Ha llegado el juez y, antes de asesinarlos, les van a   1162
                     hacer repetir la escena del sepulcro.

asesinato (1)
  BA 2,1 La Poncia   Nunca pensé que se llamara asesinato al aviso.   1497

así (138)
  MM 1,5 Alacranito   Así.   696
  TC 1,1 Padre   De los cinco talegos que heredamos de tu tío el   725
                     Arcipreste, no queda ¡ni tanto así!
  TC 1,1 Rosita   Genoveva de Brabante tendría uno así cuando se ponía   731
                     en la torre de su castillo a esperar a su esposo.
  TC 3,1 Espantanublos Así es que ya mismo os estáis largando.   747
  TC 4,1 Mosquito   es una criatura... Pero lo cierto es que el corazón   751
                     de la señá Rosita, un corazoncillo así de pequeño, se
                     le [...]
  TC 6,1 Cocoliche   ¡Que venga! Así verá cómo su novia se entiende con el   769
                     amante.
  TC 6,1 Rosita   ¡Ay! No, no te pongas así.   773
  TC 6,1 Rosita   Mira: no te pongas así.   773
  TC 6,1 Rosita   Un pájaro ha pasado ahora mismo por la ventana, con   773
                     unas alas... ¡así de grandes!
  TC 6,1 Cristobita   ¡Así de grandes! ¡Así de grandes! ¿Pero yo estoy ciego?   773
  TC 6,1 Cocoliche   ¡Así moriremos juntos!   777
  MP 1,7 Mariana   ¡Ojalá que fuese así!   808
  MP 1,7 Mariana   Yo espero que así sea.   814
  MP 1,7 Fernando   Yo espero que así será.   814
  MP 1,8 Angustias   Así pasan las cosas.   819
  MP 2,1 Niña   Tenían unas tijeras así... y cuatro   821
  MP 2,5 Mariana   ¡Así! Deja tu aliento sobre mi frente. Limpia   828
  MP 2,5 Pedro   Pero si así no fuese; si Pedrosa...   829
  MP 2,5 Pedro   y así pienso seguir hasta vencer contigo,   830

así - así

así (continuación)   Pág.

MP 2,5	Pedro	así enlazan tus brazos mi cuerpo combatido.	831
MP 2,5	Pedro	¡Así me gusta verte,	832
MP 2,6	Clavela	Así lo haré, señora.	833
MP 2,8	Conspirador 1	Yo pienso así.	844
MP 2,9	Pedrosa	y ya eres libre porque así lo quiero...	856
MP 3,5	Pedrosa	Que no se juega así con la Justicia,	877
TB QM.	Enrique	No tengo ganas de bromas. Siempre estás así.	906
ZP 0,0	El Autor	También amanece así todos los días sobre [...]	912
ZP 1,1	Zapatera	Dile a tu madre que ya sabe mi marido lo que tiene que hacer, y que así supiera ella aliñar [...]	914
ZP 1,1	Zapatero	Así tuve yo una también..., son unas capas preciosísimas.	917
ZP 1,1	Zapatero	Así es, vecinita de mi corazón, que le agradecería en el alma que se retirase.	920
ZP 1,1	Zapatero	Me han provocado, me han, a veces, hasta insultado, y no teniendo ni tanto así de cobarde he quedado [...]	922
ZP 2,1	Zapatera	Me puse tan azorada, que se me fueron dos pañuelos preciosos, así de pequeñitos, en la corriente.	946
ZP 2,1	Alcalde	Pues a mí me consta, porque me lo dijo, que no te quería ni tanto así.	950
ZP 2,1	Zapatera	Me sube así un repeluzno.	958
ZP 2,1	Zapatera	Yo he hablado así porque estoy sobre ascuas; todo el mundo me asedia, todo el mundo me critica; ¿cómo	966
ZP 2,1	Zapatero	¡Eso está pero que muy bien! Así son las mujeres verdaderas, ¡así!	969
ZP 2,1	Zapatero	¡Así os lleve el demonio! ¡Basiliscos, perjuras!	973
ZP 2,1	Zapatera	Soy capaz de seguir así hasta que se vuelva cana toda mi mata de pelo.	974
ZP 2,1	Zapatera	¿Dónde voy así?	974
ZP 2,1	Zapatera	Yo no quisiera despedirme así.	975
PB 0,0	Madre	A contraer matrimonio, ¿no es así?	984
PB 0,0	Perlimplín	Así es.	984
PB 1,1	Belisa	Porque así es la costumbre en el país de mi madre.	998
PB 1,1	Perlimplín	¿Por qué no ha de ser así?	998
PB 1,1	Belisa	Así me gusta.	998
PB 2,1	Perlimplín	No tengas miedo de hablarme..., [...] de las tonterías..., así es...	1005
PB 3,1	Perlimplín	¡Bien! ¡Así me gusta!	1011
DC 1,1		Así, pues, el poeta sabe [...]	1019
DC 1,1	Director	¡Ja, ja, ja! Así salgo ganando. A empezar.	1022
DC 1,1	Poeta	Porque don Cristóbal no es así, ni doña Rosita.	1036
DC 1,1	Rosita	No te pongas así. Son las ranas del estanque.	1040
CA 1,1	Amigo	Mira: te voy a coger por las solapas, te voy a pintar de colorete esas mejillas de cera... o así, restregadas.	1056
CA 1,1	Joven	¡Señor, qué tarde! Juan, ¿quién grita así?	1070
CA 1,1	Amigo 2	Así quiero que me entierren a mí.	1074
CA 1,1	Amigo 2	En una caja así de pequeña, y ustedes se van a luchar con la	1074
CA 1,1	Amigo 2	¡Oh, por favor, no hable así!	1075
CA 1,1	Joven	¿Dónde va usted? ¿Por qué se marcha así? ¡Espere!	1076
CA 2,1	Novia	Bueno. ¿Por qué te pones así?	1081
CA 3,1	Joven	No hables así, niña. Vamos.	1121
CA 3,1	Mecanógrafa	Siempre así, siempre,	1123
CA 3,1	Joven	Nunca así, ¡nunca, nunca!	1123
CA 3,1	Máscara	Hablo así porque no quiero que Arturo me sienta.	1123
CA 3,1	Joven	Así me sientes.	1126
CA 3,1	Mecanógrafa	¿Así, de pronto, sin haber probado lentamente esta hermosa idea: mañana será?	1128
CA 3,1	Mecanógrafa	¡Así que pasen cinco años!	1129
EP RR	Emperador	Así lo haré.	1153
BS 1,1	Madre	Así, de pronto, siempre me sorprende.	1175
BS 1,2	Mujer	No me dejes así, sin saber nada...	1192
BS 1,3	Padre	Entonces el jueves. ¿No es así?	1199
BS 1,3	Novio	Así es.	1199
BS 1,3	Novio	Cuando me voy de tu lado siento un despego grande y así como un nudo en la garganta.	1202
BS 1,3	Criada	¡No hables así!	1204
BS 2,1	Criada	¡Así era ella de alegre!	1206
BS 2,1	Criada	No salgas así.	1212
BS 2,1	Mujer	¿Por qué me miras así? Tienes una espina en cada ojo.	1224
BS 2,1	Mujer	Así salí yo de mi casa también.	1224
BS 2,2	Madre	Pero no es así.	1228
BS 2,2	Madre	Así espero.	1229
BS 2,2	Mujer	¡Ojalá yo viviera también así de lejos!	1232
BS 2,2	Novio	¡Lo que quieras! ¡Pero no estés así por la noche!	1240
BS 2,2	Madre	Así aprendí de tu padre.	1241
BS 3,2	Mendiga	Así fue; nada más. Era lo justo.	1266
YE 1,1	Yerma	Así soy yo.	1275
YE 1,1	Yerma	Es así.	1282

así (continuación)
YE 1,1 Yerma	Si sigo así, acabaré volviéndome mala.	1282
YE 1,2 Vieja 1	¿No te da así como un sueño cuando acerca sus labios?	1289
YE 1,2 Vieja 1	Así corre el mundo.	1290
YE 1,2 Yerma	Anda. Así pasan las cosas. Seguramente lo has dejado encerrado.	1292
YE 1,2 Muchacha 2	Si tuvieras cuatro o cinco, no hablarías así.	1293
YE 1,2 Muchacha 2	Si seguimos así, no va a haber solteras más que las niñas.	1293
YE 1,2 Juan	Está bien. Así darás que hablar a las gentes.	1299
YE 2,1 Lavandera 5	Así se habla.	1301
YE 2,1 Lavandera 5	Estas machorras son así: cuando podían estar [...]	1302
YE 2,1 Lavandera 1	¿Qué demonio se te ha metido entre los cabellos para que hables así?	1305
YE 2,2 Víctor	Estoy bien así.	1321
YE 2,2 Víctor	Así lo quiere mi padre.	1321
YE 2,2 Víctor	Así es.	1323
YE 2,2 Juan	Así es.	1324
YE 3,2 Vieja	Pues sigue así.	1345
YE 3,2 Yerma	Así, así.	1348
YE 3,2 Juan	Piensa que tenía que pasar así.	1348
YE 3,2 Juan	Bésame... así.	1350
RS 1,1 Ama	Cuando chiquita tenía [...] años"..., y siempre así.	1354
RS 1,1 Ama	No... es que tengo así, una cosa que...	1369
RS 1,1 Rosita	Así yo, primo inocente,	1371
RS 2,1 Tío	Así lo dice el vals de [...]	1388
RS 3,1 Ama	Así pasamos el rato.	1414
RS 3,1 Martín	Más vale así.	1418
RS 3,1 Martín	Así nos dice siempre el Director.	1418
RS 3,1 Ama	¿No es así?	1423
RS 3,1 Ama	En medio de las dos, [...] cristal, y usted se mece así y yo así, y Rosita así, y detrás el Señor [...]	1425
RS 3,1 Rosita	No me agrada que me miréis así.	1430
RS 3,1 Rosita	Era agria y odiaba a los niños y a toda la que se ponía un traje nuevo..., pero yo no seré así.	1431
RS 3,1 Ama	Y esta nube... Así, bien tapada.	1437
RS 3,1 Rosita	Así no habrá nadie en los balcones para vernos salir.	1437
BA 1,1 Amelia	¡Madre, no hable usted así!	1450
BA 1,1 Bernarda	Es así como se tiene que [...]	1450
BA 1,1 Bernarda	Así pasó en casa de mi padre y en casa de mi abuelo.	1451
BA 1,1 Adela	Así las tuyas lucirán más.	1451
BA 1,1 Martirio	No hables así. La suerte viene a quien menos la aguarda.	1464
BA 2,1 Magdalena	¡Así debían ser todas las mujeres!	1477
BA 2,1 Martirio	¡Así es!	1485
BA 2,1 Adela	Me gustaría segar para ir y venir. Así se olvida lo que nos muerde.	1487
BA 2,1 La Poncia	¿Tú lo crees así?	1498
BA 2,1 Bernarda	No lo creo. ¡Es así!	1498
BA 2,1 La Poncia	¡Y así te va a ti con esos humos!	1498
BA 3,1 Bernarda	Así es. ¿Dónde vas?	1509
BA 3,1 Bernarda	Así no tendrás disgustos.	1513
BA 3,1 Bernarda	Así nos acostaremos antes.	1514
BA 3,1 Adela	Así te va a ti.	1515
BA 3,1 María Josefa	Cuando mi vecina tenía un niño yo le llevaba chocolate y luego ella me lo traía a mí y así siempre, siempre, [...]	1525
BA 3,1 Martirio	Ha llegado el momento de que yo hable. Esto no puede seguir así.	1526
BA 3,1 Bernarda	Aunque es mejor así. ¡Adela, Adela!	1531

asiente (1)
TC 0,0 Mosquito	Callad para que se asiente el barrillo de las últimas conversaciones.	723

asiento (2)
RS 2,1 Rosita	Tomen asiento.	1396
RS 3,1 Martín	A mí, como me ven inútil, me respetan un poquito; alguna vez un alfiler que otro en el asiento, o un muñequito [...]	1418

asientos (1)
EP CV Estudiante 4	¿Pero no te has dado [...] amordazada debajo de los asientos?	1167

asistir (1)
MP 1,7 Fernando	"Adorada Marianita: Gracias [...] frailes, que salían de asistir a un reo de muerte.	811

asistirá (1)
MP 3,2 Carmen	¡Hasta luego! ¿Asistirá	866

asoma (5)
BS 2,1 Criada	que la luna asoma!	1216
RS 1,1 Tío	El sol se asoma a los vidrios	1357
RS 1,1 Rosita	el sol se asoma a los vidrios	1374
RS 2,1 Rosita	El sol se asoma a los vidrios	1411

asoma (continuación)   Pág.
   BA 2,1 Adela   A veces se asoma a mi cuarto para ver si duermo.   1479
asomaba (2)
   CA 3,1 Mecanógrafa   Esperaba siempre en pie toda la noche hasta que yo me   1115
                          asomaba a la ventana.
   CA 3,1 Mecanógrafa   No me asomaba.   1115
asomada (1)
   BA 1,1 Adela   La he visto asomada a las rendijas del portón.   1453
asomado (1)
   YE 1,2 Vieja 1   Muchas veces me he asomado de madrugada [...]   1287
asomarán (1)
   BS 3,2 Madre   Otras madres se asomarán a las ventanas, azotadas por 1267
                          la lluvia, para ver el rostro de sus hijos.

asomaras (1)
   MP 1,7 Mariana   te asomaras y lo vieras   813
asomarme (1)
   BA 2,1 Martirio   No quise asomarme. ¿No habláis ahora por la ventana   1502
                          del callejón?

asomarse (1)
   MP 1,5 Mariana   asomarse a mi ventana   796
asómate (1)
   BS 1,3 Criada   Mira, asómate. ¿Era?   1205
asombraba (1)
   RS 3,1 Rosita   Sabía que se había casado; [...] que aun a mí misma me 1428
                          asombraba.

asombrada (1)
   PB 2,1 Marcolfa   Me deja asombrada el señor.   1002
asombradas (2)
   BS 3,2 Madre   por las carnes asombradas   1272
   BS 3,2 Madre   por las carnes asombradas   1272
asombrado (3)
   TC 0,0 Mosquito   abanica tanto rostro asombrado, llévate los [...]   724
   ZP 1,1 Zapatera   Pero aquella grandota y antipática se empeña en   934
                          pisarla y nada... Pastor, ¡asombrado!
   PB 1,1 Perlimplín   El primer asombrado soy yo.   992
asombrando (1)
   PB 1,1 Belisa   ¡Me estás asombrando!   992
asombre (2)
   MM 2,3 Mariposa   que la gota de lluvia se asombre   708
   MM 2,3 Mariposa   que la gota de lluvia se asombre   709
asombro (1)
   MP 1,6 Mariana   ¡Yo misma me asombro de quererle tanto!   805
asombroso (1)
   CA 3,2 Joven   Es asombroso que sea tan estrecho.   1132
asome (2)
   TC 1,1 Rosita   Y cuando la niña del barbero se asome a su ventana, yo 725
                          [...]
   MP 3,5 Pedrosa   No habrá nadie en Granada que se asome   875
aspirar (1)
   MM 1,5 Curiana N   y aspirar el aroma del traje con que vistes!   698
astronomía (2)
   CA 1,1 Viejo   Se ocupa de astronomía.   1048
   CA 1,1 Viejo   Está bien, ¿eh?, de astronomía.   1048
astucias (1)
   YE 3,1 Juan   Me engañas, me envuelves y como soy un hombre que   1332
                          trabaja la tierra, no tengo ideas para tus astucias.

asunto (6)
   MP 2,9 Pedrosa   ¡Está muy bien! Yo seguiré el asunto   857
   PB 1,1 Duende 2   Este asunto estaba...   995
   BS 1,1 Novio   Vamos a otro asunto.   1172
   BS 1,3 Novia   Calla he dicho. Hablemos de otro asunto.   1204
   BA 1,1 Martirio   Siempre que viene le tira puñaladas en el asunto.   1459
   BA 2,1 Bernarda   No se hable de este asunto.   1502
asuntos (4)
   MP 1,6 Mariana   Gracias... Son asuntos familiares hondos,   805
   YE 1,2 Vieja 1   Son asuntos de honra y yo no quemo la honra de nadie. 1290
   BA 2,1 Adela   En vez de limpiar la casa y acostarte para rezar a tus 1481
                          muertos, buscas como una vieja marrana asuntos de
                          hombres y [...]
   BA 2,1 Bernarda   Y tú te metes en los asuntos de tu casa.   1503
asusta (1)
   PB 0,0 Marcolfa   La mujer es débil si se la asusta a tiempo.   987
asustada (4)
   MP 3,7 Novicia 2   ¡Inés, yo estoy asustada!   879
   PB 1,1 Duende 2   El alma de Perlimplín, chica y asustada como un patito 995
                          [...]
   BS 2,2 Novio   ¿Qué tienes? ¡Estás como asustada!   1238
   BA 2,1 La Poncia   La encuentro sin sosiego, temblona, asustada, como si 1472
                          tuviese una lagartija entre los pechos.

asustan (1)
   BA 3,1 La Poncia   Quise atajar las cosas, pero ya me asustan demasiado. 1520

asustarás (2)
    DC 1,1 Rosita   ¡Ay!, no me asustarás.   1037
    DC 1,1 Rosita   ¡Ay!, no me asustarás.   1037
asustas (1)
    BS 2,2 Novio   ¿Te asustas de mí?   1237
asuste (2)
    ZP 0,0 El Autor   Por este miedo absurdo, [...] donde la gente no se   911
                                asuste de que un árbol, [...]
    CA 1,1 Mecanógrafa   ¡No se asuste usted, señor!   1055
asustes (2)
    ZP 1,1 Niño   No te asustes, que de muertos no es.   935
    RS 1,1 Rosita   No me asustes.   1369
asusto (2)
    MP 1,5 Fernando   ¿Te asusto?   796
    ZP 2,1 Zapatera   Y que no me asusto de nadie, ¿lo [...]   942
atada (3)
    MP 2,8 Mariana   que va atada a la cola de un caballo.   848
    YE 2,2 Yerma   Cuando tenga la cabeza atada con un pañuelo [...]   1314
    RS 3,1 Rosita   Estaba atada, y además, ¿qué hombre vino a esta casa   1429
                                  sincero y desbordante para procurarse mi cariño?
atado (1)
    CA 2,1 Maniquí   y el mar atado en la grupa.   1101
atajar (1)
    BA 3,1 La Poncia   Quise atajar las cosas, pero ya me asustan demasiado.   1520
ataron (3)
    CA 1,1 Niño   Me ataron las dos manos. ¡Muy mal hecho!   1062
    RS 3,1 Martín   Ayer se empeñaron en [...] cintura para arriba, lo   1418
                                ataron a una de las columnas [...]
    BA 1,1 La Poncia   Anoche ataron a su marido a [...]   1455
ataros (1)
    BA 2,1 Bernarda   ¡Esto tiene no ataros más cortas!   1492
ataúd (1)
    YE 2,2 Yerma   Cuando tenga la cabeza [...] amarradas dentro del   1314
                                ataúd, en esa hora me [...]
atenazaron (1)
    YE 3,2 Muchacha 1   El año pasado, cuando se hizo oscuro, unos mozos   1338
                                atenazaron con sus manos los pechos de mi hermana.
atención (5)
    TC 0,0 Mosquito   Atención.   723
    ZP 0,0 El Autor   El poeta no pide benevolencia, sino atención, una vez 911
                                que [...]
    ZP 2,1 Zapatero   Atención.   957
    DC 1,1   Hombres y mujeres, atención; niño, cállate.   1019
    CA 1,1 Joven   Basta observar sobre la palma de la mano un insecto   1050
                                vivo, o mirar al mar una tarde poniendo atención en la
                                forma [...]
ateridos (1)
    EP CV Estudiante 2   Un gato puede ser una rana, y la luna de invierno   1161
                                puede ser muy bien un haz de leña cubierto de gusanos
                                ateridos.
aterren (1)
    BS 3,2 Madre   A medianoche dormiré, dormiré sin que ya me aterren la 1267
                                escopeta o el cuchillo.
atisbando (1)
    RS 2,1 Ayola 2   La que no quiere casar [...] barandillas del balcón   1401
                                atisbando la gente.
atisbar (1)
    BS 2,1 Novia   Pero se me calienta el alma de que vengas a verme y   1214
                                atisbar mi boda y preguntes con intención por el
                              azahar.
atormentadora (1)
    BA 1,1 Bernarda   ¡Calla esa lengua atormentadora!   1457
atormentarme (1)
    ZP 1,1 Zapatero   Estoy convencido..., yo creo que esto lo hace por   925
                                atormentarme; porque estoy seguro..., ella me odia.
atormentas (1)
    EP RR Figura De C   Pero ¿por qué?, ¿por qué me atormentas?   1146
atrajeron (1)
    MP 2,8 Conspirador 4   Le atrajeron con engaños   843
atrás (8)
    CA 1,1 Amigo 2   Atrás se queda todo quieto; ¿cómo es posible que no lo 1075
                                sepa usted?
    CA 3,1 Joven   Entonces volveré atrás.   1119
    CA 3,1 Arlequín   ¿Queda atrás?   1127
    CA 3,1 Payaso   Quedan atrás.   1129
    BS 2,2 Madre   ¡Atrás!   1244
    BS 2,2 Madre   ¡Atrás!   1244
    YE 3,2 Yerma   El agua no se puede volver atrás ni la luna llena sale 1345
                                al mediodía.
    RS 3,1 Rosita   Y hoy se casa una amiga [...] muchachos me dejan atrás 1428
                                porque me canso, [...]

atravesado - aunque

atravesado (1)
BA 3,1 Martirio — Ese hombre sin alma vino por otra. Tú te has atravesado. — 1526

atravesar (2)
PB 3,1 Belisa — Marcolfa, bájame la espada del comedor, que voy a atravesar la garganta de mi marido... — 1016
EP CV Muchacho 1 — Aquí está la gran equivocación de todos y por eso el teatro agoniza: el público no debe atravesar las sedas y [...] — 1160

atraviese (1)
RS 1,1 Primo — que, aunque atraviese la mar, — 1371

atrévase (2)
ZP 2,1 Zapatera — ¡Atrévase usted! — 952
CA 1,1 Viejo — Diga usted: mi novia. ¡Atrévase! — 1051

atreve (2)
CA 1,1 Viejo — ¿No se atreve usted a huir?, ¿a volar?, ¿a ensanchar su amor por todo el cielo? — 1049
CA 1,1 Viejo — ¿No se atreve usted a concentrar, a hacer hiriente y pequeñito su amor dentro del pecho? — 1049

atreven (2)
ZP 1,1 Alcalde — A las mujeres, buenos apretones en la cintura, pisadas fuertes y la voz siempre en alto, y si con esto se atreven a hacer kikirikí, [...] — 925
ZP 2,1 Zapatera — Pues aquí estoy, si se atreven a venir. — 973

atreverme (1)
MP 1,6 Mariana — ¡Es preciso! ¡Tengo que atreverme a todo! — 806

atreves (1)
BS 1,1 Madre — No sé cómo te atreves a llevar una navaja en tu cuerpo, ni cómo yo dejo a la serpiente dentro del arcón. — 1173

atrévete (2)
TC 1,1 Cocoliche — ¡Atrévete! — 729
BA 3,1 Bernarda — Atrévete a buscarlo ahora. — 1530

atrevía (1)
RS 3,1 Tía — Yo notaba algo en las cartas; los poderes que no venían, un aire dudoso..., no se atrevía, pero al fin [...] — 1415

atrevo (3)
TC 1,1 Rosita — ¡Ay, no me atrevo! — 729
MP 1,7 Mariana — y por eso no me atrevo. — 808
ZP 1,1 Zapatero — Pero si el caso es que no me atrevo a decirle una cosa. — 925

atropella (1)
CA 1,1 Amigo — No tengo tiempo, no tengo tiempo de nada, todo se me atropella. — 1057

atropellar (1)
EP CV Estudiante 3 — Y toda la gente, pero [...] su cabellera puede atropellar sin miedo [...] — 1166

aturdida (1)
YE 1,1 María — Estoy aturdida. No sé nada. — 1280

Audiencia (2)
MP 1,5 Fernando — de la Audiencia. — 798
MP 2,9 Pedrosa — El reloj de la Audiencia ya hace rato — 850

auditorio (1)
ZP 0,0 El Autor — Respetable público... [...] súplica para que el auditorio sea generoso [...] — 911

aumenta (2)
MP 3,5 Pedrosa — Cada segundo aumenta su peligro. — 876
YE 2,1 Lavandera 4 — Cada hora que transcurre aumenta el infierno en aquella casa. — 1304

aumentar (1)
MP 3,3 Mariana — aumentar mi sufrimiento. — 868

aumentarán (1)
CA 1,1 Joven — ¿Crees tú que yo puedo vencer las cosas materiales, los obstáculos que surgen y se aumentarán en el camino [...] — 1071

aumentaría (1)
MP 1,7 Mariana — No; tu sangre aumentaría — 810

aun (1)
RS 3,1 Rosita — Sabía que se había casado; [...] llena de sollozos que aun a mí misma me asombraba. — 1428

aún (6)
MM 1,2 Doña Curiana — aún sois demasiado nueva — 677
TC 1,1 Cristobita — La boca un poquitín grande, pero vaya canela en rama de cuerpo... Aún no he cerrado el [...] — 733
MP 3,8 Mariana — ¿Vendrá? Dime, Fernando. ¡Aún es hora! — 884
PB 3,1 Perlimplín — Belisa... ¿Lo esperas aún? — 1013
CA 1,1 Joven — Aún está más vivo lo de adentro aunque también cambie. — 1052
EP RR Figura De P — Si tú te convirtieras [...] quiero que tú seas aún más hombre que yo. — 1146

aunque (45)
MM 1,5 Alacranito — Y aunque pobre soy decente. — 691

aunque (continuación)
MP 1,4 Lucía   Lloverá, aunque Dios no quiera.   794
MP 1,6 Mariana   que estar muy serena, muy serena, aunque   806
MP 1,7 Fernando   No hay luna, y aunque la hubiera,   815
MP 2,5 Mariana   ¡Qué bien estoy contigo! Pero aunque alegre noto   830
MP 2,5 Pedro   ¡Libertad, aunque con sangre llame a todas las puertas!   831
MP 2,7 Conspirador 3   y aunque yo lo despisto sagazmente,   836
MP 2,7 Conspirador 3   que aunque se finja desvalido y solo,   839
MP 2,9 Mariana   ¡Aunque en mi corazón clavaran vidrios   857
MP 3,4 Mariana   Y aunque tu caballo pone   871
TB PBK Buster Keaton   Pero no puedo aunque quisiera.   895
TB QM. Viejo   Aunque viviera cien años, yo no tendría miedo al tren.   905
ZP 1,1 Zapatera   ¡Y aunque no vuelvas, indecente!   930
PB 0,0 Madre   En cuanto quiera..., aunque a todas las madres...   986
                           Hasta luego...
PB 2,1 Perlimplín   Y aunque me hieren profundamente, comprendo que vives   1004
                           en un drama.
PB 3,1 Marcolfa   Aunque no sirvo para [...]   1009
CA 1,1 Joven   Aún está más vivo lo de adentro aunque también cambie.   1052
CA 1,1 Amigo   No, aunque el talle lo tiene mucho mejor Matilde.   1057
CA 3,1 Mecanógrafa   Aunque no vendrá hasta que deba venir.   1124
CA 3,1 Joven   Se oye cantar el ruiseñor..., y aunque no se oiga,   1128
                           aunque el murciélago golpee los cristales...
CA 3,2 Jugador 3   Y aunque ni a la otra ni [...]   1137
EP CV Estudiante 4   Y aunque los poetas pusieron una escalera para   1158
                           asesinarla, ella siguió dando voces y acudió la
                           multitud.
EP CV Estudiante 4   La repetición del acto ha sido maravillosa, porque   1166
                           indudablemente se amaban con un amor incalculable,
                           aunque yo no lo justifique.
BS 2,1 Novia   Y que me abrazaras tan fuerte, que aunque me llamara   1222
                           mi madre, que está muerta, no me pudiera despegar de
                           ti.
BS 3,2 Novia   ¡Tu hijo era mi fin y [...] siempre, siempre, siempre   1269
                           aunque hubiera sido vieja [...]
YE 1,2 Yerma   Usted me ha de decir lo que tengo que hacer, que yo   1288
                           haré lo que sea, aunque me mande clavarme [...]
YE 1,2 Vieja 1   Aunque debía haber Dios, aunque fuera pequeñito, [...]   1291
YE 1,2 Yerma   ¿Por qué? Aunque tuviera cuarenta.   1293
YE 2,2 Juan   Aunque me miras de un [...]   1316
YE 2,2 Yerma   Creen que me puede gustar otro hombre y no saben que,   1319
                           aunque me gustara, lo [...]
YE 2,2 Yerma   ¡Que me esperen aunque sea tarde!   1321
YE 3,1 Yerma   Yo quiero tener a mi hijo en los brazos para dormir   1328
                           tranquila, y óyelo bien y no te espantes de lo que
                           digo: aunque ya supiera que [...]
YE 3,2 Yerma   aunque tenga mil espinas.   1339
RS 1,1 Primo   que, aunque atraviese la mar,   1371
RS 2,1 El Señor X   Superlativamente; aunque un catedrático de Economía   1376
                           Política no puede discutir con un cultivador de rosas.
RS 2,1 Tía   Aunque te quedes con tus palabras de reproche.   1386
RS 3,1 Tía   Sí, sí; que pagara con su sangre lo que sangre ha   1414
                           costado, aunque toda sea sangre mía, y después...
RS 3,1 Martín   Todos los días entro temblando en el colegio esperando   1419
                           lo que van a hacerme, aunque, como digo, respetan [...]
RS 3,1 Ama   Pero aunque me ría, como ignorante, comprendo que don   1423
                           Martín tiene mucho mérito.
BA 1,1 Magdalena   Aunque Angustias es nuestra hermana, aquí estamos en   1463
                           familia y reconocemos que está vieja.
BA 1,1 Bernarda   Aunque fuera por decencia. ¡Por respeto!   1469
BA 1,1 Bernarda   Aunque mi madre esté loca, yo estoy en mis cinco   1469
                           sentidos y sé perfectamente lo que hago.
BA 3,1 Bernarda   Aunque es mejor así. ¡Adela, Adela!   1531
aurora (7)
MM 1,1 Doña Curiana   mirad la alegría que nos trae la aurora.   675
MM 1,5 Curiana N   ¡Qué desdicha de verte morir en esta aurora   697
MM 1,5 Curiana N   ¿qué amarga aurora vieron tus ojos al caer?   698
EP CV Dama 3   Cuando subíamos por el monte de la ruina creíamos ver   1163
                           la luz de la aurora, pero tropezamos [...]
YE 2,1 Lavandera 6   La aurora que mi niño   1310
YE 3,2 Yerma   Rayo de aurora parece,   1339
RS 1,1 Rosita   donde se duerme la aurora.   1365
ausencia (3)
TB QM. Enrique   Es verdad, pero me pesa esta ausencia.   906
RS 1,1 Rosita   rompes con tu cruel ausencia   1371
RS 3,1 Rosita   Si la gente no hubiera [...] el primer año de su   1428
                           ausencia.
automóvil (1)
RS 2,1 El Señor X   Mi amigo, el señor Longoria, de Madrid, acaba de   1375
                           comprar un automóvil con el que [...]

		Pág.
autor (3)		
ZP 0,0 El Autor	Respetable público... No; respetable público, no; público solamente, y no es que el autor no considere al [...]	911
ZP 0,0 El Autor	El autor ha preferido poner el ejemplo	911
ZP 0,0 El Autor	En todos los sitios late y anima la criatura poética que el autor ha vestido de [...]	912
autores (1)		
ZP 0,0 El Autor	El poeta no pide benevolencia, [...] espinosa de miedo que los autores tienen a la sala.	911
autoridades (1)		
ZP 2,1 Zapatera	La gente me canta coplas, [...] en este pueblo las autoridades son calabacines, [...]	948
auxilio (1)		
EP CV Muchacho 1	Por las ramas de aquel árbol podemos alcanzar uno de los balcones y desde allí pediremos auxilio.	1164
avanzan (3)		
YE 2,1 Lavandera 4	Y los hombres avanzan	1309
RS 1,1 Tío	y las estrellas avanzan	1357
RS 1,1 Rosita	y las estrellas avanzan	1374
ave (2)		
EP CV Muchacho 1	Romeo puede ser un ave y Julieta puede ser una piedra.	1160
EP CV Estudiante 4	Nada, pero un ave no puede ser un gato, ni una piedra puede ser un golpe de mar.	1161
avefría (1)		
TC 0,0 Mosquito	Ahora que sale la luna [...] más de mujer, es una avefría sobre la charca, [...]	724
aventaja (1)		
RS 1,1 Tío	Pero esta las aventaja a todas en rareza.	1356
aventar (1)		
RS 3,1 Ama	...aventar las cenizas sobre el mar.	1414
aventuras (1)		
ZP 2,1 Zapatero	Aleluyas con los hechos del zapatero mansurrón y la Fierabrás de Alejandría, vida de don Diego Corrientes, aventuras del guapo Francisco [...]	956
aves (1)		
YE 1,2 Yerma	¿Me he de quedar en plena vida para cuidar aves o poner cortinitas planchadas en mi ventanillo?	1288
avisa (3)		
MP 2,9 Pedrosa	¡Cuando usted quiera me avisa!	857
MP 3,5 Pedrosa	Tendré un placer muy grande si me avisa.	877
DC 1,1 Cristóbal	Avisa al cura.	1036
avisad (1)		
BA 3,1 Bernarda	Avisad que al amanecer den dos clamores las campanas.	1532
avisadme (1)		
RS 2,1 Rosita	Avisadme.	1387
avisamos (1)		
ZP 2,1 Vecina Amarilla	¡Le avisamos con tiempo!	972
avisar (2)		
TC 2,1 Cristobita	¿Qué hablas?... Vamos a avisar al cura.	740
EP CV Enfermero	¿Son éstas horas de avisar?	1162
avisé (1)		
TC 0,0 Mosquito	Entonces yo avisé a mis amigos, y [...]	724
aviso (2)		
MP 2,7 Pedro	Estarán sobre aviso los amigos.	838
BA 2,1 La Poncia	Nunca pensé que se llamara asesinato al aviso.	1497
avisó (1)		
BA 1,1 Martirio	Una vez estuve en camisa detrás de la ventana hasta que fue de día porque me avisó con la hija de [...]	1460
avispas (1)		
YE 2,2 Yerma	me está clavando avispas en la nuca!	1316
ay (343)		
ayer (36)		
MM 1,1 Curiana N	Me dijo ayer tarde una golondrina:	672
MM 1,1 Curiana N	Ayer le vi triste.	673
MM 1,1 Doña Curiana	ayer tarde su querer;	676
TC 2,1 Cocoliche	Ayer se puso un lazo negro en el pelo.	735
MP 1,1 Angustias	¡Si no vive! ¿Recuerdas?... Ayer tarde . .	785
MP 1,4 Lucía	Ayer...	789
MP 1,4 Amparo	Ayer mismo nos dijo que tú	789
MP 1,5 Mariana	Ayer tarde yo bajaba	800
MP 2,1 Niña	Si ayer vi yo rezando	821
MP 2,7 Mariana	Ayer estuvo aquí.	837
MP 3,1 Novicia 2	¡Qué mujer tan valiente! Cuando ayer	861
ZP 1,1 Zapatero	Ayer estuvimos todo el [...]	920
PB 2,1 Marcolfa	Figúrese, ayer la vi con otro.	1001
CA 1,1 Amigo	Yo, en cambio... Ayer hice tres conquistas y como anteayer hice dos y hoy una, [...]	1057
CA 1,1 Niño	Ayer se me paró muy despacito,	1062
CA 1,1 Amigo 2	ayer.	1074
CA 1,1 Amigo 2	ayer.	1077

ayer (continuación)
CA 2,1 Novia   Ayer no te vi, ¿sabes?   1079
CA 3,1 Arlequín   Ayer y mañana comen   1108
EP RR Figura De P   Ayer estuve en casa del fundidor y encargué una cadena.   1150
BS 1,2 Leonardo   Ayer no estuvo bien. Lloró por la noche.   1187
BS 1,2 Mujer   Ayer me dijeron las vecinas que te habían visto al   1187
                        límite de los llanos.
YE 2,1 Lavandera 4   Desde ayer. El marido sale otra vez a sus tierras.   1302
YE 2,2 Juan   Ayer pasé un día duro.   1311
YE 2,2 Juan   Ayer estuve podando los árboles.   1311
RS 1,1 Tío   Ayer me encontré las semillas de dalias pisoteadas por   1352
                        el suelo.
RS 2,1 Ama   Ayer me tuvo todo el [...]   1380
RS 2,1 Tío   Ayer oí cómo le explicabas con todo detalle nuestra   1385
                        cuenta corriente en el Banco.
RS 3,1 Martín   Ayer se empeñaron en [...]   1418
RS 3,1 Martín   ¿Leyó usted mi cuento de ayer en el segundo número de   1421
                        "Mentalidad Granadina"?
RS 3,1 Ama   Ayer decía a voces: "No; [...]   1423
RS 3,1 Rosita   Ayer le oí decir al ama que todavía podía yo casarme.   1429
RS 3,1 Ama   Aquí, el joven, iba ayer con su novia.   1434
BA 1,1 Bernarda   Ayer.   1446
BA 2,1 La Poncia   Ayer de mañana llegaron los segadores.   1485
BA 2,1 La Poncia   Ayer me contó mi hijo [...]   1501
ayes (1)
RS 1,1 Rosita   los ayes de vuestra boca?   1365
Ayola (4)
RS 2,1 Ama   Ahí están las de Ayola, el fotógrafo.   1395
RS 2,1 Tía   Las señoritas de Ayola, querrás decir.   1395
RS 2,1 Ama   Ahí están las señoronas por todo lo alto de Ayola,   1395
                        fotógrafo de Su [...]
RS 2,1 Rosita   Las señoritas de Ayola, la señora y señoritas de   1396
                        Escarpini.
ayuda (V) (1)
MP 3,6 Monja 1   Sé fuerte, que Dios te ayuda.   879
ayuda (3)
MP 1,6 Fernando   y ojalá pudiera prestarte mi ayuda.   805
MP 2,5 Pedro   Venceré con tu ayuda, ¡Mariana de mi vida!   831
CA 2,1 Joven   aguarda calor y ayuda.   1104
ayudado (2)
CA 1,1 Viejo   Y cuando la gente ha ido a retorcer el cuello de la   1072
                        paloma, yo he sujetado la mano y la he ayudado a volar.
YE 3,1 Vieja 1   Ya has visto cómo he ayudado a los rezos.   1328
ayúdame (1)
EP RR Figura De C   ¡Gonzalo, ayúdame, Gonzalo!   1154
ayudar (4)
MP 1,7 Fernando   ahora tengo que ayudar   812
BS 2,2 Madre   Vamos a ayudar a mi hijo.   1244
RS 2,1 El Señor X   Está entendido, la Tierra es un planeta mediocre, pero   1376
                        hay que ayudar a la civilización.
RS 3,1 Martín   Tenía que ayudar a mi madre y me hice profesor.   1421
ayudará (1)
MP 2,6 Pedro   ¡Ayudará!   835
ayudaré (1)
PB 3,1 Perlimplín   Como ahora te ayudaré a llorarlo.   1014
ayudarla (1)
BA 1,1 Bernarda   ¡Ayudarla vosotras!   1471
ayudaron (1)
CA 1,1 Amigo 2   Me ayudaron dos niños, muy amigos míos.   1073
ayudarte (1)
PB 2,1 Perlimplín   Por eso quiero ayudarte como debe hacer todo buen   1004
                        marido cuando su esposa es un dechado de virtud...
                        Mira.
ayudaste (1)
PB 3,1 Belisa   ¡Es verdad que me ayudaste a quererlo!   1014
ayude (1)
MP 2,6 Mariana   ¡Dios nos ayude a todos!   834
ayúdeme (1)
RS 3,1 Ama   Señora, ayúdeme usted a doblar esta sábana.   1422
ayudes (1)
MP 1,7 Mariana   que tú me ayudes, mocito.   809
ayyyyyyyy (1)
DC 1,1 Enfermo   ¡Ayyyyyyyy!   1028
ayyyyyyyyy (1)
DC 1,1 Cristóbal   ¡Ayyyyyyyyy!   1034
azabache (1)
MP 1,4 Amparo   Cinco toros de azabache,   792
azadas (1)
BS 1,1 Madre   Y las escopetas, y las pistolas, y el cuchillo más   1172
                        pequeño, y hasta las azadas y los bieldos de la era.

Pág.

azadones (1)
BA 2,1 Bernarda   Sí, que vengan todos con varas de olivo y mangos de   1505
azadones, que vengan todos para matarla.

azafrán (2)
TB DME Vieja   Caracoleeees. Se guisan con hierbabuena, azafrán y   896
hojas de laurel.
PB 2,1 Belisa   Debe tener la piel morena y sus besos deben perfumar y   1002
escocer al mismo tiempo como el azafrán y el clavo.

azahar (10)
CA 2,1 Maniquí   y la luna lleva puesta mi corona de azahar.   1099
CA 2,1 Joven   Y la luna llevará en vilo tu corona de azahar.   1101
BS 2,1 Criada   El azahar te lo voy a poner desde aquí hasta aquí, de   1208
modo que la corona luzca sobre el peinado.
BS 2,1 Criada   Trae el azahar.   1208
BS 2,1 Leonardo   ¿Y trajo ya el novio el azahar que se tiene que poner   1212
en el pecho?
BS 2,1 Novia   ¿Por qué preguntas si trajeron el azahar?   1212
BS 2,1 Novia   Pero se me calienta el alma de que vengas a verme y   1214
atisbar mi boda y preguntes con intención por el
azahar.
BS 2,1 Mozo 1   porque viene el aire lloviendo azahar.   1218
BS 2,2 Novio   ¿Te gustó el azahar?   1231
BS 3,2 Madre   ¡Floja, delicada, mujer de mal dormir es quien tira   1269
una corona de azahar para buscar un [...]

azares (1)
MM 1,5 Alacranito   pues son muchos los azares   691

azófar (1)
BS 1,1 Madre   Le llevaré los pendientes de azófar, que son antiguos,   1177
y tú le compras...

azorada (1)
ZP 2,1 Zapatera   Me puse tan azorada, que se me fueron dos pañuelos   946
preciosos, así de pequeñitos, en la corriente.

azorado (1)
TB DME Doncella   Estás azorado.   900

azotadas (1)
BS 3,2 Madre   Otras madres se asomarán a las ventanas, azotadas por   1267
la lluvia, para ver el rostro de sus hijos.

azotazo (1)
RS 2,1 Ama   ¡Qué azotazo en el... les daba...!   1390

azotes (1)
EP RR Figura De P   ¡No me azotes!   1148

azúcar (6)
PB 0,0 Madre   Como de azúcar... Pero..., perdón.   985
PB 0,0 Perlimplín   Como de azúcar..., blanca por dentro. ¿Será capaz de   987
estrangularme?
YE 1,1 Yerma   Habrás comprado café para el desayuno, azúcar, los   1278
panes.
YE 1,2 Vieja 1   Yo he sido una mujer de faldas en el aire, he ido   1287
flechada a la tajada de melón, a la fiesta, a la torta
de azúcar.
RS 1,1 Ama   Un par de primos para ponerlos en un vasar de azúcar,   1359
y si se murieran, ¡Dios los libre!,
RS 2,1 Ama   ¡que venga y que te coja del brazo y que menee el   1410
azúcar de tu café y lo pruebe antes a ver si quema!

azucena (3)
MM 2,6 Curianita C   Se ha pintado de azucena   718
TC 6,1 Currito   ¡Oh piernecita de azucena!   764
PB 0,0 Madre   Es una azucena.   985

azucenas (4)
MM 1,2 Doña Curiana   al pie de esas azucenas.   683
MM 1,5 Curiana N   y polen de azucenas.   699
MM 2,1 Curianita 1   Cae de las azucenas.   704
ZP 2,1 Alcalde   Que la casa tiene una cama con coronación de pájaros y   951
azucenas de cobre, un [...]

azul (8)
MM 1,3 Doña Curiana   muy azul; él creyó   685
MP 1,4 Lucía   Se estaba poniendo su levita azul.   789
ZP 1,1 Zapatera   ¡Qué vueltas de pana azul y qué agremanes de seda!   917
CA 2,1 Novia   Uno azul...   1097
CA 3,1 Arlequín   ¡Qué témpanos de hielo azul levanta!   1108
CA 3,1 Arlequín   ¡Qué témpanos de hielo azul levanta!   1109
CA 3,2 Jugador 1   La vida se le escapa por sus pupilas, que mojan la   1136
comisura de sus labios y le tiñen de azul la pechera
del frac.
RS 1,1 Ama   Ponte el azul con margaritas.   1354

azules (5)
ZP 1,1 Niño   Es amarilla, con pintas azules y rojas... y, ¡qué sé   935
yo!...
BS 3,1 Novia   quebrar las ramas azules   1257
BS 3,2 Niña   Los montes azules   1263

azules (continuación)
    RS 2,1 Ama   En medio del terciopelo [...] grupo de lentejuelas   1383
                                 azules, y el surtidor [...]
    RS 2,1 Rosita   y las azules, mortaja.   1405
azuza (1)
    BA 1,1 La Poncia   Pero yo soy buena perra; [...] limosna cuando ella me   1442
                                 azuza; mis hijos trabajan [...]
b (4)
    TB DME Doncella   A, B, C, D, E, F, G, H, I, J, K, L, M, N.   898
    TB DME Doncella   A, B, C, D.   898
    TB DME Doncella   A, B, C, D.   898
    RS 2,1 Ayola 2   A mí, Rosita y su novio me enseñaban las letras A, B,   1399
                                 C... ¿Cuánto tiempo hace de esto?

babosear (1)
    BA 2,1 Adela   En vez de limpiar la [...] hombres y mujeres para   1481
                                 babosear en ellos.

bah (4)
    TC 2,1 Cristobita   ¡Bah!   740
    BS 1,3 Padre   ¡Bah!;   1197
    YE 1,1 Yerma   ¡Bah!   1283
    YE 1,2 Vieja 1   ¡Bah! ¡Ya tendrás!   1287
baila (2)
    MP 1,4 Amparo   Mucho. Todo el día baila que te baila.   791
bailaba (1)
    BA 2,1 La Poncia   Anoche llegó al pueblo una mujer vestida de   1485
                                 lentejuelas y que bailaba con un acordeón, [...]
bailado (2)
    CA 2,1 Padre   Tú no has bailado con nadie en los transatlánticos...,   1089
                                 no te has interesado por nadie.
    YE 1,2 Vieja 1   ¿Nunca? ¿Ni cuando has bailado?   1289
bailan (2)
    ZP 2,1 Zapatero   cuando alegremente bailan   961
    BS 2,2 Novio   Las viejas frescas como tú bailan mejor que las   1234
                                 jóvenes.
bailar (3)
    TC 1,1 Hora   ¿Qué sabes tú los vientos que van a venir mañana para   734
                                 hacer bailar la veleta de tu tejadillo?
    PB 3,1 Perlimplín   Tú sabes cómo son las Hadas..., pequeñitas...Es   1009
                                 admirable, pueden bailar sobre mi dedo meñique!
    BS 2,2 Muchacha 1   ¡Vengan los novios, que vamos a bailar la rueda!   1242
bailas (1)
    BS 2,2 Novio   ¿Y tú no bailas?   1233
baile (4)
    BS 2,2 Padre   Mira el baile que tienen formado.   1231
    BS 2,2 Novio   Vamos un rato al baile.   1239
    BS 2,2 Padre   Pero ¿no está en el baile?   1243
    BS 2,2 Criada   En el baile no está.   1243
bailes (1)
    BS 2,2 Padre   Bailes de allá de la orilla del mar.   1231
bailo (1)
    MP 1,2 Amparo   yo canto y bailo el jaleo   786
baja (V) (4)
    BS 2,1 Muchacha 1   Baja, morena,   1218
    BS 2,1 Convidado   Baja, morenita,   1218
    YE 3,2 María   Un río de hombres solos baja esas sierras.   1338
    BA 2,1 Adela   ¡Baja la voz!   1480
baja (5)
    ZP 1,1 Niño   Cállate y habla en voz baja, ¿no ves que se espanta si   935
                                 no?
    BS 2,2 Criada   y baja el ala del novio   1226
    BS 2,2 Criada   En la parte baja de la alacena.   1234
    RS 3,1 Ama   Cuando él explica en la sala baja del colegio, yo voy   1423
                                 a la carbonería para oírlo: "¿Qué es idea?"
    BA 2,1 La Poncia   Entonces Evaristo se acercó, se acercó que se quería   1476
                                 meter por los hierros, y dijo con voz muy baja: "¡Ven
                                 que te tiente!"

bajaba (2)
    MP 1,5 Mariana   Ayer tarde yo bajaba   800
    RS 3,1 Muchacho   Pues bajaba yo muerto de risa [...]   1433
bajaban (3)
    BS 1,2 Suegra   Bajaban al río.   1184
    BS 1,2 Suegra   ¡Ay, cómo bajaban!   1184
    BS 1,2 Suegra   Bajaban al río.   1193
bájame (1)
    PB 3,1 Belisa   Marcolfa, bájame la espada del comedor, que voy a   1016
                                 atravesar la garganta de mi marido...

bajando (1)
    EP RR Figura De C   Si voy bajando por las ruinas iré encontrando amor y   1148
                                 cada vez amor.

bajar (4)
    CA 3,1 Arlequín   larga para bajar.   1109

bajar - balaustradas

Pág.

bajar (continuación)
CA 3,1 Payaso	Para bajar.	1111
CA 3,1 Mecanógrafa	Déjame bajar poco a poco hasta ti.	1127
RS 1,1 Rosita	vi bajar dos querubines	1371

bajará (2)
TC 2,1 Cocoliche	Ponte triste si me ves; lo negro bajará luego hasta los pies."	735
TC 4,1 Cocoliche	Qué tristeza cuando te vi con el lazo en el pelo... ¡Lo negro bajará hasta los pies!	754

bajaré (1)
BA 2,1 Bernarda	¡Ya las bajaré tirándoles cantos!	1501

bajas (1)
MP 2,2 Mariana	Cuando acabes, te bajas a la puerta.	825

baje (1)
DC 1,1 Director	Baje usted en seguida, que doña Rosita está enferma.	1041

bajé (2)
BS 1,1 Vecina	Yo bajé a la tienda y vine a verte. ¡Vivimos tan lejos!...	1178
BS 3,1 Novia	Yo las bajé.	1257

bajes (1)
MP 1,4 Lucía	¡No bajes, no!	795

bajito (1)
MP 3,1 Novicia 2	¡Habla más bajito!	860

bajo (V) (3)
MP 1,6 Fernando	¿Bajo yo?	802
YE 2,2 Yerma	Muchas noches bajo yo a echar la comida [...]	1318
RS 3,1 Rosita	Y hoy se casa una amiga [...] mismas nubes; y un día bajo al paseo y me doy [...]	1428

bajo (31)
MM 0,0	Con la misma tranquilidad [...] se gozaban del amor bajo la hierba húmeda.	669
MM 2,2 Curiana N	¡Aquí la dejaremos bajo la luna! Siento	707
MM 2,3 Mariposa	las dicen las raíces bajo tierra.	709
TC 0,0 Mosquito	Abrí mi ojo todo lo que pude me lo quería cerrar el dedo del viento- y bajo la estrella, un [...]	724
TC 0,0 Mosquito	Entonces yo avisé a mis [...] cositillas del mundo; bajo la luna verde de las montañas, bajo la luna rosa de [...]	724
TC 3,1 Cristobita	Y a bajo precio.	748
TC 6,1 Rosita	La sierra de Córdoba tiene sombras bajo sus olivares, sombras aplastadas, sombras muertas que nunca se van.	774
TC 6,1 Rosita	¡Oh, quién estuviera bajo sus raíces!	774
TC 6,1 Rosita	¡Oh, quién estuviera bajo sus manantiales!	774
MP 1,4 Amparo	sorprendida siempre bajo el arrayán,	790
MP 1,5 Mariana	o se esconde bajo el agua.	796
MP 2,7 Mariana	Hablen bajo.	836
MP 2,8 Mariana	¡Hablen más bajo!	842
MP 3,4 Mariana	que, bajo la acacia en flor	871
MP 3,7 Novicia 2	cuando cruza el coro bajo	881
ZP 1,1 Zapatero	¿No puedes hablarme un poquito más bajo?	923
PB 3,1 Marcolfa	Ahora le amortajaremos con el rojo traje juvenil con que paseaba bajo sus mismos balcones.	1017
DC 1,1 Director	Señoras y señores: Los campesinos andaluces oyen con frecuencia comedias de este ambiente bajo las ramas grises [...]	1043
CA 1,1 Gato	bajo el rosal del muro me dormía.	1064
CA 3,1 Muchacha	Muy bajo.	1110
CA 3,1 Máscara	Digo que el conde Arturo [...] de gas que brillaban bajo la cúpula de la [...]	1116
CA 3,1 Máscara	Su niño morirá bajo la escarcha.	1123
EP CV Desnudo	¿Dejaron salir a la gente bajo la arena?	1156
YE 2,1 Lavandera 5	del vientre redondo bajo la camisa!	1309
YE 2,2 Yerma	¡Ay, pechos ciegos bajo mi vestido!	1316
YE 3,1 Dolores	¡Viene gente! Habla bajo.	1334
RS 1,1 Ama	¡Por Dios, cierra la sombrilla, no se puede abrir bajo techado!	1358
RS 1,1 Rosita	¿Bajo qué mirto reposan?	1367
BA 1,1 La Poncia	Desde que murió el padre de Bernarda no han vuelto a entrar las gentes bajo estos techos.	1442
BA 3,1 La Poncia	Es una lástima que esté bajo de precio.	1508

bajó (1)
BS 3,1 Leonardo	¿A la fuerza? ¿Quién bajó	1256

bajos (1)
RS 2,1 Ama	Son todos bajos y un poquito caídos de hombros.	1381

balan (1)
EP CV Estudiante 2	El público se ha de dormir en la palabra, y no ha de ver a través de la columna las ovejas que balan y las nubes que [...]	1161

balaustradas (1)
CA 3,1 Máscara	En el "foyer" de la Opera de París hay unas enormes balaustradas que dan al mar.	1116

balcón (14)
TC 2,1 Cocoliche   El silbido ha tocado como una piedrecita de música en   735
                   el cristal de su balcón.
TC 6,1 Cocoliche   En aquella estrella te haré un columpio y un balcón de   777
                   plata.
MP 1,7 Mariana   Fija, detrás del balcón,   810
MP 2,9 Pedrosa   en su balcón y quise visitarla.   850
TB DME Doncella   Voy a cerrar el balcón.   898
DC 1,1 Poeta   Abre tu balcón, Rosita,   1022
CA 1,1 Mecanógrafa Cuando pequeñito yo le veía jugar desde mi balcón.   1055
CA 2,1 Novia   Ya sabes que no me gustan las flores. Tíralas por el   1082
                   balcón.
CA 3,2 Joven   Recuerdo que siendo niño, [...] por los hierros del   1134
                   balcón?
BS 2,1 Muchacha 1 y en cada balcón una corona.   1216
RS 1,1 Rosita   en mi balcón de jazmines,   1371
RS 2,1 Ayola 2   La que no quiere casar [...] las barandillas del   1401
                   balcón atisbando la gente.
RS 2,1 Solterona 3 También puedo decir "Volverán las oscuras golondrinas 1402
                   de tu balcón los nidos a colgar".
RS 3,1 Martín   Ayer se empeñaron en [...] arrojaron desde el balcón   1418
                   un jarro de agua.
balcones (13)
MP 2,5 Mariana   Quiero tener abiertos mis balcones al sol   832
ZP 1,1 Zapatera   Muchas que tiene usted en los balcones de su casa.   927
PB 1,1 Duende 1   Cinco balcones sobre la ciudad.   996
PB 1,1 Perlimplín ¿Por qué están los balcones abiertos?   998
PB 1,1 Perlimplín ¿Por qué tienen los balcones cinco escalas que llegan 998
                   al suelo?
PB 1,1 Perlimplín ¿Y de quién son aquellos cinco sombreros que veo   998
                   debajo de los balcones ?
PB 1,1 Belisa   Mira, Perlimplín, cierra los balcones, que antes de   999
                   nada se levantará la gente.
PB 2,1 Marcolfa   La noche de bodas entraron cinco personas por los   1001
                   balcones.
PB 2,1 Belisa   A veces pasa por debajo de mis balcones y mece su mano 1002
                   lentamente en un saludo que hace temblar mis pechos.
PB 3,1 Marcolfa   Ahora le amortajaremos con el rojo traje juvenil con 1017
                   que paseaba bajo sus mismos balcones.
CA 2,1 Criada   ¿Cierro los balcones?   1087
EP CV Muchacho 1 Por las ramas de aquel árbol podemos alcanzar uno de 1164
                   los balcones y desde allí pediremos auxilio.
RS 3,1 Rosita   Así no habrá nadie en los balcones para vernos salir. 1437
banco (1)
RS 2,1 Tío   Ayer oí cómo le explicabas con todo detalle nuestra   1385
                   cuenta corriente en el Banco.
bancos (1)
RS 3,1 Rosita   Por eso yo comprendo [...] sientan a cantar en los   1433
                   bancos del paseo.
bandejas (2)
BS 2,1 Mozo 1   con bandejas de dalias   1217
BS 2,2 Padre   Prepara las bandejas de trigo.   1229
bandera (19)
MP 0,0 Mosquito   la bandera de la Libertad."   782
MP 1,1 Clavela   ¿Por qué borda esa bandera?   784
MP 1,6 Clavela   en esa bandera de los liberales,   806
MP 1,8 Angustias   ¡Mariana, la bandera   817
MP 1,8 Angustias   la dichosa bandera.   817
MP 2,1 Clavela   bordaba una bandera,   823
MP 2,1 Niña   esta roja bandera   823
MP 2,1 Clavela   La bandera que bordo   824
MP 2,5 Pedro   La bandera que bordas temblará por las calles   829
MP 2,7 Pedro   ¡Mariana, la bandera que bordaste   839
MP 2,8 Conspirador 4 Guarde bien la bandera.   842
MP 2,9 Pedrosa   ¡Mariana! ¿Y la bandera?   855
MP 2,9 Mariana   ¿Qué bandera?   855
MP 2,9 Pedrosa   La bandera   856
MP 2,9 Mariana   Yo bordé la bandera con mis manos;   857
MP 3,1 Novicia 2   Bordó una bandera.   862
MP 3,3 Mariana   por bordarle su bandera.   869
MP 3,5 Mariana   En la bandera de la Libertad   876
MP 3,8 Mariana   Yo bordé la bandera por él. Yo he conspirado   885
banderas (3)
TB DME Doncella   Le pondré banderas y dulces.   899
CA 3,1 Muchacha   Banderas de agua verde   1110
BS 3,1 Novia   al aire como banderas.   1259
banderolas (1)
MP 1,8 Angustias   que traiga banderolas   817
bandido (2)
MM 1,5 Doña Curiana ¡Vete, bandido infame!   696
TC 6,1 Rosita   ¡Viene gente! ¡Vete, bandido! ¡Tempranillo!   764

			Pág.
bandos (3)			
	BS 2,2	Madre	Dos bandos.	1244
	BS 2,2	Madre	Aquí hay ya dos bandos.	1244
	BS 2,2	Madre	Dos bandos.	1244
bandurrias (1)			
	YE 1,2	Vieja 1	Muchas veces me he asomado de madrugada a la puerta creyendo oír música de bandurrias que iba, que [...]	1287
banquillo (1)			
	ZP 1,1	Zapatero	¡Ay banquillo mío!	933
baña (1)			
	TC 2,1	Cocoliche	Mi amante siempre se baña	737
bañaba (2)			
	YE 3,2	Hembra	la esposa triste se bañaba.	1340
	YE 3,2	Macho	de la que se bañaba!	1343
baño (2)			
	MM 2,2	Doña Curiana	Para el baño de luna de nuestra mariposa	705
	EP RR	Figura De C	Llévame al baño y ahógame.	1147
baños (2)			
	MM 1,5	Curiana N	Además le receto baños de luna y siesta,	700
	TC 1,1	Rosita	Está tomando los baños.	728
baraja (2)			
	ZP 1,1	Zapatero	la baraja tiene cuatro:	928
	CA 3,2	Jugador 3	La baraja.	1137
barajas (1)			
	DC 1,1	Director	Entre los ojos de las [...] por el alcohol y las barajas.	1043
baranda (3)			
	MP 3,6	Mariana	larga baranda de brisa!	878
	BS 2,2	Criada	por su blanca baranda.	1226
	BS 2,2	Padre	Debe haber subido a la baranda.	1242
barandas (1)			
	MP 3,9	Novicia 2	que en las altas barandas tu novio está esperándote.	890
barandilla (1)			
	CA 3,2	Joven	Recuerdo que siendo niño, vi nacer una luna enorme detrás de la barandilla de sus pies... [...]	1134
barandillas (1)			
	RS 2,1	Ayola 2	La que no quiere casar [...] día y noche en las barandillas del balcón [...]	1401
barata (1)			
	CA 1,1	Niño	Yo también iba, ¡ay!, gata chata, barata,	1064
barato (1)			
	BS 2,2	Novio	El monte es barato y los hijos se crían mejor.	1232
barba (3)			
	PB 2,1	Marcolfa	El europeo, con su barba; el indio, el negro, el amarillo y el norteamericano.	1001
	DC 1,1	Poeta	Pero el dueño del teatro [...] los caballeros con barba que van al club [...]	1036
	EP CV	Traspunte	Pero se había perdido la barba de José de Arimatea.	1162
barbaridad (1)			
	ZP 1,1	Zapatero	Comprendo que es una barbaridad..., pero yo no estoy enamorado de mi mujer.	925
barbaridades (1)			
	DC 1,1	Director	Cállese y no diga barbaridades.	1023
bárbaro (1)			
	CA 1,1	Joven	Bárbaro.	1059
barbas (1)			
	TC 1,1	Rosita	¡Ay, qué barbas tenía mi tío el Arcipreste!	725
barbera (1)			
	ZP 2,1	Zapatero	¡tengo navaja barbera!	961
barberas (1)			
	ZP 2,1	Zapatero	¡Os pondré navajillas barberas en los zapatos!	973
barbería (3)			
	TC 5,1	Fígaro	Mi barbería...	756
	TC 5,1	Fígaro	Pero ya vendrá a mi barbería.	757
	TC 5,1	Fígaro	Las noticias llegan al mundo después de haber pasado por el clasificador de la barbería.	758
barberías (2)			
	TC 5,1	Fígaro	Las barberías son las encrucijadas de las noticias.	758
	TC 5,1	Fígaro	¡Qué bonitas historias podría contar de los feos durmientes de las barberías!	758
barberillo (1)			
	BA 1,1	Bernarda	Esa sale a sus tías; blancas y untuosas y que ponían los ojos de carnero al piropo de cualquier barberillo.	1456
barbero (1)			
	TC 1,1	Rosita	Y cuando la niña del barbero se asome a su [...]	725
barberos (1)			
	TC 5,1	Fígaro	Los barberos tenemos más olfato de las palabras oscuras y los gestos misteriosos.	758
barca (2)			
	MP 2,5	Mariana	que navegara eterno sobre una barca vieja,	832

barca (continuación)
    CA 3,1 Máscara   El conde Arturo, con una camelia entre los labios,   1116
                                      venía en una pequeña barca con su niño, los [...]
barcarola (1)
    RS 2,1 Solterona 2   La barcarola de "La fragata Numancia".   1402
barcas (1)
    TC 0,0 Mosquito   Abrí mi ojo todo lo que [...] surcado por lentas   724
                                      barcas.
Barcelona (1)
    RS 3,1 Muchacho   Escribe desde Barcelona. Cada vez menos.   1434
barco (7)
    TC 3,1 Contrabandista 1 cuánto barco en el puerto de Málaga.   741
    TC 3,1 Contrabandista 1 cuánto barco en el puerto de Málaga.   741
    TB DME Marinero   Poca cosa es un barco.   899
    TB DME Doncella   ¡Poca cosa es un barco!   899
    EP RR Figura De C   Un látigo hecho con maromas de barco.   1148
    BS 1,2 Muchacha   Mire usted: una golondrina aquí un barco aquí y aquí   1191
                                        una rosa.
    RS 1,1 Primo   en barco de oro cuajado   1372
barcos (4)
    MP 1,5 Fernando   de barcos y de guirnaldas.   797
    MP 2,8 Conspirador 4   y los barcos se retiran   844
    MP 2,8 Conspirador 4   Sobre los barcos lloraba   844
    MP 2,8 Pedro   Que sean nuestras casas como barcos.   846
bardas (1)
    BA 2,1 Adela   Trae cuatro mil bengalas amarillas y ponlas en las   1482
                                        bardas del corral.
barnizados (1)
    BA 1,1 Criada   Suelos barnizados con aceite, [...]   1444
barómetro (2)
    EP CV Estudiante 4   No son las firmas disfrazadas las que levantan la   1161
                                        vida, sino el cabello de barómetro que tienen detrás.
    RS 2,1 Solterona 3   Es una niña vestida de rosa, que al mismo tiempo es   1392
                                        barómetro.
baronesa (1)
    RS 2,1 Solterona 3   Allí nos reunimos siempre con las de Ponce de León,   1394
                                        con las de Herrasti y con las de la baronesa de
                                        San[ta] Matilde [...]
barquitos (2)
    TC 4,1 Mosquito   El alma de doña Rosita es como esos barquitos de nácar   751
                                        que venden en las ferias, barquitos de Valencia [...]
barra (1)
    ZP 0,0 El Autor   El poeta no pide benevolencia, sino atención, una vez   911
                                        que ha saltado hace mucho tiempo la barra espinosa de
                                        miedo [...]
barranco (1)
    DC 1,1 Cristóbal   al barranco con él.   1028
barranquillo (3)
    TC 2,1 Cristobita   No sé cómo no le envío al barranquillo donde eché a   739
                                        tantos.
    TC 6,1 Cristobita   y al barranquillo.   767
    TC 6,1 Cristobita   Prepararse para el barranquillo!   778
barre (1)
    RS 1,1 Tía   Anda, barre el invernadero.   1356
barrer (1)
    MM 1,1 Doña Curiana   Yo voy a barrer   676
barrerán (1)
    BA 3,1 La Poncia   El día que estallen nos barrerán a todos.   1520
barriga (3)
    TC 6,1 Cristobita   Y mi barriga un pastel, un gran pastel rosado, con   774
                                        ciruelas y batatas... ¿Quién suspira?
    DC 1,1 Cristóbal   Te voy a poner la barriga caliente.   1030
    DC 1,1 Cristóbal   Y mi barriga un gran pastel, un gran pastel con   1037
                                        ciruelas y batatas.
barriguita (9)
    TC 3,1 Mozo 2   barriguita!   749
    TC 3,1 Mozo 1   ¡Barriguita!   749
    TC 3,1 Mozo 1   ¡Barriguita!   749
    TC 3,1 Cristobita   ¡Toma barriguita, toma barriguita, toma barriguita!   750
    TC 6,1 Cristobita   ¡Ay mi barriguita!   778
    TC 6,1 Cristobita   ¡Ay mi barriguita!   778
    DC 1,1 Rosita   ¡Ay!, el médico, ¡ay!, ¡ay!, ¡ay!, ¡ay!, mi barriguita.   1040
barrillo (1)
    TC 0,0 Mosquito   Callad para que se asiente el barrillo de las últimas   723
                                        conversaciones.
barrió (1)
    EP CV Estudiante 4   La primera bomba de la revolución barrió la cabeza del   1157
                                        profesor de Retórica.
barro (1)
    BS 3,2 Niña   Cubiertos de barro   1263

barrunto - beba

Pág.

barrunto (1)
  BA 2,1 Martirio   No digas nada, puede ser un barrunto mío.   1489
Barthe (1)
  MP 2,8 Conspirador 4   El vizconde de la Barthe,   843
basiliscos (1)
  ZP 2,1 Zapatero   ¡Así os lleve el demonio! ¡Basiliscos, perjuras!   973
basta (13)
  MP 1,7 Fernando   ¡Basta! ¡Dame el documento!   814
  MP 3,5 Mariana   para morir conmigo, y esto basta.   875
  TB QM. Enrique   ¡Basta! ¡Quedaréis contentos!   908
  ZP 2,1 Alcalde   Niño, niño, basta de voces... ¿Sabes tú lo que he   948
        hecho ahora?
  ZP 2,1 Zapatero   ¡Basta!   972
  ZP 2,1 Zapatero   ¡Basta ya!   972
  DC 1,1 Director   Basta.   1042
  CA 1,1 Joven   Basta observar sobre [...]   1050
  CA 1,1 Joven   ¡Basta!   1058
  CA 2,1 Novia   Anoche soñaba que todos los niños pequeños crecen por   1087
        casualidad... Que basta la fuerza que tiene [...]
  RS 2,1 Tío   Basta, basta, no quiero llevarte la contraria.   1385
  BA 2,1 La Poncia   Basta.   1498
bastado (1)
  CA 2,1 Novia   Dos días tan solo han bastado para sentirme cargada de   1095
        cadenas.
bastante (14)
  MM 1,1 Doña Curiana   tenemos bastante.   675
  TC 6,1 Rosita   Ya hay bastante, zapaterillo.   765
  PB 0,0 Perlimplín   Yo con mis libros tengo bastante.   981
  PB 1,1 Perlimplín   Como los dos hemos dormido lo bastante, veremos el   999
        amanecer... ¿No te gusta?
  CA 1,1 Amigo   Ya ha sido bastante. Creo que no te puedes escapar de   1070
        la tormenta.
  CA 1,1 Amigo 2   Usted, con beber tiene bastante.   1076
  EP CV Enfermero   Tres estaciones, si queda bastante carbón.   1156
  BS 2,2 Mujer   No, no. Con media tiene bastante.   1233
  RS 2,1 El Señor X   A Renol lo conocí bastante.   1375
  RS 3,1 Ama   ¡Bastante lo hemos llorado!   1413
  BA 1,1 La Poncia   Y a las otras, bastante menos.   1468
  BA 1,1 Bernarda   Bastante menos, mucho menos.   1468
  BA 3,1 Martirio   Con lo que pasa dentro de las habitaciones tengo   1515
        bastante.
  BA 3,1 La Poncia   A mí, con servir tu casa tengo bastante.   1518
bastantes (1)
  BA 1,1 Criada   ¿Hay bastantes sillas?   1441
bastidor (1)
  MP 2,1 Clavela   bastidor de cristal,   822
basto (1)
  ZP 1,1 Zapatera   Pues si tarda siquiera dos minutos más, como yo sola,   934
        que me basto y me sobro... [...]
bastón (1)
  CA 1,1 Amigo   Y con un bastón te voy a echar a la calle.   1057
bastones (1)
  EP CV Estudiante 3   Y toda la gente, pero después enarbolaron los   1166
        cuchillos y los bastones porque la letra [...]
bastos (1)
  ZP 1,1 Zapatero   rey de espadas, rey de bastos.   928
batalla (1)
  BS 2,2 Padre   Hay que sostener una batalla con las malas [...]   1228
batatas (2)
  TC 6,1 Cristobita   Y mi barriga un pastel, un gran pastel rosado, con   774
        ciruelas y batatas... ¿Quién suspira?
  DC 1,1 Cristóbal   Y mi barriga un gran pastel, un gran pastel con   1037
        ciruelas y batatas.
batista (2)
  ZP 2,1 Niño   y esas chambras de batista   947
  ZP 2,1 Voces   y esas chambras de batista   978
baúl (1)
  RS 2,1 Ama   La cama y sus pinturas temblando de frío, y la camisa   1410
        de novia en lo más oscuro del baúl.
Bautista (1)
  RS 2,1 El Señor X   Hoy día se abren camino un Juan Bautista Say o Se, que   1376
        [...]
bautizado (1)
  RS 2,1 Ama   Con este señor y con el otro, don Confucio Montes de   1378
        Oca, bautizado en la logia [...]
bayetas (1)
  BA 1,1 Criada   Ni con jabón ni con bayetas se le quitan.   1443
Beaterio (1)
  MP 3,2 Mariana   quedarme aquí, en el Beaterio,   864
beba (1)
  CA 1,1 Viejo   Beba.   1051

bebe (11)
    MM 2,5 Gusano 1   ¡Bebe con alegría   715
    TC 3,1 Mozo 1   ¡Cristobita que bebe y duerme!   748
    TC 3,1 Mozo 2   ¡Que bebe y duerme!   748
    TC 3,1 Cristobita   Y en cuanto a eso de que bebe y duerme, ya veremos   749
                             quién bebe o duerme, si tú o yo.
    BS 3,1 Leñador 2   Pero la sangre que ve la luz se la bebe la tierra.   1246
    YE 3,2 Yerma   Bebe. ¡Ay!   1344
    RS 2,1 Ama   Los charcos que hay alrededor están pintados al aceite   1383
                             y encima de ellos bebe un ruiseñor todo [...]
    RS 2,1 Tía   Bebe conmigo una copita, hombre. Hoy es día de que lo   1411
                             hagas.
    BA 1,1 Bernarda   Es así como se tiene que hablar en este maldito pueblo   1450
                             sin río, pueblo de pozos, donde siempre se bebe el
                             agua con el miedo [...]
    BA 1,1 Magdalena   Hoy hay más finura, las novias se ponen de velo blanco   1461
                             como en las poblaciones y se bebe vino de botella,
                             [...]
bebed (1)
    MM 2,5 Gusano 3   "Bebed las dulces gotas,   713
beben (1)
    CA 3,2 Jugador 1   Las cartas beben rica sangre en las manos y es difícil   1136
                             cortar el hilo que las une.
beber (17)
    MM 0,0   Los insectos estaban contentos, sólo se preocupaban de   669
                             beber tranquilos las [...]
    TC 3,1 Contrabandista 2 La dichosa cancioncilla me abre las ganas de beber.   741
    ZP 1,1 Zapatero   Ayer estuvimos todo el día con unas sopas de huevo y   920
                             perejil; bueno, pues porque protesté de esto, me hizo
                             beber tres vasos seguidos [...]
    ZP 2,1 Zapatera   Y beber, si usted gusta.   953
    CA 1,1 Amigo 2   Usted, con beber tiene bastante.   1076
    BS 1,2 Mujer   que el caballo no quiere beber.   1184
    BS 1,2 Mujer   que el caballo no quiere beber.   1185
    BS 1,2 Mujer   que el caballo no quiere beber.   1186
    BS 1,2 Mujer   que el caballo se pone a beber.   1193
    BS 1,2 Suegra   que el caballo no quiere beber.   1194
    BS 2,2 Mozo 1   ¡Tienes que beber con nosotros!   1235
    YE 1,2 Vieja 1   Han de deshacernos las trenzas y darnos de beber agua   1290
                             en su misma boca.
    YE 2,2 Yerma   Quiero beber agua y no hay vaso [...]   1314
    BA 1,1 Criada   Tuve durante el duelo [...] fregar siquiera para   1452
                             beber, y carne de perro, [...]
    BA 2,1 Bernarda   Me hacéis al final de mi vida beber el veneno más   1492
                             amargo que una madre puede resistir.
    BA 3,1 Adela   A beber agua.   1509
    BA 3,1 Adela   Voy a beber agua.   1522
beberás (1)
    MM 2,7 Curianito   y beberás las gotas de rocío   720
beberemos (1)
    CA 3,2 Joven   Pero beberemos.   1141
beberlas (1)
    RS 2,1 Ayola 1   Cuando yo tenía seis años venía aquí y el novio de   1399
                             Rosita me acostumbró a beberlas.
beberme (2)
    TC 6,1 Cristobita   Me gustaría ser todo de vino y beberme yo mismo.   774
    DC 1,1 Cristóbal   Me gustaría ser todo vino y beberme yo mismo.   1037
bebérmelo (1)
    TC 3,1 Cristobita   Mañana me caso con la señá Rosita, y quiero que haya   748
                             mucho vino para ... bebérmelo yo.
bebernos (1)
    MM 2,5 Gusano 1   Ya podemos bebernos   712
bebida (3)
    CA 3,2 Joven   A usted seguramente le gustará el anís. Es una   1141
                             bebida...
    CA 3,2 Joven   El coñac es una bebida para hombres que saben resistir.   1141
    EP RR Figura De C   ¿Dónde podría encontrar una bebida caliente en esta   1151
                             ruina?
bebido (3)
    DC 1,1 Rosita   ¿Has bebido mucho?   1037
    DC 1,1 Rosita   ¿Has bebido mucho?   1038
    YE 3,2 Vieja   ¿Habéis bebido ya el agua santa?   1336
bebiendo (2)
    CA 3,2 Jugador 1   Lo echó, y al ir a cogerlo para... tenía un as de   1136
                             copas rebosando por los bordes y huyó bebiendo en él,
                             con dos [...]
    YE 2,2 Juan   Esa no viene... Una de vosotras debía salir con ella,   1311
                             porque para eso estáis aquí comiendo en mi mantel y
                             bebiendo mi vino.

bebiera - bello

Pág.

bebiera (1)
BS 2,1 Novia   Es como si me bebiera una botella de anís y me   1215
durmiera en una colcha de rosas.
bebo (2)
TC 3,1 Joven   Muchas gracias, pero yo no bebo.   746
BA 2,1 Adela   ¡Tanto! Mirando sus ojos me parece que bebo su sangre   1482
lentamente.
becerro (2)
ZP 1,1 Zapatero   Cerote, clavos, pieles de becerro... Bueno.   933
DC 1,1 Rosita   con un becerro nonato,   1035
Belén (3)
ZP 2,1 Zapatera   Mi niño, pastorcillo de Belén.   943
BA 3,1 María Josefa   Vamos a los ramos del portal de Belén.   1523
BA 3,1 María Josefa   Vamos a los ramos del portal de Belén.   1523
belfo (1)
BS 1,2 Mujer   su belfo caliente   1185
Bélgica (1)
RS 1,1 Tío   y la mirtifolia que viene de Bélgica y la sulfurata   1356
que brilla en la oscuridad.

Belisa (33)
PB 0,0 Marcolfa   Esa es la mujer de mi señor: la blanca Belisa.   982
PB 0,0 Perlimplín   Belisa... Pero no sería mejor...   982
PB 0,0 Marcolfa   Diga usted Belisa.   982
PB 0,0 Perlimplín   Belisa...   982
PB 0,0 Perlimplín   ¡Belisa!   982
PB 0,0 Madre   Emocionadísima... Belisa..., vete dentro..., no está   985
bien que una doncella oiga ciertas conversaciones.
PB 1,1 Perlimplín   Belisa, con tantos encajes pareces una ola y me das el   988
mismo miedo que de niño tuve al mar.
PB 1,1 Perlimplín   Más bonito es el tuyo, Belisa.   990
PB 1,1 Perlimplín   Belisa..., ¡yo te amo!   990
PB 1,1 Perlimplín   No, Belisa; antes de casarme contigo yo no te quería.   991
PB 1,1 Perlimplín   Belisa.   992
PB 1,1 Perlimplín   Belisa...   993
PB 1,1 Duende 2   ¿Y a Belisa?   995
PB 1,1 Perlimplín   Belisa, Belisa, ¡contesta!   997
PB 1,1 Perlimplín   ¡Belisa!   998
PB 1,1 Perlimplín   ¡Belisa!   998
PB 1,1 Perlimplín   Belisa.   999
PB 1,1 Perlimplín   ¿Eres Belisa?...   999
PB 1,1 Perlimplín   Belisa..., ¿estás dormida?   1000
PB 2,1 Perlimplín   ¡Pobre Belisa!   1004
PB 2,1 Belisa   Belisa, ¡no es tu alma lo que yo deseo !,   1007
PB 3,1 Perlimplín   El amor de Belisa me ha dado un tesoro precioso que yo   1009
ignoraba... ¿Ves?
PB 3,1 Perlimplín   Esta noche vendrá el nuevo y desconocido amante de mi   1010
señora Belisa.
PB 3,1 Voces   Y en los pechos de Belisa   1011
PB 3,1 Voces   Belisa lava su cuerpo   1011
PB 3,1 Perlimplín   Belisa... ¿Lo esperas aún?   1013
PB 3,1 Perlimplín   Belisa, ¿le quieres?   1015
PB 3,1 Perlimplín   Míralo por dónde viene... Suelta, Belisa... ¡Suelta!   1015
PB 3,1 Perlimplín   Me mató porque sabía que te amaba como nadie...   1016
Mientras me hería gritó: "¡Belisa ya tiene un alma!"
PB 3,1 Perlimplín   Viejo verde, monigote sin fuerza, tú no podías gozar   1016
el cuerpo de Belisa..., el cuerpo de
PB 3,1 Perlimplín   Viejo verde, monigote sin fuerza, tú no podías gozar   1017
el cuerpo de Belisa..., el cuerpo de Belisa era para
músculos [...]
PB 3,1 Marcolfa   Belisa, ya eres otra mujer.   1018
bella (4)
MM 1,2 Doña Curiana   niña encantadora y bella.   676
MP 2,8 Conspirador 4   bella espada que ceñía,   843
MP 2,9 Pedrosa   Una mujer tan bella como usted,   852
ZP 1,1 Mirlo   Zapaterita..., junco de oro encendido... Zapaterita,   930
bella Otero de mi corazón.
bellas (3)
MP 1,2 Angustias   ¡Las dos bellas del Campillo   785
MP 2,5 Pedro   de abrir el pecho a bellas realidades cercanas   832
MP 2,8 Conspirador 4   y las más bellas mujeres,   844
belleza (2)
MM 2,3 Mariposa   y la belleza.   709
PB 2,1 Perlimplín   Te puedo decir con toda sinceridad que su belleza me   1005
deslumbró.
bellísima (1)
MP 2,9 Pedrosa   Ocupación bellísima.   852
bello (3)
MM 2,5 Gusano 1   ¡Es bello tu vestido!   716
MP 3,9 Carmen   ¡Marianita, Marianita, de bello y triste nombre,   890
PB 2,1 Perlimplín   ¿Quién será ese bello joven?   1007

bellos (1)
EP CV Estudiante 5   La que estaba en el escenario, la que tenía los pies   1166
                             más bellos del mundo.

Benavides (3)
BA 1,1 Criada   Fastídiate, Antonio María Benavides, tieso con tu   1445
                             traje de paño y tus botas enterizas.

BA 1,1 Criada   ¡Ay Antonio María Benavides, que ya no verás estas   1445
                             paredes ni comerás el pan de esta casa!

BA 1,1 Bernarda   Concede el reposo a tu siervo Antonio María Benavides   1449
                             y dale la corona de tu santa gloria.

Bendición (1)
RS 2,1 Solterona 3   Allí nos reunimos siempre [...] San[ta] Matilde de la   1394
                             Bendición.

bendiciones (2)
TC 2,1 Cristobita   De manera que mañana a la tarde quiero tener echadas   739
                             las bendiciones.

BS 2,2 Madre   Las bendiciones pesan mucho.   1231

bendiga (4)
MM 1,1 Curiana N   Que Dios te bendiga, ¡oh vecina buena!   671
BS 1,3 Madre   Dios bendiga su casa.   1198
BS 1,3 Padre   Que Dios la bendiga.   1198
RS 3,1 Tía   ¡Dios te bendiga!   1426

bendita (6)
MP 2,1 Clavela   Bendita sea por siempre   822
CA 1,1 Joven   ¡Bendita sea el hambre!   1072
CA 1,1 Amigo 2   Bendita sea, cuando hay pan tostado, aceite y sueño   1072
                             después.

BS 3,2 Madre   Benditos sean los trigos, porque mis hijos están   1270
                             debajo de ellos; bendita sea la lluvia, [...]

BA 3,1 Adela   Santa Bárbara bendita,   1516
BA 3,1 Adela   con papel y agua bendita?   1516

benditísima (1)
ZP 1,1 Zapatero   Pero, benditísima soledad antigua.   926

benditísimos (1)
ZP 2,1 Zapatera   Que a pesar de sus cincuenta y tantos años,   976
                             benditísimos cincuenta [...]

bendito (4)
MM 2,2 Curiana N   Si suspira, le acercas este ramo bendito.   707
BS 3,2 Madre   Bendito sea Dios, que nos tiende juntos para descansar.   1270
RS 3,1 Martín   ¡Bendito sea Dios!   1424
BA 1,1 Todas   Sea por siempre bendito y alabado.   1448

benditos (1)
BS 3,2 Madre   Benditos sean los trigos, [...]   1270

benevolencia (1)
ZP 0,0 El Autor   El poeta no pide benevolencia, sino atención, [...]   911

bengalas (1)
BA 2,1 Adela   Trae cuatro mil bengalas amarillas y ponlas en las   1482
                             bardas del corral.

Bérgamo (1)
DC 1,1 Director   Llenemos el teatro de [...] de don Arlequín, de   1043
                             Bérgamo, como a uno de [...]

bergantín (2)
MP 3,6 Mariana   Que un velero bergantín   878
MP 3,6 Mariana   Que un famoso bergantín   879

bermeja (1)
MP 3,3 Mariana   flor de su capa bermeja.   869

bermejas (1)
MP 1,4 Amparo   de oro con alas bermejas.   794

Bernarda (33)
BA 1,1 Criada   ¡Si te viera Bernarda!...   1440
BA 1,1 Voz   ¡Bernarda!   1440
BA 1,1 Voz   ¡Bernarda!   1441
BA 1,1 La Poncia   Si Bernarda no ve relucientes las cosas me arrancará   1441
                             los pocos pelos que me quedan.

BA 1,1 La Poncia   Desde que murió el padre de Bernarda no han vuelto a   1442
                             entrar las gentes bajo estos techos.

BA 1,1 La Poncia   "Bernarda, por esto, por [...]   1442
BA 1,1 Criada   ¡Bernarda!   1445
BA 1,1 La Poncia   Sí, Bernarda.   1446
BA 1,1 Voz   ¡Bernarda! ¡Déjame salir!   1452
BA 1,1 La Poncia   ¡Bernarda, cálmate!   1455
BA 1,1 La Poncia   No, Bernarda, a cambiar... Claro que en otros sitios   1457
                             ellas resultan las pobres.

BA 1,1 La Poncia   ¡Bernarda, no seas tan inquisitiva!   1469
BA 1,1 María Josefa   Bernarda, ¿dónde está mi mantilla?   1470
BA 1,1 María Josefa   Bernarda, dame mi gargantilla de perlas.   1470
BA 1,1 María Josefa   Bernarda, yo quiero un varón para casarme y para tener   1470
                             alegría.

BA 1,1 María Josefa   ¡Déjame salir, Bernarda!   1471
BA 1,1 María Josefa   ¡Bernarda!   1471
BA 2,1 Criada   Bernarda os llama. Está el hombre de los encajes.   1479

Pág.

Bernarda (continuación)
BA 2,1 Bernarda	Bernarda: acuérdate que esta es tu obligación.	1496
BA 2,1 La Poncia	Yo no acuso, Bernarda. Yo solo te digo: abre los ojos y verás.	1497
BA 2,1 La Poncia	Bernarda: aquí pasa una cosa muy grande.	1498
BA 2,1 La Poncia	¡Bernarda, respeta la memoria de mi madre!	1499
BA 2,1 La Poncia	¡Bernarda!	1505
BA 3,1 La Poncia	Bernarda, dejemos esa conversación.	1518
BA 3,1 La Poncia	Bernarda, yo no quiero hablar porque temo tus intenciones.	1519
BA 3,1 Criada	Ya terminé de fregar los platos. ¿Manda usted algo, Bernarda?	1520
BA 3,1 Criada	Bernarda cree que nadie puede con ella y no sabe la fuerza que tiene un hombre entre mujeres solas.	1520
BA 3,1 Criada	Bernarda está aligerando la boda y es posible que nada pase.	1521
BA 3,1 Criada	Ganado tenemos el sueño. Bernarda no me deja descansar en todo el día	1522
BA 3,1 María Josefa	Bernarda,	1523
BA 3,1 María Josefa	Bernarda,	1523
BA 3,1 María Josefa	Bernarda, cara de leoparda.	1524
BA 3,1 Bernarda	Ella, la hija menor de Bernarda Alba, ha muerto virgen.	1532

besa (1)
| CA 3,1 Máscara | El conde besa mi retrato de amazona. | 1130 |

besaba (1)
| CA 2,1 Novia | Mi novio tenía los dientes helados; me besaba, y sus labios [...] | 1079 |

besado (6)
PB 1,1 Perlimplín	¿Quién te ha besado?	999
PB 1,1 Belisa	¡Tú me has besado!	999
PB 1,1 Perlimplín	Yo te he besado... Pero... si te hubiera besado alguien más..., si te hubiera besado alguien más... [...]	999
CA 2,1 Novia	Hoy me has besado de una manera distinta.	1079

bésame (1)
| YE 3,2 Juan | Bésame... así. | 1350 |

besando (1)
| PB 3,1 Marcolfa | Ella se puso encendida como un geranio, se llevó las manos al corazón y se quedó besando apasionadamente [...] | 1010 |

besándome (1)
| MP 3,3 Mariana | besándome la cabeza. | 869 |

besar (4)
MM 1,5 Alacranito	para que os podáis besar.	690
CA 2,1 Joven	Sería el aire cuajado en bocas para besar tu cabeza.	1092
CA 3,1 Mecanógrafa	No tienes tú ojos para verme desnuda, ni boca para besar mi cuerpo que nunca se acaba.	1126
BS 2,1 Criada	¡Dichosa tú que vas a abrazar a un hombre, que lo vas a besar, que vas a sentir su peso!	1207

besarme (1)
| EP RR Figura De C | Si yo me convirtiera [...] lejano, porque no desees besarme, tú te convertirías [...] | 1146 |

besas (1)
| EP RR Figura De P | Si me besas, yo abriré mi boca para clavarme después tu espada en el cuello. | 1153 |

besitos (3)
TC 1,1 Rosita	No, no; desde lejos te daré los besitos.	731
TC 4,1 Cocoliche	¡Y yo que te hubiera dado tantos besitos!	754
TC 6,1 Rosita	Para ti serán mis lágrimas y mis besitos, que eres un clavel.	780

beso (9)
MM 0,0	¡En cuántas antiguas historietas, una flor, un beso o una mirada hacen el terrible oficio de puñal!	670
MM 2,5 Gusano 1	El amor es el beso	715
TC 6,1 Cristobita	¡Te daré un beso!	772
MP 1,3 Amparo	¡A mí otro beso!	788
CA 2,1 Novia	Anoche soñaba que todos los niños pequeños crecen por casualidad... Que basta la fuerza que tiene un beso para poder matarlos [...]	1087
EP RR Figura De P	Yo me convertiría en beso.	1145
BS 2,2 Madre	Con tu mujer procura [...] mordisco y luego un beso suave.	1241
RS 1,1 Rosita	por el beso del amor.	1371
RS 3,1 Rosita	Me entendéis si pido pan y agua y hasta un beso, pero nunca me podríais [...]	1430

besos (12)
MM 1,1 Curiana N	son labios de amores que me dejan besos	672
MM 1,4 Curianito	para darte besos con miel del abril.	686
MM 1,4 Curianito	Pues mis besos tienen la tibia dulzura	686
MM 1,4 Curianita Silvia	Mi corazón busca los besos.	686
MM 2,5 Gusano 1	Pero puedes dar besos	716

besos (continuación)
MM 2,6 Curianito	¿Qué haré sobre estos prados sin amor y sin besos?	718
MM 2,7 Curianito	Con besos curaré yo tus heridas	719
TC 2,1 Cocoliche	Cuando le regalé el chal [...] capote, me dio tantos besos como varillas tenía.	737
TC 2,1 Cocoliche	¡Sí, señor, tantos besos!...	737
ZP 2,1 Vecina Amarilla	¡A fuerza de besos habrá sido!	973
PB 2,1 Belisa	Debe tener la piel morena y sus besos deben perfumar y escocer al mismo tiempo como el azafrán y el clavo.	1002
BS 1,1 Madre	Anda, ya estás muy grande para besos.	1178

Bibarrambla (1)
MP 1,5 Fernando	Al pasar por Bibarrambla	798

bicicleta (2)
TB PBK Buster Keaton	Da gusto pasearse en bicicleta.	893
TB DME Doncella	De niña monté en bicicleta.	900

bichito (1)
MM 0,0	La poesía que pregunta [...] deciros que el enamorado bichito se murió.	670

bieldos (1)
BS 1,1 Madre	Y las escopetas, y las pistolas, y el cuchillo más pequeño, y hasta las azadas y los bieldos de la era.	1172

bien (162)
MM 1,1 Doña Curiana	Bien.	673
MM 1,2 Doña Curiana	Lo teníais bien oculto.	682
MM 1,3 Doña Curiana	el troje bien repleto.	685
MM 1,4 Curianito	Bien, ¿y tú?	686
MM 1,5 Alacranito	¿Que me emborracho?... Pues bien:	691
TC 1,1 Rosita	¡Y qué bien silbaba!	725
TC 1,1 Rosita	¡Qué bien!	725
TC 1,1 Cocoliche	Pues que la sienten bien.	728
TC 1,1 Cocoliche	Y a mí me parece muy bien.	729
TC 1,1 Rosita	¡Y qué bien me sienta!	731
TC 1,1 Rosita	Está bien. ¡Me callaré!	733
TC 3,1 Cocoliche	Pues bien: esa mujer es doña Rosita, la de la plaza, la mejor cantaora de Andalucía, mi..., ¡sí!,	745
TC 4,1 Mozo	Además te pagará bien. Trae dinero.	753
TC 6,1 Padre	Sé bien mandada, niña; otro poquito.	765
MP 1,4 Lucía	Todo lo que tienes le parece bien.	789
MP 1,4 Mariana	¡Qué bien me causáis	790
MP 1,5 Fernando	¡Bien supo el rey lo que se hizo	800
MP 1,7 Fernando	¡Bien!	814
MP 1,8 Angustias	está bien. Mas yo vengo	817
MP 1,8 Mariana	¡Estaba bien oculta!	817
MP 2,1 Niña	bien plantado y galán.	823
MP 2,5 Mariana	¡Qué bien estoy contigo! Pero aunque alegre noto	830
MP 2,5 Pedro	y esperé bien oculto la ocasión. ¡Ya ha llegado!	831
MP 2,7 Conspirador 1	pero aquí se está bien.	835
MP 2,7 Conspirador 3	Bien venido, si buenas cartas trae.	840
MP 2,8 Conspirador 4	Guarde bien la bandera.	842
MP 2,9 Pedrosa	que bordaba muy bien?	851
MP 2,9 Pedrosa	Está muy bien.	853
MP 2,9 Pedrosa	¡Muy bien bordada!	856
MP 2,9 Pedrosa	¡Está muy bien! Yo seguiré el asunto	857
MP 3,5 Pedrosa	¿Y bien?	874
MP 3,5 Pedrosa	Está muy bien.	875
MP 3,7 Novicia 1	¡Muy bien!	881
MP 3,8 Mariana	¿Por qué me lo dijiste? Yo bien que lo sabía;	885
MP 3,9 Mariana	Pero ¡qué bien entiendo lo que dice esta luz!	889
TB PBK Buster Keaton	¡Qué bien cantan los pajarillos!	894
TB DME Doncella	Ya está bien.	898
TB QM. Mujer	Se abrigará bien por la noche.	909
ZP 1,1 Niño	No se disguste usted conmigo, que yo no tengo la culpa y todos los días estudio muy bien la gramática.	914
ZP 1,1 Niño	¡Ustedes se conserven bien!	915
ZP 1,1 Zapatero	Pero me está muy bien empleado, sí, señor.	918
ZP 1,1 Zapatero	¡Con lo bien que yo estaba!	919
ZP 1,1 Vecina	¿Está bien en dos pesetas?	920
ZP 1,1 Vecina	Bien despachado vas de mujer, ¡que te aproveche!	921
ZP 1,1 Zapatero	¿He hablado bien?	922
ZP 1,1 Alcalde	¡Qué rosas tan bien puestas lleva usted en el pelo y qué bien huelen!	927
ZP 1,1 Beata 2	¡Hace usted bien en descansar!	933
ZP 2,1 Mirlo	Muy bien, muy bien dicho.	942
ZP 2,1 Niño	Muy bien dicho.	948
ZP 2,1 Alcalde	Por lo que veo, este niño sabio y retorcido es la única persona a quien tratas bien en el pueblo.	949
ZP 2,1 Vecina Roja	Muy bien hablado.	956
ZP 2,1 Zapatera	Que te fijes bien por si acaso no me entero del todo.	957
ZP 2,1 Zapatero	bien peinada y bien compuesta,	960
ZP 2,1 Zapatero	¡Eso está pero que muy bien! Así son las mujeres verdaderas, ¡así!	969

bien (continuación)   Pág.

ZP 2,1	Zapatero	Entonces, ¿lo recibiría usted bien?	976
PB 0,0	Marcolfa	Cosas que no están bien que sean dichas por una servidora... Ya ve...	981
PB 0,0	Perlimplín	Canta bien.	982
PB 0,0	Marcolfa	Esto va bien.	984
PB 0,0	Madre	Emocionadísima... Belisa..., vete dentro..., no está bien que una doncella oiga ciertas conversaciones.	985
PB 1,1	Duende 2	Ni bien ni mal, compadrillo.	993
PB 1,1	Duende 2	Don Perlimplín. ¿Te hacemos un mal o un bien?	996
PB 1,1	Duende 1	Un bien..., porque no es justo poner ante las miradas del público el infortunio de un hombre bueno.	996
PB 1,1	Perlimplín	Todo lo explicas bien.	998
PB 3,1	Perlimplín	¡Bien! ¡Así me gusta!	1011
DC 1,1	Director	Muy bien. ¿Cuánto le debo?	1021
CA 1,1	Viejo	Muy bien.	1047
CA 1,1	Viejo	Está bien, ¿eh?, de astronomía.	1048
CA 1,1	Viejo	¡Muy bien!	1048
CA 1,1	Joven	¿Por qué dice muy bien?	1048
CA 1,1	Viejo	O bien a decir: tiene quince rosas, quince alas, quince granitos de arena.	1049
CA 1,1	Viejo	Pues es bien fácil, ¿no?	1054
CA 1,1	Viejo	Eso no está bien. La sangre se seca y lo pasado, pasado.	1055
CA 1,1	Joven	Muy bien.	1055
CA 1,1	Joven	¡Pues no quiero enterarme! Todo bien cerrado.	1060
CA 1,1	Amigo 1	Yo hago lo que me gusta, lo que me parece bien.	1076
CA 1,1	Joven	Está bien.	1078
CA 2,1	Criada	¡Piense bien en lo que va a hacer!	1083
CA 2,1	Novia	¡Hizo bien!	1086
CA 2,1	Novia	¿Y a ti te parece bien?	1086
CA 2,1	Criada	¡Está bien!	1088
CA 3,2	Criado	¿Se encuentra bien el señor?	1132
CA 3,2	Joven	¿Se encuentra bien una fuente echando agua? Contesta.	1132
CA 3,2	Joven	¿Se encuentra bien una veleta girando como el viento quiere?	1133
CA 3,2	Criado	El señor pone unos ejemplos... Pero yo le preguntaría, si el señor lo permite..., ¿se encuentra bien el viento?	1133
CA 3,2	Joven	Me encuentro bien.	1133
CA 3,2	Joven	Qué bien se dormía en ella.	1134
CA 3,2	Joven	Está bien.	1134
CA 3,2	Criado	Muy bien.	1135
CA 3,2	Jugador 3	Hay veces en que la ropa nos cae tan bien, que ya no quisiéramos...	1138
CA 3,2	Jugador 3	Corta, corta bien.	1143
EP CV	Estudiante 2	Un gato puede ser una rana, y la luna de invierno puede ser muy bien un haz de leña [...]	1161
BS 1,1	Novio	¿Le parece bien el domingo?	1177
BS 1,1	Madre	Que caves bien la parte del molinillo, que la tienes descuidada.	1178
BS 1,1	Vecina	Tú estás bien.	1179
BS 1,2	Leonardo	Ayer no estuvo bien. Lloró por la noche.	1187
BS 1,2	Leonardo	Con el agua bien fría.	1188
BS 1,2	Suegra	Está bien.	1192
BS 1,3	Padre	Me parece bien. Ellos lo han hablado.	1198
BS 1,3	Criada	Por Dios. Está bien. Parece como si no tuvieras ganas de casarte.	1203
BS 2,1	Criada	Eso es otra cosa. ¡Pero es bien alegre!	1207
BS 2,1	Novia	O bien amargo.	1207
BS 2,2	Madre	Mi hijo la cubrirá bien.	1228
BS 2,2	Mujer De L	¡Que sea para bien!	1229
BS 2,2	Madre	Esa gente mata pronto y bien...; pero ¡sí, corre, y yo detrás!	1244
BS 3,1	Leñador 2	Hay que seguir la inclinación: han hecho bien en huir.	1246
BS 3,2	Novia	Yo no quería, ¡óyelo bien!;	1269
BS 3,2	Novia	yo no quería, ¡óyelo bien!,	1269
YE 1,1	Juan	Y bien sosegados.	1275
YE 1,1	Juan	Las cosas de la labor van bien, no tenemos hijos que gasten.	1275
YE 1,1	Yerma	"Los jaramagos no sirven para nada", pero yo bien los veo mover sus flores amarillas en el aire.	1276
YE 1,1	María	Veremos... Como tú coses tan bien...	1283
YE 1,1	Yerma	Bien.	1284
YE 1,2	Muchacha 1	Es que no me doy bien cuenta de las cosas.	1292
YE 1,2	Yerma	¡Qué bien! Nunca te había sentido.	1296
YE 1,2	Juan	Está bien. Así darás que hablar a las gentes.	1299
YE 1,2	Yerma	Está bien. ¿Te espero?	1300
YE 2,1	Lavandera 4	El que quiere honra, que se porte bien.	1301
YE 2,2	Juan	Bien ganado tengo el pan que como.	1311
YE 2,2	Yerma	Lo sé muy bien. No lo repitas.	1312

bien (continuación)
YE 2,2 Yerma   Tus hermanas me guardan bien.   1312
YE 2,2 Yerma   Cuando tenga la cabeza atada con un pañuelo para que   1314
                    no se me abra la boca, y las manos bien amarradas
                    dentro [...]
YE 2,2 Víctor   Estoy bien así.   1321
YE 2,2 Yerma   Haces bien de cambiar de campos.   1322
YE 2,2 Víctor   Yo me porté bien.   1323
YE 2,2 Yerma   Te portaste bien.   1323
YE 3,1 Vieja 1   Está bien que una casada quiera hijos, pero si no los   1328
                    tienes, ¿por qué esa ansia de ellos?
YE 3,1 Yerma   Yo quiero tener a mi hijo en los brazos para dormir   1328
                    tranquila, y óyelo bien y no te espantes [...]
RS 1,1 Tía   Luego bien te gusta olerlas.   1352
RS 1,1 Tío   Bien está que se pisen [...]   1355
RS 2,1 Ama   ¿A usted le parece bien que un hombre se [...]   1380
RS 2,1 Tía   Bueno; y punto final. Bien está que la zafia hable,   1381
                    pero que no ladre.
RS 2,1 Rosita   Tengo las raíces muy hondas, muy bien hincadas en mi   1389
                    sentimiento.
RS 2,1 Tía   Está bien, gracias.   1391
RS 2,1 Madre   Pero usted lo sabe muy bien: desde que faltó [...]   1393
RS 2,1 Madre   Yo tengo una muchacha [...] sobras, que ya está bien   1395
                    en estos tiempos; [...]
RS 2,1 Tía   ¡Ea! Ya está bien.   1401
RS 2,1 Madre   ¡qué bien estás cuando el aire   1404
RS 2,1 Ayola 1   Muy bien dicho. Y por la noche, ¿qué?   1410
RS 3,1 Martín   ¿Y es que no suena bien de acento y de cesura este   1420
                    verso: "y el hórrido estertor de mi combate"?
RS 3,1 Tía   Muy bien y ¡silencio!;   1427
RS 3,1 Tía   Hizo bien.   1427
RS 3,1 Rosita   Por eso yo comprendo muy bien a esas viejecillas [...]   1433
FS 3,1 Muchacho   Usted lo pase bien, doña Rosita.   1435
RS 3,1 Ama   Y esta nube... Así, bien tapada.   1437
BA 1,1 La Poncia   La vieja. ¿Está bien cerrada?   1440
BA 1,1 La Poncia   Limpia bien todo.   1441
BA 1,1 Criada   Contigo se portó bien.   1442
BA 1,1 Bernarda   ¡No ha tenido novio ninguna ni les hace falta! Pueden   1457
                    pasarse muy bien.
BA 1,1 Adela   Y que me está muy bien. Es lo mejor que ha cortado   1465
                    Magdalena.
BA 2,1 Angustias   Yo me encuentro bien, y al que le duela, que reviente.   1472
BA 2,1 La Poncia   Luego se portó bien.   1476
BA 2,1 Martirio   ¿Es que no has dormido bien esta noche?   1478
BA 2,1 Bernarda   ¿Lo has buscado bien?   1492
BA 2,1 Bernarda   Nunca está bien una extraña en el centro de la familia.   1496
BA 2,1 La Poncia   Claro. A él hay que alejarlo de aquí. Piensas bien.   1496
BA 2,1 Bernarda   Y tú no los tienes porque sabes muy bien cuál es tu   1498
                    origen.
BA 3,1 Bernarda   Hace bien.   1507
BA 3,1 Prudencia   Lo preciso es que todo sea para bien.   1511
BA 3,1 Bernarda   A ninguna. Esta noche voy a dormir bien.   1520
bienaventurados (1)
BA 1,1 Bernarda   Con los bienaventurados   1448
bigote (2)
CA 1,1 Niño   te comerán las patitas y el bigote.   1066
RS 2,1 Ama   Era hermoso como un novicio [...] cuello de nácar y   1380
                    aquel bigote.
bisabuelo (2)
BS 2,2 Madre   Mana de su bisabuelo, que empezó [...]   1227
YE 3,2 Vieja   Ni su padre, ni su abuelo, ni su bisabuelo se portaron   1344
                    como hombres de casta.
bisturí (2)
PB 1,1 Perlimplín   Bisturí de cuatro filos,   1000
EP CV Enfermero   Ahora te daré la hiel, y luego, a las ocho, vendré con   1156
                    el bisturí para ahondarte la herida del costado.
blanca (43)
MM 1,6 Curianito   de alas estremecidas, blanca como el armiño?   701
MM 2,1 Curianita Santa cuando llega tan blanca de donde no se sabe.   704
MM 2,2 Curiana N   vigilando los sueños de la blanca durmiente.   707
MM 2,5 Gusano 1   tan blanca y solitaria.   717
MP 1,1 Angustias   Se ha puesto la sonrisa casi blanca,   784
MP 3,1 Novicia 1   ¡Qué blanca está, qué blanca!   860
MP 3,7 Novicia 2   con esa ropa tan blanca.   881
ZP 1,1 Zapatera   mañana que traigas la jaca blanca, la que a mí me   929
                        gusta.
ZP 1,1 Mirlo   Zapaterilla blanca, como el corazón de las almendras, 930
                        pero amargosilla también.
ZP 1,1 Zapatera   Mira, mira ... aquella blanca tan chiquita que casi   934
                        no puede andar.
ZP 2,1 Zapatera   Cuando le veía venir montado en su jaca blanca...   945

blanca (continuación)   Pág.
    ZP 2,1 Zapatera   El paró su caballo y la cola del caballo era blanca y   946
                          tan larga que llegaba al agua del arroyo.

    PB 0,0 Marcolfa   Esa es la mujer de mi señor: la blanca Belisa.   982
    PB 0,0 Perlimplín   Como de azúcar..., blanca por dentro. ¿Será capaz de   987
                          estrangularme?
    DC 1,1 Poeta   La luna es un águila blanca.   1036
    CA 1,1 Joven   la dibujo, la hago moverse blanca y viva; pero de [...]   1052
    CA 1,1 Niño   Toma mi corona blanca.   1061
    CA 1,1 Niño   Con tus manchas de cera, rosa blanca,   1064
    CA 2,1 Novia   ¡Qué ascua blanca, qué fuego de marfil derraman tus   1079
                          dientes!
    CA 2,1 Joven   forma blanca y luz confusa,   1100
    CA 2,1 Joven   que la blanca seda oculta.   1102
    CA 2,1 Maniquí   Las fuentes de leche blanca   1102
    EP RR Figura De P   Yo me convertiría en sábana blanca.   1146
    BS 2,1 Muchacha 2   se ha puesto su blanca corona,   1217
    BS 2,1 Convidado   La novia, la blanca novia,   1217
    BS 2,1 Criada   blanca doncella,   1222
    BS 2,1 Muchacha 3   ¡Ay la blanca niña!   1223
    BS 2,2 Criada   por su blanca baranda.   1226
    YE 1,1 Yerma   Ahora tienes la cara blanca, como si no te diera en   1274
                          ella el sol.
    YE 3,2 Macho   ¡Ay, qué blanca   1341
    RS 1,1 Tío   Es roja por la mañana, a la tarde se pone blanca y se   1356
                          deshoja por la noche.
    RS 1,1 Tío   se pone blanca, con blanco   1357
    RS 1,1 Tío   Pero yo ese día lo pienso pasar al lado para ver cómo   1357
                          se pone blanca.
    RS 1,1 Rosita   que ponen blanca la sombra,   1365
    RS 1,1 Rosita   se pone blanca, con blanco   1374
    RS 2,1 Solterona 3   "Soy fría", la rosa blanca.   1403
    RS 2,1 Rosita   se puso transida y blanca;   1404
    RS 2,1 Tío   Si hubiera tardado dos horas más en cortarla te la   1411
                          hubiese dado blanca.
    RS 2,1 Rosita   Blanca como la paloma,   1411
    RS 2,1 Rosita   blanca como el blanco frío   1411
    RS 3,1 Ama   En medio de las dos, [...] con la misma frente blanca   1425
                          como si fuera [...]
    RS 3,1 Rosita   La tarde la pone blanca   1435
blancas (7)
    MM 2,3 Mariposa   y la muerte me dio dos alas blancas,   708
    MP 1,4 Amparo   de risas blancas y negras.   793
    MP 2,9 Pedrosa   ¡La que bordó con esas manos blancas   855
    CA 3,1 Joven   Sábanas blancas te aguardan.   1121
    YE 3,1 Yerma   Yo tengo la idea de que [...] y el pecho de gotas   1328
                          blancas.
    RS 2,1 Rosita   las blancas son casamiento,   1405
    BA 1,1 Bernarda   Esa sale a sus tías; blancas y untuosas y que ponían   1456
                          los ojos de carnero al piropo de cualquier barberillo.
blanco (S) (2)
    CA 3,2 Jugador 1   Yo guardo unas flechas en un tiro al blanco.   1137
    CA 3,2 Jugador 1   En un tiro al blanco, que no solamente se clava sobre   1138
                          el acero más duro sino sobre la gasa más fina.
blanco (30)
    MM 2,2 Curiana N   ¿De qué reino llegaste con tu blanco vestido?   706
    TC 3,1 Joven   Encuentro el pueblo más blanco, mucho más blanco.   743
    TC 3,1 Espantanublos Hay vino dulce..., vino blanco..., vino... agrio,   748
                          vino que vino...
    MP 2,5 Pedro   sobre tu cuello blanco, que tiene luz de luna.   832
    MP 3,5 Mariana   Además, es hermoso y blanco; nadie   874
    TB DME Doncella   Eres blanco y estarás muy frío.   902
    ZP 1,1 Zapatera   Mi cocido, con sus patatas de la sierra, dos pimientos   934
                          verdes, pan blanco, un poquito magro [...]
    PB 2,1 Belisa   ¡sino tu blanco y mórbido cuerpo estremecido!   1007
    DC 1,1 Poeta   La luna es un pan para los pobres y un taburete de   1036
                          raso blanco para los ricos.
    CA 1,1 Niño   Toma mi pañuelo blanco.   1061
    CA 2,1 Novia   Blanco y con los cascos dorados entre el heno de los   1079
                          pesebres.
    CA 2,1 Novia   Y otro blanco.   1097
    CA 2,1 Maniquí   y un dolor blanco de abeja   1103
    BS 3,1 Mendiga   o los entierre por el blanco limo.   1251
    YE 3,2 Macho   hasta el blanco gemido del alba.   1341
    RS 1,1 Tía   Eléboro, fucsias y los crisantemos, Luis Passy   1351
                          violáceo y altair blanco plata con puntas heliotropo.
    RS 1,1 Tío   se pone blanca, con blanco   1357
    RS 1,1 Tío   blanco cuerno de metal   1357
    RS 1,1 Rosita   siendo blanco su color;   1371
    RS 1,1 Rosita   se pone blanca, con blanco   1374
    RS 1,1 Rosita   blanco cuerno de metal   1374

blanco (continuación)
    RS 2,1 Rosita   blanca como el blanco frío   1411
    RS 3,1 Rosita   con blanco de espuma y sal.   1435
    BA 1,1 Magdalena   Hoy hay más finura, las novias se ponen de velo blanco 1461
                               como en las poblaciones [...]
    BA 3,1 Adela   El caballo garañón estaba en el centro del corral   1515
                               ¡blanco!
    BA 3,1 María Josefa   Como tengo el pelo blanco crees que no puedo tener   1524
                               crías, y sí, crías y crías y crías.
    BA 3,1 María Josefa   Este niño tendrá el pelo blanco y tendrá otro niño y   1524
                               éste otro, y todos con el pelo de nieve.
    BA 3,1 María Josefa   Luego nos sentaremos todos y todos tendremos el   1525
                               cabello blanco y seremos espuma.
    BA 3,1 María Josefa   Tú tendrás el pelo blanco, pero no vendrán las vecinas. 1525
blancor (1)
    EP RR Figura De P   Estoy esperando la noche, angustiado por el blancor de 1149
                               la ruina, para poder arrastrarme a tus pies.

blancos (7)
    TC 4,1 Joven   Yo me creía que por el mundo estaban siempre repicando   752
                               las campanas y que en los caminos había blancos
                               paradores, con [...]
    TC 6,1 Mosquito   La tierra tiene caminitos blancos, caminitos lisos,   771
                               [...]
    MP 2,5 Pedro   Como dos blancos ríos de rubor y silencio,   831
    ZP 2,1 Vecina Amarilla   No quedan pañuelos blancos.   972
    PB 3,1 Voces   Y anís de tus muslos blancos.   1012
    BS 3,1 Mendiga   Abren los cofres, y los blancos hilos   1250
    YE 1,1 Yerma   Los blancos montes que hay en tu pecho.   1277
blancura (5)
    BS 3,2 Novia   Que quiero que sepa que [...] se haya mirado en la   1269
                               blancura de mis pechos.
    YE 2,1 Lavandera 3   Y se echan polvos de blancura y colorete y se prenden   1303
                               ramos de adelfa en busca de otro que no es su marido.
    YE 2,2 Yerma   ¡Ay, palomas sin ojos ni blancura!   1316
    RS 1,1 Rosita   y mi blancura a la fuente.   1371
    BA 1,1 Adela   No quiero que se me pongan las carnes como a vosotras;   1466
                               no quiero perder mi blancura en estas habitaciones;
                               [...]

blanda (1)
    MP 3,4 Mariana   toca una blanda vihuela.   871
blando (4)
    MM 1,5 Alacranito   que estaba delicioso, blando y dulce, ¡qué rico!   692
    CA 3,1 Arlequín   Ahí dentro, en el circo, hay oro blando, suficiente   1119
                               para hacer una estatua del mismo tamaño... que usted.
    BS 2,2 Novio   Ahora que tu padre te hubiera abrazado más blando.   1237
    BS 3,2 Novia   Mira que mi cuello es blando; te costará menos trabajo 1270
                               que segar una dalia de tu huerto.

blanquean (1)
    YE 2,1 Lavandera 4   Ella y sus cuñadas, sin despegar los labios, blanquean 1304
                               todo el día [...]

blanquear (1)
    BA 1,1 Bernarda   Tú empieza a blanquear el patio.   1458
blanquísima (1)
    MM 1,5 Curiana N   ¡Acariciar tus alas de blanquísima seda   698
blanquísimas (1)
    PB 2,1 Belisa   Las almas hermosas están en los bordes de la muerte,   1007
                               reclinadas sobre cabelleras blanquísimas y manos [...]

blonda (1)
    RS 1,1 Rosita   entre volantes de blonda;   1367
blusa (3)
    YE 1,1 Yerma   Te vas a hacer una blusa.   1278
    YE 2,2 Muchacha 2   Entonces, luego, yo traeré la blusa.   1321
    RS 2,1 Madre   Y allá vamos con unas patatas y un racimo de uvas,   1394
                               pero con capa de mongolia o sombrilla pintada o blusa
                               de popelinette, [...]

boca (42)
    MM 1,2 Doña Curiana   los novios a boca llena,   680
    MM 2,2 Curiana N   Tiene los ojos muertos y la boca cerrada.   706
    MM 2,5 Mariposa   ¡Ay, que no tengo boca!   716
    TC 1,1 Cristobita   La boca un poquitín grande, [...]   733
    TC 4,1 Joven   Ahora me alegro de haber venido, pero tengo una rabia,   751
                               que las palabras no me salen de la boca.
    MP 2,5 Mariana   y este sabor de amor que me quema la boca.   829
    TB DME Estudiante   Endulza mi boca.   902
    ZP 2,1 Zapatera   Siéntese usted en el estrado, métase usted en la cama,   951
                               mírese usted en los espejos y póngase con la boca
                               abierta debajo de [...]
    CA 2,1 Maniquí   ansia de calor de boca.   1101
    CA 3,1 Mecanógrafa   He huido tanto, que necesito contemplar el mar para   1126
                               poder evocar el temblor de tu boca.

boca (continuación)   Pág.

CA 3,1	Mecanógrafa	No tienes tú ojos para verme desnuda, ni boca para besar mi cuerpo que nunca se acaba.	1126
CA 3,1	Joven	¡Tu boca!	1128
EP RR	Figura De P	Si me besas, yo abriré mi boca para clavarme después tu espada en el cuello.	1153
BS 1,1	Madre	Un hombre hermoso, con su flor en la boca, que sale a las [...]	1173
BS 1,1	Madre	Es verdad... Pero oigo eso de Félix y es lo mismo Félix que llenárseme de cieno la boca y tengo que escupir, [...]	1182
BS 2,1	Mujer	Que me cabía todo el campo en la boca.	1224
YE 1,1	María	Pero la noche que nos casamos me lo decía constantemente con su boca puesta en mi mejilla, [...]	1281
YE 1,2	Vieja 1	Yo me he puesto boca arriba y he comenzado a cantar.	1288
YE 1,2	Vieja 1	Han de deshacernos las trenzas y darnos de beber agua en su misma boca.	1290
YE 1,2	Yerma	Parece un chorro de agua que te llena toda la boca.	1296
YE 2,1	Lavandera 4	¿Y quién ha dado licencia a tu boca para que me des consejos?	1305
YE 2,2	Juan	Estuve podando los manzanos [...] llevarme una manzana a la boca.	1311
YE 2,2	Yerma	Si pudiera de pronto volverme vieja y tuviera la boca como una flor machacada, [...]	1313
YE 2,2	Yerma	Cuando tenga la cabeza atada con un pañuelo para que no se me abra la boca, y las manos bien [...]	1314
YE 2,2	Juan	Cuando te den conversación cierra la boca y piensa que eres una mujer casada.	1315
YE 2,2	Yerma	Que estoy ofendida, ofendida [...] aquí en lugar de la boca de mi niño.	1318
YE 3,1	Dolores	Que mi lengua se llene de hormigas, como está la boca de los muertos, si alguna vez he mentido.	1327
YE 3,1	Yerma	¡Que mi boca se quede muda!	1335
YE 3,2	Yerma	No es preciso que me lo refriegues por la boca.	1345
RS 1,1	Ama	Como quien tiene boca... Como decían en mi pueblo:	1353
RS 1,1	Ama	La boca sirve para comer,	1353
RS 1,1	Tía	La lengua se me debió pegar en el cielo de la boca antes de consentir [...]	1363
RS 1,1	Rosita	los ayes de vuestra boca?	1365
RS 1,1	Primo	deja tu boca cerrada	1371
RS 2,1	Ama	Estaba detrás de la puerta, sí, señor, pero no era para oír, sino para poner una escoba boca arriba y que el [...]	1379
RS 2,1	Ama	El pan me quitaría de la boca y la sangre de mis venas, si ella me los deseara.	1381
RS 2,1	Ama	Lujo por fuera y para la boca unas malas migas de maíz.	1390
RS 3,1	Rosita	Y yo lo oigo y no puedo gritar, sino vamos adelante, con la boca llena de veneno [...]	1429
BA 1,1	Criada	Tuve durante el duelo que taparle varias veces la boca con un costal vacío [...]	1452
BA 2,1	Angustias	Casi se me salió el corazón por la boca.	1475
BA 2,1	Adela	No por encima de ti, [...] levantado por piernas y boca.	1482
BA 3,1	Adela	Ya no aguanto el horror de estos techos después de haber probado el sabor de su boca.	1528

bocado (4)

MM 2,4	Alacranito	¡Un bocado siquiera	710
TC 6,1	Cocoliche	¡De buena gana te quitaba la nariz de un bocado!	771
ZP 2,1	Zapatero	Aleluyas con los hechos [...] arte de colocar el bocado a las mujeres [...]	956
RS 2,1	Ama	Bocado para gente fina.	1399

bocas (1)

CA 2,1	Joven	Sería el aire cuajado en bocas para besar tu cabeza.	1092

bocatto (1)

TC 2,1	Cristobita	"¡Un bocatto di cardinali!"	739

bocato (1)

DC 1,1	Cristóbal	Sí, señor, me voy a casar porque doña Rosita es un boccato di cardinali.	1034

boda (42)

TC 1,1	Padre	¡Acabo de concertar tu boda!	731
TC 6,1	Currito	Venía a probarle los zapatos de boda a la señá Rosita, porque Cansa-Almas no puede venir.	764
PB 0,0	Marcolfa	La boda.	986
PB 0,0	Perlimplín	La boda...	986
PB 1,1	Marcolfa	Buena noche de boda tenga mi señor.	988
BS 1,2	Mujer	La boda será dentro de un mes.	1190
BS 1,3	Madre	¿Cuándo queréis la boda?	1198
BS 2,1	Criada	Una boda, ¿qué es?	1207
BS 2,1	Criada	Una boda es esto y nada más.	1207
BS 2,1	Criada	la mañana de la boda.	1209
BS 2,1	Voces	la mañana de la boda!	1212

boda (continuación)
BS 2,1	Leonardo	la mañana de la boda.	1212
BS 2,1	Novia	Pero se me calienta el alma de que vengas a verme y atisbar mi boda y preguntes con intención por el azahar.	1214
BS 2,1	Voces	la mañana de la boda.	1215
BS 2,1	Muchacha 1	la mañana de la boda;	1216
BS 2,1	Mozo 1	rondando la boda,	1217
BS 2,1	Mozo 1	¡La mañana de la boda!	1218
BS 2,1	Convidado	La mañana de la boda	1218
BS 2,1	Muchacha 1	La boda está llamando	1219
BS 2,1	Criada	¡Como un toro, la boda	1220
BS 2,1	Muchacha 1	al salir de tu casa para la boda.	1223
BS 2,2	Criada	porque llega la boda,	1225
BS 2,2	Criada	porque llega la boda,	1226
BS 2,2	Criada	Porque llega tu boda	1226
BS 2,2	Criada	¡Porque llega tu boda,	1226
BS 2,2	Novio	En ninguna boda se vio tanta gente.	1230
BS 2,2	Criada	Siendo niña vi la boda de tu abuelo.	1234
BS 3,1	Leñador 3	¡No cubras de flores la boda!	1255
BS 3,1	Novia	en la mitad de la boda	1258
BS 3,1	Novia	con las sábanas de boda	1259
BS 3,2	Niña	¿Fuiste a la boda?	1262
BS 3,2	Niña	¿Fuiste a la boda?	1262
BS 3,2	Muchacha 2	¿Qué contáis de la boda?	1264
YE 3,1	Juan	Lo está haciendo desde el mismo día de la boda.	1332
RS 2,1	Ayola 1	Para ir a una boda. En cuanto yo pueda, me caso.	1400
RS 2,1	Rosita	Pero como le es imposible venir por ahora, la boda será por poderes y luego vendrá él.	1409
RS 3,1	Tía	¡Claro! El día de la boda.	1427
BA 1,1	Magdalena	Una boda duraba diez días y no se usaban las malas lenguas.	1461
BA 1,1	Magdalena	Lo mejor que puedes hacer es regalárselo a Angustias para la boda con Pepe el Romano.	1465
BA 1,1	María Josefa	No quiero ver a estas mujeres solteras rabiando por la boda, haciéndose polvo [...]	1470
BA 2,1	La Poncia	A vosotras que sois solteras, os conviene saber de todos modos que el hombre, a los quince días de boda, deja la cama por [...]	1476
BA 3,1	Criada	Bernarda está aligerando la boda y es posible que nada pase.	1521

bodas (3)
TC 6,1	Rosita	Ella tuvo una gargantilla de hierro en sus bodas con la muerte, [...]	762
MP 2,9	Mariana	Es mi anillo de bodas; no se mueva,	853
PB 2,1	Marcolfa	La noche de bodas entraron cinco personas por los balcones.	1001

bofetadas (1)
RS 3,1	Ama	pero los demonios, tizonazo por aquí, tizonazo por allá, puntapié que te quiero, bofetadas en la cara, [...]	1425

bola (1)
ZP 0,0	El Autor	Por este miedo absurdo, [...] se convierta en una bola de humo o de que [...]	911

bolillos (4)
ZP 2,1	Niño	con encaje de bolillos?	947
ZP 2,1	Voces	con encaje de bolillos?	978
DC 1,1	Rosita	Es, es... el aparato de hacer encaje de bolillos.	1039
RS 1,1	Ama	Que deje usted esos bolillos con ese tiquití, que me va a estallar la cabeza de tiquitís.	1360

bolsa (3)
EP RR	Figura De C	tú me contestarías: "Yo me convertiría en una bolsa de huevas pequeñitas."	1147
EP RR	Figura De P	¿Y si yo me convirtiera en una bolsa de huevas pequeñitas?	1148
BA 1,1	La Poncia	De parte de los hombres esta bolsa de dineros para responsos.	1450

bolsillo (2)
ZP 2,1	Zapatera	Haga el favor de guardar la lengua en el bolsillo.	964
RS 3,1	Tía	Yo ya estoy entregada..., y un día sopas, otro día migas, mi vasito de agua y mi rosario en el bolsillo, esperaría la [...]	1414

bolsillos (1)
RS 3,1	Tía	"Ahí está Fulano"; y él: "Que entre"; y entraba con los bolsillos vacíos y salía [...]	1427

bomba (1)
EP CV	Estudiante 4	La primera bomba de la revolución barrió la cabeza del profesor de Retórica.	1157

bondad (5)
DC 1,1	Cristóbal	Tenga la bondad de sacar un poquito el cuello para que le pueda intervenir la carótida.	1025

bondad - bordadora

bondad (continuación)   Pág.
   CA 1,1 Criado   Señor. ¿Tendría la bondad de dejarme las llaves de su   1070
                    dormitorio?
   CA 3,2 Jugador 1   ¿Tiene usted la bondad de la carta?   1140
   CA 3,2 Jugador 1   Tenga la bondad de jugar.   1141
   RS 3,1 Martín   Y hay que emplearlo en la bondad y en el sacrificio.   1423
bonita (5)
   MM 1,2 Doña Curiana   viendo a una joven bonita   681
   TC 6,1 Cristobita   ¡Ay, Rosita bonita!   772
   MP 2,1 Niño   Adiós, niña bonita,   824
   MP 3,7 Monja 1   Es muy bonita.   881
   RS 3,1 Rosita   ¡Era una moda bonita!   1433
bonitas (6)
   TC 3,1 Cocoliche   Serán muy bonitas nuestras lágrimas; lágrimas de   743
                    topacio, de rubí... ¡Ay, muchachos, muchachos!
   TC 5,1 Fígaro   ¡Qué bonitas historias podría contar de los feos   758
                    durmientes de las barberías!
   TC 6,1 Cristobita   Son muy bonitas, tan bonitas como esa carilla de   772
                    amapola.
   RS 2,1 Tío   Así lo dice el vals de las rosas, que es una de las   1388
                    composiciones más bonitas de estos tiempos, [...]
   RS 2,1 Solterona 3   ¡Qué bonitas son las flores!   1391
bonito (9)
   TC 6,1 Rosita   Sí; es muy bonito.   767
   ZP 1,1 Zapatera   Yo puedo oírte hablar porque me gusta y es bonito,   932
                    pero nada más, ¿lo oyes?
   ZP 2,1 Niño   ¡Qué bonito!   945
   PB 1,1 Belisa   Es un nombre bonito Perlimplín.   990
   PB 1,1 Perlimplín   Más bonito es el tuyo, Belisa.   990
   PB 1,1 Duende 2   ¿Y qué te parece? Siempre es bonito tapar las faltas   993
                    ajenas.
   CA 1,1 Viejo   Pues porque... ¿Es bonito esto?   1048
   CA 1,1 Amigo 2   Va a caer un aguacero..., pero aguacero bonito el que   1073
                    cayó el año pasado.
   RS 2,1 Solterona 1   Lo triste es bonito también.   1402
boquita (1)
   TC 0,0 Mosquito   Niño, cierra esa boquita, y tú, muchacha, siéntate con   723
                    cien mil de a caballo.
borceguíes (1)
   ZP 1,1 Zapatera   Pero ¿habrá tenido el valor de marcharse al cafetín,   934
                    dejando la puerta abierta... y sin haber terminado
                    los borceguíes?
borda (10)
   TC 1,1 Padre   Quería saber si bordabas... ¡Borda, hijita mía,   725
                    borda, que con eso comemos!
   TC 2,1 Cocoliche   mi amante borda pañuelos   737
   MP 1,1 Angustias   Borda y borda lentamente.   783
   MP 1,1 Clavela   ¿Por qué borda esa bandera?   784
   MP 1,1 Angustias   Y si borda, que borde unos vestidos   784
   MP 1,2 Amparo   o borda en el cañamazo   786
   MP 2,9 Pedrosa   hace encajes... o borda...   851
   BS 1,3 Padre   No habla nunca; suave como la lana, borda toda clase   1198
                    de bordados y puede cortar una maroma con los dientes.
bordaba (2)
   MP 2,1 Clavela   bordaba una bandera,   823
   MP 2,9 Pedrosa   que bordaba muy bien?   851
bordabas (1)
   TC 1,1 Padre   Quería saber si bordabas... ¡Borda, hijita mía,   725
                    borda, que con eso comemos!
bordada (2)
   MP 2,9 Pedrosa   ¡Muy bien bordada!   856
   BA 1,1 La Poncia   La quedan cinco mujeres, [...] demás, mucha puntilla   1442
                    bordada, muchas camisas [...]
bordadas (1)
   TB DME Marinero   Lo llenaré de puntillas bordadas.   899
bordado (S) (1)
   MP 2,1 Niño   ¿Y el romancillo del bordado?   821
bordado (6)
   MP 1,4 Amparo   bordado de plata y seda,   793
   MP 2,1 Niño   Olivarito, olivo..., está bordado.   822
   MP 2,9 Pedrosa   no la has bordado tú, linda Mariana,   856
   DC 1,1 Director   Entre los ojos de las mulas, duros como puñetazos,   1043
                    entre el cuero bordado de los arreos [...]
   CA 2,1 Criada   Le regalé un pañuelo bordado por mí, que decía: "Amor,   1087
                    Amor, Amor", y se le perdió.
   RS 2,1 Ama   Los charcos que hay alrededor están pintados al aceite   1383
                    y encima de ellos bebe un ruiseñor todo bordado con
                    hilo de oro.
bordadora (1)
   MP 2,1 Clavela   Niña, la bordadora,   823

bordados (S) (2)
  BS 1,3 Padre   No habla nunca; suave como la lana, borda toda clase   1198
                          de bordados y puede cortar una maroma con los dientes.
  BA 1,1 Adela   Si no quieres bordarlas, irán sin bordados.   1451
bordados (2)
  MP 1,4 Amparo   bordados de lentejuelas.   793
  BA 1,1 Magdalena   De ver los cuadros bordados de cañamazo [...]   1461
bordando (5)
  MP 0,0 Mosquito   "Si Pedrosa me viera bordando   782
  MP 1,6 Mariana   y respeta y ama lo que estoy bordando.   806
  MP 2,1 Niña   Una niña bordando.   822
  MP 2,9 Pedrosa   se entretuvo bordando en Valencay   851
  TB DME Doncella   Detrás de los cristales seguiré bordando.   898
bordar (7)
  TC 1,1 Padre   ¡A bordar y a callar!   733
  MP 2,1 Clavela   mi vida, ¡no bordar!,   823
  MP 2,1 Niña   me ha mandado bordar   823
  MP 3,1 Novicia 1   ¿Bordar es malo?   862
  BS 1,1 Madre   Que yo quiero bordar y hacer encaje y estar tranquila. 1177
  YE 2,2 Yerma   Quiero beber agua y no hay vaso ni agua, quiero subir   1314
                          al monte y no tengo pies, quiero bordar mis enaguas y
                          [...]
  BA 1,1 Bernarda   Mientras, podéis empezar a bordar el ajuar.   1451
bordará (1)
  MP 2,1 Niña   ¡Madre! ¿Qué bordará?   822
bordaré (1)
  RS 1,1 Rosita   Mira que yo bordaré   1373
bordaríamos (1)
  BS 1,1 Madre   No te irías al arroyo ahora y bordaríamos las dos   1174
                          cenefas y perritos de lana.
bordarlas (2)
  BA 1,1 Bernarda   Magdalena puede bordarlas.   1451
  BA 1,1 Adela   Si no quieres bordarlas, irán sin bordados.   1451
bordarle (2)
  MP 3,3 Mariana   por bordarle su bandera.   869
  BS 2,1 Criada   Un árbol quiero bordarle   1218
bordas (2)
  MP 1,8 Angustias   que bordas en secreto...   817
  MP 2,5 Pedro   La bandera que bordas temblará por las calles   829
bordaste (1)
  MP 2,7 Pedro   ¡Mariana, la bandera que bordaste   839
borde (2)
  MP 1,1 Angustias   Y si borda, que borde unos vestidos   784
  TB DME Doncella   Déjeme que borde.   897
bordé (3)
  MP 2,9 Mariana   Yo bordé la bandera con mis manos;   857
  MP 3,5 Mariana   bordé el amor más grande de mi vida.   876
  MP 3,8 Mariana   Yo bordé la bandera por él. Yo he conspirado   885
bordes (2)
  PB 2,1 Belisa   Las almas hermosas están en los bordes de la muerte,   1007
                          [...]
  CA 3,2 Jugador 1   Lo echó, y al ir a cogerlo para... tenía un as de   1136
                          copas rebosando por los bordes y huyó bebiendo [...]
bordo (2)
  MP 2,1 Clavela   La bandera que bordo   824
  TB DME Doncella   Yo bordo en mis ropas todo el alfabeto.   897
bordó (2)
  MP 2,9 Pedrosa   ¡La que bordó con esas manos blancas   855
  MP 3,1 Novicia 2   Bordó una bandera.   862
borlas (2)
  ZP 1,1 Zapatera   Pero el que más me gustaba [...] jaca negra, llena de 917
                          borlas y espejitos, con [...]
  ZP 2,1 Zapatero   llenos de borlas de seda.   959
borra (1)
  BA 3,1 Angustias   Muchas veces miro a Pepe con mucha fijeza y se me   1514
                          borra a través de los [...]
borrachas (1)
  RS 3,1 Rosita   Por eso yo comprendo muy bien a esas viejecillas   1433
                          borrachas que van por [...]
borrachilla (1)
  RS 2,1 Rosita   ¡Tú siempre tan borrachilla!   1399
borrachitos (1)
  PB 1,1 Belisa   De los borrachitos que van y vienen, Perlimplinillo.   998
                          ¡Amor!
borracho (5)
  MM 1,5 Doña Curiana   ¡Borracho empedernido!   694
  MM 2,4 Curiana G   ¡Vete al bosque, borracho!   710
  TC 3,1 Mozo 1   Don Cristobita es un viejo gordo, borracho, dormilón,   743
                          que muy en breve...
  TC 6,1 Mosquito   Cristobita borracho   780
  DC 1,1 Madre   ¡Borracho! ¡Indecente!   1030

borrar - Brabante

borrar (3)   Pág.
  MP 3,5 Pedrosa   puedo borrar la lumbre de sus ojos.   875
  MP 3,8 Mariana   que no podrán borrar los años ni los aires!   885
  RS 3,1 Rosita   Por eso yo comprendo muy bien a esas viejecillas   1433
                                      borrachas que van por las calles queriendo borrar el
                                      mundo, y se [...]

borrasca (1)
  CA 1,1 Amigo 2   En una caja así de pequeña, y ustedes se van a luchar 1075
                                      con la borrasca.

borriquito (1)
  DC 1,1 Rosita   con un borriquito,   1035
borriquitos (1)
  MP 2,1 Niña   borriquitos peludos que miraban...   821
bosque (6)
  MM 0,0   Un viejo silfo del bosque escapado de un [...]   670
  MM 0,0   Y si alguna honda lección sacáis de ella, id al bosque 670
                                      para darle las [...]
  MM 1,5 Curianito   Calla y vete a tu bosque.   692
  MM 2,4 Curiana G   ¡Vete al bosque, borracho!   710
  MM 2,4 Curiana G   ¡Márchate de este bosque!   710
  CA 1,1 Gata   Por el bosque.   1064
bosques (3)
  MM 2,5 Mariposa   me llevará a los bosques   715
  TC 5,1 Fígaro   Somos los alcaldes de las cabezas, y a fuerza de abrir 758
                                      caminitos entre los bosques de cabello nos [...]
  RS 1,1 Tía   La lengua se me debió [...] ríos, por aquellos bosques 1363
                                      de toronjas, [...]

botana (1)
  TC 2,1 Cocoliche   Ella me dijo: "Una cinta negra sobre mis cabellos es   735
                                      como una botana sobre la fruta.

botánica (1)
  RS 2,1 Tío   La botánica también es una ciencia.   1376
botánico (1)
  RS 1,1 Tío   No os dais cuenta de [...] Granada más que yo ni el   1352
                                      botánico de la Universidad.
botánicos (1)
  RS 1,1 Tío   Los botánicos la llaman "rosa [...]   1356
botas (7)
  TC 6,1 Padre   Las botas son muy lindas... Y cerraré de camino esta   765
                                      puerta.
  TC 6,1 Cristobita   ¡Y qué botas!   772
  ZP 1,1 Zapatera   Claro, toda la vida haciendo botas, ¡qué quiere usted! 928
  ZP 2,1 Zapatero   Y en mi pueblo vivía [...] mientras el marido hacía   966
                                      botas y zapatos de la [...]
  EP CV Estudiante 1   Y donde se hable de amor entraremos con botas de "foot 1168
                                      ball", echando fango por los espejos.
  BS 2,1 Muchacha 2   botas de charol y plata   1216
  BA 1,1 Criada   Fastídiate, Antonio María Benavides, tieso con tu   1445
                                      traje de paño y tus botas enterizas.
bote (1)
  BA 2,1 Angustias   ¿Me compraste el bote de esencia?   1483
botella (2)
  BS 2,1 Novia   Es como si me bebiera una botella de anís y me   1215
                                      durmiera en una colcha de rosas.
  BA 1,1 Magdalena   Hoy hay más finura, las novias se ponen de velo blanco 1461
                                      como en las poblaciones y se bebe vino de botella,
                                      pero nos pudrimos [...]
Botero (1)
  RS 3,1 Ama   Del primer empujón que le doy a la caldera de Pedro   1425
                                      Botero hago llegar el [...]
botitas (2)
  TC 5,1 Currito   Cansa-Almas, dame las botitas y el cajoncillo.   756
  TC 5,1 Currito   ¡Oh botitas   757
botón (3)
  TB QM. Mujer   Ahora te podría tragar como si fueras un botón.   909
  CA 2,1 Novia   Detrás de toda esta sombra [...] soy pequeñita como un 1079
                                      botón, pequeñita como [...]
  BA 1,1 Bernarda   Nada, ¡ni un botón!   1458
botones (S) (1)
  BS 3,1 Mendiga   Ilumina el chaleco y aparta los botones,   1251
botones (2)
  CA 2,1 Criada   Cuando yo me disgusté con el botones. .   1086
  CA 2,1 Novia   ¿Ya te has disgustado con el botones?   1086
boyero (1)
  YE 1,1 Yerma   Los bueyes mugen al boyero   1277
br (3)
  TC 3,1 Cristobita   ¡Brrrrrrr, br, br, br!   748
Brabante (1)
  TC 1,1 Rosita   Genoveva de Brabante tendría uno así cuando se ponía   731
                                      en la torre de su castillo a esperar a su esposo.

Brahma (1)
  RS 2,1 El Señor X   Si Santos Dumont, en [...] estaría en el seno de   1376
                    Brahma.
brasa (2)
  BS 2,2 Criada   con todo el pecho de brasa   1226
  RS 2,1 Tío   Pero todavía, todavía tiene la brasa de su juventud.   1411
brasas (1)
  RS 3,1 Ama   ¡Os doy cuarenta mil duros si me arrancáis estas   1425
                    brasas de los pies!";
Brasil (1)
  CA 2,1 Criada   Mi padre estuvo en el Brasil dos veces y era tan chico   1083
                    que cabía en una maleta.
bravía (1)
  MP 2,8 Conspirador 4   de Málaga la bravía.   843
bravío (1)
  MP 2,5 Pedro   ese rostro bravío y esos ojos ardientes   832
bravo (8)
  TC 3,1 Todos   ¡Bravo!   744
  MP 1,5 Fernando   ¡Bravo amigo, Marianita!   799
  DC 1,1 Director   Bravo. Veo que me ha entendido usted.   1023
  DC 1,1 Enfermo   Bravo. Cuando usted quiera.   1024
  CA 1,1 Viejo   ¡Bravo!...   1060
  CA 3,1 Arlequín   ¡Bravo!   1111
  CA 3,1 Viejo   Bravo.   1129
  EP RR Voz   ¡Bravo!   1146
brazado (1)
  BS 3,2 Madre   Pero mi hijo es ya un brazado de flores secas.   1267
brazo (6)
  BS 3,1 Novio   ¿Ves este brazo?   1252
  BS 3,1 Novio   Pues no es mi brazo.   1252
  BS 3,1 Novio   Es el brazo de mi hermano y el de mi padre y el de   1252
                    toda mi familia que está muerta.
  BS 3,2 Novia   ¡Tu hijo era mi fin y yo no lo he engañado, pero el   1269
                    brazo del otro me arrastró [...]
  YE 3,1 Yerma   Está escrito y no me voy a poner a luchar a brazo   1335
                    partido con los mares.
  RS 2,1 Ama   ¡Que venga y que te coja del brazo y que menee el   1410
                    azúcar de tu café y lo pruebe antes a ver si quema!
brazos (21)
  MP 2,5 Pedro   así enlazan tus brazos mi cuerpo combatido.   831
  TB DME Estudiante   Tengo mucha fuerza en los brazos.   902
  CA 1,1 Amigo   Mira, es un talle para la medida de todos los brazos   1057
                    y, tan frágil, [...]
  CA 2,1 Novia   Creo que me vas a quebrar entre tus brazos, porque soy   1079
                    débil, [...]
  CA 2,1 Joven   ¡Ahora nadie podría separar mis brazos de tu cuello!   1094
  CA 2,1 Novia   ¡No son tus brazos, son los míos!   1094
  CA 3,1 Mecanógrafa   y no destiñen tus brazos   1121
  BS 1,1 Vecina   Hace dos días trajeron al hijo de mi vecina con los   1179
                    dos brazos cortados por la máquina.
  BS 1,3 Padre   Porque no es buena tierra; pero con brazos se la hace   1197
                    buena [...]
  BS 2,1 Novia   Y sé que estoy loca y [...] por verlo menear los   1215
                    brazos.
  BS 2,1 Novio   Yo tengo fuerza en los brazos.   1222
  BS 2,2 Padre   Esta tierra necesita brazos que no sean pagados.   1228
  BS 2,2 Padre   Y estos brazos tienen que ser de los dueños, que   1228
                    castiguen y que dominen, que hagan brotar las
                    simientes.
  BS 3,2 Mujer   y brazos de mujeres.   1270
  YE 1,2 Yerma   Otra vez el mismo Víctor, teniendo yo catorce años (él   1289
                    era un zagalón), me cogió en sus brazos para saltar
                    una [...]
  YE 2,1 Lavandera 4   Porque los brazos se enlazan.   1308
  YE 2,2 Yerma   Me figuro que se me van a helar los brazos de tenerlos.   1314
  YE 2,2 Yerma   Siendo zagalón me llevaste una vez en brazos, ¿no   1323
                    recuerdas?
  YE 3,1 Yerma   Yo quiero tener a mi hijo en los brazos para dormir   1328
                    tranquila, [...]
  YE 3,2 Yerma   Eso es lo que yo quería [...] fuera y levanta los   1348
                    brazos!
  RS 3,1 Ama   Mientras yo tenga brazos nada le faltará.   1417
brega (1)
  MP 1,4 Amparo   entre la gente de brega   793
bregando (1)
  BA 3,1 Prudencia   Bregando como un hombre.   1509
breve (2)
  TC 3,1 Mozo 1   Don Cristobita es un viejo gordo, borracho, dormilón,   743
                    que muy en breve...
  TC 3,1 Mozo 2   Que muy en breve...   744

bribón (2)   Pág.

MM 1,5 Doña Curiana	¡Gran bribón!	694
BS 1,1 Madre	La navaja, la navaja... Malditas sean todas y el bribón que las inventó.	1172

bridas (2)

MP 1,6 Clavela	Soltó las bridas y se fue volando	803
BS 3,1 Leonardo	al caballo bridas nuevas?	1257

brilla (3)

MP 3,3 Mariana	brilla el limonar apenas	869
BS 2,1 Leonardo	Y la plata, que brilla tanto, escupe algunas veces.	1213
RS 1,1 Tío	y la mirtifolia que viene de Bélgica y la sulfurata que brilla en la oscuridad.	1356

brillaban (1)

CA 3,1 Máscara	Digo que el conde Arturo [...] las luces de gas que brillaban bajo la cúpula [...]	1116

brillantes (1)

MM 0,0	¿Por qué os causan repugnancia algunos insectos limpios y brillantes que se mueven [...]	670

brillar (2)

MM 2,5 Gusano 2	Pronto veré brillar	714
ZP 2,1 Zapatero	haciendo brillar, adrede,	959

brillarán (1)

MM 2,5 Gusano 3	brillarán en la hierba	713

brillo (1)

BS 2,2 Criada	Pero el mismo brillo en los ojos. ¿Y la niña?	1234

brindan (1)

TC 3,1 Joven	Yo soy forastero y quisiera enterarme de quién es esa Rosita por la que brindan con tanta alegría.	744

brindar (2)

TC 3,1 Mozo 2	Y ahora, a brindar.	744
TC 3,1 Mozo 1	Brindo por lo que brindo, porque tengo que brindar.	744

brindo (3)

TC 3,1 Mozo 1	Brindo por lo que brindo, porque tengo que brindar.	744
TC 3,1 Mozo 2	Yo brindo por doña Rosita.	744

brío (1)

BA 3,1 Adela	El brío y el mérito que tú no tienes.	1526

bríos (1)

MP 2,8 Pedro	Cada dificultad me da más bríos.	844

brisa (10)

MM 1,1 Doña Curiana	mi puerta con brisa del amanecer.	676
MM 2,2 Curiana N	Sujetad las antenas, que las mueve la brisa	706
MP 3,4 Mariana	y fuego en la verde brisa	871
MP 3,6 Mariana	larga baranda de brisa!	878
MP 3,8 Mariana	última débil brisa que se pierde en los álamos.	886
MP 3,9 Monja 1	Ni sentirás la dulce brisa de primavera	890
ZP 2,1 Zapatero	brisa y tomillo en la sierra	961
BS 3,1 Mendiga	No se despierte un pájaro y la brisa,	1251
RS 1,1 Rosita	bronces que la brisa toma.	1367
RS 2,1 Rosita	que la brisa se quemaba;	1403

brisas (2)

MP 3,7 Novicia 2	despiertan brisas y nubes	880
YE 2,1 Lavandera 5	Las brisas que me entrega	1307

brizna (1)

BS 3,1 Novia	como una brizna de hierba.	1258

brocatel (1)

ZP 2,1 Alcalde	Con un estrado que costó cinco mil reales, con centros de mesa, con cortinas de brocatel, con espejos [...]	951

broma (7)

MM 1,5 Alacranito	Pura broma, señora.	694
CA 3,1 Joven	¿Pero me quiere usted decir qué broma es esta?	1120
RS 3,1 Muchacho	Estábamos de broma.	1434
BA 2,1 Martirio	¿Es que yo no puedo gastar una broma a mi hermana?	1494
BA 2,1 Adela	No ha sido broma, que tú nunca has gustado jamás de juegos.	1494
BA 2,1 Bernarda	Después de todo, ella dice que ha sido una broma.	1497
BA 3,1 Bernarda	Lo que pasó del retrato fue una broma y lo debes olvidar.	1512

bromas (5)

TC 3,1 Joven	Me parece que las bromas están sobrando.	745
TB QM. Enrique	No tengo ganas de bromas. Siempre estás así.	906
ZP 1,1 Zapatero	¿No ves que ya no estoy para bromas?	922
CA 1,1 Joven	Déjame. No tengo ganas de bromas.	1056
BA 2,1 Angustias	¡No me gastes bromas! Cuando venga se lo contaré.	1491

bromista (1)

PB 1,1 Belisa	¡Qué maridito tan bromista tengo!	999

bronca (1)

TC 2,1 Cristobita	Ya la enseñaré a que ponga la voz bronca, ¡más natural!,	740

bronce (1)

YE 3,1 Juan	Porque se necesita ser de bronce para ver a tu [...]	1332

bronces (1)
   RS 1,1 Rosita   bronces que la brisa toma.   1367
brota (1)
   MP 1,5 Fernando   por donde brota la sangre   799
brotar (1)
   BS 2,2 Padre   Y estos brazos tienen que ser de los dueños, que   1228
                        castiguen y que dominen, que hagan brotar las
                        simientes.
brotará (1)
   MM 2,5 Gusano 2   Brotará de la tierra.   713
brrr (2)
   TC 6,1 Cristobita   ¡Brrr ...!   776
   TC 6,1 Cristobita   ¡Brrr!   778
brrrr (2)
   TC 5,1 Cristobita   ¡Brrrr!   758
   DC 1,1 Cristóbal   Pin, pan, brrrr.   1041
brrrrr (5)
   TC 5,1 Cristobita   Brrrrr, brrrrr...   760
   TC 5,1 Cristobita   Aligera..., brrrrr..., aligera...   761
   TC 6,1 Cristobita   Brrrrr... ¡Pícaros mosquitos! ¡Pícaros mosquitos!   775
   DC 1,1 Cristóbal   Brrrrr. ¿Qué es eso? ¿Has sido tú?   1040
brrrrrr (1)
   DC 1,1 Cristóbal   Serán. Esto se acabó y se requeteacabó. Brrrrrr.   1040
brrrrrrr (1)
   TC 3,1 Cristobita   ¡Brrrrrrr, br, br, br!   748
brrrrrrrr (1)
   TC 6,1 Cristobita   ¡Brrrrrrrr!   773
brrrrrrrrr (1)
   TC 6,1 Cristobita   ¡Brrrrrrrrr!   766
brrrrrrrrrr (1)
   TC 6,1 Cristobita   ¡Ah! ¡Qué! ¡Qué! ¡Imposible! ¡Brrrrrrrrrrr!   776
brrrrruuuuuum (1)
   TC 3,1 Cristobita   ¡Brrrrruuuuuum!   747
brujas (2)
   MP 2,1 Niño   Sus madres son las brujas.   821
   ZP 1,1 Zapatero   ¡Brujas, sayonas!   933
brusca (1)
   ZP 1,1 Alcalde   Un poco brusca..., pero es una mujer guapísima.   928
brutísimo (1)
   ZP 1,1 Zapatera   ¡Brutísimo!...   934
bruto (1)
   TC 4,1 Mozo   Mañana mismo, con un tal don Cristobita, rico,   751
                        dormilón, tan bruto, que hace pedazos [...]
búcaros (1)
   RS 2,1 Tío   Así lo dice el vals de [...] produce verlas en los   1388
                        búcaros.
bucles (1)
   RS 2,1 Madre   ¡Y qué angustia he pasado, [...] cinta o un grupo de   1393
                        bucles!
buen (24)
   MM 1,1 Curiana N   ¿Y vuestro buen hijo, cómo sigue?   673
   MM 1,4 Curianito   sol del gusanito buen madrugador.   685
   TC 3,1 Contrabandista 1 ¡Qué buen caminito!   741
   MP 1,1 Angustias   Que si el rey no es buen rey, que no lo sea;   784
   MP 1,2 Amparo   ¡Buen membrillo!   786
   MP 2,8 Conspirador 1   ¡Buen acuerdo!   845
   MP 3,2 Mariana   ¡Ay, qué buen soñar!   865
   ZP 1,1 Zapatera   Dile a tu madre que ya [...] laurel y pimienta un buen   914
                        guiso como mi marido [...]
   ZP 2,1 Alcalde   Pase usted, buen hombre, y tome lo que quiera, que yo   953
                        pago.
   ZP 2,1 Zapatera   Mire usted, buen hombre.   966
   ZP 2,1 Vecina Roja   Buen hombre.   971
   ZP 2,1 Vecina Amarilla Buen hombre.   971
   ZP 2,1 Zapatera   Buen hombre, Dios quiera [...]   975
   PB 2,1 Perlimplín   Por eso quiero ayudarte como debe hacer todo buen   1004
                        marido cuando su esposa es un dechado de virtud...
                        Mira.
   CA 3,2 Jugador 2   Buen ojo.   1139
   BS 1,2 Mujer   ¿Y lo pagan a buen precio?   1188
   BS 2,2 Novio   Tu marido es un buen trabajador.   1232
   BS 3,1 Leñador 3   El lleva buen caballo.   1248
   YE 1,1 Yerma   Voy a matar este cordero para hacerle un buen guiso de   1275
                        carne."
   YE 2,2 Víctor   No. Fuiste buen pagador.   1324
   RS 1,1 Ama   Donde esté una naranja o un buen membrillo, que se   1352
                        quiten las rosas del mundo.
   BA 1,1 La Poncia   ¡Buen descanso ganó su pobre marido!   1441
   BA 1,1 Martirio   Yo me alegro. Es buen mozo.   1463
   BA 2,1 Adela   Se necesita buen humor.   1483

buena (34)   Pág.

MM 1,1 Curiana N	Que Dios te bendiga, ¡oh vecina buena!	671
MM 1,5 Alacranito	pero soy buena persona.	692
MM 1,5 Curiana N	Pronto se pondrá buena.	700
MM 2,7 Curianito	una buena cigarra	720
TC 1,1 Cristobita	Es una buena cosa. ¿Te gusta?	733
TC 3,1 Cocoliche	Buena ocasión para partirle la cara.	746
TC 6,1 Cocoliche	¡De buena gana te quitaba la nariz de un bocado!	771
MP 1,7 Fernando	Con toda mi buena fe.	808
MP 3,1 Novicia 2	Es una mujer buena,	860
MP 3,2 Carmen	Eres muy buena.	866
MP 3,5 Carmen	¡Es muy buena, señor!	878
ZP 1,1 Zapatera	Si una no puede ser buena... ¿Y yo?, ¿es que no valgo nada?	916
ZP 1,1 Zapatera	Pues si tarda siquiera dos minutos más, como yo sola, que me basto y me sobro... ¡Con la comida tan buena que he preparado!...	934
PB 1,1 Marcolfa	Buena noche de boda tenga mi señor.	988
CA 2,1 Maniquí	¿Quién usará la plata buena	1099
CA 2,1 Maniquí	¿Quién usará la ropa buena	1100
BS 1,1 Madre	Eso es de buena casta.	1174
BS 1,1 Madre	Yo sé que la muchacha es buena.	1175
BS 1,1 Novio	Usted sabe que mi novia es buena.	1176
BS 1,1 Vecina	¡Buena muchacha!	1180
BS 1,1 Vecina	Pero es buena.	1180
BS 1,2 Mujer	No me gusta que penséis mal de una buena muchacha.	1190
BS 1,3 Padre	Buena cosecha de esparto.	1196
BS 1,3 Novio	Buena de verdad.	1196
BS 1,3 Padre	Porque no es buena tierra; pero con brazos se la hace buena y como no pasa [...]	1197
BS 2,2 Padre	Ese busca la desgracia. No tiene buena sangre.	1227
BS 2,2 Madre	Es de buena simiente.	1228
YE 1,2 Vieja 1	Buena gente.	1287
RS 3,1 Tía	¡Fue buena jugada la que nos hizo!	1427
BA 1,1 La Poncia	Pero yo soy buena perra; ladro cuando [...]	1442
BA 2,1 Angustias	Pues nada: "Ya sabes que ando detrás de ti, necesito una mujer buena, modosa, y esa [...]	1475
BA 3,1 Bernarda	Yo no me meto en los corazones, pero quiero buena fachada y armonía familiar.	1513
BA 3,1 Martirio	Una buena noche para ladrones, para el que necesita escondrijo.	1515

buenas (45)

TC 3,1 Joven	Buenas noches.	746
TC 3,1 Joven	Buenas noches, señores.	746
TC 3,1 Espantanublos	Buenas noches.	747
MP 1,5 Fernando	Buenas tardes.	796
MP 1,6 Fernando	Buenas noches.	805
MP 2,5 Angustias	¿Y por qué? Buenas noches.	828
MP 2,7 Conspirador 3	Bien venido, si buenas cartas trae.	840
MP 2,9 Pedrosa	¡Muy buenas noches!	858
MP 3,5 Pedrosa	Buenas tardes.	877
TB PBK Americana	Buenas tardes.	895
ZP 0,0 El Autor	Buenas noches.	912
ZP 1,1 Vecina Roja	Buenas tardes.	919
ZP 1,1 Zapatero	Buenas tardes.	919
ZP 1,1 Alcalde	Eso tiene casarse a tu [...] ha sido la última; buenas mozas todas, aficionadas [...]	924
ZP 1,1 Zapatera	Buenas tardes.	927
ZP 1,1 Alcalde	Muy buenas. ¡Como guapa, es guapísima!	927
ZP 1,1 Zapatera	Y buenas tardes.	928
ZP 1,1 Zapatera	¡Buenas noches!	933
ZP 2,1 Zapatero	Buenas tardes.	953
ZP 2,1 Zapatera	Buenas tardes tenga usted, señor titiritero.	953
PB 1,1 Marcolfa	Buenas noches.	988
DC 1,1 Cristóbal	Buenas noches, caballeros.	1023
DC 1,1 Cristóbal	Buenas noches tenga usted.	1023
DC 1,1 Cristóbal	Buenas noches.	1024
DC 1,1 Enfermo	Buenas tardes.	1024
DC 1,1 Cristóbal	Buenas noches negras.	1024
DC 1,1 Enfermo	Quizá pueda dar las buenas noches.	1024
DC 1,1 Cristóbal	Buenas noches cerradas.	1024
DC 1,1 Cristóbal	Te he dicho que buenas noches y es buenas noches.	1024
DC 1,1 Cristóbal	Buenas noches. Te agarré. Saca el cuello.	1027
CA 3,1 Payaso	¡Buenas noches!	1111
BS 1,3 Novio	Pero estas tierras son buenas.	1195
BS 1,3 Madre	Buenas; pero demasiado solas.	1195
YE 2,2 Yerma	Nunca oí decir a un hombre comiendo: qué buenas son estas manzanas.	1322
RS 3,1 Tía	Pero tiene buenas vistas y un patinillo con dos higueras donde se pueden tener flores.	1418
RS 3,1 Obrero 1	Buenas tardes.	1420

buenas (continuación)
    RS 3,1 Tía   Buenas tardes.   1420
    BA 1,1 Amelia   Yo también. Angustias tiene buenas condiciones.   1463
    BA 2,1 La Poncia   Lo vi acercarse y al llegar me dijo: "Buenas noches."   1476
    BA 2,1 La Poncia   "Buenas noches", le dije yo, y nos quedamos callados   1476
                              más de media hora.
    BA 2,1 Magdalena   ¡Buenas nos hubiera puesto!   1476
    BA 3,1 Prudencia   Buenas noches nos dé Dios.   1512
    BA 3,1 Angustias   Buenas noches.   1516
    BA 3,1 Amelia   Buenas noches.   1517
buenísima (2)
    ZP 1,1 Vecina   Tan buenísima sombra como ha tenido usted toda su vida.   919
    ZP 2,1 Zapatera   El venía con un traje negro entallado, corbata roja de   945
                              seda buenísima y cuatro anillos [...]
buenísimas (1)
    PB 0,0 Madre   Buenísimas tardes, encantador vecinito mío.   984
bueno (42)
    MM 1,1 Doña Curiana   Mas eso no impide que fuera muy bueno.   674
    MM 1,2 Doña Curiana   ¡Bueno que lo esté esa vieja   677
    MM 1,2 Curianita Silvia   a ver si un amante bueno   679
    MM 2,1 Curianita Santa   Es muy bueno y muy dulce. ¡Un gran poeta!   702
    MM 2,1 Curianita Santa   ¡Tan bueno!   705
    MM 2,2 Doña Curiana   es muy bueno este prado.   705
    MP 2,1 Niño   Bueno.   822
    MP 2,5 Mariana   Al bueno como al malo. ¡Pedro!, cuando se quiere   831
    MP 3,8 Mariana   ¿verdad? Tú eres muy bueno.   884
    ZP 1,1 Zapatero   Ayer estuvimos todo el día con unas sopas de huevo y   920
                              perejil; bueno, pues porque protesté [...]
    ZP 1,1 Alcalde   Tú no estás bueno.   924
    ZP 1,1 Zapatera   ¡Estaría bueno!   932
    ZP 1,1 Zapatero   Cerote, clavos, pieles de becerro... Bueno.   933
    ZP 2,1 Zapatera   ¿Está bueno?   968
    PB 1,1 Duende 1   Un bien..., porque no es justo poner ante las miradas   996
                              del público el infortunio de un hombre bueno.
    DC 1,1 Poeta   Sí, señor; pero es que don Cristóbal yo sé que en el   1020
                              fondo es bueno y que quizá podría serlo.
    DC 1,1 Director   Y no puede ser bueno.   1021
    DC 1,1 Poeta   Y no puede ser bueno.   1021
    DC 1,1 Poeta   Ya voy, señor director. Y nunca podrá ser bueno.   1021
    CA 1,1 Amigo 2   Bueno. Viejo tenía que ser. Usted, en cambio, no ha   1076
                              protestado.
    CA 2,1 Novia   Bueno. ¿Por qué te pones así?   1081
    CA 2,1 Criada   Un hombre tan bueno.   1084
    CA 3,1 Joven   Bueno.   1118
    BS 1,1 Novio   Bueno.   1172
    BS 1,1 Novio   ¿Está bueno ya?   1173
    BS 2, Madre   El único bueno.   1240
    YE 1,1 Yerma   Yo he visto a mi hermana [...] era un dolor fresco,   1283
                              bueno, necesario para [...]
    YE 1,1 Yerma   Pero esto es bueno, sano, hermoso.   1283
    YE 1,1 Víctor   Bueno, pues a ver si con el ejemplo te animas.   1285
    YE 1,2 Vieja 1   Bueno, yo me entiendo.   1291
    YE 1,2 Muchacha 2   Bueno, y además..., una se casa en realidad mucho   1293
                              antes de a la iglesia.
    YE 1,2 Muchacha 2   Bueno; pues todo el día he de estar haciendo lo que no   1293
                              me gusta.
    YE 3,1 Dolores   Tu marido es bueno.   1329
    YE 3,1 Yerma   ¡Es bueno!   1329
    YE 3,1 Yerma   ¡Es bueno!   1329
    YE 3,1 Yerma   Yo no sé por qué empiezan los malos aires que   1333
                              revuelcan al trigo, ¡y mira tú si el trigo es bueno!
    RS 2,1 Tía   Bueno; y punto final. Bien está que la zafia hable,   1381
                              pero que no ladre.
    RS 2,1 Ayola 1   Las mujeres sin novio están pochas, recocidas, y todas   1401
                              ellas... Bueno, todas, no; algunas [...]
    RS 2,1 Tía   Bueno. ¿Por qué no tocamos un poquito?   1402
    RS 2,1 Ama   Bueno; y "poderes", ¿qué es?   1409
    BA 2,1 Martirio   Bueno; pero él te lo tendría que decir.   1475
    BA 2,1 La Poncia   Bueno, a Martirio... ¿Por qué habrá escondido el   1497
                              retrato?
buenos (29)
    MM 0,0   ¿Y por qué a vosotros los hombres, llenos de pecados y   670
                              de vicios incurables, os inspiran asco los buenos
                              gusanos que se [...]
    MM 1,4 Curianita Silvia   Muy buenos días, ¿cómo estás?   686
    MM 1,5 Alacranito   Si tú quieres, me doy buenos golpes de pecho,   693
    MP 2,6 Pedro   como buenos patriotas.   834
    ZP 1,1 Zapatera   Con tan buenos pretendientes como yo he tenido.   917
    ZP 1,1 Alcalde   A las mujeres, buenos apretones en la [...]   925
    ZP 1,1 Zapatera   Sí, lo quería, vaya si lo quería, que pretendientes   938
                              buenos y muy riquísimos [...]

buenos - busca

		Pág.
buenos (continuación)		
DC 1,1 Enfermo	Buenos días.	1023
DC 1,1 Enfermo	Buenos días.	1024
DC 1,1 Enfermo	Buenos días.	1024
DC 1,1 Enfermo	Buenos días, buenos días, buenos días, buenos días, buenos días.	1025
DC 1,1 Enfermo	Buenos días, buenos días, buenos días, buenos días, buenos días, buenos días.	1027
CA 1,1 Gata	¿Y eran buenos?	1065
CA 2,1 Padre	Eran unos abanicos buenos..., pero vamos...	1098
CA 3,1 Payaso	¡Buenos días!	1114
BS 1,2 Suegra	Se van a juntar dos buenos capitales.	1191
BS 2,1 Leonardo	Yo. Buenos días.	1210
YE 1,2 Yerma	Buenos días.	1286
YE 1,2 Vieja 1	Buenos los tenga la hermosa muchacha. ¿Dónde vas?	1286
BA 2,1 La Poncia	Cuarenta o cincuenta buenos mozos.	1485
bueyes (8)		
BS 1,3 Padre	Si pudiéramos con veinte pares de bueyes traer tus viñas aquí y ponerlas en la ladera.	1197
BS 2,1 Leonardo	Pero dos bueyes y una mala choza son casi nada.	1213
BS 2,1 Padre	¡Ya viene con sus bueyes por el tesoro!	1218
YE 1,1 Yerma	Los bueyes mugen al boyero	1277
YE 2,2 Yerma	Muchas noches bajo yo a echar la comida a los bueyes, que antes no [...]	1318
YE 3,2 Yerma	Yo soy como un campo seco donde caben arando mil pares de bueyes y lo que tú me [...]	1345
RS 1,1 Rosita	El Genil duerme a sus bueyes	1367
BA 1,1 Martirio	Los veía en el corral uncir los bueyes y levantar los [...]	1460
buhardilla (1)		
CA 3,2 Joven	Lo pones en la buhardilla.	1135
Bululú (1)		
DC 1,1 Director	Llenemos el teatro de [...] andaluz, primo del Bululú gallego y cuñado [...]	1043
bulle (1)		
BS 1,2 Mujer	¿Qué idea te bulle por dentro de la cabeza?	1192
bullones (1)		
RS 3,1 Rosita	Con lazos negros... y bullones de seda verde nilo.	1432
buques (1)		
MP 2,8 Conspirador 4	con sus buques, a la orilla.	843
burbujas (1)		
CA 1,1 Joven	Basta observar sobre [...] pecho se deshaga en burbujas.	1050
Burdeos (1)		
RS 2,1 Tío	Ya ve usted lo que ha [...] porque antes de llegar a Burdeos se mataron todos [...]	1375
burgueses (1)		
TC 0,0 Mosquito	Yo y mi compañía venimos del teatro de los burgueses, del teatro [...]	723
burlado (1)		
MP 2,5 Pedro	No temas; ya he burlado a Pedrosa en el campo,	830
burlando (1)		
ZP 2,1 Zapatero	burlando al débil marido	959
burlas (1)		
MM 0,0	El amor, lo mismo que pasa con sus burlas y sus fracasos [...]	669
busca (S) (8)		
TC 0,0 Mosquito	Entonces yo avisé a mis amigos, y huimos por esos campos en busca de la gente sencilla, [...]	724
MP 1,7 Fernando	Yo iré en busca de tu amante	812
MP 3,5 Mariana	para salir volando en busca tuya!	876
ZP 0,0 El Autor	Por este miedo absurdo, [...] retira de la escena en busca de otros ambientes [...]	911
ZP 2,1 Zapatero	Voy en su busca para perdonarla y vivir con ella lo poco que me queda de vida.	967
YE 2,1 Lavandera 3	Y se echan polvos de blancura y colorete y se prenden ramos de adelfa en busca de otro que no es su marido.	1303
YE 3,1 Juan	Porque se necesita ser [...] fuera de su casa, ¿en busca de qué?	1332
BA 2,1 Coro	en busca de las espigas;	1486
busca (10)		
MM 1,4 Curianita Silvia	Mi corazón busca los besos.	686
CA 2,1 Novia	Busca. Por las calles, por el campo.	1096
CA 3,1 Payaso	Busca. Da la media vuelta y lo encontrarás.	1120
CA 3,2 Joven	Seda negra... No... Busca otros.	1135
EP RR Centurión	El emperador busca a uno.	1151
BS 2,2 Padre	Ese busca la desgracia. No tiene buena sangre.	1227
YE 2,2 Yerma	El fruto viene a las manos del trabajador que lo busca.	1324
YE 3,1 Juan	Ni yo sé lo que busca una mujer a todas horas fuera de su tejado.	1333

busca (continuación)
   YE 3,1 Yerma   ¡Maldita sea mi madre, que los busca golpeando por las   1334
                             paredes!
   BA 1,1 Bernarda   Pues busca otro, que te hará falta.   1451
buscaba (1)
   CA 2,1 Criada   Su novio buscaba otra cosa.   1086
buscabas (2)
   YE 3,2 Yerma   ¿Y qué buscabas en mí?   1348
   YE 3,2 Yerma   Buscabas la casa, la tranquilidad y una mujer.   1348
buscado (2)
   BS 1,3 Madre   Ya la hubiera buscado.   1195
   BA 2,1 Bernarda   ¿Lo has buscado bien?   1492
buscamos (1)
   MM 2,5 Gusano 1   A un amante buscamos   716
buscan (4)
   MP 1,5 Mariana   si le buscan?   798
   BS 3,1 Leñador 2   No. Pero los buscan por todas partes.   1245
   BS 3,1 Leñador 3   Los buscan y los matarán.   1247
   BS 3,1 Luna   buscan la cresta del fuego   1249
buscando (6)
   MM 2,5 Gusano 1   ... que buscando el amor   714
   EP RR Centurión   Porque si hubiera dos no estaría el Emperador buscando   1153
                             por esos caminos.
   EP CV Enfermero   Lo están buscando en la ruina.   1155
   YE 3,1 Juan   ¿buscando qué?   1332
   RS 3,1 Ama   Allí encontró la rica que iba buscando y se casó, pero   1415
                             debió decirlo a tiempo.
   RS 3,1 Rosita   Me he acostumbrado a [...] por un sitio frío, buscando   1428
                             una salida que [...]
buscar (13)
   ZP 1,1 Zapatera   Hoy no comemos..., de manera que ya te puedes buscar   923
                             la comida por otro sitio.
   ZP 1,1 Zapatero   Mañana quizá la tengas que buscar tú también.   923
   CA 2,1 Joven   Vete a la calle a buscar   1102
   CA 2,1 Joven   A buscar.   1106
   CA 3,1 Payaso   A buscar.   1120
   CA 3,1 Joven   Sí; porque lo necesito. A buscar.   1120
   CA 3,1 Mecanógrafa   Iba a morir de frío y tuve que buscar tu amor por   1127
                             donde no hay gente.
   BS 3,2 Madre   ¡Floja, delicada, mujer de mal dormir es quien tira   1269
                             una corona de azahar para buscar un pedazo de cama
                             [...]
   YE 1,2 Yerma   ¿Es preciso buscar en el hombre al hombre nada más?   1290
   YE 3,2 Yerma   Yo no puedo ir a buscar.   1345
   BA 1,1 Bernarda   Volver la cabeza es buscar el calor de la pana.   1447
   BA 1,1 Magdalena   Lo natural sería que [...] pero no que venga a buscar   1464
                             lo más oscuro [...]
   BA 3,1 Adela   He visto la muerte debajo de estos techos y he salido   1526
                             a buscar lo que era mío, lo que me pertenecía.
buscara (1)
   YE 3,1 Yerma   Como si la luna se buscara ella misma por el cielo.   1334
buscará (2)
   MP 1,5 Fernando   ya buscará su garganta.   799
   CA 3,1 Máscara   Ahora me buscará por todos lados.   1123
buscaré (1)
   YE 3,2 Vieja   Yo buscaré otra mujer para mi hijo.   1346
buscarla (1)
   CA 2,1 Maniquí   Corre a buscarla de prisa   1104
buscarlas (1)
   MP 1,5 Mariana   de que vendrías a buscarlas.   797
buscarlo (1)
   BA 3,1 Bernarda   Atrévete a buscarlo ahora.   1530
buscarme (3)
   MP 3,4 Mariana   ¡corre más! ¡Ven a buscarme!   871
   MP 3,8 Mariana   Ya vienen a buscarme.   887
   CA 2,1 Novia   Entonces... ¿A qué vienes a buscarme?   1093
buscarnos (2)
   MP 1,4 Lucía   que vendría a buscarnos, para saludarte.   789
   RS 3,1 Tía   Desde que murió mi marido está la casa tan vacía que   1412
                             parece el doble de grande, y hasta tenemos que
                             buscarnos.
buscarte (3)
   MP 1,1 Angustias   Marianita, sal, que vienen a buscarte.   785
   MP 3,8 Fernando   ¡No sé qué hacer! ¡Qué angustia! ¡Ya vendrán a   886
                             buscarte!
   MP 3,9 Carmen   ¡Ya vienen a buscarte!   888
buscas (6)
   CA 2,1 Maniquí   Mientras tú vences y buscas   1105
   YE 2,2 Juan   Lo que pasa es que no eres una mujer verdadera y   1315
                             buscas la ruina de un hombre sin voluntad.
   YE 3,2 Yerma   ¿Qué buscas?   1349

buscas - caballeros

buscas (continuación)   Pág.
    YE 3,2 Yerma   Me buscas como cuando te quieres comer una paloma.   1349
    BA 2,1 Adela   En vez de limpiar la casa y acostarte para rezar a tus   1481
                           muertos, buscas como una vieja [...]
    BA 3,1 Adela   ¿Por qué me buscas?   1526
busco (8)
    MM 1,4 Curianita Silvia busco una cosa sin cesar.   686
    CA 2,1 Joven   No busco.   1096
    CA 2,1 Joven   Yo busco, como ella, la nueva flor de mi sangre.   1107
    YE 3,1 Yerma   Te busco a ti.   1333
    YE 3,1 Yerma   Te busco a ti, es a ti a quien busco día y noche, sin   1333
                           encontrar sombra donde respirar.
    YE 3,2 Yerma   Yo no busco.   1345
    YE 3,2 Juan   A ti te busco. Con la luna estás hermosa.   1349
busque (1)
    PB 1,1 Belisa   El que me busque con ardor me encontrará.   989
busques (1)
    CA 2,1 Novia   Que busques otra mujer a quien puedas hacerle trenzas.   1094
Buster (1)
    TB PBK Buster Keaton   A Buster Keaton.   896
butaca (1)
    RS 3,1 Ama   Cada una en una butaca de seda celeste que se meza   1425
                           ella sola, y unos abanicos de raso grana.
butacas (1)
    EP CV Estudiante 1   Y que hayan asesinado a la verdadera Julieta, que   1166
                           gemía debajo de las butacas.
c (4)
    TB DME Doncella   A, B, C, D, E, F, G, H, I, J, K, L, M, N.   898
    TB DME Doncella   A, B, C, D.   898
    TB DME Doncella   A, B, C, D.   898
    RS 2,1 Ayola 2   A mí, Rosita y su novio me enseñaban las letras A, B,   1399
                           C... ¿Cuánto tiempo hace de esto?
ca---ramba (1)
    RS 1,1 Ama   No lo hagas más... ¡ca---ramba!   1358
ca-ram-ba (1)
    DC 1,1 Poeta   Pero el dueño del teatro tiene a los personajes   1036
                           metidos en una cajita de hierro para que los vean
                           solamente las señoras con pecho de seda y nariz tonta
                           y los caballeros con barba que van al club y dicen:
                           Ca-ram-ba.
ca (3)
    ZP 1,1 Zapatero   ¡Ca!   925
    BS 1,1 Madre   ¡Ca!   1176
    YE 1,2 Vieja 1   Pero ¡ca!   1287
cabal (1)
    ZP 2,1 Zapatero   Gente cabal y garbosa   959
cabalgaduras (1)
    TC 6,1 Rosita   En esta hora, los niños cuentan las estrellas, y los   774
                           viejos se duermen sobre sus cabalgaduras.
caballerías (2)
    BS 1,3 Padre   Los novios y nosotros [...] los carros y en las   1199
                           caballerías que traigan.
    BS 2,1 Padre   ¡A coger las caballerías y los carros!   1222
caballerito (1)
    PB 1,1 Belisa   ¡Oh caballerito!..., esa es tu obligación.   990
caballero (12)
    TC 1,1 Rosita   ¡Qué caballero más feo y más mal educado!...   731
    TC 3,1 Mozo 2   Caballero, antes de marcharos yo quisiera que tomarais   746
                           con nosotros un vaso de vino.
    TC 4,1 Mozo   Mira: tú vas a ser muy útil a este caballero.   752
    MP 1,7 Fernando   Hablas con un caballero.   808
    MP 2,8 Conspirador 4   caballero entre los duques,   843
    MP 2,8 Conspirador 4   Caballero entre los duques,   844
    MP 2,8 Conspirador 4   el valiente caballero,   844
    MP 3,3 Alegrito   El caballero don Pedro   868
    MP 3,8 Carmen   ¡Caballero! ¡Salga pronto!   887
    DC 1,1 Madre   Caballero   1029
    CA 2,1 Padre   Caballero...   1097
    RS 2,1 Madre   Todavía me parece oír al padre de estas hijas cuando,   1393
                           generoso y caballero como era, me [...]
Caballero (1)
    MP 3,5 Mariana   de un capitán de navío, Caballero   874
caballeros (6)
    MP 2,7 Pedro   y caballeros principales.   838
    MP 2,8 Conspirador 4   ¡Caballeros! ¡Doña Mariana!   841
    MP 2,9 Mariana   y conozco muy grandes caballeros   857
    MP 3,5 Mariana   muy grandes caballeros a salvarme,   874
    DC 1,1 Cristóbal   Buenas noches, caballeros.   1023
    DC 1,1 Poeta   Pero el dueño del teatro [...] y nariz tonta y los   1036
                           caballeros con barba [...]

caballista (1)
　　ZP 2,1 Zapatero　　　　¡qué tunante caballista　　　　　　　　　　　　　960
caballistas (1)
　　ZP 2,1 Zapatera　　　　Y con serenidad de familia de caballistas que han　973
　　　　　　　　　　　　　cruzado [...]

caballito (1)
　　MP 2,8 Mariana　　　　¡Ay! ¡Ay! Caballito mío　　　　　　　　　　　　849
caballitos (2)
　　CA 1,1 Niño　　　　　los caballitos del agua.　　　　　　　　　　　　1066
　　CA 3,2 Joven　　　　　Mi casa tenía un patio enorme, donde jugaba con mis　1132
　　　　　　　　　　　　　caballitos.

caballo (68)
　　TC 0,0 Mosquito　　　　Niño, cierra esa boquita, y tú, muchacha, siéntate con　723
　　　　　　　　　　　　　cien mil de a caballo.

　　MP 1,6 Mariana　　　　Un caballo　　　　　　　　　　　　　　　　　802
　　MP 1,7 Fernando　　　　Necesito antes de las [...] confianza que espere con　811
　　　　　　　　　　　　　un caballo, más arriba de [...]
　　MP 1,7 Fernando　　　　¿Y el caballo?　　　　　　　　　　　　　　　　814
　　MP 2,5 Pedro　　　　　me salvó el pasaporte y el caballo que enviaste　　830
　　MP 2,8 Mariana　　　　que va atada a la cola de un caballo.　　　　　　848
　　MP 2,8 Mariana　　　　Mi caballo está rendido　　　　　　　　　　　　849
　　MP 2,8 Mariana　　　　caballo mío careto.　　　　　　　　　　　　　849
　　MP 2,8 Mariana　　　　¡Ay! Caballo, ve ligero.　　　　　　　　　　849
　　MP 2,8 Mariana　　　　¡Ay! Caballo, que me muero.　　　　　　　　　849
　　MP 3,3 Mariana　　　　Don Pedro vendrá a caballo　　　　　　　　　　869
　　MP 3,4 Mariana　　　　Y aunque tu caballo pone　　　　　　　　　　871
　　MP 3,6 Mariana　　　　Pedro, coge tu caballo　　　　　　　　　　　878
　　ZP 2,1 Zapatera　　　　El paró su caballo y la cola del caballo era blanca y　946
　　　　　　　　　　　　　tan larga que llegaba al agua del arroyo.

　　CA 2,1 Novia　　　　　Pero estuve viendo al caballo.　　　　　　　　1079
　　CA 2,1 Novia　　　　　¿Y no llevabas un caballo de las crines y matabas en　1093
　　　　　　　　　　　　　un día tres mil faisanes?

　　EP CV Estudiante 3　　Dicen que por las noches subía un caballo con ella a　1157
　　　　　　　　　　　　　la terraza.

　　BS 1,2 Suegra　　　　　del caballo grande　　　　　　　　　　　　　1184
　　BS 1,2 Mujer　　　　　que el caballo no quiere beber.　　　　　　　1184
　　BS 1,2 Suegra　　　　　que el caballo se pone a llorar.　　　　　　1184
　　BS 1,2 Mujer　　　　　que el caballo no quiere beber.　　　　　　　1185
　　BS 1,2 Suegra　　　　　que el caballo se pone a llorar.　　　　　　1185
　　BS 1,2 Mujer　　　　　¡Ay caballo grande　　　　　　　　　　　　1185
　　BS 1,2 Mujer　　　　　caballo del alba!　　　　　　　　　　　　　1185
　　BS 1,2 Mujer　　　　　Caballo, mi niño　　　　　　　　　　　　　1186
　　BS 1,2 Mujer　　　　　¡Ay caballo grande　　　　　　　　　　　　1186
　　BS 1,2 Mujer　　　　　que el caballo no quiere beber.　　　　　　　1186
　　BS 1,2 Suegra　　　　　que el caballo se pone a llorar.　　　　　　1187
　　BS 1,2 Leonardo　　　　Llevo más de dos meses poniendo herraduras nuevas al　1187
　　　　　　　　　　　　　caballo y siempre se le caen.
　　BS 1,2 Mujer　　　　　Eso dije. Pero el caballo estaba reventando de sudor.　1188
　　BS 1,2 Suegra　　　　　Pero ¿quién da esas carreras al caballo?　　　1189
　　BS 1,2 Mujer　　　　　que el caballo se pone a beber.　　　　　　　1193
　　BS 1,2 Suegra　　　　　que el caballo se pone a llorar.　　　　　　1193
　　BS 1,2 Suegra　　　　　¡Ay, caballo grande,　　　　　　　　　　　1193
　　BS 1,2 Mujer　　　　　caballo del alba!　　　　　　　　　　　　　1194
　　BS 1,2 Suegra　　　　　que el caballo no quiere beber.　　　　　　　1194
　　BS 1,2 Mujer　　　　　que el caballo se pone a llorar.　　　　　　1194
　　BS 1,3 Criada　　　　　¿Sentiste anoche un caballo?　　　　　　　　1204
　　BS 1,3 Novia　　　　　Sería un caballo suelto de la manada.　　　　1204
　　BS 2,1 Leonardo　　　　Yo vine a caballo. Ella se acerca por el camino.　1210
　　BS 2,1 Leonardo　　　　Los pasé con el caballo.　　　　　　　　　　1211
　　BS 2,1 Novia　　　　　Un hombre con su caballo sabe mucho y puede mucho para　1214
　　　　　　　　　　　　　poder estrujar a una muchacha metida en un desierto.
　　BS 2,1 Mujer　　　　　A la iglesia. Pero no vas en el caballo. Vienes　1223
　　　　　　　　　　　　　conmigo.
　　BS 2,2 Criada　　　　　Hicieron el camino como si hubieran venido a caballo.　1227
　　BS 2,2 Mujer　　　　　Es que no le encuentro y el caballo no está tampoco en　1239
　　　　　　　　　　　　　el establo.
　　BS 2,2 Mujer　　　　　En el caballo.　　　　　　　　　　　　　　1243
　　BS 2,2 Novio　　　　　¡Vamos detrás! ¿Quién tiene un caballo?　　　1244
　　BS 2,2 Madre　　　　　¿Quién tiene un caballo ahora mismo, quién tiene un　1244
　　　　　　　　　　　　　caballo?
　　BS 3,1 Leñador 1　　　Pero el caballo no se siente.　　　　　　　　1246
　　BS 3,1 Leñador 3　　　El lleva buen caballo.　　　　　　　　　　　1248
　　BS 3,1 Luna　　　　　Yo haré lucir al caballo　　　　　　　　　　1250
　　BS 3,1 Mozo 1　　　　Sería otro caballo.　　　　　　　　　　　　1252
　　BS 3,1 Novio　　　　　No hay más que un caballo en el mundo, y es este.　1252
　　BS 3,1 Novio　　　　　¿Viste un hombre y una mujer que corrían montados en　1254
　　　　　　　　　　　　　un caballo?
　　BS 3,1 Leonardo　　　　al caballo bridas nuevas?　　　　　　　　　　1257
　　BS 3,1 Leonardo　　　　Pero montaba a caballo　　　　　　　　　　　1258
　　BS 3,1 Leonardo　　　　y el caballo iba a tu puerta.　　　　　　　　1258
　　BS 3,2 Mendiga　　　　dos hombres en las patas del caballo.　　　　1266

caballo - cabellos

			Pág.
caballo (continuación)			
YE 1,2 Vieja 1	Pisas, y al fondo de la calle relincha el caballo.		1288
YE 2,2 Yerma	de mi carne dos pulsos de caballo		1316
RS 1,1 Tía	La lengua se me debió [...] otro, y tú, allí: el caballo y la escopeta [...]		1363
RS 1,1 Primo	Cuando mi caballo lento		1372
BA 1,1 La Poncia	Anoche ataron a su marido a un pesebre y a ella se la llevaron en la grupa del caballo hasta lo alto [...]		1455
BA 3,1 Bernarda	El caballo garañón, que está encerrado y da coces contra el muro.		1508
BA 3,1 Adela	El caballo garañón estaba en el centro del corral ¡blanco!		1515
BA 3,1 Adela	No a ti, que eres débil; a un caballo encabritado soy [...]		1528
caballos (16)			
TB QM. Viejo	Los caballos, ¡jajajá!		905
TB QM. Viejo	Nadie sabe el miedo que a mí me dan los caballos.		905
TB QM. Viejo	¡Malditos sean los caballos!		905
TB QM. Viejo	Ella no tenía miedo a los caballos.		905
TB QM. Viejo	Pasa y ha pasado... Pero los caballos... Mira.		905
ZP 2,1 Zapatera	Y que no me asusto de [...] fue desbravador de caballos y lo que se		942
ZP 2,1 Zapatero	en caballos relucientes		959
ZP 2,1 Zapatera	Y con serenidad de familia [...] hamugas, a pelo sobre los caballos.		973
DC 1,1 Rosita	sobre sus caballos,		1032
CA 1,1 Amigo	Sí, hombre, no te indignes, pero una mujer puede ser feísima y un domador de caballos puede ser hermoso.		1058
EP CV Estudiante 3	¿Y los caballos?		1157
EP CV Estudiante 5	Los caballos lograron escapar rompiendo el techo de la escena.		1157
EP CV Muchacho 1	El público quiere que el poeta sea arrastrado por los caballos.		1159
EP CV Estudiante 2	El director de escena evitó de manera genial que la masa de espectadores se enterase de esto, pero los caballos y la revolución [...]		1165
BS 2,2 Novio	Se espantaban de los caballos.		1230
RS 2,1 El Señor X	Mi amigo, el señor Longoria, [...] Levassor de veinticuatro caballos.		1375
cabe (7)			
TC 4,1 Cocoliche	No cabe duda que me he despertado.		754
MP 2,7 Conspirador 3	no cabe duda que él hace y deshace.		839
ZP 2,1 Zapatero	Yo comprendo mucho más [...] situación es..., sí, no cabe duda, idéntica a [...]		967
PB 2,1 Belisa	Lo que no cabe duda es que me ama como yo deseo...		1006
BS 3,2 Madre	que apenas cabe en la mano,		1272
BS 3,2 Novia	que apenas cabe en la mano;		1272
BS 3,2 Madre	Y apenas cabe en la mano,		1272
cabecera (1)			
BA 1,1 Bernarda	compaña de cabecera!		1448
cabecilla (1)			
MP 2,9 Pedrosa	sin poder capturar a un cabecilla...		853
cabellera (4)			
MP 3,2 Mariana	una larga cabellera.		865
EP RR Figura De C	Si yo me convirtiera en cabellera.		1145
EP CV Estudiante 3	Y toda la gente, pero [...] doctrina cuando desata su cabellera puede atropellar [...]		1166
BS 3,2 Mendiga	teñida en sangre falda y cabellera.		1266
cabelleras (1)			
PB 2,1 Belisa	Las almas hermosas están en los bordes de la muerte, reclinadas sobre cabelleras blanquísimas [...]		1007
cabello (7)			
TC 5,1 Fígaro	Somos los alcaldes de las cabezas, y a fuerza de abrir caminitos entre los bosques de cabello nos enteramos [...]		758
DC 1,1 Enfermo	donde me nace el cabello,		1025
CA 2,1 Joven	Y no son sueño tus trenzas porque las haré yo mismo de tu cabello, ni es sueño [...]		1094
CA 3,1 Mecanógrafa	Si viniera mi amigo tan alto, con todo el cabello rizado, pero [...]		1117
EP CV Estudiante 4	No son las firmas disfrazadas las que levantan la vida, sino el cabello de barómetro que tienen detrás.		1161
RS 2,1 Solterona 3	Sobre tu largo cabello		1404
BA 3,1 María Josefa	Luego nos sentaremos todos y todos tendremos el cabello blanco y seremos espuma.		1525
cabellos (8)			
TC 2,1 Cocoliche	Ella me dijo: "Una cinta negra sobre mis cabellos es como una botana sobre la fruta.		735
ZP 2,1 Zapatero	Cabellos de emperadora		959
DC 1,1 Poeta	Si el director de escena [...] llenar de escarcha sus cabellos en el acto tercero, [...]		1036

cabellos (continuación)
CA 3,1 Arlequín   hundido hasta los cabellos.   1108
BS 3,2 Novia   ¡Tu hijo era mi fin y [...] hubiesen agarrado de los   1269
                         cabellos!
YE 1,1 Yerma   y la luna me riza los cabellos.   1277
YE 2,1 Lavandera 1   ¿Qué demonio se te ha metido entre los cabellos para   1305
                         que hables así?
YE 3,1 Yerma   Yo quiero tener a mi [...] iba a llevar de los   1328
                         cabellos por las calles, [...]
caben (3)
MP 3,5 Mariana   en el que ya no caben más heridas.   875
MP 3,7 Novicia 1   Ya no caben en las ramas   880
YE 3,2 Yerma   Yo soy como un campo seco donde caben arando mil pares   1345
                         [...]
cabeza (47)
MM 1,2 Doña Curiana   dos palos en la cabeza   681
MM 1,5 Alacranito   Hay ganado en la cabeza.   690
MM 1,6 Curianito   ¿Qué tengo en mi cabeza?   701
MM 2,4 Alacranito   tu sabrosa cabeza!   710
TC 5,1 Fígaro   ¡Qué hermosísima cabeza tiene usted!   759
TC 5,1 Fígaro   Don Cristobita tiene la cabeza de madera.   760
MP 1,5 Mariana   la cabeza levantada.   801
MP 3,1 Novicia 1   Reluce su cabeza   860
MP 3,1 Novicia 2   ¿Reluce su cabeza?   860
MP 3,3 Mariana   besándome la cabeza.   869
MP 3,4 Mariana   acariciar mi cabeza.   871
ZP 1,1 Alcalde   Y a ver si se despeja esa cabeza.   928
CA 2,1 Joven   Sería el aire cuajado en bocas para besar tu cabeza.   1092
CA 2,1 Joven   Que tenía en el centro la cabeza de un tigre. Y...   1098
                         ¿están rotos?
CA 3,2 Criado   Dicen que con las anémonas y adormideras duele la   1135
                         cabeza a ciertas horas del día.
EP RR Figura De P   Y deja mi cabeza de amor en la ruina.   1153
EP RR Figura De P   La cabeza de uno que siempre fue uno.   1153
EP CV Estudiante 4   La primera bomba de la revolución barrió la cabeza del   1157
                         profesor de Retórica.
BS 1,2 Mujer   ¿Qué idea te bulle por dentro de la cabeza?   1192
BS 2,2 Madre   Sola, no. Que tengo la cabeza llena de cosas y de   1241
                         hombres y de luchas.
BS 3,1 Novia   me sube por la cabeza!   1256
BS 3,1 Novia   me sube por la cabeza!   1257
BS 3,1 Novia   espinas en la cabeza.   1260
YE 2,1 Lavandera 4   Si los trigos verdes tuvieran cabeza, temblarían de   1306
                         verlos venir.
YE 2,2 Juan   Con ese achaque vives alocada, sin pensar en lo que   1314
                         debías, y te empeñas en meter la cabeza por una roca.
YE 2,2 Yerma   Cuando tenga la cabeza atada con un pañuelo [...]   1314
YE 3,1 Yerma   Yo tengo la idea de que [...] hasta que retiren la   1328
                         cabeza: "Otro poquito [...]
YE 3,1 Yerma   Es en ese muro donde tengo que estrellar mi cabeza.   1334
YE 3,1 Yerma   Una cosa es querer con la cabeza...   1335
YE 3,1 Yerma   Una cosa es querer con la cabeza y otra cosa es que el   1335
                         cuerpo, ¡maldito sea el cuerpo!,
RS 1,1 Ama   Que deje usted esos bolillos con ese tiquití, que me   1360
                         va a estallar la cabeza de tiquitís.
RS 1,1 Rosita   sobre mi cabeza, flores?   1370
RS 2,1 Ama   A veces me gustaría tirarle un zapato a la cabeza.   1381
RS 3,1 Ama   ...y coger una espada y cortarle la cabeza y   1414
                         machacársela [...]
RS 3,1 Ama   Pero estoy segura que van al infierno de cabeza.   1424
RS 3,1 Tía   Todos los cristianos [...] también al infierno de   1425
                         cabeza.
RS 3,1 Rosita   Y hoy se casa una amiga [...] otro, hermoso, con la   1428
                         cabeza rizada, que comenta: [...]
BA 1,1 Bernarda   Volver la cabeza es buscar el calor de la pana.   1447
BA 1,1 Bernarda   Sí, pero no el pañuelo de la cabeza.   1453
BA 1,1 La Poncia   Paca la Roseta traía el pelo suelto y una corona de   1456
                         flores en la cabeza.
BA 1,1 Magdalena   Siempre cabeza con cabeza como dos ovejitas, pero sin   1463
                         desahogarse con nadie.
BA 2,1 Adela   Si quieres te daré mis [...] tienes, pero vuelve la   1479
                         cabeza cuando yo paso.
BA 2,1 La Poncia   Con la cabeza y las manos llenas de ojos cuando se   1480
                         trata de lo que se trata.
BA 2,1 Bernarda   ¿Qué imagina tu cabeza?   1496
BA 3,1 Martirio   Déjame decirlo con la cabeza fuera de los embozos.   1527
BA 3,1 Martirio   ¡Por ella! Hubiera volcado un río de sangre sobre su   1531
                         cabeza.

cabezada - caer

Pág.

cabezada (1)
BS 3,2 Novia   ¡Tu hijo era mi fin y yo no lo he engañado, pero el   1269
                    brazo del otro me arrastró como un golpe de mar, como
                    la cabezada de un mulo, [...]
cabezas (2)
TC 5,1 Fígaro   Somos los alcaldes de las cabezas, y a fuerza de [...]   758
RS 1,1 Ama   Pero aquí... rosas por [...] despeinados como unas   1353
                    cabezas de gitanillas.
cabía (2)
CA 2,1 Criada   Mi padre estuvo en el Brasil dos veces y era tan chico   1083
                    que cabía en una maleta.
BS 2,1 Mujer   Que me cabía todo el campo en la boca.   1224
cabo (1)
BS 1,3 Padre   No debes estar seria. Al fin y al cabo ella va a ser   1200
                    tu madre.
cabra (2)
CA 1,1 Niño   a jugar a la cabra.   1065
CA 1,1 Gata   ¿Qué es la cabra?   1065
cabras (1)
BA 1,1 Bernarda   Igual que si hubiese pasado por ella una manada de   1451
                    cabras.
caca (1)
EP RR Figura De C   Si yo me convirtiera en caca.   1145
cachiporra (1)
DC 1,1 Cristóbal   Porque si no estamos, yo tengo la cachiporra y ya   1033
                    sabes lo que pasa.
cada (57)
cadalso (2)
MP 0,0 Mosquito   en cadalso por no declarar!   781
MP 3,9 Mariana   en cadalso por no declarar!   891
cadena (5)
MP 1,7 Mariana   el grosor de mi cadena.   810
ZP 1,1 Zapatera   ¿No llevas tu reloj, tan hermoso, con cadena de plata   922
                    y venturinas, al que le doy cuerda todas las noches?
EP RR Figura De P   Ayer estuve en casa del fundidor y encargué una cadena.   1150
BS 3,1 Novia   el metal de esta cadena,   1256
BS 3,2 Muchacha 2   cadena a tus pies   1262
cadenas (4)
MP 1,5 Fernando   largas cadenas de agua.   801
ZP 2,1 Zapatero   las onzas de sus cadenas.   959
CA 2,1 Novia   Dos días tan solo han bastado para sentirme cargada de   1095
                    cadenas.
BA 2,1 Bernarda   Pero todavía no soy anciana y tengo cinco cadenas para   1495
                    vosotras [...]
cadera (1)
ZP 2,1 Zapatero   y dos en cada cadera.   962
caderas (1)
BS 3,1 Leonardo   mi cintura y tus caderas.   1260
Cadiar (1)
MP 1,7 Fernando   Esta noche, disfrazado de contrabandista, tengo   811
                    absoluta necesidad de salir para Válor y Cadiar, donde
                    espero [...]
Cádiz (4)
TC 3,1 Contrabandista 1   De Cádiz a Gibraltar   741
TC 3,1 Contrabandista 1   De Cádiz a Sevilla   741
MP 2,8 Pedro   ¿Y las gentes de Cádiz?   841
DC 1,1 Director   Llenemos el teatro de [...] de la tía Norica, de   1043
                         Cádiz; hermano de Monsieur [...]
cae (7)
MM 2,1 Curianita 1   Cae de las azucenas.   704
MP 2,7 Conspirador 2 sobre las casas de Granada cae.   835
DC 1,1 Poeta   Si el director de escena [...] acto tercero, donde cae   1036
                     la nieve sobre los [...]
CA 3,2 Jugador 3   Hay veces en que la ropa nos cae tan bien, que ya no   1138
                     quisiéramos...
RS 3,1 Rosita   Que cae a un lado y otro del polisón.   1433
BA 1,1 Mujer 3   Cae el sol como plomo.   1446
BA 3,1 La Poncia   A lo mejor, de pronto, cae un rayo.   1519
caen (3)
TC 3,1 Contrabandista 1   Y las estrellas se caen sobre las casas...   742
ZP 1,1 Niño   ¡Que se te caen las horquillas!   938
BS 1,2 Leonardo   Llevo más de dos meses poniendo herraduras nuevas al 1187
                         caballo y siempre se le caen.
caer (7)
MM 1,1 Curiana N   y sentí caer   672
MM 1,5 Curiana N   ¿qué amarga aurora vieron tus ojos al caer?   698
CA 1,1 Amigo 2   Va a caer un aguacero..., pero aguacero bonito el que   1073
                     cayó el año pasado.
YE 1,1 Yerma   Yo veo por mis ojos que eso no puede ser... A fuerza   1276
                     de caer la lluvia sobre [...]
YE 3,2 Vieja   Mira qué maldición ha venido a caer sobre tu hermosura. 1344

caer (continuación)
  BA 1,1 Amelia   Te los vas a pisar y te vas a caer.   1461
  BA 1,1 Amelia   Estarán al caer.   1462
caerá (4)
  MM 1,6 Curiana N   Caerá toda la noche sobre su pobre frente.   701
  MM 2,5 Gusano 2   Pronto caerá sobre las hierbas,   712
  MM 2,5 Gusano 1   ¿Caerá de los ramajes   712
  PB 3,1 Belisa   Jazminero flotante y sin raíces, el cielo caerá sobre 1012
                            mi espalda sudorosa... ¡Noche!,
caerás (1)
  BA 3,1 Bernarda   Pepe, tú irás corriendo vivo por lo oscuro de las   1532
                            alamedas, pero otro día caerás.
caeremos (1)
  CA 1,1 Amigo 2   En cambio, dentro de cuatro o cinco años existe un   1075
                            pozo en el que caeremos todos.
café (S) (2)
  MP 1,6 Fernando   voy al café de la Estrella.   804
  MP 2,7 Mariana   y el café de la Estrella está desierto.   839
café (5)
  ZP 2,1 Zapatera   Va usted a tomar copa, café, refresco, ¿diga?   941
  ZP 2,1 Zapatera   Tome un poquito de café caliente, que después de toda 967
                            esta tracamundana le servirá de salud.
  PB 3,1 Marcolfa   Yo le llevaba por las mañanas el café con leche y las   1009
                            uvas...
  YE 1,1 Yerma   Habrás comprado café para el desayuno, azúcar, los   1278
                            panes.
  RS 2,1 Ama   ¡Que venga y que te coja del brazo y que menee el   1410
                            azúcar de tu café y lo pruebe antes a ver si quema!
cafetín (1)
  ZP 1,1 Zapatera   Pero ¿habrá tenido el valor de marcharse al cafetín,   934
                            dejando la puerta [...]
cagó (3)
  DC 1,1 Cristóbal   de las que cagó el moro,   1029
  DC 1,1 Cristóbal   de las que cagó la gata,   1030
  DC 1,1 Cristóbal   Yo te doy la onza de oro de las que cagó el moro y tú   1034
                            me [...]
caían (1)
  RS 2,1 Ayola 2   Me acuerdo que algunas veces se le caían las lágrimas. 1397
caída (2)
  MM 1,5 Curiana N   Dulce estrella caída de un ciprés soñoliento,   698
  YE 2,2 Juan   Estuve podando los manzanos y a la caída de la tarde   1311
                            me [...]
caído (3)
  DC 1,1 Enfermo   pero no había caído en ello   1025
  RS 2,1 Tía   ¿Qué se te ha caído?   1382
  RS 2,1 Rosita   ¡Pues celebramos que no te hayas caído!   1398
caídos (2)
  RS 1,1 Tío   Porque es increíble la "rosa declinata" de capullos   1356
                            caídos y la inermis que no tiene espinas; ¡qué
                            maravilla!,
  RS 2,1 Ama   Son todos bajos y un poquito caídos de hombros.   1381
caiga (2)
  TB QM. Viejo   Caiga un rayo sobre todos sus ojos.   905
  BS 2,1 Criada   Quiero que te caiga sobre la frente ¡Qué hermosa estás! 1207
caigan (1)
  ZP 2,1 Zapatera   Siéntese usted en el [...] palmeras esperando que le   951
                            caigan los dátiles, que [...]
caigo (1)
  CA 2,1 Novia   Y si me caigo, no hacerme sangre; y si agarro una   1087
                            zarzamora, no herirme.
caimán (1)
  DC 1,1 Rosita   con un caimán,   1035
caireles (1)
  RS 3,1 Ama   En medio de las dos, [...] nácar lleno de cirios y   1425
                            caireles.
caja (10)
  TC 1,1 Rosita   Heredó de su abuela tres duros y una caja de   727
                            membrillo, y... ¡nada más!
  MP 2,1 Niño   en caja de coral.   823
  MP 2,1 Niña   sobre la caja van,   823
  CA 1,1 Niño   estrellas de papel sobre mi caja.   1062
  CA 1,1 Niño   Agremanes y vidrios adornan mi caja;   1065
  CA 1,1 Amigo 2   En una caja así de pequeña, y ustedes se van a luchar   1074
                            con la
  CA 3,1 Joven   Corre por dentro de mí, como una hormiga sola dentro   1125
                            de una caja cerrada.
  CA 3,2 Criado   Por eso ha gastado todo lo que tenía en la ropa del   1131
                            niño y en la caja.
  RS 3,1 Ama   En medio de las dos, [...] rosas, como salió en su   1425
                            caja de esta habitación; [...]
  BA 1,1 Criada   ¡Venga caja con filos dorados y toalla para llevarla!   1445

cajita - caliente

Pág.

cajita (1)
DC 1,1 Poeta — Pero el dueño del teatro tiene a los personajes metidos en una cajita de hierro para [...] — 1036

cajoncillo (1)
TC 5,1 Currito — Cansa-Almas, dame las botitas y el cajoncillo. — 756

cal (1)
TC 3,1 Joven — Los andaluces van a pintarnos con cal hasta las carnes. — 743

cala (1)
YE 1,1 Yerma — A mí me gustaría que fueras al río y nadaras y que te subieras al tejado cuando la lluvia cala nuestra vivienda. — 1274

calabacines (1)
ZP 2,1 Zapatera — La gente me canta coplas, [...] las autoridades son calabacines, ceros a [...] — 948

calabaza (1)
ZP 1,1 Zapatera — Mi cocido, con sus patatas [...] tocino, y arrope con calabaza y cáscara de [...] — 934

caladas (3)
BS 1,1 Madre — Le compras unas medias caladas, y para ti dos trajes... ¡Tres! — 1177
BS 1,2 Muchacha — ¡Y compraron unas medias caladas!... — 1191
BS 1,3 Criada — Siquiera las medias. Dicen que son todas caladas. ¡Mujer! — 1203

calado (1)
MP 2,9 Pedrosa — calado hasta los huesos por la lluvia, — 851

calados (1)
MP 1,4 Amparo — calados hasta las cejas. — 793

calamidad (1)
RS 3,1 Tía — Y no había calamidad que no remediase... [...] — 1427

calañés (1)
MP 1,4 Amparo — (calañés y altas peinetas) — 793

calaras (1)
EP RR Figura De P — Quisiera que tú calaras hasta lo hondo. — 1147

Calatrava (1)
MP 3,5 Mariana — de Calatrava. ¡Déjeme tranquila! — 874

calavera (1)
MM 0,0 — Parece que el niño Cupido duerme muchas veces en las cuevas vacías de su calavera. — 670

calceta (1)
YE 2,1 Lavandera 1 — Con una aguja de hacer calceta ensartaría yo las lenguas murmuradoras. — 1305

calcetines (1)
RS 3,1 Ama — El mismo se plancha los cuellos y cose sus calcetines, y cuando [...] — 1424

caldera (1)
RS 3,1 Ama — Del primer empujón que le doy a la caldera de Pedro Botero [...] — 1425

calderilla (1)
DC 1,1 Cristóbal — y un puñado de calderilla — 1030

calentado (1)
BS 3,2 Madre — ¡Floja, delicada, mujer de mal dormir es quien tira una corona de azahar para buscar un pedazo de cama calentado por otra mujer! — 1269

calentarme (2)
BS 3,1 Luna — donde pueda calentarme! — 1249
BS 3,1 Luna — para poder calentarme! — 1250

calentura (3)
ZP 1,1 Mozo — ¡Ay zapaterita, qué calentura tengo! — 931
ZP 2,1 Alcalde — Muchas mujeres he conocido [...] tienen las manos con calentura, mujeres cuyo [...] — 949
BA 1,1 La Poncia — ¡Sarmentosa por calentura de varón! — 1448

calesas (1)
MP 1,4 Amparo — sobre pintadas calesas — 793

calienta (1)
BS 2,1 Novia — Pero se me calienta el alma de que vengas a verme y atisbar mi boda y preguntes con intención por el azahar. — 1214

caliente (16)
MP 1,5 Fernando — más caliente y encarnada. — 799
ZP 2,1 Zapatera — Tome un poquito de café caliente, que después de toda esta tracamundana le servirá de salud. — 967
PB 1,1 Belisa — ¡Como el plumón caliente de los cisnes!... — 989
DC 1,1 Cristóbal — Para ponerte el cuello caliente. — 1026
DC 1,1 Cristóbal — Te voy a poner la barriga caliente. — 1030
CA 2,1 Maniquí — Y en vez de rumor caliente, — 1100
EP RR Figura De C — ¿Dónde podría encontrar una bebida caliente en esta ruina? — 1151
BS 1,2 Mujer — su belfo caliente — 1185
BS 1,3 Madre — Que viviría caliente y macho como era, si los hombres no hubieran inventado las navajas. — 1199
BS 3,1 Luna — ¡Caliente!, que se derrame — 1250

caliente (continuación)

YE 2,1 Yerma	como un jazmín caliente	1300
YE 2,1 Lavandera 4	Como un jazmín caliente	1306
YE 2,1 Lavandera 2	Como un jazmín caliente	1310
RS 2,1 Rosita	tan caliente sobre el tallo,	1403
RS 3,1 Ama	Del primer empujón que le doy a la caldera de Pedro Botero hago llegar el agua caliente a los confines [...]	1425
BA 1,1 Mujer 3	No te faltará la hogaza de pan caliente.	1449

calientes (1)

YE 3,1 Yerma	Cuando me cubre cumple [...] asco de las mujeres calientes, quisiera ser [...]	1329

cáliz (3)

EP CV Desnudo	Padre mío, aparta de mí este cáliz de amargura.	1156
EP CV Traspunte	Solo faltan los candeleros, el cáliz y las ampollas de aceite alcanforado.	1163
YE 2,1 Lavandera 2	ombligo, cáliz tierno de maravilla!	1309

calma (V) (2)

MM 1,6 Curianito	Calma las tristezas de este enamorado,	701
YE 3,2 Mujer 2	Señor, calma con tu mano	1339

calma (6)

TC 6,1 Currito	¡Calma, señor mío, calma!	776
MP 2,9 Pedrosa	Tenga más calma.	854
ZP 2,1 Zapatero	Calma, muchacha. ¿Es que su marido está en la calle?	963
EP CV Muchacho 1	Calma.	1169
RS 3,1 Ama	¡Un poco de calma!	1424

calmaos (1)

MM 1,2 Doña Curiana	Silvia, calmaos, por favor;	679

calmar (3)

MM 1,4 Curianito	para calmar su ardor.	687
MP 1,7 Fernando	si puede calmar tu pena!	810
ZP 0,0 El Autor	Por este miedo absurdo, [...] millones de peces para calmar el hambre de una [...]	911

cálmate (1)

BA 1,1 La Poncia	¡Bernarda, cálmate!	1455

calme (1)

MM 1,2 Curianita Silvia	que calme	679

Calomarde (1)

MP 2,7 Pedro	mal que le pese a Calomarde!	839

calor (23)

MP 2,5 Pedro	entre el calor entero del pueblo de Granada.	829
ZP 2,1 Zapatera	Mi marido me dejó por culpa de las gentes y ahora me encuentro sola, sin calor de nadie.	963
ZP 2,1 Zapatero	Sí, sí, canallas...; pero pronto ajustaré cuentas con todos y me las pagarán... ¡Ah, casilla mía, qué calor más agradable sale [...]	971
PB 3,1 Belisa	He sentido tu calor y tu peso, delicioso joven de mi alma... ¡Oh !...,	1012
CA 1,1 Joven	Sí, las seis y con demasiado calor.	1047
CA 1,1 Joven	Ruido, ruido siempre, polvo, calor, malos olores.	1049
CA 1,1 Amigo	Hombre solo, hombre serio, ¡y con este calor!	1056
CA 1,1 Amigo	¡Abre la ventana! Tengo calor.	1060
CA 2,1 Maniquí	ansia de calor de boca.	1101
CA 2,1 Joven	aguarda calor y ayuda.	1104
CA 3,1 Joven	Sangre pura y calor hondo	1122
CA 3,2 Joven	Hace demasiado calor.	1138
BS 1,1 Madre	¿Has visto qué día de calor?	1183
BS 2,1 Novia	No se puede estar ahí dentro, del calor.	1206
BA 1,1 Mujer 1	Hace años no he conocido calor igual.	1446
BA 1,1 Bernarda	Volver la cabeza es buscar el calor de la pana.	1447
BA 1,1 Martirio	Yo no tengo calor.	1451
BA 2,1 Martirio	Esta noche pasada no me podía quedar dormida por el calor.	1473
BA 2,1 La Poncia	Se empeña que con el calor que hace vaya a traerle no sé qué de la tienda.	1483
BA 2,1 Amelia	¡Y no les importa el calor!	1486
BA 2,1 Martirio	Me sienta mal el calor.	1488
BA 2,1 Bernarda	¡Qué escándalo es este en mi casa y en el silencio del peso del calor!	1492
BA 3,1 Bernarda	Debe tener calor.	1508

calzaron (1)

BS 3,1 Leonardo	me calzaron las espuelas?	1257

calla (48)

MM 1,5 Curianito	Calla y vete a tu bosque.	692
MM 2,4 Alacranito	¡Calla, Curiana fea!	711
TC 4,1 Cansa-Almas	¡Calla!	753
MP 2,5 Mariana	¡Calla!	830
MP 2,6 Mariana	¡Calla!	834
MP 2,8 Conspirador 4	España entera calla, ¡pero vive!	842
MP 3,1 Carmen	¡Calla con una firmeza!	864

calla - callar

calla (continuación)   Pág.
  DC 1,1 Director   Si no se calla usted, subo y le parto esa cara de pan   1020
                           de maíz que tiene.
  CA 1,1 Niño   Calla.   1068
  CA 2,1 Joven   Yo también pregunto. Calla.   1101
  CA 3,1 Joven   Calla.   1126
  BS 1,1 Madre   Calla. Todo eso son invenciones, pero no consuelos.   1179
  BS 1,2 Suegra   Mi niño se calla.   1185
  BS 1,3 Novia   Calla he dicho. Hablemos de otro asunto.   1204
  BS 2,1 Novia   Calla.   1207
  BS 3,1 Novio   Calla.   1252
  BS 3,1 Leonardo   ¡Calla!   1256
  BS 3,1 Leonardo   ¡Calla, digo!   1256
  BS 3,1 Leonardo   Ya dimos el paso; ¡calla!,   1256
  BS 3,2 Muchacha 1   ¡Calla, vieja, calla!   1266
  BS 3,2 Madre   Calla.   1267
  BS 3,2 Madre   Calla, he dicho.   1267
  BS 3,2 Madre   Calla, calla; ¿qué me importa eso a mí?   1269
  BS 3,2 Novia   ¡Calla, calla!   1270
  YE 1,1 Juan   Calla. Demasiado trabajo tengo yo con oír en todo   1276
                           momento...
  YE 1,2 Yerma   Calla, no digas esas cosas.   1293
  YE 2,1 Lavandera 2   ¡Calla!   1305
  YE 3,1 Dolores   ¡Calla!   1331
  YE 3,1 Juan   Calla. Vamos.   1334
  YE 3,1 Juan   ¡Calla he dicho!   1334
  YE 3,1 Juan   Calla.   1335
  YE 3,2 Yerma   ¡Calla, calla, si no es eso!   1345
  RS 1,1 Tía   Calla. No repliques.   1352
  RS 1,1 Tía   Calla.   1363
  RS 1,1 Manola 2   Calla.   1369
  RS 2,1 Solterona 3   lo que el ruiseñor se calla.   1403
  RS 3,1 Tía   Calla, ¡no sigas!   1416
  RS 3,1 Rosita   ¡Vamos, calla!   1434
  BA 1,1 Bernarda   ¡Calla esa lengua atormentadora!   1457
  BA 1,1 Martirio   ¡Calla!   1467
  BA 2,1 Adela   ¡Calla!   1480
  BA 2,1 Adela   ¡Calla!   1481
  BA 2,1 Martirio   ¡Calla y no me hagas hablar, que si hablo se van a   1494
                           juntar las paredes unas con otras de vergüenza!
  BA 3,1 Martirio   ¡Calla!   1528
callad (4)
  TC 0,0 Mosquito   Callad, para que el silencio se quede más clarito,   723
                           como si estuviese en su misma fuente.
  TC 0,0 Mosquito   Callad para que se asiente el barrillo de las últimas   723
                           conversaciones.
  TC 6,1 Rosita   ¡Callad, por Dios!   775
  RS 1,1 Ama   Callad.   1370
callada (1)
  BA 3,1 Bernarda   Ahora te has vuelto callada.   1518
callados (1)
  BA 2,1 La Poncia   "Buenas noches", le dije yo, y nos quedamos callados   1476
                           más de media hora.
callan (4)
  CA 1,1 Niño   todos lloran. Todos callan.   1065
  YE 3,1 Juan   Cuando llego a un corro todos callan; cuando voy a   1333
                           pesar la harina, todos callan, y hasta de noche, en el
                           campo, cuando despierto, me parece que también se
                           callan las ramas de los [...]
callando (1)
  ZP 1,1 Alcalde   Mira, ya te estás callando.   938
callaos (1)
  MM 2,1 Curianita Santa ¡Callaos!   703
callar (19)
  TC 1,1 Padre   ¡A bordar y a callar!   733
  MP 1,6 Clavela   Lo mejor es callar en estos casos.   803
  MP 3,5 Mariana   de callar y vivir con alegría.   874
  ZP 1,1 Zapatero   ¿Te quieres callar?   918
  ZP 2,1 Alcalde   ¡A callar!   957
  ZP 2,1 Vecina Roja   ¡Siempre llora quien tiene por qué callar!   960
  BS 1,1 Vecina   A ti y a mí nos toca callar.   1183
  BS 1,2 Leonardo   ¿Te puedes callar?   1193
  BS 2,1 Novia   ¿Te quieres callar?   1207
  BS 2,1 Leonardo   Callar y quemarse es el castigo más grande que nos   1214
                           podemos echar encima.
  BS 2,2 Madre   Pero me llevan a los muertos y hay que callar.   1227
  BS 3,1 Leñador 3   Callar.   1246
  BS 3,2 Madre   ¿Te quieres callar?   1267
  YE 2,1 Lavandera 2   ¡Callar!   1305
  YE 3,2 Vieja   Lo que ya no se puede callar.   1344
  BA 2,1 La Poncia   ¡Callar! ¡Callar!   1487

callar (continuación)
| BA 2,1 Bernarda | Obrar y callar a todo. | 1500 |
| BA 3,1 Bernarda | ¡A callar he dicho! | 1532 |

callaré (2)
| TC 1,1 Rosita | Está bien. ¡Me callaré! | 733 |
| DC 1,1 Poeta | Ya he terminado; me callaré. | 1020 |

callaremos (1)
| MM 1,1 Curiana N | En fin, callaremos, yo mucho le amé. | 674 |

callaría (1)
| BS 1,1 Madre | No callaría nunca. | 1173 |

callarme (3)
YE 3,1 Juan	Si pudiera dar voces [...] de ahogarlo todo y callarme, porque eres [...]	1331
RS 1,1 Ama	y como soy criada no puedo hacer más que callarme, que es lo que hago, y no puedo replicar y decir...	1360
RS 2,1 Tío	Se puede, pero prefiero callarme.	1385

callarnos (2)
| MP 2,8 Conspirador 4 | Ahora mismo tenemos que callarnos. | 842 |
| YE 2,2 Yerma | Vamos a callarnos. | 1313 |

callarse (3)
ZP 2,1 Zapatera	¡Callarse, largos de lengua, judíos colorados!	978
DC 1,1 Director	Haga usted el favor de callarse.	1020
RS 2,1 Rosita	Por favor, callarse.	1397

callas (1)
| YE 1,2 Yerma | Y tú también, tú también te callas y te vas con aire [...] | 1291 |

cállate (17)
MM 1,5 Curianito	Cállate ya.	691
ZP 1,1 Zapatera	Cállate, larga de lengua, [...]	912
ZP 1,1 Zapatera	¡Cállate!	918
ZP 1,1 Niño	Cállate y habla en voz baja, ¿no ves que se espanta si no?	935
ZP 2,1 Niño	¡Cállate!	957
DC 1,1	Hombres y mujeres, atención; niño, cállate.	1019
EP RR Centurión	¡Cállate, rata vieja! ¡Hijo de la escoba!	1154
EP CV Enfermero	Cállate. Ya es este el tercer termómetro que rompes.	1156
BS 1,2 Suegra	¡Cállate!	1193
BS 1,3 Novia	¡Cállate! ¡Maldita sea tu lengua!	1205
BS 3,1 Leonardo	Cállate. Ya suben.	1260
YE 3,1 Yerma	¡Cállate!	1332
RS 1,1 Ama	Temblando de todo, para que le digan a una: "¡Cállate!";	1360
RS 2,1 Tía	Pues cállate.	1379
RS 3,1 Tía	Y no había calamidad [...] más pura...; no, no, ¡cállate, vieja!	1427
RS 3,1 Tía	¡Cállate, habladora, y respeta la voluntad de Dios!	1427
BA 1,1 Mujer 1	Niña, cállate.	1446

calle (V) (7)
ZP 2,1 Zapatera	Calle usted, viejísimo, calle usted; con hijas [...]	949
BS 1,1 Novio	Calle usted.	1173
RS 3,1 Rosita	Calle.	1428
BA 1,1 Bernarda	¡Calle usted, madre!	1470
BA 3,1 Martirio	Calle, calle.	1525

calle (52)
TC 1,1 Rosita	Me pondré una flor amarilla sobre el cucuné, y un velo que arrastrará por toda la calle.	725
TC 6,1 Rosita	¡No, no, Cristóbal! Son las carcomas, son los niños en la calle...	772
MP 1,1 Angustias	¿Qué le importan las cosas de la calle?	784
MP 1,5 Mariana	por la calle solitaria.	796
MP 1,5 Mariana	¿Hay mucha gente en la calle?	797
MP 1,6 Mariana	se aleja por la calle. ¿Tú lo sientes?	802
MP 1,6 Clavela	¡En la calle, señora!	806
MP 2,5 Pedro	Vives en una calle silenciosa, y la noche	829
MP 2,5 Mariana	que mis palabras suenan claramente en la calle.	830
MP 2,7 Conspirador 2	hasta la entrada de esta oscura calle.	836
MP 2,7 Pedro	debe estar ya muy cerca de esta calle.	837
MP 3,5 Pedrosa	ya vendrán por la calle a recogerla.	876
MP 3,9 Carmen	que los niños lamenten tu dolor por la calle!	890
ZP 0,0 El Autor	A empezar, tú llegas de la calle.	912
ZP 1,1 Zapatera	Merecías, por tonto, que colmara la calle a gritos.	923
ZP 2,1 Zapatera	Los voy a tener que plantar en lo ancho de la calle.	942
ZP 2,1 Vecina Roja	Como estamos en lo ancho de la calle, no creo que le estorbemos.	953
ZP 2,1 Zapatero	Calma, muchacha. ¿Es que su marido está en la calle?	963
DC 1,1 Director	Si yo tuviera imaginación ya le habría puesto de patitas en la calle.	1037
DC 1,1 Rosita	Son los leones del circo, son los maridos ultrajados que hablan en la calle.	1040
CA 1,1 Viejo	¿Qué pasa en la calle?	1049
CA 1,1 Joven	Me molesta que las cosas de la calle entren en mi casa.	1049

calle - callo

calle (continuación)   Pág.
    CA 1,1 Amigo   Y con un bastón te voy a echar a la calle.   1057
    CA 2,1 Joven   Y luego... en la calle he golpeado a unos niños que   1092
                           estaban matando un gato a pedradas.
    CA 2,1 Joven   Vete a la calle a buscar   1102
    CA 2,1 Maniquí   En la calle.   1105
    CA 3,1 Joven   ¿Está interceptada también la calle de los chopos?   1119
    BS 1,1 Madre   Hace veinte años que no he subido a lo alto de la   1178
                           calle.
    BS 2,2 Madre   Las niñas no salen jamás a la calle.   1228
    BS 2,2 Madre   Cuando yo llegué a ver a mi hijo, estaba tumbado en 1229
                           mitad de la calle.
    BS 3,1 Leñador 1   Su casta de muertos en mitad de la calle.   1247
    YE 1,1 Juan   La calle es para la gente desocupada.   1277
    YE 1,1 Yerma   No corras por las piedras de la calle.   1284
    YE 1,2 Vieja 1   Pisas, y al fondo de la calle relincha el caballo.   1288
    YE 1,2 Muchacha 2   Cuánto mejor se está en medio de la calle.   1294
    YE 3,1 Yerma   A veces, cuando ya estoy [...] hombres que andan por 1328
                           la calle y los toros y las [...]
    YE 3,2 Vieja   Y en cuanto a tu marido, hay en mi casa entrañas y   1345
                           herramientas para que no cruce siquiera la calle.
    RS 1,1 Rosita   Granada, calle de Elvira,   1366
    RS 1,1 Rosita   Granada, calle de Elvira,   1368
    RS 2,1 Tía   ¡A la calle inmediatamente!   1382
    RS 2,1 Ama   ¡A la calle!   1382
    RS 2,1 Rosita   Pero es que en la calle noto cómo pasa el tiempo y no 1389
                           quiero perder las ilusiones.
    RS 3,1 Rosita   Pero yo prefiero salir de aquí con la calle a oscuras. 1426
    BA 1,1 Criada   Por la puerta se va a la calle. Las sobras de hoy son 1444
                           para mí.
    BA 1,1 Bernarda   En ocho años que dure el luto no ha de entrar en esta 1451
                           casa el viento de la calle.
    BA 1,1 Martirio   Su novio no la deja salir ni al tranco de la calle. 1459
    BA 1,1 Adela   No quiero que se me pongan [...] echaré a pasear por 1466
                           la calle.
    BA 1,1 Criada   Pepe el Romano viene por lo alto de la calle.   1467
    BA 2,1 La Poncia   Ayer me contó mi hijo mayor que a las cuatro y media 1501
                           de la madrugada, que pasó por la calle con la yunta,
                           estaban [...]
    BA 2,1 Criada   En lo alto de la calle hay un gran gentío y todos los 1503
                           vecinos están en sus puertas.
    BA 2,1 La Poncia   La traen arrastrando por la calle abajo y por las [...] 1505
    BA 3,1 Prudencia   Desde que se peleó con sus hermanos por la herencia no 1507
                           ha salido por la puerta de la calle.
callejón (2)
    BA 2,1 Amelia   Mira tú cómo están las vecinas del callejón,   1484
                           sacrificadas por cuatro monigotes.
    BA 2,1 Martirio   No quise asomarme. ¿No habláis ahora por la ventana 1502
                           del callejón?
callejuela (1)
    EP CV Estudiante 2   La callejuela está llena de gente armada y es difícil 1156
                           huir por allí.
calles (V) (1)
    CA 2,1 Novia   ¡Te he dicho que te calles!   1083
calles (13)
    MP 2,1 Niño   Por las calles de Córdoba   823
    MP 2,5 Pedro   La bandera que bordas temblará por las calles   829
    MP 2,9 Pedrosa   de recorrer las calles silenciosas,   851
    MP 3,3 Alegrito   Las calles están desiertas.   867
    MP 3,8 Mariana   Si delato, por todas las calles de Granada   885
    CA 2,1 Novia   Busca. Por las calles, por el campo.   1096
    BS 3,1 Luna   por los montes y las calles.   1249
    YE 3,1 Yerma   Yo quiero tener a mi [...] los cabellos por las   1328
                           calles, recibiría con [...]
    YE 3,1 Juan   Las calles están llenas de machos.   1332
    YE 3,1 Juan   En las calles no hay flores que cortar.   1332
    RS 1,1 Ama   Pidiendo ochavitos por las calles me quedo yo al lado 1364
                           de esta prenda.
    RS 1,1 Manola 2   Por calles en sombra.   1368
    RS 3,1 Rosita   Por eso yo comprendo muy bien a esas viejecillas   1433
                           borrachas que van por las calles queriendo borrar [...]
cállese (2)
    DC 1,1 Director   Cállese y no diga barbaridades.   1023
    RS 2,1 Tía   ¡Cállese, mal educada!   1382
callo (5)
    MP 1,6 Fernando   Me callo.   804
    ZP 1,1 Zapatero   Por eso me callo y no me disgusto contigo...   916
                           ¡Demasiado sé yo!...
    RS 1,1 Sobrino   Callo. Pero no confunda usted el respeto con la falta 1363
                           de vergüenza.
    BA 1,1 María Josefa   No, no me callo.   1470

callo (continuación)
BA 2,1 La Poncia	¡No callo!	1481

cama (37)
TB QM. Mujer	Yo, en cambio, estaré sola en la cama.	909
ZP 2,1 Alcalde	Que la casa tiene una cama con coronación de [...]	951
ZP 2,1 Zapatera	Siéntese usted en el estrado, métase usted en la cama, mírese usted en [...]	951
ZP 2,1 Zapatera	La navaja se contesta [...] y me voy sola a mi cama..., me da una pena..., [...]	974
ZP 2,1 Zapatera	Que yo sola meneo sin querer las perinolas de la cama, ¡susto doble!	974
PB 1,1 Belisa	La criada perfumó esta habitación con tomillo y no con menta, como yo la indiqué... ¿ni puso en la cama las finas	988
PB 3,1 Perlimplín	Ya muerto, lo podrás acariciar siempre en tu cama, tan lindo y peripuesto, [...]	1015
CA 1,1 Amigo	Entrará todo el mundo que quiera, no aquí, sino debajo de tu cama.	1060
CA 1,1 Niño	ruiseñor de mi cama.	1062
CA 2,1 Novia	En los espejos y entre los encajes de la cama oigo ya el gemido de un niño que me persigue.	1095
CA 3,1 Máscara	Y después fui al hospital [...] y he compartido mi cama con los hombres [...]	1116
CA 3,2 Criado	El frac. Lo he extendido en la cama.	1133
CA 3,2 Joven	No quiero subir y encontrármelo tendido en la cama tan grande, tan vacía.	1133
EP RR Figura De C	Y luego vendría Elena a mi cama.	1149
BS 2,1 Criada	Es una cama relumbrante y un hombre y una mujer.	1207
BS 2,2 Novia	No. Quisiera echarme en la cama un poco.	1239
BS 3,1 Novia	contigo cama ni cena,	1258
BS 3,2 Suegra	nada más. Sobre la cama	1265
BS 3,2 Madre	Pero no; camposanto, no, camposanto, no; lecho de tierra, cama que los cobija y que los mece por el cielo.	1268
BS 3,2 Madre	¡Floja, delicada, mujer de mal dormir es quien tira una corona de azahar para buscar un pedazo de cama calentado por otra [...]	1269
YE 1,1 Yerma	Yo conozco muchachas que han temblado y que lloraban antes de entrar en la cama con sus maridos.	1276
YE 1,2 Yerma	Entonces, ¿qué vas a pensar cuando te deja en la cama con los ojos tristes [...]	1290
YE 1,2 Yerma	en la noche de tu cama.	1295
YE 2,2 Yerma	Cada noche, cuando me acuesto, encuentro mi cama más nueva, más reluciente, [...]	1312
RS 2,1 Ama	Ya me duelen las manos de guardar mantelerías de encaje de Marsella y juegos de cama adornados de quipure y caminos de mesa y cubrecamas de gasa con flores [...]	1380
RS 2,1 Tío	Por no discutir soy capaz de hacerme la cama, de limpiar mis [...]	1386
RS 2,1 Ama	La cama y sus pinturas temblando de frío, y la camisa de novia en lo más oscuro del baúl.	1410
RS 3,1 Ama	El mismo se plancha los [...] natillas, tenía una cama con unas sábanas [...]	1424
RS 3,1 Tía	Lo que sacamos es lo sucinto, la silla para sentarnos y la cama para dormir.	1426
RS 3,1 Muchacho	Yo me impresioné, como es natural y dejé el traje y el antifaz sobre mi cama.	1433
BA 1,1 Bernarda	Magdalena, no llores; si quieres llorar te metes debajo de la cama.	1446
BA 2,1 Amelia	Estará echada en la cama.	1472
BA 2,1 La Poncia	A vosotras que sois solteras, [...] días de boda, deja la cama por la mesa y luego [...]	1476
BA 2,1 La Poncia	Entre las sábanas de la cama de Martirio.	1493
BA 2,1 Bernarda	¡A la cama!	1517
BA 3,1 Martirio	Vamos. Váyase a la cama.	1525
BA 3,1 Bernarda	¡Esa es la cama de las mal nacidas!	1529

cámaras (1)
BA 1,1 Magdalena	Vengo de correr las cámaras.	1461

camas (4)
RS 3,1 Tía	Estarán armando las camas para esta noche.	1426
BA 1,1 Criada	Suelos barnizados con aceite, alacenas, pedestales, camas de acero, para [...]	1444
BA 2,1 Bernarda	Registra los cuartos, mira por las camas.	1492
BA 3,1 María Josefa	Yo quiero casas, pero casas abiertas y las vecinas acostadas en sus camas con sus niños chiquitos [...]	1525

cambia (5)
ZP 2,1 Zapatero	¿Y por qué no cambia de vida?	974
CA 1,1 Joven	Se las cortó sin permiso, naturalmente, y esto... me cambia su imagen.	1050

cambia - caminitos

cambia (continuación)   Pág.

CA 1,1 Joven   la dibujo, la hago moverse blanca y viva; pero de   1052
                          pronto, ¿quién le cambia la nariz o le [...]
YE 2,2 Víctor   Todo cambia.   1323
RS 1,1 Tío   Los botánicos la llaman "rosa mutabile", que quiere 1356
                          decir mudable, que cambia... En este libro [...]

cambiado (3)
CA 1,1 Viejo   ¿A que si en aquel preciso [...] arruguitas se le   1052
                          hubieran cambiado en la rosa más [...]
CA 3,1 Mecanógrafa   Y, sin embargo, yo he levantado mi amor y te he   1126
                          cambiado y te he visto por los rincones de mi casa.
BA 3,1 Angustias   Pero ya las cosas han cambiado.   1510
cambian (4)
MP 1,6 Clavela   Dios dirá; los tiempos cambian con el tiempo.   806
ZP 2,1 Mozo De La Faja   ¡Ay Dios mío, cómo cambian los tiempos!   941
CA 1,1 Viejo   Todavía cambian más las cosas [...]   1052
YE 2,2 Yerma   Algunas cosas no cambian.   1323
cambiar (7)
CA 3,1 Payaso   que quiere cambiar   1113
YE 2,2 Yerma   Haces bien de cambiar de campos.   1322
YE 2,2 Yerma   Hay cosas encerradas detrás de los muros que no pueden 1323
                          cambiar porque nadie las oye.
RS 2,1 Tío   Por no discutir soy capaz de hacerme la cama, de   1386
                          limpiar mis trajes con jabón de palo y cambiar las
                          alfombras [...]
RS 3,1 Rosita   Y no me puedo cambiar.   1430
BA 1,1 Martirio   Nos vamos a cambiar de ropa.   1453
BA 1,1 La Poncia   No, Bernarda, a cambiar... Claro que en otros sitios 1457
                          ellas resultan las pobres.
cambiarme (1)
MP 3,7 Mariana   Tendré que cambiarme el traje: 883
cambias (2)
CA 2,1 Novia   Siempre cambias, amor mío.   1079
CA 3,2 Joven   Y me dejas los zapatos de charol. Pero les cambias las 1135
                          cintas.
cambie (1)
CA 1,1 Joven   Aún está más vivo lo de adentro aunque también cambie. 1052
cambio (13)
TB QM. Mujer   Yo, en cambio, estaré sola en la cama.   909
PB 3,1 Perlimplín   Antes no podía pensar en las cosas extraordinarias que 1009
                          tiene el mundo... Me quedaba en las puertas... ¡En
                          cambio, ahora!...
PB 3,1 Perlimplín   Viejo verde, monigote [...] de ascuas... Yo, en   1017
                          cambio, amaba tu cuerpo [...]
CA 1,1 Amigo   Yo, en cambio... Ayer hice [...]   1057
CA 1,1 Amigo 2   En cambio, dentro de cuatro o cinco años existe un   1075
                          pozo en el que caeremos todos.
CA 1,1 Amigo 2   Bueno. Viejo tenía que ser. Usted, en cambio, no ha 1076
                          protestado.
CA 2,1 Padre   ¿Qué cambio es este?   1089
CA 3,1 Mecanógrafa   Yo, en cambio, sabía que tú no me querrías nunca.   1126
EP CV Estudiante 5   Parecía muy hermosa, y si era un joven disfrazado no 1167
                          me importa nada; en cambio, no hubiese recogido [...]
BS 2,2 Padre   Me alegra el verlos. ¡Qué cambio para esta casa!   1231
YE 1,2 Muchacha 2   En cambio, mi madre no hace [...]   1293
YE 3,2 Vieja   En cambio, tu gente no.   1344
RS 3,1 Ama   Con las puntillas de los dedos, con hilos, con tallos, 1413
                          con confituras; en cambio, yo he trabajado [...]
camelia (1)
CA 3,1 Máscara   El conde Arturo, con una camelia entre los labios,   1116
                          [...]
camelias (2)
PB 1,1 Duende 2   Cinco frías camelias de madrugada se han abierto en 996
                          las paredes de la alcoba.
BS 3,2 Madre   Yo haré con mi sueño una fría paloma de marfil que   1267
                          lleve camelias de escarcha sobre el camposanto.
camina (1)
BS 2,1 Muchacha 3   Cuando camina,   1219
caminantes (1)
MP 2,2 Niña   por caminantes y marineros.   826
caminatas (1)
ZP 2,1 Zapatero   Pero usted ya sabe que el mundo es reducido; ¿qué   975
                          quiere que le diga si por casualidad me lo encuentro
                          en mis caminatas?
caminito (1)
TC 3,1 Contrabandista 1   ¡qué buen caminito!   741
caminitos (4)
TC 5,1 Fígaro   Somos los alcaldes de las cabezas, y a fuerza de abrir 758
                          caminitos entre los bosques [...]
TC 6,1 Mosquito   La tierra tiene caminitos blancos, caminitos lisos, 771
                          caminitos tontos... [...]

camino (23)
MM 2,5 Gusano 1   de amor por el camino.   716
TC 6,1 Padre   Las botas son muy lindas... Y cerraré de camino esta   765
                       puerta.
MP 1,5 Fernando   camino de la Alpujarra.   799
MP 1,7 Fernando   ¡Cómo has cortado el camino   812
ZP 1,1 Zapatero   Ya ves..., y de camino llévate tus zapatos, que están   920
                       arreglados.
ZP 2,1 Zapatero   Yo lo siento mucho, pero tengo que emprender mi camino   975
                       antes que la noche se me eche encima.
CA 1,1 Joven   ¿Crees tú que yo puedo vencer las cosas materiales,   1071
                       los obstáculos que surgen y se aumentarán en el camino
                       sin causar dolor [...]
BS 1,3 Madre   Cuatro horas de camino y ni una casa ni un árbol.   1195
BS 1,3 Padre   Habéis venido por el camino más largo.   1196
BS 2,1 Criada   Ya llevarán lo menos dos horas de camino.   1209
BS 2,1 Criada   Cinco leguas por el arroyo, que por el camino hay el   1209
                       doble.
BS 2,1 Leonardo   Yo vine a caballo. Ella se acerca por el camino.   1210
BS 2,2 Criada   Hicieron el camino como si hubieran venido a caballo.   1227
BS 2,2 Mujer   No tenemos dinero. ¡Y con el camino que llevamos!...   1232
BS 3,1 Leñador 1   Hay que seguir el camino de la sangre.   1246
BS 3,1 Mendiga   que después las navajas ya saben el camino.   1251
BS 3,1 Mendiga   ¿Tú no conoces el camino?   1254
BS 3,2 Muchacha 1   ¿Vienes por el camino del arroyo?   1266
YE 2,2 Juan   ¿Vas ya de camino?   1323
YE 3,2 Yerma   Por el camino que voy seguiré.   1345
RS 1,1 Rosita   impedirán tu camino,   1373
RS 2,1 El Señor X   Hoy día se abren camino un Juan Bautista [...]   1376
BA 2,1 Bernarda   ¡Cómo gozarías de vernos a mí y a mis hijas camino del   1499
                       lupanar!

caminos (10)
TC 1,1 Cristobita   No hay más que dos caminos a seguir con los hombres: o   734
                       no conocerlos... , ¡o quitarlos de en medio!
TC 4,1 Joven   Yo me creía que por el mundo estaban siempre repicando   752
                       las campanas y que en los caminos había blancos [...]
TC 6,1 Rosita   Largos caminos color naranja. ¡Oh, quién se perdiera   774
                       por ellos!
ZP 2,1 Zapatero   ¡ay, qué terribles paradores, qué malas comidas, qué   971
                       sábanas de lienzo moreno por esos caminos del mundo!
EP RR Centurión   Por vuestra culpa estoy corriendo caminos y durmiendo   1152
                       sobre arena.
EP RR Centurión   Porque si hubiera dos no estaría el Emperador buscando   1153
                       por esos caminos.
BS 2,2 Madre   Por todos los caminos.   1244
BS 3,1 Leñador 2   Parece que se acercan por todos los caminos a la vez.   1245
YE 3,1 Yerma   El va con sus ovejas por sus caminos y cuenta el   1329
                       dinero por las noches.
RS 2,1 Ama   Ya me duelen las manos de guardar mantelerías de   1380
                       encaje de Marsella y juegos de cama adornados de
                       quipure y caminos de mesa y cubrecamas [...]

camisa (14)
ZP 1,1 Zapatero   Estabas pereciendo, sin camisa ni hogar.   918
DC 1,1 Madre   En camisa en su cuarto.   1030
CA 2,1 Maniquí   Y mi camisa pregunta   1101
BS 2,1 Muchacha 2   camisa de nieve,   1216
YE 1,2 Yerma   y tu camisa de escarcha,   1295
YE 2,1 Lavandera 5   por tu camisa.   1307
YE 2,1 Lavandera 4   Es tu camisa   1307
YE 2,1 Lavandera 5   del vientre redondo bajo la camisa!   1309
YE 3,2 Macho   sino dulce camisa de holanda.   1341
RS 2,1 Ama   Tendrá el pelo de plata y todavía estará cosiendo   1380
                       cintas de raso liberti en los volantes de su camisa de
                       novia.
RS 2,1 Ama   La cama y sus pinturas temblando de frío, y la camisa   1410
                       de novia en lo más oscuro del baúl.
BA 1,1 Martirio   Una vez estuve en camisa detrás de la ventana [...]   1460
BA 2,1 Martirio   Son para mí. Para una camisa.   1483
BA 2,1 La Poncia   Nadie le ve a una en camisa.   1484

camisas (3)
ZP 2,1 Alcalde   Anteayer estuve enfermo toda la mañana porque vi   949
                       tendidas en el prado dos camisas tuyas con lazos [...]
RS 1,1 Manola 3   nuestras camisas de novia.   1368
BA 1,1 La Poncia   La quedan cinco mujeres, [...] puntilla bordada,   1442
                       muchas camisas de hilo, pero [...]

campana (1)
RS 2,1 Ayola 2   Tropezó esta y estuvo a punto de dar la vuelta de   1398
                       campana...

campanada (1)
EP CV Enfermero   Ya han dado la tercera campanada.   1163

campanadas - campos

campanadas (1)   Pág.
    RS 1,1 Rosita   ¡Ya han dado las treinta campanadas en San Luis!   1353
campanas (9)
    TC 4,1 Joven   Yo me creía que por el mundo estaban siempre repicando   752
                          las campanas y que en los [...]
    MP 0,0 Mosquito   las campanas doblar y doblar!   782
    ZP 2,1 Niño   Y los hombres querían que el sacristán tocara las   970
                          campanas para cantar tus coplas...
    BS 2,1 Mozo 1   campanas de sombra.   1217
    BS 2,1 Criada   las campanas!   1219
    YE 1,2 Muchacha 2   Ya voy al arroyo, ya subo a tocar las campanas, ya me   1294
                          tomo un refresco de anís.
    BA 1,1 Criada   Ya tengo el doble de esas campanas metido entre las   1439
                          sienes.
    BA 2,1 La Poncia   Porque yo puedo dar voces, encender luces y hacer que   1482
                          toquen las campanas.
    BA 3,1 Bernarda   Avisad que al amanecer den dos clamores las campanas.   1532
campanilla (1)
    RS 2,1 Ama   Para eso tengo la campanilla de la lengua.   1382
campesinos (2)
    DC 1,1 Director   Señoras y señores: Los campesinos andaluces   1042
    EP RR Figura De P   Tendré necesidad de desmayarme para que vengan los   1150
                          campesinos.
Campillo (1)
    MP 1,2 Angustias   ¡Las dos bellas del Campillo   785
campo (31)
    MM 0,0   Se prendó de una visión [...] los pocos que van al   669
                          campo, y se envenenó [...]
    MM 1,1 Curiana N   y vi muerta el hada del campo y del mar.   672
    MM 2,2 Curiana N   se ha muerto un hada: el hada del campo y de la mar.   707
    MM 2,5 Gusano 2   Vamos a nuestro campo.   717
    TC 2,1 Mozo 3   Vente, que la pena se te pasará cuando te dé el viento   738
                          del campo.
    TC 6,1 Cocoliche   Parezco un campo de flores.   780
    MP 2,5 Pedro   No temas; ya he burlado a Pedrosa en el campo,   830
    MP 2,8 Mariana   y campo por mis respetos   848
    TB DME Doncella   Caracolitos del campo.   896
    PB 3,1 Perlimplín   El salió corriendo por el campo y no lo verás más   1016
                          nunca.
    CA 2,1 Novia   Busca. Por las calles, por el campo.   1096
    EP CV Estudiante 4   Entonces que se paren las máquinas y arrojad los   1161
                          granos de trigo sobre un campo de acero.
    BS 1,1 Madre   Es que..., que no quisiera que salieras al campo.   1174
    BS 1,1 Vecina   Me voy, que pronto llegará mi gente del campo.   1183
    BS 2,1 Mujer   ¡Para que el campo se alegre   1221
    BS 2,1 Mujer   Que me cabía todo el campo en la boca.   1224
    BS 2,2 Criada   y espera el campo el rumor   1226
    BS 3,1 Novia   Desnuda, mirando al campo,   1259
    YE 1,1 Voz   una chocita en el campo   1273
    YE 1,1 Yerma   En el campo.   1284
    YE 1,2 Yerma   Las muchachas que se crían en el campo, como yo,   1291
                          tienen cerradas todas las puertas.
    YE 2,2 Juan   Mi vida está en el campo, pero mi honra está aquí.   1311
    YE 2,2 Yerma   La mujer del campo que no da hijos [...]   1317
    YE 2,2 Yerma   Que estoy ofendida, ofendida [...] parece que todo el   1318
                          campo puesto de pie me [...]
    YE 3,1 Juan   Cuando llego a un corro todos callan; cuando voy a   1333
                          pesar la harina, todos callan, y hasta de noche, en el
                          campo, cuando despierto, [...]
    YE 3,2 Yerma   Yo soy como un campo seco donde caben [...]   1345
    RS 2,1 Rosita   Una mañana en el campo   1392
    BA 1,1 Bernarda   y las lucecitas del campo.   1448
    BA 3,1 Adela   Me gustaría quedarme hasta muy tarde para disfrutar el   1517
                          fresco del campo.
    BA 3,1 María Josefa   ¿Me acompañarás tú a salir al campo?   1525
    BA 3,1 María Josefa   Yo quiero campo.   1525
campos (13)
    MM 2,3 Mariposa   allá en los campos lejanos,   708
    MM 2,5 Mariposa   de campos infinitos.   714
    MM 2,5 Mariposa   de plata va a los campos   716
    TC 0,0 Mosquito   Entonces yo avisé a mis amigos, y huimos por esos   724
                          campos en busca de la [...]
    BS 2,1 Mozo 1   que por los campos viene   1217
    YE 1,2 Vieja 1   Aunque debía haber Dios, [...] encharcan la alegría de   1291
                          los campos.
    YE 2,2 Yerma   Haces bien de cambiar de campos.   1322
    YE 2,2 Víctor   Todos los campos son iguales.   1322
    RS 2,1 Solterona 3   Madre, llévame a los campos   1403
    RS 2,1 Solterona 3   Madre, llévame a los campos   1405
    BA 2,1 Adela   ¡Ay, quién pudiera salir también a los campos!   1485
    BA 2,1 La Poncia   No hay alegría como la de los campos en esta época.   1485

campos (continuación)
    BA 2,1 La Poncia   La traen arrastrando [...] que estremecen los campos.   1505
camposanto (3)
    BS 3,2 Madre   Yo haré con mi sueño una fría paloma de marfil que   1267
                             lleve camelias de escarcha sobre el camposanto.
    BS 3,2 Madre   Pero no; camposanto, no, camposanto, no;   1267
can can (1)
    DC 1,1 Rosita   ¿El can-can de Goicoechea o la Marsellesa de Gil   1037
                             Robles?
cana (1)
    ZP 2,1 Zapatera   Soy capaz de seguir así hasta que se vuelva cana toda   974
                             mi mata de pelo.
canal (3)
    TC 5,1 Cristobita   Como me cortes, te abro en canal.   759
    TC 5,1 Cristobita   ¡Pero que en canal he dicho, y es en canal!   759
Canal (1)
    CA 3,2 Jugador 1   Lo echó, y al ir a cogerlo [...] chicas, por el Gran   1136
                             Canal.
canalla (10)
    MM 1,5 Curianito   Un canalla.   692
    MM 1,5 Curianita Silvia ¡Qué canalla!   693
    MM 1,5 Doña Curiana   ¡Hijo mío! ¡Canalla!   694
    MM 2,4 Curiana G   ¡Eres canalla y medio!   712
    TC 6,1 Rosita   ¡Canalla!   765
    MP 2,5 Mariana   de que pueda matarte la canalla realista.   829
    MP 2,8 Conspirador 4   El canalla de González Moreno...   843
    MP 2,9 Mariana   para que yo...? ¡Canalla! No sé cómo...   855
    ZP 2,1 Zapatera   ¡Pillo, granuja, tunante, canalla!   977
    RS 3,1 Tía   Ocho años lleva de matrimonio, y hasta el mes pasado   1415
                             no me escribió el canalla la verdad.
canallas (2)
    ZP 2,1 Zapatero   ¡Canallas! Intenciones me dan de salir a defenderla.   970
    ZP 2,1 Zapatero   Sí, sí, canallas...; pero pronto [...]   971
canapé (1)
    DC 1,1 Rosita   en el canapé   1032
canas (1)
    MM 1,5 Alacranito   Por las canas   695
canasto (1)
    YE 2,2 Yerma   Roca que es una infamia que sea roca, porque debía ser   1314
                             un canasto de flores y agua dulce.
cáncer (1)
    EP RR Figura De C   mientras tú, debajo de [...] médicos que operan el   1149
                             cáncer; y entonces yo [...]
canción (3)
    TC 2,1 Padre   Mi niña que canta... ¡Es una canción preciosa!   740
    CA 1,1 Amigo 2   Y cantaba una canción...   1074
    CA 2,1 Maniquí   yo cantaré una canción   1105
cancioncilla (2)
    TC 3,1 Contrabandista 2 La dichosa cancioncilla me abre las ganas de beber.   741
    MP 2,9 Pedrosa   por mí la cancioncilla que ahora mismo   850
canciones (3)
    MM 2,3 Mariposa   las canciones del humo en la mañana   709
    CA 2,1 Joven   De pronto, mientras subía la escalera, vinieron a mi   1092
                             memoria todas las canciones que había olvidado [...]
    RS 3,1 Rosita   Y hoy se casa una amiga [...] hacen casas nuevas y   1428
                             canciones nuevas, y yo [...]
candelabro (2)
    MP 1,6 Mariana   ¡Acércame, Clavela, el candelabro!   804
    MP 2,9 Mariana   ¡Clavela, el candelabro!   858
candeleros (1)
    EP CV Traspunte   Solo faltan los candeleros, el cáliz y las ampollas de   1163
                             aceite alcanforado.
candil (3)
    ZP 1,1 Zapatera   Mirlo de alambre, garabato de candil... Corre,   930
                             corre... ¿Se habrá visto?
    ZP 1,1 Niño   Luz del candil,   936
    ZP 1,1 Niño   Luz de candil,   936
canela (3)
    TC 1,1 Cristobita   La boca un poquitín grande, pero vaya canela en rama   733
                             de cuerpo... [...]
    TC 6,1 Cocoliche   ¡Manojito de canela!   777
    RS 1,1 Ama   y la flor de la canela,   1364
Canito (1)
    RS 3,1 Martín   Ayer se empeñaron en que el pobre señor Canito,   1418
                             profesor nuevo [...]
Cansa Almas (6)
    TC 4,1 Mozo   Este nos puede servir; es Cansa-Almas, el zapatero.   752
    TC 4,1 Mozo   ¡Cansa-Almas!   752
    TC 4,1 Currito   Acuérdate, Cansa-Almas... de lo que mi padre te   753
                             quería.
    TC 5,1 Currito   Cansa-Almas, dame las botitas y el cajoncillo.   756

Cansa Almas - cantaora

Cansa Almas (continuación)   Pág.
   TC 5,1 Fígaro   ¡Cansa-Almas, sal pronto!   760
   TC 6,1 Currito   Venía a probarle los zapatos de boda a la señá Rosita,   764
                            porque Cansa-Almas no puede venir.
cansa (1)
   YE 3,2 Hembra   Y como flor se cansa.   1343
cansaba (1)
   TC 4,1 Joven   Aquí me cansaba demasiado.   751
cansada (2)
   BS 2,2 Novio   Ya estoy deseando que esto acabe. La novia está un   1239
                            poco cansada.
   BS 3,1 Mendiga   Aquí ha de ser, y pronto. Estoy cansada.   1250
cansado (1)
   MP 3,8 Mariana   El vendrá muy cansado, pero entrará en seguida.   884
cansados (1)
   BS 3,2 Mujer   llegan con hombros cansados!   1271
cansan (1)
   RS 2,1 Rosita   Dicen que los hombres se cansan de una si la ven   1395
                            siempre con el mismo vestido.
canso (1)
   RS 3,1 Rosita   Y hoy se casa una amiga [...] dejan atrás porque me   1428
                            canso, y uno dice: "Ahí [...]
canta (23)
   MM 2,2 Doña Curiana   la canta por las noches de un modo apasionado.   706
   TC 2,1 Padre   Mi niña que canta... ¡Es una canción preciosa!   740
   ZP 2,1 Zapatera   La gente me canta coplas, los vecinos [...]   948
   ZP 2,1 Zapatera   ¿Ve usted todos esos romances y chupaletrinas que   965
                            canta y cuenta por los pueblos?
   PB 0,0 Perlimplín   Canta bien.   982
   PB 3,1 Voces   La noche canta desnuda   1011
   DC 1,1 Madre   que le canta y le grita   1029
   DC 1,1 Madre   que le canta y le grita.   1034
   CA 2,1 Joven   Y no son sueño tus trenzas porque las haré yo mismo de   1094
                            tu cabello, ni es sueño tu cintura donde canta la
                            sangre mía, [...]
   CA 2,1 Maniquí   Tu niño canta en su cuna   1104
   CA 2,1 Joven   Mi niño canta en su cuna,   1104
   CA 3,1 Arlequín   ¡Ay, cómo canta el alba, cómo canta!   1108
   CA 3,1 Arlequín   ¡Ay, cómo canta la noche, cómo canta!   1108
   CA 3,1 Arlequín   ¡Ay, cómo canta el alba, cómo canta!   1109
   CA 3,1 Arlequín   ¡Ay, cómo canta la noche, cómo canta!   1109
   CA 3,1 Mecanógrafa   Un ruiseñor que canta,   1122
   BS 1,2 Suegra   se detiene y canta.   1184
   YE 1,1 Yerma   en los árboles canta el viento.   1277
   BA 1,1 La Poncia   A mí me gusta mucho cómo canta el párroco.   1443
cantaba (5)
   MM 2,1 Curianita 1   Cantaba triste, triste. Estaría soñando.   702
   CA 1,1 Amigo 2   Y cantaba una canción...   1074
   CA 1,1 Amigo 2   Yo era tierno y cantaba, y ahora hay [...]   1075
   YE 1,1 Yerma   ¿No cantaba al levantar los embozos de holanda?   1276
   RS 2,1 Rosita   cuando el ruiseñor cantaba,   1404
cantaban (3)
   BS 2,2 Criada   Cantaban,   1226
   BS 2,2 Criada   cantaban los novios   1226
   RS 2,1 Rosita   cantaban los ruiseñores   1392
cantabas (1)
   YE 1,2 Yerma   ¿Cantabas tú?   1296
cantado (1)
   EP CV Desnudo   Es que el ruiseñor ha cantado ya.   1164
cántalas (1)
   ZP 2,1 Zapatera   Pues cántalas, que quiero enterarme.   946
cántame (1)
   DC 1,1 Cristóbal   Rosita, cántame algo.   1037
cantan (6)
   MM 2,1 Curianita Santa   Valen más en mi reino los que cantan y juegan   703
   MP 3,7 Novicia 1   cantan y cantan y cantan...   880
   TB PBK Buster Keaton   ¡Qué bien cantan los pajarillos!   894
   CA 1,1 Niño   con muchos grillos que cantan,   1066
cantando (5)
   MP 2,1 Niña   cantando el pío pa.   823
   ZP 2,1 Niño   Pues me lo ha hecho el Cunillo porque estaba   944
                            cantando... las coplas [...]
   ZP 2,1 Alcalde   Pues meter en la cárcel a dos o tres de los que venían   948
                            cantando.
   YE 1,1 Yerma   Estarías cantando, ¿verdad? Yo canto. Tú..., dime...   1280
   YE 1,1 María   Lloraba como un torito, con la fuerza de mil cigarras   1282
                            cantando a la vez, y [...]
cantaora (1)
   TC 3,1 Cocoliche   Pues bien: esa mujer es doña Rosita, la de la plaza,   745
                            la mejor cantaora de Andalucía, mi..., ¡sí!,

cantar (26)
    MM 1,1 Doña Curiana   En mi clase todas sabemos cantar   675
    MM 2,1 Curianita Santa   Su cantar me recuerda mi amor de juventud.   705
    MM 2,2 Doña Curiana   Curianito no cesa de cantar sus amores.   707
    MP 1,2 Amparo   ganas de cantar, señora.   786
    MP 2,1 Clavela   cantar que te cantar.   823
    MP 2,9 Mariana   y me puse a cantar.   850
    ZP 1,1 Alcalde   En mi casa..., en mi casa, coser y cantar.   924
    ZP 1,1 Zapatera   Pero si anda por ahí revoloteando un mirlo negro,   930
                               negro y viejo..., sepa que yo no puedo oírle cantar
                               hasta más tarde..., [...]
    ZP 2,1 Niño   Y los hombres querían que el sacristán tocara las   970
                               campanas para cantar tus coplas...
    PB 3,1 Perlimplín   ¿Qué he de hacer sino cantar?   1010
    CA 2,1 Joven   De pronto, mientras subía [...] olvidado y las quería   1092
                               cantar todas a la vez.
    CA 2,1 Joven   no puede cantar.   1103
    CA 3,1 Joven   Se oye cantar el ruiseñor..., y aunque no se oiga,   1128
                               aunque el murciélago golpee los cristales...
    BS 3,2 Muchacha 2   ¿qué quieres cantar?   1262
    BS 3,2 Novia   Yo era una mujer quemada, [...] de sus juncos y su   1269
                               cantar entre dientes.
    YE 1,2 Vieja 1   Yo me he puesto boca arriba y he comenzado a cantar.   1288
    YE 1,2 Yerma   Oí cantar los pájaros.   1299
    YE 2,1 Lavandera 4   ¡Y hay que cantar!   1308
    YE 2,1 Lavandera 1   Y que vuelva a cantar.   1310
    YE 2,2 María   Dentro de poco empezará a cantar.   1320
    RS 1,1 Tío   los pájaros a cantar   1357
    RS 1,1 Rosita   los pájaros a cantar   1374
    RS 2,1 Ama   Era hermoso como un novicio cuando sale a cantar la   1380
                               primera misa, [...]
    RS 3,1 Ama   Pues... ¿y las ganas que me entran de cantar?   1417
    RS 3,1 Rosita   Por eso yo comprendo [...] mundo, y se sientan a   1433
                               cantar en los bancos [...]
cantara (1)
    RS 2,1 Ama   Yo quise que tuviera cuerda y cantara, pero no pudo   1383
                               ser.
cantaré (1)
    CA 2,1 Maniquí   yo cantaré una canción   1105
cantaría (1)
    TC 1,1 Padre   Si al menos quisieras casarte, otro gallo nos   726
                               cantaría; pero me parece a mí que por ahora...
cántaro (1)
    BA 1,1 La Poncia   En el "Pater Noster" subió, subió la voz que parecía   1443
                               un cántaro de agua llenándose [...]
cántaros (1)
    BS 3,1 Leñador 1   Pero ya habrán mezclado sus sangres y serán como dos   1247
                               cántaros vacíos , como dos arroyos secos.
cantas (1)
    CA 2,1 Joven   ¿Qué cantas, dime?   1100
cante (7)
    MM 2,3 Mariposa   Que cante la araña   708
    MM 2,3 Mariposa   Que cante la araña   709
    TC 2,1 Cristobita   y cante aquello de   740
    DC 1,1 Rosita   ¿Qué quieres que te cante?   1037
    YE 2,1 Lavandera 5   para que el agua cante   1307
    YE 2,1 Lavandera 1   ¡Que cante!   1310
    RS 2,1 Ama   Pero no hace falta que cante. En el jardín los tenemos 1383
                               vivos.
cántico (1)
    RS 2,1 Rosita   y en su cántico decían: 1392
canto (S) (4)
    MM 2,1 Curianita Santa   que un amor imposible era su último canto   704
    MM 2,5 Mariposa   de un solo canto. Un hilo   715
    MM 2,7 Curianito   y el canto de las aguas?   719
    BA 2,1 La Poncia   ¡Qué canto!   1487
canto (4)
    MP 1,2 Amparo   yo canto y bailo el jaleo   786
    CA 1,1 Amigo 2   que es precisamente lo que yo canto a todas horas.   1074
    CA 2,1 Maniquí   Yo canto   1100
    YE 1,1 Yerma   Estarías cantando, ¿verdad? Yo canto. Tú..., dime...   1280
cantó (3)
    MM 1,4 Curianita Silvia   el que cantó!   686
    EP CV Estudiante 4   Cuando cantó el ruiseñor yo no pude contener mis   1166
                               lágrimas.
    BA 1,1 La Poncia   En la misa de mi madre, que esté en gloria, cantó.   1443
cantor (1)
    MM 1,4 Curianito   Yo seré su cantor: 687
cantos (1)
    YE 3,2 Yerma   ¿Y qué? Déjame y vete a los cantos.   1346

cantos (S) - capitán

		Pág.
cantos (S) (2)		
MM 2,5 Mariposa	y los cantos que escuches,	715
BA 2,1 La Poncia	Son ellos. Traen unos cantos preciosos.	1486
cantos (1)		
BA 2,1 Bernarda	¡Ya las bajaré tirándoles cantos!	1501
cañada (1)		
BS 3,1 Luna	Unos por la cañada y otros por el río.	1251
cañamazo (3)		
TC 1,1 Rosita	En verdad que el cañamazo es una labor difícil.	725
MP 1,2 Amparo	o borda en el cañamazo	786
BA 1,1 Magdalena	De ver los cuadros bordados de cañamazo de nuestra abuela, [...]	1461
cañerías (1)		
RS 3,1 Ama	Don Martín, que vaya usted al colegio, que los niños han roto con un clavo las cañerías y están todas [...]	1423
caño (4)		
RS 1,1 Ama	Siempre del coro al caño y del caño al coro; del coro al caño y del caño al coro.	1355
cañón (2)		
TC 1,1 Padre	Lo dicho, dicho, y cartuchera en el cañón.	732
BS 3,1 Novia	el cañón de la escopeta.	1256
cañoncito (1)		
RS 2,1 El Señor X	Estuve por haberla traído un cañoncito de plata por [...]	1377
caños (1)		
YE 2,2 Juan	Pero que está oscura y débil en los mismos caños de la sangre.	1315
capa (8)		
MP 1,4 Amparo	con la capa y la muleta!	793
MP 3,3 Mariana	flor de su capa bermeja.	869
ZP 1,1 Zapatera	¡Y qué capa traía por el invierno!	917
PB 3,1 Marcolfa	Aunque no sirvo para [...] como siempre, en su capa roja.	1009
PB 3,1 Belisa	Envuelto en su capa roja.	1015
PB 3,1 Belisa	Pero ¿dónde está el joven de la capa roja?...	1018
YE 3,2 Macho	cuando el macho despliegue su capa.	1341
RS 2,1 Madre	Y allá vamos con unas patatas y un racimo de uvas, pero con capa de mongolia o sombrilla [...]	1394
capaces (2)		
BA 2,1 La Poncia	Los hombres de aquí no son capaces de eso.	1456
BA 2,1 La Poncia	Tened cuidado con no entreabrirla mucho, porque son capaces de dar un empujón para ver quién mira.	1488
caparazón (2)		
MM 1,1 Doña Curiana	¡Ay!, apaleaba mi caparazón.	674
MM 1,2 Curianita Silvia	negro tu caparazón	680
capas (2)		
MP 1,5 Fernando	de gente envuelta en sus capas	798
ZP 1,1 Zapatero	Así tuve yo una también..., son unas capas preciosísimas.	917
capaz (11)		
TC 1,1 Rosita	¿Y hubieras sido capaz de retirarte?	728
MP 2,7 Mariana	y Pedrosa es capaz... ¡de lo que sea!	837
ZP 1,1 Alcalde	Recapacita lo que has dicho que vas a hacer; que tú eres capaz de hacerlo, y no seas tonto.	927
ZP 2,1 Zapatera	Soy capaz de seguir así hasta que se vuelva cana toda mi mata de pelo.	974
PB 0,0 Perlimplín	Como de azúcar..., blanca por dentro. ¿Será capaz de estrangularme?	987
RS 2,1 Tío	Por no discutir soy capaz de hacerme la cama, [...]	1386
BA 1,1 La Poncia	Es capaz de sentarse encima [...]	1441
BA 1,1 Martirio	Porque los hombres se tapan unos a otros las cosas de esta índole y nadie es capaz de delatar.	1459
BA 1,1 Adela	Y ese hombre es capaz de...	1466
BA 1,1 Magdalena	Es capaz de todo.	1466
BA 3,1 Adela	No a ti, que eres débil; a un caballo encabritado soy capaz de poner de rodillas [...]	1528
capilla (1)		
MP 3,5 Pedrosa	ya se ha ordenado que entres en capilla.	876
capirote (1)		
ZP 2,1 Zapatera	Parece que me toma por tonta de capirote..., pero no me negará usted que dichas historietas impresionan.	966
capita (1)		
MP 2,2 Mariana	yo tengo que coserte una capita.	825
capital (S) (1)		
BS 1,3 Padre	Las viñas valen un capital.	1196
capital (1)		
BA 3,1 Angustias	No. Fue con su madre a la capital.	1514
capitales (1)		
BS 1,2 Suegra	Se van a juntar dos buenos capitales.	1191
capitán (7)		
MP 1,5 Fernando	Un capitán que se llama,	798

capitán (continuación)
MP 2,1 Niño   donde soy capitán.   824
MP 3,5 Mariana   de un capitán de navío, Caballero   874
TB DME Marinero   Si el capitán quiere.   899
CA 3,1 Muchacha   lo nombran capitán.   1110
BS 2,1 Convidado   la mujer de un capitán.   1218
BS 2,1 Padre   La mujer de un capitán   1218
capitel (3)
EP RR Figura De C   ¿Y si yo me convirtiera en capitel?   1149
EP RR Figura De C   Tú te convertirías en sombra de capitel y nada más.   1149
EP RR Figura De C   Tú puedes tenderte detrás de aquel gran capitel.   1151
capote (1)
TC 2,1 Cocoliche   Cuando le regalé el chal [...] Pedro Romero abre su   737
                       capote, me dio tantos [...]
caprichos (1)
YE 2,1 Lavandera 3   Caprichos.   1306
capturar (1)
MP 2,9 Pedrosa   sin poder capturar a un cabecilla...   853
capucha (1)
RS 2,1 Solterona 3   El fraile con la capucha está ya muy visto.   1392
capuchino (1)
MP 1,7 Fernando   "Adorada Marianita: Gracias al traje de capuchino, que   811
                       tan diestramente [...]
capullos (1)
RS 1,1 Tío   Porque es increíble la "rosa declinata" de capullos   1356
                       caídos y la inermis que no tiene espinas; ¡qué
                       maravilla!,
caqui (1)
RS 1,1 Ama   ¡Qué ganas tengo de ver plantados en este jardín un   1353
                       peral, un cerezo, un caqui!
cara (A) (2)
TC 2,1 Cristobita   Muy cara me cuesta la niña.   739
TC 2,1 Cristobita   ¡Muy cara!   739
cara (55)
MM 1,2 Doña Curiana   Límpiate esa cara tierna   683
TC 1,1 Rosita   Si yo por peinarme a la arremangué y darme arrebol en   726
                       la cara...
TC 1,1 Padre   Tú harás caso de todo [...] paréntesis, tenía una cara   733
                       de luna, que ya, [...]
TC 2,1 Cocoliche   Cuando le traje el guardapelo de la feria de Mairena,   737
                       me pasó la mano por la cara.
TC 3,1 Mozo 2   Sobre todo en la cara.   745
TC 3,1 Cocoliche   Buena ocasión para partirle la cara.   746
TC 4,1 Mozo 2   Le dejaremos aquí; y descuida, que ya despertará   750
                       cuando le dé en la cara el sereno de la noche.
TC 6,1 Rosita   Pero... ¿tenéis cara?   763
MP 1,5 Mariana   ¡No puedo mirar su cara!   800
MP 1,6 Clavela   desaparecieron de su cara.   806
MP 3,5 Mariana   Ahora le estoy mirando cara a cara   875
TB DME Doncella   ¿No has visto mi cara?   901
ZP 1,1 Zapatera   ¿Es que mi frescura y mi cara no valen todos los   916
                       dineros de este mundo?
ZP 2,1 Niño   Pues me lo ha hecho el Cunillo porque estaba   944
                       cantando... las coplas que te han sacado y yo le
                       pegué en la cara, y entonces él me [...]
ZP 2,1 Zapatera   Todavía me parece sentir en la cara aquel aire tan   946
                       fresquito que venía por los árboles.
ZP 2,1 Zapatera   Y todo esto no es más [...] han tenido ojos en la cara.   974
PB 0,0 Madre   ¿Ve usted su cara?   985
PB 2,1 Belisa   Yo no le he visto la cara..., pero...   1005
DC 1,1 Director   Si no se calla usted, subo y le parto esa cara de pan   1020
                       de maíz que tiene.
CA 1,1 Niño   La cara   1066
BS 1,1 Vecina   Le relucía la cara como a un santo; pero a mí no me   1181
                       gustó nunca.
BS 3,1 Leñador 3   La cara color ceniza.   1247
BS 3,1 Leñador 2   Plata en la cara de la novia.   1248
BS 3,2 Suegra   Échate un velo en la cara.   1265
BS 3,2 Madre   Quítate las manos de la cara.   1268
BS 3,2 Madre   Benditos sean los trigos, porque mis hijos están   1270
                       debajo de ellos; bendita sea la lluvia, porque moja la
                       cara de los muertos.
YE 1,1 Yerma   Ahora tienes la cara blanca, como si no te diera en   1274
                       ella el sol.
YE 1,1 María   Lloraba como un torito, [...] meses nos llenaba la   1282
                       cara de arañazos.
YE 3,1 Dolores   Con los zapatos y las enaguas empapadas en sangre...,   1327
                       pero con la cara reluciente.
YE 3,1 Yerma   Yo tengo la idea de que [...] , y se les llene la cara   1328
                       y el pecho de gotas [...]
YE 3,2 Yerma   juegan y mojan la cara   1339

114

cara - carbonero

cara (continuación)
YE 3,2	Yerma	Desde que me casé estoy [...] que me la dicen en la cara.	1346
RS 1,1	Tía	Si fuera hombre y joven, te cruzaría la cara.	1362
RS 2,1	Ama	No me echará usted en cara que no la quiero.	1381
RS 2,1	Ayola 1	A mí, casi, casi, se me ha olvidado la cara de tu novio.	1399
RS 3,1	Ama	pero los demonios, tizonazo por aquí, tizonazo por allá, puntapié que te quiero, bofetadas en la cara, hasta que la sangre [...]	1425
RS 3,1	Rosita	Y tiene la misma cara.	1432
BA 1,1	La Poncia	Es capaz de sentarse [...] lleva en su maldita cara.	1441
BA 1,1	Bernarda	Ni el pañuelo con que le hemos tapado la cara.	1458
BA 1,1	Martirio	Antes era alegre; ahora ni polvos se echa en la cara.	1459
BA 1,1	Bernarda	¿Pero has tenido valor de echarte polvos en la cara?	1468
BA 1,1	Bernarda	¿Has tenido valor de lavarte la cara el día de la muerte de tu padre?	1468
BA 1,1	Bernarda	Después que te hayas quitado esos polvos de la cara.	1469
BA 2,1	Angustias	Y, además, ¡más vale onza en el arca que ojos negros en la cara!	1472
BA 2,1	Adela	Y siempre: "¡Qué lástima de cara", "¡qué lástima de cuerpo que no vaya a ser para nadie!"	1479
BA 3,1	María Josefa	cara de leoparda.	1523
BA 3,1	María Josefa	cara de hiena.	1523
BA 3,1	María Josefa	cara de leoparda.	1523
BA 3,1	María Josefa	cara de hiena.	1523
BA 3,1	María Josefa	Martirio, cara de Martirio.	1524
BA 3,1	María Josefa	Bernarda, cara de leoparda.	1524
BA 3,1	María Josefa	Magdalena, cara de hiena.	1524
BA 3,1	Bernarda	La muerte hay que mirarla cara a cara.	1532

caracolas (1)
CA 3,1	Arlequín	grandes caracolas	1112

caracoleaban (1)
ZP 2,1	Zapatero	y ellos caracoleaban	960

caracoleeees (1)
TB DME	Vieja	Caracoleeees. Se guisan con hierbabuena, azafrán y hojas de laurel.	896

caracoles (4)
TB DME	Vieja	¡Qué caracoles!	897
TB DME	Vieja	Dios mío, ¡qué caracoles!	897
YE 3,2	Hembra	los caracoles del agua.	1340
RS 2,1	Ama	En medio del terciopelo hay una fuente hecha con caracoles de verdad; [...]	1383

caracolitos (1)
TB DME	Doncella	Caracolitos del campo.	896

carácter (4)
ZP 1,1	Zapatero	Al principio creí que la dominaría con mi carácter dulzón y mis [...]	925
ZP 1,1	Alcalde	Es una lástima que un hombre como tú no tenga el carácter que debías tener.	927
CA 1,1	Joven	No influye lo más mínimo en mi carácter.	1071
YE 1,2	Yerma	El, sí. Tiene un carácter seco.	1297

carajorum (1)
DC 1,1	Cristóbal	Todo el que está delante de mí tiene que temblar, carajorum, tiene que temblar.	1035

caramba (2)
TC 6,1	Cristobita	¡Mucho ruidillo hacen, caramba! ¡Mucho ruidillo hacen!	772
PB 0,0	Perlimplín	¡Caramba!	980

carambuco (1)
RS 2,1	Rosita	Son celos el carambuco;	1405

caras (1)
TC 6,1	Cocoliche	¿Conque tú eres el amante de esa mujer? ¡Ya nos veremos las caras!	770

carbón (5)
CA 1,1	Niño	Solo mares y montes de carbón,	1068
CA 3,1	Máscara	Y después fui al hospital [...] hombres que descargan el carbón en los muelles.	1116
EP CV	Enfermero	Tres estaciones, si queda bastante carbón.	1156
RS 3,1	Ama	El mismo se plancha los [...] que tiznaban como el carbón y unas paredes [...]	1424
BA 2,1	Bernarda	¡Carbón ardiendo en el sitio de su pecado!	1506

carbonería (1)
RS 3,1	Ama	Cuando él explica en la sala baja del colegio, yo voy a la carbonería para oírlo: "¿Qué es idea?"	1423

carbonero (2)
CA 2,1	Criada	Las últimas varillas se las llevó el chico del carbonero.	1098
RS 3,1	Ama	Ayer decía a voces: "No; [...] ganas de reír, y el carbonero, que siempre [...]	1423

carbonilla (1)
   RS 3,1 Ama

pero los demonios, tizonazo [...] se le convierta en   1425
carbonilla.

cárcel (5)
   MP 1,5 Fernando
   ZP 2,1 Alcalde

   ZP 2,1 Alcalde
   ZP 2,1 Zapatera
   BA 1,1 Amelia

se ha fugado de la cárcel   798
Pues meter en la cárcel a dos o tres de los que venían   948
cantando.
                                                            952
Acabaré metiéndote en la cárcel.   970
Lo meterán en la cárcel.
Y ese infame, ¿por qué no está en la cárcel?   1459

carcomas (1)
   TC 6,1 Rosita

¡No, no, Cristóbal! Son las carcomas, son los niños en   772
la calle...

cardenal (1)
   ZP 2,1 Niño

¿Interesadillo? ¿Ves este cardenal que tengo en la   944
rodilla?

cardinali (2)
   TC 2,1 Cristobita
   DC 1,1 Cristóbal

"¡Un bocatto di cardinali!"   739
Sí, señor, me voy a casar porque doña Rosita es un   1034
boccato di cardinali.

cardos (3)
   BS 1,1 Madre

   BS 2,2 Padre

   YE 3,2 Vieja

Que fueran como dos cardos, que ninguna persona los   1181
nombra y pinchan si llega el momento.
Hay que sostener una batalla con las malas hierbas,   1228
con los cardos, con los pedruscos [...]
Como los cardos del secano, pinchosa, marchita.   1345

caretas (1)
   CA 1,1 Amigo 2

Yo era tierno y cantaba, y ahora hay un hombre, un   1075
señor como usted, que anda por dentro de mí con dos o
tres caretas preparadas.

careto (1)
   MP 2,8 Mariana

caballo mío careto.   849

carga (1)
   YE 2,2 Juan

Y que las familias tienen honra y la honra es una   1315
carga que se lleva entre todos.

cargada (2)
   CA 2,1 Novia

   RS 1,1 Rosita

Dos días tan solo han bastado para sentirme cargada de   1095
cadenas.
La noche viene cargada   1367

cargo (1)
   MP 2,9 Pedrosa

Cumplo deberes de mi duro cargo.   851

caricia (2)
   MP 3,9 Mariana
   BS 2,2 Madre

Quiero sentir la dura caricia de mi anillo   889
Con tu mujer procura estar cariñoso, y si la notas   1241
inf[atu]ada o hazle una caricia que le produzca [...]

caridad (4)
   BS 3,2 Vecina
   YE 1,2 Yerma
   RS 3,1 Tía

   BA 1,1 Bernarda

Ten caridad de ti misma.   1268
Yo no sé, ¡pero dímelo tú, por caridad!   1290
Te has aferrado a tu idea sin ver la realidad y sin   1429
tener caridad de tu porvenir.
Con nuestra santa caridad   1449

Caridad (1)
   RS 2,1 Rosita

Gracias. ¡Amor! ¡Caridad! ¡Clemencia!   1390

carilla (1)
   TC 6,1 Cristobita

Son muy bonitas, tan bonitas como esa carilla de   772
amapola.

cariño (3)
   RS 3,1 Ama

   RS 3,1 Rosita

   BA 2,1 Adela

...y coger una espada [...] mentirosas escrituras de   1414
cariño.
Estaba atada, y además, ¿qué hombre vino a esta casa   1429
sincero y desbordante para procurarse mi cariño?
¡Qué cariño tan grande te ha entrado de pronto por mi   1482
hermana!

cariñoso (1)
   BS 2,2 Madre

Con tu mujer procura estar cariñoso, y si la notas   1241
[...]

carita (3)
   MM 1,3 Doña Curiana
   TC 6,1 Cocoliche

su carita de estrella;   685
Ya no me dirá: "Carita de fruta"..., ni yo le diré: 771
"Carita de almendra"...

caritativa (1)
   RS 3,1 Rosita

Sabía que se había casado; ya se encargó un alma   1428
caritativa de decírmelo, [...]

carmen (1)
   RS 3,1 Rosita

Tú, vete a arreglar cosas, que dentro de unos momentos   1430
salimos de este carmen; y usted, tía, [...]

Carmen (2)
   MP 3,5 Mariana
   MP 3,9 Mariana

Suelta, Pedrosa; vete. ¡Madre Carmen!   877
Mil gracias. Madre Carmen,   889

carmesí (3)
   TC 2,1 Cocoliche

con la seda carmesí.   737

carmesí - carros

carmesí (continuación)   Pág.
    BS 3,2 Muchacha 1   Novio carmesí.
    RS 1,1 Primo   ponga el llano carmesí   1263
carnaval (1)   1372
    RS 3,1 Muchacho   En carnaval me puse un vestido de mi madre..., un   1432
                             vestido del año de la nana, verde...
carne (23)
    MM 1,5 Alacranito   vuestra carne y me quedo   694
    MM 2,1 Curianita Santa   más digna del rocío que la carne del nardo. 704
    MM 2,3 Mariposa   Hilé mi corazón sobre carne   708
    MM 2,4 Alacranito   de carne fresca   709
    TC 6,1 Cristobita   A carne humana   767
    ZP 2,1 Zapatero   y una carne como el agua   959
    PB 3,1 Belisa   El olor de su carne le pasa a través de su ropa. 1014
    PB 3,1 Belisa   Sí, sí, Marcolfa, le quiero, le quiero con toda la 1018
                             fuerza de mi carne y de mi alma.
    CA 1,1 Joven   Que estoy en carne viva. Todo hacia dentro. Una 1051
                             quemadura.
    CA 2,1 Novia   Pero con una corona de jazmines en el cuello y toda mi 1085
                             carne apretada por un velo mojado por el mar.
    CA 2,1 Maniquí   Telas que cubren la carne   1100
    CA 2,1 Maniquí   su vientre de carne rubia.   1104
    YE 1,1 Yerma   Voy a matar este cordero para hacerle un buen guiso de 1275
                             carne."
    YE 1,1 Yerma   Cuando tu carne huela a jazmín.   1278
    YE 1,1 Yerma   ¡Cuando tu carne huela a jazmín!   1286
    YE 2,2 Yerma   de mi carne dos pulsos de caballo   1316
    YE 3,2 Mujer 2   Sobre su carne marchita   1338
    YE 3,2 Yerma   sobre mi carne marchita.   1339
    YE 3,2 Yerma   Abre tu rosa en mi carne   1339
    YE 3,2 Yerma   Sobre mi carne marchita,   1339
    RS 2,1 Madre   A mí se me pone la carne de gallina cuando dicen 1405
                             aquello:
    BA 1,1 Criada   Tuve durante el duelo [...] siquiera para beber, y 1452
                             carne de perro, que es [...]
    BA 3,1 Bernarda   Porque no hay carne donde morder.   1519
carnero (1)
    BA 1,1 Bernarda   Esa sale a sus tías; blancas y untuosas y que ponían 1456
                             los ojos de carnero al piropo de cualquier barberillo.
carnes (9)
    MM 1,2 Doña Curiana   ¡Pobrecita de mis carnes!   683
    TC 3,1 Joven   Los andaluces van a pintarnos con cal hasta las carnes. 743
    BS 3,1 Leonardo   las carnes de mala hierba.   1258
    BS 3,2 Madre   por las carnes asombradas   1272
    BS 3,2 Madre   por las carnes asombradas   1272
    YE 2,2 Yerma   Vivo sumisa a ti, y lo que sufro lo guardo pegado a 1313
                             mis carnes.
    YE 3,1 Yerma   ¡Ay! Has puesto el dedo en la llaga más honda que 1329
                             tienen mis carnes.
    YE 3,2 Yerma   Lo mío es dolor que ya no está en las carnes. 1345
    BA 1,1 Adela   No quiero que se me pongan las carnes como a vosotras; 1466
                             [...]
caro (1)
    BA 2,1 La Poncia   El más caro. Y los polvos. En la mesa de tu cuarto los 1483
                             he puesto.
carótida (6)
    DC 1,1 Cristóbal   Tenga la bondad de sacar un poquito el cuello para que 1025
                             le pueda intervenir la carótida.
    DC 1,1 Cristóbal   Le digo que pruebe a mover la carótida.   1025
    DC 1,1 Enfermo   lo que me duele la carótida.   1026
    DC 1,1 Enfermo   ¡Ay mi carótida!   1026
    DC 1,1 Enfermo   ¡Ay!, mi carótida.   1027
    DC 1,1 Enfermo   mi carótida.   1027
carotiditis (1)
    DC 1,1 Enfermo   Yo tengo carotiditis.   1026
carrera (3)
    BS 2,1 Criada   Vas a matar al animal con tanta carrera.   1211
    BS 2,2 Novio   Debe estar dándole una carrera.   1239
    RS 2,1 Tío   Ya ve usted lo que ha pasado en la carrera   1375
                             Paris-Madrid, [...]
carreras (1)
    BS 1,2 Suegra   Pero ¿quién da esas carreras al caballo?   1189
carro (3)
    BS 2,1 Leonardo   ¿En el carro?   1223
    BS 2,1 Leonardo   Yo no soy hombre para ir en carro.   1224
    YE 3,2 María   Ahí tienes el carro.   1337
carros (3)
    CA 3,1 Arlequín   Allí están los carros y las jaulas con las serpientes. 1119
    BS 1,3 Padre   Los novios y nosotros iremos en coche hasta la 1199
                             iglesia, que está muy lejos, y el acompañamiento en
                             los carros y en las caballerías [...]

carros (continuación)
    BS 2,1 Padre   ¡A coger las caballerías y los carros!   1222
carroza (1)
    TC 1,1 Padre   Yo he dado tu mano a don Cristobita el de la porra,   732
                             que acaba de pasar en su carroza por ahí.

carta (S) (7)   1140
    CA 3,2 Jugador 1   ¿Tiene usted la bondad de la carta?   1141
    CA 3,2 Jugador 2   ¿La carta?   1141
    CA 3,2 Jugador 3   Por favor..., la carta...   1141
    CA 3,2 Jugador 1   La carta.   1141
    CA 3,2 Jugador 2   La carta.   1142
    CA 3,2 Jugador 2   Porque hay que ganar o perder... Vamos. Su carta.   1142
    CA 3,2 Joven   Mi carta.
carta (8)
    TC 1,1 Cocoliche   En seguida voy a escribir una carta a París pidiendo   730
                             un niño...
    MP 1,3 Mariana   ¿Trajeron una carta?   788
    MP 1,6 Clavela   Una carta, señora.   803
    MP 1,7 Mariana   Toma esta carta, Fernando.   810
    PB 2,1 Belisa   ¡Dame esa carta!   1004
    RS 2,1 Ayola 2   ¡Abre la carta!   1407
    RS 2,1 Ayola 1   Una carta de un novio no es un devocionario.   1407
    RS 3,1 Ama   Señora, ¿y no le podríamos mandar una carta   1415
                             envenenada, que se muriera de repente al recibirla?

Cartagena (1)   826
    MP 2,3 Mariana   de Cartagena, luminoso y fresco,
cartas (S) (3)
    CA 3,2 Jugador 3   Yo jugué en la India con un viejo que cuando ya no   1136
                             tenía una gota de sangre sobre las cartas, y yo
                             esperaba [...]
    CA 3,2 Jugador 1   Las cartas beben rica sangre en las manos y es difícil   1136
                             cortar el hilo que las une.
    CA 3,2 Joven   ¡Qué cartas más frías!   1139
cartas (13)
    MP 2,7 Conspirador 3   Bien venido, si buenas cartas trae.   840
    PB 2,1 Belisa   El me escribe cartas.   1005
    PB 2,1 Belisa   Las cartas de los otros hombres [...] heridos...,   1006
                             ¡pero estas cartas de él!...,
    CA 1,1 Joven   ¿Terminaste de escribir las cartas?   1053
    CA 3,1 Mecanógrafa   ¿Has escrito las cartas?   1124
    CA 3,1 Mecanógrafa   ¿Has escrito las cartas?   1125
    RS 2,1 Rosita   El otro día me lo encontré jugando al uni uni doli   1387
                             doli con tres chicos y todo el montón de cartas en el
                             suelo.
    RS 2,1 Ama   ¿Es que me guardo yo las cartas cuando vienen?   1388
    RS 2,1 Tía   Siempre me dice en las cartas que salgas.   1389
    RS 3,1 Tía   Yo notaba algo en las cartas; los poderes que [...]   1415
    RS 3,1 Rosita   Sabía que se había casado; ya se encargó un alma   1428
                             caritativa de decírmelo, y he estado recibiendo sus
                             cartas con una ilusión [...]
    RS 3,1 Rosita   Si la gente no hubiera [...] nadie más que yo, sus   1428
                             cartas y su mentira hubieran [...]

cartero (2)   1387
    RS 2,1 Rosita   ¿Ha llegado el cartero?   1387
    RS 2,1 Tía   ¿Ha llegado el cartero?
cartón (1)
    EP CV Dama 2   Lo que más miedo me ha dado ha sido el lobo de cartón   1163
                             y las cuatro serpientes en el estanque de hojalata.

cartones (1)
    EP CV Muchacho 1   Aquí está la gran equivocación [...] atravesar las   1160
                             sedas y los cartones que el poeta [...]

cartuchera (1)
    TC 1,1 Padre   Lo dicho, dicho, y cartuchera en el cañón.   732

casa (V) (9)
    TC 3,1 Mozo 2   Que se casa ahora con don Cristobita, y este, pues...   745
                             ¡Ya se lo puede figurar!
    TC 4,1 Joven   ¿Dices que se casa?   751
    BS 2,1 Criada   ¡Y se casa!   1215
    BS 2,2 Muchacha 1   Ahora, que una se casa antes que otra.   1236
    YE 1,2 Muchacha 2   Bueno, y además..., una se casa en realidad mucho   1293
                             antes de ir a la iglesia.
    RS 2,1 Rosita   Que se casa... Que se casa conmigo, porque ya no   1409
                             puede más, pero que...
    RS 3,1 Rosita   Y hoy se casa una amiga y otra [...]   1428
    BA 3,1 Prudencia   Y Angustias, ¿cuándo se casa?   1509
casa (161)
    MM 1,2 Doña Curiana   que dormís fuera de casa,   678
    MM 1,3 Doña Curiana   Tiene casa espaciosa,   685
    MM 1,5 Curiana N   Llevémosla a tu casa.   699
    MM 2,4 Curiana G   ¡Vete pronto a tu casa!   711
    MM 2,7 Curianito   y quédate en mi casa.   720

118

casa - casa

casa (continuación)   Pág.
TC 1,1 Cocoliche   ¿No vive en esta casa por casualidad una tal Rosita?
TC 1,1 Rosita   También la ley podía haberse estado en su casa.   728
TC 2,1 Cristobita   Esta porra que ve aquí ha matado muchos hombres   733
                        franceses, italianos, húngaros... Tengo la lista en   739
                        mi casa.
TC 3,1 Espantanublos   Yo no quiero grescas en mi casa.   747
TC 4,1 Cansa-Almas   Yo me quedaré en casa... Y era verdad... Tu padre,   753
                        efectivamente, me quería muchísimo, muchísimo.
TC 6,1 Cristobita   ¿Pero es que esta casa tiene miedo?   772
TC 6,1 Rosita   Vete a tu casa; ahora, yo moriré.   777
MP 1,2 Angustias   por esta casa!   785
MP 1,4 Mariana   la noche y el frío cercarán su casa.   790
MP 1,5 Fernando   ¡Cómo me gusta tu casa!   797
MP 1,5 Mariana   y hasta viene por mi casa,   799
MP 1,6 Mariana   Ya cercan mi casa los días amargos.   805
MP 1,7 Fernando   Me encuentro en la casa del viejo don Luis, que no lo   811
                        sepa nadie de tu familia.
MP 1,8 Angustias   para esta antigua casa,   818
MP 2,4 Angustias   Vieja y honrada esta casa, ¡qué locura!   827
MP 2,5 Pedro   que me ofreces tu amor y tu casa y tus dedos.   830
MP 2,8 Mariana   a casa de una vieja amiga mía,   842
MP 2,9 Pedrosa   en su casa, al abrigo de los vientos,   851
MP 2,9 Mariana   ¡Soy mujer de mi casa y nada más!   852
MP 2,9 Mariana   ¡Me iré a casa de don Luis! ¡Cuida los niños!   858
MP 3,3 Mariana   ¿Fuiste a casa de don Luis?   867
MP 3,7 Novicia 2   ¡Hay otra luz en la casa!   880
TB QM. Viejo   Estuve de cochero en su casa; pero si te confieso la   905
                        verdad, ahora estoy mejor de mendigo.
ZP 0,0 El Autor   También amanece así todos [...] mercados como tú en tu   912
                        casa, en la escena, zapaterilla [...]
ZP 1,1 Zapatera   Cállate, larga de lengua, [...] metes dentro de tu   912
                        casa te hubiera arrastrado, [...]
ZP 1,1 Zapatera   Ya sabía yo que con esta [...] que debía estar en mi   913
                        casa con..., casi no [...]
ZP 1,1 Zapatero   Y mi casa no es casa. ¡Es un guirigay!   919
ZP 1,1 Zapatera   Me casé contigo, ¿no tienes la casa limpia?   922
ZP 1,1 Alcalde   En mi casa..., en mi casa, coser y cantar.   924
ZP 1,1 Zapatera   Muchas que tiene usted en los balcones de su casa.   927
ZP 1,1 Zapatero   En cada casa un traje con ropa interior y todo.   931
ZP 1,1 Niño   Sí, sí, eso ha dicho en mi casa antes de montarse [...] 937
ZP 2,1 Niño   ¿Sí? A mí me gusta mucho estar en tu casa.   944
ZP 2,1 Alcalde   Nada, pensaba... de [...] del notario, de una casa
                        muy hermosa.
ZP 2,1 Alcalde   Que la casa tiene una cama con [...]   951
ZP 2,1 Niño   ¡Vienen a tu casa!   951
ZP 2,1 Zapatera   ¿Pero los va usted a hacer en mi casa?   952
ZP 2,1 Vecina Roja   Salga en seguida de esta casa.   954
ZP 2,1 Vecina Amarilla Esta es la casa de una leona, de una hiena.   971
ZP 2,1 Niño   Ahora entraba un grupo de hombres en casa del Alcalde.   971
ZP 2,1 Zapatero   ¡Casa de mi felicidad!   973
ZP 2,1 Zapatera   Ya somos dos a defender mi casa, ¡dos!,   978
PB 1,1 Perlimplín   Desde que tú viniste de la iglesia está mi casa llena   978
                        de rumores [...]   988
CA 1,1 Joven   No quiero hierbas en mi casa ni muebles rotos.
CA 1,1 Joven   Me molesta que las cosas de la calle entren en mi casa. 1047
CA 1,1 Mecanógrafa   Deseo marcharme de esta casa.   1049
CA 1,1 Mecanógrafa   Quiero irme de esta casa.   1054
CA 1,1 Mecanógrafa   Me arroja de su casa.   1055
CA 1,1 Amigo   Cuánto silencio en esta casa, ¿y para qué?   1055
CA 1,1 Amigo   ¿Y dónde están en esta casa los retratos de las   1056
                        muchachas con las que tú te acuestas?   1056
CA 1,1 Joven   Esta casa es mía y aquí no entra nadie.
CA 1,1 Niño   ¿sabes? Me escapé de casa.   1060
CA 1,1 Niño   Vámonos; de casa en casa   1065
CA 2,1 Joven   Pero mi casa está ya levantada.   1066
CA 2,1 Padre   De todos modos, está usted en su casa.   1095
CA 2,1 Maniquí   Estaba en tu casa oculta.   1098
CA 2,1 Joven   A la mujer que me quiere. Usted la vio en mi casa, ¿no   1104
                        recuerda?   1106
CA 3,1 Mecanógrafa   Yo me fui de su casa.
CA 3,1 Joven   A mi casa.   1115
CA 3,1 Arlequín   Dice que va a su casa.   1118
CA 3,1 Payaso   ¡Toma casa!   1119
CA 3,1 Joven   Yo iba a mi casa, es decir, a mi casa, no; a otra   1119
                        casa, a...   1120
CA 3,1 Mecanógrafa   Y, sin embargo, yo he levantado mi amor y te he   1126
                        cambiado y te he visto por los rincones de mi casa.
CA 3,2 Joven   Mi casa tenía un patio enorme, donde jugaba con mis   1132
                        caballitos.

casa (continuación)
CA 3,2 Joven   ¿Y será posible que en esta casa esté siempre el aire   1135
                     enrarecido?
EP RR Figura De P   Cuando rondas el lecho y los objetos de la casa, te   1146
                     sigo, pero no [...]
EP RR Figura De P   Ayer estuve en casa del fundidor y encargué una cadena.   1150
BS 1,1 Vecina   Vive sola con su padre allí, tan lejos, a diez leguas   1180
                     de la casa más cerca.
BS 1,2 Mujer   Hoy está como una dalia. ¿Y tú? ¿Fuiste a casa del   1187
                     herrador?
BS 1,3 Madre   Cuatro horas de camino y ni una casa ni un árbol.   1195
BS 1,3 Madre   Dios bendiga su casa.   1198
BS 2,1 Criada   Al salir de tu casa,   1222
BS 2,1 Muchacha 1   al salir de tu casa para la boda.   1223
BS 2,1 Muchacha 2   ¡Ya sales de tu casa   1223
BS 2,1 Voces   ¡Al salir de tu casa   1224
BS 2,1 Mujer   Así salí yo de mi casa también.   1224
BS 2,1 Voces   Al salir de tu casa   1225
BS 2,2 Criada   nunca salgas de tu casa.   1226
BS 2,2 Madre   Porque hoy me quedo sola en mi casa.   1228
BS 2,2 Novio   Gente que no salía de su casa.   1230
BS 2,2 Madre   No. Mi casa está sola.   1231
BS 2,2 Padre   Me alegra el verlos. ¡Qué cambio para esta casa!   1231
BS 2,2 Mujer   Aquí los dos; sin salir nunca y a levantar la casa.   1232
BS 2,2 Madre   Sí. Yo tengo que estar en mi casa.   1241
BS 3,1 Novia   allá en mi casa de tierra.   1256
BS 3,1 Leonardo   entre tu casa y la mía.   1257
BS 3,2 Suegra   Tú, a tu casa.   1264
BS 3,2 Suegra   Valiente y sola en tu casa.   1264
BS 3,2 Madre   No quiero llantos en esta casa.   1267
BS 3,2 Vecina   Vente a mi casa; no te quedes aquí.   1267
YE 1,1 Víctor   En esta casa hace falta un niño.   1285
YE 1,2 Muchacha 1   Yo llevo mucha prisa. Me dejé al niño dormido y no hay   1292
                     nadie en casa.
YE 1,2 Yerma   ¿Hay cerdos en tu casa?   1292
YE 1,2 Yerma   ¿En la última casa?   1294
YE 1,2 Juan   Debías estar en casa.   1299
YE 1,2 Juan   Vamos a dejarnos de conversación. Vete a la casa.   1300
YE 2,1 Lavandera 3   ¿Y están ya en la casa?   1302
YE 2,1 Lavandera 4   Le cuesta trabajo estar en su casa.   1302
YE 2,1 Lavandera 4   Cada hora que transcurre aumenta el infierno en   1304
                     aquella casa.
YE 2,2 Juan   Las ovejas en el redil y las mujeres en su casa.   1312
YE 2,2 Juan   Por eso quiero ver cerrada esa puerta y cada persona   1315
                     en su casa.
YE 2,2 Yerma   Mi marido me da pan y casa.   1319
YE 2,2 Víctor   Deseo la mayor felicidad para esta casa.   1325
YE 3,1 Vieja 1   Pronto empezará a amanecer. Debes irte a tu casa.   1330
YE 3,1 Juan   Si pudiera dar voces levantaría a todo el pueblo para   1331
                     que viera dónde iba la honra de mi casa; pero he de
                     ahogarlo [...]
YE 3,1 Juan   Porque se necesita ser [...] noche fuera de su casa,   1332
                     ¿en busca de qué?
YE 3,2 Vieja   Pero tú tienes pies para marcharte de tu casa.   1344
YE 3,2 Vieja   Mi casa necesita una mujer.   1345
YE 3,2 Vieja   Si entras en mi casa, todavía queda olor de cunas.   1345
YE 3,2 Vieja   Y en cuanto a tu marido, hay en mi casa entrañas y   1345
                     herramientas para que no cruce siquiera la calle.
YE 3,2 Yerma   Buscabas la casa, la tranquilidad y una mujer.   1348
RS 1,1 Ama   Está visto que en esta casa no la dejan hablar a una.   1356
RS 1,1 Ama   Otra vez vienen los llantos a esta casa ¡Ay, señora!   1364
RS 2,1 Ama   Con este señor y con [...] tres, va a arder la casa un   1378
                     día.
RS 2,1 Tía   No es justo que te des ese aire de hombre superior y   1386
                     mal servido, cuando todo en esta casa está supeditado
                     [...]
RS 2,1 Rosita   Para todo hay en esta casa una gotita de acíbar.   1388
RS 2,1 Rosita   Ya han hecho otra casa nueva en la placeta.   1389
RS 2,1 Madre   Si no fuera por estas, estaría siempre en casa.   1391
RS 2,1 Ama   Señora, no deje usted que los "poderes" entren en esta   1410
                     casa.
RS 3,1 Tía   Desde que murió mi marido está la casa tan vacía que   1412
                     parece el doble de grande, y hasta tenemos que
                     buscarnos.
RS 3,1 Ama   Es verdad que la casa resulta demasiado grande.   1412
RS 3,1 Tía   Entonces, gobernar una casa ¿no es trabajar?   1413
RS 3,1 Tía   La nueva casa no es esto.   1418
RS 3,1 Rosita   Con la mudanza ha estado todo el día la puerta llena   1426
                     de chiquillos, como si en la casa hubiera un muerto.

casa (continuación)   Pág.
RS 3,1 Tía   Si yo lo hubiera sabido no hubiese consentido de   1426
                  ninguna manera que tu tío hubiera hipotecado la casa
                  con muebles y todo.
RS 3,1 Rosita   Estaba atada, y además, ¿qué hombre vino a esta casa   1429
                  sincero y desbordante para procurarse mi cariño?
RS 3,1 Muchacho   Pues bajaba yo muerto de risa con el vejestorio   1433
                  puesto, llenando todo el pasillo de la casa de olor de
                  alcanfor, [...]
RS 3,1 Ama   Pero es mejor que no las vea. ¡Vaya por la otra casa!   1436
BA 1,1 Criada   ¡Ay Antonio María Benavides, que ya no verás estas   1445
                  paredes ni comerás el pan de esta casa!
BA 1,1 Bernarda   Sí; para llenar mi casa con el sudor de sus refajos y   1450
                  el veneno de sus lenguas.
BA 1,1 Bernarda   En ocho años que dure el luto no ha de entrar en esta   1451
                  casa el viento de la calle.
BA 1,1 Bernarda   Así pasó en casa de mi padre y en casa de mi abuelo.   1451
BA 1,1 Magdalena Anoche estuvo rondando la casa y creo que pronto va a   1463
                  mandar un emisario.
BA 1,1 Amelia   ¡Angustias tiene todo el dinero de su padre, es la   1464
                  única rica de la casa y por eso ahora [...]
BA 1,1 Magdalena Lo natural sería que [...] más oscuro de esta casa, a   1464
                  una mujer que, [...]
BA 1,1 Bernarda   ¡Hasta que salga de esta casa con los pies adelante   1470
                  mandaré en lo mío y en lo vuestro!
BA 2,1 Adela   En vez de limpiar la casa y acostarte para [...]   1481
BA 2,1 La Poncia No os tengo ley a ninguna, pero quiero vivir en casa   1482
                  decente.
BA 2,1 Bernarda   ¡Qué escándalo es este en mi casa y en el silencio del   1492
                  peso del calor!
BA 2,1 Bernarda   Pero todavía no soy anciana y tengo cinco cadenas para   1495
                  vosotras y esta casa levantada por mi [...]
BA 2,1 La Poncia Pero, desde luego, Pepe estaba a las cuatro de la   1502
                  madrugada en una reja de tu casa.
BA 2,1 Bernarda   Y tú te metes en los asuntos de tu casa.   1503
BA 2,1 Adela   ¡El me quiere para su casa!   1504
BA 3,1 Bernarda   En esta casa no hay ni un sí ni un no. Mi vigilancia   1518
                  lo puede todo.
BA 3,1 La Poncia A mí, con servir tu casa tengo bastante.   1518
BA 3,1 Bernarda   Si en esta casa hubiera hierbas ya te encargarías de   1519
                  traer a pastar las ovejas del vecindario.
BA 3,1 Bernarda   ¿Siguen diciendo todavía la mala letanía de esta casa?   1519
BA 3,1 La Poncia A mí me gustaría cruzar el mar y dejar esta casa de   1521
                  guerra.
BA 3,1 Adela   El dominará toda esta casa.   1530
BA 3,1 Angustias ¡Deshonra de nuestra casa!   1530
casaca (1)
PB 1,1 Perlimplín ¿Me das permiso para quitarme la casaca?   992
casada (23)
TC 6,1 Cocoliche ¡Ay, pero ya estás casada!   775
ZP 1,1 Zapatera   Que más vale estar casada con un viejo que con un   913
                  tuerto, como tú estás.
ZP 1,1 Zapatera   Quién me hubiera dicho [...] hermosísimos, que me iba   913
                  a ver casada con..., me tiraría [...]
ZP 2,1 Zapatera   Pues si dices tú, más [...] jamás, porque una mujer   942
                  casada debe estarse en [...]
ZP 2,1 Zapatera   Y yo casada.   950
DC 1,1   Será necesario que las [...] cosas de doña Rosita,   1019
                  casada con don Cristóbal, [...]
BS 2,1 Leonardo   La mañana de casada   1221
YE 1,2 Vieja 1   ¿Llevas mucho tiempo de casada?   1286
YE 2,1 Lavandera 1 ¡Ay de la casada seca!   1307
YE 2,1 Lavandera 1 Pero ¡ay de la casada seca!   1310
YE 2,2 Juan   Cuando te den conversación cierra la boca y piensa que   1315
                  eres una mujer casada.
YE 2,2 Yerma   ¡Casada!   1315
YE 3,1 Vieja 1   Está bien que una casada quiera hijos, pero si no los   1328
                  tienes, ¿por qué esa ansia de ellos?
YE 3,1 Yerma   No soy una casada indecente; pero yo sé que los hijos   1329
                  nacen del hombre y de la mujer.
YE 3,2 Yerma   mas de casada   1336
YE 3,2 Yerma   casada y romera,   1336
YE 3,2 Vieja   El año pasado se mataron dos por una casada seca y   1337
                  quiero vigilar.
YE 3,2 Macho   la triste casada!   1341
YE 3,2 Macho   ay, cómo se cimbrea la casada!   1341
YE 3,2 Hombre 1   ¡Ay, cómo se cimbrea la casada!   1342
YE 3,2 Macho   de la linda casada.   1343
RS 2,1 Rosita   ¡Que está una casada!   1409
RS 3,1 Tía   ¿Y tu tía la casada?   1433

casado (13)
ZP 1,1 Zapatero   Porque vamos a ver: ¿por qué me habré casado?   918
ZP 1,1 Vecina   ¡Cuánto mejor le hubiera ido a usted casado con gente   919
                   de su clase!...,
ZP 1,1 Alcalde   Entonces, grandísimo tunante, ¿por qué te has casado?   926
ZP 2,1 Zapatero   casado con joven tierna,   960
DC 1,1   Será necesario que las [...] cosas de don Cristóbal,   1019
                   casado con doña Rosita.
CA 3,1 Máscara   Y después fui al hospital y allí supe que el conde se   1116
                   había casado con una gran dama [...]
BS 1,3 Madre   Los tres años que estuvo casado conmigo, plantó diez   1195
                   cerezos.
YE 1,2 Vieja 1   Pude haberme casado con un tío tuyo.   1287
YE 1,2 Yerma   ¿Por qué te has casado?   1293
YE 1,2 Muchacha 2 Porque me han casado.   1293
RS 3,1 Rosita   Sabía que se había casado; ya se encargó [...]   1428
BA 2,1 La Poncia   ¿A ti no te parece que Pepe estaría mejor casado con   1500
                   Martirio o..., ¡sí!,
BA 3,1 Adela   Todo el pueblo contra [...] queridas de algún hombre   1528
                   casado.

casados (3)
ZP 1,1 Zapatero   No me digas... Tres meses llevamos de casados, yo,   922
                   queriéndote..., y tú, poniéndome verde.
YE 1,1 Yerma   Veinticuatro meses llevamos casados, y tú cada vez más   1274
                   triste, más enjuto, como si crecieras al revés.
BA 1,1 La Poncia   Pero yo soy buena perra; [...] y ya están los dos   1442
                   casados, pero un día [...]

casamiento (6)
BS 1,2 Suegra   La madre de él creo que no estaba muy satisfecha con   1190
                   el casamiento.
BS 2,1 Leonardo   A ver tu casamiento.   1213
BS 2,1 Leonardo   Después de mi casamiento he pensado [...]   1214
BS 2,1 Mujer   Y yo no soy mujer para ir sin su marido a un   1224
                   casamiento.
RS 2,1 Rosita   las blancas son casamiento,   1405
BA 1,1 Mujer 4   El mismo trigo de tu casamiento lo sigas disfrutando.   1450

casamos (2)
YE 1,1 Yerma   Cuando nos casamos eras otro.   1274
YE 1,1 María   Pero la noche que nos casamos me lo decía   1281
                   constantemente [...]

casan (3)
BS 1,1 Novio   Las muchachas tienen que mirar con quién se casan.   1176
YE 1,2 Muchacha 2 Se casan todas.   1293
RS 2,1 Solterona 1 Hay muchas que no se casan porque no quieren.   1401

casando (1)
DC 1,1 Poeta   Digo que ya se están casando.   1036

casar (25)
MM 1,3 Doña Curiana ¡Te tienes que casar!   685
TC 2,1 Rosita   ¡No me puedo casar contigo!   736
TC 2,1 Rosita   ¡Pero no me puedo casar contigo!   736
TC 2,1 Cocoliche   ¿Que no se quiere casar conmigo?   737
TC 5,1 Cristobita   ¡Quiero afeitarme ahora mismo, sí, señor, ahora mismo,   758
                     porque me voy a casar!
ZP 2,1 Zapatero   ¡Porque se pudo casar con la mujer más preciosa de la   968
                     tierra!
PB 0,0 Perlimplín   Lo sentiría..., porque... hemos decidido que me   983
                     quiero casar.
PB 0,0 Belisa   Don Perlimplín se quiere casar conmigo. ¿Qué hago?   984
DC 1,1 Cristóbal   que me quiero casar.   1029
DC 1,1 Rosita   Yo me quiero casar, ¿me han oído?   1032
DC 1,1 Rosita   Yo me quiero casar   1032
DC 1,1 Cristóbal   Sí, señor, me voy a casar porque doña Rosita es un   1034
                     boccato di cardinali.
DC 1,1 Rosita   Me quiero casar   1035
DC 1,1 Madre   ¿Te quieres casar?   1035
DC 1,1 Rosita   Me quiero casar.   1035
DC 1,1 Madre   ¿Te quieres casar?   1036
DC 1,1 Cristóbal   Me quiero casar.   1036
BS 2,1 Criada   ¿Es que no te quieres casar?   1208
RS 2,1 Ayola 2   La que no quiere casar deja de echarse [...]   1401
BA 1,1 Magdalena   Sé que yo no me voy a casar.   1452
BA 1,1 Criada   Ha sacado del cofre sus anillos y los pendientes de   1453
                     amatista; se los ha puesto, y me ha dicho que se
                     quiere casar.
BA 1,1 María Josefa Porque ninguna de vosotras se va a casar.   1470
BA 1,1 María Josefa Me escapé porque me quiero casar, porque quiero   1470
                     casarme con un varón [...]
BA 2,1 La Poncia   Además, ¿quién dice que no te puedes casar con él?   1481
BA 2,1 La Poncia   ¿Por qué no la dejaste casar con Enrique Humanas?   1498

casara (1)
BS 2,2 Criada   Parecía como si se casara un monte.   1234

casará - casas

casará (4)   Pág.
  BS 1,1 Vecina   Ahora se casará.
  BA 2,1 La Poncia   Entonces Pepe hará lo que hacen todos los viudos de   1180
                           esta tierra: se casará con la más joven, [...]   1481
  BA 2,1 La Poncia   El, ¡claro!, se casará con Angustias.
  BA 3,1 Martirio   El se casará con Angustias.   1497
casaré (1)   1526
  MM 1,2 Doña Curiana   te casaré con mi hijo!
casarlo (1)   683
  MM 2,2 Curiana N   Hay que casarlo pronto con Silvia. Necesita
casarme (12)   707
  MM 1,2 Doña Curiana   ¡Todo por casarme! ¡Ay!
  MM 1,3 Curianito   que no quiero casarme.   680
  TC 1,1 Rosita   Uno, dos... ¡Ay, qué ganitas tengo de casarme!   684
  TC 1,1 Rosita   Y cuando la niña del barbero se asome a su ventana, yo   725
                           le diré: "Voy a casarme, pero antes que [...]   725
  TC 1,1 Rosita   Que yo no quiero casarme con Cristóbal.
  ZP 1,1 Zapatero   Pero comprenda mi situación: toda la vida temiendo   733
                           casarme..., porque casarse [...]   919
  PB 0,0 Perlimplín   Siempre he pensado no casarme.
  PB 1,1 Perlimplín   No, Belisa; antes de casarme contigo yo no te quería.   981
  RS 3,1 Rosita   Ayer le oí decir al ama que todavía podía yo casarme.   991
  BA 1,1 María Josefa   Me escapé porque me quiero casar, porque quiero   1429
                           casarme con un varón [...]   1470
  BA 1,1 María Josefa   Bernarda, yo quiero un varón para casarme y para tener 1470
                           alegría.
  BA 1,1 María Josefa   ¡A casarme a la orilla del mar, a la orilla del mar!   1471
casarnos (1)
  TC 6,1 Cristobita   Vamos a casarnos en seguida... Y, ¡oye!,   767
casarse (17)
  TC 6,1 Currito   El que se fue por el mundo y vuelve a casarse contigo. 763
  TC 6,1 Cocoliche   Ya van a casarse..., ¡ya me olvida para siempre!   771
  ZP 1,1 Zapatero   Pero comprenda mi situación: toda la vida temiendo   919
                           casarme..., porque casarse es una cosa muy [...]
  ZP 1,1 Alcalde   Eso tiene casarse a tu edad... [...]
  PB 0,0 Marcolfa   Por eso tiene que casarse.   924
  DC 1,1 Director   Piense, don Cristóbal, que necesita usted dinero para   981
                           casarse.   1023
  DC 1,1 Director   Pues hay que casarse.
  DC 1,1 Cristóbal   Hay que casarse.   1028
  CA 2,1 Padre   Viene a casarse contigo.   1028
  CA 2,1 Maniquí   Se lo pondrá la ría grande para casarse con el mar.   1089
  CA 2,1 Maniquí   Se lo pondrá la ría grande para casarse con el mar.   1099
  BS 1,3 Madre   ¿Sí? ¡Qué hermoso mirar! ¿Tú sabes lo que es casarse,   1107
                           criatura?   1200
  BS 2,2 Muchacha 2   ¿De qué? Pero los dos alfileres sirven para casarse,   1236
                           ¿verdad?
  RS 2,1 Ama   Ella debe casarse.
  BA 1,1 Martirio   Su padre mató en Cuba al marido de su primera mujer   1380
                           para casarse con ella.   1459
  BA 1,1 Magdalena   Pepe el Romano viene a casarse con Angustias.
  BA 2,1 Bernarda   Angustias tiene que casarse en seguida.   1463
casarte (3)   1496
  TC 1,1 Padre   Si al menos quisieras casarte, otro gallo nos
                           cantaría; pero me parece a mí que por ahora...   726
  BS 1,3 Criada   Por Dios. Está bien. Parece como si no tuvieras ganas   1203
                           de casarte.
  RS 1,1 Tía   ¿Casarte?   1362
casas (V) (2)
  MM 1,4 Curianita Silvia ¿Cuándo te casas?   687
  MM 2,7 Curianito   si conmigo te casas;   719
casas (16)
  MM 1,2 Doña Curiana   tenéis vuestras casas sucias   678
  TC 3,1 Contrabandista 1 Y las estrellas se caen sobre las casas...   742
  MP 2,7 Conspirador 2   sobre las casas de Granada cae.   835
  MP 2,8 Pedro   Que sean nuestras casas como barcos.   846
  CA 1,1 Viejo   Se hunden las casas.   1075
  CA 1,1 Amigo 1   Las casas no se hunden.   1075
  YE 1,2 Vieja 1   Las casas, ¡cuánto duran!,   1287
  YE 1,2 Yerma   No quedan en las casas más que los ancianos.   1292
  YE 1,2 Muchacha 2   Yo te puedo decir lo único que he aprendido en la   1294
                           vida: toda la gente está metida dentro de sus casas
                           haciendo lo que [...]
  YE 2,2 Yerma   Las mujeres dentro de sus casas.   1312
  YE 2,2 Yerma   Cuando las casas no son tumbas.   1312
  YE 3,1 Dolores   La última vez hice la [...] tiempo de llegar a las   1327
                           casas, y ella misma las [...]
  RS 3,1 Rosita   Y hoy se casa una amiga [...] de examen, y hacen casas 1428
                           nuevas y canciones [...]
  BA 1,1 Bernarda   ¡Andar a vuestras casas a criticar todo lo que habéis   1450
                           visto!

casas (continuación)
    BA 3,1 María Josefa   Yo quiero casas, pero casas abiertas y las [...]   1525
casaste (1)
    RS 3,1 Tía   ¿Por qué no me hiciste caso? ¿Por qué no te casaste   1429
    con otro?

cásate (2)
    CA 2,1 Novia   Cásate con él.   1082
    BS 2,1 Leonardo   Cásate tú ahora.   1215
casca (1)
    ZP 1,1 Vecina   ¡Que salga, a ver si por delante de mí casca tanto   919
    como por detrás!

cascabeles (1)
    TC 6,1 Cocoliche   Ahora siento mi pecho lleno de cascabeles, lleno de   780
    corazoncillos.

cascantes (1)
    ZP 1,1 Zapatera   Sí, sí, venid a verme, cascantes, comadricas, por   938
    vuestra culpa ha sido...

cáscara (1)
    ZP 1,1 Zapatera   Mi cocido, con sus patatas [...] arrope con calabaza y   934
    cáscara de limón para [...]

cascarón (1)
    TC 5,1 Fígaro   Esta navaja que ven ustedes rompe el cascarón de los   758
    secretos.

cascos (1)
    CA 2,1 Novia   Blanco y con los cascos dorados entre el heno de los   1079
    pesebres.

case (4)
    DC 1,1 Madre   y quiero que se case,   1029
    RS 2,1 Ayola 1   ¡Tengo una gana de que Rosita se case!   1400
    RS 2,1 Ama   ¡Que venga en persona y se case!   1410
    BA 3,1 Adela   Vamos a dormir, vamos a dejar que se case con   1528
    Angustias, ya [...]
casé (4)
    ZP 1,1 Zapatera   Me casé contigo, ¿no tienes la casa limpia?   922
    PB 1,1 Perlimplín   Me casé... por lo que fuera, pero no te quería.   991
    BS 2,1 Leonardo   Yo me casé.   1215
    YE 3,2 Yerma   Desde que me casé estoy dándole vueltas [...]   1346
casero (1)
    TC 5,1 Jovencita   y un pan casero.   760
cases (3)
    RS 2,1 Tía   Muchas veces te he aconsejado que escribas a tu primo   1389
    y te cases aquí con otro.
    RS 2,1 Solterona 2   El día que te cases vas a llevar el mejor ajuar del   1395
    mundo.
    BA 3,1 Bernarda   Y cuando te cases, menos.   1513
casi (28)
    TC 1,1 Cristobita   Casi, casi, me ha engatusado.   731
    MP 1,1 Angustias   Se le ha puesto la sonrisa casi blanca,   784
    MP 2,5 Pedro   Estuve casi en manos de la justicia,   830
    MP 2,8 Conspirador 1   Casi lo adivinaba.   841
    ZP 1,1 Zapatera   Ya sabía yo que con esta [...] en mi casa con..., casi   913
    no quiero creerlo, [...]
    ZP 1,1 Zapatera   Yo siempre he tenido delirio por ella... Casi se me   929
    saltan las lágrimas... ¡Qué primor!
    ZP 1,1 Zapatera   Mira, mira ... aquella blanca tan chiquita que casi   934
    no puede andar.
    ZP 2,1 Zapatero   Intratables. Figúrense ustedes que casi todos ellos   955
    son zapateros.
    ZP 2,1 Zapatero   Y ahora casi me alegro de tenerme [...]   968
    ZP 2,1 Zapatero   ¡Casi me dan ganas de llorar!   971
    PB 0,0 Marcolfa   Esto está casi terminado.   985
    PB 1,1 Perlimplín   ¡Casi me pareces un sueño!   999
    CA 1,1 Joven   Se fueron a un largo viaje. Casi me alegré...   1048
    CA 2,1 Criada   Muy delicadamente, casi sin apretar.   1084
    CA 3,2 Jugador 2   Pero acuérdate del niño que en Suecia jugó con   1137
    nosotros casi agonizante, y por [...]
    BS 1,2 Leonardo   No. Casi no lo utilizo.   1187
    BS 2,1 Leonardo   Pero dos bueyes y una mala choza son casi nada.   1213
    YE 2,2 Juan   Yo casi lo estoy olvidando.   1313
    RS 1,1 Tía   Casi me lo figuro. Ojalá me equivoque.   1361
    RS 2,1 Ayola 2   Por cierto que yo tomé cuatro huevos con picadillo de   1396
    tomate, y casi no me podía levantar de la silla.
    RS 2,1 Ayola 1   A mí, casi, casi, se me ha olvidado la cara de tu   1399
    novio.
    RS 2,1 Tío   Lo he oído todo, y casi sin darme cuenta he cortado la   1410
    única rosa mudable que tenía en mi invernadero.
    RS 3,1 Tía   Los cipreses de la glorieta casi tocan las paredes de   1437
    mi cuarto.
    BA 1,1 La Poncia   Volvieron casi de día.   1456
    BA 2,1 Angustias   Casi se me salió el corazón por la boca.   1475
    BA 2,1 La Poncia   ¿Por qué te pusiste casi desnuda con la luz [...]   1481

Pág.

casilla (1)
    ZP 2,1 Zapatero   Sí, sí, canallas...; pero pronto ajustaré cuentas con   971
                           todos y me las pagarán... ¡Ah, casilla mía, qué calor
                           [...]
casino (1)
    ZP 1,1 Zapatero   ¡Qué dirán en el casino!   931
casita (4)
    MM 2,1 Curianita 1   ¡Vamos a la casita, que ya es de noche!   705
    MM 2,2 Doña Curiana   El dolor o la muerte me cercan la casita.   707
    ZP 1,1 Zapatero   ¡Ay casita mía!   933
    BA 3,1 Adela   Vamos a dormir, vamos a dejar que se case con   1528
                           Angustias, ya no me importa, pero yo me iré a una
                           casita sola donde él [...]
caso (V) (6)
    MM 1,3 Curianito   ¡Que no me caso, madre!   684
    MM 1,3 Curianito   Sin amor no me caso.   684
    TC 1,1 Rosita   Que me caso contigo.   729
    TC 3,1 Cristobita   Mañana me caso con la señá Rosita, y quiero que haya   748
                           mucho vino para ... bebérmelo yo.
    BS 2,1 Novia   Por eso me caso.   1214
    RS 2,1 Ayola 1   Para ir a una boda. En cuanto yo pueda, me caso.   1400
caso (16)
    TC 1,1 Padre   ¿Y me harás caso siempre?   727
    TC 1,1 Rosita   Mira, es el caso...   729
    TC 1,1 Padre   Tú harás caso de todo como hice yo caso de mi papá   733
                           cuando [...]
    ZP 1,1 Zapatera   Maldita hora, maldita hora en que le hice caso a mi   916
                           compadre Manuel.
    ZP 1,1 Vecina   estas niñas, pongo por caso, u otras del pueblo.   919
    ZP 1,1 Zapatero   Pero si el caso es que no me atrevo a decirle una cosa.   925
    ZP 2,1 Zapatera   No hagas caso ninguno de lo que dicen.   944
    DC 1,1 Rosita   que para el caso   1035
    EP CV Estudiante 2   En último caso, ¿es que Romeo y [...]   1161
    BS 3,2 Muchacha 2   ¡No le hagas caso!   1265
    YE 2,2 Juan   En último caso debes resignarte.   1314
    YE 3,2 Vieja   Y, en último caso, vengo porque me da la gana.   1337
    RS 2,1 Ama   Yo he hecho lo que haría cualquiera en mi caso.   1384
    RS 3,1 Tía   ¿Por qué no me hiciste caso? ¿Por qué no te casaste   1429
                           con otro?
    RS 3,1 Tía   Tú no les hacías ningún caso.   1429
casó (7)
    TC 1,1 Padre   Tú harás caso de todo como hice yo caso de mi papá   733
                           cuando me casó con tu mamá, que, [...]
    BS 1,1 Vecina   El se casó ya hace dos años con una prima de ella, por   1181
                           cierto.
    YE 1,1 Yerma   Nadie se casó con más alegría.   1276
    RS 3,1 Ama   Allí encontró la rica que iba buscando y se casó, pero   1415
                           debió decirlo a tiempo.
    RS 3,1 Ama   ¿Por qué no se casó, hombre de Dios?   1422
    BA 1,1 Martirio   Luego aquí la abandonó [...] madre de Adelaida, y se   1459
                           casó con ella después [...]
    BA 1,1 Martirio   Luego se casó con otra que tenía más que yo.   1460
casos (1)
    MP 1,6 Clavela   Lo mejor es callar en estos casos.   803
casta (A) (1)
    MM 2,7 Curianito   ¿Duerme la casta reina de este prado?   719
casta (9)
    EP RR Centurión   ¡Malditos seáis todos los de vuestra casta!   1152
    EP RR Centurión   ¡Maldita sea vuestra casta!   1152
    BS 1,1 Madre   Eso es de buena casta.   1174
    BS 3,1 Leñador 3   Expresaba el sino de su casta.   1247
    BS 3,1 Leñador 1   Su casta de muertos en mitad de la calle.   1247
    YE 2,2 Yerma   Creen que me puede gustar otro hombre y no saben que,   1319
                           aunque me gustara, lo primero de mi casta es la
                           honradez.
    YE 3,1 Yerma   Por honra y por casta.   1329
    YE 3,1 Yerma   Te figuras tú y tu gente que sois vosotros los únicos   1333
                           que guardáis honra, y no sabes que mi casta no ha
                           tenido nunca [...]
    YE 3,2 Vieja   Ni su padre, ni su abuelo, ni su bisabuelo se portaron   1344
                           como hombres de casta.
castañuelas (1)
    MP 1,2 Amparo   de Jerez, con castañuelas: 786
castigar (2)
    BS 2,2 Madre   Tengo en mi pecho un grito siempre puesto de pie a   1227
                           quien tengo que castigar y meter entre los mantos.
    RS 3,1 Martín   Son los niños de los ricos y , como pagan, no se les   1418
                           puede castigar.
castigarla (1)
    BS 1,3 Padre   Ha sido necesario castigarla y hasta llorarla, para   1196
                           que nos dé algo provechoso.

castigo (4)
BS 2,1 Criada   ¿Qué castigo pides tirando al suelo la corona?   1208
BS 2,1 Leonardo   Callar y quemarse es el castigo más grande que nos   1214
                       podemos echar encima.

BS 3,1 Novia   Para ti será el castigo   1258
BA 2,1 Amelia   Nacer mujer es el mayor castigo.   1486
castiguen (1)
BS 2,2 Padre   Y estos brazos tienen que ser de los dueños, que   1228
                       castiguen y que dominen, que hagan brotar las
                       simientes.

castillo (3)
TC 1,1 Rosita   Genoveva de Brabante tendría uno así cuando se ponía   731
                       en la torre de su castillo a esperar a su esposo.
ZP 2,1 Zapatero   Yo soy como un perrito y mi mujer manda en el   976
                       castillo, ¡pero que mande!
CA 3,2 Joven   El chartreuse es como una gran noche de luna verde   1142
                       dentro de un castillo donde hay un [...]
casualidad (6)
TC 1,1 Cocoliche   ¿No vive en esta casa por casualidad una tal Rosita?   728
ZP 1,1 Alcalde   Rosa, Manuela, Visitación [...] vida, si es que por   925
                       casualidad están allí.
ZP 2,1 Zapatero   Pero usted ya sabe que el mundo es reducido; ¿qué   975
                       quiere que le diga si por casualidad me lo encuentro
                       [...]
ZP 2,1 Zapatero   ¿Y si por casualidad llegara ahora mismo?   976
CA 2,1 Novia   Anoche soñaba que todos los niños pequeños crecen por   1087
                       casualidad... Que basta [...]
BA 2,1 Martirio   Agradece a la casualidad que no desaté mi lengua.   1503
catalineta (1)
ZP 1,1 Zapatera   Cállate, larga de lengua, penacho de catalineta, que   912
                       si yo [...]

catedral (2)
EP CV Muchacho 1   En este momento llega la revolución a la catedral.   1160
RS 1,1 Rosita   La catedral ha dejado   1367
catedrales (1)
BS 3,1 Luna   ojo de las catedrales,   1249
catedrático (1)
RS 2,1 El Señor X   Superlativamente; aunque un catedrático de Economía   1376
                       Política no puede discutir con un cultivador de rosas.

catorce (3)
YE 1,1 María   Una hermana de mi madre lo tuvo a los catorce años, ¡y 1282
                       si vieras qué hermosura de niño!
YE 1,2 Vieja 1   He tenido dos maridos, catorce hijos, cinco [...]   1287
YE 1,2 Yerma   Otra vez el mismo Víctor, teniendo yo catorce años (él 1289
                       era [...]
causa (4)
MM 1,2 Doña Curiana   tan sin causa.   678
MM 1,2 Curianita Silvia Causa cierta   678
MM 1,2 Doña Curiana   de la causa que os apena.   681
YE 1,2 Yerma   La causa que nos parece más inofensiva puede acabar   1292
                       con él.
causado (1)
EP CV Estudiante 4   El director de escena abrió los escotillones, y la   1161
                       gente pudo ver cómo el veneno de las venas falsas
                       había causado la muerte verdadera [...]

causáis (1)
MP 1,4 Mariana   ¡Qué bien me causáis   790
causan (1)
MM 0,0   ¿Por qué os causan repugnancia algunos [...]   670
causar (2)
MM 0,0   Por eso, yo suplico a todos que no dejéis nunca libros 670
                       de versos en las praderas, porque podéis causar mucha
                       desolación [...]
CA 1,1 Joven   ¿Crees tú que yo puedo [...] aumentarán en el camino   1071
                       sin causar dolor a los demás?

causas (3)
PB 0,0 Marcolfa   Dígame, señor mío, las causas de ese no.   980
PB 0,0 Perlimplín   Dime tú, doméstica perseverante, las causas de ese sí. 980
CA 1,1 Joven   Por ahora no puede ser... Por causas que no son de   1048
                       explicar.

causaste (1)
MM 1,5 Curianito   ¿Por qué causaste mal?   692
cautela (1)
MP 2,7 Mariana   para que andemos con cautela grande.   837
cautiva (1)
MP 1,7 Fernando   Ya tengo el alma cautiva;   815
cautivo (1)
MP 3,9 Mariana   El hombre es un cautivo y no puede librarse.   889
caves (1)
BS 1,1 Madre   Que caves bien la parte del molinillo, que la tienes   1178
                       descuidada.

cayendo - ceniza

Pág.

cayendo (2)
| ZP 2,1 Zapatero | y van cayendo las verdes | 961 |
| RS 1,1 Rosita | se fueron cayendo heridos | 1371 |

cayeron (2)
| BS 3,2 Mendiga | Los dos cayeron, y la novia vuelve | 1266 |
| BA 2,1 Magdalena | Había un nublo negro de tormenta y hasta cayeron algunas gotas. | 1473 |

Cayetano (1)
| MP 1,4 Amparo | Y cuando el gran Cayetano | 793 |

cayó (4)
MM 1,5 Curiana C	Cayó desde la punta de un terrible ciprés.	697
MP 2,9 Pedrosa	¿Cayó?	853
CA 1,1 Mecanógrafa	Un día se cayó y sangraba por la rodilla, ¿te acuerdas?	1055
CA 1,1 Amigo 2	Va a caer un aguacero..., pero aguacero bonito el que cayó el año pasado.	1073

caza (2)
| BS 3,1 Mozo 1 | Esto es una caza. | 1253 |
| BS 3,1 Novio | Una caza. La más grande que se puede hacer. | 1253 |

cazador (1)
| CA 1,1 Amigo | ¡Y, naturalmente, el cazador se ha muerto de hambre! | 1072 |

cazadores (1)
| EP RR Figura De C | Un hombre, tan hombre que me desmayo cuando se despiertan los cazadores. | 1149 |

cazar (1)
| CA 3,1 Arlequín | yo voy a cazar | 1112 |

cazaré (1)
| MM 2,7 Curianito | Yo cazaré, para que te diviertas, | 720 |

cazuela (1)
| RS 3,1 Ama | Voy a guisar. Una cazuela de jureles perfumada con hinojos. | 1417 |

cederé (1)
| ZP 2,1 Zapatera | Pues si dices tú, más [...] fue mi marido y no cederé a nadie jamás, [...] | 942 |

cegó (2)
| MM 2,3 Mariposa | pero cegó la fuente de mi seda. | 708 |
| MM 2,5 Gusano 2 | Cegó mi luz antigua. | 714 |

cejas (1)
| MP 1,4 Amparo | calados hasta las cejas. | 793 |

celebrado (1)
| RS 2,1 El Señor X | Póngame a los pies de su encantadora sobrinita, a la que deseo venturas en su celebrado onomástico. | 1378 |

celebramos (1)
| RS 2,1 Rosita | ¡Pues celebramos que no te hayas caído! | 1398 |

celebraré (1)
| BS 1,3 Padre | Celebraré mucho que te guste. | 1199 |

celebro (1)
| CA 3,2 Criado | Lo celebro infinito. | 1133 |

celeste (1)
| RS 3,1 Ama | Cada una en una butaca de seda celeste que se meza ella sola, y unos abanicos de raso grana. | 1425 |

celestes (1)
| ZP 2,1 Alcalde | Anteayer estuve enfermo toda la mañana porque vi tendidas en el prado dos camisas tuyas con lazos celestes, que era como [...] | 949 |

celestial (1)
| RS 3,1 Ama | Eso, que se fastidien. Nosotras, ¡juerga celestial! | 1425 |

celindas (1)
| RS 2,1 Madre | A mí lo que más me gustan son las celindas. | 1392 |

celos (2)
| TC 6,1 Currito | Vente conmigo. Te veo y me vuelvo loquito de celos. | 764 |
| RS 2,1 Rosita | Son celos el carambuco; | 1405 |

cementerio (2)
| YE 3,1 Vieja 2 | Pero el cementerio estaba demasiado oscuro. | 1326 |
| YE 3,1 Dolores | Muchas veces yo he hecho estas oraciones en el cementerio con mujeres [...] | 1327 |

cena (2)
| MM 2,4 Alacranito | ¡No es mala cena! | 711 |
| BS 3,1 Novia | contigo cama ni cena, | 1258 |

cenar (1)
| YE 2,1 Lavandera 5 | mi marido a cenar. | 1307 |

cenaríamos (1)
| ZP 2,1 Zapatero | cenaríamos mañana | 961 |

cenefas (1)
| BS 1,1 Madre | No te irías al arroyo ahora y bordaríamos las dos cenefas y perritos de lana. | 1174 |

ceniza (4)
BS 3,1 Leñador 3	La cara color ceniza.	1247
BS 3,1 Luna	¡Mira que ya mis valles de ceniza despiertan	1251
BS 3,2 Suegra	pon una cruz de ceniza	1265
YE 3,2 Vieja	La ceniza de tu colcha se te volverá pan y sal para las crías.	1345

cenizas (2)
BS 3,1 Luna   ¡Tengo frío! Mis cenizas   1249
RS 3,1 Ama   ...aventar las cenizas sobre el mar.   1414
centro (4)
CA 2,1 Joven   Que tenía en el centro la cabeza de un tigre. Y...   1098
    ¿están rotos?
BS 2,1 Novia   Son nublos. Un mal aire en el centro, ¿quién no lo   1208
    tiene?
BA 2,1 Bernarda   Nunca está bien una extraña en el centro de la familia.   1496
BA 3,1 Adela   El caballo garañón estaba en el centro del corral   1515
    ¡blanco!
centros (2)
ZP 2,1 Alcalde   Con un estrado que costó cinco mil reales, con centros   951
    de mesa, con [...]
BS 2,1 Leonardo   ¡Cuando las cosas llegan a los centros, no hay quien   1214
    las arranque!
ceñía (1)
MP 2,8 Conspirador 4   bella espada que ceñía,   843
cera (7)
MM 2,2 Curiana N   Sus alitas de cera   705
CA 1,1 Amigo   Mira: te voy a coger por las solapas, te voy a pintar   1056
    de colorete esas mejillas de cera... o así,
    restregadas.
CA 1,1 Niño   Con tus manchas de cera, rosa blanca,   1064
CA 2,1 Novia   Una mano fría. Una mano de cera cortada.   1092
BS 2,2 Novio   Es todo de cera.   1232
BS 3,2 Muchacha 1   Heridas de cera,   1263
YE 2,1 Lavandera 4   Están untadas con cera.   1302
cerca (V) (1)
ZP 0,0 El Autor   En todos los sitios late [...] la realidad que la   912
    cerca y lucha con la [...]
cerca (16)
MM 0,0   También el viejo silfo [...] la planta están muy cerca   670
    de su luz; di, [...]
MM 1,2 Curianita Silvia   Está tan cerca   681
TC 3,1 Cocoliche   Espantanublos, cierra la puerta, que a pesar de estar   745
    cerca del mes de mayo, [...]
MP 2,7 Pedro   debe estar ya muy cerca de esta calle.   837
MP 2,8 Mariana   está cerca del suelo.   848
MP 3,1 Novicia 1   largo rato y muy cerca.   861
MP 3,4 Mariana   Mira que siento muy cerca   871
CA 1,1 Joven   La última vez que la vi no podía mirarla muy de cerca   1052
    porque tenía dos [...]
CA 2,1 Criada   En mi pueblo había un muchacho que subía a la torre de   1086
    la iglesia para mirar más de cerca la luna, y su novia
    [...]
CA 2,1 Novia   Un espejo, una mesa estarían más cerca de ti que yo.   1095
BS 1,1 Vecina   Vive sola con su padre allí, tan lejos, a diez leguas   1180
    de la casa más cerca.
BS 3,1 Leñador 1   Ya estamos cerca.   1248
BS 3,1 Leonardo   porque nos persiguen cerca   1256
YE 1,2 Yerma   Muy cerca. Y lloraba como ahogado.   1298
RS 3,1 Solterona 3   Yo vengo a dar una lección de piano que tengo aquí   1435
    cerca y me llegué por si necesitaban ustedes algo.
BA 1,1 Bernarda   Muy cerca de tu tía.   1447
cercada (1)
MP 2,5 Pedro   ¡Qué sola estás cercada de maliciosa gente!   828
cercan (3)
MM 2,2 Doña Curiana   El dolor o la muerte me cercan la casita.   707
MP 1,6 Mariana   Ya cercan mi casa los días amargos.   805
BS 3,1 Leonardo   estos hombres que nos cercan.   1259
cercanas (1)
MP 2,5 Pedro   de abrir el pecho a bellas realidades cercanas   832
cercar (1)
MP 1,8 Angustias   Cercar estas paredes   818
cercarán (1)
MP 1,4 Mariana   la noche y el frío cercarán su casa.   790
cerciorarme (1)
ZP 2,1 Zapatera   Vamos, quiero cerciorarme de la maldad de las gentes.   970
cerco (2)
MP 1,7 Fernando   Pedrosa estrechará el cerco como él sabe, y si esta   811
    misma noche no parto, estoy irremisiblemente perdido.
BS 3,1 Leñador 3   ¿Crees que ellos lograrán romper el cerco?   1247
cerdos (1)
YE 1,2 Yerma   ¿Hay cerdos en tu casa?   1292
ceremonia (1)
RS 2,1 Rosita   Nada. Una persona representa al novio en la ceremonia.   1409
cerezo (1)
RS 1,1 Ama   ¡Qué ganas tengo de ver plantados en este jardín un   1353
    peral, un cerezo, un caqui!

		Pág.
cerezos (2)		
CA 1,1 Amigo 2	Pero todavía no, todavía me veo subido en los cerezos... con aquel [...]	1075
BS 1,3 Madre	Los tres años que estuvo casado conmigo, plantó diez cerezos.	1195
ceros (1)		
ZP 2,1 Zapatera	La gente me canta coplas, [...] autoridades son calabacines, ceros a la izquierda, [...]	948
cerote (1)		
ZP 1,1 Zapatero	Cerote, clavos, pieles de becerro... Bueno.	933
cerraban (1)		
MP 1,8 Angustias	y cerraban los ojos	817
cerrada (9)		
MM 2,2 Curiana N	Tiene los ojos muertos y la boca cerrada.	706
MP 1,7 Fernando	Está la noche cerrada.	814
CA 1,1 Gata	Está la puerta cerrada.	1067
CA 3,1 Joven	Corre por dentro de mí, como una hormiga sola dentro de una caja cerrada.	1125
BS 3,2 Suegra	Pero la puerta cerrada.	1264
YE 2,2 Juan	Por eso quiero ver cerrada esa puerta y cada persona en su casa.	1315
YE 2,2 Yerma	¡Ay, qué puerta cerrada a la hermosura!,	1316
RS 1,1 Primo	deja tu boca cerrada	1371
BA 1,1 La Poncia	La vieja. ¿Está bien cerrada?	1440
cerradas (3)		
DC 1,1 Cristóbal	Buenas noches cerradas.	1024
YE 1,2 Yerma	Las muchachas que se crían en el campo, como yo, tienen cerradas todas las puertas.	1291
YE 3,2 Macho	donde están las higueras cerradas,	1341
cerrado (5)		
TC 1,1 Cristobita	La boca un poquitín grande, pero vaya canela en rama de cuerpo... Aún no he cerrado el trato... [...]	733
TC 6,1 Rosita	Pero ¿cómo ha cerrado mi padre esta puerta?	766
MP 1,6 Mariana	Ya ha cerrado	802
CA 1,1 Joven	¡Pues no quiero enterarme! Todo bien cerrado.	1060
CA 3,1 Joven	¿Han cerrado el paseo?	1118
cerrados (3)		
PB 0,0 Una Voz	Entre mis muslos cerrados,	982
PB 0,0 Belisa	Entre mis muslos cerrados,	987
CA 2,1 Novia	Están todos andando por el alambre con los ojos cerrados.	1087
cerradura (1)		
PB 1,1 Perlimplín	Yo no había podido imaginarme tu cuerpo hasta que lo vi por el ojo de la cerradura cuando te vestías de novia.	991
cerramos (2)		
TC 2,1 Cristobita	Conque cerramos el trato. ¿No es esto?	738
TC 2,1 Cristobita	Cerramos el trato.	738
cerrando (2)		
CA 3,1 Mecanógrafa	a lo que yo contesté, cerrando los ojos: "No."	1115
EP CV Enfermero	Los soldados y los ingenieros están cerrando todas las salidas.	1156
cerrar (5)		
TC 0,0 Mosquito	Abrí mi ojo todo lo que pude me lo quería cerrar el dedo del viento- [...]	724
TB DME Doncella	Voy a cerrar el balcón.	898
ZP 2,1 Zapatera	¡Yo voy a cerrar la puerta!	952
CA 2,1 Joven	Estás aquí, entre mis manos, en este mismo instante, y no me puedes cerrar la puerta porque [...]	1096
RS 3,1 Ama	No se puede cerrar por la humedad.	1437
cerraré (1)		
TC 6,1 Padre	Las botas son muy lindas... Y cerraré de camino esta puerta.	765
cerrarle (1)		
MP 1,5 Mariana	para cerrarle las alas!	795
cerrarlos (1)		
BA 2,1 Bernarda	Ahora vigilaré sin cerrarlos ya hasta que me muera.	1503
cerros (2)		
TC 3,1 Joven	Yo me acerqué a preguntaros una cosa, y me respondéis por los cerros de Úbeda.	745
BS 2,1 Leonardo	No quiero hablar, porque soy hombre de sangre, y no quiero que todos estos cerros oigan mis voces.	1213
certeras (1)		
ZP 2,1 Zapatero	diez puñaladas certeras	962
certeza (1)		
MM 0,0	Con la misma tranquilidad y la certeza que el polen [...]	669
cerviz (1)		
ZP 2,1 Mozo Del S	Tengo tanto coraje que agarraría a un toro de los cuernos, le haría hincar la cerviz en las arenas [...]	943

cesa (1)
  MM 2,2 Doña Curiana   Curianito no cesa de cantar sus amores.   707
cesado (1)
  MP 2,7 Conspirador 3   Pedrosa no ha cesado de espiarme,   836
cesan (1)
  YE 2,2 Yerma   Que estoy ofendida, ofendida y rebajada hasta lo   1318
      último viendo que los trigos apuntan, que las fuentes
      no cesan de dar agua y que [...]
cesar (2)
  MM 1,4 Curianita Silvia   busco una cosa sin cesar.   686
  CA 1,1 Viejo   Mana sin cesar hilitos de agua fría.   1046
cese (1)
  EP CV Enfermero   Cuando cese el tumulto.   1155
cesta (1)
  TB DME Doncella   Parecen amontonados en la cesta una antigua ciudad de   896
      la China.
cesura (1)
  RS 3,1 Martín   ¿Y es que no suena bien de acento y de cesura este   1420
      verso: "y el hórrido estertor de mi combate"?
cicatrices (1)
  RS 2,1 Rosita   Las cicatrices son hondas.   1400
cicatriz (5)
  CA 3,1 Máscara   Tiene en la mano derecha una cicatriz que le hicieron   1117
      con un puñal...; por mí, desde luego.
  RS 2,1 Ayola 2   ¿No tenía una cicatriz en el labio?   1399
  RS 2,1 Rosita   ¿Una cicatriz? Tía, ¿tenía una cicatriz?   1400
  RS 2,1 Rosita   Pero no era una cicatriz; era una quemadura, un   1400
      poquito rosada.
ciclón (3)
  TB QM. Viejo   Peor es que haya un ciclón.   906
  TB QM. Viejo   Todo el mundo, y tú el primero, cree que lo importante   906
      de un ciclón son los destrozos [...]
  TB QM. Viejo   Lo importante de un ciclón...   906
ciega (4)
  MP 3,2 Mariana   ¡comprendo que estaba ciega!   865
  MP 3,2 Mariana   ¡comprendo que estaba ciega!   866
  BA 2,1 Adela   ¡Ciega debías estar!   1480
  BA 2,1 La Poncia   Ahora estás ciega.   1497
ciego (3)
  TC 6,1 Cristobita   ¡Así de grandes! ¡Así de grandes! ¿Pero yo estoy ciego?   773
  EP RR Figura De P   ¡Acabarás por dejarme ciego!   1149
  EP RR Figura De C   Ciego, porque no eres hombre.   1149
ciegos (2)
  CA 3,2 Jugador 2   Pero acuérdate del niño que en Suecia jugó con   1137
      nosotros casi agonizante, y por poco si nos deja
      ciegos a los tres con [...]
  YE 2,2 Yerma   ¡Ay, pechos ciegos bajo mi vestido!   1316
cieguen (1)
  MM 1,4 Curianito   ¡Que cieguen mis ojos antes que te vea   685
cielo (24)
  MM 1,1 Curiana N   Ya parte el rocío a su cielo ignorado,   675
  MM 1,3 Doña Curiana   que era un trozo de cielo.   685
  MM 1,4 Curianito   Pintas sobre el cielo tu traje encarnado   685
  MP 1,4 Mariana   abrirse el dorado girasol del cielo.   790
  MP 3,3 Mariana   cuando sobre el cielo oscuro   869
  PB 3,1 Belisa   Jazminero flotante y sin raíces, el cielo caerá sobre   1012
      mi espalda sudorosa... ¡Noche!,
  CA 1,1 Joven   Hay un cielo de tormenta hermoso.   1047
  CA 1,1 Viejo   ¿No se atreve usted a huir?, ¿a volar?, ¿a ensanchar   1049
      su amor por todo el cielo?
  CA 1,1 Joven   Novia..., ya lo sabe usted; si digo novia la veo sin   1051
      querer amortajada en un cielo sujeto por enormes [...]
  CA 1,1 Niño   No es el cielo. Es tierra dura   1066
  CA 1,1 Niño   Apagado va por el cielo.   1068
  CA 3,1 Mecanógrafa   cubrir un cielo dormido.   1121
  EP CV Estudiante 2   El público se ha de [...] nubes que van por el cielo.   1161
  BS 3,2 Madre   Pero no; camposanto, no, camposanto, no; lecho de   1268
      tierra, cama que los cobija y que los mece por el
      cielo.
  YE 2,2 Víctor   La acequia por su sitio, el rebaño en el redil, la   1323
      luna en el cielo y el hombre con su arado.
  YE 3,1 Yerma   Como si la luna se buscara ella misma por el cielo.   1334
  YE 3,2 Yerma   El cielo tiene jardines   1338
  YE 3,2 Macho   El cielo tiene jardines   1343
  YE 3,2 Vieja   Para tener un hijo ha sido necesario que se junte el   1344
      cielo con la tierra.
  RS 1,1 Tía   La lengua se me debió pegar en el cielo de la boca   1363
      antes [...]
  RS 2,1 Ama   Porque de tanto mirar al cielo se le van a poner los   1381
      ojos de vaca.
  RS 3,1 Ama   Yo entro en el cielo a la fuerza.   1425

Pág.

cielo (continuación)
BA 3,1 Adela   Tiene el cielo unas estrellas como puños.   1515
BA 3,1 Adela   que en el cielo estás escrita   1516
cielos (2)
CA 1,1 Viejo   Si ella tiene quince años, puede tener quince   1053
crepúsculos o quince cielos.
RS 3,1 Tía   Todos los cristianos sabemos que ningún rico entra en   1425
el reino de los cielos, pero a ver si [...]
cien (14)
TC 0,0 Mosquito   Niño, cierra esa boquita, y tú, muchacha, siéntate con   723
cien mil de a caballo.
TC 2,1 Rosita   Dentro de cien años girarán lo mismo.   736
TC 2,1 Cristobita   Yo le doy a usted los cien duros para desentramparse,   738
[...]
TC 6,1 Cristobita   ¡Con cien duros que me has costado!   776
TB QM. Viejo   Aunque viviera cien años, yo no tendría miedo al tren.   905
PB 3,1 Perlimplín   Me parece que han transcurrido cien años.   1009
DC 1,1 Cristóbal   Con cien duros que me has costado.   1041
CA 1,1 Viejo   Porque lo otro es morirse ahora mismo, y es más   1053
hermoso pensar que todavía mañana veremos los cien
cuernos de oro con [...]
BS 1,1 Madre   Cien años que yo viviera no hablaría de otra cosa.   1173
YE 3,1 Yerma   ¡Maldito sea mi padre, que me dejó su sangre de padre   1334
de cien hijos!
YE 3,2 Vieja   Tienes hermanos y primos a cien leguas a la redonda.   1344
BA 1,1 Bernarda   No hay en cien leguas a la redonda quien se pueda   1457
acercar a ellas.
BA 2,1 La Poncia   Has visto lo malo de las gentes a cien leguas; muchas   1497
veces creí que adivinabas los pensamientos.
BA 3,1 Adela   Ya puede estar cien años con Angustias, [...]   1527
ciencia (3)
ZP 2,1 Zapatero   Es un trabajo de poca apariencia y de mucha ciencia.   956
RS 2,1 El Señor X   El conde Zboronsky, muerto [...] son mártires de la   1375
ciencia, que serán puestos [...]
RS 2,1 Tío   La botánica también es una ciencia.   1376
cieno (1)
BS 1,1 Madre   Es verdad... Pero oigo eso de Félix y es lo mismo   1182
Félix que llenárseme de cieno la boca y tengo [...]
cientos (2)
BS 3,2 Novia   Y yo corría con tu hijo que era como un niñito de   1269
agua, frío, y el otro me mandaba cientos de pájaros
que [...]
YE 2,2 Yerma   Que estoy ofendida, ofendida [...] que paren las   1318
ovejas cientos de corderos, [...]
cierra (13)
TC 0,0 Mosquito   Niño, cierra esa boquita, y tú, muchacha, siéntate con   723
cien mil de a caballo.
TC 3,1 Cocoliche   Espantanublos, cierra la puerta, que [...]   745
MP 2,6 Mariana   y cierra la ventana del jardín.   834
MP 2,8 Mariana   Es el viento que cierra una ventana.   846
PB 1,1 Belisa   Mira, Perlimplín, cierra los balcones, que antes de   999
nada se levantará la gente.
CA 1,1 Joven   Juan, cierra la ventana.   1049
CA 1,1 Joven   Juan. Cierra las ventanas.   1059
CA 2,1 Novia   ¿Dónde vas? Cierra la puerta.   1091
BS 1,2 Suegra   cierra la ventana   1185
YE 2,2 Juan   Cuando te den conversación cierra la boca y piensa que   1315
eres una mujer casada.
RS 1,1 Ama   ¡Por Dios, cierra la sombrilla, no se puede abrir bajo   1358
techado!
RS 3,1 Ama   Están muertos, vamos a llorar, se cierra la puerta, ¡y   1416
a vivir!
BA 1,1 Bernarda   y la mano que todo lo cierra.   1448
cierran (2)
MP 3,2 Carmen   de amor, que nunca se cierran.   866
RS 2,1 Solterona 3   Según la humedad, las faldas de la niña, que son de   1392
papel finísimo, se abren o se cierran.
cierras (1)
RS 3,1 Tía   Es la puerta del invernadero. ¿Por qué no la cierras?   1437
cierre (1)
BA 1,1 La Poncia   Es capaz de sentarse encima de tu corazón y ver cómo   1441
te mueres durante un año sin que se le cierre esa
sonrisa fría [...]
cierren (1)
DC 1,1   Será necesario que las muchachas cierren los abanicos   1019
[...]
cierro (5)
MP 2,7 Mariana   De noche, cuando cierro las ventanas,   837
ZP 2,1 Zapatera   La navaja se contesta con la navaja y el palo con el   974
palo, pero cuando de noche cierro esa puerta y me [...]
PB 3,1 Perlimplín   Ahora cierro los ojos y... [...]   1009

cierro (continuación)
| CA 2,1 Criada | ¿Cierro los balcones? | 1087 |
| BA 3,1 Amelia | Yo cierro los ojos para no verlas. | 1516 |

cierta (3)
MM 1,2 Curianita Silvia	Causa cierta	678
ZP 2,1 Zapatero	Y en mi pueblo vivía una mujer... en cierta época, que tenía [...]	966
ZP 2,1 Zapatero	Y ahora casi me alegro [...] que se me escaparía cierta insinuación...	968

ciertas (2)
| PB 0,0 Madre | Emocionadísima... Belisa..., vete dentro..., no está bien que una doncella oiga ciertas conversaciones. | 985 |
| CA 3,2 Criado | Dicen que con las anémonas y adormideras duele la cabeza a ciertas horas del día. | 1135 |

cierto (14)
MM 1,4 Curianita Silvia	Ojalá fuera cierto	688
TC 4,1 Mosquito	es una criatura... Pero lo cierto es que el corazón [...]	751
MP 3,3 Alegrito	Don Luis lo sabe de cierto.	868
EP CV Enfermero	Es cierto. Y las farmacias están abiertas para la agonía.	1164
BS 1,1 Vecina	El se casó ya hace dos años con una prima de ella, por cierto.	1181
BS 1,2 Mujer	Por cierto que me sorprendió.	1188
YE 2,1 Lavandera 4	Lo cierto es que el marido se ha llevado a vivir con ellos a sus dos hermanas.	1301
YE 3,2 Yerma	Ahora sí que lo sé de cierto.	1350
RS 1,1 Manola 2	Cierto retrato.	1365
RS 1,1 Rosita	cierto rumor de vosotras.	1366
RS 2,1 El Señor X	Mi amigo, el señor Longoria, [...] de Persia, que por cierto es un hombre muy [...]	1375
RS 2,1 Ayola 2	Por cierto que yo tomé cuatro huevos con picadillo de tomate, y casi no me podía levantar de la silla.	1396
RS 2,1 Solterona 1	Lo sé muy cierto.	1401
BA 2,1 Amelia	¿Es eso cierto?	1486

ciervos (1)
| YE 2,1 Lavandera 4 | como ciervos heridos. | 1309 |

cigarra (1)
| MM 2,7 Curianito | una buena cigarra | 720 |

cigarras (2)
| MM 1,1 Curiana N | "Amigas cigarras grité-, ¿veis las estrellas?" | 672 |
| YE 1,1 María | Lloraba como un torito, con la fuerza de mil cigarras cantando a la [...] | 1282 |

cimbrea (2)
| YE 3,2 Macho | ay, cómo se cimbrea la casada! | 1341 |
| YE 3,2 Hombre 1 | ¡Ay, cómo se cimbrea la casada! | 1342 |

cinco (49)
TC 1,1 Padre	De los cinco talegos que heredamos de tu tío el Arcipreste, no queda ¡ni tanto así!	725
TC 4,1 Mozo	Cinco años.	751
MP 1,4 Amparo	Cinco toros de azabache,	792
MP 1,4 Amparo	Cinco toros mató; cinco,	793
MP 1,4 Amparo	cinco flores dejó abiertas,	793
TB QM. Enrique	Sí, una ardilla para ti y además cinco pájaros que no los haya tenido antes ningún niño.	904
ZP 1,1 Niño	Vengo con estos zapatos de charol, costaron cinco duros, para que los arregle su marido.	913
ZP 1,1 Zapatero	si tuviera cuarenta años o cuarenta y cinco, siquiera...	916
ZP 2,1 Alcalde	Con un estrado que costó cinco mil reales, con [...]	951
PB 1,1 Belisa	¡Son cinco!	989
PB 1,1 Perlimplín	¿Son las cinco?	992
PB 1,1 Duende 2	Cinco frías camelias de madrugada se han abierto en las paredes de la alcoba.	996
PB 1,1 Duende 1	Cinco balcones sobre la ciudad.	996
PB 1,1 Perlimplín	¿Por qué tienen los balcones cinco escalas que llegan al suelo?	998
PB 1,1 Perlimplín	¿Y de quién son aquellos cinco sombreros que veo debajo de los balcones ?	998
PB 2,1 Marcolfa	La noche de bodas entraron cinco personas por los balcones.	1001
PB 2,1 Marcolfa	¡Cinco!	1001
PB 2,1 Marcolfa	Representantes de las cinco razas de la tierra.	1001
DC 1,1 Poeta	Cinco monedas.	1021
CA 1,1 Joven	Hasta que pasen cinco años.	1048
CA 1,1 Joven	Pero es que yo estoy [...] por eso puedo esperar cinco años, en espera [...]	1050
CA 1,1 Joven	Pero en estos cinco años las volverá a tener.	1050
CA 1,1 Joven	Pero tú no puedes comprender que se espere a una mujer cinco años, colmado y [...]	1071

cinco - cintillos

Pág.

cinco (continuación)
CA 1,1	Amigo 2	Cuando yo tenía cinco años..., no, cuando yo tenía dos..., miento, uno, un año tan solo.	1073
CA 1,1	Amigo 2	En cambio, dentro de cuatro o cinco años existe un pozo en el que caeremos todos.	1075
CA 2,1	Criada	Cinco años.	1084
CA 2,1	Criada	Cinco años.	1084
CA 2,1	Padre	Tú le has escrito durante los cinco años que ha durado nuestro viaje.	1089
CA 2,1	Padre	Cinco años, día por día. ¡Ay Dios mío!	1090
CA 2,1	Joven	Estás aquí, entre mis [...] mojado por una lluvia de cinco años.	1096
CA 3,1	Mecanógrafa	Hace cinco años que me está esperando, pero... ¡Qué hermoso es esperar con seguridad el momento de ser amada!	1117
CA 3,1	Mecanógrafa	¡Así que pasen cinco años!	1129
CA 3,2	Jugador 3	Y aunque ni a la otra ni a la señorita mecanógrafa se les ocurrirá venir por aquí hasta que pasen cinco años, si es que [...]	1137
EP RR	Centurión	Pare por cuatro o cinco a la vez y nunca al mediodía debajo de los árboles.	1152
BS 1,3	Novio	A las cinco.	1201
BS 2,1	Criada	Cinco leguas por el arroyo, que por el camino hay el doble.	1209
YE 1,1	Yerma	¡A los cinco meses!	1279
YE 1,1	Yerma	Cada mujer tiene sangre para cuatro o cinco hijos, y cuando [...]	1283
YE 1,2	Vieja 1	He tenido dos maridos, catorce hijos, cinco murieron y, sin [...]	1287
YE 1,2	Muchacha 2	Si tuvieras cuatro o cinco, no hablarías así.	1293
YE 2,2	Juan	Hace ya más de cinco años.	1313
RS 2,1	Rosita	Además, ¿qué es un año, ni dos, ni cinco?	1389
RS 3,1	Tía	¡Lo hemos leído cuatro o cinco veces!	1419
BA 1,1	La Poncia	Tiene unos dedos como cinco ganzúas.	1440
BA 1,1	La Poncia	La quedan cinco mujeres, cinco hijas feas, que [...]	1442
BA 1,1	Bernarda	Aunque mi madre esté loca, yo estoy en mis cinco sentidos y sé perfectamente lo que hago.	1469
BA 2,1	Bernarda	Pero todavía no soy anciana y tengo cinco cadenas para vosotras [...]	1495

cincuenta (8)
ZP 1,1	Zapatero	Y yo... cincuenta y tres.	916
ZP 2,1	Zapatero	y él pasaba de cincuenta.	958
ZP 2,1	Zapatera	Que a pesar de sus cincuenta y tantos años, benditísimos cincuenta años, me resulta [...]	976
PB 0,0	Marcolfa	Y diez, cincuenta.	980
PB 0,0	Marcolfa	Con cincuenta años ya no se es niño.	980
EP CV	Enfermero	Cincuenta.	1156
BA 2,1	La Poncia	Cuarenta o cincuenta buenos mozos.	1485

cinta (9)
TC 2,1	Cocoliche	Ella me dijo: "Una cinta negra sobre mis cabellos es como una botana sobre la fruta.	735
MP 2,2	Mariana	con una cinta verde y dos naranja.	825
CA 3,2	Criado	Los que tienen cinta de seda negra.	1134
BS 2,1	Criada	y en cada cinta un amor	1218
YE 2,1	Yerma	lavo tu cinta,	1300
YE 2,1	Lavandera 4	lavo tu cinta.	1306
YE 2,1	Lavandera 2	lavo tu cinta.	1310
RS 1,1	Manola 1	¡Ponle una cinta al suspiro!	1366
RS 2,1	Madre	¡Y qué angustia he pasado, [...] cuántas tristezas por una cinta o un grupo de bucles!	1393

cintas (9)
TC 6,1	Cristobita	Yo también me voy a poner un gran sombrero y a colgar cintas a la porra... Ahora vengo.	768
MP 2,8	Conspirador 4	adornado con dos cintas.	843
CA 2,1	Maniquí	estas cintas que me estallan	1103
CA 3,2	Joven	Y me dejas los zapatos de charol. Pero les cambias las cintas.	1135
BS 2,1	Criada	lleno de cintas granates	1218
YE 1,1	María	He comprado encajes, tres varas de hilo, cintas y lanas de color para hacer madroños.	1278
RS 1,1	Tía	Vas a clavar una flecha con cintas moradas sobre su corazón.	1362
RS 1,1	Rosita	con cintas hasta la cola.	1367
RS 2,1	Ama	Tendrá el pelo de plata y todavía estará cosiendo cintas de raso liberti [...]	1380

cintillos (2)
ZP 1,1	Zapatero	Al principio creí que la dominaría con mi carácter dulzón y mis regalillos: collares de coral, cintillos, peinetas de [...]	925
ZP 1,1	Zapatera	Qué cintillos tan preciosos [...]	929

cintura (18)
TC 5,1 Jovencita	delgado de cintura,	759
TC 5,1 Jovencita	delgado de cintura,	761
ZP 1,1 Niño	Son de mi hermana la [...] otro día otro, en la cintura.	914
ZP 1,1 Alcalde	Vamos, lo estoy viendo y me parece mentira cómo un hombre, lo que se dice un hombre, no puede meter en cintura, no una, sino [...]	925
ZP 1,1 Alcalde	A las mujeres, buenos apretones en la cintura, pisadas fuertes [...]	925
ZP 1,1 Alcalde	¡Qué cintura tan ideal!	928
CA 2,1 Novia	Quiero un hábito color tierra para ese hombre; un hábito de roca pelada con un cordón de esparto a la cintura.	1085
CA 2,1 Joven	Y no son sueño tus trenzas porque las haré yo mismo de tu cabello, ni es sueño tu cintura donde canta la [...]	1094
CA 2,1 Maniquí	que oprimen en la cintura.	1101
CA 2,1 Maniquí	de alegría en la cintura.	1103
BS 3,1 Leonardo	mi cintura y tus caderas.	1260
YE 1,1 Yerma	¡Cómo me duele esta cintura	1278
YE 1,1 Yerma	¡Cómo me duele esta cintura,	1286
YE 1,2 Yerma	Me cogió de la cintura y no pude decirle nada porque no podía hablar.	1289
YE 3,1 Yerma	Cuando me cubre cumple con su deber, pero yo le noto la cintura fría, como si [...]	1329
RS 3,1 Martín	Ayer se empeñaron en [...] internos, lo desnudaron de cintura para arriba, [...]	1418
RS 3,1 Rosita	Y un gran lazo de terciopelo en la cintura.	1433
BA 2,1 La Poncia	Es estrecha de cintura, vieja, y con mi conocimiento te digo que se morirá.	1481

cinturón (1)
| RS 2,1 El Señor X | Estuve por haberla traído [...] una hebilla para el cinturón hecha con una [...] | 1377 |

ciprés (2)
| MM 1,5 Curiana C | Cayó desde la punta de un terrible ciprés. | 697 |
| MM 1,5 Curiana N | Dulce estrella caída de un ciprés soñoliento, | 698 |

cipreses (2)
| MP 1,5 Mariana | Se enreda entre los cipreses | 796 |
| RS 3,1 Tía | Los cipreses de la glorieta casi tocan las paredes de mi cuarto. | 1437 |

circo (4)
DC 1,1 Rosita	Son los leones del circo, son los maridos ultrajados que hablan en la calle.	1040
CA 3,1 Arlequín	Por ahí está el circo.	1118
CA 3,1 Arlequín	Ahí dentro, en el circo, hay oro blando, suficiente para hacer una estatua del mismo tamaño... que usted.	1119
RS 2,1 Ama	Ayer me tuvo todo el día acompañándola en la puerta del circo, porque se empeñó [...]	1380

círculo (1)
| MM 1,6 Curiana N | Este círculo mágico lo dice claramente. | 701 |

cirios (1)
| RS 3,1 Ama | En medio de las dos, [...] paso de nácar lleno de cirios y caireles. | 1425 |

ciruelas (2)
| TC 6,1 Cristobita | Y mi barriga un pastel, un gran pastel rosado, con ciruelas y batatas... ¿Quién suspira? | 774 |
| DC 1,1 Cristóbal | Y mi barriga un gran pastel, un gran pastel con ciruelas y batatas. | 1037 |

cisne (2)
| TB PBK Buster Keaton | Quisiera ser un cisne. | 895 |
| BS 3,1 Luna | Cisne redondo en el río, | 1249 |

cisnes (1)
| PB 1,1 Belisa | ¡Como el plumón caliente de los cisnes!... | 989 |

cito (1)
| CA 1,1 Amigo | Me cito con Ernestina. | 1057 |

ciudad (4)
MP 2,7 Mariana	Hizo un elogio de nuestra ciudad;	837
TB DME Doncella	Parecen amontonados en la cesta una antigua ciudad de la China.	896
PB 1,1 Duende 1	Cinco balcones sobre la ciudad.	996
YE 2,2 Yerma	Cada noche, cuando me [...] recién traída de la ciudad.	1312

ciudades (3)
MP 2,7 Pedro	perfuma el corazón de sus ciudades,	838
ZP 0,0 El Autor	También amanece así todos los días sobre las ciudades, y el público [...]	912
DC 1,1 Director	Entre los ojos de las [...] los ambientes de las ciudades, turbios por [...]	1043

civilización (1)
| RS 2,1 El Señor X | Está entendido, la Tierra es un planeta mediocre, pero hay que ayudar a la civilización. | 1376 |

clamores - claro

Pág.

clamores (2)
BA 1,1 Criada   Sí, sí, ¡vengan clamores!   1445
BA 3,1 Bernarda   Avisad que al amanecer den dos clamores las campanas.   1532

clara (5)
MM 1,1 Doña Curiana   ¡Mañana clara y serena!   671
MM 1,4 Curianito   Yo tengo el agua clara   687
MP 1,4 Amparo   Un temblor divino, como de agua clara,   790
PB 3,1 Belisa   En la clara noche.   1013
YE 3,2 Hembra   cuando llegue la noche clara.   1341

claraboya (1)
EP CV Estudiante 1   Precisamente ella fue la que vio, por una claraboya del teatro, todo lo que ocurría y dio la voz de alarma.   1158

claraboyas (1)
EP CV Muchacho 1   Cuando amanezca nos guiaremos por las claraboyas.   1169

claramente (4)
MM 1,6 Curiana N   Este círculo mágico lo dice claramente.   701
MP 2,5 Mariana   que mis palabras suenan claramente en la calle.   830
YE 3,1 Juan   Lo empieza a decir claramente.   1333
BA 2,1 Adela   Dilo ya claramente.   1494

claras (3)
MM 2,5 Mariposa   cómo las claras gotas   714
PB 1,1 Duende 2   Cuando las cosas están claras...   994
YE 3,1 Vieja 1   Van a ser las claras del día cuando llegues a tu puerta.   1331

clarear (1)
YE 3,1 Vieja 1   Por encima de los montes ya empieza a clarear. Vete.   1330

claridad (1)
RS 3,1 Tía   Y luego..., si él viviera, con aquella claridad que tenía, con aquel talento...   1412

claridades (1)
BS 3,1 Luna   un rumor de claridades,   1250

clarísima (1)
TC 3,1 Contrabandista 2   Está la noche clarísima.   742

clarísimo (1)
PB 1,1 Duende 1   ¡Clarísimo!   995

clarita (2)
TC 6,1 Rosita   ¡Qué noche tan clarita vive sobre los tejados!   774
DC 1,1 Rosita   ¡Ay! Qué noche tan clarita   1032

clarito (1)
TC 0,0 Mosquito   Callad, para que el silencio se quede más clarito, como si estuviese en su misma fuente.   723

claro (46)
TC 4,1 Mosquito   El no sabe lo que pasa, ¡claro!,   751
TC 4,1 Espectro De Doña R   con el vito, vito, claro...   754
TC 5,1 Fígaro   ¡Sí, sí! ¡Claro!   756
TC 5,1 Fígaro   ¡Claro!   758
MP 2,2 Clavela   ¡Pues claro está!   825
MP 2,9 Mariana   Claro está.   859
MP 3,8 Mariana   tendrán un nombre claro como la luna llena!   885
ZP 1,1 Zapatera   Claro, toda la vida haciendo botas, ¡qué quiere usted!   928
ZP 1,1 Zapatero   Claro..., si en todo el pueblo no se hablará de otra cosa: ¡que si yo, que si ella, que si los mozos!   933
ZP 1,1 Zapatera   Pues claro que me importa... ¿No ha de importarme?   934
ZP 2,1 Zapatera   Tenía jaca, claro que la tuvo, pero es..., es que tú no habías nacido.   945
PB 0,0 Perlimplín   Claro.   980
CA 1,1 Joven   Sí, sí, claro.   1046
CA 1,1 Amigo 2   ¡Claro! ¡Todo eso pasa más adelante!   1075
CA 2,1 Novia   Está claro.   1098
CA 3,1 Máscara   ¡Claro, amiga mía!   1118
CA 3,1 Joven   Claro.   1118
EP CV Estudiante 3   ¿Y qué han sacado en claro?   1166
BS 2,2 Novia   ¡Claro!   1237
YE 1,1 Yerma   Claro.   1277
YE 1,1 Yerma   Claro que todavía es tiempo.   1282
YE 1,2 Muchacha 2   Claro, pero no estoy loca.   1294
RS 1,1 Tía   Claro es que nunca me ha gustado contradecirla, porque ¿quién apena a una criatura que no tiene padres?   1355
RS 1,1 Ama   Claro.   1360
RS 1,1 Tía   Claro, si es natural.   1362
RS 2,1 Tía   ¡Claro!   1389
RS 2,1 Tía   ¡Claro!   1389
RS 2,1 Madre   Claro, ¿qué van a contestar?   1394
RS 2,1 Madre   ¡Claro! ¡Estuvieron juntas en el Colegio de la Puerta del Cielo!   1394
RS 3,1 Tía   ¡Claro que después que su padre murió!   1415
RS 3,1 Martín   Claro que lo que más me gusta a mí son mis sonetos.   1422
RS 3,1 Tía   ¡Claro! El día de tu boda.   1427
RS 3,1 Tía   Claro, pero yo quería mucho a tu madre.   1432
RS 3,1 Muchacho   Pero claro que me parezco.   1432

claro (continuación)
    BA 1,1 La Poncia   Claro es que no la envidio la vida.   1442
    BA 1,1 La Poncia   En el "Pater Noster" subió, subió la voz que parecía 1443
                          un cántaro de agua llenándose poco a poco; claro es
                          que al final [...]
    BA 1,1 La Poncia   ¡Claro!   1456
    BA 1,1 La Poncia   No, Bernarda, a cambiar... Claro que en otros sitios 1457
                          ellas resultan las pobres.
    BA 2,1 Angustias   ¡Claro!   1475
    BA 2,1 Martirio   Claro, no duerme apenas.   1477
    BA 2,1 La Poncia   Claro.   1483
    BA 2,1 Martirio   ¡Claro! ¿A qué hora te dormiste anoche?   1488
    BA 2,1 La Poncia   Claro; hay que retirarla de aquí.   1496
    BA 2,1 La Poncia   Claro. A él hay que alejarlo de aquí. Piensas bien. 1496
    BA 2,1 La Poncia   El, ¡claro!, se casará con Angustias.   1497
    BA 3,1 Angustias   ¡Claro!   1509
clase (14)
    MM 1,1 Doña Curiana   En mi clase todas sabemos cantar   675
    ZP 1,1 Zapatera   Ya sabía yo que con esta clase de gente no se [...]   913
    ZP 1,1 Zapatera   Un zapatero no se ha puesto en su vida una prenda de 917
                          esa clase...
    ZP 1,1 Vecina   ¡Cuánto mejor le hubiera ido a usted casado con gente 919
                          de su clase!...,
    ZP 2,1 Zapatero   Yo comprendo mucho más de lo que pueda imaginarse,   967
                          porque... ha de saber usted, con toda clase de
                          reservas, que [...]
    PB 1,1 Duende 2   Porque si las cosas no se cubren con toda clase de   993
                          precauciones...
    EP CV   Traspunte   Señores: clase de Geometría descriptiva.   1168
    BS 1,3 Padre   No habla nunca; suave como la lana, borda toda clase 1198
                          de bordados y puede cortar una maroma con los dientes.
    RS 2,1 Madre   A pesar de todo, nosotras no hemos descendido de clase. 1393
    RS 3,1 Martín   Vengo de explicar mi clase de Preceptiva.   1418
    RS 3,1 Martín   Hace un rato tenían un [...] gato sobre su lista de   1419
                          clase.
    BA 1,1 Bernarda   ¿Es decente que una mujer de tu clase vaya con el   1454
                          anzuelo detrás de un hombre el día de la misa de su
                          padre?
    BA 1,1 Bernarda   Los hombres de aquí no son de su clase.   1457
    BA 2,1 Magdalena   ¡Cada clase tiene que hacer lo suyo!   1485
clases (1)
    RS 3,1 Ama   Don Martín, que vaya usted al colegio, que los niños 1423
                          han roto con un clavo las cañerías y están todas las
                          clases inundadas.

clasificador (1)
    TC 5,1 Fígaro   Las noticias llegan al mundo después de haber pasado   758
                          por el clasificador de la barbería.

clava (4)
    MP 2,9 Mariana   que clava agujas sobre los pulmones   851
    MP 3,6 Mariana   Clava las duras espuelas.   878
    ZP 2,1 Zapatero   clava en el cuero la lezna.   960
    CA 3,2 Jugador 1   En un tiro al blanco, que no solamente se clava sobre 1138
                          el acero más duro sino sobre la gasa más fina.

clavaba (1)
    CA 2,1 Criada   Tuve un novio soldado que me clavaba los anillos y me 1084
                          hacía sangre; por eso lo despedí.
clavadas (1)
    ZP 2,1 Vecina Amarilla Con las navajas clavadas.   972
clavados (1)
    BS 3,1 Novio   Y vamos pronto, que siento los dientes de todos los   1253
                          míos clavados aquí de una [...]
clávame (1)
    BA 3,1 Martirio   Clávame un cuchillo si es tu gusto, pero no me lo   1527
                          digas más.
clavan (3)
    BS 3,1 Novia   ¡Qué vidrios se me clavan en la lengua!   1256
    BS 3,1 Leonardo   ¡Qué vidrios se me clavan en la lengua!   1257
    YE 3,2 Hembra   en su pecho se clavan.   1342
clavando (2)
    CA 1,1 Niño   Y un hombre con martillo iba clavando   1062
    YE 2,2 Yerma   me está clavando avispas en la nuca!   1316
clavar (1)
    RS 1,1 Tía   Vas a clavar una flecha con cintas moradas sobre su   1362
                          corazón.
clavaran (1)
    MP 2,9 Mariana   ¡Aunque en mi corazón clavaran vidrios   857
clavaremos (1)
    BS 3,2 Suegra   Clavaremos las ventanas.   1264
clavarla (1)
    BS 3,2 Madre   Porque tengo que reconocerla, para no clavarla mis   1268
                          dientes en el cuello.

clavarle - clima

Pág.

clavarle (1)
  PB 3,1 Perlimplín   Y para que sea tuyo completamente, se me ha ocurrido   1015
                           que lo mejor es clavarle este puñal en [...]
clavarme (2)
  EP RR Figura De P   Si me besas, yo abriré mi boca para clavarme después   1153
                           tu espada en el cuello.
  YE 1,2 Yerma   Usted me ha de decir lo que tengo que hacer, que yo   1288
                           haré lo que sea, aunque me mande clavarme agujas en el
                           [...]
clave (1)
  RS 3,1 Rosita   Y hoy se casa una amiga [...] ya no hay quien le clave   1428
                           el diente."
clavel (14)
  TC 6,1 Cocoliche   ¡Clavel disciplinado!   777
  TC 6,1 Rosita   Para ti serán mis lágrimas y mis besitos, que eres un   780
                           clavel.
  MP 1,2 Amparo   ¿Qué tal tu esposo el clavel?   785
  MP 1,2 Amparo   ¡Pero clavel que no huele,   786
  BS 1,1 Madre   Primero, tu padre, que olía a clavel y lo disfruté   1173
                           tres años escasos.
  BS 1,2 Mujer   Duérmete, clavel,   1184
  BS 1,2 Mujer   Duérmete, clavel,   1185
  BS 1,2 Mujer   Duérmete, clavel,   1186
  BS 1,2 Mujer   Duérmete, clavel,   1193
  BS 1,2 Suegra   Duérmete, clavel,   1194
  YE 3,2 Macho   Amapola y clavel será luego   1341
  RS 1,1 Primo   y el clavel de su costado,   1373
  RS 2,1 Solterona 3   y el clavel: "¡Apasionada!"   1403
  RS 3,1 Rosita   Y hoy se casa una amiga [...] antes, cortando el mismo   1428
                           clavel, viendo las mismas [...]
Clavela (10)
  MP 1,2 Amparo   ¡Clavela!   785
  MP 1,4 Mariana   ¡Clavela!   791
  MP 1,4 Mariana   que os acompañe Clavela?   795
  MP 1,5 Mariana   Ya es noche. ¡Clavela! ¡Luces!   800
  MP 1,6 Mariana   el postigo Clavela.   802
  MP 1,6 Mariana   ¡Acércame, Clavela, el candelabro!   804
  MP 2,1 Niño   ¡Clavela!   820
  MP 2,8 Mariana   ¡Abre, Clavela! Soy una mujer   848
  MP 2,9 Mariana   ¡Clavela, el candelabro!   858
  MP 2,9 Mariana   ¡Estoy presa! ¡Estoy presa, Clavela!   859
claveles (2)
  MP 2,1 Niña   La albahaca y los claveles   823
  YE 3,1 Yerma   Cuando salía por mis claveles me tropecé con el muro.   1334
clavelina (2)
  CA 1,1 Gata   ¡Ay clavelina del sol!   1067
  CA 1,1 Niño   ¡Ay clavelina del sol!   1068
clavelinas (3)
  MP 1,6 Mariana   Por las clavelinas de su dulce sangre,   806
  MP 1,8 Angustias   clavelinas del huerto.   817
  BS 2,1 Muchacha 3   a sus plantas se agrupan las clavelinas.   1219
clavelito (1)
  MP 2,9 Clavela   ¡Ay, señora; mi niña, clavelito,   858
clavellina (2)
  MP 3,9 Novicia 2   ¡Clavellina de mayo! ¡Rosa de Andalucía!,   890
  RS 3,1 Ama   Un flan dorado como una clavellina.   1437
clavellinita (1)
  ZP 2,1 Zapatero   Dios te lo premie, clavellinita encarnada.   968
clavitos (1)
  ZP 1,1 Zapatero   ¡Ay vecina de mi alma, no me dé usted escándalos, por   919
                           los clavitos de Nuestro Señor!
clavo (S) (1)
  PB 2,1 Belisa   Debe tener la piel morena y sus besos deben perfumar y   1002
                           escocer al mismo tiempo como el azafrán y el clavo.
clavo (2)
  RS 3,1 Ama   Don Martín, que vaya usted al colegio, que los niños   1423
                           han roto con un clavo las cañerías y [...]
  BA 1,1 La Poncia   ¡Mal dolor de clavo le pinche en los ojos!   1442
clavos (5)
  ZP 1,1 Zapatero   Cerote, clavos, pieles de becerro... Bueno.   933
  CA 1,1 Niño   Era mamar los clavos de la puerta.   1065
  BS 3,1 Leonardo   Clavos de luna nos funden   1260
  BS 3,2 Mujeres   Dulces clavos,   1271
  YE 2,2 Yerma   Ahora, ahora déjame con mis clavos.   1313
Clemencia (1)
  RS 2,1 Rosita   Gracias. ¡Amor! ¡Caridad! ¡Clemencia!   1390
clientes (1)
  CA 3,2 Jugador 1   No aprenderás nunca a conocer a tus clientes.   1136
clima (1)
  DC 1,1   El guiñol es la expresión de la fantasía del pueblo y   1019
                           da el clima de su gracia y de su inocencia.

club (1)
    DC 1,1 Poeta   Pero el dueño del teatro [...] con barba que van al   1036
                       club y dicen: Ca-ram-ba.
cobarde (4)
    TC 6,1 Cocoliche   ¡Sal pronto! ¡Rompe las puertas! ¡Cobarde!   769
    MP 2,9 Mariana   ¡Cobarde!   857
    ZP 1,1 Zapatero   Me han provocado, me han, a veces, hasta insultado, y   922
                       no teniendo ni tanto así de cobarde he quedado sin
                       [...]
    EP RR Figura De P   Levántate del suelo, cobarde.   1150
cobardes (1)
    MP 3,5 Mariana   ¡No puede ser! ¡Cobardes! ¿Y quién manda   876
cobertizo (1)
    YE 2,2 Yerma   Muchas noches bajo yo [...] paso por lo oscuro del   1318
                       cobertizo mis pasos me [...]
cobija (1)
    BS 3,2 Madre   Pero no; camposanto, no, camposanto, no; lecho de   1268
                       tierra, cama que los cobija y que los mece por el
                       cielo.
cobre (2)
    ZP 1,1 Zapatera   Pero el que más me gustaba [...] mano y las espuelas   917
                       de cobre reluciente.
    ZP 2,1 Alcalde   Que la casa tiene una cama con coronación de pájaros y   951
                       azucenas de cobre, un jardín con [...]
cobres (1)
    YE 2,1 Lavandera 4   Ella y sus cuñadas, sin despegar los labios, blanquean   1304
                       todo el día las paredes, friegan los cobres, limpian
                       con vaho [...]
coces (1)
    BA 3,1 Bernarda   El caballo garañón, que está encerrado y da coces   1508
                       contra el muro.
cocido (1)
    ZP 1,1 Zapatera   Mi cocido, con sus patatas [...]   934
cocimiento (1)
    RS 2,1 Solterona 2   Y el cocimiento de malvas.   1391
cocina (2)
    MM 1,1 Doña Curiana Nosotras, las pobres, con nuestra cocina   675
    MM 1,1 Curiana N   cocina y poesía se pueden juntar.   676
cocktail (1)
    CA 1,1 Amigo   O un cocktail.   1056
cocodrilo (1)
    EP CV Estudiante 1   ¡Magnífico! ¿Y si yo quiero enamorarme de un cocodrilo?   1167
Cocoliche (6)
    TC 1,1 Rosita   ... Porque mi novio Cocoliche tiene menos dinero que   727
                       nosotros.
    TC 1,1 Rosita   ¡Cuánto te lo agradezco, y Cocoliche cuánto te lo   732
                       agradecerá!
    TC 1,1 Padre   ¿Qué Cocoliche ni qué niño muerto?   732
    TC 2,1 Mozo 1   Es Cocoliche.   737
    TC 3,1 Mozo 1   Cocoliche: a las doce de la noche tendrás la puerta   744
                       abierta, y todo lo demás.
    TC 3,1 Mozo 1   ¡Déjate de cuestiones, Cocoliche! ¡Déjate de   747
                       cuestiones!
coche (3)
    MP 3,9 Juez   hay un coche en la puerta.   889
    TB QM. Viejo   Guiar un coche es muy difícil.   905
    BS 1,3 Padre   Los novios y nosotros iremos en coche hasta la   1199
                       iglesia, [...]
cochero (2)
    TC 1,1 Cristobita   ¡Arre, cochero!   731
    TB QM. Viejo   Estuve de cochero en su casa; pero si te confieso la   905
                       verdad, ahora estoy mejor de mendigo.
cocheros (1)
    EP RR Figura De C   mientras tú, debajo de [...] tuyo, que sería de los   1149
                       cocheros, de los fogoneros [...]
coches (2)
    CA 1,1 Joven   Demasiado trabajo tengo con oírla llena de coches y   1057
                       gentes desorientadas.
    EP CV Dama 1   ¿Estarán todavía los coches a la puerta?   1158
cochina (1)
    EP RR Figura De P   ¡No te alejes de mí, Eva cochina!   1150
codiciada (1)
    PB 0,0 Madre   Los dineros dan la hermosura... Y la hermosura es   985
                       codiciada por los demás hombres.
codo (1)
    RS 2,1 Ayola 2   Me parece que la vieja ha empinado el codo.   1406
codos (1)
    TC 4,1 Joven   Yo me creía que por el [...] remangadas hasta los   752
                       codos.

			Pág.
coeur (1)			
CA 3,2 Jugador 1	Estaba pálido, tan pálido que en la última jugada ya no tenía más remedio que echar el "as de coeur".		1136
cofre (1)			
BA 1,1 Criada	Ha sacado del cofre sus anillos y los [...]		1453
cofres (1)			
BS 3,1 Mendiga	Abren los cofres, y los blancos hilos		1250
coge (2)			
MP 3,6 Mariana	Pedro, coge tu caballo		878
ZP 1,1 Zapatera	Coge un pañuelo, que no quiero que me manches el vestido.		929
cógeme (1)			
PB 1,1 Perlimplín	Cógeme la mano, amor,		1000
cogen (1)			
BS 1,2 Mujer	Las mujeres que cogen las alcaparras.		1188
coger (5)			
MM 1,1 Doña Curiana	Pudierais coger una pulmonía		672
CA 1,1 Amigo	Mira: te voy a coger por las solapas, [...]		1056
BS 2,1 Padre	¡A coger las caballerías y los carros!		1222
RS 3,1 Tía	Cuando pienso en la mala [...] llegar a Tucumán y coger un látigo...		1414
RS 3,1 Ama	...y coger una espada y cortarle [...]		1414
cogerla (1)			
MM 1,5 Curianito	para cogerla?		696
cogerlo (1)			
CA 3,2 Jugador 1	Lo echó, y al ir a cogerlo para... tenía [...]		1136
cogí (2)			
CA 1,1 Amigo	Te cogí.		1059
CA 1,1 Amigo 2	un año cogí una de estas mujercillas de la lluvia y la tuve dos días en una pecera.		1073
cogía (1)			
MM 2,1 Curianita 1	¡Si yo fuera su madre, lo cogía...!		703
cogida (1)			
BA 1,1 La Poncia	Dicen que iba con los pechos fuera y Maximiliano la llevaba cogida como si tocara la guitarra.		1455
cogido (3)			
CA 1,1 Niño	Le ha cogido una mano.		1069
BA 1,1 Adela	Pienso que este luto me ha cogido en la peor época de mi vida para pasarlo.		1466
BA 2,1 Bernarda	¿Por qué has cogido el retrato?		1494
cogiera (1)			
ZP 2,1 Alcalde	Si yo te cogiera por mi cuenta, ¡vaya si te dominaba!		950
cogió (3)			
YE 1,2 Yerma	Me cogió de la cintura y no pude decirle nada porque no podía hablar.		1289
YE 1,2 Yerma	Otra vez el mismo Víctor, teniendo yo catorce años (él era un zagalón), me cogió en sus brazos para [...]		1289
BA 3,1 Martirio	¿Dónde cogió esa oveja?		1524
coja (V) (1)			
RS 2,1 Ama	¡Que venga y que te coja del brazo y que menee el azúcar de tu café y lo pruebe antes a ver si quema!		1410
coja (1)			
MM 1,1 Curiana N	¿Y esa pierna coja?		674
cojines (1)			
EP RR Figura De C	mientras tú, debajo de los cojines, estarías tendido [...]		1149
cojo (1)			
ZP 2,1 Zapatera	Porque si lo dices cojo un pimiento picante y te pongo la lengua como un ascua.		944
cola (11)			
TC 6,1 Rosita	con la cola movía la flor.		762
MP 2,8 Mariana	que va atada a la cola de un caballo.		848
ZP 0,0 El Autor	No tengas tanta impaciencia en salir; no es un traje de larga cola y plumas inverosímiles [...]		912
ZP 2,1 Zapatera	El paró su caballo y la cola del caballo era blanca y tan larga que llegaba al agua del arroyo.		946
CA 2,1 Maniquí	Mi cola se pierde por el mar		1099
CA 2,1 Maniquí	Mi cola se pierde por el mar.		1100
EP CV Estudiante 2	Se amaban los esqueletos [...] vio varias veces la cola de Julieta cubierta [...]		1160
BS 1,2 Suegra	con su larga cola		1184
BS 2,1 Muchacha 1	arrastrando tu cola de seda.		1218
RS 1,1 Rosita	con cintas hasta la cola.		1367
RS 1,1 Rosita	de alto pecho y larga cola?		1367
colcha (7)			
BS 1,2 Mujer	Su colcha de holanda.		1186
BS 2,1 Novia	Es como si me bebiera una botella de anís y me durmiera en una colcha de rosas.		1215
YE 1,2 Voz De Víctor	En mi colcha de lana		1295
YE 1,2 Yerma	En mi colcha de lana		1295
YE 1,2 Yerma	Tu colcha de oscura piedra,		1295

colcha (continuación)
  YE 3,2 Vieja   La ceniza de tu colcha se te volverá pan y sal para   1345
                                las crías.

  RS 1,1 Manola 3   Los encajes de mi colcha.   1365
colchón (1)
  DC 1,1 Rosita   en el colchón   1032
colección (1)
  TB QM. Niña   Queremos que nos traigas una colección de minerales.   908
colegio (7)
  MP 1,3 Mariana   Han llegado ahora mismo del colegio.   789
  CA 1,1 Amigo 2   En el colegio entraba por los [...]   1073
  RS 2,1 Madre   ¡Claro! ¡Estuvieron juntas en el Colegio de la Puerta   1394
                                del Cielo.
  RS 3,1 Ama   ¡Como los niños que salen del colegio!   1417
  RS 3,1 Martín   Todos los días entro temblando en el colegio esperando   1419
                                lo [...]
  RS 3,1 Ama   Cuando él explica en la sala baja del colegio, yo voy   1423
                                a la carbonería para oírlo: "¿Qué es idea?"
  RS 3,1 Ama   Don Martín, que vaya usted al colegio, que los niños   1423
                                [...]

colgar (2)
  TC 6,1 Cristobita   Yo también me voy a poner un gran sombrero y a colgar   768
                                cintas a la porra... Ahora vengo.
  RS 2,1 Solterona 3 También puedo decir "Volverán las oscuras golondrinas 1402
                                de tu balcón los nidos a colgar".

Colín (1)
  BA 2,1 La Poncia   Esas cosas pasan entre [...] marido Evaristo el Colín 1476
                                vino a mi ventana... [...]

colina (2)
  EP CV Estudiante 4 Cuando estaba encerrado en la torre los vi subir,   1157
                                agrupados, por la colina.
  BS 3,1 Mendiga   No han pasado; pero están saliendo de la colina. ¿No 1254
                                los oyes?

colinas (1)
  RS 1,1 Rosita   con sus colinas de sombra;   1367
colmada (2)
  YE 2,2 Víctor   Tu marido ha de ver su hacienda colmada.   1324
  BA 1,1 Bernarda   Gracias a este hombre tienes colmada tu fortuna.   1468
colmado (3)
  ZP 1,1 Zapatero   Sé lo que haces y lo que no haces, y ya estoy colmado, 923
                              ¡hasta aquí!
  ZP 1,1 Zapatera   Pues lo mismo se me da a mí que estés colmado como que 923
                              no estés, [...]
  CA 1,1 Joven   Pero tú no puedes comprender que se espere a una mujer 1071
                              cinco años, colmado y quemado por [...]

colmara (1)
  ZP 1,1 Zapatera   Merecías, por tonto, que colmara la calle a gritos.   923
colmena (1)
  MM 1,6 Alacranito una colmena entera.   700
colocar (1)
  ZP 2,1 Zapatero   Aleluyas con los hechos [...] sobre todo, arte de   956
                              colocar el bocado a las [...]

color (11)
  MM 1,4 Curianito   con hojas marchitas y turbio color!   685
  TC 6,1 Rosita   Largos caminos color naranja. ¡Oh, quién se perdiera 774
                              por ellos!
  MP 1,4 Mariana   Mi alma tiene el mismo color del vestido.   792
  MP 1,4 Amparo   con traje color manzana,   793
  CA 2,1 Novia   Quiero un hábito color tierra para ese hombre; un   1085
                              hábito de roca pelada con un cordón de esparto a la
                              cintura.
  CA 2,1 Novia   Todos mis trajes de color los metes en una maleta.   1087
  CA 3,1 Mecanógrafa el color de mi vestido?   1121
  BS 3,1 Leñador 3   La cara color ceniza.   1247
  YE 1,1 María   He comprado encajes, tres varas de hilo, cintas y   1278
                              lanas de color para hacer madroños.
  YE 3,2 Hombre 2   y la color quebrada!   1341
  RS 1,1 Rosita   siendo blanco su color;   1371
colorada (1)
  PB 0,0 Marcolfa   Me he puesto colorada.   981
colorado (1)
  RS 3,1 Ama   ¡No te pongas colorado!   1434
colorados (1)
  ZP 2,1 Zapatera   ¡Callarse, largos de lengua, judíos colorados!   978
colores (3)
  MP 1,6 Clavela   aquellos colores de flor de granado   806
  ZP 1,1 Zapatera   Quién me hubiera dicho [...] este talle y estos   913
                              colores tan hermosísimos, [...]
  RS 3,1 Ama   Le voy a hacer un monte nevado con grageas de   1417
                              colores...

colorete - comedia

Pág.

colorete (2)
CA 1,1 Amigo   Mira: te voy a coger por las solapas, te voy a pintar   1056
de colorete esas mejillas [...]

YE 2,1 Lavandera 3   Y se echan polvos de blancura y colorete y se prenden   1303
ramos de adelfa en busca de otro que no es su marido.

colorín (1)
DC 1,1 Cristóbal   para ver si despierta mi colorín.   1038

colorines (2)
BA 2,1 La Poncia   En vez de darle por otra cosa le dio por criar   1476
colorines hasta que se murió.

BA 2,1 La Poncia   Un día me dijo no sé qué cosa y le maté todos los   1477
colorines con la mano del almirez.

columna (2)
CA 3,1 Arlequín   Sobre la misma columna,   1108
EP CV Estudiante 2   El público se ha de dormir en la palabra, y no ha de   1161
ver a través de la columna las ovejas que [...]

columnas (1)
RS 3,1 Martín   Ayer se empeñaron en [...] ataron a una de las   1418
columnas del corredor [...]

columpiarse (1)
MM 2,1 Curianita 1   Yo le vi columpiarse sobre un hilo de araña.   702

columpio (2)
TC 6,1 Cocoliche   En aquella estrella te haré un columpio y un balcón de   777
plata.

RS 3,1 Ama   En medio de las dos, en un columpio de jazmines [...]   1425

collar (5)
TC 1,1 Rosita   ¡Dios mío, qué collar de perlas tan precioso!   731
TC 1,1 Rosita   Yo tenía novio... ¡Y tiro el collar!   732
TC 6,1 Rosita   Ella tuvo una gargantilla de hierro en sus bodas con   762
la muerte, y yo tendré un collar..., un collar de don
Cristobita.

CA 3,1 Payaso   perdí mi collar,   1113

collares (1)
ZP 1,1 Zapatero   Al principio creí que la dominaría con mi carácter   925
dulzón y mis regalillos: collares de coral, cintillos,
[...]

coma (4)
MP 2,5 Pedro   donde la gente coma su pan con alegría,   832
RS 1,1 Ama   ¡Ojalá se lo coma la serpiente del mar!   1364
RS 1,1 Primo   coma tallos con rocío,   1372
RS 2,1 Ayola 1   Con su pan se lo coma.   1407

comadre (7)
MM 2,1 Curianita Santa   ¡Qué gran disgusto traigo, comadre, qué disgusto!   702
MM 2,1 Curianita Santa   ¡Comadre,   703
MM 2,1 Curianita 1   ¿Es que el Gran Cucaracho no comía, comadre?   703
MM 2,1 Curianita 1   Dejadme en paz, comadre. Sois muy santa y muy sabia,   703
MM 2,1 Curianita Santa   Comadre, no afirmarlo.   704
ZP 1,1 Niño   Mi madre lo ha hablado el otro día, diciendo: "La   914
zapatera no tendrá hijos", y se reían mis hermanas y
la comadre Rafaela.

ZP 2,1 Vecina Negra   ¡Comadre, corra usted!   973

comadres (1)
ZP 1,1 Zapatero   Me han provocado, me [...] llevado y traído por   922
comadres y desocupados.

comadricas (1)
ZP 1,1 Zapatera   Sí, sí, venid a verme, cascantes, comadricas, por   938
vuestra culpa ha sido...

coman (1)
CA 2,1 Joven   para que coman y cubran   1100

comas (1)
CA 1,1 Niño   No te la comas entera. Una patita,   1063

combate (2)
RS 3,1 Martín   y el hórrido estertor de mi combate!   1420
RS 3,1 Martín   ¿Y es que no suena bien de acento y de cesura este   1420
verso: "y el hórrido estertor de mi combate"?

combatido (1)
MP 2,5 Pedro   así enlazan tus brazos mi cuerpo combatido.   831

come (6)
MM 1,5 Curianita Silvia   ¡¡Socorro, que nos come!!   696
MM 2,4 Curiana G   ¡Venid, que se la come!   711
BS 2,1 Leonardo   Después de mi casamiento [...] culpa nueva que se come   1214
a la otra; pero [...]

YE 2,2 Yerma   Come tú con tus hermanas. Yo no tengo hambre todavía.   1316
BA 1,1 La Poncia   ¡Quisiera que ahora que no come ella, que todos nos   1440
muriéramos de hambre!

BA 2,1 Angustias   La envidia la come.   1478

comedia (3)
MM 0,0   Señores: La comedia que vais a escuchar es humilde e   669
inquietante, comedia rota del que [...]

MM 0,0   Ahora, escuchad la comedia.   670

comedias (1)
  DC 1,1 Director   Señoras y señores: Los campesinos andaluces oyen con   1043
                             frecuencia comedias de este ambiente [...]

comedor (1)
  PB 3,1 Belisa   Marcolfa, bájame la espada del comedor, que voy a   1016
                            atravesar la garganta de mi marido...

comemos (2)
  TC 1,1 Padre   Quería saber si bordabas... ¡Borda, hijita mía,   725
                           borda, que con eso comemos!
  ZP 1,1 Zapatera   Hoy no comemos..., de manera que ya te puedes buscar   923
                           la comida por otro sitio.

comen (3)
  CA 1,1 Gata   ¿Y qué nos comen?   1066
  CA 3,1 Arlequín   Ayer y mañana comen   1108
  BS 1,1 Madre   ¡Allí comen, allí fuman, allí tocan los instrumentos!   1173

comenta (2)
  RS 3,1 Rosita   Y hoy se casa una amiga [...] cabeza rizada, que   1428
                          comenta: "A esa ya no [...]
  BA 1,1 Magdalena   Ya se comenta por el pueblo.   1463

comentaban (1)
  MP 1,5 Fernando   a pie firme comentaban   798

comentario (2)
  PB 1,1 Duende 1   Y el comentario huiría hacia medios más misteriosos.   995
  PB 1,1 Duende 1   Comentario quiere decir mundo.   996

comentarlo (1)
  BA 1,1 Bernarda   No; pero les gusta verlo y comentarlo y se chupan los   1456
                         dedos de que esto ocurra.

comentes (1)
  RS 2,1 Solterona 3   Mamá, no comentes más esto.   1393

comenzado (2)
  YE 1,2 Vieja 1   Yo me he puesto boca arriba y he comenzado a cantar.   1288
  BA 1,1 Magdalena   Se ha puesto el traje verde que se hizo para estrenar   1462
                         el día de su cumpleaños, se ha ido al corral, y ha
                         comenzado a voces: "¡Gallinas!

comenzamos (1)
  CA 3,2 Joven   ¿Comenzamos?   1138

comenzar (1)
  EP CV Enfermero   ¿Cuándo va a comenzar el toque de agonía?   1164

comenzó (2)
  EP CV Estudiante 4   El tumulto comenzó cuando vieron que Romeo y Julieta   1160
                        se amaban de verdad.
  EP CV Estudiante 2   El tumulto comenzó cuando observaron que no se amaban,   1160
                        que no podían amarse nunca.

comer (18)
  MM 1,5 Alacranito   Me gusta mucho comer,   692
  MM 1,5 Alacranito   Ahora mismo me acabo de comer un gusano   692
  MM 1,5 Alacranito   que no quise comer, me daba repugnancia.   692
  TC 1,1 Rosita   La una... Pero ¡maldita la gana que tengo de comer!   734
  DC 1,1   Yo voy a comer ahora un poquito [...]   1020
  CA 1,1 Niño   a comer zarzamoras y manzanas   1065
  BS 1,2 Mujer   ¡Cómo no viniste a comer!...   1188
  YE 1,2 Vieja 1   Sudar, comer unos panes y morirse.   1287
  YE 1,2 Yerma   Con las faenas, los hombres están en los olivos, hay   1292
                        que traerles de comer.
  YE 2,1 Lavandera 2   mi marido a comer.   1307
  YE 2,2 Juan   Vamos a comer. ¿Me has oído?   1316
  YE 3,2 Yerma   Me buscas como cuando te quieres comer una paloma.   1349
  RS 1,1 Ama   La boca sirve para comer,   1353
  RS 2,1 Ayola 1   Yo no quiero comer. Prefiero una palomilla de anís.   1399
  BA 1,1 La Poncia   Yo he venido a comer.   1440
  BA 1,1 Muchacha   Comer es necesario para vivir.   1445
  BA 1,1 Martirio   A ellos les importa la tierra, las yuntas, y una perra   1460
                        sumisa que les dé de comer.
  BA 1,1 Adela   Pensaba ponérmelo el día que vamos a comer sandías a   1465
                        la noria.

comerán (1)
  CA 1,1 Niño   te comerán las patitas y el bigote.   1066

comerás (1)
  BA 1,1 Criada   ¡Ay Antonio María Benavides, que ya no verás estas   1445
                        paredes ni comerás el pan de esta casa!

comeré (1)
  BS 1,1 Novio   Déjalo. Comeré uvas. Dame la navaja.   1172

comería (2)
  MM 1,5 Alacranito   comería sus patas.   694
  ZP 2,1 Mozo Del S   Tengo tanto coraje que [...] arenas y despúes me   943
                        comería sus sesos crudos [...]

comerla (1)
  CA 1,1 Amigo   Yo prefiero comerla verde, o, mejor todavía, me gusta   1072
                        cortar su flor para ponerla en mi solapa.

comerlos (2)
  CA 1,1 Joven   Guardaba los dulces para comerlos después.   1046

comerlos - comisura

comerlos (continuación)   Pág.
  CA 3,1 Mecanógrafa   De pequeña, yo guardaba los dulces para comerlos   1117
                                       después.
comerme (1)
  MM 2,4 Alacranito   a comerme diez moscas.   711
comernos (1)
  CA 1,1 Niño   Vienen a comernos.   1066
comértelos (1)
  RS 1,1 Tía   ¡Para comértelos!   1353
comes (1)
  ZP 1,1 Zapatera   ¿No comes?   922
comestibles (1)
  MM 1,5 Alacranito   que estáis muy comestibles ambos a dos.   693
cometer (1)
  MM 1,2 Doña Curiana   cometer tantas simplezas?   681
cometí (1)
  MP 3,5 Mariana   ¿Qué crimen cometí? ¿Por qué me matan?   876
comí (4)
  MM 1,5 Alacranito   Y no me comí al nene por estar en lactancia.   693
  MM 1,5 Alacranito   y yo me la comí.   695
  MM 1,6 Alacranito   Me comí nueve moscas,   700
  TC 6,1 Cristobita   Cuando yo era niño, me dieron un pastel más grande que   774
                                       la luna y me lo comí yo solo.
comía (1)
  MM 2,1 Curianita 1   ¿Es que el Gran Cucaracho no comía, comadre?   703
comida (13)
  ZP 1,1 Zapatera   Hoy no comemos..., de manera que ya te puedes buscar   923
                                       la comida por otro sitio.
  ZP 1,1 Zapatera   ¡Ay, mi comida que está en la lumbre!   933
  ZP 1,1 Zapatera   Ya está la comida..., ¿me estás oyendo?   934
  ZP 1,1 Zapatera   Pues si tarda siquiera dos minutos más, como yo sola,   934
                                       que me basto y me sobro... ¡Con la comida tan buena
                                       que [...]
  EP RR   Figura De C   Allí hay una vaca que guisa la comida para los   1151
                                       soldados.
  YE 1,2 Yerma   Vengo de llevar la comida a mi esposo, que trabaja en   1286
                                       los olivos.
  YE 1,2 Vieja 1   También yo vengo de traer la comida a mi esposo.   1287
  YE 1,2 Muchacha 2   Allá tú... Mira, me voy a dar la comida a mi marido.   1295
  YE 1,2 Víctor   ¿Viniste a traer la comida?   1297
  YE 2,1 Lavandera 4   Se me figura que guisan su comida con el aceite de las   1302
                                       lámparas.
  YE 2,2 Yerma   Para tener agua fresca en la comida.   1311
  YE 2,2 Yerma   Muchas noches bajo yo a echar la comida a los bueyes,   1318
                                       [...]
  RS 3,1 Ama   Ahora, cuando lleguemos, tengo la comida hecha.   1437
comidas (1)
  ZP 2,1 Zapatero   ¡ay, qué terribles paradores, qué malas comidas, qué   971
                                       sábanas de lienzo moreno por esos caminos del mundo!
comido (4)
  MM 2,4 Alacranito   Ya me hubiese comido   710
  ZP 2,1 Zapatera   Lo comido por lo servido.   975
  RS 2,1 Ayola 2   No; hemos comido hace poco.   1396
  BA 3,1 Bernarda   Ya hemos comido.   1512
comiendo (4)
  MM 2,1 Curianita 1   ¿Comiendo, eh?   703
  YE 2,2 Juan   Esa no viene... Una de vosotras debía salir con ella,   1311
                                       porque para eso estáis aquí comiendo en mi mantel [...]
  YE 2,2 Yerma   Nunca oí decir a un hombre comiendo: qué buenas son   1322
                                       estas manzanas.
  BA 1,1 La Poncia   Treinta años lavando sus sábanas; treinta años   1442
                                       comiendo sus sobras; [...]
comienza (5)
  DC 1,1 Poeta   que comienza la función.   1022
  RS 1,1 Tío   se comienza a deshojar.   1357
  RS 1,1 Rosita   se comienza a deshojar.   1374
  RS 3,1 Rosita   se comienza a deshojar.   1435
  RS 3,1 Rosita   se comienza a deshojar."   1438
comienzo (3)
  TC 0,0 Mosquito   Ahora que sale la luna y las luciérnagas huyen   724
                                       lentamente a sus cuevecitas, va a dar comienzo la gran
                                       función [...]
  CA 2,1 Padre   Debe de estar ya en el comienzo.   1099
  BA 3,1 Adela   Esto no es más que el comienzo.   1526
comimos (1)
  ZP 1,1 Zapatero   Anteayer... despedazó el jamón que teníamos guardado   920
                                       para estas Pascuas y nos lo comimos entero.
comisura (1)
  CA 3,2 Jugador 1   La vida se le escapa por sus pupilas, que mojan la   1136
                                       comisura de sus labios [...]

comitiva (1)
    MP 3,5 Pedrosa   cuando usted pase con su comitiva.   875
como (V) (7)
    MM 1,5 Alacranito   Como   694
    TC 6,1 Cristobita   te como a ti.   767
    ZP 1,1 Zapatera   Pues si tarda siquiera dos minutos más, como yo sola,   934
                      que me [...]
    ZP 2,1 Zapatera   Tiene usted razón, pero yo desde entonces no como, ni   964
                      duermo, ni vivo; porque él era mi alegría, mi defensa.
    BS 2,2 Novio   No como a medianoche.   1234
    YE 2,2 Juan   Bien ganado tengo el pan que como.   1311
    YE 2,2 Yerma   Pan tierno y requesón y cordero asado como yo aquí, y   1312
                      pasto lleno de rocío tus ganados en el monte.

como (439)
cómo (145)
cómoda (2)
    ZP 2,1 Zapatera   Que cruje la cómoda: ¡un susto!   974
    RS 3,1 Tía   ¿Se han llevado ya la cómoda?   1426
comodidad (1)
    RS 2,1 Tía   No es justo que te des [...] está supeditado a tu   1386
                      comodidad y a tus gustos.

compadre (2)
    ZP 1,1 Zapatera   Maldita hora, maldita hora en que le hice caso a mi   916
                      compadre Manuel.
    ZP 1,1 Zapatera   Maldito sea mi compadre Manuel, malditos sean los   918
                      vecinos, tonta, tonta, tonta.

compadrillo (3)
    PB 1,1 Duende 2   Ni bien ni mal, compadrillo.   993
    PB 1,1 Duende 2   Es verdad, compadrillo, que no es lo mismo decir: "Yo   996
                      he visto" que: "Se dice".
    PB 1,1 Duende 1   Vamos ya, compadrillo.   997
compaña (2)
    BA 1,1 Bernarda   compaña de cabecera!   1448
    BA 3,1 Amelia   La noche quiere compaña.   1512
compañeras (1)
    MM 2,4 Curiana G   llamo a mis compañeras   710
compañeros (1)
    RS 3,1 Martín   A mí, como me ven inútil, [...] espalda, pero a mis   1418
                      compañeros les hacen [...]
compañía (7)
    TC 0,0 Mosquito   Yo y mi compañía venimos del [...]   723
    TC 0,0 Mosquito   Yo y mi compañía estábamos encerrados.   724
    MP 2,8 Conspirador 4   con toda su compañía.   843
    MP 2,8 Conspirador 4   con toda su compañía.   844
    DC 1,1   Yo voy a comer ahora [...] planchar los trajes de la   1020
                      compañía.
    DC 1,1 Director   El prólogo termina donde se dice: "Voy a planchar los   1020
                      trajes de la compañía."
    BS 2,2 Novio   Yo te haré compañía.   1239
comparada (1)
    RS 2,1 El Señor X   Si Santos Dumont, en vez de estudiar Meteorología   1376
                      comparada, se hubiera [...]

comparado (1)
    ZP 2,1 Zapatera   Pues todo eso es un ochavo comparado con lo que él   965
                      sabía..., él sabía... ¡el triple!

compartido (1)
    CA 3,1 Máscara   Y después fui al hospital [...] pedido limosna y he   1116
                      compartido mi cama con [...]

compasión (1)
    MM 1,5 Curiana C   ¡Compasión me dio el verla tendida en la vereda!   698
competentísima (1)
    PB 0,0 Madre   No he de ponderar estas cosas a persona tan moderna y   985
                      competentísima como usted.

competir (1)
    CA 2,1 Maniquí   competir con las espumas.   1100
completa (1)
    TC 1,1 Padre   Hija mía, ¡felicidad completa!   731
completamente (5)
    PB 3,1 Perlimplín   Y para que sea tuyo completamente, se me [...]   1015
    CA 1,1 Viejo   El agua que viene por el río es completamente distinta   1052
                      de la que se va.
    CA 1,1 Viejo   ¿A que en aquel momento que la vio vieja ella estaba   1052
                      completamente entregada a usted?
    CA 1,1 Viejo   Está completamente loco.   1074
    RS 2,1 Tía   Completamente.   1386
complicada (1)
    MP 2,9 Pedrosa   que hay mucha gente complicada.   856
complicado (1)
    PB 3,1 Belisa   ¡Nunca creí que fuese tan complicado!   1017

componer - comprendo

                                                                        Pág.

componer (1)
   ZP 1,1 Zapatera   Dile a tu madre que ya [...] guiso como mi marido   914
                          componer zapatos.

compongas (1)
   BA 2,1 Adela   Si quieres te daré mis ojos, que son frescos, y mis   1479
                          espaldas para que te compongas la joroba que [...]

composiciones (1)
   RS 2,1 Tío   Así lo dice el vals de las rosas, que es una de las   1388
                          composiciones más bonitas [...]

compra (3)
   MP 2,8 Mariana   ¿Quién me compra hilo negro?   849
   ZP 2,1 Niño   ¿Quién te compra, Zapatera,   947
   ZP 2,1 Voces   ¿Quién te compra, zapatera,   978
comprado (6)
   BS 1,2 Muchacha   Llegó el novio a la tienda y ha comprado todo lo mejor 1191
                          que había.
   BS 1,3 Padre   Si yo hubiera tenido hijos hubiera comprado todo este   1197
                          monte hasta la parte del arroyo.
   YE 1,1 María   Por mi gusto hubiera esperado en la puerta a que   1278
                          abrieran; y ¿a que no sabes lo que he comprado?
   YE 1,1 Yerma   Habrás comprado café para el desayuno, azúcar, los   1278
                          panes.
   YE 1,1 María   He comprado encajes, tres varas de hilo, cintas y   1278
                          lanas de color para hacer madroños.
   RS 2,1 El Señor X   Mi amigo, el señor Longoria, [...] hombre muy   1375
                          agradable, ha comprado también un Panhard [...]

compráis (2)
   BS 1,3 Madre   Cuando yo me muera, vendéis aquello y compráis aquí al 1197
                          lado.
   BS 2,2 Novio   ¿Por qué no compráis tierras?   1232
comprando (1)
   BS 1,2 Muchacha   Vengo a deciros lo que están comprando.   1191
comprar (5)
   MP 3,9 Mariana   ¡No se podrá comprar el corazón de nadie!   889
   BS 1,1 Novio   Tres años. Ya pude comprar la viña.   1176
   BS 1,3 Padre   comprar, hija, comprarlo todo.   1197
   RS 1,1 Tía   Es preciso comprar otra vez manzanilla.   1361
   RS 2,1 El Señor X   Mi amigo, el señor Longoria, de Madrid, acaba de   1375
                          comprar un automóvil [...]

comprarla (1)
   CA 3,2 Joven   No sé a quién se le ocurrió comprarla.   1133
comprarlo (1)
   BS 1,3 Padre   comprar, hija, comprarlo todo.   1197
compraron (1)
   BS 1,2 Muchacha   ¡Y compraron unas medias caladas!...   1191
compras (2)
   BS 1,1 Madre   Le llevaré los pendientes de azófar, que son antiguos, 1177
                          y tú le compras...
   BS 1,1 Madre   Le compras unas medias caladas, y para ti dos   1177
                          trajes... ¡Tres!

compraste (1)
   BA 2,1 Angustias   ¿Me compraste el bote de esencia?   1483
compre (1)
   ZP 2,1 Zapatera   ¡Van a dar lugar a que compre un revólver!   947
compré (1)
   YE 2,2 Juan   Le compré los rebaños.   1324
comprenda (1)
   ZP 1,1 Zapatero   Pero comprenda mi situación: [...]   919
comprender (1)
   CA 1,1 Joven   Pero tú no puedes comprender que se espere [...]   1071
comprenderemos (1)
   MM 2,5 Gusano 3   Nunca comprenderemos   712
comprendes (1)
   BS 1,1 Madre   Nada. Pero tú lo comprendes.   1183
comprendido (1)
   ZP 1,1 Zapatero   Yo debía haber comprendido, después [...]   918
comprendiera (1)
   MP 1,6 Mariana   ¿Y si le dijese... y él lo comprendiera?   805
comprendo (14)
   MM 2,3 Mariposa   Ahora comprendo el lamentar del agua,   708
   MM 2,7 Curianito   de prender un amor que no comprendo?   721
   MP 3,1 Novicia 2   Yo no comprendo nada.   860
   MP 3,2 Mariana   ¡comprendo que estaba ciega!   865
   MP 3,2 Mariana   ¡comprendo que estaba ciega!   866
   ZP 1,1 Zapatero   Comprendo que es una barbaridad..., pero yo no estoy   925
                          enamorado de mi mujer.
   ZP 2,1 Zapatero   Ya comprendo, preciosa joven.   967
   ZP 2,1 Zapatero   Yo comprendo mucho más de [...]   967
   PB 2,1 Perlimplín   Porque comprendo tu estado [...]   1004
   PB 2,1 Perlimplín   Y aunque me hieren profundamente, comprendo que vives 1004
                          en un drama.

comprendo (continuación)
PB 2,1 Perlimplín	pero lo comprendo perfectamente.	1005
YE 1,2 Juan	No comprendo en qué te has entretenido.	1299
RS 3,1 Ama	Pero aunque me ría, como ignorante, comprendo que don Martín tiene mucho mérito.	1423
RS 3,1 Rosita	Por eso yo comprendo muy bien a [...]	1433

compró (4)
MP 2,1 Clavela	Tu madre lo compró.	820
BS 1,1 Vecina	¡Al fin compró la viña!	1180
YE 1,1 Víctor	Dile a Juan que recoja las dos que me compró, y en cuanto a lo otro, ¡que ahonde!	1285
RS 3,1 Tía	Y todo lo que se compró es digno de ti y será hermoso el día que lo uses.	1427

comprometí (1)
ZP 2,1 Zapatera	Me comprometí con mi marido.	943

comprometida (3)
TC 6,1 Rosita	Yo estoy comprometida, y, además, no te quiero; tú me has dejado antes.	763
CA 2,1 Padre	Pues que como estás comprometida y se trata [...]	1088
RS 2,1 Tía	Mi sobrina está comprometida.	1379

comprometido (1)
BS 2,1 Novia	Ya me he comprometido.	1209

compromiso (3)
TC 6,1 Rosita	¡Ha muerto! ¡Ay Dios mío, qué compromiso tan grande!	778
ZP 1,1 Mozo	Pero eso no puede ser. ¿Es que tienes otro compromiso?	932
CA 2,1 Padre	¡Tienes que cumplir tu compromiso!	1090

compuesta (1)
ZP 2,1 Zapatero	bien peinada y bien compuesta,	960

con (861)

concede (1)
BA 1,1 Bernarda	Concede el reposo a tu siervo Antonio María Benavides y dale la corona de tu santa gloria.	1449

concentrar (1)
CA 1,1 Viejo	¿No se atreve usted a concentrar, a hacer hiriente y pequeñito su amor dentro del pecho?	1049

concepto (3)
RS 2,1 El Señor X	Hoy día se abren camino [...] como profundo en el concepto.	1376
RS 3,1 Martín	Era una lección preciosa: "Concepto y definición de la Harmonía", pero a los niños no les interesa nada.	1418
RS 3,1 Martín	Un drama de contorno y de concepto.	1420

concertar (1)
TC 1,1 Padre	¡Acabo de concertar tu boda!	731

conciencia (1)
YE 2,2 Yerma	De gente que no tiene la conciencia tranquila.	1319

concha (1)
ZP 1,1 Zapatero	Al principio creí que [...] cintillos, peinetas de concha..., ¡hasta unas [...]	925

conde (13)
CA 3,1 Máscara	"Oh mio Dio!" Era igual que el conde Arturo de Italia. ¡Oh amor!	1116
CA 3,1 Máscara	El conde Arturo, con una [...]	1116
CA 3,1 Máscara	El conde y su niño pasaban [...]	1116
CA 3,1 Máscara	¿Para el niño que el conde Arturo dejó morir en la escarcha?...	1116
CA 3,1 Máscara	Y después fui al hospital y allí supe que el conde se había casado [...]	1116
CA 3,1 Máscara	Digo que el conde Arturo me amaba [...]	1116
CA 3,1 Mecanógrafa	Delicioso. ¿Y cuándo llega el conde?	1116
CA 3,1 Máscara	¿De quién son las heridas de mi conde?	1117
CA 3,1 Máscara	Ahora mismo acabo de abandonar para siempre al conde.	1123
CA 3,1 Máscara	El conde besa mi retrato de amazona.	1130
CA 3,2 Criado	Vivió mucho tiempo con un conde italiano riquísimo, padre del niño que acaban de enterrar.	1131
RS 2,1 El Señor X	El conde Zboronsky, muerto [...]	1375
RS 2,1 El Señor X	Hoy día se abren camino un Juan Bautista Say o Se, que de ambas maneras suele y puede decirse, o un conde León Tolstuá, vulgo [...]	1376

condenada (1)
DC 1,1 Director	Llenemos el teatro de [...] vulgaridad a que la tenemos condenada, y saludemos [...]	1043

condes (1)
TC 0,0 Mosquito	Yo y mi compañía venimos del teatro de los burgueses, del teatro de los condes y de los marqueses, [...]	723

condesa (1)
RS 1,1 Tío	No os dais cuenta de mi invernadero; desde el ochocientos siete, en que la condesa de Wandes obtuvo [...]	1352

condiciones (1)
BA 1,1 Amelia	Yo también. Angustias tiene buenas condiciones.	1463

Pág.

conducta (1)
YE 3,1 Juan   No soy yo quien lo pone, lo pones tú con tu conducta,   1333
y el pueblo lo empieza a decir.

confianza (6)
TC 1,1 Cristobita   La boca un poquitín grande, [...] que tome demasiada   733
confianza.
TC 1,1 Cristobita   La confianza es la madre de todos los vicios.   733
MP 1,7 Fernando   Necesito antes de las nueve el pasaporte que tienes en   811
tu poder y una persona de tu absoluta confianza que
espere [...]
YE 1,2 Yerma   Me ha dado confianza el oírla hablar.   1288
RS 2,1 Madre   Hijas, aquí tengo confianza.   1393
BA 1,1 La Poncia   Contigo no se puede hablar. ¿Tenemos o no tenemos   1458
confianza?

confiesa (1)
CA 1,1 Viejo   ¿A que si en aquel preciso instante ella confiesa que   1052
lo ha engañado, [...]

confieso (1)
TB QM. Viejo   Estuve de cochero en su casa; pero si te confieso la   905
verdad, ahora estoy mejor de mendigo.

confines (1)
RS 3,1 Ama   Del primer empujón que le doy a la caldera de Pedro   1425
Botero hago llegar el agua caliente a los confines de
la tierra.

confío (1)
MP 1,7 Mariana   ¡Confío en tu corazón!   810
confitería (1)
PB 2,1 Perlimplín   ¿Quieres que vayamos a la confitería?   1003
confituras (2)
YE 2,1 Lavandera 5   Estas machorras son así: cuando podían estar haciendo   1302
encajes o confituras de manzanas, [...]
RS 3,1 Ama   Con las puntillas de los dedos, con hilos, con tallos,   1413
con confituras; en cambio, [...]

conforma (1)
BA 2,1 La Poncia   A vosotras que sois solteras, [...] tabernilla, y la   1476
que no se conforma se pudre llorando [...]

conformaste (1)
BA 2,1 Amelia   Tú te conformaste.   1477
conforme (4)
TC 1,1 Padre   ¿De manera que estás conforme?   727
PB 0,0 Madre   Tú estás conforme, naturalmente.   985
PB 1,1 Perlimplín   Estoy conforme.   998
BA 1,1 La Poncia   Ella, tan conforme.   1455
conformes (4)
DC 1,1 Cristóbal   Entonces, ¿estamos conformes?   1033
BS 1,3 Madre   Conformes.   1199
BS 1,3 Madre   Vamos. El sol no espera. ¿Conformes en todo?   1202
BS 1,3 Padre   Conformes.   1202
conformidad (2)
YE 2,1 Lavandera 2   Todo esto son cuestiones de gente que no tiene   1304
conformidad con su sino.
BA 2,1 Angustias   Pues nada: "Ya sabes que ando detrás de ti, necesito   1475
una mujer buena, modosa, y esa eres tú si me das la
conformidad."

Confucio (1)
RS 2,1 Ama   Con este señor y con el otro, don Confucio Montes de   1378
Oca, [...]

confunda (1)
RS 1,1 Sobrino   Callo. Pero no confunda usted el respeto con la falta   1363
de vergüenza.

confundido (1)
MP 1,7 Fernando   "Adorada Marianita: Gracias [...] de Santa Catalina,   811
confundido con otros [...]

confusa (1)
CA 2,1 Joven   forma blanca y luz confusa,   1100
confuso (1)
MP 1,6 Fernando   Estoy confuso. ¡Esto es tan extraño!   803
conjuración (1)
MP 3,5 Pedrosa   de la conjuración. Estoy seguro.   875
conjurados (1)
MP 3,5 Pedrosa   Mariana, ¿quiénes son los conjurados?   876
conllevar (1)
YE 2,2 Yerma   Si pudiera de pronto volverme vieja y tuviera la boca   1313
como una flor machacada, te podría sonreír y conllevar
la vida contigo.

conmigo (27)
conmueve (1)
PB 1,1 Perlimplín   Nunca había visto la salida del sol... Es un   1000
espectáculo que... parece mentira..., ¡me conmueve!

conoce (9)
TC 3,1 Contrabandista 1   El mar conoce mi paso   741

conoce (continuación)
    TC 3,1 Contrabandista 1   El limonar me conoce   741
    MP 1,5 Fernando   Pedrosa conoce el sitio   799
    MP 3,5 Pedrosa   ¿Conoce la sentencia?   874
    ZP 1,1 Zapatero   No la conoce usted.   928
    ZP 2,1 Zapatero   ¡Cómo se conoce que no tienen que decirlo de memoria! 961
    BS 1,2 Suegra   Pero cuando dice eso es porque la conoce.   1190
    RS 2,1 Ayola 1   Se conoce que no ha recibido ninguna.   1407
    BA 1,1 Martirio   Es la única que conoce la historia de su padre y el   1459
                              origen de sus tierras.
conóceme (1)
    YE 3,2 Yerma   Conóceme, para que nunca me hables más.   1345
conocen (2)
    RS 2,1 Rosita   ¿No se conocen ustedes?   1396
    BA 2,1 Martirio   Verdaderamente es raro que dos personas que no se   1474
                              conocen se vean de pronto en una reja y ya novios.
conocer (6)
    PB 0,0 Madre   Siempre dije a mi pobre [...] no tuve la dicha de   984
                              conocer.
    CA 1,1 Amigo   ¿La quieres conocer?   1057
    CA 3,2 Jugador 1   No aprenderás nunca a conocer a tus clientes. 1136
    YE 3,2 Vieja   Aquí vienen las mujeres a conocer hombres nuevos.   1345
    YE 3,2 Yerma   ¿Te figuras que puedo conocer otro hombre?   1345
    BA 2,1 La Poncia   ¡Nadie puede conocer su fin!   1499
conocerlo (1)
    CA 1,1 Gato   Debiste conocerlo.   1063
conocerlos (1)
    TC 1,1 Cristobita   No hay más que dos caminos a seguir con los hombres: o 734
                              no conocerlos... , ¡o quitarlos de en medio!
conoces (9)
    TC 4,1 Mozo   Eso es imposible. Tú no conoces a don Cristobita.   752
    MP 1,5 Fernando   ¡Qué chacal! ¿Tú le conoces?   799
    CA 1,1 Joven   Nada. ¿No conoces mi temperamento?   1058
    EP RR Figura De P   Tú me conoces.   1153
    BS 1,1 Madre   ¿Tú conoces a la novia de mi hijo?   1180
    BS 2,1 Leonardo   Tú, que me conoces, sabes que no la llevo.   1213
    BS 3,1 Mendiga   ¿Tú no conoces el camino?   1254
    YE 2,2 Juan   ¿Es que no conoces mi modo de ser?   1312
    RS 2,1 Tía   Pero ¿por qué hablas de pretendientes? ¡No conoces a   1379
                              Rosita!
conocí (8)
    MM 1,2 Doña Curiana   que conocí allá en su cueva,   680
    MP 1,5 Mariana   Le conocí por desgracia.   799
    ZP 2,1 Zapatera   Ya ves tú..., cuando lo conocí estaba yo lavando en el   945
                              arroyo del pueblo.
    PB 2,1 Belisa   No conocí más hombre que mi Perlimplinillo.   1004
    CA 1,1 Amigo 2   Los conocí cuando yo era muy pequeño, y me han   1073
                              empujado por los pies.
    BS 1,1 Vecina   A su madre la conocí.   1181
    YE 1,2 Vieja 1   Lo conocí.   1287
    RS 2,1 El Señor X   A Renol lo conocí bastante.   1375
conocía (1)
    BS 2,2 Novio   Hubo primos míos que yo ya no conocía.   1230
conocías (1)
    PB 1,1 Duende 2   ¿Tú conocías a Perlimplín?   994
conocida (1)
    TC 6,1 Currito   Muy conocida por esos ojitos.   763
conocido (5)
    ZP 2,1 Alcalde   Muchas mujeres he conocido como amapolas, [...]   949
    ZP 2,1 Zapatero   He conocido mucha gente sin sentimiento.   966
    CA 1,1 Joven   La he conocido poco. Pero no importa. Yo creo que me   1048
                              quiere.
    BS 1,3 Madre   No ha conocido mujer.   1198
    BA 1,1 Mujer 1   Hace años no he conocido calor igual.   1446
conociera (2)
    MM 1,2 Curianita Silvia   ¡Amor, quién te conociera!   680
    BS 1,1 Madre   Es que quisiera que ni a la viva ni a la muerta las   1181
                              conociera nadie.
conocieras (1)
    CA 3,1 Mecanógrafa   Si viniera mi amigo tan [...] haces como si no lo   1117
                              conocieras.
conocimiento (1)
    BA 2,1 La Poncia   Es estrecha de cintura, vieja, y con mi conocimiento   1481
                              te digo que se morirá.
conociste (2)
    ZP 1,1 Zapatera   Pero el que más me gustaba a mí de todos era   917
                              Emiliano..., tú lo conociste... Emiliano, [...]
    PB 1,1 Belisa   Las que tú conociste antes.   991
conozca (1)
    BS 1,1 Vecina   Pero quien la conozca a fondo no hay nadie.   1180

Pág.

conozco (17)
MP 2,9 Mariana   y conozco muy grandes caballeros   857
MP 3,5 Mariana   La conozco.   874
MP 3,8 Mariana   ¡Vete! ¿Quién eres tú? ¡Ya no conozco a nadie!   887
TB QM. Viejo   Yo conozco hace mucho tiempo a la madre de ellos, a tu   905
                      mujer.
ZP 1,1 Zapatero   ¡O soy otro hombre o no me conozco!   933
ZP 2,1 Zapatero   Vino de uvas negras como el alma de algunas mujeres   956
                      que yo conozco.
PB 2,1 Perlimplín   ¿Y si yo te dijera que lo conozco?   1007
CA 1,1 Joven   Pero ya conozco su procedimiento.   1050
CA 1,1 Amigo 2   Yo no lo conozco a usted.   1074
CA 2,1 Joven   ¿Qué hago con esta hora que viene y que no conozco ?   1099
EP RR Figura De C   Sé la manera de dominarte. ¿Crees que no te conozco?   1147
BS 3,1 Mendiga   Te acompañaré. Conozco esta tierra.   1255
YE 1,1 Yerma   Yo conozco muchachas que han temblado y que lloraban   1276
                      antes de entrar en la cama con sus maridos.
YE 3,1 Yerma   Se lo conozco en la mirada, y como no los ansía, no me   1329
                      los da.
RS 2,1 Ama   Pero conozco a los pretendientes.   1379
RS 3,1 Rosita   Y hoy se casa una amiga [...] doy cuenta de que no   1428
                      conozco a nadie: muchachas [...]
BA 2,1 Bernarda   Habla, te conozco demasiado para saber que ya me   1497
                      tienes preparada la cuchilla.
conque (3)
TC 2,1 Cristobita   Conque cerramos el trato. ¿No es esto?   738
TC 6,1 Cocoliche   ¿Conque tú eres el amante de esa mujer? ¡Ya nos   770
                      veremos las caras!
TC 6,1 Cristobita   ¿Conque lo que te da la gana?   776
conquistado (1)
ZP 2,1 Vecina Roja   ¡También lo ha conquistado!   973
conquistas (1)
CA 1,1 Amigo   Yo, en cambio... Ayer hice tres conquistas y como   1057
                      anteayer [...]
conseguido (3)
PB 2,1 Belisa   Tampoco he conseguido verlo.   1002
EP CV Estudiante 5   Mirad, he conseguido un zapato de Julieta.   1166
RS 1,1 Tío   No os dais cuenta de [...] rosa muscosa, no la ha   1352
                      conseguido nadie en Granada [...]
consejo (2)
YE 3,1 Vieja 1   Eres demasiado joven para oír consejo.   1328
BA 2,1 Adela   Es inútil tu consejo.   1482
consejos (1)
YE 2,1 Lavandera 4   ¿Y quién ha dado licencia a tu boca para que me des   1305
                      consejos?
consentido (1)
RS 3,1 Tía   Si yo lo hubiera sabido no hubiese consentido de   1426
                      ninguna [...]
consentir (1)
RS 1,1 Tía   La lengua se me debió pegar en el cielo de la boca   1363
                      antes de consentir tu noviazgo; [...]
conservaba (1)
MM 1,1 Curiana N   Pero conservaba siempre el troje lleno.   674
conservado (1)
DC 1,1   Todo el guiñol popular tiene este ritmo, esta fantasía   1019
                      y esta encantadora libertad que el poeta ha conservado
                      en el diálogo.
conserven (1)
ZP 1,1 Niño   ¡Ustedes se conserven bien!   915
considerado (1)
RS 2,1 Tía   Siempre te hemos considerado como de la familia.   1384
consideran (1)
RS 3,1 Martín   Y créame usted que los [...] examinar los hijos, nos   1419
                      consideran como hombres [...]
considerar (1)
MP 0,0 Mosquito   no paraba de considerar: 781
considere (1)
ZP 0,0 El Autor   Respetable público... No; respetable público, no;   911
                      público solamente, y no es que el autor no considere
                      al público [...]
considéreme (1)
RS 2,1 El Señor X   Considéreme seguro servidor suyo.   1378
considero (1)
PB 3,1 Marcolfa   Sepa mi señor que desde este momento me considero   1011
                      despedida de su servicio.
consiento (1)
RS 3,1 Ama   Lan-lan-van-lan-lan... No, señora, llorar no lo   1413
                      consiento.
consiste (2)
MP 2,5 Mariana   ¡Mi victoria consiste en tenerte a mi vera!   831
ZP 2,1 Alcalde   ¡Chist! ¿Y en qué consiste el trabajo de usted?   956

conspirado (1)
  MP 3,8 Mariana   Yo bordé la bandera por él. Yo he conspirado   885
conspiramos (1)
  MP 2,5 Pedro   En el mayor sigilo conspiramos. ¡No temas!   829
consta (3)
  MP 1,7 Fernando   No hagas por verme, pues me consta que estás vigilada. 811
  ZP 2,1 Alcalde   Pues a mí me consta, porque me lo dijo, que no te   950
                         quería ni tanto así.
  ZP 2,1 Zapatera   Pues a mí me consta que sus cuatro señoras, mal rayo   950
                         las parta, le aborrecían a muerte.
constante (2)
  MP 1,4 Amparo   había un constante desfile de pájaros.   790
  MP 2,5 Pedro   ¡Qué constante pregunta al minuto lejano!   830
constantemente (1)
  YE 1,1 María   Pero la noche que nos casamos me lo decía   1281
                         constantemente con su [...]
constantinoplos (1)
  TC 6,1 Cristobita   ¡Yo, que he matado trescientos ingleses, trescientos   778
                         constantinoplos!
construyó (1)
  CA 3,1 Arlequín   El poeta Virgilio construyó una mosca de oro y   1119
                         murieron todas las moscas que envenenaban el aire de
                         Nápoles.
Consuegra (1)
  RS 3,1 Martín   Hace un rato tenían un escándalo enorme, porque el   1419
                         señor Consuegra, que explica [...]
consuelo (2)
  RS 3,1 Tía   Para todo hay consuelo.   1430
  BA 3,1 Prudencia   No me queda más consuelo que refugiarme en   1507
consuelos (1)
  BS 1,1 Madre   Calla. Todo eso son invenciones, pero no consuelos.   1179
consuma (1)
  YE 1,1 Yerma   Pienso que no es justo que yo me consuma aquí.   1282
consumado (1)
  EP CV Desnudo   Todo se ha consumado.   1165
consume (1)
  MM 1,2 Doña Curiana   que os consume y os marchita?   678
consumimos (1)
  BS 2,1 Novia   Como nos consumimos todas.   1206
consumió (1)
  BS 2,1 Novia   Pero se consumió aquí.   1206
contaban (1)
  BA 1,1 La Poncia   Contaban muchas cosas más.   1456
contad (1)
  MP 3,9 Mariana   Contad mi triste historia a los niños que pasen.   890
contado (1)
  ZP 1,1 Zapatera   ¡Ay pobrecito mío, qué cosas te habrán contado!   938
contáis (1)
  BS 3,2 Muchacha 2   ¿Qué contáis de la boda?   1264
contando (1)
  RS 2,1 Solterona 3   y la fuente está contando   1403
contándose (1)
  MM 2,5 Mariposa   contándose misterios   714
contar (4)
  TC 5,1 Fígaro   ¡Qué bonitas historias podría contar de los feos   758
                         durmientes de las barberías!
  TC 6,1 Rosita   ¿Cuándo me vas a contar las historias que me   772
                         prometiste?
  MP 2,8 Conspirador 4   No se puede contar lo que ha pasado.   843
  RS 2,1 Solterona 3   Ha tenido que contar los días para que llegue hoy.   1406
contarás (1)
  DC 1,1 Cristóbal   Pero no lo contarás.   1027
contaré (2)
  RS 1,1 Ama   Venid y os contaré.   1370
  BA 2,1 Angustias   ¡No me gastes bromas! Cuando venga se lo contaré.   1491
contaría (1)
  MP 3,5 Mariana   que por nada del mundo contaría.   875
contarle (1)
  RS 1,1 Ama   Cuando chiquita tenía que contarle todos los días [...] 1354
contarlo (1)
  BA 1,1 Criada   Ojalá que un día no quedáramos ni uno para contarlo. 1445
contaron (1)
  BA 2,1 La Poncia   Eso me contaron.   1501
contaros (1)
  MP 2,8 Conspirador 4   Esto es lo que tenía que contaros,   845
contemplar (1)
  CA 3,1 Mecanógrafa   He huido tanto, que necesito contemplar el mar para   1126
                         poder evocar el temblor de tu boca.
contemplarte (1)
  CA 3,1 Mecanógrafa   Te quiero demasiado para poder contemplarte.   1126

			Pág.
contener (4)			
TC 3,1	Joven	No sé cómo me he podido contener.	746
EP CV	Dama 4	Ahora es seguro que el [...] achicharradas y no lo podían contener.	1164
EP CV	Estudiante 4	Cuando cantó el ruiseñor yo no pude contener mis lágrimas.	1166
RS 1,1	Primo	para contener mi fuego	1371
contenerme (2)			
ZP 2,1	Zapatera	Es que me da mucha lástima y no puedo contenerme, ¿lo ve usted?, no puedo contenerme.	960
contenta (15)			
MP 1,4	Mariana	Es verdad que fuiste; ¿y has vuelto contenta?	791
MP 1,4	Amparo	Y dime: ¿estás más contenta?;	794
MP 1,4	Amparo	¡Que te pongas más contenta!	795
MP 1,6	Fernando	Yo quisiera verte contenta. Diré	805
CA 2,1	Padre	Pues que como estás comprometida y se trata de tu vida, de tu felicidad, es natural que estés contenta y decidida.	1088
CA 2,1	Novia	Que no estoy contenta.	1088
CA 3,1	Máscara	¿No ves qué contenta estoy?	1123
CA 3,1	Joven	¿Estás contenta aquí?	1124
BS 1,3	Madre	¿Estás contenta?	1199
BS 1,3	Novia	Estoy contenta. Cuando he dado el sí es porque quiero darlo.	1200
BS 1,3	Leonardo	¡La novia! ¡Estará contenta!	1211
RS 2,1	Tía	¿Estás contenta?	1389
RS 2,1	Rosita	Cuando no veo la gente estoy contenta, pero como la tengo que ver...	1389
BA 3,1	Prudencia	¡Estarás contenta!	1509
BA 3,1	Angustias	Debía estar contenta y no lo estoy.	1514
contentas (1)			
MP 3,2	Carmen	¡Qué contentas	865
contento (5)			
TC 2,1	Cristobita	Yo le doy a usted los cien duros para desentramparse, y usted me da a su hija Rosita..., y debe usted estar contento porque ella [...]	738
PB 1,1	Perlimplín	¡Por primera vez en mi vida estoy contento!	999
CA 1,1	Niño	Muy poco, con un rayo me contento.	1069
CA 2,1	Criada	Viene muy contento.	1082
BS 2,2	Madre	En todo ese ruido. ¿Estás contento?	1240
contentos (2)			
MM 0,0		Los insectos estaban contentos, sólo se preocupaban [...]	669
TB QM.	Enrique	¡Basta! ¡Quedaréis contentos!	908
contesta (7)			
ZP 2,1	Zapatera	La navaja se contesta con la navaja [...]	974
PB 1,1	Perlimplín	Belisa, Belisa, ¡contesta!	997
CA 3,2	Joven	¿Se encuentra bien una fuente echando agua? Contesta.	1132
BS 3,1	Novio	Dime, contesta, ¿los viste?	1254
YE 2,2	Juan	¿Es que te falta algo? Dime. ¡Contesta!	1313
BA 1,1	Bernarda	¡Contesta!	1454
BA 3,1	Angustias	Si le pregunto qué le pasa, me contesta: "Los hombres tenemos nuestras preocupaciones."	1513
contestado (1)			
PB 2,1	Belisa	Las cartas de los otros hombres que yo he recibido... y que no he contestado, porque tenía [...]	1006
contestar (1)			
RS 2,1	Madre	Claro, ¿qué van a contestar?	1394
contestarías (1)			
EP RR	Figura De C	tú me contestarías: "Yo me convertiría en una bolsa de huevas pequeñitas."	1147
contestarme (2)			
BS 3,2	Madre	Debía contestarme mi hijo.	1267
BA 2,1	Bernarda	¡Contestarme!	1492
contestas (1)			
MM 2,7	Curianito	¿No contestas? ¿Acaso no has oído	719
conteste (1)			
PB 0,0	Marcolfa	Conteste.	983
contesté (1)			
CA 3,1	Mecanógrafa	a lo que yo contesté, cerrando los ojos: "No."	1115
contigo (40)			
continúa (1)			
MP 2,7	Conspirador 3	continúa en acecho, y algo sabe.	836
continuo (2)			
ZP 2,1	Zapatera	¡Jesús! Está una en un continuo sobresalto. ¿Quién es?	969
YE 3,2	Juan	Ha llegado el último minuto de resistir este continuo lamento por [...]	1347
contó (2)			
MM 0,0		Un viejo silfo del bosque [...] sus alas marchitas, contó al poeta esta historia [...]	670
BA 2,1	La Poncia	Ayer me contó mi hijo mayor que [...]	1501

contorno (1)
RS 3,1 Martín   Un drama de contorno y de concepto.   1420
contornos (3)
PB 3,1 Perlimplín   Ahora cierro los ojos [...] visitaron las Hadas de los   1009
                       contornos... ¡Oh!
BA 1,1 Magdalena   Pepe el Romano tiene veinticinco años y es el mejor   1464
                       tipo de todos estos contornos.
BA 3,1 La Poncia   Pero tiene la mejor manada de estos contornos.   1508
contra (11)
MP 2,9 Pedrosa   en contra de las leyes y del Rey!   855
ZP 2,1 Niño   Toda la plaza está llena de corrillos..., parece la   970
                       feria..., ¡y todos contra ti!
CA 2,1 Padre   Todos contra mí.   1090
BS 1,1 Madre   Porque con las uñas los desentierro y yo sola los   1176
                       machaco contra la tapia.
YE 1,2 Vieja 1   Aunque debía haber Dios, aunque fuera pequeñito, para   1291
                       que mandara rayos contra los hombres de [...]
YE 1,2 Juan   Viene poca agua, es mía hasta la salida del sol y   1300
                       tengo que defenderla contra los ladrones.
YE 2,2 Yerma   Son tres contra mí.   1319
BA 2,1 La Poncia   Alimenta esa esperanza, olvídalo, lo que quieras, pero   1481
                       no vayas contra la ley de Dios.
BA 3,1 Bernarda   El caballo garañón, que está encerrado y da coces   1508
                       contra el muro.
BA 3,1 Bernarda   Aquí no pasa nada. Ya estoy alerta contra tus   1519
                       suposiciones.
BA 3,1 Adela   Todo el pueblo contra mí, quemándome [...]   1528
contrabandista (2)
MP 1,7 Fernando   Esta noche, disfrazado de contrabandista, tengo [...]   811
MP 2,8 Mariana   Yo que soy contrabandista   848
contradecirla (1)
RS 1,1 Tía   Claro es que nunca me ha gustado contradecirla, porque   1355
                       ¿quién apena a una criatura que no tiene padres?
contraer (1)
PB 0,0 Madre   A contraer matrimonio, ¿no es así?   984
contraria (1)
RS 2,1 Tío   Basta, basta, no quiero llevarte la contraria.   1385
contrario (9)
MP 2,8 Conspirador 4   o luchar o morir, de lo contrario.   842
MP 2,9 Pedrosa   ¡Lo contrario!   855
TB QM. Viejo   Todo el mundo, y tú el [...] produce, y yo creo todo   906
                       lo contrario.
ZP 0,0 El Autor   Respetable público... [...] respetable, todo lo   911
                       contrario, sino que detrás [...]
CA 1,1 Viejo   Al contrario. Eso ha pasado ya.   1075
EP CV Enfermero   Al contrario.   1156
EP CV Estudiante 2   Precisamente fue por todo lo contrario.   1160
YE 1,2 Vieja 1   Todo lo contrario que yo.   1290
RS 2,1 Tío   Al contrario, hija.   1386
contrataba (1)
BA 2,1 La Poncia   El que la contrataba era un muchacho de ojos verdes,   1485
                       apretado como una gavilla de trigo.
contrataron (1)
BA 2,1 La Poncia   Anoche llegó al pueblo una mujer vestida de   1485
                       lentejuelas y que bailaba con un acordeón, y quince de
                       ellos la contrataron para llevársela [...]
contrato (1)
DC 1,1 Madre   Pero firmaremos antes el contrato.   1031
convencerá (1)
RS 2,1 Tío   No me convencerá usted.   1375
convences (1)
YE 3,2 Vieja   ¿No te convences? ¿Y tu esposo?   1343
convencido (2)
ZP 1,1 Zapatero   Estoy convencido..., yo creo que esto lo hace por   925
                       atormentarme; porque estoy seguro..., ella me odia.
DC 1,1 Enfermo   En vista de esto me he convencido de que es usted un   1024
                       gran médico que me puede curar.
convento (1)
BA 2,1 La Poncia   No. Ya me ha tocado en suerte este convento.   1484
conversación (14)
TC 3,1 Joven   Me había interesado en la conversación porque yo tuve   745
                       una novia que se llamaba también Rosita...
ZP 1,1 Zapatera   Y no quiero más conversación, ni contigo ni con nadie,   913
                       ni con nadie, ni con nadie.
ZP 2,1 Zapatero   La conversación a todos   959
ZP 2,1 Zapatero   Ella soñaba con un mundo que no era el mío, era   967
                       fantasiosa y dominanta, gustaba demasiado de la
                       conversación y las golosinas [...]
BS 2,2 Madre   Cuando sale la conversación, tengo que hablar.   1228
YE 1,2 Yerma   Hace tiempo estoy deseando tener conversación con   1288
                       mujer vieja.

conversación - convirtiera

conversación (continuación)   Pág.
  YE 1,2 Juan   Vamos a dejarnos de conversación. Vete a la casa.   1300
  YE 2,2 Juan   Cuando te den conversación cierra la boca y piensa que   1315
                        eres una mujer casada.
  YE 2,2 Yerma   Muerta me vea y sin mortaja si alguna vez las dirijo   1319
                        la conversación.
  RS 2,1 Tío   No me parece conversación lo más a propósito para una   1385
                        criada.
  BA 1,1 La Poncia   Luego estuvo detrás de una ventana oyendo la   1455
                        conversación que traían [...]
  BA 2,1 Martirio   Dejar esa conversación.   1472
  BA 2,1 Angustias   Nada. ¡Qué me iba a decir! Cosas de conversación.   1474
  BA 3,1 La Poncia   Bernarda, dejemos esa conversación.   1518
conversaciones (5)
  TC 0,0 Mosquito   Callad para que se asiente el barrillo de las últimas   723
                        conversaciones.
  PB 0,0 Madre   Emocionadísima... Belisa..., vete dentro..., no está   985
                        bien que una doncella oiga ciertas conversaciones.
  YE 2,2 Yerma   Los hombres tienen otra vida; los ganados, los   1314
                        árboles, las conversaciones, y las [...]
  RS 2,1 Tío   Te he dicho que no me gusta que escuches las   1379
                        conversaciones.
  RS 2,1 Tío   Con veinte años no teníamos estas conversaciones.   1386
convertiría (13)
  EP RR Figura De P   Yo me convertiría en ojo.   1145
  EP RR Figura De P   Yo me convertiría en mosca.   1145
  EP RR Figura De P   Yo me convertiría en beso.   1145
  EP RR Figura De P   Yo me convertiría en sábana blanca.   1146
  EP RR Figura De P   Yo me convertiría en cuchillo.   1146
  EP RR Figura De P   Yo me convertiría en tierra.   1147
  EP RR Figura De P   Yo me convertiría en agua.   1147
  EP RR Figura De P   Yo me convertiría en pez luna.   1147
  EP RR Figura De P   Yo me convertiría en cuchillo.   1147
  EP RR Figura De C   tú me contestarías: "Yo me convertiría en una bolsa de   1147
                        huevas pequeñitas."
  EP RR Figura De C   Yo me convertiría en látigo.   1148
  EP RR Figura De C   Yo me convertiría en otro látigo.   1148
  EP RR Figura De C   mientras tú, debajo de [...] cáncer; y entonces yo me   1149
                        convertiría en pez luna
convertirías (3)
  EP RR Figura De C   Si yo me convirtiera en pez luna, tú te convertirías   1146
                        en ola de mar o en alga, y si quieres algo muy lejano,
                        porque no desees besarme, tú te convertirías en luna
                        [...]
  EP RR Figura De C   Tú te convertirías en sombra de capitel y nada más.   1149
convertirse (1)
  BA 3,1 Bernarda   Una hija que desobedece deja de ser hija para   1507
                        convertirse en una enemiga.
convidado (1)
  BS 2,1 Leonardo   ¿No me han convidado?   1210
convidados (1)
  BS 2,1 Novia   ¡Abre! Deben ser los primeros convidados.   1210
convido (1)
  TC 5,1 Cristobita   Y no convido a nadie, porque sois unos ladrones todos.   758
conviene (3)
  TC 1,1 Padre   Ese hombre tiene mucho oro y a mí me conviene, porque   732
                        si no, mañana tendríamos que pedir limosna.
  YE 3,1 Dolores   Antes de nada saldrán los rebaños y no conviene que te   1330
                        vean sola.
  BA 2,1 La Poncia   A vosotras que sois solteras, os conviene saber de   1476
                        todos [...]
convienen (1)
  ZP 2,1 Alcalde   Enseñanzas son esas que convienen a todas las   957
                        criaturas.
convierta (3)
  MM 1,1 Doña Curiana y que en vuestros sueños se convierta en flor.   674
  ZP 0,0 El Autor   Por este miedo absurdo, [...] árbol, por ejemplo, se   911
                        convierta en una bola de humo o de que tres peces, por
                        amor de una mano y una palabra, se conviertan en tres
                        millones [...]
  RS 3,1 Ama   pero los demonios, tizonazo [...] que la sangre se le   1425
                        convierta en carbonilla.
conviertan (1)
  ZP 0,0 El Autor   Por este miedo absurdo, [...] mano y una palabra, se   911
                        conviertan en tres millones [...]
convierte (1)
  CA 1,1 Joven   la dibujo, la hago moverse [...] rompe los dientes o   1052
                        le convierte en otra llena [...]
convirtiera (14)
  EP RR Figura De C   Si yo me convirtiera en nube.   1145
  EP RR Figura De C   Si yo me convirtiera en caca.   1145

convirtiera (continuación)
EP RR Figura De C   Si yo me convirtiera en cabellera.   1145
EP RR Figura De C   ¿Si yo me convirtiera en pecho?   1145
EP RR Figura De C   ¿Y si yo me convirtiera en pez luna?   1146
EP RR Figura De C   Si yo me convirtiera en pez luna, [...]   1146
EP RR Figura De C   ¿Y si yo me convirtiera en hormiga?   1146
EP RR Figura De C   ¿Y si yo me convirtiera en tierra?   1147
EP RR Figura De C   ¿Y si yo me convirtiera en agua?   1147
EP RR Figura De C   ¿Y si yo me convirtiera en pez luna?   1147
EP RR Figura De C   De dominarte tanto, que si yo dijera: "¿Si yo me   1147
                         convirtiera en pez luna ?",
EP RR Figura De P   No, no te vayas. ¿Y si yo me convirtiera en granito de   1148
                         arena?
EP RR Figura De P   ¿Y si yo me convirtiera en una bolsa de huevas   1148
                         pequeñitas?
EP RR Figura De C   ¿Y si yo me convirtiera en capitel?   1149
convirtieras (1)
EP RR Figura De P   Si tú te convirtieras en pez luna, [...]   1146
coñac (2)
CA 3,2 Joven   ¿Ni coñac?   1141
CA 3,2 Joven   El coñac es una bebida para hombres que saben resistir.   1141
copa (3)
MP 2,8 Mariana   ¿Gustarán de una copa?   845
ZP 2,1 Zapatera   Va usted a tomar copa, café, refresco, ¿diga?   941
BA 1,1 Bernarda   Dales las gracias y échales una copa de aguardiente.   1450
copas (1)
BS 3,1 Mendiga   huya con ellos por las negras copas   1251
copas (S) (1)
BS 2,2 Criada   Para la medianoche, como no dormiréis, os he preparado   1234
                        jamón y unas copas grandes de vino antiguo.
copas (3)
ZP 1,1 Zapatero   rey de oros, rey de copas,   928
CA 3,2 Jugador 1   Lo echó, y al ir a cogerlo para... tenía un as de   1136
                        copas rebosando por los [...]
CA 3,2 Jugador 3   Yo jugué en la India [...] especial todas las copas y   1136
                        pudo escapar [...]
copita (2)
RS 2,1 Ayola 2   ¿Quiere otra copita?   1406
RS 2,1 Tía   Bebe conmigo una copita, hombre. Hoy es día de que lo   1411
                        hagas.
copla (2)
MP 3,4 Mariana   Esta copla está diciendo   872
MP 3,6 Mariana   Recuerdo aquella copla que decía   878
coplas (5)
ZP 2,1 Niño   Pues me lo ha hecho el Cunillo porque estaba   944
                        cantando... las coplas que te han sacado [...]
ZP 2,1 Niño   ¡Las coplas!   946
ZP 2,1 Zapatera   ¡Las coplas! ¿Tú sabes lo que dicen?   946
ZP 2,1 Zapatera   La gente me canta coplas, los vecinos se [...]   948
ZP 2,1 Niño   Y los hombres querían que el sacristán tocara las   970
                        campanas para cantar tus coplas...
coqueta (1)
MP 1,4 Lucía   ¡Coqueta!   794
coraje (1)
ZP 2,1 Mozo Del S   Tengo tanto coraje que agarraría [...]   943
coral (9)
MP 2,1 Niño   en caja de coral.   823
MP 3,4 Mariana   como un árbol de coral   871
ZP 1,1 Zapatero   Al principio creí que la dominaría con mi carácter   925
                        dulzón y mis regalillos: collares de coral, cintillos,
                        peinetas [...]
CA 3,1 Muchacha   y ramos de coral.   1109
YE 2,1 Lavandera 1   ramas furiosas de coral.   1309
RS 1,1 Tío   es dura como el coral.   1357
RS 1,1 Rosita   es dura como el coral,   1374
RS 2,1 Tío   es roja como el coral.   1410
BA 3,1 María Josefa   en una choza de coral.   1523
corazón (97)
MM 0,0   Señores: La comedia que [...] luna y se araña su   669
                        corazón.
MM 1,1 Curiana N   en mi corazón   672
MM 1,1 Curiana N   ¡Era un corazón!   674
MM 1,2 Curianita Silvia ¿No tuvisteis corazón   678
MM 1,2 Curianita Silvia que soy toda un corazón...   678
MM 1,4 Curianito   latirá por ti este corazón...   686
MM 1,4 Curianita Silvia Mi corazón busca los besos.   686
MM 1,4 Curianita Silvia Me duele el corazón.   688
MM 1,4 Curianita Silvia Me duele el corazón.   689
MM 1,5 La Mariposa   mi corazón es de oro;   699
MM 1,6 Curianito   Mi corazón se queja   700
MM 2,2 Doña Curiana   Su corazón amante   706

corazón (continuación)   Pág.

MM 2,2	Curiana N	Tú con las alas rotas y el corazón herido	707
MM 2,2	Doña Curiana	¡Ay doctora vecina! Mi corazón presiente	707
MM 2,3	Mariposa	Hilé mi corazón sobre carne	708
MM 2,5	Mariposa	me saqué el corazón	715
MM 2,7	Curianito	Sin ti mi corazón se está secando.	720
MM 2,7	Curianito	¿No tienes corazón? ¿No te ha quemado	720
TC 2,1	Rosita	Que mires a la izquierda y a la derecha del tiempo, y que tu corazón aprenda a estar tranquilo.	736
TC 2,1	Cocoliche	Estoy como si fuera de papel y me hubiera quemado con la llamita de mi corazón .	737
TC 4,1	Mosquito	es una criatura... Pero lo cierto es que el corazón de la señá Rosita, [...]	751
TC 6,1	Cristobita	¡Ay, Rosita de mi corazón! ¡Ay, Rosita!	772
MP 1,6	Mariana	Y este corazón, ¿adónde me lleva,	805
MP 1,7	Mariana	¿De corazón?	807
MP 1,7	Fernando	este corazón tan nuevo.	808
MP 1,7	Mariana	¡Confío en tu corazón!	810
MP 1,7	Mariana	Un corazón necesita	811
MP 1,7	Fernando	don Pedro tu corazón.	812
MP 1,7	Fernando	que el corazón tengo herido	813
MP 1,7	Fernando	de mi propio corazón.	815
MP 1,8	Mariana	Tengo el corazón loco	818
MP 2,5	Pedro	exponiendo tu débil corazón al peligro.	828
MP 2,5	Pedro	¿Cómo darte este firme corazón si no es mío?	830
MP 2,5	Pedro	España entiera y pisa su corazón antiguo,	832
MP 2,5	Pedro	su herido corazón de Península andante,	832
MP 2,7	Pedro	perfuma el corazón de sus ciudades,	838
MP 2,8	Conspirador 4	corazón de plata fina,	843
MP 2,8	Conspirador 4	¡Malhaya el corazón noble	843
MP 2,8	Conspirador 4	corazón de plata fina.	844
MP 2,9	Mariana	y para el corazón.	851
MP 2,9	Mariana	¡Aunque en mi corazón clavaran vidrios	857
MP 3,1	Novicia 1	mirar su corazón	861
MP 3,1	Novicia 1	tenía el corazón en la garganta.	862
MP 3,4	Mariana	Corazón sin esperanza,	873
MP 3,5	Mariana	Me lo dio el corazón: ¡Pedrosa!	873
MP 3,5	Mariana	a pesar de tener un corazón	875
MP 3,8	Fernando	Solamente mi joven corazón te acompaña.	885
MP 3,8	Mariana	si el corazón no fuera nuestro gran enemigo!	886
MP 3,8	Mariana	Corazón, ¿por qué mandas en mí si yo no quiero?	886
MP 3,8	Mariana	me ofrezco toda entera. ¡¡Arriba, corazón!!	887
MP 3,9	Mariana	¡Corazón, no me dejes! ¡Silencio! Con un ala,	888
MP 3,9	Mariana	que hay detrás de la muerte. ¡Corazón, no desmayes!	888
MP 3,9	Mariana	¡Os doy mi corazón! ¡Dadme un ramo de flores!	889
MP 3,9	Mariana	¡No se podrá comprar el corazón de nadie!	889
ZP 1,1	Zapatero	Así es, vecinita de mi corazón, que le agradecería en el alma que se retirase.	920
ZP 1,1	Mirlo	Zapaterilla blanca, como el corazón de las almendras, pero amargosilla también.	930
ZP 1,1	Mirlo	Zapaterita..., junco de oro encendido... Zapaterita, bella Otero de mi corazón.	930
ZP 2,1	Zapatero	Y en mi pueblo vivía una mujer... en cierta época, que tenía el suficiente mal corazón para hablar con [...]	966
ZP 2,1	Zapatera	¡Yo guardo mi corazón entero para el que está por esos mundos, para quien debo, para mi marido!	969
ZP 2,1	Zapatero	¡Ay, qué zapaterilla de mi corazón!	969
ZP 2,1	Zapatero	¡Que ya no puedo más, zapatera de mi corazón!	977
ZP 2,1	Zapatero	¡Mujer de mi corazón!	977
PB PRO	Madre	El agradecimiento de su corazón y el de usted [...]	986
PB 3,1	Perlimplín	¡Oh! ¡Si vieras qué agradecimiento guarda mi corazón hacia ti!	1009
PB 3,1	Marcolfa	Ella se puso encendida como un geranio, se llevó las manos al corazón y se quedó besando [...]	1010
PB 3,1	Perlimplín	Y para que sea tuyo completamente, se me ha ocurrido que lo mejor es clavarle este puñal en su corazón galante.	1015
DC 1,1		El poeta que ha interpretado [...] con inteligencia y corazón limpio, el delicioso [...]	1019
DC 1,1		Y si un pájaro mueve [...] la oigamos; y si un corazón late con fuerza, [...]	1019
CA 1,1	Joven	Tenía necesidad de separarme para enfocarla, esta es la palabra, en mi corazón.	1052
CA 1,1	Niño	También a mí me duele el corazón.	1062
CA 3,1	Arlequín	en el corazón del sueño.	1108
CA 3,1	Joven	Es tan pequeño... Aplasta las naricillas en el cristal de mi corazón y, sin embargo, no tiene aire.	1125
CA 3,2	Jugador 1	Un corazón suyo lleno de sangre.	1136
CA 3,2	Jugador 3	Un corazón joven, donde es probable que resbalen las flechas.	1137

corazón (continuación)
CA 3,2 Joven   Mi corazón.   1142
EP RR Figura De C   Elena, ¡corazón mío!;   1149
BS 1,3 Padre   Una espina tengo en el corazón, y es la huertecilla   1196
                      [...]
BS 3,1 Luna   ¡Un corazón para mí!   1250
YE 3,1 Yerma   Yo quiero tener a mi [...] tras año encima de mi   1328
                      corazón.
YE 3,1 Juan   Porque se necesita ser de bronce para ver a tu lado   1332
                      una mujer que te quiere meter los dedos dentro del
                      corazón y que se sale [...]
YE 3,2 Vieja   Cuando te vi en la romería me dio un vuelco el corazón.   1345
RS 1,1 Tía   Vas a clavar una flecha con cintas moradas sobre su   1362
                      corazón.
RS 1,1 Rosita   y en mi corazón sentí   1372
RS 2,1 Madre   ¡Tenía mucho corazón!   1398
RS 3,1 Tía   Cuando pienso en la mala acción que le han hecho y en   1414
                      el terrible engaño mantenido y en la falsedad del
                      corazón de ese hombre, [...]
RS 3,1 Ama   Yo no tengo genio para aguantar estas cosas sin que el   1416
                      corazón me corra por [...]
RS 3,1 Tía   ¡Porque ya no nos queda una sola dentro del corazón!   1425
RS 3,1 Tía   Y no había calamidad que no remediase... ni niños que   1427
                      no amparase, porque ..., porque... tenía el corazón
                      más grande que [...]
RS 3,1 Rosita   Me entendéis si pido [...] hiela o me abrasa el   1430
                      corazón cada vez que [...]
RS 3,1 Ama   Sí, sí; pero no me toque usted el corazón, no me   1436
                      levante [...]
BA 1,1 La Poncia   Es capaz de sentarse encima de tu corazón y ver cómo   1441
                      te [...]
BA 1,1 María Josefa   No quiero ver a estas mujeres solteras rabiando por la   1470
                      boda, haciéndose polvo el corazón, y yo me quiero [...]
BA 2,1 Angustias   Casi se me salió el corazón por la boca.   1475
BA 2,1 Bernarda   ¡Ay, qué pedrisco de odio habéis echado sobre mi   1495
                      corazón!
BA 2,1 La Poncia   Y para ocultar su vergüenza lo mató y lo metió debajo   1505
                      de unas piedras, pero unos perros con más corazón que
                      muchas criaturas [...]
BA 3,1 La Poncia   A lo mejor, de pronto, un golpe te para el corazón.   1519
BA 3,1 Martirio   Tengo el corazón lleno de una fuerza tan mala, que,   1528
                      sin quererlo yo, a mí misma me ahoga.
corazoncillo (2)
TC 4,1 Mosquito   es una criatura... Pero lo cierto es que el corazón   751
                      de la señá Rosita, un corazoncillo así de pequeño,
                      [...]
TC 6,1 Rosita   ¡Corazoncillo mío!   777
corazoncillos (1)
TC 6,1 Cocoliche   Ahora siento mi pecho lleno de cascabeles, lleno de   780
                      corazoncillos.
corazones (4)
PB 2,1 Belisa   Las cartas de los otros [...] ideales, de sueños y de   1006
                      corazones heridos..., [...]
CA 2,1 Novia   ¿Cuántos corazones tienes?   1079
BA 2,1 Coro   se llevan los corazones   1486
BA 3,1 Bernarda   Yo no me meto en los corazones, pero quiero buena   1513
                      fachada y armonía familiar.
corbata (3)
TB PBK Buster Keaton ¿Dónde mi cuello de pajarita y mi corbata de moaré?   896
ZP 2,1 Zapatera   El venía con un traje negro entallado, corbata roja de   945
                      seda [...]
RS 3,1 Martín   Y créame usted que los [...] gente que lleva todavía   1419
                      corbata y cuello planchado.
cordero (2)
YE 1,1 Yerma   Voy a matar este cordero para hacerle un buen guiso de   1275
                      carne."
YE 2,2 Yerma   Pan tierno y requesón y cordero asado como yo aquí, y   1312
                      pasto lleno de rocío tus ganados en el monte.
corderos (1)
YE 2,2 Yerma   Que estoy ofendida, ofendida [...] las ovejas cientos   1318
                      de corderos, y las perras, [...]
Córdoba (3)
TC 6,1 Rosita   La sierra de Córdoba tiene sombras bajo sus olivares,   774
                      sombras aplastadas, sombras muertas que nunca se van.
MP 2,1 Niño   Por las calles de Córdoba   823
ZP 2,1 Zapatero   En un cortijo de Córdoba,   958
cordobesa (1)
ZP 2,1 Zapatero   una jaca cordobesa   961

cordobeses - corre

Pág.

cordobeses (1)
DC 1,1 Director   Entre los ojos de las mulas, duros como puñetazos,   1043
                       entre el cuero bordado de los arreos cordobeses, y
                       entre los [...]
cordón (1)
CA 2,1 Novia   Quiero un hábito color tierra para ese hombre; un   1085
                       hábito de roca pelada con un cordón de esparto a la
                       cintura.
cordones (1)
BA 1,1 Amelia   Llevas desabrochados los cordones de un zapato.   1461
cordura (1)
CA 2,1 Joven   y jazmines de cordura.   1103
coro (5)
MP 3,7 Novicia 2   cuando cruza el coro bajo   881
RS 1,1 Ama   Siempre del coro al caño y del caño al coro; del coro   1355
                       al caño y del caño al coro.
corona (23)
PB 3,1 Marcolfa   Yo le haré una corona de flores como un sol de   1018
                       mediodía.
CA 1,1 Niño   Toma mi corona blanca.   1061
CA 2,1 Novia   Pero con una corona de jazmines en el cuello y toda mi   1085
                       carne apretada por un velo mojado por el mar.
CA 2,1 Maniquí   y la luna lleva puesta mi corona de azahar.   1099
CA 2,1 Joven   Y la luna llevará en vilo tu corona de azahar.   1101
CA 3,1 Muchacha   Perdí mi corona,   1110
CA 3,1 Muchacha   Perdí mi corona,   1113
BS 2,1 Criada   El azahar te lo voy a poner desde aquí hasta aquí, de   1208
                       modo que la corona luzca sobre el peinado.
BS 2,1 Criada   ¿Qué castigo pides tirando al suelo la corona?   1208
BS 2,1 Criada   Te voy a poner la corona.   1209
BS 2,1 Criada   lleven tu corona!   1209
BS 2,1 Leonardo   La novia llevará una corona grande, ¿no?   1212
BS 2,1 Muchacha 1   y en cada balcón una corona.   1216
BS 2,1 Muchacha 2   se ha puesto su blanca corona,   1217
BS 2,1 Leonardo   la corona te ponemos.   1221
BS 2,1 Novio   ¡Con la corona da alegría mirarte!   1221
BS 3,1 Novia   y con la corona puesta.   1258
BS 3,2 Madre   ¡Floja, delicada, mujer de mal dormir es quien tira   1269
                       una corona de azahar para [...]
BS 3,2 Mujer   le corona la frente.   1270
YE 2,1 Lavandera 5   la corona y el pan.   1308
BA 1,1 Bernarda   Concede el reposo a tu siervo Antonio María Benavides   1449
                       y dale la corona de tu santa gloria.
BA 1,1 La Poncia   Paca la Roseta traía el pelo suelto y una corona de   1456
                       flores en la cabeza.
BA 3,1 Adela   Todo el pueblo contra [...] decentes, y me pondré la   1528
                       corona de espinas que [...]
coronación (1)
ZP 2,1 Alcalde   Que la casa tiene una cama con coronación de pájaros   951
                       [...]
coronas (2)
YE 3,2 Hembra   coronas y guirnaldas,   1342
RS 1,1 Manola 3   Los rumores son coronas.   1366
corra (5)
TC 1,1 Hora   Deja que el agua corra y la estrella salga.   734
ZP 2,1 Vecina Negra   ¡Comadre, corra usted!   973
YE 2,1 Lavandera 2   ¡Que corra!   1310
RS 3,1 Ama   Yo no tengo genio para aguantar estas cosas sin que el   1416
                       corazón me corra por todo el pecho [...]
BA 3,1 Prudencia   Yo dejo que el agua corra.   1507
corral (10)
BA 1,1 Criada   ¡Ya no volverás a levantarme las enaguas detrás de la   1445
                       puerta de tu corral!
BA 1,1 Martirio   Los veía en el corral uncir los bueyes [...]   1460
BA 1,1 Magdalena   Se ha puesto el traje verde que se hizo para estrenar   1462
                       el día de su cumpleaños, se ha ido al corral, y ha
                       comenzado [...]
BA 2,1 Adela   Trae cuatro mil bengalas amarillas y ponlas en las   1482
                       bardas del corral.
BA 2,1 Martirio   Por nada, pero me pareció oír gente en el corral.   1489
BA 2,1 Martirio   ¿Y no se habrá escapado a medianoche al corral?   1491
BA 3,1 Prudencia   Pone una escalera y salta las tapias y el corral.   1507
BA 3,1 Bernarda   ¡Trabadlo y que salga al corral!   1508
BA 3,1 Adela   El caballo garañón estaba en el centro del corral   1515
                       ¡blanco!
BA 3,1 Adela   Entérate tú y ve al corral a decírselo.   1530
corras (1)
YE 1,1 Yerma   No corras por las piedras de la calle.   1284
corre (19)
MP 1,6 Fernando   Hacia la vega corre.   802
MP 1,7 Fernando   El tiempo corre, y yo quiero   816

157

Pág.

corre (continuación)
MP 3,4 Mariana	¡corre más! ¡Ven a buscarme!	871
ZP 1,1 Zapatera	Mirlo de alambre, garabato de candil... Corre, corre... ¿Se habrá visto?	930
CA 2,1 Maniquí	Corre a buscarla de prisa	1104
CA 3,1 Joven	Corre por dentro de mí, como una hormiga sola dentro de una caja cerrada.	1125
BS 2,2 Madre	Una fuente que corre un minuto y a	1228
BS 2,2 Madre	Esa gente mata pronto y bien...; pero ¡sí, corre, y yo detrás!	1244
BS 3,2 Niña	Corre, corre, corre,	1263
BS 3,2 Niña	Corre, corre, corre,	1263
YE 1,2 Vieja 1	Así corre el mundo.	1290
RS 1,1 Ama	La sangre corre por debajo de las venas, pero no se ve.	1360
BA 2,1 Bernarda	¡Corre a enterarte de lo que pasa!	1503
BA 3,1 Adela	Madre, ¿por qué cuando se corre una estrella o luce un relámpago se dice:	1516

corredor (1)
RS 3,1 Martín	Ayer se empeñaron en [...] de las columnas del corredor y le arrojaron [...]	1418

corredores (1)
RS 2,1 Tío	Ya ve usted lo que ha [...] se mataron todos los corredores.	1375

corremundos (1)
ZP 2,1 Zapatera	¡Corremundos!	978

corren (2)
MM 0,0	La poesía que pregunta por qué se corren las estrellas [...]	670
YE 2,1 Lavandera 3	¡Mira cómo corren! ¡Qué manada de enemigos!	1306

correo (7)
RS 2,1 Rosita	¿Vino el correo?	1388
RS 2,1 Rosita	Te he preguntado si ha venido el correo.	1388
RS 2,1 Rosita	El correo.	1389
RS 2,1 Rosita	El último correo me prometía novedades.	1394
RS 2,1 Ama	Ya viene el correo por los alamillos.	1399
RS 2,1 Ama	¡El correo!	1406
RS 3,1 Tía	¿Ha llegado el correo?	1427

correr (3)
CA 2,1 Joven	Ustedes me perdonen, pero de correr, de subir la escalera, estoy agitado.	1092
BA 1,1 Magdalena	Vengo de correr las cámaras.	1461
BA 3,1 Adela	A mí me gusta ver correr lleno de lumbre lo que está quieto y quieto años enteros.	1516

corres (1)
MP 2,5 Pedro	¡Cuántos peligros corres sin el menor desmayo!	828

corresponde (1)
BA 2,1 Martirio	Le corresponde a Amelia.	1471

corría (6)
CA 3,1 Máscara	Pero yo corría las cortinas y les arrojaba un diamante.	1116
BS 1,2 Suegra	La sangre corría	1184
BS 1,2 Suegra	La sangre corría	1193
BS 3,2 Novia	Y yo corría con tu hijo que [...]	1269
BS 3,2 Mujer	Corría ferias y montes	1270
BA 2,1 La Poncia	Me corría el sudor por todo el cuerpo.	1476

corrían (1)
BS 3,1 Novio	¿Viste un hombre y una mujer que corrían montados en un caballo?	1254

corrida (2)
MP 1,4 Amparo	En la corrida más grande	792
MP 1,4 Lucía	hay corrida para rato.	794

corrido (2)
ZP 2,1 Vecina Roja	Ha corrido la sangre...	972
PB 1,1 Belisa	Porque esta noche ha corrido el aire como nunca.	998

corriendo (10)
TC 6,1 Rosita	¡Salid corriendo por aquí!	766
ZP 2,1 Zapatera	¿Y qué hace usted ahora, corriendo mundo?	967
ZP 2,1 Niño	¡Ay, vengo corriendo para decírtelo!	970
PB 3,1 Perlimplín	El salió corriendo por el campo y no lo verás más nunca.	1016
CA 2,1 Novia	Me voy a ahogar y luego tú saldrás corriendo y me dejarás muerta por las orillas.	1079
EP RR Centurión	Por vuestra culpa estoy corriendo caminos y durmiendo sobre arena.	1152
YE 1,2 Muchacha 1	Voy corriendo.	1292
BA 2,1 La Poncia	La traen arrastrando por la calle abajo y por las trochas y los terrenos del olivar vienen los hombres corriendo, dando unas [...]	1505
BA 3,1 Martirio	No. Salió corriendo en su jaca.	1531
BA 3,1 Bernarda	Pepe, tú irás corriendo vivo por lo oscuro de las alamedas, pero otro día caerás.	1532

Pág.

corriente (S) (1)
 ZP 2,1 Zapatera   Me puse tan azorada, que se me fueron dos pañuelos   946
                          preciosos, así de pequeñitos, en la corriente.
corriente (1)
 RS 2,1 Tío   Ayer oí cómo le explicabas con todo detalle nuestra   1385
                          cuenta corriente en el Banco.
Corrientes (1)
 ZP 2,1 Zapatero   Aleluyas con los hechos del zapatero mansurrón y la   956
                          Fierabrás de Alejandría, vida de don Diego Corrientes,
                          aventuras [...]
corrieron (1)
 BS 2,2 Criada   Corrieron como demonios.   1227
corrillos (1)
 ZP 2,1 Niño   Toda la plaza está llena de corrillos..., parece la   970
                          feria..., ¡y todos contra ti!
corriste (1)
 MP 2,5 Mariana   Dime: ¿corriste gran peligro?   830
corro (1)
 YE 3,1 Juan   Cuando llego a un corro todos callan; cuando [...]   1333
corrosivo (1)
 TC 1,1 Rosita   Yo me enveneno ahora mismo con mixtos o con sublimado   734
                          corrosivo.
corsaria (2)
 MP 3,6 Mariana   real corsaria! ¿Dónde está   878
 MP 3,6 Mariana   real corsaria! ¿Dónde está   878
corsé (1)
 RS 3,1 Martín   Ayer se empeñaron en que el pobre señor Canito,   1418
                          profesor nuevo de Geografía, llevaba corsé; porque
                          tiene un [...]
corselete (1)
 RS 1,1 Rosita   un corselete escocés   1367
corta (7)
 MP 1,2 Amparo   se corta de la maceta!   786
 MP 2,7 Conspirador 1   que corta! Y me he olvidado de los guantes;   835
 ZP 2,1 Zapatero   ¿Corta mucho? Más que el frío.   961
 CA 3,2 Jugador 3   Corta, corta bien.   1143
 RS 2,1 Tía   Anda, corta las flores.   1388
 RS 3,1 Tía   Ven y corta unas flores.   1434
cortada (1)
 CA 2,1 Novia   Una mano fría. Una mano de cera cortada.   1092
cortadas (2)
 CA 2,1 Criada   ¡Son tan hermosas!... Están recién cortadas.   1082
 RS 2,1 Solterona 3   gimen las flores cortadas.   1404
cortado (4)
 MP 1,7 Fernando   ¡Cómo has cortado el camino   812
 RS 2,1 Tío   Lo he oído todo, y casi sin darme cuenta he cortado la 1410
                          única rosa mudable que tenía en mi invernadero.
 BA 1,1 Adela   Y que me está muy bien. Es lo mejor que ha cortado   1465
                          Magdalena.
 BA 2,1 Angustias   Ya he cortado la tercera sábana.   1471
cortados (1)
 BS 1,1 Vecina   Hace dos días trajeron al hijo de mi vecina con los   1179
                          dos brazos cortados por la máquina.
cortáis (1)
 RS 2,1 Tío   Cada vez que cortáis una rosa es como si me cortaseis   1388
                          un dedo.
córtame (1)
 EP RR Figura De P   Toma un hacha y córtame las piernas.   1147
cortando (2)
 RS 3,1 Ama   ¡Que nos espere muchos años todavía cortando rosas!   1413
 RS 3,1 Rosita   Y hoy se casa una amiga [...] lo mismo que antes,   1428
                          cortando el mismo clavel, [...]
cortar (10)
 CA 1,1 Amigo   Yo prefiero comerla verde, o, mejor todavía, me gusta   1072
                          cortar su flor para ponerla en mi solapa.
 CA 3,2 Joven   Voy a cortar todas las flores [...]   1135
 CA 3,2 Jugador 1   Las cartas beben rica sangre en las manos y es difícil 1136
                          cortar el hilo que las une.
 EP RR Figura De C   Un gigante, tan gigante, que puedo cortar una roca con 1149
                          la uña de un recién nacido.
 BS 1,1 Madre   Todo lo que puede cortar el cuerpo de un hombre.   1172
 BS 1,3 Padre   No habla nunca; suave como la lana, borda toda clase   1198
                          de bordados y puede cortar una maroma con los dientes.
 YE 3,1 Juan   En las calles no hay flores que cortar.   1332
 YE 3,2 Vieja   Me dejaría cortar las manos.   1344
 RS 2,1 Rosita   Voy a cortar unas rosas.   1387
 BA 1,1 Bernarda   En el arca tengo veinte piezas de hilo con el que   1451
                          podréis cortar sábanas y embozos.
cortaré (1)
 YE 1,1 Yerma   Te cortaré dos trajecitos.   1283

cortaremos (1)
  BS 3,1 Leñador 2   Un árbol de cuarenta ramas. Lo cortaremos pronto. 1248
cortarla (1)
  RS 2,1 Tío   Si hubiera tardado dos horas más en cortarla te la 1411
    hubiese dado blanca.
cortarlas (1)
  BS 1,1 Novio   Para cortarlas. 1172
cortarle (2)
  RS 3,1 Ama   ...y coger una espada y cortarle la cabeza y 1414
    machacársela con dos piedras y cortarle la mano del
    [...]
cortaron (3)
  MP 0,0 Niña   Como lirio cortaron el lirio, 782
  MP 0,0 Niña   como rosa cortaron la flor, 782
  MP 0,0 Niña   como lirio cortaron el lirio, 782
cortarse (1)
  MP 2,8 Conspirador 4   debió cortarse la mano 843
cortas (1)
  BA 2,1 Bernarda   ¡Esto tiene no ataros más cortas! 1492
cortaseis (1)
  RS 2,1 Tío   Cada vez que cortáis una rosa es como si me cortaseis 1388
    un dedo.
corte (1)
  PB 1,1 Perlimplín   Como un hondo corte de lanceta en mi garganta. 991
corté (1)
  CA 2,1 Novia   Yo me corté las trenzas porque [...] 1079
Corte (1)
  TC 6,1 Currito   Como para las princesas de la Corte. 764
corteja (4)
  ZP 2,1 Niño   Ya la corteja el Alcalde, 947
  ZP 2,1 Niño   ya la corteja Don Mirlo. 947
  ZP 2,1 Voces   Ya la corteja el Alcalde, 978
  ZP 2,1 Voces   ya la corteja Don Mirlo. 978
cortejaban (1)
  ZP 2,1 Zapatero   Ved cómo la cortejaban 959
cortejar (1)
  ZP 2,1 Zapatera   Calle usted, viejísimo, calle usted; con hijas 949
    mozuelas y lleno de familia no se debe cortejar de
    esta manera [...]
cortes (1)
  TC 5,1 Cristobita   Como me cortes, te abro en canal. 759
corteza (1)
  MM 2,1 Curianita Santa   pétalo en los rosales y corteza en el árbol." 703
cortijo (1)
  ZP 2,1 Zapatero   En un cortijo de Córdoba, 958
cortinas (4)
  MP 2,5 Mariana   me parece que hay hombres detrás de las cortinas, 830
  ZP 2,1 Alcalde   Con un estrado que costó cinco mil reales, con centros 951
    de mesa, con cortinas de brocatel, [...]
  CA 3,1 Máscara   Pero yo corría las cortinas y les arrojaba un diamante. 1116
  CA 3,1 Máscara   Digo que el conde Arturo me amaba tanto que lloraba 1116
    detrás de las cortinas con su niño, [...]
cortinitas (1)
  YE 1,2 Yerma   ¿Me he de quedar en plena vida para cuidar aves o 1288
    poner cortinitas planchadas en mi ventanillo?
corto (V) (1)
  YE 1,1 Yerma   Corto unos pañales. 1284
corto (1)
  MP 3,5 Mariana   Tengo el cuello muy corto para ser 874
cortó (1)
  CA 1,1 Joven   Se las cortó sin permiso, naturalmente, y esto... me 1050
    cambia su imagen.
cosa (66)
  MM 1,2 Doña Curiana   ¡Cosa rara, vos sois rica! 682
  MM 1,4 Curianita Silvia   busco una cosa sin cesar. 686
  MM 1,4 Curianito   ¿Cosa? 686
  TC 1,1 Rosita   ¿Sabes una cosa? 728
  TC 1,1 Cristobita   Es una buena cosa. ¿Te gusta? 733
  TC 3,1 Joven   Yo me acerqué a preguntaros una cosa, y me respondéis 745
    por los cerros de Úbeda.
  TC 5,1 Fígaro   ¡Pero qué cosa más estupenda! 760
  TC 6,1 Cocoliche   ¿Sabes una cosa? 779
  MP 2,1 Niño   Cuéntanos otra cosa. 819
  TB DME Marinero   Poca cosa es un barco. 899
  TB DME Doncella   ¡Poca cosa es un barco! 899
  TB QM. Viejo   Eso es otra cosa. 905
  TB QM. Viejo   Peor es otra cosa. 906
  ZP 1,1 Zapatero   Pero comprenda mi situación: toda la vida temiendo 919
    casarme..., porque casarse es una cosa muy seria, y, a
    [...]
  ZP 1,1 Zapatero   Pero si el caso es que no me atrevo a decirle una cosa. 925

cosa (continuación)   Pág.

ZP 1,1 Zapatera	Cuánta cosa, don Mirlo; a mí me parecía imposible que los pajarracos hablaran.	930
ZP 1,1 Zapatero	Claro..., si en todo el pueblo no se hablará de otra cosa: ¡que si yo, que si ella, que si los mozos!	933
ZP 1,1 Niño	Yo venía a decirte una cosa que nadie quiere decirte.	935
ZP 2,1 Zapatero	Digo que es una cosa tan... incomprensible que... parece que no es verdad.	964
PB 1,1 Perlimplín	Yo quería decirte una cosa.	990
PB 3,1 Belisa	Perlimplín, ¿qué cosa has hecho, Perlimplín?	1018
CA 1,1 Viejo	Por eso hay que volar de una cosa a otra hasta perderse.	1053
CA 2,1 Criada	Su novio buscaba otra cosa.	1086
BS 1,1 Madre	Cien años que yo viviera no hablaría de otra cosa.	1173
BS 1,1 Madre	¿Y es justo y puede ser que una cosa pequeña como una [...]	1173
BS 1,3 Novio	¿Es que hace falta otra cosa?	1200
BS 2,1 Criada	Eso es otra cosa. ¡Pero es bien alegre!	1207
BS 2,1 Mujer	¿Hay otra cosa?	1224
BS 2,1 Mujer	Una cosa sé.	1224
BS 2,2 Padre	Lo que yo quisiera es que esto fuera cosa de un día.	1228
BS 2,2 Mujer	Ir de una cosa a otra.	1233
YE 1,2 Vieja 1	y solo nosotras, las endemoniadas mujeres, nos hacemos polvo por cualquier cosa.	1287
YE 1,2 Yerma	¿Por qué? ¡Con mi marido no hablo de otra cosa!	1288
YE 1,2 Yerma	Mi marido es otra cosa.	1290
YE 2,1 Lavandera 4	Hay una cosa en el mundo que es la mirada.	1303
YE 2,2 Juan	Tú sabes que esto es cosa del dueño.	1311
YE 2,2 Yerma	Porque estoy harta de tenerlas y no poderlas usar en cosa propia.	1317
YE 2,2 María	Mala cosa.	1318
YE 2,2 Yerma	Para los hombres, sí; pero las mujeres somos otra cosa.	1322
YE 3,1 Yerma	Dejar que de mi cuerpo salga siquiera esta cosa hermosa y que llene el aire.	1335
YE 3,1 Yerma	Una cosa es querer con la cabeza...	1335
YE 3,1 Yerma	Una cosa es querer con la cabeza y otra cosa es que el cuerpo, ¡maldito sea el cuerpo!,	1335
RS 1,1 Ama	y hay una cosa de la mujer...	1353
RS 1,1 Tío	No, no le ha pasado gran cosa, pero pudo haberle pasado.	1355
RS 1,1 Ama	No... es que tengo así, una cosa que...	1369
RS 2,1 Ama	¿Y soy otra cosa?	1385
RS 2,1 Ayola 1	¡Qué cosa más fea!	1406
RS 3,1 Martín	Ahí he querido renovarme haciendo una cosa del ambiente actual; ¡hasta hablo de un aeroplano!	1422
RS 3,1 Ama	"La representación intelectual de una cosa o un objeto."	1423
RS 3,1 Rosita	Dejarme como cosa perdida.	1431
RS 3,1 Rosita	Como que no hay cosa más viva que un recuerdo.	1433
RS 3,1 Solterona 3	¡Qué cosa más grande!	1436
BA 1,1 La Poncia	¡Otra cosa hacía polvo yo!	1443
BA 1,1 Amelia	¡Qué cosa más grande!	1460
BA 1,1 Martirio	Fue todo cosa de lenguas.	1460
BA 1,1 Magdalena	¿Sabéis ya la cosa?	1462
BA 2,1 Magdalena	¡Qué cosa más rara!	1474
BA 2,1 La Poncia	En vez de darle por otra cosa le dio por criar colorines hasta que se murió.	1476
BA 2,1 La Poncia	Un día me dijo no sé qué cosa y le maté todos los colorines con la mano del almirez.	1477
BA 2,1 Adela	Ha sido otra cosa que te reventaba en el pecho por querer salir.	1494
BA 2,1 Bernarda	¿Qué otra cosa puede ser?	1497
BA 2,1 La Poncia	Bernarda: aquí pasa una cosa muy grande.	1498
BA 2,1 Bernarda	No creo que esta sea la "cosa muy grande" que aquí pasa.	1499
BA 3,1 Angustias	Me habla siempre como pensando en otra cosa.	1513
BA 3,1 Bernarda	Disfrutando este silencio y sin lograr ver por parte alguna "la cosa tan grande" que aquí pasa, según tú.	1518

cosas (109)

TC 0,0 Mosquito	Entonces yo avisé a mis amigos, y huimos por esos campos en busca de la gente sencilla, para mostrarles las cosas, las cosillas y [...]	724
TC 1,1 Hora	¿Qué sabes tú el giro que van a tomar las cosas?	734
TC 3,1 Cocoliche	¡Ella me decía cosas tan delicadas!...	743
TC 6,1 Rosita	¡Qué cosas tienes, Cristobita!	767
TC 6,1 Cristobita	Ya soy viejo y entiendo las cosas.	772
MP 1,1 Angustias	¿Qué le importan las cosas de la calle?	784
MP 1,4 Amparo	Qué cosas tan lindas dices, Marianilla.	792
MP 1,5 Mariana	¿Cosas de masonería?	798
MP 1,8 Angustias	Serán cosas de niños;	817
MP 1,8 Angustias	Así pasan las cosas.	819

cosas (continuación)

MP 2,9 Pedrosa	Muchas cosas.	854
MP 3,2 Mariana	por las cosas de la tierra!	866
ZP 1,1 Zapatera	Tú no has tenido en tu vida dieciocho años... Aquel sí que los tenía, y me decía unas cosas... Verás...	918
ZP 1,1 Zapatera	¡Ay pobrecito mío, qué cosas te habrán contado!	938
ZP 2,1 Niño	Es que eran cosas muy indecentes.	944
ZP 2,1 Niño	Cosas indecentes que yo sé decir, ¿sabes?, pero que no quiero decir.	944
ZP 2,1 Zapatera	¡Todas esas cosas las sabía mi pobrecito marido!	957
ZP 2,1 Zapatera	¡Qué cosas tiene!	968
PB 0,0 Marcolfa	Está lleno de cosas ocultas.	981
PB 0,0 Marcolfa	Cosas que no están bien que sean dichas por una servidora... Ya ve...	981
PB 0,0 Madre	No he de ponderar estas cosas a persona tan moderna y competentísima como usted.	985
PB 1,1 Duende 2	Porque si las cosas no se cubren con toda clase de precauciones...	993
PB 1,1 Duende 2	Cuando las cosas están claras...	994
PB 1,1 Duende 2	Y se va a las cosas turbias para descubrir en ellas secretos que ya sabía.	994
PB 2,1 Perlimplín	He aprendido muchas cosas, y sobre todo puedo imaginarlas...	1002
PB 2,1 Perlimplín	Porque comprendo tu estado [...] me doy cuenta de las cosas.	1004
PB 3,1 Perlimplín	Antes no podía pensar en las cosas extraordinarias [...]	1009
PB 3,1 Marcolfa	Aunque no sirvo para estas cosas, le dije lo que [...]	1009
DC 1,1	Será necesario que las [...] oír y para ver las cosas de doña Rosita, casada con don Cristóbal, y las cosas de don Cristóbal, [...]	1019
CA 1,1 Joven	Pero las cosas vivas, ardiendo en su sangre, con todos sus perfiles intactos.	1047
CA 1,1 Joven	Me molesta que las cosas de la calle entren en mi casa.	1049
CA 1,1 Viejo	Todavía cambian más las cosas que tenemos delante [...]	1052
CA 1,1 Viejo	Están las cosas más vivas dentro que ahí fuera, expuestas al aire o la muerte.	1053
CA 1,1 Joven	¿Crees tú que yo puedo vencer las cosas materiales, los [...]	1071
CA 1,1 Amigo 2	No hay más que ir despertando suavemente las cosas.	1075
CA 2,1 Criada	Las cosas se olvidan y lo malo queda.	1083
BS 1,1 Vecina	Las cosas pasan.	1179
BS 1,1 Madre	Pero ¡cuántas cosas sabéis las gentes!	1181
BS 1,1 Madre	¡Las cosas!...	1183
BS 1,3 Criada	No pienses en cosas agrias.	1203
BS 2,1 Leonardo	¡Cuando las cosas llegan a los centros, no hay quien las arranque!	1214
BS 2,1 Leonardo	No me quedo tranquilo si no te digo estas cosas.	1215
BS 2,2 Padre	Hoy no es día de que te acuerdes de esas cosas.	1227
BS 2,2 Madre	Sola, no. Que tengo la cabeza llena de cosas y de hombres y de luchas.	1241
YE 1,1 Juan	Todas esas cosas son suposiciones tuyas.	1275
YE 1,1 Juan	Las cosas de la labor van bien, no tenemos hijos que gasten.	1275
YE 1,1 Yerma	Ya está vieja y habrá olvidado estas cosas.	1280
YE 1,1 María	Nadie puede quejarse de estas cosas.	1282
YE 1,1 Yerma	Pero esas cosas no duelen.	1283
YE 1,2 Vieja 1	De estas cosas no se puede decir palabra.	1288
YE 1,2 Yerma	Yo pienso muchas cosas, muchas, y estoy segura que las cosas que pienso las ha de realizar mi hijo.	1290
YE 1,2 Yerma	Todo se vuelve medias palabras, gestos, porque todas estas cosas dicen que no se pueden saber.	1291
YE 1,2 Yerma	Anda. Así pasan las cosas. Seguramente lo has dejado encerrado.	1292
YE 1,2 Muchacha 1	Es que no me doy bien cuenta de las cosas.	1292
YE 1,2 Muchacha 2	Pero las viejas se empeñan en todas estas cosas.	1293
YE 1,2 Yerma	Calla, no digas esas cosas.	1293
YE 2,1 Lavandera 1	¿Quién eres tú para decir estas cosas?	1302
YE 2,2 Juan	Mando a los pueblos vecinos por las cosas que te gustan.	1313
YE 2,2 Juan	Yo no tengo fuerzas para estas cosas.	1315
YE 2,2 María	Pero tienes otras cosas. Si me oyeras podrías ser feliz.	1317
YE 2,2 Yerma	Algunas cosas no cambian.	1323
YE 2,2 Yerma	Hay cosas encerradas detrás de los muros que no pueden cambiar porque nadie las oye.	1323
YE 3,1 Yerma	A veces, cuando ya estoy [...] quedan vacías todas las cosas, y los hombres que andan por la calle y los toros y las piedras me parecen como cosas de algodón.	1328

cosas - cositillas

Pág.

cosas (continuación)
YE 3,2 Juan   Ha llegado el último minuto de resistir este continuo   1347
lamento por cosas oscuras, fuera de la vida, por cosas
que están en el [...]
YE 3,2 Juan   Por cosas que no han pasado y ni tú ni yo dirigimos.   1347
YE 3,2 Juan   Por cosas que a mí no me importan.   1347
RS 1,1 Ama   A cosas tristes.   1352
RS 2,1 Tío   Llega un momento en que las personas que viven juntas   1386
muchos años hacen motivo de disgusto y de inquietud
las cosas más pequeñas, para [...]
RS 2,1 Solterona 3   Mil flores dicen mil cosas   1403
RS 3,1 Tía   ¡Qué cosas!   1415
RS 3,1 Ama   Yo no tengo genio para aguantar estas cosas sin que el   1416
corazón [...]
RS 3,1 Martín   A mí, como me ven inútil, [...] compañeros les hacen   1418
cosas horribles.
RS 3,1 Tía   Debimos irnos temprano y haber hecho las cosas a   1426
nuestro gusto.
RS 3,1 Rosita   Me he acostumbrado a vivir muchos años fuera de mí,   1428
pensando en cosas que estaban muy lejos, y ahora que
estas cosas ya no existen sigo [...]
RS 3,1 Rosita   Hay cosas que no se pueden [...]   1430
RS 3,1 Rosita   Tú, vete a arreglar cosas, que dentro de [...]   1430
BA 1,1 La Poncia   Si Bernarda no ve relucientes las cosas me arrancará   1441
los pocos pelos que me quedan.
BA 1,1 La Poncia   Contaban muchas cosas más.   1456
BA 1,1 La Poncia   Algunas cosas las podíamos dar.   1458
BA 1,1 Martirio   Yo hago las cosas sin fe, pero como un reloj.   1458
BA 1,1 Martirio   Porque los hombres se tapan unos a otros las cosas de   1459
esta índole y nadie es capaz de delatar.
BA 1,1 Martirio   Pero las cosas se repiten.   1460
BA 2,1 Angustias   Nada. ¡Qué me iba a decir! Cosas de conversación.   1474
BA 2,1 Amelia   ¡A mí me da vergüenza de estas cosas!   1475
BA 2,1 La Poncia   Esas cosas pasan entre personas [...]   1476
BA 2,1 Adela   Métete en tus cosas, ¡oledora!, ¡pérfida!   1481
BA 2,1 La Poncia   Los hombres necesitan estas cosas.   1486
BA 2,1 Adela   Cada una sabe sus cosas.   1487
BA 2,1 Martirio   Otras hacen cosas más malas.   1495
BA 2,1 Bernarda   No pienso. Hay cosas que no se pueden ni se deben   1496
pensar. Yo ordeno.
BA 2,1 Bernarda   Las cosas no son nunca a gusto nuestro.   1500
BA 2,1 La Poncia   ¡Pero lo que son las cosas!   1501
BA 3,1 Bernarda   ¿Hay que decir las cosas dos veces?   1509
BA 3,1 Angustias   Pero ya las cosas han cambiado.   1510
BA 3,1 Adela   Las cosas significan siempre lo mismo.   1510
BA 3,1 Bernarda   Con perlas o sin ellas, las cosas son como uno se las   1510
propone.
BA 3,1 Angustias   Yo creo, madre, que él me oculta muchas cosas.   1514
BA 3,1 Bernarda   Esas son cosas de debilidad.   1514
BA 3,1 Martirio   A mí las cosas de tejas arriba no me importan nada.   1515
BA 3,1 Bernarda   Los antiguos sabían muchas cosas que hemos olvidado.   1516
BA 3,1 Martirio   Pero estas cosas nada tienen que ver con nosotros.   1516
BA 3,1 La Poncia   Quise atajar las cosas, pero ya me asustan demasiado.   1520
BA 3,1 La Poncia   Es verdad. Y otras cosas.   1521
BA 3,1 La Poncia   Las cosas se han puesto ya demasiado maduras.   1521
cose (2)
BS 1,1 Madre   Amasa su pan y cose sus faldas, y siento, [...]   1175
RS 3,1 Ama   El mismo se plancha los cuellos y cose sus calcetines,   1424
[...]
cosecha (1)
BS 1,3 Padre   Buena cosecha de esparto.   1196
coser (1)
ZP 1,1 Alcalde   En mi casa..., en mi casa, coser y cantar.   924
coserte (1)
MP 2,2 Mariana   yo tengo que coserte una capita.   825
coses (2)
YE 1,1 María   Veremos... Como tú coses tan bien...   1283
YE 1,1 Víctor   ¿Qué coses?   1284
cosiendo (4)
ZP 2,1 Vecina Negra   ¡Se están cosiendo a puñaladas por culpa de esa mujer!   962
RS 2,1 Ama   Tendrá el pelo de plata y todavía estará cosiendo   1380
cintas de raso [...]
BA 2,1 Adela   ¿No estabais cosiendo?   1479
BA 2,1 La Poncia   Como le dé por tener crías, vais a estar cosiendo   1484
mañana y tarde.
cosillas (1)
TC 0,0 Mosquito   Entonces yo avisé a mis [...] mostrarles las cosas,   724
las cosillas y las cositillas [...]
cositillas (1)
TC 0,0 Mosquito   Entonces yo avisé a mis [...] las cosillas y las   724
cositillas del mundo; [...]

cosquillas (2)
    TC 1,1 Cocoliche   Me parece que me están haciendo cosquillas en la   731
                              planta de los pies.
    ZP 1,1 Zapatera   Verdaderamente eso de "la quiero", "te quiero", suena   932
                              de un modo que parece que me están haciendo cosquillas
                              con una pluma [...]
costa (1)
    MP 2,2 Clavela   ¡A la costa, mis niños!   825
costa (2)
    MP 2,7 Pedro   Esa costa de Málaga está llena   838
    BS 2,2 Madre   Toda la gente de la costa.   1230
costado (S) (4)
    MP 1,6 Mariana   ¡Señor, por la llaga de vuestro costado!   805
    MP 2,8 Pedro   una herida que sangra en mi costado,   842
    EP CV Enfermero   Ahora te daré la hiel, y luego, a las ocho, vendré con   1156
                              el bisturí para ahondarte la herida del costado.
    RS 1,1 Primo   y el clavel de su costado,   1373
costado (7)
    TC 6,1 Padre   Trabajillo me ha costado.   765
    TC 6,1 Cristobita   ¡Con cien duros que me has costado!   776
    DC 1,1 Cristóbal   Con cien duros que me has costado.   1041
    BS 2,2 Madre   Una fuente que corre un minuto y a nosotros nos ha   1229
                              costado años.
    RS 2,1 Madre   Esas plumas y esos alambres me tienen costado muchas   1393
                              noches en vela.
    RS 3,1 Tía   Sí, sí; que pagara con su sangre lo que sangre ha   1414
                              costado, aunque toda sea sangre mía, y después...
    BA 1,1 Criada   Me ha costado mucho sujetarla.   1452
costal (2)
    ZP 2,1 Zapatero   ¡Ah, eso ya es harina de otro costal!   966
    BA 1,1 Criada   Tuve durante el duelo que taparle varias veces la boca   1452
                              con un costal vacío porque quería [...]
costales (1)
    BA 1,1 Martirio   Los veía en el corral uncir los bueyes y levantar los   1460
                              costales de trigo entre [...]
costará (1)
    BS 3,2 Novia   Mira que mi cuello es blando; te costará menos trabajo   1270
                              que segar una dalia de tu huerto.
costaría (1)
    EP RR Figura De C   Me costaría la vida.   1150
costaron (1)
    ZP 1,1 Niño   Vengo con estos zapatos de charol, costaron cinco   913
                              duros, para que los arregle su marido.
costearle (1)
    ZP 2,1 Zapatero   Ella soñaba con un mundo [...] golosinas que yo no   967
                              podía costearle, y un día tormentoso [...]
costó (3)
    ZP 2,1 Alcalde   Con un estrado que costó cinco mil reales, [...]   951
    YE 3,2 María   Me costó mucho que vinieran.   1337
    RS 3,1 Tía   ¡Y le costó la ruina!   1421
costumbre (3)
    MM 0,0   Se amaban por costumbre y sin preocupaciones.   669
    MP 3,1 Carmen   costumbre? ¡Ya nos veremos!   863
    PB 1,1 Belisa   Porque así es la costumbre en el país de mi madre.   998
costumbres (1)
    BA 3,1 Prudencia   Ya sabes sus costumbres.   1507
costura (1)
    CA 2,1 Maniquí   que robé de la costura.   1102
cráneo (1)
    MM 1,1 Curiana N   estos polvos santos de cráneo de hormiga,   674
crea (1)
    ZP 2,1 Zapatera   No crea que me voy a echar a llorar.   941
creado (1)
    MM 2,6 Curianito   superiores a todo lo creado?   719
Creador (1)
    MM 0,0   También el viejo silfo [...] hombre se olvida de su   670
                              Creador, y el animal [...]
créame (2)
    RS 2,1 El Señor X   Pero hoy día, créame usted, no privan los quietismos   1376
                              ni las ideas oscurantistas.
    RS 3,1 Martín   Y créame usted que los [...]   1419
creas (2)
    MP 3,3 Mariana   ¡Alegrito, no lo creas!   869
    BA 3,1 Bernarda   Abre. No creas que los muros defienden de la vergüenza.   1531
crece (2)
    CA 1,1 Joven   Pero tú no puedes comprender que se espere a una mujer   1071
                              cinco años, colmado y quemado por el amor que crece
                              cada día.
    RS 3,1 Rosita   Y hoy se casa una amiga y otra y otra, y mañana tiene   1428
                              un hijo y crece, y viene a enseñarme [...]

crecen - creías   Pág.

crecen (1)
  CA 2,1 Novia   Anoche soñaba que todos los niños pequeños crecen por   1087
                         casualidad... [...]

crecer (4)
  YE 1,1 Yerma   Yo veo por mis ojos que [...] se ablandan y hacen   1276
                         crecer jaramagos, que [...]
  YE 1,1 Yerma   Hemos de sufrir para verlos crecer.   1283
  YE 2,1 Lavandera 4   Yo planté un tomillo, yo lo vi crecer.   1301
  BA 1,1 Martirio   Los veía en el corral [...] siempre tuve miedo de   1460
                         crecer por temor de encontrarme [...]

crecieras (1)
  YE 1,1 Yerma   Veinticuatro meses llevamos casados, y tú cada vez más   1274
                         triste, más enjuto, como si crecieras al revés.

creció (1)
  CA 1,1 Amigo 1   ¿Y creció?   1074

credos (2)
  MP 2,2 Mariana   Una salve a la Virgen y dos credos   826
  RS 2,1 Tío   Como es su santo, habrá salido a rezar los cuarenta   1377
                         credos.

cree (7)
  TC 3,1 Joven   Más de lo que usted cree.   745
  TB QM. Viejo   Todo el mundo, y tú el primero, cree que lo importante   906
                         [...]
  ZP 1,1 Zapatero   ¿Usted cree?   927
  YE 1,2 Yerma   ¿Usted lo cree?   1287
  RS 3,1 Ama   ¿Dónde cree usted que estará don Rafael Salé,   1424
                         explotador de los pobres, que enterraron
  BA 3,1 Criada   Bernarda cree que nadie puede con ella y no sabe la   1520
                         fuerza que tiene un hombre entre mujeres solas.
  BA 3,1 Criada   Hay quien cree que habló muchas veces con Adela.   1521

creemos (1)
  YE 3,2 Mujer   Creemos en él.   1336

creen (1)
  YE 2,2 Yerma   Creen que me puede gustar [...]   1319

creer (4)
  PB 0,0 Perlimplín   ¿Quién lo puede creer?   987
  CA 1,1 Viejo   ¿Y por qué no? Esperar es creer y vivir.   1054
  CA 3,1 Arlequín   el tiempo le hace creer   1109
  BS 1,2 Leonardo   ¿Querrás creer?   1187

creerás (1)
  ZP 1,1 Zapatero   Tú te creerás que yo no tengo vista, y tengo.   923

creería (1)
  RS 2,1 Rosita   Si no viera a la gente, me creería que hace una semana   1389
                         que se marchó.

creerlo (1)
  ZP 1,1 Zapatera   Ya sabía yo que con esta [...] con..., casi no quiero   913
                         creerlo, con mi marido.

crees (13)
  MP 3,3 Mariana   ¿Crees van a dejar que muera   868
  MP 3,3 Mariana   ¿Verdad que tú no lo crees?   869
  PB 0,0 Perlimplín   ¿Crees tú?   985
  CA 1,1 Joven   ¿Crees tú que yo puedo [...]   1071
  EP RR Figura De C   Sé la manera de dominarte. ¿Crees que no te conozco?   1147
  BS 1,1 Madre   ¿Lo crees?   1179
  BS 2,1 Leonardo   Porque tú crees que el tiempo cura y que las paredes   1214
                         tapan, y no es verdad, no es verdad.
  BS 3,1 Leñador 3   ¿Crees que ellos lograrán romper el cerco?   1247
  YE 3,2 Mujer 1   ¿A qué vienes aquí si no crees?   1336
  BA 2,1 La Poncia   ¿Crees que no me he fijado?   1480
  BA 2,1 La Poncia   ¿Y tú crees que él querrá marcharse?   1496
  BA 2,1 La Poncia   ¿Tú lo crees así?   1498
  BA 3,1 María Josefa   Como tengo el pelo blanco crees que no puedo tener   1524
                         crías, y sí, crías y crías y crías.

creí (5)
  TC 6,1 Rosita   Creí que me moría.   766
  ZP 1,1 Zapatero   Al principio creí que la dominaría [...]   925
  PB 3,1 Belisa   ¡Nunca creí que fuese tan complicado!   1017
  BA 2,1 Amelia   ¡Ay!, creí que llegaba nuestra madre.   1476
  BA 2,1 La Poncia   Has visto lo malo de las gentes a cien leguas; muchas   1497
                         veces creí que adivinabas los pensamientos.

creía (3)
  TC 4,1 Joven   Yo me creía que por el mundo estaban   751
  MP 3,3 Alegrito   Dijo que no la creía.   870
  BA 2,1 Bernarda   Yo veía la tormenta venir, pero no creía que estallara   1495
                         tan pronto.

creíamos (1)
  EP CV Dama 3   Cuando subíamos por el monte de la ruina creíamos ver   1163
                         la luz de [...]

creías (1)
  CA 3,1 Mecanógrafa   Tú esperabas y me dejaste marchar, pero siempre te   1125
                         creías amado.

creído (2)
    MM 1,1 Doña Curiana   y chupar las flores. ¡Qué os habéis creído!   675
    TC 3,1 Cristobita   ¿Qué te habías creído?   749
creo (32)
    MM 1,4 Curianita Silvia   Creo que no.   687
    TC 4,1 Mozo   Mañana mismo, con un tal don Cristobita, rico,   751
        dormilón, tan bruto, que hace pedazos su sombra...
        Pero yo creo que ella te ha olvidado.
    TC 6,1 Cristobita   ¿Te creo... o no te creo?   773
    TC 6,1 Rosita   Creo que soy una flor, y me deshojo sobre tus manos.   777
    MP 2,7 Pedro   Creo que estamos seguros.   836
    TB QM. Viejo   Todo el mundo, y tú el primero, cree que lo importante   906
        de un ciclón son los destrozos que produce, y yo creo
        todo lo contrario.
    ZP 1,1 Zapatero   Afortunadamente creo que esto se acabará pronto;   923
        porque yo no sé cómo tengo paciencia.
    ZP 1,1 Zapatero   Estoy convencido..., yo creo que esto lo hace por   925
        atormentarme; porque estoy seguro..., ella me odia.
    ZP 1,1 Zapatera   ¡No es posible, esto no es posible! ¡Yo no lo creo!   937
    ZP 2,1 Vecina Roja   Como estamos en lo ancho de la calle, no creo que le   953
        estorbemos.
    PB 1,1 Belisa   ¡Ya lo creo que lo sabes!   999
    CA 1,1 Joven   La he conocido poco. Pero no importa. Yo creo que me   1048
        quiere.
    CA 1,1 Amigo   Ya ha sido bastante. Creo que no te puedes escapar de   1070
        la tormenta.
    CA 2,1 Novia   Creo que me vas a quebrar [...]   1079
    CA 3,2 Jugador 2   Pero creo que con este... no nos equivocamos.   1136
    BS 1,1 Novio   Creo que no.   1176
    BS 1,2 Suegra   La madre de él creo que no estaba muy satisfecha con   1190
        el casamiento.
    BS 2,2 Padre   Yo creo que tendrán de todo.   1228
    BS 3,1 Mozo 1   Creo que se han ido por otra vereda.   1252
    YE 2,2 Yerma   Creo que puedes vivir en paz.   1312
    YE 2,2 María   De todas maneras, creo que tu marido te sigue   1319
        queriendo.
    YE 3,1 Yerma   Yo he venido por el resultado. Creo que no eres mujer   1327
        engañadora.
    RS 1,1 Tía   El novio creo que tenía que hacer.   1359
    RS 1,1 Ama   Como que yo no creo en la sangre.   1360
    RS 2,1 Ayola 2   Eso no lo creo yo.   1401
    RS 2,1 Tía   "Creo en ti", la pasionaria.   1404
    BA 1,1 Magdalena   Anoche estuvo rondando la casa y creo que pronto va a   1463
        mandar un emisario.
    BA 2,1 Bernarda   No lo creo. ¡Es así!   1498
    BA 2,1 Bernarda   No creo que esta sea la "cosa muy grande" que aquí   1499
        pasa.
    BA 3,1 Adela   Yo creo que no.   1510
    BA 3,1 Angustias   Yo creo, madre, que él me oculta muchas cosas.   1514
crepusculares (1)
    ZP 1,1 Mirlo   Cuando las sombras crepusculares invadan [...]   930
crepúsculos (2)
    CA 1,1 Viejo   Pero ¿por que no decir que tiene quince nieves, quince   1049
        aires, quince crepúsculos?
    CA 1,1 Viejo   Si ella tiene quince años, puede tener quince   1053
        crepúsculos o quince cielos.
cresta (2)
    BS 3,1 Luna   buscan la cresta del fuego   1249
    YE 1,1 Yerma   De la cresta del duro frío.   1277
creyendo (3)
    MP 1,4 Mariana   y ella lo acaricia creyendo que nunca   790
    YE 1,2 Vieja 1   Muchas veces me he asomado de madrugada a la puerta   1287
        creyendo oír música de [...]
    YE 2,2 Yerma   Acabaré creyendo que yo misma soy mi hijo.   1318
creyó (2)
    MM 1,3 Doña Curiana   muy azul; él creyó   685
    MP 2,8 Conspirador 4   que él creyó, por su desdicha,   843
cría (V) (1)
    MP 1,4 Amparo   que España cría en su tierra,   793
cría (3)
    MM 1,5 Alacranito   ¡A su lado tenía la cría, un nene chico,   692
    YE 2,2 Yerma   Los hombres tienen otra [...] más que esta de la cría   1314
        y el cuido de la cría.
criada (9)
    ZP 1,1 Zapatera   Entonces yo sería tu criada, ¿no es esto?   916
    PB 1,1 Belisa   La criada perfumó esta habitación [...]   988
    RS 1,1 Ama   y como soy criada no puedo hacer más que callarme, que   1360
        es lo que hago, y no puedo replicar y decir...
    RS 2,1 Ama   Una criada.   1384
    RS 2,1 Ama   Una humilde criada que da lo que tiene y nada más.   1384

criada (continuación)   Pág.

RS 2,1 Tío   No me parece conversación lo más a propósito para una   1385
                    criada.
RS 2,1 Tía   Ella no es una criada.   1385
BA 1,1 Magdalena   Ha estado a punto de oírte la criada.   1467
BA 2,1 Adela   No por encima de ti, que eres una criada; por encima   1482
                    de [...]
criadas (1)
PB 3,1 Marcolfa   Las criadas tenemos también vergüenza.   1011
criado (V) (1)
MM 1,5 Alacranito   Me he criado en familia,   691
criado (1)
TB QM. Enrique   Lo peor del mundo es un criado viejo, un mendigo.   907
crían (3)
DC 1,1   ...Quiero deciros que yo sé cómo nacen las rosas y   1020
                    cómo se crían las del mar, pero...
BS 2,2 Novio   El monte es barato y los hijos se crían mejor.   1232
YE 1,2 Yerma   Las muchachas que se crían en el campo, como yo,   1291
                    tienen cerradas todas las puertas.
criar (2)
BA 2,1 La Poncia   En vez de darle por otra cosa le dio por criar   1476
                    colorines hasta que se murió.
BA 2,1 Amelia   Y mucho menos criar niños ajenos.   1484
crías (7)
YE 2,2 Yerma   Que estoy ofendida, ofendida [...] de pie me enseña   1318
                    sus crías tiernas, adormiladas, [...]
YE 3,2 Vieja   La ceniza de tu colcha se te volverá pan y sal para   1345
                    las crías.
BA 2,1 La Poncia   Como le dé por tener crías, vais a estar cosiendo   1484
                    mañana y tarde.
BA 3,1 María Josefa Como tengo el pelo blanco crees que no puedo tener   1524
                    crías, y sí, crías y crías y crías.
criatura (10)
MM 1,2 Doña Curiana la de esta criatura rara!   683
TC 4,1 Mosquito   es una criatura... Pero lo [...]   751
ZP 0,0 El Autor   En todos los sitios late y anima la criatura poética   912
                    que [...]
BS 1,3 Madre   ¿Sí? ¡Qué hermoso mirar! ¿Tú sabes lo que es casarse,   1200
                    criatura?
YE 1,1 María   Pero ven acá, criatura; hablas como si fueras una   1282
                    vieja.
YE 1,2 Vieja 1   Qué criatura tan hermosa eres.   1290
YE 2,2 María   Cada criatura tiene su razón.   1318
RS 1,1 Tía   Claro es que nunca me ha gustado contradecirla, porque 1355
                    ¿quién apena a una criatura que no tiene padres?
RS 3,1 Tía   Y esta criatura...   1415
RS 3,1 Tía   ¡Pobre criatura!   1419
criaturas (9)
MP 3,9 Mariana   salvo a muchas criaturas que llorarán mi muerte.   889
MP 3,9 Mariana   que es tu sangre y la sangre de todas las criaturas.   889
ZP 2,1 Alcalde   Enseñanzas son esas que convienen a todas las   957
                    criaturas.
YE 1,2 Vieja 1   Criaturas de silencio.   1287
YE 2,1 Lavandera 1 Todo esto se arreglaría si tuvieran criaturas.   1304
YE 3,1 Dolores   La última vez hice la [...] hermosa que tuvo dos   1327
                    criaturas ahí abajo en [...]
YE 3,1 Yerma   Sino agarrar las criaturas y lavarlas con agua viva.   1327
RS 2,1 Tía   ¡Qué criaturas!   1396
BA 2,1 La Poncia   Y para ocultar su vergüenza [...] corazón que muchas   1505
                    criaturas lo sacaron, [...]
críe (1)
RS 1,1 Ama   Críe usted una niña hermosa para esto.   1360
crimen (2)
MP 1,5 Fernando   ¡Qué gran alcalde del crimen!   800
MP 3,5 Mariana   ¿Qué crimen cometí? ¿Por qué me matan?   876
criminal (1)
MM 1,5 Curianito   ¡Criminal!   693
crines (4)
ZP 2,1 Zapatero   con el cuero y con las crines   962
CA 2,1 Novia   ¿Y no llevabas un caballo de las crines y matabas en   1093
                    un día tres mil faisanes?
BS 1,2 Suegra   las crines heladas,   1184
BS 1,2 Suegra   las crines heladas,   1193
crió (1)
RS 1,1 Tía   Rosita se crió conmigo...   1360
críos (1)
YE 3,1 Dolores   Muchas veces yo he hecho estas oraciones en el   1327
                    cementerio con mujeres que ansiaban críos, y todas han
                    pasado [...]

crisantemos (2)
 RS 1,1 Tía   Eléboro, fucsias y los crisantemos, Luis Passy 1351
              violáceo y altair blanco plata con puntas heliotropo.
 RS 1,1 Ama   Pero aquí... rosas por [...] ahora, de moda, los 1353
              crisantemos, despeinados [...]
crispa (1)
 RS 2,1 Tía   Hay que aguantarla; pero a veces me crispa los nervios. 1395
cristal (12)
 MM 1,3 Doña Curiana Ella tiene un cristal 684
 TC 2,1 Cocoliche El silbido ha tocado como una piedrecita de música en 735
              el cristal de su balcón.
 MP 1,7 Mariana   vidrieras de cristal, 813
 MP 2,1 Clavela   bastidor de cristal, 822
 MP 2,7 Conspirador 2 La lluvia, como un sauce de cristal, 835
 MP 2,8 Conspirador 4 con el puño de cristal, 843
 CA 3,1 Joven   Es tan pequeño... Aplasta las naricillas en el 1125
              cristal de mi corazón y, sin embargo, no tiene aire.
 BS 2,2 Madre   En una custodia de cristal y topacios pondría yo la 1229
              tierra empapada por ella.
 BS 3,2 Muchacha 2 cristal de papel. 1261
 YE 2,1 Lavandera 1 lecciones de cristal. 1307
 RS 3,1 Ama   En medio de las dos, [...] blanca como si fuera de 1425
              cristal, y usted se mece [...]
 BA 1,1 La Poncia Este cristal tiene unas motas. 1443
cristales (13)
 TC 0,0 Mosquito   Yo y mi compañía venimos [...] un teatro de oro y 723
              cristales, donde los [...]
 MP 2,7 Mariana   imagino que empuja los cristales. 837
 MP 3,9 Monja 1   pasar de madrugada tocando tus cristales. 890
 TB DME Doncella Detrás de los cristales seguiré bordando. 898
 ZP 2,1 Zapatera   Que suenan con el aguacero los cristales del 974
              ventanillo, ¡otro susto!
 CA 3,1 Joven   Se oye cantar el ruiseñor..., y aunque no se oiga, 1128
              aunque el murciélago golpee los cristales...
 EP CV Estudiante 1 Cuando la gente va al [...] que resbala sobre los 1165
              cristales sus ojos y [...]
 EP CV Traspunte ¡No hagan sufrir a los cristales! 1168
 BS 3,1 Luna   por paredes y cristales! 1249
 YE 2,1 Lavandera 4 Ella y sus cuñadas, sin [...] limpian con vaho los 1304
              cristales, dan aceite [...]
 RS 1,1 Ama   embalsamarlos y meterlos en un nicho de cristales y de 1359
              nieve.
 RS 2,1 Tía   No. Con veinte años se rompían los cristales... 1386
 RS 2,1 Rosita   por los cristales del alba. 1404
cristalina (1)
 ZP 2,1 Zapatero   cristalina de Lucena. 959
cristalinas (1)
 MP 3,5 Mariana   ¡Quién tuviera unas alas cristalinas 876
cristalino (1)
 MM 2,5 Gusano 2 santo y cristalino. 712
cristiana (1)
 RS 3,1 Tía   Y no había calamidad [...] hombre tuvo..., el alma 1427
              cristiana más pura...; [...]
cristianar (1)
 BA 2,1 La Poncia Estos encajes son preciosos para las gorras de niños, 1484
              para mantehuelos de cristianar.
cristianos (1)
 RS 3,1 Tía   Todos los cristianos sabemos que [...] 1425
Cristo (2)
 MP 2,1 Niña   al Cristo de la Puerta Real dos de ellos. 821
 MP 2,2 Mariana   al Santo Cristo del Mayor Dolor, 826
Cristóbal (27)
 TC 0,0 Mosquito   Ahora que sale la luna [...] "Tragicomedia de Don 724
              Cristóbal y la Señá Rosita"... Preparaos a sufrir el
              genio del puñeterillo don Cristóbal y llorar [...]
 TC 1,1 Rosita   Que yo no quiero casarme con Cristóbal. 733
 TC 3,1 Espantanublos Pero don Cristóbal, pero don Cristóbal... 749
 TC 6,1 Rosita   ¡No, no, Cristóbal! Son las carcomas, son los niños en 772
              la calle...
 DC 1,1   Será necesario que las [...] Rosita, casada con don 1019
              Cristóbal, y las cosas de don Cristóbal, casado con
              [...]
 DC 1,1 Poeta   Sí, señor; pero es que don Cristóbal yo sé que en el 1020
              fondo es bueno y que quizá podría serlo.
 DC 1,1 Poeta   Respetable público: Como poeta tengo que deciros que 1021
              don Cristóbal es malo.
 DC 1,1 Director   Cristóbal. 1022
 DC 1,1 Director   ¿Qué es eso? ¿Ya está roncando Cristóbal? 1022
 DC 1,1 Director   Vamos, don Cristóbal; hay necesidad de empezar el 1023
              drama.

Cristóbal (continuación)   Pág.
    DC 1,1 Director   Piense, don Cristóbal, que necesita usted dinero para   1023
                          casarse.
    DC 1,1 Enfermo   ¡Ay!, ¡ay!, ¡ay!, ¡ay! Don Cristóbal.   1025
    DC 1,1 Enfermo   ¿Qué es eso, don Cristóbal?   1026
    DC 1,1 Enfermo   No puedo, don Cristóbal.   1027
    DC 1,1 Madre   Usted tiene plata, señor don Cristóbal.   1030
    DC 1,1 Cristóbal   Diga: ¡ya me ha domado don Cristóbal!   1033
    DC 1,1 Madre   Ya me ha domado don Cristóbal.   1033
    DC 1,1 Poeta   Pero ni don Cristóbal ni doña Rosita ven la luna.   1036
    DC 1,1 Poeta   Si el director de escena quisiera, don Cristóbal vería   1036
                          las ninfas [...]
    DC 1,1 Poeta   Porque don Cristóbal no es así, ni doña Rosita.   1036
    DC 1,1 Rosita   Cristóbal.   1037
    DC 1,1 Rosita   Qué molesta es la luna, ¿verdad, Cristóbal?   1039
    DC 1,1 Director   Cristóbal.   1040
    DC 1,1 Director   Llenemos el teatro de [...] "La Tarumba" a don   1043
                          Cristóbal el andaluz, [...]
Cristobalón (1)
    TC 6,1 Todos   Cristobalón.   780
Cristobita (28)
    TC 1,1 Padre   Yo he dado tu mano a don Cristobita el de la porra,   732
                          que acaba de pasar en su carroza por ahí.
    TC 2,1 Padre   Eso no puede ser, don Cristobita.   739
    TC 3,1 Mozo 1   Don Cristobita es un viejo gordo, borracho, dormilón,   743
                          que muy en breve...
    TC 3,1 Mozo 2   Que se casa ahora con don Cristobita, y este, pues...   745
                          ¡Ya se lo puede figurar!
    TC 3,1 Mozo 2   Señores: don Cristobita viene a la taberna.   746
    TC 3,1 Mozo 1   ¡Cristobita!   747
    TC 3,1 Mozo 1   ¡Cristobita que bebe y duerme!   748
    TC 3,1 Mozo 2   ¡Cristobita,   749
    TC 4,1 Espantanublos ¡Ay don Cristobita de mis entrañitas!   749
    TC 4,1 Mozo 1   Malas pulgas tiene el tal don Cristobita.   750
    TC 4,1 Mozo   Mañana mismo, con un tal don Cristobita, rico,   751
                          dormilón, [...]
    TC 4,1 Mozo   Eso es imposible. Tú no conoces a don Cristobita.   752
    TC 4,1 Cocoliche   ¡Cristobita te pegará, amor mío!   754
    TC 4,1 Cocoliche   Cristobita tiene una panza verde y una joroba verde.   754
    TC 5,1 Fígaro   Don Cristobita viene; don Cristobita, el de la porra.   755
    TC 5,1 Fígaro   Don Cristobita tiene la cabeza de madera.   760
    TC 6,1 Rosita   Ella tuvo una gargantilla de hierro en sus bodas con   762
                          la muerte, y yo tendré un collar..., un collar de don
                          Cristobita.
    TC 6,1 Rosita   Ahora quiero a Cristobita.   763
    TC 6,1 Rosita   ¡Don Cristobita viene!   766
    TC 6,1 Rosita   ¡Qué cosas tienes, Cristobita!   767
    TC 6,1 Rosita   Yo, Cristobita...   767
    TC 6,1 Rosita   ¡Que viene Cristobita! ¡Piedad, que viene Cristobita!   769
    TC 6,1 Rosita   Te quiero, Cristobita.   773
    TC 6,1 Cocoliche   ¡Cristobita no era una persona!   779
    TC 6,1 Mosquito   Cristobita borracho   780
    DC 1,1 Rosita   Verdad, Cristobita,   1039
crítica (2)
    ZP 2,1 Zapatera   Yo he hablado así porque estoy sobre ascuas; todo el   966
                          mundo me asedia, todo el mundo me critica; ¿cómo
    BS 2,2 Madre   Luego la gente critica.   1227
crítica (1)
    BA 1,1 Amelia   De todo tiene la culpa esta crítica que no nos deja   1459
                          vivir.
criticando (1)
    RS 3,1 Ama   Criticando un poquito.   1415
criticar (1)
    BA 1,1 Bernarda   ¡Andar a vuestras casas a criticar todo lo que habéis   1450
                          visto!
critico (1)
    YE 3,1 Vieja 1   No te critico.   1328
critiquéis (1)
    MM 2,1 Curianita Santa no critiquéis a nadie, dijo el Gran Cucaracho!   703
cruce (1)
    YE 3,2 Vieja   Y en cuanto a tu marido, hay en mi casa entrañas y   1345
                          herramientas para que no cruce siquiera la calle.
crudos (1)
    ZP 2,1 Mozo Del S   Tengo tanto coraje que [...] me comería sus sesos   943
                          crudos con estos dientes [...]
cruel (1)
    RS 1,1 Rosita   rompes con tu cruel ausencia   1371
cruje (1)
    ZP 2,1 Zapatera   Que cruje la cómoda: ¡un susto!   974
cruz (8)
    BS 3,2 Suegra   pon una cruz de ceniza   1265

cruz (continuación)
  BS 3,2 Madre   cruz de amargas adelfas;   1271
  BS 3,2 Madre   La cruz, la cruz.   1271
  BS 3,2 Mujeres   dulce cruz,   1271
  BS 3,2 Novia   Que la cruz ampare a muertos y vivos.   1271
  YE 2,2 Yerma   Yo sabré llevar mi cruz como mejor pueda, pero no me   1313
                             preguntes nada.
  BA 1,1 La Poncia   Vinieron a verlo muerto y le hicieron la cruz.   1441
cruza (3)
  MP 3,7 Novicia 2   cuando cruza el coro bajo   881
  CA 2,1 Joven   Pájaro que el aire cruza   1103
  CA 3,1 Arlequín   cruza el gemido del niño,   1108
cruzadas (1)
  RS 2,1 Madre   flor de las manos cruzadas;   1404
cruzado (1)
  ZP 2,1 Zapatera   Y con serenidad de familia de caballistas que han   973
                             cruzado muchas veces [...]
cruzando (1)
  MP 3,6 Mariana   cruzando los olivos de Granada: 878
cruzar (1)
  BA 3,1 La Poncia   A mí me gustaría cruzar el mar y dejar esta casa de 1521
                             guerra.
cruzaría (1)
  RS 1,1 Tía   Si fuera hombre y joven, te cruzaría la cara.   1362
cruzó (1)
  MP 1,4 Amparo   cruzó la pajiza arena   793
cuac (4)
  TC 2,1 Cristobita   La rana hace cuac, cuac,   740
  TC 2,1 Cristobita   cuac, cuac, cuarac.   740
cuadra (1)
  BA 3,1 Bernarda   Pues encerrad las potras en la cuadra, pero dejadlo 1509
                             libre, no sea que nos eche abajo las paredes.
cuadros (1)
  BA 1,1 Magdalena   De ver los cuadros bordados de cañamazo [...]   1461
cuádruple (1)
  ZP 2,1 Zapatera   Y el cuádruple... Me los decía todos a mí cuando nos 965
                             acostábamos.
cuaja (1)
  MM 2,7 Curianito   ¿La que el rocío cuaja?   719
cuajado (2)
  CA 2,1 Joven   Sería el aire cuajado en bocas para besar tu cabeza. 1092
  RS 1,1 Primo   en barco de oro cuajado   1372
cual (4)
cuál (11)
cuales (1)
cuáles (1)
cualquier (4)
  CA 1,1 Amigo 2   Por cualquier sitio.   1073
  YE 1,2 Vieja 1   y solo nosotras, las endemoniadas mujeres, nos hacemos 1287
                             polvo por cualquier cosa.
  BA 1,1 Bernarda   Esa sale a sus tías; blancas y untuosas y que ponían 1456
                             los ojos de carnero al piropo de cualquier barberillo.
  BA 1,1 Bernarda   ¿Es que quieres que las entregue a cualquier gañán? 1457
cualquiera (3)
  CA 1,1 Viejo   Y ¿quién recuerda un mapa exacto de las arenas del 1052
                               desierto... o el rostro de un amigo cualquiera?
  RS 2,1 Ama   Yo he hecho lo que haría cualquiera en mi caso.   1384
  RS 3,1 Tía   Mi prima habrá puesto los muebles de cualquiera manera. 1426
cuando (233)
cuándo (23)
  MM 1,4 Curianita Silvia ¿Cuándo te casas?   687
  TC 3,1 Cristobita   ¿Cuándo se vio?   750
  TC 6,1 Rosita   ¿Cuándo veré a mi amor?   762
  TC 6,1 Rosita   ¡Ay, ay, cuándo veré a mi amor!   766
  TC 6,1 Rosita   ¿Cuándo me vas a contar las historias que me   772
                             prometiste?
  MP 3,8 Mariana   Entonces, ¿cuándo viene para salvar mi vida?   884
  MP 3,8 Mariana   ¿Cuándo viene a morir, si la muerte me acecha?   884
  CA 1,1 Gata   ¿Y nos van a enterrar? ¿Cuándo?   1065
  CA 3,1 Mecanógrafa   Delicioso. ¿Y cuándo llega el conde?   1116
  CA 3,1 Máscara   ¿Y cuándo llega tu amigo?   1116
  EP CV Desnudo   ¿Cuándo acabas?   1155
  EP CV Enfermero   ¿Cuándo va a comenzar el toque de agonía?   1164
  BS 1,1 Madre   ¡Que es verdad! ¡Que tienes razón! ¿Cuándo quieres que 1177
                             la pida?
  BS 1,2 Leonardo   ¿Cuándo?   1190
  BS 1,3 Madre   ¿Cuándo queréis la boda?   1198
  YE 1,1 Yerma   ¿Cuándo, mi niño, vas a venir?   1278
  YE 1,1 Yerma   Pero... ¿cuándo llegó?...   1279
  YE 1,1 Yerma   ¿Cuándo, mi niño, vas a venir?   1286
  YE 1,2 Vieja 1   ¿Cuándo os vais a dar cuenta de que no existe?   1291

cuándo (continuación)   Pág.
    RS 1,1 Ama   ¿Cuándo la ha visto usted [...]
    RS 3,1 Martín   ¿Cuándo es la arrancada definitiva?   1354
    BA 3,1 Prudencia   Y Angustias, ¿cuándo se casa?   1418
    BA 3,1 María Josefa   ¿Y cuándo vas a tener un niño?   1509
cuánta (4)   1524
    MM 2,7 Curianito   cuánta sombra en las ramas
    TC 5,1 Fígaro   Y mirad, mirad cuánta pintura..., ¡cuánta pintura!   719
    ZP 1,1 Zapatera   Cuánta cosa, don Mirlo; a mí me parecía imposible que 760
                             los pajarracos hablaran.   930
cuantas (1)
    BA 1,1 Adela   Regalarme unas cuantas pulgas que me han acribillado   1465
                             las piernas.
cuántas (10)
    MM 0,0   ¡Cuántas veces el enorme [...]
    MM 0,0   ¡En cuántas antiguas historietas, una flor, un beso o 670
                             una mirada hacen el terrible oficio de puñal! 670
    MP 1,5 Mariana   como un gran pájaro, ¡cuántas
    ZP 1,1 Mozo   ¿Cuántas semillas tiene el girasol?   795
    ZP 2,1 Zapatera   Cuántas veces lo he dicho para que lo oyeran hasta los 932
                             sordos.   969
    CA 3,2 Jugador 1   ¿Cuántas?
    BS 1,1 Madre   Pero ¡cuántas cosas sabéis las gentes!   1139
    YE 3,1 Yerma   Necesitaba este desahogo. ¿Cuántas veces repito las 1181
                             oraciones?   1330
    RS 2,1 Madre   ¡Y qué angustia he pasado, señora, para que estas 1393
                             hijas puedan seguir usando sombrero ¡Cuántas lágrimas,
                             cuántas tristezas por [...]
cuanto (8)
    TC 3,1 Cristobita   Y en cuanto a eso de que bebe y duerme, ya veremos 749
                             quién bebe o duerme, si tú o yo.
    ZP 2,1 Zapatero   En cuanto tome un vaso de vino.   954
    PB 0,0 Madre   En cuanto quiera..., aunque a todas las madres... 986
                             Hasta luego...
    CA 2,1 Padre   En cuanto paso una irritación se me sube la sangre a 1089
                             los ojos y no veo.
    YE 1,1 Víctor   Dile a Juan que recoja las dos que me compró, y en 1285
                             cuanto a lo otro, ¡que ahonde!
    YE 3,2 Vieja   Y en cuanto a tu marido, hay en mi casa entrañas y 1345
                             herramientas para que no cruce siquiera la calle.
    RS 2,1 Ayola 1   Para ir a una boda. En cuanto yo pueda, me caso. 1400
    BA 2,1 La Poncia   Pero en cuanto las dejes sueltas se te subirán al 1500
                             tejado.
cuánto (23)
    MM 1,2 Doña Curiana   ¡Ay cuánto debe sufrir!   683
    TC 1,1 Rosita   ¡Cuánto te lo agradezco, y Cocoliche cuánto te lo 732
                             agradecerá!
    TC 3,1 Contrabandista 1 cuánto barco en el puerto de Málaga.   741
    TC 3,1 Contrabandista 1 cuánto barco en el puerto de Málaga.   741
    MP 1,3 Amparo   ¡Cuánto has tardado!   787
    MP 3,7 Novicia 1   ¡Y cuánto pájaro! ¿Has visto?   880
    ZP 1,1 Vecina   ¡Cuánto mejor le hubiera ido a usted casado con gente 919
                             de su clase!...,
    ZP 1,1 Vecina   ¿Cuánto me vas a llevar por ellos?... Los tiempos van 920
                             cada vez peor...
    ZP 2,1 Zapatero   ¿Cuánto debo?   975
    ZP 2,1 Zapatera   ¡Cuánto tiempo hace que se la perdoné!   977
    DC 1,1 Director   Muy bien. ¿Cuánto le debo?   1021
    CA 1,1 Amigo   Cuánto silencio en esta casa, ¿y para qué?   1056
    EP CV Desnudo   ¿Cuánto falta para Jerusalén?   1156
    BS 1,1 Madre   Perdóname. ¿Cuánto tiempo llevas en relaciones? 1176
    BS 2,1 Novia   ¿Cuánto hay de aquí a la iglesia?   1209
    YE 1,2 Vieja 1   Las higueras, ¡cuánto duran!   1287
    YE 1,2 Vieja 1   Las casas, ¡cuánto duran!,   1287
    YE 1,1 Muchacha 2   Cuánto mejor se está en medio de la calle.   1294
    RS 2,1 Ayola 2   A mí, Rosita y su novio me enseñaban las letras A, B, 1399
                             C... ¿Cuánto tiempo hace de esto?
    BA 1,1 Bernarda   ¡Cuánto hay que sufrir y luchar para hacer que las 1456
                             personas sean decentes y no tiren al monte demasiado!
    BA 1,1 Criada   ¡La pobre! Cuánto ha sentido a su padre...   1467
    BA 1,1 La Poncia   ¡Cuánto dinero le queda a Angustias!   1468
cuántos (6)
    TC 3,1 Contrabandista 1 ¡cuántos limoncitos!   741
    MP 2,5 Pedro   ¡Cuántos peligros corres sin el menor desmayo! 828
    MP 2,6 Mariana   ¿Cuántos vendrán?   834
    ZP 1,1 Zapatero   Que si te vas a quedar solo, que si qué sé yo, que si 926
                             qué sé yo cuántos.
    CA 2,1 Novia   ¿Cuántos corazones tienes?   1079
    EP CV Desnudo   ¿Cuántos vasos de sangre me habrán sacado?   1155
cuarac (1)
    TC 2,1 Cristobita   cuac, cuac, cuarac.   740

cuarenta (16)
ZP 1,1 Zapatero   si tuviera cuarenta años o cuarenta y cinco,   916
                     siquiera...
PB 0,0 Marcolfa   Veinte y veinte son cuarenta...   980
EP RR Emperador   He degollado más de cuarenta muchachos que no lo 1152
                     quisieron decir.
BS 2,1 Novio   Te voy a abrazar cuarenta años seguidos.   1222
BS 3,1 Leñador 2   Un árbol de cuarenta ramas. Lo cortaremos pronto. 1248
YE 1,2 Yerma   ¿Por qué? Aunque tuviera cuarenta.   1293
YE 3,2 Muchacha 1   Más de cuarenta toneles de vino he visto en las 1338
                     espaldas de la ermita.
RS 1,1 Tía   Y cuarenta.   1361
RS 1,1 Tía   Cuarenta días de viaje hacen falta para llegar a 1362
                     Tucumán.
RS 2,1 Tío   Como es su santo, habrá salido a rezar los cuarenta 1377
                     credos.
RS 2,1 Ama   Con este señor y con el otro, don Confucio Montes de 1378
                     Oca, bautizado en la logia número cuarenta y tres, va
                     a [...]
RS 2,1 Ama   Cuarenta años llevo al lado de usted.   1382
RS 3,1 Ama   ¡Os doy cuarenta mil duros si me arrancáis estas 1425
                     brasas de los pies!";
BA 1,1 Magdalena   Porque si con veinte años parecía un palo vestido, 1464
                     ¡qué será ahora que tiene cuarenta!
BA 2,1 La Poncia   Cuarenta o cincuenta buenos mozos.   1485
cuarto (15)
MP 0,0 Mosquito   Marianita sentada en su cuarto   781
MP 3,1 Novicia 1   en la sombra del cuarto.   860
ZP 2,1 Niño   Desde la ventana de tu cuarto puedes ver el jaleo de 970
                     la plaza.
DC 1,1 Madre   En camisa en su cuarto.   1030
RS 3,1 Tía   Algunas noches, cuando toso en mi cuarto, oigo un eco 1412
                     como si estuviera en una iglesia.
RS 3,1 Tía   Los cipreses de la glorieta casi tocan las paredes de 1437
                     mi cuarto.
BA 1,1 La Poncia   Ese día me encerraré con ella en un cuarto y le estaré 1442
                     escupiendo un año entero.
BA 1,1 Criada   Como dará la vuelta a la esquina, desde la ventana de 1467
                     tu cuarto se verá mejor.
BA 2,1 Adela   A veces se asoma a mi cuarto para ver si duermo. 1479
BA 2,1 Adela   ¿Que me encierro en mi cuarto y no abro la puerta? 1482
BA 2,1 La Poncia   El más caro. Y los polvos. En la mesa de tu cuarto los 1483
                     he puesto.
BA 2,1 Adela   Vamos a verlos por la ventana de mi cuarto.   1488
BA 2,1 Angustias   Estaba en mi cuarto y ya no está.   1491
BA 3,1 La Poncia   Pues hay una tormenta en cada cuarto.   1520
BA 3,1 Bernarda   Llevadla a su cuarto y vestirla como una doncella. 1532
cuartos (1)
BA 2,1 Bernarda   Registra los cuartos, mira por las camas.   1492
cuatro (55)
MM 1,1 Doña Curiana dos alas y cuatro pies.   676
TC 0,0 Mosquito   Cuatro hojillas tenía   724
TC 1,1 Rosita   Una, dos, tres, cuatro... ¡Ay!   725
TC 1,1 Rosita   Cuatro veces me he pinchado ya en esta e última del "A 725
                     mi adorado padre."
MP 2,1 Niña   Tenían unas tijeras así... y cuatro   821
MP 3,4 Mariana   cuatro lunas en las piedras   871
TB PBK Buster Keaton Uno, dos, tres y cuatro.   893
TB DME Vieja   Cuatro de ellos pueden con una culebra.   897
TB QM. Mujer   Lleva cuatro mantas.   909
ZP 1,1 Zapatero   Una, dos, tres, cuatro... y mil.   918
ZP 1,1 Alcalde   Eso tiene casarse a tu edad... A tu edad se debe 924
                     estar viudo... de una, como mínimum... Yo estoy de
                     cuatro: Rosa, Manuela, [...]
ZP 1,1 Zapatero   Digo, ¡usted, cuatro!   926
ZP 1,1 Zapatero   la baraja tiene cuatro: 928
ZP 2,1 Zapatera   Pues si dices tú, más digo yo, y puedes enterarte, y 942
                     todos los del pueblo, que hace cuatro meses que se fue
                     [...]
ZP 2,1 Zapatera   El venía con un traje negro entallado, corbata roja de 945
                     seda buenísima y cuatro anillos de oro que relumbraban
                     como cuatro soles.
ZP 2,1 Zapatera   Pues a mí me consta que sus cuatro señoras, mal rayo 950
                     las parta, le aborrecían a muerte.
ZP 2,1 Zapatero   cuatro en la región lumbar,   962
PB 1,1 Perlimplín   Bisturí de cuatro filos,   1000
DC 1,1 Director   Ha tenido cuatro niños.   1041
CA 1,1 Amigo 2   En cambio, dentro de cuatro o cinco años existe un 1075
                     pozo en el que caeremos todos.
CA 3,2 Joven   Cuatro.   1139

cuatro (continuación)   Pág.

EP RR Figura De P   En un cuchillo afilado, durante cuatro largas   1147
                        primaveras.
EP RR Centurión   Pare por cuatro o cinco a la vez y nunca al mediodía   1152
                        debajo de los árboles.
EP CV Dama 2   Lo que más miedo me ha dado ha sido el lobo de cartón   1163
                        y las cuatro serpientes en el estanque de hojalata.
BS 1,3 Madre   Cuatro horas de camino y ni una casa ni un árbol.   1195
BS 1,3 Padre   Cuatro horas.   1196
BS 3,2 Muchacha 2   Nacer a las cuatro,   1262
BS 3,2 Madre   Y estas cuatro paredes.   1268
BS 3,2 Mujer   ¡Ay, qué cuatro muchachos   1271
BS 3,2 Novia   ¡Ay, qué cuatro galanes   1271
YE 1,1 María   Lloraba como un torito, [...] trenzas, y cuando tuvo   1282
                        cuatro meses nos llenaba [...]
YE 1,1 Yerma   Cada mujer tiene sangre para cuatro o cinco hijos,   1283
                        [...]
YE 1,2 Muchacha 2   Si tuvieras cuatro o cinco, no hablarías así.   1293
YE 2,2 Yerma   Yo he venido a estas cuatro paredes para no resignarme. 1314
YE 3,2 María   En cuatro leguas a la redonda no se oyen más que   1338
                        palabras terribles.
RS 1,1 Ama   por las cuatro esquinas de Jerusalén.   1358
RS 1,1 Tía   La lengua se me debió [...] queda sola en estas cuatro 1363
                        paredes, y tú [...]
RS 1,1 Rosita   las tres y las cuatro solas.   1366
RS 1,1 Rosita   las tres y las cuatro solas.   1368
RS 1,1 Manola 1   las tres y las cuatro solas.   1369
RS 2,1 El Señor X   Estuve por haberla traído [...] con una serpiente y   1377
                        cuatro libélulas, pero [...]
RS 2,1 Ayola 2   Por cierto que yo tomé cuatro huevos con picadillo de   1396
                        tomate, y casi no me podía levantar de la silla.
RS 3,1 Tía   ¡Lo hemos leído cuatro o cinco veces!   1419
RS 3,1 Tía   Sal de tus cuatro paredes, hija mía.   1428
RS 3,1 Tía   las tres y las cuatro solas.   1432
RS 3,1 Muchacho   Cuatro.   1434
BA 2,1 La Poncia   Pero si yo lo sentí marchar a eso de las cuatro.   1473
BA 2,1 Adela   Trae cuatro mil bengalas amarillas y ponlas en las   1482
                        bardas del corral.
BA 2,1 Amelia   Mira tú cómo están las vecinas del callejón,   1484
                        sacrificadas por cuatro monigotes.
BA 2,1 La Poncia   Ayer me contó mi hijo mayor que a las cuatro y media   1501
                        de la [...]
BA 2,1 Bernarda   ¡A las cuatro y media!   1501
BA 2,1 Martirio   Yo también lo sentí marcharse a las cuatro.   1501
BA 2,1 La Poncia   Pero, desde luego, Pepe estaba a las cuatro de la   1502
                        madrugada en una reja de tu casa.
BA 3,1 Bernarda   ¿Sigue tu hijo viendo a Pepe a las cuatro de la mañana? 1519
cuatrocientos (1)
EP CV Estudiante 5   Yo tengo cuatrocientos toros.   1168
Cuba (1)
BA 1,1 Martirio   Su padre mató en Cuba al marido de su primera mujer   1459
                        para casarse con ella.
cubierta (4)
MP 2,5 Pedro   de una España cubierta de espigas y rebaños,   832
EP RR Figura De P   Si yo no tuviera esta flauta te escaparías a la luna,   1146
                        a la luna cubierta de pañolitos [...]
EP CV Estudiante 2   Se amaban los esqueletos [...] la cola de Julieta   1160
                        cubierta de pequeños [...]
EP CV Estudiante 4   La gente se olvida de [...] debajo de las sillas y   1160
                        cubierta de algodones [...]
cubierto (3)
EP CV Estudiante 2   Un gato puede ser una rana, y la luna de invierno   1161
                        puede ser muy bien un haz de leña cubierto de gusanos
                        ateridos.
BS 1,3 Madre   Tu padre los hubiera cubierto de árboles.   1195
RS 3,1 Ama   En medio de las dos, en un columpio de jazmines y   1425
                        matas de romero, Rosita meciéndose, y detrás su marido
                        cubierto de rosas, como [...]
cubiertos (3)
EP CV Estudiante 1   Cuando la gente va al acuárium no asesina a las   1165
                        serpientes de mar, ni a las ratas de agua, ni a los
                        peces cubiertos de lepra, sino [...]
BS 3,2 Niña   Cubiertos de barro   1263
BS 3,2 Mendiga   Cubiertos con dos mantas ellos vienen   1266
cubra (1)
BS 3,2 Madre   sábana que te cubra   1271
cubran (1)
CA 2,1 Joven   para que coman y cubran   1100
cubras (1)
BS 3,1 Leñador 3   ¡No cubras de flores la boda!   1255

cubre (4)
CA 2,1 Maniquí   cubre de rayos mi nuca.   1103
CA 2,1 Maniquí   abrir la rosa que cubre   1104
YE 3,1 Yerma   Cuando me cubre cumple con su deber, [...]   1329
YE 3,1 Yerma   Si pudiera dar voces [...] esta limpieza que me cubre.   1332
cubrecamas (1)
RS 2,1 Ama   Ya me duelen las manos [...] y caminos de mesa y   1380
                         cubrecamas de gasa con [...]
cubren (3)
PB 1,1 Duende 2   Porque si las cosas no se cubren con toda clase de   993
                         precauciones...
CA 2,1 Maniquí   Telas que cubren la carne   1100
YE 2,1 Lavandera 1   Y las tiendas del viento cubren a las montañas.   1308
cubrían (1)
CA 2,1 Novia   Mi novio tenía los dientes helados; me besaba, y sus   1079
                         labios se le cubrían de pequeñas hojas [...]
cubrir (1)
CA 3,1 Mecanógrafa   cubrir un cielo dormido.   1121
cubrirá (1)
BS 2,2 Madre   Mi hijo la cubrirá bien.   1228
cubro (1)
YE 2,1 Lavandera 5   cubro con arrayán.   1307
cuca (2)
CA 1,1 Niño   y la cuca.   1066
CA 1,1 Gata   Yo no tengo cuca.   1066
Cuca (1)
ZP 1,1 Zapatero   Cuca silvana.   926
Cucaracho (3)
MM 1,1 Doña Curiana   que el gran Cucaracho os pague en amor   674
MM 2,1 Curianita Santa   no critiquéis a nadie, dijo el Gran Cucaracho!   703
MM 2,1 Curianita 1   ¿Es que el Gran Cucaracho no comía, comadre?   703
cucuné (1)
TC 1,1 Rosita   Me pondré una flor amarilla sobre el cucuné, y un velo   725
                         que arrastrará por toda la calle.
cuchara (2)
BS 2,1 Muchacha 3   el novio le ofrece cuchara y mantel.   1217
BA 1,1 Criada   Suelos barnizados con [...] con un plato y una cuchara.   1444
cuchilla (1)
BA 2,1 Bernarda   Habla, te conozco demasiado para saber que ya me   1497
                         tienes preparada la cuchilla.
cuchillito (3)
BS 3,2 Madre   con un cuchillito,   1271
BS 3,2 Madre   con un cuchillito   1272
BS 3,2 Novia   un cuchillito   1272
cuchillo (19)
MP 1,1 Angustias   una herida de cuchillo sobre el aire.   783
CA 3,1 Mecanógrafa   Pero... lo veía por las rendijas...; quieto con unos   1115
                         ojos... Entraba el aire como un cuchillo, pero yo no
                         [...]
EP RR Figura De P   Yo me convertiría en cuchillo.   1146
EP RR Figura De C   Si yo me convirtiera [...] luna llena, ¡pero en   1146
                         cuchillo!
EP RR Figura De P   Si tú te convirtieras en pez luna, yo te abriría con   1146
                         un cuchillo, porque soy [...]
EP RR Figura De P   Yo me convertiría en cuchillo.   1147
EP RR Figura De P   En un cuchillo afilado, durante cuatro largas   1147
                         primaveras.
EP RR Centurión   Con un cuchillo o con un salivazo.   1152
BS 1,1 Madre   Y las escopetas, y las pistolas, y el cuchillo más   1172
                         pequeño, y hasta las azadas y los bieldos de la era.
BS 3,1 Luna   La luna deja un cuchillo   1249
BS 3,2 Niña   a poner cuchillo   1263
BS 3,2 Madre   A medianoche dormiré, dormiré sin que ya me aterren la   1267
                         escopeta o el cuchillo.
BS 3,2 Madre   Vecinas: con un cuchillo,   1271
BS 3,2 Madre   Con un cuchillo,   1272
BS 3,2 Novia   Y esto es un cuchillo,   1272
BS 3,2 Novia   con este cuchillo   1272
BA 1,1 Mujer 3   ¡Lengua de cuchillo!   1447
BA 2,1 Bernarda   Ya empiezas a sacar la punta del cuchillo.   1498
BA 3,1 Martirio   Clávame un cuchillo si es tu gusto, pero no me lo   1527
                         digas más.
cuchillos (3)
EP CV Estudiante 3   Y toda la gente, pero después enarbolaron los   1166
                         cuchillos y los bastones [...]
BS 2,2 Madre   Mana de su bisabuelo, que empezó matando, y sigue en   1227
                         toda la mala ralea, manejadores de cuchillos y gente
                         de [...]
BS 3,1 Leñador 2   Hay cuchillos y escopetas a diez leguas a la redonda.   1247
cuello (30)
MP 1,4 Amparo   porque este cuello, ¡oh, qué cuello!,   794

cuello - cuenta

cuello (continuación)   Pág.

MP 2,5 Pedro   sobre tu cuello blanco, que tiene luz de luna.   832
MP 2,9 Pedrosa   puedo apretar tu cuello con mis manos,   856
MP 2,9 Pedrosa   este cuello de nardo transparente,   856
MP 3,5 Mariana   Tengo el cuello muy corto para ser   874
MP 3,7 Novicia 2   ¡Su cuello es maravilloso!   881
TB PBK Buster Keaton   ¿Dónde mi cuello de pajarita y mi corbata de moaré? 896
DC 1,1 Enfermo   Me duele el cuello   1025
DC 1,1 Cristóbal   Tenga la bondad de sacar un poquito el cuello para que 1025
                        le pueda intervenir la carótida.
DC 1,1 Cristóbal   Para ponerte el cuello caliente.   1026
DC 1,1 Cristóbal   Buenas noches. Te agarré. Saca el cuello.   1027
DC 1,1 Cristóbal   Saca el cuello.   1027
DC 1,1 Cristóbal   Más cuello.   1027
DC 1,1 Cristóbal   Más cuello. Más cuello, más cuello, más cuello.   1028
CA 1,1 Joven   Pero es que yo estoy [...] luz alrededor de mi cuello. 1050
CA 1,1 Viejo   Y cuando la gente ha ido a retorcer el cuello de la 1072
                        paloma, yo le sujetado la mano y la he ayudado a volar.
CA 2,1 Novia   Pero con una corona de jazmines en el cuello y toda mi 1085
                        carne apretada por un velo mojado por el mar.
CA 2,1 Joven   ¡Ahora nadie podría separar mis brazos de tu cuello! 1094
EP RR Figura De P   Si me besas, yo abriré mi boca para clavarme después 1153
                        tu espada en el cuello.
BS 3,1 Mendiga   cuerpos pesados con el cuello herido.   1250
BS 3,1 Novia   quita de mi cuello honrado   1256
BS 3,2 Madre   Porque tengo que reconocerla, para no clavarla mis 1268
                        dientes en el cuello.
BS 3,2 Novia   Mira que mi cuello es blando; te costará menos trabajo 1270
                        que segar una dalia de tu huerto.
RS 2,1 Ama   Era hermoso como un novicio [...] aquel talle, aquel 1380
                        cuello de nácar y aquel [...]
RS 3,1 Martín   Y créame usted que los [...] lleva todavía corbata y 1419
                        cuello planchado
BA 3,1 Martirio   Esta se puso a mirarlas de modo que se iba a tronchar 1515
                        el cuello.
Cuello (1)
DC 1,1 Enfermo   Juan Cuello.   1025
cuellos (2)
ZP 1,1 Zapatera   ¿No te pones cuellos y puños que en tu vida te los   922
                        habías puesto?.
RS 3,1 Ama   El mismo se plancha los cuellos y cose sus calcetines, 1424
                        [...]
cuenta (V) (6)
MM 1,2 Doña Curiana   o no sé qué... lo que cuenta?   677
MM 1,2 Doña Curiana   que en estos tiempos. Se cuenta   680
ZP 2,1 Zapatera   ¿Ve usted todos esos romances y chupaletrinas que   965
                        canta y cuenta por los pueblos?
DC 1,1 Cristóbal   Cuenta con la mula. ¿Dónde está Rosita?   1030
YE 3,1 Yerma   El va con sus ovejas por sus caminos y cuenta el   1329
                        dinero por las noches.
BA 3,1 Bernarda   ¿Qué cuenta Pepe?   1513
cuenta (20)
MM 1,2 Curianita Silvia sin que nadie se dé cuenta.   677
TC 1,1 Rosita   Pero ¿no te habías dado cuenta?   726
ZP 2,1 Alcalde   Si yo te cogiera por mi cuenta, ¡vaya si te dominaba! 950
PB 2,1 Perlimplín   Porque comprendo tu estado de ánimo te entrego este 1004
                        papel que tanto supone para ti... Yo me doy cuenta de
                        las cosas.
PB 2,1 Perlimplín   Me di cuenta en seguida.   1005
PB 3,1 Marcolfa   Se dio cuenta demasiado tarde.   1018
CA 1,1 Mecanógrafa   Yo te ruego que me des la cuenta.   1055
EP CV Estudiante 4   ¿Pero no te has dado cuenta de que la Julieta [...] 1167
YE 1,1 Yerma   ¿Te has dado cuenta de ello?   1279
YE 1,2 Vieja 1   ¿Cuándo os vais a dar cuenta de que no existe?   1291
YE 1,2 Yerma   Sí, pero es que no os dais cuenta lo que es un niño 1292
                        pequeño.
YE 1,2 Muchacha 1   Es que no me doy bien cuenta de las cosas.   1292
RS 1,1 Tío   No os dais cuenta de mi invernadero; [...]   1352
RS 2,1 Ama   Es que ya debe usarlos y romperlos, pero ella no se da 1380
                        cuenta de cómo pasa el tiempo.
RS 2,1 Tío   Ayer oí cómo le explicabas con todo detalle nuestra 1385
                        cuenta corriente en el Banco.
RS 2,1 Tío   Lo he oído todo, y casi sin darme cuenta he cortado la 1410
                        única rosa mudable que tenía en mi invernadero.
RS 3,1 Rosita   Y hoy se casa una amiga [...] bajo al paseo y me doy 1428
                        cuenta de que no conozco [...]
BA 1,1 La Poncia   ¡Hoy no se dará cuenta!   1440
BA 1,1 Bernarda   Hacemos cuenta que hemos tapiado con ladrillos puertas 1451
                        y ventanas.
BA 2,1 Martirio   Se me escapó. Fue sin darme cuenta.   1490

cuéntame (1)
MP 1,4 Mariana   ¡Cuéntame! Si vieras   792
cuentan (2)
TC 6,1 Rosita   En esta hora, los niños cuentan las estrellas, y los   774
                        viejos se duermen sobre sus cabalgaduras.
DC 1,1 Rosita   cuentan las estrellas   1032
cuéntanos (1)
MP 2,1 Niño   Cuéntanos otra cosa.   819
cuentas (1)
ZP 2,1 Zapatero   Sí, sí, canallas...; pero pronto ajustaré cuentas con   971
                        todos y me [...]

cuento (V) (2)
MM 2,7 Curianito   ¿Entonces a quién cuento mis pesares?   720
MP 2,1 Clavela   No cuento más.   819
cuento (6)
MP 2,1 Niña   El cuento aquel del príncipe gitano.   821
RS 1,1 Ama   Cuando chiquita tenía que contarle todos los días el   1354
                        cuento de cuando ella [...]
RS 3,1 Martín   ¿Leyó usted mi cuento de ayer en el segundo número de 1421
                        "Mentalidad Granadina"?
RS 3,1 Rosita   Sería el cuento de nunca acabar.   1430
BA 1,1 La Poncia   Treinta años lavando [...] vecinos y llevarle el   1442
                        cuento; vida sin secretos [...]
BA 1,1 Bernarda   Ya no puedes ir con el cuento a tu padre.   1452
cuerda (3)
ZP 1,1 Zapatera   ¿No llevas tu reloj, tan hermoso, con cadena de plata   922
                        y venturinas, al que le doy cuerda todas las noches?
CA 3,1 Arlequín   Una cuerda muy larga,   1109
RS 2,1 Ama   Yo quise que tuviera cuerda y cantara, pero no pudo   1383
                        ser.

cuerdas (2)
EP RR Figura De C   Un látigo hecho con cuerdas de guitarra.   1148
RS 1,1 Rosita   las cuerdas de mi laúd!   1371
cuerno (4)
YE 3,2 Hombre 3   ¡Dale ya con el cuerno!   1342
RS 1,1 Tío   blanco cuerno de metal   1357
RS 1,1 Rosita   blanco cuerno de metal   1374
RS 2,1 Rosita   cuerno de metal sonaba   1404
cuernos (2)
ZP 2,1 Mozo Del S   Tengo tanto coraje que agarraría a un toro de los   943
                        cuernos, le haría hincar [...]
CA 1,1 Viejo   Porque lo otro es morirse ahora mismo, y es más   1053
                        hermoso pensar que todavía mañana veremos los cien
                        cuernos de oro con que [...]

cuero (3)
ZP 2,1 Zapatero   clava en el cuero la lezna.   960
ZP 2,1 Zapatero   con el cuero y con las crines   962
DC 1,1 Director   Entre los ojos de las mulas, duros como puñetazos,   1043
                        entre el cuero bordado de los [...]

cueros (1)
BA 2,1 Adela   Hasta que se pongan en cueros de una vez y se las   1495
                        lleve el río.

cuerpo (53)
MM 1,2 Curianita Silvia su cuerpo chico y sus ojos   682
MM 2,5 Mariposa   y ahora mi pobre cuerpo   715
MM 2,5 Mariposa   y mi cuerpo está frío.   716
MM 2,5 Gusano 2   Su cuerpo   717
MM 2,5 Gusano 3   vuestro cuerpo encendido!   717
MM 2,7 Curianito   Tienes el cuerpo frío. Ven conmigo,   720
TC 1,1 Cristobita   La boca un poquitín grande, pero vaya canela en rama   733
                        de cuerpo... Aún no he [...]
MP 2,5 Pedro   así enlazan tus brazos mi cuerpo combatido.   831
ZP 2,1 Alcalde   Con un estrado que costó cinco mil reales, con centros 951
                        de mesa, con cortinas de brocatel, con espejos de
                        cuerpo entero...
PB 1,1 Perlimplín   Yo no había podido imaginarme tu cuerpo hasta que lo   991
                        vi por el ojo de la cerradura cuando te vestías de
                        novia.
PB 2,1 Belisa   Hablan de mí..., de mi cuerpo...   1006
PB 2,1 Perlimplín   ¡De tu cuerpo!   1006
PB 2,1 Belisa   ¡sino tu blanco y mórbido cuerpo estremecido!   1007
PB 3,1 Perlimplín   Yo necesito que ella ame a ese joven más que a su   1010
                        propio cuerpo.
PB 3,1 Voces   Belisa lava su cuerpo   1011
PB 3,1 Perlimplín   El te querrá con el amor infinito de los difuntos y yo 1015
                        quedaré libre de esta oscura pesadilla de tu cuerpo
                        grandioso... ¡Tu cuerpo!...,
PB 3,1 Perlimplín   Viejo verde, monigote sin fuerza, tú no podías gozar   1016
                        el cuerpo de Belisa..., el cuerpo de

		Pág.
cuerpo (continuación)		
PB 3,1 Perlimplín	Viejo verde, monigote sin fuerza, tú no podías gozar el cuerpo de Belisa..., el cuerpo de Belisa era para músculos jóvenes y labios de ascuas... Yo, en cambio, amaba tu cuerpo nada más..., ¡tu cuerpo!,	1017
PB 3,1 Perlimplín	Yo soy mi alma y tú eres tu cuerpo... Déjame en [...]	1017
CA 3,1 Joven	flor ajada y cuerpo limpio,	1121
CA 3,1 Mecanógrafa	No tienes tú ojos para verme desnuda, ni boca para besar mi cuerpo que nunca se acaba.	1126
CA 3,2 Jugador 2	Que ya no podemos arrancarla del cuerpo.	1138
BS 1,1 Madre	Todo lo que puede cortar el cuerpo de un hombre.	1172
BS 1,1 Madre	No sé cómo te atreves a llevar una navaja en tu cuerpo, ni cómo yo dejo a la serpiente dentro del arcón.	1173
BS 2,1 Muchacha 1	Limpia de cuerpo y ropa	1223
BS 3,1 Leñador 2	El cuerpo de ella era para él y el cuerpo de él para ella.	1247
BS 3,2 Novia	Vamos a meter las manos; tú por tu hijo; yo, por mi cuerpo.	1270
YE 1,1 Yerma	Trabajas mucho y no tienes tú cuerpo para resistir los trabajos.	1274
YE 1,2 Vieja 1	¿Quién puede decir que este cuerpo que tienes no es hermoso?	1288
YE 2,1 Lavandera 1	Y nuestro cuerpo tiene	1309
YE 3,1 Yerma	Cuando me cubre cumple con su deber, pero yo le noto la cintura fría, como si tuviera el cuerpo muerto, y yo, [...]	1329
YE 3,1 Yerma	A ver dónde encuentras un olor que no sea tuyo, que no sea de tu cuerpo.	1333
YE 3,1 Yerma	Dejar que de mi cuerpo salga siquiera esta cosa hermosa y que llene el aire.	1335
YE 3,1 Yerma	Una cosa es querer con la cabeza y otra cosa es que el cuerpo, ¡maldito sea el cuerpo!,	1335
YE 3,2 Hembra	Por el cuerpo le subían	1340
YE 3,2 Macho	y soporta mi cuerpo de tierra	1341
YE 3,2 Macho	y el cuerpo reluciente	1343
YE 3,2 Yerma	Con el cuerpo seco para siempre.	1350
RS 3,1 Ama	Es querer y no encontrar el cuerpo; es llorar y no [...]	1416
RS 3,1 Martín	Ayer se empeñaron en que el pobre señor Canito, profesor nuevo de Geografía, llevaba corsé; porque tiene un cuerpo algo retrepado, [...]	1418
RS 3,1 Rosita	Cada año que pasaba era como una prenda íntima que arrancaran de mi cuerpo.	1428
BA 2,1 La Poncia	Me corría el sudor por todo el cuerpo.	1476
BA 2,1 Adela	Tengo mal cuerpo.	1478
BA 2,1 Adela	¡Yo hago con mi cuerpo lo que me parece!	1479
BA 2,1 Adela	Y siempre: "¡Qué lástima de cara!", "¡qué lástima de cuerpo que no vaya a ser para nadie!"	1479
BA 2,1 Adela	Mi cuerpo será de quien yo quiera.	1479
BA 3,1 Martirio	Eso no pasará mientras yo tenga una gota de sangre en el cuerpo.	1528
BA 3,1 Angustias	De aquí no sales tú con tu cuerpo en triunfo.	1530
cuerpos (2)		
BS 3,1 Mendiga	cuerpos pesados con el cuello herido.	1250
BS 3,2 Niña	¡Cuerpos estirados,	1264
cuesta (7)		
TC 2,1 Cristobita	Muy cara me cuesta la niña.	739
MP 1,7 Fernando	¡ay qué trabajo me cuesta!	812
MP 2,8 Pedro	Mucho dolor me cuesta.	842
CA 3,2 Jugador 1	Jugamos y ganamos; pero ¡qué trabajo nos cuesta!	1136
YE 2,1 Lavandera 4	Le cuesta trabajo estar en su casa.	1302
RS 2,1 Madre	¡Pero a mí me cuesta la vida!	1394
BA 2,1 La Poncia	Pero les cuesta mucho trabajo desviarse de la verdadera inclinación.	1500
cuestan (1)		
BS 2,2 Novia	Estos pasos son pasos que cuestan mucho.	1236
cueste (3)		
TC 4,1 Joven	Pues quiero verla, cueste lo que cueste.	752
MP 2,9 Mariana	Que me cueste dolor, pero con honra.	857
cuestión (2)		
EP CV Estudiante 2	Es una cuestión de forma, de máscara.	1161
YE 2,2 Yerma	Te ruego que no hables. Deja quieta la cuestión.	1316
cuestiones (6)		
TC 3,1 Mozo 1	¡Déjate de cuestiones, Cocoliche! ¡Déjate de cuestiones!	747
MP 2,9 Pedrosa	de estas cuestiones. Perdonad, Mariana.	852
BS 1,1 Vecina	El tenía ocho años cuando las cuestiones.	1182
YE 2,1 Lavandera 2	Todo esto son cuestiones de gente que no tiene conformidad con su sino.	1304
BA 3,1 La Poncia	En estas cuestiones se olvida hasta la sangre.	1521

cueva (5)
   MM 1,2 Doña Curiana   que conocí allá en su cueva,   680
   MM 2,3 Mariposa   en su cueva;   708
   MM 2,3 Mariposa   en su cueva;   709
   MM 2,4 Alacranito   Ya me voy a mi cueva   711
   MM 2,7 Curianito   que es mi cueva templada   720
cuevas (1)
   MM 0,0   Parece que el niño Cupido duerme muchas veces en las   670
    cuevas vacías de su calavera.
cuevecitas (1)
   TC 0,0 Mosquito   Ahora que sale la luna y las luciérnagas huyen   724
    lentamente a sus cuevecitas, va a dar [...]
cuida (2)
   MP 2,9 Mariana   ¡Me iré a casa de don Luis! ¡Cuida los niños!   858
   BA 2,1 La Poncia   ¡Cuida de enterarte!   1502
cuidado (17)
   MM 1,5 Curiana N   Llevadla con cuidado   699
   MM 2,2 Curiana N   Tened mucho cuidado,   706
   MM 2,2 Curiana N   ¡Ten cuidado! ¡Si viene Alacranito!   707
   TC 2,1 Cristobita   ¡Tenga cuidado!   739
   MP 2,8 Mariana   ¡Pedro..., y todos, que tengáis cuidado!   848
   MP 2,9 Pedrosa   Tenga cuidado.   853
   ZP 1,1 Niño   Dice mi madre que tenga cuidado de no darles [...]   914
   ZP 1,1 Zapatera   ¡Mucho cuidado con lo que estás diciendo!   921
   ZP 1,1 Zapatero   ¡Cuidado con el retintín con que me lo han dicho!   933
   ZP 2,1 Zapatera   ¿Yo? Me trae absolutamente sin cuidado, pero como lo   940
    veo en la puerta. .
   EP CV Enfermero   Mucho cuidado con que el aire que ha de soplar no se   1164
    lleve vuestras pelucas.
   BS 1,2 Mujer   Ten cuidado, que está dormido.   1189
   BS 1,2 Leonardo   Y quizá tenga razón. Ella es de cuidado.   1190
   BS 2,1 Madre   ¡Que llevéis cuidado! No sea que tengamos mala hora.   1222
   BA 1,1 Bernarda   Ve con ella y ten cuidado que no se acerque al pozo.   1453
   BA 2,1 La Poncia   Tened cuidado con no entreabrirla mucho, porque son   1488
    capaces de dar un empujón para ver quién mira.
   BA 2,1 Amelia   Debiéramos tener cuidado. ¿No serán los gañanes?   1489
cuidan (1)
   YE 2,1 Lavandera 4   Estaban encargadas de cuidar la iglesia y ahora cuidan   1301
    de su cuñada.
cuidando (1)
   ZP 1,1 Zapatera   Mi cocido, con sus patatas [...] cuidarlo, lo estoy   934
    cuidando a mano!
cuidar (8)
   YE 1,1 Yerma   Pero no te dejas cuidar.   1275
   YE 1,2 Yerma   ¿Me he de quedar en plena vida para cuidar aves o   1288
    poner cortinitas planchadas en mi ventanillo?
   YE 2,1 Lavandera 4   Estaban encargadas de cuidar la iglesia y ahora cuidan   1301
    de su cuñada.
   YE 2,1 Lavandera 1   El tiene la culpa, él; cuando un padre no da hijos   1304
    debe cuidar de su mujer.
   YE 2,2 Juan   He de cuidar el ganado.   1311
   YE 2,2 Yerma   No quiero cuidar hijos de otros.   1314
   YE 3,1 Vieja   Y a cuidar de mi hijo.   1337
   RS 2,1 El Señor X   Si Santos Dumont, en vez de estudiar Meteorología   1376
    comparada, se hubiera dedicado a cuidar rosas, el
    aeróstato [...]
cuidarlo (2)
   ZP 1,1 Zapatera   Mi cocido, con sus patatas [...] encima, ¡porque lo   934
    que es cuidarlo, lo que es cuidarlo, lo estoy cuidando
    [...]
cuidases (1)
   YE 1,1 Yerma   Si yo estuviera enferma, me gustaría que tú me   1275
    cuidases.
cuidéis (1)
   RS 1,1 Tío   Es necesario que cuidéis las flores.   1352
cuido (V) (2)
   BS 1,1 Madre   Por eso lo cuido.   1181
   YE 1,1 Yerma   Por eso te cuido.   1275
cuido (2)
   ZP 2,1 Zapatera   Buen hombre, Dios quiera que encuentre usted a su   975
    mujer, para que vuelva a vivir con el cuido y la
    decencia a [...]
   YE 2,2 Yerma   Los hombres tienen otra [...] esta de la cría y el   1314
    cuido de la cría.
culebra (1)
   TB DME Vieja   Cuatro de ellos pueden con una culebra.   897
culito (4)
   DC 1,1 Enfermo   del culito   1027
   DC 1,1 Madre   y un culito   1029
   DC 1,1 Cristóbal   que se limpia el culito con una teja.   1030
   DC 1,1 Madre   y un culito   1034

culpa - cumpleaños

culpa (45)   Pág.
MM 2,2 Doña Curiana   Toda, toda la culpa la tiene mi marido.   707
TC 6,1 Cristobita   ¡Por vuestra culpa me he roto, me he muerto!   778
MP 1,7 Fernando   No es tuya la culpa, no;   812
MP 3,3 Mariana   la que tiene menos culpa?   868
ZP 1,1 Zapatera   Ya sabía yo que con esta clase de gente no se podía   913
                       hablar ni un segundo...; pero la culpa la tengo yo, yo
                       [...]
ZP 1,1 Niño   No se disguste usted conmigo, que yo no tengo la culpa 914
                       y todos los días estudio muy bien la gramática.
ZP 1,1 Zapatero   ¡Mi hermana , mi hermana tiene la culpa, mi hermana   919
                       que [...]
ZP 1,1 Zapatero   Mi hermana, mi hermana tiene la culpa.   926
ZP 1,1 Niño   ¡Es verdad! ¡Pero yo no tengo la culpa!   937
ZP 1,1 Zapatera   Sí, sí, venid a verme, cascantes, comadricas, por   938
                       vuestra culpa ha sido...
ZP 2,1 Zapatera   Si no fuera porque tengo [...] desde que se fue por   942
                       culpa de todos vosotros [...]
ZP 2,1 Niño   Pero, ¿por qué te echarán a ti la culpa de que tu   945
                       marido se haya marchado?
ZP 2,1 Vecina Negra   ¡Se están cosiendo a puñaladas por culpa de esa mujer! 962
ZP 2,1 Zapatera   Mi marido me dejó por culpa de las gentes y ahora me   963
                       encuentro sola, sin calor de nadie.
ZP 2,1 Niño   Se han hecho heridas con las navajas dos o tres mozos   970
                       y te echan a ti la culpa.
ZP 2,1 Vecina Roja   Por culpa de ella.   972
ZP 2,1 Zapatera   ¡Por tu culpa!   977
PB 3,1 Marcolfa   ¡Yo tengo la culpa!   1008
DC 1,1 Madre   Por tu culpa ahora nos tendrás que dar todo tu dinero. 1040
CA 1,1 Mecanógrafa   ¿Qué culpa tengo yo, señor?   1055
CA 1,1 Joven   Tampoco tengo yo culpa ninguna.   1055
CA 2,1 Novia   ¿Y qué culpa tengo yo? ¿Quieres que me vaya contigo?   1095
CA 2,1 Maniquí   Mientes. Tú tienes la culpa.   1101
EP RR Centurión   Por vuestra culpa estoy corriendo caminos y durmiendo 1152
                       sobre arena.
BS 1,1 Vecina   Mujer, ¿qué culpa tiene Leonardo de nada?   1182
BS 2,1 Leonardo   Después de mi casamiento he pensado noche y día de   1214
                       quién era la culpa y cada vez que pienso sale una
                       culpa nueva que se come a la otra; pero ¡siempre hay
                       culpa!
BS 3,1 Leonardo   Que yo no tengo la culpa,   1258
BS 3,1 Leonardo   que la culpa es de la tierra   1258
BS 3,2 Madre   Ella no tiene la culpa, ¡ni yo!   1269
YE 1,2 Yerma   Dime: ¿tengo yo la culpa?   1290
YE 2,1 Lavandera 1   Ella no tiene hijos, pero no es por culpa suya.   1302
YE 2,1 Lavandera 1   El tiene la culpa, él; cuando un padre no da hijos   1304
                       debe cuidar de su mujer.
YE 2,1 Lavandera 4   La culpa es de ella, que tiene por lengua un pedernal. 1304
YE 3,2 Vieja   La culpa es de tu marido.   1344
YE 3,2 Juan   No tenemos culpa ninguna   1348
RS 1,1 Sobrino   Yo no tengo culpa de querer a mi prima.   1362
BA 1,1 Amelia   De todo tiene la culpa esta crítica que no nos deja   1459
                       vivir.
BA 1,1 Amelia   Pero Adelaida no tiene culpa de esto.   1460
BA 2,1 Angustias   Yo no tengo la culpa de que Pepe el Romano se haya   1495
                       fijado en mí.
BA 2,1 La Poncia   Yo no te quiero echar la culpa, pero tú no has dejado   1498
                       a tus hijas libres.
BA 3,1 La Poncia   No es toda la culpa de Pepe el Romano.   1520
BA 3,1 Adela   Martirio, Martirio, yo no tengo la culpa.   1527
BA 3,1 Bernarda   No fue culpa mía. Una mujer no sabe apuntar.   1531
cultivador (1)
RS 2,1 El Señor X   Superlativamente; aunque un catedrático de Economía   1376
                       Política no puede discutir con un cultivador de rosas.
culto (1)
DC 1,1   El poeta que ha interpretado [...] evidencia de que el 1019
                       público culto de esta tarde sabrá [...]
cultura (2)
RS 2,1 El Señor X   Me interesa la cultura, que es distinto.   1376
RS 3,1 Martín   No se le da hoy mérito a la Retórica y Poética, ni a   1423
                       la cultura universitaria.
cumple (3)
PB 3,1 Perlimplín   Mañana estarás libre como un pájaro... Aguarda hasta   1011
                       mañana... Ahora vete y cumple con tu deber... [...]
BS 1,3 Padre   Día en que ella cumple veintidós años justos.   1198
YE 3,1 Yerma   Cuando me cubre cumple con su deber, [...]   1329
cumpleaños (2)
RS 3,1 Tía   ¿"El cumpleaños de Matilde"? Sí, lo leímos; una   1422
                       preciosidad.
BA 1,1 Magdalena   Se ha puesto el traje verde que se hizo para estrenar   1462
                       el día de su cumpleaños, se ha ido [...]

cumplí (1)
    MP 2,5 Mariana   Cumplí con mi deber.   827
cumplir (3)
    CA 2,1 Padre   ¡Tienes que cumplir tu compromiso!   1090
    BS 1,3 Novia   Yo sabré cumplir.   1200
    RS 1,1 Sobrino   Por cumplir su palabra está mi padre en América, y   1363
                           usted sabe...

cumpliré (2)
    TB QM. Enrique   Sois muy distintos, hijos. Cumpliré los encargos de   904
                           todos.
    RS 1,1 Sobrino   Yo di mi palabra y la cumpliré.   1363
cumplo (2)
    MP 2,9 Pedrosa   Cumplo deberes de mi duro cargo.   851
    CA 2,1 Novia   No lo cumplo.   1090
cuna (5)
    CA 2,1 Maniquí   Tu niño canta en su cuna   1104
    CA 2,1 Joven   Mi niño canta en su cuna,   1104
    BS 1,2 Suegra   Su cuna de acero.   1186
    YE 1,1 Yerma   donde tendrás primera cuna!   1278
    YE 1,1 Yerma   donde tendrás primera cuna!   1286
cunas (1)
    YE 3,2 Vieja   Si entras en mi casa, todavía queda olor de cunas.   1345
Cunillo (1)
    ZP 2,1 Niño   Pues me lo ha hecho el Cunillo porque estaba [...]   944
cuñada (1)
    YE 2,1 Lavandera 4   Estaban encargadas de cuidar la iglesia y ahora cuidan 1301
                           de su cuñada.
cuñadas (3)
    YE 2,1 Lavandera 4   Ella y sus cuñadas, sin despegar [...]   1304
    YE 2,1 Lavandera 2   Silencio. ¿No ves que por ahí vienen las cuñadas?   1305
    YE 2,2 María   ¿Y tus cuñadas?   1319
cuñado (1)
    DC 1,1 Director   Llenemos el teatro de [...] del Bululú gallego y   1043
                           cuñado de la tía Norica, [...]
Cupido (1)
    MM 0,0   Parece que el niño Cupido duerme muchas veces en las   670
                           cuevas vacías de su calavera.
cúpula (1)
    CA 3,1 Máscara   Digo que el conde Arturo [...] que brillaban bajo la   1116
                           cúpula de la gran Opera [...]
cura (V) (1)
    BS 2,1 Leonardo   Porque tú crees que el tiempo cura y que las paredes   1214
                           tapan, y no es verdad, no es verdad.
cura (4)
    TC 2,1 Cristobita   ¿Qué hablas?... Vamos a avisar al cura.   740
    TC 6,1 Monaguillo   Que dice el señor cura que, cuando quieran, que vayan. 767
    DC 1,1 Cristóbal   Avisa al cura.   1036
    RS 3,1 Ama   ¿Dónde cree usted que [...] perdonado, con tanto cura 1425
                           y tanta monja y [...]
curar (4)
    MM 1,2 Doña Curiana   para curar el amor.   680
    DC 1,1 Enfermo   En vista de esto me he convencido de que es usted un   1024
                           gran médico que me puede curar.
    DC 1,1 Cristóbal   Pues te voy a curar.   1027
    BS 2,2 Criada   Tú eres el único que la puedes curar, porque tuya es. 1239
curará (1)
    MM 1,5 Doña Curiana   ¿Le curará, doctora?   699
curaré (1)
    MM 2,7 Curianito   Con besos curaré yo tus heridas   719
curas (3)
    ZP 1,1 Zapatero   Quisiera oír a la mujer del sacristán; pues ¿y los   931
                           curas?
    ZP 1,1 Zapatero   ¿Qué dirán los curas?   931
    BA 1,1 La Poncia   Han venido curas de todos los pueblos.   1439
curiana (1)
    MM 1,2 Doña Curiana   de una curiana muy santa   680
Curiana (2)
    MM 1,1 Curiana N   ¡Ay doña Curiana, qué vais a decir!   672
    MM 2,4 Alacranito   ¡Calla, Curiana fea!   711
Curianita (1)
    MM 2,2 Curiana N   Doña Curianita amiga.   706
Curianito (7)
    MM 1,5 Alacranito   No temas, Curianito.   695
    MM 1,6 Curiana N   Curianito, tu suerte   700
    MM 2,1 Curianita Santa ¿Visteis a Curianito recitar en el prado?   702
    MM 2,1 Curianita 1   Si Curianito el Nene no trabaja y se aplica,   703
    MM 2,1 Curianita 1   En fin, que el Curianito está loco.   704
    MM 2,2 Doña Curiana   Curianito no cesa de cantar sus amores.   707
    MM 2,7 Curiana G   ¡Ah! ¿Por qué gritas tanto, Curianito?   721
curiosidad (1)
    EP CV Estudiante 4   Por pura curiosidad, para ver lo que tenían dentro.   1166

			Pág.
curita (2)			
TC 6,1 Cristobita	¡Ay, que llamen al curita!		778
MP 1,8 Angustias	dile al curita nuestro		817
Currito (4)			
TC 4,1 Cansa-Almas	¡Currito!		752
TC 4,1 Joven	Sí, Currito el del Puerto.		753
TC 6,1 Rosita	¡Currito!		763
TC 6,1 Currito	Currito.		763
cursilonas (1)			
RS 2,1 Ama	Ahí están las solteronas cursilonas.		1390
curva (V) (1)			
YE 3,2 Hombre 1	Como junco se curva.		1343
curva (3)			
ZP 2,1 Zapatero	por la curva de la acequia.		962
CA 2,1 Joven	la perfección de su curva,		1105
CA 3,1 Payaso	Perdí rosa y curva,		1113
curvando (1)			
RS 3,1 Rosita	Yo sé que los ojos los tendré siempre jóvenes, y sé que la espalda se me irá curvando cada día.		1430
custodia (1)			
BS 2,2 Madre	En una custodia de cristal y topacios pondría yo la tierra empapada por ella.		1229
cutis (2)			
ZP 1,1 Niño	Son de mi hermana la grande, la que tiene el cutis fino y se pone [...]		914
CA 2,1 Criada	El aire le va a quemar el cutis.		1087
cuyas (1)			
RS 1,1 Rosita	cuyas pestañas son parras,		1365
cuyo (3)			
ZP 2,1 Alcalde	Muchas mujeres he conocido [...] calentura, mujeres cuyo talle se puede abarcar [...]		949
CA 1,1 Viejo	Son unas trenzas con cuyo perfume se puede vivir sin necesidad de pan ni de agua.		1050
RS 2,1 El Señor X	Estuve por haberla traído un cañoncito de plata por cuyo agujero se veía [...]		1377
chacal (1)			
MP 1,5 Fernando	¡Qué chacal! ¿Tú le conoces?		799
chaise longue (1)			
DC 1,1 Rosita	y en la gran "chaise-longue"		1032
chal (2)			
TC 2,1 Cocoliche	Cuando le regalé el chal de las rosas, me [...]		737
MP 2,9 Mariana	yo me voy. Dame el chal.		858
chalado (1)			
RS 3,1 Tía	¡Chalado de las rosas!		1427
chalan (1)			
ZP 1,1 Zapatera	Lo que es a mí, me chalan las ovejitas.		934
chaleco (1)			
BS 3,1 Mendiga	Ilumina el chaleco y aparta los botones,		1251
chalequito (1)			
DC 1,1 Enfermo	y debajo del chalequito		1027
chambras (2)			
ZP 2,1 Niño	y esas chambras de batista		947
ZP 2,1 Voces	y esas chambras de batista		978
chancea (1)			
MM 1,2 Doña Curiana	Silvia, ¿y quién no se chancea		681
chanceáis (1)			
MM 1,2 Curianita Silvia	Os chanceáis, señora.		681
chapona (1)			
RS 1,1 Ama	¿Cuándo la ha visto usted [...] para adornarse una chapona?		1354
charca (1)			
TC 0,0 Mosquito	Ahora que sale la luna [...] una avefría sobre la charca, una delicada [...]		724
charco (1)			
YE 3,2 Yerma	Una maldición. Un charco de veneno sobre las espigas.		1344
charcos (1)			
RS 2,1 Ama	Los charcos que hay alrededor [...]		1383
charlar (1)			
CA 2,1 Joven	Prefiero charlar.		1092
charol (6)			
ZP 1,1 Niño	Vengo con estos zapatos de charol, costaron cinco duros, para que los arregle su marido.		913
ZP 1,1 Niño	Dice mi madre que tenga cuidado de no darles muchos martillazos porque el charol es muy delicado, para que no se estropee el charol.		914
CA 3,2 Joven	Me habrás puesto los zapatos de charol.		1134
CA 3,2 Joven	Y me dejas los zapatos de charol. Pero les cambias las cintas.		1135
BS 2,1 Muchacha 2	botas de charol y plata		1216
chartreuse (3)			
CA 3,2 Joven	¿O prefieren chartreuse?		1141

chartreuse (continuación)
  CA 3,2 Joven   Un poco de chartreuse.   1142
  CA 3,2 Joven   El chartreuse es como una [...]   1142
chata (2)
  CA 1,1 Gato   Iba por el tejado, gata chata,   1064
  CA 1,1 Niño   Yo también iba, ¡ay!, gata chata, barata,   1064
chau (3)
  TC 1,1 Rosita   Oye, a París de ninguna manera, porque no quiero que   730
                        se parezca a los franceses con el chau, chau, chau.
chi (1)
  TB PBK El Búho   Chirri, chirri, chirri, chi.   894
chica (3)
  PB 1,1 Duende 2   El alma de Perlimplín, chica y asustada como [...]   995
  YE 1,2 Yerma   Sí, pero era para verme muy chica, muy manejable, como   1290
                        si yo misma fuera hija mía
  YE 2,1 Lavandera 4   en la nevada chica   1307
chicas (2)
  CA 3,2 Jugador 1   Lo echó, y al ir a cogerlo [...] bebiendo en él, con   1136
                        dos chicas, por el Gran Canal.
  BS 3,1 Mendiga   ¿Cómo no te gusta estar tendido sobre ellas y no andar   1254
                        sobre las plantas de los pies, que son tan chicas?
chico (4)
  MM 1,2 Curianita Silvia   su cuerpo chico y sus ojos   682
  MM 1,5 Alacranito   ¡A su lado tenía la cría, un nene chico,   692
  CA 2,1 Criada   Mi padre estuvo en el Brasil dos veces y era tan chico   1083
                        que cabía en una maleta.
  CA 2,1 Criada   Las últimas varillas se las llevó el chico del   1098
                        carbonero.
chicos (2)
  RS 2,1 Rosita   El otro día me lo encontré jugando al uni uni doli   1387
                        doli con tres chicos y todo el montón [...]
  BA 2,1 La Poncia   No seas como los niños chicos.   1481
chiflado (1)
  TC 1,1 Rosita   Será un chiflado de esos que vienen del extranjero.   731
China (1)
  TB DME Doncella   Parecen amontonados en la cesta una antigua ciudad de   896
                        la China.
chinas (1)
  ZP 2,1 Zapatera   Medio metro de agua y las chinas del fondo se veían   945
                        reír, reír con el temblorcillo.
chinos (1)
  CA 1,1 Amigo   Te saludaré como los chinos.   1058
chiquilicuatros (1)
  TC 3,1 Joven   Ahora les gusta a las mujeres los chiquilicuatros.   746
chiquilla (4)
  TC 6,1 Cocoliche   ¡Chiquilla!   768
  MP 1,2 Angustias   ¡Qué chiquilla!   786
  ZP 1,1 Alcalde   Es que es una chiquilla alegre, eso es natural.   924
  DC 1,1 Cristóbal   de las que gastó su madre cuando era chiquilla.   1030
chiquillas (1)
  RS 2,1 Tía   ¡Qué chiquillas!   1398
chiquillo (1)
  TC 2,1 Rosita   ¡Ay chiquillo mío!   736
chiquillos (3)
  BS 1,1 Vecina   Iban negros los chiquillos que llevan el agua a los   1183
                        segadores.
  RS 3,1 Rosita   Con la mudanza ha estado todo el día la puerta llena   1426
                        de chiquillos, como si en la casa hubiera un muerto.
  BA 3,1 Prudencia   No me queda más consuelo [...] jueguen con una los   1508
                        chiquillos.
chiquita (4)
  ZP 1,1 Zapatera   Mira, mira ... aquella blanca tan chiquita que casi   934
                        no puede andar.
  CA 2,1 Maniquí   de la novia chiquita y morena?   1099
  CA 2,1 Maniquí   de la novia chiquita y morena?   1100
  RS 1,1 Ama   Cuando chiquita tenía que contarle [...]   1354
chiquitita (2)
  TC 6,1 Cristobita   ¡Rosita..., chiquitita!...   769
  TC 6,1 Cristobita   ¡Chiquitita, almendrita!   772
chiquitito (1)
  PB 1,1 Belisa   Sí, Perlimplín chiquitito.   999
chiquitos (1)
  BA 3,1 María Josefa   Yo quiero casas, pero casas abiertas y las vecinas   1525
                        acostadas en sus camas con sus niños chiquitos y los
                        hombres [...]
chirri (3)
  TB PBK El Búho   Chirri, chirri, chirri, chi.   894
chirrrrrrrrrrrr (1)
  TB PBK El Búho   Chirrrrrrrrrrrr.   894
chisgarabís (1)
  TC 6,1 Currito   ¡Cuando tú quieras, chisgarabís!   770

chiss (2)   Pág.
    YE 2,2 Muchacha 2   Chiss.
    BA 1,1 Bernarda   Chiss.   1320
chisss (2)   1450
    ZP 2,1 Zapatera   El, entonces, me dijo... ¡Chisss!...
    BA 3,1 La Poncia   ¡Chisss!   946
chissss (4)   1521
    ZP 1,1 Mirlo   ¡Chissss!
    CA 1,1 Niño   Chissss...   930
    BS 3,1 Leñador 2   ¡Chissss!   1061
    BA 2,1 Amelia   Chissss... ¡Que nos van a oír!   1245
chisssssss (1)   1476
    ZP 1,1 Mirlo   ¡Chisssssss!
chist (7)   929
    ZP 1,1 Niño   ¡Chist!... No pises fuerte.
    ZP 2,1 Alcalde   ¡Chist! ¿Y en qué consiste el trabajo de usted?   936
    PB 1,1 Duende 2   ¡Chist!...   956
    PB 1,1 Duende 1   ¡Chist!...   997
    PB 3,1 Belisa   Chist... ¡Es aquí, aquí!   997
    RS 1,1 Tía   ¡Chist! Sois a cuál peor.   1012
    RS 3,1 Ama   ¡Chist...!   1352
chisto (1)   1415
    MM 1,5 Alacranito   ¡Si no chisto...!
chitón (4)   691
    TC 1,1 Padre   ¡Chitón!
    MP 2,1 Clavela   ¡Chitón!   733
    ZP 2,1 Alcalde   ¡Chitón!   821
    BA 2,1 Adela   ¡Y chitón!   960
chocita (2)   1483
    YE 1,1 Voz   una chocita en el campo
    RS 1,1 Ama   Déjese usted a sus propios hijos en una chocita   1273
                             temblando de hambre.   1360
chocó (3)
    BS 1,3 Criada   Porque lo vi. Estuvo parado en tu ventana. Me chocó 1205
                             mucho.
    BA 1,1 La Poncia   Ya me chocó a mí verla escabullirse hacia el patio. 1455
    BA 2,1 Angustias   Pues a mí no me chocó.   1474
chocolate (2)
    ZP 2,1 Zapatera   Hoy tengo una onza de chocolate.   943
    BA 3,1 María Josefa   Cuando mi vecina tenía un niño yo le llevaba chocolate 1525
                             y luego ella [...]
chopo (1)
    TC 5,1 Fígaro   ¡De madera de chopo!
chopos (2)   760
    MP 1,7 Fernando   los chopos de la ribera
    CA 3,1 Joven   ¿Está interceptada también la calle de los chopos? 815
chorizos (1)   1119
    BA 1,1 La Poncia   Le he abierto la orza de los chorizos.   1440
chorro (5)
    CA 3,2 Jugador 2   Pero acuérdate del niño [...] ciegos a los tres con el 1137
                             chorro de sangre que [...]
    BS 3,1 Luna   en ansia de esta fuente de chorro estremecido!   1251
    BS 3,1 Leñador 2   ¡No abras el chorro de la sangre!   1255
    YE 1,2 Yerma   Parece un chorro de agua que te llena toda la boca. 1296
    YE 3,2 Niño   el chorro de la montaña.   1341
choza (2)
    BS 2,1 Leonardo   Pero dos bueyes y una mala choza son casi nada.   1213
    BA 3,1 María Josefa   en una choza de coral.   1523
chozas (1)
    BA 1,1 Criada   Suelos barnizados con [...] que vivimos en las chozas 1444
                             de tierra con [...]
chupaletrinas (1)
    ZP 2,1 Zapatera   ¿Ve usted todos esos romances y chupaletrinas que   965
                             canta y cuenta por los pueblos?
chupan (1)
    BA 1,1 Bernarda   No; pero les gusta verlo y comentarlo y se chupan los 1456
                             dedos de que esto ocurra.
chupar (2)
    MM 1,1 Doña Curiana   y chupar las flores. ¡Qué os habéis creído!   675
    CA 1,1 Niño   ¡No, gata! Como chupar monedas.   1065
d (3)
    TB DME Doncella   A, B, C, D, E, F, G, H, I, J, K, L, M, N.
    TB DME Doncella   A, B, C, D.   898
    TB DME Doncella   A, B, C, D.   898
da (59)   898
    MM 1,2 Doña Curiana   Es que me da mucha pena
    MM 2,5 Gusano 1   Me da miedo de verla   678
    TC 2,1 Cristobita   Yo le doy a usted los cien duros para desentramparse, 717
                             y usted me da a su hija Rosita..., [...]   738
    TC 6,1 Currito   Lo... que me da la gana.
    TC 6,1 Cristobita   ¿Conque lo que te da la gana?   776
                                                                                  776

da (continuación)
```
MP 1,2 Lucía              ¿No te da vergüenza?                                    787
MP 1,5 Fernando          ¿Te da mucho miedo?                                     800
MP 1,8 Angustias         y me da mucho miedo                                     817
MP 2,8 Pedro             Cada dificultad me da más bríos.                        844
MP 3,1 Novicia 1         ¿Qué más da? ¿Se habrá visto?                           862
MP 3,1 Carmen            ¿No os da vergüenza?                                    863
MP 3,3 Alegrito          Hay un miedo que da miedo.                              867
TB PBK Buster Keaton     Da gusto pasearse en bicicleta.                         893
TB DME Doncella          Mis almohadas no tienen iniciales y esto me da mucho    897
                         miedo... Porque, ¿qué muchachilla en el mundo no
                         tiene marcada su ropa?
ZP 1,1 Zapatera          Pues lo mismo se me da a mí que estés colmado [...]     923
ZP 1,1 Zapatera          Qué cintillos tan preciosos llevas... No, no... Me     929
                         da vergüencilla... Pero, [...]
ZP 1,1 Zapatera          ¿Y me da este pago? ¿Y me da este pago?                938
ZP 2,1 Zapatera          Es que me da mucha lástima y no puedo contenerme, ¿lo  960
                         ve usted?, no puedo contenerme.
ZP 2,1 Niño              ¡Que me da mucho miedo!                                 963
ZP 2,1 Zapatero          ¡Ay, qué envidia me da su marido!                      968
ZP 2,1 Zapatera          La navaja se contesta [...] sola a mi cama..., me da    974
                         una pena..., ¡qué [...]
PB 3,1 Marcolfa          Me da miedo oírlo... Pero ¡cómo es posible!            1010
DC 1,1                   El guiñol es la expresión de la fantasía del pueblo y  1019
                         da el clima de su gracia y de su inocencia.
DC 1,1 Rosita            lo mismo me da.                                        1035
CA 1,1 Mecanógrafa       No espero porque no me da la gana, porque no quiero y, 1054
                         sin embargo, no me puedo mover de aquí.
CA 3,1 Payaso            Busca. Da la media vuelta y lo encontrarás.            1120
CA 3,1 Mecanógrafa       ¿No te da lástima de mí?                               1128
BS 1,1 Novio             ¿Qué más da?                                           1176
BS 1,2 Suegra            Pero ¿quién da esas carreras al caballo?               1189
BS 1,3 Madre             Los tres nogales del molino toda una viña y una planta 1195
                         que se llama Júpiter, que da flores encarnadas, y se
                         secó.
BS 1,3 Madre             Pero ahora da. No te quejes. Yo no vengo a pedirte     1196
                         nada.
BS 2,1 Novia             ¿Qué más da?                                           1212
BS 2,1 Novio             ¡Con la corona da alegría mirarte!                     1221
BS 3,1 Novio             Vete por ahí y da la vuelta.                           1253
BS 3,1 Leonardo          Tú también. Da un paso. Prueba.                        1260
YE 1,2 Vieja 1           ¿No te da así como un sueño cuando acerca sus labios?  1289
YE 1,2 Yerma             Entonces, ¿qué va a pensar cuando te deja en la cama   1290
                         con los ojos tristes mirando al techo y se da media
                         vuelta y se [...]
YE 1,2 Muchacha 2        En cambio, mi madre no hace más que darme yerbajos     1293
                         para que los tenga, y en octubre iremos al Santo que
                         dicen que los da a la que lo pide con [...]
YE 2,1 Lavandera 1       El tiene la culpa, él; cuando un padre no da hijos     1304
                         debe cuidar de su mujer.
YE 2,2 Yerma             porque el agua de la sal, la tierra fruta,             1316
YE 2,2 María             Me da tristeza que tengas envidia.                     1317
YE 2,2 Yerma             La mujer del campo que no da hijos es inútil como [...] 1317
YE 2,2 Yerma             Mi marido me da pan y casa.                            1319
YE 2,2 Muchacha 2        Pero ¿vas a ir? ¿No te da miedo?                       1320
YE 3,1 Yerma             A mí me da asco de mi hijo.                            1327
YE 3,1 Yerma             Se lo conozco en la mirada, y como no los ansía, no me 1329
                         los da.
YE 3,2 Vieja             Y, en último caso, vengo porque me da la gana.         1337
RS 2,1 Ama               Es que ya debe usarlos y romperlos, pero ella no se da 1380
                         cuenta de cómo pasa el tiempo.
RS 2,1 Ama               Una humilde criada que da lo que tiene y nada más.     1384
RS 2,1 Tía               ¿No se da usted las friegas con alhucemas?             1391
RS 3,1 Martín            No se le da hoy mérito a la Retórica y Poética, ni a   1423
                         la cultura universitaria.
BA 1,1 La Poncia         En el "Pater Noster" [...] dio un gallo; pero da       1443
                         gloria oírlo.
BA 1,1 Bernarda          ¿Es este el abanico que se da a una viuda?             1451
BA 1,1 Magdalena         Lo mismo me da.                                        1451
BA 1,1 La Poncia         Me da vergüenza referirlas.                            1456
BA 1,1 Magdalena         ¡Qué más da!                                           1461
BA 2,1 Amelia            ¡A mí me da vergüenza de estas cosas!                  1475
BA 3,1 Bernarda          El caballo garañón, que está encerrado y da coces      1508
                         contra el muro.
daba (11)
MM 1,1 Curiana N         Con razón te daba palos tu marido;                      676
MM 1,2 Doña Curiana      que se las daba de listo,                               680
MM 1,5 Alacranito        que no quise comer, me daba repugnancia.                692
ZP 2,1 Zapatero          daba la talabartera,                                    959
ZP 2,1 Zapatera          Historietas antiguas que usted no habrá oído mentar     965
                         siquiera... y a mí me daba un susto..., pero [...]
```

184

daba - dama

daba (continuación)   Pág.
  BS 1,3 Padre   En mi tiempo, ni esparto daba esta tierra.   1196
  YE 3,1 Dolores   La última vez hice la [...] el río, porque no le daba   1327
                   tiempo de llegar [...]
  RS 1,1 Rosita   daba al aire mis afanes   1371
  RS 2,1 Ama   ¡Qué azotazo en el... les daba...!   1390
  RS 3,1 Rosita   Pero lo sabían todos y yo me encontraba señalada por 1428
                   un dedo que hacía ridícula mi modestia de prometida y
                   daba un aire grotesco [...]
  BA 3,1 Amelia   Es verdad. Daba miedo. Parecía una aparición.   1515
daban (3)
  MP 3,5 Mariana   Antes me daban miedo sus pupilas.   875
  YE 3,2 Hembra   le daban fuego a su risa   1340
  RS 3,1 Ama   Antes se daban voces.   1414
dadme (1)
  MP 3,9 Mariana   ¡Os doy mi corazón! ¡Dadme un ramo de flores!   889
dado (24)
  MM 1,5 Doña Curiana ¡Qué susto les has dado!   694
  TC 1,1 Rosita   Pero ¿no te habías dado cuenta?   726
  TC 1,1 Padre   Yo he dado tu mano a don Cristobita el de la porra, 732
                   que acaba de pasar en su carroza por ahí.
  TC 4,1 Mozo 2   Y qué porrazos le ha dado al pobre tabernero.   750
  TC 4,1 Cocoliche   ¡Y yo que te hubiera dado tantos besitos!   754
  MP 2,5 Pedro   Toda mi sangre es nueva, porque tú me la has dado 828
  ZP 1,1 Zapatera   Sí, lo quería, vaya si lo quería, que pretendientes 938
                   buenos y muy riquísimos he tenido y no les he dado el
                   sí jamás.
  ZP 2,1 Zapatera   Nadie le ha dado permiso para que dé su opinión. 964
  ZP 2,1 Zapatera   ¡Con este hombre que Dios me ha dado!   978
  PB 2,1 Belisa   ¡Oh! Qué susto me has dado.   1003
  PB 3,1 Perlimplín   El amor de Belisa me ha dado un tesoro precioso que yo 1009
                   ignoraba... ¿Ves?
  EP CV Enfermero   Ya han dado la tercera campanada.   1163
  EP CV Dama 2   Lo que más miedo me ha dado ha sido el lobo de cartón 1163
                   y las cuatro serpientes en el estanque de hojalata.
  EP CV Estudiante 4 ¿Pero no te has dado cuenta de que la [...]   1167
  BS 1,3 Novia   Estoy contenta. Cuando he dado el sí es porque quiero 1200
                   darlo.
  YE 1,1 María   El dinero lo tenía mi marido y me lo ha dado él mismo. 1278
  YE 1,1 Yerma   ¿Te has dado cuenta de ello?   1279
  YE 1,2 Yerma   Me ha dado confianza el oírla hablar.   1288
  YE 2,1 Lavandera 4 ¿Y quién ha dado licencia a tu boca para que me des 1305
                   consejos?
  RS 1,1 Rosita   ¡Ya han dado las treinta campanadas en San Luis! 1353
  RS 2,1 Tía   No. Tú le has dado tu sangre.   1384
  RS 2,1 Tío   ¿Cómo? ¿Y quién te ha dado permiso?   1388
  RS 2,1 Tío   Si hubiera tardado dos horas más en cortarla te la 1411
                   hubiese dado blanca.
  BA 3,1 Prudencia   ¿Han dado el último toque para el rosario?   1506
dais (2)
  YE 1,2 Yerma   Sí, pero es que no os dais cuenta lo que es un niño 1292
                   pequeño.
  RS 1,1 Tío   No os dais cuenta de mi invernadero; [...] 1352
dale (8)
  MM 1,5 Curiana N   Dale el rocío añejo   699
  MP 2,1 Niña   dale que le das. ¡Quién tuviera alguno!   821
  CA 2,1 Joven   Dale el velo a las arañas   1100
  YE 3,2 Hombre 3   ¡Dale ya con el cuerno!   1342
  YE 3,2 Niño   ¡Dale ya con el aire!   1342
  YE 3,2 Hombre 2   ¡Dale ya con la rama!   1342
  BA 1,1 Bernarda   Dale a los hombres.   1446
  BA 1,1 Bernarda   Concede el reposo a tu siervo Antonio María Benavides 1449
                   y dale la corona de tu santa gloria.
dales (1)
  BA 1,1 Bernarda   Dales las gracias y échales una copa de aguardiente. 1450
dalia (3)
  BS 1,2 Mujer   Hoy está como una dalia. ¿Y tú? ¿Fuiste a casa del 1187
                   herrador?
  BS 3,2 Novia   Mira que mi cuello es blando; te costará menos trabajo 1270
                   que segar una dalia de tu huerto.
  RS 2,1 Rosita   desdén esquivo, la dalia;   1405
dalias (3)
  BS 2,1 Mozo 1   con bandejas de dalias   1217
  YE 2,2 Yerma   me ofrece dalias de dormida luna.   1316
  RS 1,1 Tío   Ayer me encontré las semillas de dalias pisoteadas por 1352
                   el suelo.
dama (1)
  CA 3,1 Máscara   Y después fui al hospital y allí supe que el conde se 1116
                   había casado con una gran dama romana...; y después
                   [...]

damascena (1)
    RS 1,1 Tío   Mucho más que la muscosa y la híspida y la pomponiana   1355
                                    y la damascena y que la eglantina de la reina Isabel.

dame (15)
    TC 5,1 Currito   Cansa-Almas, dame las botitas y el cajoncillo.   756
    MP 1,7 Fernando   ¡Basta! ¡Dame el documento!   814
    MP 2,9 Mariana   yo me voy. Dame el chal.   858
    TB DME Estudiante   Dame agua.   901
    ZP 1,1 Mozo   ¡Ay mi zapaterita, dame tu palabra!   932
    ZP 1,1 Niño   ¡Dame tu pañuelo!   935
    PB 2,1 Belisa   ¡Dame!   1003
    PB 2,1 Belisa   ¡Dame esa carta!   1004
    CA 1,1 Amigo   Dame agua con anís y con hielo.   1056
    CA 2,1 Maniquí   Dame el traje.   1104
    CA 3,2 Joven   Dame un vaso de agua fría.   1132
    BS 1,1 Novio   Déjalo. Comeré uvas. Dame la navaja.   1172
    BA 1,1 Bernarda   Niña, dame el abanico.   1451
    BA 1,1 Bernarda   Dame uno negro y aprende a respetar el luto de tu   1451
                                      padre.
    BA 1,1 María Josefa   Bernarda, dame mi gargantilla de perlas.   1470
dámelo (1)
    TC 5,1 Currito   ¡Dámelo, te he dicho!   756
damita (1)
    MM 2,4 Alacranito   ¿Qué dice la damita   711
dan (14)
    MP 1,7 Fernando   dan una sombra apretada.   815
    TB QM. Viejo   Nadie sabe el miedo que a mí me dan los caballos.   905
    ZP 2,1 Zapatero   ¡Canallas! Intenciones me dan de salir a defenderla.   970
    ZP 2,1 Zapatero   ¡Casi me dan ganas de llorar!   971
    PB 0,0 Madre   En el mercado dan dinero por ellas.   985
    PB 0,0 Madre   Los dineros dan la hermosura... Y la hermosura es   985
                                      codiciada por los demás hombres.
    CA 3,1 Máscara   En el "foyer" de la Opera de París hay unas enormes   1116
                                      balaustradas que dan al mar.
    YE 2,1 Lavandera 4   Porque dan miedo.   1302
    YE 2,1 Lavandera 4   Ella y sus cuñadas, sin [...] vaho los cristales, dan   1304
                                      aceite a la solería, [...]
    RS 2,1 Madre   Las doce dan sobre el mundo   1405
    RS 3,1 Ama   Ayer decía a voces: "No; [...] como no entiendo me dan   1423
                                      ganas de reír, y [...]
    BA 1,1 Mendiga   Siempre me las dan.   1444
    BA 1,1 La Poncia   Demasiado poca guerra te dan.   1457
    BA 2,1 La Poncia   Ahora dan vuelta a la esquina.   1488
dando (6)
    CA 1,1 Joven   Siempre acabas no dando razones.   1055
    EP CV Estudiante 4   Y aunque los poetas pusieron una escalera para   1158
                                      asesinarla, ella siguió dando voces y acudió la
                                      multitud.
    YE 3,1 Dolores   Como en seguida empezarán a abrir los portones, te vas   1330
                                      dando un rodeo por la acequia.
    RS 3,1 Rosita   Me he acostumbrado a [...] ya no existen sigo dando   1428
                                      vueltas y más vueltas [...]
    BA 2,1 La Poncia   ¡Dando voces y arrojando piedras!   1485
    BA 2,1 La Poncia   La traen arrastrando [...] hombres corriendo, dando   1505
                                      unas voces que [...]
dándole (2)
    BS 2,2 Novio   Debe estar dándole una carrera.   1239
    YE 3,2 Yerma   Desde que me casé estoy dándole vueltas a esta [...]   1346
danos (1)
    TC 3,1 Cocoliche   Espantanublos, danos vino hasta que se nos salga por   743
                                      los ojos.
danza (5)
    EP RR Figura De C   Te gozas en interrumpir mi danza.   1146
    BS 2,2 Madre   Son los primos de mi marido. Duros como piedras para   1231
                                      la danza.
    YE 3,2 Hombre 2   ¡Con la rosa y la danza!   1342
    YE 3,2 Macho   Que se queme la danza   1343
    RS 1,1 Ama   las piernas sirven para la danza,   1353
danzando (1)
    EP RR Figura De C   Y danzando es la única manera que tengo de amarte.   1146
danzar (1)
    TC 2,1 Cristobita   no vaya a danzar con todos ellos.   739
dañina (1)
    MM 0,0   La poesía que pregunta por qué se corren las estrellas   670
                                      es muy dañina para las almas [...]
daño (5)
    MM 1,5 Curiana N   no le hagáis mucho daño.   699
    ZP 1,1 Zapatera   ¡Si te he hecho daño te aguantas!...   932
    DC 1,1 Enfermo   Pero no me haga usted daño.   1026
    CA 3,1 Mecanógrafa   Me haces daño, amor.   1126

daño (continuación)   Pág.
    BS 2,2 Madre   Con tu mujer procura [...] produzca un poco de daño,   1241
                            un abrazo fuerte, [...]
dar (28)
    MM 2,5 Gusano 1   Pero puedes dar besos   716
    TC 0,0 Mosquito   Ahora que sale la luna y las luciérnagas huyen   724
                            lentamente a sus cuevecitas, va a dar comienzo la gran
                            [...]
    TB QM. Enrique   Vamos. Van a dar las seis de un momento a otro.   906
    ZP 1,1 Zapatera   ¿Quién me lo iba a decir, viejo pellejo, que me ibas a 918
                            dar tal pago?
    ZP 1,1 Niño   Ve tú, ve tú, ve tú, [...] notición que nadie quiere   935
                            dar.
    ZP 2,1 Niño   Si tú me la quieres dar...   943
    ZP 2,1 Zapatera   ¡Van a dar lugar a que compre un revólver!   947
    ZP 2,1 Zapatera   ¡Qué vida te voy a dar!   978
    DC 1,1 Enfermo   Quizá pueda dar las buenas noches.   1024
    DC 1,1 Madre   Por tu culpa ahora nos tendrás que dar todo tu dinero. 1040
    CA 1,1 Mecanógrafa   ¿Qué razones voy a dar?   1055
    YE 1,1 Yerma   Yo he visto a mi hermana dar de mamar a su niño [...] 1283
    YE 1,2 Vieja 1   ¿Cuándo os vais a dar cuenta de que no existe?   1291
    YE 1,2 Muchacha 2   Allá tú... Mira, me voy a dar la comida a mi marido.   1295
    YE 2,2 Yerma   Que estoy ofendida, ofendida [...] fuentes no cesan de 1318
                            dar agua y que paren [...]
    YE 3,1 Vieja 1   Pero ¿qué vega esperas dar a tu hijo ni qué felicidad 1328
                            ni qué silla de plata?
    YE 3,1 Juan   Si pudiera dar voces levantaría [...]   1331
    YE 3,1 Yerma   Si pudiera dar voces también las daría yo para que se 1332
                            [...]
    RS 2,1 Ayola 2   Tropezó esta y estuvo a punto de dar la vuelta de   1398
                            campana...
    RS 2,1 Ama   ¿Es que no puedo dar un paso?   1407
    RS 3,1 Solterona 3   Yo vengo a dar una lección de piano que tengo aquí   1435
                            cerca y me llegué por si necesitaban ustedes algo.
    RS 3,1 Ama   Sí, sí; pero no me toque usted el corazón, no me   1436
                            levante la gasa de la pena, porque yo soy la que tiene
                            que dar ánimos en este duelo [...]
    BA 1,1 La Poncia   Ella lo ha hecho sin dar alcance a lo que hacía, que   1455
                            está francamente mal.
    BA 1,1 La Poncia   Algunas cosas las podíamos dar.   1458
    BA 2,1 La Poncia   Porque yo puedo dar voces, encender luces y hacer que 1482
                            toquen las campanas.
    BA 2,1 Magdalena   Yo no pienso dar una puntada.   1484
    BA 2,1 La Poncia   Tened cuidado con no entreabrirla mucho, porque son   1488
                            capaces de dar un empujón para ver quién mira.
    BA 2,1 Bernarda   ¡Aquí no se vuelve a dar un paso sin que yo lo sienta! 1503
dará (4)
    CA 3,1 Arlequín   Usted le dará   1111
    RS 3,1 Ama   Ahora me dará usted la razón.   1415
    BA 1,1 La Poncia   ¡Hoy no se dará cuenta!   1440
    BA 1,1 Criada   Como dará la vuelta a la esquina, desde la ventana de 1467
                            tu cuarto se verá mejor.
Darajalí (1)
    BA 1,1 Bernarda   Quien sí estaba era el viudo de Darajalí.   1447
darán (1)
    BS 3,1 Leñador 3   Ya darán con ellos.   1245
darás (4)
    MP 3,5 Pedrosa   Ni morirás, porque darás noticias   875
    DC 1,1 Madre   Le darás el pie   1031
    CA 3,1 Muchacha   No me lo darás.   1111
    YE 1,2 Juan   Está bien. Así darás que hablar a las gentes.   1299
dardos (1)
    YE 3,2 Hembra   y dardos de oro vivo   1342
daré (11)
    TC 1,1 Rosita   No, no; desde lejos te daré los besitos.   731
    TC 6,1 Cristobita   ¡Te daré un beso!   772
    TB DME Doncella   Te daré leche de mis senos.   902
    ZP 1,1 Vecina   Vaya..., te daré una...   921
    ZP 2,1 Zapatero   ¿No has mentido? Le daré   961
    CA 3,1 Arlequín   Yo te lo daré.   1111
    EP CV Enfermero   Ahora te daré la hiel, y luego, a las ocho, vendré con 1156
                            el bisturí para ahondarte la herida del costado.
    BS 2,2 Madre   Que le daré todo lo que tengo, mis ojos y hasta mi   1244
                            lengua...
    BA 2,1 Adela   Si quieres te daré mis ojos, que son [...]   1479
    BA 3,1 María Josefa   yo te daré la teta y el pan.   1523
    BA 3,1 María Josefa   yo te daré la teta y el pan.   1525
daremos (1)
    TC 3,1 Contrabandista 2 Al amanecer daremos vista al mar.   743

daría (3)
    YE 3,1 Yerma   Si pudiera dar voces también las daría yo para que se   1332
                          [...]
    BA 1,1 Magdalena   Daría algo por verla feliz.   1462
    BA 2,1 Amelia   A mí me daría no sé qué.   1474
darle (4)
    MM 0,0   Y si alguna honda lección sacáis de ella, id al bosque   670
                          para darle las gracias al [...]
    MP 3,3 Alegrito   darle tan malas noticias.   870
    BA 2,1 La Poncia   En vez de darle por otra cosa le dio por criar   1476
                          colorines hasta que se murió.
    BA 2,1 Martirio   No voy a llorar para darle gusto.   1494
darles (1)
    ZP 1,1 Niño   Dice mi madre que tenga cuidado de no darles muchos   914
                          martillazos [...]
darlo (2)
    BS 1,3 Novia   Estoy contenta. Cuando he dado el sí es porque quiero   1200
                          darlo.
    BS 2,1 Criada   Hay que darlo.   1209
darme (4)
    TC 1,1 Rosita   Si yo por peinarme a la arremangué y darme arrebol en   726
                          la cara...
    YE 1,2 Muchacha 2   En cambio, mi madre no hace más que darme yerbajos   1293
                          para que [...]
    RS 2,1 Tío   Lo he oído todo, y casi sin darme cuenta he cortado la   1410
                          única rosa mudable que tenía en mi invernadero.
    BA 2,1 Martirio   Se me escapó. Fue sin darme cuenta.   1490
darnos (2)
    BS 3,1 Leñador 3   Ahora sale la luna. Vamos a darnos prisa.   1248
    YE 1,2 Vieja 1   Han de deshacernos las trenzas y darnos de beber agua   1290
                          en su misma boca.
Darro (1)
    MP 2,7 Conspirador 3 Y el Darro viene lleno de agua turbia.   836
darte (2)
    MM 1,4 Curianito   para darte besos con miel del abril.   686
    MP 2,5 Pedro   ¿Cómo darte este firme corazón si no es mío?   830
das (11)
    MP 2,1 Niña   dale que le das. ¡Quién tuviera alguno!   821
    PB 1,1 Perlimplín   Belisa, con tantos encajes pareces una ola y me das el   988
                          mismo miedo que de niño tuve al mar.
    PB 1,1 Perlimplín   ¿Me das permiso para quitarme la casaca?   992
    DC 1,1 Madre   ¿qué dinero me das?   1029
    DC 1,1 Madre   Si me das dinero   1031
    BS 1,1 Madre   Se los das a tu mujer.   1178
    YE 3,2 Yerma   Yo soy como un campo seco donde caben arando mil pares   1345
                          de bueyes y lo que tú me das es un pequeño vaso [...]
    YE 3,2 Vieja   No me das ninguna lástima, ninguna.   1346
    BA 1,1 Criada   ¿Por qué no me das para mi niña, Poncia?   1440
    BA 1,1 Criada   Tuve durante el duelo [...] ella dice que tú le das.   1452
    BA 2,1 Angustias   Pues nada: "Ya sabes que ando detrás de ti, necesito   1475
                          una mujer buena, modosa, y esa eres tú si me das la
                          conformidad."
date (3)
    MP 2,8 Mariana   ¡Date prisa!   847
    EP CV Enfermero   Date prisa.   1163
    BS 2,1 Novia   Date prisa, que ya deben ir llegando.   1209
dátiles (1)
    ZP 2,1 Zapatera   Siéntese usted en el [...] esperando que le caigan los   951
                          dátiles, que yo de zapatera [...]
Datura (1)
    RS 2,1 El Señor X   Sí, pero aplicada: para [...] el narcótico de la   1376
                          Datura Stramonium.
Dauro (1)
    RS 1,1 Rosita   y el Dauro a sus mariposas.   1367
de (3023)
dé (15)
    MM 1,2 Curianita Silvia sin que nadie se dé cuenta.   677
    MM 1,5 Alacranito   ¡San Cucaracho os dé paz!   690
    TC 2,1 Mozo 3   Vente, que la pena se te pasará cuando te dé el viento   738
                          del campo.
    TC 4,1 Mozo 2   Le dejaremos aquí; y descuida, que ya despertará   750
                          cuando le dé en la cara el sereno de la noche.
    ZP 1,1 Zapatero   ¡Ay vecina de mi alma, no me dé usted escándalos, por   919
                          los clavitos de Nuestro Señor!
    ZP 2,1 Zapatera   Nadie le ha dado permiso para que dé su opinión.   964
    CA 3,2 Jugador 1   Es necesario que usted nos dé su as.   1142
    BS 1,1 Madre   Sí, sí; y a ver si me alegras con seis nietos, o los   1177
                          que te dé la gana, ya que tu [...]
    BS 1,3 Padre   Ha sido necesario castigarla y hasta llorarla, para   1196
                          que nos dé algo provechoso.
    BA 1,1 Bernarda   No he dejado que nadie me dé lecciones.   1446

dé - debe

			Pág.
dé (continuación)			
BA 1,1	Martirio	A ellos les importa la tierra, las yuntas, y una perra sumisa que les dé de comer.	1460
BA 2,1	La Poncia	Como le dé por tener crías, vais a estar cosiendo mañana y tarde.	1484
BA 3,1	Prudencia	Buenas noches nos dé Dios.	1512
BA 3,1	Martirio	No dé voces.	1524
BA 3,1	Adela	No dé usted un paso más.	1529
deba (1)			
CA 3,1	Mecanógrafa	Aunque no vendrá hasta que deba venir.	1124
debajo (22)			
ZP 2,1	Zapatera	Siéntese usted en el [...] con la boca abierta debajo de las palmeras [...]	951
PB 1,1	Perlimplín	¿Y de quién son aquellos cinco sombreros que veo debajo de los balcones ?	998
PB 2,1	Belisa	A veces pasa por debajo de mis balcones y mece su mano lentamente en un saludo que hace temblar mis pechos.	1002
DC 1,1	Enfermo	y debajo del chalequito	1027
DC 1,1	Director	Llenemos el teatro de espigas frescas, debajo de las cuales [...]	1043
CA 1,1	Viejo	Todavía cambian más las cosas que tenemos delante de los ojos que las que viven sin distancia debajo de la frente.	1052
CA 1,1	Amigo	Entrará todo el mundo que quiera, no aquí, sino debajo de tu cama.	1060
EP RR	Figura De C	mientras tú, debajo de los cojines, [...]	1149
EP RR	Centurión	Pare por cuatro o cinco a la vez y nunca al mediodía debajo de los árboles.	1152
EP CV	Estudiante 4	La gente se olvida de [...] Julieta amordazada debajo de las sillas [...]	1160
EP CV	Estudiante 1	Y que hayan asesinado a la verdadera Julieta, que gemía debajo de las butacas.	1166
EP CV	Estudiante 4	¿Pero no te has dado [...] Julieta estaba amordazada debajo de los asientos?	1167
EP CV	Estudiante 5	Parecía muy hermosa, [...] gemía como una gata debajo de las sillas.	1167
BS 1,1	Madre	¿Me ibas a meter debajo de los pámpanos?	1174
BS 3,2	Madre	Benditos sean los trigos, porque mis hijos están debajo de ellos; bendita [...]	1270
YE 1,2	Yerma	debajo de tu almohada,	1295
RS 1,1	Ama	La sangre corre por debajo de las venas, pero no se ve.	1360
RS 2,1	Ayola 2	La que no quiere casar deja de echarse polvos y ponerse postizos debajo de la pechera, [...]	1401
BA 1,1	Bernarda	Magdalena, no llores; si quieres llorar te metes debajo de la cama.	1446
BA 2,1	Angustias	¿Dónde está el retrato de Pepe que tenía yo debajo de mi almohada?	1490
BA 2,1	La Poncia	Y para ocultar su vergüenza lo mató y lo metió debajo de unas piedras, [...]	1505
BA 3,1	Adela	He visto la muerte debajo de estos techos y he salido a buscar lo que era mío, lo que me pertenecía.	1526
deban (1)			
MP 3,3	Mariana	¡y son muchos!, cuando deban.	870
debe (38)			
MM 1,2	Doña Curiana	¡Ay cuánto debe sufrir!	683
TC 1,1	Cristobita	La mujer no debe medir ni más ni menos.	731
TC 2,1	Cristobita	Yo le doy a usted los cien duros para desentramparse, y usted me da a su hija Rosita..., y debe usted estar contento [...]	738
MP 1,1	Angustias	Ella debe dejar esas intrigas.	784
MP 1,4	Mariana	La misma alegría que debe sentir	790
MP 2,7	Pedro	debe estar ya muy cerca de esta calle.	837
MP 2,7	Conspirador 3	Poco debe tardar.	837
MP 2,9	Pedrosa	Me debe agradecer esta visita.	855
ZP 1,1	Alcalde	Eso tiene casarse a tu edad... A tu edad se debe estar viudo... [...]	924
ZP 2,1	Zapatera	Pues si dices tú, más [...] porque una mujer casada debe estarse en su sitio [...]	942
ZP 2,1	Zapatera	Calle usted, viejísimo, calle usted; con hijas mozuelas y lleno de familia no se debe cortejar de esta [...]	949
ZP 2,1	Vecina Roja	Usted es persona decente y no debe estar aquí.	971
PB 2,1	Belisa	Debe tener la piel morena y sus besos deben perfumar y escocer al mismo tiempo como el azafrán y el clavo.	1002
PB 2,1	Perlimplín	Por eso quiero ayudarte como debe hacer todo buen marido cuando su esposa es un dechado de virtud... Mira.	1004
PB 3,1	Marcolfa	Su amor debe rayar en la locura.	1010
PB 3,1	Belisa	Debe llegar en estos instantes.	1014
CA 1,1	Niño	Debe ser la de Dios.	1069

debe (continuación)
CA 1,1 Amigo 2   No; se hizo cada vez más pequeña, más niña, como debe   1074
                       ser, como es lo [...]
CA 2,1 Padre   Debe de estar ya en el comienzo.   1099
EP CV Muchacho 1   Aquí está la gran equivocación de todos y por eso el   1160
                       teatro agoniza: el público no debe atravesar las sedas
                       [...]
EP CV Estudiante 1   Un espectador no debe formar nunca parte del drama.   1165
BS 1,3 Novio   Debe estar vistiéndose.   1195
BS 2,1 Novia   No se debe decir.   1207
BS 2,2 Novio   Debe estar con la gente.   1233
BS 2,2 Novio   Debe estar dándole una carrera.   1239
BS 2,2 Criada   Una novia de estos montes debe ser fuerte.   1239
BS 2,2 Padre   Debe haber subido a la baranda.   1242
YE 1,2 Víctor   Debe ser el sol...   1297
YE 2,1 Lavandera 1   El tiene la culpa, él; cuando un padre no da hijos   1304
                       debe cuidar de su mujer.
YE 2,2 Juan   Debe de estar en la fuente.   1311
YE 2,2 Yerma   Ya debe estar viejo.   1321
RS 2,1 Ama   Ella debe casarse.   1380
RS 2,1 Ama   Es que ya debe usarlos y romperlos, pero ella no se da   1380
                       cuenta de cómo pasa el tiempo.
BA 1,1 La Poncia   Angustias ya debe tener mucho más de los treinta.   1457
BA 2,1 Martirio   ¡Que pague lo que debe!   1506
BA 3,1 Bernarda   Debe tener calor.   1508
BA 3,1 Bernarda   A la vigilancia de mis ojos se debe esto.   1519
BA 3,1 Criada   Debe haber pasado alguien por el portón.   1522
debemos (1)
MP 2,8 Conspirador 2   ¡No debemos   848
deben (9)
MP 1,1 Angustias   las mujeres no deben preocuparse.   784
MP 3,8 Mariana   ¡Todos deben saber, pero ninguno sabe!   884
PB 2,1 Belisa   Debe tener la piel morena y sus besos deben perfumar y   1002
                       escocer al mismo tiempo como el azafrán y el clavo.
BS 2,1 Novia   Date prisa, que ya deben ir llegando.   1209
BS 2,1 Novia   ¡Abre! Deben ser los primeros convidados.   1210
BA 1,1 Bernarda   Las mujeres en la iglesia no deben de mirar más hombre   1447
                       que al oficiante, y ese porque tiene faldas.
BA 1,1 Magdalena   Ya deben ser las doce.   1462
BA 2,1 Bernarda   No pienso. Hay cosas que no se pueden ni se deben   1496
                       pensar. Yo ordeno.
BA 3,1 Adela   Los anillos de pedida deben ser de diamantes.   1510
deber (5)
MP 2,5 Mariana   Cumplí con mi deber.   827
PB 3,1 Perlimplín   Mañana estarás libre como un pájaro... Aguarda hasta   1011
                       mañana... Ahora vete y cumple con tu deber... ¿Harás
                       lo que [...]
YE 3,1 Yerma   Cuando me cubre cumple con su deber, pero yo le noto   1329
                       [...]
RS 1,1 Tía   Tu deber es irte.   1362
RS 2,1 Tía   Pero yo lo he hecho por deber y tú por generosidad.   1384
deberes (1)
MP 2,9 Pedrosa   Cumplo deberes de mi duro cargo.   851
debería (1)
ZP 1,1 Zapatera   sin manos y sin ojos debería haberse quedado el que te   915
                       inventó.
debes (13)
MP 1,7 Fernando   y no lo debes dudar.   809
DC 1,1 Cristóbal   Yo te doy la onza de oro de las que cagó el moro y tú   1034
                       me entregas a tu hija Rosita, y me lo debes agradecer
                       porque [...]
EP RR Figura De C   ¿Eres tú quien me debes obligar a mí para que lo haga?   1149
BS 1,3 Padre   No debes estar seria. Al fin y al cabo ella va a ser   1200
                       tu madre.
BS 2,1 Criada   ¡Debes irte ahora mismo!   1215
BS 2,2 Madre   Pero no han de pesar. Ligera como paloma debes ser.   1231
YE 2,2 Juan   En último caso debes resignarte.   1314
YE 3,1 Vieja 1   Pero mientras esperas la gracia de Dios debes   1328
                       ampararte en el amor de tu marido.
YE 3,1 Vieja 1   Pronto empezará a amanecer. Debes irte a tu casa.   1330
BA 1,1 La Poncia   Pero debes poner también la tranca.   1440
BA 1,1 Bernarda   Más debes a este hombre, padre de tus hermanas, que al   1468
                       tuyo.
BA 3,1 Bernarda   Lo que pasó del retrato fue una broma y lo debes   1512
                       olvidar.
BA 3,1 Bernarda   No le debes preguntar.   1513
debí (1)
MP 3,8 Mariana   ¡A ti debí quererte más que a nadie en el mundo,   886
debía (14)
MP 2,7 Mariana   no quise, porque no debía, negarme!   837

debía - debiste

Pág.

debía (continuación)

ZP 1,1 Zapatera	Ya sabía yo que con esta [...] yo, yo y yo..., que debía estar en mi casa [...]	913
ZP 1,1 Zapatero	Yo debía haber comprendido, [...]	918
ZP 2,1 Zapatera	Lo que usted debía saber hace muchos días, lo que usted como alcalde no debía permitir.	948
CA 3,2 Jugador 1	Tan elegante, que ya no debía desnudarse más nunca.	1138
BS 2,1 Leonardo	No debía ser tan grande.	1212
BS 2,2 Novia	¡Debía usted quedarse!	1231
BS 3,2 Madre	Debía contestarme mi hijo.	1267
YE 1,2 Vieja 1	Aunque debía haber Dios, aunque [...]	1291
YE 2,2 Juan	Esa no viene... Una de vosotras debía salir con ella, [...]	1311
YE 2,2 Yerma	Roca que es una infamia que sea roca, porque debía ser un canasto de flores y agua dulce.	1314
YE 2,2 Juan	Aunque me miras de un modo que no debía decirte "Perdóname" [...]	1316
BA 3,1 Angustias	Debía estar contenta y no lo estoy.	1514

debían (2)

BS 3,1 Leñador 2	Debían dejarlos.	1245
BA 2,1 Magdalena	¡Así debían ser todas las mujeres!	1477

debías (9)

ZP 1,1 Alcalde	Es una lástima que un hombre como tú no tenga el carácter que debías tener.	927
ZP 2,1 Alcalde	Nada, pensaba... de que si tú fueras como debías ser, te hubieras [...]	951
YE 1,2 Vieja 1	De todos modos, debías ser menos inocente.	1290
YE 1,2 Juan	Debías estar en casa.	1299
YE 2,2 Juan	Con ese achaque vives alocada, sin pensar en lo que debías, y te empeñas en meter la cabeza por una roca.	1314
BA 1,1 Bernarda	Debías haber procurado que todo esto estuviera más limpio para recibir al duelo.	1445
BA 1,1 La Poncia	Debías haberte ido a otro pueblo.	1457
BA 2,1 Adela	¡Ciega debías estar!	1480
BA 2,1 Bernarda	Eso es lo que debías hacer.	1500

debido (2)

TC 3,1 Joven	No he debido venir.	743
BA 3,1 Adela	Dios me ha debido dejar	1528

debiera (1)

MP 2,6 Mariana	¡Debiera	835

debiéramos (1)

BA 2,1 Amelia	Debiéramos tener cuidado. ¿No serán los gañanes?	1489

debieran (1)

MP 1,5 Mariana	Ya debieran las estrellas	796

débil (11)

MP 2,5 Pedro	exponiendo tu débil corazón al peligro.	828
MP 3,4 Mariana	débil de la primavera,	871
MP 3,8 Mariana	última débil brisa que se pierde en los álamos.	886
ZP 2,1 Zapatero	burlando al débil marido	959
PB 0,0 Marcolfa	La mujer es débil si se la asusta a tiempo.	987
CA 2,1 Novia	Creo que me vas a quebrar entre tus brazos, porque soy débil, porque soy pequeña, [...]	1079
YE 1,2 Yerma	Usted me ha de decir [...] agujas en el sitio más débil de mis ojos.	1288
YE 2,2 Juan	Pero que está oscura y débil en los mismos caños de la sangre.	1315
RS 3,1 Tía	¡El débil!	1427
BA 1,1 Martirio	Dios me ha hecho débil y fea y los ha apartado definitivamente de mí.	1460
BA 3,1 Adela	No a ti, que eres débil; a un caballo encabritado [...]	1528

débiles (2)

PB 2,1 Belisa	El alma es patrimonio de los débiles, de los héroes tullidos y las gentes enfermizas.	1006
YE 1,1 Yerma	Eso lo dicen las madres débiles, las quejumbrosas.	1283

debilidad (1)

BA 3,1 Bernarda	Esas son cosas de debilidad.	1514

debimos (1)

RS 3,1 Tía	Debimos irnos temprano y haber hecho las cosas a nuestro gusto.	1426

debió (5)

MP 2,8 Conspirador 4	debió cortarse la mano	843
RS 1,1 Tía	La lengua se me debió pegar en el cielo [...]	1363
RS 2,1 Tío	Hace rato debió llegar.	1387
RS 3,1 Ama	Allí encontró la rica que iba buscando y se casó, pero debió decirlo a tiempo.	1415
BA 3,1 La Poncia	Es verdad que el año pasado anduvo detrás de Adela y ésta estaba loca por él, pero ella debió estarse en su sitio [...]	1520

debiste (1)

CA 1,1 Gato	Debiste conocerlo.	1063

debo (5)
    ZP 2,1 Zapatera   ¡Yo guardo mi corazón entero para el que está por esos   969
                           mundos, para quien debo, para mi marido!
    ZP 2,1 Zapatero   ¿Cuánto debo?   975
    DC 1,1 Director   Muy bien. ¿Cuánto le debo?   1021
    BS 2,1 Novia   Yo no debo hablarte siquiera.   1214
    YE 2,2 Yerma   Yo no debo tener manos de madre.   1317
decencia (3)
    ZP 2,1 Zapatera   Buen hombre, Dios quiera que encuentre usted a su   975
                           mujer, para que vuelva a vivir con el cuido y la
                           decencia a que estaba [...]
    BA 1,1 Bernarda   Aunque fuera por decencia. ¡Por respeto!   1469
    BA 2,1 Bernarda   Y que pague la que pisotea la decencia.   1505
decente (9)
    MM 1,5 Alacranito   Y aunque pobre soy decente.   691
    ZP 2,1 Zapatera   Decente fui y decente lo seré.   943
    ZP 2,1 Zapatero   Esposo viejo y decente,   960
    ZP 2,1 Vecina Roja   Usted es persona decente y no debe estar aquí.   971
    BS 1,1 Vecina   Ahora, si fue decente o no, nadie lo dijo.   1181
    BA 1,1 La Poncia   Ella, la más aseada; ella, la más decente; ella, la   1441
                           más alta.
    BA 1,1 Bernarda   ¿Es decente que una mujer de tu clase vaya con el   1454
                           anzuelo detrás de un hombre el día de la misa de su
                           padre?
    BA 2,1 La Poncia   No os tengo ley a ninguna, pero quiero vivir en casa   1482
                           decente.
decentes (3)
    RS 3,1 Tía   Ese es el defecto de las mujeres decentes de estas   1427
                           tierras.
    BA 1,1 Bernarda   ¡Cuánto hay que sufrir y luchar para hacer que las   1456
                           personas sean decentes y no tiren al monte demasiado!
    BA 3,1 Adela   Todo el pueblo contra mí, quemándome con sus dedos de   1528
                           lumbre, perseguida por los que dicen que son decentes,
                           y me pondré [...]
decía (18)
    MM 1,2 Curianita Silvia ¿Qué decía la receta?   681
    MM 2,2 Curiana N   que decía perdiéndose en el alma del viento,   707
    TC 3,1 Cocoliche   ¡Ella me decía cosas tan delicadas!...   743
    TC 3,1 Cocoliche   Me decía: tienes los labios como dos fresas sin   743
                           madurar, y...
    MP 3,6 Mariana   Recuerdo aquella copla que decía   878
    MP 3,7 Novicia 2   Nos íbamos... Yo decía...   882
    ZP 1,1 Zapatera   Tú no has tenido en tu vida dieciocho años... Aquel   918
                           sí que los tenía, y me decía unas cosas... Verás...
    ZP 2,1 Zapatera   Y el cuádruple... Me los decía todos a mí cuando nos   965
                           acostábamos.
    ZP 2,1 Zapatera   Historietas antiguas que usted no habrá oído mentar   965
                           siquiera... y a mí me daba un susto..., pero él me
                           decía: "¡ preciosa de [...]
    CA 2,1 Criada   Decía que veía en la luna el retrato de su novia.   1086
    CA 2,1 Criada   Le regalé un pañuelo bordado por mí, que decía: "Amor, 1087
                           Amor, Amor", y se le perdió.
    YE 1,1 María   Pero la noche que nos casamos me lo decía   1281
                           constantemente [...]
    YE 2,1 Lavandera 4   Mi madre lo decía.   1303
    RS 2,1 Madre   Todavía me parece oír al padre de estas hijas cuando,   1393
                           generoso y caballero como era, me decía: "Enriqueta,
                           gasta, [...]
    RS 2,1 Madre   Con sumo gusto y fina voluntad, como se decía en mi   1406
                           época.
    RS 3,1 Ama   Ayer decía a voces: "No; ahí [...]   1423
    RS 3,1 Muchacho   Pues bajaba yo muerto [...] amargamente porque decía   1433
                           que era exactamente [...]
    BA 1,1 La Poncia   Retumbaban las paredes, y cuando decía Amén era como   1443
                           si un lobo hubiese entrado en la iglesia.
decían (3)
    MP 1,8 Angustias   decían uri memento,   817
    RS 1,1 Ama   Como quien tiene boca... Como decían en mi pueblo: 1353
    RS 2,1 Rosita   y en su cántico decían: 1392
decías (1)
    YE 2,2 Víctor   ¿Decías algo?   1325
decid (1)
    PB 1,1 Perlimplín   Decid a todos que ha sido   1000
decidida (4)
    MP 2,6 Pedro   ¡Son gente decidida!   834
    MP 2,7 Pedro   de gente decidida a levantarse: 838
    CA 2,1 Padre   Pues que como estás comprometida y se trata de tu   1088
                           vida, de tu felicidad, es natural que estés contenta y
                           decidida.
    BA 3,1 La Poncia   Adela está decidida a lo que sea y las demás vigilan   1521
                           sin descanso.

decir (continuación)
  RS 1,1 Tía   ¿Qué ibas a decir?   1359
  RS 1,1 Ama   y como soy criada no puedo hacer más que callarme, que 1360
                            es lo que hago, y no puedo replicar y decir...
  RS 1,1 Tía   Y decir ¿qué...?   1360
  RS 1,1 Rosita   Lo voy a decir...   1366
  RS 2,1 Tía   Pero ¿me vas a decir que nada más?   1384
  RS 2,1 Tía   Eso no lo puedes decir aquí. Me voy por no oírte.   1385
  RS 2,1 Tío   ¿Para qué voy a decir nada a estas alturas?   1386
  RS 2,1 Tía   Las señoritas de Ayola, querrás decir.   1395
  RS 2,1 Solterona 3   También puedo decir "Volverán las oscuras golondrinas 1402
                          de tu balcón los nidos a colgar".
  RS 2,1 Ama   No lo he oído decir nunca.   1410
  RS 3,1 Rosita   Ayer le oí decir al ama que todavía podía yo casarme. 1429
  RS 3,1 Rosita   ¿Y qué os voy a decir?   1430
  RS 3,1 Rosita   Hay cosas que no se pueden decir porque no hay   1430
                          palabras para decirlas; y si las hubiera, [...]
  BA 1,1 Amelia   ¿No lo has oído decir?   1465
  BA 2,1 Angustias   Nada. ¡Qué me iba a decir! Cosas de conversación.   1474
  BA 2,1 Angustias   No, porque cuando un [...] traen, que se le va a decir 1474
                          que sí.
  BA 2,1 Martirio   Bueno; pero él te lo tendría que decir.   1475
  BA 2,1 Adela   ¿Qué puedes decir de mí?   1482
  BA 2,1 Magdalena   ¿Tienes la desvergüenza de decir esto?   1491
  BA 2,1 Martirio   ¿Y qué ibas a decir? ¡Querer no es hacer!   1504
  BA 3,1 Bernarda   ¿Hay que decir las cosas dos veces?   1509
  BA 3,1 Bernarda   Lo que pasa es que no tienes nada que decir.   1519
  BA 3,1 La Poncia   Yo he dicho lo que tenía que decir.   1520
decirlas (1)
  RS 3,1 Rosita   Hay cosas que no se pueden decir porque no hay   1430
                          palabras para decirlas; y si las hubiera, [...]
decirle (3)
  ZP 1,1 Zapatero   Pero si el caso es que no me atrevo a decirle una cosa. 925
  ZP 2,1 Zapatera   Y no se olvide de decirle que lo espero, que el   976
                          invierno tiene las noches largas.
  YE 1,2 Yerma   Me cogió de la cintura y no pude decirle nada porque 1289
                          no podía hablar.
decirles (1)
  MP 3,3 Mariana   Volverás para decirles   870
decirlo (3)
  ZP 2,1 Zapatero   ¡Cómo se conoce que no tienen que decirlo de memoria! 961
  RS 3,1 Ama   Allí encontró la rica que iba buscando y se casó, pero 1415
                          debió decirlo a tiempo.
  BA 3,1 Martirio   Déjame decirlo con la cabeza fuera de los embozos.   1527
decirme (1)
  ZP 1,1 Zapatera   ¡Vamos! ¿Quieres decirme lo que pasa? ¡Pronto!   937
decírmelo (2)
  RS 3,1 Rosita   Sabía que se había casado; ya se encargó un alma   1428
                          caritativa de decírmelo, y he estado [...]
  BA 3,1 Adela   ¿Quién eres tú para decírmelo?   1526
deciros (4)
  MM 0,0   La poesía que pregunta por qué se corren las estrellas 670
                          es muy dañina para las almas sin abrir... Inútil es
                          deciros que el enamorado [...]
  DC 1,1   ...Quiero deciros que yo sé cómo nacen las rosas y 1020
                          cómo se crían las del mar, pero...
  DC 1,1 Poeta   Respetable público: Como poeta tengo que deciros que 1021
                          don Cristóbal es malo.
  BS 1,2 Muchacha   Vengo a deciros lo que están comprando.   1191
decirse (2)
  RS 2,1 El Señor X   El conde Zboronsky, muerto en el accidente, y Marcel   1375
                          Renault, o Renol, que de ambas maneras suele y puede
                          decirse, muerto también [...]
  RS 2,1 El Señor X   Hoy día se abren camino un Juan Bautista Say o Se, que 1376
                          de ambas maneras suele y puede decirse, o un conde
                          León [...]
decírselo (2)
  BS 1,1 Novio   ¿Necesito decírselo otra vez?   1175
  BA 3,1 Adela   Entérate tú y ve al corral a decírselo.   1530
decirte (9)
  TC 2,1 Rosita   Lo que voy a decirte lleva el aguijón duro.   736
  MP 1,7 Mariana   Decirte cómo le quiero   813
  MP 2,5 Mariana   Yo no podré decirte cómo te quiero nunca;   828
  MP 2,7 Pedro   Yo no sé decirte.   840
  ZP 1,1 Niño   Yo venía a decirte una cosa que nadie quiere decirte. 935
  PB 1,1 Perlimplín   Yo quería decirte una cosa.   990
  YE 2,2 Juan   Aunque me miras de un modo que no debía decirte   1316
                          "Perdóname" sino [...]
  YE 3,2 Vieja   Antes no he podido decirte nada, pero ahora sí.   1344
decírtelo (1)
  ZP 2,1 Niño   ¡Ay, vengo corriendo para decírtelo!   970

decís - defenderé

Pág.

decís (1)
  MM 1,2 Curianita Silvia   ¿Niña me decís? Ha tiempo   676
decisivo (1)
  MP 2,5 Mariana   me aceche, como en este decisivo momento.   832
declarar (2)
  MP 0,0 Mosquito   en cadalso por no declarar!   781
  MP 3,9 Mariana   en cadalso por no declarar!   891
declinata (1)
  RS 1,1 Tío   Porque es increíble la "rosa declinata" de capullos   1356
    caídos y la inermis que no tiene espinas; ¡qué
    maravilla!,
decoración (1)
  EP CV Dama 1   ¿Otra vez la misma decoración? ¡Es horrible!   1169
dechado (1)
  PB 2,1 Perlimplín   Por eso quiero ayudarte como debe hacer todo buen   1004
    marido cuando su esposa es un dechado de virtud...
    Mira.
dedal (5)
  TC 4,1 Mosquito   El alma de doña Rosita [...] unas tijerillas y un   751
    dedal.
  TC 5,1 Fígaro   perdí mi dedal...   757
  CA 3,1 Muchacha   perdí mi dedal,   1109
  CA 3,1 Muchacha   perdí mi dedal,   1110
  CA 3,1 Muchacha   perdí mi dedal.   1113
dedicado (1)
  RS 2,1 El Señor X   Si Santos Dumont, en vez de estudiar Meteorología   1376
    comparada, se hubiera dedicado a cuidar rosas, [...]
dedo (7)
  TC 0,0 Mosquito   Abrí mi ojo todo lo que pude me lo quería cerrar el   724
    dedo del viento- y bajo [...]
  ZP 1,1 Zapatero   ¡Pero primero solo que señalado por el dedo de los   933
    demás!
  PB 3,1 Perlimplín   Tú sabes cómo son las Hadas..., pequeñitas...Es   1009
    admirable, pueden bailar sobre mi dedo meñique!
  YE 3,1 Yerma   ¡Ay! Has puesto el dedo en la llaga más honda que   1329
    tienen mis carnes.
  RS 2,1 Tío   Cada vez que cortáis una rosa es como si me cortaseis   1388
    un dedo.
  RS 3,1 Rosita   Pero lo sabían todos y yo me encontraba señalada por   1428
    un dedo que hacía ridícula [...]
  BA 3,1 Adela   No a ti, que eres débil; a un caballo encabritado soy   1528
    capaz de poner de rodillas con la fuerza de mi dedo
    meñique.
dedos (14)
  MP 1,1 Angustias   Parecía el hilo rojo, entre sus dedos,   783
  MP 2,5 Pedro   que me ofreces tu amor y tu casa y tus dedos.   830
  MP 3,4 Mariana   dedos de hueso y de musgo   871
  MP 3,8 Mariana   siento al mundo en los dedos. ¡Muerte! Pero, ¿qué es   887
    muerte?
  ZP 2,1 Alcalde   Muchas mujeres he conocido [...] abarcar con estos dos   949
    dedos, pero como tú, [...]
  CA 1,1 Niño   con los dedos   1066
  BS 3,1 Luna   me ponga entre los dedos su delicado silbo.   1251
  YE 3,1 Juan   Porque se necesita ser de bronce para ver a tu lado   1332
    una mujer que te quiere meter los dedos dentro del
    corazón [...]
  RS 2,1 Madre   Si no fuera por mí, ya se le habrían engarabitado los   1397
    dedos.
  RS 3,1 Ama   Con las puntillas de los dedos, con hilos, con [...]   1413
  BA 1,1 La Poncia   Tiene unos dedos como cinco ganzúas.   1440
  BA 1,1 Bernarda   No; pero les gusta verlo y comentarlo y se chupan los   1456
    dedos de que esto ocurra.
  BA 3,1 Adela   Todo el pueblo contra mí, quemándome con sus dedos de   1528
    lumbre, perseguida [...]
  BA 3,1 Bernarda   ¡Qué pobreza la mía, no poder tener un rayo entre los   1529
    dedos!
defecto (1)
  RS 3,1 Tía   Ese es el defecto de las mujeres decentes de estas   1427
    tierras.
defectos (3)
  MM 1,5 Alacranito   sus defectos no pregona?   692
  MM 2,1 Curianita Santa   y sufrid en vosotras los defectos extraños.   703
  YE 2,2 Juan   Yo tengo mis defectos pero quiero tener paz y sosiego   1313
    contigo.
defender (2)
  ZP 1,1 Zapatera   ¿Pero tienes el valor de llamarme escandalosa, cuando   922
    he salido a defender tu dinero?
  ZP 2,1 Zapatera   Ya somos dos a defender mi casa, ¡dos!,   978
defenderé (1)
  EP RR Figura De C   Me defenderé con las hierbas.   1150

defenderla (2)
ZP 2,1 Zapatero   ¡Canallas! Intenciones me dan de salir a defenderla.   970
YE 1,2 Juan   Viene poca agua, es mía hasta la salida del sol y   1300
                       tengo que defenderla contra los ladrones.

defenderme (4)
MP 2,9 Mariana   pero sé defenderme. ¡Salga pronto!   854
ZP 2,1 Zapatera   La gente me canta coplas, [...] por mí, salgo yo a   948
                       defenderme, ya que en [...]
ZP 2,1 Zapatera   Yo he hablado así porque [...] ocasión más pequeña   967
                       para defenderme?
CA 2,1 Novia   Detrás de toda esta sombra hay como un trabazón de   1079
                       puentes de plata para estrecharme a mí y para
                       defenderme a mí, que [...]

defenderte (1)
EP RR Figura De P   Prueba a defenderte.   1150
defensa (1)
ZP 2,1 Zapatera   Tiene usted razón, pero yo desde entonces no como, ni   964
                       duermo, ni vivo; porque él era mi alegría, mi defensa.

defienda (1)
BS 3,1 Novia   No hay nadie que te defienda.   1258
defienden (1)
BA 3,1 Bernarda   Abre. No creas que los muros defienden de la vergüenza.   1531
definición (1)
RS 3,1 Martín   Era una lección preciosa: "Concepto y definición de la   1418
                       Harmonía", pero a los niños no les interesa nada.

definitiva (1)
RS 3,1 Martín   ¿Cuándo es la arrancada definitiva?   1418
definitivamente (5)
MM 2,6 Curianita C   ¡Definitivamente está loco del todo!   719
TC 1,1 Cristobita   Me quedo con ella definitivamente.   731
CA 3,1 Arlequín   Lleno de espectadores definitivamente quietos.   1119
RS 2,1 Tío   Llega un momento en que [...] afanes en lo que está   1386
                       definitivamente muerto.
BA 1,1 Martirio   Dios me ha hecho débil y fea y los ha apartado   1460
                       definitivamente de mí.

degollado (1)
EP RR Emperador   He degollado más de cuarenta muchachos que no lo   1152
                       quisieron decir.
degüello (1)
DC 1,1 Cristóbal   Esto se acaba con el degüello.   1025
deja (33)
MM 1,2 Doña Curiana   y deja tus lagrimitas   683
TC 1,1 Hora   Deja que el agua corra y la estrella salga.   734
MP 1,5 Mariana   deja la luz a Granada!   796
MP 1,7 Fernando   ¡Pero quién te deja en esta   812
MP 2,5 Mariana   ¡Así! Deja tu aliento sobre mi frente. Limpia   828
MP 3,1 Novicia 1   ¡Deja!   860
TB DME Doncella   Si mi madre me deja.   899
ZP 2,1 Zapatero   cuando el sol deja sin sombra   961
PB 2,1 Marcolfa   Me deja asombrada el señor.   1002
PB 2,1 Belisa   Pero no se deja ver.   1005
CA 3,2 Jugador 2   Pero acuérdate del niño que en Suecia jugó con   1137
                       nosotros casi agonizante, y por poco si nos deja
                       ciegos a los tres [...]
EP RR Figura De P   Deja que vengan los insectos de la ruina y vete.   1147
EP RR Figura De P   Y deja mi cabeza de amor en la ruina.   1153
BS 2,1 Muchacha 1   deja tu sombrero por el olivar!   1216
BS 2,2 Criada   deja que relumbre el agua!   1226
BS 3,1 Leñador 3   Deja para el amor la oscura rama.   1248
BS 3,1 Leñador 1   ¡Deja para el amor la rama oscura!   1249
BS 3,1 Luna   La luna deja un cuchillo   1249
BS 3,1 Leñador 2   Deja para el amor la rama verde.   1255
BS 3,1 Leñador 1   ¡Deja para el amor la verde rama!   1255
YE 1,2 Yerma   Entonces, ¿qué vas a pensar cuando te deja en la cama   1290
                       con los [...]
YE 2,2 Yerma   Te ruego que no hables. Deja quieta la cuestión.   1316
RS 1,1 Manola 1   Deja que el rumor extienda   1368
RS 1,1 Primo   deja tu boca cerrada   1371
RS 2,1 Ayola 2   La que no quiere casar deja de echarse polvos [...]   1401
BA 1,1 Martirio   Su novio no la deja salir ni al tranco de la calle.   1459
BA 1,1 Amelia   De todo tiene la culpa esta crítica que no nos deja   1459
                       vivir.
BA 2,1 La Poncia   A vosotras que sois solteras, os conviene saber de   1476
                       todos modos que el hombre, a los quince días de boda,
                       deja la cama por la mesa [...]
BA 2,1 Adela   No me deja respirar.   1479
BA 2,1 La Poncia   ¡Deja en paz a tu hermana, y si Pepe el Romano te   1481
                       gusta, te aguantas!
BA 3,1 Bernarda   Una hija que desobedece deja de ser hija para   1507
                       convertirse en una enemiga.

deja - déjame

deja (continuación)   Pág.
    BA 3,1 Criada   Ganado tenemos el sueño. Bernarda no me deja descansar   1522
                         en todo el día
    BA 3,1 Martirio   ¡Deja a ese hombre!   1526
dejaba (1)
    RS 3,1 Ama   Ella quería ir por un lado y él no la dejaba.   1434
dejaban (1)
    BS 3,2 Novia   Y yo corría con tu hijo [...] impedían el andar y que   1269
                         dejaban escarcha sobre [...]
dejadla (5)
    MM 2,2 Curiana N   Dejadla lentamente.   706
    RS 1,1 Ama   ¡Dejadla ahora!   1370
    RS 2,1 Tía   Dejadla hablar.   1409
    BA 1,1 Bernarda   ¡Dejadla ya!   1452
    BA 1,1 Bernarda   Dejadla que se desahogue en el patio.   1453
dejadlo (2)
    MP 3,8 Mariana   ¡Dejadlo entrar, por Dios!   884
    BA 3,1 Bernarda   Pues encerrad las potras en la cuadra, pero dejadlo   1509
                         libre, no sea que nos eche abajo las paredes.
dejadme (13)
    MM 2,1 Curianita 1   Dejadme en paz, comadre. Sois muy santa y muy sabia,   703
    TC 2,1 Cocoliche   ¡Dejadme!   738
    TC 5,1 Cansa-Almas   ¡Y dejadme a mí! ¡Ay! ¡Dejadme a mí!   757
    MP 3,8 Fernando   ¡Dejadme!   887
    CA 1,1 Amigo 2   dejadme volver.   1074
    CA 1,1 Amigo 2   dejadme volver.   1074
    CA 1,1 Amigo 2   dejadme volver.   1077
    CA 1,1 Amigo   dejadme tornar.   1078
    CA 3,1 Joven   Quiero volver. ¡Dejadme!   1131
    BS 3,1 Luna   ¡Dejadme entrar! ¡Vengo helada   1249
    BS 3,1 Luna   dejadme entrar, ¡ay, dejadme!   1250
dejado (12)
    TC 6,1 Rosita   Yo estoy comprometida, y, además, no te quiero; tú me   763
                         has dejado antes.
    ZP 1,1 Alcalde   Si tu marido te ha dejado ha sido porque no lo   938
                         querías, porque no podía ser.
    ZP 2,1 Alcalde   Pero tu marido te ha dejado y no volverá, estoy seguro. 950
    DC 1,1   Yo voy a comer ahora un poquito pan, un poquitirrito   1020
                         pan que me han dejado los pájaros, y [...]
    BS 3,1 Novia   He dejado a un hombre duro   1258
    YE 1,2 Yerma   Anda. Así pasan las cosas. Seguramente lo has dejado   1292
                         encerrado.
    YE 2,2 Yerma   La mujer del campo que [...] sea de este desecho   1317
                         dejado de la mano de [...]
    RS 1,1 Rosita   La catedral ha dejado   1367
    BA 1,1 Criada   Ya me habéis dejado los pies señalados.   1444
    BA 1,1 Bernarda   No he dejado que nadie me dé lecciones.   1446
    BA 1,1 Bernarda   ¿Por qué la habéis dejado entrar?   1470
    BA 2,1 La Poncia   Yo no te quiero echar la culpa, pero tú no has dejado   1498
                         a tus hijas libres.
dejáis (2)
    YE 3,2 Vieja   A ver si luego nos dejáis dormir.   1343
    BA 3,1 Magdalena   ¡No la dejáis a una tranquila!   1517
déjala (7)
    MP 1,2 Angustias   ¡Déjala!   787
    BS 1,2 Mujer   Déjala.   1192
    BS 3,2 Novia   Déjala; he venido para que me mate y que me lleven con   1269
                         ellos.
    BS 3,2 Novia   ¡Déjala!   1269
    RS 2,1 Tía   ¡Déjala a ella!   1408
    BA 2,1 Angustias   Déjala.   1493
    BA 3,1 Magdalena   ¡Déjala que se vaya donde no la veamos nunca más!   1530
déjalas (1)
    MP 1,5 Mariana   ¡Déjalas!   801
déjalo (1)
    BS 1,1 Novio   Déjalo. Comeré uvas. Dame la navaja.   1172
déjalos (2)
    ZP 1,1 Zapatera   Déjalos ahí, ya los arreglarán.   914
    RS 3,1 Tía   ¡Déjalos!   1424
déjame (35)
    MM 2,4 Alacranito   ¡Déjame que la vea!   709
    TC 6,1 Cocoliche   Rosita: déjame que le estrangule.   776
    TB QM. Enrique   Déjame.   905
    ZP 1,1 Zapatero   ¡Pues déjame!   929
    PB 3,1 Belisa   Déjame ver tu rostro por un instante siquiera... ¡Ay!   1016
    PB 3,1 Perlimplín   Yo soy mi alma y tú eres tu cuerpo... Déjame en este   1017
                         último [...]
    CA 1,1 Joven   Déjame. No tengo ganas de bromas.   1056
    CA 1,1 Joven   ¡Déjame!   1056
    CA 2,1 Novia   Déjame.   1094
    CA 2,1 Novia   Déjame.   1096

déjame (continuación)
  CA 2,1 Joven   ¡Silencio! ¡Déjame! Vete,   1102
  CA 2,1 Maniquí   Déjame hablarte.   1102
  CA 3,1 Mecanógrafa   Amor, déjame en el monte   1121
  CA 3,1 Mecanógrafa   ¡Déjame!   1126
  CA 3,1 Mecanógrafa   Déjame bajar poco a poco hasta ti.   1127
  BS 1,2 Leonardo   Déjame.   1192
  BS 2,1 Novia   Déjame.   1208
  BS 2,2 Novia   ¡Déjame!   1238
  BS 2,2 Novia   Sí, pero déjame... Luego.   1238
  BS 2,2 Novia   Déjame sosegar un momento.   1240
  BS 3,1 Novia   ¡Déjame sola! ¡Huye tú!   1258
  BS 3,2 Novia   Déjame llorar contigo.   1270
  YE 1,2 Vieja 1   Déjame, muchacha, no me hagas hablar.   1288
  YE 1,2 Vieja 1   Déjame.   1290
  YE 2,2 Yerma   Ahora, ahora déjame con mis clavos.   1313
  YE 2,2 Yerma   Déjame andar y desahogarme.   1315
  YE 3,1 Juan   ¡Déjame ya de una vez!   1334
  YE 3,2 Yerma   ¿Y qué? Déjame y vete a los cantos.   1346
  BA 1,1 Voz   ¡Bernarda! ¡Déjame salir!   1452
  BA 1,1 María Josefa   ¡Déjame salir, Bernarda!   1471
  BA 2,1 Adela   ¡Déjame ya!   1479
  BA 2,1 Adela   ¡Martirio, déjame!   1504
  BA 3,1 Magdalena   ¡Déjame en paz!   1517
  BA 3,1 Martirio   Déjame decirlo con la cabeza fuera de los embozos.   1527
  BA 3,1 Martirio   Déjame que el pecho se me rompa como una granada de   1527
                             amargura.

dejamos (1)
  MM 2,5 Gusano 2   ¡Te dejamos en paz!   716
dejan (8)
  MM 1,1 Curiana N   son labios de amores que me dejan besos   672
  MP 3,4 Mariana   ¿Nos dejan?   873
  MP 3,5 Mariana   Me dejan sola; ¿y qué? Uno vendría   875
  BS 3,2 Niña   lo dejan pasar.   1263
  RS 1,1 Ama   Está visto que en esta casa no la dejan hablar a una.   1356
  RS 1,1 Ama   Aquí no la dejan a una ni abrir los labios.   1360
  RS 3,1 Rosita   Y hoy se casa una amiga [...] muchachas y muchachos me   1428
                             dejan atrás porque me [...]
  BA 1,1 Criada   Esa es la única tierra que nos dejan a las que no   1443
                             tenemos nada.
dejando (1)
  ZP 1,1 Zapatera   Pero ¿habrá tenido el valor de marcharse al cafetín,   934
                             dejando la puerta abierta... [...]
dejándome (1)
  BS 3,1 Novia   dejándome arrinconada   1256
déjanos (1)
  MM 1,5 Curianita Silvia   Déjanos ya, hermano.   692
dejar (18)
  MP 1,1 Angustias   Ella debe dejar esas intrigas.   784
  MP 3,3 Mariana   ¿Crees van a dejar que muera   868
  ZP 1,1 Zapatera   Esto es dejar a una con la miel en los labios....   929
  ZP 1,1 Niño   ¿No te quieres parar? ¿No quieres dejar de volar?   937
  CA 2,1 Novia   ¿Cómo voy a dejar que entres en mi alcoba cuando ya ha   1095
                             entrado otro?
  CA 2,1 Joven   ¿Voy a dejar que la viva el aire?   1095
  BS 1,1 Madre   Yo no puedo dejar aquí solos a tu padre y a tu hermano.   1175
  BS 1,3 Criada   ¿Sientes dejar tu vida de reina?   1203
  BS 2,2 Criada   ¿Cómo lo va a dejar?   1227
  YE 1,1 Víctor   Quiere juntar dinero y lo juntará, pero ¿a quién lo va   1285
                             a dejar cuando se muera?
  YE 1,2 Yerma   Los niños no se pueden dejar solos.   1292
  YE 3,1 Yerma   Dejar que de mi cuerpo salga siquiera esta cosa   1335
                             hermosa y que llene el aire.
  BA 2,1 Martirio   Dejar esa conversación.   1472
  BA 3,1 Prudencia   No me queda más consuelo que refugiarme en la iglesia,   1508
                             pero como me estoy quedando sin vista tendré que dejar
                             de venir para que [...]
  BA 3,1 La Poncia   A mí me gustaría cruzar el mar y dejar esta casa de   1521
                             guerra.
  BA 3,1 La Poncia   No nos van a dejar dormir.   1523
  BA 3,1 Adela   Vamos a dormir, vamos a dejar que se case con [...]   1528
  BA 3,1 Adela   Dios me ha debido dejar   1528
dejará (1)
  TC 4,1 Cocoliche   Por las noches no te dejará dormir con sus resoplidos.   754
dejaran (2)
  TC 6,1 Voz   si a mí me dejaran   762
  DC 1,1 Cristóbal   si a mí me dejaran,   1031
dejarás (2)
  CA 1,1 Niño   después me dejarás mirar el sol...   1069
  CA 2,1 Novia   Me voy a ahogar y luego tú saldrás corriendo y me   1079
                             dejarás muerta por las orillas.

dejaré - dejéis

Pág.

dejaré (1)
    TC 4,1 Cansa-Almas   ¡Te dejaré ir!   753
dejaremos (2)
    MM 2,2 Curiana N   ¡Aquí la dejaremos bajo la luna! Siento   707
    TC 4,1 Mozo 2   Le dejaremos aquí; y descuida, que ya despertará   750
    cuando le dé en la cara el sereno de la noche.
dejaría (3)
    TB PBK Buster Keaton   Porque ¿dónde dejaría mi sombrero?   896
    TB DME Doncella   Yo te dejaría si mi madre quisiera.   902
    YE 3,2 Vieja   Me dejaría cortar las manos.   1344
dejarla (2)
    MP 2,8 Conspirador 4   Es indigno dejarla.   847
    MP 2,8 Conspirador 2   dejarla abandonada!   848
dejarlo (2)
    BS 2,2 Padre   ¡Vamos a dejarlo!   1227
    RS 3,1 Tía   Parece como si alguien quisiera poner el jardín feo   1437
    para que no tuviésemos pena de dejarlo.
dejarlos (1)
    BS 3,1 Leñador 2   Debían dejarlos.   1245
dejarme (4)
    CA 1,1 Criado   Señor. ¿Tendría la bondad de dejarme las llaves de su   1070
    dormitorio?
    EP RR Figura De P   ¡Acabarás por dejarme ciego!   1149
    YE 3,1 Yerma   Dejarme libre siquiera la voz, ahora que voy entrando   1334
    en
    RS 3,1 Rosita   Dejarme como cosa perdida.   1431
dejarnos (1)
    YE 1,2 Juan   Vamos a dejarnos de conversación. Vete a la casa.   1300
dejaron (1)
    EP CV Desnudo   ¿Dejaron salir a la gente bajo la arena?   1156
dejarse (1)
    YE 3,1 Vieja 1   Lo importante de este mundo es dejarse llevar por los   1328
    años.
dejarte (3)
    ZP 1,1 Zapatera   Y tú, ¿dejarte robar?   921
    BS 2,1 Leonardo   ¿De qué me sirvió a mí el orgullo y el no mirarte y el   1214
    dejarte despierta noches y noches?
    BS 3,1 Leonardo   También yo quiero dejarte   1260
dejas (9)
    MP 1,4 Lucía   ¿Me dejas   790
    ZP 1,1 Zapatera   ¿No te digo que no me dejas ni moverme?   928
    ZP 1,1 Zapatero   ¿Por qué no me dejas marchar, mujer?   929
    CA 1,1 Joven   ¡No me dejas pensar!   1057
    CA 3,1 Joven   ¿Dónde voy si tú me dejas?   1124
    CA 3,2 Joven   Y me dejas los zapatos de charol. Pero les cambias las   1135
    cintas.
    YE 1,1 Yerma   Pero no te dejas cuidar.   1275
    RS 1,1 Tía   Pero a mí me dejas la vida amargada.   1362
    RS 1,1 Rosita   dejas a mi juventud,   1371
dejaste (5)
    TC 4,1 Mozo   ¿Por qué la dejaste?   751
    MP 3,9 Mariana   ¡Pedro! La Libertad, por la cual me dejaste.   890
    CA 3,1 Mecanógrafa   Tú esperabas y me dejaste marchar, pero siempre te   1125
    creías amado.
    CA 3,1 Mecanógrafa   ¿Por qué me dejaste?   1127
    BA 2,1 La Poncia   ¿Por qué no la dejaste casar con Enrique Humanas?   1498
déjate (2)
    TC 3,1 Mozo 1   ¡Déjate de cuestiones, Cocoliche! ¡Déjate de   747
    cuestiones!
deje (6)
    MM 1,2 Doña Curiana   y no se los deje nunca   681
    PB 3,1 Perlimplín   Ya muerto, lo podrás acariciar siempre en tu cama, tan   1015
    lindo y peripuesto, sin que tengas el temor de que
    deje de amarte.
    RS 1,1 Ama   Que deje usted esos bolillos con ese tiquití, que me   1360
    va a estallar la cabeza de tiquitís.
    RS 1,1 Primo   y la escarcha deje en mí   1372
    RS 2,1 Ama   ¿A usted le parece bien que un hombre se vaya y deje   1380
    quince años plantada [...]
    RS 2,1 Ama   Señora, no deje usted que los "poderes" entren en esta   1410
    casa.
dejé (4)
    BS 1,2 Leonardo   Pero la dejé.   1190
    YE 1,2 Muchacha 1   Yo llevo mucha prisa. Me dejé al niño dormido y no hay   1292
    nadie en casa.
    RS 1,1 Ama   Yo lo dejé en la mesa.   1353
    RS 3,1 Muchacho   Yo me impresioné, como es natural y dejé el traje y el   1433
    antifaz sobre mi cama.
dejéis (4)
    MM 0,0   Por eso, yo suplico a todos que no dejéis nunca libros   669
    de versos en las

dejéis (continuación)
   YE 3,2 Yerma   no me la dejéis en sombra.   1338
   YE 3,2 Coro De Mujeres no me la dejéis en sombra.   1338
   YE 3,2 Coro   no me la dejéis en sombra.   1339
déjela (1)
   RS 2,1 Madre   Déjela.   1401
déjelos (1)
   ZP 2,1 Zapatero   Déjelos, señor Alcalde..., supongo que es usted, que   953
                             con ellos me gano la vida.
déjeme (4)
   MP 2,9 Mariana   Y déjeme escapar. Yo guardaré   856
   MP 3,5 Mariana   de Calatrava. ¡Déjeme tranquila!   874
   TB DME Doncella   Déjeme que borde.   897
   BA 1,1 Angustias   Madre, déjeme usted salir.   1469
dejemos (2)
   BS 3,1 Mendiga   No dejemos que pasen el arroyo. ¡Silencio!   1251
   BA 3,1 La Poncia   Bernarda, dejemos esa conversación.   1518
dejen (2)
   EP CV Muchacho 1   ¡Por favor! No se dejen ustedes dominar por el pánico. 1163
   BA 2,1 Adela   ¡Que la dejen escapar!   1505
dejes (6)
   TC 4,1 Currito   Anda, por tus hijos, te pido que me dejes ir.   753
   MP 3,9 Mariana   ¡Corazón, no me dejes! ¡Silencio! Con un ala,   888
   TB QM. Mujer   Enrique mío. Enrique. No dejes de escribirme. No me   905
                             olvides.
   CA 2,1 Viejo   ¡No me dejes herido!   1107
   BS 1,2 Mujer   No me dejes así, sin saber nada...   1192
   BA 2,1 La Poncia   Pero en cuanto las dejes sueltas se te subirán al   1500
                             tejado.
déjese (1)
   RS 1,1 Ama   Déjese usted a sus propios hijos en una chocita   1360
                             temblando de hambre.
dejo (8)
   MP 1,7 Fernando   Mariana, dejo que vuelen   813
   TB QM. Enrique   Todo lo dejo perfectamente organizado.   907
   EP CV Estudiante 5   Te enamoras también, yo te dejo, y te subo en hombros 1167
                             por los riscos.
   BS 1,1 Madre   No sé cómo te atreves a llevar una navaja en tu   1173
                             cuerpo, ni cómo yo dejo a la serpiente dentro del
                           arcón.
   YE 3,1 Yerma   No te dejo hablar ni una sola palabra.   1332
   BA 2,1 La Poncia   Sí, y por poco si le dejo tuerto.   1477
   BA 2,1 Martirio   ¡Si yo la dejo! ¿Lo oye? ¡Retírese usted!   1493
   BA 3,1 Prudencia   Yo dejo que el agua corra.   1507
dejó (6)
   MM 0,0   Se prendó de una visión [...] libro de versos que dejó 669
                             abandonado sobre [...]
   MP 1,4 Amparo   cinco flores dejó abiertas,   793
   ZP 2,1 Zapatera   Mi marido me dejó por culpa de las gentes y ahora me   963
                             encuentro sola, sin calor de nadie.
   CA 3,1 Máscara   ¿Para el niño que el conde Arturo dejó morir en la   1116
                             escarcha?...
   BS 1,1 Madre   Tu abuelo dejó a un hijo en cada esquina.   1174
   YE 3,1 Yerma   ¡Maldito sea mi padre, que me dejó su sangre de padre 1334
                             de cien hijos!
del (368)
delantal (1)
   YE 2,1 Lavandera 6   lleva en el delantal.   1310
delante (13)
   ZP 1,1 Vecina   ¡Que salga, a ver si por delante de mí casca tanto   919
                             como por detrás!
   ZP 2,1 Alcalde   Nada, pensaba... de [...] para hacer escritura,   951
                             delante del notario, [...]
   DC 1,1 Cristóbal   Todo el que está delante de mí tiene que temblar,   1035
                             carajorum, tiene que temblar.
   DC 1,1 Cristóbal   por delante y por detrás.   1035
   CA 1,1 Viejo   Todavía cambian más las cosas que tenemos delante de 1052
                             los ojos que [...]
   CA 1,1 Joven   Yo quisiera quererla como quisiera tener sed delante 1055
                             de las fuentes.
   BS 2,2 Muchacha 2   A mí delante del altar.   1235
   BS 3,1 Leonardo   Tú delante. ¡Vamos, digo!   1260
   YE 2,1 Lavandera 4   Y cuando no lo mira, porque está sola, porque no lo   1304
                             tiene delante, lo lleva retratado en los ojos.
   YE 2,2 Yerma   Son piedras delante de mí.   1319
   RS 1,1 Rosita   Las que van delante, garzas;   1367
   BA 1,1 Bernarda   Pero las olvidan delante de un plato de garbanzos. 1445
   BA 1,1 Bernarda   A tu edad no se habla delante de las personas mayores. 1446
delatar (1)
   BA 1,1 Martirio   Porque los hombres se tapan unos a otros las cosas de 1459
                             esta índole y nadie es capaz de delatar.

delatará - demasiado

                                                                                      Pág.

delatará (1)
  MP 2,9 Pedrosa   delatará! ¡Los hierros duelen mucho,   857
delato (1)
  MP 3,8 Mariana   Si delato, por todas las calles de Granada   885
deleitan (1)
  MM 1,2 Curianita Silvia   Me deleitan   682
delfín (1)
  TB DME Marinero   Yo en un delfín.   900
delgado (2)
  TC 5,1 Jovencita   delgado de cintura,   759
  TC 5,1 Jovencita   delgado de cintura,   761
delicada (3)
  TC 0,0 Mosquito   Ahora que sale la luna [...] sobre la charca, una   724
                        delicada pajarita de [...]
  CA 1,1 Viejo   ¿A que si en aquel preciso [...] cambiado en la rosa   1052
                        más delicada del mundo?
  BS 3,2 Madre   ¡Floja, delicada, mujer de mal [...]   1269
delicadamente (1)
  CA 2,1 Criada   Muy delicadamente, casi sin apretar.   1084
delicadas (1)
  TC 3,1 Cocoliche   ¡Ella me decía cosas tan delicadas!...   743
delicadeza (2)
  PB PRO Madre   ¡Qué delicadeza tan extraordinaria!   986
  BA 1,1 Magdalena   Desde luego que hay que reconocer que lo mejor que has   1472
                        tenido siempre es el talle y la delicadeza.
delicadezas (1)
  YE 2,2 Yerma   Vais a lo vuestro sin reparar en las delicadezas.   1322
delicado (4)
  ZP 0,0 El Autor   Respetable público... [...] palabra hay como un   911
                        delicado temblor de miedo, [...]
  ZP 1,1 Niño   Dice mi madre que tenga cuidado de no darles muchos   914
                        martillazos porque el charol es muy delicado, para que
                        no [...]
  PB 2,1 Perlimplín   Jamás he visto un hombre en quien lo varonil y lo   1005
                        delicado se den de una manera tan armónica.
  BS 3,1 Luna   me ponga entre los dedos su delicado silbo.   1251
delicioso (6)
  MM 1,5 Alacranito   que estaba delicioso, blando y dulce, ¡qué rico!   692
  PB 3,1 Belisa   He sentido tu calor y tu peso, delicioso joven de mi   1012
                        alma... ¡Oh !...,
  DC 1,1   El poeta que ha interpretado [...] corazón limpio, el   1019
                        delicioso y duro lenguaje [...]
  CA 3,1 Mecanógrafa   Delicioso. ¿Y cuándo llega el conde?   1116
  EP CV Dama 1   Era un drama delicioso y la revolución no tiene   1159
                        derecho para profanar las tumbas.
  EP CV Dama 2   ¡Delicioso! No querrá usted ponerles reparos.   1159
delirio (1)
  ZP 1,1 Zapatera   Yo siempre he tenido delirio por ella... Casi se me   929
                        saltan las lágrimas... ¡Qué primor!
demás (11)
  TC 3,1 Mozo 1   Cocoliche: a las doce de la noche tendrás la puerta   744
                        abierta, y todo lo demás.
  MP 3,3 Mariana   ¿Y de lo demás?   868
  ZP 1,1 Zapatero   ¡Pero primero solo que señalado por el dedo de los   933
                        demás!
  PB 0,0 Madre   Los dineros dan la hermosura... Y la hermosura es   985
                        codiciada por los demás hombres.
  CA 1,1 Joven   ¿Crees tú que yo puedo [...] causar dolor a los demás?   1071
  CA 1,1 Amigo   Primero eres tú que los demás.   1071
  BS 1,3 Madre   Un hombre, unos hijos y una pared de dos varas de   1200
                        ancho para todo lo demás.
  YE 3,2 Yerma   ¿Y lo demás? ¿Y tu hijo?   1348
  BA 1,1 La Poncia   La quedan cinco mujeres, [...] tiene dineros, las   1442
                        demás, mucha puntilla [...]
  BA 2,1 Bernarda   Hay a veces una ola de fango que levantan los demás   1502
                        para perdernos.
  BA 3,1 La Poncia   Adela está decidida a lo que sea y las demás vigilan   1521
                        sin descanso.
demasiada (1)
  TC 1,1 Cristobita   La boca un poquitín grande, [...] no quiero que tome   733
                        demasiada confianza.
demasiado (41)
  MM 1,2 Doña Curiana   aún sois demasiado nueva   677
  TC 4,1 Joven   Aquí me cansaba demasiado.   751
  MP 1,5 Fernando   Señores, ya es demasiado.   799
  MP 1,7 Mariana   Quizá quiera demasiado   808
  MP 3,7 Mariana   me hace demasiado pálida.   883
  TB DME Estudiante   Va demasiado de prisa.   900
  ZP 1,1 Zapatero   Por eso me callo y no me disgusto contigo...   916
                        ¡Demasiado sé yo!...

demasiado (continuación)
    ZP 2,1 Zapatero   Ella soñaba con un mundo que no era el mío, era   967
                             fantasiosa y dominanta, gustaba demasiado de la
                             conversación [...]

    PB 2,1 Marcolfa   Mi señor la quiere demasiado.   1002
    PB 3,1 Marcolfa   Se dio cuenta demasiado tarde.   1018
    DC 1,1 Cristóbal   Me parece que suena demasiado.   1039
    CA 1,1 Joven   Sí, las seis y con demasiado calor.   1047
    CA 1,1 Joven   ¡La quiero demasiado!   1049
    CA 1,1 Joven   Demasiado trabajo tengo con oírla llena de coches y   1057
                             gentes desorientadas.
    CA 1,1 Amigo   ¡Usted es demasiado viejo para saberlo!   1072
    CA 1,1 Viejo   Demasiado.   1076
    CA 1,1 Joven   Es demasiado tarde.   1077
    CA 2,1 Novia   No quiero verlo. Es preciso que yo viva. Habla   1089
                             demasiado.
    CA 3,1 Mecanógrafa   Porque me amaba demasiado.   1115
    CA 3,1 Mecanógrafa   Te quiero demasiado para poder contemplarte.   1126
    CA 3,2 Joven   Hace demasiado calor.   1138
    CA 3,2 Joven   Demasiado amables.   1138
    EP CV Muchacho 1   Sí, pero eran demasiado pequeños para ser pies de   1159
                             mujer.
    EP CV Muchacho 1   Eran demasiado perfectos y demasiado femeninos.   1159
    BS 1,3 Madre   Buenas; pero demasiado solas.   1195
    BS 2,1 Novia   no tires demasiado.   1206
    BS 2,2 Mujer   Sí, pero le gusta volar demasiado.   1233
    YE 1,1 Juan   Calla. Demasiado trabajo tengo yo con oír en todo   1276
                             momento...
    YE 1,1 Yerma   Elena tardó tres años, [...] veinte días, como yo, es   1282
                             demasiado esperar.
    YE 2,2 Juan   Tú sales demasiado.   1312
    YE 3,1 Vieja 2   Pero el cementerio estaba demasiado oscuro.   1326
    YE 3,1 Vieja 1   Eres demasiado joven para oír consejo.   1328
    RS 1,1 Tío   ¡Esto ya es demasiado!   1355
    RS 1,1 Sobrino   Demasiado sé que no puedo.   1362
    RS 3,1 Ama   Es verdad que la casa resulta demasiado grande.   1412
    BA 1,1 Bernarda   ¡Cuánto hay que sufrir y luchar para hacer que las   1456
                             personas sean decentes y no tiren al monte demasiado!
    BA 1,1 La Poncia   Demasiado poca guerra te dan.   1457
    BA 1,1 Bernarda   Habla, te conozco demasiado para saber que ya me   1497
                             tienes preparada la cuchilla.
    BA 3,1 La Poncia   Quise atajar las cosas, pero ya me asustan demasiado.   1520
    BA 3,1 La Poncia   Las cosas se han puesto ya demasiado maduras.   1521
déme (2)
    DC 1,1 Cristóbal   Déme su retrato.   1031
    RS 3,1 Ama   Déme usted las llaves del armario.   1434
démelas (1)
    DC 1,1 Poeta   Démelas de plata.   1021
demonio (11)
    MM 2,1 Curianita Santa   El hambre es un demonio con antenas de fuego   703
    ZP 1,1 Alcalde   Y tú, siempre tú; ¡qué demonio!   925
    ZP 1,1 Alcalde   ¡Demonio!   925
    ZP 1,1 Zapatero   Sí, señor, ¡demonio!   925
    ZP 2,1 Zapatera   ¡El demonio!   948
    ZP 2,1 Zapatera   Pero ¿qué es lo que está usted diciendo, titiritero   965
                             del demonio?
    ZP 2,1 Zapatero   ¡Así os lleve el demonio! ¡Basiliscos, perjuras!   973
    YE 2,1 Lavandera 1   ¿Qué demonio se te ha metido entre los cabellos para   1305
                             que hables así?
    YE 3,2 Niños   ¡El demonio y su mujer! ¡El demonio y su mujer!   1340
    BA 1,1 Amelia   ¡Y fea como un demonio!   1460
demonios (3)
    TC 3,1 Espantanublos   ¿Pero quién demonios es ese hombre y a qué ha venido   746
                             aquí?
    BS 2,2 Criada   Corrieron como demonios.   1227
    RS 3,1 Ama   pero los demonios, tizonazo por [...]   1425
demos (1)
    PB 2,1 Perlimplín   ¿Quieres que demos un paseo?   1003
demostrado (2)
    RS 2,1 Ama   Lo tengo demostrado, ¡y hechos!   1381
    RS 2,1 Tía   Tú has demostrado quererla más que nadie.   1384
demostrar (3)
    CA 3,1 Payaso   voy a demostrar...   1114
    CA 3,1 Payaso   Voy a demostrar...   1114
    EP CV Estudiante 1   No es necesario, y esto era lo que se propuso   1161
                             demostrar con el genio el director de escena.
demostrártelo (1)
    BS 3,2 Novia   Y fuerte para demostrártelo.   1270
den (6)
    PB 2,1 Perlimplín   Jamás he visto un hombre en quien lo varonil y lo   1005
                             delicado se den de una manera tan armónica.

		Pág.
den (continuación)		
YE 1,2 Yerma	¡Puñalada que le den a las gentes!	1299
YE 2,2 Juan	Cuando te den conversación cierra la boca y piensa que eres una mujer casada.	1315
YE 3,2 Yerma	las doce den.	1336
BA 2,1 Bernarda	Mala puñalada te den, ¡mosca muerta! ¡Sembradura de vidrios!	1493
BA 3,1 Bernarda	Avisad que al amanecer den dos clamores las campanas.	1532
dentro (61)		
MM 1,6 Curianito	mientras otra flor nace dentro del pensamiento?	701
TC 2,1 Rosita	Dentro de cien años girarán lo mismo.	736
TC 3,1 Joven	Pero tengo un temblorcillo dentro.	743
TC 5,1 Fígaro	Somos los alcaldes de [...] enteramos cómo piensan por dentro.	758
MP 1,7 Mariana	Me escuece dentro su amor	813
MP 2,5 Pedro	luz armoniosa y fija que se siente por dentro?	830
MP 2,6 Pedro	dentro de unos instantes.	834
MP 3,5 Mariana	dentro de España tales villanías?	876
MP 3,8 Fernando	¡Sé que vas a morir! Dentro de unos instantes	885
ZP 1,1 Zapatera	Cállate, larga de lengua, [...] gusto... Si no te metes dentro de tu casa te [...]	912
ZP 2,1 Mozo Del S	Has puesto taberna y podemos estar aquí dentro todo el tiempo que queramos.	942
ZP 2,1 Zapatero	Enseño la vida por dentro.	956
PB 0,0 Madre	Emocionadísima... Belisa..., vete dentro..., no está bien que una doncella oiga ciertas conversaciones.	985
PB 0,0 Madre	¡Pues si la viera por dentro!...	985
PB 0,0 Perlimplín	Como de azúcar..., blanca por dentro. ¿Será capaz de estrangularme?	987
CA 1,1 Viejo	¿No se atreve usted a concentrar, a hacer hiriente y pequeñito su amor dentro del pecho?	1049
CA 1,1 Joven	Que estoy en carne viva. Todo hacia dentro. Una quemadura.	1051
CA 1,1 Viejo	Están las cosas más vivas dentro que ahí fuera, expuestas al aire o la muerte.	1053
CA 1,1 Amigo 2	En el colegio entraba [...] pequeñas, que lleva dentro.	1073
CA 1,1 Amigo 2	Yo era tierno y cantaba, y ahora hay un hombre, un señor como usted, que anda por dentro de mí con dos [...]	1075
CA 1,1 Amigo 2	En cambio, dentro de cuatro o cinco años existe un pozo en el que caeremos todos.	1075
CA 2,1 Padre	Ahí dentro está, en el maniquí.	1089
CA 2,1 Criada	Ahí dentro está, en el maniquí.	1098
CA 3,1 Arlequín	Ahí dentro, en el circo, hay oro blando, suficiente para hacer una estatua del mismo tamaño... que usted.	1119
CA 3,1 Máscara	Voy a esconderme dentro de las zarzamoras dentro de las zarzamoras.	1123
CA 3,1 Joven	Corre por dentro de mí, como una hormiga sola dentro de una caja cerrada.	1125
CA 3,2 Joven	El chartreuse es como una gran noche de luna verde dentro de un castillo [...]	1142
EP CV Dama 3	Han encontrado al director de escena dentro del sepulcro.	1158
EP CV Estudiante 4	Por pura curiosidad, para ver lo que tenían dentro.	1166
BS 1,1 Madre	No sé cómo te atreves a llevar una navaja en tu cuerpo, ni cómo yo dejo a la serpiente dentro del arcón.	1173
BS 1,2 Suegra	dentro de las ramas.	1184
BS 1,2 Suegra	dentro de los ojos	1184
BS 1,2 Mujer	La boda será dentro de un mes.	1190
BS 1,2 Mujer	¿Qué idea te bulle por dentro de la cabeza?	1192
BS 1,2 Suegra	dentro de los ojos	1193
BS 2,1 Novia	No se puede estar ahí dentro, del calor.	1206
BS 2,2 Novio	Está dentro.	1242
BS 3,1 Novia	con los pies dentro del agua,	1260
BS 3,2 Novia	Yo era una mujer quemada, llena de llagas por dentro y por fuera, [...]	1269
YE 1,1 María	Pues lo mismo..., pero por dentro de la sangre.	1280
YE 1,2 Muchacha 2	Yo te puedo decir lo único que he aprendido en la vida: toda la gente está metida dentro de sus casas haciendo [...]	1294
YE 2,1 Lavandera 4	Ella y sus cuñadas, sin [...] vivienda más arde por dentro.	1304
YE 2,2 Yerma	Las mujeres dentro de sus casas.	1312
YE 2,2 Yerma	Cuando tenga la cabeza atada con un pañuelo para que no se me abra la boca, y las manos bien amarradas dentro del ataúd, en [...]	1314
YE 2,2 Yerma	¡Cómo no me voy a quejar cuando te veo a ti y a otras mujeres llenas por dentro de flores, y viéndome [...]	1317
YE 2,2 María	Dentro de poco empezará a cantar.	1320

dentro (continuación)
  YE 3,1 Yerma   Yo tengo la idea de que las recién paridas están como   1327
                           iluminadas por dentro y los niños se [...]
  YE 3,1 Juan   Porque se necesita ser de bronce para ver a tu lado   1332
                           una mujer que te quiere meter los dedos dentro del
                           corazón y [...]
  YE 3,2 Yerma   Eso es lo que yo quería oír de tus labios... No se   1348
                           siente la verdad cuando está dentro de una misma, [...]
  RS 1,1 Sobrino   Volveré dentro de unos instantes. Dígaselo usted.   1363
  RS 3,1 Tía   ¡Porque ya no nos queda una sola dentro del corazón!   1425
  RS 3,1 Rosita   Lo que tengo por dentro lo guardo para mí sola.   1430
  RS 3,1 Rosita   Tú, vete a arreglar cosas, que dentro de unos momentos   1430
                           [...]
  RS 3,1 Rosita   Dentro de unos minutos. Al oscurecer.   1431
  BA 1,1 Magdalena   Todo menos estar sentada días y días dentro de esta   1452
                           sala oscura.
  BA 3,1 Prudencia   Me ha retemblado dentro del pecho.   1509
  BA 3,1 Bernarda   Vienen a pedirla dentro de tres días.   1509
  BA 3,1 Bernarda   Cada uno sabe lo que piensa por dentro.   1513
  BA 3,1 Martirio   Con lo que pasa dentro de las habitaciones tengo   1515
                           bastante.
denuncia (1)
  EP CV Estudiante 4   La denuncia del público fue eficaz.   1165
Deo (1)
  ZP 1,1 Niño   ¡Deo gratias!   915
depende (2)
  MM 1,6 Curiana N   depende de las alas de esa gran mariposa.   700
  MP 2,7 Conspirador 1   Todo depende de lo que nos digan   838
derecha (4)
  MM 1,2 Curianita Silvia sobre su pata derecha,   682
  TC 2,1 Rosita   Que mires a la izquierda y a la derecha del tiempo, y   736
                           que tu corazón aprenda a estar tranquilo.
  CA 3,1 Máscara   Tiene en la mano derecha una cicatriz que le hicieron   1117
                           con un puñal...; por mí, desde luego.
  RS 1,1 Ama   Pero aquí... rosas por la derecha, albahaca por [...]   1353
derecho (6)
  DC 1,1 Director   Usted, como poeta, no tiene derecho a descubrir el   1020
                           secreto con el cual vivimos todos.
  CA 2,1 Padre   ¿Es que yo no tengo derecho a descansar?   1089
  EP CV Dama 1   Era un drama delicioso y la revolución no tiene   1159
                           derecho para profanar las tumbas.
  RS 3,1 Rosita   Quiero huir, quiero no ver, quiero quedarme serena,   1429
                           vacía... (¿es que no tiene derecho una pobre mujer
                           [...]
  BA 2,1 Angustias   Yo tengo derecho de enterarme.   1503
  BA 2,1 Bernarda   Tú no tienes derecho más que a obedecer.   1503
derramada (2)
  BS 2,2 Criada   de la sangre derramada.   1226
  BS 2,2 Madre   Por eso es tan terrible ver la sangre de una derramada   1228
                           por el suelo.
derramado (1)
  BA 3,1 Amelia   Ya has derramado la sal.   1510
derraman (1)
  CA 2,1 Novia   ¡Qué ascua blanca, qué fuego de marfil derraman tus   1079
                           dientes!
derramar (1)
  ZP 2,1 Zapatera   No me mire tanto, que se me va a derramar el jarabe.   941
derramaré (1)
  CA 2,1 Joven   Yo la derramaré si te gusta.   1093
derrame (1)
  BS 3,1 Luna   ¡Caliente!, que se derrame   1250
derroche (1)
  TC 6,1 Mosquito   La tierra tiene caminitos blancos, caminitos lisos,   771
                           caminitos tontos... Pero, muchachos, ¿por qué ese
                           derroche de perlas?
derrumbarse (1)
  MP 1,8 Angustias   que derrumbarse veo,   818
des (6)
  TC 6,1 Cristobita   Como no me la des,   767
  ZP 1,1 Zapatero   Ay, mujer..., no me des escándalos, ¡mira que viene la   918
                           gente!
  ZP 1,1 Zapatera   Mientras no des por ellos diez pesetas, aquí se quedan.   921
  CA 1,1 Mecanógrafa   Yo te ruego que me des la cuenta.   1055
  YE 2,1 Lavandera 4   ¿Y quién ha dado licencia a tu boca para que me des   1305
                           consejos?
  RS 2,1 Tía   No es justo que te des ese aire de hombre [...]   1386
desabrochados (1)
  BA 1,1 Amelia   Llevas desabrochados los cordones de un zapato.   1461
desafíes (2)
  BA 2,1 La Poncia   No me desafíes, Adela, no me desafíes.   1482

desafío - descansar

		Pág.
desafío (1)		
MP 2,8 Mariana	a todos los desafío,	849
desagradecido (1)		
RS 2,1 Ama	Eso se llama ser desagradecido.	1379
desahogarme (1)		
YE 2,2 Yerma	Déjame andar y desahogarme.	1315
desahogarse (1)		
BA 1,1 Magdalena	Siempre cabeza con cabeza como dos ovejitas, pero sin desahogarse con nadie.	1463
desahogas (1)		
RS 3,1 Ama	Tú hablas, te desahogas, nos hartamos de llorar las tres y nos repartimos el sentimiento.	1430
desahogo (1)		
YE 3,1 Yerma	Necesitaba este desahogo. ¿Cuántas veces repito las oraciones?	1330
desahogue (1)		
BA 1,1 Bernarda	Dejadla que se desahogue en el patio.	1453
desangrado (2)		
BS 3,1 Leñador 1	¿Y qué? Vale más ser muerto desangrado que vivo con ella podrida.	1246
RS 1,1 Rosita	jazminero desangrado,	1373
desaparecieron (1)		
MP 1,6 Clavela	desaparecieron de su cara.	806
desarrollado (1)		
EP CV Muchacho 1	El acto del sepulcro estaba prodigiosamente desarrollado.	1159
desasosiego (2)		
MP 2,5 Mariana	un gran desasosiego que me turba y me enoja;	830
YE 2,2 Juan	Estando a tu lado no se siente más que inquietud, desasosiego.	1314
desata (1)		
EP CV Estudiante 3	Y toda la gente, pero [...] la doctrina cuando desata su cabellera puede [...]	1166
desaté (1)		
BA 2,1 Martirio	Agradece a la casualidad que no desaté mi lengua.	1503
desayuno (1)		
YE 1,1 Yerma	Habrás comprado café para el desayuno, azúcar, los panes.	1278
desbordante (1)		
RS 3,1 Rosita	Estaba atada, y además, ¿qué hombre vino a esta casa sincero y desbordante para procurarse mi cariño?	1429
desbravador (1)		
ZP 2,1 Zapatera	Y que no me asusto de nadie, ¿lo oyes?, que yo tengo la sangre de mi abuelo, que esté en gloria, que fue desbravador de caballos [...]	942
desbravar (2)		
BA 2,1 Amelia	Quizá una mulilla sin desbravar.	1489
BA 2,1 Martirio	Eso, ¡eso!, una mulilla sin desbravar.	1489
descalza (2)		
CA 2,1 Novia	Yo me corté las trenzas porque le gustaban mucho, como ahora voy descalza porque te gusta [...]	1079
YE 1,1 Yerma	Muchas noches salgo descalza al patio para pisar la tierra, no sé por qué.	1282
descalzas (1)		
YE 2,1 Lavandera 5	Estas machorras son así: [...] subirse al tejado y andar descalzas por esos ríos.	1302
descansa (10)		
MP 3,6 Carmen	Marianita, hija, descansa.	879
BS 1,2 Suegra	Mi niño descansa.	1186
BS 1,2 Mujer	Mi niño descansa...	1194
BS 2, Novio	Descansa un poco. ¡Mal día para las novias!	1240
BA 1,1 Bernarda	¡Descansa en paz con la santa	1448
BA 1,1 Todas	¡Descansa en paz!	1448
BA 1,1 Todas	¡Descansa en paz!	1448
BA 1,1 Todas	¡Descansa en paz!	1448
BA 1,1 Todas	¡Descansa en paz!	1449
BA 1,1 Todas	¡Descansa en paz!	1449
descanséis (1)		
BA 3,1 Adela	Me despertó la sed. Y vosotras, ¿no descanséis?	1522
descansando (3)		
ZP 1,1 Beata 1	Descansando, ¿verdad?	933
ZP 1,1 Zapatero	Sí, descansando... ¡Pues no estaban mirando por el ojo de la llave!	933
BS 1,1 Vecina	Muchas veces pienso que tu hijo y el mío están mejor donde están, dormidos, descansando, que no expuestos [...]	1179
descansar (15)		
MM 1,1 Curiana N	Hasta luego, amiga, voy a descansar.	676
ZP 1,1 Alcalde	¡A descansar, niña!	928
ZP 1,1 Beata 2	¡Hace usted bien en descansar!	933
ZP 1,1 Beata 1	A descansar, maestro.	933

descansar - descubrirlas
Pág.

descansar (continuación)
ZP 1,1 Beata 2   ¡A descansar, a descansar!   933
ZP 2,1 Zapatero   ¿Aquí se puede descansar?   953
DC 1,1 Cristóbal   Voy a descansar,   1039
DC 1,1 Cristóbal   Voy a descansar   1039
CA 2,1 Padre   ¿Es que yo no tengo derecho a descansar?   1089
BS 3,2 Madre   Bendito sea Dios, que nos tiende juntos para descansar.   1270
YE 3,2 Yerma   Voy a descansar sin despertarme sobresaltada, para ver   1350
                      si la sangre me anuncia otra sangre nueva.
RS 3,1 Rosita   Y yo lo oigo y no puedo [...] quitarme los zapatos, de   1429
                      descansar y no moverme [...]
BA 3,1 Bernarda   Nada. Voy a descansar.   1520
BA 3,1 Criada   Ganado tenemos el sueño. Bernarda no me deja descansar   1522
                      en todo el día
descanse (3)
ZP 1,1 Zapatero   ¡Mal rayo parta a mi hermana, que en paz descanse!   919
ZP 1,1 Zapatero   ¡Mal rayo parta a mi hermana, que en paz descanse!   926
ZP 1,1 Zapatero   ¡Mal rayo parta a mi hermana, que en paz descanse!   933
descanses (2)
MP 1,6 Fernando   Adiós, que descanses.   805
MP 3,9 Mariana   ¿Dónde vas? Es preciso que tú también descanses.   888
descanso (3)
MM 2,1 Curianita Santa Estaré en oración porque tenga descanso.   705
BA 1,1 La Poncia   ¡Buen descanso ganó su pobre marido!   1441
BA 3,1 La Poncia   Adela está decidida a lo que sea y las demás vigilan   1521
                      sin descanso.
descansó (1)
CA 3,2 Criado   ¿Descansó lo suficiente después del viaje?   1133
descarada (1)
ZP 2,1 Zapatera   Calle usted, viejísimo, [...] tan indecente y tan   949
                      descarada.
descargan (1)
CA 3,1 Máscara   Y después fui al hospital [...] con los hombres que   1116
                      descargan el carbón en [...]
descendencia (1)
BS 3,1 Novia   y a toda su descendencia   1258
descender (1)
MM 2,5 Gusano 3   y no vi descender   713
descendido (1)
RS 2,1 Madre   A pesar de todo, nosotras no hemos descendido de clase.   1393
descifrar (1)
PB 3,1 Perlimplín   ¡¡¡que nunca podría descifrar!!!   1015
descolgado (1)
RS 3,1 Ama   Como he descolgado la percha, lo tienes enganchado en   1435
                      el tirador de la ventana.
descolgarla (1)
BA 3,1 Bernarda   ¡Descolgarla!   1532
descolgó (1)
RS 2,1 Madre   Yo tengo una muchacha [...] el otro día se nos   1395
                      descolgó diciendo que [...]
desconchados (1)
CA 1,1 Joven   Es preciso luchar con toda idea de ruina; con esos   1046
                      terribles desconchados de las paredes.
desconocido (2)
MM 2,5 Gusano 3   lo desconocido.   712
PB 3,1 Perlimplín   Esta noche vendrá el nuevo y desconocido amante de mi   1010
                      señora Belisa.
descripción (1)
RS 1,1 Tío   Los botánicos la llaman "rosa mutabile", que quiere   1356
                      decir mudable, que cambia... En este libro está su
                      descripción y su pintura, [...]
descriptiva (1)
EP CV Traspunte   Señores: clase de Geometría descriptiva.   1168
descubra (1)
PB 1,1 Duende 2   Por eso, que no se descubra todavía nuestra eficaz y   995
                      socialísima pantalla.
descubras (1)
EP RR Figura De C   No te descubras.   1150
descubren (1)
PB 1,1 Duende 1   No se descubren nunca.   994
descubrí (1)
EP CV Muchacho 1   Pero yo descubrí la mentira cuando vi los pies de   1159
                      Julieta.
descubrir (2)
PB 1,1 Duende 2   Y se va a las cosas turbias para descubrir en ellas   994
                      secretos que ya sabía.
DC 1,1 Director   Usted, como poeta, no tiene derecho a descubrir el   1020
                      secreto con el cual vivimos todos.
descubrirlas (2)
PB 1,1 Duende 1   El hombre se figura que no tiene necesidad de   994
                      descubrirlas...

descubrirlas - desde

descubrirlas (continuación)   Pág.
  BA 3,1 Bernarda   No procures descubrirlas, no le preguntes y, desde   1514
                  luego, que no te vea llorar jamás.
descubrirlo (1)
  EP CV Estudiante 4   El público tiene sagacidad para descubrirlo todo y por 1160
                  eso protestó.
descuida (4)
  TC 4,1 Mozo 2   Le dejaremos aquí; y descuida, que ya despertará   750
                  cuando le dé en la cara el sereno de la noche.
  BS 2,1 Leonardo   Descuida.   1216
  YE 3,1 Yerma   ¡Eso! ¡Eso! Silencio. Descuida.   1335
  RS 1,1 Tía   Descuida. Los viejos son los que tienen que llevar los 1363
                  malos ratos.
descuidada (3)
  BS 1,1 Madre   Que caves bien la parte del molinillo, que la tienes 1178
                  descuidada.
  YE 1,1 Yerma   Tú estabas descuidada.   1279
  YE 1,1 María   Sí, descuidada...   1279
descuidado (1)
  MP 1,7 Fernando   Puedo marchar descuidado.   815
descuidáis (1)
  MM 1,2 Doña Curiana   descuidáis vuestras haciendas,   678
descuidara (1)
  CA 1,1 Joven   La última vez que la vi no podía mirarla muy de cerca 1052
                  porque tenía dos arruguitas en la frente, que, como me
                  descuidara, ¿entiende [...]
descuide (1)
  PB 2,1 Marcolfa   Descuide el señor.   1001
desde (50)
  MM 1,5 Curiana C   Cayó desde la punta de un terrible ciprés.   697
  MM 2,7 Curianito   y desde allí verás el prado verde   720
  TC 1,1 Rosita   No, no; desde lejos te daré los besitos.   731
  TC 3,1 Joven   Cuando lo vi desde la Sierra, me entró la luz por los 743
                  ojos y me llegó hasta los pies.
  TC 6,1 Cocoliche   Desde allí veremos cómo tiembla el mundo vestido con 777
                  la luna.
  MP 1,1 Angustias   Desde luego, por Granada no se sabe.   783
  MP 1,5 Mariana   Desde que llegó a Granada.   799
  MP 1,6 Fernando   Desde aquí lo sentimos.   803
  MP 1,6 Clavela   Desde que usted puso sus preciosas manos   806
  MP 2,7 Pedro   desde las viejas torres amarillas   838
  MP 3,7 Novicia 2   Desde el jardín; y sonaban   879
  MP 3,7 Novicia 2   desde el frescor de las ramas.   880
  ZP 1,1 Alcalde   Rosa, Manuela, Visitación y Enriqueta Gómez, que ha   925
                  sido la última, te lo pueden decir desde la otra vida,
                  si [...]
  ZP 2,1 Zapatera   Si no fuera porque tengo que ganarme la vida con estos 942
                  vinillos y este trapicheo, porque estoy sola desde que
                  se fue por [...]
  ZP 2,1 Zapatera   Tiene usted razón, pero yo desde entonces no como, ni 964
                  duermo, ni vivo; porque él era mi alegría, mi defensa.
  ZP 2,1 Niño   Desde la ventana de tu cuarto puedes ver el jaleo de 970
                  la plaza.
  PB 1,1 Perlimplín   Desde que tú viniste [...]   988
  PB 1,1 Belisa   Desde luego maridito. Y apaga la luz, si te place.   992
  PB 1,1 Duende 1   Desde niño.   994
  PB 3,1 Marcolfa   Sepa mi señor que desde este momento me considero   1011
                  despedida de su servicio.
  CA 1,1 Mecanógrafa   Cuando pequeñito yo le veía jugar desde mi balcón.   1055
  CA 2,1 Padre   Ya no podré mirarlo desde la terraza.   1089
  CA 3,1 Máscara   Tiene en la mano derecha una cicatriz que le hicieron 1117
                  con un puñal...; por mí, desde luego.
  EP CV Muchacho 1   Por las ramas de aquel árbol podemos alcanzar uno de 1164
                  los balcones y desde allí pediremos auxilio.
  BS 2,1 Criada   El azahar te lo voy a poner desde aquí hasta aquí, de 1208
                  modo que la corona luzca sobre el peinado.
  BS 3,1 Novia   Desde aquí yo me iré sola.   1256
  YE 1,1 Yerma   ¿Qué pides, niño, desde tan lejos?   1277
  YE 2,1 Lavandera 4   Desde ayer. El marido sale otra vez a sus tierras.   1302
  YE 3,1 Yerma   ¿Y pudo venir andando desde el río?   1327
  YE 3,1 Juan   Lo está haciendo desde el mismo día de la boda.   1332
  YE 3,2 María   Tiene una idea que no sé cuál es, pero desde luego es 1337
                  una idea mala.
  YE 3,2 Yerma   Desde que me casé estoy [...]   1346
  RS 1,1 Tío   No os dais cuenta de mi invernadero; desde el   1352
                  ochocientos [...]
  RS 2,1 Madre   Pero usted lo sabe muy bien: desde que faltó mi pobre 1393
                  [...]
  RS 2,1 Solterona 2   Desde que murió el pobre papá no tiene ganas.   1397

desde (continuación)
RS 3,1 Tía Desde que murió mi marido está la casa tan vacía que 1412
 parece el doble de grande, y hasta tenemos que
 buscarnos.
RS 3,1 Martín Ayer se empeñaron en [...] corredor y le arrojaron 1418
 desde el balcón un jarro [...]
RS 3,1 Muchacho Escribe desde Barcelona. Cada vez menos. 1434
BA 1,1 La Poncia Desde que murió el padre de Bernarda no han vuelto a 1442
 entrar las gentes bajo estos techos.
BA 1,1 Bernarda No es por eso... Pero desde aquel sitio las vecinas 1453
 pueden verla desde su ventana.
BA 1,1 Amelia Desde que vino el médico nuevo estás más animada. 1458
BA 1,1 Martirio Desde niña les tuve miedo. 1460
BA 1,1 Criada Como dará la vuelta a la esquina, desde la ventana de 1467
 tu cuarto se verá mejor.
BA 2,1 Magdalena Desde luego que hay que reconocer que lo mejor que has 1472
 tenido siempre es el talle y la delicadeza.
BA 2,1 Martirio ¡Desde luego! 1491
BA 2,1 La Poncia ¡Desde luego eres la más valiente! 1501
BA 2,1 La Poncia Pero, desde luego, Pepe estaba a las cuatro de la 1502
 madrugada en una reja de tu casa.
BA 3,1 Prudencia Desde que se peleó con sus hermanos por la herencia no 1507
 ha salido por la puerta de la calle.
BA 3,1 Bernarda No procures descubrirlas, no le preguntes y, desde 1514
 luego, que no te vea llorar jamás.
desdén (1)
RS 2,1 Rosita desdén esquivo, la dalia; 1405
desdicha (2)
MM 1,5 Curiana N ¡Qué desdicha de verte morir en esta aurora 697
MP 2,8 Conspirador 4 que él creyó, por su desdicha, 843
desdichada (1)
MM 1,4 Curianita Silvia ¡Ay de mí, desdichada! 689
desdichado (1)
MM 1,2 Doña Curiana Era un pobre desdichado; 680
dése (1)
MM 1,2 Doña Curiana Dése a los enamorados 681
desea (3)
MP 3,2 Carmen ¿Qué desea? 864
MP 3,3 Mariana Quien te lo dijo desea 868
CA 1,1 Amigo Mira, es un talle para la medida de todos los brazos 1057
 y, tan frágil, que se desea tener en la mano [...]
deseamos (1)
PB 1,1 Duende 2 Y es lo que deseamos. 996
desean (1)
CA 3,2 Joven ¿Qué licor desean? 1140
deseando (6)
TC 1,1 Rosita Si yo lo estoy deseando. 726
ZP 1,1 Zapatera ¡Jesús!, pero si lo que yo estoy deseando es que te 929
 vayas.
BS 2,1 Novia Estoy deseando ser tu mujer y quedarme sola contigo, y 1222
 no oír más voz que la tuya.
BS 2,2 Novio Ya estoy deseando que esto acabe. La novia está un 1239
 poco cansada.
YE 1,2 Yerma Hace tiempo estoy deseando tener conversación con 1288
 mujer vieja.
BA 2,1 Martirio Estoy deseando que llegue noviembre, [...] 1488
deseara (1)
RS 2,1 Ama El pan me quitaría de la boca y la sangre de mis 1381
 venas, si ella me los deseara.
desearlo (1)
YE 3,2 Yerma ¿Y nunca has pensado en él cuando me has visto 1349
 desearlo?
deseas (2)
EP RR Figura De C Yo sé lo que deseas, pero tengo tiempo de huir. 1150
YE 1,2 Vieja 1 ¿Que si lo quieres? ¿Si deseas estar con él?... 1289
desecha (1)
MP 1,7 Fernando desecha todo temor. 815
desechad (1)
MM 1,1 Doña Curiana Desechad tristeza y melancolías; 674
desecho (1)
YE 2,2 Yerma La mujer del campo que [...] que yo sea de este 1317
 desecho dejado de la [...]
desees (1)
EP RR Figura De C Si yo me convirtiera [...] muy lejano, porque no 1146
 desees besarme, tú te [...]
desengaño (3)
MM 1,1 Doña Curiana Un gran desengaño 673
ZP 2,1 Alcalde ¡Qué desengaño de mundo! 949
ZP 2,1 Vecina Roja De una mal nacida, desengaño de los hombres. 971
desentierra (1)
MM 1,2 Curianita Silvia con su amor me desentierra. 679

Pág.

desentierro (1)
    BS 1,1 Madre   Porque con las uñas los desentierro y yo sola los   1176
                         machaco contra la tapia.

desentramparse (1)
    TC 2,1 Cristobita   Yo le doy a usted los cien duros para desentramparse,   738
                         y usted [...]

deseo (S) (3)
    CA 3,1 Muchacha   Perdí mi deseo,   1109
    EP CV Estudiante 5   Porque están locos; pero [...] gusta con un alegrísimo   1167
                         deseo.
    YE 3,1 Vieja 1   No hay en el mundo fuerza como la del deseo.   1326
deseo (7)
    PB 2,1 Belisa   Lo que no cabe duda es que me ama como yo deseo...   1006
    PB 2,1 Belisa   Belisa, ¡no es tu alma lo que yo deseo !,   1007
    CA 1,1 Mecanógrafa   Deseo marcharme de esta casa.   1054
    EP CV Desnudo   Yo deseo morir.   1155
    YE 2,2 Víctor   Deseo la mayor felicidad para esta casa.   1325
    YE 3,1 Yerma   Es tu sangre y tu amparo lo que deseo.   1333
    RS 2,1 El Señor X   Póngame a los pies de su encantadora sobrinita, a la   1378
                         que deseo venturas en su celebrado onomástico.

deseos (1)
    YE 2,2 Yerma   Cada vez tengo más deseos y menos esperanzas.   1318
desesperación (1)
    BS 1,1 Madre   Pasan los meses y la desesperación me pica en los ojos   1173
                         y hasta en las puntas del pelo.

desespero (1)
    TC 1,1 Rosita   Yo me desespero.   734
desfile (1)
    MP 1,4 Amparo   había un constante desfile de pájaros.   790
desganada (1)
    BA 3,1 Prudencia   Estoy desganada.   1508
desgarrado (1)
    BS 3,1 Mendiga   el desgarrado vuelo de los gritos.   1250
desgarradora (1)
    EP CV Estudiante 2   En último caso, ¿es que [...] produzca de manera viva   1161
                         y desgarradora?

desgracia (7)
    MM 2,2 Doña Curiana   No hay desgracia mayor que la de ser poeta.   708
    MP 1,5 Mariana   Le conocí por desgracia.   799
    MP 3,7 Novicia 1   ¡No vendrá por su desgracia!   880
    TB PBK Buster Keaton   ¡Qué desgracia!   896
    BS 2,2 Padre   Ese busca la desgracia. No tiene buena sangre.   1227
    RS 3,1 Martín   Todos los días entro [...] digo, respetan algo mi   1419
                         desgracia.
    RS 3,1 Tía   No te hagas a la desgracia.   1428
desgraciada (4)
    TC 6,1 Rosita   ¡Ay, qué desgraciada soy!   764
    TC 6,1 Rosita   Tengo un relojito y tengo un espejo de plata ; pero,   764
                         ¡qué desgraciada soy!
    ZP 2,1 Zapatera   Ellos, ellos son los que la tienen y los que me hacen   945
                         desgraciada.
    ZP 2,1 Zapatera   ¡Qué desgraciada soy!   978
deshace (2)
    MP 2,7 Conspirador 3   no cabe duda que él hace y deshace.   839
    CA 1,1 Joven   Esperando, el nudo se deshace y la fruta madura.   1072
deshacernos (1)
    YE 1,2 Vieja 1   Han de deshacernos las trenzas y darnos de beber agua   1290
                         en su misma boca.

deshaga (1)
    CA 1,1 Joven   Basta observar sobre [...] llevamos en el pecho se   1050
                         deshaga en burbujas.
deshecho (1)
    MM 1,5 Curianito   Tú no sabes, infame, que un hogar has deshecho   693
deshoja (1)
    RS 1,1 Tío   Es roja por la mañana, a la tarde se pone blanca y se   1356
                         deshoja por la noche.
deshojaba (1)
    MM 1,1 Curiana N   que se deshojaba como una enorme rosa.   672
deshojar (5)
    MP 3,7 Novicia 2   a deshojar en la falda.   881
    RS 1,1 Tío   se comienza a deshojar.   1357
    RS 1,1 Rosita   se comienza a deshojar.   1374
    RS 3,1 Rosita   se comienza a deshojar.   1435
    RS 3,1 Rosita   se comienza a deshojar."   1438
deshojo (2)
    TC 6,1 Rosita   Creo que soy una flor, y me deshojo sobre tus manos.   777
    CA 1,1 Niño   Mientras deshojo esta flor.   1069
deshojó (2)
    MP 2,8 Conspirador 4   no deshojó su sonrisa.   844
    RS 2,1 Rosita   se deshojó suspirando   1404

deshonestas (1)
  MM 1,2 Doña Curiana   y sois unas deshonestas   678
deshonra (1)
  BA 3,1 Angustias   ¡Deshonra de nuestra casa!   1530
desiertas (1)
  MP 3,3 Alegrito   Las calles están desiertas.   867
desierto (A) (1)
  MP 2,7 Mariana   y el café de la Estrella está desierto.   839
desierto (2)
  CA 1,1 Viejo   Y ¿quién recuerda un mapa exacto de las arenas del   1052
                          desierto... o el rostro de un amigo cualquiera?
  BS 2,1 Novia   Un hombre con su caballo sabe mucho y puede mucho para   1214
                          poder estrujar a una muchacha metida en un desierto.

deslizas (1)
  BA 2,1 Bernarda   Te deslizas para llenarme de malos sueños.   1500
deslizó (1)
  YE 1,1 María   Pero la noche que nos [...] de lumbre que él me   1281
                          deslizó por la oreja.

deslumbrante (1)
  MP 3,3 Mariana   al aire la deslumbrante   869
deslumbró (1)
  PB 2,1 Perlimplín   Te puedo decir con toda sinceridad que su belleza me   1005
                          deslumbró.

desmaya (2)
  RS 1,1 Tío   y se desmaya la tarde   1357
  RS 1,1 Rosita   y se desmaya la tarde   1374
desmayada (2)
  CA 1,1 Niño   gacela entre los vidrios desmayada.   1064
  CA 2,1 Maniquí   desmayada por las puntas.   1101
desmayarme (1)
  EP RR Figura De P   Tendré necesidad de desmayarme para que vengan los   1150
                          campesinos.

desmayes (1)
  MP 3,9 Mariana   que hay detrás de la muerte. ¡Corazón, no desmayes!   888
desmayo (S) (1)
  MP 2,5 Pedro   ¡Cuántos peligros corres sin el menor desmayo!   828
desmayo (2)
  EP RR Figura De C   Un hombre, tan hombre que me desmayo cuando se   1149
                          despiertan los cazadores.

desmayó (1)
  BA 1,1 La Poncia   En el primer responso se desmayó la Magdalena.   1439
desnortado (1)
  ZP 1,1 Zapatera   Y mucho... Pero, señor, ¿adónde habrá ido este hombre   934
                          desnortado?

desnuda (11)
  TC 6,1 Cocoliche   Cada día me vas pareciendo más rosada; cada día parece   777
                          que te arrancas un velo, y surges desnuda.
  PB 3,1 Voces   La noche canta desnuda   1011
  CA 2,1 Maniquí   Ella esperaba desnuda   1101
  CA 2,1 Maniquí   y entrégamela desnuda   1104
  CA 2,1 Joven   mi propia mujer desnuda.   1105
  CA 3,1 Joven   Te he de llevar desnuda,   1121
  CA 3,1 Mecanógrafa   No tienes tú ojos para verme desnuda, ni boca para   1126
                          besar mi cuerpo que nunca se acaba.
  BS 3,1 Novia   Desnuda, mirando al campo,   1259
  YE 3,1 Yerma   Me pones desnuda en mitad de la plaza y me escupes.   1333
  YE 3,2 Hembra   ¡Ay, qué desnuda estaba   1340
  BA 2,1 La Poncia   ¿Por qué te pusiste casi desnuda con la luz encendida   1481
                          [...]

desnúdalos (1)
  EP RR Emperador   ¡Desnúdalos!   1153
desnudando (1)
  EP CV Dama 4   Lo estaban desnudando cuando salimos.   1159
desnudaré (1)
  YE 3,2 Yerma   Te desnudaré,   1336
desnudaron (1)
  RS 3,1 Martín   Ayer se empeñaron en [...] y los internos, lo   1418
                          desnudaron de cintura [...]

desnudarse (1)
  CA 3,2 Jugador 1   Tan elegante, que ya no debía desnudarse más nunca.   1138
desnudas (1)
  CA 1,1 Amigo 2   En el colegio entraba por los patios y estrellaba por   1073
                          las paredes a unas mujeres desnudas, muy pequeñas,
                          [...]

desnudo (2)
  TB DME Marinero   Cuando estoy desnudo.   900
  EP RR Figura De C   Será la única manera de que puedas verme desnudo.   1147
desobedece (1)
  BA 3,1 Bernarda   Una hija que desobedece deja de ser hija para   1507
                          convertirse en una enemiga.

desocupada - despertarme

desocupada (1)
  YE 1,1 Juan
desocupados (1)
  ZP 1,1 Zapatero

desolación (2)
  MM 0,0

  BA 2,1 Bernarda

desolada (1)
  MM 1,2 Doña Curiana
desorbitados (1)
  BS 1,2 Suegra

desorientación (1)
  EP CV Estudiante 3
desorientadas (1)
  CA 1,1 Joven

despacio (2)
  MP 1,7 Mariana
  CA 1,1 Niño
despacito (1)
  CA 1,1 Niño
despacha (1)
  ZP 2,1 Alcalde
despachada (1)
  BS 2,1 Mujer
despachado (1)
  ZP 1,1 Vecina
despectiva (1)
  PB 2,1 Belisa

despedazó (1)
  ZP 1,1 Zapatero

despedí (1)
  CA 2,1 Criada

despedida (2)
  PB 3,1 Marcolfa

  RS 2,1 Tía
despedirme (2)
  ZP 2,1 Zapatera
  YE 2,2 Víctor
despegar (2)
  BS 2,1 Novia

  YE 2,1 Lavandera 4
despego (1)
  BS 1,3 Novio

despeinados (1)
  RS 1,1 Ama

despeja (2)
  ZP 1,1 Alcalde
  BS 2,1 Mozo 1
desperdiciada (1)
  ZP 2,1 Alcalde
despertad (2)
  BS 2,1 Mozo 1
despertado (3)
  TC 4,1 Cocoliche
  TC 4,1 Cocoliche
  YE 2,2 Yerma
despertando (1)
  CA 1,1 Amigo 2
despertar (1)
  TC 5,1 Cansa-Almas
despertará (1)
  TC 4,1 Mozo 2

despertarme (1)
  YE 3,2 Yerma

Pág.

La calle es para la gente desocupada.   1277

Me han provocado, me [...] traído por comadres y   922
desocupados.

Por eso, yo suplico a todos que no dejéis nunca libros   670
de versos en las praderas, porque podéis causar mucha
desolación entre los [...]
Pero todavía no soy anciana [...] hierbas se enteren   1495
de mi desolación.

verte triste y desolada   678

Está abajo, tendido, con los ojos desorbitados, como   1189
si llegara del fin del mundo.

Un racimo de heridas y una desorientación absoluta.   1166

Demasiado trabajo tengo con oírla llena de coches y   1057
gentes desorientadas.

Lee despacio y entendiendo.   810
Yo iré solo, muy despacio,   1069

Ayer se me paró muy despacito,   1062

¿Quién despacha?   947

Yo ya estoy despachada.   1224

Bien despachado vas de mujer, ¡que te aproveche!   921

Sí..., pero de una manera un poco despectiva..., ¡y   1005
eso me duele!

Anteayer... despedazó el jamón que teníamos guardado   920
para estas Pascuas y nos lo comimos entero.

Tuve un novio soldado que me clavaba los anillos y me   1084
hacía sangre; por eso lo despedí.

Sepa mi señor que desde este momento me considero   1011
despedida de su servicio.
¡Queda usted despedida!   1382

Yo no quisiera despedirme así.   975
Vengo a despedirme.   1321

Y que me abrazaras tan fuerte, que aunque me llamara   1222
mi madre, que está muerta, no me pudiera despegar de
ti.
Ella y sus cuñadas, sin despegar los labios, [...]   1304

Cuando me voy de tu lado siento un despego grande y   1202
así como un nudo en la garganta.

Pero aquí... rosas por [...] moda, los crisantemos,   1353
despeinados como unas [...]

Y a ver si se despeja esa cabeza.   928
El alba despeja   1217

¡De verte tan hermosa y desperdiciada!   949

Despertad, señora, despertad,   1218

Me he despertado.   754
No cabe duda que me he despertado.   754
Ya ha despertado.   1319

No hay más que ir despertando suavemente las cosas.   1075

Se va a despertar.   760

Le dejaremos aquí; y descuida, que ya despertará   750
cuando le dé en la cara el sereno de la noche.

Voy a descansar sin despertarme sobresaltada, para ver   1350
si la sangre me anuncia otra sangre nueva.

despertē (1)
   PB 1,1 Duende 1   Su habitación exhalaba un perfume tan intenso, que una   995
                        vez me quedé dormido y desperté entre las garras [...]

despertó (1)
   BA 3,1 Adela   Me despertó la sed. Y vosotras, ¿no descansáis?   1522
despidió (1)
   CA 2,1 Criada   En mi pueblo había un [...] luna, y su novia lo   1086
                        despidió.

despierta (A) (1)
   BS 2,1 Leonardo   ¿De qué me sirvió a mí el orgullo y el no mirarte y el   1214
                        dejarte despierta noches y noches?

despierta (3)
   DC 1,1 Cristóbal   para ver si despierta mi colorín.   1038
   DC 1,1 Cristóbal   para ver si despierta mi palomar.   1039
   BS 2,1 Mozo 1   ¡Despierta, paloma!   1217
despiertan (3)
   MP 3,7 Novicia 2   despiertan brisas y nubes   880
   EP RR Figura De C   Un hombre, tan hombre que me desmayo cuando se   1149
                        despiertan los cazadores.
   BS 3,1 Luna   ¡Mira que ya mis valles de ceniza despiertan   1251
despiertas (1)
   MM 2,4 Curiana G   ¡A ver si la despiertas!   710
despierte (18)
   TC 6,1 Rosita   ¡Santa Rosa: que no se despierte!   775
   BS 2,1 Criada   Despierte la novia   1209
   BS 2,1 Criada   Que despierte   1209
   BS 2,1 Criada   ¡Que despierte   1210
   BS 2,1 Voces   ¡Despierte la novia   1212
   BS 2,1 Leonardo   Despierte la novia   1212
   BS 2,1 Voces   ¡Despierte la novia!   1215
   BS 2,1 Novia   Despierte la novia   1215
   BS 2,1 Muchacha 1   ¡Despierte la novia!   1216
   BS 2,1 Voces   Que despierte   1216
   BS 2,1 Criada   ¡Que despierte   1216
   BS 2,1 Muchacha 2   Que despierte   1216
   BS 2,1 Mozo 1   Despierte la novia,   1217
   BS 2,1 Voces   ¡Despierte la novia!   1217
   BS 2,1 Voces   Despierte la novia.   1218
   BS 2,1 Mozo 2   Que despierte la novia.   1219
   BS 3,1 Mendiga   No se despierte un pájaro y la brisa,   1251
despiertes (1)
   BS 2,1 Criada   Y lo mejor es cuando te despiertes y lo sientas [...]   1207
despierto (1)
   YE 3,1 Juan   Cuando llego a un corro [...] en el campo, cuando   1333
                        despierto, me parece [...]

despiertos (1)
   CA 3,1 Mecanógrafa   despiertos o dormidos.   1123
despisto (1)
   MP 2,7 Conspirador 3   y aunque yo lo despisto sagazmente,   836
despliegue (1)
   YE 3,2 Macho   cuando el macho despliegue su capa.   1341
desposarse (1)
   MM 2,1 Curianita 1   ¿No sabe que con ella no podrá desposarse?   704
desprecia (1)
   PB 2,1 Belisa   Y hasta parece... que me desprecia.   1006
despreciado (1)
   MP 2,9 Pedrosa   Me has despreciado siempre; pero ahora   856
despreciar (3)
   MM 0,0   ¿Qué motivo tenéis para despreciar lo ínfimo de la   670
                 Naturaleza?
   TB QM. Mujer   ¡Si me pudiera despreciar!   909
   ZP 2,1 Alcalde   Pero que te vayas enterando que no por mucho   951
                 despreciar amanece más temprano.
desprecie (1)
   TB QM. Mujer   Yo quiero que él me desprecie... y me ame.   909
desprecien (1)
   MP 3,8 Mariana   ¡No quiero que mis hijos me desprecien! ¡Mis hijos   885
desprecio (V) (1)
   EP RR Figura De P   Porque te desprecio.   1147
desprecio (1)
   RS 2,1 Solterona 1   El jaramago, el desprecio;   1404
después (37)
   TC 5,1 Fígaro   Las noticias llegan al mundo después de haber pasado   758
                 por el clasificador de la barbería.
   TC 6,1 Mosquito   Después de todo ...., la luna no es tan menguante, ni   771
                 el aire va, ni el aire viene...
   MP 2,5 Mariana   Sigue. ¿Después?   831
   MP 2,5 Pedro   Después   831
   MP 3,1 Novicia 1   la vi después llorando   862

después (continuación)   Pág.
  ZP 1,1 Zapatero   Yo debía haber comprendido, después de leer tantas   918
                           [...]
  ZP 2,1 Mozo Del S   Tengo tanto coraje que agarraría a un toro de los   943
                           cuernos, le haría hincar la cerviz en las arenas y
                           después me comería sus [...]
  ZP 2,1 Zapatera   Tome un poquito de café caliente, que después de toda   967
                           esta tracamundana le servirá de salud.
  CA 1,1 Joven   Guardaba los dulces para comerlos después.   1046
  CA 1,1 Viejo   Después, ¿verdad? Saben mejor. Yo también...   1046
  CA 1,1 Niño   y después a la iglesia con los niños   1065
  CA 1,1 Niño   después me dejarás mirar el sol...   1069
  CA 1,1 Joven   Sí, después.   1069
  CA 1,1 Amigo 2   Bendita sea, cuando hay pan tostado, aceite y sueño   1072
                           después.
  CA 2,1 Joven   Y porque después no hay nada, porque después no puedo   1096
                           amar, porque después se ha acabado todo.
  CA 3,1 Máscara   Y después fui al hospital y allí supe que el conde se   1116
                           había casado con una gran dama romana...; y después he
                           pedido limosna [...]
  CA 3,1 Mecanógrafa   De pequeña, yo guardaba los dulces para comerlos   1117
                           después.
  CA 3,2 Criado   ¿Descansó lo suficiente después del viaje?   1133
  EP RR Figura De P   Si me besas, yo abriré mi boca para clavarme después   1153
                           tu espada en el cuello.
  EP CV Estudiante 3   Y toda la gente, pero después enarbolaron los [...]   1166
  BS 2,1 Leonardo   Después de mi casamiento [...]   1214
  BS 3,1 Mendiga   que después las navajas ya saben el camino.   1251
  YE 3,1 Yerma   Yo quiero tener a mi [...] me iba a martirizar después   1328
                           y me iba a odiar [...]
  RS 2,1 Ama   Pero después que usted.   1384
  RS 3,1 Tía   Sí, sí; que pagara con su sangre lo que sangre ha   1414
                           costado, aunque toda sea sangre mía, y después...
  RS 3,1 Tía   ¡Claro que después que su padre murió!   1415
  RS 3,1 Martín   Después quise ser farmacéutico.   1421
  RS 3,1 Rosita   Después de todo, lo que me ha pasado le ha pasado a   1430
                           mil mujeres.
  BA 1,1 Criada   ¿Y he de vivir yo después de verte marchar?   1445
  BA 1,1 Martirio   Luego aquí la abandonó [...] y se casó con ella   1459
                           después de haber muerto [...]
  BA 1,1 Amelia   ¡Después de todo dice la verdad!   1464
  BA 1,1 Bernarda   Después que te hayas quitado esos polvos de la cara.   1469
  BA 2,1 Bernarda   Después de todo, ella dice que ha sido una broma.   1497
  BA 3,1 Adela   Ya no aguanto el horror de estos techos después de   1528
                           haber probado el sabor de su boca.

destacándose (1)
  MP 1,4 Amparo   destacándose gallardo   793
destapar (1)
  PB 1,1 Duende 2   Y sin este tapar y destapar...   994
destaparlas (1)
  PB 1,1 Duende 1   Y que luego el público se encargue de destaparlas.   993
destiñen (1)
  CA 3,1 Mecanógrafa   y no destiñen tus brazos   1121
destornillador (1)
  RS 3,1 Rosita   Su prima Esperanza mandó un niño por un destornillador.   1426
destrozos (1)
  TB QM. Viejo   Todo el mundo, y tú el primero, cree que lo importante   906
                           de un ciclón son los destrozos que produce, [...]
destruido (1)
  EP CV Estudiante 2   El director de escena [...] y la revolución han   1165
                           destruido sus planes.
destruimos (1)
  EP CV Estudiante 1   Y lo destruimos todo.   1167
desvalido (1)
  MP 2,7 Conspirador 3   que aunque se finja desvalido y solo,   839
desvergüenza (1)
  BA 2,1 Magdalena   ¿Tienes la desvergüenza de decir esto?   1491
desvía (1)
  YE 2,2 Yerma   Desvía la intención.   1312
desviarse (1)
  BA 2,1 La Poncia   Pero les cuesta mucho trabajo desviarse de la   1500
                           verdadera inclinación.
desvío (1)
  RS 1,1 Primo   no es de hielo mi desvío,   1371
detalle (3)
  MP 2,7 Pedro   Hay que estudiar hasta el menor detalle,   838
  CA 1,1 Amigo 2   Yo era muy pequeño, pero lo recuerdo con todo detalle.   1073
  RS 2,1 Tío   Ayer oí cómo le explicabas con todo detalle nuestra   1385
                           cuenta corriente en el Banco.

detalles (1)
RS 2,1 Madre   Y allá vamos con unas [...] popelinette, con todos los   1394
                              detalles.
detengan (1)
MP 1,5 Fernando   y es fácil que lo detengan   799
detenida (1)
MP 2,9 Pedrosa   detenida en nombre de la ley.   858
detenido (2)
MP 1,5 Mariana   detenido en mi garganta.   796
MP 2,7 Conspirador. 3   ¿Si lo habrán detenido?   840
detente (1)
BS 1,2 Suegra   ¡No vengas! Detente,   1185
detesta (1)
MM 1,2 Curianita Silvia   Me detesta.   682
detestable (2)
EP CV Estudiante 4   La actitud del público ha sido detestable.   1165
EP CV Estudiante 1   Detestable.   1165
detiene (1)
BS 1,2 Suegra   se detiene y canta.   1184
detrás (36)
MP 1,7 Mariana   Fija, detrás del balcón,   810
MP 2,5 Mariana   me parece que hay hombres detrás de las cortinas,   830
MP 3,9 Mariana   que hay detrás de la muerte. ¡Corazón, no desmayes!   888
TB DME Doncella   Detrás de los cristales seguiré bordando.   898
ZP 0,0 El Autor   Respetable público... [...] contrario, sino que detrás   911
                            de esta palabra [...]
ZP 1,1 Zapatera   Cállate, larga de lengua, [...] todas las que están   912
                            detrás de las ventanas.
ZP 1,1 Vecina   ¡Que salga, a ver si por delante de mí casca tanto   919
                            como por detrás!
ZP 1,1 Zapatera   Verdaderamente eso de [...] cosquillas con una pluma   932
                            detrás de las orejas.
PB 2,1 Belisa   En mi paseo por la alameda venían todos detrás menos   1002
                            él.
DC 1,1 Cristóbal   por delante y por detrás.   1035
CA 2,1 Novia   Detrás de toda esta sombra [...]   1079
CA 3,1 Máscara   Digo que el conde Arturo me amaba tanto que lloraba   1116
                            detrás de las cortinas [...]
CA 3,1 Máscara   Se ha quedado ahí detrás con su niño.   1123
CA 3,2 Joven   Recuerdo que siendo niño, vi nacer una luna enorme   1134
                            detrás de la barandilla [...]
EP RR Figura De C   Tú puedes tenderte detrás de aquel gran capitel.   1151
EP CV Estudiante 4   No son las firmas disfrazadas las que levantan la   1161
                            vida, sino el cabello de barómetro que tienen detrás.
BS 2,1 Novia   Y me arrastra y sé que me ahogo, pero voy detrás.   1215
BS 2,2 Novio   ¡Vamos detrás! ¿Quién tiene un caballo?   1244
BS 2,2 Madre   ¡Detrás!   1244
BS 2,2 Madre   Esa gente mata pronto y bien...; pero así, corre, y yo   1244
                            detrás!
BS 3,2 Madre   Mi hijo es ya una voz oscura detrás de los montes.   1267
YE 2,2 Yerma   Hay cosas encerradas detrás de los muros que no pueden   1323
                            cambiar porque nadie las oye.
YE 3,2 Macho   Vete sola detrás de los muros,   1341
YE 3,2 Vieja   Mi hijo está sentado detrás de la ermita esperándote.   1345
RS 1,1 Rosita   la que va detrás, paloma;   1367
RS 2,1 Ama   Estaba detrás de la puerta, [...]   1379
RS 3,1 Ama   En medio de las dos, en un columpio de jazmines y   1425
                            matas de romero, Rosita meciéndose, y detrás su marido
                            cubierto [...] así, y Rosita así, y detrás el Señor
                            tirándonos [...]
BA 1,1 Criada   ¡Ya no volverás a levantarme las enaguas detrás de la   1445
                            puerta de tu corral!
BA 1,1 Bernarda   ¿Es decente que una mujer de tu clase vaya con el   1454
                            anzuelo detrás de un hombre el día de la misa de su
                            padre?
BA 1,1 La Poncia   Luego estuvo detrás de una ventana [...]   1455
BA 1,1 Amelia   ¡Eso no digas! Enrique Humanas estuvo detrás de ti y   1460
                            le gustabas.
BA 1,1 Martirio   Una vez estuve en camisa detrás de la ventana [...]   1460
BA 1,1 Adela   ¿Por eso ha salido detrás del duelo y estuvo mirando   1466
                            por el portón?
BA 2,1 Angustias   Pues nada: "Ya sabes que ando detrás de ti, necesito   1475
                            [...]
BA 3,1 La Poncia   Es verdad que el año pasado anduvo detrás de Adela y   1520
                            ésta [...]
devocionario (2)
RS 2,1 Ayola 1   Una carta de un novio no es un devocionario.   1407
RS 2,1 Solterona 3   Es un devocionario de amor.   1407

devocionarios - día

devocionarios (1)   Pág.
    MM 0,0   ¡Cuántas veces el enorme esqueleto portador de la   670
                           guadaña, que vemos pintado en los devocionarios, toma
                           la [...]
devorar (2)
    MM 1,5 Alacranito   ¡Os voy a devorar!   696
    BA 3,1 María Josefa   Pero él os va a devorar porque vosotras sois granos de 1525
                           trigo.
devuelva (1)
    CA 2,1 Novia   Es preciso que le devuelva los regalos... Todos.   1097
di   (2)
    TC 2,1 Cristobita   "¡Un bocatto di cardinali!"   739
    DC 1,1 Cristóbal   Sí, señor, me voy a casar porque doña Rosita es un   1034
                           boccato di cardinali.
di (V) (3)
    PB 2,1 Perlimplín   Me di cuenta en seguida.   1005
    RS 1,1 Sobrino   Yo di mi palabra y la cumpliré.   1363
    BA 2,1 La Poncia   Hace años vino otra de estas y yo misma di dinero a mi 1486
                           hijo mayor para que fuera.
di (9)
    MM 0,0   También el viejo silfo [...] muy cerca de su luz; di, 670
                           poeta, a los hombres [...]
    TC 6,1 Cristobita   Di tú: ¡Primo mío!   772
    MP 1,4 Mariana   ¿Llegó? ¡Di!   791
    MP 1,7 Fernando   ¿Por qué me llamaste? Di.   809
    MP 3,8 Fernando   vendrán por ti, Mariana. ¡Sálvate y di los nombres!   885
    PB 1,1 Belisa   Di.   990
    DC 1,1 Cristóbal   Di: tengo miedo.   1033
    CA 1,1 Gato   ¿Por qué te duele, niño, di?   1062
    CA 3,1 Mecanógrafa   ¿Cómo, si me abrazas, di,   1121
día (95)
    MM 0,0   Pero un día... hubo un insecto que quiso ir más allá   669
                           del amor.
    MM 1,4 Curianita Silvia La verás algún día.   687
    TC 0,0 Mosquito   Pero un día vi por el agujerito de la puerta una   724
                           estrella que temblaba como una fresca violeta de luz.
    TC 6,1 Cocoliche   Cada día me vas pareciendo más rosada; cada día parece 777
                           que te arrancas un velo, y surges desnuda.
    MP 0,0 Mosquito   ¡Oh, qué día tan triste en Granada,   781
    MP 0,0 Mosquito   ¡Oh, qué día tan triste en Granada,   782
    MP 0,0 Niña   ¡Oh, qué día tan triste en Granada,   782
    MP 1,4 Amparo   Mucho. Todo el día baila que te baila.   791
    MP 1,7 Mariana   Y no me importa que el día   813
    MP 2,5 Pedro   ¡Día y noche, qué largos sin ti por esa sierra!   828
    MP 2,5 Mariana   y ya no hay día ni noche, ¡sino tú y yo!   831
    MP 3,5 Pedrosa   Antes que se haya disipado el día   876
    MP 3,6 Mariana   o ven montado en el día.   878
    MP 3,9 Mariana   ¡Oh, qué día triste en Granada,   891
    ZP 1,1 Niño   Son de mi hermana la grande, la que tiene el cutis   914
                           fino y se pone dos lazos, que tiene dos, un día uno y
                           otro día otro, en la cintura.
    ZP 1,1 Niño   Mi madre lo ha hablado el otro día, diciendo: "La   914
                           zapatera [...]
    ZP 1,1 Zapatero   Ayer estuvimos todo el día con unas sopas de [...]   920
    ZP 2,1 Zapatero   Ella soñaba con un mundo [...] golosinas que yo no   967
                           podía costearle, y un día tormentoso de viento [...]
    ZP 2,1 Zapatero   ¿Y no flaqueará algún día su fortaleza?   973
    CA 1,1 Joven   Y recuerdo que un día...   1046
    CA 1,1 Mecanógrafa   Un día se cayó y sangraba por la rodilla, ¿te acuerdas? 1055
    CA 1,1 Joven   Pero tú no puedes comprender [...] amor que crece cada 1071
                           día.
    CA 2,1 Padre   Cinco años, día por día. ¡Ay Dios mío!   1090
    CA 2,1 Novia   ¿Y no llevabas un caballo de las crines y matabas en 1093
                           un día tres mil faisanes?
    CA 3,1 Joven   el día que vuelve.   1122
    CA 3,2 Criado   Dicen que con las anémonas y adormideras duele la   1135
                           cabeza a ciertas horas del día.
    EP RR Figura De P   Tendré necesidad de llamar a los negros, a los enormes 1150
                           negros heridos por las navajas de las yucas que luchan
                           día y noche con el fango [...]
    BS 1,1 Madre   ¿Has visto qué día de calor?   1183
    BS 1,3 Padre   Día en que ella cumple veintidós años justos.   1198
    BS 2,1 Leonardo   Después de mi casamiento he pensado noche y día de   1214
                           quién era la culpa [...]
    BS 2,1 Padre   Son familia. ¡Hoy es día de perdones!   1221
    BS 2,2 Padre   Hoy no es día de que te acuerdes de esas cosas.   1227
    BS 2,2 Padre   Lo que yo quisiera es que esto fuera cosa de un día. 1228
    BS 2,2 Novio   Un día es un día.   1233
    BS 2, Novio   Descansa un poco. ¡Mal día para las novias!   1240
    BS 2, Madre   ¿Mal día?   1240
    BS 3,1 Novia   y no hay minuto del día   1258

día (continuación)

BS 3,2 Madre	en un día señalado, entre las dos y las tres,	1272
BS 3,2 Novia	para que un día señalado, entre las dos y las tres,	1272
YE 1,2 Yerma	Pues el primer día que me puse novia con él ya pensé... en los hijos... Y me miraba en sus ojos.	1290
YE 1,2 Muchacha 2	Bueno; pues todo el día he de estar haciendo lo que no me gusta.	1293
YE 2,1 Lavandera 4	Ella y sus cuñadas, sin despegar los labios, blanquean todo el día las paredes, friegan [...]	1304
YE 2,2 Juan	Ayer pasé un día duro.	1311
YE 2,2 Yerma	Y cada día que pase será peor.	1313
YE 3,1 Vieja 1	Van a ser las claras del día cuando llegues a tu puerta.	1331
YE 3,1 Juan	Lo está haciendo desde el mismo día de la boda.	1332
YE 3,1 Yerma	Te busco a ti, es a ti a quien busco día y noche, sin encontrar sombra donde respirar.	1333
RS 1,1 Tía	¿Dura un día tan solo?	1357
RS 1,1 Tío	Pero yo ese día lo pienso pasar al lado para ver cómo se pone blanca.	1357
RS 1,1 Tía	En algunas ocasiones hace falta ... Otro día que pase..., treinta y siete, treinta y ocho.	1361
RS 1,1 Tía	La lengua se me debió [...] y mi niña, aquí, un día igual a otro, y tú, [...]	1363
RS 1,1 Primo	luz y sombra, noche y día,	1372
RS 2,1 El Señor X	El conde Zboronsky, muerto [...] puestos en los altares el día en que venga la religión [...]	1375
RS 2,1 El Señor X	Pero hoy día, créame usted, no privan los quietismos ni las ideas oscurantistas.	1376
RS 2,1 El Señor X	Hoy día se abren camino un [...]	1376
RS 2,1 Ama	Con este señor y con [...] a arder la casa un día.	1378
RS 2,1 Ama	Ayer me tuvo todo el día acompañándola en [...]	1380
RS 2,1 Rosita	El otro día me lo encontré jugando [...]	1387
RS 2,1 Tía	Yo. Es el día de su santo.	1388
RS 2,1 Rosita	Yo espero como el primer día.	1389
RS 2,1 Solterona 2	El día que te cases vas a llevar el mejor ajuar del mundo.	1395
RS 2,1 Madre	Yo tengo una muchacha [...] tiempos; pues el otro día se nos descolgó diciendo [...]	1395
RS 2,1 Ayola 2	La que no quiere casar deja de echarse polvos y ponerse postizos debajo de la pechera, y no está día y noche en las barandillas [...]	1401
RS 2,1 Tía	Bebe conmigo una copita, hombre. Hoy es día de que lo hagas.	1411
RS 3,1 Ama	Hace ya seis años que murió y no quiero que esté usted como el primer día.	1413
RS 3,1 Tía	Yo ya estoy entregada..., y un día sopas, otro día migas, mi vasito [...]	1414
RS 3,1 Rosita	Con la mudanza ha estado todo el día la puerta llena de chiquillos, como si en la casa hubiera un muerto.	1426
RS 3,1 Tía	Me arruinaba cada día.	1427
RS 3,1 Tía	Y todo lo que se compró es digno de ti y será hermoso el día que lo uses.	1427
RS 3,1 Rosita	¿El día que lo use?	1427
RS 3,1 Tía	¡Claro! El día de tu boda.	1427
RS 3,1 Rosita	Y hoy se casa una amiga [...] mismas nubes; y un día bajo al paseo y [...]	1428
RS 3,1 Rosita	Yo sé que los ojos los tendré siempre jóvenes, y sé que la espalda se me irá curvando cada día.	1430
BA 1,1 La Poncia	Pero yo soy buena perra; [...] dos casados, pero un día me hartaré.	1442
BA 1,1 Criada	Y ese día...	1442
BA 1,1 La Poncia	Ese día me encerraré con ella en un cuarto y le estaré escupiendo un año entero.	1442
BA 1,1 Criada	Ojalá que un día no quedáramos ni uno para contarlo.	1445
BA 1,1 Bernarda	¿Es decente que una mujer de tu clase vaya con el anzuelo detrás de un hombre el día de la misa de su padre?	1454
BA 1,1 La Poncia	Volvieron casi de día.	1456
BA 1,1 Martirio	Una vez estuve en camisa detrás de la ventana hasta que fue de día porque me avisó con [...]	1460
BA 1,1 Magdalena	Se ha puesto el traje verde que se hizo para estrenar el día de su cumpleaños, [...]	1462
BA 1,1 Adela	Pensaba ponérmelo el día que vamos a comer sandías a la noria.	1465
BA 1,1 Bernarda	¿Has tenido valor de lavarte la cara el día de la muerte de tu padre?	1468
BA 2,1 La Poncia	Un día me dijo no sé qué cosa y le maté todos los colorines con la mano del almirez.	1477
BA 2,1 La Poncia	¿Por qué te pusiste casi desnuda con la luz encendida y la ventana abierta al pasar Pepe el segundo día que vino a hablar [...]	1481

día - días

día (continuación)   Pág.

BA 2,1 La Poncia   ¿Por qué el mismo día que iba a venir a la ventana le   1498
                        mandaste recado que no viniera?
BA 2,1 Bernarda   Y si pasa algún día, estate segura que no traspasará   1499
                        las paredes.
BA 3,1 La Poncia   El día que estallen nos barrerán a todos.   1520
BA 3,1 Criada   Ganado tenemos el sueño. Bernarda no me deja descansar   1522
                        en todo el día
BA 3,1 Bernarda   Pepe, tú irás corriendo vivo por lo oscuro de las   1532
                        alamedas, pero otro día caerás.

diablo (3)
TC 1,1 Rosita   ¡Si al menos pudiera vender mi alma al diablo!   733
TC 1,1 Rosita   ¡Diablo, sal; diablo, sal!   733

diálogo (1)
DC 1,1   Todo el guiñol popular [...] ha conservado en el   1019
                        diálogo.

diamante (2)
CA 3,1 Máscara   Pero yo corría las cortinas y les arrojaba un diamante.   1116
BS 3,1 Luna   una fiebre de diamante.   1250

diamantes (3)
MP 3,3 Mariana   de diamantes y agua negra,   869
RS 1,1 Primo   Por los diamantes de Dios   1373
BA 3,1 Adela   Los anillos de pedida deben ser de diamantes.   1510

diantre (1)
TC 2,1 Cristobita   ¡Qué diantre!   739

diaria (1)
RS 2,1 Tío   Cada uno vive como puede o como sabe en esta vida   1376
                        diaria.

días (45)
MM 1,1 Doña Curiana   La vida es amable, tiene pocos días,   674
MM 1,2 Doña Curiana   que tengo ya muchos días   683
MM 1,4 Curianita Silvia Muy buenos días, ¿cómo estás?   686
TC 1,6 Hora   Yo, como vengo todos los días, te recordaré esto   734
                        cuando seas vieja y hayas olvidado este momento.
MP 1,6 Mariana   Ya cercan mi casa los días amargos,   805
ZP 0,0 El Autor   También amanece así todos los días sobre las ciudades,   912
                        [...]
ZP 1,1 Niño   No se disguste usted conmigo, que yo no tengo la culpa   914
                        y todos los días estudio muy bien la gramática.
ZP 2,1 Zapatera   Lo que usted debía saber hace muchos días, lo que   948
                        usted como alcalde no debía permitir.
PB 2,1 Perlimplín   Hace quince días vi a ese joven por primera vez.   1005
DC 1,1 Enfermo   Buenos días.   1023
DC 1,1 Enfermo   Buenos días.   1024
DC 1,1 Enfermo   Buenos días.   1024
DC 1,1 Enfermo   Buenos días, buenos días, buenos días, buenos días,   1025
                        buenos días.
DC 1,1 Enfermo   Buenos días, buenos días, buenos días, buenos días,   1027
                        buenos días, buenos días.
CA 1,1 Amigo 2   un año cogí una de estas mujercillas de la lluvia y la   1073
                        tuve dos días en una pecera.
CA 2,1 Novia   Entra. Hace dos días que no te veo.   1079
CA 2,1 Novia   Dos días tan solo han bastado para sentirme cargada de   1095
                        cadenas.
CA 3,1 Payaso   ¡Buenos días!   1114
EP CV Estudiante 5   Porque están locos; pero a mí, que subo dos veces   1167
                        todos los días la montaña y guardo, [...]
BS 1,1 Vecina   Hace dos días trajeron al hijo de mi vecina con los   1179
                        dos brazos cortados por la máquina.
BS 2,1 Leonardo   Yo. Buenos días.   1210
BS 3,2 Madre   Hemos de pasar días terribles.   1268
YE 1,1 Yerma   Elena tardó tres años, y otras antiguas, del tiempo de   1282
                        mi marido, mucho más; pero dos años y veinte días,
                        como yo, es demasiado [...]
YE 1,2 Yerma   Buenos días.   1286
RS 1,1 Ama   Cuando chiquita tenía que contarle todos los días el   1354
                        cuento de cuando [...]
RS 1,1 Ama   Más se quiere a un primo segundo que se ve todos los   1360
                        días, que a un hermano que está lejos.
RS 1,1 Tía   Cuarenta días de viaje hacen falta para llegar a   1362
                        Tucumán.
RS 2,1 Solterona 3   Ha tenido que contar los días para que llegue hoy.   1406
RS 3,1 Martín   Todos los días entro temblando [...]   1419
BA 1,1 La Poncia   Treinta años lavando sus sábanas; treinta años   1442
                        comiendo sus sobras; noches en vela cuando tose; días
                        enteros mirando [...]
BA 1,1 Magdalena   Todo menos estar sentada días y días dentro de esta   1452
                        sala oscura.
BA 1,1 Magdalena   Una boda duraba diez días y no se usaban las malas   1461
                        lenguas.

días (continuación)
BA 2,1 La Poncia   A vosotras que sois solteras, os conviene saber de   1476
                        todos modos que el hombre, a los quince días de boda,
                        deja la [...]
BA 2,1 Martirio   Estoy deseando que llegue noviembre, los días de   1488
                        lluvias, la escarcha [...]
BA 3,1 Bernarda   Vienen a pedirla dentro de tres días.   1509
dibujan (1)
CA 2,1 Maniquí   Por mi falda lo dibujan   1103
dibujo (1)
CA 1,1 Joven   la dibujo, la hago moverse [...]   1052
dice (45)
MM 0,0   También el viejo silfo [...] mismas palabras que dice   670
                        la fuente en la [...]
MM 1,4 Curianita Silvia lo que dice esa voz.   688
MM 1,6 Curiana N   Te lo dice tu amiga, ya vieja y achacosa.   701
MM 1,6 Curiana N   Este círculo mágico lo dice claramente.   701
MM 2,3 Mariposa   Lo que dice la nieve sobre el prado,   709
MM 2,4 Alacranito   ¿Qué dice la damita   711
MM 2,5 Gusano 1   ¿Por qué dice que hablaban   717
TC 6,1 Monaguillo   Que dice el señor cura que, cuando quieran, que vayan.   767
MP 1,1 Angustias   Ella me dice   784
MP 1,7 Mariana   Lo que dice es mi verdad   813
MP 2,1 Niña   ¡Ay duque de Lucena! ¿Cómo dice?   822
MP 3,7 Novicia 1   Dice: "Si no hubiera sierras,   880
MP 3,7 Novicia 1   ¡No, señora! ¿Quién lo dice?   882
MP 3,9 Mariana   Pero ¡qué bien entiendo lo que dice esta luz!   889
ZP 1,1 Niño   Dice mi madre que tenga [...]   914
ZP 1,1 Zapatero   Eso dice la gente.   917
ZP 1,1 Zapatera   También tuve otro pretendiente... Aquel era medio   917
                        señorito..., tendría dieciocho años, ¡se dice muy
                        pronto!
ZP 1,1 Alcalde   Vamos, lo estoy viendo y me parece mentira cómo uno   925
                        hombre, lo que se dice un hombre, no puede [...]
ZP 2,1 Zapatera   Y que no me asusto de [...] caballos y lo que se dice   943
                        un hombre.
ZP 2,1 Zapatera   ¿Eso lo dice por mí?   966
PB 0,0 Perlimplín   ¿Qué dice, Marcolfa?   987
PB 0,0 Perlimplín   ¿Qué dice?   987
PB 1,1 Duende 2   Es verdad, compadrillo, que no es lo mismo decir: "Yo   996
                        he visto" que: "Se dice".
PB 2,1 Belisa   ¿Para qué quiero tu alma?, me dice.   1006
DC 1,1 Director   El prólogo termina donde se dice: "Voy a planchar los   1020
                        trajes de la compañía."
CA 1,1 Joven   ¿Por qué dice muy bien?   1048
CA 3,1 Muchacha   ¿Quién lo dice,   1109
CA 3,1 Arlequín   Dice que va a su casa.   1119
BS 1,2 Suegra   Pero cuando dice eso es porque la conoce.   1190
YE 1,1 Yerma   Y entonces es cuando se le quiere más, cuando se dice   1281
                        ya: ¡mi hijo!
YE 1,1 María   No me lo dice, pero se pone junto a mí y sus ojos   1281
                        tiemblan como dos hojas verdes.
RS 1,1 Ama   Si lo dice por mí...   1352
RS 2,1 Tío   Así lo dice el vals de las rosas, [...]   1388
RS 2,1 Tía   Siempre me dice en las cartas que salgas.   1389
RS 2,1 Solterona 3   dice la flor de la albahaca.   1403
RS 2,1 Solterona 3   Dice el jazmín: "Seré fiel";   1403
RS 2,1 Tía   Dice el nardo: "Soy tu amigo";   1404
RS 2,1 Ayola 1   Más discreto es que la leas tú sola, porque a lo mejor   1407
                        te dice algo verde.
RS 3,1 Martín   Así nos dice siempre el Director.   1418
RS 3,1 Rosita   Y hoy se casa una amiga [...] porque me canso, y uno   1428
                        dice: "Ahí está la solterona"; [...]
BA 1,1 Criada   Tuve durante el duelo [...] que es lo que ella dice   1452
                        que tú le das.
BA 1,1 Amelia   ¡Después de todo dice la verdad!   1464
BA 2,1 La Poncia   Además, ¿quién dice que no te puedes casar con él?   1481
BA 2,1 Bernarda   Después de todo, ella dice que ha sido una broma.   1497
BA 3,1 Adela   Madre, ¿por qué cuando se corre una estrella o luce un   1516
                        relámpago se dice:
dicen (37)
MM 1,2 Curianita Silvia Dicen que eres dulce y negro,   680
MM 2,3 Mariposa   las dicen las raíces bajo tierra.   709
MP 1,7 Mariana   Como dicen por Granada,   809
MP 2,8 Mariana   dicen allá, por el Mediterráneo,   846
MP 3,1 Novicia 2   Dicen que es masona.   862
MP 3,3 Alegrito   Dicen que marcha a Inglaterra.   868
MP 3,9 Mariana   Ahora sé lo que dicen el ruiseñor y el árbol.   889
ZP 2,1 Zapatera   ¿Qué me dicen ustedes?   942
ZP 2,1 Zapatera   No hagas caso ninguno de lo que dicen.   944
ZP 2,1 Zapatera   ¡Las coplas! ¿Tú sabes lo que dicen?   946

dicen - diciendo

dicen (continuación)   Pág.

ZP 2,1	Zapatera	Para que yo sepa de una vez lo que dicen.	
ZP 2,1	Niño	Voy a ver lo que dicen.	946
DC 1,1	Poeta	Pero el dueño del teatro [...] barba que van al club y dicen: Ca-ram-ba.	973
CA 3,2	Criado	Dicen que con las anémonas y adormideras duele la cabeza a ciertas horas del día.	1036
EP CV	Desnudo	¿Y qué dicen de mí?	1135
EP CV	Estudiante 3	Dicen que por las noches subía un caballo con ella a la terraza.	1155
BS 1,3	Criada	Siquiera las medias. Dicen que son todas caladas.	1157
		¡Mujer!	1203
YE 1,1	Yerma	No me repitas lo que dicen.	
YE 1,1	Yerma	Yo veo por mis ojos que [...] jaramagos, que las gentes dicen que no sirven para [...]	1276
YE 1,1	María	Oye: dicen que más adelante te empuja suavemente con las piernecitas.	1276
YE 1,1	María	Dicen que con los hijos se sufre mucho.	1280
YE 1,1	Yerma	Eso lo dicen las madres débiles, las quejumbrosas.	1283
YE 1,2	Yerma	Todo se vuelve medias palabras, gestos, porque todas estas cosas dicen que no se pueden saber.	1283
YE 1,2	Muchacha 2	En cambio, mi madre no hace más que darme yerbajos para que los tenga, y en octubre iremos al Santo que dicen que los da a la [...]	1291
YE 2,1	Lavandera 5	Dicen que en dos ocasiones.	1293
YE 3,2	Yerma	Desde que me casé estoy [...] primera vez que me la dicen en la cara.	1303
RS 2,1	Rosita	Dicen que los hombres se cansan de una si la ven siempre con el mismo vestido.	1346
RS 2,1	Rosita	¿Y por qué no "Lo que dicen las flores"?	1395
RS 2,1	Madre	¡Ah, sí, "Lo que dicen las flores"!	
RS 2,1	Solterona 3	Mil flores dicen mil cosas	1402
RS 2,1	Madre	A mí se me pone la carne de gallina cuando dicen aquello:	1402
			1403
RS 2,1	Madre	Y cuando dicen:	1405
BA 1,1	La Poncia	Pero yo soy buena perra; ladro cuando me lo dicen y muerdo los talones [...]	1406
BA 1,1	La Poncia	Dicen que iba con los pechos fuera y Maximiliano la llevaba cogida como si tocara la guitarra.	1442
BA 2,1	La Poncia	Esas cosas pasan entre personas ya un poco instruidas que hablan y dicen y mueven la mano... [...]	1455
BA 3,1	La Poncia	No dicen nada.	1476
BA 3,1	Adela	Todo el pueblo contra mí, quemándome con sus dedos de lumbre, perseguida por los que dicen que son decentes, [...]	1519
			1528

dices (28)

TC 4,1	Joven	¿Dices que se casa?	
MP 1,4	Amparo	Lo dices,	751
MP 1,4	Amparo	Qué cosas tan lindas dices, Marianilla.	791
MP 1,5	Mariana	¿Dices?	792
MP 1,8	Mariana	¿Qué dices?	797
MP 2,1	Niña	"No dices la verdad:	817
MP 3,1	Novicia 2	¿Tú qué dices?	823
TB QM.	Enrique	¿Qué dices?	860
ZP 2,1	Zapatera	Pues si dices tú, más digo yo, [...]	904
ZP 2,1	Zapatera	Porque si lo dices cojo un pimiento picante y te pongo la lengua como un ascua.	942
			944
PB 1,1	Belisa	¿Qué dices?	
PB 2,1	Perlimplín	¿Dices?	991
PB 3,1	Belisa	¡Perlimplín, qué dices!	1006
CA 2,1	Joven	¿Qué dices?	1014
CA 3,1	Mecanógrafa	¿Qué dices? ¿Por qué hablas?	1094
CA 3,1	Mecanógrafa	¿Por qué dices ahora?	1116
EP RR	Figura De C	¿No dices que me vaya?	1125
EP RR	Figura De C	¿Por qué me dices eso?	1148
BS 3,1	Novia	y me dices que me vuelva	1149
YE 1,1	Juan	Si necesitas algo me lo dices y lo traeré.	1258
YE 1,2	Yerma	Pero ¿por qué me dices eso, por qué?	1277
YE 2,2	Juan	¿Dices que salió hace poco?	1291
YE 2,2	María	¿Por qué me dices eso?	1311
YE 2,2	María	No me gusta lo que dices.	1317
YE 3,2	Yerma	¿Fuera de la vida, dices? ¿En el aire, dices?	1318
BA 2,1	Adela	¿Qué dices?	1347
BA 2,1	Bernarda	Y no quiero entenderte, porque si llegara al alcance de todo lo que dices te tendría que arañar.	1480
			1500

diciendo (16)

TC 1,1	Padre	Pero, hija, ¿qué estás diciendo? ¿Te has vuelto loca?	
TC 1,1	Cocoliche	¿Qué estás diciendo?	726
TC 1,1	Padre	¿Qué estás diciendo?	729
MP 3,4	Mariana	Esta copla está diciendo	732
			872

diciendo (continuación)
    ZP 1,1 Niño   Mi madre lo ha hablado el otro día, diciendo: "La   914
                          zapatera [...]
    ZP 1,1 Zapatero   Mujer, ¿qué estás diciendo?   915
    ZP 1,1 Zapatera   ¡Mucho cuidado con lo que estás diciendo!   921
    ZP 2,1 Zapatera   ¿Qué está usted diciendo?   950
    ZP 2,1 Zapatera   ¿Qué está usted diciendo?   964
    ZP 2,1 Zapatera   Pero ¿qué es lo que está usted diciendo, titiritero   965
                          del demonio?
    ZP 2,1 Zapatero   Señorita, ¿qué está usted diciendo?   966
    ZP 2,1 Zapatera   ¿Qué está usted diciendo?   977
    RS 1,1 Ama   ¡Ahora se lo está diciendo!   1370
    RS 2,1 Madre   Yo tengo una muchacha [...] día se nos descolgó   1395
                          diciendo que quería un [...]
    RS 3,1 Ama   Ya está diciendo algo.   1430
    BA 3,1 Bernarda   ¿Siguen diciendo todavía la mala letanía de esta casa? 1519
dicha (3)
    MM 1,2 Curianita Silvia ¡Ay, qué dicha! ¡Qué alegría!   683
    MP 3,5 Mariana   ¡Ojalá fuese pronto por mi dicha!   876
    PB 0,0 Madre   Siempre dije a mi pobre [...] la cual no tuve la dicha 984
                          de conocer.

dichas (3)
    ZP 2,1 Zapatera   Parece que me toma por tonta de capirote..., pero no   966
                          me negará usted que dichas historietas impresionan.
    PB 0,0 Marcolfa   Cosas que no están bien que sean dichas por una   981
                          servidora... Ya ve...
    DC 1,1 Director   Las malas palabras adquieren ingenuidad y frescura   1043
                          dichas por muñecos que [...]
dicho (58)
    MM 1,2 Doña Curiana   ¿Os ha dicho la doctora   677
    MM 1,3 Curianito   Ya os he dicho mil veces   684
    MM 2,5 Gusano 3   Un viejo sabio ha dicho: 713
    TC 1,1 Padre   Lo dicho, dicho, y cartuchera en el cañón.   732
    TC 1,1 Padre   Tú harás caso de todo como hice yo caso de mi papá   733
                          cuando me casó con tu mamá, que, dicho sea entre
                          paréntesis, [...]
    TC 2,1 Cristobita   He dicho que madurita y lo está.   738
    TC 5,1 Currito   ¡Dámelo, te he dicho!   756
    TC 5,1 Cristobita   ¡Pero que en canal he dicho, y es en canal!   759
    TC 6,1 Cristobita   ¡Ya te lo he dicho!   767
    MP 1,6 Clavela   Ya le he dicho que no lo sé.   804
    MP 2,9 Pedrosa   ¿Quién me ha dicho   851
    MP 3,3 Alegrito   Y me han dicho que les era   867
    MP 3,3 Alegrito   de España, según me han dicho.   868
    MP 3,3 Mariana   ¿Quién te lo ha dicho?   869
    MP 3,7 Mariana   ¡Quién me hubiera dicho a mí!...   883
    TB QM. Enrique   Vamos, he dicho.   907
    TB QM. Mujer   ¡He dicho que no!   909
    ZP 1,1 Zapatera   Quién me hubiera dicho a mí, rubia con [...]   913
    ZP 1,1 Alcalde   Recapacita lo que has dicho que vas a hacer; que tú   927
                          eres capaz de hacerlo, y no seas tonto.
    ZP 1,1 Zapatero   ¡Cuidado con el retintín con que me lo han dicho!   933
    ZP 1,1 Niño   Sí, sí, eso ha dicho en mi casa antes [...]   937
    ZP 2,1 Mirlo   Muy bien, muy bien dicho.   942
    ZP 2,1 Mozo Del S   Lo que he dicho.   942
    ZP 2,1 Niño   Muy bien dicho.   948
    ZP 2,1 Zapatera   Cuántas veces lo he dicho para que lo oyeran hasta los 969
                          sordos.
    PB 0,0 Madre   Sí..., lo he dicho sin ironía.   986
    PB 2,1 Belisa   ¡He dicho que no!   1003
    PB 2,1 Perlimplín   ¿Y quién te lo ha dicho?   1004
    DC 1,1 Cristóbal   Te he dicho que buenas noches y es buenas noches.   1024
    DC 1,1 Cristóbal   He dicho que está madurita y lo está.   1034
    CA 1,1 Joven   Te he dicho algunas veces que te esperaras, pero tú... 1054
    CA 2,1 Novia   ¡Te he dicho que te calles!   1083
    CA 2,1 Novia   He dicho que no.   1085
    CA 2,1 Novia   Todo lo podías haber dicho menos la palabra sueño.   1094
    CA 3,1 Máscara   ¡Ya te he dicho que no te quiero!   1123
    EP RR Figura De C   No te lo había dicho nunca.   1151
    BS 1,1 Novio   ¡Lo dicho!   1178
    BS 1,1 Madre   A mí me habían dicho que la muchacha tuvo novio hace   1181
                          tiempo.
    BS 1,3 Novia   Suelta he dicho.   1204
    BS 1,3 Novia   Calla he dicho. Hablemos de otro asunto.   1204
    BS 3,2 Muchacha 2   Hemos dicho que no.   1262
    BS 3,2 Madre   Calla, he dicho.   1267
    YE 1,1 Yerma   ¿Qué ha dicho tu marido?   1281
    YE 3,1 Juan   ¡Calla he dicho!   1334
    RS 1,1 Ama   ¡Pero no lo he dicho!   1359
    RS 2,1 Tío   Te he dicho que no me gusta que escuches las   1379
                          conversaciones.

		Pág.
dicho (continuación)		
RS 2,1 Ayola 1	Muy bien dicho. Y por la noche, ¿qué?	1410
RS 3,1 Tía	Se lo he dicho siempre.	1420
BA 1,1 Criada	Ha sacado del cofre sus anillos y los pendientes de amatista; se los ha puesto, y me ha dicho que se quiere casar.	1453
BA 1,1 Magdalena	¿Y las gallinas qué te han dicho?	1465
BA 1,1 Bernarda	Ya me lo has dicho tres veces y no te he querido replicar.	1468
BA 3,1 Prudencia	Los muebles me han dicho que son preciosos.	1511
BA 3,1 Bernarda	Ya te he dicho que quiero que hables con tu hermana Martirio.	1512
BA 3,1 La Poncia	Yo he dicho lo que tenía que decir.	1520
BA 3,1 Magdalena	¿Por qué lo has dicho entonces?	1531
BA 3,1 Bernarda	¡A callar he dicho!	1532
BA 3,1 Bernarda	¡Silencio, silencio he dicho!	1532
dichosa (10)		
TC 3,1 Contrabandista 2	La dichosa cancioncilla me abre las ganas de beber.	741
MP 1,7 Fernando	¡Dichosa la sangre mía	810
MP 1,8 Angustias	la dichosa bandera.	817
BS 2,1 Criada	¡Dichosa tú que vas a abrazar a un hombre, que lo vas a besar, que vas a sentir su peso!	1207
BS 2,1 Criada	¡Ay mi niña dichosa!	1219
YE 1,1 Yerma	¡Dichosa!	1282
RS 1,1 Manola 3	Dichosa tú	1366
RS 1,1 Manola 1	¡Dichosa!	1366
RS 2,1 Tía	Es la edad dichosa.	1397
BA 3,1 Martirio	Dichosa ella mil veces que lo pudo tener.	1532
dichoso (1)		
MM 2,6 Curianito	Era el tiempo dichoso de mis versos tranquilos,	718
dichosos (1)		
RS 3,1 Tía	¡Dichosos los ojos!	1418
diecinueve (1)		
YE 1,2 Muchacha 2	Yo tengo diecinueve años y no me gusta guisar ni lavar.	1293
dieciocho (4)		
ZP 1,1 Zapatera	También me aguanto yo..., piensa que tengo dieciocho años.	916
ZP 1,1 Zapatera	También tuve otro pretendiente... Aquel era medio señorito..., tendría dieciocho años, ¡se dice muy pronto!	917
ZP 1,1 Zapatera	¡Dieciocho años!	917
ZP 1,1 Zapatera	Tú no has tenido en tu vida dieciocho años... Aquel sí que los tenía, y me decía unas cosas... Verás...	918
dieciséis (2)		
TC 2,1 Padre	Tiene dieciséis años.	738
BA 3,1 Bernarda	Dieciséis mil reales he gastado.	1511
Diego (1)		
ZP 2,1 Zapatero	Aleluyas con los hechos del zapatero mansurrón y la Fierabrás de Alejandría, vida de don Diego Corrientes, aventuras [...]	956
diente (1)		
RS 3,1 Rosita	Y hoy se casa una amiga [...] hay quien le clave el diente."	1428
dientes (15)		
MP 2,5 Pedro	y hay que salvarla pronto con manos y con dientes.	832
ZP 2,1 Mozo Del S	Tengo tanto coraje que [...] sesos crudos con estos dientes míos, en la seguridad [...]	943
CA 1,1 Joven	la dibujo, la hago moverse blanca y viva; pero de pronto, ¿quién le cambia la nariz o le rompe los dientes o le convierte [...]	1052
CA 2,1 Novia	¡Qué ascua blanca, qué fuego de marfil derraman tus dientes!	1079
CA 2,1 Novia	Mi novio tenía los dientes helados; me besaba, [...]	1079
EP RR Figura De C	Un hombre, tan hombre que siento un dolor agudo en los dientes cuando alguien [...]	1149
BS 1,3 Padre	No habla nunca; suave como la lana, borda toda clase de bordados y puede cortar una maroma con los dientes.	1198
BS 3,1 Novio	Y vamos pronto, que siento los dientes de todos los [...]	1253
BS 3,1 Novia	Con los dientes,	1256
BS 3,2 Mendiga	Flores rotas los ojos, y sus dientes	1266
BS 3,2 Madre	Porque tengo que reconocerla, para no clavarla mis dientes en el cuello.	1268
BS 3,2 Novia	Yo era una mujer quemada, [...] juncos y su cantar entre dientes.	1269
YE 1,1 Yerma	No andes mucho y cuando respires respira tan suave como si tuvieras una rosa entre los dientes.	1280
YE 1,2 Yerma	Otra vez el mismo Víctor, [...] que me sonaron los dientes.	1289

dientes (continuación)
RS 3,1 Rosita   Y sin embargo la esperanza me persigue, me ronda, me   1429
muerde; como un lobo moribundo que apretase sus
dientes por última vez.

diera (1)
YE 1,1 Yerma   Ahora tienes la cara blanca, como si no te diera en   1274
ella el sol.

dieran (1)
BS 1,1 Madre   Amasa su pan y cose sus faldas, y siento, sin embargo,   1175
cuando la nombro, como si me dieran una pedrada en
[...]

dieras (2)
ZP 1,1 Zapatero   Si sabes que tengo esa superstición, y para mí esto es   928
como si me dieras un tiro, ¿por qué lo haces?
BA 1,1 Criada   Tuve durante el duelo que taparle varias veces la boca   1452
con un costal vacío porque quería llamarte para que le
dieras agua de fregar [...]

dieron (3)
TC 6,1 Cristobita   Cuando yo era niño, me dieron un pastel más grande que   774
la luna y me lo comí yo solo.
RS 3,1 Martín   Me dieron una flor natural y escribí un drama que   1419
nunca se pudo representar.
BA 2,1 La Poncia   Hace un minuto dieron las tres.   1485
diestramente (1)
MP 1,7 Fernando   "Adorada Marianita: Gracias al traje de capuchino, que   811
tan diestramente hiciste [...]

diez (16)
MM 2,4 Alacranito   a comerme diez moscas.   711
TC 5,1 Fígaro   Son las diez.   758
TC 5,1 Cristobita   Las diez o las once, quiero afeitarme ahora mismo.   758
MP 2,7 Pedro   Ya son las once y diez. El emisario   837
ZP 1,1 Zapatera   Mientras no des por ellos diez pesetas, aquí se quedan.   921
ZP 2,1 Zapatero   diez puñaladas certeras   962
PB 0,0 Marcolfa   Y diez, cincuenta.   980
PB 3,1 Marcolfa   Aunque no sirvo para [...] vendría esta noche a las   1009
diez en punto al jardín, [...]
CA 1,1 Gato   Diez pedradas   1063
BS 1,1 Vecina   Vive sola con su padre allí, tan lejos, a diez leguas   1180
de la casa más cerca.
BS 1,3 Madre   Los tres años que estuvo casado conmigo, plantó diez   1195
cerezos.
BS 3,1 Leñador 2   Hay cuchillos y escopetas a diez leguas a la redonda.   1247
BS 3,2 Muchacha 2   morir a las diez.   1262
RS 3,1 Martín   A las diez, a las diez.   1422
BA 1,1 Magdalena   Una boda duraba diez días y no se usaban las malas   1461
lenguas.

difícil (13)
MM 1,4 Curianito   Es muy difícil de encontrar.   686
TC 1,1 Rosita   En verdad que el cañamazo es una labor difícil.   725
MP 3,7 Novicia 1   ¡Y difícil!   882
TB QM. Viejo   Guiar un coche es muy difícil.   905
ZP 2,1 Niño   Más difícil que la historia sagrada no será.   957
CA 1,1 Joven   Entonces... Es muy difícil vivir.   1053
CA 3,2 Jugador 1   Las cartas beben rica sangre en las manos y es difícil   1136
cortar el hilo que las une.
CA 3,2 Jugador 1   Y esto sí que es difícil.   1138
EP RR Centurión   Difícil es, pero ahí lo tienes.   1154
EP CV Estudiante 2   La callejuela está llena de gente armada y es difícil   1156
huir por allí.
BS 3,1 Leñador 2   Es difícil.   1247
RS 3,1 Ama   Es mucho más difícil fregar sus suelos.   1413
RS 3,1 Martín   ¡Es muy difícil ser poeta!   1421
dificilísimo (1)
TB QM. Viejo   Es dificilísimo.   905
dificultad (2)
MM 0,0   Se prendó de una visión que estaba muy lejos de su   669
vida... Quizá leyó con mucha dificultad algún libro
[...]
MP 2,8 Pedro   Cada dificultad me da más bríos.   844
difunta (1)
BA 2,1 Bernarda   El lupanar se queda para alguna mujer ya difunta.   1499
difuntos (1)
PB 3,1 Perlimplín   El te querrá con el amor infinito de los difuntos y yo   1015
quedaré [...]

diga (22)
MP 2,9 Mariana   ¿Qué piensa de mí? ¡Diga!   854
ZP 2,1 Zapatera   Va usted a tomar copa, café, refresco, ¿diga?   941
ZP 2,1 Zapatero   Pero usted ya sabe que el mundo es reducido; ¿qué   975
quiere que le diga si por casualidad [...]
PB 0,0 Marcolfa   Diga usted Belisa.   982

diga (continuación)   Pág.
    DC 1,1 Director   No, señor; diga usted lo que es preciso que diga y lo   1021
                             que el público sabe que es verdad.
    DC 1,1 Director   Cállese y no diga barbaridades.   1023
    DC 1,1 Cristóbal   Diga: ¡ya me ha domado don Cristóbal!   1033
    DC 1,1 Cristóbal   Diga, diga,, diga...   1034
    CA 1,1 Viejo   Diga usted: mi novia. ¡Atrévase!   1051
    CA 1,1 Viejo   Parece mentira que usted diga quién.   1052
    CA 2,1 Novia   ¡Que diga lo que quiera!   1089
    YE 2,1 Lavandera 4   Entérate tú, ¿quieres que lo diga más alto?   1304
    YE 3,2 Hombre 2   ¡Que diga a quién espera!   1340
    YE 3,2 Hombre 1   ¡Que diga a quién aguarda!   1340
    YE 3,2 Juan   Ya es necesario que te lo diga.   1347
    RS 2,1 Ama   ¡No diga usted eso!   1384
    RS 3,1 Muchacho   ¡No me diga usted!   1433
    BA 3,1 Prudencia   No sé qué te diga. Yo sufro por esto.   1507
    BA 3,1 Bernarda   ¡Nadie diga nada!   1532
dígale (1)
    ZP 2,1 Zapatera   Dígale usted que lo adoro.   975
dígalo (1)
    ZP 2,1 Zapatera   ¡Que si va con segunda, dígalo! ¡Sea valiente!   966
dígame (1)
    PB 0,0 Marcolfa   Dígame, señor mío, las causas de ese no.   980
digan (2)
    MP 2,7 Conspirador 1   Todo depende de lo que nos digan   838
    RS 1,1 Ama   Temblando de todo, para que le digan a una: 1360
                             "¡Cállate!";
digas (15)
    TC 1,1 Cristobita   ¡No me digas que no!   733
    TC 6,1 Rosita   ¡Que no me lo digas siquiera!   779
    MP 1,1 Angustias   ¡No me digas!   783
    ZP 1,1 Zapatera   Eso no, hijo mío..., ¡no digas...!   916
    ZP 1,1 Zapatero   No me digas... Tres meses llevamos de casados, yo,   922
                             queriéndote..., y tú, poniéndome verde.
    ZP 2,1 Niño   No digas, Zapaterita.   945
    CA 1,1 Gato   No me digas más gato.   1062
    BS 1,1 Vecina   No le digas nada.   1183
    BS 1,2 Mujer   No. Quiero que me mires y me lo digas.   1192
    YE 1,2 Yerma   Calla, no digas esas cosas.   1293
    YE 3,1 Vieja 1   ¡No digas eso!   1329
    BA 1,1 Amelia   ¡Eso no digas! Enrique Humanas estuvo detrás de ti y   1460
                             le gustabas.
    BA 2,1 Martirio   No digas nada, puede ser un barrunto mío.   1489
    BA 2,1 La Poncia   Martirio es enamoradiza, digas lo que tú quieras.   1498
    BA 3,1 Martirio   Clávame un cuchillo si es tu gusto, pero no me lo   1527
                             digas más.
dígaselo (1)
    RS 1,1 Sobrino   Volveré dentro de unos instantes. Dígaselo usted.   1363
digna (2)
    MM 2,1 Curianita Santa   más digna del rocío que la carne del nardo.   704
    ZP 1,1 Mozo   Porque usted es digna de estar pintada en las tarjetas   931
                             postales y no aquí..., en este portalillo.
dignidad (2)
    RS 3,1 Tía   Yo ya estoy entregada..., [...] esperaría la muerte   1414
                             con dignidad... ¡Pero cuando [...]
    RS 3,1 Rosita   Ahora lo único que me queda es mi dignidad.   1430
digno (1)
    RS 3,1 Tía   Y todo lo que se compró es digno de ti y será hermoso   1427
                             el día que lo uses.
digo (47)
    TC 1,1 Rosita   ¡Digo!,   733
    TC 3,1 Mozo 2   Eso mismo te digo yo a ti. ¿Quién es este embozado,   746
                             esta máscara?
    MP 2,7 Mariana   Yo no estoy muy tranquila, y os lo digo   837
    ZP 1,1 Zapatera   Cállate, larga de lengua, [...] empolvada; y esto lo   912
                             digo para que me oigan [...]
    ZP 1,1 Zapatero   Yo no te digo más que he huido de los escándalos, como   922
                             las salamanquesas del agua fría.
    ZP 1,1 Zapatero   Digo, ¡usted, cuatro!   926
    ZP 1,1 Zapatera   ¿No te digo que no me dejas ni moverme?   928
    ZP 2,1 Zapatera   Pues si dices tú, más digo yo, y puedes enterarte,   942
                             [...]
    ZP 2,1 Zapatero   Digo que es una cosa tan... incomprensible que...   964
                             parece que no es verdad.
    ZP 2,1 Zapatera   Digo..., ¡cuando era más listo!...   964
    ZP 2,1 Zapatero   Igualmente le digo de su esposo.   975
    PB 2,1 Perlimplín   ¿Lo harás como te digo?   1001
    DC 1,1 Cristóbal   Le digo que pruebe a mover la carótida.   1025
    DC 1,1 Madre   Y es lo que yo digo: 1029
    DC 1,1 Madre   hará lo que digo.   1031
    DC 1,1 Poeta   Digo que ya se están casando.   1036

digo (continuación)
CA 1,1 Joven   Novia..., ya lo sabe usted; si digo novia la veo sin   1051
                        [...]
CA 1,1 Amigo 2   Yo no le digo nada...   1076
CA 3,1 Máscara   Digo que el conde Arturo [...]   1116
CA 3,1 Mecanógrafa   ¿Es mentira lo que digo?   1125
BS 1,3 Padre   Qué te digo de la mía.   1198
BS 1,3 Novio   Eso digo yo.   1202
BS 2,1 Leonardo   No me quedo tranquilo si no te digo estas cosas.   1215
BS 3,1 Luna   ¿Quién se oculta? ¡Afuera digo!   1250
BS 3,1 Novio   ¡Te digo si los viste! ¿Han pasado por aquí?   1254
BS 3,1 Leonardo   ¡Calla, digo!   1256
BS 3,1 Leonardo   Tú delante. ¡Vamos, digo!   1260
YE 1,1 María   ¡Qué digo!   1282
YE 1,2 Vieja 1   Es lo que digo yo.   1287
YE 1,2 Vieja 1   Soy vieja, y sé lo que digo.   1291
YE 1,2 Juan   No lo digo por ti, lo digo por las gentes.   1299
YE 2,2 María   No te quiero decir lo que te digo siempre.   1318
YE 3,1 Yerma   Yo quiero tener a mi hijo en los brazos para dormir   1328
                        tranquila, y óyelo bien y no te espantes de lo que
                        digo: aunque ya supiera [...]
YE 3,2 Muchacha 2   Es lo que yo digo.   1337
YE 3,2 Yerma   ¿Es verdad lo que digo?   1348
RS 1,1 Tío   Lo digo por todos.   1352
RS 1,1 Ama   Pero yo no digo que de tanto regar las flores y tanta   1352
                        agua por todas partes van a salir sapos en el sofá.
RS 1,1 Manola 2   ¿Digo la verdad?   1368
RS 1,1 Primo   te digo, porque te quiero,   1372
RS 2,1 Tío   Y digo yo: ¿adónde van con tanta prisa?   1375
RS 3,1 Ama   ¡Digo!...   1417
RS 3,1 Martín   Todos los días entro temblando en el colegio esperando   1419
                        lo que van a hacerme, aunque, como digo, respetan algo
                        mi [...]
BA 2,1 La Poncia   Lo que digo, Adela.   1480
BA 2,1 La Poncia   Es estrecha de cintura, vieja, y con mi conocimiento   1481
                        te digo que se morirá.
BA 2,1 Bernarda   ¡Silencio digo!   1495
BA 2,1 La Poncia   Yo no acuso, Bernarda. Yo solo te digo: abre los ojos   1497
                        y verás.

dije (11)
MP 1,6 Clavela   Ni yo le dije nada, ni él a mí.   803
ZP 1,1 Zapatero   Yo tenía dinerillos, salud, y dije: ¡allá voy!   926
PB 0,0 Madre   Siempre dije a mi pobre hija [...]   984
PB 3,1 Marcolfa   Aunque no sirvo para estas cosas, le dije lo que me   1009
                        indicó [...]
PB 3,1 Perlimplín   Mañana estarás libre [...] deber... ¿Harás lo que te   1011
                        dije?
CA 1,1 Niño   Siempre dije que no.   1069
CA 3,1 Mecanógrafa   y yo le dije: "No, no te necesito."   1115
BS 1,2 Mujer   Eso dije. Pero el caballo estaba reventando de sudor.   1188
YE 1,1 Yerma   ¿Y no te dije: "¡Cómo huelen a manzanas estas ropas!"   1276
YE 2,2 Yerma   Salud, dije.   1325
BA 2,1 La Poncia   "Buenas noches", le dije yo, y nos quedamos callados   1476
                        más de media hora.

dijera (5)
MM 1,2 Curianita Silvia cuando joven? Si os dijera   678
PB 0,0 Perlimplín   ¿Y si yo te dijera que no?   979
PB 0,0 Belisa   ¿Y si yo le dijera que no?   983
PB 2,1 Perlimplín   ¿Y si yo te dijera que lo conozco?   1007
EP RR Figura De C   De dominarte tanto, que si yo dijera: "¿Si yo me   1147
                        convirtiera en pez luna ?",

dijéramos (1)
ZP 1,1 Niño   Sí, sí, eso ha dicho [...] nos encargó que te lo   937
                        dijéramos y ya lo sabe [...]

dijeron (2)
ZP 1,1 Niño   Ve tú, ve tú, ve tú, y nadie quería, y entonces: "Que   935
                        vaya el niño", dijeron..., porque era [...]
BS 1,2 Mujer   Ayer me dijeron las vecinas que te habían visto al   1187
                        límite de los llanos.

dijese (1)
MP 1,6 Mariana   ¿Y si le dijese... y él lo comprendiera?   805

dijiste (6)
MM 1,4 Curianita Silvia me dijiste: "Te quiero"?   688
MP 3,8 Mariana   ¿Por qué me lo dijiste? Yo bien que lo sabía;   885
TB QM. Viejo   Dijiste que eran muy distintos.   908
PB 3,1 Perlimplín   ¡Lo otro! ¡Ah! ¿Qué le dijiste a mi mujer?   1009
CA 2,1 Padre   ¡Ay! ¿Por qué no lo dijiste antes?   1089
YE 1,1 Juan   ¡Eso dijiste!   1276

dijo (35)
MM 0,0   También el viejo silfo le dijo al poeta: "Muy pronto   670
                        [...]

dijo - dime

Pág.

dijo (continuación)
MM 1,1	Curiana N	Me dijo ayer tarde una golondrina:	672
MM 1,1	Doña Curiana	Un gusanito me dijo	676
MM 1,2	Curianita Silvia	Nada me dijo.	677
MM 1,5	Curianita Silvia	Me dijo que él amaba	695
MM 2,1	Curianita Santa	no critiquéis a nadie, dijo el Gran Cucaracho!	703
MM 2,1	Curianita Santa	los dolores ajenos", dijo San Cucaracho.	704
MM 2,2	Doña Curiana	dijo mi niño anoche.	705
TC 2,1	Cocoliche	Ella me dijo: "Una cinta negra sobre mis cabellos es como una botana sobre la fruta.	735
TC 2,1	Cristobita	¿Quién me dijo a mí que no?	739
MP 1,4	Lucía	Dijo	789
MP 1,4	Amparo	Ayer mismo nos dijo que tú	789
MP 1,4	Amparo	tenías en los ojos... ¿Qué dijo?	789
MP 1,4	Amparo	¡Ya me acuerdo! Dijo que en tus ojos	790
MP 1,4	Amparo	¡Lucía, eso dijo!	790
MP 2,5	Pedro	con un extraño joven, que no me dijo nada.	830
MP 3,3	Mariana	Quien te lo dijo desea	868
MP 3,3	Mariana	que me lo dijo una noche	869
MP 3,3	Alegrito	Dijo que no la creía.	870
ZP 1,1	Zapatera	¿Quién te dijo eso?	914
ZP 2,1	Zapatera	El, entonces, me dijo... ¡Chisss!...	946
ZP 2,1	Alcalde	Pues a mí me consta, porque me lo dijo, que no te quería ni tanto así.	950
ZP 2,1	Zapatero	y le dijo entre suspiros:	961
PB 3,1	Perlimplín	¿De manera que se puso encendida como un geranio?... Y... ¿qué dijo?	1010
DC 1,1	Enfermo	hasta que me lo dijo mi primo	1025
CA 3,1	Mecanógrafa	El me dijo: "¿Me habías llamado?";	1115
CA 3,1	Mecanógrafa	Y luego, ya en la puerta, me dijo: "¿Me necesitas?";	1115
BS 1,1	Vecina	Ahora, si fue decente o no, nadie lo dijo.	1181
BS 1,2	Leonardo	¿Quién lo dijo?	1187
BA 1,1	Criada	¿Quién os dijo que entraseis?	1444
BA 2,1	La Poncia	Oye, Angustias: ¿qué fue lo que te dijo la primera vez que se acercó a tu ventana?	1474
BA 2,1	Amelia	¿Y cómo te lo dijo?	1475
BA 2,1	La Poncia	Lo vi acercarse y al llegar me dijo: "Buenas noches."	1476
BA 2,1	La Poncia	Entonces Evaristo se acercó, se acercó que se quería meter por los hierros, y dijo con voz muy baja: [...]	1476
BA 2,1	La Poncia	Un día me no sé qué cosa y le maté todos los colorines con la mano del almirez.	1477

dile (9)
MM 0,0		También el viejo silfo [...] mismo tono el mar; dile al hombre que sea [...]	670
MM 1,3	Doña Curiana	Dile que te enamora	685
MP 1,8	Angustias	dile al curita nuestro	817
ZP 1,1	Zapatera	Dile a tu madre que ya [...]	914
ZP 1,1	Vecina	Dile a tu mujer que salga.	919
BS 1,3	Padre	Dile que ya puede entrar.	1199
YE 1,1	Víctor	Dile a tu marido que piense menos en el trabajo.	1285
YE 1,1	Víctor	Dile a Juan que recoja las dos que me compró, y en cuanto a lo otro, ¡poco ahonde!	1285
YE 2,2	Yerma	Dile que espere un poco.	1320

diligencia (1)
ZP 1,1	Niño	Sí, sí, eso ha dicho en mi casa antes de montarse en la diligencia, que lo he [...]	937

dilo (5)
TC 3,1	Cristobita	Dilo tú: unos ladrones.	748
TC 3,1	Cristobita	¡Dilo!	749
BS 2,1	Criada	Dilo.	1208
BA 2,1	Bernarda	Dilo sin temor.	1493
BA 2,1	Adela	Dilo ya claramente.	1494

dime (26)
TC 6,1	Cristobita	¡Rosa! ¡Rosa! ¡Dime algo!	773
MP 1,4	Amparo	Y dime: ¿estás más contenta?;	794
MP 1,7	Fernando	Dime, pronto.	807
MP 2,5	Pedro	¿Cómo podría quererte no siendo libre, dime?	830
MP 2,5	Mariana	Dime: ¿corriste gran peligro?	830
MP 2,5	Mariana	Y dime.	831
MP 3,8	Fernando	que hable contigo? ¡Dime!	884
MP 3,8	Mariana	¿Vendrá? Dime, Fernando. ¡Aún es hora!	884
PB 0,0	Perlimplín	Dime tú, doméstica perseverante, las causas de ese sí.	980
PB 1,1	Perlimplín	¡Dime pronto!	997
CA 2,1	Joven	¿Qué cantas, dime?	1100
CA 3,1	Joven	Dime.	1129
BS 1,1	Vecina	Dime.	1180
BS 2,2	Novio	Dime.	1238
BS 3,1	Novio	Dime, contesta, ¿los viste?	1254
BS 3,2	Muchacha 1	Dime.	1264
YE 1,1	Juan	Dime.	1275
YE 1,1	Yerma	Dime.	1279

dime (continuación)
YE 1,1 Yerma	Estarías cantando, ¿verdad? Yo canto. Tú..., dime...	1280
YE 1,2 Vieja 1	Dime.	1289
YE 1,2 Yerma	Dime: ¿tengo yo la culpa?	1290
YE 2,1 Lavandera 5	Dime si tu marido	1307
YE 2,2 Juan	¿Es que te falta algo? Dime. ¡Contesta!	1313
YE 2,2 Víctor	Dime.	1322
YE 3,1 Juan	¡Dime!,	1332
YE 3,2 Vieja	Dime, ¿para qué has venido?	1343

dímela (1)
ZP 1,1 Alcalde	Dímela.	925

dímelo (3)
ZP 1,1 Zapatera	Pero dímelo pronto, ¿qué ha pasado?	935
BS 2,1 Leonardo	Dímelo.	1213
YE 1,2 Yerma	Yo no sé, ¡pero dímelo tú, por caridad!	1290

diminuta (2)
MP 3,7 Novicia 1	nace diminuta flauta.	880
CA 2,1 Novia	Creo que me vas a quebrar [...] porque soy como una diminuta guitarra quemada [...]	1079

diminuto (1)
EP RR Figura De C	Un hombre, tan hombre que siento un dolor agudo en los dientes cuando alguien quiebra un tallo, por diminuto que sea.	1149

dimos (1)
BS 3,1 Leonardo	Ya dimos el paso; ¡calla!,	1256

dinerillo (1)
TC 1,1 Rosita	El dinerillo, para las gentes del mundo; yo me quedo con el amor.	727

dinerillos (1)
ZP 1,1 Zapatero	Yo tenía dinerillos, salud, y dije: ¡allá voy!	926

dinerito (1)
DC 1,1 Cristóbal	¿Tienes mucho dinerito?	1026

dinero (30)
TC 1,1 Padre	¡Ay, qué mal estamos de dinero!	725
TC 1,1 Rosita	... Porque mi novio Cocoliche tiene menos dinero que nosotros.	727
TC 2,1 Cristobita	Ahora, tome el dinero.	739
TC 4,1 Mozo	Además te pagará bien. Trae dinero.	753
ZP 1,1 Zapatera	¡Ay dinero, dinero!,	915
ZP 1,1 Zapatera	¿Pero tienes el valor de llamarme escandalosa, cuando he salido a defender tu dinero?	922
ZP 1,1 Alcalde	¿Mucho dinero?	924
PB 0,0 Madre	En el mercado dan dinero por ellas.	985
DC 1,1 Director	¿No le pago su dinero?	1020
DC 1,1 Director	Piense, don Cristóbal, que necesita usted dinero para casarse.	1023
DC 1,1 Director	¿Tenía dinero?	1028
DC 1,1 Madre	¿qué dinero me das?	1029
DC 1,1 Madre	Si me das dinero	1031
DC 1,1 Madre	Por tu culpa ahora nos tendrás que dar todo tu dinero.	1040
DC 1,1 Rosita	Todo tu dinero, ¡ay!, ¡ay!, ¡ay!	1040
BS 1,2 Suegra	Ellos tienen dinero.	1191
BS 2,2 Mujer	No tenemos dinero. ¡Y con el camino que llevamos!...	1232
YE 1,1 María	El dinero lo tenía mi marido y me lo ha dado él mismo.	1278
YE 1,1 Víctor	Quiere juntar dinero y lo juntará, pero ¿a quién lo va a dejar cuando se muera?	1285
YE 3,1 Yerma	El va con sus ovejas por sus caminos y cuenta el dinero por las noches.	1329
RS 2,1 Madre	¡Gusto no me falta, lo que me falta es dinero!	1393
RS 3,1 Tía	¡Hombre sin idea del dinero!	1427
BA 1,1 Magdalena	Si viniera por el tipo de Angustias, por Angustias como mujer, yo me alegraría; pero viene por el dinero.	1463
BA 1,1 Amelia	¡Angustias tiene todo el dinero de su padre, es [...]	1464
BA 1,1 Magdalena	¡El dinero lo puede todo!	1466
BA 1,1 La Poncia	¡Cuánto dinero le queda a Angustias!	1468
BA 2,1 La Poncia	Hace años vino otra de estas y yo misma di dinero a mi hijo mayor para que fuera.	1486
BA 3,1 Bernarda	A fuerza de dinero y sinsabores.	1508
BA 3,1 Adela	Vino por el dinero, pero sus ojos los puso siempre en mí.	1526

dineros (5)
ZP 1,1 Zapatera	¿Es que mi frescura y mi cara no valen todos los dineros de este mundo?	916
PB 0,0 Madre	Los dineros dan la hermosura... Y la hermosura es codiciada por los demás hombres.	985
BA 1,1 La Poncia	La quedan cinco mujeres, [...] primer marido y tiene dineros, las demás, mucha [...]	1442
BA 1,1 La Poncia	De parte de los hombres esta bolsa de dineros para responsos.	1450
BA 2,1 Adela	¡Por tus dineros!	1495

			Pág.
dinos (2)			
RS 1,1	Manola 2	Dinos.	1370
RS 2,1	Solterona 3	¡Dinos!	1408
dio (16)			
MM 1,2	Doña Curiana	a mí me dio una receta	680
MM 1,5	Curiana C	¡Compasión me dio el verla tendida en la vereda!	698
MM 2,3	Mariposa	y la muerte me dio dos alas blancas,	708
TC 2,1	Cocoliche	Cuando le regalé el chal [...] abre su capote, me dio tantos besos como [...]	737
MP 2,9	Pedrosa	que dio las once.	850
MP 3,5	Mariana	Me lo dio el corazón: ¡Pedrosa!	873
PB 3,1	Belisa	¿Quién te dio muerte?...	1016
PB 3,1	Marcolfa	Se dio cuenta demasiado tarde.	1018
CA 2,1	Novia	¿Te dio la mano?	1084
CA 2,1	Criada	Sí; me dio la mano.	1084
CA 2,1	Novia	¿Y cómo te dio la mano?	1084
EP CV	Estudiante 1	Precisamente ella fue la que vio, por una claraboya del teatro, todo lo que ocurría y dio la voz de alarma.	1158
YE 1,2	Yerma	Me lo dio mi padre y yo lo acepté.	1290
YE 3,2	Vieja	Cuando te vi en la romería me dio un vuelco el corazón.	1345
BA 1,1	La Poncia	En el "Pater Noster" [...] claro es que al final dio un gallo; pero da [...]	1443
BA 2,1	La Poncia	En vez de darle por otra cosa le dio por criar colorines hasta que se murió.	1476
Dio (1)			
CA 3,1	Máscara	"¡Oh mio Dio!" Era igual que el conde Arturo de Italia. ¡Oh amor!	1116
Dios (122)			
MM 0,0		El amor pasaba de padres [...] insecto de las manos de Dios.	669
MM 0,0		Mientras que no améis profundamente a la piedra y al gusano no entraréis en el reino de Dios.	670
MM 1,1	Curiana N	Que Dios te bendiga, ¡oh vecina buena!	671
MM 1,1	Curiana N	Dios está dormido, y en el encinar	672
MM 1,2	Doña Curiana	sabe Dios con quién.	678
MM 1,4	Curianito	¡No llores más, por Dios!	688
TC 1,1	Rosita	¡Dios mío, qué collar de perlas tan precioso!	731
TC 1,1	Criado	¡Ay, Dios mío!	734
TC 2,1	Padre	(¡Dios mío, a quién le entrego yo mi hija!)	740
TC 3,1	Joven	¡Dios mío!	743
TC 6,1	Rosita	¡Ay Dios mío, vete!	763
TC 6,1	Rosita	¡Callad, por Dios!	775
TC 6,1	Rosita	¡Ha muerto! ¡Ay Dios mío, qué compromiso tan grande!	778
MP 1,4	Lucía	Lloverá, aunque Dios no quiera.	794
MP 1,5	Mariana	Ruego a Dios por él. ¿Se sabe	798
MP 1,5	Mariana	¡Dios mío!	799
MP 1,5	Mariana	¡Abre pronto, por Dios, anda!	801
MP 1,6	Clavela	¡Dios nos guarde, señora de mi vida!	804
MP 1,6	Clavela	Dios dirá; los tiempos cambian con el tiempo.	806
MP 1,6	Clavela	Dios dirá: ¡Paciencia!	806
MP 1,7	Fernando	Dios me salvará.	811
MP 1,7	Mariana	¡Dios mío,	812
MP 1,8	Mariana	¡Por Dios!	818
MP 2,6	Pedro	¡Dios te guarde!	833
MP 2,6	Mariana	¡Dios nos ayude a todos!	834
MP 2,7	Pedro	Llegarán esta noche, Dios mediante.	836
MP 2,7	Conspirador 1	¡Dios lo permita!	837
MP 2,8	Mariana	¡Dios santo!	847
MP 2,8	Mariana	¡Dios os guarde, amigos!	848
MP 2,8	Mariana	¡Dios mío, acuérdate de tu pasión	848
MP 2,9	Pedrosa	El Rey nuestro Señor, que Dios proteja,	851
MP 2,9	Mariana	¡Dios mío!	852
MP 3,2	Carmen	¡Doña Mariana, por Dios!	865
MP 3,2	Mariana	que Dios me perdonará	866
MP 3,2	Carmen	Dios está lleno de heridas	866
MP 3,3	Mariana	¡Dios te lo pague!	870
MP 3,6	Monja 1	Sé fuerte, que Dios te ayuda.	879
MP 3,7	Mariana	¡Que pase! ¡Por fin, Dios mío!	883
MP 3,8	Mariana	¡Dejadlo entrar, por Dios!	884
MP 3,9	Carmen	Porque has amado mucho, Dios te abrirá su puerta.	890
TB DME	Vieja	Dios mío, ¡qué caracoles!	897
TB QM.	Niña	¡Dios mío!	910
ZP 1,1	Zapatera	¡Válgate Dios!	915
ZP 1,1	Zapatero	Trabajo para ti... y sea lo que Dios quiera...	916
ZP 1,1	Zapatero	¡Ay Dios mío!	918
ZP 1,1	Niñas	¡Ay, vámonos, vámonos, por Dios!	921
ZP 1,1	Zapatera	¡Vaya mucho con Dios!	930
ZP 1,1	Zapatero	¡Ay Dios mío!	931
ZP 2,1	Mozo De La Faja	¡Ay Dios mío, cómo cambian los tiempos!	941
ZP 2,1	Zapatera	Pues si dices tú, más [...] estarse en su sitio como Dios manda.	942

Dios (continuación)

ZP 2,1 Zapatero	¡Dios lo haya perdonado!	957
ZP 2,1 Zapatero	¡Santo Dios, cómo reñían!	959
ZP 2,1 Zapatera	¡Ay, Dios mío!	962
ZP 2,1 Zapatero	A mi edad ya se está malamente por esas posadas de Dios.	967
ZP 2,1 Zapatero	Dios te lo premie, clavellinita encarnada.	968
ZP 2,1 Zapatera	Por Dios, ¡quite de ahí!	969
ZP 2,1 Zapatera	Aquí estoy y Dios dirá.	974
ZP 2,1 Zapatera	Buen hombre, Dios quiera que encuentre [...]	975
ZP 2,1 Zapatera	¡Con este hombre que Dios me ha dado!	978
PB 1,1 Belisa	¡Ay, qué música, Dios mío!	989
PB 3,1 Belisa	¡Por Dios, Perlimplín!	1015
PB 3,1 Belisa	Dios mío; ¿dónde está?	1018
CA 1,1 Amigo	¡Ay Dios mío!	1057
CA 1,1 Niño	Debe ser la de Dios.	1069
CA 1,1 Amigo 2	Pero todavía no, todavía [...] anclas de plata... ¡Dios mío!	1075
CA 2,1 Padre	¡Ay Dios mío!	1089
CA 2,1 Padre	Cinco años, día por día. ¡Ay Dios mío!	1090
CA 2,1 Criada	¡Ay, la señorita, Dios mío, la señorita!	1107
BS 1,1 Madre	Anda con Dios.	1178
BS 1,3 Madre	Dios bendiga su casa.	1198
BS 1,3 Padre	Que Dios la bendiga.	1198
BS 1,3 Criada	Vayan ustedes con Dios.	1202
BS 1,3 Criada	Por Dios. Está bien. Parece como si no tuvieras ganas de casarte.	1203
BS 3,2 Vecina	¡Por Dios!	1269
BS 3,2 Madre	Bendito sea Dios, que nos tiende juntos para descansar.	1270
YE 1,2 Yerma	Entonces, que Dios me ampare.	1291
YE 1,2 Vieja 1	Dios, no.	1291
YE 1,2 Vieja 1	A mí no me ha gustado nunca Dios.	1291
YE 1,2 Vieja 1	Aunque debía haber Dios, aunque fuera pequeñito, [...]	1291
YE 2,2 Yerma	La mujer del campo que [...] dejado de la mano de Dios.	1317
YE 2,2 Yerma	¡Dios te oiga! ¡Salud!	1325
YE 3,1 Dolores	¿Qué le iba a pasar? Dios es Dios.	1327
YE 3,1 Yerma	Naturalmente, Dios es Dios.	1327
YE 3,1 Vieja 1	Pero mientras esperas la gracia de Dios debes ampararte en el amor de tu marido.	1328
YE 3,1 Vieja 1	No es nadie. Anda con Dios.	1331
YE 3,1 Dolores	¡Dios mío!	1334
YE 3,2 Mujer 1	¡Que Dios te perdone!	1337
RS 1,1 Ama	¡Por Dios, cierra la sombrilla, no se puede abrir bajo techado!	1358
RS 1,1 Ama	Un par de primos para ponerlos en un vasar de azúcar, y si se murieran, ¡Dios los libre!,	1359
RS 1,1 Tía	¡Dios dirá!	1364
RS 1,1 Primo	Por los diamantes de Dios	1373
RS 2,1 Ama	¡Gracias a Dios que la voy a perder de vista!	1382
RS 2,1 Rosita	¡Por Dios!	1400
RS 2,1 Madre	¡Dios te haga lo feliz que mereces!	1409
RS 2,1 Rosita	¡Por Dios!	1410
RS 3,1 Ama	¿Por qué no se casó, hombre de Dios?	1422
RS 3,1 Martín	¡Bendito sea Dios!	1424
RS 3,1 Ama	¿Dónde cree usted que estará don Rafael Salé, explotador de los pobres, que enterraron anteayer, Dios le haya perdonado, [...]	1425
RS 3,1 Tía	¡Dios te bendiga!	1426
RS 3,1 Tía	¡Cállate, habladora, y respeta la voluntad de Dios!	1427
RS 3,1 Rosita	¡Anda con Dios, hijo!	1435
RS 3,1 Ama	¡Dios se lo pague!	1436
BA 1,1 La Poncia	¡Gracias a Dios que estamos solas un poquito!	1440
BA 1,1 Criada	¡Dios lo haya perdonado!	1443
BA 1,1 Mendiga	¡Alabado sea Dios!	1444
BA 1,1 Mendiga	¡Alabado sea Dios!	1444
BA 1,1 Bernarda	¡Alabado sea Dios!	1448
BA 1,1 Martirio	Dios me ha hecho débil y fea y los ha apartado definitivamente de mí.	1460
BA 1,1 Martirio	¡Sabe Dios lo que entonces pasaría!	1461
BA 1,1 Martirio	¡Dios me valga!	1464
BA 2,1 La Poncia	Alimenta esa esperanza, olvídalo, lo que quieras, pero no vayas contra la ley de Dios.	1481
BA 2,1 Angustias	Que Dios me mate si miento.	1501
BA 2,1 La Poncia	Y para ocultar su vergüenza [...] llevados por la mano de Dios lo han puesto en [...]	1505
BA 3,1 La Poncia	¡Por Dios!	1508
BA 3,1 Martirio	O como Dios dispone.	1511
BA 3,1 Prudencia	Buenas noches nos dé Dios.	1512
BA 3,1 Las Cinco A La V	Vaya usted con Dios.	1512
BA 3,1 Adela	Dios me ha debido dejar	1528
BA 3,1 Angustias	¡Dios mío!	1530

		Pág.
Dios (continuación)		
BA 3,1 Adela	¡Dios mío!	1530
dioses (1)		
MM 0,0	Los insectos estaban [...] santo temor de sus dioses.	669
dirá (11)		
TC 6,1 Cocoliche	Ya no me dirá: "Carita de fruta"..., ni yo le diré: "Carita de almendra"...	771
MP 1,6 Clavela	Dios dirá; los tiempos cambian con el tiempo.	806
MP 1,6 Clavela	Dios dirá: ¡Paciencia!	806
MP 2,1 Clavela	¡madre, quién lo dirá!	823
ZP 2,1 Zapatera	Aquí estoy y Dios dirá.	974
CA 3,1 Muchacha	quién lo dirá?	1109
CA 3,1 Muchacha	¿Quién lo dirá?	1113
BS 1,2 Suegra	¿Quién dirá, mi niño,	1184
YE 1,2 Yerma	Usted me dirá...	1288
RS 1,1 Tía	¡Dios dirá!	1364
RS 3,1 Ama	Y él dirá: "¡Que tengo veinte millones de pesetas, no me apretéis con las tenazas!	1425
dirán (5)		
ZP 1,1 Zapatero	¡Qué dirán los que vengan al rosario de la iglesia!	931
ZP 1,1 Zapatero	¡Qué dirán en el casino!	931
ZP 1,1 Zapatero	¿Qué dirán los curas?	931
RS 3,1 Obrero 1	Ustedes dirán.	1425
BA 1,1 Magdalena	Hoy hay más finura, las [...] pudrimos por el qué dirán.	1461
dirás (3)		
MP 2,9 Pedrosa	Espero que dirás sus nombres, ¿verdad?	856
ZP 1,1 Zapatero	¡Tú dirás!	920
YE 1,2 Muchacha 2	También tú me dirás loca, ¡la loca, la loca!	1294
diré (14)		
MM 1,2 Doña Curiana	niña? Pues diré doncella	677
MM 1,4 Curianito	le diré madrigales	687
TC 1,1 Rosita	Y cuando la niña del barbero se asome a su ventana, yo le diré: "Voy a casarme, [...]	725
TC 6,1 Cocoliche	Ya no me dirá: "Carita de fruta"..., ni yo le diré: "Carita de almendra"...	771
MP 1,6 Fernando	Yo quisiera verte contenta. Diré	805
MP 2,1 Clavela	Os lo diré; pero cuando se acabe,	822
MP 2,9 Mariana	¡Mas no diré sus nombres!	857
MP 3,5 Mariana	No diré nada, como usted querría,	875
BS 1,1 Madre	No le diré nada.	1183
YE 1,1 Yerma	Te diré, niño mío, que sí,	1278
YE 1,1 María	Te diré...	1283
YE 1,1 Yerma	Te diré, niño mío, que sí,	1285
YE 3,2 Hembra	Cuando llegue la noche lo diré,	1341
RS 3,1 Ama	Por eso siempre diré: ¡Malditos, malditos sean los ricos!	1424
director (11)		
DC 1,1 Poeta	Ya voy, señor director. Y nunca podrá ser bueno.	1021
DC 1,1 Cristóbal	Ya voy, señor director.	1022
DC 1,1 Poeta	Si el director de escena quisiera, [...]	1036
EP CV Enfermero	Piden la muerte del director de escena.	1155
EP CV Estudiante 4	Iban con el director de escena.	1157
EP CV Dama 3	Han encontrado al director de escena dentro del sepulcro.	1158
EP CV Estudiante 4	El director de escena abrió [...]	1161
EP CV Estudiante 1	No es necesario, y esto era lo que se propuso demostrar con el genio el director de escena.	1161
EP CV Estudiante 2	El director de escena evitó [...]	1165
EP CV Estudiante 4	¿Pero no te has dado cuenta de que la Julieta que estaba en el sepulcro era un joven disfrazado, un truco del director de escena, y [...]	1167
RS 3,1 Martín	Así nos dice siempre el Director.	1418
diría (3)		
MP 1,1 Clavela	Si pensara como antigua, le diría...	784
MP 3,5 Mariana	Ahora menos lo diría.	877
CA 3,1 Muchacha	¿Quién lo diría?	1113
dirían (1)		
BS 2,2 Novia	¿Qué dirían?	1240
diriges (1)		
BS 3,1 Novio	¿Adónde te diriges?	1253
dirigible (1)		
RS 2,1 El Señor X	Si Santos Dumont, en vez de estudiar Meteorología comparada, se hubiera dedicado a cuidar rosas, el aeróstato dirigible estaría en [...]	1376
dirigimos (1)		
YE 3,2 Juan	Por cosas que no han pasado y ni tú ni yo dirigimos.	1347
dirigir (1)		
BS 2,2 Mozo 1	Tú la vas a dirigir.	1242

dirijo (1)
YE 2,2 Yerma   Muerta me vea y sin mortaja si alguna vez las dirijo   1319
                           la conversación.

disciplinado (1)
TC 6,1 Cocoliche   ¡Clavel disciplinado!   777
discreta (1)
MM 1,2 Doña Curiana   Discreta   681
discreto (2)
MM 1,3 Doña Curiana   ¡Requiébrala discreto!   685
RS 2,1 Ayola 1   Más discreto es que la leas tú sola, porque a lo mejor   1407
                           te dice algo verde.

discusión (1)
RS 2,1 Rosita   Pero ¡qué discusión más tonta!   1401
discuten (2)
CA 2,1 Criada   Y un señor con lentes de oro. Discuten mucho.   1081
BA 1,1 Magdalena   Si es que discuten por las particiones, tú que eres la   1469
                           más rica te puedes quedar con todo.

discutiendo (2)
CA 2,1 Criada   Están discutiendo.   1091
BA 2,1 Angustias   ¡Siempre discutiendo!   1483
discutir (4)
RS 2,1 El Señor X   Superlativamente; aunque un catedrático de Economía   1376
                           Política no puede discutir con un cultivador de rosas.
RS 2,1 Tío   Por no discutir soy capaz de [...]   1386
RS 2,1 Tío   No quiero discutir.   1388
RS 3,1 Tía   No quiero discutir.   1413
disfrace (1)
EP CV Enfermero   Cuando el emperador se disfrace de Poncio Pilato.   1163
disfraces (1)
MM 2,5 Mariposa   son disfraces extraños   715
disfraza (1)
MM 0,0   ¡Y es que la Muerte se disfraza de Amor!   670
disfrazadas (1)
EP CV Estudiante 4   No son las firmas disfrazadas las que levantan la   1161
                           vida, sino el cabello de barómetro que tienen detrás.

disfrazado (3)
MP 1,7 Fernando   Esta noche, disfrazado de contrabandista, [...]   811
EP CV Estudiante 4   ¿Pero no te has dado cuenta de que la Julieta que   1167
                           estaba en el sepulcro era un joven disfrazado, un
                           truco [...]
EP CV Estudiante 5   Parecía muy hermosa, y si era un joven disfrazado no   1167
                           me importa [...]

disfrutando (2)
BA 1,1 Mujer 4   El mismo trigo de tu casamiento lo sigas disfrutando.   1450
BA 3,1 Bernarda   Disfrutando este silencio y sin lograr ver por parte   1518
                           alguna "la cosa tan grande" que aquí pasa, según tú.

disfrutar (1)
BA 3,1 Adela   Me gustaría quedarme hasta muy tarde para disfrutar el   1517
                           fresco del campo.

disfrutaremos (1)
ZP 2,1 Vecina Roja   Disfrutaremos un poquito.   954
disfruté (1)
BS 1,1 Madre   Primero, tu padre, que me olía a clavel y lo disfruté   1173
                           tres años escasos.

disgustada (1)
ZP 1,1 Niño   ¿Estás disgustada todavía?   934
disgustado (3)
MP 1,7 Fernando   No quieras ver disgustado   808
CA 2,1 Novia   ¿Ya te has disgustado con el botones?   1086
BS 2,2 Muchacha 1   ¿Te ha disgustado?   1236
disgustarse (1)
BS 2,2 Madre   Que ella no pueda disgustarse, pero que sienta que tú   1241
                           eres el macho, el amo, el que mandas.

disguste (1)
ZP 1,1 Niño   No se disguste usted conmigo, que yo no tengo la culpa   914
                           y todos los días estudio muy bien la gramática.

disgusté (1)
CA 2,1 Criada   Cuando yo me disgusté con el botones. .   1086
disgusto (V) (1)
ZP 1,1 Zapatero   Por eso me callo y no me disgusto contigo...   916
                           ¡Demasiado sé yo!...

disgusto (4)
MM 2,1 Curianita Santa   ¡Qué gran disgusto traigo, comadre, qué disgusto!   702
RS 2,1 Tío   Llega un momento en que las personas que viven juntas   1386
                           muchos años hacen motivo de disgusto y de inquietud
                           [...]
RS 2,1 Tío   Así lo dice el vals de [...] no puedo reprimir el   1388
                           disgusto que me produce [...]

disgustos (1)
BA 3,1 Bernarda   Así no tendrás disgustos.   1513

disipado - doble

Pág.

disipado (1)
MP 3,5 Pedrosa   Antes que se haya disipado el día   876
disparate (2)
ZP 2,1 Zapatero   ¡Y qué disparate no sospechar que mi mujer era de oro 971
        puro, del mejor de la tierra!
RS 3,1 Muchacho   ¡Exacto! ¡Qué disparate de moda!   1433
dispense (1)
BS 1,2 Muchacha   Usted dispense.   1192
dispone (2)
TC 1,1 Rosita   dispone de mi mano, y no tengo más remedio que 733
        aguantarme porque lo manda la ley.
BA 3,1 Martirio   O como Dios dispone.   1511
disposición (1)
ZP 2,1 Zapatero   en esta disposición,   962
dispuesta (1)
MP 2,5 Mariana   ¡Pero ya estoy dispuesta!   832
dispuestos (1)
CA 3,2 Jugador 1   Dispuestos.   1139
distancia (4)
MM 2,7 Curianito   perderse en la distancia.   720
MP 3,7 Novicia 1   lo veía en la distancia."   880
CA 1,1 Viejo   Todavía cambian más las cosas que tenemos delante de 1052
        los ojos que las que viven sin distancia debajo de la
        [...]
BA 3,1 Adela   No se ve a dos pasos de distancia.   1515
distantes (1)
MP 3,9 Mariana   enciende para mí tus estrellas distantes.   890
diste (3)
MM 1,5 Curianito   ¿Cómo te diste maña   696
BS 2,2 Muchacha 1   ¿A quién diste el primer alfiler, a mí o a esta? 1235
BS 2,2 Muchacha 1   A mí me lo diste aquí.   1235
distinta (2)
CA 1,1 Viejo   El agua que viene por el río es completamente distinta 1052
        de la que se va.
CA 2,1 Novia   Hoy me has besado de una manera distinta.   1079
distinto (2)
MM 2,5 Mariposa   un sendero distinto;   714
RS 2,1 El Señor X   Me interesa la cultura, que es distinto.   1376
distintos (4)
TB QM. Enrique   Sois muy distintos, hijos. Cumpliré los encargos de 904
        todos.
TB QM. Viejo   Muy distintos.   904
TB QM. Viejo   Dijiste que eran muy distintos.   908
TB QM. Enrique   Sí. Muy distintos. Afortunadamente.   908
distraerse (1)
MM 2,2 Curiana N   jugar y distraerse.   707
distraído (1)
BA 3,1 Angustias   Yo lo encuentro distraído.   1513
diván (1)
DC 1,1 Rosita   en el diván   1032
divertirme (1)
YE 1,2 Yerma   Yo me entregué a mi marido por él, y me sigo 1290
        entregando para ver si llega, pero nunca por
        divertirme.
divertirse (1)
PB 3,1 Perlimplín   Porque don Perlimplín no tiene honor y quiere 1010
        divertirse.
diviertas (1)
MM 2,7 Curianito   Yo cazaré, para que te diviertas,   720
divina (1)
MP 1,7 Fernando   Todo sea por nuestra divina madre la libertad. 811
divinas (1)
MM 1,2 Curianita Silvia divinas de sus antenas.   682
divino (1)
MP 1,4 Amparo   Un temblor divino, como de agua clara,   790
divisa (2)
MP 1,4 Amparo   con divisa verde y negra.   792
MP 1,4 Amparo   con divisa verde y negra.   793
doblar (V) (2)
MP 0,0 Mosquito   las campanas doblar y doblar!   782
doblar (2)
YE 3,2 Yerma   ¿Has pensado en serio que yo me pueda doblar a otro 1345
        hombre?
RS 3,1 Ama   Señora, ayúdeme usted a doblar esta sábana.   1422
doble (S) (1)
BA 1,1 Criada   Ya tengo el doble de esas campanas metido entre las 1439
        sienes.
doble (5)
ZP 2,1 Zapatera   Que yo sola meneo sin querer las perinolas de la cama, 974
        ¡susto doble!

doble (continuación)
  BS 2,1 Criada   Cinco leguas por el arroyo, que por el camino hay el   1209
                      doble.
  BS 3,1 Luna   El aire va llegando duro, con doble filo.   1251
  RS 3,1 Tía   Desde que murió mi marido está la casa tan vacía que   1412
                      parece el doble de grande, y hasta tenemos que
                      buscarnos.
  BA 3,1 Adela   Doble de grande, llenando todo lo oscuro.   1515
doce (6)
  TC 3,1 Mozo 1   Cocoliche: a las doce de la noche tendrás la puerta   744
                      abierta, y todo lo demás.
  DC 1,1 Rosita   ¿A las doce de la noche qué me harás?   1037
  YE 3,2 Yerma   las doce den.   1336
  RS 2,1 Madre   Las doce dan sobre el mundo.   1405
  BA 1,1 Magdalena   Ya deben ser las doce.   1462
  BA 3,1 Angustias   A las doce y media.   1513
docenas (1)
  BS 2,2 Novio   Ponle tres docenas.   1233
doctora (6)
  MM 1,1 Doña Curiana   No penséis en eso, vecina doctora,   675
  MM 1,1 Doña Curiana   ¿También sois poeta, doctora vecina?   675
  MM 1,2 Doña Curiana   ¿Os ha dicho la doctora   677
  MM 1,5 Doña Curiana   ¿Le curará, doctora?   699
  MM 2,2 Doña Curiana   ¡Ay doctora vecina! Mi corazón presiente   707
  YE 1,2 Yerma   Y tú también, tú también te callas y te vas con aire   1291
                      de doctora, sabiéndolo todo, [...]

doctrina (1)
  EP CV Estudiante 3   Y toda la gente, pero [...] fuerte que ellos, y la   1166
                      doctrina cuando desata [...]

documento (1)
  MP 1,7 Fernando   ¡Basta! ¡Dame el documento!   814
dolían (1)
  EP RR Figura De P   Y estuve toda la noche llorando porque me dolían las   1150
                      muñecas y [...]
dolor (21)
  MM 2,2 Doña Curiana   El dolor o la muerte me cercan la casita.   707
  MP 1,5 Mariana   Dolor de viejo lucero   796
  MP 2,5 Pedro   con mi propio dolor y mi vida, Mariana!   828
  MP 2,8 Pedro   Mucho dolor me cuesta.   842
  MP 2,9 Mariana   Que me cueste dolor, pero con honra.   857
  MP 3,9 Carmen   que los niños lamenten tu dolor por la calle!   890
  CA 1,1 Joven   ¿Crees tú que yo puedo [...] el camino sin causar   1071
                      dolor a los demás?
  CA 2,1 Maniquí   dolor de velo sin uso,   1100
  CA 2,1 Maniquí   y un dolor blanco de abeja   1103
  EP RR Figura De C   Un hombre, tan hombre que siento un dolor agudo en los   1149
                      dientes [...]
  BS 1,2 Mujer   ¡Ay dolor de nieve,   1185
  BS 1,2 Mujer   ¡Ay dolor de nieve,   1194
  BS 3,1 Luna   quiere ser dolor de sangre.   1249
  BS 3,1 Novia   dolor de mujer honrada,   1259
  BS 3,2 Muchacha 1   dolor de arrayán.   1263
  YE 1,1 Yerma   Yo he visto a mi hermana dar de mamar a su niño con el   1283
                      pecho lleno de grietas y le producía un gran dolor,
                      pero era un dolor fresco, bueno, [...]
  YE 2,2 Yerma   ¡Ay, qué dolor de sangre prisionera   1316
  YE 3,2 Yerma   Lo mío es dolor que ya no está en las carnes.   1345
  RS 2,1 Solterona 2   el dolor, la pasionaria;   1403
  BA 1,1 La Poncia   ¡Mal dolor de clavo le pinche en los ojos!   1442
Dolor (1)
  MP 2,2 Mariana   al Santo Cristo del Mayor Dolor,   826
dolorcillo (1)
  MM 1,1 Doña Curiana   el ruin dolorcillo que tanto me irrita.   674
dolores (2)
  MM 2,1 Curianita Santa los dolores ajenos", dijo San Cucaracho.   704
  CA 1,1 Amigo 2   Porque no quiero estar lleno de arrugas y dolores como   1074
                      usted.
Dolores (1)
  YE 1,2 Muchacha 2   Dolores. ¿Por qué preguntas?   1294
domado (2)
  DC 1,1 Cristóbal   Diga: ¡ya me ha domado don Cristóbal!   1033
  DC 1,1 Madre   Ya me ha domado don Cristóbal.   1033
domador (2)
  CA 1,1 Amigo   Y me gusta porque parece un domador.   1058
  CA 1,1 Amigo   Sí, hombre, no te indignes, pero una mujer puede ser   1058
                      feísima y un domador de caballos puede ser hermoso.
domaré (1)
  DC 1,1 Cristóbal   Como domaré a tu hija.   1033
doméstica (1)
  PB 0,0 Perlimplín   Dime tú, doméstica perseverante, las causas de ese sí.   980

dominaba - donde

		Pág.
dominaba (1)		
ZP 2,1 Alcalde	Si yo te cogiera por mi cuenta, ¡vaya si te dominaba!	950
dominadora (1)		
BA 3,1 Adela	Esto hago yo con la vara de la dominadora.	1529
dominanta (2)		
ZP 2,1 Zapatero	Ella soñaba con un mundo que no era el mío, era fantasiosa y dominanta, gustaba demasiado [...]	967
BA 1,1 La Poncia	¡Dominanta!	1440
dominar (1)		
EP CV Muchacho 1	¡Por favor! No se dejen ustedes dominar por el pánico.	1163
dominará (1)		
BA 3,1 Adela	El dominará toda esta casa.	1530
dominaría (1)		
ZP 1,1 Zapatero	Al principio creí que la dominaría con mi carácter [...]	925
dominarte (2)		
EP RR Figura De C	Sé la manera de dominarte. ¿Crees que no te conozco?	1147
EP RR Figura De C	De dominarte tanto, que si yo dijera: "¿Si yo me convirtiera en pez luna ?",	1147
Domine (1)		
BA 1,1 Bernarda	"Requiem aeternam donat eis Domine."	1449
dominen (1)		
BS 2,2 Padre	Y estos brazos tienen que ser de los dueños, que castiguen y que dominen, que hagan brotar las simientes.	1228
domingo (1)		
BS 1,1 Novio	¿Le parece bien el domingo?	1177
dominio (1)		
BA 1,1 La Poncia	Ella no quiere que la vean en su dominio.	1442
don (83)		
Don (2)		
donat (1)		
BA 1,1 Bernarda	"Requiem aeternam donat eis Domine."	1449
doncella (9)		
MM 1,2 Doña Curiana	niña? Pues diré doncella	677
TB DME Doncella	Pero soy doncella.	902
PB 0,0 Madre	Emocionadísima... Belisa..., vete dentro..., no está bien que una doncella oiga ciertas conversaciones.	985
PB 0,0 Marcolfa	Hermosa doncella.	987
BS 2,1 Convidado	hoy doncella,	1217
BS 2,1 Criada	blanca doncella,	1222
BS 3,1 Novia	mujer perdida y doncella.	1260
YE 3,2 Hembra	la doncella en el agua!	1340
BA 3,1 Bernarda	Llevadla a su cuarto y vestirla como una doncella.	1532
doncellita (1)		
MM 1,2 Doña Curiana	o doncellita.	677
donde (79)		
MM 0,0	El amor, lo mismo que [...] poblada de insectos donde hacía mucho tiempo [...]	669
MM 1,2 Curianita Silvia	donde me quieran?	679
MM 1,5 La Mariposa	donde está mi tesoro;	699
MM 1,6 Curiana N	La noche sin estrellas donde te perderás.	701
MM 2,1 Curianita Santa	cuando llega tan blanca de donde no se sabe.	704
MM 2,2 Curiana N	te vas hacia los reinos donde el amor se hiela.	707
MM 2,4 Alacranito	donde tiene la herida!	710
MM 2,5 Mariposa	donde se ve la vida.	715
MM 2,5 Mariposa	donde se ve la vida...	716
MM 2,6 Curianito	donde el amor no acaba.	718
TC 0,0 Mosquito	Yo y mi compañía venimos [...] de oro y cristales, donde los hombres van [...]	723
TC 2,1 Cristobita	No sé cómo no le envío al barranquillo donde eché a tantos.	739
TC 6,1 Cocoliche	Sal al aire libre, donde están los hombres .	768
TC 6,1 Currito	Me iré donde no me verás nunca.	775
MP 1,4 Amparo	donde un pez de plata finge rojo sueño.	790
MP 1,5 Fernando	donde la vena es más ancha,	799
MP 1,5 Fernando	por donde brota la sangre	799
MP 1,7 Mariana	por donde yo no quisiera.	809
MP 1,7 Fernando	Esta noche, disfrazado de contrabandista, tengo absoluta necesidad de salir para Válor y Cadiar, donde espero tener noticias [...]	811
MP 2,1 Niño	donde soy capitán.	824
MP 2,5 Pedro	donde la gente coma su pan con alegría,	832
MP 2,8 Conspirador 4	donde se estaban mirando	843
MP 3,5 Mariana	el sitio donde guardo este secreto	875
ZP 0,0 El Autor	Por este miedo absurdo, [...] de otros ambientes donde la gente no se [...]	911
ZP 2,1 Niño	donde acude el señorío.	947
ZP 2,1 Alcalde	Que la casa tiene una [...] aposentar en sus salas, donde estaría... mira, [...]	951

donde (continuación)

ZP 2,1	Zapatera	Y todo esto no es más que el miedo a la soledad donde están los fantasmas, [...]	974
ZP 2,1	Voz	donde acude el señorío.	977
DC 1,1	Director	El prólogo termina donde se dice: "Voy a planchar los trajes de la compañía."	1020
DC 1,1	Enfermo	donde me nace el cabello,	1025
DC 1,1	Poeta	Si el director de escena [...] en el acto tercero, donde cae la nieve sobre [...]	1036
DC 1,1	Director	Llenemos el teatro de [...] uno de los personajes donde sigue pura la vieja [...]	1043
CA 1,1	Niño	llegaremos donde pacen	1066
CA 2,1	Novia	Hay en tu pecho como un torrente donde yo me voy a ahogar.	1079
CA 2,1	Joven	Y no son sueño tus trenzas porque las haré yo mismo de tu cabello, ni es sueño tu cintura donde canta la sangre [...]	1094
CA 2,1	Maniquí	donde este traje se pudra.	1101
CA 2,1	Joven	donde llegan y se juntan	1103
CA 3,1	Mecanógrafa	¿Dónde? Donde me llaman.	1120
CA 3,1	Joven	al sitio donde las sedas	1121
CA 3,1	Mecanógrafa	Iba a morir de frío y tuve que buscar tu amor por donde no hay gente.	1127
CA 3,2	Joven	Mi casa tenía un patio enorme, donde jugaba con mis caballitos.	1132
CA 3,2	Jugador 3	Un corazón joven, donde es probable que resbalen las flechas.	1137
CA 3,2	Joven	El chartreuse es como una gran noche de luna verde dentro de un castillo donde hay un joven con [...]	1142
EP RR	Figura De C	¿Cómo no vienes conmigo, si me amas, hasta donde yo te lleve?	1146
EP CV	Estudiante 1	Y donde se hable de amor entraremos con botas de "foot ball", echando fango por los espejos.	1168
EP CV	Estudiante 5	Y quemaremos el libro donde los sacerdotes leen la misa.	1168
EP CV	Hombre 1	Soledad del hombre en el sueño lleno de ascensores, trenes donde tú vas a velocidades increíbles.	1169
EP CV	Hombre 1	Soledad de los edificios, de las esquinas de las playas, donde tú no aparecerás nunca.	1169
BS 1,1	Vecina	Muchas veces pienso que tu hijo y el mío están mejor donde están, dormidos, [...]	1179
BS 1,2	Suegra	donde está la jaca.	1186
BS 2,1	Novia	Mi madre era de un sitio donde había muchos árboles.	1206
BS 3,1	Luna	donde pueda calentarme!	1249
BS 3,1	Leonardo	donde yo siempre te quiera,	1259
BS 3,1	Leonardo	A donde no puedan ir	1259
BS 3,1	Leonardo	¡Donde yo pueda mirarte!	1259
BS 3,1	Leonardo	Pero voy donde tú vas.	1260
BS 3,2	Suegra	donde estuvo su almohada.	1265
BS 3,2	Madre	donde tiembla enmarañada	1272
BS 3,2	Madre	donde tiembla enmarañada	1272
YE 1,1	Yerma	donde tendrás primera cuna!	1278
YE 1,1	Yerma	donde tendrás primera cuna!	1286
YE 2,2	Juan	Ya no tenemos sitio donde meter tantas ovejas.	1324
YE 3,1	Yerma	Te busco a ti, es a ti a quien busco día y noche, sin encontrar sombra donde respirar.	1333
YE 3,1	Yerma	Es en ese muro donde tengo que estrellar mi cabeza.	1334
YE 3,2	María	Vamos a las eras, que es donde está la gente.	1337
YE 3,2	Macho	donde están las higueras cerradas,	1341
YE 3,2	Yerma	Yo soy como un campo seco donde caben arando mil [...]	1345
RS 1,1	Ama	Donde esté una naranja o un buen membrillo, que se quiten las rosas del mundo.	1352
RS 1,1	Rosita	donde se duerme la aurora.	1365
RS 1,1	Rosita	donde viven las manolas,	1366
RS 1,1	Rosita	donde viven las manolas,	1368
RS 1,1	Rosita	donde la luna reposa.	1369
RS 3,1	Tía	Pero tiene buenas vistas y un patinillo con dos higueras donde se pueden tener flores.	1418
BA 1,1	Bernarda	Que salgan por donde han entrado. No quiero que pasen por aquí.	1447
BA 1,1	Bernarda	Es así como se tiene que hablar en este maldito pueblo sin río, pueblo de pozos, donde siempre se bebe [...]	1450
BA 2,1	Martirio	Aquí es el único sitio donde no se puede pronunciar esta palabra.	1478
BA 3,1	Bernarda	Porque no hay carne donde morder.	1519
BA 3,1	Adela	Vamos a dormir, vamos a dejar que se case con Angustias, ya no me importa, pero yo me iré a una casita sola donde él me verá cuando [...]	1528
BA 3,1	Magdalena	¡Déjala que se vaya donde no la veamos nunca más!	1530

dónde (96)

MM 1,1	Doña Curiana	¿Dónde vais, señora, de rocío llena?	671

Pág.

dónde (continuación)

MM 1,2	Curianita Silvia	¿Dónde está el agua	679
MM 1,2	Doña Curiana	¿Y dónde está vuestro amor?	681
MM 1,4	Curianita Silvia	¿Y dónde está tu estrella?	687
MM 2,5	Gusano 3	¿de dónde habrán venido?"	713
MP 1,8	Angustias	Niña, ¿dónde estás? ¡Niña!	816
MP 1,8	Angustias	¿Dónde estabas?	816
MP 2,5	Mariana	esta angustia de andar sin saber dónde voy,	829
MP 2,8	Pedro	¿Por dónde?	847
MP 2,8	Mariana	¡Ay! ¿Por dónde?	847
MP 2,9	Angustias	¡Mariana! ¿Dónde vas? Tu niña llora.	859
MP 3,5	Mariana	¿Dónde está la razón de la Justicia?	876
MP 3,6	Mariana	real corsaria! ¿Dónde está	878
MP 3,6	Mariana	real corsaria! ¿Dónde está	878
MP 3,7	Novicia 1	¿Dónde estará Marianita?	879
MP 3,7	Mariana	¿Dónde estará Marianita,	882
MP 3,8	Mariana	¡Pedro! ¿Dónde está Pedro?	884
MP 3,9	Mariana	¿dónde vas? Es preciso que tú también descanses.	888
TB PBK	Buster Keaton	Porque ¿dónde dejaría mi sombrero?	896
TB PBK	Buster Keaton	¿Dónde mi cuello de pajarita y mi corbata de moaré?	896
ZP 1,1	Zapatera	Primorcito de su vecino, ¿dónde vas?	934
ZP 1,1	Zapatera	¿Dónde vas?	937
ZP 2,1	Niño	¿Dónde vas?	947
ZP 2,1	Niño	¿Dónde he oído yo hablar a este hombre?	954
ZP 2,1	Zapatera	¿Dónde voy así?	974
PB 1,1	Perlimplín	Perlimplín... ¿Dónde estás, Perlimplín?	988
PB 2,1	Belisa	¿Dónde vas?	1008
PB 3,1	Perlimplín	Míralo por dónde viene... Suelta, Belisa... ¡Suelta!	1015
PB 3,1	Belisa	Pero ¿dónde está el joven de la capa roja?...	1018
PB 3,1	Belisa	Dios mío; ¿dónde está?	1018
DC 1,1	Cristóbal	Cuenta con la mula. ¿Dónde está Rosita?	1030
CA 1,1	Amigo	¿Y dónde están en esta casa los retratos de las muchachas con las que tú te acuestas?	1056
CA 1,1	Gata	No hay luz. ¿Dónde estás?	1068
CA 1,1	Joven	¿Por dónde has entrado?	1073
CA 1,1	Joven	¿Dónde va usted? ¿Por qué se marcha así? ¡Espere!	1076
CA 2,1	Novia	¿Dónde está?	1081
CA 2,1	Novia	¿Dónde vas? Cierra la puerta.	1091
CA 2,1	Novia	¿Dónde hay una gota de sangre?	1093
CA 2,1	Joven	¿Dónde voy?	1099
CA 2,1	Maniquí	dónde están las manos tibias	1101
CA 2,1	Joven	Pronto. ¿Dónde está?	1105
CA 2,1	Viejo	¿Dónde vas?	1106
CA 2,1	Padre	¡Hija! ¿Dónde estás? ¡Hija!	1106
CA 3,1	Arlequín	Novio, ¿dónde estás?	1112
CA 3,1	Arlequín	¿Dónde? ¿A qué?	1113
CA 3,1	Arlequín	¿Dónde va?	1118
CA 3,1	Payaso	¿Pero dónde va? ¡Ja, ja, ja!	1119
CA 3,1	La Voz De La M	¿Dónde vas, amor mío?	1120
CA 3,1	Joven	¿Dónde vas, amor mío,	1120
CA 3,1	Mecanógrafa	¿Dónde? Donde me llaman.	1120
CA 3,1	Mecanógrafa	¿Dónde vas, amor mío,	1123
CA 3,1	Joven	¿Dónde voy si tú me dejas?	1124
CA 3,1	Joven	La salida, ¿por dónde?	1130
CA 3,2	Joven	¿Dónde está?	1134
CA 3,2	Jugador 2	¿Dónde?	1137
EP RR	Figura De P	¿Dónde vas? ¿Dónde vas?	1148
EP RR	Figura De C	¿Dónde podría encontrar una bebida caliente en esta ruina?	1151
BS 2,2	Padre	Hay que sostener una batalla con las malas hierbas, con los cardos, con los pedruscos que salen no se sabe dónde.	1228
BS 2,2	Novio	¿Dónde anda usted?	1240
BS 2,2	Criada	Y la niña, ¿dónde está?	1243
BS 2,2	Padre	¿Pues dónde está?	1243
BS 2,2	Madre	¿Qué es esto? ¿Dónde está tu hija?	1243
BS 3,1	Novio	¿De dónde vienes?	1254
BS 3,1	Novio	¡Pero vamos! ¿Por dónde?	1255
BS 3,2	Vecina	¿Dónde vas?	1268
BS 3,2	Madre	¿Dónde está su honra?	1268
YE 1,1	Yerma	¿De dónde vienes, amor, mi niño?	1277
YE 1,1	Yerma	¿De dónde vienes?	1278
YE 1,2	Vieja 1	Buenos los tenga la hermosa muchacha. ¿Dónde vas?	1286
YE 1,2	Víctor	¿Dónde va lo hermoso?	1296
YE 1,2	Víctor	¿Dónde?	1297
YE 3,1	Juan	Si pudiera dar voces levantaría a todo el pueblo para que viera dónde iba la honra de [...]	1331
YE 3,1	Yerma	A ver dónde encuentras un olor que no sea tuyo, que no sea de tu cuerpo.	1333
YE 3,2	Yerma	¿Dónde pones mi honra?	1345
RS 1,1	Rosita	¿Dónde está mi sombrero?	1353

dónde (continuación)
    RS 1,1 Rosita   ¿Será posible que no se sepa dónde está mi sombrero?   1354
    RS 2,1 Tío   Pero ¿dónde vas con esas tijeras?   1387
    RS 2,1 Tía   No sé dónde vamos a parar.   1396
    RS 2,1 Tía   ¿Dónde vas tú?   1407
    RS 3,1 Ama   Arriba, en la torre. Y usted, ¿dónde estaba?   1412
    RS 3,1 Ama   Y tú, ¿dónde vas?   1415
    RS 3,1 Ama   ¿Dónde cree usted que estará don Rafael Salé,   1424
                          explotador de los pobres, que enterraron
    BA 1,1 María Josefa   Bernarda, ¿dónde está mi mantilla?   1470
    BA 2,1 Adela   ¡Quisiera ser invisible, pasar por las habitaciones   1479
                          sin que me preguntarais dónde voy!
    BA 2,1 La Poncia   ¿Dónde vas de noche cuando te levantas?   1480
    BA 2,1 Magdalena   ¿De dónde son este año?   1485
    BA 2,1 Angustias   ¿Dónde está el retrato de Pepe que tenía yo debajo de   1490
                          mi almohada?
    BA 2,1 Angustias   ¿Dónde está el retrato?   1491
    BA 2,1 Bernarda   ¿Dónde lo has encontrado?   1493
    BA 2,1 Bernarda   ¿Dónde vais?   1503
    BA 3,1 Bernarda   Así es. ¿Dónde vas?   1509
    BA 3,1 Martirio   Abuela, ¿dónde va usted?   1524
    BA 3,1 Martirio   ¿Dónde cogió esa oveja?   1524
    BA 3,1 Martirio   ¿Dónde vas?   1529
    BA 3,1 Bernarda   ¡La escopeta! ¿Dónde está la escopeta?   1530
doña (26)
dorada (2)
    ZP 1,1 Niño   dorada y verde.   936
    ZP 1,1 Niño   dorada y verde.   936
dorado (2)
    MP 1,4 Mariana   abrirse el dorado girasol del cielo.   790
    RS 3,1 Ama   Un flan dorado como una clavellina.   1437
dorados (2)
    CA 2,1 Novia   Blanco y con los cascos dorados entre el heno de los   1079
                          pesebres.
    BA 1,1 Criada   ¡Venga caja con filos dorados y toalla para llevarla!   1445
dormía (3)
    CA 1,1 Gato   bajo el rosal del muro me dormía.   1064
    CA 2,1 Novia   Pero yo dormía dulcemente en los almohadones del tren. 1089
    CA 3,2 Joven   Qué bien se dormía en ella.   1134
dormían (2)
    CA 3,1 Máscara   El conde y su niño pasaban hambre y dormían entre las   1116
                          ramas [...]
    RS 2,1 Rosita   dormían en la montaña,   1404
dormida (9)
    MP 2,3 Mariana   Que yo también estoy dormida, niños,   826
    PB 1,1 Belisa   ¿Qué te voy a decir? ¡Yo quedé dormida mucho antes que 997
                          tú!
    PB 1,1 Perlimplín   Belisa..., ¿estás dormida?   1000
    CA 2,1 Maniquí   y eres dormida laguna.   1101
    YE 2,2 Yerma   me ofrece dalias de dormida luna.   1316
    BA 2,1 Martirio   Esta noche pasada no me podía quedar dormida por el   1473
                          calor.
    BA 2,1 Magdalena   Pues ¿no estabas dormida?   1478
    BA 3,1 Angustias   Está dormida.   1515
    BA 3,1 La Poncia   Yo te suponía dormida.   1522
dormido (10)
    MM 1,1 Curiana N   Dios está dormido, y en el encinar   672
    MM 2,5 Gusano 2   está dormido.   717
    PB 1,1 Duende 1   Su habitación exhalaba un perfume tan intenso, que una 995
                          vez me quedé dormido y desperté entre [...]
    PB 1,1 Perlimplín   Como los dos hemos dormido lo bastante, veremos el   999
                          amanecer... ¿No te gusta?
    CA 3,1 Arlequín   Dormido   1110
    CA 3,1 Mecanógrafa   cubrir un cielo dormido.   1121
    BS 1,2 Mujer   Ten cuidado, que está dormido.   1189
    BS 3,1 Mendiga   Pero mucho más hermoso si estuviera dormido.   1254
    YE 1,2 Muchacha 1   Yo llevo mucha prisa. Me dejé al niño dormido y no hay 1292
                          nadie en casa.
    BA 2,1 Martirio   ¿Es que no has dormido bien esta noche?   1478
dormidos (2)
    CA 3,1 Mecanógrafa   despiertos o dormidos.   1123
    BS 1,1 Vecina   Muchas veces pienso que tu hijo y el mío están mejor   1179
                          donde están, dormidos, descansando, [...]
dormilón (3)
    TC 3,1 Mozo 1   Don Cristobita es un viejo gordo, borracho, dormilón,   743
                          que muy en breve...
    TC 4,1 Mozo   Mañana mismo, con un tal don Cristobita, rico,   751
                          dormilón, tan bruto, [...]
    DC 1,1 Poeta   y un esposo dormilón.   1022
dormir (22)
    TC 4,1 Cocoliche   Por las noches no te dejará dormir con sus resoplidos. 754

dormir (continuación)   Pág.
    MP 2,1 Clavela   en seguida a dormir.   822
    MP 2,3 Mariana   Dormir tranquilamente, niños míos,   826
    MP 3,5 Pedrosa   puedo hacerla dormir un largo sueño.   876
    MP 3,8 Mariana   ¡Voy a dormir tranquila!   887
    PB 1,1 Belisa   Hora de dormir.   992
    DC 1,1 Cristóbal   Me pondré a dormir   1038
    EP CV Estudiante 2   El público se ha de dormir en la palabra, [...] 1161
    BS 1,3 Padre   Porque no es buena tierra; [...] los frutos y puedes 1197
                            dormir tranquilo.
    BS 2,1 Criada   la novia no puede dormir.   1217
    BS 3,2 Muchacha 1   Dormir la mañana,   1263
    BS 3,2 Madre   ¡Floja, delicada, mujer de mal dormir es quien tira 1269
                            [...]
    YE 2,1 Lavandera 4   mi marido a dormir.   1308
    YE 2,2 Juan   Quiero dormir fuera y pensar que tú duermes también. 1313
    YE 2,2 Yerma   Pero yo no duermo, yo no puedo dormir.   1313
    YE 3,1 Yerma   Yo quiero tener a mi hijo en los brazos para dormir 1328
                            tranquila, y óyelo [...]
    YE 3,2 Vieja   A ver si luego nos dejáis dormir.   1343
    RS 3,1 Tía   Lo que sacamos es lo sucinto, la silla para sentarnos 1426
                            y la cama para dormir.
    BA 3,1 Bernarda   A ninguna. Esta noche voy a dormir bien.   1520
    BA 3,1 La Poncia   No nos van a dejar dormir.   1523
    BA 3,1 María Josefa   Ni tú ni yo queremos dormir;   1523
    BA 3,1 Adela   Vamos a dormir, vamos a dejar [...]   1528
dormirá (1)
    MP 2,1 Clavela   duerme y dormirá.   823
dormiré (4)
    BS 3,1 Novia   Y yo dormiré a tus pies   1259
    BS 3,2 Madre   A medianoche dormiré, dormiré sin que ya me aterren la 1267
                            escopeta o el cuchillo.
    YE 1,2 Yerma   ¡Me dormiré!   1300
dormiréis (1)
    BS 2,2 Criada   Para la medianoche, como no dormiréis, os he preparado 1234
                            jamón y unas copas grandes de vino antiguo.
dormirías (2)
    YE 1,2 Voz De Víctor   dormirías mejor.   1295
    YE 1,2 Yerma   dormirías mejor.   1295
dormirse (2)
    TC 0,0 Mosquito   Yo y mi compañía venimos [...] donde los hombres van a 723
                            dormirse y las señoras... a dormirse también.
dormís (1)
    MM 1,2 Doña Curiana   que dormís fuera de casa,   678
dormiste (1)
    BA 2,1 Martirio   ¡Claro! ¿A qué hora te dormiste anoche?   1488
dormitorio (4)
    CA 1,1 Criado   Señor. ¿Tendría la bondad de dejarme las llaves de su 1070
                            dormitorio?
    CA 3,2 Criado   Sí, señor; está en su dormitorio.   1133
    EP CV Muchacho 1   Aquí está la gran equivocación [...] poeta levanta en 1160
                            su dormitorio.
    BA 2,1 Angustias   Yo hablo por la ventana de mi dormitorio.   1502
Dorotea (1)
    TB DME Vieja   ¿Eustaquia? ¿Dorotea? ¿Jenara?   898
dos (155)
    MM 1,1 Doña Curiana   dos alas y cuatro pies.   676
    MM 1,2 Doña Curiana   dos meses tengo y soy vieja.   680
    MM 1,2 Doña Curiana   dos palos en la cabeza   681
    MM 1,3 Doña Curiana   quedaos los dos aquí.   685
    MM 1,5 Alacranito   que estáis muy comestibles ambos a dos.   693
    MM 2,2 Doña Curiana   Le puse dos unturas.   706
    MM 2,3 Mariposa   y la muerte me dio dos alas blancas,   708
    TC 1,1 Rosita   Una, dos, tres, cuatro... ¡Ay!   725
    TC 1,1 Rosita   Uno, dos... ¡Ay, qué ganitas tengo de casarme! 725
    TC 1,1 Cristobita   No hay más que dos caminos a seguir con los hombres: o 734
                            no conocerlos... , ¡o quitarlos de en medio!
    TC 3,1 Cocoliche   Me decía: tienes los labios como dos fresas sin 743
                            madurar, y...
    TC 5,1 Currito   Son como dos vasitos de vino, como dos acericos de 757
                            monja, como dos suspirillos.
    TC 5,1 Currito   Son como dos lágrimas de la luna de la tarde, como dos 757
                            torrecillas del país de los enanitos..., como dos...
                            como dos...
    TC 5,1 Fígaro   En la frente tiene dos nudos.   761
    TC 6,1 Currito   Quisiera estrangularos a los dos.   769
    MP 1,2 Angustias   ¡Las dos bellas del Campillo   785
    MP 1,3 Mariana   ¡Viudita y con dos niños!   788
    MP 1,5 Fernando   he visto dos o tres grupos   798
    MP 1,5 Mariana   seguido de dos golillas,   800
    MP 2,1 Niña   al Cristo de la Puerta Real dos de ellos.   821

dos (continuación)

MP 2,2 Mariana	con una cinta verde y dos naranja.	825
MP 2,2 Mariana	Una salve a la Virgen y dos credos	826
MP 2,5 Pedro	Como dos blancos ríos de rubor y silencio,	831
MP 2,8 Conspirador 4	adornado con dos cintas.	843
MP 2,8 Clavela	¡Ay señora! ¡Dos hombres embozados,	847
TB PBK Buster Keaton	Uno, dos, tres y cuatro.	893
ZP 1,1 Niño	Son de mi hermana la grande, la que tiene el cutis fino y se pone dos lazos, que tiene dos, un día uno y otro [...]	914
ZP 1,1 Zapatero	Una, dos, tres, cuatro... y mil.	918
ZP 1,1 Vecina	¿Está bien en dos pesetas?	920
ZP 1,1 Zapatera	Por lo que veo, en este pueblo no hay más que dos extremos: o monja o trapo de fregar...	932
ZP 1,1 Zapatera	Pues si tarda siquiera dos minutos más, como [...]	934
ZP 1,1 Zapatera	Mi cocido, con sus patatas de la sierra, dos pimientos verdes, [...]	934
ZP 1,1 Niño	Tú no me regañarás, ¿verdad?, [...] te quiero treinta y dos y media...	934
ZP 2,1 Zapatera	Me puse tan azorada, que se me fueron dos pañuelos preciosos, así de pequeñitos, en la corriente.	946
ZP 2,1 Alcalde	Pues meter en la cárcel a dos o tres de los que venían cantando.	948
ZP 2,1 Alcalde	Muchas mujeres he conocido [...] puede abarcar con estos dos dedos, pero como [...]	949
ZP 2,1 Alcalde	Anteayer estuve enfermo toda la mañana porque vi tendidas en el prado dos camisas tuyas con [...]	949
ZP 2,1 Zapatero	los dos solos, en tu mesa.	961
ZP 2,1 Zapatero	y dos en cada cadera.	962
ZP 2,1 Niño	Se han hecho heridas con las navajas dos o tres mozos y te echan a ti la culpa.	970
ZP 2,1 Vecina Roja	Dos hombres como dos soles.	972
ZP 2,1 Zapatera	Ya somos dos a defender mi casa, ¡dos!,	978
ZP 2,1 Zapatera	¡dos!,	978
PB 1,1 Perlimplín	Como los dos hemos dormido lo bastante, veremos el amanecer... ¿No te gusta?	999
PB 2,1 Belisa	Dos veces.	1005
DC 1,1 Cristóbal	una, dos y tres,	1028
DC 1,1 Madre	porque ya tiene dos pechitos	1029
DC 1,1 Madre	como dos naranjitas,	1029
DC 1,1 Madre	y si fuera posible, dos.	1029
DC 1,1 Madre	Que tiene dos tetitas	1034
DC 1,1 Madre	como dos naranjitas	1034
CA 1,1 Joven	La última vez que la vi no podía mirarla muy de cerca porque tenía dos arruguitas en la [...]	1052
CA 1,1 Amigo	Yo, en cambio... Ayer hice tres conquistas y como anteayer hice dos y hoy una, pues... [...]	1057
CA 1,1 Niño	Me ataron las dos manos. ¡Muy mal hecho!	1062
CA 1,1 Amigo 2	Me ayudaron dos niños, muy amigos míos.	1073
CA 1,1 Amigo 2	Cuando yo tenía cinco años..., no, cuando yo tenía dos..., miento, uno, un año tan solo.	1073
CA 1,1 Amigo 2	un año cogí una de estas mujercillas de la lluvia y la tuve dos días en una pecera.	1073
CA 1,1 Amigo 2	Yo era tierno y cantaba, y ahora hay un hombre, un señor como usted, que anda por dentro de mí con dos o tres caretas preparadas.	1075
CA 2,1 Novia	Entra. Hace dos días que no te veo.	1079
CA 2,1 Criada	Mi padre estuvo en el Brasil dos veces y era tan chico que cabía en una maleta.	1083
CA 2,1 Novia	Dos días tan solo han bastado para sentirme cargada de cadenas.	1095
CA 2,1 Joven	Dos abanicos.	1097
CA 3,1 Máscara	El conde Arturo, con una camelia entre los labios, venía en una pequeña barca con su niño, los dos abandonados por mí.	1116
CA 3,2 Jugador 1	Lo echó, y al ir a cogerlo para... tenía un as de copas rebosando por los bordes y huyó bebiendo en él, con dos chicas, por el Gran [...]	1136
EP RR Centurión	¿Cuál de los dos?	1152
EP RR Centurión	El Emperador adivinará cuál de los dos es uno.	1152
EP RR Emperador	¿Cuál de los dos es uno?	1152
EP RR Emperador	Y no hay dos.	1152
EP RR Centurión	Porque si hubiera dos no estaría el Emperador buscando por esos caminos.	1153
EP CV Estudiante 2	Con gran alegría para su mujer, que ahora trabajará tanto que tendrá que ponerse dos grifos en las tetas.	1157
EP CV Enfermero	Te has adelantado dos minutos.	1164
EP CV Estudiante 5	Porque están locos; pero a mí, que subo dos veces todos los días [...]	1167
BS 1,1 Madre	Mis muertos llenos de hierba, sin hablar, hechos polvo; dos hombres que eran dos geranios... Los [...]	1173

dos - dos

dos (continuación)   Pág.

BS 1,1 Madre	No te irías al arroyo ahora y bordaríamos las dos cenefas y perritos de lana.	1174
BS 1,1 Madre	Le compras unas medias caladas, y para ti dos trajes... ¡Tres!	1177
BS 1,1 Vecina	Hace dos días trajeron al hijo de mi vecina con los dos brazos cortados por la máquina.	1179
BS 1,1 Madre	Que fueran como dos cardos, que ninguna persona los nombra y pinchan si llega el momento.	1181
BS 1,1 Vecina	El se casó ya hace dos años con una prima de ella, por cierto.	1181
BS 1,2 Leonardo	Llevo más de dos meses poniendo herraduras nuevas al caballo y siempre se le caen.	1187
BS 1,2 Suegra	Se van a juntar dos buenos capitales.	1191
BS 1,3 Madre	Un hombre, unos hijos y una pared de dos varas de ancho para todo lo demás.	1200
BS 2,1 Criada	Ya llevarán lo menos dos horas de camino.	1209
BS 2,1 Leonardo	Pero dos bueyes y una mala choza son casi nada.	1213
BS 2,1 Leonardo	Amarrado por ti, hecho con tus dos manos.	1213
BS 2,2 Padre	Que en seguida tuvieran dos o tres hombres.	1228
BS 2,2 Mujer	Aquí los dos; sin salir nunca y a levantar la casa.	1232
BS 2,2 Muchacha 2	¿De qué? Pero los dos alfileres sirven para casarse, ¿verdad?	1236
BS 2,2 Novia	Los dos.	1236
BS 2,2 Madre	Dos bandos.	1244
BS 2,2 Madre	Aquí hay ya dos bandos.	1244
BS 2,2 Madre	Dos bandos.	1244
BS 3,1 Leñador 1	Pero ya habrán mezclado sus sangres y serán como dos cántaros vacíos , como dos arroyos secos.	1247
BS 3,1 Leonardo	mata dos espigas juntas	1259
BS 3,1 Novia	¡Los dos juntos!	1261
BS 3,2 Mendiga	Yo los vi; pronto llegan: dos torrentes	1266
BS 3,2 Mendiga	dos hombres en las patas del caballo.	1266
BS 3,2 Mendiga	dos puñados de nieve endurecida.	1266
BS 3,2 Mendiga	Los dos cayeron, y la novia vuelve	1266
BS 3,2 Mendiga	Cubiertos con dos mantas ellos vienen	1266
BS 3,2 Madre	en un día señalado, entre las dos y las tres,	1272
BS 3,2 Madre	se mataron los dos hombres del amor.	1272
BS 3,2 Novia	para que un día señalado, entre las dos y las tres,	1272
BS 3,2 Novia	se queden dos hombres duros	1272
YE 1,1 María	No me lo dice, pero se pone junto a mí y sus ojos tiemblan como dos hojas verdes.	1281
YE 1,1 Yerma	Elena tardó tres años, y otras antiguas, del tiempo de mi marido, mucho más; pero dos años y veinte días, [...]	1282
YE 1,1 Yerma	Te cortaré dos trajecitos.	1283
YE 1,1 Víctor	Dile a Juan que recoja las dos que me compró, y en cuanto a lo otro, ¡que ahonde!	1285
YE 1,2 Vieja 1	He tenido dos maridos, catorce hijos, cinco [...]	1287
YE 2,1 Lavandera 4	Lo cierto es que el marido se ha llevado a vivir con ellos a sus dos hermanas.	1301
YE 2,1 Lavandera 5	Dicen que en dos ocasiones.	1303
YE 2,2 Yerma	Estos dos manantiales que yo tengo	1316
YE 2,2 Yerma	de mi carne dos pulsos de caballo	1316
YE 2,2 Yerma	Que estoy ofendida, ofendida [...] mientras yo siento dos golpes de martillo [...]	1318
YE 2,2 Muchacha 2	Con dos vecinas.	1320
YE 3,1 Dolores	La última vez hice la [...] tan hermosa que tuvo dos criaturas ahí abajo [...]	1327
YE 3,1 Dolores	La oración del laurel dos veces, y al mediodía la oración de Santa Ana.	1330
YE 3,1 Juan	Mirándome con dos agujas, pasando las [...]	1332
YE 3,2 Vieja	El año pasado se mataron dos por una casada seca y quiero vigilar.	1337
RS 1,1 Tía	A los dos los quiero como sobrinos.	1359
RS 1,1 Rosita	Dos ojos	1365
RS 1,1 Rosita	dos tardes con amapolas.	1365
RS 1,1 Rosita	a sus dos flores redondas?	1367
RS 1,1 Rosita	dos garzas y una paloma.	1367
RS 1,1 Rosita	vi bajar dos querubines	1371
RS 1,1 Rosita	sábanas para los dos.	1373
RS 2,1 El Señor X	Es una Torre Eiffel de nácar sobre dos palomas que llevan en sus picos la rueda de la industria.	1377
RS 2,1 Rosita	Además, ¿qué es un año, ni dos, ni cinco?	1389
RS 2,1 Tío	Si hubiera tardado dos horas más en cortarla te la hubiese dado blanca.	1411
RS 3,1 Ama	...y coger una espada y cortarle la cabeza y machacársela con dos piedras y cortarle [...]	1414
RS 3,1 Tía	Y recoge las dos orzas.	1415
RS 3,1 Tía	Pero tiene buenas vistas y un patinillo con dos higueras donde se pueden tener flores.	1418

dos (continuación)
```
RS 3,1 Ama          Ayer decía a voces: "No; [...] miradas como si fueran    1423
                    dos gatos rabiosos.
RS 3,1 Ama          En medio de las dos, en un columpio de [...]              1425
BA 1,1 La Poncia    Llevan ya más de dos horas de gori-gori.                 1439
BA 1,1 Criada       Con dos vueltas de llave.                                1440
BA 1,1 La Poncia    Pero yo soy buena perra; [...] tierras y ya están los    1442
                    dos casados, pero un día me hartaré.
BA 1,1 Martirio     Y ella tiene el mismo sino de su madre y de su abuela,   1460
                    mujeres las dos del que la engendró.
BA 1,1 Magdalena    Mejor que yo lo sabéis las dos.                          1463
BA 1,1 Magdalena    Siempre cabeza con cabeza como dos ovejitas, pero sin    1463
                    desahogarse con nadie.
BA 1,1 Magdalena    Ninguna de las dos os alegráis.                          1463
BA 2,1 Martirio     Verdaderamente es raro que dos personas que no se        1474
                    conocen se vean de pronto en una reja y ya novios.
BA 3,1 Bernarda     ¿Hay que decir las cosas dos veces?                      1509
BA 3,1 Adela        No se ve a dos pasos de distancia.                       1515
BA 3,1 Bernarda     Avisad que al amanecer den dos clamores las campanas.    1532
doscientos (1)
EP RR Centurión     Yo tengo doscientos hijos.                               1152
doy (18)
MM 1,5 Alacranito   Si tú quieres, me doy buenos golpes de pecho,            693
TC 2,1 Cristobita   Yo le doy a usted los cien [...]                         738
TC 3,1 Cristobita   porque le doy con la porra.                              748
MP 2,9 Pedrosa      y me querrás porque te doy la vida.                      856
MP 2,9 Mariana      ¡Eso nunca! ¡Primero doy mi sangre!                      857
MP 3,9 Mariana      ¡Os doy mi corazón! ¡Dadme un ramo de flores!            889
MP 3,9 Mariana      pero yo soy la misma Libertad. Doy mi sangre,            889
ZP 1,1 Zapatera     ¿No llevas tu reloj, tan hermoso, con cadena de plata    922
                    y venturinas, al que le doy cuerda todas las noches?
ZP 1,1 Mozo         Tantos suspiros doy a cada minuto por usted, por ti...   932
PB 2,1 Perlimplín   Porque comprendo tu estado de ánimo te entrego este      1004
                    papel que tanto supone para ti... Yo me doy cuenta de
                    las cosas.
DC 1,1 Cristóbal    Yo te doy la onza de oro de [...]                        1034
YE 1,2 Muchacha 1   Es que no me doy bien cuenta de las cosas.               1292
YE 2,1 Lavandera 2  y yo le doy tres.                                        1307
RS 2,1 Ama          Yo doy todo lo que tengo por Rosita.                     1383
RS 3,1 Tía          Te la doy.                                               1415
RS 3,1 Ama          ¡Os doy cuarenta mil duros si me arrancáis estas         1425
                    brasas de los pies!";
RS 3,1 Ama          Del primer empujón que le doy a la caldera de Pedro      1425
                    [...]
RS 3,1 Rosita       Y hoy se casa una amiga [...] bajo al paseo y me doy     1428
                    cuenta de que no [...]
dragón (3)
CA 2,1 Novia        Porque eres como un dragón.                              1079
CA 2,1 Novia        Dragón, dragón mío.                                      1079
drama (7)
PB 2,1 Perlimplín   Y aunque me hieren profundamente, comprendo que vives    1004
                    en un drama.
DC 1,1 Director     Vamos, don Cristóbal; hay necesidad de empezar el        1023
                    drama.
EP CV Dama 1        Era un drama delicioso y la revolución no tiene          1159
                    derecho para profanar las tumbas.
EP CV Estudiante 1  Un espectador no debe formar nunca parte del drama.      1165
RS 3,1 Martín       Me dieron una flor natural y escribí un drama que        1419
                    nunca se pudo representar.
RS 3,1 Martín       Un drama verdadero.                                      1420
RS 3,1 Martín       Un drama de contorno y de concepto.                      1420
dramático (1)
ZP 0,0 El Autor     El autor ha preferido poner el ejemplo dramático en el   912
                    vivo ritmo de una zapaterita popular.
duda (6)
TC 4,1 Cocoliche    No cabe duda que me he despertado.                       754
MP 2,7 Conspirador 3 no cabe duda que él hace y deshace.                     839
MP 3,1 Carmen       ¡Es inocente! ¡No hay duda!                              863
ZP 2,1 Zapatero     Yo comprendo mucho más [...] es..., sí, no cabe duda,    967
                    idéntica a la mía.
PB 2,1 Belisa       Lo que no cabe duda es que me ama como yo deseo...       1006
PB 3,1 Perlimplín   Y no hay duda que lo ama.                                1010
dudando (1)
MP 1,7 Mariana      ¡Sálvame! Que estoy dudando                              810
dudar (2)
MP 1,7 Fernando     y no lo debes dudar.                                     809
MP 2,7 Pedro        porque el pueblo responde, sin dudar.                    838
dudo (1)
BS 1,1 Madre        No lo dudo. De todos modos, siento no saber cómo fue     1176
                    su madre.
```

dudoso - duerme

dudoso (1)   Pág.
    RS 3,1 Tía   Yo notaba algo en las cartas; los poderes que no   1415
                           venían, un aire dudoso..., no se atrevía, [...]
duela (1)
    BA 2,1 Angustias   Yo me encuentro bien, y al que le duela, que reviente.   1472
duele (19)
    MM 1,4 Curianita Silvia   Me duele el corazón.   688
    MM 1,4 Curianita Silvia   Me duele el corazón.   689
    TB QM. Mujer   Me duele un poco la espalda.   909
    ZP 2,1 Zapatera   ¿Te duele mucho?   944
    PB 2,1 Belisa   Sí..., pero de una manera un poco despectiva..., ¡y   1005
                           eso me duele!
    DC 1,1 Cristóbal   ¿Qué le duele a usted?   1024
    DC 1,1 Enfermo   Me duele el cuello   1025
    DC 1,1 Enfermo   lo que me duele la carótida.   1026
    CA 1,1 Niño   También a mí me duele el corazón.   1062
    CA 1,1 Gato   ¿Por qué te duele, niño, di?   1062
    CA 2,1 Joven   No es tu engaño lo que me duele.   1096
    CA 3,1 Arlequín   ¡Ay, que me duele, que me duele!   1119
    CA 3,2 Criado   Dicen que con las anémonas y adormideras duele la   1135
                           cabeza a ciertas horas del día.
    BS 1,1 Madre   A cada uno le gusta enterarse de lo que le duele.   1182
                           ¿Quién fue el novio?
    BS 2,2 Madre   Me duele hasta la punta de las venas.   1227
    YE 1,1 Yerma   ¡Cómo me duele esta cintura   1278
    YE 1,1 Yerma   ¡Cómo me duele esta cintura,   1286
    RS 3,1 Rosita   Yo sé que la hipoteca la hizo para pagar mis muebles y   1427
                           mi ajuar, y esto es lo que me duele.
duelen (5)
    MP 1,7 Fernando   y las heridas me duelen?   813
    MP 2,9 Pedrosa   delatará! ¡Los hierros duelen mucho,   857
    CA 1,1 Gato   Me duelen las heridas   1061
    YE 1,1 Yerma   Pero esas cosas no duelen.   1283
    RS 2,1 Ama   Ya me duelen las manos de guardar [...]   1380
duelo (8)
    CA 3,1 Arlequín   oscuras flores de duelo.   1108
    RS 3,1 Ama   Sí, sí; pero no me toque [...] dar ánimos en este   1436
                           duelo sin muerto que [...]
    BA 1,1 Bernarda   Debías haber procurado que todo esto estuviera más   1445
                           limpio para recibir al duelo.
    BA 1,1 Muchacha   Pepe el Romano estaba con los hombres del duelo.   1447
    BA 1,1 Criada   Tuve durante el duelo que taparle varias [...]   1452
    BA 1,1 Bernarda   ¡Pero el duelo de los hombres habría salido ya!   1454
    BA 1,1 Amelia   ¿Te fijaste? Adelaida no estuvo en el duelo.   1459
    BA 1,1 Adela   ¿Por eso ha salido detrás del duelo y estuvo mirando   1466
                           por el portón?
duelos (1)
    BA 1,1 Bernarda   A eso vienen a los duelos. ¿De qué hablaban?   1455
duendes (1)
    PB 1,1 Duende 1   Pero para eso estamos nosotros aquí. ¡Los duendes!   994
dueño (2)
    DC 1,1 Poeta   Pero el dueño del teatro tiene [...]   1036
    YE 2,2 Juan   Tú sabes que esto es cosa del dueño.   1311
dueños (2)
    BS 2,2 Padre   Y estos brazos tienen que ser de los dueños, que   1228
                           castiguen y que dominen, que hagan brotar las
                           simientes.
    RS 3,1 Tía   ¡Mañana vienen los nuevos dueños!   1427
duerma (1)
    CA 1,1 Niño   pero es mejor que me duerma   1065
duerme (18)
    MM 0,0   Parece que el niño Cupido duerme muchas veces en las   670
                           cuevas vacías de su calavera.
    MM 2,7 Curianito   ¿Duerme la casta reina de este prado?   719
    MM 2,7 Curianito   y la sombra en el peso que nos duerme: 719
    TC 3,1 Mozo 1   ¡Cristobita que bebe y duerme!   748
    TC 3,1 Mozo 2   ¡Que bebe y duerme!   748
    TC 3,1 Cristobita   Y en cuanto a eso de que bebe y duerme, ya veremos   749
                           quién bebe o duerme, si tú o yo.
    MP 1,4 Mariana   siente cuando el sol se duerme en sus manos   790
    MP 2,1 Clavela   duerme y dormirá.   823
    MP 2,7 Conspirador 1   Toda la gente duerme en este instante.   836
    PB 3,1 Marcolfa   Don Perlimplín, duerme tranquilo... ¿La estás   1018
                           oyendo?...
    BS 1,2 Mujer   Mi niño se duerme.   1185
    BS 1,2 Mujer   Mi niño se duerme.   1186
    BS 1,2 Suegra   Mi niño se duerme...   1194
    YE 1,1 Yerma   Entonces, ¿qué vas a [...] da media vuelta y se duerme? 1290
    RS 1,1 Rosita   donde se duerme la aurora.   1365
    RS 1,1 Rosita   El Genil duerme a sus bueyes   1367
    BA 2,1 Martirio   Claro, no duerme apenas.   1477

duermen (3)
TC 6,1 Rosita   En esta hora, los niños cuentan las estrellas, y los   774
                   viejos se duermen sobre sus cabalgaduras.
DC 1,1 Rosita   y los viejos se duermen   1032
YE 3,1 Yerma   Yo tengo la idea de que las recién paridas están como   1327
                   iluminadas por dentro y los niños se duermen horas y
                   horas [...]

duermes (7)
YE 1,2 Voz De Víctor   ¿Por qué duermes solo, pastor?   1295
YE 1,2 Voz De Víctor   ¿Por qué duermes solo, pastor?   1295
YE 1,2 Voz De Víctor   ¿Por qué duermes solo, pastor?   1295
YE 1,2 Yerma   ¿Por qué duermes solo, pastor?   1295
YE 1,2 Juan   Te acuestas y te duermes.   1300
YE 2,2 Juan   Quiero dormir fuera y pensar que tú duermes también. 1313
BA 2,1 La Poncia   Mejor lo sabrás tú que yo, que duermes pared por medio. 1478
duérmete (10)
BS 1,2 Mujer   Duérmete, clavel,   1184
BS 1,2 Suegra   Duérmete, rosal,   1184
BS 1,2 Mujer   Duérmete, clavel,   1185
BS 1,2 Suegra   Duérmete, rosal,   1185
BS 1,2 Mujer   Duérmete, clavel,   1186
BS 1,2 Suegra   Duérmete, rosal,   1187
BS 1,2 Mujer   Duérmete, clavel,   1193
BS 1,2 Suegra   Duérmete, rosal,   1193
BS 1,2 Suegra   Duérmete, clavel,   1194
BS 1,2 Mujer   Duérmete, rosal,   1194
duermo (5)
ZP 2,1 Zapatera   Tiene usted razón, pero yo desde entonces no como, ni   964
                   duermo, ni vivo; porque él era mi alegría, mi defensa.
YE 2,2 Yerma   Pero yo no duermo, yo no puedo dormir.   1313
BA 2,1 Adela   A veces se asoma a mi cuarto para ver si duermo.   1479
BA 2,1 Adela   ¿Que no duermo?   1482
BA 2,1 Amelia   Yo duermo como un tronco.   1488
dulce (21)
MM 1,2 Curianita Silvia   Dicen que eres dulce y negro,   680
MM 1,4 Curianito   del dulce viento al son.   687
MM 1,5 Alacranito   que estaba delicioso, blando y dulce, ¡qué rico!   692
MM 1,5 Alacranito   ¡Si supierais lo dulce que tenía la piel!   693
MM 1,5 Curiana N   Dulce estrella caída de un ciprés soñoliento,   698
MM 2,1 Curianita Santa   Es muy bueno y muy dulce. ¡Un gran poeta!   702
TC 3,1 Espantanublos   Hay vino dulce..., vino blanco..., vino... agrio, 748
                          vino que vino...
MP 1,6 Mariana   Por las clavelinas de su dulce sangre,   806
MP 3,9 Monja 1   Ni sentirás la dulce brisa de primavera   890
ZP 2,1 Zapatera   El tenía la voz más dulce.   958
PB 1,1 Duende 1   Vamos. Ya siento un dulce fresquillo por mis espaldas. 996
PB 3,1 Belisa   ¿Qué voces llenan de dulce armonía el aire de una sola 1012
                          pieza de la noche?
BS 3,1 Luna   mis mejillas dulce sangre,   1250
BS 3,2 Mujeres   dulce cruz,   1271
BS 3,2 Mujeres   dulce nombre   1271
YE 2,2 Yerma   Roca que es una infamia que sea roca, porque debía ser 1314
                         un canasto de flores y agua dulce.
YE 2,2 Yerma   como la nube lleva dulce lluvia.   1316
YE 2,2 Yerma   Os quedáis frescas, ignorantes, como el que nada en 1318
                         agua dulce y no tiene idea de la sed.
YE 3,2 Macho   sino dulce camisa de holanda.   1341
YE 3,2 Juan   Sin hijos es la vida más dulce.   1348
RS 2,1 Tía   tu dulce languidez   1411
dulcecitas (2)
MM 1,5 Alacranito   son dulcecitas de tomar.   689
MM 1,6 Alacranito   son dulcecitas, ay, de tomar.   701
dulcecito (1)
RS 2,1 Tía   ¿Queréis un dulcecito?   1396
dulcemente (2)
MM 2,5 Mariposa   hablaban dulcemente,   714
CA 2,1 Novia   Pero yo dormía dulcemente en los almohadones del tren. 1089
dulces (S) (5)
TC 6,1 Cristobita   Traigan dulces y vino... ¡Mucho vino!   772
TB DME Doncella   Le pondré banderas y dulces.   899
CA 1,1 Joven   Guarda los dulces para comerlos después.   1046
CA 3,1 Mecanógrafa   De pequeña, yo guardaba los dulces para comerlos   1117
                         después.
BS 2,1 Criada   ¿Son los dulces?   1207
dulces (4)
MM 1,1 Curiana N   Sueño que las dulces gotas de rocío   672
MM 1,5 Curiana N   llorada por los dulces profetas ruiseñores!   697
MM 2,5 Gusano 3   "Bebed las dulces gotas,   713
BS 3,2 Mujeres   Dulces clavos,   1271
dulcísimo (1)
CA 3,1 Máscara   ¡Oh, qué dulcísimo tormento, amiga mía!   1116

dulzarrona - durmió

		Pág.
dulzarrona (1)		
BA 1,1 Bernarda	¡Suave! ¡Dulzarrona!	1455
dulzón (1)		
ZP 1,1 Zapatero	Al principio creí que la dominaría con mi carácter dulzón y mis regalillos: [...]	925
dulzor (1)		
RS 2,1 Tía	y aquel dulzor sutil	1411
dulzura (1)		
MM 1,4 Curianito	Pues mis besos tienen la tibia dulzura	686
duque de Lucena (4)		
MP 2,1 Niña	¡Ay duque de Lucena! ¿Cómo dice?	822
MP 2,1 Clavela	que el duque de Lucena	823
MP 2,1 Niña	el duque de Lucena	823
MP 2,1 Clavela	¡Ay duque de Lucena,	824
duques (2)		
MP 2,8 Conspirador 4	caballero entre los duques,	843
MP 2,8 Conspirador 4	Caballero entre los duques,	844
dura (V) (3)		
CA 2,1 Novia	Un puñal, unas tijeras duran siempre, y este pecho mío dura solo un momento.	1087
BS 2,2 Novio	Dura siempre.	1232
RS 1,1 Tía	¿Dura un día tan solo?	1357
dura (7)		
TC 4,1 Mosquito	Ahora, este pondrá sobre la dura vela: "RECUERDO", y seguirá marchando, marchando...	751
MP 2,5 Pedro	pisará tierra dura con anchos pies de plata.	829
MP 3,9 Mariana	Quiero sentir la dura caricia de mi anillo	889
CA 1,1 Niño	No es el cielo. Es tierra dura	1066
BS 3,1 Luna	y me anega, dura y fría,	1249
RS 1,1 Tío	es dura como el coral.	1357
RS 1,1 Rosita	es dura como el coral,	1374
duraba (1)		
BA 1,1 Magdalena	Una boda duraba diez días y no se usaban las malas lenguas.	1461
durado (1)		
CA 2,1 Padre	Tú le has escrito durante los cinco años que ha durado nuestro viaje.	1089
duran (4)		
CA 2,1 Novia	Un puñal, unas tijeras duran siempre, y este pecho mío dura solo un momento.	1087
YE 1,2 Vieja 1	Las higueras, ¡cuánto duran!	1287
YE 1,2 Vieja 1	Las casas, ¡cuánto duran!,	1287
RS 2,1 Tío	Sé que duran poco.	1388
durante (4)		
CA 2,1 Padre	Tú le has escrito durante los cinco años que ha durado nuestro viaje.	1089
EP RR Figura De P	En un cuchillo afilado, durante cuatro largas primaveras.	1147
BA 1,1 La Poncia	Es capaz de sentarse encima de tu corazón y ver cómo te mueres durante un año sin que [...]	1441
BA 1,1 Criada	Tuve durante el duelo que [...]	1452
durar (1)		
MP 2,8 Conspirador 3	La situación no puede durar mucho.	842
duras (2)		
MP 1,5 Mariana	duras flechas lanzaría	795
MP 3,6 Mariana	Clava las duras espuelas.	878
dure (1)		
BA 1,1 Bernarda	En ocho años que dure el luto no ha de entrar en esta casa el viento de la calle.	1451
duritos (5)		
DC 1,1 Enfermo	Veinte duritos y veinte duritos,	1027
DC 1,1 Enfermo	seis duritos y tres duritos,	1027
DC 1,1 Enfermo	con veinte duritos.	1027
durmiendo (2)		
EP RR Centurión	Por vuestra culpa estoy corriendo caminos y durmiendo sobre arena.	1152
BA 2,1 Adela	¡Durmiendo o velando, no tienes por qué meterte en lo mío!	1479
durmiente (1)		
MM 2,2 Curiana N	vigilando los sueños de la blanca durmiente.	707
durmientes (1)		
TC 5,1 Fígaro	¡Qué bonitas historias podría contar de los feos durmientes de las barberías!	758
durmiera (1)		
BS 2,1 Novia	Es como si me bebiera una botella de anís y me durmiera en una colcha de rosas.	1215
durmió (2)		
MP 1,1 Clavela	Esta noche pasada no durmió.	784
BS 1,2 Mujer	Se durmió.	1187

duro (S) (1)
  RS 2,1 Madre   Yo tengo una muchacha [...] diciendo que quería un   1395
                             duro, ¡y yo no puedo!
duro (8)
  TC 2,1 Rosita   Lo que voy a decirte lleva el aguijón duro.   736
  MP 2,9 Pedrosa   Cumplo deberes de mi duro cargo.   851
  DC 1,1   El poeta que ha interpretado [...] limpio, el   1019
                             delicioso y duro lenguaje de los [...]
  CA 3,2 Jugador 1   En un tiro al blanco, que no solamente se clava sobre   1138
                             el acero más duro sino sobre la gasa más fina.
  BS 3,1 Luna   El aire va llegando duro, con doble filo.   1251
  BS 3,1 Novia   He dejado a un hombre duro   1258
  YE 1,1 Yerma   De la cresta del duro frío.   1277
  YE 2,2 Juan   Ayer pasé un día duro.   1311
duros (A) (4)
  DC 1,1 Director   Entre los ojos de las mulas, duros como puñetazos,   1043
                             [...]
  BS 1,2 Mujer   A los montes duros   1185
  BS 2,2 Madre   Son los primos de mi marido. Duros como piedras para   1231
                             la danza.
  BS 3,2 Novia   se queden dos hombres duros   1272
duros (7)
  TC 1,1 Rosita   Heredó de su abuela tres duros y una caja de   727
                             membrillo, y... ¡nada más!
  TC 2,1 Cristobita   Yo le doy a usted los cien duros para desentramparse,   738
                             [...]
  TC 6,1 Cristobita   ¡Con cien duros que me has costado!   776
  ZP 1,1 Niño   Vengo con estos zapatos de charol, costaron cinco   913
                             duros, para que los arregle su marido.
  DC 1,1 Cristóbal   Con cien duros que me has costado.   1041
  RS 2,1 Madre   Todavía me parece oír [...] que yo gano setenta   1393
                             duros"; ¡pero aquellos [...]
  RS 3,1 Ama   ¡Os doy cuarenta mil duros si me arrancáis estas   1425
                             brasas de los pies!";
e (3)
  TC 1,1 Rosita   Cuatro veces me he pinchado ya en esta e última del "A 725
                             mi adorado padre."
  TB DME Doncella   A, B, C, D, E, F, G, H, I, J, K, L, M, N.   898
  TB DME Doncella   y Estudiante empieza con E,   898
e (1)
ea (3)
eclipse (3)
  CA 2,1 Padre   Esta noche hay un eclipse de luna.   1089
  CA 2,1 Padre   Ahora empezará el eclipse.   1090
  CA 2,1 Joven   limpie con sangre de eclipse   1105
eco (1)
  RS 3,1 Tía   Algunas noches, cuando toso en mi cuarto, oigo un eco   1412
                             como si estuviera en una iglesia.
Economía (1)
  RS 2,1 El Señor X   Superlativamente; aunque un catedrático de Economía   1376
                             Política no puede discutir con un cultivador de rosas.
echa (5)
  BS 2,1 Leonardo   Sí. ¡Echa a andar!   1225
  BS 3,1 Leonardo   ni el veneno que nos echa.   1259
  RS 1,1 Ama   Se echa a volar y se nos pierde de las manos.   1354
  RS 3,1 Ama   Ayer decía a voces: "No; [...] ruinas de Palmira, me   1423
                             echa unas miradas como [...]
  BA 1,1 Martirio   Antes era alegre; ahora ni polvos se echa en la cara.   1459
echabas (1)
  TC 4,1 Cansa-Almas   ¡Qué pregón más precioso echabas!   754
echada (1)
  BA 2,1 Amelia   Estará echada en la cama.   1472
echadas (1)
  TC 2,1 Cristobita   De manera que mañana a la tarde quiero tener echadas   739
                             las bendiciones.
echadlo (1)
  BA 3,1 Bernarda   ¡Echadlo que se revuelque en los montones de paja!   1509
echado (1)
  BA 2,1 Bernarda   ¡Ay, qué pedrisco de odio habéis echado sobre mi   1495
                             corazón!
échales (1)
  BA 1,1 Bernarda   Dales las gracias y échales una copa de aguardiente.   1450
echamos (1)
  ZP 2,1 Vecina Amarilla   Pero o se va del pueblo o la echamos. Nos trae locas.   971
echan (6)
  ZP 2,1 Niño   Se han hecho heridas con las navajas dos o tres mozos   970
                             y te echan a ti la culpa.
  ZP 2,1 Niño   Heridas que echan mucha sangre.   970
  PB 1,1 Belisa   Mi sed no se apaga nunca, como nunca se apaga la sed   989
                             de los mascarones que echan el agua en las fuentes.

echan - edad

			Pág.
echan (continuación)			
CA 1,1	Amigo	Una morena de esas que se echan de menos al mediodía de verano.	1058
BS 2,1	Novia	Echan fuego las paredes.	1206
YE 2,1	Lavandera 3	Y se echan polvos de blancura y colorete y se prenden ramos de adelfa en busca de otro que no es su marido.	1303
echando (2)			
CA 3,2	Joven	¿Se encuentra bien una fuente echando agua? Contesta.	1132
EP CV	Estudiante 1	Y donde se hable de amor entraremos con botas de "foot ball", echando fango por los espejos.	1168
echar (6)			
ZP 2,1	Zapatera	No crea que me voy a echar a llorar.	941
CA 1,1	Amigo	Y con un bastón te voy a echar a la calle.	1057
CA 3,2	Jugador 1	Estaba pálido, tan pálido que en la última jugada ya no tenía más remedio que echar el "as de coeur".	1136
BS 2,1	Leonardo	Callar y quemarse es el castigo más grande que nos podemos echar encima.	1214
YE 2,2	Yerma	Muchas noches bajo yo a echar la comida a los [...]	1318
BA 2,1	La Poncia	Yo no te quiero echar la culpa, pero tú no has dejado a tus hijas libres.	1498
echará (1)			
RS 2,1	Ama	No me echará usted en cara que no la quiero.	1381
echarán (1)			
ZP 2,1	Niño	Pero, ¿por qué te echarán a ti la culpa de que tu marido se haya marchado?	945
echaré (2)			
BA 1,1	Adela	No quiero que se me pongan [...] vestido verde y me echaré a pasear por la [...]	1466
BA 3,1	Bernarda	¡Abre, porque echaré abajo la puerta!	1531
echarle (1)			
BA 3,1	Prudencia	¿Vais a echarle las potras nuevas?	1508
echarme (4)			
BS 2,1	Leonardo	¡Sirvió para echarme fuego encima !	1214
BS 2,2	Criada	Pero ¿vas a echarme requiebros, niño?	1234
BS 2,2	Novia	No. Quisiera echarme en la cama un poco.	1239
RS 3,1	Rosita	Sí, voy a echarme un abrigo.	1435
echarse (1)			
RS 2,1	Ayola 2	La que no quiere casar deja de echarse polvos y ponerse [...]	1401
echarte (1)			
BA 1,1	Bernarda	¿Pero has tenido valor de echarte polvos en la cara?	1468
echas (4)			
TB DME	Estudiante	Si me echas una escala, viviré esta noche contigo.	902
DC 1,1	Rosita	¿Por qué no te echas una siestecita?	1038
DC 1,1	Rosita	¿Por qué no te echas otra siestecita?	1039
DC 1,1	Rosita	¿por qué no te echas otra siestecita?	1039
echaste (1)			
BS 2,1	Muchacha 3	¿Qué esencia te echaste en el pelo?	1220
échate (1)			
BS 3,2	Suegra	Échate un velo en la cara.	1265
eche (3)			
ZP 1,1	Zapatero	¿Quieres que te eche un refresquito de limón?	917
ZP 2,1	Zapatero	Yo lo siento mucho, pero tengo que emprender mi camino antes que la noche se me eche encima.	975
BA 3,1	Bernarda	Pues encerrad las potras en la cuadra, pero dejadlo libre, no sea que nos eche abajo las paredes.	1509
eché (2)			
TC 2,1	Cristobita	No sé cómo no le envío al barranquillo donde eché a tantos.	739
BS 3,1	Leonardo	me eché en los ojos arena.	1257
échele (2)			
ZP 2,1	Zapatero	Échele usted leguas.	955
ZP 2,1	Zapatero	Échele usted leguas.	955
echó (2)			
CA 3,2	Jugador 1	Lo echó, y al ir a cogerlo [...]	1136
CA 3,2	Jugador 2	Pero acuérdate del niño [...] chorro de sangre que nos echó.	1137
edad (10)			
ZP 1,1	Alcalde	Eso tiene casarse a tu edad... A tu edad se debe estar viudo... [...]	924
ZP 1,1	Zapatero	Yo no tengo edad para resistir este jaleo.	926
ZP 2,1	Zapatero	A mi edad ya se está malamente por esas posadas de Dios.	967
ZP 2,1	Zapatero	Entonces, adiós... para toda la vida, porque a mi edad...	975
BS 1,3	Madre	Esa edad tendría mi hijo mayor si viviera.	1199
RS 2,1	Tía	Es la edad dichosa.	1397
BA 1,1	Bernarda	A tu edad no se habla delante de las personas mayores.	1446
BA 1,1	La Poncia	¡Es que tus hijas están ya en edad de merecer!	1457
BA 2,1	La Poncia	A su edad.	1501

edificios (1)
    EP CV Hombre 1   Soledad de los edificios, de las esquinas de las   1169
                        playas, donde tú no aparecerás nunca.
educada (1)
    RS 2,1 Tía   ¡Cállese, mal educada!   1382
educado (1)
    TC 1,1 Rosita   ¡Qué caballero más feo y más mal educado!...   731
educar (1)
    MM 0,0   Los insectos estaban contentos, sólo se preocupaban de   669
                        beber tranquilos las gotas de rocío y de educar a sus
                        hijuelos [...]

efectivamente (3)
    TC 1,1 Cristobita   Efectivamente es la niña más guapa del pueblo.   731
    TC 4,1 Cansa-Almas Yo me quedaré en casa... Y era verdad... Tu padre,   753
                        efectivamente, me quería muchísimo, muchísimo.
    ZP 1,1 Alcalde   Efectivamente. ¿Le gustan a usted las flores?   927
eficaz (2)
    PB 1,1 Duende 2   Por eso, que no se descubra todavía nuestra eficaz y   995
                        socialísima pantalla.
    EP CV Estudiante 4   La denuncia del público fue eficaz.   1165
eglantina (1)
    RS 1,1 Tío   Mucho más que la muscosa y la híspida y la pomponiana 1355
                        y la damascena y que la eglantina de la reina Isabel.
eh (11)
eis (2)
    BA 1,1 Bernarda   "Requiem aeternam donat eis Domine."   1449
    BA 1,1 Todas   "Et lux perpetua luceat eis."   1449
ejem (1)
    PB 2,1 Perlimplín   ¡Ejem!   1002
ejemplar (1)
    TC 5,1 Fígaro   Un ejemplar.   759
ejemplaridad (1)
    ZP 2,1 Zapatero   Respetable público: Oigan [...] sirva de escarmiento y   958
                        ejemplaridad a todas [...]
ejemplo (4)
    ZP 0,0 El Autor   Por este miedo absurdo, [...] de que un árbol, por   911
                        ejemplo, se convierta [...]
    ZP 0,0 El Autor   El autor ha preferido poner el ejemplo   911
    PB 3,1 Perlimplín   Ahora cierro los ojos y... veo lo que quiero...; por 1009
                        ejemplo..., a mi madre [...]
    YE 1,1 Víctor   Bueno, pues a ver si con el ejemplo te animas.   1285
ejemplos (1)
    CA 3,2 Criado   El señor pone unos ejemplos... Pero yo [...]   1133
el (1655)
él (95)
eléboro (1)
    RS 1,1 Tía   Eléboro, fucsias y los crisantemos, Luis Passy   1351
                        violáceo y altair blanco plata con puntas heliotropo.
elegante (2)
    CA 3,2 Jugador 2   Elegante como siempre.   1138
    CA 3,2 Jugador 1   Tan elegante, que ya no debía desnudarse más nunca.   1138
Elena (4)
    EP RR Figura De C   Y luego vendría Elena a mi cama.   1149
    EP RR Figura De C   Elena, ¡corazón mío!;   1149
    EP CV Estudiante 3   Se llama Elena.   1158
    YE 1,1 Yerma   Elena tardó tres años, [...]   1282
Eleonora (1)
    TB PBK Buster Keaton Señorita Eleonora, ¡perdóneme, que yo no he sido!   896
elogio (1)
    MP 2,7 Mariana   Hizo un elogio de nuestra ciudad;   837
Elvira (2)
    RS 1,1 Rosita   Granada, calle de Elvira,   1366
    RS 1,1 Rosita   Granada, calle de Elvira,   1368
ella (161)
ellas (20)
ello (3)
ellos (44)
emanara (1)
    MP 1,7 Mariana   que con la luz que emanara   813
embalsamarlos (1)
    RS 1,1 Ama   embalsamarlos y meterlos en un nicho de cristales y de 1359
                        nieve.
embargo (19)
    MM 1,2 Doña Curiana sois sin embargo al hablar   681
    TC 2,1 Cristobita   Pero, sin embargo, es una linda muchacha.   739
    MP 1,6 Mariana   Tengo, sin embargo,   806
    ZP 2,1 Zapatera   Mire usted, tengo a todo el pueblo encima, quieren   974
                        venir a matarme, y sin embargo no tengo ningún miedo.
    DC 1,1 Poeta   Sin embargo, más vale que nos riamos todos.   1036
    CA 1,1 Mecanógrafa   No espero porque no me da la gana, porque no quiero y, 1054
                        sin embargo, no me puedo mover de aquí.

246

embargo - empedernido

Pág.

CA 3,1	Joven	Es tan pequeño... Aplasta las naricillas en el cristal de mi corazón y, sin embargo, no tiene aire.	1125
CA 3,1	Mecanógrafa	Y, sin embargo, yo he levantado mi amor y te he cambiado y te he visto por los rincones de mi casa.	1126
EP RR	Figura De P	Y estuve toda la noche llorando porque me dolían las muñecas y los tobillos, y, sin embargo, no la tenía [...]	1150
EP CV	Estudiante 3	Y, sin embargo, por eso la han asesinado.	1167
BS 1,1	Madre	Amasa su pan y cose sus faldas, y siento, sin embargo, cuando la nombro, [...]	1175
YE 1,1	Yerma	Y sin embargo...	1276
YE 1,2	Vieja 1	He tenido dos maridos, catorce hijos, cinco murieron y, sin embargo, no estoy triste, [...]	1287
YE 3,1	Yerma	No lo quiero, no lo quiero y, sin embargo, es mi única salvación.	1329
RS 2,1	Tío	No me expliques, ya me lo sé todo de memoria... Y sin embargo no puedes estar sin ella.	1385
RS 3,1	Martín	No sé por qué escribo, porque no tengo ilusión, pero sin embargo es lo único que me gusta.	1421
RS 3,1	Rosita	Todo está acabado... y, sin embargo, con toda la [...]	1429
RS 3,1	Rosita	Y sin embargo la esperanza [...]	1429
BA 1,1	La Poncia	Treinta años lavando [...] una con otra, y sin embargo, ¡maldita sea!	1442

emborracha (1)

MM 1,5	Alacranito	¿No se emborracha la gente?	691

emborracho (1)

MM 1,5	Alacranito	¿Que me emborracho?... Pues bien:	691

emboscada (1)

BS 3,1	Luna	¡No haya sombra ni emboscada,	1250

embozado (2)

TC 3,1	Mozo 2	Eso mismo te digo yo a ti. ¿Quién es este embozado, esta máscara?	746
MP 1,6	Clavela	Me la entregó un jinete. Iba embozado	803

embozados (1)

MP 2,8	Clavela	¡Ay señora! ¡Dos hombres embozados,	847

embozos (3)

YE 1,1	Yerma	¿No cantaba al levantar los embozos de holanda?	1276
BA 1,1	Bernarda	En el arca tengo veinte piezas de hilo con el que podréis cortar sábanas y embozos.	1451
BA 3,1	Martirio	Déjame decirlo con la cabeza fuera de los embozos.	1527

embriagados (1)

MM 2,5	Gusano 1	y vamos embriagados	716

embrujada (1)

MP 1,1	Clavela	embrujada.	784

embusteras (1)

ZP 2,1	Zapatero	Grandísimas embusteras, mentirosas, mal nacidas.	972

embustero (1)

MP 2,1	Niña	¡Embustero!	821

Emiliano (3)

ZP 1,1	Zapatera	Pero el que más me gustaba a mí de todos era Emiliano..., tú lo conociste... Emiliano, que venía montado [...]	917
ZP 1,1	Zapatera	Oye... Me gustaría que él la oyera... ¡Ay Emiliano!	929

emisario (2)

MP 2,7	Pedro	Ya son las once y diez. El emisario	837
BA 1,1	Magdalena	Anoche estuvo rondando la casa y creo que pronto va a mandar un emisario.	1463

emocionadísima (1)

PB 0,0	Madre	Emocionadísima... Belisa..., vete dentro..., no está bien que una doncella oiga ciertas conversaciones.	985

emocionante (2)

MP 2,7	Pedro	de una manera emocionante.	838
TB PBK	Buster Keaton	Es emocionante.	894

emociono (1)

ZP 2,1	Zapatero	Me emociono.	974

empañe (1)

RS 1,1	Primo	empañe el muro del viento,	1372

empapada (1)

BS 2,2	Madre	En una custodia de cristal y topacios pondría yo la tierra empapada por ella.	1229

empapadas (1)

YE 3,1	Dolores	Con los zapatos y las enaguas empapadas en sangre..., pero con la cara reluciente.	1327

empapar (1)

RS 1,1	Tía	Ahora se enterará de que las telas no solo sirven para hacer flores, sino para empapar lágrimas.	1362

empedernido (1)

MM 1,5	Doña Curiana	¡Borracho empedernido!	694

empeña (2)
  ZP 1,1 Zapatera   Pero aquella grandota y antipática se empeña en   934
                        pisarla y nada... Pastor, ¡asombrado!

  BA 2,1 La Poncia   Se empeña que con el calor que hace vaya a traerle no 1483
                        sé qué de la tienda.

empeñan (1)
  YE 1,2 Muchacha 2   Pero las viejas se empeñan en todas estas cosas.   1293
empeñaron (1)
  RS 3,1 Martín   Ayer se empeñaron en que el pobre [...]   1418
empeñas (1)
  YE 2,2 Juan   Con ese achaque vives alocada, sin pensar en lo que 1314
                        debías, y te empeñas en meter la cabeza por una roca.

empeñó (2)
  ZP 1,1 Zapatero   ¡Mi hermana , mi hermana tiene la culpa, mi hermana 919
                        que se empeñó: "Que si te vas [...]

  RS 2,1 Ama   Ayer me tuvo todo el día acompañándola en la puerta 1380
                        del circo, porque se empeñó en que uno de [...]

emperador (14)
  EP RR Niño   ¡El emperador, el emperador, el emperador!   1150
  EP RR Figura De P   El emperador.   1150
  EP RR Niño   ¡El emperador, el emperador, el emperador!   1151
  EP RR Figura De C   Y ahora yo serviré al emperador fingiendo la voz tuya. 1151
  EP RR Figura De P   El emperador; ya no hay remedio.   1151
  EP RR Niño   ¡El emperador, el emperador, el emperador!   1151
  EP RR Centurión   El emperador busca a uno.   1151
  EP CV Enfermero   Cuando el emperador se disfrace de Poncio Pilato.   1163
Emperador (2)
  EP RR Centurión   El Emperador adivinará cuál de los dos es uno.   1152
  EP RR Centurión   Porque si hubiera dos no estaría el Emperador buscando 1153
                        por esos caminos.

emperadora (1)
  ZP 2,1 Zapatero   Cabellos de emperadora   959
empezado (3)
  BS 2,2 Muchacha 1   ¡Ya ha empezado!   1242
  RS 3,1 Rosita   Ha empezado a llover.   1437
  BA 1,1 Mujer 2   ¿Habéis empezado los trabajos en la era?   1446
empezar (8)
  MM 0,0   Pero antes de empezar quiero haceros [...]   670
  TC 0,0 Mosquito   ¡A empezar!   724
  ZP 0,0 El Autor   A empezar, tú llegas de la calle.   912
  DC 1,1 Director   ¡Ja, ja! Así salgo ganando. A empezar.   1022
  DC 1,1 Director   Vamos, don Cristóbal; hay necesidad de empezar el 1023
                        drama.
  CA 2,1 Joven   Para que no tenga que volver a empezar.   1096
  RS 2,1 Tío   El siglo que acabamos de empezar será un siglo 1375
                        materialista.
  BA 1,1 Bernarda   Mientras, podéis empezar a bordar el ajuar.   1451
empezará (3)
  CA 2,1 Padre   Ahora empezará el eclipse.   1090
  YE 2,2 María   Dentro de poco empezará a cantar.   1320
  YE 3,1 Vieja 1   Pronto empezará a amanecer. Debes irte a tu casa.   1330
empezarán (1)
  YE 3,1 Dolores   Como en seguida empezarán a abrir los portones, te vas 1330
                        dando un rodeo por la acequia.

empezó (2)
  MP 2,8 Mariana   y se empezó el tiroteo.   849
  BS 2,2 Madre   Mana de su bisabuelo, que empezó matando, y sigue [...] 1227
empieza (11)
  TC 5,1 Cristobita   ¡Empieza!   759
  TB DME Doncella   No. Es que empieza a llover.   898
  TB DME Doncella   Marinero empieza con M,   898
  TB DME Doncella   y Estudiante empieza con E,   898
  DC 1,1   Ya empieza a tocar el tambor.   1019
  DC 1,1 Rosita   Es que ya empieza la puesta del sol.   1040
  YE 3,1 Vieja 1   Por encima de los montes ya empieza a clarear. Vete. 1330
  YE 3,1 Juan   No soy yo quien lo pone, lo pones tú con tu conducta, 1333
                        y el pueblo lo empieza a decir.
  YE 3,1 Juan   Lo empieza a decir claramente.   1333
  RS 1,1 Manola 1   Empieza.   1366
  BA 1,1 Bernarda   Tú empieza a blanquear el patio.   1458
empiezan (3)
  YE 3,1 Yerma   Yo no sé por qué empiezan los malos aires que 1333
                        revuelcan al trigo, ¡y mira tú si el trigo es bueno!
  RS 1,1 Tío   Cuando en las ramas empiezan   1357
  RS 1,1 Rosita   Cuando en las ramas empiezan   1374
empiezas (1)
  BA 2,1 Bernarda   Ya empiezas a sacar la punta del cuchillo.   1498
empiezo (4)
  MP 1,7 Fernando   a un hombre que empiezo a odiar,   812
  MP 2,9 Mariana   ¡Ahora empiezo a morir!   859
  MP 2,9 Mariana   Mírame y llora. ¡Ahora empiezo a morir!   859

Pág.

empiezo (continuación)
EP CV   Dama 3   Empiezo a tener frío con este traje.   1169
empinado (1)
RS 2,1 Ayola 2   Me parece que la vieja ha empinado el codo.   1406
emplastos (1)
MM 1,5 Curiana N   con emplastos de ortigas   699
empleado (1)
ZP 1,1 Zapatero   Pero me está muy bien empleado, sí, señor.   918
emplearlo (1)
RS 3,1 Martín   Y hay que emplearlo en la bondad y en el sacrificio.   1423
empolvada (1)
ZP 1,1 Zapatera   Cállate, larga de lengua, [...] arrastrado, viborilla   912
                       empolvada; y esto lo [...]
emprender (1)
ZP 2,1 Zapatero   Yo lo siento mucho, pero tengo que emprender mi camino   975
                       antes que la noche se me eche encima.
empuja (2)
MP 2,7 Mariana   imagino que empuja los cristales.   837
YE 1,1 María   Oye: dicen que más adelante te empuja suavemente con   1280
                       las piernecitas.
empujado (1)
CA 1,1 Amigo 2   Los conocí cuando yo era muy pequeño, y me han   1073
                       empujado por los pies.
empujen (1)
RS 3,1 Martín   Con tal que no me empujen o resbale...   1424
empujón (2)
RS 3,1 Ama   Del primer empujón que le doy a [...]   1425
BA 2,1 La Poncia   Tened cuidado con no entreabrirla mucho, porque son   1488
                       capaces de dar un empujón para ver quién mira.
en (1228)
enagua (1)
YE 3,2 Hembra   rasgaré los volantes de mi enagua.   1341
enaguas (4)
YE 2,2 Yerma   Quiero beber agua y no hay vaso ni agua, quiero subir   1314
                       al monte y no tengo pies, quiero bordar mis enaguas y
                       no encuentro [...]
YE 3,1 Dolores   Con los zapatos y las enaguas empapadas en sangre...,   1327
                       pero con la cara reluciente.
BA 1,1 Criada   ¡Ya no volverás a levantarme las enaguas detrás de la   1445
                       puerta de tu corral!
BA 3,1 Martirio   ¡Estaba con él! ¡Mira esas enaguas llenas de paja de   1529
                       trigo!
enamora (1)
MM 1,3 Doña Curiana   Dile que te enamora   685
enamorada (4)
MM 1,2 Doña Curiana   Estás muy enamorada,   680
MP 1,1 Angustias   Enamorada.   784
MP 2,5 Mariana   Como la enamorada de un marinero loco   831
RS 1,1 Rosita   a una rosa enamorada;   1371
enamoradas (2)
RS 2,1 Solterona 3   para mil enamoradas,   1403
RS 2,1 Solterona 1   para las enamoradas.   1405
enamoradiza (1)
BA 2,1 La Poncia   Martirio es enamoradiza, digas lo que tú quieras.   1498
enamorado (11)
MM 0,0   La poesía que pregunta [...] Inútil es deciros que el   670
                       enamorado bichito se [...]
MM 1,1 Doña Curiana   anda enamorado.   673
MM 1,6 Curianito   Calma las tristezas de este enamorado,   701
MM 2,1 Curianita Santa ¡Tened misericordia del lindo enamorado...!   704
MM 2,1 Curianita 1   Y de una mariposa, ¿por qué se ha enamorado?   704
TC 2,1 Cocoliche   La luna es terrible para un enamorado de ocultis.   735
ZP 1,1 Zapatero   Comprendo que es una barbaridad..., pero yo no estoy   925
                       enamorado de mi mujer.
ZP 2,1 Zapatero   ¡Pero sepa y entienda que yo no estoy enamorado de   969
                       nadie más [...]
CA 1,1 Joven   Pero es que yo estoy enamorado, y quiero estar   1050
                       enamorado, tan enamorado como ella lo [...]
enamorados (2)
MM 1,2 Doña Curiana   Dése a los enamorados   681
RS 2,1 Tía   Yo sé que hay muchachos y hombres maduros enamorados   1389
                       de ti.
enamorar (1)
RS 3,1 Tía   ¡A ver si lo vas a enamorar!   1422
enamorarla (1)
MM 2,6 Curianita C   por enamorarla.   718
enamorarme (2)
EP CV   Estudiante 1   ¡Magnífico! ¿Y si yo quiero enamorarme de un cocodrilo?   1167
EP CV   Estudiante 1   ¿Y si yo quiero enamorarme de ti?   1167
enamoras (3)
MM 1,6 Curiana N   Si de ella te enamoras, ¡ay de ti!, morirás.   701

Pág.

enamoras (continuación)
    EP CV Estudiante 5   Te enamoras.   1167
    EP CV Estudiante 5   Te enamoras también, yo te dejo, y te subo en hombros   1167
                                por los riscos.
enanas (1)
    MM 2,7 Curianito   y hormiguitas enanas;   720
enanitos (1)
    TC 5,1 Currito   Son como dos lágrimas de la luna de la tarde, como dos   757
                                  torrecillas del país de los enanitos..., como dos...
                                [...]
enarbolaron (1)
    EP CV Estudiante 3   Y toda la gente, pero después enarbolaron los   1166
                                cuchillos [...]
enardece (1)
    MP 2,8 Pedro   La muerte de Torrijos me enardece   844
encabritado (1)
    BA 3,1 Adela   No a ti, que eres débil; a un caballo encabritado soy   1528
                                capaz [...]
encaje (11)
    MP 1,1 Angustias   como vieja flor abierta en un encaje.   784
    MP 3,9 Mariana   y prenderme en el pelo mi mantilla de encaje.   889
    ZP 2,1 Niño   con encaje de bolillos?   947
    ZP 2,1 Voces   con encaje de bolillos?   978
    DC 1,1   Será necesario que las muchachas cierren los abanicos   1019
                                y las niñas saquen sus pañuelitos de encaje para oír y
                                para [...]
    DC 1,1 Rosita   Es, es... el aparato de hacer encaje de bolillos.   1039
    EP RR Figura De P   Si yo no tuviera esta flauta te escaparías a la luna,   1146
                                a la luna cubierta de pañolitos de encaje y gotas de
                                sangre [...]
    BS 1,1 Madre   Que yo quiero bordar y hacer encaje y estar tranquila.   1177
    BS 2,1 Criada   Aire oscuro el encaje   1223
    RS 1,1 Ama   ¿Cuándo la ha visto usted sentada a hacer encaje de   1354
                                lanzadera o [...]
    RS 2,1 Ama   Ya me duelen las manos de guardar mantelerías de   1380
                                encaje de Marsella y [...]
encajes (15)
    MP 2,9 Pedrosa   hace encajes... o borda...   851
    PB 1,1 Perlimplín   Belisa, con tantos encajes pareces una ola y me das el   988
                                mismo miedo que de niño tuve al mar.
    CA 2,1 Novia   En los espejos y entre los encajes de la cama oigo ya   1095
                              el gemido de un niño que me persigue.
    CA 2,1 Maniquí   sin que los encajes puedan   1100
    YE 1,1 María   He comprado encajes, tres varas de hilo, cintas y   1278
                              lanas de color para hacer madroños.
    YE 1,1 Yerma   Los voy a rodear de encajes.   1285
    YE 2,1 Lavandera 5   Estas machorras son así: cuando podían estar haciendo   1302
                              encajes o confituras [...]
    RS 1,1 Manola 3   Los encajes de mi colcha.   1365
    RS 1,1 Manola 3   Encajes de escarcha tienen   1368
    RS 2,1 Tío   De tanto vivir juntas, los encajes se os hacen espinas.   1385
    RS 2,1 Tía   En vez de hacer encajes, podo las plantas.   1386
    RS 2,1 Solterona 3   ¿Has terminado el juego de encajes valenciennes?   1395
    BA 2,1 Criada   Bernarda os llama. Está el hombre de los encajes.   1479
    BA 2,1 Magdalena   ¿Has visto los encajes?   1483
    BA 2,1 La Poncia   Estos encajes son preciosos para las gorras de niños,   1484
                              para mantehuelos de cristianar.
encanta (1)
    BA 2,1 Martirio   Pero me encanta la ropa interior.   1484
encantada (1)
    MM 2,7 Curianito   ¡Oh Amapola encantada!   720
encantado (2)
    TC 5,1 Fígaro   ¡Excelencia, admirable! Yo estoy encantado. ¡Tran,   759
                              lará, lará!
    RS 2,1 El Señor X   Encantado de su favorable acogida.   1377
encantador (2)
    PB 0,0 Madre   Buenísimas tardes, encantador vecinito mío.   984
    PB 0,0 Madre   Don Perlimplín es un encantador marido.   985
encantadora (4)
    MM 1,2 Doña Curiana   niña encantadora y bella.   676
    DC 1,1   Todo el guiñol popular tiene este ritmo, esta fantasía   1019
                              y esta encantadora libertad [...]
    DC 1,1 Director   Entre los ojos de las [...] estallan con alegría y con   1043
                              encantadora inocencia [...]
    RS 2,1 El Señor X   Póngame a los pies de su encantadora sobrinita, a la   1378
                              que deseo venturas en su celebrado onomástico.
encantan (1)
    ZP 1,1 Zapatera   ¡Ay, me encantan!   927
encanto (3)
    PB 1,1 Belisa   ¿Qué, encanto?   993

encanto (continuación)   Pág.
  DC 1,1 Director   Las malas palabras adquieren ingenuidad y frescura   1043
                         dichas por muñecos que miman el encanto de esta
                         viejísima [...]
  CA 3,1 Máscara   Un verdadero encanto.   1115
encantos (1)
  PB 0,0 Marcolfa   El matrimonio tiene grandes encantos, mi señor.   981
encarcelada (1)
  MP 3,3 Mariana   que yo estoy encarcelada   869
encargadas (1)
  YE 2,1 Lavandera 4   Estaban encargadas de cuidar la iglesia y ahora cuidan 1301
                         de su cuñada.
encargarías (1)
  BA 3,1 Bernarda   Si en esta casa hubiera hierbas ya te encargarías de   1519
                         traer a pastar las ovejas del vecindario.
encargó (2)
  ZP 1,1 Niño   Sí, sí, eso ha dicho en mi casa antes de montarse en   937
                         la diligencia, que lo he visto yo..., y nos encargó
                         que te lo dijéramos [...]
  RS 3,1 Rosita   Sabía que se había casado; ya se encargó un alma   1428
                         caritativa [...]
encargos (1)
  TB QM. Enrique   Sois muy distintos, hijos. Cumpliré los encargos de   904
                         todos.
encargue (1)
  PB 1,1 Duende 1   Y que luego el público se encargue de destaparlas.   993
encargué (1)
  EP RR Figura De P   Ayer estuve en casa del fundidor y encargué una cadena. 1150
encarnada (3)
  MP 1,5 Fernando   más caliente y encarnada.   799
  ZP 2,1 Zapatero   Dios te lo premie, clavellinita encarnada.   968
  RS 1,1 Rosita   ella se puso encarnada   1371
encarnadas (3)
  MP 1,8 Angustias   que traigan encarnadas   817
  BS 1,3 Madre   Los tres nogales del molino toda una viña y una planta 1195
                         que se llama Júpiter, que da flores encarnadas, y se
                         secó.
  RS 2,1 Rosita   el furor, las encarnadas;   1405
encarnado (1)
  MM 1,4 Curianito   Pintas sobre el cielo tu traje encarnado   685
encelada (1)
  RS 3,1 Tía   Tú estabas encelada por un palomo ladrón.   1429
encender (2)
  CA 1,1 Viejo   Yo he luchado toda mi vida por encender una luz en los 1072
                         sitios más oscuros.
  BA 2,1 La Poncia   Porque yo puedo dar voces, encender luces y hacer que   1482
                         toquen las campanas.
encendida (3)
  PB 3,1 Marcolfa   Ella se puso encendida como un geranio, [...]   1010
  PB 3,1 Perlimplín   ¿De manera que se puso encendida como un geranio?...   1010
                         Y... ¿qué dijo?
  BA 2,1 La Poncia   ¿Por qué te pusiste casi desnuda con la luz encendida   1481
                         y la ventana [...]
encendido (2)
  MM 2,5 Gusano 3   ¡vuestro cuerpo encendido!   717
  ZP 1,1 Mirlo   Zapaterita..., junco de oro encendido... Zapaterita,   930
                         bella Otero de mi corazón.
encendidos (1)
  RS 1,1 Rosita   sus pétalos encendidos   1371
encendiendo (1)
  ZP 1,1 Zapatero   Hasta con don Mirlo, y a mí se me está encendiendo la   924
                         sangre.
encerrad (1)
  BA 3,1 Bernarda   Pues encerrad las potras en la cuadra, pero dejadlo   1509
                         libre, no sea que nos eche abajo las paredes.
encerrada (2)
  MP 3,5 Mariana   ¿Y he de permanecer aquí encerrada?   876
  BA 1,1 Adela   Yo no puedo estar encerrada.   1466
encerradas (1)
  YE 2,2 Yerma   Hay cosas encerradas detrás de los muros que no pueden 1323
                         cambiar porque nadie las oye.
encerradla (1)
  BA 1,1 Bernarda   ¡Encerradla!   1470
encerrado (3)
  EP CV Estudiante 4   Cuando estaba encerrado en la torre los vi subir,   1157
                         agrupados, por la colina.
  YE 1,2 Yerma   Anda. Así pasan las cosas. Seguramente lo has dejado   1292
                         encerrado.
  BA 3,1 Bernarda   El caballo garañón, que está encerrado y da coces   1508
                         contra el muro.

251

Pág.

encerrados (1)
   TC 0,0 Mosquito   Yo y mi compañía estábamos encerrados.   724
encerraré (2)
   BS 2,1 Novia   Y me encerraré con mi marido, a quien tengo que querer 1214
                     por encima de todo.
   BA 1,1 La Poncia   Ese día me encerraré con ella en un cuarto y le estaré 1442
                     escupiendo un año entero.
encerrarte (1)
   YE 2,2 Juan   Aunque me miras de un modo que no debía decirte 1316
                     "Perdóname" sino obligarte, encerrarte, porque para
                     [...]
enciendas (1)
   MP 2,6 Mariana   No enciendas luz ninguna, 833
enciende (3)
   MP 3,9 Mariana   enciende para mí tus estrellas distantes. 890
   CA 1,1 Joven   Juan, enciende las luces. 1077
   BS 3,2 Novia   Enciende la lumbre. 1270
encierra (1)
   MP 3,3 Alegrito   pero la gente se encierra. 868
encierro (1)
   BA 2,1 Adela   ¿Que me encierro en mi cuarto y no abro la puerta? 1482
encima (19)
   MM 2,7 Curianito   ¿Quieres volar? Hay mucha sombra encima 719
   TC 0,0 Mosquito   abanica tanto rostro asombrado, llévate los suspiros 724
                     por encima de aquella sierra [...]
   MP 3,9 Mariana   Amas la Libertad por encima de todo, 889
   ZP 1,1 Zapatera   Mi cocido, con sus patatas [...] cáscara de limón para 934
                     encima, ¡porque lo que [...]
   ZP 2,1 Zapatera   Mire usted, tengo a todo el pueblo encima, quieren 974
                     venir a matarme, y sin embargo no tengo ningún miedo.
   ZP 2,1 Zapatero   Yo lo siento mucho, pero tengo que emprender mi camino 975
                     antes que la noche se me eche encima.
   BS 1,1 Madre   O si vuelve es para ponerle una palma encima o un 1173
                     plato de sal gorda para que no se hinche.
   BS 2,1 Novia   Y me encerraré con mi marido, a quien tengo que querer 1214
                     por encima de todo.
   BS 2,1 Leonardo   Callar y quemarse es el castigo más grande que nos 1214
                     podemos echar encima.
   BS 2,1 Leonardo   ¡Sirvió para echarme fuego encima ! 1214
   YE 3,1 Yerma   Yo quiero tener a mi [...] sentado año tras año encima 1328
                     de mi corazón.
   YE 3,1 Vieja 1   Por encima de los montes ya empieza a clarear. Vete. 1330
   YE 3,2 Vieja   Lo que está puesto encima del tejado. 1344
   RS 1,1 Tía   Tendrías que saltar por encima de mí y de tu tío. 1362
   RS 2,1 Ama   Los charcos que hay alrededor están pintados al aceite 1383
                     y encima de ellos bebe [...]
   RS 3,1 Tía   Estoy muy viejecita, ama. Tenemos encima una ruina muy 1413
                     grande.
   BA 1,1 La Poncia   Es capaz de sentarse encima de tu corazón [...] 1441
   BA 2,1 Adela   No por encima de ti, que eres una criada; por encima 1482
                     de mi madre saltaría [...]
encinar (4)
   MM 1,1 Curiana N   Dios está dormido, y en el encinar 672
   MM 1,1 Curiana N   Fui junto a los troncos del viejo encinar 672
   MM 1,1 Curiana N   ¡Ay, lo que yo vi junto al encinar! 675
   MM 2,2 Curiana N   la tristeza de aquella voz en el encinar 707
encinta (1)
   YE 3,1 Dolores   Cuando te sientas encinta me traes la fanega de trigo 1330
                     que me has prometido.
encomiendo (1)
   EP CV Desnudo   Padre, en tus manos encomiendo mi espíritu. 1164
encontraba (1)
   RS 3,1 Rosita   Pero lo sabían todos y yo me encontraba señalada por 1428
                     [...]
encontraban (1)
   MP 1,5 Fernando   para ver si lo encontraban, 799
encontrado (5)
   EP CV Dama 3   Han encontrado al director de escena dentro del 1158
                     sepulcro.
   BS 2,1 Criada   ¿No te has encontrado a nadie? 1210
   BS 3,1 Leñador 1   ¿Y los han encontrado? 1245
   RS 3,1 Martín   Hace un rato tenían un escándalo enorme, porque el 1419
                     señor Consuegra, que explica latín admirablemente,
                     había encontrado un excremento [...]
   BA 2,1 Bernarda   ¿Dónde lo has encontrado? 1493
encontramos (1)
   RS 2,1 Ama   Nos encontramos el rejalgar por los rincones. 1389
encontrando (2)
   EP RR Figura De C   Si voy bajando por las ruinas iré encontrando amor y 1148
                     cada vez amor.
   YE 1,2 Muchacha 1   Por todas partes nos vamos encontrando gente. 1291

Pág.

encontrar (12)
MM 1,4 Curianito   Es muy difícil de encontrar.   686
TC 5,1 Fígaro   lo volví a encontrar.   757
CA 3,1 Muchacha   los volví a encontrar.   1109
CA 3,1 Muchacha   los volví a encontrar.   1110
CA 3,1 Payaso   los volví a encontrar.   1113
CA 3,1 Arlequín   los volvió a encontrar.   1114
EP RR Figura De C   ¿Dónde podría encontrar una bebida caliente en esta   1151
                          ruina?
EP CV Dama 1   Es horrible perderse en un teatro y no encontrar la   1163
                          salida.
YE 3,1 Yerma   Te busco a ti, es a ti a quien busco día y noche, sin 1333
                          encontrar sombra donde respirar.
RS 3,1 Ama   Es querer y no encontrar el cuerpo; [...]   1416
RS 3,1 Martín   Y cuando Glucinio se va a encontrar con Isaías y 1420
                          levanta el tapiz de la tienda...
RS 3,1 Rosita   Me he acostumbrado a [...] salida que no he de   1428
                          encontrar nunca.
encontrará (2)
PB 1,1 Belisa   El que me busque con ardor me encontrará.   989
BS 3,1 Leñador 3   El novio los encontrará con luna o sin luna.   1247
encontrarán (1)
BA 2,1 Bernarda   Si las gentes del pueblo quieren levantar falsos 1502
                          testimonios, se encontrarán con mi pedernal.
encontrarás (2)
CA 3,1 Payaso   Busca. Da la media vuelta y lo encontrarás.   1120
BS 3,1 Mozo 1   No los encontrarás.   1252
encontraré (2)
BS 3,1 Novio   ¡Sí los encontraré!   1252
YE 3,2 Yerma   te encontraré.   1336
encontrarme (1)
BA 1,1 Martirio   Los veía en el corral [...] crecer por temor de   1460
                         encontrarme de pronto [...]
encontrármelo (1)
CA 3,2 Joven   No quiero subir y encontrármelo tendido en la cama tan 1133
                        grande, tan vacía.
encontrármelos (1)
BS 3,1 Novio   Estoy seguro de encontrármelos aquí.   1252
encontraron (1)
EP CV Estudiante 4   La gente se olvida de los trajes en las   1160
                       representaciones y la revolución estalló cuando se
                       encontraron a la verdadera [...]
encontraste (1)
CA 1,1 Gata   ¿Encontraste salida?   1068
encontré (3)
MP 3,3 Alegrito   No encontré más que una niña   868
RS 3,1 Tío   Ayer me encontré las semillas de dalias pisoteadas por 1352
                      el suelo.
RS 2,1 Rosita   El otro día me lo encontré jugando al uni [...]   1387
encontró (2)
MM 1,3 Doña Curiana   precioso, que encontró   684
RS 3,1 Ama   Allí encontró la rica que iba buscando y se casó, pero 1415
                     debió decirlo a tiempo.
encrucijadas (1)
TC 5,1 Fígaro   Las barberías son las encrucijadas de las noticias. 758
encuentra (5)
CA 3,2 Criado   ¿Se encuentra bien el señor?   1132
CA 3,2 Joven   ¿Se encuentra bien una fuente echando agua? Contesta. 1132
CA 3,2 Joven   ¿Se encuentra bien una veleta girando como el viento 1133
                     quiere?
CA 3,2 Criado   El señor pone unos ejemplos... Pero yo le   1133
                     preguntaría, si el señor lo permite..., ¿se encuentra
                     bien el viento?
RS 3,1 Ama   Por unos minutos nos encuentra aquí.   1435
encuentras (2)
YE 3,1 Yerma   A ver dónde encuentras un olor que no sea tuyo, que no 1333
                     sea de tu cuerpo.
BA 2,1 Bernarda   ¿No lo encuentras?   1492
encuentre (1)
ZP 2,1 Zapatera   Buen hombre, Dios quiera que encuentre usted a su [...] 975
encuentro (14)
TC 3,1 Joven   Encuentro el pueblo más blanco, mucho más blanco.   743
MP 1,4 Lucía   ¡Te encuentro muy triste!   791
MP 1,7 Fernando   Me encuentro en la casa del viejo don Luis, que no lo 811
                     sepa nadie de tu familia.
ZP 2,1 Zapatera   Mi marido me dejó por culpa de las gentes y ahora me 963
                     encuentro sola, sin calor de nadie.
ZP 2,1 Zapatero   Pero usted ya sabe que el mundo es reducido; ¿qué   975
                     quiere que le diga si por casualidad me lo encuentro
                     en mis caminatas?
CA 1,1 Niño   Voy a ver si te encuentro alguna rata.   1063

engancharemos (1)   Pág.
    EP CV Estudiante 5   Con las maromas que torció mi padre los engancharemos   1168
                            a las rocas para partirlas y que salga un volcán.

engañada (1)
    MP 3,7 Novicia 1   de seguro fue engañada.   881
engañado (5)
    PB 3,1 Belisa   Sí..., pero ¿y el joven?... ¿Por qué me has engañado?   1017
    CA 1,1 Viejo   ¿A que si en aquel preciso instante ella lo confiesa que 1052
                           lo ha engañado, que no le quiere, [...]
    CA 2,1 Padre   ¿Por qué le has engañado?   1090
    CA 2,1 Novia   Yo no le he engañado.   1090
    BS 3,2 Novia   ¡Tu hijo era mi fin y yo no lo he engañado, pero el   1269
                           brazo [...]
engañadora (1)
    YE 3,1 Yerma   Yo he venido por el resultado. Creo que no eres mujer   1327
                           engañadora.
engañando (3)
    ZP 2,1 Niño   ¡Ja, ja, ja! Me estás engañando. El señor Zapatero no   945
                           tenía jaca.
    CA 1,1 Amigo   Te está engañando.   1071
    BS 3,1 Leñador 1   Se estaban engañando uno a otro y al fin la sangre   1246
                           pudo más.
engañarnos (1)
    MM 0,0   ¡Cuántas veces el enorme [...] forma de una mujer para   670
                           engañarnos y abrirnos [...]
engañas (1)
    YE 3,1 Juan   Me engañas, me envuelves y como soy un hombre que   1332
                           trabaja la tierra, no tengo ideas para tus astucias.
engañéis (1)
    RS 1,1 Rosita   No me engañéis, que yo sé   1366
engaño (3)
    DC 1,1 Cristóbal   En el pegar no hay engaño.   1026
    CA 2,1 Joven   No es tu engaño lo que me duele.   1096
    RS 3,1 Tía   Cuando pienso en la mala acción que le han hecho y en   1414
                           el terrible engaño mantenido y en [...]
engaños (1)
    MP 2,8 Conspirador 4   Le atrajeron con engaños   843
engarabitado (2)
    RS 2,1 Madre   Si no fuera por mí, ya se le habrían engarabitado los   1397
                           dedos.
    RS 3,1 Ama   Nos llevamos poco, pero como yo he trabajado mucho,   1413
                           estoy engrasada, y usted, a fuerza de poltrona, se le
                           han engarabitado las piernas.
engatusado (1)
    TC 1,1 Cristobita   Casi, casi, me ha engatusado.   731
engendró (1)
    BA 1,1 Martirio   Y ella tiene el mismo sino de su madre y de su abuela,   1460
                           mujeres las dos del que la engendró.
engrasada (1)
    RS 3,1 Ama   Nos llevamos poco, pero como yo he trabajado mucho,   1413
                           estoy engrasada, y usted, a [...]
enhorabuena (2)
    ZP 1,1 Niño   ¡Que sea enhorabuena!   915
    RS 2,1 Solterona 1   ¡Enhorabuena!   1409
enjundia (1)
    YE 1,1 Yerma   Voy a guardar esta enjundia de gallina para [...]   1275
enjuto (1)
    YE 1,1 Yerma   Veinticuatro meses llevamos casados, y tú cada vez más   1274
                           triste, más enjuto, como si crecieras al revés.
enjutos (1)
    YE 1,1 Juan   Cuando los hombres se quedan enjutos se ponen fuertes   1274
                           como el acero.
enlazados (1)
    RS 2,1 Rosita   y los vientos enlazados   1404
enlazan (2)
    MP 2,5 Pedro   así enlazan tus brazos mi cuerpo combatido.   831
    YE 2,1 Lavandera 4   Porque los brazos se enlazan.   1308
enlutadas (1)
    MP 2,8 Conspirador 4   enlutadas y afligidas,   844
enmarañada (2)
    BS 3,2 Madre   donde tiembla enmarañada   1272
    BS 3,2 Madre   donde tiembla enmarañada   1272
enmohecida (1)
    TC 6,1 Padre   Estaba enmohecida.   765
enoja (1)
    MP 2,5 Mariana   un gran desasosiego que me turba y me enoja;   830
enorme (7)
    MM 0,0   ¡Cuántas veces el enorme esqueleto portador [...]   670
    MM 1,1 Curiana N   que se deshojaba como una enorme rosa.   672
    CA 3,2 Joven   Mi casa tenía un patio enorme, donde jugaba con mis   1132
                           caballitos.

enorme (continuación)
    CA 3,2 Joven   Recuerdo que siendo niño, vi nacer una luna enorme   1134
                        detrás de la barandilla [...]
    EP CV Estudiante 5   Porque están locos; pero [...] terminan mis estudios,   1167
                        un enorme rebaño de toros [...]
    RS 2,1 El Señor X   Sí, pero aplicada: para estudiar jugos de la Anthemis   1376
                        olorosa, o el ruibarbo, o la enorme pulsátila, o el
                        [...]
    RS 3,1 Martín   Hace un rato tenían un escándalo enorme, porque el   1419
                        señor [...]
enormes (4)
    CA 1,1 Joven   Novia..., ya lo sabe usted; si digo novia la veo sin   1051
                        querer amortajada en un cielo sujeto por enormes
                        trenzas de nieve.
    CA 3,1 Máscara   En el "foyer" de la Opera de París hay unas enormes   1116
                        balaustradas que dan al mar.
    EP RR Figura De P   Tendré necesidad de llamar a los negros, a los enormes   1150
                        negros heridos [...]
    RS 3,1 Rosita   Y yo lo oigo y no puedo gritar, sino vamos adelante,   1429
                        con la boca llena de veneno y con unas ganas enormes
                        de huir, de quitarme [...]
enrarecido (1)
    CA 3,2 Joven   ¿Y será posible que en esta casa esté siempre el aire   1135
                        enrarecido?
enreda (1)
    MP 1,5 Mariana   Se enreda entre los cipreses   796
enredadas (1)
    CA 2,1 Joven   las palomas, enredadas   1100
enredado (2)
    MM 1,6 Curianito   ¿Qué madejas de amores me ha enredado aquí el viento?   701
    RS 1,1 Rosita   por las piedras enredado   1373
Enrique (11)
    TB QM. Mujer   Enrique mío. Enrique. No dejes de escribirme. No me   905
                        olvides.
    TB QM. Mujer   Adiós, adiós... Enrique.   909
    TB QM. Mujer   Enrique... Te amo.   909
    TB QM. Mujer   Te podría tragar, Enrique...   909
    EP CV Hombre 1   ¡Enrique, Enrique!   1169
    YE 1,2 Yerma   Yo soy hija de Enrique el pastor.   1287
    YE 1,2 Vieja 1   Enrique el pastor.   1287
    BA 1,1 Amelia   ¡Eso no digas! Enrique Humanas estuvo detrás de ti y   1460
                        le gustabas.
    BA 2,1 La Poncia   ¿Por qué no la dejaste casar con Enrique Humanas?   1498
enriquece (1)
    PB 1,1 Duende 2   El alma de Perlimplín, chica y asustada como un patito   995
                        recién nacido, se enriquece y sublima en [...]
Enriqueta (3)
    ZP 1,1 Alcalde   Eso tiene casarse a tu [...] Manuela, Visitación y   924
                        Enriqueta Gómez, que [...]
    ZP 1,1 Alcalde   Rosa, Manuela, Visitación y Enriqueta Gómez, que [...]   925
    RS 2,1 Madre   Todavía me parece oír al padre de estas hijas cuando,   1393
                        generoso y caballero como era, me decía: "Enriqueta,
                        gasta, gasta, [...]
enroscarse (1)
    MM 2,5 Gusano 3   ¡Quién pudiera enroscarse   717
ensanchar (1)
    CA 1,1 Viejo   ¿No se atreve usted a huir?, ¿a volar?, ¿a ensanchar   1049
                        su amor por todo el cielo?
ensartaría (1)
    YE 2,1 Lavandera 1   Con una aguja de hacer calceta ensartaría yo las   1305
                        lenguas murmuradoras.
ensartas (1)
    TC 5,1 Currito   Si me ensartas con la navaja te saco los ojos.   756
ensayar (1)
    MP 3,7 Monja 1   ¿Vamos a ensayar la Salve?   881
enseña (2)
    YE 2,2 Yerma   Que estoy ofendida, ofendida [...] campo puesto de pie   1318
                        me enseña sus crías tiernas, [...]
    RS 1,1 Rosita   una enseña los zapatos   1367
enseñaban (1)
    RS 2,1 Ayola 2   A mí, Rosita y su novio me enseñaban las letras A, B,   1399
                        C... ¿Cuánto tiempo hace de esto?
enséñame (1)
    CA 3,1 Joven   Enséñame la puerta.   1130
enséñamelos (1)
    BS 1,3 Criada   ¡Ay, niña, enséñamelos!   1203
enseñan (1)
    BA 3,1 Adela   Nos enseñan a querer a las hermanas.   1528
enseñanzas (2)
    ZP 2,1 Alcalde   Enseñanzas son esas que convienen a todas las   957
                        criaturas.

enseñanzas - enteraré

Pág.

enseñanzas (continuación)
YE 2,2 Yerma   ¡Qué pena más grande no poder sentir las enseñanzas de   1323
                      los viejos!
enseñaré (1)
TC 2,1 Cristobita   Ya la enseñaré a que ponga la voz bronca, ¡más   740
                      natural!,
enseñarme (1)
RS 3,1 Rosita   Y hoy se casa una amiga y otra y otra, y mañana tiene   1428
                      un hijo y crece, y viene a enseñarme sus notas de [...]
enseñe (1)
BS 2,2 Madre   Y como no lo tienes, tengo que ser yo la que te enseñe   1241
                      estas fortalezas.
enseñes (1)
BA 3,1 Prudencia   Ya vendré a que me enseñes la ropa.   1511
enseño (1)
ZP 2,1 Zapatero   Enseño la vida por dentro.   956
enseñó (1)
MP 3,1 Carmen   ¿Quién os enseñó esa fea   863
ensueños (1)
MP 3,8 Mariana   ¡Morir! ¡Qué largo sueño sin ensueños ni sombras!   886
entallado (1)
ZP 2,1 Zapatera   El venía con un traje negro entallado, corbata roja   945
                      [...]
entendéis (1)
RS 3,1 Rosita   Me entendéis si pido pan [...]   1430
entender (3)
BS 2,2 Novio   Eso se llama no entender.   1234
RS 3,1 Ama   Ayer decía a voces: "No; ahí hay hipérbaton", y   1423
                      luego... "el epinicio"... A mí me gustaría entender,
                      pero como no [...]
RS 3,1 Rosita   Me entendéis si pido pan y agua y hasta un beso, pero   1430
                      nunca me podríais ni entender ni quitar esta [...]
entendería (1)
RS 3,1 Rosita   Hay cosas que no se pueden decir porque no hay   1430
                      palabras para decirlas; y si las hubiera, nadie
                      entendería su significado.
entenderte (1)
BA 2,1 Bernarda   Y no quiero entenderte, porque si llegara al alcance   1500
                      de todo lo que dices te tendría que arañar.
entendido (4)
PB PRO Madre   El agradecimiento de su corazón y el de usted mismo...   986
                      Lo he entendido..., lo he entendido..., a pesar [...]
DC 1,1 Director   Bravo. Veo que me ha entendido usted.   1023
RS 2,1 El Señor X   Está entendido, la Tierra es un planeta mediocre, pero   1376
                      hay que ayudar a la civilización.
entendiendo (1)
MP 1,7 Mariana   Lee despacio y entendiendo.   810
entendimiento (1)
ZP 2,1 Zapatero   Agudizad vuestros oídos y entendimiento.   958
entera (V) (1)
ZP 2,1 Zapatero   Tu marido no se entera.   961
entera (4)
MM 1,6 Alacranito   una colmena entera.   700
MP 2,8 Conspirador 4 España entera calla, ¡pero vive!   842
MP 3,8 Mariana   me ofrezco toda entera. ¡¡Arriba, corazón!!   887
CA 1,1 Niño   No te la comas entera. Una patita,   1063
enterada (1)
YE 1,1 María   Pero tú estás más enterada de esto que yo.   1282
enterado (2)
ZP 2,1 Alcalde   Nada, pensaba... de que si tú fueras como debías ser,   951
                      te hubieras enterado que tengo voluntad [...]
BS 3,1 Novio   ¿Te has enterado?   1252
enterados (2)
MP 2,1 Niña   ¡Enterados!   822
MP 2,7 Conspirador 1 Enterados están. No falta nadie.   838
enteramos (1)
TC 5,1 Fígaro   Somos los alcaldes de las cabezas, y a fuerza de abrir   758
                      caminitos entre los bosques de cabello nos enteramos
                      cómo piensan [...]
enterando (1)
ZP 2,1 Alcalde   Pero que te vayas enterando que no por mucho   951
                      despreciar amanece más temprano.
enterar (1)
CA 2,1 Novia   Se ha de enterar.   1086
enterará (1)
RS 1,1 Tía   Ahora se enterará de que las telas no solo sirven para   1362
                      hacer flores, sino para empapar lágrimas.
enterarás (1)
TC 2,1 Rosita   Ya te enterarás. Ahora, adiós.   737
enteraré (2)
TC 5,1 Fígaro   Ya me enteraré de lo que pasa.   758

enteraré (continuación)
TC 6,1 Cristobita   Y ya me enteraré del ruido.   770
enterarme (7)
TC 3,1 Joven   Yo soy forastero y quisiera enterarme de quién es esa   744
                       Rosita por la que brindan con tanta alegría.
ZP 2,1 Zapatera   Pues cántalas, que quiero enterarme.   946
CA 1,1 Joven   ¡Pues no quiero enterarme! Todo bien cerrado.   1060
YE 1,2 Yerma   Porque yo quiero enterarme.   1288
RS 2,1 Rosita   No quiero enterarme de cómo pasa el tiempo.   1389
BA 2,1 Bernarda   ¡Yo sabré enterarme!   1502
BA 2,1 Angustias   Yo tengo derecho de enterarme.   1503
enterarse (2)
PB 2,1 Marcolfa   Y usted sin enterarse.   1001
BS 1,1 Madre   A cada uno le gusta enterarse de lo que le duele.   1182
                       ¿Quién fue el novio?

enterarte (2)
ZP 2,1 Zapatera   Pues si dices tú, más digo yo, y puedes enterarte, y   942
                       todos los [...]
BA 2,1 La Poncia   ¡Cuida de enterarte!   1502
BA 2,1 Bernarda   ¡Corre a enterarte de lo que pasa!   1503
enteras (A) (1)
BS 2,2 Madre   Ramas enteras de familias han venido.   1230
enteras (3)
MP 3,3 Mariana   No tengo miedo, ¿te enteras?   869
TB QM. Viejo   Si no tienes miedo, no te enteras, y si te enteras, no   905
                       tienes miedo.

enterase (1)
EP CV   Estudiante 2   El director de escena evitó de manera genial que la   1165
                       masa de espectadores se enterase de esto, pero [...]

entérate (2)
YE 2,1 Lavandera 4   Entérate tú, ¿quieres que lo diga más alto?   1304
BA 3,1 Adela   Entérate tú y ve al corral a decírselo.   1530
entere (2)
CA 2,1 Criada   ¡Que no se entere su novio!   1086
RS 3,1 Tía   "Ahí está Fulano"; y [...] siempre; "Que no se entere   1427
                       mi mujer."

enteren (2)
PB 1,1 Duende 1   No, que no se enteren.   995
BA 2,1 Bernarda   Pero todavía no soy anciana [...] que ni las hierbas   1495
                       se enteren de mi desolación.

enterizas (1)
BA 1,1 Criada   Fastídiate, Antonio María Benavides, tieso con tu   1445
                       traje de paño y tus botas enterizas.

entero (V) (1)
ZP 2,1 Zapatera   Que te fijes bien por si acaso no me entero del todo.   957
entero (6)
MP 1,7 Mariana   y relumbra todo entero.   813
MP 2,5 Pedro   entre el calor entero del pueblo de Granada.   829
ZP 1,1 Zapatero   Anteayer... despedazó el jamón que teníamos guardado   920
                       para estas Pascuas y nos lo comimos entero.
ZP 2,1 Alcalde   Con un estrado que costó [...] con espejos de cuerpo   951
                       entero...
ZP 2,1 Zapatera   ¡Yo guardo mi corazón entero para el que está por esos   969
                       mundos, para quien debo, para mi marido!
BA 1,1 La Poncia   Ese día me encerraré con ella en un cuarto y le estaré   1442
                       escupiendo un año entero.

enteros (2)
BA 1,1 La Poncia   Treinta años lavando sus sábanas; treinta años   1442
                       comiendo sus sobras; noches en vela cuando tose; días
                       enteros mirando por la [...]
BA 3,1 Adela   A mí me gusta ver correr lleno de lumbre lo que está   1516
                       quieto y quieto años enteros.

enterrada (1)
RS 3,1 Ama   Cuando yo enterré a mi [...] golpetazos de ver que la   1416
                       enterrada no era yo.

enterrar (7)
TC 6,1 Mosquito   Vamos a enterrar   780
MP 2,1 Niño   lo llevan a enterrar,   823
CA 1,1 Gata   ¿Y nos van a enterrar? ¿Cuándo?   1065
CA 1,1 Criado   El niño de la portera murió y ahora lo llevan a   1070
                       enterrar.
CA 1,1 Amigo 2   Ahora, antes de entrar aquí vi a un niño que llevaban   1074
                       a enterrar con las primeras gotas de la lluvia.
CA 3,2 Criado   Vivió mucho tiempo con un conde italiano riquísimo,   1131
                       padre del niño que acaban de enterrar.
BS 3,2 Novia   Que quiero que sepa que yo soy limpia, que estaré   1269
                       loca, pero que me pueden enterrar sin que ningún [...]
enterraré (1)
MM 1,2 Curianita Silvia Yo me enterraré en la arena   679
enterrarnos (1)
CA 1,1 Niño   ¡Ya vienen para enterrarnos!   1067

                                                                           Pág.

enterraron (1)
RS 3,1 Ama   ¿Dónde cree usted que estará don Rafael Salé,   1424
                          explotador de los pobres, que enterraron

enterré (3)
RS 3,1 Ama   Cuando yo enterré a mi marido lo [...]   1416
RS 3,1 Ama   Cuando enterré a mi niña..., ¿me entiende usted?, 1416
                          cuando enterré a mi niña fue [...]

entibia (1)
PB 1,1 Perlimplín   Desde que tú viniste de la iglesia está mi casa llena   988
                          de rumores secretos, y el agua se entibia ella sola en
                          [...]

entienda (1)
ZP 2,1 Zapatero   ¡Pero sepa y entienda que yo no estoy [...]   969
entiende (4)
TC 6,1 Cocoliche   ¡Que venga! Así verá cómo su novia se entiende con el 769
                          amante.
CA 1,1 Joven   La última vez que la [...] como me descuidara,   1052
                          ¿entiende usted?, le llenaban [...]
BS 1,1 Novio   Usted entiende más...   1177
RS 3,1 Ama   Cuando enterré a mi niña..., ¿me entiende usted?, 1416
                          cuando [...]

entiendes (3)
PB 3,1 Perlimplín   ¿Entiendes?   1017
BS 1,3 Padre   Lo que siento es que las tierras..., ¿entiendes?... 1196
BA 3,1 Bernarda   ¿Lo entiendes?   1513
entiendo (9)
TC 2,1 Cocoliche   No te entiendo.   736
TC 6,1 Cristobita   Ya soy viejo y entiendo las cosas.   772
MP 3,9 Mariana   Pero ¡qué bien entiendo lo que dice esta luz!   889
CA 1,1 Amigo   Yo no lo entiendo.   1058
BS 3,2 Madre   No me entiendo.   1268
YE 1,2 Vieja 1   Bueno, yo me entiendo.   1291
YE 2,2 Juan   Hablas de una manera que yo no te entiendo.   1313
YE 3,1 Yerma   O no entiendo el mundo.   1328
RS 3,1 Ama   Ayer decía a voces: "No; [...] entender, pero como no 1423
                          entiendo me dan ganas [...]

entierra (1)
MP 2,5 Pedro   España entierra y pisa su corazón antiguo,   832
entierre (1)
BS 3,1 Mendiga   o los entierre por el blanco limo.   1251
entierren (4)
CA 1,1 Niño   Yo no quiero que me entierren.   1065
CA 1,1 Niño   Yo no quiero que me entierren. ¡Vamos pronto!   1065
CA 1,1 Amigo 2   Así quiero que me entierren a mí.   1074
BS 1,1 Madre   Tengo que ir todas las [...] los matadores, y lo   1176
                          entierren al lado.

entierres (1)
CA 1,1 Niño   No me entierres. Espera unos minutos...   1069
entonaba (1)
MP 2,9 Pedrosa   entonaba.   850
entonces (48)
MM 1,2 Doña Curiana   ¿Qué os pasa entonces?   677
MM 1,2 Doña Curiana   Entonces   677
MM 2,7 Curianito   ¿Entonces a quién cuento mis pesares?   720
TC 0,0 Mosquito   Entonces yo avisé a mis [...]   724
TC 1,1 Cocoliche   Entonces...   730
TC 6,1 Rosita   Entonces... Me pondré el velo...   767
MP 2,5 Mariana   Un pájaro sin aire, ¿puede volar? ¡Entonces!... 828
MP 3,8 Mariana   Entonces, ¿cuándo viene para salvar mi vida?   884
TB PBK Americana   ¿Pues entonces?   895
TB DME Vieja   Entonces eres una sinvergüenza.   897
ZP 1,1 Zapatera   Entonces yo sería tu criada, ¿no es esto?   916
ZP 1,1 Alcalde   Entonces, grandísimo tunante, ¿por qué te has casado? 926
ZP 1,1 Niño   Ve tú, ve tú, ve tú, y nadie quería, y entonces: "Que 935
                          vaya el [...]
ZP 2,1 Niño   Pues me lo ha hecho el [...] pegué en la cara, y 944
                          entonces él me tiró una [...]
ZP 2,1 Zapatera   Él, entonces, me dijo... ¡Chisss!...   946
ZP 2,1 Vecina Roja   Entonces, ¿podemos pasar?   954
ZP 2,1 Zapatera   Tiene usted razón, pero yo desde entonces no como, ni 964
                          duermo, ni vivo; porque él era mi alegría, mi defensa.
ZP 2,1 Zapatero   Entonces, adiós... para toda la vida, porque a mi 975
                          edad...
ZP 2,1 Zapatero   Entonces, ¿lo recibiría usted bien?   976
PB 0,0 Perlimplín   Entonces...   985
PB 1,1 Perlimplín   Y entonces fue cuando sentí el amor.   991
PB 1,1 Perlimplín   ¡Entonces!   991
PB 1,1 Perlimplín   Entonces... ¡Qué me importa!   999
DC 1,1 Cristóbal   Entonces, ¿estamos conformes?   1033
DC 1,1 Madre   Entonces...   1034
DC 1,1 Rosita   Y entonces verás   1038

entonces (continuación)
CA 1,1 Viejo   ¿Entonces? ¡Ja, ja!   1053
CA 1,1 Joven   Entonces... Es muy difícil vivir.   1053
CA 1,1 Joven   Entonces yo subiré la escalera.   1057
CA 2,1 Novia   Entonces... ¿A qué vienes a buscarme?   1093
CA 3,1 Joven   Entonces volveré atrás.   1119
EP RR Figura De C   mientras tú, debajo de [...] operan el cáncer; y   1149
                            entonces yo me convertiría [...]
EP CV Estudiante 4   Entonces que se paren las máquinas y arrojad los   1161
                            granos de trigo sobre un campo de acero.
BS 1,1 Novio   ¿Entonces?...   1175
BS 1,3 Padre   Entonces el jueves. ¿No es así?   1199
YE 1,1 Yerma   Y entonces es cuando se le quiere más, cuando se dice   1281
                            ya: ¡mi hijo!
YE 1,1 María   Entonces... Hasta luego.   1284
YE 1,2 Yerma   Entonces, ¿qué vas a [...]   1290
YE 1,2 Yerma   Entonces, que Dios me ampare.   1291
YE 2,2 Juan   Entonces, ¿qué quieres hacer?   1314
YE 2,2 Muchacha 2   Entonces, luego, yo traeré la blusa.   1321
RS 3,1 Tía   Entonces, gobernar una casa ¿no es trabajar?   1413
BA 1,1 Martirio   ¡Sabe Dios lo que entonces pasaría!   1461
BA 2,1 La Poncia   Entonces Evaristo se [...]   1476
BA 2,1 Martirio   ¿Entonces?   1479
BA 2,1 La Poncia   Entonces Pepe hará lo [...]   1481
BA 2,1 Martirio   Entonces...   1502
BA 3,1 Magdalena   ¿Por qué lo has dicho entonces?   1531
entorna (1)
RS 1,1 Rosita   y la menor los entorna.   1367
entra (13)
MP 2,2 Niña   Y entra luego;   825
MP 3,4 Mariana   ¡Ay Pedro! Por ti no entra;   871
CA 1,1 Joven   Esta casa es mía y aquí no entra nadie.   1060
CA 2,1 Novia   Entra. Hace dos días que no te veo.   1079
RS 1,1 Tío   Entra, entra y la verás.   1355
RS 1,1 Ama   ¿Y no hay gatos y no hay perros, y no hay un golpe de   1356
                            aire que entra por la ventana?
RS 1,1 Tía   Mira a ver a quién entra.   1360
RS 3,1 Ama   ¡Qué airazo entra por la ventana!   1417
RS 3,1 Tía   Todos los cristianos sabemos que ningún rico entra en   1425
                            el reino de [...]
BA 1,1 La Poncia   Entra y llévate también un puñado de garbanzos.   1440
BA 2,1 Magdalena   Por un oído me entra y por otro me sale.   1472
BA 2,1 Amelia   Abre la puerta del patio a ver si nos entra un poco de   1473
                            fresco.
entraba (4)
ZP 2,1 Niño   Ahora entraba un grupo de hombres en casa del Alcalde.   973
CA 1,1 Amigo 2   En el colegio entraba por los patios [...]   1073
CA 3,1 Mecanógrafa   Pero... lo veía por las rendijas...; quieto con unos   1115
                            ojos... Entraba el aire como [...]
RS 3,1 Tía   "Ahí está Fulano"; y él: "Que entre"; y entraba con   1427
                            los bolsillos [...]
entrada (4)
MP 1,5 Mariana   ¿Quién le impediría la entrada?   799
MP 2,5 Pedro   había fiebre amarilla; la entrada era imposible,   831
MP 2,7 Conspirador 2   hasta la entrada de esta oscura calle.   836
RS 2,1 Rosita   Quiero poner en las jardineras y en el florero de la   1388
                            entrada.
entrado (7)
CA 1,1 Joven   ¿Por dónde has entrado?   1073
CA 2,1 Criada   Ya ha entrado.   1091
CA 2,1 Novia   ¿Cómo voy a dejar que entres en mi alcoba cuando ya ha   1095
                            entrado otro?
CA 3,2 Criada   Yo le he regalado un ramito de rosas, pero eran tan   1132
                            pequeñas que no las han entrado siquiera en la
                            habitación.
BA 1,1 La Poncia   Retumbaban las paredes, y cuando decía Amén era como   1443
                            si un lobo hubiese entrado en la iglesia.
BA 1,1 Bernarda   Que salgan por donde han entrado. No quiero que pasen   1447
                            por aquí.
BA 2,1 Adela   ¡Qué cariño tan grande te ha entrado de pronto por mi   1482
                            hermana!
entrampados (1)
TC 1,1 Padre   ¡Ay, Rosita, qué entrampados estamos!   726
entran (1)
RS 3,1 Ama   Pues... ¿y las ganas que me entran de cantar?   1417
entrando (1)
YE 3,1 Yerma   Dejarme libre siquiera la voz, ahora que voy entrando   1334
                            en
entrañas (3)
MP 2,9 Clavela   prenda de mis entrañas!   858

entrañas (continuación)   Pág.
  YE 3,2 Vieja   Y en cuanto a tu marido, hay en mi casa entrañas y   1345
                                herramientas para que no cruce siquiera la calle.
  RS 3,1 Ama   Cuando enterré a mi niña..., ¿me entiende usted?,   1416
                                cuando enterré a mi niña fue como si me pisotearan las
                                entrañas, pero los muertos [...]
entrañitas (1)
  TC 3,1 Espantanublos ¡Ay don Cristobita de mis entrañitas!   749
entrar (19)
  MM 1,5 Curiana N   ¡Vamos a entrar a verla! ¡Es preciosa!   700
  TC 1,1 Rosita   Ya los veo entrar... los suspiros de mi amante.   735
  MP 2,5 Mariana   ¡Pedro! ¿No te persiguen? ¿Te vieron entrar?   829
  MP 3,4 Mariana   No puedes entrar. ¡No puedes!   871
  MP 3,8 Mariana   ¡Dejadlo entrar, por Dios!   884
  ZP 0,0 El Autor   También amanece así todos los días sobre las ciudades,   912
                                y el público olvida su medio mundo de sueño para
                                entrar en los mercados [...]
  CA 1,1 Amigo 2   Ahora, antes de entrar aquí vi a un niño que llevaban   1074
                                a enterrar con las primeras gotas de la lluvia.
  CA 3,1 Arlequín   ¿No quiere entrar el señor?   1119
  BS 1,3 Padre   Dile que ya puede entrar.   1199
  BS 3,1 Luna   ¡Dejadme entrar! ¡Vengo helada   1249
  BS 3,1 Luna   ¡Que quiero entrar en un pecho   1250
  BS 3,1 Luna   dejadme entrar, ¡ay, dejadme!   1250
  BS 3,1 Luna   han de entrar en todas partes,   1250
  YE 1,1 Yerma   Yo conozco muchachas que han temblado y que lloraban   1276
                                antes de entrar en la cama con sus maridos.
  RS 1,1 Manola 1   Rosita está llorando, vamos a entrar.   1370
  RS 2,1 Ayola 1   Nos reímos porque antes de entrar aquí...   1398
  BA 1,1 La Poncia   Desde que murió el padre de Bernarda no han vuelto a   1442
                                entrar las gentes bajo estos techos.
  BA 1,1 Bernarda   En ocho años que dure el luto no ha de entrar en esta   1451
                                casa el viento de la calle.
  BA 1,1 Bernarda   ¿Por qué la habéis dejado entrar?   1470
entrara (1)
  CA 2,1 Novia   Detrás de toda esta sombra [...] como una abeja que   1079
                                entrara de pronto en [...]
entrará (2)
  MP 3,8 Mariana   El vendrá muy cansado, pero entrará en seguida.   884
  CA 1,1 Amigo   Entrará todo el mundo que quiera, no aquí, sino debajo   1060
                                de tu cama.
entraréis (1)
  MM 0,0   Mientras que no améis profundamente a la piedra y al   670
                                gusano no entraréis en el reino de Dios.
entraremos (1)
  EP CV Estudiante 1   Y donde se hable de amor entraremos con botas de "foot   1168
                                ball", echando fango por los espejos.
entraron (1)
  PB 2,1 Marcolfa   La noche de bodas entraron cinco personas por los   1001
                                balcones.
entras (1)
  YE 3,2 Vieja   Si entras en mi casa, todavía queda olor de cunas.   1345
entraseis (1)
  BA 1,1 Criada   ¿Quién os dijo que entraseis?   1444
entre (V) (1)
  RS 3,1 Tía   "Ahí está Fulano"; y él: "Que entre"; y entraba con   1427
                                [...]
entre (66)
entreabrirla (1)
  BA 2,1 La Poncia   Tened cuidado con no entreabrirla mucho, porque son   1488
                                capaces de dar un empujón para ver quién mira.
entrega (3)
  MM 0,0   Con la misma tranquilidad y la certeza que el polen de   669
                                las flores se entrega al viento, ellos [...]
  YE 2,1 Lavandera 5   Las brisas que me entrega   1307
  RS 2,1 El Señor X   Le entrega usted de mi parte este pendentif.   1377
entregada (2)
  CA 1,1 Viejo   ¿A que en aquel momento que la vio vieja ella estaba   1052
                                completamente entregada a usted?
  RS 3,1 Tía   Yo ya estoy entregada..., y un día [...]   1414
entrégamela (1)
  CA 2,1 Maniquí   y entrégamela desnuda   1104
entregando (1)
  YE 1,2 Yerma   Yo me entregué a mi marido por él, y me sigo   1290
                                entregando para ver si llega, pero nunca por
                                divertirme.
entregas (1)
  DC 1,1 Cristóbal   Yo te doy la onza de oro de las que cagó el moro y tú   1034
                                me entregas a tu hija Rosita, [...]
entrego (2)
  TC 2,1 Padre   (¡Dios mío, a quién le entrego yo mi hija!)   740

entrego (continuación)
    PB 2,1 Perlimplín   Porque comprendo tu estado de ánimo te entrego este   1004
                              papel que [...]

entregó (1)
    MP 1,6 Clavela   Me la entregó un jinete. Iba embozado   803

entregue (1)
    BA 1,1 Bernarda   ¿Es que quieres que las entregue a cualquier gañán?   1457

entregué (1)
    YE 1,2 Yerma   Yo me entregué a mi marido por él, y me sigo   1290
                              entregando para ver si llega, pero nunca por
                              divertirme.

entren (2)
    CA 1,1 Joven   Me molesta que las cosas de la calle entren en mi casa.   1049
    RS 2,1 Ama   Señora, no deje usted que los "poderes" entren en esta   1410
                              casa.

entres (5)
    MP 3,5 Pedrosa   ya se ha ordenado que entres en capilla.   876
    CA 2,1 Novia   ¿Cómo voy a dejar que entres en mi alcoba cuando ya ha   1095
                              entrado otro?
    BS 1,2 Suegra   ¡No vengas, no entres!   1186
    BS 1,2 Mujer   ¡No vengas, no entres!   1194
    BA 3,1 La Poncia   ¡No entres!   1532

entretenerse (1)
    BS 2,2 Padre   Poca. La gente no puede entretenerse.   1229

entretenga (1)
    RS 3,1 Ama   Entretenga un poco a la señora.   1417

entretenido (1)
    YE 1,2 Juan   No comprendo en qué te has entretenido.   1299

entretiene (1)
    RS 2,1 Tía   Es que muchas veces se entretiene.   1387

entretienen (1)
    BS 1,2 Leonardo   Estuve con los medidores del trigo. Siempre   1188
                                entretienen.

entretuve (1)
    YE 1,2 Yerma   Me entretuve.   1299

entretuvo (1)
    MP 2,9 Pedrosa   se entretuvo bordando en Valencay   851

entristeces (1)
    MP 2,8 Mariana   ¿Te entristeces?   841

entro (2)
    RS 3,1 Martín   Todos los días entro temblando en el [...]   1419
    RS 3,1 Ama   Yo entro en el cielo a la fuerza.   1425

entró (2)
    TC 3,1 Joven   Cuando lo vi desde la Sierra, me entró la luz por los   743
                              ojos y me llegó hasta los pies.
    YE 1,2 Yerma   Otra vez el mismo Víctor, [...] saltar una acequia y   1289
                              me entró un temblor que [...]

enturbia (1)
    MP 1,6 Mariana   enturbia la noche para los soldados.   806

enturbiara (1)
    MP 1,7 Mariana   con la noche se enturbiara,   813

entusiasmo (1)
    BA 2,1 La Poncia   ¡Hay que ver el entusiasmo de Angustias con su novio!   1501

envalentonadas (1)
    RS 2,1 Madre   Envalentonadas.   1395

envejecer (1)
    BS 3,2 Suegra   A envejecer y a llorar.   1264

envenenaban (1)
    CA 3,1 Arlequín   El poeta Virgilio construyó una mosca de oro y   1119
                              murieron todas las moscas que envenenaban el aire de
                              Nápoles.

envenenada (3)
    TB PBK Americana   ¿Tiene usted un anillo con la piedra envenenada?   895
    RS 3,1 Ama   Señora, ¿y no le podríamos mandar una carta   1415
                              envenenada, que se muriera de repente al recibirla?
    BA 1,1 Bernarda   Es así como se tiene [...] el miedo de que esté   1450
                              envenenada.

enveneno (1)
    TC 1,1 Rosita   Yo me enveneno ahora mismo con mixtos o con sublimado   734
                              corrosivo.

envenenó (1)
    MM 0,0   Se prendó de una visión [...] van al campo, y se   669
                              envenenó con aquello [...]

enviado (1)
    EP CV Enfermero   Ya se ha enviado al teatro por el agua.   1157

enviaste (2)
    MP 2,5 Pedro   me salvó el pasaporte y el caballo que enviaste   830
    PB 3,1 Belisa   Tú me enviaste el recado.   1013

envidia (4)
    ZP 2,1 Zapatero   ¡Ay, qué envidia me da su marido!   968
    YE 2,2 María   Me da tristeza que tengas envidia.   1317

envidia - errante

		Pág.
envidia (continuación)		
YE 2,2 Yerma	No es envidia lo que tengo; es pobreza.	1317
BA 2,1 Angustias	La envidia la come.	1478
envidiaba (1)		
RS 3,1 Martín	Por eso envidiaba yo tanto a su marido.	1421
envidio (1)		
BA 1,1 La Poncia	Claro es que no la envidio la vida.	1442
envío (1)		
TC 2,1 Cristobita	No sé cómo no le envío al barranquillo donde eché a tantos.	739
envolver (1)		
BS 2,2 Criada	Te voy a envolver unos roscos de vino para tu madre, que a ella le gustan mucho.	1233
envuelta (2)		
MM 0,0	Un viejo silfo del bosque [...] poeta os la repite envuelta en su propia [...]	670
MP 1,5 Fernando	de gente envuelta en sus capas	798
envuelto (2)		
PB 3,1 Marcolfa	Aunque no sirvo para [...] en punto al jardín, envuelto, como siempre, [...]	1009
PB 3,1 Belisa	Envuelto en su capa roja.	1015
envuelves (1)		
YE 3,1 Juan	Me engañas, me envuelves y como soy un hombre que trabaja la tierra, no tengo ideas para tus astucias.	1332
eo (4)		
MM 1,4 Las Curianitas	eo, eo, oh...	688
MM 1,4 Las Curianitas	¡eo! ¡eo! ¡oh!	689
epinicio (1)		
RS 3,1 Ama	Ayer decía a voces: "No; ahí hay hipérbaton", y luego... "el epinicio"... A mí me [...]	1423
época (9)		
MM 1,2 Doña Curiana	ya lo sé. Mas en mi época	680
ZP 2,1 Zapatero	Y en mi pueblo vivía una mujer... en cierta época, que tenía el suficiente [...]	966
DC 1,1	Así, pues, el poeta sabe [...] de limpieza en una época en que maldades, [...]	1019
CA 3,2 Criado	De esta época le viene su manía de grandeza.	1131
RS 2,1 Madre	Con sumo gusto y fina voluntad, como se decía en mi época.	1406
RS 3,1 Tía	Murió por la misma época que mi marido.	1432
BA 1,1 Magdalena	Aquella era una época más alegre.	1461
BA 1,1 Adela	Pienso que este luto me ha cogido en la peor época de mi vida para pasarlo.	1466
BA 2,1 La Poncia	No hay alegría como la de los campos en esta época.	1485
equilibrio (1)		
MP 1,4 Amparo	¡Qué gran equilibrio el suyo	793
equivocación (1)		
EP CV Muchacho 1	Aquí está la gran equivocación de todos [...]	1160
equivocada (1)		
CA 2,1 Criada	¡Está equivocada!	1086
equivocado (2)		
TC 1,1 Rosita	No, no... Me he equivocado...	726
EP CV Ladrones	Se ha equivocado el traspunte.	1162
equivocamos (1)		
CA 3,2 Jugador 2	Pero creo que con este... no nos equivocamos.	1136
equivocara (1)		
RS 1,1 Ama	Si me equivocara, no oiría usted ninguna palabra nueva.	1355
equivocas (1)		
RS 1,1 Tía	¡A ver si te equivocas!	1355
equivoque (1)		
RS 1,1 Tía	Casi me lo figuro. Ojalá me equivoque.	1361
era (S) (2)		
BS 1,1 Madre	Y las escopetas, y las pistolas, y el cuchillo más pequeño, y hasta las azadas y los bieldos de la era.	1172
BA 1,1 Mujer 2	¿Habéis empezado los trabajos en la era?	1446
era (114)		
eran (11)		
eras (S) (1)		
YE 3,2 María	Vamos a las eras, que es donde está la gente.	1337
eras (5)		
eres (71)		
ermita (2)		
YE 3,2 Muchacha 1	Más de cuarenta toneles de vino he visto en las espaldas de la ermita.	1338
YE 3,2 Vieja	Mi hijo está sentado detrás de la ermita esperándote.	1345
Ernestina (2)		
CA 1,1 Amigo	Estuve con una muchacha... Ernestina.	1057
CA 1,1 Amigo	Me cito con Ernestina.	1057
errante (2)		
MM 2,2 Doña Curiana	Ella viene del alba. Es una flor errante,	705
TC 6,1 Rosita	Yo jamás te amé. Eres un hombre errante.	775

errores (1)
    DC 1,1   Así, pues, el poeta sabe [...] época en que maldades,   1019
                          errores y sentimientos [...]

es (916)
esa (75)
esas (38)
escabullirse (1)
    BA 1,1 La Poncia   Ya me chocó a mí verla escabullirse hacia el patio.   1455
escala (1)
    TB DME Estudiante   Si me echas una escala, viviré esta noche contigo.   902
escalas (1)
    PB 1,1 Perlimplín   ¿Por qué tienen los balcones cinco escalas que llegan   998
                          al suelo?

escalera (10)
    MP 3,8 Monja 1   ¡Ya suben la escalera!   888
    CA 1,1 Joven   Entonces yo subiré la escalera.   1057
    CA 1,1 Gata   Vámonos por la escalera.   1067
    CA 1,1 Niño   Por la escalera nos verán.   1067
    CA 2,1 Joven   Ustedes me perdonen, pero de correr, de subir la   1092
                          escalera, estoy agitado.
    CA 2,1 Joven   De pronto, mientras subía la escalera, vinieron a [...]   1092
    CA 3,1 Payaso   Venga una escalera.   1111
    EP CV Estudiante 4   Y aunque los poetas pusieron una escalera para   1158
                          asesinarla, ella siguió dando voces y acudió la
                          multitud.
    EP CV Muchacho 1   Vamos por la escalera.   1160
    BA 3,1 Prudencia   Pone una escalera y salta las tapias y el corral.   1507
escaleras (1)
    BS 3,1 Leonardo   primero las escaleras?   1256
escalerilla (1)
    TC 6,1 Rosita   ¡Ya siento sus pasos por la escalerilla! Iluminadme,   766
                          Santa Rosa.
escalón (1)
    RS 3,1 Martín   Y créame usted que los [...] situadas en el último   1419
                          escalón de gente que [...]
escamas (1)
    BS 3,2 Novia   pez sin escamas ni río,   1272
escándalo (4)
    ZP 1,1 Zapatero   Toda mi vida ha sido en mí una verdadera preocupación   921
                          evitar el escándalo.
    ZP 2,1 Zapatero   ¡Qué escándalo!   962
    RS 3,1 Martín   Hace un rato tenían un escándalo enorme, porque [...]   1419
    BA 2,1 Bernarda   ¡Qué escándalo es este en mi casa y en el silencio del   1492
                          peso del calor!
escándalos (3)
    ZP 1,1 Zapatero   Ay, mujer..., no me des escándalos, ¡mira que viene la   918
                          gente!
    ZP 1,1 Zapatero   ¡Ay vecina de mi alma, no me dé usted escándalos, por   919
                          los clavitos de Nuestro Señor!
    ZP 1,1 Zapatero   Yo no te digo más que he huido de los escándalos, como   922
                          las salamanquesas del agua fría.
escandalosa (1)
    ZP 1,1 Zapatera   ¿Pero tienes el valor de llamarme escandalosa, cuando   922
                          he salido a defender tu dinero?
escapa (5)
    TC 2,1 Cristobita   Hace tiempo que la porra no funciona y se me escapa de   739
                          las manos.
    TC 4,1 Mosquito   es una criatura... Pero lo cierto es que el corazón   751
                          de la señá Rosita, un corazoncillo así de pequeño, se
                          le escapa.
    ZP 1,1 Zapatera   ¡Que se escapa, que se escapa!   937
    CA 3,2 Jugador 1   La vida se le escapa por sus pupilas, [...]   1136
escapado (2)
    MM 0,0   Un viejo silfo del bosque escapado de un libro [...]   670
    BA 2,1 Martirio   ¿Y no se habrá escapado a medianoche al corral?   1491
escapar (6)
    MP 2,9 Mariana   Y déjeme escapar. Yo guardaré   856
    ZP 2,1 Zapatera   Parece que las manos se quieren escapar ellas solas.   963
    CA 1,1 Amigo   Ya ha sido bastante. Creo que no te puedes escapar de   1070
                          la tormenta.
    CA 3,2 Jugador 3   Yo jugué en la India [...] todas las copas y pudo   1136
                          escapar entre los árboles.
    EP CV Estudiante 5   Los caballos lograron escapar rompiendo el techo de la   1157
                          escena.
    BA 2,1 Adela   ¡Que la dejen escapar!   1505
escaparía (1)
    ZP 2,1 Zapatero   Y ahora casi me alegro [...] me parece que se me   968
                          escaparía cierta insinuación...
escaparías (1)
    EP RR Figura De P   Si yo no tuviera esta flauta te escaparías a la luna,   1146
                          [...]

escaparse - escoba

Pág.

escaparse (4)
BS 3,1 Luna	soy; ¡no podrán escaparse!	1249
BS 3,1 Luna	que no puedan escaparse!	1250
BS 3,1 Luna	¡No! ¡No podrán escaparse!	1250
BS 3,1 Mendiga	¡No pueden escaparse!	1252

escape (1)
ZP 1,1 Zapatera	Lograrás que se escape.	936

escapé (3)
CA 1,1 Niño	¿sabes? Me escapé de casa.	1065
BA 1,1 María Josefa	Me escapé porque me quiero [...]	1470
BA 3,1 María Josefa	Me escapé. ¿Tú quién eres?	1524

escapó (3)
MP 1,5 Fernando	se escapó; pero Pedrosa	799
BA 1,1 Criada	¡Se me escapó!	1470
BA 2,1 Martirio	Se me escapó. Fue sin darme cuenta.	1490

escarcha (12)
DC 1,1 Poeta	Si el director de escena quisiera, don Cristóbal vería las ninfas del agua y doña Rosita podría llenar de escarcha sus cabellos [...]	1036
CA 2,1 Novia	Creo que me vas a quebrar entre tus brazos, porque soy débil, porque soy pequeña, porque soy como la escarcha, porque soy [...]	1079
CA 2,1 Joven	que seda y escarcha fueron	1100
CA 3,1 Máscara	¿Para el niño que el conde Arturo dejó morir en la escarcha?...	1116
CA 3,1 Máscara	Su niño morirá bajo la escarcha.	1123
BS 2,2 Criada	que relumbre la escarcha	1226
BS 3,2 Madre	Yo haré con mi sueño una fría paloma de marfil que lleve camelias de escarcha sobre el camposanto.	1267
BS 3,2 Novia	Y yo corría con tu hijo [...] andar y que dejaban escarcha sobre mis heridas [...]	1269
YE 1,2 Yerma	y tu camisa de escarcha,	1295
RS 1,1 Manola 3	Encajes de escarcha tienen	1368
RS 1,1 Primo	y la escarcha deje en mí	1372
BA 2,1 Martirio	Estoy deseando que llegue noviembre, los días de lluvias, la escarcha todo lo que [...]	1488

escarmiento (1)
ZP 2,1 Zapatero	Respetable público: Oigan [...] paciencia, para que sirva de escarmiento y ejemplaridad [...]	958

Escarpini (1)
RS 2,1 Rosita	Las señoritas de Ayola, la señora y señoritas de Escarpini.	1396

escasos (1)
BS 1,1 Madre	Primero, tu padre, que me olía a clavel y lo disfruté tres años escasos.	1173

escena (15)
ZP 0,0 El Autor	Por este miedo absurdo, y por ser el teatro en muchas ocasiones una finanza, la poesía se retira de la escena en busca de otros [...]	911
ZP 0,0 El Autor	También amanece así todos [...] tú en tu casa, en la escena, zapaterilla prodigiosa.	912
DC 1,1 Poeta	Si el director de escena quisiera, don [...]	1036
DC 1,1 Director	Llenemos el teatro de espigas frescas, debajo de las cuales vayan palabrotas que luchen en la escena con el tedio y [...]	1043
EP CV Enfermero	Piden la muerte del director de escena.	1155
EP CV Estudiante 5	Los caballos lograron escapar rompiendo el techo de la escena.	1157
EP CV Estudiante 4	Iban con el director de escena.	1157
EP CV Dama 3	Han encontrado al director de escena dentro del sepulcro.	1158
EP CV Estudiante 4	El director de escena abrió los escotillones, [...]	1161
EP CV Estudiante 2	En último caso, ¿es que Romeo y Julieta tienen que ser necesariamente un hombre y una mujer para que la escena del sepulcro se [...]	1161
EP CV Estudiante 1	No es necesario, y esto era lo que se propuso demostrar con el genio el director de escena.	1161
EP CV Estudiante 5	Ha llegado el juez y, antes de asesinarlos, les van a hacer repetir la escena del sepulcro.	1162
EP CV Dama 4	Están representando otra vez la escena del sepulcro.	1164
EP CV Estudiante 2	El director de escena evitó de manera [...]	1165
EP CV Estudiante 4	¿Pero no te has dado [...] truco del director de escena, y que la verdadera [...]	1167

escenario (1)
EP CV Estudiante 5	La que estaba en el escenario, la que tenía los pies más bellos del mundo.	1166

esclava (2)
ZP 1,1 Zapatera	Porque, yo, todo menos esclava.	922
YE 3,2 Yerma	¿Que yo vaya a pedirle lo que es mío como una esclava?	1345

escoba (2)
EP RR Centurión	¡Cállate, rata vieja! ¡Hijo de la escoba!	1154

escoba (continuación)
RS 2,1 Ama   Estaba detrás de la puerta, sí, señor, pero no era   1379
                          para oír, sino para poner una escoba boca arriba y
                          [...]

escocer (1)
PB 2,1 Belisa   Debe tener la piel morena y sus besos deben perfumar y   1002
                          escocer al mismo tiempo como el azafrán y el clavo.

escocés (1)
RS 1,1 Rosita   un corselete escocés   1367
esconda (2)
TC 3,1 Cristobita   Que esconda el rabo la zorra,   748
YE 2,1 Lavandera 2   ¡Que se esconda!   1310
esconde (1)
MP 1,5 Mariana   o se esconde bajo el agua.   796
esconderme (1)
CA 3,1 Máscara   Voy a esconderme dentro de las zarzamoras dentro de   1123
                        las zarzamoras.

escondida (1)
MM 0,0   El amor, lo mismo que pasa con sus burlas y sus   669
                       fracasos por la vida del hombre, pasa en esta ocasión
                       por una escondida pradera poblada [...]

escondido (2)
BA 2,1 Angustias   Una de vosotras me lo ha escondido.   1491
BA 2,1 La Poncia   Bueno, a Martirio... ¿Por qué habrá escondido el   1497
                       retrato?

escondidos (1)
BA 2,1 La Poncia   En el pueblo hay gentes que leen también de lejos los   1499
                       pensamientos escondidos.

escondrijo (1)
BA 3,1 Martirio   Una buena noche para ladrones, para el que necesita   1515
                       escondrijo.

escopeta (5)
BS 3,1 Novia   el cañón de la escopeta.   1256
BS 3,2 Madre   A medianoche dormiré, dormiré sin que ya me aterren la   1267
                       escopeta o el cuchillo.
RS 1,1 Tía   La lengua se me debió [...] allí: el caballo y la   1363
                       escopeta para tirar al [...]
BA 3,1 Bernarda   ¡La escopeta! ¡Dónde está la escopeta?   1530
escopetas (2)
BS 1,1 Madre   Y las escopetas, y las pistolas, y el cuchillo más   1172
                       pequeño, y hasta las azadas y los bieldos de la era.
BS 3,1 Leñador 2   Hay cuchillos y escopetas a diez leguas a la redonda.   1247
escotillones (1)
EP CV Estudiante 4   El director de escena abrió los escotillones, y la   1161
                       gente [...]

escribas (1)
RS 2,1 Tía   Muchas veces te he aconsejado que escribas a tu primo   1389
                       y te cases aquí con otro.

escribe (2)
PB 2,1 Belisa   El me escribe cartas.   1005
RS 3,1 Muchacho   Escribe desde Barcelona. Cada vez menos.   1434
escribí (1)
RS 3,1 Martín   Me dieron una flor natural y escribí un drama que   1419
                       nunca se pudo representar.

escribiendo (1)
RS 3,1 Tía   Pero usted sigue escribiendo.   1421
escribió (1)
RS 3,1 Tía   Ocho años lleva de matrimonio, y hasta el mes pasado   1415
                       no me escribió el canalla la verdad.

escribir (2)
TC 1,1 Cocoliche   En seguida voy a escribir una carta a París pidiendo   730
                       un niño...
CA 1,1 Joven   ¿Terminaste de escribir las cartas?   1053
escribirme (1)
TB QM Mujer   Enrique mío. Enrique. No dejes de escribirme. No me   905
                       olvides.

escribo (1)
RS 3,1 Martín   No sé por qué escribo, porque no tengo ilusión, pero   1421
                       sin embargo es lo único que me gusta.

escrita (1)
BA 3,1 Adela   que en el cielo estás escrita   1516
escrito (4)
CA 2,1 Padre   Tú le has escrito durante los cinco años que ha durado   1089
                       nuestro viaje.
CA 3,1 Mecanógrafa   ¿Has escrito las cartas?   1124
CA 3,1 Mecanógrafa   ¿Has escrito las cartas?   1125
YE 3,1 Yerma   Está escrito y no me voy a poner a luchar a brazo   1335
                       partido con los mares.

escritura (2)
MP 1,7 Mariana   lo que pide en la escritura.   811

Pág.

escritura (continuación)
ZP 2,1 Alcalde   Nada, pensaba... de [...] valentía para hacer   951
escritura, delante del [...]
escrituras (1)
RS 3,1 Ama   ...y coger una espada [...] juramento y las mentirosas   1414
escrituras de cariño.
escucha (5)
MM 2,7 Curianito   Escucha mis palabras.   720
CA 2,1 Maniquí   Escucha.   1102
CA 3,1 Mecanógrafa   ¡Yo quiero!... Escucha.   1128
YE 3,2 Yerma   Escucha a la penitente   1339
RS 3,1 Tía   ¡Escucha!   1417
escuchad (1)
MM 0,0   Ahora, escuchad la comedia.   670
escúchame (1)
ZP 1,1 Zapatero   Escúchame un momento...   921
escuchando (1)
MP 1,4 Lucía   escuchando a esta torera,   794
escuchar (1)
MM 0,0   Señores: La comedia que vais a escuchar es humilde e   669
[...]
escuches (2)
MM 2,5 Mariposa   y los cantos que escuches,   715
RS 2,1 Tío   Te he dicho que no me gusta que escuches las   1379
conversaciones.
escuece (1)
MP 1,7 Mariana   Me escuece dentro su amor   813
escuela (2)
MM 1,2 Curianita Silvia   que ya salí de la escuela.   676
BA 2,1 La Poncia   Yo tengo la escuela de tu madre.   1477
escupan (1)
BA 2,1 La Poncia   Para que las gentes no escupan al pasar por esta   1481
puerta.
escupe (1)
BS 2,1 Leonardo   Y la plata, que brilla tanto, escupe algunas veces.   1213
escupes (1)
YE 3,1 Yerma   Me pones desnuda en mitad de la plaza y me escupes.   1333
escupiendo (1)
BA 1,1 La Poncia   Ese día me encerraré con ella en un cuarto y le estaré   1442
escupiendo un año entero.
escupir (3)
BS 1,1 Madre   Es verdad... Pero oigo eso de Félix y es lo mismo   1182
Félix que llenárseme de cieno la boca y tengo que
escupir, tengo que escupir por no matar.
BS 2,1 Leonardo   A mí me pueden matar, pero no me pueden escupir.   1213
escupo (1)
EP RR Figura De P   Te escupo.   1147
ese (55)
esencia (3)
DC 1,1 Director   Llenemos el teatro de [...] sigue pura la vieja   1043
esencia del teatro.
BS 2,1 Muchacha 3   ¿Qué esencia te echaste en el pelo?   1220
BA 2,1 Angustias   ¿Me compraste el bote de esencia?   1483
esmeraldas (2)
MM 1,2 Curianita Silvia   tus ojos son de esmeraldas,   680
PB 3,1 Perlimplín   Tu marido acaba de matarme con este puñal de   1016
esmeraldas.
eso (191)
esos (24)
espaciosa (1)
MM 1,3 Doña Curiana   Tiene casa espaciosa,   685
espada (8)
MP 2,8 Conspirador 4   bella espada que ceñía,   843
TB PBK Americana   ¿Tiene usted una espada adornada con hojas de mirto?   895
PB 3,1 Belisa   Marcolfa, bájame la espada del comedor, que voy a   1016
atravesar la garganta de mi marido...
CA 1,1 Niño   y el viento como una espada.   1067
CA 1,1 Niño   ni el viento como una espada.   1067
EP RR Figura De P   Si me besas, yo abriré mi boca para clavarme después   1153
tu espada en el cuello.
RS 3,1 Ama   ...y coger una espada y cortarle la [...]   1414
BA 1,1 Bernarda   y su espada justiciera.   1448
espadas (2)
MP 1,5 Mariana   con larguísimas espadas!   796
ZP 1,1 Zapatero   rey de espadas, rey de bastos.   928
espadón (1)
ZP 2,1 Niño   Si quieres te puedo traer el espadón grande de mi   948
abuelo, el que se fue a la guerra.
espalda (6)
TB QM. Mujer   Me duele un poco la espalda.   909

espalda (continuación)
PB 3,1 Belisa   Jazminero flotante y sin raíces, el cielo caerá sobre   1012
                       mi espalda sudorosa... ¡Noche!,
CA 1,1 Gato   que los niños me hicieron en la espalda.   1061
BS 3,1 Luna   sobre su espalda de jaspe,   1249
RS 3,1 Martín   A mí, como me ven inútil, [...] un muñequito en la   1418
                       espalda, pero a mis compañeros [...]
RS 3,1 Rosita   Yo sé que los ojos los tendré siempre jóvenes, y sé   1430
                       que la espalda se me irá curvando cada día.

espaldas (8)
PB 1,1 Duende 1   Vamos. Ya siento un dulce fresquillo por mis espaldas.   996
BS 3,1 Mendiga   Espera... ¡Qué espaldas más anchas!   1254
YE 3,2 Muchacha 1   Más de cuarenta toneles de vino he visto en las   1338
                       espaldas de la ermita.
YE 3,2 Hembra   y temblor a sus espaldas.   1340
RS 3,1 Ama   Con las puntillas de los dedos, con hilos, con tallos,   1413
                       con confituras; en cambio, yo he trabajado con las
                       espaldas, con las rodillas, [...]
RS 3,1 Tía   A la vejez todo se nos vuelve de espaldas.   1417
BA 2,1 Adela   Si quieres te daré mis ojos, que son frescos, y mis   1479
                       espaldas para que te [...]
BA 3,1 La Poncia   Cuando una no puede con el mar lo más fácil es volver   1520
                       las espaldas para no verlo.

espanta (2)
MP 1,5 Mariana   Es un hombre que me espanta.   800
ZP 1,1 Niño   Cállate y habla en voz baja, ¿no ves que se espanta si   935
                       no?

espantaban (1)
BS 2,2 Novio   Se espantaban de los caballos.   1230
Espantanublos (3)
TC 3,1 Contrabandista 2 ¡Espantanublos!   741
TC 3,1 Cocoliche   Espantanublos, danos vino hasta que se nos salga por   743
                       los ojos.
TC 3,1 Cocoliche   Espantanublos, cierra [...]   745
espantes (1)
YE 3,1 Yerma   Yo quiero tener a mi hijo en los brazos para dormir   1328
                       tranquila, y óyelo bien y no te espantes de lo que
                       digo: [...]

espanto (1)
MP 2,8 Conspirador 4   En Málaga, un espanto.   843
España (8)
MP 1,4 Amparo   que España cría en su tierra,   793
MP 1,5 Fernando   Ahora los ríos sobre España.   801
MP 2,5 Pedro   de una España cubierta de espigas y rebaños,   832
MP 2,5 Pedro   España entierra y pisa su corazón antiguo,   832
MP 2,8 Conspirador 4   España entera calla, ¡pero vive!   842
MP 2,9 Mariana   Es probable que esté fuera de España.   853
MP 3,3 Alegrito   de España, según me han dicho.   868
MP 3,5 Mariana   dentro de España tales villanías?   876
esparto (3)
CA 2,1 Novia   Quiero un hábito color tierra para ese hombre; un   1085
                       hábito de roca pelada con un cordón de esparto a la
                       cintura.
BS 1,3 Padre   Buena cosecha de esparto.   1196
BS 1,3 Padre   En mi tiempo, ni esparto daba esta tierra.   1196
especial (2)
CA 3,1 Mecanógrafa   Si viniera mi amigo tan alto, con todo el cabello   1117
                       rizado, pero rizado de un modo especial tú haces como
                       [...]
CA 3,2 Jugador 3   Yo jugué en la India [...] rojo con una anilina   1136
                       especial todas las copas [...]

especie (1)
ZP 0,0 El Autor   Respetable público... [...] temblor de miedo, y una   911
                       especie de súplica para [...]

espectáculo (1)
PB 1,1 Perlimplín   Nunca había visto la salida del sol... Es un   1000
                       espectáculo que... parece mentira..., ¡me conmueve!

espectador (1)
EP CV Estudiante 1   Un espectador no debe formar nunca parte del drama.   1165
espectadores (2)
CA 3,1 Arlequín   Lleno de espectadores definitivamente quietos.   1119
EP CV Estudiante 2   El director de escena evitó de manera genial que la   1165
                       masa de espectadores se enterase [...]

espejitos (1)
ZP 1,1 Zapatera   Pero el que más me gustaba [...] negra, llena de   917
                       borlas y espejitos, con una varilla [...]

espejo (10)
MM 2,7 Curianito   ¡Mariposa! ¡Espejo de las hadas!   720
TC 6,1 Rosita   Tengo un relojito y tengo un espejo de plata ; pero,   764
                       ¡qué desgraciada soy!

			Pág.
espejo (continuación)			
CA 1,1	Joven	la dibujo, la hago moverse [...] estuviera mirándose en un espejo de feria?	1052
CA 2,1	Novia	Un espejo, una mesa estarían más cerca de ti que yo.	1095
CA 2,1	Maniquí	se hundió por las arenas del espejo.	1099
CA 2,1	Joven	Se hundió por las arenas del espejo.	1101
CA 2,1	Maniquí	se hundió por las arenas del espejo.	1107
BS 3,2	Madre	espejo de la tierra.	1270
RS 3,1	Ama	Mírese en ese espejo.	1424
BA 1,1	Bernarda	¡Espejo de tus tías!	1469
espejos (5)			
ZP 2,1	Alcalde	Con un estrado que costó cinco mil reales, con centros de mesa, con cortinas de brocatel, con espejos de cuerpo entero...	951
ZP 2,1	Zapatera	Siéntese usted en el estrado, métase usted en la cama, mírese usted en los espejos y póngase con [...]	951
PB 3,1	Voces	Plata de arroyos y espejos.	1012
CA 2,1	Novia	En los espejos y entre los encajes de la cama oigo ya el gemido de un niño que me persigue.	1095
EP CV	Estudiante 1	Y donde se hable de amor entraremos con botas de "foot ball", echando fango por los espejos.	1168
espera (S) (4)			
MP 2,5	Mariana	en espera de gentes que te traigan ahogado.	832
CA 1,1	Joven	Pero es que yo estoy [...] esperar cinco años, en espera de poder liarme [...]	1050
CA 2,1	Maniquí	Sin espera.	1104
BS 2,2	Padre	En espera de estar acompañada.	1228
espera (28)			
MP 3,7	Novicia 2	Ella lo espera segura.	880
MP 3,9	Mariana	Nos espera una larga locura de luceros	888
PB 2,1	Perlimplín	Espera. Aquí está.	1007
DC 1,1	Poeta	Te espera una muertecita.	1022
CA 1,1	Niño	¡Ay! ¡Espera! ¿No vienen? Tengo miedo,	1065
CA 1,1	Niño	No me entierres. Espera unos minutos...	1069
CA 2,1	Joven	Se lo pondrá la mujer que espera por las orillas de la mar.	1104
CA 2,1	Maniquí	Te espera siempre, ¿recuerdas?	1104
CA 2,1	Maniquí	espera la sangre tuya.	1104
CA 2,1	Viejo	No recuerdo. Pero espera.	1106
CA 2,1	Padre	¡Hija! ¡Espera, espera!	1107
CA 2,1	Viejo	¡Espera!	1107
CA 2,1	Viejo	¡Espera!	1107
CA 2,1	Viejo	¡Espera!	1107
CA 2,1	Viejo	¡Espera!	1107
CA 3,1	Mecanógrafa	¡Espera!	1123
CA 3,1	Joven	¡Amor no espera!	1123
CA 3,1	Mecanógrafa	Espera... Yo iré... Siempre.	1127
CA 3,1	Viejo	Ella irá. Siéntate, amigo mío. Espera.	1127
BS 1,1	Madre	Espera.	1172
BS 1,3	Madre	Vamos. El sol no espera. ¿Conformes en todo?	1202
BS 2,1	Novia	Vete y espera a tu mujer en la puerta.	1214
BS 2,2	Criada	y espera el campo el rumor	1226
BS 3,1	Mendiga	Espera... Hermoso galán.	1254
BS 3,1	Mendiga	Espera... ¡Qué espaldas más anchas!	1254
YE 1,2	Vieja 1	Espera en firme.	1291
YE 3,2	Hombre 2	¡Que diga a quién espera!	1340
esperaaaaa (1)			
CA 2,1	Voz	¡Esperaaaaa...!	1107
esperaba (6)			
MP 1,5	Mariana	No te esperaba	796
CA 2,1	Maniquí	Ella esperaba desnuda	1101
CA 3,1	Mecanógrafa	Esperaba siempre en pie toda la noche hasta que yo me asomaba a la ventana.	1115
CA 3,1	Joven	Yo esperaba y moría.	1125
CA 3,2	Jugador 3	Yo jugué en la India con un viejo que cuando ya no tenía una gota de sangre sobre las cartas, y yo esperaba el momento de [...]	1136
BS 3,2	Novia	Yo era una mujer quemada, [...] de agua de la que yo esperaba hijos, tierra, [...]	1269
esperabas (1)			
CA 3,1	Mecanógrafa	Tú esperabas y me dejaste marchar, pero siempre te creías amado.	1125
esperado (2)			
CA 2,1	Joven	Porque te he esperado y ahora gano mi sueño.	1094
YE 1,1	María	Por mi gusto hubiera esperado en la puerta a que abrieran; y ¿a que no sabes lo que he comprado?	1278
espéralo (1)			
RS 2,1	Rosita	¡Espéralo en la puerta!	1399
esperan (4)			
MM 2,3	Mariposa	Mis hijos me esperan,	708
MM 2,3	Mariposa	mis hijos me esperan.	709

esperan (continuación)
    TC 6,1 Rosita   Son... los invitados que esperan en la puerta.   769
    RS 1,1 Rosita   ¿Qué galanes las esperan?   1367
esperando (12)
    MP 1,6 Mariana   Esperando,   802
    MP 2,8 Conspirador 3   Don Pedro, triunfaremos esperando.   842
    MP 3,7 Novicia 2   Está esperando a su novio.   879
    MP 3,7 Novicia 2   que está esperando a su novio,   883
    ZP 2,1 Zapatera   Siéntese usted en el [...] debajo de las palmeras   951
                           esperando que le caigan [...]
    DC 1,1 Director   Salga usted, que el público lo está esperando.   1022
    CA 1,1 Joven   Esperando, el nudo se deshace y la fruta madura.   1072
    CA 2,1 Padre   Lo he estado esperando mucho tiempo.   1090
    CA 3,1 Mecanógrafa   Hace cinco años que me está esperando, pero... ¡Qué   1117
                           hermoso es esperar con seguridad el momento de ser
                           amada!
    EP RR Figura De P   Estoy esperando la noche, angustiado por el blancor de   1149
                           la ruina, para poder arrastrarme a tus pies.
    BS 2,2 Novio   Estoy esperando a la novia.   1235
    RS 3,1 Martín   Todos los días entro temblando en el colegio esperando   1419
                           lo que van [...]
esperándola (1)
    CA 2,1 Criada   Tanto tiempo esperándola.   1084
esperándote (2)
    MP 3,9 Novicia 2   que en las altas barandas tu novio está esperándote.   890
    YE 3,2 Vieja   Mi hijo está sentado detrás de la ermita esperándote.   1345
esperanza (10)
    MP 3,4 Voz   se murió mi esperanza.   871
    MP 3,4 Mariana   se murió mi esperanza.   872
    MP 3,4 Mariana   Corazón sin esperanza,   873
    MP 3,8 Mariana   pero nunca lo quise decir a mi esperanza.   885
    MP 3,8 Mariana   Ahora ya no me importa. Mi esperanza lo ha oído   885
    RS 2,1 Solterona 1   y los lirios, la esperanza.   1404
    RS 3,1 Rosita   Ya perdí la esperanza de hacerlo con quien quise con   1429
                           toda mi sangre, con quien quise y... con quien quiero.
    RS 3,1 Rosita   Todo está acabado... [...] sentimiento de tener la   1429
                           esperanza muerta.
    RS 3,1 Rosita   Y sin embargo la esperanza me persigue, [...]   1429
    BA 2,1 La Poncia   Alimenta esa esperanza, olvídalo, lo que quieras, pero   1481
                           no vayas contra la ley de Dios.
Esperanza (1)
    RS 3,1 Rosita   Su prima Esperanza mandó un niño por un destornillador.   1426
esperanzas (1)
    YE 2,2 Yerma   Cada vez tengo más deseos y menos esperanzas.   1318
esperar (14)
    TC 1,1 Rosita   Genoveva de Brabante tendría uno así cuando se ponía   731
                           en la torre de su castillo a esperar a su esposo.
    MP 2,8 Pedro   y no puedo esperar, señores míos.   842
    CA 1,1 Joven   Pero es que yo estoy [...] mí, y por eso puedo esperar   1050
                           cinco años, en [...]
    CA 1,1 Viejo   Por eso vamos a... a no ir... o a esperar.   1053
    CA 1,1 Mecanógrafa   Pero yo no espero; ¿qué es eso de esperar?   1054
    CA 1,1 Viejo   ¿Y por qué no? Esperar es creer y vivir.   1054
    CA 1,1 Amigo   No hay necesidad de esperar.   1071
    CA 3,1 Mecanógrafa   Hace cinco años que me está esperando, pero... ¡Qué   1117
                           hermoso es esperar con seguridad el momento de ser
                           amada!
    CA 3,1 Mecanógrafa   Yo moría por esperar.   1125
    CA 3,2 Jugador 2   No hay que esperar.   1143
    CA 3,2 Jugador 3   No hay que esperar nunca.   1143
    BS 2,2 Padre   Ahora tienes que esperar. Mi hija es ancha y tu hijo   1229
                           es fuerte.
    YE 1,1 Juan   ¡Hay que esperar!   1276
    YE 1,1 Yerma   Elena tardó tres años, [...] como yo, es demasiado   1282
                           esperar.
esperaras (1)
    CA 1,1 Joven   Te he dicho algunas veces que te esperaras, pero tú...   1054
esperaría (1)
    RS 3,1 Tía   Yo ya estoy entregada..., y un día sopas, otro día   1414
                           migas, mi vasito de agua y mi rosario en el bolsillo,
                           esperaría la muerte con [...]
esperarlo (1)
    YE 3,2 Yerma   ¿Y no podré esperarlo?   1349
esperas (4)
    MP 1,4 Lucía   Si esperas visita, nos vamos.   791
    PB 3,1 Perlimplín   Belisa... ¿Lo esperas aún?   1013
    YE 3,1 Vieja 1   Pero ¿qué vega esperas dar a tu hijo ni qué felicidad   1328
                           ni qué silla de plata?
    YE 3,1 Vieja 1   Pero mientras esperas la gracia de Dios debes   1328
                           ampararte en el amor de tu marido.

espérate (1)   Pág.
    BA 3,1 Bernarda   Espérate, mujer. No nos vemos nunca.
espere (7)   1506
    MP 1,7 Fernando   Necesito antes de las nueve el pasaporte que tienes en   811
                             tu poder y una persona de tu absoluta confianza que
                             espere con un caballo, [...]
    CA 1,1 Joven   Pero tú no puedes comprender que se espere a una mujer   1071
                             cinco [...]
    CA 1,1 Joven   ¿Dónde va usted? ¿Por qué se marcha así? ¡Espere!   1076
    YE 2,2 Yerma   Dile que espere un poco.   1320
    RS 1,1 Sobrino   Pero yo quiero que Rosita me espere.   1362
    RS 3,1 Ama   ¡Que nos espere muchos años todavía cortando rosas!   1413
    BA 1,1 Criada   Tin, tin, tan. ¡Que nos espere muchos años! Tin, tin,   1444
                             tan.
esperé (2)
    MP 2,5 Pedro   y esperé bien oculto la ocasión. ¡Ya ha llegado!   831
    YE 2,2 Muchacha 2   Esperé a que saliera. Mi madre te está aguardando.   1320
esperen (1)
    YE 2,2 Yerma   ¡Que me esperen aunque sea tarde!   1321
espero (19)
    TC 5,1 Fígaro   Hoy espero la gran visita.   755
    TC 5,1 Jovencita   niña, te espero,   760
    MP 1,7 Fernando   Esta noche, disfrazado de contrabandista, tengo   811
                             absoluta necesidad de salir para Válor y Cadiar, donde
                             espero tener noticias [...]
    MP 1,7 Mariana   Yo espero que así sea.
    MP 1,7 Fernando   Yo espero que así será.   814
    MP 2,9 Pedrosa   No; yo espero que pronto será mío.   814
    MP 2,9 Pedrosa   Espero que dirás sus nombres, ¿verdad?   853
    TB QM. Mujer   Te espero. Adiós.   856
    ZP 2,1 Zapatera   Y no se olvide de decirle que lo espero, que el   906
                             invierno tiene las noches largas.   976
    PB 0,0 Perlimplín   Espero serlo, señora.
    CA 1,1 Mecanógrafa   Pero yo no espero; ¿qué es eso de esperar?   985
    CA 1,1 Mecanógrafa   No espero porque no me da la gana, porque no quiero y,   1054
                             sin embargo, no me puedo mover de aquí.   1054
    CA 3,1 Mecanógrafa   ¡Te espero, amor! ¡Te espero! ¡Vuelve pronto!
    BS 1,2 Mujer   Espero que vendrán a invitarnos.   1130
    BS 1,3 Novia   Yo te espero.   1190
    BS 2,2 Madre   Así espero.   1202
    YE 1,2 Yerma   Está bien. ¿Te espero?   1229
    RS 2,1 Rosita   Yo espero como el primer día.   1300
espesura (3)   1389
    CA 3,1 Arlequín   ¡Qué espesura de anémonas levanta!
    CA 3,1 Arlequín   ¡Qué espesura de anémonas levanta!   1108
    YE 2,2 Yerma   de leche tibia son en la espesura   1109
espiar (1)   1316
    BA 1,1 La Poncia   Treinta años lavando [...] por la rendija para espiar   1442
                             a los vecinos [...]
espiarme (1)
    MP 2,7 Conspirador 3   Pedrosa no ha cesado de espiarme,   836
espigada (1)
    MP 2,1 Niño   espigada y juncal,   824
espigas (6)
    MP 2,5 Pedro   de una España cubierta de espigas y rebaños,   832
    DC 1,1 Director   Entre los ojos de las [...] los grupos tiernos de   1043
                             espigas mojadas, estallan [...]
    DC 1,1 Director   Llenemos el teatro de espigas frescas, debajo [...]   1043
    BS 3,1 Leonardo   mata dos espigas juntas.   1259
    YE 3,2 Yerma   Una maldición. Un charco de veneno sobre las espigas.   1344
    BA 2,1 Coro   en busca de las espigas;   1486
espina (5)
    BS 1,3 Padre   Una espina tengo en el corazón, [...]   1196
    BS 2,1 Leonardo   Esa es la espina.   1213
    BS 2,1 Mujer   ¿Por qué me miras así? Tienes una espina en cada ojo.   1224
    YE 1,2 Yerma   ¡La espina de la retama!   1296
    RS 1,1 Tío   ¿eh?, ¡ni una espina!;   1356
espinas (5)
    BS 3,1 Novia   espinas en la cabeza.   1260
    YE 3,2 Yerma   aunque tenga mil espinas.   1339
    RS 1,1 Tío   Porque es increíble la "rosa declinata" de capullos   1356
                             caídos y la inermis que no tiene espinas; ¡qué
                             maravilla!,
    RS 2,1 Tío   De tanto vivir juntas, los encajes se os hacen espinas.   1385
    BA 3,1 Adela   Todo el pueblo contra [...] pondré la corona de   1528
                             espinas que tienen las [...]
Espino (1)
    TC 4,1 Cocoliche   ¡Virgen del Espino!
espinos (1)   754
    YE 2,2 Yerma   La mujer del campo que no da hijos es inútil como un   1317
                             manojo de espinos, y hasta mala, [...]

espinosa (1)
    ZP 0,0 El Autor   El poeta no pide benevolencia, sino atención, una vez   911
                            que ha saltado hace mucho tiempo la barra espinosa de
                            miedo que [...]

espíritu (4)
    MM 2,3 Mariposa   Yo soy el espíritu   708
    MM 2,5 Gusano 3   y no tienen espíritu.   714
    MP 1,7 Mariana   su espíritu viviría.   813
    EP CV Desnudo   Padre, en tus manos encomiendo mi espíritu.   1164
espléndida (1)
    MP 2,9 Pedrosa   Mientras que usted, espléndida Mariana,   851
esposa (5)
    ZP 2,1 Zapatero   A mí... ¡me abandonó mi esposa!   967
    ZP 2,1 Zapatero   ¡Pero sepa y entienda que yo no estoy enamorado de   969
                              nadie más que de mi mujer, mi esposa de legítimo
                            matrimonio!
    PB 2,1 Perlimplín   Por eso quiero ayudarte como debe hacer todo buen   1004
                            marido cuando su esposa es un dechado de virtud...
                            Mira.
    YE 3,2 Hembra   la esposa triste se bañaba.   1340
    RS 2,1 El Señor X   Póngame a los pies de su señora esposa.   1378
esposo (12)
    TC 1,1 Rosita   Genoveva de Brabante tendría uno así cuando se ponía   731
                            en la torre de su castillo a esperar a su esposo.
    MP 1,2 Amparo   ¿Qué tal tu esposo el clavel?   785
    MP 2,4 Angustias   ¡Serénate, hija mía! ¡No es tu esposo!   827
    ZP 1,1 Zapatero   Eres mi mujer, quieras o no quieras, y yo soy tu   918
                              esposo.
    ZP 2,1 Zapatero   Esposo viejo y decente,   960
    ZP 2,1 Zapatero   Igualmente le digo de su esposo.   975
    PB 0,0 Perlimplín   Cuando yo era niño una mujer estranguló a su esposo.   981
    DC 1,1 Poeta   y un esposo dormilón.   1022
    YE 1,2 Yerma   Vengo de llevar la comida a mi esposo, que trabaja en   1286
                            los olivos.
    YE 1,2 Vieja 1   También yo vengo de traer la comida a mi esposo.   1287
    YE 3,2 Vieja   ¿No te convences? ¿Y tu esposo?   1343
    RS 2,1 Madre   ¿Y su esposo?   1391
espuelas (3)
    MP 3,6 Mariana   Clava las duras espuelas.   878
    ZP 1,1 Zapatera   Pero el que más me gustaba [...] mimbre en su mano y   917
                            las espuelas de cobre reluciente.
    BS 3,1 Leonardo   me calzaron las espuelas?   1257
espuma (5)
    MM 2,7 Curianito   o la espuma del agua.   720
    CA 2,1 Maniquí   potro de plomo y espuma,   1101
    RS 1,1 Primo   nardos de espuma y sosiego   1371
    RS 3,1 Rosita   con blanco de espuma y sal.   1435
    BA 3,1 María Josefa Luego nos sentaremos todos y todos tendremos el   1525
                              cabello blanco y seremos espuma.
espumas (2)
    CA 2,1 Maniquí   competir con las espumas.   1100
    BA 3,1 María Josefa ¿Por qué aquí no hay espumas?   1525
esqueleto (1)
    MM 0,0   ¡Cuántas veces el enorme esqueleto portador de [...]   670
esqueletos (2)
    EP CV Dama 2   ¿Qué necesidad teníamos de lamer los esqueletos?   1159
    EP CV Estudiante 2 Se amaban los esqueletos y estaban [...]   1160
esquina (5)
    PB 2,1 Perlimplín   Acaba de volver la esquina.   1007
    BS 1,1 Madre   Tu abuelo dejó a un hijo en cada esquina.   1174
    YE 3,1 Dolores   Si tienes miedo te acompañaré hasta la esquina.   1330
    BA 1,1 Criada   Como dará la vuelta a la esquina, desde la ventana de   1467
                              tu cuarto se verá mejor.
    BA 2,1 La Poncia   Ahora dan vuelta a la esquina.   1488
esquinas (3)
    EP CV Hombre 1   Soledad de los edificios, de las esquinas de las   1169
                            playas, donde tú no aparecerás nunca.
    RS 1,1 Ama   por las cuatro esquinas de Jerusalén.   1358
    RS 3,1 Ama   ¡Salga el sol por las esquinas!   1413
esquivo (1)
    RS 2,1 Rosita   desdén esquivo, la dalia;   1405
esta (172)
está (295)
ésta (1)
estaba (58)
estabais (1)
estábamos (2)
estaban (15)
estabas (7)

Pág.

establo (1)
BS 2,2 Mujer — Es que no le encuentro y el caballo no está tampoco en el establo. — 1239

establos (1)
DC 1,1 Director — Señoras y señores: Los [...] aire oscuro de los establos abandonados. — 1043

estaciones (1)
EP CV Enfermero — Tres estaciones, si queda bastante carbón. — 1156
estado (1)
PB 2,1 Perlimplín — Porque comprendo tu estado de ánimo te entrego [...] — 1004
estado (7)
estafermos (1)
ZP 2,1 Zapatera — La gente me canta coplas, [...] ceros a la izquierda, estafermos. — 948

estáis (4)
estallado (2)
TC 6,1 Padre — ¡Ha estallado! — 779
EP CV Estudiante 4 — Por eso ha estallado la revolución. — 1161
estallan (2)
DC 1,1 Director — Entre los ojos de las [...] de espigas mojadas, estallan con alegría [...] — 1043

CA 2,1 Maniquí — estas cintas que me estallan — 1103
estallar (2)
TC 6,1 Currito — ¡Yo voy a estallar! — 770
RS 1,1 Ama — Que deje usted esos bolillos con ese tiquití, que me va a estallar la cabeza de tiquitís. — 1360

estallara (1)
BA 2,1 Bernarda — Yo veía la tormenta venir, pero no creía que estallara tan pronto. — 1495

estalle (1)
TC 3,1 Mozo 2 — ¡Y porque su futuro marido estalle como un fantoche! — 744
estallen (1)
BA 3,1 La Poncia — El día que estallen nos barrerán a todos. — 1520
estalló (1)
EP CV Estudiante 4 — La gente se olvida de los trajes en las representaciones y la revolución estalló cuando se encontraron [...] — 1160

estambres (1)
EP RR Figura De C — Un látigo hecho con los estambres de una orquídea. — 1148
estamos (17)
están (83)
estancia (1)
MP 1,4 Amparo — No me has preguntado por mi estancia en Ronda. — 791
estando (3)
estanque (2)
DC 1,1 Rosita — No te pongas así. Son las ranas del estanque. — 1040
EP CV Dama 2 — Lo que más miedo me ha dado ha sido el lobo de cartón y las cuatro serpientes en el estanque de hojalata. — 1163

estanques (1)
BS 3,1 Luna — el agua de los estanques. — 1249
estar (58)
estará (12)
estarán (9)
estarás (4)
estaré (9)
estaría (9)
estarían (1)
estarías (3)
estarlo (3)
estarse (3)
estas (59)
estás (74)
éstas (1)
estate (3)
estatua (1)
CA 3,1 Arlequín — Ahí dentro, en el circo, hay oro blando, suficiente para hacer una estatua del mismo tamaño... que usted. — 1119

estatura (1)
BS 2,2 Novio — Yo tengo menos estatura. — 1234
este (142)
esté (19)
éste (1)
Esteban (1)
ZP 2,1 Zapatero — Aleluyas con los hechos [...] del guapo Francisco Esteban y, sobre todo, [...] — 956

estemos (1)
estén (1)
estertor (2)
RS 3,1 Martín — y el hórrido estertor de mi combate! — 1420
RS 3,1 Martín — ¿Y es que no suena bien de acento y de cesura este verso: "y el hórrido estertor de mi combate"? — 1420

estés (7)
estilo (1)
  RS 2,1 Ama   Un portatermómetro, estilo Luis Quince.   1382
estío (1)
  MM 2,7 Curianito   fresca sombra en estío y la tiniebla   720
estira (1)
  MP 1,7 Mariana   y toda mi piel se estira.   810
estirados (1)
  BS 3,2 Niña   ¡Cuerpos estirados,   1264
estirar (1)
  BA 3,1 Adela   Voy a llegarme hasta el portón para estirar las   1512
                        piernas y tomar un poco de fresco.

esto (99)
estoque (1)
  MP 1,4 Amparo   En la punta de su estoque   793
estorbemos (1)
  ZP 2,1 Vecina Roja   Como estamos en lo ancho de la calle, no creo que le   953
                        estorbemos.
estorbo (1)
  MM 1,5 Alacranito   ¿Estorbo quizás, señores,   690
estornudar (1)
  ZP 1,1 Zapatera   ¡Mira que estornudar!   930
estos (40)
estoy (133)
estrado (2)
  ZP 2,1 Alcalde   Con un estrado que costó cinco [...]   951
  ZP 2,1 Zapatera   Siéntese usted en el estrado, métase usted [...]   951
estrangularme (1)
  PB 0,0 Perlimplín   Como de azúcar..., blanca por dentro. ¿Será capaz de   987
                        estrangularme?

estrangularos (1)
  TC 6,1 Currito   Quisiera estrangularos a los dos.   769
estrangule (1)
  TC 6,1 Cocoliche   Rosita: déjame que le estrangule.   776
estranguló (1)
  PB 0,0 Perlimplín   Cuando yo era niño una mujer estranguló a su esposo.   981
estrecha (1)
  BA 2,1 La Poncia   Es estrecha de cintura, vieja, y con mi conocimiento   1481
                        te digo que se morirá.

estrechará (1)
  MP 1,7 Fernando   Pedrosa estrechará el cerco como él sabe, y si esta   811
                        misma noche no parto, estoy irremisiblemente perdido.

estrecharme (1)
  CA 2,1 Novia   Detrás de toda esta sombra hay como un trabazón de   1079
                        puentes de plata para estrecharme a mí y para [...]

estrecho (1)
  CA 3,2 Joven   Es asombroso que sea tan estrecho.   1132
estrella (22)
  MM 0,0   También el viejo silfo [...] por el aire tiene la   670
                        estrella lejana, y que [...]
  MM 1,1 Curiana N   vi una estrella roja toda temblorosa   672
  MM 1,3 Doña Curiana   su carita de estrella;   685
  MM 1,4 Curianito   Eres tú la estrella que alumbra a la aldea,   685
  MM 1,4 Curianito   está prendida en la estrella   687
  MM 1,4 Curianita Silvia ¿Y dónde está tu estrella?   687
  MM 1,5 Curiana N   Dulce estrella caída de un ciprés soñoliento,   698
  MM 1,5 Curianita Silvia El quiere ya a una estrella.   698
  MM 1,5 La Mariposa   El hilo va a la estrella   699
  MM 1,6 Curianito   Amapola, ya he visto mi estrella misteriosa.   700
  TC 0,0 Mosquito   Pero un día vi por el agujerito de la puerta una   724
                        estrella que temblaba como una fresca violeta de luz.
  TC 0,0 Mosquito   Abrí mi ojo todo lo que pude me lo quería cerrar el   724
                        dedo del viento- y bajo la estrella, un ancho río
                        [...]
  TC 1,1 Hora   Deja que el agua corra y la estrella salga.   734
  TC 6,1 Cocoliche   En aquella estrella te haré un columpio y un balcón de   777
                        plata.
  MP 3,7 Novicia 1   por cada estrella que muere   880
  MP 3,8 Mariana   Ya soy como la estrella sobre el agua profunda,   886
  BS 2,1 Criada   como una estrella...   1222
  BS 2,1 Voces   como una estrella!   1224
  BS 2,1 Mujer   como una estrella!   1224
  BS 2,1 Voces   como una estrella.   1225
  BS 3,1 Leñador 3   Como una estrella furiosa.   1247
  BA 3,1 Adela   Madre, ¿por qué cuando se corre una estrella o luce un   1516
                        relámpago se dice:

Estrella (2)
  MP 1,6 Fernando   voy al café de la Estrella.   804
  MP 2,7 Mariana   y el café de la Estrella está desierto.   839

274

		Pág.
estrellaba (1)		
CA 1,1 Amigo 2	En el colegio entraba por los patios y estrellaba por las paredes [...]	1073
estrellar (1)		
YE 3,1 Yerma	Es en ese muro donde tengo que estrellar mi cabeza.	1334
estrellas (22)		
MM 0,0	La poesía que pregunta por qué se corren las estrellas es muy dañina [...]	670
MM 1,1 Curiana N	y llenan de estrellas mi traje sombrío.	672
MM 1,1 Curiana N	"Todas las estrellas se van a apagar."	672
MM 1,1 Curiana N	"Amigas cigarras grité-, ¿veis las estrellas?"	672
MM 1,2 Doña Curiana	Todas las estrellas se van a apagar.	675
MM 1,2 Curianita Silvia	que se apagan las estrellas	677
MM 1,6 Curiana N	como noche sin estrellas;	680
MM 2,3 Mariposa	La noche sin estrellas donde te perderás.	701
MM 2,5 Mariposa	y el lamentar de las estrellas,	708
MM 2,7 Curianito	¿Vosotros sois estrellas?	716
TC 3,1 Contrabandista 1	con los ojos sin fin de las estrellas	720
TC 6,1 Rosita	Y las estrellas se caen sobre las casas...	742
	En esta hora, los niños cuentan las estrellas, y los viejos se duermen sobre sus cabalgaduras.	774
MP 1,5 Mariana	Ya debieran las estrellas	796
MP 3,6 Mariana	Entre el mar y las estrellas	878
MP 3,9 Mariana	enciende para mí tus estrellas distantes.	890
DC 1,1 Rosita	cuentan las estrellas	1032
CA 1,1 Niño	estrellas de papel sobre mi caja.	1062
YE 3,2 Yerma	de las estrellas tranquilas.	1339
RS 1,1 Tío	y las estrellas avanzan	1357
RS 1,1 Rosita	y las estrellas avanzan	1374
BA 3,1 Adela	Tiene el cielo unas estrellas como puños.	1515
estremecen (1)		
BA 2,1 La Poncia	La traen arrastrando [...] dando unas voces que estremecen los campos.	1505
estremecidas (2)		
MM 1,6 Curianito	de alas estremecidas, blanca como el armiño?	701
RS 1,1 Rosita	agujas estremecidas	1372
estremecido (2)		
PB 2,1 Belisa	¡sino tu blanco y mórbido cuerpo estremecido!	1007
BS 3,1 Luna	en ansia de esta fuente de chorro estremecido!	1251
estrenar (1)		
BA 1,1 Magdalena	Se ha puesto el traje verde que se hizo para estrenar el día de su [...]	1462
estribillos (1)		
RS 1,1 Manola 2	Y estribillos de las olas.	1366
estropee (1)		
ZP 1,1 Niño	Dice mi madre que tenga [...] delicado, para que no se estropee el charol.	914
estrujar (1)		
BS 2,1 Novia	Un hombre con su caballo sabe mucho y puede mucho para poder estrujar a una muchacha metida en un desierto.	1214
estudiante (1)		
TB DME Doncella	y Estudiante empieza con E,	898
estudiar (3)		
MP 2,7 Pedro	Hay que estudiar hasta el menor detalle,	838
RS 2,1 El Señor X	Si Santos Dumont, en vez de estudiar Meteorología [...]	1376
RS 2,1 El Señor X	Sí, pero aplicada: para estudiar jugos de la [...]	1376
estudio (1)		
ZP 1,1 Niño	No se disguste usted conmigo, que yo no tengo la culpa y todos los días estudio muy bien la gramática.	914
RS 2,1 Solterona 3	Ahora estudio poco. Tengo muchas labores que hacer.	1397
estudios (1)		
EP CV Estudiante 5	Porque están locos; pero a mí, que subo dos veces todos los días la montaña y guardo, cuando terminan mis estudios, un enorme rebaño [...]	1167
estupenda (2)		
TC 5,1 Fígaro	¡Pero qué cosa más estupenda!	760
ZP 2,1 Zapatero	que me parece estupenda:	962
estuve (14)		
estuviera (14)		
estuvieran (2)		
estuvieron (1)		
estuviese (2)		
estuvimos (1)		
estuviste (1)		
estuvo (16)		
et (1)		
BA 1,1 Todas	"Et lux perpetua luceat eis."	1449
etc (4)		
eternas (2)		
MP 3,9 Mariana	¡Amor, amor, amor, y eternas soledades!	889
MP 3,9 Mariana	¡Amor, amor, amor, y eternas soledades!	891

eternidades (1)
  MP 2,5 Pedro   en medio de estas anchas eternidades nuestras   832
eterno (1)
  MP 2,5 Mariana   que navegara eterno sobre una barca vieja,   832
europeo (1)
  PB 2,1 Marcolfa   El europeo, con su barba; el indio, el negro, el   1001
                        amarillo y el norteamericano.

Eustaquia (1)
  TB DME Vieja   ¿Eustaquia? ¿Dorotea? ¿Jenara?   898
Eva (1)
  EP RR Figura De P   ¡No te alejes de mí, Eva cochina!   1150
Evaristo (2)
  BA 2,1 La Poncia   Esas cosas pasan entre [...] primera vez que mi marido 1476
                        Evaristo el Colín vino [...]
  BA 2,1 La Poncia   Entonces Evaristo se acercó, se [...]   1476
evidencia (1)
  DC 1,1   El poeta que ha interpretado y recogido de labios   1019
                        populares esta farsa de guiñol tiene la evidencia de
                        que el público [...]

evita (1)
  MP 1,7 Mariana   Evita guarda o soldado...   815
evitar (2)
  ZP 1,1 Zapatero   Toda mi vida ha sido en mí una verdadera preocupación 921
                        evitar el escándalo.
  BA 2,1 Adela   Nadie podrá evitar que suceda lo que tiene que suceder. 1482
evitarlo (1)
  MP 1,5 Mariana   sin que yo pueda evitarlo.   799
evitó (1)
  EP CV Estudiante 2   El director de escena evitó de manera genial [...]   1165
evocar (1)
  CA 3,1 Mecanógrafa   He huido tanto, que necesito contemplar el mar para   1126
                        poder evocar el temblor de tu boca.

exactamente (2)
  ZP 1,1 Zapatera   Exactamente igual que usted.   930
  RS 3,1 Muchacho   Pues bajaba yo muerto [...] porque decía que era   1433
                        exactamente igual que [...]

exacto (2)
  CA 1,1 Viejo   Y ¿quién recuerda un mapa exacto de las arenas del   1052
                        desierto... o el rostro de un amigo cualquiera?
  RS 3,1 Muchacho   ¡Exacto! ¡Qué disparate de moda!   1433
exageres (1)
  BA 2,1 Amelia   No exageres.   1478
examen (1)
  RS 3,1 Rosita   Y hoy se casa una amiga y otra y otra, y mañana tiene 1428
                        un hijo y crece, y viene a enseñarme sus notas de
                        examen, y hacen casas [...]

examinar (1)
  RS 3,1 Martín   Y créame usted que los padres se ríen luego de las   1419
                        infamias, porque como somos los pasantes y no les
                        vamos a examinar los hijos, nos [...]

excelencia (2)
  TC 5,1 Fígaro   ¡Excelencia, admirable! Yo estoy encantado. ¡Tran,   759
                        lará, lará!
  TC 5,1 Fígaro   ¡Excelencia! Sí, sí...   761
excelente (1)
  MP 2,7 Pedro   pero excelente si la aprovechamos.   838
excelsa (1)
  RS 3,1 Martín   ¡Oh madre excelsa! Torna tu mirada   1420
excepción (1)
  ZP 1,1 Alcalde   Todas, sin excepción, han probado esta vara repetidas 924
                        veces.

excremento (1)
  RS 3,1 Martín   Hace un rato tenían un [...] había encontrado un   1419
                        excremento de gato sobre [...]

exhalaba (1)
  PB 1,1 Duende 1   Su habitación exhalaba un perfume tan [...]   995
exhalación (1)
  BS 2,2 Mujer   Van abrazados, como una exhalación.   1243
exige (1)
  RS 2,1 Tía   Tu novio no te exige que seas hurona.   1389
existe (4)
  MP 2,5 Mariana   ¡Y algo que yo no sé decir, pero que existe!   830
  CA 1,1 Amigo 2   En cambio, dentro de cuatro o cinco años existe un   1075
                        pozo en el que caeremos todos.
  CA 3,1 Joven   La otra no existe, pero tú sí, porque me quieres.   1124
  YE 1,2 Vieja 1   ¿Cuándo os vais a dar cuenta de que no existe?   1291
existen (1)
  RS 3,1 Rosita   Me he acostumbrado a [...] que estas cosas ya no   1428
                        existen sigo dando vueltas [...]

existía (1)
  CA 2,1 Novia   ¡Antes no existía yo tampoco!   1089

Pág.

existían (1)
  CA 2,1 Novia   Existían la tierra y el mar.   1089
existiera (1)
  MM 2,6 Curianito   ¿Y si San Cucaracho no existiera? ¿Qué objeto   719
experiencia (1)
  RS 2,1 El Señor X   No tengo el suficiente volumen de experiencia sobre 1376
                   ellas.
explica (2)
  RS 3,1 Martín   Hace un rato tenían un escándalo enorme, porque el 1419
                   señor Consuegra, que explica latín admirablemente,
                   [...]
  RS 3,1 Ama   Cuando él explica en la sala baja del colegio, yo voy 1423
                   a la carbonería para oírlo: "¿Qué es idea?"
explicabas (1)
  RS 2,1 Tío   Ayer oí cómo le explicabas con todo detalle nuestra 1385
                   cuenta corriente en el Banco.
explicar (2)
  CA 1,1 Joven   Por ahora no puede ser... Por causas que no son de 1048
                   explicar.
  RS 3,1 Martín   Vengo de explicar mi clase de Preceptiva.   1418
explicaré (1)
  TC 6,1 Rosita   Yo te lo explicaré, amor mío. ¡Huye!   769
explicarte (1)
  ZP 1,1 Zapatero   Ya estoy harto de explicarte...; pero es inútil.   929
explicas (1)
  PB 1,1 Perlimplín Todo lo explicas bien.   998
explico (2)
  MP 3,1 Carmen   ¿Por qué? Yo no me lo explico.   864
  ZP 1,1 Zapatero   Yo no me lo explico tampoco.   926
expliques (1)
  RS 2,1 Tío   No me expliques, ya me lo sé todo de memoria... Y sin 1385
                   embargo no puedes estar sin ella.
explotador (1)
  RS 3,1 Ama   ¿Dónde cree usted que estará don Rafael Salé,   1424
                   explotador de los pobres, que enterraron
expone (1)
  MP 1,1 Angustias se expone...   784
exponen (1)
  MP 2,7 Pedro   como vosotros exponen su vida   838
exponiendo (1)
  MP 2,5 Pedro   exponiendo tu débil corazón al peligro.   828
exposición (1)
  RS 2,1 Ama   Ahí están las señoronas por todo lo alto de Ayola, 1395
                   fotógrafo de Su Majestad y medalla de oro en la
                   exposición de Madrid.
expresaba (2)
  BS 3,1 Leñador 3   Expresaba el sino de su casta.   1247
  RS 2,1 Solterona 3 el heliotropo expresaba.   1403
expresarle (1)
  PB 0,0 Perlimplín No sé cómo expresarle nuestro agradecimiento.   986
exprese (1)
  ZP 1,1 Mozo   ¿Cómo quiere que se lo exprese?...   931
expresión (1)
  DC 1,1   El guiñol es la expresión de la fantasía del pueblo y 1019
                   da el clima de su gracia y de su inocencia.
expresiones (1)
  DC 1,1   Así, pues, el poeta sabe que el público oirá con 1019
                   alegría y sencillez expresiones y vocablos [...]
expuestas (1)
  CA 1,1 Viejo   Están las cosas más vivas dentro que ahí fuera, 1053
                   expuestas al aire o la muerte.
expuestos (1)
  BS 1,1 Vecina   Muchas veces pienso que tu hijo y el mío están mejor 1179
                   donde están, dormidos, descansando, que no expuestos a
                   quedarse [...]
exquisita (1)
  MM 0,0   El amor pasaba de padres a hijos como una joya vieja y 669
                   exquisita que recibiera [...]
extendida (1)
  MM 1,2 Doña Curiana estaba más extendida   680
extendidas (1)
  MP 2,8 Conspirador 4 y las velas extendidas.   844
extendido (1)
  CA 3,2 Criado   El frac. Lo he extendido en la cama.   1133
extienda (1)
  RS 1,1 Manola 1   Deja que el rumor extienda   1368
extralimitar (1)
  RS 2,1 Madre   No nos podemos extralimitar lo más mínimo.   1393
extranjero (1)
  TC 1,1 Rosita   Será un chiflado de esos que vienen del extranjero. 731

extraña (V) (1)
   MP 2,9 Pedrosa   ¿Le extraña mi visita?   852
extraña (1)
   BA 2,1 Bernarda   Nunca está bien una extraña en el centro de la familia. 1496
extrañas (1)
   MM 2,1 Curianita Santa "Sufrid sobre vosotras las heridas extrañas,   704
extrañe (1)
   ZP 0,0 El Autor   En todos los sitios late [...] romancillo, y no se   912
                              extrañe el público si [...]
extraño (3)
   MM 1,1 Curiana N   Va a ser un poeta, y no es nada extraño: 673
   MP 1,6 Fernando   Estoy confuso. ¡Esto es tan extraño!   803
   MP 2,5 Pedro   con un extraño joven, que no me dijo nada.   830
extraños (2)
   MM 2,1 Curianita Santa y sufrid en vosotras los defectos extraños.   703
   MM 2,5 Mariposa   son disfraces extraños   715
extraordinaria (1)
   PB PRO Madre   ¡Qué delicadeza tan extraordinaria!   986
extraordinarias (1)
   PB 3,1 Perlimplín   Antes no podía pensar en las cosas extraordinarias que 1009
                              tiene [...]
extremos (1)
   ZP 1,1 Zapatera   Por lo que veo, en este pueblo no hay más que dos   932
                              extremos: o monja o trapo de fregar...
f (1)
   TB DME Doncella   A, B, C, D, E, F, G, H, I, J, K, L, M, N.   898
fácil (6)
   MM 1,4 Curianita Silvia ¿No es fácil que se seque   687
   MP 1,5 Fernando   y es fácil que lo detengan   799
   CA 1,1 Viejo   Pues es bien fácil, ¿no?   1054
   BS 1,1 Madre   Tengo que ir todas las mañanas, y si me voy es fácil 1175
                            que muera uno
   BS 3,1 Leñador 2   Hay muchas nubes y será fácil que la luna no salga. 1247
   BA 3,1 La Poncia   Cuando una no puede con el mar lo más fácil es volver 1520
                            las espaldas para no verlo.
fácilmente (1)
   MP 2,8 Mariana   saltarás fácilmente! Ese tejado   848
fachada (2)
   MP 1,5 Fernando   Y qué preciosa fachada   797
   BA 3,1 Bernarda   Yo no me meto en los corazones, pero quiero buena   1513
                            fachada y armonía familiar.
faena (1)
   YE 2,2 Juan   Estuve podando los manzanos y a la caída de la tarde 1311
                          me puse a pensar para qué pondría yo tanta ilusión en
                          la faena si no puedo llevarme [...]
faenas (1)
   YE 1,2 Yerma   Con las faenas, los hombres están en los olivos, hay 1292
                          que traerles de comer.
faisán (1)
   RS 1,1 Tía   La lengua se me debió [...] escopeta para tirar al   1363
                          faisán.
faisanes (1)
   CA 2,1 Novia   ¿Y no llevabas un caballo de las crines y matabas en 1093
                          un día tres mil faisanes?
falda (4)
   MP 3,7 Novicia 2   a deshojar en la falda.   881
   CA 2,1 Maniquí   Por mi falda lo dibujan   1103
   BS 3,1 Mendiga   recogiendo en su falda los gemidos,   1251
   BS 3,2 Mendiga   teñida en sangre falda y cabellera.   1266
faldas (7)
   TC 6,1 Currito   Súbase un poco las faldas.   765
   ZP 2,1 Zapatero   Cuando movía las faldas   959
   BS 1,1 Madre   Amasa su pan y cose sus faldas, y siento, sin [...] 1175
   BS 2,2 Criada   recógete las faldas   1226
   YE 1,2 Vieja 1   Yo he sido una mujer de faldas en el aire, he [...] 1287
   RS 2,1 Solterona 3   Según la humedad, las faldas de la niña, que son de   1392
                          papel finísimo, se abren o se cierran.
   BA 1,1 Bernarda   Las mujeres en la iglesia no deben de mirar más hombre 1447
                          que al oficiante, y ese porque tiene faldas.
falsa (2)
   BS 2,2 Madre   Mana de su bisabuelo, que empezó matando, y sigue en 1227
                          toda la mala ralea, manejadores de cuchillos y gente
                          de falsa sonrisa.
   RS 2,1 Tía   ¡Pico de falsa miel! ¡Palabras!   1381
falsas (1)
   EP CV Estudiante 4   El director de escena abrió los escotillones, y la   1161
                          gente pudo ver cómo el veneno de las venas falsas
                          había causado [...]

falsedad - familia

                                                                              Pág.
falsedad (1)
  RS 3,1 Tía   Cuando pienso en la mala acción que le han hecho y en   1414
                         el terrible engaño mantenido y en la falsedad del
                         corazón [...]
falso (1)
  RS 3,1 Ama   ...y coger una espada y cortarle la cabeza y   1414
                         machacársela con dos piedras y cortarle la mano del
                         falso juramento y las [...]
falsos (1)
  BA 2,1 Bernarda   Si las gentes del pueblo quieren levantar falsos   1502
                         testimonios, se encontrarán con mi pedernal.
falta (V) (12)
  MM 1,2 Doña Curiana   y nada os falta en el mundo.   677
  MP 2,7 Conspirador 1   Enterados están. No falta nadie.   838
  MP 2,7 Mariana   que me falta muy poco para ahogarme.   840
  ZP 2,1 Zapatero   Yo no la he ofendido en nada; ¿por qué me falta de esa   966
                         manera?
  EP CV Desnudo   ¿Cuánto falta para Jerusalén?   1156
  EP CV Desnudo   ¿Falta mucho?   1163
  YE 2,1 Lavandera 1   Ya salieron todos, no falta uno.   1306
  YE 2,1 Lavandera 4   A ver... No... Sí, sí, falta uno.   1306
  YE 2,2 Juan   ¿Es que te falta algo? Dime. ¡Contesta!   1313
  YE 2,2 Yerma   Sí, me falta.   1313
  RS 2,1 Madre   ¡Gusto no me falta, lo que me falta es dinero!   1393
falta (17)
  MM 2,6 Curianita C   lo que nos hace falta.)   718
  MP 2,8 Conspirador 4   porque nos hace falta.   845
  MP 2,9 Pedrosa   No hace falta, señora. Queda usted   858
  DC 1,1 Madre   le hace falta un marido,   1029
  CA 2,1 Joven   No me hace ninguna falta.   1106
  BS 1,2 Mujer   Me hace falta un vestido y al niño una gorra con lazos. 1189
  BS 1,3 Novio   ¿Es que hace falta otra cosa?   1200
  BS 2,2 Novia   No hace falta.   1232
  YE 1,1 Víctor   En esta casa hace falta un niño.   1285
  YE 1,1 Yerma   ¡Hace falta!   1285
  RS 1,1 Tía   En algunas ocasiones hace falta ... Otro día que   1361
                         pase..., treinta y siete, treinta y ocho.
  RS 1,1 Tía   Cuarenta días de viaje hacen falta para llegar a   1362
                         Tucumán.
  RS 1,1 Sobrino   Callo. Pero no confunda usted el respeto con la falta   1363
                         de vergüenza.
  RS 2,1 Ama   Pero no hace falta que cante. En el jardín los tenemos   1383
                         vivos.
  RS 3,1 Solterona 3   Pero si hace falta algo, ya sabe que en lo que pueda,   1436
                         aquí estoy yo.
  BA 1,1 Bernarda   Pues busca otro, que te hará falta.   1451
  BA 1,1 Bernarda   ¡No ha tenido novio ninguna ni les hace falta! Pueden   1457
                         pasarse muy bien.
faltaba (2)
  TC 1,1 Rosita   Esto es lo que me faltaba que ver.   734
  BA 3,1 Bernarda   ¡No faltaba más!   1520
faltado (1)
  YE 2,2 Yerma   En nada te he faltado.   1315
faltan (1)
  EP CV Traspunte   Solo faltan los candeleros, el cáliz y las ampollas de   1163
                         aceite alcanforado.
faltará (3)
  RS 3,1 Ama   No nos faltará. ¡También yo estoy vieja!   1413
  RS 3,1 Ama   Mientras yo tenga brazos nada le faltará.   1417
  BA 1,1 Mujer 3   No te faltará la hogaza de pan caliente.   1449
faltas (1)
  PB 1,1 Duende 2   ¿Y qué te parece? Siempre es bonito tapar las faltas   993
                         ajenas.
faltes (1)
  BA 2,1 La Poncia   No faltes a tu madre.   1493
faltó (1)
  RS 2,1 Madre   Pero usted lo sabe muy bien: desde que faltó mi pobre   1393
                         marido [...]
familia (19)
  MM 1,5 Alacranito   Me he criado en familia,   691
  MP 1,7 Fernando   Me encuentro en la casa del viejo don Luis, que no lo   811
                         sepa nadie de tu familia.
  ZP 2,1 Zapatera   Calle usted, viejísimo, calle usted; con hijas   949
                         mozuelas y lleno de familia no se debe cortejar [...]
  ZP 2,1 Zapatera   Y con serenidad de familia de caballistas [...]   973
  ZP 2,1 Zapatera   Y todo esto no es más [...] todas las mujeres de mi   974
                         familia que han tenido [...]
  CA 1,1 Viejo   Yo fui gran amigo de esa familia.   1047
  BS 1,1 Madre   Tengo que ir todas las mañanas, y si me voy es fácil   1176
                         que muera uno de los Félix uno de la familia de los
                         matadores, [...]

familia (continuación)
  BS 2,1 Padre   Son familia. ¡Hoy es día de perdones!   1221
  BS 2,2 Madre   La de toda su familia.   1227
  BS 2,2 Criada   ¡Qué familia la tuya!   1234
  BS 2,2 Madre   Mi familia y la tuya.   1244
  BS 3,1 Novio   Es el brazo de mi hermano y el de mi padre y el de   1252
                      toda mi familia que está muerta.

  YE 1,2 Vieja 1   Sí. En los molinos. ¿De qué familia eres tú?   1287
  RS 2,1 Ama   En la familia de ustedes no hay hombres guapos.   1380
  RS 2,1 Tía   Siempre te hemos considerado como de la familia.   1384
  RS 3,1 Tía   Cuando pienso en la mala [...] hombre, que no es de mi   1414
                      familia ni merece ser de mi familia, quisiera tener
                      [...]

  BA 1,1 Magdalena   Aunque Angustias es nuestra hermana, aquí estamos en   1463
                      familia y reconocemos que está vieja,
  BA 2,1 Bernarda   Nunca está bien una extraña en el centro de la familia.   1496
familiar (1)
  BA 3,1 Bernarda   Yo no me meto en los corazones, pero quiero buena   1513
                      fachada y armonía familiar.

familiares (1)
  MP 1,6 Mariana   Gracias... Son asuntos familiares hondos,   805
familias (3)
  EP CV Estudiante 5 Los tejados y las familias.   1168
  BS 2,2 Madre   Ramas enteras de familias han venido.   1230
  YE 2,2 Juan   Y que las familias tienen honra y la honra es una   1315
                      carga que se lleva entre todos.

famoso (1)
  MP 3,6 Mariana   Que un famoso bergantín   879
fanega (1)
  YE 3,1 Dolores   Cuando te sientas encinta me traes la fanega de trigo   1330
                      que me has prometido.
fango (4)
  EP RR Figura De P Tendré necesidad de llamar [...] día y noche con el   1150
                      fango de los ríos.
  EP CV Estudiante 1 Y donde se hable de amor entraremos con botas de "foot   1168
                      ball", echando fango por los espejos.
  YE 2,1 Lavandera 4 Cómo me gusta el olor del fango rojo que trae el río   1306
                      por el invierno.
  BA 2,1 Bernarda   Hay a veces una ola de fango que levantan los demás   1502
                      para perdernos.

fantasía (4)
  ZP 0,0 El Autor   En todos los sitios late [...] cerca y lucha con la   912
                      fantasía cuando esta [...]
  ZP 2,1 Zapatero   Esas historietas son pura mentira, fantasía nada más.   965
  DC 1,1   Todo el guiñol popular tiene este ritmo, esta fantasía   1019
                      y esta encantadora [...]
  DC 1,1   El guiñol es la expresión de la fantasía del pueblo y   1019
                      da el clima de su gracia y de su inocencia.

fantasiosa (4)
  ZP 1,1 Zapatero   ¡Fantasiosa, fantasiosa, fantasiosa!   918
  ZP 2,1 Zapatero   Ella soñaba con un mundo que no era el mío, era   967
                      fantasiosa y dominanta, [...]

fantasma (3)
  MM 1,5 Curiana N   ¡Pobre fantasma soñadora,   697
  MP 1,5 Fernando   El preso, como un fantasma,   799
  YE 3,1 Yerma   Yo quiero tener a mi [...] que llorar por este   1328
                      fantasma sentado año [...]

fantasmas (1)
  ZP 2,1 Zapatera   Y todo esto no es más que el miedo a la soledad donde   974
                      están los fantasmas, que yo no [...]

fantástica (1)
  RS 2,1 El Señor X   Mi amigo, el señor Longoria, de Madrid, acaba de   1375
                      comprar un automóvil con el que se lanza a la
                      fantástica velocidad [...]

fantoche (1)
  TC 3,1 Mozo 2   ¡Y porque su futuro marido estalle como un fantoche!   744
farmacéutico (2)
  RS 3,1 Martín   Después quise ser farmacéutico.   1421
  RS 3,1 Tía   Mi hermano, que en gloria esté, era farmacéutico.   1421
farmacias (1)
  EP CV Enfermero   Es cierto. Y las farmacias están abiertas para la   1164
                      agonía.

farol (1)
  RS 3,1 Rosita   Si me fuera posible apagaría el farol.   1426
farsa (2)
  DC 1,1   El poeta que ha interpretado y recogido de labios   1019
                      populares esta farsa de guiñol tiene [...]
  DC 1,1 Director   Las malas palabras adquieren ingenuidad y frescura   1043
                      dichas por muñecos que miman el encanto de esta
                      viejísima farsa rural.

		Pág.
fastidia (1)		
BA 1,1 La Poncia	¡Pero se fastidia!	1440
fastídiate (2)		
BA 1,1 Criada	Fastídiate, Antonio María Benavides, tieso con tu traje de paño y tus botas enterizas.	1445
BA 1,1 Criada	¡Fastídiate!	1445
fastidien (1)		
RS 3,1 Ama	Eso, que se fastidien. Nosotras, ¡juerga celestial!	1425
fatal (2)		
MM 2,6 Curianito	tendría mi amargura fatal? Sobre las ramas,	719
RS 2,1 Tía	de mi ilusión fatal	1411
favor (13)		
MM 1,2 Doña Curiana	Silvia, calmaos, por favor;	679
MM 1,4 Curianito	Por favor,	688
ZP 2,1 Zapatero	¡Hagan el favor de no interrumpirme!	961
ZP 2,1 Zapatera	Haga el favor de guardar la lengua en el bolsillo.	964
DC 1,1 Director	Haga usted el favor de callarse.	1020
DC 1,1 Director	Haga el favor de no meter la pata.	1037
CA 1,1 Amigo 2	¡Oh, por favor, no hable así!	1075
CA 3,1 Joven	Por favor.	1125
CA 3,2 Jugador 3	Por favor..., la carta...	1141
EP CV Muchacho 1	¡Por favor! No se dejen ustedes dominar por el pánico.	1163
EP CV Dama 1	¡Por favor! ¡No me suelte usted de la mano!	1169
RS 2,1 Rosita	Por favor, callarse.	1397
BA 2,1 Angustias	¡Por favor!	1493
favorable (1)		
RS 2,1 El Señor X	Encantado de su favorable acogida.	1377
fe (3)		
MP 1,7 Fernando	Con toda mi buena fe.	808
RS 1,1 Primo	El palomo de mi fe.	1373
BA 1,1 Martirio	Yo hago las cosas sin fe, pero como un reloj.	1458
fea (6)		
MM 2,4 Alacranito	¡Calla, Curiana fea!	711
MP 3,1 Carmen	¿Quién os enseñó esa fea	863
CA 1,1 Amigo 2	Pero qué luz más fea.	1077
RS 2,1 Ayola 1	¡Qué cosa más fea!	1406
BA 1,1 Martirio	Dios me ha hecho débil y fea y los ha apartado definitivamente de mí.	1460
BA 1,1 Amelia	¡Y fea como un demonio!	1460
fealdad (1)		
BA 1,1 Martirio	¡Qué les importa a ellos la fealdad!	1460
feas (1)		
BA 1,1 La Poncia	La quedan cinco mujeres, cinco hijas feas, que quitando Angustias, [...]	1442
feísima (2)		
CA 1,1 Amigo	Iba con una mujer feísima, pero admirable.	1058
CA 1,1 Amigo	Sí, hombre, no te indignes, pero una mujer puede ser feísima y un domador de caballos puede ser hermoso.	1058
felices (1)		
YE 3,2 Juan	Muchas mujeres serían felices de llevar tu vida.	1348
felicidad (6)		
TC 1,1 Padre	Hija mía, ¡felicidad completa!	731
ZP 2,1 Zapatero	¡Casa de mi felicidad!	978
CA 2,1 Padre	Pues que como estás comprometida y se trata de tu vida, de tu felicidad, es natural [...]	1088
BS 1,1 Vecina	No te opongas a la felicidad de tu hijo.	1183
YE 2,2 Víctor	Deseo la mayor felicidad para esta casa.	1325
YE 3,1 Vieja 1	Pero ¿qué vega esperas dar a tu hijo ni qué felicidad ni qué silla de plata?	1328
felicidades (4)		
RS 2,1 Madre	Felicidades.	1390
RS 2,1 Solterona 1	Felicidades.	1390
RS 2,1 Solterona 2	Felicidades.	1390
RS 2,1 Solterona 3	Felicidades.	1390
Félix (5)		
BS 1,1 Madre	Tengo que ir todas las mañanas, y si me voy es fácil que muera uno de los Félix uno de la familia [...]	1176
BS 1,1 Vecina	Leonardo el de los Félix.	1182
BS 1,1 Madre	¡De los Félix!	1182
BS 1,1 Madre	Es verdad... Pero oigo eso de Félix y es lo mismo Félix que llenárseme [...]	1182
feliz (10)		
MM 2,5 Gusano 2	¡Sé muy feliz!	716
TB QM. Viejo	Ella es feliz.	905
PB 2,1 Perlimplín	Pero yo soy feliz, Marcolfa.	1002
PB 2,1 Perlimplín	Feliz como no tienes idea.	1002
BS 2,2 Mujer	¡Que seas feliz con mi prima!	1232
YE 2,2 María	Pero tienes otras cosas. Si me oyeras podrías ser feliz.	1317
YE 3,2 Juan	Yo soy feliz no teniéndolos.	1348
RS 2,1 Tía	Yo estoy segura de que ella es feliz.	1380

feliz (continuación)
RS 2,1 Madre	¡Dios te haga lo feliz que mereces!	1409
BA 1,1 Magdalena	Daría algo por verla feliz.	1462

femenina (1)
| EP CV Estudiante 2 | Vamos a ver la última Julieta verdaderamente femenina que se verá en el teatro. | 1162 |

femeninos (1)
| EP CV Muchacho 1 | Eran demasiado perfectos y demasiado femeninos. | 1159 |

feo (4)
MM 1,5 Doña Orgullos	¡Tan pintado y tan feo!	698
TC 1,1 Rosita	¡Qué caballero más feo y más mal educado!...	731
YE 1,2 Juan	Está feo en una mujer.	1299
RS 3,1 Tía	Parece como si alguien quisiera poner el jardín feo para que no tuviésemos pena de dejarlo.	1437

feos (1)
| TC 5,1 Fígaro | ¡Qué bonitas historias podría contar de los feos durmientes de las barberías! | 758 |

feria (5)
TC 2,1 Cocoliche	Cuando le traje el guardapelo de la feria de Mairena, me pasó la mano por la cara.	737
ZP 2,1 Niño	Toda la plaza está llena de corrillos..., parece la feria..., ¡y todos contra ti!	970
CA 1,1 Joven	la dibujo, la hago moverse [...] mirándose en un espejo de feria?	1052
BS 3,1 Novia	Llévame de feria en feria,	1259

ferias (3)
TC 4,1 Mosquito	El alma de doña Rosita es como esos barquitos de nácar que venden en las ferias, barquitos de [...]	751
BS 3,2 Mujer	Corría ferias y montes	1270
YE 1,2 Vieja 1	Las ferias para otros.	1287

Fernando (13)
MP 1,4 Mariana	Tu hermano Fernando, ¿cómo sigue?	789
MP 1,5 Mariana	¡Fernando!	796
MP 1,6 Mariana	¡Fernando!	806
MP 1,6 Mariana	¡Fernando!	806
MP 1,7 Mariana	Fernando, ¿y si fuera...?	808
MP 1,7 Mariana	Toma esta carta, Fernando.	810
MP 1,7 Mariana	Pero silencio, Fernando.	812
MP 1,8 Mariana	con Fernando...	816
MP 2,7 Pedro	será acatada por el rey Fernando,	839
MP 2,7 Pedro	¿No es Fernando un juguete de los suyos?	839
MP 3,8 Mariana	¿Vendrá? Dime, Fernando. ¡Aún es hora!	884
MP 3,8 Mariana	¿Y qué es amor, Fernando? ¡Yo no sé qué es amor!	886
MP 3,8 Mariana	¡Ya estoy muerta, Fernando! Tus palabras me llegan	886

festón (1)
| RS 1,1 Ama | ¿Cuándo la ha visto usted sentada a hacer encaje de lanzadera o frivolité, o puntas de festón o sacar hilos [...] | 1354 |

fía (1)
| MP 2,8 Conspirador 4 | que de los malos se fía!, | 843 |

fiarse (1)
| CA 3,2 Jugador 2 | No hay que fiarse de la gente pálida o de la gente que tiene hastío; juegan, pero reservan. | 1136 |

fiebre (2)
| MP 2,5 Pedro | había fiebre amarilla; la entrada era imposible, | 831 |
| BS 3,1 Luna | una fiebre de diamante. | 1250 |

fiel (2)
| PB 2,1 Perlimplín | Y sé que tú me eres fiel y lo seguirás siendo. | 1004 |
| RS 2,1 Solterona 3 | Dice el jazmín: "Seré fiel"; | 1403 |

fieles (1)
| RS 3,1 Rosita | Me molestan esas miradas de perros fieles. | 1430 |

fiera (2)
| ZP 1,1 Vecina | ¡Qué fiera! | 920 |
| ZP 2,1 Zapatero | Miren ustedes la fiera, | 959 |

Fierabrás (1)
| ZP 2,1 Zapatero | Aleluyas con los hechos del zapatero mansurrón y la Fierabrás de Alejandría, [...] | 956 |

fieras (1)
| MP 1,4 Amparo | los hocicos de las fieras, | 793 |

fiesta (2)
| BS 2,2 Leonardo | ¿Va a haber fiesta? | 1229 |
| YE 1,2 Vieja 1 | Yo he sido una mujer de faldas en el aire, he ido flechada a la tajada de melón, a la fiesta, a la torta de [...] | 1287 |

figura (S) (2)
| BS 2,2 Criada | ¡Qué figura! | 1234 |
| RS 1,1 Rosita | tu figura y tu presencia, | 1371 |

figura (4)
| ZP 2,1 Zapatera | ¿Qué se figura? | 969 |
| PB 1,1 Duende 1 | El hombre se figura que no tiene necesidad de descubrirlas... | 994 |

figura - fin

figura (continuación)   Pág.
  YE 2,1 Lavandera 4   Se me figura que guisan su comida con el aceite de las   1302
                         lámparas.
  RS 2,1 Ama   Se lo figura.   1380
figuraba (2)
  TC 5,1 Fígaro   Ya me lo figuraba yo.   760
  TC 6,1 Currito   ¡Ya me lo figuraba yo! Eres una mala mujer.   768
figuraciones (1)
  YE 2,2 Yerma   Figuraciones.   1319
figurado (1)
  MM 1,5 Doña Orgullos   ¡Qué se habrá figurado!   698
figurar (1)
  TC 3,1 Mozo 2   Que se casa ahora con don Cristobita, y este, pues...   745
                         ¡Ya se lo puede figurar!
figurarse (1)
  MP 2,7 Pedro   No es posible que pueda figurarse...   837
figuras (4)
  EP RR Figura De C   ¿Te figuras que tengo miedo a la sangre?   1147
  YE 3,1 Yerma   Te figuras tú y tu gente que sois vosotros los únicos   1332
                         que guardáis honra, y no sabes
  YE 3,2 Yerma   ¿Te figuras que puedo conocer otro hombre?   1345
  BA 3,1 La Poncia   Yo tapo más de lo que te figuras.   1519
figúrate (2)
  CA 1,1 Amigo   Porque figúrate.   1057
  BA 1,1 La Poncia   Figúrate. Y no ha tenido nunca novio...   1457
figúrense (1)
  ZP 2,1 Zapatero   Intratables. Figúrense ustedes que casi todos ellos   955
                         son zapateros.
figúrese (1)
  PB 2,1 Marcolfa   Figúrese, ayer la vi con otro.   1001
figuro (2)
  YE 2,2 Yerma   Me figuro que se me van a helar los brazos de tenerlos. 1314
  RS 1,1 Tía   Casi me lo figuro. Ojalá me equivoque.   1361
fija (2)
  MP 1,7 Mariana   Fija, detrás del balcón,   810
  MP 2,5 Pedro   luz armoniosa y fija que se siente por dentro?   830
fijado (2)
  BA 2,1 La Poncia   ¿Crees que no me he fijado?   1480
  BA 2,1 Angustias   Yo no tengo la culpa de que Pepe el Romano se haya   1495
                         fijado en mí.
fijaste (1)
  BA 1,1 Amelia   ¿Te fijaste? Adelaida no estuvo en el duelo.   1459
fijes (1)
  ZP 2,1 Zapatera   Que te fijes bien por si acaso no me entero del todo.   957
fijeza (1)
  BA 3,1 Angustias   Muchas veces miro a Pepe con mucha fijeza y se me   1514
                         borra [...]
Filipinas (3)
  ZP 2,1 Zapatero   De las Islas Filipinas.   955
  ZP 2,1 Zapatero   Absolutamente. En las Islas Filipinas, zapateros.   956
  ZP 2,1 Zapatera   Pues puede que en las Filipinas esos zapateros [...]   956
filo (2)
  BS 3,1 Luna   El aire va llegando duro, con doble filo.   1251
  BS 3,1 Leonardo   en el filo de la piedra.   1258
filos (3)
  PB 1,1 Perlimplín   Bisturí de cuatro filos,   1000
  BS 3,1 Novia   con los filos de violetas.   1257
  BA 1,1 Criada   ¡Venga caja con filos dorados y toalla para llevarla!   1445
filosofía (1)
  MM 1,5 Alacranito   Tengo mi filosofía,   691
fin (24)
  MM 1,1 Curiana N   En fin, callaremos, yo mucho le amé.   674
  MM 2,1 Curianita 1   En fin, que el Curianito está loco.   704
  MM 2,7 Curianito   con los ojos sin fin de las estrellas   720
  TC 2,1 Cristobita   Pero, en fin, lo hecho, hecho está.   739
  MP 1,7 Mariana   Si vas a marchar, al fin,   814
  MP 2,6 Pedro   Sí, al fin, hemos de alzarnos,   834
  MP 2,7 Pedro   Y al fin sabremos algo.   840
  MP 3,7 Mariana   ¡Que pase! ¡Por fin, Dios mío!   883
  PB 0,0 Marcolfa   Por fin.   986
  CA 3,2 Jugador 2   En fin, ya veremos.   1138
  BS 1,1 Vecina   ¡Al fin compró la viña!   1180
  BS 1,2 Suegra   Está abajo, tendido, con los ojos desorbitados, como   1189
                         si llegara del fin del mundo.
  BS 1,3 Padre   No debes estar seria. Al fin y al cabo ella va a ser   1200
                         tu madre.
  BS 2,2 Madre   ¡Por fin!   1226
  BS 3,1 Leñador 1   Se estaban engañando uno a otro y al fin la sangre   1246
                         pudo más.
  BS 3,2 Niña   y al fin llegará   1263
  BS 3,2 Mendiga   quietos al fin entre las piedras grandes,   1266

fin (continuación)
    BS 3,2 Novia   ¡Tu hijo era mi fin y yo no lo he engañado, [...]   1269
    RS 2,1 Ayola 1   Las mujeres sin novio están pochas, recocidas, y todas   1401
                               ellas... Bueno, todas, no; algunas de ellas... En
                               fin, ¡todas están rabiadas!
    RS 3,1 Tía   Yo notaba algo en las cartas; los poderes que no   1415
                               venían, un aire dudoso..., no se atrevía, pero al fin
                               lo hizo.
    BA 2,1 Adela   ¡La mala lengua no tiene fin para inventar!   1494
    BA 2,1 La Poncia   ¡Nadie puede conocer su fin!   1499
    BA 2,1 Bernarda   ¡Yo sí sé mi fin!   1499
    BA 3,1 La Poncia   ¡Nunca tengamos ese fin!   1532
fina (5)
    MP 2,8 Conspirador 4   corazón de plata fina,   843
    MP 2,8 Conspirador 4   corazón de plata fina.   844
    CA 3,2 Jugador 1   En un tiro al blanco, que no solamente se clava sobre   1138
                               el acero más duro sino sobre la gasa más fina.
    RS 2,1 Ama   Bocado para gente fina.   1399
    RS 2,1 Madre   Con sumo gusto y fina voluntad, como se decía en mi   1406
                               época.
finaa (1)
    RS 1,1 Voz Del P   ¡Manzanillaa finaa de la sierraa!   1361
finaaa (1)
    RS 1,1 Voz   ¡Manzanillaaaaa finaaa de la sierraa!   1361
final (3)
    RS 2,1 Tía   Bueno; y punto final. Bien está que la zafia hable,   1381
                               pero que no ladre.
    BA 1,1 La Poncia   En el "Pater Noster" [...] poco; claro es que al final   1443
                               dio un gallo; pero [...]
    BA 2,1 Bernarda   Me hacéis al final de mi vida beber el veneno más   1492
                               amargo que una madre puede resistir.
finanza (1)
    ZP 0,0 El Autor   Por este miedo absurdo, y por ser el teatro en muchas   911
                               ocasiones una finanza, la poesía se [...]
finas (1)
    PB 1,1 Belisa   La criada perfumó esta habitación con tomillo y no con   988
                               menta, como yo la indiqué... ¿ni puso en la cama las
                               finas
fineza (1)
    RS 2,1 Madre   ¡Es una fineza!   1406
finge (4)
    MP 1,4 Amparo   donde un pez de plata finge rojo sueño.   790
    MP 3,2 Mariana   y otras veces finge en mí   865
    MP 3,3 Mariana   y el alba finge en las olas   869
    CA 3,1 Arlequín   Y si el sueño finge muros   1109
fingida (1)
    BS 3,1 Luna   alba fingida en las hojas   1249
fingidas (1)
    YE 2,1 Lavandera 4   Y yo la tapa del pecho de las fingidas.   1305
fingiendo (1)
    EP RR Figura De C   Y ahora yo serviré al emperador fingiendo la voz tuya.   1151
fingiéndose (1)
    MP 1,8 Angustias   fingiéndose los muertos!   817
finísimo (1)
    RS 2,1 Solterona 3   Según la humedad, las faldas de la niña, que son de   1392
                               papel finísimo, se abren o se cierran.
finja (1)
    MP 2,7 Conspirador 3   que aunque se finja desvalido y solo,   839
fino (3)
    MP 2,9 Pedrosa   resistiendo ese gris fino y glacial   851
    ZP 1,1 Niño   Son de mi hermana la grande, la que tiene el cutis   914
                               fino y se pone dos lazos, [...]
    BS 3,2 Madre   pero que penetra fino   1272
finoda (1)
    RS 2,1 Ayola 2   ¡Ay, qué finoda!   1407
finura (1)
    BA 1,1 Magdalena   Hoy hay más finura, las novias se [...]   1461
firma (1)
    MP 3,5 Pedrosa   Ya sabe, con mi firma   875
firmaremos (1)
    DC 1,1 Madre   Pero firmaremos antes el contrato.   1031
firmas (1)
    EP CV Estudiante 4   No son las firmas disfrazadas las que levantan la   1161
                               vida, sino el cabello de barómetro que tienen detrás.
firme (4)
    MP 1,5 Fernando   a pie firme comentaban   798
    MP 2,5 Pedro   ¿Cómo darte este firme corazón si no es mío?   830
    YE 1,2 Vieja 1   Espera en firme.   1291
    RS 3,1 Ama   ¡A pisar firme, señora!   1413
firmeza (1)
    MP 3,1 Carmen   ¡Calla con una firmeza!   864

flan (2)   Pág.
  RS 3,1 Ama   De postre, flan.
  RS 3,1 Ama   Un flan dorado como una clavellina.   1437
flaqueará (1)   1437
  ZP 2,1 Zapatero   ¿Y no flaqueará algún día su fortaleza?   973
flauta (3)
  MP 3,1 Novicia 1   nace diminuta flauta.   880
  ZP 1,1 Zapatera   Larán, larán... A mí, es que la flauta me ha gustado   929
                      siempre mucho.
  EP RR Figura De P Si yo no tuviera esta flauta te escaparías [...]   1146
flecha (1)
  RS 1,1 Tía   Vas a clavar una flecha con cintas moradas sobre su   1362
                      corazón.
flechada (1)
  YE 1,2 Vieja 1   Yo he sido una mujer de faldas en el aire, he ido   1287
                      flechada a la tajada [...]
flechas (3)
  MP 1,5 Mariana   duras flechas lanzaría   795
  CA 3,2 Jugador 3   Un corazón joven, donde es probable que resbalen las   1137
                      flechas.
  CA 3,2 Jugador 1   Yo guardo unas flechas en un tiro al blanco.   1137
floja (1)
  BS 3,2 Madre   ¡Floja, delicada, mujer [...]   1269
flojas (1)
  YE 2,1 Lavandera 4 Es que las regalonas, las flojas, las endulzadas, no   1302
                      son a propósito para llevar el vientre arrugado.
flor (54)
  MM 0,0   ¡En cuántas antiguas historietas, una flor, un beso o   670
                      una mirada hacen el terrible oficio de puñal!
  MM 1,1 Curiana N   Vengo de soñar que yo era una flor   671
  MM 1,1 Doña Curiana y que en vuestros sueños se convierta en flor.   674
  MM 1,4 Curianito   que parece una flor.   687
  MM 1,4 Curianita Silvia que en el sendero en flor   688
  MM 1,5 Curianita Silvia a una flor.   695
  MM 1,6 Curianito   ¿Por qué ya se marchita la flor de mi pureza,   701
  MM 1,6 Curianito   mientras otra flor nace dentro del pensamiento?   701
  MM 2,2 Doña Curiana Ella viene del alba. Es una flor errante,   705
  MM 2,2 Doña Curiana Ella viene del alba. Es una flor que vuela.   706
  MM 2,7 Curianito   Que eres como una flor del otro mundo   720
  TC 1,1 Rosita   Me pondré una flor amarilla sobre el cucuné, y un velo 725
                      que arrastrará por toda la calle.
  TC 5,1 Jovencita   A la flor,   759
  TC 5,1 Todos   A la flor..., etc...   760
  TC 5,1 Jovencita   A la flor..., etc.   760
  TC 5,1 Todos   A la flor..., etc...   760
  TC 5,1 Fígaro   ¡A la flor, pero que a la flor!   760
  TC 5,1 Jovencita   A la flor,   761
  TC 5,1 Todos   A la flor..., etc.   761
  TC 6,1 Rosita   con la cola movía la flor.   762
  TC 6,1 Rosita   Creo que soy una flor, y me deshojo sobre tus manos.   777
  MP 0,0 Niña   como rosa cortaron la flor,   782
  MP 1,1 Angustias   como vieja flor abierta en un encaje.   784
  MP 1,6 Clavela   aquellos colores de flor de granado   806
  MP 1,7 Mariana   como la flor del romero.   813
  MP 3,3 Mariana   flor de su capa bermeja.   869
  MP 3,4 Mariana   que, bajo la acacia en flor   871
  CA 1,1 Niño   con las alas tronchadas y en el pico una flor.   1068
  CA 1,1 Niño   Y en la flor una oliva.   1068
  CA 1,1 Niño   Mientras deshojo esta flor.   1069
  CA 1,1 Amigo   Yo prefiero comerla verde, o, mejor todavía, me gusta 1072
                      cortar su flor para ponerla en mi solapa.
  CA 2,1 Joven   Yo busco, como ella, la nueva flor de mi sangre.   1107
  CA 3,1 Joven   flor ajada y cuerpo limpio,   1121
  BS 1,1 Madre   Un hombre hermoso, con su flor en la boca, que [...] 1173
  BS 2,1 Convidado   pareces, flor de los montes,   1218
  BS 2,1 Muchacha 3   parece la flor del oro,   1219
  BS 2,1 Muchacha 1   parece la flor del oro.   1220
  BS 3,2 Mendiga   Sobre la flor del oro, sucia arena.   1266
  BS 3,2 Muchacha 2   Sobre la flor del oro.   1266
  BS 3,2 Niña   Sobre la flor del oro   1267
  BS 3,2 Niña   sobre la flor del oro!   1267
  YE 1,2 Vieja 1   ¡Ay, qué flor abierta!   1290
  YE 2,1 Lavandera 1 Hay que juntar flor con flor   1308
  YE 2,2 Yerma   Si pudiera de pronto volverme vieja y tuviera la boca 1313
                      como una flor machacada, te podría [...]
  YE 3,2 Hembra   Y como flor se cansa.   1343
  RS 1,1 Tía   ¿Y tiene ya flor?   1357
  RS 1,1 Ama   y la flor de la canela,   1364
  RS 1,1 Rosita   pero, como tierna flor,   1371

flor (continuación)
    RS 2,1 Ama   ¿A usted le parece bien que un hombre se vaya y deje   1380
                           quince años plantada a una mujer que es la flor de la
                           manteca?

    RS 2,1 Solterona 3   dice la flor de la albahaca.   1403
    RS 2,1 Madre   flor de las manos cruzadas;   1404
    RS 3,1 Martín   Me dieron una flor natural y escribí un drama que   1419
                           nunca se pudo representar.

florero (1)
    RS 2,1 Rosita   Quiero poner en las jardineras y en el florero de la   1388
                           entrada.

flores (52)
    MM 0,0   Con la misma tranquilidad y la certeza que el polen de   669
                           las flores se entrega al [...]

    MM 1,1 Doña Curiana y chupar las flores. ¡Qué os habéis creído!   675
    MM 1,5 Curiana N   que sabes los secretos del agua y de las flores!   697
    MM 2,2 Curiana N   Quédate entre las flores   707
    MM 2,6 Curianito   Las hojas y las flores   718
    TC 6,1 Cocoliche   Es imposible, Rosita entre las flores.   777
    TC 6,1 Cocoliche   Parezco un campo de flores.   780
    MP 1,4 Amparo   cinco flores dejó abiertas,   793
    MP 1,8 Angustias   y flores de romero;   817
    MP 2,5 Mariana   para que llene el suelo de flores amarillas   832
    MP 3,1 Novicia 1   Ya están abriendo flores   863
    MP 3,9 Mariana   ¡Os doy mi corazón! ¡Dadme un ramo de flores!   889
    ZP 1,1 Alcalde   Eso tiene casarse a tu [...] todas, aficionadas a las   924
                           flores y al agua limpia.

    ZP 1,1 Alcalde   Efectivamente. ¿Le gustan a usted las flores?   927
    PB 3,1 Marcolfa   Yo le haré una corona de flores como un sol de   1018
                          mediodía.

    CA 2,1 Criada   Traía este ramo de flores.   1082
    CA 2,1 Novia   Ya sabes que no me gustan las flores. Tíralas por el   1082
                          balcón.

    CA 3,1 Arlequín   oscuras flores de duelo.   1108
    CA 3,1 Payaso   en flores de acero   1113
    CA 3,2 Criada   ¡Y en las flores!   1132
    CA 3,2 Joven   Voy a cortar todas las flores del jardín, sobre [...]   1135
    BS 1,3 Madre   Los tres nogales del molino toda una viña y una planta   1195
                          que se llama Júpiter, que da flores encarnadas, y [...]
    BS 2,1 Criada   ¿Son los ramos de flores?   1207
    BS 2,1 Criada   ¡El aire pone flores   1223
    BS 3,1 Leñador 3   ¡No cubras de flores la boda!   1255
    BS 3,2 Mendiga   Flores rotas los ojos, y sus dientes   1266
    BS 3,2 Madre   Pero mi hijo es ya un brazado de flores secas.   1267
    YE 1,1 Yerma   "Los jaramagos no sirven para nada", pero yo bien los   1276
                          veo mover sus flores amarillas en el aire.
    YE 2,2 Yerma   Roca que es una infamia que sea roca, porque debía ser   1314
                          un canasto de flores y agua dulce.
    YE 2,2 Yerma   ¡Cómo no me voy a quejar cuando te veo a ti y a otras   1317
                          mujeres llenas por dentro de flores, y viéndome yo
                          [...]
    YE 3,1 Juan   En las calles no hay flores que cortar.   1332
    YE 3,2 Macho   y las romeras flores,   1342
    RS 1,1 Tío   Es necesario que cuidéis las flores.   1352
    RS 1,1 Ama   Pero yo no digo que de tanto regar las flores y tanta   1352
                          agua por todas partes van a salir sapos en el sofá.
    RS 1,1 Ama   A mí las flores me huelen a niño muerto, o a profesión   1352
                          de monja, o a altar de iglesia.
    RS 1,1 Ama   Pero aquí... rosas por la derecha, albahaca por la   1353
                          izquierda, anémonas, salvias, petunias y esas flores
                          de ahora, de moda, [...]
    RS 1,1 Tía   Ahora se enterará de que las telas no solo sirven para   1362
                          hacer flores, sino para empapar lágrimas.
    RS 1,1 Rosita   a sus dos flores redondas?   1367
    RS 1,1 Rosita   sobre mi cabeza, flores?   1370
    RS 2,1 Ama   Ya me duelen las manos [...] cubrecamas de gasa con   1380
                          flores de realce.
    RS 2,1 Tía   Anda, corta las flores.   1388
    RS 2,1 Solterona 3   ¡Qué bonitas son las flores!   1391
    RS 2,1 Rosita   ¿Y por qué no "Lo que dicen las flores"?   1402
    RS 2,1 Madre   ¡Ah, sí, "Lo que dicen las flores"!   1402
    RS 2,1 Solterona 3   a ver abrirse las flores   1403
    RS 2,1 Solterona 3   Mil flores dicen mil cosas   1403
    RS 2,1 Solterona 3   gimen las flores cortadas.   1404
    RS 2,1 Solterona 1   Las flores tienen su lengua   1405
    RS 2,1 Solterona 3   a ver abrirse las flores   1405
    RS 3,1 Tía   Pero tiene buenas vistas y un patinillo con dos   1418
                          higueras donde se pueden tener flores.
    RS 3,1 Tía   Ven y corta unas flores.   1434
    BA 1,1 La Poncia   Paca la Roseta traía el pelo suelto y una corona de   1456
                          flores en la cabeza.

floresta - fotógrafo

floresta (1)   Pág.
    MM 1,5 Curiana N   allá entre las umbrías de la vieja floresta.   700
florezca (4)
    YE 3,2 Yerma   Señor, que florezca la rosa.   1338
    YE 3,2 Mujer 2   florezca la rosa amarilla.   1338
    YE 3,2 Coro De Mujeres   Señor, que florezca la rosa,   1338
    YE 3,2 Coro   Señor, que florezca la rosa,   1339
florido (3)
    MM 1,5 Alacranito   en este prado florido?   690
    BS 2,1 Criada   del laurel florido.   1209
    BS 2,1 Criada   del amor florido.   1216
flotando (1)
    CA 3,1 Arlequín   flotando como un velero.   1108
flotante (1)
    PB 3,1 Belisa   Jazminero flotante y sin raíces, el cielo caerá sobre   1012
                              mi espalda sudorosa... ¡Noche!,

fogoneros (1)
    EP RR Figura De C   mientras tú, debajo de [...] los cocheros, de los   1149
                              fogoneros y de los médicos [...]
fomente (1)
    PB 3,1 Marcolfa   ¡Que usted mismo fomente en su mujer el peor de los   1010
                              pecados!
fondo (8)
    MP 2,5 Mariana   acecho un mar oscuro, sin fondo ni oleaje,   832
    ZP 2,1 Zapatera   Medio metro de agua y las chinas del fondo se veían   945
                              reír, reír con el temblorcillo.
    DC 1,1 Poeta   Sí, señor; pero es que don Cristóbal yo sé que en el   1020
                              fondo es bueno y que quizá podría serlo.
    CA 3,1 Muchacha   en el fondo del mar.   1109
    CA 3,1 Muchacha   al fondo del mar.   1111
    BS 1,1 Vecina   Pero quien la conozca a fondo no hay nadie.   1180
    YE 1,2 Vieja 1   Pisas, y al fondo de la calle relincha el caballo.   1288
    RS 3,1 Ama   Cuando yo enterré a mi marido lo sentí mucho, pero   1416
                              tenía en el fondo una gran alegría..., [...]
fontanero (1)
    RS 3,1 Martín   Soñé con el Parnaso y tengo que hacer de albañil y   1424
                              fontanero.
foot ball (1)
    EP CV Estudiante 1   Y donde se hable de amor entraremos con botas de "foot   1168
                              ball", echando fango por los espejos.
forastero (2)
    TC 3,1 Joven   Yo soy forastero y quisiera enterarme de quién es esa   744
                              Rosita por la que brindan con tanta alegría.
    TC 3,1 Cocoliche   ¿Tanto le interesa a usted, siendo forastero?   744
forasteros (1)
    BA 1,1 La Poncia   Y los que fueron con ella son también hijos de   1456
                              forasteros.
forma (5)
    MM 0,0   ¡Cuántas veces el enorme esqueleto portador de la   670
                              guadaña, que vemos pintado en los devocionarios, toma
                              la forma de una mujer para [...]
    CA 1,1 Joven   Basta observar sobre la palma de la mano un insecto   1050
                              vivo, o mirar al mar una tarde poniendo atención en la
                              forma de cada ola para [...]
    CA 2,1 Joven   forma blanca y luz confusa,   1100
    EP CV Estudiante 2   Es una cuestión de forma, de máscara.   1161
    RS 2,1 El Señor X   Hoy día se abren camino [...] Tolstoi, tan galán en la   1376
                              forma como profundo en [...]
formado (1)
    BS 2,2 Padre   Mira el baile que tienen formado.   1231
formar (1)
    EP CV Estudiante 1   Un espectador no debe formar nunca parte del drama.   1165
forme (1)
    BS 3,2 Madre   y el agua forme un llanto   1271
fortaleza (1)
    ZP 2,1 Zapatero   ¿Y no flaqueará algún día su fortaleza?   973
fortalezas (1)
    BS 2,2 Madre   Y como no lo tienes, tengo que ser yo la que te enseñe   1241
                              estas fortalezas.
fortuna (1)
    BA 1,1 Bernarda   Gracias a este hombre tienes colmada tu fortuna.   1468
foso (1)
    EP CV Estudiante 1   ¿No tiene foso el teatro?   1157
fosos (1)
    EP RR Estudiante 2   Pero hasta los fosos están abarrotados de público.   1157
fotógrafo (2)
    RS 2,1 Ama   Ahí están las de Ayola, el fotógrafo.   1395
    RS 2,1 Ama   Ahí están las señoronas por todo lo alto de Ayola,   1395
                              fotógrafo de Su Majestad [...]

foyer (1)
CA 3,1 Máscara   En el "foyer" de la Opera de París hay unas enormes   1116
                          balaustradas que dan al mar.
frac (2)
CA 3,2 Criado   El frac. Lo he extendido en la cama.   1133
CA 3,2 Jugador 1   La vida se le escapa por sus pupilas, que mojan la   1136
                          comisura de sus labios y le tiñen de azul la pechera
                          del frac.
fracasos (1)
MM 0,0   El amor, lo mismo que pasa con sus burlas y sus   669
                          fracasos por la vida [...]
fragancia (1)
MM 2,4 Alacranito   Una rica fragancia   709
fragata (1)
RS 2,1 Solterona 2.   La barcarola de "La fragata Numancia".   1402
fragatas (2)
MP 2,8 Mariana   las gentes de veleros y fragatas.   846
MP 3,3 Mariana   fragatas de sombra y seda.   869
fragatita (2)
MP 3,6 Mariana   "¡Ay, qué fragatita,   878
MP 3,6 Mariana   "¡Ay, qué fragatita,   878
frágil (1)
CA 1,1 Amigo   Mira, es un talle para la medida de todos los brazos   1057
                          y, tan frágil, que se desea [...]
fraile (2)
MP 2,1 Niño   muy vestido de fraile   823
RS 2,1 Solterona 3   El fraile con la capucha está ya muy visto.   1392
frailes (1)
MP 1,7 Fernando   "Adorada Marianita: Gracias [...] confundido con otros   811
                          frailes, que salían de [...]
francamente (1)
BA 1,1 La Poncia   Ella lo ha hecho sin dar alcance a lo que hacía, que   1455
                          está francamente mal.
franceses (2)
TC 1,1 Rosita   Oye, a París de ninguna manera, porque no quiero que   730
                          se parezca a los franceses con el chau, chau, chau.
TC 2,1 Cristobita   Esta porra que ve aquí ha matado muchos hombres   739
                          franceses, italianos, húngaros... Tengo la lista en
                          mi casa.
Francia (4)
TC 2,1 Cristobita   No; de niño estuve en Italia y en Francia, sirviendo a   739
                          [...]
ZP 2,1 Alcalde   ¿De Francia?   955
DC 1,1 Cristóbal   Pero en mi juventud estuve en Francia y en Italia,   1035
                          sirviendo a un tal don Pantaleón.
RS 2,1 Rosita   risa, la gala de Francia.   1405
Francisco (1)
ZP 2,1 Zapatero   Aleluyas con los hechos [...] aventuras del guapo   956
                          Francisco Esteban y, [...]
franco (1)
PB 0,0 Perlimplín   Y si te soy franco, siento una sed... ¿Por qué no me   987
                          traes agua?
Frascuelo (1)
RS 2,1 Ayola 2   Toca "¡Viva Frascuelo!"   1402
frases (1)
MM 2,1 Curianita 1   Pues decidle a un hambriento esas frases.   703
frecuencia (1)
DC 1,1 Director   Señoras y señores: Los campesinos andaluces oyen con   1043
                          frecuencia comedias de [...]
fregar (4)
ZP 1,1 Zapatera   Por lo que veo, en este pueblo no hay más que dos   932
                          extremos: o monja o trapo de fregar...
RS 3,1 Ama   Es mucho más difícil fregar sus suelos.   1413
BA 1,1 Criada   Tuve durante el duelo [...] que le dieras agua de   1452
                          fregar siquiera para [...]
BA 3,1 Criada   Ya terminé de fregar los platos. ¿Manda usted algo,   1520
                          Bernarda?
fregarlo (1)
BA 1,1 Criada   Sangre en las manos tengo de fregarlo todo.   1441
freno (1)
CA 2,1 Maniquí   el aire roto en el freno   1101
frente (A) (2)
MP 1,4 Amparo   frente a los toros zaínos   793
CA 1,1 Niño   con estas rosas frente a la ventana.   1062
frente (13)
MM 1,6 Curiana N   Caerá toda la noche sobre su pobre frente.   701
TC 5,1 Fígaro   En la frente tiene dos nudos.   761
MP 2,5 Mariana   ¡Así! Deja tu aliento sobre mi frente. Limpia   828
MP 2,8 Conspirador 4   noble, de la frente limpia,   843

frente (continuación)   Pág.
  CA 1,1 Viejo   Todavía cambian más las cosas que tenemos delante de   1052
                         los ojos que las que viven sin distancia debajo de la
                         frente.
  CA 1,1 Joven   La última vez que la vi no podía mirarla muy de cerca   1052
                         porque tenía dos arruguitas en la frente, que, como me
                         [...]
  BS 1,1 Madre   Amasa su pan y cose sus faldas, y siento, sin embargo,   1175
                         cuando la nombro, como si me dieran una pedrada en la
                         frente.
  BS 2,1 Criada   Quiero que te caiga sobre la frente ¡Qué hermosa estás!   1207
  BS 2,1 Criada   ¡Levanta esa frente!   1208
  BS 2,1 Muchacha 2   y jazmines en la frente.   1216
  BS 2,2 Madre   En la frente de todos ellos yo no veo más que la mano   1227
                         con que mataron a lo que era mío.
  BS 3,2 Mujer   le corona la frente.   1270
  RS 3,1 Ama   En medio de las dos, [...] sonrisa, con la misma   1425
                         frente blanca como si [...]
fresas (1)
  TC 3,1 Cocoliche   Me decía: tienes los labios como dos fresas sin   743
                         madurar, y...
fresca (8)
  MM 1,2 Curianita Silvia   tranquila y fresca   679
  MM 2,4 Alacranito   de carne fresca   709
  MM 2,7 Curianito   fresca sombra en estío y la tiniebla   720
  TC 0,0 Mosquito   Pero un día vi por el agujerito de la puerta una   724
                         estrella que temblaba como una fresca violeta de luz.
  MP 1,4 Mariana   cómo necesito de tu fresca risa,   792
  MP 3,3 Mariana   por la madrugada fresca,   869
  YE 2,2 Yerma   Para tener agua fresca en la comida.   1311
  BA 3,1 Bernarda   Trae un jarro de agua fresca.   1509
frescas (4)
  DC 1,1 Director   Llenemos el teatro de espigas frescas, debajo de las   1043
                         [...]
  CA 3,1 Arlequín   Por las frescas algas   1112
  BS 2,2 Novio   Las viejas frescas como tú bailan mejor que las   1234
                         jóvenes.
  YE 2,2 Yerma   Os quedáis frescas, ignorantes, como el que nada en   1318
                         agua dulce y no tiene idea de la sed.
fresco (6)
  MP 2,3 Mariana   de Cartagena, luminoso y fresco,   826
  ZP 1,1 Mozo   ¿Se toma el fresco, zapaterita?   930
  YE 1,1 Yerma   Yo he visto a mi hermana [...] dolor, pero era un   1283
                         dolor fresco, bueno, necesario [...]
  BA 2,1 Amelia   Abre la puerta del patio a ver si nos entra un poco de   1473
                         fresco.
  BA 3,1 Adela   Voy a llegarme hasta el portón para estirar las   1512
                         piernas y tomar un poco de fresco.
  BA 3,1 Adela   Me gustaría quedarme hasta muy tarde para disfrutar el   1517
                         fresco del campo.
frescor (1)
  MP 3,7 Novicia 2   desde el frescor de las ramas.   880
frescos (2)
  BS 1,1 Madre   Mis muertos llenos de [...] matadores, en presidio,   1173
                         frescos, viendo los montes...
  BA 2,1 Adela   Si quieres te daré mis ojos, que son frescos, y mis   1479
                         espaldas [...]
frescura (2)
  ZP 1,1 Zapatera   ¿Es que mi frescura y mi cara no valen todos los   916
                         dineros de este mundo?
  DC 1,1 Director   Las malas palabras adquieren ingenuidad y frescura   1043
                         dichas por muñecos [...]
fresquillo (2)
  TC 6,1 Padre   Hace algún fresquillo.   765
  PB 1,1 Duende 1   Vamos. Ya siento un dulce fresquillo por mis espaldas.   996
fresquito (3)
  ZP 1,1 Zapatera   ¡Ay, qué fresquito hace!   934
  ZP 2,1 Zapatera   Todavía me parece sentir en la cara aquel aire tan   946
                         fresquito que venía por los árboles.
  RS 1,1 Manola 2   ¡Ay, qué fresquito!   1364
fría (13)
  ZP 1,1 Zapatero   Yo no te digo más que he huido de los escándalos, como   922
                         las salamanquesas del agua fría.
  PB 1,1 Perlimplín   La noche se ha puesto un poco fría.   989
  CA 1,1 Viejo   Mana sin cesar hilitos de agua fría.   1046
  CA 1,1 Amigo   Al que no le interesa es a mí, que sé positivamente   1071
                         que la nieve es fría y que el fuego quema.
  CA 2,1 Novia   Una mano fría. Una mano de cera cortada.   1092
  CA 3,2 Joven   Dame un vaso de agua fría.   1132
  BS 1,2 Leonardo   Con el agua bien fría.   1188
  BS 2,1 Convidado   que llueve rocío la mañana fría.   1218

fría (continuación)
```
  BS 3,1 Luna            y me anega, dura y fría,                                    1249
  BS 3,2 Madre           Yo haré con mi sueño una fría paloma de marfil que          1267
                         lleve camelias de escarcha sobre el camposanto.
  YE 3,1 Yerma           Cuando me cubre cumple con su deber, pero yo le noto        1329
                         la cintura fría, como si tuviera [...]
  RS 2,1 Solterona 3     "Soy fría", la rosa blanca.                                 1403
  BA 1,1 La Poncia       Es capaz de sentarse [...] cierre esa sonrisa fría que      1441
                         lleva en su [...]
frías (3)
  MP 2,7 Mariana         ¡Ay, qué manos tan frías!                                    835
  PB 1,1 Duende 2        Cinco frías camelias de madrugada se han abierto en          996
                         las paredes de la alcoba.
  CA 3,2 Joven           ¡Qué cartas más frías!                                      1139
friegan (1)
  YE 2,1 Lavandera 4     Ella y sus cuñadas, sin despegar los labios, blanquean      1304
                         todo el día las paredes, friegan los cobres, limpian
                         [...]
friegas (1)
  RS 2,1 Tía             ¿No se da usted las friegas con alhucemas?                  1391
frío (30)
  MM 2,5 Mariposa        y mi cuerpo está frío.                                       716
  MM 2,5 Gusano 3        medio muerta de frío.                                        717
  MM 2,7 Curianito       Tienes el cuerpo frío. Ven conmigo,                          720
  TC 3,1 Cocoliche       Espantanublos, cierra [...] parece que tiene mucho           745
                         frío.
  MP 1,4 Mariana         la noche y el frío cercarán su casa.                         790
  MP 2,7 Conspirador 1   ¡Hace un frío                                                835
  TB DME Doncella        Eres blanco y estarás muy frío.                              902
  TB QM. Mujer           Tendré frío.                                                 909
  TB QM. Mujer           Se ha levantado un viento frío.                              909
  ZP 2,1 Zapatero        ¿Corta mucho? Más que el frío.                              961
  CA 2,1 Novia           Un viaje frío.                                              1092
  CA 3,1 Joven           están temblando de frío.                                    1121
  CA 3,1 Mecanógrafa     Iba a morir de frío y tuve que buscar tu amor por           1127
                         donde no hay gente.
  EP CV  Dama 3          Empiezo a tener frío con este traje.                        1169
  BS 1,2 Mujer           El refresco. ¿Está frío?                                    1189
  BS 3,1 Luna            ¡Tengo frío! Mis cenizas                                    1249
  BS 3,1 Mendiga         Tengo frío.                                                 1253
  BS 3,2 Novia           Y yo corría con tu hijo que era como un niñito de           1269
                         agua, frío, y el otro me mandaba [...]
  BS 3,2 Madre           pero que penetra frío                                       1272
  YE 1,1 Yerma           De la cresta del duro frío.                                 1277
  YE 2,1 Yerma           En el arroyo frío                                           1300
  YE 2,1 Lavandera 5     Anteanoche, ella la pasó sentada en el tranco, a pesar      1302
                         del frío.
  YE 2,1 Lavandera 4     En el arroyo frío                                           1306
  YE 2,1 Lavandera 2     En el arroyo frío                                           1310
  RS 1,1 Tía             Será de frío.                                               1360
  RS 1,1 Primo           al imaginario frío;                                         1371
  RS 2,1 Tío             Y el frío era un juguete en nuestras manos.                 1386
  RS 2,1 Ama             La cama y sus pinturas temblando de frío, y la camisa       1410
                         de novia en lo más oscuro del baúl.
  RS 2,1 Rosita          blanca como el blanco frío                                  1411
  RS 3,1 Rosita          Me he acostumbrado a [...] vueltas por un sitio frío,       1428
                         buscando una salida [...]
fríos (1)
  MM 2,5 Gusano 1        o lo traerán los fríos?                                      712
frivolité (1)
  RS 1,1 Ama             ¿Cuándo la ha visto usted sentada a hacer encaje de        1354
                         lanzadera o frivolité, o puntas de [...]
fruta (5)
  TC 2,1 Cocoliche       Ella me dijo: "Una cinta negra sobre mis cabellos es        735
                         como una botana sobre la fruta.
  TC 6,1 Cocoliche       Ya no me dirá: "Carita de fruta"..., ni yo le diré:          771
                         "Carita de almendra"...
  CA 1,1 Joven           Esperando, el nudo se deshace y la fruta madura.            1072
  YE 1,2 Víctor          Por aquí hay siempre muchos niños que vienen a robar        1298
                         fruta.
  YE 2,2 Yerma           porque el agua da sal, la tierra fruta,                     1316
fruto (1)
  YE 2,2 Yerma           El fruto viene a las manos del trabajador que lo busca.     1324
frutos (1)
  BS 1,3 Padre           Porque no es buena tierra; pero con brazos se la hace       1197
                         buena y como no pasa gente no te roban los frutos y
                         puedes dormir [...]
fucsias (1)
  RS 1,1 Tía             Eléboro, fucsias y los crisantemos, Luis Passy             1351
                         violáceo y altair blanco plata con puntas heliotropo.
```

fue - fuente

fue   (15)   Pág.
TC 6,1 Rosita   Voy al suplicio como fue Marianita Pineda.   762
TC 6,1 Currito   El que se fue por el mundo y vuelve a casarse contigo. 763
MP 1,6 Clavela   Soltó las bridas y se fue volando   803
ZP 2,1 Zapatera   Si no fuera porque tengo [...] estoy sola desde que se 942
                      fue por culpa de todos [...]
ZP 2,1 Zapatera   Pues si dices tú, más digo yo, y puedes enterarte, y   942
                      todos los del pueblo, que hace cuatro meses que se fue
                      mi marido y no cederé [...]
ZP 2,1 Niño   Si quieres te puedo traer el espadón grande de mi   948
                      abuelo, el que se fue a la guerra.
CA 2,1 Maniquí   Ella te amaba y se fue.   1104
BS 3,1 Leonardo   y el sueño me fue llenando   1258
RS 2,1 El Señor X   Pero de mucho más adelanto que el que se fue.   1375
RS 2,1 Tía   ¿Se fue ya?   1379
RS 2,1 Rosita   le fue pesando las ramas;   1404
BA 1,1 Martirio   Luego aquí la abandonó y se fue con otra que tenía   1459
                      [...]
BA 2,1 Magdalena   ¿Tan tarde? ¿A qué hora se fue?   1473
BA 3,1 Angustias   No. Fue con su madre a la capital.   1514
BA 3,1 Bernarda   Fue de viaje.   1517
fue (31)
fuego (28)
MM 1,4 Curianito   del fuego en que vive mi rara pasión;   686
MM 2,1 Curianita Santa El hambre es un demonio con antenas de fuego   703
TC 2,1 Rosita   estoy más metida en fuego.   740
TC 4,1 Rosita   estoy más metida en fuego.   755
MP 3,4 Mariana   y fuego en la verde brisa   871
ZP 2,1 Alcalde   Muchas mujeres he conocido como amapolas, como rosas   949
                      de olor..., mujeres morenas con los ojos como tinta de
                      fuego, mujeres que les [...]
DC 1,1 Poeta   El oro me parece fuego, y yo soy poeta de la noche.   1021
DC 1,1 Voz De Rosita estoy más metida en fuego.   1031
CA 1,1 Niño   ¡Ay girasol de fuego!   1067
CA 1,1 Amigo   Al que no le interesa es a mí, que sé positivamente   1071
                      que la nieve es fría y que el fuego quema.
CA 2,1 Novia   ¡Qué ascua blanca, qué fuego de marfil derraman tus   1079
                      dientes!
CA 2,1 Novia   ¡Soy yo la que se quiere quemar en otro fuego!   1094
CA 2,1 Joven   No hay más fuego que el mío.   1094
CA 3,1 Joven   Pero la sangre golpea mis sienes con sus nudillos de   1125
                      fuego, y ahora te tengo ya aquí.
EP CV Dama 4   Ahora es seguro que el fuego romperá las puertas, [...] 1164
BS 2,1 Novia   Echan fuego las paredes.   1206
BS 2,1 Leonardo   ¡Sirvió para echarme fuego encima !   1214
BS 3,1 Luna   buscan la cresta del fuego   1249
BS 3,1 Novia   ¡Ay, qué lamento, qué fuego   1256
BS 3,1 Novia   ¡Ay, qué lamento, qué fuego   1257
BS 3,2 Novia   Y yo corría con tu hijo [...] muchacha acariciada por   1269
                      el fuego.
YE 3,1 Yerma   A veces, cuando ya estoy segura de que jamás,   1328
                      jamás..., me sube como una oleada de fuego por los
                      pies y [...]
YE 3,1 Yerma   Cuando me cubre cumple [...] como una montaña de fuego. 1329
YE 3,2 Hembra   le daban fuego a su risa   1340
RS 1,1 Primo   para contener mi fuego   1371
RS 2,1 Solterona 3   otras, fuego, y otras, agua.   1405
BA 2,1 La Poncia   Era la una de la madrugada y subía fuego de la tierra. 1473
BA 2,1 Adela   No por encima de ti, que eres una criada; por encima   1482
                      de mi madre saltaría para apagarme este fuego que
                      tengo levantado [...]

fuente (16)
MM 0,0   También el viejo silfo [...] palabras que dice la   670
                     fuente en la umbría las [...]
MM 2,3 Mariposa   pero cegó la fuente de mi seda.   708
MM 2,7 Curianito   Te traeré piedrecitas de la fuente   720
TC 0,0 Mosquito   Callad, para que el silencio se quede más clarito,   723
                     como si estuviese en su misma fuente.
MP 1,3 Angustias   No quiero que se mojen en la fuente.   789
MP 3,4 Mariana   pero sentada en la fuente   871
ZP 2,1 Alcalde   Que la casa tiene una cama con coronación de pájaros y   951
                     azucenas de cobre, un jardín con seis palmeras y una
                     fuente saltadora, pero [...]
CA 3,2 Joven   ¿Se encuentra bien una fuente echando agua? Contesta.   1132
BS 2,2 Madre   Una fuente que corre un minuto y a   1228
BS 3,1 Luna   en ansia de esta fuente de chorro estremecido!   1251
YE 2,2 Juan   Debe de estar en la fuente.   1311
YE 2,2 Juan   ¿Vienes de la fuente?   1311
RS 1,1 Rosita   y mi blancura a la fuente.   1371

fuente (continuación)
  RS 2,1 Ama   En medio del terciopelo hay una fuente hecha con   1383
                             caracoles de verdad; sobre la fuente, una glorieta
                             [...]
  RS 2,1 Solterona 3   y la fuente está contando   1403
fuentecilla (1)
  TC 6,1 Rosita   En tu pecho han levantado el vuelo miles de pájaros;   778
                             amor mío, cuando te miro me parece que estoy ante una
                             fuentecilla.

fuentes (7)
  PB 1,1 Belisa   Mi sed no se apaga nunca, como nunca se apaga la sed   989
                             de los mascarones que echan el agua en las fuentes.
  CA 1,1 Joven   Yo quisiera quererla como quisiera tener sed delante 1055
                             de las fuentes.
  CA 2,1 Maniquí   Las fuentes de leche blanca   1102
  YE 1,1 Yerma   y salten las fuentes alrededor!   1277
  YE 1,1 Yerma   y salten las fuentes alrededor!   1278
  YE 1,1 Yerma   y salten las fuentes alrededor!   1278
  YE 2,2 Yerma   Que estoy ofendida, ofendida y rebajada hasta lo   1318
                             .último viendo que los trigos apuntan, que las fuentes
                             no cesan de dar [...]

fuera (A) (29)
  MM 1,2 Doña Curiana que dormís fuera de casa,   678
  MP 1,7 Mariana   Pero mi vida está fuera,   809
  MP 2,5 Mariana   se está fuera del tiempo,   831
  MP 2,9 Mariana   Es probable que esté fuera de España.   853
  MP 3,2 Carmen   Fuera del mundo y en él   866
  PB 0,0 Marcolfa   No es lo que se ve por fuera.   981
  PB 2,1 Perlimplín   Pero ya estoy fuera del mundo y de la moral ridícula 1008
                             de las gentes.
  CA 1,1 Viejo   Están las cosas más vivas dentro que ahí fuera,   1053
                             expuestas al aire o la muerte.
  CA 1,1 Joven   No me importa lo que pase fuera.   1060
  CA 1,1 Amigo 2   Quiero morirme fuera de la mar...   1074
  CA 1,1 Amigo   Quiero morirme fuera   1078
  BS 2,2 Madre   ¡Fuera de aquí!   1244
  BS 3,2 Novia   Yo era una mujer quemada, llena de llagas por dentro y 1269
                             por fuera, y tu hijo era [...]
  YE 2,2 Juan   Quiero dormir fuera y pensar que tú duermes también. 1313
  YE 3,1 Juan   Porque se necesita ser [...] que se sale de noche   1332
                             fuera de su casa, ¿en [...]
  YE 3,1 Juan   Ni yo sé lo que busca una mujer a todas horas fuera de 1333
                             su tejado.
  YE 3,2 Juan   Ha llegado el último minuto de resistir este continuo 1347
                             lamento por cosas oscuras, fuera de la vida, por [...]
  YE 3,2 Yerma   ¿Fuera de la vida, dices? ¿En el aire, dices?   1347
  YE 3,2 Yerma   Eso es lo que yo quería [...] grita cuando se pone   1348
                             fuera y levanta los [...]
  RS 2,1 Ama   Lujo por fuera y para la boca unas malas migas de maíz. 1390
  RS 3,1 Rosita   Me he acostumbrado a vivir muchos años fuera de mí,   1428
                             pensando [...]
  BA 1,1 Criada   Fuera de aquí.   1444
  BA 1,1 Adela   Todavía estaba un grupo parado por fuera.   1454
  BA 1,1 Bernarda   ¡Fuera de aquí todas!   1455
  BA 1,1 La Poncia   Dicen que iba con los pechos fuera y Maximiliano la   1455
                             llevaba cogida como si tocara la guitarra.
  BA 2,1 Bernarda   ¡Fuera de aquí!   1495
  BA 3,1 La Poncia   No pasa nada por fuera.   1518
  BA 3,1 María Josefa Yo quiero casas, pero [...] chiquitos y los hombres   1525
                             fuera sentados en sus [...]
  BA 3,1 Martirio   Déjame decirlo con la cabeza fuera de los embozos.   1527
fuera (V) (2)
  RS 2,1 Ama   Estaba detrás de la puerta, [...] arriba y que el   1379
                             señor se fuera.
  BA 2,1 La Poncia   Hace años vino otra de estas y yo misma di dinero a mi 1486
                             hijo mayor para que fuera.
fuera (35)
fuéramos (1)
fueran (2)
fueras (V) (1)
  YE 1,1 Yerma   A mí me gustaría que fueras al río y nadaras [...]   1274
fueras (4)
fueron (6)
  MM 0,0   Un viejo silfo del bosque [...] de otoño, cuando se   670
                             fueron los rebaños, [...]
  MM 0,0   Pero antes de empezar [...] de otoño, cuando se fueron 670
                             los rebaños.
  ZP 2,1 Zapatera   Me puse tan azorada, que se me fueron dos pañuelos   946
                             preciosos, así de pequeñitos, en la corriente.
  CA 1,1 Joven   Se fueron a un largo viaje. Casi me alegré...   1048
  RS 1,1 Rosita   se fueron cayendo heridos   1371

fueron - fuerzas

Pág.

fueron (continuación)
BA 1,1 La Poncia   Y los que fueron con ella son también hijos de   1456
                    forasteros.

fueron (2)
fuerte (17)
MM 2,5 Gusano 3   con el amante fuerte!   717
MP 1,4 Amparo   vibraba fuerte, violenta,   794
MP 3,5 Mariana   Fuerte y sorda seré a vuestros halagos.   875
MP 3,6 Monja 1   Sé fuerte, que Dios te ayuda.   879
ZP 1,1 Niño   ¡Chist!... No pises fuerte.   936
CA 1,1 Amigo   ¡Ojalá sea fuerte!   1059
EP CV Estudiante 3 Y toda la gente, pero después enarbolaron los   1166
                    cuchillos y los bastones porque la letra era más
                    fuerte que ellos, y la [...]
BS 1,2 Suegra   más fuerte que el agua.   1184
BS 1,2 Suegra   más fuerte que el agua.   1193
BS 2,1 Novia   Y que me abrazaras tan fuerte, que aunque me llamara   1222
                    mi madre, que está muerta, no me pudiera despegar de
                    ti.
BS 2,2 Padre   Ahora tienes que esperar. Mi hija es ancha y tu hijo   1229
                    es fuerte.
BS 2,2 Criada   Una novia de estos montes debe ser fuerte.   1239
BS 2,2 Madre   Con tu mujer procura [...] de daño, un abrazo fuerte,   1241
                    un mordisco y [...]
BS 3,2 Novia   Y fuerte para demostrártelo.   1270
RS 3,1 Martín   Es fuerte, ¿verdad?   1420
BA 1,1 Criada   A pesar de sus ochenta años, tu madre es fuerte como   1452
                    un roble.
BA 2,1 Adela   ¡Pues me oirás! Te he tenido miedo. ¡Pero ya soy más   1482
                    fuerte que tú!

fuertes (3)
ZP 1,1 Alcalde   A las mujeres, buenos apretones en la cintura, pisadas   925
                    fuertes y la voz siempre [...]
BS 2,1 Novia   Las mías serían más fuertes.   1213
YE 1,1 Juan   Cuando los hombres se quedan enjutos se ponen fuertes   1274
                    como el acero.

fuerza (26)
MM 1,2 Doña Curiana ¡Yo haré que la ame por fuerza!   683
TC 5,1 Fígaro   Somos los alcaldes de las cabezas, y a fuerza de abrir   758
                    caminitos [...]
MP 2,9 Pedrosa   ¡Por la fuerza   857
TB DME Estudiante   Tengo mucha fuerza en los brazos.   902
TB QM. Mujer   El tiene ojos maravillosos; pero lo que yo amo es su   909
                    fuerza.
ZP 2,1 Vecina Amarilla ¡A fuerza de besos habrá sido!   973
PB 3,1 Perlimplín   Viejo verde, monigote sin fuerza, tú no podías gozar   1016
                    el cuerpo de Belisa..., el cuerpo de
PB 3,1 Belisa   Sí, sí, Marcolfa, le quiero, le quiero con toda la   1018
                    fuerza de mi carne y de mi alma.
DC 1,1   Y si un pájaro mueve [...] un corazón late con fuerza,   1019
                    nos parezca una [...]
CA 2,1 Novia   Anoche soñaba que todos los niños pequeños crecen por   1087
                    casualidad... Que basta la fuerza que tiene un beso
                    [...]
BS 1,3 Criada   Tienes más fuerza que un hombre.   1204
BS 2,1 Novio   Yo tengo fuerza en los brazos.   1222
BS 2,2 Madre   Tienen por fuerza que manejar armas.   1228
BS 3,1 Novia   ¡Pero ha de ser a la fuerza!   1256
BS 3,1 Leonardo   ¿A la fuerza? ¿Quién bajó   1256
BS 3,2 Novia   Pero no con las manos; con garfios de alambre, con una   1269
                    hoz, y con fuerza, hasta que se rompa en mis huesos.
YE 1,1 Yerma   Yo veo por mis ojos que eso no puede ser... A fuerza   1276
                    de caer la lluvia [...]
YE 1,1 María   Lloraba como un torito, con la fuerza de mil cigarras   1282
                    [...]
YE 3,1 Vieja 1   No hay en el mundo fuerza como la del deseo.   1326
RS 3,1 Ama   Nos llevamos poco, pero como yo he trabajado mucho,   1413
                    estoy engrasada, y usted, a fuerza de poltrona, se
                    [...]
RS 3,1 Ama   Yo entro en el cielo a la fuerza.   1425
BA 3,1 Bernarda   A fuerza de dinero y sinsabores.   1508
BA 3,1 Criada   Bernarda cree que nadie puede con ella y no sabe la   1520
                    fuerza que tiene un hombre entre mujeres solas.
BA 3,1 Adela   He tenido fuerza para adelantarme.   1526
BA 3,1 Adela   No a ti, que eres débil; a un caballo encabritado soy   1528
                    capaz de poner de rodillas con la fuerza de mi dedo
                    meñique.
BA 3,1 Martirio   Tengo el corazón lleno de una fuerza tan mala, que,   1528
                    sin quererlo yo, a mí misma me ahoga.

fuerzas (2)
MP 2,8 Pedro   Pero mis fuerzas no se agotarán.   845

fuerzas (continuación)
  YE 2,2 Juan   Yo no tengo fuerzas para estas cosas.   1315
fuese (6)
fugado (2)
  MP 1,5 Fernando   se ha fugado de la cárcel   798
  MP 1,7 Fernando   "Adorada Marianita: Gracias al traje de capuchino, que   811
                          tan diestramente hiciste llegar a mi poder, me he
                          fugado de la torre de [...]

fui (7)
  MM 1,1 Curiana N   Fui junto a los troncos del viejo encinar   672
  CA 3,1 Mecanógrafa   Yo me fui de su casa.   1115
  CA 3,1 Máscara   Y después fui al hospital y allí [...]   1116
  BS 3,2 Niña   ¡Tampoco fui yo!   1262
  BS 3,2 Niña   ¡Tampoco fui yo!   1262
  BS 3,2 Novia   ¡Porque yo me fui con el otro, me fui!   1269
fui (4)
fuiste (6)
  MP 1,4 Mariana   Es verdad que fuiste; ¿y has vuelto contenta?   791
  MP 3,3 Mariana   ¿Fuiste a casa de don Luis?   867
  BS 1,2 Mujer   Hoy está como una dalia. ¿Y tú? ¿Fuiste a casa del   1187
                          herrador?
  BS 3,2 Niña   ¿Fuiste a la boda?   1262
  BS 3,2 Niña   ¿Fuiste a la boda?   1262
  BA 1,1 Bernarda   ¿Y tú a qué fuiste también al portón?   1453
fuiste (1)
Fulano (1)
  RS 3,1 Tía   "Ahí está Fulano"; y él: "Que entre"; [...]   1427
fúlgidas (1)
  RS 3,1 Martín   ¡recibe tú las fúlgidas preseas   1420
fuman (1)
  BS 1,1 Madre   ¡Allí comen, allí fuman, allí tocan los instrumentos!   1173
función (2)
  TC 0,0 Mosquito   Ahora que sale la luna y las luciérnagas huyen   724
                          lentamente a sus cuevecitas, va a dar comienzo la gran
                          función titulada "Tragicomedia [...]
  DC 1,1 Poeta   que comienza la función.   1022
funciona (1)
  TC 2,1 Cristobita   Hace tiempo que la porra no funciona y se me escapa de   739
                          las manos.
funda (1)
  YE 2,1 Lavandera 6   Para que un niño funda   1309
funden (1)
  BS 3,1 Leonardo   Clavos de luna nos funden   1260
fundidor (1)
  EP RR Figura De P   Ayer estuve en casa del fundidor y encargué una cadena.   1150
fundieron (1)
  RS 1,1 Rosita   con los míos se fundieron?   1370
furia (1)
  CA 2,1 Joven   o te romperé con furia   1102
furiosa (1)
  BS 3,1 Leñador 3   Como una estrella furiosa.   1247
furiosas (1)
  YE 2,1 Lavandera 1   ramas furiosas de coral.   1309
furor (1)
  RS 2,1 Rosita   el furor, las encarnadas;   1405
fusilería (1)
  MP 2,8 Conspirador 4   sonó la fusilería,   844
futuro (1)
  TC 3,1 Mozo 2   ¡Y porque su futuro marido estalle como un fantoche!   744
g (1)
  TB DME Doncella   A, B, C, D, E, F, G, H, I, J, K, L, M, N.   898
gacela (2)
  CA 1,1 Niño   gacela entre los vidrios desmayada.   1064
  RS 1,1 Rosita   Tierna gacela imprudente   1372
gala (1)
  RS 2,1 Rosita   risa, la gala de Francia.   1405
galán (5)
  MP 2,1 Niña   bien plantado y galán.   823
  BS 2,1 Muchacha 1   ¡Ay galán,   1216
  BS 3,1 Mendiga   Espera... Hermoso galán.   1254
  RS 1,1 Manola 3   Para un galán que me ronda.   1365
  RS 2,1 El Señor X   Hoy día se abren camino [...] vulgo Tolstoi, tan galán   1376
                          en la forma como [...]
galana (4)
  BS 2,1 Convidado   qué galana vas a estar;   1218
  BS 2,1 Criada   ¡Ay mi galana!   1219
  BS 2,2 Criada   Galana,   1226
  BS 2,2 Criada   galana de la tierra,   1226
galanes (3)
  BS 3,2 Novia   ¡Ay, qué cuatro galanes   1271
  RS 1,1 Rosita   ¿Qué galanes las esperan?   1367

galanes - ganapán

Pág.

galanes (continuación)
RS 1,1 Rosita   Pero en el mundo hay galanes   1367
galante (1)
PB 3,1 Perlimplín   Y para que sea tuyo completamente, se me ha ocurrido   1015
                       que lo mejor es clavarle este puñal en su corazón
                       galante.
galope (1)
BS 3,1 Novio   No. Yo sentí hace un momento el galope.   1252
gallardo (1)
MP 1,4 Amparo   destacándose gallardo   793
gallego (1)
DC 1,1 Director   Llenemos el teatro de [...] andaluz, primo del Bululú   1043
                       gallego y cuñado de la [...]
gallina (3)
DC 1,1 Poeta   La luna es una gallina que pone huevos.   1036
YE 1,1 Yerma   Voy a guardar esta enjundia de gallina para aliviar   1275
                       [...]
RS 2,1 Madre   A mí se me pone la carne de gallina cuando dicen   1405
                       aquello:
gallinas (5)
BA 1,1 Adela   Me llegué a ver si habían puesto las gallinas.   1454
BA 1,1 Magdalena   Se ha puesto el traje [...] comenzado a voces: 1462
                       "¡Gallinas!
BA 1,1 Magdalena   ¡Gallinas, miradme!"   1462
BA 1,1 Magdalena   ¿Te han visto ya las gallinas?   1464
BA 1,1 Magdalena   ¿Y las gallinas qué te han dicho?   1465
gallo (4)
TC 1,1 Padre   Si al menos quisieras casarte, otro gallo nos   726
                       cantaría; pero me parece a mí que por ahora...
PB 0,0 Una Voz   ¡Gallo, que se va la noche!   982
PB 0,0 Belisa   ¡Gallo, que se va la noche!   987
BA 1,1 La Poncia   En el "Pater Noster" [...] que al final dio un gallo;   1443
                       pero da gloria [...]
gana (V) (1)
YE 3,2 Macho   para aquel que las gana.   1342
gana (15)
TC 1,1 Rosita   La una... Pero ¡maldita la gana que tengo de comer!   734
TC 6,1 Cocoliche   ¡De buena gana te quitaba la nariz de un bocado!   771
TC 6,1 Currito   Lo... que me da la gana.   776
TC 6,1 Cristobita   ¿Conque lo que te da la gana?   776
TC 6,1 Cristobita   ¡Toma gana!   776
TC 6,1 Cristobita   ¡Toma gana!   776
TC 6,1 Cristobita   ¡Toma gana!   776
TC 6,1 Cristobita   ¡Toma gana!   776
TC 6,1 Cristobita   ¡Toma gana!   776
MP 3,7 Novicia 2   Yo no tengo gana   881
CA 1,1 Mecanógrafa   No espero porque no me da la gana, porque no quiero y,   1054
                       sin embargo, no me puedo mover de aquí.
BS 1,1 Madre   Sí, sí; y a ver si me alegras con seis nietos, o los   1177
                       que te dé la gana, ya que tu padre [...]
YE 3,2 Vieja   Y, en último caso, vengo porque me da la gana.   1337
RS 2,1 Ayola 1   ¡Tengo una gana de que Rosita se case!   1400
BA 3,1 Adela   Vamos a dormir, vamos [...] cuando le venga en gana.   1528
ganaba (1)
RS 2,1 Madre   Yo tengo una muchacha que nos arregla el piso por las   1395
                       tardes; ganaba lo que han ganado [...]
ganada (1)
CA 2,1 Joven   Y no son sueño tus trenzas [...] es mía esta sangre,   1094
                       ganada lentamente a través [...]
ganado (S) (3)
MM 1,5 Alacranito   Hay ganado en la cabeza.   690
YE 2,2 Juan   He de cuidar el ganado.   1311
BA 3,1 Prudencia   Has sabido acrecentar tu ganado.   1508
ganado (3)
YE 2,2 Juan   Bien ganado tengo el pan que como.   1311
RS 2,1 Madre   Yo tengo una muchacha que nos arregla el piso por las   1395
                       tardes; ganaba lo que han ganado siempre: una peseta
                       [...]
BA 3,1 Criada   Ganado tenemos el sueño. Bernarda no me deja descansar   1522
                       en todo el día
ganados (2)
YE 2,2 Yerma   Pan tierno y requesón y cordero asado como yo aquí, y   1312
                       pasto lleno de rocío tus ganados en el monte.
YE 2,2 Yerma   Los hombres tienen otra vida; los ganados, los   1313
ganamos (1)
CA 3,2 Jugador 1   Jugamos y ganamos; pero ¡qué trabajo nos cuesta!   1136
ganando (1)
DC 1,1 Director   ¡Ja, ja, ja! Así salgo ganando. A empezar.   1022
ganapán (1)
TC 6,1 Mosquito   al gran ganapán.   780

ganar (1)
    CA 3,2 Jugador 2   Porque hay que ganar o perder... Vamos. Su carta.   1142
ganarme (1)
    ZP 2,1 Zapatera   Si no fuera porque tengo que ganarme la vida con estos   942
                                 [...]
ganarse (1)
    MM 2,1 Curianita 1   El no piensa ganarse la vida honradamente.   702
ganas (15)
    MM 1,3 Doña Curiana   Tú lo que tienes ganas   684
    MM 1,5 Alacranito   Con ganas   694
    TC 3,1 Contrabandista 2 La dichosa cancioncilla me abre las ganas de beber.   741
    MP 1,2 Amparo   ganas de cantar, señora.   786
    TB QM. Enrique   No tengo ganas de bromas. Siempre estás así.   906
    ZP 2,1 Zapatero   ¡Casi me dan ganas de llorar!   971
    CA 1,1 Joven   Déjame. No tengo ganas de bromas.   1056
    BS 1,3 Criada   Por Dios. Está bien. Parece como si no tuvieras ganas   1203
                                 de casarte.
    BS 2,2 Novia   ¿Tantas ganas tenéis?   1237
    RS 1,1 Ama   ¡Qué ganas tengo de ver plantados en este jardín un   1353
                                 peral, un cerezo, un caqui!
    RS 2,1 Solterona 2   Desde que murió el pobre papá no tiene ganas.   1397
    RS 3,1 Ama   Pues... ¿y las ganas que me entran de cantar?   1417
    RS 3,1 Ama   Ayer decía a voces: "No; [...] no entiendo me dan   1423
                                 ganas de reír, y el carbonero, [...]
    RS 3,1 Rosita   Y yo lo oigo y no puedo gritar, sino vamos adelante,   1429
                                 con la boca llena de veneno y con unas ganas enormes
                                 de huir, [...]
    BA 3,1 Adela   ¡Con qué ganas te has quedado de ocuparlo!   1526
gane (2)
    YE 2,1 Lavandera 5   La que quiera honra, que la gane.   1301
    BA 1,1 Mendiga   Mujer, tú tienes quien te gane. ¡Mi niña y yo estamos   1444
                                 solas!
gánelo (1)
    DC 1,1 Director   Gánelo pronto.   1023
ganitas (1)
    TC 1,1 Rosita   Uno, dos... ¡Ay, qué ganitas tengo de casarme!   725
gano (3)
    ZP 2,1 Zapatero   Déjelos, señor Alcalde..., supongo que es usted, que   953
                                 con ellos me gano la vida.
    CA 2,1 Joven   Porque te he esperado y ahora gano mi sueño.   1094
    RS 2,1 Madre   Todavía me parece oír [...] gasta, gasta, que yo gano   1393
                                 setenta duros"; [...]
ganó (1)
    BA 1,1 La Poncia   ¡Buen descanso ganó su pobre marido!   1441
gansos (1)
    PB 0,0 Madre   Don Perlimplín tiene muchas tierras; en las tierras   985
                                 hay muchos gansos y ovejas.
ganzúas (1)
    BA 1,1 La Poncia   Tiene unos dedos como cinco ganzúas.   1440
gañán (3)
    BA 1,1 Bernarda   ¿Es que quieres que las entregue a cualquier gañán?   1457
    BA 1,1 Martirio   Una vez estuve en camisa detrás de la ventana hasta   1460
                                 que fue de día porque me avisó con la hija de su gañán
                                 que iba a venir [...]
    BA 2,1 Bernarda   Su padre fue gañán.   1498
gañanes (2)
    BA 2,1 Amelia   Debiéramos tener cuidado. ¿No serán los gañanes?   1489
    BA 2,1 Martirio   Los gañanes llegan a las seis.   1489
garabato (1)
    ZP 1,1 Zapatera   Mirlo de alambre, garabato de candil... Corre,   930
                                 corre... ¿Se habrá visto?
garage (1)
    CA 2,1 Novia   Y tienes preparada la llave del garage.   1088
garañón (2)
    BA 3,1 Bernarda   El caballo garañón, que está encerrado y da coces   1508
                                 contra el muro.
    BA 3,1 Adela   El caballo garañón estaba en el centro del corral   1515
                                 ¡blanco!
garbanzos (2)
    BA 1,1 La Poncia   Entra y llévate también un puñado de garbanzos.   1440
    BA 1,1 Bernarda   Pero las olvidan delante de un plato de garbanzos.   1445
garbo (1)
    TC 1,1 Cristobita   Pero ¡qué talle y qué garbo!   731
garbosa (1)
    ZP 2,1 Zapatero   Gente cabal y garbosa   959
garfios (1)
    BS 3,2 Novia   Pero no con las manos; con garfios de alambre, con una   1269
                                 hoz, y con fuerza, hasta que se rompa en mis huesos.
garganta (13)
    MP 1,5 Mariana   detenido en mi garganta.   796
    MP 1,5 Fernando   ya buscará su garganta.   799

garganta - gato

			Pág.
garganta (continuación)			
MP 1,7 Mariana	la garganta, que es hermosa,		810
MP 3,1 Novicia 1	tenía el corazón en la garganta.		862
PB 1,1 Perlimplín	Como un hondo corte de lanceta en mi garganta.		991
PB 1,1 Perlimplín	garganta rota y olvido.		1000
PB 3,1 Belisa	Marcolfa, bájame la espada del comedor, que voy a atravesar la garganta de mi marido...		1016
CA 1,1 Niño	que aprisionaron anoche mi garganta.		1063
CA 3,1 Joven	la sangre en mi garganta,		1122
BS 1,2 Mujer	sobre la garganta.		1185
BS 1,3 Novio	Cuando me voy de tu lado siento un despego grande y así como un nudo en la garganta.		1202
YE 2,1 Lavandera 2	Porque la luz se nos quiebra en la garganta.		1308
YE 3,2 Juan	Que tengo el amargor en la garganta.		1347
gargantilla (2)			
TC 6,1 Rosita	Ella tuvo una gargantilla de hierro [...]		762
BA 1,1 María Josefa	Bernarda, dame mi gargantilla de perlas.		1470
garlito (1)			
ZP 2,1 Vecina Roja	Otro en el garlito.		973
garras (1)			
PB 1,1 Duende 1	Su habitación exhalaba un perfume tan intenso, que una vez me quedé dormido y desperté entre las garras de sus gatos.		995
gárvilos (1)			
RS 3,1 Ama	¿Y no hay gárvilos para hacerlo polvo...?		1416
garza (1)			
CA 2,1 Novia	¿No tenías una sonrisa violenta que era como una garza sobre tu rostro?		1093
garzas (2)			
RS 1,1 Rosita	Las que van delante, garzas;		1367
RS 1,1 Rosita	dos garzas y una paloma.		1367
gas (1)			
CA 3,1 Máscara	Digo que el conde Arturo [...] gemelos y las luces de gas que brillaban bajo [...]		1116
gasa (3)			
CA 3,2 Jugador 1	En un tiro al blanco, que no solamente se clava sobre el acero más duro sino sobre la gasa más fina.		1138
RS 2,1 Ama	Ya me duelen las manos [...] mesa y cubrecamas de gasa con flores de realce.		1380
RS 3,1 Ama	Sí, sí; pero no me toque usted el corazón, no me levante la gasa de la pena, porque [...]		1436
gasta (2)			
RS 2,1 Madre	Todavía me parece oír al padre de estas hijas cuando, generoso y caballero como era, me decía: "Enriqueta, gasta, gasta, que yo gano setenta [...]		1393
gastado (2)			
CA 3,2 Criado	Por eso ha gastado todo lo que tenía en la ropa del niño y en la caja.		1131
BA 3,1 Bernarda	Dieciséis mil reales he gastado.		1511
gastan (1)			
YE 2,2 Yerma	Cuando las sillas se rompen y las sábanas de hilo se gastan con el uso.		1312
gastar (1)			
BA 2,1 Martirio	¿Es que yo no puedo gastar una broma a mi hermana?		1494
gasté (1)			
BA 2,1 Bernarda	¡Siempre gasté sabrosa pimienta!		1501
gasten (1)			
YE 1,1 Juan	Las cosas de la labor van bien, no tenemos hijos que gasten.		1275
gastes (1)			
BA 2,1 Angustias	¡No me gastes bromas! Cuando venga se lo contaré.		1491
gastó (1)			
DC 1,1 Cristóbal	de las que gastó su madre cuando era chiquilla.		1030
gata (8)			
DC 1,1 Cristóbal	de las que cagó la gata,		1030
CA 1,1 Gato	Soy gata.		1062
CA 1,1 Niño	¿Eres gata?		1063
CA 1,1 Gato	Iba por el tejado, gata chata.		1064
CA 1,1 Niño	Yo también iba, ¡ay!, gata chata, barata,		1064
CA 1,1 Niño	¡No, gata! Como chupar monedas.		1065
CA 1,1 Niño	¡Gata!,		1066
EP CV Estudiante 5	Parecía muy hermosa, [...] que gemía como una gata debajo de las sillas.		1167
gato (6)			
CA 1,1 Gato	No me digas más gato.		1062
CA 1,1 Criado	Los niños arrojaron un gato que habían matado sobre el tejadillo del jardín, y hay necesidad de quitarlo.		1070
CA 2,1 Joven	Y luego... en la calle he golpeado a unos niños que estaban matando un gato a pedradas.		1092
EP CV Estudiante 4	Nada, pero un ave no puede ser un gato, ni una piedra puede ser un golpe de mar.		1161

gato (continuación)
  EP CV Estudiante 2   Un gato puede ser una rana, [...]   1161
  RS 3,1 Martín   Hace un rato tenían un [...] encontrado un excremento   1419
                           de gato sobre su lista de [...]
Gato (1)
  CA 1,1 Niño   No vinieron los ángeles. No, Gato.   1062
gatos (3)
  PB 1,1 Duende 1   Su habitación exhalaba [...] entre las garras de sus   995
                           gatos.
  RS 1,1 Ama   ¿Y no hay gatos y no hay perros, y no hay un golpe de   1356
                           aire que entra por la ventana?
  RS 3,1 Ama   Ayer decía a voces: "No; [...] como si fueran dos   1423
                           gatos rabiosos.
gavilla (1)
  BA 2,1 La Poncia   El que la contrataba era un muchacho de ojos verdes,   1485
                           apretado como una gavilla de trigo.
gaznate (1)
  BA 1,1 Criada   Te vas a hacer el gaznate polvo.   1443
gemelos (1)
  CA 3,1 Máscara   Digo que el conde Arturo [...] de plata, entre los   1116
                           gemelos y las luces de [...]
gemía (3)
  EP CV Estudiante 1   Y que hayan asesinado a la verdadera Julieta, que   1166
                           gemía debajo de las butacas.
  EP CV Estudiante 5   Parecía muy hermosa, [...] llena de polvo que gemía   1167
                           como una gata debajo [...]
  YE 3,2 Macho   Siete veces gemía,   1342
gemido (3)
  CA 2,1 Novia   En los espejos y entre los encajes de la cama oigo ya   1095
                           el gemido de un niño que me persigue.
  CA 3,1 Arlequín   cruza el gemido del niño,   1108
  YE 3,2 Macho   hasta el blanco gemido del alba.   1341
gemidos (1)
  BS 3,1 Mendiga   recogiendo en su falda los gemidos,   1251
gemir (1)
  YE 2,1 Lavandera 1   Hay que gemir en la sábana.   1308
general (3)
  MP 2,8 Conspirador 4   Torrijos, el general   843
  DC 1,1 Rosita   con un general,   1032
  DC 1,1 Rosita   con un general,   1035
generosidad (1)
  RS 2,1 Tía   Pero yo lo he hecho por deber y tú por generosidad.   1384
generoso (2)
  ZP 0,0 El Autor   Respetable público... [...] que el auditorio sea   911
                           generoso con la mímica [...]
  RS 2,1 Madre   Todavía me parece oír al padre de estas hijas cuando,   1393
                           generoso y caballero [...]
genial (1)
  EP CV Estudiante 2   El director de escena evitó de manera genial que la   1165
                           masa de [...]
Genil (3)
  MP 1,5 Fernando   el Genil y sus puentes   799
  MP 1,7 Fernando   Necesito antes de las [...] arriba de la presa del   811
                           Genil, para, río adelante, [...]
  RS 1,1 Rosita   El Genil duerme a sus bueyes   1367
genio (4)
  TC 0,0 Mosquito   Ahora que sale la luna [...] Preparaos a sufrir el   724
                           genio del puñeterillo [...]
  EP CV Estudiante 1   No es necesario, y esto era lo que se propuso   1161
                           demostrar con el genio el director de escena.
  RS 3,1 Ama   Yo no tengo genio para aguantar estas [...]   1416
  RS 3,1 Tía   Y las mismas salidas; ¡el mismo genio!   1432
Genoveva (1)
  TC 1,1 Rosita   Genoveva de Brabante tendría uno así cuando se ponía   731
                           en la torre de su castillo a esperar a su esposo.
gente (84)
  MM 1,5 Alacranito   ¿No se emborracha la gente?   691
  MM 2,1 Curianita 1   ¡Es terrible esta plaga de gente perezosa!   704
  TC 0,0 Mosquito   Entonces yo avisé a mis amigos, y huimos por esos   724
                           campos en busca de la gente sencilla, para [...]
  TC 1,1 Rosita   Gente de paz.   728
  TC 1,1 Rosita   Ahora viene la gente.   731
  TC 6,1 Rosita   ¡Viene gente! ¡Vete, bandido! ¡Tempranillo!   764
  MP 1,4 Amparo   entre la gente de brega   793
  MP 1,5 Mariana   ¿Hay mucha gente en la calle?   797
  MP 1,5 Fernando   Pues hay mucha gente.   797
  MP 1,5 Fernando   de gente envuelta en sus capas   798
  MP 1,7 Fernando   Por aquel sitio no hay gente.   815
  MP 2,5 Pedro   ¡Qué sola estás cercada de maliciosa gente!   828
  MP 2,5 Pedro   donde la gente coma su pan con alegría,   832
  MP 2,6 Pedro   ¡Son gente decidida!   834

gente - gente

Pág.

gente (continuación)

MP 2,7	Conspirador 1	Toda la gente duerme en este instante.	836
MP 2,7	Pedro	de gente decidida a levantarse:	838
MP 2,9	Pedrosa	que la gente no vive muy segura.	852
MP 2,9	Pedrosa	que hay mucha gente complicada.	856
MP 3,3	Alegrito	pero la gente se encierra.	868
ZP 0,0	El Autor	Por este miedo absurdo, [...] ambientes donde la gente no se asuste de [...]	911
ZP 1,1	Zapatera	Ya sabía yo que con esta clase de gente no se podía hablar [...]	913
ZP 1,1	Niño	Gente de paz.	913
ZP 1,1	Zapatero	Eso dice la gente.	917
ZP 1,1	Zapatera	¿La gente?	917
ZP 1,1	Zapatero	Ay, mujer..., no me des escándalos, ¡mira que viene la gente!	918
ZP 1,1	Vecina	¡Cuánto mejor le hubiera ido a usted casado con gente de su clase!...,	919
ZP 2,1	Zapatera	La gente me canta coplas, [...]	948
ZP 2,1	Zapatero	Gente cabal y garbosa	959
ZP 2,1	Zapatero	He conocido mucha gente sin sentimiento.	966
PB 1,1	Duende 1	Mañana lo sabrá toda la gente.	996
PB 1,1	Belisa	Mira, Perlimplín, cierra los balcones, que antes de nada se levantará la gente.	999
CA 1,1	Viejo	Y cuando la gente ha ido a retorcer el cuello de la paloma, yo he sujetado la mano y la he ayudado a volar.	1072
CA 1,1	Amigo 2	Yo no quiero ver gente como usted.	1074
CA 3,1	Mecanógrafa	Iba a morir de frío y tuve que buscar tu amor por donde no hay gente.	1127
CA 3,2	Jugador 2	No hay que fiarse de la gente pálida o de la gente que tiene hastío; juegan, pero reservan.	1136
EP CV	Desnudo	¿Dejaron salir a la gente bajo la arena?	1156
EP CV	Estudiante 2	La callejuela está llena de gente armada y es difícil huir por allí.	1156
EP CV	Estudiante 4	La gente se olvida de los [...]	1160
EP CV	Estudiante 4	El director de escena abrió los escotillones, y la gente pudo ver cómo el [...]	1161
EP CV	Estudiante 1	Cuando la gente va al acuárium [...]	1165
EP CV	Estudiante 3	Y toda la gente, pero después enarbolaron [...]	1166
BS 1,1	Vecina	Me voy, que pronto llegará mi gente del campo.	1183
BS 1,3	Madre	Tenemos que volver a tiempo. ¡Qué lejos vive esta gente!	1195
BS 1,3	Padre	Porque no es buena tierra; pero con brazos se la hace buena y como no pasa gente no te roban los [...]	1197
BS 2,1	Criada	Es la gente. Vienen lejos todavía.	1212
BS 2,1	Criada	Ya está aquí la gente.	1215
BS 2,2	Madre	Mana de su bisabuelo, que empezó matando, y sigue en toda la mala ralea, manejadores de cuchillos y gente de falsa sonrisa.	1227
BS 2,2	Madre	Luego la gente critica.	1227
BS 2,2	Padre	Poca. La gente no puede entretenerse.	1229
BS 2,2	Novio	En ninguna boda se vio tanta gente.	1230
BS 2,2	Novio	Gente que no salía de su casa.	1230
BS 2,2	Madre	Toda la gente de la costa.	1230
BS 2,2	Novio	Debe estar con la gente.	1233
BS 2,2	Novia	Pues... la gente. Pueden vernos.	1238
BS 2,2	Novia	¿Con toda la gente aquí?	1240
BS 2,2	Padre	Hay mucha gente. ¡Mirad!	1243
BS 2,2	Madre	Esa gente mata pronto y bien...; pero ¡sí, corre, y yo detrás!	1244
BS 2,2	Madre	Porque tiene gente; que son sus primos del mar y todos los que llegan de tierra adentro.	1244
BS 3,1	Leonardo	que no me importa la gente,	1259
BS 3,1	Leonardo	Viene gente.	1260
YE 1,1	Juan	La calle es para la gente desocupada.	1277
YE 1,2	Vieja 1	Buena gente.	1287
YE 1,2	Muchacha 1	Por todas partes nos vamos encontrando gente.	1291
YE 1,2	Muchacha 2	Yo te puedo decir lo único que he aprendido en la vida: toda la gente está metida dentro [...]	1294
YE 2,1	Lavandera 2	Todo esto son cuestiones de gente que no tiene conformidad con su sino.	1304
YE 2,2	Juan	No me gusta que la gente me señale.	1315
YE 2,2	Yerma	Hablar con la gente no es pecado.	1315
YE 2,2	Yerma	De gente que no tiene la conciencia tranquila.	1319
YE 3,1	Yerma	Te figuras tú y tu gente que sois vosotros los únicos que guardáis honra, y no sabes	1332
YE 3,1	Dolores	¡Viene gente! Habla bajo.	1334
YE 3,2	María	Vamos a las eras, que es donde está la gente.	1337
YE 3,2	Vieja	En cambio, tu gente no.	1344
YE 3,2	Vieja	No te importe la gente.	1345
RS 2,1	Rosita	Cuando no veo la gente estoy contenta, pero como la tengo que ver...	1389

gente (continuación)
RS 2,1 Rosita   Si no viera a la gente, me creería que hace una semana   1389
                    que se marchó.
RS 2,1 Ama   Bocado para gente fina.   1399
RS 2,1 Ayola 2   La que no quiere casar [...] balcón atisbando la gente.   1401
RS 3,1 Martín   Y créame usted que los [...] el último escalón de   1419
                    gente que lleva todavía [...]
RS 3,1 Rosita   Si la gente no hubiera hablado; [...]   1428
BA 1,1 La Poncia   La gente de él la odia.   1441
BA 1,1 Bernarda   Eso tiene la gente que nace con posibles.   1452
BA 1,1 Martirio   ¡Invenciones de la gente!   1460
BA 2,1 Martirio   Por nada, pero me pareció oír gente en el corral.   1489
gentes (31)
TC 1,1 Rosita   El dinerillo, para las gentes del mundo; yo me quedo   727
                    con el amor.
MP 1,5 Fernando   Y las gentes cómo aguantan.   799
MP 2,5 Mariana   en espera de gentes que te traigan ahogado.   832
MP 2,8 Pedro   ¿Y las gentes de Cádiz?   841
MP 2,8 Conspirador 4 las gentes de Andalucía,   843
MP 2,8 Mariana   las gentes de veleros y fragatas.   846
MP 3,3 Mariana   Son gentes de la nobleza,   867
ZP 1,1 Zapatero   Me han provocado, me [...] de verme rodeado de gentes   922
                    y llevado y traído [...]
ZP 2,1 Zapatero   Respetable público: Oigan [...] ejemplaridad a todas   958
                    las gentes de este mundo.
ZP 2,1 Zapatera   Mi marido me dejó por culpa de las gentes y ahora me   963
                    encuentro sola, sin calor de nadie.
ZP 2,1 Zapatera   Vamos, quiero cerciorarme de la maldad de las gentes.   970
PB 1,1 Duende 1   ¿Qué sería de las pobres gentes?   994
PB 2,1 Belisa   El alma es patrimonio de los débiles, de los héroes   1006
                    tullidos y las gentes enfermizas.
PB 2,1 Perlimplín   Pero ya estoy fuera del mundo y de la moral ridícula   1008
                    de las gentes.
CA 1,1 Joven   Demasiado trabajo tengo con oírla llena de coches y   1057
                    gentes desorientadas.
BS 1,1 Madre   Pero ¡cuántas cosas sabéis las gentes!   1181
BS 1,2 Suegra   ¿Qué necesidad tienes de ponerte a mal con las gentes?   1192
BS 3,1 Novia   a que las gentes me vean   1259
YE 1,1 Yerma   Yo veo por mis ojos que [...] jaramagos, que las   1276
                    gentes dicen que no sirven [...]
YE 1,2 Juan   Está bien. Así darás que hablar a las gentes.   1299
YE 1,2 Juan   No lo digo por ti, lo digo por las gentes.   1299
YE 1,2 Yerma   ¡Puñalada que le den a las gentes!   1299
YE 2,1 Lavandera 4 Nosotras no, pero las gentes sí.   1303
YE 2,1 Lavandera 1 ¡Siempre las gentes!   1303
YE 2,2 Yerma   Aquí las gentes te quieren.   1322
BA 1,1 La Poncia   Desde que murió el padre de Bernarda no han vuelto a   1442
                    entrar las gentes bajo estos techos.
BA 2,1 La Poncia   Para que las gentes no escupan al pasar por esta   1481
                    puerta.
BA 2,1 La Poncia   Has visto lo malo de las gentes a cien leguas; muchas   1497
                    veces creí que adivinabas los pensamientos.
BA 2,1 La Poncia   En el pueblo hay gentes que leen también de lejos los   1499
                    pensamientos escondidos.
BA 2,1 La Poncia   A mí me parece mal que Pepe esté con Angustias, y a   1500
                    las gentes, y hasta al aire.
BA 2,1 Bernarda   Si las gentes del pueblo quieren levantar falsos   1502
                    testimonios, se encontrarán con mi pedernal.
gentío (2)
MP 1,4 Amparo   La plaza, con el gentío   793
BA 2,1 Criada   En lo alto de la calle hay un gran gentío y todos los   1503
                    vecinos están en sus puertas.
Geografía (1)
RS 3,1 Martín   Ayer se empeñaron en que el pobre señor Canito,   1418
                    profesor nuevo de Geografía, llevaba corsé; [...]
Geometría (1)
EP CV Traspunte   Señores: clase de Geometría descriptiva.   1168
geranio (2)
PB 3,1 Marcolfa   Ella se puso encendida como un geranio, se llevó las   1010
                    [...]
PB 3,1 Perlimplín   ¿De manera que se puso encendida como un geranio?...   1010
                    Y... ¿qué dijo?
geranios (1)
BS 1,1 Madre   Mis muertos llenos de hierba, sin hablar, hechos   1173
                    polvo; dos hombres que eran dos geranios... Los
                    matadores, [...]
gestos (2)
TC 5,1 Fígaro   Los barberos tenemos más olfato de las palabras   758
                    oscuras y los gestos misteriosos.
YE 1,2 Yerma   Todo se vuelve medias palabras, gestos, porque todas   1291
                    estas cosas dicen que no se pueden saber.

Gibraltar - gloriosa

Pág.

Gibraltar (2)
TC 3,1 Contrabandista 1   De Cádiz a Gibraltar   741
MP 2,5 Pedro   vagué por la Alpujarra. Supe que en Gibraltar   831
gigante (4)
EP RR Figura De C   Un gigante.   1149
EP RR Figura De C   Un gigante, tan gigante, que puedo cortar una roca con   1149
     la uña de un recién nacido.
BA 3,1 María Josefa   Pepe el Romano es un gigante.   1525
Gil (1)
DC 1,1 Rosita   ¿El can-can de Goicoechea o la Marsellesa de Gil   1037
     Robles?
giman (1)
CA 3,1 Joven   Antes que las ramas giman   1121
gime (2)
BS 3,2 Niña   ¿Qué ruiseñor de sombra vuela y gime   1267
YE 2,1 Lavandera 3   Un niño que gime, un hijo.   1309
gimen (1)
RS 2,1 Solterona 3   gimen las flores cortadas.   1404
gimes (1)
BS 3,2 Niña   Porque tú gimes: vete.   1265
gira (1)
CA 3,1 Arlequín   La rueda que gira   1114
giraba (6)
MP 1,4 Amparo   giraba como un zodíaco   793
ZP 2,1 Zapatero   ella giraba en los veinte   958
BS 2,2 Criada   Giraba,   1225
BS 2,2 Criada   giraba la rueda,   1225
BS 2,2 Criada   Giraba,   1226
BS 2,2 Criada   giraba la rueda   1226
girando (1)
CA 3,2 Joven   ¿Se encuentra bien una veleta girando como el viento   1133
     quiere?
girar (1)
TC 2,1 Rosita   El viento morisco hace girar ahora todas las veletas   736
     de Andalucía.
girarán (1)
TC 2,1 Rosita   Dentro de cien años girarán lo mismo.   736
girasol (9)
MP 1,4 Mariana   el gran girasol, al amanecer,   790
MP 1,4 Mariana   abrirse el dorado girasol del cielo.   790
ZP 1,1 Mozo   ¿Cuántas semillas tiene el girasol?   932
CA 1,1 Niño   ¡Ay girasol!   1067
CA 1,1 Niño   ¡Ay girasol de fuego!   1067
CA 1,1 Niño   ¡Ay girasol!   1067
CA 1,1 Gata   ¡Ay girasol!   1068
CA 1,1 Gata   ¡Ay girasol de la mañanita!   1068
BS 3,2 Madre   Girasol de tu madre,   1270
giro (1)
TC 1,1 Hora   ¿Qué sabes tú el giro que van a tomar las cosas?   734
gitanas (1)
MP 1,5 Mariana   entre un grupo de gitanas.   800
gitanillas (1)
RS 1,1 Ama   Pero aquí... rosas por [...] como unas cabezas de   1353
     gitanillas.
gitano (1)
MP 2,1 Niña   El cuento aquel del príncipe gitano.   821
gitanos (1)
MP 2,1 Clavela   Los gitanos no fueron nunca príncipes.   821
glacial (1)
MP 2,9 Pedrosa   resistiendo ese gris fino y glacial   851
gloria (7)
ZP 2,1 Zapatera   Y que no me asusto de nadie, ¿lo oyes?, que yo tengo   942
     la sangre de mi abuelo, que esté en gloria, que fue
     desbravador [...]
BS 2,1 Mozo 1   y panes de gloria.   1217
RS 2,1 Madre   No hay manos como las de usted para el piñonate y el   1394
     pastel de gloria.
RS 3,1 Tía   Mi hermano, que en gloria esté, era farmacéutico.   1421
BA 1,1 La Poncia   En el "Pater Noster" [...] dio un gallo; pero da   1443
     gloria oírlo.
BA 1,1 La Poncia   En la misa de mi madre, que esté en gloria, cantó.   1443
BA 1,1 Bernarda   Concede el reposo a tu siervo Antonio María Benavides   1449
     y dale la corona de tu santa gloria.
glorieta (2)
RS 2,1 Ama   En medio del terciopelo hay una fuente hecha con   1383
     caracoles de verdad; sobre la fuente, una glorieta de
     alambre con [...]
RS 3,1 Tía   Los cipreses de la glorieta casi tocan las paredes de   1437
     mi cuarto.
gloriosa (1)
PB 3,1 Marcolfa   Estás vestida por la sangre gloriosa de mi señor.   1018

gloton (1)
    MM 1,5 Curianita Silvia   Un gloton.   692
glu glú (1)
    DC 1,1   Quiero que haya un silencio tan profundo que oigamos   1019
    el glu-glú de los manantiales.
Glucinio (1)
    RS 3,1 Martín   Y cuando Glucinio se va a encontrar con Isaías y   1420
    levanta el tapiz de la tienda...
gobernar (1)
    RS 3,1 Tía   Entonces, gobernar una casa ¿no es trabajar?   1413
Gobierno (1)
    MP 2,8 Conspirador 4   Hay que estar prevenidos. El Gobierno   841
Goicoechea (1)
    DC 1,1 Rosita   ¿El can-can de Goicoechea o la Marsellesa de Gil   1037
    Robles?

golillas (1)
    MP 1,5 Mariana   seguido de dos golillas,   800
golondrina (2)
    MM 1,1 Curiana N   Me dijo ayer tarde una golondrina: 672
    BS 1,2 Muchacha   Mire usted: una golondrina aquí un barco aquí y aquí   1191
    una rosa.

golondrinas (1)
    RS 2,1 Solterona 3   También puedo decir "Volverán las oscuras golondrinas   1402
    de tu balcón los nidos a colgar".

golosinas (1)
    ZP 2,1 Zapatero   Ella soñaba con un mundo [...] conversación y las   967
    golosinas que yo no podía [...]

golpe (5)
    EP CV   Estudiante 4   Nada, pero un ave no puede ser un gato, ni una piedra   1161
    puede ser un golpe de mar.
    BS 2,2 Novia   ¡Tengo como un golpe en las sienes!   1239
    BS 3,2 Novia   ¡Tu hijo era mi fin y yo no lo he engañado, pero el   1269
    brazo del otro me arrastró como un golpe de mar, como
    la [...]
    RS 1,1 Ama   ¿Y no hay gatos y no hay perros, y no hay un golpe de   1356
    aire que entra por la ventana?
    BA 3,1 La Poncia   A lo mejor, de pronto, un golpe te para el corazón.   1519
golpea (1)
    CA 3,1 Joven   Pero la sangre golpea mis sienes con sus nudillos de   1125
    fuego, y ahora te tengo ya aquí.

golpeado (1)
    CA 2,1 Joven   Y luego... en la calle he golpeado a unos niños que   1092
    estaban matando un gato a pedradas.

golpeando (2)
    YE 3,1 Yerma   ¡Maldita sea mi madre, que los busca golpeando por las   1334
    paredes!
    RS 3,1 Tía   Estará toda la noche golpeando.   1437
golpee (1)
    CA 3,1 Joven   Se oye cantar el ruiseñor..., y aunque no se oiga,   1128
    aunque el murciélago golpee los cristales...

golpees (1)
    EP RR Figura De P   ¡No me golpees el vientre!   1148
golpes (2)
    MM 1,5 Alacranito   Si tú quieres, me doy buenos golpes de pecho,   693
    YE 2,2 Yerma   Que estoy ofendida, ofendida [...] mientras yo siento   1318
    dos golpes de martillo aquí [...]

golpetazos (1)
    RS 3,1 Ama   Cuando yo enterré a mi marido lo sentí mucho, pero   1416
    tenía en el fondo una gran alegría..., alegría no...,
    golpetazos de ver que [...]

Gómez (2)
    ZP 1,1 Alcalde   Eso tiene casarse a tu [...] Visitación y Enriqueta   924
    Gómez, que ha sido la [...]
    ZP 1,1 Alcalde   Rosa, Manuela, Visitación y Enriqueta Gómez, que ha   925
    sido la [...]

góndolas (1)
    CA 2,1 Joven   Con tres góndolas hundidas...   1097
González (1)
    MP 2,8 Conspirador 4   El canalla de González Moreno...   843
Gonzalo (3)
    EP RR Figura De C   ¡Gonzalo, ayúdame, Gonzalo!   1154
    EP CV   Desnudo   Y de Gonzalo, ¿se sabe algo?   1155
gorda (1)
    BS 1,1 Madre   O si vuelve es para ponerle una palma encima o un   1173
    plato de sal gorda para que no se hinche.

gordo (3)
    TC 3,1 Mozo 1   Don Cristobita es un viejo gordo, borracho, dormilón,   743
    que muy en breve...
    TC 4,1 Cansa-Almas   ¡Puñeterillo! ¡Qué gordo te has puesto!   753
    ZP 2,1 Zapatera   Yo soy la que va a tener que hacer algo gordo.   970

gori gori - gracias

gori gori (2)
  RS 3,1 Ama   ¿Dónde cree usted que estará don Rafael Salé,   1425
                          explotador de los pobres, que enterraron anteayer,
                          Dios le haya perdonado, con tanto cura y tanta monja y
                          tanto gori-gori?
  BA 1,1 La Poncia   Llevan ya más de dos horas de gori-gori.   1439
gorra (1)
  BS 1,2 Mujer   Me hace falta un vestido y al niño una gorra con lazos.   1189
gorras (1)
  BA 2,1 La Poncia   Estos encajes son preciosos para las gorras de niños,   1484
                          para mantehuelos de cristianar.
gota (7)
  MM 2,3 Mariposa   que la gota de lluvia se asombre   708
  MM 2,3 Mariposa   que la gota de lluvia se asombre   709
  MM 2,5 Gusano 3   La gota que tú tragas   713
  CA 1,1 Amigo 2   No; se hizo cada vez [...] de ella más que una gota de   1074
                          agua.
  CA 1,1 Novia   ¿Dónde hay una gota de sangre?   1093
  CA 3,2 Jugador 3   Yo jugué en la India con un viejo que cuando ya no   1136
                          tenía una gota de sangre sobre [...]
  BA 3,1 Martirio   Eso no pasará mientras yo tenga una gota de sangre en   1528
                          el cuerpo.
gotas (15)
  MM 0,0   Los insectos estaban contentos, sólo se preocupaban de   669
                          beber tranquilos las gotas de rocío y de educar [...]
  MM 1,1 Curiana N   Sueño que las dulces gotas de rocío   672
  MM 2,5 Gusano 3   "Bebed las dulces gotas,   713
  MM 2,5 Gusano 1   esas gotas.   713
  MM 2,5 Gusano 3   Y mañana, otras gotas   713
  MM 2,5 Mariposa   cómo las claras gotas   714
  MM 2,5 Gusano 3   Las gotas no hablan nunca;   714
  MM 2,5 Gusano 1   las gotas de rocío!   715
  MM 2,5 Gusano 1   las gotas de rocío?   717
  MM 2,7 Curianito   y beberás las gotas de rocío   720
  MP 1,7 Mariana   gotas de sangre llorar.   813
  CA 1,1 Amigo 2   Ahora, antes de entrar aquí vi a un niño que llevaban   1074
                          a enterrar con las primeras gotas de la lluvia.
  EP RR   Figura De P   Si yo no tuviera esta flauta te escaparías a la luna,   1146
                          a la luna cubierta de pañolitos de encaje y gotas de
                          sangre de mujer.
  YE 3,1 Yerma   Yo tengo la idea de que [...] cara y el pecho de gotas   1328
                          blancas.
  BA 2,1 Magdalena   Había un nublo negro de tormenta y hasta cayeron   1473
                          algunas gotas.
gotita (1)
  RS 2,1 Rosita   Para todo hay en esta casa una gotita de acíbar.   1388
goza (1)
  MM 2,5 Gusano 1   Pues goza del amor,   715
gozaban (1)
  MM 0,0   Con la misma tranquilidad y la certeza que el polen de   669
                          las flores se entrega al viento, ellos se gozaban del
                          amor bajo [...]
gozar (3)
  MM 1,1 Doña Curiana   y tan solo ahora la hemos de gozar.   674
  MM 1,5 Alacranito   Gozar   690
  PB 3,1 Perlimplín   Viejo verde, monigote sin fuerza, tú no podías gozar   1016
                          el cuerpo de Belisa..., el cuerpo de
gozarías (1)
  BA 2,1 Bernarda   ¡Cómo gozarías de vernos a mí y a mis hijas camino del   1499
                          lupanar!
gozas (1)
  EP RR   Figura De C   Te gozas en interrumpir mi danza.   1146
gozo (1)
  YE 3,1 Yerma   Yo quiero tener a mi [...] calles, recibiría con gozo   1328
                          su nacimiento, porque [...]
gracia (S) (1)
  TB DME Vieja   ¿Cómo es tu gracia?   897
gracia (6)
  MM 1,5 Alacranito   ¿Nada? ¡Tiene gracia!   691
  MP 1,4 Mariana   cómo necesito de tu gracia joven.   792
  MP 1,4 Amparo   gracia movía las piernas!   793
  PB 0,0 Madre   Siempre dije a mi pobre hija que tiene usted la gracia   984
                          y modales de aquella [...]
  DC 1,1   El guiñol es la expresión de la fantasía del pueblo y   1019
                          da el clima de su gracia y de su inocencia.
  YE 3,1 Vieja 1   Pero mientras esperas la gracia de Dios debes   1328
                          ampararte en el amor de tu marido.
gracias (42)
  MM 0,0   Y si alguna honda lección sacáis de ella, id al bosque   670
                          para darle las gracias al viejo silfo [...]
  TC 1,1 Rosita   Muchas gracias.   731

gracias (continuación)

TC 3,1	Joven	Muchas gracias, pero yo no bebo.	746
TC 4,1	Currito	¡Gracias, muchas gracias!	754
MP 1,4	Amparo	¡Gracias! Pronto volveremos.	795
MP 1,6	Mariana	Gracias... Son asuntos familiares hondos,	805
MP 1,7	Fernando	"Adorada Marianita: Gracias al traje de capuchino, [...]	811
MP 2,5	Pedro	Gracias, Mariana, gracias.	827
MP 2,5	Pedro	Muchas gracias, señora.	828
MP 3,7	Mariana	¡Gracias!	882
MP 3,9	Mariana	Mil gracias. Madre Carmen,	889
ZP 2,1	Zapatera	¡Muchas gracias!	968
ZP 2,1	Zapatero	Muchas gracias.	975
PB 0,0	Perlimplín	¡Gracias!	984
PB 1,1	Belisa	¡Oh! ¡Gracias!	990
CA 1,1	Joven	Gracias. Si me pongo a pensar en la muchachita, en mi niña...	1051
CA 1,1	Joven	¡Gracias! ¡Gracias! Por todo.	1053
CA 2,1	Joven	¡Gracias!	1098
BS 1,3	Novia	Gracias.	1201
BS 2,2	Madre	Gracias.	1229
YE 2,2	Víctor	Gracias.	1325
RS 2,1	Tío	Gracias.	1377
RS 2,1	Tío	Gracias.	1377
RS 2,1	Tío	Muchas gracias.	1378
RS 2,1	Tío	Mil gracias.	1378
RS 2,1	Tío	Un millón de gracias.	1378
RS 2,1	Tío	Gracias, gracias, gracias.	1378
RS 2,1	Tío	Gracias, gracias, gracias.	1378
RS 2,1	Tía	¡Gracias, mujer!	1380
RS 2,1	Ama	¡Gracias a Dios que la voy a perder de vista!	1382
RS 2,1	Rosita	Gracias. ¡Amor! ¡Caridad! ¡Clemencia!	1390
RS 2,1	Tía	Está bien, gracias.	1391
BA 1,1	La Poncia	¡Gracias a Dios que estamos solas un poquito!	1440
BA 1,1	Bernarda	Dales las gracias y échales una copa de aguardiente.	1450
BA 1,1	Bernarda	Gracias a este hombre tienes colmada tu fortuna.	1468

graciosa (3)

MP 1,2	Angustias	¡Siempre tan graciosa!	786
RS 2,1	Ayola 1	¡Qué graciosa!	1396
RS 3,1	Tía	¡Qué graciosa era!	1432

graciosamente (1)

MM 0,0		¿Por qué os causan repugnancia algunos insectos limpios y brillantes que se mueven graciosamente entre las [...]	670

grageas (1)

RS 3,1	Ama	Le voy a hacer un monte nevado con grageas de colores...	1417

gramática (1)

ZP 1,1	Niño	No se disguste usted conmigo, que yo no tengo la culpa y todos los días estudio muy bien la gramática.	914

gran (49)

MM 0,0		Un viejo silfo del bosque escapado de un libro del gran Shakespeare, que [...]	670
MM 1,1	Curiana N	Mi alma tiene gran tristeza, ¡vecina!	672
MM 1,1	Doña Curiana	Un gran desengaño	673
MM 1,1	Doña Curiana	que el gran Cucaracho os pague en amor	674
MM 1,2	Doña Curiana	de gran mago y de profeta.	680
MM 1,5	Doña Curiana	¡Gran bribón!	694
MM 1,6	Curiana N	depende de las alas de esa gran mariposa.	700
MM 2,1	Curianita Santa	¡Qué gran disgusto traigo, comadre, qué disgusto!	702
MM 2,1	Curianita Santa	Es muy bueno y muy dulce. ¡Un gran poeta!	702
TC 0,0	Mosquito	Ahora que sale la luna y las luciérnagas huyen lentamente a sus cuevecitas, va a dar comienzo la gran función titulada [...]	724
TC 5,1	Fígaro	Hoy espero la gran visita.	755
TC 5,1	Fígaro	¡Ah! ¡Gran picarillo! ¡Picarillo!	756
TC 5,1	Fígaro	¡La gran novedad!	761
TC 6,1	Cristobita	Yo también me voy a poner un gran sombrero y a colgar cintas a la porra... Ahora vengo.	768
TC 6,1	Cristobita	Y mi barriga un pastel, un gran pastel rosado, con ciruelas y batatas... ¿Quién suspira?	774
TC 6,1	Mosquito	al gran ganapán.	780
MP 1,4	Mariana	el gran girasol, al amanecer,	790
MP 1,4	Amparo	Y cuando el gran Cayetano	793
MP 1,4	Amparo	¡Qué gran equilibrio el suyo	793
MP 1,4	Amparo	como una gran mariposa	794
MP 1,5	Mariana	como un gran pájaro, ¡cuántas	795
MP 1,5	Fernando	¡Qué gran alcalde del crimen!	800
MP 2,5	Mariana	un gran desasosiego que me turba y me enoja;	830
MP 2,5	Mariana	Dime: ¿corriste gran peligro?	830
MP 3,2	Mariana	Soy una gran pecadora;	866

gran (continuación)   Pág.

MP 3,8	Mariana	si el corazón no fuera nuestro gran enemigo!	886
MP 3,8	Mariana	a través del gran río del mundo que abandono.	886
ZP 2,1	Zapatero	él hombre de gran paciencia,	958
ZP 2,1	Zapatero	mocitos de gran presencia	959
PB 0,0	Madre	Siempre dije a mi pobre hija que tiene usted la gracia y modales de aquella gran señora que fue su [...]	984
DC 1,1	Enfermo	En vista de esto me he convencido de que es usted un gran médico que me puede curar.	1024
DC 1,1	Rosita	y en la gran "chaise-longue"	1032
DC 1,1	Cristóbal	Y mi barriga un gran pastel, un gran pastel con ciruelas y batatas.	1037
CA 1,1	Viejo	Yo fui gran amigo de esa familia.	1047
CA 3,1	Mecanógrafa	Recuerdo que la tarde de mi partida había una gran tormenta de verano y había muerto el niño de la portera.	1115
CA 3,1	Máscara	Y después fui al hospital y allí supe que el conde se había casado con una gran dama romana...; [...]	1116
CA 3,1	Máscara	Digo que el conde Arturo [...] bajo la cúpula de la gran Opera de París.	1116
CA 3,1	Mecanógrafa	No: que el sol es un gran tronco,	1121
CA 3,2	Criado	Ahora está de portera, pero antes fue una gran señora.	1131
CA 3,2	Joven	El chartreuse es como una gran noche de luna verde [...]	1142
EP RR	Figura De C	Tú puedes tenderte detrás de aquel gran capitel.	1151
EP CV	Estudiante 2	Con gran alegría para su mujer, que ahora trabajará tanto que tendrá que ponerse dos grifos en las tetas.	1157
EP CV	Muchacho 1	Aquí está la gran equivocación de [...]	1160
YE 1,1	Yerma	Yo he visto a mi hermana dar de mamar a su niño con el pecho lleno de grietas y le producía un gran dolor, pero era [...]	1283
RS 1,1	Tío	No, no le ha pasado gran cosa, pero pudo haberle pasado.	1355
RS 3,1	Ama	Cuando yo enterré a mi marido lo sentí mucho, pero tenía en el fondo una gran alegría..., alegría [...]	1416
RS 3,1	Rosita	Y un gran lazo de terciopelo en la cintura.	1433
BA 2,1	Criada	En lo alto de la calle hay un gran gentío y todos los vecinos están en sus puertas.	1503

Gran (3)

MM 2,1	Curianita Santa	no critiquéis a nadie, dijo el Gran Cucaracho!	703
MM 2,1	Curianita 1	¿Es que el Gran Cucaracho no comía, comadre?	703
CA 3,2	Jugador 1	Lo echó, y al ir a cogerlo [...] dos chicas, por el Gran Canal.	1136

grana (1)

RS 3,1	Ama	Cada una en una butaca de seda celeste que se meza ella sola, y unos abanicos de raso grana.	1425

granada (1)

BA 3,1	Martirio	Déjame que el pecho se me rompa como una granada de amargura.	1527

Granada (30)

TC 6,1	Rosita	La sierra de Granada tiene pies de luz y peinado de nieve.	774
MP 0,0	Mosquito	¡Oh, qué día tan triste en Granada,	781
MP 0,0	Mosquito	¡Oh, qué día tan triste en Granada,	782
MP 0,0	Niña	¡Oh, qué día tan triste en Granada,	782
MP 1,1	Angustias	Desde luego, por Granada no se sabe.	783
MP 1,5	Mariana	deja la luz a Granada!	796
MP 1,5	Mariana	Desde que llegó a Granada.	799
MP 1,5	Fernando	al mandarlo aquí a Granada!	800
MP 1,7	Mariana	Como dicen por Granada,	809
MP 1,7	Mariana	¡Qué silencio el de Granada!	810
MP 2,5	Pedro	entre el calor entero del pueblo de Granada.	829
MP 2,7	Conspirador 2	sobre las casas de Granada cae.	835
MP 2,7	Pedro	y en Granada, señores de linaje	838
MP 2,9	Pedrosa	y tantos anarquistas por Granada,	852
MP 2,9	Mariana	que izarla pretendían en Granada.	857
MP 3,5	Mariana	Granada que morir. Y que saldrían	874
MP 3,5	Pedrosa	No habrá nadie en Granada que se asome	875
MP 3,6	Mariana	cruzando los olivos de Granada:	878
MP 3,7	Novicia 1	rosa y jazmín de Granada?	879
MP 3,7	Novicia 2	rosa y jazmín de Granada,	883
MP 3,8	Mariana	Si delato, por todas las calles de Granada	885
MP 3,9	Novicia 1	que pondrá en los tejados de Granada la tarde.	890
MP 3,9	Mariana	¡Oh, qué día triste en Granada,	891
RS 1,1	Tío	No os dais cuenta de [...] conseguido nadie en Granada más que yo ni [...]	1352
RS 1,1	Rosita	Granada, calle de Elvira,	1366
RS 1,1	Rosita	Granada, calle de Elvira,	1368
RS 1,1	Manola 1	sobre Granada sus olas.	1368
RS 1,1	Rosita	una tarde por Granada	1372
RS 2,1	Solterona 3	Todo Granada lo sabe.	1393

Granada (continuación)
  RS 2,1 Solterona 3   Lo mejor de Granada.   1394
granadina (1)
  RS 3,1 Martín   ¿Leyó usted mi cuento de ayer en el segundo número de   1421
                          "Mentalidad Granadina"?

granado (1)
  MP 1,6 Clavela   aquellos colores de flor de granado   806
granates (1)
  BS 2,1 Criada   lleno de cintas granates   1218
grande (51)
  MM 2,5 Gusano 2   ¡Qué misterio tan grande!   717
  TC 1,1 Cristobita   La boca un poquitín grande, pero vaya canela [...]   733
  TC 6,1 Cristobita   Cuando yo era niño, me dieron un pastel más grande que   774
                          la luna y me lo comí yo solo.

  TC 6,1 Rosita   ¡Ha muerto! ¡Ay Dios mío, qué compromiso tan grande!   778
  TC 6,1 Rosita   ¡Qué sofocación más grande!   779
  MP 1,1 Angustias   para su niña, cuando sea grande.   784
  MP 1,4 Amparo   En la corrida más grande   792
  MP 1,5 Mariana   ¡Con qué trabajo tan grande   796
  MP 2,2 Niño   como los hombres, alto y grande, ¿sabes?   825
  MP 2,5 Pedro   ¡Ay, qué miedo tan grande tuve por él, Mariana!   828
  MP 2,6 Mariana   por la mirilla grande.   833
  MP 2,7 Mariana   para que andemos con cautela grande.   837
  MP 3,5 Mariana   bordé el amor más grande de mi vida.   876
  MP 3,5 Pedrosa   Tendré un placer muy grande si me avisa.   877
  ZP 1,1 Niño   Son de mi hermana la grande, la que tiene   913
  ZP 2,1 Niño   Si quieres te puedo traer el espadón grande de mi   948
                          abuelo, el que se fue a la guerra.

  DC 1,1 Rosita   ¿No ves qué luna tan grande hay?   1038
  CA 2,1 Criada   El mundo es grande.   1083
  CA 2,1 Maniquí   Se lo pondrá la ría grande para casarse con el mar.   1099
  CA 2,1 Maniquí   Se lo pondrá la ría grande para casarse con el mar.   1107
  CA 3,1 Mecanógrafa   para verte grande y triste   1121
  CA 3,2 Joven   ¿No era ese ventanal mucho más grande?   1132
  CA 3,2 Joven   No quiero subir y encontrármelo tendido en la cama tan   1133
                          grande, tan vacía.

  BS 1,1 Madre   Anda, ya estás muy grande para besos.   1178
  BS 1,2 Suegra   del caballo grande   1184
  BS 1,2 Mujer   ¡Ay caballo grande   1185
  BS 1,2 Mujer   ¡Ay caballo grande   1186
  BS 1,2 Suegra   ¡Ay, caballo grande,   1193
  BS 1,3 Novio   Cuando me voy de tu lado siento un despego grande y   1202
                          así como un nudo en la garganta.

  BS 2,1 Novia   Pero este es un paso muy grande.   1208
  BS 2,1 Leonardo   La novia llevará una corona grande, ¿no?   1212
  BS 2,1 Leonardo   No debía ser tan grande.   1212
  BS 2,1 Leonardo   Callar y quemarse es el castigo más grande que nos   1214
                          podemos echar encima.

  BS 3,1 Leñador 1   El mundo es grande.   1245
  BS 3,1 Novio   Una caza. La más grande que se puede hacer.   1253
  YE 2,2 Yerma   ¡Qué pena más grande no poder sentir las enseñanzas de   1323
                          los viejos!

  YE 2,2 Yerma   La tierra es grande.   1325
  YE 3,2 Yerma   Eso es lo que yo quería [...] una misma, pero ¡qué   1348
                          grande y cómo grita cuando [...]

  RS 2,1 Rosita   y cuando la noche, grande   1404
  RS 3,1 Tía   Desde que murió mi marido está la casa tan vacía que   1412
                          parece el doble de grande, y hasta tenemos que
                          buscarnos.

  RS 3,1 Ama   Es verdad que la casa resulta demasiado grande.   1412
  RS 3,1 Tía   Estoy muy viejecita, ama. Tenemos encima una ruina muy   1413
                          grande.

  RS 3,1 Tía   Y no había calamidad [...] tenía el corazón más grande   1427
                          que hombre tuvo..., [...]

  RS 3,1 Solterona 3   ¡Qué cosa más grande!   1436
  BA 1,1 Bernarda   Y tú ve guardando en el arca grande toda la ropa del   1458
                          muerto.

  BA 1,1 Amelia   ¡Qué cosa más grande!   1460
  BA 2,1 Adela   ¡Qué cariño tan grande te ha entrado de pronto por mi   1482
                          hermana!

  BA 2,1 La Poncia   Bernarda: aquí pasa una cosa muy grande.   1498
  BA 2,1 Bernarda   No creo que esta sea la "cosa muy grande" que aquí   1499
                          pasa.

  BA 3,1 Adela   Doble de grande, llenando todo lo oscuro.   1515
  BA 3,1 Bernarda   Disfrutando este silencio y sin lograr ver por parte   1518
                          alguna "la cosa tan grande" que aquí pasa, según tú.

grandes (17)
  MM 1,5 Alacranito   Y a mí me gustan grandes, ¡que sepan!   693
  TC 6,1 Rosita   Un pájaro ha pasado ahora mismo por la ventana, con   773
                          unas alas... ¡así de grandes!
  TC 6,1 Cristobita   ¡Así de grandes! ¡Así de grandes! ¿Pero yo estoy ciego?   773

grandes (continuación)   Pág.
    MP 2,8 Conspirador 4   Grandes nubes se levantan
    MP 2,9 Mariana   y conozco muy grandes caballeros   844
    MP 3,5 Mariana   muy grandes caballeros a salvarme,   857
    TB DME Vieja   Son grandes y oscuros.   874
    PB 0,0 Marcolfa   El matrimonio tiene grandes encantos, mi señor. 897
    CA 3,1 Muchacha   y en los troncos grandes   981
    CA 3,1 Arlequín   grandes caracolas   1109
    EP RR Figura De P   Tú has roto el hilo de la araña y ya siento que mis 1112
                            grandes pies se van volviendo pequeñitos y repugnantes. 1151
    BS 2,2 Criada   Para la medianoche, como no dormiréis, os he preparado 1234
                            jamón y unas copas grandes de vino antiguo.
    BS 3,1 Leñador 1   Luna de las hojas grandes.   1248
    BS 3,1 Leñador 1   Muerte de las hojas grandes.   1255
    BS 3,2 Mendiga   quietos al fin entre las piedras grandes,   1266
    YE 2,1 Lavandera 4   Son como esas hojas grandes que nacen de pronto sobre 1302
                            los sepulcros.
grandeza (1)
    CA 3,2 Criado   De esta época le viene su manía de grandeza.   1131
grandioso (1)
    PB 3,1 Perlimplín   El te querrá con el amor infinito de los difuntos y yo 1015
                            quedaré libre de esta oscura pesadilla de tu cuerpo
                            grandioso... ¡Tu cuerpo!...,
grandísimas (1)
    ZP 2,1 Zapatero   Grandísimas embusteras, mentirosas, mal nacidas. 972
grandísimo (1)
    ZP 1,1 Alcalde   Entonces, grandísimo tunante, ¿por qué te has casado? 926
grandota (1)
    ZP 1,1 Zapatera   Pero aquella grandota y antipática se empeña en   934
                            pisarla y nada... Pastor, ¡asombrado!
grandullones (1)
    RS 3,1 Martín   Ayer se empeñaron en [...] patio, se reunieron los 1418
                            grandullones y los internos, [...]
granito (1)
    EP RR Figura De P   No, no te vayas. ¿Y si yo me convirtiera en granito de 1148
                            arena?
granitos (1)
    CA 1,1 Viejo   O bien a decir: tiene quince rosas, quince alas, 1049
                            quince granitos de arena.
grano (4)
    MM 2,5 Mariposa   Habla el grano de arena,   714
    MP 3,8 Mariana   Como un grano de arena   887
    EP CV Muchacho 1   Romeo puede ser un grano de sal y Julieta ser un mapa. 1160
    EP CV Estudiante 2   Lo que pasa es que se sabe lo que alimenta un grano de 1161
                            trigo y se ignora lo que alimenta un hongo.
granos (3)
    EP CV Estudiante 4   Entonces que se paren las máquinas y arrojad los 1161
                            granos de trigo sobre un campo de acero.
    BA 3,1 María Josefa   Pero él os va a devorar porque vosotras sois granos de 1525
                            trigo.
    BA 3,1 María Josefa   No granos de trigo.   1525
granuja (3)
    TC 3,1 Cristobita   Te llegó tu hora. ¡Pillo, pillo, granuja!   749
    ZP 2,1 Zapatera   ¡Pillo, granuja, tunante, canalla!   977
    ZP 2,1 Zapatera   ¡Con este pillo, con este granuja!   978
gratias (1)
    ZP 1,1 Niño   ¡Deo gratias!   915
grave (2)
    MM 1,5 Curianito   es un pecado grave que no perdona él.   693
    MP 2,7 Pedro   La situación es grave,   838
grescas (1)
    TC 3,1 Espantanublos   Yo no quiero grescas en mi casa.   747
grietas (1)
    YE 1,1 Yerma   Yo he visto a mi hermana dar de mamar a su niño con el 1283
                            pecho lleno de grietas y le producía [...]
grifos (1)
    EP CV Estudiante 2   Con gran alegría para su mujer, que ahora trabajará 1157
                            tanto que tendrá que ponerse dos grifos en las tetas.
grillo (1)
    MM 1,2 Doña Curiana   Estás más loca que un grillo   680
grillos (3)
    CA 1,1 Niño   con muchos grillos que cantan,   1066
    CA 1,1 Niño   ni los grillos en la hierba,   1067
    BS 3,1 Leñador 3   Oigo los grillos, las ranas, el acecho de la noche. 1246
gris (4)
    MP 2,9 Pedrosa   resistiendo ese gris fino y glacial   851
    CA 1,1 Amigo 2   Pero todavía no, todavía me veo subido en los   1075
                            cerezos... con aquel traje gris... Un traje gris que
                            tenía unas anclas [...]
    CA 3,1 Mecanógrafa   ruiseñor gris de la tarde   1122

grises (5)
    MP 1,4 Amparo   los anchos sombreros grises   793
    DC 1,1 Director   Señoras y señores: Los campesinos andaluces oyen con   1043
                                             frecuencia comedias de este ambiente bajo las ramas
                                             grises de los olivos [...]
    CA 1,1 Joven   Lleno de nubes grises...   1047
    BS 1,2 Suegra   Por los valles grises   1186
    YE 1,2 Yerma   juncos grises del invierno   1295

grita (5)
    DC 1,1 Madre   que le canta y le grita.   1029
    DC 1,1 Madre   que le canta y le grita.   1034
    CA 1,1 Joven   ¡Señor, qué tarde! Juan, ¿quién grita así?   1070
    CA 2,1 Padre   ¿Quién grita?   1097
    YE 3,2 Yerma   Eso es lo que yo quería [...] ¡qué grande y cómo grita   1348
                                             cuando se pone [...]

gritado (1)
    BS 2,2 Madre   Pues es loca de no haber gritado todo lo que mi pecho   1227
                                             necesita.

gritando (1)
    MP 1,4 Amparo   Las niñas venían gritando   793

gritar (3)
    CA 3,1 Payaso   No tanto gritar.   1114
    YE 3,2 Juan   ¡Que te lo tengo que gritar al oído para que lo sepas,   1348
                                             a ver si de una vez vives ya tranquila!
    RS 3,1 Rosita   Y yo lo oigo y no puedo gritar, sino vamos adelante,   1429
                                             [...]

gritaran (1)
    YE 2,2 Yerma   Pero que si salieran de pronto y gritaran, llenarían   1323
                                             el mundo.

gritas (1)
    MM 2,7 Curiana G   ¡Ah! ¿Por qué gritas tanto, Curianito?   721

gritase (1)
    EP CV   Estudiante 4   La gente se olvida de [...] algodones para que no   1160
                                             gritase.

grite (1)
    MP 2,9 Pedrosa   Grite menos.   854

grité (1)
    MM 1,1 Curiana N   "Amigas cigarras grité-, ¿veis las estrellas?"   672

grites (1)
    DC 1,1 Rosita   Pero no grites.   1040

grito (V) (1)
    MM 2,4 Curiana G   ¡Mira que grito! ¡Vete!   710

grito (3)
    BS 2,2 Madre   Tengo en mi pecho un grito siempre puesto de pie a   1227
                                             quien tengo que castigar y meter entre los mantos.
    BS 3,2 Madre   la oscura raíz del grito.   1272
    BS 3,2 Madre   la oscura raíz del grito.   1272

gritó (1)
    PB 3,1 Perlimplín   Me mató porque sabía que te amaba como nadie...   1016
                                             Mientras me hería gritó: "¡Belisa ya tiene un alma!"

gritos (5)
    MP 3,7 Novicia 1   ¡Qué gritos! ¿Tú los sentiste?   879
    ZP 1,1 Zapatera   Merecías, por tonto, que colmara la calle a gritos.   923
    CA 2,1 Joven   seis largos gritos de música.   1102
    BS 3,1 Mendiga   el desgarrado vuelo de los gritos.   1250
    BA 1,1 Bernarda   Menos gritos y más obras.   1445

grosor (1)
    MP 1,7 Mariana   el grosor de mi cadena.   810

grotesco (1)
    RS 3,1 Rosita   Pero lo sabían todos [...] prometida y daba un aire   1428
                                             grotesco a mi abanico [...]

grupa (2)
    CA 2,1 Maniquí   y el mar atado en la grupa.   1101
    BA 1,1 La Poncia   Anoche ataron a su marido a un pesebre y a ella se la   1455
                                             llevaron en la grupa del caballo hasta [...]

grupo (7)
    MP 1,5 Fernando   un grupo de tropas hacia   799
    MP 1,5 Mariana   entre un grupo de gitanas.   800
    MP 2,5 Pedro   ...sorprende nuestro grupo y hemos de morir...   830
    ZP 2,1 Niño   Ahora entraba un grupo de hombres en casa del Alcalde.   973
    RS 2,1 Ama   En medio del terciopelo [...] agua de la taza es un   1383
                                             grupo de lentejuelas [...]
    RS 2,1 Madre   ¡Y qué angustia he pasado, [...] por una cinta o un   1393
                                             grupo de bucles!
    BA 1,1 Adela   Todavía estaba un grupo parado por fuera.   1454

grupos (2)
    MP 1,5 Fernando   he visto dos o tres grupos   798
    DC 1,1 Director   Entre los ojos de las [...] cordobeses, y entre los   1043
                                             grupos tiernos de espigas [...]

gruta (1)
    CA 2,1 Joven   jugando al alba en su gruta,   1100

		Pág.
Guadalquivir (1)		
TC 2,1 Cocoliche	en el río Guadalquivir,	737
guadaña (1)		
MM 0,0	¡Cuántas veces el enorme esqueleto portador de la guadaña, que vemos pintado [...]	670
guantes (2)		
MP 2,7 Conspirador 1	que corta! Y me he olvidado de los guantes;	835
RS 2,1 Madre	Saben también el lenguaje del abanico, el lenguaje de los guantes, el lenguaje [...]	1405
guapa (5)		
TC 1,1 Cristobita	Efectivamente es la niña más guapa del pueblo.	731
MP 1,3 Amparo	joven y guapa.	788
ZP 1,1 Alcalde	Muy buenas. ¡Como guapa, es guapísima!	927
ZP 2,1 Zapatero	Y ahora casi me alegro de tenerme que marchar, porque usted sola, yo solo, usted tan guapa y yo con mi lengua [...]	968
CA 2,1 Novia	No quiero estar guapa.	1085
guapísima (2)		
ZP 1,1 Alcalde	Muy buenas. ¡Como guapa, es guapísima!	927
ZP 1,1 Alcalde	Un poco brusca..., pero es una mujer guapísima.	928
guapo (6)		
ZP 2,1 Zapatero	Aleluyas con los hechos [...] Corrientes, aventuras del guapo Francisco Esteban [...]	956
CA 2,1 Criada	Es muy guapo su novio.	1082
CA 2,1 Novia	¡Tan guapo!...,	1086
CA 2,1 Novia	¡tan guapo!...,	1086
CA 2,1 Novia	¡tan guapo!...	1086
BA 2,1 Magdalena	Y un hombre tan guapo.	1475
guapos (1)		
RS 2,1 Ama	En la familia de ustedes no hay hombres guapos.	1380
guarda (6)		
MP 1,1 Angustias	Son las hijas del Oidor. Guarda silencio.	785
MP 1,7 Mariana	Evita guarda o soldado...	815
PB 3,1 Perlimplín	¡Oh! ¡Si vieras qué agradecimiento guarda mi corazón hacia ti!	1009
CA 3,2 Jugador 2	El guarda un as.	1137
YE 2,1 Lavandera 5	guarda semilla	1307
YE 2,2 Yerma	y nuestro vientre guarda tiernos hijos,	1316
guardaba (2)		
CA 1,1 Joven	Guardaba los dulces para comerlos después.	1046
CA 3,1 Mecanógrafa	De pequeña, yo guardaba los dulces para comerlos después.	1117
guardada (1)		
MP 2,8 Mariana	Quizá estuviera aquí mejor guardada.	842
guardado (1)		
ZP 1,1 Zapatero	Anteayer... despedazó el jamón que teníamos guardado para estas Pascuas y nos lo comimos entero.	920
guardáis (1)		
YE 3,1 Yerma	Te figuras tú y tu gente que sois vosotros los únicos que guardáis honra, y no sabes	1332
guárdalo (1)		
ZP 1,1 Zapatera	No, no, guárdalo, hijo mío... ¡Si contigo no es nada!	915
guardan (1)		
YE 2,2 Yerma	Tus hermanas me guardan bien.	1312
guardando (1)		
BA 1,1 Bernarda	Y tú ve guardando en el arca grande toda la ropa del muerto.	1458
guardapelo (1)		
TC 2,1 Cocoliche	Cuando le traje el guardapelo de la feria de Mairena, me pasó la mano por la cara.	737
guardar (5)		
ZP 2,1 Zapatera	Haga el favor de guardar la lengua en el bolsillo.	964
BS 3,1 Novia	para guardar lo que sueñas.	1259
YE 1,1 Yerma	Voy a guardar esta enjundia de gallina para aliviar su pecho, voy a llevarle esta piel de oveja para guardar sus pies de la [...]	1275
RS 2,1 Ama	Ya me duelen las manos de guardar mantelerías de [...]	1380
guardaré (1)		
MP 2,9 Mariana	Y déjeme escapar. Yo guardaré	856
guárdate (2)		
YE 3,1 Yerma	Haz conmigo lo que quieras, que soy tu mujer, pero guárdate de poner nombre de varón sobre mis pechos.	1333
BA 1,1 Angustias	Guárdate la lengua en la madriguera.	1469
guarde (5)		
MP 1,6 Clavela	¡Dios nos guarde, señora de mi vida!	804
MP 2,1 Clavela	y guarde al hombre en la sierra	822
MP 2,6 Pedro	¡Dios te guarde!	833
MP 2,8 Conspirador 4	Guarde bien la bandera.	842
MP 2,8 Mariana	¡Dios os guarde, amigos!	848
guardianes (2)		
MP 1,8 Angustias	de guardianes secretos.	818

guardianes (continuación)
  EP CV Dama 4   Ahora es seguro que el fuego romperá las puertas,   1164
                     porque cuando yo lo vi, hace un momento, ya los
                     guardianes tenían las [...]

guardias (1)
  BA 2,1 Bernarda   ¡Acabad con ella antes que lleguen los guardias!   1506
guardo (7)
  MP 3,5 Mariana   el sitio donde guardo este secreto   875
  ZP 2,1 Zapatera   ¡Yo guardo mi corazón entero para el que está por esos   969
                     mundos, para quien debo, para mi marido!
  CA 3,2 Jugador 1   Yo guardo unas flechas en un tiro al blanco.   1137
  EP CV Estudiante 5   Porque están locos; pero a mí, que subo dos veces   1167
                     todos los días la montaña y guardo, cuando terminan
                     [...]
  YE 2,2 Yerma   Vivo sumisa a ti, y lo que sufro lo guardo pegado a   1313
                     mis carnes.
  RS 2,1 Ama   ¿Es que me guardo yo las cartas cuando vienen?   1388
  RS 3,1 Rosita   Lo que tengo por dentro lo guardo para mí sola.   1430
guerra (4)
  MP 2,1 Niña   porque a la guerra va."   823
  ZP 2,1 Niño   Si quieres te puedo traer el espadón grande de mi   948
                     abuelo, el que se fue a la guerra.
  BA 1,1 La Poncia   Demasiado poca guerra te dan.   1457
  BA 3,1 La Poncia   A mí me gustaría cruzar el mar y dejar esta casa de   1521
                     guerra.

guiar (1)
  TB QM. Viejo   Guiar un coche es muy difícil.   905
guiaremos (1)
  EP CV Muchacho 1   Cuando amanezca nos guiaremos por las claraboyas.   1169
guíe (1)
  MM 1,1 Doña Curiana Que la luz os guíe.   676
guiñol (3)
  DC 1,1   El poeta que ha interpretado y recogido de labios   1019
                     populares esta farsa de guiñol tiene la evidencia [...]
  DC 1,1   Todo el guiñol popular tiene [...]   1019
  DC 1,1   El guiñol es la expresión de la fantasía del pueblo y   1019
                     da el clima de su gracia y de su inocencia.

Guiñol (1)
  DC 1,1 Director   Llenemos el teatro de [...] hermano de Monsieur   1043
                     Guiñol, de París, y tío [...]

guirigay (1)
  ZP 1,1 Zapatero   Y mi casa no es casa. ¡Es un guirigay!   919
guirnalda (1)
  RS 2,1 Madre   llora sobre tu guirnalda!   1404
guirnaldas (2)
  MP 1,5 Fernando   de barcos y de guirnaldas.   797
  YE 3,2 Hembra   coronas y guirnaldas,   1342
guisa (1)
  EP RR Figura De C   Allí hay una vaca que guisa la comida para los   1151
                     soldados.

guisan (2)
  TB DME Vieja   Caracoleeees. Se guisan con hierbabuena, azafrán y   896
                     hojas de laurel.
  YE 2,1 Lavandera 4 Se me figura que guisan su comida con el aceite de las   1302
                     lámparas.

guisar (3)
  MM 1,3 Doña Curiana Yo me voy a guisar,   685
  YE 1,2 Muchacha 2 Yo tengo diecinueve años y no me gusta guisar ni lavar.   1293
  RS 3,1 Ama   Voy a guisar. Una cazuela de jureles perfumada con   1417
                     hinojos.
guiso (2)
  ZP 1,1 Zapatera   Dile a tu madre que ya [...] y pimienta un buen guiso   914
                     como mi marido [...]
  YE 1,1 Yerma   Voy a matar este cordero para hacerle un buen guiso de   1275
                     carne."

guitarra (3)
  CA 2,1 Novia   Creo que me vas a quebrar [...] soy como una diminuta   1079
                     guitarra quemada por [...]
  EP RR Figura De C   Un látigo hecho con cuerdas de guitarra.   1148
  BA 1,1 La Poncia   Dicen que iba con los pechos fuera y Maximiliano la   1455
                     llevaba cogida como si tocara la guitarra.

guitarras (1)
  CA 2,1 Joven   o guitarras que te lloren   1102
gusanito (4)
  MM 1,1 Doña Curiana Un gusanito me dijo   676
  MM 1,4 Curianito   sol del gusanito buen madrugador.   685
  MM 1,5 Curianito   matando al gusanito para te alimentar.   693
  MM 1,5 Curianita Silvia ¡Ay, pobre gusanito sin madre!   693
gusano (2)
  MM 0,0   Mientras que no améis profundamente a la piedra y al   670
                     gusano no entraréis en el reino de Dios.

gusano (continuación)   Pág.
    MM 1,5 Alacranito   Ahora mismo me acabo de comer un gusano   692
gusanos (3)
    MM 0,0   ¿Y por qué a vosotros los hombres, llenos de pecados y   670
                            de vicios incurables, os inspiran asco los buenos
                            gusanos que se pasean [...]
    MM 2,5 Gusano 3   de abejas y gusanos   714
    EP CV Estudiante 2   Un gato puede ser una rana, y la luna de invierno   1161
                            puede ser muy bien un haz de leña cubierto de gusanos
                            ateridos.

gusta (62)
    MM 1,5 Alacranito   Me gusta mucho comer,   692
    TC 1,1 Cristobita   Es una buena cosa. ¿Te gusta?   733
    TC 1,1 Cristobita   ¡Oye, que te gusta!   734
    TC 3,1 Joven   Ahora les gusta a las mujeres los chiquilicuatros.   746
    MP 1,5 Fernando   ¡Cómo me gusta tu casa!   797
    MP 2,5 Pedro   ¡Así me gusta verte,   832
    ZP 1,1 Zapatera   ¿Te gusta?   914
    ZP 1,1 Zapatera   mañana que traigas la jaca blanca, la que a mí me   929
                            gusta.
    ZP 1,1 Zapatera   Yo puedo oírte hablar porque me gusta y es bonito,   932
                            pero nada más, ¿lo oyes?
    ZP 2,1 Niño   ¿Sí? A mí me gusta mucho estar en tu casa.   944
    ZP 2,1 Zapatera   Y que no me gusta usted ni me gusta nadie del pueblo.   952
    ZP 2,1 Zapatera   Y beber, si usted gusta.   953
    PB 1,1 Belisa   Así me gusta.   998
    PB 1,1 Perlimplín   Como los dos hemos dormido lo bastante, veremos el   999
                            amanecer... ¿No te gusta?
    PB 1,1 Perlimplín   ¿A ti no te gusta?   1000
    PB 3,1 Perlimplín   ¡Bien! ¡Así me gusta!   1011
    PB 3,1 Perlimplín   ¿Te gusta?   1015
    CA 1,1 Viejo   Me gusta tanto la palabra recuerdo.   1046
    CA 1,1 Amigo   Y me gusta porque parece un domador.   1058
    CA 1,1 Amigo   Yo prefiero comerla verde, o, mejor todavía, me gusta   1072
                            cortar su flor para ponerla en mi solapa.
    CA 1,1 Amigo 1   Yo hago lo que me gusta, lo que me parece bien.   1076
    CA 2,1 Novia   Yo me corté las trenzas porque le gustaban mucho, como   1079
                            ahora voy descalza porque te gusta a ti, ¿verdad?,
                            [...]
    CA 2,1 Novia   Eso me gusta.   1087
    CA 2,1 Joven   Yo la derramaré si te gusta.   1093
    EP CV Estudiante 5   ¡Pues me gusta!   1167
    EP CV Estudiante 5   Porque están locos; pero [...] sino para ver que me   1167
                            gusta con un alegrísimo [...]
    BS 1,1 Madre   Es que no me gusta que lleves navaja.   1174
    BS 1,1 Madre   Eso me gusta.   1174
    BS 1,1 Madre   A cada uno le gusta enterarse de lo que le duele.   1182
                            ¿Quién fue el novio?
    BS 1,2 Mujer   No me gusta que penséis mal de una buena muchacha.   1190
    BS 1,3 Padre   A mí me gusta todo junto.   1196
    BS 2,2 Mujer   Sí, pero le gusta volar demasiado.   1233
    BS 2,2 Mozo 1   ¡Que es cuando más gusta!   1235
    BS 3,1 Mendiga   ¿Cómo no te gusta estar tendido sobre ellas y no andar   1254
                            sobre las plantas de los pies, que son tan chicas?
    YE 1,1 Juan   Ya sabes que no me gusta que salgas.   1277
    YE 1,2 Vieja 1   ¿A ti te gusta tu marido?   1288
    YE 1,2 Muchacha 2   Yo tengo diecinueve años y no me gusta guisar ni lavar.   1293
    YE 1,2 Muchacha 2   Bueno; pues todo el día he de estar haciendo lo que no   1293
                            me gusta.
    YE 1,2 Muchacha 2   Yo te puedo decir lo [...] haciendo lo que no les   1294
                            gusta.
    YE 2,1 Lavandera 1   A mí no me gusta hablar.   1300
    YE 2,1 Lavandera 5   Estas machorras son así: cuando podían estar haciendo   1302
                            encajes o confituras de manzanas, les gusta subirse al
                            tejado [...]
    YE 2,1 Lavandera 4   Me gusta el olor de las ovejas.   1305
    YE 2,1 Lavandera 4   Cómo me gusta el olor del fango rojo que trae el río   1306
                            por el invierno.
    YE 2,2 Juan   Pero ya sabéis que no me gusta que salga sola.   1311
    YE 2,2 Juan   No me gusta que la gente me señale.   1315
    YE 2,2 María   No me gusta lo que dices.   1318
    RS 1,1 Tía   Luego bien te gusta olerlas.   1352
    RS 1,1 Ama   No sé quién me gusta más, si el novio o ella.   1359
    RS 1,1 Manola 1   La noche nos gusta.   1368
    RS 2,1 Tío   Te he dicho que no me gusta que escuches las   1379
                            conversaciones.
    RS 2,1 Tía   No me gusta la vida que llevas.   1389
    RS 3,1 Martín   No sé por qué escribo, porque no tengo ilusión, pero   1421
                            sin embargo es lo único que me gusta.
    RS 3,1 Martín   Claro que lo que más me gusta a mí son mis sonetos.   1422
    RS 3,1 Ama   A usted le gusta.   1437

gusta (continuación)
  BA 1,1 La Poncia   A mí me gusta mucho cómo canta el párroco.   1443
  BA 1,1 Bernarda   No; pero les gusta verlo y comentarlo y se chupan los   1456
                        dedos de que esto ocurra.
  BA 2,1 La Poncia   ¡Deja en paz a tu hermana, y si Pepe el Romano te   1481
                        gusta, te aguantas!
  BA 2,1 La Poncia   ¡Tanto te gusta ese hombre!   1482
  BA 2,1 Martirio   A Pepe le gusta andar con la luna.   1491
  BA 2,1 Martirio   A mí no me gusta mentir.   1503
  BA 3,1 Adela   A mí me gusta ver correr lleno de lumbre lo que está   1516
                        quieto y quieto años enteros.

gustaba (4)
  ZP 1,1 Zapatera   Pero el que más me gustaba a mí de todos [...]   917
  ZP 2,1 Zapatero   Ella soñaba con un mundo que no era el mío, era   967
                        fantasiosa y dominanta, gustaba demasiado de [...]
  RS 2,1 Solterona 2   ¡Como a él le gustaba tanto!   1397
  BA 1,1 Magdalena   De ver los cuadros bordados [...] león, que tanto nos   1461
                        gustaba de niñas.

gustaban (1)
  CA 2,1 Novia   Yo me corté las trenzas porque le gustaban mucho, como   1079
                        [...]

gustabas (1)
  BA 1,1 Amelia   ¡Eso no digas! Enrique Humanas estuvo detrás de ti y   1460
                        le gustabas.

gustado (5)
  ZP 1,1 Zapatera   Larán, larán... A mí, es que la flauta me ha gustado   929
                        siempre mucho.
  BS 2,2 Novio   Me hubiera gustado que llevaras en todo el vestido.   1232
  YE 1,2 Vieja 1   A mí no me ha gustado nunca Dios.   1291
  RS 1,1 Tía   Claro es que nunca me ha gustado contradecirla, porque   1355
                        ¿quién apena a una criatura que no tiene padres?
  BA 2,1 Adela   No ha sido broma, que tú nunca has gustado jamás de   1494
                        juegos.

gustan (11)
  MM 1,5 Alacranito   Y a mí me gustan grandes, ¡que sepan!   693
  ZP 1,1 Zapatero   Yo debía haber comprendido, después de leer tantas   918
                        novelas, que las mujeres les gustan a todos los
                        hombres, [...]
  ZP 1,1 Zapatero   Yo debía haber comprendido, después de leer tantas   919
                        novelas, que las mujeres les gustan a todos los
                        hombres, pero todos los hombres no les gustan a todas
                        las mujeres.
  ZP 1,1 Alcalde   Efectivamente. ¿Le gustan a usted las flores?   927
  ZP 1,1 Zapatera   Pero a este..., a ese... no le gustan.   927
  ZP 1,1 Zapatera   A mí las tarjetas postales me gustan mucho, sobre todo   931
                        las de novios que se van de viaje...
  CA 2,1 Novia   Ya sabes que no me gustan las flores. Tíralas por el   1082
                        balcón.
  BS 2,2 Criada   Te voy a envolver unos roscos de vino para tu madre,   1233
                        que a ella le gustan mucho.
  YE 2,2 Juan   Mando a los pueblos vecinos por las cosas que te   1313
                        gustan.
  RS 2,1 Madre   A mí lo que más me gustan son las celindas.   1392
  BA 3,1 Adela   ¿Es que no te gustan a ti?   1515
gustar (3)
  YE 1,2 Vieja 1   Los hombres tienen que gustar, muchacha.   1290
  YE 2,2 Yerma   Creen que me puede gustar otro hombre y no saben que,   1319
                        aunque me gustara, lo primero de [...]
  RS 2,1 Solterona 2   ¡Le puede gustar tomar el aire!   1401
gustara (1)
  YE 2,2 Yerma   Creen que me puede gustar otro hombre y no saben que,   1319
                        aunque me gustara, lo primero de [...]

gustará (2)
  MP 2,2 Niña   me gustará sentirte, que esta noche   825
  CA 3,2 Joven   A usted seguramente le gustará el anís. Es una   1141
                        bebida...

gustarán (1)
  MP 2,8 Mariana   ¿Gustarán de una copa?   845
gustaría (15)
  TC 1,1 Cristobita   La boca un poquitín grande, pero vaya canela en rama   733
                        de cuerpo... Aún no he cerrado el trato... Me
                        gustaría hablar con ella, [...]
  TC 6,1 Cristobita   Me gustaría ser todo de vino y beberme yo mismo.   774
  ZP 1,1 Zapatera   Oye... Me gustaría que él la oyera... ¡Ay Emiliano!   929
  DC 1,1 Cristóbal   Me gustaría ser todo vino y beberme yo mismo.   1037
  BS 1,1 Madre   Que me gustaría que fueras una mujer.   1174
  YE 1,1 Yerma   A mí me gustaría que fueras [...]   1274
  YE 1,1 Yerma   Si yo estuviera enferma, me gustaría que tú me   1275
                        cuidases.
  RS 2,1 Ama   Lo que pasó es que a Rosita le gustó el saltimbanqui,   1381
                        como me gustó a mí y como le gustaría a usted.

gustaría (continuación)   Pág.
    RS 2,1 Ama   A veces me gustaría tirarle un zapato a la cabeza.   1381
    RS 3,1 Ama   Ayer decía a voces: "No; ahí hay hipérbaton", y   1423
                         luego... "el epinicio"... A mí me gustaría entender,
                         pero [...]
    RS 3,1 Tía   Me gustaría que tu tío nos viera.   1427
    BA 2,1 Adela   Me gustaría segar para ir y venir. Así se olvida lo 1487
                         que nos muerde.
    BA 2,1 Angustias   ¡Me gustaría saber cuál de vosotras lo tiene!   1491
    BA 3,1 Adela   Me gustaría quedarme hasta muy tarde para disfrutar el 1517
                         fresco del campo.
    BA 3,1 La Poncia   A mí me gustaría cruzar el mar y dejar esta casa de 1521
                         guerra.
guste (4)
    TB DME Doncella   Para que el hombre que esté conmigo me llame de la   897
                         manera que guste.
    ZP 2,1 Alcalde   Cuando usted guste.   957
    BS 1,3 Padre   Celebraré mucho que te guste.   1199
    BA 1,1 Martirio   ¡Puede que a él le guste!   1464
gusto (V) (1)
    TC 6,1 Cristobita   Pero es de lo que te gusto.   772
gusto (17)
    MP 3,6 Mariana   ¡con qué gusto pasearía   878
    TB PBK Buster Keaton Da gusto pasearse en bicicleta.   893
    ZP 1,1 Zapatera   Cállate, larga de lengua, [...] sido por mi propio   912
                         gusto... Si no te metes [...]
    CA 1,1 Joven   El gusto tuyo, ¿verdad?   1057
    YE 1,1 María   Por mi gusto hubiera esperado en la puerta a que   1278
                         abrieran; y ¿a que no sabes lo que he comprado?
    YE 2,2 Yerma   Tómalo, contigo está más a gusto.   1317
    YE 3,2 Vieja   Por tu gusto es.   1345
    RS 1,1 Sobrino   ¿Se imagina usted que me voy con gusto?   1362
    RS 2,1 El Señor X   Estuve por haberla traído [...] primero por ser de más 1377
                         gusto.
    RS 2,1 Tía   Es de mucho gusto.   1392
    RS 2,1 Madre   ¡Gusto no me falta, lo que me falta es dinero!   1393
    RS 2,1 Madre   Con sumo gusto y fina voluntad, como se decía en mi 1406
                         época.
    RS 3,1 Ama   Es que ya no hay gusto.   1422
    RS 3,1 Tía   Debimos irnos temprano y haber hecho las cosas a   1426
                         nuestro gusto.
    BA 2,1 Martirio   No voy a llorar para darle gusto.   1494
    BA 2,1 Bernarda   Las cosas no son nunca a gusto nuestro.   1500
    BA 3,1 Martirio   Clávame un cuchillo si es tu gusto, pero no me lo   1527
                         digas más.
gustó (6)
    BS 1,1 Vecina   Le relucía la cara como un santo; pero a mí no me   1181
                         gustó nunca.
    BS 2,2 Novio   ¿Te gustó el azahar?   1231
    YE 3,2 María   Nunca me gustó esta romería.   1337
    RS 2,1 Ama   Lo que pasó es que a Rosita le gustó el saltimbanqui, 1381
                         como me gustó a mí y como le gustaría a usted.
    RS 3,1 Tía   Me gustó mucho.   1420
gustos (2)
    RS 2,1 Tía   No es justo que te des [...] tu comodidad y a tus   1386
                         gustos.
    BA 2,1 Martirio   Es uno de los pocos gustos que me quedan.   1484
h (1)
    TB DME Doncella   A, B, C, D, E, F, G, H, I, J, K, L, M, N.   898
ha (15)
    MM 2,1 Curianita Santa ¡Que ha de ser negro lodo sobre la nieve acaso!,   704
    ZP 2,1 Zapatera   Pues claro que me importa... ¿No ha de importarme?   934
    ZP 2,1 Zapatero   Yo comprendo mucho más de lo que pueda imaginarse,   967
                         porque... ha de saber usted, con [...]
    PB 1,1 Perlimplín   ¿Por qué no ha de ser así?   998
    CA 1,1 Viejo   ¿No le angustia la hora de la partida, los   1048
                         acontecimientos, lo que ha de llegar ahora mismo...?
    CA 2,1 Novia   Se ha de enterar.   1086
    EP CV Estudiante 2   El público se ha de dormir en la palabra, [...]   1161
    EP CV Enfermero   Mucho cuidado con que el aire que ha de soplar no se 1164
                         lleve vuestras pelucas.
    BS 3,1 Mendiga   Aquí ha de ser, y pronto. Estoy cansada.   1250
    BS 3,1 Novia   ¡Pero ha de ser a la fuerza!   1256
    YE 1,2 Yerma   Usted me ha de decir lo que tengo [...]   1288
    YE 1,2 Yerma   Yo pienso muchas cosas, muchas, y estoy segura que las 1290
                         cosas que pienso las ha de realizar mi hijo.
    YE 2,2 Víctor   Tu marido ha de ver su hacienda colmada.   1324
    RS 1,1 Primo   el agua me ha de prestar   1371
    BA 1,1 Bernarda   En ocho años que dure el luto no ha de entrar en esta 1451
                         casa el viento de la calle.
ha (235)

habéis   (2)
    MM 2,1 Curianita Santa   que habéis de ser la tierra y habéis de ser el agua,   703
habéis (14)
haber   (3)
    BS 2,2 Leonardo   ¿Va a haber fiesta?   1229
    YE 1,2 Vieja 1   Aunque debía haber Dios, aunque fuera [...]   1291
    YE 1,2 Muchacha 2   Si seguimos así, no va a haber solteras más que las   1293
                              niñas.

haber (15)
haberla (1)
haberle (1)
haberme (1)
haberse (2)
haberte (1)
había (10)
    TC 4,1 Joven   Yo me creía que por el mundo estaban siempre repicando   752
                             las campanas y que en los caminos había blancos
                             paradores, [...]
    MP 1,4 Amparo   había un constante desfile de pájaros.   790
    MP 2,5 Pedro   había fiebre amarilla; la entrada era imposible,   831
    CA 1,1 Amigo 2   Había tan poca luz, que se me pusieron las manos   1073
                             amarillas.
    CA 2,1 Criada   En mi pueblo había un muchacho que [...]   1086
    CA 3,1 Mecanógrafa   Recuerdo que la tarde de mi partida había una gran   1115
                             tormenta de verano y había muerto el niño de la
                             portera.
    BS 1,2 Muchacha   Llegó el novio a la tienda y ha comprado todo lo mejor   1191
                             que había.
    BS 2,1 Novia   Mi madre era de un sitio donde había muchos árboles.   1206
    RS 3,1 Tía   Y no había calamidad que [...]   1427
    BA 2,1 Magdalena   Había un nublo negro de tormenta y hasta cayeron   1473
                             algunas gotas.
había (20)
habían (5)
habías (7)
habido (1)
    RS 2,1 Tío   Ya ve usted lo que ha pasado en la carrera   1375
                             Paris-Madrid, que ha habido que suspenderla, [...]
habido (1)
    BA 1,1 Adela   No hubiera habido otro igual.   1465
habitación (5)
    PB 1,1 Belisa   La criada perfumó esta habitación con tomillo [...]   988
    PB 1,1 Duende 1   Su habitación exhalaba un [...]   995
    CA 3,2 Criada   Yo le he regalado un ramito de rosas, pero eran tan   1132
                             pequeñas que no las han entrado siquiera en la
                             habitación.
    RS 2,1 Tío   Por no discutir soy capaz [...] las alfombras de mi   1386
                             habitación.
    RS 3,1 Ama   En medio de las dos, [...] en su caja de esta   1425
                             habitación; con la misma [...]
habitaciones (4)
    RS 2,1 Ama   Pues para lo único que sirven las rosas es para   1388
                             adornar las habitaciones.
    BA 1,1 Adela   No quiero que se me pongan las carnes como a vosotras;   1466
                             no quiero perder mi blancura en estas habitaciones;
                             mañana [...]
    BA 2,1 Adela   ¡Quisiera ser invisible, pasar por las habitaciones   1479
                             sin que me preguntarais dónde voy!
    BA 3,1 Martirio   Con lo que pasa dentro de las habitaciones tengo   1515
                             bastante.
hábito (2)
    CA 2,1 Novia   Quiero un hábito color tierra para ese hombre; un   1085
                             hábito de roca pelada con un cordón de esparto a la
                             cintura.
habla (S) (1)
    BS 3,2 Muchacha 1   Amante sin habla.   1263
habla (28)
    MM 2,5 Mariposa   Habla el grano de arena,   714
    TC 2,1 Padre   ¿Habla vuestra merced el italiano?   739
    TC 3,1 Cristobita   ¿Eh? ¿Quién habla?   747
    MP 3,1 Novicia 2   ¡Habla más bajito!   860
    MP 3,3 Mariana   ¡Habla pronto, no nos vean!   867
    MP 3,8 Fernando   ¡Ay, te abandonan todos! ¡Habla, quiéreme y vive!   886
    ZP 1,1 Zapatero   Habla por la ventana con todos.   924
    ZP 1,1 Alcalde   Si tu mujer habla por la ventana [...]   925
    ZP 1,1 Niño   Cállate y habla en voz baja, ¿no ves que se espanta si   935
                             no?
    PB 2,1 Perlimplín   Habla sin miedo.   1006
    DC 1,1 Madre   ¿Habla vuesa merced el italiano?   1034
    DC 1,1 Director   ¿Quién habla ahí de ese modo?   1036

habla - hablar

habla (continuación)

CA 2,1 Novia	No quiero verlo. Es preciso que yo viva. Habla demasiado.	1089
BS 1,3 Padre	No habla nunca; suave como la lana, borda toda clase de bordados y puede cortar una maroma con los dientes.	1198
YE 2,1 Lavandera 3	Pero aquí se habla.	1301
YE 2,1 Lavandera 5	Así se habla.	1301
YE 3,1 Dolores	¡Viene gente! Habla bajo.	1334
YE 3,2 Yerma	¡Habla!	1347
RS 2,1 Madre	Habla y toca al mismo tiempo.	1402
RS 2,1 Ama	¡Habla!	1408
BA 1,1 Bernarda	A tu edad no se habla delante de las personas mayores.	1446
BA 1,1 Magdalena	Lo natural sería que [...] que, como su padre, habla con las narices.	1464
BA 2,1 Bernarda	Habla.	1496
BA 2,1 Bernarda	Habla, te conozco demasiado para saber que ya me tienes preparada la cuchilla.	1497
BA 2,1 Bernarda	¡Habla!	1501
BA 3,1 Angustias	Me habla siempre como pensando en otra cosa.	1513
BA 3,1 Bernarda	Habla si él habla y míralo cuando te mire.	1513

hablaba (3)

MM 2,1 Curianita Santa	y hablaba de unas alas de mariposa herida,	704
MP 2,7 Mariana	pero mientras hablaba, tan amable,	837
YE 1,2 Yerma	Hablaba.	1299

hablábamos (2)

MM 1,2 Doña Curiana	ni hablábamos en parábolas	680
CA 2,1 Joven	Hablábamos.	1097

hablaban (6)

MM 2,5 Mariposa	hablaban dulcemente,	714
MM 2,5 Gusano 1	¿Por qué dice que hablaban	717
PB 2,1 Belisa	Las cartas de los otros hombres que yo he recibido... y que no he contestado, porque tenía a mi maridito, me hablaban de países ideales, [...]	1006
YE 2,1 Lavandera 4	Hablaban.	1303
BA 1,1 Bernarda	A eso vienen a los duelos. ¿De qué hablaban?	1455
BA 1,1 La Poncia	Hablaban de Paca la Roseta.	1455

hablado (9)

MP 1,6 Mariana	¿Le has hablado?	803
ZP 1,1 Niño	Mi madre lo ha hablado el otro día, [...]	914
ZP 1,1 Zapatero	¿He hablado bien?	922
ZP 2,1 Vecina Roja	Muy bien hablado.	956
ZP 2,1 Zapatera	Yo he hablado así porque estoy sobre ascuas; todo el mundo me asedia, todo el mundo me critica; ¿cómo	966
BS 1,1 Vecina	De esto no se ha hablado.	1181
BS 1,3 Padre	Me parece bien. Ellos lo han hablado.	1198
RS 3,1 Rosita	Si la gente no hubiera hablado; si vosotras [...]	1428
BA 2,1 Adela	También hubiera hablado yo.	1503

habladora (1)

RS 3,1 Tía	¡Cállate, habladora, y respeta la voluntad de Dios!	1427

habláis (1)

BA 2,1 Martirio	No quise asomarme. ¿No habláis ahora por la ventana del callejón?	1502

hablamos (1)

RS 3,1 Tía	No hablamos y tenemos que hablar.	1427

hablan (7)

MM 1,5 Alacranito	¿Hablan ustedes de amores	690
MM 1,5 Gusano 3	Las gotas no hablan nunca;	714
TC 3,1 Cristobita	¿Es que tus toneles hablan, o es que me estás tomando el pelo?	748
MP 3,5 Pedrosa	Los andaluces hablan; pero luego...	875
PB 2,1 Belisa	Hablan de mí..., de mi cuerpo...	1006
DC 1,1 Rosita	Son los leones del circo, son los maridos ultrajados que hablan en la calle.	1040
BA 2,1 La Poncia	Esas cosas pasan entre personas ya un poco instruidas que hablan y dicen y mueven [...]	1476

hablando (6)

MP 1,7 Fernando	¿Qué estás hablando?	810
MP 3,3 Mariana	Sigue hablando.	868
ZP 2,1 Niño	¿No se parece el titiritero, hablando, a tu marido?	958
ZP 2,1 Zapatero	Miradla hablando con uno	960
RS 3,1 Rosita	Pero ¿por qué estoy yo hablando todo esto?	1430
BA 2,1 La Poncia	Ayer me contó mi hijo [...] con la yunta, estaban hablando todavía.	1501

hablar (54)

MM 0,0	Tal vez os riáis al oír hablar a estos insectos como hombrecitos, como adolescentes.	670
MM 1,2 Doña Curiana	sois sin embargo al hablar	681
MM 1,5 Alacranito	¡Si uno no sabe ni hablar!	691
TC 1,1 Padre	No hay que hablar más.	732

hablar (continuación)
TC 1,1 Cristobita   La boca un poquitín grande, pero vaya canela en rama   733
                       de cuerpo... Aún no he cerrado el trato... Me
                       gustaría hablar con ella, pero [...]

MP 1,4 Lucía   hablar?   790
MP 1,7 Mariana   Hablar contigo.   807
ZP 1,1 Zapatera   Ya sabía yo que con esta clase de gente no se podía   913
                       hablar ni un segundo...; [...]
ZP 1,1 Zapatera   No me hagas hablar más de lo prudente y ponte a tu   918
                       obligación.
ZP 1,1 Zapatera   Yo puedo oírte hablar porque me gusta y es bonito,   932
                       pero nada más, ¿lo oyes?
ZP 1,1 Zapatera   Como si yo no estuviese aquí más que paraaa, paraaa... 932
                       ¿Es que en este pueblo no puede una hablar con nadie?
ZP 2,1 Zapatera   No pueden ustedes hablar una sola palabra sin   949
                       ofender... ¿De qué se ríe su ilustrísima?
ZP 2,1 Niño   ¿Dónde he oído yo hablar a este hombre?   954
ZP 2,1 Zapatero   Y en mi pueblo vivía una mujer... en cierta época,   966
                       que tenía el suficiente mal corazón para hablar con
                       sus amigos [...]
CA 3,1 Mecanógrafa   Pero... lo veía por [...] pero yo no le podía hablar. 1115
BS 1,1 Madre   Mis muertos llenos de hierba, sin hablar, hechos   1173
                       polvo; [...]
BS 1,1 Madre   No... Si hablo, es porque... ¿Cómo no voy a hablar   1174
                       viéndote salir por esa puerta?
BS 2,1 Leonardo   No quiero hablar, porque soy hombre de sangre, y no   1213
                       quiero que todos estos cerros oigan mis voces.
BS 2,1 Criada   Tú no tienes que hablar de lo pasado.   1213
BS 2,1 Leonardo   ¿Es que tú y yo no podemos hablar?   1214
BS 2,1 Criada   No; no podéis hablar.   1214
BS 2,1 Leonardo   Es la última vez que voy a hablar con ella. No temas   1215
                       nada.
BS 2,2 Madre   Cuando sale la conversación, tengo que hablar.   1228
BS 3,1 Novio   Si me sigues, sígueme sin hablar.   1252
YE 1,2 Yerma   Me ha dado confianza el oírla hablar.   1288
YE 1,2 Vieja 1   Déjame, muchacha, no me hagas hablar.   1288
YE 1,2 Yerma   Me cogió de la cintura y no pude decirle nada porque   1289
                       no podía hablar.
YE 1,2 Vieja 1   No me hagas hablar más.   1290
YE 1,2 Juan   Está bien. Así darás que hablar a las gentes.   1299
YE 2,1 Lavandera 1   A mí no me gusta hablar.   1300
YE 2,1 Lavandera 1   Hablar no es pecado.   1303
YE 2,2 Yerma   Hablar con la gente no es pecado.   1315
YE 3,1 Yerma   No te dejo hablar ni una sola palabra.   1332
RS 1,1 Ama   Está visto que en esta casa no la dejan hablar a una. 1356
RS 1,1 Sobrino   Todo es hablar.   1362
RS 2,1 Ama   No me haga usted hablar, no me haga usted hablar, no   1379
                       me haga usted hablar, no me haga usted hablar.
RS 2,1 Tía   Pero ¿es que conmigo no se puede hablar?   1385
RS 2,1 Tía   Dejadla hablar.   1409
RS 3,1 Ama   ¡Con la manera de hablar tan preciosa que tiene usted! 1422
RS 3,1 Tía   Todos los cristianos sabemos que ningún rico entra en 1425
                       el reino de los cielos, pero a ver si por hablar de
                       ese modo vas [...]
RS 3,1 Rosita   No me haga usted hablar.   1427
RS 3,1 Tía   ¡No hablar!   1427
RS 3,1 Tía   No hablamos y tenemos que hablar.   1427
RS 3,1 Tía   Alguna vez tengo que hablar alto.   1428
BA 1,1 Bernarda   Es así como se tiene que hablar en este maldito [...] 1450
BA 1,1 La Poncia   Contigo no se puede hablar. ¿Tenemos o no tenemos   1458
                       confianza?
BA 2,1 La Poncia   ¿Por qué te pusiste casi [...] segundo día que vino a 1481
                       hablar con tu hermana.
BA 2,1 Martirio   ¡Calla y no me hagas hablar, que si hablo se van a   1494
                       juntar las paredes unas con otras de vergüenza!
BA 2,1 La Poncia   ¿Puedo hablar?   1496
BA 3,1 Bernarda   ¿A qué hora terminaste anoche de hablar?   1513
BA 3,1 La Poncia   Bernarda, yo no quiero hablar porque temo tus   1519
                       intenciones.
hablará (1)
ZP 1,1 Zapatero   Claro..., si en todo el pueblo no se hablará de otra   933
                       cosa: ¡que si yo, que si ella, que si los mozos!
hablaran (1)
ZP 1,1 Zapatera   Cuánta cosa, don Mirlo; a mí me parecía imposible que   930
                       los pajarracos hablaran.
hablaré (1)
MP 3,5 Mariana   ¡No hablaré!   877
hablaría (3)
MP 2,9 Mariana   no hablaría!   857
BS 1,1 Madre   Cien años que yo viviera no hablaría de otra cosa.   1173
YE 1,2 Vieja 1   A otra mujer serena yo le hablaría.   1291

hablarías - habrá

Pág.

hablarías (1)
YE 1,2 Muchacha 2   Si tuvieras cuatro o cinco, no hablarías así.   1293
hablarme (2)
ZP 1,1 Zapatero   ¿No puedes hablarme un poquito más bajo?   923
PB 2,1 Perlimplín   No tengas miedo de hablarme..., yo sé que [...]   1005
hablarte (3)
CA 2,1 Maniquí   Déjame hablarte.   1102
BS 2,1 Novia   Yo no debo hablarte siquiera.   1214
YE 1,2 Vieja 1   No quiero hablarte más.   1290
hablas (9)
MM 1,2 Doña Curiana   como hablas tú. La vergüenza   680
TC 2,1 Cristobita   ¿Qué hablas?... Vamos a avisar al cura.   740
MP 1,7 Fernando   Hablas con un caballero.   808
PB 2,1 Perlimplín   Observo que hablas... sola.   1003
CA 3,1 Mecanógrafa   ¿Qué dices? ¿Por qué hablas?   1116
YE 1,1 María   Pero ven acá, criatura; hablas como si fueras una   1282
                     vieja.
YE 2,2 Juan   Hablas de una manera que yo no te entiendo.   1313
RS 2,1 Tía   Pero ¿por qué hablas de pretendientes? ¡No conoces a   1379
                    Rosita!
RS 3,1 Ama   Tú hablas, te desahogas, nos hartamos de llorar las   1430
                    tres y nos repartimos el sentimiento.
hable (12)
MP 3,5 Pedrosa   Hable pronto, que el rey la indultaría.   876
MP 3,8 Fernando   que hable contigo? ¡Dime!   884
DC 1,1 Director   Es preciso que hable usted con ella.   1028
CA 1,1 Joven   Sí, sí. No me hable de eso.   1049
CA 1,1 Amigo 2   ¡Oh, por favor, no hable así!   1075
EP CV Estudiante 1   Y donde se hable de amor entraremos con botas de "foot   1168
                    ball", echando fango por los espejos.
YE 3,2 Juan   También es hora de que yo hable.   1346
RS 1,1 Sobrino   No hay motivo para que me hable usted de esa manera.   1363
RS 2,1 Tía   Bueno; y punto final. Bien está que la zafia hable,   1381
                    pero que no ladre.
BA 1,1 Amelia   ¡Madre, no hable usted así!   1450
BA 2,1 Bernarda   No se hable de este asunto.   1502
BA 3,1 Martirio   Ha llegado el momento de que yo hable. Esto no puede   1526
                    seguir así.
habléis (1)
BA 2,1 Martirio   No habléis de locos.   1478
hablemos (1)
BS 1,3 Novia   Calla he dicho. Hablemos de otro asunto.   1204
hablen (2)
MP 2,7 Mariana   Hablen bajo.   836
MP 2,8 Mariana   ¡Hablen más bajo!   842
hables (9)
TC 6,1 Cristobita   ¡No quiero que hables con nadie!   767
CA 2,1 Novia   No me hables de esto. No quiero.   1089
CA 3,1 Joven   No hables así, niña. Vamos.   1121
BS 1,3 Criada   ¡No hables así!   1204
YE 2,1 Lavandera 1   ¿Qué demonio se te ha metido entre los cabellos para   1305
                    que hables así?
YE 2,2 Yerma   Te ruego que no hables. Deja quieta la cuestión.   1316
YE 3,2 Yerma   Conóceme, para que nunca me hables más.   1345
BA 1,1 Martirio   No hables así. La suerte viene a quien menos la   1464
                    aguarda.
BA 3,1 Bernarda   Ya te he dicho que quiero que hables con tu hermana   1512
                    Martirio.
hablo (6)
CA 3,1 Máscara   Hablo así porque no quiero que Arturo me sienta.   1123
BS 1,1 Madre   No... Si hablo, es porque... ¿Cómo no voy a hablar   1174
                    viéndote salir por esa puerta?
YE 1,2 Yerma   ¿Por qué? ¡Con mi marido no hablo de otra cosa!   1288
RS 3,1 Martín   Ahí he querido renovarme haciendo una cosa del   1422
                    ambiente actual; ¡hasta hablo de un aeroplano!
BA 2,1 Martirio   ¡Calla y no me hagas hablar, que si hablo se van a   1494
                    juntar las paredes unas con otras de vergüenza!
BA 2,1 Angustias   Yo hablo por la ventana de mi dormitorio.   1502
habló (5)
MM 0,0   Y nada más habló el viejo silfo.   670
MM 2,1 Curianita 1   pero para esta vida no habló San Cucaracho...   703
BA 2,1 La Poncia   ¿Y habló más?   1475
BA 2,1 Angustias   Sí, siempre habló él.   1475
BA 3,1 Criada   Hay quien cree que habló muchas veces con Adela.   1521
habrá (8)
MP 2,6 Pedro   Las habrá   834
MP 2,7 Conspirador 1   ¿Habrá noticias para decidir?   836
MP 2,7 Mariana   Pero ¿habrá quién os siga?   839
MP 3,5 Pedrosa   No habrá nadie en Granada que se asome   875
ZP 1,1 Zapatero   Eso será lo que habrá que oír.   931
RS 3,1 Rosita   Así no habrá nadie en los balcones para vernos salir.   1437

habrá   (continuación)
    BA 2,1 La Poncia   Y algo habrá.   1503
    BA 2,1 Bernarda   No habrá nada.   1503
habrá (17)
habrán (5)
habrás (3)
habráse (1)
habré (2)
habría (2)
habrían (1)
hace (85)
    MM 2,6 Curianita C   lo que nos hace falta.)   718
    TC 1,1 Hora   Mientras que aquí hace sol, en otras partes llueve.   734
    TC 2,1 Rosita   El viento morisco hace girar ahora todas las veletas   736
                              de Andalucía.
    TC 2,1 Cristobita   Hace tiempo que la porra no funciona y se me escapa de   739
                              las manos.
    TC 2,1 Cristobita   Yo soy hombre que no se retracta jamás de lo que hace.   739
    TC 2,1 Cristobita   La rana hace cuac, cuac,   740
    TC 3,1 Espantanublos   ¿Hace tiempo que llegó?   742
    TC 4,1 Mozo   Mañana mismo, con un tal don Cristobita, rico,   751
                              dormilón, tan bruto, que hace pedazos su sombra...
                              [...]
    TC 4,1 Joven   No es posible; me quería tanto hace.   751
    TC 6,1 Padre   Hace algún fresquillo.   765
    MP 2,2 Niña   no se ve nada y hace mucho viento.   825
    MP 2,7 Conspirador 1   ¡Hace un frío!   835
    MP 2,7 Conspirador 3   no cabe duda que él hace y deshace.   839
    MP 2,8 Conspirador 4   porque nos hace falta.   845
    MP 2,9 Pedrosa   El reloj de la Audiencia ya hace rato   850
    MP 2,9 Pedrosa   hace encajes... o borda...   851
    MP 2,9 Pedrosa   Pero hace ya tres meses que ando loco   853
    MP 2,9 Pedrosa   No hace falta, señora. Queda usted   858
    MP 3,1 Novicia 1   ¿Qué hace?   860
    MP 3,7 Mariana   me hace demasiado pálida.   883
    TB QM. Viejo   Yo conozco hace mucho tiempo a la madre de ellos, a tu   905
                              mujer.
    ZP 0,0 El Autor   El poeta no pide benevolencia, sino atención, una vez   911
                              que ha saltado hace mucho tiempo la [...]
    ZP 0,0 El Autor   En todos los sitios late [...] fantasía cuando esta se   912
                              hace realidad visible.
    ZP 1,1 Zapatero   Estoy convencido..., yo creo que esto lo hace por   925
                              atormentarme; porque estoy seguro..., ella me odia.
    ZP 1,1 Beata 2   ¡Hace usted bien en descansar!   933
    ZP 1,1 Zapatera   ¡Ay, qué fresquito hace!   934
    ZP 2,1 Zapatera   Pues si dices tú, más digo yo, y puedes enterarte, y   942
                              todos los del pueblo, que hace cuatro meses que [...]
    ZP 2,1 Zapatera   Lo que usted debía saber hace muchos días, lo que   948
                              usted como alcalde no debía permitir.
    ZP 2,1 Zapatera   ¿Y qué hace usted ahora, corriendo mundo?   967
    ZP 2,1 Zapatera   ¡Cuánto tiempo hace que se la perdoné!   977
    PB PRO Madre   El agradecimiento de [...] entendido..., a pesar de   986
                              que hace veinte años que [...]
    PB 2,1 Belisa   A veces pasa por debajo de mis balcones y mece su mano   1002
                              lentamente en un saludo que hace temblar mis pechos.
    PB 2,1 Perlimplín   Hace quince días vi a ese joven por primera vez.   1005
    DC 1,1 Madre   le hace falta un marido,   1029
    CA 2,1 Novia   Entra. Hace dos días que no te veo.   1079
    CA 2,1 Joven   No me hace ninguna falta.   1106
    CA 3,1 Arlequín   el tiempo le hace creer   1109
    CA 3,1 Mecanógrafa   Hace cinco años que me está esperando, pero... ¡Qué   1117
                              hermoso es esperar con seguridad el momento de ser
                              amada!
    CA 3,2 Joven   Hace demasiado calor.   1138
    EP CV Dama 4   Ahora es seguro que el fuego romperá las puertas,   1164
                              porque cuando yo lo vi, hace un momento, ya los [...]
    BS 1,1 Madre   ¿Qué hace en las viñas una vieja?   1174
    BS 1,1 Madre   Hace veinte años que no he subido a lo alto de la   1178
                              calle.
    BS 1,1 Vecina   Hace dos días trajeron al hijo de mi vecina con los   1179
                              dos brazos cortados por la máquina.
    BS 1,1 Madre   A mí me habían dicho que la muchacha tuvo novio hace   1181
                              tiempo.
    BS 1,1 Vecina   El se casó ya hace dos años con una prima de ella, por   1181
                              cierto.
    BS 1,2 Mujer   Me hace falta un vestido y al niño una gorra con lazos.   1189
    BS 1,3 Padre   Porque no es buena tierra; pero con brazos se la hace   1197
                              buena y como no [...]
    BS 1,3 Padre   Hace las migas a las tres, cuando el lucero.   1198
    BS 1,3 Novio   ¿Es que hace falta otra cosa?   1200
    BS 2,2 Criada   Hace rato llegó Leonardo con su mujer.   1227

hace (continuación)   Pág.
  BS 2,2 Novia   No hace falta.
  BS 3,1 Novio   No. Yo sentí hace un momento el galope.   1232
  BS 3,1 Novio   Y vamos pronto, que siento los dientes de todos los   1252
                         míos clavados aquí de una manera que se me hace   1253
                         imposible respirar [...]

  YE 1,1 Víctor   En esta casa hace falta un niño.
  YE 1,1 Yerma   ¡Hace falta!   1285
  YE 1,2 Yerma   Hace tiempo estoy deseando tener conversación con   1285
                         mujer vieja.   1288
  YE 1,2 Muchacha 2   En cambio, mi madre no hace más que darme yerbajos   1293
                         [...]
  YE 2,2 Juan   ¿Dices que salió hace poco?   1311
  YE 2,2 Juan   Hace ya más de cinco años.   1313
  YE 2,2 Yerma   Muchas noches bajo yo a echar la comida a los bueyes,   1318
                         que antes no lo hacía, porque ninguna mujer lo hace, y
                         cuando paso [...]
  YE 3,2 Vieja   ¿Qué hace?   1344
  YE 3,2 Vieja   Y el santo hace el milagro.   1345
  RS 1,1 Tía   En algunas ocasiones hace falta ... Otro día que   1361
                         pase..., treinta y siete, treinta y ocho.
  RS 2,1 Ama   Pero no hace falta que cante. En el jardín los tenemos   1383
                         vivos.
  RS 2,1 Tío   Hace rato debió llegar.   1387
  RS 2,1 Rosita   Si no viera a la gente, me creería que hace una semana   1389
                         que se marchó.
  RS 2,1 Ayola 2   No; hemos comido hace poco.   1396
  RS 2,1 Rosita   Hace mucho tiempo que no te he oído.   1397
  RS 2,1 Ayola 2   A mí, Rosita y su novio me enseñaban las letras A, B,   1399
                         C... ¿Cuánto tiempo hace de esto?
  RS 3,1 Ama   Hace ya seis años que murió y no quiero que esté usted   1413
                         como el primer día.
  RS 3,1 Martín   Hace un rato tenían un [...]   1419
  RS 3,1 Muchacho   Hace ocho años.   1432
  RS 3,1 Solterona 3   Pero si hace falta algo, ya sabe que en lo que pueda,   1436
                         aquí estoy yo.
  BA 1,1 Mujer 1   Hace años no he conocido calor igual.   1446
  BA 1,1 Bernarda   Aquí se hace lo que yo mando.   1452
  BA 1,1 Bernarda   ¡No ha tenido novio ninguna ni les hace falta! Pueden   1457
                         pasarse muy bien.
  BA 1,1 Angustias   El mío murió hace tiempo.   1468
  BA 2,1 La Poncia   ¿Pues qué hace?   1478
  BA 2,1 Martirio   ¡Yo qué sé lo que hace!   1478
  BA 2,1 La Poncia   Se empeña que con el calor que hace vaya a traerle no   1483
                         sé qué de la tienda.
  BA 2,1 La Poncia   Hace un minuto dieron las tres.   1485
  BA 2,1 La Poncia   Hace años vino otra de estas y yo misma di dinero a mi   1486
                         hijo mayor para que fuera.
  BA 2,1 Adela   Hace la que puede y la que se adelanta.   1504
  BA 3,1 Bernarda   Hace bien.   1507
  BA 3,1 Adela   Ya puede estar cien años con Angustias, pero que me   1527
                         abrace a mí se te hace terrible, porque [...]
hacéis (5)
  MP 3,8 Mariana   Y vosotras, ¿qué hacéis? ¡Qué lejanas os siento!   887
  ZP 2,1 Alcalde   Y vosotros, ¿qué hacéis ahí?   953
  RS 3,1 Rosita   ¿Qué hacéis?   1415
  BA 1,1 Magdalena   ¿Qué hacéis?   1461
  BA 2,1 Bernarda   Me hacéis al final de mi vida beber el veneno más   1492
                         amargo que una madre puede resistir.
hacemos (5)
  TC 4,1 Mozo 1   Oye, tú: ¿qué hacemos con este?   750
  PB 1,1 Duende 2   Don Perlimplín. ¿Te hacemos un mal o un bien?   996
  CA 2,1 Padre   ¿Qué hacemos con este hombre?   1089
  YE 1,2 Vieja 1   y solo nosotras, las endemoniadas mujeres, nos hacemos   1287
                         polvo por cualquier cosa.
  BA 1,1 Bernarda   Hacemos cuenta que hemos tapiado con ladrillos puertas   1451
                         y ventanas.
hacen (17)
  MM 0,0   ¡En cuántas antiguas historietas, una flor, un beso o   670
                         una mirada hacen el terrible oficio de puñal!
  MM 2,5 Gusano 1   Las rociadas hacen   714
  TC 6,1 Cristobita   ¡Mucho ruidillo hacen, caramba! ¡Mucho ruidillo hacen!   772
  ZP 1,1 Zapatera   No, es que un mosco de esos que hacen piiiiii, me ha   913
                         picado en este ojo.
  ZP 2,1 Zapatera   Ellos, ellos son los que la tienen y los que me hacen   945
                         desgraciada.
  CA 2,1 Joven   Me hacen ahora mismo un aire que me quema la piel.   1098
  EP CV Desnudo   Padre mío, perdónalos, que no saben lo que se hacen.   1162
  YE 1,1 Yerma   Yo veo por mis ojos que eso no puede ser... A fuerza   1276
                         de caer la lluvia sobre las piedras estas se ablandan
                         y hacen crecer jaramagos, [...]

hacen (continuación)

YE 2,2 Yerma	que hacen latir la rama de mi angustia.	1316
RS 1,1 Tía	Cuarenta días de viaje hacen falta para llegar a Tucumán.	1362
RS 2,1 Tío	De tanto vivir juntas, los encajes se os hacen espinas.	1385
RS 2,1 Tío	Llega un momento en que las personas que viven juntas muchos años hacen motivo de disgusto [...]	1386
RS 3,1 Martín	A mí, como me ven inútil, [...] mis compañeros les hacen cosas horribles.	1418
RS 3,1 Rosita	Y hoy se casa una amiga [...] notas de examen, y hacen casas nuevas y [...]	1428
BA 2,1 La Poncia	Entonces Pepe hará lo que hacen todos los viudos [...]	1481
BA 2,1 Martirio	Otras hacen cosas más malas.	1495

hacer (60)

MM 1,5 Doña Orgullos	¡Qué le vamos a hacer...!	698
TC 1,1 Hora	Rosita: ten paciencia, ¿qué vas a hacer?	734
TC 1,1 Hora	¿Qué sabes tú los vientos que van a venir mañana para hacer bailar la veleta de tu tejadillo?	734
TC 4,1 Mozo	¿Y qué piensas hacer?	752
TC 4,1 Cansa-Almas	Qué le vamos a hacer.	753
MP 3,8 Fernando	¡No sé qué hacer! ¡Qué angustia! ¡Ya vendrán a buscarte!	886
TB DME Doncella	¿Qué sabes hacer?	900
ZP 1,1 Zapatera	Dile a tu madre que ya sabe mi marido lo que tiene que hacer, y que así supiera [...]	914
ZP 1,1 Zapatera	Quiero hacer siempre mi santa voluntad.	922
ZP 1,1 Alcalde	A las mujeres, buenos [...] con esto se atreven a hacer kikirikí, la vara, [...]	925
ZP 1,1 Alcalde	¿Y qué piensas hacer?	926
ZP 1,1 Alcalde	Recapacita lo que has dicho que vas a hacer; que tú eres capaz de hacerlo, y no seas tonto.	927
ZP 2,1 Alcalde	Nada, pensaba... de [...] voluntad y valentía para hacer escritura, delante [...]	951
ZP 2,1 Zapatera	¿Pero los va usted a hacer en mi casa?	954
ZP 2,1 Zapatero	¿Qué piensas hacer? Matarlo.	961
ZP 2,1 Zapatera	Yo soy la que va a tener que hacer algo gordo.	970
ZP 2,1 Zapatera	¿Qué voy a hacer?	974
PB 2,1 Perlimplín	Por eso quiero ayudarte como debe hacer todo buen marido cuando su esposa es un dechado de virtud... Mira.	1004
PB 2,1 Perlimplín	Tú eres joven y yo soy viejo..., ¡qué le vamos a hacer!...,	1005
PB 3,1 Perlimplín	¿Qué he de hacer sino cantar?	1010
PB 3,1 Belisa	¿Qué vas a hacer?	1015
DC 1,1 Rosita	¿Qué me vas a hacer?	1037
DC 1,1 Rosita	Es, es... el aparato de hacer encaje de bolillos.	1039
CA 1,1 Viejo	¿No se atreve usted a concentrar, a hacer hiriente y pequeñito su amor dentro del pecho?	1049
CA 1,1 Joven	Ya sabes que no puedo hacer nada.	1054
CA 1,1 Joven	¿Y qué voy a hacer en ella?	1057
CA 2,1 Criada	¡Piense bien en lo que va a hacer!	1083
CA 2,1 Criada	¡Qué va usted a hacer!	1083
CA 2,1 Joven	¿Qué voy a hacer ahora?	1095
CA 3,1 Arlequín	Ahí dentro, en el circo, hay oro blando, suficiente para hacer una estatua del mismo tamaño... que usted.	1119
EP CV Estudiante 5	Ha llegado el juez y, antes de asesinarlos, les van a hacer repetir la escena del sepulcro.	1162
BS 1,1 Madre	Que yo quiero bordar y hacer encaje y estar tranquila.	1177
BS 1,2 Leonardo	No. ¿Qué iba a hacer yo allí, en aquel secano?	1188
BS 3,1 Novio	Una caza. La más grande que se puede hacer.	1253
BS 3,2 Muchacha 1	¿qué quieres hacer?	1261
YE 1,1 María	He comprado encajes, tres varas de hilo, cintas y lanas de color para hacer madroños.	1278
YE 1,1 Yerma	Te vas a hacer una blusa.	1278
YE 1,1 María	De lo que tengo que hacer. Le preguntaré a mi madre.	1280
YE 1,2 Yerma	Usted me ha de decir lo que tengo que hacer, que yo haré lo [...]	1288
YE 2,1 Lavandera 1	Con una aguja de hacer calceta ensartaría yo las lenguas murmuradoras.	1305
YE 2,2 Juan	Entonces, ¿qué quieres hacer?	1314
RS 1,1 Ama	¿Cuándo la ha visto usted sentada a hacer encaje de lanzadera [...]	1354
RS 1,1 Tía	El novio creo que tenía que hacer.	1359
RS 1,1 Ama	y como soy criada no puedo hacer más que callarme, que es lo que hago, y no puedo replicar y decir...	1360
RS 1,1 Tía	Ahora se enterará de que las telas no solo sirven para hacer flores, sino para empapar lágrimas.	1362
RS 2,1 Tía	En vez de hacer encajes, podo las plantas.	1386
RS 2,1 Solterona 3	Ahora estudio poco. Tengo muchas labores que hacer.	1397
RS 3,1 Ama	Le voy a hacer un monte nevado con grageas de colores...	1417

hacer (continuación)   Pág.
    RS 3,1 Martín   ¡Qué se le va a hacer!   1418
    RS 3,1 Tía   ¡Qué le vamos a hacer! Ya nos queda poco tiempo en 1423
                           este teatro.
    RS 3,1 Martín   Soñé con el Parnaso y tengo que hacer de albañil y 1424
                           fontanero.
    BA 1,1 Criada   Te vas a hacer el gaznate polvo.   1443
    BA 1,1 Bernarda   ¡Cuánto hay que sufrir y luchar para hacer que las 1456
                           personas sean decentes y no tiren al monte demasiado!
    BA 1,1 Martirio   Lo que puedes hacer es teñirlo de negro.   1465
    BA 1,1 Magdalena   Lo mejor que puedes hacer es regalárselo a Angustias 1465
                           para la boda con Pepe el Romano.
    BA 2,1 La Poncia   Porque yo puedo dar voces, encender luces y hacer que 1482
                           toquen las campanas.
    BA 2,1 Magdalena   ¡Cada clase tiene que hacer lo suyo!   1485
    BA 2,1 Bernarda   Eso es lo que debías hacer.   1500
    BA 2,1 Martirio   ¿Y qué ibas a decir? ¡Querer no es hacer!   1504
    BA 3,1 La Poncia   Yo no puedo hacer nada.   1520
hacerla (1)
    MP 3,5 Pedrosa   puedo hacerla dormir un largo sueño.   876
hacerle (3)
    CA 2,1 Novia   Que busques otra mujer a quien puedas hacerle trenzas. 1094
    YE 1,1 Yerma   Voy a matar este cordero para hacerle un buen guiso de 1275
                           carne."
    YE 1,2 Yerma   Yo quisiera hacerle una pregunta.   1288
hacerlo (3)
    ZP 1,1 Alcalde   Recapacita lo que has dicho que vas a hacer; que tú 927
                           eres capaz de hacerlo, y no seas tonto.
    RS 3,1 Ama   ¿Y no hay gárvilos para hacerlo polvo...?   1416
    RS 3,1 Rosita   Ya perdí la esperanza de hacerlo con quien quise con 1429
                           toda mi sangre, con quien quise y... con quien quiero.
hacerme (3)
    CA 2,1 Novia   Y si me caigo, no hacerme sangre; y si agarro una   1087
                           zarzamora, no herirme.
    RS 2,1 Tío   Por no discutir soy capaz de hacerme la cama, de   1386
                           limpiar [...]
    RS 3,1 Martín   Todos los días entro temblando en el colegio esperando 1419
                           lo que van a hacerme, aunque, como [...]
hacérmelos (1)
    BS 1,1 Madre   Sí, sí; y a ver si me alegras con seis nietos, o los 1177
                           que te dé la gana, ya que tu padre no tuvo lugar de
                           hacérmelos a mí.
hacernos (1)
    RS 3,1 Rosita   Llegan a hacernos la vida imposible.   1433
haceros (1)
    MM 0,0   Pero antes de empezar quiero haceros el mismo ruego 670
                           [...]
hacerse (1)
    MM 1,5 Alacranito   y tratan de hacerse un nido?   690
haces (14)
    TC 6,1 Cocoliche   ¿Qué haces en tu ratonera?   768
    ZP 1,1 Zapatera   Pero ¿por qué te haces ilusiones?   917
    ZP 1,1 Zapatero   Sé lo que haces y lo que no haces, y ya estoy colmado, 923
                           ¡hasta aquí!
    ZP 1,1 Zapatero   Si sabes que tengo esa superstición, y para mí esto es 928
                           como si me dieras un tiro, ¿por qué lo haces?
    PB 3,1 Perlimplín   ¿Qué haces aquí?   1012
    CA 3,1 Mecanógrafa   Si viniera mi amigo tan alto, con todo el cabello   1117
                           rizado, pero rizado de un modo especial tú haces como
                           si no lo conocieras.
    CA 3,1 Mecanógrafa   Me haces daño, amor.   1126
    EP RR Figura De C   ¿Qué haces?   1150
    BS 1,1 Vecina   ¡Me haces unas preguntas!...   1182
    YE 1,2 Juan   ¿Qué haces todavía aquí?   1299
    YE 2,2 Yerma   Haces bien de cambiar de campos.   1322
    YE 3,1 Juan   ¿Qué haces en este sitio?   1331
    RS 2,1 Tía   ¿Qué haces tú por mí?   1386
hacia (15)
    MM 2,2 Curiana N   te vas hacia los reinos donde el amor se hiela.   707
    MM 2,3 Mariposa   y voy hacia la niebla.   708
    MM 2,7 Curianito   No pienses en volar hacia los montes   720
    MP 1,5 Fernando   un grupo de tropas hacia   799
    MP 1,6 Fernando   Hacia la vega corre.   802
    MP 1,6 Clavela   hacia lo oscuro de la plazoleta.   803
    PB 1,1 Duende 1   Y el comentario huiría hacia medios más misteriosos. 995
    PB 3,1 Perlimplín   ¡Oh! ¡Si vieras qué agradecimiento guarda mi corazón 1009
                           hacia ti!
    CA 1,1 Viejo   Sí, hay que recordar hacia mañana.   1047
    CA 1,1 Joven   Hacia mañana.   1047
    CA 1,1 Joven   Que estoy en carne viva. Todo hacia dentro. Una   1051
                           quemadura.

hacia (continuación)
CA 3,1 Payaso	¡Tú, mira hacia allá!	1112
YE 1,2 Yerma	Hacia allá voy.	1292
YE 2,1 Lavandera 4	Son metidas hacia adentro.	1302
BA 1,1 La Poncia	Ya me chocó a mí verla escabullirse hacia el patio.	1455

hacía (12)
MM 0,0	El amor, lo mismo que [...] poblada de insectos donde hacía mucho tiempo era [...]	669
MP 0,0 Mosquito	que a las piedras hacía llorar	781
MP 0,0 Niña	que a las piedras hacía llorar!	782
MP 3,9 Mariana	que a las piedras hacía llorar,	891
ZP 2,1 Zapatero	Y en mi pueblo vivía [...] mientras el marido hacía botas y zapatos [...]	966
CA 2,1 Criada	Tuve un novio soldado que me clavaba los anillos y me hacía sangre; por eso lo despedí.	1084
YE 1,1 Yerma	¿Qué hacía?	1282
YE 2,2 Yerma	Muchas noches bajo yo a echar la comida a los bueyes, que antes no lo hacía, porque ninguna [...]	1318
RS 2,1 Tía	me hacía suspirar,	1411
RS 3,1 Rosita	Pero lo sabían todos y yo me encontraba señalada por un dedo que hacía ridícula mi modestia [...]	1428
BA 1,1 La Poncia	¡Otra cosa hacía polvo yo!	1443
BA 1,1 La Poncia	Ella lo ha hecho sin dar alcance a lo que hacía, que está francamente mal.	1455

hacíamos (1)
| YE 1,2 Muchacha 2 | Porque lo mismo hacíamos de novios que ahora. | 1293 |

hacían (1)
| YE 2,1 Lavandera 2 | ¿Y qué hacían? | 1303 |

hacías (5)
TC 6,1 Cristobita	¿Qué hacías aquí?	776
PB 3,1 Perlimplín	¿Qué hacías aquí?	1013
CA 1,1 Gato	¿Tú qué hacías?	1064
RS 1,1 Tío	¿Qué hacías?	1374
RS 3,1 Tía	Tú no les hacías ningún caso.	1429

hacienda (3)
YE 2,2 Víctor	Tu marido ha de ver su hacienda colmada.	1324
RS 1,1 Tía	Son muchas leguas de hacienda y tu padre está viejo.	1362
RS 1,1 Tía	No maldigas. Vete a tu hacienda.	1364

haciendas (1)
| MM 1,2 Doña Curiana | descuidáis vuestras haciendas, | 678 |

haciendo (9)
TC 1,1 Cocoliche	Me parece que me están haciendo cosquillas en la planta de los pies.	731
ZP 1,1 Zapatera	Claro, toda la vida haciendo botas, ¡qué quiere usted!	928
ZP 1,1 Zapatera	Verdaderamente eso de "la quiero", "te quiero", suena de un modo que parece que me están haciendo cosquillas con [...]	932
ZP 2,1 Zapatero	haciendo brillar, adrede,	959
YE 1,2 Muchacha 2	Bueno; pues todo el día he de estar haciendo lo que no me gusta.	1293
YE 1,2 Muchacha 2	Yo te puedo decir lo único que he aprendido en la vida: toda la gente está metida dentro de sus casas haciendo lo que no les [...]	1294
YE 2,1 Lavandera 5	Estas machorras son así: cuando podían estar haciendo encajes o confituras [...]	1302
YE 3,1 Juan	Lo está haciendo desde el mismo día de la boda.	1332
RS 3,1 Martín	Ahí he querido renovarme haciendo una cosa del ambiente actual; ¡hasta hablo de un aeroplano!	1422

haciéndose (1)
| BA 1,1 María Josefa | No quiero ver a estas mujeres solteras rabiando por la boda, haciéndose polvo el corazón, [...] | 1470 |

hacha (2)
| CA 1,1 Amigo | Mira, es un talle para la medida de todos los brazos y, tan frágil, que se desea tener en la mano un hacha de plata muy pequeña [...] | 1057 |
| EP RR Figura De P | Toma un hacha y córtame las piernas. | 1147 |

hada (8)
MM 1,1 Curiana N	"Un hada se ha muerto", respondieron ellas.	672
MM 1,1 Curiana N	y vi muerta el hada del campo y del mar.	672
MM 1,2 Doña Curiana	porque se había muerto un hada	677
MM 2,2 Curiana N	se ha muerto un hada: el hada del campo y de la mar.	707
MM 2,5 Gusano 3	¿Eres acaso un hada?	715
MM 2,5 Gusano 1	¿Será un hada?	717
MM 2,6 Curianito	pero a mi puerta un hada	718

hadas (1)
| MM 2,7 Curianito | ¡Mariposa! ¡Espejo de las hadas! | 720 |

Hadas (4)
| PB 3,1 Perlimplín | Ahora cierro los ojos y... veo lo que quiero...; por ejemplo..., a mi madre cuando la visitaron las Hadas de los contornos... [...] | 1009 |

Hadas - hambre

Hadas (continuación)   Pág.

PB 3,1 Perlimplín   Tú sabes cómo son las Hadas..., pequeñitas...Es   1009
                         admirable, pueden bailar sobre mi dedo meñique!

PB 3,1 Marcolfa   Sí, sí, las Hadas, las Hadas; pero... ¿y lo otro?   1009
haga (16)
ZP 1,1 Zapatero   ¿Qué quiere usted que yo le haga?   919
ZP 2,1 Zapatera   Haga el favor de guardar la lengua en el bolsillo.   964
DC 1,1 Director   Haga usted el favor de callarse.   1020
DC 1,1 Enfermo   Pero no me haga usted daño.   1026
DC 1,1 Director   Haga el favor de no meter la pata.   1037
CA 3,2 Jugador 1   Haga juego.   1142
EP RR Figura De C   ¿Eres tú quien me debes obligar a mí para que lo haga? 1149
YE 1,2 Vieja 1   ¿Qué quieres que haga yo?   1291
RS 2,1 Ama   No me haga usted hablar, no me haga usted hablar, no 1379
                         me haga usted hablar, no me haga usted hablar.
RS 2,1 Madre   ¡Dios te haga lo feliz que mereces!   1409
RS 3,1 Tía   ¿Qué quieres que yo haga?   1416
RS 3,1 Rosita   No me haga usted hablar.   1427
RS 3,1 Tía   Hija, ¿qué quieres que yo haga?   1431
hagáis (2)
MM 1,5 Curiana N   no le hagáis mucho daño.   699
BA 1,1 Bernarda   No os hagáis ilusiones de que vais a poder conmigo. 1470
hagan (3)
ZP 2,1 Zapatero   ¡Hagan el favor de no interrumpirme!   961
EP CV Traspunte   ¡No hagan sufrir a los cristales!   1168
BS 2,2 Padre   Y estos brazos tienen que ser de los dueños, que   1228
                         castiguen y que dominen, que hagan brotar las
                         simientes.
hagas (10)
MP 1,7 Fernando   No hagas por verme, pues me consta que estás vigilada. 811
ZP 1,1 Zapatera   No me hagas hablar más de lo prudente y ponte a tu   918
                         obligación.
ZP 2,1 Zapatera   No hagas caso ninguno de lo que dicen.   944
BS 3,2 Muchacha 2   ¡No le hagas caso!   1265
YE 1,2 Vieja 1   Déjame, muchacha, no me hagas hablar.   1288
YE 1,2 Vieja 1   No me hagas hablar más.   1290
RS 1,1 Ama   No lo hagas más... ¡ca---ramba!   1358
RS 2,1 Tía   Bebe conmigo una copita, hombre. Hoy es día de que lo 1411
                         hagas.
RS 3,1 Tía   No te hagas a la desgracia.   1428
BA 2,1 Martirio   ¡Calla y no me hagas hablar, que si hablo se van a   1494
                         juntar las paredes unas con otras de vergüenza!
hago (15)
TC 6,1 Cristobita   Hago ¡pun!,   767
PB 0,0 Belisa   Don Perlimplín se quiere casar conmigo. ¿Qué hago?   984
PB 2,1 Perlimplín   Como soy un viejo, quiero sacrificarme por ti... Esto 1008
                         que yo hago no lo hizo nadie jamás.
CA 1,1 Joven   la dibujo, la hago moverse blanca y [...]   1052
CA 1,1 Amigo 1   Yo hago lo que me gusta, lo que me parece bien.   1076
CA 2,1 Joven   ¿Qué hago con esta hora que viene y que no conozco ? 1099
CA 3,1 Máscara   ¿Qué hago yo sin heridas?   1117
YE 2,2 María   Cuando voy con el niño lo hago..., ¡como siempre   1317
                         lloras!...
RS 1,1 Ama   y como soy criada no puedo hacer más que callarme, que 1360
                         es lo que hago, y no puedo replicar y decir...
RS 2,1 Madre   Pero usted lo sabe muy bien: desde que faltó mi pobre 1393
                         marido hago verdaderos milagros [...]
RS 3,1 Ama   Del primer empujón que le doy a la caldera de Pedro 1425
                         Botero hago llegar el agua caliente [...]
BA 1,1 Martirio   Yo hago las cosas sin fe, pero como un reloj.   1458
BA 1,1 Bernarda   Aunque mi madre esté loca, yo estoy en mis cinco   1469
                         sentidos y sé perfectamente lo que hago.
BA 2,1 Adela   ¡Yo hago con mi cuerpo lo que me parece!   1479
BA 3,1 Adela   Esto hago yo con la vara de la dominadora.   1529
halagos (1)
MP 3,5 Mariana   Fuerte y sorda seré a vuestros halagos.   875
halcón (1)
CA 3,1 Mecanógrafa   Mejor: un halcón de vidrio.   1121
hallado (1)
MP 1,8 Angustias   ... han hallado   817
halle (1)
ZP 1,1 Mirlo   Cuando las sombras crepusculares invadan con sus   930
                         tenues velos el mundo y la vía pública se halle libre
                         de transeúntes, [...]
hambre (10)
MM 2,1 Curianita Santa   El hambre es un demonio con antenas de fuego   703
MM 2,1 Curianita   se morirá de hambre, tan listo y tan pintado.   703
ZP 0,0 El Autor   Por este miedo absurdo, [...] peces para calmar el   911
                         hambre de una multitud.
CA 1,1 Gato   Sí. Tengo hambre.   1063
CA 1,1 Amigo   ¡Y, naturalmente, el cazador se ha muerto de hambre! 1072

hambre (continuación)
CA 1,1	Joven	¡Bendita sea el hambre!	1072
CA 3,1	Máscara	El conde y su niño pasaban hambre y dormían entre [...]	1116
YE 2,2	Yerma	Come tú con tus hermanas. Yo no tengo hambre todavía.	1316
RS 1,1	Ama	Déjese usted a sus propios hijos en una chocita temblando de hambre.	1360
BA 1,1	La Poncia	¡Quisiera que ahora que no come ella, que todos nos muriéramos de hambre!	1440

hambriento (1)
MM 2,1	Curianita 1	Pues decidle a un hambriento esas frases.	703

hamugas (1)
ZP 2,1	Zapatera	Y con serenidad de familia de caballistas que han cruzado muchas veces la sierra, sin hamugas, a pelo sobre [...]	973

han (3)
BS 2,2	Madre	Pero no han de pesar. Ligera como paloma debes ser.	1231
BS 3,1	Luna	han de entrar en todas partes,	1250
YE 1,2	Vieja 1	Han de deshacernos las trenzas y darnos de beber agua en su misma boca.	1290

han (75)
hará (3)
DC 1,1	Madre	hará lo que digo.	1031
BA 1,1	Bernarda	Pues busca otro, que te hará falta.	1451
BA 2,1	La Poncia	Entonces Pepe hará lo que hacen todos [...]	1481

harán (3)
MP 3,3	Alegrito	pero que harán lo que puedan.	867
MP 3,3	Mariana	¡Lo harán todo! ¡Estoy segura!	867
BA 1,1	Amelia	¡Angustias tiene todo [...] padre ha muerto y ya se harán particiones viene [...]	1464

harás (7)
TC 1,1	Padre	¿Y me harás caso siempre?	727
TC 1,1	Padre	Tú harás caso de todo como [...]	733
ZP 2,1	Zapatero	¿Y qué harás con mi marido?	961
PB 2,1	Perlimplín	¿Lo harás como te digo?	1001
PB 3,1	Perlimplín	Mañana estarás libre como un pájaro... Aguarda hasta mañana... Ahora vete y cumple con tu deber... ¿Harás lo que te dije?	1011
DC 1,1	Rosita	¿A las doce de la noche qué me harás?	1037
DC 1,1	Rosita	¿A las tres de la mañana qué me harás?	1037

haré (17)
MM 1,2	Doña Curiana	¡Yo haré que la ame por fuerza!	683
MM 1,5	Doña Curiana	Mas yo haré que te quiera.	695
MM 2,6	Curianito	¿Qué haré sobre estos prados sin amor y sin besos?	718
TC 6,1	Cocoliche	En aquella estrella te haré un columpio y un balcón de plata.	777
MP 2,6	Clavela	Así lo haré, señora.	833
PB 3,1	Marcolfa	Yo le haré una corona de flores como un sol de mediodía.	1018
DC 1,1	Cristóbal	Te haré muuuuuuuuuu.	1037
DC 1,1	Cristóbal	Te haré aaaaaaaaaa.	1037
DC 1,1	Cristóbal	Te haré piiiii.	1038
CA 2,1	Joven	Y no son sueño tus trenzas porque las haré yo mismo de tu cabello, [...]	1094
EP RR	Figura De C	Yo haré tu papel.	1150
EP RR	Emperador	Así lo haré.	1153
BS 2,2	Novio	Yo te haré compañía.	1239
BS 2,2	Novio	Yo siempre haré lo que usted mande.	1241
BS 3,1	Luna	Yo haré lucir al caballo	1250
BS 3,2	Madre	Yo haré con mi sueño una fría paloma de marfil que lleve camelias de escarcha sobre el camposanto.	1267
YE 1,2	Yerma	Usted me ha de decir lo que tengo que hacer, que yo haré lo que sea, aunque [...]	1288

haremos (1)
YE 1,1	Voz	a la nanita le haremos	1273

haría (5)
ZP 2,1	Mozo Del S	Tengo tanto coraje que agarraría a un toro de los cuernos, le haría hincar la cerviz [...]	943
CA 1,1	Viejo	¿Qué haría usted mañana?, ¿eh?	1056
YE 3,2	Yerma	Nunca lo haría.	1345
RS 2,1	Ama	Yo he hecho lo que haría cualquiera en mi caso.	1384
BA 2,1	Bernarda	¡Y lo haría mil veces!	1498

harían (1)
EP CV	Estudiante 2	Pasaría que vendrían los hongos, y los latidos se harían quizá menos intensos y apasionantes.	1161

harina (2)
ZP 2,1	Zapatero	¡Ah, eso ya es harina de otro costal!	966
YE 3,1	Juan	Cuando llego a un corro todos callan; cuando voy a pesar la harina, todos callan, [...]	1333

harmonía (1)
RS 3,1	Martín	Era una lección preciosa: "Concepto y definición de la Harmonía", pero a los niños no les interesa nada.	1418

harta (3)   Pág.
  CA 3,1 Mecanógrafa   harta de nube y rocío,   1121
  YE 2,2 Yerma   Porque estoy harta.   1317
  YE 2,2 Yerma   Porque estoy harta de tenerlas y no poderlas usar en   1317
                           cosa propia.
hartamos (1)
  RS 3,1 Ama   Tú hablas, te desahogas, nos hartamos de llorar las   1430
                           tres y nos repartimos el sentimiento.
hartaré (1)
  BA 1,1 La Poncia   Pero yo soy buena perra; [...] casados, pero un día me   1442
                           hartaré.
hartarme (1)
  ZP 2,1 Mozo Del S   Tengo tanto coraje que [...] la seguridad de no   943
                           hartarme de morder.
harto (2)
  ZP 1,1 Zapatero   Ya estoy harto de explicarte...; pero es inútil.   929
  YE 2,2 Juan   Estoy harto.   1311
has (1)
  YE 2,2 Yerma   Pero tú has de venir, amor, mi niño,   1316
has (114)
hasta (103)
hastío (1)
  CA 3,2 Jugador 2   No hay que fiarse de la gente pálida o de la gente que   1136
                           tiene hastío; juegan, pero reservan.
hay (197)
  MM 2,1,5 Alacranito   Hay ganado en la cabeza.   690
  MM 2,1 Curianita Santa   a quien hay que alejar...   703
  MM 2,2 Curiana N   Hay que casarlo pronto con Silvia. Necesita   707
  MM 2,2 Doña Curiana   No hay desgracia mayor que la de ser poeta.   708
  MM 2,7 Curianito   ¿Quieres volar? Hay mucha sombra encima   719
  TC 1,1 Padre   Pues no hay más remedio.   732
  TC 1,1 Padre   No hay que hablar más.   732
  TC 1,1 Cristobita   No hay más que dos caminos a seguir con los hombres: o   734
                           no conocerlos... , ¡o quitarlos de en medio!
  TC 3,1 Espantanublos   Hay vino dulce..., vino blanco..., vino... agrio, 748
                           vino que vino...
  TC 4,1 Joven   ¡No hay nada de esto!   752
  TC 6,1 Rosita   Ya hay bastante, zapaterillo.   765
  TC 6,1 Rosita   No hay tiempo.   769
  TC 6,1 Rosita   Pero... ¡si los hay!   770
  TC 6,1 Cristobita   Pues si los hay, que se vayan.   770
  TC 6,1 Mosquito   No hay que llorar, amiguitos, no hay que llorar.   771
  MP 1,4 Lucía   hay corrida para rato.   794
  MP 1,4 Lucía   Hay nubes por Parapanda.   794
  MP 1,5 Mariana   ¿Hay mucha gente en la calle?   797
  MP 1,5 Fernando   Pues hay mucha gente.   797
  MP 1,5 Mariana   Por eso hay que mantener   801
  MP 1,7 Mariana   hay puesta en mí una mirada.   810
  MP 1,7 Mariana   no hay que perder un momento.   814
  MP 1,7 Fernando   No hay luna, y aunque la hubiera,   815
  MP 1,7 Fernando   Por aquel sitio no hay gente.   815
  MP 2,5 Mariana   me parece que hay hombres detrás de las cortinas, 830
  MP 2,5 Mariana   y ya no hay día ni noche, ¡sino tú y yo!   831
  MP 2,5 Pedro   y hay que salvarla pronto con manos y con dientes. 832
  MP 2,7 Pedro   Hay que estudiar hasta el menor detalle,   838
  MP 2,7 Mariana   No hay nadie   839
  MP 2,8 Pedro   ¿Hay noticias?   841
  MP 2,8 Conspirador 4   Hay que estar prevenidos. El Gobierno   841
  MP 2,8 Conspirador 4   Pero hay que estarse quietos;   844
  MP 2,8 Conspirador 3   No hay nada que tratar. Tienes razón.   845
  MP 2,8 Conspirador 1   Hay que ser optimistas.   845
  MP 2,8 Mariana   ¡Como ellos, hay que estar siempre acechando!   846
  MP 2,9 Pedrosa   Hay tantos liberales   852
  MP 2,9 Pedrosa   que hay mucha gente complicada.   856
  MP 3,1 Carmen   ¡Es inocente! ¡No hay duda!   863
  MP 3,3 Alegrito   Hay un miedo que da miedo.   867
  MP 3,7 Novicia 2   ¡Hay otra luz en la casa!   880
  MP 3,9 Mariana   que hay detrás de la muerte. ¡Corazón, no desmayes! 888
  MP 3,9 Juez   hay un coche en la puerta.   889
  ZP 0,0 El Autor   Respetable público... [...] detrás de esta palabra hay   911
                           como un delicado [...]
  ZP 1,1 Zapatera   Quién me hubiera dicho a mí, rubia con los ojos   913
                           negros, que hay que ver el mérito [...]
  ZP 1,1 Alcalde   A las mujeres, buenos [...] kikirikí, la vara, no hay   925
                           otro remedio.
  ZP 1,1 Alcalde   ¡Y hay que ver qué ondas en el pelo!   928
  ZP 1,1 Zapatera   Por lo que veo, en este pueblo no hay más que dos   932
                           extremos: o monja o trapo de fregar...
  ZP 2,1 Alcalde   Muchas mujeres he conocido [...] como tú, como tú no   949
                           hay nadie.
  ZP 2,1 Zapatera   ¿Y no los hay de otros oficios?   955

hay (continuación)

ZP 2,1	Zapatera	Pues puede que en las Filipinas esos zapateros sean tontos, que aquí en estas tierras los hay listos y muy listos.	956
PB 0,0	Madre	Don Perlimplín tiene muchas tierras; en las tierras hay muchos gansos y ovejas.	985
PB 1,1	Perlimplín	Pero ¿hay otras mujeres?	992
PB 3,1	Perlimplín	Y no hay duda que lo ama.	1010
DC 1,1	Director	Vamos, don Cristóbal; hay necesidad de empezar el drama.	1023
DC 1,1	Cristóbal	En el pegar no hay engaño.	1026
DC 1,1	Director	Pues hay que casarse.	1028
DC 1,1	Cristóbal	Hay que casarse.	1028
DC 1,1	Rosita	¿No ves qué luna tan grande hay?	1038
DC 1,1	Rosita	Como hay tan poca luz no percibes.	1039
CA 1,1	Viejo	Eso. Ni muebles rotos porque hay que recordar, pero...	1047
CA 1,1	Viejo	Es decir hay que recordar, pero recordar antes.	1047
CA 1,1	Viejo	Sí, hay que recordar hacia mañana.	1047
CA 1,1	Joven	Hay un cielo de tormenta hermoso.	1047
CA 1,1	Viejo	Por eso hay que volar de una cosa a otra hasta perderse.	1053
CA 1,1	Mecanógrafa	No hay más que una razón y esa es... que te quiero.	1055
CA 1,1	Amigo	¡Pero si no hay que pensar!	1058
CA 1,1	Gata	No hay luz. ¿Dónde estás?	1068
CA 1,1	Criado	Los niños arrojaron un gato que habían matado sobre el tejadillo del jardín, y hay necesidad de quitarlo.	1070
CA 1,1	Amigo	No hay necesidad de esperar.	1071
CA 1,1	Amigo 2	Bendita sea, cuando hay pan tostado, aceite y sueño después.	1072
CA 1,1	Amigo 2	Yo era tierno y cantaba, y ahora hay un hombre, un señor [...]	1075
CA 1,1	Amigo 2	No hay más que ir despertando suavemente las cosas.	1075
CA 2,1	Novia	Detrás de toda esta sombra hay como un trabazón [...]	1079
CA 2,1	Novia	Hay en tu pecho como un torrente donde yo me voy a ahogar.	1079
CA 2,1	Padre	Esta noche hay un eclipse de luna.	1089
CA 2,1	Novia	¿Dónde hay una gota de sangre?	1093
CA 2,1	Joven	No hay más fuego que el mío.	1094
CA 2,1	Joven	Y después no hay nada, porque después no puedo amar, porque después se ha acabado todo.	1096
CA 3,1	Máscara	En el "foyer" de la Opera de París hay unas enormes balaustradas que dan al mar.	1116
CA 3,1	Arlequín	Ahí dentro, en el circo, hay oro blando, suficiente para hacer una estatua del mismo tamaño... que usted.	1119
CA 3,1	Mecanógrafa	Iba a morir de frío y tuve que buscar tu amor por donde no hay gente.	1127
CA 3,1	Joven	Arriba hay como un nido.	1128
CA 3,2	Jugador 2	No hay que fiarse de la gente pálida o de la gente que tiene hastío; juegan, pero reservan.	1136
CA 3,2	Jugador 2	Hay que estar muy suaves con él para que no reaccione.	1137
CA 3,2	Jugador 3	Hay veces en que la ropa nos cae tan bien, que ya no quisiéramos...	1138
CA 3,2	Joven	¿Cómo, no hay whisky?	1141
CA 3,2	Jugador 3	Hay que jugar.	1142
CA 3,2	Joven	El chartreuse es como una gran noche de luna verde dentro de un castillo donde hay un joven con unas [...]	1142
CA 3,2	Jugador 2	Porque hay que ganar o perder... Vamos. Su carta.	1142
CA 3,2	Jugador 1	Hay que huir.	1143
CA 3,2	Jugador 2	No hay que esperar.	1143
CA 3,2	Jugador 3	No hay que esperar nunca.	1143
CA 3,2	Joven	Juan, Juan. Hay que vivir.	1143
CA 3,2	Joven	¿No hay...?	1144
CA 3,2	Eco	No hay...	1144
CA 3,2	Segundo Eco	¿No hay...?	1144
EP RR	Figura De C	Allí hay una vaca que guisa la comida para los soldados.	1151
EP RR	Figura De P	El emperador; ya no hay remedio.	1151
EP RR	Emperador	Y no hay dos.	1152
BS 1,1	Vecina	Pero quien la conozca a fondo no hay nadie.	1180
BS 1,3	Padre	En eso no hay que pensar.	1199
BS 2,1	Criada	Hay que darlo.	1209
BS 2,1	Novia	¿Cuánto hay de aquí a la iglesia?	1209
BS 2,1	Criada	Cinco leguas por el arroyo, que por el camino hay el doble.	1209
BS 2,1	Leonardo	Después de mi casamiento [...] otra; pero ¡siempre hay culpa!	1214
BS 2,1	Leonardo	¡Cuando las cosas llegan a los centros, no hay quien las arranque!	1214
BS 2,1	Muchacha 2	La tela es de lo que no hay.	1220
BS 2,1	Mujer	¿Hay otra cosa?	1224
BS 2,2	Madre	Pero me llevan a los muertos y hay que callar.	1227

hay (continuación)   Pág.

BS 2,2	Padre	Hay que sostener una [...]	
BS 2,2	Criada	No hay quien me saque.	1228
BS 2,2	Padre	Hay mucha gente. ¡Mirad!	1234
BS 2,2	Voz	Aquí hay uno.	1243
BS 2,2	Madre	Aquí hay ya dos bandos.	1244
BS 3,1	Leñador 2	Hay que seguir la inclinación: han hecho bien en huir.	1244
BS 3,1	Leñador 1	Hay que seguir el camino de la sangre.	1246
BS 3,1	Leñador 2	Hay muchas nubes y será fácil que la luna no salga.	1246
BS 3,1	Leñador 2	Hay cuchillos y escopetas a diez leguas a la redonda.	1247
BS 3,1	Novio	No hay más que un caballo en el mundo, y es este.	1247
BS 3,1	Novia	y no hay minuto del día	1252
BS 3,1	Novia	No hay nadie que te defienda.	1258
BS 3,2	Madre	¿No hay nadie aquí?	1258
YE 1,1	Juan	¡Hay que esperar!	1267
YE 1,1	Yerma	Los blancos montes que hay en tu pecho.	1276
YE 1,2	Yerma	Con las faenas, los hombres están en los olivos, hay que traerles de comer.	1277
			1292
YE 1,2	Muchacha 1	Yo llevo mucha prisa. Me dejé al niño dormido y no hay nadie en casa.	1292
YE 1,2	Yerma	¿Hay cerdos en tu casa?	1292
YE 1,2	Muchacha 2	Es lo que hay que ver.	1295
YE 1,2	Víctor	Por aquí hay siempre muchos niños que vienen a robar fruta.	1298
YE 2,1	Lavandera 4	Y no hay mal en ello.	1301
YE 2,1	Lavandera 5	¡No hay otra verdad!	1303
YE 2,1	Lavandera 4	Hay una cosa en el mundo que es la mirada.	1303
YE 2,1	Lavandera 1	Hay que juntar flor con flor	1308
YE 2,1	Lavandera 1	Hay que gemir en la sábana.	1308
YE 2,1	Lavandera 4	¡Y hay que cantar!	1308
YE 2,2	Yerma	Quiero beber agua y no hay vaso ni agua, quiero [...]	1308
YE 2,2	Yerma	Hay cosas encerradas detrás de los muros que no pueden cambiar porque nadie las oye.	1314
			1323
YE 3,1	Vieja 1	No hay en el mundo fuerza como la del deseo.	1326
YE 3,1	Juan	En las calles no hay flores que cortar.	1332
YE 3,2	Vieja	Y en cuanto a tu marido, hay en mi casa entrañas y herramientas para que no cruce siquiera la calle.	1345
RS 1,1	Ama	y hay una cosa de la mujer...	1353
RS 1,1	Ama	¿Y no hay gatos y no hay perros, y no hay un golpe de aire que entra por la ventana?	1356
RS 1,1	Tía	No hay otra.	1358
RS 1,1	Sobrino	No hay motivo para que me hable usted de esa manera.	1363
RS 1,1	Rosita	Pero en el mundo hay galanes	1367
RS 2,1	El Señor X	Está entendido, la Tierra es un planeta mediocre, pero hay que ayudar a la civilización.	1376
RS 2,1	Ama	En la familia de ustedes no hay hombres guapos.	1380
RS 2,1	Ama	En medio del terciopelo hay una fuente hecha [...]	1383
RS 2,1	Ama	Los charcos que hay alrededor están pintados [...]	1383
RS 2,1	Rosita	Para todo hay en esta casa una gotita de acíbar.	1388
RS 2,1	Tía	Yo sé que hay muchachos y hombres maduros enamorados de ti.	1389
RS 2,1	Tía	No hay reúma que resista.	1391
RS 2,1	Madre	Porque no hay más remedio.	1394
RS 2,1	Madre	No hay manos como las de usted para el piñonate y el pastel de gloria.	1394
RS 2,1	Tía	Hay que aguantarla; pero a veces me crispa los nervios.	1395
RS 2,1	Solterona 1	Hay muchas que no se casan porque no quieren.	1401
RS 3,1	Ama	¿Y no hay ley?	1416
RS 3,1	Ama	¿Y no hay gárvilos para hacerlo polvo...?	1416
RS 3,1	Ama	Es una herida abierta que mana sin parar un hilito de sangre, y no hay nadie, nadie en el [...]	1416
RS 3,1	Martín	Verdad es que hay que modernizarse.	1422
RS 3,1	Ama	Es que ya no hay gusto.	1422
RS 3,1	Ama	Ayer decía a voces: "No; ahí hay hipérbaton", y luego... [...]	1423
RS 3,1	Martín	Y hay que emplearlo en la bondad y en el sacrificio.	1423
RS 3,1	Rosita	Y hoy se casa una amiga [...] comenta: "A esa ya no hay quien le clave el [...]	1428
RS 3,1	Rosita	Hay cosas que no se pueden decir porque no hay palabras para decirlas; [...]	1430
RS 3,1	Tía	Para todo hay consuelo.	1430
RS 3,1	Rosita	Como que no hay cosa más viva que un recuerdo.	1433
BA 1,1	Criada	¿Hay bastantes sillas?	1441
BA 1,1	Bernarda	¡Cuánto hay que sufrir y luchar para hacer que las personas sean decentes y no tiren al monte demasiado!	1456
BA 1,1	Bernarda	No hay en cien leguas a la redonda quien se pueda acercar a ellas.	1457
BA 1,1	Magdalena	Hoy hay más finura, las novias [...]	1461
BA 2,1	Magdalena	Desde luego que hay que reconocer que lo mejor que has tenido siempre es el talle y la delicadeza.	1472
BA 2,1	Angustias	Y a mí, pero hay que pasarlas.	1475

hay (continuación)
BA 2,1	La Poncia	No hay alegría como la de los campos en esta época.	1485
BA 2,1	Amelia	¡Hay que prevenir!	1489
BA 2,1	La Poncia	Claro; hay que retirarla de aquí.	1496
BA 2,1	La Poncia	Claro. A él hay que alejarlo de aquí. Piensas bien.	1496
BA 2,1	Bernarda	No pienso. Hay cosas que no se pueden ni se deben pensar. Yo ordeno.	1496
BA 2,1	La Poncia	En el pueblo hay gentes que leen también de lejos los pensamientos escondidos.	1499
BA 2,1	La Poncia	¡Hay que ver el entusiasmo de Angustias con su novio!	1501
BA 2,1	Bernarda	Hay a veces una ola de fango que levantan los demás para perdernos.	1502
BA 2,1	Criada	En lo alto de la calle hay un gran gentío y todos los vecinos están en sus puertas.	1503
BA 3,1	Bernarda	¿Hay que decir las cosas dos veces?	1509
BA 3,1	Bernarda	No hay motivo para que no lo sea.	1511
BA 3,1	Bernarda	Pero hay que acostarse. ¡Magdalena!	1517
BA 3,1	Bernarda	En esta casa no hay ni un sí ni un no. Mi vigilancia lo puede todo.	1518
BA 3,1	Bernarda	Porque no hay carne donde morder.	1519
BA 3,1	La Poncia	Pues hay una tormenta en cada cuarto.	1520
BA 3,1	Criada	Hay quien cree que habló muchas veces con Adela.	1521
BA 3,1	María Josefa	¿Por qué aquí no hay espumas?	1525
BA 3,1	María Josefa	Aquí no hay más que mantos de luto.	1525
BA 3,1	Adela	Aquí no hay ningún remedio.	1528
BA 3,1	Bernarda	La muerte hay que mirarla cara a cara.	1532

haya (8)
TC 3,1	Cristobita	Mañana me caso con la señá Rosita, y quiero que haya mucho vino para ... bebérmelo yo.	748
TB QM.	Viejo	Peor es que haya un ciclón.	906
DC 1,1		Quiero que haya un silencio tan profundo que oigamos el glu-glú de los manantiales.	1019
EP RR	Figura De P	Tan hombre, que no haya ruido en las ramas cuando tú pases.	1146
BS 1,1	Madre	Sí, pero que haya niñas.	1177
BS 3,1	Luna	¡No haya sombra ni emboscada,	1250
BS 3,1	Luna	y haya en los troncos oscuros	1250
YE 2,1	Lavandera 6	Para que haya remeros	1309

haya (9)
hayan (4)
hayas (6)
haz (S) (1)
EP CV	Estudiante 2	Un gato puede ser una rana, y la luna de invierno puede ser muy bien un haz de leña cubierto [...]	1161

haz (2)
ZP 2,1	Niño	¡Haz ya los títeres!	954
YE 3,1	Yerma	Haz conmigo lo que quieras, que soy tu mujer, pero guárdate de poner nombre de varón sobre mis pechos.	1333

hazle (1)
BS 2,2	Madre	Con tu mujer procura estar cariñoso, y si la notas inf[atu]ada o hazle una caricia que [...]	1241

hazlo (1)
MM 1,3	Doña Curiana	Hazlo solo por mí.	685

he (18)
MP 3,5	Mariana	¿Y he de permanecer aquí encerrada?	876
TB QM.	Enrique	Vamos pronto. A las seis he de tomar el tren.	905
PB 0,0	Madre	No he de ponderar estas cosas a persona tan moderna y competentísima como usted.	985
PB 3,1	Perlimplín	¿Qué he de hacer sino cantar?	1010
CA 2,1	Joven	¡He de vivir!	1104
CA 3,1	Joven	Te he de llevar desnuda,	1121
BS 3,1	Leonardo	y te he de llevar conmigo.	1256
BS 3,2	Madre	He de estar serena.	1268
YE 1,2	Yerma	¿Me he de quedar en plena vida para cuidar aves o poner cortinitas planchadas en mi ventanillo?	1288
YE 1,2	Yerma	¿He de quedarme pensando en él o en lo que puede salir relumbrando de mi pecho?	1290
YE 1,2	Muchacha 2	Bueno; pues todo el día he de estar haciendo lo que no me gusta.	1293
YE 2,2	Juan	He de cuidar el ganado.	1311
YE 3,1	Juan	Si pudiera dar voces levantaría a todo el pueblo para que viera dónde iba la honra de mi casa; pero he de ahogarlo todo [...]	1331
RS 1,1	Primo	He de volver, prima mía,	1372
RS 3,1	Rosita	Me he acostumbrado a [...] buscando una salida que no he de encontrar nunca.	1428
BA 1,1	Criada	¿Y he de vivir yo después de verte marchar?	1445
BA 1,1	Criada	¿Y he de vivir?	1445
BA 2,1	La Poncia	Sombra tuya he de ser.	1481

he (220)

hebilla - helados

hebilla (1)   Pág.
  RS 2,1 El Señor X   Estuve por haberla traído [...] Lurdes, o Lourdes, o   1377
                                    una hebilla para el cinturón [...]
hebra (1)
  RS 1,1 Tía   Si antes no pegas la hebra con una tucumana.   1363
hecha (5)
  RS 2,1 El Señor X   Estuve por haberla traído [...] hebilla para el   1377
                                    cinturón hecha con una serpiente [...]
  RS 2,1 Ama   En medio del terciopelo hay una fuente hecha con   1383
                                    caracoles de [...]
  RS 3,1 Muchacho   Un poquito peor. Yo la tengo hecha a martillazos.   1432
  RS 3,1 Ama   Ahora, cuando lleguemos, tengo la comida hecha.   1437
  BA 1,1 Bernarda   ¿Está hecha la limonada?   1446
hecho (39)
  TC 2,1 Cocoliche   ¿Te he hecho yo algo malo?   736
  TC 2,1 Cristobita   Pero, en fin, lo hecho, hecho está.   739
  MP 1,8 Angustias   Mariana, ¿tú qué has hecho?   818
  MP 2,5 Pedro   ¡Quién pudiera pagarte lo que has hecho por mí!   828
  MP 3,1 Novicia 1   ¿Qué es lo que ha hecho?   862
  ZP 1,1 Zapatera   Cállate, larga de lengua, penacho de catalineta, que   912
                                    si yo lo he hecho ..., si yo lo he hecho, ha sido por
                                    mi [...]
  ZP 1,1 Zapatera   ¿Qué he hecho yo?   928
  ZP 1,1 Zapatera   ¡Si te he hecho daño te aguantas!...   932
  ZP 2,1 Niño   Pues me lo ha hecho el Cunillo porque [...]   944
  ZP 2,1 Alcalde   Niño, niño, basta de voces... ¿Sabes tú lo que he   948
                                    hecho ahora?
  ZP 2,1 Zapatero   ¡Como hecho por sus manos!   968
  ZP 2,1 Niño   Se han hecho heridas con las navajas dos o tres mozos   970
                                    y te echan a ti la culpa.
  PB 2,1 Perlimplín   ¿Y te ha hecho señas?   1005
  PB 3,1 Belisa   ¿Qué has hecho?   1017
  PB 3,1 Belisa   Perlimplín, ¿qué cosa has hecho, Perlimplín?   1018
  DC 1,1 Enfermo   Si pudiera ya lo hubiera hecho.   1025
  DC 1,1 Madre   ¡Ay! ¿Qué he hecho yo?   1033
  CA 1,1 Niño   Me ataron las dos manos. ¡Muy mal hecho!   1062
  CA 2,1 Joven   un mar hecho piedra ríe   1103
  EP RR Figura De C   Un látigo hecho con cuerdas de guitarra.   1148
  EP RR Figura De C   Un látigo hecho con maromas de barco.   1148
  EP RR Figura De C   Un látigo hecho con los estambres de una orquídea.   1148
  BS 1,3 Novia   ¿No he hecho yo trabajos de hombre? ¡Ojalá fuera!   1204
  BS 2,1 Leonardo   Amarrado por ti, hecho con tus dos manos.   1213
  BS 3,1 Leñador 2   Hay que seguir la inclinación: han hecho bien en huir.   1246
  YE 3,1 Dolores   Muchas veces yo he hecho estas oraciones [...]   1327
  YE 3,1 Dolores   Tu mujer no ha hecho nada malo.   1332
  RS 1,1 Tía   Cuando tengas tu porvenir hecho.   1362
  RS 2,1 Tía   Pero yo lo he hecho por deber y tú por generosidad.   1384
  RS 2,1 Ama   Yo he hecho lo que haría cualquiera en mi caso.   1384
  RS 2,1 Rosita   Ya han hecho otra casa nueva en la placeta.   1389
  RS 2,1 Rosita   ¡Toma! Ya he hecho otro de nansú con mariposa a la   1395
                                    aguada.
  RS 3,1 Tía   Cuando pienso en la mala acción que le han hecho y en   1414
                                    el terrible [...]
  RS 3,1 Tía   Debimos irnos temprano y haber hecho las cosas a   1426
                                    nuestro gusto.
  BA 1,1 La Poncia   Ella lo ha hecho sin dar alcance a lo que hacía, que   1455
                                    está francamente mal.
  BA 1,1 Martirio   Dios me ha hecho débil y fea y los ha apartado   1460
                                    definitivamente de mí.
  BA 3,1 Prudencia   Ya me voy. Os he hecho una visita larga.   1506
hechos (S) (3)
  ZP 2,1 Zapatero   Aleluyas con los hechos del zapatero [...]   956
  RS 2,1 Ama   ¡Y hechos!   1381
  RS 2,1 Ama   Lo tengo demostrado, ¡y hechos!   1381
hechos (3)
  BS 1,1 Madre   Mis muertos llenos de hierba, sin hablar, hechos   1173
                                    polvo; dos hombres [...]
  YE 3,2 Vieja   Están hechos con saliva.   1344
  BA 1,1 Bernarda   Los pobres son como los animales; parece como si   1445
                                    estuvieran hechos de otras sustancias.
helada (2)
  CA 2,1 Maniquí   helada de nieve oscura,   1100
  BS 3,1 Luna   ¡Dejadme entrar! ¡Vengo helada   1249
heladas (2)
  BS 1,2 Suegra   las crines heladas,   1184
  BS 1,2 Suegra   las crines heladas,   1193
helado (1)
  MP 2,9 Mariana   El aire helado   851
helados (1)
  CA 2,1 Novia   Mi novio tenía los dientes helados; me besaba, y [...]   1079

helar (1)
    YE 2,2 Yerma   Me figuro que se me van a helar los brazos de tenerlos.   1314
heliotropo (2)
    RS 1,1 Tía   Eléboro, fucsias y los crisantemos, Luis Passy   1351
                         violáceo y altair blanco plata con puntas heliotropo.
    RS 2,1 Solterona 3   el heliotropo expresaba.   1403
hembra (1)
    YE 1,2 Vieja 1   Tengo nueve hijos como nueve soles pero como ninguno   1287
                         es hembra, aquí me tienes a mí de un lado para otro.
hembras (2)
    ZP 1,1 Alcalde   Vamos, lo estoy viendo [...] no una, sino ochenta   925
                         hembras.
    BA 1,1 Bernarda   Hilo y aguja para las hembras.   1452
hembrita (1)
    TC 1,1 Cristobita   Es una hembrita suculenta.   734
hemos (5)
    MM 1,1 Doña Curiana y tan solo ahora la hemos de gozar.   674
    MP 2,5 Pedro   ...sorprende nuestro grupo y hemos de morir...   830
    MP 2,6 Pedro   Si, al fin, hemos de alzarnos,   834
    BS 3,2 Madre   Hemos de pasar días terribles.   1268
    YE 1,1 Yerma   Hemos de sufrir para verlos crecer.   1283
hemos (15)
heno (1)
    CA 2,1 Novia   Blanco y con los cascos dorados entre el heno de los   1079
                         pesebres.
heredados (1)
    BS 1,1 Madre   Un hombre hermoso, con su flor en la boca, que sale a   1173
                         las viñas o va a sus olivos propios, porque son de él,
                         heredados...
heredamos (1)
    TC 1,1 Padre   De los cinco talegos que heredamos de tu tío el   725
                         Arcipreste, no queda ¡ni tanto así!
heredó (1)
    TC 1,1 Rosita   Heredó de su abuela tres duros y una caja de   727
                         membrillo, y... ¡nada más!
herencia (3)
    BS 2, Madre   Para mí fue como una herencia.   1240
    BA 1,1 La Poncia   La quedan cinco mujeres, [...] pan y uvas por toda   1442
                         herencia.
    BA 3,1 Prudencia   Desde que se peleó con sus hermanos por la herencia no   1507
                         ha salido por la puerta de la calle.
hería (1)
    PB 3,1 Perlimplín   Me mató porque sabía que te amaba como nadie...   1016
                         Mientras me hería gritó: "¡Belisa ya tiene un alma!"
herida (A) (4)
    MM 1,5 Curiana N   ¡Pobre mariposa herida!   697
    MM 2,1 Curianita Santa y hablaba de unas alas de mariposa herida,   704
    MP 3,2 Mariana   ¡Estoy muy herida, hermana,   866
    MP 3,9 Mariana   ¡Yo soy la Libertad, herida por los hombres!   891
herida (6)
    MM 2,4 Alacranito   donde tiene la herida!   710
    MP 1,1 Angustias   una herida de cuchillo sobre el aire.   783
    MP 2,8 Pedro   una herida que sangra en mi costado.   842
    CA 2,1 Viejo   Una herida, pero... la sangre se seca, y lo pasado,   1106
                         pasado.
    EP CV Enfermero   Ahora te daré la hiel, y luego, a las ocho, vendré con   1156
                         el bisturí para ahondarte la herida del costado.
    RS 3,1 Ama   Es una herida abierta que mana [...]   1416
heridas (A) (2)
    BS 1,2 Suegra   Las patas heridas,   1184
    BS 1,2 Suegra   Las patas heridas,   1193
heridas (15)
    MM 2,1 Curianita Santa "Sufrid sobre vosotras las heridas extrañas,   704
    MM 2,7 Curianito   Con besos curaré yo tus heridas   719
    MP 1,7 Fernando   y las heridas me duelen?   813
    MP 2,8 Conspirador 4   sangrando por tres heridas,   844
    MP 3,2 Carmen   Dios está lleno de heridas   866
    MP 3,5 Mariana   en el que ya no caben más heridas.   875
    ZP 2,1 Niño   Se han hecho heridas con las navajas dos o tres mozos   970
                            y te echan a ti la culpa.
    ZP 2,1 Niño   Heridas que echan mucha sangre.   970
    CA 1,1 Gato   Me duelen las heridas   1061
    CA 3,1 Máscara   ¿Qué hago yo sin heridas?   1117
    CA 3,1 Máscara   ¿De quién son las heridas de mi conde?   1117
    EP CV Estudiante 3   Un racimo de heridas y una desorientación absoluta.   1166
    BS 3,2 Muchacha 1   Heridas de cera,   1263
    BS 3,2 Novia   Y yo corría con tu hijo [...] escarcha sobre mis   1269
                            heridas de pobre mujer [...]
    RS 1,1 Rosita   que me están abriendo heridas   1372
herido (14)
    MM 2,2 Curiana N   Tú con las alas rotas y el corazón herido   707

herido - hermano

herido (continuación)

			Pág.
MP 1,7 Fernando	que el corazón tengo herido		
MP 2,5 Pedro	su herido corazón de Península andante,		813
PB 1,1 Perlimplín	que está herido.		832
PB 1,1 Perlimplín	Herido de amor huido;		1000
PB 1,1 Perlimplín	herido		1000
PB 1,1 Perlimplín	que vengo muy mal herido,		1000
PB 1,1 Perlimplín	herido de amor huido,		1000
PB 1,1 Perlimplín	¡herido!,		1000
PB 3,1 Belisa	¿Quién te ha herido en el pecho?		1000
PB 3,1 Belisa	¿Pero qué es esto? Y estás herido de verdad.		1016
CA 2,1 Viejo	¡Ay, me has herido!		1016
CA 2,1 Viejo	¡No me dejes herido!		1106
BS 3,1 Mendiga	cuerpos pesados con el cuello herido.		1107

heridos (4)

PB 2,4 Belisa	Las cartas de los otros [...] sueños y de corazones heridos..., ¡pero estas [...]		1006
EP RR Figura De P	Tendré necesidad de llamar a los negros, a los enormes negros heridos por las navajas [...]		1150
YE 2,1 Lavandera 4	como ciervos heridos.		1309
RS 1,1 Rosita	se fueron cayendo heridos		1371

herirme (1)

CA 2,1 Novia	Y si me caigo, no hacerme sangre; y si agarro una zarzamora, no herirme.		1087

hermana (27)

MP 1,2 Amparo	que mi hermana lee y relee		786
MP 3,1 Novicia 1	Hermana...		863
MP 3,2 Mariana	¡Estoy muy herida, hermana,		866
MP 3,2 Mariana	Como siempre. ¡Adiós, hermana!		866
ZP 1,1 Niño	Son de mi hermana la grande, la que tiene		913
ZP 1,1 Zapatero	¡Mi hermana , mi hermana tiene la culpa, mi hermana que se empeñó: [...]		919
ZP 1,1 Zapatero	¡Mal rayo parta a mi hermana, que en paz descanse!		919
ZP 1,1 Vecina	¡Ay, si viviera su hermana! Aquella sí que era...		920
ZP 1,1 Zapatero	Mi hermana, mi hermana tiene la culpa.		926
ZP 1,1 Zapatero	¡Mal rayo parta a mi hermana, que en paz descanse!		926
YE 1,1 María	Una hermana de mi madre lo tuvo a los catorce años, ¡y si vieras qué hermosura de niño!		933
YE 1,1 Yerma	Yo he visto a mi hermana dar de mamar [...]		1282
YE 3,2 Muchacha 1	Yo llegué con mi hermana. Lleva ocho años viniendo sin resultado.		1283
YE 3,2 Muchacha 1	El año pasado, cuando se hizo oscuro, unos mozos atenazaron con sus manos los pechos de mi hermana.		1337
RS 3,1 Rosita	Ya sé que se está usted acordando de su hermana la solterona..., solterona como yo.		1338
BA 1,1 Magdalena	Aunque Angustias es nuestra hermana, aquí estamos en familia y reconocemos que está vieja,		1431
BA 2,1 La Poncia	¡Que es tu hermana y además la que más te quiere!		1463
BA 2,1 La Poncia	¿Por qué te pusiste casi [...] vino a hablar con tu hermana?		1479
BA 2,1 La Poncia	¡Deja en paz a tu hermana, y si Pepe el Romano te gusta, te aguantas!		1481
BA 2,1 La Poncia	Tu hermana Angustias es una enferma.		1481
BA 2,1 Adela	¡Qué cariño tan grande te ha entrado de pronto por mi hermana!		1481
BA 2,1 Martirio	¿Es que yo no puedo gastar una broma a mi hermana?		1482
BA 3,1 Bernarda	Ya te he dicho que quiero que hables con tu hermana Martirio.		1494
			1512

Hermana (1)

MP 3,2 Mariana	¡Hermana!		864

hermanas (7)

MP 1,5 Fernando	¿Se han ido ya mis hermanas?		796
ZP 1,1 Niño	Mi madre lo ha hablado el otro día, diciendo: "La zapatera no tendrá hijos", y se reían mis hermanas y la comadre [...]		914
YE 2,1 Lavandera 4	Lo cierto es que el marido se ha llevado a vivir con ellos a sus dos hermanas.		1301
YE 2,2 Yerma	Tus hermanas me guardan bien.		1312
YE 2,2 Yerma	Come tú con tus hermanas. Yo no tengo hambre todavía.		1316
BA 1,1 Bernarda	Más debes a este hombre, padre de tus hermanas, que al tuyo.		1468
BA 3,1 Adela	Nos enseñan a querer a las hermanas.		1528

hermanillas (1)

MP 1,6 Fernando	a mis hermanillas que vengan un rato,		805

hermano (11)

MM 1,5 Curianita Silvia	Déjanos ya, hermano.		692
MP 1,4 Mariana	Tu hermano Fernando, ¿cómo sigue?		789
DC 1,1 Director	Llenemos el teatro de [...] tía Norica, de Cádiz; hermano de Monsieur Guiñol, [...]		1043
BS 1,1 Madre	Luego, tu hermano.		1173

hermano (continuación)

BS 1,1 Madre	¿Y a tu hermano?		1173
BS 1,1 Madre	Yo no puedo dejar aquí solos a tu padre y a tu hermano.		1175
BS 3,1 Novio	Es el brazo de mi hermano y el de mi padre y el de toda mi familia que está muerta.		1252
YE 2,2 Juan	¿Por qué no te traes un hijo de tu hermano?		1314
RS 1,1 Ama	Más se quiere a un primo segundo que se ve todos los días, que a un hermano que está lejos.		1360
RS 1,1 Tía	Piensa que tu padre es hermano mío.		1362
RS 3,1 Tía	Mi hermano, que en gloria esté, era farmacéutico.		1421

hermanos (3)

YE 2,2 Yerma	¿Te vas con tus hermanos?		1321
YE 3,2 Vieja	Tienes hermanos y primos a cien leguas a la redonda.		1344
BA 3,1 Prudencia	Desde que se peleó con sus hermanos por la herencia no ha salido por la puerta de la calle.		1507

hermosa (25)

MM 1,5 Alacranito	Era una hermosa araña.		695
MM 2,2 Curiana N	quedarán como estaban en la mañana hermosa		705
MP 0,0 Niña	mas hermosa su alma quedó.		782
MP 1,7 Mariana	la garganta, que es hermosa,		810
MP 2,5 Pedro	hermosa Marianita! Ya no tardarán mucho		832
TB PBK Buster Keaton	¡Qué hermosa tarde!		893
ZP 1,1 Niño	qué hermosa eres,		936
ZP 2,1 Alcalde	¡De verte tan hermosa y desperdiciada!		949
ZP 2,1 Alcalde	Nada, pensaba... de [...] notario, de una casa muy hermosa.		951
PB 0,0 Marcolfa	Hermosa doncella.		987
CA 1,1 Amigo 2	La lluvia es hermosa.		1073
CA 3,1 Mecanógrafa	¿Así, de pronto, sin haber probado lentamente esta hermosa idea: mañana será?		1128
EP RR Centurión	Mi mujer es hermosa como una montaña.		1152
EP CV Estudiante 5	Parecía muy hermosa, y si era un [...]		1167
BS 1,1 Vecina	Hermosa.		1181
BS 2,1 Criada	Quiero que te caiga sobre la frente ¡Qué hermosa estás!		1207
YE 1,2 Vieja 1	Buenos los tenga la hermosa muchacha. ¿Dónde vas?		1286
YE 1,2 Vieja 1	Qué criatura tan hermosa eres.		1290
YE 3,1 Dolores	La última vez hice la [...] vientre de manera tan hermosa que tuvo dos [...]		1327
YE 3,1 Yerma	Dejar que de mi cuerpo salga siquiera esta cosa hermosa y que llene el aire.		1335
YE 3,2 Juan	A ti te busco. Con la luna estás hermosa.		1349
RS 1,1 Ama	Críe usted una niña hermosa para esto.		1360
BA 1,1 La Poncia	La iglesia está hermosa.		1439
BA 2,1 La Poncia	Entonces Pepe hará lo que hacen todos los viudos de esta tierra: se casará con la más joven, la más hermosa, y esa serás [...]		1481
BA 3,1 Adela	¡Qué noche más hermosa!		1517

hermosas (4)

PB 2,1 Belisa	Las almas hermosas están en los [...]		1007
PB 3,1 Marcolfa	Ella se puso encendida como un geranio, se llevó las manos al corazón y se quedó besando apasionadamente sus hermosas trenzas de pelo.		1010
CA 1,1 Viejo	Y más hermosas que nunca. Serán unas trenzas...		1050
CA 2,1 Criada	¡Son tan hermosas!... Están recién cortadas.		1082

hermosísima (2)

TC 5,1 Fígaro	¡Qué hermosísima cabeza tiene usted!		759
ZP 1,1 Mozo	Una mujer como usted, con ese pelo y esa pechera tan hermosísima...		931

hermosísimo (1)

TC 6,1 Cristobita	¿Verdad que soy hermosísimo?		772

hermosísimos (1)

ZP 1,1 Zapatera	Quién me hubiera dicho [...] y estos colores tan hermosísimos, que me [...]		913

hermoso (27)

MP 3,5 Mariana	Además, es hermoso y blanco; nadie		874
TB DME Doncella	También eres hermoso.		900
ZP 1,1 Zapatera	¿No llevas tu reloj, tan hermoso, con cadena de plata y venturinas, al que le doy cuerda todas las noches?		922
PB 3,1 Marcolfa	El hermoso adolescente al que nunca verás el rostro.		1018
CA 1,1 Joven	Hay un cielo de tormenta hermoso.		1047
CA 1,1 Viejo	Porque lo otro es morirse ahora mismo, y es más hermoso pensar que todavía [...]		1053
CA 1,1 Amigo	Sí, hombre, no te indignes, pero una mujer puede ser feísima y un domador de caballos puede ser hermoso.		1058
CA 1,1 Amigo 2	Es hermoso, ¿verdad?;		1073
CA 2,1 Novia	Era hermoso.		1079
CA 2,1 Novia	Pero tú eres más hermoso.		1079
CA 2,1 Padre	Te había regalado el hermoso traje de novia.		1089
CA 2,1 Padre	¡Será hermoso!		1090

hermoso (continuación)   Pág.
    CA 3,1 Mecanógrafa   Hace cinco años que me está esperando, pero... ¡Qué   1117
                             hermoso es esperar con seguridad el momento de ser
                             amada!

    BS 1,1 Madre   Un hombre hermoso, con su flor [...]   1173
    BS 1,3 Madre   Mi hijo es hermoso.   1198
    BS 1,3 Madre   ¿Sí? ¡Qué hermoso mirar! ¿Tú sabes lo que es casarse,   1200
                             criatura?
    BS 2,2 Criada   Aquello está hermoso.   1233
    BS 3,1 Mendiga   Espera... Hermoso galán.   1254
    BS 3,1 Mendiga   Pero mucho más hermoso si estuviera dormido.   1254
    BS 3,2 Mujer   Era hermoso jinete,   1270
    YE 1,1 Yerma   Pero esto es bueno, sano, hermoso.   1283
    YE 1,2 Vieja 1   ¿Quién puede decir que este cuerpo que tienes no es   1288
                             hermoso?
    YE 1,2 Víctor   ¿Dónde va lo hermoso?   1296
    RS 2,1 Ama   Era hermoso como un novicio [...]   1380
    RS 3,1 Tía   Y todo lo que se compró es digno de ti y será hermoso   1427
                             el día que lo uses.
    RS 3,1 Rosita   Y hoy se casa una amiga [...] solterona"; y otro,   1428
                             hermoso, con la cabeza [...]
    BA 1,1 María Josefa   Me escapé porque me quiero casar, porque quiero   1470
                             casarme con un varón hermoso de la orilla [...]
hermosos (2)
    TB DME Marinero   ¡Qué hermosos muslos tienes!   900
    ZP 1,1 Zapatera   Puede que los tenga más hermosos que todas ellas [...] 915
hermosura (11)
    PB 0,0 Madre   Los dineros dan la hermosura... Y la hermosura es   985
                             codiciada por los demás hombres.
    CA 2,1 Joven   en sus hilos de hermosura.   1100
    BS 1,3 Padre   Para verlo todo junto, ¡que junto es una hermosura!   1197
    BS 3,1 Novia   y tu hermosura me quema.   1259
    BS 3,2 Mendiga   Muertos en la hermosura de la noche.   1266
    YE 1,1 Yerma   ¡Qué hermosura!   1280
    YE 1,1 María   Una hermana de mi madre lo tuvo a los catorce años, ¡y 1282
                             si vieras qué hermosura de niño!
    YE 2,2 Yerma   ¡Ay, qué puerta cerrada a la hermosura!,   1316
    YE 2,2 Yerma   ¡Cómo no me voy a quejar [...] inútil en medio de   1317
                             tanta hermosura!
    YE 3,2 Vieja   Mira qué maldición ha venido a caer sobre tu hermosura. 1344
héroes (1)
    PB 2,1 Belisa   El alma es patrimonio de los débiles, de los héroes   1006
                             tullidos y las gentes enfermizas.
herrador (1)
    BS 1,2 Mujer   Hoy está como una dalia. ¿Y tú? ¿Fuiste a casa del   1187
                             herrador?
herraduras (1)
    BS 1,2 Leonardo   Llevo más de dos meses poniendo herraduras nuevas al   1187
                             caballo y siempre se le caen.
herramientas (1)
    YE 3,2 Vieja   Y en cuanto a tu marido, hay en mi casa entrañas y   1345
                             herramientas para que no cruce siquiera la calle.
Herrasti (1)
    RS 2,1 Solterona 3   Allí nos reunimos siempre con las de Ponce de León,   1394
                             con las de Herrasti y con las de [...]
hervir (1)
    ZP 1,1 Zapatero   Ayer estuvimos todo el [...] seguidos de leche sin   920
                             hervir.
hice (6)
    TC 1,1 Padre   Tú harás caso de todo como hice yo caso de mi papá   733
                             [...]
    ZP 1,1 Zapatera   Maldita hora, maldita hora en que le hice caso a mi   916
                             compadre Manuel.
    CA 1,1 Amigo   Yo, en cambio... Ayer hice tres conquistas y como   1057
                             anteayer hice dos y hoy una, pues... [...]
    YE 3,1 Dolores   La última vez hice la oración con una [...]   1327
    RS 3,1 Martín   Tenía que ayudar a mi madre y me hice profesor.   1421
hiciera (3)
    MM 1,1 Doña Curiana   que hiciera pedazos su sabiduría.   672
    MM 2,6 Curianito   ¿no vela por nosotros aquel que nos hiciera   719
    BA 1,1 Adela   ¿Y qué queríais que hiciera?   1464
hicieron (5)
    MP 1,8 Mariana   ¿Qué hicieron?   816
    CA 1,1 Gato   que los niños me hicieron en la espalda.   1061
    CA 3,1 Máscara   Tiene en la mano derecha una cicatriz que le hicieron   1117
                             con un puñal...; por mí, desde luego.
    BS 2,2 Criada   Hicieron el camino como si hubieran venido a caballo.   1227
    BA 1,1 La Poncia   Vinieron a verlo muerto y le hicieron la cruz.   1441
hiciste (2)
    MP 1,7 Fernando   "Adorada Marianita: Gracias al traje de capuchino, que 811
                             tan diestramente hiciste llegar a mi poder, [...]

hiciste (continuación)
  RS 3,1 Tía   ¿Por qué no me hiciste caso? ¿Por qué no te casaste   1429
                               con otro?
hiel (1)
  EP CV Enfermero   Ahora te daré la hiel, y luego, a las ocho, vendré con   1156
                               el bisturí para ahondarte la herida del costado.
hiela (2)
  MM 2,2 Curiana N   te vas hacia los reinos donde el amor se hiela.   707
  RS 3,1 Rosita   Me entendéis si pido [...] oscura que no sé si me   1430
                               hiela o me abrasa el [...]
hielo (4)
  CA 1,1 Amigo   Dame agua con anís y con hielo.   1056
  CA 3,1 Arlequín   ¡Qué témpanos de hielo azul levanta!   1108
  CA 3,1 Arlequín   ¡Qué témpanos de hielo azul levanta!   1109
  RS 1,1 Primo   no es de hielo mi desvío,   1371
hiena (4)
  ZP 2,1 Vecina Amarilla   Esta es la casa de una leona, de una hiena.   971
  BA 3,1 María Josefa   cara de hiena.   1523
  BA 3,1 María Josefa   cara de hiena.   1523
  BA 3,1 María Josefa   Magdalena, cara de hiena.   1524
hierba (11)
  MM 0,0   Con la misma tranquilidad [...] gozaban del amor bajo   669
                               la hierba húmeda.
  MM 1,1 Curiana N   hundida en la hierba.   671
  MM 2,1 Curianita Santa   "Meditad con la hierba que nace vuestras vidas   703
  MM 2,5 Gusano 3   brillarán en la hierba   713
  MM 2,7 Curianito   ¿La que sabe el secreto de la hierba   719
  ZP 2,1 Zapatera   Yo me recosté en la hierba.   946
  CA 1,1 Niño   ni los grillos en la hierba,   1067
  CA 3,2 Joven   Voy a cortar todas las flores del jardín, sobre todo   1135
                               esas malditas adelfas que saltan por los muros, y esa
                               hierba que sale sola [...]
  BS 1,1 Madre   Mis muertos llenos de hierba, sin hablar, hechos [...]   1173
  BS 3,1 Leonardo   las carnes de mala hierba.   1258
  BS 3,1 Novia   como una brizna de hierba.   1258
hierbabuena (1)
  TB DME Vieja   Caracoleeees. Se guisan con hierbabuena, azafrán y   896
                               hojas de laurel.
hierbas (13)
  MM 0,0   ¿Por qué os causan repugnancia algunos insectos   670
                               limpios y brillantes que se mueven graciosamente entre
                               las hierbas?
  MM 1,2 Doña Curiana   tumbarse sobre las hierbas.   681
  MM 2,5 Gusano 2   Pronto caerá sobre las hierbas,   712
  CA 1,1 Joven   Muchas veces yo me he levantado a medianoche para   1047
                               arrancar las hierbas del jardín.
  CA 1,1 Joven   No quiero hierbas en mi casa ni muebles rotos.   1047
  CA 1,1 Niño   con hierbas que se menean,   1066
  CA 3,1 Muchacha   por las hierbas altas.   1112
  EP RR Figura De C   Me defenderé con las hierbas.   1150
  BS 2,2 Padre   Hay que sostener una batalla con las malas hierbas,   1228
                               con los cardos, [...]
  BS 3,2 Suegra   sobre las hierbas amargas.   1264
  YE 1,2 Yerma   Montes de hierbas amargas,   1296
  BA 2,1 Bernarda   Pero todavía no soy anciana [...] padre para que ni   1495
                               las hierbas se enteren de [...]
  BA 3,1 Bernarda   Si en esta casa hubiera hierbas ya te encargarías de   1519
                               traer a pastar las ovejas del vecindario.
hieren (1)
  PB 2,1 Perlimplín   Y aunque me hieren profundamente, comprendo que vives   1004
                               en un drama.
hieres (1)
  MP 1,5 Mariana   que me hieres ya de lejos   796
hierro (3)
  TC 6,1 Rosita   Ella tuvo una gargantilla de hierro en sus bodas con   762
                               [...]
  TC 6,1 Cocoliche   Si este armario no fuese de hierro...   770
  DC 1,1 Poeta   Pero el dueño del teatro tiene a los personajes   1036
                               metidos en una cajita de hierro para que los vean [...]
hierros (5)
  MP 2,9 Pedrosa   delatará! ¡Los hierros duelen mucho,   857
  CA 3,2 Joven   Recuerdo que siendo niño, vi nacer una luna enorme   1134
                               detrás de la barandilla de sus pies... ¿O fue por los
                               hierros del balcón?
  EP CV Estudiante 1   ¿Por qué no limamos los hierros?   1156
  BA 2,1 La Poncia   Entonces Evaristo se acercó, se acercó que se quería   1476
                               meter por los hierros, y dijo con voz [...]
  BA 3,1 Angustias   Muchas veces miro a Pepe con mucha fijeza y se me   1514
                               borra a través de los hierros, como si lo tapara [...]
higueras (3)
  YE 1,2 Vieja 1   Las higueras, ¡cuánto duran!   1287

			Pág.
higueras (continuación)			
YE 3,2	Macho	donde están las higueras cerradas,	1341
RS 3,1	Tía	Pero tiene buenas vistas y un patinillo con dos higueras donde se pueden tener flores.	1418
hija (52)			
TC 1,1	Padre	Pero, hija, ¿qué estás diciendo? ¿Te has vuelto loca?	726
TC 1,1	Cocoliche	¡Hija mía!	729
TC 1,1	Padre	Hija mía, ¡felicidad completa!	731
TC 2,1	Cristobita	Yo le doy a usted los cien duros para desentramparse, y usted me da a su hija Rosita..., y debe [...]	738
TC 2,1	Padre	(¡Dios mío, a quién le entrego yo mi hija!)	740
MP 2,2	Mariana	Hija, no puedo,	825
MP 2,4	Angustias	¡Serénate, hija mía! ¡No es tu esposo!	827
MP 3,5	Mariana	porque soy noble. Porque yo soy hija	874
MP 3,6	Carmen	Marianita, hija, descansa.	879
MP 3,9	Carmen	¡Adiós, hija!	890
TB DME	La Madre	Hija, hija, ¿estás llorando?	898
ZP 1,1	Zapatero	Mira, hija mía.	921
ZP 2,1	Vecina Roja	¡Hija mía!	956
PB 0,0	Madre	Siempre dije a mi pobre hija que tiene usted [...]	984
DC 1,1	Madre	Yo tengo una hija,	1029
DC 1,1	Cristóbal	Como domaré a tu hija.	1033
DC 1,1	Cristóbal	Yo te doy la onza de oro de las que cagó el moro y tú me entregas a tu hija Rosita, y me lo [...]	1034
CA 2,1	Padre	Pero, hija... ¿Qué va a decir ese hombre?	1089
CA 2,1	Padre	¡Hija! ¿Dónde estás? ¡Hija!	1106
CA 2,1	Padre	¡Hija! ¡Espera, espera!	1107
BS 1,3	Padre	comprar, hija, comprarlo todo.	1197
BS 1,3	Padre	Mi hija también.	1198
BS 1,3	Madre	Adiós, hija.	1202
BS 1,3	Criada	Niña, hija, ¿qué te pasa?	1203
BS 2,2	Madre	¡Y alguna hija!	1228
BS 2,2	Padre	Ahora tienes que esperar. Mi hija es ancha y tu hijo es fuerte.	1229
BS 2,2	Padre	¿Y mi hija?	1241
BS 2,2	Madre	¿Qué es esto? ¿Dónde está tu hija?	1243
BS 2,2	Padre	¡Mi hija, no!	1243
BS 2,2	Madre	¡Tu hija, sí!	1244
YE 1,2	Yerma	Yo soy hija de Enrique el pastor.	1287
YE 1,2	Yerma	Sí, pero era para verme muy chica, muy manejable, como si yo misma fuera hija mía	1290
RS 2,1	Tío	Al contrario, hija.	1386
RS 2,1	Madre	Es la verdad, hija mía.	1393
RS 2,1	Tía	Pero ¿no te acuerdas, hija? Era lo único que le afeaba un poco.	1400
RS 2,1	Tía	Hija, ¿qué pasa?	1408
RS 3,1	Tía	¿"La hija del Jefté"?	1419
RS 3,1	Tía	Sal de tus cuatro paredes, hija mía.	1428
RS 3,1	Tía	¡Hija! ¡Rosita!	1429
RS 3,1	Tía	Hija, ¿qué quieres que yo haga?	1431
BA 1,1	La Poncia	La quedan cinco mujeres, cinco hijas feas, que quitando Angustias, la mayor, que es la hija del primer marido [...]	1442
BA 1,1	Bernarda	¿Y mi hija las oyó?	1456
BA 1,1	Martirio	Luego aquí la abandonó y se fue con otra que tenía una hija y luego tuvo relaciones [...]	1459
BA 1,1	Martirio	Una vez estuve en camisa detrás de la ventana hasta que fue de día porque me avisó con la hija de su gañán que [...]	1460
BA 2,1	La Poncia	La hija de la Librada, la soltera, tuvo un hijo no se sabe con quién.	1505
BA 3,1	Bernarda	Es un verdadero hombre. ¿Y con tu hija?	1507
BA 3,1	Bernarda	Una hija que desobedece deja de ser hija para convertirse en una enemiga.	1507
BA 3,1	Bernarda	¡Mi hija ha muerto virgen!	1532
BA 3,1	Bernarda	Ella, la hija menor de Bernarda Alba, ha muerto virgen.	1532
hijas (16)			
MP 1,1	Angustias	Son las hijas del Oidor. Guarda silencio.	785
MP 1,3	Angustias	¡Hasta luego, hijas mías!	789
ZP 2,1	Zapatera	Calle usted, viejísimo, calle usted; con hijas mozuelas y lleno [...]	949
RS 2,1	Madre	Hijas, aquí tengo confianza.	1393
RS 2,1	Madre	Todavía me parece oír al padre de estas hijas cuando, generoso [...]	1393
RS 2,1	Madre	¡Y qué angustia he pasado, señora, para que estas hijas puedan seguir usando [...]	1393
RS 2,1	Madre	Muchas veces les pregunto: "¿Qué queréis, hijas de mi alma: huevo en el almuerzo o silla en el paseo?"	1393
BA 1,1	La Poncia	La quedan cinco mujeres, cinco hijas feas, que quitando [...]	1442
BA 1,1	Mujer 2	Ni el techo para tus hijas.	1449

hijas (continuación)
     BA 1,1 La Poncia   ¡Es que tus hijas están ya en edad de merecer!   1457
     BA 2,1 La Poncia   Yo no te quiero echar la culpa, pero tú no has dejado   1498
                               a tus hijas libres.
     BA 2,1 Bernarda   ¡Cómo gozarías de vernos a mí y a mis hijas camino del   1499
                               lupanar!
     BA 2,1 Bernarda   ¡Y el de mis hijas!   1499
     BA 2,1 Bernarda   Afortunadamente mis hijas me respetan y jamás   1500
                               torcieron mi voluntad.
     BA 3,1 La Poncia   Tus hijas están y viven como metidas en alacenas.   1518
     BA 3,1 Bernarda   Mis hijas tienen la respiración tranquila.   1518
hijita (3)
     TC 1,1 Padre   Quería saber si bordabas... ¡Borda, hijita mía,   725
                               borda, que con eso comemos!
     MP 1,2 Amparo   ¡Mariana, sal pronto, hijita!   787
     DC 1,1 Madre   Que no me la trates mal. ¡Ay!, qué lástima de mi   1036
                               hijita.
hijito (2)
     ZP 1,1 Zapatera   Adiós, hijito.   915
     PB 1,1 Belisa   ¿Qué, hijito?   992
hijitos (2)
     TB PBK Buster Keaton   Pobres hijitos míos.   893
     CA 1,1 Niño   con sus hijitos pequeños, que son muchos.   1066
hijo (87)
     MM 1,1 Curiana N   ¿Y vuestro buen hijo, cómo sigue?   673
     MM 1,2 Curianita Silvia   Ella ignora que a su hijo   681
     MM 1,2 Doña Curiana   ¡Aparta! Es mi hijo.   682
     MM 1,2 Doña Curiana   te casaré con mi hijo!   683
     MM 1,2 Doña Curiana   Voy a llamar a mi hijo   683
     MM 1,5 Doña Curiana   ¡Hijo mío! ¡Canalla!   694
     ZP 1,1 Zapatera   No, hijo mío, ya se me ha pasado... ¿Y qué es lo que   913
                               quieres?
     ZP 1,1 Zapatera   ¡Hijo mío!   914
     ZP 1,1 Zapatera   No, no, guárdalo, hijo mío... ¡Si contigo no es nada! 915
     ZP 1,1 Zapatera   Eso no, hijo mío..., ¡no digas...!   916
     ZP 1,1 Zapatera   Pero, hijo mío..., ¿quieres?...   935
     CA 1,1 Voz   ¡Mi hijo! ¡Mi hijo!   1070
     CA 2,1 Maniquí   Mi hijo. Quiero a mi hijo.   1103
     CA 2,1 Maniquí   Y es tu hijo.   1103
     CA 2,1 Joven   Sí, mi hijo: 1103
     CA 3,1 Máscara   ¿No tienes un pedacito de pan para mi hijo?   1116
     CA 3,1 Voz   ¡Mi hijo! ¡Mi hijo!   1125
     CA 3,1 Joven   Sí, mi hijo.   1125
     CA 3,1 Joven   Un poco de luz para mi hijo.   1125
     CA 3,1 Máscara Amarilla   ¡Mi hijo!   1125
     CA 3,1 Mecanógrafa   No es tu hijo, soy yo.   1125
     EP RR Centurión   ¡Cállate, rata vieja! ¡Hijo de la escoba!   1154
     BS 1,1 Madre   Hijo, el almuerzo.   1172
     BS 1,1 Madre   Tu abuelo dejó a un hijo en cada esquina.   1174
     BS 1,1 Madre   Hijo.   1176
     BS 1,1 Vecina   Hace dos días trajeron al hijo de mi vecina con los   1179
                               dos brazos cortados por la máquina.
     BS 1,1 Vecina   Muchas veces pienso que tu hijo y el mío están mejor   1179
                               [...]
     BS 1,1 Vecina   ¿Y tu hijo?   1179
     BS 1,1 Madre   ¿Tú conoces a la novia de mi hijo?   1180
     BS 1,1 Vecina   Tienes razón. Tu hijo vale mucho.   1181
     BS 1,1 Vecina   No te opongas a la felicidad de tu hijo.   1183
     BS 1,2 Mujer   ¿Adónde vas, hijo?   1193
     BS 1,3 Madre   Mi hijo tiene y puede.   1198
     BS 1,3 Madre   Mi hijo es hermoso.   1198
     BS 1,3 Madre   Esa edad tendría mi hijo mayor si viviera.   1199
     BS 2,1 Criada   Tu hijo.   1211
     BS 2,1 Mujer   Pero tengo un hijo.   1224
     BS 2,2 Madre   Mi hijo la cubrirá bien.   1228
     BS 2,2 Madre   Cuando yo llegué a ver a mi hijo, estaba tumbado en   1229
                               mitad de la calle.
     BS 2,2 Padre   Ahora tienes que esperar. Mi hija es ancha y tu hijo   1229
                               es fuerte.
     BS 2,2 Madre   Hijo.   1240
     BS 2,2 Madre   Pero ¡ya es la mujer de mi hijo!   1244
     BS 2,2 Madre   Pero ya es mujer de mi hijo.   1244
     BS 2,2 Madre   Vamos a ayudar a mi hijo.   1244
     BS 3,2 Madre   Debía contestarme mi hijo.   1267
     BS 3,2 Madre   Pero mi hijo es ya un brazado de flores secas.   1267
     BS 3,2 Madre   Mi hijo es ya una voz oscura detrás de los montes.   1267
     BS 3,2 Madre   Una mujer que no tiene un hijo siquiera que poderse   1268
                               llevar a los labios.
     BS 3,2 Madre   ¿Será que yo no quería a mi hijo?   1268

hijo (continuación)   Pág.

BS 3,2 Novia   Yo era una mujer quemada, llena de llagas por dentro y   1269
                    por fuera, y tu hijo era un poquito de agua de la que
                    yo esperaba hijos, tierra, salud; [...]
BS 3,2 Novia   Y yo corría con tu hijo que era como un [...]   1269
BS 3,2 Novia   ¡Tu hijo era mi fin y yo [...] sido vieja y todos los   1269
                    hijos de tu hijo me hubiesen agarrado [...]
BS 3,2 Novia   Vamos a meter las manos; tú por tu hijo; yo, por mi   1270
                    cuerpo.
YE 1,1 Yerma   Y entonces es cuando se le quiere más, cuando se dice   1281
                    ya: ¡mi hijo!
YE 1,1 Yerma   Tener un hijo no es tener un ramo de rosas.   1283
YE 1,1 Yerma   No..., no son para mí. Son para el hijo de María.   1285
YE 1,2 Yerma   Yo pienso muchas cosas, muchas, y estoy segura que las   1290
                    cosas que pienso las ha de realizar mi hijo.
YE 2,1 Lavandera 3 Un niño que gime, un hijo.   1309
YE 2,2 Juan   ¿Por qué no te traes un hijo de tu hermano?   1314
YE 2,2 Yerma   que pido un hijo que sufrir, y el aire   1316
YE 2,2 Yerma   Acabaré creyendo que yo misma soy mi hijo.   1318
YE 3,1 Yerma   A mí no me da asco de mi hijo.   1327
YE 3,1 Dolores   Ahora tendrás un hijo. Te lo puedo asegurar.   1328
YE 3,1 Vieja 1   Pero ¿qué vega esperas dar a tu hijo ni qué felicidad   1328
                    ni qué silla de plata?
YE 3,1 Yerma   Yo quiero tener a mi hijo en los brazos para [...]   1328
                    aunque ya supiera que mi hijo me iba a martirizar [...]
YE 3,2 Vieja   Y a cuidar de mi hijo.   1337
YE 3,2 Vieja   Para tener un hijo ha sido necesario que se junte el   1344
                    cielo con la tierra.
YE 3,2 Vieja   Mi hijo está sentado detrás de la ermita esperándote.   1345
YE 3,2 Vieja   Mi hijo sí es de sangre.   1345
YE 3,2 Vieja   Yo buscaré otra mujer para mi hijo.   1346
YE 3,2 Yerma   ¿Y lo demás? ¿Y tu hijo?   1348
YE 3,2 Yerma   ¡No os acerquéis, porque he matado a mi hijo, yo misma   1350
                    he matado a mi hijo!
RS 3,1 Rosita   Y hoy se casa una amiga y otra y otra, y mañana tiene   1428
                    un hijo y crece, y viene [...]
RS 3,1 Rosita   Es el hijo de María.   1431
RS 3,1 Tía   Perdona, hijo, mi mala memoria.   1432
RS 3,1 Rosita   ¡Anda con Dios, hijo!   1435
BA 2,1 La Poncia   Hace años vino otra de estas y yo misma di dinero a mi   1486
                    hijo mayor para que fuera.
BA 2,1 La Poncia   Ayer me contó mi hijo mayor que a las [...]   1501
BA 2,1 La Poncia   La hija de la Librada, la soltera, tuvo un hijo no se   1505
                    sabe con quién.
BA 2,1 Adela   ¿Un hijo?   1505
BA 3,1 Bernarda   ¿Sigue tu hijo viendo a Pepe a las cuatro de la mañana?   1519
hijos (61)
MM 0,0   El amor pasaba de padres a hijos como una joya vieja   669
                    [...]
MM 2,3 Mariposa   Mis hijos me esperan,   708
MM 2,3 Mariposa   mis hijos me esperan.   709
TC 1,1 Padre   ¿Van a mandar los hijos en los padres?   733
TC 4,1 Currito   Anda, por tus hijos, te pido que me dejes ir.   753
MP 2,9 Mariana   que hasta de mis hijos me estoy olvidando?   805
MP 2,9 Mariana   ¡Pedrosa, por mis hijos!...   856
MP 3,8 Mariana   Más que a mis propios hijos y a mí misma le quise.   885
MP 3,8 Fernando   ¡Por tus hijos! ¡Por mí, que te ofrezco la vida!   885
MP 3,8 Mariana   ¡No quiero que mis hijos me desprecien! ¡Mis hijos   885
MP 3,8 Mariana   ¡Mis hijos llevarán resplandor en el rostro,   885
MP 3,9 Mariana   No olviden a mis hijos.   889
TB QM. Enrique   Sois muy distintos, hijos. Cumpliré los encargos de   904
                    todos.
TB QM. Viejo   ¿Son hijos tuyos?   904
TB QM. Viejo   Tus hijos.   907
TB QM. Enrique   Mis hijos.   907
ZP 1,1 Niño   Mi madre lo ha hablado el otro día, diciendo: "La   914
                    zapatera no tendrá hijos", y se reían mis [...]
ZP 1,1 Zapatera   ¿Hijos?   915
EP RR Centurión   Yo tengo doscientos hijos.   1152
BS 1,3 Padre   Si yo hubiera tenido hijos hubiera comprado todo este   1197
                    monte hasta la parte del arroyo.
BS 1,3 Madre   Un hombre, unos hijos y una pared de dos varas de   1200
                    ancho para todo lo demás.
BS 2,2 Padre   Se necesitan muchos hijos.   1228
BS 2,2 Madre   Su padre pudo haber tenido conmigo muchos hijos.   1228
BS 2,2 Novio   El monte es barato y los hijos se crían mejor.   1232
BS 3,2 Suegra   Tus hijos son hijos tuyos   1265
BS 3,2 Madre   Otras madres se asomarán a las ventanas, azotadas por   1267
                    la lluvia, para ver el rostro de sus hijos.
BS 3,2 Novia   Yo era una mujer quemada, [...] la que yo esperaba   1269
                    hijos, tierra, salud; [...]

hijos (continuación)
BS 3,2 Novia   ¡Tu hijo era mi fin y [...] sido vieja y todos los   1269
                    hijos de tu hijo me hubiesen [...]
BS 3,2 Madre   Benditos sean los trigos, porque mis hijos están   1270
                    debajo de [...]
YE 1,1 Juan   Las cosas de la labor van bien, no tenemos hijos que   1275
                    gasten.
YE 1,1 Yerma   No tenemos hijos...   ¡Juan!   1275
YE 1,1 María   Dicen que con los hijos se sufre mucho.   1283
YE 1,1 Yerma   Cada mujer tiene sangre para cuatro o cinco hijos, y   1283
                    cuando no los [...]
YE 1,2 Vieja 1   ¿Tienes hijos?   1286
YE 1,2 Vieja 1   Tengo nueve hijos como nueve soles pero como ninguno   1287
                    es hembra, aquí me tienes a mí de un lado para otro.
YE 1,2 Vieja 1   He tenido dos maridos, catorce hijos, cinco murieron   1287
                    [...]
YE 1,2 Vieja 1   Los hijos llegan como el agua.   1288
YE 1,2 Yerma   Pues el primer día que me puse novia con él ya   1290
                    pensé... en los hijos...   Y me miraba en sus ojos.
YE 2,1 Lavandera 1 Ella no tiene hijos, pero no es por culpa suya.   1302
YE 2,1 Lavandera 4 Tiene hijos la que quiere tenerlos.   1302
YE 2,1 Lavandera 1 El tiene la culpa, él; cuando un padre no da hijos   1304
                    debe cuidar de su mujer.
YE 2,2 Yerma   No quiero cuidar hijos de otros.   1314
YE 2,2 Yerma   y nuestro vientre guarda tiernos hijos,   1316
YE 2,2 Yerma   La mujer del campo que no da hijos es inútil como [...]   1317
YE 2,2 Yerma   Las mujeres cuando tenéis hijos no podéis pensar en   1318
                    las que no los tenemos.
YE 3,1 Vieja 1   Está bien que una casada quiera hijos, pero si no los   1328
                    tienes, ¿por qué esa ansia de ellos?
YE 3,1 Yerma   No soy una casada indecente; pero yo sé que los hijos   1329
                    nacen del hombre y de la mujer.
YE 3,1 Yerma   No sufre. Lo que pasa es que él no ansía hijos.   1329
YE 3,1 Yerma   ¡Maldito sea mi padre, que me dejó su sangre de padre   1334
                    de cien hijos!
YE 3,2 Vieja   Venís a pedir hijos al santo y resulta que cada año   1336
                    vienen más hombres solos a esta romería.
YE 3,2 María   Tiene hijos la que los tiene que tener.   1337
YE 3,2 Juan   Sin hijos es la vida más dulce.   1348
RS 1,1 Ama   Déjese usted a sus propios hijos en una chocita   1360
                    temblando de hambre.
RS 3,1 Martín   Y créame usted que los [...] vamos a examinar los   1419
                    hijos, nos consideran [...]
RS 3,1 Rosita   ¿Tiene hijos?   1434
BA 1,1 La Poncia   Pero yo no soy buena perra; [...] ella me azuza; mis   1442
                    hijos trabajan en sus [...]
BA 1,1 La Poncia   Y los que fueron con ella son también hijos de   1456
                    forasteros.
BA 2,1 La Poncia   Pero los hijos son los hijos.   1497
hijuelos (1)
MM 0,0   Los insectos estaban contentos, sólo se preocupaban de   669
                    beber tranquilos las gotas de rocío y de educar a sus
                    hijuelos en el santo [...]
hilando (1)
MM 2,3 Mariposa   hilando en sus ruecas.   708
hilé (1)
MM 2,3 Mariposa   Hilé mi corazón sobre carne   708
hilito (1)
RS 3,1 Ama   Es una herida abierta que mana sin parar un hilito de   1416
                    sangre, y no [...]
hilitos (1)
CA 1,1 Viejo   Mana sin cesar hilitos de agua fría.   1046
hilo (27)
MM 1,5 La Mariposa volar, quiero volar, el hilo es largo!   699
MM 1,5 La Mariposa El hilo va a la estrella   699
MM 1,5 La Mariposa el hilo está soñando   699
MM 2,1 Curianita 1 Yo le vi columpiarse sobre un hilo de araña.   702
MM 2,1 Curianita 1 Sobre un hilo de araña nadie vive.   702
MM 2,3 Mariposa   Volaré por el hilo de plata.   708
MM 2,3 Mariposa   Volaré por el hilo de plata;   709
MM 2,5 Mariposa   de un solo canto. Un hilo   715
MM 2,5 Mariposa   El hilo   716
MP 1,1 Angustias   Parecía el hilo rojo, entre sus dedos,   783
MP 2,8 Mariana   ¿Quién me compra hilo negro?   849
PB 1,1 Belisa   La criada perfumó esta [...] las finas ropas de hilo   989
                    que tiene Marcolfa... [...]
CA 2,1 Maniquí   hilo a hilo y una a una   1101
CA 2,1 Maniquí   hilo a hilo y una a una,   1104
CA 3,2 Jugador 1   Las cartas beben rica sangre en las manos y es difícil   1136
                    cortar el hilo que las une.

hilo (continuación)   Pág.
  EP RR   Figura De P   Tú has roto el hilo de la araña y ya siento que mis   1151
                         grandes pies se van volviendo pequeñitos y repugnantes.
  BS 3,2 Muchacha 2   Ser hilo de lana,   1262
  BS 3,2 Niña   El hilo tropieza   1263
  BS 3,2 Niña   el hilo está aquí.   1263
  YE 1,1 María   He comprado encajes, tres varas de hilo, cintas y   1278
                         lanas de color para hacer madroños.
  YE 2,2 Yerma   Cuando las sillas se rompen y las sábanas de hilo se   1312
                         gastan con el uso.
  RS 2,1 Ama   Los charcos que hay alrededor están pintados al aceite 1383
                         y encima de ellos bebe un ruiseñor todo bordado con
                         hilo de oro.
  BA 1,1 La Poncia   La quedan cinco mujeres, [...] bordada, muchas camisas 1442
                         de hilo, pero pan y uvas [...]
  BA 1,1 Bernarda   En el arca tengo veinte piezas de hilo con el que   1451
                         podréis cortar sábanas y embozos.
  BA 1,1 Bernarda   Hilo y aguja para las hembras.   1452
hilos (5)
  CA 2,1 Joven   en sus hilos de hermosura.   1100
  BS 3,1 Mendiga   Abren los cofres, y los blancos hilos   1250
  YE 2,2 Yerma   Quiero beber agua y no [...] y no encuentro los hilos. 1314
  RS 1,1 Ama   ¿Cuándo la ha visto usted sentada a hacer encaje de   1354
                         lanzadera o frivolité, o puntas de festón o sacar
                         hilos para adornarse [...]
  RS 3,1 Ama   Con las puntillas de los dedos, con hilos, con tallos, 1413
                         con [...]
hincadas (1)
  RS 2,1 Rosita   Tengo las raíces muy hondas, muy bien hincadas en mi   1389
                         sentimiento.
hincar (1)
  ZP 2,1 Mozo Del S   Tengo tanto coraje que agarraría a un toro de los   943
                         cuernos, le haría hincar la cerviz en las [...]
hinche (1)
  BS 1,1 Madre   O si vuelve es para ponerle una palma encima o un   1173
                         plato de sal gorda para que no se hinche.
hinojos (1)
  RS 3,1 Ama   Voy a guisar. Una cazuela de jureles perfumada con   1417
                         hinojos.
hipérbaton (1)
  RS 3,1 Ama   Ayer decía a voces: "No; ahí hay hipérbaton", y   1423
                         luego... [...]
hipocresía (1)
  BA 1,1 Magdalena   ¡Nunca he podido resistir tu hipocresía!   1464
hipoteca (1)
  RS 3,1 Rosita   Yo sé que la hipoteca la hizo para pagar mis muebles y 1427
                         mi ajuar, y esto es lo que me duele.
hipotecado (1)
  RS 3,1 Tía   Si yo lo hubiera sabido no hubiese consentido de   1426
                         ninguna manera que tu tío hubiera hipotecado la casa
                         con [...]
hiriente (1)
  CA 1,1 Viejo   ¿No se atreve usted a concentrar, a hacer hiriente y   1049
                         pequeñito su amor dentro del pecho?
híspida (1)
  RS 1,1 Tío   Mucho más que la muscosa y la híspida y la pomponiana 1355
                         y la damascena y que la eglantina de la reina Isabel.
historia (6)
  MM 0,0   Un viejo silfo del bosque [...] contó al poeta esta   670
                         historia oculta en un [...]
  TC 6,1 Cristobita   Es la historia de Don Tancredo, montado en su pedestal. 772
  TC 6,1 Cristobita   Y la historia de don Juan Tenorio, primo de don   772
                         Tancredo y primo mío.
  MP 3,9 Mariana   Contad mi triste historia a los niños que pasen.   890
  ZP 2,1 Niño   Más difícil que la historia sagrada no será.   957
  BA 1,1 Martirio   Es la única que conoce la historia de su padre y el   1459
                         origen de sus tierras.
historias (2)
  TC 5,1 Fígaro   ¡Qué bonitas historias podría contar de los feos   758
                         durmientes de las barberías!
  TC 6,1 Rosita   ¿Cuándo me vas a contar las historias que me   772
                         prometiste?
historietas (4)
  MM 0,0   ¡En cuántas antiguas historietas, una flor, un beso o   670
                         una mirada hacen el terrible oficio de puñal!
  ZP 2,1 Zapatera   Historietas antiguas [...]   965
  ZP 2,1 Zapatero   Esas historietas son pura mentira, fantasía nada más.   965
  ZP 2,1 Zapatera   Parece que me toma por tonta de capirote..., pero no   966
                         me negará usted que dichas historietas impresionan.

hizo (15)
  MM 0,0   Pero antes de empezar quiero haceros el mismo ruego   670
                    que a él le hizo el viejo silfo aquel [...]
  MP 1,4 Amparo   no se hizo para la pena.   794
  MP 1,5 Fernando   ¡Bien supo el rey lo que se hizo   800
  MP 2,7 Mariana   Hizo un elogio de nuestra ciudad;   837
  ZP 1,1 Zapatero   Ayer estuvimos todo el día con unas sopas de huevo y   920
                    perejil; bueno, pues porque protesté de esto, me hizo
                    beber tres vasos [...]
  PB 2,1 Perlimplín   Como soy un viejo, quiero sacrificarme por ti... Esto   1008
                    que yo hago no lo hizo nadie jamás.
  PB 3,1 Perlimplín   ¡Oh, sí!... ¡Como nunca mujer alguna lo hizo!, ¿verdad?   1010
  CA 1,1 Amigo 2   No; se hizo cada vez más pequeña, [...]   1074
  CA 2,1 Novia   ¡Hizo bien!   1086
  YE 3,2 Muchacha 1   El año pasado, cuando se hizo oscuro, unos mozos   1338
                    atenazaron con sus manos los pechos de mi hermana.
  RS 3,1 Tía   Yo notaba algo en las cartas; los poderes que no   1415
                    venían, un aire dudoso..., no se atrevía, pero al fin
                    lo hizo.
  RS 3,1 Tía   ¡Fue buena jugada la que nos hizo!   1427
  RS 3,1 Rosita   Yo sé que la hipoteca la hizo para pagar mis muebles y   1427
                    mi ajuar, y esto es lo que me duele.
  RS 3,1 Tía   Hizo bien.   1427
  BA 1,1 Magdalena   Se ha puesto el traje verde que se hizo para estrenar   1462
                    el [...]
hocicos (1)
  MP 1,4 Amparo   los hocicos de las fieras,   793
hogar (2)
  MM 1,5 Curianito   Tú no sabes, infame, que un hogar has deshecho   693
  ZP 1,1 Zapatero   Estabas pereciendo, sin camisa ni hogar.   918
hogares (1)
  DC 1,1   Así, pues, el poeta sabe [...] lo más hondo de los   1019
                    hogares.
hogaza (1)
  BA 1,1 Mujer 3   No te faltará la hogaza de pan caliente.   1449
hoguera (1)
  MM 2,3 Mariposa   lo repite la hoguera;   709
hoja (2)
  MM 0,0   También el viejo silfo [...] ritmo que tiene la hoja   670
                    mecida por el aire [...]
  TC 6,1 Rosita   con el pico movía la hoja,   762
hojadelata (2)
  CA 1,1 Gato   naricillas de hojadelata,   1064
  CA 1,1 Niño   naricillas de hojadelata,   1064
hojalata (1)
  EP CV Dama 2   Lo que más miedo me ha dado ha sido el lobo de cartón   1163
                    y las cuatro serpientes en el estanque de hojalata.
hojas (23)
  MM 1,1 Curiana N   Poneos las hojas de una margarita;   674
  MM 1,4 Curianito   con hojas marchitas y turbio color!   685
  MM 2,5 Gusano 2   las hojas y la tierra.   714
  MM 2,5 Mariposa   y las hojas de los árboles,   714
  MM 2,5 Gusano 1   mientras las hojas tiemblan   715
  MM 2,6 Curianito   Las hojas y las flores   718
  MP 2,1 Clavela   las hojas al pasar.   824
  TB PBK Americana   ¿Tiene usted una espada adornada con hojas de mirto?   895
  TB DME Vieja   Caracoleeees. Se guisan con hierbabuena, azafrán y   896
                    hojas de laurel.
  ZP 2,1 Zapatero   hojas de las madroñeras,   961
  CA 2,1 Novia   Mi novio tenía los dientes helados; me besaba, y sus   1079
                    labios se le cubrían de pequeñas hojas marchitas, eran
                    [...]
  CA 2,1 Criada   ¿El traje hojas de otoño?   1085
  CA 2,1 Maniquí   con hojas secas y musgo   1101
  BS 3,1 Leñador 1   Luna de las hojas grandes.   1248
  BS 3,1 Leñador 1   ¡Luna de las verdes hojas!   1248
  BS 3,1 Luna   alba fingida en las hojas   1249
  BS 3,1 Leñador 1   Muerte de las hojas grandes.   1255
  BS 3,1 Leñador 1   Muerte de las secas hojas.   1255
  BS 3,1 Novia   Y que me lloren las hojas,   1260
  YE 1,1 María   No me lo dice, pero se pone junto a mí y sus ojos   1281
                    tiemblan como dos hojas verdes.
  YE 2,1 Lavandera 4   Son como esas hojas grandes que nacen de pronto sobre   1302
                    los sepulcros.
  YE 3,2 Yerma   Alrededor de sus hojas   1339
  RS 1,1 Rosita   que se tapan con las hojas.   1367
hojillas (1)
  TC 0,0 Mosquito   Cuatro hojillas tenía   724
hojitas (3)
  MM 1,5 Alacranito   Que las hojitas del mastranzo   689
  MM 1,6 Alacranito   Que las hojitas del mastranzo   701

hojitas (continuación)   Pág.
    RS 1,1 Tío   Bien está que se pisen las semillas, pero no es   1355
                        tolerable que esté con las hojitas tronchadas la [...]
hola (1)
    RS 1,1 Tía   Hola, siéntate si quieres. Rosita ya se ha marchado. 1361
holanda (4)
    BS 1,2 Mujer   Su colcha de holanda.   1186
    YE 1,1 Yerma   ¿No cantaba al levantar los embozos de holanda?   1276
    YE 3,2 Macho   sino dulce camisa de holanda.   1341
    BA 2,1 Martirio   Si fuera rica la tendría de holanda.   1484
hombre (143)
    MM 0,0   El amor, lo mismo que pasa con sus burlas y sus   669
                        fracasos por la vida del hombre, pasa en esta [...]
    MM 0,0   También el viejo silfo le dijo al poeta: "Muy pronto   670
                        llegará el reino de los animales y de las plantas; el
                        hombre se olvida de su [...] tono el mar; dile al
                        hombre que sea humilde, [...]
    TC 1,1 Padre   Ese hombre tiene mucho oro y a mí me conviene, porque 732
                        si no, mañana tendríamos que pedir limosna.
    TC 2,1 Cristobita   Yo soy hombre que no se retracta jamás de lo que hace. 739
    TC 3,1 Espantanublos ¿Pero quién demonios es ese hombre y a qué ha venido 746
                        aquí?
    TC 3,1 Cocoliche   Estoy preocupado, preocupado... ¡Este hombre!   746
    TC 6,1 Currito   Un hombre entre los hombres.   763
    TC 6,1 Rosita   ¡Mal hombre, perro judío!...   766
    TC 6,1 Rosita   Yo jamás te amé. Eres un hombre errante.   775
    TC 6,1 Cristobita   ¡Pero hombre!   776
    TC 6,1 Un Cura   Un hombre muerto.   779
    MP 1,5 Mariana   Es un hombre que me espanta.   800
    MP 1,7 Fernando   a un hombre que empiezo a odiar,   812
    MP 1,8 Angustias   sin un hombre, sin nadie,   818
    MP 2,1 Clavela   y guarde al hombre en la sierra   822
    MP 2,5 Pedro   Mariana, ¿qué es el hombre sin libertad? ¿Sin esa   830
    MP 3,9 Mariana   El hombre es un cautivo y no puede librarse.   889
    TB DME Doncella   Para que el hombre que esté conmigo me llame de la   897
                        manera que guste.
    ZP 1,1 Vecina   ¡Qué lástima de hombre!   919
    ZP 1,1 Zapatera   ¿Tienes valor de robar a este hombre de esa manera?   921
    ZP 1,1 Alcalde   Vamos, lo estoy viendo y me parece mentira cómo un   925
                        hombre, lo que se dice un hombre, no puede meter [...]
    ZP 1,1 Zapatero   Yo soy un hombre pacífico.   927
    ZP 1,1 Alcalde   Es una lástima que un hombre como tú no tenga el   927
                        carácter que debías tener.
    ZP 1,1 Zapatero   ¡O soy otro hombre o no me conozco!   933
    ZP 1,1 Zapatera   Y mucho... Pero, señor, ¿adónde habrá ido este hombre 934
                        desnortado?
    ZP 2,1 Zapatera   Y que no me asusto de [...] y lo que se dice un hombre. 943
    ZP 2,1 Alcalde   Pase usted, buen hombre, y tome lo que quiera, que yo 953
                        pago.
    ZP 2,1 Niño   ¿Dónde he oído yo hablar a este hombre?   954
    ZP 2,1 Zapatero   él hombre de gran paciencia,   958
    ZP 2,1 Zapatero   Por lo que veo, su marido de usted era un hombre de   964
                        pocas luces.
    ZP 2,1 Zapatera   Mire usted, buen hombre.   966
    ZP 2,1 Vecina Roja Buen hombre.   971
    ZP 2,1 Vecina Amarilla Buen hombre.   971
    ZP 2,1 Zapatera   Buen hombre, Dios quiera que [...]   975
    ZP 2,1 Zapatera   ¡Con este hombre que Dios me ha dado!   978
    PB PRO Madre   El agradecimiento de [...] que no trato a un hombre. 986
    PB 1,1 Duende 1   El hombre se figura que no tiene necesidad de   994
                        descubrirlas...
    PB 1,1 Duende 1   Un bien..., porque no es justo poner ante las miradas 996
                        del público el infortunio de un hombre bueno.
    PB 2,1 Belisa   No conocí más hombre que mi Perlimplinillo.   1004
    PB 2,1 Perlimplín   Jamás he visto un hombre en quien lo varonil y lo   1005
                        delicado se den de una manera tan armónica.
    PB 3,1 Belisa   Pero ¿quién era este hombre? ¿Quién era?   1018
    DC 1,1 Madre   Mal hombre, perro.   1040
    CA 1,1 Amigo   Hombre solo, hombre serio, ¡y con este calor!   1056
    CA 1,1 Amigo   Sí, hombre, no te indignes, pero una mujer puede ser 1058
                        feísima y un domador de caballos puede ser hermoso.
    CA 1,1 Niño   Y un hombre con martillo iba clavando   1062
    CA 1,1 Amigo 2   Yo era tierno y cantaba, y ahora hay un hombre, un   1075
                        señor como [...]
    CA 2,1 Criada   Un hombre tan bueno.   1084
    CA 2,1 Novia   Quiero un hábito color tierra para ese hombre; un   1085
                        hábito de roca pelada con un cordón de esparto a la
                        cintura.
    CA 2,1 Padre   Pero, hija... ¿Qué va a decir ese hombre?   1089
    CA 2,1 Padre   Ese hombre me insultará con razón.   1089
    CA 2,1 Padre   ¿Qué hacemos con este hombre?   1089

hombre (continuación)

CA 3,1	Arlequín	¡Señor hombre, acuda!	1111
CA 3,1	Arlequín	Señor hombre, venga.	1114
CA 3,2	Joven	¿Ningún hombre aquí?	1144
EP RR	Figura De P	Si tú te convirtieras en pez luna, yo te abriría con un cuchillo, porque soy un hombre, más hombre que Adán, y quiero que tú seas aún más hombre que yo.	1146
EP RR	Figura De P	Tan hombre, que no haya ruido en las ramas cuando tú pases.	1146
EP RR	Figura De P	Pero tú no eres un hombre.	1146
EP RR	Figura De C	Ciego, porque no eres hombre.	1149
EP RR	Figura De C	Yo sí soy hombre.	1149
EP RR	Figura De C	Un hombre, tan hombre que me desmayo cuando se despiertan los cazadores.	1149
EP RR	Figura De C	Un hombre, tan hombre que siento un [...]	1149
EP RR	Figura De C	¿No eres tú un hombre?	1149
EP RR	Figura De C	¿Un hombre más hombre que Adán?	1149
EP CV	Muchacho 1	Eran pies de hombre, pies inventados por un hombre.	1159
EP CV	Estudiante 2	En último caso, ¿es que Romeo y Julieta tienen que ser necesariamente un hombre y una mujer para [...]	1161
EP CV	Desnudo	Para la agonía del hombre solo, en las plataformas y en los trenes.	1164
EP CV	Estudiante 4	Romeo era un hombre de treinta años y Julieta un muchacho de quince.	1165
EP CV	Estudiante 5	Porque están locos; pero [...] tiempo para pensar si es hombre o mujer o niño, [...]	1167
EP CV	Hombre 1	Soledad del hombre en el sueño lleno de ascensores, trenes donde tú vas a velocidades increíbles.	1169
BS 1,1	Madre	Todo lo que puede cortar el cuerpo de un hombre.	1172
BS 1,1	Madre	Un hombre	1172
BS 1,1	Madre	... y ese hombre no vuelve.	1173
BS 1,1	Madre	¿Y es justo y puede ser que una cosa pequeña como una pistola o una navaja pueda acabar con un hombre, que es un toro?	1173
BS 1,1	Madre	Una mujer con un hombre, y ya está.	1176
BS 1,3	Madre	Un hombre, unos hijos y una pared de dos varas de ancho para todo lo demás.	1200
BS 1,3	Criada	Tienes más fuerza que un hombre.	1204
BS 1,3	Novia	¿No he hecho yo trabajos de hombre? ¡Ojalá fuera!	1204
BS 2,1	Criada	¡Dichosa tú que vas a abrazar a un hombre, que lo vas a besar, que vas a sentir su peso!	1207
BS 2,1	Criada	Es una cama relumbrante y un hombre y una mujer.	1207
BS 2,1	Leonardo	No quiero hablar, porque soy hombre de sangre, y no quiero que todos estos cerros oigan mis voces.	1213
BS 2,1	Novia	Un hombre con su caballo sabe mucho y puede mucho para poder estrujar a una muchacha metida en un desierto.	1214
BS 2,1	Leonardo	Yo no soy hombre para ir en carro.	1224
BS 2,2	Mujer	No es hombre tranquilo.	1233
BS 3,1	Novio	¿Viste un hombre y una mujer que corrían montados en un caballo?	1254
BS 3,1	Novia	He dejado a un hombre duro	1258
BS 3,2	Novia	Que quiero que sepa que yo soy limpia, que estaré loca, pero que me pueden enterrar sin que ningún hombre se haya mirado [...]	1269
YE 1,2	Yerma	¿Es preciso buscar en el hombre al hombre nada más?	1290
YE 2,1	Lavandera 4	No es lo mismo una mujer mirando unas rosas que una mujer mirando los muslos de un hombre.	1303
YE 2,1	Lavandera 5	Cuando el hombre nos trae	1308
YE 2,2	Juan	Cada hombre tiene su vida.	1312
YE 2,2	Juan	Lo que pasa es que no eres una mujer verdadera y buscas la ruina de un hombre sin voluntad.	1315
YE 2,2	Yerma	Muchas noches bajo yo [...] me suenan a pasos de hombre.	1318
YE 2,2	Yerma	Creen que me puede gustar otro hombre y no saben que, [...]	1319
YE 2,2	Yerma	Nunca oí decir a un hombre comiendo: qué buenas son estas manzanas.	1322
YE 2,2	Víctor	La acequia por su sitio, el rebaño en el redil, la luna en el cielo y el hombre con su arado.	1323
YE 3,1	Yerma	Yo quiero tener a mi [...] mejor llorar por un hombre vivo que nos apuñala [...]	1328
YE 3,1	Yerma	No soy una casada indecente; pero yo sé que los hijos nacen del hombre y de la mujer.	1329
YE 3,1	Juan	Me engañas, me envuelves y como soy un hombre que trabaja la tierra, no tengo ideas para tus astucias.	1332
YE 3,2	Yerma	¿Te figuras que puedo conocer otro hombre?	1345
YE 3,2	Yerma	¿Has pensado en serio que yo me pueda doblar a otro hombre?	1345
RS 1,1	Tía	Si fuera hombre y joven, te cruzaría la cara.	1362
RS 1,1	Tía	¡Perdona, perdona! Se me había olvidado que ya eres un hombre.	1363

hombre (continuación)   Pág.
  RS 1,1 Ama   Si fuera un hombre, no se iría.   1363
  RS 2,1 El Señor X   Mi amigo, el señor Longoria, [...] que por cierto es   1375
                      un hombre muy agradable, [...]
  RS 2,1 Ama   ¿A usted le parece bien que un hombre se vaya y deje   1380
                      [...]
  RS 2,1 Tía   No es justo que te des ese aire de hombre superior y   1386
                      mal [...]
  RS 2,1 Tía   Bebe conmigo una copita, hombre. Hoy es día de que lo   1411
                      hagas.
  RS 3,1 Tía   Cuando pienso en la mala [...] del corazón de ese   1414
                      hombre, que no es de [...]
  RS 3,1 Ama   ¿Por qué no se casó, hombre de Dios?   1422
  RS 3,1 Tía   ¡Hombre sin idea del dinero!   1427
  RS 3,1 Tía   Y no había calamidad [...] corazón más grande que   1427
                      hombre tuvo..., el alma [...]
  RS 3,1 Rosita   Estaba atada, y además, ¿qué hombre vino a esta casa   1429
                      sincero y desbordante para procurarse mi cariño?
  BA 1,1 Bernarda   Las mujeres en la iglesia no deben de mirar más hombre   1447
                      que al oficiante, y ese porque tiene faldas.
  BA 1,1 Bernarda   ¿Es decente que una mujer de tu clase vaya con el   1454
                      anzuelo detrás de un hombre el día de la misa de su
                      padre?
  BA 1,1 Martirio   Es preferible no ver a un hombre nunca.   1460
  BA 1,1 Adela   Y ese hombre es capaz de...   1466
  BA 1,1 Bernarda   Más debes a este hombre, padre de tus hermanas, que al   1468
                      tuyo.
  BA 1,1 Bernarda   Gracias a este hombre tienes colmada tu fortuna.   1468
  BA 2,1 Angustias   No, porque cuando un hombre se acerca a una [...]   1474
  BA 2,1 Angustias   Era la primera vez que estaba sola de noche con un   1475
                      hombre.
  BA 2,1 Magdalena   Y un hombre tan guapo.   1475
  BA 2,1 La Poncia   A vosotras que sois solteras, os conviene saber de   1476
                      todos modos que el hombre, a los quince [...]
  BA 2,1 Criada   Bernarda os llama. Está el hombre de los encajes.   1479
  BA 2,1 La Poncia   ¡Tanto te gusta ese hombre!   1482
  BA 3,1 Bernarda   Es un verdadero hombre. ¿Y con tu hija?   1507
  BA 3,1 Prudencia   Bregando como un hombre.   1509
  BA 3,1 Criada   Bernarda cree que nadie puede con ella y no sabe la   1520
                      fuerza que tiene un hombre entre mujeres solas.
  BA 3,1 La Poncia   Un hombre es un hombre.   1520
  BA 3,1 La Poncia   Son mujeres sin hombre, nada más.   1521
  BA 3,1 Martirio   ¡Deja a ese hombre!   1526
  BA 3,1 Martirio   Ese hombre sin alma vino por otra. Tú te has   1526
                      atravesado.
  BA 3,1 Adela   Todo el pueblo contra [...] son queridas de algún   1528
                      hombre casado.
hombrecito (1)
  ZP 2,1 Zapatero   Respetable público: Oigan ustedes el romance verdadero   958
                      y sustancioso de la mujer rubicunda y el hombrecito de
                      la paciencia, [...]
hombrecitos (1)
  MM 0,0   Tal vez os riáis al oír hablar a estos insectos como   670
                      hombrecitos, como adolescentes.
hombres (72)
  MM 0,0   ¿Y por qué a vosotros los hombres, llenos de pecados   670
                      [...]
  MM 0,0   También el viejo silfo [...] luz; di, poeta, a los   670
                      hombres que el amor nace [...]
  TC 0,0 Mosquito   ¡Hombres y mujeres!   723
  TC 0,0 Mosquito   Yo y mi compañía venimos [...] cristales, donde los   723
                      hombres van a dormirse [...]
  TC 1,1 Rosita   ¡Qué poco perspicaces sois los hombres!   726
  TC 1,1 Cristobita   No hay más que dos caminos a seguir con los hombres: o   734
                      no conocerlos... , ¡o quitarlos de en medio!
  TC 2,1 Cristobita   Esta porra que se aquí ha matado muchos hombres   739
                      franceses, italianos, húngaros... Tengo la lista en
                      mi casa.
  TC 6,1 Currito   Un hombre entre los hombres.   763
  TC 6,1 Cocoliche   Sal al aire libre, donde están los hombres .   768
  MP 2,2 Niño   como los hombres, alto y grande, ¿sabes?   825
  MP 2,5 Mariana   me parece que hay hombres detrás de las cortinas,   830
  MP 2,7 Pedro   Hombres de acantilado y mar abierto,   838
  MP 2,8 Clavela   ¡Ay señora! ¡Dos hombres embozados!   847
  MP 3,9 Mariana   ¡Yo soy la Libertad, herida por los hombres!   891
  ZP 1,1 Zapatero   Yo debía haber comprendido, después de leer tantas   918
                      novelas, que las mujeres les gustan a todos los
                      hombres, pero todos los hombres no
  ZP 1,1 Zapatera   ¡Qué hombres son los hombres, qué abusivos y qué...,   934
                      qué..., vaya!

hombres (continuación)
ZP 2,1 Niño   Y los hombres querían que el sacristán tocara las   970
                   campanas para cantar tus coplas...
ZP 2,1 Vecina Roja De una mal nacida, desengaño de los hombres.   971
ZP 2,1 Vecina Roja Dos hombres como dos soles.   972
ZP 2,1 Niño   Ahora entraba un grupo de hombres en casa del Alcalde. 973
ZP 2,1 Zapatera   Que a pesar de sus cincuenta [...] torerillo que todos 976
                   los hombres del mundo.
PB 0,0 Madre   Los dineros dan la hermosura... Y la hermosura es   985
                   codiciada por los demás hombres.
PB 2,1 Belisa   Las cartas de los otros hombres que yo he recibido... 1006
                   [...]
DC 1,1   Hombres y mujeres, atención; niño, cállate.   1019
CA 3,1 Máscara   Y después fui al hospital [...] compartido mi cama con 1116
                   los hombres que descargan [...]
CA 3,2 Joven   El coñac es una bebida para hombres que saben resistir. 1141
BS 1,1 Madre   Mis muertos llenos de hierba, sin hablar, hechos   1173
                   polvo; dos hombres que eran dos [...]
BS 1,1 Madre   Los hombres, hombres; el trigo, trigo.   1174
BS 1,3 Madre   Que viviría caliente y macho como era, si los hombres 1199
                   no hubieran inventado las navajas.
BS 2,2 Padre   Que en seguida tuvieran dos o tres hombres.   1228
BS 2,2 Madre   Sola, no. Que tengo la cabeza llena de cosas y de   1241
                   hombres y de luchas.
BS 3,1 Leonardo   estos hombres que nos cercan.   1259
BS 3,2 Mendiga   dos hombres en las patas del caballo.   1266
BS 3,2 Madre   se mataron los dos hombres del amor.   1272
BS 3,2 Novia   se queden dos hombres duros   1272
YE 1,1 Juan   Cuando los hombres se quedan enjutos se ponen fuertes 1274
                   como el acero.
YE 1,2 Vieja 1   Los hombres tienen que gustar, muchacha.   1290
YE 1,2 Vieja 1   Son los hombres los que tienen que amparar.   1291
YE 1,2 Vieja 1   Aunque debía haber Dios, aunque fuera pequeñito, para 1291
                   que mandara rayos contra los hombres de simiente
                   podrida [...]
YE 1,2 Yerma   Con las faenas, los hombres están en los olivos, hay 1292
                   que traerles de comer.
YE 2,1 Lavandera 4 Y los hombres avanzan   1309
YE 2,2 Yerma   Los hombres tienen otra vida; los ganados, los   1313
YE 2,2 Yerma   Para los hombres, sí; pero las mujeres somos otra cosa. 1322
YE 3,1 Yerma   A veces, cuando ya estoy [...] todas las cosas, y los 1328
                   hombres que andan por [...]
YE 3,2 Vieja   Venís a pedir hijos al santo y resulta que cada año   1336
                   vienen más hombres solos a esta romería.
YE 3,2 María   Un río de hombres solos baja esas sierras.   1338
YE 3,2 Vieja   Ni su padre, ni su abuelo, ni su bisabuelo se portaron 1344
                   como hombres de casta.
YE 3,2 Vieja   Aquí vienen las mujeres a conocer hombres nuevos.   1345
RS 1,1 Ama   ¡Estos son los hombres de ahora!   1364
RS 2,1 Ama   En la familia de ustedes no hay hombres guapos.   1380
RS 2,1 Tía   Yo sé que hay muchachos y hombres maduros enamorados 1389
                   de ti.
RS 2,1 Rosita   Dicen que los hombres se cansan de una si la ven   1395
                   siempre con el mismo vestido.
RS 3,1 Martín   Y créame usted que los [...] nos considera como   1419
                   hombres sin sentimiento, [...]
BA 1,1 Bernarda   Dale a los hombres.   1446
BA 1,1 Muchacha   Pepe el Romano estaba con los hombres del duelo.   1447
BA 1,1 La Poncia   De parte de los hombres esta bolsa de dineros para   1450
                   responsos.
BA 1,1 Adela   Los hombres se acaban de ir.   1453
BA 1,1 Bernarda   ¡Pero el duelo de los hombres habría salido ya!   1454
BA 1,1 La Poncia   Luego estuvo detrás de una ventana oyendo la   1455
                   conversación que traían los hombres, que, como
                   siempre, [...]
BA 1,1 La Poncia   Los hombres de aquí no son capaces de eso.   1456
BA 1,1 Bernarda   Los hombres de aquí no son de su clase.   1457
BA 1,1 Martirio   Porque los hombres se tapan unos a otros las cosas de 1459
                   esta índole y nadie es capaz de delatar.
BA 1,1 María Josefa Me escapé porque me quiero [...] mar, ya que aquí los 1470
                   hombres huyen de las [...]
BA 2,1 Adela   En vez de limpiar la casa y acostarte para rezar a tus 1481
                   muertos, buscas como una vieja marrana asuntos de
                   hombres y mujeres para [...]
BA 2,1 Magdalena   Son los hombres que vuelven del trabajo.   1485
BA 2,1 La Poncia   Los hombres necesitan estas cosas.   1486
BA 2,1 La Poncia   La traen arrastrando por la calle abajo y por las   1505
                   trochas y los terrenos del olivar vienen los hombres
                   corriendo, dando [...]
BA 3,1 Angustias   Si le pregunto qué le pasa, me contesta: "Los hombres 1513
                   tenemos nuestras preocupaciones."

hombres - honradez

hombres (continuación)   Pág.
  BA 3,1 María Josefa   Yo quiero casas, pero casas abiertas y las vecinas   1525
                         acostadas en sus camas con sus niños chiquitos y los
                         hombres fuera sentados [...]

hombros (6)
  CA 2,1 Joven   hombros de virgen nocturna   1102
  EP CV Estudiante 5   Te enamoras también, yo te dejo, y te subo en hombros   1167
                         por los riscos.
  BS 2,1 Criada   Y lo mejor es cuando te despiertes y lo sientas al   1207
                         lado y que él te roza los hombros con su aliento, [...]
  BS 3,2 Mendiga   sobre los hombros de los mozos altos.   1266
  BS 3,2 Mujer   llegan con hombros cansados!   1271
  RS 2,1 Ama   Son todos bajos y un poquito caídos de hombros.   1381

honda (3)
  MM 0,0   Y si alguna honda lección sacáis [...]   670
  MM 1,5 Curianito   ¡Oh qué pena tan honda en el alma me siento   698
  YE 3,1 Yerma   ¡Ay! Has puesto el dedo en la llaga más honda que   1329
                         tienen mis carnes.

hondas (S) (1)
  CA 1,1 Niño   con hondas que lanzan piedras   1066

hondas (2)
  RS 2,1 Rosita   Tengo las raíces muy hondas, muy bien hincadas en mi   1389
                         sentimiento.
  RS 2,1 Rosita   Las cicatrices son hondas.   1400

hondo (5)
  MP 1,7 Fernando   torciendo el hondo sentir   815
  PB 1,1 Perlimplín   Como un hondo corte de lanceta en mi garganta.   991
  DC 1,1   Así, pues, el poeta sabe [...] llegan hasta lo más   1019
                         hondo de los hogares.
  CA 3,1 Joven   Sangre pura y calor hondo   1122
  EP RR Figura De P   Quisiera que tú calaras hasta lo hondo.   1147

hondos (2)
  MM 1,2 Curianita Silvia   Mis pesares son tan hondos   679
  MP 1,6 Mariana   Gracias... Son asuntos familiares hondos,   805

hongo (1)
  EP CV Estudiante 2   Lo que pasa es que se sabe lo que alimenta un grano de   1161
                         trigo y se ignora lo que alimenta un hongo.

hongos (1)
  EP CV Estudiante 2   Pasaría que vendrían los hongos, y los latidos se   1161
                         harían quizá menos intensos y apasionantes.

honor (4)
  TB PBK Joven   ¿A quién tengo el honor de saludar?   896
  PB 3,1 Perlimplín   Porque don Perlimplín no tiene honor y quiere   1010
                         divertirse.
  PB 3,1 Perlimplín   ¡Don Perlimplín no tiene honor!   1010
  PB 3,1 Perlimplín   ¡No tiene honor!   1010

honra (18)
  MP 2,9 Mariana   Que me cueste dolor, pero con honra.   857
  ZP 1,1 Zapatera   Puede que los tenga más hermosos que todas ellas y con   915
                         más arranque y más honra, porque tu madre..., [...]
  BS 1,3 Madre   La honra más limpia que una sábana puesta al sol.   1198
  BS 3,2 Madre   Pero ¿y su honra?   1268
  BS 3,2 Madre   ¿Dónde está su honra?   1268
  YE 1,2 Vieja 1   Son asuntos de honra y yo no quemo la honra de nadie.   1290
  YE 2,1 Lavandera 5   La que quiera honra, que la gane.   1301
  YE 2,1 Lavandera 4   El que quiere honra, que se porte bien.   1301
  YE 2,2 Juan   Mi vida está en el campo, pero mi honra está aquí.   1311
  YE 2,2 Juan   Y mi honra es también la vuestra.   1311
  YE 2,2 Juan   Y que las familias tienen honra y la honra es una   1315
                         carga que se lleva entre todos.
  YE 3,1 Yerma   Por honra y por casta.   1329
  YE 3,1 Juan   Si pudiera dar voces levantaría a todo el pueblo para   1331
                         que viera dónde iba la honra de mi casa; pero [...]
  YE 3,1 Yerma   Te figuras tú y tu gente que sois vosotros los únicos   1332
                         que guardáis honra, y no sabes
  YE 3,2 Yerma   ¿Dónde pones mi honra?   1345
  RS 3,1 Tía   Resucitarlo y traerlo con Rosita para respirar   1414
                         satisfecha con la honra de los míos.

honrada (5)
  MP 2,4 Angustias   Vieja y honrada casa, ¡qué locura!   827
  BS 3,1 Novia   dolor de mujer honrada,   1259
  BS 3,2 Novia   Honrada, honrada como una niña recién nacida.   1270
  BA 3,1 Martirio   No es ese el sitio de una mujer honrada.   1526

honradamente (1)
  MM 2,1 Curianita 1   El no piensa ganarse la vida honradamente.   702

honradas (1)
  BS 2,2 Madre   Al agua se tiran las honradas, las limpias; ¡esa, no!   1244

honradez (3)
  ZP 2,1 Zapatera   Nunca se rinde la que, como yo, está sostenida por el   974
                         amor y la honradez.
  BS 3,2 Madre   Pero ¿qué me importa a mí tu honradez?   1270

honradez (continuación)
YE 2,2 Yerma   Creen que me puede gustar otro hombre y no saben que,   1319
                     aunque me gustara, lo primero de mi casta es la
                     honradez.

honrado (1)
BS 3,1 Novia   quita de mi cuello honrado   1256
hora (44)
TC 2,1 Rosita   cada hora, niño mío,   740
TC 3,1 Cristobita   Te llegó tu hora. ¡Pillo, pillo, granuja!   749
TC 4,1 Espectro De   Cada hora, niño mío,   754
       Doña R
TC 4,1 Rosita   Cada hora, niño mío,   755
TC 6,1 Rosita   En esta hora, los niños cuentan las estrellas, y los   774
                     viejos se duermen sobre sus cabalgaduras.
MP 1,5 Mariana   Hora redonda y oscura   796
MP 2,2 Mariana   Es hora de acostarse.   824
MP 2,5 Pedro   No es hora de pensar en quimeras, que es hora   832
MP 3,5 Pedrosa   Ya es hora. ¿No os parece?   873
MP 3,5 Mariana   Siempre es hora   874
MP 3,8 Mariana   ¿Vendrá? Dime, Fernando. ¡Aún es hora!   884
ZP 1,1 Zapatera   Maldita hora, maldita hora en que le hice caso a mi   916
                     compadre Manuel.
ZP 1,1 Zapatero   Pero comprenda mi situación: [...] seria, y, a última   919
                     hora, ya lo está usted [...]
PB 1,1 Belisa   Hora de dormir.   992
PB 3,1 Marcolfa   ¿Es hora ya?   1008
PB 3,1 Perlimplín   No. Todavía no es hora.   1008
PB 3,1 Perlimplín   ¡Ya es la hora!   1014
DC 1,1 Voz De Rosita cada hora, niño mío,   1031
DC 1,1 Rosita   En esta hora los niños   1032
CA 1,1 Viejo   ¿No le angustia la hora de la partida, los   1048
                     acontecimientos, lo que ha de llegar ahora mismo...?
CA 1,1 Amigo   Por más... que... Ya se ha pasado la hora; es   1058
                     horrible, siempre ocurre igual.
CA 1,1 Joven   ¿Qué hora es?   1077
CA 2,1 Joven   ¿Qué hago con esta hora que viene y que no conozco ?   1099
EP CV Enfermero   ¿Por qué llegáis a esta hora?   1162
BS 1,3 Novia   ¿A qué hora?   1201
BS 1,3 Novia   ¿A qué hora?   1204
BS 2,1 Madre   ¡Que llevéis cuidado! No sea que tengamos mala hora.   1222
BS 2,2 Novia   Ya lo sabréis cuando os llegue la hora.   1236
BS 2,2 Madre   Ha llegado otra vez la hora de la sangre.   1244
YE 1,1 Yerma   Ya es la hora.   1274
YE 2,1 Lavandera 4   Cada hora que transcurre aumenta el infierno en   1304
                     aquella casa.
YE 2,2 Yerma   Cuando tenga la cabeza [...] dentro del ataúd, en esa   1314
                     hora me habré resignado.
YE 3,2 Juan   También es hora de que yo hable.   1346
RS 2,1 El Señor X   Mi amigo, el señor Longoria, [...] treinta kilómetros   1375
                     por hora; y el sha de Persia, [...]
RS 2,1 Madre   de la hora de tu muerte   1405
RS 3,1 Ama   ¡Ya pasará la mala hora!   1436
BA 1,1 Angustias   ¿Qué hora es?   1462
BA 2,1 Magdalena   ¿Tan tarde? ¿A qué hora se fue?   1473
BA 2,1 La Poncia   "Buenas noches", le dije yo, y nos quedamos callados   1476
                     más de media hora.
BA 2,1 Martirio   ¡Claro! ¿A qué hora te dormiste anoche?   1488
BA 3,1 Bernarda   ¿A qué hora terminaste anoche de hablar?   1513
BA 3,1 La Poncia   ¿A qué hora quieres que te llame?   1520
horas (19)
MM 1,3 Doña Curiana que te pasas las horas   685
MP 3,9 Mariana   En mis últimas horas yo quiero engalanarme.   889
ZP 1,1 Zapatero   ¡Con todo el mundo y a estas horas!   931
CA 1,1 Amigo 2   que es precisamente lo que yo canto a todas horas.   1074
CA 3,2 Criado   Dicen que con las anémonas y adormideras duele la   1135
                     cabeza a ciertas horas del día.
EP CV Enfermero   ¿Son éstas horas de avisar?   1162
BS 1,3 Madre   Cuatro horas de camino y ni una casa ni un árbol.   1195
BS 1,3 Padre   Cuatro horas.   1196
BS 1,3 Novia   ¿No sería mi novio? Algunas veces ha pasado a esas   1205
                     horas.
BS 2,1 Criada   No son horas de ponerse triste.   1208
BS 2,1 Criada   Ya llevarán lo menos dos horas de camino.   1209
YE 3,1 Yerma   Yo tengo la idea de que las recién paridas están como   1327
                     iluminadas por dentro y los niños se duermen horas y
                     horas sobre ellas, oyendo [...]
YE 3,1 Juan   Ni yo sé lo que busca una mujer a todas horas fuera de   1333
                     su tejado.
RS 1,1 Rosita   ¿Adónde irán a estas horas?   1367
RS 2,1 Rosita   Siempre pasa a estas horas.   1387

Pág.

horas (continuación)
RS 2,1 Madre   Saben también el lenguaje [...] el lenguaje de las horas.   1405

RS 2,1 Tío   Si hubiera tardado dos horas más en cortarla te la hubiese dado blanca.   1411

BA 1,1 La Poncia   Llevan ya más de dos horas de gori-gori.   1439
horizonte (1)
MP 2,5 Pedro   y esta aguda pasión de horizonte y silencio.   832
hormiga (4)
MM 1,1 Curiana N   estos polvos santos de cráneo de hormiga,   674
MM 1,4 Curianito   ¡Quién fuera una hormiga para poder verte   686
CA 3,1 Joven   Corre por dentro de mí, como una hormiga sola dentro de una caja cerrada.   1125

EP RR Figura De C   ¿Y si yo me convirtiera en hormiga?   1146
hormigas (1)
YE 3,1 Dolores   Que mi lengua se llene de hormigas, como está la boca de los muertos, si alguna vez he mentido.   1327

hormiguita (3)
DC 1,1   Y si un pájaro mueve un ala, que también lo oigamos; y si una hormiguita mueve la patita, [...]   1019

BA 3,1 María Josefa   La hormiguita estará en su puerta,   1523
BA 3,1 María Josefa   La hormiguita estará en su puerta,   1525
hormiguitas (1)
MM 2,7 Curianito   y hormiguitas enanas;   720
horquillas (1)
ZP 1,1 Niño   ¡Que se te caen las horquillas!   938
horrible (3)
CA 1,1 Amigo   Por más... que... Ya se ha pasado la hora; es horrible, siempre ocurre igual.   1058

EP CV Dama 1   Es horrible perderse en un teatro y no encontrar la salida.   1163

EP CV Dama 1   ¿Otra vez la misma decoración? ¡Es horrible!   1169
horribles (1)
RS 3,1 Martín   A mí, como me ven inútil, [...] compañeros les hacen cosas horribles.   1418

hórrido (2)
RS 3,1 Martín   y el hórrido estertor de mi combate!   1420
RS 3,1 Martín   ¿Y es que no suena bien de acento y de cesura este verso: "y el hórrido estertor de mi combate"?   1420

horrísono (1)
RS 2,1 Madre   con horrísono rigor;   1405
horror (4)
EP CV Dama 2   ¡Qué horror!   1158
EP CV Dama 2   ¡Qué horror!   1159
BA 1,1 La Poncia   ¡Un horror!   1455
BA 3,1 Adela   Ya no aguanto el horror de estos techos después de haber probado el sabor de su boca.   1528

hospital (2)
ZP 2,1 Zapatera   Pero esto ¿es una taberna o un hospital?   942
CA 3,1 Máscara   Y después fui al hospital y allí supe [...]   1116
hoy (26)
MM 1,4 Curianito   Hoy no te quiero, Silvia.   688
TC 5,1 Fígaro   Hoy espero la gran visita.   755
ZP 1,1 Zapatera   Hoy no comemos..., de manera que ya te puedes buscar la comida por otro sitio.   923

ZP 2,1 Zapatera   Hoy tengo una onza de chocolate.   943
PB 2,1 Perlimplín   ¿Ha pasado hoy por aquí?   1005
DC 1,1 Director   Llenemos el teatro de [...] condenada, y saludemos hoy en "La Tarumba" a [...]   1043

CA 1,1 Amigo   Yo, en cambio... Ayer hice tres conquistas y como anteayer hice dos y hoy una, pues... resulta... [...]   1057

CA 2,1 Novia   Hoy me has besado de una manera distinta.   1079
BS 1,2 Mujer   Hoy está como una dalia. ¿Y tú? ¿Fuiste a casa del herrador?   1187

BS 2,1 Convidado   hoy doncella,   1217
BS 2,1 Padre   Son familia. ¡Hoy es día de perdones!   1221
BS 2,2 Padre   Hoy no es día de que te acuerdes de esas cosas.   1227
BS 2,2 Madre   Y hoy más.   1228
BS 2,2 Madre   Porque hoy me quedo sola en mi casa.   1228
YE 3,1 Yerma   Yo no pienso en el mañana, pienso en el hoy.   1328
RS 1,1 Ama   Hoy ya quisiera que fuese pasado mañana.   1354
RS 2,1 El Señor X   Pero hoy día, créame usted, no privan los quietismos ni las ideas oscurantistas.   1376

RS 2,1 El Señor X   Hoy día se abren camino [...]   1376
RS 2,1 Solterona 3   Ha tenido que contar los días para que llegue hoy.   1406
RS 2,1 Tía   Bebe conmigo una copita, hombre. Hoy es día de que lo hagas.   1411

RS 3,1 Tía   Hoy.   1418
RS 3,1 Martín   No se le da hoy mérito a la Retórica y Poética, ni a la cultura universitaria.   1423

RS 3,1 Rosita   Y hoy se casa una amiga [...]   1428

hoy (continuación)
    BA 1,1 La Poncia   ¡Hoy no se dará cuenta!   1440
    BA 1,1 Criada   Por la puerta se va a la calle. Las sobras de hoy son 1444
                      para mí.
    BA 1,1 Magdalena   Hoy hay más finura, las [...]   1461
hoyo (1)
    BA 1,1 La Poncia   Nosotras tenemos nuestras manos y un hoyo en la tierra 1443
                      de la verdad.
hoyos (1)
    CA 1,1 Niño   en unos hoyos oscuros,   1065
hoz (2)
    CA 1,1 Viejo   Se apagan los ojos y una hoz muy afilada siega los 1075
                      juncos de las orillas
    BS 3,2 Novia   Pero no con las manos; con garfios de alambre, con una 1269
                      hoz, y con fuerza, hasta que se rompa en mis huesos.
hubiera (7)
    MP 1,7 Fernando   No hay luna, y aunque la hubiera,   815
    MP 3,7 Novicia 1   Dice: "Si no hubiera sierras,   880
    EP RR Centurión   Porque si hubiera dos no estaría el Emperador buscando 1153
                      por esos caminos.
    RS 3,1 Rosita   Con la mudanza ha estado todo el día la puerta llena 1426
                      de chiquillos, como si en la casa hubiera un muerto.
    RS 3,1 Rosita   Hay cosas que no se pueden decir porque no hay 1430
                      palabras para decirlas; y si las hubiera, nadie
                      entendería [...]
    BA 1,1 Adela   No hubiera habido otro igual.   1465
    BA 3,1 Bernarda   Si en esta casa hubiera hierbas ya te encargarías de 1519
                      traer a pastar las ovejas del vecindario.
hubiera (35)
hubierais (1)
hubieran (4)
hubieras (4)
hubiese (7)
hubiesen (1)
hubo (2)
    MM 0,0   Pero un día... hubo un insecto que quiso ir más allá 669
                      del amor.
    BS 2,2 Novio   Hubo primos míos que yo ya no conocía.   1230
huela (2)
    YE 1,1 Yerma   Cuando tu carne huela a jazmín.   1278
    YE 1,1 Yerma   ¡Cuando tu carne huela a jazmín!   1286
huele (8)
    TC 3,1 Cristobita   ¡Huele la porra!   748
    TC 3,1 Cristobita   ¿A qué huele?   748
    TC 3,1 Espantanublos Huele..., pues...   749
    TC 5,1 Fígaro   El pueblo huele a novedades.   757
    TC 6,1 Cristobita   me huele aquí.   767
    MP 1,2 Amparo   ¡Pero clavel que no huele,   786
    ZP 2,1 Alcalde   Muchas mujeres he conocido [...] fuego, mujeres que 949
                      les huele el pelo a nardos [...]
    YE 1,1 Yerma   Acércate a mí y huele mis vestidos; ¡acércate! 1333
huelen (4)
    ZP 1,1 Alcalde   ¡Qué rosas tan bien puestas lleva usted en el pelo y 927
                      qué bien huelen!
    YE 1,1 Yerma   ¿Y no te dije: "¡Cómo huelen a manzanas estas ropas!" 1276
    RS 1,1 Ama   A mí las flores me huelen a niño muerto, o a profesión 1352
                      de monja, o a altar de iglesia.
    RS 2,1 Rosita   Pero las rosas de San Francisco no huelen.   1392
huertas (1)
    TC 3,1 Espantanublos Será algún perrillo de esas huertas.   747
huertecilla (1)
    BS 1,3 Padre   Una espina tengo en el corazón, y es la huertecilla 1196
                      esa metida [...]
huerto (2)
    MP 1,8 Angustias   clavelinas del huerto.   817
    BS 3,2 Novia   Mira que mi cuello es blando; te costará menos trabajo 1270
                      que segar una dalia de tu huerto.
hueso (1)
    MP 3,4 Mariana   dedos de hueso y de musgo   871
huesos (5)
    TC 6,1 Cristobita   ¡Te mato, te trituro, te machaco los huesos!   776
    MP 2,9 Pedrosa   calado hasta los huesos por la lluvia,   851
    BS 3,2 Novia   Pero no con las manos; con garfios de alambre, con una 1269
                      hoz, y con fuerza, hasta que se rompa en mis huesos.
    YE 3,2 Yerma   Y yo en los huesos.   1347
    RS 2,1 Rosita   Ama, trae los huesos de Santa Catalina.   1398
huestes (1)
    MP 2,7 Conspirador 3 se rendirá a las huestes liberales,   839
huevas (2)
    EP RR Figura De C   tú me contestarías: "Yo me convertiría en una bolsa de 1147
                      huevas pequeñitas."

Pág.

huevas (continuación)
EP RR Figura De P   ¿Y si yo me convirtiera en una bolsa de huevas   1148
                        pequeñitas?

huevo (2)
ZP 1,1 Zapatero   Ayer estuvimos todo el día con unas sopas de huevo y   920
                        perejil; bueno, [...]
RS 2,1 Madre   Muchas veces les pregunto: "¿Qué queréis, hijas de mi   1393
                        alma: huevo en el almuerzo o silla en el paseo?"

huevos (2)
DC 1,1 Poeta   La luna es una gallina que pone huevos.   1036
RS 2,1 Ayola 2   Por cierto que yo tomé cuatro huevos con picadillo de   1396
                        tomate, y casi no me podía levantar de la silla.

huido (6)
ZP 1,1 Zapatero   Yo no te digo más que he huido de los escándalos, como 922
                        las salamanquesas del agua fría.
PB 1,1 Perlimplín   Herido de amor huido;   1000
PB 1,1 Perlimplín   herido de amor huido,   1000
CA 3,1 Mecanógrafa   He huido tanto, que necesito contemplar el mar para   1126
                        poder evocar el temblor de tu boca.
BS 2,2 Mujer   ¡Han huido!   1243
BS 2,2 Mujer   ¡Han huido!   1243
huimos (1)
TC 0,0 Mosquito   Entonces yo avisé a mis amigos, y huimos por esos   724
                        campos [...]
huir (8)
TB QM. Mujer   Yo quiero huir y que me alcance.   909
CA 1,1 Viejo   ¿No se atreve usted a huir?, ¿a volar?, ¿a ensanchar   1049
                        su amor por todo el cielo?
CA 3,2 Jugador 1   Hay que huir.   1143
EP RR Figura De C   Yo sé lo que deseas, pero tengo tiempo de huir.   1150
EP CV Estudiante 2   La callejuela está llena de gente armada y es difícil   1156
                        huir por allí.
BS 3,1 Leñador 2   Hay que seguir la inclinación: han hecho bien en huir. 1246
RS 3,1 Rosita   Y yo lo oigo y no puedo gritar, sino vamos adelante,   1429
                        con la boca llena de veneno y con unas ganas enormes
                        de huir, de quitarme los [...]
RS 3,1 Rosita   Quiero huir, quiero no ver, [...]   1429
huiría (1)
PB 1,1 Duende 1   Y el comentario huiría hacia medios más misteriosos.   995
humana (1)
TC 6,1 Cristobita   A carne humana   767
Humanas (3)
BA 1,1 Amelia   ¡Eso no digas! Enrique Humanas estuvo detrás de ti y   1460
                        le gustabas.
BA 2,1 La Poncia   ¿Por qué no la dejaste casar con Enrique Humanas?   1498
BA 2,1 Bernarda   ¡Mi sangre no se junta con la de los Humanas mientras   1498
                        yo viva!

húmeda (1)
MM 0,0   Con la misma tranquilidad [...] amor bajo la hierba   669
                        húmeda.

humedad (2)
RS 2,1 Solterona 3   Según la humedad, las faldas de la niña, que son de   1392
                        papel finísimo, se abren o se cierran.
RS 3,1 Ama   No se puede cerrar por la humedad.   1437
humilde (3)
MM 0,0   Señores: La comedia que vais a escuchar es humilde e   669
                        inquietante, [...]
MM 0,0   También el viejo silfo [...] dile al hombre que sea   670
                        humilde, ¡todo es igual [...]
RS 2,1 Ama   Una humilde criada que da lo que tiene y nada más.   1384
humo (2)
MM 2,3 Mariposa   las canciones del humo en la mañana   709
ZP 0,0 El Autor   Por este miedo absurdo, [...] convierta en una bola de 911
                        humo o de que tres peces, [...]
humor (1)
BA 2,1 Adela   Se necesita buen humor.   1483
humos (1)
BA 2,1 La Poncia   ¡Y así te va a ti con esos humos!   1498
hunden (2)
CA 1,1 Viejo   Se hunden las casas.   1075
CA 1,1 Amigo 1   Las casas no se hunden.   1075
hundida (1)
MM 1,1 Curiana N   hundida en la hierba.   671
hundidas (1)
CA 2,1 Joven   Con tres góndolas hundidas...   1097
hundido (1)
CA 3,1 Arlequín   hundido hasta los cabellos.   1108
hundió (4)
CA 1,1 Niño   Se hundió.   1069
CA 2,1 Maniquí   se hundió por las arenas del espejo.   1099
CA 2,1 Joven   Se hundió por las arenas del espejo.   1101

hundió (continuación)
    CA 2,1 Maniquí   se hundió por las arenas del espejo.   1107
hundiremos (1)
    BA 3,1 Bernarda   Nos hundiremos todas en un mar de luto.   1532
hundiría (1)
    BA 3,1 La Poncia   Ve que el Romano no es para ella y hundiría el mundo   1521
                     si estuviera en su mano.

húngaros (1)
    TC 2,1 Cristobita   Esta porra que ve aquí ha matado muchos hombres   739
                     franceses, italianos, húngaros... Tengo la lista en
                     mi casa.

huracanado (1)
    ZP 2,1 Zapatero   Ella soñaba con un mundo [...] tormentoso de viento   967
                     huracanado, me abandonó [...]

hurona (1)
    RS 2,1 Tía   Tu novio no te exige que seas hurona.   1389
huuy (4)
huy (1)
huya (1)
    BS 3,1 Mendiga   huya con ellos por las negras copas   1251
huye (5)
    TC 6,1 Rosita   Yo te lo explicaré, amor mío. ¡Huye!   769
    TC 6,1 Rosita   ¡Huye!   778
    EP RR Figura De P   Huye si quieres.   1150
    BS 3,1 Novia   ¡Déjame sola! ¡Huye tú!   1258
    BS 3,1 Novia   ¡Huye!   1260
huyen (3)
    TC 0,0 Mosquito   Ahora que sale la luna y las luciérnagas huyen   724
                     lentamente a sus [...]
    MP 3,7 Mariana   ¿Huyen de mí?   882
    BA 1,1 María Josefa   Me escapé porque me quiero [...] que aquí los hombres   1470
                     huyen de las mujeres.
huyo (1)
    TB DME Estudiante   Es que huyo.   901
huyó (1)
    CA 3,2 Jugador 1   Lo echó, y al ir a cogerlo para... tenía un as de   1136
                     copas rebosando por los bordes y huyó bebiendo en él,
                     [...]

i (1)
    TB DME Doncella   A, B, C, D, E, F, G, H, I, J, K, L, M, N.   898
iba (34)
    MP 1,4 Amparo   iba el olor de la sierra.   794
    MP 1,6 Clavela   Me la entregó un jinete. Iba embozado   803
    MP 3,7 Novicia 2   me pareció que se le iba   881
    ZP 1,1 Zapatera   Quién me hubiera dicho [...] hermosísimos, que me iba   913
                     a ver casada con..., [...]
    ZP 1,1 Zapatera   ¿Quién me lo iba a decir, viejo pellejo, que me ibas a 918
                     dar tal pago?
    CA 1,1 Amigo   Iba con una mujer feísima, pero admirable.   1058
    CA 1,1 Niño   Y un hombre con martillo iba clavando   1062
    CA 1,1 Gato   Iba por el tejado, gata chata,   1064
    CA 1,1 Gato   iba a recoger los peces por el agua   1064
    CA 1,1 Gata   Me iba sola.   1064
    CA 1,1 Niño   Yo también iba, ¡ay!, gata chata, barata,   1064
    CA 2,1 Viejo   Yo sabía lo que iba a pasar.   1106
    CA 3,1 Joven   Yo iba a mi casa, es decir, a mi casa, no; a otra   1120
                     casa, a...
    CA 3,1 Mecanógrafa   Iba a morir de frío y tuve que buscar tu amor por   1127
                     donde no hay gente.
    CA 3,2 Criada   ¡Pobrecito mío! ¡Qué precioso iba!   1131
    EP CV Estudiante 5   ¿Qué Julieta iba a ser?   1166
    BS 1,2 Leonardo   No. ¿Qué iba a hacer yo allí, en aquel secano?   1188
    BS 2,1 Leonardo   ¿Qué intención iba a tener?   1213
    BS 2,2 Novio   ¿Quién iba a ser? Tu padre o yo.   1237
    BS 3,1 Leonardo   y el caballo iba a tu puerta.   1258
    YE 1,2 Vieja 1   Muchas veces me he asomado de madrugada a la puerta 1287
                     creyendo oír música de bandurrias que iba, que venía,
                     pero [...]
    YE 3,1 Dolores   ¿Qué le iba a pasar? Dios es Dios.   1327
    YE 3,1 Yerma   Yo quiero tener a mi [...] supiera que mi hijo me iba 1328
                     a martirizar después y me iba a odiar y me iba a
                     llevar de los cabellos [...]
    YE 3,1 Juan   Si pudiera dar voces levantaría a todo el pueblo para 1331
                     que viera dónde iba la honra de mi casa; [...]
    RS 3,1 Ama   Allí encontró la rica que iba buscando y se casó, pero 1415
                     debió decirlo a tiempo.
    RS 3,1 Ama   Aquí, el joven, iba ayer con su novia.   1434
    BA 1,1 La Poncia   Dicen que iba con los pechos fuera y Maximiliano la   1455
                     llevaba cogida como si tocara la guitarra.
    BA 1,1 Martirio   Una vez estuve en camisa [...] hija de su gañán que   1460
                     iba a venir y no vino.

iba - idos

iba (continuación)   Pág.
    BA 2,1 Angustias   Nada. ¡Qué me iba a decir! Cosas de conversación.   1474
    BA 2,1 Martirio   ¿Para qué lo iba a querer?   1494
    BA 2,1 La Poncia   ¿Por qué el mismo día que iba a venir a la ventana le 1498
                          mandaste recado que no viniera?
    BA 3,1 Martirio   Esta se puso a mirarlas de modo que se iba a tronchar 1515
                          el cuello.
íbamos (1)
    MP 3,7 Novicia 2   Nos íbamos... Yo decía...   882
iban (3)
    MP 2,8 Conspirador 4 lo iban llorando también   844
    EP CV Estudiante 4   Iban con el director de escena.   1157
    BS 1,1 Vecina   Iban negros los chiquillos que llevan el agua a los   1183
                          segadores.
ibas (5)
    ZP 1,1 Zapatera   ¡Tú qué ibas a tener!...   917
    ZP 1,1 Zapatera   ¿Quién me lo iba a decir, viejo pellejo, que me ibas a 918
                          dar tal pago?
    BS 1,1 Madre   ¿Me ibas a meter debajo de los pámpanos?   1174
    RS 1,1 Tía   ¿Qué ibas a decir?   1359
    BA 2,1 Martirio   ¿Y qué ibas a decir? ¡Querer no es hacer!   1504
id (1)
    MM 0,0   Y si alguna honda lección sacáis de ella, id al bosque 670
                          para darle [...]
idea (11)
    PB 2,1 Perlimplín   Feliz como no tienes idea.   1002
    CA 1,1 Joven   Es preciso luchar con toda idea de ruina; con esos   1046
                          terribles desconchados de las paredes.
    CA 3,1 Mecanógrafa   ¿Así, de pronto, sin haber probado lentamente esta   1128
                          hermosa idea: mañana será?
    BS 1,2 Mujer   ¿Qué idea te bulle por dentro de la cabeza?   1192
    YE 2,2 Yerma   Os quedáis frescas, ignorantes, como el que nada en   1318
                          agua dulce y no tiene idea de la sed.
    YE 3,1 Yerma   Yo tengo la idea de que los recién [...]   1327
    YE 3,2 María   Tiene una idea que no sé cuál es, pero desde luego es 1337
                          una idea mala.
    RS 3,1 Ama   Cuando él explica en la sala baja del colegio, yo voy 1423
                          a la carbonería para oírlo: "¿Qué es idea?"
    RS 3,1 Tía   ¡Hombre sin idea del dinero!   1427
    RS 3,1 Tía   Te has aferrado a tu idea sin ver la realidad y sin   1429
                          tener caridad de tu porvenir.
ideal (2)
    MP 3,8 Mariana   por el puro ideal que iluminó tus ojos: 886
    ZP 1,1 Alcalde   ¡Qué cintura tan ideal!   928
ideales (1)
    PB 2,1 Belisa   Las cartas de los otros [...] hablaban de países   1006
                          ideales, de sueños y [...]
ideas (3)
    YE 1,2 Vieja 1   Pienso muchas ideas que no quiero decir.   1288
    YE 3,1 Juan   Me engañas, me envuelves y como soy un hombre que   1332
                          trabaja la tierra, no tengo ideas para tus astucias.
    RS 2,1 El Señor X   Pero hoy día, créame usted, no privan los quietismos   1376
                          ni las ideas oscurantistas.
idéntica (1)
    ZP 2,1 Zapatero   Yo comprendo mucho más [...] es..., sí, no cabe duda, 967
                          idéntica a la mía.
idiota (1)
    MM 1,5 Doña Curiana   ¡El idiota!...   695
ido (12)
    MP 1,5 Fernando   ¿Se han ido ya mis hermanas?   796
    ZP 1,1 Vecina   ¡Cuánto mejor le hubiera ido a usted casado con gente 919
                          de su clase!...,
    ZP 1,1 Zapatera   Y mucho... Pero, señor, ¿adónde habrá ido este hombre 934
                          desnortado?
    ZP 1,1 Niño   Pues mira..., tu marido, el zapatero, se ha ido para   937
                          no volver más.
    ZP 2,1 Niño   Todas las mujeres han ido a ver al juez para que te   970
                          vayas del pueblo, ¡ay!
    CA 1,1 Viejo   Y cuando la gente ha ido a retorcer el cuello de la   1072
                          paloma, yo he sujetado la mano y la he ayudado a volar.
    BS 2,2 Padre   ¿Y adónde puede haber ido?   1242
    BS 3,1 Mozo 1   Creo que se han ido por otra vereda.   1252
    BS 3,2 Novia   Tú también te hubieras ido.   1269
    YE 1,2 Vieja 1   Yo he sido una mujer de faldas en el aire, he ido   1287
                          flechada a la tajada [...]
    BA 1,1 La Poncia   Debías haberte ido a otro pueblo.   1457
    BA 1,1 Magdalena   Se ha puesto el traje verde que se hizo para estrenar 1462
                          el día de su cumpleaños, se ha ido al corral, y ha
                          comenzado [...]
idos (1)
    MM 1,1 Doña Curiana   No pensar en eso, idos a acostar...   675

iglesia (21)
MP 1,5 Mariana   de la iglesia de Santa Ana,   800
MP 3,1 Novicia 1   En la iglesia   862
ZP 1,1 Zapatero   ¡Qué dirán los que vengan al rosario de la iglesia!   931
PB 1,1 Perlimplín   Desde que tú viniste de la iglesia está mi casa [...]   988
CA 1,1 Niño   y después a la iglesia con los niños   1065
CA 2,1 Criada   En mi pueblo había un muchacho que subía a la torre de 1086
                        la iglesia para mirar más [...]
BS 1,3 Padre   Los novios y nosotros iremos en coche hasta la   1199
                        iglesia, que está muy [...]
BS 2,1 Novia   ¿Cuánto hay de aquí a la iglesia?   1209
BS 2,1 Novia   ¡Vámonos pronto a la iglesia!   1221
BS 2,1 Muchacha 2   para la iglesia!   1223
BS 2,1 Mujer   A la iglesia. Pero no vas en el caballo. Vienes   1223
                        conmigo.
BS 2,1 Voces   para la iglesia,   1224
BS 2,1 Voces   para la iglesia,   1225
YE 1,2 Muchacha 2   Bueno, y además..., una se casa en realidad mucho   1293
                        antes de ir a la iglesia.
YE 2,1 Lavandera 4   Estaban encargadas de cuidar la iglesia y ahora cuidan 1301
                        de su cuñada.
RS 1,1 Ama   A mí las flores me huelen a niño muerto, o a profesión   1352
                        de monja, o a altar de iglesia.
RS 3,1 Tía   Algunas noches, cuando toso en mi cuarto, oigo un eco   1412
                        como si estuviera en una iglesia.
BA 1,1 La Poncia   La iglesia está hermosa.   1439
BA 1,1 La Poncia   Retumbaban las paredes, y cuando decía Amén era como   1443
                        si un lobo hubiese entrado en la iglesia.
BA 1,1 Bernarda   Las mujeres en la iglesia no deben de mirar más hombre 1447
                        que al oficiante, y ese porque tiene faldas.
BA 3,1 Prudencia   No me queda más consuelo que refugiarme en la iglesia, 1508
                        pero como me [...]
ignora (2)
MM 1,2 Curianita Silvia Ella ignora que a su hijo   681
EP CV Estudiante 2   Lo que pasa es que se sabe lo que alimenta un grano de 1161
                        trigo y se ignora lo que alimenta un hongo.
ignoraba (1)
PB 3,1 Perlimplín   El amor de Belisa me ha dado un tesoro precioso que yo 1009
                        ignoraba... ¿Ves?
ignorado (1)
MM 1,1 Curiana N   Ya parte el rocío a su cielo ignorado,   675
ignorante (1)
RS 3,1 Ama   Pero aunque me ría, como ignorante, comprendo que don   1423
                        Martín tiene mucho mérito.
ignorantes (1)
YE 2,2 Yerma   Os quedáis frescas, ignorantes, como el que nada en   1318
                        agua dulce y no tiene idea de la sed.
igual (21)
MM 0,0   También el viejo silfo [...] sea humilde, ¡todo es   670
                        igual en la Naturaleza!"
MM 1,3 Doña Curiana   Pero si eso es igual...   684
MM 2,5 Gusano 3   es igual que el rocío.   713
ZP 1,1 Zapatera   Exactamente igual que usted.   930
CA 1,1 Joven   Siempre me ha pasado igual.   1045
CA 1,1 Amigo   Por más... que... Ya se ha pasado la hora; es   1058
                        horrible, siempre ocurre igual.
CA 3,1 Máscara   "Oh mio Dio!" Era igual que el conde Arturo de Italia. 1116
                        ¡Oh amor!
BS 1,1 Madre   ¡Siempre igual!   1181
YE 1,2 Víctor   Siempre fue igual.   1297
YE 2,2 Juan   Todo el mundo no es igual.   1314
RS 1,1 Tía   La lengua se me debió [...] niña, aquí, un día igual a 1363
                        otro, y tú, allí: [...]
RS 2,1 Tío   Ya sé que es igual.   1388
RS 2,1 Ayola 2   Yo pienso igual.   1400
RS 3,1 Rosita   Y hoy se casa una amiga [...] canciones nuevas, y yo   1428
                        igual, con el mismo temblor igual; yo, lo mismo que
                        [...]
RS 3,1 Muchacho   Pues bajaba yo muerto [...] que era exactamente igual   1433
                        que ver a mi madre.
BA 1,1 Mujer 1   Hace años no he conocido calor igual.   1446
BA 1,1 Bernarda   Igual que si hubiese pasado por ella una manada de   1451
                        cabras.
BA 1,1 Bernarda   Tiene a quién parecerse. Mi abuelo fue igual.   1452
BA 1,1 Adela   No hubiera habido otro igual.   1465
BA 3,1 Prudencia   Igual.   1507
iguales (1)
YE 2,2 Víctor   Todos los campos son iguales.   1322
igualmente (1)
ZP 2,1 Zapatero   Igualmente le digo de su esposo.   975

ilumina (1)   Pág.
  BS 3,1 Mendiga   Ilumina el chaleco y aparta los botones,   1251
iluminada (1)
  RS 1,1 Rosita   ¿Qué paloma iluminada   1373
iluminadas (2)
  DC 1,1 Poeta   Las monedas de plata parece que están iluminadas por 1021
                          la luna.
  YE 3,1 Yerma   Yo tengo la idea de que las recién paridas están como 1327
                          iluminadas por dentro [...]
iluminadme (1)
  TC 6,1 Rosita   ¡Ya siento sus pasos por la escalerilla! Iluminadme, 766
                          Santa Rosa.
iluminó (1)
  MP 3,8 Mariana   por el puro ideal que iluminó tus ojos: 886
ilusión (11)
  MM 1,4 Curianito   Mi ilusión   687
  CA 2,1 Criada   Con tanta ilusión.   1084
  BS 2,2 Madre   Esa es mi ilusión: los nietos.   1228
  YE 2,2 Juan   Estuve podando los manzanos y a la caída de la tarde 1311
                          me puse a pensar para qué pondría yo tanta ilusión en
                          la faena si [...]
  RS 2,1 Tía   de mi ilusión fatal   1411
  RS 3,1 Martín   No sé por qué escribo, porque no tengo ilusión, pero 1421
                          sin embargo es lo único que me gusta.
  RS 3,1 Rosita   Sabía que se había casado; [...] sus cartas con una 1428
                          ilusión llena de sollozos [...]
  RS 3,1 Rosita   Si la gente no hubiera [...] hubieran alimentado mi 1428
                          ilusión como el primer [...]
  RS 3,1 Rosita   Todo está acabado... y, sin embargo, con toda la   1429
                          ilusión perdida, me acuesto, [...]
  BA 1,1 Magdalena   Es la más joven de nosotras y tiene ilusión.   1462
  BA 1,1 Adela   Tenía mucha ilusión con el vestido.   1465
ilusiones (4)
  ZP 1,1 Zapatera   Pero ¿por qué te haces ilusiones?   917
  YE 1,2 Yerma   Serán ilusiones mías.   1298
  RS 2,1 Rosita   Pero es que en la calle noto cómo pasa el tiempo y no 1389
                          quiero perder las ilusiones.
  BA 1,1 Bernarda   No os hagáis ilusiones de que vais a poder conmigo. 1470
ilustre (1)
  MP 1,4 Amparo   la plaza de toros de la ilustre Ronda.   792
ilustrísima (1)
  ZP 2,1 Zapatera   No pueden ustedes hablar una sola palabra sin   949
                          ofender... ¿De qué se ríe su ilustrísima?
imagen (1)
  CA 1,1 Joven   Se las cortó sin permiso, naturalmente, y esto... me 1050
                          cambia su imagen.
imagina (2)
  RS 1,1 Sobrino   ¿Se imagina usted que me voy con gusto?   1362
  BA 2,1 Bernarda   ¿Qué imagina tu cabeza?   1496
imaginaba (1)
  PB 1,1 Duende 2   Todo el mundo se lo imaginaba.   995
imaginación (3)
  MM 1,4 Curianito   En mi imaginación.   687
  PB 3,1 Perlimplín   El triunfo de mi imaginación.   1014
  DC 1,1 Director   Si yo tuviera imaginación ya le habría puesto de   1037
                          patitas en la calle.
imaginar (1)
  TC 0,0 Mosquito   No os podéis imaginar qué pena teníamos.   724
imaginario (1)
  RS 1,1 Primo   al imaginario frío;   1371
imaginarlas (1)
  PB 2,1 Perlimplín   He aprendido muchas cosas, y sobre todo puedo   1002
                          imaginarlas...
imaginarme (1)
  PB 1,1 Perlimplín   Yo no había podido imaginarme tu cuerpo hasta que lo 991
                          vi por el ojo de la cerradura cuando te vestías de
                          novia.
imaginarse (1)
  ZP 2,1 Zapatero   Yo comprendo mucho más de lo que pueda imaginarse,   967
                          porque... [...]
imagino (2)
  MP 1,7 Mariana   ¡Me lo imagino!   812
  MP 2,7 Mariana   imagino que empuja los cristales.   837
imbécil (1)
  MM 1,5 Curianita Silvia ¡Imbécil!   691
impaciencia (2)
  MP 2,7 Pedro   ¡Ay, qué impaciencia tengo!   838
  ZP 0,0 El Autor   No tengas tanta impaciencia en salir; [...]   912
impaciente (1)
  PB 1,1 Duende 1   El público está impaciente.   995

impedían (1)
    BS 3,2 Novia   Y yo corría con tu hijo que era como un niñito de   1269
                                  agua, frío, y el otro me mandaba cientos de pájaros
                                  que me impedían el andar y que [...]
impedirán (1)
    RS 1,1 Rosita   impedirán tu camino,   1373
impediría (1)
    MP 1,5 Mariana   ¿Quién le impediría la entrada?   799
impertinente (2)
    MM 1,5 Curianita Silvia   ¡Qué impertinente!   690
    ZP 1,1 Zapatera   ¡Pero qué impertinente, qué loco!...   932
impide (1)
    MM 1,1 Doña Curiana   Mas eso no impide que fuera muy bueno.   674
importa (41)
    MM 2,1 Curianita 1   ¡Pero a mí qué me importa tanta y tanta tontuna!   704
    TC 2,1 Cristobita   No; de niño estuve en Italia y en Francia, sirviendo a   739
                                  un tal don Pantalón... ¡Pero a usted no le importa
                                  nada de esto!
    TC 2,1 Padre   No..., no, señor... No me importa nada.   739
    TC 3,1 Cocoliche   ¿Y a usted qué le importa quién es esa mujer?   745
    MP 1,7 Mariana   Y no me importa que el día   813
    MP 2,9 Mariana   ¡Qué me importa!   857
    MP 3,8 Mariana   Ahora ya no me importa. Mi esperanza lo ha oído   885
    TB QM. Enrique   Y, además, ¿a ti qué te importa?   907
    ZP 1,1 Zapatera   ¡Lo que a ti no te importa!   915
    ZP 1,1 Zapatero   A mí no me importa nada de nada.   915
    ZP 1,1 Zapatera   Pero vamos a ver: ¿a mí qué me importa todo esto?   922
    ZP 1,1 Zapatera   Pues claro que me importa... ¿No ha de importarme?   934
    PB 1,1 Perlimplín   Entonces... ¡Qué me importa!   999
    DC 1,1   Podéis llorar y podéis reír, a mí no me importa nada   1020
                                  de nada.
    DC 1,1 Cristóbal   A usted no le importa nada de mi vida.   1035
    CA 1,1 Joven   La he conocido poco. Pero no importa. Yo creo que me   1048
                                  quiere.
    CA 1,1 Joven   No me importa lo que pase fuera.   1060
    CA 2,1 Joven   No importa que se hayan perdido.   1098
    CA 2,1 Joven   No importa.   1098
    EP CV Muchacho 1   ¿Qué le importa esto al público?   1160
    EP CV Estudiante 5   Parecía muy hermosa, y si era un joven disfrazado no   1167
                                  me importa nada; en cambio, [...]
    BS 1,2 Leonardo   No nos importa.   1192
    BS 2,2 Novia   Ni me importa. Tengo mucho que pensar.   1236
    BS 3,1 Leonardo   que no me importa la gente,   1259
    BS 3,2 Suegra   No importa.   1265
    BS 3,2 Madre   Calla, calla; ¿qué me importa eso a mí?   1269
    BS 3,2 Madre   Pero ¿qué me importa a mí tu honradez?   1270
    BS 3,2 Madre   ¿Qué me importa tu muerte?   1270
    BS 3,2 Madre   ¿Qué me importa a mí nada de nada?   1270
    YE 3,1 Yerma   No me importa.   1334
    YE 3,2 Juan   A mí me importa lo que tengo entre las manos.   1347
    YE 3,2 Yerma   ¡No le importa!   1348
    YE 3,2 Juan   ¿No oyes que no me importa?   1348
    RS 2,1 Tía   Pero ¿por qué te metes en lo que no te importa?   1380
    BA 1,1 Martirio   ¡Qué les importa a ellos la fealdad!   1460
    BA 1,1 Martirio   A ellos les importa la tierra, las yuntas, y una perra   1460
                                  sumisa que les dé de comer.
    BA 1,1 Adela   No te importa.   1467
    BA 2,1 Amelia   ¡Y no les importa el calor!   1486
    BA 3,1 La Poncia   Eso te importa a ti, que eres madre.   1518
    BA 3,1 Adela   No te importa que abrace a la que no quiere; a mí,   1527
                                  tampoco.
    BA 3,1 Adela   Vamos a dormir, vamos a dejar que se case con   1528
                                  Angustias, ya no me importa, pero yo me iré [...]
importan (4)
    MP 1,1 Angustias   ¿Qué le importan las cosas de la calle?   784
    YE 3,2 Juan   Por cosas que a mí no me importan.   1347
    YE 3,2 Juan   Que a mí no me importan.   1347
    BA 3,1 Martirio   A mí las cosas de tejas arriba no me importan nada.   1515
importancia (2)
    MP 1,5 Fernando   prisionero de importancia,   798
    PB 2,1 Perlimplín   Eso no tiene importancia.   1001
importante (3)
    TB QM. Viejo   Todo el mundo, y tú el primero, cree que lo importante   906
                                  de un ciclón [...]
    TB QM. Viejo   Lo importante de un ciclón...   906
    YE 3,1 Vieja 1   Lo importante de este mundo es dejarse llevar por los   1328
                                  años.
importarme (1)
    ZP 1,1 Zapatera   Pues claro que me importa... ¿No ha de importarme?   934

354

Pág.

importas (1)
ZP 1,1 Zapatera   Pues lo mismo se me da a mí que estés colmado como que   923
                    no estés, porque tú me importas tres pitos, [...]

importe (2)
TC 2,1 Mozo 2   Levántate y que se te importe poco que un pájaro en la   737
                    arboleda se pase de un árbol a otro.

YE 3,2 Vieja   No te importe la gente.   1345
imposible (17)
MM 0,0   Se prendó de una visión [...] de "yo te amo, mujer   669
                    imposible".

MM 1,2 Doña Curiana   Esto es imposible, Silvia.   679
MM 1,5 Doña Curiana   Imposible.   695
MM 2,1 Curianita Santa que un amor imposible era su último canto   704
TC 2,1 Mozo 3   Es imposible.   738
TC 4,1 Mozo   Eso es imposible. Tú no conoces a don Cristobita.   752
TC 6,1 Cristobita   ¡Ah! ¡Qué! ¡Qué! ¡Imposible! ¡Brrrrrrrrrr!   776
TC 6,1 Cocoliche   Es imposible, Rosita entre las flores.   777
TC 6,1 Cristobita   ¡Imposible!   778
MP 2,5 Pedro   había fiebre amarilla; la entrada era imposible,   831
MP 2,9 Clavela   ¡Es imposible!   859
MP 3,3 Alegrito   imposible pretender   867
ZP 1,1 Zapatera   Cuánta cosa, don Mirlo; a mí me parecía imposible que 930
                       los pajarracos hablaran.

DC 1,1 Enfermo   ¡Ay!, es imposible.   1025
BS 3,1 Novio   Y vamos pronto, que siento los dientes de todos los   1253
                       míos clavados aquí de una manera que se me hace
                       imposible respirar tranquilo.

RS 2,1 Rosita   Pero como le es imposible venir por ahora, la boda   1409
                       será por poderes y luego vendrá él.

RS 3,1 Rosita   Llegan a hacernos la vida imposible.   1433
imposibles (1)
RS 2,1 Tía   Están imposibles   1395
impresionables (1)
ZP 2,1 Zapatero   Impresionan a las almas impresionables.   966
impresionada (1)
MP 1,8 Angustias   muy mal impresionada,   817
impresionan (2)
ZP 2,1 Zapatera   Parece que me toma por tonta de capirote..., pero no 966
                       me negará usted que dichas historietas impresionan.
ZP 2,1 Zapatero   Impresionan a las almas impresionables.   966
impresioné (1)
RS 3,1 Muchacho   Yo me impresioné, como es natural y dejé el traje y el 1433
                       antifaz sobre mi cama.

imprudente (1)
RS 1,1 Rosita   Tierna gacela imprudente   1372
impúdica (1)
TC 1,1 Rosita   Mira, yo no quiero ser una mujer impúdica.   729
inadmisible (1)
EP CV Estudiante 4   Lo que es inadmisible es que los hayan asesinado.   1166
incalculable (1)
EP CV Estudiante 4   La repetición del acto ha sido maravillosa, porque   1166
                       indudablemente se amaban con un amor incalculable,
                       aunque [...]

inclinación (2)
BS 3,1 Leñador 2   Hay que seguir la inclinación: han hecho bien en huir. 1246
BA 2,1 La Poncia   Pero les cuesta mucho trabajo desviarse de la   1500
                       verdadera inclinación.

incomprensible (1)
ZP 2,1 Zapatero   Digo que es una cosa tan... incomprensible que...   964
                       parece que no es verdad.

increíble (2)
CA 3,2 Joven   Cuando lo vi, a los veinte años, era tan pequeño que 1132
                       me parecía increíble que hubiera [...]

RS 1,1 Tío   Porque es increíble la "rosa declinata" de capullos   1356
                       caídos y la inermis que no tiene espinas; ¡qué
                       maravilla!,

increíbles (1)
EP CV Hombre 1   Soledad del hombre en el sueño lleno de ascensores,   1169
                       trenes donde tú vas a velocidades increíbles.

incurables (1)
MM 0,0   ¿Y por qué a vosotros los hombres, llenos de pecados y 670
                       de vicios incurables, os inspiran [...]

indecencias (1)
RS 1,1 Ama   Son indecencias de los pueblos.   1353
indecente (4)
ZP 1,1 Zapatera   ¡Y aunque no vuelvas, indecente!   930
ZP 2,1 Zapatera   Calle usted, viejísimo, [...] de esta manera tan   949
                       indecente y tan descarada.

DC 1,1 Madre   ¡Borracho! ¡Indecente!   1030
YE 3,1 Yerma   No soy una casada indecente; pero yo sé que los hijos 1329
                       nacen del hombre y de la mujer.

indecentes (2)
ZP 2,1 Niño   Es que eran cosas muy indecentes.   944
ZP 2,1 Niño   Cosas indecentes que yo sé decir, ¿sabes?, pero que no 944
                     quiero decir.
India (1)
CA 3,2 Jugador 3   Yo jugué en la India con un viejo que [...]   1136
indicaciones (1)
ZP 2,1 Mozo De La Faja Seguiré sus indicaciones.   941
indicó (1)
PB 3,1 Marcolfa   Aunque no sirvo para estas cosas, le dije lo que me   1009
                     indicó el señor... , [...]
indignan (1)
RS 3,1 Rosita   Esas miradas de lástima que me perturban y me indignan. 1430
indignas (1)
MM 1,5 Curianito   ¡Me indignas!   693
indignes (1)
CA 1,1 Amigo   Sí, hombre, no te indignes, pero una mujer puede ser   1058
                     feísima y un domador de caballos puede ser hermoso.
indigno (1)
MP 2,8 Conspirador 4 Es indigno dejarla.   847
indio (1)
PB 2,1 Marcolfa   El europeo, con su barba; el indio, el negro, el   1001
                     amarillo y el norteamericano.
indiqué (1)
PB 1,1 Belisa   La criada perfumó esta habitación con tomillo y no con 988
                     menta, como yo la indiqué... ¿ni puso [...]
índole (1)
BA 1,1 Martirio   Porque los hombres se tapan unos a otros las cosas de 1459
                     esta índole y nadie es capaz de delatar.
indudablemente (2)
TC 5,1 Fígaro   ¡Indudablemente, algo pasa!   757
EP CV Estudiante 4   La repetición del acto ha sido maravillosa, porque   1166
                     indudablemente se amaban [...]
indultarán (1)
MP 3,2 Carmen   ¡La indultarán!   865
indultaría (1)
MP 3,5 Pedrosa   Hable pronto, que el rey la indultaría.   876
industria (1)
RS 2,1 El Señor X   Es una Torre Eiffel de nácar sobre dos palomas que   1377
                     llevan en sus picos la rueda de la industria.
inermis (1)
RS 1,1 Tío   Porque es increíble la "rosa declinata" de capullos   1356
                     caídos y la inermis que no tiene espinas; ¡qué
                     maravilla!,
Inés (1)
MP 3,7 Novicia 2   ¡Inés, yo estoy asustada!   879
infame (6)
MM 1,5 Curianito   Tú no sabes, infame, que un hogar has deshecho   693
MM 1,5 Doña Curiana ¡Infame!   695
MM 1,5 Doña Curiana ¡Vete, bandido infame!   696
TC 6,1 Rosita   ¡Quieres perderme, infame!   764
MP 2,9 Mariana   ¿Qué infame le mintió?   855
BA 1,1 Amelia   Y ese infame, ¿por qué no está en la cárcel?   1459
infamia (2)
ZP 2,1 Zapatera   ¿Ha visto usted qué infamia?   963
YE 2,2 Yerma   Roca que es una infamia que sea roca, porque debía ser 1314
                     un canasto de flores y agua dulce.
infamias (1)
RS 3,1 Martín   Y créame usted que los padres se ríen luego de las   1419
                     infamias, porque como [...]
infante (1)
MP 2,9 Pedrosa   con su tío el infante don Antonio.   852
infierno (7)
YE 2,1 Lavandera 4   Cada hora que transcurre aumenta el infierno en   1304
                     aquella casa.
RS 3,1 Martín   Un verdadero infierno.   1418
RS 3,1 Ama   Pero estoy segura que van al infierno de cabeza.   1424
RS 3,1 Ama   ¡En el infierno!   1425
RS 3,1 Tía   Todos los cristianos [...] a parar también al infierno 1425
                     de cabeza.
RS 3,1 Ama   ¿Al infierno yo?   1425
BA 2,1 Angustias   Afortunadamente, pronto voy a salir de este infierno. 1472
ínfimo (1)
MM 0,0   ¿Qué motivo tenéis para despreciar lo ínfimo de la   670
                     Naturaleza?
infinito (2)
PB 3,1 Perlimplín   El te querrá con el amor infinito de los difuntos [...] 1015
CA 3,2 Criado   Lo celebro infinito.   1133
infinitos (1)
MM 2,5 Mariposa   de campos infinitos.   714

		Pág.
influye (1)		
CA 1,1 Joven	No influye lo más mínimo en mi carácter.	1071
infortunio (1)		
PB 1,1 Duende 1	Un bien..., porque no es justo poner ante las miradas del público el infortunio de un hombre bueno.	996
inf[atu]ada (1)		
BS 2,2 Madre	Con tu mujer procura estar cariñoso, y si la notas inf[atu]ada o hazle una [...]	1241
ingenieros (1)		
EP CV Enfermero	Los soldados y los ingenieros están cerrando todas las salidas.	1156
ingenio (1)		
ZP 0,0 El Autor	Respetable público... [...] y el artificio del ingenio.	911
ingenuidad (1)		
DC 1,1 Director	Las malas palabras adquieren ingenuidad y frescura [...]	1043
Inglaterra (3)		
MP 3,3 Alegrito	Dicen que marcha a Inglaterra.	868
MP 3,8 Fernando	Ya estará en Inglaterra, con otros liberales.	885
ZP 2,1 Alcalde	¿De Inglaterra?	955
ingleses (1)		
TC 6,1 Cristobita	¡Yo, que he matado trescientos ingleses, trescientos constantinoplos!	778
ingrata (4)		
TC 6,1 Currito	¡Ingrata, ingrata, ingrata!	771
TC 6,1 Currito	¡Adiós para siempre, ingrata! Mi pena es que jamás te olvidaré.	775
iniciales (3)		
TB DME Doncella	Mis almohadas no tienen iniciales y esto me da [...]	897
CA 2,1 Joven	las iniciales de nardo,	1102
BA 2,1 Magdalena	Angustias. ¿Pongo también las iniciales de Pepe?	1471
injusticia (1)		
MP 3,7 Novicia 1	¡Qué injusticia! Esta mujer	881
injusto (1)		
CA 2,1 Novia	Sería injusto..., todos menos los abanicos... porque se han roto.	1097
inmediatamente (1)		
RS 2,1 Tía	¡A la calle inmediatamente!	1382
inmenso (1)		
MM 2,7 Curianito	y un ruiseñor inmenso que es mi amigo	719
inmensos (1)		
MM 2,6 Curianito	lleno de ruiseñores y de prados inmensos:	718
inocencia (2)		
DC 1,1	El guiñol es la expresión de la fantasía del pueblo y da el clima de su gracia y de su inocencia.	1019
DC 1,1 Director	Entre los ojos de las [...] alegría y con encantadora inocencia las palabrotas [...]	1043
inocente (7)		
MM 1,5 Alacranito	Yo soy un viejo inocente.	691
MP 3,1 Carmen	¡Es inocente! ¡No hay duda!	863
ZP 2,1 Zapatera	Yo le juro, por la preciosísima sangre de nuestro padre Jesús, que soy inocente.	963
PB 2,1 Perlimplín	¡Qué inocente eres!	1006
PB 3,1 Perlimplín	¡Oh inocente Marcolfa!...	1011
YE 1,2 Vieja 1	De todos modos, debías ser menos inocente.	1290
RS 1,1 Rosita	Así yo, primo inocente,	1371
inocentes (2)		
DC 1,1 Poeta	Si el director de escena [...] la nieve sobre los inocentes.	1036
EP CV Estudiante 3	Y toda la gente, pero [...] a las verdades más inocentes.	1166
inofensiva (1)		
YE 1,2 Yerma	La causa que nos parece más inofensiva puede acabar con él.	1292
inquieta (2)		
MM 1,2 Curianita Silvia	mi sed inquieta?	679
MM 2,2 Curiana N	Tened mucha presencia, señora. Sois inquieta.	707
inquietante (1)		
MM 0,0	Señores: La comedia que vais a escuchar es humilde e inquietante, comedia [...]	669
inquietud (3)		
MP 2,5 Pedro	¡Eso sí! ¡Qué mortal inquietud, qué amargura!	830
YE 2,2 Juan	Estando a tu lado no se siente más que inquietud, desasosiego.	1314
RS 2,1 Tío	Llega un momento en que las personas que viven juntas muchos años hacen motivo de disgusto y de inquietud las cosas más [...]	1386
inquietudes (1)		
MP 1,6 Mariana	estas inquietudes...	804
inquisición (1)		
BA 2,1 Adela	Interés o inquisición.	1479

Inquisición (1)
  ZP 2,1 Zapatera   ¡Ni la Inquisición!   978
inquisitiva (1)
  BA 1,1 La Poncia   ¡Bernarda, no seas tan inquisitiva!   1469
insecto (3)
  MM 0,0   El amor pasaba de padres a hijos como una joya vieja y   669
                         exquisita que recibiera el primer insecto de las manos
                         [...]
  MM 0,0   Pero un día... hubo un insecto que quiso ir más allá   669
                         del amor.
  CA 1,1 Joven   Basta observar sobre la palma de la mano un insecto   1050
                         vivo, o mirar [...]
insectos (6)
  MM 0,0   El amor, lo mismo que [...] pradera poblada de   669
                         insectos donde hacía [...]
  MM 0,0   Los insectos estaban contentos, [...]   669
  MM 0,0   Por eso, yo suplico a [...] desolación entre los   670
                         insectos.
  MM 0,0   ¿Por qué os causan repugnancia algunos insectos   670
                         limpios y brillantes [...]
  MM 0,0   Tal vez os riáis al oír hablar a estos insectos como   670
                         hombrecitos, como adolescentes.
  EP RR Figura De P   Deja que vengan los insectos de la ruina y vete.   1147
insinuación (1)
  ZP 2,1 Zapatero   Y ahora casi me alegro [...] me escaparía cierta   968
                         insinuación...
insistas (1)
  MM 2,7 Curianito   No insistas en volar. Es de noche. Mira   719
inspiran (1)
  MM 0,0   ¿Y por qué a vosotros los hombres, llenos de pecados y   670
                         de vicios incurables, os inspiran asco los buenos [...]
instante (10)
  MP 1,4 Amparo   y en cada instante rozaba   793
  MP 1,7 Mariana   tiene que ser al instante!   812
  MP 2,7 Conspirador 1   Toda la gente duerme en este instante.   836
  MP 2,7 Conspirador 1   ¡Que me parece un siglo cada instante!   837
  PB 3,1 Belisa   Déjame ver tu rostro por un instante siquiera... ¡Ay!   1016
  PB 3,1 Perlimplín   Yo soy mi alma y tú eres tu cuerpo... Déjame en este   1017
                         último instante, puesto que [...]
  CA 1,1 Viejo   ¿A que si en aquel preciso instante ella confiesa [...] 1052
  CA 2,1 Joven   Estás aquí, entre mis manos, en este mismo instante, y 1096
                         no me puedes [...]
  EP CV Estudiante 5   Porque están locos; pero [...] luchar y vencer cada   1167
                         instante, no me queda [...]
  YE 3,1 Yerma   Cuando me cubre cumple [...] quisiera ser en aquel   1329
                         instante como una montaña [...]
instantes (5)
  MP 2,6 Pedro   dentro de unos instantes.   834
  MP 3,8 Fernando   ¡Sé que vas a morir! Dentro de unos instantes   885
  PB 1,1 Duende 2   El alma de Perlimplín, chica y asustada como un patito   995
                         recién nacido, se enriquece y sublima en estos
                         instantes.
  PB 3,1 Belisa   Debe llegar en estos instantes.   1014
  RS 1,1 Sobrino   Volveré dentro de unos instantes. Dígaselo usted.   1363
instruidas (1)
  BA 2,1 La Poncia   Esas cosas pasan entre personas ya un poco instruidas   1476
                         que hablan [...]
instrumentos (1)
  BS 1,1 Madre   ¡Allí comen, allí fuman, allí tocan los instrumentos!   1173
insultado (1)
  ZP 1,1 Zapatero   Me han provocado, me han, a veces, hasta insultado, y   922
                         no teniendo [...]
insultáis (1)
  MM 1,2 Curianita Silvia Me insultáis.   678
insultará (1)
  CA 2,1 Padre   Ese hombre me insultará con razón.   1089
insultarte (1)
  MM 1,2 Doña Curiana   insultarte, niña Silvia.   678
insulte (1)
  MP 2,9 Mariana   ¿Puedo yo permitir que usted me insulte?   855
insurrectos (1)
  ZP 2,1 Alcalde   ¿Habrá usted visto a los insurrectos?   955
intactos (1)
  CA 1,1 Joven   Pero las cosas vivas, ardiendo en su sangre, con todos 1047
                         sus perfiles intactos.
intelectual (1)
  RS 3,1 Ama   "La representación intelectual de una cosa o un   1423
                         objeto."
inteligencia (1)
  DC 1,1   El poeta que ha interpretado [...] sabrá recoger, con   1019
                         inteligencia y corazón [...]

intención - interrumpo

Pág.

intención (5)
BS 2,1 Novia   ¿Llevas intención?   1212
BS 2,1 Leonardo   ¿Qué intención iba a tener?   1213
BS 2,1 Novia   Pero se me calienta el alma de que vengas a verme y   1214
                      atisbar mi boda y preguntes con intención por el
                      azahar.
YE 2,2 Yerma   Desvía la intención.   1312
BA 1,1 Martirio   ¡Tiene mala intención!   1453
intenciones (2)
ZP 2,1 Zapatero   ¡Canallas! Intenciones me dan de salir a defenderla.   970
BA 3,1 La Poncia   Bernarda, yo no quiero hablar porque temo tus   1519
                      intenciones.

intensidad (2)
MM 0,0   También el viejo silfo [...] amor nace con la misma   670
                      intensidad en todos los [...]
RS 2,1 Tío   Llega un momento en que [...] pequeñas, para poner   1386
                      intensidad y afanes en [...]
intenso (1)
PB 1,1 Duende 1   Su habitación exhalaba un perfume tan intenso, que una 995
                      vez [...]

intensos (1)
EP CV Estudiante 2   Pasaría que vendrían los hongos, y los latidos se   1161
                      harían quizá menos intensos y apasionantes.
intentan (1)
MP 3,3 Alegrito   salvarla. Que ni lo intentan,   867
interceptada (1)
CA 3,1 Joven   ¿Está interceptada también la calle de los chopos?   1119
interés (2)
BA 2,1 Martirio   ¡Solo es interés por ti!   1479
BA 2,1 Adela   Interés o inquisición.   1479
interesa (6)
TC 3,1 Cocoliche   ¿Tanto le interesa a usted, siendo forastero?   744
CA 1,1 Viejo   Ni me interesa.   1071
CA 1,1 Amigo   Sí le interesa.   1071
CA 1,1 Amigo   Al que no le interesa es a mí, que sé positivamente   1071
                      que la nieve es fría y que el fuego quema.
RS 2,1 El Señor X   Me interesa la cultura, que es distinto.   1376
RS 3,1 Martín   Era una lección preciosa: "Concepto y definición de la 1418
                      Harmonía", pero a los niños no les interesa nada.
interesadillo (2)
ZP 2,1 Zapatera   ¿Por qué eres interesadillo?   944
ZP 2,1 Niño   ¿Interesadillo? ¿Ves este cardenal que tengo en la   944
                      rodilla?
interesado (2)
TC 3,1 Joven   Me había interesado en la conversación porque yo tuve   745
                      una novia que se llamaba también Rosita...
CA 2,1 Padre   Tú no has bailado con nadie en los transatlánticos..., 1089
                      no te has interesado por nadie.
interesan (2)
MP 2,6 Pedro   Pero los que interesan.   834
RS 2,1 Tío   ¿Le interesan a usted esas plantas?   1376
interior (4)
ZP 1,1 Zapatero   En cada casa un traje con ropa interior y todo.   931
CA 2,1 Maniquí   Ropa interior que se queda   1100
BA 2,1 Martirio   Pero me encanta la ropa interior.   1484
BA 3,1 La Poncia   Pero ni tú ni nadie puede vigilar por el interior de   1518
                      los pechos.
interminable (2)
MP 2,5 Pedro   ¡Qué otoño interminable sufrí por esa sierra!   830
BA 2,1 Martirio   Estoy deseando que llegue noviembre, los días de   1488
                      lluvias, la escarcha todo lo que no sea este verano
                      interminable.
internarme (1)
MP 1,7 Fernando   Necesito antes de las [...] para, río adelante,   811
                      internarme en la sierra.
internos (1)
RS 3,1 Martín   Ayer se empeñaron en [...] grandullones y los   1418
                      internos, lo desnudaron [...]
interpretado (1)
DC 1,1   El poeta que ha interpretado y recogido [...]   1019
interrumpa (1)
MP 2,9 Pedrosa   Señora, no interrumpa   849
interrumpas (1)
MP 1,7 Mariana   No interrumpas la lectura.   811
interrumpir (1)
EP RR Figura De C   Te gozas en interrumpir mi danza.   1146
BS 2,2 Mujer   No quiero interrumpir...   1238
interrumpirme (1)
ZP 2,1 Zapatero   ¡Hagan el favor de no interrumpirme!   961
interrumpo (2)
MP 1,5 Fernando   ¿Interrumpo?   797

interrumpo (continuación)
MP 2,9 Pedrosa   Perdone si interrumpo sus quehaceres.   850
intervenir (1)
DC 1,1 Cristóbal   Tenga la bondad de sacar un poquito el cuello para que   1025
le pueda intervenir la carótida.

íntima (1)
RS 3,1 Rosita   Cada año que pasaba era como una prenda íntima que   1428
arrancaran de mi cuerpo.

intolerable (1)
MM 2,4 Curiana G   ¡Esto es intolerable!   711
intransitable (1)
MP 2,7 Conspirador 3   El Zacatín estaba intransitable.   835
intratables (1)
ZP 2,1 Zapatero   Intratables. Figúrense ustedes que casi todos ellos   955
son zapateros.

intrigas (1)
MP 1,1 Angustias   Ella debe dejar esas intrigas.   784
inundación (1)
YE 2,1 Lavandera 4   Es una inundación de lana.   1306
inundadas (1)
RS 3,1 Ama   Don Martín, que vaya [...] están todas las clases   1423
inundadas.

inútil (8)
MM 0,0   La poesía que pregunta por qué se corren las estrellas   670
es muy dañina para las almas sin abrir... Inútil es
deciros que [...]
ZP 1,1 Zapatero   Ya estoy harto de explicarte...; pero es inútil.   929
CA 2,1 Joven   Es inútil.   1102
YE 2,2 Yerma   ¡Cómo no me voy a quejar cuando te veo a ti y a otras   1317
mujeres llenas por dentro de flores, y viéndome yo
inútil en medio de tanta [...]
YE 2,2 Yerma   La mujer del campo que no da hijos es inútil como un   1317
manojo [...]
YE 3,1 Yerma   ¡Y es inútil que me retuerza las manos!   1335
RS 3,1 Martín   A mí, como me ven inútil, me respetan un [...]   1418
BA 2,1 Adela   Es inútil tu consejo.   1482
inútiles (1)
BS 1,1 Vecina   Muchas veces pienso que [...] expuestos a quedarse   1179
inútiles.

invadan (1)
ZP 1,1 Mirlo   Cuando las sombras crepusculares invadan con sus   930
tenues [...]

invenciones (2)
BS 1,1 Madre   Calla. Todo eso son invenciones, pero no consuelos.   1179
BA 1,1 Martirio   ¡Invenciones de la gente!   1460
inventado (1)
BS 1,3 Madre   Que viviría caliente y macho como era, si los hombres   1199
no hubieran inventado las navajas.

inventados (1)
EP CV Muchacho 1   Eran pies de hombre, pies inventados por un hombre.   1159
inventar (1)
BA 2,1 Adela   ¡La mala lengua no tiene fin para inventar!   1494
inventaron (1)
MP 1,8 Angustias   inventaron los niños!   816
inventó (2)
ZP 1,1 Zapatera   sin manos y sin ojos debería haberse quedado el que te   915
inventó.
BS 1,1 Madre   La navaja, la navaja... Malditas sean todas y el   1172
bribón que las inventó.
inventos (1)
MP 1,4 Lucía   ¡Mira! Lo segundo son inventos de ella.   790
invernadero (6)
RS 1,1 Tío   No os dais cuenta de mi invernadero; desde el [...]   1352
RS 1,1 Tío   Anda, barre el invernadero.   1356
RS 2,1 Tío   Lo he oído todo, y casi sin darme cuenta he cortado la   1410
única rosa mudable que tenía en mi invernadero.
RS 3,1 Tía   Quitando las últimas macetas del invernadero.   1412
RS 3,1 Rosita   Voy al invernadero. ¿Se llevaron ya las macetas?   1416
RS 3,1 Tía   Es la puerta del invernadero. ¿Por qué no la cierras?   1437
inverosímiles (1)
ZP 0,0 El Autor   No tengas tanta impaciencia en salir; no es un traje   912
de larga cola y plumas inverosímiles el que [...]

invierno (7)
MP 1,4 Amparo   ¡Este invierno va a ser de agua!   794
ZP 1,1 Zapatera   ¡Y qué capa traía por el invierno!   917
ZP 2,1 Zapatera   Y no se olvide de decirle que lo espero, que el   976
invierno tiene las noches largas.
EP CV Estudiante 2   Un gato puede ser una rana, y la luna de invierno   1161
puede ser muy [...]
YE 1,2 Yerma   juncos grises del invierno   1295

		Pág.
invierno (continuación)		
YE 2,1 Lavandera 4	Cómo me gusta el olor del fango rojo que trae el río por el invierno.	1306
YE 2,1 Lavandera 4	cuando a la puerta llama temblando el invierno.	1308
invisible (2)		
MP 2,9 Mariana	que una mano invisible lo arrancó.	853
BA 2,1 Adela	¡Quisiera ser invisible, pasar por las habitaciones sin que me preguntarais dónde voy!	1479
invitados (2)		
TC 6,1 Rosita	Son... los invitados que esperan en la puerta.	769
TC 6,1 Cristobita	¡No quiero invitados!	769
invitarnos (1)		
BS 1,2 Mujer	Espero que vendrán a invitarnos.	1190
inyecciones (1)		
EP CV Enfermero	¿Os han puesto las inyecciones?	1162
ir (26)		
MM 0,0	Pero un día... hubo un insecto que quiso ir más allá del amor.	669
TC 4,1 Currito	Anda, por tus hijos, te pido que me dejes ir.	753
TC 4,1 Cansa-Almas	¡Te dejaré ir!	753
DC 1,1 Madre	para ir a Lisboa cuando sale la luna.	1030
CA 1,1 Viejo	Por eso vamos a... a no ir... o a esperar.	1053
CA 1,1 Amigo 2	No hay más que ir despertando suavemente las cosas.	1075
CA 3,1 Viejo	Vamos a no llegar, pero vamos a ir.	1130
CA 3,2 Jugador 1	Lo echó, y al ir a cogerlo para... [...]	1136
BS 1,1 Madre	Tengo que ir todas las mañanas, y si me voy es fácil que muera uno	1175
BS 2,1 Novia	Date prisa, que ya deben ir llegando.	1209
BS 2,1 Leonardo	Yo no soy hombre para ir en carro.	1224
BS 2,1 Mujer	Y yo no soy mujer para ir sin su marido a un casamiento.	1224
BS 2,2 Mujer	Ir de una cosa a otra.	1233
BS 2,2 Novio	¿Usted se va a ir?	1241
BS 3,1 Leonardo	A donde no puedan ir	1259
YE 1,2 Muchacha 2	Bueno, y además..., una se casa en realidad mucho antes de ir a la iglesia.	1293
YE 2,2 Muchacha 2	Pero ¿vas a ir? ¿No te da miedo?	1320
YE 2,2 Yerma	Voy a ir.	1320
YE 3,2 Yerma	Yo no puedo ir a buscar.	1345
RS 2,1 Ayola 1	Para ir a una boda. En cuanto yo pueda, me caso.	1400
RS 3,1 Ama	Ella quería ir por un lado y él no la dejaba.	1434
BA 1,1 Bernarda	Ya no puedes ir con el cuento a tu padre.	1452
BA 1,1 Adela	Los hombres se acaban de ir.	1453
BA 1,1 María Josefa	No quiero ver a estas mujeres solteras rabiando por la boda, haciéndose polvo el corazón, y yo me quiero ir a mi pueblo.	1470
BA 2,1 Adela	Me gustaría segar para ir y venir. Así se olvida lo que nos muerde.	1487
BA 3,1 Magdalena	Además, ¡si te vas a ir antes de nada!	1513
irá (3)		
MP 1,6 Mariana	¡Pedro de mi vida! ¿Pero quién irá?	805
CA 3,1 Viejo	Ella irá. Siéntate, amigo mío. Espera.	1127
RS 3,1 Rosita	Yo sé que los ojos los tendré siempre jóvenes, y sé que la espalda se me irá curvando cada día.	1430
irán (4)		
MP 3,1 Novicia 1	que irán contigo muerta.	863
RS 1,1 Rosita	¿Adónde irán las manolas	1367
RS 1,1 Rosita	¿Adónde irán a estas horas?	1367
BA 1,1 Adela	Si no quieres bordarlas, irán sin bordados.	1451
irás (1)		
BA 3,1 Bernarda	Pepe, tú irás corriendo vivo por lo oscuro de las alamedas, pero otro día caerás.	1532
iré (20)		
MM 1,2 Curianita Silvia	me iré a otro mundo	679
TC 6,1 Currito	¡No me iré! ¿Para qué he venido?	764
TC 6,1 Currito	¡Me iré para siempre, para siempre!	771
TC 6,1 Currito	Me iré donde no me verás nunca.	775
MP 1,7 Mariana	¡Pues iré sola!	812
MP 1,7 Fernando	Yo iré en busca de tu amante	812
MP 2,9 Mariana	¡Me iré a casa de don Luis! ¡Cuida los niños!	858
CA 1,1 Niño	Yo iré solo, muy despacio,	1069
CA 2,1 Novia	Me iré contigo.	1079
CA 2,1 Novia	¡No iré!	1096
CA 2,1 Novia	No iré.	1096
CA 3,1 Mecanógrafa	Espera... Yo iré... Siempre.	1127
CA 3,1 Mecanógrafa	Yo me iré.	1128
CA 3,1 Mecanógrafa	¡Me iré contigo!	1129
CA 3,1 Joven	¡Amor! Me iré contigo.	1129
EP RR Figura De C	Si voy bajando por las ruinas iré encontrando amor y cada vez amor.	1148
BS 1,1 Novio	Me voy. Mañana iré a verla.	1177

iré (continuación)
    BS 3,1 Novio   ¡Iré, sea como sea!   1254
    BS 3,1 Novia   Desde aquí yo me iré sola.   1256
    BA 3,1 Adela   Vamos a dormir, vamos a dejar que se case con   1528
                              Angustias, ya no me importa, pero yo me iré a una
                              casita sola [...]
iremos (4)
    CA 3,1 Muchacha   Luego nos iremos   1112
    BS 1,3 Padre   Los novios y nosotros iremos en coche hasta [...]   1199
    YE 1,2 Muchacha 2   En cambio, mi madre no hace más que darme yerbajos   1293
                              para que los tenga, y en octubre iremos al Santo que
                              dicen [...]
    YE 2,2 Juan   Iremos juntos hasta el arroyo.   1325
iría (4)
    MP 1,7 Fernando   Iría.   808
    YE 2,2 Yerma   No. Yo me iría muy lejos.   1322
    RS 1,1 Ama   Si fuera un hombre, no se iría.   1363
    BA 2,1 Amelia   Se iría a eso de la una y media.   1473
irías (1)
    BS 1,1 Madre   No te irías al arroyo ahora y bordaríamos las dos   1174
                              cenefas y perritos de lana.
irme (3)
    CA 1,1 Mecanógrafa   Quiero irme y no puedo.   1054
    CA 1,1 Mecanógrafa   Quiero irme de esta casa.   1055
    BA 1,1 María Josefa   ¡Quiero irme de aquí!   1471
irnos (1)
    RS 3,1 Tía   Debimos irnos temprano y haber hecho las cosas a   1426
                              nuestro gusto.
ironía (1)
    PB 0,0 Madre   Sí..., lo he dicho sin ironía.   986
irremisiblemente (1)
    MP 1,7 Fernando   Pedrosa estrechará el cerco como él sabe, y si esta   811
                              misma noche no parto, estoy irremisiblemente perdido.
irresistible (1)
    MP 1,6 Mariana   irresistible.   802
irrita (2)
    MM 1,1 Doña Curiana   el ruin dolorcillo que tanto me irrita.   674
    BA 3,1 Martirio   No levantes esa voz que me irrita.   1528
irritación (1)
    CA 2,1 Padre   En cuanto paso una irritación se me sube la sangre a   1089
                              los ojos y no veo.
irte (5)
    MP 1,7 Mariana   Puedes irte.   807
    CA 1,1 Joven   Puedes irte.   1055
    BS 2,1 Criada   ¡Debes irte ahora mismo!   1215
    YE 3,1 Vieja 1   Pronto empezará a amanecer. Debes irte a tu casa.   1330
    RS 1,1 Tía   Tu deber es irte.   1362
Isabel (2)
    MP 2,9 Mariana   Isabel,   858
    RS 1,1 Tío   Mucho más que la muscosa y la híspida y la pomponiana 1355
                              y la damascena y que la eglantina de la reina Isabel.
Isaías (1)
    RS 3,1 Martín   Y cuando Glucinio se va a encontrar con Isaías y   1420
                              levanta el tapiz de la tienda...
Islas (2)
    ZP 2,1 Zapatero   De las Islas Filipinas.   955
    ZP 2,1 Zapatero   Absolutamente. En las Islas Filipinas, zapateros.   956
Italia (3)
    TC 1,1 Cristobita   No; de niño estuve en Italia y en Francia, [...]   739
    DC 1,1 Cristóbal   Pero en mi juventud estuve en Francia y en Italia,   1035
                              ·sirviendo a un tal don Pantaleón.
    CA 3,1 Máscara   "¡Oh mio Dio!" Era igual que el conde Arturo de Italia. 1116
                              ¡Oh amor!
italiano (3)
    TC 2,1 Padre   ¿Habla vuestra merced el italiano?   739
    DC 1,1 Madre   ¿Habla vuesa merced el italiano?   1034
    CA 3,2 Criado   Vivió mucho tiempo con un conde italiano riquísimo,   1131
                              padre del niño que acaban de enterrar.
italianos (1)
    TC 2,1 Cristobita   Esta porra que ve aquí ha matado muchos hombres   739
                              franceses, italianos, húngaros... Tengo la lista en
                              mi casa.
izarla (1)
    MP 2,9 Mariana   que izarla pretendían en Granada.   857
izquierda (4)
    TC 2,1 Rosita   Que mires a la izquierda y a la derecha del tiempo, y 736
                              que tu corazón aprenda a estar tranquilo.
    ZP 2,1 Zapatera   La gente me canta coplas, [...] calabacines, ceros a   948
                              la izquierda, estafermos.
    ZP 2,1 Zapatero   una en la tetilla izquierda,   962

izquierda (continuación)   Pág.
    RS 1,1 Ama   Pero aquí... rosas por la derecha, albahaca por la   1353
                         izquierda, anémonas, [...]
j (1)
    TB DME Doncella   A, B, C, D, E, F, G, H, I, J, K, L, M, N.   898
ja (44)
jaaaa (1)
jabón (2)
    RS 2,1 Tío   Por no discutir soy capaz de hacerme la cama, de   1386
                         limpiar mis trajes con jabón de palo y cambiar [...]
    BA 1,1 Criada   Ni con jabón ni con bayetas se le quitan.   1443
jaca (9)
    ZP 1,1 Zapatera   Pero el que más me gustaba [...] venía montado en una   917
                         jaca negra, llena de [...]
    ZP 1,1 Zapatera   mañana que traigas la jaca blanca, la que a mí me   929
                         gusta.
    ZP 2,1 Zapatera   Cuando le veía venir montado en su jaca blanca...   945
    ZP 2,1 Niño   ¡Ja, ja, ja! Me estás engañando. El señor Zapatero no   945
                         tenía jaca.
    ZP 2,1 Zapatera   Tenía jaca, claro que la tuvo, pero es..., es que tú   945
                         no habías nacido.
    ZP 2,1 Zapatero   una jaca cordobesa   961
    BS 1,2 Suegra   donde está la jaca.   1186
    BA 2,1 Amelia   Lo sentí toser y oí los pasos de su jaca.   1473
    BA 3,1 Martirio   No. Salió corriendo en su jaca.   1531
jacas (2)
    MP 1,4 Amparo   sobre jacas pintureras,   793
    ZP 2,1 Zapatero   sus jacas sobre las piedras.   960
jacinto (1)
    RS 2,1 Solterona 2   El jacinto es la amargura;   1403
jajajá (2)
jaleo (5)
    MP 1,2 Amparo   yo canto y bailo el jaleo   786
    ZP 1,1 Zapatero   Yo no tengo edad para resistir este jaleo.   926
    ZP 1,1 Zapatera   ¡Ay, jaleo, jaleo,   926
    ZP 2,1 Niño   Desde la ventana de tu cuarto puedes ver el jaleo de   970
                         la plaza.
jamás (17)
    MM 2,5 Gusano 3   sin preguntar jamás   713
    MM 2,5 Mariposa   ni lo sabré jamás.   715
    TC 2,1 Cristobita   Yo soy hombre que no se retracta jamás de lo que hace.   739
    TC 6,1 Currito   ¡Jamás miraré a otra mujer!   771
    TC 6,1 Rosita   Yo jamás te amé. Eres un hombre errante.   775
    TC 6,1 Currito   ¡Adiós para siempre, ingrata! Mi pena es que jamás te   775
                         olvidaré.
    ZP 1,1 Zapatera   Sí, lo quería, vaya si lo quería, que pretendientes   938
                         buenos y muy riquísimos he tenido y no les he dado el
                         sí jamás.
    ZP 2,1 Zapatera   Pues si dices tú, más [...] y no cederé a nadie jamás,   942
                         porque una mujer [...]
    PB 2,1 Perlimplín   Jamás he visto un hombre en quien lo varonil y lo   1005
                         delicado se den de una manera tan armónica.
    PB 2,1 Perlimplín   Como soy un viejo, quiero sacrificarme por ti... Esto   1008
                         que yo hago no lo hizo nadie jamás.
    CA 2,1 Joven   Jamás.   1093
    BS 2,2 Madre   Las niñas no salen jamás a la calle.   1228
    YE 3,1 Yerma   A veces, cuando ya estoy segura de que jamás,   1328
                         jamás..., me sube como [...]
    BA 2,1 Adela   No ha sido broma, que tú nunca has gustado jamás de   1494
                         juegos.
    BA 2,1 Bernarda   Afortunadamente mis hijas me respetan y jamás   1500
                         torcieron mi voluntad.
    BA 3,1 Bernarda   No procures descubrirlas, no le preguntes y, desde   1514
                         luego, que no te vea llorar jamás.
jamón (2)
    ZP 1,1 Zapatero   Anteayer... despedazó el jamón que teníamos guardado   920
                         para estas Pascuas y nos lo comimos entero.
    BS 2,2 Criada   Para la medianoche, como no dormiréis, os he preparado 1234
                         jamón y unas copas grandes de vino antiguo.
jamoncitos (2)
    TC 6,1 Cristobita   ¡Qué par de jamoncitos tiene!   767
    DC 1,1 Cristóbal   ¡Ay! Qué jamoncitos tiene   1035
jarabe (1)
    ZP 2,1 Zapatera   No me mire tanto, que se me va a derramar el jarabe.   941
jarales (1)
    ZP 2,1 Zapatero   entre jarales y adelfas,   958
jaramago (1)
    RS 2,1 Solterona 1   El jaramago, el desprecio;   1404
jaramagos (3)
    YE 1,1 Yerma   Yo veo por mis ojos que [...] ablandan y hacen crecer   1276
                         jaramagos, que las gentes [...]

jaramagos (continuación)
YE 1,1 Yerma   "Los jaramagos no sirven para nada", pero yo bien los   1276
                      veo mover sus flores amarillas en el aire.
RS 1,1 Manola 1   Rumores son jaramagos.   1366
jardín (20)
TC 6,1 Rosita   ¡Arbolito de mi jardín!   777
MP 1,7 Mariana   En el jardín.   814
MP 2,3 Mariana   Soñar en la verbena y el jardín   826
MP 2,6 Mariana   y cierra la ventana del jardín.   834
MP 3,4 Mariana   del jardín, mi muerte acecha.   871
MP 3,7 Novicia 2   Desde el jardín; y sonaban   879
MP 3,7 Novicia 1   del jardín ni en los aleros;   880
TB PBK Buster Keaton Esto es un jardín.   895
ZP 2,1 Alcalde   Que la casa tiene una cama con coronación de pájaros y   951
                      azucenas de cobre, un jardín con seis palmeras [...]
PB 3,1 Marcolfa   Aunque no sirvo para [...] las diez en punto al   1009
                      jardín, envuelto, como [...]
PB 3,1 Perlimplín   Salta las tapias de mi jardín.   1014
PB 3,1 Belisa   ¿Quién te abrió tus venas para que llenases de sangre   1016
                      mi jardín?
CA 1,1 Joven   Muchas veces yo me he levantado a medianoche para   1047
                      arrancar las hierbas del jardín.
CA 1,1 Criado   Los niños arrojaron un gato que habían matado sobre el   1070
                      tejadillo del jardín, y hay necesidad de quitarlo.
CA 3,2 Joven   Voy a cortar todas las flores del jardín, sobre todo   1135
                      esas [...]
RS 1,1 Ama   ¡Qué ganas tengo de ver plantados en este jardín un   1353
                      peral, un cerezo, un caqui!
RS 1,1 Rosita   en mi jardín de arrayanes   1371
RS 2,1 Ama   Pero no hace falta que cante. En el jardín los tenemos   1383
                      vivos.
RS 3,1 Muchacho   ¡Qué jardín más precioso tienen ustedes!   1434
RS 3,1 Tía   Parece como si alguien quisiera poner el jardín feo   1437
                      para que no tuviésemos pena de dejarlo.
jardineras (1)
RS 2,1 Rosita   Quiero poner en las jardineras y en el florero de la   1388
                      entrada.
jardines (2)
YE 3,2 Yerma   El cielo tiene jardines   1338
YE 3,2 Macho   El cielo tiene jardines   1343
jardinillos (1)
RS 1,1 Tía   Aquí no eres más que un paseante de los jardinillos, y   1362
                      allí serás un labrador.
jarro (3)
TC 5,1 Jovencita   con un jarro de vino   760
RS 3,1 Martín   Ayer se empeñaron en [...] desde el balcón un jarro de   1418
                      agua.
BA 3,1 Bernarda   Trae un jarro de agua fresca.   1509
jaspe (1)
BS 3,1 Luna   sobre su espalda de jaspe,   1249
jaulas (2)
CA 3,1 Arlequín   Allí están los carros y las jaulas con las serpientes.   1119
CA 3,1 Joven   Te romperé las jaulas y las telas.   1130
jazmín (11)
MP 3,7 Novicia 1   rosa y jazmín de Granada?   879
MP 3,7 Novicia   rosa y jazmín de Granada,   883
BS 3,2 Muchacha 2   Jazmín de vestido,   1261
YE 1,1 Yerma   Cuando tu carne huela a jazmín.   1278
YE 1,1 Yerma   ¡Cuando tu carne huela a jazmín!   1286
YE 2,1 Yerma   como un jazmín caliente   1300
YE 2,1 Lavandera 4   Como un jazmín caliente   1306
YE 2,1 Lavandera 4   de ese jazmín.   1307
YE 2,1 Lavandera 2   Como un jazmín caliente   1310
RS 1,1 Rosita   Alhambra, jazmín de pena   1369
RS 2,1 Solterona 3   Dice el jazmín: "Seré fiel";   1403
jazminero (2)
PB 3,1 Belisa   Jazminero flotante y sin raíces, el cielo caerá sobre   1012
                      mi espalda sudorosa... ¡Noche!,
RS 1,1 Rosita   jazminero desangrado,   1373
jazmines (7)
CA 2,1 Novia   Pero con una corona de jazmines en el cuello y toda mi   1085
                      carne apretada por un velo mojado por el mar.
CA 2,1 Joven   y jazmines de cordura.   1103
BS 2,1 Muchacha 2   y jazmines en la frente.   1216
BS 3,1 Leñador 2   ¡Llena de jazmines la sangre!   1248
YE 3,2 Macho   jazmines con naranjas.   1342
RS 1,1 Rosita   en mi balcón de jazmines,   1371
RS 3,1 Ama   En medio de las dos, en un columpio de jazmines y   1425
                      matas de romero, [...]
Jefté (1)
RS 3,1 Tía   ¿"La hija del Jefté"?   1419

Jenara (1)   Pág.
  TB DME Vieja   ¿Eustaquia? ¿Dorotea? ¿Jenara?   898
Jerez (1)
  MP 1,2 Amparo   de Jerez, con castañuelas: 786
Jerusalén (2)
  EP CV Desnudo   ¿Cuánto falta para Jerusalén?   1156
  RS 1,1 Ama   por las cuatro esquinas de Jerusalén.   1358
Jesús (10)
  ZP 1,1 Zapatera   ¡Jesús!, pero si lo que yo estoy deseando es que te 929
                           vayas.
  ZP 2,1 Zapatera   Jesús, Jesús, Jesús y Jesús.   943
  ZP 2,1 Zapatera   Yo le juro, por la preciosísima sangre de nuestro   963
                           padre Jesús, que soy inocente.
  ZP 2,1 Zapatera   ¡Jesús! Está una en un continuo sobresalto. ¿Quién es? 969
  BS 3,2 Mujeres   de Jesús.   1271
  RS 1,1 Tía   ¡Jesús!   1353
  RS 2,1 Madre   ¡Jesús!   1407
jinete (3)
  MP 1,6 Clavela   Me la entregó un jinete. Iba embozado   803
  BS 1,3 Criada   No. Llevaba jinete.   1204
  BS 3,2 Mujer   Era hermoso jinete,   1270
jooo (2)
joooo (1)
joroba (2)
  TC 4,1 Cocoliche   Cristobita tiene una panza verde y una joroba verde. 754
  BA 2,1 Adela   Si quieres te daré mis ojos, que son frescos, y mis 1479
                           espaldas para que te compongas la joroba que tienes,
                           pero [...]
José (4)
  ZP 1,1 Zapatera   Qué cintillos tan preciosos llevas... No, no... Me   929
                           da vergüencilla... Pero, José María, ¿no ves que [...]
  DC 1,1 Rosita   con José,   1032
  DC 1,1 Rosita   con Juan, con José, con Medinilla,   1032
  EP CV Traspunte   Pero se había perdido la barba de José de Arimatea. 1162
joven (30)
  MM 1,2 Doña Curiana   Tan joven y ya tan triste.   677
  MM 1,2 Curianita Silvia cuando joven? Si os dijera   678
  MM 1,2 Doña Curiana   viendo a una joven bonita   681
  MP 1,3 Amparo   joven y guapa.   788
  MP 1,4 Mariana   cómo necesito de tu gracia joven.   792
  MP 2,5 Pedro   con un extraño joven, que no me dijo nada.   830
  MP 3,8 Fernando   Solamente mi joven corazón te acompaña.   885
  ZP 2,1 Zapatero   casado con joven tierna,   960
  ZP 2,1 Zapatera   Si estoy sola si soy joven y vivo ya solo de mis   967
                           recuerdos...
  ZP 2,1 Zapatero   Ya comprendo, preciosa joven.   967
  PB 2,1 Perlimplín   Tú eres joven y yo soy viejo..., ¡qué le vamos a   1005
                           hacer!...,
  PB 2,1 Perlimplín   Hace quince días vi a ese joven por primera vez.   1005
  PB 2,1 Perlimplín   ¿Quién será ese bello joven?   1007
  PB 3,1 Marcolfa   Aunque no sirvo para estas cosas, le dije lo que me 1009
                           indicó el señor... , que ese joven... vendría esta
                           [...]
  PB 3,1 Perlimplín   Yo necesito que ella ame a ese joven más que a su   1010
                           propio cuerpo.
  PB 3,1 Belisa   He sentido tu calor y tu peso, delicioso joven de mi 1012
                           alma... ¡Oh !...,
  PB 3,1 Belisa   Sí..., pero ¿y el joven?... ¿Por qué me has engañado? 1017
  PB 3,1 Perlimplín   ¿El joven?   1017
  PB 3,1 Belisa   Pero ¿dónde está el joven de la capa roja?...   1018
  DC 1,1 Madre   Mi Rosita es joven y usted es ya viejo.   1030
  CA 3,2 Jugador 3   Un corazón joven, donde es probable que resbalen las 1137
                           flechas.
  CA 3,2 Joven   El chartreuse es como una gran noche de luna verde 1142
                           dentro de un castillo donde hay un joven con unas
                           algas [...]
  EP CV Estudiante 4   ¿Pero no te has dado cuenta de que la Julieta que   1167
                           estaba en el sepulcro era un joven disfrazado, un [...]
  EP CV Estudiante 5   Parecía muy hermosa, y si era un joven disfrazado no 1167
                           me [...]
  YE 1,2 Vieja 1   Eres muy joven todavía.   1291
  YE 3,1 Vieja 1   Eres demasiado joven para oír consejo.   1328
  RS 1,1 Tía   Si fuera hombre y joven, te cruzaría la cara.   1362
  RS 3,1 Ama   Aquí, el joven, iba ayer con su novia.   1434
  BA 1,1 Magdalena   Es la más joven de nosotras y tiene ilusión.   1462
  BA 2,1 La Poncia   Entonces Pepe hará lo que hacen todos los viudos de 1481
                           esta tierra: se casará con la más joven, la más
                           hermosa, [...]

jovencillo (1)
  TC 3,1 Mozo 1   ¡Tan jovencillo!   743

jovencita (2)
    CA 1,1 Viejo   Ella... ¿es jovencita?   1049
    CA 1,1 Joven   Muy jovencita. Quince años.   1049
jóvenes (5)
    MM 1,2 Doña Curiana   las jóvenes no pedíamos   680
    MP 1,4 Amparo   Y los jóvenes de Ronda   793
    PB 3,1 Perlimplín   Viejo verde, monigote [...] Belisa era para músculos   1017
                              jóvenes y labios de ascuas... [...]
    BS 2,2 Novio   Las viejas frescas como tú bailan mejor que las   1234
                              jóvenes.
    RS 3,1 Rosita   Yo sé que los ojos los tendré siempre jóvenes, y sé   1430
                              que la espalda se me irá curvando cada día.

joya (1)
    MM 0,0   El amor pasaba de padres a hijos como una joya vieja y   669
                              exquisita [...]

Juan (29)
    TC 6,1 Cristobita   Y la historia de don Juan Tenorio, primo de don   772
                              Tancredo y primo mío.
    DC 1,1 Enfermo   Juan Cuello.   1025
    DC 1,1 Rosita   con Juan,   1032
    DC 1,1 Rosita   con Juan, con José, con Medinilla,   1032
    CA 1,1 Joven   Juan, cierra la ventana.   1049
    CA 1,1 Joven   Juan. Cierra las ventanas.   1059
    CA 1,1 Joven   ¡Señor, qué tarde! Juan, ¿quién grita así?   1070
    CA 1,1 Joven   Juan, enciende las luces.   1077
    CA 3,2 Joven   Juan.   1132
    CA 3,2 Joven   Juan. ¿Está mi ropa preparada?   1133
    CA 3,2 Joven   Juan.   1134
    CA 3,2 Joven   Juan, sirve licor a estos señores.   1140
    CA 3,2 Joven   Juan, Juan. Hay que vivir.   1143
    CA 3,2 Eco   Juan, Juan.   1143
    CA 3,2 Joven   Juan.   1144
    CA 3,2 Eco   Juan.   1144
    YE 1,1 Yerma   Juan, ¿me oyes?, Juan.   1274
    YE 1,1 Yerma   No tenemos hijos... ¡Juan!   1275
    YE 1,1 Víctor   ¿Y Juan?   1284
    YE 1,1 Víctor   Dile a Juan que recoja las dos que me compró, y en   1285
                              cuanto a lo otro, ¡que ahonde!
    YE 1,2 Yerma   Juan, ¿qué piensas?   1299
    YE 2,2 Víctor   ¿Está Juan?   1321
    YE 2,2 Yerma   ¡Juan!   1321
    YE 3,1 Dolores   ¡Juan!   1332
    YE 3,1 Dolores   ¡Juan!   1334
    RS 2,1 El Señor X   Hoy día se abren camino un Juan Bautista Say o Se,   1376
                              [...]

judías (1)
    ZP 2,1 Zapatero   ¡Sayonas judías!   973
judío (1)
    TC 6,1 Rosita   ¡Mal hombre, perro judío!...   766
judíos (1)
    ZP 2,1 Zapatera   ¡Callarse, largos de lengua, judíos colorados!   978
juega (2)
    MP 3,5 Pedrosa   Que no se juega así con la Justicia,   877
    CA 3,2 Jugador 1   Usted juega.   1140
juegan (3)
    MM 2,1 Curianita Santa   Valen más en mi reino los que cantan y juegan   703
    CA 3,2 Jugador 2   No hay que fiarse de la gente pálida o de la gente que   1136
                              tiene hastío; juegan, pero reservan.
    YE 3,2 Yerma   juegan y mojan la cara   1339
juego (8)
    MP 1,8 Angustias   ¡Qué juego   816
    CA 3,2 Jugador 1   Un mal año de juego.   1136
    CA 3,2 Joven   Yo juego.   1140
    CA 3,2 Jugador 1   Haga juego.   1142
    CA 3,2 Joven   Juego.   1142
    EP RR Figura De C   Todo entre nosotros era un juego.   1151
    YE 1,2 Vieja 1   Ni más juego, ni más nada.   1287
    RS 2,1 Solterona 3   ¿Has terminado el juego de encajes valenciennes?   1395
juegos (2)
    RS 2,1 Ama   Ya me duelen las manos de guardar mantelerías de   1380
                              encaje de Marsella y juegos de cama adornados [...]
    BA 2,1 Adela   No ha sido broma, que tú nunca has gustado jamás de   1494
                              juegos.

jueguen (2)
    YE 3,1 Yerma   Yo tengo la idea de que [...] mamen, para que ellos   1328
                              jueguen hasta que no [...]
    BA 3,1 Prudencia   No me queda más consuelo [...] de venir para que no   1508
                              jueguen con una los chiquillos.

juerga (1)
    RS 3,1 Ama   Eso, que se fastidien. Nosotras, ¡juerga celestial!   1425

Pág.

jueves (2)
BS 1,3 Novio   El jueves próximo.   1198
BS 1,3 Padre   Entonces el jueves. ¿No es así?   1199
juez (5)
MP 2,9 Pedrosa   Y yo soy juez. Por eso me preocupo   852
MP 3,7 Carmen   del juez, viene a visitarla.   883
MP 3,9 Novicia 1   ¡Es el juez!   889
ZP 2,1 Niño   Todas las mujeres han ido a ver al juez para que te   970
                           vayas del pueblo, ¡ay!

EP CV Estudiante 5   Ha llegado el juez y, antes de asesinarlos, les van a   1162
                           hacer repetir la escena del sepulcro.

jugaba (2)
CA 3,2 Joven   Mi casa tenía un patio enorme, donde jugaba con mis   1132
                           caballitos.

CA 3,2 Jugador 1   Pero aquel muchacho jugaba de verdad.   1136
jugábamos (1)
EP RR Figura De C   Jugábamos.   1151
jugabas (1)
CA 2,1 Novia   ¿Y no jugabas tú al rugby?   1093
jugada (4)
CA 3,2 Jugador 1   Estaba pálido, tan pálido que en la última jugada ya   1136
                           no tenía más remedio que echar el "as de coeur".

CA 3,2 Jugador 1   No estará mal ser rápidos en la jugada.   1137
CA 3,2 Jugador 3   Jugada nula.   1139
RS 3,1 Tía   ¡Fue buena jugada la que nos hizo!   1427
jugamos (1)
CA 3,2 Jugador 1   Jugamos y ganamos; pero ¡qué trabajo nos cuesta!   1136
jugando (2)
CA 2,1 Joven   jugando al alba en su gruta,   1100
RS 2,1 Rosita   El otro día me lo encontré jugando al uni uni doli   1387
                           [...]
jugar (9)
MM 2,2 Curiana N   jugar y distraerse.   707
CA 1,1 Mecanógrafa   Cuando pequeñito yo le veía jugar desde mi balcón.   1055
CA 1,1 Niño   Jugar, ¿y tú?   1064
CA 1,1 Gato   ¡Jugar!   1064
CA 1,1 Niño   a jugar a la cabra.   1065
CA 3,2 Criado   Son los señoritos, que vienen a jugar.   1135
CA 3,2 Joven   No... Prefiero jugar de pie.   1139
CA 3,2 Jugador 1   Tenga la bondad de jugar.   1141
CA 3,2 Jugador 3   Hay que jugar.   1142
jugó (1)
CA 3,2 Jugador 2   Pero acuérdate del niño que en Suecia jugó con   1137
                           nosotros casi [...]
jugos (1)
RS 2,1 El Señor X   Sí, pero aplicada: para estudiar jugos de la Anthemis   1376
                           [...]
jugosa (1)
CA 1,1 Viejo   Es una palabra verde, jugosa.   1046
jugué (1)
CA 3,2 Jugador 3   Yo jugué en la India con [...]   1136
juguete (2)
MP 2,7 Mariana   ¿No es Fernando un juguete de los suyos?   839
RS 2,1 Tío   Y el frío era un juguete en nuestras manos.   1386
juicio (3)
ZP 1,1 Alcalde   ¿Se te ha vuelto el juicio?   926
ZP 2,1 Zapatera   ¿Eh? ¿Se le ha vuelto el juicio?   965
ZP 2,1 Zapatera   ¿Pero usted está en su juicio?   974
juiciosa (1)
MM 1,2 Doña Curiana   sed juiciosa y sed serena.   679
Julieta (15)
EP CV Muchacho 1   Pero yo descubrí la mentira cuando vi los pies de   1159
                          Julieta.

EP CV Estudiante 4   El tumulto comenzó cuando vieron que Romeo y Julieta   1160
                          se amaban de verdad.

EP CV Estudiante 2   Se amaban los esqueletos [...] varias veces la cola de   1160
                          Julieta cubierta de pequeños [...]

EP CV Estudiante 4   La gente se olvida de [...] encontraron a la verdadera   1160
                          Julieta amordazada debajo [...]

EP CV Muchacho 1   Romeo puede ser un ave y Julieta ser una piedra.   1160
EP CV Muchacho 1   Romeo puede ser un grano de sal y Julieta ser un mapa.   1160
EP CV Estudiante 2   En último caso, ¿es que Romeo y Julieta tienen que ser   1161
                          [...]

EP CV Estudiante 2   Vamos a ver la última Julieta verdaderamente femenina   1162
                          que se verá en el teatro.

EP CV Estudiante 4   Romeo era un hombre de treinta años y Julieta un   1165
                          muchacho de quince.

EP CV Estudiante 1   Y que hayan asesinado a la verdadera Julieta, que   1166
                          gemía debajo de las butacas.

EP CV Estudiante 5   Mirad, he conseguido un zapato de Julieta.   1166
EP CV Estudiante 4   ¿Qué Julieta?   1166

Julieta (continuación)
  EP CV Estudiante 5   ¿Qué Julieta iba a ser?   1166
  EP CV Estudiante 4   ¿Pero no te has dado cuenta de que la Julieta que   1167
                      estaba en [...] y que la verdadera Julieta estaba
                      amordazada [...]
juncal (2)
  MP 2,1 Niño   espigada y juncal,   824
  ZP 2,1 Zapatera   Que a pesar de sus cincuenta y tantos años,   976
                      benditísimos cincuenta años, me resulta más juncal y
                      torerillo que [...]
junco (2)
  ZP 1,1 Mirlo   Zapaterita..., junco de oro encendido... Zapaterita,   930
                      bella Otero de mi corazón.
  YE 3,2 Hombre 1   Como junco se curva.   1343
juncos (12)
  ZP 2,1 Zapatero   los juncos y madreselvas,   961
  PB 0,0 Una Voz   Agua tibia entre los juncos,   982
  DC 1,1   Y si un pájaro mueve [...] mano apartando los juncos   1019
                      de la orilla.
  CA 1,1 Niño   entre los juncos del agua.   1065
  CA 1,1 Viejo   Se apagan los ojos y una hoz muy afilada siega los   1075
                      juncos de las orillas
  CA 2,1 Joven   ligas de raso los juncos,   1100
  CA 3,1 Mecanógrafa   no nacen juncos y lirios,   1121
  BS 3,1 Luna   y los juncos agrupados   1249
  BS 3,1 Luna   y los juncos agrupados   1250
  BS 3,2 Novia   Yo era una mujer quemada, [...] mi el rumor de sus   1269
                      juncos y su cantar entre [...]
  YE 1,2 Yerma   juncos grises del invierno   1295
  BA 3,1 Adela   El me lleva a los juncos de la orilla.   1528
junta (1)
  BA 2,1 Bernarda   ¡Mi sangre no se junta con la de los Humanas mientras   1498
                      yo viva!
juntan (1)
  CA 2,1 Joven   donde llegan y se juntan   1103
juntar (5)
  MM 1,1 Curiana N   cocina y poesía se pueden juntar.   676
  BS 1,2 Suegra   Se van a juntar dos buenos capitales.   1191
  YE 1,1 Víctor   Quiere juntar dinero y lo juntará, pero ¿a quién lo va   1285
                      a dejar cuando se muera?
  YE 2,1 Lavandera 1   Hay que juntar flor con flor   1308
  BA 2,1 Martirio   ¡Calla y no me hagas hablar, que si hablo se van a   1494
                      juntar las paredes unas con otras de vergüenza!
juntará (1)
  YE 1,1 Víctor   Quiere juntar dinero y lo juntará, pero ¿a quién lo va   1285
                      a dejar cuando se muera?
juntaron (1)
  YE 3,2 Macho   quince veces juntaron   1342
juntas (4)
  BS 3,1 Leonardo   mata dos espigas juntas.   1259
  RS 2,1 Tío   De tanto vivir juntas, los encajes se os hacen espinas.   1385
  RS 2,1 Tío   Llega un momento en que las personas que viven juntas   1386
                      muchos años hacen [...]
  RS 2,1 Madre   ¡Claro! ¡Estuvieron juntas en el Colegio de la Puerta   1394
                      del Cielo.
junte (1)
  YE 3,2 Vieja   Para tener un hijo ha sido necesario que se junte el   1344
                      cielo con la tierra.
junto (6)
  MM 1,1 Curiana N   Fui junto a los troncos del viejo encinar   672
  MM 1,1 Curiana N   ¡Ay, lo que yo vi junto al encinar!   675
  BS 1,3 Padre   A mí me gusta todo junto.   1196
  BS 1,3 Padre   Para verlo todo junto, ¡que junto es una hermosura!   1197
  YE 1,1 María   No me lo dice, pero se pone junto a mí y sus ojos   1281
                      tiemblan como dos hojas verdes.
juntos (7)
  TC 6,1 Cocoliche   ¡Así moriremos juntos!   777
  ZP 2,1 Zapatera   Como si fuera el rey y la reina juntos.   976
  BS 3,1 Novia   ¡Los dos juntos!   1261
  BS 3,2 Madre   Bendito sea Dios, que nos tiende juntos para descansar.   1270
  YE 2,1 Lavandera 5   Van juntos todos los rebaños.   1306
  YE 2,2 Juan   Iremos juntos hasta el arroyo.   1325
  YE 3,2 Vieja   Vete con él y viviremos los tres juntos.   1345
Júpiter (1)
  BS 1,3 Madre   Los tres nogales del molino toda una viña y una planta   1195
                      que se llama Júpiter, que da flores [...]
juramento (1)
  RS 3,1 Ama   ...y coger una espada y cortarle la cabeza y   1414
                      machacársela con dos piedras y cortarle la mano del
                      falso juramento y las mentirosas [...]

Pág.

jureles (1)
    RS 3,1 Ama   Voy a guisar. Una cazuela de jureles perfumada con   1417
                           hinojos.
juro (2)
    ZP 2,1 Zapatera   Yo le juro, por la preciosísima sangre de nuestro   963
                           padre Jesús, que soy inocente.
    RS 1,1 Primo   juro que vendré a tu lado.   1373
justicia (1)
    MP 2,5 Pedro   Estuve casi en manos de la justicia,   830
Justicia (2)
    MP 3,5 Mariana   ¿Dónde está la razón de la Justicia?   876
    MP 3,5 Pedrosa   Que no se juega así con la Justicia,   877
justiciera (1)
    BA 1,1 Bernarda   y su espada justiciera.   1448
justificar (1)
    MP 2,8 Pedro   ¿Cómo justificar nuestra presencia?   848
justifique (1)
    EP CV Estudiante 4   La repetición del acto [...] incalculable, aunque yo   1166
                           no lo justifique.
justo (12)
    MP 3,5 Carmen   Señor, no es justo...   877
    PB 1,1 Duende 1   Un bien..., porque no es justo poner ante las miradas   996
                           del público el infortunio de un hombre bueno.
    CA 1,1 Amigo 2   No; se hizo cada vez más pequeña, más niña, como debe   1074
                           ser, como es lo justo, hasta que no quedó [...]
    BS 1,1 Madre   ¿Y es justo y puede ser que [...]   1173
    BS 1,2 Leonardo   El justo.   1189
    BS 3,1 Novia   Es justo que yo aquí muera   1260
    BS 3,2 Mendiga   Así fue; nada más. Era lo justo.   1266
    YE 1,1 Yerma   Pienso que no es justo que yo me consuma aquí.   1282
    YE 2,2 Yerma   Justo.   1312
    RS 2,1 Tía   No es justo que te des ese [...]   1386
    RS 2,1 Tía   Y ha llegado justo.   1406
    BA 2,1 Magdalena   ¡Eso es lo justo!   1495
justos (2)
    BS 1,3 Padre   Día en que ella cumple veintidós años justos.   1198
    BA 1,1 Bernarda   Treinta y nueve justos.   1457
juvenil (1)
    PB 3,1 Marcolfa   Ahora le amortajaremos con el rojo traje juvenil con   1017
                           que paseaba bajo sus mismos balcones.
juventud (5)
    MM 2,1 Curianita Santa Su cantar me recuerda mi amor de juventud.   705
    DC 1,1 Cristóbal   Pero en mi juventud estuve en Francia y en Italia,   1035
                           sirviendo a un tal don Pantaleón.
    RS 1,1 Rosita   dejas a mi juventud,   1371
    RS 2,1 Madre   ¡La juventud!   1397
    RS 2,1 Tío   Pero todavía, todavía tiene la brasa de su juventud.   1411
k (1)
    TB DME Doncella   A, B, C, D, E, F, G, H, I, J, K, L, M, N.   898
Keaton (1)
    TB PBK Buster Keaton   A Buster Keaton.   896
kikirikí (3)
    TB PBK Gallo   Kikirikí.   893
    TB PBK Gallo   Kikirikí.   893
    ZP 1,1 Alcalde   A las mujeres, buenos [...] se atreven a hacer   925
                           kikirikí, la vara, no [...]
kilo (1)
    RS 2,1 Madre   El año pasado nos regalaron a nosotras medio kilo.   1398
kilómetros (1)
    RS 2,1 El Señor X   Mi amigo, el señor Longoria, [...] velocidad de   1375
                           treinta kilómetros por hora; [...]
l (1)
    TB DME Doncella   A, B, C, D, E, F, G, H, I, J, K, L, M, N.   898
la (2288)
labio (1)
    RS 2,1 Ayola 2   ¿No tenía una cicatriz en el labio?   1399
labios (16)
    MM 1,1 Curiana N   son labios de amores que me dejan besos   672
    MM 2,7 Curianito   en mis labios que abrasan.   720
    TC 3,1 Cocoliche   Me decía: tienes los labios como dos fresas sin   743
                           madurar, y...
    ZP 1,1 Zapatera   Esto es dejar a una con la miel en los labios....   929
    PB 3,1 Perlimplín   Viejo verde, monigote [...] músculos jóvenes y labios   1017
                           de ascuas... [...]
    DC 1,1   El poeta que ha interpretado y recogido de labios   1019
                           populares esta [...]
    CA 2,1 Novia   Mi novio tenía los dientes helados; me besaba, y sus   1079
                           labios se le cubrían de pequeñas hojas marchitas, eran
                           como labios secos.
    CA 3,1 Máscara   El conde Arturo, con una camelia entre los labios,   1116
                           venía en una [...]

labios (continuación)
  CA 3,2 Jugador 1   La vida se le escapa por sus pupilas, que mojan la   1136
                      comisura de sus labios y le tiñen de [...]
  BS 3,2 Madre   Una mujer que no tiene un hijo siquiera que poderse   1268
                      llevar a los labios.
  BS 3,2 Novia   con los labios amarillos.   1272
  YE 1,2 Vieja 1   ¿No te da así como un sueño cuando acerca sus labios?   1289
  YE 2,1 Lavandera 4 Ella y sus cuñadas, sin despegar los labios, blanquean 1304
                      todo [...]
  YE 3,2 Yerma   Eso es lo que yo quería oír de tus labios... No se   1348
                      siente [...]
  RS 1,1 Ama   Aquí no la dejan a una ni abrir los labios.   1360
labor (2)
  TC 1,1 Rosita   En verdad que el cañamazo es una labor difícil.   725
  YE 1,1 Juan   Las cosas de la labor van bien, no tenemos hijos que   1275
                      gasten.
labores (1)
  RS 2,1 Solterona 3 Ahora estudio poco. Tengo muchas labores que hacer.   1397
labrador (1)
  RS 1,1 Tía   Aquí no eres más que un paseante de los jardinillos, y 1362
                      allí serás un labrador.
lactancia (1)
  MM 1,5 Alacranito   Y no me comí al nene por estar en lactancia.   693
ladera (1)
  BS 1,3 Padre   Si pudiéramos con veinte pares de bueyes traer tus   1197
                      viñas aquí y ponerlas en la ladera.
lado (23)
  MM 1,4 Curianito   Yo siempre a mi lado quisiera tenerte   686
  MM 1,5 Alacranito   ¡A su lado tenía la cría, un nene chico,   692
  TC 1,1 Cocoliche   No hubiera podido. A tu lado los pies se vuelven de   728
                      plomo.
  MP 2,1 Niño   No los quiero a mi lado.   821
  MP 2,5 Mariana   a tu lado me olvido de todas las palabras.   828
  MP 2,5 Mariana   Cuando estás a mi lado olvido lo que siento   831
  BS 1,1 Madre   Tengo que ir todas las [...] matadores, y lo entierren 1176
                      al lado.
  BS 1,3 Madre   Cuando yo me muera, vendéis aquello y compráis aquí al 1197
                      lado.
  BS 1,3 Novio   Cuando me voy de tu lado siento un despego grande y   1202
                      así como un nudo en la garganta.
  BS 2,1 Criada   Y lo mejor es cuando te despiertes y lo sientas al   1207
                      lado y que él te roza [...]
  YE 1,2 Vieja 1   Tengo nueve hijos como nueve soles pero como ninguno   1287
                      es hembra, aquí me tienes a mí de un lado para otro.
  YE 1,2 Yerma   Usted vive al otro lado del río.   1287
  YE 2,2 Juan   Estando a tu lado no se siente más que inquietud,   1314
                      desasosiego.
  YE 3,1 Juan   Mirándome con dos agujas, pasando las noches en vela   1332
                      con los ojos abiertos al lado mío y llenando de [...]
  YE 3,1 Juan   Porque se necesita ser de bronce para ver a tu lado   1332
                      una mujer que te [...]
  RS 1,1 Tío   Pero yo ese día lo pienso pasar al lado para ver cómo   1357
                      se pone blanca.
  RS 1,1 Tía   ¡Y que es ahí al lado!   1362
  RS 1,1 Ama   Pidiendo ochavitos por las calles me quedo yo al lado   1364
                      de esta prenda.
  RS 1,1 Primo   para llevarte a mi lado   1372
  RS 1,1 Primo   juro que vendré a tu lado.   1373
  RS 2,1 Ama   Cuarenta años llevo al lado de usted.   1382
  RS 3,1 Rosita   Que cae a un lado y otro del polisón.   1433
  RS 3,1 Ama   Ella quería ir por un lado y él no la dejaba.   1434
lados (2)
  CA 3,1 Máscara   Ahora me buscará por todos lados.   1123
  BA 2,1 Adela   Me sigue a todos lados.   1479
ladra (1)
  YE 1,1 Yerma   En el patio ladra el perro,   1277
ladrando (1)
  BA 3,1 La Poncia   Están ladrando los perros.   1522
ladre (2)
  RS 1,1 Ama   Ni padre, ni madre, ni perrito que le ladre, pero   1355
                      tiene un tío y una tía que valen un tesoro.
  RS 2,1 Tía   Bueno; y punto final. Bien está que la zafia hable,   1381
                      pero que no ladre.
ladrillos (1)
  BA 1,1 Bernarda   Hacemos cuenta que hemos tapiado con ladrillos puertas 1451
                      y ventanas.
ladro (1)
  BA 1,1 La Poncia   Pero yo soy buena perra; ladro cuando me lo dicen [...] 1442
ladrón (1)
  RS 3,1 Tía   Tú estabas encelada por un palomo ladrón.   1429

Pág.

ladrona (2)
ZP 1,1 Zapatera   ¡Ladrona!   921
BA 3,1 Angustias   ¡Ladrona!   1530
ladrones (6)
TC 3,1 Cristobita   ¡Sois todos unos ladrones!   748
TC 3,1 Cristobita   Dilo tú: unos ladrones.   748
TC 3,1 Espantanublos   Unos ladrones.   748
TC 5,1 Cristobita   Y no convido a nadie, porque sois unos ladrones todos. 758
YE 1,2 Juan   Viene poca agua, es mía hasta la salida del sol y   1300
                         tengo que defenderla contra los ladrones.
BA 3,1 Martirio   Una buena noche para ladrones, para el que necesita   1515
                         escondrijo.
lagarta (6)
ZP 1,1 Vecina   ¡Lagarta, lagarta!   921
ZP 1,1 Zapatera   Lagarta..., lagarta..., qué, qué, qué..., ¿qué me vas 921
                         a decir?
CA 1,1 Niño   El lagarto y la lagarta,   1066
BA 1,1 Mujer 1   ¡Vieja lagarta recocida!   1447
lagartija (1)
BA 2,1 La Poncia   La encuentro sin sosiego, temblona, asustada, como si 1472
                         tuviese una lagartija entre los pechos.
lagarto (6)
MM 1,6 Alacranito   un lagarto, una abeja,   700
TB QM. Voz   No, yo quiero un lagarto.   904
TB QM. Voz   Ni yo el lagarto.   908
CA 1,1 Niño   El lagarto y la lagarta,   1066
YE 2,1 Lavandera 3   Parado, como un lagarto puesto al sol.   1304
BA 1,1 La Poncia   "Bernarda, por esto, por aquello, por lo otro", hasta 1442
                         ponerla como un lagarto machacado por [...]
lagartos (1)
CA 1,1 Gata   ¿Vendrán ya los lagartos, niño?   1068
lago (1)
MM 2,5 Gusano 2   Ahora he visto en el lago   712
lágrimas (18)
MM 1,5 Curianito   Seca tus lágrimas.   689
TC 0,0 Mosquito   abanica tanto rostro asombrado, llévate los suspiros 724
                         por encima de aquella sierra y limpia las lágrimas
                         nuevas en los [...]
TC 3,1 Cocoliche   Serán muy bonitas nuestras lágrimas; lágrimas de   743
                         topacio, de rubí... ¡Ay, muchachos, muchachos!
TC 5,1 Currito   Son como dos lágrimas de la luna de [...]   757
TC 6,1 Rosita   Para ti serán mis lágrimas y mis besitos, que eres un 780
                         clavel.
ZP 1,1 Zapatera   Yo siempre he tenido delirio por ella... Casi se me   929
                         saltan las lágrimas... ¡Qué primor!
EP CV Estudiante 4   Cuando cantó el ruiseñor yo no pude contener mis   1166
                         lágrimas.
BS 3,2 Madre   Vuestras lágrimas son lágrimas de los ojos [...]   1267
RS 1,1 Tía   Ahora se enterará de que las telas no solo sirven para 1362
                         hacer flores, sino para empapar lágrimas.
RS 2,1 Madre   ¡Y qué angustia he pasado, señora, para que estas   1393
                         hijas puedan seguir usando sombrero ¡Cuántas lágrimas,
                         cuántas tristezas [...]
RS 2,1 Madre   Y se me llenan los ojos de lágrimas cuando las veo   1394
                         alternar con las que pueden.
RS 2,1 Ayola 2   Me acuerdo que algunas veces se le caían las lágrimas. 1397
RS 3,1 Tía   Y los pañuelos para las lágrimas que se queden aquí   1425
                         abajo.
BA 2,1 Bernarda   Ni lágrimas te quedan en esos ojos.   1494
BA 3,1 Prudencia   En mi tiempo las perlas significaban lágrimas.   1510
BA 3,1 Bernarda   ¡Las lágrimas cuando estés sola!   1532
lagrimitas (1)
MM 1,2 Doña Curiana   y deja tus lagrimitas   683
laguna (2)
MM 1,2 Curianita Silvia como la laguna aquella.   679
CA 2,1 Maniquí   y eres dormida laguna,   1101
lamen (1)
YE 3,1 Yerma   Los animales los lamen, ¿verdad?   1327
lamentar (3)
MM 2,3 Mariposa   Ahora comprendo el lamentar del agua,   708
MM 2,3 Mariposa   y el lamentar de las estrellas,   708
MM 2,3 Mariposa   y el lamentar del viento en la montaña,   708
lamenten (1)
MP 3,9 Carmen   que los niños lamenten tu dolor por la calle!   890
lamento (3)
BS 3,1 Novia   ¡Ay, qué lamento, qué fuego   1256
BS 3,1 Novia   ¡Ay, qué lamento, qué fuego   1257
YE 3,2 Juan   Ha llegado el último minuto de resistir este continuo 1347
                         lamento por cosas oscuras, [...]
lamer (1)
EP CV Dama 2   ¿Qué necesidad teníamos de lamer los esqueletos?   1159

lamí (1)
    BS 2,2 Madre   Me mojé las manos de sangre y me las lamí con la   1229
                        lengua.

lámparas (2)
    CA 2,1 Padre   Ya han apagado las lámparas.   1090
    YE 2,1 Lavandera 4   Se me figura que guisan su comida con el aceite de las 1302
                        lámparas.

lan lan van lan lan (1)
    RS 3,1 Ama   Lan-lan-van-lan-lan... No, señora, llorar no lo   1413
                        consiento.

lan (1)
    RS 2,1 Madre   lan,   1406

lana (7)
    BS 1,1 Madre   No te irías al arroyo ahora y bordaríamos las dos   1174
                        cenefas y perritos de lana.
    BS 1,3 Padre   No habla nunca; suave como la lana, borda toda clase 1198
                        de bordados y puede cortar una maroma con los dientes.
    BS 3,2 Muchacha 2   Ser hilo de lana,   1262
    YE 1,2 Voz De Víctor En mi colcha de lana   1295
    YE 1,2 Yerma   En mi colcha de lana   1295
    YE 2,1 Lavandera 4   Es una inundación de lana.   1306
    YE 2,2 Víctor   Es todo lo mismo. Las mismas ovejas tienen la misma 1322
                        lana.

lanas (2)
    YE 1,1 María   He comprado encajes, tres varas de hilo, cintas y   1278
                        lanas de color para hacer madroños.
    BA 1,1 Magdalena   De ver los cuadros bordados de cañamazo de nuestra   1461
                        abuela, el perrito de lanas y el negro luchando [...]

lanceta (1)
    PB 1,1 Perlimplín   Como un hondo corte de lanceta en mi garganta.   991

languidez (1)
    RS 2,1 Tía   tu dulce languidez   1411

lanza (1)
    RS 2,1 El Señor X   Mi amigo, el señor Longoria, de Madrid, acaba de   1375
                        comprar un automóvil con el que se lanza a la
                        fantástica [...]

lanzadera (1)
    RS 1,1 Ama   ¿Cuándo la ha visto usted sentada a hacer encaje de 1354
                        lanzadera o frivolité, [...]

lanzan (1)
    CA 1,1 Niño   con hondas que lanzan piedras   1066

lanzaría (1)
    MP 1,5 Mariana   duras flechas lanzaría   795

lanzarme (1)
    CA 3,2 Jugador 3   Yo jugué en la India [...] esperaba el momento de   1136
                        lanzarme sobre él, tiñó [...]

lapislázuli (1)
    PB 3,1 Belisa   noche mía, de menta y lapislázuli...   1012

lará (4)
    TC 5,1 Fígaro   ¡Tran, lará, lará!   759
    TC 5,1 Fígaro   ¡Excelencia, admirable! Yo estoy encantado. ¡Tran, 759
                        lará, lará!

larán (6)
    TC 6,1 Cristobita   ¡Larán, larán!   772
    ZP 1,1 Zapatera   Larán, larán... A mí, es que la flauta me ha gustado 929
                        siempre mucho.
    ZP 1,1 Zapatera   Larán, larán .   929

larga (12)
    MM 1,5 Alacranito   de esta larga vida mía.   691
    MP 3,2 Mariana   una larga cabellera.   865
    MP 3,6 Mariana   larga baranda de brisa!   878
    MP 3,9 Mariana   Nos espera una larga locura de luceros   888
    ZP 0,0 El Autor   No tengas tanta impaciencia en salir; no es un traje 912
                        de larga cola y plumas inverosímiles [...]
    ZP 1,1 Zapatera   Cállate, larga de lengua, penacho [...]   912
    ZP 2,1 Zapatera   El paró su caballo y la cola del caballo era blanca y 946
                        tan larga que llegaba al agua del arroyo.
    CA 3,1 Arlequín   Una cuerda muy larga,   1109
    CA 3,1 Arlequín   larga para bajar.   1109
    BS 1,2 Suegra   con su larga cola   1184
    RS 1,1 Rosita   de alto pecho y larga cola?   1367
    BA 3,1 Prudencia   Ya me voy. Os he hecho una visita larga.   1506

largando (1)
    TC 3,1 Espantanublos   Así es que ya mismo os estáis largando.   747

largas (3)
    MP 1,5 Fernando   largas cadenas de agua.   801
    ZP 2,1 Zapatera   Y no se olvide de decirle que lo espero, que el   976
                        invierno tiene las noches largas.
    EP RR Figura De P   En un cuchillo afilado, durante cuatro largas   1147
                        primaveras.

largo - laureles

		Pág.
largo (9)		
MM 1,5 La Mariposa	volar, quiero volar, el hilo es largo!	699
MP 3,1 Novicia 1	largo rato y muy cerca.	861
MP 3,5 Pedrosa	puedo hacerla dormir un largo sueño.	876
MP 3,8 Mariana	¡Morir! ¡Qué largo sueño sin ensueños ni sombras!	886
CA 1,1 Joven	Se fueron a un largo viaje. Casi me alegré...	1048
CA 2,1 Joven	Ha sido un viaje tan largo...	1091
BS 1,3 Padre	Habéis venido por el camino más largo.	1196
BS 2,1 Muchacha 2	con el largo pelo,	1216
RS 2,1 Solterona 3	Sobre tu largo cabello	1404
largos (4)		
TC 6,1 Rosita	Largos caminos color naranja. ¡Oh, quién se perdiera por ellos!	774
MP 2,5 Pedro	¡Día y noche, qué largos sin ti por esa sierra!	828
ZP 2,1 Zapatera	¡Callarse, largos de lengua, judíos colorados!	978
CA 2,1 Joven	seis largos gritos de música.	1102
larguísimas (1)		
MP 1,5 Mariana	con larguísimas espadas!	796
las (984)		
lástima (19)		
MM 2,6 Curianita C	¡Qué lástima!	719
ZP 1,1 Vecina	¡Qué lástima de hombre!	919
ZP 1,1 Alcalde	Es una lástima que un hombre como tú no tenga el carácter que debías tener.	927
ZP 1,1 Alcalde	¡Qué lástima de talle!	928
ZP 1,1 Mozo	Y siempre sola... ¡Qué lástima!	931
ZP 1,1 Zapatera	¿Y por qué lástima?	931
ZP 1,1 Zapatera	Pero ¿por qué lástima?	931
ZP 2,1 Zapatera	Es que me da mucha lástima y no puedo contenerme, ¿lo ve usted?, no puedo contenerme.	960
DC 1,1 Madre	Que no me la trates mal. ¡Ay!, qué lástima de mi hijita.	1036
CA 3,1 Mecanógrafa	¿No te da lástima de mí?	1128
YE 1,2 Muchacha 2	Qué lástima no poder decir mi novio, ¿verdad?	1295
YE 3,2 Vieja	No me das ninguna lástima, ninguna.	1346
RS 1,1 Ama	¡Ay, qué lástima de mi niña!	1364
RS 1,1 Ama	¡Ay, qué lástima!	1364
RS 1,1 Ama	¡Ay, qué lástima !	1364
RS 3,1 Rosita	Esas miradas de lástima que me perturban y me indignan.	1430
BA 2,1 Adela	Y siempre: "¡Qué lástima de cara", "¡Qué lástima de cuerpo que no vaya a ser para nadie!"	1479
BA 3,1 La Poncia	Es una lástima que esté bajo de precio.	1508
late (2)		
ZP 0,0 El Autor	En todos los sitios late y anima la criatura [...]	912
DC 1,1	Y si un pájaro mueve [...] oigamos; y si un corazón late con fuerza, nos [...]	1019
latidos (1)		
EP CV Estudiante 2	Pasaría que vendrían los hongos, y los latidos se harían quizá menos intensos y apasionantes.	1161
látigo (7)		
EP RR Figura De C	Yo me convertiría en látigo.	1148
EP RR Figura De C	Yo me convertiría en otro látigo.	1148
EP RR Figura De C	Un látigo hecho con cuerdas de guitarra.	1148
EP RR Figura De C	Un látigo hecho con maromas de barco.	1148
EP RR Figura De C	Un látigo hecho con los estambres de una orquídea.	1148
RS 3,1 Tía	Cuando pienso en la mala [...] Tucumán y coger un látigo...	1414
BA 1,1 Bernarda	Látigo y mula para el varón.	1452
latín (1)		
RS 3,1 Martín	Hace un rato tenían un escándalo enorme, porque el señor Consuegra, que explica latín admirablemente, [...]	1419
latir (1)		
YE 2,2 Yerma	que hacen latir la rama de mi angustia.	1316
latirá (1)		
MM 1,4 Curianito	latirá por ti este corazón...	686
laúd (1)		
RS 1,1 Rosita	las cuerdas de mi laúd!	1371
laurel (6)		
TB DME Vieja	Caracoleeees. Se guisan con hierbabuena, azafrán y hojas de laurel.	896
ZP 1,1 Zapatera	Dile a tu madre que ya sabe mi marido lo que tiene que hacer, y que así supiera ella aliñar con laurel y pimienta un [...]	914
BS 2,1 Criada	del laurel florido.	1209
BS 3,2 Muchacha 2	amargo laurel.	1262
YE 3,1 Dolores	La oración del laurel dos veces, y al mediodía la oración de Santa Ana.	1330
RS 1,1 Ama	y la santa rama de laurel,	1358
laureles (2)		
BS 2,1 Criada	de los laureles!	1210

laureles (continuación)
　　BS 2,1 Criada　　　　　　　　　de los laureles!　　　　　　　　　　　　　　　　1216
lava (1)
　　PB 3,1 Voces　　　　　　　　　Belisa lava su cuerpo　　　　　　　　　　　　　1011
lavabillo (1)
　　RS 3,1 Ama　　　　　　　　　　El mismo se plancha los [...] y unas paredes y un　1424
　　　　　　　　　　　　　　　　　lavabillo..., ¡ay!
lavando (2)
　　ZP 2,1 Zapatera　　　　　　　　Ya ves tú..., cuando lo conocí estaba yo lavando en el　945
　　　　　　　　　　　　　　　　　arroyo del pueblo.
　　BA 1,1 La Poncia　　　　　　　　Treinta años lavando sus sábanas; [...]　　　　1442
lavaos (1)
　　MM 1,1 Curiana N　　　　　　　　lavaos con rocío y no andéis; tomad　　　　　　674
lavar (2)
　　YE 1,2 Muchacha 2　　　　　　　Yo tengo diecinueve años y no me gusta guisar ni lavar.　1293
　　YE 2,1 Lavandera 1　　　　　　　vengo a lavar　　　　　　　　　　　　　　　　1307
lavarlas (1)
　　YE 3,1 Yerma　　　　　　　　　Sino agarrar las criaturas y lavarlas con agua viva.　1327
lavarte (1)
　　BA 1,1 Bernarda　　　　　　　　¿Has tenido valor de lavarte la cara el día de la　1468
　　　　　　　　　　　　　　　　　muerte de tu padre?

lavo (3)
　　YE 2,1 Yerma　　　　　　　　　lavo tu cinta,　　　　　　　　　　　　　　　1300
　　YE 2,1 Lavandera 4　　　　　　　lavo tu cinta.　　　　　　　　　　　　　　　1306
　　YE 2,1 Lavandera 2　　　　　　　lavo tu cinta.　　　　　　　　　　　　　　　1310
lazo (3)
　　TC 2,1 Cocoliche　　　　　　　　Ayer se puso un lazo negro en el pelo.　　　　　735
　　TC 4,1 Cocoliche　　　　　　　　Qué tristeza cuando te vi con el lazo en el pelo...　754
　　　　　　　　　　　　　　　　　¡Lo negro bajará hasta los pies!
　　RS 3,1 Rosita　　　　　　　　　Y un gran lazo de terciopelo en la cintura.　　1433
lazos (5)
　　ZP 1,1 Niño　　　　　　　　　　Son de mi hermana la grande, la que tiene el cutis　914
　　　　　　　　　　　　　　　　　fino y se pone dos lazos, que tiene dos, [...]
　　ZP 2,1 Alcalde　　　　　　　　　Anteayer estuve enfermo toda la mañana porque vi　949
　　　　　　　　　　　　　　　　　tendidas en el prado dos camisas tuyas con lazos
　　　　　　　　　　　　　　　　　celestes, que era [...]
　　BS 1,2 Mujer　　　　　　　　　　Me hace falta un vestido y al niño una gorra con lazos.　1189
　　BS 2,1 Muchacha 2　　　　　　　se la prende con lazos de oro.　　　　　　　　1217
　　RS 3,1 Rosita　　　　　　　　　Con lazos negros... y bullones de seda verde nilo.　1432
le (284)
lea (1)
　　RS 1,1 Sobrino　　　　　　　　　Lea usted.　　　　　　　　　　　　　　　　1361
leas (2)
　　PB 2,1 Belisa　　　　　　　　　¡¡Perlimplín!! ¡No la leas!　　　　　　　　　1004
　　RS 2,1 Ayola 1　　　　　　　　　Más discreto es que la leas tú sola, porque a lo mejor　1407
　　　　　　　　　　　　　　　　　te dice algo verde.
lebrel (1)
　　CA 3,1 Máscara　　　　　　　　　El conde y su niño pasaban hambre y dormían entre las　1116
　　　　　　　　　　　　　　　　　ramas con un lebrel que me había regalado [...]
lección (3)
　　MM 0,0　　　　　　　　　　　　Y si alguna honda lección sacáis de ella, [...]　670
　　RS 3,1 Martín　　　　　　　　　Era una lección preciosa: "Concepto y definición de la　1418
　　　　　　　　　　　　　　　　　Harmonía", pero a los niños no les interesa nada.
　　RS 3,1 Solterona 3　　　　　　　Yo vengo a dar una lección de piano que tengo aquí　1435
　　　　　　　　　　　　　　　　　cerca y me llegué por si necesitaban ustedes algo.
lecciones (2)
　　YE 2,1 Lavandera 1　　　　　　　lecciones de cristal.　　　　　　　　　　　1307
　　BA 1,1 Bernarda　　　　　　　　No he dejado que nadie me dé lecciones.　　　　1446
lectura (1)
　　MP 1,7 Mariana　　　　　　　　　No interrumpas la lectura.　　　　　　　　　811
leche (8)
　　TB DME Doncella　　　　　　　　Te daré leche de mis senos.　　　　　　　　　902
　　ZP 1,1 Zapatero　　　　　　　　Ayer estuvimos todo el [...] tres vasos seguidos de　920
　　　　　　　　　　　　　　　　　leche sin hervir.
　　PB 3,1 Marcolfa　　　　　　　　Yo le llevaba por las mañanas el café con leche y las　1009
　　　　　　　　　　　　　　　　　uvas...
　　CA 2,1 Maniquí　　　　　　　　　Las fuentes de leche blanca　　　　　　　　　1102
　　YE 1,1 Yerma　　　　　　　　　¿No tomas un vaso de leche?　　　　　　　　　1274
　　YE 2,2 Yerma　　　　　　　　　de leche tibia son en la espesura　　　　　　1316
　　YE 3,1 Yerma　　　　　　　　　Yo tengo la idea de que [...] oyendo ese arroyo de　1327
　　　　　　　　　　　　　　　　　leche tibia que les va [...]
　　YE 3,2 Yerma　　　　　　　　　arroyos de leche tibia　　　　　　　　　　　1339
lecho (2)
　　EP RR Figura De P　　　　　　　Cuando rondas el lecho y los objetos de [...]　1146
　　BS 3,2 Madre　　　　　　　　　Pero no; camposanto, no, camposanto, no; lecho de　1268
　　　　　　　　　　　　　　　　　tierra, cama que los cobija y que los mece por el
　　　　　　　　　　　　　　　　　cielo.

lee (2)
　　MP 1,2 Amparo　　　　　　　　　que mi hermana lee y relee　　　　　　　　　786
　　MP 1,7 Mariana　　　　　　　　　Lee despacio y entendiendo.　　　　　　　　810

leen - lejos

                                                                 Pág.

leen (2)
| EP CV | Estudiante 5 | Y quemaremos el libro donde los sacerdotes leen la misa. | 1168 |
| BA 2,1 | La Poncia | En el pueblo hay gentes que leen también de lejos los pensamientos escondidos. | 1499 |

leer (1)
| ZP 1,1 | Zapatero | Yo debía haber comprendido, después de leer tantas novelas, [...] | 918 |

leerle (1)
| MP 3,1 | Novicia 2 | vinieron a leerle la sentencia | 861 |

legítimo (1)
| ZP 2,1 | Zapatero | ¡Pero sepa y entienda que yo no estoy enamorado de nadie más que de mi mujer, mi esposa de legítimo matrimonio! | 969 |

leguas (10)
ZP 2,1	Zapatero	Échele usted leguas.	955
ZP 2,1	Zapatero	Échele usted leguas.	955
BS 1,1	Vecina	Vive sola con su padre allí, tan lejos, a diez leguas de la casa más cerca.	1180
BS 2,1	Criada	Cinco leguas por el arroyo, que por el camino hay el doble.	1209
BS 3,1	Leñador 2	Hay cuchillos y escopetas a diez leguas a la redonda.	1247
YE 3,2	María	En cuatro leguas a la redonda no se oyen más que palabras terribles.	1338
YE 3,2	Vieja	Tienes hermanos y primos a cien leguas a la redonda.	1344
RS 1,1	Tía	Son muchas leguas de hacienda y tu padre está viejo.	1362
BA 1,1	Bernarda	No hay en cien leguas a la redonda quien se pueda acercar a ellas.	1457
BA 2,1	La Poncia	Has visto lo malo de las gentes a cien leguas; muchas veces creí que adivinabas los pensamientos.	1497

leído (3)
YE 3,1	Yerma	Tú estás vieja y lo ves ya todo como un libro leído.	1328
RS 3,1	Tía	Rosita y yo lo hemos leído.	1419
RS 3,1	Tía	¡Lo hemos leído cuatro o cinco veces!	1419

leímos (1)
| RS 3,1 | Tía | ¿"El cumpleaños de Matilde"? Sí, lo leímos; una preciosidad. | 1422 |

lejana (1)
| MM 0,0 | | También el viejo silfo [...] aire tiene la estrella lejana, y que las mismas [...] | 670 |

lejanas (2)
| MP 2,9 | Pedrosa | Yo las sentí lejanas. Ahora vengo | 851 |
| MP 3,8 | Mariana | Y vosotras, ¿qué hacéis? ¡Qué lejanas os siento! | 887 |

lejano (4)
MP 2,5	Pedro	¡Qué constante pregunta al minuto lejano!	830
MP 2,8	Conspirador 2	¡Tiempo lejano!	845
MP 3,9	Mariana	¡Qué lejano lo siento!	888
EP RR	Figura De C	Si yo me convirtiera en pez luna, tú te convertirías en ola de mar o en alga, y si quieres algo muy lejano, porque no desees [...]	1146

lejanos (1)
| MM 2,3 | Mariposa | allá en los campos lejanos, | 708 |

lejísimos (1)
| ZP 2,1 | Zapatero | De muy lejísimos. | 954 |

lejos (27)
MM 0,0		Se prendó de una visión que estaba muy lejos de su vida... [...]	669
MM 1,2	Doña Curiana	¿Muy lejos?	681
TC 1,1	Rosita	No, no; desde lejos te daré los besitos.	731
MP 1,5	Mariana	que me hieres ya de lejos	796
MP 3,7	Novicia 2	como si estuvieran lejos.	879
ZP 2,1	Alcalde	¿Viene usted de muy lejos?	954
PB 2,1	Perlimplín	No tengas miedo de hablarme..., yo sé que tú le amas... Ahora te quiero como si fuera tu padre..., ya estoy lejos de las tonterías..., [...]	1005
CA 3,1	Mecanógrafa	¿Qué es eso que suena muy lejos?	1122
CA 3,1	Mecanógrafa	¿Qué es eso que suena tan lejos?	1122
CA 3,1	Mecanógrafa	Te quiero, pero más lejos de ti.	1126
BS 1,1	Vecina	Yo bajé a la tienda y vine a verte. ¡Vivimos tan lejos!...	1178
BS 1,1	Vecina	Vive sola con su padre allí, tan lejos, a diez leguas de la casa más cerca.	1180
BS 1,3	Madre	Tenemos que volver a tiempo. ¡Qué lejos vive esta gente!	1195
BS 1,3	Padre	Los novios y nosotros iremos en coche hasta la iglesia, que está muy lejos, y el acompañamiento [...]	1199
BS 2,1	Criada	Es la gente. Vienen lejos todavía.	1212
BS 2,2	Mujer	¡Ojalá yo viviera también así de lejos!	1232
BS 3,1	Mendiga	Allá lejos...	1253
BS 3,1	Mendiga	De allí..., de muy lejos.	1254
BS 3,1	Leonardo	Y cuando te vi de lejos	1257

lejos (continuación)
YE 1,1 Yerma   ¿Qué pides, niño, desde tan lejos?   1277
YE 2,2 Yerma   No. Yo me iría muy lejos.   1322
RS 1,1 Ama   Más se quiere a un primo segundo que se ve todos los   1360
                     días, que a un hermano que está lejos.
RS 3,1 Rosita   Me he acostumbrado a vivir muchos años fuera de mí,   1428
                     pensando en cosas que estaban muy lejos, y ahora que
                     estas [...]
BA 1,1 La Poncia   Es de muy lejos.   1456
BA 2,1 La Poncia   De muy lejos.   1485
BA 2,1 La Poncia   Yo los vi de lejos.   1485
BA 2,1 La Poncia   En el pueblo hay gentes que leen también de lejos los   1499
                     pensamientos escondidos.

lengua (23)
ZP 1,1 Zapatera   Cállate, larga de lengua, penacho de catalineta, [...]   912
ZP 2,1 Zapatera   Porque si lo dices cojo un pimiento picante y te pongo   944
                     la lengua como un ascua.
ZP 2,1 Zapatero   con los ojos y la lengua.   959
ZP 2,1 Zapatero   Haga el favor de guardar la lengua en el bolsillo.   964
ZP 2,1 Zapatero   Y ahora casi me alegro de tenerme que marchar, porque   968
                     usted sola, yo solo, usted tan guapa y yo con mi
                     lengua en su sitio, me [...]
ZP 2,1 Zapatera   ¡Callarse, largos de lengua, judíos colorados!   978
CA 3,1 Arlequín   la lengua rota del viejo.   1108
BS 1,3 Novia   ¡Cállate! ¡Maldita sea tu lengua!   1205
BS 2,2 Madre   Me mojé las manos de sangre y me las lamí con la   1229
                     lengua.
BS 2,2 Madre   Que le daré todo lo que tengo, mis ojos y hasta mi   1244
                     lengua...
BS 3,1 Novia   ¡Qué vidrios se me clavan en la lengua!   1256
BS 3,1 Leonardo   ¡Qué vidrios se me clavan en la lengua!   1257
YE 2,1 Lavandera 4   La culpa es de ella, que tiene por lengua un pedernal.   1304
YE 3,1 Dolores   Que mi lengua se llene de hormigas, como está la boca   1327
                     de los muertos, si alguna vez he mentido.
RS 1,1 Tía   La lengua se me debió pegar [...]   1363
RS 2,1 Ama   Para eso tengo la campanilla de la lengua.   1382
RS 2,1 Solterona 1   Las flores tienen su lengua   1405
BA 1,1 Mujer 3   ¡Lengua de cuchillo!   1447
BA 1,1 Bernarda   ¡Calla esa lengua atormentadora!   1457
BA 1,1 Angustias   Guárdate la lengua en la madriguera.   1469
BA 2,1 Adela   ¡La mala lengua no tiene fin para inventar!   1494
BA 2,1 Martirio   Agradece a la casualidad que no desaté mi lengua.   1503
BA 3,1 María Josefa   ¡Ranas sin lengua!   1525

lenguaje (5)
DC 1,1   El poeta que ha interpretado [...] el delicioso y duro   1019
                     lenguaje de los muñecos.
RS 2,1 Madre   Saben también el lenguaje del abanico, el lenguaje de   1405
                     los guantes, el lenguaje de los sellos y el lenguaje
                     de las horas.

lenguas (6)
MM 1,5 Alacranito   Tened las lenguas quietas,   693
ZP 1,1 Zapatero   Yo no estoy acostumbrado a estos voceríos y a estar en   927
                     lenguas de todos.
YE 2,1 Lavandera 1   Con una aguja de hacer calceta ensartaría yo las   1305
                     lenguas murmuradoras.
BA 1,1 Bernarda   Sí; para llenar mi casa con el sudor de sus refajos y   1450
                     el veneno de sus lenguas.
BA 1,1 Martirio   Fue todo cosa de lenguas.   1460
BA 1,1 Magdalena   Una boda duraba diez días y no se usaban las malas   1461
                     lenguas.

lentamente (8)
MM 2,2 Curiana N   Dejadla lentamente.   706
MM 2,5 Mariposa   y el alma lentamente;   715
TC 0,0 Mosquito   Ahora que sale la luna y las luciérnagas huyen   724
                     lentamente a sus cuevecitas, [...]
MP 1,1 Angustias   Borda y borda lentamente.   783
PB 2,1 Belisa   A veces pasa por debajo de mis balcones y mece su mano   1002
                     lentamente en un saludo que hace temblar mis pechos.
CA 2,1 Joven   Y no son sueño tus trenzas [...] esta sangre, ganada   1094
                     lentamente a través de [...]
CA 3,1 Mecanógrafa   ¿Así, de pronto, sin haber probado lentamente esta   1128
                     hermosa idea: mañana será?
BA 2,1 Adela   ¡Tanto! Mirando sus ojos me parece que bebo su sangre   1482
                     lentamente.

lentas (1)
TC 0,0 Mosquito   Abrí mi ojo todo lo que [...] sonreía surcado por   724
                     lentas barcas.

lentejuelas (3)
MP 1,4 Amparo   bordados de lentejuelas.   793
RS 2,1 Ama   En medio del terciopelo [...] taza es un grupo de   1383
                     lentejuelas azules, y [...]

lentejuelas - levantada

lentejuelas (continuación)   Pág.
    BA 2,1 La Poncia   Anoche llegó al pueblo una mujer vestida de   1485
                              lentejuelas y que bailaba [...]
lentes (1)
    CA 2,1 Criada   Y un señor con lentes de oro. Discuten mucho.   1081
lento (1)
    RS 1,1 Primo   Cuando mi caballo lento   1372
lentos (1)
    MP 1,5 Mariana   y abrirse lentos los pasos   796
leña (1)
    EP CV Estudiante 2   Un gato puede ser una rana, y la luna de invierno 1161
                              puede ser muy bien un haz de leña cubierto de gusanos
                              [...]
león (2)
    BA 1,1 Magdalena   De ver los cuadros bordados de cañamazo de nuestra 1461
                              abuela, el perrito de lanas y el negro luchando con el
                              león, que tanto nos gustaba [...]
    BA 3,1 Adela   Ahí fuera está, respirando como si fuera un león. 1530
León (2)
    RS 2,1 El Señor X   Hoy día se abren camino un Juan Bautista Say o Se, que 1376
                              de ambas maneras suele y puede decirse, o un conde
                              León Tolstuá, vulgo Tolstoi, [...]
    RS 2,1 Solterona 3   Allí nos reunimos siempre con las de Ponce de León, 1394
                              con las de Herrasti [...]
leona (1)
    ZP 2,1 Vecina Amarilla   Esta es la casa de una leona, de una hiena.   971
Leonardo (9)
    BS 1,1 Vecina   Leonardo.   1182
    BS 1,1 Madre   ¿Qué Leonardo?   1182
    BS 1,1 Vecina   Leonardo el de los Félix.   1182
    BS 1,1 Vecina   Mujer, ¿qué culpa tiene Leonardo de nada?   1182
    BS 1,2 Suegra   Leonardo, no es para tanto.   1192
    BS 1,3 Criada   Era Leonardo.   1205
    BS 2,2 Criada   Hace rato llegó Leonardo con su mujer.   1227
    BS 2,2 Mujer   ¿Y Leonardo?   1233
    BS 2,2 Mujer   Ella y Leonardo.   1243
leones (1)
    DC 1,1 Rosita   Son los leones del circo, son los maridos ultrajados 1040
                              que hablan en la calle.
leoparda (3)
    BA 3,1 María Josefa   cara de leoparda.   1523
    BA 3,1 María Josefa   cara de leoparda.   1523
    BA 3,1 María Josefa   Bernarda, cara de leoparda.   1524
lepra (1)
    EP CV Estudiante 1   Cuando la gente va al [...] peces cubiertos de lepra, 1165
                              sino que resbala [...]
les (34)
letanía (1)
    BA 3,1 Bernarda   ¿Siguen diciendo todavía la mala letanía de esta casa? 1519
letargo (1)
    MM 1,5 Curiana N   Sale de su letargo.   699
letra (2)
    TB DME Doncella   ¿Con qué letra me quedaré?   898
    EP CV Estudiante 3   Y toda la gente, pero después enarbolaron los   1166
                              cuchillos y los bastones porque la letra era más
                              fuerte [...]
letras (4)
    MP 1,2 Amparo   rosas, pájaros y letras,   786
    MP 2,9 Pedrosa   De tafetán morado y verdes letras.   856
    CA 2,1 Joven   Siento que me olvidan hasta las letras.   1096
    RS 2,1 Ayola 2   A mí, Rosita y su novio me enseñaban las letras A, B, 1399
                              C... ¿Cuánto tiempo hace de esto?
levanta (9)
    CA 1,1 Viejo   Porque lo otro es morirse [...] cuernos de oro con que 1053
                              levanta a las nubes el [...]
    CA 3,1 Arlequín   ¡Qué témpanos de hielo azul levanta!   1108
    CA 3,1 Arlequín   ¡Qué espesura de anémonas levanta!   1108
    CA 3,1 Arlequín   ¡Qué espesura de anémonas levanta!   1109
    CA 3,1 Arlequín   ¡Qué témpanos de hielo azul levanta!   1109
    EP CV Muchacho 1   Aquí está la gran equivocación [...] cartones que el 1160
                              poeta levanta en su dormitorio.
    BS 2,1 Criada   ¡Levanta esa frente!   1208
    YE 3,2 Yerma   Eso es lo que yo quería [...] cuando se pone fuera y 1348
                              levanta los brazos.
    RS 3,1 Martín   Y cuando Glucinio se va a encontrar con Isaías y   1420
                              levanta el tapiz de la tienda...
levantaba (1)
    YE 3,2 Macho   nueve se levantaba,   1342
levantada (3)
    MP 1,5 Mariana   la cabeza levantada.   801
    CA 2,1 Joven   Pero mi casa está ya levantada.   1095

levantada (continuación)
  BA 2,1 Bernarda   Pero todavía no soy anciana y tengo cinco cadenas para   1495
                         vosotras y esta casa levantada por mi padre [...]
levantado (8)
  TC 6,1 Rosita   En tu pecho han levantado el vuelo miles de pájaros;   777
                         amor mío,
  TB QM. Mujer   Se ha levantado un viento frío.   909
  CA 1,1 Joven   Muchas veces yo me he levantado a medianoche para   1047
                         arrancar las hierbas del jardín.
  CA 3,1 Mecanógrafa   Y, sin embargo, yo he levantado mi amor y te he   1126
                         cambiado y te he visto por los rincones de mi casa.
  BS 2,1 Criada   Siéntate. Todavía no se ha levantado nadie.   1211
  RS 3,1 Solterona 3   ¡Se ha levantado un aire!...   1436
  BA 2,1 Adela   No por encima de ti, que eres una criada; por encima   1482
                         de mi madre saltaría para apagarme este fuego que
                         tengo levantado por piernas [...]
  BA 3,1 Criada   ¡Se han levantado los vecinos!   1531
levantan (6)
  MP 2,8 Conspirador 4   Grandes nubes se levantan   844
  CA 1,1 Niño   con nubes que se levantan,   1066
  CA 1,1 Niño   ni las nubes que se levantan,   1067
  EP CV Estudiante 4   No son las firmas disfrazadas las que levantan la   1161
                         vida, sino el cabello de barómetro que tienen detrás.
  BA 2,1 Bernarda   Hay a veces una ola de fango que levantan los demás   1502
                         para perdernos.
  BA 3,1 Angustias   Muchas veces miro a Pepe [...] de polvo de las que   1514
                         levantan los rebaños.
levantándose (1)
  BS 2,1 Criada   levantándose está!   1220
levantar (5)
  BS 2,2 Mujer   Aquí los dos; sin salir nunca y a levantar la casa.   1232
  YE 1,1 Yerma   ¿No cantaba al levantar los embozos de holanda?   1276
  RS 2,1 Ayola 2   Por cierto que yo tomé cuatro huevos con picadillo de   1396
                         tomate, y casi no me podía levantar de la silla.
  BA 1,1 Martirio   Los veía en el corral uncir los bueyes y levantar los   1460
                         costales [...]
  BA 2,1 Bernarda   Si las gentes del pueblo quieren levantar falsos   1502
                         testimonios, se encontrarán con mi pedernal.
levantará (1)
  PB 1,1 Belisa   Mira, Perlimplín, cierra los balcones, que antes de   999
                         nada se levantará la gente.
levantaran (1)
  YE 3,1 Yerma   Si pudiera dar voces también las daría yo para que se   1332
                         levantaran hasta los [...]
levantaría (1)
  YE 3,1 Juan   Si pudiera dar voces levantaría a todo el [...]   1331
levantarme (1)
  BA 1,1 Criada   ¡Ya no volverás a levantarme las enaguas detrás de la   1445
                         puerta de tu corral!
levantarse (3)
  MP 2,7 Pedro   de gente decidida a levantarse: 838
  YE 1,2 Vieja 1   Levantarse.   1287
  YE 3,2 María   Ella ha estado un mes sin levantarse de la silla.   1337
levantas (1)
  BA 2,1 La Poncia   ¿Dónde vas de noche cuando te levantas?   1480
levántate (2)
  TC 2,1 Mozo 2   Levántate y que se te importe poco que un pájaro en la   737
                         arboleda se pase de un árbol a otro.
  EP RR Figura De P   Levántate del suelo, cobarde.   1150
levante (1)
  RS 3,1 Ama   Sí, sí; pero no me toque usted el corazón, no me   1436
                         levante la gasa de la [...]
levanté (2)
  BA 2,1 Magdalena   Yo me levanté a refrescarme.   1473
  BA 2,1 La Poncia   También me levanté yo.   1473
levantes (2)
  RS 2,1 Tía   ¡No me levantes la voz!   1382
  BA 3,1 Martirio   No levantes esa voz que me irrita.   1528
levanto (1)
  RS 3,1 Rosita   Todo está acabado... y, sin embargo, con toda la   1429
                         ilusión perdida, me acuesto, y me levanto con el más
                         terrible [...]
Levassor (1)
  RS 2,1 El Señor X   Mi amigo, el señor Longoria, [...] también un Panhard   1375
                         Levassor de veinticuatro [...]
levita (1)
  MP 1,4 Lucía   Se estaba poniendo su levita azul.   789
ley (9)
  TC 1,1 Rosita   dispone de mi mano, y no tengo más remedio que   733
                         aguantarme porque lo manda la ley.
  TC 1,1 Rosita   También la ley podía haberse estado en su casa.   733

ley (continuación)   Pág.
    MP 2,9 Pedrosa   detenida en nombre de la ley.
    MP 2,9 Mariana   ¿En nombre de qué ley?   858
    DC 1,1 Director   ¿Quién es usted para terminar con esta ley de maldad?   858
    RS 1,1 Ama   Para mí esto es la ley.   1020
    RS 3,1 Ama   ¿Y no hay ley?   1360
    BA 2,1 La Poncia   Alimenta esa esperanza, olvídalo, lo que quieras, pero   1416
                          no vayas contra la ley de Dios.   1481

    BA 2,1 La Poncia   No os tengo ley a ninguna, pero quiero vivir en casa   1482
                          decente.

leyenda (2)
    MM 2,3 Mariposa   mi leyenda;
    MM 2,3 Mariposa   mi leyenda;   708
leyendo (2)   709
    RS 1,1 Tío   ¿Estabas leyendo?
    RS 3,1 Ama   Ayer decía a voces: "No; [...] carbonero, que siempre   1374
                          está leyendo un libro que [...]   1423

leyes (1)
    MP 2,9 Pedrosa   en contra de las leyes y del Rey!
leyó (2)   855
    MM 0,0   Se prendó de una visión que estaba muy lejos de su
                          vida... Quizá leyó con mucha dificultad [...]   669
    RS 3,1 Martín   ¿Leyó usted mi cuento de ayer en el segundo número de   1421
                          "Mentalidad Granadina"?

lezna (2)
    TC 5,1 Un Granuja   mete la lezna
    ZP 2,1 Zapatero   clava en el cuero la lezna.   756
liarme (1)   960
    CA 1,1 Joven   Pero es que yo estoy [...] en espera de poder liarme   1050
                          de noche, con [...]

libélulas (1)
    RS 2,1 El Señor X   Estuve por haberla traído [...] serpiente y cuatro   1377
                          libélulas, pero preferí [...]

liberal (1)
    MP 1,5 Fernando   no recuerdo..., liberal,   798
liberales (6)
    MP 1,1 Angustias   que la obligan sus amigos liberales.   784
    MP 1,6 Clavela   en esa bandera de los liberales,   806
    MP 2,7 Conspirador 3 los verdaderamente liberales.   838
    MP 2,7 Conspirador 3 se rendirá a las huestes liberales,   839
    MP 2,9 Pedrosa   Hay tantos liberales   852
    MP 3,8 Fernando   Ya estará en Inglaterra, con otros liberales.   885

libertad (10)
    MP 0,0 Mosquito   la bandera de la Libertad."   782
    MP 1,7 Fernando   Todo sea por nuestra divina madre la libertad.   811
    MP 1,7 Mariana   El ama la libertad   813
    MP 2,5 Pedro   Mariana, ¿qué es el hombre sin libertad? ¿Sin esa   830
    MP 2,5 Pedro   ¡Libertad, aunque con sangre llame a todas las puertas!   831
    MP 3,9 Mariana   ¡Libertad de lo alto! Libertad verdadera,   890
    DC 1,1   Todo el guiñol popular tiene este ritmo, esta fantasía   1019
                          y esta encantadora libertad que el poeta [...]
    YE 3,1 Yerma   Yo pienso que tengo sed y no tengo libertad.   1328
    RS 3,1 Rosita   Quiero huir, quiero no [...] mujer a respirar con   1429
                          libertad?)

Libertad (11)
    MP 2,5 Pedro   Por ti la Libertad suspirada por todos   829
    MP 2,7 Pedro   lleno de Libertad. Esta palabra   838
    MP 3,5 Mariana   En la bandera de la Libertad   876
    MP 3,8 Mariana   ¿Amas la Libertad más que a tu Marianita?   885
    MP 3,8 Mariana   ¡Pues yo seré la misma Libertad que tú adoras!   885
    MP 3,8 Mariana   ¡¡Libertad!! Porque nunca se apague tu alta lumbre   887
    MP 3,9 Mariana   Amas la Libertad por encima de todo,   889
    MP 3,9 Mariana   pero yo soy la misma Libertad. Doy mi sangre,   889
    MP 3,9 Mariana   ¡Yo soy la Libertad porque el amor lo quiso!   890
    MP 3,9 Mariana   ¡Pedro! La Libertad, por la cual me dejaste.   890
    MP 3,9 Mariana   ¡Yo soy la Libertad, herida por los hombres!   891
liberti (1)
    RS 2,1 Ama   Tendrá el pelo de plata y todavía estará cosiendo   1380
                          cintas de raso liberti en los volantes [...]

Librada (1)
    BA 2,1 La Poncia   La hija de la Librada, la soltera, tuvo un hijo no se   1505
                          sabe con quién.

librarse (1)
    MP 3,9 Mariana   El hombre es un cautivo y no puede librarse.   889
librarte (1)
    MP 2,5 Pedro   ¡Quién pudiera librarte de aquellos que te acechan   828
libre (V) (1)
    RS 1,1 Ama   Un par de primos para ponerlos en un vasar de azúcar,   1359
                          y si se murieran, ¡Dios los libre!,

libre (9)
    TC 6,1 Cocoliche   Sal al aire libre, donde están los hombres .   768

libre (continuación)
MP 2,5 Pedro   ¿Cómo podría quererte no siendo libre, dime?   830
MP 2,9 Pedrosa   y ya eres libre porque así lo quiero...   856
ZP 1,1 Mirlo   Cuando las sombras crepusculares invadan con sus   930
                      tenues velos el mundo y la vía pública se halle libre
                      de transeúntes, [...]
PB 3,1 Perlimplín   Mañana estarás libre como un pájaro... [...]   1011
PB 3,1 Perlimplín   El te querrá con el amor infinito de los difuntos y yo 1015
                      quedaré libre de esta oscura [...]
YE 3,1 Yerma   Dejarme libre siquiera la voz, ahora que voy entrando 1334
                      en
RS 1,1 Tía   La lengua se me debió [...] paredes, y tú te vas libre 1363
                      por el mar, por [...]
BA 3,1 Bernarda   Pues encerrad las potras en la cuadra, pero dejadlo   1509
                      libre, no sea que nos eche abajo las paredes.
libres (2)
MP 2,7 Pedro   y, por lo tanto, libres como nadie.   838
BA 2,1 La Poncia   Yo no te quiero echar la culpa, pero tú no has dejado 1498
                      a tus hijas libres.
libro (6)
MM 0,0   Se prendó de una visión que estaba muy lejos de su   669
                      vida... Quizá leyó con mucha dificultad algún libro
                      de versos que dejó [...]
MM 0,0   Un viejo silfo del bosque escapado de un libro del   670
                      gran Shakespeare, [...]
EP CV Estudiante 5   Y quemaremos el libro donde los sacerdotes leen la   1168
                      misa.
YE 3,1 Yerma   Tú estás vieja y lo ves ya todo como un libro leído. 1328
RS 1,1 Tío   Los botánicos la llaman "rosa mutabile", que quiere   1356
                      decir mudable, que cambia... En este libro está su
                      descripción [...]
RS 3,1 Ama   Ayer decía a voces: "No; [...] siempre está leyendo un 1423
                      libro que se llama Las [...]
libros (2)
MM 0,0   Por eso, yo suplico a todos que no dejéis nunca libros 669
                      de versos en las
PB 0,0 Perlimplín   Yo con mis libros tengo bastante.   981
licencia (3)
MP 3,1 Novicia 1   ¡Con licencia!   863
MP 3,1 Novicia 2   ¡Con licencia!   863
YE 2,1 Lavandera 4   ¿Y quién ha dado licencia a tu boca para que me des   1305
                      consejos?
licor (2)
CA 3,2 Joven   Juan, sirve licor a estos señores.   1140
CA 3,2 Joven   ¿Qué licor desean?   1140
liebre (1)
BA 2,1 Adela   Mira a ver si puedes agarrar la liebre con tus manos. 1482
lienzo (1)
ZP 2,1 Zapatero   ¡ay, qué terribles paradores, qué malas comidas, qué 971
                      sábanas de lienzo moreno por esos caminos del mundo!
ligas (2)
ZP 1,1 Zapatero   Al principio creí que [...] concha..., ¡hasta unas   925
                      ligas!
CA 2,1 Joven   ligas de raso los juncos,   1100
ligera (1)
BS 2,2 Madre   Pero no han de pesar. Ligera como paloma debes ser.   1231
ligero (1)
MP 2,8 Mariana   ¡Ay! Caballo, ve ligero.   849
limamos (1)
EP CV Estudiante 1   ¿Por qué no limamos los hierros?   1156
límite (1)
BS 1,2 Mujer   Ayer me dijeron las vecinas que te habían visto al   1187
                      límite de los llanos.
limo (1)
BS 3,1 Mendiga   o los entierre por el blanco limo.   1251
limón (10)
TC 6,1 Rosita   sentadita en el verde limón...   762
TC 6,1 Rosita   sentadita en el verde limón...   766
ZP 1,1 Zapatero   ¿Quieres que te eche un refresquito de limón?   917
ZP 1,1 Zapatera   Mi cocido, con sus patatas [...] calabaza y cáscara de 934
                      limón para encima, ¡porque [...]
ZP 1,1 Vecina Negra   De limón.   939
ZP 2,1 Zapatero   a limón y a yerbabuena.   959
ZP 2,1 Zapatero   ¡Ay, qué limón, limón!   959
CA 1,1 Niño   y en la oliva un limón...   1068
BS 1,2 Mujer   Sí. ¿Quieres un refresco de limón?   1188
limonada (1)
BA 1,1 Bernarda   ¿Está hecha la limonada?   1446
limonar (4)
TC 3,1 Contrabandista 1   El limonar me conoce   741
MP 2,8 Conspirador 4   por el limonar arriba.   844

Pág.

limonar (continuación)
    MP 3,3 Mariana   brilla el limonar apenas   869
    RS 1,1 Rosita   amarillo limonar,   1373
limoncitos (1)
    TC 3,1 Contrabandista 1   ¡cuántos limoncitos!   741
limonera (1)
    ZP 2,1 Zapatero   de la limonera!   959
limonero (1)
    MP 2,3 Mariana   en las ramas del verde limonero.   826
limosna (3)
    TC 1,1 Padre   Ese hombre tiene mucho oro y a mí me conviene, porque   732
                       si no, mañana tendríamos que pedir limosna.

    CA 3,1 Máscara   Y después fui al hospital [...] y después he pedido   1116
                       limosna y he compartido [...]

    BA 1,1 La Poncia   Pero yo soy buena perra; ladro cuando me lo dicen y   1442
                       muerdo los talones de los que piden limosna cuando
                       ella me [...]

limpia (V) (6)
    TC 0,0 Mosquito   abanica tanto rostro asombrado, llévate los suspiros   724
                       por encima de aquella sierra y limpia las lágrimas
                       [...]

    MP 2,5 Mariana   ¡Así! Deja tu aliento sobre mi frente. Limpia   828
    DC 1,1 Cristóbal   que se limpia el culito con una teja.   1030
    BA 1,1 La Poncia   Limpia bien todo.   1441
    BA 1,1 La Poncia   ¡Limpia, limpia ese vidriado!   1441
limpia (7)
    MP 2,8 Conspirador 4 noble, de la frente limpia,   843
    MP 2,9 Mariana   Como el agua que nace soy de limpia,   854
    ZP 1,1 Zapatera   Me casé contigo, ¿no tienes la casa limpia?   922
    ZP 1,1 Alcalde   Eso tiene casarse a tu [...] las flores y al agua   924
                       limpia.

    BS 1,3 Madre   La honra más limpia que una sábana puesta al sol.   1198
    BS 2,1 Muchacha 1   Limpia de cuerpo y ropa   1223
    BS 3,2 Novia   Que quiero que sepa que yo soy limpia, que estaré   1269
                       loca, [...]

limpian (1)
    YE 2,1 Lavandera 4   Ella y sus cuñadas, sin despegar los labios, blanquean   1304
                       todo el día las paredes, friegan los cobres, limpian
                       con vaho los [...]

limpiando (1)
    RS 1,1 Tía   Mujer, sigue limpiando.   1360
limpiar (2)
    RS 2,1 Tío   Por no discutir soy capaz de hacerme la cama, de   1386
                       limpiar mis trajes con [...]

    BA 2,1 Adela   En vez de limpiar la casa y acostarte [...]   1481
limpiarse (1)
    BS 2,2 Madre   Limpiarse el polvo de los zapatos.   1244
limpias (1)
    BS 2,2 Madre   Al agua se tiran las honradas, las limpias; ¡esa, no!   1244
límpiate (1)
    MM 1,2 Doña Curiana Límpiate esa cara tierna   683
limpie (1)
    CA 2,1 Joven   limpie con sangre de eclipse   1105
limpieza (2)
    DC 1,1   Así, pues, el poeta sabe [...] tierra y que servirán   1019
                       de limpieza en una época [...]

    YE 3,1 Yerma   Si pudiera dar voces también las daría yo para que se   1332
                       levantaran hasta los muertos y vieran esta limpieza
                       que me cubre.

limpio (3)
    DC 1,1   El poeta que ha interpretado [...] inteligencia y   1019
                       corazón limpio, el delicioso [...]

    CA 3,1 Joven   flor ajada y cuerpo limpio,   1121
    BA 1,1 Bernarda   Debías haber procurado que todo esto estuviera más   1445
                       limpio para recibir al duelo.

limpios (1)
    MM 0,0   ¿Por qué os causan repugnancia algunos insectos   670
                       limpios y brillantes [...]

linaje (1)
    MP 2,7 Pedro   y en Granada, señores de linaje   838
linda (7)
    MM 1,4 Curianito   como tú de linda yo quisiera ser!   685
    MM 1,5 Alacranito   ¿Qué os pasa, linda negra?   691
    MM 1,6 Curianito   Como tú de linda yo quisiera ser.   701
    TC 2,1 Cristobita   Pero, sin embargo, es una linda muchacha.   739
    MP 2,9 Pedrosa   no la has bordado tú, linda Mariana,   856
    DC 1,1 Cristóbal   Pero a pesar de todo es una linda muchacha.   1034
    YE 3,2 Macho   de la linda casada.   1343
lindas (3)
    TC 6,1 Padre   Las botas son muy lindas... Y cerraré de camino esta   765
                       puerta.

lindas (continuación)
      MP 1,4 Amparo   Qué cosas tan lindas dices, Marianilla.   792
      RS 1,1 Rosita   de mis tres lindas manolas?   1364
lindo (6)
      MM 2,1 Curianita Santa ¡Tened misericordia del lindo enamorado...!   704
      TC 6,1 Currito   ¡Oh, qué lindo pie   766
      TC 6,1 Currito   ¡Oh, qué lindo,   766
      TC 6,1 Currito   qué lindo pie!   766
      PB 3,1 Perlimplín   Ya muerto, lo podrás acariciar siempre en tu cama, tan   1015
                             lindo y peripuesto, sin [...]
      DC 1,1 Rosita   con el lindo Arturo,   1032
líos (1)
      TC 4,1 Cansa-Almas   No, no; yo no quiero líos.   753
lírico (1)
      CA 2,1 Novia   Llegará mi novio, el viejo, el lírico, y necesito   1078
                             apoyarme en ti.
lirio (4)
      MP 0,0 Niña   Como lirio cortaron el lirio,   782
      MP 0,0 Niña   como lirio cortaron el lirio,   782
lirios (4)
      MM 2,5 Gusano 2   temblar a los lirios.   712
      CA 3,1 Arlequín   y lirios de sal.   1112
      CA 3,1 Mecanógrafa   no nacen juncos y lirios,   1121
      RS 2,1 Solterona 1   y los lirios, la esperanza.   1404
Lisboa (1)
      DC 1,1 Madre   para ir a Lisboa cuando sale la luna.   1030
lisos (1)
      TC 6,1 Mosquito   La tierra tiene caminitos blancos, caminitos lisos,   771
                             caminitos tontos... [...]
lista (A) (2)
      BA 2,1 Adela   ¡Soy más lista que tú!   1482
      BA 2,1 La Poncia   Siempre has sido lista.   1497
lista (2)
      TC 2,1 Cristobita   Esta porra que ve aquí ha matado muchos hombres   739
                             franceses, italianos, húngaros... Tengo la lista en
                             mi casa.
      RS 3,1 Martín   Hace un rato tenían un [...] excremento de gato sobre   1419
                             su lista de clase.
listo (4)
      MM 1,2 Doña Curiana   que se las daba de listo,   680
      MM 2,1 Curianita 1   se morirá de hambre, tan listo y tan pintado.   703
      ZP 2,1 Zapatera   Digo..., ¡cuando era más listo!...   964
      PB 3,1 Marcolfa   Antes todo estaba listo.   1009
listos (2)
      ZP 2,1 Zapatera   Pues puede que en las Filipinas esos zapateros sean   956
                             tontos, que aquí en estas tierras los hay listos y muy
                             listos.

livianas (1)
      CA 2,1 Joven   livianas arquitecturas.   1100
lo (943)
lobo (3)
      EP CV   Dama 2   Lo que más miedo me ha dado ha sido el lobo de cartón   1163
                             y las cuatro serpientes en el estanque de hojalata.
      RS 3,1 Rosita   Y sin embargo la esperanza me persigue, me ronda, me   1429
                             muerde; como un lobo moribundo que apretase [...]
      BA 1,1 La Poncia   Retumbaban las paredes, y cuando decía Amén era como   1443
                             si un lobo hubiese entrado en la iglesia.

loca (24)
      MM 1,2 Doña Curiana   Os volvéis loca.   679
      MM 1,2 Doña Curiana   Estás más loca que un grillo   680
      MM 2,4 Alacranito   ¡Y tú loca y soltera!   712
      TC 1,1 Padre   Pero, hija, ¿qué estás diciendo? ¿Te has vuelto loca?   726
      TC 6,1 Rosita   ¡Yo me vuelvo loca!   768
      MP 1,7 Mariana   ¡soy una loca mujer!   809
      MP 2,3 Mariana   mientras que yo, perdida y loca, siento   826
      ZP 2,1 Zapatera   ¡Me volvería loca de alegría!   976
      BS 2,1 Novia   Y sé que estoy loca y sé que tengo el [...]   1215
      BS 2,2 Madre   ¿No te parezco loca?   1227
      BS 2,2 Madre   Pues es loca de no haber gritado todo lo que mi pecho   1227
                             necesita.
      BS 3,2 Novia   Que quiero que sepa que yo soy limpia, que estaré   1269
                             loca, pero que me pueden [...]
      YE 1,2 Muchacha 2   También tú me dirás loca, ¡la loca, la loca!   1294
      YE 1,2 Muchacha 2   Claro, pero no estoy loca.   1294
      YE 1,2 Muchacha 2   ¡Ya se va la loca!   1295
      YE 3,2 Vieja   Yo me vuelvo loca por ver.   1337
      RS 1,1 Rosita   Estás loca.   1354
      RS 1,1 Ama   Más loca estás tú.   1354
      BA 1,1 Martirio   Luego aquí la abandonó [...] después de haber muerto   1459
                             loca la segunda mujer.

loca - luces

loca (continuación)   Pág.

BA 1,1 Bernarda	Aunque mi madre esté loca, yo estoy en mis cinco sentidos y sé perfectamente lo que hago.	1469
BA 2,1 Angustias	Se lo noto en los ojos. Se le está poniendo mirar de loca.	1478
BA 3,1 La Poncia	Es verdad que el año pasado anduvo detrás de Adela y ésta estaba loca por él, pero ella [...]	1520

locas (2)
ZP 2,1 Vecina Amarilla	Pero o se va del pueblo o la echamos. Nos trae locas.	971
BA 2,1 Magdalena	Estáis locas.	1494

loco (13)
MM 2,1 Curianita 1	En fin, que el Curianito está loco.	704
MM 2,6 Curianita C	¡Definitivamente está loco del todo!	719
MM 2,7 Curiana G	¡Está loco!	721
MP 1,8 Mariana	Tengo el corazón loco	818
MP 2,5 Mariana	Como la enamorada de un marinero loco	831
MP 2,9 Pedrosa	Pero hace ya tres meses que ando loco	853
MP 3,3 Mariana	como loco cuando sepa	869
ZP 1,1 Zapatera	¡Pero qué impertinente, qué loco!...	932
CA 1,1 Viejo	Está completamente loco.	1074
CA 1,1 Amigo 2	¿Loco?	1074
CA 2,1 Joven	pájaros de sueño loco	1103
RS 1,1 Tía	¿Estás loco?	1362
RS 1,1 Rosita	pondrán loco mi tejado.	1373

locos (3)
EP CV Estudiante 5	Porque están locos; pero a mí, que [...]	1167
BA 2,1 Martirio	No habléis de locos.	1478
BA 3,1 Criada	Los perros están como locos.	1522

locura (5)
MM 1,2 Curianita Silvia	¡Yo lo amo con locura!	682
MP 2,4 Angustias	Vieja y honrada casa, ¡qué locura!	827
MP 3,9 Mariana	Nos espera una larga locura de luceros	888
ZP 2,1 Zapatero	¿Le perdonaría su locura?	976
PB 3,1 Marcolfa	Su amor debe rayar en la locura.	1010

lodo (1)
MM 2,1 Curianita Santa	¡Que ha de ser negro lodo sobre la nieve acaso!,	704

logia (1)
RS 2,1 Ama	Con este señor y con el otro, don Confucio Montes de Oca, bautizado en la logia número cuarenta [...]	1378

lograr (1)
BA 3,1 Bernarda	Disfrutando este silencio y sin lograr ver por parte alguna "la cosa tan grande" que aquí pasa, según tú.	1518

lograrán (1)
BS 3,1 Leñador 3	¿Crees que ellos lograrán romper el cerco?	1247

lograrás (1)
ZP 1,1 Zapatera	Lograrás que se escape.	936

lograron (1)
EP CV Estudiante 5	Los caballos lograron escapar rompiendo el techo de la escena.	1157

Longoria (1)
RS 2,1 El Señor X	Mi amigo, el señor Longoria, de Madrid, [...]	1375

loquito (1)
TC 6,1 Currito	Vente conmigo. Te veo y me vuelvo loquito de celos.	764

los (971)

Lourdes (1)
RS 2,1 El Señor X	Estuve por haberla traído un cañoncito de plata por cuyo agujero se veía la Virgen de Lurdes, o Lourdes, o una hebilla [...]	1377

luce (1)
BA 3,1 Adela	Madre, ¿por qué cuando se corre una estrella o luce un relámpago se dice:	1516

luceat (1)
BA 1,1 Todas	"Et lux perpetua luceat eis."	1449

lucecitas (1)
BA 1,1 Bernarda	y las lucecitas del campo.	1448

Lucena (1)
ZP 2,1 Zapatero	cristalina de Lucena.	959

lucero (3)
MP 1,5 Mariana	Dolor de viejo lucero	796
BS 1,3 Padre	Hace las migas a las tres, cuando el lucero.	1198
RS 1,1 Primo	alfileres de lucero,	1372

luceros (1)
MP 3,9 Mariana	Nos espera una larga locura de luceros	888

luces (6)
MP 1,5 Mariana	Ya es noche. ¡Clavela! ¡Luces!	800
MP 1,5 Clavela	¡Señora, las luces!	801
ZP 2,1 Zapatero	Por lo que veo, su marido de usted era un hombre de pocas luces.	964
CA 1,1 Joven	Juan, enciende las luces.	1077
CA 3,1 Máscara	Digo que el conde Arturo [...] entre los gemelos y las luces de gas que brillaban [...]	1116

luces (continuación)
BA 2,1 La Poncia Porque yo puedo dar voces, encender luces y hacer que 1482
 toquen las campanas.

Lucía (1)
MP 1,4 Amparo ¡Lucía, eso dijo! 790
lucida (1)
BS 2,2 Padre Fue lucida. 1230
lucido (4)
ZP 1,1 Alcalde ¡Pues te has lucido! 926
ZP 1,1 Zapatero Sí, señor, me he lucido... Ahora, que yo no aguanto 926
 más.
ZP 2,1 Niño Zapatera, te has lucido! 947
ZP 2,1 Voces ¡zapatera, te has lucido! 978
luciérnagas (1)
TC 0,0 Mosquito Ahora que sale la luna y las luciérnagas huyen 724
 lentamente [...]

lucir (2)
MP 1,4 Amparo ¡No podré lucir! 794
BS 3,1 Luna Yo haré lucir al caballo 1250
lucirán (1)
BA 1,1 Adela Así las tuyas lucirán más. 1451
lucirme (1)
BA 2,1 Martirio Para verlo yo. No necesito lucirme ante nadie. 1484
lucha (S) (1)
MP 2,7 Mariana En una sorda lucha con mis ojos 837
lucha (4)
ZP 0,0 El Autor En todos los sitios late [...] agrias, porque ella 912
 lucha siempre, lucha con la realidad que la cerca y
 lucha con la fantasía [...]
BS 2,2 Madre Mientras una vive, lucha. 1241
luchado (1)
CA 1,1 Viejo Yo he luchado toda mi vida por encender una luz en los 1072
 sitios más oscuros.

luchan (1)
EP RR Figura De P Tendré necesidad de llamar a los negros, a los enormes 1150
 negros heridos por las navajas de las yucas que luchan
 día y noche con [...]

luchando (2)
MP 2,8 Pedro para seguir luchando. 844
BA 1,1 Magdalena De ver los cuadros bordados de cañamazo de nuestra 1461
 abuela, el perrito de lanas y el negro luchando con el
 león, [...]

luchar (6)
MP 2,8 Conspirador 4 o luchar o morir, de lo contrario. 842
CA 1,1 Joven Es preciso luchar con toda idea de ruina; con esos 1046
 terribles desconchados de las paredes.
CA 1,1 Amigo 2 En una caja así de pequeña, y ustedes se van a luchar 1074
 con la
EP CV Estudiante 5 Porque están locos; pero [...] con los que tengo que 1167
 luchar y vencer cada [...]
YE 3,1 Yerma Está escrito y no me voy a poner a luchar a brazo 1335
 partido con los mares.
BA 1,1 Bernarda ¡Cuánto hay que sufrir y luchar para hacer que las 1456
 personas sean decentes y no tiren al monte demasiado!

luchas (3)
BS 2,2 Madre Sola, no. Que tengo la cabeza llena de cosas y de 1241
 hombres y de luchas.
BS 2,2 Novio Pero luchas que ya no son luchas. 1241
luchen (1)
DC 1,1 Director Llenemos el teatro de espigas frescas, debajo de las 1043
 cuales vayan palabrotas que luchen en la escena con
 [...]

luego (58)
MM 1,1 Curiana N Hasta luego, amiga, voy a descansar. 676
TC 2,1 Cocoliche Ponte triste si me ves; lo negro bajará luego hasta 735
 los pies."
MP 1,1 Angustias Desde luego, por Granada no se sabe. 783
MP 1,3 Angustias ¡Hasta luego, hijas mías! 789
MP 1,3 Lucía ¡Hasta luego! 789
MP 1,8 Angustias Y luego, tú... 818
MP 2,2 Niña Y entra luego; 825
MP 3,2 Carmen ¡Hasta luego! ¿Asistirá 866
MP 3,3 Alegrito Hasta luego! 870
MP 3,5 Pedrosa Los andaluces hablan; pero luego... 875
MP 3,5 Pedrosa y luego será tarde. 877
PB 0,0 Belisa Hasta luego. 985
PB 0,0 Madre En cuanto quiera..., aunque a todas las madres... 986
 Hasta luego...
PB 1,1 Belisa Desde luego maridito. Y apaga la luz, si te place. 992
PB 1,1 Duende 1 Y que luego el público se encargue de destaparlas. 993

			Pág.
luego (continuación)			
DC 1,1		Yo voy a comer ahora un poquito pan, un poquitirrito pan que me han dejado los pájaros, y luego a planchar los [...]	1020
CA 1,1	Amigo	Las trenzas aquí, apretadas, negrísimas, y luego...	1057
CA 1,1	Joven	¡Luego!	1061
CA 1,1	Niño	Y luego ¿sabes?	1065
CA 2,1	Novia	Me voy a ahogar y luego tú saldrás corriendo y me dejarás muerta por las orillas.	1079
CA 2,1	Joven	Y luego... en la calle he golpeado a unos niños que estaban matando un gato a pedradas.	1092
CA 3,1	Muchacha	Luego nos iremos	1112
CA 3,1	Mecanógrafa	Y luego, ya en la puerta, me dijo: "¿Me necesitas?";	1115
CA 3,1	Máscara	Tiene en la mano derecha una cicatriz que le hicieron con un puñal...; por mí, desde luego.	1117
EP RR	Figura De C	Y luego vendría Elena a mi cama.	1149
EP CV	Enfermero	Ahora te daré la hiel, y luego, a las ocho, vendré con el bisturí para ahondarte la herida del costado.	1156
BS 1,1	Madre	Luego, tu hermano.	1173
BS 1,1	Madre	Y luego, el presidio.	1173
BS 2,2	Madre	Luego la gente critica.	1227
BS 2,2	Novia	Sí, pero déjame... Luego.	1238
BS 2,2	Madre	Con tu mujer procura [...] fuerte, un mordisco y luego un beso suave.	1241
YE 1,1	Juan	Hasta luego.	1274
YE 1,1	María	Entonces... Hasta luego.	1284
YE 2,2	Muchacha 2	Entonces, luego, yo traeré la blusa.	1321
YE 3,2	María	Tiene una idea que no sé cuál es, pero desde luego es una idea mala.	1337
YE 3,2	Macho	Amapola y clavel será luego	1341
YE 3,2	Vieja	A ver si luego nos dejáis dormir.	1343
YE 3,2	Vieja	Pero luego será ella.	1343
RS 1,1	Tía	Luego bien te gusta olerlas.	1352
RS 1,1	Rosita	¡Hasta luego!	1359
RS 2,1	Rosita	Pero como le es imposible venir por ahora, la boda será por poderes y luego vendrá él.	1409
RS 3,1	Tía	Y luego..., si él viviera, con aquella claridad que tenía, con aquel talento...	1412
RS 3,1	Martín	Y créame usted que los padres se ríen luego de las infamias, [...]	1419
RS 3,1	Ama	Ayer decía a voces: "No; ahí hay hipérbaton", y luego... "el epinicio"... [...]	1423
BA 1,1	La Poncia	Luego estuvo detrás de [...]	1455
BA 1,1	Martirio	Luego aquí la abandonó y se fue con otra que tenía una hija y luego tuvo relaciones [...]	1459
BA 1,1	Martirio	Luego se casó con otra que tenía más que yo.	1460
BA 2,1	Magdalena	Desde luego que hay que reconocer que lo mejor que has tenido siempre es el talle y la delicadeza.	1472
BA 2,1	La Poncia	Luego se portó bien.	1476
BA 2,1	La Poncia	A vosotras que sois solteras, [...] cama por la mesa y luego la mesa por la [...]	1476
BA 2,1	Martirio	¡Desde luego!	1491
BA 2,1	La Poncia	¡Desde luego eres la más valiente!	1501
BA 2,1	La Poncia	Pero, desde luego, Pepe estaba a las cuatro de la madrugada en una reja de tu casa.	1502
BA 3,1	Bernarda	No procures descubrirlas, no le preguntes y, desde luego, que no te vea llorar jamás.	1514
BA 3,1	María Josefa	Luego nos sentaremos todos y todos tendremos el cabello blanco y seremos espuma.	1525
BA 3,1	María Josefa	Cuando mi vecina tenía un niño yo le llevaba chocolate y luego ella me lo traía [...]	1525
BA 3,1	María Josefa	Sí, pero luego tú me abrirás, ¿verdad?	1525
lugar (4)			
ZP 2,1	Zapatera	¡Van a dar lugar a que compre un revólver!	947
BS 1,1	Madre	Sí, sí; y a ver si me alegras con seis nietos, o los que te dé la gana, ya que tu padre no tuvo lugar de hacérmelos a [...]	1177
YE 2,2	Yerma	Que estoy ofendida, ofendida [...] de martillo aquí en lugar de la boca de mi [...]	1318
BA 1,1	Bernarda	No es este tu lugar.	1445
Luis (7)			
MP 1,7	Fernando	Me encuentro en la casa del viejo don Luis, que no lo sepa nadie de tu familia.	811
MP 2,9	Mariana	¡Me iré a casa de don Luis! ¡Cuida los niños!	858
MP 3,3	Mariana	¿Fuiste a casa de don Luis?	867
MP 3,3	Alegrito	Don Luis lo sabe de cierto.	868
MP 3,3	Alegrito	Don Luis.	870
RS 1,1	Tía	Eléboro, fucsias y los crisantemos, Luis Passy violáceo y altair blanco plata con puntas heliotropo.	1351
RS 2,1	Ama	Un portatermómetro, estilo Luis Quince.	1382

lujo (2)
BS 1,2 Muchacha   No, con su madre. Seria, alta. Pero ¡qué lujo!   1191
RS 2,1 Ama   Lujo por fuera y para la boca unas malas migas de maíz.   1390
lujos (1)
ZP 2,1 Zapatera   Yo no estoy acostumbrada a esos lujos.   951
lumbar (1)
ZP 2,1 Zapatero   cuatro en la región lumbar,   962
lumbre (11)
MP 2,3 Mariana   quemarse con su propia lumbre viva   826
MP 3,5 Pedrosa   puedo borrar la lumbre de sus ojos.   875
MP 3,8 Mariana   ¡¡Libertad!! Porque nunca se apague tu alta lumbre   887
ZP 1,1 Zapatera   ¡Ay, mi comida que está en la lumbre!   933
BS 3,1 Leonardo   Se abrasa lumbre con lumbre.   1259
BS 3,2 Novia   Enciende la lumbre.   1270
YE 1,1 María   Pero la noche que nos [...] niño es un palomo de   1281
                       lumbre que él me deslizó [...]
YE 3,2 Macho   ¡Venid a ver la lumbre   1343
BA 3,1 Adela   A mí me gusta ver correr lleno de lumbre lo que está 1516
                       quieto y quieto años enteros.
BA 3,1 Adela   Todo el pueblo contra mí, quemándome con sus dedos de 1528
                       lumbre, perseguida por [...]
luminoso (1)
MP 2,3 Mariana   de Cartagena, luminoso y fresco,   826
luna (81)
MM 0,0   Señores: La comedia que vais a escuchar es humilde e 669
                       inquietante, comedia rota del que quiere arañar a la
                       luna y se araña su corazón.
MM 1,5 Curiana N   Además le receto baños de luna y siesta,   700
MM 2,2 Doña Curiana   Para el baño de luna de nuestra mariposa   705
MM 2,2 Curiana N   ¡Aquí la dejaremos bajo la luna! Siento   707
TC 0,0 Mosquito   Entonces yo avisé a mis [...] del mundo; bajo la luna 724
                       verde de las montañas, bajo la luna rosa de las playas.
TC 0,0 Mosquito   Ahora que sale la luna y las luciérnagas [...]   724
TC 1,1 Padre   Tú harás caso de todo [...] paréntesis, tenía una cara 733
                       de luna, que ya, ya...
TC 2,1 Cocoliche   Tiene miedo a la luna.   735
TC 2,1 Cocoliche   La luna es terrible para un enamorado de ocultis.   735
TC 5,1 Currito   Son como dos lágrimas de la luna de la tarde, como   757
                       [...]
TC 6,1 Mosquito   Después de todo ..., la luna no es tan menguante, ni 771
                       el aire va, ni el aire viene...
TC 6,1 Cristobita   Cuando yo era niño, me dieron un pastel más grande que 774
                       la luna y me lo comí yo solo.
TC 6,1 Cocoliche   Desde allí veremos cómo tiembla el mundo vestido con 777
                       la luna.
MP 1,4 Amparo   o temblor de luna sobre una pecera   790
MP 1,7 Fernando   No hay luna, y aunque la hubiera,   815
MP 2,5 Pedro   sobre tu cuello blanco, que tiene luz de luna.   832
MP 2,8 Mariana   "Luna tendida, marinero en pie",   846
MP 2,8 Mariana   "Luna tendida, marinero en pie."   846
MP 3,8 Mariana   tendrán un nombre claro como la luna llena!   885
DC 1,1 Poeta   Las monedas de plata parece que están iluminadas por 1021
                       la luna.
DC 1,1 Madre   para ir a Lisboa cuando sale la luna.   1030
DC 1,1 Poeta   La luna es un águila blanca.   1036
DC 1,1 Poeta   La luna es una gallina que pone huevos.   1036
DC 1,1 Poeta   La luna es un pan para los pobres y un taburete de   1036
                       raso blanco para los ricos.
DC 1,1 Poeta   Pero ni don Cristóbal ni doña Rosita ven la luna.   1036
DC 1,1 Rosita   ¿No ves qué luna tan grande hay?   1038
DC 1,1 Rosita   Qué molesta es la luna, ¿verdad, Cristóbal?   1039
CA 1,1 Niño   ojo de luna rota, me pareces   1064
CA 2,1 Criada   En mi pueblo había un muchacho que subía a la torre de 1086
                       la iglesia para mirar más de cerca la luna, y su novia
                       lo despidió.
CA 2,1 Criada   Decía que veía en la luna el retrato de su novia.   1086
CA 2,1 Padre   Esta noche hay un eclipse de luna.   1089
CA 2,1 Joven   Sería la luz de la luna.   1092
CA 2,1 Maniquí   y la luna lleva puesta mi corona de azahar.   1099
CA 2,1 Joven   medias de seda la luna.   1100
CA 2,1 Joven   Y la luna llevará en vilo tu corona de azahar.   1101
CA 2,1 Joven   Antes que la roja luna   1105
CA 3,1 Máscara   Digo que el conde Arturo [...] era como una media luna 1116
                       de plata, entre [...]
CA 3,2 Joven   Recuerdo que siendo niño, vi nacer una luna enorme   1134
                       detrás de [...]
CA 3,2 Joven   El chartreuse es como una gran noche de luna verde   1142
                       dentro de [...]
EP RR Figura De C   ¿Y si yo me convirtiera en pez luna?   1146
EP RR Figura De C   Si yo me convirtiera en pez luna, tú te convertirías 1146
                       [...] te convertirías en luna llena, ¡pero en [...]

luna - luz

luna (continuación)

EP RR	Figura De P	Si tú te convirtieras en pez luna, yo te abriría con [...]	1146
EP RR	Figura De P	Si yo no tuviera esta flauta te escaparías a la luna, a la luna cubierta de pañolitos [...]	1146
EP RR	Figura De P	Yo me convertiría en pez luna.	1147
EP RR	Figura De C	¿Y si yo me convirtiera en pez luna?	1147
EP RR	Figura De C	De dominarte tanto, que si yo dijera: "¿Si yo me convirtiera en pez luna ?",	1147
EP RR	Figura De C	mientras tú, debajo de [...] convertiría en pez luna	1149
EP CV	Estudiante 2	Un gato puede ser una rana, y la luna de invierno puede [...]	1161
BS 2,1	Criada	que la luna asoma!	1216
BS 2,2	Criada	y la luna se adorne	1226
BS 3,1	Leñador 1	Cuando salga la luna los verán.	1245
BS 3,1	Leñador 2	Hay muchas nubes y será fácil que la luna no salga.	1247
BS 3,1	Leñador 3	El novio los encontrará con luna o sin luna.	1247
BS 3,1	Leñador 3	Ahora sale la luna. Vamos a darnos prisa.	1248
BS 3,1	Leñador 1	¡Ay luna que sales!	1248
BS 3,1	Leñador 1	Luna de las hojas grandes.	1248
BS 3,1	Leñador 1	¡Ay luna sola!	1248
BS 3,1	Leñador 1	¡Luna de las verdes hojas!	1248
BS 3,1	Leñador 3	¡Ay luna mala!	1248
BS 3,1	Leñador 1	¡Ay triste luna!	1249
BS 3,1	Luna	La luna deja un cuchillo	1249
BS 3,1	Mendiga	Esa luna se va, y ellos se acercan.	1250
BS 3,1	Mendiga	¡Esa luna, esa luna!	1251
BS 3,1	Mendiga	¡Esa luna, esa luna!	1251
BS 3,1	Leonardo	Clavos de luna nos funden	1260
YE 1,1	Yerma	y la luna me riza los cabellos.	1277
YE 2,2	Yerma	me ofrece dalias de dormida luna.	1316
YE 2,2	Víctor	La acequia por su sitio, el rebaño en el redil, la luna en el cielo y el hombre con su arado.	1323
YE 3,1	Yerma	Como si la luna se buscara ella misma por el cielo.	1334
YE 3,2	Yerma	El agua no se puede volver atrás ni la luna llena sale al mediodía.	1345
YE 3,2	Juan	A ti te busco. Con la luna estás hermosa.	1349
RS 1,1	Rosita	donde la luna reposa.	1369
RS 2,1	Tía	a la luz de la luna	1411
BA 2,1	Martirio	A Pepe le gusta andar con la luna.	1491
BA 3,1	La Poncia	Lo mejor es el armario de luna.	1511

lunar (1)

MM 1,2	Curianita Silvia	Tiene un lunar amarillo	682

lunas (4)

MP 3,4	Mariana	cuatro lunas en las piedras	871
CA 3,1	Viejo	Porque si él tiene veinte años puede tener veinte lunas.	1126
CA 3,1	Payaso	Lunas y mares sin abrir.	1127
CA 3,1	Payaso	Lunas y mares sin abrir.	1129

lunes (1)

ZP 2,1	Zapatero	Un lunes por la mañana	961

lupanar (2)

BA 2,1	Bernarda	¡Cómo gozarías de vernos a mí y a mis hijas camino del lupanar!	1499
BA 2,1	Bernarda	El lupanar se queda para alguna mujer ya difunta.	1499

Lurdes (1)

RS 2,1	El Señor X	Estuve por haberla traído un cañoncito de plata por cuyo agujero se veía la Virgen de Lurdes, o Lourdes, o [...]	1377

luto (9)

TC 4,1	Cocoliche	Era ella, vestida de luto.	754
YE 3,2	Macho	no te pongas un velo de luto,	1341
RS 1,1	Rosita	¡Qué luto de ruiseñores	1371
BA 1,1	Bernarda	Dame uno negro y aprende a respetar el luto de tu padre.	1451
BA 1,1	Bernarda	En ocho años que dure el luto no ha de entrar en esta casa el viento de la calle.	1451
BA 1,1	Adela	Pienso que este luto me ha cogido en la peor época de mi vida para pasarlo.	1466
BA 2,1	Bernarda	Siempre os supe mujeres ventaneras y rompedoras de su luto.	1503
BA 3,1	María Josefa	Aquí no hay más que mantos de luto.	1525
BA 3,1	Bernarda	Nos hundiremos todas en un mar de luto.	1532

lux (1)

BA 1,1	Todas	"Et lux perpetua luceat eis."	1449

luz (44)

MM 0,0		También el viejo silfo [...] están muy cerca de su luz; di, poeta, a los [...]	670
MM 1,1	Doña Curiana	Que la luz os guíe.	676
MM 2,5	Gusano 3	Ya se ha apagado mi luz;	713
MM 2,5	Gusano 2	Cegó mi luz antigua.	714

luz (continuación)
```
MM 2,7 Curianito      la luz de mis palabras?                                    720
TC 0,0 Mosquito       Pero un día vi por el agujerito de la puerta una           724
                      estrella que temblaba como una fresca violeta de luz.
TC 3,1 Joven          Cuando lo vi desde la Sierra, me entró la luz por los       743
                      ojos y me llegó hasta los pies.
TC 6,1 Rosita         La sierra de Granada tiene pies de luz y peinado de         774
                      nieve.
MP 1,5 Mariana        deja la luz a Granada!                                      796
MP 1,7 Mariana        que con la luz que emanara                                  813
MP 2,5 Pedro          luz armoniosa y fija que se siente por dentro?              830
MP 2,5 Pedro          sobre tu cuello blanco, que tiene luz de luna.              832
MP 2,6 Mariana        No enciendas luz ninguna,                                   833
MP 2,9 Pedrosa        He visto luz                                                850
MP 3,7 Novicia 2      ¡Hay otra luz en la casa!                                   880
MP 3,9 Mariana        Pero ¡qué bien entiendo lo que dice esta luz!              889
MP 3,9 Novicia 1      Ya no verán tus ojos las naranjas de luz                    890
ZP 1,1 Niño           Luz del candil,                                             936
ZP 1,1 Niño           Luz de candil,                                              936
PB 1,1 Belisa         Desde luego maridito. Y apaga la luz, si te place.          992
PB 1,1 Perlimplín     He apagado la luz.                                          992
DC 1,1 Rosita         Como hay tan poca luz no percibes.                          1039
CA 1,1 Joven          Pero es que yo estoy [...] apagado, sus trenzas de luz      1050
                      alrededor de mi cuello.
CA 1,1 Niño           Nunca veremos la luz,                                       1067
CA 1,1 Gata           No hay luz. ¿Dónde estás?                                   1068
CA 1,1 Viejo          Yo he luchado toda mi vida por encender una luz en los      1072
                      sitios más oscuros.
CA 1,1 Amigo 2        Había tan poca luz, que se me pusieron las manos            1073
                      amarillas.
CA 1,1 Amigo 2        Pero qué luz más fea.                                       1077
CA 2,1 Joven          Sería la luz de la luna.                                    1092
CA 2,1 Joven          forma blanca y luz confusa,                                 1100
CA 3,1 Joven          Un poco de luz para mi hijo.                                1125
EP CV  Dama 3         Cuando subíamos por el monte de la ruina creíamos ver       1163
                      la luz de la aurora, pero [...]
BS 3,1 Leñador 2      Pero la sangre que ve la luz se la bebe la tierra.          1246
BS 3,1 Mendiga        ¡De prisa! Mucha luz. ¿Me has oído?                         1252
YE 2,1 Lavandera 2    Porque la luz se nos quiebra en la garganta.                1308
RS 1,1 Primo          luz y sombra, noche y día,                                  1372
RS 1,1 Rosita         con toda la luz salada                                      1373
RS 2,1 Solterona 3    con la luz de la mañana                                     1403
RS 2,1 Rosita         con la luz de la mañana;                                    1403
RS 2,1 Solterona 3    con la luz de la mañana,                                    1405
RS 2,1 Tía            a la luz de la luna                                         1411
BA 2,1 La Poncia      ¿Por qué te pusiste casi desnuda con la luz encendida       1481
                      y la ventana [...]
BA 3,1 La Poncia      Llévate la luz.                                             1522
BA 3,1 La Poncia      Llévate la luz.                                             1522
luzca (1)
BS 2,1 Criada         El azahar te lo voy a poner desde aquí hasta aquí, de       1208
                      modo que la corona luzca sobre el peinado.
llaga (4)
MP 1,6 Mariana        ¡Señor, por la llaga de vuestro costado!                    805
CA 1,1 Joven          Basta observar sobre [...] para que el rostro o llaga       1050
                      que llevamos en [...]
YE 3,1 Yerma          ¡Ay! Has puesto el dedo en la llaga más honda que           1329
                      tienen mis carnes.
RS 3,1 Ama            ¡Esa es la llaga!                                            1414
llagas (3)
MP 2,8 Mariana        y de las llagas de tus manos!                               848
BS 3,2 Novia          Yo era una mujer quemada, llena de llagas por dentro y      1269
                      por [...]
YE 2,2 María          Pero acuérdate de las llagas de Nuestro Señor.              1319
llama (S) (3)
EP CV  Estudiante 2   Se amaban los esqueletos y estaban amarillos de llama,      1160
                      pero no se amaban [...]
BS 3,1 Leonardo       La misma llama pequeña                                      1259
YE 3,2 Yerma          la llama oscura de la tierra.                               1338
llama (16)
TC 2,1 Rosita         Adiós, mi padre me llama.                                   737
MP 1,5 Fernando       Un capitán que se llama,                                    798
ZP 2,1 Niño           ¡Mi madre me llama!                                         948
PB 0,0 Belisa         ¿Quién llama?                                               983
DC 1,1 Cristóbal      Llama a Rosita.                                             1035
EP CV  Estudiante 2   ¿Se llama?                                                  1158
EP CV  Estudiante 3   Se llama Elena.                                             1158
BS 1,3 Madre          Los tres nogales del molino toda una viña y una planta      1195
                      que se llama Júpiter, que da [...]
BS 2,2 Novio          Eso se llama no entender.                                   1234
YE 1,2 Yerma          ¿Cómo se llama?                                             1294
```

llama (continuación)
YE 2,1 Lavandera 4   cuando a la puerta llama temblando el invierno.   1308
RS 1,1 Ama   Niña, tu tía te llama.   1369
RS 2,1 Ama   Eso se llama ser desagradecido.   1379
RS 3,1 Tía   Sobre todo cuando ella va a morir y se acuerda de su 1420
                       madre y la llama.
RS 3,1 Ama   Ayer decía a voces: "No; [...] leyendo un libro que se 1423
                       llama Las ruinas de Palmira, [...]
BA 2,1 Criada   Bernarda os llama. Está el hombre de los encajes.   1479
llamaba (2)
TC 3,1 Joven   Me había interesado en la conversación porque yo tuve 745
                       una novia que se llamaba también Rosita...
PB 0,0 Perlimplín   La llamaba yo.   983
llamado (4)
MP 2,6 Clavela   Señora... Me parece que han llamado.   833
CA 1,1 Mecanógrafa   ¿Me habías llamado?   1077
CA 1,1 Joven   No. No te había llamado.   1077
CA 3,1 Mecanógrafa   El me dijo: "¿Me habías llamado?";   1115
llaman (2)
CA 3,1 Mecanógrafa   ¿Dónde? Donde me llaman.   1120
RS 1,1 Tío   Los botánicos la llaman "rosa mutabile", [...]   1356
llamando (3)
MP 1,5 Clavela   ¡Están llamando!   801
MP 2,8 Clavela   ¡Están llamando!   847
BS 2,1 Muchacha 1   La boda está llamando   1219
llamar (3)
MM 1,2 Doña Curiana   Voy a llamar a mi hijo   683
MP 1,2 Amparo   Voy a llamar a su puerta.   787
EP RR Figura De P   Tendré necesidad de llamar a los negros, [...]   1150
llamara (2)
BS 2,1 Novia   Y que me abrazaras tan fuerte, que aunque me llamara 1222
                       mi madre, que está muerta, no me pudiera despegar de
                       ti.
BA 2,1 La Poncia   Nunca pensé que se llamara asesinato al aviso.   1497
llamaradas (1)
BA 2,1 Martirio   Siegan entre llamaradas.   1487
llamarás (1)
TB DME Vieja   ¿Te llamarás María, Rosa, Trinidad? ¿Segismunda?   897
llamaré (1)
MM 1,6 Curianito   y llamaré a mi madre como cuando era niño.   701
llamarme (1)
ZP 1,1 Zapatera   ¿Pero tienes el valor de llamarme escandalosa, cuando 922
                       he salido a defender tu dinero?
llamarte (1)
BA 1,1 Criada   Tuve durante el duelo que taparle varias veces la boca 1452
                       con un costal vacío porque quería llamarte para que le
                       [...]
llamaste (2)
MP 1,7 Fernando   ¿Por qué me llamaste? Di.   809
BA 2,1 Amelia   ¿Por qué me llamaste?   1490
llame (4)
MM 2,5 Gusano 3   ¡...Y que me llame al amor   717
MP 2,5 Pedro   ¡Libertad, aunque con sangre llame a todas las puertas! 831
TB DME Doncella   Para que el hombre que esté conmigo me llame de la   897
                       manera que guste.
BA 3,1 La Poncia   ¿A qué hora quieres que te llame?   1520
llamen (1)
TC 6,1 Cristobita   ¡Ay, que llamen al curita!   778
llamita (2)
TC 2,1 Cocoliche   Estoy como si fuera de papel y me hubiera quemado con 737
                       la llamita de mi corazón .
CA 1,1 Amigo   la llamita de San Juan   1056
llamo (2)
MM 1,2 Doña Curiana   ¿Os molestáis porque os llamo   677
MM 2,4 Curiana G   llamo a mis compañeras   710
llano (2)
YE 2,1 Lavandera 5   Por el llano ya vino   1307
RS 1,1 Primo   ponga el llano carmesí   1372
llanos (1)
BS 1,2 Mujer   Ayer me dijeron las vecinas que te habían visto al   1187
                       límite de los llanos.
llanto (7)
MP 1,6 Mariana   me siento vestida de temblor y llanto.   806
MP 1,7 Fernando   Y seca ese llanto,   815
MP 2,9 Pedrosa   Me parece que este llanto está de más.   854
MP 3,9 Mariana   ¡Adiós! ¡Secad el llanto!   890
CA 2,1 Maniquí   con llanto de seda y pluma.   1100
BS 3,2 Madre   Mi llanto y yo.   1268
BS 3,2 Madre   y el agua forme un llanto   1271
llantos (3)
BS 3,2 Madre   No quiero llantos en esta casa.   1267

llantos (continuación)
    RS 1,1 Ama   Otra vez vienen los llantos a esta casa ¡Ay, señora!   1364
    BA 3,1 Bernarda   Y no quiero llantos.   1532
llanura (1)
    CA 3,1 Arlequín   en la llanura del tiempo,   1109
llave (5)
    MP 1,1 Angustias   Yo lo he visto por el ojo de la llave.   783
    ZP 1,1 Zapatero   Sí, descansando... ¡Pues no estaban mirando por el   933
                       ojo de la llave!
    CA 2,1 Novia   Y tienes preparada la llave del garage.   1088
    BA 1,1 Criada   Con dos vueltas de llave.   1440
    BA 1,1 Bernarda   Con la llave que todo lo abre   1448
llaves (2)
    CA 1,1 Criado   Señor. ¿Tendría la bondad de dejarme las llaves de su 1070
                       dormitorio?
    RS 3,1 Ama   Déme usted las llaves del armario.   1434
llega (24)
    MM 1,1 Curiana N   hasta nosotros llega perfumado.   675
    MM 2,1 Curianita Santa   cuando llega tan blanca de donde no se sabe.   704
    MP 1,5 Mariana   ¡Y esta noche que no llega!   796
    MP 2,7 Mariana   Ahora llega.   840
    PB 2,1 Marcolfa   Aquí llega.   1002
    CA 2,1 Criada   Allí llega su padre.   1087
    CA 2,1 Joven   ¿Y si mi niño no llega?   1103
    CA 2,1 Joven   ¿Y si mi niño no llega?   1103
    CA 3,1 Muchacha   No se llega nunca   1111
    CA 3,1 Mecanógrafa Delicioso. ¿Y cuándo llega el conde?   1116
    CA 3,1 Máscara   ¿Y cuándo llega tu amigo?   1116
    EP CV Muchacho 1   En este momento llega la revolución a la catedral.   1160
    BS 1,1 Madre   Que fueran como dos cardos, que ninguna persona los   1181
                       nombra y pinchan si llega el momento.
    BS 1,2 Suegra   Cuando llega al puente   1184
    BS 2,2 Criada   porque llega la boda,   1225
    BS 2,2 Criada   porque llega la boda.   1226
    BS 2,2 Criada   Porque llega tu boda   1226
    BS 2,2 Criada   ¡Porque llega tu boda,   1226
    YE 1,2 Yerma   Yo me entregué a mi marido por él, y me sigo   1290
                       entregando para ver si llega, pero nunca por
                       divertirme.
    YE 2,1 Lavandera 2 Por el monte ya llega   1307
    RS 1,1 Ama   ¡Llega la mala suerte!   1358
    RS 2,1 Tío   Llega un momento en que [...]   1386
    RS 3,1 Rosita   Y cuando llega la noche   1435
    RS 3,1 Rosita   "Y cuando llega la noche   1438
llegaba (4)
    ZP 2,1 Zapatera   El paró su caballo y la cola del caballo era blanca y 946
                       tan larga que llegaba al agua del arroyo.
    YE 3,2 Niño   ¡Ay, que la noche llegaba!   1341
    RS 2,1 Rosita   pero la tarde llegaba,   1404
    BA 2,1 Amelia   ¡Ay!, creí que llegaba nuestra madre.   1476
llegada (1)
    RS 1,1 Rosita   me anunciará tu llegada?   1373
llegado (15)
    MM 2,6 Curianito   ha llegado vestida de nieve transparente   718
    MP 1,3 Mariana   Han llegado ahora mismo del colegio.   789
    MP 2,5 Pedro   y esperé bien oculto la ocasión. ¡Ya ha llegado!   831
    CA 2,1 Criada   ¡Su novio ha llegado!   1080
    CA 2,1 Padre   ¡Que ha llegado!   1088
    EP CV Estudiante 5 Ha llegado el juez y, antes de asesinarlos, les van a 1162
                       hacer repetir la escena del sepulcro.
    BS 2,2 Madre   Ha llegado otra vez la hora de la sangre.   1244
    YE 1,1 María   Porque ¡ya ha llegado!   1279
    YE 3,2 Juan   Ha llegado el último minuto [...]   1347
    RS 2,1 Rosita   ¿Ha llegado el cartero?   1387
    RS 2,1 Tío   ¿Ha llegado?   1387
    RS 2,1 Tía   ¿Ha llegado el cartero?   1387
    RS 2,1 Tía   Y ha llegado justo.   1406
    RS 3,1 Tía   ¿Ha llegado el correo?   1427
    BA 3,1 Martirio   Ha llegado el momento de que yo hable. Esto no puede   1526
                       seguir así.
llegáis (1)
    EP CV Enfermero   ¿Por qué llegáis a esta hora?   1162
llegan (12)
    TC 5,1 Fígaro   Las noticias llegan al mundo después de haber pasado   758
                       por el clasificador de la barbería.
    MP 3,8 Mariana   ¡Ya estoy muerta, Fernando! Tus palabras me llegan   886
    PB 1,1 Perlimplín ¿Por qué tienen los balcones cinco escalas que llegan 998
                       al suelo?
    DC 1,1   Así, pues, el poeta sabe [...] sentimientos turbios   1019
                       llegan hasta lo más hondo [...]
    CA 2,1 Joven   donde llegan y se juntan   1103

llegan - llegue

                                                                  Pág.

llegan (continuación)
    BS 2,1 Leonardo | ¡Cuando las cosas llegan a los centros, no hay quien las arranque! | 1214
    BS 2,2 Madre | Porque tiene gente; que son sus primos del mar y todos los que llegan de tierra adentro. | 1244
    BS 3,2 Mendiga | Yo los vi; pronto llegan: dos torrentes | 1266
    BS 3,2 Mujer | llegan con hombros cansados! | 1271
    YE 1,2 Vieja 1 | Los hijos llegan como el agua. | 1288
    RS 3,1 Rosita | Llegan a hacernos la vida imposible. | 1433
    BA 2,1 Martirio | Los gañanes llegan a las seis. | 1489
llegando (2)
    BS 2,1 Novia | Date prisa, que ya deben ir llegando. | 1209
    BS 3,1 Luna | El aire va llegando duro, con doble filo. | 1251
llegar (12)
    MP 1,7 Fernando | "Adorada Marianita: Gracias al traje de capuchino, que tan diestramente hiciste llegar a mi poder, me [...] | 811
    PB 3,1 Belisa | Debe llegar en estos instantes. | 1014
    CA 1,1 Viejo | ¿No le angustia la hora de la partida, los acontecimientos, lo que ha de llegar ahora mismo...? | 1048
    CA 3,1 Viejo | Vamos a no llegar, pero vamos a ir. | 1130
    YE 3,1 Dolores | La última vez hice la [...] no le daba tiempo de llegar a las casas, y [...] | 1327
    RS 1,1 Tía | Cuarenta días de viaje hacen falta para llegar a Tucumán. | 1362
    RS 1,1 Rosita | Yo ansío verte llegar | 1372
    RS 2,1 Tío | Ya ve usted lo que ha pasado en la carrera París-Madrid, que ha habido que suspenderla, porque antes de llegar a Burdeos se mataron [...] | 1375
    RS 2,1 Tío | Hace rato debió llegar. | 1387
    RS 3,1 Tía | Cuando pienso en la mala [...] para tomar un vapor y llegar a Tucumán y coger [...] | 1414
    RS 3,1 Ama | Del primer empujón que le doy a la caldera de Pedro Botero hago llegar el agua caliente [...] | 1425
    BA 2,1 La Poncia | Lo vi acercarse y al llegar me dijo: "Buenas noches." | 1476
llegara (3)
    ZP 2,1 Zapatero | ¿Y si por casualidad llegara ahora mismo? | 976
    BS 1,2 Suegra | Está abajo, tendido, con los ojos desorbitados, como si llegara del fin del mundo. | 1189
    BA 2,1 Bernarda | Y no quiero entenderte, porque si llegara al alcance de todo lo que dices te tendría que arañar. | 1500
llegará (5)
    MM 0,0 | También el viejo silfo le dijo al poeta: "Muy pronto llegará el reino de los [...] | 670
    CA 2,1 Novia | Llegará mi novio, el viejo, el lírico, y necesito apoyarme en ti. | 1078
    BS 1,1 Vecina | Me voy, que pronto llegará mi gente del campo. | 1183
    BS 3,2 Niña | y al fin llegará | 1263
    BA 2,1 La Poncia | ¡No llegará la sangre al río! | 1500
llegarán (1)
    MP 2,7 Pedro | Llegarán esta noche, Dios mediante. | 836
llegaremos (1)
    CA 1,1 Niño | llegaremos donde pacen | 1066
llegarme (1)
    BA 3,1 Adela | Voy a llegarme hasta el portón para estirar las piernas y tomar un poco de fresco. | 1512
llegaron (1)
    BA 2,1 La Poncia | Ayer de mañana llegaron los segadores. | 1485
llegas (1)
    ZP 0,0 El Autor | A empezar, tú llegas de la calle. | 912
llegaste (1)
    MM 2,2 Curiana N | ¿De qué reino llegaste con tu blanco vestido? | 706
llego (1)
    YE 3,1 Juan | Cuando llego a un corro todos [...] | 1333
llegó (12)
    MM 2,4 Alacranito | me llegó. | 709
    TC 3,1 Espantanublos | ¿Hace tiempo que llegó? | 742
    TC 3,1 Joven | Cuando lo vi desde la Sierra, me entró la luz por los ojos y me llegó hasta los pies. | 743
    TC 3,1 Cristobita | Te llegó tu hora. ¡Pillo, pillo, granuja! | 749
    MP 1,4 Mariana | ¿Llegó? ¡Di! | 791
    MP 1,5 Mariana | Desde que llegó a Granada. | 799
    ZP 2,1 Zapatero | Llegó su amigo trotando | 961
    BS 1,2 Muchacha | Llegó el novio a la tienda y ha comprado todo lo mejor que había. | 1191
    BS 2,2 Criada | Hace rato llegó Leonardo con su mujer. | 1227
    BS 2,2 Criada | La mujer llegó muerta de miedo. | 1227
    YE 1,1 Yerma | Pero... ¿cuándo llegó?... | 1279
    BA 2,1 La Poncia | Anoche llegó al pueblo una mujer [...] | 1485
llegue (7)
    ZP 2,1 Zapatero | ¿Quiere usted que llegue ahora mismo? | 977
    BS 2,2 Novia | Ya lo sabréis cuando os llegue la hora. | 1236

llegue (continuación)
   YE 3,2 Hembra   Cuando llegue la noche lo diré,   1341
   YE 3,2 Hembra   cuando llegue la noche clara.   1341
   YE 3,2 Hembra   Cuando llegue la noche de la romería   1341
   RS 2,1 Solterona 3   Ha tenido que contar los días para que llegue hoy.   1406
   BA 2,1 Martirio   Estoy deseando que llegue noviembre, los [...]   1488
llegué (4)
   BS 2,2 Madre   Cuando yo llegué a ver a mi hijo, estaba tumbado en   1229
                            mitad de la calle.
   YE 3,2 Muchacha 1   Yo llegué con mi hermana. Lleva ocho años viniendo sin   1337
                            resultado.
   RS 3,1 Solterona 3   Yo vengo a dar una lección de piano que tengo aquí   1435
                            cerca y me llegué por si necesitaban ustedes algo.
   BA 1,1 Adela   Me llegué a ver si habían puesto las gallinas.   1454
lleguemos (1)
   RS 3,1 Ama   Ahora, cuando lleguemos, tengo la comida hecha.   1437
lleguen (1)
   BA 2,1 Bernarda   ¡Acabad con ella antes que lleguen los guardias!   1506
llegues (1)
   YE 3,1 Vieja 1   Van a ser las claras del día cuando llegues a tu   1331
                            puerta.

llena (V) (1)
   YE 1,2 Yerma   Parece un chorro de agua que te llena toda la boca.   1296
llena (20)
   MM 1,1 Doña Curiana   ¿Dónde vais, señora, de rocío llena?   671
   MM 1,2 Doña Curiana   los novios a boca llena,   680
   MP 1,5 Fernando   tienes..., llena de pinturas   797
   MP 2,7 Pedro   Esa costa de Málaga está llena   838
   MP 3,8 Mariana   tendrán un nombre claro como la luna llena!   885
   ZP 1,1 Zapatera   Pero el que más me gustaba [...] en una jaca negra,   917
                            llena de borlas y espejitos, [...]
   ZP 2,1 Niño   Toda la plaza está llena de corrillos..., parece la   970
                            feria..., ¡y todos contra ti!
   PB 1,1 Perlimplín   Desde que tú viniste de la iglesia está mi casa llena   988
                            de rumores secretos, [...]
   CA 1,1 Joven   la dibujo, la hago moverse [...] le convierte en otra   1052
                            llena de andrajos que [...]
   CA 1,1 Joven   Demasiado trabajo tengo con oírla llena de coches y   1057
                            gentes desorientadas.
   EP RR Figura De C   Si yo me convirtiera [...] convertirías en luna llena,   1146
                            ¡pero en cuchillo!
   EP CV Estudiante 2   La callejuela está llena de gente armada y es difícil   1156
                            huir por allí.
   EP CV Estudiante 5   Parecía muy hermosa, [...] de aquella muchacha llena   1167
                            de polvo que gemía [...]
   BS 2,2 Madre   Sola, no. Que tengo la cabeza llena de cosas y de   1241
                            hombres y de luchas.
   BS 3,1 Leñador 2   ¡Llena de jazmines la sangre!   1248
   BS 3,2 Novia   Yo era una mujer quemada, llena de llagas por dentro   1269
                            [...]
   YE 3,2 Yerma   El agua no se puede volver atrás ni la luna llena sale   1345
                            al mediodía.
   RS 3,1 Rosita   Con la mudanza ha estado todo el día la puerta llena   1426
                            de chiquillos, como si en la casa hubiera un muerto.
   RS 3,1 Rosita   Sabía que se había casado; [...] cartas con una   1428
                            ilusión llena de sollozos que [...]
   RS 3,1 Rosita   Y yo lo oigo y no puedo gritar, sino vamos adelante,   1429
                            con la boca llena de veneno y con [...]
llenaba (1)
   YE 1,1 María   Lloraba como un torito, [...] tuvo cuatro meses nos   1282
                            llenaba la cara de arañazos.

llenaban (1)
   CA 1,1 Joven   La última vez que la [...] ¿entiende usted?, le   1052
                            llenaban todo el rostro [...]

llenan (3)
   MM 1,1 Curiana N   y llenan de estrellas mi traje sombrío.   672
   PB 3,1 Belisa   ¿Qué voces llenan de dulce armonía el aire de una sola   1012
                            pieza de la noche?
   RS 2,1 Madre   Y se me llenan los ojos de lágrimas cuando las veo   1394
                            alternar con las que pueden.

llenando (6)
   BS 3,1 Leonardo   y el sueño me fue llenando   1258
   YE 1,2 Yerma   No, vacía, no, porque me estoy llenando de odio.   1290
   YE 3,1 Yerma   Yo tengo la idea de que [...] leche tibia que les va   1327
                            llenando
   YE 3,1 Juan   Mirándome con dos agujas, pasando las noches en vela   1332
                            con los ojos abiertos al lado mío y llenando de malos
                            suspiros [...]
   RS 3,1 Muchacho   Pues bajaba yo muerto de risa con el vejestorio   1433
                            puesto, llenando todo el pasillo [...]
   BA 3,1 Adela   Doble de grande, llenando todo lo oscuro.   1515

Pág.

llenándose (1)
BA 1,1 La Poncia   En el "Pater Noster" subió, subió la voz que parecía   1443
                    un cántaro de agua llenándose poco a poco; [...]
llenar (2)
DC 1,1 Poeta   Si el director de escena quisiera, don Cristóbal vería   1036
                    las ninfas del agua y doña Rosita podría llenar de
                    escarcha sus [...]
BA 1,1 Bernarda   Sí; para llenar mi casa con el sudor de sus refajos y   1450
                    el veneno de sus lenguas.
llenaré (1)
TB DME Marinero   Lo llenaré de puntillas bordadas.   899
llenarían (1)
YE 2,2 Yerma   Pero que si salieran de pronto y gritaran, llenarían   1323
                    el mundo.
llenarme (1)
BA 2,1 Bernarda   Te deslizas para llenarme de malos sueños.   1500
llenárseme (1)
BS 1,1 Madre   Es verdad... Pero oigo eso de Félix y es lo mismo   1182
                    Félix que llenárseme de cieno la [...]
llenas (5)
CA 2,1 Novia   Tenía las manos llenas de anillos.   1093
YE 2,2 Yerma   ¡Cómo no me voy a quejar cuando te veo a ti y a otras   1317
                    mujeres llenas por dentro de [...]
YE 3,1 Juan   Las calles están llenas de machos.   1332
BA 2,1 La Poncia   Con la cabeza y las manos llenas de ojos cuando se   1480
                    trata de lo que se trata.
BA 3,1 Martirio   ¡Estaba con él! ¡Mira esas enaguas llenas de paja de   1529
                    trigo!
llenases (1)
PB 3,1 Belisa   ¿Quién te abrió tus venas para que llenases de sangre   1016
                    mi jardín?
llene (4)
MP 2,5 Mariana   para que llene el suelo de flores amarillas   832
YE 3,1 Dolores   Que mi lengua se llene de hormigas, como está la boca   1327
                    de los muertos, si alguna vez he mentido.
YE 3,1 Yerma   Yo tengo la idea de que [...] niño..." , y se les   1328
                    llene la cara y el pecho [...]
YE 3,1 Yerma   Dejar que de mi cuerpo salga siquiera esta cosa   1335
                    hermosa y que llene el aire.
llenemos (1)
DC 1,1 Director   Llenemos el teatro de [...]   1043
llenen (1)
BS 2,2 Criada   y se llenen de miel   1226
lleno (24)
MM 1,1 Curiana N   Pero conservaba siempre el troje lleno.   674
MM 2,6 Curianito   lleno de ruiseñores y de prados inmensos: 718
TC 6,1 Cocoliche   Ahora siento mi pecho lleno de cascabeles, lleno de   780
                    corazoncillos.
MP 1,7 Fernando   lleno de amarga pasión.   812
MP 2,7 Conspirador 3 Y el Darro viene lleno de agua turbia.   836
MP 2,7 Pedro   lleno de Libertad. Esta palabra   838
MP 3,2 Carmen   Dios está lleno de heridas   866
ZP 2,1 Zapatera   Calle usted, viejísimo, calle usted; con hijas   949
                    mozuelas y lleno de familia no se [...]
PB 0,0 Marcolfa   Está lleno de cosas ocultas.   981
CA 1,1 Joven   Lleno de nubes grises...   1047
CA 1,1 Amigo 2   Porque no quiero estar lleno de arrugas y dolores como   1074
                    usted.
CA 3,1 Arlequín   Lleno de espectadores definitivamente quietos.   1119
CA 3,2 Jugador 1   Un corazón suyo lleno de sangre.   1136
EP RR Figura De P   Cuando rondas el lecho y los objetos de la casa, te   1146
                    sigo, pero no te sigo a los sitios adonde tú, lleno de
                    sagacidad, pretendes [...]
EP RR Figura De C   mientras tú, debajo de los cojines, estarías tendido   1149
                    lleno de sudor, un sudor [...]
EP CV Hombre 1   Soledad del hombre en el sueño lleno de ascensores,   1169
                    trenes donde tú vas a velocidades increíbles.
BS 2,1 Criada   lleno de cintas granates   1218
BS 3,2 Novia   Yo era una mujer quemada, [...] era un río oscuro,   1269
                    lleno de ramas, que acercaba [...]
YE 1,1 Yerma   Yo he visto a mi hermana dar de mamar a su niño con el   1283
                    pecho lleno de grietas y le [...]
YE 2,2 Yerma   Pan tierno y requesón y cordero asado como yo aquí, y   1312
                    pasto lleno de rocío tus ganados en el monte.
RS 3,1 Ama   En medio de las dos, [...] fuéramos un paso de nácar   1425
                    lleno de cirios y caireles.
BA 3,1 Adela   A mí me gusta ver correr lleno de lumbre lo que está   1516
                    quieto y quieto años enteros.
BA 3,1 Martirio   Tengo el corazón lleno de una fuerza tan mala, que,   1528
                    sin quererlo yo, a mí misma me ahoga.

llenos (3)
    MM 0,0   ¿Y por qué a vosotros los hombres, llenos de pecados y   670
                              de [...]
    ZP 2,1 Zapatero   llenos de borlas de seda.   959
    BS 1,1 Madre   Mis muertos llenos de hierba, sin [...]   1173
lleva (20)
    TC 2,1 Rosita   Lo que voy a decirte lleva el aguijón duro.   736
    MP 1,6 Mariana   Y este corazón, ¿adónde me lleva,   805
    TB QM. Mujer   Lleva cuatro mantas.   909
    ZP 1,1 Alcalde   ¡Qué rosas tan bien puestas lleva usted en el pelo y   927
                              qué bien huelen!
    CA 1,1 Amigo 2   En el colegio entraba por los patios y estrellaba por   1073
                              las paredes a unas mujeres desnudas, muy pequeñas, que
                              lleva dentro.
    CA 2,1 Maniquí   y la luna lleva puesta mi corona de azahar.   1099
    BS 2,1 Padre   se lleva al novio.   1218
    BS 3,1 Leñador 3   El lleva buen caballo.   1248
    BS 3,1 Leñador 2   Pero lleva una mujer.   1248
    BS 3,1 Luna   Pero me lleva la nieve   1249
    YE 2,1 Lavandera 4   Y cuando no lo mira, porque está sola, porque no lo   1304
                              tiene delante, lo lleva retratado en los ojos.
    YE 2,1 Lavandera 6   lleva en el delantal.   1310
    YE 2,2 Juan   Y que las familias tienen honra y la honra es una   1315
                              carga que se lleva entre todos.
    YE 2,2 Yerma   como la nube lleva dulce lluvia.   1316
    YE 3,2 Muchacha 1   Yo llegué con mi hermana. Lleva ocho años viniendo sin   1337
                              resultado.
    RS 3,1 Tía   Ocho años lleva de matrimonio, y hasta el mes pasado   1415
                              no me escribió el canalla la verdad.
    RS 3,1 Martín   Y créame usted que los [...] escalón de gente que   1419
                              lleva todavía corbata [...]
    BA 1,1 La Poncia   Es capaz de sentarse [...] esa sonrisa fría que lleva   1441
                              en su maldita cara.
    BA 2,1 Angustias   Pepe lleva más de una semana marchándose a la una.   1501
    BA 3,1 Adela   El me lleva a los juncos de la orilla.   1528
llevaba (6)
    PB 3,1 Marcolfa   Yo le llevaba por las mañanas el café con leche y las   1009
                              uvas...
    BS 1,1 Madre   Tu padre sí que me llevaba.   1174
    BS 1,3 Criada   No. Llevaba jinete.   1204
    RS 3,1 Martín   Ayer se empeñaron en que el pobre señor Canito,   1418
                              profesor nuevo de Geografía, llevaba corsé; porque
                              [...]
    BA 1,1 La Poncia   Dicen que iba con los pechos fuera y Maximiliano la   1455
                              llevaba cogida como si tocara la guitarra.
    BA 3,1 María Josefa   Cuando mi vecina tenía un niño yo le llevaba chocolate   1525
                              y luego [...]
llevaban (1)
    CA 1,1 Amigo 2   Ahora, antes de entrar aquí vi a un niño que llevaban   1074
                              a enterrar con las primeras gotas de la lluvia.
llevabas (1)
    CA 2,1 Novia   ¿Y no llevabas un caballo de las crines y matabas en   1093
                              un día tres mil faisanes?
llevadla (2)
    MM 1,5 Curiana N   Llevadla con cuidado   699
    BA 3,1 Bernarda   Llevadla a su cuarto y vestirla como una doncella.   1532
llevado (4)
    MP 3,8 Mariana   ¡Pedro, mira tu amor a lo que me ha llevado!   887
    ZP 1,1 Zapatero   Me han provocado, me [...] rodeado de gentes y llevado   922
                              y traído por [...]
    YE 2,1 Lavandera 4   Lo cierto es que el marido se ha llevado a vivir con   1301
                              ellos a sus dos hermanas.
    RS 3,1 Tía   ¿Se han llevado ya la cómoda?   1426
llevados (1)
    BA 2,1 La Poncia   Y para ocultar su vergüenza [...] lo sacaron, y como   1505
                              llevados por la mano [...]
llévame (4)
    EP RR Figura De C   Llévame al baño y ahógame.   1147
    BS 3,1 Novia   Llévame de feria en feria,   1259
    RS 2,1 Solterona 3   Madre, llévame a los campos   1403
    RS 2,1 Solterona 3   Madre, llévame a los campos   1405
llevamos (5)
    ZP 1,1 Zapatero   No me digas... Tres meses llevamos de casados, yo,   922
                              queriéndote..., y tú, poniéndome verde.
    CA 1,1 Joven   Basta observar sobre [...] rostro o llaga que llevamos   1050
                              en el pecho [...]
    BS 2,2 Mujer   No tenemos dinero. ¡Y con el camino que llevamos!...   1232
    YE 1,1 Yerma   Veinticuatro meses llevamos casados, y tú cada vez más   1274
                              triste, más enjuto, como si crecieras al revés.
    RS 3,1 Ama   Nos llevamos poco, pero como [...]   1413

llevan - llevaron

Pág.

llevan (12)

TC 4,1 Mosquito El alma de doña Rosita es como esos barquitos de nácar 751
que venden en las ferias, barquitos de Valencia que
llevan unas tijerillas [...]

MP 2,1 Niño lo llevan a enterrar, 823
MP 3,9 Novicia 2 ¡Se la llevan! 889
PB 0,0 Madre Las ovejas se llevan al mercado. 985
CA 1,1 Criado El niño de la portera murió y ahora lo llevan a 1070
enterrar.
BS 1,1 Vecina Iban negros los chiquillos que llevan el agua a los 1183
segadores.
BS 2,2 Madre Pero me llevan a los muertos y hay que callar. 1227
RS 2,1 El Señor X Es una Torre Eiffel de nácar sobre dos palomas que 1377
llevan en sus picos la rueda de la industria.
RS 2,1 Solterona 3 Unas llevan puñalitos; 1405
BA 1,1 La Poncia Llevan ya más de dos horas de gori-gori. 1439
BA 2,1 Angustias No, porque cuando un hombre se acerca a una reja ya 1474
sabe por los que van y vienen, llevan y traen, que se
[...]
BA 2,1 Coro se llevan los corazones 1486

llevando (1)

CA 3,1 Joven me están llevando a otro sitio. 1122

llevar (15)

TB QM. Viejo ¿Te puedo llevar las maletas? 904
ZP 1,1 Vecina ¿Cuánto me vas a llevar por ellos?... Los tiempos van 920
cada vez peor...
CA 3,1 Joven Te he de llevar desnuda, 1121
BS 1,1 Madre No sé cómo te atreves a llevar una navaja en tu 1173
cuerpo, ni cómo yo dejo a la serpiente dentro del
arcón.
BS 3,1 Leonardo y te he de llevar conmigo. 1256
BS 3,2 Madre Una mujer que no tiene un hijo siquiera que poderse 1268
llevar a los labios.
YE 1,2 Yerma Vengo de llevar la comida a mi esposo, que trabaja en 1286
los olivos.
YE 2,1 Lavandera 4 Es que las regalonas, las flojas, las endulzadas, no 1302
son a propósito para llevar el vientre arrugado.
YE 2,2 Yerma Yo sabré llevar mi cruz como mejor pueda, pero no me 1313
preguntes nada.
YE 3,1 Vieja 1 Lo importante de este mundo es dejarse llevar por los 1328
años.
YE 3,1 Yerma Yo quiero tener a mi [...] a odiar y me iba a llevar 1328
de los cabellos [...]
YE 3,2 Juan Muchas mujeres serían felices de llevar tu vida. 1348
RS 1,1 Tía Descuida. Los viejos son los que tienen que llevar los 1363
malos ratos.
RS 2,1 Solterona 2 El día que te cases vas a llevar el mejor ajuar del 1395
mundo.
BA 1,1 Magdalena Prefiero llevar sacos al molino. 1452

llevara (1)

BS 1,1 Novio Madre, ¿y si yo la llevara conmigo a las viñas? 1174

llevará (4)

MM 2,5 Mariposa me llevará a los bosques 715
MM 2,7 Curianito nos llevará volando en la mañana. 719
CA 2,1 Joven Y la luna llevará en vilo tu corona de azahar. 1101
BS 2,1 Leonardo La novia llevará una corona grande, ¿no? 1212

llevarán (2)

MP 3,8 Mariana ¡Mis hijos llevarán resplandor en el rostro, 885
BS 2,1 Criada Ya llevarán lo menos dos horas de camino. 1209

llevaras (1)

BS 2,2 Novio Me hubiera gustado que llevaras en todo el vestido. 1232

llevaré (2)

ZP 1,1 Niño Me lo llevaré, porque como yo sé que usted no tendrá 914
nunca niños...
BS 1,1 Madre Le llevaré los pendientes de azófar, que son antiguos, 1177
y tú le compras...

llevarla (1)

BA 1,1 Criada ¡Venga caja con filos dorados y toalla para llevarla! 1445

llevarle (2)

YE 1,1 Yerma Voy a guardar esta enjundia de gallina para aliviar su 1275
pecho, voy a llevarle esta piel de [...]
BA 1,1 La Poncia Treinta años lavando [...] espiar a los vecinos y 1442
llevarle el cuento; vida [...]

llevarme (2)

EP RR Figura De P Cuando rondas el lecho [...] sagacidad, pretendes 1146
llevarme.
YE 2,2 Juan Estuve podando los manzanos [...] la faena si no puedo 1311
llevarme una manzana [...]

llevaron (2)

RS 3,1 Rosita Voy al invernadero. ¿Se llevaron ya las macetas? 1416

llevaron (continuación)
    BA 1,1 La Poncia   Anoche ataron a su marido a un pesebre y a ella se la   1455
                                   llevaron en la grupa [...]
llevársela (1)
    BA 2,1 La Poncia   Anoche llegó al pueblo [...] la contrataron para   1485
                                   llevársela al olivar.

llevarte (3)
    RS 1,1 Tía   Y llevarte a Rosita, ¿no?   1362
    RS 1,1 Primo   para llevarte a mi lado.   1372
    RS 2,1 Tío   Basta, basta, no quiero llevarte la contraria.   1385
llevas (10)
    ZP 1,1 Zapatera   ¿No llevas tu reloj, tan hermoso, con cadena de plata   922
                                     y venturinas, al que le doy cuerda todas las noches?
    ZP 1,1 Zapatera   Qué cintillos tan preciosos llevas... No, no... [...]   929
    CA 3,2 Joven   También te llevas eso.   1135
    BS 1,1 Madre   Perdóname. ¿Cuánto tiempo llevas en relaciones?   1176
    BS 2,1 Novia   ¿Llevas intención?   1212
    BS 3,1 Novia   ¿Adónde me llevas?   1259
    YE 1,2 Vieja 1   ¿Llevas mucho tiempo de casada?   1286
    YE 2,2 Juan   ¿Llevas alguna queja de mí?   1324
    RS 2,1 Tía   No me gusta la vida que llevas.   1389
    BA 1,1 Amelia   Llevas desabrochados los cordones de un zapato.   1461
llevaste (1)
    YE 2,2 Yerma   Siendo zagalón me llevaste una vez en brazos, ¿no   1323
                                     recuerdas?

llévate (5)
    TC 0,0 Mosquito   abanica tanto rostro asombrado, llévate los suspiros   724
                                     [...]
    ZP 1,1 Zapatero   Ya ves..., y de camino llévate tus zapatos, que están   920
                                     arreglados.
    BA 1,1 La Poncia   Entra y llévate también un puñado de garbanzos.   1440
    BA 3,1 La Poncia   Llévate la luz.   1522
    BA 3,1 La Poncia   Llévate la luz.   1522
llévatelo (1)
    ZP 1,1 Zapatera   Pues llévatelo.   914
lleve (8)
    ZP 2,1 Zapatero   ¡Así os lleve el demonio! ¡Basiliscos, perjuras!   973
    EP RR Figura De C   ¿Cómo no vienes conmigo, si me amas, hasta donde yo te   1146
                                     lleve?
    EP CV Enfermero   Mucho cuidado con que el aire que ha de soplar no se   1164
                                     lleve vuestras pelucas.
    BS 3,2 Madre   Yo haré con mi sueño una fría paloma de marfil que   1267
                                     lleve camelias de escarcha sobre el camposanto.
    YE 2,2 Yerma   Pero ellos no saben que yo, si quiero, puedo ser agua   1319
                                     de arroyo que las lleve.
    RS 3,1 Ama   Que nos lleve el río.   1416
    BA 2,1 Adela   Hasta que se pongan en cueros de una vez y se las   1495
                                     lleve el río.
    BA 2,1 Bernarda   Nadie me traiga ni me lleve.   1503
llevé (2)
    MM 1,1 Doña Curiana   me llevé con él.   673
    RS 3,1 Ama   El mismo se plancha los cuellos y cose sus calcetines,   1424
                                     y cuando estuvo enfermo, que le llevé las natillas,
                                     tenía [...]
llevéis (1)
    BS 2,1 Madre   ¡Que llevéis cuidado! No sea que tengamos mala hora.   1222
llevémosla (1)
    MM 1,5 Curiana N   Llevémosla a tu casa.   699
lleven (3)
    MM 1,4 Curianito   y hasta que me lleven a la sepultura   686
    BS 2,1 Criada   lleven tu corona!   1209
    BS 3,2 Novia   Déjala; he venido para que me mate y que me lleven con   1269
                                     ellos.
lleves (1)
    BS 1,1 Madre   Es que no me gusta que lleves navaja.   1174
llevo (5)
    TB QM. Viejo   Yo, por unas monedillas, las más pequeñas que tengas,   905
                                     te las llevo.
    BS 1,2 Leonardo   Llevo más de dos meses poniendo herraduras nuevas al   1187
                                     caballo y siempre se le caen.
    BS 2,1 Leonardo   Tú, que me conoces, sabes que no la llevo.   1213
    YE 1,2 Muchacha 1   Yo llevo mucha prisa. Me dejé al niño dormido y no hay   1292
                                     nadie en casa.
    RS 2,1 Ama   Cuarenta años llevo al lado de usted.   1382
llevó (2)
    PB 3,1 Marcolfa   Ella se puso encendida como un geranio, se llevó las   1010
                                     manos al corazón [...]
    CA 2,1 Criada   Las últimas varillas se las llevó el chico del   1098
                                     carbonero.
llora (9)
    MP 2,1 Clavela   llora que te llorar.   824

llora - llorar

Pág.

llora (continuación)
  MP 2,9 Angustias   ¡Mariana! ¿Dónde vas? Tu niña llora.   859
  MP 2,9 Mariana   Mírame y llora. ¡Ahora empiezo a morir!   859
  MP 3,8 Mariana   ¿Por qué llora?   888
  ZP 2,1 Vecina Roja   ¡Siempre llora quien tiene por qué callar!   960
  CA 1,1 Criado   Su madre llora.   1070
  BS 3,2 Madre   Llora. Pero en la puerta.   1270
  RS 2,1 Madre   llora sobre tu guirnalda!   1404
  RS 3,1 Ama   Es querer y no encontrar el cuerpo; es llorar y no   1416
           saber por quién se llora, es suspirar por [...]
lloraba (6)
  MP 2,8 Conspirador 4   Sobre los barcos lloraba   844
  MP 3,7 Novicia 2   Cuando lloraba   881
  CA 1,1 Máscara   Digo que el conde Arturo me amaba tanto que lloraba   1116
           detrás de las [...]
  YE 1,1 María   Lloraba como un torito, [...]   1282
  YE 1,2 Yerma   Me había parecido que lloraba un niño.   1298
  YE 1,2 Yerma   Muy cerca. Y lloraba como ahogado.   1298
lloraban (1)
  YE 1,1 Yerma   Yo conozco muchachas que han temblado y que lloraban   1276
           antes de entrar en la cama con sus maridos.
llorada (1)
  MM 1,5 Curiana N   llorada por los dulces profetas ruiseñores!   697
llorado (3)
  ZP 2,1 Niño   Ahora no, pero he llorado.   944
  RS 1,1 Rosita   ¿Has llorado?   1369
  RS 3,1 Ama   ¡Bastante lo hemos llorado!   1413
lloran (1)
  CA 1,1 Niño   todos lloran. Todos callan.   1065
llorando (13)
  MM 1,4 Curianito   llorando el rocío del amanecer.   685
  MM 1,6 Curianito   llorando el rocío del amanecer.   701
  MP 2,8 Conspirador 4   lo iban llorando también   844
  MP 3,1 Novicia 1   la vi después llorando   862
  MP 3,3 Alegrito   llorando sobre la puerta   868
  TB DME La Madre   Hija, hija, ¿estás llorando?   898
  ZP 1,1 Niño   Sí, señora Zapaterita. ¿Estaba usted llorando?   913
  PB 2,1 Perlimplín   Marcolfa, ¿por qué sigues llorando?   1001
  EP RR Figura De P   ¿Otra vez estás llorando?   1150
  EP RR Figura De P   Y estuve toda la noche llorando porque me dolían [...]   1150
  BS 3,2 Madre   Está ahí, y está llorando, y yo quieta, sin arrancarle   1268
           los ojos.
  RS 1,1 Manola 1   Rosita está llorando, vamos a entrar.   1370
  BA 2,1 La Poncia   A vosotras que sois solteras, [...] se conforma se   1476
           pudre llorando en un rincón.
llorar (32)
  MM 1,2 Curianita Silvia   mucho tiempo que llorar.   679
  TC 0,0 Mosquito   Ahora que sale la luna [...] puñeterillo don Cristóbal   724
           y a llorar las ternezas de [...]
  TC 6,1 Mosquito   No hay que llorar, amiguitos, no hay que llorar.   771
  MP 0,0 Mosquito   que a las piedras hacía llorar   781
  MP 0,0 Niña   que a las piedras hacía llorar!   782
  MP 1,7 Mariana   gotas de sangre llorar.   813
  MP 2,1 Clavela   llora que te llorar.   824
  MP 3,9 Mariana   que a las piedras hacía llorar,   891
  ZP 1,1 Vecina   Niñas, ¿queréis no llorar más?   919
  ZP 2,1 Zapatera   No crea que me voy a echar a llorar.   941
  ZP 2,1 Zapatero   ¡Casi me dan ganas de llorar!   971
  DC 1,1   Podéis llorar y podéis   1019
  BS 1,2 Suegra   que el caballo se pone a llorar.   1184
  BS 1,2 Suegra   que el caballo se pone a llorar.   1185
  BS 1,2 Suegra   que el caballo se pone a llorar.   1187
  BS 1,2 Leonardo   ¿Vas a llorar ahora?   1190
  BS 1,2 Suegra   que el caballo se pone a llorar.   1193
  BS 1,2 Mujer   que el caballo se pone a llorar.   1194
  BS 3,2 Suegra   A envejecer y a llorar.   1264
  BS 3,2 Novia   Déjame llorar contigo.   1270
  YE 1,2 Yerma   ¿No sientes llorar?   1298
  YE 3,1 Yerma   Yo quiero tener a mi [...] porque es mucho mejor   1328
           llorar por un hombre vivo que nos apuñala que llorar
           por este fantasma [...]
  RS 3,1 Ama   Lan-lan-van-lan-lan... No, señora, llorar no lo   1413
           consiento.
  RS 3,1 Ama   Están muertos, vamos a llorar, se cierra la puerta, ¡y   1416
           a vivir!
  RS 3,1 Ama   Es querer y no encontrar el cuerpo; es llorar y no   1416
           saber por [...]
  RS 3,1 Ama   Tú hablas, te desahogas, nos hartamos de llorar las   1430
           tres y nos repartimos el sentimiento.
  RS 3,1 Muchacho   Pues bajaba yo muerto [...] pronto mi tía se puso a   1433
           llorar amargamente porque [...]

llorar - lluvias
Pág.

llorar (continuación)
    BA 1,1 Bernarda   Magdalena, no llores; si quieres llorar te metes   1446
                           debajo de la cama.
    BA 2,1 Martirio   No voy a llorar para darle gusto.   1494
    BA 3,1 Bernarda   No procures descubrirlas, no le preguntes y, desde   1514
                           luego, que no te vea llorar jamás.
llorarán (1)
    MP 3,9 Mariana   salvo a muchas criaturas que llorarán mi muerte.   889
llorarla (1)
    BS 1,3 Padre   Ha sido necesario castigarla y hasta llorarla, para   1196
                           que nos dé algo provechoso.
llorarlo (1)
    PB 3,1 Perlimplín   Como ahora te ayudaré a llorarlo.   1014
lloras (2)
    TC 2,1 Mozo 2   ¿Por qué lloras?   737
    YE 2,2 María   Cuando voy con el niño lo hago..., ¡como siempre   1317
                           lloras!...
lloré (1)
    YE 1,1 Yerma   ¿Lloré yo la primera vez que me acosté contigo?   1276
lloren (2)
    CA 2,1 Joven   o guitarras que te lloren   1102
    BS 3,1 Novia   Y que me lloren las hojas,   1260
llores (5)
    MM 1,4 Curianito   te ruego que no llores.   688
    MM 1,4 Curianito   ¡No llores más, por Dios!   688
    MM 1,4 Curianito   ¡No llores, niña Silvia!   688
    CA 1,1 Niño   No llores más.   1061
    BA 1,1 Bernarda   Magdalena, no llores; si quieres llorar te metes   1446
                           debajo de la cama.
lloro (1)
    TC 4,1 Cocoliche   ¡Esta es la primera vez que lloro de verdad!   755
lloró (2)
    BS 1,2 Leonardo   Ayer no estuvo bien. Lloró por la noche.   1187
    YE 1,1 Yerma   Mi madre lloró porque no sentí separarme de ella.   1276
llover (4)
    MP 2,9 Pedrosa   de llover!   850
    TB DME Doncella   No. Es que empieza a llover.   898
    RS 3,1 Ama   Sí. Parece que va a llover.   1436
    RS 3,1 Rosita   Ha empezado a llover.   1437
lloverá (1)
    MP 1,4 Lucía   Lloverá, aunque Dios no quiera.   794
lloviendo (1)
    BS 2,1 Mozo 1   porque viene el aire lloviendo azahar.   1218
llueve (4)
    TC 1,1 Hora   Mientras que aquí hace sol, en otras partes llueve.   734
    MP 2,7 Mariana   ¡Llueve de veras!   835
    MP 2,8 Mariana   ¡Cómo llueve!   846
    BS 2,1 Convidado   que llueve rocío la mañana fría.   1218
lluvia (18)
    MM 2,3 Mariposa   que la gota de lluvia se asombre   708
    MM 2,3 Mariposa   que la gota de lluvia se asombre   709
    MP 2,7 Conspirador 2   La lluvia, como un sauce de cristal,   835
    MP 2,7 Conspirador 1   Oscuridad y lluvia le protegen,   840
    MP 2,9 Pedrosa   calado hasta los huesos por la lluvia,   851
    MP 2,9 Angustias   Tiene miedo del aire y de la lluvia.   859
    CA 1,1 Amigo 2   La lluvia es hermosa.   1073
    CA 1,1 Amigo 2   un año cogí una de estas mujercillas de la lluvia y la 1073
                           tuve dos días en una pecera.
    CA 1,1 Amigo 2   Ahora, antes de entrar aquí vi a un niño que llevaban   1074
                           a enterrar con las primeras gotas de la lluvia.
    CA 2,1 Joven   Y no son sueño tus trenzas [...] lentamente a través   1094
                           de una lluvia, y mío este sueño.
    CA 2,1 Joven   Estás aquí, entre mis [...] vengo mojado por una   1096
                           lluvia de cinco años.
    CA 2,1 Maniquí   quebrado torso de lluvia.   1100
    CA 2,1 Joven   Quieta el arpa de la lluvia,   1103
    BS 3,2 Madre   Otras madres se asomarán a las ventanas, azotadas por   1267
                           la lluvia, para ver el rostro de sus hijos.
    BS 3,2 Madre   Benditos sean los trigos, porque mis hijos están   1270
                           debajo de ellos; bendita sea la lluvia, porque moja la
                           [...]
    YE 1,1 Yerma   A mí me gustaría que fueras al río y nadaras y que te   1274
                           subieras al tejado cuando la lluvia cala nuestra
                           vivienda.
    YE 1,1 Yerma   Yo veo por mis ojos que eso no puede ser... A fuerza   1276
                           de caer la lluvia sobre las piedras [...]
    YE 2,2 Yerma   como la nube lleva dulce lluvia.   1316
lluvias (2)
    BS 3,2 Suegra   Y vengan lluvias y noches   1264
    BA 2,1 Martirio   Estoy deseando que llegue noviembre, los días de   1488
                           lluvias, la escarcha [...]

m - madre

		Pág.
m (2)		
TB DME Doncella	A, B, C, D, E, F, G, H, I, J, K, L, M, N.	898
TB DME Doncella	Marinero empieza con M,	898
macanear (1)		
DC 1,1 Rosita	de macanear	1032
macanudo (1)		
DC 1,1 Rosita	con un macanudo	1032
maceta (3)		
MP 1,2 Amparo	se corta de la maceta!	786
RS 1,1 Tío	Yo me pregunto: ¿quién volcó la maceta?	1356
RS 2,1 Solterona 2	Nosotras tenemos en una maceta un rosal de San Francisco.	1392
macetas (3)		
ZP 1,1 Zapatera	Hasta en el tejado tendría yo macetas, en la puerta, por las paredes.	927
RS 3,1 Tía	Quitando las últimas macetas del invernadero.	1412
RS 3,1 Rosita	Voy al invernadero. ¿Se llevaron ya las macetas?	1416
macilentas (1)		
PB 2,1 Belisa	Las almas hermosas están en los bordes de la muerte, reclinadas sobre cabelleras blanquísimas y manos macilentas.	1007
machacada (2)		
MM 2,2 Curiana N	¿Le pusisteis ungüento de mosca machacada?	706
YE 2,2 Yerma	Si pudiera de pronto volverme vieja y tuviera la boca como una flor machacada, te podría [...]	1313
machacado (1)		
BA 1,1 La Poncia	"Bernarda, por esto, por aquello, por lo otro", hasta ponerla como un lagarto machacado por los niños, [...]	1442
machacársela (1)		
RS 3,1 Ama	...y coger una espada y cortarle la cabeza y machacársela con dos [...]	1414
machaco (2)		
TC 6,1 Cristobita	¡Te mato, te trituro, te machaco los huesos!	776
BS 1,1 Madre	Porque con las uñas los desentierro y yo sola los machaco contra la tapia.	1176
macho (3)		
BS 1,3 Madre	Que viviría caliente y macho como era, si los hombres no hubieran inventado las navajas.	1199
BS 2,2 Madre	Que ella no pueda disgustarse, pero que sienta que tú eres el macho, el amo, el que mandas.	1241
YE 3,2 Macho	cuando el macho despliegue su capa.	1341
machorras (1)		
YE 2,1 Lavandera 5	Estas machorras son así: cuando [...]	1302
machos (3)		
BS 2,2 Criada	¡Machos entre los machos!	1234
YE 3,1 Juan	Las calles están llenas de machos.	1332
madeja (6)		
BS 3,2 Muchacha 1	Madeja, madeja,	1261
BS 3,2 Muchacha 2	Madeja, madeja,	1262
BS 3,2 Muchacha 2	Madeja, madeja,	1263
madejas (1)		
MM 1,6 Curianito	¿Qué madejas de amores me ha enredado aquí el viento?	701
madera (3)		
TC 5,1 Fígaro	Don Cristobita tiene la cabeza de madera.	760
TC 5,1 Fígaro	¡De madera de chopo!	760
EP CV Estudiante 1	Alegría de los muchachos y de las muchachas y de las ranas y de los pequeños taruguitos de madera.	1168
madre (101)		
MM 1,3 Curianito	¡Que no me caso, madre!	684
MM 1,3 Curianito	Yo no la quiero, madre.	684
MM 1,5 Curianita Silvia	¡Ay, pobre gusanito sin madre!	693
MM 1,5 Curianito	¡Ay madre, que me mata!	696
MM 1,5 La Curianita	¡Ay madre, tengo miedo!...	697
MM 1,5 Curianita Silvia	El no me quiere, madre.	698
MM 1,6 Curianito	y llamaré a mi madre como cuando era niño.	701
MM 2,1 Curianita 1	¡Si yo fuera su madre, lo cogía...!	703
MM 2,6 Curianito	Pero pienso en el mundo con que mi madre sueña,	718
MM 2,7 Curianito	¡La madre del rocío de mi prado!	720
TC 1,1 Cristobita	La confianza es la madre de todos los vicios.	733
MP 1,7 Fernando	Todo sea por nuestra divina madre la libertad.	811
MP 2,1 Clavela	Tu madre lo compró.	820
MP 2,1 Niña	¡Madre! ¿Qué bordará?	822
MP 2,1 Clavela	¡madre, quién lo dirá!	823
MP 3,5 Mariana	Suelta, Pedrosa; vete. ¡Madre Carmen!	877
TB DME Doncella	Si mi madre me deja.	899
TB DME Doncella	Yo te dejaría si mi madre quisiera.	902
TB QM. Viejo	Yo conozco hace mucho tiempo a la madre de ellos, a tu mujer.	905
ZP 1,1 Niño	Dice mi madre que tenga cuidado [...]	914
ZP 1,1 Zapatera	Dile a tu madre que ya sabe mi [...]	914

madre (continuación)

ZP 1,1 Niño	Mi madre lo ha hablado el otro día, diciendo: "La zapatera no tendrá hijos", y se reían mis hermanas y la comadre Rafaela.	914
ZP 1,1 Zapatera	Puede que los tenga más hermosos que todas ellas y con más arranque y más honra, porque tu madre..., es menester [...]	915
ZP 1,1 Zapatero	Si tu madre quiere un rey,	928
ZP 1,1 Niño	Tú no me regañarás, ¿verdad?, porque a mi madre, que algunas veces [...]	934
ZP 2,1 Niño	¡Mi madre me llama!	948
ZP 2,1 Zapatera	Y todo esto no es más [...] pero que vieron mi madre y mi abuela y todas [...]	974
PB 0,0 Madre	Siempre dije a mi pobre hija que tiene usted la gracia y modales de aquella gran señora que fue su madre, a la cual no tuve [...]	984
PB 1,1 Belisa	Porque así es la costumbre en el país de mi madre.	998
PB 3,1 Perlimplín	Ahora cierro los ojos y... veo lo que quiero...; por ejemplo..., a mi madre cuando la visitaron [...]	1009
DC 1,1 Director	Ahí viene la madre de doña Rosita.	1028
DC 1,1 Madre	Yo soy la madre de doña Rosita	1029
DC 1,1 Cristóbal	de las que gastó su madre cuando era chiquilla.	1030
CA 1,1 Criado	Su madre llora.	1070
BS 1,1 Novio	Madre.	1171
BS 1,1 Novio	Madre, ¿y si yo la llevara conmigo a las viñas?	1174
BS 1,1 Novio	¿Y yo, madre?	1174
BS 1,1 Madre	No lo dudo. De todos modos, siento no saber cómo fue su madre.	1176
BS 1,1 Madre	¿Y su madre?	1180
BS 1,1 Vecina	A su madre la conocí.	1181
BS 1,2 Mujer	No. Mi madre.	1188
BS 1,2 Suegra	La madre de él creo que no estaba muy satisfecha con el casamiento.	1190
BS 1,2 Muchacha	No, con su madre. Seria, alta. Pero ¡qué lujo!	1191
BS 1,3 Padre	madre	1196
BS 1,3 Padre	No debes estar seria. Al fin y al cabo ella va a ser tu madre.	1200
BS 2,1 Novia	Mi madre era de un sitio donde había muchos árboles.	1206
BS 2,1 Novia	Y que me abrazaras tan fuerte, que aunque me llamara mi madre, que está muerta, no me pudiera despegar de ti.	1222
BS 2,1 Mujer	El mismo sino tuvo mi madre.	1224
BS 2,2 Criada	Te voy a envolver unos roscos de vino para tu madre, que a ella le gustan mucho.	1233
BS 2,2 Madre	Planta de mala madre, y él, él también, él.	1244
BS 3,2 Madre	Girasol de tu madre,	1270
YE 1,1 Yerma	Mi madre lloró porque no sentí separarme de ella.	1276
YE 1,1 María	De lo que tengo que hacer. Le preguntaré a mi madre.	1280
YE 1,1 María	Una hermana de mi madre lo tuvo a los catorce años, ¡y si vieras qué hermosura de niño!	1282
YE 1,2 Muchacha 2	En cambio, mi madre no hace más que [...]	1293
YE 1,2 Muchacha 2	Mi madre pedirá.	1293
YE 1,2 Yerma	¿Tu madre vive en la puerta más alta del pueblo?	1294
YE 2,1 Lavandera 4	Mi madre lo decía.	1303
YE 2,2 Yerma	Yo no debo tener manos de madre.	1317
YE 2,2 Muchacha 2	Esperé a que saliera. Mi madre te está aguardando.	1320
YE 3,1 Yerma	¡Maldita sea mi madre, que los busca golpeando por las paredes!	1334
RS 1,1 Ama	Ni padre, ni madre, ni perrito que le ladre, pero tiene un tío y una tía que valen un tesoro.	1355
RS 2,1 Ama	La madre y las tres niñas.	1390
RS 2,1 Solterona 3	Madre, llévame a los campos	1403
RS 2,1 Solterona 3	Madre, llévame a los campos	1405
RS 3,1 Tía	Sobre todo cuando ella va a morir y se acuerda de su madre y la llama.	1420
RS 3,1 Martín	¡Oh madre excelsa! Torna tu mirada	1420
RS 3,1 Martín	Tenía que ayudar a mi madre y me hice profesor.	1421
RS 3,1 Tía	Claro, pero yo quería mucho a tu madre.	1432
RS 3,1 Muchacho	En carnaval me puse un vestido de mi madre..., un vestido del año de la nana, verde...	1432
RS 3,1 Muchacho	Pues bajaba yo muerto [...] igual que ver a mi madre.	1433
BA 1,1 La Poncia	En la misa de mi madre, que esté en gloria, cantó.	1443
BA 1,1 Bernarda	Estaba su madre.	1447
BA 1,1 Bernarda	Ella ha visto a su madre.	1447
BA 1,1 Amelia	¡Madre, no hable usted así!	1450
BA 1,1 Criada	A pesar de sus ochenta años, tu madre es fuerte como un roble.	1452
BA 1,1 Martirio	Le tiene miedo a nuestra madre.	1459
BA 1,1 Martirio	Luego aquí la abandonó y se fue con otra que tenía una hija y luego tuvo relaciones con esta muchacha, la madre de Adelaida, y [...]	1459

madre - madurar

Pág.

madre (continuación)
  BA 1,1 Martirio   Y ella tiene el mismo sino de su madre y de su abuela,   1460
                          mujeres las dos del que la engendró.
  BA 1,1 Amelia   ¡Si la hubiera visto madre!   1462
  BA 1,1 Amelia   ¡Si te ve nuestra madre te arrastra del pelo!   1465
  BA 1,1 Angustias   Madre.   1468
  BA 1,1 Angustias   Madre, déjeme usted salir.   1469
  BA 1,1 Bernarda   Aunque mi madre esté loca, yo estoy en mis cinco   1469
                          sentidos y sé perfectamente lo que hago.
  BA 1,1 Bernarda   ¡Calle usted, madre!   1470
  BA 2,1 Amelia   ¡Ay!, creí que llegaba nuestra madre.   1476
  BA 2,1 La Poncia   Yo tengo la escuela de tu madre.   1477
  BA 2,1 Adela   No por encima de ti, que eres una criada; por encima   1482
                          de mi madre saltaría para apagarme [...]
  BA 2,1 Angustias   Sí, madre.   1492
  BA 2,1 Bernarda   Me hacéis al final de mi vida beber el veneno más   1492
                          amargo que una madre puede resistir.
  BA 2,1 Martirio   ¡No me pegue usted, madre!   1493
  BA 2,1 La Poncia   No faltes a tu madre.   1493
  BA 2,1 Angustias   ¡Madre!   1495
  BA 2,1 La Poncia   ¡Bernarda, respeta la memoria de mi madre!   1499
  BA 2,1 Adela   Madre, no oiga usted a quien nos quiere perder a todas.   1502
  BA 3,1 Angustias   Yo creo, madre, que él me oculta muchas cosas.   1514
  BA 3,1 Angustias   No. Fue con su madre a la capital.   1514
  BA 3,1 Adela   Madre, ¿por qué cuando se corre una estrella o luce un   1516
                          relámpago se dice:
  BA 3,1 La Poncia   Eso te importa a ti, que eres madre.   1518
  BA 3,1 Martirio   ¡Madre, madre!   1529
Madre (1)
  MP 3,9 Mariana   Mil gracias. Madre Carmen,   889
madres (4)
  MP 2,1 Niño   Sus madres son las brujas.   821
  PB 0,0 Madre   En cuanto quiera..., aunque a todas las madres...   986
                          Hasta luego...
  BS 3,2 Madre   Otras madres se asomarán a las ventanas, azotadas por   1267
                          la lluvia, para ver el rostro de sus hijos.
  YE 1,1 Yerma   Eso lo dicen las madres débiles, las quejumbrosas.   1283
madreselva (1)
  RS 2,1 Tía   La madreselva te mece,   1404
madreselvas (1)
  ZP 2,1 Zapatero   los juncos y madreselvas,   961
Madrid (3)
  TC 1,1 Rosita   Lo pediremos a Madrid.   730
  RS 2,1 El Señor X   Mi amigo, el señor Longoria, de Madrid, acaba de   1375
                          comprar [...]
  RS 2,1 Ama   Ahí están las señoronas [...] en la exposición de   1395
                          Madrid.
madrigal (1)
  MM 1,4 Curianita Silvia ¡Qué apasionado madrigal   686
madrigales (1)
  MM 1,4 Curianito   le diré madrigales   687
madriguera (1)
  BA 1,1 Angustias   Guárdate la lengua en la madriguera.   1469
madroñeras (1)
  ZP 2,1 Zapatero   hojas de las madroñeras,   961
madroños (1)
  YE 1,1 María   He comprado encajes, tres varas de hilo, cintas y   1278
                          lanas de color para hacer madroños.
madrugada (9)
  MP 3,3 Mariana   vendrá por la madrugada,   869
  MP 3,3 Mariana   por la madrugada fresca,   869
  MP 3,9 Monja 1   pasar de madrugada tocando tus cristales.   890
  PB 1,1 Duende 2   Cinco frías camelias de madrugada se han abierto en   996
                          las paredes de la alcoba.
  BS 2,2 Mozo 2   ¡Ya la tendrás en la madrugada!   1235
  YE 1,2 Vieja 1   Muchas veces me he asomado de madrugada a la puerta   1287
                          [...]
  BA 2,1 La Poncia   Era la una de la madrugada y subía fuego de la tierra.   1473
  BA 2,1 La Poncia   Ayer me contó mi hijo mayor que a las cuatro y media   1501
                          de la madrugada, que pasó por [...]
  BA 2,1 La Poncia   Pero, desde luego, Pepe estaba a las cuatro de la   1502
                          madrugada en una reja de tu casa.
madrugador (1)
  MM 1,4 Curianito   sol del gusanito buen madrugador.   685
madrugadora (1)
  MM 1,2 Doña Curiana   Madrugadora venís,   676
madura (1)
  CA 1,1 Joven   Esperando, el nudo se deshace y la fruta madura.   1072
madurar (1)
  TC 3,1 Cocoliche   Me decía: tienes los labios como dos fresas sin   743
                          madurar, y...

maduras (1)
    BA 3,1 La Poncia   Las cosas se han puesto ya demasiado maduras.   1521
madurita (4)
    TC 2,1 Cristobita   Yo le doy a usted los [...] porque ella es... algo   738
                                madurita.
    TC 2,1 Cristobita   He dicho que madurita y lo está.   738
    DC 1,1 Cristóbal   Yo te doy la onza de [...] agradecer porque ya está   1034
                                madurita.
    DC 1,1 Cristóbal   He dicho que está madurita y lo está.   1034
maduros (1)
    RS 2,1 Tía   Yo sé que hay muchachos y hombres maduros enamorados   1389
                                de ti.

maestro (1)
    ZP 1,1 Beata 1   A descansar, maestro.   933
Magdalena (13)
    BA 1,1 La Poncia   En el primer responso se desmayó la Magdalena.   1439
    BA 1,1 Bernarda   Magdalena, no llores; si quieres llorar te metes   1446
                                debajo de la cama.
    BA 1,1 Muchacha   Magdalena...   1450
    BA 1,1 Bernarda   Magdalena puede bordarlas.   1451
    BA 1,1 Martirio   ¡Magdalena! ¡Mujer!   1463
    BA 1,1 Adela   Y que me está muy bien. Es lo mejor que ha cortado   1465
                                Magdalena.
    BA 2,1 Angustias   Magdalena, ¿a qué preguntas, si lo viste?   1473
    BA 3,1 Bernarda   ¡Magdalena!   1514
    BA 3,1 Bernarda   Pero hay que acostarse. ¡Magdalena!   1517
    BA 3,1 Bernarda   ¡Magdalena!   1517
    BA 3,1 María Josefa   Magdalena,   1523
    BA 3,1 María Josefa   Magdalena,   1523
    BA 3,1 María Josefa   Magdalena, cara de hiena.   1524
mágicamente (1)
    MP 3,2 Mariana   mágicamente. Se agranda   865
mágico (1)
    MM 1,6 Curiana N   Este círculo mágico lo dice claramente.   701
Magna (1)
    RS 3,1 Martín   ¿Es la Novena de Santa Gertrudis la Magna?   1421
magnífica (1)
    TC 5,1 Fígaro   Pero ¡qué magnífica!   759
magníficas (1)
    MM 1,2 Doña Curiana   ¡Tiene magníficas rentas!   683
magnífico (2)
    CA 3,2 Jugador 2   Nada. Magnífico.   1140
    EP CV Estudiante 1   ¡Magnífico! ¿Y si yo quiero enamorarme de un cocodrilo? 1167
mago (1)
    MM 1,2 Doña Curiana   de gran mago y de profeta.   680
magro (1)
    ZP 1,1 Zapatera   Mi cocido, con sus patatas de la sierra, dos pimientos 934
                                verdes, pan blanco, un poquito magro de tocino, y
                                arrope [...]

Mairena (1)
    TC 2,1 Cocoliche   Cuando le traje el guardapelo de la feria de Mairena, 737
                                me pasó la mano por la cara.

maíz (2)
    DC 1,1 Director   Si no se calla usted, subo y le parto esa cara de pan   1020
                                de maíz que tiene.
    RS 2,1 Ama   Lujo por fuera y para la boca unas malas migas de maíz. 1390
majadero (1)
    DC 1,1 Director   Majadero.   1020
Majestad (1)
    RS 2,1 Ama   Ahí están las señoronas por todo lo alto de Ayola,   1395
                                fotógrafo de Su Majestad y medalla de [...]

mal (44)
    MM 1,5 Curianito   ¿Por qué causaste mal?   692
    MM 2,2 Doña Curiana   mucho mal.   707
    TC 1,1 Padre   ¡Ay, qué mal estamos de dinero!   725
    TC 1,1 Rosita   ¡Qué caballero más feo y más mal educado!...   731
    TC 3,1 Mozo 1   Eres un mal tabernero.   746
    TC 6,1 Rosita   ¡Mal hombre, perro judío!...   766
    MP 1,8 Angustias   muy mal impresionada,   817
    MP 2,7 Pedro   mal que le pese a Calomarde!   839
    ZP 1,1 Zapatero   ¡Mal rayo parta a mi hermana, que en paz descanse!   919
    ZP 1,1 Zapatero   ¡Mal rayo parta a mi hermana, que en paz descanse!   926
    ZP 1,1 Zapatero   ¡Mal rayo parta a mi hermana, que en paz descanse!   933
    ZP 2,1 Zapatera   Pues a mí me consta que sus cuatro señoras, mal rayo   950
                                las parta, le aborrecían a muerte.
    ZP 2,1 Zapatero   Y en mi pueblo vivía una mujer... en cierta época,   966
                                que tenía el suficiente mal corazón para hablar [...]
    ZP 2,1 Vecina Roja   De una mal nacida, desengaño de los hombres.   971
    ZP 2,1 Zapatero   Grandísimas embusteras, mentirosas, mal nacidas.   972
    PB 1,1 Duende 2   Ni bien ni mal, compadrillo.   993
    PB 1,1 Duende 2   Don Perlimplín. ¿Te hacemos un mal o un bien?   996

402

mal - Málaga

PB 1,1 Perlimplín	que vengo muy mal herido,	1000
DC 1,1 Madre	Que no me la trates mal. ¡Ay!, qué lástima de mi hijita.	1036
DC 1,1 Madre	Mal hombre, perro.	1040
CA 1,1 Niño	Me ataron las dos manos. ¡Muy mal hecho!	1062
CA 3,2 Jugador 1	Un mal año de juego.	1136
CA 3,2 Jugador 1	No estará mal ser rápidos en la jugada.	1137
BS 1,1 Novio	¿Es que le parece mal?	1175
BS 1,2 Mujer	No me gusta que penséis mal de una buena muchacha.	1190
BS 1,2 Suegra	¿Qué necesidad tienes de ponerte a mal con las gentes?	1192
BS 2,1 Novia	Son nublos. Un mal aire en el centro, ¿quién no lo tiene?	1208
BS 2, Novio	Descansa un poco. ¡Mal día para las novias!	1240
BS 2, Madre	¿Mal día?	1240
BS 3,2 Madre	¡Floja, delicada, mujer de mal dormir es quien tira [...]	1269
YE 1,1 Yerma	No lo tomes a mal.	1275
YE 2,1 Lavandera 4	Y no hay mal en ello.	1301
YE 2,2 Juan	No lo tomes a mal.	1311
RS 2,1 Tía	¡Cállese, mal educada!	1382
RS 2,1 Tía	No es justo que te des ese aire de hombre superior y mal servido, cuando todo [...]	1386
RS 3,1 Martín	¿Y es que esto está mal?	1420
BA 1,1 La Poncia	¡Mal dolor de clavo le pinche en los ojos!	1442
BA 1,1 La Poncia	Ella lo ha hecho sin dar alcance a lo que hacía, que está francamente mal.	1455
BA 1,1 Amelia	Adelaida habrá pasado mal rato.	1459
BA 2,1 Angustias	No tiene mal tipo.	1476
BA 2,1 Adela	Tengo mal cuerpo.	1478
BA 2,1 Martirio	Me sienta mal el calor.	1488
BA 2,1 La Poncia	A mí me parece mal que Pepe esté con Angustias, y a las gentes, y hasta al aire.	1500
BA 3,1 Bernarda	¡Esa es la cama de las mal nacidas!	1529

MM 2,4 Alacranito	¡No es mala cena!	711
TC 6,1 Currito	¡Ya me lo figuraba yo! Eres una mala mujer.	768
TC 6,1 Cristobita	¿Estás mala?	772
TC 6,1 Cristobita	¡Ya me las pagarás, señá Rosita, mala mujer!	776
MP 3,7 Mariana	¿Soy tan mala?	882
ZP 1,1 Zapatera	¡Qué mala sombra!	929
ZP 2,1 Zapatera	¡Qué mala mujer!	959
ZP 2,1 Voz	¡Por esa mala mujer!	963
DC 1,1 Cristóbal	Mala mujer.	1041
CA 2,1 Joven	Tú no eres mala.	1096
BS 2,1 Leonardo	Pero dos bueyes y una mala choza son casi nada.	1213
BS 2,1 Madre	¡Que llevéis cuidado! No sea que tengamos mala hora.	1222
BS 2,2 Madre	Mana de su bisabuelo, que empezó matando, y sigue en toda la mala ralea, manejadores [...]	1227
BS 2,2 Madre	Planta de mala madre, y él, él también, él.	1244
BS 3,1 Leñador 3	¡Ay luna mala!	1248
BS 3,1 Leñador 1	¡Ay muerte mala!	1255
BS 3,1 Leonardo	las carnes de mala hierba.	1258
YE 1,1 Yerma	Si sigo así, acabaré volviéndome mala.	1282
YE 2,2 Yerma	La mujer del campo que no da hijos es inútil como un manojo de espinos, y hasta mala, a pesar de que [...]	1317
YE 2,2 María	Mala cosa.	1318
YE 3,2 María	Tiene una idea que no sé cuál es, pero desde luego es una idea mala.	1337
RS 1,1 Ama	¡Llega la mala suerte!	1358
RS 3,1 Tía	Cuando pienso en la mala acción que le han [...]	1414
RS 3,1 Tía	Perdona, hijo, mi mala memoria.	1432
RS 3,1 Ama	¡Ya pasará la mala hora!	1436
BA 1,1 Mujer 2	¡Mala, más que mala!	1447
BA 1,1 Martirio	¡Tiene mala intención!	1453
BA 1,1 Bernarda	Es la única mujer mala que tenemos en el pueblo.	1456
BA 2,1 La Poncia	Esa niña está mala.	1477
BA 2,1 Bernarda	Mala puñalada te den, ¡mosca muerta! ¡Sembradura de vidrios!	1493
BA 2,1 Adela	¡La mala lengua no tiene fin para inventar!	1494
BA 3,1 Amelia	Siempre trae mala sombra.	1510
BA 3,1 Bernarda	¿Siguen diciendo todavía la mala letanía de esta casa?	1519
BA 3,1 Martirio	Tengo el corazón lleno de una fuerza tan mala, que, sin quererlo yo, a mí misma me ahoga.	1528

Málaga (7)

TC 3,1 Contrabandista 1	cuánto barco en el puerto de Málaga.	741
TC 3,1 Contrabandista 1	cuánto barco en el puerto de Málaga.	741
TC 3,1 Contrabandista 2	¡Trae vino de Málaga!	741
MP 2,7 Pedro	Esa costa de Málaga está llena	838
MP 2,8 Pedro	¿Y en Málaga?	843
MP 2,8 Conspirador 4	En Málaga, un espanto.	843

Málaga (continuación)
  MP 2,8 Conspirador 4   de Málaga la bravía.   843
malamente (1)
  ZP 2,1 Zapatero   A mi edad ya se está malamente por esas posadas de   967
                         Dios.

malas (13)
  TC 4,1 Mozo 1   Malas pulgas tiene el tal don Cristobita.   750
  MP 2,8 Conspirador 4   ¡Tan malas como el tiempo!   841
  MP 3,3 Alegrito   darle tan malas noticias.   870
  ZP 2,1 Zapatero   ¡ay, qué terribles paradores, qué malas comidas, qué   971
                         sábanas de lienzo moreno por esos caminos del mundo!
  DC 1,1 Director   Las malas palabras adquieren [...]   1043
  BS 2,2 Padre   Hay que sostener una batalla con las malas hierbas,   1228
                         con los [...]
  RS 1,1 Ama   tenga malas noches   1364
  RS 1,1 Ama   y malas sementeras.   1364
  RS 1,1 Manola 3   ¿Malas noticias?   1370
  RS 2,1 Ama   Lujo por fuera y para la boca unas malas migas de maíz.   1390
  BA 1,1 Magdalena   Una boda duraba diez días y no se usaban las malas   1461
                         lenguas.
  BA 2,1 Martirio   Otras hacen cosas más malas.   1495
  BA 3,1 Criada   ¡Es que son malas!   1521
maldad (2)
  ZP 2,1 Zapatera   Vamos, quiero cerciorarme de la maldad de las gentes.   970
  DC 1,1 Director   ¿Quién es usted para terminar con esta ley de maldad?   1020
maldades (1)
  DC 1,1   Así, pues, el poeta sabe [...] en una época en que   1019
                         maldades, errores y sentimientos [...]

maldición (2)
  YE 3,2 Vieja   Mira qué maldición ha venido a caer sobre tu hermosura.   1344
  YE 3,2 Yerma   Una maldición. Un charco de veneno sobre las espigas.   1344
maldigas (2)
  YE 1,2 Juan   No maldigas.   1299
  RS 1,1 Tía   No maldigas. Vete a tu hacienda.   1364
maldita (10)
  TC 1,1 Rosita   La una... Pero ¡maldita la gana que tengo de comer!   734
  ZP 1,1 Zapatera   Maldita hora, maldita hora en que le hice caso a mi   916
                         compadre Manuel.
  EP RR Centurión   ¡Maldita sea vuestra casta!   1152
  BS 1,3 Novia   ¡Cállate! ¡Maldita sea tu lengua!   1205
  YE 3,1 Yerma   ¡Maldita sea mi madre, que los busca golpeando por las   1334
                         paredes!
  BA 1,1 La Poncia   Es capaz de sentarse [...] fría que lleva en su   1441
                         maldita cara.
  BA 1,1 La Poncia   ¡Maldita sea!   1442
  BA 1,1 La Poncia   Treinta años lavando [...] otra, y sin embargo,   1442
                         ¡maldita sea!
  BA 3,1 La Poncia   Maldita.   1531
malditas (4)
  CA 3,2 Joven   Voy a cortar todas las flores del jardín, sobre todo   1135
                         esas malditas adelfas que [...]
  BS 1,1 Madre   La navaja, la navaja... Malditas sean todas y el   1172
                         bribón que las inventó.
  BA 1,1 Magdalena   Malditas sean las mujeres.   1452
  BA 1,1 Bernarda   ¡Malditas particiones!   1467
maldito (4)
  ZP 1,1 Zapatera   Maldito sea mi compadre Manuel, malditos sean los   918
                         vecinos, tonta, tonta, tonta.
  YE 3,1 Yerma   ¡Maldito sea mi padre, que me dejó su sangre de padre   1334
                         de cien hijos!
  YE 3,1 Yerma   Una cosa es querer con la cabeza y otra cosa es que el   1335
                         cuerpo, ¡maldito sea el cuerpo!,
  BA 1,1 Bernarda   Es así como se tiene que hablar en este maldito pueblo   1450
                         sin río, [...]

malditos (5)
  TB QM. Viejo   ¡Malditos sean los caballos!   905
  ZP 1,1 Zapatera   Maldito sea mi compadre Manuel, malditos sean los   918
                         vecinos, tonta, tonta, tonta.
  EP RR Centurión   ¡Malditos seáis todos los de vuestra casta!   1152
  RS 3,1 Ama   Por eso siempre diré: ¡Malditos, malditos sean los   1424
                         ricos!

maleta (2)
  CA 2,1 Criada   Mi padre estuvo en el Brasil dos veces y era tan chico   1083
                         que cabía en una maleta.
  CA 2,1 Novia   Todos mis trajes de color los metes en una maleta.   1087
maletas (1)
  TB QM. Viejo   ¿Te puedo llevar las maletas?   904
maleza (1)
  BS 3,1 Luna   por la maleza del valle?   1249
malhaya (1)
  MP 2,8 Conspirador 4   ¡Malhaya el corazón noble   843

maliciosa - manchados

		Pág.
maliciosa (1)		
MP 2,5 Pedro	¡Qué sola estás cercada de maliciosa gente!	828
malillo (1)		
TC 5,1 Cansa-Almas	¡Qué malillo es!	758
malita (1)		
MP 1,6 Clavela	¡Ay, doña Mariana, qué malita está!	806
malo (9)		
TC 2,1 Cocoliche	¿Te he hecho yo algo malo?	736
MP 2,1 Niña	Es muy malo.	820
MP 2,5 Mariana	Al bueno como al malo. ¡Pedro!, cuando se quiere	831
MP 3,1 Novicia 1	¿Bordar es malo?	862
DC 1,1 Poeta	Respetable público: Como poeta tengo que deciros que don Cristóbal es malo.	1021
CA 2,1 Criada	Las cosas se olvidan y lo malo queda.	1083
YE 3,1 Yerma	Ojalá fuera malo.	1329
YE 3,1 Dolores	Tu mujer no ha hecho nada malo.	1332
BA 2,1 La Poncia	Has visto lo malo de las gentes a cien leguas; muchas veces creí que adivinabas los pensamientos.	1497
malos (8)		
MP 2,8 Conspirador 4	que de los malos se fía!,	843
CA 1,1 Joven	Ruido, ruido siempre, polvo, calor, malos olores.	1049
YE 3,1 Juan	Mirándome con dos agujas, pasando las noches en vela con los ojos abiertos al lado mío y llenando de malos suspiros mis almohadas.	1332
YE 3,1 Yerma	Yo no sé por qué empiezan los malos aires que revuelcan al trigo, ¡y mira tú si el trigo es bueno!	1333
RS 1,1 Tía	Descuida. Los viejos son los que tienen que llevar los malos ratos.	1363
BA 2,1 Amelia	Y nos apedreáis con malos pensamientos.	1494
BA 2,1 Bernarda	¡No me persigas tú con tus malos pensamientos!	1499
BA 2,1 Bernarda	Te deslizas para llenarme de malos sueños.	1500
malva (1)		
RS 1,1 Rosita	otra de malva, y la otra,	1367
malvas (1)		
RS 2,1 Solterona 2	Y el cocimiento de malvas.	1391
mamá (11)		
TC 1,1 Padre	Tú harás caso de todo como hice yo caso de mi papá cuando me casó con tu mamá, que, dicho sea [...]	733
MP 2,2 Niña	Mamá, acuéstanos tú.	825
TB QM. Niña	Mamá.	909
PB 0,0 Belisa	Pero... ¡Mamá, mamá, mamaíta!	984
PB 0,0 Belisa	Pero, mamá... ¿Y yo?	984
RS 2,1 Solterona 1	¡Mamá...!	1393
RS 2,1 Solterona 2	¡Mamá...!	1393
RS 2,1 Solterona 3	¡Mamá...!	1393
RS 2,1 Solterona 3	¡Mamá!...	1393
RS 2,1 Solterona 3	Mamá, no comentes más esto.	1393
mamaíta (1)		
PB 0,0 Belisa	Pero... ¡Mamá, mamá, mamaíta!	984
mamar (2)		
CA 1,1 Niño	Era mamar los clavos de la puerta.	1065
YE 1,1 Yerma	Yo he visto a mi hermana dar de mamar a su niño con el [...]	1283
mamen (1)		
YE 3,1 Yerma	Yo tengo la idea de que [...] pechos para que ellos mamen, para que ellos [...]	1328
mana (3)		
CA 1,1 Viejo	Mana sin cesar hilitos de agua fría.	1046
BS 2,2 Madre	Mana de su bisabuelo, [...]	1227
RS 3,1 Ama	Es una herida abierta que mana sin parar un hilito [...]	1416
manada (4)		
BS 1,3 Novia	Sería un caballo suelto de la manada.	1204
YE 2,1 Lavandera 3	¡Mira cómo corren! ¡Qué manada de enemigos!	1306
BA 1,1 Bernarda	Igual que si hubiese pasado por ella una manada de cabras.	1451
BA 3,1 La Poncia	Pero tiene la mejor manada de estos contornos.	1508
manan (1)		
BS 2,1 Muchacha 2	le manan los ojos!	1220
manantial (2)		
CA 1,1 Amigo 2	Quiero morirme siendo manantial.	1074
CA 1,1 Amigo	manantial.	1078
manantiales (3)		
TC 6,1 Rosita	¡Oh, quién estuviera bajo sus manantiales!	774
DC 1,1	Quiero que haya un silencio tan profundo que oigamos el glu-glú de los manantiales.	1019
YE 2,2 Yerma	Estos dos manantiales que yo tengo	1316
manchados (1)		
EP CV Dama 3	Cuando subíamos por el [...] mis zapatos de tisú manchados de petróleo.	1163

manchar (1)
    MP 2,9 Mariana   y me puedo manchar si usted me toca;   854
mancharme (1)
    BA 2,1 La Poncia   ¡No quiero mancharme de vieja!   1482
manchas (1)
    CA 1,1 Niño   Con tus manchas de cera, rosa blanca,   1064
manches (1)
    ZP 1,1 Zapatera   Coge un pañuelo, que no quiero que me manches el   929
                            vestido.

manda (10)
    MM 2,7 Curianito   ¿Quién me manda sufrir sin tener alas?   721
    TC 1,1 Rosita   dispone de mi mano, y no tengo más remedio que   733
                            aguantarme porque lo manda la ley.
    MP 3,5 Mariana   ¡No puede ser! ¡Cobardes! ¿Y quién manda   876
    ZP 2,1 Zapatera   Pues si dices tú, más [...] su sitio como Dios manda.   942
    ZP 2,1 Zapatero   Yo soy como un perrito y mi mujer manda en el   976
                            castillo, ¡pero que mande!
    YE 3,2 Macho   el varón siempre manda.   1342
    YE 3,2 Macho   El varón siempre manda,   1342
    BA 1,1 Angustias   ¿Qué manda usted?   1454
    BA 3,1 Criada   Ya terminé de fregar los platos. ¿Manda usted algo,   1520
                            Bernarda?
    BA 3,1 Adela   En mi no manda nadie más que Pepe.   1529
mandaba (2)
    MP 2,8 Conspirador 4   que mandaba las milicias,   843
    BS 3,2 Novia   Y yo corría con tu hijo que era como un niñito de   1269
                            agua, frío, y el otro me mandaba cientos de pájaros
                            [...]

mandada (1)
    TC 6,1 Padre   Sé bien mandada, niña; otro poquito.   765
mandado (3)
    MP 2,1 Niña   me ha mandado bordar   823
    MP 2,8 Mariana   La he mandado   842
    RS 2,1 Tía   ¿Qué te habrá mandado?   1390
mandar (3)
    TC 1,1 Padre   ¿Van a mandar los hijos en los padres?   733
    RS 3,1 Ama   Señora, ¿y no le podríamos mandar una carta   1415
                            envenenada, que se muriera de repente al recibirla?
    BA 1,1 Magdalena   Anoche estuvo rondando la casa y creo que pronto va a   1463
                            mandar un emisario.

mandara (1)
    YE 1,2 Vieja 1   Aunque debía haber Dios, aunque fuera pequeñito, para   1291
                            que mandara rayos contra [...]

mandaré (1)
    BA 1,1 Bernarda   ¡Hasta que salga de esta casa con los pies adelante   1470
                            mandaré en lo mío y en lo vuestro!

mandarlo (1)
    MP 1,5 Fernando   al mandarlo aquí a Granada!   800
mandas (2)
    MP 3,8 Mariana   Corazón, ¿por qué mandas en mí si yo no quiero?   886
    BS 2,2 Madre   Que ella no pueda disgustarse, pero que sienta que tú   1241
                            eres el macho, el amo, el que mandas.

mandaste (1)
    BA 2,1 La Poncia   ¿Por qué el mismo día que iba a venir a la ventana le   1498
                            mandaste recado que no viniera?

mande (3)
    ZP 2,1 Zapatero   Yo soy como un perrito y mi mujer manda en el   976
                            castillo, ¡pero que mande!
    BS 2,2 Novio   Yo siempre haré lo que usted mande.   1241
    YE 1,2 Yerma   Usted me ha de decir lo que tengo que hacer, que yo   1288
                            haré lo que sea, aunque me mande clavarme agujas [...]

mando (3)
    TC 1,1 Padre   Aquí mando yo, que soy el padre.   732
    YE 2,2 Juan   Mando a los pueblos vecinos por las cosas que te   1313
                            gustan.
    BA 1,1 Bernarda   Aquí se hace lo que yo mando.   1452
mandó (1)
    RS 3,1 Rosita   Su prima Esperanza mandó un niño por un destornillador. 1426
mandona (1)
    BA 1,1 La Poncia   ¡Mandona!   1440
manejable (1)
    YE 1,2 Yerma   Sí, pero era para verme muy chica, muy manejable, como 1290
                            si yo misma fuera hija mía

manejadores (1)
    BS 2,2 Madre   Mana de su bisabuelo, que empezó matando, y sigue en   1227
                            toda la mala ralea, manejadores de cuchillos [...]

manejar (1)
    BS 2,2 Madre   Tienen por fuerza que manejar armas.   1228
manera (36)
    TC 1,1 Padre   ¿De manera que estás conforme?   727

manera (continuación)   Pág.

TC 1,1 Rosita   Oye, a París de ninguna manera, porque no quiero que   730
                       se parezca a los franceses con el chau, chau, chau.

TC 1,1 Rosita   Y lo que es mi mano, de ninguna manera me la quitas.   732
TC 2,1 Cocoliche   Cuando le regalé el chal de las rosas, me miró de una   737
                       manera..., y cuando le [...]

TC 2,1 Cristobita   De manera que mañana a la tarde quiero tener echadas   739
                       las bendiciones.

TC 6,1 Rosita   ¿De manera que no era una persona?   779
MP 1,6 Mariana   los segundos se alargan de manera   802
MP 2,7 Mariana   de una manera penetrante.   837
MP 2,7 Pedro   de una manera emocionante.   838
MP 2,9 Pedrosa   ¡Qué manera   850
MP 3,2 Mariana   pero amé de una manera   866
TB DME Doncella   Para que el hombre que esté conmigo me llame de la   897
                       manera que guste.

ZP 1,1 Zapatera   ¿Tienes valor de robar a este hombre de esa manera?   921
ZP 1,1 Zapatera   Hoy no comemos..., de manera que ya te puedes buscar   923
                       la comida por otro sitio.

ZP 2,1 Zapatera   Calle usted, viejísimo, calle usted; con hijas   949
                       mozuelas y lleno de familia no se debe cortejar de
                       esta manera tan indecente [...]
ZP 2,1 Zapatero   Yo no la he ofendido en nada; ¿por qué me falta de esa 966
                       manera?

PB 2,1 Belisa   Sí..., pero de una manera un poco despectiva..., ¡y   1005
                       eso me duele!
PB 2,1 Perlimplín   Jamás he visto un hombre en quien lo varonil y lo   1005
                       delicado se den de una manera tan armónica.

PB 3,1 Perlimplín   ¿De manera que se puso encendida como un geranio?...   1010
                       Y... ¿qué dijo?
PB 3,1 Marcolfa   Suspiró nada más. Pero ¡de qué manera!   1010
CA 1,1 Viejo   ¿De manera que usted...?   1047
CA 1,1 Viejo   De ninguna manera.   1056
CA 1,1 Novia   Hoy me has besado de una manera distinta.   1079
EP RR Figura De C   Y danzando es la única manera que tengo de amarte.   1146
EP RR Figura De C   Será la única manera de que puedas verme desnudo.   1147
EP RR Figura De C   Sé la manera de dominarte. ¿Crees que no te conozco?   1147
EP CV Estudiante 2   En último caso, ¿es que [...] sepulcro se produzca de   1161
                       manera viva y desgarradora?
EP CV Estudiante 2   El director de escena evitó de manera genial que la   1165
                       [...]
BS 3,1 Novio   Y vamos pronto, que siento los dientes de todos los   1253
                       míos clavados aquí de una manera que se me hace [...]
YE 2,2 Juan   Hablas de una manera que yo no te entiendo.   1313
YE 3,1 Dolores   La última vez hice la [...] endulzó el vientre de   1327
                       manera tan hermosa que [...]
RS 1,1 Sobrino   No hay motivo para que me hable usted de esa manera.   1363
RS 2,1 Tía   De ninguna manera.   1398
RS 3,1 Ama   ¡Con la manera de hablar tan preciosa que tiene usted! 1422
RS 3,1 Tía   Mi prima habrá puesto los muebles de cualquiera manera. 1426
RS 3,1 Tía   Si yo lo hubiera sabido no hubiese consentido de   1426
                       ninguna manera que tu tío hubiera [...]

maneras (3)
YE 2,2 María   De todas maneras, creo que tu marido te sigue   1319
                       queriendo.
RS 2,1 El Señor X   El conde Zboronsky, muerto en el accidente, y Marcel   1375
                       Renault, o Renol, que de ambas maneras suele y puede
                       [...]
RS 2,1 El Señor X   Hoy día se abren camino un Juan Bautista Say o Se, que 1376
                       de ambas maneras suele y puede [...]

mangos (1)
BA 2,1 Bernarda   Sí, que vengan todos con varas de olivo y mangos de   1505
                       azadones, que vengan todos para matarla.

manía (1)
CA 3,2 Criado   De esta época le viene su manía de grandeza.   1131

maniquí (2)
CA 2,1 Padre   Ahí dentro está, en el maniquí.   1089
CA 2,1 Criada   Ahí dentro está, en el maniquí.   1098

manirroto (1)
RS 3,1 Tía   ¡El manirroto!   1427

manjar (1)
MM 1,5 Alacranito   ¡Oh, qué rico manjar!   696

mano (41)
TC 1,1 Padre   Yo he dado tu mano a don Cristobita el de la porra,   732
                       que acaba de pasar en su carroza por ahí.

TC 1,1 Rosita   Y lo que es mi mano, de ninguna manera me la quitas.   732
TC 1,1 Rosita   dispone de mi mano, y no tengo más remedio que   733
                       aguantarme porque lo manda la ley.

TC 2,1 Cocoliche   Cuando le traje el guardapelo de la feria de Mairena,   737
                       me pasó la mano por la cara.

MP 2,8 Conspirador 4   debió cortarse la mano   843

mano (continuación)

MP 2,9 Mariana   que una mano invisible lo arrancó.   853

ZP 0,0 El Autor   Por este miedo absurdo, [...] peces, por amor de una   911
mano y una palabra, se [...]

ZP 1,1 Zapatera   Pero el que más me gustaba [...] varilla de mimbre en   917
su mano y las espuelas de [...]

ZP 1,1 Zapatera   Mi cocido, con sus patatas [...] lo estoy cuidando a   934
mano!

PB 1,1 Perlimplín   Cógeme la mano, amor,   1000

PB 2,1 Belisa   A veces pasa por debajo de mis balcones y mece su mano   1002
lentamente en un saludo que hace temblar mis pechos.

DC 1,1   Y si un pájaro mueve [...] fuerza, nos parezca una   1019
mano apartando los juncos [...]

CA 1,1 Joven   Basta observar sobre la palma de la mano un insecto   1050
vivo, [...]

CA 1,1 Amigo   Mira, es un talle para la medida de todos los brazos   1057
y, tan frágil, que se desea tener en la mano un hacha
de plata [...]

CA 1,1 Niño   Le ha cogido una mano.   1069

CA 1,1 Viejo   Y cuando la gente ha ido a retorcer el cuello de la   1072
paloma, yo he sujetado la mano y la he ayudado a volar.

CA 2,1 Novia   ¿Te dio la mano?   1084

CA 2,1 Criada   Sí; me dio la mano.   1084

CA 2,1 Novia   ¿Y cómo te dio la mano?   1084

CA 2,1 Novia   Una mano fría. Una mano de cera cortada.   1092

CA 3,1 Máscara   Tiene en la mano derecha una cicatriz que le hicieron   1117
con un puñal...; por mí, desde luego.

EP RR Figura De C   mientras tú, debajo de [...] pólvora que pasa de mano   1150
en mano.

EP CV Dama 2   ¡Por favor! ¡No me suelte usted de la mano!   1169

BS 1,3 Madre   Cada minuto. Métete la mano en el pecho.   1199

BS 2,2 Madre   En la frente de todos ellos yo no veo más que la mano   1227
con que mataron a lo que era mío.

BS 3,2 Madre   que apenas cabe en la mano,   1272

BS 3,2 Novia   que apenas cabe en la mano;   1272

BS 3,2 Madre   Y apenas cabe en la mano,   1272

YE 1,1 María   ¿No has tenido nunca un pájaro vivo apretado en la   1280
mano?

YE 2,2 Yerma   La mujer del campo que no da hijos es inútil como un   1317
manojo de espinos, y hasta mala, a pesar de que yo sea
de este desecho dejado de la mano de Dios.

YE 3,2 Mujer 2   Señor, calma con tu mano   1339

RS 3,1 Ama   ...y coger una espada y cortarle la cabeza y   1414
machacársela con dos piedras y cortarle la mano del
falso juramento [...]

RS 3,1 Rosita   Me entendéis si pido pan y agua y hasta un beso, pero   1430
nunca me podríais ni entender ni quitar esta mano
oscura que no sé [...]

BA 1,1 Bernarda   y la mano que todo lo cierra.   1448

BA 2,1 La Poncia   Esas cosas pasan entre personas ya un poco instruidas   1476
que hablan y dicen y mueven la mano... La primera vez
[...]

BA 2,1 La Poncia   Un día me dijo no sé qué cosa y le maté todos los   1477
colorines con la mano del almirez.

BA 2,1 Bernarda   ¡Tendré que sentarles la mano!   1496

BA 2,1 La Poncia   Y para ocultar su vergüenza [...] como llevados por la   1505
mano de Dios lo han puesto [...]

BA 3,1 La Poncia   Ve que el Romano no es para ella y hundiría el mundo   1521
si estuviera en su mano.

manojito (1)

TC 6,1 Cocoliche   ¡Manojito de canela!   777

manojo (1)

YE 2,2 Yerma   La mujer del campo que no da hijos es inútil como un   1317
manojo de espinos, y [...]

manolas (7)

RS 1,1 Rosita   Voy con las manolas.   1359

RS 1,1 Tía   Con las manolas. Algo te pasa.   1361

RS 1,1 Rosita   de mis tres lindas manolas?   1364

RS 1,1 Rosita   ¡Ay amigas! ¡Ay manolas!   1365

RS 1,1 Rosita   donde viven las manolas,   1366

RS 1,1 Rosita   ¿Adónde irán las manolas   1367

RS 1,1 Rosita   donde viven las manolas,   1368

Manolas (1)

RS 3,1 Rosita   La mayor de las tres Manolas.   1431

manos (59)

MM 0,0   El amor pasaba de padres a hijos como una joya vieja y   669
exquisita que recibiera el primer insecto de las manos
de Dios.

MM 2,7 Curianito   y estas manos que tratan   721

TC 2,1 Cristobita   Hace tiempo que la porra no funciona y se me escapa de   739
las manos.

manos (continuación)   Pág.
    TC 6,1 Rosita   Creo que soy una flor, y me deshojo sobre tus manos.
    MP 1,4 Mariana   siente cuando el sol se duerme en sus manos   777
    MP 1,6 Clavela   Desde que usted puso sus preciosas manos   790
    MP 2,5 Pedro   Estuve casi en manos de la justicia,   806
    MP 2,5 Pedro   y hay que salvarla pronto con manos y con dientes.   830
    MP 2,7 Mariana   ¡Ay, qué manos tan frías!   832
    MP 2,8 Mariana   y de las llagas de tus manos!   835
    MP 2,9 Pedrosa   ¡La que bordó con esas manos blancas   848
    MP 2,9 Pedrosa   puedo apretar tu cuello con mis manos,   855
    MP 2,9 Mariana   Yo bordé la bandera con mis manos;   856
    MP 2,9 Mariana   con estas manos, ¡mírelas, Pedrosa!,   857
    ZP 1,1 Zapatera   sin manos y sin ojos debería haberse quedado el que te 857
                       inventó.   915
    ZP 2,1 Alcalde   Muchas mujeres he conocido [...] siempre tienen las
                       manos con calentura, [...]   949
    ZP 2,1 Zapatera   Parece que las manos se quieren escapar ellas solas.
    ZP 2,1 Zapatero   ¡Como hecho por sus manos!   963
    PB 2,1 Belisa   Las almas hermosas están en los bordes de la muerte, 968
                       reclinadas sobre cabelleras blanquísimas y manos   1007
                       macilentas.
    PB 3,1 Marcolfa   Ella se puso encendida como un geranio, se llevó las 1010
                       manos al corazón y se [...]
    DC 1,1 Cristóbal   Apártese usted mismo con las manos las yugulares.   1025
    CA 1,1 Niño   Me ataron las dos manos. ¡Muy mal hecho!   1062
    CA 1,1 Amigo 2   Había tan poca luz, que se me pusieron las manos   1073
                       amarillas.
    CA 2,1 Novia   Tenía las manos llenas de anillos.   1093
    CA 2,1 Joven   Estás aquí, entre mis manos, en este mismo [...]   1096
    CA 2,1 Maniquí   dónde están las manos tibias   1101
    CA 3,2 Jugador 1   Las cartas beben rica sangre en las manos y es difícil 1136
                       cortar el hilo que las une.
    EP CV Dama 4   Ahora es seguro que el [...] guardianes tenían las   1164
                       manos achicharradas y [...]
    EP CV Desnudo   Padre, en tus manos encomiendo mi espíritu.   1164
    BS 2,1 Leonardo   Amarrado por ti, hecho con tus dos manos.   1213
    BS 2,2 Madre   Me mojé las manos de sangre y me las lamí con la   1229
                       lengua.
    BS 3,1 Novia   con las manos, como puedas,   1256
    BS 3,1 Novia   pon en mis manos de novia   1256
    BS 3,1 Leonardo   ¿Y qué manos   1257
    BS 3,1 Novia   Estas manos que son tuyas,   1257
    BS 3,2 Madre   Quítate las manos de la cara.   1268
    BS 3,2 Novia   Pero no con las manos; con garfios de alambre, con una 1269
                       hoz, y con fuerza, hasta que se rompa en mis huesos.
    BS 3,2 Novia   Vamos a meter las manos; tú por tu hijo; yo, por mi   1270
                       cuerpo.
    BS 3,2 Madre   entre tus manos quietas.   1271
    YE 2,2 Yerma   Cuando tenga la cabeza atada con un pañuelo para que   1314
                       no se me abra la boca, y las manos bien amarradas [...]
    YE 2,2 Yerma   Yo no debo tener manos de madre.   1317
    YE 2,2 Yerma   El fruto viene a las manos del trabajador que lo busca. 1324
    YE 3,1 Yerma   ¡Y es inútil que me retuerza las manos!   1335
    YE 3,2 Muchacha 1 El año pasado, cuando se hizo oscuro, unos mozos   1338
                       atenazaron con sus manos los pechos de mi hermana.
    YE 3,2 Vieja   Me dejaría cortar las manos.   1344
    YE 3,2 Juan   A mí me importa lo que tengo entre las manos.   1347
    RS 1,1 Ama   Se echa a volar y se nos pierde de las manos.   1354
    RS 1,1 Rosita   ¿Qué manos recogerán   1365
    RS 1,1 Rosita   ¿Qué manos roban perfumes   1367
    RS 1,1 Rosita   ¿Por qué tus manos tejieron,   1370
    RS 2,1 Ama   Ya me duelen las manos de guardar mantelerías [...]   1380
    RS 2,1 Tío   Y el frío era un juguete en nuestras manos.   1386
    RS 2,1 Madre   No hay manos como las de usted para el piñonate y el   1394
                       pastel de gloria.
    RS 2,1 Madre   flor de las manos cruzadas;   1404
    RS 3,1 Ama   ¡No quede de ellos ni las uñas de las manos!   1424
    BA 1,1 Criada   Sangre en las manos tengo de fregarlo todo.   1441
    BA 1,1 La Poncia   Nosotras tenemos nuestras manos y un hoyo en la tierra 1443
                       de la verdad.
    BA 2,1 La Poncia   Con la cabeza y las manos llenas de ojos cuando se   1480
                       trata de lo que se trata.
    BA 2,1 Adela   Mira a ver si puedes agarrar la liebre con tus manos. 1482
mansurrón (1)
    ZP 2,1 Zapatero   Aleluyas con los hechos del zapatero mansurrón y la   956
                       Fierabrás [...]

manta (2)
    RS 1,1 Ama   Uno por la manta de arriba y otro por la manta de   1359
                       abajo, pero...

mantas (2)
    TB QM. Mujer   Lleva cuatro mantas.
                                                                              909

mantas (continuación)
  BS 3,2 Mendiga   Cubiertos con dos mantas ellos vienen   1266
manteca (1)
  RS 2,1 Ama   ¿A usted le parece bien que un hombre se vaya y deje   1380
      quince años plantada a una mujer que es la flor de la
      manteca?

mantehuelos (1)
  BA 2,1 La Poncia   Estos encajes son preciosos para las gorras de niños,   1484
      para mantehuelos de cristianar.

mantel (2)
  BS 2,1 Muchacha 3   el novio le ofrece cuchara y mantel.   1217
  YE 2,2 Juan   Esa no viene... Una de vosotras debía salir con ella,   1311
      porque para eso estáis aquí comiendo en mi mantel y
      bebiendo mi [...]

mantelerías (1)
  RS 2,1 Ama   Ya me duelen las manos de guardar mantelerías de   1380
      encaje [...]

manteles (1)
  BS 2,2 Criada   ¡Pon los manteles!   1226
mantener (1)
  MP 1,5 Mariana   Por eso hay que mantener   801
mantenido (1)
  RS 3,1 Tía   Cuando pienso en la mala acción que le han hecho y en   1414
      el terrible engaño mantenido y en la falsedad [...]

mantilla (3)
  MP 3,9 Mariana   y prenderme en el pelo mi mantilla de encaje.   889
  BS 2,1 Criada   de su mantilla.   1223
  BA 1,1 María Josefa   Bernarda, ¿dónde está mi mantilla?   1470
mantos (2)
  BS 2,2 Madre   Tengo en mi pecho un grito siempre puesto de pie a   1227
      quien tengo que castigar y meter entre los mantos.
  BA 3,1 María Josefa   Aquí no hay más que mantos de luto.   1525
Manuel (2)
  ZP 1,1 Zapatera   Maldita hora, maldita hora en que le hice caso a mi   916
      compadre Manuel.
  ZP 1,1 Zapatera   Maldito sea mi compadre Manuel, malditos sean los   918
      vecinos, tonta, tonta, tonta.
Manuela (2)
  ZP 1,1 Alcalde   Eso tiene casarse a tu [...] estoy de cuatro: Rosa,   924
      Manuela, Visitación y [...]
  ZP 1,1 Alcalde   Rosa, Manuela, Visitación y [...]   925
manzana (2)
  MP 1,4 Amparo   con traje color manzana,   793
  YE 2,2 Juan   Estuve podando los manzanos [...] puedo llevarme una   1311
      manzana a la boca.
manzanas (4)
  CA 1,1 Niño   a comer zarzamoras y manzanas   1065
  YE 1,1 Yerma   ¿Y no te dije: "¡Cómo huelen a manzanas estas ropas!"   1276
  YE 2,1 Lavandera 5   Estas machorras son así: cuando podían estar haciendo   1302
      encajes o confituras de manzanas, les gusta subirse
      [...]
  YE 2,2 Yerma   Nunca oí decir a un hombre comiendo: qué buenas son   1322
      estas manzanas.
manzanilla (1)
  RS 1,1 Tía   Es preciso comprar otra vez manzanilla.   1361
manzanillaa (1)
  RS 1,1 Voz Del P   ¡Manzanillaa finaa de la sierraa!   1361
manzanillaaaaa (1)
  RS 1,1 Voz   ¡Manzanillaaaaa finaaa de la sierraa!   1361
manzanos (1)
  YE 2,2 Juan   Estuve podando los manzanos y a la caída [...]   1311
maña (1)
  MM 1,5 Curianito   ¿Cómo te diste maña   696
mañana (72)
  MM 0,0   ¿Y por qué a vosotros [...] tomando el sol en la   670
      mañana tibia?
  MM 1,1 Doña Curiana   ¡Mañana clara y serena!   671
  MM 2,2 Curiana N   quedarán como estaban en la mañana hermosa   705
  MM 2,3 Mariposa   las canciones del humo en la mañana   709
  MM 2,5 Gusano 3   Y mañana, otras gotas   713
  MM 2,5 Gusano 1   que la mañana viene.   715
  MM 2,6 Curianito   de la mañana.   718
  MM 2,7 Curianito   nos llevará volando en la mañana.   719
  TC 1,1 Padre   Ese hombre tiene mucho oro y a mí me conviene, porque   732
      si no, mañana tendríamos que pedir limosna.
  TC 1,1 Hora   ¿Qué sabes tú los vientos que van a venir mañana para   734
      hacer bailar la veleta de tu tejadillo?
  TC 2,1 Cristobita   De manera que mañana a la tarde quiero tener echadas   739
      las bendiciones.
  TC 3,1 Cristobita   Mañana me caso con la señá Rosita, y quiero que haya   748
      mucho vino para ... bebérmelo yo.

mañana - mañanita

mañana (continuación)   Pág.
    TC 4,1 Mozo   Mañana mismo, con un [...]
    TC 4,1 Mozo   ¿Es verdad que vas mañana a poner los zapatos de novia   751
                          a la señá Rosita?   753
    MP 1,7 Clavela   ¡Hasta mañana!
    MP 1,7 Fernando   que don Pedro. Hasta mañana.   807
    ZP 1,1 Zapatero   Mañana quizá la tengas que buscar tú también.   816
    ZP 1,1 Alcalde   ¡Hasta mañana!   923
    ZP 1,1 Zapatera   mañana que traigas la jaca blanca, la que a mí me   928
                          gusta.   929
    ZP 2,1 Alcalde   Anteayer estuve enfermo toda la mañana porque vi
                          tendidas [...]   949
    ZP 2,1 Zapatero   Un lunes por la mañana
    ZP 2,1 Zapatero   cenaríamos mañana   961
    ZP 2,1 Zapatero   Y en mi pueblo vivía [...] botas y zapatos de la   961
                          mañana a la noche.   966
    PB 1,1 Duende 1   Que las rendijas de ahora son oscuridad mañana.
    PB 1,1 Duende 1   Mañana lo sabrá toda la gente.   994
    PB 3,1 Perlimplín   Mañana estarás libre como un pájaro... Aguarda hasta   996
                          mañana... Ahora vete [...]   1011
    DC 1,1 Rosita   ¿A las tres de la mañana qué me harás?
    CA 1,1 Viejo   Sí, hay que recordar hacia mañana.   1037
    CA 1,1 Joven   Hacia mañana.   1047
    CA 1,1 Viejo   Porque lo otro es morirse ahora mismo, y es más   1047
                          hermoso pensar que todavía mañana veremos los cien   1053
                          [...]
    CA 1,1 Viejo   ¿Qué haría usted mañana?, ¿eh?
    CA 1,1 Viejo   ¡Mañana!   1056
    CA 1,1 Gato   en la mañana   1056
    CA 1,1 Niño   Mañana,   1064
    CA 1,1 Joven   Mañana volverá. Lo necesito.   1065
    CA 3,1 Arlequín   Ayer y mañana comen   1077
    CA 3,1 Mecanógrafa   ¿Así, de pronto, sin haber probado lentamente esta   1108
                          hermosa idea: mañana será?   1128
    BS 1,1 Novio   Me voy. Mañana iré a verla.   1177
    BS 1,2 Mujer   Mañana.   1190
    BS 1,3 Novio   Mañana vendré.   1201
    BS 2,1 Criada   la mañana de la boda.   1209
    BS 2,1 Voces   la mañana de la boda!   1212
    BS 2,1 Leonardo   la mañana de la boda.   1212
    BS 2,1 Voces   la mañana de la boda.   1215
    BS 2,1 Muchacha 1   la mañana de la boda;   1216
    BS 2,1 Convidado   mañana señora.   1217
    BS 2,1 Convidado   que llueve rocío la mañana fría.   1218
    BS 2,1 Mozo 1   ¡La mañana de la boda!   1218
    BS 2,1 Convidado   La mañana de la boda   1218
    BS 2,1 Leonardo   La mañana de casada   1221
    BS 3,1 Leonardo   Pájaros de la mañana   1258
    BS 3,2 Muchacha 1   Dormir la mañana,   1263
    YE 3,1 Yerma   Yo no pienso en el mañana, pienso en el hoy.   1328
    YE 3,2 Hembra   y el aire de la mañana   1340
    RS 1,1 Ama   Hoy ya quisiera que fuese pasado mañana.   1354
    RS 1,1 Tío   Es roja por la mañana, a la tarde se pone blanca y se   1356
                          deshoja por la noche.
    RS 1,1 Tío   Cuando se abre en la mañana,   1356
    RS 1,1 Rosita   Cuando se abre en la mañana   1374
    RS 2,1 Solterona 3   Una mañana en el campo   1392
    RS 2,1 Rosita   con la luz de la mañana   1403
    RS 2,1 Solterona 3   con la luz de la mañana;   1403
    RS 3,1 Ama   con la luz de la mañana,   1405
    RS 3,1 Tía   No la he visto en toda la mañana.   1412
    RS 3,1 Rosita   ¡Mañana vienen los nuevos dueños!   1427
                          Y hoy se casa una amiga y otra y otra, y mañana tiene   1428
                          un hijo [...]
    RS 3,1 Rosita   Cuando se abre en la mañana   1435
    BA 1,1 Adela   No quiero que se me pongan las carnes como a vosotras;   1466
                          no quiero perder mi blancura en estas habitaciones;
                          mañana me pondré mi vestido [...]
    BA 2,1 La Poncia   Como le dé por tener crías, vais a estar cosiendo   1484
                          mañana y tarde.
    BA 2,1 La Poncia   Ayer de mañana llegaron los segadores.   1485
    BA 3,1 Adela   Hasta mañana.   1518
    BA 3,1 Bernarda   ¿Sigue tu hijo viendo a Pepe a las cuatro de la mañana?   1519
mañanas (2)
    PB 3,1 Marcolfa   Yo le llevaba por las mañanas el café con leche y las   1009
                          uvas...
    BS 1,1 Madre   Tengo que ir todas las mañanas, y si me voy es fácil   1175
                          que muera uno
mañanita (1)
    CA 1,1 Gata   ¡Ay girasol de la mañanita!   1068

mapa (2)
  CA 1,1 Viejo   Y ¿quién recuerda un mapa exacto de las arenas del   1052
                           desierto... o el rostro de un amigo cualquiera?
  EP CV Muchacho 1   Romeo puede'ser un grano de sal y Julieta ser un mapa.   1160
máquina (1)
  BS 1,1 Vecina   Hace dos días trajeron al hijo de mi vecina con los   1179
                           dos brazos cortados por la máquina.

máquinas (1)
  EP CV Estudiante 4   Entonces que se paren las máquinas y arrojad los   1161
                           granos de trigo sobre un campo de acero.

mar (64)
  MM 0,0   También el viejo silfo [...] con el mismo tono el mar;   670
                           dile al hombre que [...]
  MM 1,1 Curiana N   y vi muerta el hada del campo y del mar.   672
  MM 2,2 Curiana N   se ha muerto un hada: el hada del campo y de la mar.   707
  TC 3,1 Contrabandista 1 El mar conoce mi paso   741
  TC 3,1 Contrabandista 2 Al amanecer daremos vista al mar.   743
  MP 1,7 Mariana   por el aire, por la mar,   809
  MP 2,1 Clavela   y al marinero en el mar.   822
  MP 2,5 Mariana   acecho un mar oscuro, sin fondo ni oleaje,   832
  MP 2,7 Pedro   Hombres de acantilado y mar abierto,   838
  MP 2,8 Conspirador 4   El viento mueve la mar   844
  MP 3,6 Mariana   Entre el mar y las estrellas   878
  TB QM. Viejo   Pues ¿y el mar?...   906
  TB QM. Viejo   En el mar...   906
  PB 1,1 Perlimplín   Belisa, con tantos encajes pareces una ola y me das el   988
                           mismo miedo que de niño tuve al mar.
  DC 1,1   ...Quiero deciros que yo sé cómo nacen las rosas y   1020
                           cómo se crían las del mar, pero...
  CA 1,1 Joven   Basta observar sobre la palma de la mano un insecto   1050
                           vivo, o mirar al mar una tarde poniendo [...]
  CA 1,1 Amigo 2   Quiero morirme fuera de la mar...   1074
  CA 1,1 Amigo   de la mar.   1078
  CA 2,1 Novia   Pero con una corona de jazmines en el cuello y toda mi   1085
                           carne apretada por un velo mojado por el mar.
  CA 2,1 Novia   Existían la tierra y el mar.   1089
  CA 2,1 Maniquí   Mi cola se pierde por el mar   1099
  CA 2,1 Maniquí   Se lo pondrá la ría grande para casarse con el mar.   1099
  CA 2,1 Maniquí   Mi cola se pierde por el mar.   1100
  CA 2,1 Maniquí   y el mar atado en la grupa.   1101
  CA 2,1 Joven   un mar hecho piedra ríe   1103
  CA 2,1 Joven   Se lo pondrá la mujer que espera por las orillas de la   1104
                           mar.
  CA 2,1 Maniquí   Se lo pondrá la ría grande para casarse con el mar.   1107
  CA 3,1 Muchacha   en el fondo del mar.   1109
  CA 3,1 Arlequín   del viento y del mar.   1110
  CA 3,1 Muchacha   al fondo del mar.   1111
  CA 3,1 Arlequín   su novio del mar.   1111
  CA 3,1 Muchacha   al agua del mar.   1112
  CA 3,1 Arlequín   del viento y del mar.   1113
  CA 3,1 Arlequín   del viento y el mar.   1114
  CA 3,1 Máscara   En el "foyer" de la Opera de París hay unas enormes   1116
                           balaustradas que dan al mar.
  CA 3,1 La Voz De La M   y el mar en un vidrio?   1120
  CA 3,1 Joven   y el mar en un vidrio?   1120
  CA 3,1 Mecanógrafa   y el mar en un vidrio?   1123
  CA 3,1 Mecanógrafa   He huido tanto, que necesito contemplar el mar para   1126
                           poder evocar el temblor de tu boca.
  EP RR Figura De C   Si yo me convirtiera en pez luna, tú te convertirías   1146
                           en ola de mar o en alga, y si quieres [...]
  EP CV Estudiante 4   Nada, pero un ave no puede ser un gato, ni una piedra   1161
                           puede ser un golpe de mar.
  EP CV Estudiante 1   Cuando la gente va al acuárium no asesina a las   1165
                           serpientes de mar, ni a las ratas de [...]
  BS 2,2 Padre   Bailes de allá de la orilla del mar.   1231
  BS 2,2 Madre   Porque tiene gente; que son sus primos del mar y todos   1244
                           los que llegan de tierra adentro.
  BS 3,2 Novia   ¡Tu hijo era mi fin y yo no le he engañado, pero el   1269
                           brazo del otro me arrastró como un golpe de mar, como
                           la cabezada [...]
  YE 2,1 Lavandera 6   en las aguas del mar.   1309
  RS 1,1 Tío   en las violetas del mar,   1357
  RS 1,1 Tía   La lengua se me debió [...] te vas libre por el mar,   1363
                           por aquellos ríos, [...]
  RS 1,1 Ama   ¡Ojalá se lo coma la serpiente del mar!   1364
  RS 1,1 Primo   que, aunque atraviese la mar,   1371
  RS 1,1 Rosita   por la nostalgia del mar;   1373
  RS 1,1 Rosita   en las violetas del mar,   1374
  RS 2,1 Rosita   como la risa del mar;   1411
  RS 2,1 Tía   a la orilla del mar,   1411
  RS 3,1 Ama   ...aventar las cenizas sobre el mar.   1414

			Pág.
mar (continuación)			
BA 1,1	Bernarda	y las almas de tierra y mar.	1449
BA 1,1	María Josefa	Me escapé porque me quiero casar, porque quiero casarme con un varón hermoso de la orilla del mar, ya que aquí los [...]	1470
BA 1,1	María Josefa	¡A casarme a la orilla del mar, a la orilla del mar!	1471
BA 3,1	La Poncia	Cuando una no puede con el mar lo más fácil es volver las espaldas para no verlo.	1520
BA 3,1	La Poncia	A mí me gustaría cruzar el mar y dejar esta casa de guerra.	1521
BA 3,1	María Josefa	vámonos a la orilla del mar.	1523
BA 3,1	María Josefa	vámonos a la orilla del mar.	1525
BA 3,1	Bernarda	Nos hundiremos todas en un mar de luto.	1532
maravilla (S) (1)			
YE 2,1	Lavandera 2	ombligo, cáliz tierno de maravilla!	1309
maravilla (4)			
YE 3,2	Yerma	la rosa de maravilla.	1339
YE 3,2	Yerma	la rosa de maravilla.	1339
YE 3,2	Macho	la rosa de maravilla.	1343
RS 1,1	Tío	Porque es increíble la "rosa declinata" de capullos caídos y la inermis que no tiene espinas; ¡qué maravilla!,	1356
maravillosa (1)			
EP CV	Estudiante 4	La repetición del acto ha sido maravillosa, porque indudablemente [...]	1166
maravilloso (1)			
MP 3,7	Novicia 2	¡Su cuello es maravilloso!	881
maravillosos (1)			
TB QM.	Mujer	El tiene ojos maravillosos; pero lo que yo amo es su fuerza.	909
marcada (1)			
TB DME	Doncella	Mis almohadas no tienen iniciales y esto me da mucho miedo... Porque, ¿qué muchachilla en el mundo no tiene marcada su ropa?	897
Marcel (1)			
RS 2,1	El Señor X	El conde Zboronsky, muerto en el accidente, y Marcel Renault, o Renol, [...]	1375
Marcelo (1)			
RS 2,1	El Señor X	¡Pobre Marcelo!	1375
Marcolfa (12)			
PB 0,0	Perlimplín	Pero... Marcolfa.	981
PB 0,0	Perlimplín	¡Ay Marcolfa, Marcolfa! ¿En qué mundo me vas a meter?	986
PB 0,0	Perlimplín	¿Qué dice, Marcolfa?	987
PB 1,1	Voz De Belisa	Adiós, Marcolfa.	988
PB 1,1	Perlimplín	Adiós, Marcolfa.	988
PB 1,1	Belisa	La criada perfumó esta [...] ropas de hilo que tiene Marcolfa... ¡Ay!	989
PB 2,1	Perlimplín	Marcolfa, ¿por qué sigues llorando?	1001
PB 2,1	Perlimplín	Pero yo soy feliz, Marcolfa.	1002
PB 3,1	Perlimplín	¡Oh inocente Marcolfa!...	1011
PB 3,1	Belisa	Marcolfa, bájame la espada del comedor, que voy a atravesar la garganta de mi marido...	1016
PB 3,1	Belisa	Sí, sí, Marcolfa, le quiero, le quiero con toda la fuerza de mi carne y de mi alma.	1018
marcha (S) (1)			
RS 3,1	Ama	¡En marcha!	1435
marcha (2)			
MP 3,3	Alegrito	Dicen que marcha a Inglaterra.	868
CA 1,1	Joven	¿Dónde va usted? ¿Por qué se marcha así? ¡Espere!	1076
marchaban (1)			
MP 1,5	Fernando	Ya marchaban,	798
marchado (3)			
MM 0,0		Y si alguna honda lección [...] tranquilo, cuando se hayan marchado los rebaños.	670
ZP 2,1	Niño	Pero, ¿por qué te echarán a ti la culpa de que tu marido se haya marchado?	945
RS 1,1	Tía	Hola, siéntate si quieres. Rosita ya se ha marchado.	1361
marchamos (1)			
MP 2,8	Conspirador 1	¿Nos marchamos?	845
marchando (2)			
TC 4,1	Mosquito	Ahora, este pondrá sobre la dura vela: "RECUERDO", y seguirá marchando, marchando...	751
marchándose (1)			
BA 2,1	Angustias	Pepe lleva más de una semana marchándose a la una.	1501
marchar (9)			
MP 1,7	Mariana	Si vas a marchar, al fin,	814
MP 1,7	Fernando	Puedo marchar descuidado.	815
ZP 1,1	Zapatero	¿Por qué no me dejas marchar, mujer?	929
ZP 2,1	Zapatero	Y ahora casi me alegro de tenerme que marchar, porque usted [...]	968

marchar (continuación)
    CA 3,1 Mecanógrafa   Tú esperabas y me dejaste marchar, pero siempre te   1125
        creías amado.
    BS 3,2 Niña   ¡Yo me quiero marchar!   1265
    RS 1,1 Tía   Yo sabía que más tarde o más temprano te tendrías que   1362
        marchar con tus padres.
    BA 1,1 Criada   ¿Y he de vivir yo después de verte marchar?   1445
    BA 2,1 La Poncia   Pero si yo lo sentí marchar a eso de las cuatro.   1473
marcharme (4)
    ZP 1,1 Zapatero   ¡Tengo razón para marcharme!   931
    CA 1,1 Mecanógrafa   Deseo marcharme de esta casa.   1054
    YE 3,2 Yerma   ¿Para marcharme?   1344
    BA 3,1 María Josefa   Yo tengo que marcharme, pero tengo miedo que los   1525
        perros me muerdan.

marcharos (1)
    TC 3,1 Mozo 2   Caballero, antes de marcharos yo quisiera que tomarais   746
        con nosotros un vaso de vino.

marcharse (5)
    ZP 1,1 Zapatera   Pero ¿habrá tenido el valor de marcharse al cafetín,   934
        [...]
    ZP 2,1 Niño   al marcharse su marido,   947
    ZP 2,1 Voz   al marcharse su marido   977
    BA 2,1 La Poncia   ¿Y tú crees que él querrá marcharse?   1496
    BA 2,1 Martirio   Yo también lo sentí marcharse a las cuatro.   1501
marcharte (1)
    YE 3,2 Vieja   Pero tú tienes pies para marcharte de tu casa.   1344
marchas (1)
    MM 2,4 Curiana G   ¡Si no te marchas pronto,   710
márchate (2)
    MM 2,4 Curiana G   ¡Márchate!   709
    MM 2,4 Curiana G   ¡Márchate de este bosque!   710
marchita (V) (2)
    MM 1,2 Doña Curiana   que os consume y os marchita?   678
    MM 1,6 Curianito   ¿Por qué ya se marchita la flor de mi pureza,   701
marchita (11)
    BS 3,2 Novia   Y yo corría con tu hijo [...] heridas de pobre mujer   1269
        marchita, de muchacha [...]
    YE 3,2 Mujer 2   Sobre su carne marchita   1338
    YE 3,2 Yerma   sobre mi carne marchita.   1339
    YE 3,2 Yerma   Sobre mi carne marchita,   1339
    YE 3,2 Hombre 1   ¡Ay, marchita de amores   1340
    YE 3,2 Vieja   Como los cardos del secano, pinchosa, marchita.   1345
    YE 3,2 Yerma   ¡Marchita, sí, ya lo sé!   1345
    YE 3,2 Yerma   ¡Marchita!   1345
    YE 3,2 Yerma   ¡Marchita!   1349
    YE 3,2 Yerma   Marchita, marchita, pero segura.   1350
marchitaban (1)
    MM 2,6 Curianito   se marchitaban.   718
marchitas (3)
    MM 0,0   Un viejo silfo del bosque [...] unas muletas sus alas   670
        marchitas, contó al poeta [...]
    MM 1,4 Curianito   con hojas marchitas y turbio color!   685
    CA 2,1 Novia   Mi novio tenía los dientes helados; me besaba, y sus   1079
        labios se le cubrían de pequeñas hojas marchitas, eran
        como [...]
marchito (2)
    MM 2,5 Gusano 3   estoy viejo y marchito,   713
    MP 1,2 Clavela   ¡Marchito!   785
marcho (1)
    MP 1,6 Fernando   Me marcho;   804
marchó (1)
    RS 2,1 Rosita   Si no viera a la gente, me creería que hace una semana   1389
        que se marchó.

marea (1)
    BS 1,3 Novio   Se marea.   1196
marejada (1)
    MP 3,4 Mariana   con la marejada tierna.   871
mares (4)
    CA 1,1 Niño   Solo mares y montes de carbón,   1068
    CA 3,1 Payaso   Lunas y mares sin abrir.   1127
    CA 3,1 Payaso   Lunas y mares sin abrir.   1129
    YE 3,1 Yerma   Está escrito y no me voy a poner a luchar a brazo   1335
        partido con los mares.

marfil (5)
    CA 2,1 Novia   ¡Qué ascua blanca, qué fuego de marfil derraman tus   1079
        dientes!
    CA 3,1 Payaso   y en marfil reciente   1113
    CA 3,1 Arlequín   Que en marfil de nubes   1114
    BS 3,2 Niña   paños de marfil!   1264
    BS 3,2 Madre   Yo haré con mi sueño una fría paloma de marfil que   1267
        lleve camelias de escarcha sobre el camposanto.

margarita - Marianita

Pág.

margarita (1)
MM 1,1 Curiana N   Poneos las hojas de una margarita;   674
margaritas (1)
RS 1,1 Ama   Ponte el azul con margaritas.   1354
María Santísima (1)
RS 2,1 Tía   ¡María Santísima!   1390
María (10)
TB DME Vieja   ¿Te llamarás María, Rosa, Trinidad? ¿Segismunda?   897
ZP 1,1 Zapatera   Qué cintillos tan preciosos llevas... No, no... Me   929
                       da vergüencilla... Pero, José María, ¿no ves que nos
                       [...]
YE 1,1 Yerma   No..., no son para mí. Son para el hijo de María.   1285
YE 2,2 Yerma   ¡María!   1316
RS 1,1 Tía   ¡María Santísima!   1355
RS 3,1 Rosita   Es el hijo de María.   1431
RS 3,1 Tía   ¿Qué María?   1431
BA 1,1 Criada   Fastídiate, Antonio María Benavides, tieso con tu   1445
                       traje de paño y tus botas enterizas.
BA 1,1 Criada   ¡Ay Antonio María Benavides, que ya no verás estas   1445
                       paredes ni comerás el pan de esta casa!
BA 1,1 Bernarda   Concede el reposo a tu siervo Antonio María Benavides   1449
                       y dale la corona de tu santa gloria.
Mariana (50)
MP 1,2 Amparo   Pero ¿no sale Mariana?   787
MP 1,2 Amparo   ¡Mariana, sal pronto, hijita!   787
MP 1,4 Amparo   ¡Adiós, Mariana!   795
MP 1,5 Fernando   ¡Mariana!   801
MP 1,6 Clavela   ¡Pobre doña Mariana mía!   804
MP 1,6 Clavela   ¡Ay, doña Mariana, qué malita está!   806
MP 1,7 Fernando   ¿Por qué preguntas, Mariana?   807
MP 1,7 Fernando   Adiós , Mariana.   811
MP 1,7 Fernando   Adiós, Mariana.   811
MP 1,7 Fernando   ¡Mariana!   811
MP 1,7 Fernando   Mariana, dejo que vuelen   813
MP 1,7 Fernando   No salgas, Mariana.   816
MP 1,8 Angustias   ¡Mariana, la bandera   817
MP 1,8 Angustias   Mariana, ¡triste tiempo   818
MP 1,8 Angustias   Mariana, ¿tú qué has hecho?   818
MP 1,8 Angustias   ¡Olvídalo, Mariana!   818
MP 1,8 Angustias   ¡Mariana, piensa en ellos!   819
MP 2,5 Pedro   Gracias, Mariana, gracias.   827
MP 2,5 Pedro   ¡Ay, qué miedo tan grande tuve por él, Mariana!   828
MP 2,5 Pedro   con mi propio dolor y mi vida, Mariana!   828
MP 2,5 Pedro   Mariana, ¿qué es el hombre sin libertad? ¿Sin esa   830
MP 2,5 Pedro   Venceré con tu ayuda, ¡Mariana de mi vida!   831
MP 2,5 Pedro   ¡Mariana!   831
MP 2,7 Conspirador 1   ¿Por qué, doña Mariana?   836
MP 2,7 Pedro   ¡Mariana, la bandera que bordaste   839
MP 2,8 Conspirador 4   ¡Caballeros! ¡Doña Mariana!   841
MP 2,8 Pedro   ¿Oyes, Mariana?   847
MP 2,8 Pedro   ¡Adiós, Mariana!   848
MP 2,9 Pedrosa   Mientras que usted, espléndida Mariana,   851
MP 2,9 Pedrosa   ¡Mariana!   852
MP 2,9 Pedrosa   de estas cuestiones. Perdonad, Mariana.   852
MP 2,9 Pedrosa   Mi señora Mariana, esté serena.   854
MP 2,9 Pedrosa   ¡Mariana! ¿Y la bandera?   855
MP 2,9 Pedrosa   no la has bordado tú, linda Mariana,   856
MP 2,9 Pedrosa   ¡Mariana!   857
MP 2,9 Angustias   ¡Mariana! ¿Dónde vas? Tu niña llora.   862
MP 3,1 Novicia 1   ¡Ay Mariana Pineda!   863
MP 3,2 Carmen   ¡Doña Mariana, por Dios!   865
MP 3,2 Carmen   ¡Mariana!   865
MP 3,5 Pedrosa   ¡Mariana!   874
MP 3,5 Pedrosa   Mariana, ¿quiénes son los conjurados?   876
MP 3,7 Carmen   ¡Mariana!   883
MP 3,8 Fernando   ¡Mariana! ¿No quieres   884
MP 3,8 Fernando   Vengo solo, Mariana. ¿Qué sé yo de don Pedro?   884
MP 3,8 Fernando   ¡Mariana! ¡Aprende y mira cómo te estoy queriendo!   885
MP 3,8 Fernando   vendrán por ti, Mariana. ¡Sálvate y di los nombres!   885
MP 3,8 Fernando   ¡Tú tienes que vivir! ¡Mariana, por mi amor!   885
MP 3,8 Carmen   ¡Mariana!   887
MP 3,8 Fernando   ¡Adiós, Mariana!   887
MP 3,8 Carmen   ¡Mariana!   888
Marianilla (1)
MP 1,4 Amparo   Qué cosas tan lindas dices, Marianilla.   792
Marianita (30)
TC 6,1 Rosita   Voy al suplicio como fue Marianita Pineda.   762
MP 0,0 Mosquito   al ver que Marianita se muere   781
MP 0,0 Mosquito   Marianita sentada en su cuarto   781
MP 1,1 Angustias   Marianita, sal, que vienen a buscarte.   785
MP 1,3 Lucía   ¡Marianita!   787

Marianita (continuación)
MP 1,4	Amparo	mi Marianita Pineda.	793
MP 1,4	Amparo	mi Marianita Pineda.	794
MP 1,5	Fernando	¡Bravo amigo, Marianita!	799
MP 1,6	Fernando	Marianita, ¿qué tienes?	802
MP 1,7	Fernando	Marianita.	809
MP 1,7	Fernando	"Adorada Marianita."	811
MP 1,7	Fernando	"Adorada Marianita: Gracias al [...]	811
MP 2,5	Angustias	¡Ay, pobre Marianita!	828
MP 2,5	Pedro	¡Marianita, no temas! ¡Mujer mía! ¡Vida mía!	829
MP 2,5	Pedro	hermosa Marianita! Ya no tardarán mucho	832
MP 2,9	Angustias	¡Marianita!	859
MP 3,5	Carmen	¿Qué pasa, Marianita?	877
MP 3,6	Carmen	Marianita, hija, descansa.	879
MP 3,7	Novicia 1	¿Dónde estará Marianita?	879
MP 3,7	Novicia 2	¡Marianita va a morir!	880
MP 3,7	Mariana	¿Dónde estará Marianita,	882
MP 3,7	Novicia 2	¡Ay, Marianita,	883
MP 3,8	Fernando	no vendrá, porque nunca te quiso, Marianita.	885
MP 3,8	Mariana	¿Amas la Libertad más que a tu Marianita?	885
MP 3,8	Fernando	¡Pero nadie te quiso como yo, Marianita!	886
MP 3,9	Carmen	¡Olvídate del mundo, preciosa Marianita!	888
MP 3,9	Carmen	¡Ay triste Marianita! ¡Rosa de los rosales!	890
MP 3,9	Carmen	¡Marianita, Marianita, de bello y triste nombre,	890
MP 3,9	Mariana	al ver que Marianita se muere	891

maridito (3)
PB 1,1	Belisa	Desde luego maridito. Y apaga la luz, si te place.	992
PB 1,1	Belisa	¡Qué maridito tan bromista tengo!	999
PB 2,1	Belisa	Las cartas de los otros hombres que yo he recibido... y que no he contestado, porque tenía a mi maridito, me hablaban [...]	1006

marido (91)
MM 1,1	Curiana N	Con razón te daba palos tu marido;	676
MM 2,2	Doña Curiana	Toda, toda la culpa la tiene mi marido.	707
TC 3,1	Mozo 2	¡Y porque su futuro marido estalle como un fantoche!	744
ZP 1,1	Zapatera	Ya sabía yo que con esta [...] quiero creerlo, con mi marido.	913
ZP 1,1	Niño	Vengo con estos zapatos de charol, costaron cinco duros, para que los arregle su marido.	913
ZP 1,1	Zapatera	Dile a tu madre que ya sabe mi marido lo que tiene que hacer, y que así supiera ella aliñar con laurel y pimienta un buen guiso como mi marido componer zapatos.	914
ZP 1,1	Niño	Pues mira..., tu marido, el zapatero, se ha ido para no volver más.	937
ZP 1,1	Alcalde	Si tu marido te ha dejado ha sido porque no lo querías, porque no podía ser.	938
ZP 2,1	Zapatera	Si no fuera porque tengo [...] vosotros mi pobrecito marido de mi alma, ¿cómo [...]	942
ZP 2,1	Zapatera	Pues si dices tú, más [...] meses que se fue mi marido y no cederé a [...]	942
ZP 2,1	Zapatera	Me comprometí con mi marido.	943
ZP 2,1	Niño	Pero, ¿por qué te echarán a ti la culpa de que tu marido se haya marchado?	945
ZP 2,1	Niño	al marcharse su marido,	947
ZP 2,1	Zapatera	La gente me canta coplas, los vecinos se ríen en sus puertas, y como no tengo marido que vele por mí, [...]	948
ZP 2,1	Alcalde	Pero tu marido te ha dejado y no volverá, estoy seguro.	950
ZP 2,1	Zapatera	¡Todas esas cosas las sabía mi pobrecito marido!	957
ZP 2,1	Niño	¿No se parece el titiritero, hablando, a tu marido?	958
ZP 2,1	Zapatero	burlando al débil marido	959
ZP 2,1	Zapatero	mientras el pobre marido	960
ZP 2,1	Zapatero	¿Y qué harás con mi marido?	961
ZP 2,1	Zapatera	Tu marido no se entera.	961
ZP 2,1	Zapatero	Calma, muchacha. ¿Es que su marido está en la calle?	963
ZP 2,1	Zapatera	¿Mi marido? ¡Ay señor mío!	963
ZP 2,1	Zapatera	Mi marido me dejó por culpa de las gentes y ahora me encuentro sola, sin calor de nadie.	963
ZP 2,1	Zapatero	Por lo que veo, su marido de usted era un hombre de pocas luces.	964
ZP 2,1	Zapatero	Que tenía mucha razón su marido de usted.	965
ZP 2,1	Zapatero	Y en mi pueblo vivía [...] ventana mientras el marido hacía botas y [...]	966
ZP 2,1	Zapatero	¡Ay, qué envidia me da su marido!	968
ZP 2,1	Zapatera	¡Yo guardo mi corazón entero para el que está por esos mundos, para quien debo, para mi marido!	969
ZP 2,1	Zapatera	Y yo, mi marido y de nadie más que de mi marido.	969
ZP 2,1	Voz	al marcharse su marido	977
ZP 2,1	Zapatera	yo y mi marido.	978
PB 0,0	Madre	Don Perlimplín es un encantador marido.	985

marido (continuación)   Pág.

PB 2,1 Perlimplín   Por eso quiero ayudarte como debe hacer todo buen   1004
                        marido cuando su esposa es un dechado de virtud...
                        Mira.
PB 3,1 Belisa   Marcolfa, bájame la espada del comedor, que voy a   1016
                        atravesar la garganta de mi marido...
PB 3,1 Belisa   marido ruin!   1016
PB 3,1 Perlimplín   Tu marido acaba de matarme con este puñal de   1016
                        esmeraldas.
DC 1,1 Madre   le hace falta un marido,   1029
BS 1,1 Vecina   No quería a su marido.   1181
BS 1,3 Novia   Cuando seas mi marido ya no lo tendrás.   1202
BS 2,1 Novia   Y me encerraré con mi marido, a quien tengo que querer 1214
                        por encima de todo.
BS 2,1 Mujer   Y yo no soy mujer para ir sin su marido a un   1224
                        casamiento.
BS 2,2 Madre   Son los primos de mi marido. Duros como piedras para   1231
                        la danza.
BS 2,2 Novio   Tu marido es un buen trabajador.   1232
BS 2,2 Mujer   ¿Pasó por aquí mi marido?   1238
YE 1,1 María   El dinero lo tenía mi marido y me lo ha dado él mismo. 1278
YE 1,1 Yerma   ¿Qué ha dicho tu marido?   1281
YE 1,1 Yerma   Elena tardó tres años, y otras antiguas, del tiempo de 1282
                        mi marido, mucho más; pero [...]
YE 1,1 Víctor   Dile a tu marido que piense menos en el trabajo.   1285
YE 1,2 Yerma   ¿Por qué? ¡Con mi marido no hablo de otra cosa!   1288
YE 1,2 Vieja 1   ¿A ti te gusta tu marido?   1288
YE 1,2 Vieja 1   Y con tu marido...   1289
YE 1,2 Yerma   Mi marido es otra cosa.   1290
YE 1,2 Yerma   Yo me entregué a mi marido por él, y me sigo   1290
                        entregando para ver si llega, pero nunca por
                        divertirme.
YE 1,2 Muchacha 2   ¿Qué necesidad tiene mi marido de ser mi marido?   1293
YE 1,2 Muchacha 2   Allá tú... Mira, me voy a dar la comida a mi marido.   1295
YE 1,2 Víctor   Y tu marido más triste que tú.   1297
YE 2,1 Lavandera 4   Lo cierto es que el marido se ha llevado a vivir con   1301
                        ellos a sus dos hermanas.
YE 2,1 Lavandera 4   Desde ayer. El marido sale otra vez a sus tierras.   1302
YE 2,1 Lavandera 3   Y se echan polvos de blancura y colorete y se prenden   1303
                        ramos de adelfa en busca de otro que no es su marido.
YE 2,1 Lavandera 5   ¿Y el marido?   1304
YE 2,1 Lavandera 3   El marido está como sordo.   1304
YE 2,1 Lavandera 5   Dime si tu marido   1307
YE 2,1 Lavandera 2   mi marido a comer.   1307
YE 2,1 Lavandera 5   mi marido a cenar.   1307
YE 2,1 Lavandera 4   mi marido a dormir.   1308
YE 2,2 Juan   Aunque me miras de un [...] porque para eso soy el   1316
                        marido.
YE 2,2 María   ¿Y tu marido?   1319
YE 2,2 María   De todas maneras, creo que tu marido te sigue   1319
                        queriendo.
YE 2,2 Yerma   Mi marido me da pan y casa.   1319
YE 2,2 Víctor   Tu marido ha de ver su hacienda colmada.   1324
YE 3,1 Vieja 1   Pero mientras esperas la gracia de Dios debes   1328
                        ampararte en el amor de tu marido.
YE 3,1 Dolores   Tu marido es bueno.   1329
YE 3,1 Dolores   Piensa que tu marido también sufre.   1329
YE 3,2 Vieja   La culpa es de tu marido.   1344
YE 3,2 Vieja   Y en cuanto a tu marido, hay en mi casa entrañas y   1345
                        herramientas para que no cruce siquiera la calle.
RS 2,1 Madre   Pero usted lo sabe muy bien: desde que faltó mi pobre   1393
                        marido hago verdaderos [...]
RS 3,1 Tía   Desde que murió mi marido está la casa tan vacía que   1412
                        parece el doble de grande, y hasta tenemos que
                        buscarnos.
RS 3,1 Ama   Cuando yo enterré a mi marido lo sentí mucho, [...]   1416
RS 3,1 Martín   Por eso envidiaba yo tanto a su marido.   1421
RS 3,1 Ama   En medio de las dos, en un columpio de jazmines y   1425
                        matas de romero, Rosita meciéndose, y detrás su marido
                        cubierto de rosas, [...]
RS 3,1 Tía   Murió por la misma época que mi marido.   1432
BA 1,1 La Poncia   ¡Buen descanso ganó su pobre marido!   1441
BA 1,1 La Poncia   La quedan cinco mujeres, cinco hijas feas, que   1442
                        quitando Angustias, la mayor, que es la hija del
                        primer marido y tiene dineros, [...]
BA 1,1 La Poncia   Anoche ataron a su marido a un pesebre y [...]   1455
BA 1,1 Martirio   Su padre mató en Cuba al marido de su primera mujer   1459
                        para casarse con ella.
BA 2,1 La Poncia   Esas cosas pasan entre [...] primera vez que mi marido 1476
                        Evaristo el Colín [...]
BA 3,1 Bernarda   ¿Y tu marido cómo sigue?   1507

maridos (4)
     DC 1,1 Rosita   Son los leones del circo, son los maridos ultrajados   1040
                            que hablan en la calle.
     YE 1,1 Yerma   Yo conozco muchachas que han temblado y que lloraban   1276
                            antes de entrar en la cama con sus maridos.
     YE 1,2 Vieja 1   He tenido dos maridos, catorce hijos, [...]   1287
     YE 3,2 Macho   Los maridos son toros.   1342
marinería (1)
     MP 2,8 Conspirador 4   toda la marinería,   844
marinero (5)
     MP 2,1 Clavela   y al marinero en el mar.   822
     MP 2,5 Mariana   Como la enamorada de un marinero loco   831
     MP 2,8 Mariana   "Luna tendida, marinero en pie",   846
     MP 2,8 Mariana   "Luna tendida, marinero en pie."   846
     TB DME Doncella   Marinero empieza con M,   898
marineros (2)
     MP 2,2 Niña   por caminantes y marineros.   826
     MP 2,7 Pedro   pescadores del Palo, marineros   838
mariposa (18)
     MM 1,5 Curiana N   ¡Pobre mariposa herida!   697
     MM 1,6 Curiana N   depende de las alas de esa gran mariposa.   700
     MM 2,1 Curianita Santa y hablaba de unas alas de mariposa herida,   704
     MM 2,1 Curianita 1   Y de una mariposa, ¿por qué se ha enamorado?   704
     MM 2,2 Doña Curiana   Para el baño de luna de nuestra mariposa   705
     MM 2,5 Gusano 3   Es una mariposa   717
     MM 2,7 Curianito   ¡Mariposa! ¡Espejo de las hadas!   720
     MP 1,4 Amparo   como una gran mariposa   794
     ZP 1,1 Niño   Mira, zapaterita... Una mariposa, una mariposa...   935
                            ¿No tienes un sombrero?...
     ZP 1,1 Niño   Mariposa del aire,   936
     ZP 1,1 Niño   mariposa del aire   936
     ZP 1,1 Niño   mariposa del aire,   936
     ZP 1,1 Niño   Mariposa del aire,   936
     ZP 1,1 Niño   mariposa del aire,   936
     ZP 1,1 Niño   Mariposa, ¿estás ahí?   936
     CA 2,1 Novia   Una mirada que se parte como el ala de una mariposa   1092
                            seca.
     RS 2,1 Rosita   ¡Toma! Ya he hecho otro de nansú con mariposa a la   1395
                            aguada.
mariposas (1)
     RS 1,1 Rosita   y el Dauro a sus mariposas.   1367
marjales (1)
     BA 2,1 Martirio   Por tus marjales y tus arboledas.   1495
maroma (2)
     BS 1,3 Padre   No habla nunca; suave como la lana, borda toda clase   1198
                            de bordados y puede cortar una maroma con los dientes.
     BA 2,1 Adela   Yo no quería. He sido como arrastrada por una maroma.   1504
maromas (2)
     EP RR Figura De C   Un látigo hecho con maromas de barco.   1148
     EP CV Estudiante 5   Con las maromas que torció mi padre los engancharemos   1168
                            a las rocas para partirlas y que salga un volcán.
marqueses (1)
     TC 0,0 Mosquito   Yo y mi compañía venimos del teatro de los burgueses,   723
                            del teatro de los condes y de los marqueses, un teatro
                            [...]
marrana (1)
     BA 2,1 Adela   En vez de limpiar la casa y acostarte para rezar a tus 1481
                            muertos, buscas como una vieja marrana asuntos de
                            hombres [...]
Marsella (1)
     RS 2,1 Ama   Ya me duelen las manos de guardar mantelerías de   1380
                            encaje de Marsella y juegos de [...]
Marsellesa (1)
     DC 1,1 Rosita   ¿El can-can de Goicoechea o la Marsellesa de Gil   1037
                            Robles?
martillazos (2)
     ZP 1,1 Niño   Dice mi madre que tenga cuidado de no darles muchos   914
                            martillazos porque el [...]
     RS 3,1 Muchacho   Un poquito peor. Yo la tengo hecha a martillazos.   1432
martillo (4)
     ZP 1,1 Zapatera   ¡Pégame, si te parece; anda, tírame el martillo!   918
     CA 1,1 Niño   Y un hombre con martillo iba clavando   1062
     YE 2,2 Yerma   Que estoy ofendida, ofendida [...] siento dos golpes   1318
                            de martillo aquí en lugar [...]
     BA 3,1 Bernarda   ¡Trae un martillo!   1532
Martín (6)
     RS 3,1 Ama   ¡Si está aquí don Martín!   1417
     RS 3,1 Ama   Don Martín, adelante!   1417
     RS 3,1 Tía   ¡Ay don Martín! ¡Qué mundo este!   1419
     RS 3,1 Ama   ¡Don Martín con su pelito rojo!   1422

Pág.

Martín (continuación)
RS 3,1 Ama   Pero aunque me ría, como ignorante, comprendo que don   1423
                         Martín tiene mucho mérito.
RS 3,1 Ama   Don Martín, que vaya usted [...]   1423
mártires (1)
RS 2,1 El Señor X   El conde Zboronsky, muerto [...] en el accidente, son   1375
                         mártires de la ciencia, [...]
Martirio (14)
BA 2,1 La Poncia   Entre las sábanas de la cama de Martirio.   1493
BA 2,1 Bernarda   ¿Te refieres a Martirio?   1497
BA 2,1 La Poncia   Bueno, a Martirio... ¿Por qué habrá escondido el   1497
                         retrato?
BA 2,1 La Poncia   Martirio es enamoradiza, digas lo que tú quieras.   1498
BA 2,1 La Poncia   A Martirio se le olvidará esto.   1499
BA 2,1 La Poncia   ¿A ti no te parece que Pepe estaría mejor casado con   1500
                         Martirio o..., ¡sí!,
BA 2,1 Adela   ¡Martirio, déjame!   1504
BA 3,1 Bernarda   Ya te he dicho que quiero que hables con tu hermana   1512
                         Martirio.
BA 3,1 Criada   ¿Y Martirio también?   1521
BA 3,1 María Josefa   Tú eres Martirio, ya te veo.   1524
BA 3,1 María Josefa   Martirio, cara de Martirio.   1524
BA 3,1 Adela   Martirio, Martirio, yo no tengo la culpa.   1527
martirizar (1)
YE 3,1 Yerma   Yo quiero tener a mi [...] que mi hijo me iba a   1328
                         martirizar después y [...]
martirizarme (1)
MM 1,3 Doña Curiana   es de martirizarme.   684
marzo (1)
PB 3,1 Voces   sobre los puentes de marzo.   1011
mas (10)
más (378)
masa (1)
EP CV Estudiante 2   El director de escena evitó de manera genial que la   1165
                         masa de espectadores [...]
máscara (2)
TC 3,1 Mozo 2   Eso mismo te digo yo a ti. ¿Quién es este embozado,   746
                         esta máscara?
EP CV Estudiante 2   Es una cuestión de forma, de máscara.   1161
mascarones (1)
PB 1,1 Belisa   Mi sed no se apaga nunca, como nunca se apaga la sed   989
                         de los mascarones que echan el agua en las fuentes.
masona (1)
MP 3,1 Novicia 2   Dicen que es masona.   862
masonería (1)
MP 1,5 Mariana   ¿Cosas de masonería?   798
mastranzo (3)
MM 1,1 Curiana N   tomadlos de noche con mastranzo.   674
MM 1,5 Alacranito   Que las hojitas del mastranzo   689
MM 1,6 Alacranito   Que las hojitas del mastranzo   701
mata (S) (1)
ZP 2,1 Zapatera   Soy capaz de seguir así hasta que se vuelva cana toda   974
                         mi mata de pelo.
mata (5)
MM 1,5 Curianito   ¡Ay madre, que me mata!   696
BS 2,2 Madre   Esa gente mata pronto y bien...; pero ¡sí, corre, y yo   1244
                         detrás!
BS 3,1 Leonardo   mata dos espigas juntas.   1259
RS 2,1 Tía   la siempreviva te mata.   1404
BA 2,1 La Poncia   ¡Mata esos pensamientos!   1480
matabas (1)
CA 2,1 Novia   ¿Y no llevabas un caballo de las crines y matabas en   1093
                         un día tres mil faisanes?
matadla (2)
BA 2,1 Bernarda   ¡Matadla!   1506
BA 2,1 Bernarda   ¡Matadla!   1506
matado (7)
TC 2,1 Cristobita   Esta porra que ve aquí ha matado muchos hombres   739
                        franceses, italianos, húngaros... Tengo la lista en
                        mi casa.
TC 6,1 Cristobita   ¡Yo, que he matado trescientos ingleses, trescientos   778
                        constantinoplos!
PB 3,1 Perlimplín   pero me ha matado... Con este ramo ardiente de   1017
                        piedras preciosas.
CA 1,1 Criado   Los niños arrojaron un gato que habían matado sobre el   1070
                        tejadillo del jardín, y hay necesidad de quitarlo.
YE 3,2 Yerma   ¡No os acerquéis, porque he matado a mi hijo, yo misma   1350
                        he matado a mi hijo!
BA 3,1 La Poncia   ¿Pero lo habéis matado?   1531

matadores (2)
    BS 1,1 Madre   Mis muertos llenos de hierba, sin hablar, hechos   1173
                          polvo; dos hombres que eran dos geranios...   Los
                          matadores, en presidio, [...]
    BS 1,1 Madre   Tengo que ir todas las mañanas, y si me voy es fácil 1176
                          que muera uno de los Félix uno de la familia de los
                          matadores, y lo entierren [...]
matamos (1)
    MM 2,4 Curiana G   y te matamos!   710
matan (2)
    MP 3,3 Mariana   Y, si me matan, vendrá   869
    MP 3,5 Mariana   ¿Qué crimen cometí? ¿Por qué me matan?   876
matando (5)
    MM 1,5 Curianito   matando al gusanito para te alimentar.   693
    ZP 2,1 Vecina Negra   ¡Se están matando!   962
    CA 2,1 Joven   Y luego... en la calle he golpeado a unos niños que 1092
                          estaban matando un gato a pedradas.
    BS 2,2 Madre   Mana de su bisabuelo, que empezó matando, y sigue en 1227
                          toda [...]
    YE 1,2 Yerma   ¿qué niño te está matando?   1296
matar (8)
    MM 1,5 Curianito   Matar   693
    TC 6,1 Cristobita   ¿tú no me has visto matar a nadie con la porra?   767
    MP 3,1 Novicia 2   y la quieren matar.   860
    BS 1,1 Madre   Es verdad... Pero oigo [...] que escupir por no matar. 1182
    BS 2,1 Criada   Vas a matar al animal con tanta carrera.   1211
    BS 2,1 Leonardo   A mí me pueden matar, pero no me pueden escupir.   1213
    YE 1,1 Yerma   Voy a matar este cordero para hacerle un buen guiso de 1275
                          carne."
    BA 2,1 La Poncia   Ahora la quieren matar.   1505
matará (2)
    TC 6,1 Rosita   Ahora me matará con la porra.   772
    TC 6,1 Rosita   ¿Te abro? ¡No te abro! Ahora viene, y nos matará.   777
matarán (2)
    BS 3,1 Leñador 3   Pero los matarán.   1246
    BS 3,1 Leñador 3   Los buscan y los matarán.   1247
matarás (1)
    ZP 2,1 Zapatero   ¿Lo matarás en seguida?   962
mataré (1)
    TC 6,1 Cocoliche   ¡Ábreme, que yo le mataré cuando venga!   776
mataría (1)
    MM 1,1 Doña Curiana   ¿Quién la mataría?   673
matarla (2)
    BA 2,1 Bernarda   Sí, que vengan todos con varas de olivo y mangos de   1505
                          azadones, que vengan todos para matarla.
    BA 2,1 Adela   No, no. Para matarla, no.   1505
matarlo (1)
    ZP 2,1 Zapatero   ¿Qué piensas hacer? Matarlo.   961
matarlos (1)
    CA 2,1 Novia   Anoche soñaba que todos [...] un beso para poder   1087
                          matarlos a todos.
matarme (3)
    ZP 2,1 Zapatera   Mire usted, tengo a todo el pueblo encima, quieren   974
                          venir a matarme, y sin embargo no tengo ningún miedo.
    PB 3,1 Perlimplín   Tu marido acaba de matarme con este puñal de   1016
                          esmeraldas.
    BS 3,1 Novia   Y si no quieres matarme   1256
mataron (6)
    MP 2,8 Conspirador 4 Muy de noche lo mataron   843
    BS 1,1 Madre   Miré a tu padre, y cuando lo mataron miré a la pared 1176
                          de enfrente.
    BS 2,2 Madre   En la frente de todos ellos yo no veo más que la mano 1227
                          con que mataron a lo que era mío.
    BS 3,2 Madre   se mataron los dos hombres del amor.   1272
    YE 3,2 Vieja   El año pasado se mataron dos por una casada seca y   1337
                          quiero vigilar.
    RS 2,1 Tío   Ya ve usted lo que ha [...] llegar a Burdeos se   1375
                          mataron todos los corredores.
matarte (2)
    MP 2,5 Mariana   de que pueda matarte la canalla realista.   829
    BS 3,1 Novia   Que si matarte pudiera,   1257
matas (1)
    RS 3,1 Ama   En medio de las dos, en un columpio de jazmines y   1425
                          matas de romero, Rosita [...]
mate (3)
    BS 1,1 Novio   ¿Es que quiere usted que los mate?   1173
    BS 3,2 Novia   Déjala; he venido para que me mate y que me lleven con 1269
                          ellos.
    BA 2,1 Angustias   Que Dios me mate si miento.   1501
maté (5)
    DC 1,1 Cristóbal   Te maté, puñetero, te maté...   1028

                                                                              Pág.
maté (continuación)
    DC 1,1 Cristóbal   Te maté, puñetera, te maté.   1042
    BA 2,1 La Poncia   Un día me dijo no sé qué cosa y le maté todos los   1477
                           colorines con la mano del almirez.
materiales (1)
    CA 1,1 Joven   ¿Crees tú que yo puedo vencer las cosas materiales, 1071
                           los obstáculos [...]
materialista (1)
    RS 2,1 Tío   El siglo que acabamos de empezar será un siglo   1375
                           materialista.
mates (1)
    PB 3,1 Belisa   Como le mates,   1016
Matilde (2)
    CA 1,1 Amigo   No, aunque el talle lo tiene mucho mejor Matilde.   1057
    RS 3,1 Tía   ¿"El cumpleaños de Matilde"? Sí, lo leímos; una   1422
                           preciosidad.
mato (2)
    TC 6,1 Cristobita   ¡Te mato, te trituro, te machaco los huesos!   776
    PB 3,1 Belisa   te mato a ti.   1016
mató (6)
    MM 1,1 Curiana N   La mató el amor.   673
    MP 1,4 Amparo   Cinco toros mató; cinco,   793
    PB 3,1 Perlimplín   Me mató porque sabía que te amaba como nadie...   1016
                           Mientras me hería gritó: "¡Belisa ya tiene un alma!"
    PB 3,1 Perlimplín   Perlimplín me mató... ¡Ah don Perlimplín!   1016
    BA 1,1 Martirio   Su padre mató en Cuba al marido de su primera mujer 1459
                           para casarse con ella.
    BA 2,1 La Poncia   Y para ocultar su vergüenza lo mató y lo metió debajo 1505
                           [...]
matrimonio (5)
    ZP 2,1 Zapatero   ¡Pero sepa y entienda que yo no estoy enamorado de 969
                           nadie más que de mi mujer, mi esposa de legítimo
                           matrimonio!
    PB 0,0 Marcolfa   El matrimonio tiene grandes encantos, mi señor.   981
    PB 0,0 Madre   A contraer matrimonio, ¿no es así?   984
    PB 0,0 Marcolfa   En el mundo del matrimonio.   986
    RS 3,1 Tía   Ocho años lleva de matrimonio, y hasta el mes pasado 1415
                           no me escribió el canalla la verdad.
Maximiliano (1)
    BA 1,1 La Poncia   Dicen que iba con los pechos fuera y Maximiliano la 1455
                           llevaba cogida como si tocara la guitarra.
mayo (3)
    TC 3,1 Cocoliche   Espantanublos, cierra la puerta, que a pesar de estar 745
                           cerca del mes de mayo, este señor parece [...]
    TC 6,1 Currito   Rosa. Rosita de mayo.   766
    MP 3,9 Novicia 2   ¡Clavellina de mayo! ¡Rosa de Andalucía!,   890
mayor (10)
    MM 2,2 Doña Curiana   No hay desgracia mayor que la de ser poeta.   708
    MP 2,5 Pedro   En el mayor sigilo conspiramos. ¡No temas!   829
    BS 1,3 Madre   Esa edad tendría mi hijo mayor si viviera.   1199
    YE 2,2 Víctor   Deseo la mayor felicidad para esta casa.   1325
    RS 1,1 Rosita   la mayor abre sus ojos   1367
    RS 3,1 Rosita   La mayor de las tres Manolas.   1431
    BA 1,1 La Poncia   La quedan cinco mujeres, cinco hijas feas, que   1442
                           quitando Angustias, la mayor, que es la hija [...]
    BA 2,1 La Poncia   Hace años vino otra de estas y yo misma di dinero a mi 1486
                           hijo mayor para que fuera.
    BA 2,1 Amelia   Nacer mujer es el mayor castigo.   1486
    BA 2,1 La Poncia   Ayer me contó mi hijo mayor que a las cuatro [...] 1501
Mayor (1)
    MP 2,2 Mariana   al Santo Cristo del Mayor Dolor,   826
mayores (1)
    BA 1,1 Bernarda   A tu edad no se habla delante de las personas mayores. 1446
me (1302)
meando (1)
    DC 1,1 Cristóbal   Es que estoy meando.   1022
mecanógrafa (3)
    CA 3,1 Máscara   ¿Y usted, señorita mecanógrafa?   1115
    CA 3,2 Criado   A su antigua mecanógrafa.   1134
    CA 3,2 Jugador 3   Y aunque ni a la otra ni a la señorita mecanógrafa se 1137
                           les ocurrirá [...]
mece (5)
    MP 2,3 Mariana   y en la pájara pinta que se mece   826
    PB 2,1 Belisa   A veces pasa por debajo de mis balcones y mece su mano 1002
                           lentamente en un saludo que hace temblar mis pechos.
    BS 3,2 Madre   Pero no; camposanto, no, camposanto, no; lecho de   1268
                           tierra, cama que los cobija y que los mece por el
                           cielo.
    RS 2,1 Tía   La madreselva te mece,   1404
    RS 3,1 Ama   En medio de las dos, [...] cristal, y usted se mece 1425
                           así y yo así, y [...]

mecen (2)
    RS 2,1 Solterona 3   cuando se mecen las ramas.   1403
    RS 2,1 Solterona 3   cuando se mecen las ramas.   1405
mecida (1)
    MM 0,0   También el viejo silfo [...] ritmo que tiene la hoja   670
                               mecida por el aire tiene [...]

meciéndose (1)
    RS 3,1 Ama   En medio de las dos, en un columpio de jazmines y   1425
                               matas de romero, Rosita meciéndose, y detrás [...]

medalla (1)
    RS 2,1 Ama   Ahí están las señoronas por todo lo alto de Ayola,   1395
                               fotógrafo de Su Majestad y medalla de oro en la [...]

media (14)
    ZP 1,1 Niño   Tú no me regañarás, ¿verdad?, [...] quiero treinta y   934
                               dos y media...
    ZP 2,1 Zapatero   a eso de las once y media,   961
    CA 3,1 Muchacha   y a la media vuelta   1110
    CA 3,1 Arlequín   a la media vuelta   1110
    CA 3,1 Arlequín   A la media vuelta   1113
    CA 3,1 Máscara   Digo que el conde Arturo [...] que yo era como una   1116
                               media luna de plata, [...]
    CA 3,1 Payaso   Busca. Da la media vuelta y lo encontrarás.   1120
    BS 2,2 Mujer   No, no. Con media tiene bastante.   1233
    YE 1,2 Yerma   Entonces, ¿qué vas a pensar cuando te deja en la cama   1290
                               con los ojos tristes mirando al techo y se da media
                               vuelta y se duerme?
    BA 2,1 Amelia   Se iría a eso de la una y media.   1473
    BA 2,1 La Poncia   "Buenas noches", le dije yo, y nos quedamos callados   1476
                               más de media hora.
    BA 2,1 La Poncia   Ayer me contó mi hijo mayor que a las cuatro y media   1501
                               de la madrugada, [...]
    BA 2,1 Bernarda   ¡A las cuatro y media!   1501
    BA 3,1 Angustias   A las doce y media.   1513
medianoche (6)
    CA 1,1 Joven   Muchas veces yo me he levantado a medianoche para   1047
                               arrancar las hierbas del jardín.
    CA 3,2 Joven   Voy a cortar todas las [...] hierba que sale sola a   1135
                               medianoche...
    BS 2,2 Criada   Para la medianoche, como no dormiréis, os he preparado   1234
                               jamón y unas copas grandes de vino antiguo.
    BS 2,2 Novio   No como a medianoche.   1234
    BS 3,2 Madre   A medianoche dormiré, dormiré sin que ya me aterren la   1267
                               escopeta o el cuchillo.
    BA 2,1 Martirio   ¿Y no se habrá escapado a medianoche al corral?   1491
mediante (1)
    MP 2,7 Pedro   Llegarán esta noche, Dios mediante.   836
medias (A) (1)
    YE 1,2 Yerma   Todo se vuelve medias palabras, gestos, porque todas   1291
                               estas cosas dicen que no se pueden saber.
medias (6)
    CA 2,1 Joven   medias de seda la luna.   1100
    BS 1,1 Madre   Le compras unas medias caladas, y para ti dos   1177
                               trajes... ¡Tres!
    BS 1,2 Muchacha   ¡Y compraron unas medias caladas!...   1191
    BS 1,2 Muchacha   ¡Ay, qué medias!   1191
    BS 1,2 Muchacha   ¡El sueño de las mujeres en medias!   1191
    BS 1,3 Criada   Siquiera las medias. Dicen que son todas caladas.   1203
                               ¡Mujer!
medicina (1)
    BA 1,1 Amelia   ¿Has tomado la medicina?   1458
médico (6)
    DC 1,1 Director   Usted es un médico.   1023
    DC 1,1 Cristóbal   Yo no soy un médico. Vamos al toro.   1023
    DC 1,1 Enfermo   En vista de esto me he convencido de que es usted un   1024
                               gran médico que me puede curar.
    DC 1,1 Madre   Rositaaaaaaa. Aquí está el médico.   1040
    DC 1,1 Rosita   ¡Ay!, el médico, ¡ay!, ¡ay!, ¡ay!, ¡ay!, mi barriguita. 1040
    BA 1,1 Amelia   Desde que vino el médico nuevo estás más animada.   1458
médicos (1)
    EP RR Figura De C   mientras tú, debajo de [...] fogoneros y de los   1149
                               médicos que operan el [...]

medida (1)
    CA 1,1 Amigo   Mira, es un talle para la medida de todos los brazos   1057
                               [...]

medidores (2)
    BS 1,2 Leonardo   Estuve con los medidores del trigo. Siempre   1188
                               entretienen.
    BS 1,2 Mujer   Estuvo con los medidores del trigo.   1189
Medinilla (2)
    DC 1,1 Rosita   con Medinilla,   1032
    DC 1,1 Rosita   con Juan, con José, con Medinilla,   1032

medio - mejor

			Pág.
medio (19)			
MM 1,5	Alacranito	en medio de un olivar...	691
MM 2,4	Curiana G	¡Eres canalla y medio!	712
MM 2,5	Gusano 3	medio muerta de frío.	717
TC 1,1	Cristobita	No hay más que dos caminos a seguir con los hombres: o no conocerlos... , ¡o quitarlos de en medio!	734
MP 1,8	Angustias	en medio del silencio!	818
MP 2,5	Pedro	en medio de estas anchas eternidades nuestras	832
ZP 0,0	El Autor	También amanece así todos los días sobre las ciudades, y el público olvida su medio mundo de sueño [...]	912
ZP 1,1	Zapatera	También tuve otro pretendiente... Aquel era medio señorito..., tendría dieciocho años, ¡se dice muy pronto!	917
ZP 2,1	Zapatera	Medio metro de agua y las chinas del fondo se veían reír, reír con el temblorcillo.	945
ZP 2,1	Niño	Medio, medio.	946
YE 1,1	María	En medio de todo tengo vergüenza.	1281
YE 1,2	Muchacha 2	Cuánto mejor se está en medio de la calle.	1294
YE 2,2	Yerma	¡Cómo no me voy a quejar [...] viéndome yo inútil en medio de tanta hermosura!	1317
RS 2,1	Ama	En medio del terciopelo [...]	1383
RS 2,1	Madre	El año pasado nos regalaron a nosotras medio kilo.	1398
RS 3,1	Ama	En medio de las dos, en [...]	1425
BA 2,1	La Poncia	Mejor lo sabrás tú que yo, que duermes pared por medio.	1478
BA 3,1	Adela	Dios me ha debido dejar sola en medio de la oscuridad, porque te veo como si no te hubiera visto nunca.	1529
mediocre (1)			
RS 2,1	El Señor X	Está entendido, la Tierra es un planeta mediocre, pero hay que ayudar a la civilización.	1376
mediodía (9)			
PB 3,1	Marcolfa	Yo le haré una corona de flores como un sol de mediodía.	1018
CA 1,1	Amigo	Una morena de esas que se echan de menos al mediodía de verano.	1058
CA 1,1	Gato	y al mediodía	1064
EP RR	Centurión	Pare por cuatro o cinco a la vez y nunca al mediodía debajo de los árboles.	1152
YE 3,1	Dolores	La oración del laurel dos veces, y al mediodía la oración de Santa Ana.	1330
YE 3,2	Yerma	El agua no se puede volver atrás ni la luna llena sale al mediodía.	1345
RS 1,1	Tío	Abierta en el mediodía	1357
RS 1,1	Rosita	Abierta en el mediodía	1374
RS 2,1	Tío	abierta en el mediodía,	1410
medios (1)			
PB 1,1	Duende 1	Y el comentario huiría hacia medios más misteriosos.	995
medir (1)			
TC 1,1	Cristobita	La mujer no debe medir ni más ni menos.	731
medirá (1)			
TC 1,1	Cristobita	Medirá un metro de alzada.	731
medita (1)			
MM 1,6	Curiana N	Medita hasta la tarde.	701
meditad (1)			
MM 2,1	Curianita Santa	"Meditad con la hierba que nace vuestras vidas	703
medite (2)			
MM 2,3	Mariposa	que el ruiseñor medite	708
MM 2,3	Mariposa	que el ruiseñor medite	709
Mediterráneo (1)			
MP 2,8	Mariana	dicen allá, por el Mediterráneo,	846
meee (2)			
meeee (2)			
mejilla (6)			
YE 1,1	María	Pero la noche que nos casamos me lo decía constantemente con su boca puesta en mi mejilla, tanto que a [...]	1281
YE 1,2	Yerma	Aquí..., en la mejilla; como una quemadura.	1297
YE 3,2	Mujer 2	las ascuas de su mejilla.	1339
RS 1,1	Tío	de una mejilla de sal.	1357
RS 1,1	Rosita	de una mejilla de sal;	1374
RS 2,1	Rosita	de una mejilla de sal.	1411
mejillas (3)			
CA 1,1	Amigo	Mira: te voy a coger por las solapas, te voy a pintar de colorete esas mejillas de cera... [...]	1056
BS 3,1	Luna	mis mejillas roja sangre,	1249
BS 3,1	Luna	mis mejillas dulce sangre,	1250
mejor (64)			
TC 1,1	Criado	Todavía la merece mejor su merced.	734
TC 2,1	Cocoliche	Mejor era que me hubiese partido un rayo por la mitad.	737
TC 3,1	Contrabandista 1	Mejor será que no nos vayamos.	742
TC 3,1	Cocoliche	Pues bien: esa mujer es doña Rosita, la de la plaza, la mejor cantaora de Andalucía, mi..., ¡sí!,	745

mejor - mejores
                                                                        Pág.
mejor (continuación)
  MP 1,6 Clavela   Lo mejor es callar en estos casos.   803
  MP 2,8 Mariana   Quizá estuviera aquí mejor guardada.   842
  TB QM. Viejo   Estuve de cochero en su casa; pero si te confieso la 905
                        verdad, ahora estoy mejor de mendigo.
  ZP 1,1 Zapatera   Lo mejor de estas vegas.   917
  ZP 1,1 Vecina   ¡Cuánto mejor le hubiera ido a usted casado con gente 919
                        de su clase!...,
  ZP 1,1 Zapatera   ¿Pero lo van a saber ustedes mejor que yo?   938
  ZP 1,1 Vecina Roja   La menta es mejor.   939
  ZP 2,1 Zapatero   ¿Tienes revólver? ¡Mejor!,   961
  ZP 2,1 Zapatero   ¡Y qué disparate no sospechar que mi mujer era de oro 971
                        puro, del mejor de la tierra!
  PB 0,0 Perlimplín   Belisa... Pero no sería mejor...   982
  PB 3,1 Perlimplín   Y para que sea tuyo completamente, se me ha ocurrido 1015
                        que lo mejor es clavarle este [...]
  CA 1,1 Viejo   Después, ¿verdad? Saben mejor. Yo también...   1046
  CA 1,1 Amigo   No, aunque el talle lo tiene mucho mejor Matilde.   1057
  CA 1,1 Niño   pero es mejor que me duerma   1065
  CA 1,1 Amigo   Yo prefiero comerla verde, o, mejor todavía, me gusta 1072
                        cortar su flor para ponerla en mi solapa.
  CA 3,1 Máscara   ¡Ja, ja, ja! Sí, ¿verdad? Saben mejor.   1117
  CA 3,1 Mecanógrafa   Mejor: un halcón de vidrio.   1121
  CA 3,1 Joven   Arriba se está mejor. ¡Vente!   1124
  CA 3,1 Joven   Es mejor de noche.   1128
  BS 1,1 Vecina   Muchas veces pienso que tu hijo y el mío están mejor 1179
                        donde están, dormidos, [...]
  BS 1,2 Muchacha   Llegó el novio a la tienda y ha comprado todo lo mejor 1191
                        que había.
  BS 1,3 Padre   ¡Mejor!   1201
  BS 2,1 Criada   Es para arreglarte mejor esta onda.   1207
  BS 2,1 Criada   Y lo mejor es cuando te despiertes [...]   1207
  BS 2,1 Leonardo   Un poco más pequeña le sentaría mejor.   1212
  BS 2,2 Novio   El monte es barato y los hijos se crían mejor.   1232
  BS 2,2 Novio   Las viejas frescas como tú bailan mejor que las   1234
                        jóvenes.
  BS 2,2 Novia   A la noche estaré mejor.   1240
  YE 1,1 Juan   Estás mejor aquí.   1277
  YE 1,2 Muchacha 2   Cuánto mejor se está en medio de la calle.   1294
  YE 1,2 Voz De Víctor dormirías mejor.   1295
  YE 1,2 Yerma   dormirías mejor.   1295
  YE 2,2 Yerma   Yo sabré llevar mi cruz como mejor pueda, pero no me 1313
                        preguntes nada.
  YE 3,1 Yerma   Yo quiero tener a mi [...] nacimiento, porque es mucho 1328
                        mejor llorar por un hombre [...]
  RS 2,1 Solterona 3   Lo mejor de Granada.   1394
  RS 2,1 Solterona 2   El día que te cases vas a llevar el mejor ajuar del 1395
                        mundo.
  RS 2,1 Ayola 1   Más discreto es que la leas tú sola, porque a lo mejor 1407
                        te dice algo verde.
  RS 3,1 Ama   Pero es mejor que no las vea. ¡Vaya por la otra casa! 1436
  RS 3,1 Solterona 3   Es mejor.   1436
  BA 1,1 Amelia   Ya no sabe una si es mejor tener novio o no.   1459
  BA 1,1 Magdalena   Mejor que yo lo sabéis las dos.   1463
  BA 1,1 Magdalena   Pepe el Romano tiene veinticinco años y es el mejor 1464
                        tipo de todos estos contornos.
  BA 1,1 Adela   Y que me está muy bien. Es lo mejor que ha cortado 1465
                        Magdalena.
  BA 1,1 Magdalena   Lo mejor que puedes hacer es regalárselo a Angustias 1465
                        para la boda con Pepe el Romano.
  BA 1,1 Criada   Como dará la vuelta a la esquina, desde la ventana de 1467
                        tu cuarto se verá mejor.
  BA 2,1 Magdalena   Desde luego que hay que reconocer que lo mejor que has 1472
                        tenido siempre es el talle y la delicadeza.
  BA 2,1 Magdalena   ¡A lo mejor no sales!   1472
  BA 2,1 La Poncia   Mejor lo sabrás tú que yo, que duermes pared por medio. 1478
  BA 2,1 La Poncia   Esas están mejor que vosotras.   1484
  BA 2,1 La Poncia   Mejor será que no me meta en nada.   1499
  BA 2,1 La Poncia   ¿A ti no te parece que Pepe estaría mejor casado con 1500
                        Martirio o..., ¡sí!,
  BA 3,1 La Poncia   Pero tiene la mejor manada de estos contornos.   1508
  BA 3,1 La Poncia   Lo mejor es el armario de luna.   1511
  BA 3,1 Bernarda   Y es mejor no pensar en ellas.   1516
  BA 3,1 La Poncia   A lo mejor, de pronto, cae un rayo.   1519
  BA 3,1 La Poncia   A lo mejor, de pronto, un golpe te para el corazón. 1519
  BA 3,1 La Poncia   Pues mejor para ti.   1519
  BA 3,1 María Josefa   Mejor es tener una oveja que no tener nada.   1524
  BA 3,1 Adela   Sabes mejor que yo que no la quiere.   1527
  BA 3,1 Bernarda   Aunque es mejor así. ¡Adela, Adela!   1531
mejores (1)
  RS 2,1 Rosita   "Rosita, de las mejores."   1392

melancolía - menos

Pág.

melancolía (1)
  MM 0,0   Un viejo silfo del bosque [...] envuelta en su propia   670
                           melancolía.
melancolías (1)
  MM 1,1 Doña Curiana   Desechad tristeza y melancolías;   674
melón (1)
  YE 1,2 Vieja 1   Yo he sido una mujer de faldas en el aire, he ido   1287
                           flechada a la tajada de melón, a la fiesta, a [...]
mella (1)
  ZP 2,1 Zapatero   Y no tiene ni una mella.   961
membrillo (3)
  TC 1,1 Rosita   Heredó de su abuela tres duros y una caja de   727
                           membrillo, y... ¡nada más!
  MP 1,2 Amparo   ¡Buen membrillo!   786
  RS 1,1 Ama   Donde esté una naranja o un buen membrillo, que se   1352
                           quiten las rosas del mundo.
membrillos (1)
  MP 1,5 Fernando   Con este olor a membrillos.   797
memento (2)
  TC 6,1 Un Cura   Uri memento.   779
  MP 1,8 Angustias   decían uri memento,   817
memoria (5)
  ZP 2,1 Zapatero   ¡Cómo se conoce que no tienen que decirlo de memoria!   961
  CA 2,1 Joven   De pronto, mientras subía la escalera, vinieron a mi   1092
                           memoria todas las canciones [...]
  RS 2,1 Tío   No me expliques, ya me lo sé todo de memoria... Y sin   1385
                           embargo no puedes estar sin ella.
  RS 3,1 Tía   Perdona, hijo, mi mala memoria.   1432
  BA 2,1 La Poncia   ¡Bernarda, respeta la memoria de mi madre!   1499
mendicante (1)
  YE 3,1 Dolores   La última vez hice la oración con una mujer mendicante   1327
                           que estaba [...]
mendigo (3)
  TB QM. Viejo   Estuve de cochero en su casa; pero si te confieso la   905
                           verdad, ahora estoy mejor de mendigo.
  TB QM. Enrique   Lo peor del mundo es un criado viejo, un mendigo.   907
  EP RR Figura De C   Este es el mendigo de las ruinas.   1153
menea (1)
  MP 2,1 Clavela   cómo el aire menea   824
menean (1)
  CA 1,1 Niño   con hierbas que se menean,   1066
menear (1)
  BS 2,1 Novia   Y sé que estoy loca y sé que tengo el pecho podrido de   1215
                           aguantar, y aquí estoy quieta por oírlo, por verlo
                           menear los brazos.
menee (1)
  RS 2,1 Ama   ¡Que venga y que te coja del brazo y que menee el   1410
                           azúcar de tu café y lo pruebe antes a ver si quema!
meneo (1)
  ZP 2,1 Zapatera   Que yo sola meneo sin querer las perinolas de la cama,   974
                           ¡susto doble!
menester (2)
  TC 4,1 Mozo   Pues es menester que te sustituya este.   753
  ZP 1,1 Zapatera   Puede que los tenga más hermosos que todas ellas y con   915
                           más arranque y más honra, porque tu madre..., es
                           menester que sepas...
menguante (1)
  TC 6,1 Mosquito   Después de todo ..., la luna no es tan menguante, ni   771
                           el aire va, ni el aire viene...
menor (4)
  MP 2,5 Pedro   ¡Cuántos peligros corres sin el menor desmayo!   828
  MP 2,7 Pedro   Hay que estudiar hasta el menor detalle,   838
  RS 1,1 Rosita   y la menor los entorna.   1367
  BA 3,1 Bernarda   Ella, la hija menor de Bernarda Alba, ha muerto virgen. 1532
menos (38)
  TC 1,1 Padre   Si al menos quisieras casarte, otro gallo nos   726
                           cantaría; pero me parece a mí que por ahora...
  TC 1,1 Rosita   ... Porque mi novio Cocoliche tiene menos dinero que   727
                           nosotros.
  TC 1,1 Rosita   ¡Mucho menos!   727
  TC 1,1 Cristobita   La mujer no debe medir ni más ni menos.   731
  TC 1,1 Rosita   ¡Si al menos pudiera vender mi alma al diablo!   733
  MP 2,9 Pedrosa   Grite menos.   854
  MP 3,3 Mariana   la que tiene menos culpa?   868
  MP 3,5 Mariana   Ahora menos lo diría.   877
  ZP 1,1 Zapatera   Porque, yo, todo menos esclava.   922
  PB 2,1 Belisa   En mi paseo por la alameda venían todos detrás menos   1002
                           él.
  CA 1,1 Amigo   Una morena de esas que se echan de menos al mediodía   1058
                           de verano.
  CA 2,1 Novia   Todo lo podías haber dicho menos la palabra sueño.   1094

menos (continuación)
CA 2,1 Novia   Sería injusto..., todos menos los abanicos... porque   1097
                    se han roto.

EP CV Estudiante 2 Pasaría que vendrían los hongos, y los latidos se   1161
                    harían quizá menos intensos y apasionantes.
BS 1,3 Novio   Y sería menos trabajo.   1197
BS 2,1 Criada   Ya llevarán lo menos dos horas de camino.   1209
BS 2,2 Novio   Yo tengo menos estatura.   1234
BS 3,2 Novia   Mira que mi cuello es blando; te costará menos trabajo 1270
                    que segar una dalia de tu huerto.
YE 1,1 Víctor   Dile a tu marido que piense menos en el trabajo.   1285
YE 1,2 Vieja 1   De todos modos, debías ser menos inocente.   1290
YE 2,2 Yerma   Cada vez tengo más deseos y menos esperanzas.   1318
YE 3,1 Dolores   Todas menos tú.   1327
YE 3,1 Juan   Todo lo aguanto menos eso.   1332
YE 3,2 Vieja   ¡Menos ¡ay!   1344
RS 3,1 Muchacho   Escribe desde Barcelona. Cada vez menos.   1434
BA 1,1 Bernarda   Menos gritos y más obras.   1445
BA 1,1 Magdalena   Todo menos estar sentada días y días dentro de esta   1452
                    sala oscura.
BA 1,1 Magdalena   ¡Una menos!   1461
BA 1,1 Magdalena   Aunque Angustias es nuestra [...] sido la que ha   1464
                    tenido menos méritos de todas [...]
BA 1,1 Martirio   No hables así. La suerte viene a quien menos la   1464
                    aguarda.
BA 1,1 La Poncia   Y a las otras, bastante menos.   1468
BA 1,1 Bernarda   Bastante menos, mucho menos.   1468
BA 2,1 Martirio   No tiene ni más ni menos que lo que tenemos todas.   1472
BA 2,1 Magdalena   Todas, menos Angustias.   1472
BA 2,1 Amelia   Y mucho menos criar niños ajenos.   1484
BA 2,1 Adela   ¡Alguna! ¡Todas menos yo!   1491
BA 3,1 Bernarda   Y cuando te cases, menos.   1513
mensualidades (1)
RS 3,1 Tía   Ama, ¡ya no puedo pagar tus mensualidades! Tendrás que 1417
                    abandonarnos.

menta (3)
ZP 1,1 Vecina Roja La menta es mejor.   939
PB 1,1 Belisa   La criada perfumó esta habitación con tomillo y no con 988
                    menta, como yo lo indiqué... [...]
PB 3,1 Belisa   noche mía, de menta y lapislázuli...   1012
mentalidad (1)
RS 3,1 Martín   ¿Leyó usted mi cuento de ayer en el segundo número de   1421
                    "Mentalidad Granadina"?

mentar (1)
ZP 2,1 Zapatera   Historietas antiguas que usted no habrá oído mentar   965
                    siquiera... y [...]

mentido (2)
ZP 2,1 Zapatero   ¿No has mentido? Le daré   961
YE 3,1 Dolores   Que mi lengua se llene de hormigas, como está la boca   1327
                    de los muertos, si alguna vez he mentido.

mentir (1)
BA 2,1 Martirio   A mí no me gusta mentir.   1503
mentira (25)
MP 2,9 Mariana   Es mentira, mentira.   856
MP 3,5 Mariana   Pero yo pienso que es mentira.   874
ZP 1,1 Zapatera   ¡Parece mentira!   918
ZP 1,1 Alcalde   Vamos, lo estoy viendo y me parece mentira cómo un   925
                    hombre, [...]
ZP 2,1 Zapatero   ¡Mentira!   965
ZP 2,1 Zapatero   ¡Mentira!   965
ZP 2,1 Zapatero   Esas historietas son pura mentira, fantasía nada más.   965
PB 1,1 Perlimplín   Nunca había visto la salida del sol... Es un   1000
                    espectáculo que... parece mentira..., ¡me conmueve!
CA 1,1 Viejo   Parece mentira que usted diga quién.   1052
CA 3,1 Arlequín   Mentira.   1109
CA 3,1 Arlequín   Mentira.   1110
CA 3,1 Muchacha   Mentira.   1110
CA 3,1 Arlequín   Mentira.   1112
CA 3,1 Arlequín   Mentira.   1113
CA 3,1 Mecanógrafa ¿Es mentira lo que digo?   1125
EP CV Muchacho 1   Pero yo descubrí la mentira cuando vi los pies de   1159
                    Julieta.
BS 1,3 Novia   ¡Mentira! ¡Mentira! ¿A qué viene aquí?   1205
BS 2,1 Novia   ¡Mentira!   1213
YE 1,1 Yerma   Mentira.   1283
YE 2,1 Lavandera 1 ¡Eso es mentira!   1304
RS 2,1 Tía   Eso es mentira.   1381
RS 3,1 Rosita   Si la gente no hubiera [...] yo, sus cartas y su   1428
                    mentira hubieran alimentado [...]
BA 2,1 Angustias   ¡Mentira!   1501

mentirijillas - meses

Pág.

mentirijillas (1)
    ZP 2,1 Zapatera   Historietas antiguas [...] alma, si esto ocurre de   965
                                        mentirijillas!"

mentirosas (2)
    ZP 2,1 Zapatero   Grandísimas embusteras, mentirosas, mal nacidas.   972
    RS 3,1 Ama   ...y coger una espada [...] falso juramento y las   1414
                                          mentirosas escrituras [...]

mentirosilla (1)
    PB 1,1 Belisa   No soy mentirosilla.   998
meñique (2)
    PB 3,1 Perlimplín   Tú sabes cómo son las Hadas..., pequeñitas...Es   1009
                                        admirable, pueden bailar sobre mi dedo meñique!
    BA 3,1 Adela   No a ti, que eres débil; a un caballo encabritado soy   1528
                                        capaz de poner de rodillas con la fuerza de mi dedo
                                        meñique.

mercado (2)
    PB 0,0 Madre   Las ovejas se llevan al mercado.   985
    PB 0,0 Madre   En el mercado dan dinero por ellas.   985
mercados (1)
    ZP 0,0 El Autor   También amanece así todos [...] para entrar en los   912
                                        mercados como tú en tu [...]
mercé (1)
    TC 6,1 Currito   tiene su mercé!   766
merced (5)
    TC 1,1 Criado   Todavía la merece mejor su merced.   734
    TC 2,1 Padre   ¿Habla vuestra merced el italiano?   739
    TC 3,1 Espantanublos   ¿Quiere su merced tomar algo?   741
    PB 2,1 Marcolfa   Por lo que sabe su merced.   1001
    DC 1,1 Madre   ¿Habla vuesa merced el italiano?   1034
merece (4)
    TC 1,1 Criado   Todavía la merece mejor su merced.   734
    PB 2,1 Perlimplín   No tanto como ella merece.   1002
    RS 3,1 Tía   Cuando pienso en la mala [...] es de mi familia ni   1414
                                        merece ser de mi familia, [...]
    RS 3,1 Ama   Es querer y no encontrar [...] uno sabe que no se   1416
                                        merece los suspiros.
merecer (1)
    BA 1,1 La Poncia   ¡Es que tus hijas están ya en edad de merecer!   1457
mereces (1)
    RS 2,1 Madre   ¡Dios te haga lo feliz que mereces!   1409
merecías (2)
    ZP 1,1 Zapatera   Merecías, por tonto, que colmara la calle a gritos.   923
    RS 3,1 Tía   Tú lo merecías todo.   1427
meriendita (1)
    ZP 2,1 Zapatera   ¿Vienes por la meriendita?   943
mérito (4)
    ZP 1,1 Zapatera   Quién me hubiera dicho a mí, rubia con los ojos   913
                                        negros, que hay que ver el mérito que esto tiene, [...]
    RS 3,1 Ama   Pero aunque me ría, como ignorante, comprendo que don   1423
                                        Martín tiene mucho mérito.
    RS 3,1 Martín   No se le da hoy mérito a la Retórica y Poética, ni a   1423
                                        la cultura universitaria.
    BA 3,1 Adela   El brío y el mérito que tú no tienes.   1526
méritos (1)
    BA 1,1 Magdalena   Aunque Angustias es nuestra [...] que ha tenido menos   1464
                                        méritos de todas nosotras.
mes (5)
    TC 3,1 Cocoliche   Espantanublos, cierra la puerta, que a pesar de estar   745
                                        cerca del mes de mayo, este señor [...]
    BS 1,2 Mujer   La boda será dentro de un mes.   1190
    YE 3,2 María   Ella ha estado un mes sin levantarse de la silla.   1337
    RS 2,1 Madre   Yo tengo una muchacha que nos arregla el piso por las   1395
                                        tardes; ganaba lo que han ganado siempre: una peseta
                                        al mes y las sobras, que [...]
    RS 3,1 Tía   Ocho años lleva de matrimonio, y hasta el mes pasado   1415
                                        no me escribió el canalla la verdad.
mesa (9)
    ZP 2,1 Alcalde   Con un estrado que costó cinco mil reales, con centros   951
                                        de mesa, con cortinas de [...]
    ZP 2,1 Zapatero   los dos solos, en tu mesa.   961
    CA 2,1 Novia   Un espejo, una mesa estarían más cerca de ti que yo.   1095
    YE 2,2 Juan   Puedes poner la mesa.   1311
    RS 1,1 Ama   Yo lo dejé en la mesa.   1353
    RS 2,1 Ama   Ya me duelen las manos [...] quipure y caminos de mesa   1380
                                        y cubrecamas de [...]
    BA 2,1 La Poncia   A vosotras que sois solteras, [...] deja la cama por   1476
                                        la mesa y luego la mesa por la tabernilla, [...]
    BA 2,1 La Poncia   El más caro. Y los polvos. En la mesa de tu cuarto los   1483
                                        he puesto.
meses (9)
    MM 1,2 Doña Curiana   dos meses tengo y soy vieja.   680

meses (continuación)
MP 2,9 Pedrosa	Pero hace ya tres meses que ando loco	853
ZP 1,1 Zapatero	No me digas... Tres meses llevamos de casados, yo, queriéndote..., y tú, poniéndome verde.	922
ZP 2,1 Zapatera	Pues si dices tú, más digo yo, y puedes enterarte, y todos los del pueblo, que hace cuatro meses que se fue mi [...]	942
BS 1,1 Madre	Pasan los meses y la desesperación me pica en los ojos y hasta en las puntas del pelo.	1173
BS 1,2 Leonardo	Llevo más de dos meses poniendo herraduras nuevas al caballo y siempre se le caen.	1187
YE 1,1 Yerma	Veinticuatro meses llevamos casados, y tú cada vez más triste, más enjuto, como si crecieras al revés.	1274
YE 1,1 Yerma	¡A los cinco meses!	1279
YE 1,1 María	Lloraba como un torito, [...] cuando tuvo cuatro meses nos llenaba la [...]	1282

meta (1)
BA 2,1 La Poncia	Mejor será que no me meta en nada.	1499

metal (4)
BS 3,1 Novia	el metal de esta cadena,	1256
RS 1,1 Tío	blanco cuerno de metal	1357
RS 1,1 Rosita	blanco cuerno de metal	1374
RS 2,1 Rosita	cuerno de metal sonaba	1404

metales (1)
BS 3,1 Luna	de soñolientos metales	1249

métase (1)
ZP 2,1 Zapatera	Siéntese usted en el estrado, métase usted en la cama, [...]	951

mete (1)
TC 5,1 Un Granuja	mete la lezna	756

Meteorología (1)
RS 2,1 El Señor X	Si Santos Dumont, en vez de estudiar Meteorología comparada, [...]	1376

meter (11)
ZP 1,1 Alcalde	Vamos, lo estoy viendo y me parece mentira cómo un hombre, lo que se dice un hombre, no puede meter en cintura, no [...]	925
ZP 2,1 Alcalde	Pues meter en la cárcel a dos o tres de los que venían cantando.	948
PB 0,0 Perlimplín	¡Ay Marcolfa, Marcolfa! ¿En qué mundo me vas a meter?	986
DC 1,1 Director	Haga el favor de no meter la pata.	1037
BS 1,1 Madre	¿Me ibas a meter debajo de los pámpanos?	1174
BS 2,2 Madre	Tengo en mi pecho un grito siempre puesto de pie a quien tengo que castigar y meter entre los mantos.	1227
BS 3,2 Novia	Vamos a meter las manos; tú por tu hijo; yo, por mi cuerpo.	1270
YE 2,2 Juan	Con ese achaque vives alocada, sin pensar en lo que debías, y te empeñas en meter la cabeza por una roca.	1314
YE 2,2 Juan	Ya no tenemos sitio donde meter tantas ovejas.	1324
YE 3,1 Juan	Porque se necesita ser de bronce para ver a tu lado una mujer que te quiere meter los dedos dentro [...]	1332
BA 2,1 La Poncia	Entonces Evaristo se acercó, se acercó que se quería meter por los hierros, [...]	1476

meterán (1)
ZP 2,1 Zapatera	Lo meterán en la cárcel.	970

meteremos (2)
YE 1,1 Voz	y en ella nos meteremos.	1273
BA 3,1 María Josefa	y en la playa nos meteremos	1523

meterlos (1)
RS 1,1 Ama	embalsamarlos y meterlos en un nicho de cristales y de nieve.	1359

meterte (1)
BA 2,1 Adela	¡Durmiendo o velando, no tienes por qué meterte en lo mío!	1479

metes (6)
TC 2,1 Cocoliche	¿Te metes a monja reparadora?	736
ZP 1,1 Zapatera	Cállate, larga de lengua, [...] gusto... Si no te metes dentro de tu casa [...]	912
CA 2,1 Novia	Todos mis trajes de color los metes en una maleta.	1087
RS 2,1 Tía	Pero ¿por qué te metes en lo que no te importa?	1380
BA 1,1 Bernarda	Magdalena, no llores; si quieres llorar te metes debajo de la cama.	1446
BA 2,1 Bernarda	Y tú te metes en los asuntos de tu casa.	1503

métete (2)
BS 1,3 Madre	Cada minuto. Métete la mano en el pecho.	1199
BA 2,1 Adela	Métete en tus cosas, ¡oledora!, ¡pérfida!	1481

metida (7)
TC 2,1 Rosita	estoy más metida en fuego.	740
TC 4,1 Rosita	estoy más metida en fuego.	755
DC 1,1 Voz De Rosita	estoy más metida en fuego.	1031

			Pág.
metida (continuación)			
BS 1,3 Padre	Una espina tengo en el corazón, y es la huertecilla esa metida entre mis tierras, [...]		1196
BS 2,1 Novia	Un hombre con su caballo sabe mucho y puede mucho para poder estrujar a una muchacha metida en un desierto.		1214
YE 1,2 Muchacha 2	Yo te puedo decir lo único que he aprendido en la vida: toda la gente está metida dentro de sus [...]		1294
RS 2,1 Ama	Pero si no me meto, es que estoy metida.		1380
metidas (2)			
YE 2,1 Lavandera 4	Son metidas hacia adentro.		1302
BA 3,1 La Poncia	Tus hijas están y viven como metidas en alacenas.		1518
metido (3)			
YE 2,1 Lavandera 1	¿Qué demonio se te ha metido entre los cabellos para que hables así?		1305
RS 2,1 Tía	Es verdad. ¿Para qué te has metido en esto?		1383
BA 1,1 Criada	Ya tengo el doble de esas campanas metido entre las sienes.		1439
metidos (1)			
DC 1,1 Poeta	Pero el dueño del teatro tiene a los personajes metidos en una cajita [...]		1036
metiéndote (1)			
ZP 2,1 Alcalde	Acabaré metiéndote en la cárcel.		952
metió (1)			
BA 2,1 La Poncia	Y para ocultar su vergüenza lo mató y lo metió debajo de unas [...]		1505
meto (2)			
RS 2,1 Ama	Pero si no me meto, es que estoy metida.		1380
BA 3,1 Bernarda	Yo no me meto en los corazones, pero quiero buena fachada y armonía familiar.		1513
metro (2)			
TC 1,1 Cristobita	Medirá un metro de alzada.		731
ZP 2,1 Zapatera	Medio metro de agua y las chinas del fondo se veían reír, reír con el temblorcillo.		945
meza (1)			
RS 3,1 Ama	Cada una en una butaca de seda celeste que se meza ella sola, y unos abanicos de raso grana.		1425
mezclado (1)			
BS 3,1 Leñador 1	Pero ya habrán mezclado sus sangres y serán como dos cántaros vacíos , como dos arroyos secos.		1247
mi (710)			
mí (186)			
mía (43)			
mías (5)			
miau (2)			
CA 1,1 Gato	Miau.		1061
CA 1,1 Gato	Miau.		1061
miedo (67)			
MM 1,5 Curianita	¡Qué miedo!		694
MM 1,5 La Curianita	¡Ay madre, tengo miedo!...		697
MM 2,5 Gusano 1	Me da miedo de verla		717
TC 2,1 Cocoliche	Tiene miedo a la luna.		735
TC 6,1 Cristobita	¿Pero es que esta casa tiene miedo?		772
TC 6,1 Rosita	¡Qué miedo!		779
MP 1,1 Clavela	¡Tengo un miedo!		783
MP 1,5 Fernando	¿Te da mucho miedo?		800
MP 1,6 Clavela	hasta los ojos. Tuve mucho miedo.		803
MP 1,7 Mariana	Porque tengo mucho miedo,		809
MP 1,8 Angustias	y me da mucho miedo.		817
MP 2,5 Pedro	¡Ay, qué miedo tan grande tuve por él, Mariana!		828
MP 2,5 Mariana	Yo tengo mucho miedo.		829
MP 2,5 Mariana	Mucho miedo de que esto se adivine,		829
MP 2,7 Mariana	¿A pesar de este miedo?		839
MP 2,8 Mariana	pues a nadie tengo miedo.		849
MP 2,9 Pedrosa	¿no siente miedo de vivir tan sola?		852
MP 2,9 Mariana	¿Miedo? ¡Ninguno!		852
MP 2,9 Mariana	Sepa que yo no tengo miedo a nadie.		854
MP 2,9 Angustias	Tiene miedo del aire y de la lluvia.		859
MP 3,3 Alegrito	Hay un miedo que da miedo.		867
MP 3,3 Mariana	No tengo miedo, ¿te enteras?		869
MP 3,5 Mariana	Antes me daban miedo sus pupilas.		875
MP 3,8 Mariana	este nombre sería pronunciado con miedo.		885
TB DME Doncella	Mis almohadas no tienen iniciales y esto me da mucho miedo... Porque, ¿qué [...]		897
TB QM. Viejo	Nadie sabe el miedo que a mí me dan los caballos.		905
TB QM. Viejo	Si no tienes miedo, no te enteras, y si te enteras, no tienes miedo.		905
TB QM. Viejo	Ella no tenía miedo a los caballos.		905
TB QM. Viejo	Aunque viviera cien años, yo no tendría miedo al tren.		905
ZP 0,0 El Autor	Respetable público... [...] delicado temblor de miedo, y una especie [...]		911

miedo (continuación)
| ZP 0,0 El Autor | El poeta no pide benevolencia, sino atención, una vez que ha saltado hace mucho tiempo la barra espinosa de miedo que los autores [...] | 911 |

| ZP 0,0 El Autor | Por este miedo absurdo, y por [...] | 911 |
| ZP 1,1 Zapatero | Me han provocado, me [...] mi almario, por el miedo de verme rodeado [...] | 922 |

| ZP 2,1 Niño | ¡Que me da mucho miedo! | 963 |
| ZP 2,1 Zapatera | Mire usted, tengo a todo el pueblo encima, quieren venir a matarme, y sin embargo no tengo ningún miedo. | 974 |

| ZP 2,1 Zapatera | Y todo esto no es más que el miedo a la soledad donde [...] | 974 |

| PB 1,1 Perlimplín | Belisa, con tantos encajes pareces una ola y me das el mismo miedo que de niño tuve al mar. | 988 |

PB 2,1 Perlimplín	No tengas miedo de hablarme..., [...]	1005
PB 2,1 Perlimplín	Habla sin miedo.	1006
PB 3,1 Marcolfa	Me da miedo oírlo... Pero ¡cómo es posible!	1010
DC 1,1 Cristóbal	¿Tienes miedo?	1033
DC 1,1 Cristóbal	Di: tengo miedo.	1033
DC 1,1 Madre	Tengo miedo.	1033
DC 1,1 Rosita	Tengo miedo.	1037
CA 1,1 Niño	¡Ay! ¡Espera! ¿No vienen? Tengo miedo,	1065
CA 1,1 Amigo 1	Todo eso no es más que miedo a la muerte.	1074
EP RR Figura De C	¿Te figuras que tengo miedo a la sangre?	1147
EP CV Estudiante 1	Tengo miedo de salir al aire.	1158
EP CV Dama 2	Lo que más miedo me ha dado ha sido el lobo de cartón y las cuatro serpientes en el estanque de hojalata.	1163
EP CV Estudiante 3	Y toda la gente, pero [...] puede atropellar sin miedo a las verdades [...]	1166

BS 2,2 Criada	La mujer llegó muerta de miedo.	1227
YE 2,1 Lavandera 4	Porque dan miedo.	1302
YE 2,2 Muchacha 2	Pero ¿vas a ir? ¿No te da miedo?	1320
YE 3,1 Dolores	Muchas veces yo he hecho estas oraciones en el cementerio con mujeres que ansiaban críos, y todas han pasado miedo.	1327

YE 3,1 Dolores	Si tienes miedo te acompañaré hasta la esquina.	1330
YE 3,2 María	Le tengo miedo.	1337
BA 1,1 Bernarda	Es así como se tiene [...] bebe el agua con el miedo de que esté envenenada.	1450

BA 1,1 Criada	No tengas miedo que se tire.	1453
BA 1,1 Martirio	Le tiene miedo a nuestra madre.	1459
BA 1,1 Martirio	Desde niña les tuve miedo.	1460
BA 1,1 Martirio	Los veía en el corral [...] zapatazos y siempre tuve miedo de crecer por temor [...]	1460

| BA 2,1 Adela | ¡Pues me oirás! Te he tenido miedo. ¡Pero ya soy más fuerte que tú! | 1482 |

BA 2,1 Amelia	¿Y no tuviste miedo?	1489
BA 3,1 Amelia	Es verdad. Daba miedo. Parecía una aparición.	1515
BA 3,1 María Josefa	Yo tengo que marcharme, pero tengo miedo que los perros me muerdan.	1525

miel (6)
MM 1,4 Curianito	para darte besos con miel del abril.	686
MP 1,7 Mariana	agria, que me sabe a miel.	813
ZP 1,1 Zapatera	Esto es dejar a una con la miel en los labios....	929
BS 2,2 Criada	y se llenen de miel	1226
RS 2,1 Tía	¡Pico de falsa miel! ¡Palabras!	1381
BA 3,1 Bernarda	¿Quieres un poco de queso y miel?	1508

mientas (1)
| PB 1,1 Perlimplín | ¡No mientas, que lo sé! | 999 |

mientes (1)
| CA 2,1 Maniquí | Mientes. Tú tienes la culpa. | 1101 |

miento (2)
| CA 1,1 Amigo 2 | Cuando yo tenía cinco años..., no, cuando yo tenía dos..., miento, uno, un año tan solo. | 1073 |

| BA 2,1 Angustias | Que Dios me mate si miento. | 1501 |

mientras (33)
| MM 0,0 | Mientras que no améis profundamente a la piedra y al gusano no entraréis en el reino de Dios. | 670 |

MM 1,2 Doña Curiana	y mientras pensáis en eso	678
MM 1,6 Curianito	mientras otra flor nace dentro del pensamiento?	701
MM 2,5 Gusano 1	mientras las hojas tiemblan	715
TC 1,1 Hora	Mientras que aquí hace sol, en otras partes llueve.	734
MP 1,2 Amparo	Mientras	786
MP 1,7 Fernando	y lo seré mientras viva.	815
MP 2,3 Mariana	mientras que yo, perdida y loca, siento	826
MP 2,5 Mariana	En mirarte los ojos mientras tú no me miras.	831
MP 2,7 Mariana	pero mientras hablaba, tan amable,	837
MP 2,8 Mariana	Pedro, mientras yo viva...	845
MP 2,9 Pedrosa	Mientras que usted, espléndida Mariana,	851
MP 3,4 Mariana	Y me quedo sola mientras	871
ZP 1,1 Zapatera	Mientras no des por ellos diez pesetas, aquí se quedan.	921

mientras (continuación)   Pág.
    ZP 2,1 Zapatero   mientras el pobre marido
    ZP 2,1 Zapatero   Y en mi pueblo vivía [...] amigos por la ventana   960
                            mientras el marido hacía [...]   966
    PB 3,1 Perlimplín   Me mató porque sabía que te amaba como nadie...   1016
                            Mientras me hería gritó: "¡Belisa ya tiene un alma!"
    CA 1,1 Niño   Mientras deshojo esta flor.   1069
    CA 2,1 Joven   De pronto, mientras subía la escalera, [...]   1092
    CA 2,1 Maniquí   Mientras tú vences y buscas   1105
    CA 3,1 Máscara   Digo que el conde Arturo me amaba tanto que lloraba   1116
                            detrás de las cortinas con su niño, mientras que yo
                            era como [...]
    EP RR Figura De C   mientras tú, debajo de [...]   1149
    BS 2,2 Madre   Mientras una vive, lucha.   1241
    YE 2,2 Yerma   Que estoy ofendida, ofendida [...] tiernas,   1318
                            adormiladas, mientras yo siento dos [...]
    YE 3,1 Vieja 1   Pero mientras esperas la gracia de Dios debes   1328
                            ampararte en el amor de tu marido.
    RS 1,1 Tío   mientras los aires se van,   1357
    RS 1,1 Rosita   mientras sufren en la umbría   1367
    RS 1,1 Rosita   mientras los aires se van,   1374
    RS 2,1 Solterona 3   "No te querré mientras viva",   1403
    RS 3,1 Ama   Mientras yo tenga brazos nada le faltará.   1417
    BA 1,1 Bernarda   Mientras, podéis empezar a bordar el ajuar.   1451
    BA 2,1 Bernarda   ¡Mi sangre no se junta con la de los Humanas mientras 1498
                            yo viva!
    BA 3,1 Martirio   Eso no pasará mientras yo tenga una gota de sangre en 1528
                            el cuerpo.
migas (3)
    BS 1,3 Padre   Hace las migas a las tres, cuando el lucero.   1198
    RS 2,1 Ama   Lujo por fuera y para la boca unas malas migas de maíz. 1390
    RS 3,1 Tía   Yo ya estoy entregada..., y un día sopas, otro día   1414
                            migas, mi vasito de agua [...]
Mijas (1)
    MP 2,8 Conspirador 4   sobre la tierra de Mijas.   844
mil (19)
    MM 1,3 Curianito   Ya os he dicho mil veces   684
    TC 0,0 Mosquito   Niño, cierra esa boquita, y tú, muchacha, siéntate con 723
                            cien mil de a caballo.
    MP 3,9 Mariana   Mil gracias. Madre Carmen,   889
    ZP 1,1 Zapatero   Una, dos, tres, cuatro... y mil.   918
    ZP 2,1 Alcalde   Con un estrado que costó cinco mil reales, con centros 951
                            [...]
    CA 2,1 Novia   ¿Y no llevabas un caballo de las crines y matabas en 1093
                            un día tres mil faisanes?
    YE 1,1 María   Lloraba como un torito, con la fuerza de mil cigarras 1282
                            cantando [...]
    YE 3,2 Yerma   aunque tenga mil espinas.   1339
    YE 3,2 Yerma   Yo soy como un campo seco donde caben arando mil pares 1345
                            de bueyes y [...]
    RS 2,1 Tío   Mil gracias.   1378
    RS 2,1 Solterona 3   Mil flores dicen mil cosas   1403
    RS 2,1 Solterona 3   para mil enamoradas,   1403
    RS 3,1 Ama   ¡Os doy cuarenta mil duros si me arrancáis estas   1425
                            brasas de los pies!"
    RS 3,1 Rosita   Después de todo, lo que me ha pasado le ha pasado a   1430
                            mil mujeres.
    BA 2,1 Adela   Trae cuatro mil bengalas amarillas y ponlas en las   1482
                            bardas del corral.
    BA 2,1 Bernarda   ¡Y lo haría mil veces!   1498
    BA 3,1 Bernarda   Dieciséis mil reales he gastado.   1511
    BA 3,1 Martirio   Dichosa ella mil veces que lo pudo tener.   1532
milagro (1)
    YE 3,2 Vieja   Y el santo hace el milagro.   1345
milagros (1)
    RS 2,1 Madre   Pero usted lo sabe muy bien: desde que faltó mi pobre 1393
                            marido hago verdaderos milagros para administrar [...]
milano (1)
    CA 3,1 Mecanógrafa   Sí; que el sol es un milano.   1121
miles (1)
    TC 6,1 Rosita   En tu pecho han levantado el vuelo miles de pájaros; 777
                            amor mío,
milicias (1)
    MP 2,8 Conspirador 4   que mandaba las milicias,   843
militar (1)
    DC 1,1 Rosita   con un militar,   1032
millón (1)
    RS 2,1 Tío   Un millón de gracias.   1378
millones (2)
    ZP 0,0 El Autor   Por este miedo absurdo, [...] conviertan en tres   911
                            millones de peces para [...]

millones (continuación)
    RS 3,1 Ama   Y él dirá: "¡Que tengo veinte millones de pesetas, no   1425
                          me apretéis con las tenazas!

miman (1)
    DC 1,1 Director   Las malas palabras adquieren ingenuidad y frescura   1043
                          dichas por muñecos que miman el encanto de esta [...]

mimbre (1)
    ZP 1,1 Zapatera   Pero el que más me gustaba [...] con una varilla de   917
                          mimbre en su mano y las [...]

mímica (1)
    ZP 0,0 El Autor   Respetable público... [...] sea generoso con la mímica   911
                          de los actores [...]

minerales (3)
    TB QM. Niña   Queremos que nos traigas una colección de minerales.   908
    TB QM. Niña   Que yo no quiero los minerales.   910
    TB QM. Niña   Los minerales me romperán las uñas.   910

mínimo (2)
    CA 1,1 Joven   No influye lo más mínimo en mi carácter.   1071
    RS 2,1 Madre   No nos podemos extralimitar lo más mínimo.   1393

mínimum (1)
    ZP 1,1 Alcalde   Eso tiene casarse a tu edad... A tu edad se debe   924
                          estar viudo... de una, como mínimum... Yo estoy [...]

mintió (1)
    MP 2,9 Mariana   ¿Qué infame le mintió?   855

minuto (9)
    MP 2,5 Pedro   ¡Qué constante pregunta al minuto lejano!   830
    ZP 1,1 Mozo   Tantos suspiros doy a cada minuto por usted, por ti...   932
    PB 1,1 Perlimplín   ¡Y yo cada minuto te quiero más!   998
    CA 3,1 Joven   Ni un minuto más. ¡Vamos!   1126
    BS 1,3 Madre   Cada minuto. Métete la mano en el pecho.   1199
    BS 2,2 Madre   Una fuente que corre un minuto y a   1228
    BS 3,1 Novia   y no hay minuto del día   1258
    YE 3,2 Juan   Ha llegado el último minuto de resistir este [...]   1347
    BA 2,1 La Poncia   Hace un minuto dieron las tres.   1485

minutos (5)
    ZP 1,1 Zapatera   Pues si tarda siquiera dos minutos más, como yo [...]   934
    CA 1,1 Niño   No me entierres. Espera unos minutos...   1069
    EP CV Enfermero   Te has adelantado dos minutos.   1164
    RS 3,1 Rosita   Dentro de unos minutos. Al oscurecer.   1431
    RS 3,1 Ama   Por unos minutos nos encuentra aquí.   1435

mío (1)

mío (104)

míos (11)

mira (58)
    MM 1,3 Doña Curiana ¡Mira, si es una sosa!   685
    MM 2,4 Curiana G   ¡Mira que grito! ¡Vete!   710
    MM 2,7 Curianito   No insistas en volar. Es de noche. Mira   719
    TC 1,1 Rosita   Mira, yo no quiero ser una mujer impúdica.   729
    TC 1,1 Rosita   Mira, es el caso...   729
    TC 4,1 Mozo   Mira: tú vas a ser muy útil a este caballero.   752
    TC 6,1 Cristobita   ¡Mira qué traje tengo!   772
    TC 6,1 Rosita   Mira: no te pongas así.   773
    TC 6,1 Cocoliche   ¡Mira!   778
    TC 6,1 Cocoliche   ¡Mira lo que le sale por el ombliguillo!   778
    MP 1,4 Lucía   ¡Mira! Lo segundo son inventos de ella.   790
    MP 1,7 Mariana   Me mira.   810
    MP 2,7 Mariana   Pedro, mira por mí. Sé muy prudente,   840
    MP 3,4 Mariana   Mira que siento muy cerca   871
    MP 3,7 Novicia 1   ¡Si la vieras cómo mira   880
    MP 3,8 Fernando   ¡Mariana! ¡Aprende y mira cómo te estoy queriendo!   885
    MP 3,8 Mariana   ¡Pedro, mira tu amor a lo que me ha llevado!   887
    TB QM. Viejo   Pasa y ha pasado... Pero los caballos... Mira.   905
    ZP 1,1 Zapatero   Ay, mujer..., no me des escándalos, ¡mira que viene la   918
                          gente!
    ZP 1,1 Zapatero   Mira, hija mía.   921
    ZP 1,1 Zapatera   ¡Mira que estornudar!   930
    ZP 1,1 Zapatera   Mira, vete.   932
    ZP 1,1 Zapatera   Mira, mira ... aquella blanca tan chiquita que casi   934
                         no puede andar.
    ZP 1,1 Niño   Mira, zapaterita... Una mariposa, una mariposa...   935
                         ¿No tienes un sombrero?...
    ZP 1,1 Niño   Pues mira..., tu marido, el zapatero, se ha ido para   937
                         no volver más.
    ZP 1,1 Alcalde   Mira, ya te estás callando.   938
    ZP 2,1 Niño   mira.   944
    ZP 2,1 Alcalde   Que la casa tiene una [...] salas, donde estaría...   951
                         mira, ¡estarías como [...]
    PB 1,1 Belisa   Mira, Perlimplín, cierra los balcones, que antes de   999
                         nada se levantará la gente.

mira (continuación)   Pág.
    PB 2,1 Perlimplín   Por eso quiero ayudarte como debe hacer todo buen   1004
                           marido cuando su esposa es un dechado de virtud...
                           Mira.
    PB 2,1 Belisa   mira   1006
    CA 1,1 Amigo   Mira: te voy a coger [...]   1056
    CA 1,1 Amigo   Mira, es un talle para [...]   1057
    CA 1,1 Amigo 1   Mira...   1073
    CA 2,1 Maniquí   Mira.   1102
    CA 3,1 Payaso   ¡Tú, mira hacia allá!   1112
    BS 1,3 Criada   Mira, asómate. ¿Era?   1205
    BS 2,2 Criada   mira cómo el agua pasa.   1226
    BS 2,2 Padre   Mira el baile que tienen formado.   1231
    BS 2,2 Criada   Mira.   1234
    BS 3,1 Luna   ¡Mira que ya mis valles de ceniza despiertan   1251
    BS 3,2 Novia   Mira que mi cuello es blando; te costará menos trabajo   1270
                           que segar una dalia de tu huerto.
    YE 1,2 Muchacha 2   Allá tú... Mira, me voy a dar la comida a mi marido.   1295
    YE 2,1 Lavandera 4   Ella lo mira.   1303
    YE 2,1 Lavandera 4   Y cuando no lo mira, porque está sola, porque no lo   1304
                           tiene delante, lo lleva retratado en los ojos.
    YE 2,1 Lavandera 3   ¡Mira cómo corren! ¡Qué manada de enemigos!   1306
    YE 3,1 Yerma   Yo no sé por qué empiezan los malos aires que   1333
                           revuelcan al trigo, ¡y mira tú si el trigo es bueno!
    YE 3,1 Yerma   Mira que me quedo sola.   1334
    YE 3,2 Vieja   Mira qué maldición ha venido a caer sobre tu hermosura. 1344
    RS 1,1 Tío   Los botánicos la llaman [...] descripción y su   1356
                           pintura, ¡mira!
    RS 1,1 Tía   Mira a ver a quién entra.   1360
    RS 1,1 Rosita   Mira que yo bordaré   1373
    BA 2,1 Adela   Mira a ver si puedes agarrar la liebre con tus manos.   1482
    BA 2,1 Amelia   Mira tú cómo están las vecinas del callejón,   1484
                           sacrificadas por cuatro monigotes.
    BA 2,1 La Poncia   Tened cuidado con no entreabrirla mucho, porque son   1488
                           capaces de dar un empujón para ver quién mira.
    BA 2,1 Bernarda   Registra los cuartos, mira por las camas.   1492
    BA 3,1 Martirio   ¡Estaba con él! ¡Mira esas enaguas llenas de paja de   1529
                           trigo!
miraba (3)
    MP 2,7 Mariana   me miraba... no sé... ¡como sabiendo!,   837
    ZP 2,1 Zapatera   Yo me miraba en tus ojos.   945
    YE 1,2 Yerma   Pues el primer día que me puse novia con él ya   1290
                           pensé... en los hijos... Y me miraba en sus ojos.
miraban (2)
    MP 2,1 Niña   borriquitos peludos que miraban...   821
    CA 1,1 Niño   Los niños por los vidrios me miraban.   1062
mirabas (2)
    BA 1,1 Bernarda   ¿Qué mirabas y a quién?   1454
    BA 1,1 Bernarda   ¿A quién mirabas?   1454
mirad (9)
    MM 1,1 Doña Curiana   Mirad cómo quiebra el primer albor.   673
    MM 1,1 Doña Curiana   mirad la alegría que nos trae la aurora.   675
    MM 1,5 Curianas   ¡Mirad, ha suspirado!   698
    TC 5,1 Fígaro   Y mirad, mirad cuánta pintura..., ¡cuánta pintura!   760
    TC 6,1 Cocoliche   ¡Mirad!   779
    EP CV Estudiante 5   Mirad, he conseguido un zapato de Julieta.   1166
    BS 2,2 Padre   Hay mucha gente. ¡Mirad!   1243
    YE 3,2 Niño   Mirad qué oscuro se pone   1341
mirada (7)
    MM 0,0   ¡En cuántas antiguas historietas, una flor, un beso o   670
                           una mirada hacen el terrible oficio de puñal!
    MP 1,7 Mariana   hay puesta en mí una mirada.   810
    CA 2,1 Novia   Y una mirada antigua.   1092
    CA 2,1 Novia   Una mirada que se parte como el ala de una mariposa   1092
                           seca.
    YE 2,1 Lavandera 4   Hay una cosa en el mundo que es la mirada.   1303
    YE 3,1 Yerma   Se lo conozco en la mirada, y como no los ansía, no me   1329
                           los da.
    RS 3,1 Martín   ¡Oh madre excelsa! Torna tu mirada   1420
miradas (4)
    PB 1,1 Duende 1   Un bien..., porque no es justo poner ante las miradas   996
                           del público el infortunio de un hombre bueno.
    RS 3,1 Ama   Ayer decía a voces: "No; [...] Palmira, me echa unas   1423
                           miradas como si fueran [...]
    RS 3,1 Rosita   Me molestan esas miradas de perros fieles.   1430
    RS 3,1 Rosita   Esas miradas de lástima que me perturban y me indignan. 1430
miradla (1)
    ZP 2,1 Zapatero   Miradla hablando con uno   960
miradme (1)
    BA 1,1 Magdalena   ¡Gallinas, miradme!"   1462

mirado (3)
BS 2,2 Criada	¡Ya he mirado!	1243
BS 3,2 Novia	Que quiero que sepa que [...] ningún hombre se haya mirado en la blancura [...]	1269
RS 1,1 Tía	¿Has mirado en el armario?	1354

miráis (1)
| MP 3,1 Carmen | Pero, niñas, ¿qué miráis? | 863 |

míralo (2)
| PB 3,1 Perlimplín | Míralo por dónde viene... Suelta, Belisa... ¡Suelta! | 1015 |
| BA 3,1 Bernarda | Habla si él habla y míralo cuando te mire. | 1513 |

míralos (1)
| ZP 2,1 Niño | ¡Míralos! | 953 |

mírame (5)
TC 4,1 Joven	Mírame.	752
TC 6,1 Currito	¡Mírame!	763
MP 2,9 Mariana	Mírame y llora. ¡Ahora empiezo a morir!	859
BS 1,3 Madre	Naturalmente. Mírame.	1200
YE 3,1 Yerma	¡Mírame!	1334

miramos (1)
| ZP 2,1 Vecina Roja | Miramos por usted. | 972 |

miran (1)
| BA 2,1 Coro | de las muchachas que miran. | 1486 |

mirando (12)
MP 1,7 Fernando	Mis ojos te están mirando,	809
MP 2,8 Conspirador 4	donde se estaban mirando	843
MP 3,5 Mariana	Ahora le estoy mirando cara a cara	875
MP 3,8 Mariana	y se ha muerto mirando los ojos de mi Pedro.	885
ZP 1,1 Zapatero	Sí, descansando... ¡Pues no estaban mirando por el ojo de la llave!	933
BS 3,1 Novia	Desnuda, mirando al campo,	1259
YE 1,2 Yerma	Entonces, ¿qué vas a pensar cuando te deja en la cama con los ojos tristes mirando al techo y se [...]	1290
YE 2,1 Lavandera 4	No es lo mismo una mujer mirando unas rosas que una mujer mirando los muslos de un hombre.	1303
BA 1,1 La Poncia	Treinta años lavando sus sábanas; treinta años comiendo sus sobras; noches en vela cuando tose; días enteros mirando por la rendija [...]	1442
BA 1,1 Adela	¿Por eso ha salido detrás del duelo y estuvo mirando por el portón?	1466
BA 2,1 Adela	¡Tanto! Mirando sus ojos me parece que bebo su sangre lentamente.	1482

mirándome (1)
| YE 3,1 Juan | Mirándome con dos agujas, [...] | 1332 |

mirándose (2)
| MM 2,5 Gusano 1 | mirándose en el agua. | 715 |
| CA 1,1 Joven | la dibujo, la hago moverse [...] pensamiento como si estuviera mirándose en un espejo [...] | 1052 |

mirar (12)
MP 1,2 Angustias	mirar!	787
MP 1,5 Mariana	¡No puedo mirar su cara!	800
MP 2,1 Clavela	me quedaré a mirar	824
MP 3,1 Novicia 1	mirar su corazón	861
CA 1,1 Joven	Basta observar sobre la palma de la mano un insecto vivo, o mirar al mar una tarde [...]	1050
CA 1,1 Niño	después me dejarás mirar el sol...	1069
CA 2,1 Criada	En mi pueblo había un muchacho que subía a la torre de la iglesia para mirar más de cerca la [...]	1086
BS 1,1 Novio	Las muchachas tienen que mirar con quién se casan.	1176
BS 1,3 Madre	¿Sí? ¡Qué hermoso mirar! ¿Tú sabes lo que es casarse, criatura?	1200
RS 2,1 Ama	Porque de tanto mirar al cielo se le van a poner los ojos de vaca.	1381
BA 1,1 Bernarda	Las mujeres en la iglesia no deben de mirar más hombre que al oficiante, y ese porque tiene faldas.	1447
BA 2,1 Angustias	Se lo noto en los ojos. Se le está poniendo mirar de loca.	1478

miraré (1)
| TC 6,1 Currito | ¡Jamás miraré a otra mujer! | 771 |

mirarla (2)
| CA 1,1 Joven | La última vez que la vi no podía mirarla muy de cerca [...] | 1052 |
| BA 3,1 Bernarda | La muerte hay que mirarla cara a cara. | 1532 |

mirarlas (1)
| BA 3,1 Martirio | Esta se puso a mirarlas de modo que se iba a tronchar el cuello. | 1515 |

mirarlo (1)
| CA 2,1 Padre | Ya no podré mirarlo desde la terraza. | 1089 |

mirarte (4)
| MP 2,5 Mariana | En mirarte los ojos mientras tú no me miras. | 831 |
| BS 2,1 Leonardo | ¿De qué me sirvió a mí el orgullo y el no mirarte y el dejarte despierta noches y noches? | 1214 |

mirarte - misa

			Pág.
mirarte (continuación)			
BS 2,1	Novio	¡Con la corona da alegría mirarte!	1221
BS 3,1	Leonardo	¡Donde yo pueda mirarte!	1259
miras (3)			
MP 2,5	Mariana	En mirarte los ojos mientras tú no me miras.	831
BS 2,1	Mujer	¿Por qué me miras así? Tienes una espina en cada ojo.	1224
YE 2,2	Juan	Aunque me miras de un modo que [...]	1316
mirase (1)			
MP 2,6	Mariana	si mirase a este mundo!	835
mire (10)			
MP 2,9	Pedrosa	Mire.	854
ZP 2,1	Zapatera	No me mire tanto, que se me va a derramar el jarabe.	941
ZP 2,1	Zapatera	Mire, mire usted cómo tiemblo.	963
ZP 2,1	Zapatero	Según se mire.	966
ZP 2,1	Zapatera	Mire usted, buen hombre.	966
ZP 2,1	Zapatera	Mire usted, tengo a todo el pueblo encima, quieren venir a matarme, y sin embargo no tengo ningún miedo.	974
BS 1,2	Muchacha	Mire usted: una golondrina aquí un barco aquí y aquí una rosa.	1191
RS 1,1	Ama	A mí no me mire usted.	1356
BA 3,1	Bernarda	Habla si él habla y míralo cuando te mire.	1513
miré (4)			
ZP 2,1	Zapatera	Me miró y lo miré.	946
BS 1,1	Madre	Yo no miré a nadie.	1176
BS 1,1	Madre	Miré a tu padre, y cuando lo mataron miré a la pared de enfrente.	1176
miréis (1)			
RS 3,1	Rosita	No me agrada que me miréis así.	1430
mírelas (1)			
MP 2,9	Mariana	con estas manos, ¡mírelas, Pedrosa!,	857
mírelo (1)			
BA 3,1	Angustias	Mírelo usted.	1510
miren (1)			
ZP 2,1	Zapatero	Miren ustedes la fiera,	959
mírenla (2)			
RS 3,1	Martín	¡Mírenla! ¡Mírenla!	1423
mires (5)			
MM 1,6	Curiana N	No la mires con ansias, porque puedes perderte.	701
TC 2,1	Rosita	Que mires a la izquierda y a la derecha del tiempo, y que tu corazón aprenda a estar tranquilo.	736
MP 2,6	Mariana	Antes de abrir, que mires	833
BS 1,2	Mujer	No. Quiero que me mires y me lo digas.	1192
BA 2,1	Adela	¡No me mires más!	1479
mírese (2)			
ZP 2,1	Zapatera	Siéntese usted en el estrado, métase usted en la cama, mírese usted en los espejos [...]	951
RS 3,1	Ama	Mírese en ese espejo.	1424
mirilla (1)			
MP 2,6	Mariana	por la mirilla grande.	833
mirlo (1)			
ZP 1,1	Zapatera	Pero si anda por ahí revoloteando un mirlo negro, negro y [...]	930
Mirlo (5)			
ZP 1,1	Zapatero	Hasta con don Mirlo, y a mí se me está encendiendo la sangre.	924
ZP 1,1	Zapatera	Cuánta cosa, don Mirlo; a mí me parecía imposible que los pajarracos hablaran.	930
ZP 1,1	Zapatera	Mirlo de alambre, garabato de candil... Corre, corre... ¿Se habrá visto?	930
ZP 2,1	Niño	ya la corteja Don Mirlo.	947
ZP 2,1	Voces	ya la corteja Don Mirlo.	978
miro (3)			
TC 6,1	Rosita	En tu pecho han levantado el vuelo miles de pájaros; amor mío, cuando te miro me parece que estoy [...]	778
BS 3,1	Novia	¡porque eso soy! Que te miro	1259
BA 3,1	Angustias	Muchas veces miro a Pepe con mucha [...]	1514
miró (2)			
TC 2,1	Cocoliche	Cuando le regalé el chal de las rosas, me miró de una manera..., [...]	737
ZP 2,1	Zapatera	Me miró y lo miré.	946
mirtifolia (1)			
RS 1,1	Tío	y la mirtifolia que viene de Bélgica y la sulfurata que brilla en la oscuridad.	1356
mirto (2)			
TB PBK	Americana	¿Tiene usted una espada adornada con hojas de mirto?	895
RS 1,1	Rosita	¿Bajo qué mirto reposan?	1367
mis (128)			
misa (4)			
EP CV	Estudiante 5	Y quemaremos el libro donde los sacerdotes leen la misa.	1168

misa (continuación)
    RS 2,1 Ama   Era hermoso como un novicio cuando sale a cantar la   1380
                          primera misa, pero ya quisiera [...]
    BA 1,1 La Poncia   En la misa de mi madre, que esté en gloria, cantó.   1443
    BA 1,1 Bernarda   ¿Es decente que una mujer de tu clase vaya con el   1454
                          anzuelo detrás de un hombre el día de la misa de su
                          padre?

miserable (1)
    TC 6,1 Cocoliche   ¡Oh miserable mujerzuela!   768
misericordia (1)
    MM 2,1 Curianita Santa ¡Tened misericordia del lindo enamorado...!   704
misión (1)
    MP 1,7 Fernando   Que voy con esta misión   815
misma (37)
    MM 0,0   Con la misma tranquilidad y [...]   669
    MM 0,0   También el viejo silfo [...] el amor nace con la misma   670
                          intensidad en todos [...]
    TC 0,0 Mosquito   Callad, para que el silencio se quede más clarito,   723
                          como si estuviese en su misma fuente.
    MP 1,4 Mariana   La misma alegría que debe sentir   790
    MP 1,4 Mariana   La misma alegría que la viejecilla   790
    MP 1,6 Mariana   y tengo yo misma que solucionarlos.   805
    MP 1,6 Mariana   ¡Yo misma me asombro de quererle tanto!   805
    MP 1,7 Fernando   Pedrosa estrechará el cerco como él sabe, y si esta   811
                          misma noche no parto, estoy irremisiblemente perdido.
    MP 2,9 Pedrosa   y usted misma se pierde.   857
    MP 3,8 Mariana   Más que a mis propios hijos y a mí misma le quise.   885
    MP 3,8 Mariana   ¡Pues yo seré la misma Libertad que tú adoras!   885
    MP 3,9 Mariana   pero yo soy la misma Libertad. Doy mi sangre,   889
    CA 1,1 Viejo   Quince años que ha vivido ella, que son ella misma.   1049
    CA 3,1 Arlequín   Sobre la misma columna,   1108
    EP CV Dama 1   ¿Otra vez la misma decoración? ¡Es horrible!   1169
    BS 1,1 Madre   No lo sé yo misma.   1175
    BS 3,1 Novia   Yo misma. Verdad.   1257
    BS 3,1 Leonardo   La misma llama pequeña   1259
    BS 3,2 Vecina   Ten caridad de ti misma.   1268
    YE 1,2 Yerma   Sí, pero era para verme muy chica, muy manejable, como   1290
                          si yo misma fuera hija mía
    YE 1,2 Vieja 1   Han de deshacernos las trenzas y darnos de beber agua   1290
                          en su misma boca.
    YE 2,2 Juan   Tú misma reconoces que tengo razón al quejarme.   1313
    YE 2,2 Yerma   Acabaré creyendo que yo misma soy mi hijo.   1318
    YE 2,2 Víctor   Es todo lo mismo. Las mismas ovejas tienen la misma   1322
                          lana.
    YE 3,1 Dolores   La última vez hice la [...] a las casas, y ella misma   1327
                          las trajo en un [...]
    YE 3,1 Yerma   Como si la luna se buscara ella misma por el cielo.   1334
    YE 3,2 Yerma   Eso es lo que yo quería oír de tus labios... No se   1348
                          siente la verdad cuando está dentro de una misma, pero
                          ¡qué grande [...]
    YE 3,2 Juan   A ti misma.   1348
    YE 3,2 Yerma   ¡No os acerquéis, porque he matado a mi hijo, yo misma   1350
                          he matado a mi hijo!
    RS 3,1 Ama   En medio de las dos, [...] habitación; con la misma   1425
                          sonrisa, con la misma frente blanca como [...]
    RS 3,1 Rosita   Sabía que se había casado; [...] sollozos que aun a mí   1428
                          misma me asombraba.
    RS 3,1 Tía   Murió por la misma época que mi marido.   1432
    RS 3,1 Rosita   Y tiene la misma cara.   1432
    BA 2,1 La Poncia   Hace años vino otra de estas y yo misma di dinero a mi   1486
                          hijo mayor para que fuera.
    BA 3,1 Criada   Es tan orgullosa que ella misma se pone una venda en   1520
                          los ojos.
    BA 3,1 Martirio   Tengo el corazón lleno de una fuerza tan mala, que,   1528
                          sin quererlo yo, a mí misma me ahoga.

mismas (4)
    MM 0,0   También el viejo silfo [...] estrella lejana, y que   670
                          las mismas palabras que dice [...]
    YE 2,2 Víctor   Es todo lo mismo. Las mismas ovejas tienen la misma   1322
                          lana.
    RS 3,1 Rosita   Y hoy se casa una amiga [...] clavel, viendo las   1428
                          mismas nubes; y un día [...]
    RS 3,1 Tía   Y las mismas salidas; ¡el mismo genio!   1432
mismo (87)
    MM 0,0   El amor, lo mismo que pasa con sus [...]   669
    MM 0,0   Pero antes de empezar quiero haceros el mismo ruego   670
                          que a él [...]
    MM 0,0   También el viejo silfo [...] de la vida; que el mismo   670
                          ritmo que tiene [...] umbría las repite con el mismo
                          tono el mar; dile [...]
    MM 1,5 Alacranito   Ahora mismo me acabo de comer un gusano   692

mismo (continuación)   Pág.

TC 1,1	Rosita	¡Siempre pasa lo mismo!	731
TC 1,1	Rosita	Ahora mismo...	732
TC 1,1	Rosita	Yo me enveneno ahora mismo con mixtos o con sublimado corrosivo.	734
TC 2,1	Rosita	Dentro de cien años girarán lo mismo.	736
TC 3,1	Espantanublos	Ahora mismo.	741
TC 3,1	Mozo 1	Por lo mismo, no tendría yo ninguna pena.	743
TC 3,1	Mozo 2	Eso mismo te digo yo a ti. ¿Quién es este embozado, esta máscara?	746
TC 3,1	Espantanublos	Así es que ya mismo os estáis largando.	747
TC 4,1	Mozo	Mañana mismo, con un tal don [...]	751
TC 5,1	Cristobita	¡Quiero afeitarme ahora mismo, sí, señor, ahora mismo, porque me voy a casar!	758
TC 5,1	Cristobita	Las diez o las once, quiero afeitarme ahora mismo.	758
TC 6,1	Rosita	Un pájaro ha pasado ahora mismo por la ventana, con unas alas... ¡así de grandes!	773
TC 6,1	Cristobita	Me gustaría ser todo de vino y beberme yo mismo.	774
MP 1,3	Mariana	Han llegado ahora mismo del colegio.	789
MP 1,4	Amparo	Ayer mismo nos dijo que tú	789
MP 1,4	Mariana	Mi alma tiene el mismo color del vestido.	792
MP 1,5	Mariana	Ahora mismo. Se olvidaron	797
MP 1,7	Fernando	Ahora mismo.	814
MP 2,8	Conspirador 4	Ahora mismo tenemos que callarnos.	842
MP 2,9	Pedrosa	por mí la cancioncilla que ahora mismo	850
MP 2,9	Pedrosa	Pues ese mismo.	851
MP 3,1	Carmen	Ahora mismo, al obrador.	863
MP 3,5	Pedrosa	El mismo	873
ZP 1,1	Zapatera	Pues lo mismo se me da a mí que [...]	923
ZP 2,1	Zapatero	Lo mismo que les estoy viendo a ustedes ahora.	955
ZP 2,1	Zapatero	¿Y si por casualidad llegara ahora mismo?	976
ZP 2,1	Zapatero	¿Quiere usted que llegue ahora mismo?	977
PB 0,0	Marcolfa	No... Venga ahora mismo.	982
PB PRO	Madre	El agradecimiento de su corazón y el de usted mismo... Lo he entendido..., [...]	986
PB 1,1	Perlimplín	Belisa, con tantos encajes pareces una ola y me das el mismo miedo que de niño tuve al mar.	988
PB 1,1	Duende 2	Es verdad, compadrillo, que no es lo mismo decir: "Yo he visto" que: "Se dice".	996
PB 2,1	Belisa	Debe tener la piel morena y sus besos deben perfumar y escocer al mismo tiempo como el azafrán y el clavo.	1002
PB 3,1	Marcolfa	¡Que usted mismo fomente en su mujer el peor de los pecados!	1010
DC 1,1	Cristóbal	Apártese usted mismo con las manos las yugulares.	1025
DC 1,1	Rosita	lo mismo me da.	1035
DC 1,1	Cristóbal	Me gustaría ser todo vino y beberme yo mismo.	1037
CA 1,1	Viejo	¿No le angustia la hora de la partida, los acontecimientos, lo que ha de llegar ahora mismo...?	1048
CA 1,1	Viejo	Porque lo otro es morirse ahora mismo, y es más hermoso [...]	1053
CA 2,1	Joven	Y no son sueño tus trenzas porque las haré yo mismo de tu cabello, [...]	1094
CA 2,1	Joven	Con muros que yo mismo he tocado.	1095
CA 2,1	Joven	Estás aquí, entre mis manos, en este mismo instante, y no [...]	1096
CA 2,1	Joven	Me hacen ahora mismo un aire que me quema la piel.	1098
CA 2,1	Joven	No. Ahora mismo.	1106
CA 3,1	Arlequín	Ahora mismo.	1110
CA 3,1	Arlequín	Ahí dentro, en el circo, hay oro blando, suficiente para hacer una estatua del mismo tamaño... que usted.	1119
CA 3,1	Joven	Vámonos pronto. Ahora mismo.	1121
CA 3,1	Máscara	Ahora mismo acabo de abandonar para siempre al conde.	1123
CA 3,2	Joven	Ahora mismo.	1141
BS 1,1	Madre	Es verdad... Pero oigo eso de Félix y es lo mismo Félix que llenárseme [...]	1182
BS 2,1	Criada	Ahora mismo la voy a vestir.	1211
BS 2,1	Criada	¡Debes irte ahora mismo!	1215
BS 2,1	Mujer	El mismo sino tuvo mi madre.	1224
BS 2,2	Criada	Pero el mismo brillo en los ojos. ¿Y la niña?	1234
BS 2,2	Madre	¿Quién tiene un caballo ahora mismo, quién tiene un caballo?	1244
BS 3,2	Madre	Es lo mismo.	1271
YE 1,1	María	El dinero lo tenía mi marido y me lo ha dado él mismo.	1278
YE 1,1	María	Pues lo mismo..., pero por dentro de la sangre.	1280
YE 1,2	Yerma	Otra vez el mismo Víctor, teniendo [...]	1289
YE 1,2	Muchacha 2	Porque lo mismo hacíamos de novios que ahora.	1293
YE 2,1	Lavandera 4	No es lo mismo una mujer mirando unas rosas que una mujer mirando los muslos de un hombre.	1303
YE 2,2	Juan	Siempre lo mismo.	1313
YE 2,2	Víctor	Es todo lo mismo. Las mismas ovejas tienen la misma lana.	1322

mismo (continuación)
YE 3,1 Juan   Lo está haciendo desde el mismo día de la boda.   1332
RS 2,1 Solterona 3   Es una niña vestida de rosa, que al mismo tiempo es   1392
                       barómetro.
RS 2,1 Rosita   Dicen que los hombres se cansan de una si la ven   1395
                       siempre con el mismo vestido.
RS 2,1 Madre   Habla y toca al mismo tiempo.   1402
RS 3,1 Ama   El mismo se plancha los [...]   1424
RS 3,1 Rosita   Y hoy se casa una amiga [...] y yo igual, con el mismo 1428
                       temblor igual; yo, lo mismo que antes, cortando el
                       mismo clavel, viendo [...]
RS 3,1 Tía   Y las mismas salidas; ¡el mismo genio!   1432
RS 3,1 Muchacho   El mismo.   1433
BA 1,1 Criada   ¡Que lo mismo estarás tú que estaré yo!   1445
BA 1,1 Mujer 4   El mismo trigo de tu casamiento lo sigas disfrutando. 1450
BA 1,1 Magdalena   Lo mismo me da.   1451
BA 1,1 Martirio   Yo me siento lo mismo.   1459
BA 1,1 Martirio   Es lo mismo.   1459
BA 1,1 Martirio   Y ella tiene el mismo sino de su madre y de su abuela, 1460
                       mujeres las dos del que la engendró.
BA 2,1 La Poncia   ¿Por qué el mismo día que iba a venir a la ventana le 1498
                       mandaste recado que no viniera?
BA 3,1 Adela   Las cosas significan siempre lo mismo.   1510
BA 3,1 Bernarda   Eso es lo mismo.   1514
mismos (4)
PB 3,1 Marcolfa   Ahora le amortajaremos con el rojo traje juvenil con   1017
                       que paseaba bajo sus mismos balcones.
YE 2,2 Juan   Pero que está oscura y débil en los mismos caños de la 1315
                       sangre.
YE 2,2 Yerma   Los mismos ojos que tú, ¿lo sabías?   1320
YE 2,2 Yerma   ¡Tiene los mismos ojos que tienes tú!   1320
misterio (1)
MM 2,5 Gusano 2   ¡Qué misterio tan grande!   717
misterios (1)
MM 2,5 Mariposa   contándose misterios   714
misteriosa (2)
MM 1,6 Curianito   Amapola, ya he visto mi estrella misteriosa.   700
MM 2,3 Mariposa   Vengo de un arca misteriosa   708
misteriosas (1)
RS 1,1 Rosita   muselinas misteriosas.   1367
misteriosos (2)
TC 5,1 Fígaro   Los barberos tenemos más olfato de las palabras   758
                       oscuras y los gestos misteriosos.
PB 1,1 Duende 1   Y el comentario huiría hacia medios más misteriosos.   995
mitad (6)
TC 2,1 Cocoliche   Mejor era que me hubiese partido un rayo por la mitad. 737
BS 2,2 Madre   Cuando yo llegué a ver a mi hijo, estaba tumbado en   1229
                       mitad de la calle.
BS 3,1 Leñador 1   Su casta de muertos en mitad de la calle.   1247
BS 3,1 Novia   en la mitad de la boda   1258
YE 1,1 Yerma   Yo pienso que se nos va la mitad de nuestra sangre.   1283
YE 3,1 Yerma   Me pones desnuda en mitad de la plaza y me escupes.   1333
mixtos (1)
TC 1,1 Rosita   Yo me enveneno ahora mismo con mixtos o con sublimado 734
                       corrosivo.
moaré (2)
TB PBK Buster Keaton   ¿Dónde mi cuello de pajarita y mi corbata de moaré?   896
BA 1,1 María Josefa   Ni mis anillos ni mi traje negro de "moaré".   1470
mocito (2)
MP 1,7 Mariana   que tú me ayudes, mocito.   809
DC 1,1 Rosita   con un mocito,   1032
mocitos (2)
ZP 2,1 Zapatero   mocitos de gran presencia   959
DC 1,1 Rosita   y veinte mocitos   1032
moda (3)
RS 1,1 Ama   Pero aquí... rosas por [...] flores de ahora, de   1353
                       moda, los crisantemos, [...]
RS 3,1 Muchacho   ¡Exacto! ¡Qué disparate de moda!   1433
RS 3,1 Rosita   ¡Era una moda bonita!   1433
modales (1)
PB 0,0 Madre   Siempre dije a mi pobre hija que tiene usted la gracia 984
                       y modales de aquella gran [...]
moderna (1)
PB 0,0 Madre   No he de ponderar estas cosas a persona tan moderna y 985
                       competentísima como usted.
modernizarse (1)
RS 3,1 Martín   Verdad es que hay que modernizarse.   1422
modestia (1)
RS 3,1 Rosita   Pero lo sabían todos y yo me encontraba señalada por   1428
                       un dedo que hacía ridícula mi modestia de prometida
                       [...]

			Pág.
modesto (1)			
MP 3,3 Mariana	Y porque es noble y modesto,	869
modo (12)			
MM 2,2 Doña Curiana	la canta por las noches de un modo apasionado.	706
MP 1,5 Fernando	¿Por qué tiemblas de ese modo?	801
ZP 1,1 Zapatero	De modo que ya lo sabes.	922
ZP 1,1 Zapatera	Verdaderamente eso de "la quiero", "te quiero", suena de un modo que parece que me [...]	932
DC 1,1 Director	¿Quién habla ahí de ese modo?	1036
CA 3,1 Mecanógrafa	Si viniera mi amigo tan alto, con todo el cabello rizado, pero rizado de un modo especial tú haces [...]	1117
BS 2,1 Criada	El azahar te lo voy a poner desde aquí hasta aquí, de modo que la corona luzca sobre el peinado.	1208
YE 2,2 Juan	¿Es que no conoces mi modo de ser?	1312
YE 2,2 Juan	Aunque me miras de un modo que no debía decirte [...]	1316
RS 3,1 Tía	Todos los cristianos sabemos que ningún rico entra en el reino de los cielos, pero a ver si por hablar de ese modo vas a parar también [...]	1425
RS 3,1 Rosita	De ningún modo.	1429
BA 3,1 Martirio	Esta se puso a mirarlas de modo que se iba a tronchar el cuello.	1515
modos (6)			
CA 2,1 Padre	De todos modos, está usted en su casa.	1098
BS 1,1 Madre	No lo dudo. De todos modos, siento no saber cómo fue su madre.	1176
YE 1,2 Vieja 1	De todos modos, debías ser menos inocente.	1290
YE 1,2 Muchacha 2	De todos modos, tú y yo, con no tenerlos, vivimos más tranquilas.	1293
RS 3,1 Rosita	De todos modos los vecinos estarán acechando.	1426
BA 2,1 La Poncia	A vosotras que sois solteras, os conviene saber de todos modos que el hombre, [...]	1476
modosa (2)			
BS 1,1 Madre	Modosa.	1175
BA 2,1 Angustias	Pues nada: "Ya sabes que ando detrás de ti, necesito una mujer buena, modosa, y esa eres tú [...]	1475
moja (1)			
BS 3,2 Madre	Benditos sean los trigos, porque mis hijos están debajo de ellos; bendita sea la lluvia, porque moja la cara de los muertos.	1270
mojada (1)			
BS 1,2 Mujer	la orilla mojada,	1185
mojadas (1)			
DC 1,1 Director	Entre los ojos de las [...] tiernos de espigas mojadas, estallan con [...]	1043
mojado (2)			
CA 2,1 Novia	Pero con una corona de jazmines en el cuello y toda mi carne apretada por un velo mojado por el mar.	1085
CA 2,1 Joven	Estás aquí, entre mis manos, en este mismo instante, y no me puedes cerrar la puerta porque vengo mojado por una lluvia [...]	1096
mojan (3)			
CA 2,1 Maniquí	mojan mis sedas de angustia	1102
CA 3,2 Jugador 1	La vida se le escapa por sus pupilas, que mojan la comisura de [...]	1136
YE 3,2 Yerma	juegan y mojan la cara	1339
mojando (1)			
PB 3,1 Voces	se está la noche mojando.	1011
mojé (1)			
BS 2,2 Madre	Me mojé las manos de sangre y me las lamí con la lengua.	1229
mojen (1)			
MP 1,3 Angustias	No quiero que se mojen en la fuente.	789
molesta (A) (1)			
DC 1,1 Rosita	Qué molesta es la luna, ¿verdad, Cristóbal?	1039
molesta (2)			
MM 1,5 Alacranito	¿Os molesta vuestra suegra?	691
CA 1,1 Joven	Me molesta que las cosas de la calle entren en mi casa.	1049
molestado (1)			
RS 2,1 Rosita	¿Para qué se han molestado ustedes?	1392
molestáis (1)			
MM 1,2 Doña Curiana	¿Os molestáis porque os llamo	677
molestan (1)			
RS 3,1 Rosita	Me molestan esas miradas de perros fieles.	1430
molesto (A) (1)			
MP 1,6 Fernando	Sentiría en el alma ser molesto...	802
molesto (2)			
MM 1,5 Alacranito	Si os molesto, yo me voy,	690
PB 1,1 Perlimplín	¿Te molesto?	989
molinillo (1)			
BS 1,1 Madre	Que caves bien la parte del molinillo, que la tienes descuidada.	1178

molino (2)
    BS 1,3 Madre   Los tres nogales del molino toda una viña [...]   1195
    BA 1,1 Magdalena   Prefiero llevar sacos al molino.   1452
molinos (1)
    YE 1,2 Vieja 1   Sí. En los molinos. ¿De qué familia eres tú?   1287
momento (23)
    TC 1,1 Hora   Yo, como vengo todos los días, te recordaré esto   734
                             cuando seas vieja y hayas olvidado este momento.
    MP 1,7 Fernando   triste angustia del momento!   812
    MP 1,7 Mariana   no hay que perder un momento.   814
    MP 2,5 Mariana   me aceche, como en este decisivo momento.   832
    TB QM. Enrique   Vamos. Van a dar las seis de un momento a otro.   906
    ZP 1,1 Zapatero   Escúchame un momento...   921
    PB 0,0 Marcolfa   Ya me puedo morir de un momento a otro.   980
    PB 3,1 Marcolfa   Sepa mi señor que desde este momento me considero   1011
                             despedida de su servicio.
    CA 1,1 Viejo   ¿A que en aquel momento que la vio vieja ella estaba   1052
                             completamente entregada a usted?
    CA 2,1 Novia   Un puñal, unas tijeras duran siempre, y este pecho mío 1087
                             dura solo un momento.
    CA 3,1 Arlequín   que nace en aquel momento.   1109
    CA 3,1 Mecanógrafa   Hace cinco años que me está esperando, pero... ¡Qué   1117
                             hermoso es esperar con seguridad el momento de ser
                             amada!
    CA 3,2 Jugador 3   Yo jugué en la India [...] cartas, y yo esperaba el   1136
                             momento de lanzarme sobre [...]
    EP CV Muchacho 1   En este momento llega la revolución a la catedral.   1160
    EP CV Dama 4   Ahora es seguro que el fuego romperá las puertas,   1164
                             porque cuando yo lo vi, hace un momento, ya los
                             guardianes [...]
    BS 1,1 Madre   Que fueran como dos cardos, que ninguna persona los   1181
                             nombra y pinchan si llega el momento.
    BS 2,2 Mozo 2   Un momento.   1235
    BS 2,2 Novia   Déjame sosegar un momento.   1240
    BS 3,1 Novio   No. Yo sentí hace un momento el galope.   1252
    YE 1,1 Juan   Calla. Demasiado trabajo tengo yo con oír en todo   1276
                             momento...
    RS 2,1 Tío   Llega un momento en que las personas [...]   1386
    RS 3,1 Rosita   En este momento.   1426
    BA 3,1 Martirio   Ha llegado el momento de que yo hable. Esto no puede   1526
                             seguir así.
momentos (3)
    MM 2,5 Gusano 3   que a los pocos momentos   713
    BS 2,2 Novia   Y estos momentos son agitados.   1236
    RS 3,1 Rosita   Tú, vete a arreglar cosas, que dentro de unos momentos 1430
                             salimos de este [...]
moneda (1)
    BS 1,3 Padre   Cada pámpano una moneda de plata.   1196
monedas (3)
    DC 1,1 Poeta   Cinco monedas.   1021
    DC 1,1 Poeta   Las monedas de plata parece que están iluminadas por   1021
                             la luna.
    CA 1,1 Niño   ¡No, gata! Como chupar monedas.   1065
monedillas (1)
    TB QM. Viejo   Yo, por unas monedillas, las más pequeñas que tengas,   905
                             te las llevo.
mongolia (1)
    RS 2,1 Madre   Y allá vamos con unas patatas y un racimo de uvas,   1394
                             pero con capa de mongolia o sombrilla [...]
monigote (1)
    PB 3,1 Perlimplín   Viejo verde, monigote sin fuerza, tú no podías gozar   1016
                             el cuerpo de Belisa..., el cuerpo de
monigotes (1)
    BA 2,1 Amelia   Mira tú cómo están las vecinas del callejón,   1484
                             sacrificadas por cuatro monigotes.
monja (5)
    TC 2,1 Cocoliche   ¿Te metes a monja reparadora?   736
    TC 5,1 Currito   Son como dos vasitos de vino, como dos acericos de   757
                             monja, como dos suspirillos.
    ZP 1,1 Zapatera   Por lo que veo, en este pueblo no hay más que dos   932
                             extremos: o monja o trapo de fregar...
    RS 1,1 Ama   A mí las flores me huelen a niño muerto, o a profesión 1352
                             de monja, o a altar de iglesia.
    RS 3,1 Ama   ¿Dónde cree usted que [...] tanto cura y tanta monja y 1425
                             tanto gori-gori?
monjas (1)
    EP CV Estudiante 5   La estaban amortajando las monjas y lo he robado.   1166
monos (1)
    ZP 2,1 Niño   ¿Traerán monos? ¡Vamos!   952

                                                                              Pág.
Monsieur (1)
    DC 1,1 Director   Llenemos el teatro de [...] de Cádiz; hermano de   1043
                          Monsieur Guiñol, de París, [...]
montaba (1)
    BS 3,1 Leonardo   Pero montaba a caballo   1258
montado (6)
    TC 6,1 Cristobita   Es la historia de Don Tancredo, montado en su pedestal. 772
    MP 3,6 Mariana   o ven montado en el día.   878
    ZP 1,1 Zapatera   Pero el que más me gustaba a mí de todos era   917
                          Emiliano..., tú lo conociste... Emiliano, que venía
                          montado en una jaca negra, [...]
    ZP 2,1 Zapatera   Cuando le veía venir montado en su jaca blanca...   945
    ZP 2,1 Niño   ha montado una taberna   947
    ZP 2,1 Voz   ha montado una taberna   977
montados (1)
    BS 3,1 Novio   ¿Viste un hombre y una mujer que corrían montados en   1254
                          un caballo?
montaña (8)
    MM 2,3 Mariposa   y el lamentar del viento en la montaña,   708
    EP RR Centurión   Mi mujer es hermosa como una montaña.   1152
    FP CV Estudiante 5   Porque están locos; pero a mí, que subo dos veces   1167
                          todos los días la montaña y guardo, cuando [...]
    BS 1,2 Suegra   Vete a la montaña.   1186
    BS 1,2 Mujer   ¡Vete a la montaña!   1194
    YE 3,1 Yerma   Cuando me cubre cumple [...] aquel instante como una 1329
                          montaña de fuego.
    YE 3,2 Niño   el chorro de la montaña.   1341
    RS 2,1 Rosita   dormían en la montaña,   1404
montañas (2)
    TC 0,0 Mosquito   Entonces yo avisé a mis [...] la luna verde de las   724
                          montañas, bajo la luna [...]
    YE 2,1 Lavandera 1   Y las tiendas del viento cubren a las montañas.   1308
montarse (1)
    ZP 1,1 Niño   Sí, sí, eso ha dicho en mi casa antes de montarse en   937
                          la diligencia, [...]
monte (12)
    CA 3,1 Mecanógrafa   Amor, déjame en el monte   1121
    EP CV Dama 3   Cuando subíamos por el monte de la ruina creíamos [...] 1163
    BS 1,3 Padre   Si yo hubiera tenido hijos hubiera comprado todo este 1197
                          monte hasta la parte del arroyo.
    BS 2,2 Novio   El monte es barato y los hijos se crían mejor.   1232
    BS 2,2 Criada   Parecía como si se casara un monte.   1234
    YE 1,2 Yerma   ¿Qué quiere el monte de ti?,   1296
    YE 2,1 Lavandera 2   Por el monte ya llega   1307
    YE 2,2 Yerma   Pan tierno y requesón y cordero asado como yo aquí, y 1312
                          pasto lleno de rocío tus ganados en el monte.
    YE 2,2 Yerma   Quiero beber agua y no hay vaso ni agua, quiero subir 1314
                          al monte y no tengo pies, [...]
    RS 3,1 Ama   ¡Y un monte nevado!   1417
    RS 3,1 Ama   Le voy a hacer un monte nevado con grageas de   1417
                          colores...
    BA 1,1 Bernarda   ¡Cuánto hay que sufrir y luchar para hacer que las   1456
                          personas sean decentes y no tiren al monte demasiado!
monté (1)
    TB DME Doncella   De niña monté en bicicleta.   900
montes (15)
    MM 2,7 Curianito   No pienses en volar hacia los montes   720
    CA 1,1 Niño   Solo mares y montes de carbón,   1068
    BS 1,1 Madre   Mis muertos llenos de [...] frescos, viendo los   1173
                          montes...
    BS 1,2 Mujer   A los montes duros   1185
    BS 2,1 Convidado   pareces, flor de los montes,   1218
    BS 2,2 Criada   Una novia de estos montes debe ser fuerte.   1239
    BS 3,1 Luna   por los montes y las calles.   1249
    BS 3,1 Luna   por los montes de mi pecho;   1250
    BS 3,2 Niña   Los montes azules   1263
    BS 3,2 Madre   Mi hijo es ya una voz oscura detrás de los montes.   1267
    BS 3,2 Mujer   Corría ferias y montes   1270
    YE 1,1 Yerma   Los blancos montes que hay en tu pecho.   1277
    YE 1,2 Yerma   Montes de hierbas amargas,   1296
    YE 3,1 Vieja 1   Por encima de los montes ya empieza a clarear. Vete. 1330
    BA 2,1 La Poncia   Vinieron de los montes.   1485
Montes (1)
    RS 2,1 Ama   Con este señor y con el otro, don Confucio Montes de 1378
                          Oca, bautizado [...]
montón (2)
    BS 3,2 Mujer   y ahora montón de nieve.   1270
    RS 2,1 Rosita   El otro día me lo encontré jugando al uni uni doli   1387
                          doli con tres chicos y todo el montón de cartas en el
                          [...]

montones (1)
    BA 3,1 Bernarda   ¡Echadlo que se revuelque en los montones de paja!   1509
moradas (1)
    RS 1,1 Tía   Vas a clavar una flecha con cintas moradas sobre su   1362
                           corazón.
morado (1)
    MP 2,9 Pedrosa   De tafetán morado y verdes letras.   856
moral (1)
    PB 2,1 Perlimplín   Pero ya estoy fuera del mundo y de la moral ridícula   1008
                           de las gentes.
mórbido (1)
    PB 2,1 Belisa   ¡sino tu blanco y mórbido cuerpo estremecido!   1007
morder (2)
    ZP 2,1 Mozo Del S   Tengo tanto coraje que [...] seguridad de no hartarme   943
                           de morder.
    BA 3,1 Bernarda   Porque no hay carne donde morder.   1519
mordisco (1)
    BS 2,2 Madre   Con tu mujer procura [...] un abrazo fuerte, un   1241
                           mordisco y luego un beso [...]
morena (7)
    MP 1,4 Amparo   se ponía más morena.   793
    MP 2,1 Clavela   una niña morena   824
    PB 2,1 Belisa   Debe tener la piel morena y sus besos deben perfumar y   1002
                           escocer al mismo tiempo como el azafrán y el clavo.
    CA 1,1 Amigo   Una morena de esas que se echan de menos al mediodía   1058
                           de verano.
    CA 2,1 Maniquí   de la novia chiquita y morena?   1099
    CA 2,1 Maniquí   de la novia chiquita y morena?   1100
    BS 2,1 Muchacha 1   Baja, morena,   1218
morenas (1)
    ZP 2,1 Alcalde   Muchas mujeres he conocido como amapolas, como rosas   949
                           de olor..., mujeres morenas con los ojos [...]
morenita (1)
    BS 2,1 Convidado   Baja, morenita,   1218
morenito (2)
    BS 3,2 Niña   Morenito el uno,   1267
    BS 3,2 Niña   morenito el otro.   1267
moreno (4)
    TC 5,1 Jovencita   moreno y alto.   759
    TC 5,1 Jovencita   moreno y alto.   761
    TB DME Doncella   No eres moreno.   901
    ZP 2,1 Zapatero   ¡ay, qué terribles paradores, qué malas comidas, qué   971
                           sábanas de lienzo moreno por esos caminos del mundo!
Moreno (1)
    MP 2,8 Conspirador 4   El canalla de González Moreno...   843
moría (3)
    TC 6,1 Rosita   Creí que me moría.   766
    CA 3,1 Joven   Yo esperaba y moría.   1125
    CA 3,1 Mecanógrafa   Yo moría por esperar.   1125
moribundo (1)
    RS 3,1 Rosita   Y sin embargo la esperanza me persigue, me ronda, me   1429
                           muerde; como un lobo moribundo que apretase [...]
morir (26)
    MM 1,5 Curiana N   ¡Qué desdicha de verte morir en esta aurora.   697
    TC 6,1 Cocoliche   ¡No me abras! Quiero morir aquí.   775
    MP 2,5 Pedro   ...sorprende nuestro grupo y hemos de morir...   830
    MP 2,8 Conspirador 4   o luchar o morir, de lo contrario.   842
    MP 2,9 Mariana   ¡Ahora empiezo a morir!   859
    MP 2,9 Mariana   Mírame y llora. ¡Ahora empiezo a morir!   859
    MP 3,3 Mariana   para morir a mi vera,   869
    MP 3,5 Mariana   Granada que morir. Y que saldrían   874
    MP 3,5 Mariana   para morir conmigo, y esto basta.   875
    MP 3,5 Pedrosa   ¡Quieres morir!   877
    MP 3,7 Novicia 2   ¡Marianita va a morir!   880
    MP 3,8 Mariana   ¿Cuándo viene a morir, si la muerte me acecha?   884
    MP 3,8 Fernando   ¡Sé que vas a morir! Dentro de unos instantes   885
    MP 3,8 Fernando   ¡Quién pudiera morir para que tú vivieras!   886
    MP 3,8 Mariana   ¡Morir! ¡Qué largo sueño sin ensueños ni sombras!   886
    MP 3,8 Mariana   Pedro, quiero morir por lo que tú no mueres,   886
    PB 0,0 Marcolfa   Ya me puedo morir de un momento a otro.   980
    PB 3,1 Perlimplín   Yo soy mi alma y tú eres tu cuerpo... Déjame en este   1017
                           último instante, puesto que tanto me has querido,
                           morir abrazado a él.
    CA 3,1 Máscara   ¿Para el niño que el conde Arturo dejó morir en la   1116
                           escarcha?...
    CA 3,1 Mecanógrafa   Iba a morir de frío y tuve que buscar tu amor por   1127
                           donde no hay gente.
    EP CV Desnudo   Yo deseo morir.   1155
    BS 3,1 Luna   Pero que tarden mucho en morir. Que la sangre   1251
    BS 3,2 Muchacha 2   morir a las diez.   1262
    RS 3,1 Ama   ¿Y a morir tocan?   1416

morir - motas

morir (continuación)   Pág.
    RS 3,1 Tía   Sobre todo cuando ella va a morir y se acuerda de su   1420
                         madre y la llama.
    RS 3,1 Rosita   Para morir.   1426
morirá (5)
    MM 1,5 Curiana C   Morirá.   697
    MM 2,1 Curianita 1   se morirá de hambre, tan listo y tan pintado.   703
    CA 3,1 Máscara   Estoy segura de que se morirá.   1123
    CA 3,1 Máscara   Su niño morirá bajo la escarcha.   1123
    BA 2,1 La Poncia   Es estrecha de cintura, vieja, y con mi conocimiento   1481
                         te digo que se morirá.
morirás (2)
    MM 1,6 Curiana N   Si de ella te enamoras, ¡ay de ti!, morirás.   701
    MP 3,5 Pedrosa   Ni morirás, porque darás noticias   875
moriré (2)
    TC 6,1 Rosita   Vete a tu casa; ahora, yo moriré.   777
    RS 1,1 Primo   que me moriré por ti.   1372
moriremos (1)
    TC 6,1 Cocoliche   ¡Así moriremos juntos!   777
moririan (1)
    MP 3,3 Alegrito   porque todos morirían;   867
morirme (9)
    MP 1,7 Mariana   de morirme sola aquí.   809
    CA 1,1 Amigo 2   Quiero morirme siendo amanecer,   1074
    CA 1,1 Amigo 2   quiero morirme siendo   1074
    CA 1,1 Amigo 2   Quiero morirme siendo manantial.   1074
    CA 1,1 Amigo 2   Quiero morirme fuera de la mar...   1074
    CA 1,1 Amigo 2   Quiero morirme siendo   1074
    CA 1,1 Amigo 2   Quiero morirme siendo   1077
    CA 1,1 Amigo   Quiero morirme siendo   1077
    CA 1,1 Amigo   Quiero morirme fuera   1078
morirse (2)
    CA 1,1 Viejo   Porque lo otro es morirse ahora mismo, [...]   1053
    YE 1,2 Vieja 1   Sudar, comer unos panes y morirse.   1287
morirte (1)
    MP 1,7 Fernando   ¿De morirte?   809
morisco (1)
    TC 2,1 Rosita   El viento morisco hace girar ahora todas las veletas   736
                         de Andalucía.
moro (2)
    DC 1,1 Cristóbal   de las que cagó el moro,   1029
    DC 1,1 Cristóbal   Yo te doy la onza de oro de las que cagó el moro y tú   1034
                         me entregas [...]
mortaja (5)
    CA 3,1 Payaso   La mortaja del aire.   1127
    CA 3,1 Arlequín   La mortaja del aire.   1129
    BS 3,1 Novia   te pondría una mortaja   1257
    YE 2,2 Yerma   Muerta me vea y sin mortaja si alguna vez las dirijo   1319
                         la conversación.
    RS 2,1 Rosita   y las azules, mortaja.   1405
mortal (1)
    MP 2,5 Pedro   ¡Eso sí! ¡Qué mortal inquietud, qué amargura!   830
mosca (6)
    MM 1,5 La Curianita   ¡Ay mi mosca! ¡Mi mosca!   696
    MM 2,2 Curiana N   ¿Le pusisteis ungüento de mosca machacada?   706
    CA 3,1 Arlequín   El poeta Virgilio construyó una mosca de oro y   1119
                         murieron todas las moscas que envenenaban el aire de
                         Nápoles.
    FP RR Figura De P   Yo me convertiría en mosca.   1145
    BA 2,1 Bernarda   Mala puñalada te den, ¡mosca muerta! ¡Sembradura de   1493
                         vidrios!
moscas (4)
    MM 1,6 Alacranito   Me comí nueve moscas,   700
    MM 2,4 Alacranito   a comerme diez moscas.   711
    CA 3,1 Arlequín   El poeta Virgilio construyó una mosca de oro y   1119
                         murieron todas las moscas que envenenaban el aire de
                         Nápoles.
    BS 1,2 Mujer   con moscas de plata.   1185
mosco (1)
    ZP 1,1 Zapatera   No, es que un mosco de esos que hacen piiiiii, me ha   913
                         picado en este ojo.
mosquitos (2)
    TC 6,1 Cristobita   Brrrrr... ¡Pícaros mosquitos! ¡Pícaros mosquitos!   775
mostrarles (1)
    TC 0,0 Mosquito   Entonces yo avisé a mis amigos, y huimos por esos   724
                         campos en busca de la gente sencilla, para mostrarles
                         las cosas, [...]
motas (1)
    BA 1,1 La Poncia   Este cristal tiene unas motas.   1443

motivo (5)
   MM 0,0   ¿Qué motivo tenéis para despreciar lo ínfimo de la   670
                                 Naturaleza?

      BS 1,3 Criada   ¿Tienes motivo?   1203
      RS 1,1 Sobrino   No hay motivo para que me hable usted de esa manera.   1363
      RS 2,1 Tío   Llega un momento en que las personas que viven juntas   1386
                                muchos años hacen motivo de disgusto y [...]

      BA 3,1 Bernarda   No hay motivo para que no lo sea.   1511
motivos (3)
      YE 1,2 Yerma   No soy triste; es que tengo motivos para estarlo.   1297
      YE 2,2 Juan   ¡Que tengo motivos para estar alerta!   1313
      YE 3,2 Yerma   ¿Con qué motivos?   1347
mover (5)
      MM 2,5 Gusano 1   y mover tus antenas.   716
      DC 1,1 Enfermo   ¡Ay! Yo no lo puedo mover.   1025
      DC 1,1 Cristóbal   Le digo que pruebe a mover la carótida.   1025
      CA 1,1 Mecanógrafa   No espero porque no me da la gana, porque no quiero y,   1054
                               sin embargo, no me puedo mover de aquí.

      YE 1,1 Yerma   "Los jaramagos no sirven para nada", pero yo bien los   1276
                               veo mover sus flores amarillas en el aire.
moverme (2)
      ZP 1,1 Zapatera   ¿No te digo que no me dejas ni moverme?   928
      RS 3,1 Rosita   Y yo lo oigo y no puedo [...] zapatos, de descansar y   1429
                               no moverme más, nunca, de [...]

moverse (1)
      CA 1,1 Joven   la dibujo, la hago moverse blanca y viva; [...]   1052
movía (5)
      TC 0,0 Mosquito   y el aire las movía.   724
      TC 6,1 Rosita   con el pico movía la hoja,   762
      TC 6,1 Rosita   con la cola movía la flor.   762
      MP 1,4 Amparo   gracia movía las piernas!   793
      ZP 2,1 Zapatero   Cuando movía las faldas   959
movían (1)
      MP 2,1 Niña   con unos ojos... y movían los rabos   821
mozas (1)
      ZP 1,1 Alcalde   Eso tiene casarse a tu [...] sido la última; buenas   924
                               mozas todas, aficionadas [...]

mozo (2)
      MM 1,2 Doña Curiana   ¡Es un mozo de la aldea!   682
      BA 1,1 Martirio   Yo me alegro. Es buen mozo.   1463
mozos (5)
      ZP 1,1 Zapatero   Claro..., si en todo el pueblo no se hablará de otra   933
                               cosa: ¡que si yo, que si ella, que si los mozos!
      ZP 2,1 Niño   Se han hecho heridas con las navajas dos o tres mozos   970
                               y te echan a ti la culpa.

      BS 3,2 Mendiga   sobre los hombros de los mozos altos.   1266
      YE 3,2 Muchacha 1   El año pasado, cuando se hizo oscuro, unos mozos   1338
                               atenazaron con sus manos los pechos de mi hermana.

      BA 2,1 La Poncia   Cuarenta o cincuenta buenos mozos.   1485
mozuelas (1)
      ZP 2,1 Zapatera   Calle usted, viejísimo, calle usted; con hijas   949
                               mozuelas y lleno de familia [...]

mucha (20)
muchacha (22)
      TC 0,0 Mosquito   Niño, cierra esa boquita, y tú, muchacha, siéntate con   723
                               cien mil de a caballo.

      TC 2,1 Cristobita   Pero, sin embargo, es una linda muchacha.   739
      TC 3,1 Contrabandista 1 ¡Ay muchacha, muchacha!,   741
      TC 3,1 Contrabandista 1 ¡Ay muchacha, muchacha!,   741
      TB QM. Viejo   ¡Ah, la muchacha!   905
      ZP 2,1 Zapatero   Calma, muchacha. ¿Es que su marido está en la calle?   963
      DC 1,1 Cristóbal   Pero a pesar de todo es una linda muchacha.   1034
      CA 1,1 Amigo   Estuve con una muchacha... Ernestina.   1057
      EP CV Estudiante 5   Parecía muy hermosa, [...] el zapato de aquella   1167
                               muchacha llena de polvo [...]

      BS 1,1 Madre   Yo sé que la muchacha es buena.   1175
      BS 1,1 Vecina   ¡Buena muchacha!   1180
      BS 1,1 Madre   A mí me habían dicho que la muchacha tuvo novio hace   1181
                               tiempo.

      BS 1,2 Mujer   No me gusta que penséis mal de una buena muchacha.   1190
      BS 2,1 Novia   Un hombre con su caballo sabe mucho y puede mucho para   1214
                               poder estrujar a una muchacha metida en un desierto.

      BS 3,2 Novia   Y yo corría con tu hijo [...] mujer marchita, de   1269
                               muchacha acariciada por [...]

      YE 1,2 Vieja 1   Buenos los tenga la hermosa muchacha. ¿Dónde vas?   1286
      YE 1,2 Vieja 1   Déjame, muchacha, no me hagas hablar.   1288
      YE 1,2 Vieja 1   Los hombres tienen que gustar, muchacha.   1290
      RS 2,1 Madre   Yo tengo una muchacha que nos arregla [...]   1395
      BA 1,1 Martirio   Luego aquí la abandonó y se fue con otra que tenía una   1459
                               hija y luego tuvo relaciones con esta muchacha, la
                               madre de [...]

muchachas - muebles

                                                                         Pág.

muchachas (11)
  TC 4,1 Joven — Yo me creía que por el [...] paradores, con rubias muchachas remangadas [...] — 752
  MP 2,8 Mariana — ¡Ay muchachos! ¡Ay muchachas! — 849
  DC 1,1 — Será necesario que las muchachas cierren los [...] — 1019
  CA 1,1 Amigo — ¿Y dónde están en esta casa los retratos de las muchachas con las que tú te acuestas? — 1056
  EP CV Estudiante 1 — Alegría de los muchachos y de las muchachas y de las ranas y de los pequeños taruguitos de madera. — 1168
  BS 1,1 Novio — Las muchachas tienen que mirar con quién se casan. — 1176
  BS 3,2 Mendiga — Un pedazo de pan, muchachas. — 1265
  YE 1,1 Yerma — Yo conozco muchachas que han temblado y que lloraban antes de entrar en la cama con sus maridos. — 1276
  YE 1,2 Yerma — Las muchachas que se crían en el campo, como yo, tienen cerradas todas las puertas. — 1291
  RS 3,1 Rosita — Y hoy se casa una amiga [...] no conozco a nadie: muchachas y muchachos [...] — 1428
  BA 2,1 Coro — de las muchachas que miran. — 1486
muchachilla (1)
  TB DME Doncella — Mis almohadas no tienen iniciales y esto me da mucho miedo... Porque, ¿qué muchachilla en el mundo [...] — 897
muchachita (3)
  CA 1,1 Joven — Gracias. Si me pongo a pensar en la muchachita, en mi niña... — 1051
  CA 1,1 Joven — No, no es mi novia es mi niña, mi muchachita. — 1051
  CA 3,1 Arlequín — a esta muchachita — 1111
muchacho (7)
  TC 5,1 Jovencita — en un muchacho, — 759
  TC 5,1 Jovencita — en un muchacho, — 761
  CA 2,1 Criada — En mi pueblo había un muchacho que subía a [...] — 1086
  CA 2,1 Novia — Más negra que un muchacho. — 1087
  CA 3,2 Jugador 1 — Pero aquel muchacho jugaba de verdad. — 1136
  EP CV Estudiante 4 — Romeo era un hombre de treinta años y Julieta un muchacho de quince. — 1165
  BA 2,1 La Poncia — El que la contrataba era un muchacho de ojos verdes, apretado como una gavilla de trigo. — 1485
muchachos (11)
  TC 3,1 Cocoliche — Serán muy bonitas nuestras lágrimas; lágrimas de topacio, de rubí... ¡Ay, muchachos, muchachos! — 743
  TC 3,1 Espantanublos — Muchachos, muchachos. — 744
  TC 6,1 Mosquito — La tierra tiene caminitos blancos, caminitos lisos, caminitos tontos... Pero, muchachos, ¿por qué ese [...] — 771
  MP 2,8 Mariana — ¡Ay muchachos! ¡Ay muchachas! — 849
  EP RR Emperador — He degollado más de cuarenta muchachos que no lo quisieron decir. — 1152
  EP CV Estudiante 1 — Alegría de los muchachos y de las muchachas y de las ranas y de los pequeños taruguitos de madera. — 1168
  BS 3,2 Mujer — ¡Ay, qué cuatro muchachos — 1271
  RS 2,1 Tía — Yo sé que hay muchachos y hombres maduros enamorados de ti. — 1389
  RS 3,1 Rosita — Y hoy se casa una amiga [...] nadie: muchachas y muchachos me dejan atrás [...] — 1428
muchas (42)
muchísimo (3)
  TC 4,1 Cansa-Almas — Yo me quedaré en casa... Y era verdad... Tu padre, efectivamente, me quería muchísimo, muchísimo. — 753
  ZP 2,1 Zapatera — ¡Muchísimo más! — 976
mucho (120)
muchos (21)
muda (2)
  BS 3,2 Muchacha 1 — Por la orilla muda — 1263
  YE 3,1 Yerma — ¡Que mi boca se quede muda! — 1335
mudable (2)
  RS 1,1 Tío — Los botánicos la llaman "rosa mutabile", que quiere decir mudable, que cambia... [...] — 1356
  RS 2,1 Tío — Lo he oído todo, y casi sin darme cuenta he cortado la única rosa mudable que tenía en mi invernadero. — 1410
mudan (1)
  RS 3,1 Muchacho — Pero ¿se mudan ustedes? — 1431
mudanza (1)
  RS 3,1 Rosita — Con la mudanza ha estado todo el día la puerta llena de chiquillos, como si en la casa hubiera un muerto. — 1426
mudas (1)
  RS 3,1 Ama — Pero nos hemos quedado mudas. — 1414
mueble (1)
  BA 3,1 Prudencia — Nunca vi un mueble de estos. — 1511
muebles (7)
  CA 1,1 Joven — No quiero hierbas en mi casa ni muebles rotos. — 1047
  CA 1,1 Viejo — Eso. Ni muebles rotos porque hay que recordar, pero... — 1047
  CA 1,1 Joven — Supongo que no me romperás los muebles. — 1056

muebles (continuación)
RS 3,1 Tía	Mi prima habrá puesto los muebles de cualquiera manera.	1426
RS 3,1 Tía	Si yo lo hubiera sabido no hubiese consentido de ninguna manera que tu tío hubiera hipotecado la casa con muebles y todo.	1426
RS 3,1 Rosita	Yo sé que la hipoteca la hizo para pagar mis muebles y mi ajuar, y esto es lo que me duele.	1427
BA 3,1 Prudencia	Los muebles me han dicho que son preciosos.	1511

muelles (1)
CA 3,1 Máscara	Y después fui al hospital [...] descargan el carbón en los muelles.	1116

muera (11)
MP 3,3 Mariana	¿Crees van a dejar que muera	868
MP 3,5 Mariana	que para que yo muera tiene toda	874
TB QM. Mujer	Lo recordaré hasta que muera.	905
CA 2,1 Joven	Para que no muera. ¿Lo oyes? Para que no muera.	1096
BS 1,1 Madre	Tengo que ir todas las mañanas, y si me voy es fácil que muera uno	1175
BS 1,3 Madre	Cuando yo me muera, vendéis aquello y compráis aquí al lado.	1197
BS 2,1 Leonardo	¡Cuando se muera, muerto está!	1211
BS 3,1 Novia	Es justo que yo aquí muera	1260
YE 1,1 Víctor	Quiere juntar dinero y lo juntará, pero ¿a quién lo va a dejar cuando se muera?	1285
BA 2,1 Bernarda	Ahora vigilaré sin cerrarlos ya hasta que me muera.	1503

mueras (1)
MP 3,5 Pedrosa	Yo no quiero que mueras tú, ¡no quiero!	875

muerdan (1)
BA 3,1 María Josefa	Yo tengo que marcharme, pero tengo miedo que los perros me muerdan.	1525

muerde (3)
MP 1,7 Mariana	que muerde mi alma sencilla	813
RS 3,1 Rosita	Y sin embargo la esperanza me persigue, me ronda, me muerde; como un lobo [...]	1429
BA 2,1 Adela	Me gustaría segar para ir y venir. Así se olvida lo que nos muerde.	1487

muerdo (1)
BA 1,1 La Poncia	Pero yo soy buena perra; ladro cuando me lo dicen y muerdo los talones de [...]	1442

muere (5)
MP 0,0 Mosquito	al ver que Marianita se muere	781
MP 3,2 Mariana	Nace el que muere sufriendo,	866
MP 3,7 Novicia 1	por cada estrella que muere	880
MP 3,9 Mariana	al ver que Marianita se muere	891
YE 1,2 Yerma	Y tú también, tú también te callas y te vas con aire de doctora, sabiéndolo todo, pero negándolo a la que se muere de sed.	1291

mueren (4)
PB 3,1 Voces	se mueren de amor los ramos.	1011
PB 3,1 Perlimplín	¡Se mueren de amor los ramos!	1011
PB 3,1 Perlimplín	¡Se mueren de amor los ramos!	1012
PB 3,1 Perlimplín	¡Se mueren de amor los ramos!	1012

mueres (2)
MP 3,8 Mariana	Pedro, quiero morir por lo que tú no mueres,	886
BA 1,1 La Poncia	Es capaz de sentarse encima de tu corazón y ver cómo te mueres durante un año [...]	1441

muero (11)
TC 2,1 Rosita	con el vito que me muero.	735
TC 2,1 Rosita	con el vito, que me muero;	740
TC 4,1 Rosita	con el vito, que me muero...	755
TC 6,1 Rosita	¡Me muero!	769
TC 6,1 Cristobita	¡Ay, que me muero!	778
MP 2,5 Mariana	yo me muero, lo sabes, yo me muero.	829
MP 2,8 Mariana	¡y yo me muero de sueño!	849
MP 2,8 Mariana	¡Ay! Caballo, que me muero.	849
TB DME Estudiante	¡Pues yo me muero de sed!	901
DC 1,1 Voz De Rosita	con el vito que me muero,	1031

muerta (20)
MM 1,1 Curiana N	y vi muerta el hada del campo y del mar.	672
MM 2,5 Gusano 3	medio muerta de frío.	717
MP 2,9 Pedrosa	mía, ¿lo estás oyendo? Mía o muerta.	856
MP 3,1 Novicia 1	que irán contigo muerta.	863
MP 3,2 Mariana	Porque ya estoy muerta.	865
MP 3,8 Mariana	¡Ya estoy muerta, Fernando! Tus palabras me llegan	886
MP 3,8 Mariana	Me querrás, muerta, tanto, que no podrás vivir.	887
ZP 2,1 Vecina Roja	Muerta la quisiera ver.	971
CA 1,1 Niño	y una paloma muerta por la arena	1068
CA 2,1 Novia	Me voy a ahogar y luego tú saldrás corriendo y me dejarás muerta por las orillas.	1079
BS 1,1 Madre	Es que quisiera que ni a la viva ni a la muerta las conociera nadie.	1181

muerta - muerto

muerta (continuación)   Pág.

BS 2,1 Novia   Y que me abrazaras tan fuerte, que aunque me llamara   1222
                    mi madre, que está muerta, no me pudiera despegar de
                    ti.
BS 2,2 Criada   La mujer llegó muerta de miedo.   1227
BS 3,1 Novio   Es el brazo de mi hermano y el de mi padre y el de   1252
                    toda mi familia que está muerta.
BS 3,1 Novia   Y yo muerta.   1261
YE 2,2 Yerma   Muerta me vea y sin mortaja si alguna vez las dirijo   1319
                    la conversación.
RS 2,1 Rosita   como una muerta de pena   1404
RS 3,1 Rosita   Todo está acabado... [...] tener la esperanza muerta.   1429
BA 2,1 Bernarda   Mala puñalada te den, ¡mosca muerta! ¡Sembradura de   1493
                    vidrios!
BA 2,1 Martirio   ¡Primero muerta!   1504
muertas (3)
MM 2,3 Mariposa   al resbalar sobre mis alas muertas.   708
MM 2,3 Mariposa   al resbalar sobre mis alas muertas.   709
TC 6,1 Rosita   La sierra de Córdoba tiene sombras bajo sus olivares,   774
                    sombras aplastadas, sombras muertas que nunca se van.
muerte (41)
MM 2,2 Doña Curiana El dolor o la muerte me cercan la casita.   707
MM 2,3 Mariposa   y la muerte me dio dos alas blancas,   708
MM 2,3 Mariposa   Porque soy la muerte   709
TC 6,1 Rosita   Ella tuvo una gargantilla de hierro en sus bodas con   762
                    la muerte, y yo tendré un [...]
MP 1,7 Fernando   "Adorada Marianita: Gracias [...] asistir a un reo de   811
                    muerte.
MP 2,8 Conspirador 4 Nadie quiere una muerte sin provecho.   842
MP 2,8 Conspirador 4 La muerte, con ser la muerte,   844
MP 2,8 Pedro   La muerte de Torrijos me enardece   844
MP 3,1 Novicia 2   de muerte, no ocultó   861
MP 3,4 Mariana   del jardín, mi muerte acecha.   871
MP 3,8 Mariana   ¿Cuándo viene a morir, si la muerte me acecha?   884
MP 3,8 Mariana   siento al mundo en los dedos. ¡Muerte! Pero, ¿qué es   887
                    muerte?
MP 3,9 Mariana   que hay detrás de la muerte. ¡Corazón, no desmayes!   888
MP 3,9 Mariana   salvo a muchas criaturas que llorarán mi muerte.   889
ZP 2,1 Zapatera   Pues hasta la muerte.   943
ZP 2,1 Zapatera   Pues a mí me consta que sus cuatro señoras, mal rayo   950
                    las parta, le aborrecían a muerte.
ZP 2,1 Zapatera   ¡No pagaba con la muerte!   967
PB 2,1 Belisa   Las almas hermosas están en los bordes de la muerte,   1007
                    reclinadas sobre [...]
PB 3,1 Belisa   ¿Quién te dio muerte?...   1016
CA 1,1 Viejo   Están las cosas más vivas dentro que ahí fuera,   1053
                    expuestas al aire o la muerte.
CA 1,1 Amigo 1   Todo eso no es más que miedo a la muerte.   1074
CA 2,1 Maniquí   muerte que no tuve nunca   1100
EP CV Enfermero   Piden la muerte del director de escena.   1155
EP CV Estudiante 4 El director de escena [...] falsas había causado la   1161
                    muerte verdadera de muchos [...]
BS 3,1 Leñador 1   ¡Ay muerte que sales!   1255
BS 3,1 Leñador 1   Muerte de las hojas grandes.   1255
BS 3,1 Leñador 1   ¡Ay muerte sola!   1255
BS 3,1 Leñador 1   Muerte de las secas hojas.   1255
BS 3,1 Leñador 2   ¡Ay triste muerte!   1255
BS 3,1 Leñador 1   ¡Ay muerte mala!   1255
BS 3,2 Madre   ¿Qué me importa tu muerte?   1270
BS 3,2 Novia   traen a la muerte por el aire!   1271
RS 1,1 Rosita   el vestido de mi muerte.   1372
RS 2,1 Madre   Siempreviva de la muerte,   1404
RS 2,1 Madre   de la hora de tu muerte   1405
RS 3,1 Tía   Yo ya estoy entregada..., [...] bolsillo, esperaría la   1414
                    muerte con dignidad... [...]
BA 1,1 Bernarda   ¿Has tenido valor de lavarte la cara el día de la   1468
                    muerte de tu padre?
BA 3,1 Adela   He visto la muerte debajo de estos techos y he salido   1526
                    a buscar lo que era mío, lo que me pertenecía.
BA 3,1 Bernarda   La muerte hay que mirarla cara a cara.   1532
Muerte (1)
MM 0,0   ¡Y es que la Muerte se disfraza de Amor!   670
muertecita (1)
DC 1,1 Poeta   Te espera una muertecita   1022
muerto (38)
MM 1,1 Curiana N   "Un hada se ha muerto", respondieron ellas.   672
MM 1,2 Doña Curiana porque se había muerto un hada   677
MM 2,2 Curiana N   se ha muerto un hada: el hada del campo y de la mar.   707
MM 2,5 Mariposa   está muerto y vacío.   715
TC 1,1 Padre   ¿Qué Cocoliche ni qué niño muerto?   732
TC 2,1 Cristobita   ¿Qué pero ni qué niño muerto?   738

muerto (continuación)
TC 6,1 Cristobita	¡Por vuestra culpa me he roto, me he muerto!	778
TC 6,1 Rosita	¡Ha muerto! ¡Ay Dios mío, qué compromiso tan grande!	778
TC 6,1 Un Cura	Un hombre esté muerto.	779
MP 2,8 Conspirador 4	ha sido muerto en las playas	843
MP 2,8 Conspirador 4	y muerto quedó en la arena,	844
MP 3,8 Mariana	y se ha muerto mirando los ojos de mi Pedro.	885
PB 1,1 Perlimplín	muerto de amor.	1000
PB 1,1 Perlimplín	¡muerto de amor!	1000
PB 3,1 Perlimplín	Ya muerto, lo podrás acariciar [...]	1015
PB 3,1 Belisa	¡Don Perlimplín ha muerto!	1017
CA 1,1 Amigo	¡Y, naturalmente, el cazador se ha muerto de hambre!	1072
CA 3,1 Mecanógrafa	Recuerdo que la tarde de mi partida había una gran tormenta de verano y había muerto el niño de la portera.	1115
BS 1,2 Mujer	con el río muerto	1185
BS 2,1 Leonardo	¡Cuando se muera, muerto está!	1211
BS 3,1 Leñador 1	¿Y qué? Vale más ser muerto desangrado que vivo con ella podrida.	1246
BS 3,1 Leonardo	porque esté muerto.	1261
BS 3,2 Suegra	Nunca. Ni muerto ni vivo.	1264
YE 3,1 Yerma	Cuando me cubre cumple con su deber, pero yo le noto la cintura fría, como si tuviera el cuerpo muerto, y yo, que siempre [...]	1329
RS 1,1 Ama	A mí las flores me huelen a niño muerto, o a profesión de monja, o a altar de iglesia.	1352
RS 2,1 El Señor X	El conde Zboronsky, muerto en el accidente, y Marcel Renault, o Renol, que de ambas maneras suele y puede decirse, muerto también en el [...]	1375
RS 2,1 Tío	Llega un momento en que [...] está definitivamente muerto.	1386
RS 3,1 Rosita	Con la mudanza ha estado todo el día la puerta llena de chiquillos, como si en la casa hubiera un muerto.	1426
RS 3,1 Muchacho	Pues bajaba yo muerto de risa con el [...]	1433
RS 3,1 Ama	Sí, sí; pero no me toque [...] ánimos en este duelo sin muerto que está usted [...]	1436
BA 1,1 La Poncia	Vinieron a verlo muerto y le hicieron la cruz.	1441
BA 1,1 Bernarda	Y tú ve guardando en el arca grande toda la ropa del muerto.	1458
BA 1,1 Martirio	Luego aquí la abandonó [...] ella después de haber muerto loca la segunda [...]	1459
BA 1,1 Amelia	¡Angustias tiene todo el dinero de su padre, es la única rica de la casa y por eso ahora que nuestro padre ha muerto y ya se harán [...]	1464
BA 3,1 Bernarda	¡Mi hija ha muerto virgen!	1532
BA 3,1 Bernarda	Ella ha muerto virgen.	1532
BA 3,1 Bernarda	Ella, la hija menor de Bernarda Alba, ha muerto virgen.	1532

muertos (18)
MM 2,2 Curiana N	Tiene los ojos muertos y la boca cerrada.	706
MP 1,8 Angustias	fingiéndose los muertos!	817
ZP 1,1 Niño	No te asustes, que de muertos no es.	935
BS 1,1 Madre	Mis muertos llenos de hierba, [...]	1173
BS 2,2 Madre	Pero me llevan a los muertos y hay que callar.	1227
BS 3,1 Leñador 1	Su casta de muertos en mitad de la calle.	1247
BS 3,2 Mendiga	Muertos en la hermosura de la noche.	1266
BS 3,2 Mendiga	Muertos, sí, muertos.	1266
BS 3,2 Madre	Ya todos están muertos.	1267
BS 3,2 Madre	Benditos sean los trigos, [...] moja la cara de los muertos.	1270
BS 3,2 Novia	Que la cruz ampare a muertos y vivos.	1271
YE 3,1 Dolores	Que mi lengua se llene de hormigas, como está la boca de los muertos, si alguna vez he mentido.	1327
YE 3,1 Yerma	Si pudiera dar voces también las daría yo para que se levantaran hasta los muertos y vieran esta [...]	1332
RS 3,1 Ama	Cuando enterré a mi niña..., [...] entrañas, pero los muertos son muertos.	1416
RS 3,1 Ama	Están muertos, vamos a llorar, se cierra la puerta, ¡y a vivir!	1416
BA 2,1 Adela	En vez de limpiar la casa y acostarte para rezar a tus muertos, buscas como [...]	1481

mueva (1)
| MP 2,9 Mariana | Es mi anillo de bodas; no se mueva, | 853 |

mueve (4)
MM 2,2 Curiana N	Sujetad las antenas, que las mueve la brisa	706
MP 2,8 Conspirador 4	El viento mueve la mar	844
DC 1,1	Y si un pájaro mueve un ala, que también lo oigamos; y si una hormiguita mueve la patita, que [...]	1019

mueven (3)
| MM 0,0 | ¿Por qué os causan repugnancia algunos insectos limpios y brillantes que se mueven graciosamente [...] | 670 |
| PB 3,1 Belisa | las ramas se mueven... | 1012 |

mueven (continuación)   Pág.
  BA 2,1 La Poncia   Esas cosas pasan entre personas ya un poco instruidas   1476
                          que hablan y dicen y mueven la mano... La [...]
muevo (3)
  ZP 1,1 Mozo   No me muevo de este sitio sin el sí.   932
  ZP 2,1 Zapatera   Siéntese usted en el [...] yo de zapatera no me muevo. 951
  BS 2,1 Mujer   Pero de aquí no me muevo.   1224
mugen (1)
  YE 1,1 Yerma   Los bueyes mugen al boyero   1277
mujer (174)
  MM 0,0   Se prendó de una visión [...] aquello de "yo te amo, 669
                          mujer imposible".
  MM 0,0   ¡Cuántas veces el enorme [...] toma la forma de una 670
                          mujer para engañarnos [...]
  TC 0,0 Mosquito   Ahora que sale la luna [...] Rosita que, a más de   724
                          mujer, es una avefría [...]
  TC 1,1 Rosita   Mira, yo no quiero ser una mujer impúdica.   729
  TC 1,1 Cristobita   La mujer no debe medir ni más ni menos.   731
  TC 3,1 Mozo 1   Esa mujer es muy romántica.   743
  TC 3,1 Cocoliche   ¿Y a usted qué le importa quién es esa mujer?   745
  TC 3,1 Cocoliche   Pues bien: esa mujer es doña Rosita, la de la plaza, 745
                         la mejor cantaora de Andalucía, mi..., ¡sí!,
  TC 6,1 Currito   ¡Ya me lo figuraba yo! Eres una mala mujer.   768
  TC 6,1 Cocoliche   ¿Conque tú eres el amante de esa mujer? ¡Ya nos   770
                         veremos las caras!
  TC 6,1 Currito   ¡Jamás miraré a otra mujer!   771
  TC 6,1 Cristobita   ¡Ya me las pagarás, señá Rosita, mala mujer!   776
  MP 1,7 Mariana   ¡soy una loca mujer!   809
  MP 2,5 Pedro   ¡Marianita, no temas! ¡Mujer mía! ¡Vida mía!   829
  MP 2,8 Mariana   ¡Abre, Clavela! Soy una mujer   848
  MP 2,9 Pedrosa   Una mujer tan bella como usted,   852
  MP 2,9 Mariana   ¡Soy mujer de mi casa y nada más!   852
  MP 2,9 Pedrosa   y una mujer es siempre una mujer!   857
  MP 3,1 Novicia 2   Es una mujer buena,   860
  MP 3,1 Novicia 2   ¡Qué mujer tan valiente! Cuando ayer   861
  MP 3,7 Novicia 1   ¡Qué injusticia! Esta mujer   881
  TB QM. Viejo   Yo conozco hace mucho tiempo a la madre de ellos, a tu 905
                         mujer.
  TB QM. Viejo   Tu mujer te lo agradecerá.   905
  TB QM. Viejo   Es tu mujer y te ama.   906
  ZP 1,1 Zapatero   Mujer, ¿qué estás diciendo?   915
  ZP 1,1 Zapatero   Mujer..., repórtate.   916
  ZP 1,1 Zapatero   Mujer..., ¡que te van a oír los vecinos!   916
  ZP 1,1 Zapatero   Pero, mujer, ¿no estás viendo...?   917
  ZP 1,1 Zapatero   Eres mi mujer, quieras o no quieras, y yo soy tu   918
                         esposo.
  ZP 1,1 Zapatero   Ay, mujer..., no me des escándalos, ¡mira que viene la 918
                         gente!
  ZP 1,1 Vecina   Dile a tu mujer que salga.   919
  ZP 1,1 Vecina   Bien despachado vas de mujer, ¡que te aproveche!   921
  ZP 1,1 Alcalde   ¿La mujer?   924
  ZP 1,1 Zapatero   ¡La mujer!   924
  ZP 1,1 Zapatero   Mi mujer... no me quiere.   924
  ZP 1,1 Alcalde   Si tu mujer habla por la ventana con todos, si tu 925
                         mujer se pone agria contigo, [...]
  ZP 1,1 Zapatero   Comprendo que es una barbaridad..., pero yo no estoy 925
                         enamorado de mi mujer.
  ZP 1,1 Zapatero   Yo no sabía lo que era una mujer.   926
  ZP 1,1 Alcalde   Un poco brusca..., pero es una mujer guapísima.   928
  ZP 1,1 Zapatero   ¿Por qué no me dejas marchar, mujer?   929
  ZP 1,1 Mozo   Una mujer como usted, con ese pelo y esa pechera tan 931
                         hermosísima...
  ZP 1,1 Zapatero   Quisiera oír a la mujer del sacristán; pues ¿y los 931
                         curas?
  ZP 1,1 Zapatera   ¡Mujer ruin!   933
  ZP 1,1 Sacristana   Mujer, repórtate.   938
  ZP 2,1 Zapatera   Pues si dices tú, más [...] nadie jamás, porque una 942
                         mujer casada debe estarse [...]
  ZP 2,1 Zapatero   Respetable público: Oigan ustedes el romance verdadero 958
                         y sustancioso de la mujer rubicunda y el [...]
  ZP 2,1 Zapatero   Ella era una mujer arisca,   958
  ZP 2,1 Zapatera   ¡Qué mala mujer!   959
  ZP 2,1 Vecina Negra   ¡Se están cosiendo a puñaladas por culpa de esa mujer! 962
  ZP 2,1 Voz   ¡Por esa mala mujer!   963
  ZP 2,1 Zapatero   Y en mi pueblo vivía una mujer... en cierta época, 966
                         [...]
  ZP 2,1 Zapatero   ¡Porque se pudo casar con la mujer más preciosa de la 968
                         tierra!
  ZP 2,1 Zapatero   ¡Pero sepa y entienda que yo no estoy enamorado de 969
                         nadie más que de mi mujer, mi esposa de legítimo [...]

mujer (continuación)

ZP 2,1	Zapatero	¡Y qué disparate no sospechar que mi mujer era de oro puro, del mejor de la tierra!	971
ZP 2,1	Zapatera	Buen hombre, Dios quiera que encuentre usted a su mujer, para que vuelva [...]	975
ZP 2,1	Zapatero	¡Niña, qué primor! ¡Le quiere usted tanto como yo a mi mujer!	976
ZP 2,1	Zapatero	Yo soy como un perrito y mi mujer manda en el castillo, ¡pero que mande!	976
ZP 2,1	Zapatero	¡Mujer de mi corazón!	977
PB 0,0	Perlimplín	Cuando yo era niño una mujer estranguló a su esposo.	981
PB 0,0	Marcolfa	Esa es la mujer de mi señor: la blanca Belisa.	982
PB 0,0	Marcolfa	La mujer es débil si se la asusta a tiempo.	987
PB 3,1	Perlimplín	¡Lo otro! ¡Ah! ¿Qué le dijiste a mi mujer?	1009
PB 3,1	Perlimplín	¡Oh, sí!... ¡Como nunca mujer alguna lo hizo!, ¿verdad?	1010
PB 3,1	Marcolfa	¡Que usted mismo fomente en su mujer el peor de los pecados!	1010
PB 3,1	Belisa	¡Me parece que soy otra mujer!	1014
PB 3,1	Marcolfa	Belisa, ya eres otra mujer.	1018
DC 1,1	Cristóbal	Mala mujer.	1041
CA 1,1	Viejo	Es peligrosa esta mujer.	1055
CA 1,1	Amigo	Iba con una mujer feísima, pero admirable.	1058
CA 1,1	Amigo	Sí, hombre, no te indignes, pero una mujer puede ser feísima y un domador de caballos puede ser hermoso.	1058
CA 1,1	Joven	Pero tú no puedes comprender que se espere a una mujer cinco años, colmado [...]	1071
CA 2,1	Novia	Que busques otra mujer a quien puedas hacerle trenzas.	1094
CA 2,1	Joven	Se lo pondrá la mujer que espera por las orillas de la mar.	1104
CA 2,1	Joven	mi propia mujer desnuda.	1105
CA 2,1	Joven	A la mujer que me quiere. Usted la vio en mi casa, ¿no recuerda?	1106
EP RR	Figura De P	Si yo no tuviera esta [...] gotas de sangre de mujer.	1146
EP RR	Centurión	Mi mujer es hermosa como una montaña.	1152
EP CV	Estudiante 2	Con gran alegría para su mujer, que ahora trabajará tanto que tendrá que ponerse dos grifos en las tetas.	1157
EP CV	Muchacho 1	Sí, pero eran demasiado pequeños para ser pies de mujer.	1159
EP CV	Estudiante 2	En último caso, ¿es que Romeo y Julieta tienen que ser necesariamente un hombre y una mujer para que la escena [...]	1161
EP CV	Estudiante 5	Porque están locos; pero [...] pensar si es hombre o mujer o niño, sino para [...]	1167
BS 1,1	Madre	Que me gustaría que fueras una mujer.	1174
BS 1,1	Madre	Una mujer con un hombre, y ya está.	1176
BS 1,1	Madre	Se los das a tu mujer.	1178
BS 1,1	Vecina	Mujer, ¿qué culpa tiene Leonardo de nada?	1182
BS 1,1	Vecina	Adiós, mujer.	1183
BS 1,3	Madre	No ha conocido mujer.	1198
BS 1,3	Padre	Se parece en todo a mi mujer.	1200
BS 1,3	Madre	Adiós, mujer.	1202
BS 1,3	Criada	Siquiera las medias. Dicen que son todas caladas. ¡Mujer!	1203
BS 1,3	Criada	¡Ay, mujer!	1203
BS 2,1	Criada	Es una cama relumbrante y un hombre y una mujer.	1207
BS 2,1	Criada	¿Y tu mujer?	1210
BS 2,1	Novia	Vete y espera a tu mujer en la puerta.	1214
BS 2,1	Convidado	la mujer de un capitán.	1218
BS 2,1	Padre	La mujer de un capitán	1218
BS 2,1	Novia	Estoy deseando ser tu mujer y quedarme sola contigo, y no oír más voz que la tuya.	1222
BS 2,1	Mujer	Y yo no soy mujer para ir sin su marido a un casamiento.	1224
BS 2,2	Criada	Hace rato llegó Leonardo con su mujer.	1227
BS 2,2	Criada	La mujer llegó muerta de miedo.	1227
BS 2,	Madre	¿Y tu mujer?	1240
BS 2,2	Madre	Con tu mujer procura estar cariñoso, [...]	1241
BS 2,2	Madre	Pero ¡ya es la mujer de mi hijo!	1244
BS 2,2	Madre	Pero ya es mujer de mi hijo.	1244
BS 3,1	Leñador 2	Pero lleva una mujer.	1248
BS 3,1	Novio	¿Viste un hombre y una mujer que corrían montados en un caballo?	1254
BS 3,1	Novia	dolor de mujer honrada,	1259
BS 3,1	Novia	mujer perdida y doncella.	1260
BS 3,2	Madre	Una mujer que no tiene un hijo siquiera que poderse llevar a los labios.	1268
BS 3,2	Novia	Yo era una mujer quemada, llena [...]	1269
BS 3,2	Novia	Y yo corría con tu hijo [...] mis heridas de pobre mujer marchita, de muchacha [...]	1269

mujer (continuación)   Pág.
BS 3,2 Madre   ¡Floja, delicada, mujer de mal dormir es quien tira   1269
                      una corona de azahar para buscar un pedazo de cama
                      calentado por otra mujer!

YE 1,1 Yerma   "Mi mujer está enferma.   1275
YE 1,1 Yerma   "Mi mujer está enferma.   1275
YE 1,1 Yerma   Cada mujer tiene sangre para [...]   1283
YE 1,2 Vieja 1   Yo he sido una mujer de faldas en el [...]   1287
YE 1,2 Yerma   Hace tiempo estoy deseando tener conversación con   1288
                      mujer vieja.
YE 1,2 Vieja 1   A otra mujer serena yo le hablaría.   1291
YE 1,2 Yerma   Pues aligera, mujer.   1292
YE 1,2 Yerma   y si oyes voz de mujer   1295
YE 1,2 Juan   Está feo en una mujer.   1299
YE 1,2 Yerma   Ojalá fuera yo una mujer.   1300
YE 2,1 Lavandera 4   No es lo mismo una mujer mirando unas rosas que una   1303
                      mujer mirando los muslos de un hombre.
YE 2,1 Lavandera 1   El tiene la culpa, él; cuando un padre no da hijos   1304
                      debe cuidar de su mujer.
YE 2,2 Yerma   Y cada mujer la suya.   1312
YE 2,2 Juan   Lo que pasa es que no eres una mujer verdadera y   1315
                      buscas la ruina de un hombre sin voluntad.
YE 2,2 Juan   Cuando te den conversación cierra la boca y piensa que   1315
                      eres una mujer casada.
YE 2,2 Yerma   La mujer del campo que no [...]   1317
YE 2,2 Yerma   Muchas noches bajo yo a echar la comida a los bueyes,   1318
                      que antes no lo hacía, porque ninguna mujer lo hace, y
                      cuando [...]
YE 3,1 Yerma   Yo he venido por el resultado. Creo que no eres mujer   1327
                      engañadora.
YE 3,1 Dolores   La última vez hice la oración con una mujer mendicante   1327
                      que [...]
YE 3,1 Yerma   No soy una casada indecente; pero yo sé que los hijos   1329
                      nacen del hombre y de la mujer.
YE 3,1 Juan   Si pudiera dar voces [...] callarme, porque eres mi   1331
                      mujer.
YE 3,1 Dolores   Tu mujer no ha hecho nada malo.   1332
YE 3,1 Juan   Porque se necesita ser de bronce para ver a tu lado   1332
                      una mujer que te quiere meter [...]
YE 3,1 Yerma   Haz conmigo lo que quieras, que soy tu mujer, pero   1333
                      guárdate de poner nombre de varón sobre mis pechos.
YE 3,1 Juan   Ni yo sé lo que busca una mujer a todas horas fuera de   1333
                      su tejado.
YE 3,2 Niños   ¡El demonio y su mujer! ¡El demonio y su mujer!   1340
YE 3,2 Vieja   Mi casa necesita una mujer.   1345
YE 3,2 Vieja   Yo buscaré otra mujer para mi hijo.   1346
YE 3,2 Yerma   Buscabas la casa, la tranquilidad y una mujer.   1348
RS 1,1 Ama   y hay una cosa de la mujer...   1353
RS 1,1 Tía   Mujer, sigue limpiando.   1360
RS 2,1 Ama   ¿A usted le parece bien que un hombre se vaya y deje   1380
                      quince años plantada a una mujer que es la flor [...]
RS 2,1 Tía   ¡Gracias, mujer!   1380
RS 2,1 Tía   Porque mujer te vi   1411
RS 3,1 Ama   Porque ¿quién quiere ya a esta mujer?   1415
RS 3,1 Tía   ¡Pero mujer!...   1417
RS 3,1 Tía   "Ahí está Fulano"; y [...] "Que no se entere mi mujer."   1427
RS 3,1 Rosita   Quiero huir, quiero no ver, quiero quedarme serena,   1429
                      vacía...   (¿es que no tiene derecho una pobre mujer a
                      respirar con [...]
BA 1,1 Criada   ¡Qué mujer!   1441
BA 1,1 Criada   ¡Mujer!   1442
BA 1,1 Mendiga   Mujer, tú tienes quien te gane. ¡Mi niña y yo estamos   1444
                      solas!
BA 1,1 Bernarda   Eso tiene ser mujer.   1452
BA 1,1 Bernarda   ¿Es decente que una mujer de tu clase vaya con el   1454
                      anzuelo detrás de un hombre el día de la misa de su
                      padre?
BA 1,1 Bernarda   Es la única mujer mala que tenemos en el pueblo.   1456
BA 1,1 Martirio   Su padre mató en Cuba al marido de su primera mujer   1459
                      para casarse con ella.
BA 1,1 Martirio   Luego aquí la abandonó [...] muerto loca la segunda   1459
                      mujer.
BA 1,1 Martirio   ¡Magdalena! ¡Mujer!   1463
BA 1,1 Magdalena   Si viniera por el tipo de Angustias, por Angustias   1463
                      como mujer, yo me alegraría; pero viene por el dinero.
BA 1,1 Magdalena   Lo natural sería que [...] de esta casa, a una mujer   1464
                      que, como su padre, [...]
BA 2,1 Angustias   Pues nada: "Ya sabes que ando detrás de ti, necesito   1475
                      una mujer buena, modosa, [...]
BA 2,1 La Poncia   Anoche llegó al pueblo una mujer vestida de   1485
                      lentejuelas [...]

mujer (continuación)
  BA 2,1 Amelia   Nacer mujer es el mayor castigo.   1486
  BA 2,1 Bernarda   El lupanar se queda para alguna mujer ya difunta.   1499
  BA 3,1 Bernarda   Espérate, mujer. No nos vemos nunca.   1506
  BA 3,1 Martirio   No es ese el sitio de una mujer honrada.   1526
  BA 3,1 Adela   Yo soy su mujer.   1530
  BA 3,1 Bernarda   No fue culpa mía. Una mujer no sabe apuntar.   1531
mujercillas (1)
  CA 1,1 Amigo 2   un año cogí una de estas mujercillas de la lluvia y la   1073
                          tuve dos días en una pecera.

mujeres (49)
  TC 0,0 Mosquito   ¡Hombres y mujeres!   723
  TC 3,1 Joven   Ahora les gusta a las mujeres los chiquilicuatros.   746
  MP 1,1 Angustias   las mujeres no deben preocuparse.   784
  MP 2,8 Conspirador 4   y las más bellas mujeres,   844
  ZP 1,1 Zapatero   Yo debía haber comprendido, después de leer tantas   918
                          novelas, que las mujeres les gustan a [...]
  ZP 1,1 Zapatero   Yo debía haber comprendido, después de leer tantas   919
                          novelas, que las mujeres les gustan a todos los
                          hombres, pero todos los hombres no les gustan a todas
                          las mujeres.
  ZP 1,1 Alcalde   A las mujeres, buenos apretones [...]   925
  ZP 2,1 Alcalde   Muchas mujeres he conocido como amapolas, como rosas   949
                          de olor..., mujeres morenas con los ojos como tinta de
                          fuego, mujeres que les huele el pelo a nardos y
                          siempre tienen las manos con calentura, mujeres cuyo
                          talle se [...]
  ZP 2,1 Zapatero   Vino de uvas negras como el alma de algunas mujeres   956
                          que yo conozco.
  ZP 2,1 Zapatero   Aleluyas con los hechos [...] colocar el bocado a las   956
                          mujeres parlanchinas [...]
  ZP 2,1 Zapatero   ¡Eso está·pero que muy bien! Así son las mujeres   969
                          verdaderas, ¡así!
  ZP 2,1 Niño   Todas las mujeres han ido a ver al juez para que te   970
                          vayas del pueblo, ¡ay!
  ZP 2,1 Zapatera   Y todo esto no es más [...] abuela y todas las mujeres   974
                          de mi familia [...]
  PB 1,1 Belisa   Pero ¿y las otras mujeres?   991
  PB 1,1 Perlimplín   ¿Qué mujeres?   991
  PB 1,1 Perlimplín   Pero ¿hay otras mujeres?   992
  DC 1,1   Hombres y mujeres, atención; niño, cállate.   1019
  CA 1,1 Amigo 2   En el colegio entraba por los patios y estrellaba por   1073
                          las paredes a unas mujeres desnudas, muy [...]
  BS 1,2 Mujer   Las mujeres que cogen las alcaparras.   1188
  BS 1,2 Muchacha   ¡El sueño de las mujeres en medias!   1191
  BS 3,2 Mujer   y brazos de mujeres.   1270
  YE 1,2 Vieja 1   y solo nosotras, las endemoniadas mujeres, nos hacemos   1287
                          polvo por cualquier cosa.
  YE 2,2 Juan   Las ovejas en el redil y las mujeres en su casa.   1312
  YE 2,2 Yerma   Las mujeres dentro de sus casas.   1312
  YE 2,2 Yerma   Los hombres tienen otra vida; los ganados, los   1314
                          árboles, las conversaciones, y las mujeres no tenemos
                          más [...]
  YE 2,2 Yerma   ¡Cómo no me voy a quejar cuando te veo a ti y a otras   1317
                          mujeres llenas por dentro [...]
  YE 2,2 Yerma   Las mujeres cuando tenéis hijos no podéis pensar en   1318
                          las que no los tenemos.
  YE 2,2 Yerma   Para los hombres, sí; pero las mujeres somos otra cosa.   1322
  YE 3,1 Dolores   Muchas veces yo he hecho estas oraciones en el   1327
                          cementerio con mujeres que ansiaban [...]
  YE 3,1 Yerma   Cuando me cubre cumple [...] tenido asco de las   1329
                          mujeres calientes, quisiera [...]
  YE 3,2 Vieja   Aquí vienen las mujeres a conocer hombres nuevos.   1345
  YE 3,2 Juan   Muchas mujeres serían felices de llevar tu vida.   1348
  RS 2,1 Ayola 1   Las mujeres sin novio están [...]   1401
  RS 3,1 Tía   Ese es el defecto de las mujeres decentes de estas   1427
                          tierras.
  RS 3,1 Rosita   Después de todo, lo que me ha pasado le ha pasado a   1430
                          mil mujeres.
  BA 1,1 La Poncia   La quedan cinco mujeres, cinco hijas [...]   1442
  BA 1,1 Bernarda   Las mujeres en la iglesia no deben de mirar más hombre   1447
                          que al oficiante, y ese porque tiene faldas.
  BA 1,1 Magdalena   Malditas sean las mujeres.   1452
  BA 1,1 Martirio   Y ella tiene lo mismo sino de su madre y de su abuela,   1460
                          mujeres las dos del que la engendró.
  BA 1,1 María Josefa   Me escapé porque me quiero [...] hombres huyen de las   1470
                          mujeres.
  BA 1,1 María Josefa   No quiero ver a estas mujeres solteras rabiando [...]   1470
  BA 2,1 Magdalena   ¡Así debían ser todas las mujeres!   1477
  BA 2,1 Adela   En vez de limpiar la [...] asuntos de hombres y   1481
                          mujeres para babosear [...]

mujeres - mundo

mujeres (continuación)   Pág.
    BA 2,1 Bernarda   Siempre os supe mujeres ventaneras y rompedoras de su   1503
                            luto.
    BA 3,1 Criada   Bernarda cree que nadie puede con ella y no sabe la   1520
                            fuerza que tiene un hombre entre mujeres solas.
    BA 3,1 La Poncia   Son mujeres sin hombre, nada más.   1521
mujerzuela (1)
    TC 6,1 Cocoliche   ¡Oh miserable mujerzuela!   768
mula (4)
    DC 1,1 Madre   Y además quiero una mula   1030
    DC 1,1 Cristóbal   Una mula es mucho; no puedo, señora.   1030
    DC 1,1 Cristóbal   Cuenta con la mula. ¿Dónde está Rosita?   1030
    BA 1,1 Bernarda   Látigo y mula para el varón.   1452
mulas (1)
    DC 1,1 Director   Entre los ojos de las mulas, duros como puñetazos,   1043
                            [...]
muleta (1)
    MP 1,4 Amparo   con la capa y la muleta!   793
muletas (2)
    MM 0,0   Un viejo silfo del bosque [...] sosteniendo con unas   670
                            muletas sus alas marchitas, [...]
    MM 0,0   Y si alguna honda lección sacáis de ella, id al bosque   670
                            para darle las gracias al viejo silfo de las muletas
                            un anochecer [...]
mulilla (2)
    BA 2,1 Amelia   Quizá una mulilla sin desbravar.   1489
    BA 2,1 Martirio   Eso, ¡eso!, una mulilla sin desbravar.   1489
mulo (1)
    BS 3,2 Novia   ¡Tu hijo era mi fin y [...] como la cabezada de un   1269
                            mulo, y me hubiera arrastrado [...]
multitud (2)
    ZP 0,0 El Autor   Por este miedo absurdo, [...] calmar el hambre de una   911
                            multitud.
    EP CV Estudiante 4   Y aunque los poetas pusieron una escalera para   1158
                            asesinarla, ella siguió dando voces y acudió la
                            multitud.
mundo (73)
    MM 1,2 Doña Curiana   y nada os falta en el mundo.   677
    MM 1,2 Curianita Silvia   me iré a otro mundo   679
    MM 2,6 Curianito   Pero pienso en el mundo con que mi madre sueña,   718
    MM 2,6 Curianito   un mundo de alegría más allá de esas ramas,   718
    MM 2,6 Curianito   el mundo del rocío   718
    MM 2,7 Curianito   Que eres como una flor del otro mundo   720
    TC 0,0 Mosquito   Entonces yo avisé a mis [...] las cositillas del   724
                             mundo; bajo la luna verde [...]
    TC 1,1 Rosita   El dinerillo, para las gentes del mundo; yo me quedo   727
                             con el amor.
    TC 4,1 Joven   Yo me creía que por el mundo estaban   751
    TC 5,1 Fígaro   Las noticias llegan al mundo después de haber pasado   758
                             por el clasificador de la barbería.
    TC 6,1 Currito   El que se fue por el mundo y vuelve a casarse contigo.   763
    TC 6,1 Rosita   ¡A nadie más que a ti quiero en el mundo!   768
    TC 6,1 Cocoliche   Desde allí veremos cómo tiembla el mundo vestido con   777
                             la luna.
    MP 2,5 Mariana   y quiero a todo el mundo: 831
    MP 2,6 Mariana   si mirase a este mundo!   835
    MP 2,7 Pedro   Todo el mundo.   839
    MP 3,2 Mariana   Pero el mundo se me acerca,   865
    MP 3,2 Carmen   Fuera del mundo y en él   866
    MP 3,5 Mariana   que por nada del mundo contaría.   875
    MP 3,8 Mariana   ¡A ti debí quererte más que a nadie en el mundo,   886
    MP 3,8 Mariana   a través del gran río del mundo que abandono.   886
    MP 3,8 Mariana   siento al mundo en los dedos. ¡Muerte! Pero, ¿qué es   887
                             muerte?
    MP 3,9 Carmen   ¡Olvídate del mundo, preciosa Marianita!   888
    TB DME Doncella   Mis almohadas no tienen iniciales y esto me da mucho   897
                             miedo... Porque, ¿qué muchachilla en el mundo no
                             tiene marcada [...]
    TB QM. Viejo   Todo el mundo, y tú el primero, [...]   906
    TB QM. Enrique   Lo peor del mundo es un criado viejo, un mendigo.   907
    ZP 0,0 El Autor   También amanece así todos los días sobre las ciudades,   912
                             y el público olvida su medio mundo de sueño para
                             entrar [...]
    ZP 1,1 Zapatera   ¿Es que mi frescura y mi cara no valen todos los   916
                             dineros de este mundo?
    ZP 1,1 Mirlo   Cuando las sombras crepusculares invadan con sus   930
                             tenues velos el mundo y la vía pública [...]
    ZP 1,1 Zapatero   ¡Con todo el mundo y a estas horas!   931
    ZP 2,1 Alcalde   ¡Qué desengaño de mundo!   949
    ZP 2,1 Zapatero   Respetable público: Oigan [...] las gentes de este   958
                             mundo.

mundo (continuación)
ZP 2,1 Zapatera   Todo el mundo tiene sentimientos.   966
ZP 2,1 Zapatera   Yo he hablado así porque estoy sobre ascuas; todo el   966
                   mundo me asedia, todo el mundo me critica; ¿cómo
ZP 2,1 Zapatero   Ella soñaba con un mundo que no era el mío, [...]   967
ZP 2,1 Zapatera   ¿Y qué hace usted ahora, corriendo mundo?   967
ZP 2,1 Zapatero   ¡ay, qué terribles paradores, qué malas comidas, qué   971
                   sábanas de lienzo moreno por esos caminos del mundo!
ZP 2,1 Zapatero   Pero usted ya sabe que el mundo es reducido; ¿qué [...]   975
ZP 2,1 Zapatera   Que a pesar de sus cincuenta [...] todos los hombres   976
                   del mundo.
PB 0,0 Marcolfa   ¿Y qué será de usted solo en este mundo?   981
PB 0,0 Perlimplín ¡Ay Marcolfa, Marcolfa! ¿En qué mundo me vas a meter?   986
PB 0,0 Marcolfa   En el mundo del matrimonio.   986
PB 1,1 Duende 2   Todo el mundo se lo imaginaba.   995
PB 1,1 Duende 1   Comentario quiere decir mundo.   996
PB 2,1 Perlimplín Pero ya estoy fuera del mundo y de la moral ridícula   1008
                   de las gentes.
PB 3,1 Perlimplín Antes no podía pensar en las cosas extraordinarias que   1009
                   tiene el mundo... Me quedaba [...]
CA 1,1 Joven   Pero es que yo estoy [...] noche, con todo el mundo   1050
                   apagado, sus trenzas [...]
CA 1,1 Viejo   ¿A que si en aquel preciso [...] rosa más delicada del   1052
                   mundo.
CA 1,1 Amigo   Entrará todo el mundo que quiera, no aquí, sino debajo   1060
                   de tu cama.
CA 2,1 Criada   El mundo es grande.   1083
EP CV Estudiante 5 La que estaba en el escenario, la que tenía los pies   1166
                   más bellos del mundo.
BS 1,2 Suegra   Está abajo, tendido, con los ojos desorbitados, como   1189
                   si llegara del fin del mundo.
BS 1,3 Padre   Una espina tengo en el [...] por todo el oro del mundo.   1196
BS 2,1 Criada   ¡Qué los ríos del mundo   1209
BS 3,1 Leñador 1   El mundo es grande.   1245
BS 3,1 Novio   No hay más que un caballo en el mundo, y es este.   1252
YE 1,2 Vieja 1   Así corre el mundo.   1290
YE 2,1 Lavandera 4 Hay una cosa en el mundo que es la mirada.   1303
YE 2,2 Juan   Todo el mundo no es igual.   1314
YE 2,2 Yerma   Pero que si salieran de pronto y gritaran, llenarían   1323
                   el mundo.
YE 3,1 Vieja 1   No hay en el mundo fuerza como la del deseo.   1326
YE 3,1 Yerma   O no entiendo el mundo.   1328
YE 3,1 Vieja 1   Lo importante de este mundo es dejarse llevar por los   1328
                   años.
RS 1,1 Ama   Donde esté una naranja o un buen membrillo, que se   1352
                   quiten las rosas del mundo.
RS 1,1 Rosita   Pero en el mundo hay galanes   1367
RS 2,1 Solterona 2 El día que te cases vas a llevar el mejor ajuar del   1395
                   mundo.
RS 2,1 Madre   Las doce dan sobre el mundo   1405
RS 3,1 Ama   Es una herida abierta que mana sin parar un hilito de   1416
                   sangre, y no hay nadie, nadie en el mundo, que traiga
                   los [...]
RS 3,1 Tía   ¡Ay don Martín! ¡Qué mundo este!   1419
RS 3,1 Martín   ¡Qué mundo!   1419
RS 3,1 Rosita   Por eso yo comprendo muy bien a esas viejecillas   1433
                   borrachas que van por las calles queriendo borrar el
                   mundo, y se sientan [...]
BA 3,1 La Poncia   Ve que el Romano no es para ella y hundiría el mundo   1521
                   si estuviera en su mano.

mundos (1)
ZP 2,1 Zapatera   ¡Yo guardo mi corazón entero para el que está por esos   969
                   mundos, para quien debo, para mi marido!

muñecas (1)
EP RR Figura De P Y estuve toda la noche llorando porque me dolían las   1150
                   muñecas y los tobillos, [...]

muñecos (2)
DC 1,1   El poeta que ha interpretado [...] duro lenguaje de   1019
                   los muñecos.
DC 1,1 Director   Las malas palabras adquieren ingenuidad y frescura   1043
                   dichas por muñecos que miman el [...]

muñequito (3)
ZP 1,1 Zapatera   Toma este muñequito.   914
ZP 1,1 Niño   Tome usted el muñequito, ¡no lo quiero!   915
RS 3,1 Martín   A mí, como me ven inútil, me respetan un poquito;   1418
                   alguna vez un alfiler que otro en el asiento, o un
                   muñequito en la espalda, [...]

murciélago (1)
CA 3,1 Joven   Se oye cantar el ruiseñor..., y aunque no se oiga,   1128
                   aunque el murciélago golpee los cristales...

muriendo - muselinas

Pág.

muriendo (2)
ZP 2,1 Mozo De La Faja Es que yo me estoy muriendo, ¡ay! 941
BS 3,1 Leonardo La noche se está muriendo 1258
muriera (1)
RS 3,1 Ama Señora, ¿y no le podríamos mandar una carta 1415
  envenenada, que se muriera de repente al recibirla?
muriéramos (1)
BA 1,1 La Poncia ¡Quisiera que ahora que no come ella, que todos nos 1440
  muriéramos de hambre!
murieran (1)
RS 1,1 Ama Un par de primos para ponerlos en un vasar de azúcar, 1359
  y si se murieran, ¡Dios los libre!,
murieras (1)
MP 2,5 Mariana ¿De qué sirve mi sangre, Pedro, si tú murieras? 828
murieron (2)
CA 3,1 Arlequín El poeta Virgilio construyó una mosca de oro y 1119
  murieron todas las moscas que envenenaban el aire de
  Nápoles.
YE 1,2 Vieja 1 He tenido dos maridos, catorce hijos, cinco murieron 1287
  y, sin embargo, [...]
murió (12)
MM 0,0 La poesía que pregunta [...] enamorado bichito se 670
  murió.
MP 3,4 Voz se murió mi esperanza. 871
MP 3,4 Mariana se murió mi esperanza. 872
CA 1,1 Criado El niño de la portera murió y ahora lo llevan a 1070
  enterrar.
RS 2,1 Solterona 2 Desde que murió el pobre papá no tiene ganas. 1397
RS 3,1 Tía Desde que murió mi marido está la casa tan vacía que 1412
  parece el doble de grande, y hasta tenemos que
  buscarnos.
RS 3,1 Ama Hace ya seis años que murió y no quiero que esté usted 1413
  como el primer día.
RS 3,1 Tía ¡Claro que después que su padre murió! 1415
RS 3,1 Tía Murió por la misma época que mi marido. 1432
BA 1,1 La Poncia Desde que murió el padre de Bernarda no han vuelto a 1442
  entrar las gentes bajo estos techos.
BA 1,1 Angustias El mío murió hace tiempo. 1468
BA 2,1 La Poncia En vez de darle por otra cosa le dio por criar 1476
  colorines hasta que se murió.
murmullo (1)
BS 3,1 Novia y el murmullo de tus venas. 1257
murmuradoras (1)
YE 2,1 Lavandera 1 Con una aguja de hacer calceta ensartaría yo las 1305
  lenguas murmuradoras.
muro (8)
DC 1,1 Rosita pegada al muro 1032
CA 1,1 Gato bajo el rosal del muro me dormía. 1064
CA 3,1 Joven Yo sé saltar el muro. 1130
BS 3,1 Leonardo y puse un muro de piedra 1257
YE 3,1 Yerma Cuando salía por mis claveles me tropecé con el muro. 1334
YE 3,1 Yerma Es en ese muro donde tengo que estrellar mi cabeza. 1334
RS 1,1 Primo empañe el muro del viento. 1372
BA 3,1 Bernarda El caballo garañón, que está encerrado y da coces 1508
  contra el muro.
muros (6)
CA 2,1 Joven Con muros que yo mismo he tocado. 1095
CA 3,1 Arlequín Y si el sueño finge muros 1109
CA 3,2 Joven Voy a cortar todas las flores del jardín, sobre todo 1135
  esas malditas adelfas que saltan por los muros, y esa
  hierba que [...]
YE 2,2 Yerma Hay cosas encerradas detrás de los muros que no pueden 1323
  cambiar porque nadie las oye.
YE 3,2 Macho Vete sola detrás de los muros, 1341
BA 3,1 Bernarda Abre. No creas que los muros defienden de la vergüenza. 1531
musa (1)
RS 3,1 Martín ¿No se acuerda usted que nombré décima musa a Rosita? 1422
musas (1)
RS 3,1 Tía ¡A las nueve musas del Parnaso! 1422
muscosa (2)
RS 1,1 Tío No os dais cuenta de mi invernadero; desde el 1352
  ochocientos siete, en que la condesa de Wandes obtuvo
  la rosa muscosa, no la ha conseguido [...]
RS 1,1 Tío Mucho más que la muscosa y la híspida y la pomponiana 1355
  y la damascena y que la eglantina de la reina Isabel.
músculos (1)
PB 3,1 Perlimplín Viejo verde, monigote sin fuerza, tú no podías gozar 1017
  el cuerpo de Belisa..., el cuerpo de Belisa era para
  músculos jóvenes y labios [...]
muselinas (1)
RS 1,1 Rosita muselinas misteriosas. 1367

musgo (4)
MM 0,0   Se prendó de una visión [...] abandonado sobre el   669
                             musgo un poeta de los [...]
MP 3,4 Mariana   dedos de hueso y de musgo   871
CA 2,1 Maniquí   con hojas secas y musgo   1101
BS 3,2 Mujer   Ahora, musgo de noche   1270
música (12)
TC 2,1 Cocoliche   El silbido ha tocado como una piedrecita de música en   735
                             el cristal de su balcón.
TC 4,1 Cocoliche   Me parece que la tengo ante mis ojos..., y esa   754
                             música...
PB 1,1 Belisa   ¡Ay, qué música, Dios mío!   989
PB 1,1 Belisa   ¡Qué música!   989
PB 1,1 Belisa   ¿O es la música?   989
CA 2,1 Joven   seis largos gritos de música.   1102
CA 3,1 Payaso   Una música.   1127
CA 3,1 Payaso   Y la música de tu violín.   1127
CA 3,1 Payaso   Una música.   1129
CA 3,1 Payaso   Y la música de tu violín.   1129
CA 3,1 Payaso   Y la música de tu violín.   1131
YE 1,2 Vieja 1   Muchas veces me he asomado de madrugada a la puerta   1287
                             creyendo oír música de bandurrias [...]
musiú (1)
TC 5,1 Fígaro   ¡Perdón, musiú!   756
muslos (5)
TB DME Marinero   ¡Qué hermosos muslos tienes!   900
PB 0,0 Una Voz   Entre mis muslos cerrados,   982
PB 0,0 Belisa   Entre mis muslos cerrados,   987
PB 3,1 Voces   Y anís de tus muslos blancos.   1012
YE 2,1 Lavandera 4   No es lo mismo una mujer mirando unas rosas que una   1303
                             mujer mirando los muslos de un hombre.
mutabile (1)
RS 1,1 Tío   Los botánicos la llaman "rosa mutabile", que quiere   1356
                             [...]
muuuuuuuuuu (1)
DC 1,1 Cristóbal   Te haré muuuuuuuuuu.   1037
muy (170)
n (1)
TB DME Doncella   A, B, C, D, E, F, G, H, I, J, K, L, M, N.   898
nácar (5)
TC 2,1 Cocoliche   Cuando le regalé el chal de las rosas, me miró de una   737
                             manera..., y cuando le traje el abanico de nácar en el
                             cual Pedro [...]
TC 4,1 Mosquito   El alma de doña Rosita es como esos barquitos de nácar   751
                             que venden en las [...]
RS 2,1 El Señor X   Es una Torre Eiffel de nácar sobre dos palomas que   1377
                             llevan en sus picos la rueda de la industria.
RS 2,1 Ama   Era hermoso como un novicio [...] talle, aquel cuello   1380
                             de nácar y aquel bigote.
RS 3,1 Ama   En medio de las dos, [...] fuéramos un paso de nácar   1425
                             lleno de cirios [...]
nace (9)
MM 0,0   También el viejo silfo [...] hombres que el amor nace   670
                             con la misma intensidad [...]
MM 1,6 Curianito   mientras otra flor nace dentro del pensamiento?   701
MM 2,1 Curianita Santa   "Meditad con la hierba que nace vuestras vidas   703
MP 2,9 Mariana   Como el agua que nace soy de limpia,   854
MP 3,2 Mariana   Nace el que muere sufriendo,   866
MP 3,7 Novicia 1   nace diminuta flauta.   880
DC 1,1 Enfermo   donde me nace el cabello,   1025
CA 3,1 Arlequín   que nace en aquel momento.   1109
BA 1,1 Bernarda   Eso tiene la gente que nace con posibles.   1452
nacemos (1)
RS 2,1 Madre   A la una nacemos,   1406
nacen (6)
MM 2,5 Gusano 3   nacen para alimento   714
DC 1,1   Así, pues, el poeta sabe que el público oirá con   1019
                             alegría y sencillez expresiones y vocablos que nacen
                             de la tierra y [...]
DC 1,1   ...Quiero deciros que yo sé cómo nacen las rosas y   1020
                             cómo se crían las del mar, pero...
CA 3,1 Mecanógrafa   no nacen juncos y lirios,   1121
YE 2,1 Lavandera 4   Son como esas hojas grandes que nacen de pronto sobre   1302
                             los sepulcros.
YE 3,1 Yerma   No soy una casada indecente; pero yo sé que los hijos   1329
                             nacen del hombre y de la mujer.
nacer (5)
ZP 1,1 Zapatera   Si hubiera reventado antes de nacer, no estaría   915
                             pasando estos trabajos y estas tribulaciones.
CA 3,2 Joven   Recuerdo que siendo niño, vi nacer una luna enorme   1134
                             [...]

                                                                    Pág.

nacer (continuación)
    BS 3,2 Muchacha 2   Nacer a las cuatro,   1262
    RS 2,1 Madre   y este nacer,   1406
    BA 2,1 Amelia   Nacer mujer es el mayor castigo.   1486
nací (1)
    BA 2,1 Bernarda   Nací para tener los ojos abiertos.   1503
nacida (3)
    ZP 1,1 Zapatera   ¿No estás viendo que te pisotean la oveja recién   934
                            nacida?
    ZP 2,1 Vecina Roja   De una mal nacida, desengaño de los hombres.   971
    BS 3,2 Novia   Honrada, honrada como una niña recién nacida.   1270
nacidas (2)
    ZP 2,1 Zapatero   Grandísimas embusteras, mentirosas, mal nacidas.   972
    BA 3,1 Bernarda   ¡Esa es la cama de las mal nacidas!   1529
nacido (3)
    ZP 2,1 Zapatera   Tenía jaca, claro que la tuvo, pero es..., es que tú   945
                            no habías nacido.
    PB 1,1 Duende 2   El alma de Perlimplín, chica y asustada como un patito   995
                            recién nacido, se enriquece [...]
    EP RR Figura De C   Un gigante, tan gigante, que puedo cortar una roca con   1149
                            la uña de un recién nacido.
naciendo (1)
    DC 1,1 Director   Ahora está naciendo el quinto.   1042
nacimiento (1)
    YE 3,1 Yerma   Yo quiero tener a mi [...] recibiría con gozo su   1328
                            nacimiento, porque es [...]
nada (V) (2)
    PB 0,0 Una Voz   nada como un pez el sol.   982
    PB 0,0 Belisa   nada como un pez el sol.   987
nada (156)
    MM 0,0   Y nada más habló el viejo silfo.   670
    MM 1,1 Curiana N   Va a ser un poeta, y no es nada extraño: 673
    MM 1,2 Doña Curiana   y nada os falta en el mundo.   677
    MM 1,2 Curianita Silvia Nada me dijo.   677
    MM 1,5 Curianita Silvia Nada.   691
    MM 1,5 Alacranito   ¿Nada? ¡Tiene gracia!   691
    TC 1,1 Rosita   Heredó de su abuela tres duros y una caja de   727
                            membrillo, y... ¡nada más!
    TC 2,1 Cristobita   No; de niño estuve en Italia y en Francia, sirviendo a   739
                            un tal don Pantalón... ¡Pero a usted no le importa
                            nada de esto!
    TC 2,1 Padre   No..., no, señor... No me importa nada.   739
    TC 4,1 Joven   ¡No hay nada de esto!   752
    MP 1,5 Mariana   Por nada.   797
    MP 1,6 Clavela   Ni yo le dije nada, ni él a mí.   803
    MP 1,7 Mariana   ¡No puedo pedirte nada!   809
    MP 2,1 Clavela   de nada servirá.   824
    MP 2,2 Niña   no se ve nada y hace mucho viento.   825
    MP 2,5 Pedro   con un extraño joven, que no me dijo nada.   830
    MP 2,8 Conspirador 3   No hay nada que tratar. Tienes razón.   845
    MP 2,8 Conspirador 4   y nada más.   845
    MP 2,8 Pedro   ¡No temas! Ya verás cómo no es nada.   847
    MP 2,9 Mariana   ¡Soy mujer de mi casa y nada más!   852
    MP 3,1 Novicia 2   Yo no comprendo nada.   860
    MP 3,2 Mariana   ¡Nada!   864
    MP 3,5 Mariana   No diré nada, como usted querría,   875
    MP 3,5 Mariana   que por nada del mundo contaría.   875
    MP 3,5 Mariana   Nada.   877
    MP 3,7 Novicia 2   ¡Nada!   882
    TB PBK Buster Keaton   No quiero decir nada. ¿Qué voy a decir?   894
    TB QM. Viejo   ¿No se olvida nada?   907
    ZP 1,1 Zapatera   ¡Si contigo no es nada!   914
    ZP 1,1 Zapatera   No, no, guárdalo, hijo mío... ¡Si contigo no es nada!   915
    ZP 1,1 Zapatero   A mí no me importa nada de nada.   915
    ZP 1,1 Zapatera   Si una no puede ser buena... ¿Y yo?, ¿es que no valgo   916
                            nada?
    ZP 1,1 Zapatera   Yo puedo oírte hablar porque me gusta y es bonito,   932
                            pero nada más, ¿lo oyes?
    ZP 1,1 Zapatera   Pero aquella grandota y antipática se empeña en   934
                            pisarla y nada... Pastor, ¡asombrado!
    ZP 2,1 Alcalde   Nada, pensaba... de [...]   951
    ZP 2,1 Zapatero   Esas historietas son pura mentira, fantasía nada más.   965
    ZP 2,1 Zapatero   Yo no la he ofendido en nada; ¿por qué me falta de esa   966
                            manera?
    ZP 2,1 Zapatera   Nada.   975
    PB 1,1 Belisa   Mira, Perlimplín, cierra los balcones, que antes de   999
                            nada se levantará la gente.
    PB 3,1 Marcolfa   Suspiró nada más. Pero ¡de qué manera!   1010
    PB 3,1 Perlimplín   ¿Y nada más?   1013
    PB 3,1 Perlimplín   Yo no sé nada.   1013

nada (continuación)

PB 3,1	Perlimplín	Viejo verde, monigote [...] cambio, amaba tu cuerpo nada más..., ¡tu cuerpo!,	1017
DC 1,1		Podéis llorar y podéis reír, a mí no me importa nada de nada.	1020
DC 1,1	Cristóbal	A usted no le importa nada de mi vida.	1035
CA 1,1	Joven	Ya sabes que no puedo hacer nada.	1054
CA 1,1	Amigo	No tengo tiempo, no tengo tiempo de nada, todo se me atropella.	1057
CA 1,1	Joven	Nada...	1058
CA 1,1	Joven	Nada. ¿No conoces mi temperamento?	1058
CA 1,1	Viejo	No recuerdo nada.	1073
CA 1,1	Amigo 2	Yo no le digo nada...	1076
CA 2,1	Criada	Por nada.	1081
CA 2,1	Joven	Y porque después no hay nada, porque después no puedo amar, porque después se ha acabado todo.	1096
CA 2,1	Joven	Tú no significas nada.	1096
CA 2,1	Viejo	Nada.	1106
CA 2,1	Viejo	No me pasa nada.	1106
CA 3,1	Joven	No recuerdo nada.	1124
CA 3,2	Joven	Nada.	1139
CA 3,2	Jugador 1	Nada.	1139
CA 3,2	Jugador 2	Nada. Magnífico.	1140
CA 3,2	Jugador 3	Nada. Vamos a ver.	1140
EP RR	Figura De C	Tú te convertirías en sombra de capitel y nada más.	1149
EP RR	Figura De C	mientras tú, debajo de [...] luna y tú no serías ya nada más que una pequeña [...]	1150
EP RR	Centurión	Uno es uno y nada más que uno.	1152
EP CV	Enfermero	Nada.	1155
EP CV	Estudiante 4	Nada, pero un ave no puede ser un gato, ni una piedra puede ser un golpe de mar.	1161
EP CV	Estudiante 5	Parecía muy hermosa, y si era un joven disfrazado no me importa nada; en cambio, no hubiese [...]	1167
BS 1,1	Vecina	Mujer, ¿qué culpa tiene Leonardo de nada?	1182
BS 1,1	Madre	Nada. Pero tú lo comprendes.	1183
BS 1,1	Vecina	No le digas nada.	1183
BS 1,1	Madre	No le diré nada.	1183
BS 1,1	Vecina	Nada.	1183
BS 1,2	Mujer	No me dejes así, sin saber nada...	1192
BS 1,3	Madre	Pero ahora da. No te quejes. Yo no vengo a pedirte nada.	1196
BS 2,1	Criada	Una boda es esto y nada más.	1207
BS 2,1	Leonardo	Pero dos bueyes y una mala choza son casi nada.	1213
BS 2,1	Leonardo	El orgullo no te servirá de nada.	1214
BS 2,1	Leonardo	¡De nada!	1214
BS 2,1	Leonardo	Es la última vez que voy a hablar con ella. No temas nada.	1215
BS 2,2	Novia	No pienso en nada.	1230
BS 2,2	Criada	¿No tomáis nada?	1233
BS 2,2	Novia	No sé nada.	1235
BS 2,2	Muchacha 1	¡Nosotras no sabemos nada!	1236
BS 2,2	Novia	No tengo nada. No te vayas.	1238
BS 2,2	Novio	Nada. En ningún sitio.	1243
BS 3,1	Mendiga	Nada.	1251
BS 3,2	Suegra	Nada.	1264
BS 3,2	Suegra	nada más. Sobre la cama	1265
BS 3,2	Mendiga	Así fue; nada más. Era lo justo.	1266
BS 3,2	Madre	Vuestras lágrimas son lágrimas de los ojos nada más, y las mías [...]	1267
BS 3,2	Madre	¿Qué me importa a mí nada de nada?	1270
YE 1,1	Juan	Es que no tengo nada.	1275
YE 1,1	Yerma	Yo veo por mis ojos que [...] que no sirven para nada.	1276
YE 1,1	Yerma	"Los jaramagos no sirven para nada", pero yo bien los veo mover sus flores amarillas en el aire.	1276
YE 1,1	María	Estoy aturdida. No sé nada.	1280
YE 1,1	María	Nada.	1281
YE 1,2	Vieja 1	Ni más juego, ni más nada.	1287
YE 1,2	Vieja 1	Yo no sé nada.	1288
YE 1,2	Yerma	Me cogió de la cintura y no pude decirle nada porque no podía hablar.	1289
YE 1,2	Yerma	¿Es preciso buscar en el hombre al hombre nada más?	1290
YE 1,2	Yerma	Por nada.	1294
YE 1,2	Víctor	No es nada.	1297
YE 1,2	Víctor	No oigo nada.	1298
YE 2,1	Lavandera 1	Pero es que nunca se sabe nada.	1301
YE 2,2	Yerma	En nada te ofendo.	1313
YE 2,2	Yerma	Yo sabré llevar mi cruz como mejor pueda, pero no me preguntes nada.	1313
YE 2,2	Juan	No te privo de nada.	1313
YE 2,2	Yerma	En nada te he faltado.	1315

nada - nadie

nada (continuación)   Pág.

YE 2,2	Yerma	Os quedáis frescas, ignorantes, como el que nada en agua dulce y no tiene idea de la sed.	1318
YE 2,2	Víctor	No se adelantaría nada.	1323
YE 3,1	Yerma	¿Y no le pasó nada?	1327
YE 3,1	Yerma	No le podía pasar nada.	1327
YE 3,1	Dolores	Antes de nada saldrán los rebaños y no conviene que te vean sola.	1330
YE 3,1	Dolores	Tu mujer no ha hecho nada malo.	1332
YE 3,1	Yerma	Te figuras tú y tu gente [...] no ha tenido nunca nada que ocultar.	1333
YE 3,2	Vieja	Antes no he podido decirte nada, pero ahora sí.	1344
YE 3,2	Yerma	Pero nada más.	1348
RS 1,1	Rosita	Nada.	1374
RS 2,1	Ama	No se parecía nada.	1380
RS 2,1	Ama	Una humilde criada que da lo que tiene y nada más.	1384
RS 2,1	Tía	Pero ¿me vas a decir que nada más?	1384
RS 2,1	Tío	¿Para qué voy a decir nada a estas alturas?	1386
RS 2,1	Ayola 2	Nada de tonterías. ¡Yo también!	1400
RS 2,1	Rosita	Nada. Una persona representa al novio en la ceremonia.	1409
RS 3,1	Ama	Mientras yo tenga brazos nada le faltará.	1417
RS 3,1	Martín	Era una lección preciosa: "Concepto y definición de la Harmonía", pero a los niños no les interesa nada.	1418
BA 1,1	Criada	Esa es la única tierra que nos dejan a las que no tenemos nada.	1443
BA 1,1	Bernarda	No tenemos. Me sirves y te pago. ¡Nada más!	1458
BA 1,1	Bernarda	Nada, ¡ni un botón!	1458
BA 1,1	Bernarda	No pasa nada.	1469
BA 1,1	María Josefa	Nada de lo que tengo quiero que sea para vosotras.	1470
BA 2,1	Angustias	Nada. ¡Qué me iba a decir! Cosas de conversación.	1474
BA 2,1	Angustias	Pues nada: "Ya sabes que ando [...]]	1475
BA 2,1	Martirio	Por nada, pero me pareció oír gente en el corral.	1489
BA 2,1	Martirio	No digas nada, puede ser un barrunto mío.	1489
BA 2,1	Martirio	Nada.	1490
BA 2,1	Bernarda	Aquí no pasa nada.	1499
BA 2,1	La Poncia	Mejor será que no me meta en nada.	1499
BA 2,1	La Poncia	Seguro no se sabe nada en esta vida.	1502
BA 2,1	Bernarda	No habrá nada.	1503
BA 3,1	Magdalena	Además, ¡si te vas a ir antes de nada!	1513
BA 3,1	Martirio	A mí las cosas de tejas arriba no me importan nada.	1515
BA 3,1	Martirio	Pero estas cosas nada tienen que ver con nosotros.	1516
BA 3,1	La Poncia	No pasa nada por fuera.	1518
BA 3,1	Bernarda	Lo que pasa es que no tienes nada que decir.	1519
BA 3,1	La Poncia	No dicen nada.	1519
BA 3,1	Bernarda	Aquí no pasa nada. Ya estoy alerta contra tus suposiciones.	1519
BA 3,1	Bernarda	Nada. Voy a descansar.	1520
BA 3,1	La Poncia	Yo no puedo hacer nada.	1520
BA 3,1	Criada	Bernarda está aligerando la boda y es posible que nada pase.	1521
BA 3,1	La Poncia	Son mujeres sin hombre, nada más.	1521
BA 3,1	María Josefa	Mejor es tener una oveja que no tener nada.	1524
BA 3,1	Bernarda	¡Nadie diga nada!	1532

nadar (1)

CA 2,1	Joven	no puede nadar.	1103

nadaras (1)

YE 1,1	Yerma	A mí me gustaría que fueras al río y nadaras y que te subieras [...]	1274

nadie (112)

MM 1,2	Curianita Silvia	sin que nadie se dé cuenta.	677
MM 2,1	Curianita 1	Sobre un hilo de araña nadie vive.	702
MM 2,1	Curianita Santa	no critiquéis a nadie, dijo el Gran Cucaracho!	703
TC 5,1	Cristobita	Y no convido a nadie, porque sois unos ladrones todos.	758
TC 6,1	Cristobita	¡No quiero que hables con nadie!	767
TC 6,1	Cristobita	¡Con nadie!	767
TC 6,1	Cristobita	¿tú no me has visto matar a nadie con la porra?	767
TC 6,1	Rosita	¡A nadie!	768
TC 6,1	Rosita	¡A nadie más que a ti quiero en el mundo!	768
MP 1,4	Clavela	¡Señora, no ha venido nadie!	791
MP 1,4	Amparo	Ni Pepe-Hillo ni nadie	793
MP 1,6	Mariana	¡Tiene que ser pronto y no tengo a nadie!	805
MP 1,7	Fernando	Me encuentro en la casa del viejo don Luis, que no lo sepa nadie de tu familia.	811
MP 1,7	Fernando	que nadie te querrá tanto	815
MP 1,8	Angustias	sin un hombre, sin nadie,	818
MP 2,5	Pedro	Nadie.	829
MP 2,5	Mariana	y quererte, segura de tu amor sin que nadie	832
MP 2,7	Conspirador 1	Enterados están. No falta nadie.	838
MP 2,7	Pedro	y, por lo tanto, libres como nadie.	838
MP 2,7	Mariana	No hay nadie	839
MP 2,8	Conspirador 4	Nadie quiere una muerte sin provecho.	842

nadie (continuación)

MP 2,8	Mariana	pues a nadie tengo miedo.	849
MP 2,9	Mariana	Sepa que yo no tengo miedo a nadie.	854
MP 2,9	Pedrosa	Nadie sabrá lo que ha pasado. Yo te quiero	856
MP 3,3	Mariana	para que nadie lo vea,	869
MP 3,4	Voz	sin que nadie la viera,	871
MP 3,4	Mariana	sin que nadie la viera,	872
MP 3,5	Mariana	Además, es hermoso y blanco; nadie	874
MP 3,5	Pedrosa	No habrá nadie en Granada que se asome	875
MP 3,8	Fernando	¡Pero nadie te quiso como yo, Marianita!	886
MP 3,8	Mariana	¡A ti debí quererte más que a nadie en el mundo,	886
MP 3,8	Mariana	¡Vete! ¿Quién eres tú? ¡Ya no conozco a nadie!	887
MP 3,9	Mariana	¡No se podrá comprar el corazón de nadie!	889
TB QM.	Viejo	Nadie sabe el miedo que a mí me dan los caballos.	905
ZP 1,1	Zapatera	Y no quiero más conversación, ni contigo ni con nadie, ni con nadie, ni con nadie.	913
ZP 1,1	Zapatera	Como si yo no estuviese aquí más que paraaa, paraaa... ¿Es que en este pueblo no puede una hablar con nadie?	932
ZP 1,1	Niño	Yo venía a decirte una cosa que nadie quiere decirte.	935
ZP 1,1	Niño	Ve tú, ve tú, ve tú, y nadie quería, y entonces: "Que vaya el niño", dijeron..., porque era un notición que nadie quiere dar.	935
ZP 2,1	Zapatera	Pues si dices tú, más [...] marido y no cederé a nadie jamás, porque una [...]	942
ZP 2,1	Zapatera	Y que no me asusto de nadie, ¿lo oyes?, que [...]	942
ZP 2,1	Alcalde	Muchas mujeres he conocido [...] tú, como tú no hay nadie.	949
ZP 2,1	Zapatera	Y que no me gusta usted ni me gusta nadie del pueblo.	952
ZP 2,1	Zapatera	Nadie le ha preguntado su parecer.	956
ZP 2,1	Zapatera	Mi marido me dejó por culpa de las gentes y ahora me encuentro sola, sin calor de nadie.	963
ZP 2,1	Zapatera	Nadie le ha dado permiso para que dé su opinión.	964
ZP 2,1	Zapatero	¡Pero sepa y entienda que yo no estoy enamorado de nadie más que de mi mujer, [...]	969
ZP 2,1	Zapatera	Y que yo, de mi marido y de nadie más que de mi marido.	969
PB 2,1	Belisa	Nadie lo sabe.	1007
PB 2,1	Perlimplín	¿Nadie?	1007
PB 2,1	Perlimplín	Como soy un viejo, quiero sacrificarme por ti... Esto que yo hago no lo hizo nadie jamás.	1008
PB 3,1	Perlimplín	Me mató porque sabía que te amaba como nadie... Mientras me hería gritó: "¡Belisa ya tiene un alma!"	1016
CA 1,1	Joven	Esta casa es mía y aquí no entra nadie.	1060
CA 1,1	Niño	Sin nadie.	1064
CA 2,1	Novia	¿Nadie más?	1081
CA 2,1	Padre	Tú no has bailado con nadie en los transatlánticos..., no te has interesado por nadie.	1089
CA 2,1	Joven	¡Ahora nadie podría separar mis brazos de tu cuello!	1094
CA 2,1	Novia	Nadie.	1097
CA 2,1	Joven	Nadie se pondrá tu traje,	1100
CA 2,1	Joven	Nadie se pondrá tu traje.	1102
CA 3,1	Arlequín	Nadie puede abrir semillas	1108
BS 1,1	Madre	Yo no miré a nadie.	1176
BS 1,1	Vecina	Pero quien la conozca a fondo no hay nadie.	1180
BS 1,1	Vecina	Ahora, si fue decente o no, nadie lo dijo.	1181
BS 1,1	Madre	Es que quisiera que ni a la viva ni a la muerta las conociera nadie.	1181
BS 1,1	Vecina	Nadie se acuerda del noviazgo.	1181
BS 2,1	Criada	¿No te has encontrado a nadie?	1210
BS 2,1	Criada	Siéntate. Todavía no se ha levantado nadie.	1211
BS 3,1	Novia	No hay nadie que te defienda.	1258
BS 3,2	Niña	que nadie volvió?	1262
BS 3,2	Madre	¿No hay nadie aquí?	1267
BS 3,2	Madre	No quiero ver a nadie.	1268
YE 1,1	Yerma	Nadie se casó con más alegría.	1276
YE 1,1	María	Nadie puede quejarse de estas cosas.	1282
YE 1,2	Vieja 1	Son asuntos de honra y yo no quemo la honra de nadie.	1290
YE 1,2	Muchacha 1	Yo llevo mucha prisa. Me dejé al niño dormido y no hay nadie en casa.	1292
YE 2,2	Yerma	Hay cosas encerradas detrás de los muros que no pueden cambiar porque nadie las oye.	1323
YE 3,1	Vieja 1	No es nadie. Anda con Dios.	1331
RS 1,1	Tío	No os dais cuenta de [...] no la ha conseguido nadie en Granada más [...]	1352
RS 1,1	Manola 1	Para nadie.	1365
RS 1,1	Rosita	Nadie va con ellas, nadie;	1367
RS 1,1	Manola 1	¡Ay, sin que nadie lo oiga!	1369
RS 2,1	Tía	¡Es que tú la quieres como nadie!	1384
RS 2,1	Tía	Tú has demostrado quererla más que nadie.	1384
RS 2,1	Madre	No nos oye nadie.	1393
RS 3,1	Ama	Es una herida abierta que mana sin parar un hilito de sangre, y no hay nadie, nadie en el mundo, que [...]	1416

nadie - nardo

nadie (continuación)   Pág.

RS 3,1 Rosita   Si la gente no hubiera hablado; si vosotras no lo   1428
                       hubierais sabido; si no lo hubiera sabido nadie más
                       que yo, sus [...]
RS 3,1 Rosita   Y hoy se casa una amiga [...] de que no conozco a   1428
                       nadie: muchachas y muchachos [...]
RS 3,1 Rosita   Hay cosas que no se pueden decir porque no hay   1430
                       palabras para decirlas; y si las hubiera, nadie
                       entendería su significado.
RS 3,1 Rosita   Así no habrá nadie en los balcones para vernos salir.   1437
BA 1,1 La Poncia   Ahora que nadie como el antiguo sacristán Tronchapinos. 1443
BA 1,1 Bernarda   No he dejado que nadie me dé lecciones.   1446
BA 1,1 Angustias   A nadie.   1454
BA 1,1 Angustias   ¡A nadie!   1454
BA 1,1 Martirio   Porque los hombres se tapan unos a otros las cosas de   1459
                       esta índole y nadie es capaz de delatar.
BA 1,1 Magdalena   Siempre cabeza con cabeza como dos ovejitas, pero sin   1463
                       desahogarse con nadie.
BA 2,1 Adela   Y siempre: "¡Qué lástima de cara", "¡qué lástima de   1479
                       cuerpo que no vaya a ser para nadie!"
BA 2,1 Adela   Nadie podrá evitar que suceda lo que tiene que suceder. 1482
BA 2,1 Martirio   Para verlo yo. No necesito lucirme ante nadie.   1484
BA 2,1 La Poncia   Nadie le ve a una en camisa.   1484
BA 2,1 La Poncia   ¡Nadie puede conocer su fin!   1499
BA 2,1 Bernarda   Nadie me traiga ni me lleve.   1503
BA 3,1 La Poncia   Pero ni tú ni nadie puede vigilar por el interior de   1518
                       los pechos.
BA 3,1 Criada   Bernarda cree que nadie puede con ella y no sabe la   1520
                       fuerza que tiene un hombre entre mujeres solas.
BA 3,1 Adela   En mí no manda nadie más que Pepe.   1529
BA 3,1 Adela   ¡Nadie podrá conmigo!   1530
BA 3,1 Bernarda   ¡Nadie diga nada!   1532

nana (10)
BS 1,2 Suegra   Nana, niño, nana   1184
BS 1,2 Suegra   Nana, niño, nana.   1186
BS 1,2 Mujer   Nana, niño, nana.   1193
YE 1,1 Voz   A la nana, nana, nana,   1273
RS 3,1 Muchacho   En carnaval me puse un vestido de mi madre..., un   1432
                       vestido del año de la nana, verde...

nanita (1)
YE 1,1 Voz   a la nanita le haremos   1273
nansú (1)
RS 2,1 Rosita   ¡Toma! Ya he hecho otro de nansú con mariposa a la   1395
                       aguada.

Nápoles (1)
CA 3,1 Arlequín   El poeta Virgilio construyó una mosca de oro y   1119
                       murieron todas las moscas que envenenaban el aire de
                       Nápoles.

naranja (4)
TC 6,1 Rosita   Largos caminos color naranja. ¡Oh, quién se perdiera   774
                       por ellos!
MP 2,2 Mariana   con una cinta verde y dos naranja.   825
CA 2,1 Criada   ¿El naranja?   1085
RS 1,1 Ama   Donde esté una naranja o un buen membrillo, que se   1352
                       quiten las rosas del mundo.

naranjaaaaaas (1)
TC 5,1 Fígaro   ¡Naranjitas, naranjaaaaaas!   756
naranjaaaaas (1)
TC 4,1 Cansa-Almas   Naranjitas, naranjaaaaas...   754
naranjas (3)
TC 4,1 Cansa-Almas   ¿Vas a seguir vendiendo naranjas?   754
MP 3,9 Novicia 1   Ya no verán tus ojos las naranjas de luz   890
YE 3,2 Macho   jazmines con naranjas.   1342
naranjel (1)
BS 2,1 Muchacha 3   Por el naranjel   1217
naranjitas (4)
TC 4,1 Cansa-Almas   Naranjitas, naranjaaaaas...   754
TC 5,1 Fígaro   ¡Naranjitas, naranjaaaaaas!   756
DC 1,1 Madre   como dos naranjitas.   1029
DC 1,1 Madre   como dos naranjitas   1034
narcótico (1)
RS 2,1 El Señor X   Sí, pero aplicada: para estudiar jugos de la Anthemis   1376
                       olorosa, o el ruibarbo, o la enorme pulsátila, o el
                       narcótico de la Datura [...]

nardo (5)
MM 2,1 Curianita Santa más digna del rocío que la carne del nardo.   704
MP 2,9 Pedrosa   este cuello de nardo transparente,   856
CA 2,1 Joven   las iniciales de nardo,   1102
RS 2,1 Tía   Dice el nardo: "Soy tu amigo";   1404
RS 2,1 Rosita   suspiros de amor, el nardo;   1405

nardos (4)
  ZP 2,1 Alcalde   Muchas mujeres he conocido [...] les huele el pelo a   949
                       nardos y siempre tienen [...]
  PB 3,1 Voces   con agua salobre y nardos.   1011
  RS 1,1 Primo   nardos de espuma y sosiego   1371
  RS 1,1 Rosita   y nardos en remolino   1373
narices (1)
  BA 1,1 Magdalena   Lo natural sería que [...] padre, habla con las   1464
                       narices.
naricillas (3)
  CA 1,1 Gato   naricillas de hojadelata,   1064
  CA 1,1 Niño   naricillas de hojadelata,   1064
  CA 3,1 Joven   Es tan pequeño... Aplasta las naricillas en el   1125
                       cristal de mi corazón y, sin embargo, no tiene aire.
nariz (3)
  TC 6,1 Cocoliche   ¡De buena gana te quitaba la nariz de un bocado!   771
  DC 1,1 Poeta   Pero el dueño del teatro [...] con pecho de seda y   1036
                       nariz tonta y los caballeros [...]
  CA 1,1 Joven   la dibujo, la hago moverse blanca y viva; pero de   1052
                       pronto, ¿quién le cambia la nariz o le rompe los [...]
natillas (2)
  RS 3,1 Ama   Que si esto, que si lo otro, que si las natillas, que 1414
                       si no planches más...
  RS 3,1 Ama   El mismo se plancha los cuellos y cose sus calcetines, 1424
                       y cuando estuvo enfermo, que le llevé las natillas,
                       tenía una cama [...]
Natura (1)
  RS 2,1 El Señor X   Yo me siento en la Polis viviente; no soy partidario   1376
                       de la Natura Naturata.
natural (9)
  TC 2,1 Cristobita   Ya la enseñaré a que ponga la voz bronca, ¡más   740
                       natural!,
  ZP 1,1 Alcalde   Es que es una chiquilla alegre, eso es natural.   924
  CA 1,1 Amigo   ¡Como es natural!   1070
  CA 2,1 Padre   Pues que como estás comprometida y se trata de tu   1088
                       vida, de tu felicidad, es natural que estés contenta
                       [...]
  YE 1,2 Muchacha 1   Es natural.   1292
  RS 1,1 Tía   Claro, si es natural.   1362
  RS 3,1 Martín   Me dieron una flor natural y escribí un drama que   1419
                       nunca se pudo representar.
  RS 3,1 Muchacho   Yo me impresioné, como es natural y dejé el traje y el 1433
                       antifaz sobre mi cama.
  BA 1,1 Magdalena   Lo natural sería que te [...]   1464
Naturaleza (2)
  MM 0,0   ¿Qué motivo tenéis para despreciar lo ínfimo de la   670
                       Naturaleza?
  MM 0,0   También el viejo silfo [...] ¡todo es igual en la   670
                       Naturaleza!"
naturalmente (9)
  ZP 2,1 Zapatera   Naturalmente, señor mío.   966
  PB 0,0 Madre   Tú estás conforme, naturalmente.   985
  CA 1,1 Joven   Se las cortó sin permiso, naturalmente, y esto... me   1050
                       cambia su imagen.
  CA 1,1 Amigo   ¡Y, naturalmente, el cazador se ha muerto de hambre!   1072
  CA 2,1 Criada   Naturalmente.   1087
  BS 1,3 Madre   Naturalmente. Mírame.   1200
  YE 1,1 Juan   Naturalmente.   1275
  YE 1,1 María   Naturalmente.   1279
  YE 3,1 Yerma   Naturalmente, Dios es Dios.   1327
Naturata (1)
  RS 2,1 El Señor X   Yo me siento en la Polis viviente; no soy partidario   1376
                       de la Natura Naturata.
naufragar (1)
  RS 2,1 Tía   lo viste naufragar.   1411
navaja (11)
  TC 5,1 Currito   Si me ensartas con la navaja te saco los ojos.   756
  TC 5,1 Fígaro   Esta navaja que ven ustedes rompe el cascarón de los   758
                       secretos.
  ZP 2,1 Zapatero   ¡tengo navaja barbera!   961
  ZP 2,1 Zapatera   La navaja se contesta con la navaja y el palo con [...] 974
  BS 1,1 Novio   Déjalo. Comeré uvas. Dame la navaja.   1172
  BS 1,1 Madre   La navaja, la navaja... Malditas sean todas y el   1172
                       bribón que las inventó.
  BS 1,1 Madre   No sé cómo te atreves a llevar una navaja en tu   1173
                       cuerpo, ni cómo yo dejo a la serpiente dentro del
                       arcón.
  BS 1,1 Madre   ¿Y es justo y puede ser que una cosa pequeña como una 1173
                       pistola o una navaja pueda acabar con [...]
  BS 1,1 Madre   Es que no me gusta que lleves navaja.   1174

navajas - necesitaban

navajas (6)   Pág.
  ZP 2,1 Vecina Negra   ¡Ya han sacado las navajas!   962
  ZP 2,1 Niño   Se han hecho heridas con las navajas dos o tres mozos   970
                          y te echan a ti la culpa.
  ZP 2,1 Vecina Amarilla   Con las navajas clavadas.   972
  EP RR Figura De P   Tendré necesidad de llamar a los negros, a los enormes 1150
                          negros heridos por las navajas de las yucas [...]
  BS 1,3 Madre   Que viviría caliente y macho como era, si los hombres   1199
                          no hubieran inventado las navajas.
  BS 3,1 Mendiga   que después las navajas ya saben el camino. 1251
navajillas (1)
  ZP 2,1 Zapatero   ¡Os pondré navajillas barberas en los zapatos!   973
nave (1)
  YE 2,1 Lavandera 4   nave de plata y viento   1307
navegara (1)
  MP 2,5 Mariana   que navegara eterno sobre una barca vieja,   832
navío (1)
  MP 3,5 Mariana   de un capitán de navío, Caballero   874
necesariamente (1)
  EP CV Estudiante 2   En último caso, ¿es que Romeo y Julieta tienen que ser 1161
                          necesariamente un hombre [...]
necesario (12)
  MP 2,8 Pedro   ¡Es necesario!   848
  DC 1,1   Será necesario que las muchachas [...]   1019
  CA 3,1 Joven   Porque me quieres y porque es necesario que yo viva.   1126
  CA 3,2 Jugador 1   Es necesario que usted nos dé su as.   1142
  EP CV Estudiante 1   No es necesario, y esto era lo que se propuso   1161
                          demostrar con el genio el director de escena.
  EP CV Estudiante 4   ¿Que no es necesario?   1161
  BS 1,3 Padre   Ha sido necesario castigarla y hasta llorarla, para   1196
                          que nos dé algo provechoso.
  YE 1,1 Yerma   Yo he visto a mi hermana [...] dolor fresco, bueno,   1283
                          necesario para la salud.
  YE 3,2 Vieja   Para tener un hijo ha sido necesario que se junte el   1344
                          cielo con la tierra.
  YE 3,2 Juan   Ya es necesario que te lo diga.   1347
  RS 1,1 Tío   Es necesario que cuidéis las flores.   1352
  BA 1,1 Muchacha   Comer es necesario para vivir.   1445
necesidad (14)
  MP 1,7 Fernando   Esta noche, disfrazado de contrabandista, tengo   811
                          absoluta necesidad de salir para [...]
  PB 1,1 Duende 1   El hombre se figura que no tiene necesidad de   994
                          descubrirlas...
  DC 1,1 Director   Vamos, don Cristóbal; hay necesidad de empezar el   1023
                          drama.
  CA 1,1 Viejo   Son unas trenzas con cuyo perfume se puede vivir sin   1050
                          necesidad de pan ni de agua.
  CA 1,1 Joven   Tenía necesidad de separarme para enfocarla, esta es   1052
                          la palabra, en mi corazón.
  CA 1,1 Criado   Los niños arrojaron un gato que habían matado sobre el   1070
                          tejadillo del jardín, y hay necesidad de quitarlo.
  CA 1,1 Amigo   No hay necesidad de esperar.   1071
  CA 3,2 Criado   El señor tendrá necesidad de vestirse.   1135
  CA 3,2 Jugador 2   Tendrás necesidad de ahondar mucho.   1139
  EP RR Figura De P   Tendré necesidad de desmayarme para que vengan los   1150
                          campesinos.
  EP RR Figura De P   Tendré necesidad de llamar a [...]   1150
  EP CV Dama 2   ¿Qué necesidad teníamos de lamer los esqueletos?   1159
  BS 1,2 Suegra   ¿Qué necesidad tienes de ponerte a mal con las gentes?   1192
  YE 1,2 Muchacha 2   ¿Qué necesidad tiene mi marido de ser mi marido?   1293
necesita (10)
  MM 2,2 Curiana N   Hay que casarlo pronto con Silvia. Necesita   707
  MP 1,7 Mariana   Un corazón necesita   811
  DC 1,1 Director   Piense, don Cristóbal, que necesita usted dinero para   1023
                          casarse.
  BS 2,2 Madre   Pues es loca de no haber gritado todo lo que mi pecho   1227
                          necesita.
  BS 2,2 Padre   Esta tierra necesita brazos que no sean pagados.   1228
  YE 2,2 Juan   Para vivir en paz se necesita estar tranquilo.   1312
  YE 3,1 Juan   Porque se necesita ser de bronce [...]   1332
  YE 3,2 Vieja   Mi casa necesita una mujer.   1345
  BA 2,1 Adela   Se necesita buen humor.   1483
  BA 3,1 Martirio   Una buena noche para ladrones, para el que necesita   1515
                          escondrijo.
necesitaba (1)
  YE 3,1 Yerma   Necesitaba este desahogo. ¿Cuántas veces repito las   1330
                          oraciones?
necesitaban (1)
  RS 3,1 Solterona 3   Yo vengo a dar una lección de piano que tengo aquí   1435
                          cerca y me llegué por si necesitaban ustedes algo.

necesitáis (1)
   BS 2,2 Criada   Por si lo necesitáis.   1234
necesitan (2)
   BS 2,2 Padre   Se necesitan muchos hijos.   1228
   BA 2,1 La Poncia   Los hombres necesitan estas cosas.   1486
necesitas (6)
   MP 1,6 Fernando   ¿Necesitas algo?   804
   CA 1,1 Mecanógrafa   ¿Me necesitas?   1077
   CA 3,1 Mecanógrafa   Y luego, ya en la puerta, me dijo: "¿Me necesitas?";   1115
   BS 3,1 Luna   Voy a alumbrar las piedras. ¿Qué necesitas?   1251
   YE 1,1 Juan   Si necesitas algo me lo dices y lo traeré.   1277
   YE 1,1 Yerma   ¿Qué necesitas, amor, mi niño?   1277
necesito (17)
   MM 1,2 Curianita Silvia   necesito para oírla.   678
   MP 1,4 Mariana   cómo necesito de tu fresca risa,   792
   MP 1,4 Mariana   cómo necesito de tu gracia joven.   792
   MP 1,7 Mariana   Necesito,   809
   MP 1,7 Fernando   Necesito antes de las [...]   811
   MP 2,9 Mariana   ¡No lo necesito!   855
   PB 3,1 Perlimplín   Yo necesito que ella ame a ese joven más que a su   1010
                                   propio cuerpo.
   CA 1,1 Joven   Mañana volverá. Lo necesito.   1077
   CA 1,1 Joven   No, no te necesito.   1077
   CA 2,1 Novia   Llegará mi novio, el viejo, el lírico, y necesito   1078
                                     apoyarme en ti.
   CA 3,1 Mecanógrafa   y yo le dije: "No, no te necesito."   1115
   CA 3,1 Joven   Sí; porque lo necesito. A buscar.   1120
   CA 3,1 Mecanógrafa   He huido tanto, que necesito contemplar el mar para   1126
                                     poder evocar el temblor de tu boca.
   BS 1,1 Novio   ¿Necesito decírselo otra vez?   1175
   YE 2,2 Yerma   Aquí tengo todo lo que necesito.   1312
   BA 2,1 Angustias   Pues nada: "Ya sabes que ando detrás de ti, necesito   1475
                                     una mujer buena, [...]
   BA 2,1 Martirio   Para verlo yo. No necesito lucirme ante nadie.   1484
negándolo (1)
   YE 1,2 Yerma   Y tú también, tú también te callas y te vas con aire   1291
                                     de doctora, sabiéndolo todo, pero negándolo a la que
                                   se [...]

negará (1)
   ZP 2,1 Zapatera   Parece que me toma por tonta de capirote..., pero no   966
                                   me negará usted que dichas historietas impresionan.

negarme (1)
   MP 2,7 Mariana   no quise, porque no debía, negarme!   837
negocios (1)
   RS 3,1 Tía   Pusilánime para los negocios.   1427
negra (12)
   MM 1,5 Alacranito   ¿Qué os pasa, linda negra?   691
   TC 2,1 Cocoliche   Ella me dijo: "Una cinta negra sobre mis cabellos es   735
                                   como una botana sobre la fruta.
   MP 1,4 Amparo   con divisa verde y negra.   792
   MP 1,4 Amparo   con divisa verde y negra.   793
   MP 3,3 Mariana   de diamantes y agua negra,   869
   ZP 1,1 Zapatera   Pero el que más me gustaba [...] montado en una jaca   917
                                     negra, llena de borlas [...]
   CA 2,1 Novia   Quiero ponerme negra.   1087
   CA 2,1 Novia   Más negra que un muchacho.   1087
   CA 3,2 Criado   Los que tienen cinta de seda negra.   1134
   CA 3,2 Joven   Seda negra... No... Busca otros.   1135
   BS 1,2 Suegra   El agua era negra   1184
   BS 3,1 Leonardo   mi sangre se puso negra,   1258
negras (5)
   MM 1,2 Curianita Silvia   negras tus alas pequeñas,   680
   MP 1,4 Amparo   de risas blancas y negras.   793
   ZP 2,1 Zapatero   Vino de uvas negras como el alma de algunas mujeres   956
                                     que yo conozco.
   DC 1,1 Cristóbal   Buenas noches negras.   1024
   BS 3,1 Mendiga   huya con ellos por las negras copas   1251
negrísimas (1)
   CA 1,1 Amigo   Las trenzas aquí, apretadas, negrísimas, y luego...   1057
negro (16)
   MM 1,2 Curianita Silvia   Dicen que eres dulce y negro,   680
   MM 1,2 Curianita Silvia   negro tu caparazón   680
   MM 2,1 Curianita Santa   ¡Que ha de ser negro lodo sobre la nieve acaso!,   704
   TC 2,1 Cocoliche   Ayer se puso un lazo negro en el pelo.   735
   TC 2,1 Cocoliche   Ponte triste si me ves; lo negro bajará luego hasta   735
                                     los pies."
   TC 4,1 Cocoliche   Qué tristeza cuando te vi con el lazo en el pelo...   754
                                     ¡Lo negro bajará hasta los pies!
   MP 2,8 Mariana   ¿Quién me compra hilo negro?   849
   ZP 1,1 Zapatera   Pero si anda por ahí revoloteando un mirlo negro,   930
                                     negro y viejo..., sepa [...]

negro (continuación)   Pág.

ZP 2,1 Zapatera   El venía con un traje negro entallado, corbata [...]   945
PB 2,1 Marcolfa   El europeo, con su barba; el indio, el negro, el   1001
                         amarillo y el norteamericano.
BA 1,1 Bernarda   Dame uno negro y aprende a respetar el luto de tu   1451
                         padre.
BA 1,1 Magdalena   De ver los cuadros bordados de cañamazo de nuestra   1461
                         abuela, el perrito de lanas y el negro luchando con el
                         [...]
BA 1,1 Martirio   Lo que puedes hacer es teñirlo de negro.   1465
BA 1,1 María Josefa   Ni mis anillos ni mi traje negro de "moaré".   1470
BA 2,1 Magdalena   Había un nublo negro de tormenta y hasta cayeron   1473
                         algunas gotas.

negros (8)

ZP 1,1 Zapatera   Quién me hubiera dicho a mí, rubia con los ojos   913
                         negros, que hay que ver [...]
EP RR Figura De P   Tendré necesidad de llamar a los negros, a los enormes   1150
                         negros heridos por las [...]
BS 1,1 Vecina   Iban negros los chiquillos que llevan el agua a los   1183
                         segadores.
BS 2,1 Novio   Son más alegres que los negros.   1221
RS 1,1 Rosita   Y, a pesar de negros, son   1365
RS 1,1 Rosita   Con lazos negros... y bullones de seda verde nilo.   1432
BA 2,1 Angustias   Y, además, ¡más vale onza en el arca que ojos negros   1472
                         en la cara!

nena (1)

MM 1,2 Doña Curiana   ¿Puedo aliviártelos, nena?   679

nene (2)

MM 1,5 Alacranito   ¡A su lado tenía la cría, un nene chico,   692
MM 1,5 Alacranito   Y no me comí al nene por estar en lactancia.   693

Nene (1)

MM 2,1 Curianita 1   Si Curianito el Nene no trabaja y se aplica,   703

Nerja (1)

MP 2,7 Pedro   Nos siguen pueblos como Nerja, Vélez,   838

nervios (1)

RS 2,1 Tía   Hay que aguantarla; pero a veces me crispa los nervios.   1395

nervioso (1)

TC 1,1 Rosita   Pero no te pongas nervioso.   730

nevada (2)

YE 2,1 Lavandera 4   en la nevada chica   1307
RS 1,1 Primo   ruiseñor en la nevada,   1371

nevado (3)

CA 2,1 Novia   Ha nevado mucho estos últimos años.   1092
RS 3,1 Ama   ¡Y un monte nevado!   1417
RS 3,1 Ama   Le voy a hacer un monte nevado con grageas de   1417
                         colores...

ni (158)

nicho (1)

RS 1,1 Ama   embalsamarlos y meterlos en un nicho de cristales y de   1359
                         nieve.

nido (3)

MM 1,5 Alacranito   y tratan de hacerse un nido?   690
MM 2,5 Gusano 1   en la quietud del nido,   715
CA 3,1 Joven   Arriba hay como un nido.   1128

nidos (1)

RS 2,1 Solterona 3   También puedo decir "Volverán las oscuras golondrinas   1402
                         de tu balcón los nidos a colgar".

niebla (2)

MM 2,3 Mariposa   y voy hacia la niebla.   708
RS 1,1 Primo   cuando la niebla del río   1372

nietos (2)

BS 1,1 Madre   Sí, sí; y a ver si me alegras con seis nietos, o los   1177
                         que te [...]
BS 2,2 Madre   Esa es mi ilusión: los nietos.   1228

nieve (22)

MM 2,1 Curianita Santa   ¡Que ha de ser negro lodo sobre la nieve acaso!,   704
MM 2,3 Mariposa   Lo que dice la nieve sobre el prado,   709
MM 2,6 Curianito   ha llegado vestida de nieve transparente   718
TC 6,1 Rosita   La sierra de Granada tiene pies de luz y peinado de   774
                         nieve.
DC 1,1 Poeta   Si el director de escena [...] tercero, donde cae la   1036
                         nieve sobre los inocentes.
CA 1,1 Joven   Novia..., ya lo sabe [...] enormes trenzas de nieve.   1051
CA 1,1 Amigo   Al que no le interesa es a mí, que sé positivamente   1071
                         que la nieve es fría y que el fuego quema.
CA 2,1 Maniquí   helada de nieve oscura,   1100
CA 2,1 Maniquí   y como es niño de nieve   1104
CA 2,1 Joven   y como es niño de nieve   1104
CA 3,1 Mecanógrafa   Veinte rosas, veinte nortes de nieve.   1126
BS 1,2 Mujer   ¡Ay dolor de nieve,   1185
BS 1,2 Mujer   ¡Ay dolor de nieve,   1194

nieve (continuación)
  BS 2,1 Muchacha 2   camisa de nieve,   1216
  BS 3,1 Luna   Pero me lleva la nieve   1249
  BS 3,2 Mendiga   dos puñados de nieve endurecida.   1266
  BS 3,2 Mujer   y ahora montón de nieve.   1270
  YE 1,1 Yerma   Voy a guardar esta enjundia [...] guardar sus pies de   1275
                         la nieve."
  RS 1,1 Ama   embalsamarlos y meterlos en un nicho de cristales y de   1359
                         nieve.
  RS 2,1 Rosita   y un rumor de nieve triste   1404
  RS 3,1 Ama   Es una herida abierta [...] precioso terrón de nieve.   1416
  BA 3,1 María Josefa   Este niño tendrá el pelo blanco y tendrá otro niño y   1524
                         éste otro, y todos con el pelo de nieve,

nieves (2)
  TC 0,0 Mosquito   Ahora que sale la luna [...] delicada pajarita de las   724
                         nieves.
  CA 1,1 Viejo   Pero ¿por que no decir que tiene quince nieves, quince   1049
                         aires, quince crepúsculos?

Nigromanta (1)
  MM 1,2 Doña Curiana   de la Nigromanta! Vos   677
nilo (1)
  RS 3,1 Rosita   Con lazos negros... y bullones de seda verde nilo.   1432
ninfas (1)
  DC 1,1 Poeta   Si el director de escena quisiera, don Cristóbal vería   1036
                         las ninfas del agua y doña [...]

ningún (9)
  TB QM. Enrique   Sí, una ardilla para ti y además cinco pájaros que no   904
                         los haya tenido antes ningún niño.
  ZP 2,1 Zapatera   Mire usted, tengo a todo el pueblo encima, quieren   974
                         venir a matarme, y sin embargo no tengo ningún miedo.
  CA 3,2 Joven   ¿Ningún hombre aquí?   1144
  BS 2,2 Novio   Nada. En ningún sitio.   1243
  BS 3,2 Novia   Que quiero que sepa que yo soy limpia, que estaré   1269
                         loca, pero que me pueden enterrar sin que ningún
                         hombre se haya [...]
  RS 3,1 Tía   Todos los cristianos sabemos que ningún rico entra en   1425
                         [...]
  RS 3,1 Rosita   De ningún modo.   1429
  RS 3,1 Tía   Tú no les hacías ningún caso.   1429
  BA 3,1 Adela   Aquí no hay ningún remedio.   1528
ninguna (31)
  TC 1,1 Rosita   Oye, a París de ninguna manera, porque no quiero que   730
                         se parezca a los franceses con el chau, chau, chau.
  TC 1,1 Rosita   Y lo que es mi mano, de ninguna manera me la quitas.   732
  TC 3,1 Mozo 1   Por lo mismo, no tendría yo ninguna pena.   743
  MP 2,6 Mariana   No enciendas luz ninguna,   833
  CA 1,1 Joven   Tampoco tengo yo culpa ninguna.   1055
  CA 1,1 Viejo   De ninguna manera.   1056
  CA 1,1 Amigo   Yo, en cambio... Ayer [...] resulta... que me quedo   1057
                         sin ninguna porque no tengo [...]
  CA 2,1 Joven   No me hace ninguna falta.   1106
  BS 1,1 Madre   Que fueran como dos cardos, que ninguna persona los   1181
                         nombra y pinchan si llega el momento.
  BS 2,1 Leonardo   Ninguna.   1213
  BS 2,1 Novia   Ninguna.   1220
  BS 2,2 Novio   En ninguna boda se vio tanta gente.   1230
  BS 2,2 Novia   En ninguna.   1230
  YE 2,2 Yerma   Muchas noches bajo yo a echar la comida a los bueyes,   1318
                         que antes no lo hacía, porque ninguna mujer lo hace,
                         [...]
  YE 3,2 Vieja   No me das ninguna lástima, ninguna.   1346
  YE 3,2 Juan   No tenemos culpa ninguna   1348
  RS 1,1 Ama   Si me equivocara, no oiría usted ninguna palabra nueva. 1355
  RS 1,1 Rosita   Ninguna.   1368
  RS 2,1 Tía   De ninguna manera.   1398
  RS 2,1 Ayola 1   Se conoce que no ha recibido ninguna.   1407
  RS 3,1 Tía   Si yo lo hubiera sabido no hubiese consentido de   1426
                         ninguna manera que tu [...]
  BA 1,1 La Poncia   No tendrás queja ninguna. Ha venido todo el pueblo.   1450
  BA 1,1 Bernarda   ¡No ha tenido novio ninguna ni les hace falta! Pueden   1457
                         pasarse muy bien.
  BA 1,1 Magdalena   Ninguna de las dos os alegráis.   1463
  BA 1,1 María Josefa   Porque ninguna de vosotras se va a casar.   1470
  BA 1,1 María Josefa   ¡Ninguna!   1470
  BA 2,1 La Poncia   No os tengo ley a ninguna, pero quiero vivir en casa   1482
                         decente.
  BA 2,1 Martirio   Ninguna.   1490
  BA 2,1 Martirio   ¡De ninguna!   1504
  BA 3,1 Bernarda   A ninguna. Esta noche voy a dormir bien.   1520
ninguno (6)
  MP 2,9 Mariana   ¿Miedo? ¡Ninguno!   852

ninguno (continuación)   Pág.
    MP 3,8 Mariana   ¡Todos deben saber, pero ninguno sabe!   884
    ZP 2,1 Zapatera   No hagas caso ninguno de lo que dicen.   944
    BS 1,3 Criada   Ninguno.   1203
    YE 1,2 Vieja 1   Tengo nueve hijos como nueve soles pero como ninguno 1287
                          es hembra, aquí me tienes a mí de un lado para otro.
    RS 3,1 Rosita   Ninguno.   1429
niña (74)
    MM 1,2 Doña Curiana   niña encantadora y bella.   676
    MM 1,2 Curianita Silvia ¿Niña me decís? Ha tiempo   676
    MM 1,2 Doña Curiana   niña? Pues diré doncella   677
    MM 1,2 Doña Curiana   insultarte, niña Silvia.   677
    MM 1,4 Curianito   ¡No llores, niña Silvia!   678
    TC 1,1 Rosita   Y cuando la niña del barbero se asome [...]   688
    TC 1,1 Cristobita   Efectivamente es la niña más guapa del pueblo.   725
    TC 2,1 Cristobita   Muy cara me cuesta la niña.   731
    TC 2,1 Padre   Mi niña que canta... ¡Es una canción preciosa!   739
    TC 5,1 Jovencita   se peina la niña.   740
    TC 5,1 Jovencita   niña, te espero,   759
    TC 5,1 Jovencita   se peina la niña.   760
    TC 6,1 Padre   Sé bien mandada, niña; otro poquito.   761
    TC 6,1 Rosita   Yo... Soy yo, acordándome de cuando era niña.   765
    MP 0,0 Mujer   ¡Niña! ¿No me oyes?   774
    MP 1,1 Clavela   ¿Y la niña?   782
    MP 1,1 Angustias   para su niña, cuando sea grande.   783
    MP 1,8 Angustias   Niña, ¿dónde estás? ¡Niña!   784
    MP 2,1 Clavela   ¡Pero niña!   816
    MP 2,1 Niña   Una niña bordando.   821
    MP 2,1 Clavela   Niña, la bordadora,   822
    MP 2,1 Niña   La niña le responde: 823
    MP 2,1 Niño   Adiós, niña bonita,   823
    MP 2,1 Clavela   una niña morena   824
    MP 2,9 Clavela   ¡Ay, señora; mi niña, clavelito,   824
    MP 2,9 Angustias   ¡Mariana! ¿Dónde vas? Tu niña llora.   858
    MP 3,3 Alegrito   No encontré más que una niña   859
    MP 3,7 Mariana   ¿Qué sabes tú, niña?   868
    MP 3,8 Carmen   ¡Están abajo, niña!   882
    TB DME Doncella   De niña monté en bicicleta.   888
    ZP 1,1 Alcalde   ¡A descansar, niña!   900
    ZP 2,1 Alcalde   ¡Pero, niña!   928
    ZP 2,1 Zapatero   Niña, si tú lo quisieras,   960
    ZP 2,1 Zapatero   ¡Niña, qué primor! ¡Le quiere usted tanto como yo a mi 961
                             mujer!   976

    CA 1,1 Joven   Gracias. Si me pongo a pensar en la muchachita, en mi 1051
                             niña...
    CA 1,1 Joven   No, no es mi novia es mi niña, mi muchachita.   1051
    CA 1,1 Amigo 2   No; se hizo cada vez más pequeña, más niña, como debe 1074
                             ser, [...]
    CA 3,1 Joven   No hables así, niña. Vamos.   1121
    BS 1,2 Suegra   ¡Niña!   1191
    BS 1,3 Criada   ¡Ay, niña, enséñamelos!   1203
    BS 1,3 Criada   Niña, hija, ¿qué te pasa?   1203
    BS 2,1 Criada   ¡Pero, niña!   1207
    BS 2,1 Criada   ¡Niña!   1208
    BS 2,1 Criada   ¡Ay mi niña dichosa!   1219
    BS 2,1 Muchacha 3   ¡Ay la blanca niña!   1223
    BS 2,2 Criada   Siendo niña vi la boda de tu abuelo.   1234
    BS 2,2 Criada   Pero el mismo brillo en los ojos. ¿Y la niña?   1234
    BS 2,2 Criada   ¿Qué es eso, niña?   1239
    BS 2,2 Criada   Y la niña, ¿dónde está?   1243
    BS 3,2 Muchacha 1   ¡Niña!   1265
    BS 3,2 Novia   Honrada, honrada como una niña recién nacida.   1270
    YE 1,1 Víctor   Si es niña le pondrás tu nombre.   1285
    YE 1,2 Yerma   Eres una niña.   1294
    RS 1,1 Ama   Críe usted una niña hermosa para esto.   1360
    RS 1,1 Tía   La lengua se me debió pegar en el cielo de la boca 1363
                             antes de consentir tu noviazgo; porque mi niña se
                             queda sola en [...] bosques de toronjas, y mi niña,
                             aquí, un día igual [...]
    RS 1,1 Ama   ¡Ay, qué lástima de mi niña!   1364
    RS 1,1 Ama   Niña, tu tía te llama.   1369
    RS 2,1 Solterona 3   Es una niña vestida de rosa, que al mismo tiempo es 1392
                             barómetro.
    RS 2,1 Solterona 3   Según la humedad, las faldas de la niña, que son de 1392
                             papel finísimo, se abren o se cierran.
    RS 2,1 Tía   ¡Niña!   1400
    RS 2,1 Madre   ¡Anda, niña!   1402
    RS 3,1 Tía   ¿Y la niña?   1412
    RS 3,1 Ama   ¡Niña!   1415

niña (continuación)
    RS 3,1 Ama   Cuando enterré a mi niña..., ¿me entiende usted?,   1416
                        cuando enterré a mi niña fue como si me pisotearan
                        [...]
    BA 1,1 Criada   ¿Por qué no me das para mi niña, Poncia?   1440
    BA 1,1 Mendiga   Mujer, tú tienes quien te gane. ¡Mi niña y yo estamos   1444
                        solas!
    BA 1,1 Mujer 1   Niña, cállate.   1446
    BA 1,1 Bernarda   Niña, dame el abanico.   1451
    BA 1,1 Martirio   Desde niña les tuve miedo.   1460
    BA 2,1 Magdalena   Adela, niña, no te pierdas esto.   1477
    BA 2,1 La Poncia   Esa niña está mala.   1477
niñas (S) (1)
    MP 2,9 Mariana   su recuerdo en las niñas de mis ojos.   856
niñas (18)
    TC 0,0 Mosquito   abanica tanto rostro [...] en los ojos de las niñas   724
                        sin novio.
    MP 1,3 Mariana   ¡Niñas!   787
    MP 1,4 Mariana   con vuestra alegría de niñas pequeñas!   790
    MP 1,4 Mariana   ¡Niñas, tendré que enfadarme!   791
    MP 1,4 Amparo   Las niñas venían gritando   793
    MP 1,4 Mariana   ¡Adiós, niñas!   795
    MP 3,1 Carmen   Pero, niñas, ¿qué miráis?   863
    ZP 1,1 Vecina   Niñas, ¿queréis no llorar más?   919
    ZP 1,1 Vecina   estas niñas, pongo por caso, u otras del pueblo.   919
    DC 1,1   Será necesario que las muchachas cierren los abanicos   1019
                        y las niñas saquen sus pañuelitos [...]
    BS 1,1 Madre   Sí, pero que haya niñas.   1177
    BS 2,2 Madre   Las niñas no salen jamás a la calle.   1228
    YE 1,2 Muchacha 2   Si seguimos así, no va a haber solteras más que las   1293
                        niñas.
    YE 3,2 Hombres   ¡Que se aparten las niñas!   1343
    RS 2,1 Ama   La madre y las tres niñas.   1390
    RS 2,1 Madre   Niñas, ¿habéis traído la tarjeta?   1392
    RS 2,1 Tía   ¡Niñas!   1410
    BA 1,1 Magdalena   De ver los cuadros bordados [...] tanto nos gustaba de   1461
                        niñas.

niñito (1)
    BS 3,2 Novia   Y yo corría con tu hijo que era como un niñito de   1269
                        agua, frío, [...]

niño (115)
    MM 0,0   Parece que el niño Cupido duerme muchas veces en las   670
                        cuevas vacías de su calavera.
    MM 1,5 Alacranito   ¡Salud, niño!   690
    MM 1,6 Curianito   y llamaré a mi madre como cuando era niño.   701
    MM 2,2 Doña Curiana dijo mi niño anoche.   705
    TC 0,0 Mosquito   Niño, cierra esa boquita, y tú, muchacha, siéntate con   723
                        cien mil de a caballo.
    TC 1,1 Rosita   ¡Ajajay, mi niño!   725
    TC 1,1 Cocoliche   En seguida voy a escribir una carta a París pidiendo   730
                        un niño...
    TC 1,1 Padre   ¿Qué Cocoliche ni qué niño muerto?   732
    TC 2,1 Cristobita   ¿Qué pero ni qué niño muerto?   738
    TC 2,1 Cristobita   No; de niño estuve en Italia [...]   739
    TC 2,1 Rosita   cada hora, niño mío,   740
    TC 4,1 Espectro De Cada hora, niño mío,   754
           Doña R
    TC 4,1 Rosita   Cada hora, niño mío,   755
    TC 6,1 Cristobita   Cuando yo era niño, me dieron un pastel más grande que   774
                        la luna y me lo comí yo solo.
    MP 1,7 Fernando   El que de niño te ama   812
    TB QM. Enrique   Sí, una ardilla para ti y además cinco pájaros que no   904
                        los haya tenido antes ningún niño.
    ZP 1,1 Niño   Ve tú, ve tú, ve tú, y nadie quería, y entonces: "Que   935
                        vaya al niño", dijeron..., porque [...]
    ZP 2,1 Zapatera   Mi niño, pastorcillo de Belén.   943
    ZP 2,1 Zapatera   Niño, sé más respetuoso.   945
    ZP 2,1 Alcalde   Niño, niño, basta de voces... ¿Sabes tú lo que he   948
                        hecho ahora?
    ZP 2,1 Alcalde   Por lo que veo, este niño sabio y retorcido es la   949
                        única persona a quien tratas bien en el pueblo.
    PB 0,0 Marcolfa   Con cincuenta años ya no se es niño.   980
    PB 0,0 Perlimplín   Cuando yo era niño una mujer estranguló a su esposo.   981
    PB 1,1 Perlimplín   Belisa, con tantos encajes pareces una ola y me das el   988
                        mismo miedo que de niño tuve al mar.
    PB 1,1 Duende 1   Desde niño.   994
    DC 1,1   Hombres y mujeres, atención; niño, cállate.   1019
    DC 1,1 Voz De Rosita cada hora, niño mío,   1031
    CA 1,1 Gato   ¿Por qué te duele, niño, di?   1062
    CA 1,1 Niño   ¡Yo quiero ser niño, un niño!   1067
    CA 1,1 Gata   ¿Vendrán ya los lagartos, niño?   1068

niño (continuación)   Pág.

CA 1,1	Gata	¡Niño!, ¡niño!, ¡niño!	1069
CA 1,1	Gata	¡Niño, niño!	1069
CA 1,1	Criado	El niño de la portera murió y ahora lo llevan a enterrar.	1070
CA 1,1	Amigo 2	Ahora, antes de entrar aquí vi a un niño que llevaban a enterrar con las primeras gotas de la lluvia.	1074
CA 2,1	Novia	En los espejos y entre los encajes de la cama oigo ya el gemido de un niño que me persigue.	1095
CA 2,1	Joven	¿Y si mi niño no llega?	1103
CA 2,1	Joven	¿Y si mi niño no llega?	1103
CA 2,1	Maniquí	Tu niño canta en su cuna	1104
CA 2,1	Maniquí	y como es niño de nieve	1104
CA 2,1	Joven	Mi niño canta en su cuna,	1104
CA 2,1	Joven	y como es niño de nieve	1104
CA 3,1	Arlequín	cruza el gemido del niño,	1108
CA 3,1	Payaso	Un niño pequeño	1113
CA 3,1	Mecanógrafa	Recuerdo que la tarde de mi partida había una gran tormenta de verano y había muerto el niño de la portera.	1115
CA 3,1	Máscara	El conde Arturo, con una camelia entre los labios, venía en una pequeña barca con su niño, los dos abandonados [...]	1116
CA 3,1	Máscara	El conde y su niño pasaban hambre y [...]	1116
CA 3,1	Máscara	¿Para el niño que el conde Arturo dejó morir en la escarcha?...	1116
CA 3,1	Máscara	Digo que el conde Arturo me amaba tanto que lloraba detrás de las cortinas con su niño, mientras que yo [...]	1116
CA 3,1	Máscara	Se ha quedado ahí detrás con su niño.	1123
CA 3,1	Máscara	Su niño morirá bajo la escarcha.	1123
CA 3,2	Criado	Vivió mucho tiempo con un conde italiano riquísimo, padre del niño que acaban de enterrar.	1131
CA 3,2	Criado	Por eso ha gastado todo lo que tenía en la ropa del niño y en la caja.	1131
CA 3,2	Joven	Recuerdo que siendo niño, vi nacer una luna [...]	1134
CA 3,2	Jugador 2	Pero acuérdate del niño que en Suecia jugó [...]	1137
EP CV	Estudiante 5	Porque están locos; pero [...] es hombre o mujer o niño, sino para ver que [...]	1167
BS 1,2	Suegra	Nana, niño, nana.	1184
BS 1,2	Suegra	¿Quién dirá, mi niño,	1184
BS 1,2	Mujer	Mi niño se duerme.	1185
BS 1,2	Suegra	Mi niño se calla.	1185
BS 1,2	Mujer	Caballo, mi niño	1186
BS 1,2	Suegra	Nana, niño, nana.	1186
BS 1,2	Mujer	Mi niño se duerme.	1186
BS 1,2	Suegra	Mi niño descansa.	1186
BS 1,2	Leonardo	¿Y el niño?	1187
BS 1,2	Leonardo	¿Está con el niño?	1188
BS 1,2	Mujer	Me hace falta un vestido y al niño una gorra con lazos.	1189
BS 1,2	Leonardo	Vamos a ver al niño.	1190
BS 1,2	Suegra	¡El niño!	1193
BS 1,2	Mujer	Nana, niño, nana.	1193
BS 1,2	Suegra	Mi niño se duerme...	1194
BS 1,2	Mujer	Mi niño descansa...	1194
BS 2,1	Criada	¿Y el niño?	1211
BS 2,2	Criada	Pero ¿vas a echarme requiebros, niño?	1234
YE 1,1	Yerma	¿De dónde vienes, amor, mi niño?	1277
YE 1,1	Yerma	¿Qué necesitas, amor, mi niño?	1277
YE 1,1	Yerma	¿Qué pides, niño, desde tan lejos?	1277
YE 1,1	Yerma	Te diré, niño mío, que sí,	1278
YE 1,1	Yerma	¿Cuándo, mi niño, vas a venir?	1278
YE 1,1	María	Pero la noche que nos [...] mí me parece que mi niño es un palomo de [...]	1281
YE 1,1	María	Una hermana de mi madre lo tuvo a los catorce años, ¡y si vieras qué hermosura de niño!	1282
YE 1,1	Yerma	Yo he visto a mi hermana dar de mamar a su niño con el pecho lleno [...]	1283
YE 1,1	Víctor	En esta casa hace falta un niño.	1285
YE 1,1	Yerma	Te diré, niño mío, que sí,	1285
YE 1,1	Yerma	¿Cuándo, mi niño, vas a venir?	1286
YE 1,2	Muchacha 1	Yo llevo mucha prisa. Me dejé al niño dormido y no hay nadie en casa.	1292
YE 1,2	Yerma	Sí, pero es que no os dais cuenta lo que es un niño pequeño.	1292
YE 1,2	Yerma	¿qué niño te está matando?	1296
YE 1,2	Yerma	Me había parecido que lloraba un niño.	1298
YE 1,2	Yerma	No. Es la voz de un niño pequeño.	1298
YE 2,1	Lavandera 1	Las ropas de mi niño	1307
YE 2,1	Lavandera 6	Para que un niño funda	1309
YE 2,1	Lavandera 1	Un niño pequeño, un niño.	1309

niño (continuación)
YE 2,1 Lavandera 3	Un niño que gime, un hijo.	1309
YE 2,1 Lavandera 6	La aurora que mi niño	1310
YE 2,2 Yerma	Pero tú has de venir, amor, mi niño,	1316
YE 2,2 María	Cuando voy con el niño lo hago..., ¡como siempre lloras!...	1317
YE 2,2 Yerma	Que estoy ofendida, ofendida [...] lugar de la boca de mi niño.	1318
YE 3,1 Yerma	Yo tengo la idea de que [...] "Otro poquito más, niño..." , y se les llene [...]	1328
RS 1,1 Ama	A mí las flores me huelen a niño muerto, o a profesión de monja, o a altar de iglesia.	1352
RS 3,1 Ama	¡A ver si el agua sube hasta que no quede un niño vivo!	1424
RS 3,1 Rosita	Su prima Esperanza mandó un niño por un destornillador.	1426
RS 3,1 Tía	¡Vamos con el niño!	1434
BA 3,1 María Josefa	Ovejita, niño mío,	1523
BA 3,1 María Josefa	¿Y cuándo vas a tener un niño?	1524
BA 3,1 María Josefa	Pero, ¿por qué una oveja no va a ser un niño ?	1524
BA 3,1 María Josefa	Este niño tendrá el pelo blanco y tendrá otro niño y éste otro, y todos con el pelo de nieve,	1524
BA 3,1 María Josefa	Cuando mi vecina tenía un niño yo le llevaba chocolate [...]	1525
BA 3,1 María Josefa	Ovejita, niño mío,	1525

niñoooo (2)
| ZP 2,1 Voz | ¡Niñoooo! | 948 |
| ZP 2,1 Voz | ¡Niñoooo! | 949 |

niños (46)
TC 6,1 Rosita	¡No, no, Cristóbal! Son las carcomas, son los niños en la calle...	772
TC 6,1 Rosita	En esta hora, los niños cuentan las estrellas, y los viejos se duermen sobre sus cabalgaduras.	774
MP 1,3 Mariana	¡Viudita y con dos niños!	788
MP 1,8 Angustias	inventaron los niños!	816
MP 1,8 Angustias	Serán cosas de niños;	817
MP 1,8 Angustias	Los niños.	818
MP 2,1 Clavela	¡Niños!	820
MP 2,2 Clavela	¡A la costa, mis niños!	825
MP 2,2 Clavela	Pronto será; los niños tienen sueño.	826
MP 2,3 Mariana	Dormir tranquilamente, niños míos,	826
MP 2,3 Mariana	Que yo también estoy dormida, niños,	826
MP 2,5 Angustias	con los niños.	828
MP 2,9 Mariana	¡Me iré a casa de don Luis! ¡Cuida los niños!	858
MP 3,9 Mariana	Contad mi triste historia a los niños que pasen.	890
MP 3,9 Carmen	que los niños lamenten tu dolor por la calle!	890
ZP 1,1 Niño	Me lo llevaré, porque como yo sé que usted no tendrá nunca niños...	914
DC 1,1 Rosita	En esta hora los niños	1032
DC 1,1 Director	Ha tenido cuatro niños.	1041
DC 1,1 Cristóbal	¿De quién son los niños?	1041
DC 1,1 Cristóbal	¿De quién son los niños?	1041
DC 1,1 Cristóbal	Ahora sabré de quién son esos niños.	1042
CA 1,1 Gato	que los niños me hicieron en la espalda.	1061
CA 1,1 Niño	Los niños por los vidrios me miraban.	1062
CA 1,1 Gato	me tiraron los niños.	1063
CA 1,1 Niño	y después a la iglesia con los niños	1065
CA 1,1 Criado	Los niños arrojaron un gato que habían matado sobre el tejadillo del jardín, y hay necesidad de quitarlo.	1070
CA 1,1 Amigo 2	Me ayudaron dos niños, muy amigos míos.	1073
CA 2,1 Novia	Anoche soñaba que todos los niños pequeños crecen [...]	1087
CA 2,1 Joven	Y luego... en la calle he golpeado a unos niños que estaban matando un gato a pedradas.	1092
EP CV Estudiante 4	El director de escena [...] verdadera de muchos niños.	1161
YE 1,2 Yerma	Los niños no se pueden dejar solos.	1292
YE 1,2 Víctor	Por aquí hay siempre muchos niños que vienen a robar fruta.	1298
YE 3,1 Yerma	Yo tengo la idea de que las recién paridas están como iluminadas por dentro y los niños se duermen horas [...]	1327
YE 3,2 Yerma	No vengas a solazarte como los niños pequeños	1345
RS 3,1 Ama	¡Como los niños que salen del colegio!	1417
RS 3,1 Martín	Era una lección preciosa: "Concepto y definición de la Harmonía", pero a los niños no les interesa nada.	1418
RS 3,1 Martín	¡Y qué niños!	1418
RS 3,1 Martín	Son los niños de los ricos y , como pagan, no se les puede castigar.	1418
RS 3,1 Ama	Don Martín, que vaya usted al colegio, que los niños han roto con un [...]	1423
RS 3,1 Tía	Y no había calamidad que no remediase... ni niños que no amparase, [...]	1427
RS 3,1 Rosita	Era agria y odiaba a los niños y a toda la que se ponía un traje nuevo..., pero yo no seré así.	1431

niños (continuación)   Pág.
  BA 1,1 La Poncia   "Bernarda, por esto, por aquello, por lo otro", hasta   1442
                            ponerla como un lagarto machacado por los niños, que
                            es lo que [...]
  BA 2,1 La Poncia   No seas como los niños chicos.   1481
  BA 2,1 La Poncia   Estos encajes son preciosos para las gorras de niños,   1484
                            para mantehuelos de cristianar.
  BA 2,1 Amelia   Y mucho menos criar niños ajenos.   1484
  BA 3,1 María Josefa   Yo quiero casas, pero casas abiertas y las vecinas   1525
                            acostadas en sus camas con sus niños chiquitos y los
                            [...]
no (2152)
noble (5)
  MP 2,8 Conspirador 4   noble, de la frente limpia,   843
  MP 2,8 Conspirador 4   ¡Malhaya el corazón noble   843
  MP 3,3 Mariana   y yo soy noble, Alegrito.   867
  MP 3,3 Mariana   Y porque es noble y modesto,   869
  MP 3,5 Mariana   porque soy noble. Porque yo soy hija   874
nobleza (1)
  MP 3,3 Mariana   Son gentes de la nobleza,   867
nocturna (1)
  CA 2,1 Joven   hombros de virgen nocturna   1102
noche (123)
  MM 1,1 Curiana N   tomadlos de noche con mastranzo.   674
  MM 1,2 Curianita Silvia   como noche sin estrellas;   680
  MM 1,3 Doña Curiana   una noche su abuelo,   684
  MM 1,6 Curiana N   Caerá toda la noche sobre su pobre frente.   701
  MM 1,6 Curiana N   La noche sin estrellas donde te perderás.   701
  MM 1,6 Curianito   Me volveré tristeza sobre la noche oscura   701
  MM 2,1 Curianita 1   ¡Vamos a la casita, que ya es de noche!   705
  MM 2,7 Curianito   No insistas en volar. Es de noche. Mira   719
  MM 2,7 Curianito   de la noche se aclara   720
  TC 1,1 Rosita   ¡Hasta la noche!   731
  TC 3,1 Contrabandista 2   Está la noche clarísima.   742
  TC 3,1 Mozo 1   Cocoliche: a las doce de la noche tendrás la puerta   744
                            abierta, y todo lo demás.
  TC 4,1 Mozo 2   Le dejaremos aquí; y descuida, que ya despertará   750
                            cuando le dé en la cara el sereno de la noche.
  TC 6,1 Rosita   ¡Qué noche tan clarita vive sobre los tejados!   774
  MP 1,1 Clavela   Esta noche pasada no durmió.   784
  MP 1,4 Mariana   cuando sobre el tallo de la noche vea   790
  MP 1,4 Mariana   la noche y el frío cercarán su casa.   790
  MP 1,5 Mariana   ¡Y esta noche que no llega!   796
  MP 1,5 Mariana   ¡Noche temida y soñada;   796
  MP 1,5 Mariana   Ya es noche. ¡Clavela! ¡Luces!   800
  MP 1,6 Mariana   enturbia la noche para los soldados.   806
  MP 1,7 Fernando   Esta noche, disfrazado de [...]   811
  MP 1,7 Fernando   Pedrosa estrechará el cerco como él sabe, y si esta   811
                            misma noche no parto, estoy irremisiblemente perdido.
  MP 1,7 Mariana   con la noche se enturbiara,   813
  MP 1,7 Fernando   Está la noche cerrada.   814
  MP 2,2 Niña   me gustará sentirte, que esta noche   825
  MP 2,5 Pedro   ¡Día y noche, qué largos sin ti por esa sierra!   828
  MP 2,5 Pedro   Vives en una calle silenciosa, y la noche   829
  MP 2,5 Mariana   y ya no hay día ni noche, ¡sino tú y yo!   831
  MP 2,7 Pedro   Llegarán esta noche, Dios mediante.   836
  MP 2,7 Mariana   De noche, cuando cierro las ventanas,   837
  MP 2,7 Conspirador 1   esta noche.   838
  MP 2,8 Conspirador 4   Muy de noche lo mataron   843
  MP 2,9 Mariana   La noche estaba triste   850
  MP 2,9 Mariana   ¿Que penetre de noche en mi vivienda   855
  MP 3,3 Mariana   que me lo dijo una noche   869
  TB DME Estudiante   Es que vivo de noche.   901
  TB DME Estudiante   Si me echas una escala, viviré esta noche contigo.   902
  TB QM. Mujer   Se abrigará bien por la noche.   909
  ZP 2,1 Zapatero   Esta noche cuando vuelva   962
  ZP 2,1 Zapatero   Y en mi pueblo vivía [...] zapatos de la mañana a la   966
                            noche.
  ZP 2,1 Zapatera   La navaja se contesta con la navaja y el palo con el   974
                            palo, pero cuando de noche cierro esa puerta [...]
  ZP 2,1 Zapatero   Yo lo siento mucho, pero tengo que emprender mi camino   975
                            antes que la noche se me eche encima.
  PB 0,0 Una Voz   ¡Gallo, que se va la noche!   982
  PB 0,0 Belisa   ¡Gallo, que se va la noche!   987
  PB 1,1 Marcolfa   Buena noche de boda tenga mi señor.   988
  PB 1,1 Perlimplín   La noche se ha puesto un poco fría.   989
  PB 1,1 Belisa   Porque esta noche ha corrido el aire como nunca.   998
  PB 2,1 Marcolfa   La noche de bodas entraron cinco personas por los   1001
                            balcones.

noche (continuación)
PB 3,1	Marcolfa	Aunque no sirvo para estas cosas, le dije lo que me indicó el señor... , que ese joven... vendría esta noche a las diez en punto [...]	1009
PB 3,1	Perlimplín	Esta noche vendrá el nuevo y desconocido amante de mi señora Belisa.	1010
PB 3,1	Voces	se está la noche mojando.	1011
PB 3,1	Voces	La noche canta desnuda	1011
PB 3,1	Voces	La noche de anís y plata	1012
PB 3,1	Belisa	¿Qué voces llenan de dulce armonía el aire de una sola pieza de la noche?	1012
PB 3,1	Belisa	Jazminero flotante y sin raíces, el cielo caerá sobre mi espalda sudorosa... ¡Noche!	1012
PB 3,1	Belisa	noche mía, de menta y lapislázuli...	1012
PB 3,1	Belisa	En la clara noche.	1013
DC 1,1	Poeta	El oro me parece fuego, y yo soy poeta de la noche.	1021
DC 1,1	Rosita	¡Ay! Qué noche tan clarita	1032
DC 1,1	Rosita	¿A las doce de la noche qué me harás?	1037
CA 1,1	Joven	Pero es que yo estoy [...] de poder liarme de noche, con todo el mundo [...]	1050
CA 1,1	Niño	¿Y por la noche?	1064
CA 2,1	Padre	Esta noche hay un eclipse de luna.	1089
CA 3,1	Arlequín	¡Ay, cómo canta la noche, cómo canta!	1108
CA 3,1	Arlequín	¡Ay, cómo canta la noche, cómo canta!	1109
CA 3,1	Mecanógrafa	Esperaba siempre en pie toda la noche hasta que yo me asomaba a la ventana.	1115
CA 3,1	Joven	Es mejor de noche.	1128
CA 3,2	Joven	El chartreuse es como una gran noche de luna verde dentro [...]	1142
EP RR	Figura De P	Estoy esperando la noche, angustiado por el blancor de la ruina, para poder arrastrarme a tus pies.	1149
EP RR	Figura De P	Tendré necesidad de llamar [...] yucas que luchan día y noche con el fango de [...]	1150
EP RR	Figura De P	Y estuve toda la noche llorando porque [...]	1150
BS 1,2	Leonardo	Ayer no estuvo bien. Lloró por la noche.	1187
BS 2,1	Leonardo	Después de mi casamiento he pensado noche y día de quién [...]	1214
BS 2,2	Novia	¿Se queda usted aquí esta noche?	1231
BS 2,2	Novio	¡Lo que quieras! ¡Pero no estés así por la noche!	1240
BS 2,2	Novia	A la noche estaré mejor.	1240
BS 3,1	Leñador 3	Oigo los grillos, las ranas, el acecho de la noche.	1246
BS 3,1	Luna	Pues esta noche tendrán	1249
BS 3,1	Luna	para que esta noche tengan	1250
BS 3,1	Leonardo	La noche se está muriendo	1258
BS 3,2	Muchacha 1	de noche velar.	1263
BS 3,2	Mendiga	Muertos en la hermosura de la noche.	1266
BS 3,2	Mujer	Ahora, musgo de noche	1270
YE 1,1	María	Pero la noche que nos casamos [...]	1281
YE 1,2	Yerma	en la noche de tu cama.	1295
YE 1,2	Juan	Estaré toda la noche regando.	1300
YE 2,2	Yerma	Cada noche, cuando me acuesto, [...]	1312
YE 3,1	Juan	Porque se necesita ser [...] corazón y que se sale de noche fuera de su casa, [...]	1332
YE 3,1	Juan	Cuando llego a un corro todos callan; cuando voy a pesar la harina, todos callan, y hasta de noche, en el campo, cuando [...]	1333
YE 3,1	Yerma	Te busco a ti, es a ti a quien busco día y noche, sin encontrar sombra donde respirar.	1333
YE 3,2	Hembra	Cuando llegue la noche lo diré,	1341
YE 3,2	Hembra	cuando llegue la noche clara.	1341
YE 3,2	Hembra	Cuando llegue la noche de la romería	1341
YE 3,2	Niño	Y en seguida vino la noche.	1341
YE 3,1	Niño	¡Ay, que la noche llegaba!	1341
RS 1,1	Tío	Es roja por la mañana, a la tarde se pone blanca y se deshoja por la noche.	1356
RS 1,1	Tío	Y cuando toca la noche	1357
RS 1,1	Rosita	La noche viene cargada	1367
RS 1,1	Manola 1	La noche nos gusta.	1368
RS 1,1	Rosita	Una noche, adormilada	1371
RS 1,1	Primo	luz y sombra, noche y día,	1372
RS 1,1	Rosita	y cuando toca la noche	1374
RS 2,1	Ayola 2	La que no quiere casar deja de echarse polvos y ponerse postizos debajo de la pechera, y no está día y noche en las barandillas [...]	1401
RS 2,1	Rosita	y cuando la noche, grande	1404
RS 2,1	Ama	Y por la noche, ¿qué?	1410
RS 2,1	Ayola 1	Muy bien dicho. Y por la noche, ¿qué?	1410
RS 3,1	Tía	Estarán armando las camas para esta noche.	1426
RS 3,1	Rosita	Y cuando llega la noche	1435
RS 3,1	Tía	Estará toda la noche golpeando.	1437
RS 3,1	Rosita	"Y cuando llega la noche	1438

noche (continuación)   Pág.
    BA 2,1 Martirio   Esta noche pasada no me podía quedar dormida por el   1473
                           calor.
    BA 2,1 Angustias   Era la primera vez que estaba sola de noche con un   1475
                           hombre.
    BA 2,1 Martirio   ¿Es que no has dormido bien esta noche?   1478
    BA 2,1 La Poncia   ¿Dónde vas de noche cuando te levantas?   1480
    BA 3,1 Amelia   La noche quiere compaña.   1512
    BA 3,1 Bernarda   ¿Viene esta noche?   1514
    BA 3,1 Amelia   ¡Qué noche más oscura!   1515
    BA 3,1 Martirio   Una buena noche para ladrones, para el que necesita   1515
                           escondrijo.
    BA 3,1 Angustias   Sí. Esta noche no viene Pepe.   1516
    BA 3,1 Adela   ¡Qué noche más hermosa!   1517
    BA 3,1 Martirio   ¿Cómo es que esta noche no viene el novio de Angustias?   1517
    BA 3,1 Bernarda   A ninguna. Esta noche voy a dormir bien.   1520
noches (43)
    MM 2,2 Doña Curiana   la canta por las noches de un modo apasionado.   706
    MM 2,7 Curianito   que arrullará tus sueños por las noches   720
    TC 3,1 Joven   Buenas noches.   746
    TC 3,1 Joven   Buenas noches, señores.   746
    TC 3,1 Espantanublos   Buenas noches.   747
    TC 4,1 Cocoliche   Por las noches no te dejará dormir con sus resoplidos.   754
    MP 1,6 Fernando   Buenas noches.   805
    MP 2,5 Angustias   ¿Y por qué? Buenas noches.   828
    MP 2,9 Pedrosa   ¡Muy buenas noches!   858
    ZP 0,0 El Autor   Buenas noches.   912
    ZP 1,1 Zapatera   ¿No llevas tu reloj, tan hermoso, con cadena de plata   922
                           y venturinas, al que le doy cuerda todas las noches?
    ZP 1,1 Zapatero   ¡Buenas noches!   933
    ZP 2,1 Zapatera   Y no se olvide de decirle que lo espero, que el   976
                           invierno tiene las noches largas.
    PB 1,1 Marcolfa   Buenas noches.   988
    DC 1,1 Cristóbal   Buenas noches, caballeros.   1023
    DC 1,1 Cristóbal   Buenas noches tenga usted.   1023
    DC 1,1 Cristóbal   Buenas noches.   1024
    DC 1,1 Cristóbal   Buenas noches negras.   1024
    DC 1,1 Enfermo   Quizá pueda dar las buenas noches.   1024
    DC 1,1 Cristóbal   Buenas noches cerradas.   1024
    DC 1,1 Cristóbal   Te he dicho que buenas noches y es buenas noches.   1024
    DC 1,1 Cristóbal   Buenas noches. Te agarré. Saca el cuello.   1024
    CA 3,1 Payaso   ¡Buenas noches!   1027
    EP CV Estudiante 3   Dicen que por las noches subía un caballo con ella a   1111
                           la terraza.   1157
    BS 2,1 Leonardo   ¿De qué me sirvió a mí el orgullo y el no mirarte y el   1214
                           dejarte despierta noches y noches?
    BS 3,2 Suegra   Y vengan lluvias y noches   1264
    YE 1,1 Yerma   Muchas noches salgo descalza al patio para pisar la   1282
                           tierra, no sé por qué.
    YE 2,2 Yerma   Muchas noches bajo yo a echar [...]   1318
    YE 3,1 Yerma   El va con sus ovejas por sus caminos y cuenta el   1329
                           dinero por las noches.
    YE 3,1 Juan   Mirándome con dos agujas, pasando las noches en vela   1332
                           con los [...]
    RS 1,1 Ama   tenga malas noches   1364
    RS 2,1 Solterona 1   Todas las noches.   1391
    RS 2,1 Madre   Esas plumas y esos alambres me tienen costado muchas   1393
                           noches en vela.
    RS 3,1 Tía   Algunas noches, cuando toso en mi cuarto, oigo un eco   1412
                           como si estuviera en una iglesia.
    BA 1,1 La Poncia   Treinta años lavando sus sábanas; treinta años   1442
                           comiendo sus sobras; noches en vela cuando [...]
    BA 2,1 La Poncia   Lo vi acercarse y al llegar me dijo: "Buenas noches."   1476
    BA 2,1 La Poncia   "Buenas noches", le dije yo, y nos quedamos callados   1476
                           más de media hora.
    BA 2,1 Martirio   No. Ya lo he oído otras noches.   1489
    BA 3,1 Prudencia   Buenas noches nos dé Dios.   1512
    BA 3,1 Angustias   Buenas noches.   1516
    BA 3,1 Amelia   Buenas noches.   1517
nogal (2)
    CA 3,2 Criado   Sí, señor. La de nogal tallado.   1134
    CA 3,2 Joven   La de nogal tallado.   1134
nogales (1)
    BS 1,3 Madre   Los tres nogales del molino toda [...]   1195
nombra (1)
    BS 1,1 Madre   Que fueran como dos cardos, que ninguna persona los   1181
                           nombra y pinchan si llega el momento.
nombran (1)
    CA 3,1 Muchacha   lo nombran capitán.   1110
nombre (9)
    MP 2,9 Pedrosa   detenida en nombre de la ley.   858

nombre (continuación)
    MP 2,9 Mariana   ¿En nombre de qué ley?   858
    MP 3,8 Mariana   tendrán un nombre claro como la luna llena!   885
    MP 3,8 Mariana   este nombre sería pronunciado con miedo.   885
    MP 3,9 Carmen   ¡Marianita, Marianita, de bello y triste nombre,   890
    PB 1,1 Belisa   Es un nombre bonito Perlimplín.   990
    BS 3,2 Mujeres   dulce nombre   1271
    YE 1,1 Víctor   Si es niña le pondrás tu nombre.   1285
    YE 3,1 Yerma   Haz conmigo lo que quieras, que soy tu mujer, pero   1333
                          guárdate de poner nombre de varón sobre mis pechos.

nombré (1)
    RS 3,1 Martín   ¿No se acuerda usted que nombré décima musa a Rosita?   1422
nombres (4)
    MP 2,9 Pedrosa   Espero que dirás sus nombres, ¿verdad?   856
    MP 2,9 Mariana   ¡Mas no diré sus nombres!   857
    MP 3,5 Pedrosa   ¿Quiénes son? Y sus nombres. ¡Vamos, pronto!   877
    MP 3,8 Fernando   vendrán por ti, Mariana. ¡Sálvate y di los nombres!   885
nombro (1)
    BS 1,1 Madre   Amasa su pan y cose sus faldas, y siento, sin embargo,   1175
                          cuando la nombro, como si me dieran [...]

nonato (1)
    DC 1,1 Rosita   con un becerro nonato,   1035
noo (1)
    CA 1,1 Amigo   ¡Noo y rúbrica!   1057
noria (1)
    BA 1,1 Adela   Pensaba ponérmelo el día que vamos a comer sandías a   1465
                          la noria.

Norica (1)
    DC 1,1 Director   Llenemos el teatro de [...] y cuñado de la tía Norica,   1043
                          de Cádiz; hermano [...]

norte (1)
    RS 1,1 Rosita   pues, siendo norte y salud   1371
norteamericano (1)
    PB 2,1 Marcolfa   El europeo, con su barba; el indio, el negro, el   1001
                          amarillo y el norteamericano.

nortes (1)
    CA 3,1 Mecanógrafa   Veinte rosas, veinte nortes de nieve.   1126
nos (135)
nosotras (14)
nosotros (15)
nostalgia (1)
    RS 1,1 Rosita   por la nostalgia del mar;   1373
noster (1)
    BA 1,1 La Poncia   En el "Pater Noster" subió, subió [...]   1443
notaba (1)
    RS 3,1 Tía   Yo notaba algo en las cartas; [...]   1415
notario (1)
    ZP 2,1 Alcalde   Nada, pensaba... de [...] escritura, delante del   951
                          notario, de una casa [...]

notas (V) (1)
    BS 2,2 Madre   Con tu mujer procura estar cariñoso, y si la notas   1241
                          inf[atu]ada o [...]

notas (1)
    RS 3,1 Rosita   Y hoy se casa una amiga y otra y otra, y mañana tiene   1428
                          un hijo y crece, y viene a enseñarme sus notas de
                          exa▪en, y hacen [...]

noté (2)
    MM 1,1 Doña Curiana   Lo noté también: 673
    MM 1,1 Doña Curiana   Anoche noté   674
noticias (12)
    TC 5,1 Fígaro   Las noticias llegan al mundo después de haber pasado   758
                          por el clasificador de la barbería.
    TC 5,1 Fígaro   Las barberías son las encrucijadas de las noticias.   758
    MP 1,7 Fernando   Esta noche, disfrazado [...] donde espero tener   811
                          noticias de los amigos.
    MP 2,6 Mariana   ¿Noticias?   834
    MP 2,7 Conspirador 1 ¿Habrá noticias para decidir?   836
    MP 2,7 Pedro   que aguardan las noticias anhelantes.   838
    MP 2,8 Pedro   ¿Hay noticias?   841
    MP 3,3 Alegrito   darle tan malas noticias.   870
    MP 3,5 Pedrosa   que aguarda, como siempre, sus noticias.   873
    MP 3,5 Pedrosa   Ni morirás, porque darás noticias   875
    RS 1,1 Manola 3   ¿Malas noticias?   1370
    RS 2,1 Solterona 1   ¿Tienes noticias?   1394
notición (1)
    ZP 1,1 Niño   Ve tú, ve tú, ve tú, y nadie quería, y entonces: "Que   935
                          vaya el niño", dijeron..., porque era un notición que
                          nadie quiere [...]

noto (4)
    MP 2,5 Mariana   ¡Qué bien estoy contigo! Pero aunque alegre noto   830

noto (continuación)   Pág.
    YE 3,1 Yerma   Cuando me cubre cumple con su deber, pero yo le noto   1329
                        la cintura fría, [...]
    RS 2,1 Rosita   Pero es que en la calle noto cómo pasa el tiempo y no   1389
                        quiero perder las ilusiones.
    BA 2,1 Angustias   Se lo noto en los ojos. Se le está poniendo mirar de   1478
                        loca.
notó (1)
    MP 1,5 Mariana   ¡El notó que yo temblaba!   800
novedad (2)
    TC 5,1 Fígaro   ¡Esta era la novedad!   761
    TC 5,1 Fígaro   ¡La gran novedad!   761
novedades (2)
    TC 5,1 Fígaro   El pueblo huele a novedades.   757
    RS 2,1 Rosita   El último correo me prometía novedades.   1394
novela (1)
    MP 1,4 Lucía   ¿Quieres que te traiga una novela?   792
novelas (3)
    MP 1,2 Amparo   novelas y más novelas,   786
    ZP 1,1 Zapatero   Yo debía haber comprendido, después de leer tantas   918
                        novelas, que las mujeres [...]
novena (1)
    MP 3,2 Carmen   esta tarde a la novena?   866
Novena (1)
    RS 3,1 Martín   ¿Es la Novena de Santa Gertrudis la Magna?   1421
novia (56)
    MM 1,4 Las Curianitas   El novio y la novia,   688
    MM 1,4 Las Curianitas   El novio y la novia,   689
    TC 3,1 Cocoliche   ¡mi novia!   745
    TC 3,1 Joven   Me había interesado en la conversación porque yo tuve   745
                        una novia que se llamaba también Rosita...
    TC 3,1 Mozo 2   ¿Y ya no es novia vuestra?   746
    TC 4,1 Mozo   ¿Es verdad que vas mañana a poner los zapatos de novia   753
                        a la señá Rosita?
    TC 6,1 Cocoliche   ¡Que venga! Así verá cómo su novia se entiende con el   769
                        amante.
    PB 1,1 Perlimplín   Yo no había podido imaginarme tu cuerpo hasta que lo   991
                        vi por el ojo de la cerradura cuando te vestías de
                        novia.
    CA 1,1 Viejo   Me permito recordarle que su novia... no tiene   1050
                        trenzas.
    CA 1,1 Viejo   Diga usted: mi novia. ¡Atrévase!   1051
    CA 1,1 Joven   Novia..., ya lo sabe usted; si digo novia la veo sin   1051
                        querer [...]
    CA 1,1 Joven   No, no es mi novia es mi niña, mi muchachita.   1051
    CA 2,1 Criada   En mi pueblo había un muchacho que subía a la torre de   1086
                        la iglesia para mirar más de cerca la luna, y su novia
                        lo despidió.
    CA 2,1 Criada   Decía que veía en la luna el retrato de su novia.   1086
    CA 2,1 Padre   Te había regalado el hermoso traje de novia.   1089
    CA 2,1 Criada   ¿También el traje de novia?   1098
    CA 2,1 Maniquí   de la novia chiquita y morena?   1099
    CA 2,1 Maniquí   de la novia chiquita y morena?   1100
    BS 1,1 Novio   Usted sabe que mi novia es buena.   1176
    BS 1,1 Novio   Estoy seguro que usted querrá a mi novia.   1178
    BS 1,1 Madre   ¿Tú conoces a la novia de mi hijo?   1180
    BS 1,2 Suegra   ¿No ves que fue tres años novia suya?   1190
    BS 2,1 Criada   Despierte la novia   1209
    BS 2,1 Leonardo   ¿Y la novia?   1211
    BS 2,1 Leonardo   ¡La novia! ¡Estará contenta!   1211
    BS 2,1 Voces   ¡Despierte la novia   1212
    BS 2,1 Leonardo   Despierte la novia   1212
    BS 2,1 Leonardo   La novia llevará una corona grande, ¿no?   1212
    BS 2,1 Voces   Despierte la novia   1215
    BS 2,1 Novia   ¡Despierte la novia!   1215
    BS 2,1 Muchacha 1   Despierte la novia   1216
    BS 2,1 Voces   ¡Despierte la novia!   1216
    BS 2,1 Mozo 1   Despierte la novia,   1217
    BS 2,1 Voces   ¡Despierte la novia!   1217
    BS 2,1 Muchacha 2   La novia   1217
    BS 2,1 Criada   la novia no puede dormir.   1217
    BS 2,1 Convidado   La novia, la blanca novia,   1217
    BS 2,1 Voces   Despierte la novia.   1218
    BS 2,1 Mozo 2   Que despierte la novia.   1219
    BS 2,1 Muchacha 2   Que salga la novia.   1219
    BS 2,2 Criada   Si tú no, la novia.   1234
    BS 2,2 Novio   Estoy esperando a la novia.   1235
    BS 2,2 Novio   Ya estoy deseando que esto acabe. La novia está un   1239
                        poco cansada.
    BS 2,2 Criada   Una novia de estos montes debe ser fuerte.   1239
    BS 3,1 Leñador 2   Plata en la cara de la novia.   1248

novia (continuación)
BS 3,1 Novia   pon en mis manos de novia   1256
BS 3,2 Mendiga   Los dos cayeron, y la novia vuelve   1266
YE 1,2 Yerma   Pues el primer día que me puse novia con él ya   1290
                        pensé... en los hijos... Y me miraba en sus ojos.
RS 1,1 Manola 3   nuestras camisas de novia.   1368
RS 2,1 Ama   Tendrá el pelo de plata y todavía estará cosiendo 1380
                        cintas de raso liberti en los volantes de su camisa de
                        novia.
RS 2,1 Ama   La cama y sus pinturas temblando de frío, y la camisa 1410
                        de novia en lo más oscuro del baúl.
RS 3,1 Ama   Aquí, el joven, iba ayer con su novia.   1434
BA 2,1 Amelia   Los de Angustias para sus sábanas de novia son   1483
                        preciosos.
BA 2,1 La Poncia   Adela. ¡Esa es la verdadera novia del Romano!   1500
novias (3)
BS 2, Novio   Descansa un poco. ¡Mal día para las novias!   1240
YE 1,1 María   De todas las novias de tu tiempo tú eres la única. 1282
BA 1,1 Magdalena   Hoy hay más finura, las novias se ponen de velo [...] 1461
noviazgo (2)
BS 1,1 Vecina   Nadie se acuerda del noviazgo.   1181
RS 1,1 Tía   La lengua se me debió pegar en el cielo de la boca 1363
                        antes de consentir tu noviazgo; porque mi niña [...]
novicio (1)
RS 2,1 Ama   Era hermoso como un novicio cuando sale a [...]   1380
noviembre (1)
BA 2,1 Martirio   Estoy deseando que llegue noviembre, los días de [...] 1488
novio (57)
MM 1,4 Las Curianitas El novio y la novia,   688
MM 1,4 Las Curianitas El novio y la novia,   689
TC 0,0 Mosquito   abanica tanto rostro [...] ojos de las niñas sin novio. 724
TC 1,1 Rosita   ... Porque mi novio Cocoliche tiene menos dinero que 727
                        nosotros.
TC 1,1 Rosita   Yo tenía novio... ¡Y tiro el collar!   732
MP 3,7 Novicia 2   Está esperando a su novio.   879
MP 3,7 Novicia 1   Pero su novio ya tarda.   880
MP 3,7 Novicia 2   que está esperando a su novio,   883
MP 3,7 Novicia 2   pero su novio se tarda!...   883
MP 3,9 Novicia 2   que en las altas barandas tu novio está esperándote. 890
CA 2,1 Novia   Llegará mi novio, el viejo, el lírico, y necesito 1078
                        apoyarme en ti.
CA 2,1 Novia   Mi novio tenía los dientes [...]   1079
CA 2,1 Novia   Mi novio vendrá.   1079
CA 2,1 Criada   ¡Su novio ha llegado!   1080
CA 2,1 Criada   Es muy guapo su novio.   1082
CA 2,1 Criada   Tuve un novio soldado que me clavaba los anillos y me 1084
                        hacía sangre; por eso lo despedí.
CA 2,1 Criada   ¡Que no se entere su novio!   1086
CA 2,1 Criada   Su novio buscaba otra cosa.   1086
CA 3,1 Arlequín   su novio del mar.   1111
CA 3,1 Arlequín   Novio, ¿dónde estás?   1112
BS 1,1 Madre   Tres años. Ella tuvo un novio, ¿no?   1176
BS 1,1 Madre   A mí me habían dicho que la muchacha tuvo novio hace 1181
                        tiempo.
BS 1,1 Madre   A cada uno le gusta enterarse de lo que le duele. 1182
                        ¿Quién fue el novio?
BS 1,2 Muchacha   Llegó el novio a la tienda y ha comprado todo lo mejor 1191
                        que había.
BS 1,3 Novia   ¿No sería mi novio? Algunas veces ha pasado a esas 1205
                        horas.
BS 2,1 Criada   Tú quieres a tu novio.   1208
BS 2,1 Leonardo   ¿Y trajo ya el novio el azahar que se tiene que poner 1212
                        en el pecho?
BS 2,1 Muchacha 2   y el novio   1217
BS 2,1 Muchacha 3   el novio le ofrece cuchara y mantel.   1217
BS 2,1 Padre   se lleva el novio.   1218
BS 2,1 Muchacha 3   El novio   1219
BS 2,1 Mozo 1   ¡Aquí está el novio!   1220
BS 2,1 Muchacha 1   El novio   1220
BS 2,2 Criada   y baja el ala del novio   1226
BS 2,2 Criada   Porque el novio es un palomo   1226
BS 3,1 Leñador 3   El novio los encontrará con luna o sin luna.   1247
BS 3,2 Muchacha 1   Novio carmesí.   1263
YE 1,2 Muchacha 2   Qué lástima no poder decir mi novio, ¿verdad?   1295
RS 1,1 Ama   Y con el novio.   1359
RS 1,1 Tía   El novio creo que tenía que hacer.   1359
RS 1,1 Ama   No sé quién me gusta más, si el novio o ella.   1359
RS 1,1 Manola 2   ¿Tenemos novio?   1368
RS 2,1 Tía   Tu novio no te exige que seas hurona.   1389
RS 2,1 Ayola 1   Cuando yo tenía seis años venía aquí y el novio de 1399
                        Rosita me acostumbró a beberlas.

novio (continuación)
RS 2,1 Ayola 2   A mí, Rosita y su novio me enseñaban las letras A, B,   1399
                     C... ¿Cuánto tiempo hace de esto?
RS 2,1 Ayola 1   A mí, casi, casi, se me ha olvidado la cara de tu   1399
                     novio.
RS 2,1 Ayola 1   ¡Y si soy amiga de Rosita es porque sé que tiene novio!   1401
RS 2,1 Ayola 1   Las mujeres sin novio están pochas, recocidas, [...]   1401
RS 2,1 Ayola 1   Una carta de un novio no es un devocionario.   1407
RS 2,1 Rosita   Nada. Una persona representa al novio en la ceremonia.   1409
BA 1,1 La Poncia   Figúrate. Y no ha tenido nunca novio...   1457
BA 1,1 Bernarda   ¡No ha tenido novio ninguna ni les hace falta! Pueden   1457
                     pasarse muy bien.
BA 1,1 Martirio   Su novio no la deja salir ni al tranco de la calle.   1459
BA 1,1 Amelia   Ya no sabe una si es mejor tener novio o no.   1459
BA 2,1 Angustias   Me han quitado el retrato de mi novio.   1492
BA 2,1 La Poncia   ¡Hay que ver el entusiasmo de Angustias con su novio!   1501
BA 3,1 Martirio   ¿Cómo es que esta noche no viene el novio de Angustias?   1517
novios (9)
MM 1,2 Doña Curiana   los novios a boca llena,   680
TC 6,1 Invitado 1   ¡Vivan los novios!   770
ZP 1,1 Zapatera   A mí las tarjetas postales me gustan mucho, sobre todo   931
                       las de novios que se van de viaje...
BS 1,3 Padre   Los novios y nosotros iremos [...]   1199
BS 2,2 Criada   cantaban los novios   1226
BS 2,2 Muchacha 1   ¡Vengan los novios, que vamos a bailar la rueda!   1242
BS 3,2 Niña   traen a los novios del arroyo.   1267
YE 1,2 Muchacha 2   Porque lo mismo hacíamos de novios que ahora.   1293
BA 2,1 Martirio   Verdaderamente es raro que dos personas que no se   1474
                       conocen se vean de pronto en una reja y ya novios.
nube (6)
CA 3,1 Mecanógrafa   harta de nube y rocío,   1121
EP RR Figura De C   Si yo me convirtiera en nube.   1145
BS 3,2 Mendiga   ¡Pude pedir tus ojos! Una nube   1265
YE 2,2 Yerma   como la nube lleva dulce lluvia.   1316
RS 3,1 Ama   Y esta nube... Así, bien tapada.   1437
BA 3,1 Angustias   Muchas veces miro a Pepe con mucha fijeza y se me   1514
                       borra a través de los hierros, como si lo tapara una
                       nube de polvo de las [...]
nubes (11)
MP 1,4 Lucía   Hay nubes por Parapanda.   794
MP 2,8 Conspirador 4   Grandes nubes se levantan   844
MP 3,7 Novicia 2   despiertan brisas y nubes   880
CA 1,1 Joven   Lleno de nubes grises...   1047
CA 1,1 Viejo   Porque lo otro es morirse [...] con que levanta a las   1053
                       nubes el sol.
CA 1,1 Niño   con nubes que se levantan,   1066
CA 1,1 Niño   ni las nubes que se levantan,   1067
CA 3,1 Arlequín   Que en marfil de nubes   1114
EP CV Estudiante 2   El público se ha de dormir en la palabra, y no ha de   1161
                       ver a través de la columna las ovejas que balan y las
                       nubes que van por el [...]
BS 3,1 Leñador 2   Hay muchas nubes y será fácil que la luna no salga.   1247
RS 3,1 Rosita   Y hoy se casa una amiga [...] clavel, viendo las   1428
                       mismas nubes; y un día bajo [...]
nublo (1)
BA 2,1 Magdalena   Había un nublo negro de tormenta y hasta cayeron   1473
                       algunas gotas.
nublos (1)
BS 2,1 Novia   Son nublos. Un mal aire en el centro, ¿quién no lo   1208
                       tiene?
nuca (2)
CA 2,1 Maniquí   cubre de rayos mi nuca.   1103
YE 2,2 Yerma   me está clavando avispas en la nuca!   1316
nudillos (1)
CA 3,1 Joven   Pero la sangre golpea mis sienes con sus nudillos de   1125
                       fuego, y ahora te tengo ya aquí.
nudo (3)
CA 1,1 Joven   Esperando, el nudo se deshace y la fruta madura.   1072
BS 1,3 Novio   Cuando me voy de tu lado siento un despego grande y   1202
                       así como un nudo en la garganta.
BS 3,2 Muchacha 2   y nudo que apriete   1262
nudos (1)
TC 5,1 Fígaro   En la frente tiene dos nudos.   761
nuestra (17)
nuestras (7)
nuestro (15)
Nuestro (2)
ZP 1,1 Zapatero   ¡Ay vecina de mi alma, no me dé usted escándalos, por   919
                       los clavitos de Nuestro Señor!
YE 2,2 María   Pero acuérdate de las llagas de Nuestro Señor.   1319
nuestros (1)

nueva (10)
MM 1,2 Doña Curiana   aún sois demasiado nueva   677
MP 2,5 Pedro   Toda mi sangre es nueva, porque tú me la has dado   828
CA 2,1 Joven   Yo busco, como ella, la nueva flor de mi sangre.   1107
BS 2,1 Leonardo   Después de mi casamiento he pensado noche y día de   1214
                       quién era la culpa y cada vez que pienso sale una
                       culpa nueva que se come a la [...]
YE 2,2 Yerma   Cada noche, cuando me acuesto, encuentro mi cama más   1312
                       nueva, más reluciente, [...]
YE 3,2 Yerma   Voy a descansar sin despertarme sobresaltada, para ver   1350
                       si la sangre me anuncia otra sangre nueva.
RS 1,1 Ama   Si me equivocara, no oiría usted ninguna palabra nueva.   1355
RS 2,1 Rosita   Ya han hecho otra casa nueva en la placeta.   1389
RS 3,1 Tía   La nueva casa no es esto.   1418
RS 3,1 Ama   Los vi por la Plaza Nueva.   1434
nuevas (6)
TC 0,0 Mosquito   abanica tanto rostro asombrado, llévate los suspiros   724
                       por encima de aquella sierra y limpia las lágrimas
                       nuevas en los ojos de [...]
BS 1,2 Leonardo   Llevo más de dos meses poniendo herraduras nuevas al   1187
                       caballo y siempre se le caen.
BS 3,1 Leonardo   al caballo bridas nuevas?   1257
RS 3,1 Rosita   Y si se casa una amiga [...] examen, y hacen casas   1428
                       nuevas y canciones nuevas, y yo igual, con [...]
BA 3,1 Prudencia   ¿Vais a echarle las potras nuevas?   1508
nueve (7)
MM 1,6 Alacranito   Me comí nueve moscas,   700
MP 1,7 Fernando   Necesito antes de las nueve el pasaporte que [...]   811
YE 1,2 Vieja 1   Tengo nueve hijos como nueve soles pero como ninguno   1287
                       es hembra, aquí me tienes a mí de un lado para otro.
YE 3,2 Macho   nueve se levantaba.   1342
RS 3,1 Tía   ¡A las nueve musas del Parnaso!   1422
BA 1,1 Bernarda   Treinta y nueve justos.   1457
nuevo (6)
TC 5,1 Fígaro   ¡Ah, lo nuevo!   757
MP 1,7 Fernando   este corazón tan nuevo.   808
PB 3,1 Perlimplín   Esta noche vendrá el nuevo y desconocido amante de mi   1010
                       señora Belisa.
RS 3,1 Martín   Ayer se empeñaron en que el pobre señor Canito,   1418
                       profesor nuevo de Geografía, llevaba [...]
RS 3,1 Rosita   Era agria y odiaba a los niños y a toda la que se   1431
                       ponía un traje nuevo..., pero yo no seré así.
BA 1,1 Amelia   Desde que vino el médico nuevo estás más animada.   1458
nuevos (3)
BS 2, Madre   Es la roturación de las tierras, la plantación de   1240
                       árboles nuevos.
YE 3,2 Vieja   Aquí vienen las mujeres a conocer hombres nuevos.   1345
RS 3,1 Tía   ¡Mañana vienen los nuevos dueños!   1427
nula (1)
CA 3,2 Jugador 3   Jugada nula.   1139
Numancia (1)
RS 2,1 Solterona 2   La barcarola de "La fragata Numancia".   1402
número (2)
RS 2,1 Ama   Con este señor y con el otro, don Confucio Montes de   1378
                       Oca, bautizado en la logia número cuarenta y tres,
                       [...]
RS 3,1 Martín   ¿Leyó usted mi cuento de ayer en el segundo número de   1421
                       "Mentalidad Granadina"?
nunca (105)
MM 0,0   Por eso, yo suplico a todos que no dejéis nunca libros   669
                       de versos en las
MM 1,1 Doña Curiana   Según él, es de algo que nunca tendrá.   673
MM 1,2 Doña Curiana   y no se los deje nunca   681
MM 2,5 Gusano 3   Nunca comprenderemos   712
MM 2,5 Gusano 3   Las gotas no hablan nunca;   714
TC 6,1 Rosita   La sierra de Córdoba tiene sombras bajo sus olivares,   774
                       sombras aplastadas, sombras muertas que nunca se van.
TC 6,1 Currito   Me iré donde no me verás nunca.   775
MP 1,4 Mariana   y ella lo acaricia creyendo que nunca   790
MP 2,1 Clavela   Los gitanos no fueron nunca príncipes.   821
MP 2,5 Mariana   Yo no podré decirte cómo te quiero nunca;   828
MP 2,9 Mariana   ¡Eso nunca! ¡Primero doy mi sangre!   857
MP 3,2 Carmen   de amor, que nunca se cierran.   866
MP 3,7 Novicia 1   nunca vi tantos, y al alba,   880
MP 3,8 Fernando   no vendrá, porque nunca te quiso, Marianita.   885
MP 3,8 Mariana   pero nunca lo quise decir a mi esperanza.   885
MP 3,8 Mariana   ¡¡Libertad!! Porque nunca se apague tu alta lumbre   887
ZP 1,1 Niño   Me lo llevaré, porque como yo sé que usted no tendrá   914
                       nunca niños...
ZP 2,1 Zapatera   Nunca se rinde la que, como yo, está sostenida por el   974
                       amor y la honradez.

nunca - nunca

nunca (continuación)   Pág.

PB 1,1 Belisa   Mi sed no se apaga nunca, como nunca se apaga la sed   989
                     de los mascarones que echan el agua en las fuentes.
PB 1,1 Duende 1   No se descubren nunca.   994
PB 1,1 Belisa   Porque esta noche ha corrido el aire como nunca.   998
PB 1,1 Perlimplín   Nunca había visto la salida del sol... Es un   1000
                     espectáculo que... parece mentira..., ¡me conmueve!
PB 3,1 Perlimplín   ¡Oh, sí!... ¡Como nunca mujer alguna lo hizo!, ¿verdad?   1010
PB 3,1 Belisa   ¡Con más ardor que nunca!   1013
PB 3,1 Perlimplín   ¡¡¡que nunca podría descifrar!!!   1015
PB 3,1 Perlimplín   El salió corriendo por el campo y no lo verás más   1016
                     nunca.
PB 3,1 Belisa   ¡Nunca creí que fuese tan complicado!   1017
PB 3,1 Marcolfa   El hermoso adolescente al que nunca verás el rostro.   1018
DC 1,1 Poeta   Ya voy, señor director. Y nunca podrá ser bueno.   1021
CA 1,1 Joven   ¡Nunca!   1048
CA 1,1 Viejo   Y más hermosas que nunca. Serán unas trenzas...   1050
CA 1,1 Niño   Nunca veremos la luz,   1067
CA 1,1 Amigo 2   Que no se acabe nunca.   1072
CA 2,1 Novia   Nunca tuve trenzas.   1092
CA 2,1 Joven   Nunca.   1093
CA 2,1 Maniquí   muerte que no tuve nunca   1100
CA 2,1 Joven   Nunca.   1102
CA 2,1 Viejo   Más que nunca.   1106
CA 3,1 Muchacha   No se llega nunca   1111
CA 3,1 Joven   Nunca así, ¡nunca, nunca!   1123
CA 3,1 Mecanógrafa   Yo, en cambio, sabía que tú no me querrías nunca.   1126
CA 3,1 Mecanógrafa   No tienes tú ojos para verme desnuda, ni boca para   1126
                     besar mi cuerpo que nunca se acaba.
CA 3,2 Jugador 1   No aprenderás nunca a conocer a tus clientes.   1136
CA 3,2 Jugador 1   Tan elegante, que ya no debía desnudarse más nunca.   1138
CA 3,2 Jugador 3   No hay que esperar nunca.   1143
EP RR Figura De C   No te lo había dicho nunca.   1151
EP RR Centurión   Pare por cuatro o cinco a la vez y nunca al mediodía   1152
                     debajo de los árboles.
EP RR Figura De P   Lo tiene porque nunca lo podrá tener.   1154
EP CV Estudiante 2 El tumulto comenzó cuando observaron que no se amaban,   1160
                     que no podían amarse nunca.
EP CV Estudiante 1 Un espectador no debe formar nunca parte del drama.   1165
EP CV Hombre 1   Soledad de los edificios, de las esquinas de las   1169
                     playas, donde tú no aparecerás nunca.
BS 1,1 Madre   No callaría nunca.   1173
BS 1,1 Vecina   Le relucía la cara como a un santo; pero a mí no me   1181
                     gustó nunca.
BS 1,3 Padre   No habla nunca; suave como la lana, borda toda clase   1198
                     de bordados y puede cortar una maroma con los dientes.
BS 2,2 Criada   nunca salgas de tu casa.   1226
BS 2,2 Mujer   Aquí los dos; sin salir nunca y a levantar la casa.   1232
BS 2,2 Novia   ¡Nunca!   1240
BS 3,2 Suegra   Nunca. Ni muerto ni vivo.   1264
YE 1,1 Yerma   Nunca salgo.   1277
YE 1,1 María   ¿No has tenido nunca un pájaro vivo apretado en la   1280
                     mano?
YE 1,2 Yerma   No. No lo he sentido nunca.   1289
YE 1,2 Vieja 1   ¿Nunca? ¿Ni cuando has bailado?   1289
YE 1,2 Yerma   Yo me entregué a mi marido por él, y me sigo   1290
                     entregando para ver si llega, pero nunca por
                     divertirme.
YE 1,2 Vieja 1   A mí no me ha gustado nunca Dios.   1291
YE 1,2 Yerma   ¡Qué bien! Nunca te había sentido.   1296
YE 2,1 Lavandera 1   Pero es que nunca se sabe nada.   1301
YE 2,2 Yerma   Nunca oí decir a un hombre comiendo: qué buenas son   1322
                     estas manzanas.
YE 2,2 Yerma   Nunca se sabe lo que va a pasar.   1323
YE 3,1 Yerma   Te figuras tú y tu gente [...] casta no ha tenido   1333
                     nunca nada que ocultar.
YE 3,2 María   Nunca me gustó esta romería.   1337
YE 3,2 Yerma   Nunca lo haría.   1345
YE 3,2 Yerma   Conóceme, para que nunca me hables más.   1345
YE 3,2 Yerma   ¿Y nunca has pensado en él cuando me has visto   1349
                     desearlo?
YE 3,2 Juan   Nunca.   1349
YE 3,2 Yerma   Eso nunca.   1350
YE 3,2 Yerma   Nunca.   1350
RS 1,1 Tía   Nunca.   1354
RS 1,1 Tía   Claro es que nunca me ha gustado contradecirla, porque   1355
                     ¿quién apena a una criatura que no tiene padres?
RS 1,1 Tío   Es una rosa que nunca has visto; una sorpresa que te   1356
                     tengo preparada.
RS 2,1 Ama   No lo he oído decir nunca.   1410
RS 3,1 Ama   Mi señora, más señora que nunca.   1417

nunca (continuación)
RS 3,1 Martín   Me dieron una flor natural y escribí un drama que   1419
                       nunca se pudo representar.
RS 3,1 Martín   Nunca se pudo representar.   1420
RS 3,1 Rosita   Me he acostumbrado a [...] no he de encontrar nunca.   1428
RS 3,1 Rosita   Y yo lo oigo y no puedo [...] descansar y no moverme   1429
                       más, nunca, de mi rincón.
RS 3,1 Rosita   Me entendéis si pido pan y agua y hasta un beso, pero   1430
                       nunca me podríais ni [...]
RS 3,1 Rosita   Sería el cuento de nunca acabar.   1430
RS 3,1 Ama   Como precioso, precioso, no ha sido nunca.   1437
BA 1,1 La Poncia   Figúrate. Y no ha tenido nunca novio...   1457
BA 1,1 Martirio   Es preferible no ver a un hombre nunca.   1460
BA 1,1 Magdalena   ¡Nunca he podido resistir tu hipocresía!   1464
BA 2,1 La Poncia   Yo nunca pude usarlos en los míos.   1484
BA 2,1 Adela   No ha sido broma, que tú nunca has gustado jamás de   1494
                       juegos.
BA 2,1 Bernarda   Nunca está bien una extraña en el centro de la familia.   1496
BA 2,1 La Poncia   Nunca pensé que se llamara asesinato al aviso.   1497
BA 2,1 Bernarda   Las cosas no son nunca a gusto nuestro.   1500
BA 3,1 Bernarda   Espérate, mujer. No nos vemos nunca.   1506
BA 3,1 Prudencia   Nunca vi un mueble de estos.   1511
BA 3,1 Adela   Que nunca se sabe.   1511
BA 3,1 Adela   Dios me ha debido dejar sola en medio de la oscuridad,   1529
                       porque te veo como si no te hubiera visto nunca.
BA 3,1 Magdalena   ¡Déjala que se vaya donde no la veamos nunca más!   1530
BA 3,1 La Poncia   ¡Nunca tengamos ese fin!   1532
o (129)
obedecer (1)
BA 2,1 Bernarda   Tú no tienes derecho más que a obedecer.   1503
obedézcame (1)
TC 2,1 Cristobita   ¡Obedézcame!,   739
obedezco (1)
BS 2,2 Novio   ¡Siempre la obedezco!   1241
obispos (1)
MP 1,8 Angustias   Ya vienen los obispos,   817
objeto (3)
MM 2,6 Curianito   ¿Y si San Cucaracho no existiera? ¿Qué objeto   719
CA 2,1 Joven   Es mi amor sin objeto.   1096
RS 3,1 Ama   "La representación intelectual de una cosa o un   1423
                       objeto."
objetos (1)
EP RR   Figura De P   Cuando rondas el lecho y los objetos de la casa, te   1146
                       [...]
obligación (5)
ZP 1,1 Zapatera   No me hagas hablar más de lo prudente y ponte a tu   918
                       obligación.
PB 1,1 Belisa   ¡Oh caballerito!..., esa es tu obligación.   990
DC 1,1 Director   Esa es su obligación.   1023
BA 2,1 Bernarda   Bernarda: acuérdate que esta es tu obligación.   1496
BA 2,1 Bernarda   Es la obligación de los que viven a sueldo.   1500
obligan (1)
MP 1,1 Angustias   que la obligan sus amigos liberales.   784
obligar (2)
EP RR   Figura De C   ¿Eres tú quien me debes obligar a mí para que lo haga?   1149
RS 1,1 Tía   Soy yo la que te tiene que obligar a que tomes el   1362
                       vapor.
obligarte (1)
YE 2,2 Juan   Aunque me miras de un modo que no debía decirte   1316
                       "Perdóname" sino obligarte, encerrarte, [...]
obrador (1)
MP 3,1 Carmen   Ahora mismo, al obrador.   863
obrar (1)
BA 2,1 Bernarda   Obrar y callar a todo.   1500
obras (1)
BA 1,1 Bernarda   Menos gritos y más obras.   1445
observar (1)
CA 1,1 Joven   Basta observar sobre la palma [...]   1050
observaron (1)
EP CV   Estudiante 2   El tumulto comenzó cuando observaron que no se amaban,   1160
                       que no podían amarse nunca.
observo (1)
PB 2,1 Perlimplín   Observo que hablas... sola.   1003
obstáculos (1)
CA 1,1 Joven   ¿Crees tú que yo puedo vencer las cosas materiales,   1071
                       los obstáculos que surgen [...]
obtuvo (1)
RS 1,1 Tío   No os dais cuenta de mi invernadero; desde el   1352
                       ochocientos siete, en que la condesa de Wandes obtuvo
                       la rosa muscosa, [...]

			Pág.
Oca (1)			
	RS 2,1 Ama	Con este señor y con el otro, don Confucio Montes de Oca, bautizado en la [...]	1378
ocasión (5)			
	MM 0,0	El amor, lo mismo que pasa con sus burlas y sus fracasos por la vida del hombre, pasa en esta ocasión por una escondida [...]	669
	TC 3,1 Cocoliche	Buena ocasión para partirle la cara.	746
	MP 2,5 Pedro	y esperé bien oculto la ocasión. ¡Ya ha llegado!	831
	MP 2,7 Pedro	Algeciras acecha la ocasión,	838
	ZP 2,1 Zapatera	Yo he hablado así porque [...] no esté acechando la ocasión más pequeña para [...]	967
ocasiones (3)			
	ZP 0,0 El Autor	Por este miedo absurdo, y por ser el teatro en muchas ocasiones una finanza, [...]	911
	YE 2,1 Lavandera 5	Dicen que en dos ocasiones.	1303
	RS 1,1 Tía	En algunas ocasiones hace falta ... Otro día que pase..., treinta y siete, treinta y ocho.	1361
octubre (1)			
	YE 1,2 Muchacha 2	En cambio, mi madre no hace más que darme yerbajos para que los tenga, y en octubre iremos al Santo [...]	1293
oculta (A) (3)			
	MM 0,0	Un viejo silfo del bosque [...] poeta esta historia oculta en un anochecer [...]	670
	MP 1,8 Mariana	¡Estaba bien oculta!	817
	CA 2,1 Maniquí	Estaba en tu casa oculta.	1104
oculta (4)			
	CA 2,1 Joven	que la blanca seda oculta.	1102
	BS 3,1 Luna	¿Quién se oculta? ¿Quién solloza	1249
	BS 3,1 Luna	¿Quién se oculta? ¡Afuera digo!	1250
	BA 3,1 Angustias	Yo creo, madre, que él me oculta muchas cosas.	1514
ocultar (2)			
	YE 3,1 Yerma	Te figuras tú y tu gente [...] tenido nunca nada que ocultar.	1333
	BA 2,1 La Poncia	Y para ocultar su vergüenza [...]	1505
ocultas (1)			
	PB 0,0 Marcolfa	Está lleno de cosas ocultas.	981
ocultis (1)			
	TC 2,1 Cocoliche	La luna es terrible para un enamorado de ocultis.	735
oculto (2)			
	MM 1,2 Doña Curiana	Lo teníais bien oculto.	682
	MP 2,5 Pedro	y esperé bien oculto la ocasión. ¡Ya ha llegado!	831
ocultó (2)			
	MP 3,1 Novicia 2	de muerte, no ocultó	861
	PB 2,1 Marcolfa	Y no se ocultó de mí.	1001
ocupa (1)			
	CA 1,1 Viejo	Se ocupa de astronomía.	1048
ocupación (1)			
	MP 2,9 Pedrosa	Ocupación bellísima.	852
ocuparlo (1)			
	BA 3,1 Adela	¡Con qué ganas te has quedado de ocuparlo!	1526
ocurra (1)			
	BA 1,1 Bernarda	No; pero les gusta verlo y comentarlo y se chupan los dedos de que esto ocurra.	1456
ocurre (7)			
	MP 1,6 Fernando	Tú sabes lo que tiene. ¿Qué le ocurre?	803
	ZP 2,1 Alcalde	Pero ¿qué ocurre?	948
	ZP 2,1 Zapatera	Historietas antiguas [...] de mi alma, si esto ocurre de mentirijillas!"	965
	CA 1,1 Viejo	¿Qué le ocurre?	1054
	CA 1,1 Amigo	Por más... que... Ya se ha pasado la hora; es horrible, siempre ocurre igual.	1058
	RS 1,1 Manola 1	¿Qué ocurre?	1370
	BA 2,1 Bernarda	¿Qué ocurre?	1505
ocurría (1)			
	EP CV Estudiante 1	Precisamente ella fue la que vio, por una claraboya del teatro, todo lo que ocurría y dio la voz de alarma.	1158
ocurrido (2)			
	PB 3,1 Perlimplín	Y para que sea tuyo completamente, se me ha ocurrido que lo mejor [...]	1015
	YE 2,1 Lavandera 1	Pero ¿se puede saber lo que ha ocurrido?	1302
ocurrió (1)			
	CA 3,2 Joven	No sé a quién se le ocurrió comprarla.	1133
ocurrirá (1)			
	CA 3,2 Jugador 3	Y aunque ni a la otra ni a la señorita mecanógrafa se les ocurrirá venir por aquí [...]	1137
ochavitos (1)			
	RS 1,1 Ama	Pidiendo ochavitos por las calles me quedo yo al lado de esta prenda.	1364

ochavo (1)
   ZP 2,1 Zapatera   Pues todo eso es un ochavo comparado con lo que él   965
                                 sabía..., él sabía... ¡el triple!

ochenta (3)
   ZP 1,1 Alcalde   Vamos, lo estoy viendo [...] cintura, no una, sino   925
                                 ochenta hembras.
   RS 1,1 Ama   Cuando chiquita tenía que contarle todos los días el   1354
                                 cuento de cuando ella fuera vieja: "Mi Rosita ya tiene
                                 ochenta años"..., y siempre [...]
   BA 1,1 Criada   A pesar de sus ochenta años, tu madre es fuerte como   1452
                                 un roble.

ocho (7)
   EP CV   Enfermero   Ahora te daré la hiel, y luego, a las ocho, vendré con   1156
                                 el bisturí para ahondarte la herida del costado.
   BS 1,1 Vecina   El tenía ocho años cuando las cuestiones.   1182
   YE 3,2 Muchacha 1   Yo llegué con mi hermana. Lleva ocho años viniendo sin   1337
                                 resultado.
   RS 1,1 Tía   En algunas ocasiones hace falta ... Otro día que   1361
                                 pase..., treinta y siete, treinta y ocho.
   RS 3,1 Tía   Ocho años lleva de matrimonio, y hasta el mes pasado   1415
                                 no me escribió el canalla la verdad.
   RS 3,1 Muchacho   Hace ocho años.   1432
   BA 1,1 Bernarda   En ocho años que dure el luto no ha de entrar en esta   1451
                                 casa el viento de la calle.

ochocientos (1)
   RS 1,1 Tío   No os dais cuenta de mi invernadero; desde el   1352
                                 ochocientos siete, en [...]

odia (2)
   ZP 1,1 Zapatero   Estoy convencido..., yo creo que esto lo hace por   925
                                 atormentarme; porque estoy seguro..., ella me odia.
   BA 1,1 La Poncia   La gente de él la odia.   1441

odiaba (1)
   RS 3,1 Rosita   Era agria y odiaba a los niños y a toda la que se   1431
                                 ponía un traje nuevo..., pero yo no seré así.

odiar (2)
   MP 1,7 Fernando   a un hombre que empiezo a odiar,   812
   YE 3,1 Yerma   Yo quiero tener a mi [...] después y me iba a odiar y   1328
                                 me iba a llevar [...]

odio (3)
   YE 1,2 Yerma   No, vacía, no, porque me estoy llenando de odio.   1290
   RS 2,1 Rosita   Las amarillas son odio;   1405
   BA 2,1 Bernarda   ¡Ay, qué pedrisco de odio habéis echado sobre mi   1495
                                 corazón!

ofender (2)
   ZP 2,1 Zapatera   No pueden ustedes hablar una sola palabra sin   949
                                 ofender... ¿De qué se ríe su ilustrísima?
   BS 1,1 Vecina   No quisiera ofender; pero es verdad.   1181

ofenderte (1)
   BA 1,1 La Poncia   No he querido ofenderte.   1457

ofendida (2)
   YE 2,2 Yerma   Que estoy ofendida, ofendida y rebajada hasta lo   1317

ofendido (1)
   ZP 2,1 Zapatero   Yo no la he ofendido en nada; ¿por qué me falta de esa   966
                                 manera?

ofendo (1)
   YE 2,2 Yerma   En nada te ofendo.   1313

oficiante (1)
   BA 1,1 Bernarda   Las mujeres en la iglesia no deben de mirar más hombre   1447
                                 que al oficiante, y ese porque tiene faldas.

oficio (1)
   MM 0,0   ¡En cuántas antiguas historietas, una flor, un beso o   670
                                 una mirada hacen el terrible oficio de puñal!

oficios (1)
   ZP 2,1 Zapatera   ¿Y no los hay de otros oficios?   955

ofrece (2)
   BS 2,1 Muchacha 3   el novio le ofrece cuchara y mantel.   1217
   YE 2,2 Yerma   me ofrece dalias de dormida luna.   1316

ofreces (1)
   MP 2,5 Pedro   que me ofreces tu amor y tu casa y tus dedos.   830

ofrezco (2)
   MP 3,8 Fernando   ¡Por tus hijos! ¡Por mí, que te ofrezco la vida!   885
   MP 3,8 Mariana   me ofrezco toda entera. ¡¡Arriba, corazón!!   887

oh (42)
oí (6)
   YE 1,1 Yerma   Siempre oí decir que las primerizas tienen susto.   1283
   YE 1,2 Yerma   Oí cantar los pájaros.   1299
   YE 2,2 Yerma   Nunca oí decir a un hombre comiendo: qué buenas son   1322
                                 estas manzanas.
   RS 2,1 Tío   Ayer oí cómo le explicabas con todo detalle nuestra   1385
                                 cuenta corriente en el Banco.
   RS 3,1 Rosita   Ayer le oí decir al ama que todavía podía yo casarme.   1429

oí - oír

		Pág.
oí (continuación)		
BA 2,1 Amelia	Lo sentí toser y oí los pasos de su jaca.	1473
oído (S) (3)		
YE 3,2 Juan	¡Que te lo tengo que gritar al oído para que lo sepas, a ver si de una vez vives ya tranquila!	1348
BA 2,1 Magdalena	Por un oído me entra y por otro me sale.	1472
BA 2,1 Bernarda	Estarán las vecinas con el oído pegado a los tabiques.	1492
oído (25)		
MM 2,7 Curianito	¿No contestas? ¿Acaso no has oído	719
MP 1,7 Fernando	tus quejas. Mas ¿no has oído	813
MP 2,2 Clavela	¿Habéis oído?	824
MP 3,8 Mariana	Ahora ya no me importa. Mi esperanza lo ha oído	885
ZP 2,1 Niño	¿Dónde he oído yo hablar a este hombre?	954
ZP 2,1 Zapatera	Historietas antiguas que usted no habrá oído mentar siquiera... [...]	965
DC 1,1 Rosita	Yo me quiero casar, ¿me han oído?	1032
CA 1,1 Mecanógrafa	¿Lo ha oído usted?	1055
CA 1,1 Amigo 2	Te he oído.	1072
CA 1,1 Joven	¿Lo ha oído usted?	1076
BS 3,1 Mendiga	¡De prisa! Mucha luz. ¿Me has oído?	1252
BS 3,1 Mozo 1	¿Has oído?	1253
YE 2,2 Juan	¿No me has oído decir esto siempre?	1312
YE 2,2 Juan	Vamos a comer. ¿Me has oído?	1316
YE 3,2 Yerma	¿Y has oído?	1346
YE 3,2 Yerma	¡Ya lo he oído!	1348
RS 2,1 Rosita	Hace mucho tiempo que no te he oído.	1397
RS 2,1 Madre	¿No la ha oído usted?	1402
RS 2,1 Ama	No lo he oído decir nunca.	1410
RS 2,1 Tío	Lo he oído todo, y casi sin darme cuenta he cortado la única rosa mudable que tenía en mi invernadero.	1410
BA 1,1 Bernarda	¿Me has oído?	1446
BA 1,1 Amelia	¿No lo has oído decir?	1465
BA 2,1 Martirio	No. Ya lo he oído otras noches.	1489
BA 2,1 Bernarda	Siento que hayas oído.	1496
BA 3,1 Bernarda	¿Me habéis oído?	1532
Oidor (1)		
MP 1,1 Angustias	Son las hijas del Oidor. Guarda silencio.	785
oídos (2)		
TC 2,1 Cocoliche	Me suenan los oídos como si estuviera en lo alto de una sierra.	737
ZP 2,1 Zapatero	Agudizad vuestros oídos y entendimiento.	958
oiga (6)		
ZP 2,1 Zapatera	Oiga usted...	957
PB 0,0 Madre	Emocionadísima... Belisa..., vete dentro..., no está bien que una doncella oiga ciertas conversaciones.	985
CA 3,1 Joven	Se oye cantar el ruiseñor..., y aunque no se oiga, aunque el murciélago golpee los cristales...	1128
YE 2,2 Yerma	¡Dios te oiga! ¡Salud!	1325
RS 1,1 Manola 1	¡Ay, sin que nadie lo oiga!	1369
BA 2,1 Adela	Madre, no oiga usted a quien nos quiere perder a todas.	1502
oigamos (3)		
DC 1,1	Quiero que haya un silencio tan profundo que oigamos el glu-glú de los manantiales.	1019
DC 1,1	Y si un pájaro mueve un ala, que también lo oigamos; y si una hormiguita mueve la patita, que también la oigamos; y si un corazón [...]	1019
oigan (3)		
ZP 1,1 Zapatera	Cállate, larga de lengua, [...] lo digo para que me oigan todas las que están [...]	912
ZP 2,1 Zapatero	Respetable público: Oigan ustedes el romance [...]	958
BS 2,1 Leonardo	No quiero hablar, porque soy hombre de sangre, y no quiero que todos estos cerros oigan mis voces.	1213
oigo (8)		
TC 6,1 Cocoliche	¡Qué oigo!	775
CA 2,1 Novia	En los espejos y entre los encajes de la cama oigo ya el gemido de un niño que me persigue.	1095
BS 1,1 Madre	Es verdad... Pero oigo eso de Félix y es [...]	1182
BS 3,1 Leñador 3	Oigo los grillos, las ranas, el acecho de la noche.	1246
YE 1,2 Víctor	No oigo nada.	1298
YE 3,2 Yerma	Desde que me casé estoy dándole vueltas a esta palabra, pero es la primera vez que la oigo, la primera vez [...]	1346
RS 3,1 Tía	Algunas noches, cuando toso en mi cuarto, oigo un eco como si estuviera en una iglesia.	1412
RS 3,1 Rosita	Y yo lo oigo y no	1428
oír (20)		
MM 0,0	Tal vez os riáis al oír hablar a estos insectos como hombrecitos, como adolescentes.	670
MP 3,3 Alegrito	para lo que vais a oír!	867
ZP 1,1 Zapatero	Mujer..., ¡que te van a oír los vecinos!	916

oír (continuación)
ZP 1,1 Zapatero   Quisiera oír a la mujer del sacristán; pues ¿y los   931
                     curas?
ZP 1,1 Zapatero   Eso será lo que habrá que oír.   931
ZP 1,1 Zapatera   ¡Me tiene que oír!   934
DC 1,1   Será necesario que las muchachas cierren los abanicos 1019
                     y las niñas saquen sus pañuelitos de encaje para oír y
                     para ver las cosas [...]
CA 2,1 Criada   ¡Le va a oír!   1092
BS 2,1 Novia   No puedo oír tu voz.   1215
BS 2,1 Novia   Estoy deseando ser tu mujer y quedarme sola contigo, y 1222
                     no oír más voz que la tuya.
YE 1,1 Juan   Calla. Demasiado trabajo tengo yo con oír en todo   1276
                     momento...
YE 1,2 Vieja 1   Muchas veces me he asomado de madrugada a la puerta   1287
                     creyendo oír música de bandurrias [...]
YE 3,1 Vieja 1   Eres demasiado joven para oír consejo.   1328
YE 3,2 Yerma   Eso es lo que yo quería oír de tus labios... [...]   1348
RS 2,1 Ama   Estaba detrás de la puerta, sí, señor, pero no era   1379
                     para oír, sino para poner [...]
RS 2,1 Madre   Todavía me parece oír al padre de estas [...]   1393
BA 1,1 La Poncia   Luego estuvo detrás de [...] siempre, no se puede oír. 1455
BA 2,1 Amelia   Chissss... ¡Que nos van a oír!   1476
BA 2,1 La Poncia   Yo no te puedo oír.   1482
BA 2,1 Martirio   Por nada, pero me pareció oír gente en el corral.   1489
oirá (2)
ZP 1,1 Zapatera   Pues cuando vuelva ¡me oirá!   934
DC 1,1   Así, pues, el poeta sabe que el público oirá con   1019
                     alegría y sencillez [...]
oirás (1)
BA 2,1 Adela   ¡Pues me oirás! Te he tenido miedo. ¡Pero ya soy más   1482
                     fuerte que tú!
oiré (1)
RS 3,1 Tía   Yo, sí. Yo sí la oiré.   1437
oiremos (1)
RS 3,1 Ama   ¡Como no la oiremos...!   1437
oiría (1)
RS 1,1 Ama   Si me equivocara, no oiría usted ninguna palabra nueva. 1355
oírla (3)
MM 1,2 Curianita Silvia   necesito para oírla.   678
CA 1,1 Joven   Demasiado trabajo tengo con oírla llena de coches y   1057
                     gentes desorientadas.
YE 1,2 Yerma   Me ha dado confianza el oírla hablar.   1288
oírle (1)
ZP 1,1 Zapatera   Pero si anda por ahí revoloteando un mirlo negro,   930
                     negro y viejo..., sepa que yo no puedo oírle cantar
                     hasta más [...]
oírlo (5)
PB 3,1 Marcolfa   Me da miedo oírlo... Pero ¡cómo es posible!   1010
BS 2,1 Novia   Y sé que estoy loca y sé que tengo el pecho podrido de 1215
                     aguantar, y aquí estoy quieta por oírlo, por verlo
                     menear [...]
RS 3,1 Ama   Cuando él explica en la sala baja del colegio, yo voy 1423
                     a la carbonería para oírlo: "¿Qué es idea?"
BA 1,1 La Poncia   Me voy a oírlo.   1443
BA 1,1 La Poncia   En el "Pater Noster" [...] gallo; pero da gloria oírlo. 1443
oírlos (1)
CA 1,1 Amigo   Son truenos; tendrás que oírlos.   1060
oírte (4)
ZP 1,1 Zapatera   Yo puedo oírte hablar porque me gusta y es bonito,   932
                     pero nada más, ¿lo oyes?
BS 2,1 Novia   No puedo oírte.   1215
RS 2,1 Tía   Eso no lo puedes decir aquí. Me voy por no oírte.   1385
BA 1,1 Magdalena   Ha estado a punto de oírte la criada.   1467
ojalá (17)
MM 1,4 Curianita Silvia   Ojalá fuera cierto   688
MM 2,4 Alacranito   ¡Ojalá lo estuviera!   710
MP 1,2 Amparo   y ojalá siempre tuviera   786
MP 1,6 Fernando   y ojalá pudiera prestarte mi ayuda.   805
MP 1,7 Mariana   ¡Ojalá que fuese así!   808
MP 3,5 Mariana   ¡Ojalá fuese pronto por mi dicha!   876
CA 1,1 Amigo   ¡Ojalá sea fuerte!   1059
BS 1,3 Novia   ¿No he hecho yo trabajos de hombre? ¡Ojalá fuera!   1204
BS 2,2 Mujer   ¡Ojalá yo viviera también así de lejos!   1232
YE 1,2 Yerma   Ojalá fuera yo una mujer.   1300
YE 3,1 Yerma   Ojalá fuera malo.   1329
RS 1,1 Tía   Casi me lo figuro. Ojalá me equivoque.   1361
RS 1,1 Ama   ¡Ojalá se lo coma la serpiente del mar!   1364
RS 3,1 Tía   ¡Ojalá tuviera yo tus años!   1413
BA 1,1 Criada   Ojalá que   1444

ojalá - ojos

                                                                                        Pág.

ojalá (continuación)

BA 1,1 Bernarda	¡Ojalá tardéis muchos años en pasar el arco de mi puerta!	1450
BA 3,1 Angustias	¡Ojalá!	1514

ojito (1)

DC 1,1 Enfermo	y en el ojito	1027

ojitos (1)

TC 6,1 Currito	Muy conocida por esos ojitos.	763

ojo (11)

TC 0,0 Mosquito	Abrí mi ojo todo lo que pude [...]	724
MP 1,1 Angustias	Yo lo he visto por el ojo de la llave.	783
MP 1,5 Fernando	Ojo, que es un viejo verde.	800
ZP 1,1 Zapatera	No, es que un mosco de esos que hacen piiiiii, me ha picado en este ojo.	913
ZP 1,1 Zapatero	Sí, descansando... ¡Pues no estaban mirando por el ojo de la llave!	933
PB 1,1 Perlimplín	Yo no había podido imaginarme tu cuerpo hasta que lo vi por el ojo de la cerradura cuando te vestías de novia.	991
CA 1,1 Niño	ojo de luna rota, me pareces	1064
CA 3,2 Jugador 2	Buen ojo.	1139
EP RR Figura De P	Yo me convertiría en ojo.	1145
BS 2,1 Mujer	¿Por qué me miras así? Tienes una espina en cada ojo.	1224
BS 3,1 Luna	ojo de las catedrales,	1249

ojos (102)

MM 1,2 Curianita Silvia	tus ojos son de esmeraldas,	680
MM 1,2 Curianita Silvia	su cuerpo chico y sus ojos	682
MM 1,4 Curianito	¡Que cieguen mis ojos antes que te vea	685
MM 1,5 Curiana N	¿qué amarga aurora vieron tus ojos al caer?	698
MM 1,5 Curianas	¡Abre los ojos!	699
MM 2,2 Curiana N	Tiene los ojos muertos y la boca cerrada.	706
MM 2,7 Curianito	con los ojos sin fin de las estrellas	720
MM 2,7 Curianito	¿Quién me puso estos ojos que no quiero	721
TC 0,0 Mosquito	abanica tanto rostro [...] lágrimas nuevas en los ojos de las niñas sin [...]	724
TC 2,1 Rosita	¡Tú eres el acerico de mis ojos!	736
TC 3,1 Joven	Cuando lo vi desde la Sierra, me entró la luz por los ojos y me llegó hasta los pies.	743
TC 3,1 Cocoliche	Espantanublos, danos vino hasta que se nos salga por los ojos.	743
TC 4,1 Cocoliche	Me parece que la tengo ante mis ojos..., y esa música...	754
TC 5,1 Currito	Si me ensartas con la navaja te saco los ojos.	756
TC 5,1 Jovencita	Tengo los ojos puestos	759
TC 5,1 Jovencita	Tengo los ojos puestos	761
MP 1,4 Amparo	tenías en los ojos... ¿Qué dijo?	789
MP 1,4 Amparo	¡Ya me acuerdo! Dijo que en tus ojos	790
MP 1,6 Clavela	hasta los ojos. Tuve mucho miedo.	803
MP 1,7 Fernando	Mis ojos te están mirando,	809
MP 1,8 Angustias	y cerraban los ojos	817
MP 2,1 Niña	con unos ojos... y movían los rabos	821
MP 2,5 Mariana	En mirarte los ojos mientras tú no me miras.	831
MP 2,5 Pedro	ese rostro bravío y esos ojos ardientes	832
MP 2,7 Mariana	En una sorda lucha con mis ojos	837
MP 2,9 Mariana	su recuerdo en las niñas de mis ojos.	856
MP 3,5 Mariana	y puedo con sus ojos que vigilan	875
MP 3,5 Pedrosa	puedo borrar la lumbre de sus ojos.	875
MP 3,8 Mariana	y se ha muerto mirando los ojos de mi Pedro.	885
MP 3,8 Mariana	por el puro ideal que iluminó tus ojos:	886
MP 3,9 Novicia 1	Ya no verán tus ojos las naranjas de luz	890
TB QM. Viejo	Caiga un rayo sobre todos sus ojos.	905
TB QM. Mujer	El tiene ojos maravillosos; pero lo que yo amo es su fuerza.	909
ZP 1,1 Zapatera	Quién me hubiera dicho a mí, rubia con los ojos negros, que hay [...]	913
ZP 1,1 Zapatera	sin manos y sin ojos debería haberse quedado el que te inventó.	915
ZP 2,1 Zapatera	Yo me miraba en sus ojos.	945
ZP 2,1 Alcalde	Muchas mujeres he conocido como amapolas, como rosas de olor..., mujeres morenas con los ojos como tinta de fuego, [...]	949
ZP 2,1 Zapatero	con los ojos y la lengua.	959
ZP 2,1 Zapatera	Y todo esto no es más [...] familia que han tenido ojos en la cara.	974
PB 3,1 Perlimplín	Ahora cierro los ojos y... veo lo que [...]	1009
DC 1,1 Director	Entre los ojos de las mulas, duros [...]	1043
CA 1,1 Viejo	Todavía cambian más las cosas que tenemos delante de los ojos que las que viven [...]	1052
CA 1,1 Viejo	Se apagan los ojos y una hoz muy afilada siega los juncos de las orillas	1075

ojos (continuación)

CA 2,1	Novia	Están todos andando por el alambre con los ojos cerrados.	1087
CA 2,1	Padre	En cuanto paso una irritación se me sube la sangre a los ojos y no veo.	1089
CA 3,1	Mecanógrafa	a lo que yo contesté, cerrando los ojos: "No."	1115
CA 3,1	Mecanógrafa	Pero... lo veía por las rendijas...; quieto con unos ojos... Entraba el aire [...]	1115
CA 3,1	Mecanógrafa	No tienes tú ojos para verme desnuda, ni boca para besar mi cuerpo que nunca se acaba.	1126
EP CV	Estudiante 1	Cuando la gente va al [...] sobre los cristales sus ojos y aprende.	1165
BS 1,1	Madre	Pasan los meses y la desesperación me pica en los ojos y hasta en las puntas del pelo.	1173
BS 1,2	Suegra	dentro de los ojos	1184
BS 1,2	Suegra	Está abajo, tendido, con los ojos desorbitados, como si llegara del fin del mundo.	1189
BS 1,2	Suegra	dentro de los ojos	1193
BS 2,1	Muchacha 2	le manan los ojos!	1220
BS 2,1	Novia	Y no ver más que tus ojos.	1222
BS 2,2	Criada	Pero el mismo brillo en los ojos. ¿Y la niña?	1234
BS 2,2	Madre	Que le daré todo lo que tengo, mis ojos y hasta mi lengua...	1244
BS 3,1	Leonardo	me eché en los ojos arena.	1257
BS 3,2	Mendiga	¡Pude pedir tus ojos! Una nube	1265
BS 3,2	Mendiga	Flores rotas los ojos, y sus dientes	1266
BS 3,2	Madre	Vuestras lágrimas son lágrimas de los ojos nada más, y las [...]	1267
BS 3,2	Madre	Está ahí, y está llorando, y yo quieta, sin arrancarle los ojos.	1268
YE 1,1	Yerma	Yo veo por mis ojos que eso no puede [...]	1276
YE 1,1	María	No me lo dice, pero se pone junto a mí y sus ojos tiemblan como dos hojas verdes.	1281
YE 1,2	Yerma	Usted me ha de decir [...] sitio más débil de mis ojos.	1288
YE 1,2	Yerma	Pues el primer día que me puse novia con él ya pensé... en los hijos... Y me miraba en sus ojos.	1290
YE 1,2	Yerma	Entonces, ¿qué vas a pensar cuando te deja en la cama con los ojos tristes mirando [...]	1290
YE 2,1	Lavandera 4	Y cuando no lo mira, porque está sola, porque no lo tiene delante, lo lleva retratado en los ojos.	1304
YE 2,2	Yerma	¡Ay, palomas sin ojos ni blancura!	1316
YE 2,2	Yerma	Los mismos ojos que tú, ¿lo sabías?	1320
YE 2,2	Yerma	¡Tiene los mismos ojos que tienes tú!	1320
YE 3,1	Juan	Mirándome con dos agujas, pasando las noches en vela con los ojos abiertos al lado [...]	1332
YE 3,2	Yerma	los ojos como agonía.	1339
YE 3,2	Juan	Lo que veo por mis ojos.	1347
RS 1,1	Rosita	Dos ojos	1365
RS 1,1	Rosita	la mayor abre sus ojos	1367
RS 1,1	Rosita	¿Por qué tus ojos traidores	1370
RS 1,1	Rosita	alcé los ojos, te vi	1372
RS 2,1	Ama	Porque de tanto mirar al cielo se le van a poner los ojos de vaca.	1381
RS 2,1	Madre	Y se me llenan los ojos de lágrimas cuando las veo alternar con las que pueden.	1394
RS 2,1	Solterona 3	"Sólo en ti pongo mis ojos",	1403
RS 2,1	Madre	es como abrir los ojos,	1406
RS 3,1	Tía	¡Dichosos los ojos!	1418
RS 3,1	Rosita	Yo sé que los ojos los tendré siempre jóvenes, y sé que la espalda se me irá curvando cada día.	1430
BA 1,1	La Poncia	¡Mal dolor de clavo le pinche en los ojos!	1442
BA 1,1	Bernarda	Esa sale a sus tías; blancas y untuosas y que ponían los ojos de carnero al piropo de cualquier barberillo.	1456
BA 2,1	Angustias	Y, además, ¡más vale onza en el arca que ojos negros en la cara!	1472
BA 2,1	Angustias	Se lo noto en los ojos. Se le está poniendo mirar de loca.	1478
BA 2,1	Adela	Si quieres te daré mis ojos, que son frescos, [...]	1479
BA 2,1	La Poncia	Con la cabeza y las manos llenas de ojos cuando se trata de lo que se trata.	1480
BA 2,1	Adela	¡Tanto! Mirando sus ojos me parece que bebo su sangre lentamente.	1482
BA 2,1	La Poncia	El que la contrataba era un muchacho de ojos verdes, apretado como una gavilla de trigo.	1485
BA 2,1	Magdalena	Y ni nuestros ojos siquiera nos pertenecen.	1486
BA 2,1	Bernarda	Ni lágrimas te quedan en esos ojos.	1494
BA 2,1	La Poncia	Yo no acuso, Bernarda. Yo solo te digo: abre los ojos y verás.	1497
BA 2,1	Bernarda	Pero ¿lo viste con tus ojos?	1502
BA 2,1	Bernarda	Nací para tener los ojos abiertos.	1503
BA 3,1	Amelia	Yo cierro los ojos para no verlas.	1516

			Pág.
ojos (continuación)			
BA 3,1	Bernarda	A la vigilancia de mis ojos se debe esto.	1519
BA 3,1	Criada	Es tan orgullosa que ella misma se pone una venda en los ojos.	1520
BA 3,1	Adela	Vino por el dinero, pero sus ojos los puso siempre en mí.	1526
BA 3,1	Martirio	No quieras ablandar mis ojos.	1527
ola (5)			
PB 1,1	Perlimplín	Belisa, con tantos encajes pareces una ola y me das el mismo miedo que de niño tuve al mar.	988
CA 1,1	Joven	Basta observar sobre [...] en la forma de cada ola para que el rostro [...]	1050
EP RR	Figura De C	Si yo me convirtiera en pez luna, tú te convertirías en ola de mar o en alga, [...]	1146
RS 1,1	Rosita	tejerá con tierra y ola	1372
BA 2,1	Bernarda	Hay a veces una ola de fango que levantan los demás para perdernos.	1502
olas (6)			
MP 2,8	Conspirador 4	Entre el ruido de las olas	844
MP 3,3	Mariana	y el alba finge en las olas	869
CA 2,1	Joven	últimas olas oscuras.	1103
RS 1,1	Manola 2	Y estribillos de las olas.	1366
RS 1,1	Manola 1	sobre Granada sus olas.	1368
BA 3,1	María Josefa	Este niño tendrá el pelo [...] nieve, seremos como las olas, una y otra y otra.	1525
ole (10)			
TC 6,1	Cristobita	¡Ole, ole, ya vamos!	767
TC 6,1	Cristobita	¡Ole, ole!	773
MP 1,2	Amparo	el vito, el ole, el sorongo,	786
DC 1,1	Cristóbal	Ole, ole, ole, ole.	1028
RS 2,1	Ayola 2	¡Ole! ¡Qué alegría!	1409
olé (3)			
TC 3,1	Todos	¡Olé!	744
TC 3,1	Todos	¡Olé! ¡Olé!	745
oleada (1)			
YE 3,1	Yerma	A veces, cuando ya estoy segura de que jamás, jamás..., me sube como una oleada de fuego por los [...]	1328
oleaje (1)			
MP 2,5	Mariana	acecho un mar oscuro, sin fondo ni oleaje,	832
oledora (1)			
BA 2,1	Adela	Métete en tus cosas, ¡oledora!, ¡pérfida!	1481
olerlas (1)			
RS 1,1	Tía	Luego bien te gusta olerlas.	1352
olfato (1)			
TC 5,1	Fígaro	Los barberos tenemos más olfato de las palabras oscuras y los gestos misteriosos.	758
olía (2)			
ZP 2,1	Zapatero	olía toda su ropa	959
BS 1,1	Madre	Primero, tu padre, que me olía a clavel y lo disfruté tres años escasos.	1173
oliva (5)			
TC 5,1	Jovencita	a la verde oliva...	759
TC 5,1	Jovencita	a la verde oliva,	761
CA 1,1	Niño	Y en la flor una oliva.	1068
CA 1,1	Niño	y en la oliva un limón...	1068
BS 3,2	Niña	por el ramo de la oliva?	1262
olivar (5)			
MM 1,5	Alacranito	en medio de un olivar...	691
BS 2,1	Muchacha 1	deja tu sombrero por el olivar!	1216
BA 1,1	La Poncia	Anoche ataron a su marido a un pesebre y a ella se la llevaron en la grupa del caballo hasta lo alto del olivar.	1455
BA 2,1	La Poncia	Anoche llegó al pueblo [...] para llevársela al olivar.	1485
BA 2,1	La Poncia	La traen arrastrando por la calle abajo y por las trochas y los terrenos del olivar vienen los hombres [...]	1505
olivares (2)			
TC 6,1	Rosita	La sierra de Córdoba tiene sombras bajo sus olivares, sombras aplastadas, sombras muertas que nunca se van.	774
MP 2,7	Pedro	hasta los troncos de los olivares.	838
olivarito (4)			
MP 2,1	Niño	Olivarito, olivo..., está bordado.	822
MP 2,1	Clavela	del olivarito está...	822
MP 2,1	Clavela	En el olivarito	824
MP 2,1	Clavela	del olivarito está	824
olivaritos (1)			
TC 5,1	Jovencita	En los olivaritos,	760
olivo (4)			
MP 2,1	Niño	Olivarito, olivo..., está bordado.	822
MP 2,1	Clavela	Por el olivo, olivo,	823

olivo (continuación)
BA 2,1 Bernarda   Sí, que vengan todos con varas de olivo y mangos de   1505
                       azadones, que vengan todos para matarla.

olivos (5)
MP 3,6 Mariana   cruzando los olivos de Granada: 878
DC 1,1 Director   Señoras y señores: Los [...] ramas grises de los   1043
                       olivos y en el aire oscuro [...]
BS 1,1 Madre   Un hombre hermoso, con su flor en la boca, que sale a   1173
                       las viñas o va a sus olivos propios, porque [...]
YE 1,2 Yerma   Vengo de llevar la comida a mi esposo, que trabaja en   1286
                       los olivos.
YE 1,2 Yerma   Con las faenas, los hombres están en los olivos, hay   1292
                       que traerles de comer.

olor (12)
MP 1,4 Amparo   y entre el olor de la sangre   794
MP 1,4 Amparo   iba el olor de la sierra.   794
MP 1,5 Fernando   Con este olor a membrillos.   797
ZP 2,1 Alcalde   Muchas mujeres he conocido como amapolas, como rosas   949
                       de olor..., mujeres morenas [...]
PB 3,1 Belisa   El olor de su carne le pasa a través de su ropa.   1014
BS 3,1 Leonardo   y de ese olor que te sale   1258
YE 2,1 Lavandera 4   Me gusta el olor de las ovejas.   1305
YE 2,1 Lavandera 4   Olor de lo que una tiene.   1306
YE 2,1 Lavandera 4   Cómo me gusta el olor del fango rojo que trae el río   1306
                       por el invierno.
YE 3,1 Yerma   A ver dónde encuentras un olor que no sea tuyo, que no   1333
                       sea de tu cuerpo.
YE 3,2 Vieja   Si entras en mi casa, todavía queda olor de cunas.   1345
RS 3,1 Muchacho   Pues bajaba yo muerto de risa con el vejestorio   1433
                       puesto, llenando todo el pasillo de la casa de olor de
                       alcanfor, y de [...]

olores (1)
CA 1,1 Joven   Ruido, ruido siempre, polvo, calor, malos olores.   1049
olorosa (1)
RS 2,1 El Señor X   Sí, pero aplicada: para estudiar jugos de la Anthemis   1376
                       olorosa, o el ruibarbo, [...]

olvida (10)
MM 0,0   También el viejo silfo [...] plantas; el hombre se   670
                       olvida de su Creador, [...]
TC 6,1 Cocoliche   Ya van a casarse..., ¡ya me olvida para siempre!   771
MP 3,5 Mariana   Se olvida   874
TB QM. Viejo   ¿No se olvida nada?   907
ZP 0,0 El Autor   También amanece así todos los días sobre las ciudades,   912
                       y el público olvida su medio mundo [...]
PB 0,0 Perlimplín   No se me olvida.   981
EP CV Estudiante 4   La gente se olvida de los trajes [...]   1160
BA 2,1 Adela   Me gustaría segar para ir y venir. Así se olvida lo   1487
                       que nos muerde.
BA 2,1 Bernarda   Y si no lo olvida peor para ella.   1499
BA 3,1 La Poncia   En estas cuestiones se olvida hasta la sangre.   1521
olvidado (9)
TC 1,1 Hora   Yo, como vengo todos los días, te recordaré esto   734
                       cuando seas vieja y hayas olvidado este momento.
TC 4,1 Mozo   Mañana mismo, con un [...] creo que ella te ha   751
                       olvidado.
MP 2,7 Conspirador 1   que corta! Y me he olvidado de los guantes;   835
CA 1,1 Viejo   Se me olvidará el sombrero... es decir, se me ha   1059
                       olvidado el sombrero.
CA 2,1 Joven   De pronto, mientras subía la escalera, vinieron a mi   1092
                       memoria todas las canciones que había olvidado y las
                       quería [...]
YE 1,1 Yerma   Ya está vieja y habrá olvidado estas cosas.   1280
RS 1,1 Tía   ¡Perdona, perdona! Se me había olvidado que ya eres un   1363
                       hombre.
RS 2,1 Ayola 1   A mí, casi, casi, se me ha olvidado la cara de tu   1399
                       novio.
BA 3,1 Bernarda   Los antiguos sabían muchas cosas que hemos olvidado.   1516
olvídalo (2)
MP 1,8 Angustias   ¡Olvídalo, Mariana!   818
BA 2,1 La Poncia   Alimenta esa esperanza, olvídalo, lo que quieras, pero   1481
                       no vayas contra la ley de Dios.

olvidan (3)
CA 2,1 Criada   Las cosas se olvidan y lo malo queda.   1083
CA 2,1 Joven   Siento que me olvidan hasta las letras.   1096
BA 1,1 Bernarda   Pero las olvidan delante de un plato de garbanzos.   1445
olvidando (2)
MP 1,6 Mariana   que hasta de mis hijos me estoy olvidando?   805
YE 2,2 Juan   Yo casi lo estoy olvidando.   1313
olvidar (4)
TC 6,1 Currito   He venido al pueblo para aprender cómo se puede   771
                       olvidar.

olvidar (continuación)   Pág.
    BS 3,1 Leonardo   Porque yo quise olvidar   1257
    BA 2,1 Martirio   ¿Qué tienes tú que olvidar?   1487
    BA 3,1 Bernarda   Lo que pasó del retrato fue una broma y lo debes 1512
                             olvidar.
olvidará (3)
    CA 1,1 Viejo   Con permiso... Perdonen... Se me olvidará el   1059
                             sombrero.
    CA 1,1 Viejo   Se me olvidará el sombrero... es decir, se me ha 1059
                             olvidado el sombrero.
    BA 2,1 La Poncia   A Martirio se le olvidará esto.   1499
olvidaré (1)
    TC 6,1 Currito   ¡Adiós para siempre, ingrata! Mi pena es que jamás te 775
                             olvidaré.
olvidarlo (1)
    MP 1,8 Mariana   ¡Olvidarlo no puedo!   818
olvidaron (1)
    MP 1,5 Mariana   Ahora mismo. Se olvidaron   797
olvídate (1)
    MP 3,9 Carmen   ¡Olvídate del mundo, preciosa Marianita!   888
olvide (1)
    ZP 2,1 Zapatera   Y no se olvide de decirle que lo espero, que el 976
                             invierno tiene las noches largas.
olviden (1)
    MP 3,9 Mariana   No olviden a mis hijos.   889
olvides (1)
    TB QM. Mujer   Enrique mío. Enrique. No dejes de escribirme. No me 905
                             olvides.
olvido (S) (3)
    MM 2,2 Curiana N   Los quemará el olvido.   708
    MM 2,5 Gusano 3   en la paz del olvido.   713
    PB 1,1 Perlimplín   garganta rota y olvido.   1000
olvido (3)
    MP 2,5 Mariana   a tu lado me olvido de todas las palabras.   828
    MP 2,5 Mariana   Cuando estás a mi lado olvido lo que siento   831
    MP 2,6 Clavela   No la olvido.   833
ombligo (1)
    YE 2,1 Lavandera 2   ombligo, cáliz tierno de maravilla!   1309
ombliguillo (1)
    TC 6,1 Cocoliche   ¡Mira lo que le sale por el ombliguillo!   778
once (4)
    TC 5,1 Cristobita   Las diez o las once, quiero afeitarme ahora mismo. 758
    MP 2,7 Pedro   Ya son las once y diez. El emisario   837
    MP 2,9 Pedrosa   que dio las once.   850
    ZP 2,1 Zapatero   a eso de las once y media,   961
onda (1)
    BS 2,1 Criada   Es para arreglarte mejor esta onda.   1207
ondas (1)
    ZP 1,1 Alcalde   ¡Y hay que ver qué ondas en el pelo!   928
onomástico (1)
    RS 2,1 El Señor X   Póngame a los pies de su encantadora sobrinita, a la 1378
                             que deseo venturas en su celebrado onomástico.
onza (5)
    ZP 2,1 Zapatera   Hoy tengo una onza de chocolate.   943
    DC 1,1 Cristóbal   Una onza de oro   1029
    DC 1,1 Cristóbal   una onza de plata   1030
    DC 1,1 Cristóbal   Yo te doy la onza de oro de las que [...]   1034
    BA 2,1 Angustias   Y, además, ¡más vale onza en el arca que ojos negros 1472
                             en la cara!
onzas (1)
    ZP 2,1 Zapatero   las onzas de sus cadenas.   959
Opera (2)
    CA 3,1 Máscara   En el "foyer" de la Opera de París hay unas enormes 1116
                             balaustradas que dan al mar.
    CA 3,1 Máscara   Digo que el conde Arturo [...] la cúpula de la gran 1116
                             Opera de París.
operan (1)
    EP RR Figura De C   mientras tú, debajo de [...] de los médicos que operan 1149
                             el cáncer; y entonces [...]
opinión (2)
    ZP 2,1 Zapatera   Nadie le ha dado permiso para que dé su opinión. 964
    BS 1,2 Leonardo   No le he preguntado su opinión.   1192
opongas (1)
    BS 1,1 Vecina   No te opongas a la felicidad de tu hijo.   1183
opongo (1)
    YE 2,2 Juan   Yo no me opongo.   1314
opresión (1)
    MP 2,8 Mariana   Pero a pesar de esta opresión aguda   846
oprimen (1)
    CA 2,1 Maniquí   que oprimen en la cintura.   1101

optimistas (1)
  MP 2,8 Conspirador 1   Hay que ser optimistas.   845
opuse (1)
  RS 1,1 Tía   Por eso me opuse a tus relaciones con Rosita.   1362
oración (5)
  MM 2,1 Curianita Santa   Estaré en oración porque tenga descanso.   705
  MP 2,2 Niña   la oración de San Juan y la que ruega   826
  YE 3,1 Dolores   La última vez hice la oración con una mujer [...]   1327
  YE 3,1 Dolores   La oración del laurel dos veces, y al mediodía la   1330
                           oración de Santa Ana.
oraciones (2)
  YE 3,1 Dolores   Muchas veces yo he hecho estas oraciones en el   1327
                           cementerio [...]
  YE 3,1 Yerma   Necesitaba este desahogo. ¿Cuántas veces repito las   1330
                           oraciones?
orando (1)
  MM 2,1 Curianita Santa   Orando.   703
ordenado (1)
  MP 3,5 Pedrosa   ya se ha ordenado que entres en capilla.   876
órdenes (1)
  MP 3,9 Juez   Señora, a sus órdenes;   889
ordeno (1)
  BA 2,1 Bernarda   No pienso. Hay cosas que no se pueden ni se deben   1496
                           pensar. Yo ordeno.
oreja (1)
  YE 1,1 María   Pero la noche que nos [...] él me deslizó por la oreja. 1281
orejas (1)
  ZP 1,1 Zapatera   Verdaderamente eso de [...] pluma detrás de las orejas. 932
organizado (1)
  TB QM. Enrique   Todo lo dejo perfectamente organizado.   907
orgullo (3)
  BS 2,1 Novia   Pero yo tengo orgullo.   1214
  BS 2,1 Leonardo   El orgullo no te servirá de nada.   1214
  BS 2,1 Leonardo   ¿De qué me sirvió a mí el orgullo y el no mirarte y el 1214
                           dejarte despierta noches y noches?
orgullosa (2)
  BS 1,1 Vecina   Ella era orgullosa.   1181
  BA 3,1 Criada   Es tan orgullosa que ella misma se pone una venda en 1520
                           los ojos.
origen (2)
  BA 1,1 Martirio   Es la única que conoce la historia de su padre y el   1459
                           origen de sus tierras.
  BA 2,1 Bernarda   Y tú no los tienes porque sabes muy bien cuál es tu   1498
                           origen.
orilla (14)
  MP 2,1 Clavela   A la verde, verde orilla   822
  MP 2,1 Clavela   Y a la verde, verde orilla   824
  MP 2,8 Conspirador 4   con sus buques, a la orilla.   843
  DC 1,1   Y si un pájaro mueve [...] apartando los juncos de la 1019
                           orilla.
  BS 1,2 Mujer   la orilla mojada,   1185
  BS 2,2 Padre   Bailes de allá de la orilla del mar.   1231
  BS 3,2 Muchacha 1   Por la orilla muda   1263
  RS 2,1 Tía   a la orilla del mar,   1411
  BA 1,1 María Josefa   Me escapé porque me quiero casar, porque quiero   1470
                           casarme con un varón hermoso de la orilla del mar, ya
                           que [...]
  BA 1,1 María Josefa   ¡A casarme a la orilla del mar, a la orilla del mar! 1471
  BA 3,1 María Josefa   vámonos a la orilla del mar.   1523
  BA 3,1 María Josefa   vámonos a la orilla del mar.   1525
  BA 3,1 Adela   ·   El me lleva a los juncos de la orilla.   1528
orillas (6)
  PB 3,1 Voces   Por las orillas del río   1011
  CA 1,1 Viejo   Se apagan los ojos y una hoz muy afilada siega los   1075
                           juncos de las orillas
  CA 2,1 Novia   Me voy a ahogar y luego tú saldrás corriendo y me   1079
                           dejarás muerta por las orillas.
  CA 2,1 Joven   Se lo pondrá la mujer que espera por las orillas de la 1104
                           mar.
  YE 2,1 Lavandera 4   por las orillas.   1307
  YE 3,2 Hembra   La arena de las orillas   1340
orinaba (1)
  YE 1,1 María   Lloraba como un torito, con la fuerza de mil cigarras 1282
                           cantando a la vez, y nos orinaba y nos tiraba [...]
oro (31)
  MM 1,5 La Mariposa   mi corazón es de oro;   699
  TC 0,0 Mosquito   Yo y mi compañía venimos [...] marqueses, un teatro de 723
                           oro y cristales, donde [...]
  TC 1,1 Padre   Ese hombre tiene mucho oro y a mí me conviene, porque 732
                           si no, mañana tendríamos que pedir limosna.
  MP 1,4 Amparo   de oro con alas bermejas.   794

oro - oscurantistas

oro (continuación)   Pág.
    ZP 1,1 Mirlo   Zapaterita..., junco de oro encendido... Zapaterita,   930
                          bella Otero de mi corazón.
    ZP 2,1 Zapatera   El venía con un traje negro entallado, corbata roja de   945
                          seda buenísima y cuatro anillos de oro que relumbraban
                          como [...]
    ZP 2,1 Zapatero   ¡Y qué disparate no sospechar que mi mujer era de oro   971
                          puro, del mejor de la tierra!
    DC 1,1 Poeta   No las quiero de oro.   1021
    DC 1,1 Poeta   El oro me parece fuego, y yo soy poeta de la noche.   1021
    DC 1,1 Cristóbal   Una onza de oro   1029
    DC 1,1 Cristóbal   Yo te doy la onza de oro de las que cagó el moro y tú   1034
                          me entregas [...]
    CA 1,1 Viejo   Porque lo otro es morirse ahora mismo, y es más   1053
                          hermoso pensar que todavía mañana veremos los cien
                          cuernos de oro con que levanta a [...]
    CA 2,1 Criada   Y un señor con lentes de oro. Discuten mucho.   1081
    CA 2,1 Maniquí   Mi anillo, señor, mi anillo de oro viejo,   1099
    CA 2,1 Maniquí   Mi anillo, señor, mi anillo de oro viejo.   1101
    CA 2,1 Maniquí   Mi anillo, señor, mi anillo de oro viejo   1107
    CA 3,1 Arlequín   El poeta Virgilio construyó una mosca de oro y   1119
                          murieron todas las moscas que envenenaban el aire de
                          Nápoles.
    CA 3,1 Arlequín   Ahí dentro, en el circo, hay oro blando, suficiente   1119
                          para hacer una estatua del mismo tamaño... que usted.
    CA 3,2 Joven   El chartreuse es como una gran noche de luna verde   1142
                          dentro de un castillo donde hay un joven con unas
                          algas de oro.
    BS 1,3 Padre   Una espina tengo en el [...] vender por todo el oro   1196
                          del mundo.
    BS 2,1 Muchacha 2   se la prende con lazos de oro.   1217
    BS 2,1 Muchacha 3   parece la flor del oro.   1219
    BS 2,1 Muchacha 1   parece la flor del oro.   1220
    BS 3,2 Mendiga   Sobre la flor del oro, sucia arena.   1266
    BS 3,2 Muchacha 2   Sobre la flor del oro.   1266
    BS 3,2 Niña   Sobre la flor del oro   1267
    BS 3,2 Niña   sobre la flor del oro!   1267
    YE 3,2 Hembra   y dardos de oro vivo   1342
    RS 1,1 Primo   en barco de oro cuajado   1372
    RS 2,1 Ama   Los charcos que hay alrededor [...] bordado con hilo   1383
                          de oro.
    RS 2,1 Ama   Ahí están las señoronas por todo lo alto de Ayola,   1395
                          fotógrafo de Su Majestad y medalla de oro en la
                          exposición [...]
oros (1)
    ZP 1,1 Zapatero   rey de oros, rey de copas,   928
orquídea (1)
    EP RR Figura De C   Un látigo hecho con los estambres de una orquídea.   1148
ortigas (1)
    MM 1,5 Curiana N   con emplastos de ortigas   699
orza (1)
    BA 1,1 La Poncia   Le he abierto la orza de los chorizos.   1440
orzas (1)
    RS 3,1 Tía   Y recoge las dos orzas.   1415
os (66)
oscura (17)
    MM 1,6 Curianito   Me volveré tristeza sobre la noche oscura   701
    MP 1,5 Mariana   Hora redonda y oscura   796
    MP 2,7 Conspirador 2 hasta la entrada de esta oscura calle.   836
    PB 3,1 Perlimplín   El te querrá con el amor infinito de los difuntos y yo   1015
                          quedaré libre de esta oscura pesadilla de tu [...]
    CA 2,1 Maniquí   helada de nieve oscura,   1100
    BS 3,1 Leñador 3   Deja para el amor la oscura rama.   1248
    BS 3,1 Leñador 1   ¡Deja para el amor la rama oscura!   1249
    BS 3,2 Madre   Mi hijo es ya una voz oscura detrás de los montes.   1267
    BS 3,2 Madre   la oscura raíz del grito.   1272
    BS 3,2 Madre   la oscura raíz del grito.   1272
    YE 1,2 Yerma   Tu colcha de oscura piedra,   1295
    YE 2,2 Juan   Pero que está oscura y débil en los mismos caños de la   1315
                          sangre.
    YE 3,2 Yerma   la llama oscura de la tierra.   1338
    RS 1,1 Rosita   ¡Ay, qué oscura está la Alhambra!   1367
    RS 3,1 Rosita   Me entendéis si pido pan y agua y hasta un beso, pero   1430
                          nunca me podríais ni entender ni quitar esta mano
                          oscura que no sé si me [...]
    BA 1,1 Magdalena   Todo menos estar sentada días y días dentro de esta   1452
                          sala oscura.
    BA 3,1 Amelia   ¡Qué noche más oscura!   1515
oscurantistas (1)
    RS 2,1 El Señor X   Pero hoy día, créame usted, no privan los quietismos   1376
                          ni las ideas oscurantistas.

oscuras (6)
TC 5,1 Fígaro   Los barberos tenemos más olfato de las palabras   758
                     oscuras y los gestos misteriosos.
CA 2,1 Joven   últimas olas oscuras.   1103
CA 3,1 Arlequín   oscuras flores de duelo.   1108
YE 3,2 Juan   Ha llegado el último minuto de resistir este continuo 1347
                     lamento por cosas oscuras, fuera de la [...]
RS 2,1 Solterona 3   También puedo decir "Volverán las oscuras golondrinas 1402
                     de tu balcón los nidos a colgar".
RS 3,1 Rosita   Pero yo prefiero salir de aquí con la calle a oscuras. 1426
oscurecer (1)
RS 3,1 Rosita   Dentro de unos minutos. Al oscurecer.   1431
oscuridad (4)
MP 2,7 Conspirador 1 Oscuridad y lluvia le protegen,   840
PB 1,1 Duende 1   Que las rendijas de ahora son oscuridad mañana.   994
RS 1,1 Tío   y la mirtifolia que viene de Bélgica y la sulfurata   1356
                     que brilla en la oscuridad.
BA 3,1 Adela   Dios me ha debido dejar sola en medio de la oscuridad, 1529
                     porque te veo como si no te hubiera visto nunca.
oscurillo (2)
PB 1,1 Duende 1   ¿Y cómo te va por lo oscurillo?   993
PB 1,1 Duende 2   ¿Vamos por lo oscurillo?   997
oscuro (22)
MP 1,6 Clavela   hacia lo oscuro de la plazoleta.   803
MP 2,5 Mariana   acecho un mar oscuro, sin fondo ni oleaje,   832
MP 3,3 Mariana   cuando sobre el cielo oscuro   869
DC 1,1 Director   Señoras y señores: Los [...] olivos y en el aire   1043
                     oscuro de los establos [...]
CA 2,1 Joven   Se la pondrá el aire oscuro   1100
BS 2,1 Criada   Aire oscuro el encaje   1223
BS 3,1 Leonardo   Vamos al rincón oscuro,   1259
BS 3,2 Novia   Yo era una mujer quemada, [...] el otro era un río   1269
                     oscuro, lleno de ramas, [...]
YE 2,2 Yerma   Muchas noches bajo yo [...] cuando paso por lo oscuro 1318
                     del cobertizo [...]
YE 3,1 Vieja 2   Pero el cementerio estaba demasiado oscuro.   1326
YE 3,1 Yerma   Dejarme libre siquiera la voz, ahora que voy entrando 1335
                     en lo más oscuro del pozo.
YE 3,2 Yerma   cuando en lo oscuro   1336
YE 3,2 Muchacha 1   El año pasado, cuando se hizo oscuro, unos mozos   1338
                     atenazaron con sus manos los pechos de mi hermana.
YE 3,2 Niño   Mirad qué oscuro se pone   1341
RS 1,1 Tío   en la raya de lo oscuro,   1357
RS 1,1 Rosita   en la raya de lo oscuro   1374
RS 2,1 Ama   La cama y sus pinturas temblando de frío, y la camisa 1410
                     de novia en lo más oscuro del mar.
BA 1,1 Magdalena   Lo natural sería que [...] venga a buscar lo más   1464
                     oscuro de esta casa, [...]
BA 2,1 La Poncia   Era muy oscuro.   1476
BA 3,1 Adela   Doble de grande, llenando todo lo oscuro.   1515
BA 3,1 María Josefa Está todo muy oscuro.   1524
BA 3,1 Bernarda   Pepe, tú irás corriendo vivo por lo oscuro de las   1532
                     alamedas, pero otro día caerás.
oscuros (4)
TB DME Vieja   Son grandes y oscuros.   897
CA 1,1 Niño   en unos hoyos oscuros,   1065
CA 1,1 Viejo   Yo he luchado toda mi vida por encender una luz en los 1072
                     sitios más oscuros.
BS 3,1 Luna   y haya en los troncos oscuros   1250
Otero (1)
ZP 1,1 Mirlo   Zapaterita..., junco de oro encendido... Zapaterita,   930
                     bella Otero de mi corazón.
otoño (4)
MM 0,0   Un viejo silfo del bosque [...] en un anochecer de   670
                     otoño, cuando se fueron [...]
MM 0,0   Pero antes de empezar quiero haceros el mismo ruego   670
                     que a él le hizo el viejo silfo aquel anochecer de
                     otoño, cuando se fueron [...]
MP 2,5 Pedro   ¡Qué otoño interminable sufrí por esa sierra!   830
CA 2,1 Criada   ¿El traje hojas de otoño?   1085
otra (75)
otras (18)
otro (81)
otros (12)
oveja (6)
ZP 1,1 Zapatera   ¿No estás viendo que te pisotean la oveja recién   934
                     nacida?
YE 1,1 Yerma   Voy a guardar esta enjundia de gallina para aliviar su 1275
                     pecho, voy a llevarle esta piel de oveja para guardar
                     sus [...]
BA 3,1 Martirio   ¿Dónde cogió esa oveja?   1524

oveja - oyendo

oveja (continuación)

BA 3,1 María Josefa	Ya sé que es una oveja.	1524
BA 3,1 María Josefa	Pero, ¿por qué una oveja no va a ser un niño ?	1524
BA 3,1 María Josefa	Mejor es tener una oveja que no tener nada.	1524

ovejas (11)

PB 0,0 Madre	Don Perlimplín tiene muchas tierras; en las tierras hay muchos gansos y ovejas.	985
PB 0,0 Madre	Las ovejas se llevan al mercado.	985
EP CV Estudiante 2	El público se ha de dormir en la palabra, y no ha de ver a través de la columna las ovejas que balan y las [...]	1161
YE 1,1 Víctor	Yo me voy con las ovejas.	1285
YE 2,1 Lavandera 4	Me gusta el olor de las ovejas.	1305
YE 2,2 Juan	Las ovejas en el redil y las mujeres en su casa.	1312
YE 2,2 Yerma	Que estoy ofendida, ofendida [...] agua y que paren las ovejas cientos de corderos, [...]	1318
YE 2,2 Víctor	Es todo lo mismo. Las mismas ovejas tienen la misma lana.	1322
YE 2,2 Juan	Ya no tenemos sitio donde meter tantas ovejas.	1324
YE 3,1 Yerma	El va con sus ovejas por sus caminos y cuenta el dinero por las noches.	1329
BA 3,1 Bernarda	Si en esta casa hubiera hierbas ya te encargarías de traer a pastar las ovejas del vecindario.	1519

ovejita (4)

BA 3,1 María Josefa	Ovejita, niño mío,	1523
BA 3,1 María Josefa	¡Ovejita!	1523
BA 3,1 María Josefa	¡Ovejita!	1523
BA 3,1 María Josefa	Ovejita, niño mío,	1525

ovejitas (2)

ZP 1,1 Zapatera	Lo que es a mí, me chalan las ovejitas.	934
BA 1,1 Magdalena	Siempre cabeza con cabeza como dos ovejitas, pero sin desahogarse con nadie.	1463

oxidan (1)

CA 1,1 Viejo	Los trajes se rompen, las anclas se oxidan y vamos adelante.	1075

oye (21)

MM 2,4 Alacranito	Oye,	710
TC 1,1 Rosita	Oye, a París de ninguna manera, porque no quiero que se parezca a los franceses con el chau, chau, chau.	730
TC 1,1 Cristobita	¡Oye, que te gusta!	734
TC 4,1 Mozo 1	Oye, tú: ¿qué hacemos con este?	750
TC 6,1 Cristobita	Vamos a casarnos en seguida... Y, ¡oye!,	767
TC 6,1 Cocoliche	Oye: ¡no tiene sangre!	778
TB QM. Niño	No te oye. No te oye. No te oye.	910
ZP 1,1 Zapatera	Oye... Me gustaría que él la oyera... ¡Ay Emiliano!	929
CA 3,1 Joven	Se oye cantar el ruiseñor..., y aunque no se oiga, aunque el murciélago golpee los cristales...	1128
BS 1,1 Madre	Oye.	1180
BS 3,1 Novio	Oye.	1252
YE 1,1 María	Oye: dicen que más adelante te empuja suavemente con las piernecitas.	1280
YE 1,2 Vieja 1	Oye.	1288
YE 2,2 Yerma	Hay cosas encerradas detrás de los muros que no pueden cambiar porque nadie las oye.	1323
RS 2,1 Madre	No nos oye nadie.	1393
RS 3,1 Ama	¿Lo oye usted, señora?	1417
RS 3,1 Tía	Oye.	1417
BA 2,1 La Poncia	Oye, Angustias: ¿qué fue lo que te dijo la primera vez que se acercó a tu ventana?	1474
BA 2,1 Martirio	¡Si yo la dejo! ¡Lo oye? ¡Retírese usted!	1493

óyelo (3)

BS 3,2 Novia	Yo no quería, ¡óyelo bien!;	1269
BS 3,2 Novia	yo no quería, ¡óyelo bien!,	1269
YE 3,1 Yerma	Yo quiero tener a mi hijo en los brazos para dormir tranquila, y óyelo bien y no te espantes [...]	1328

óyeme (1)

YE 3,2 Juan	Óyeme.	1348

oyen (3)

DC 1,1 Director	Señoras y señores: Los campesinos andaluces oyen con frecuencia comedias [...]	1043
YE 3,2 María	En cuatro leguas a la redonda no se oyen más que palabras terribles.	1338
BA 2,1 La Poncia	¡Siquiera allí se ríe y se oyen porrazos!	1484

oyendo (8)

MP 2,9 Pedrosa	mía, ¿lo estás oyendo? Mía o muerta.	856
ZP 1,1 Zapatero	Ya lo está usted oyendo.	926
ZP 1,1 Zapatera	Ya está la comida..., ¿me estás oyendo?	934
ZP 1,1 Zapatera	¿Me estás oyendo?	934
PB 3,1 Marcolfa	Don Perlimplín, duerme tranquilo... ¿La estás oyendo?...	1018
PB 3,1 Marcolfa	Don Perlimplín..., ¿la estás oyendo?...	1018

oyendo (continuación)
   YE 3,1 Yerma   Yo tengo la idea de que [...] horas sobre ellas,   1327
                               oyendo ese arroyo de [...]
   BA 1,1 La Poncia   Luego estuvo detrás de una ventana oyendo la   1455
                               conversación [...]
oyera (1)
   ZP 1,1 Zapatera   Oye... Me gustaría que él la oyera... ¡Ay Emiliano!   929
oyeran (1)
   ZP 2,1 Zapatera   Cuántas veces lo he dicho para que lo oyeran hasta los 969
                               sordos.
oyeras (1)
   YE 2,2 María   Pero tienes otras cosas. Si me oyeras podrías ser   1317
                               feliz.
oyes (18)
   TC 1,1 Rosita   ¡Lo que oyes!   730
   MP 0,0 Mujer   ¡Niña! ¿No me oyes?   782
   MP 2,8 Pedro   ¿Oyes, Mariana?   847
   ZP 0,0 El Autor   No tengas tanta impaciencia [...] un traje roto, ¿lo   912
                               oyes?, un traje de zapatera.
   ZP 1,1 Zapatera   Yo puedo oírte hablar porque me gusta y es bonito, 932
                               pero nada más, ¿lo oyes?
   ZP 2,1 Zapatera   Y que no me asusto de nadie, ¿lo oyes?, que yo tengo 942
                               la [...]
   ZP 2,1 Zapatera   ¿Lo oyes?   977
   CA 2,1 Joven   Para que no muera. ¿Lo oyes? Para que no muera.   1096
   BS 3,1 Leñador 1   ¿Qué? ¿Oyes algo?   1246
   BS 3,1 Mendiga   No han pasado; pero están saliendo de la colina. ¿No 1254
                               los oyes?
   BS 3,1 Novia   ¿Oyes?   1260
   YE 1,1 Yerma   Juan, ¿me oyes?, Juan.   1274
   YE 1,2 Yerma   y si oyes voz de mujer   1295
   YE 1,2 Yerma   ¿Oyes?   1298
   YE 2,1 Lavandera 4   A uno, ¿lo oyes?   1304
   YE 3,2 Vieja   ¿Lo oyes?   1344
   YE 3,2 Juan   ¿Lo oyes?   1347
   YE 3,2 Juan   ¿No oyes que no me importa?   1348
oyó (1)
   BA 1,1 Bernarda   ¿Y mi hija las oyó?   1456
pa (1)
   MP 2,1 Niña   cantando el pío pa.   823
Paca (2)
   BA 1,1 La Poncia   Hablaban de Paca la Roseta.   1455
   BA 1,1 La Poncia   Paca la Roseta traía el pelo suelto y una corona de 1456
                               flores en la cabeza.
pacen (1)
   CA 1,1 Niño   llegaremos donde pacen   1066
paciencia (12)
   MM 1,2 Curianita Silvia Paciencia   678
   TC 1,1 Hora   Rosita: ten paciencia, ¿qué vas a hacer?   734
   TC 1,1 Hora   Rosita, ¡ten paciencia!   734
   MP 1,2 Amparo   ¡Paciencia!   786
   MP 1,6 Clavela   Dios dirá: ¡Paciencia!   806
   MP 3,3 Alegrito   ¡Paciencia   867
   MP 3,7 Mariana   Pero... ¡paciencia!   883
   ZP 1,1 Zapatero   Afortunadamente creo que esto se acabará pronto; 923
                               porque yo no sé cómo tengo paciencia.
   ZP 2,1 Zapatero   Respetable público: Oigan [...] el hombrecito de la 958
                               paciencia, para que sirva [...]
   ZP 2,1 Zapatero   él hombre de gran paciencia,   958
   CA 2,1 Novia   ¡Qué poca paciencia!   1080
   RS 2,1 Ama   No sé cómo tiene usted paciencia.   1378
pacífico (1)
   ZP 1,1 Zapatero   Yo soy un hombre pacífico.   927
padre (64)
   MM 1,1 Curiana N   su padre lo fue.   673
   TC 1,1 Rosita   Cuatro veces me he pinchado ya en esta e última del "A 725
                               mi adorado padre."
   TC 1,1 Rosita   Sí, padre.   727
   TC 1,1 Rosita   No, padre.   727
   TC 1,1 Rosita   Sí, padre.   727
   TC 1,1 Cocoliche   ¿Pero lo sabe tu padre?   730
   TC 1,1 Padre   Aquí mando yo, que soy el padre.   732
   TC 2,1 Rosita   Adiós, mi padre me llama.   737
   TC 4,1 Currito   Acuérdate, Cansa-Almas... de lo que mi padre te 753
                               quería.
   TC 4,1 Cansa-Almas   Yo me quedaré en casa... Y era verdad... Tu padre, 753
                               efectivamente, me quería muchísimo, muchísimo.
   TC 6,1 Rosita   Pero ¿cómo ha cerrado mi padre esta puerta? 766
   ZP 2,1 Zapatera   Yo le juro, por la preciosísima sangre de nuestro 963
                               padre Jesús, que soy inocente.

			Pág.
padre (continuación)			
PB 2,1	Perlimplín	No tengas miedo de hablarme..., yo sé que tú le amas... Ahora te quiero como si fuera tu padre..., ya estoy lejos [...]	1005
CA 1,1	Viejo	Sobre todo del padre.	1048
CA 1,1	Viejo	¿Vino el padre de ella?	1048
CA 2,1	Criada	Con su padre.	1081
CA 2,1	Criada	Mi padre estuvo en el Brasil dos veces y era tan chico que cabía en una maleta.	1083
CA 2,1	Criada	Allí llega su padre.	1087
CA 3,2	Criado	Vivió mucho tiempo con un conde italiano riquísimo, padre del niño que acaban de enterrar.	1131
EP CV	Desnudo	Padre mío, aparta de mí este cáliz de amargura.	1156
EP CV	Estudiante 5	Con las maromas que torció mi padre los engancharemos a las rocas para partirlas y que salga un volcán.	1168
BS 1,1	Madre	Primero, tu padre, que me olía a clavel y lo disfruté tres años escasos.	1173
BS 1,1	Madre	¿Me puede alguien traer a tu padre?	1173
BS 1,1	Madre	Tu padre sí que me llevaba.	1174
BS 1,1	Madre	Yo no puedo dejar aquí solos a tu padre y a tu hermano.	1175
BS 1,1	Madre	Miré a tu padre, y cuando lo mataron miré a la pared de enfrente.	1176
BS 1,1	Madre	Sí, sí; y a ver si me alegras con seis nietos, o los que te dé la gana, ya que tu padre no tuvo lugar de [...]	1177
BS 1,1	Vecina	Vive sola con su padre allí, tan lejos, a diez leguas de la casa más cerca.	1180
BS 1,3	Madre	Tu padre los hubiera cubierto de árboles.	1195
BS 2,2	Madre	Su padre pudo haber tenido conmigo muchos hijos.	1228
BS 2,2	Madre	Tu padre sembró mucho y ahora lo recoges tú.	1230
BS 2,2	Novio	¿Quién iba a ser? Tu padre o yo.	1237
BS 2,2	Novio	Ahora que tu padre te hubiera abrazado más blando.	1237
BS 2,2	Novio	Así aprendí de tu padre.	1241
BS 3,1	Novio	Es el brazo de mi hermano y el de mi padre y el de toda mi familia que está muerta.	1252
YE 1,2	Yerma	Me lo dio mi padre y yo lo acepté.	1290
YE 2,1	Lavandera 1	El tiene la culpa, él; cuando un padre no da hijos debe cuidar de su mujer.	1304
YE 2,2	Víctor	Así lo quiere mi padre.	1321
YE 3,1	Yerma	¡Maldito sea mi padre, que me dejó su sangre de padre de cien hijos!	1334
YE 3,2	Vieja	Ni su padre, ni su abuelo, ni su bisabuelo se portaron como hombres de casta.	1344
RS 1,1	Ama	Ni padre, ni madre, ni perrito que le ladre, pero tiene un tío y una tía que valen un tesoro.	1355
RS 1,1	Tía	Son muchas leguas de hacienda y tu padre está viejo.	1362
RS 1,1	Tía	Piensa que tu padre es hermano mío.	1362
RS 1,1	Sobrino	Por cumplir su palabra está mi padre en América, y usted sabe...	1363
RS 2,1	Madre	Todavía me parece oír al padre de estas hijas [...]	1393
RS 3,1	Tía	¡Claro que después que su padre murió!	1415
BA 1,1	La Poncia	Era la única que quería al padre.	1440
BA 1,1	La Poncia	Desde que murió el padre de Bernarda no han vuelto a entrar las gentes bajo estos techos.	1442
BA 1,1	Bernarda	Dame uno negro y aprende a respetar el luto de tu padre.	1451
BA 1,1	Bernarda	Así pasó en casa de mi padre y en casa de mi abuelo.	1451
BA 1,1	Bernarda	Ya no puedes ir con el cuento a tu padre.	1452
BA 1,1	Bernarda	¿Es decente que una mujer de tu clase vaya con el anzuelo detrás de un hombre el día de la misa de su padre?	1454
BA 1,1	Martirio	Es la única que conoce la historia de su padre y el origen de sus tierras.	1459
BA 1,1	Martirio	Su padre mató en Cuba al marido de su primera mujer para casarse con ella.	1459
BA 1,1	Amelia	¡Angustias tiene todo el dinero de su padre, es la única rica de la casa y por eso ahora que nuestro padre ha muerto y ya [...]	1464
BA 1,1	Magdalena	Lo natural sería que [...] mujer que, como su padre, habla con las [...]	1464
BA 1,1	Criada	¡La pobre! Cuánto ha sentido a su padre...	1467
BA 1,1	Bernarda	¿Has tenido valor de lavarte la cara el día de la muerte de tu padre?	1468
BA 1,1	Angustias	No era mi padre.	1468
BA 1,1	Bernarda	Más debes a este hombre, padre de tus hermanas, que al tuyo.	1468
BA 2,1	Bernarda	Pero todavía no soy anciana y tengo cinco cadenas para vosotras y esta casa levantada por mi padre para que ni las [...]	1495
BA 2,1	Bernarda	Su padre fue gañán.	1498

Padre (2)
  EP CV Desnudo   Padre mío, perdónalos, que no saben lo que se hacen.   1162
  EP CV Desnudo   Padre, en tus manos encomiendo mi espíritu.   1164
padres (5)
  MM 0,0   El amor pasaba de padres a hijos como una [...]   669
  TC 1,1 Padre   ¿Van a mandar los hijos en los padres?   733
  RS 1,1 Tía   Claro es que nunca me ha gustado contradecirla, porque   1355
                      ¿quién apena a una criatura que no tiene padres?
  RS 1,1 Tía   Yo sabía que más tarde o más temprano te tendrías que   1362
                      marchar con tus padres.
  RS 3,1 Martín   Y créame usted que los padres se ríen luego [...]   1419
pagaba (1)
  ZP 2,1 Zapatera   ¡No pagaba con la muerte!   967
pagador (1)
  YE 2,2 Víctor   No. Fuiste buen pagador.   1324
pagados (1)
  BS 2,2 Padre   Esta tierra necesita brazos que no sean pagados.   1228
pagan (4)
  BS 1,2 Mujer   ¿Y lo pagan a buen precio?   1188
  RS 2,1 Ama   Ustedes me pagan y yo sirvo.   1384
  RS 3,1 Martín   Son los niños de los ricos y , como pagan, no se les   1418
                      puede castigar.
  RS 3,1 Martín   Son los que pagan y vivimos con ellos.   1419
pagar (2)
  RS 3,1 Tía   Ama, ¡ya no puedo pagar tus mensualidades! Tendrás que   1417
                      abandonarnos.
  RS 3,1 Rosita   Yo sé que la hipoteca la hizo para pagar mis muebles y   1427
                      mi ajuar, y esto es lo que me duele.
pagara (1)
  RS 3,1 Tía   Sí, sí; que pagara con su sangre lo que sangre ha   1414
                      costado, aunque toda sea sangre mía, y después...
pagará (1)
  TC 4,1 Mozo   Además te pagará bien. Trae dinero.   753
pagarán (2)
  ZP 2,1 Zapatera   ¡Me la pagarán!   947
  ZP 2,1 Zapatero   Sí, sí, canallas...; pero pronto ajustaré cuentas con   971
                      todos y me las pagarán... ¡Ah, casilla [...]
pagarás (2)
  TC 6,1 Cristobita ¡Ya me las pagarás, señá Rosita, mala mujer!   776
  DC 1,1 Cristóbal   Me las pagarás.   1041
pagaría (1)
  TC 4,1 Currito   ¡Si vieras cómo te lo pagaría!...   753
pagarte (1)
  MP 2,5 Pedro   ¡Quién pudiera pagarte lo que has hecho por mí!   828
pago (S) (3)
  ZP 1,1 Zapatera   ¿Quién me lo iba a decir, viejo pellejo, que me ibas a   918
                      dar tal pago?
  ZP 1,1 Zapatera   ¿Y me da este pago? ¿Y me da este pago?   938
pago (3)
  ZP 2,1 Alcalde   Pase usted, buen hombre, y tome lo que quiera, que yo   953
                      pago.
  DC 1,1 Director   ¿No le pago su dinero?   1020
  BA 1,1 Bernarda   No tenemos. Me sirves y te pago. ¡Nada más!   1458
pague (5)
  MM 1,1 Doña Curiana que el gran Cucaracho os pague en amor   674
  MP 3,3 Mariana   ¡Dios te lo pague!   870
  RS 3,1 Ama   ¡Dios se lo pague!   1436
  BA 2,1 Bernarda   Y que pague la que pisotea la decencia.   1505
  BA 2,1 Martirio   ¡Que pague lo que debe!   1506
país (2)
  TC 5,1 Currito   Son como dos lágrimas de la luna de la tarde, como dos   757
                      torrecillas del país de los enanitos..., [...]
  PB 1,1 Belisa   Porque así es la costumbre en el país de mi madre.   998
países (1)
  PB 2,1 Belisa   Las cartas de los otros [...] maridito, me hablaban de   1006
                      países ideales, de sueños [...]
paja (2)
  BA 3,1 Bernarda   ¡Echadlo que se revuelque en los montones de paja!   1509
  BA 3,1 Martirio   ¡Estaba con él! ¡Mira esas enaguas llenas de paja de   1529
                      trigo!
pájara (3)
  TC 6,1 Rosita   Estando una pájara pinta   762
  TC 6,1 Rosita   Estando la pájara pinta   766
  MP 2,3 Mariana   y en la pájara pinta que se mece   826
pajarillos (1)
  TB PBK Buster Keaton ¡Qué bien cantan los pajarillos!   894
pajarita (2)
  TC 0,0 Mosquito   Ahora que sale la luna [...] charca, una delicada   724
                      pajarita de las nieves.
  TB PBK Buster Keaton ¿Dónde mi cuello de pajarita y mi corbata de moaré?   896

pájaro - palabras

Pág.

pájaro (11)

TC 2,1 Mozo 2	Levántate y que se te importe poco que un pájaro en la arboleda se pase de un árbol a otro.	737
TC 6,1 Rosita	Un pájaro ha pasado ahora mismo por la ventana, con unas alas... ¡así de grandes!	773
MP 1,5 Mariana	como un gran pájaro, ¡cuántas	795
MP 2,5 Mariana	Un pájaro sin aire, ¿puede volar? ¡Entonces!...	828
MP 3,7 Novicia 1	¡Y cuánto pájaro! ¿Has visto?	880
PB 3,1 Perlimplín	Mañana estarás libre como un pájaro... Aguarda hasta [...]	1011
DC 1,1	Y si un pájaro mueve un ala, [...]	1019
CA 2,1 Joven	Pájaro que el aire cruza	1103
BS 3,1 Mendiga	No se despierte un pájaro y la brisa,	1251
YE 1,1 María	¿No has tenido nunca un pájaro vivo apretado en la mano?	1280
YE 2,1 Lavandera 4	Y abrir el vientre a pájaro sin sueño	1308

pájaros (13)

TC 6,1 Rosita	En tu pecho han levantado el vuelo miles de pájaros: amor mío,	777
MP 1,2 Amparo	rosas, pájaros y letras,	786
MP 1,4 Amparo	había un constante desfile de pájaros.	790
TB QM. Enrique	Sí, una ardilla para ti y además cinco pájaros que no los haya tenido antes ningún niño.	904
ZP 2,1 Alcalde	Que la casa tiene una cama con coronación de pájaros y azucenas de [...]	951
DC 1,1	Yo voy a comer ahora un poquito pan, un poquitirrito pan que me han dejado los pájaros, y luego a planchar [...]	1020
CA 2,1 Joven	pájaros de sueño loco	1103
BS 3,1 Leonardo	Pájaros de la mañana	1258
BS 3,2 Mendiga	de pájaros me sigue; ¿quieres uno?	1265
BS 3,2 Novia	Y yo corría con tu hijo que era como un niñito de agua, frío, y el otro me mandaba cientos de pájaros que me impedían [...]	1269
YE 1,2 Yerma	Oí cantar los pájaros.	1299
RS 1,1 Tío	los pájaros a cantar	1357
RS 1,1 Rosita	los pájaros a cantar	1374

pajarracos (1)

ZP 1,1 Zapatera	Cuánta cosa, don Mirlo; a mí me parecía imposible que los pajarracos hablaran.	930

pajiza (1)

MP 1,4 Amparo	cruzó la pajiza arena	793

palabra (19)

MP 2,7 Pedro	lleno de Libertad. Esta palabra	838
ZP 0,0 El Autor	Respetable público... [...] que detrás de esta palabra hay como un delicado [...]	911
ZP 0,0 El Autor	Por este miedo absurdo, [...] amor de una mano y una palabra, se conviertan [...]	911
ZP 1,1 Zapatero	Esta es mi última palabra.	922
ZP 1,1 Mozo	¡Ay mi zapaterita, dame tu palabra!	932
ZP 2,1 Zapatera	No pueden ustedes hablar una sola palabra sin ofender... ¿De qué se ríe su ilustrísima?	949
CA 1,1 Viejo	Me gusta tanto la palabra recuerdo.	1046
CA 1,1 Viejo	Es una palabra verde, jugosa.	1046
CA 1,1 Joven	Tenía necesidad de separarme para enfocarla, esta es la palabra, en mi corazón.	1052
CA 2,1 Novia	Todo lo podías haber dicho menos la palabra sueño	1094
EP CV Estudiante 2	El público se ha de dormir en la palabra, y no ha de ver [...]	1161
YE 1,2 Vieja 1	De estas cosas no se puede decir palabra.	1288
YE 3,1 Juan	¡Vosotras, ni palabra!	1332
YE 3,1 Yerma	No te dejo hablar ni una sola palabra.	1332
YE 3,2 Yerma	Desde que me casé estoy dándole vueltas a esta palabra, pero es la primera [...]	1346
RS 1,1 Ama	Si me equivocara, no oiría usted ninguna palabra nueva.	1355
RS 1,1 Sobrino	Yo di mi palabra y la cumpliré.	1363
RS 1,1 Sobrino	Por cumplir su palabra está mi padre en América, y usted sabe...	1363
BA 2,1 Martirio	Aquí es el único sitio donde no se puede pronunciar esta palabra.	1478

palabras (15)

MM 0,0	También el viejo silfo [...] lejana, y que las mismas palabras que dice la [...]	670
MM 2,7 Curianito	Escucha mis palabras.	720
MM 2,7 Curianito	la luz de mis palabras?	720
TC 4,1 Joven	Ahora me alegro de haber venido, pero tengo una rabia, que las palabras no me salen de la boca.	751
TC 5,1 Fígaro	Los barberos tenemos más olfato de las palabras oscuras y los gestos misteriosos.	758
MP 2,5 Mariana	a tu lado me olvido de todas las palabras.	828
MP 2,5 Mariana	que mis palabras suenan claramente en la calle.	830

palabras (continuación)
MP 3,8 Mariana   ¡Ya estoy muerta, Fernando! Tus palabras me llegan   886
DC 1,1 Director   Las malas palabras adquieren ingenuidad [...]   1043
BS 2,1 Criada   Estas palabras no pueden seguir.   1213
YE 1,2 Yerma   Todo se vuelve medias palabras, gestos, porque todas   1291
   estas cosas dicen que no se pueden saber.
YE 3,2 María   En cuatro leguas a la redonda no se oyen más que   1338
   palabras terribles.
RS 2,1 Tía   ¡Pico de falsa miel! ¡Palabras!   1381
RS 2,1 Tía   Aunque te quedes con tus palabras de reproche.   1386
RS 3,1 Rosita   Hay cosas que no se pueden decir porque no hay   1430
   palabras para decirlas; [...]

palabrotas (2)
DC 1,1 Director   Entre los ojos de las [...] encantadora inocencia las   1043
   palabrotas y los vocablos [...]
DC 1,1 Director   Llenemos el teatro de espigas frescas, debajo de las   1043
   cuales vayan palabrotas que luchen [...]

pálida (2)
MP 3,7 Mariana   me hace demasiado pálida.   883
CA 3,2 Jugador 2   No hay que fiarse de la gente pálida o de la gente que   1136
   tiene hastío; juegan, pero reservan.

pálido (2)
CA 3,2 Jugador 1   Estaba pálido, tan pálido que en la última jugada ya   1136
   no tenía más remedio que echar el "as de coeur".

palma (S) (1)
CA 1,1 Joven   Basta observar sobre la palma de la mano un [...]   1050
palma (1)
BS 1,1 Madre   O si vuelve es para ponerle una palma encima o un   1173
   plato de sal gorda para que no se hinche.

palmeras (2)
ZP 2,1 Alcalde   Que la casa tiene una cama con coronación de pájaros y   951
   azucenas de cobre, un jardín con seis palmeras y una
   fuente [...]
ZP 2,1 Zapatera   Siéntese usted en el [...] abierta debajo de las   951
   palmeras esperando que [...]

Palmira (1)
RS 3,1 Ama   Ayer decía a voces: "No; [...] llama Las ruinas de   1423
   Palmira, me echa unas [...]

palo (4)
ZP 2,1 Zapatera   La navaja se contesta con la navaja y el palo con el   974
   palo, pero cuando de [...]
RS 2,1 Tío   Por no discutir soy capaz de hacerme la cama, de   1386
   limpiar mis trajes con jabón de palo y cambiar las
   alfombras [...]
BA 1,1 Magdalena   Porque si con veinte años parecía un palo vestido,   1464
   ¡qué será ahora que tiene cuarenta!

Palo (1)
MP 2,7 Pedro   pescadores del Palo, marineros   838
paloma (10)
CA 1,1 Niño   y una paloma muerta por la arena   1068
CA 1,1 Viejo   Y cuando la gente ha ido a retorcer el cuello de la   1072
   paloma, yo he sujetado la mano y la he ayudado a volar.
BS 2,1 Mozo 1   ¡Despierta, paloma!   1217
BS 2,2 Madre   Pero no han de pesar. Ligera como paloma debes ser.   1231
BS 3,2 Madre   Yo haré con mi sueño una fría paloma de marfil que   1267
   lleve camelias de escarcha sobre el camposanto.
YE 3,2 Yerma   Me buscas como cuando te quieres comer una paloma.   1349
RS 1,1 Rosita   la que va detrás, paloma;   1367
RS 1,1 Rosita   dos garzas y una paloma.   1367
RS 1,1 Rosita   ¿Qué paloma iluminada   1373
RS 2,1 Rosita   Blanca como la paloma,   1411
palomar (1)
DC 1,1 Cristóbal   para ver si despierta mi palomar.   1039
palomas (4)
CA 2,1 Joven   las palomas, enredadas   1100
YE 2,1 Lavandera 2   Y las palomas abren las alas y el pico.   1309
YE 2,2 Yerma   ¡Ay, palomas sin ojos ni blancura!   1316
RS 2,1 El Señor X   Es una Torre Eiffel de nácar sobre dos palomas que   1377
   llevan en sus picos la rueda de la industria.

palomilla (1)
RS 2,1 Ayola 1   Yo no quiero comer. Prefiero una palomilla de anís.   1399
palomo (5)
DC 1,1 Cristóbal   para que mi palomo pueda reposar.   1039
BS 2,2 Criada   Porque el novio es un palomo   1226
YE 1,1 María   Pero la noche que nos [...] parece que mi niño es un   1281
   palomo de lumbre que [...]
RS 1,1 Primo   El palomo de mi fe.   1373
RS 3,1 Tía   Tú estabas encelada por un palomo ladrón.   1429
palos (2)
MM 1,1 Curiana N   Con razón te daba palos tu marido;   676
MM 1,2 Doña Curiana   dos palos en la cabeza   681

Pág.

pámpano (1)
BS 1,3 Padre   Cada pámpano una moneda de plata.   1196
pámpanos (1)
BS 1,1 Madre   ¿Me ibas a meter debajo de los pámpanos?   1174
pan (I) (4)
TC 6,1 Cristobita   ¡Pan!   776
TC 6,1 Cristobita   ¡Pan!   776
TC 6,1 Cristobita   ¡Pan!   778
DC 1,1 Cristóbal   Pin, pan, brrrr.   1041
pan (28)
TC 5,1 Jovencita   y un pan casero.   760
MP 2,5 Pedro   donde la gente coma su pan con alegría,   832
ZP 1,1 Zapatera   Mi cocido, con sus patatas de la sierra, dos pimientos   934
    verdes, pan blanco, un poquito [...]
DC 1,1   Yo voy a comer ahora un poquito pan, un poquitirrito   1020
    pan que me han dejado [...]
DC 1,1 Director   Si no se calla usted, subo y le parto esa cara de pan   1020
    de maíz que tiene.
DC 1,1 Poeta   La luna es un pan para los pobres y un taburete de   1036
    raso blanco para los ricos.
CA 1,1 Viejo   Son unas trenzas con cuyo perfume se puede vivir sin   1050
    necesidad de pan ni de agua.
CA 1,1 Amigo 2   Bendita sea, cuando hay pan tostado, aceite y sueño   1072
    después.
CA 3,1 Payaso   su trozo de pan.   1113
CA 3,1 Máscara   ¿No tienes un pedacito de pan para mí?   1116
CA 3,1 Máscara   ¿No tienes un pedacito de pan para mi hijo?   1116
BS 1,1 Madre   Amasa su pan y cose sus faldas, [...]   1175
BS 3,2 Niña   y a quitar el pan.   1263
BS 3,2 Mendiga   Un pedazo de pan, muchachas.   1265
YE 2,1 Lavandera 5   la corona y el pan.   1308
YE 2,2 Juan   Bien ganado tengo el pan que como.   1311
YE 2,2 Yerma   Pan tierno y requesón y cordero asado como yo aquí, y   1312
    pasto lleno de rocío tus ganados en el monte.
YE 2,2 Yerma   Mi marido me da pan y casa.   1319
YE 3,2 Vieja   La ceniza de tu colcha se te volverá pan y sal para   1345
    las crías.
RS 2,1 Ama   El pan me quitaría de la boca y la sangre de mis   1381
    venas, si ella me los deseara.
RS 2,1 Ayola 1   Con su pan se lo coma.   1407
RS 3,1 Rosita   Me entendéis si pido pan y agua y hasta un [...]   1430
BA 1,1 La Poncia   La quedan cinco mujeres, [...] camisas de hilo, pero   1442
    pan y uvas por toda herencia.
BA 1,1 Criada   ¡Ay Antonio María Benavides, que ya no verás estas   1445
    paredes ni comerás el pan de esta casa!
BA 1,1 Mujer 3   No te faltará la hogaza de pan caliente.   1449
BA 3,1 María Josefa   yo te daré la teta y el pan.   1523
BA 3,1 María Josefa   yo te daré la teta y el pan.   1525
pana (2)
ZP 1,1 Zapatera   ¡Qué vueltas de pana azul y qué agremanes de seda!   917
BA 1,1 Bernarda   Volver la cabeza es buscar el calor de la pana.   1447
panes (3)
BS 2,1 Mozo 1   y panes de gloria.   1217
YE 1,1 Yerma   Habrás comprado café para el desayuno, azúcar, los   1278
    panes.
YE 1,2 Vieja 1   Sudar, comer unos panes y morirse.   1287
Panhard (1)
RS 2,1 El Señor X   Mi amigo, el señor Longoria, [...] comprado también un   1375
    Panhard Levassor de veinticuatro [...]
pánico (1)
EP CV Muchacho 1   ¡Por favor! No se dejen ustedes dominar por el pánico.   1163
Pantaleón (1)
DC 1,1 Cristóbal   Pero en mi juventud estuve en Francia y en Italia,   1035
    sirviendo a un tal don Pantaleón.
Pantalón (1)
TC 2,1 Cristobita   No; de niño estuve en Italia y en Francia, sirviendo a   739
    un tal don Pantalón... ¡Pero a [...]
pantalla (1)
PB 1,1 Duende 2   Por eso, que no se descubra todavía nuestra eficaz y   995
    socialísima pantalla.
panza (1)
TC 4,1 Cocoliche   Cristobita tiene una panza verde y una joroba verde.   754
pañal (1)
YE 3,1 Dolores   La última vez hice la [...] misma las trajo en un   1327
    pañal para que yo las [...]
pañales (2)
YE 1,1 María   Son los pañales.   1284
YE 1,1 Yerma   Corto unos pañales.   1284
paño (4)
MM 1,5 Curiana N   y ponle un tibio paño   699
ZP 2,1 Niño   el paño de tus vestidos   947

paño (continuación)
　ZP 2,1 Voces　　　　　el paño de tus vestidos　　　　　　　　　　　　　978
　BA 1,1 Criada　　　　　Fastídiate, Antonio María Benavides, tieso con tu　1445
　　　　　　　　　　　　traje de paño y tus botas enterizas.

pañolitos (1)
　EP RR Figura De P　　　Si yo no tuviera esta flauta te escaparías a la luna,　1146
　　　　　　　　　　　　a la luna cubierta de pañolitos de encaje y [...]

paños (1)
　BS 3,2 Niña　　　　　　paños de marfil!　　　　　　　　　　　　　　1264

pañuelitos (1)
　DC 1,1　　　　　　　　Será necesario que las muchachas cierren los abanicos　1019
　　　　　　　　　　　　y las niñas saquen sus pañuelitos de encaje [...]

pañuelo (7)
　ZP 1,1 Zapatera　　　　Coge un pañuelo, que no quiero que me manches el　929
　　　　　　　　　　　　vestido.
　ZP 1,1 Niño　　　　　　¡Dame tu pañuelo!　　　　　　　　　　　　　935
　CA 1,1 Niño　　　　　　Toma mi pañuelo blanco.　　　　　　　　　　　1061
　CA 2,1 Criada　　　　　Le regalé un pañuelo bordado por mí, que decía: "Amor,　1087
　　　　　　　　　　　　Amor, Amor", y se le perdió.
　YE 2,2 Yerma　　　　　　Cuando tenga la cabeza atada con un pañuelo para que　1314
　　　　　　　　　　　　no se [...]
　BA 1,1 Bernarda　　　　Sí, pero no el pañuelo de la cabeza.　　　　　1453
　BA 1,1 Bernarda　　　　Ni el pañuelo con que le hemos tapado la cara.　　1458

pañuelos (5)
　TC 2,1 Cocoliche　　　　mi amante borda pañuelos　　　　　　　　　　737
　ZP 2,1 Zapatera　　　　Me puse tan azorada, que se me fueron dos pañuelos　946
　　　　　　　　　　　　preciosos, así de pequeñitos, en la corriente.
　ZP 2,1 Vecina Amarilla　No quedan pañuelos blancos.　　　　　　　　　972
　RS 1,1 Rosita　　　　　¿Por qué agitan los pañuelos?　　　　　　　　1367
　RS 3,1 Tía　　　　　　Y los pañuelos para las lágrimas que se queden aquí　1425
　　　　　　　　　　　　abajo.

papá (9)
　TC 1,1 Padre　　　　　Tú harás caso de todo como hice yo caso de mi papá　733
　　　　　　　　　　　　cuando me casó con [...]
　TB QM. Voz 1　　　　　Papá.　　　　　　　　　　　　　　　　907
　TB QM. Voz 2　　　　　Papá.　　　　　　　　　　　　　　　　907
　TB QM. Voz 3　　　　　Papá.　　　　　　　　　　　　　　　　907
　TB QM. Voz 4　　　　　Papá.　　　　　　　　　　　　　　　　907
　TB QM. Voz 5　　　　　Papá.　　　　　　　　　　　　　　　　907
　TB QM. Voz 6　　　　　Papá.　　　　　　　　　　　　　　　　907
　TB QM. Niña　　　　　Papá, que yo quiero la ardilla.　　　　　　　910
　RS 2,1 Solterona 2　　Desde que murió el pobre papá no tiene ganas.　1397

papáaa (3)
papáaaaaa (1)
papáaaaaaaaaa (1)
Papal (1)
　RS 2,1 Solterona 3　　Papal.　　　　　　　　　　　　　　　　1394

papel (7)
　TC 2,1 Cocoliche　　　Estoy como si fuera de papel y me hubiera quemado con　737
　　　　　　　　　　　　la llamita de mi corazón .
　PB 2,1 Perlimplín　　　Porque comprendo tu estado de ánimo te entrego este　1004
　　　　　　　　　　　　papel que tanto supone [...]
　CA 1,1 Niño　　　　　estrellas de papel sobre mi caja.　　　　　　1062
　EP RR Figura De C　　Yo haré tu papel.　　　　　　　　　　　　1150
　BS 3,2 Muchacha 2　　cristal de papel.　　　　　　　　　　　　1261
　RS 2,1 Solterona 3　　Según la humedad, las faldas de la niña, que son de　1392
　　　　　　　　　　　　papel finísimo, se abren o se cierran.
　BA 3,1 Adela　　　　　con papel y agua bendita?　　　　　　　　　1516

par (3)
　TC 6,1 Cristobita　　　¡Qué par de jamoncitos tiene!　　　　　　　767
　MP 1,4 Amparo　　　　La plaza, al par que la tarde,　　　　　　　794
　RS 1,1 Ama　　　　　Un par de primos para ponerlos en un vasar de azúcar,　1359
　　　　　　　　　　　　y si se murieran, ¡Dios los libre!,

para (V) (4)
　MP 2,9 Mariana　　　y para el corazón.　　　　　　　　　　　851
　BS 3,2 Madre　　　　y que se para en el sitio　　　　　　　　1272
　BS 3,2 Madre　　　　y allí se para, en el sitio　　　　　　　1272
　BA 3,1 La Poncia　　A lo mejor, de pronto, un golpe te para el corazón.　1519

para (476)
paraaa (2)
　ZP 1,1 Zapatera　　　Como si yo no estuviese aquí más que paraaa, paraaa...　932
　　　　　　　　　　　　¿Es que en este pueblo no puede una hablar con nadie?

paraba (1)
　MP 0,0 Mosquito　　　no paraba de considerar:　　　　　　　　　781

parábolas (1)
　MM 1,2 Doña Curiana　ni hablábamos en parábolas　　　　　　　　680

parado (3)
　BS 1,3 Criada　　　　Porque lo vi. Estuvo parado en tu ventana. Me chocó　1205
　　　　　　　　　　　　mucho.
　YE 2,1 Lavandera 3　Parado, como un lagarto puesto al sol.　　　　1304
　BA 1,1 Adela　　　　Todavía estaba un grupo parado por fuera.　　1454

paradores - parece

Pág.

paradores (2)
TC 4,1 Joven   Yo me creía que por el mundo estaban siempre repicando   752
                      las campanas y que en los caminos había blancos
                      paradores, con rubias [...]
ZP 2,1 Zapatero   ¡ay, qué terribles paradores, qué malas comidas, qué   971
                      sábanas de lienzo moreno por esos caminos del mundo!
Parapanda (1)
MP 1,4 Lucía   Hay nubes por Parapanda.   794
parar (5)
ZP 1,1 Niño   No te quieres parar,   936
ZP 1,1 Niño   ¿No te quieres parar? ¿No quieres dejar de volar?   937
RS 2,1 Tía   No sé dónde vamos a parar.   1396
RS 3,1 Ama   Es una herida abierta que mana sin parar un hilito de   1416
                      sangre, [...]
RS 3,1 Tía   Todos los cristianos [...] hablar de ese modo vas a   1425
                      parar también al infierno [...]
pararte (1)
ZP 1,1 Niño   pararte no quieres.   936
pare (1)
EP RR Centurión   Pare por cuatro o cinco a la vez y nunca al mediodía   1152
                      debajo de los árboles.

parece (81)
MM 0,0   Parece que el niño Cupido duerme muchas veces en las   670
                     cuevas vacías de su calavera.
MM 1,4 Curianito   que parece una flor.   687
TC 1,1 Padre   Si al menos quisieras casarte, otro gallo nos   726
                     cantaría; pero me parece a mí que por ahora...
TC 1,1 Cocoliche   Y a mí me parece muy bien.   729
TC 1,1 Cocoliche   Me parece que me están haciendo cosquillas en la   731
                     planta de los pies.
TC 3,1 Espantanublos Parece que suspira.   742
TC 3,1 Cocoliche   Espantanublos, cierra la puerta, que a pesar de estar   745
                     cerca del mes de mayo, este señor parece que tiene
                     mucho [...]
TC 3,1 Joven   Me parece que las bromas están sobrando.   745
TC 4,1 Cocoliche   Me parece que la tengo ante mis ojos..., y esa   754
                     música...
TC 6,1 Cristobita   ¡Parece que suspiras!   772
TC 6,1 Cocoliche   Cada día me vas pareciendo más rosada; cada día parece   777
                     que te arrancas un velo, y surges desnuda.
TC 6,1 Rosita   En tu pecho han levantado el vuelo miles de pájaros;   778
                     amor mío, cuando te miro me parece que estoy ante [...]
MP 1,2 Lucía   Doña Angustias, ¿qué os parece?   786
MP 1,3 Amparo   ¡Pues parece que tienes quince!   788
MP 1,4 Lucía   Todo lo que tienes le parece bien.   789
MP 2,5 Mariana   me parece que hay hombres detrás de las cortinas,   830
MP 2,6 Clavela   Señora... Me parece que han llamado.   833
MP 2,7 Conspirador 1 ¡Que me parece un siglo cada instante!   837
MP 2,9 Mariana   Parece   853
MP 2,9 Pedrosa   Me parece que este llanto está de más.   854
MP 3,5 Pedrosa   Ya es hora. ¿No os parece?   873
MP 3,7 Novicia 2   me parece amortajada   881
ZP 1,1 Zapatera   ¡Parece mentira!   918
ZP 1,1 Zapatera   ¡Pégame, si te parece; anda, tírame el martillo!   918
ZP 1,1 Alcalde   Vamos, lo estoy viendo y me parece mentira cómo un   925
                     [...]
ZP 1,1 Zapatera   Verdaderamente eso de "la quiero", "te quiero", suena   932
                     de un modo que parece que me están haciendo [...]
ZP 2,1 Zapatera   Todavía me parece sentir en la cara aquel aire tan   946
                     fresquito que venía por los árboles.
ZP 2,1 Niño   ¿No se parece el titiritero, hablando, a tu marido?   958
ZP 2,1 Zapatera   que me parece estupenda: 962
ZP 2,1 Zapatera   Parece que las manos se quieren escapar ellas solas.   963
ZP 2,1 Zapatero   Digo que es una cosa tan... incomprensible que...   964
                     parece que es verdad.
ZP 2,1 Zapatera   Parece que me toma por tonta de capirote..., pero no   966
                     me negará usted que dichas historietas impresionan.
ZP 2,1 Zapatero   Y ahora casi me alegro [...] lengua en su sitio, me   968
                     parece que se me escaparía [...]
ZP 2,1 Zapatera   Me parece a mí que está usted un poco...   969
ZP 2,1 Niño   Toda la plaza está llena de corrillos..., parece la   970
                     feria..., ¡y todos contra ti!
PB 1,1 Duende 2   ¿Y qué te parece? Siempre es bonito tapar las faltas   993
                     ajenas.
PB 1,1 Perlimplín   Nunca había visto la salida del sol... Es un   1000
                     espectáculo que... parece mentira..., ¡me conmueve!
PB 2,1 Belisa   Y hasta parece... que me desprecia.   1006
PB 3,1 Perlimplín   Me parece que han transcurrido cien años.   1009
PB 3,1 Belisa   ¡Me parece que soy otra mujer!   1014
DC 1,1 Poeta   El oro me parece fuego, y yo soy poeta de la noche.   1021

parece (continuación)
  DC 1,1 Poeta   Las monedas de plata parece que están iluminadas por   1021
                        la luna.
  DC 1,1 Cristóbal   Me parece que suena demasiado.   1039
  CA 1,1 Viejo   Parece mentira que usted diga quién.   1052
  CA 1,1 Amigo   Y me gusta porque parece un domador.   1058
  CA 1,1 Amigo 1   Yo hago lo que me gusta, lo que me parece bien.   1076
  CA 2,1 Novia   ¿Y a ti te parece bien?   1086
  CA 3,1 Joven   Me parece que agonizo sin ti.   1124
  BS 1,1 Novio   ¿Es que le parece mal?   1175
  BS 1,1 Novio   ¿Le parece bien el domingo?   1177
  BS 1,3 Padre   Me parece bien. Ellos lo han hablado.   1198
  BS 1,3 Padre   Se parece en todo a mi mujer.   1200
  BS 1,3 Criada   Por Dios. Está bien. Parece como si no tuvieras ganas   1203
                        de casarte.
  BS 2,1 Muchacha 3   parece la flor del oro.   1219
  BS 2,1 Muchacha 1   parece la flor del oro.   1220
  BS 3,1 Leñador 2   Parece que se acercan por todos los caminos a la vez.   1245
  YE 1,1 María   Pero la noche que nos casamos me lo decía   1281
                        constantemente con su boca puesta en mi mejilla, tanto
                        que a mí me parece que mi niño es [...]
  YE 1,2 Yerma   La causa que nos parece más inofensiva puede acabar   1292
                        con él.
  YE 1,2 Yerma   Parece un chorro de agua que te llena toda la boca.   1296
  YE 2,2 Yerma   Que estoy ofendida, ofendida [...] y las perras, y que   1318
                        parece que todo el campo [...]
  YE 3,1 Juan   Cuando llego a un corro [...] cuando despierto, me   1333
                        parece que también se [...]
  YE 3,2 Yerma   Rayo de aurora parece,   1339
  RS 2,1 Ama   ¿A usted le parece bien que un hombre [...]   1380
  RS 2,1 Tía   A veces me parece que no.   1381
  RS 2,1 Tío   No me parece conversación lo más a propósito para una   1385
                        criada.
  RS 2,1 Madre   Todavía me parece oír al padre de [...]   1393
  RS 2,1 Tía   ¿Qué le parece a usted?   1401
  RS 2,1 Ayola 2   Me parece que la vieja ha empinado el codo.   1406
  RS 3,1 Tía   Desde que murió mi marido está la casa tan vacía que   1412
                        parece el doble de grande, y hasta tenemos que
                        buscarnos.
  RS 3,1 Tía   ¿Es que te parece que yo no he trabajado?   1413
  RS 3,1 Ama   Sí. Parece que va a llover.   1436
  RS 3,1 Tía   Parece como si alguien quisiera poner el jardín feo   1437
                        para que no tuviésemos pena de dejarlo.
  BA 1,1 Bernarda   Los pobres son como los animales; parece como si   1445
                        estuvieran hechos de otras sustancias.
  BA 2,1 Adela   ¡Yo hago con mi cuerpo lo que me parece!   1479
  BA 2,1 Adela   ¡Tanto! Mirando sus ojos me parece que bebo su sangre   1482
                        lentamente.
  BA 2,1 Bernarda   ¡No lo parece!   1499
  BA 2,1 La Poncia   ¿A ti no te parece que Pepe estaría mejor casado con   1500
                        Martirio o..., ¡sí!,
  BA 2,1 Bernarda   No me parece.   1500
  BA 2,1 La Poncia   A mí me parece mal que Pepe esté con Angustias, y a   1500
                        las gentes, y hasta al aire.
  BA 2,1 La Poncia   ¡Y él también parece muy picado!   1501
  BA 3,1 Angustias   Tarde me parece.   1513
parecen (2)
  TB DME Doncella   Parecen amontonados en la cesta una antigua ciudad de   896
                        la China.
  YE 3,1 Yerma   A veces, cuando ya estoy [...] toros y las piedras me   1328
                        parecen como cosas de [...]
parecer (2)
  ZP 2,1 Zapatera   Nadie le ha preguntado su parecer.   956
  CA 1,1 Amigo 1   No le he pedido su parecer.   1076
parecerlo (1)
  YE 2,2 Juan   Pero puede parecerlo.   1315
parecerse (1)
  BA 1,1 Bernarda   Tiene a quién parecerse. Mi abuelo fue igual.   1452
pareces (4)
  PB 1,1 Perlimplín   Belisa, con tantos encajes pareces una ola y me das el   988
                        mismo miedo que de niño tuve al mar.
  PB 1,1 Perlimplín   ¡Casi me pareces un sueño!   999
  CA 1,1 Niño   ojo de luna rota, me pareces   1064
  BS 2,1 Convidado   pareces, flor de los montes,   1218
parecía (12)
  MP 1,1 Angustias   Parecía el hilo rojo, entre sus dedos,   783
  MP 1,4 Amparo   parecía que la tarde   793
  ZP 1,1 Zapatera   Cuánta cosa, don Mirlo; a mí me parecía imposible que   930
                        los pajarracos hablaran.
  CA 3,2 Joven   Cuando lo vi, a los veinte años, era tan pequeño que   1132
                        me parecía increíble que [...]

parecía - parentela

Pág.

parecía (continuación)
EP CV Estudiante 5   Parecía muy hermosa, [...]   1167
BS 2,2 Criada   Parecía como si se casara un monte.   1234
RS 2,1 Ama   Ayer me tuvo todo el [...] los titiriteros se parecía a su primo.   1380
RS 2,1 Tía   ¿Y se parecía realmente?   1380
RS 2,1 Ama   No se parecía nada.   1380
BA 1,1 La Poncia   En el "Pater Noster" subió, subió la voz que parecía un cántaro de [...]   1443
BA 1,1 Magdalena   Porque si con veinte años parecía un palo vestido, ¡qué será ahora que tiene cuarenta!   1464
BA 3,1 Amelia   Es verdad. Daba miedo. Parecía una aparición.   1515
parecido (2)
YE 1,2 Yerma   Me ha parecido.   1297
YE 1,2 Yerma   Me había parecido que lloraba un niño.   1298
pareciendo (1)
TC 6,1 Cocoliche   Cada día me vas pareciendo más rosada; cada día parece que te arrancas un velo, y surges desnuda.   777
pareció (5)
MP 3,1 Novicia 1   y me pareció que ella   862
MP 3,7 Novicia 2   me pareció que se le iba   881
BA 1,1 Muchacha   Me pareció...   1447
BA 2,1 Amelia   A mí también me pareció.   1474
BA 2,1 Martirio   Por nada, pero me pareció oír gente en el corral.   1489
pared (4)
BS 1,1 Madre   Miré a tu padre, y cuando lo mataron miré a la pared de enfrente.   1176
BS 1,3 Madre   Un hombre, unos hijos y una pared de dos varas de ancho para todo lo demás.   1200
RS 1,1 Manola 1   La pared.   1365
BA 2,1 La Poncia   Mejor lo sabrás tú que yo, que duermes pared por medio.   1478
paredes (22)
MP 1,8 Angustias   Cercar estas paredes   818
ZP 1,1 Zapatera   Hasta en el tejado tendría yo macetas, en la puerta, por las paredes.   927
PB 1,1 Duende 2   Cinco frías camelias de madrugada se han abierto en las paredes de la alcoba.   996
CA 1,1 Joven   Es preciso luchar con toda idea de ruina; con esos terribles desconchados de las paredes.   1046
CA 1,1 Amigo 2   En el colegio entraba por los patios y estrellaba por las paredes a unas mujeres [...]   1073
BS 2,1 Novia   Echan fuego las paredes.   1206
BS 2,1 Leonardo   Porque tú crees que el tiempo cura y que las paredes tapan, y no es verdad, no es verdad.   1214
BS 3,1 Luna   por paredes y cristales!   1249
BS 3,2 Madre   Y estas cuatro paredes.   1268
YE 2,1 Lavandera 4   Ella y sus cuñadas, sin despegar los labios, blanquean todo el día las paredes, friegan los [...]   1304
YE 2,2 Yerma   Yo he venido a estas cuatro paredes para no resignarme.   1314
YE 3,1 Yerma   ¡Maldita sea mi madre, que los busca golpeando por las paredes!   1334
RS 1,1 Tía   La lengua se me debió [...] sola en estas cuatro paredes, y tú te vas [...]   1363
RS 3,1 Ama   El mismo se plancha los [...] como el carbón y unas paredes y un lavabillo..., [...]   1424
RS 3,1 Tía   Sal de tus cuatro paredes, hija mía.   1428
RS 3,1 Tía   Los cipreses de la glorieta casi tocan las paredes de mi cuarto.   1437
BA 1,1 La Poncia   Retumbaban las paredes, y cuando decía Amén era como si un lobo hubiese entrado en la iglesia.   1443
BA 1,1 Criada   ¡Ay Antonio María Benavides, que ya no verás estas paredes ni comerás el pan de esta casa!   1445
BA 2,1 La Poncia   Las viejas vemos a través de las paredes.   1480
BA 2,1 Martirio   ¡Calla y no me hagas hablar, que si hablo se van a juntar las paredes unas con otras de vergüenza!   1494
BA 2,1 Bernarda   Y si pasa algún día, estate segura que no traspasará las paredes.   1499
BA 3,1 Bernarda   Pues encerrad las potras en la cuadra, pero dejadlo libre, no sea que nos eche abajo las paredes.   1509
paren (V) (1)
EP CV Estudiante 4   Entonces que se paren las máquinas y arrojad los granos de trigo sobre un campo de acero.   1161
paren (1)
YE 2,2 Yerma   Que estoy ofendida, ofendida [...] cesan de dar agua y que paren las ovejas cientos [...]   1318
parentela (1)
BA 1,1 La Poncia   "Bernarda, por esto, [...] que es ella y toda su parentela.   1442

paréntesis (1)
TC 1,1 Padre   Tú harás caso de todo como hice yo caso de mi papá   733
  cuando me casó con tu mamá, que, dicho sea entre
  paréntesis, tenía una [...]
pares (3)
TC 6,1 Cristobita   ¡Tienes los amantes a pares!   778
BS 1,3 Padre   Si pudiéramos con veinte pares de bueyes traer tus   1197
  viñas aquí y ponerlas en la ladera.
YE 3,2 Yerma   Yo soy como un campo seco donde caben arando mil pares   1345
  de bueyes y lo [...]
parezca (2)
TC 1,1 Rosita   Oye, a París de ninguna manera, porque no quiero que   730
  se parezca a los franceses con el chau, chau, chau.
DC 1,1   Y si un pájaro mueve [...] late con fuerza, nos   1019
  parezca una mano apartando [...]
parezco (3)
TC 6,1 Cocoliche   Parezco un campo de flores.   780
BS 2,2 Madre   ¿No te parezco loca?   1227
RS 3,1 Muchacho   Pero claro que me parezco.   1432
pare[ce] (2)
TC 5,1 Cansa-Almas   ¿No te pare[ce]? ¿No te pare[ce]?   755
paridas (1)
YE 3,1 Yerma   Yo tengo la idea de que las recién paridas están como   1327
  iluminadas [...]
parido (1)
YE 1,2 Vieja 1   Quizá por eso no hayas parido a tiempo.   1290
parientes (1)
BA 1,1 Criada   ¿Han venido todos sus parientes?   1441
París Madrid (1)
RS 2,1 Tío   Ya ve usted lo que ha pasado en la carrera   1375
  París-Madrid, que ha habido que suspenderla, porque
  antes de llegar a Burdeos se mataron todos los
  corredores.
París (5)
TC 1,1 Cocoliche   En seguida voy a escribir una carta a París pidiendo   730
  un niño...
TC 1,1 Rosita   Oye, a París de ninguna manera, porque no quiero que   730
  se parezca a los franceses con el chau, chau, chau.
DC 1,1 Director   Llenemos el teatro de [...] Monsieur Guiñol, de París,   1043
  y tío de don Arlequín, [...]
CA 3,1 Máscara   En el "foyer" de la Opera de París hay unas enormes   1116
  balaustradas que dan al mar.
CA 3,1 Máscara   Digo que el conde Arturo [...] de la gran Opera de   1116
  París.
parlanchinas (1)
ZP 2,1 Zapatero   Aleluyas con los hechos [...] bocado a las mujeres   956
  parlanchinas y respondonas.
Parnaso (2)
RS 3,1 Tía   ¡A las nueve musas del Parnaso!   1422
RS 3,1 Martín   Soñé con el Parnaso y tengo que hacer de albañil y   1424
  fontanero.
paro (1)
TB DME Estudiante   Por eso me paro.   901
paró (2)
ZP 2,1 Zapatera   El paró su caballo y la cola del caballo era blanca y   946
  tan larga que llegaba al agua del arroyo.
CA 1,1 Niño   Ayer se me paró muy despacito,   1062
parras (1)
RS 1,1 Rosita   cuyas pestañas son parras,   1365
párroco (1)
BA 1,1 La Poncia   A mí me gusta mucho cómo canta el párroco.   1443
parta (4)
ZP 1,1 Zapatero   ¡Mal rayo parta a mi hermana, que en paz descanse!   919
ZP 1,1 Zapatero   ¡Mal rayo parta a mi hermana, que en paz descanse!   926
ZP 1,1 Zapatero   ¡Mal rayo parta a mi hermana, que en paz descanse!   933
ZP 2,1 Zapatera   Pues a mí me consta que sus cuatro señoras, mal rayo   950
  las parta, le aborrecían a muerte.
parte (V) (2)
MM 1,1 Curiana N   Ya parte el rocío a su cielo ignorado,   675
CA 2,1 Novia   Una mirada que se parte como el ala de una mariposa   1092
  seca.
parte (7)
EP CV Estudiante 1   Un espectador no debe formar nunca parte del drama.   1165
BS 1,1 Madre   Que caves bien la parte del molinillo, que la tienes   1178
  descuidada.
BS 1,3 Padre   Si yo hubiera tenido hijos hubiera comprado todo este   1197
  monte hasta la parte del arroyo.
BS 2,2 Criada   En la parte baja de la alacena.   1234
RS 2,1 El Señor X   Le entrega usted de mi parte este pendentif.   1377
BA 1,1 La Poncia   De parte de los hombres esta bolsa de dineros para   1450
  responsos.

parte (continuación)   Pág.
  BA 3,1 Bernarda   Disfrutando este silencio y sin lograr ver por parte   1518
                         alguna "la cosa tan grande" que aquí pasa, según tú.

partes (7)
  TC 1,1 Hora   Mientras que aquí hace sol, en otras partes llueve.   734
  MP 2,8 Conspirador 4   por todas partes nos está acechando.   842
  ZP 1,1 Zapatera   Por todas partes se sabe.   917
  BS 3,1 Leñador 2   No. Pero los buscan por todas partes.   1245
  BS 3,1 Luna   han de entrar en todas partes,   1250
  YE 1,2 Muchacha 1   Por todas partes nos vamos encontrando gente.   1291
  RS 1,1 Ama   Pero yo no digo que de tanto regar las flores y tanta   1352
                         agua por todas partes van a salir sapos en el sofá.

particiones (4)
  BA 1,1 Criada   Ahí está don Arturo, que viene a arreglar las   1458
                         particiones.
  BA 1,1 Amelia   ¡Angustias tiene todo [...] muerto y ya se harán   1464
                         particiones viene por [...]
  BA 1,1 Bernarda   ¡Malditas particiones!   1467
  BA 1,1 Magdalena   Si es que discuten por las particiones, tú que eres la   1469
                         más rica te puedes quedar con todo.

partida (2)
  CA 1,1 Viejo   ¿No le angustia la hora de la partida, los   1048
                         acontecimientos, lo que ha de llegar ahora mismo...?
  CA 3,1 Mecanógrafa   Recuerdo que la tarde de mi partida había una gran   1115
                         tormenta de verano y había muerto el niño de la
                         portera.

partidario (1)
  RS 2,1 El Señor X   Yo me siento en la Polis viviente; no soy partidario   1376
                         de la Natura Naturata.

partido (2)
  TC 2,1 Cocoliche   Mejor era que me hubiese partido un rayo por la mitad.   737
  YE 3,1 Yerma   Está escrito y no me voy a poner a luchar a brazo   1335
                         partido con los mares.

partirlas (1)
  EP CV Estudiante 5   Con las maromas que torció mi padre los engancharemos   1168
                         a las rocas para partirlas y que salga un volcán.

partirle (1)
  TC 3,1 Cocoliche   Buena ocasión para partirle la cara.   746

parto (S) (2)
  DC 1,1 Director   Está de parto.   1041
  BA 2,1 La Poncia   Esa no resiste el primer parto.   1481

parto (2)
  MP 1,7 Fernando   Pedrosa estrechará el cerco como él sabe, y si esta   811
                         misma noche no parto, estoy irremisiblemente perdido.
  DC 1,1 Director   Si no se calla usted, subo y le parto esa cara de pan   1020
                         de maíz que tiene.

partoooooooo (1)
  DC 1,1 Cristóbal   ¿De partoooooooo?   1041

pasa (73)
  MM 0,0   El amor, lo mismo que pasa con sus burlas y sus   669
                         fracasos por la vida del hombre, pasa en esta ocasión
                         [...]
  MM 1,2 Doña Curiana   ¿Qué os pasa entonces?   677
  MM 1,5 Alacranito   ¿Qué os pasa, linda negra?   691
  MM 2,7 Curiana N   ¿Qué pasa?   721
  TC 1,1 Rosita   ¡Siempre pasa lo mismo!   731
  TC 2,1 Cocoliche   Algo le pasa.   735
  TC 3,1 Espantanublos   Está que ni don Tancredo, pero yo... ¿Qué pasa?   743
  TC 4,1 Mosquito   El no sabe lo que pasa, ¡claro!,   751
  TC 5,1 Fígaro   Algo pasa.   757
  TC 5,1 Fígaro   ¡Indudablemente, algo pasa!   757
  TC 5,1 Fígaro   Ya me enteraré de lo que pasa.   758
  TC 6,1 El Padre   ¿Qué pasa?   764
  TC 6,1 Padre   ¿Qué pasa? ¿Qué pasa?   779
  MP 1,5 Fernando   ¿Qué te pasa?   798
  MP 3,5 Carmen   ¿Qué pasa, Marianita?   877
  TB QM. Viejo   Pasa y ha pasado... Pero los caballos... Mira.   905
  ZP 1,1 Zapatera   ¡Vamos! ¡Quieres decirme lo que pasa! ¡Pronto!   937
  ZP 2,1 Zapatero   ¿Qué pasa?   960
  ZP 2,1 Zapatero   ¿Qué le pasa?   963
  ZP 2,1 Zapatera   ¿Qué le pasa?   974
  PB 0,0 Perlimplín   ¿Y qué es esto que me pasa?   987
  PB 2,1 Belisa   A veces pasa por debajo de mis balcones y mece su mano   1002
                         lentamente en un saludo que hace temblar mis pechos.
  PB 3,1 Belisa   El olor de su carne le pasa a través de su ropa.   1014
  DC 1,1 Cristóbal   Porque si no estamos, yo tengo la cachiporra y ya   1033
                         sabes lo que pasa.
  DC 1,1 Cristóbal   ¿Qué pasa?   1041
  CA 1,1 Viejo   ¿Qué pasa en la calle?   1049
  CA 1,1 Amigo   Pero ¿me quieres decir qué te pasa?   1058
  CA 1,1 Gata   ¿Qué pasa?   1066

pasa (continuación)
CA 1,1 Amigo 2   ¡Claro! ¡Todo eso pasa más adelante!   1075
CA 2,1 Padre   ¿Qué pasa?   1091
CA 2,1 Joven   ¿Qué le pasa?   1106
CA 2,1 Viejo   No me pasa nada.   1106
EP RR Figura De C   mientras tú, debajo de [...] pequeña pólvora que pasa   1150
                        de mano en mano.
EP CV Estudiante 2   ¿Qué te pasa?   1158
EP CV Estudiante 2   Lo que pasa es que se sabe lo que alimenta un grano de   1161
                        trigo y se ignora lo que alimenta un hongo.
BS 1,1 Madre   Pasa.   1178
BS 1,2 Suegra   ¿Qué pasa?   1191
BS 1,2 Mujer   ¿Qué te pasa?   1192
BS 1,3 Novio   Eso pasa siempre.   1197
BS 1,3 Padre   Porque no es buena tierra; pero con brazos se la hace   1197
                        buena y como no pasa gente no te roban [...]
BS 1,3 Criada   Niña, hija, ¿qué te pasa?   1203
BS 2,1 Mujer   No sé lo que pasa.   1224
BS 2,2 Criada   mira cómo el agua pasa.   1226
YE 2,2 Juan   Lo que pasa es que no eres una mujer verdadera y   1315
                        buscas la ruina de un hombre sin voluntad.
YE 3,1 Yerma   No sufre. Lo que pasa es que él no ansía hijos.   1329
YE 3,2 Vieja   ¿Qué es lo que pasa?   1336
RS 1,1 Tía   Con las manolas. Algo te pasa.   1361
RS 1,1 Rosita   ¿Qué pasa?   1369
RS 2,1 Ama   Es que ya debe usarlos y romperlos, pero ella no se da   1380
                        cuenta de cómo pasa el tiempo.
RS 2,1 Rosita   Siempre pasa a estas horas.   1387
RS 2,1 Rosita   Pero es que en la calle noto cómo pasa el tiempo y no   1389
                        quiero perder las ilusiones.
RS 2,1 Rosita   No quiero enterarme de cómo pasa el tiempo.   1389
RS 2,1 Tía   Hija, ¿qué pasa?   1408
RS 3,1 Tía   ¿Qué pasa?   1423
BA 1,1 Magdalena   ¿Qué pasa?   1469
BA 1,1 Bernarda   No pasa nada.   1469
BA 2,1 Amelia   ¿Qué te pasa?   1488
BA 2,1 La Poncia   Bernarda: aquí pasa una cosa muy grande.   1498
BA 2,1 Bernarda   No creo que esta sea la "cosa muy grande" que aquí   1499
                        pasa.
BA 2,1 Bernarda   Aquí no pasa nada.   1499
BA 2,1 Bernarda   Y si pasa algún día, estate segura que no traspasará   1499
                        las paredes.
BA 2,1 Bernarda   ¿Qué es lo que pasa aquí?   1502
BA 2,1 Bernarda   ¡Corre a enterarte de lo que pasa!   1503
BA 3,1 Angustias   Si le pregunto qué le pasa, me contesta: "Los hombres   1513
                        tenemos nuestras preocupaciones."
BA 3,1 Martirio   Con lo que pasa dentro de las habitaciones tengo   1515
                        bastante.
BA 3,1 Bernarda   Disfrutando este silencio y sin lograr ver por parte   1518
                        alguna "la cosa tan grande" que aquí pasa, según tú.
BA 3,1 La Poncia   No pasa nada por fuera.   1518
BA 3,1 Bernarda   Lo que pasa es que no tienes nada que decir.   1519
BA 3,1 Bernarda   Aquí no pasa nada. Ya estoy alerta contra tus   1519
                        suposiciones.
BA 3,1 Criada   ¿Qué pasa?   1521
BA 3,1 Martirio   ¡Pasa si puedes!   1529
pasaba (7)
MM 0,0   El amor pasaba de padres a hijos [...]   669
ZP 2,1 Zapatero   y él pasaba de cincuenta.   958
ZP 2,1 Zapatero   que pasaba por la puerta   959
BS 2,2 Criada   y el agua pasaba,   1225
BS 2,2 Criada   y el agua pasaba,   1226
BS 2,2 Criada   y el agua pasaba.   1226
RS 3,1 Rosita   Cada año que pasaba era como una prenda íntima que   1428
                        arrancaran de mi cuerpo.

pasaban (1)
CA 3,1 Máscara   El conde y su niño pasaban hambre y dormían [...]   1116
pasada (3)
MP 1,1 Clavela   Esta noche pasada no durmió.   784
RS 3,1 Ama   ¡Ya está pasada!   1415
BA 2,1 Martirio   Esta noche pasada no me podía quedar dormida por el   1473
                        calor.

pasado (43)
TC 5,1 Fígaro   Las noticias llegan al mundo después de haber pasado   758
                        por el clasificador de la barbería.
TC 6,1 Rosita   Un pájaro ha pasado ahora mismo por la ventana, con   773
                        unas alas... ¡así de grandes!
MP 2,8 Pedro   ¿Qué ha pasado?   841
MP 2,8 Conspirador 4   No se puede contar lo que ha pasado.   843
MP 2,9 Pedrosa   Nadie sabrá lo que ha pasado. Yo te quiero   856
TB QM. Viejo   Pasa y ha pasado... Pero los caballos... Mira.   905

pasado (continuación)   Pág.

ZP 1,1	Zapatera	No, hijo mío, ya se me ha pasado... ¿Y qué es lo que quieres?	913
ZP 1,1	Zapatera	Pero dímelo pronto, ¿qué ha pasado?	935
ZP 2,1	Zapatera	¿Qué habrá pasado?	963
ZP 2,1	Zapatera	¿Qué ha pasado?	970
PB 2,1	Perlimplín	¿Ha pasado hoy por aquí?	1005
CA 1,1	Joven	Siempre me ha pasado igual.	1045
CA 1,1	Viejo	Eso no está bien. La sangre se seca y lo pasado, pasado.	1055
CA 1,1	Amigo	Por más... que... Ya se ha pasado la hora; es horrible, siempre ocurre igual.	1058
CA 1,1	Viejo	Sí, sí; pero lo pasado, pasado.	1070
CA 1,1	Amigo 2	Va a caer un aguacero..., pero aguacero bonito el que cayó el año pasado.	1073
CA 1,1	Viejo	Al contrario. Eso ha pasado ya.	1075
CA 2,1	Viejo	Una herida, pero... la sangre se seca, y lo pasado, pasado.	1106
BS 1,3	Novia	¿No sería mi novio? Algunas veces ha pasado a esas horas.	1205
BS 2,1	Criada	Tú no tienes que hablar de lo pasado.	1213
BS 3,1	Novio	¡Te digo si los viste! ¿Han pasado por aquí?	1254
BS 3,1	Mendiga	No han pasado; pero están saliendo de la colina. ¿No los oyes?	1254
BS 3,2	Mujer	¿Qué habrá pasado?	1265
YE 3,1	Dolores	Muchas veces yo he hecho estas oraciones en el cementerio con mujeres que ansiaban críos, y todas han pasado miedo.	1327
YE 3,2	Vieja	El año pasado se mataron dos por una casada seca y quiero vigilar.	1337
YE 3,2	Muchacha 1	El año pasado, cuando se hizo oscuro, unos mozos atenazaron con sus manos los pechos de mi hermana.	1338
YE 3,2	Juan	Por cosas que no han pasado y ni tú ni yo dirigimos.	1347
RS 1,1	Ama	Hoy ya quisiera que fuese pasado mañana.	1354
RS 1,1	Tío	No, no le ha pasado gran cosa, pero pudo haberle pasado.	1355
RS 2,1	Tío	Ya ve usted lo que ha pasado en la carrera [...]	1375
RS 2,1	Madre	¡Y qué angustia he pasado, señora, para [...]	1393
RS 2,1	Madre	El año pasado nos regalaron a nosotras medio kilo.	1398
RS 3,1	Tía	Ocho años lleva de matrimonio, y hasta el mes pasado no me escribió el canalla la verdad.	1415
RS 3,1	Rosita	Después de todo, lo que me ha pasado le ha pasado a mil mujeres.	1430
BA 1,1	Bernarda	Igual que si hubiese pasado por ella una manada de cabras.	1451
BA 1,1	Amelia	Adelaida habrá pasado mal rato.	1459
BA 3,1	La Poncia	Es verdad que el año pasado anduvo detrás [...]	1520
BA 3,1	Criada	Debe haber pasado alguien por el portón.	1522

pasamos (1)

RS 3,1	Ama	Así pasamos el rato.	1414

pasan (7)

MM 2,1	Curianita Santa	que aquellos que se pasan la vida trabajando...;	703
MP 1,8	Angustias	Así pasan las cosas.	819
BS 1,1	Madre	Pasan los meses y la desesperación me pica en los ojos y hasta en las puntas del pelo.	1173
BS 1,1	Vecina	Las cosas pasan.	1179
BS 3,1	Mendiga	De aquí no pasan. El rumor del río	1250
YE 1,2	Yerma	Anda. Así pasan las cosas. Seguramente lo has dejado encerrado.	1292
BA 2,1	La Poncia	Esas cosas pasan entre personas [...]	1476

pasando (5)

MM 1,2	Curianita Silvia	Tristezas que estoy pasando	677
ZP 1,1	Zapatera	Si hubiera reventado antes de nacer, no estaría pasando estos trabajos y estas tribulaciones.	915
CA 1,1	Amigo	Pero si está pasando.	1070
YE 2,2	María	¡Qué trabajos estás pasando, qué trabajos!	1319
YE 3,1	Juan	Mirándome con dos agujas, pasando las noches en [...]	1332

pasantes (1)

RS 3,1	Martín	Y créame usted que los padres se ríen luego de las infamias, porque como somos los pasantes y no les vamos [...]	1419

pasaporte (2)

MP 1,7	Fernando	Necesito antes de las nueve el pasaporte que tienes [...]	811
MP 2,5	Pedro	me salvó el pasaporte y el caballo que enviaste	830

pasar (26)

TC 1,1	Padre	Yo he dado tu mano a don Cristobita el de la porra, que acaba de pasar en su carroza por ahí.	732
TC 6,1	Currito	¿Se puede pasar?	763
MP 1,5	Fernando	Al pasar por Bibarrambla	798
MP 1,7	Fernando	pasar el puente primero	816

pasar - pase
Pág.

pasar (continuación)
MP 2,1 Clavela   las hojas al pasar.   824
MP 3,9 Monja 1   pasar de madrugada tocando tus cristales.   890
ZP 2,1 Vecina Roja   Entonces, ¿podemos pasar?   954
ZP 2,1 Zapatera   Podéis pasar.   954
CA 2,1 Viejo   Yo sabía lo que iba a pasar.   1106
CA 3,1 Arlequín   ¡Eh! Por ahí no puede pasar.   1118
BS 3,2 Niña   lo dejan pasar.   1263
BS 3,2 Madre   Hemos de pasar días terribles.   1268
YE 1,1 Yerma   Cada mujer tiene sangre para cuatro o cinco hijos, y 1283
                     cuando no los tienen se les vuelve veneno, como me va
                     a pasar a mí.
YE 2,2 Yerma   Nunca se sabe lo que va a pasar.   1323
YE 2,2 Víctor   Y quiero pasar el puerto antes del amanecer.   1324
YE 3,1 Dolores   ¿Qué le iba a pasar? Dios es Dios.   1327
YE 3,1 Yerma   No le podía pasar nada.   1327
YE 3,1 Dolores   Van a pasar por aquí.   1335
YE 3,2 Juan   Piensa que tenía que pasar así.   1348
RS 1,1 Tío   Pero yo ese día lo pienso pasar al lado para ver cómo 1357
                     se pone blanca.
BA 1,1 Bernarda   ¡Ojalá tardéis muchos años en pasar el arco de mi   1450
                     puerta!
BA 1,1 La Poncia   Lo que tenía que pasar.   1456
BA 2,1 Adela   ¡Quisiera ser invisible, pasar por las habitaciones 1479
                     sin que me preguntarais dónde voy!
BA 2,1 La Poncia   ¿Por qué te pusiste casi desnuda con la luz encendida 1481
                     y la ventana abierta al pasar Pepe el segundo [...]
BA 2,1 La Poncia   Para que las gentes no escupan al pasar por esta   1481
                     puerta.
BA 3,1 Criada   No sé lo que va a pasar aquí.   1521
pasará (5)
MM 1,5 Doña Curiana ¿Qué pasará?   697
TC 2,1 Mozo 3   Vente, que la pena se te pasará cuando te dé el viento 738
                     del campo.
RS 3,1 Ama   ¡Ya pasará la mala hora!   1436
BA 2,1 Amelia   Ya pasará y volverá otra vez.   1488
BA 3,1 Martirio   Eso no pasará mientras yo tenga una gota de sangre en 1528
                     el cuerpo.
pasaría (5)
EP CV Estudiante 2 ¿Y qué pasaría?   1161
EP CV Estudiante 2 Pasaría que vendrían los hongos, y los latidos se   1161
                     harían quizá menos intensos y apasionantes.
BS 3,2 Niña   ¿Qué pasaría   1262
BS 3,2 Niña   ¿Qué pasaría   1262
BA 1,1 Martirio   ¡Sabe Dios lo que entonces pasaría!   1461
pasarlas (1)
BA 2,1 Angustias   Y a mí, pero hay que pasarlas.   1475
pasarlo (1)
BA 1,1 Adela   Pienso que este luto me ha cogido en la peor época de 1466
                     mi vida para pasarlo.
pasaron (3)
YE 1,1 Juan   ¿Pasaron las yuntas?   1274
YE 1,1 Yerma   Ya pasaron.   1274
RS 2,1 Madre   Todavía me parece oír [...] ¡pero aquellos tiempos   1393
                     pasaron!
pasarse (1)
BA 1,1 Bernarda   ¡No ha tenido novio ninguna ni les hace falta! Pueden 1457
                     pasarse muy bien.
pasas (2)
MM 1,3 Doña Curiana que te pasas las horas   685
YE 2,2 Yerma   ¿Por qué pasas tan de prisa por mi puerta?   1316
Pascuas (1)
ZP 1,1 Zapatero   Anteayer... despedazó el jamón que teníamos guardado 920
                     para estas Pascuas y nos lo comimos entero.
pase (12)
TC 2,1 Mozo 2   Levántate y que se te importe poco que un pájaro en la 737
                     arboleda se pase de un árbol a otro.
MP 3,5 Pedrosa   cuando usted pase con su comitiva.   875
MP 3,7 Mariana   ¡Que pase! ¡Por fin, Dios mío!   883
MP 3,8 Fernando   ¡No puede ser! ¡No quiero que esto pase! ¡No quiero! 885
ZP 2,1 Zapatera   Pase usted.   940
ZP 2,1 Alcalde   Pase usted, buen hombre, y tome lo que quiera, que yo 953
                     pago.
CA 1,1 Joven   No me importa lo que pase fuera.   1060
CA 3,1 Mecanógrafa   Si viene el señor, que pase.   1124
YE 2,2 Yerma   Y cada día que pase será peor.   1313
RS 1,1 Tía   En algunas ocasiones hace falta ... Otro día que   1361
                     pase..., treinta y siete, treinta y ocho.
RS 3,1 Muchacho   Usted lo pase bien, doña Rosita.   1435
BA 3,1 Criada   Bernarda está aligerando la boda y es posible que nada 1521
                     pase.

pasé - pasó

		Pág.
pasé (3)		
MP 1,3 Mariana	¡Ya pasé los treinta!	788
BS 2,1 Leonardo	Los pasé con el caballo.	1211
YE 2,2 Juan	Ayer pasé un día duro.	1311
paseaba (2)		
PB 3,1 Belisa	Paseaba.	1012
PB 3,1 Marcolfa	Ahora le amortajaremos con el rojo traje juvenil con que paseaba bajo sus mismos balcones.	1017
pasean (1)		
MM 0,0	¿Y por qué a vosotros [...] buenos gusanos que se pasean tranquilamente [...]	670
paseante (1)		
RS 1,1 Tía	Aquí no eres más que un paseante de los jardinillos, y allí serás un labrador.	1362
pasear (1)		
BA 1,1 Adela	No quiero que se me pongan [...] verde y me echaré a pasear por la calle.	1466
pasearía (1)		
MP 3,6 Mariana	¡con qué gusto pasearía	878
pasearse (2)		
MP 2,7 Mariana	tranquilamente a pasearse,	839
TB PBK Buster Keaton	Da gusto pasearse en bicicleta.	893
pasen (8)		
MP 3,9 Mariana	Contad mi triste historia a los niños que pasen.	890
CA 1,1 Joven	Hasta que pasen cinco años.	1048
CA 3,1 Mecanógrafa	¡Así que pasen cinco años!	1129
CA 3,2 Jugador 3	Y aunque ni a la otra ni a la señorita mecanógrafa se les ocurrirá venir por aquí hasta que pasen cinco años, si [...]	1137
BS 1,3 Criada	Pasen... ¿Se quieren sentar?	1194
BS 3,1 Mendiga	No dejemos que pasen el arroyo. ¡Silencio!	1251
RS 2,1 Rosita	Que pasen.	1390
BA 1,1 Bernarda	Que salgan por donde han entrado. No quiero que pasen por aquí.	1447
paseo (7)		
PB 2,1 Belisa	En mi paseo por la alameda venían todos detrás menos él.	1002
PB 2,1 Perlimplín	¿Quieres que demos un paseo?	1003
CA 3,1 Joven	¿Han cerrado el paseo?	1118
RS 2,1 Madre	Muchas veces les pregunto: "¿Qué queréis, hijas de mi alma: huevo en el almuerzo o silla en el paseo?"	1393
RS 2,1 Ayola 2	Ya las vemos sentadas en sus sillas del paseo.	1396
RS 3,1 Rosita	Y hoy se casa una amiga [...] nubes; y un día bajo al paseo y me doy cuenta [...]	1428
RS 3,1 Rosita	Por eso yo comprendo [...] cantar en los bancos del paseo.	1433
pases (2)		
EP RR Figura De P	Tan hombre, que no haya ruido en las ramas cuando tú pases.	1146
YE 1,2 Vieja 1	No pases tristeza.	1291
pasillo (2)		
MP 2,8 Mariana	¡Por aquella ventana del pasillo	848
RS 3,1 Muchacho	Pues bajaba yo muerto de risa con el vejestorio puesto, llenando todo el pasillo de la casa de [...]	1433
pasión (4)		
MM 1,4 Curianito	del fuego en que vive mi rara pasión;	686
MP 1,7 Fernando	lleno de amarga pasión.	812
MP 2,5 Pedro	y esta aguda pasión de horizonte y silencio.	832
MP 2,8 Mariana	¡Dios mío, acuérdate de tu pasión	848
pasionaria (2)		
RS 2,1 Solterona 2	el dolor, la pasionaria;	1403
RS 2,1 Tía	"Creo en ti", la pasionaria.	1404
paso (V) (4)		
ZP 2,1 Zapatera	¡Y paso unas sofocaciones!...	974
CA 2,1 Padre	En cuanto paso una irritación se me sube la sangre a los ojos y no veo.	1089
YE 2,2 Yerma	Muchas noches bajo yo [...] mujer lo hace, y cuando paso por lo oscuro del [...]	1318
BA 2,1 Adela	Si quieres te daré mis [...] la cabeza cuando yo paso.	1479
paso (8)		
TC 3,1 Contrabandista 1	El mar conoce mi paso	741
BS 2,1 Novia	Pero este es un paso muy grande.	1208
BS 3,1 Leonardo	Ya dimos el paso; ¡calla!,	1256
BS 3,1 Leonardo	Tú también. Da un paso. Prueba.	1260
RS 2,1 Ama	¿Es que no puedo dar un paso?	1407
RS 3,1 Ama	En medio de las dos, [...] las tres fuéramos un paso de nácar lleno de [...]	1425
BA 2,1 Bernarda	¡Aquí no se vuelve a dar un paso sin que yo lo sienta!	1503
BA 3,1 Adela	No dé usted un paso más.	1529
pasó (12)		
MM 1,4 Curianito	¡Aquello ya pasó!	688

pasó (continuación)
  TC 2,1 Cocoliche   Cuando le traje el guardapelo de la feria de Mairena,   737
                         me pasó la mano por la cara.

  BS 2,2 Mujer   ¿Pasó por aquí mi marido?   1238
  BS 3,2 Niña   ¿Qué pasó   1262
  YE 2,1 Lavandera 5   Anteanoche, ella la pasó sentada en el tranco, a pesar   1302
                         del frío.
  YE 3,1 Yerma   ¿Y no le pasó nada?   1327
  RS 2,1 Ama   Lo que pasó es que a Rosita le gustó el saltimbanqui,   1381
                         como me gustó a mí y como le gustaría a usted.
  BA 1,1 Bernarda   Así pasó en casa de mi padre y en casa de mi abuelo.   1451
  BA 1,1 Bernarda   ¿Y qué pasó?   1455
  BA 2,1 Amelia   ¿Qué pasó?   1476
  BA 2,1 La Poncia   Ayer me contó mi hijo mayor que a las cuatro y media   1501
                         de la madrugada, que pasó por la calle con [...]
  BA 3,1 Bernarda   Lo que pasó del retrato fue una broma y lo debes   1512
                         olvidar.
pasos (8)
  TC 6,1 Rosita   ¡Ya siento sus pasos por la escalerilla! Iluminadme,   766
                         Santa Rosa.
  MP 1,5 Mariana   y abrirse lentos los pasos   796
  BS 2,2 Novia   Estos pasos son pasos que cuestan mucho.   1236
  YE 2,2 Yerma   Muchas noches bajo yo [...] oscuro del cobertizo mis   1318
                         pasos me suenan a pasos de hombre.
  BA 2,1 Amelia   Lo sentí toser y oí los pasos de su jaca.   1473
  BA 3,1 Adela   No se ve a dos pasos de distancia.   1515
Passy (1)
  RS 1,1 Tía   Eléboro, fucsias y los crisantemos, Luis Passy   1351
                         violáceo y altair blanco plata con puntas heliotropo.
pastar (1)
  BA 3,1 Bernarda   Si en esta casa hubiera hierbas ya te encargarías de   1519
                         traer a pastar las ovejas del vecindario.
pastel (6)
  TC 6,1 Cristobita   Y mi barriga un pastel, un gran pastel rosado, con   774
                         ciruelas y batatas... ¿Quién suspira?
  TC 6,1 Cristobita   Cuando yo era niño, me dieron un pastel más grande que   774
                         la luna y me lo comí yo solo.
  DC 1,1 Cristóbal   Y mi barriga un gran pastel, un gran pastel con   1037
                         ciruelas y batatas.
  RS 2,1 Madre   No hay manos como las de usted para el piñonate y el   1394
                         pastel de gloria.
pasto (1)
  YE 2,2 Yerma   Pan tierno y requesón y cordero asado como yo aquí, y   1312
                         pasto lleno de rocío tus ganados en el monte.
pastor (14)
  ZP 1,1 Zapatera   Pero aquella grandota y antipática se empeña en   934
                         pisarla y nada... Pastor, ¡asombrado!
  YE 1,2 Yerma   Yo soy hija de Enrique el pastor.   1287
  YE 1,2 Vieja 1   Enrique el pastor.   1287
  YE 1,2 Voz De Víctor   ¿Por qué duermes solo, pastor?   1295
  YE 1,2 Voz De Víctor   ¿Por qué duermes solo, pastor?   1295
  YE 1,2 Voz De Víctor   ¿Por qué duermes solo, pastor?   1295
  YE 1,2 Yerma   ¿Por qué duermes solo, pastor?   1295
  YE 1,2 Yerma   pastor,   1295
  YE 1,2 Yerma   pastor,   1295
  YE 1,2 Yerma   pastor,   1295
  YE 1,2 Yerma   pastor,   1295
  YE 1,2 Yerma   Pastor, pastor.   1295
  YE 1,2 Yerma   pastor.   1296
pastora (1)
  BS 2,1 Criada   ¡Ay pastora,   1216
pastorcillo (1)
  ZP 2,1 Zapatera   Mi niño, pastorcillo de Belén.   943
pata (3)
  MM 1,2 Curianita Silvia sobre su pata derecha,   682
  MM 1,5 Alacranito   Tenía una pata rota   695
  DC 1,1 Director   Haga el favor de no meter la pata.   1037
patas (5)
  MM 1,2 Curianita Silvia tus patas son de violeta.   680
  MM 1,5 Alacranito   comería sus patas.   694
  BS 1,2 Suegra   Las patas heridas,   1184
  BS 1,2 Suegra   Las patas heridas,   1193
  BS 3,2 Mendiga   dos hombres en las patas del caballo.   1266
patatas (2)
  ZP 1,1 Zapatera   Mi cocido, con sus patatas de la sierra, [...]   934
  RS 2,1 Madre   Y allá vamos con unas patatas y un racimo de [...]   1394
pater (1)
  BA 1,1 La Poncia   En el "Pater Noster" subió, [...]   1443
patinillo (1)
  RS 3,1 Tía   Pero tiene buenas vistas y un patinillo con dos   1418
                         higueras donde se pueden tener flores.

			Pág.
patio (12)			
MP 1,3	Mariana	Y estarán en el patio.	789
MP 2,6	Mariana	pero ten en el patio	833
CA 3,2	Joven	Mi casa tenía un patio enorme, donde jugaba con mis caballitos.	1132
YE 1,1	Yerma	En el patio ladra el perro,	1277
YE 1,1	Yerma	Muchas noches salgo descalza al patio para pisar la tierra, no sé por qué.	1282
RS 3,1	Martín	Ayer se empeñaron en [...] cuando estaba solo en el patio, se reunieron los [...]	1418
BA 1,1	La Poncia	Ya están tomando en el patio.	1447
BA 1,1	Bernarda	Dejadla que se desahogue en el patio.	1453
BA 1,1	La Poncia	Ya me chocó a mí verla escabullirse hacia el patio.	1455
BA 1,1	Bernarda	Tú empieza a blanquear el patio.	1458
BA 2,1	Amelia	Abre la puerta del patio a ver si nos entra un poco de fresco.	1473
BA 2,1	Bernarda	¡Vosotras, al patio!	1503
patios (1)			
CA 1,1	Amigo 2	En el colegio entraba por los patios y estrellaba por [...]	1073
patita (2)			
DC 1,1		Y si un pájaro mueve un ala, que también lo oigamos; y si una hormiguita mueve la patita, que también la [...]	1019
CA 1,1	Niño	No te la comas entera. Una patita,	1063
patitas (2)			
DC 1,1	Director	Si yo tuviera imaginación ya le habría puesto de patitas en la calle.	1037
CA 1,1	Niño	te comerán las patitas y el bigote.	1066
patito (1)			
PB 1,1	Duende 2	El alma de Perlimplín, chica y asustada como un patito recién nacido, [...]	995
patrimonio (1)			
PB 2,1	Belisa	El alma es patrimonio de los débiles, de los héroes tullidos y las gentes enfermizas.	1006
patriotas (1)			
MP 2,6	Pedro	como buenos patriotas.	834
paz (22)			
MM 1,5	Alacranito	¡San Cucaracho os dé paz!	690
MM 2,1	Curianita 1	Dejadme en paz, comadre. Sois muy santa y muy sabia,	703
MM 2,5	Gusano 3	en la paz del olvido.	713
MM 2,5	Gusano 2	¡Te dejamos en paz!	716
TC 1,1	Rosita	Gente de paz.	728
ZP 1,1	Niño	Gente de paz.	913
ZP 1,1	Zapatero	¡Mal rayo parta a mi hermana, que en paz descanse!	919
ZP 1,1	Zapatero	¡Mal rayo parta a mi hermana, que en paz descanse!	926
ZP 1,1	Zapatero	¡Mal rayo parta a mi hermana, que en paz descanse!	933
YE 2,2	Yerma	Creo que puedes vivir en paz.	1312
YE 2,2	Juan	Para vivir en paz se necesita estar tranquilo.	1312
YE 2,2	Juan	Yo tengo mis defectos pero quiero tener paz y sosiego contigo.	1313
YE 3,2	Juan	Y a vivir en paz.	1349
BA 1,1	Bernarda	¡Descansa en paz con la santa	1448
BA 1,1	Todas	¡Descansa en paz!	1448
BA 1,1	Todas	¡Descansa en paz!	1448
BA 1,1	Todas	¡Descansa en paz!	1448
BA 1,1	Todas	¡Descansa en paz!	1449
BA 1,1	Todas	¡Descansa en paz!	1449
BA 2,1	La Poncia	¡Deja en paz a tu hermana, y si Pepe el Romano te gusta, te aguantas!	1481
BA 3,1	Magdalena	¡Déjame en paz!	1517
BA 3,1	La Poncia	Me estoy en mi sitio, y en paz.	1518
pchs (1)			
ZP 1,1	Alcalde	¡Pchs!	928
pecado (5)			
MM 1,5	Curianito	es un pecado grave que no perdona él.	693
MP 2,9	Mariana	¿Es un pecado?	851
YE 2,1	Lavandera 1	Hablar no es pecado.	1303
YE 2,2	Yerma	Hablar con la gente no es pecado.	1315
BA 2,1	Bernarda	¡Carbón ardiendo en el sitio de su pecado!	1506
pecador (1)			
RS 2,1	Madre	acuérdate, pecador.	1405
pecadora (1)			
MP 3,2	Mariana	Soy una gran pecadora;	866
pecados (2)			
MM 0,0		¿Y por qué a vosotros los hombres, llenos de pecados y de vicios incurables, [...]	670
PB 3,1	Marcolfa	¡Que usted mismo fomente en su mujer el peor de los pecados!	1010
pecera (2)			
MP 1,4	Amparo	o temblor de luna sobre una pecera	790

pecera (continuación)
    CA 1,1 Amigo 2   un año cogí una de estas mujercillas de la lluvia y la   1073
                             tuve dos días en una pecera.
peces (5)
    ZP 0,0 El Autor   Por este miedo absurdo, [...] humo o de que tres   911
                             peces, por amor de una mano y una palabra, se
                             conviertan en tres millones de peces para calmar el
                             [...]
    CA 1,1 Gato   iba a recoger los peces por el agua   1064
    CA 3,1 Muchacha   Tiburones y peces   1109
    EP CV Estudiante 1   Cuando la gente va al acuárium no asesina a las   1165
                             serpientes de mar, ni a las ratas de agua, ni a los
                             peces cubiertos de lepra, [...]
pechera (3)
    ZP 1,1 Mozo   Una mujer como usted, con ese pelo y esa pechera tan   931
                             hermosísima...
    CA 3,2 Jugador 1   La vida se le escapa por sus pupilas, que mojan la   1136
                             comisura de sus labios y le tiñen de azul la pechera
                             del frac.
    RS 2,1 Ayola 2   La que no quiere casar deja de echarse polvos y   1401
                             ponerse postizos debajo de la pechera, y no está día
                             [...]
pechitos (1)
    DC 1,1 Madre   porque ya tiene dos pechitos   1029
pecho (35)
    MM 1,5 Alacranito   Si tú quieres, me doy buenos golpes de pecho,   693
    TC 6,1 Rosita   En tu pecho han levantado el vuelo miles de pájaros;   777
                             amor mío,
    TC 6,1 Cocoliche   Ahora siento mi pecho lleno de cascabeles, lleno de   780
                             corazoncillos.
    MP 1,7 Mariana   Pues si mi pecho tuviera   813
    MP 2,3 Mariana   esta rosa de sangre de mi pecho.   826
    MP 2,5 Pedro   de abrir el pecho a bellas realidades cercanas   832
    ZP 2,1 Vecina Amarilla   Amortajada con su ramo en el pecho.   971
    PB 3,1 Belisa   ¿Quién te ha herido en el pecho?   1016
    DC 1,1 Poeta   Pero el dueño del teatro [...] solamente las señoras   1036
                             con pecho de seda y nariz [...]
    CA 1,1 Viejo   ¿No se atreve usted a concentrar, a hacer hiriente y   1049
                             pequeñito su amor dentro del pecho?
    CA 1,1 Joven   Basta observar sobre [...] que llevamos en el pecho se   1050
                             deshaga en burbujas.
    CA 2,1 Novia   Hay en tu pecho como un torrente donde yo me voy a   1079
                             ahogar.
    CA 2,1 Novia   Un puñal, unas tijeras duran siempre, y este pecho mío   1087
                             dura solo un momento.
    EP RR Figura De C   ¿Si yo me convirtiera en pecho?   1145
    BS 1,3 Madre   Cada minuto. Métete la mano en el pecho.   1199
    BS 2,1 Leonardo   ¿Y trajo ya el novio el azahar que se tiene que poner   1212
                             en el pecho?
    BS 2,1 Novia   Y sé que estoy loca y sé que tengo el pecho podrido de   1215
                             aguantar, [...]
    BS 2,2 Criada   con todo el pecho de brasa   1226
    BS 2,2 Madre   Pues es loca de no haber gritado todo lo que mi pecho   1227
                             necesita.
    BS 2,2 Madre   Tengo en mi pecho un grito siempre puesto de pie a   1227
                             quien tengo que castigar y meter entre los mantos.
    BS 3,1 Luna   ¡Que quiero entrar en un pecho   1250
    BS 3,1 Luna   por los montes de mi pecho;   1250
    BS 3,2 Madre   Que te pongan al pecho   1271
    YE 1,1 Yerma   Voy a guardar esta enjundia de gallina para aliviar su   1275
                             pecho, voy a llevarle [...]
    YE 1,1 Yerma   Los blancos montes que hay en tu pecho.   1277
    YE 1,1 Yerma   Yo he visto a mi hermana dar de mamar a su niño con el   1283
                             pecho lleno de grietas [...]
    YE 1,2 Yerma   ¿He de quedarme pensando en él o en lo que puede salir   1290
                             relumbrando de mi pecho?
    YE 2,1 Lavandera 4   Y yo la tapa del pecho de las fingidas.   1305
    YE 3,1 Yerma   Yo tengo la idea de que [...] llene la cara y el pecho   1328
                             de gotas blancas.
    YE 3,2 Hembra   en su pecho se clavan.   1342
    RS 1,1 Rosita   de alto pecho y larga cola?   1367
    RS 3,1 Ama   Yo no tengo genio para aguantar estas cosas sin que el   1416
                             corazón me corra por todo el pecho como si fuera un
                             [...]
    BA 2,1 Adela   Ha sido otra cosa que te reventaba en el pecho por   1494
                             querer salir.
    BA 3,1 Prudencia   Me ha retemblado dentro del pecho.   1509
    BA 3,1 Martirio   Déjame que el pecho se me rompa como una granada de   1527
                             amargura.

Pág.

pechos (15)
PB 2,1 Belisa   A veces pasa por debajo de mis balcones y mece su mano   1002
                       lentamente en un saludo que hace temblar mis pechos.

PB 3,1 Voces   Y en los pechos de Belisa   1011
CA 1,1 Mecanógrafa   Todavía tengo aquella sangre viva como una sierpe   1055
                       roja, temblando entre mis pechos.

BS 3,1 Luna   ¡Abrid tejados y pechos   1249
BS 3,1 Leonardo   de los pechos y las trenzas.   1258
BS 3,2 Novia   Que quiero que sepa que [...] la blancura de mis   1269
                       pechos.

YE 2,1 Lavandera 1   ¡Ay de la que tiene los pechos de arena.   1307
YE 2,1 Lavandera 1   ¡Ay de la que tiene los pechos de arena!   1310
YE 2,2 Yerma   ¡Ay, pechos ciegos bajo mi vestido!   1316
YE 3,1 Yerma   Yo tengo la idea de que [...] les va llenando los   1328
                       pechos para que ellos [...]

YE 3,1 Yerma   Haz conmigo lo que quieras, que soy tu mujer, pero   1333
                       guárdate de poner nombre de varón sobre mis pechos.

YE 3,2 Muchacha 1   El año pasado, cuando se hizo oscuro, unos mozos   1338
                       atenazaron con sus manos los pechos de mi hermana.

BA 1,1 La Poncia   Dicen que iba con los pechos fuera y Maximiliano la   1455
                       llevaba cogida como si tocara la guitarra.

BA 2,1 La Poncia   La encuentro sin sosiego, temblona, asustada, como si   1472
                       tuviese una lagartija entre los pechos.

BA 3,1 La Poncia   Pero ni tú ni nadie puede vigilar por el interior de   1518
                       los pechos.

pedacito (2)
CA 3,1 Máscara   ¿No tienes un pedacito de pan para mí?   1116
CA 3,1 Máscara   ¿No tienes un pedacito de pan para mi hijo?   1116

pedazo (2)
BS 3,2 Mendiga   Un pedazo de pan, muchachas.   1265
BS 3,2 Madre   ¡Floja, delicada, mujer de mal dormir es quien tira   1269
                       una corona de azahar para buscar un pedazo de cama
                       calentado [...]

pedazos (2)
MM 1,1 Doña Curiana   que hiciera pedazos su sabiduría.   672
TC 4,1 Mozo   Mañana mismo, con un tal don Cristobita, rico,   751
                       dormilón, tan bruto, que hace pedazos su sombra...
                       [...]

pedernal (3)
BS 3,2 Niña   con el pedernal.   1263
YE 2,1 Lavandera 4   La culpa es de ella, que tiene por lengua un pedernal.   1304
BA 2,1 Bernarda   Si las gentes del pueblo quieren levantar falsos   1502
                       testimonios, se encontrarán con mi pedernal.

pedestal (1)
TC 6,1 Cristobita   Es la historia de Don Tancredo, montado en su pedestal.   772

pedestales (1)
BA 1,1 Criada   Suelos barnizados con aceite, alacenas, pedestales,   1444
                       camas de [...]

pedíamos (1)
MM 1,2 Doña Curiana   las jóvenes no pedíamos   680

pedida (1)
BA 3,1 Adela   Los anillos de pedida deben ser de diamantes.   1510

pedido (2)
CA 1,1 Amigo 1   No le he pedido su parecer.   1076
CA 3,1 Máscara   Y después fui al hospital y allí supe que el conde se   1116
                       había casado con una gran dama romana...; y después he
                       pedido limosna y he compartido [...]

pedimos (1)
TC 1,1 Rosita   Pues pedimos.   732

pedir (4)
TC 1,1 Padre   Ese hombre tiene mucho oro y a mí me conviene, porque   732
                       si no, mañana tendríamos que pedir limosna.

BS 3,2 Mendiga   ¡Pude pedir tus ojos! Una nube   1265
YE 3,2 Vieja   Venís a pedir hijos al santo y resulta que cada año   1336
                       vienen más hombres solos a esta romería.

YE 3,2 Macho   a pedir que tu vientre se abra,   1341

pedirá (1)
YE 1,2 Muchacha 2   Mi madre pedirá.   1293

pediremos (2)
TC 1,1 Rosita   Lo pediremos a Madrid.   730
EP CV Muchacho 1   Por las ramas de aquel árbol podemos alcanzar uno de   1164
                       los balcones y desde allí pediremos auxilio.

pedirla (1)
BA 3,1 Bernarda   Vienen a pedirla dentro de tres días.   1509

pedirle (1)
YE 3,2 Yerma   ¿Que yo vaya a pedirle lo que es mío como una esclava?   1345

pedirte (2)
MP 1,7 Mariana   ¡No puedo pedirte nada!   809
BS 1,3 Madre   Pero ahora da. No te quejes. Yo no vengo a pedirte   1196
                       nada.

pedrada (1)
  BS 1,1 Madre   Amasa su pan y cose sus faldas, y siento, sin embargo,   1175
                 cuando la nombro, como si me dieran una pedrada en la
                 frente.

pedradas (2)
  CA 1,1 Gato   Diez pedradas   1063
  CA 2,1 Joven   Y luego... en la calle he golpeado a unos niños que   1092
                 estaban matando un gato a pedradas.

pedrisco (1)
  BA 2,1 Bernarda   ¡Ay, qué pedrisco de odio habéis echado sobre mi   1495
                 corazón!

Pedro (31)
  TC 2,1 Cocoliche   Cuando le regalé el chal [...] de nácar en el cual   737
                 Pedro Romero abre su [...]
  MP 1,1 Angustias   Don Pedro, sobre todos; y por ellos   784
  MP 1,6 Mariana   ¡Pedro de mi vida! ¿Pero quién irá?   805
  MP 1,7 Fernando   Un abrazo y el alma de tu amante- Pedro de Sotomayor."   811
  MP 1,7 Fernando   don Pedro tu corazón.   812
  MP 1,7 Fernando   que don Pedro. Hasta mañana.   816
  MP 2,4 Angustias   ¡Don Pedro!   827
  MP 2,5 Mariana   ¿De qué sirve mi sangre, Pedro, si tú murieras?   828
  MP 2,5 Mariana   ¡Pedro! ¿No te persiguen? ¿Te vieron entrar?   829
  MP 2,5 Mariana   Al bueno como al malo. ¡Pedro!, cuando se quiere   831
  MP 2,6 Clavela   ¡Don Pedro!   833
  MP 2,7 Mariana   Pedro, mira por mí. Sé muy prudente,   840
  MP 2,8 Conspirador 3   Don Pedro, triunfaremos esperando.   842
  MP 2,8 Mariana   Pedro, mientras yo viva...   845
  MP 2,8 Conspirador 3   ¡Don Pedro está apenado!   846
  MP 2,8 Mariana   ¡Pedro, vete!   847
  MP 2,8 Mariana   ¡Pedro..., y todos, que tengáis cuidado!   848
  MP 2,9 Pedrosa   Un tal don Pedro de Sotomayor.   853
  MP 3,3 Alegrito   El caballero don Pedro   868
  MP 3,3 Mariana   Don Pedro vendrá a caballo   869
  MP 3,4 Mariana   ¡Ay Pedro! Por ti no entra;   871
  MP 3,6 Mariana   Pedro, coge tu caballo   878
  MP 3,8 Mariana   ¡Pedro! ¿Dónde está Pedro?   884
  MP 3,8 Fernando   Vengo solo, Mariana. ¿Qué sé yo de don Pedro?   884
  MP 3,8 Fernando   Don Pedro   885
  MP 3,8 Mariana   y se ha muerto mirando los ojos de mi Pedro.   885
  MP 3,8 Mariana   Pedro, quiero morir por lo que tú no mueres,   886
  MP 3,8 Mariana   ¡Pedro, mira tu amor a lo que me ha llevado!   887
  MP 3,9 Mariana   ¡Pedro! La Libertad, por la cual me dejaste.   890
  RS 3,1 Ama   Del primer empujón que le doy a la caldera de Pedro   1425
                 Botero hago llegar [...]

Pedrosa (21)
  MP 0,0 Mosquito   "Si Pedrosa me viera bordando   782
  MP 1,5 Fernando   se escapó; pero Pedrosa   799
  MP 1,5 Fernando   Pedrosa conoce el sitio   799
  MP 1,5 Mariana   vi a Pedrosa. Se acercaba,   800
  MP 1,7 Mariana   ¿Podrás conmigo, Pedrosa?   810
  MP 1,7 Fernando   Pedrosa estrechará el cerco como él sabe, y si esta   811
                 misma noche no parto, estoy irremisiblemente perdido.
  MP 2,5 Pedro   Pero si así no fuese; si Pedrosa...   829
  MP 2,5 Pedro   No temas; ya he burlado a Pedrosa en el campo,   830
  MP 2,5 Mariana   hasta al rey y a Pedrosa.   831
  MP 2,7 Conspirador 3   Pedrosa no ha cesado de espiarme,   836
  MP 2,7 Mariana   y Pedrosa es capaz... ¡de lo que sea!   837
  MP 2,8 Clavela   y Pedrosa con ellos!   847
  MP 2,9 Mariana   ¡Señor Pedrosa!   852
  MP 2,9 Mariana   ¡Pedrosa!   854
  MP 2,9 Mariana   ¡Pedrosa, por mis hijos!...   856
  MP 2,9 Mariana   con estas manos, ¡mírelas, Pedrosa!,   857
  MP 2,9 Mariana   ¡Pedrosa, aquí me tiene!   857
  MP 3,4 Carmen   Aquí está, señor Pedrosa.   873
  MP 3,5 Mariana   Me lo dio el corazón: ¡Pedrosa!   873
  MP 3,5 Mariana   ¡Soy valiente, Pedrosa, soy valiente!   875
  MP 3,5 Mariana   Suelta, Pedrosa; vete. ¡Madre Carmen!   877
pedruscos (1)
  BS 2,2 Padre   Hay que sostener una batalla con las malas hierbas,   1228
                 con los cardos, con los pedruscos que salen no [...]

pega (1)
  ZP 1,1 Niño   Tú no me regañarás, ¿verdad?, porque a mi madre, que   934
                 algunas veces me pega, la quiero veinte [...]

pegada (1)
  DC 1,1 Rosita   pegada al muro   1032
pegado (2)
  YE 2,2 Yerma   Vivo sumisa a ti, y lo que sufro lo guardo pegado a   1313
                 mis carnes.
  BA 2,1 Bernarda   Estarán las vecinas con el oído pegado a los tabiques.   1492
pégame (1)
  ZP 1,1 Zapatera   ¡Pégame, si te parece; anda, tírame el martillo!   918

pegar - pelo

Pág.

pegar (2)
DC 1,1 Cristóbal   En el pegar no hay engaño.   1026
RS 1,1 Tía   La lengua se me debió pegar en el cielo de [...]   1363
pegará (1)
TC 4,1 Cocoliche   ¡Cristobita te pegará, amor mío!   754
pegas (1)
RS 1,1 Tía   Si antes no pegas la hebra con una tucumana.   1363
pegaste (1)
BA 2,1 Martirio   ¿Es verdad que le pegaste algunas veces?   1477
pegue (1)
BA 2,1 Martirio   ¡No me pegue usted, madre!   1493
pegué (1)
ZP 2,1 Niño   Pues me lo ha hecho el Cunillo porque estaba cantando... las coplas que te han sacado y yo le pegué en la cara, y entonces [...]   944
peina (2)
TC 5,1 Jovencita   se peina la niña.   759
TC 5,1 Jovencita   se peina la niña.   761
peinada (1)
ZP 2,1 Zapatero   bien peinada y bien compuesta,   960
peinado (2)
TC 6,1 Rosita   La sierra de Granada tiene pies de luz y peinado de nieve.   774
BS 2,1 Criada   El azahar te lo voy a poner desde aquí hasta aquí, de modo que la corona luzca sobre el peinado.   1208
peinándome (1)
BS 2,1 Novia   Sigue peinándome.   1207
peinar (1)
BS 2,1 Criada   Aquí te acabaré de peinar.   1206
peinarme (1)
TC 1,1 Rosita   Si yo por peinarme a la arremangué y darme arrebol en la cara...   726
peinetas (2)
MP 1,4 Amparo   (calañés y altas peinetas)   793
ZP 1,1 Zapatero   Al principio creí que la dominaría con mi carácter dulzón y mis regalillos: collares de coral, cintillos, peinetas de concha..., [...]   925
pelada (1)
CA 2,1 Novia   Quiero un hábito color tierra para ese hombre; un hábito de roca pelada con un cordón de esparto a la cintura.   1085
peleó (1)
BA 3,1 Prudencia   Desde que se peleó con sus hermanos por la herencia no ha salido por la puerta de la calle.   1507
peligro (3)
MP 2,5 Pedro   exponiendo tu débil corazón al peligro.   828
MP 2,5 Mariana   Dime: ¿corriste gran peligro?   830
MP 3,5 Pedrosa   Cada segundo aumenta su peligro.   876
peligros (1)
MP 2,5 Pedro   ¡Cuántos peligros corres sin el menor desmayo!   828
peligrosa (1)
CA 1,1 Viejo   Es peligrosa esta mujer.   1055
peligroso (1)
MP 1,7 Mariana   Algo peligroso.   808
pelito (1)
RS 3,1 Ama   ¡Don Martín con su pelito rojo!   1422
pelo (24)
TC 2,1 Cocoliche   Ayer se puso un lazo negro en el pelo.   735
TC 3,1 Cristobita   ¿Es que tus toneles hablan, o es que me estás tomando el pelo?   748
TC 4,1 Cocoliche   Qué tristeza cuando te vi con el lazo en el pelo... ¡Lo negro bajará hasta los pies!   754
MP 3,9 Mariana   y prenderme en el pelo mi mantilla de encaje.   889
ZP 1,1 Zapatera   Quién me hubiera dicho [...] con..., me tiraría del pelo.   913
ZP 1,1 Alcalde   ¡Qué rosas tan bien puestas lleva usted en el pelo y qué bien huelen!   927
ZP 1,1 Alcalde   ¡Y hay que ver qué ondas en el pelo!   928
ZP 1,1 Mozo   Una mujer como usted, con ese pelo y esa pechera tan hermosísima...   931
ZP 2,1 Alcalde   Muchas mujeres he conocido [...] mujeres que les huele el pelo a nardos y siempre [...]   949
ZP 2,1 Zapatero   Os voy a arrastrar del pelo.   972
ZP 2,1 Zapatera   Y con serenidad de familia de caballistas que han cruzado muchas veces la sierra, sin hamugas, a pelo sobre los caballos.   973
ZP 2,1 Zapatera   Soy capaz de seguir así hasta que se vuelva cana toda mi mata de pelo.   974
PB 3,1 Marcolfa   Ella se puso encendida [...] hermosas trenzas de pelo.   1010
BS 1,1 Madre   Pasan los meses y la desesperación me pica en los ojos y hasta en las puntas del pelo.   1173

pelo (continuación)
BS 2,1 Muchacha 2   con el largo pelo,   1216
BS 2,1 Muchacha 3   ¿Qué esencia te echaste en el pelo?   1220
BS 2,1 Mujer   con el agua de tu pelo!   1221
RS 2,1 Ama   Tendrá el pelo de plata y todavía [...]   1380
BA 1,1 La Poncia   Paca la Roseta traía el pelo suelto y una corona de   1456
                         flores en la cabeza.
BA 1,1 Amelia   ¡Si te ve nuestra madre te arrastra del pelo!   1465
BA 3,1 María Josefa   Como tengo el pelo blanco crees que no puedo tener   1524
                         crías, y sí, crías y crías y crías.
BA 3,1 María Josefa   Este niño tendrá el pelo blanco y tendrá otro niño y   1524
                         éste otro, y todos con el pelo de nieve,
BA 3,1 María Josefa   Tú tendrás el pelo blanco, pero no vendrán las vecinas. 1525
pelos (1)
BA 1,1 La Poncia   Si Bernarda no ve relucientes las cosas me arrancará   1441
                         los pocos pelos que me quedan.
pelucas (1)
EP CV Enfermero   Mucho cuidado con que el aire que ha de soplar no se   1164
                         lleve vuestras pelucas.
peludos (1)
MP 2,1 Niña   borriquitos peludos que miraban...   821
pellejo (2)
ZP 1,1 Zapatera   ¿Quién me lo iba a decir, viejo pellejo, que me ibas a 918
                         dar tal pago?
DC 1,1 Madre   Viejo, viejo pellejo.   1030
pena (17)
MM 1,2 Doña Curiana   Es que me da mucha pena   678
MM 1,2 Doña Curiana   y te adiviné la pena.   683
MM 1,5 Curianito   ¡Oh qué pena tan honda en el alma me siento   698
TC 0,0 Mosquito   No os podéis imaginar qué pena teníamos.   724
TC 2,1 Mozo 3   Vente, que la pena se te pasará cuando te dé el viento   738
                         del campo.
TC 3,1 Mozo 1   Por lo mismo, no tendría yo ninguna pena.   743
TC 6,1 Currito   ¡Adiós para siempre, ingrata! Mi pena es que jamás te   775
                         olvidaré.
MP 1,4 Amparo   no se hizo para la pena.   794
MP 1,7 Fernando   si puede calmar tu pena!   810
ZP 2,1 Zapatera   La navaja se contesta [...] cama..., me da una   974
                         pena..., ¡qué pena!
YE 2,2 Yerma   ¡Ay, qué prado de pena!   1316
YE 2,2 Yerma   ¡Qué pena más grande no poder sentir las enseñanzas de 1323
                         los viejos!
RS 1,1 Rosita   Alhambra, jazmín de pena   1369
RS 2,1 Rosita   como una muerta de pena   1404
RS 3,1 Ama   Sí, sí; pero no me toque usted el corazón, no me   1436
                         levante la gasa de la pena, porque yo soy la [...]
RS 3,1 Tía   Parece como si alguien quisiera poner el jardín feo   1437
                         para que no tuviésemos pena de dejarlo.
penacho (1)
ZP 1,1 Zapatera   Cállate, larga de lengua, penacho de catalineta, [...] 912
penas (1)
BA 1,1 Mujer 1   Los pobres sienten también sus penas.   1445
pendentif (1)
RS 2,1 El Señor X   Le entrega usted de mi parte este pendentif.   1377
pendientes (2)
BS 1,1 Madre   Le llevaré los pendientes de azófar, que son antiguos, 1177
                         y tú le compras...
BA 1,1 Criada   Ha sacado del cofre sus anillos y los pendientes de   1453
                         amatista; [...]
penetra (2)
BS 3,2 Madre   pero que penetra fino   1272
BS 3,2 Madre   pero que penetra frío   1272
penetrante (1)
MP 2,7 Mariana   de una manera penetrante.   837
penetre (1)
MP 2,9 Mariana   ¿Que penetre de noche en mi vivienda   855
Península (1)
MP 2,5 Pedro   su herido corazón de Península andante,   832
penitente (1)
YE 3,2 Yerma   Escucha a la penitente   1339
pensaba (7)
MP 1,4 Amparo   Yo pensaba siempre en ti;   792
MP 1,4 Amparo   yo pensaba: si estuviera   792
MP 1,4 Amparo   Yo pensaba siempre en ti;   794
MP 1,4 Amparo   yo pensaba: si estuviera   794
MP 3,2 Mariana   Pensaba...   864
ZP 2,1 Alcalde   Nada, pensaba... de que si [...]   951
BA 1,1 Adela   Pensaba ponérmelo el día que vamos a comer sandías a   1465
                         la noria.
pensad (1)
MM 1,1 Doña Curiana   Mas pensad, señora, que por la poesía...   672

Pág.

pensado (6)
PB 0,0 Perlimplín   Siempre he pensado no casarme.   981
PB 3,1 Marcolfa   Pero ¿qué ha pensado, mi señor?   1008
PB 3,1 Perlimplín   Todo lo que no había pensado antes.   1008
BS 2,1 Leonardo   Después de mi casamiento he pensado noche y día de   1214
                           [...]
YE 3,2 Yerma   ¿Has pensado en serio que yo me pueda doblar a otro   1345
                           hombre?
YE 3,2 Yerma   ¿Y nunca has pensado en él cuando me has visto   1349
                           desearlo?
pensáis (1)
MM 1,2 Doña Curiana   y mientras pensáis en eso   678
pensamiento (3)
MM 1,6 Curianito   mientras otra flor nace dentro del pensamiento?   701
MP 3,8 Mariana   para vivir y amar su pensamiento propio.   885
CA 1,1 Joven   la dibujo, la hago moverse [...] andrajos que va por   1052
                          mi pensamiento como si estuviera [...]
pensamientos (5)
BA 2,1 La Poncia   ¡Mata esos pensamientos!   1480
BA 2,1 Amelia   Y nos apedreáis con malos pensamientos.   1494
BA 2,1 La Poncia   Has visto lo malo de las gentes a cien leguas; muchas   1497
                         veces creí que adivinabas los pensamientos.
BA 2,1 La Poncia   En el pueblo hay gentes que leen también de lejos los   1499
                         pensamientos escondidos.
BA 2,1 Bernarda   ¡No me persigas tú con tus malos pensamientos!   1499
pensando (4)
MM 1,3 Doña Curiana   solo pensando en ella.   685
YE 1,2 Yerma   ¿He de quedarme pensando en él o en lo que puede salir   1290
                        relumbrando de mi pecho?
RS 3,1 Rosita   Me he acostumbrado a vivir muchos años fuera de mí,   1428
                       pensando en cosas que [...]
BA 3,1 Angustias   Me habla siempre como pensando en otra cosa.   1513
pensar (20)
MM 1,1 Doña Curiana   No pensar en eso, idos a acostar...   675
MP 2,5 Pedro   No es hora de pensar en quimeras, que es hora   832
MP 2,8 Pedro   Yo no sé qué pensar; que tengo abierta   842
PB 3,1 Perlimplín   Antes no podía pensar en las cosas extraordinarias   1009
                       [...]
CA 1,1 Joven   Gracias. Si me pongo a pensar en la muchachita, en mi   1051
                       niña...
CA 1,1 Joven   ¡Pues si me pongo a pensar en ella!,   1052
CA 1,1 Viejo   Porque lo otro es morirse ahora mismo, y es más   1053
                       hermoso pensar que todavía mañana [...]
CA 1,1 Joven   ¡No me dejas pensar!   1057
CA 1,1 Amigo   ¡Pero si no hay que pensar!   1058
EP CV Estudiante 5   Porque están locos; pero [...] me queda tiempo para   1167
                       pensar si es hombre o [...]
BS 1,3 Padre   En eso no hay que pensar.   1199
BS 2,1 Mujer   Pero pienso y no quiero pensar.   1224
BS 2,1 Novia   Ni me importa. Tengo mucho que pensar.   1236
YE 1,2 Yerma   Entonces, ¿qué vas a pensar cuando te deja [...]   1290
YE 2,2 Juan   Estuve podando los manzanos y a la caída de la tarde   1311
                       me puse a pensar para qué pondría [...]
YE 2,2 Juan   Quiero dormir fuera y pensar que tú duermes también.   1313
YE 2,2 Juan   Con ese achaque vives alocada, sin pensar en lo que   1314
                       debías, y te empeñas en meter la cabeza por una roca.
YE 2,2 Yerma   Las mujeres cuando tenéis hijos no podéis pensar en   1318
                       las que no los tenemos.
BA 2,1 Bernarda   No pienso. Hay cosas que no se pueden ni se deben   1496
                       pensar. Yo ordeno.
BA 3,1 Bernarda   Y es mejor no pensar en ellas.   1516
pensara (1)
MP 1,1 Clavela   Si pensara como antigua, le diría...   784
pensaré (1)
RS 1,1 Primo   sólo pensaré en quererte.   1372
pensarlo (1)
MP 1,6 Mariana   ¡Ni siquiera pensarlo!   802
pensé (3)
PB 2,1 Perlimplín   Sin saber por qué pensé en ti.   1005
YE 1,2 Yerma   Pues el primer día que me puse novia con él ya   1290
                       pensé... en los hijos... Y me miraba en sus ojos.
BA 2,1 La Poncia   Nunca pensé que se llamara asesinato al aviso.   1497
penséis (2)
MM 1,1 Doña Curiana   No penséis en eso, vecina doctora,   675
BS 1,2 Mujer   No me gusta que penséis mal de una buena muchacha.   1190
pensión (1)
RS 2,1 Madre   Pero usted lo sabe muy bien: desde que faltó mi pobre   1393
                       marido hago verdaderos milagros para administrar la
                       pensión que nos queda.
peor (16)
TB QM. Viejo   Peor es otra cosa.   906

peor (continuación)
TB QM. Viejo   Peor es que todo ande y que el río suene.   906
TB QM. Viejo   Peor es que haya un ciclón.   906
TB QM. Enrique   Lo peor del mundo es un criado viejo, un mendigo.   907
ZP 1,1 Vecina   ¿Cuánto me vas a llevar por ellos?... Los tiempos van   920
                            cada vez peor...

PB 3,1 Marcolfa   ¡Que usted mismo fomente en su mujer el peor de los   1010
                            pecados?

YE 2,2 Yerma   Y cada día que pase será peor.   1313
RS 1,1 Tía   ¡Chist! Sois a cuál peor.   1352
RS 2,1 Madre   Cada vez peor.   1391
RS 3,1 Ama   Pero esto de mi Rosita es lo peor.   1416
RS 3,1 Martín   Sí, pero es peor esto mío.   1421
RS 3,1 Muchacho   Un poquito peor. Yo la tengo hecha a martillazos.   1432
BA 1,1 Adela   Pienso que este luto me ha cogido en la peor época de   1466
                            mi vida para pasarlo.

BA 2,1 Bernarda   Y si no lo olvida peor para ella.   1499
BA 3,1 Magdalena   Peor suerte que tienes no vas a tener.   1510
BA 3,1 La Poncia   Esa es la peor.   1521
Pepe Hillo (1)
MP 1,4 Amparo   Ni Pepe-Hillo ni nadie   793
Pepe (34)
BA 1,1 Muchacha   Pepe el Romano estaba con los hombres del duelo.   1447
BA 1,1 Bernarda   A Pepe no lo ha visto ella ni yo.   1447
BA 1,1 Magdalena   ¡Lo de Pepe el Romano!   1463
BA 1,1 Magdalena   Pepe el Romano viene a casarse con Angustias.   1463
BA 1,1 Magdalena   Pepe el Romano tiene veinticinco años y es el mejor   1464
                            tipo de todos estos contornos.

BA 1,1 Magdalena   Lo mejor que puedes hacer es regalárselo a Angustias   1465
                            para la boda con Pepe el Romano.

BA 1,1 Adela   Pero Pepe el Romano...   1465
BA 1,1 Criada   Pepe el Romano viene por lo alto de la calle.   1467
BA 2,1 Magdalena   Angustias. ¿Pongo también las iniciales de Pepe?   1471
BA 2,1 La Poncia   Todavía estaba Angustias con Pepe en la ventana.   1473
BA 2,1 La Poncia   De Pepe el Romano. ¿No es eso?   1480
BA 2,1 La Poncia   ¿Por qué te pusiste casi desnuda con la luz encendida   1481
                            y la ventana abierta al pasar Pepe el segundo día que
                            [...]

BA 2,1 La Poncia   ¡Deja en paz a tu hermana, y si Pepe el Romano te   1481
                            gusta, te aguantas!

BA 2,1 La Poncia   Entonces Pepe hará lo que hacen [...]   1481
BA 2,1 Angustias   ¿Dónde está el retrato de Pepe que tenía yo debajo de   1490
                            mi almohada?

BA 2,1 Amelia   Ni que Pepe fuera un San Bartolomé de plata.   1490
BA 2,1 Martirio   A Pepe le gusta andar con la luna.   1491
BA 2,1 Angustias   Yo no tengo la culpa de que Pepe el Romano se haya   1495
                            fijado en mí.

BA 2,1 La Poncia   ¿A ti no te parece que Pepe estaría mejor casado con   1500
                            Martirio o..., ¡sí!,

BA 2,1 La Poncia   A mí me parece mal que Pepe esté con Angustias, y a   1500
                            las gentes, y hasta al aire.

BA 2,1 Angustias   Pepe lleva más de una semana marchándose a la una.   1501
BA 2,1 La Poncia   Pero, desde luego, Pepe estaba a las cuatro de la   1502
                            madrugada en una reja de tu casa.

BA 3,1 Bernarda   ¿Qué cuenta Pepe?   1513
BA 3,1 Angustias   Muchas veces miro a Pepe con mucha fijeza [...]   1514
BA 3,1 Angustias   Sí. Esta noche no viene Pepe.   1516
BA 3,1 Bernarda   ¿Sigue tu hijo viendo a Pepe a las cuatro de la mañana?   1519
BA 3,1 La Poncia   No es toda la culpa de Pepe el Romano.   1520
BA 3,1 María Josefa Pepe el Romano es un gigante.   1525
BA 3,1 Adela   Pepe el Romano es mío.   1528
BA 3,1 Adela   En mí no manda nadie más que Pepe.   1529
BA 3,1 Martirio   Se acabó Pepe el Romano.   1530
BA 3,1 Adela   ¡Pepe!   1530
BA 3,1 Adela   ¡Pepe!   1530
BA 3,1 Bernarda   Pepe, tú irás corriendo vivo por lo oscuro de las   1532
                            alamedas, pero otro día caerás.

pequeña (13)
ZP 2,1 Zapatera   Yo he hablado así porque [...] acechando la ocasión   967
                            más pequeña para defenderme?

CA 1,1 Amigo   Mira, es un talle para [...] hacha de plata muy   1057
                            pequeña para seccionarlo.

CA 1,1 Amigo 2   No; se hizo cada vez más pequeña, más niña, como [...]   1074
CA 1,1 Amigo 2   En una caja así de pequeña, y ustedes se van a luchar   1074
                            con la

CA 2,1 Novia   Creo que me vas a quebrar entre tus brazos, porque soy   1079
                            débil, porque soy pequeña, porque soy como [...]

CA 3,1 Máscara   El conde Arturo, con una camelia entre los labios,   1116
                            venía en una pequeña barca con su [...]

CA 3,1 Mecanógrafa De pequeña, yo guardaba los dulces para comerlos   1117
                            después.

pequeña - pequeños

pequeña (continuación)   Pág.
  CA 3,2 Joven   Yo tenía antes otra pequeña, ¿recuerdas?   1133
  EP RR Figura De C   mientras tú, debajo de [...] ya nada más que una
                            pequeña pólvora que pasa [...]   1150
  BS 1,1 Madre   ¿Y es justo y puede ser que una cosa pequeña como una
                            pistola [...]   1173
  BS 2,1 Leonardo   Un poco más pequeña le sentaría mejor.   1212
  BS 3,1 Novia   como a víbora pequeña,   1256
  BS 3,1 Leonardo   La misma llama pequeña   1259
pequeñas (8)
  MM 1,2 Curianita Silvia negras tus alas pequeñas,   680
  MP 1,4 Mariana   con vuestra alegría de niñas pequeñas!   790
  TB QM. Viejo   Yo, por unas monedillas, las más pequeñas que tengas,
                            te las llevo.   905
  CA 1,1 Amigo 2   En el colegio entraba por los patios y estrellaba por
                            las paredes a unas mujeres desnudas, muy pequeñas, que 1073
                            lleva dentro.
  CA 2,1 Novia   Mi novio tenía los dientes helados; me besaba, y sus
                            labios se le cubrían de pequeñas hojas marchitas, [...] 1079
  CA 2,1 Criada   Pero las personas somos pequeñas.   1083
  CA 3,2 Criada   Yo le he regalado un ramito de rosas, pero eran tan
                            pequeñas que no las han entrado siquiera en la   1132
                            habitación.
  RS 2,1 Tío   Llega un momento en que [...] inquietud las cosas más
                            pequeñas, para poner [...]   1386
pequeñísimos (1)
  EP CV Muchacho 1   Eran pequeñísimos.   1159
pequeñita (2)
  CA 2,1 Novia   Detrás de toda esta sombra [...] defenderme a mí, que
                            soy pequeñita como un botón, pequeñita como una abeja 1079
                            [...]
pequeñitas (3)
  PB 3,1 Perlimplín   Tú sabes cómo son las Hadas..., pequeñitas...Es
                            admirable, pueden bailar sobre mi dedo meñique!   1009
  EP RR Figura De C   tú me contestarías: "Yo me convertiría en una bolsa de
                            huevas pequeñitas."   1147
  EP RR Figura De P   ¿Y si yo me convirtiera en una bolsa de huevas
                            pequeñitas?   1148
pequeñito (3)
  CA 1,1 Viejo   ¿No se atreve usted a concentrar, a hacer hiriente y
                            pequeñito su amor dentro del pecho?   1049
  CA 1,1 Mecanógrafa   Cuando pequeñito yo le veía jugar desde mi balcón.   1055
  YE 1,2 Vieja 1   Aunque debía haber Dios, aunque fuera pequeñito, para
                            que mandara [...]   1291
pequeñitos (2)
  ZP 2,1 Zapatera   Me puse tan azorada, que se me fueron dos pañuelos
                            preciosos, así de pequeñitos, en la corriente.   946
  EP RR Figura De P   Tú has roto el hilo de la araña y ya siento que mis
                            grandes pies se van volviendo pequeñitos y repugnantes. 1151
pequeño (13)
  TC 4,1 Mosquito   es una criatura... Pero lo cierto es que el corazón
                            de la señá Rosita, un corazoncillo así de pequeño, se   751
                            le escapa.
  TB QM. Mujer   Te veo pequeño.   909
  TB QM. Mujer   Pequeño .   909
  CA 1,1 Amigo 2   Los conocí cuando yo era muy pequeño, y me han
                            empujado por los pies.   1073
  CA 1,1 Amigo 2   Yo era muy pequeño, pero lo recuerdo con todo detalle. 1073
  CA 3,1 Payaso   Un niño pequeño   1113
  CA 3,1 Joven   Es tan pequeño... Aplasta las naricillas en el
                            cristal de mi corazón y, sin embargo, no tiene aire.   1125
  CA 3,2 Joven   Cuando lo vi, a los veinte años, era tan pequeño que
                            me parecía [...]   1132
  BS 1,1 Madre   Y las escopetas, y las pistolas, y el cuchillo más
                            pequeño, y hasta las azadas y los bieldos de la era.   1172
  YE 1,2 Yerma   Sí, pero es que no os dais cuenta lo que es un niño
                            pequeño.   1292
  YE 1,2 Yerma   No. Es la voz de un niño pequeño.   1298
  YE 2,1 Lavandera 1   Un niño pequeño, un niño.   1309
  YE 3,2 Yerma   Yo soy como un campo seco donde caben arando mil pares
                            de bueyes y lo que tú me das es un pequeño vaso de   1345
                            agua [...]
pequeños (6)
  CA 1,1 Niño   con sus hijitos pequeños, que son muchos.   1066
  CA 2,1 Novia   Anoche soñaba que todos los niños pequeños crecen por
                            casualidad... [...]   1087
  EP CV Muchacho 1   Sí, pero eran demasiado pequeños para ser pies de
                            mujer.   1159
  EP CV Estudiante 2   Se amaban los esqueletos [...] Julieta cubierta de
                            pequeños sapitos de asco.   1160

pequeños (continuación)
  EP CV   Estudiante 1   Alegría de los muchachos y de las muchachas y de las   1168
                         ranas y de los pequeños taruguitos de madera.
  YE 3,2 Yerma   No vengas a solazarte como los niños pequeños   1345
peral (1)
  RS 1,1 Ama   ¡Qué ganas tengo de ver plantados en este jardín un   1353
                         peral, un cerezo, un caqui!
percibes (1)
  DC 1,1 Rosita   Como hay tan poca luz no percibes.   1039
percha (1)
  RS 3,1 Ama   Como he descolgado la percha, lo tienes enganchado en   1435
                         el tirador de la ventana.
perder (8)
  MP 1,7 Mariana   no hay que perder un momento.   814
  MP 2,5 Mariana   Ahora puedo perderte, puedo perder tu vida.   831
  CA 3,2 Jugador 2   Porque hay que ganar o perder... Vamos. Su carta.   1142
  RS 2,1 Ama   ¡Gracias a Dios que la voy a perder de vista!   1382
  RS 2,1 Rosita   Pero es que en la calle noto cómo pasa el tiempo y no   1389
                         quiero perder las ilusiones.
  BA 1,1 Adela   No quiero que se me pongan las carnes como a vosotras;   1466
                         no quiero perder mi blancura en [...]
  BA 2,1 Adela   Madre, no oiga usted a quien nos quiere perder a todas.   1502
  BA 3,1 Adela   No me voy a perder.   1512
perderás (1)
  MM 1,6 Curiana N   La noche sin estrellas donde te perderás.   701
perderme (2)
  TC 6,1 Rosita   ¡Quieres perderme, infame!   764
  MP 2,9 Mariana   ¡Usted quiere perderme!   855
perdernos (1)
  BA 2,1 Bernarda   Hay a veces una ola de fango que levantan los demás   1502
                         para perdernos.
perderse (3)
  MM 2,7 Curianito   perderse en la distancia.   720
  CA 1,1 Viejo   Por eso hay que volar de una cosa a otra hasta   1053
                         perderse.
  EP CV   Dama 1   Es horrible perderse en un teatro y no encontrar la   1163
                         salida.
perderte (2)
  MM 1,6 Curiana N   No la mires con ansias, porque puedes perderte.   701
  MP 2,5 Mariana   Ahora puedo perderte, puedo perder tu vida.   831
perdí (10)
  TC 5,1 Fígaro   perdí mi dedal...   757
  CA 3,1 Muchacha   Perdí mi deseo,   1109
  CA 3,1 Muchacha   perdí mi dedal,   1109
  CA 3,1 Muchacha   Perdí mi corona,   1110
  CA 3,1 Muchacha   perdí mi dedal,   1110
  CA 3,1 Muchacha   Perdí mi corona,   1113
  CA 3,1 Muchacha   perdí mi dedal.   1113
  CA 3,1 Payaso   Perdí rosa y curva,   1113
  CA 3,1 Payaso   perdí mi collar,   1113
  RS 3,1 Rosita   Ya perdí la esperanza de hacerlo con quien quise con   1429
                         toda mi sangre, con quien quise y... con quien quiero.
perdida (4)
  MP 2,3 Mariana   mientras que yo, perdida y loca, siento   826
  BS 3,1 Novia   mujer perdida y doncella.   1260
  RS 3,1 Rosita   Todo está acabado... y, sin embargo, con toda la   1429
                         ilusión perdida, me acuesto, [...]
  RS 3,1 Rosita   Dejarme como cosa perdida.   1431
perdido (8)
  TC 6,1 Rosita   ¡Todo se ha perdido!   762
  MP 1,7 Fernando   Pedrosa estrechará el cerco como él sabe, y si esta   811
                         misma noche no parto, estoy irremisiblemente perdido.
  CA 2,1 Joven   Es mi tesoro perdido.   1096
  CA 2,1 Joven   No importa que se hayan perdido.   1098
  CA 3,1 Joven   No quiero tiempo perdido.   1121
  CA 3,2 Joven   Lo he perdido todo.   1143
  CA 3,2 Eco   Lo he perdido todo.   1143
  EP CV   Traspunte   Pero se había perdido la barba de José de Arimatea.   1162
perdiéndose (1)
  MM 2,2 Curiana N   que decía perdiéndose en el alma del viento,   707
perdiera (1)
  TC 6,1 Rosita   Largos caminos color naranja. ¡Oh, quién se perdiera   774
                         por ellos!
perdió (1)
  CA 2,1 Criada   Le regalé un pañuelo bordado por mí, que decía: "Amor,   1087
                         Amor, Amor", y se le perdió.
perdón (4)
  TC 5,1 Fígaro   ¡Perdón, musiú!   756
  MP 1,7 Mariana   ¡Perdón, amigo!   814
  PB 0,0 Madre   Como de azúcar... Pero..., perdón.   985
  RS 3,1 Rosita   Le pido perdón.   1431

Pág.

perdona (12)
MM 1,5 Curianito   es un pecado grave que no perdona él.   693
MP 1,6 Mariana   Perdona   804
MP 3,2 Carmen   perdona.   866
PB 2,1 Perlimplín   Perdona.   1003
BS 1,1 Vecina   Perdona.   1181
BS 1,2 Suegra   Perdona; tuyo es.   1189
BS 2,2 Muchacha 2   Perdona.   1236
RS 1,1 Tía   ¡Perdona, perdona! Se me había olvidado que ya eres un   1363
                        hombre.
RS 2,1 Tío   Perdona.   1386
RS 3,1 Tía   Perdona, hijo, mi mala memoria.   1432
BA 2,1 Adela   Se les perdona todo.   1486
perdonad (4)
TC 3,1 Joven   Perdonad.   745
MP 1,2 Lucía   ¡Perdonad, señora!   787
MP 2,9 Pedrosa   de estas cuestiones. Perdonad, Mariana.   852
BS 2,2 Novia   No. Perdonad vosotras.   1236
perdonado (4)
ZP 2,1 Zapatero   ¡Dios lo haya perdonado!   957
RS 3,1 Ama   ¿Dónde cree usted que estará don Rafael Salé,   1425
                        explotador de los pobres, que enterraron anteayer,
                        Dios le haya perdonado, con tanto [...]
BA 1,1 Criada   ¡Dios lo haya perdonado!   1443
BA 3,1 Prudencia   No la ha perdonado.   1507
perdónalos (1)
EP CV Desnudo   Padre mío, perdónalos, que no saben lo que se hacen.   1162
perdóname (3)
BS 1,1 Madre   Perdóname. ¿Cuánto tiempo llevas en relaciones?   1176
YE 2,2 Juan   Perdóname.   1315
YE 2,2 Juan   Aunque me miras de un modo que no debía decirte   1316
                        "Perdóname" sino obligarte, [...]

perdonará (1)
MP 3,2 Mariana   que Dios me perdonará   866
perdonaría (1)
ZP 2,1 Zapatero   ¿Le perdonaría su locura?   976
perdonarla (1)
ZP 2,1 Zapatero   Voy en su busca para perdonarla y vivir con ella lo   967
                        poco que me queda de vida.

perdone (8)
MM 1,5 Alacranito   y que San Cucaracho me perdone.   693
MP 2,9 Pedrosa   Perdone si interrumpo sus quehaceres.   850
ZP 2,1 Zapatero   Usted perdone, no he querido...   964
CA 1,1 Viejo   Perdone...   1045
CA 2,1 Padre   Usted perdone.   1099
EP CV Traspunte   Le ruego me perdone.   1162
YE 3,2 Mujer 1   ¡Que Dios te perdone!   1337
YE 3,2 Vieja   Que te perdone a ti.   1337
perdoné (1)
ZP 2,1 Zapatera   ¡Cuánto tiempo hace que se la perdoné!   977
perdóneme (1)
TB PBK Buster Keaton   Señorita Eleonora, ¡perdóneme, que yo no he sido!   896
perdonen (4)
ZP 0,0 El Autor   Ustedes perdonen.   912
CA 1,1 Viejo   Con permiso... Perdonen... Se me olvidará el   1059
                        sombrero.
CA 2,1 Joven   Perdonen.   1091
CA 2,1 Joven   Ustedes me perdonen, pero de correr, de subir la   1092
                        escalera, estoy agitado.

perdones (1)
BS 2,1 Padre   Son familia. ¡Hoy es día de perdones!   1221
perdono (1)
BS 2,1 Madre   Me aguanto, pero no perdono.   1221
perecer (1)
MM 1,1 Curiana N   La vi perecer   672
pereciendo (1)
ZP 1,1 Zapatero   Estabas pereciendo, sin camisa ni hogar.   918
perejil (1)
ZP 1,1 Zapatero   Ayer estuvimos todo el día con unas sopas de huevo y   920
                        perejil; bueno, pues [...]

perezosa (1)
MM 2,1 Curianita 1   ¡Es terrible esta plaga de gente perezosa!   704
perfección (1)
CA 2,1 Joven   la perfección de su curva,   1105
perfectamente (4)
TB QM. Enrique   Todo lo dejo perfectamente organizado.   907
PB 2,1 Perlimplín   pero lo comprendo perfectamente.   1005
CA 1,1 Joven   Además, sabes perfectamente que no me pertenezco.   1055
BA 1,1 Bernarda   Aunque mi madre esté loca, yo estoy en mis cinco   1469
                        sentidos y sé perfectamente lo que hago.

perfectos (1)
    EP CV   Muchacho 1   Eran demasiado perfectos y demasiado femeninos.   1159
pérfida (1)
    BA 2,1 Adela   Métete en tus cosas, ¡oledora!, ¡pérfida!   1481
perfiles (1)
    CA 1,1 Joven   Pero las cosas vivas, ardiendo en su sangre, con todos 1047
                             sus perfiles intactos.
perfuma (1)
    MP 2,7 Pedro   perfuma el corazón de sus ciudades,   838
perfumada (1)
    RS 3,1 Ama   Voy a guisar. Una cazuela de jureles perfumada con   1417
                            hinojos.
perfumado (1)
    MM 1,1 Curiana N   hasta nosotros llega perfumado.   675
perfumar (1)
    PB 2,1 Belisa   Debe tener la piel morena y sus besos deben perfumar y   1002
                            escocer al mismo tiempo como el azafrán y el clavo.

perfume (2)
    PB 1,1 Duende 1   Su habitación exhalaba un perfume tan intenso, [...]   995
    CA 1,1 Viejo   Son unas trenzas con cuyo perfume se puede vivir sin   1050
                           necesidad de pan ni de agua.

perfumes (1)
    RS 1,1 Rosita   ¿Qué manos roban perfumes   1367
perfumó (1)
    PB 1,1 Belisa   La criada perfumó esta habitación [...]   988
perilla (2)
    TC 1,1 Padre   Pues me viene de perilla, ¡de perilla!   726
perinolas (1)
    ZP 2,1 Zapatera   Que yo sola meneo sin querer las perinolas de la cama,   974
                         ¡susto doble!

peripuesto (1)
    PB 3,1 Perlimplín   Ya muerto, lo podrás acariciar siempre en tu cama, tan   1015
                         lindo y peripuesto, sin que tengas [...]

perjuras (1)
    ZP 2,1 Zapatero   ¡Así os lleve el demonio! ¡Basiliscos, perjuras!   973
perlas (6)
    TC 1,1 Rosita   ¡Dios mío, qué collar de perlas tan precioso!   731
    TC 6,1 Mosquito   La tierra tiene caminitos [...] qué ese derroche de   771
                         perlas?
    BA 1,1 María Josefa Bernarda, dame mi gargantilla de perlas.   1470
    BA 3,1 Prudencia   Tres perlas.   1510
    BA 3,1 Prudencia   En mi tiempo las perlas significaban lágrimas.   1510
    BA 3,1 Bernarda   Con perlas o sin ellas, las cosas son como uno se las   1510
                         propone.

Perlimplimpinito (1)
    PB 1,1 Belisa   Perlimplimpinito, ¿qué quieres?   997
Perlimplín (30)
    PB 0,0 Belisa   Don Perlimplín se quiere casar conmigo. ¿Qué hago?   984
    PB 0,0 Madre   Don Perlimplín es un encantador marido.   985
    PB 0,0 Madre   Don Perlimplín tiene muchas tierras; en las tierras   985
                         hay muchos gansos y ovejas.

    PB 1,1 Perlimplín   Perlimplín... ¿Dónde estás, Perlimplín?   988
    PB 1,1 Belisa   Perlimplín.   989
    PB 1,1 Belisa   Es un nombre bonito Perlimplín.   990
    PB 1,1 Belisa   ¡Perlimplín!   991
    PB 1,1 Duende 2   ¿Tú conocías a Perlimplín?   994
    PB 1,1 Duende 2   El alma de Perlimplín, chica y asustada [...]   995
    PB 1,1 Duende 2   Don Perlimplín. ¿Te hacemos un mal o un bien?   996
    PB 1,1 Belisa   Sí, Perlimplín chiquitito.   999
    PB 1,1 Belisa   Mira, Perlimplín, cierra los balcones, que antes de   999
                         nada se levantará la gente.

    PB 2,1 Belisa   ¡¡Perlimplín!! ¡No la leas!   1004
    PB 2,1 Belisa   ¡Perlimplín!   1004
    PB 3,1 Marcolfa   Don Perlimplín, ¿cómo es posible?   1010
    PB 3,1 Perlimplín   Porque don Perlimplín no tiene honor y quiere   1010
                         divertirse.

    PB 3,1 Perlimplín   ¡Don Perlimplín no tiene honor!   1010
    PB 3,1 Belisa   ¡Perlimplín, le quiero!   1014
    PB 3,1 Belisa   ¡Perlimplín, qué dices!   1014
    PB 3,1 Belisa   ¡Por Dios, Perlimplín!   1015
    PB 3,1 Belisa   ¡Don Perlimplín,   1016
    PB 3,1 Belisa   ¡Perlimplín!   1016
    PB 3,1 Perlimplín   Perlimplín me mató... ¡Ah don Perlimplín!   1016
    PB 3,1 Belisa   ¡Don Perlimplín ha muerto!   1017
    PB 3,1 Belisa   Perlimplín, ¿qué cosa has hecho, Perlimplín?   1018
    PB 3,1 Marcolfa   Don Perlimplín, duerme tranquilo... ¿La estás   1018
                         oyendo?...

    PB 3,1 Marcolfa   Don Perlimplín..., ¿la estás oyendo?...   1018
Perlimplinillo (2)
    PB 1,1 Belisa   De los borrachitos que van y vienen, Perlimplinillo.   998
                         ¡Amor!

Perlimplinillo (continuación)   Pág.
  PB 2,1 Belisa   No conocí más hombre que mi Perlimplinillo.   1004
permanecer (1)
  MP 3,5 Mariana   ¿Y he de permanecer aquí encerrada?   876
permaneció (1)
  MM 1,2 Doña Curiana   que permaneció soltera   680
permiso (7)
  MP 1,6 Fernando   Con tu permiso...   804
  MP 3,7 Carmen   Un señor, que trae permiso   883
  ZP 2,1 Zapatera   Nadie le ha dado permiso para que dé su opinión.   964
  PB 1,1 Perlimplín   ¿Me das permiso para quitarme la casaca?   992
  CA 1,1 Joven   Se las cortó sin permiso, naturalmente, y esto... me   1050
                           cambia su imagen.
  CA 1,1 Viejo   Con permiso... Perdonen... Se me olvidará el   1059
                           sombrero.
  RS 2,1 Tío   ¿Cómo? ¿Y quién te ha dado permiso?   1388
permita (1)
  MP 2,7 Conspirador 1   ¡Dios lo permita!   837
permite (2)
  TC 1,1 Rosita   ¡Y me lo permite!   730
  CA 3,2 Criado   El señor pone unos ejemplos... Pero yo le   1133
                           preguntaría, si el señor lo permite..., ¿se encuentra
                           [...]
permites (1)
  ZP 2,1 Zapatero   Si tú me lo permites.   954
permitir (3)
  TC 3,1 Mozo 1   ¡Lo que nosotros no podemos permitir es que estés   743
                           triste!
  MP 2,9 Mariana   ¿Puedo yo permitir que usted me insulte?   855
  ZP 2,1 Zapatera   Lo que usted debía saber hace muchos días, lo que   948
                           usted como alcalde no debía permitir.
permitiré (1)
  BA 3,1 Martirio   Yo no permitiré que lo arrebates.   1526
permito (1)
  CA 1,1 Viejo   Me permito recordarle que su novia... no tiene   1050
                           trenzas.
pero (647)
perpetua (1)
  BA 1,1 Todas   "Et lux perpetua luceat eis."   1449
perra (3)
  BS 3,1 Novia   como si fuera una perra,   1259
  BA 1,1 La Poncia   Pero yo soy buena perra; ladro cuando me [...]   1442
  BA 1,1 Martirio   A ellos les importa la tierra, las yuntas, y una perra   1460
                           sumisa que les dé de comer.
perras (1)
  YE 2,2 Yerma   Que estoy ofendida, ofendida [...] de corderos, y las   1318
                           perras, y que parece [...]
perrillo (1)
  TC 3,1 Espantanublos   Será algún perrillo de esas huertas.   747
perrito (3)
  ZP 2,1 Zapatero   Yo soy como un perrito y mi mujer manda en el   976
                           castillo, ¡pero que mande!
  RS 1,1 Ama   Ni padre, ni madre, ni perrito que le ladre, pero   1355
                           tiene un tío y una tía que valen un tesoro.
  BA 1,1 Magdalena   De ver los cuadros bordados de cañamazo de nuestra   1461
                           abuela, el perrito de lanas y el [...]
perritos (1)
  BS 1,1 Madre   No te irías al arroyo ahora y bordaríamos las dos   1174
                           cenefas y perritos de lana.
perro (6)
  TC 6,1 Rosita   ¡Mal hombre, perro judío!...   766
  ZP 2,1 Zapatera   ¡Antes un perro!   949
  DC 1,1 Madre   Mal hombre, perro.   1040
  YE 1,1 Yerma   En el patio ladra el perro,   1277
  RS 3,1 Ama   Yo no tengo genio para aguantar estas cosas sin que el 1416
                           corazón me corra por todo el pecho como si fuera un
                           perro perseguido.
  BA 1,1 Criada   Tuve durante el duelo [...] para beber, y carne de   1452
                           perro, que es lo que [...]
perros (7)
  RS 1,1 Ama   ¿Y no hay gatos y no hay perros, y no hay un golpe de   1356
                           aire que entra por la ventana?
  RS 3,1 Rosita   Me molestan esas miradas de perros fieles.   1430
  BA 1,1 Criada   También están solos los perros y viven.   1444
  BA 2,1 La Poncia   Y para ocultar su vergüenza lo mató y lo metió debajo   1505
                           de unas piedras, pero unos perros con más corazón [...]
  BA 3,1 La Poncia   Están ladrando los perros.   1522
  BA 3,1 Criada   Los perros están como locos.   1522
  BA 3,1 María Josefa   Yo tengo que marcharme, pero tengo miedo que los   1525
                           perros me muerdan.

perseguida (1)
  BA 3,1 Adela   Todo el pueblo contra mí, quemándome con sus dedos de   1528
                        lumbre, perseguida por los que [...]
perseguido (1)
  RS 3,1 Ama   Yo no tengo genio para [...] como si fuera un perro   1416
                        perseguido.
perseverante (1)
  PB 0,0 Perlimplín   Dime tú, doméstica perseverante, las causas de ese sí.   980
Persia (1)
  RS 2,1 El Señor X   Mi amigo, el señor Longoria, [...] por hora; y el sha   1375
                        de Persia, que por cierto [...]
persigas (1)
  BA 2,1 Bernarda   ¡No me persigas tú con tus malos pensamientos!   1499
persigue (2)
  CA 2,1 Novia   En los espejos y entre los encajes de la cama oigo ya   1095
                        el gemido de un niño que me persigue.
  RS 3,1 Rosita   Y sin embargo la esperanza me persigue, me ronda, me   1429
                        [...]
persiguen (2)
  MP 2,5 Mariana   ¡Pedro! ¿No te persiguen? ¿Te vieron entrar?   829
  BS 3,1 Leonardo   porque nos persiguen cerca   1256
persona (12)
  MM 1,5 Alacranito   pero soy buena persona.   692
  TC 6,1 Cocoliche   ¡Cristobita no era una persona!   779
  TC 6,1 Rosita   ¿De manera que no era una persona?   779
  MP 1,7 Fernando   Necesito antes de las nueve el pasaporte que tienes en   811
                        tu poder y una persona de tu absoluta [...]
  ZP 2,1 Alcalde   Por lo que veo, este niño sabio y retorcido es la   949
                        única persona a quien tratas bien en el pueblo.
  ZP 2,1 Alcalde   Que la casa tiene una [...] estar alegre, que una   951
                        persona que sé yo se [...]
  ZP 2,1 Vecina Roja   Usted es persona decente y no debe estar aquí.   971
  PB 0,0 Madre   No he de ponderar estas cosas a persona tan moderna y   985
                        competentísima como usted.
  BS 1,1 Madre   Que fueran como dos cardos, que ninguna persona los   1181
                        nombra y pinchan si llega el momento.
  YE 2,2 Juan   Por eso quiero ver cerrada esa puerta y cada persona   1315
                        en su casa.
  RS 2,1 Rosita   Nada. Una persona representa al novio en la ceremonia.   1409
  RS 2,1 Ama   ¡Que venga en persona y se case!   1410
personajes (2)
  DC 1,1 Poeta   Pero el dueño del teatro tiene a los personajes   1036
                        metidos en [...]
  DC 1,1 Director   Llenemos el teatro de [...] Bérgamo, como a uno de los   1043
                        personajes donde sigue [...]
personas (8)
  PB 2,1 Marcolfa   La noche de bodas entraron cinco personas por los   1001
                        balcones.
  CA 2,1 Criada   Pero las personas somos pequeñas.   1083
  RS 2,1 Tío   Llega un momento en que las personas que viven juntas   1386
                        [...]
  RS 3,1 Martín   Y créame usted que los [...] sentimiento, como a   1419
                        personas situadas en [...]
  BA 1,1 Bernarda   A tu edad no se habla delante de las personas mayores.   1446
  BA 1,1 Bernarda   ¡Cuánto hay que sufrir y luchar para hacer que las   1456
                        personas sean decentes y no tiren al monte demasiado!
  BA 2,1 Martirio   Verdaderamente es raro que dos personas que no se   1474
                        conocen se vean de pronto en una reja y ya novios.
  BA 2,1 La Poncia   Esas cosas pasan entre personas ya un poco instruidas   1476
                        [...]
perspicaces (1)
  TC 1,1 Rosita   ¡Qué poco perspicaces sois los hombres!   726
pertenecen (1)
  BA 2,1 Magdalena   Y ni nuestros ojos siquiera nos pertenecen.   1486
pertenecía (1)
  BA 3,1 Adela   He visto la muerte debajo de estos techos y he salido   1526
                        a buscar lo que era mío, lo que me pertenecía.
pertenezco (1)
  CA 1,1 Joven   Además, sabes perfectamente que no me pertenezco.   1055
perturban (1)
  RS 3,1 Rosita   Esas miradas de lástima que me perturban y me indignan.   1430
perversa (1)
  BA 2,1 Bernarda   ¡Perversa!   1495
pesa (3)
  MP 1,5 Mariana   que me pesa en las pestañas.   796
  MP 3,2 Mariana   Este silencio me pesa   865
  TB QM. Enrique   Es verdad, pero me pesa esta ausencia.   906
pesadilla (1)
  PB 3,1 Perlimplín   El te querrá con el amor infinito de los difuntos y yo   1015
                        quedaré libre de esta oscura pesadilla de tu cuerpo
                        [...]

pesados - pez

Pág.

pesados (1)
   BS 3,1 Mendiga   cuerpos pesados con el cuello herido.   1250
pesan (2)
   CA 1,1 Niño   Pesan como las rosas   1063
   BS 2,2 Madre   Las bendiciones pesan mucho.   1231
pesando (1)
   RS 2,1 Rosita   le fue pesando las ramas;   1404
pesar (V) (2)
   BS 2,2 Madre   Pero no han de pesar. Ligera como paloma debes ser.   1231
   YE 3,1 Juan   Cuando llego a un corro todos callan; cuando voy a   1333
                               pesar la harina, todos [...]
pesar (13)
   TC 3,1 Cocoliche   Espantanublos, cierra la puerta, que a pesar de estar   745
                               cerca [...]
   MP 2,7 Mariana   ¿A pesar de este miedo?   839
   MP 2,8 Mariana   Pero a pesar de esta opresión aguda   846
   MP 3,5 Mariana   a pesar de tener un corazón   875
   ZP 2,1 Zapatera   Que a pesar de sus cincuenta [...]   976
   PB PRO Madre   El agradecimiento de su corazón y el de usted mismo...   986
                               Lo he entendido..., lo he entendido..., a pesar de que
                               hace veinte [...]
   DC 1,1 Cristóbal   Pero a pesar de todo es una linda muchacha.   1034
   YE 2,1 Lavandera 5   Anteanoche, ella la pasó sentada en el tranco, a pesar 1302
                               del frío.
   YE 2,2 Yerma   La mujer del campo que no da hijos es inútil como un   1317
                               manojo de espinos, y hasta mala, a pesar de que yo sea
                               de [...]
   YE 2,2 Yerma   A pesar de todo, sigue queriéndome.   1318
   RS 1,1 Rosita   Y, a pesar de negros, son   1365
   RS 2,1 Madre   A pesar de todo, nosotras no hemos descendido de clase.   1393
   BA 1,1 Criada   A pesar de sus ochenta años, tu madre es fuerte como   1452
                               un roble.
pesares (4)
   MM 1,2 Curianita Silvia   tienen estos mis pesares.   678
   MM 1,2 Curianita Silvia   Mis pesares son tan hondos   679
   MM 1,5 Alacranito   también tiene sus pesares.   691
   MM 2,7 Curianito   ¿Entonces a quién cuento mis pesares?   720
pescadores (1)
   MP 2,7 Pedro   pescadores del Palo, marineros   838
pese (1)
   MP 2,7 Pedro   mal que le pese a Calomarde!   839
pesebre (1)
   BA 1,1 La Poncia   Anoche ataron a su marido a un pesebre y a ella se la   1455
                               [...]
pesebres (1)
   CA 2,1 Novia   Blanco y con los cascos dorados entre el heno de los   1079
                               pesebres.
peseta (1)
   RS 2,1 Madre   Yo tengo una muchacha que nos arregla el piso por las   1395
                               tardes; ganaba lo que han ganado siempre: una peseta
                               al mes y las sobras, [...]
pesetas (3)
   ZP 1,1 Vecina   ¿Está bien en dos pesetas?   920
   ZP 1,1 Zapatera   Mientras no des por ellos diez pesetas, aquí se quedan.   921
   RS 3,1 Ama   Y él dirá: "¡Que tengo veinte millones de pesetas, no   1425
                               me apretéis con las tenazas!
peso (4)
   MM 2,7 Curianito   y la sombra es el peso que nos duerme: 719
   PB 3,1 Belisa   He sentido tu calor y tu peso, delicioso joven de mi   1012
                               alma... ¡Oh !...,
   BS 2,1 Criada   ¡Dichosa tú que vas a abrazar a un hombre, que lo vas   1207
                               a besar, que vas a sentir su peso!
   BA 2,1 Bernarda   ¡Qué escándalo es este en mi casa y en el silencio del   1492
                               peso del calor!
pestañas (2)
   MP 1,5 Mariana   que me pesa en las pestañas.   796
   RS 1,1 Rosita   cuyas pestañas son parras,   1365
pétalo (1)
   MM 2,1 Curianita Santa   pétalo en los rosales y corteza en el árbol."   703
pétalos (1)
   RS 1,1 Rosita   sus pétalos encendidos   1371
petróleo (1)
   EP CV Dama 3   Cuando subíamos por el [...] de tisú manchados de   1163
                               petróleo.
petunias (1)
   RS 1,1 Ama   Pero aquí... rosas por la derecha, albahaca por la   1353
                               izquierda, anémonas, salvias, petunias y esas flores
                               [...]
pez (11)
   MP 1,4 Amparo   donde un pez de plata finge rojo sueño.   790
   PB 0,0 Una Voz   nada como un pez el sol.   982

pez (continuación)
PB 0,0	Belisa	nada como un pez el sol.	987
EP RR	Figura De C	¿Y si yo me convirtiera en pez luna?	1146
EP RR	Figura De C	Si yo me convirtiera en pez luna, tú te convertirías [...]	1146
EP RR	Figura De P	Si tú te convirtieras en pez luna, yo te abriría [...]	1146
EP RR	Figura De P	Yo me convertiría en pez luna.	1147
EP RR	Figura De C	¿Y si yo me convirtiera en pez luna?	1147
EP RR	Figura De C	De dominarte tanto, que si yo dijera: "¿Si yo me convirtiera en pez luna ?",	1147
EP RR	Figura De C	mientras tú, debajo de [...] yo me convertiría en pez luna	1149
BS 3,2	Novia	pez sin escamas ni río,	1272

piano (2)
RS 2,1	Tía	¿Y ese piano?	1397
RS 3,1	Solterona 3	Yo vengo a dar una lección de piano que tengo aquí cerca y me llegué por si necesitaban ustedes algo.	1435

pica (1)
BS 1,1	Madre	Pasan los meses y la desesperación me pica en los ojos y hasta en las puntas del pelo.	1173

picadillo (1)
RS 2,1	Ayola 2	Por cierto que yo tomé cuatro huevos con picadillo de tomate, y casi no me podía levantar de la silla.	1396

picado (2)
ZP 1,1	Zapatera	No, es que un mosco de esos que hacen piiiiii, me ha picado en este ojo.	913
BA 2,1	La Poncia	¡Y él también parece muy picado!	1501

picante (1)
ZP 2,1	Zapatera	Porque si lo dices cojo un pimiento picante y te pongo la lengua como un ascua.	944

picarillo (2)
TC 5,1	Fígaro	¡Ah! ¡Gran picarillo! ¡Picarillo!	756

pícaros (2)
TC 6,1	Cristobita	Brrrrr... ¡Pícaros mosquitos! ¡Pícaros mosquitos!	775

pico (4)
TC 6,1	Rosita	con el pico movía la hoja,	762
CA 1,1	Niño	con las alas tronchadas y en el pico una flor.	1068
YE 2,1	Lavandera 2	Y las palomas abren las alas y el pico.	1309
RS 2,1	Tía	¡Pico de falsa miel! ¡Palabras!	1381

picos (1)
RS 2,1	El Señor X	Es una Torre Eiffel de nácar sobre dos palomas que llevan en sus picos la rueda de la industria.	1377

pida (1)
BS 1,1	Madre	¡Que es verdad! ¡Que tienes razón! ¿Cuándo quieres que la pida?	1177

pide (6)
MP 1,7	Mariana	lo que pide en la escritura.	811
MP 2,5	Mariana	Y yo soy la primera que lo pide con ansia.	832
ZP 0,0	El Autor	El poeta no pide benevolencia, sino [...]	911
YE 1,2	Muchacha 2	En cambio, mi madre no [...] los da a la que lo pide con ansia.	1293
BA 2,1	Coro	el segador pide rosas	1487
BA 2,1	Adela	...el segador pide rosas	1487

piden (4)
EP CV	Desnudo	¿Qué piden?	1155
EP CV	Enfermero	Piden la muerte del director de escena.	1155
BS 1,2	Mujer	¿Sabes que piden a mi prima?	1190
BA 1,1	La Poncia	Pero yo soy buena perra; ladro cuando me lo dicen y muerdo los talones de los que piden limosna cuando [...]	1442

pides (2)
BS 2,1	Criada	¿Qué castigo pides tirando al suelo la corona?	1208
YE 1,1	Yerma	¿Qué pides, niño, desde tan lejos?	1277

pidiendo (2)
TC 1,1	Cocoliche	En seguida voy a escribir una carta a París pidiendo un niño...	730
RS 1,1	Ama	Pidiendo ochavitos por las calles me quedo yo al lado de esta prenda.	1364

pido (5)
TC 4,1	Currito	Anda, por tus hijos, te pido que me dejes ir.	753
YE 2,2	Yerma	No te pido yo que te quedes.	1312
YE 2,2	Yerma	que pido un hijo que sufrir, y el aire	1316
RS 3,1	Rosita	Me entendéis si pido pan y agua y hasta [...]	1430
RS 3,1	Rosita	Le pido perdón.	1431

pie (16)
MM 1,2	Doña Curiana	al pie de esas azucenas.	683
TC 6,1	Voz	la punta del pie,	762
TC 6,1	Currito	¡Oh, qué lindo pie	766
TC 6,1	Currito	qué lindo pie!	766
MP 1,5	Fernando	a pie firme comentaban	798
MP 2,8	Conspirador 4	que al poner el pie en la arena	843

Pág.

pie (continuación)
MP 2,8 Mariana	"Luna tendida, marinero en pie",	846
MP 2,8 Mariana	"Luna tendida, marinero en pie."	846
TB DME Marinero	Ponte de pie.	899
DC 1,1 Cristóbal	la punta del pie	1031
DC 1,1 Madre	Le darás el pie	1031
CA 3,1 Mecanógrafa	Esperaba siempre en pie toda la noche hasta que yo me asomaba a la ventana.	1115
CA 3,2 Joven	No... Prefiero jugar de pie.	1139
CA 3,2 Jugador 3	¿De pie?	1139
BS 2,2 Madre	Tengo en mi pecho un grito siempre puesto de pie a quien tengo que castigar y meter entre los mantos.	1227
YE 2,2 Yerma	Que estoy ofendida, ofendida [...] el campo puesto de pie me enseña sus crías [...]	1318

piedad (4)
TC 6,1 Rosita	¡Tened piedad de mí!	768
TC 6,1 Cocoliche	¿Tener piedad de ti?	768
TC 6,1 Rosita	¡Que viene Cristobita! ¡Piedad, que viene Cristobita!	769
MP 2,9 Mariana	¡Tenga piedad de mí! ¡Si usted supiera!	856

piedra (9)
MM 0,0	Mientras que no améis profundamente a la piedra y al gusano no entraréis en el reino de Dios.	670
TB PBK Americana	¿Tiene usted un anillo con la piedra envenenada?	895
ZP 2,1 Niño	Pues me lo ha hecho el [...] entonces él me tiró una piedra que, ¡plaff!,	944
CA 2,1 Joven	un mar hecho piedra ríe	1103
EP CV Muchacho 1	Romeo puede ser un ave y Julieta puede ser una piedra.	1160
EP CV Estudiante 4	Nada, pero un ave no puede ser un gato, ni una piedra puede ser un golpe de mar.	1161
BS 3,1 Leonardo	y puse un muro de piedra	1257
BS 3,1 Leonardo	en el filo de la piedra.	1258
YE 1,2 Yerma	Tu colcha de oscura piedra,	1295

piedras (21)
MP 0,0 Mosquito	que a las piedras hacía llorar	781
MP 0,0 Niña	que a las piedras hacía llorar!	782
MP 3,2 Mariana	las piedras, el agua, el aire,	865
MP 3,4 Mariana	cuatro lunas en las piedras	871
MP 3,9 Mariana	que a las piedras hacía llorar,	891
TB QM. Mujer	Saltas por las piedras.	909
ZP 2,1 Zapatero	sus jacas sobre las piedras.	960
PB 3,1 Perlimplín	pero me ha matado... Con este ramo ardiente de piedras preciosas.	1017
CA 1,1 Niño	con hondas que lanzan piedras	1066
BS 1,2 Leonardo	Por lo visto se las arranca con las piedras.	1187
BS 2,2 Madre	Son los primos de mi marido. Duros como piedras para la danza.	1231
BS 3,1 Luna	Voy a alumbrar las piedras. ¿Qué necesitas?	1251
BS 3,2 Mendiga	quietos al fin entre las piedras grandes,	1266
YE 1,1 Yerma	Yo veo por mis ojos que eso no puede ser... A fuerza de caer la lluvia sobre las piedras estas se ablandan [...]	1276
YE 1,1 Yerma	No corras por las piedras de la calle.	1284
YE 2,2 Yerma	Son piedras delante de mí.	1319
YE 3,1 Yerma	A veces, cuando ya estoy [...] calle y los toros y las piedras me parecen como [...]	1328
RS 1,1 Rosita	por las piedras enredado	1373
RS 3,1 Ama	...y coger una espada y cortarle la cabeza y machacársela con dos piedras y cortarle la [...]	1414
BA 2,1 La Poncia	¡Dando voces y arrojando piedras!	1485
BA 2,1 La Poncia	Y para ocultar su vergüenza lo mató y lo metió debajo de unas piedras, pero unos perros [...]	1505

piedrecita (1)
TC 2,1 Cocoliche	El silbido ha tocado como una piedrecita de música en el cristal de su balcón.	735

piedrecitas (1)
MM 2,7 Curianito	Te traeré piedrecitas de la fuente	720

piel (5)
MM 1,5 Alacranito	¡si supierais lo dulce que tenía la piel!	693
MP 1,7 Mariana	y toda mi piel se estira.	810
PB 2,1 Belisa	Debe tener la piel morena y sus besos deben perfumar y escocer al mismo tiempo como el azafrán y el clavo.	1002
CA 2,1 Joven	Me hacen ahora mismo un aire que me quema la piel.	1098
YE 1,1 Yerma	Voy a guardar esta enjundia de gallina para aliviar su pecho, voy a llevarle esta piel de oveja para guardar [...]	1275

pieles (1)
ZP 1,1 Zapatero	Cerote, clavos, pieles de becerro... Bueno.	933

piensa (12)
MM 1,2 Doña Curiana	Piensa	683
MM 2,1 Curianita 1	El no piensa ganarse la vida honradamente.	702
MP 1,8 Angustias	¡Mariana, piensa en ellos!	819

piensa (continuación)
MP 2,9 Mariana   ¿Qué piensa de mí? ¡Diga!   854
ZP 1,1 Zapatera   También me aguanto yo..., piensa que tengo dieciocho   916
                      años.
CA 1,1 Viejo   Piensa tanto que...   1051
BS 3,1 Leonardo   si pienso como se piensa.   1260
YE 2,2 Juan   Cuando te den conversación cierra la boca y piensa que   1315
                      eres una mujer casada.
YE 3,1 Dolores   Piensa que tu marido también sufre.   1329
YE 3,2 Juan   Piensa que tenía que pasar así.   1348
RS 1,1 Tía   Piensa que tu padre es hermano mío.   1362
BA 3,1 Bernarda   Cada uno sabe lo que piensa por dentro.   1513
piensan (3)
TC 5,1 Fígaro   Somos los alcaldes de [...] nos enteramos cómo piensan   758
                      por dentro.
MP 3,3 Alegrito   Yo no sé lo que ellos piensan.   868
YE 2,2 María   ¿Qué piensan?   1319
piensas (7)
TC 4,1 Mozo   ¿Y qué piensas hacer?   752
ZP 1,1 Alcalde   ¿Y qué piensas hacer?   926
ZP 2,1 Zapatero   ¿Qué piensas hacer? Matarlo.   961
BS 2,2 Madre   ¿Qué piensas?   1230
YE 1,2 Yerma   Juan, ¿qué piensas?   1299
BA 1,1 Martirio   ¿Qué piensas, Adela?   1466
BA 2,1 La Poncia   Claro. A él hay que alejarlo de aquí. Piensas bien.   1496
piense (4)
DC 1,1 Director   Piense, don Cristóbal, que necesita usted dinero para   1023
                      casarse.
CA 1,1 Viejo   Piense.   1056
CA 2,1 Criada   ¡Piense bien en lo que va a hacer!   1083
YE 1,1 Víctor   Dile a tu marido que piense menos en el trabajo.   1285
pienses (3)
MM 2,7 Curianito   No pienses en volar hacia los montes   720
BS 1,3 Criada   No pienses en cosas agrias.   1203
RS 3,1 Rosita   No lo pienses.   1429
pienso (28)
MM 2,6 Curianito   Pero pienso en el mundo con que mi madre sueña,   718
MP 1,8 Mariana   Tienes razón. ¡No pienso!   819
MP 2,5 Pedro   y así pienso seguir hasta vencer contigo,   830
MP 2,8 Conspirador 1 Yo pienso así.   844
MP 3,5 Mariana   Pero yo pienso que es mentira.   874
CA 1,1 Joven   ¡Pienso tanto...!   1050
BS 1,1 Vecina   Muchas veces pienso que tu hijo y [...]   1179
BS 2,1 Leonardo   Después de mi casamiento he pensado noche y día de   1214
                      quién era la culpa y cada vez que pienso sale una
                      culpa [...]
BS 2,1 Mujer   Pero pienso y no quiero pensar.   1224
BS 2,2 Novia   No pienso en nada.   1230
BS 3,1 Leonardo   si pienso como se piensa.   1260
YE 1,1 Yerma   Pienso que no es justo que yo me consuma aquí.   1282
YE 1,1 Yerma   Yo pienso que se nos va la mitad de nuestra sangre.   1283
YE 1,2 Vieja 1   Pienso muchas ideas que no quiero decir.   1288
YE 1,2 Yerma   Yo pienso muchas cosas, muchas, y estoy segura que las   1290
                      cosas que pienso las ha de realizar mi hijo.
YE 3,1 Yerma   Yo no pienso en el mañana, pienso en el hoy.   1328
YE 3,1 Yerma   Yo pienso que tengo sed y no tengo libertad.   1328
RS 1,1 Tío   Pero yo ese día lo pienso pasar al lado para ver cómo   1357
                      se pone blanca.
RS 2,1 Rosita   ¡Ay, yo pienso que todo es poco!   1395
RS 2,1 Ayola 2   Yo pienso igual.   1400
RS 3,1 Tía   Yo ya estoy entregada..., [...] dignidad... ¡Pero   1414
                      cuando pienso en Rosita!
RS 3,1 Tía   Cuando pienso en la mala acción [...]   1414
BA 1,1 Adela   Pienso que este luto me ha cogido en la peor época de   1466
                      mi vida para pasarlo.
BA 2,1 La Poncia   Por mucho que pienso no sé lo que te propones.   1480
BA 2,1 Magdalena   Yo no pienso dar una puntada.   1484
BA 2,1 Bernarda   No pienso. Hay cosas que no se pueden ni se deben   1496
                      pensar. Yo ordeno.
pierdas (1)
BA 2,1 Magdalena   Adela, niña, no te pierdas esto.   1477
pierde (7)
MM 2,5 Gusano 3   como el amor, se pierde   713
MM 2,7 Curianito   ¿Quién me pierde entre sombra?   721
MP 2,9 Pedrosa   y usted misma se pierde.   857
MP 3,8 Mariana   última débil brisa que se pierde en los álamos.   886
CA 2,1 Maniquí   Mi cola se pierde por el mar   1099
CA 2,1 Maniquí   Mi cola se pierde por el mar.   1100
RS 1,1 Ama   Se echa a volar y se nos pierde de las manos.   1354
pierna (1)
MM 1,1 Curiana N   ¿Y esa pierna coja?   674

piernas - pieza

piernas (7)   Pág.
    MP 1,4 Amparo   gracia movía las piernas!   793
    EP RR Figura De P   Toma un hacha y córtame las piernas.   1147
    RS 1,1 Ama   las piernas sirven para la danza,   1353
    RS 3,1 Ama   Nos llevamos poco, pero [...] han engarabitado las   1413
                          piernas.
    BA 1,1 Adela   Regalarme unas cuantas pulgas que me han acribillado 1465
                          las piernas.
    BA 2,1 Adela   No por encima de ti, [...] tengo levantado por piernas 1482
                          y boca.
    BA 3,1 Adela   Voy a llegarme hasta el portón para estirar las   1512
                          piernas y tomar un poco de fresco.
piernecita (1)
    TC 6,1 Currito   ¡Oh piernecita de azucena!   764
piernecitas (2)
    TC 5,1 Currito   con sus piernecitas!   757
    YE 1,1 María   Oye: dicen que más adelante te empuja suavemente con 1280
                          las piernecitas.
pies (35)
    MM 1,1 Doña Curiana   dos alas y cuatro pies.   676
    TC 1,1 Cocoliche   No hubiera podido. A tu lado los pies se vuelven de 728
                          plomo.
    TC 1,1 Cocoliche   Me parece que me están haciendo cosquillas en la   731
                          planta de los pies.
    TC 2,1 Cocoliche   Ponte triste si me ves; lo negro bajará luego hasta 735
                          los pies."
    TC 3,1 Joven   Cuando lo vi desde la Sierra, me entró la luz por los 743
                          ojos y me llegó hasta los pies.
    TC 4,1 Cocoliche   Qué tristeza cuando te vi con el lazo en el pelo... 754
                          ¡Lo negro bajará hasta los pies!
    TC 6,1 Rosita   La sierra de Granada tiene pies de luz y peinado de 774
                          nieve.
    MP 2,5 Pedro   pisará tierra dura con anchos pies de plata.   829
    CA 1,1 Amigo 2   Los conocí cuando yo era muy pequeño, y me han   1073
                          empujado por los pies.
    CA 2,1 Novia   Yo quiero tener plomo en los pies.   1087
    CA 3,2 Joven   Recuerdo que siendo niño, vi nacer una luna enorme   1134
                          detrás de la barandilla de sus pies... ¿O fue por los
                          [...]
    EP RR Figura De P   Estoy esperando la noche, angustiado por el blancor de 1149
                          la ruina, para poder arrastrarme a tus pies.
    EP RR Figura De P   Tú has roto el hilo de la araña y ya siento que mis 1151
                          grandes pies se van volviendo pequeñitos y repugnantes.
    EP CV Muchacho 1   Pero yo descubrí la mentira cuando vi los pies de   1159
                          Julieta.
    EP CV Muchacho 1   Sí, pero eran demasiado pequeños para ser pies de   1159
                          mujer.
    EP CV Muchacho 1   Eran pies de hombre, pies inventados por un hombre. 1159
    EP CV Estudiante 5   La que estaba en el escenario, la que tenía los pies 1166
                          más bellos del mundo.
    BS 3,1 Luna   en los anchos pies del aire.   1249
    BS 3,1 Luna   en los anchos pies del aire.   1250
    BS 3,1 Mendiga   ¿Cómo no te gusta estar tendido sobre ellas y no andar 1254
                          sobre las plantas de los pies, que son tan chicas?
    BS 3,1 Novia   Y yo dormiré a tus pies   1259
    BS 3,2 Novia   con los pies dentro del agua,   1260
    BS 3,2 Muchacha 2   cadena a tus pies   1262
    BS 3,2 Madre   Vuestras lágrimas son [...] las plantas de los pies, 1267
                          de mis raíces, [...]
    YE 1,1 Yerma   Voy a guardar esta enjundia [...] oveja para guardar 1275
                          sus pies de la nieve."
    YE 2,2 Yerma   Quiero beber agua y no hay vaso ni agua, quiero subir 1314
                          al monte y no tengo pies, quiero bordar mis [...]
    YE 3,1 Yerma   A veces, cuando ya estoy segura de que jamás,   1328
                          jamás..., me sube como una oleada de fuego por los
                          pies y se me quedan vacías [...]
    YE 3,2 Vieja   Pero tú tienes pies para marcharte de tu casa.   1344
    RS 2,1 El Señor X   Póngame a los pies de su señora esposa.   1378
    RS 2,1 El Señor X   Póngame a los pies de su encantadora sobrinita, a la 1378
                          que deseo venturas en su celebrado onomástico.
    RS 2,1 Tía   ¿Cómo van esos pies?   1391
    RS 3,1 Ama   ¡Os doy cuarenta mil duros si me arrancáis estas   1425
                          brasas de los pies!";
    BA 1,1 Criada   Ya me habéis dejado los pies señalados.   1444
    BA 1,1 Bernarda   ¡Hasta que salga de esta casa con los pies adelante 1470
                          mandaré en lo mío y en lo vuestro!
pieza (1)
    PB 3,1 Belisa   ¿Qué voces llenan de dulce armonía el aire de una sola 1012
                          pieza de la noche?

piezas (1)
  BA 1,1 Bernarda   En el arca tengo veinte piezas de hilo con el que   1451
                           podréis cortar sábanas y embozos.
piiiii (1)
  DC 1,1 Cristóbal   Te haré piiiii.   1038
piiiiii (1)
  ZP 1,1 Zapatera   No, es que un mosco de esos que hacen piiiiii, me ha   913
                           picado en este ojo.
Pilato (1)
  EP CV   Enfermero   Cuando el emperador se disfrace de Poncio Pilato.   1163
pillo (4)
  TC 3,1 Cristobita   Te llegó tu hora. ¡Pillo, pillo, granuja!   749
  ZP 2,1 Zapatera   ¡Pillo, granuja, tunante, canalla!   977
  ZP 2,1 Zapatera   ¡Con este pillo, con este granuja!   978
pimienta (2)
  ZP 1,1 Zapatera   Dile a tu madre que ya sabe mi marido lo que tiene que   914
                           hacer, y que así supiera ella aliñar con laurel y
                           pimienta un buen guiso [...]
  BA 2,1 Bernarda   ¡Siempre gasté sabrosa pimienta!   1501
pimiento (1)
  ZP 2,1 Zapatera   Porque si lo dices cojo un pimiento picante y te pongo   944
                           la lengua como un ascua.
pimientos (1)
  ZP 1,1 Zapatera   Mi cocido, con sus patatas de la sierra, dos pimientos   934
                           verdes, pan [...]
pin (7)
  TC 6,1 Cristobita   ¡Pin!   776
  TC 6,1 Cristobita   ¡Pin!   776
  TC 6,1 Cristobita   ¡Pin!   778
  ZP 1,1 Zapatera   Pin, pin, pío, pío, pío.   930
  ZP 1,1 Zapatera   Pero si anda por ahí [...] hasta más tarde..., pin,   930
                           pío, pío, pío.
  DC 1,1 Cristóbal   Pin, pan, brrrr.   1041
pinchado (1)
  TC 1,1 Rosita   Cuatro veces me he pinchado ya en esta e última del "A   725
                           mi adorado padre."
pinchan (1)
  BS 1,1 Madre   Que fueran como dos cardos, que ninguna persona los   1181
                           nombra y pinchan si llega el momento.
pinche (1)
  BA 1,1 La Poncia   ¡Mal dolor de clavo le pinche en los ojos!   1442
pinchosa (1)
  YE 3,2 Vieja   Como los cardos del secano, pinchosa, marchita.   1345
Pineda (4)
  TC 6,1 Rosita   Voy al suplicio como fue Marianita Pineda.   762
  MP 1,4 Amparo   mi Marianita Pineda.   793
  MP 1,4 Amparo   mi Marianita Pineda.   794
  MP 3,1 Novicia 1   ¡Ay Mariana Pineda!   863
pinta (3)
  TC 6,1 Rosita   Estando una pájara pinta   762
  TC 6,1 Rosita   Estando la pájara pinta   766
  MP 2,3 Mariana   y en la pájara pinta que se mece   826
pintada (2)
  ZP 1,1 Mozo   Porque usted es digna de estar pintada en las tarjetas   931
                           postales y no aquí..., en este portalillo.
  RS 2,1 Madre   Y allá vamos con unas patatas y un racimo de uvas,   1394
                           pero con capa de mongolia o sombrilla pintada o blusa
                           de popelinette, [...]
pintadas (1)
  MP 1,4 Amparo   sobre pintadas calesas   793
pintado (4)
  MM 0,0   ¡Cuántas veces el enorme esqueleto portador de la   670
                           guadaña, que vemos pintado en los devocionarios, [...]
  MM 1,5 Doña Orgullos   ¡Tan pintado y tan feo!   698
  MM 2,1 Curianita 1   se morirá de hambre, tan listo y tan pintado.   703
  MM 2,6 Curianita C   Se ha pintado de azucena   718
pintados (1)
  RS 2,1 Ama   Los charcos que hay alrededor están pintados al aceite   1383
                           y [...]
pintar (1)
  CA 1,1 Amigo   Mira: te voy a coger por las solapas, te voy a pintar   1056
                           de colorete esas [...]
pintarnos (1)
  TC 3,1 Joven   Los andaluces van a pintarnos con cal hasta las carnes.   743
pintas (V) (1)
  MM 1,4 Curianito   Pintas sobre el cielo tu traje encarnado   685
pintas (1)
  ZP 1,1 Niño   Es amarilla, con pintas azules y rojas... y, ¡qué sé   935
                           yo!...
pintura (3)
  TC 5,1 Fígaro   Y mirad, mirad cuánta pintura..., ¡cuánta pintura!   760

		Pág.
pintura (continuación)		
RS 1,1 Tío	Los botánicos la llaman [...] su descripción y su pintura, ¡mira!	1356
pinturas (2)		
MP 1,5 Fernando	tienes..., llena de pinturas	797
RS 2,1 Ama	La cama y sus pinturas temblando de frío, y la camisa de novia en lo más oscuro del baúl.	1410
pintureras (1)		
MP 1,4 Amparo	sobre jacas pintureras,	793
piñonate (1)		
RS 2,1 Madre	No hay manos como las de usted para el piñonate y el pastel de gloria.	1394
pío (7)		
MP 2,1 Niña	cantando el pío pa.	823
ZP 1,1 Zapatera	Pin, pin, pío, pío, pío.	930
ZP 1,1 Zapatera	Pero si anda por ahí [...] más tarde..., pin, pío, pío, pío.	930
piropo (1)		
BA 1,1 Bernarda	Esa sale a sus tías; blancas y untuosas y que ponían los ojos de carnero al piropo de cualquier barberillo.	1456
pisa (1)		
MP 2,5 Pedro	España entierra y pisa su corazón antiguo,	832
pisadas (1)		
ZP 1,1 Alcalde	A las mujeres, buenos apretones en la cintura, pisadas fuertes y la [...]	925
pisar (3)		
YE 1,1 Yerma	Muchas noches salgo descalza al patio para pisar la tierra, no sé por qué.	1282
RS 3,1 Ama	¡A pisar firme, señora!	1413
BA 1,1 Amelia	Te los vas a pisar y te vas a caer.	1461
pisará (1)		
MP 2,5 Pedro	pisará tierra dura con anchos pies de plata.	829
pisarla (1)		
ZP 1,1 Zapatera	Pero aquella grandota y antipática se empeña en pisarla y nada... Pastor, ¡asombrado!	934
pisarlo (1)		
MP 2,9 Mariana	y vaya a pisarlo.	853
pisas (1)		
YE 1,2 Vieja 1	Pisas, y al fondo de la calle relincha el caballo.	1288
pisen (1)		
RS 1,1 Tío	Bien está que se pisen las semillas, pero [...]	1355
pises (1)		
ZP 1,1 Niño	¡Chist!... No pises fuerte.	936
piso (1)		
RS 2,1 Madre	Yo tengo una muchacha que nos arregla el piso por las tardes; [...]	1395
pisotea (1)		
BA 2,1 Bernarda	Y que pague la que pisotea la decencia.	1505
pisoteadas (1)		
RS 1,1 Tío	Ayer me encontré las semillas de dalias pisoteadas por el suelo.	1352
pisotean (1)		
ZP 1,1 Zapatera	¿No estás viendo que te pisotean la oveja recién nacida?	934
pisotearan (1)		
RS 3,1 Ama	Cuando enterré a mi niña..., ¿me entiende usted?, cuando enterré a mi niña fue como si me pisotearan las entrañas, [...]	1416
pistola (1)		
BS 1,1 Madre	¿Y es justo y puede ser que una cosa pequeña como una pistola o una navaja [...]	1173
pistolas (1)		
BS 1,1 Madre	Y las escopetas, y las pistolas, y el cuchillo más pequeño, y hasta las azadas y los bieldos de la era.	1172
pitiflor (2)		
TC 5,1 Jovencita	a la pitiflor,	759
TC 5,1 Jovencita	a la pitiflor,	761
pitos (1)		
ZP 1,1 Zapatera	Pues lo mismo se me da a mí que estés colmado como que no estés, porque tú me importas tres pitos, ¡ya lo sabes!	923
place (1)		
PB 1,1 Belisa	Desde luego maridito. Y apaga la luz, si te place.	992
placer (1)		
MP 3,5 Pedrosa	Tendré un placer muy grande si me avisa.	877
placeta (1)		
RS 2,1 Rosita	Ya han hecho otra casa nueva en la placeta.	1389
plaff (1)		
ZP 2,1 Niño	Pues me lo ha hecho el [...] tiró una piedra que, ¡plaff!,	944

plaga (1)
    MM 2,1 Curianita 1   ¡Es terrible esta plaga de gente perezosa!   704
plancha (S) (1)   1059
    CA 1,1 Amigo   Una plancha.
plancha (1)   1424
    RS 3,1 Ama   El mismo se plancha los cuellos y [...]
planchadas (1)   1288
    YE 1,2 Yerma   ¿Me he de quedar en plena vida para cuidar aves o
                           poner cortinitas planchadas en mi ventanillo?

planchado (1)   1419
    RS 3,1 Martín   Y créame usted que los [...] todavía corbata y cuello
                           planchado.

planchar (2)   1020
    DC 1,1   Yo voy a comer ahora un poquito pan, un poquitirrito
                           pan que me han dejado los pájaros, y luego a planchar
                           los trajes de [...]
    DC 1,1 Director   El prólogo termina donde se dice: "Voy a planchar los   1020
                           trajes de la compañía."

planches (1)   1414
    RS 3,1 Ama   Que si esto, que si lo otro, que si las natillas, que
                           si no planches más...

planes (1)   1165
    EP CV Estudiante 2   El director de escena [...] revolución han destruido
                           sus planes.

planeta (1)   1376
    RS 2,1 El Señor X   Está entendido, la Tierra es un planeta mediocre, pero
                           hay que ayudar a la civilización.

planos (1)   670
    MM 0,0   También el viejo silfo [...] intensidad en todos los
                           planos de la vida; que [...]

planta (S) (1)   731
    TC 1,1 Cocoliche   Me parece que me están haciendo cosquillas en la
                           planta de los pies.

planta (4)   670
    MM 0,0   También el viejo silfo [...] Creador, y el animal y la
                           planta están muy cerca [...]
    BS 1,3 Madre   Los tres nogales del molino toda una viña y una planta   1195
                           que se llama Júpiter, [...]
    BS 2,2 Madre   Planta de mala madre, y él, él también, él.   1244
    RS 1,1 Tío   Bien está que se pisen las semillas, pero no es   1355
                           tolerable que esté con las hojitas tronchadas la
                           planta de rosal que más [...]

plantación (1)   1240
    BS 2, Madre   Es la roturación de las tierras, la plantación de
                           árboles nuevos.

plantada (1)   1380
    RS 2,1 Ama   ¿A usted le parece bien que un hombre se vaya y deje
                           quince años plantada a una mujer [...]

plantado (1)   823
    MP 2,1 Niña   bien plantado y galán.
plantados (1)   1353
    RS 1,1 Ama   ¡Qué ganas tengo de ver plantados en este jardín un
                           peral, un cerezo, un caqui!

plantar (1)   942
    ZP 2,1 Zapatera   Los voy a tener que plantar en lo ancho de la calle.
plantas (S) (3)   1219
    BS 2,1 Muchacha 3   a sus plantas se agrupan las clavelinas.
    BS 3,1 Mendiga   ¿Cómo no te gusta estar tendido sobre ellas y no andar   1254
                           sobre las plantas de los pies, que son tan chicas?
    BS 3,2 Madre   Vuestras lágrimas son lágrimas de los ojos nada más, y   1267
                           las mías vendrán cuando yo esté sola, de las plantas
                           de los pies, [...]

plantas (4)   670
    MM 0,0   También el viejo silfo le dijo al poeta: "Muy pronto
                           llegará el reino de los animales y de las plantas; el
                           hombre se [...]
    RS 1,1 Tío   Es preciso que tengáis más respeto por mis plantas.   1352
    RS 2,1 Tío   ¿Le interesan a usted esas plantas?   1376
    RS 2,1 Tía   En vez de hacer encajes, podo las plantas.   1386
planté (1)   1301
    YE 2,1 Lavandera 4   Yo planté un tomillo, yo lo vi crecer.
plantó (1)   1195
    BS 1,3 Madre   Los tres años que estuvo casado conmigo, plantó diez
                           cerezos.

plata (40)   699
    MM 1,5 La Mariposa   mis alas son de plata,
    MM 2,3 Mariposa   Volaré por el hilo de plata.   708
    MM 2,3 Mariposa   Volaré por el hilo de plata;   709
    MM 2,5 Mariposa   de plata va a los campos   716
    TC 6,1 Rosita   Tengo un relojito y tengo un espejo de plata ; pero,   764
                           ¡qué desgraciada soy!

plata (continuación)   Pág.
    TC 6,1 Cocoliche   En aquella estrella te haré un columpio y un balcón de   777
                              plata.
    MP 1,4 Amparo   donde un pez de plata finge rojo sueño.
    MP 1,4 Amparo   bordado de plata y seda,   790
    MP 2,1 Clavela   Las agujas de plata,   793
    MP 2,5 Pedro   pisará tierra dura con anchos pies de plata.   822
    MP 2,8 Conspirador 4   corazón de plata fina.   829
    MP 2,8 Conspirador 4   corazón de plata fina.   843
    ZP 1,1 Zapatera   ¿No llevas tu reloj, tan hermoso, con cadena de plata   844
                              y venturinas, al que le doy cuerda todas las noches?
    PB 3,1 Voces   La noche de anís y plata   922
    PB 3,1 Voces   Plata de arroyos y espejos.   1012
    DC 1,1 Poeta   Démelas de plata.   1012
    DC 1,1 Poeta   Las monedas de plata parece que están iluminadas por   1021
                              la luna.   1021
    DC 1,1 Cristóbal   una onza de plata
    DC 1,1 Madre   Usted tiene plata, señor don Cristóbal.   1030
    CA 1,1 Amigo   Mira, es un talle para la medida de todos los brazos   1030
                              y, tan frágil, que se desea tener en la mano un hacha   1057
                              de plata muy pequeña para [...]
    CA 1,1 Gato   Por mi voz de plata.
    CA 1,1 Amigo 2   Pero todavía no, todavía [...] tenía unas anclas de   1063
                              plata... ¡Dios mío!   1075
    CA 2,1 Novia   Detrás de toda esta sombra hay como un trabazón de   1079
                              puentes de plata para estrecharme [...]
    CA 2,1 Maniquí   ¿Quién usará la plata buena   1099
    CA 3,1 Máscara   Digo que el conde Arturo [...] como una media luna de   1116
                              plata, entre los gemelos [...]
    BS 1,2 Suegra   un puñal de plata.
    BS 1,2 Mujer   con moscas de plata.   1184
    BS 1,2 Suegra   un puñal de plata.   1185
    BS 1,3 Padre   Cada pámpano una moneda de plata.   1193
    BS 2,1 Leonardo   Y la plata, que brilla tanto, escupe algunas veces.   1196
    BS 2,1 Muchacha 2   botas de charol y plata   1213
    BS 3,1 Leñador 2   Plata en la cara de la novia.   1216
    BS 3,1 Leonardo   Con alfileres de plata   1248
    YE 2,1 Lavandera 4   nave de plata y viento   1258
    YE 3,1 Vieja 1   Pero ¿qué vega esperas dar a tu hijo ni qué felicidad   1307
                              ni qué silla de plata?   1328
    RS 1,1 Tía   Eléboro, fucsias y los crisantemos, Luis Passy
                              violáceo y altair blanco plata con puntas heliotropo.   1351
    RS 2,1 El Señor X   Estuve por haberla traído un cañoncito de plata por
                              cuyo agujero [...]   1377
    RS 2,1 Ama   Tendrá el pelo de plata y todavía estará [...]
    RS 3,1 Tía   "Ahí está Fulano"; y él: "Que entre"; y entraba con   1380
                              los bolsillos vacíos y salía con ellos rebosando   1427
                              plata, y siempre; "Que [...]
    BA 2,1 Amelia   Ni que Pepe fuera un San Bartolomé de plata.   1490
plataformas (1)
    EP CV Desnudo   Para la agonía del hombre solo, en las plataformas y   1164
                              en los trenes.
plato (3)
    BS 1,1 Madre   O si vuelve es para ponerle una palma encima o un   1173
                              plato de sal gorda para que no se hinche.
    BA 1,1 Criada   Suelos barnizados con [...] chozas de tierra con un   1444
                              plato y una cuchara.
    BA 1,1 Bernarda   Pero las olvidan delante de un plato de garbanzos.   1445
platos (1)
    BA 3,1 Criada   Ya terminé de fregar los platos. ¿Manda usted algo,   1520
                              Bernarda?
playa (1)
    BA 3,1 María Josefa   y en la playa nos meteremos   1523
playas (3)
    TC 0,0 Mosquito   Entonces yo avisé a mis [...] la luna rosa de las   724
                              playas.
    MP 2,8 Conspirador 4   ha sido muerto en las playas   843
    EP CV Hombre 1   Soledad de los edificios, de las esquinas de las   1169
                              playas, donde tú no aparecerás nunca.
plaza (8)
    TC 3,1 Cocoliche   Pues bien: esa mujer es doña Rosita, la de la plaza,   745
                              la mejor cantaora de Andalucía, mi..., ¡sí!,
    MP 1,4 Amparo   la plaza de toros de la ilustre Ronda.   792
    MP 1,4 Amparo   La plaza, con el gentío   793
    MP 1,4 Amparo   La plaza, al par que la tarde,   794
    ZP 2,1 Niño   Toda la plaza está llena de corrillos..., parece la   970
                              feria..., ¡y todos contra ti!
    ZP 2,1 Niño   Desde la ventana de tu cuarto puedes ver el jaleo de   970
                              la plaza.
    YE 3,1 Yerma   Me pones desnuda en mitad de la plaza y me escupes.   1333
    RS 3,1 Ama   Los vi por la Plaza Nueva.   1434

plazoleta (1)
    MP 1,6 Clavela   hacia lo oscuro de la plazoleta.   803
plegaria (1)
    RS 2,1 Solterona 2   Y la plegaria de la Virgen.   1397
plena (1)
    YE 1,2 Yerma   ¿Me he de quedar en plena vida para cuidar aves o 1288
                          poner cortinitas planchadas en mi ventanillo?
plomo (6)
    TC 1,1 Cocoliche   No hubiera podido. A tu lado los pies se vuelven de 728
                          plomo.
    CA 2,1 Novia   Yo quiero tener plomo en los pies.   1087
    CA 2,1 Maniquí   potro de plomo y espuma,   1101
    BS 2,2 Novia   Como el plomo.   1231
    BS 3,1 Luna   que siendo acecho de plomo   1249
    BA 1,1 Mujer 3   Cae el sol como plomo.   1446
pluma (4)
    MP 3,5 Pedrosa   Con una pluma y un poco de tinta   876
    ZP 1,1 Zapatera   Verdaderamente eso de [...] cosquillas con una pluma 932
                          detrás de las orejas.
    DC 1,1 Madre   de pluma y tintero.   1029
    CA 2,1 Maniquí   con llanto de seda y pluma.   1100
plumas (2)
    ZP 0,0 El Autor   No tengas tanta impaciencia en salir; no es un traje 912
                          de larga cola y plumas inverosímiles [...]
    RS 2,1 Madre   Esas plumas y esos alambres me tienen costado muchas 1393
                          noches en vela.
plumilla (1)
    BS 2,1 Criada   Y lo mejor es cuando [...] aliento, como con una 1207
                          plumilla de ruiseñor.
plumón (1)
    PB 1,1 Belisa   ¡Como el plumón caliente de los cisnes!...   989
poblaciones (1)
    BA 1,1 Magdalena   Hoy hay más finura, las novias se ponen de velo blanco 1461
                          como en las poblaciones y se bebe [...]
poblada (1)
    MM 0,0   El amor, lo mismo que [...] una escondida pradera 669
                          poblada de insectos donde [...]
pobre (26)
    MM 1,2 Doña Curiana Era un pobre desdichado;   680
    MM 1,5 Alacranito   Y aunque pobre soy decente.   691
    MM 1,5 Curianita Silvia ¡Ay, pobre gusanito sin madre!   693
    MM 1,5 Doña Curiana ¡Pobre Silvia!   694
    MM 1,5 Curiana N   ¡Pobre mariposa herida!   697
    MM 1,5 Curiana N   ¡Pobre fantasma soñadora!   697
    MM 1,6 Curiana N   Caerá toda la noche sobre su pobre frente.   701
    MM 2,5 Mariposa   y ahora mi pobre cuerpo   715
    TC 4,1 Mozo 2   Y qué porrazos le ha dado al pobre tabernero. 750
    MP 1,6 Clavela   ¡Pobre doña Mariana mía!   804
    MP 2,5 Angustias   ¡Ay, pobre Marianita!   828
    ZP 2,1 Zapatero   mientras el pobre marido   960
    PB 0,0 Madre   Siempre dije a mi pobre hija que tiene [...] 984
    PB 2,1 Perlimplín   ¡Pobre Belisa!   1004
    BS 3,2 Madre   Porque vendrán las vecinas y no quiero que me vean tan 1268
                          pobre.
    BS 3,2 Madre   ¡Tan pobre!   1268
    BS 3,2 Novia   Y yo corría con tu hijo [...] sobre mis heridas de 1269
                          pobre mujer marchita, [...]
    RS 2,1 El Señor X   ¡Pobre Marcelo!   1375
    RS 2,1 Madre   Pero usted lo sabe muy bien: desde que faltó mi pobre 1393
                          marido hago verdaderos [...]
    RS 2,1 Solterona 2   Desde que murió el pobre papá no tiene ganas. 1397
    RS 3,1 Martín   Ayer se empeñaron en que el pobre señor Canito, 1418
                          profesor [...]
    RS 3,1 Tía   ¡Pobre criatura!   1419
    RS 3,1 Tía   Pobre, ¡qué sino el suyo!   1424
    RS 3,1 Rosita   Quiero huir, quiero no ver, quiero quedarme serena, 1429
                          vacía... (¿es que no tiene derecho una pobre mujer a
                          respirar [...]
    BA 1,1 La Poncia   ¡Buen descanso ganó su pobre marido!   1441
    BA 1,1 Criada   ¡La pobre! Cuánto ha sentido a su padre... 1467
pobrecilla (2)
    ZP 2,1 Zapatero   ¡Pobrecilla!   964
    BA 1,1 Magdalena   ¡Pobrecilla!   1462
pobrecita (1)
    MM 1,2 Doña Curiana ¡Pobrecita de mis carnes!   683
pobrecito (4)
    ZP 1,1 Zapatera   ¡Ay pobrecito mío, qué cosas te habrán contado! 938
    ZP 2,1 Zapatera   Si no fuera porque tengo [...] de todos vosotros mi 942
                          pobrecito marido de mí [...]
    ZP 2,1 Zapatera   ¡Todas esas cosas las sabía mi pobrecito marido! 957
    CA 3,2 Criada   ¡Pobrecito mío! ¡Qué precioso iba!   1131

pobres (8)   Pág.
  MM 1,1 Doña Curiana   Nosotras, las pobres, con nuestra cocina   675
  TB PBK Buster Keaton   Pobres hijitos míos.   893
  PB 1,1 Duende 1   ¿Qué sería de las pobres gentes?   994
  DC 1,1 Poeta   La luna es un pan para los pobres y un taburete de   1036
                           raso blanco para los ricos.
  RS 3,1 Ama   ¿Dónde cree usted que estará don Rafael Salé,   1424
                           explotador de los pobres, que enterraron
  BA 1,1 Bernarda   Los pobres son como los animales; parece como si   1445
                           estuvieran hechos de otras sustancias.
  BA 1,1 Mujer 1   Los pobres sienten también sus penas.   1445
  BA 1,1 La Poncia   No, Bernarda, a cambiar... Claro que en otros sitios 1457
                           ellas resultan las pobres.
pobreza (2)
  YE 2,2 Yerma   No es envidia lo que tengo; es pobreza.   1317
  BA 3,1 Bernarda   ¡Qué pobreza la mía, no poder tener un rayo entre los 1529
                           dedos!
poca (10)
  MM 1,5 Curiana N   Tiene muy poca vida,   697
  TB DME Marinero   Poca cosa es un barco.   899
  TB DME Doncella   ¡Poca cosa es un barco!   899
  ZP 2,1 Zapatero   Es un trabajo de poca apariencia y de mucha ciencia.   956
  DC 1,1 Rosita   Como hay tan poca luz no percibes.   1039
  CA 1,1 Amigo 2   Había tan poca luz, que se me pusieron las manos   1073
                           amarillas.
  CA 2,1 Novia   ¡Qué poca paciencia!   1080
  BS 2,2 Padre   Poca. La gente no puede entretenerse.   1229
  YE 1,2 Juan   Viene poca agua, es mía hasta la salida del sol y   1300
                           tengo que defenderla contra los ladrones.
  BA 1,1 La Poncia   Demasiado poca guerra te dan.   1457
pocas (3)
  ZP 2,1 Zapatero   Por lo que veo, su marido de usted era un hombre de   964
                           pocas luces.
  RS 3,1 Tía   Quedan unas pocas.   1416
  RS 3,1 Muchacho   Me ha visto usted muy pocas veces.   1432
poco (50)
  TC 1,1 Rosita   ¡Qué poco perspicaces sois los hombres!   726
  TC 2,1 Mozo 2   Levántate y que se te importe poco que un pájaro en la 737
                           arboleda se pase de un árbol a otro.
  TC 6,1 Currito   Súbase un poco las faldas.   765
  MP 2,1 Clavela   Ni tanto ni tan poco. ¿Qué se sabe?   821
  MP 2,7 Conspirador 3   Poco debe tardar.   837
  MP 2,7 Mariana   que me falta muy poco para ahogarme.   840
  MP 3,5 Pedrosa   Con una pluma y un poco de tinta   876
  TB QM. Mujer   Me duele un poco la espalda.   909
  ZP 1,1 Alcalde   Un poco brusca..., pero es una mujer guapísima.   928
  ZP 2,1 Zapatero   Voy en su busca para perdonarla y vivir con ella lo   967
                           poco que me queda de vida.
  ZP 2,1 Zapatera   Me parece a mí que está usted un poco...   969
  PB 1,1 Perlimplín   La noche se ha puesto un poco fría.   989
  PB 2,1 Belisa   Sí..., pero de una manera un poco despectiva..., ¡y   1005
                           eso me duele!
  CA 1,1 Joven   La he conocido poco. Pero no importa. Yo creo que me 1048
                           quiere.
  CA 1,1 Amigo   Un poco de tormenta.   1059
  CA 1,1 Niño   Muy poco, con un rayo me contento.   1069
  CA 3,1 Joven   Un poco de luz para mi hijo.   1125
  CA 3,1 Mecanógrafa   Déjame bajar poco a poco hasta ti.   1127
  CA 3,2 Jugador 2   Pero acuérdate del niño que en Suecia jugó con   1137
                           nosotros casi agonizante, y por poco si nos deja
                           ciegos [...]
  CA 3,2 Joven   Un poco de chartreuse.   1142
  EP RR Figura De C   ¿Quieres un poco de té?   1151
  EP CV Enfermero   Poco.   1163
  BS 2,1 Leonardo   Un poco más pequeña le sentaría mejor.   1212
  BS 2,2 Novio   Ya estoy deseando que esto acabe. La novia está un   1239
                           poco cansada.
  BS 2,2 Novia   No. Quisiera echarme en la cama un poco.   1239
  BS 2, Novio   Descansa un poco. ¡Mal día para las novias!   1240
  BS 2,2 Madre   Con tu mujer procura estar cariñoso, y si la notas   1241
                           inf[atu]ada o hazle una caricia que le produzca un
                           poco de daño, un abrazo [...]
  YE 2,2 Juan   ¿Dices que salió hace poco?   1311
  YE 2,2 María   Dentro de poco empezará a cantar.   1320
  YE 2,2 Yerma   Dile que espere un poco.   1320
  RS 2,1 Tío   Sé que duran poco.   1388
  RS 2,1 Solterona 1   Muy poco.   1392
  RS 2,1 Rosita   ¡Ay, yo pienso que todo es poco!   1395
  RS 2,1 Ayola 2   No; hemos comido hace poco.   1396
  RS 2,1 Solterona 3   Ahora estudio poco. Tengo muchas labores que hacer. 1397

poco (continuación)
RS 2,1 Tía   Pero ¿no te acuerdas, hija? Era lo único que le afeaba   1400
                   un poco.
RS 3,1 Ama   Nos llevamos poco, pero como yo he [...]   1413
RS 3,1 Ama   Entretenga un poco a la señora.   1417
RS 3,1 Tía   ¡Qué le vamos a hacer! Ya nos queda poco tiempo en   1423
                   este teatro.
RS 3,1 Ama   ¡Un poco de calma!   1424
BA 1,1 La Poncia   En el "Pater Noster" subió, subió la voz que parecía   1443
                   un cántaro de agua llenándose poco a poco; claro es
                   que al [...]
BA 1,1 Magdalena   Por andar un poco.   1461
BA 2,1 Amelia   Abre la puerta del patio a ver si nos entra un poco de   1473
                   fresco.
BA 2,1 La Poncia   Esas cosas pasan entre personas ya un poco instruidas   1476
                   que hablan [...]
BA 2,1 La Poncia   Sí, y por poco si le dejo tuerto.   1477
BA 2,1 Amelia   Acuéstate un poco.   1490
BA 3,1 Bernarda   ¿Quieres un poco de queso y miel?   1508
BA 3,1 Adela   Voy a llegarme hasta el portón para estirar las   1512
                   piernas y tomar un poco de fresco.

pocos (6)
MM 0,0   Se prendó de una visión [...] musgo un poeta de los   669
                   pocos que van al campo, [...]
MM 1,1 Doña Curiana La vida es amable, tiene pocos días,   674
MM 2,5 Gusano 3   que a los pocos momentos   713
MP 2,6 Pedro   Muy pocos.   834
BA 1,1 La Poncia   Si Bernarda no ve relucientes las cosas me arrancará   1441
                   los pocos pelos que me quedan.
BA 2,1 Martirio   Es uno de los pocos gustos que me quedan.   1484
pochas (1)
RS 2,1 Ayola 1   Las mujeres sin novio están pochas, recocidas, y [...]   1401
podáis (1)
MM 1,5 Alacranito para que os podáis besar.   690
podando (2)
YE 2,2 Juan   Estuve podando los manzanos [...]   1311
YE 2,2 Juan   Ayer estuve podando los árboles.   1311
podéis (9)
MM 0,0   Por eso, yo suplico a todos que no dejéis nunca libros   670
                   de versos en las praderas, porque podéis causar mucha
                   desolación [...]
TC 0,0 Mosquito   No os podéis imaginar qué pena teníamos.   724
ZP 2,1 Zapatera   Podéis pasar.   954
DC 1,1   Podéis llorar y podéis   1019
BS 2,1 Criada   No; no podéis hablar.   1214
YE 2,2 Yerma   Las mujeres cuando tenéis hijos no podéis pensar en   1318
                   las que no los tenemos.
RS 1,1 Ama   Podéis salir por el postigo.   1370
BA 1,1 Bernarda   Mientras, podéis empezar a bordar el ajuar.   1451
podemos (9)
MM 2,5 Gusano 1   Ya podemos bebernos   712
TC 3,1 Mozo 1   ¡Lo que nosotros no podemos permitir es que estés   743
                   triste!
ZP 2,1 Mozo Del S Has puesto taberna y podemos estar aquí dentro todo el   942
                   tiempo que queramos.
ZP 2,1 Vecina Roja Entonces, ¿podemos pasar?   954
CA 3,2 Jugador 2   Que ya no podemos arrancarla del cuerpo.   1138
EP CV Muchacho 1   Por las ramas de aquel árbol podemos alcanzar uno de   1164
                   los balcones y desde allí pediremos auxilio.
BS 2,1 Leonardo   ¿Es que tú y yo no podemos hablar?   1214
BS 2,1 Leonardo   Callar y quemarse es el castigo más grande que nos   1214
                   podemos echar encima.
RS 2,1 Madre   No nos podemos extralimitar lo más mínimo.   1393
poder (S) (3)
MP 1,7 Fernando   "Adorada Marianita: Gracias al traje de capuchino, que   811
                   tan diestramente hiciste llegar a mi poder, me he
                   fugado [...]
MP 1,7 Fernando   Necesito antes de las nueve el pasaporte que tienes en   811
                   tu poder y una persona [...]
MP 2,9 Pedrosa   y ya está en mi poder como tu vida.   856
poder (13)
MM 1,4 Curianito   ¡Quién fuera una hormiga para poder verte   686
MP 2,9 Pedrosa   sin poder capturar a un cabecilla...   853
CA 1,1 Joven   Pero es que yo estoy [...] años, en espera de poder   1050
                   liarme de noche, [...]
CA 2,1 Novia   Anoche soñaba que todos [...] tiene un beso para poder   1087
                   matarlos a todos.
CA 3,1 Mecanógrafa He huido tanto, que necesito contemplar el mar para   1126
                   poder evocar el temblor de tu boca.
CA 3,1 Mecanógrafa Te quiero demasiado para poder contemplarte.   1126

poder - podo

poder (continuación)   Pág.
    EP RR Figura De P   Estoy esperando la noche, angustiado por el blancor de   1149
                         la ruina, para poder arrastrarme a tus pies.
    BS 2,1 Novia   Un hombre con su caballo sabe mucho y puede mucho para   1214
                         poder estrujar a una muchacha metida en un desierto.
    BS 3,1 Luna   para poder calentarme!   1250
    YE 1,2 Muchacha 2   Qué lástima no poder decir mi novio, ¿verdad?   1295
    YE 2,2 Yerma   ¡Qué pena más grande no poder sentir las enseñanzas de   1323
                         los viejos!
    BA 1,1 Bernarda   No os hagáis ilusiones de que vais a poder conmigo.   1470
    BA 3,1 Bernarda   ¡Qué pobreza la mía, no poder tener un rayo entre los   1529
                         dedos!
poderes (6)
    RS 2,1 Rosita   Pero como le es imposible venir por ahora, la boda   1409
                         será por poderes y luego vendrá él.
    RS 2,1 Ama   Bueno; y "poderes", ¿qué es?   1409
    RS 2,1 Ama   ¡"Poderes"!   1410
    RS 2,1 Ama   Señora, no deje usted que los "poderes" entren en esta   1410
                         casa.
    RS 2,1 Ama   ¡Señora, que yo no quiero "poderes"!   1410
    RS 3,1 Tía   Yo notaba algo en las cartas; los poderes que no   1415
                         venían, [...]
poderío (1)
    BS 3,1 Novio   Y tiene tanto poderío, que   1252
poderlas (1)
    YE 2,2 Yerma   Porque estoy harta de tenerlas y no poderlas usar en   1317
                         cosa propia.
poderse (1)
    BS 3,2 Madre   Una mujer que no tiene un hijo siquiera que poderse   1268
                         llevar a los labios.
podía (13)
    TC 1,1 Rosita   También la ley podía haberse estado en su casa.   733
    ZP 1,1 Zapatera   Ya sabía yo que con esta clase de gente no se podía   913
                         hablar ni un segundo...; [...]
    ZP 1,1 Alcalde   Si tu marido te ha dejado ha sido porque no lo   938
                         querías, porque no podía ser.
    ZP 2,1 Zapatero   Ella soñaba con un mundo [...] golosinas que yo no   967
                         podía costearle, y un [...]
    PB 3,1 Perlimplín   Antes no podía pensar en las cosas [...]   1009
    CA 1,1 Joven   La última vez que la vi no podía mirarla muy de [...]   1052
    CA 1,1 Joven   Toma. No podía usted con él.   1071
    CA 3,1 Mecanógrafa   Pero... lo veía por [...] cuchillo, pero yo no le   1115
                         podía hablar.
    YE 1,2 Yerma   Me cogió de la cintura y no pude decirle nada porque   1289
                         no podía hablar.
    YE 3,1 Yerma   No le podía pasar nada.   1327
    RS 2,1 Ayola 2   Por cierto que yo tomé cuatro huevos con picadillo de   1396
                         tomate, y casi no me podía levantar de la silla.
    RS 3,1 Rosita   Ayer le oí decir al ama que todavía podía yo casarme.   1429
    BA 2,1 Martirio   Esta noche pasada no se me podía quedar dormida por el   1473
                         calor.
podíamos (1)
    BA 1,1 La Poncia   Algunas cosas las podíamos dar.   1458
podían (3)
    EP CV Estudiante 2 El tumulto comenzó cuando observaron que no se amaban,   1160
                         que no podían amarse nunca.
    EP CV Dama 4   Ahora es seguro que el [...] achicharradas y no lo   1164
                         podían contener.
    YE 2,1 Lavandera 5   Estas machorras son así: cuando podían estar haciendo   1302
                         [...]
podías (2)
    PB 3,1 Perlimplín   Viejo verde, monigote sin fuerza, tú no podías gozar   1016
                         el cuerpo de Belisa..., el cuerpo de
    CA 2,1 Novia   Todo lo podías haber dicho menos la palabra sueño.   1094
podido (9)
    TC 1,1 Cocoliche   No hubiera podido. A tu lado los pies se vuelven de   728
                         plomo.
    TC 3,1 Espantanublos No he podido adivinarlo.   742
    TC 3,1 Joven   No sé cómo me he podido contener.   746
    PB 1,1 Perlimplín   Yo no había podido imaginarme tu cuerpo hasta que lo   991
                         vi por el ojo de la cerradura cuando te vestías de
                         novia.
    CA 3,2 Joven   Cuando lo vi, a los veinte años, era tan pequeño que   1132
                         me parecía increíble que hubiera podido volar tanto
                         por [...]
    YE 3,2 Vieja   Antes no he podido decirte nada, pero ahora sí.   1344
    BA 1,1 Magdalena   ¡Nunca he podido resistir tu hipocresía!   1464
    BA 2,1 Angustias   Yo no hubiera podido.   1475
    BA 2,1 Adela   Tú querías, pero no has podido.   1504
podo (1)
    RS 2,1 Tía   En vez de hacer encajes, podo las plantas.   1386

podrá (6)
MM 2,1 Curianita 1   ¿No sabe que con ella no podrá desposarse?   704
MP 3,9 Mariana   ¡No se podrá comprar el corazón de nadie!   889
DC 1,1 Poeta   Ya voy, señor director. Y nunca podrá ser bueno.   1021
EP RR Figura De P   Lo tiene porque nunca lo podrá tener.   1154
BA 2,1 Adela   Nadie podrá evitar que suceda lo que tiene que suceder.   1482
BA 3,1 Adela   ¡Nadie podrá conmigo!   1530
podrán (3)
MP 3,8 Mariana   que no podrán borrar los años ni los aires!   885
BS 3,1 Luna   soy; ¡no podrán escaparse!   1249
BS 3,1 Luna   ¡No! ¡No podrán escaparse!   1250
podrás (3)
MP 1,7 Mariana   ¿Podrás conmigo, Pedrosa?   810
MP 3,8 Mariana   Me querrás, muerta, tanto, que no podrás vivir.   887
PB 3,1 Perlimplín   Ya muerto, lo podrás acariciar siempre [...]   1015
podré (6)
TC 6,1 Cocoliche   ¡Ya no podré vivir!   771
MP 1,4 Amparo   ¡No podré lucir!   794
MP 1,7 Mariana   si podré seguir viviendo.   810
MP 2,5 Mariana   Yo no podré decirte cómo te quiero nunca;   828
CA 2,1 Padre   Ya no podré mirarlo desde la terraza.   1089
YE 3,2 Yerma   ¿Y no podré esperarlo?   1349
podréis (1)
BA 1,1 Bernarda   En el arca tengo veinte piezas de hilo con el que   1451
                      podréis cortar sábanas y embozos.

podremos (1)
EP CV Dama 3   ¿No podremos salir?   1160
podría (11)
TC 5,1 Fígaro   ¡Qué bonitas historias podría contar de los feos   758
                      durmientes de las barberías!
MP 2,5 Pedro   ¿Cómo podría quererte no siendo libre, dime?   830
TB QM. Mujer   Ahora te podría tragar como si fueras un botón.   909
TB QM. Mujer   Te podría tragar, Enrique...   909
PB 3,1 Perlimplín   ¡¡¡que nunca podría descifrar!!!   1015
DC 1,1 Poeta   Sí, señor; pero es que don Cristóbal yo sé que en el   1020
                      fondo es bueno y que quizá podría serlo.
DC 1,1 Poeta   Si el director de escena quisiera, don Cristóbal vería   1036
                      las ninfas del agua y doña Rosita podría llenar de
                      escarcha [...]
CA 2,1 Joven   ¡Ahora nadie podría separar mis brazos de tu cuello!   1094
EP RR Figura De C   ¿Dónde podría encontrar una bebida caliente en esta   1151
                      ruina?
YE 2,1 Lavandera 4   Yo no podría vivir con ellas.   1301
YE 2,2 Yerma   Si pudiera de pronto volverme vieja y tuviera la boca   1313
                      como una flor machacada, te podría sonreír y conllevar
                      [...]

podríais (1)
RS 3,1 Rosita   Me entendéis si pido pan y agua y hasta un beso, pero   1430
                      nunca me podríais ni entender [...]

podríamos (1)
RS 3,1 Ama   Señora, ¿y no le podríamos mandar una carta   1415
                      envenenada, que se muriera de repente al recibirla?

podrían (1)
MP 3,5 Mariana   ajusticiada. Ya ve. No podrían.   874

podrías (1)
YE 2,2 María   Pero tienes otras cosas. Si me oyeras podrías ser   1317
                      feliz.

podrida (2)
BS 3,1 Leñador 1   ¿Y qué? Vale más ser muerto desangrado que vivo con   1246
                      ella podrida.
YE 1,2 Vieja 1   Aunque debía haber Dios, aunque fuera pequeñito, para   1291
                      que mandara rayos contra los hombres de simiente
                      podrida que encharcan [...]

podrido (1)
BS 2,1 Novia   Y sé que estoy loca y sé que tengo el pecho podrido de   1215
                      aguantar, [...]

poesía (4)
MM 0,0   La poesía que pregunta por [...]   670
MM 1,1 Doña Curiana   Mas pensad, señora, que por la poesía...   672
MM 1,1 Curiana N   cocina y poesía se pueden juntar.   676
ZP 0,0 El Autor   Por este miedo absurdo, y por ser el teatro en muchas   911
                      ocasiones una finanza, la poesía se retira de la [...]

poeta (23)
MM 0,0   Se prendó de una visión [...] abandonado sobre el   669
                      musgo un poeta de los pocos que [...]
MM 0,0   Un viejo silfo del bosque [...] marchitas, contó al   670
                      poeta esta historia oculta en un anochecer de otoño,
                      cuando se fueron los rebaños, y ahora el poeta os la
                      repite envuelta [...]

poeta - polvos

poeta (continuación)   Pág.
  MM 0,0   También el viejo silfo le dijo al poeta: "Muy pronto   670
                             llegará [...] cerca de su luz; di, poeta, a los
                             hombres [...]
  MM 1,1 Curiana N   Va a ser un poeta, y no es nada extraño:
  MM 1,1 Doña Curiana   ¿También sois poeta, doctora vecina?   673
  MM 1,2 Curianita Silvia   soñadores de poeta.   675
  MM 1,5 Alacranito   Tú eres poeta, habrás visto   682
  MM 2,1 Curianita Santa   Es muy bueno y muy dulce. ¡Un gran poeta!   690
  MM 2,2 Doña Curiana   No hay desgracia mayor que la de ser poeta.   702
  ZP 0,0 El Autor   El poeta no pide benevolencia, [...]   708
  DC 1,1   El poeta que ha interpretado [...]   911
  DC 1,1   Todo el guiñol popular tiene este ritmo, esta fantasía   1019
                             y esta encantadora libertad que el poeta ha conservado
                             en [...]
  DC 1,1   Así, pues, el poeta sabe que el público [...]   1019
  DC 1,1 Director   Usted, como poeta, no tiene derecho a descubrir el   1020
                             secreto con el cual vivimos todos.
  DC 1,1 Poeta   Respetable público: Como poeta tengo que deciros que   1021
                             don Cristóbal es malo.
  DC 1,1 Poeta   El oro me parece fuego, y yo soy poeta de la noche.   1021
  CA 3,1 Arlequín   El poeta Virgilio construyó una mosca de oro y   1119
                             murieron todas las moscas que envenenaban el aire de
                             Nápoles.
  EP CV   Muchacho 1   El público quiere que el poeta sea arrastrado por los   1159
                             caballos.
  EP CV   Muchacho 1   Aquí está la gran equivocación [...] los cartones que   1160
                             el poeta levanta en su dormitorio.
  RS 3,1 Martín   Yo soñaba siempre ser poeta.   1419
  RS 3,1 Martín   ¡Es muy difícil ser poeta!   1421
poetas (3)
  MM 1,2 Doña Curiana   Aquí sois todos poetas   678
  MM 1,5 Alacranito   ¡Ay poetas!,   693
  EP CV Estudiante 4   Y aunque los poetas pusieron una escalera para   1158
                             asesinarla, ella siguió dando voces y acudió la
                             multitud.
poética (2)
  ZP 0,0 El Autor   En todos los sitios late y anima la criatura poética   912
                             que el autor [...]
  RS 3,1 Martín   No se le da hoy mérito a la Retórica y Poética, ni a   1423
                             la cultura universitaria.
polen (2)
  MM 0,0   Con la misma tranquilidad y la certeza que el polen de   669
                             las flores se [...]
  MM 1,5 Curiana N   y polen de azucenas.   699
Polis (1)
  RS 2,1 El Señor X   Yo me siento en la Polis viviente; no soy partidario   1376
                             de la Natura Naturata.
polisón (1)
  RS 3,1 Rosita   Que cae a un lado y otro del polisón.   1433
Política (1)
  RS 2,1 El Señor X   Superlativamente; aunque un catedrático de Economía   1376
                             Política no puede discutir con un cultivador de rosas.
poltrona (1)
  RS 3,1 Ama   Nos llevamos poco, pero como yo he trabajado mucho,   1413
                             estoy engrasada, y usted, a fuerza de poltrona, se le
                             han engarabitado [...]
polvo (10)
  CA 1,1 Joven   Ruido, ruido siempre, polvo, calor, malos olores.   1049
  EP CV   Estudiante 5   Parecía muy hermosa, [...] aquella muchacha llena de   1167
                             polvo que gemía como [...]
  BS 1,1 Madre   Mis muertos llenos de hierba, sin hablar, hechos   1173
                             polvo; dos hombres que [...]
  BS 2,2 Madre   Limpiarse el polvo de los zapatos.   1244
  YE 1,2 Vieja 1   y solo nosotras, las endemoniadas mujeres, nos hacemos   1287
                             polvo por cualquier cosa.
  RS 3,1 Ama   ¿Y no hay gárvilos para hacerlo polvo...?   1416
  BA 1,1 Criada   Te vas a hacer el gaznate polvo.   1443
  BA 1,1 La Poncia   ¡Otra cosa hacía polvo yo!   1443
  BA 1,1 María Josefa   No quiero ver a estas mujeres solteras rabiando por la   1470
                             boda, haciéndose polvo el corazón, y yo [...]
  BA 3,1 Angustias   Muchas veces miro a Pepe [...] tapara una nube de   1514
                             polvo de las que levantan [...]
pólvora (1)
  EP RR Figura De C   mientras tú, debajo de [...] más que una pequeña   1150
                             pólvora que pasa de mano [...]
polvos (7)
  MM 1,1 Curiana N   estos polvos santos de cráneo de hormiga,   674
  YE 2,1 Lavandera 3   Y se echan polvos de blancura y colorete y se prenden   1303
                             ramos de adelfa en busca de otro que no es su marido.

polvos (continuación)
RS 2,1 Ayola 2	La que no quiere casar deja de echarse polvos y ponerse postizos [...]	1401
BA 1,1 Martirio	Antes era alegre; ahora ni polvos se echa en la cara.	1459
BA 1,1 Bernarda	¿Pero has tenido valor de echarte polvos en la cara?	1468
BA 1,1 Bernarda	Después que te hayas quitado esos polvos de la cara.	1469
BA 2,1 La Poncia	El más caro. Y los polvos. En la mesa de tu cuarto los he puesto.	1483

pomponiana (1)
| RS 1,1 Tío | Mucho más que la muscosa y la híspida y la pomponiana y la damascena y que la eglantina de la reina Isabel. | 1355 |

pon (3)
BS 2,2 Criada	¡Pon los manteles!	1226
BS 3,1 Novia	pon en mis manos de novia	1256
BS 3,2 Suegra	pon una cruz de ceniza	1265

Ponce (1)
| RS 2,1 Solterona 3 | Allí nos reunimos siempre con las de Ponce de León, con las [...] | 1394 |

Poncia (1)
| BA 1,1 Criada | ¿Por qué no me das para mi niña, Poncia? | 1440 |

Poncio (1)
| EP CV Enfermero | Cuando el emperador se disfrace de Poncio Pilato. | 1163 |

ponderar (1)
| PB 0,0 Madre | No he de ponderar estas cosas a persona tan moderna y competentísima como usted. | 985 |

pondrá (15)
MM 1,5 Curiana N	Pronto se pondrá buena.	700
TC 4,1 Mosquito	Ahora, este pondrá sobre la dura vela: "RECUERDO", y seguirá marchando, marchando...	751
MP 3,9 Novicia 1	que pondrá en los tejados de Granada la tarde.	890
CA 2,1 Maniquí	¿Quién se pondrá mi traje? ¿Quién se lo pondrá?	1099
CA 2,1 Maniquí	Se lo pondrá la ría grande para casarse con el mar.	1099
CA 2,1 Joven	Se la pondrá el aire oscuro	1100
CA 2,1 Joven	Nadie se pondrá tu traje.	1100
CA 2,1 Joven	Nadie se pondrá tu traje.	1102
CA 2,1 Maniquí	¿Quién se pondrá mi traje?	1103
CA 2,1 Maniquí	¿Quién se lo pondrá?	1103
CA 2,1 Joven	Se lo pondrá la mujer que espera por las orillas de la mar.	1104
CA 2,1 Maniquí	¿Quién se pondrá mi traje? ¿Quién se lo pondrá?	1107
CA 2,1 Maniquí	Se lo pondrá la ría grande para casarse con el mar.	1107

pondrán (1)
| RS 1,1 Rosita | pondrán loco mi tejado. | 1373 |

pondrás (1)
| YE 1,1 Víctor | Si es niña le pondrás tu nombre. | 1285 |

pondré (7)
TC 1,1 Rosita	Me pondré una flor amarilla sobre el cucuné, y un velo que arrastrará por toda la calle.	725
TC 6,1 Rosita	Entonces... Me pondré el velo...	767
TB DME Doncella	Le pondré banderas y dulces.	899
ZP 2,1 Zapatero	¡Os pondré navajillas barberas en los zapatos!	973
DC 1,1 Cristóbal	Me pondré a dormir	1038
BA 1,1 Adela	No quiero que se me pongan [...] habitaciones; mañana me pondré mi vestido verde [...]	1466
BA 3,1 Adela	Todo el pueblo contra [...] son decentes, y me pondré la corona de espinas [...]	1528

pondría (3)
BS 2,2 Madre	En una custodia de cristal y topacios pondría yo la tierra empapada por ella.	1229
BS 3,1 Novia	te pondría una mortaja	1257
YE 2,2 Juan	Estuve podando los manzanos y a la caída de la tarde me puse a pensar para qué pondría yo tanta ilusión [...]	1311

pondríamos (1)
| MP 3,2 Carmen | nos pondríamos! | 865 |

pone (26)
MP 3,4 Mariana	Y aunque tu caballo pone	871
ZP 1,1 Niño	Son de mi hermana la grande, la que tiene el cutis fino y se pone dos lazos, que tiene [...]	914
ZP 1,1 Alcalde	Si tu mujer habla por la ventana con todos, si tu mujer se pone agria contigo, es [...]	925
DC 1,1 Poeta	La luna es una gallina que pone huevos.	1036
DC 1,1 Rosita	cómo mi urraquita se pone a volar.	1038
CA 3,2 Criado	El señor pone unos ejemplos... [...]	1133
BS 1,2 Suegra	que el caballo se pone a llorar.	1184
BS 1,2 Suegra	que el caballo se pone a llorar.	1185
BS 1,2 Suegra	que el caballo se pone a llorar.	1187
BS 1,2 Mujer	que el caballo se pone a beber.	1193
BS 1,2 Suegra	que el caballo se pone a llorar.	1193
BS 1,2 Mujer	que el caballo se pone a llorar.	1194
BS 2,1 Criada	¡El aire pone flores	1223

ponerlos (1)
RS 1,1 Ama   Un par de primos para ponerlos en un vasar de azúcar,   1359
                    y si se murieran, ¡Dios los libre!,

ponerme (1)
CA 2,1 Novia   Quiero ponerme negra.   1087

ponérmelo (1)
BA 1,1 Adela   Pensaba ponérmelo el día que vamos a comer sandías a   1465
                    la noria.

ponerse (3)
EP CV Estudiante 2 Con gran alegría para su mujer, que ahora trabajará   1157
                    tanto que tendrá que ponerse dos grifos en las tetas.
BS 2,1 Criada   No son horas de ponerse triste.   1208
RS 2,1 Ayola 2   La que no quiere casar deja de echarse polvos y   1401
                    ponerse postizos debajo [...]

ponerte (2)
DC 1,1 Cristóbal   Para ponerte el cuello caliente.   1026
BS 1,2 Suegra   ¿Qué necesidad tienes de ponerte a mal con las gentes?   1192

pones (6)
ZP 1,1 Zapatera   ¿No te pones cuellos y puños que en tu vida te los   922
                    habías puesto?
CA 2,1 Novia   Bueno. ¿Por qué te pones así?   1081
CA 3,2 Joven   Lo pones en la buhardilla.   1135
YE 3,1 Yerma   Me pones desnuda en mitad de la plaza y me escupes.   1333
YE 3,1 Juan   No soy yo quien lo pone, lo pones tú con tu conducta,   1333
                    y el pueblo lo empieza a decir.
YE 3,2 Yerma   ¿Dónde pones mi honra?   1345

ponga (3)
TC 2,1 Cristobita   Ya la enseñaré a que ponga la voz bronca, ¡más   740
                    natural!,
BS 3,1 Luna   me ponga entre los dedos su delicado silbo.   1251
RS 1,1 Primo   ponga el llano carmesí   1372

póngame (2)
RS 2,1 El Señor X   Póngame a los pies de su señora esposa.   1378
RS 2,1 El Señor X   Póngame a los pies de su encantadora sobrinita, a la   1378
                    que deseo venturas en su celebrado onomástico.

pongamos (1)
MM 2,5 Gusano 1   No nos pongamos tristes...   713

pongan (3)
BS 3,2 Madre   Que te pongan al pecho   1271
BA 1,1 Adela   No quiero que se me pongan las carnes como [...]   1466
BA 2,1 Adela   Hasta que se pongan en cueros de una vez y se las   1495
                    lleve el río.

pongas (7)
TC 1,1 Rosita   Pero no te pongas nervioso.   730
TC 6,1 Rosita   ¡Ay! No, no te pongas así.   773
TC 6,1 Rosita   Mira: no te pongas así.   773
MP 1,4 Amparo   ¡Que te pongas más contenta!   795
DC 1,1 Rosita   No te pongas así. Son las ranas del estanque.   1040
YE 3,2 Macho   no te pongas un velo de luto,   1341
RS 3,1 Ama   ¡No te pongas colorado!   1434

póngase (1)
ZP 2,1 Zapatera   Siéntese usted en el estrado, métase usted en la cama,   951
                    mírese usted en los espejos y póngase con la boca
                    abierta [...]

pongo (8)
ZP 1,1 Vecina   estas niñas, pongo por caso, u otras del pueblo.   919
ZP 2,1 Zapatera   Porque si lo dices cojo un pimiento picante y te pongo   944
                    la lengua como un ascua.
DC 1,1 Cristóbal   ¡Ay!, cómo me pongo.   1031
CA 1,1 Joven   Gracias. Si me pongo a pensar en la muchachita, en mi   1051
                    niña...
CA 1,1 Joven   ¡Pues si me pongo a pensar en ella!,   1052
CA 2,1 Novia   ¿Qué traje me pongo?   1084
RS 2,1 Solterona 3 "Sólo en ti pongo mis ojos",   1403
BA 2,1 Magdalena   Angustias. ¿Pongo también las iniciales de Pepe?   1471

ponía (3)
TC 1,1 Rosita   Genoveva de Brabante tendría uno así cuando se ponía   731
                    en la torre de su castillo a esperar a su esposo.
MP 1,4 Amparo   se ponía más morena.   793
RS 3,1 Rosita   Era agria y odiaba a los niños y a toda la que se   1431
                    ponía un traje nuevo..., pero yo no seré así.

ponían (2)
CA 1,1 Joven   La última vez que la [...] todo el rostro y la ponían   1052
                    ajada, vieja, [...]
BA 1,1 Bernarda   Esa sale a sus tías; blancas y untuosas y que ponían   1456
                    los ojos de carnero al piropo de cualquier barberillo.

poniendo (7)
MP 1,4 Lucía   Se estaba poniendo su levita azul.   789
MP 1,7 Mariana   me estoy poniendo amarilla   813
ZP 1,1 Zapatero   ¡Me estarán poniendo !...   931
DC 1,1 Rosita   Me estoy poniendo los zapatitos.   1022

poniendo - porra

Pág.

poniendo (continuación)
CA 1,1 Joven | Basta observar sobre la palma de la mano un insecto vivo, o mirar al mar una tarde poniendo atención en [...] | 1050

BS 1,2 Leonardo | Llevo más de dos meses poniendo herraduras nuevas al caballo y siempre se le caen. | 1187

BA 2,1 Angustias | Se lo noto en los ojos. Se le está poniendo mirar de loca. | 1478

poniéndome (1)
ZP 1,1 Zapatero | No me digas... Tres meses llevamos de casados, yo, queriéndote..., y tú, poniéndome verde. | 922

poniéndose (1)
MP 1,8 Angustias | poniéndose muy serios. | 817

ponlas (1)
BA 2,1 Adela | Trae cuatro mil bengalas amarillas y ponlas en las bardas del corral. | 1482

ponle (3)
MM 1,5 Curiana N | y ponle un tibio paño | 699
BS 2,2 Novio | Ponle tres docenas. | 1233
RS 1,1 Manola 1 | ¡Ponle una cinta al suspiro! | 1366

ponte (5)
TC 2,1 Cocoliche | Ponte triste si me ves; lo negro bajará luego hasta los pies." | 735

MP 2,8 Mariana | Sí, sí, vete en seguida. ¡Ponte a salvo! | 848
TB DME Marinero | Ponte de pie. | 899
ZP 1,1 Zapatera | No me hagas hablar más de lo prudente y ponte a tu obligación. | 918

RS 1,1 Ama | Ponte el azul con margaritas. | 1354

popelinette (1)
RS 2,1 Madre | Y allá vamos con unas patatas y un racimo de uvas, pero con capa de mongolia o sombrilla pintada o blusa de popelinette, con todos [...] | 1394

Popper (1)
RS 2,1 Solterona 1 | Cuando tocaba la tarantela de Popper. | 1397

popular (2)
ZP 0,0 El Autor | El autor ha preferido poner el ejemplo dramático en el vivo ritmo de una zapaterita popular. | 912

DC 1,1 | Todo el guiñol popular tiene este ritmo, [...] | 1019

populares (1)
DC 1,1 | El poeta que ha interpretado y recogido de labios populares esta farsa [...] | 1019

poquitín (1)
TC 1,1 Cristobita | La boca un poquitín grande, pero [...] | 733

poquitirrito (1)
DC 1,1 | Yo voy a comer ahora un poquito pan, un poquitirrito pan que [...] | 1020

poquito (20)
TC 6,1 Currito | ¿A ver otro poquito...? | 765
TC 6,1 Currito | ¡Otro poquito! | 765
TC 6,1 Padre | Sé bien mandada, niña; otro poquito. | 765
TC 6,1 Currito | ¡Otro poquito más! | 765
TC 6,1 Currito | ¡Otro poquito más! | 765
ZP 1,1 Zapatero | ¿No puedes hablarme un poquito más bajo? | 923
ZP 1,1 Zapatera | Mi cocido, con sus patatas de la sierra, dos pimientos verdes, pan blanco, un poquito magro de tocino, [...] | 934

ZP 2,1 Vecina Roja | Disfrutaremos un poquito. | 954
ZP 2,1 Zapatera | Tome un poquito de café caliente, que después de toda esta tracamundana le servirá de salud. | 967

DC 1,1 | Yo voy a comer ahora un poquito pan, un poquitirrito [...] | 1020

DC 1,1 Cristóbal | Tenga la bondad de sacar un poquito el cuello para que le pueda intervenir la carótida. | 1025

BS 3,2 Novia | Yo era una mujer quemada, llena de llagas por dentro y por fuera, y tu hijo era un poquito de agua de la [...] | 1269

YE 3,1 Yerma | Yo tengo la idea de que [...] retiren la cabeza: "Otro poquito más, niño..." [...] | 1328

RS 2,1 Ama | Son todos bajos y un poquito caídos de hombros. | 1381
RS 2,1 Rosita | Pero no era una cicatriz; era una quemadura, un poquito rosada. | 1400

RS 2,1 Tía | Bueno. ¿Por qué no tocamos un poquito? | 1402
RS 3,1 Ama | Criticando un poquito. | 1415
RS 3,1 Martín | A mí, como me ven inútil, me respetan un poquito; alguna vez un [...] | 1418

RS 3,1 Muchacho | Un poquito peor. Yo la tengo hecha a martillazos. | 1432
BA 1,1 La Poncia | ¡Gracias a Dios que estamos solas un poquito! | 1440

por (898)
porque (258)
porqué (1)
porra (11)
TC 1,1 Padre | Yo he dado tu mano a don Cristobita el de la porra, que acaba de pasar en su carroza por ahí. | 732

porra (continuación)
TC 2,1 Cristobita	Esta porra que ve aquí ha matado muchos hombres franceses, italianos, húngaros... Tengo la lista en mi casa.	739
TC 2,1 Cristobita	Hace tiempo que la porra no funciona y se me escapa de las manos.	739
TC 3,1 Cristobita	porque le doy con la porra.	748
TC 3,1 Cristobita	¡Huele la porra!	748
TC 5,1 Fígaro	Don Cristobita viene; don Cristobita, el de la porra.	755
TC 5,1 Currito	¡Vete a la porra!	756
TC 6,1 Cristobita	¿tú no me has visto matar a nadie con la porra?	767
TC 6,1 Cristobita	Yo también me voy a poner un gran sombrero y a colgar cintas a la porra... Ahora vengo.	768
TC 6,1 Rosita	Ahora me matará con la porra.	772
DC 1,1 Cristóbal	Voy por la porra.	1023

porrazos (2)
TC 4,1 Mozo 2	Y qué porrazos le ha dado al pobre tabernero.	750
BA 2,1 La Poncia	¡Siquiera allí se ríe y se oyen porrazos!	1484

portador (1)
MM 0,0	¡Cuántas veces el enorme esqueleto portador de la guadaña, [...]	670

portal (2)
BA 3,1 María Josefa	Vamos a los ramos del portal de Belén.	1523
BA 3,1 María Josefa	Vamos a los ramos del portal de Belén.	1523

portalillo (1)
ZP 1,1 Mozo	Porque usted es digna de estar pintada en las tarjetas postales y no aquí..., en este portalillo.	931

portaron (1)
YE 3,2 Vieja	Ni su padre, ni su abuelo, ni su bisabuelo se portaron como hombres de casta.	1344

portaste (1)
YE 2,2 Yerma	Te portaste bien.	1323

portatermómetro (1)
RS 2,1 Ama	Un portatermómetro, estilo Luis Quince.	1382

porte (1)
YE 2,1 Lavandera 4	El que quiere honra, que se porte bien.	1301

porté (1)
YE 2,2 Víctor	Yo me porté bien.	1323

portera (3)
CA 1,1 Criado	El niño de la portera murió y ahora lo llevan a enterrar.	1070
CA 3,1 Mecanógrafa	Recuerdo que la tarde de mi partida había una gran tormenta de verano y había muerto el niño de la portera.	1115
CA 3,2 Criado	Ahora está de portera, pero antes fue una gran señora.	1131

portó (2)
BA 1,1 Criada	Contigo se portó bien.	1442
BA 2,1 La Poncia	Luego se portó bien.	1476

portón (5)
BA 1,1 Adela	La he visto asomada a las rendijas del portón.	1453
BA 1,1 Bernarda	¿Y tú a qué fuiste también al portón?	1453
BA 1,1 Adela	¿Por eso ha salido detrás del duelo y estuvo mirando por el portón?	1466
BA 3,1 Adela	Voy a llegarme hasta el portón para estirar las piernas y tomar un poco de fresco.	1512
BA 3,1 Criada	Debe haber pasado alguien por el portón.	1522

portones (1)
YE 3,1 Dolores	Como en seguida empezarán a abrir los portones, te vas dando un rodeo por la acequia.	1330

Portugal (1)
DC 1,1 Rosita	de Portugal.	1032

porvenir (2)
RS 1,1 Tía	Cuando tengas tu porvenir hecho.	1362
RS 3,1 Tía	Te has aferrado a tu idea sin ver la realidad y sin tener caridad de tu porvenir.	1429

posadas (1)
ZP 2,1 Zapatero	A mi edad ya se está malamente por esas posadas de Dios.	967

posible (22)
TC 4,1 Joven	No es posible; me quería tanto hace. .	751
TC 5,1 Currito	¿Es posible que no seas mía, Rosita?	757
MP 2,7 Pedro	No es posible que pueda figurarse...	837
ZP 1,1 Zapatera	¡No es posible, esto no es posible! ¡Yo no lo creo!	937
ZP 2,1 Zapatera	Si no fuera porque tengo [...] de mi alma, ¿cómo es posible que yo aguantara [...]	942
ZP 2,1 Zapatera	¿Es posible?	967
ZP 2,1 Zapatera	Pero ¿es posible?	969
ZP 2,1 Zapatera	No es posible.	976
PB 1,1 Belisa	¿Cómo es posible?	989
PB 2,1 Belisa	¿Es posible?	1007
PB 3,1 Marcolfa	Me da miedo oírlo... Pero ¡cómo es posible!	1010

Pág.

posible (continuación)
PB 3,1 Marcolfa   Don Perlimplín, ¿cómo es posible?   1010
DC 1,1 Madre   y si fuera posible, dos.   1029
CA 1,1 Viejo   ¡Es una verdad sin refutación posible!   1060
CA 1,1 Amigo 2   Atrás se queda todo quieto; ¿cómo es posible que no lo   1075
                         sepa usted?
CA 3,1 Mecanógrafa   Sí... ¿Será posible que seas tú?   1128
CA 3,2 Joven   ¿Y será posible que en esta casa esté siempre el aire   1135
                         enrarecido?
RS 1,1 Rosita   ¿Será posible que no se sepa dónde está mi sombrero?   1354
RS 3,1 Rosita   Si me fuera posible apagaría el farol.   1426
BA 2,1 Adela   ¡Pero es posible!   1486
BA 3,1 Criada   Bernarda está aligerando la boda y es posible que nada   1521
                         pase.
posibles (1)
BA 1,1 Bernarda   Eso tiene la gente que nace con posibles.   1452
positivamente (1)
CA 1,1 Amigo   Al que no le interesa es a mí, que sé positivamente   1071
                         que la nieve es fría y que el fuego quema.
positivo (1)
RS 2,1 El Señor X   El conde Zboronsky, muerto [...] venga la religión de   1375
                         lo positivo.
postales (2)
ZP 1,1 Mozo   Porque usted es digna de estar pintada en las tarjetas   931
                         postales y no aquí..., en este portalillo.
ZP 1,1 Zapatera   A mí las tarjetas postales me gustan mucho, sobre todo   931
                         las de novios que se van de viaje...
postigo (2)
MP 1,6 Mariana   el postigo Clavela.   802
RS 1,1 Ama   Podéis salir por el postigo.   1370
postizos (1)
RS 2,1 Ayola 2   La que no quiere casar deja de echarse polvos y   1401
                         ponerse postizos debajo de la [...]
postre (1)
RS 3,1 Ama   De postre, flan.   1437
potras (2)
BA 3,1 Prudencia   ¿Vais a echarle las potras nuevas?   1508
BA 3,1 Bernarda   Pues encerrad las potras en la cuadra, pero dejadlo   1509
                         libre, no sea que nos eche abajo las paredes.
potro (1)
CA 2,1 Maniquí   potro de plomo y espuma,   1101
pozo (6)
CA 1,1 Amigo 2   En cambio, dentro de cuatro o cinco años existe un   1075
                         pozo en el que caeremos todos.
YE 3,1 Yerma   Dejarme libre siquiera la voz, ahora que voy entrando   1335
                         en lo más oscuro del pozo.
YE 3,2 Yerma   Yo soy como un campo [...] pequeño vaso de agua de   1345
                         pozo.
RS 1,1 Ama   Por el pozo de San Nicolás   1364
BA 1,1 Bernarda   Ve con ella y ten cuidado que no se acerque al pozo.   1453
BA 3,1 La Poncia   Es un pozo de veneno.   1521
pozos (2)
YE 2,2 Yerma   De mí sé decir: que he aborrecido el agua de estos   1322
                         pozos.
BA 1,1 Bernarda   Es así como se tiene que hablar en este maldito pueblo   1450
                         sin río, pueblo de pozos, donde siempre [...]
pradera (3)
MM 0,0   El amor, lo mismo que [...] ocasión por una escondida   669
                         pradera poblada de insectos [...]
MM 0,0   ¿Y por qué a vosotros [...] tranquilamente por la   670
                         pradera tomando el sol [...]
MM 1,2 Curianita Silvia de la pradera   679
praderas (1)
MM 0,0   Por eso, yo suplico a todos que no dejéis nunca libros   670
                         de versos en las praderas, porque podéis [...]
prado (14)
MM 1,1 Curiana N   El prado está silencioso.   675
MM 1,2 Curianita Silvia seré de este prado verde,   683
MM 1,4 Curianito   ¡Oh amapola roja que ves todo el prado,   685
MM 1,5 Alacranito   en este prado florido?   690
MM 1,6 Curianito   ¡Oh amapola roja que ves todo el prado!   701
MM 2,1 Curianita Santa   ¿Visteis a Curianito recitar en el prado?   702
MM 2,2 Doña Curiana   es muy bueno este prado.   705
MM 2,3 Mariposa   Lo que dice la nieve sobre el prado,   709
MM 2,5 Gusano 3   no vuelve sobre el prado;   713
MM 2,7 Curianito   ¿Duerme la casta reina de este prado?   719
MM 2,7 Curianito   y desde allí verás el prado verde   720
MM 2,7 Curianito   ¡La madre del rocío de mi prado!   720
ZP 2,1 Alcalde   Anteayer estuve enfermo toda la mañana porque vi   949
                         tendidas en el prado dos camisas tuyas [...]
YE 2,2 Yerma   ¡Ay, qué prado de pena!   1316

prados (4)
  MM 0,0   Un viejo silfo del bosque escapado de un libro del   670
                           gran Shakespeare, que anda por los prados sosteniendo
                           con [...]
  MM 2,5 Gusano 1   los prados.   714
  MM 2,6 Curianito   ¿Qué haré sobre estos prados sin amor y sin besos?   718
  MM 2,6 Curianito   lleno de ruiseñores y de prados inmensos: 718
precauciones (1)
  PB 1,1 Duende 2   Porque si las cosas no se cubren con toda clase de   993
                           precauciones...
Preceptiva (1)
  RS 3,1 Martín   Vengo de explicar mi clase de Preceptiva.   1418
precio (3)
  TC 3,1 Cristobita   Y a bajo precio, ¿eh?   748
  BS 1,2 Mujer   ¿Y lo pagan a buen precio?   1188
  BA 3,1 La Poncia   Es una lástima que esté bajo de precio.   1508
preciosa (11)
  MM 1,5 Curiana N   ¡Vamos a entrar a verla! ¡Es preciosa!   700
  MM 1,5 Doña Curiana   ¡Preciosa!   700
  TC 2,1 Padre   Mi niña que canta... ¡Es una canción preciosa!   740
  MP 1,5 Fernando   Y qué preciosa fachada   797
  MP 3,9 Carmen   ¡Olvídate del mundo, preciosa Marianita!   888
  ZP 2,1 Zapatera   Historietas antiguas [...] pero él me decía: "¡   965
                           preciosa de mi alma, [...]
  ZP 2,1 Zapatero   Ya comprendo, preciosa joven.   967
  ZP 2,1 Zapatero   ¡Porque se pudo casar con la mujer más preciosa de la   968
                           tierra!
  CA 2,1 Criada   Con el rojo está preciosa.   1085
  RS 3,1 Martín   Era una lección preciosa: "Concepto y definición de la 1418
                           Harmonía", pero a los niños no les interesa nada.
  RS 3,1 Ama   ¡Con la manera de hablar tan preciosa que tiene usted!   1422
preciosas (4)
  MP 1,3 Mariana   ¡Preciosas!   788
  MP 1,6 Clavela   Desde que usted puso sus preciosas manos   806
  PB 3,1 Perlimplín   pero me ha matado... Con este ramo ardiente de   1017
                           piedras preciosas.
  RS 2,1 Solterona 3   Las violetas son también preciosas.   1392
preciosidad (4)
  RS 2,1 Tía   Es una preciosidad.   1383
  RS 2,1 Madre   ¡Una preciosidad!   1402
  RS 2,1 Tía   ¡Ay, qué preciosidad!   1405
  RS 3,1 Tía   ¿"El cumpleaños de Matilde"? Sí, lo leímos; una   1422
                           preciosidad.
preciosísima (1)
  ZP 2,1 Zapatera   Yo le juro, por la preciosísima sangre de nuestro   963
                           padre Jesús, que soy inocente.
preciosísimas (1)
  ZP 1,1 Zapatero   Así tuve yo una también..., son unas capas   917
                           preciosísimas.
precioso (17)
  MM 1,3 Doña Curiana   precioso, que encontró   684
  TC 1,1 Rosita   ¡Qué precioso era!   725
  TC 1,1 Rosita   ¡Dios mío, qué collar de perlas tan precioso!   731
  TC 4,1 Cansa-Almas   ¡Qué pregón más precioso echabas!   754
  ZP 1,1 Zapatera   ¿Por qué eres tan precioso?   935
  ZP 2,1 Niño   ¡Ay, qué precioso!   957
  PB 3,1 Perlimplín   El amor de Belisa me ha dado un tesoro precioso que yo 1009
                           ignoraba... ¿Ves?
  CA 3,1 Máscara   Precioso.   1115
  CA 3,2 Criada   ¡Pobrecito mío! ¡Qué precioso iba!   1131
  RS 3,1 Ama   Es una herida abierta [...] algodones, las vendas o el 1416
                           precioso terrón de nieve.
  RS 3,1 Tía   ¡Precioso! ¡Precioso!   1420
  RS 3,1 Muchacho   ¡Qué jardín más precioso tienen ustedes!   1434
  RS 3,1 Ama   Como precioso, precioso, no ha sido nunca.   1437
  BA 1,1 Martirio   Es un vestido precioso.   1465
  BA 3,1 Prudencia   Es precioso.   1510
preciosos (7)
  TC 6,1 Currito   Son preciosos.   764
  ZP 1,1 Zapatera   Qué cintillos tan preciosos llevas... [...]   929
  ZP 2,1 Zapatera   Me puse tan azorada, que se me fueron dos pañuelos   946
                           preciosos, así de pequeñitos, en la corriente.
  BA 2,1 Amelia   Los de Angustias para sus sábanas de novia son   1483
                           preciosos.
  BA 2,1 La Poncia   Estos encajes son preciosos para las gorras de niños,   1484
                           para mantehuelos de cristianar.
  BA 2,1 La Poncia   Son ellos. Traen unos cantos preciosos.   1486
  BA 3,1 Prudencia   Los muebles me han dicho que son preciosos.   1511
precisamente (6)
  CA 1,1 Viejo   ¿Y la hubiera amado más, precisamente por eso?   1053
  CA 1,1 Amigo 2   que es precisamente lo que yo canto a todas horas.   1074

precisamente - preguntas (S)

Pág.

precisamente (continuación)
    EP CV Estudiante 1   Precisamente ella fue la que vio, por una claraboya   1158
                              del teatro, todo lo que ocurría y dio la voz de alarma.
    EP CV Estudiante 2   Precisamente fue por todo lo contrario.   1160
    EP CV Estudiante 2   Precisamente por eso.   1160
    RS 1,1 Sobrino   Precisamente quiero quedarme aquí, y a eso vengo.   1362
preciso (16)
    MP 1,6 Mariana   ¡Es preciso! ¡Tengo que atreverme a todo!   806
    MP 3,9 Mariana   ¿dónde vas? Es preciso que tú también descanses.   888
    DC 1,1 Director   No, señor; diga usted lo que es preciso que diga y lo 1021
                              que el público sabe que es verdad.
    DC 1,1 Director   Es preciso que hable usted con ella.   1028
    CA 1,1 Joven   Es preciso luchar con toda idea de ruina; con esos   1046
                              terribles desconchados de las paredes.
    CA 1,1 Viejo   ¿A que si en aquel preciso instante ella [...]   1052
    CA 2,1 Novia   Es preciso.   1078
    CA 2,1 Novia   Es preciso que nos vayamos.   1079
    CA 2,1 Novia   No quiero verlo. Es preciso que yo viva. Habla   1089
                              demasiado.
    CA 2,1 Padre   Es preciso.   1090
    CA 2,1 Novia   Es preciso que le devuelva los regalos... Todos.   1097
    YE 1,2 Yerma   ¿Es preciso buscar en el hombre al hombre nada más?   1290
    YE 3,2 Yerma   No es preciso que me lo refriegues por la boca.   1345
    RS 1,1 Tío   Es preciso que tengáis más respeto por mis plantas.   1352
    RS 1,1 Tía   Es preciso comprar otra vez manzanilla.   1361
    BA 3,1 Prudencia   Lo preciso es que todo sea para bien.   1511
preferí (1)
    RS 2,1 El Señor X   Estuve por haberla traído [...] cuatro libélulas, pero 1377
                              preferí lo primero por [...]
preferible (2)
    RS 3,1 Tía   Es preferible.   1438
    BA 1,1 Martirio   Es preferible no ver a un hombre nunca.   1460
preferido (1)
    ZP 0,0 El Autor   El autor ha preferido poner el ejemplo   911
prefieren (1)
    CA 3,2 Joven   ¿O prefieren chartreuse?   1141
prefiero (7)
    CA 1,1 Amigo   Yo prefiero comerla verde, o, mejor todavía, me gusta 1072
                              cortar su flor para ponerla en mi solapa.
    CA 2,1 Joven   Prefiero charlar.   1092
    CA 3,2 Joven   No... Prefiero jugar de pie.   1139
    RS 2,1 Tío   Se puede, pero prefiero callarme.   1385
    RS 2,1 Ayola 1   Yo no quiero comer. Prefiero una palomilla de anís.   1399
    RS 3,1 Rosita   Pero yo prefiero salir de aquí con la calle a oscuras. 1426
    BA 1,1 Magdalena   Prefiero llevar sacos al molino.   1452
pregón (1)
    TC 4,1 Cansa-Almas   ¡Qué pregón más precioso echabas!   754
pregona (1)
    MM 1,5 Alacranito   sus defectos no pregona?   692
pregunta (S) (2)
    MP 2,5 Pedro   ¡Qué constante pregunta al minuto lejano!   830
    YE 1,2 Yerma   Yo quisiera hacerle una pregunta.   1288
pregunta (2)
    MM 0,0   La poesía que pregunta por qué se corren [...]   670
    CA 2,1 Maniquí   Y mi camisa pregunta   1101
preguntado (5)
    MP 1,4 Amparo   No me has preguntado por mi estancia en Ronda.   791
    ZP 2,1 Zapatera   Nadie le ha preguntado su parecer.   956
    PB 2,1 Belisa   Yo he preguntado a todas mis amigas.   1007
    BS 1,2 Leonardo   No le he preguntado su opinión.   1192
    RS 2,1 Rosita   Te he preguntado si ha venido el correo.   1388
preguntar (2)
    MM 2,5 Gusano 3   sin preguntar jamás   713
    BA 3,1 Bernarda   No le debes preguntar.   1513
preguntarais (1)
    BA 2,1 Adela   ¡Quisiera ser invisible, pasar por las habitaciones   1479
                              sin que me preguntarais dónde voy!
preguntarás (1)
    YE 1,2 Muchacha 2   Por algo preguntarás.   1295
preguntaré (1)
    YE 1,1 María   De lo que tengo que hacer. Le preguntaré a mi madre.   1280
preguntaría (1)
    CA 3,2 Criado   El señor pone unos ejemplos... Pero yo le   1133
                              preguntaría, si el señor [...]
preguntaros (1)
    TC 3,1 Joven   Yo me acerqué a preguntaros una cosa, y me respondéis 745
                              por los cerros de Úbeda.
preguntarte (1)
    BS 3,2 Muchacha 1   ¿Puedo preguntarte?   1266
preguntas (S) (2)
    BS 1,1 Vecina   ¡Me haces unas preguntas!...   1182

preguntas (S) (continuación)
    RS 1,1 Ama   por las tres santas preguntas   1364
preguntas (5)
    MP 1,5 Fernando   ¿Por qué preguntas?   797
    MP 1,7 Fernando   ¿Por qué preguntas, Mariana?   807
    BS 2,1 Novia   ¿Por qué preguntas si trajeron el azahar?   1212
    YE 1,2 Muchacha 2   Dolores. ¿Por qué preguntas?   1294
    BA 2,1 Angustias   Magdalena, ¿a qué preguntas, si lo viste?   1473
preguntaste (1)
    BS 1,1 Vecina   Tú me preguntaste.   1181
pregunté (1)
    MP 3,5 Pedrosa   No os pregunté.   878
preguntes (5)
    BS 2,1 Novia   Pero se me calienta el alma de que vengas a verme y   1214
                               atisbar mi boda y preguntes con intención por el
                               azahar.
    YE 1,1 María   No me preguntes.   1280
    YE 2,2 Yerma   Yo sabré llevar mi cruz como mejor pueda, pero no me   1313
                               preguntes nada.
    YE 3,2 Juan   ¡No me preguntes más!   1348
    BA 3,1 Bernarda   No procures descubrirlas, no le preguntes y, desde   1514
                               luego, que no te vea llorar jamás.
pregunto (6)
    CA 2,1 Joven   Yo también pregunto. Calla.   1101
    BS 3,2 Madre   Por eso pregunto quién es.   1268
    YE 3,1 Yerma   Y me pregunto: "¿Para qué estarán ahí puestos?"   1328
    RS 1,1 Tío   Yo me pregunto: ¿quién volcó la maceta?   1356
    RS 2,1 Madre   Muchas veces les pregunto: "¿Qué queréis, hijas de mi   1393
                               alma: huevo en el almuerzo o silla en el paseo?"
    BA 3,1 Angustias   Si le pregunto qué le pasa, me contesta: "Los hombres   1513
                               tenemos nuestras preocupaciones."
premie (1)
    ZP 2,1 Zapatero   Dios te lo premie, clavellinita encarnada.   968
prenda (5)
    MP 2,9 Clavela   prenda de mis entrañas!   858
    ZP 1,1 Zapatera   ¡Prenda mía!   914
    ZP 1,1 Zapatera   Un zapatero no se ha puesto en su vida una prenda de   917
                               esa clase...
    RS 1,1 Ama   Pidiendo ochavitos por las calles me quedo yo al lado   1364
                               de esta prenda.
    RS 3,1 Rosita   Cada año que pasaba era como una prenda íntima que   1428
                               arrancaran de mi cuerpo.
prende (1)
    BS 2,1 Muchacha 2   se la prende con lazos de oro.   1217
prenden (1)
    YE 2,1 Lavandera 3   Y se echan polvos de blancura y colorete y se prenden   1303
                               ramos de adelfa en busca de otro que no es su marido.
prender (1)
    MM 2,7 Curianito   de prender un amor que no comprendo?   721
prenderme (1)
    MP 3,9 Mariana   y prenderme en el pelo mi mantilla de encaje.   889
prendida (1)
    MM 1,4 Curianito   está prendida en la estrella   687
prendieron (1)
    MP 2,8 Conspirador 4   lo prendieron los realistas.   843
prendó (1)
    MM 0,0   Se prendó de una visión [...]   669
preocupaban (1)
    MM 0,0   Los insectos estaban contentos, sólo se preocupaban de   669
                               beber [...]
preocupación (1)
    ZP 1,1 Zapatero   Toda mi vida ha sido en mí una verdadera preocupación   921
                               evitar el escándalo.
preocupaciones (2)
    MM 0,0   Se amaban por costumbre y sin preocupaciones.   669
    BA 3,1 Angustias   Si le pregunto qué le pasa, me contesta: "Los hombres   1513
                               tenemos nuestras preocupaciones."
preocupado (2)
    TC 3,1 Cocoliche   Estoy preocupado, preocupado... ¡Este hombre!   746
preocuparse (1)
    MP 1,1 Angustias   las mujeres no deben preocuparse.   784
preocupe (2)
    RS 3,1 Rosita   No se preocupe de mí, tía.   1427
    RS 3,1 Rosita   Tú, vete a arreglar cosas, que dentro de unos momentos   1430
                               salimos de este carmen; y usted, tía, no se preocupe
                               de mí.
preocupo (1)
    MP 2,9 Pedrosa   Y yo soy juez. Por eso me preocupo   852
prepara (2)
    BS 2,2 Criada   ¡Prepara el vino!   1226
    BS 2,2 Padre   Prepara las bandejas de trigo.   1229

548

preparada - pretendientes

Pág.

preparada (6)
CA 2,1 Novia   Y tienes preparada la llave del garage.   1088
CA 2,1 Padre   ¿Estás ya preparada?   1088
CA 2,1 Novia   Pero ¿para qué tengo yo que estar preparada?   1088
CA 3,2 Joven   Juan. ¿Está mi ropa preparada?   1133
RS 1,1 Tío   Es una rosa que nunca has visto; una sorpresa que te   1356
                      tengo preparada.
BA 2,1 Bernarda   Habla, te conozco demasiado para saber que ya me   1497
                      tienes preparada la cuchilla.
preparadas (2)
CA 1,1 Amigo 2   Yo era tierno y cantaba, [...] dos o tres caretas   1075
                      preparadas.
BS 2,2 Criada   Están preparadas.   1229
preparado (3)
ZP 1,1 Zapatera   Pues si tarda siquiera [...] comida tan buena que he   934
                      preparado!...
EP CV Enfermero   ¿Está preparado el quirófano?   1163
BS 2,2 Criada   Para la medianoche, como no dormiréis, os he preparado   1234
                      jamón y unas copas grandes de vino antiguo.
preparaos (1)
TC 0,0 Mosquito   Ahora que sale la luna [...] la Señá Rosita"...   724
                      Preparaos a sufrir el [...]
prepararse (1)
TC 6,1 Cristobita   Prepararse para el barranquillo!   778
preparo (1)
TC 2,1 Rosita   Por eso te preparo.   736
presa (S) (1)
MP 1,7 Fernando   Necesito antes de las [...] caballo, más arriba de la   811
                      presa del Genil, para, [...]
presa (3)
MP 2,9 Mariana   ¡Estoy presa! ¡Estoy presa, Clavela!   859
MP 3,1 Novicia 1   ¿Por qué está presa?   862
preseas (1)
RS 3,1 Martín   ¡recibe tú las fúlgidas preseas   1420
presencia (4)
MM 2,2 Curiana N   Tened mucha presencia, señora. Sois inquieta.   707
MP 2,8 Pedro   ¿Cómo justificar nuestra presencia?   848
ZP 2,1 Zapatero   mocitos de gran presencia   959
RS 1,1 Rosita   tu figura y tu presencia,   1371
presenciando (1)
RS 3,1 Ama   Sí, sí; pero no me toque [...] muerto que está usted   1436
                      presenciando.
presenta (1)
MP 2,5 Pedro   se presenta endiablada.   829
presidio (4)
BS 1,1 Madre   Y luego, el presidio.   1173
BS 1,1 Madre   ¿Qué es el presidio?   1173
BS 1,1 Madre   Mis muertos llenos de [...] Los matadores, en   1173
                      presidio, frescos, viendo [...]
BA 3,1 Adela   ¡Aquí se acabaron las voces de presidio!   1529
presiente (1)
MM 2,2 Doña Curiana   ¡Ay doctora vecina! Mi corazón presiente   707
preso (1)
MP 1,5 Fernando   El preso, como un fantasma,   799
prestar (1)
RS 1,1 Primo   el agua me ha de prestar   1371
prestarte (1)
MP 1,6 Fernando   y ojalá pudiera prestarte mi ayuda.   805
prestó (1)
RS 3,1 Tía   Usted nos lo prestó.   1419
presurosos (1)
MP 2,8 Conspirador 4 con los remos presurosos   844
pretende (2)
MP 2,9 Mariana   Pues yo sabré vencerlas. ¿Qué pretende?   854
RS 2,1 Ama   ¿También este pretende a Rosita?   1379
pretender (1)
MP 3,3 Alegrito   imposible pretender   867
pretendes (1)
EP RR Figura De P   Cuando rondas el lecho [...] lleno de sagacidad,   1146
                      pretendes llevarme.
pretendían (1)
MP 2,9 Mariana   que izarla pretendían en Granada.   857
pretendiente (1)
ZP 1,1 Zapatera   También tuve otro pretendiente... Aquel era medio   917
                      señorito..., tendría dieciocho años, ¡se dice muy
                      pronto!
pretendientes (4)
ZP 1,1 Zapatera   Con tan buenos pretendientes como yo he tenido.   917
ZP 1,1 Zapatera   Sí, lo quería, vaya si lo quería, que pretendientes   938
                      buenos [...]

pretendientes (continuación)
    RS 2,1 Tía   Pero ¿por qué hablas de pretendientes? ¡No conoces a   1379
                            Rosita!
    RS 2,1 Ama   Pero conozco a los pretendientes.   1379
pretendiera (1)
    BA 1,1 Magdalena   Lo natural sería que te pretendiera a ti, Amelia, [...] 1464
prevenido (1)
    MP 2,6 Mariana   un velón prevenido,   834
prevenidos (1)
    MP 2,8 Conspirador 4   Hay que estar prevenidos. El Gobierno   841
prevenir (2)
    BA 2,1 Amelia   ¡Hay que prevenir!   1489
    BA 2,1 Bernarda   ¿Me tienes que prevenir algo?   1497
prima (10)
    BS 1,1 Vecina   El se casó ya hace dos años con una prima de ella, por   1181
                            cierto.
    BS 1,2 Mujer   ¿Sabes que piden a mi prima?   1190
    BS 2,2 Mujer   ¡Que seas feliz con mi prima!   1232
    RS 1,1 Sobrino   Yo no tengo culpa de querer a mi prima.   1362
    RS 1,1 Tía   De tu prima no quiero acordarme.   1362
    RS 1,1 Primo   ¡Ay, prima, tesoro mío!,   1371
    RS 1,1 Primo   He de volver, prima mía,   1372
    RS 1,1 Primo   ¡Prima, adiós!   1373
    RS 3,1 Rosita   Su prima Esperanza mandó un niño por un destornillador. 1426
    RS 3,1 Tía   Mi prima habrá puesto los muebles de cualquiera manera. 1426
primavera (3)
    MM 1,5 Alacranito   del amor en primavera.   690
    MP 3,4 Mariana   débil de la primavera,   871
    MP 3,9 Monja 1   Ni sentirás la dulce brisa de primavera   890
Primavera (1)
    ZP 2,1 Zapatero   en tiempos de Primavera   959
primaveras (1)
    EP RR Figura De P   En un cuchillo afilado, durante cuatro largas   1147
                            primaveras.

primer (14)
    MM 0,0   El amor pasaba de padres a hijos como una joya vieja y   669
                            exquisita que recibiera el primer insecto de las [...]
    MM 1,1 Doña Curiana   Ya rompe el primer albor.   671
    MM 1,1 Doña Curiana   Mirad cómo quiebra el primer albor.   673
    PB 1,1 Perlimplín   El primer asombrado soy yo.   992
    BS 2,2 Muchacha 1   ¿A quién diste el primer alfiler, a mí o a esta?   1235
    YE 1,2 Yerma   Pues el primer día que me puse novia con él ya   1290
                            pensé... en los hijos... Y me miraba en sus ojos.
    RS 2,1 Rosita   Yo espero como el primer día.   1389
    RS 3,1 Ama   Hace ya seis años que murió y no quiero que esté usted   1413
                            como el primer día.
    RS 3,1 Ama   Del primer empujón que le [...]   1425
    RS 3,1 Rosita   Si la gente no hubiera [...] mi ilusión como el primer   1428
                            año de su ausencia.
    BA 1,1 La Poncia   En el primer responso se desmayó la Magdalena.   1439
    BA 1,1 La Poncia   La quedan cinco mujeres, cinco hijas feas, que   1442
                            quitando Angustias, la mayor, que es la hija del
                            primer marido y tiene [...]
    BA 2,1 La Poncia   Esa no resiste el primer parto.   1481
    BA 3,1 Amelia   Está en el primer sueño.   1517
primera (18)
    MM 2,2 Curiana N   que ella rompió los rayos del sol por vez primera.   705
    TC 4,1 Cocoliche   ¡Esta es la primera vez que lloro de verdad!   755
    TC 4,1 Cocoliche   ¡La primera vez!   755
    MP 2,5 Mariana   Y yo soy la primera que lo pide con ansia.   832
    PB 1,1 Perlimplín   ¡Por primera vez en mi vida estoy contento!   999
    PB 2,1 Perlimplín   Hace quince días vi a ese joven por primera vez.   1005
    EP CV Estudiante 4   La primera bomba de la revolución barrió la cabeza del   1157
                            profesor de Retórica.
    YE 1,1 Yerma   ¿Lloré yo la primera vez que me acosté contigo?   1276
    YE 1,1 Yerma   donde tendrás primera cuna!   1278
    YE 1,1 Yerma   donde tendrás primera cuna!   1286
    YE 3,2 Yerma   Desde que me casé estoy dándole vueltas a esta   1346
                            palabra, pero es la primera vez que la oigo, la
                            primera vez que me la [...]
    YE 3,2 Yerma   La primera vez que veo que es verdad.   1346
    RS 2,1 Ama   Era hermoso como un novicio cuando sale a cantar la   1380
                            primera misa, pero ya [...]
    BA 1,1 Martirio   Su padre mató en Cuba al marido de su primera mujer   1459
                            para casarse con ella.
    BA 2,1 La Poncia   Oye, Angustias: ¿qué fue lo que te dijo la primera vez   1474
                            que se acercó a tu ventana?
    BA 2,1 Angustias   Era la primera vez que estaba sola de noche con un   1475
                            hombre.

primera - prisa

Pág.

primera (continuación)
  BA 2,1 La Poncia   Esas cosas pasan entre personas ya un poco instruidas   1476
                            que hablan y dicen y mueven la mano... La primera vez
                            que mi marido [...]

primeras (1)
  CA 1,1 Amigo 2   Ahora, antes de entrar aquí vi a un niño que llevaban   1074
                            a enterrar con las primeras gotas de la lluvia.

primerizas (1)
  YE 1,1 Yerma   Siempre oí decir que las primerizas tienen susto.   1283
primero (12)
  MP 1,7 Fernando   pasar el puente primero   816
  MP 2,9 Mariana   ¡Eso nunca! ¡Primero doy mi sangre!   857
  TB QM. Viejo   Todo el mundo, y tú el primero, cree que lo [...]   906
  ZP 1,1 Zapatero   ¡Pero primero solo que señalado por el dedo de los   933
                            demás!
  CA 1,1 Amigo   Primero eres tú que los demás.   1071
  BS 1,1 Madre   Primero, tu padre, que me olía a clavel y lo disfruté   1173
                            tres años escasos.
  BS 1,1 Novio   El primero para usted.   1177
  BS 2,1 Criada   ¡El primero!   1210
  BS 3,1 Leonardo   primero las escaleras?   1256
  YE 2,2 Yerma   Creen que me puede gustar otro hombre y no saben que,   1319
                            aunque me gustara, lo primero de mi casta es [...]
  RS 2,1 El Señor X   Estuve por haberla traído [...] libélulas, pero   1377
                            preferí lo primero por ser de más [...]
  BA 2,1 Martirio   ¡Primero muerta!   1504
primeros (2)
  BS 2,1 Novia   ¡Abre! Deben ser los primeros convidados.   1210
  BS 2,2 Padre   ¿Somos los primeros?   1227
primo (12)
  TC 6,1 Cristobita   Y la historia de don Juan Tenorio, primo de don   772
                            Tancredo y primo mío.
  TC 6,1 Cristobita   ¡Primo mío!   772
  TC 6,1 Cristobita   Di tú: ¡Primo mío!   772
  TC 6,1 Rosita   ¡Primo tuyo!   773
  DC 1,1 Enfermo   hasta que me lo dijo mi primo   1025
  DC 1,1 Director   Llenemos el teatro de [...] Cristóbal el andaluz,   1043
                            primo del Bululú gallego [...]
  RS 1,1 Ama   Más se quiere a un primo segundo que se ve todos los   1360
                            días, que a un hermano que está lejos.
  RS 1,1 Rosita   Así yo, primo inocente,   1371
  RS 1,1 Rosita   ¡Adiós, primo!   1373
  RS 2,1 Ama   Ayer me tuvo todo el [...] titiriteros se parecía a su   1380
                            primo.
  RS 2,1 Tía   Muchas veces te he aconsejado que escribas a tu primo   1389
                            y te cases aquí con otro.
primor (6)
  TC 6,1 Rosita   ¡Qué romántico eres, primor mío!   777
  MP 2,2 Mariana   ¡Lo tendrás, primor mío!   825
  ZP 1,1 Zapatera   Yo siempre he tenido delirio por ella... Casi se me   929
                            saltan las lágrimas... ¡Qué primor!
  ZP 1,1 Zapatera   ¡Qué primor de rebaños!   934
  ZP 2,1 Zapatero   ¡Niña, qué primor! ¡Le quiere usted tanto como yo a mi   976
                            mujer!
  RS 1,1 Tío   Un primor.   1358
primorcito (1)
  ZP 1,1 Zapatera   Primorcito de su vecino, ¿dónde vas?   934
primos (5)
  BS 2,2 Novio   Hubo primos míos que yo ya no conocía.   1230
  BS 2,2 Madre   Son los primos de mi marido. Duros como piedras para   1231
                            la danza.
  BS 2,2 Madre   Porque tiene gente; que son sus primos del mar y todos   1244
                            los que llegan de tierra adentro.
  YE 3,2 Vieja   Tienes hermanos y primos a cien leguas a la redonda.   1344
  RS 1,1 Ama   Un par de primos para ponerlos en un vasar de azúcar,   1359
                            y si se murieran, ¡Dios los libre!,
princesa (1)
  MM 1,2 Curianita Silvia La princesa   682
princesas (1)
  TC 6,1 Currito   Como para las princesas de la Corte.   764
principales (1)
  MP 2,7 Pedro   y caballeros principales.   838
príncipe (1)
  MP 2,1 Niña   El cuento aquel del príncipe gitano.   821
príncipes (2)
  TC 6,1 Mosquito   No sois príncipes.   771
  MP 2,1 Clavela   Los gitanos no fueron nunca príncipes.   821
principio (1)
  ZP 1,1 Zapatero   Al principio creí que la [...]   925
prisa (17)
  MM 2,2 Curiana N   ¡Venid acá! ¡Sin prisa!   706

prisa (continuación)
MP 2,8	Mariana	¡Date prisa!	847
TB DME	Estudiante	Va demasiado de prisa.	900
TB DME	Doncella	¿Quién va de prisa?	900
CA 2,1	Maniquí	Corre a buscarla de prisa	1104
CA 3,1	Payaso	De prisa.	1114
CA 3,2	Jugador 2	De prisa.	1143
EP CV	Enfermero	Date prisa.	1163
EP CV	Enfermero	De prisa.	1164
BS 2,1	Novia	Date prisa, que ya deben ir llegando.	1209
BS 2,1	Novio	¿Tienes prisa?	1221
BS 3,1	Leñador 3	Ahora sale la luna. Vamos a darnos prisa.	1248
BS 3,1	Mendiga	¡De prisa! Mucha luz. ¿Me has oído?	1252
YE 1,2	Muchacha 1	Yo llevo mucha prisa. Me dejé al niño dormido y no hay nadie en casa.	1292
YE 1,2	Muchacha 1	No. Pero tienes razón. Voy de prisa.	1292
YE 2,2	Yerma	¿Por qué pasas tan de prisa por mi puerta?	1316
RS 2,1	Tío	Y digo yo: ¿adónde van con tanta prisa?	1375

prisionera (1)
YE 2,2	Yerma	¡Ay, qué dolor de sangre prisionera	1316

prisionero (2)
MP 1,5	Fernando	prisionero de importancia,	798
MP 1,7	Fernando	Prisionero soy de amor,	815

privan (1)
RS 2,1	El Señor X	Pero hoy día, créame usted, no privan los quietismos ni las ideas oscurantistas.	1376

privo (1)
YE 2,2	Juan	No te privo de nada.	1313

probable (3)
MP 2,7	Conspirador 1	No es probable.	840
MP 2,9	Mariana	Es probable que esté fuera de España.	853
CA 3,2	Jugador 3	Un corazón joven, donde es probable que resbalen las flechas.	1137

probado (3)
ZP 1,1	Alcalde	Todas, sin excepción, han probado esta vara repetidas veces.	924
CA 3,1	Mecanógrafa	¿Así, de pronto, sin haber probado lentamente esta hermosa idea: mañana será?	1128
BA 3,1	Adela	Ya no aguanto el horror de estos techos después de haber probado el sabor de su boca.	1528

probádselos (1)
TC 6,1	Padre	¡Probádselos!	764

probarle (1)
TC 6,1	Currito	Venía a probarle los zapatos de boda a la señá Rosita, porque Cansa-Almas no puede venir.	764

procedimiento (1)
CA 1,1	Joven	Pero ya conozco su procedimiento.	1050

procura (1)
BS 2,2	Madre	Con tu mujer procura estar cariñoso, [...]	1241

procurad (1)
MM 2,2	Curiana N	¡Procurad que no rocen las alas con el suelo!	706

procurado (1)
BA 1,1	Bernarda	Debías haber procurado que todo esto estuviera más limpio para recibir al duelo.	1445

procurarse (1)
RS 3,1	Rosita	Estaba atada, y además, ¿qué hombre vino a esta casa sincero y desbordante para procurarse mi cariño?	1429

procuras (1)
BA 3,1	Adela	Por eso procuras que no vaya con él.	1527

procures (1)
BA 3,1	Bernarda	No procures descubrirlas, no le preguntes y, desde luego, que no te vea llorar jamás.	1514

prodigiosa (1)
ZP 0,0	El Autor	También amanece así todos [...] escena, zapaterilla prodigiosa.	912

prodigiosamente (1)
EP CV	Muchacho 1	El acto del sepulcro estaba prodigiosamente desarrollado.	1159

produce (3)
MP 1,7	Mariana	no me produce rubor.	813
TB QM.	Viejo	Todo el mundo, y tú el primero, cree que lo importante de un ciclón son los destrozos que produce, y yo creo todo [...]	906
RS 2,1	Tío	Así lo dice el vals de [...] el disgusto que me produce verlas en los [...]	1388

producía (1)
YE 1,1	Yerma	Yo he visto a mi hermana dar de mamar a su niño con el pecho lleno de grietas y le producía un gran dolor, [...]	1283

produzca - pronto

produzca (2)   Pág.
    EP CV   Estudiante 2   En último caso, ¿es que [...] escena del sepulcro se   1161
                            produzca de manera viva [...]
    BS 2,2 Madre   Con tu mujer procura estar cariñoso, y si la notas   1241
                            inf[atu]ada o hazle una caricia que le produzca un
                            poco de daño, [...]
profanar (1)
    EP CV   Dama 1   Era un drama delicioso y la revolución no tiene   1159
                            derecho para profanar las tumbas.
profesión (1)
    RS 1,1 Ama   A mí las flores me huelen a niño muerto, o a profesión   1352
                            de monja, o a altar de iglesia.
profesor (3)
    EP CV   Estudiante 4   La primera bomba de la revolución barrió la cabeza del   1157
                            profesor de Retórica.
    RS 3,1 Martín   Ayer se empeñaron en que el pobre señor Canito,   1418
                            profesor nuevo de Geografía, [...]
    RS 3,1 Martín   Tenía que ayudar a mi madre y me hice profesor.   1421
profeta (1)
    MM 1,2 Doña Curiana   de gran mago y de profeta.   680
profetas (1)
    MM 1,5 Curiana N   llorada por los dulces profetas ruiseñores!   697
profunda (1)
    MP 3,8 Mariana   Ya soy como la estrella sobre el agua profunda,   886
profundamente (2)
    MM 0,0   Mientras que no améis profundamente a la piedra y al   670
                            gusano no entraréis en el reino de Dios.
    PB 2,1 Perlimplín   Y aunque me hieren profundamente, comprendo que vives   1004
                            en un drama.
profundo (2)
    DC 1,1   Quiero que haya un silencio tan profundo que oigamos   1019
                            el glu-glú de los manantiales.
    RS 2,1 El Señor X   Hoy día se abren camino [...] galán en la forma como   1376
                            profundo en el concepto.
prólogo (1)
    DC 1,1 Director   El prólogo termina donde se dice: "Voy a planchar los   1020
                            trajes de la compañía."
prometía (1)
    RS 2,1 Rosita   El último correo me prometía novedades.   1394
prometida (1)
    RS 3,1 Rosita   Pero lo sabían todos y yo me encontraba señalada por   1428
                            un dedo que hacía ridícula mi modestia de prometida y
                            daba un aire [...]
prometido (1)
    YE 3,1 Dolores   Cuando te sientas encinta me traes la fanega de trigo   1330
                            que me has prometido.
prometiste (1)
    TC 6,1 Rosita   ¿Cuándo me vas a contar las historias que me   772
                            prometiste?
pronto (77)
    MM 0,0   También el viejo silfo le dijo al poeta: "Muy pronto   670
                            llegará el reino [...]
    MM 1,5 Curiana N   Pronto se pondrá buena.   700
    MM 2,2 Curiana N   Hay que casarlo pronto con Silvia. Necesita   707
    MM 2,4 Curiana G   ¡Si no te marchas pronto,   710
    MM 2,4 Curiana G   ¡Vete pronto a tu casa!   711
    MM 2,5 Gusano 2   Pronto caerá sobre las hierbas,   712
    MM 2,5 Gusano 2   Pronto veré brillar   714
    TC 5,1 Fígaro   ¡Cansa-Almas, sal pronto!   760
    TC 6,1 Cocoliche   ¡Sal pronto! ¡Rompe las puertas! ¡Cobarde!   769
    MP 1,2 Amparo   ¡Mariana, sal pronto, hijita!   787
    MP 1,4 Amparo   ¡Gracias! Pronto volveremos.   795
    MP 1,5 Mariana   tranquila, pero de pronto   800
    MP 1,5 Mariana   ¡Abre pronto, por Dios, anda!   801
    MP 1,6 Mariana   ¡Tiene que ser pronto y no tengo a nadie!   805
    MP 1,7 Fernando   Dime, pronto.   807
    MP 1,8 Mariana   Vamos pronto.   818
    MP 2,2 Clavela   Pronto será; los niños tienen sueño.   826
    MP 2,5 Pedro   y hay que salvarla pronto con manos y con dientes.   832
    MP 2,8 Mariana   ¡Y todos, Virgen santa! ¡Pronto!   847
    MP 2,9 Pedrosa   No; yo espero que pronto será mío.   853
    MP 2,9 Mariana   pero sé defenderme. ¡Salga pronto!   854
    MP 2,9 Mariana   ¡Salga pronto!   857
    MP 2,9 Clavela   ¡Sálvese pronto!   858
    MP 3,3 Mariana   ¡Habla pronto, no nos vean!   867
    MP 3,5 Mariana   ¡Ojalá fuese pronto por mi dicha!   876
    MP 3,5 Pedrosa   Hable pronto, que el rey la indultaría.   876
    MP 3,5 Pedrosa   ¿Quiénes son? Y sus nombres. ¡Vamos, pronto!   877
    MP 3,6 Mariana   ¡Pero pronto! ¡Que ya vienen   878
    MP 3,7 Mariana   Pronto..., ¡qué segura estaba!   883
    MP 3,8 Carmen   ¡Caballero! ¡Salga pronto!   887

pronto (continuación)
MP 3,9 Mariana   ¡Vamos pronto!   890
TB QM. Enrique   Vamos pronto. A las seis he de tomar el tren.   905
TB QM. Mujer   Vuelve pronto.   909
TB QM. Voz   Pronto.   909
ZP 1,1 Zapatera   También tuve otro pretendiente... Aquel era medio   917
                        señorito..., tendría dieciocho años, ¡se dice muy
                        pronto!
ZP 1,1 Zapatero   Afortunadamente creo que esto se acabará pronto;   923
                        porque yo no sé cómo tengo paciencia.
ZP 1,1 Zapatera   Pero dímelo pronto, ¿qué ha pasado?   935
ZP 1,1 Zapatera   ¡Vamos! ¿Quieres decirme lo que pasa? ¡Pronto!   937
ZP 2,1 Zapatero   Sí, sí, canallas...; pero pronto ajustaré cuentas [...]   971
PB 1,1 Perlimplín   ¡Dime pronto!   997
DC 1,1 Director   Gánelo pronto.   1023
CA 1,1 Joven   la dibujo, la hago moverse blanca y viva; pero de   1052
                        pronto, ¿quién le cambia [...]
CA 1,1 Niño   Yo no quiero que me entierren. ¡Vamos pronto!   1065
CA 2,1 Novia   Detrás de toda esta sombra [...] abeja que entrara de   1079
                        pronto en el salón del [...]
CA 2,1 Joven   De pronto, mientras subía [...]   1092
CA 2,1 Joven   Pronto. ¿Dónde está?   1105
CA 3,1 Joven   Vámonos pronto. Ahora mismo.   1121
CA 3,1 Mecanógrafa   ¿Así, de pronto, sin haber probado lentamente esta   1128
                        hermosa idea: mañana será?
CA 3,1 Mecanógrafa   ¡Te espero, amor! ¡Te espero! ¡Vuelve pronto!   1130
EP CV Estudiante 1   Vamos. ¡Vamos pronto!   1168
BS 1,1 Madre   Así, de pronto, siempre me sorprende.   1175
BS 1,1 Vecina   Me voy, que pronto llegará mi gente del campo.   1183
BS 2,1 Novia   ¡Vámonos pronto a la iglesia!   1221
BS 2,1 Padre   ¡Vamos pronto!   1222
BS 2,2 Madre   Esa gente mata pronto y bien...; pero ¡sí, corre, y yo   1244
                        detrás!
BS 3,1 Leñador 2   Un árbol de cuarenta ramas. Lo cortaremos pronto.   1248
BS 3,1 Mendiga   Aquí ha de ser, y pronto. Estoy cansada.   1250
BS 3,1 Novio   Y vamos pronto, que siento los [...]   1253
BS 3,2 Mendiga   Yo los vi; pronto llegan: dos torrentes   1266
YE 1,1 Yerma   Vuelve pronto.   1284
YE 2,1 Lavandera 4   Son como esas hojas grandes que nacen de pronto sobre   1302
                        los sepulcros.
YE 2,2 Yerma   Si pudiera de pronto volverme vieja [...]   1313
YE 2,2 Yerma   Pero que si salieran de pronto y gritaran, llenarían   1323
                        el mundo.
YE 3,1 Vieja 1   Pronto empezará a amanecer. Debes irte a tu casa.   1330
YE 3,1 Juan   Vamos. ¡Pronto!   1335
RS 1,1 Sobrino   Porque volveré pronto.   1362
RS 2,1 Ayola 1   Pronto.   1408
RS 2,1 Rosita   Pero él vendrá pronto.   1410
RS 3,1 Muchacho   Pues bajaba yo muerto [...] olor de alcanfor, y de   1433
                        pronto mi tía se puso [...]
BA 1,1 Martirio   Los veía en el corral [...] temor de encontrarme de   1460
                        pronto abrazada por ellos.
BA 1,1 Magdalena   Anoche estuvo rondando la casa y creo que pronto va a   1463
                        mandar un emisario.
BA 2,1 Angustias   Afortunadamente, pronto voy a salir de este infierno.   1472
BA 2,1 Martirio   Verdaderamente es raro que dos personas que no se   1474
                        conocen se vean de pronto en una reja y ya novios.
BA 2,1 Adela   ¡Qué cariño tan grande te ha entrado de pronto por mi   1482
                        hermana!
BA 2,1 Bernarda   Yo veía la tormenta venir, pero no creía que estallara   1495
                        tan pronto.
BA 3,1 La Poncia   A lo mejor, de pronto, cae un rayo.   1519
BA 3,1 La Poncia   A lo mejor, de pronto, un golpe te para el corazón.   1519
pronunciado (1)
MP 3,8 Mariana   este nombre sería pronunciado con miedo.   885
pronunciar (1)
BA 2,1 Martirio   Aquí es el único sitio donde no se puede pronunciar   1478
                        esta palabra.
propia (4)
MM 0,0   Un viejo silfo del bosque [...] repite envuelta en su   670
                        propia melancolía.
MP 2,3 Mariana   quemarse con su propia lumbre viva   826
CA 2,1 Joven   mi propia mujer desnuda.   1105
YE 2,2 Yerma   Porque estoy harta de tenerlas y no poderlas usar en   1317
                        cosa propia.
propio (8)
MP 1,7 Fernando   de mi propio corazón.   815
MP 2,3 Mariana   y voy volando por mi propio sueño,   826
MP 2,5 Pedro   con mi propio dolor y mi vida, ¡Mariana!   828
MP 3,8 Mariana   para vivir y amar su pensamiento propio.   885

propio (continuación)   Pág.
    ZP 1,1 Zapatera   Cállate, larga de lengua, penacho de catalineta, que   912
                            si yo lo he hecho ..., si yo lo he hecho, ha sido por
                            mi propio gusto... Si no [...]
    PB 3,1 Perlimplín   Yo necesito que ella ame a ese joven más que a su   1010
                            propio cuerpo.
    RS 2,1 Ama   En medio del terciopelo [...] y el surtidor es el   1383
                            propio termómetro.
    BA 3,1 Prudencia   Es más propio.   1510
propios (3)
    MP 3,8 Mariana   Más que a mis propios hijos y a mí misma le quise.   885
    BS 1,1 Madre   Un hombre hermoso, con su flor en la boca, que sale a   1173
                            las viñas o va a sus olivos propios, porque son de
                            [...]
    RS 1,1 Ama   Déjese usted a sus propios hijos en una chocita   1360
                            temblando de hambre.
propone (2)
    RS 3,1 Rosita   ¿Qué se propone usted?   1428
    BA 3,1 Bernarda   Con perlas o sin ellas, las cosas son como uno se las   1510
                            propone.
propones (1)
    BA 2,1 La Poncia   Por mucho que pienso no sé lo que te propones.   1480
propósito (2)
    YE 2,1 Lavandera 4   Es que las regalonas, las flojas, las endulzadas, no   1302
                            son a propósito para llevar el vientre arrugado.
    RS 2,1 Tío   No me parece conversación lo más a propósito para una   1385
                            criada.
propuso (1)
    EP CV Estudiante 1   No es necesario, y esto era lo que se propuso   1161
                            demostrar con el genio el director de escena.
protección (1)
    BA 2,1 La Poncia   Siempre agradecí tu protección.   1498
protegen (1)
    MP 2,7 Conspirador 1   Oscuridad y lluvia le protegen,   840
proteja (1)
    MP 2,9 Pedrosa   El Rey nuestro Señor, que Dios proteja,   851
protejan (1)
    MP 2,2 Mariana   para que nos protejan.   826
protestado (1)
    CA 1,1 Amigo 2   Bueno. Viejo tenía que ser. Usted, en cambio, no ha   1076
                            protestado.
protesté (1)
    ZP 1,1 Zapatero   Ayer estuvimos todo el día con unas sopas de huevo y   920
                            perejil; bueno, pues porque protesté de esto, me [...]
protestó (1)
    EP CV Estudiante 4   El público tiene sagacidad para descubrirlo todo y por   1160
                            eso protestó.
provecho (1)
    MP 2,8 Conspirador 4   Nadie quiere una muerte sin provecho.   842
provechoso (1)
    BS 1,3 Padre   Ha sido necesario castigarla y hasta llorarla, para   1196
                            que nos dé algo provechoso.
provocado (1)
    ZP 1,1 Zapatero   Me han provocado, me han, a [...]   922
provocarlo (1)
    BA 3,1 La Poncia   Es verdad que el año [...] estarse en su sitio y no   1520
                            provocarlo.
próximo (1)
    BS 1,3 Novio   El jueves próximo.   1198
Prudencia (1)
    BA 3,1 Bernarda   Adiós, Prudencia.   1512
prudente (3)
    MP 1,7 Mariana   Sé prudente.   815
    MP 2,7 Mariana   Pedro, mira por mí. Sé muy prudente,   840
    ZP 1,1 Zapatera   No me hagas hablar más de lo prudente y ponte a tu   918
                            obligación.
prueba (S) (1)
    RS 2,1 Rosita   ¡Esto es una prueba más de lo que me quiere!   1410
prueba (3)
    EP RR Figura De P   Prueba a defenderte.   1150
    BS 1,3 Madre   No lo prueba.   1201
    BS 3,1 Leonardo   Tú también. Da un paso. Prueba.   1260
pruebe (3)
    DC 1,1 Cristóbal   Le digo que pruebe a mover la carótida.   1025
    RS 2,1 Ama   ¡Que venga y que te coja del brazo y que menee el   1410
                            azúcar de tu café y lo pruebe antes a ver si quema!
    RS 3,1 Martín   ¡Que pruebe!   1422
pública (1)
    ZP 1,1 Mirlo   Cuando las sombras crepusculares invadan con sus   930
                            tenues velos el mundo y la vía pública se halle libre
                            [...]

público (24)
ZP 0,0 El Autor	Respetable público... No; respetable público, no; público solamente, y no es que el autor no considere al público respetable, todo [...]	911
ZP 0,0 El Autor	En todos los sitios late [...] y no se extrañe el público si aparece violenta [...]	912
ZP 0,0 El Autor	También amanece así todos los días sobre las ciudades, y el público olvida su medio [...]	912
ZP 2,1 Zapatero	Respetable público: Oigan ustedes [...]	958
PB 1,1 Duende 1	Y que luego el público se encargue de destaparlas.	993
PB 1,1 Duende 1	El público está impaciente.	995
PB 1,1 Duende 1	Un bien..., porque no es justo poner ante las miradas del público el infortunio de un hombre bueno.	996
DC 1,1	El poeta que ha interpretado y recogido de labios populares esta farsa de guiñol tiene la evidencia de que el público culto de esta [...]	1019
DC 1,1	Así, pues, el poeta sabe que el público oirá con alegría [...]	1019
DC 1,1 Director	No, señor; diga usted lo que es preciso que diga y lo que el público sabe que es verdad.	1021
DC 1,1 Poeta	Respetable público: Como poeta tengo que deciros que don Cristóbal es malo.	1021
DC 1,1 Director	Salga usted, que el público lo está esperando.	1022
EP RR Estudiante 2	Pero hasta los fosos están abarrotados de público.	1157
EP CV Muchacho 1	El público quiere que el poeta sea arrastrado por los caballos.	1159
EP CV Estudiante 4	El público tiene sagacidad para descubrirlo todo y por eso protestó.	1160
EP CV Estudiante 2	Se amaban los esqueletos y estaban amarillos de llama, pero no se amaban los trajes y el público vio varias veces [...]	1160
EP CV Muchacho 1	Aquí está la gran equivocación de todos y por eso el teatro agoniza: el público no debe atravesar [...]	1160
EP CV Muchacho 1	¿Qué le importa esto al público?	1160
EP CV Estudiante 2	El público se ha de dormir [...]	1161
EP CV Estudiante 4	La actitud del público ha sido detestable.	1165
EP CV Estudiante 4	La denuncia del público fue eficaz.	1165

pude (10)
TC 0,0 Mosquito	Abrí mi ojo todo lo que pude me lo quería cerrar [...]	724
EP CV Estudiante 4	Cuando cantó el ruiseñor yo no pude contener mis lágrimas.	1166
BS 1,1 Novio	Tres años. Ya pude comprar la viña.	1176
BS 3,2 Mendiga	¡Pude pedir tus ojos! Una nube	1265
YE 1,2 Vieja 1	Pude haberme casado con un tío tuyo.	1287
YE 1,2 Yerma	Me cogió de la cintura y no pude decirle nada porque no podía hablar.	1289
YE 3,2 Yerma	No te pude ver	1336
RS 3,1 Martín	Pero no pude.	1421
BA 2,1 La Poncia	¡Yo pude con él!	1477
BA 2,1 La Poncia	Yo nunca pude usarlos en los míos.	1484

pudiera (17)
MM 2,5 Gusano 3	¡Quién pudiera enroscarse	717
TC 1,1 Rosita	¡Si al menos pudiera vender mi alma al diablo!	733
MP 1,6 Mariana	¡No la quisiera abrir! ¡Ay, quién pudiera	803
MP 1,6 Fernando	y ojalá pudiera prestarte mi ayuda.	805
MP 2,5 Pedro	¡Quién pudiera pagarte lo que has hecho por mí!	828
MP 2,5 Pedro	¡Quién pudiera librarte de aquellos que te acechan	828
MP 3,2 Mariana	Si pudiera	864
MP 3,8 Fernando	¡Quién pudiera morir para que tú vivieras!	886
TB QM. Mujer	¡Si me pudiera despreciar!	909
DC 1,1 Enfermo	Si pudiera ya lo hubiera hecho.	1025
BS 2,1 Novia	Y que me abrazaras tan fuerte, que aunque me llamara mi madre, que está muerta, no me pudiera despegar de ti.	1222
BS 3,1 Novia	Que si matarte pudiera,	1257
YE 2,2 Yerma	Si pudiera de pronto volverme [...]	1313
YE 3,1 Yerma	¡Ay, si los pudiera tener yo sola!	1329
YE 3,1 Juan	Si pudiera dar voces levantaría [...]	1331
YE 3,1 Yerma	Si pudiera dar voces también [...]	1332
BA 2,1 Adela	¡Ay, quién pudiera salir también a los campos!	1485

pudierais (1)
MM 1,1 Doña Curiana	Pudierais coger una pulmonía	672

pudiéramos (1)
BS 1,3 Padre	Si pudiéramos con veinte pares de bueyes traer tus viñas aquí y ponerlas en la ladera.	1197

pudiste (2)
CA 2,1 Maniquí	Pudiste ser para mí	1101
CA 2,1 Maniquí	Pudiste ser un relincho	1101

pudo (12)
ZP 2,1 Zapatero	¡Porque se pudo casar con la mujer más preciosa de la tierra!	968

Pág.

pudo (continuación)

CA 3,2 Jugador 3   Yo jugué en la India [...] especial todas las copas y   1136
                   pudo escapar entre los [...]

EP CV Estudiante 4   El director de escena abrió los escotillones, y la   1161
                      gente pudo ver cómo el veneno [...]

BS 2,2 Madre   Su padre pudo haber tenido conmigo muchos hijos.   1228

BS 3,1 Leñador 1   Se estaban engañando uno a otro y al fin la sangre   1246
                    pudo más.

YE 3,1 Yerma   ¿Y pudo venir andando desde el río?   1327

RS 1,1 Tío   No, no le ha pasado gran cosa, pero pudo haberle   1355
              pasado.

RS 2,1 Ama   Yo quise que tuviera cuerda y cantara, pero no pudo   1383
              ser.

RS 2,1 Tía   No pudo ser.   1383

RS 3,1 Martín   Me dieron una flor natural y escribí un drama que   1419
                 nunca se pudo representar.

RS 3,1 Martín   Nunca se pudo representar.   1420

BA 3,1 Martirio   Dichosa ella mil veces que lo pudo tener.   1532

pudra (1)

CA 2,1 Maniquí   donde este traje se pudra.   1101

pudre (1)

BA 2,1 La Poncia   A vosotras que sois solteras, [...] que no se conforma   1476
                    se pudre llorando en un [...]

pudrimos (1)

BA 1,1 Magdalena   Hoy hay más finura, las [...] de botella, pero nos   1461
                    pudrimos por el qué dirán.

pueblo (40)

TC 1,1 Cristobita   Efectivamente es la niña más guapa del pueblo.   731

TC 3,1 Joven   Encuentro el pueblo más blanco, mucho más blanco.   743

TC 5,1 Fígaro   El pueblo huele a novedades.   757

TC 6,1 Currito   He venido al pueblo para aprender cómo se puede   771
                  olvidar.

MP 2,5 Pedro   entre el calor entero del pueblo de Granada.   829

MP 2,7 Pedro   porque el pueblo responde, sin dudar.   838

ZP 1,1 Vecina   estas niñas, pongo por caso, u otras del pueblo.   919

ZP 1,1 Zapatera   Como si yo no estuviese aquí más que paraaa, paraaa...   932
                   ¿Es que en este pueblo no puede una hablar con nadie?

ZP 1,1 Zapatera   Por lo que veo, en este pueblo no hay más que dos   932
                   extremos: o monja o trapo de fregar...

ZP 1,1 Zapatero   Claro..., si en todo el pueblo no se hablará de otra   933
                   cosa: ¡que si yo, que si ella, que si los mozos!

ZP 1,1 Niño   Sí, sí, eso ha dicho [...] ya lo sabe todo el   937
               pueblo...

ZP 2,1 Zapatera   Pues si dices tú, más digo yo, y puedes enterarte, y   942
                   todos los del pueblo, que hace cuatro [...]

ZP 2,1 Zapatera   Ya ves tú..., cuando lo conocí estaba yo lavando en el   945
                   arroyo del pueblo.

ZP 2,1 Zapatera   La gente me canta coplas, [...] defenderme, ya que en   948
                   este pueblo las autoridades [...]

ZP 2,1 Alcalde   Por lo que veo, este niño sabio y retorcido es la   949
                  única persona a quien tratas bien en el pueblo.

ZP 2,1 Zapatera   Y que no me gusta usted ni me gusta nadie del pueblo.   952

ZP 2,1 Zapatero   Y en mi pueblo vivía una mujer... [...]   966

ZP 2,1 Niño   Todas las mujeres han ido a ver al juez para que te   970
               vayas del pueblo, ¡ay!

ZP 2,1 Vecina Amarilla   Pero o se va del pueblo o la echamos. Nos trae locas.   971

ZP 2,1 Zapatera   Mire usted, tengo a todo el pueblo encima, quieren   974
                   venir a matarme, y sin embargo no tengo ningún miedo.

DC 1,1   El guiñol es la expresión de la fantasía del pueblo y   1019
          da el clima de su gracia y de su inocencia.

CA 2,1 Criada   En mi pueblo había un muchacho [...]   1086

YE 1,2 Muchacha 2   ¿Tú regresas al pueblo?   1292

YE 1,2 Yerma   ¿Tu madre vive en la puerta más alta del pueblo?   1294

YE 3,1 Juan   Si pudiera dar voces levantaría a todo el pueblo para   1331
               que viera [...]

YE 3,1 Juan   No soy yo quien lo pone, lo pones tú con tu conducta,   1333
               y el pueblo lo empieza a decir.

RS 1,1 Ama   Como quien tiene boca... Como decían en mi pueblo: 1353

BA 1,1 La Poncia   No tendrás queja ninguna. Ha venido todo el pueblo.   1450

BA 1,1 Bernarda   Es así como se tiene que hablar en este maldito pueblo   1450
                   sin río, pueblo de pozos, donde [...]

BA 1,1 Bernarda   Es la única mujer mala que tenemos en el pueblo.   1456

BA 1,1 La Poncia   Debías haberte ido a otro pueblo.   1457

BA 1,1 Magdalena   Ya se comenta por el pueblo.   1463

BA 1,1 María Josefa   No quiero ver a estas [...] yo me quiero ir a mi   1470
                       pueblo.

BA 2,1 La Poncia   Anoche llegó al pueblo una mujer vestida [...]   1485

BA 2,1 Coro   las que vivís en el pueblo,   1487

BA 2,1 Martirio   las que vivís en el pueblo...   1487

BA 2,1 La Poncia   En el pueblo hay gentes que leen también de lejos los   1499
                    pensamientos escondidos.

pueblo (continuación)
    BA 2,1 Bernarda   Si las gentes del pueblo quieren levantar falsos   1502
                  testimonios, se encontrarán con mi pedernal.
    BA 3,1 Adela   Todo el pueblo contra mí, quemándome [...]   1528
pueblos (5)
    MP 2,7 Pedro   Nos siguen pueblos como Nerja, Vélez,   838
    ZP 2,1 Zapatera   ¿Ve usted todos esos romances y chupaletrinas que   965
                  canta y cuenta por los pueblos?
    YE 2,2 Juan   Mando a los pueblos vecinos por las cosas que te   1313
                  gustan.
    RS 1,1 Ama   Son indecencias de los pueblos.   1353
    BA 1,1 La Poncia   Han venido curas de todos los pueblos.   1439
pueda (16)
    MP 1,5 Mariana   sin que yo pueda evitarlo.   799
    MP 2,5 Mariana   de que pueda matarte la canalla realista.   829
    MP 2,5 Pedro   No es posible que pueda figurarse...   837
    ZP 2,1 Zapatero   Yo comprendo mucho más de lo que pueda imaginarse,   967
                  porque... [...]
    DC 1,1 Enfermo   Quizá pueda dar las buenas noches.   1024
    DC 1,1 Cristóbal   Tenga la bondad de sacar un poquito el cuello para que   1025
                  le pueda intervenir la carótida.
    DC 1,1 Cristóbal   para que mi palomo pueda reposar.   1039
    BS 1,1 Madre   ¿Y es justo y puede ser que una cosa pequeña como una   1173
                  pistola o una navaja pueda acabar con un hombre, [...]
    BS 2,2 Madre   Que ella no pueda disgustarse, pero que sienta que tú   1241
                  eres el macho, el amo, el que mandas.
    BS 3,1 Luna   donde pueda calentarme!   1249
    BS 3,1 Leonardo   ¡Donde yo pueda mirarte!   1259
    YE 2,2 Yerma   Yo sabré llevar mi cruz como mejor pueda, pero no me   1313
                  preguntes nada.
    YE 3,2 Yerma   ¿Has pensado en serio que yo me pueda doblar a otro   1345
                  hombre?
    RS 2,1 Ayola 1   Para ir a una boda. En cuanto yo pueda, me caso.   1400
    RS 3,1 Solterona 3   Pero si hace falta algo, ya sabe que en lo que pueda,   1436
                  aquí estoy yo.
    BA 1,1 Bernarda   No hay en cien leguas a la redonda quien se pueda   1457
                  acercar a ellas.
puedan (6)
    MP 3,3 Alegrito   pero que harán lo que puedan.   867
    CA 2,1 Maniquí   sin que los encajes puedan   1100
    CA 2,1 Maniquí   para que mis sedas puedan,   1104
    BS 3,1 Luna   que no puedan escaparse!   1250
    BS 3,1 Leonardo   A donde no puedan ir   1259
    RS 2,1 Madre   ¡Y qué angustia he pasado, señora, para que estas   1393
                  hijas puedan seguir usando [...]
puedas (4)
    ZP 2,1 Zapatero   Es ágil. Quizá no puedas.   961
    CA 2,1 Novia   Que busques otra mujer a quien puedas hacerle trenzas.   1094
    EP RR Figura De C   Será la única manera de que puedas verme desnudo.   1147
    BS 3,1 Novia   con las manos, como puedas,   1256
puede (106)
    TC 2,1 Cocoliche   Pero esto no puede ser, no, no y no.   737
    TC 2,1 Padre   Eso no puede ser, don Cristobita.   739
    TC 3,1 Joven   Puede que sí.   745
    TC 3,1 Mozo 2   Que se casa ahora con don Cristobita, y este, pues...   745
                  ¡Ya se lo puede figurar!
    TC 4,1 Mozo   Este nos puede servir; es Cansa-Almas, el zapatero.   752
    TC 6,1 Currito   ¿Se puede pasar?   763
    TC 6,1 Currito   Venía a probarle los zapatos de boda a la señá Rosita,   764
                  porque Cansa-Almas no puede venir.
    TC 6,1 Currito   He venido al pueblo para aprender cómo se puede   771
                  olvidar.
    MP 1,7 Mariana   Pero esto no puede ser.   809
    MP 1,7 Fernando   si puede calmar tu pena!   810
    MP 2,5 Mariana   Un pájaro sin aire, ¿puede volar? ¡Entonces!...   828
    MP 2,8 Conspirador 3   La situación no puede durar mucho.   842
    MP 2,8 Conspirador 4   No se puede contar lo que ha pasado.   843
    MP 2,9 Clavela   ¡Se han quedado en la puerta! ¡No se puede!   859
    MP 3,5 Mariana   ¡No puede ser! ¡Cobardes! ¿Y quién manda   876
    MP 3,8 Fernando   ¡No puede ser! ¡No quiero que esto pase! ¡No quiero!   885
    MP 3,9 Mariana   El hombre es un cautivo y no puede librarse.   889
    ZP 1,1 Zapatera   Puede que los tenga más [...]   915
    ZP 1,1 Zapatera   Si una no puede ser buena... ¿Y yo?, ¿es que no valgo   916
                  nada?
    ZP 1,1 Alcalde   Vamos, lo estoy viendo y me parece mentira cómo un   925
                  hombre, lo que se dice un hombre, no puede meter en
                  cintura, [...]
    ZP 1,1 Mozo   Pero eso no puede ser. ¿Es que tienes otro compromiso?   932
    ZP 1,1 Zapatera   Como si yo no estuviese aquí más que paraaa, paraaa...   932
                  ¿Es que en este pueblo no puede una hablar con nadie?

558

			Pág.
puede (continuación)			
ZP 1,1	Zapatera	Mira, mira ... aquella blanca tan chiquita que casi no puede andar.	934
ZP 2,1	Alcalde	Muchas mujeres he conocido [...] mujeres cuyo talle se puede abarcar con estos [...]	949
ZP 2,1	Zapatero	¿Aquí se puede descansar?	953
ZP 2,1	Zapatera	Pues puede que en las Filipinas [...]	956
ZP 2,1	Zapatero	No puede ser.	965
PB 0,0	Perlimplín	¿Quién lo puede creer?	987
DC 1,1	Director	Y no puede ser bueno.	1021
DC 1,1	Poeta	Y no puede ser bueno.	1021
DC 1,1	Enfermo	En vista de esto me he convencido de que es usted un gran médico que me puede curar.	1024
CA 1,1	Joven	Por ahora no puede ser... Por causas que no son de explicar.	1048
CA 1,1	Viejo	Son unas trenzas con cuyo perfume se puede vivir sin necesidad de pan ni de agua.	1050
CA 1,1	Viejo	Si ella tiene quince años, puede tener quince crepúsculos o quince cielos.	1053
CA 1,1	Amigo	Sí, hombre, no te indignes, pero una mujer puede ser feísima y un domador de caballos puede ser hermoso.	1058
CA 2,1	Joven	no puede cantar.	1103
CA 2,1	Maniquí	No puede.	1103
CA 2,1	Joven	no puede nadar.	1103
CA 2,1	Maniquí	No puede.	1103
CA 3,1	Arlequín	Nadie puede abrir semillas	1108
CA 3,1	Arlequín	¡Eh! Por ahí no puede pasar.	1118
CA 3,1	Viejo	Porque si él tiene veinte años puede tener veinte lunas.	1126
EP CV	Muchacho 1	Romeo puede ser un ave y Julieta puede ser una piedra.	1160
EP CV	Muchacho 1	Romeo puede ser un grano de sal y Julieta ser un mapa.	1160
EP CV	Estudiante 4	Nada, pero un ave no puede ser un gato, ni una piedra puede ser un golpe de mar.	1161
EP CV	Estudiante 2	Un gato puede ser una rana, y la luna de invierno puede ser muy bien un [...]	1161
EP CV	Estudiante 3	Y toda la gente, pero [...] desata su cabellera puede atropellar sin [...]	1166
BS 1,1	Madre	Todo lo que puede cortar el cuerpo de un hombre.	1172
BS 1,1	Madre	¿Y es justo y puede ser que una cosa [...]	1173
BS 1,1	Madre	¿Me puede alguien traer a tu padre?	1173
BS 1,3	Madre	Mi hijo tiene y puede.	1198
BS 1,3	Padre	No habla nunca; suave como la lana, borda toda clase de bordados y puede cortar una maroma con los dientes.	1198
BS 1,3	Padre	Dile que ya puede entrar.	1199
BS 2,1	Novia	No se puede estar ahí dentro, del calor.	1206
BS 2,1	Novia	Un hombre con su caballo sabe mucho y puede mucho para poder estrujar a una muchacha metida en un desierto.	1214
BS 2,1	Criada	la novia no puede dormir.	1217
BS 2,2	Padre	Poca. La gente no puede entretenerse.	1229
BS 2,2	Padre	¿Y adónde puede haber ido?	1242
BS 3,1	Novio	Y tiene tanto poderío, que puede arrancar este árbol de raíz si quiere.	1253
BS 3,1	Novio	Una caza. La más grande que se puede hacer.	1253
YE 1,1	Yerma	Yo veo por mis ojos que eso no puede ser... A fuerza [...]	1276
YE 1,1	María	Nadie puede quejarse de estas cosas.	1282
YE 1,2	Vieja 1	De estas cosas no se puede decir palabra.	1288
YE 1,2	Vieja 1	¿Quién puede decir que este cuerpo que tienes no es hermoso?	1288
YE 1,2	Yerma	¿He de quedarme pensando en él o en lo que puede salir relumbrando de mi pecho?	1290
YE 1,2	Yerma	La causa que nos parece más inofensiva puede acabar con él.	1292
YE 2,1	Lavandera 1	Pero ¿ese puede saber lo que ha ocurrido?	1302
YE 2,2	Juan	Pero puede parecerlo.	1315
YE 2,2	Yerma	Creen que me puede gustar otro hombre [...]	1319
YE 2,2	Víctor	Puede ser.	1322
YE 3,2	Vieja	Lo que ya no se puede callar.	1344
YE 3,2	Yerma	El agua no se puede volver atrás ni la luna llena sale al mediodía.	1345
RS 1,1	Ama	¡Por Dios, cierra la sombrilla, no se puede abrir bajo techado!	1358
RS 2,1	El Señor X	El conde Zboronsky, muerto en el accidente, y Marcel Renault, o Renol, que de ambas maneras suele y puede decirse, muerto...	1375
RS 2,1	El Señor X	Superlativamente; aunque un catedrático de Economía Política no puede discutir con un cultivador de rosas.	1376
RS 2,1	El Señor X	Hoy día se abren camino un Juan Bautista Say o Se, que de ambas maneras suele y puede decirse, o un conde [...]	1376

puede (continuación)
RS 2,1 Tío   Cada uno vive como puede o como sabe en esta vida   1376
                  diaria.
RS 2,1 Tía   Pero ¿es que conmigo no se puede hablar?   1385
RS 2,1 Tío   Se puede, pero prefiero callarme.   1385
RS 2,1 Solterona 2 ¡Le puede gustar tomar el aire!   1401
RS 2,1 Rosita   Que se casa... Que se casa conmigo, porque ya no   1409
                  puede más, pero que...
RS 3,1 Martín   Son los niños de los ricos y , como pagan, no se les 1418
                  puede castigar.
RS 3,1 Ama   No se puede cerrar por la humedad.   1437
BA 1,1 Bernarda   Magdalena puede bordarlas.   1451
BA 1,1 La Poncia Luego estuvo detrás de una ventana oyendo la   1455
                  conversación que traían los hombres, que, como
                  siempre, no se puede oír.
BA 1,1 La Poncia Contigo no se puede hablar. ¿Tenemos o no tenemos   1458
                  confianza?
BA 1,1 Martirio   ¡Puede que a él le guste!   1464
BA 1,1 Adela   ¡Pero si no puede ser!   1466
BA 1,1 Magdalena ¡El dinero lo puede todo!   1466
BA 2,1 Martirio   Aquí es el único sitio donde no se puede pronunciar   1478
                  esta palabra.
BA 2,1 Martirio   No digas nada, puede ser un barrunto mío.   1489
BA 2,1 Bernarda   Me hacéis al final de mi vida beber el veneno más   1492
                  amargo que una madre puede resistir.
BA 2,1 Bernarda   ¿Qué otra cosa puede ser?   1497
BA 2,1 La Poncia ¡Nadie puede conocer su fin!   1499
BA 2,1 La Poncia Pero no se puede.   1500
BA 2,1 Adela   Hace la que puede y la que se adelanta.   1504
BA 3,1 Bernarda   En esta casa no hay ni un sí ni un no. Mi vigilancia 1518
                  lo puede todo.
BA 3,1 La Poncia Pero ni tú ni nadie puede vigilar por el interior de 1518
                  los pechos.
BA 3,1 La Poncia Cuando una no puede con el mar lo más fácil es volver 1520
                  las espaldas para no verlo.
BA 3,1 Criada   Bernarda cree que nadie puede con ella y no sabe la   1520
                  fuerza que tiene un hombre entre mujeres solas.
BA 3,1 Martirio   Ha llegado el momento de que yo hable. Esto no puede   1526
                  seguir así.
BA 3,1 Adela   Ya puede estar cien años [...]   1527
pueden (22)
MM 1,1 Curiana N   cocina y poesía se pueden juntar.   676
TB DME Vieja   Cuatro de ellos pueden con una culebra.   897
ZP 1,1 Alcalde   Rosa, Manuela, Visitación y Enriqueta Gómez, que ha   925
                  sido la última, te lo pueden decir desde la [...]
ZP 2,1 Zapatera   No pueden ustedes hablar una sola palabra sin   949
                  ofender... ¿De qué se ríe su ilustrísima?
PB 3,1 Perlimplín Tú sabes cómo son las Hadas..., pequeñitas...Es   1009
                  admirable, pueden bailar sobre mi dedo meñique!
BS 2,1 Leonardo   A mí me pueden matar, pero no me pueden escupir.   1213
BS 2,1 Criada   Estas palabras no pueden seguir.   1213
BS 2,2 Novia   Pues... la gente. Pueden vernos.   1238
BS 3,1 Leñador 1 Todos pueden vivir en él.   1245
BS 3,1 Mendiga   ¡No pueden escaparse!   1252
BS 3,2 Novia   Que quiero que sepa que yo soy limpia, que estaré   1269
                  loca, pero que me pueden enterrar sin que [...]
YE 1,2 Yerma   Todo se vuelve medias palabras, gestos, porque todas 1291
                  estas cosas dicen que no se pueden saber.
YE 1,2 Yerma   Los niños no se pueden dejar solos.   1292
YE 2,2 Yerma   Hay cosas encerradas detrás de los muros que no pueden 1323
                  cambiar porque nadie las oye.
RS 2,1 Madre   Y se me llenan los ojos de lágrimas cuando las veo   1394
                  alternar con las que pueden.
RS 3,1 Tía   Pero tiene buenas vistas y un patinillo con dos   1418
                  higueras donde se pueden tener flores.
RS 3,1 Rosita   Hay cosas que no se pueden decir porque no [...]   1430
BA 1,1 Bernarda   No es por eso... Pero desde aquel sitio las vecinas   1453
                  pueden verla desde su ventana.
BA 1,1 Bernarda   ¡No ha tenido novio ninguna ni les hace falta! Pueden 1457
                  pasarse muy bien.
BA 2,1 Bernarda   No pienso. Hay cosas que no se pueden ni se deben   1496
                  pensar. Yo ordeno.
BA 3,1 Bernarda   Porque no pueden.   1519
puedes (33)
MM 1,5 Curianito Puedes quedarte.   690
MM 1,6 Curiana N No la mires con ansias, porque puedes perderte.   701
MM 2,5 Gusano 1   Pero puedes dar besos   716
MP 1,7 Mariana   Puedes irte.   807
MP 3,4 Mariana   No puedes entrar. ¡No puedes!   871
ZP 1,1 Zapatero   ¿No puedes hablarme un poquito más bajo?   923

puedes - puedo

			Pág.
puedes (continuación)			
ZP 1,1	Zapatera	Hoy no comemos..., de manera que ya te puedes buscar la comida por otro sitio.	923
ZP 2,1	Zapatera	Pues si dices tú, más digo yo, y puedes enterarte, y todos [...]	942
ZP 2,1	Niño	Desde la ventana de tu cuarto puedes ver el jaleo de la plaza.	970
CA 1,1	Joven	Puedes irte.	1055
CA 1,1	Joven	¿No puedes sentarte?	1056
CA 1,1	Amigo	Ya ha sido bastante. Creo que no te puedes escapar de la tormenta.	1070
CA 1,1	Joven	Pero tú no puedes comprender que [...]	1071
CA 2,1	Joven	Estás aquí, entre mis manos, en este mismo instante, y no me puedes cerrar la puerta [...]	1096
EP RR	Figura De C	Tú puedes tenderte detrás de aquel gran capitel.	1151
BS 1,2	Leonardo	¿Te puedes callar?	1193
BS 1,3	Padre	Porque no es buena tierra; pero con brazos se la hace buena y como no pasa gente no te roban los frutos y puedes dormir tranquilo.	1197
BS 2,1	Criada	Todavía te puedes arrepentir.	1208
BS 2,2	Criada	Tú eres el único que la puedes curar, porque tuya es.	1239
YE 2,2	Juan	Puedes poner la mesa.	1311
YE 2,2	Yerma	Creo que puedes vivir en paz.	1312
RS 2,1	Tía	Eso no lo puedes decir aquí. Me voy por no oírte.	1385
RS 2,1	Tío	No me expliques, ya me lo sé todo de memoria... Y sin embargo no puedes estar sin ella.	1385
BA 1,1	Bernarda	Ya no puedes ir con el cuento a tu padre.	1452
BA 1,1	Martirio	Lo que puedes hacer es teñirlo de negro.	1465
BA 1,1	Magdalena	Lo mejor que puedes hacer es regalárselo a Angustias para la boda con Pepe el Romano.	1465
BA 1,1	Magdalena	Si es que discuten por las particiones, tú que eres la más rica te puedes quedar con todo.	1469
BA 2,1	La Poncia	Además, ¿quién dice que no te puedes casar con él?	1481
BA 2,1	Adela	¿Qué puedes decir de mí?	1482
BA 2,1	Adela	Mira a ver si puedes agarrar la liebre con tus manos.	1482
BA 3,1	Bernarda	Puedes sentarte.	1509
BA 3,1	Martirio	¡Pasa si puedes!	1529
puedo (81)			
MM 1,2	Doña Curiana	¿Puedo aliviártelos, nena?	679
TC 2,1	Rosita	¡No me puedo casar contigo!	736
TC 2,1	Rosita	¡Pero no me puedo casar contigo!	736
MP 1,2	Angustias	¡Yo no puedo!	787
MP 1,5	Mariana	¡No puedo mirar su cara!	800
MP 1,7	Mariana	¡No puedo pedirte nada!	809
MP 1,7	Mariana	¡Yo no puedo!	809
MP 1,7	Fernando	Puedo marchar descuidado.	815
MP 1,8	Mariana	¡Olvidarlo no puedo!	818
MP 2,2	Mariana	Hija, no puedo,	825
MP 2,4	Mariana	Tienes razón. ¡Pero no puedo!	827
MP 2,5	Mariana	Ahora puedo perderte, puedo perder tu vida.	831
MP 2,8	Pedro	y no puedo esperar, señores míos.	842
MP 2,9	Mariana	y me puedo manchar si usted me toca;	854
MP 2,9	Mariana	¿Puedo yo permitir que usted me insulte?	855
MP 2,9	Pedrosa	puedo apretar tu cuello con mis manos,	856
MP 3,2	Mariana	¡No puedo!	865
MP 3,5	Mariana	y puedo con sus ojos que vigilan	875
MP 3,5	Pedrosa	puedo borrar la lumbre de sus ojos.	875
MP 3,5	Pedrosa	puedo hacerla dormir un largo sueño.	876
TB PBK	Buster Keaton	Pero no puedo aunque quisiera.	895
TB QM.	Viejo	¿Te puedo llevar las maletas?	904
ZP 1,1	Zapatera	Pero si anda por ahí revoloteando un mirlo negro, negro y viejo..., sepa que yo no puedo oírle cantar hasta [...]	930
ZP 1,1	Zapatera	Yo puedo oírte hablar porque me gusta y es bonito, pero nada más, ¿lo oyes?	932
ZP 2,1	Niño	Si quieres te puedo traer el espadón grande de mi abuelo, el que se fue a la guerra.	948
ZP 2,1	Niño	Yo no puedo con él, ¿sabes?;	948
ZP 2,1	Zapatera	Es que me da mucha lástima y no puedo contenerme, ¿lo ve usted?, no puedo contenerme.	960
ZP 2,1	Zapatero	Yo no puedo tolerar esto; ¡no lo puedo tolerar!	963
ZP 2,1	Zapatero	¡Que ya no puedo más, zapatera de mi corazón!	977
PB 0,0	Marcolfa	Ya me puedo morir de un momento a otro.	980
PB 2,1	Perlimplín	He aprendido muchas cosas, y sobre todo puedo imaginarlas...	1002
PB 2,1	Perlimplín	Te puedo decir con toda sinceridad que su belleza me deslumbró.	1005
DC 1,1	Enfermo	¡Ay! Yo no lo puedo mover.	1025
DC 1,1	Enfermo	No puedo, don Cristóbal.	1027
DC 1,1	Cristóbal	Una mula es mucho; no puedo, señora.	1030

puedo (continuación)
CA 1,1 Joven	Pero es que yo estoy enamorado, y quiero estar enamorado, tan enamorado como ella lo está de mí, y por eso puedo esperar cinco años, [...]	1050
CA 1,1 Mecanógrafa	Quiero irme y no puedo.	1054
CA 1,1 Joven	Ya sabes que no puedo hacer nada.	1054
CA 1,1 Mecanógrafa	No espero porque no me da la gana, porque no quiero y, sin embargo, no me puedo mover de aquí.	1054
CA 1,1 Amigo	Pero tampoco puedo estar serio.	1058
CA 1,1 Joven	Puedo contigo.	1059
CA 1,1 Joven	¿Crees tú que yo puedo vencer las cosas [...]	1071
CA 2,1 Novia	¡Lo que puedo!	1084
CA 2,1 Joven	No, no puedo estar sentado.	1092
CA 2,1 Joven	Y porque después no hay nada, porque después no puedo amar, porque después se ha acabado todo.	1096
EP RR Figura De C	Un gigante, tan gigante, que puedo cortar una roca con la uña de un recién nacido.	1149
BS 1,1 Madre	Yo no puedo dejar aquí solos a tu padre y a tu hermano.	1175
BS 2,1 Novia	No puedo oírte.	1215
BS 2,1 Novia	No puedo oír tu voz.	1215
BS 2,1 Mujer	¡Que no puedo más!	1224
BS 3,2 Muchacha 1	¿Puedo preguntarte?	1266
BS 3,2 Vecina	No puedo.	1267
YE 1,2 Muchacha 2	Yo te puedo decir lo único [...]	1294
YE 2,2 Juan	Estuve podando los manzanos [...] ilusión en la faena si no puedo llevarme una manzana [...]	1311
YE 2,2 Yerma	Pero yo no duermo, yo no puedo dormir.	1313
YE 2,2 Yerma	Pero ellos no saben que yo, si quiero, puedo ser agua de arroyo que las lleve.	1319
YE 3,1 Dolores	Ahora tendrás un hijo. Te lo puedo asegurar.	1328
YE 3,1 Juan	Y yo no puedo más.	1332
YE 3,2 Yerma	Yo no puedo ir a buscar.	1345
YE 3,2 Yerma	¿Te figuras que puedo conocer otro hombre?	1345
RS 1,1 Ama	y como soy criada no puedo hacer más que callarme, que es lo que hago, y no puedo replicar y decir...	1360
RS 1,1 Sobrino	Demasiado sé que no puedo.	1362
RS 2,1 Tío	Así lo dice el vals de las rosas, que es una de las composiciones más bonitas de estos tiempos, pero no puedo reprimir el disgusto [...]	1388
RS 2,1 Madre	Yo tengo una muchacha [...] un duro, ¡y yo no puedo!	1395
RS 2,1 Solterona 3	También puedo decir "Volverán las oscuras golondrinas de tu balcón los nidos a colgar".	1402
RS 2,1 Ama	¿Es que no puedo dar un paso?	1407
RS 3,1 Tía	Ama, ¡ya no puedo pagar tus mensualidades! Tendrás que abandonarnos.	1417
RS 3,1 Rosita	Y yo lo oigo y no puedo gritar, sino vamos [...]	1429
RS 3,1 Rosita	Y no me puedo cambiar.	1430
BA 1,1 Adela	Yo no puedo estar encerrada.	1466
BA 2,1 La Poncia	Porque yo puedo dar voces, encender luces y hacer que toquen las campanas.	1482
BA 2,1 La Poncia	Yo no te puedo oír.	1482
BA 2,1 Martirio	¿Es que yo no puedo gastar una broma a mi hermana?	1494
BA 2,1 La Poncia	¿Puedo hablar?	1496
BA 2,1 Bernarda	Los tengo porque puedo tenerlos.	1498
BA 3,1 La Poncia	Yo no puedo hacer nada.	1520
BA 3,1 María Josefa	Como tengo el pelo blanco crees que no puedo tener crías, y sí, crías y crías y crías.	1524

puente (2)
MP 1,7 Fernando	pasar el puente primero	816
BS 1,2 Suegra	Cuando llega al puente	1184

puentes (3)
MP 1,5 Fernando	el Genil y sus puentes	799
PB 3,1 Voces	sobre los puentes de marzo.	1011
CA 2,1 Novia	Detrás de toda esta sombra hay como un trabazón de puentes de plata para [...]	1079

Puerta del Cielo (1)
RS 2,1 Madre	¡Claro! ¡Estuvieron juntas en el Colegio de la Puerta del Cielo.	1394

Puerta Real (1)
MP 2,1 Niña	al Cristo de la Puerta Real dos de ellos.	821

puerta (64)
MM 1,1 Doña Curiana	mi puerta con brisa del amanecer.	676
MM 2,6 Curianito	pero a mi puerta un hada	718
TC 0,0 Mosquito	Pero un día vi por el agujerito de la puerta una estrella que temblaba como una fresca violeta de luz.	724
TC 3,1 Mozo 1	Cocoliche: a las doce de la noche tendrás la puerta abierta, y todo lo demás.	744
TC 3,1 Cocoliche	Espantanublos, cierra la puerta, que a pesar de [...]	745
TC 6,1 Padre	Las botas son muy lindas... Y cerraré de camino esta puerta.	765
TC 6,1 Rosita	Pero ¿cómo ha cerrado mi padre esta puerta?	766

puerta - puerta

puerta (continuación)

			Pág.
TC 6,1	Rosita	Son... los invitados que esperan en la puerta.	769
MP 1,2	Amparo	Voy a llamar a su puerta.	787
MP 2,2	Mariana	Cuando acabes, te bajas a la puerta.	825
MP 2,9	Clavela	¡Se han quedado en la puerta! ¡No se puede!	859
MP 3,3	Alegrito	llorando sobre la puerta	868
MP 3,8	Mariana	¡Está abajo, en la puerta!	884
MP 3,9	Juez	hay un coche en la puerta.	889
MP 3,9	Carmen	Porque has amado mucho, Dios te abrirá su puerta.	890
ZP 1,1	Zapatera	Hasta en el tejado tendría yo macetas, en la puerta, por las paredes.	927
ZP 1,1	Zapatera	Pero ¿habrá tenido el valor de marcharse al cafetín, dejando la puerta abierta... y [...]	934
ZP 2,1	Zapatera	¿Yo? Me trae absolutamente sin cuidado, pero como lo veo en la puerta. .	940
ZP 2,1	Zapatera	Pues la puerta.	941
ZP 2,1	Zapatera	¡Yo voy a cerrar la puerta!	952
ZP 2,1	Zapatero	que pasaba por la puerta	959
ZP 2,1	Zapatero	roba tu amor en la puerta!	960
ZP 2,1	Zapatera	La navaja se contesta con la navaja y el palo con el palo, pero cuando de noche cierro esa puerta y me voy sola [...]	974
CA 1,1	Niño	Era mamar los clavos de la puerta.	1065
CA 1,1	Gata	Está la puerta cerrada.	1067
CA 2,1	Novia	¿Dónde vas? Cierra la puerta.	1091
CA 2,1	Joven	Estás aquí, entre mis manos, en este mismo instante, y no me puedes cerrar la puerta porque vengo mojado [...]	1096
CA 3,1	Mecanógrafa	Y luego, ya en la puerta, me dijo: "¿Me necesitas?";	1115
CA 3,1	Joven	Enséñame la puerta.	1130
EP CV	Dama 1	¿Estarán todavía los coches a la puerta?	1158
EP CV	Muchacho 1	¡Alguna puerta será la verdadera!	1169
BS 1,1	Madre	No... Si hablo, es porque... ¿Cómo no voy a hablar viéndote salir por esa puerta?	1174
BS 2,1	Novia	Vete y espera a tu mujer en la puerta.	1214
BS 3,1	Leonardo	y el caballo iba a tu puerta.	1258
BS 3,2	Suegra	Pero la puerta cerrada.	1264
BS 3,2	Madre	Llora. Pero en la puerta.	1270
YE 1,1	María	Por mi gusto hubiera esperado en la puerta a que abrieran; y ¿a que no sabes lo que he comprado?	1278
YE 1,2	Vieja 1	Muchas veces me he asomado de madrugada a la puerta creyendo oír música [...]	1287
YE 1,2	Yerma	¿Tu madre vive en la puerta más alta del pueblo?	1294
YE 2,1	Lavandera 4	cuando a la puerta llama temblando el invierno.	1308
YE 2,2	Juan	Por eso quiero ver cerrada esa puerta y cada persona en su casa.	1315
YE 2,2	Yerma	¡Ay, qué puerta cerrada a la hermosura!,	1316
YE 2,2	Yerma	¿Por qué pasas tan de prisa por mi puerta?	1316
YE 3,1	Vieja 1	Van a ser las claras del día cuando llegues a tu puerta.	1331
RS 2,1	Ama	Estaba detrás de la puerta, sí, señor, pero [...]	1379
RS 2,1	Ama	Ayer me tuvo todo el día acompañándola en la puerta del circo, porque [...]	1380
RS 2,1	Rosita	¡Espéralo en la puerta!	1399
RS 3,1	Ama	Están muertos, vamos a llorar, se cierra la puerta, ¡y a vivir!	1416
RS 3,1	Rosita	Con la mudanza ha estado todo el día la puerta llena de chiquillos, como si en la casa hubiera un muerto.	1426
RS 3,1	Tía	Es la puerta del invernadero. ¿Por qué no la cierras?	1437
BA 1,1	Criada	Por la puerta se va a la calle. Las sobras de hoy son para mí.	1444
BA 1,1	Criada	¡Ya no volverás a levantarme las enaguas detrás de la puerta de tu corral!	1445
BA 1,1	Bernarda	¡Ojalá tardéis muchos años en pasar el arco de mi puerta!	1450
BA 2,1	Amelia	Abre la puerta del patio a ver si nos entra un poco de fresco.	1473
BA 2,1	La Poncia	Para que las gentes no escupan al pasar por esta puerta.	1481
BA 2,1	Adela	¿Que me encierro en mi cuarto y no abro la puerta?	1482
BA 2,1	La Poncia	Y para ocultar su vergüenza [...] en el tranco de su puerta.	1505
BA 3,1	Prudencia	Desde que se peleó con sus hermanos por la herencia no ha salido por la puerta de la calle.	1507
BA 3,1	María Josefa	La hormiguita estará en su puerta,	1523
BA 3,1	María Josefa	la puerta sola se abrirá	1523
BA 3,1	María Josefa	¿Vas a abrirme la puerta? ¿Quién eres tú?	1524
BA 3,1	María Josefa	La hormiguita estará en su puerta,	1525
BA 3,1	Adela	¡Quítate de la puerta!	1529
BA 3,1	Bernarda	¡Abre, porque echaré abajo la puerta!	1531

puertas (12)
　MM 0,0　　　　　　　　　¡Cuántas veces el enorme [...] engañarnos y abrirnos　　670
　　　　　　　　　　　　　las puertas de su sombra!
　　　　　　　　　　　　　　　　　　　　　　　　　　　　　　　769
　TC 6,1 Cocoliche　　　¡Sal pronto! ¡Rompe las puertas! ¡Cobarde!
　MP 2,5 Pedro　　　　　¡Libertad, aunque con sangre llame a todas las puertas!　831
　ZP 2,1 Zapatera　　　La gente me canta coplas, los vecinos se ríen en sus　948
　　　　　　　　　　　　　puertas, y como no tengo [...]
　ZP 2,1 Zapatero　　　Sí, sí, canallas...; [...] agradable sale por tus　　971
　　　　　　　　　　　　　puertas y ventanas!;
　PB 3,1 Perlimplín　　Antes no podía pensar en las cosas extraordinarias que　1009
　　　　　　　　　　　　　tiene el mundo... Me quedaba en las puertas... ¡En
　　　　　　　　　　　　　cambio, [...]
　EP CV　Dama 4　　　　Ahora es seguro que el fuego romperá las puertas,　　1164
　　　　　　　　　　　　　porque cuando [...]
　YE 1,2 Yerma　　　　　Las muchachas que se crían en el campo, como yo,　　1291
　　　　　　　　　　　　　tienen cerradas todas las puertas.
　BA 1,1 Bernarda　　　Hacemos cuenta que hemos tapiado con ladrillos puertas　1451
　　　　　　　　　　　　　y ventanas.
　BA 2,1 Coro　　　　　Abrir puertas y ventanas　　　　　　　　　　　1487
　BA 2,1 Martirio　　　Abrir puertas y ventanas　　　　　　　　　　　1487
　BA 2,1 Criada　　　　En lo alto de la calle hay un gran gentío y todos los　1503
　　　　　　　　　　　　　vecinos están en sus puertas.

puerto (5)
　TC 3,1 Contrabandista 1　cuánto barco en el puerto de Málaga.　　　　741
　TC 3,1 Contrabandista 1　cuánto barco en el puerto de Málaga.　　　　741
　TC 4,1 Joven　　　　　Ya voy al puerto, ya vengo del puerto... ¡Si vieras!　751
　YE 2,2 Víctor　　　　Y quiero pasar el puerto antes del amanecer.　　1324
Puerto (1)
　TC 4,1 Joven　　　　　Sí, Currito el del Puerto.　　　　　　　　　753
pues (124)
puesta (S) (1)
　DC 1,1 Rosita　　　　Es que ya empieza la puesta del sol.　　　　1040
puesta (6)
　MP 1,7 Mariana　　　　hay puesta en mí una mirada.　　　　　　　810
　CA 2,1 Maniquí　　　　y la luna lleva puesta mi corona de azahar.　　1099
　EP RR　Figura De P　　Y estuve toda la noche llorando porque me dolían las　1150
　　　　　　　　　　　　　muñecas y los tobillos, y, sin embargo, no la tenía
　　　　　　　　　　　　　puesta.
　BS 1,3 Madre　　　　La honra más limpia que una sábana puesta al sol.　1198
　BS 3,1 Novia　　　　y con la corona puesta.　　　　　　　　　　1258
　YE 1,1 María　　　　Pero la noche que nos casamos me lo decía　　1281
　　　　　　　　　　　　　constantemente con su boca puesta en mi mejilla, [...]
puestas (1)
　ZP 1,1 Alcalde　　　　¡Qué rosas tan bien puestas lleva usted en el pelo y　927
　　　　　　　　　　　　　qué bien huelen!
puesto (C) (1)
　PB 3,1 Perlimplín　　Yo soy mi alma y tú eres tu cuerpo... Déjame en este　1017
　　　　　　　　　　　　　último instante, puesto que tanto me [...]
puesto (30)
　TC 4,1 Cansa-Almas　　¡Puñeterillo! ¡Qué gordo te has puesto!　　　753
　MP 1,1 Angustias　　　Se le ha puesto la sonrisa casi blanca,　　　784
　MP 3,6 Mariana　　　　te ha puesto la puntería."　　　　　　　　878
　MP 3,6 Mariana　　　　te ha puesto la puntería."　　　　　　　　879
　ZP 1,1 Zapatera　　　Un zapatero no se ha puesto en su vida una prenda de　917
　　　　　　　　　　　　　esa clase...
　ZP 1,1 Zapatera　　　¿No te pones cuellos y puños que en tu vida te los　922
　　　　　　　　　　　　　habías puesto?
　ZP 2,1 Mozo Del S　　Has puesto taberna y podemos estar aquí dentro todo el　942
　　　　　　　　　　　　　tiempo que queramos.
　PB 0,0 Marcolfa　　　Me he puesto colorada.　　　　　　　　　　981
　PB 1,1 Perlimplín　　La noche se ha puesto un poco fría.　　　　　989
　DC 1,1 Director　　　Si yo tuviera imaginación ya le habría puesto de　1037
　　　　　　　　　　　　　patitas en la calle.
　CA 3,2 Joven　　　　Me habrás puesto los zapatos de charol.　　　1134
　EP CV Enfermero　　　¿Os han puesto las inyecciones?　　　　　　1162
　BS 2,1 Muchacha 2　　se ha puesto su blanca corona,　　　　　　1217
　BS 2,2 Madre　　　　Tengo en mi pecho un grito siempre puesto de pie a　1227
　　　　　　　　　　　　　quien tengo que castigar y meter entre los mantos.
　YE 1,2 Vieja 1　　　Yo me he puesto boca arriba y he comenzado a cantar.　1288
　YE 2,1 Lavandera 3　　Parado, como un lagarto puesto al sol.　　　　1304
　YE 2,2 Yerma　　　　Que estoy ofendida, ofendida [...] parece que todo el　1318
　　　　　　　　　　　　　campo puesto de pie me enseña [...]
　YE 3,1 Yerma　　　　¡Ay! Has puesto el dedo en la llaga más honda que　1329
　　　　　　　　　　　　　tienen mis carnes.
　YE 3,2 Vieja　　　　Lo que está puesto encima del tejado.　　　　1344
　RS 3,1 Tía　　　　Mi prima habrá puesto los muebles de cualquiera manera.　1426
　RS 3,1 Muchacho　　　Pues bajaba yo muerto de risa con el vejestorio　　1433
　　　　　　　　　　　　　puesto, llenando todo [...]
　RS 3,1 Ama　　　　¿Se ha puesto su abrigo?　　　　　　　　　1437
　BA 1,1 La Poncia　　¡Cómo han puesto la solería!　　　　　　　　1450

puesto (continuación)   Pág.
   BA 1,1 Criada   Ha sacado del cofre sus anillos y los pendientes de   1453
                          amatista; se los ha puesto, y me ha dicho [...]
   BA 1,1 Adela   Me llegué a ver si habían puesto las gallinas.   1454
   BA 1,1 Magdalena   Se ha puesto el traje verde [...]   1462
   BA 2,1 Magdalena   ¡Buenas nos hubiera puesto!   1476
   BA 2,1 La Poncia   El más caro. Y los polvos. En la mesa de tu cuarto los   1483
                          he puesto.
   BA 2,1 La Poncia   Y para ocultar su vergüenza [...] mano de Dios lo han   1505
                          puesto en el tranco de [...]
   BA 3,1 La Poncia   Las cosas se han puesto ya demasiado maduras.   1521
puestos (4)
   TC 5,1 Jovencita   Tengo los ojos puestos   759
   TC 5,1 Jovencita   Tengo los ojos puestos   761
   YE 3,1 Yerma   Y me pregunto: "¿Para qué estarán ahí puestos?"   1328
   RS 2,1 El Señor X   El conde Zboronsky, muerto [...] ciencia, que serán   1375
                          puestos en los altares [...]
pujante (1)
   YE 1,2 Yerma   Y qué voz tan pujante.   1296
pulgas (2)
   TC 4,1 Mozo 1   Malas pulgas tiene el tal don Cristobita.   750
   BA 1,1 Adela   Regalarme unas cuantas pulgas que me han acribillado   1465
                          las piernas.
pulmones (1)
   MP 2,9 Mariana   que clava agujas sobre los pulmones   851
pulmonía (1)
   MM 1,1 Doña Curiana   Pudierais coger una pulmonía   672
pulsátila (1)
   RS 2,1 El Señor X   Sí, pero aplicada: para estudiar jugos de la Anthemis   1376
                          olorosa, o el ruibarbo, o la enorme pulsátila, o el
                          narcótico [...]
pulseras (1)
   TC 1,1 Rosita   Y cuando la niña del [...] antes que tú, y con   725
                          pulseras y todo."
pulsos (1)
   YE 2,2 Yerma   de mi carne dos pulsos de caballo   1316
pun (5)
   TC 6,1 Cristobita   Hago ¡pun!,   767
   TC 6,1 Cristobita   ¡pun!,   767
   TC 6,1 Cristobita   ¡pun!...,   767
   TC 6,1 Cristobita   ¡Pun!   776
   TC 6,1 Cristobita   ¡Pun!   778
punta (7)
   MM 1,5 Curiana C   Cayó desde la punta de un terrible ciprés.   697
   MM 2,4 Alacranito   ¡La punta de una antena!   710
   TC 6,1 Voz   la punta del pie,   762
   MP 1,4 Amparo   En la punta de su estoque   793
   DC 1,1 Cristóbal   la punta del pie   1031
   BS 2,2 Madre   Me duele hasta la punta de las venas.   1227
   BA 2,1 Bernarda   Ya empiezas a sacar la punta del cuchillo.   1498
puntada (1)
   BA 2,1 Magdalena   Yo no pienso dar una puntada.   1484
puntapié (1)
   RS 3,1 Ama   pero los demonios, tizonazo por aquí, tizonazo por   1425
                          allá, puntapié que te quiero, [...]
puntas (5)
   MM 1,2 Curianita Silvia y amarillas son las puntas   682
   CA 2,1 Maniquí   desmayada por las puntas.   1101
   BS 1,1 Madre   Pasan los meses y la desesperación me pica en los ojos   1173
                          y hasta en las puntas del pelo.
   RS 1,1 Tía   Eléboro, fucsias y los crisantemos, Luis Passy   1351
                          violáceo y altair blanco plata con puntas heliotropo.
   RS 1,1 Ama   ¿Cuándo la ha visto usted sentada a hacer encaje de   1354
                          lanzadera o frivolité, o puntas de festón o sacar [...]
puntería (2)
   MP 3,6 Mariana   te ha puesto la puntería."   878
   MP 3,6 Mariana   te ha puesto la puntería."   879
puntilla (1)
   BA 1,1 La Poncia   La quedan cinco mujeres, [...] dineros, las demás,   1442
                          mucha puntilla bordada, muchas [...]
puntillas (2)
   TB DME Marinero   Lo llenaré de puntillas bordadas.   899
   RS 3,1 Ama   Con las puntillas de los dedos, [...]   1413
punto (5)
   PB 3,1 Marcolfa   Aunque no sirvo para [...] noche a las diez en punto   1009
                          al jardín, envuelto, [...]
   CA 1,1 Juan   Las seis en punto, señor.   1078
   RS 2,1 Tía   Bueno; y punto final. Bien está que la zafia hable,   1381
                          pero que no ladre.
   RS 2,1 Ayola 2   Tropezó esta y estuvo a punto de dar la vuelta de   1398
                          campana...

punto (continuación)
    BA 1,1 Magdalena   Ha estado a punto de oírte la criada.   1467
puntuales (1)
    MP 2,6 Pedro   Puntuales,   834
punzante (1)
    MM 2,3 Mariposa   y el zumbido punzante   709
puñado (2)
    DC 1,1 Cristóbal   y un puñado de calderilla   1030
    BA 1,1 La Poncia   Entra y llévate también un puñado de garbanzos.   1440
puñados (1)
    BS 3,2 Mendiga   dos puñados de nieve endurecida.   1266
puñal (7)
    MM 0,0   ¡En cuántas antiguas historietas, una flor, un beso o   670
        una mirada hacen el terrible oficio de puñal!
    PB 3,1 Perlimplín   Y para que sea tuyo completamente, se me ha ocurrido   1015
        que lo mejor es clavarle este puñal en su corazón
        galante.
    PB 3,1 Perlimplín   Tu marido acaba de matarme con este puñal de   1016
        esmeraldas.
    CA 2,1 Novia   Un puñal, unas tijeras duran siempre, y este pecho mío   1087
        dura solo un momento.
    CA 3,1 Máscara   Tiene en la mano derecha una cicatriz que le hicieron   1117
        con un puñal...; por mí, desde luego.
    BS 1,2 Suegra   un puñal de plata.   1184
    BS 1,2 Suegra   un puñal de plata.   1193
puñalada (2)
    YE 1,2 Yerma   ¡Puñalada que le den a las gentes!   1299
    BA 2,1 Bernarda   Mala puñalada te den, ¡mosca muerta! ¡Sembradura de   1493
        vidrios!
puñaladas (3)
    ZP 2,1 Zapatero   diez puñaladas certeras   962
    ZP 2,1 Vecina Negra   ¡Se están cosiendo a puñaladas por culpa de esa mujer!   962
    BA 1,1 Martirio   Siempre que viene le tira puñaladas en el asunto.   1459
puñalitos (1)
    RS 2,1 Solterona 3   Unas llevan puñalitos;   1405
puñetazos (1)
    DC 1,1 Director   Entre los ojos de las mulas, duros como puñetazos,   1043
        entre el cuero [...]
puñetera (1)
    DC 1,1 Cristóbal   Te maté, puñetera, te maté.   1042
puñeterillo (2)
    TC 0,0 Mosquito   Ahora que sale la luna [...] sufrir el genio del   724
        puñeterillo don Cristóbal [...]
    TC 4,1 Cansa-Almas   ¡Puñeterillo! ¡Qué gordo te has puesto!   753
puñetero (1)
    DC 1,1 Cristóbal   Te maté, puñetero, te maté...   1028
puño (1)
    MP 2,8 Conspirador 4   con el puño de cristal,   843
puños (2)
    ZP 1,1 Zapatera   ¿No te pones cuellos y puños que en tu vida te los   922
        habías puesto?
    BA 3,1 Adela   Tiene el cielo unas estrellas como puños.   1515
pupilas (2)
    MP 3,5 Mariana   Antes me daban miedo sus pupilas.   875
    CA 3,2 Jugador 1   La vida se le escapa por sus pupilas, que mojan la   1136
        [...]
pura (8)
    MM 1,5 Alacranito   Pura broma, señora.   694
    ZP 2,1 Zapatero   Esas historietas son pura mentira, fantasía nada más.   965
    DC 1,1 Director   Llenemos el teatro de [...] personajes donde sigue   1043
        pura la vieja esencia [...]
    CA 3,1 Joven   Sangre pura y calor hondo   1122
    EP CV Estudiante 4   Por pura curiosidad, para ver lo que tenían dentro.   1166
    YE 1,2 Yerma   Esta es la pura verdad.   1290
    RS 2,1 Ama   Es la pura verdad, señora.   1381
    RS 3,1 Tía   Y no había calamidad [...] alma cristiana más pura...;   1427
        no, no, ¡cállate, [...]
pureza (1)
    MM 1,6 Curianito   ¿Por qué ya se marchita la flor de mi pureza,   701
puro (2)
    MP 3,8 Mariana   por el puro ideal que iluminó tus ojos: 886
    ZP 2,1 Zapatero   ¡Y qué disparate no sospechar que mi mujer era de oro   971
        puro, del mejor de la tierra!
puse (7)
    MM 2,2 Doña Curiana   Le puse dos unturas.   706
    MP 2,9 Mariana   y me puse a cantar.   850
    ZP 2,1 Zapatera   Me puse tan azorada, que se me fueron dos pañuelos   946
        preciosos, así de pequeñitos, en la corriente.
    BS 3,1 Leonardo   y puse un muro de piedra   1257
    YE 1,2 Yerma   Pues el primer día que me puse novia con él ya   1290
        pensé... en los hijos... Y me miraba en sus ojos.

Pág.

puse (continuación)
YE 2,2 Juan   Estuve podando los manzanos y a la caída de la tarde   1311
                    me puse a pensar para qué [...]
RS 3,1 Muchacho   En carnaval me puse un vestido de mi madre..., un   1432
                    vestido del año de la nana, verde...
pusieron (3)
CA 1,1 Niño   Mucho ruido; ¡si vieras!... Me pusieron   1062
CA 1,1 Amigo 2   Había tan poca luz, que se me pusieron las manos   1073
                    amarillas.
EP CV Estudiante 4 Y aunque los poetas pusieron una escalera para   1158
                    asesinarla, ella siguió dando voces y acudió la
                    multitud.
pusilánime (1)
RS 3,1 Tía   Pusilánime para los negocios.   1427
pusiste (2)
BS 2,1 Novia   ¿Por qué te pusiste esos zapatos?   1220
BA 2,1 La Poncia   ¿Por qué te pusiste casi desnuda [...]   1481
pusisteis (1)
MM 2,2 Curiana N   ¿Le pusisteis ungüento de mosca machacada?   706
puso (13)
MM 2,7 Curianito   ¿Quién me puso estos ojos que no quiero   721
TC 2,1 Cocoliche   Ayer se puso un lazo negro en el pelo.   735
MP 1,6 Clavela   Desde que usted puso sus preciosas manos   806
PB 1,1 Belisa   La criada perfumó esta habitación con tomillo y no con   988
                    menta, como yo la indiqué... ¿ni puso en la cama las
                    finas
PB 3,1 Marcolfa   Ella se puso encendida como un [...]   1010
PB 3,1 Perlimplín   ¿De manera que se puso encendida como un geranio?...   1010
                    Y... ¿qué dijo?
BS 3,1 Leonardo   ¿Quién le puso   1257
BS 3,1 Leonardo   mi sangre se puso negra,   1258
RS 1,1 Rosita   ella se puso encarnada   1371
RS 2,1 Rosita   se puso transida y blanca;   1404
RS 3,1 Muchacho   Pues bajaba yo muerto [...] de pronto mi tía se puso a   1433
                    llorar amargamente [...]
BA 3,1 Martirio   Esta se puso a mirarlas de modo que se iba a tronchar   1515
                    el cuello.
BA 3,1 Adela   Vino por el dinero, pero sus ojos los puso siempre en   1526
                    mí.
que (2939)
qué (956)
quebrada (1)
YE 3,2 Hombre 2   y la color quebrada!   1341
quebrado (1)
CA 2,1 Maniquí   quebrado torso de lluvia.   1100
quebrar (2)
CA 2,1 Novia   Creo que me vas a quebrar entre tus brazos, [...]   1079
BS 3,1 Novia   quebrar las ramas azules   1257
queda (24)
MM 1,2 Curianita Silvia Me queda   679
TC 1,1 Padre   De los cinco talegos que heredamos de tu tío el   725
                    Arcipreste, no queda ¡ni tanto así!
MP 2,9 Pedrosa   No hace falta, señora. Queda usted   858
ZP 2,1 Zapatero   Voy en su busca para perdonarla y vivir con ella lo   967
                    poco que me queda de vida.
PB 3,1 Marcolfa   ¿Qué remedio me queda? ¡Qué remedio!   1011
CA 1,1 Amigo 2   Atrás se queda todo quieto; ¿cómo es posible que no lo   1075
                    sepa usted?
CA 2,1 Criada   Las cosas se olvidan y lo malo queda.   1083
CA 2,1 Maniquí   Ropa interior que se queda   1100
CA 3,1 Arlequín   ¿Queda atrás?   1127
CA 3,1 Arlequín   Queda el viento.   1131
EP CV Enfermero   Tres estaciones, si queda bastante carbón.   1156
EP CV Estudiante 5 Porque están locos; pero [...] cada instante, no me   1167
                    queda tiempo para pensar [...]
BS 2,2 Novia   ¿Se queda usted aquí esta noche?   1231
YE 3,2 Vieja   Si entras en mi casa, todavía queda olor de cunas.   1345
RS 1,1 Tía   La lengua se me debió pegar en el cielo de la boca   1363
                    antes de consentir tu noviazgo; porque mi niña se
                    queda sola en estas cuatro [...]
RS 2,1 Tía   ¡Queda usted despedida!   1382
RS 2,1 Madre   Pero usted lo sabe muy [...] la pensión que nos queda.   1393
RS 3,1 Tía   ¡Qué le vamos a hacer! Ya nos queda poco tiempo en   1423
                    este teatro.
RS 3,1 Tía   ¡Porque ya no nos queda una sola dentro del corazón!   1425
RS 3,1 Rosita   Ahora lo único que me queda es mi dignidad.   1430
BA 1,1 Criada   Es la que se queda más sola.   1440
BA 1,1 La Poncia   ¡Cuánto dinero le queda a Angustias!   1468
BA 2,1 Bernarda   El lupanar se queda para alguna mujer ya difunta.   1499
BA 3,1 Prudencia   No me queda más consuelo que refugiarme en   1507

quedaba (2)
  ZP 1,1 Zapatera   Por lo que veo, en este pueblo no hay más que dos   933
                       extremos: o monja o trapo de fregar... ¡Era lo que me
                       quedaba de ver!
  PB 3,1 Perlimplín   Antes no podía pensar en las cosas extraordinarias que 1009
                       tiene el mundo... Me quedaba en las puertas... [...]
quedado (7)
  MM 1,5 Doña Curiana   ¡Ay, cómo te has quedado!   694
  MP 2,9 Clavela   ¡Se han quedado en la puerta! ¡No se puede!   859
  ZP 1,1 Zapatera   sin manos y sin ojos debería haberse quedado el que te 915
                       inventó.
  ZP 1,1 Zapatero   Me han provocado, me han, a veces, hasta insultado, y 922
                       no teniendo ni tanto así de cobarde he quedado sin
                       alma en mi [...]
  CA 3,1 Máscara   Se ha quedado ahí detrás con su niño.   1123
  RS 3,1 Ama   Pero nos hemos quedado mudas.   1414
  BA 3,1 Adela   ¡Con qué ganas te has quedado de ocuparlo!   1526
quedáis (1)
  YE 2,2 Yerma   Os quedáis frescas, ignorantes, como el que nada en 1318
                       agua dulce y no tiene idea de la sed.
quedamos (1)
  BA 2,1 La Poncia   "Buenas noches", le dije yo, y nos quedamos callados 1476
                       más de media hora.
quedan (11)
  ZP 1,1 Zapatera   Mientras no des por ellos diez pesetas, aquí se quedan. 921
  ZP 2,1 Vecina Amarilla No quedan pañuelos blancos.   972
  CA 3,1 Payaso   Quedan atrás.   1129
  YE 1,1 Juan   Cuando los hombres se quedan enjutos se ponen fuertes 1274
                       como el acero.
  YE 1,2 Yerma   No quedan en las casas más que los ancianos.   1292
  YE 3,1 Yerma   A veces, cuando ya estoy segura de que jamás, 1328
                       jamás..., me sube como una oleada de fuego por los
                       pies y se me quedan vacías todas las [...]
  RS 3,1 Tía   Quedan unas pocas.   1416
  BA 1,1 La Poncia   Si Bernarda no ve relucientes las cosas me arrancará 1441
                       los pocos pelos que me quedan.
  BA 1,1 La Poncia   La quedan cinco mujeres, [...]   1442
  BA 2,1 Martirio   Es uno de los pocos gustos que me quedan.   1484
  BA 2,1 Bernarda   Ni lágrimas te quedan en esos ojos.   1494
quedando (1)
  BA 3,1 Prudencia   No me queda más consuelo que refugiarme en la iglesia, 1508
                       pero como me estoy quedando sin vista tendré [...]
quedaos (1)
  MM 1,3 Doña Curiana   quedaos los dos aquí.   685
quedar (8)
  ZP 1,1 Zapatero   ¡Mi hermana , mi hermana tiene la culpa, mi hermana 919
                       que se empeñó: "Que si te vas a quedar solo", que si
                       [...]
  ZP 1,1 Zapatero   Que si te vas a quedar solo, que si qué sé yo, que si 926
                       qué sé yo cuántos.
  YE 1,2 Yerma   ¿He de quedar en plena vida para cuidar aves o 1288
                       poner cortinitas planchadas en mi ventanillo?
  RS 2,1 Tío   No te sabes quedar en tu sitio.   1385
  RS 2,1 Ayola 1   Con quien sea, pero no me quiero quedar soltera.   1400
  RS 3,1 Tía   Como siga este viento no va a quedar una rosa viva.   1436
  BA 1,1 Magdalena   Si es que discuten por las particiones, tú que eres la 1469
                       más rica te puedes quedar con todo.
  BA 2,1 Martirio   Esta noche pasada no me podía quedar dormida por el 1473
                       calor.
quedáramos (1)
  BA 1,1 Criada   Ojalá que un día no quedáramos ni uno para contarlo.   1445
quedarán (1)
  MM 2,2 Curiana N   quedarán como estaban en la mañana hermosa   705
quedarás (1)
  YE 2,2 Yerma   ¿Te quedarás?   1311
quedaré (4)
  TC 4,1 Cansa-Almas   Yo me quedaré en casa... Y era verdad... Tu padre, 753
                       efectivamente, me quería muchísimo, muchísimo.
  MP 2,1 Clavela   me quedaré a mirar   824
  TB DME Doncella   ¿Con qué letra me quedaré?   898
  PB 3,1 Perlimplín   El te querrá con el amor infinito de los difuntos y yo 1015
                       quedaré libre de esta [...]
quedaréis (1)
  TB QM. Enrique   ¡Basta! ¡Quedaréis contentos!   908
quedarme (6)
  MP 3,2 Mariana   quedarme aquí, en el Beaterio,   864
  BS 2,1 Novia   Estoy deseando ser tu mujer y quedarme sola contigo, y 1222
                       no oír más voz que la tuya.
  YE 1,2 Yerma   ¿He de quedarme pensando en él o en lo que puede salir 1290
                       relumbrando de mi pecho?
  RS 1,1 Sobrino   Precisamente quiero quedarme aquí, y a eso vengo.   1362

quedarme - quéeeeee

		Pág.
quedarme (continuación)		
RS 3,1 Rosita	Quiero huir, quiero no ver, quiero quedarme serena, vacía... [...]	1429
BA 3,1 Adela	Me gustaría quedarme hasta muy tarde para disfrutar el fresco del campo.	1517
quedarse (3)		
EP RR Estudiante 2	Más vale quedarse.	1157
BS 1,1 Vecina	Muchas veces pienso que tu hijo y el mío están mejor donde están, dormidos, descansando, que no expuestos a quedarse inútiles.	1179
BS 2,2 Novia	¡Debía usted quedarse!	1231
quedarte (3)		
MM 1,5 Curianito	Puedes quedarte.	690
RS 1,1 Tía	¡Quedarte!	1362
RS 1,1 Tía	¡Quedarte!	1362
quedas (1)		
BS 1,1 Madre	Ya no me quedas más que tú y siento que te vayas.	1175
quédate (6)		
MM 2,2 Curiana N	Quédate entre las flores	707
MM 2,7 Curianito	y quédate en mi casa.	720
MP 1,7 Fernando	pero quédate sabiendo	815
ZP 1,1 Niño	¡quédate ahí, ahí, ahí!...	936
ZP 1,1 Niño	¡quédate ahí, ahí, ahí!...	936
ZP 1,1 Niño	¡Quédate ahí!	936
quede (6)		
TC 0,0 Mosquito	Callad, para que el silencio se quede más clarito, como si estuviese en su misma fuente.	723
MP 2,7 Conspirador 3	Cuando ya no le quede otro recurso	839
PB 1,1 Duende 2	Que no quede ni una rendija.	994
YE 3,1 Yerma	¡Que mi boca se quede muda!	1335
RS 3,1 Ama	¡A ver si el agua sube hasta que no quede un niño vivo!	1424
RS 3,1 Ama	¡No quede de ellos ni las uñas de las manos!	1424
quedé (2)		
PB 1,1 Duende 1	Su habitación exhalaba un perfume tan intenso, que una vez me quedé dormido y desperté [...]	995
PB 1,1 Belisa	¿Qué te voy a decir? ¡Yo quedé dormida mucho antes que tú!	997
queden (2)		
BS 3,2 Novia	se queden dos hombres duros	1272
RS 3,1 Tía	Y los pañuelos para las lágrimas que se queden aquí abajo.	1425
quedes (3)		
BS 3,2 Vecina	Vente a mi casa; no te quedes aquí.	1267
YE 2,2 Yerma	No te pido yo que te quedes.	1312
RS 2,1 Tía	Aunque te quedes con tus palabras de reproche.	1386
quedo (12)		
MM 1,5 Alacranito	vuestra carne y me quedo	694
TC 1,1 Rosita	El dinerillo, para las gentes del mundo; yo me quedo con el amor.	727
TC 1,1 Cristobita	Me quedo con ella definitivamente.	731
TC 1,1 Rosita	Me quedo con ella.	731
MP 3,4 Mariana	Y me quedo sola mientras	871
CA 1,1 Amigo	Yo, en cambio... Ayer hice tres conquistas y como anteayer hice dos y hoy una, pues... resulta... que me quedo sin ninguna porque [...]	1057
BS 1,1 Madre	Es que me quedo sola.	1175
BS 2,1 Leonardo	No me quedo tranquilo si no te digo estas cosas.	1215
BS 2,2 Madre	Porque hoy me quedo sola en mi casa.	1228
YE 3,1 Yerma	Mira que me quedo sola.	1334
RS 1,1 Ama	Pidiendo ochavitos por las calles me quedo yo al lado de esta prenda.	1364
RS 3,1 Rosita	Me entendéis si pido [...] corazón cada vez que me quedo sola.	1430
quedó (4)		
MP 0,0 Niña	mas hermosa su alma quedó.	782
MP 2,8 Conspirador 4	y muerto quedó en la arena,	844
PB 3,1 Marcolfa	Ella se puso encendida como un geranio, se llevó las manos al corazón y se quedó besando apasionadamente [...]	1010
CA 1,1 Amigo 2	No; se hizo cada vez más pequeña, más niña, como debe ser, como es lo justo, hasta que no quedó de ella más que [...]	1074
quéee (1)		
ZP 2,1 Niño	¿Quéee?	948
queeee (1)		
CA 2,1 Novia	¡Queeee...!	1083
quéeee (1)		
ZP 2,1 Niño	¿Quéeee?	949
quéeeeee (1)		
TC 1,1 Rosita	¡Quéeeeee!	725

quehaceres (1)
    MP 2,9 Pedrosa   Perdone si interrumpo sus quehaceres.   850
queja (S) (2)
    YE 2,2 Juan   ¿Llevas alguna queja de mí?   1324
    BA 1,1 La Poncia   No tendrás queja ninguna. Ha venido todo el pueblo.   1450
queja (2)
    MM 1,6 Curianito   Mi corazón se queja   700
    YE 3,2 Macho   ¡Ay, cómo se queja entre las ramas!   1341
quejaba (1)
    YE 3,2 Niño   ¡Ay, cómo se quejaba!   1340
quejar (1)
    YE 2,2 Yerma   ¡Cómo no me voy a quejar cuando te veo [...]   1317
quejarme (1)
    YE 2,2 Juan   Tú misma reconoces que tengo razón al quejarme.   1313
quejarse (1)
    YE 1,1 María   Nadie puede quejarse de estas cosas.   1282
quejas (1)
    MP 1,7 Fernando   tus quejas. Mas ¿no has oído   813
queje (1)
    YE 3,2 Juan   Y que me queje.   1347
quejes (2)
    BS 1,3 Madre   Pero ahora da. No te quejes. Yo no vengo a pedirte   1196
                       nada.
    YE 2,2 María   No te quejes.   1317
quejumbrosas (1)
    YE 1,1 Yerma   Eso lo dicen las madres débiles, las quejumbrosas.   1283
quema (5)
    MP 2,5 Mariana   y este sabor de amor que me quema la boca.   829
    CA 1,1 Amigo   Al que no le interesa es a mí, que sé positivamente   1071
                       que la nieve es fría y que el fuego quema.
    CA 2,1 Joven   Me hacen ahora mismo un aire que me quema la piel.   1098
    BS 3,1 Novia   y tu hermosura me quema.   1259
    RS 2,1 Ama   ¡Que venga y que te coja del brazo y que menee el   1410
                       azúcar de tu café y lo pruebe antes a ver si quema!
quemaba (2)
    MM 2,2 Doña Curiana   ¡Yo los quemaba a todos!   708
    RS 2,1 Rosita   que la brisa se quemaba;   1403
quemada (2)
    CA 2,1 Novia   Creo que me vas a quebrar [...] una diminuta guitarra   1079
                       quemada por el sol, y [...]
    BS 3,2 Novia   Yo era una mujer quemada, llena de llagas [...]   1269
quemado (3)
    MM 2,7 Curianito   ¿No tienes corazón? ¿No te ha quemado   720
    TC 2,1 Cocoliche   Estoy como si fuera de papel y me hubiera quemado con   737
                       la llamita de mi corazón.
    CA 1,1 Joven   Pero tú no puedes comprender que se espere a una mujer   1071
                       cinco años, colmado y quemado por el amor que [...]
quemados (1)
    BA 2,1 La Poncia   ¡Como árboles quemados!   1485
quemadura (3)
    CA 1,1 Joven   Que estoy en carne viva. Todo hacia dentro. Una   1051
                       quemadura.
    YE 1,2 Yerma   Aquí..., en la mejilla; como una quemadura.   1297
    RS 2,1 Rosita   Pero no era una cicatriz; era una quemadura, un   1400
                       poquito rosada.
quemándome (1)
    BA 3,1 Adela   Todo el pueblo contra mí, quemándome con sus dedos   1528
                       [...]
quemar (5)
    CA 2,1 Criada   El aire le va a quemar el cutis.   1087
    CA 2,1 Novia   ¡Soy yo la que se quiere quemar en otro fuego!   1094
    RS 1,1 Tío   porque se teme quemar.   1356
    RS 1,1 Primo   cuando me vaya a quemar.   1371
    RS 1,1 Rosita   porque se teme quemar.   1374
quemará (1)
    MM 2,2 Curiana N   Los quemará el olvido.   708
quemaremos (1)
    EP CV Estudiante 5   Y quemaremos el libro donde los sacerdotes leen la   1168
                       misa.
quemarse (2)
    MP 2,3 Mariana   quemarse con su propia lumbre viva   826
    BS 2,1 Leonardo   Callar y quemarse es el castigo más grande que nos   1214
                       podemos echar encima.
queme (3)
    TB QM. Mujer   Yo quiero que me queme..., que me queme.   909
    YE 3,2 Macho   Que se queme la danza   1343
quemo (1)
    YE 1,2 Vieja 1   Son asuntos de honra y yo no quemo la honra de nadie.   1290
queramos (1)
    ZP 2,1 Mozo Del S   Has puesto taberna y podemos estar aquí dentro todo el   942
                       tiempo que queramos.

queréis (8)   Pág.
  MP 1,4 Mariana   Tardecillo es. ¿Queréis
  ZP 1,1 Vecina   Niñas, ¿queréis no llorar más?   795
  ZP 2,1 Zapatera   Y venid, venid ahora, si queréis.   919
  BS 1,3 Madre   ¿Cuándo queréis la boda?   978
  YE 3,2 Yerma   ¿Qué queréis saber?   1198
  RS 2,1 Madre   Muchas veces les pregunto: "¿Qué queréis, hijas de mi 1350
                          alma: huevo en el almuerzo o silla en el paseo?"   1393
  RS 2,1 Tía   ¿Queréis un dulcecito?
  BA 3,1 María Josefa   Todas lo queréis.   1396
queremos (3)   1525
  MP 3,7 Novicia 1   ¡Pero la queremos todas!
  TB QM. Niña   Queremos que nos traigas una colección de minerales. 882
  BA 3,1 María Josefa   Ni tú ni yo queremos dormir;   908
querer (12)   1523
  MM 1,1 Doña Curiana   ayer tarde su querer;   676
  ZP 2,1 Zapatera   Que yo sola meneo sin querer las perinolas de la cama, 974
                          ¡susto doble!
  CA 1,1 Joven   Novia..., ya lo sabe usted; si digo novia la veo sin 1051
                          querer amortajada en [...]
  BS 2,1 Novia   Y me encerraré con mi marido, a quien tengo que querer 1214
                          por encima de todo.
  YE 3,1 Yerma   Una cosa es querer con la cabeza...   1335
  YE 3,1 Yerma   Una cosa es querer con la cabeza y otra cosa es que el 1335
                          cuerpo, ¡maldito sea el cuerpo!,
  RS 1,1 Sobrino   Yo no tengo culpa de querer a mi prima.   1362
  RS 3,1 Ama   Es querer y no encontrar [...]   1416
  BA 2,1 Martirio   ¿Para qué lo iba a querer?   1494
  BA 2,1 Adela   Ha sido otra cosa que te reventaba en el pecho por   1494
                          querer salir.
  BA 2,1 Martirio   ¿Y qué ibas a decir? ¡Querer no es hacer!   1504
  BA 3,1 Adela   Nos enseñan a querer a las hermanas.   1528
quererla (2)
  CA 1,1 Joven   Yo quisiera quererla como quisiera tener sed delante 1055
                          de las fuentes.
  RS 2,1 Tía   Tú has demostrado quererla más que nadie.   1384
quererle (1)
  MP 1,6 Mariana   ¡Yo misma me asombro de quererle tanto!   805
quererlo (2)
  PB 3,1 Belisa   ¡Es verdad que me ayudaste a quererlo!   1014
  BA 3,1 Martirio   Tengo el corazón lleno de una fuerza tan mala, que, 1528
                          sin quererlo yo, a mí misma me ahoga.
quererte (4)
  MP 2,5 Pedro   ¿Cómo podría quererte no siendo libre, dime?   830
  MP 2,5 Mariana   y quererte, segura de tu amor sin que nadie   832
  MP 3,8 Mariana   ¡A ti debí quererte más que a nadie en el mundo,   886
  RS 1,1 Primo   sólo pensaré en quererte.   1372
quería (29)
  TC 0,0 Mosquito   Abrí mi ojo todo lo que pude me lo quería cerrar el 724
                          dedo [...]
  TC 1,1 Padre   Quería saber si bordabas... ¡Borda, hijita mía,   725
                          borda, que con eso comemos!
  TC 1,1 Padre   Pues esto era lo que yo quería saber.   727
  TC 4,1 Joven   No es posible; me quería tanto hace. .   751
  TC 4,1 Currito   Acuérdate, Cansa-Almas... de lo que mi padre te   753
                          quería.
  TC 4,1 Cansa-Almas   Yo me quedaré en casa... Y era verdad... Tu padre,   753
                          efectivamente, me quería muchísimo, muchísimo.
  ZP 1,1 Niño   Ve tú, ve tú, ve tú, y nadie quería, y entonces: "Que 935
                          [...]
  ZP 1,1 Zapatera   Sí, lo quería, vaya si lo quería, que pretendientes 938
                          [...]
  ZP 2,1 Alcalde   Pues a mí me consta, porque me lo dijo, que no te   950
                          quería ni tanto así.
  ZP 2,1 Zapatera   ¡Con lo que yo lo quería! ¡Lo adoraba!   964
  ZP 2,1 Zapatero   Y queriéndolo tanto como lo quería, ¿la abandonó?   964
  PB 1,1 Perlimplín   Yo quería decirte una cosa.   990
  PB 1,1 Perlimplín   No, Belisa; antes de casarme contigo yo no te quería. 991
  PB 1,1 Perlimplín   Me casé... por lo que fuera, pero no te quería.   991
  CA 2,1 Joven   De pronto, mientras subía la escalera, vinieron a mi 1092
                          memoria todas las canciones que había olvidado y las
                          quería cantar todas a [...]
  BS 1,1 Vecina   No quería a su marido.   1181
  BS 3,2 Madre   ¿Será que yo no quería a mi hijo?   1268
  BS 3,2 Novia   Yo no quería, ¡óyelo bien!;   1269
  BS 3,2 Novia   yo no quería, ¡óyelo bien!,   1269
  BS 3,2 Novia   yo no quería.   1269
  YE 3,2 Yerma   Eso es lo que yo quería oír de tus labios... [...]   1348
  RS 2,1 Madre   Yo tengo una muchacha [...] descolgó diciendo que   1395
                          quería un duro, ¡y yo [...]
  RS 3,1 Tía   Claro, pero yo quería mucho a tu madre.   1432

quería (continuación)
RS 3,1 Ama	Ella quería ir por un lado y él no la dejaba.	1434
BA 1,1 La Poncia	Era la única que quería al padre.	1440
BA 1,1 Criada	Tuve durante el duelo que taparle varias veces la boca con un costal vacío porque quería llamarte para [...]	1452
BA 2,1 La Poncia	Entonces Evaristo se acercó, se acercó que se quería meter por los [...]	1476
BA 2,1 Adela	Yo no quería. He sido como arrastrada por una maroma.	1504

queríais (1)
BA 1,1 Adela	¿Y qué queríais que hiciera?	1464

querían (1)
ZP 2,1 Niño	Y los hombres querían que el sacristán tocara las campanas para cantar tus coplas...	970

querías (2)
ZP 1,1 Alcalde	Si tu marido te ha dejado ha sido porque no lo querías, porque no podía ser.	938
BA 2,1 Adela	Tú querías, pero no has podido.	1504

queridas (1)
BA 3,1 Adela	Todo el pueblo contra [...] tienen las que son queridas de algún hombre [...]	1528

querido (10)
ZP 1,1 Zapatero	¿Por qué me has querido?	918
ZP 2,1 Zapatero	Usted perdone, no he querido...	964
ZP 2,1 Zapatera	Y todo esto no es más [...] visto porque no los he querido ver, pero que [...]	974
PB 3,1 Perlimplín	Yo soy mi alma y tú eres tu cuerpo... Déjame en este último instante, puesto que tanto me has querido, morir abrazado [...]	1017
CA 3,1 Mecanógrafa	¡Te he querido tanto!	1124
CA 3,1 Mecanógrafa	¡Te he querido, amor! Te querré siempre.	1124
RS 3,1 Martín	Ahí he querido renovarme haciendo una cosa del ambiente actual; ¡hasta hablo de un aeroplano!	1422
RS 3,1 Martín	¡No me han querido!	1422
BA 1,1 La Poncia	No he querido ofenderte.	1457
BA 1,1 Bernarda	Ya me lo has dicho tres veces y no te he querido replicar.	1468

queriendo (6)
MP 1,7 Fernando	como yo te estoy queriendo.	815
MP 3,8 Fernando	¡Mariana! ¡Aprende y mira cómo te estoy queriendo!	885
BS 3,1 Leñador 1	Ahora la estará queriendo.	1247
YE 1,1 Yerma	Sí; queriendo.	1276
YE 2,2 María	De todas maneras, creo que tu marido te sigue queriendo.	1319
RS 3,1 Rosita	Por eso yo comprendo muy bien a esas viejecillas borrachas que van por las calles queriendo borrar el mundo, [...]	1433

queriéndolo (1)
ZP 2,1 Zapatero	Y queriéndolo tanto como lo quería, ¿la abandonó?	964

queriéndome (5)
ZP 1,1 Zapatera	Queriéndome, queriéndome... Pero ¿qué es eso de queriéndome?	922
ZP 1,1 Zapatera	¿Qué es queriéndome?	922
YE 2,2 Yerma	A pesar de todo, sigue queriéndome.	1318

queriéndote (1)
ZP 1,1 Zapatero	No me digas... Tres meses llevamos de casados, yo, queriéndote..., y tú, poniéndome verde.	922

querrá (6)
MP 1,7 Fernando	que nadie te querrá tanto	815
MP 3,5 Mariana	querrá tocarlo.	874
PB 3,1 Perlimplín	El te querrá con el amor infinito [...]	1015
EP CV Dama 2	¡Delicioso! No querrá usted ponerles reparos.	1159
BS 1,1 Novio	Estoy seguro que usted querrá a mi novia.	1178
BA 2,1 La Poncia	¿Y tú crees que él querrá marcharse?	1496

querrás (4)
MP 2,9 Pedrosa	y me querrás porque te doy la vida.	856
MP 3,8 Mariana	Me querrás, muerta, tanto, que no podrás vivir.	887
BS 1,2 Leonardo	¿Querrás creer?	1187
RS 2,1 Tía	Las señoritas de Ayola, querrás decir.	1395

querré (6)
MP 1,4 Mariana	¡Yo te querré siempre a ti	794
TB QM. Niña	Si me traes la ardilla, no te querré.	908
CA 3,1 Mecanógrafa	¡Te querré tanto!	1124
CA 3,1 Mecanógrafa	¡Te he querido, amor! Te querré siempre.	1124
BS 1,1 Madre	La querré.	1178
RS 2,1 Solterona 3	"No te querré mientras viva",	1403

querría (1)
MP 3,5 Mariana	No diré nada, como usted querría,	875

querrías (1)
CA 3,1 Mecanógrafa	Yo, en cambio, sabía que tú no me querrías nunca.	1126

querubines (1)
RS 1,1 Rosita	vi bajar dos querubines	1371

quesito - quiere

Pág.

quesito (2)
    DC 1,1 Madre   como un quesito,   1029
    DC 1,1 Madre   como un quesito   1034
queso (1)
    BA 3,1 Bernarda   ¿Quieres un poco de queso y miel?   1508
quiebra (3)
    MM 1,1 Doña Curiana   Mirad cómo quiebra el primer albor.   673
    EP RR Figura De C   Un hombre, tan hombre que siento un dolor agudo en los 1149
                          dientes cuando alguien quiebra un tallo, por [...]
    YE 2,1 Lavandera 2   Porque la luz se nos quiebra en la garganta.   1308
quiebran (1)
    BS 3,1 Leonardo   por los árboles se quiebran.   1258
quiebras (1)
    CA 2,1 Novia   Creo que me vas a quebrar [...] por el sol, y no me   1079
                          quiebras.

quien (32)
quién (180)
quiénes (3)
quiera (27)
    MM 1,2 Doña Curiana   No es que yo quiera   678
    MM 1,5 Doña Curiana   Mas yo haré que te quiera.   695
    TC 3,1 Espantanublos De todos los que usted quiera.   747
    MP 1,4 Lucía   Lloverá, aunque Dios no quiera.   794
    MP 1,7 Mariana   Quizá quiera demasiado   808
    MP 2,9 Pedrosa   ¡Cuando usted quiera me avisa!   857
    MP 3,3 Alegrito   Señora, lo que usted quiera.   869
    MP 3,3 Alegrito   Lo que usted quiera.   870
    ZP 1,1 Zapatero   Trabajo para ti... y sea lo que Dios quiera...   916
    ZP 2,1 Mozo De La Faja Lo que usted quiera.   940
    ZP 2,1 Alcalde   Que la casa tiene una [...] persona que sé yo se   951
                          quiera aposentar en sus [...]
    ZP 2,1 Alcalde   Pase usted, buen hombre, y tome lo que quiera, que yo   953
                          pago.
    ZP 2,1 Zapatero   Lo que usted quiera.   969
    ZP 2,1 Zapatera   Buen hombre, Dios quiera que encuentre [...]   975
    PB 0,0 Madre   En cuanto quiera..., aunque a todas las madres...   986
                          Hasta luego...
    DC 1,1 Enfermo   Bravo. Cuando usted quiera.   1024
    CA 1,1 Amigo   Entrará todo el mundo que quiera, no aquí, sino debajo 1060
                          de tu cama.
    CA 2,1 Novia   ¡Que diga lo que quiera!   1089
    BS 3,1 Novia   que estar contigo no quiera,   1258
    BS 3,1 Leonardo   donde yo siempre te quiera,   1259
    YE 2,1 Lavandera 5   La que quiera honra, que la gane.   1301
    YE 3,1 Vieja 1   Está bien que una casada quiera hijos, pero si no los   1328
                          tienes, ¿por qué esa ansia de ellos?
    BA 2,1 Adela   Mi cuerpo será de quien yo quiera.   1479
    BA 2,1 Bernarda   ¡Todo lo que quiera!   1493
    BA 3,1 Angustias   Cuando usted quiera.   1511
    BA 3,1 Adela   Seré lo que él quiera que sea.   1528
    BA 3,1 Adela   Vamos a dormir, vamos [...] donde él me verá cuando   1528
                          quiera, cuando le venga [...]
quieran (3)
    MM 1,2 Curianita Silvia donde me quieran?   679
    TC 6,1 Monaguillo   Que dice el señor cura que, cuando quieran, que vayan. 767
    YE 3,1 Yerma   Yo tengo la idea de que [...] jueguen hasta que no   1328
                          quieran más, hasta que [...]

quieras (16)
    TC 6,1 Currito   ¡Cuando tú quieras, chisgarabís!   770
    MP 1,4 Mariana   tanto como tú me quieras!   794
    MP 1,7 Fernando   No quieras ver disgusto   808
    ZP 1,1 Zapatero   Eres mi mujer, quieras o no quieras, y yo soy tu   918
                          esposo.
    ZP 1,1 Zapatero   Lo que tú quieras... Ni que tire por allí ni que tire   920
                          por aquí...
    ZP 2,1 Zapatera   ¡Lo que quieras!   948
    CA 2,1 Novia   Lo que tú quieras. Yo no quiero verlo.   1090
    BS 2,2 Novio   ¡Lo que quieras! ¡Pero no estés así por la noche!   1240
    BS 3,1 Leonardo   ¡Como quieras!   1261
    YE 2,2 Juan   Lo que quieras.   1316
    YE 2,2 Yerma   Cuando quieras. Siéntate.   1321
    YE 3,1 Yerma   Haz conmigo lo que quieras, que soy tu mujer, pero   1333
                          guárdate de poner nombre de varón sobre mis pechos.
    BA 2,1 La Poncia   Alimenta esa esperanza, olvídalo, lo que quieras, pero 1481
                          no vayas contra la ley de Dios.
    BA 2,1 La Poncia   Martirio es enamoradiza, digas lo que tú quieras.   1498
    BA 3,1 Martirio   No quieras ablandar mis ojos.   1527
quiere (80)
    MM 0,0   Señores: La comedia que vais a escuchar es humilde e   669
                          inquietante, comedia rota del que quiere arañar a la
                          luna [...]

quiere (continuación)

MM 1,4 Curianita Silvia	(¡Ay de mí!, no me quiere.)		688
MM 1,5 Curianita Silvia	No me quiere, repito.		695
MM 1,5 Curianita Silvia	El no me quiere, madre.		698
MM 1,5 Curianita Silvia	El quiere ya a una estrella.		698
TC 2,1 Cocoliche	¿Que no se quiere casar conmigo?		737
TC 3,1 Espantanublos	¿Quiere su merced tomar algo?		741
MP 1,4 Lucía	Quiere que vistamos como tú te vistes.		789
MP 1,7 Fernando	y el que te quiere soy yo.		812
MP 2,5 Mariana	Al bueno como al malo. ¡Pedro!, cuando se quiere		831
MP 2,8 Conspirador 4	Nadie quiere una muerte sin provecho.		842
MP 2,9 Mariana	¡Usted quiere perderme!		855
MP 3,1 Novicia 2	Porque no quiere al rey.		862
TB DME Marinero	Si el capitán quiere.		899
ZP 1,1 Niño	¿Quiere usted que le sople?		913
ZP 1,1 Zapatero	¿Qué quiere usted que yo le haga?		919
ZP 1,1 Zapatero	Mi mujer... no me quiere.		924
ZP 1,1 Zapatera	Claro, toda la vida haciendo botas, ¡qué quiere usted!		928
ZP 1,1 Zapatero	Si tu madre quiere un rey,		928
ZP 1,1 Mozo	¿Cómo quiere que se lo exprese?...		931
ZP 1,1 Niño	Yo venía a decirte una cosa que nadie quiere decirte.		935
ZP 1,1 Niño	Ve tú, ve tú, ve tú, [...] notición que nadie quiere dar.		935
ZP 2,1 Mozo De La Faja	Si usted lo quiere...		940
ZP 2,1 Zapatera	Yo he hablado así porque estoy sobre ascuas; todo el mundo me asedia, todo el mundo me critica; ¿cómo quiere que no esté acechando [...]		967
ZP 2,1 Zapatero	Pero usted ya sabe que el mundo es reducido; ¿qué quiere que le diga si [...]		975
ZP 2,1 Zapatero	¡Niña, qué primor! ¡Le quiere usted tanto como yo a mi mujer!		976
ZP 2,1 Zapatero	¿Quiere usted que llegue ahora mismo?		977
PB 0,0 Belisa	Don Perlimplín se quiere casar conmigo. ¿Qué hago?		984
PB 1,1 Duende 1	Comentario quiere decir mundo.		996
PB 2,1 Marcolfa	Mi señor la quiere demasiado.		1002
PB 3,1 Perlimplín	Porque don Perlimplín no tiene honor y quiere divertirse.		1010
CA 1,1 Joven	La he conocido poco. Pero no importa. Yo creo que me quiere.		1048
CA 1,1 Joven	Usted quiere apartarme de ella.		1050
CA 1,1 Viejo	¿A que si en aquel preciso instante ella confiesa que lo ha engañado, que no le quiere, las arruguitas [...]		1052
CA 1,1 Mecanógrafa	No quiere tenerme aquí.		1055
CA 2,1 Novia	¡Soy yo la que se quiere quemar en otro fuego!		1094
CA 2,1 Joven	A la mujer que me quiere. Usted la vio en mi casa, ¿no recuerda?		1106
CA 3,1 Payaso	que quiere cambiar		1113
CA 3,1 Arlequín	¿No quiere entrar el señor?		1119
CA 3,1 Joven	¿Pero me quiere usted decir qué broma es esta?		1120
CA 3,2 Joven	¿Se encuentra bien una veleta girando como el viento quiere?		1133
EP CV Muchacho 1	El público quiere que el poeta sea arrastrado por los caballos.		1159
BS 1,1 Novio	¿Es que quiere usted que los mate?		1173
BS 1,1 Novio	¿Qué quiere usted?		1177
BS 1,2 Mujer	que el caballo no quiere beber.		1184
BS 1,2 Mujer	que el caballo no quiere beber.		1185
BS 1,2 Mujer	que el caballo no quiere beber.		1186
BS 1,2 Suegra	que el caballo no quiere beber.		1194
BS 3,1 Luna	quiere ser dolor de sangre.		1249
BS 3,1 Novio	Y tiene tanto poderío, que puede arrancar este árbol de raíz si quiere.		1253
YE 1,1 Yerma	Y entonces es cuando se le quiere más, cuando se dice ya: ¡mi hijo!		1281
YE 1,1 Yerma	¿Te quiere mucho?		1281
YE 1,1 Víctor	Quiere juntar dinero y lo juntará, pero ¿a quién lo va a dejar cuando se muera?		1285
YE 1,2 Yerma	¿Qué quiere el monte de ti?,		1296
YE 2,1 Lavandera 4	El que quiere honra, que se porte bien.		1301
YE 2,1 Lavandera 4	Tiene hijos la que quiere tenerlos.		1302
YE 2,2 Víctor	Así lo quiere mi padre.		1321
YE 3,1 Juan	Porque se necesita ser de bronce para ver a tu lado una mujer que te quiere meter los dedos [...]		1332
YE 3,1 Yerma	No me apartes y quiere conmigo.		1333
RS 1,1 Ama	Es que todo lo quiere volando.		1354
RS 1,1 Tío	Los botánicos la llaman "rosa mutabile", que quiere decir mudable, [...]		1356
RS 1,1 Ama	¿A cuál quiere usted más?		1359
RS 1,1 Ama	Más se quiere a un primo segundo que se ve todos los días, que a un hermano que está lejos.		1360
RS 2,1 Tía	Es que quiere salirse siempre con la suya.		1385

quiere - quieres   Pág.

quiere (continuación)
  RS 2,1 Ayola 2   La que no quiere casar deja de [...]   1401
  RS 2,1 Ayola 2   ¿Quiere otra copita?   1406
  RS 2,1 Rosita   ¡Esto es una prueba más de lo que me quiere!   1410
  RS 3,1 Ama   Porque ¿quién quiere ya a esta mujer?   1415
  BA 1,1 La Poncia   Ella no quiere que la vean en su dominio.   1442
  BA 1,1 Criada   Ha sacado del cofre sus anillos y los pendientes de   1453
                        amatista; se los ha puesto, y me ha dicho que se
                        quiere casar.
  BA 2,1 La Poncia   ¡Que es tu hermana y además la que más te quiere!   1479
  BA 2,1 Adela   Madre, no oiga usted a quien nos quiere perder a todas.   1502
  BA 2,1 Adela   ¡El me quiere para su casa!   1504
  BA 3,1 Amelia   La noche quiere compaña.   1512
  BA 3,1 Angustias   Usted sabe que ella no me quiere.   1513
  BA 3,1 Adela   Sabes mejor que yo que no la quiere.   1527
  BA 3,1 Adela   Sabes, porque lo has visto, que me quiere a mí.   1527
  BA 3,1 Adela   Me quiere a mí. Me quiere a mí.   1527
  BA 3,1 Adela   No te importa que abrace a la que no quiere; a mí,   1527
                        tampoco.

quiéreme (1)
  MP 3,8 Fernando   ¡Ay, te abandonan todos! ¡Habla, quiéreme y vive!   886
quieren (10)
  MP 3,1 Novicia 2   y la quieren matar.   860
  ZP 2,1 Zapatera   Parece que las manos se quieren escapar ellas solas.   963
  ZP 2,1 Zapatera   Mire usted, tengo a todo el pueblo encima, quieren   974
                        venir a matarme, y sin embargo no tengo ningún miedo.
  CA 1,1 Amigo   Pero vamos a ver... Me quieren ustedes decir...   1061
  BS 1,3 Criada   Pasen... ¿Se quieren sentar?   1194
  BS 1,3 Padre   Una espina tengo en el corazón, y es la huertecilla   1196
                        esa metida entre mis tierras, que no me quieren vender
                        por todo [...]
  YE 2,2 Yerma   Aquí las gentes te quieren.   1322
  RS 2,1 Solterona 1   Hay muchas que no se casan porque no quieren.   1401
  BA 2,1 Bernarda   Si las gentes del pueblo quieren levantar falsos   1502
                        testimonios, se encontrarán con mi pedernal.
  BA 2,1 La Poncia   Ahora la quieren matar.   1505
quieres (79)
  MM 1,5 Alacranito   Si tú quieres, me doy buenos golpes de pecho,   693
  MM 2,7 Curianito   ¿Quieres volar? Hay mucha sombra encima   719
  TC 2,1 Cocoliche   ¿Qué quieres decir?   736
  TC 6,1 Rosita   ¡Quieres perderme, infame!   764
  TC 6,1 Rosita   ¡No me quieres!...   773
  MP 1,4 Lucía   ¿Quieres que te traiga una novela?   792
  MP 1,7 Fernando   ¿Qué quieres?   807
  MP 1,7 Fernando   ¿Qué quieres de mí?   808
  MP 1,7 Fernando   ¿Qué quieres más?   815
  MP 3,5 Pedrosa   ¡Quieres morir!   877
  MP 3,8 Fernando   ¡Mariana! ¿No quieres   884
  TB DME Doncella   ¿Qué quieres?   901
  ZP 1,1 Zapatero   No, hijo mío, ya se me ha pasado... ¿Y qué es lo que   913
                        quieres?
  ZP 1,1 Zapatero   ¿Quieres que te eche un refresquito de limón?   917
  ZP 1,1 Zapatero   ¿Te quieres callar?   918
  ZP 1,1 Zapatera   ¿ qué más quieres?   922
  ZP 1,1 Alcalde   Si tu mujer habla por la ventana con todos, si tu   925
                        mujer se pone agria contigo, es porque tú quieres,
                        porque tú no [...]
  ZP 1,1 Zapatera   Pero, hijo mío..., ¿quieres?...   935
  ZP 1,1 Niño   No te quieres parar,   936
  ZP 1,1 Niño   pararte no quieres.   936
  ZP 1,1 Niño   ¿No te quieres parar? ¿No quieres dejar de volar?   937
  ZP 1,1 Zapatera   ¡Vamos! ¿Quieres decirme lo que pasa? ¡Pronto!   937
  ZP 2,1 Niño   Si tú me la quieres dar...   943
  ZP 2,1 Niño   Si quieres te puedo traer el espadón grande de mi   948
                        abuelo, el que se fue a la guerra.
  PB 1,1 Perlimplín   ¿Qué quieres?   989
  PB 1,1 Belisa   Perlimplimpinito, ¿qué quieres?   997
  PB 1,1 Perlimplín   Yo te he besado... Pero... si te hubiera besado   999
                        alguien más..., si te hubiera besado alguien más...
                        ¿Tú me quieres?
  PB 2,1 Perlimplín   ¿Quieres que demos un paseo?   1003
  PB 2,1 Perlimplín   ¿Quieres que vayamos a la confitería?   1003
  PB 2,1 Perlimplín   ¿Qué quieres decir?   1004
  PB 3,1 Perlimplín   Belisa, ¿le quieres?   1015
  DC 1,1 Rosita   ¿Qué quieres?   1035
  DC 1,1 Madre   ¿Te quieres casar?   1035
  DC 1,1 Madre   ¿Te quieres casar?   1036
  DC 1,1 Rosita   ¿Qué quieres que te cante?   1037
  CA 1,1 Amigo   ¿La quieres conocer?   1057
  CA 1,1 Amigo   Pero ¿me quieres decir qué te pasa?   1058
  CA 1,1 Niño   ¿No te quieres sentar?   1063

quieres - quiero
Pág.

quieres (continuación)
CA 1,1 Niño   ¿Quieres una?
CA 2,1 Novia   ¿Y qué culpa tengo yo? ¿Quieres que me vaya contigo?   1063
CA 3,1 Joven   La otra no existe, pero tú sí, porque me quieres.   1095
CA 3,1 Joven   Porque me quieres y porque es necesario que yo viva.   1124
EP RR Figura De C   Si yo me convirtiera en pez luna, tú te convertirías   1126
                               en ola de mar o en alga, y si quieres algo muy lejano,   1146
                               [...]
EP RR Figura De C   ¿Lo quieres?   1148
EP RR Figura De P   Huye si quieres.   1150
EP RR Figura De C   ¿Quieres un poco de té?   1151
BS 1,1 Novio   ¿Quieres algo?   1172
BS 1,1 Madre   ¡Que es verdad! ¡Que tienes razón! ¿Cuándo quieres que   1177
                               la pida?
BS 1,2 Mujer   Sí. ¿Quieres un refresco de limón?   1188
BS 2,1 Novia   ¿Te quieres callar?   1207
BS 2,1 Criada   ¿Es que no te quieres casar?   1208
BS 2,1 Criada   Tú quieres a tu novio.   1208
BS 3,1 Novio   ¿Qué quieres?   1253
BS 3,1 Novia   Y si no quieres matarme   1256
BS 3,2 Muchacha 1   ¿qué quieres hacer?   1261
BS 3,2 Muchacha 2   ¿qué quieres cantar?   1262
BS 3,2 Muchacha 2   ¿qué quieres decir?   1263
BS 3,2 Mendiga   de pájaros me sigue; ¿quieres uno?   1265
BS 3,2 Madre   ¿Te quieres callar?   1267
YE 1,1 Juan   Me quieres.   1276
YE 1,2 Vieja 1   ¿Que si lo quieres? ¿Si deseas estar con él?...   1289
YE 1,2 Yerma   No sé lo que me quieres decir.   1291
YE 1,2 Vieja 1   ¿Qué quieres que haga yo?   1291
YE 2,1 Lavandera 4   Entérate tú, ¿quieres que lo diga más alto?   1304
YE 2,2 Juan   Entonces, ¿qué quieres hacer?   1314
YE 3,2 Yerma   Me buscas como cuando te quieres comer una paloma.   1349
RS 1,1 Tía   Hola, siéntate si quieres. Rosita ya se ha marchado.   1361
RS 2,1 Tía   ¡Es que tú la quieres como nadie!   1384
RS 3,1 Tía   ¿Qué quieres que yo haga?   1416
RS 3,1 Tía   Hija, ¿qué quieres que yo haga?   1431
BA 1,1 Bernarda   Magdalena, no llores; si quieres llorar te metes   1446
                               debajo de la cama.
BA 1,1 Adela   Si no quieres bordarlas, irán sin bordados.   1451
BA 1,1 Bernarda   ¿Es que quieres que las entregue a cualquier gañán?   1457
BA 2,1 Adela   Si quieres te daré mis ojos, [...]   1479
BA 3,1 Bernarda   ¿Quieres un poco de queso y miel?   1508
BA 3,1 La Poncia   ¿A qué hora quieres que te llame?   1520
BA 3,1 Adela   Ya puede estar cien años con Angustias, pero que me   1527
                               abrace a mí se te hace terrible, porque tú lo quieres
                               también, lo quieres.

quiero (267)
MM 0,0   Pero antes de empezar quiero haceros el mismo [...]   670
MM 1,1 Doña Curiana   no lo quiero hasta que tenga   676
MM 1,3 Curianito   que no quiero casarme.   684
MM 1,3 Curianito   Yo no la quiero, madre.   684
MM 1,4 Curianita Silvia   me dijiste: "Te quiero"?   688
MM 1,4 Curianito   Hoy no te quiero, Silvia.   688
MM 1,5 La Mariposa   ¡Quiero   699
MM 1,5 La Mariposa   volar, quiero volar, el hilo es largo!   699
MM 2,7 Curianito   ¿Quién me puso estos ojos que no quiero   721
TC 1,1 Rosita   Pero le quiero, le quiero, le quiero y le   727
                               requetequiero.
TC 1,1 Rosita   Mira, yo no quiero ser una mujer impúdica.   729
TC 1,1 Rosita   Oye, a París de ninguna manera, porque no quiero que   730
                               se parezca a los franceses con el chau, chau, chau.
TC 1,1 Rosita   Pues no quiero, no quiero, ¡ea!   732
TC 1,1 Rosita   Que yo no quiero casarme con Cristóbal.   733
TC 1,1 Cristobita   La boca un poquitín grande, [...] hablar con ella,   733
                               pero no quiero que tome demasiada [...]
TC 2,1 Cristobita   De manera que mañana a la tarde quiero tener echadas   739
                               las bendiciones.
TC 3,1 Espantanublos   Yo no quiero grescas en mi casa.   747
TC 3,1 Cristobita   Pues todos los quiero, ¡todos!   747
TC 3,1 Cristobita   Mañana me caso con la señá Rosita, y quiero que haya   748
                               mucho vino para ... bebérmelo yo.
TC 4,1 Joven   Quiero verla.   752
TC 4,1 Joven   Pues quiero verla, cueste lo que cueste.   752
TC 4,1 Cansa-Almas   No, no; yo no quiero líos.   753
TC 5,1 Cristobita   ¡Quiero afeitarme ahora mismo, sí, señor, ahora mismo,   758
                               porque me voy a casar!
TC 5,1 Cristobita   Las diez o las once, quiero afeitarme ahora mismo.   758
TC 5,1 Cansa-Almas   No, no quiero salir.   760
TC 6,1 Rosita   Yo estoy comprometida, y, además, no te quiero; tú me   763
                               has dejado antes.
TC 6,1 Rosita   Ahora quiero a Cristobita.   763

quiero - quiero

Pág.

quiero (continuación)

TC 6,1	Cristobita	¡No quiero que hables con nadie!	767
TC 6,1	Rosita	¡A nadie más que a ti quiero en el mundo!	768
TC 6,1	Cristobita	¡No quiero invitados!	769
TC 6,1	Rosita	Te quiero, Cristobita.	773
TC 6,1	Cocoliche	¡No me abras! Quiero morir aquí.	775
MP 1,1	Angustias	a lo que no quiero acordarme.	784
MP 1,3	Angustias	No quiero que se mojen en la fuente.	789
MP 1,6	Mariana	¡Señor, no me quitéis lo que más quiero!	803
MP 1,7	Mariana	Decirte cómo le quiero	813
MP 1,7	Mariana	y yo la quiero más que él.	813
MP 1,7	Fernando	El tiempo corre, y yo quiero	816
MP 1,8	Mariana	y no sé lo que quiero.	818
MP 2,1	Niño	No los quiero a mi lado.	821
MP 2,2	Niño	Yo lo quiero	825
MP 2,5	Mariana	Yo no podré decirte cómo te quiero nunca;	828
MP 2,5	Mariana	y quiero a todo el mundo:	831
MP 2,5	Mariana	Quiero tener abiertos mis balcones al sol	832
MP 2,9	Pedrosa	Quiero ser amigo suyo.	855
MP 2,9	Pedrosa	Nadie sabrá lo que ha pasado. Yo te quiero	856
MP 2,9	Pedrosa	y ya eres libre porque así lo quiero...	856
MP 3,1	Novicia 1	Yo tampoco los quiero.	863
MP 3,5	Pedrosa	Yo no quiero que mueras tú, ¡no quiero!	875
MP 3,8	Mariana	¡No quiero que mis hijos me desprecien! ¡Mis hijos	885
MP 3,8	Fernando	¡No puede ser! ¡No quiero que esto pase! ¡No quiero!	885
MP 3,8	Mariana	Corazón, ¿por qué mandas en mí si yo no quiero?	886
MP 3,8	Mariana	Pedro, quiero morir por lo que tú no mueres.	886
MP 3,8	Mariana	Y ahora ya no te quiero, porque soy una sombra.	887
MP 3,9	Mariana	En mis últimas horas yo quiero engalanarme.	889
MP 3,9	Mariana	Quiero sentir la dura caricia de mi anillo	889
TB PBK	Buster Keaton	No quiero decir nada. ¿Qué voy a decir?	894
TB QM.	Voz	No, yo quiero un lagarto.	904
TB QM.	Niña	Yo no quiero la ardilla.	908
TB QM.	Niña	No la quiero.	908
TB QM.	Voz	No, no; yo quiero mi topo.	908
TB QM.	Mujer	Yo quiero que él me desprecie... y me ame.	909
TB QM.	Mujer	Yo quiero huir y que me alcance.	909
TB QM.	Mujer	Yo quiero que me queme..., que me queme.	909
TB QM.	Niña	Que yo no quiero los minerales.	910
TB QM.	Niña	Papá, que yo quiero la ardilla.	910
TB QM.	Niña	¡Yo quiero la ardilla!	910
ZP 0,0	Zapatera	"¡Quiero salir!"	912
ZP 0,0	Zapatera	"¡Quiero salir!"	912
ZP 1,1	Zapatera	Y no quiero más conversación, ni contigo ni con nadie, ni con nadie, ni con nadie.	913
ZP 1,1	Zapatera	Ya sabía yo que con esta [...] casa con..., casi no quiero creerlo, con mi [...]	913
ZP 1,1	Niño	Tome usted el muñequito, ¡no lo quiero!	915
ZP 1,1	Zapatera	Quiero hacer siempre mi santa voluntad.	922
ZP 1,1	Zapatera	Coge un pañuelo, que no quiero que me manches el vestido.	929
ZP 1,1	Zapatera	A ti te quiero, a ti... ¡Ah, sí!...,	929
ZP 1,1	Mozo	Yo la quiero, te quiero como...	931
ZP 1,1	Zapatera	Verdaderamente eso de "la quiero", "te quiero", suena de un [...]	932
ZP 1,1	Zapatera	Te quiero, la quiero...	932
ZP 1,1	Niño	Tú no me regañarás, ¿verdad?, porque a mi madre, que algunas veces me pega, la quiero veinte arrobas, pero a ti te quiero treinta y dos [...]	934
ZP 2,1	Niño	Cosas indecentes que yo sé decir, ¿sabes?, pero que no quiero decir.	944
ZP 2,1	Zapatera	Pues cántalas, que quiero enterarme.	946
ZP 2,1	Zapatera	Vamos, quiero cerciorarme de la maldad de las gentes.	970
PB 0,0	Perlimplín	Lo sentiría..., porque... hemos decidido que me quiero casar.	983
PB 1,1	Perlimplín	¡Y yo cada minuto te quiero más!	998
PB 2,1	Perlimplín	Por eso quiero ayudarte como debe hacer todo buen marido cuando su esposa es un dechado de virtud... Mira.	1004
PB 2,1	Perlimplín	No tengas miedo de hablarme..., yo sé que tú le amas... Ahora te quiero como si fuera [...]	1005
PB 2,1	Belisa	¿Para qué quiero tu alma?, me dice.	1006
PB 2,1	Perlimplín	Como soy un viejo, quiero sacrificarme por ti... Esto que yo hago no lo hizo nadie jamás.	1008
PB 3,1	Perlimplín	Ahora cierro los ojos y... veo lo que quiero...; por ejemplo..., [...]	1009
PB 3,1	Belisa	Porque lo quiero.	1013
PB 3,1	Belisa	¡Le quiero!	1014
PB 3,1	Belisa	¡Perlimplín, le quiero!	1014
PB 3,1	Perlimplín	Pues en vista de que le amas tanto, yo no quiero que te abandone.	1015

quiero (continuación)

PB 3,1 Belisa	Sí, sí, Marcolfa, le quiero, le quiero con toda la fuerza de mi carne y de mi alma.	1018
DC 1,1	Quiero que haya un silencio tan profundo que oigamos el glu-glú de los manantiales.	1019
DC 1,1	...Quiero deciros que yo sé cómo nacen las rosas y cómo se crían las del mar, pero...	1020
DC 1,1 Poeta	No las quiero de oro.	1021
DC 1,1 Madre	y quiero que se case,	1029
DC 1,1 Cristóbal	que me quiero casar.	1029
DC 1,1 Madre	Y además quiero una mula	1030
DC 1,1 Rosita	con el que yo quiero,	1032
DC 1,1 Rosita	Yo me quiero casar, ¿me han oído?	1032
DC 1,1 Rosita	Yo me quiero casar	1032
DC 1,1 Rosita	Me quiero casar	1035
DC 1,1 Rosita	Me quiero casar.	1035
DC 1,1 Cristóbal	Me quiero casar.	1036
CA 1,1 Joven	No quiero hierbas en mi casa ni muebles rotos.	1047
CA 1,1 Joven	¡La quiero demasiado!	1049
CA 1,1 Joven	Pero es que yo estoy enamorado, y quiero estar enamorado, [...]	1050
CA 1,1 Mecanógrafa	Quiero irme y no puedo.	1054
CA 1,1 Mecanógrafa	No espero porque no me da la gana, porque no quiero y, sin embargo, no me puedo mover de aquí.	1054
CA 1,1 Mecanógrafa	No hay más que una razón y esa es... que te quiero.	1055
CA 1,1 Mecanógrafa	Quiero irme de esta casa.	1055
CA 1,1 Joven	¡Pues no quiero enterarme! Todo bien cerrado.	1060
CA 1,1 Gato	Sí, quiero.	1063
CA 1,1 Niño	Yo no quiero que me entierren.	1065
CA 1,1 Niño	Yo no quiero que me entierren. ¡Vamos pronto!	1065
CA 1,1 Niño	¡Yo quiero ser niño, un niño!	1067
CA 1,1 Amigo 2	Por eso no quiero ver este.	1073
CA 1,1 Amigo 2	Quiero morirme siendo amanecer,	1074
CA 1,1 Amigo 2	quiero morirme siendo	1074
CA 1,1 Amigo 2	Quiero morirme siendo manantial.	1074
CA 1,1 Amigo 2	Quiero morirme fuera de la mar...	1074
CA 1,1 Amigo 2	Porque no quiero estar lleno de arrugas y dolores como usted.	1074
CA 1,1 Amigo 2	Porque quiero vivir lo mío y me lo quitan.	1074
CA 1,1 Amigo 2	Yo no quiero ver gente como usted.	1074
CA 1,1 Amigo 2	Así quiero que me entierren a mí.	1074
CA 1,1 Amigo 2	Quiero morirme siendo	1077
CA 1,1 Amigo 2	Quiero morirme siendo	1077
CA 1,1 Amigo	Quiero morirme siendo	1078
CA 1,1 Amigo	Quiero morirme fuera	1078
CA 2,1 Novia	No quiero estar guapa.	1085
CA 2,1 Novia	Quiero un hábito color tierra para ese hombre; un hábito de roca pelada con un cordón de esparto a la cintura.	1085
CA 2,1 Novia	Quiero ponerme negra.	1087
CA 2,1 Novia	Yo quiero tener plomo en los pies.	1087
CA 2,1 Novia	No quiero verlo. Es preciso que yo viva. Habla demasiado.	1089
CA 2,1 Novia	No me hables de esto. No quiero.	1089
CA 2,1 Novia	Lo que tú quieras. Yo no quiero verlo.	1090
CA 2,1 Novia	Yo no quiero soñar...	1094
CA 2,1 Maniquí	No quiero. Mis sedas tienen	1101
CA 2,1 Joven	No quiero saber.	1102
CA 2,1 Maniquí	Mi hijo. Quiero a mi hijo.	1103
CA 2,1 Maniquí	Lo quiero.	1105
CA 3,1 Muchacha	No quiero.	1112
CA 3,1 Joven	No quiero tiempo perdido.	1121
CA 3,1 Joven	Quiero vivir.	1122
CA 3,1 Mecanógrafa	Quiero vivir.	1122
CA 3,1 Máscara	Hablo así porque no quiero que Arturo me sienta.	1123
CA 3,1 Máscara	¡No quiero!	1123
CA 3,1 Máscara	¡Ya te he dicho que no te quiero!	1123
CA 3,1 Máscara	Tú a mí, sí; pero yo a ti, no te quiero.	1123
CA 3,1 Joven	¡Te quiero tanto!	1124
CA 3,1 Mecanógrafa	Te quiero, pero más lejos de ti.	1126
CA 3,1 Mecanógrafa	Sí, te quiero, pero mucho más.	1126
CA 3,1 Mecanógrafa	Te quiero demasiado para poder contemplarte.	1126
CA 3,1 Mecanógrafa	¡Yo quiero!... Escucha.	1128
CA 3,1 Joven	Quiero volver. ¡Dejadme!	1131
CA 3,2 Joven	No quiero subir y encontrármelo tendido en la cama tan grande, tan vacía.	1133
EP RR Figura De P	Si tú te convirtieras [...] hombre que Adán, y quiero que tú seas aún [...]	1146
EP CV Estudiante 1	¡Magnífico! ¿Y si yo quiero enamorarme de un cocodrilo?	1167
EP CV Estudiante 1	¿Y si yo quiero enamorarme de ti?	1167
BS 1,1 Madre	Que yo quiero bordar y hacer encaje y estar tranquila.	1177

quiero (continuación)   Pág.

BS 1,2 Mujer   No. Quiero que me mires y me lo digas.   1192
BS 1,3 Novia   Estoy contenta. Cuando he dado el sí es porque quiero   1200
                    darlo.
BS 1,3 Madre   Yo no quiero. ¿Y tú?   1201
BS 1,3 Novia   No quiero.   1203
BS 2,1 Criada   Quiero que te caiga sobre la frente ¡Qué hermosa estás!   1207
BS 2,1 Novia   Lo quiero.   1208
BS 2,1 Leonardo   No quiero hablar, porque soy hombre de sangre, y no   1213
                    quiero que todos estos cerros oigan mis voces.
BS 2,1 Criada   Un árbol quiero bordarle   1218
BS 2,1 Novio   ¡Eso quiero yo!   1222
BS 2,1 Mujer   Pero pienso y no quiero pensar.   1224
BS 2,2 Padre   Yo quiero que tengan muchos.   1228
BS 2,2 Mujer   No quiero interrumpir...   1238
BS 2,2 Novio   ¡Que es lo que quiero yo!   1240
BS 3,1 Luna   ¡Que quiero entrar en un pecho   1250
BS 3,1 Luna   No quiero sombras. Mis rayos   1250
BS 3,1 Novia   ¡Vete! ¡Quiero que te vuelvas!   1256
BS 3,1 Novia   ¡Te quiero! ¡Te quiero! ¡Aparta!   1257
BS 3,1 Novia   ¡Ay qué sinrazón! No quiero   1258
BS 3,1 Novia   y no quiero que lo sea.   1258
BS 3,1 Leonardo   También yo quiero dejarte   1260
BS 3,2 Mujer   Quiero volver para saberlo todo.   1264
BS 3,2 Niña   ¡Yo me quiero marchar!   1265
BS 3,2 Madre   No quiero llantos en esta casa.   1267
BS 3,2 Madre   Aquí quiero estar.   1267
BS 3,2 Madre   No quiero ver a nadie.   1268
BS 3,2 Madre   Porque vendrán las vecinas y no quiero que me vean tan   1268
                    pobre.
BS 3,2 Novia   Que quiero que sepa que yo [...]   1269
YE 1,1 Yerma   ¿Es que yo no te quiero a ti?   1276
YE 1,2 Yerma   Porque yo quiero enterarme.   1288
YE 1,2 Vieja 1   Pienso muchas ideas que no quiero decir.   1288
YE 1,2 Vieja 1   No quiero hablarte más.   1290
YE 2,1 Lavandera 4 Quiero vivir   1307
YE 2,2 Juan   Yo tengo mis defectos pero quiero tener paz y sosiego   1313
                    contigo.
YE 2,2 Juan   Quiero dormir fuera y pensar que tú duermes también.   1313
YE 2,2 Yerma   No quiero cuidar hijos de otros.   1314
YE 2,2 Yerma   Quiero beber agua y no hay vaso ni agua, quiero subir   1314
                    al monte y no tengo pies, quiero bordar mis enaguas
                    [...]
YE 2,2 Juan   Por eso quiero ver cerrada esa puerta y cada persona   1315
                    en su casa.
YE 2,2 María   No te quiero decir lo que te digo siempre.   1318
YE 2,2 Yerma   Pero ellos no saben que yo, si quiero, puedo ser agua   1319
                    de arroyo que la lleve.
YE 2,2 Víctor   Y quiero pasar el puerto antes del amanecer.   1324
YE 3,1 Yerma   Yo quiero tener a mi hijo [...]   1328
YE 3,1 Yerma   No lo quiero, no lo quiero y, sin embargo, es mi única   1329
                    salvación.
YE 3,2 Vieja   El año pasado se mataron dos por una casada seca y   1337
                    quiero vigilar.
RS 1,1 Tío   Bien está que se pisen [...] planta de rosal que más   1355
                    quiero.
RS 1,1 Tía   A los dos los quiero como sobrinos.   1359
RS 1,1 Sobrino   Precisamente quiero quedarme aquí, y a eso vengo.   1362
RS 1,1 Tía   De tu prima no quiero acordarme.   1362
RS 1,1 Sobrino   Pero yo quiero que Rosita me espere.   1362
RS 1,1 Rosita   También quiero suspirar.   1365
RS 1,1 Primo   te digo, porque te quiero,   1372
RS 2,1 Ama   No me echará usted en cara que no la quiero.   1381
RS 2,1 Ama   La quiero más que usted.   1381
RS 2,1 Tío   Basta, basta, no quiero llevarte la contraria.   1385
RS 2,1 Rosita   Quiero poner en las jardineras y en el florero de la   1388
                    entrada.
RS 2,1 Tío   No quiero discutir.   1388
RS 2,1 Rosita   Pero es que en la calle noto cómo pasa el tiempo y no   1389
                    quiero perder las ilusiones.
RS 2,1 Rosita   No quiero enterarme de cómo pasa el tiempo.   1389
RS 2,1 Ayola 1   Yo no quiero comer. Prefiero una palomilla de anís.   1399
RS 2,1 Ayola 1   Con quien sea, pero no me quiero quedar soltera.   1400
RS 2,1 Ama   ¡Señora, que yo no quiero "poderes"!   1410
RS 3,1 Ama   Hace ya seis años que murió y no quiero que esté usted   1413
                    como el primer día.
RS 3,1 Tía   No quiero discutir.   1413
RS 3,1 Ama   pero los demonios, tizonazo por aquí, tizonazo por   1425
                    allá, puntapié que te quiero, bofetadas en [...]
RS 3,1 Rosita   Ya perdí la esperanza de hacerlo con quien quise con   1429
                    toda mi sangre, con quien quise y... con quien quiero.

quiero (continuación)
RS 3,1 Rosita	Quiero huir, quiero no ver, quiero quedarme serena, [...]	1429
RS 3,1 Tía	Eso es lo que yo no quiero.	1430
BA 1,1 Bernarda	Que salgan por donde han entrado. No quiero que pasen por aquí.	1447
BA 1,1 Adela	No quiero que se me pongan las carnes como a vosotras; no quiero perder mi blancura [...]	1466
BA 1,1 Adela	¡Yo quiero salir!	1466
BA 1,1 María Josefa	Nada de lo que tengo quiero que sea para vosotras.	1470
BA 1,1 María Josefa	Me escapé porque me quiero casar, porque quiero casarme con un [...]	1470
BA 1,1 María Josefa	No quiero ver a estas mujeres solteras rabiando por la boda, haciéndose polvo el corazón, y yo me quiero ir a mi pueblo.	1470
BA 1,1 María Josefa	Bernarda, yo quiero un varón para casarme y para tener alegría.	1470
BA 1,1 María Josefa	¡Quiero irme de aquí!	1471
BA 2,1 La Poncia	No os tengo ley a ninguna, pero quiero vivir en casa decente.	1482
BA 2,1 La Poncia	¡No quiero mancharme de vieja!	1482
BA 2,1 La Poncia	Yo no te quiero echar la culpa, pero tú no has dejado a tus hijas libres.	1498
BA 2,1 Bernarda	Y no quiero entenderte, porque si llegara al alcance de todo lo que dices te tendría que arañar.	1500
BA 3,1 Bernarda	Ya te he dicho que quiero que hables con tu hermana Martirio.	1512
BA 3,1 Bernarda	Yo no me meto en los corazones, pero quiero buena fachada y armonía familiar.	1513
BA 3,1 La Poncia	Bernarda, yo no quiero hablar porque temo tus intenciones.	1519
BA 3,1 María Josefa	Yo quiero campo.	1525
BA 3,1 María Josefa	Yo quiero casas, pero casas [...]	1525
BA 3,1 Martirio	¡Le quiero!	1527
BA 3,1 Bernarda	Y no quiero llantos.	1532

quieta (5)
MP 1,2 Lucía	¡Estate quieta!	786
CA 2,1 Joven	Quieta el arpa de la lluvia,	1103
BS 2,1 Novia	Y sé que estoy loca y sé que tengo el pecho podrido de aguantar, y aquí estoy quieta por oírlo, por [...]	1215
BS 3,2 Madre	Está ahí, y está llorando, y yo quieta, sin arrancarle los ojos.	1268
YE 2,2 Yerma	Te ruego que no hables. Deja quieta la cuestión.	1316

quietas (4)
MM 1,5 Alacranito	Tened las lenguas quietas,	693
BS 3,2 Madre	entre tus manos quietas.	1271
BA 3,1 Bernarda	Quietas, quietas.	1529

quietismos (1)
| RS 2,1 El Señor X | Pero hoy día, créame usted, no privan los quietismos ni las ideas oscurantistas. | 1376 |

quieto (5)
ZP 1,1 Zapatera	Estate quieto.	932
CA 1,1 Amigo 2	Atrás se queda todo quieto; ¿cómo es posible que no lo sepa usted?	1075
CA 3,1 Mecanógrafa	Pero... lo veía por las rendijas...; quieto con unos ojos... [...]	1115
BA 3,1 Adela	A mí me gusta ver correr lleno de lumbre lo que está quieto y quieto años enteros.	1516

quietos (3)
MP 2,8 Conspirador 4	Pero hay que estarse quietos;	844
CA 3,1 Arlequín	Lleno de espectadores definitivamente quietos.	1119
BS 3,2 Mendiga	quietos al fin entre las piedras grandes,	1266

quietud (1)
| MM 2,5 Gusano 1 | en la quietud del nido, | 715 |

quimeras (1)
| MP 2,5 Pedro | No es hora de pensar en quimeras, que es hora | 832 |

quina (1)
| BA 1,1 Criada | Suelos barnizados con aceite, alacenas, pedestales, camas de acero, para que traguemos quina las que vivimos [...] | 1444 |

quince (20)
MP 1,3 Amparo	¡Pues parece que tienes quince!	788
PB 2,1 Perlimplín	Hace quince días vi a ese joven por primera vez.	1005
CA 1,1 Joven	Muy jovencita. Quince años.	1049
CA 1,1 Viejo	Quince años que ha vivido ella, que son ella misma.	1049
CA 1,1 Viejo	Pero ¿por qué no decir que tiene quince nieves, quince aires, quince crepúsculos?	1049
CA 1,1 Viejo	O bien a decir: tiene quince rosas, quince alas, quince granitos de arena.	1049
CA 1,1 Viejo	Si ella tiene quince años, puede tener quince crepúsculos o quince cielos.	1053

quince - quisiera

			Pág.
quince (continuación)			
EP CV	Estudiante 4	Romeo era un hombre de treinta años y Julieta un muchacho de quince.	1165
BS 1,1	Vecina	Tendría ella quince años.	1181
YE 3,2	Macho	quince veces juntaron	1342
RS 2,1	Ama	¿A usted le parece bien que un hombre se vaya y deje quince años plantada [...]	1380
RS 2,1	Tía	¡Quince años!	1399
BA 2,1	La Poncia	A vosotras que sois solteras, os conviene saber de todos modos que el hombre, a los quince días de boda, [...]	1476
BA 2,1	La Poncia	Anoche llegó al pueblo una mujer vestida de lentejuelas y que bailaba con un acordeón, y quince de ellos la contrataron [...]	1485
Quince (1)			
RS 2,1	Ama	Un portatermómetro, estilo Luis Quince.	1382
quinto (2)			
DC 1,1	Director	Ahora está naciendo el quinto.	1042
DC 1,1	Cristóbal	¿De quién es el quinto?	1042
quipure (1)			
RS 2,1	Ama	Ya me duelen las manos de guardar mantelerías de encaje de Marsella y juegos de cama adornados de quipure y caminos de [...]	1380
quirófano (1)			
EP CV	Enfermero	¿Está preparado el quirófano?	1163
quise (12)			
MM 1,5	Alacranito	que no quise comer, me daba repugnancia.	692
MP 2,7	Mariana	no quise, porque no debía, negarme!	837
MP 2,9	Pedrosa	en su balcón y quise visitarla.	850
MP 3,8	Mariana	pero nunca lo quise decir a mi esperanza.	885
MP 3,8	Mariana	Más que a mis propios hijos y a mí misma le quise.	885
BS 3,1	Leonardo	Porque yo quise olvidar	1257
RS 2,1	Ama	Yo quise que tuviera cuerda y cantara, pero no pudo ser.	1383
RS 3,1	Martín	Después quise ser farmacéutico.	1421
RS 3,1	Rosita	Ya perdí la esperanza de hacerlo con quien quise con toda mi sangre, con quien quise y... con quien quiero.	1429
BA 2,1	Martirio	No quise asomarme. ¿No habláis ahora por la ventana del callejón?	1502
BA 3,1	La Poncia	Quise atajar las cosas, pero ya me asustan demasiado.	1520
quisiera (46)			
MM 1,4	Curianito	como tú de linda yo quisiera ser!	685
MM 1,4	Curianito	Yo siempre a mi lado quisiera tenerte	686
MM 1,6	Curianito	Como tú de linda yo quisiera ser.	701
TC 3,1	Joven	Yo soy forastero y quisiera enterarme de quién es esa Rosita por la que brindan con tanta alegría.	744
TC 3,1	Mozo 2	Caballero, antes de marcharos yo quisiera que tomarais con nosotros un vaso de vino.	746
TC 6,1	Currito	Quisiera estrangularos a los dos.	769
MP 1,6	Mariana	¡No la quisiera abrir! ¡Ay, quién pudiera	803
MP 1,6	Fernando	Yo quisiera verte contenta. Diré	805
MP 1,7	Mariana	por donde yo no quisiera.	809
MP 3,1	Novicia 1	Quisiera	861
MP 3,3	Alegrito	No quisiera.	868
MP 3,4	Mariana	lo que saber no quisiera.	872
TB PBK	Buster Keaton	Yo quisiera...	895
TB PBK	Buster Keaton	Quisiera ser un cisne.	895
TB PBK	Buster Keaton	Pero no puedo aunque quisiera.	895
TB DME	Doncella	Yo te dejaría si mi madre quisiera.	902
ZP 1,1	Zapatero	Quisiera oír a la mujer del sacristán; pues ¿y los curas?	931
ZP 2,1	Zapatera	¡Quisiera yo ver eso!	948
ZP 2,1	Vecina Roja	Muerta la quisiera ver.	971
ZP 2,1	Zapatera	Yo no quisiera despedirme así.	975
DC 1,1	Rosita	pero yo quisiera estar:	1032
DC 1,1	Poeta	Si el director de escena quisiera, don Cristóbal [...]	1036
CA 1,1	Joven	Yo quisiera quererla como quisiera tener sed delante de las fuentes.	1055
CA 1,1	Joven	Quisiera...	1055
CA 2,1	Padre	Yo quisiera que...	1098
EP RR	Figura De P	Quisiera que tú calaras hasta lo hondo.	1147
BS 1,1	Madre	Es que..., que no quisiera que salieras al campo.	1174
BS 1,1	Vecina	No quisiera ofender; pero es verdad.	1181
BS 1,1	Madre	Es que quisiera que ni a la viva ni a la muerta las conociera nadie.	1181
BS 2,2	Padre	Lo que yo quisiera es que esto fuera cosa de un día.	1228
BS 2,2	Muchacha 1	Es que yo quisiera que tú...	1236
BS 2,2	Novia	No. Quisiera echarme en la cama un poco.	1239
BS 3,1	Mozo 1	Es que yo quisiera...	1252

quisiera (continuación)

YE 1,2	Vieja 1	He tenido dos maridos, catorce hijos, cinco murieron y, sin embargo, no estoy triste, y quisiera vivir mucho [...]	1287
YE 1,2	Yerma	Yo quisiera hacerle una pregunta.	1288
YE 3,1	Yerma	Cuando me cubre cumple [...] mujeres calientes, quisiera ser en aquel [...]	1329
RS 1,1	Ama	Hoy ya quisiera que fuese pasado mañana.	1354
RS 1,1	Sobrino	Pero es que yo quisiera...	1362
RS 2,1	Ama	Era hermoso como un novicio cuando sale a cantar la primera misa, pero ya quisiera su sobrino tener [...]	1380
RS 3,1	Tía	Cuando pienso en la mala [...] ser de mi familia, quisiera tener veinte [...]	1414
RS 3,1	Solterona 3	Yo quisiera saludarlas.	1436
RS 3,1	Tía	Parece como si alguien quisiera poner el jardín feo para que no tuviésemos pena de dejarlo.	1437
BA 1,1	La Poncia	¡Quisiera que ahora que no come ella, que todos nos muriéramos de hambre!	1440
BA 1,1	Criada	¡Ya quisiera tener yo lo que ellas!	1443
BA 2,1	Adela	¡Quisiera ser invisible, pasar por las habitaciones sin que me preguntarais dónde voy!	1479

quisiéramos (1)

CA 3,2	Jugador 3	Hay veces en que la ropa nos cae tan bien, que ya no quisiéramos...	1138

quisieran (1)

BS 3,1	Novia	pero que al verte quisieran	1257

quisieras (3)

TC 1,1	Padre	Si al menos quisieras casarte, otro gallo nos cantaría; pero me parece a mí que por ahora...	726
ZP 2,1	Zapatero	Niña, si tú lo quisieras,	961
BA 2,1	Bernarda	¡Eso quisieras tú!	1499

quisieron (1)

EP RR	Emperador	He degollado más de cuarenta muchachos que no lo quisieron decir.	1152

quiso (12)

MM 0,0		Pero un día... hubo un insecto que quiso ir más allá del amor.	669
MP 3,8	Fernando	no vendrá, porque nunca te quiso, Marianita.	885
MP 3,8	Fernando	¡Pero nadie te quiso como yo, Marianita!	886
MP 3,9	Mariana	¡Yo soy la Libertad porque el amor lo quiso!	890
CA 3,1	Máscara	Pero me quiso tanto, tanto.	1123
BS 1,2	Suegra	que no quiso el agua.	1184
BS 1,2	Mujer	No quiso tocar	1185
BS 1,2	Mujer	que no quiso el agua!	1185
BS 1,2	Mujer	que no quiso el agua!	1186
BS 1,2	Suegra	que no quiso el agua!	1193
RS 3,1	Martín	El fue lo que quiso.	1421
BA 1,1	Criada	Yo fui la que más te quiso de las que te sirvieron.	1445

quita (8)

PB 2,1	Belisa	¡Quita!	1003
CA 1,1	Joven	Quita.	1058
BS 1,2	Leonardo	¡Quita!	1190
BS 1,2	Leonardo	Quita.	1192
BS 1,3	Novia	Quita.	1203
BS 2,2	Novia	¡Quita!	1237
BS 3,1	Novia	quita de mi cuello honrado	1256
YE 3,1	Juan	¡Quita!	1333

quitaba (1)

TC 6,1	Cocoliche	¡De buena gana te quitaba la nariz de un bocado!	771

quitado (2)

BA 1,1	Bernarda	Después que te hayas quitado esos polvos de la cara.	1469
BA 2,1	Angustias	Me han quitado el retrato de mi novio.	1492

quítalo (1)

CA 3,2	Joven	Pues quítalo.	1133

quitan (2)

CA 1,1	Amigo 2	Porque quiero vivir lo mío y me lo quitan.	1074
BA 1,1	Criada	Ni con jabón ni con bayetas se le quitan.	1443

quitando (2)

RS 3,1	Tía	Quitando las últimas macetas del invernadero.	1412
BA 1,1	La Poncia	La quedan cinco mujeres, cinco hijas feas, que quitando Angustias, la [...]	1442

quitándose (1)

BS 2,2	Novio	Quitándose la toca.	1234

quitar (3)

MP 2,8	Conspirador 4	como es quitar a Torrijos	843
BS 3,2	Niña	y a quitar el pan.	1263
RS 3,1	Rosita	Me entendéis si pido pan y agua y hasta un beso, pero nunca me podríais ni entender ni quitar esta mano oscura [...]	1430

quitaría - Rafaela

Pág.

quitaría (1)
RS 2,1 Ama El pan me quitaría de la boca y la sangre de mis 1381
venas, si ella me los deseara.
quitarle (1)
BS 2,2 Muchacha 1 Vamos a quitarle los alfileres. 1232
quitarlo (1)
CA 1,1 Criado Los niños arrojaron un gato que habían matado sobre el 1070
tejadillo del jardín, y hay necesidad de quitarlo.
quitarlos (1)
TC 1,1 Cristobita No hay más que dos caminos a seguir con los hombres: o 734
no conocerlos... , ¡o quitarlos de en medio!
quitarme (4)
MM 2,6 Curianito para quitarme el alma. 718
MP 3,6 Mariana para quitarme la vida! 878
PB 1,1 Perlimplín ¿Me das permiso para quitarme la casaca? 992
RS 3,1 Rosita Y yo lo oigo y no puedo [...] enormes de huir, de 1429
quitarme los zapatos, [...]
quitas (1)
TC 1,1 Rosita Y lo que es mi mano, de ninguna manera me la quitas. 732
quítate (2)
BS 3,2 Madre Quítate las manos de la cara. 1268
BA 3,1 Adela ¡Quítate de la puerta! 1529
quite (1)
ZP 2,1 Zapatera Por Dios, ¡quite de ahí! 969
quitéis (1)
MP 1,6 Mariana ¡Señor, no me quitéis lo que más quiero! 803
quiten (1)
RS 1,1 Ama Donde esté una naranja o un buen membrillo, que se 1352
quiten las rosas del mundo.
quizá (16)
MM 0,0 Se prendó de una visión que estaba muy lejos de su 669
vida... Quizá leyó con mucha [...]
MM 1,1 Curiana N De Silvia quizá. 673
MP 1,7 Mariana Quizá quiera demasiado 808
MP 2,8 Mariana Quizá estuviera aquí mejor guardada. 842
ZP 1,1 Zapatero Mañana quizá la tengas que buscar tú también. 923
ZP 2,1 Zapatero Es ágil. Quizá no puedas. 961
DC 1,1 Poeta Sí, señor; pero es que don Cristóbal yo sé que en el 1020
fondo es bueno y que quizá podría serlo.
DC 1,1 Enfermo Quizá pueda dar las buenas noches. 1024
EP CV Estudiante 2 Pasaría que vendrían los hongos, y los latidos se 1161
harían quizá menos intensos y apasionantes.
BS 1,2 Leonardo Y quizá tenga razón. Ella es de cuidado. 1190
BS 2,2 Padre No será ella. Quizá se haya tirado al aljibe. 1244
YE 1,2 Yerma Quizá... Una vez.... Víctor.... 1289
YE 1,2 Vieja 1 Quizá por eso no hayas parido a tiempo. 1290
YE 1,2 Yerma Quizá... 1297
BA 2,1 Amelia Quizá una mulilla sin desbravar. 1489
BA 2,1 Amelia Quizá. 1490
quizás (1)
MM 1,5 Alacranito ¿Estorbo quizás, señores, 690
ra (1)
RS 2,1 Madre la, ra, la, la, 1406
rabia (2)
TC 4,1 Joven Ahora me alegro de haber venido, pero tengo una rabia, 751
que las palabras no me salen de la boca.
TC 6,1 Cristobita ¡Me ahoga la rabia! 776
rabiadas (1)
RS 2,1 Ayola 1 Las mujeres sin novio [...] En fin, ¡todas están 1401
rabiadas!
rabiando (1)
BA 1,1 María Josefa No quiero ver a estas mujeres solteras rabiando por la 1470
boda, [...]
rabiosos (1)
RS 3,1 Ama Ayer decía a voces: "No; [...] si fueran dos gatos 1423
rabiosos.
rabo (1)
TC 3,1 Cristobita Que esconda el rabo la zorra, 748
rabos (1)
MP 2,1 Niña con unos ojos... y movían los rabos 821
racimo (2)
EP CV Estudiante 3 Un racimo de heridas y una desorientación absoluta. 1166
RS 2,1 Madre Y allá vamos con unas patatas y un racimo de uvas, 1394
pero [...]
Rafael (2)
BS 1,1 Madre ¿A Rafael? 1179
RS 3,1 Ama ¿Dónde cree usted que estará don Rafael Salé, 1424
explotador de los pobres, que enterraron
Rafaela (1)
ZP 1,1 Niño Mi madre lo ha hablado [...] hermanas y la comadre 914
Rafaela.

raíces (6)
  MM 2,3 Mariposa   las dicen las raíces bajo tierra.   709
  TC 6,1 Rosita   ¡Oh, quién estuviera bajo sus raíces!   774
  PB 3,1 Belisa   Jazminero flotante y sin raíces, el cielo caerá sobre   1012
                     mi espalda sudorosa... ¡Noche!,
  EP RR Figura De C   Se alimenta con raíces.   1153
  BS 3,2 Madre   Vuestras lágrimas son [...] de los pies, de mis   1267
                     raíces, y serán más ardientes [...]
  RS 2,1 Rosita   Tengo las raíces muy hondas, muy bien hincadas en mi   1389
                     sentimiento.
raíz (3)
  BS 3,1 Novio   Y tiene tanto poderío, que puede arrancar este árbol   1253
                     de raíz si quiere.
  BS 3,2 Madre   la oscura raíz del grito.   1272
  BS 3,2 Madre   la oscura raíz del grito.   1272
ralea (1)
  BS 2,2 Madre   Mana de su bisabuelo, que empezó matando, y sigue en   1227
                     toda la mala ralea, manejadores de [...]
rama (13)
  MM 2,5 Gusano 3   de la rama el rocío.   713
  TC 1,1 Cristobita   La boca un poquitín grande, pero vaya canela en rama   733
                     de cuerpo... Aún [...]
  CA 3,1 Mecanógrafa   en la rama del aire.   1122
  BS 1,2 Suegra   con rama de sueños   1185
  BS 2,1 Criada   por el tronco y la rama   1210
  BS 2,1 Criada   por el tronco y la rama   1216
  BS 3,1 Leñador 3   Deja para el amor la oscura rama.   1248
  BS 3,1 Leñador 1   ¡Deja para el amor la rama oscura!   1249
  BS 3,1 Leñador 2   Deja para el amor la rama verde.   1255
  BS 3,1 Leñador 1   ¡Deja para el amor la verde rama!   1255
  YE 2,2 Yerma   que hacen latir la rama de mi angustia.   1316
  YE 3,2 Hombre 2   ¡Dale ya con la rama!   1342
  RS 1,1 Ama   y la santa rama de laurel,   1358
ramajes (1)
  MM 2,5 Gusano 1   ¿Caerá de los ramajes   712
ramas (31)
  MM 2,6 Curianito   un mundo de alegría más allá de esas ramas,   718
  MM 2,6 Curianito   tendría mi amargura fatal? Sobre las ramas,   719
  MM 2,7 Curianito   cuánta sombra en las ramas   719
  MP 2,3 Mariana   en las ramas del verde limonero.   826
  MP 3,7 Novicia 1   Ya no caben en las ramas   880
  MP 3,7 Novicia 2   desde el frescor de las ramas.   880
  PB 3,1 Belisa   las ramas se mueven...   1012
  DC 1,1 Director   Señoras y señores: Los campesinos andaluces oyen con   1043
                     frecuencia comedias de este ambiente bajo las ramas
                     grises de los olivos [...]
  CA 3,1 Máscara   El conde y su niño pasaban hambre y dormían entre las   1116
                     ramas con un lebrel que [...]
  CA 3,1 Joven   Antes que las ramas giman   1121
  EP RR Figura De P   Tan hombre, que no haya ruido en las ramas cuando tú   1146
                     pases.
  EP CV Muchacho 1   Por las ramas de aquel árbol podemos alcanzar uno de   1164
                     los balcones y desde allí pediremos auxilio.
  BS 1,2 Suegra   dentro de las ramas.   1184
  BS 1,2 Suegra   y sueño de ramas.   1185
  BS 2,2 Criada   que se aparten las ramas   1225
  BS 2,2 Madre   Ramas enteras de familias han venido.   1230
  BS 3,1 Leñador 2   Un árbol de cuarenta ramas. Lo cortaremos pronto.   1248
  BS 3,1 Novia   quebrar las ramas azules   1257
  BS 3,2 Novia   Yo era una mujer quemada, [...] río oscuro, lleno de   1269
                     ramas, que acercaba a [...]
  YE 1,1 Yerma   ¡Que se agiten las ramas al sol   1277
  YE 1,1 Yerma   ¡Que se agiten las ramas al sol   1278
  YE 1,1 Yerma   ¡Que se agiten las ramas al sol   1278
  YE 2,1 Lavandera 4   Porque se endulza el tallo de las ramas.   1308
  YE 2,1 Lavandera 1   ramas furiosas de coral.   1309
  YE 3,1 Juan   Cuando llego a un corro [...] también se callan las   1333
                     ramas de los árboles.
  YE 3,2 Macho   ¡Ay, cómo se queja entre las ramas!   1341
  RS 1,1 Tío   Cuando en las ramas empiezan   1357
  RS 1,1 Rosita   Cuando en las ramas empiezan   1374
  RS 2,1 Solterona 3   cuando se mecen las ramas.   1403
  RS 2,1 Rosita   le fue pesando las ramas;   1404
  RS 2,1 Solterona 3   cuando se mecen las ramas.   1405
ramito (1)
  CA 3,2 Criada   Yo le he regalado un ramito de rosas, pero eran tan   1132
                     pequeñas que no las han entrado siquiera en la
                     habitación.

ramo (9)
  MM 2,2 Curiana N   Si suspira, le acercas este ramo bendito.   707
  MP 3,9 Mariana   ¡Os doy mi corazón! ¡Dadme un ramo de flores!   889

ramo - rato

Pág.

ramo (continuación)
ZP 2,1 Vecina Amarilla	Amortajada con su ramo en el pecho.	971
PB 3,1 Perlimplín	pero me ha matado... Con este ramo ardiente de piedras preciosas.	1017
CA 2,1 Criada	Traía este ramo de flores.	1082
BS 2,1 Criada	con el ramo verde	1209
BS 2,1 Criada	con el ramo verde	1216
BS 3,2 Niña	por el ramo de la oliva?	1262
YE 1,1 Yerma	Tener un hijo no es tener un ramo de rosas.	1283

Ramón (2)
| DC 1,1 Rosita | con Ramón, | 1032 |
| DC 1,1 Rosita | con Arturo y con Ramón. | 1032 |

ramos (9)
PB 3,1 Voces	se mueren de amor los ramos.	1011
PB 3,1 Perlimplín	¡Se mueren de amor los ramos!	1011
PB 3,1 Perlimplín	¡Se mueren de amor los ramos!	1012
PB 3,1 Perlimplín	¡Se mueren de amor los ramos!	1012
CA 3,1 Muchacha	y ramos de coral.	1109
BS 2,1 Criada	¿Son los ramos de flores?	1207
YE 2,1 Lavandera 3	Y se echan polvos de blancura y colorete y se prenden ramos de adelfa en busca de otro que no es su marido.	1303
BA 3,1 María Josefa	Vamos a los ramos del portal de Belén.	1523
BA 3,1 María Josefa	Vamos a los ramos del portal de Belén.	1523

ran (2)
| TC 6,1 Mosquito | Ran, | 780 |
| RS 2,1 Madre | la, la, ran, | 1406 |

rana (2)
| TC 2,1 Cristobita | La rana hace cuac, cuac, | 740 |
| EP CV Estudiante 2 | Un gato puede ser una rana, y la luna de invierno [...] | 1161 |

ranas (4)
DC 1,1 Rosita	No te pongas así. Son las ranas del estanque.	1040
EP CV Estudiante 1	Alegría de los muchachos y de las muchachas y de las ranas y de los pequeños taruguitos de madera.	1168
BS 3,1 Leñador 3	Oigo los grillos, las ranas, el acecho de la noche.	1246
BA 3,1 María Josefa	¡Ranas sin lengua!	1525

rápidos (1)
| CA 3,2 Jugador 1 | No estará mal ser rápidos en la jugada. | 1137 |

rara (4)
MM 1,2 Doña Curiana	¡Cosa rara, vos sois rica!	682
MM 1,2 Doña Curiana	la de esta criatura rara!	683
MM 1,4 Curianito	del fuego en que vive mi rara pasión;	686
BA 2,1 Magdalena	¡Qué cosa más rara!	1474

rareza (1)
| RS 1,1 Tío | Pero esta las aventaja a todas en rareza. | 1356 |

raro (2)
| PB 2,1 Perlimplín | Es raro. | 1006 |
| BA 2,1 Martirio | Verdaderamente es raro que dos personas que no se conocen se vean de pronto en una reja y ya novios. | 1474 |

rasgaré (1)
| YE 3,2 Hembra | rasgaré los volantes de mi enagua. | 1341 |

raso (4)
DC 1,1 Poeta	La luna es un pan para los pobres y un taburete de raso blanco para los ricos.	1036
CA 2,1 Joven	ligas de raso los juncos,	1100
RS 2,1 Ama	Tendrá el pelo de plata y todavía estará cosiendo cintas de raso liberti en los volantes [...]	1380
RS 3,1 Ama	Cada una en una butaca de seda celeste que se meza ella sola, y unos abanicos de raso grana.	1425

rata (2)
| CA 1,1 Niño | Voy a ver si te encuentro alguna rata. | 1063 |
| EP RR Centurión | ¡Cállate, rata vieja! ¡Hijo de la escoba! | 1154 |

rataplán (3)
TC 6,1 Mosquito	rataplán,	780
TC 6,1 Mosquito	rataplán,	780
TC 6,1 Mosquito	¡Rataplán!	780

ratas (1)
| EP CV Estudiante 1 | Cuando la gente va al acuárium no asesina a las serpientes de mar, ni a las ratas de agua, ni a los [...] | 1165 |

rato (10)
MP 1,4 Lucía	hay corrida para rato.	794
MP 1,6 Fernando	a mis hermanillas que vengan un rato,	805
MP 2,9 Pedrosa	El reloj de la Audiencia ya hace rato	850
MP 3,1 Novicia 1	largo rato y muy cerca.	861
BS 2,2 Criada	Hace rato llegó Leonardo con su mujer.	1227
BS 2,2 Novio	Vamos un rato al baile.	1239
RS 2,1 Tío	Hace rato debió llegar.	1387
RS 3,1 Ama	Así pasamos el rato.	1414
RS 3,1 Martín	Hace un rato tenían un escándalo [...]	1419
BA 1,1 Amelia	Adelaida habrá pasado mal rato.	1459

ratonera (1)
    TC 6,1 Cocoliche   ¿Qué haces en tu ratonera?   768
ratos (1)
    RS 1,1 Tía   Descuida. Los viejos son los que tienen que llevar los   1363
                            malos ratos.
raya (2)
    RS 1,1 Tío   en la raya de lo oscuro,   1357
    RS 1,1 Rosita   en la raya de lo oscuro   1374
rayar (1)
    PB 3,1 Marcolfa   Su amor debe rayar en la locura.   1010
rayo (11)
    MM 1,4 Curianita Silvia con un rayo de sol?   687
    TC 2,1 Cocoliche   Mejor era que me hubiese partido un rayo por la mitad. 737
    TB QM. Viejo   Caiga un rayo sobre todos sus ojos.   905
    ZP 1,1 Zapatero   ¡Mal rayo parta a mi hermana, que en paz descanse! 919
    ZP 1,1 Zapatero   ¡Mal rayo parta a mi hermana, que en paz descanse! 926
    ZP 1,1 Zapatero   ¡Mal rayo parta a mi hermana, que en paz descanse! 933
    ZP 2,1 Zapatera   Pues a mí me consta que sus cuatro señoras, mal rayo 950
                            las parta, le aborrecían a muerte.
    CA 1,1 Niño   Muy poco, con un rayo me contento.   1069
    YE 3,2 Yerma   Rayo de aurora parece,   1339
    BA 3,1 La Poncia   A lo mejor, de pronto, cae un rayo.   1519
    BA 3,1 Bernarda   ¡Qué pobreza la mía, no poder tener un rayo entre los 1529
                            dedos!
rayos (6)
    MM 2,2 Curiana N   que ella rompió los rayos del sol por vez primera. 705
    TC 5,1 Jovencita   A los rayos del sol   759
    TC 5,1 Jovencita   a los rayos del sol   761
    CA 2,1 Maniquí   cubre de rayos mi nuca.   1103
    BS 1,1 Luna   No quiero sombras. Mis rayos   1250
    YE 1,2 Vieja 1   Aunque debía haber Dios, aunque fuera pequeñito, para 1291
                            que mandara rayos contra los hombres [...]
razas (1)
    PB 2,1 Marcolfa   Representantes de las cinco razas de la tierra. 1001
razón (27)
    MM 1,1 Curiana N   Con razón te daba palos tu marido;   676
    TC 4,1 Joven   Tienes razón.   751
    MP 1,8 Mariana   Sí, sí; tienes razón.   819
    MP 1,8 Mariana   Tienes razón. ¡No pienso!   819
    MP 2,4 Mariana   Tienes razón. ¡Pero no puedo!   827
    MP 2,8 Conspirador 3   No hay nada que tratar. Tienes razón.   845
    MP 3,5 Mariana   ¿Dónde está la razón de la Justicia?   876
    ZP 1,1 Zapatero   ¡Tengo razón para marcharme!   931
    ZP 2,1 Zapatera   Tiene usted razón, pero yo desde entonces no como, ni 964
                            duermo, ni vivo; porque él era mi alegría, mi defensa.
    ZP 2,1 Zapatero   Que tenía mucha razón su marido de usted.   965
    PB 0,0 Marcolfa   Verá mi señor la razón que tengo.   982
    PB 1,1 Duende 2   Y tiene razón. ¿Vamos?   996
    CA 1,1 Joven   Tiene usted razón.   1046
    CA 1,1 Mecanógrafa   No hay más que una razón y esa es... que te quiero. 1055
    CA 2,1 Padre   Ese hombre me insultará con razón.   1089
    EP CV Muchacho 1   Tiene razón.   1159
    EP CV Estudiante 4   Vamos. Verás cómo tengo razón.   1162
    BS 1,1 Madre   ¡Que es verdad! ¡Que tienes razón! ¿Cuándo quieres que 1177
                            la pida?
    BS 1,1 Vecina   Tienes razón. Tu hijo vale mucho.   1181
    BS 1,2 Leonardo   Y quizá tenga razón. Ella es de cuidado.   1190
    BS 2,1 Novia   Tienes razón.   1214
    YE 1,2 Muchacha 1   No. Pero tienes razón. Voy de prisa.   1292
    YE 1,2 Muchacha 1   Tienes razón.   1292
    YE 2,2 Juan   Tú misma reconoces que tengo razón al quejarme. 1313
    YE 2,2 Yerma   Tienes razón.   1317
    YE 2,2 María   Cada criatura tiene su razón.   1318
    RS 3,1 Ama   Ahora me dará usted la razón.   1415
razones (4)
    MP 2,8 Pedro   Y tenemos razones para estarlo.   846
    MP 2,8 Mariana   y de tener razones para estarlo...   846
    CA 1,1 Joven   Siempre acabas no dando razones.   1055
    CA 1,1 Mecanógrafa   ¿Qué razones voy a dar?   1055
reaccione (1)
    CA 3,2 Jugador 2   Hay que estar muy suaves con él para que no reaccione. 1137
real (2)
    MP 3,6 Mariana   real corsaria! ¿Dónde está   878
    MP 3,6 Mariana   real corsaria! ¿Dónde está   878
realce (1)
    RS 2,1 Ama   Ya me duelen las manos [...] gasa con flores de realce. 1380
reales (2)
    ZP 2,1 Alcalde   Con un estrado que costó cinco mil reales, con centros 951
                            de [...]
    BA 3,1 Bernarda   Dieciséis mil reales he gastado.   1511

			Pág.
realidad (5)			
MP 1,6	Mariana	en esta realidad estar soñando!	803
ZP 0,0	El Autor	En todos los sitios late [...] siempre, lucha con la realidad que la cerca y lucha con la fantasía cuando esta se hace realidad visible.	912
YE 1,2	Muchacha 2	Bueno, y además..., una se casa en realidad mucho antes de ir a la iglesia.	1293
RS 3,1	Tía	Te has aferrado a tu idea sin ver la realidad y sin tener caridad de tu porvenir.	1429
realidades (1)			
MP 2,5	Pedro	de abrir el pecho a bellas realidades cercanas	832
realista (1)			
MP 2,5	Mariana	de que pueda matarte la canalla realista.	829
realistas (1)			
MP 2,8	Conspirador 4	lo prendieron los realistas.	843
realizar (1)			
YE 1,2	Yerma	Yo pienso muchas cosas, muchas, y estoy segura que las cosas que pienso las ha de realizar mi hijo.	1290
realmente (1)			
RS 2,1	Tía	¿Y se parecía realmente?	1380
rebajada (1)			
YE 2,2	Yerma	Que estoy ofendida, ofendida y rebajada hasta lo	1317
rebajado (1)			
ZP 1,1	Zapatera	Yo me he rebajado.	918
rebajo (1)			
EP CV	Estudiante 5	Porque están locos; pero [...] estudios, un enorme rebajo de toros con los [...]	1167
rebaño (1)			
YE 2,2	Víctor	La acequia por su sitio, el rebaño en el redil, la luna en el cielo y el hombre con su arado.	1323
rebaños (11)			
MM 0,0		Un viejo silfo del bosque [...] cuando se fueron los rebaños, y ahora el poeta [...]	670
MM 0,0		Pero antes de empezar [...] cuando se fueron los rebaños.	670
MM 0,0		Y si alguna honda lección [...] hayan marchado los rebaños.	670
MP 2,5	Pedro	de una España cubierta de espigas y rebaños,	832
ZP 1,1	Zapatera	¡Qué primor de rebaños!	934
YE 2,1	Lavandera 3	Sí, ahora salen todos los rebaños.	1305
YE 2,1	Lavandera 5	Van juntos todos los rebaños.	1306
YE 2,2	Víctor	Los rebaños.	1323
YE 2,2	Juan	Le compré los rebaños.	1324
YE 3,1	Dolores	Antes de nada saldrán los rebaños y no conviene que te vean sola.	1330
BA 3,1	Angustias	Muchas veces miro a Pepe [...] las que levantan los rebaños.	1514
rebosando (2)			
CA 3,2	Jugador 1	Lo echó, y al ir a cogerlo para... tenía un as de copas rebosando por los bordes [...]	1136
RS 3,1	Tía	"Ahí está Fulano"; y él: "Que entre"; y entraba con los bolsillos vacíos y salía con ellos rebosando plata, y siempre; [...]	1427
recado (2)			
PB 3,1	Belisa	Tú me enviaste el recado.	1013
BA 2,1	La Poncia	¿Por qué el mismo día que iba a venir a la ventana le mandaste recado que no viniera?	1498
recapacita (1)			
ZP 1,1	Alcalde	Recapacita lo que has dicho que vas a hacer; que tú eres capaz de hacerlo, y no seas tonto.	927
recapacite (1)			
CA 2,1	Criada	Recapacite.	1083
recéis (1)			
MP 2,2	Mariana	¡Que recéis sin reíros!	826
receta (2)			
MM 1,2	Doña Curiana	a mí me dio una receta	680
MM 1,2	Curianita Silvia	¿Qué decía la receta?	681
receto (1)			
MM 1,5	Curiana N	Además le receto baños de luna y siesta,	700
recibe (1)			
RS 3,1	Martín	¡recibe tú las fúlgidas preseas	1420
recibido (2)			
PB 2,1	Belisa	Las cartas de los otros hombres que yo he recibido... y que no [...]	1006
RS 2,1	Ayola 1	Se conoce que no ha recibido ninguna.	1407
recibiendo (1)			
RS 3,1	Rosita	Sabía que se había casado; ya se encargó un alma caritativa de decírmelo, y he estado recibiendo sus cartas [...]	1428

recibiera (1)
   MM 0,0   El amor pasaba de padres a hijos como una joya vieja y   669
                                exquisita que recibiera el primer insecto [...]

recibir (1)
   BA 1,1 Bernarda   Debías haber procurado que todo esto estuviera más   1445
                                limpio para recibir al duelo.

recibiría (2)
   ZP 2,1 Zapatero   Entonces, ¿lo recibiría usted bien?   976
   YE 3,1 Yerma   Yo quiero tener a mi [...] cabellos por las calles,   1328
                                recibiría con gozo su [...]

recibirla (1)
   RS 3,1 Ama   Señora, ¿y no le podríamos mandar una carta   1415
                                envenenada, que se muriera de repente al recibirla?

recién (7)
   ZP 1,1 Zapatera   ¿No estás viendo que te pisotean la oveja recién   934
                                nacida?
   PB 1,1 Duende 2   El alma de Perlimplín, chica y asustada como un patito 995
                                recién nacido, se enriquece [...]
   CA 2,1 Criada   ¡Son tan hermosas!... Están recién cortadas.   1082
   EP RR Figura De C   Un gigante, tan gigante, que puedo cortar una roca con 1149
                                la uña de un recién nacido.
   BS 3,2 Novia   Honrada, honrada como una niña recién nacida.   1270
   YE 2,2 Yerma   Cada noche, cuando me acuesto, encuentro mi cama más   1312
                                nueva, más reluciente, como si estuviera recién traída
                                de la ciudad.
   YE 3,1 Yerma   Yo tengo la idea de que las recién paridas están [...] 1327
reciente (1)
   CA 3,1 Payaso   y en marfil reciente   1113
recitar (1)
   MM 2,1 Curianita Santa ¿Visteis a Curianito recitar en el prado?   702
reclinadas (1)
   PB 2,1 Belisa   Las almas hermosas están en los bordes de la muerte,   1007
                                reclinadas sobre cabelleras [...]

recocida (1)
   BA 1,1 Mujer 1   ¡Vieja lagarta recocida!   1447
recocidas (1)
   RS 2,1 Ayola 1   Las mujeres sin novio están pochas, recocidas, y todas 1401
                                ellas... [...]

recoge (2)
   RS 1,1 Manola 1   ¿Quién los recoge?   1365
   RS 3,1 Tía   Y recoge las dos orzas.   1415
recoger (2)
   DC 1,1   El poeta que ha interpretado [...] de esta tarde sabrá 1019
                                recoger, con inteligencia [...]
   CA 1,1 Gato   iba a recoger los peces por el agua   1064
recogerán (1)
   RS 1,1 Rosita   ¿Qué manos recogerán   1365
recogerla (1)
   MP 3,5 Pedrosa   ya vendrán por la calle a recogerla.   876
recoges (1)
   BS 2,2 Madre   Tu padre sembró mucho y ahora lo recoges tú.   1230
recógete (1)
   BS 2,2 Criada   recógete las faldas   1226
recogido (2)
   DC 1,1   El poeta que ha interpretado y recogido de labios   1019
                                populares [...]
   EP CV Estudiante 5   Parecía muy hermosa, y si era un joven disfrazado no   1167
                              me importa nada; en cambio, no hubiese recogido el
                              zapato de [...]

recogiendo (1)
   BS 3,1 Mendiga   recogiendo en su falda los gemidos,   1251
recogimos (1)
   MP 2,9 Pedrosa   Allá en el Albaicín, la recogimos,   856
recoja (1)
   YE 1,1 Víctor   Dile a Juan que recoja las dos que me compró, y en   1285
                              cuanto a lo otro, ¡que ahonde!

reconocemos (1)
   BA 1,1 Magdalena   Aunque Angustias es nuestra hermana, aquí estamos en 1463
                              familia y reconocemos que está vieja,

reconocer (1)
   BA 2,1 Magdalena   Desde luego que hay que reconocer que lo mejor que has 1472
                              tenido siempre es el talle y la delicadeza.

reconocerla (1)
   BS 3,2 Madre   Porque tengo que reconocerla, para no clavarla mis   1268
                              dientes en el cuello.

reconoces (2)
   BS 3,2 Vecina   ¿No la reconoces?   1268
   YE 2,2 Juan   Tú misma reconoces que tengo razón al quejarme.   1313
recordado (1)
   CA 1,1 Joven   ¿Por qué me lo ha recordado usted?   1050

Pág.

recordar (4)
CA 1,1 Viejo	Eso. Ni muebles rotos porque hay que recordar, pero...	1047
CA 1,1 Viejo	Es decir hay que recordar, pero recordar antes.	1047
CA 1,1 Viejo	Sí, hay que recordar hacia mañana.	1047

recordaré (2)
TC 1,1 Hora	Yo, como vengo todos los días, te recordaré esto cuando seas vieja y hayas olvidado este momento.	734
TB QM. Mujer	Lo recordaré hasta que muera.	905

recordarle (1)
CA 1,1 Viejo	Me permito recordarle que su novia... no tiene trenzas.	1050

recorrer (1)
MP 2,9 Pedrosa	de recorrer las calles silenciosas,	851

recosté (1)
ZP 2,1 Zapatera	Yo me recosté en la hierba.	946

recuerda (5)
MM 2,1 Curianita Santa	Su cantar me recuerda mi amor de juventud.	705
CA 1,1 Viejo	Y ¿quién recuerda un mapa exacto de las arenas del desierto... o el rostro de un amigo cualquiera?	1052
CA 1,1 Amigo 2	¿Recuerda usted?	1073
CA 2,1 Joven	A la mujer que me quiere. Usted la vio en mi casa, ¿no recuerda?	1106
BA 1,1 Angustias	¿Es que ya no lo recuerda usted?	1468

recuerdas (6)
MP 1,1 Angustias	¡Si no vive! ¿Recuerdas?... Ayer tarde . .	785
CA 2,1 Maniquí	Te espera siempre, ¿recuerdas?	1104
CA 3,2 Joven	Yo tenía antes otra pequeña, ¿recuerdas?	1133
BS 3,1 Leonardo	Es verdad. ¿No lo recuerdas?	1257
YE 2,2 Yerma	Siendo zagalón me llevaste una vez en brazos, ¿no recuerdas?	1323
RS 2,1 Ayola 1	¿No recuerdas, Rosita?	1399

recuerdes (2)
BA 1,1 Bernarda	No me lo recuerdes más.	1468
BA 1,1 La Poncia	No me lo recuerdes.	1498

recuerdo (S) (4)
TC 4,1 Mosquito	Ahora, este niño pondrá sobre la dura vela: "RECUERDO", y seguirá marchando, marchando...	751
MP 2,9 Mariana	su recuerdo en las niñas de mis ojos.	856
BS 2,1 Leonardo	Abre y refresca tu recuerdo.	1213
RS 3,1 Rosita	Como que no hay cosa más viva que un recuerdo.	1433

recuerdo (12)
MP 1,5 Fernando	no recuerdo..., liberal,	798
MP 3,6 Mariana	Recuerdo aquella copla que decía	878
CA 1,1 Joven	Recuerdo que...	1046
CA 1,1 Viejo	Siempre recuerdo.	1046
CA 1,1 Joven	Y recuerdo que un día...	1046
CA 1,1 Viejo	Me gusta tanto la palabra recuerdo.	1046
CA 1,1 Viejo	No recuerdo nada.	1073
CA 1,1 Amigo 2	Yo era muy pequeño, pero lo recuerdo con todo detalle.	1073
CA 2,1 Viejo	No recuerdo. Pero espera.	1106
CA 3,1 Mecanógrafa	Recuerdo que la tarde de mi partida había una gran tormenta de verano y había muerto el niño de la portera.	1115
CA 3,1 Joven	No recuerdo nada.	1124
CA 3,2 Joven	Recuerdo que siendo niño, [...]	1134

recuerdos (1)
ZP 2,1 Zapatera	Si estoy sola si soy joven y vivo ya solo de mis recuerdos...	967

recurso (1)
MP 2,7 Conspirador 3	Cuando ya no le quede otro recurso	839

redil (2)
YE 2,2 Juan	Las ovejas en el redil y las mujeres en su casa.	1312
YE 2,2 Víctor	La acequia por su sitio, el rebaño en el redil, la luna en el cielo y el hombre con su arado.	1323

redonda (5)
MP 1,5 Mariana	Hora redonda y oscura	796
BS 3,1 Leñador 2	Hay cuchillos y escopetas a diez leguas a la redonda.	1247
YE 3,2 María	En cuatro leguas a la redonda no se oyen más que palabras terribles.	1338
YE 3,2 Vieja	Tienes hermanos y primos a cien leguas a la redonda.	1344
BA 1,1 Bernarda	No hay en cien leguas a la redonda quien se pueda acercar a ellas.	1457

redondas (1)
RS 1,1 Rosita	a sus dos flores redondas?	1367

redondo (2)
BS 3,1 Luna	Cisne redondo en el río,	1249
YE 2,1 Lavandera 5	del vientre redondo bajo la camisa!	1309

redondos (1)
MP 1,4 Amparo	con abanicos redondos	793

reducido (1)
    ZP 2,1 Zapatero   Pero usted ya sabe que el mundo es reducido; ¿qué   975
                                  quiere [...]

refajos (1)
    BA 1,1 Bernarda   Sí; para llenar mi casa con el sudor de sus refajos y   1450
                                  el veneno de sus lenguas.

referirlas (1)
    BA 1,1 La Poncia   Me da vergüenza referirlas.   1456
refieres (2)
    BA 1,1 Martirio   No sé a qué te refieres...   1463
    BA 2,1 Bernarda   ¿Te refieres a Martirio?   1497
refrán (1)
    ZP 0,0 El Autor   En todos los sitios late y anima la criatura poética   912
                                  que el autor ha vestido de zapatera con aire de refrán
                                  o simple romancillo, [...]

refresca (2)
    BS 2,1 Criada   En estas tierras no refresca ni al amanecer.   1206
    BS 2,1 Leonardo   Abre y refresca tu recuerdo.   1213
refrescarme (1)
    BA 2,1 Magdalena   Yo me levanté a refrescarme.   1473
refresco (7)
    ZP 1,1 Vecina Amarilla Un refresco.   939
    ZP 2,1 Zapatera   Va usted a tomar copa, café, refresco, ¿diga?   941
    ZP 2,1 Mozo De La Faja Refresco.   941
    ZP 2,1 Zapatera   El refresco.   941
    BS 1,2 Mujer   Sí. ¿Quieres un refresco de limón?   1188
    BS 1,2 Mujer   El refresco. ¿Está frío?   1189
    YE 1,2 Muchacha 2   Ya voy al arroyo, ya subo a tocar las campanas, ya me   1294
                                    tomo un refresco de anís.

refresquito (2)
    ZP 1,1 Zapatero   ¿Quieres que te eche un refresquito de limón?   917
    ZP 1,1 Vecina Roja   Un refresquito.   939
refriegues (1)
    YE 3,2 Yerma   No es preciso que me lo refriegues por la boca.   1345
refugiarme (1)
    BA 3,1 Prudencia   No me queda más consuelo que refugiarme en   1507
refutación (1)
    CA 1,1 Viejo   ¡Es una verdad sin refutación posible!   1060
regaba (1)
    ZP 2,1 Zapatero   regaba sus alhelíes   961
regalado (4)
    CA 2,1 Padre   Te había regalado el hermoso traje de novia.   1089
    CA 3,1 Máscara   El conde y su niño pasaban hambre y dormían entre las   1116
                                  ramas con un lebrel que me había regalado un señor de
                                  [...]
    CA 3,2 Criada   Yo le he regalado un ramito de rosas, pero eran tan   1132
                                  pequeñas que no las han entrado siquiera en la
                                  habitación.
    BA 3,1 Prudencia   ¿Te ha regalado ya el anillo?   1510
regalarme (1)
    BA 1,1 Adela   Regalarme unas cuantas pulgas que me han acribillado   1465
                                  las piernas.
regalaron (1)
    RS 2,1 Madre   El año pasado nos regalaron a nosotras medio kilo.   1398
regalárselo (1)
    BA 1,1 Magdalena   Lo mejor que puedes hacer es regalárselo a Angustias   1465
                                    para la boda con Pepe el Romano.
regalé (2)
    TC 2,1 Cocoliche   Cuando le regalé el chal de las [...]   737
    CA 2,1 Criada   Le regalé un pañuelo bordado por mí, que decía: "Amor,   1087
                                  Amor, Amor", y se le perdió.
regalillos (1)
    ZP 1,1 Zapatero   Al principio creí que la dominaría con mi carácter   925
                                  dulzón y mis regalillos: collares [...]
regaló (1)
    CA 3,2 Criado   La regaló el señor.   1134
regalonas (1)
    YE 2,1 Lavandera 4   Es que las regalonas, las flojas, las endulzadas, no   1302
                                  son a propósito para llevar el vientre arrugado.
regalos (4)
    CA 2,1 Novia   Es preciso que le devuelva los regalos... Todos.   1097
    BS 1,3 Madre   Aquí tienes unos regalos.   1201
    BS 1,3 Criada   Que reviento por ver los regalos.   1203
    BS 1,3 Criada   Vamos a ver los regalos.   1203
regando (1)
    YE 1,2 Juan   Estaré toda la noche regando.   1300
regáñales (1)
    MP 1,8 Angustias   Regáñales.   816
regañarás (1)
    ZP 1,1 Niño   Tú no me regañarás, ¿verdad?, [...]   934

regañes - reloj

regañes (1)   Pág.
    ZP 1,1 Niño   ¡Sí que es verdad, no me regañes!   937
regar (1)
    RS 1,1 Ama   Pero yo no digo que de tanto regar las flores y tanta   1352
                                agua por todas partes van a salir sapos en el sofá.
región (1)
    ZP 2,1 Zapatero   cuatro en la región lumbar,   962
registra (1)
    BA 2,1 Bernarda   Registra los cuartos, mira por las camas.   1492
regresas (1)
    YE 1,2 Muchacha 2   ¿Tú regresas al pueblo?   1292
reían (1)
    ZP 1,1 Niño   Mi madre lo ha hablado el otro día, diciendo: "La   914
                                zapatera no tendrá hijos", y se reían mis hermanas y
                                [...]
reímos (1)
    RS 2,1 Ayola 1   Nos reímos porque antes de entrar aquí...   1398
reina (7)
    MM 1,2 Curianita Silvia   Reina   683
    MM 2,7 Curianito   ¿Duerme la casta reina de este prado?   719
    MP 3,1 Novicia 2   ¡Ni a la reina!   863
    ZP 2,1 Alcalde   Que la casa tiene una [...] ¡estarías como una reina!   951
    ZP 2,1 Zapatera   Como si fuera el rey y la reina juntos.   976
    BS 1,3 Criada   ¿Sientes dejar tu vida de reina?   1203
    RS 1,1 Tío   Mucho más que la muscosa y la híspida y la pomponiana   1355
                                y la damascena y que la eglantina de la reina Isabel.
reino (5)
    MM 0,0   Mientras que no améis profundamente a la piedra y al   670
                                gusano no entraréis en el reino de Dios.
    MM 0,0   También el viejo silfo le dijo al poeta: "Muy pronto   670
                                llegará el reino de los animales [...]
    MM 2,1 Curianita Santa   Valen más en mi reino los que cantan y juegan   703
    MM 2,2 Curiana N   ¿De qué reino llegaste con tu blanco vestido?   706
    RS 3,1 Tía   Todos los cristianos sabemos que ningún rico entra en   1425
                                el reino de los cielos, [...]
reinos (1)
    MM 2,2 Curiana N   te vas hacia los reinos donde el amor se hiela.   707
reír (7)
    ZP 2,1 Zapatera   Medio metro de agua y las chinas del fondo se veían   945
                                reír, reír con el temblorcillo.
    DC 1,1   Podéis llorar y podéis reír, a mí no me importa nada   1020
                                de nada.
    CA 3,1 Mecanógrafa   ¡Por eso vamos a reír!   1117
    YE 1,2 Vieja 1   Te vas a reír de mí.   1287
    RS 3,1 Ama   Ayer decía a voces: "No; [...] entiendo me dan ganas   1423
                                de reír, y el carbonero, [...]
    BA 1,1 Magdalena   ¡Me he tenido que reír!   1462
reíros (1)
    MP 2,2 Mariana   ¡Que recéis sin reíros!   826
reja (3)
    BA 2,1 Martirio   Verdaderamente es raro que dos personas que no se   1474
                               conocen se vean de pronto en una reja y ya novios.
    BA 2,1 Angustias   No, porque cuando un hombre se acerca a una reja ya   1474
                               sabe por los [...]
    BA 2,1 La Poncia   Pero, desde luego, Pepe estaba a las cuatro de la   1502
                               madrugada en una reja de tu casa.
rejalgar (1)
    RS 2,1 Ama   Nos encontramos el rejalgar por los rincones.   1389
relaciones (3)
    BS 1,1 Madre   Perdóname. ¿Cuánto tiempo llevas en relaciones?   1176
    RS 1,1 Tía   Por eso me opuse a tus relaciones con Rosita.   1362
    BA 1,1 Martirio   Luego aquí la abandonó y se fue con otra que tenía una   1459
                               hija y luego tuvo relaciones con esta muchacha, [...]
relámpago (1)
    BA 3,1 Adela   Madre, ¿por qué cuando se corre una estrella o luce un   1516
                               relámpago se dice:
relee (1)
    MP 1,2 Amparo   que mi hermana lee y relee   786
religión (1)
    RS 2,1 El Señor X   El conde Zboronsky, muerto [...] día en que venga la   1375
                               religión de lo positivo.
relincha (1)
    YE 1,2 Vieja 1   Pisas, y al fondo de la calle relincha el caballo.   1288
relinchaba (1)
    BS 1,2 Mujer   solo relinchaba   1185
relincho (1)
    CA 2,1 Maniquí   Pudiste ser un relincho   1101
reloj (5)
    MP 2,9 Pedrosa   El reloj de la Audiencia ya hace rato   850
    ZP 1,1 Zapatera   ¿No llevas tu reloj, tan hermoso, con cadena de plata   922
                               y venturinas, al que le doy cuerda todas las noches?

reloj (continuación)
   PB 1,1 Belisa   El reloj.   992
   BS 1,3 Madre   ¿Traes el reloj?   1195
   BA 1,1 Martirio   Yo hago las cosas sin fe, pero como un reloj.   1458
relojito (1)
   TC 6,1 Rosita   Tengo un relojito y tengo un espejo de plata ; pero,   764
                            ¡qué desgraciada soy!

reluce (3)
   MP 3,1 Novicia 1   Reluce su cabeza   860
   MP 3,1 Novicia 2   ¿Reluce su cabeza?   860
   RS 2,1 Rosita   ¡tan alta!, ¡cómo reluce!   1403
relucía (1)
   BS 1,1 Vecina   Le relucía la cara como a un santo; pero a mí no me   1181
                            gustó nunca.

reluciente (5)
   ZP 1,1 Zapatera   Pero el que más me gustaba [...] las espuelas de cobre   917
                            reluciente.
   BS 3,2 Madre   de reluciente seda;   1271
   YE 2,2 Yerma   Cada noche, cuando me acuesto, encuentro mi cama más   1312
                            nueva, más reluciente, como si estuviera [...]
   YE 3,1 Dolores   Con los zapatos y las enaguas empapadas en sangre...,   1327
                            pero con la cara reluciente.
   YE 3,2 Macho   y el cuerpo reluciente   1343
relucientes (2)
   ZP 2,1 Zapatero   en caballos relucientes   959
   BA 1,1 La Poncia   Si Bernarda no ve relucientes las cosas me arrancará   1441
                            los pocos pelos que me quedan.

relumbra (4)
   MP 1,7 Mariana   y relumbra todo entero.   813
   PB 3,1 Voces   relumbra por los tejados.   1012
   YE 2,1 Lavandera 4   Ella y sus cuñadas, sin [...] solería, pues cuando más   1304
                            relumbra la vivienda [...]
   YE 3,2 Macho   ¡Ay, cómo relumbra!   1341
relumbraba (1)
   YE 3,2 Macho   ¡Ay, cómo relumbraba,   1341
relumbraban (1)
   ZP 2,1 Zapatera   El venía con un traje negro entallado, corbata roja de   945
                            seda buenísima y cuatro anillos de oro que relumbraban
                            como cuatro [...]

relumbrando (1)
   YE 1,2 Yerma   ¿He de quedarme pensando en él o en lo que puede salir   1290
                            relumbrando de mi pecho?

relumbrante (1)
   BS 2,1 Criada   Es una cama relumbrante y un hombre y una mujer.   1207
relumbrar (4)
   YE 2,1 Lavandera 5   ¡Que vuelva a relumbrar!   1310
   RS 1,1 Tío   para verla relumbrar.   1357
   RS 1,1 Rosita   para verla relumbrar.   1374
   RS 2,1 Rosita   para verla relumbrar.   1411
relumbre (3)
   BS 2,2 Criada   que relumbre la escarcha   1226
   BS 2,2 Criada   deja que relumbre el agua!   1226
   YE 2,1 Lavandera 3   ¡Que relumbre!   1310
remangadas (1)
   TC 4,1 Joven   Yo me creía que por el [...] con rubias muchachas   752
                            remangadas hasta los [...]

remar (1)
   TB DME Marinero   Remar.   900
remediase (1)
   RS 3,1 Tía   Y no había calamidad que no remediase... ni niños   1427
                            [...]

remedio (9)
   TC 1,1 Padre   Pues no hay más remedio.   732
   TC 1,1 Rosita   dispone de mi mano, y no tengo más remedio que   733
                            aguantarme porque lo manda la ley.
   ZP 1,1 Alcalde   A las mujeres, buenos [...] la vara, no hay otro   925
                            remedio.
   PB 3,1 Marcolfa   ¿Qué remedio me queda? ¡Qué remedio!   1011
   CA 3,2 Jugador 1   Estaba pálido, tan pálido que en la última jugada ya   1136
                            no tenía más remedio que echar el "as de coeur".
   EP RR Figura De P   El emperador; ya no hay remedio.   1151
   RS 2,1 Madre   Porque no hay más remedio.   1394
   BA 3,1 Adela   Aquí no hay ningún remedio.   1528
remeros (1)
   YE 2,1 Lavandera 6   Para que haya remeros   1309
remolino (1)
   RS 1,1 Rosita   y nardos en remolino   1373
remos (1)
   MP 2,8 Conspirador 4   con los remos presurosos   844

Renault (1)   Pág.
    RS 2,1 El Señor X   El conde Zboronsky, muerto en el accidente, y Marcel   1375
                            Renault, o Renol, que [...]
rendida (1)
    RS 3,1 Martín   a la que en vil sopor rendida yace;   1420
rendido (1)
    MP 2,8 Mariana   Mi caballo está rendido   849
rendija (2)
    PB 1,1 Duende 2   Que no quede ni una rendija.   994
    BA 1,1 La Poncia   Treinta años lavando [...] enteros mirando por la   1442
                            rendija para espiar a [...]
rendijas (3)
    PB 1,1 Duende 1   Que las rendijas de ahora son oscuridad mañana.   994
    CA 3,1 Mecanógrafa   Pero... lo veía por las rendijas...; quieto con [...]   1115
    BA 1,1 Adela   La he visto asomada a las rendijas del portón.   1453
rendirá (1)
    MP 2,7 Conspirador 3   se rendirá a las huestes liberales,   839
Renol (2)
    RS 2,1 El Señor X   El conde Zboronsky, muerto en el accidente, y Marcel   1375
                            Renault, o Renol, que de ambas maneras [...]
    RS 2,1 El Señor X   A Renol lo conocí bastante.   1375
renovarme (1)
    RS 3,1 Martín   Ahí he querido renovarme haciendo una cosa del   1422
                            ambiente actual; ¡hasta hablo de un aeroplano!
rentas (1)
    MM 1,2 Doña Curiana   ¡Tiene magníficas rentas!   683
reñían (1)
    ZP 2,1 Zapatero   ¡Santo Dios, cómo reñían!   959
reo (1)
    MP 1,7 Fernando   "Adorada Marianita: Gracias [...] salían de asistir a   811
                            un reo de muerte.
reparadora (1)
    TC 2,1 Cocoliche   ¿Te metes a monja reparadora?   736
reparar (1)
    YE 2,2 Yerma   Vais a lo vuestro sin reparar en las delicadezas.   1322
reparos (1)
    EP CV Dama 2   ¡Delicioso! No querrá usted ponerles reparos.   1159
repartimos (1)
    RS 3,1 Ama   Tú hablas, te desahogas, nos hartamos de llorar las   1430
                            tres y nos repartimos el sentimiento.
repeluzno (1)
    ZP 2,1 Zapatera   Me sube así un repeluzno.   958
repente (1)
    RS 3,1 Ama   Señora, ¿y no le podríamos mandar una carta   1415
                            envenenada, que se muriera de repente al recibirla?
repetición (3)
    EP CV Estudiante 4   La repetición del acto ha [...]   1166
    RS 3,1 Ama   La repetición de las seis.   1412
    BA 1,1 Martirio   Y veo que todo es una terrible repetición.   1460
repetidas (1)
    ZP 1,1 Alcalde   Todas, sin excepción, han probado esta vara repetidas   924
                            veces.
repetir (2)
    EP CV Estudiante 5   Ha llegado el juez y, antes de asesinarlos, les van a   1162
                            hacer repetir la escena del sepulcro.
    RS 2,1 El Señor X   Vuelvo a repetir...   1378
repicando (1)
    TC 4,1 Joven   Yo me creía que por el mundo estaban siempre repicando   752
                            las campanas [...]
repiquen (1)
    BS 2,1 Criada   ¡Que toquen y repiquen   1219
repitas (2)
    YE 1,1 Yerma   No me repitas lo que dicen.   1276
    YE 2,2 Yerma   Lo sé muy bien. No lo repitas.   1312
repite (3)
    MM 0,0   Un viejo silfo del bosque [...] ahora el poeta os la   670
                            repite envuelta en su [...]
    MM 0,0   También el viejo silfo [...] fuente en la umbría las   670
                            repite con el mismo tono [...]
    MM 2,3 Mariposa   lo repite la hoguera;   709
repiten (1)
    BA 1,1 Martirio   Pero las cosas se repiten.   1460
repito (2)
    MM 1,5 Curianita Silvia No me quiere, repito.   695
    YE 3,1 Yerma   Necesitaba este desahogo. ¿Cuántas veces repito las   1330
                            oraciones?
repleto (1)
    MM 1,3 Doña Curiana   el troje bien repleto.   685
replicar (2)
    RS 1,1 Ama   y como soy criada no puedo hacer más que callarme, que   1360
                            es lo que hago, y no puedo replicar y decir...

replicar (continuación)
    BA 1,1 Bernarda   Ya me lo has dicho tres veces y no te he querido   1468
                                    replicar.

replíqueme (1)
    RS 3,1 Ama   Repíqueme.   1414
repliques (1)
    RS 1,1 Tía   Calla. No repliques.   1352
repórtate (3)
    ZP 1,1 Zapatero   Mujer..., repórtate.   916
    ZP 1,1 Sacristana   Mujer, repórtate.   938
    BS 1,1 Vecina   Repórtate.   1182
reposa (1)
    RS 1,1 Rosita   donde la luna reposa.   1369
reposan (1)
    RS 1,1 Rosita   ¿Bajo qué mirto reposan?   1367
reposar (1)
    DC 1,1 Cristóbal   para que mi palomo pueda reposar.   1039
reposo (1)
    BA 1,1 Bernarda   Concede el reposo a tu siervo Antonio María Benavides   1449
                                      y dale la corona de tu santa gloria.

representa (1)
    RS 2,1 Rosita   Nada. Una persona representa al novio en la ceremonia.   1409
representación (1)
    RS 3,1 Ama   "La representación intelectual de una cosa o un   1423
                                      objeto."
representaciones (1)
    EP CV Estudiante 4   La gente se olvida de los trajes en las   1160
                                      representaciones y la [...]
representando (1)
    EP CV Dama 4   Están representando otra vez la escena del sepulcro.   1164
representantes (1)
    PB 2,1 Marcolfa   Representantes de las cinco razas de la tierra.   1001
representar (3)
    CA 3,1 Payaso   A representar.   1113
    RS 3,1 Martín   Me dieron una flor natural y escribí un drama que   1419
                                      nunca se pudo representar.
    RS 3,1 Martín   Nunca se pudo representar.   1420
reprimir (1)
    RS 2,1 Tío   Así lo dice el vals de las rosas, que es una de las   1388
                                      composiciones más bonitas de estos tiempos, pero no
                                      puedo reprimir el disgusto [...]
reproche (1)
    RS 2,1 Tía   Aunque te quedes con tus palabras de reproche.   1386
repugnancia (2)
    MM 0,0   ¿Por qué os causan repugnancia algunos insectos [...]   670
    MM 1,5 Alacranito   que no quise comer, me daba repugnancia.   692
repugnantes (2)
    MM 1,5 Curiana N   ¡Qué suerte de nosotras, repugnantes y tristes!   698
    EP RR Figura De P   Tú has roto el hilo de la araña y ya siento que mis   1151
                                      grandes pies se van volviendo pequeñitos y repugnantes.
requesón (1)
    YE 2,2 Yerma   Pan tierno y requesón y cordero asado como yo aquí, y   1312
                                      pasto lleno de rocío tus ganados en el monte.
requeteacabó (2)
    TC 6,1 Cristobita   ¡Esto se acabó, se acabó y se requeteacabó!   773
    DC 1,1 Cristóbal   Serán. Esto se acabó y se requeteacabó. Brrrrrr.   1040
requeteay (1)
    ZP 2,1 Zapatera   ¡Requeteay!   942
requetequiero (1)
    TC 1,1 Rosita   Pero le quiero, le quiero, le quiero y le   727
                                      requetequiero.
requeterrico (1)
    ZP 2,1 Zapatero   ¡Qué requeterrico vino!   956
requetevieja (1)
    BS 1,1 Novio   Vieja, revieja, requetevieja.   1174
requiébrala (1)
    MM 1,3 Doña Curiana   ¡Requiébrala discreto!   685
requiebros (1)
    BS 2,2 Criada   Pero ¿vas a echarme requiebros, niño?   1234
requiem (1)
    BA 1,1 Bernarda   "Requiem aeternam donat eis Domine."   1449
resbala (1)
    EP CV Estudiante 1   Cuando la gente va al [...] de lepra, sino que resbala   1165
                                      sobre los cristales [...]
resbalar (2)
    MM 2,3 Mariposa   al resbalar sobre mis alas muertas.   708
    MM 2,3 Mariposa   al resbalar sobre mis alas muertas.   709
resbale (1)
    RS 3,1 Martín   Con tal que no me empujen o resbale...   1424

resbalen - respira

resbalen (1)   Pág.
    CA 3,2 Jugador 3   Un corazón joven, donde es probable que resbalen las   1137
                          flechas.
reservan (1)
    CA 3,2 Jugador 2   No hay que fiarse de la gente pálida o de la gente que   1136
                          tiene hastío; juegan, pero reservan.
reservas (1)
    ZP 2,1 Zapatero   Yo comprendo mucho más de lo que pueda imaginarse,   967
                          porque... ha de saber usted, con toda clase de
                          reservas, que su situación [...]
resignado (1)
    YE 2,2 Yerma   Cuando tenga la cabeza [...] en esa hora me habré   1314
                          resignado.
resignarme (1)
    YE 2,2 Yerma   Yo he venido a estas cuatro paredes para no resignarme. 1314
resignarte (1)
    YE 2,2 Juan   En último caso debes resignarte.   1314
resígnate (1)
    YE 3,2 Juan   Ni yo tampoco. ¡Resígnate!   1349
resigno (2)
    ZP 1,1 Zapatera   No me resigno. No me resigno. ¡Ay, ay!   938
resina (1)
    TC 5,1 Fígaro   Por aquí, sudará resina.   761
resista (1)
    RS 2,1 Tía   No hay reúma que resista.   1391
resiste (1)
    BA 2,1 La Poncia   Esa no resiste el primer parto.   1481
resistiendo (1)
    MP 2,9 Pedrosa   resistiendo ese gris fino y glacial   851
resistimos (1)
    DC 1,1 Director   Entre los ojos de las [...] los vocablos que no   1043
                          resistimos en los ambientes [...]
resistir (6)
    ZP 1,1 Zapatero   Yo no tengo edad para resistir este jaleo.   926
    CA 3,2 Joven   El coñac es una bebida para hombres que saben resistir. 1141
    YE 1,1 Yerma   Trabajas mucho y no tienes tú cuerpo para resistir los 1274
                          trabajos.
    YE 3,2 Juan   Ha llegado el último minuto de resistir este continuo   1347
                          [...]
    BA 1,1 Magdalena   ¡Nunca he podido resistir tu hipocresía!   1464
    BA 2,1 Bernarda   Me hacéis al final de mi vida beber el veneno más   1492
                          amargo que una madre puede resistir.
resoplidos (1)
    TC 4,1 Cocoliche   Por las noches no te dejará dormir con sus resoplidos.   754
respeta (3)
    MP 1,6 Mariana   y respeta y ama lo que estoy bordando.   806
    RS 3,1 Tía   ¡Cállate, habladora, y respeta la voluntad de Dios!   1427
    BA 2,1 La Poncia   ¡Bernarda, respeta la memoria de mi madre!   1499
respetable (5)
    ZP 0,0 El Autor   Respetable público... No; respetable público, no;   911
                          público solamente, y no es que el autor no considere
                          al público respetable, todo lo contrario, [...]
    ZP 2,1 Zapatero   Respetable público: Oigan [...]   958
    DC 1,1 Poeta   Respetable público: Como poeta tengo que deciros que   1021
                          don Cristóbal es malo.
respetan (3)
    RS 3,1 Martín   A mí, como me ven inútil, me respetan un poquito; [...] 1418
    RS 3,1 Martín   Todos los días entro temblando en el colegio esperando 1419
                          lo que van a hacerme, aunque, como digo, respetan algo
                          mi desgracia.
    BA 2,1 Bernarda   Afortunadamente mis hijas me respetan y jamás   1500
                          torcieron mi voluntad.
respetar (1)
    BA 1,1 Bernarda   Dame uno negro y aprende a respetar el luto de tu   1451
                          padre.
respeto (V) (3)
    MM 1,5 Alacranito   respeto a mis antiguos   694
    MM 1,5 Alacranito   os respeto, señora...   695
    RS 1,1 Ama   Pero ¿no las respeto?   1352
respeto (3)
    RS 1,1 Tío   Es preciso que tengáis más respeto por mis plantas.   1352
    RS 1,1 Sobrino   Callo. Pero no confunda usted el respeto con la falta   1363
                          de vergüenza.
    BA 1,1 Bernarda   Aunque fuera por decencia. ¡Por respeto!   1469
respetos (1)
    MP 2,8 Mariana   y campo por mis respetos   848
respetuoso (1)
    ZP 2,1 Zapatera   Niño, sé más respetuoso.   945
respira (1)
    YE 1,1 Yerma   No andes mucho y cuando respires respira tan suave   1280
                          como si tuvieras una rosa entre los dientes.

respiración (1)
  BA 3,1 Bernarda   Mis hijas tienen la respiración tranquila.   1518
respirando (2)
  MP 1,7 Mariana   para seguir respirando   809
  BA 3,1 Adela   Ahí fuera está, respirando como si fuera un león.   1530
respirar (5)
  BS 3,1 Novio   Y vamos pronto, que siento los dientes de todos los   1253
                         míos clavados aquí de una manera que se me hace
                         imposible respirar tranquilo.
  YE 3,1 Yerma   Te busco a ti, es a ti a quien busco día y noche, sin   1333
                         encontrar sombra donde respirar.
  RS 3,1 Tía   Resucitarlo y traerlo con Rosita para respirar   1414
                         satisfecha con la honra de los míos.
  RS 3,1 Rosita   Quiero huir, quiero no ver, quiero quedarme serena,   1429
                         vacía... (¿es que no tiene derecho una pobre mujer a
                         respirar con libertad?)
  BA 2,1 Adela   No me deja respirar.   1479
respires (1)
  YE 1,1 Yerma   No andes mucho y cuando respires respira tan suave   1280
                         como si tuvieras una rosa entre los dientes.

resplandor (1)
  MP 3,8 Mariana   ¡Mis hijos llevarán resplandor en el rostro,   885
resplandorrrrrrrrr (1)
  DC 1,1 Rosita   ¿Qué resplandorrrrrrrrr?   1038
responda (1)
  YE 3,1 Yerma   no nos responda.   1335
responde (2)
  MP 2,1 Niña   La niña le responde: 823
  MP 2,7 Pedro   porque el pueblo responde, sin dudar.   838
respondéis (1)
  TC 3,1 Joven   Yo me acerqué a preguntaros una cosa, y me respondéis   745
                         por los cerros de Ubeda.

responden (1)
  RS 2,1 Madre   Y ellas me responden las tres a la vez : "Sillas."   1393
respondieron (1)
  MM 1,1 Curiana N   "Un hada se ha muerto", respondieron ellas.   672
respondonas (1)
  ZP 2,1 Zapatero   Aleluyas con los hechos [...] mujeres parlanchinas y   956
                         respondonas.

responso (2)
  BA 1,1 La Poncia   En el primer responso se desmayó la Magdalena.   1439
  BA 1,1 La Poncia   El último responso.   1443
responsos (1)
  BA 1,1 La Poncia   De parte de los hombres esta bolsa de dineros para   1450
                         responsos.

restregadas (1)
  CA 1,1 Amigo   Mira: te voy a coger por las solapas, te voy a pintar   1056
                         de colorete esas mejillas de cera... o así,
                         restregadas.

resucitarlo (1)
  RS 3,1 Tía   Resucitarlo y traerlo con Rosita para respirar   1414
                         satisfecha con la honra de los míos.

resulta (5)
  ZP 2,1 Zapatera   Que a pesar de sus cincuenta y tantos años,   976
                         benditísimos cincuenta años, me resulta más juncal y
                         [...]
  CA 1,1 Amigo   Yo, en cambio... Ayer hice tres conquistas y como   1057
                         anteayer hice dos y hoy una, pues... resulta... que
                         me quedo [...]
  YE 1,2 Vieja 1   ¡Y resulta que estás vacía!   1290
  YE 3,2 Vieja   Venís a pedir hijos al santo y resulta que cada año   1336
                         vienen más hombres solos a esta romería.
  RS 3,1 Ama   Es verdad que la casa resulta demasiado grande.   1412
resultado (2)
  YE 3,1 Yerma   Yo he venido por el resultado. Creo que no eres mujer   1327
                         engañadora.
  YE 3,2 Muchacha 1   Yo llegué con mi hermana. Lleva ocho años viniendo sin   1337
                         resultado.

resultan (1)
  BA 1,1 La Poncia   No, Bernarda, a cambiar... Claro que en otros sitios   1457
                         ellas resultan las pobres.

retama (1)
  YE 1,2 Yerma   ¡La espina de la retama!   1296
retemblado (1)
  BA 3,1 Prudencia   Me ha retemblado dentro del pecho.   1509
retiene (1)
  CA 1,1 Joven   No soy yo quien te retiene.   1054
retintín (1)
  ZP 1,1 Zapatero   ¡Cuidado con el retintín con que me lo han dicho!   933

retira - reventando

retira (1)
  ZP 0,0 El Autor   Por este miedo absurdo, y por ser el teatro en muchas   911
                         ocasiones una finanza, la poesía se retira de la
                         escena en [...]

retiramos (1)
  MP 1,4 Lucía   Nos retiramos; si sigues   794
retiran (1)
  MP 2,8 Conspirador 4   y los barcos se retiran   844
retirarás (1)
  BS 3,2 Novia   Las retirarás antes tú.   1270
retirarla (1)
  BA 2,1 La Poncia   Claro; hay que retirarla de aquí.   1496
retirarte (1)
  TC 1,1 Rosita   ¿Y hubieras sido capaz de retirarte?   728
retirase (1)
  ZP 1,1 Zapatero   Así es, vecinita de mi corazón, que le agradecería en   920
                         el alma que se retirase.

retírate (1)
  RS 1,1 Ama   enemigo, retírate   1358
retiren (1)
  YE 3,1 Yerma   Yo tengo la idea de que [...] quieran más, hasta que   1328
                         retiren la cabeza: "Otro [...]
retírese (1)
  BA 2,1 Martirio   ¡Si yo la dejo! ¿Lo oye? ¡Retírese usted!   1493
retorcer (1)
  CA 1,1 Viejo   Y cuando la gente ha ido a retorcer el cuello de la   1072
                         paloma, yo he sujetado la mano y la he ayudado a volar.
retorcido (1)
  ZP 2,1 Alcalde   Por lo que veo, este niño sabio y retorcido es la   949
                         única persona a quien tratas bien en el pueblo.
retórica (2)
  EP CV Estudiante 4   La primera bomba de la revolución barrió la cabeza del   1157
                         profesor de Retórica.
  RS 3,1 Martín   No se le da hoy mérito a la Retórica y Poética, ni a   1423
                         la cultura universitaria.
retracta (1)
  TC 2,1 Cristobita   Yo soy hombre que no se retracta jamás de lo que hace.   739
retratado (1)
  YE 2,1 Lavandera 4   Y cuando no lo mira, porque está sola, porque no lo   1304
                         tiene delante, lo lleva retratado en los ojos.

retrato (11)
  DC 1,1 Cristóbal   Déme su retrato.   1031
  CA 2,1 Criada   Decía que veía en la luna el retrato de su novia.   1086
  CA 3,1 Máscara   El conde besa mi retrato de amazona.   1130
  RS 1,1 Manola 2   Cierto retrato.   1365
  BA 2,1 Angustias   ¿Dónde está el retrato de Pepe que tenía yo debajo de   1490
                         mi almohada?
  BA 2,1 Angustias   ¿Dónde está el retrato?   1491
  BA 2,1 Adela   ¿Qué retrato?   1491
  BA 2,1 Angustias   Me han quitado el retrato de mi novio.   1492
  BA 2,1 Bernarda   ¿Por qué has cogido el retrato?   1494
  BA 2,1 La Poncia   Bueno, a Martirio... ¿Por qué habrá escondido el   1497
                         retrato?
  BA 3,1 Bernarda   Lo que pasó del retrato fue una broma y lo debes   1512
                         olvidar.
retratos (1)
  CA 1,1 Amigo   ¿Y dónde están en esta casa los retratos de las   1056
                         muchachas con las que tú te acuestas?

retrepado (1)
  RS 3,1 Martín   Ayer se empeñaron en [...] tiene un cuerpo algo   1418
                         retrepado, y cuando estaba [...]

retuerza (1)
  YE 3,1 Yerma   ¡Y es inútil que me retuerza las manos!   1335
retumbaban (1)
  BA 1,1 La Poncia   Retumbaban las paredes, y cuando decía Amén era como   1443
                         si un lobo hubiese entrado en la iglesia.
reúma (1)
  RS 2,1 Tía   No hay reúma que resista.   1391
reunieron (1)
  RS 3,1 Martín   Ayer se empeñaron en [...] solo en el patio, se   1418
                         reunieron los grandullones [...]
reunimos (1)
  RS 2,1 Solterona 3   Allí nos reunimos siempre con [...]   1394
reventaba (1)
  BA 2,1 Adela   Ha sido otra cosa que te reventaba en el pecho por   1494
                         querer salir.

reventado (1)
  ZP 1,1 Zapatera   Si hubiera reventado antes de nacer, no estaría   915
                         pasando estos trabajos y estas tribulaciones.
reventando (1)
  BS 1,2 Mujer   Eso dije. Pero el caballo estaba reventando de sudor.   1188

revés (2)
  CA 1,1 Amigo   Y al revés y... ¿qué sabemos?   1058
  YE 1,1 Yerma   Veinticuatro meses llevamos casados, y tú cada vez más 1274
                          triste, más enjuto, como si crecieras al revés.

revieja (1)
  BS 1,1 Novio   Vieja, revieja, requetevieja.   1174
reviente (2)
  BS 1,2 Suegra   Por mí, que reviente.   1189
  BA 2,1 Angustias   Yo me encuentro bien, y al que le duela, que reviente. 1472
reviento (1)
  BS 1,3 Criada   Que reviento por ver los regalos.   1203
revoloteando (1)
  ZP 1,1 Zapatera   Pero si anda por ahí revoloteando un mirlo [...]   930
revolución (6)
  EP CV Estudiante 4   La primera bomba de la revolución barrió la cabeza del 1157
                          profesor de Retórica.
  EP CV Dama 1   Era un drama delicioso y la revolución no tiene   1159
                          derecho para profanar las tumbas.
  EP CV Muchacho 1   En este momento llega la revolución a la catedral.   1160
  EP CV Estudiante 4   La gente se olvida de los trajes en las   1160
                          representaciones y la revolución estalló cuando [...]
  EP CV Estudiante 4   Por eso ha estallado la revolución.   1161
  EP CV Estudiante 2   El director de escena [...] pero los caballos y la   1165
                          revolución han destruido [...]
revólver (2)
  ZP 2,1 Zapatera   ¡Van a dar lugar a que compre un revólver!   947
  ZP 2,1 Zapatero   ¿Tienes revólver? ¡Mejor!,   961
revuelcan (1)
  YE 3,1 Yerma   Yo no sé por qué empiezan los malos aires que   1333
                          revuelcan al trigo, ¡y mira tú si el trigo es bueno!
revuelque (1)
  BA 3,1 Bernarda   ¡Echadlo que se revuelque en los montones de paja!   1509
rey (13)
  MP 1,1 Angustias   Que si el rey no es buen rey, que no lo sea;   784
  MP 1,5 Fernando   ¡Bien supo el rey lo que se hizo   800
  MP 2,5 Mariana   hasta al rey y a Pedrosa.   831
  MP 2,7 Pedro   será acatada por el rey Fernando,   839
  MP 3,1 Novicia 2   Porque no quiere al rey.   862
  MP 3,5 Pedrosa   Hable pronto, que el rey la indultaría.   876
  ZP 1,1 Zapatero   Si tu madre quiere un rey,   928
  ZP 1,1 Zapatero   rey de oros, rey de copas,   928
  ZP 1,1 Zapatero   rey de espadas, rey de bastos.   928
  ZP 2,1 Zapatera   Como si fuera el rey y la reina juntos.   976
Rey (2)
  MP 2,9 Pedrosa   El Rey nuestro Señor, que Dios proteja,   851
  MP 2,9 Pedrosa   en contra de las leyes y del Rey!   855
rezando (2)
  MP 2,1 Niña   Si ayer vi yo rezando   821
  MP 3,1 Novicia 2   Está rezando.   860
rezar (3)
  MM 2,3 Mariposa   para rezar en las tinieblas,   708
  RS 2,1 Tío   Como es su santo, habrá salido a rezar los cuarenta   1377
                          credos.
  BA 2,1 Adela   En vez de limpiar la casa y acostarte para rezar a tus 1481
                          muertos, [...]
rezaremos (1)
  MP 2,2 Niña   Rezaremos   826
rezos (1)
  YE 3,1 Vieja 1   Ya has visto cómo he ayudado a los rezos.   1328
ría (V) (1)
  RS 3,1 Ama   Pero aunque me ría, como ignorante, comprendo que don 1423
                          Martín tiene mucho mérito.
ría (2)
  CA 2,1 Maniquí   Se lo pondrá la ría grande para casarse con el mar.   1099
  CA 2,1 Maniquí   Se lo pondrá la ría grande para casarse con el mar.   1107
riáis (1)
  MM 0,0   Tal vez os riáis al oír hablar a estos insectos como   670
                          hombrecitos, como adolescentes.
riamos (1)
  DC 1,1 Poeta   Sin embargo, más vale que nos riamos todos.   1036
ribera (2)
  MP 1,7 Fernando   Por la ribera del río.   812
  MP 1,7 Fernando   los chopos de la ribera   815
rica (10)
  MM 1,2 Doña Curiana   ¡Cosa rara, vos sois rica!   682
  MM 1,2 Doña Curiana   Ella es rica. ¡Qué torpeza   683
  MM 2,4 Alacranito   Una rica fragancia   709
  CA 3,2 Jugador 1   Las cartas beben rica sangre en las manos y es difícil 1136
                          cortar el hilo que las une.
  BS 1,3 Padre   Tú eres más rica que yo.   1196
  BS 2,1 Novia   De tierra rica.   1206

			Pág.
rica (continuación)			
RS 3,1	Ama	Allí encontró la rica que iba buscando y se casó, pero debió decirlo a tiempo.	1415
BA 1,1	Amelia	¡Angustias tiene todo el dinero de su padre, es la única rica de la casa y por [...]	1464
BA 1,1	Magdalena	Si es que discuten por las particiones, tú que eres la más rica te puedes quedar con todo.	1469
BA 2,1	Martirio	Si fuera rica la tendría de holanda.	1484
rico (5)			
MM 1,5	Alacranito	que estaba delicioso, blando y dulce, ¡qué rico!	692
MM 1,5	Alacranito	¡Oh, qué rico manjar!	696
TC 4,1	Mozo	Mañana mismo, con un tal don Cristobita, rico, dormilón, tan bruto, [...]	751
ZP 2,1	Zapatero	¡Qué rico vino!	956
RS 3,1	Tía	Todos los cristianos sabemos que ningún rico entra en el reino [...]	1425
ricos (4)			
DC 1,1	Poeta	La luna es un pan para los pobres y un taburete de raso blanco para los ricos.	1036
RS 2,1	Solterona 3	¡Qué ricos son!	1398
RS 3,1	Martín	Son los niños de los ricos y , como pagan, no se les puede castigar.	1418
RS 3,1	Ama	Por eso siempre diré: ¡Malditos, malditos sean los ricos!	1424
ridícula (2)			
PB 2,1	Perlimplín	Pero ya estoy fuera del mundo y de la moral ridícula de las gentes.	1008
RS 3,1	Rosita	Pero lo sabían todos y yo me encontraba señalada por un dedo que hacía ridícula mi modestia [...]	1428
ríe (3)			
ZP 2,1	Zapatera	No pueden ustedes hablar una sola palabra sin ofender... ¿De qué se ríe su ilustrísima?	949
CA 2,1	Joven	un mar hecho piedra ríe	1103
BA 2,1	La Poncia	¡Siquiera allí se ríe y se oyen porrazos!	1484
ríen (2)			
ZP 2,1	Zapatera	La gente me canta coplas, los vecinos se ríen en sus puertas, [...]	948
RS 3,1	Martín	Y créame usted que los padres se ríen luego de las infamias, [...]	1419
ríete (1)			
CA 1,1	Amigo	Ríete.	1058
rigor (1)			
RS 2,1	Madre	con horrísono rigor;	1405
rincón (3)			
BS 3,1	Leonardo	Vamos al rincón oscuro,	1259
RS 3,1	Rosita	Y yo lo oigo y no puedo [...] moverme más, nunca, de mi rincón.	1429
BA 2,1	La Poncia	A vosotras que sois solteras, [...] pudre llorando en un rincón.	1476
rincones (2)			
CA 3,1	Mecanógrafa	Y, sin embargo, yo he levantado mi amor y te he cambiado y te he visto por los rincones de mi casa.	1126
RS 2,1	Ama	Nos encontramos el rejalgar por los rincones.	1389
rinde (1)			
ZP 2,1	Zapatera	Nunca se rinde la que, como yo, está sostenida por el amor y la honradez.	974
río (V) (1)			
CA 3,1	Máscara	¿No ves cómo río?	1123
río (32)			
TC 0,0	Mosquito	Abrí mi ojo todo lo que pude me lo quería cerrar el dedo del viento- y bajo la estrella, un ancho río sonreía surcado por [...]	724
TC 2,1	Cocoliche	en el río Guadalquivir,	737
MP 1,7	Fernando	Necesito antes de las [...] presa del Genil, para, río adelante, internarme [...]	811
MP 1,7	Fernando	Por la ribera del río.	812
MP 3,8	Mariana	a través del gran río del mundo que abandono.	886
TB QM.	Viejo	Peor es que todo ande y que el río suene.	906
PB 3,1	Voces	Por las orillas del río	1011
CA 1,1	Viejo	El agua que viene por el río es completamente distinta de la que se va.	1052
CA 3,1	Mecanógrafa	y tú la sombra de un río.	1121
CA 3,1	Mecanógrafa	Con la sombra de un río.	1122
BS 1,2	Suegra	Bajaban al río.	1184
BS 1,2	Mujer	con el río muerto	1185
BS 1,2	Suegra	Bajaban al río.	1193
BS 1,3	Madre	Yo estoy ya vieja para andar por las terreras del río.	1196
BS 3,1	Luna	Cisne redondo en el río,	1249
BS 3,1	Mendiga	De aquí no pasan. El rumor del río	1250
BS 3,1	Luna	Unos por la cañada y otros por el río.	1251

río (continuación)
  BS 3,2 Novia   Yo era una mujer quemada, [...] pero el otro era un   1269
                             río oscuro, lleno de [...]
  BS 3,2 Novia   pez sin escamas ni río,   1272
  YE 1,1 Yerma   A mí me gustaría que fueras al río y nadaras y que te 1274
                             [...]
  YE 1,2 Yerma   Usted vive al otro lado del río.   1287
  YE 2,1 Lavandera 4   Cómo me gusta el olor del fango rojo que trae el río   1306
                             por el invierno.
  YE 3,1 Dolores   La última vez hice la [...] criaturas ahí abajo en el 1327
                             río, porque no le daba [...]
  YE 3,1 Yerma   ¿Y pudo venir andando desde el río?   1327
  YE 3,2 María   Un río de hombres solos baja esas sierras.   1338
  YE 3,2 Hembra   En el río de la sierra   1340
  RS 1,1 Primo   cuando la niebla del río   1372
  RS 3,1 Ama   Que nos lleve el río.   1416
  BA 1,1 Bernarda   Es así como se tiene que hablar en este maldito pueblo 1450
                             sin río, pueblo de pozos, [...]
  BA 2,1 Adela   Hasta que se pongan en cueros de una vez y se las   1495
                             lleve el río.
  BA 2,1 La Poncia   ¡No llegará la sangre al río!   1500
  BA 3,1 Martirio   ¡Por ella! Hubiera volcado un río de sangre sobre su   1531
                             cabeza.

ríos (7)
  MP 1,5 Fernando   Ahora los ríos sobre España,   801
  MP 1,5 Fernando   en vez de ser ríos son   801
  MP 2,5 Pedro   Como dos blancos ríos de rubor y silencio,   831
  EP RR Figura De P   Tendré necesidad de llamar [...] con el fango de los   1150
                             ríos.
  BS 2,1 Criada   ¡Qué los ríos del mundo   1209
  YE 2,1 Lavandera 5   Estas machorras son así: [...] descalzas por esos ríos. 1302
  RS 1,1 Tía   La lengua se me debió [...] el mar, por aquellos ríos, 1363
                             por aquellos bosques [...]

riquezas (1)
  MM 1,2 Curianita Silvia   pues tengo amor y riquezas.   683
riquísimo (1)
  CA 3,2 Criado   Vivió mucho tiempo con un conde italiano riquísimo,   1131
                             padre del niño que acaban de enterrar.

riquísimos (1)
  ZP 1,1 Zapatera   Sí, lo quería, vaya si lo quería, que pretendientes   938
                             buenos y muy riquísimos he tenido [...]

risa (9)
  MP 1,4 Mariana   cómo necesito de tu fresca risa,   792
  ZP 2,1 Niño   ¡Qué risa!   946
  YE 2,1 Yerma   tienes la risa.   1300
  YE 2,1 Lavandera 4   tienes la risa.   1306
  YE 2,1 Lavandera 2   tienes la risa.   1310
  YE 3,2 Hembra   le daban fuego a su risa   1340
  RS 2,1 Rosita   risa, la gala de Francia.   1405
  RS 2,1 Rosita   como la risa del mar;   1411
  RS 3,1 Muchacho   Pues bajaba yo muerto de risa con el vejestorio [...] 1433
risas (1)
  MP 1,4 Amparo   de risas blancas y negras.   793
riscos (1)
  EP CV Estudiante 5   Te enamoras también, yo te dejo, y te subo en hombros 1167
                             por los riscos.

ritmo (3)
  MM 0,0   También el viejo silfo [...] vida; que el mismo ritmo 670
                             que tiene la hoja [...]
  ZP 0,0 El Autor   El autor ha preferido poner el ejemplo dramático en el 912
                             vivo ritmo de una zapaterita popular.
  DC 1,1   Todo el guiñol popular tiene este ritmo, esta fantasía 1019
                             [...]

riza (1)
  YE 1,1 Yerma   y la luna me riza los cabellos.   1277
rizada (1)
  RS 3,1 Rosita   Y hoy se casa una amiga [...] hermoso, con la cabeza   1428
                             rizada, que comenta: [...]

rizado (2)
  CA 3,1 Mecanógrafa   Si viniera mi amigo tan alto, con todo el cabello   1117
                             rizado, pero rizado de un modo especial [...]

roba (1)
  ZP 2,1 Zapatero   roba tu amor en la puerta!   960
robado (2)
  MP 2,1 Niño   Seguramente los habían robado.   821
  EP CV Estudiante 5   La estaban amortajando las monjas y lo he robado.   1166
roban (2)
  BS 1,3 Padre   Porque no es buena tierra; pero con brazos se la hace 1197
                             buena y como no pasa gente no te roban los frutos y
                             puedes [...]
  RS 1,1 Rosita   ¿Qué manos roban perfumes   1367

robando - rodilla

Pág.

robando (2)
MM 1,6 Curianito   ¿Quién será la que viene robando mi ventura   701
CA 1,1 Amigo 2   Pero mi rostro es mío y me lo están robando.   1075
robar (3)
ZP 1,1 Zapatera   ¿Tienes valor de robar a este hombre de esa manera?   921
ZP 1,1 Zapatera   Y tú, ¿dejarte robar?   921
YE 1,2 Víctor   Por aquí hay siempre muchos niños que vienen a robar 1298
                    fruta.

robara (1)
MP 1,7 Fernando   Mucho antes de que robara   812
robé (1)
CA 2,1 Maniquí   que robé de la costura.   1102
roble (1)
BA 1,1 Criada   A pesar de sus ochenta años, tu madre es fuerte como 1452
                    un roble.

robles (1)
YE 1,2 Yerma   Los robles ponen agujas,   1295
Robles (1)
DC 1,1 Rosita   ¿El can-can de Goicoechea o la Marsellesa de Gil   1037
                    Robles?
roca (5)
CA 2,1 Novia   Quiero un hábito color tierra para ese hombre; un   1085
                    hábito de roca pelada con un cordón de esparto a la
                    cintura.
EP RR Figura De C Un gigante, tan gigante, que puedo cortar una roca con 1149
                    la uña de un recién nacido.
YE 2,2 Juan   Con ese achaque vives alocada, sin pensar en lo que 1314
                    debías, y te empeñas en meter la cabeza por una roca.
YE 2,2 Yerma   Roca que es una infamia que sea roca, porque debía ser 1314
                    un canasto de flores y agua dulce.
rocas (1)
EP CV Estudiante 5 Con las maromas que torció mi padre los engancharemos 1168
                    a las rocas para partirlas y que salga un volcán.
rocen (1)
MM 2,2 Curiana N   ¡Procurad que no rocen las alas con el suelo!   706
rociadas (1)
MM 2,5 Gusano 1   Las rociadas hacen   714
rocío (26)
MM 0,0   Los insectos estaban contentos, sólo se preocupaban de 669
                    beber tranquilos las gotas de rocío y de educar a sus
                    [...]
MM 1,1 Doña Curiana ¿Dónde vais, señora, de rocío llena?   671
MM 1,1 Curiana N   Sueño que las dulces gotas de rocío   672
MM 1,1 Curiana N   lavaos con rocío y no andéis; tomad   674
MM 1,1 Curiana N   Ya parte el rocío a su cielo ignorado,   675
MM 1,4 Curianito   llorando el rocío del amanecer.   685
MM 1,5 Curiana N   Dale el rocío añejo   699
MM 1,6 Curianito   llorando el rocío del amanecer.   701
MM 2,1 Curianita Santa más digna del rocío que la carne del nardo.   704
MM 2,5 Gusano 1   el rocío.   712
MM 2,5 Gusano 3   de la rama el rocío.   713
MM 2,5 Gusano 3   es igual que el rocío.   713
MM 2,5 Gusano 3   ya no serán rocío.   713
MM 2,5 Gusano 1   las gotas de rocío!   715
MM 2,5 Gusano 1   las gotas de rocío?   717
MM 2,6 Curianito   el mundo del rocío   718
MM 2,7 Curianito   ¿La que el rocío cuaja?   719
MM 2,7 Curianito   y beberás las gotas de rocío   720
MM 2,7 Curianito   ¡La madre del rocío de mi prado!   720
CA 3,1 Mecanógrafa harta de nube y rocío,   1121
BS 2,1 Convidado   que llueve rocío la mañana fría.   1218
YE 2,2 Yerma   Pan tierno y requesón y cordero asado como yo aquí, y 1312
                    pasto lleno de rocío tus ganados en el monte.
RS 1,1 Tío   El rocío no la toca   1356
RS 1,1 Primo   coma tallos con rocío,   1372
RS 1,1 Rosita   el rocío no la toca   1374
RS 2,1 Rosita   que el rocío se alejaba;   1403
rodeado (1)
ZP 1,1 Zapatero   Me han provocado, me [...] por el miedo de verme   922
                    rodeado de gentes y llevado [...]
rodean (1)
BA 1,1 La Poncia   Tirana de todos los que la rodean.   1441
rodear (1)
YE 1,1 Yerma   Los voy a rodear de encajes.   1285
rodeo (1)
YE 3,1 Dolores   Como en seguida empezarán a abrir los portones, te vas 1330
                    dando un rodeo por la acequia.
rodilla (2)
ZP 2,1 Niño   ¿Interesadillo? ¿Ves este cardenal que tengo en la 944
                    rodilla?
CA 1,1 Mecanógrafa Un día se cayó y sangraba por la rodilla, ¿te acuerdas? 1055

rodillas (2)
  RS 3,1 Ama   Con las puntillas de [...] las espaldas, con las   1413
                       rodillas, con las uñas.
  BA 3,1 Adela   No a ti, que eres débil; a un caballo encabritado soy 1528
                       capaz de poner de rodillas con la fuerza [...]
rogar (1)
  BA 1,1 Mujer 1   Salud para rogar por su alma.   1449
roja (19)
  MM 1,1 Curiana N   vi una estrella roja toda temblorosa   672
  MM 1,4 Curianito   ¡Oh amapola roja que ves todo el prado,   685
  MM 1,6 Curianito   ¡Oh amapola roja que ves todo el prado!   701
  MP 2,1 Niña   esta roja bandera   823
  ZP 2,1 Zapatera   El venía con un traje negro entallado, corbata roja de 945
                       seda buenísima [...]
  PB 3,1 Marcolfa   Aunque no sirvo para [...] siempre, en su capa roja.   1009
  PB 3,1 Belisa   Envuelto en su capa roja.   1015
  PB 3,1 Perlimplín Roja como su sangre.   1015
  PB 3,1 Belisa   Pero ¿dónde está el joven de la capa roja?...   1018
  CA 1,1 Mecanógrafa Todavía tengo aquella sangre viva como una sierpe   1055
                       roja, temblando entre mis pechos.
  CA 2,1 Joven   Antes que la roja luna   1105
  BS 3,1 Luna   mis mejillas roja sangre,   1249
  RS 1,1 Tío   Es roja por la mañana, a la tarde se pone blanca y se 1356
                       deshoja por la noche.
  RS 1,1 Tío   roja como sangre está.   1356
  RS 1,1 Rosita   roja como sangre está;   1374
  RS 2,1 Rosita   tan roja de sangre tierna,   1403
  RS 2,1 Tío   Todavía estaba roja,   1410
  RS 2,1 Tío   es roja como el coral.   1410
  RS 3,1 Rosita   roja como sangre está.   1435
rojas (2)
  ZP 1,1 Niño   Es amarilla, con pintas azules y rojas... y, ¡qué sé 935
                       yo!...
  RS 1,1 Rosita   rojas como el alhelí.   1372
rojo (8)
  MP 1,1 Angustias Parecía el hilo rojo, entre sus dedos,   783
  MP 1,4 Amparo   donde un pez de plata finge rojo sueño.   790
  PB 3,1 Marcolfa   Ahora le amortajaremos con el rojo traje juvenil con 1017
                       que paseaba bajo sus mismos balcones.
  CA 2,1 Criada   Con el rojo está preciosa.   1085
  CA 3,2 Jugador 3 Yo jugué en la India [...] lanzarme sobre él, tiñó de 1136
                       rojo con una anilina [...]
  YE 2,1 Lavandera 4 Cómo me gusta el olor del fango rojo que trae el río 1306
                       por el invierno.
  YE 2,1 Lavandera 4 y él rojo alhelí.   1308
  RS 3,1 Ama   ¡Don Martín con su pelito rojo!   1422
rojos (1)
  YE 2,1 Lavandera 4 Yo alhelíes rojos   1308
rollito (1)
  DC 1,1 Enfermo   tengo un rollito   1027
Roma (1)
  ZP 2,1 Zapatera   ¡Ni los templarios de Roma!   978
romana (1)
  CA 3,1 Máscara   Y después fui al hospital y allí supe que el conde se 1116
                       había casado con una gran dama romana...; y después
                       [...]
romance (1)
  ZP 2,1 Zapatero   Respetable público: Oigan ustedes el romance verdadero 958
                       y sustancioso [...]
romances (1)
  ZP 2,1 Zapatera   ¿Ve usted todos esos romances y chupaletrinas que 965
                       canta y cuenta por los pueblos?
romancillo (2)
  MP 2,1 Niño   ¿Y el romancillo del bordado?   821
  ZP 0,0 El Autor   En todos los sitios late [...] de refrán o simple   912
                       romancillo, y no se extrañe [...]
Romano (16)
  BA 1,1 Muchacha   Pepe el Romano estaba con los hombres del duelo. 1447
  BA 1,1 Magdalena ¡Lo de Pepe el Romano!   1463
  BA 1,1 Magdalena Pepe el Romano viene a casarse con Angustias.   1463
  BA 1,1 Magdalena Pepe el Romano tiene veinticinco años y es el mejor 1464
                       tipo de todos estos contornos.
  BA 1,1 Magdalena Lo mejor que puedes hacer es regalárselo a Angustias 1465
                       para la boda con Pepe el Romano.
  BA 1,1 Adela   Pero Pepe el Romano...   1465
  BA 1,1 Criada   Pepe el Romano viene por lo alto de la calle.   1467
  BA 2,1 La Poncia De Pepe el Romano. ¿No es eso?   1480
  BA 2,1 La Poncia ¡Deja en paz a tu hermana, y si Pepe el Romano te 1481
                       gusta, te aguantas!
  BA 2,1 Angustias Yo no tengo la culpa de que Pepe el Romano se haya 1495
                       fijado en mí.

602

Romano - romperlos

Pág.

Romano (continuación)
BA 2,1	La Poncia	Adela. ¡Esa es la verdadera novia del Romano!	1500
BA 3,1	La Poncia	No es toda la culpa de Pepe el Romano.	1520
BA 3,1	La Poncia	Ve que el Romano no es para ella y hundiría el mundo si estuviera en su mano.	1521
BA 3,1	María Josefa	Pepe el Romano es un gigante.	1525
BA 3,1	Adela	Pepe el Romano es mío.	1528
BA 3,1	Martirio	Se acabó Pepe el Romano.	1530

romántica (1)
TC 3,1	Mozo 1	Esa mujer es muy romántica.	743

romántico (1)
TC 6,1	Rosita	¡Qué romántico eres, primor mío!	777

Romeo (6)
EP CV	Dama 1	¿Y Romeo?	1159
EP CV	Estudiante 4	El tumulto comenzó cuando vieron que Romeo y Julieta se amaban de verdad.	1160
EP CV	Muchacho 1	Romeo puede ser un ave y Julieta puede ser una piedra.	1160
EP CV	Muchacho 1	Romeo puede ser un grano de sal y Julieta ser un mapa.	1160
EP CV	Estudiante 2	En último caso, ¿es que Romeo y Julieta tienen [...]	1161
EP CV	Estudiante 4	Romeo era un hombre de treinta años y Julieta un muchacho de quince.	1165

romera (1)
YE 3,2	Yerma	casada y romera,	1336

romeras (1)
YE 3,2	Macho	y las romeras flores,	1342

romería (7)
YE 3,2	Vieja	Venís a pedir hijos al santo y resulta que cada año vienen más hombres solos a esta romería.	1336
YE 3,2	María	Nunca me gustó esta romería.	1337
YE 3,2	Yerma	de tu santa romería.	1339
YE 3,2	Hembra	Cuando llegue la noche de la romería	1341
YE 3,2	Macho	Si tú vienes a la romería	1341
YE 3,2	Macho	En esta romería	1342
YE 3,2	Vieja	Cuando te vi en la romería me dio un vuelco el corazón.	1345

romero (3)
MP 1,7	Mariana	como la flor del romero.	813
MP 1,8	Angustias	y flores de romero;	817
RS 3,1	Ama	En medio de las dos, en un columpio de jazmines y matas de romero, Rosita meciéndose, [...]	1425

Romero (1)
TC 2,1	Cocoliche	Cuando le regalé el chal [...] nácar en el cual Pedro Romero abre su capote, [...]	737

rompa (2)
BS 3,2	Novia	Pero no con las manos; con garfios de alambre, con una hoz, y con fuerza, hasta que se rompa en mis huesos.	1269
BA 3,1	Martirio	Déjame que el pecho se me rompa como una granada de amargura.	1527

rompe (5)
MM 1,1	Doña Curiana	Ya rompe el primer albor.	671
TC 5,1	Fígaro	Esta navaja que ven ustedes rompe el cascarón de los secretos.	758
TC 6,1	Cocoliche	¡Sal, pronto! ¡Rompe las puertas! ¡Cobarde!	769
CA 1,1	Joven	la dibujo, la hago moverse blanca y viva; pero de pronto, ¿quién le cambia la nariz o le rompe los dientes o le [...]	1052
RS 2,1	Tía	¡Rompe!	1408

rompedoras (1)
BA 2,1	Bernarda	Siempre os supe mujeres ventaneras y rompedoras de su luto.	1503

rompen (2)
CA 1,1	Viejo	Los trajes se rompen, las anclas se oxidan y vamos adelante.	1075
YE 2,2	Yerma	Cuando las sillas se rompen y las sábanas de hilo se gastan con el uso.	1312

romper (1)
BS 3,1	Leñador 3	¿Crees que ellos lograrán romper el cerco?	1247

romperá (1)
EP CV	Dama 4	Ahora es seguro que el fuego romperá las puertas, [...]	1164

romperán (1)
TB QM.	Niña	Los minerales me romperán las uñas.	910

romperás (2)
MP 2,1	Clavela	¡Me romperás el vestido!	820
CA 1,1	Joven	Supongo que no me romperás los muebles.	1056

romperé (3)
CA 2,1	Joven	o te romperé con furia	1102
CA 3,1	Joven	Te romperé las jaulas y las telas.	1130
BA 2,1	Martirio	Yo romperé tus abrazos!	1504

romperlos (1)
RS 2,1	Ama	Es que ya debe usarlos y romperlos, pero ella no se da cuenta de cómo pasa el tiempo.	1380

rompes (2)
EP CV   Enfermero   Cállate. Ya es este el tercer termómetro que rompes.   1156
RS 1,1 Rosita   rompes con tu cruel ausencia   1371
rompían (1)
RS 2,1 Tía   No. Con veinte años se rompían los cristales...   1386
rompiendo (1)
EP CV   Estudiante 5   Los caballos lograron escapar rompiendo el techo de la   1157
                       escena.
rompió (1)
MM 2,2 Curiana N   que ella rompió los rayos del sol por vez primera.   705
roncando (1)
DC 1,1 Director   ¿Qué es eso? ¿Ya está roncando Cristóbal?   1022
ronda (S) (2)
MP 2,8 Mariana   ¡Ay! Que la ronda ya viene   849
BS 2,1 Muchacha 1   ruede la ronda   1216
ronda (2)
RS 1,1 Manola 3   Para un galán que me ronda.   1365
RS 3,1 Rosita   Y sin embargo la esperanza me persigue, me ronda, me   1429
                       muerde; como [...]
Ronda (4)
MP 1,4 Amparo   No me has preguntado por mi estancia en Ronda.   791
MP 1,4 Amparo   la plaza de toros de la ilustre Ronda.   792
MP 1,4 Amparo   que se vio en Ronda la vieja.   792
MP 1,4 Amparo   Y los jóvenes de Ronda   793
rondando (2)
BS 2,1 Mozo 1   rondando la boda,   1217
BA 1,1 Magdalena   Anoche estuvo rondando la casa y creo que pronto va a   1463
                       mandar un emisario.
rondas (1)
EP RR   Figura De P   Cuando rondas el lecho y los [...]   1146
ropa (16)
MP 3,7 Novicia 2   con esa ropa tan blanca.   881
TB DME Doncella   Mis almohadas no tienen [...] no tiene marcada su ropa?   897
ZP 1,1 Zapatero   En cada casa un traje con ropa interior y todo.   931
ZP 2,1 Zapatero   olía toda su ropa   959
PB 3,1 Belisa   El olor de su carne le pasa a través de su ropa.   1014
CA 2,1 Novia   ¡Mi ropa!   1083
CA 2,1 Maniquí   Ropa interior que se queda   1100
CA 2,1 Maniquí   ¿Quién usará la ropa buena   1100
CA 3,2 Criado   Por eso ha gastado todo lo que tenía en la ropa del   1131
                       niño y en la caja.
CA 3,2 Joven   Juan. ¿Está mi ropa preparada?   1133
CA 3,2 Jugador 3   Hay veces en que la ropa nos cae tan bien, que ya no   1138
                       quisiéramos...
BS 2,1 Muchacha 1   Limpia de cuerpo y ropa   1223
BA 1,1 Martirio   Nos vamos a cambiar de ropa.   1453
BA 1,1 Bernarda   Y tú ve guardando en el arca grande toda la ropa del   1458
                       muerto.
BA 2,1 Martirio   Pero me encanta la ropa interior.   1484
BA 3,1 Prudencia   Ya vendré a que me enseñes la ropa.   1511
ropas (4)
TB DME Doncella   Yo bordo en mis ropas todo el alfabeto.   897
PB 1,1 Belisa   La criada perfumó esta [...] en la cama las finas   989
                       ropas de hilo que tiene [...]
YE 1,1 Yerma   ¿Y no te dije: "¡Cómo huelen a manzanas estas ropas!"   1276
YE 2,1 Lavandera 1   Las ropas de mi niño   1307
rosa (37)
MM 1,1 Curiana N   que se deshojaba como una enorme rosa.   672
TC 0,0 Mosquito   Entonces yo avisé a mis [...] montañas, bajo la luna   724
                       rosa de las playas.
MP 0,0 Niña   como rosa cortaron la flor,   782
MP 2,3 Mariana   esta rosa de sangre de mi pecho.   826
MP 3,7 Novicia 1   rosa y jazmín de Granada?   879
MP 3,7 Novicia 2   rosa y jazmín de Granada,   883
MP 3,9 Carmen   ¡Ay triste Marianita! ¡Rosa de los rosales!   890
CA 1,1 Viejo   ¿A que si en aquel preciso [...] hubieran cambiado en   1052
                       la rosa más delicada del [...]
CA 1,1 Niño   Con tus manchas de cera, rosa blanca,   1064
CA 2,1 Maniquí   abrir la rosa que cubre   1104
CA 3,1 Payaso   Perdí rosa y curva,   1113
BS 1,2 Muchacha   Mire usted: una golondrina aquí un barco aquí y aquí   1191
                       una rosa.
BS 1,2 Muchacha   ¡Una rosa con las semillas y el tallo! ¡Ay! ¡Todo en   1191
                       seda!
YE 1,1 Yerma   No andes mucho y cuando respires respira tan suave   1280
                       como si tuvieras una rosa entre los dientes.
YE 2,1 Lavandera 2   El me trae una rosa   1307
YE 3,2 Yerma   Señor, que florezca la rosa.   1338
YE 3,2 Mujer 2   florezca la rosa amarilla.   1338
YE 3,2 Coro De Mujeres Señor, que florezca la rosa,   1338
YE 3,2 Yerma   la rosa de maravilla.   1339

rosa - rosas

Pág.

rosa (continuación)
YE 3,2 Yerma   Abre tu rosa en mi carne   1339
YE 3,2 Coro   Señor, que florezca la rosa,   1339
YE 3,2 Yerma   la rosa de maravilla.   1339
YE 3,2 Hombre 2   ¡Con la rosa y la danza!   1342
YE 3,2 Macho   la rosa de maravilla.   1343
RS 1,1 Tío   No os dais cuenta de mi invernadero; desde el   1352
                      ochocientos siete, en que la condesa de Wandes obtuvo
                      la rosa muscosa, no la ha [...]
RS 1,1 Tío   Es una rosa que nunca has visto; una sorpresa que te 1356
                      tengo preparada.
RS 1,1 Tío   Porque es increíble la "rosa declinata" de capullos 1356
                      caídos y la inermis que no tiene espinas; ¡qué
                      maravilla!,
RS 1,1 Tío   Los botánicos la llaman "rosa mutabile", que quiere 1356
                      [...]
RS 1,1 Rosita   el surtidor y la rosa?   1367
RS 1,1 Rosita   a una rosa enamorada;   1371
RS 2,1 Tío   Cada vez que cortáis una rosa es como si me cortaseis 1388
                      un dedo.
RS 2,1 Solterona 3   Es una niña vestida de rosa, que al mismo tiempo es 1392
                      barómetro.
RS 2,1 Rosita   Abierta estaba la rosa   1403
RS 2,1 Solterona 3   "Soy fría", la rosa blanca.   1403
RS 2,1 Rosita   Abierta estaba la rosa,   1404
RS 2,1 Tío   Lo he oído todo, y casi sin darme cuenta he cortado la 1410
                      única rosa mudable que tenía en mi invernadero.
RS 3,1 Tía   Como siga este viento no va a quedar una rosa viva. 1436
Rosa (7)
TC 6,1 Currito   Rosa. Rosita de mayo.   766
TC 6,1 Cristobita   ¡Rosa! ¡Rosa! ¡Dime algo!   773
MP 3,9 Novicia 2   ¡Clavellina de mayo! ¡Rosa de Andalucía!,   890
TB DME Vieja   ¿Te llamarás María, Rosa, Trinidad? ¿Segismunda?   897
ZP 1,1 Alcalde   Eso tiene casarse a tu [...] Yo estoy de cuatro: Rosa, 924
                      Manuela, Visitación [...]
ZP 1,1 Alcalde   Rosa, Manuela, Visitación [...]   925
rosada (2)
TC 6,1 Cocoliche   Cada día me vas pareciendo más rosada; cada día parece 777
                      que te arrancas un velo, y surges desnuda.
RS 2,1 Rosita   Pero no era una cicatriz; era una quemadura, un   1400
                      poquito rosada.
rosado (1)
TC 6,1 Cristobita   Y mi barriga un pastel, un gran pastel rosado, con   774
                      ciruelas y batatas... ¿Quién suspira?
rosal (13)
CA 1,1 Gato   bajo el rosal del muro me dormía.   1064
BS 1,2 Suegra   Duérmete, rosal,   1184
BS 1,2 Suegra   Duérmete, rosal,   1185
BS 1,2 Suegra   Duérmete, rosal,   1187
BS 1,2 Suegra   Duérmete, rosal,   1193
BS 1,2 Mujer   Duérmete, rosal,   1194
YE 3,2 Yerma   entre rosal y rosal   1339
YE 3,2 Yerma   Señor, abre tu rosal   1339
YE 3,2 Macho   entre rosal y rosal,   1343
RS 1,1 Tío   Bien está que se pisen las semillas, pero no es   1355
                      tolerable que esté con las hojitas tronchadas la
                      planta de rosal que más quiero.
RS 2,1 Solterona 2   Nosotras tenemos en una maceta un rosal de San   1392
                      Francisco.
rosales (4)
MM 2,1 Curianita Santa   pétalo en los rosales y corteza en el árbol."   703
MP 3,9 Carmen   ¡Ay triste Marianita! ¡Rosa de los rosales!   890
YE 3,2 Yerma   con rosales de alegría,   1338
YE 3,2 Macho   con rosales de alegría,   1343
rosario (3)
ZP 1,1 Zapatero   ¡Qué dirán los que vengan al rosario de la iglesia! 931
RS 3,1 Tía   Yo ya estoy entregada..., y un día sopas, otro día   1414
                      migas, mi vasito de agua y mi rosario en el bolsillo,
                      [...]
BA 3,1 Prudencia   ¿Han dado el último toque para el rosario?   1506
rosas (30)
TC 2,1 Cocoliche   Cuando le regalé el chal de las rosas, me miró de una 737
                      [...]
MP 1,2 Amparo   rosas, pájaros y letras,   786
ZP 1,1 Alcalde   ¡Qué rosas tan bien puestas lleva usted en el pelo y 927
                      qué bien huelen!
ZP 2,1 Alcalde   Muchas mujeres he conocido como amapolas, como rosas 949
                      de olor..., mujeres [...]
DC 1,1   ...Quiero deciros que yo sé cómo nacen las rosas y   1020
                      cómo se crían las del mar, pero...

rosas (continuación)
  CA 1,1 Viejo   O bien a decir: tiene quince rosas, quince alas,   1049
                         quince granitos de arena.
  CA 1,1 Niño   con estas rosas frente a la ventana.   1062
  CA 1,1 Niño   Pesan como las rosas   1063
  CA 3,1 Mecanógrafa   Veinte rosas, veinte nortes de nieve.   1126
  CA 3,2 Criada   Yo le he regalado un ramito de rosas, pero eran tan   1132
                         pequeñas que no las han entrado siquiera en la
                         habitación.
  BS 2,1 Novia   Es como si me bebiera una botella de anís y me   1215
                         durmiera en una colcha de rosas.
  YE 1,1 Yerma   Tener un hijo no es tener un ramo de rosas.   1283
  YE 2,1 Lavandera 4   No es lo mismo una mujer mirando unas rosas que una   1303
                         mujer mirando los muslos de un hombre.
  RS 1,1 Ama   Donde esté una naranja o un buen membrillo, que se   1352
                         quiten las rosas del mundo.
  RS 1,1 Ama   Pero aquí... rosas por la derecha, [...]   1353
  RS 2,1 El Señor X   Superlativamente; aunque un catedrático de Economía   1376
                         Política no puede discutir con un cultivador de rosas.
  RS 2,1 El Señor X   Si Santos Dumont, en vez de estudiar Meteorología   1376
                         comparada, se hubiera dedicado a cuidar rosas, el
                         aeróstato dirigible [...]
  RS 2,1 Ama   En medio del terciopelo [...] glorieta de alambre con   1383
                         rosas verdes; el agua [...]
  RS 2,1 Rosita   Voy a cortar unas rosas.   1387
  RS 2,1 Tío   Así lo dice el vals de las rosas, que es una de [...]   1388
  RS 2,1 Ama   Pues para lo único que sirven las rosas es para   1388
                         adornar las habitaciones.
  RS 2,1 Madre   Con sus rosas.   1391
  RS 2,1 Tía   Con sus rosas.   1391
  RS 2,1 Rosita   Pero las rosas de San Francisco no huelen.   1392
  RS 3,1 Ama   ¡Que nos espere muchos años todavía cortando rosas!   1413
  RS 3,1 Ama   En medio de las dos, [...] marido cubierto de rosas,   1425
                         como salió en [...] el Señor tirándonos rosas como si
                         las tres [...]
  RS 3,1 Tía   ¡Chalado de las rosas!   1427
  BA 2,1 Coro   el segador pide rosas   1487
  BA 2,1 Adela   ...el segador pide rosas   1487
roscos (1)
  BS 2,2 Criada   Te voy a envolver unos roscos de vino para tu madre,   1233
                         que a ella le gustan mucho.

Roseta (2)
  BA 1,1 La Poncia   Hablaban de Paca la Roseta.   1455
  BA 1,1 La Poncia   Paca la Roseta traía el pelo suelto y una corona de   1456
                         flores en la cabeza.

Rosita (89)
  TC 0,0 Mosquito   Ahora que sale la luna [...] Cristóbal y la Señá   724
                         Rosita"... Preparaos a sufrir el genio del puñeterillo
                         don Cristóbal y a llorar las ternezas de la señá
                         Rosita que, a más de [...]
  TC 1,1 Padre   ¡Ay, Rosita, qué entrampados estamos!   726
  TC 1,1 Cocoliche   ¿No vive en esta casa por casualidad una tal Rosita?   728
  TC 1,1 Cocoliche   ¡Ay, Rosita!   730
  TC 1,1 Cocoliche   ¡Ay, Rosita mía! ¡Ven! ¡Ven! ¡Acércate!   730
  TC 1,1 Hora   Rosita: ten paciencia, ¿qué vas a hacer?   734
  TC 1,1 Hora   Rosita, ¡ten paciencia!   734
  TC 2,1 Cocoliche   Rosita no sale.   735
  TC 2,1 Cocoliche   ¡¡¡Rosita!!!   736
  TC 2,1 Cristobita   Yo le doy a usted los cien duros para desentramparse,   738
                         y usted me da a su hija Rosita..., y debe usted [...]
  TC 3,1 Mozo 2   Yo brindo por doña Rosita.   744
  TC 3,1 Joven   ¡Por doña Rosita!   744
  TC 3,1 Joven   Yo soy forastero y quisiera enterarme de quién es esa   744
                         Rosita por la que brindan con tanta alegría.
  TC 3,1 Cocoliche   Pues bien: esa mujer es doña Rosita, la de la plaza,   745
                         la mejor cantaora de Andalucía, mi..., ¡sí!,
  TC 3,1 Joven   Me había interesado en la conversación porque yo tuve   745
                         una novia que se llamaba también Rosita...
  TC 3,1 Cristobita   Mañana me caso con la señá Rosita, y quiero que haya   748
                         mucho vino para ... bebérmelo yo.
  TC 4,1 Mosquito   es una criatura... Pero lo cierto es que el corazón   751
                         de la señá Rosita, un corazoncillo [...]
  TC 4,1 Mosquito   El alma de doña Rosita es como esos barquitos [...]   751
  TC 4,1 Mozo   ¿Es verdad que vas mañana a poner los zapatos de novia   753
                         a la señá Rosita?
  TC 5,1 Currito   de doña Rosita!   757
  TC 5,1 Currito   ¿Es posible que no seas mía, Rosita?   757
  TC 6,1 Voz   Rosita, por verte   762
  TC 6,1 Currito   ¡Rosita mía!   764
  TC 6,1 Currito   Venía a probarle los zapatos de boda a la señá Rosita,   764
                         porque Cansa-Almas no puede venir.

		Pág.
Rosita (continuación)		
TC 6,1 Currito	Rosa. Rosita de mayo.	766
TC 6,1 Cristobita	¡Rosita..., chiquitita!...	769
TC 6,1 Cristobita	Vamos, Rosita.	770
TC 6,1 Cristobita	¡Ay, Rosita de mi corazón! ¡Ay, Rosita!	772
TC 6,1 Cristobita	¡Ay, Rosita bonita!	772
TC 6,1 Cristobita	¡Ya me las pagarás, señá Rosita, mala mujer!	776
TC 6,1 Cocoliche	Rosita: déjame que le estrangule.	776
TC 6,1 Cocoliche	Es imposible, Rosita entre las flores.	777
DC 1,1	Será necesario que las [...] ver las cosas de doña Rosita, casada con don Cristóbal, y las cosas de don Cristóbal, casado con doña Rosita.	1019
DC 1,1 Poeta	Abre tu balcón, Rosita,	1022
DC 1,1 Director	¿Y doña Rosita?	1022
DC 1,1 Director	Ahí viene la madre de doña Rosita.	1028
DC 1,1 Madre	Yo soy la madre de doña Rosita	1029
DC 1,1 Madre	Mi Rosita es joven y usted es ya viejo.	1030
DC 1,1 Cristóbal	Cuenta con la mula. ¿Dónde está Rosita?	1030
DC 1,1 Cristóbal	Rosita, por verte	1031
DC 1,1 Cristóbal	Yo te doy la onza de oro de las que cagó el moro y tú me entregas a tu hija Rosita, y me lo debes [...]	1034
DC 1,1 Cristóbal	Sí, señor, me voy a casar porque doña Rosita es un boccato di cardinali.	1034
DC 1,1 Cristóbal	Llama a Rosita.	1035
DC 1,1 Poeta	Pero ni don Cristóbal ni doña Rosita ven la luna.	1036
DC 1,1 Poeta	Si el director de escena quisiera, don Cristóbal vería las ninfas del agua y doña Rosita podría llenar [...]	1036
DC 1,1 Poeta	Porque don Cristóbal no es así, ni doña Rosita.	1036
DC 1,1 Cristóbal	¡Ay!, Rosita.	1037
DC 1,1 Cristóbal	Rosita, cántame algo.	1037
DC 1,1 Cristóbal	¡Ay!, mi Rosita.	1038
DC 1,1 Cristóbal	¿Qué es eso, Rosita?	1038
DC 1,1 Cristóbal	¿Qué es eso, Rosita?	1039
DC 1,1 Director	Baje usted en seguida, que doña Rosita está enferma.	1041
DC 1,1 Cristóbal	Rosita.	1041
RS 1,1 Ama	Cuando chiquita tenía que contarle todos los días el cuento de cuando ella fuera vieja: "Mi Rosita ya tiene ochenta [...]	1354
RS 1,1 Tía	Rosita se crió conmigo...	1360
RS 1,1 Tía	Hola, siéntate si quieres. Rosita ya se ha marchado.	1361
RS 1,1 Tía	Por eso me opuse a tus relaciones con Rosita.	1362
RS 1,1 Tía	Y llevarte a Rosita, ¿no?	1362
RS 1,1 Sobrino	Pero yo quiero que Rosita me espere.	1362
RS 1,1 Manola 1	Rosita está llorando, vamos a entrar.	1370
RS 2,1 El Señor X	¿Y... Rosita?	1376
RS 2,1 Tío	¿Rosita?	1376
RS 2,1 Tío	¡Rosita!...	1376
RS 2,1 Ama	¿También este pretende a Rosita?	1379
RS 2,1 Tía	Pero ¿por qué hablas de pretendientes? ¡No conoces a Rosita!	1379
RS 2,1 Ama	Lo que pasó es que a Rosita le gustó el saltimbanqui, como me gustó a mí y como le gustaría a usted.	1381
RS 2,1 Ama	Para el santo de Rosita.	1383
RS 2,1 Ama	Yo doy todo lo que tengo por Rosita.	1383
RS 2,1 Rosita	"Rosita, de las mejores."	1392
RS 2,1 Solterona 2	¿No vas ahora a la Alameda, Rosita?	1394
RS 2,1 Ayola 1	Cuando yo tenía seis años venía aquí y el novio de Rosita me acostumbró a beberlas.	1399
RS 2,1 Ayola 1	¿No recuerdas, Rosita?	1399
RS 2,1 Ayola 2	A mí, Rosita y su novio me enseñaban las letras A, B, C... ¿Cuánto tiempo hace de esto?	1399
RS 2,1 Ayola 1	¡Tengo una gana de que Rosita se case!	1400
RS 2,1 Ayola 1	¡Y si soy amiga de Rosita es porque sé que tiene novio!	1401
RS 3,1 Tía	Yo ya estoy entregada..., [...] ¡Pero cuando pienso en Rosita!	1414
RS 3,1 Tía	Resucitarlo y traerlo con Rosita para respirar satisfecha con la honra de los míos.	1414
RS 3,1 Ama	Pero esto de mi Rosita es lo peor.	1416
RS 3,1 Tía	Rosita y yo lo hemos leído.	1419
RS 3,1 Martín	¿No se acuerda usted que nombré décima musa a Rosita?	1422
RS 3,1 Ama	En medio de las dos, en un columpio de jazmines y matas de romero, Rosita meciéndose, y [...] mece así y yo así, y Rosita así, y detrás [...]	1425
RS 3,1 Tía	¡Hija! ¡Rosita!	1429
RS 3,1 Muchacho	Usted lo pase bien, doña Rosita.	1435
RS 3,1 Rosita	¡Doña Rosita!	1435
RS 3,1 Rosita	¡Doña Rosita!	1435
Rosaaaaaaaa (3)		
TC 1,1 El Padre	¡Rosita aaaaaa!	725
DC 1,1 Madre	Rosita aaaaaa.	1035
DC 1,1 Madre	Rosita aaaaaa. Aquí está el médico.	1040

rostro (11)
  TC 0,0 Mosquito   abanica tanto rostro asombrado, llévate [...]   724
  MP 2,5 Pedro   ese rostro bravío y esos ojos ardientes   832
  MP 3,8 Mariana   ¡Mis hijos llevarán resplandor en el rostro,   885
  PB 3,1 Belisa   Déjame ver tu rostro por un instante siquiera... ¡Ay!   1016
  PB 3,1 Marcolfa   El hermoso adolescente al que nunca verás el rostro.   1018
  CA 1,1 Joven   Basta observar sobre [...] cada ola para que el rostro   1050
                         o llaga que llevamos [...]
  CA 1,1 Viejo   Y ¿quién recuerda un mapa exacto de las arenas del   1052
                         desierto... o el rostro de un amigo cualquiera?
  CA 1,1 Joven   La última vez que la [...] le llenaban todo el rostro   1052
                         y la ponían ajada, [...]
  CA 1,1 Amigo 2   Pero mi rostro es mío y me lo están robando.   1075
  CA 2,1 Novia   ¿No tenías una sonrisa violenta que era como una garza   1093
                         sobre tu rostro?
  BS 3,2 Madre   Otras madres se asomarán a las ventanas, azotadas por   1267
                         la lluvia, para ver el rostro de sus hijos.

rota (9)
  MM 0,0   Señores: La comedia que vais a escuchar es humilde e   669
                         inquietante, comedia rota del que quiere arañar [...]
  MM 1,5 Alacranito   Tenía una pata rota   695
  MM 2,7 Curianito   y tienes rota un ala.   719
  PB 1,1 Perlimplín   garganta rota y olvido.   1000
  CA 1,1 Niño   ojo de luna rota, me pareces   1064
  CA 3,1 Arlequín   la lengua rota del viejo.   1108
  YE 1,1 Yerma   tronchada y rota soy para ti.   1278
  YE 1,1 Yerma   tronchada y rota soy para ti.   1285
  YE 1,2 Yerma   es la rota voz del agua.   1295

rotas (3)
  MM 2,2 Curiana N   Tú con las alas rotas y el corazón herido   707
  MM 2,5 Mariposa   Tengo las alas rotas   716
  BS 3,2 Mendiga   Flores rotas los ojos, y sus dientes   1266

roto (8)
  MM 1,5 Curiana C   Se ha roto un ala.   697
  TC 6,1 Cristobita   ¡Por vuestra culpa me he roto, me he muerto!   778
  ZP 0,0 El Autor   No tengas tanta impaciencia [...] sacas, sino un traje   912
                         roto, ¿lo oyes?, un traje [...]
  CA 2,1 Novia   Sería injusto..., todos menos los abanicos... porque   1097
                         se han roto.
  CA 2,1 Maniquí   el aire roto en el freno   1101
  EP RR Figura De P   Tú has roto el hilo de la araña y ya siento que mis   1151
                         grandes pies se van volviendo pequeñitos y repugnantes.
  RS 1,1 Tía   ¿Se ha roto?   1355
  RS 3,1 Ama   Don Martín, que vaya usted al colegio, que los niños   1423
                         han roto con un clavo las [...]

rotos (3)
  CA 1,1 Joven   No quiero hierbas en mi casa ni muebles rotos.   1047
  CA 1,1 Viejo   Eso. Ni muebles rotos porque hay que recordar, pero...   1047
  CA 2,1 Joven   Que tenía en el centro la cabeza de un tigre. Y...   1098
                         ¿están rotos?

roturación (1)
  BS 2, Madre   Es la roturación de las tierras, la plantación de   1240
                         árboles nuevos.

roza (1)
  BS 2,1 Criada   Y lo mejor es cuando te despiertes y lo sientas al   1207
                         lado y que él te roza los hombros con [...]

rozaba (1)
  MP 1,4 Amparo   y en cada instante rozaba   793

rubí (1)
  TC 3,1 Cocoliche   Serán muy bonitas nuestras lágrimas; lágrimas de   743
                         topacio, de rubí... ¡Ay, muchachos, muchachos!

rubia (2)
  ZP 1,1 Zapatera   Quién me hubiera dicho a mí, rubia con los ojos   913
                         negros, [...]
  CA 2,1 Maniquí   su vientre de carne rubia.   1104

rubias (1)
  TC 4,1 Joven   Yo me creía que por el [...] blancos paradores, con   752
                         rubias muchachas remangadas [...]

rubicunda (1)
  ZP 2,1 Zapatero   Respetable público: Oigan ustedes el romance verdadero   958
                         y sustancioso de la mujer rubicunda y el hombrecito
                         [...]

rubor (2)
  MP 1,7 Mariana   no me produce rubor.   813
  MP 2,5 Pedro   Como dos blancos ríos de rubor y silencio,   831

rúbrica (1)
  CA 1,1 Amigo   ¡Noo y rúbrica!   1057

ruecas (1)
  MM 2,3 Mariposa   hilando en sus ruecas.   708

rueda (6)
  CA 3,1 Arlequín   La rueda que gira   1114

Pág.

rueda (continuación)
BS 2,2 Criada   giraba la rueda,   1225
BS 2,2 Criada   giraba la rueda   1226
BS 2,2 Muchacha 1   ¡Vengan los novios, que vamos a bailar la rueda!   1242
RS 1,1 Ama   Por la rueda de San Bartolomé   1358
RS 2,1 El Señor X   Es una Torre Eiffel de nácar sobre dos palomas que   1377
                       llevan en sus picos la rueda de la industria.

ruede (1)
BS 2,1 Muchacha 1   ruede la ronda   1216
ruega (1)
MP 2,2 Niña   la oración de San Juan y la que ruega   826
ruego (S) (1)
MM 0,0   Pero antes de empezar quiero haceros el mismo ruego   670
                      que a él le hizo [...]
ruego (5)
MM 1,4 Curianito   te ruego que no llores.   688
MP 1,5 Mariana   Ruego a Dios por él. ¿Se sabe   798
CA 1,1 Mecanógrafa   Yo te ruego que me des la cuenta.   1055
EP CV Traspunte   Le ruego me perdone.   1162
YE 2,2 Yerma   Te ruego que no hables. Deja quieta la cuestión.   1316
rugby (1)
CA 2,1 Novia   ¿Y no jugabas tú al rugby?   1093
ruibarbo (1)
RS 2,1 El Señor X   Sí, pero aplicada: para estudiar jugos de la Anthemis   1376
                      olorosa, o el ruibarbo, o la enorme [...]
ruidillo (2)
TC 6,1 Cristobita   ¡Mucho ruidillo hacen, caramba! ¡Mucho ruidillo hacen!   772
ruido (8)
TC 6,1 Cristobita   ¿Qué ruido era ese?   769
TC 6,1 Cristobita   Y ya me enteraré del ruido.   770
MP 2,8 Conspirador 4   Entre el ruido de las olas   844
CA 1,1 Joven   Ruido, ruido siempre, polvo, calor, malos olores.   1049
CA 1,1 Niño   Mucho ruido; ¡si vieras!... Me pusieron   1062
EP RR Figura De P   Tan hombre, que no haya ruido en las ramas cuando tú   1146
                      pases.
BS 2,2 Madre   En todo ese ruido. ¿Estás contento?   1240
ruin (3)
MM 1,1 Doña Curiana   el ruin dolorcillo que tanto me irrita.   674
ZP 1,1 Zapatera   ¡Mujer ruin!   933
PB 3,1 Belisa   marido ruin!   1016
ruina (13)
TC 1,1 Padre   Me he salvado de la ruina.   727
TC 1,1 Rosita   ¿Qué significará esto de "Me he salvado de la ruina.   727
ZP 1,1 Zapatero   Y esto es mí ruina.   919
CA 1,1 Joven   Es preciso luchar con toda idea de ruina; con esos   1046
                      terribles desconchados de las paredes.
EP RR Figura De P   Deja que vengan los insectos de la ruina y vete.   1147
EP RR Figura De P   Estoy esperando la noche, angustiado por el blancor de   1149
                      la ruina, para poder arrastrarme a tus pies.
EP RR Figura De C   ¿Dónde podría encontrar una bebida caliente en esta   1151
                      ruina?
EP RR Figura De P   Y deja mi cabeza de amor en la ruina.   1153
EP CV Enfermero   Lo están buscando en la ruina.   1155
EP CV Dama 3   Cuando subíamos por el monte de la ruina creíamos ver   1163
                      la [...]
YE 2,2 Juan   Lo que pasa es que no eres una mujer verdadera y   1315
                      buscas la ruina de un hombre sin voluntad.
RS 3,1 Tía   Estoy muy viejecita, ama. Tenemos encima una ruina muy   1413
                      grande.
RS 3,1 Tía   ¡Y le costó la ruina!   1421
ruinas (3)
EP RR Figura De C   Si voy bajando por las ruinas iré encontrando amor y   1148
                      cada vez amor.
EP RR Figura De C   Este es el mendigo de las ruinas.   1153
RS 3,1 Ama   Ayer decía a voces: "No; [...] libro que se llama Las   1423
                      ruinas de Palmira, me [...]
ruiseñor (18)
MM 2,3 Mariposa   que el ruiseñor medite   708
MM 2,3 Mariposa   que el ruiseñor medite   709
MM 2,7 Curianito   y un ruiseñor inmenso que es mi amigo   719
MP 3,9 Mariana   Ahora sé lo que dicen el ruiseñor y el árbol.   889
PB 1,1 Perlimplín   el ruiseñor.   1000
CA 1,1 Niño   ruiseñor de mi cama.   1062
CA 3,1 Mecanógrafa   Un ruiseñor que canta,   1122
CA 3,1 Mecanógrafa   ruiseñor gris de la tarde   1122
CA 3,1 Mecanógrafa   Ruiseñor. Te he sentido.   1122
CA 3,1 Joven   Se oye cantar el ruiseñor..., y aunque no se oiga,   1128
                      aunque el murciélago golpee los cristales...
EP CV Desnudo   Es que el ruiseñor ha cantado ya.   1164
EP CV Estudiante 4   Cuando cantó el ruiseñor yo no pude contener mis   1166
                      lágrimas.

ruiseñor (continuación)
BS 2,1 Criada   Y lo mejor es cuando [...] con una plumilla de   1207
                        ruiseñor.
BS 3,2 Niña   ¿Qué ruiseñor de sombra vuela y gime   1267
RS 1,1 Primo   ruiseñor en la nevada,   1371
RS 2,1 Ama   Los charcos que hay alrededor están pintados al aceite 1383
                       y encima de ellos bebe un ruiseñor todo bordado [...]
RS 2,1 Solterona 3   lo que el ruiseñor se calla.   1403
RS 2,1 Rosita   cuando el ruiseñor cantaba,   1404
ruiseñores (5)
MM 1,5 Curiana N   llorada por los dulces profetas ruiseñores!   697
MM 2,6 Curianito   lleno de ruiseñores y de prados inmensos: 718
CA 3,1 Joven   ruiseñores amarillos.   1121
RS 1,1 Rosita   ¡Qué luto de ruiseñores   1371
RS 2,1 Rosita   cantaban los ruiseñores   1392
rumor (9)
CA 2,1 Maniquí   Y en vez de rumor caliente,   1100
BS 2,2 Criada   y espera el campo el rumor   1226
BS 3,1 Luna   un rumor de claridades,   1250
BS 3,1 Mendiga   De aquí no pasan. El rumor del río   1250
BS 3,1 Mendiga   apagará con el rumor de troncos   1250
BS 3,2 Novia   Yo era una mujer quemada, [...] que acercaba a mí el   1269
                       rumor de sus juncos y [...]
RS 1,1 Rosita   cierto rumor de vosotras.   1366
RS 1,1 Manola 1   Deja que el rumor extienda   1368
RS 2,1 Rosita   y un rumor de nieve triste   1404
rumores (3)
PB 1,1 Perlimplín   Desde que tú viniste de la iglesia está mi casa llena 988
                       de rumores secretos, y el [...]
RS 1,1 Manola 1   Rumores son jaramagos.   1366
RS 1,1 Manola 3   Los rumores son coronas.   1366
rumoroso (1)
MM 1,1 Curiana N   el viento rumoroso   675
rural (1)
DC 1,1 Director   Las malas palabras adquieren [...] esta viejísima   1043
                       farsa rural.

Rusia (1)
CA 3,1 Máscara   El conde y su niño pasaban hambre y dormían entre las 1116
                       ramas con un lebrel que me había regalado un señor de
                       Rusia.

sábana (7)
EP RR Figura De P   Yo me convertiría en sábana blanca.   1146
EP CV Enfermero   Traed la sábana.   1164
BS 1,3 Madre   La honra más limpia que una sábana puesta al sol.   1198
BS 3,2 Madre   sábana que te cubra   1271
YE 2,1 Lavandera 1   Hay que gemir en la sábana.   1308
RS 3,1 Ama   Señora, ayúdeme usted a doblar esta sábana.   1422
BA 2,1 Angustias   Ya he cortado la tercera sábana.   1471
sábanas (10)
ZP 2,1 Zapatero   ¡ay, qué terribles paradores, qué malas comidas, qué   971
                       sábanas de lienzo moreno por esos caminos del mundo!
CA 3,1 Joven   Sábanas blancas te aguardan.   1121
BS 3,1 Novia   con las sábanas de boda   1259
YE 2,2 Yerma   Cuando las sillas se rompen y las sábanas de hilo se   1312
                       gastan con el uso.
RS 1,1 Rosita   sábanas para los dos.   1373
RS 3,1 Ama   El mismo se plancha los [...] tenía una cama con unas 1424
                       sábanas que tiznaban [...]
BA 1,1 La Poncia   Treinta años lavando sus sábanas; treinta años [...]   1442
BA 1,1 Bernarda   En el arca tengo veinte piezas de hilo con el que   1451
                       podréis cortar sábanas y embozos.
BA 2,1 Amelia   Los de Angustias para sus sábanas de novia son   1483
                       preciosos.
BA 2,1 La Poncia   Entre las sábanas de la cama de Martirio.   1493
sabe (V) (1)
MP 1,7 Mariana   agria, que me sabe a miel.   813
sabe (53)
MM 1,2 Doña Curiana   sabe Dios con quién.   678
MM 1,5 Alacranito   ¡Si uno no sabe ni hablar!   691
MM 2,1 Curianita 1   ¿No sabe que con ella no podrá desposarse?   704
MM 2,1 Curianita Santa cuando llega tan blanca de donde no se sabe.   704
MM 2,7 Curianito   ¿La que sabe el secreto de la hierba   719
TC 1,1 Cocoliche   ¿Pero lo sabe tu padre?   730
TC 4,1 Mosquito   El no sabe lo que pasa, ¡claro!,   751
MP 1,1 Angustias   Desde luego, por Granada no se sabe.   783
MP 1,1 Angustias   ¿Quién sabe?   784
MP 1,5 Mariana   Ruego a Dios por él. ¿Se sabe   798
MP 1,7 Fernando   Pedrosa estrechará el cerco como él sabe, y si esta   811
                       misma noche no parto, estoy irremisiblemente perdido.
MP 2,1 Clavela   Ni tanto ni tan poco. ¿Qué se sabe?   821
MP 2,7 Conspirador 3   continúa en acecho, y algo sabe.   836

sabe - saben

sabe (continuación)

MP 3,3	Alegrito	Don Luis lo sabe de cierto.	868
MP 3,3	Mariana	¿Sabe la sentencia?	870
MP 3,5	Pedrosa	Ya sabe, con mi firma	875
MP 3,8	Mariana	¡Todos deben saber, pero ninguno sabe!	884
TB QM.	Viejo	Nadie sabe el miedo que a mí me dan los caballos.	905
ZP 1,1	Zapatera	Dile a tu madre que ya sabe mi marido lo que [...]	914
ZP 1,1	Zapatera	Por todas partes se sabe.	917
ZP 1,1	Niño	Sí, sí, eso ha dicho [...] lo dijéramos y ya lo sabe todo el pueblo...	937
ZP 2,1	Zapatero	Pero usted ya sabe que el mundo es [...]	975
PB 2,1	Marcolfa	Por lo que sabe su merced.	1001
PB 2,1	Belisa	Nadie lo sabe.	1007
DC 1,1		Así, pues, el poeta sabe que el público oirá [...]	1019
DC 1,1	Director	No, señor; diga usted lo que es preciso que diga y lo que el público sabe que es verdad.	1021
CA 1,1	Joven	Novia..., ya lo sabe usted; si digo novia [...]	1051
EP CV	Desnudo	Y de Gonzalo, ¿se sabe algo?	1155
EP CV	Estudiante 2	Lo que pasa es que se sabe lo que alimenta un grano de trigo y se ignora lo que alimenta un hongo.	1161
BS 1,1	Novio	Usted sabe que mi novia es buena.	1176
BS 2,1	Novia	Un hombre con su caballo sabe mucho y puede mucho para poder estrujar a una muchacha metida en un desierto.	1214
BS 2,2	Padre	Hay que sostener una batalla con las malas hierbas, con los cardos, con los pedruscos que salen no se sabe dónde.	1228
YE 1,2	Yerma	Lo que usted sabe.	1288
YE 2,1	Lavandera 1	Pero es que nunca se sabe nada.	1301
YE 2,2	Yerma	Nunca se sabe lo que va a pasar.	1323
RS 1,1	Sobrino	Por cumplir su palabra está mi padre en América, y usted sabe...	1363
RS 2,1	Tío	Cada uno vive como puede o como sabe en esta vida diaria.	1376
RS 2,1	Madre	Pero usted lo sabe muy bien: desde [...]	1393
RS 2,1	Solterona 3	Todo Granada lo sabe.	1393
RS 3,1	Ama	Es querer y no encontrar el cuerpo; es llorar y no saber por quién se llora, es suspirar por alguien que uno sabe que no se merece [...]	1416
RS 3,1	Solterona 3	Pero si hace falta algo, ya sabe que en lo que pueda, aquí estoy yo.	1436
BA 1,1	Amelia	Ya no sabe una si es mejor tener novio o no.	1459
BA 1,1	Martirio	¡Sabe Dios lo que entonces pasaría!	1461
BA 2,1	Angustias	No, porque cuando un hombre se acerca a una reja ya sabe por los que van [...]	1474
BA 2,1	Adela	Cada una sabe sus cosas.	1487
BA 2,1	La Poncia	¡Quién sabe si saldrán con la suya!	1500
BA 2,1	La Poncia	Seguro no se sabe nada en esta vida.	1502
BA 2,1	La Poncia	La hija de la Librada, la soltera, tuvo un hijo no se sabe con quién.	1505
BA 3,1	Adela	Que nunca se sabe.	1511
BA 3,1	Angustias	Usted sabe que ella no me quiere.	1513
BA 3,1	Bernarda	Cada uno sabe lo que piensa por dentro.	1513
BA 3,1	Criada	Bernarda cree que nadie puede con ella y no sabe la fuerza que tiene un hombre entre mujeres solas.	1520
BA 3,1	Bernarda	No fue culpa mía. Una mujer no sabe apuntar.	1531

sabéis (4)

BS 1,1	Madre	Pero ¡cuántas cosas sabéis las gentes!	1181
YE 2,2	Juan	Pero ya sabéis que no me gusta que salga sola.	1311
BA 1,1	Magdalena	¿Sabéis ya la cosa?	1462
BA 1,1	Magdalena	Mejor que yo lo sabéis las dos.	1463

sabemos (7)

MM 1,1	Doña Curiana	En mi clase todas sabemos cantar	675
MM 2,5	Gusano 3	sabemos que el amor	713
CA 1,1	Amigo	Y al revés y... ¿qué sabemos?	1058
BS 2,2	Muchacha 1	¡Nosotras no sabemos nada!	1236
BS 2,2	Madre	No lo sabemos.	1243
BS 3,2	Suegra	No sabemos.	1264
RS 3,1	Tía	Todos los cristianos sabemos que ningún rico [...]	1425

saben (V) (2)

CA 1,1	Viejo	Después, ¿verdad? Saben mejor. Yo también...	1046
CA 3,1	Máscara	¡Ja, ja, ja! Sí, ¿verdad? Saben mejor.	1117

saben (6)

CA 3,2	Joven	El coñac es una bebida para hombres que saben resistir.	1141
EP CV	Desnudo	Padre mío, perdónalos, que no saben lo que se hacen.	1162
BS 3,1	Mendiga	que después las navajas ya saben el camino.	1251
YE 2,2	Yerma	Creen que me puede gustar otro hombre y no saben que, aunque me [...]	1319
YE 2,2	Yerma	Pero ellos no saben que yo, si quiero, puedo ser agua de arroyo que las lleve.	1319
RS 2,1	Madre	Saben también el lenguaje [...]	1405

saber (20)
TC 1,1	Padre	Quería saber si bordabas... ¡Borda, hijita mía, borda, que con eso comemos!	725
TC 1,1	Padre	Pues esto era lo que yo quería saber.	727
MP 2,3	Mariana	como van, sin saber adónde van,	826
MP 2,5	Mariana	esta angustia de andar sin saber dónde voy,	829
MP 3,4	Mariana	lo que saber no quisiera.	872
MP 3,8	Mariana	¡Todos deben saber, pero ninguno sabe!	884
ZP 1,1	Zapatera	¿Pero lo van a saber ustedes mejor que yo?	938
ZP 2,1	Zapatera	Lo que usted debía saber hace muchos días, lo que usted como alcalde no debía permitir.	948
ZP 2,1	Zapatero	Yo comprendo mucho más de lo que pueda imaginarse, porque... ha de saber usted, cón toda [...]	967
PB 2,1	Perlimplín	Sin saber por qué pensé en ti.	1005
CA 2,1	Joven	No quiero saber.	1102
BS 1,1	Madre	No lo dudo. De todos modos, siento no saber cómo fue su madre.	1176
BS 1,2	Mujer	No me dejes así, sin saber nada...	1192
YE 1,2	Yerma	Todo se vuelve medias palabras, gestos, porque todas estas cosas dicen que no se pueden saber.	1291
YE 2,1	Lavandera 1	Pero ¿se puede saber lo que ha ocurrido?	1302
YE 3,2	Yerma	¿Qué queréis saber?	1350
RS 3,1	Ama	Es querer y no encontrar el cuerpo; es llorar y no saber por quién se llora, [...]	1416
BA 2,1	La Poncia	A vosotras que sois solteras, os conviene saber de todos modos [...]	1476
BA 2,1	Angustias	¡Me gustaría saber cuál de vosotras lo tiene!	1491
BA 2,1	Bernarda	Habla, te conozco demasiado para saber que ya me tienes preparada la cuchilla.	1497

saberlo (2)
| CA 1,1 | Amigo | ¡Usted es demasiado viejo para saberlo! | 1072 |
| BS 3,2 | Mujer | Quiero volver para saberlo todo. | 1264 |

sabes (55)
MM 1,5	Curianito	Tú no sabes, infame, que un hogar has deshecho	693
MM 1,5	Curiana N	que sabes los secretos del agua y de las flores!	697
TC 1,1	Rosita	¿Sabes una cosa?	728
TC 1,1	Hora	¿Qué sabes tú el giro que van a tomar las cosas?	734
TC 1,1	Hora	¿Qué sabes tú los vientos que van a venir mañana para hacer bailar la veleta de tu tejadillo?	734
TC 6,1	Cristobita	¿Sabes?	772
TC 6,1	Cocoliche	¿Sabes una cosa?	779
MP 1,6	Fernando	Tú sabes lo que tiene. ¿Qué le ocurre?	803
MP 1,7	Fernando	¡Ya sabes que siempre fui!	807
MP 2,2	Niño	como los hombres, alto y grande, ¿sabes?	825
MP 2,5	Mariana	yo me muero, lo sabes, yo me muero.	829
MP 2,5	Pedro	¡Tú no lo sabes!	830
MP 2,6	Mariana	¿Tú sabes quién vendrá?	833
MP 3,3	Mariana	¿Tú qué sabes? ¡Qué alegría!	869
MP 3,7	Mariana	¿Qué sabes tú, niña?	882
TB DME	Doncella	¿Qué sabes hacer?	900
ZP 1,1	Zapatero	De modo que ya lo sabes.	922
ZP 1,1	Zapatera	Pues lo mismo se me da a mí que estés colmado como que no estés, porque tú me importas tres pitos, ¡ya lo sabes!	923
ZP 1,1	Zapatero	Si sabes que tengo esa superstición, y para mí esto es como si me dieras un tiro, ¿por qué lo haces?	928
ZP 2,1	Niño	Cosas indecentes que yo sé decir, ¿sabes?, pero que no quiero decir.	944
ZP 2,1	Zapatera	¡Las coplas! ¿Tú sabes lo que dicen?	946
ZP 2,1	Alcalde	Niño, niño, basta de voces... ¿Sabes tú lo que he hecho ahora?	948
ZP 2,1	Niño	Yo no puedo con él, ¿sabes?;	948
PB 1,1	Belisa	¡Ya lo creo que lo sabes!	999
PB 3,1	Perlimplín	Tú sabes cómo son las Hadas..., pequeñitas...Es admirable, pueden bailar sobre mi dedo meñique!	1009
DC 1,1	Cristóbal	Porque si no estamos, yo tengo la cachiporra y ya sabes lo que pasa.	1033
CA 1,1	Joven	Ya sabes que no puedo hacer nada.	1054
CA 1,1	Joven	Además, sabes perfectamente que no me pertenezco.	1055
CA 1,1	Niño	¿sabes? Me escapé de casa.	1065
CA 1,1	Niño	Y luego ¿sabes?	1065
CA 2,1	Novia	Ayer no te vi, ¿sabes?	1079
CA 2,1	Novia	Ya sabes que no me gustan las flores. Tíralas por el balcón.	1082
CA 2,1	Novia	¿Qué sabes tú?	1083
EP RR	Figura De P	Tú sabes quién soy.	1153
BS 1,2	Mujer	¿Sabes que piden a mi prima?	1190
BS 1,3	Madre	Tú sabes a lo que vengo.	1197
BS 1,3	Madre	¿Sí? ¡Qué hermoso mirar! ¿Tú sabes lo que es casarse, criatura?	1200
BS 1,3	Novia	¿Por qué lo sabes?	1204

sabes (continuación)
BS 2,1 Leonardo	Tú, que me conoces, sabes que no la llevo.	1213
BS 2,2 Madre	Tú no sabes lo que es eso.	1229
YE 1,1 Juan	Ya sabes que no me gusta que salgas.	1277
YE 1,1 María	Por mi gusto hubiera esperado en la puerta a que abrieran; y ¿a que no sabes lo que he comprado?	1278
YE 1,1 María	No, es porque... ¿sabes?	1279
YE 2,2 Juan	Tú sabes que esto es cosa del dueño.	1311
YE 3,1 Yerma	Te figuras tú y tu gente que sois vosotros los únicos que guardáis honra, y no sabes	1332
RS 2,1 Tío	No te sabes quedar en tu sitio.	1385
BA 1,1 Magdalena	¡Pues ya lo sabes!	1466
BA 2,1 Angustias	¿Sí? ¿Tú por qué lo sabes?	1473
BA 2,1 Angustias	Pues nada: "Ya sabes que ando detrás [...]	1475
BA 2,1 Adela	¿Qué sabes tú?	1480
BA 2,1 Bernarda	Y tú no los tienes porque sabes muy bien cuál es tu origen.	1498
BA 2,1 Bernarda	¿Lo sabes seguro?	1502
BA 3,1 Prudencia	Ya sabes sus costumbres.	1507
BA 3,1 Adela	Sabes mejor que yo que no la quiere.	1527
BA 3,1 Adela	Sabes, porque lo has visto, que me quiere a mí.	1527

sabia (1)
MM 2,1 Curianita 1	Dejadme en paz, comadre. Sois muy santa y muy sabia,	703

sabía (18)
MP 3,8 Mariana	¿Por qué me lo dijiste? Yo bien que lo sabía;	885
ZP 1,1 Zapatera	Ya sabía yo que con esta [...]	913
ZP 1,1 Zapatero	Yo no sabía lo que era una mujer.	926
ZP 2,1 Zapatera	¡Todas esas cosas las sabía mi pobrecito marido!	957
ZP 2,1 Zapatera	Pues todo eso es un ochavo comparado con lo que él sabía..., él sabía... ¡el triple!	965
PB 1,1 Duende 2	Y se va a las cosas turbias para descubrir en ellas secretos que ya sabía.	994
PB 3,1 Perlimplín	Me mató porque sabía que te amaba como nadie... Mientras me hería gritó: "¡Belisa ya tiene un alma!"	1016
PB 3,1 Marcolfa	¡Lo sabía!	1017
CA 2,1 Viejo	Yo sabía lo que iba a pasar.	1106
CA 3,1 Mecanógrafa	Yo, en cambio, sabía que tú no me querrías nunca.	1126
YE 1,1 Yerma	¿Sabía él que tú...?	1281
YE 1,1 Yerma	Y ¿por qué lo sabía?	1281
YE 2,2 Yerma	No lo sabía.	1324
RS 1,1 Tía	Yo sabía que más tarde o más temprano te tendrías que marchar con tus padres.	1362
RS 3,1 Rosita	Yo lo sabía todo.	1428
RS 3,1 Rosita	Sabía que se había casado; [...]	1428
BA 1,1 Martirio	Ya lo sabía.	1459

sabían (2)
RS 3,1 Rosita	Pero lo sabían todos y yo me [...]	1428
BA 1,1 Bernarda	Los antiguos sabían muchas cosas que hemos olvidado.	1516

sabías (3)
PB 3,1 Belisa	Pero ¿no lo sabías?	1013
CA 3,1 Máscara	¿Tú no lo sabías?	1123
YE 2,2 Yerma	Los mismos ojos que tú, ¿lo sabías?	1320

sabido (4)
RS 3,1 Tía	Si yo lo hubiera sabido no hubiese consentido [...]	1426
RS 3,1 Rosita	Si la gente no hubiera hablado; si vosotras no lo hubierais sabido; si no lo hubiera sabido nadie más que [...]	1428
BA 3,1 Prudencia	Has sabido acrecentar tu ganado.	1508

sabiduría (1)
MM 1,1 Doña Curiana	que hiciera pedazos su sabiduría.	672

sabiendo (2)
MP 1,7 Fernando	pero quédate sabiendo	815
MP 2,7 Mariana	me miraba... no sé... ¡como sabiendo!,	837

sabiéndolo (1)
YE 1,2 Yerma	Y tú también, tú también te callas y te vas con aire de doctora, sabiéndolo todo, pero [...]	1291

sabio (2)
MM 2,5 Gusano 3	Un viejo sabio ha dicho:	713
ZP 2,1 Alcalde	Por lo que veo, este niño sabio y retorcido es la única persona a quien tratas bien en el pueblo.	949

sabor (3)
MP 2,5 Mariana	esta angustia que tengo y este sabor amargo;	828
MP 2,5 Mariana	y este sabor de amor que me quema la boca.	829
BA 3,1 Adela	Ya no aguanto el horror de estos techos después de haber probado el sabor de su boca.	1528

sabrá (6)
MP 1,1 Clavela	¿Se sabrá?	783
MP 2,9 Pedrosa	¡Usted ya lo sabrá!	852
MP 2,9 Pedrosa	Nadie sabrá lo que ha pasado. Yo te quiero	856
PB 1,1 Duende 1	Mañana lo sabrá toda la gente.	996

sabrá (continuación)
DC 1,1   El poeta que ha interpretado [...] culto de esta tarde   1019
                                    sabrá recoger, con inteligencia [...]

DC 1,1 Cristóbal   Usted sabrá   1029
sabrás (3)
PB 2,1 Perlimplín   ¡Más tarde lo sabrás todo!   1008
YE 1,2 Vieja 1   Tú sabrás.   1290
BA 2,1 La Poncia   Mejor lo sabrás tú que yo, que duermes pared por medio. 1478
sabré (6)
MM 2,5 Mariposa   ni lo sabré jamás.   715
MP 2,9 Mariana   Pues yo sabré vencerlas. ¿Qué pretende?   854
DC 1,1 Cristóbal   Ahora sabré de quién son esos niños.   1042
BS 1,3 Novia   Yo sabré cumplir.   1200
YE 2,2 Yerma   Yo sabré llevar mi cruz como mejor pueda, pero no me   1313
                                    preguntes nada.
BA 2,1 Bernarda   ¡Yo sabré enterarme!   1502
sabréis (1)
BS 2,2 Novia   Ya lo sabréis cuando os llegue la hora.   1236
sabremos (1)
MP 2,7 Pedro   Y al fin sabremos algo.   840
sabrosa (3)
MM 1,5 Alacranito   ¡Estaba tan sabrosa...!   695
MM 2,4 Alacranito   tu sabrosa cabeza!   710
BA 2,1 Bernarda   ¡Siempre gasté sabrosa pimienta!   1501
saca (2)
DC 1,1 Cristóbal   Buenas noches. Te agarré. Saca el cuello.   1027
DC 1,1 Cristóbal   Saca el cuello.   1027
sacado (5)
ZP 2,1 Niño   Pues me lo ha hecho el Cunillo porque estaba   944
                                    cantando... las coplas que te han sacado y yo le
                                    pegué [...]
ZP 2,1 Vecina Negra   ¡Ya han sacado las navajas!   962
EP CV Desnudo   ¿Cuántos vasos de sangre me habrán sacado?   1155
EP CV Estudiante 3   ¿Y qué han sacado en claro?   1166
BA 1,1 Criada   Ha sacado del cofre sus [...]   1453
sacáis (1)
MM 0,0   Y si alguna honda lección sacáis de ella, id al [...]   670
sacamos (1)
RS 3,1 Tía   Lo que sacamos es lo sucinto, la silla para sentarnos   1426
                                    y la cama para dormir.
sacar (3)
DC 1,1 Cristóbal   Tenga la bondad de sacar un poquito el cuello para que   1025
                                    le pueda intervenir la carótida.
RS 1,1 Ama   ¿Cuándo la ha visto usted sentada a hacer encaje de   1354
                                    lanzadera o frivolité, o puntas de festón o sacar
                                    hilos para adornarse [...]
BA 2,1 Bernarda   Ya empiezas a sacar la punta del cuchillo.   1498
sacaron (1)
BA 2,1 La Poncia   Y para ocultar su vergüenza [...] muchas criaturas lo   1505
                                    sacaron, y como llevados [...]
sacas (2)
ZP 0,0 El Autor   No tengas tanta impaciencia en salir; no es un traje   912
                                    de larga cola y plumas inverosímiles el que sacas,
                                    sino un traje [...]
BS 1,1 Vecina   ¿Qué sacas con eso?   1182
sacerdotes (1)
EP CV Estudiante 5   Y quemaremos el libro donde los sacerdotes leen la   1168
                                    misa.
saco (1)
TC 5,1 Currito   Si me ensartas con la navaja te saco los ojos.   756
sacos (1)
BA 1,1 Magdalena   Prefiero llevar sacos al molino.   1452
sacrificadas (1)
BA 2,1 Amelia   Mira tú cómo están las vecinas del callejón,   1484
                                    sacrificadas por cuatro monigotes.
sacrificado (1)
RS 2,1 Ama   Usted le ha sacrificado su vida.   1384
sacrificarme (1)
PB 2,1 Perlimplín   Como soy un viejo, quiero sacrificarme por ti... Esto   1008
                                    que yo hago no lo hizo nadie jamás.
sacrificio (1)
RS 3,1 Martín   Y hay que emplearlo en la bondad y en el sacrificio.   1423
sacristán (3)
ZP 1,1 Zapatero   Quisiera oír a la mujer del sacristán; pues ¿y los   931
                                    curas?
ZP 2,1 Niño   Y los hombres querían que el sacristán tocara las   970
                                    campanas para cantar tus coplas...
BA 1,1 La Poncia   Ahora que nadie como el antiguo sacristán Tronchapinos. 1443

			Pág.
sagacidad (2)			
EP RR	Figura De P	Cuando rondas el lecho y los objetos de la casa, te sigo, pero no te sigo a los sitios adonde tú, lleno de sagacidad, pretendes [...]	1146
EP CV	Estudiante 4	El público tiene sagacidad para descubrirlo todo y por eso protestó.	1160
sagazmente (1)			
MP 2,7	Conspirador 3	y aunque yo lo despisto sagazmente,	836
sagrada (1)			
ZP 2,1	Niño	Más difícil que la historia sagrada no será.	957
sagrado (1)			
BS 2,2	Novio	¿Y qué? Ya es sagrado.	1238
sal (V) (8)			
TC 1,1	Rosita	¡Diablo, sal; diablo, sal!	733
TC 5,1	Fígaro	¡Cansa-Almas, sal pronto!	760
TC 6,1	Cocoliche	Sal al aire libre, donde están los hombres .	768
TC 6,1	Cocoliche	¡Sal pronto! ¡Rompe las puertas! ¡Cobarde!	769
MP 1,1	Angustias	Marianita, sal, que vienen a buscarte.	785
MP 1,2	Amparo	¡Mariana, sal pronto, hijita!	787
RS 3,1	Tía	Sal de tus cuatro paredes, hija mía.	1428
sal (11)			
CA 3,1	Arlequín	y lirios de sal.	1112
EP CV	Muchacho 1	Romeo puede ser un grano de sal y Julieta ser un mapa.	1160
BS 1,1	Madre	O si vuelve es para ponerle una palma encima o un plato de sal gorda para que no se hinche.	1173
YE 2,2	Yerma	porque el agua da sal, la tierra fruta,	1316
YE 3,2	Vieja	La ceniza de tu colcha se te volverá pan y sal para las crías.	1345
RS 1,1	Tío	de una mejilla de sal.	1357
RS 1,1	Ama	se le vuelva veneno la sal.	1364
RS 1,1	Rosita	de una mejilla de sal;	1374
RS 2,1	Rosita	de una mejilla de sal.	1411
RS 3,1	Rosita	con blanco de espuma y sal.	1435
BA 3,1	Amelia	Ya has derramado la sal.	1510
sala (5)			
ZP 0,0	El Autor	El poeta no pide benevolencia, [...] autores tienen a la sala.	911
CA 1,1	Niño	surtidores y abejas por la sala.	1062
BS 1,2	Suegra	por su verde sala?	1184
RS 3,1	Ama	Cuando él explica en la sala baja del colegio, yo voy a la carbonería para oírlo: "¿Qué es idea?"	1423
BA 1,1	Magdalena	Todo menos estar sentada días y días dentro de esta sala oscura.	1452
salada (1)			
RS 1,1	Rosita	con toda la luz salada	1373
salamanquesas (2)			
ZP 1,1	Zapatero	Yo no te digo más que he huido de los escándalos, como las salamanquesas del agua fría.	922
ZP 1,1	Zapatera	¡Salamanquesas! ¡Ay, qué asco!	922
salas (1)			
ZP 2,1	Alcalde	Que la casa tiene una [...] quiera aposentar en sus salas, donde estaría... [...]	951
saldrán (2)			
YE 3,1	Dolores	Antes de nada saldrán los rebaños y no conviene que te vean sola.	1330
BA 2,1	La Poncia	¡Quién sabe si saldrán con la suya!	1500
saldrás (1)			
CA 2,1	Novia	Me voy a ahogar y luego tú saldrás corriendo y me dejarás muerta por las orillas.	1079
saldrían (1)			
MP 3,5	Mariana	Granada que morir. Y que saldrían	874
sale (20)			
MM 1,5	Curiana N	Sale de su letargo.	699
TC 0,0	Mosquito	Ahora que sale la luna y las luciérnagas [...]	724
TC 2,1	Cocoliche	Rosita no sale.	735
TC 6,1	Cocoliche	¡Mira lo que le sale por el ombliguillo!	778
MP 1,2	Amparo	Pero ¿no sale Mariana?	787
ZP 2,1	Zapatero	Sí, sí, canallas...; [...] calor más agradable sale por tus puertas [...]	971
DC 1,1	Madre	para ir a Lisboa cuando sale la luna.	1030
CA 3,2	Joven	Voy a cortar todas las [...] muros, y esa hierba que sale sola a medianoche...	1135
BS 1,1	Madre	Un hombre hermoso, con su flor en la boca, que sale a las viñas o va [...]	1173
BS 2,1	Leonardo	Después de mi casamiento he pensado noche y día de quién era la culpa y cada vez que pienso sale una culpa nueva [...]	1214
BS 2,1	Mozo 1	¡Que viene aquí! ¡Que sale ya!	1219
BS 2,2	Madre	Cuando sale la conversación, tengo que hablar.	1228
BS 3,1	Leñador 3	Ahora sale la luna. Vamos a darnos prisa.	1248
BS 3,1	Leonardo	y de ese olor que te sale	1258

sale (continuación)
    YE 2,1 Lavandera 4   Desde ayer. El marido sale otra vez a sus tierras.   1302
    YE 3,1 Juan   Porque se necesita ser [...] del corazón y que se sale   1332
        de noche fuera [...]
    YE 3,2 Yerma   El agua no se puede volver atrás ni la luna llena sale   1345
        al mediodía.
    RS 2,1 Ama   Era hermoso como un novicio cuando sale a cantar la   1380
        primera [...]
    BA 1,1 Bernarda   Esa sale a sus tías; blancas y untuosas y que ponían   1456
        los ojos de carnero al piropo de cualquier barberillo.
    BA 2,1 Magdalena   Por un oído me entra y por otro me sale.   1472
Salé (1)
    RS 3,1 Ama   ¿Dónde cree usted que estará don Rafael Salé,   1424
        explotador de los pobres, que enterraron

salen (7)
    TC 4,1 Joven   Ahora me alegro de haber venido, pero tengo una rabia,   751
        que las palabras no me salen de la boca.
    BS 2,2 Padre   Hay que sostener una batalla con las malas hierbas,   1228
        con los cardos, con los pedruscos que salen no se sabe
        dónde.
    BS 2,2 Madre   Las niñas no salen jamás a la calle.   1228
    YE 2,1 Lavandera 3   Sí, ahora salen todos los rebaños.   1305
    RS 3,1 Ama   ¡Como los niños que salen del colegio!   1417
    BA 2,1 Amelia   Ahora salen a segar.   1486
    BA 2,1 Coro   Ya salen los segadores   1486
sales (10)
    BS 2,1 Criada   acuérdate que sales   1222
    BS 2,1 Muchacha 2   ¡Ya sales de tu casa   1223
    BS 2,1 Voces   acuérdate que sales   1224
    BS 2,1 Mujer   ¡Acuérdate que sales   1224
    BS 2,1 Voces   acuérdate que sales   1225
    BS 3,1 Leñador 1   ¡Ay luna que sales!   1248
    BS 3,1 Leñador 1   ¡Ay muerte que sales!   1255
    YE 2,2 Juan   Tú sales demasiado.   1312
    BA 2,1 Magdalena   ¡A lo mejor no sales!   1472
    BA 3,1 Angustias   De aquí no sales tú con tu cuerpo en triunfo.   1530
salga (23)
    TC 1,1 Hora   Deja que el agua corra y la estrella salga.   734
    TC 3,1 Cocoliche   Espantanublos, danos vino hasta que se nos salga por   743
        los ojos.
    TC 6,1 Cristobita   ¡Que salga quien sea!   773
    MP 1,6 Clavela   Salga, que yo le acompaño.   805
    MP 2,9 Mariana   pero sé defenderme. ¡Salga pronto!   854
    MP 2,9 Mariana   ¡Salga de aquí!   857
    MP 2,9 Mariana   ¡Salga pronto!   857
    MP 3,8 Carmen   ¡Caballero! ¡Salga pronto!   887
    ZP 1,1 Vecina   Dile a tu mujer que salga.   919
    ZP 1,1 Vecina   ¡Que salga, a ver si por delante de mí casca tanto   919
        como por detrás!
    ZP 2,1 Vecina Roja   Salga en seguida de esta casa.   971
    DC 1,1 Director   Salga usted, que el público lo está esperando.   1022
    EP CV Estudiante 5   Con las maromas que torció mi padre los engancharemos   1168
        a las rocas para partirlas y que salga un volcán.
    BS 2,1 Muchacha 2   Que salga la novia.   1219
    BS 2,1 Muchacha 1   ¡Que salga, que salga!   1219
    BS 3,1 Leñador 1   Cuando salga la luna los verán.   1245
    BS 3,1 Leñador 2   Hay muchas nubes y será fácil que la luna no salga.   1247
    YE 2,2 Juan   Pero ya sabéis que no me gusta que salga sola.   1311
    YE 3,1 Yerma   Dejar que de mi cuerpo salga siquiera esta cosa   1335
        hermosa y que llene el aire.
    RS 3,1 Ama   ¡Salga el sol por las esquinas!   1413
    BA 1,1 Bernarda   ¡Hasta que salga de esta casa con los pies adelante   1470
        mandaré en lo mío y en lo vuestro!
    BA 3,1 Bernarda   ¡Trabadlo y que salga al corral!   1508
salgáis (1)
    BA 2,1 Adela   ¡No salgáis vosotras!   1505
salgan (1)
    BA 1,1 Bernarda   Que salgan por donde han entrado. No quiero que pasen   1447
        por aquí.
salgas (6)
    MP 1,7 Fernando   No salgas, Mariana.   816
    TB QM. Mujer   No salgas.   909
    BS 2,1 Criada   No salgas así.   1212
    BS 2,2 Criada   nunca salgas de tu casa.   1226
    YE 1,1 Juan   Ya sabes que no me gusta que salgas.   1277
    RS 2,1 Tía   Siempre me dice en las cartas que salgas.   1389
salgo (5)
    ZP 2,1 Zapatera   La gente me canta coplas, los vecinos se ríen en sus   948
        puertas, y como no tengo marido que vele por mí, salgo
        yo a defenderme, [...]
    DC 1,1 Director   ¡Ja, ja, ja! Así salgo ganando. A empezar.   1022

salgo - salir

Pág.

salgo (continuación)
BS 1,3 Padre	Yo salgo con vosotros.	1202
YE 1,1 Yerma	Nunca salgo.	1277
YE 1,1 Yerma	Muchas noches salgo descalza al patio para pisar la tierra, no sé por qué.	1282

salí (2)
MM 1,2 Curianita Silvia	que ya salí de la escuela.	676
BS 2,1 Mujer	Así salí yo de mi casa también.	1224

salía (4)
MP 1,8 Mariana	Salía	816
BS 2,2 Novio	Gente que no salía de su casa.	1230
YE 3,1 Yerma	Cuando salía por mis claveles me tropecé con el muro.	1334
RS 3,1 Tía	"Ahí está Fulano"; y él: "Que entre"; y entraba con los bolsillos vacíos y salía con ellos rebosando [...]	1427

salían (1)
MP 1,7 Fernando	"Adorada Marianita: Gracias [...] otros frailes, que salían de asistir a un [...]	811

salías (1)
TC 2,1 Cocoliche	¿Por qué no salías?	736

salid (2)
TC 6,1 Rosita	¡Salid corriendo por aquí!	766
BS 2,2 Madre	Salid todos de aquí.	1244

salida (6)
PB 1,1 Perlimplín	Nunca había visto la salida del sol... Es un espectáculo que... parece mentira..., ¡me conmueve!	1000
CA 1,1 Gata	¿Encontraste salida?	1068
CA 3,1 Joven	La salida, ¿por dónde?	1130
EP CV Dama 1	Es horrible perderse en un teatro y no encontrar la salida.	1163
YE 1,2 Juan	Viene poca agua, es mía hasta la salida del sol y tengo que defenderla contra los ladrones.	1300
RS 3,1 Rosita	Me he acostumbrado a [...] frío, buscando una salida que no he de [...]	1428

salidas (2)
EP CV Enfermero	Los soldados y los ingenieros están cerrando todas las salidas.	1156
RS 3,1 Tía	Y las mismas salidas; ¡el mismo genio!	1432

salido (7)
ZP 1,1 Zapatera	¿Pero tienes el valor de llamarme escandalosa, cuando he salido a defender tu dinero?	922
BS 2,1 Padre	Que ya ha salido el sol.	1222
RS 2,1 Tío	Como es su santo, habrá salido a rezar los cuarenta credos.	1377
BA 1,1 Bernarda	¡Pero el duelo de los hombres habría salido ya!	1454
BA 1,1 Adela	¿Por eso ha salido detrás del duelo y estuvo mirando por el portón?	1466
BA 3,1 Prudencia	Desde que se peleó con sus hermanos por la herencia no ha salido por la puerta de la calle.	1507
BA 3,1 Adela	He visto la muerte debajo de estos techos y he salido a buscar lo que era mío, lo que me pertenecía.	1526

saliendo (1)
BS 3,1 Mendiga	No han pasado; pero están saliendo de la colina. ¿No los oyes?	1254

saliera (1)
YE 2,2 Muchacha 2	Esperé a que saliera. Mi madre te está aguardando.	1320

salieran (1)
YE 2,2 Yerma	Pero que si salieran de pronto y gritaran, llenarían el mundo.	1323

salieras (1)
BS 1,1 Madre	Es que..., que no quisiera que salieras al campo.	1174

salieron (1)
YE 2,1 Lavandera 1	Ya salieron todos, no falta uno.	1306

salimos (3)
MP 1,4 Amparo	y salimos.	791
EP CV Dama 4	Lo estaban desnudando cuando salimos.	1159
RS 3,1 Rosita	Tú, vete a arreglar cosas, que dentro de unos momentos salimos de este carmen; [...]	1430

salió (7)
PB 3,1 Perlimplín	El salió corriendo por el campo y no lo verás más nunca.	1016
BS 1,1 Madre	Salió.	1179
YE 2,2 Juan	¿Dices que salió hace poco?	1311
RS 1,1 Sobrino	¿Con quién salió?	1361
RS 3,1 Ama	En medio de las dos, [...] cubierto de rosas, como salió en su caja de esta [...]	1425
BA 2,1 Angustias	Casi se me salió el corazón por la boca.	1475
BA 3,1 Martirio	No. Salió corriendo en su jaca.	1531

salir (34)
TC 5,1 Cansa-Almas	No, no quiero salir.	760
MP 1,7 Fernando	Esta noche, disfrazado de contrabandista, tengo absoluta necesidad de salir para Válor y Cadiar, [...]	811

salir (continuación)
MP 3,5 Mariana   para salir volando en busca tuya!   876
ZP 0,0 Zapatera   "¡Quiero salir!   912
ZP 0,0 El Autor   No tengas tanta impaciencia en salir; no es un traje   912
                        [...]
ZP 0,0 Zapatera   "¡Quiero salir!"   912
ZP 2,1 Zapatero   ¡Canallas! Intenciones me dan de salir a defenderla.   970
EP CV Desnudo   ¿Dejaron salir a la gente bajo la arena?   1156
EP CV Estudiante 1   Tengo miedo de salir al aire.   1158
EP CV Dama 3   ¿No podremos salir?   1160
BS 1,1 Madre   No... Si hablo, es porque... ¿Cómo no voy a hablar   1174
                        viéndote salir por esa puerta?
BS 2,1 Criada   Al salir de tu casa,   1222
BS 2,1 Muchacha 1   al salir de tu casa para la boda.   1223
BS 2,1 Voces   ¡Al salir de tu casa   1224
BS 2,1 Voces   Al salir de tu casa   1225
BS 2,2 Mujer   Aquí los dos; sin salir nunca y a levantar la casa.   1232
BS 3,1 Leñador 3   Yo lo vi salir.   1247
YE 1,2 Yerma   ¿He de quedarme pensando en él o en lo que puede salir   1290
                        relumbrando de mi pecho?
YE 2,2 Juan   Esa no viene... Una de vosotras debía salir con ella,   1311
                        porque [...]
RS 1,1 Ama   Pero yo no digo que de tanto regar las flores y tanta   1352
                        agua por todas partes van a salir sapos en el sofá.
RS 1,1 Ama   Podéis salir por el postigo.   1370
RS 3,1 Rosita   Pero yo prefiero salir de aquí con la calle a oscuras.   1426
RS 3,1 Rosita   Así no habrá nadie en los balcones para vernos salir.   1437
BA 1,1 Voz   ¡Bernarda! ¡Déjame salir!   1452
BA 1,1 Martirio   Su novio no la deja salir ni al tranco de la calle.   1459
BA 1,1 Adela   ¡Yo quiero salir!   1466
BA 1,1 Angustias   Madre, déjeme usted salir.   1469
BA 1,1 Bernarda   ¿Salir?   1469
BA 1,1 María Josefa   ¡Déjame salir, Bernarda!   1471
BA 2,1 Angustias   Afortunadamente, pronto voy a salir de este infierno.   1472
BA 2,1 Adela   ¡Ay, quién pudiera salir también a los campos!   1485
BA 2,1 Adela   Ha sido otra cosa que te reventaba en el pecho por   1494
                        querer salir.
BA 2,1 Martirio   Sí, y vamos a salir también nosotras.   1505
BA 3,1 María Josefa   ¿Me acompañarás tú a salir al campo?   1525
salirse (1)
RS 2,1 Tía   Es que quiere salirse siempre con la suya.   1385
saliva (1)
YE 3,2 Vieja   Están hechos con saliva.   1344
salivazo (1)
EP RR Centurión   Con un cuchillo o con un salivazo.   1152
salobre (1)
PB 3,1 Voces   con agua salobre y nardos.   1011
salón (1)
CA 2,1 Novia   Detrás de toda esta sombra [...] entrara de pronto en   1079
                        el salón del trono, ¿verdad?, [...]
Salón (1)
MP 2,7 Mariana   que vaya a la Alameda del Salón   839
salta (2)
PB 3,1 Perlimplín   Salta las tapias de mi jardín.   1014
BA 3,1 Prudencia   Pone una escalera y salta las tapias y el corral.   1507
saltaba (1)
TB QM. Viejo   ¿Te acuerdas cómo saltaba la tapia, cómo se subía a   905
                        los árboles solo por verte?
saltad (1)
MM 2,2 Curiana N   y temo que se tronchen. ¡Saltad el arroyuelo!   706
saltado (1)
ZP 0,0 El Autor   El poeta no pide benevolencia, sino atención, una vez   911
                        que ha saltado hace mucho tiempo [...]
saltadora (1)
ZP 2,1 Alcalde   Que la casa tiene una [...] palmeras y una fuente   951
                        saltadora, pero aguarda, [...]
saltan (2)
ZP 1,1 Zapatera   Yo siempre he tenido delirio por ella... Casi se me   929
                        saltan las lágrimas... ¡Qué primor!
CA 3,2 Joven   Voy a cortar todas las flores del jardín, sobre todo   1135
                        esas malditas adelfas que saltan por los muros, [...]
saltar (4)
CA 3,1 Muchacha   Me voy a saltar   1112
CA 3,1 Joven   Yo sé saltar el muro.   1130
YE 1,2 Yerma   Otra vez el mismo Víctor, teniendo yo catorce años (él   1289
                        era un zagalón), me cogió en sus brazos para saltar
                        una acequia y [...]
RS 1,1 Tía   Tendrías que saltar por encima de mí y de tu tío.   1362
saltarás (1)
MP 2,8 Mariana   saltarás fácilmente! Ese tejado   848

Pág.

saltaría (1)
    BA 2,1 Adela   No por encima de ti, que eres una criada; por encima   1482
                           de mi madre saltaría para apagarme [...]
saltas (1)
    TB QM. Mujer   Saltas por las piedras.   909
salten (3)
    YE 1,1 Yerma   y salten las fuentes alrededor!   1277
    YE 1,1 Yerma   y salten las fuentes alrededor!   1278
    YE 1,1 Yerma   y salten las fuentes alrededor!   1278
saltimbanqui (1)
    RS 2,1 Ama   Lo que pasó es que a Rosita le gustó el saltimbanqui,   1381
                           como me gustó a mí y como le gustaría a usted.
salud (12)
    MM 1,5 Alacranito   ¡Salud, niño!   690
    ZP 1,1 Zapatero   Yo tenía dinerillos, salud, y dije: ¡allá voy!   926
    ZP 2,1 Zapatera   Tome un poquito de café caliente, que después de toda   967
                           esta tracamundana le servirá de salud.
    BS 2,1 Novio   ¡Salud!   1220
    BS 2,1 Mujer De L   ¡Salud!   1221
    BS 3,2 Novia   Yo era una mujer quemada, [...] esperaba hijos,   1269
                           tierra, salud; pero el otro era [...]
    YE 1,1 Yerma   Yo he visto a mi hermana [...] bueno, necesario para   1283
                           la salud.
    YE 1,2 Víctor   Salud.   1299
    YE 2,2 Yerma   ¡Dios te oiga! ¡Salud!   1325
    YE 2,2 Yerma   Salud, dije.   1325
    RS 1,1 Rosita   pues, siendo norte y salud   1371
    BA 1,1 Mujer 1   Salud para rogar por su alma.   1449
saludar (1)
    TB PBK Joven   ¿A quién tengo el honor de saludar?   896
saludaré (1)
    CA 1,1 Amigo   Te saludaré como los chinos.   1058
saludarlas (1)
    RS 3,1 Solterona 3   Yo quisiera saludarlas.   1436
saludarte (1)
    MP 1,4 Lucía   que vendría a buscarnos, para saludarte.   789
saludemos (1)
    DC 1,1 Director   Llenemos el teatro de [...] tenemos condenada, y   1043
                           saludemos hoy en "La [...]
saludo (2)
    PB 2,1 Belisa   A veces pasa por debajo de mis balcones y mece su mano   1002
                           lentamente en un saludo que hace temblar mis pechos.
    BS 2,2 Criada   ¿No andáis satisfechos de tanto saludo?   1239
salvación (1)
    YE 3,1 Yerma   No lo quiero, no lo quiero y, sin embargo, es mi única   1329
                           salvación.
    YE 3,1 Yerma   Mi única salvación.   1329
salvado (4)
    TC 1,1 Padre   Me he salvado de la ruina.   727
    TC 1,1 Padre   ¡Me he salvado!   727
    TC 1,1 Rosita   ¿Qué significará esto de "Me he salvado de la ruina.   727
    TC 1,1 Rosita   Me he salvado"?   727
sálvame (1)
    MP 1,7 Mariana   ¡Sálvame! Que estoy dudando   810
salvar (2)
    MP 3,5 Mariana   ¡Pero vendrá para salvar mi vida!   875
    MP 3,8 Mariana   Entonces, ¿cuándo viene para salvar mi vida?   884
salvará (2)
    MM 1,5 Curiana N   pero se salvará.   697
    MP 1,7 Fernando   Dios me salvará.   811
salvarla (3)
    MP 2,5 Pedro   y hay que salvarla pronto con manos y con dientes.   832
    MP 2,9 Pedrosa   Vengo a salvarla.   855
    MP 3,3 Alegrito   salvarla. Que ni lo intentan,   867
salvarme (1)
    MP 3,5 Mariana   muy grandes caballeros a salvarme,   874
sálvate (1)
    MP 3,8 Fernando   vendrán por ti, Mariana. ¡Sálvate y di los nombres!   885
salve (1)
    MP 2,2 Mariana   Una salve a la Virgen y dos credos   826
Salve (1)
    MP 3,7 Monja 1   ¿Vamos a ensayar la Salve?   881
sálvese (1)
    MP 2,9 Clavela   ¡Sálvese pronto!   858
salvias (1)
    RS 1,1 Ama   Pero aquí... rosas por la derecha, albahaca por la   1353
                           izquierda, anémonas, salvias, petunias y esas [...]
salvo (S) (1)
    MP 2,8 Mariana   Sí, sí, vete en seguida. ¡Ponte a salvo!   848
salvo (1)
    MP 3,9 Mariana   salvo a muchas criaturas que llorarán mi muerte.   889

salvó (1)
    MP 2,5 Pedro   me salvó el pasaporte y el caballo que enviaste   830
San Antón (1)
    RS 3,1 Tía   Sí, en San Antón.   1421
San Bartolomé (2)
    RS 1,1 Ama   Por la rueda de San Bartolomé   1358
    BA 2,1 Amelia   Ni que Pepe fuera un San Bartolomé de plata.   1490
San Cucaracho (6)
    MM 1,5 Alacranito   ¡San Cucaracho os dé paz!   690
    MM 1,5 Curianita Silvia ¡San Cucaracho mío!   692
    MM 1,5 Alacranito   y que San Cucaracho me perdone.   693
    MM 2,1 Curianita 1   pero para esta vida no habló San Cucaracho...   703
    MM 2,1 Curianita Santa   los dolores ajenos", dijo San Cucaracho.   704
    MM 2,6 Curianito   ¿Y si San Cucaracho no existiera? ¿Qué objeto   719
San Francisco (2)
    RS 2,1 Solterona 2   Nosotras tenemos en una maceta un rosal de San   1392
                             Francisco.
    RS 2,1 Rosita   Pero las rosas de San Francisco no huelen.   1392
San Jorge (1)
    MP 3,3 Mariana   El vendrá como un San Jorge   869
San José (1)
    RS 1,1 Ama   y la varita de San José   1358
San Juan (2)
    MP 2,2 Niña   la oración de San Juan y la que ruega   826
    CA 1,1 Amigo   la llamita de San Juan   1056
San Luis (1)
    RS 1,1 Rosita   ¡Ya han dado las treinta campanadas en San Luis!   1353
San Miguel (1)
    BA 1,1 Bernarda   Con el ángel San Miguel   1448
San Nicolás (1)
    RS 1,1 Ama   Por el pozo de San Nicolás   1364
sandías (1)
    BA 1,1 Adela   Pensaba ponérmelo el día que vamos a comer sandías a   1465
                             la noria.
sangra (1)
    MP 2,8 Pedro   una herida que sangra en mi costado,   842
sangraba (1)
    CA 1,1 Mecanógrafa   Un día se cayó y sangraba por la rodilla, ¿te acuerdas? 1055
sangrando (1)
    MP 2,8 Conspirador 4   sangrando por tres heridas,   844
sangre (107)
    TC 6,1 Cocoliche   Oye: ¡no tiene sangre!   778
    TC 6,1 Rosita   ¿Que no tiene sangre?   778
    MP 1,4 Amparo   y entre el olor de la sangre   794
    MP 1,5 Fernando   por donde brota la sangre   799
    MP 1,6 Mariana   Por las clavelinas de su dulce sangre,   806
    MP 1,7 Fernando   ¡Dichosa la sangre mía   810
    MP 1,7 Mariana   No; tu sangre aumentaría   810
    MP 1,7 Mariana   gotas de sangre llorar.   813
    MP 2,3 Mariana   esta rosa de sangre de mi pecho.   826
    MP 2,5 Pedro   Toda mi sangre es nueva, porque tú me la has dado   828
    MP 2,5 Mariana   ¿De qué sirve mi sangre, Pedro, si tú murieras?   828
    MP 2,5 Pedro   ¡Libertad, aunque con sangre llame a todas las puertas! 831
    MP 2,9 Mariana   ¡Eso nunca! ¡Primero doy mi sangre!   857
    MP 3,4 Mariana   Mi sangre se agita y tiembla,   871
    MP 3,9 Mariana   pero yo soy la misma Libertad. Doy mi sangre,   889
    MP 3,9 Mariana   que es tu sangre y la sangre de todas las criaturas.   889
    ZP 1,1 Zapatero   Hasta con don Mirlo, y a mí se me está encendiendo la 924
                             sangre.
    ZP 1,1 Vecina Verde   Para la sangre.   939
    ZP 2,1 Zapatera   Y que no me asusto de nadie, ¿lo oyes?, que yo tengo   942
                             la sangre de mi abuelo, [...]
    ZP 2,1 Zapatera   Yo le juro, por la preciosísima sangre de nuestro   963
                             padre Jesús, que soy inocente.
    ZP 2,1 Niño   Heridas que echan mucha sangre.   970
    ZP 2,1 Vecina Roja   Ha corrido la sangre...   972
    PB 3,1 Perlimplín   Roja como su sangre.   1015
    PB 3,1 Belisa   ¿Quién te abrió tus venas para que llenases de sangre 1016
                             mi jardín?
    PB 3,1 Marcolfa   Estás vestida por la sangre gloriosa de mi señor.   1018
    CA 1,1 Joven   Pero las cosas vivas, ardiendo en su sangre, con todos 1047
                             sus perfiles intactos.
    CA 1,1 Mecanógrafa   Todavía tengo aquella sangre viva como una sierpe   1055
                             roja, temblando entre mis pechos.
    CA 1,1 Viejo   Eso no está bien. La sangre se seca y lo pasado,   1055
                             pasado.
    CA 2,1 Criada   Tuve un novio soldado que me clavaba los anillos y me 1084
                             hacía sangre; por eso lo despedí.
    CA 2,1 Novia   Y si me caigo, no hacerme sangre; y si agarro una   1087
                             zarzamora, no herirme.

Pág.

sangre (continuación)

CA 2,1	Padre	En cuanto paso una irritación se me sube la sangre a los ojos y no veo.	1089
CA 2,1	Novia	¿Dónde hay una gota de sangre?	1093
CA 2,1	Novia	¡No es tu sangre!	1093
CA 2,1	Joven	Y no son sueño tus trenzas porque las haré yo mismo de tu cabello, ni es sueño tu cintura donde canta la sangre mía, porque es mía esta sangre, ganada lentamente [...]	1094
CA 2,1	Maniquí	espera la sangre tuya.	1104
CA 2,1	Joven	limpie con sangre de eclipse	1105
CA 2,1	Viejo	Una herida, pero... la sangre se seca, y lo pasado, pasado.	1106
CA 2,1	Joven	Yo busco, como ella, la nueva flor de mi sangre.	1107
CA 3,1	Joven	Sangre pura y calor hondo	1122
CA 3,1	Joven	la sangre en mi garganta,	1122
CA 3,1	Joven	Pero la sangre golpea mis sienes con sus nudillos de fuego, y ahora te tengo ya aquí.	1125
CA 3,2	Jugador 1	Un corazón suyo lleno de sangre.	1136
CA 3,2	Jugador 3	Yo jugué en la India con un viejo que cuando ya no tenía una gota de sangre sobre las cartas, [...]	1136
CA 3,2	Jugador 1	Las cartas beben rica sangre en las manos y es difícil cortar el hilo que las une.	1136
CA 3,2	Jugador 2	Pero acuérdate del niño [...] tres con el chorro de sangre que nos echó.	1137
EP RR	Figura De P	Si yo no tuviera esta flauta te escaparías a la luna, a la luna cubierta de pañolitos de encaje y gotas de sangre de mujer.	1146
EP RR	Figura De C	¿Te figuras que tengo miedo a la sangre?	1147
EP CV	Desnudo	¿Cuántos vasos de sangre me habrán sacado?	1155
BS 1,1	Madre	Sangre.	1174
BS 1,2	Suegra	La sangre corría	1184
BS 1,2	Suegra	La sangre corría	1193
BS 2,1	Leonardo	No quiero hablar, porque soy hombre de sangre, y no quiero que todos estos cerros oigan mis voces.	1213
BS 2,2	Criada	de la sangre derramada.	1226
BS 2,2	Padre	Ese busca la desgracia. No tiene buena sangre.	1227
BS 2,2	Madre	¿Qué sangre va a tener?	1227
BS 2,2	Madre	Por eso es tan terrible ver la sangre de una derramada por el suelo.	1228
BS 2,2	Madre	Me mojé las manos de sangre y me las lamí con la lengua.	1229
BS 2,2	Madre	Ha llegado otra vez la hora de la sangre.	1244
BS 3,1	Leñador 1	Se estaban engañando uno a otro y al fin la sangre pudo más.	1246
BS 3,1	Leñador 3	¡La sangre!	1246
BS 3,1	Leñador 1	Hay que seguir el camino de la sangre.	1246
BS 3,1	Leñador 2	Pero la sangre que ve la luz se la bebe la tierra.	1246
BS 3,1	Leñador 2	¡Llena de jazmines en sangre!	1248
BS 3,1	Luna	quiere ser dolor de sangre.	1249
BS 3,1	Luna	mis mejillas roja sangre,	1249
BS 3,1	Luna	mis mejillas dulce sangre,	1250
BS 3,1	Luna	Pero que tarden mucho en morir. Que la sangre	1251
BS 3,1	Leñador 2	¡No abras el chorro de la sangre!	1255
BS 3,1	Leonardo	mi sangre se puso negra,	1258
BS 3,2	Mendiga	teñida en sangre falda y cabellera.	1266
BS 3,2	Madre	Vuestras lágrimas son [...] más ardientes que la sangre.	1267
YE 1,1	María	Pues lo mismo..., pero por dentro de la sangre.	1280
YE 1,1	Yerma	Yo pienso que se nos va la mitad de nuestra sangre.	1283
YE 1,1	Yerma	Cada mujer tiene sangre para cuatro o [...]	1283
YE 1,1	Lavandera 1	cuando el verano seca la sangre al segador.	1308
YE 2,2	Juan	Pero que está oscura y débil en los mismos caños de la sangre.	1315
YE 2,2	Yerma	¡Ay, qué dolor de sangre prisionera	1316
YE 3,1	Dolores	Con los zapatos y las enaguas empapadas en sangre..., pero con la cara reluciente.	1327
YE 3,1	Yerma	Es tu sangre y tu amparo lo que deseo.	1333
YE 3,1	Yerma	¡Maldito sea mi padre, que me dejó su sangre de padre de cien hijos!	1334
YE 3,2	Vieja	Mi hijo sí es de sangre.	1345
YE 3,2	Yerma	Voy a descansar sin despertarme sobresaltada, para ver si la sangre me anuncia otra sangre nueva.	1350
RS 1,1	Tío	roja como sangre está.	1356
RS 1,1	Ama	Como que yo no creo en la sangre.	1360
RS 1,1	Ama	La sangre corre por debajo de las venas, pero no se ve.	1360
RS 1,1	Rosita	roja como sangre está;	1374
RS 2,1	Ama	El pan me quitaría de la boca y la sangre de mis venas, si ella me los deseara.	1381
RS 2,1	Tía	No. Tú le has dado tu sangre.	1384
RS 2,1	Rosita	tan roja de sangre tierna,	1403

sangre (continuación)
RS 3,1 Tía   Sí, sí; que pagara con su sangre lo que sangre ha   1414
                    costado, aunque toda sea sangre mía, y después...
RS 3,1 Ama   Es una herida abierta que mana sin parar un hilito de   1416
                    sangre, y no hay nadie, [...]
RS 3,1 Ama   pero los demonios, tizonazo [...] cara, hasta que la   1425
                    sangre se le convierta [...]
RS 3,1 Rosita   Ya perdí la esperanza de hacerlo con quien quise con   1429
                    toda mi sangre, con quien quise y... con quien quiero.
RS 3,1 Rosita   roja como sangre está.   1435
BA 1,1 Criada   Sangre en las manos tengo de fregarlo todo.   1441
BA 2,1 Adela   ¡Tanto! Mirando sus ojos me parece que bebo su sangre   1482
                    lentamente.
BA 2,1 Bernarda   ¡Mi sangre no se junta con la de los Humanas mientras   1498
                    yo viva!
BA 2,1 La Poncia   ¡No llegará la sangre al río!   1500
BA 3,1 La Poncia   En estas cuestiones se olvida hasta la sangre.   1521
BA 3,1 Martirio   Mi sangre ya no es la tuya.   1527
BA 3,1 Martirio   Eso no pasará mientras yo tenga una gota de sangre en   1528
                    el cuerpo.
BA 3,1 Martirio   ¡Por ella! Hubiera volcado un río de sangre sobre su   1531
                    cabeza.
sangrecita (1)
MM 1,2 Doña Curiana ¡Sangrecita de mis venas,   683
sangres (1)
BS 3,1 Leñador 1   Pero ya habrán mezclado sus sangres y serán como dos   1247
                    cántaros vacíos , como dos arroyos secos.
sano (1)
YE 1,1 Yerma   Pero esto es bueno, sano, hermoso.   1283
Santa Ana (2)
MP 1,5 Mariana   de la iglesia de Santa Ana,   800
YE 3,1 Dolores   La oración del laurel dos veces, y al mediodía la   1330
                    oración de Santa Ana.
Santa Bárbara (1)
BA 3,1 Adela   Santa Bárbara bendita,   1516
Santa Catalina (2)
MP 1,7 Fernando   "Adorada Marianita: Gracias al traje de capuchino, que   811
                    tan diestramente hiciste llegar a mi poder, me he
                    fugado de la torre de Santa Catalina, confundido con
                    otros frailes, que salían de asistir a un reo de
                    muerte.
RS 2,1 Rosita   Ama, trae los huesos de Santa Catalina.   1398
Santa Gertrudis (1)
RS 3,1 Martín   ¿Es la Novena de Santa Gertrudis la Magna?   1421
Santa Magdalena (1)
MP 3,2 Mariana   como a Santa Magdalena.   866
Santa Rosa (3)
TC 6,1 Rosita   ¡Oh Santa Rosa mía!   762
TC 6,1 Rosita   ¡Ya siento sus pasos por la escalerilla! Iluminadme,   766
                    Santa Rosa.
TC 6,1 Rosita   ¡Santa Rosa: que no se despierte!   775
santa (11)
MM 1,2 Doña Curiana de una curiana muy santa   680
MM 2,1 Curianita 1 Dejadme en paz, comadre. Sois muy santa y muy sabia,   703
MP 2,8 Mariana   ¡Y todos, Virgen santa! ¡Pronto!   847
MP 2,9 Mariana   ¡Virgen Santa!   854
ZP 1,1 Zapatera   Quiero hacer siempre mi santa voluntad.   922
YE 3,2 Vieja   ¿Habéis bebido ya el agua santa?   1336
YE 3,2 Yerma   de tu santa romería.   1339
RS 1,1 Ama   y la santa rama de laurel,   1358
BA 1,1 Bernarda   ¡Descansa en paz con la santa   1448
BA 1,1 Bernarda   Con nuestra santa caridad   1449
BA 1,1 Bernarda   Concede el reposo a tu siervo Antonio María Benavides   1449
                    y dale la corona de tu santa gloria.
santas (1)
RS 1,1 Ama   por las tres santas preguntas   1364
Santísima (3)
MP 2,1 Clavela   la Santísima Trinidad,   822
ZP 2,1 Vecina Roja ¡Virgen Santísima!   962
RS 1,1 Tía   ¡María Santísima!   1355
santo (17)
MM 0,0   Los insectos estaban [...] sus hijuelos en el santo   669
                    temor de sus dioses.
MM 2,5 Gusano 2   santo y cristalino.   712
MP 2,8 Mariana   ¡Dios santo!   847
ZP 2,1 Zapatero   ¡Santo Dios, cómo reñían!   959
EP CY Ladrones   Santo. Santo. Santo.   1164
EP CV Ladrones   Santo. Santo. Santo.   1165
BS 1,1 Vecina   Le relucía la cara como a un santo; pero a mí no me   1181
                    gustó nunca.

Pág.

santo (continuación)
YE 1,2 Muchacha 2   En cambio, mi madre no hace más que darme yerbajos   1293
                        para que los tenga, y en octubre iremos al Santo que
                        dicen que los [...]
YE 3,2 Vieja   Venís a pedir hijos al santo y resulta que cada año   1336
                        vienen más hombres solos a esta romería.
YE 3,2 Vieja   Y el santo hace el milagro.   1345
RS 2,1 Tío   Como es su santo, habrá salido a rezar los cuarenta   1377
                        credos.
RS 2,1 Ama   Para el santo de Rosita.   1383
RS 2,1 Tía   Yo. Es el día de su santo.   1388
Santo (1)
MP 2,2 Mariana   al Santo Cristo del Mayor Dolor,   826
Santos Dumont (1)
RS 2,1 El Señor X   Si Santos Dumont, en vez de estudiar Meteorología   1376
                        comparada, se hubiera dedicado a cuidar rosas, el
                        aeróstato dirigible estaría en el seno de Brahma.

santos (1)
MM 1,1 Curiana N   estos polvos santos de cráneo de hormiga,   674
San[ta] Matilde (1)
RS 2,1 Solterona 3   Allí nos reunimos siempre con las de Ponce de León,   1394
                        con las de Herrasti y con las de la baronesa de
                        San[ta] Matilde de la Bendición.

sapitos (1)
EP CV Estudiante 2   Se amaban los esqueletos [...] cubierta de pequeños   1160
                        sapitos de asco.

sapos (1)
RS 1,1 Ama   Pero yo no digo que de tanto regar las flores y tanta   1352
                        agua por todas partes van a salir sapos en el sofá.

saque (1)
BS 2,2 Criada   No hay quien me saque.   1234
saqué (1)
MM 2,5 Mariposa   me saqué el corazón   715
saquen (1)
DC 1,1   Será necesario que las muchachas cierren los abanicos   1019
                        y las niñas saquen sus pañuelitos [...]

sarmentosa (1)
BA 1,1 La Poncia   ¡Sarmentosa por calentura de varón!   1448
satisfecha (3)
MP 3,3 Mariana   que yo estoy muy satisfecha   870
BS 1,2 Suegra   La madre de él creo que no estaba muy satisfecha con   1190
                        el casamiento.
RS 3,1 Tía   Resucitarlo y traerlo con Rosita para respirar   1414
                        satisfecha con la honra de los míos.

satisfecho (1)
MP 2,8 Conspirador 4 y se acercó, satisfecho   843
satisfechos (1)
BS 2,2 Criada   ¿No andáis satisfechos de tanto saludo?   1239
sauce (1)
MP 2,7 Conspirador 2 La lluvia, como un sauce de cristal,   835
Say (1)
RS 2,1 El Señor X   Hoy día se abren camino un Juan Bautista Say o Se, que   1376
                        de ambas [...]
sayonas (2)
ZP 1,1 Zapatero   ¡Brujas, sayonas!   933
ZP 2,1 Zapatero   ¡Sayonas judías!   973
sé (V) (6)
se (898)
sé (133)
MM 1,2 Doña Curiana   o no sé qué... lo que cuenta?   677
MM 1,2 Doña Curiana   ya lo sé. Mas en mi época   680
MM 1,4 Curianita Silvia Ya lo sé.   688
MM 2,5 Mariposa   Yo no sé lo que he sido;   715
MM 2,5 Mariposa   No sé lo que es amor,   715
MM 2,5 Mariposa   Yo no sé qué es amor.   716
TC 2,1 Cristobita   No sé cómo no le envío al barranquillo donde eché a   739
                        tantos.
TC 3,1 Joven   No sé cómo me he podido contener.   746
TC 4,1 Joven   No sé.   751
MP 1,6 Mariana   ¡Yo no lo sé!   802
MP 1,6 Clavela   Ya le he dicho que no lo sé.   804
MP 1,7 Mariana   ¡Lo sé!   808
MP 1,8 Mariana   y no sé lo que quiero.   818
MP 2,5 Mariana   ¡Y algo que yo no sé decir, pero que existe!   830
MP 2,6 Clavela   Sí, señora; lo sé.   833
MP 2,7 Mariana   me miraba... no sé... ¡como sabiendo!,   837
MP 2,7 Pedro   Yo no sé decirte.   840
MP 2,8 Pedro   Yo no sé qué pensar; que tengo abierta   842
MP 2,9 Mariana   pero sé defenderme. ¡Salga pronto!   854
MP 2,9 Mariana   para que yo...? ¡Canalla! No sé cómo...   855
MP 2,9 Pedrosa   Sé también   856

sé (continuación)

MP 3,1	Novicia 2	Pues... ¡no sé!	862
MP 3,3	Alegrito	Yo no sé lo que ellos piensan.	868
MP 3,3	Mariana	porque sé que vendrán todos,	870
MP 3,5	Pedrosa	Yo sé que usted de todos es amiga.	876
MP 3,8	Fernando	Vengo solo, Mariana. ¿Qué sé yo de don Pedro?	884
MP 3,8	Fernando	¡Sé que vas a morir! Dentro de unos instantes	885
MP 3,8	Mariana	¿Y qué es amor, Fernando? ¡Yo no sé qué es amor!	886
MP 3,8	Fernando	¡No sé qué hacer! ¡Qué angustia! ¡Ya vendrán a buscarte!	886
MP 3,9	Mariana	Ahora sé lo que dicen el ruiseñor y el árbol.	889
ZP 1,1	Niño	Me lo llevaré, porque como yo sé que usted no tendrá nunca niños...	914
ZP 1,1	Zapatero	Ya sé que tengo que aguantarme.	915
ZP 1,1	Zapatero	Por eso me callo y no me disgusto contigo... ¡Demasiado sé yo!...	916
ZP 1,1	Zapatero	¡Mi hermana , mi hermana tiene la culpa, mi hermana que se empeñó: "Que si te vas a quedar solo", que si qué sé yo!	919
ZP 1,1	Zapatero	Sé lo que haces y lo que no haces, y ya estoy colmado, ¡hasta aquí!	923
ZP 1,1	Zapatero	Afortunadamente creo que esto se acabará pronto; porque yo no sé cómo tengo paciencia.	923
ZP 1,1	Zapatero	Que si te vas a quedar solo, que si qué sé yo, que si qué sé yo cuántos.	926
ZP 1,1	Zapatera	¡Yo qué sé!	932
ZP 1,1	Niño	Es amarilla, con pintas azules y rojas... y, ¡qué sé yo!...	935
ZP 2,1	Niño	Cosas indecentes que yo sé decir, ¿sabes?, pero que no quiero decir.	944
ZP 2,1	Alcalde	Que la casa tiene una [...] que una persona que sé yo se quiera aposentar [...]	951
ZP 2,1	Zapatero	¿Qué sé yo quién es usted?	966
PB 0,0	Perlimplín	No sé cómo expresarle nuestro agradecimiento.	986
PB 1,1	Perlimplín	¡No mientas, que lo sé!	999
PB 2,1	Perlimplín	Y sé que tú me eres fiel y lo seguirás siendo.	1004
PB 2,1	Perlimplín	¡Yo lo sé todo!	1005
PB 2,1	Perlimplín	No tengas miedo de hablarme..., yo sé que tú le amas... [...]	1005
PB 2,1	Perlimplín	Ya lo sé.	1005
PB 3,1	Perlimplín	Yo no sé nada.	1013
DC 1,1		...Quiero deciros que yo sé cómo nacen las rosas y cómo se crían las del mar, pero...	1020
DC 1,1	Poeta	Sí, señor; pero es que don Cristóbal yo sé que en el fondo es bueno y que quizá podría serlo.	1020
CA 1,1	Joven	Ya lo sé.	1050
CA 1,1	Joven	Ya sé que no tiene trenzas.	1050
CA 1,1	Niño	¿Cómo sigue?... No lo sé, ¿cómo sigue?	1068
CA 1,1	Amigo	Al que no le interesa es a mí, que sé positivamente que la nieve es fría y que el fuego quema.	1071
CA 2,1	Criada	Sí, sí lo sé.	1083
CA 3,1	Joven	Yo sé saltar el muro.	1130
CA 3,2	Criado	No sé.	1132
CA 3,2	Joven	No sé a quién se le ocurrió comprarla.	1133
CA 3,2	Joven	No sé.	1134
CA 3,2	Jugador 3	No sé.	1136
EP RR	Figura De C	Sé la manera de dominarte. ¿Crees que no te conozco?	1147
EP RR	Figura De C	Yo sé lo que deseas, pero tengo tiempo de huir.	1150
BS 1,1	Madre	No sé cómo te atreves a llevar una navaja en tu cuerpo, ni cómo yo dejo a la serpiente dentro del arcón.	1173
BS 1,1	Madre	No lo sé yo misma.	1175
BS 1,1	Madre	Yo sé que la muchacha es buena.	1175
BS 1,1	Novio	No sé.	1176
BS 1,2	Leonardo	No sé.	1190
BS 1,3	Novia	Lo sé.	1200
BS 2,1	Novia	Y me arrastra y sé que me ahogo, pero voy detrás.	1215
BS 2,1	Novia	Y sé que estoy loca y sé que tengo el pecho [...]	1215
BS 2,1	Mujer	No sé lo que pasa.	1224
BS 2,1	Mujer	Una cosa sé.	1224
BS 2,2	Novia	No sé nada.	1235
YE 1,1	María	No sé. Angustia.	1279
YE 1,1	María	Estoy aturdida. No sé nada.	1280
YE 1,1	María	No sé.	1281
YE 1,1	Yerma	Muchas noches salgo descalza al patio para pisar la tierra, no sé por qué.	1282
YE 1,1	María	No sé lo que tengo.	1283
YE 1,2	Vieja 1	Ya sé lo que me vas a decir.	1288
YE 1,2	Vieja 1	Yo no sé nada.	1288
YE 1,2	Yerma	No sé.	1289
YE 1,2	Yerma	Yo no sé, ¡pero dímelo tú, por caridad!	1290

sé - seca (V)

sé (continuación)   Pág.
YE 1,2 Vieja 1   Soy vieja, y sé lo que digo.   1291
YE 1,2 Yerma   No sé lo que me quieres decir.   1291
YE 1,2 Yerma   No sé..., es un decir...   1295
YE 2,2 Yerma   Lo sé muy bien. No lo repitas.   1312
YE 2,2 Yerma   Yo no sé quién soy.   1315
YE 2,2 Yerma   De mí sé decir: que he aborrecido el agua de estos   1322
                   pozos.
YE 3,1 Yerma   No soy una casada indecente; pero yo sé que los hijos   1329
                   nacen del hombre y de la mujer.
YE 3,1 Yerma   ¡No sé por qué he venido!   1330
YE 3,1 Yerma   Yo no sé por qué empiezan los malos aires que   1333
                   revuelcan al trigo, ¡y mira tú si el trigo es bueno!
YE 3,1 Juan   Ni yo sé lo que busca una mujer a todas horas fuera de   1333
                   su tejado.
YE 3,2 María   Tiene una idea que no sé cuál es, pero desde luego es   1337
                   una idea mala.
YE 3,2 Yerma   No sé.   1343
YE 3,2 Yerma   ¡Marchita, sí, ya lo sé!   1345
YE 3,2 Yerma   Ahora sí que lo sé de cierto.   1350
RS 1,1 Ama   No sé quién me gusta más, si el novio o ella.   1359
RS 1,1 Sobrino   Demasiado sé que no puedo.   1362
RS 1,1 Rosita   No me engañéis, que yo sé   1366
RS 2,1 Ama   No sé cómo tiene usted paciencia.   1378
RS 2,1 Tío   No me expliques, ya me lo sé todo de memoria... Y sin   1385
                   embargo no puedes estar sin ella.
RS 2,1 Tía   No sé.   1387
RS 2,1 Tío   Ya sé que es igual.   1388
RS 2,1 Tío   Sé que duran poco.   1388
RS 2,1 Rosita   No sé.   1389
RS 2,1 Tía   Yo sé que hay muchachos y hombres maduros enamorados   1389
                   de ti.
RS 2,1 Tía   No sé dónde vamos a parar.   1396
RS 2,1 Ayola 1   ¡Y si soy amiga de Rosita es porque sé que tiene novio!   1401
RS 2,1 Solterona 1 Lo sé muy cierto.   1401
RS 3,1 Martín   No sé por qué escribo, porque no tengo ilusión, pero   1421
                   sin embargo es lo único que me gusta.
RS 3,1 Rosita   Yo sé que la hipoteca la hizo para pagar mis muebles y   1427
                   mi ajuar, y esto es lo que me duele.
RS 3,1 Rosita   Me entendéis si pido [...] mano oscura que no sé si me   1430
                   hiela o me abrasa [...]
RS 3,1 Rosita   Yo sé que los ojos los tendré siempre jóvenes, y sé   1430
                   que la espalda se me irá curvando cada día.
RS 3,1 Rosita   Ya sé que se está usted acordando de su hermana la   1431
                   solterona..., solterona como yo.
BA 1,1 Magdalena   Sé que yo no me voy a casar.   1452
BA 1,1 Martirio   No sé a qué te refieres...   1463
BA 1,1 Bernarda   Aunque mi madre esté loca, yo estoy en mis cinco   1469
                   sentidos y sé perfectamente lo que hago.
BA 2,1 Amelia   A mí me daría no sé qué.   1474
BA 2,1 La Poncia   Un día me dijo no sé qué cosa y le maté todos los   1477
                   colorines con la mano del almirez.
BA 2,1 Martirio   ¡Yo qué sé lo que hace!   1478
BA 2,1 La Poncia   Por mucho que pienso no sé lo que te propones.   1480
BA 2,1 La Poncia   Se empeña que con el calor que hace vaya a traerle no   1483
                   sé qué de la tienda.
BA 2,1 Amelia   No sé.   1488
BA 2,1 La Poncia   Eso no lo sé yo.   1499
BA 2,1 Bernarda   ¡Yo sí sé mi fin!   1499
BA 3,1 Prudencia   No sé qué te diga. Yo sufro por esto.   1507
BA 3,1 Criada   No sé lo que va a pasar aquí.   1521
BA 3,1 María Josefa Ya sé que es una oveja.   1524
BA 3,1 Martirio   Lo sé.   1527
Se (1)
RS 2,1 El Señor X Hoy día se abren camino un Juan Bautista Say o Se, que   1376
                   de ambas maneras suele y puede decirse, o un conde
                   León Tolstuá, [...]

sea (58)
seáis (1)
sean (11)
seas (12)
seca (V) (5)
MM 1,5 Curianito   Seca tus lágrimas.   689
MP 1,7 Fernando   Y seca ese llanto,   815
CA 1,1 Viejo   Eso no está bien. La sangre se seca y lo pasado,   1055
                   pasado.
CA 2,1 Viejo   Una herida, pero... la sangre se seca, y lo pasado,   1106
                   pasado.
YE 2,1 Lavandera 1 cuando el verano seca la sangre al segador.   1308

seca (6)
    CA 2,1 Novia   Una mirada que se parte como el ala de una mariposa   1092
                                   seca.
    YE 1,2 Yerma   ¿Porqué estoy yo seca?   1288
    YE 2,1 Lavandera 1   ¡Ay de la casada seca!   1307
    YE 2,1 Lavandera 1   Pero ¡ay de la casada seca!   1310
    YE 3,1 Dolores   La última vez hice la oración con una mujer mendicante   1327
                                   que estaba seca más tiempo que tú, [...]
    YE 3,2 Vieja   El año pasado se mataron dos por una casada seca y   1337
                                   quiero vigilar.
secad (1)
    MP 3,9 Mariana   ¡Adiós! ¡Secad el llanto!   890
secando (1)
    MM 2,7 Curianito   Sin ti mi corazón se está secando.   720
secano (2)
    BS 1,2 Leonardo   No. ¿Qué iba a hacer yo allí, en aquel secano?   1188
    YE 3,2 Vieja   Como los cardos del secano, pinchosa, marchita.   1345
secanos (1)
    BS 1,3 Novio   Estos son los secanos.   1195
secas (3)
    CA 2,1 Maniquí   con hojas secas y musgo   1101
    BS 3,1 Leñador 1   Muerte de las secas hojas.   1255
    BS 3,2 Madre   Pero mi hijo es ya un brazado de flores secas.   1267
seccionarlo (1)
    CA 1,1 Amigo   Mira, es un talle para [...] plata muy pequeña para   1057
                                   seccionarlo.
seco (4)
    YE 1,2 Yerma   El, sí. Tiene un carácter seco.   1297
    YE 3,2 Hombre 2   ¡Ay, con el vientre seco   1341
    YE 3,2 Yerma   Yo soy como un campo seco donde caben arando [...]   1345
    YE 3,2 Yerma   Con el cuerpo seco para siempre.   1350
secó (1)
    BS 1,3 Madre   Los tres nogales del molino toda una viña y una planta   1195
                                   que se llama Júpiter, que da flores encarnadas, y se
                                 secó.
secos (2)
    CA 2,1 Novia   Mi novio tenía los dientes [...] marchitas, eran como   1079
                                   labios secos.
    BS 3,1 Leñador 1   Pero ya habrán mezclado sus sangres y serán como dos   1247
                                   cántaros vacíos , como dos arroyos secos.
secreto (4)
    MM 2,7 Curianito   ¿La que sabe el secreto de la hierba   719
    MP 1,8 Angustias   que bordas en secreto...   817
    MP 3,5 Mariana   el sitio donde guardo este secreto   875
    DC 1,1 Director   Usted, como poeta, no tiene derecho a descubrir el   1020
                                   secreto con el cual vivimos todos.
secretos (6)
    MM 1,5 Curiana N   que sabes los secretos del agua y de las flores!   697
    TC 5,1 Fígaro   Esta navaja que ven ustedes rompe el cascarón de los   758
                                   secretos.
    MP 1,8 Angustias   de guardianes secretos.   818
    PB 1,1 Perlimplín   Desde que tú viniste de la iglesia está mi casa llena   988
                                   de rumores secretos, y el agua se [...]
    PB 1,1 Duende 2   Y se va a las cosas turbias para descubrir en ellas   994
                                   secretos que ya sabía.
    BA 1,1 La Poncia   Treinta años lavando [...] el cuento; vida sin   1442
                                   secretos una con otra, [...]
sed (S) (12)
    MM 1,2 Curianita Silvia   mi sed inquieta?   679
    TB DME Estudiante   ¡Pues yo me muero de sed!   901
    PB 0,0 Perlimplín   Y si te soy franco, siento una sed... ¿Por qué no me   987
                                   traes agua?
    PB 1,1 Belisa   Mi sed no se apaga nunca, como nunca se apaga la sed   989
                                   de los mascarones que echan el agua en las fuentes.
    CA 1,1 Joven   Yo quisiera quererla como quisiera tener sed delante   1055
                                   de las fuentes.
    EP CV Desnudo   Tengo sed.   1157
    YE 1,2 Yerma   Y tú también, tú también [...] la que se muere de sed.   1291
    YE 2,2 Yerma   Os quedáis frescas, ignorantes, como el que nada en   1318
                                   agua dulce y no tiene idea de la sed.
    YE 3,1 Yerma   Yo pienso que tengo sed y no tengo libertad.   1328
    YE 3,2 Vieja   Cuando se tiene sed, se agradece el agua.   1345
    BA 3,1 Adela   Me despertó la sed. Y vosotras, ¿no descansáis?   1522
sed (2)
seda (21)
    MM 1,5 Curiana N   ¡Acariciar tus alas de blanquísima seda   698
    MM 2,3 Mariposa   de la seda.   708
    MM 2,3 Mariposa   pero cegó la fuente de mi seda.   708
    TC 2,1 Cocoliche   con la seda carmesí.   737
    MP 1,4 Amparo   bordado de plata y seda,   793
    MP 3,3 Mariana   fragatas de sombra y seda.   869

			Pág.
seda (continuación)			
ZP 1,1	Zapatera	¡Qué vueltas de pana azul y qué agremanes de seda!	917
ZP 2,1	Zapatera	El venía con un traje negro entallado, corbata roja de seda buenísima y cuatro [...]	945
ZP 2,1	Zapatero	llenos de borlas de seda.	959
DC 1,1	Poeta	Pero el dueño del teatro [...] señoras con pecho de seda y nariz tonta y [...]	1036
CA 2,1	Maniquí	con llanto de seda y pluma.	1100
CA 2,1	Joven	medias de seda la luna.	1100
CA 2,1	Joven	que seda y escarcha fueron	1100
CA 2,1	Joven	que la blanca seda oculta.	1102
CA 3,2	Criado	Los que tienen cinta de seda negra.	1134
CA 3,2	Joven	Seda negra... No... Busca otros.	1135
BS 1,2	Muchacha	¡Una rosa con las semillas y el tallo! ¡Ay! ¡Todo en seda!	1191
BS 2,1	Muchacha 1	arrastrando tu cola de seda.	1218
BS 3,2	Madre	de reluciente seda;	1271
RS 3,1	Ama	Cada una en una butaca de seda celeste que se meza ella sola, y unos abanicos de raso grana.	1425
RS 3,1	Rosita	Con lazos negros... y bullones de seda verde nilo.	1432
sedas (5)			
CA 2,1	Maniquí	No quiero. Mis sedas tienen	1101
CA 2,1	Maniquí	mojan mis sedas de angustia	1102
CA 2,1	Maniquí	para que mis sedas puedan,	1104
CA 3,1	Joven	al sitio donde las sedas	1121
EP CV	Muchacho 1	Aquí está la gran equivocación de todos y por eso el teatro agoniza: el público no debe atravesar las sedas y los cartones [...]	1160
segador (3)			
YE 2,1	Lavandera 1	cuando el verano seca la sangre al segador.	1308
BA 2,1	Coro	el segador pide rosas	1487
BA 2,1	Adela	...el segador pide rosas	1487
segadores (3)			
BS 1,1	Vecina	Iban negros los chiquillos que llevan el agua a los segadores.	1183
BA 2,1	La Poncia	Ayer de mañana llegaron los segadores.	1485
BA 2,1	Coro	Ya salen los segadores	1486
segar (3)			
BS 3,2	Novia	Mira que mi cuello es blando; te costará menos trabajo que segar una dalia de tu huerto.	1270
BA 2,1	Amelia	Ahora salen a segar.	1486
BA 2,1	Adela	Me gustaría segar para ir y venir. Así se olvida lo que nos muerde.	1487
Segismunda (1)			
TB DME	Vieja	¿Te llamarás María, Rosa, Trinidad? ¿Segismunda?	897
seguida (15)			
TC 1,1	Rosita	En seguida...	730
TC 1,1	Cocoliche	En seguida voy a escribir una carta a París pidiendo un niño...	730
TC 6,1	Cristobita	Vamos a casarnos en seguida... Y, ¡oye!,	767
MP 2,1	Clavela	en seguida a dormir.	822
MP 2,6	Clavela	En seguida.	834
MP 2,8	Mariana	Sí, sí, vete en seguida. ¡Ponte a salvo!	848
MP 3,8	Mariana	El vendrá muy cansado, pero entrará en seguida.	884
ZP 2,1	Zapatero	¿Lo matarás en seguida?	962
ZP 2,1	Vecina Roja	Salga en seguida de esta casa.	971
PB 2,1	Perlimplín	Me di cuenta en seguida.	1005
DC 1,1	Director	Baje usted en seguida, que doña Rosita está enferma.	1041
BS 2,2	Padre	Que en seguida tuvieran dos o tres hombres.	1228
YE 3,1	Dolores	Como en seguida empezarán a abrir los portones, te vas dando un rodeo por la acequia.	1330
YE 3,2	Niño	Y en seguida vino la noche.	1341
BA 2,1	Bernarda	Angustias tiene que casarse en seguida.	1496
seguido (1)			
MP 1,5	Mariana	seguido de dos golillas,	800
seguidos (2)			
ZP 1,1	Zapatero	Ayer estuvimos todo el [...] hizo beber tres vasos seguidos de leche sin [...]	920
BS 2,1	Novio	Te voy a abrazar cuarenta años seguidos.	1222
seguimos (2)			
YE 1,1	Yerma	Cada año... Tú y yo seguimos aquí cada año...	1275
YE 1,2	Muchacha 2	Si seguimos así, no va a haber solteras más que las niñas.	1293
seguir (14)			
TC 1,1	Cristobita	No hay más que dos caminos a seguir con los hombres: o no conocerlos... , ¡o quitarlos de en medio!	734
TC 4,1	Cansa-Almas	¿Vas a seguir vendiendo naranjas?	754
MP 1,7	Mariana	para seguir respirando	809
MP 1,7	Mariana	si podré seguir viviendo.	810
MP 2,5	Pedro	y así pienso seguir hasta vencer contigo,	830
MP 2,8	Pedro	Señores, a seguir nuestro trabajo.	844

seguir (continuación)
    MP 2,8 Pedro   para seguir luchando.   844
    ZP 2,1 Zapatera   Soy capaz de seguir así hasta que se vuelva cana toda   974
                            mi mata de pelo.
    BS 2,1 Criada   Estas palabras no pueden seguir.   1213
    BS 3,1 Leñador 2   Hay que seguir la inclinación: han hecho bien en huir.   1246
    BS 3,1 Leñador 1   Hay que seguir el camino de la sangre.   1246
    RS 2,1 Madre   ¡Y qué angustia he pasado, señora, para que estas   1393
                            hijas puedan seguir usando sombrero [...]
    BA 2,1 Adela   Pues seguir.   1479
    BA 3,1 Martirio   Ha llegado el momento de que yo hable. Esto no puede   1526
                            seguir así.
seguirá (1)
    TC 4,1 Mosquito   Ahora, este pondrá sobre la dura vela: "RECUERDO", y   751
                            seguirá marchando, marchando...
seguirás (2)
    PB 2,1 Perlimplín   Y sé que tú me eres fiel y lo seguirás siendo.   1004
    BA 2,1 Martirio   No seguirás mucho tiempo.   1504
seguiré (5)
    MP 2,9 Pedrosa   ¡Está muy bien! Yo seguiré el asunto   857
    TB DME Doncella   Detrás de los cristales seguiré bordando.   898
    ZP 2,1 Mozo De La Faja Seguiré sus indicaciones.   941
    CA 2,1 Maniquí   Te seguiré siempre.   1102
    YE 3,2 Yerma   Por el camino que voy seguiré.   1345
según (6)
    MM 1,1 Doña Curiana   Según él, es de algo que nunca tendrá.   673
    MP 3,3 Alegrito   de España, según me han dicho.   868
    ZP 2,1 Zapatero   Según se mire.   966
    CA 1,1 Viejo   Según.   1071
    RS 2,1 Solterona 3   Según la humedad, las faldas de la niña, que son de   1392
                            papel finísimo, se abren o se cierran.
    BA 3,1 Bernarda   Disfrutando este silencio y sin lograr ver por parte   1518
                            alguna "la cosa tan grande" que aquí pasa, según tú.
segunda (S) (1)
    ZP 2,1 Zapatera   ¡Que si va con segunda, dígalo! ¡Sea valiente!   966
segunda (1)
    BA 1,1 Martirio   Luego aquí la abandonó [...] haber muerto loca la   1459
                            segunda mujer.
segundo (S) (2)
    MP 3,5 Pedrosa   Cada segundo aumenta su peligro.   876
    ZP 1,1 Zapatera   Ya sabía yo que con esta clase de gente no se podía   913
                            hablar ni un segundo...; pero la [...]
segundo (4)
    MP 1,4 Lucía   ¡Mira! Lo segundo son inventos de ella.   790
    RS 1,1 Ama   Más se quiere a un primo segundo que se ve todos los   1360
                            días, que a un hermano que está lejos.
    RS 3,1 Martín   ¿Leyó usted mi cuento de ayer en el segundo número de   1421
                            "Mentalidad Granadina"?
    BA 2,1 La Poncia   ¿Por qué te pusiste casi desnuda con la luz encendida   1481
                            y la ventana abierta al pasar Pepe el segundo día que
                            vino [...]
segundos (1)
    MP 1,6 Mariana   los segundos se alargan de manera   802
segura (16)
    MP 2,5 Mariana   y quererte, segura de tu amor sin que nadie   832
    MP 2,9 Pedrosa   que la gente no vive muy segura.   852
    MP 3,3 Mariana   ¡Lo harán todo! ¡Estoy segura!   867
    MP 3,7 Novicia 2   Ella lo espera segura.   880
    MP 3,7 Mariana   Pronto..., ¡qué segura estaba!   883
    CA 3,1 Máscara   Estoy segura de que se morirá.   1123
    BS 2,1 Criada   Sí, sí, estoy segura.   1208
    YE 1,2 Yerma   Yo pienso muchas cosas, muchas, y estoy segura que las   1290
                            cosas que pienso las ha de realizar mi hijo.
    YE 3,1 Yerma   A veces, cuando ya estoy segura de que jamás, [...]   1328
    YE 3,2 Yerma   Marchita, marchita, pero segura.   1350
    RS 3,1 Tía   Yo estoy segura de que ella es feliz.   1380
    RS 3,1 Ama   Pero estoy segura que van al infierno de cabeza.   1424
    BA 2,1 La Poncia   Estoy segura.   1474
    BA 2,1 Bernarda   ¿Estás segura?   1492
    BA 2,1 Bernarda   Y si pasa algún día, estate segura que no traspasará   1499
                            las paredes.
    BA 3,1 La Poncia   Pero no estés segura.   1519
seguramente (3)
    MP 2,1 Niño   Seguramente los habían robado.   821
    CA 3,2 Joven   A usted seguramente le gustará el anís. Es una   1141
                            bebida...
    YE 1,2 Yerma   Anda. Así pasan las cosas. Seguramente lo has dejado   1292
                            encerrado.
seguridad (3)
    ZP 2,1 Mozo Del S   Tengo tanto coraje que [...] dientes míos, en la   943
                            seguridad de no hartarme [...]

seguridad - semillas

		Pág.
seguridad (continuación)		
CA 3,1 Mecanógrafa	Hace cinco años que me está esperando, pero... ¡Qué hermoso es esperar con seguridad el momento de ser amada!	1117
BS 2,2 Novio	Tengo seguridad.	1232
segurísima (1)		
BA 3,1 Bernarda	¡Segurísima!	1519
seguro (14)		
MP 3,5 Pedrosa	de la conjuración. Estoy seguro.	875
MP 3,7 Novicia 1	de seguro fue engañada.	881
ZP 1,1 Zapatero	Estoy convencido..., yo creo que esto lo hace por atormentarme; porque estoy seguro..., ella me odia.	925
ZP 2,1 Alcalde	Pero tu marido te ha dejado y no volverá, estoy seguro.	950
CA 1,1 Viejo	¡Seguro!	1048
CA 3,1 Máscara	¡Y es seguro!	1117
CA 3,1 Mecanógrafa	¡Seguro!	1117
EP CV Dama 4	Ahora es seguro que el fuego romperá [...]	1164
BS 1,1 Novio	Estoy seguro que usted querrá a mi novia.	1178
BS 3,1 Novio	Estoy seguro de encontrármelos aquí.	1252
RS 2,1 El Señor X	Considéreme seguro servidor suyo.	1378
BA 2,1 Bernarda	¿Lo sabes seguro?	1502
BA 2,1 La Poncia	Seguro no se sabe nada en esta vida.	1502
BA 3,1 Martirio	De seguro.	1525
seguros (1)		
MP 2,7 Pedro	Creo que estamos seguros.	836
seis (15)		
MM 1,2 Doña Curiana	y vivió seis años. Yo	680
TB QM. Enrique	Los seis.	904
TB QM. Enrique	Vamos pronto. A las seis he de tomar el tren.	905
TB QM. Enrique	Vamos. Van a dar las seis de un momento a otro.	906
ZP 2,1 Alcalde	Que la casa tiene una cama con coronación de pájaros y azucenas de cobre, un jardín con seis palmeras y una fuente [...]	951
DC 1,1 Enfermo	seis duritos y tres duritos,	1027
CA 1,1 Viejo	Las seis.	1047
CA 1,1 Joven	Sí, las seis y con demasiado calor.	1047
CA 1,1 Juan	Las seis en punto, señor.	1078
CA 2,1 Joven	seis largos gritos de música.	1102
BS 1,1 Madre	Sí, sí; y a ver si me alegras con seis nietos, o los que [...]	1177
RS 2,1 Ayola 1	Cuando yo tenía seis años venía aquí y el novio de Rosita me acostumbró a beberlas.	1399
RS 3,1 Ama	La repetición de las seis.	1412
RS 3,1 Ama	Hace ya seis años que murió y no quiero que esté usted como el primer día.	1413
BA 2,1 Martirio	Los gañanes llegan a las seis.	1489
Selene (1)		
EP CV Estudiante 1	Selene.	1158
sellos (1)		
RS 2,1 Madre	Saben también el lenguaje del abanico, el lenguaje de los guantes, el lenguaje de los sellos y el lenguaje [...]	1405
semana (2)		
RS 2,1 Rosita	Si no viera a la gente, me creería que hace una semana que se marchó.	1389
BA 2,1 Angustias	Pepe lleva más de una semana marchándose a la una.	1501
sembradura (1)		
BA 2,1 Bernarda	Mala puñalada te den, ¡mosca muerta! ¡Sembradura de vidrios!	1493
sembró (1)		
BS 2,2 Madre	Tu padre sembró mucho y ahora lo recoges tú.	1230
semejante (1)		
ZP 2,1 Zapatero	otra en semejante sitio	962
sementera (1)		
MM 1,5 Alacranito	cómo está la sementera.	690
sementeras (1)		
RS 1,1 Ama	y malas sementeras.	1364
semilla (1)		
YE 2,1 Lavandera 5	guarda semilla	1307
semillas (6)		
ZP 1,1 Mozo	¿Cuántas semillas tiene el girasol?	932
CA 3,1 Arlequín	Nadie puede abrir semillas	1108
BS 1,2 Muchacha	¡Una rosa con las semillas y el tallo! ¡Ay! ¡Todo en seda!	1191
RS 1,1 Tío	¿Y mis semillas?	1351
RS 1,1 Tío	Ayer me encontré las semillas de dalias pisoteadas por el suelo.	1352
RS 1,1 Tío	Bien está que se pisen las semillas, pero no es [...]	1355

sencilla (2)
    TC 0,0 Mosquito   Entonces yo avisé a mis amigos, y huimos por esos   724
                         campos en busca de la gente sencilla, para mostrarles
                         [...]
    MP 1,7 Mariana   que muerde mi alma sencilla   813
sencillez (1)
    DC 1,1   Así, pues, el poeta sabe que el público oirá con   1019
                         alegría y sencillez expresiones [...]

sendero (3)
    MM 1,2 Curianita Silvia   ¿Por qué sendero   679
    MM 1,4 Curianita Silvia   que en el sendero en flor   688
    MM 2,5 Mariposa   un sendero distinto;   714
seno (1)
    RS 2,1 El Señor X   Si Santos Dumont, en [...] dirigible estaría en el   1376
                         seno de Brahma.

senos (1)
    TB DME Doncella   Te daré leche de mis senos.   902
sentada (7)
    MP 0,0 Mosquito   Marianita sentada en su cuarto   781
    MP 3,4 Mariana   pero sentada en la fuente   871
    YE 2,1 Lavandera 5   Anteanoche, ella la pasó sentada en el tranco, a pesar   1302
                         del frío.
    RS 1,1 Ama   ¿Cuándo la ha visto usted sentada a hacer encaje [...]   1354
    RS 3,1 Ama   ¿Usted sentada y yo sentada?   1416
    BA 1,1 Magdalena   Todo menos estar sentada días y días dentro de esta   1452
                         sala oscura.

sentadas (1)
    RS 2,1 Ayola 2   Ya las vemos sentadas en sus sillas del paseo.   1396
sentadita (2)
    TC 6,1 Rosita   sentadita en el verde limón...   762
    TC 6,1 Rosita   sentadita en el verde limón...   766
sentado (3)
    CA 2,1 Joven   No, no puedo estar sentado.   1092
    YE 3,1 Yerma   Yo quiero tener a mi [...] llorar por este fantasma   1328
                         sentado año tras año [...]
    YE 3,2 Vieja   Mi hijo está sentado detrás de la ermita esperándote.   1345
sentados (1)
    BA 3,1 María Josefa   Yo quiero casas, pero [...] los hombres fuera sentados   1525
                         en sus sillas.

sentar (2)
    CA 1,1 Niño   ¿No te quieres sentar?   1063
    BS 1,3 Criada   Pasen... ¿Se quieren sentar?   1194
sentaremos (1)
    BA 3,1 María Josefa   Luego nos sentaremos todos y todos tendremos el   1525
                         cabello blanco y seremos espuma.

sentaría (1)
    BS 2,1 Leonardo   Un poco más pequeña le sentaría mejor.   1212
sentarles (1)
    BA 2,1 Bernarda   ¡Tendré que sentarles la mano!   1496
sentarnos (1)
    RS 3,1 Tía   Lo que sacamos es lo sucinto, la silla para sentarnos   1426
                         y la cama para dormir.

sentarse (2)
    BA 1,1 La Poncia   Es capaz de sentarse encima de tu [...]   1441
    BA 1,1 Bernarda   Sentarse.   1446
sentarte (2)
    CA 1,1 Joven   ¿No puedes sentarte?   1056
    BA 3,1 Bernarda   Puedes sentarte.   1509
sentencia (3)
    MP 3,1 Novicia 2   vinieron a leerle la sentencia   861
    MP 3,3 Mariana   ¿Sabe la sentencia?   870
    MP 3,5 Pedrosa   ¿Conoce la sentencia?   874
sentí (10)
    MM 1,1 Curiana N   y sentí caer   672
    MP 2,9 Mariana   Yo las sentí lejanas. Ahora vengo   851
    PB 1,1 Perlimplín   Y entonces fue cuando sentí el amor.   991
    BS 3,1 Novio   No. Yo sentí hace un momento el galope.   1252
    YE 1,1 Yerma   Mi madre lloró porque no sentí separarme de ella.   1276
    RS 1,1 Rosita   y en mi corazón sentí   1372
    RS 3,1 Ama   Cuando yo enterré a mi marido lo sentí mucho, pero   1416
                         tenía [...]
    BA 2,1 Amelia   Lo sentí toser y oí los pasos de su jaca.   1473
    BA 2,1 La Poncia   Pero si yo lo sentí marchar a eso de las cuatro.   1473
    BA 2,1 Martirio   Yo también lo sentí marcharse a las cuatro.   1501
sentía (1)
    CA 1,1 Niño   Pues yo sentía   1062
sentías (1)
    CA 1,1 Gato   ¿Y qué sentías tú?   1062
sentido (7)
    MM 2,5 Mariposa   Yo he sentido   714
    MP 2,9 Mariana   No las he sentido.   851

			Pág.

sentido (continuación)

PB 3,1 Belisa	He sentido tu calor y tu peso, delicioso joven de mi alma... ¡Oh !...,	1012
CA 3,1 Mecanógrafa	Ruiseñor. Te he sentido.	1122
YE 1,2 Yerma	No. No lo he sentido nunca.	1289
YE 1,2 Yerma	¡Qué bien! Nunca te había sentido.	1296
BA 1,1 Criada	¡La pobre! Cuánto ha sentido a su padre...	1467

sentidos (1)

| BA 1,1 Bernarda | Aunque mi madre esté loca, yo estoy en mis cinco sentidos y sé perfectamente lo que hago. | 1469 |

sentimiento (7)

MP 1,7 Fernando	Y torcer mi sentimiento	812
ZP 2,1 Zapatero	He conocido mucha gente sin sentimiento.	966
ZP 2,1 Zapatero	Tiene más sentimiento que yo.	976
RS 2,1 Rosita	Tengo las raíces muy hondas, muy bien hincadas en mi sentimiento.	1389
RS 3,1 Martín	Y créame usted que los [...] consideran como hombres sin sentimiento, como a personas [...]	1419
RS 3,1 Rosita	Todo está acabado... [...] más terrible de los sentimientos, que es el sentimiento de tener [...]	1429
RS 3,1 Ama	Tú hablas, te desahogas, nos hartamos de llorar las tres y nos repartimos el sentimiento.	1430

sentimientos (3)

ZP 2,1 Zapatera	Todo el mundo tiene sentimientos.	966
DC 1,1	Así, pues, el poeta sabe [...] maldades, errores y sentimientos turbios [...]	1019
RS 3,1 Rosita	Todo está acabado... [...] más terrible de los sentimientos, que es [...]	1429

sentimos (1)

| MP 1,6 Fernando | Desde aquí lo sentimos. | 803 |

sentir (7)

MM 1,1 Doña Curiana	Tendríamos todas mucho que sentir.	672
MP 1,4 Mariana	La misma alegría que debe sentir	790
MP 1,7 Fernando	torciendo el hondo sentir	815
MP 3,9 Mariana	Quiero sentir la dura caricia de mi anillo	889
ZP 2,1 Zapatera	Todavía me parece sentir en la cara aquel aire tan fresquito que venía por los árboles.	946
BS 2,1 Criada	¡Dichosa tú que vas a abrazar a un hombre, que lo vas a besar, que vas a sentir su peso!	1207
YE 2,2 Yerma	¡Qué pena más grande no poder sentir las enseñanzas de los viejos!	1323

sentirás (1)

| MP 3,9 Monja 1 | Ni sentirás la dulce brisa de primavera | 890 |

sentiría (2)

| MP 1,6 Fernando | Sentiría en el alma ser molesto... | 802 |
| PB 0,0 Perlimplín | Lo sentiría..., porque... hemos decidido que me quiero casar. | 983 |

sentirme (1)

| CA 2,1 Novia | Dos días tan solo han bastado para sentirme cargada de cadenas. | 1095 |

sentirte (1)

| MP 2,2 Niña | me gustará sentirte, que esta noche | 825 |

sentiste (2)

| MP 3,7 Novicia 1 | ¡Qué gritos! ¿Tú los sentiste? | 879 |
| BS 1,3 Criada | ¿Sentiste anoche un caballo? | 1204 |

seña (1)

| MP 2,6 Mariana | ¿La seña? | 833 |

señá (6)

TC 0,0 Mosquito	Ahora que sale la luna [...] las ternezas de la señá Rosita que, a más [...]	724
TC 3,1 Cristobita	Mañana me caso con la señá Rosita, y quiero que haya mucho vino para ... bebérmelo yo.	748
TC 4,1 Mosquito	es una criatura... Pero lo cierto es que el corazón de la señá Rosita, un corazoncillo [...]	751
TC 4,1 Mozo	¿Es verdad que vas mañana a poner los zapatos de novia a la señá Rosita?	753
TC 6,1 Currito	Venía a probarle los zapatos de boda a la señá Rosita, porque Cansa-Almas no puede venir.	764
TC 6,1 Cristobita	¡Ya me las pagarás, señá Rosita, mala mujer!	776

Señá (1)

| TC 0,0 Mosquito | Ahora que sale la luna [...] Don Cristóbal y la Señá Rosita"... Preparaos a sufrir el genio del puñeterillo don Cristóbal y a llorar las ternezas de la señá Rosita que, a más [...] | 724 |

señalada (1)

| RS 3,1 Rosita | Pero lo sabían todos y yo me encontraba señalada por un dedo [...] | 1428 |

señalado (3)

| ZP 1,1 Zapatero | ¡Pero primero solo que señalado por el dedo de los demás! | 933 |
| BS 3,2 Madre | en un día señalado, entre las dos y las tres, | 1272 |

señalado (continuación)
  BS 3,2 Novia   para que un día señalado, entre las dos y las tres,   1272
señalados (1)
  BA 1,1 Criada   Ya me habéis dejado los pies señalados.   1444
señale (1)
  YE 2,2 Juan   No me gusta que la gente me señale.   1315
señas (1)
  PB 2,1 Perlimplín   ¿Y te ha hecho señas?   1005
señor (83)
Señor (12)
  MP 1,6 Mariana   ¡Señor, no me quitéis lo que más quiero!   803
  MP 1,6 Mariana   ¡Señor, por la llaga de vuestro costado!   805
  MP 1,7 Mariana   Que el Señor vaya contigo.   814
  MP 2,9 Pedrosa   El Rey nuestro Señor, que Dios proteja,   851
  ZP 1,1 Zapatero   ¡Ay vecina de mi alma, no me dé usted escándalos, por   919
                   los clavitos de Nuestro Señor!
  YE 2,2 María   Pero acuérdate de las llagas de Nuestro Señor.   1319
  YE 3,2 Yerma   Señor, que florezca la rosa.   1338
  YE 3,2 Coro De Mujeres Señor, que florezca la rosa,   1338
  YE 3,2 Yerma   Señor, abre tu rosal   1339
  YE 3,2 Mujer 2   Señor, calma con tu mano   1339
  YE 3,2 Coro   Señor, que florezca la rosa,   1339
  RS 3,1 Ama   En medio de las dos, [...] Rosita así, y detrás el   1425
                   Señor tirándonos rosas [...]
señora (64)
señoras (5)
señores (16)
señorío (2)
  ZP 2,1 Niño   donde acude el señorío.   947
  ZP 2,1 Voz   donde acude el señorío.   977
señorita (26)
señoritas (3)
señorito (1)
  ZP 1,1 Zapatera   También tuve otro pretendiente... Aquel era medio   917
                   señorito..., tendría dieciocho años, ¡se dice muy
                   pronto!
señoritos (1)
  CA 3,2 Criado   Son los señoritos, que vienen a jugar.   1135
señoronas (1)
  RS 2,1 Ama   Ahí están las señoronas por todo lo [...]   1395
sepa (11)
  MP 1,7 Fernando   Me encuentro en la casa del viejo don Luis, que no lo   811
                   sepa nadie de tu familia.
  MP 2,9 Mariana   Sepa que yo no tengo miedo a nadie.   854
  MP 3,3 Mariana   como loco cuando sepa   869
  ZP 1,1 Zapatera   Pero si anda por ahí revoloteando un mirlo negro,   930
                   negro y viejo..., sepa que yo no puedo [...]
  ZP 2,1 Zapatera   Para que yo sepa de una vez lo que dicen.   946
  ZP 2,1 Zapatero   ¡Pero sepa y entienda que yo [...]   969
  PB 3,1 Marcolfa   Sepa mi señor que desde este momento me considero   1011
                   despedida de su servicio.
  CA 1,1 Amigo 2   Atrás se queda todo quieto; ¿cómo es posible que no lo   1075
                   sepa usted?
  BS 3,2 Novia   Que quiero que sepa que yo soy limpia, [...]   1269
  YE 3,2 Yerma   ¡Y qué me vas a decir que ya no sepa!   1344
  RS 1,1 Rosita   ¿Será posible que no se sepa dónde está mi sombrero?   1354
sepan (1)
  MM 1,5 Alacranito   Y a mí me gustan grandes, ¡que sepan!   693
separadas (1)
  BS 1,3 Padre   estén separadas.   1196
separados (1)
  MP 2,7 Conspirador 2 ¡No! Vinimos separados   836
separan (1)
  BS 3,1 Leonardo   Si nos separan, será   1261
separar (1)
  CA 2,1 Joven   ¡Ahora nadie podría separar mis brazos de tu cuello!   1094
separarme (2)
  CA 1,1 Joven   Tenía necesidad de separarme para enfocarla, esta es   1052
                   la palabra, en mi corazón.
  YE 1,1 Yerma   Mi madre lloró porque no sentí separarme de ella.   1276
sepas (2)
  ZP 1,1 Zapatera   Puede que los tenga más [...] madre..., es menester   915
                   que sepas...
  YE 3,2 Juan   ¡Que te lo tengo que gritar al oído para que lo sepas,   1348
                   a ver si de una vez vives ya tranquila!
sepulcro (6)
  EP CV Dama 3   Han encontrado al director de escena dentro del   1158
                   sepulcro.
  EP CV Muchacho 1   El acto del sepulcro estaba prodigiosamente   1159
                   desarrollado.

Pág.

sepulcro (continuación)
EP	CV	Estudiante 2	En último caso, ¿es que [...] para que la escena del sepulcro se produzca [...]	1161
EP	CV	Estudiante 5	Ha llegado el juez y, antes de asesinarlos, les van a hacer repetir la escena del sepulcro.	1162
EP	CV	Dama 4	Están representando otra vez la escena del sepulcro.	1164
EP	CV	Estudiante 4	¿Pero no te has dado cuenta de que la Julieta que estaba en el sepulcro era un joven [...]	1167

sepulcros (1)
| YE | 2,1 | Lavandera 4 | Son como esas hojas grandes que nacen de pronto sobre los sepulcros. | 1302 |

sepultura (1)
| MM | 1,4 | Curianito | y hasta que me lleven a la sepultura | 686 |

seque (1)
| MM | 1,4 | Curianita Silvia | ¿No es fácil que se seque | 687 |

ser (108)
MM	1,1	Curiana N	Va a ser un poeta, y no es nada extraño:	673
MM	1,4	Curianito	como tú de linda yo quisiera ser!	685
MM	1,6	Curianito	Como tú de linda yo quisiera ser.	701
MM	2,1	Curianita Santa	que habéis de ser la tierra y habéis de ser el agua,	703
MM	2,1	Curianita Santa	¡Que ha de ser negro lodo sobre la nieve acaso!,	704
MM	2,2	Doña Curiana	No hay desgracia mayor que la de ser poeta.	708
TC	1,1	Padre	¡Qué va a ser de nosotros!	726
TC	1,1	Rosita	Mira, yo no quiero ser una mujer impúdica.	729
TC	2,1	Cocoliche	Pero esto no puede ser, no, no y no.	737
TC	2,1	Padre	Eso no puede ser, don Cristobita.	739
TC	4,1	Mozo	Mira: tú vas a ser muy útil a este caballero.	752
TC	6,1	Cristobita	Me gustaría ser todo de vino y beberme yo mismo.	774
MP	1,4	Amparo	¡Este invierno va a ser de agua!	794
MP	1,5	Fernando	en vez de ser ríos son	801
MP	1,6	Fernando	Sentiría en el alma ser molesto...	802
MP	1,6	Mariana	¡Tiene que ser pronto y no tengo a nadie!	805
MP	1,7	Mariana	Pero esto no puede ser.	809
MP	1,7	Mariana	tiene que ser al instante!	812
MP	2,8	Conspirador 4	La muerte, con ser la muerte,	844
MP	2,8	Conspirador 1	Hay que ser optimistas.	845
MP	2,9	Pedrosa	Quiero ser amigo suyo.	855
MP	3,5	Mariana	Tengo el cuello muy corto para ser	874
MP	3,5	Mariana	¡No puede ser! ¡Cobardes! ¿Y quién manda	876
MP	3,8	Fernando	¡No puede ser! ¡No quiero que esto pase! ¡No quiero!	885
TB	PBK	Buster Keaton	Quisiera ser un cisne.	895
TB	QM.	Niña	Pues ahora el topo va a ser para mí.	908
ZP	0,0	El Autor	Por este miedo absurdo, y por ser el teatro en muchas [...]	911
ZP	1,1	Zapatera	Si una no puede ser buena... ¿Y yo?, ¿es que no valgo nada?	916
ZP	1,1	Mozo	Pero eso no puede ser. ¿Es que tienes otro compromiso?	932
ZP	1,1	Zapatera	¿Qué va a ser de mí sola en esta vida?	938
ZP	1,1	Alcalde	Si tu marido te ha dejado ha sido porque no lo querías, porque no podía ser.	938
ZP	2,1	Alcalde	Nada, pensaba... de que si tú fueras como debías ser, te hubieras enterado [...]	951
ZP	2,1	Zapatero	No puede ser.	965
PB	1,1	Perlimplín	¿Por qué no ha de ser así?	998
DC	1,1	Director	Y no puede ser bueno.	1021
DC	1,1	Poeta	Y no puede ser bueno.	1021
DC	1,1	Poeta	Ya voy, señor director. Y nunca podrá ser bueno.	1021
DC	1,1	Cristóbal	Me gustaría ser todo vino y beberme yo mismo.	1037
CA	1,1	Joven	Por ahora no puede ser... Por causas que no son de explicar.	1048
CA	1,1	Amigo	Sí, hombre, no te indignes, pero una mujer puede ser feísima y un domador de caballos puede ser hermoso.	1058
CA	1,1	Niño	¡Yo quiero ser niño, un niño!	1067
CA	1,1	Niño	Debe ser la de Dios.	1069
CA	1,1	Amigo 2	No; se hizo cada vez más pequeña, más niña, como debe ser, como es lo justo, [...]	1074
CA	1,1	Amigo 2	Bueno. Viejo tenía que ser. Usted, en cambio, no ha protestado.	1076
CA	2,1	Maniquí	Pudiste ser para mí	1101
CA	2,1	Maniquí	Pudiste ser un relincho	1101
CA	3,1	Mecanógrafa	Hace cinco años que me está esperando, pero... ¡Qué hermoso es esperar con seguridad el momento de ser amada!	1117
CA	3,2	Jugador 1	No estará mal ser rápidos en la jugada.	1137
EP	CV	Muchacho 1	Sí, pero eran demasiado pequeños para ser pies de mujer.	1159
EP	CV	Muchacho 1	Romeo puede ser un ave y Julieta puede ser una piedra.	1160
EP	CV	Muchacho 1	Romeo puede ser un grano de sal y Julieta ser un mapa.	1160
EP	CV	Estudiante 4	Nada, pero un ave no puede ser un gato, ni una piedra puede ser un golpe de mar.	1161

ser (continuación)
      EP CV Estudiante 2   Un gato puede ser una rana, y la luna de invierno   1161
                                puede ser muy bien un haz [...]
      EP CV Estudiante 2   En último caso, ¿es que Romeo y Julieta tienen que ser   1161
                                necesariamente un [...]
      EP CV Estudiante 5   ¿Qué Julieta iba a ser?   1166
      BS 1,1 Madre   ¿Y es justo y puede ser que una cosa pequeña [...]   1173
      BS 1,3 Padre   No debes estar seria. Al fin y al cabo ella va a ser   1200
                                tu madre.
      BS 2,1 Novia   ¡Abre! Deben ser los primeros convidados.   1210
      BS 2,1 Leonardo   No debía ser tan grande.   1212
      BS 2,1 Novia   Estoy deseando ser tu mujer y quedarme sola contigo, y   1222
                                no oír más voz que la tuya.
      BS 2,2 Padre   Y estos brazos tienen que ser de los dueños, que   1228
                                castiguen y que dominen, que hagan brotar las
                                simientes.
      BS 2,2 Madre   Pero no han de pesar. Ligera como paloma debes ser.   1231
      BS 2,2 Novio   ¿Quién iba a ser? Tu padre o yo.   1237
      BS 2,2 Criada   Una novia de estos montes debe ser fuerte.   1239
      BS 2,2 Madre   Y como no lo tienes, tengo que ser yo la que te enseñe   1241
                                estas fortalezas.
      BS 3,1 Leñador 1   ¿Y qué? Vale más ser muerto desangrado que vivo con   1246
                                ella podrida.
      BS 3,1 Luna   quiere ser dolor de sangre.   1249
      BS 3,1 Mendiga   Aquí ha de ser, y pronto. Estoy cansada.   1250
      BS 3,1 Novia   ¡Pero ha de ser a la fuerza!   1256
      BS 3,2 Muchacha 2   Ser hilo de lana,   1262
      YE 1,1 Yerma   Yo veo por mis ojos que eso no puede ser... A fuerza   1276
                                de caer [...]
      YE 1,2 Vieja 1   De todos modos, debías ser menos inocente.   1290
      YE 1,2 Muchacha 2   ¿Qué necesidad tiene mi marido de ser mi marido?   1293
      YE 1,2 Víctor   Debe ser el sol...   1297
      YE 2,2 Juan   ¿Es que no conoces mi modo de ser?   1312
      YE 2,2 Yerma   Roca que es una infamia que sea roca, porque debía ser   1314
                                un canasto de flores y agua dulce.
      YE 2,2 María   Pero tienes otras cosas. Si me oyeras podrías ser   1317
                                feliz.
      YE 2,2 Yerma   Pero ellos no saben que yo, si quiero, puedo ser agua   1319
                                de arroyo que las lleve.
      YE 2,2 Víctor   Puede ser.   1322
      YE 3,1 Yerma   Cuando me cubre cumple [...] calientes, quisiera ser   1329
                                en aquel instante [...]
      YE 3,1 Vieja 1   Van a ser las claras del día cuando llegues a tu   1331
                                puerta.
      YE 3,1 Juan   Porque se necesita ser de bronce para ver [...]   1332
      RS 2,1 El Señor X   Estuve por haberla traído [...] cinturón hecha con una   1377
                                serpiente y cuatro libélulas, pero preferí lo primero
                                por ser de más gusto.
      RS 2,1 Ama   Eso se llama ser desagradecido.   1379
      RS 2,1 Ama   Yo quise que tuviera cuerda y cantara, pero no pudo   1383
                                ser.
      RS 2,1 Tía   No pudo ser.   1383
      RS 3,1 Tía   Cuando pienso en la mala [...] mi familia ni merece   1414
                                ser de mi familia, quisiera [...]
      RS 3,1 Martín   Yo soñaba siempre ser poeta.   1419
      RS 3,1 Martín   ¡Es muy difícil ser poeta!   1421
      RS 3,1 Martín   Después quise ser farmacéutico.   1421
      BA 1,1 Bernarda   Eso tiene ser mujer.   1452
      BA 1,1 Magdalena   Ya deben ser las doce.   1462
      BA 1,1 Adela   ¡Pero si no puede ser!   1466
      BA 2,1 Magdalena   ¡Así debían ser todas las mujeres!   1477
      BA 2,1 Adela   ¡Quisiera ser invisible, pasar por las habitaciones   1479
                                sin que me preguntarais dónde voy!
      BA 2,1 Adela   Y siempre: "¡Qué lástima de cara", "¡qué lástima de   1479
                                cuerpo que no vaya a ser para nadie!"
      BA 2,1 La Poncia   Sombra tuya he de ser.   1481
      BA 2,1 Martirio   No digas nada, puede ser un barrunto mío.   1489
      BA 2,1 Bernarda   ¿Qué otra cosa puede ser?   1497
      BA 3,1 Bernarda   Una hija que desobedece deja de ser hija para   1507
                                convertirse en una enemiga.
      BA 3,1 Adela   Los anillos de pedida deben ser de diamantes.   1510
      BA 3,1 María Josefa   Pero, ¿por qué una oveja no va a ser un niño ?   1524
será (53)
serán (13)
serás (2)
seré (11)
seremos (2)
serena (10)
      MM 0,0   El amor, lo mismo que [...] la vida apacible y serena.   669
      MM 1,1 Doña Curiana   ¡Mañana clara y serena!   671
      MM 1,2 Doña Curiana   sed juiciosa y sed serena.   679

serena - sesos

                                                                        Pág.
serena (continuación)
    MP 1,6 Mariana   que estar muy serena, muy serena, aunque   806
    MP 2,9 Pedrosa   Mi señora Mariana, esté serena.   854
    MP 3,3 Mariana   ¿No ves cómo estoy serena?   867
    BS 3,2 Madre   He de estar serena.   1268
    YE 1,2 Vieja 1   A otra mujer serena yo le hablaría.   1291
    RS 3,1 Rosita   Quiero huir, quiero no ver, quiero quedarme serena, 1429
                            vacía... (¿es [...]
serénate (1)
    MP 2,4 Angustias   ¡Serénate, hija mía! ¡No es tu esposo!   827
serenidad (1)
    ZP 2,1 Zapatera   Y con serenidad de familia [...]   973
sereno (1)
    TC 4,1 Mozo 2   Le dejaremos aquí; y descuida, que ya despertará 750
                            cuando le dé en la cara el sereno de la noche.
serenos (1)
    MM 2,5 Gusano 3   serenos y tranquilos,   713
seria (4)
    ZP 1,1 Zapatero   Pero comprenda mi situación: toda la vida temiendo 919
                            casarme..., porque casarse es una cosa muy seria, y, a
                            última hora, [...]
    BS 1,2 Muchacha   No, con su madre. Seria, alta. Pero ¡qué lujo!   1191
    BS 1,3 Padre   No debes estar seria. Al fin y al cabo ella va a ser 1200
                            tu madre.
    RS 3,1 Rosita   Yo he sido siempre seria.   1429
sería (19)
serían (2)
serías (1)
serio (3)
    CA 1,1 Amigo   Hombre solo, hombre serio, ¡y con este calor!   1056
    CA 1,1 Amigo   Pero tampoco puedo estar serio.   1058
    YE 3,2 Yerma   ¿Has pensado en serio que yo me pueda doblar a otro 1345
                            hombre?
serios (1)
    MP 1,8 Angustias   poniéndose muy serios.   817
serlo (2)
serpiente (3)
    BS 1,1 Madre   No sé cómo te atreves a llevar una navaja en tu 1173
                            cuerpo, ni cómo yo dejo a la serpiente dentro del
                            arcón.
    RS 1,1 Ama   ¡Ojalá se lo coma la serpiente del mar!   1364
    RS 2,1 El Señor X   Estuve por haberla traído [...] cinturón hecha con una 1377
                            serpiente y cuatro libélulas, [...]
serpientes (3)
    CA 3,1 Arlequín   Allí están los carros y las jaulas con las serpientes. 1119
    EP CV Dama 2   Lo que más miedo me ha dado ha sido el lobo de cartón 1163
                            y las cuatro serpientes en el estanque de hojalata.
    EP CV Estudiante 1   Cuando la gente va al acuárium no asesina a las 1165
                            serpientes de mar, ni [...]
servicio (1)
    PB 3,1 Marcolfa   Sepa mi señor que desde este momento me considero 1011
                            despedida de su servicio.
servido (2)
    ZP 2,1 Zapatera   Lo comido por lo servido.   975
    RS 2,1 Tía   No es justo que te des ese aire de hombre superior y 1386
                            mal servido, cuando todo [...]
servidor (1)
    RS 2,1 El Señor X   Considéreme seguro servidor suyo.   1378
servidora (1)
    PB 0,0 Marcolfa   Cosas que no están bien que sean dichas por una   981
                            servidora... Ya ve...
servir (5)
    TC 4,1 Mozo   Este nos puede servir; es Cansa-Almas, el zapatero. 752
    PB 0,0 Perlimplín   ¿De qué me va a servir?   981
    BA 1,1 Martirio   ¡Para lo que me va a servir!   1458
    BA 2,1 Martirio   Pues vete a servir con ellas.   1484
    BA 3,1 La Poncia   A mí, con servir tu casa tengo bastante.   1518
servirá (3)
    MP 2,1 Clavela   de nada servirá.   824
    ZP 2,1 Zapatera   Tome un poquito de café caliente, que después de toda 967
                            esta tracamundana le servirá de salud.
    BS 2,1 Leonardo   El orgullo no te servirá de nada.   1214
servirán (1)
    DC 1,1   Así, pues, el poeta sabe [...] de la tierra y que 1019
                            servirán de limpieza [...]
serviré (1)
    EP RR Figura De C   Y ahora yo serviré al emperador fingiendo la voz tuya. 1151
sesos (2)
    TC 3,1 Espantanublos   ¡A sesos!   749
    ZP 2,1 Mozo Del S   Tengo tanto coraje que [...] después me comería sus 943
                            sesos crudos con estos [...]

setenta (1)
    RS 2,1 Madre   Todavía me parece oír [...] gasta, que yo gano setenta   1393
                              duros"; ¡pero [...]
Sevilla (4)
    TC 3,1 Contrabandista 1   De Cádiz a Sevilla   741
    TC 6,1 Rosita   Sevilla no tiene sierras.   774
    MP 2,1 Niño   me voy para Sevilla,   824
    ZP 2,1 Alcalde   ¿De Sevilla?   954
sha (1)
    RS 2,1 El Señor X   Mi amigo, el señor Longoria, [...] kilómetros por   1375
                              hora; y el sha de Persia, que por [...]
Shakespeare (1)
    MM 0,0   Un viejo silfo del bosque escapado de un libro del   670
                              gran Shakespeare, que anda [...]
si (411)
sí (301)
sido (34)
siega (1)
    CA 1,1 Viejo   Se apagan los ojos y una hoz muy afilada siega los   1075
                              juncos de las orillas
siegan (1)
    BA 2,1 Martirio   Siegan entre llamaradas.   1487
siempre (141)
    MM 1,1 Curiana N   Pero conservaba siempre el troje lleno.   674
    MM 1,4 Curianito   Yo siempre a mi lado quisiera tenerte   686
    TC 1,1 Padre   ¿Y me harás caso siempre?   727
    TC 1,1 Rosita   ¡Siempre pasa lo mismo!   731
    TC 2,1 Cocoliche   Mi amante siempre se baña   737
    TC 4,1 Joven   Yo me creía que por el mundo estaban siempre repicando   752
                              las [...]
    TC 6,1 Cocoliche   Ya va a casarse..., ¡ya me olvida para siempre!   771
    TC 6,1 Currito   ¡Me iré para siempre, para siempre!   771
    TC 6,1 Currito   ¡Adiós para siempre, ingrata! Mi pena es que jamás te   775
                              olvidaré.
    MP 1,2 Angustias   ¡Siempre tan graciosa!   786
    MP 1,2 Amparo   y ojalá siempre tuviera   786
    MP 1,3 Amparo   Tú, siempre   788
    MP 1,4 Amparo   sorprendida siempre bajo el arrayán,   790
    MP 1,4 Amparo   Yo pensaba siempre en ti;   792
    MP 1,4 Amparo   Yo pensaba siempre en ti;   794
    MP 1,4 Mariana   ¡Yo te querré siempre a ti   794
    MP 1,7 Fernando   ¡Ya sabes que siempre fui!   807
    MP 2,1 Clavela   Bendita sea por siempre   822
    MP 2,7 Conspirador 1   y él está siempre vigilante.   840
    MP 2,8 Mariana   ¡Como ellos, hay que estar siempre acechando!   846
    MP 2,9 Pedrosa   Me has despreciado siempre; pero ahora   856
    MP 2,9 Pedrosa   y una mujer es siempre una mujer!   857
    MP 3,2 Mariana   para siempre.   864
    MP 3,2 Mariana   Como siempre. ¡Adiós, hermana!   866
    MP 3,5 Pedrosa   que aguarda, como siempre, sus noticias.   873
    MP 3,5 Mariana   Siempre es hora   874
    TB QM. Enrique   No tengo ganas de bromas. Siempre estás así.   906
    ZP 0,0 El Autor   En todos los sitios late [...] agrias, porque ella   912
                              lucha siempre, lucha con la [...]
    ZP 1,1 Zapatera   Quiero hacer siempre mi santa voluntad.   922
    ZP 1,1 Zapatero   Pero ella... ¡siempre es ella!   925
    ZP 1,1 Alcalde   Y tú, siempre tú; ¡qué demonio!   925
    ZP 1,1 Alcalde   A las mujeres, buenos apretones en la cintura, pisadas   925
                              fuertes y la voz siempre en alto, y si [...]
    ZP 1,1 Zapatera   Larán, larán... A mí, es que la flauta me ha gustado   929
                              siempre mucho.
    ZP 1,1 Zapatera   Yo siempre he tenido delirio por ella... Casi se me   929
                              saltan las lágrimas... ¡Qué primor!
    ZP 1,1 Mozo   Y siempre sola... ¡Qué lástima!   931
    ZP 2,1 Alcalde   Muchas mujeres he conocido [...] el pelo a nardos y   949
                              siempre tienen las manos [...]
    ZP 2,1 Vecina Roja   ¡Siempre llora quien tiene por qué callar!   960
    ZP 2,1 Zapatero   Ella soñaba con un mundo [...] huracanado, me abandonó   967
                              para siempre.
    PB 0,0 Perlimplín   Siempre he pensado no casarme.   981
    PB 0,0 Madre   Siempre dije a mi pobre [...]   984
    PB 1,1 Duende 2   ¿Y qué te parece? Siempre es bonito tapar las faltas   993
                              ajenas.
    PB 3,1 Marcolfa   Aunque no sirvo para [...] jardín, envuelto, como   1009
                              siempre, en su capa roja.
    PB 3,1 Perlimplín   Ya muerto, lo podrás acariciar siempre en tu cama, tan 1015
                              [...]
    CA 1,1 Joven   Siempre me ha pasado igual.   1045
    CA 1,1 Viejo   Siempre recuerdo.   1046
    CA 1,1 Joven   Ruido, ruido siempre, polvo, calor, malos olores.   1049
    CA 1,1 Joven   Siempre acabas no dando razones.   1055

siempre (continuación)   Pág.

CA 1,1 Mecanógrafa	La de siempre.	1055
CA 1,1 Amigo	Por más... que... Ya se ha pasado la hora; es horrible, siempre ocurre igual.	1058
CA 1,1 Niño	Siempre dije que no.	1069
CA 2,1 Novia	Siempre cambias, amor mío.	1079
CA 2,1 Novia	Un puñal, unas tijeras duran siempre, y este pecho mío dura solo un momento.	1087
CA 2,1 Maniquí	Te seguiré siempre.	1102
CA 2,1 Maniquí	Te espera siempre, ¿recuerdas?	1104
CA 3,1 Mecanógrafa	Esperaba siempre en pie toda la noche hasta que yo me asomaba a la ventana.	1115
CA 3,1 Mecanógrafa	Siempre así, siempre,	1123
CA 3,1 Máscara	Ahora mismo acabo de abandonar para siempre al conde.	1123
CA 3,1 Mecanógrafa	¡Te he querido, amor! Te querré siempre.	1124
CA 3,1 Mecanógrafa	Tú esperabas y me dejaste marchar, pero siempre te creías amado.	1125
CA 3,1 Mecanógrafa	Espera... Yo iré... Siempre.	1127
CA 3,2 Joven	¿Y será posible que en esta casa esté siempre el aire enrarecido?	1135
CA 3,2 Jugador 2	Elegante como siempre.	1138
EP RR Emperador	Uno es uno y siempre uno.	1152
EP RR Figura De P	Y siempre uno.	1153
EP RR Figura De P	La cabeza de uno que siempre fue uno.	1153
BS 1,1 Madre	Así, de pronto, siempre me sorprende.	1175
BS 1,1 Madre	¡Siempre igual!	1181
BS 1,2 Leonardo	Llevo más de dos meses poniendo herraduras nuevas al caballo y siempre se le caen.	1187
BS 1,2 Leonardo	Estuve con los medidores del trigo. Siempre entretienen.	1188
BS 1,3 Novio	Eso pasa siempre.	1197
BS 2,1 Leonardo	Después de mi casamiento [...] come a la otra; pero ¡siempre hay culpa!	1214
BS 2,1 Novia	¡Siempre!	1222
BS 2,2 Madre	Tengo en mi pecho un grito siempre puesto de pie a quien tengo que castigar y meter entre los mantos.	1227
BS 2,2 Novio	Dura siempre.	1232
BS 2,2 Novio	¡Siempre la obedezco!	1241
BS 2,2 Novio	Yo siempre haré lo que usted mande.	1241
BS 3,1 Leonardo	donde yo siempre te quiera,	1259
BS 3,2 Novia	¡Tu hijo era mi fin y [...] hubiera arrastrado siempre, siempre, siempre aunque hubiera [...]	1269
YE 1,1 Yerma	Siempre oí decir que las primerizas tienen susto.	1283
YE 1,2 Víctor	Siempre fue igual.	1297
YE 1,2 Víctor	Por aquí hay siempre muchos niños que vienen a robar fruta.	1298
YE 2,1 Lavandera 1	¡Siempre las gentes!	1303
YE 2,2 Juan	¿No me has oído decir esto siempre?	1312
YE 2,2 Juan	Siempre lo mismo.	1313
YE 2,2 María	Cuando voy con el niño lo hago..., ¡como siempre lloras!...	1317
YE 2,2 María	No te quiero decir lo que te digo siempre.	1318
YE 3,1 Yerma	Cuando me cubre cumple [...] cuerpo muerto, y yo, que siempre he tenido asco [...]	1329
YE 3,2 Macho	el varón siempre manda.	1342
YE 3,2 Macho	El varón siempre manda,	1342
YE 3,2 Yerma	Con el cuerpo seco para siempre.	1350
RS 1,1 Ama	Cuando chiquita tenía [...] ochenta años"..., y siempre así.	1354
RS 1,1 Ama	Siempre del coro al caño y del caño al coro; del coro al caño y del caño al coro.	1355
RS 2,1 El Señor X	Pues yo siempre seré de este siglo.	1375
RS 2,1 El Señor X	Hasta siempre.	1378
RS 2,1 Tía	Siempre te hemos considerado como de la familia.	1384
RS 2,1 Tía	Es que quiere salirse siempre con la suya.	1385
RS 2,1 Rosita	Siempre pasa a estas horas.	1387
RS 2,1 Tía	Siempre me dice en las cartas que salgas.	1389
RS 2,1 Madre	Si no fuera por estas, estaría siempre en casa.	1391
RS 2,1 Solterona 3	Allí nos reunimos siempre con las de Ponce [...]	1394
RS 2,1 Rosita	Dicen que los hombres se cansan de una si la ven siempre con el mismo vestido.	1395
RS 2,1 Madre	Yo tengo una muchacha que nos arregla el piso por las tardes; ganaba lo que han ganado siempre: una peseta al [...]	1395
RS 2,1 Madre	Pero siempre estoy con el tole tole.	1397
RS 2,1 Rosita	¡Tú siempre tan borrachilla!	1399
RS 3,1 Martín	Mi vida de siempre.	1418
RS 3,1 Martín	Así nos dice siempre el Director.	1418
RS 3,1 Martín	Yo soñaba siempre ser poeta.	1419
RS 3,1 Tía	Se lo he dicho siempre.	1420

siempre (continuación)
  RS 3,1 Ama   Ayer decía a voces: "No; [...] y el carbonero, que   1423
               siempre está leyendo [...]
  RS 3,1 Ama   Por eso siempre diré: ¡Malditos, malditos sean los   1424
               ricos!
  RS 3,1 Tía   "Ahí está Fulano"; y [...] rebosando plata, y siempre;   1427
               "Que no se entere [...]
  RS 3,1 Rosita   Yo he sido siempre seria.   1429
  RS 3,1 Rosita   Yo sé que los ojos los tendré siempre jóvenes, y sé   1430
               que la espalda se me irá curvando cada día.
  BA 1,1 Criada   ¡Por siempre!   1444
  BA 1,1 Mendiga   Siempre me las dan.   1444
  BA 1,1 Todas   Sea por siempre bendito y alabado.   1448
  BA 1,1 Bernarda   Es así como se tiene que hablar en este maldito pueblo   1450
               sin río, pueblo de pozos, donde siempre se bebe el
               agua [...]
  BA 1,1 La Poncia   Luego estuvo detrás de una ventana oyendo la   1455
               conversación que traían los hombres, que, como
               siempre, no se puede [...]
  BA 1,1 Martirio   Siempre que viene le tira puñaladas en el asunto.   1459
  BA 1,1 Martirio   Los veía en el corral uncir los bueyes y levantar los   1460
               costales de trigo entre voces y zapatazos y siempre
               tuve miedo de [...]
  BA 1,1 Magdalena   Siempre cabeza con cabeza como dos ovejitas, pero sin   1463
               desahogarse con nadie.
  BA 1,1 Magdalena   Aunque Angustias es nuestra hermana, aquí estamos en   1464
               familia y reconocemos que está vieja, enfermiza, y que
               siempre ha sido la que [...]
  BA 2,1 Magdalena   Desde luego que hay que reconocer que lo mejor que has   1472
               tenido siempre es el talle y la delicadeza.
  BA 2,1 Angustias   Sí, siempre habló él.   1475
  BA 2,1 Adela   Y siempre: "¡Qué lástima de cara", "¡qué lástima de   1479
               cuerpo que no vaya a ser para nadie!"
  BA 2,1 Angustias   ¡Siempre discutiendo!   1483
  BA 2,1 La Poncia   Siempre has sido lista.   1497
  BA 2,1 La Poncia   Siempre agradecí tu protección.   1498
  BA 2,1 Bernarda   ¡Siempre gasté sabrosa pimienta!   1501
  BA 2,1 Bernarda   Siempre os supe mujeres ventaneras y rompedoras de su   1503
               luto.
  BA 3,1 Amelia   Siempre trae mala sombra.   1510
  BA 3,1 Adela   Las cosas significan siempre lo mismo.   1510
  BA 3,1 Angustias   Me habla siempre como pensando en otra cosa.   1513
  BA 3,1 María Josefa   Cuando mi vecina tenía un niño yo le llevaba chocolate   1525
               y luego ella me lo traía a mí y así siempre, siempre,
               siempre.
  BA 3,1 Adela   Vino por el dinero, pero sus ojos los puso siempre en   1526
               mí.
siempreviva (2)
  RS 2,1 Tía   la siempreviva te mata.   1404
  RS 2,1 Madre   Siempreviva de la muerte,   1404
siendo (15)
sienes (3)
  CA 3,1 Joven   Pero la sangre golpea mis sienes con sus nudillos de   1125
               fuego, y ahora te tengo ya aquí.
  BS 2,2 Novia   ¡Tengo como un golpe en las sienes!   1239
  BA 1,1 Criada   Ya tengo el doble de esas campanas metido entre las   1439
               sienes.
sienta (V) (3)
  TC 1,1 Rosita   ¡Y qué bien me sienta!   731
  CA 3,2 Jugador 3   ¿No se sienta?   1139
  BA 2,1 Martirio   Me sienta mal el calor.   1488
sienta (3)
  CA 3,1 Máscara   Hablo así porque no quiero que Arturo me sienta.   1123
  BS 2,2 Madre   Que ella no pueda disgustarse, pero que sienta que tú   1241
               eres el macho, el amo, el que mandas.
  BA 2,1 Bernarda   ¡Aquí no se vuelve a dar un paso sin que yo lo sienta!   1503
sientan (V) (1)
  RS 3,1 Rosita   Por eso yo comprendo [...] borrar el mundo, y se   1433
               sientan a cantar en [...]
sientan (1)
  BS 3,1 Leonardo   Silencio. Que no nos sientan.   1260
sientas (2)
  BS 2,1 Criada   Y lo mejor es cuando te despiertes y lo sientas al   1207
               lado y que [...]
  YE 3,1 Dolores   Cuando te sientas encinta me traes la fanega de trigo   1330
               que me has prometido.
siéntate (7)
  TC 0,0 Mosquito   Niño, cierra esa boquita, y tú, muchacha, siéntate con   723
               cien mil de a caballo.
  MP 1,4 Amparo   ¡Siéntate!   792
  MP 1,5 Mariana   Siéntate.   797

siéntate - sierra

Pág.

siéntate (continuación)
CA 3,1 Viejo	Ella irá. Siéntate, amigo mío. Espera.	1127
BS 2,1 Criada	Siéntate. Todavía no se ha levantado nadie.	1211
YE 2,2 Yerma	Cuando quieras. Siéntate.	1321
RS 1,1 Tía	Hola, siéntate si quieres. Rosita ya se ha marchado.	1361

siente (9)
MM 1,6 Curianito	¡de un amor que ya siente!	700
MM 2,2 Curiana N	Ella ni ve ni siente.	706
MP 1,4 Mariana	siente cuando el sol se duerme en sus manos	790
MP 2,5 Pedro	luz armoniosa y fija que se siente por dentro?	830
MP 2,9 Pedrosa	¿no siente miedo de vivir tan sola?	852
MP 3,7 Novicia 1	cuando se siente la Vela,	880
BS 3,1 Leñador 1	Pero el caballo no se siente.	1246
YE 2,2 Juan	Estando a tu lado no se siente más que inquietud, desasosiego.	1314
YE 3,2 Yerma	Eso es lo que yo quería oír de tus labios... No se siente la verdad cuando [...]	1348

sienten (V) (2)
TC 1,1 Cocoliche	Pues que la sienten bien.	728
BA 1,1 La Poncia	Que se sienten en el suelo.	1442

sienten (1)
BA 1,1 Mujer 1	Los pobres sienten también sus penas.	1445

sientes (5)
MP 1,6 Mariana	se aleja por la calle. ¿Tú lo sientes?	802
CA 3,1 Joven	Así me sientes.	1126
BS 1,3 Criada	¿Sientes dejar tu vida de reina?	1203
YE 1,1 Yerma	¿Y qué sientes?	1279
YE 1,2 Yerma	¿No sientes llorar?	1298

siéntese (2)
ZP 2,1 Zapatera	Siéntese usted en el [...]	951
CA 2,1 Padre	Siéntese.	1091

siento (31)
MM 1,5 Curianito	¡Oh qué pena tan honda en el alma me siento	698
MM 2,2 Curiana N	¡Aquí la dejaremos bajo la luna! Siento	707
TC 6,1 Rosita	¡Ya siento sus pasos por la escalerilla! Iluminadme, Santa Rosa.	766
TC 6,1 Cocoliche	Ahora siento mi pecho lleno de cascabeles, lleno de corazoncillos.	780
MP 1,6 Mariana	me siento vestida de temblor y llanto.	806
MP 2,3 Mariana	mientras que yo, perdida y loca, siento	826
MP 2,5 Mariana	Cuando estás a mi lado olvido lo que siento	831
MP 3,4 Mariana	Mira que siento muy cerca	871
MP 3,8 Mariana	siento al mundo en los dedos. ¡Muerte! Pero, ¿qué es muerte?	887
MP 3,8 Mariana	Y vosotras, ¿qué hacéis? ¡Qué lejanas os siento!	887
MP 3,9 Mariana	¡Qué lejano lo siento!	888
ZP 2,1 Zapatero	Yo lo siento mucho, pero tengo que emprender mi camino antes que la noche se me eche encima.	975
PB 0,0 Perlimplín	Y si te soy franco, siento una sed... ¿Por qué no me traes agua?	987
PB 1,1 Duende 1	Vamos. Ya siento un dulce fresquillo por mis espaldas.	996
DC 1,1 Cristóbal	¿Qué es eso que siento yo?	1040
CA 1,1 Amigo	No tengo tiempo y lo siento.	1058
CA 2,1 Joven	Siento que me olvidan hasta las letras.	1096
EP RR Figura De C	Un hombre, tan hombre que siento un dolor agudo [...]	1149
EP RR Figura De P	Tú has roto el hilo de la araña y ya siento que mis grandes pies se van volviendo pequeñitos y repugnantes.	1151
BS 1,1 Madre	Amasa su pan y cose sus faldas, y siento, sin embargo, [...]	1175
BS 1,1 Madre	Ya no me quedas más que tú y siento que te vayas.	1175
BS 1,1 Madre	No lo dudo. De todos modos, siento no saber cómo fue su madre.	1176
BS 1,3 Padre	Lo que siento es que las tierras..., ¿entiendes?...	1196
BS 1,3 Novio	Cuando me voy de tu lado siento un despego grande y así como un nudo en la garganta.	1202
BS 3,1 Novio	Y vamos pronto, que siento los dientes de [...]	1253
BS 3,2 Niña	los siento venir.	1263
YE 2,2 Yerma	Que estoy ofendida, ofendida [...] adormiladas, mientras yo siento dos golpes de [...]	1318
RS 2,1 El Señor X	Yo me siento en la Polis viviente; no soy partidario de la Natura Naturata.	1376
RS 2,1 El Señor X	Lo siento.	1377
BA 1,1 Martirio	Yo me siento lo mismo.	1459
BA 2,1 Bernarda	Siento que hayas oído.	1496

sierpe (2)
CA 1,1 Mecanógrafa	Todavía tengo aquella sangre viva como una sierpe roja, temblando entre mis pechos.	1055
CA 2,1 Maniquí	como una sierpe de viento	1101

sierra (14)
TC 0,0 Mosquito	abanica tanto rostro asombrado, llévate los suspiros por encima de aquella sierra y limpia las [...]	724

sierra (continuación)

TC 2,1 Cocoliche	Me suenan los oídos como si estuviera en lo alto de una sierra.	737
TC 6,1 Rosita	La sierra de Córdoba tiene sombras bajo sus olivares, sombras aplastadas, sombras muertas que nunca se van.	774
TC 6,1 Rosita	La sierra de Granada tiene pies de luz y peinado de nieve.	774
MP 1,4 Amparo	iba el olor de la sierra.	794
MP 1,7 Fernando	Necesito antes de las [...] adelante, internarme en la sierra.	811
MP 2,1 Clavela	y guarde al hombre en la sierra	822
MP 2,5 Pedro	¡Día y noche, qué largos sin ti por esa sierra!	828
MP 2,5 Pedro	¡Qué otoño interminable sufrí por esa sierra!	830
TB QM. Enrique	Estaré mucho tiempo en la sierra.	903
ZP 1,1 Zapatera	Mi cocido, con sus patatas de la sierra, dos pimientos [...]	934
ZP 2,1 Zapatero	brisa y tomillo en la sierra	961
ZP 2,1 Zapatera	Y con serenidad de familia de caballistas que han cruzado muchas veces la sierra, sin hamugas, [...]	973
YE 3,2 Hembra	En el río de la sierra	1340

Sierra (1)

TC 3,1 Joven	Cuando lo vi desde la Sierra, me entró la luz por los ojos y me llegó hasta los pies.	743

sierraa (2)

RS 1,1 Voz	¡Manzanillaaaaa finaaa de la sierraa!	1361
RS 1,1 Voz Del P	¡Manzanillaa finaa de la sierraa!	1361

sierras (4)

TC 6,1 Rosita	Sevilla no tiene sierras.	774
TC 6,1 Cristobita	No tiene sierras, no...	774
MP 3,7 Novicia 1	Dice: "Si no hubiera sierras,	880
YE 3,2 María	Un río de hombres solos baja esas sierras.	1338

siervas (1)

YE 3,2 Yerma	Y en el vientre de tus siervas	1338

siervo (1)

BA 1,1 Bernarda	Concede el reposo a tu siervo Antonio María Benavides y dale la corona de tu santa gloria.	1449

siesta (1)

MM 1,5 Curiana N	Además le receto baños de luna y siesta,	700

siestecita (3)

DC 1,1 Rosita	¿Por qué no te echas una siestecita?	1038
DC 1,1 Rosita	¿Por qué no te echas otra siestecita?	1039
DC 1,1 Rosita	¿por qué no te echas otra siestecita?	1039

siete (3)

YE 3,2 Macho	Siete veces gemía,	1342
RS 1,1 Tío	No os dais cuenta de mi invernadero; desde el ochocientos siete, en que la condesa [...]	1352
RS 1,1 Tía	En algunas ocasiones hace falta ... Otro día que pase..., treinta y siete, treinta y ocho.	1361

siga (7)

MP 2,7 Mariana	Pero ¿habrá quién os siga?	839
ZP 2,1 Vecina Morada	¡Siga usted!	960
DC 1,1 Director	Vamos, siga.	1021
CA 1,1 Viejo	Siga...	1046
CA 1,1 Viejo	Siga, siga.	1051
RS 3,1 Tía	Como siga este viento no va a quedar una rosa viva.	1436

sigas (3)

MP 2,5 Mariana	¡No sigas!	829
RS 3,1 Tía	Calla, ¡no sigas!	1416
BA 1,1 Mujer 4	El mismo trigo de tu casamiento lo sigas disfrutando.	1450

sigilo (1)

MP 2,5 Pedro	En el mayor sigilo conspiramos. ¡No temas!	829

siglo (5)

MP 2,7 Conspirador 1	¡Que me parece un siglo cada instante!	837
TB DME Estudiante	El siglo.	900
RS 2,1 El Señor X	Pues yo siempre seré de este siglo.	1375
RS 2,1 Tío	El siglo que acabamos de empezar será un siglo materialista.	1375

significaban (1)

BA 3,1 Prudencia	En mi tiempo las perlas significaban lágrimas.	1510

significado (1)

RS 3,1 Rosita	Hay cosas que no se pueden decir porque no hay palabras para decirlas; y si las hubiera, nadie entendería su significado.	1430

significan (1)

BA 3,1 Adela	Las cosas significan siempre lo mismo.	1510

significará (1)

TC 1,1 Rosita	¿Qué significará esto de "Me he salvado de la ruina.	727

significas (1)

CA 2,1 Joven	Tú no significas nada.	1096

sigo - silencio

Pág.

sigo (6)
EP RR Figura De P   Cuando rondas el lecho y los objetos de la casa, te   1146
                     sigo, pero no te sigo a los sitios adonde [...]
BS 3,1 Novia   y te sigo por el aire   1258
YE 1,1 Yerma   Si sigo así, acabaré volviéndome mala.   1282
YE 1,2 Yerma   Yo me entregué a mi marido por él, y me sigo   1290
                     entregando para ver si llega, pero nunca por
                     divertirme.
RS 3,1 Rosita   Me he acostumbrado a [...] cosas ya no existen sigo   1428
                     dando vueltas y [...]
sigue (21)
MM 1,1 Curiana N   ¿Y vuestro buen hijo, cómo sigue?   673
MP 1,4 Mariana   Tu hermano Fernando, ¿cómo sigue?   789
MP 2,5 Mariana   Sigue. ¿Después?   831
MP 3,3 Mariana   Sigue hablando.   868
DC 1,1 Director   Llenemos el teatro de [...] los personajes donde sigue 1043
                     pura la vieja esencia [...]
CA 1,1 Niño   ¿Cómo sigue?... No lo sé, ¿cómo sigue?   1068
BS 2,1 Novia   Sigue peinándome.   1207
BS 2,2 Madre   Mana de su bisabuelo, que empezó matando, y sigue en 1227
                     toda la mala [...]
BS 3,2 Mendiga   de pájaros me sigue; ¿quieres uno?   1265
YE 1,2 Vieja 1   Sigue.   1289
YE 2,2 Yerma   A pesar de todo, sigue queriéndome.   1318
YE 2,2 María   De todas maneras, creo que tu marido te sigue   1319
                     queriendo.
YE 3,2 Vieja   Pues sigue así.   1345
YE 3,2 Yerma   ¡Sigue! ¡Sigue!   1347
RS 1,1 Tía   Mujer, sigue limpiando.   1360
RS 3,1 Tía   Pero usted sigue escribiendo.   1421
BA 2,1 Adela   Me sigue a todos lados.   1479
BA 3,1 Bernarda   ¿Y tu marido cómo sigue?   1507
BA 3,1 Bernarda   ¿Sigue tu hijo viendo a Pepe a las cuatro de la mañana? 1519
sígueme (1)
BS 3,1 Novio   Si me sigues, sígueme sin hablar.   1252
siguen (3)
MP 1,3 Lucía   ¿Cómo siguen?   788
MP 2,7 Pedro   Nos siguen pueblos como Nerja, Vélez,   838
BA 3,1 Bernarda   ¿Siguen diciendo todavía la mala letanía de esta casa? 1519
sigues (3)
MP 1,4 Lucía   Nos retiramos; si sigues   794
PB 2,1 Perlimplín   Marcolfa, ¿por qué sigues llorando?   1001
BS 3,1 Novio   Si me sigues, sígueme sin hablar.   1252
siguió (1)
EP CV   Estudiante 4 Y aunque los poetas pusieron una escalera para   1158
                     asesinarla, ella siguió dando voces y acudió la
                     multitud.
síiii (2)
ZP 1,1 Zapatera   Síiii.   936
ZP 2,1 Zapatero   ¿Síiii?   965
silbaba (1)
TC 1,1 Rosita   ¡Y qué bien silbaba!   725
silbido (1)
TC 2,1 Cocoliche   El silbido ha tocado como una piedrecita de música en 735
                     el cristal de su balcón.
silbo (1)
BS 3,1 Luna   me ponga entre los dedos su delicado silbo.   1251
silencio (37)
MM 2,6 Curianito   Yo tenía el silencio   718
TC 0,0 Mosquito   Callad, para que el silencio se quede más clarito,   723
                     como si estuviese en su misma fuente.
TC 1,1 Padre   ¡Silencio!   732
MP 1,1 Angustias   Son las hijas del Oidor. Guarda silencio.   785
MP 1,5 Mariana   ¡Con un aire y un silencio!   800
MP 1,7 Mariana   ¡Qué silencio el de Granada!   810
MP 1,7 Mariana   Pero silencio, Fernando.   812
MP 1,8 Angustias   en medio del silencio!   818
MP 2,5 Pedro   Como dos blancos ríos de rubor y silencio,   831
MP 2,5 Pedro   y esta aguda pasión de horizonte y silencio.   832
MP 2,9 Pedrosa   ¡Silencio!   855
MP 3,2 Mariana   Este silencio me pesa   865
MP 3,9 Mariana   ¡Corazón, no me dejes! ¡Silencio! Con un ala,   888
ZP 0,0 El Autor   ¡Silencio!   912
DC 1,1   Quiero que haya un silencio tan profundo que oigamos 1019
                     el glu-glú de los manantiales.
CA 1,1 Amigo   Cuánto silencio en esta casa, ¿y para qué?   1056
CA 1,1 Viejo   ¡Silencio!   1076
CA 2,1 Joven   ¡Silencio! ¡Déjame! Vete,   1102
CA 3,1 Payaso   Silencio.   1112
BS 3,1 Mendiga   No dejemos que pasen el arroyo. ¡Silencio!   1251
BS 3,1 Leonardo   Silencio. Que no nos sientan.   1260

silencio (continuación)
    YE 1,2 Vieja 1   Criaturas de silencio.   1287
    YE 2,1 Lavandera 2   Silencio. ¿No ves que por ahí vienen las cuñadas?   1305
    YE 3,1 Juan   Silencio.   1335
    YE 3,1 Yerma   ¡Eso! ¡Eso! Silencio. Descuida.   1335
    RS 1,1 Tía   ¡Silencio!   1363
    RS 3,1 Tía   Muy bien y ¡silencio!;   1427
    BA 1,1 Bernarda   ¡Silencio!   1445
    BA 2,1 Bernarda   ¡Qué escándalo es este en mi casa y en el silencio del 1492
                            peso del calor!
    BA 2,1 Bernarda   ¡Silencio!   1495
    BA 2,1 Bernarda   ¡Silencio digo!   1495
    BA 3,1 Bernarda   Disfrutando este silencio y sin lograr ver por parte 1518
                            alguna "la cosa tan grande" que aquí pasa, según tú.
    BA 3,1 La Poncia   ¿Tú ves este silencio?   1520
    BA 3,1 Bernarda   ¡Silencio!   1532
    BA 3,1 Bernarda   ¡Silencio, silencio he dicho!   1532
    BA 3,1 Bernarda   ¡Silencio!   1532
silenciosa (1)
    MP 2,5 Pedro   Vives en una calle silenciosa, y la noche   829
silenciosas (1)
    MP 2,9 Pedrosa   de recorrer las calles silenciosas,   851
silencioso (1)
    MM 1,1 Curiana N   El prado está silencioso.   675
silfo (5)
    MM 0,0   Un viejo silfo del bosque escapado [...]   670
    MM 0,0   Pero antes de empezar quiero saber el mismo ruego   670
                           que a él le hizo el viejo silfo aquel anochecer [...]
    MM 0,0   También el viejo silfo le dijo al poeta: [...]   670
    MM 0,0   Y nada más habló el viejo silfo.   670
    MM 0,0   Y si alguna honda lección sacáis de ella, id al bosque 670
                           para darle las gracias al viejo silfo de las muletas
                           [...]
silvana (1)
    ZP 1,1 Zapatero   Cuca silvana.   926
Silvia (9)
    MM 1,1 Curiana N   De Silvia quizá.   673
    MM 1,2 Doña Curiana   insultarte, niña Silvia.   678
    MM 1,2 Doña Curiana   Silvia, calmaos, por favor;   679
    MM 1,2 Doña Curiana   Esto es imposible, Silvia.   679
    MM 1,2 Doña Curiana   Silvia, ¿y quién no se chancea   681
    MM 1,4 Curianito   Hoy no te quiero, Silvia.   688
    MM 1,4 Curianito   ¡No llores, niña Silvia!   688
    MM 1,5 Doña Curiana   ¡Pobre Silvia!   694
    MM 2,2 Curiana N   Hay que casarlo pronto con Silvia. Necesita   707
silla (6)
    DC 1,1 Rosita   en la silla   1032
    YE 3,1 Vieja 1   Pero ¿qué vega esperas dar a tu hijo ni qué felicidad 1328
                           ni qué silla de plata?
    YE 3,2 María   Ella ha estado un mes sin levantarse de la silla.   1337
    RS 2,1 Madre   Muchas veces les pregunto: "¿Qué queréis, hijas de mi 1393
                           alma: huevo en el almuerzo o silla en el paseo?"
    RS 2,1 Ayola 2   Por cierto que yo tomé cuatro huevos con picadillo de 1396
                           tomate, y casi no me podía levantar de la silla.
    RS 3,1 Tía   Lo que sacamos es lo sucinto, la silla para sentarnos 1426
                           y la cama para dormir.
sillas (7)
    EP CV Estudiante 4   La gente se olvida de [...] amordazada debajo de las 1160
                           sillas y cubierta de [...]
    EP CV Estudiante 5   Parecía muy hermosa, [...] gata debajo de las sillas. 1167
    YE 2,2 Yerma   Cuando las sillas se rompen y las sábanas de hilo se 1312
                           gastan con el uso.
    RS 2,1 Madre   Y ellas me responden las tres a la vez : "Sillas." 1393
    RS 2,1 Ayola 2   Ya las vemos sentadas en sus sillas del paseo.   1396
    BA 1,1 Criada   ¿Hay bastantes sillas?   1441
    BA 3,1 María Josefa   Yo quiero casas, pero [...] fuera sentados en sus   1525
                           sillas.
simiente (2)
    BS 2,2 Madre   Es de buena simiente.   1228
    YE 1,2 Vieja 1   Aunque debía haber Dios, aunque fuera pequeñito, para 1291
                           que mandara rayos contra los hombres de simiente
                           podrida que [...]
simientes (1)
    BS 2,2 Padre   Y estos brazos tienen que ser de los dueños, que   1228
                           castiguen y que dominen, que hagan brotar las
                           simientes.
simple (1)
    ZP 0,0 El Autor   En todos los sitios late [...] con aire de refrán o 912
                           simple romancillo, y [...]
simplezas (1)
    MM 1,2 Doña Curiana   cometer tantas simplezas?   681

                                                                        Pág.
sin (160)
sinceridad (1)
    PB 2,1 Perlimplín   Te puedo decir con toda sinceridad que su belleza me   1005
                          deslumbró.
sincero (2)
    MP 1,7 Fernando   ¡Soy sincero!   807
    RS 3,1 Rosita   Estaba atada, y además, ¿qué hombre vino a esta casa   1429
                          sincero y desbordante para procurarse mi cariño?
sino (S) (7)
    ZP 2,1 Zapatero   ¡Pero es mi sino!   966
    BS 2,1 Criada   El sino.   1206
    BS 2,1 Mujer   El mismo sino tuvo mi madre.   1224
    BS 3,1 Leñador 3   Expresaba el sino de su casta.   1247
    YE 2,1 Lavandera 2   Todo esto son cuestiones de gente que no tiene   1304
                          conformidad con su sino.
    RS 3,1 Tía   Pobre, ¡qué sino el suyo!   1424
    BA 1,1 Martirio   Y ella tiene el mismo sino de su madre y de su abuela, 1460
                          mujeres las dos del que la engendró.
sino (18)
sinrazón (1)
    BS 3,1 Novia   ¡Ay qué sinrazón! No quiero   1258
sinsabores (1)
    BA 3,1 Bernarda   A fuerza de dinero y sinsabores.   1508
sinvergüenza (2)
    MM 2,4 Curiana G   ¡Sinvergüenza!   710
    TB DME Vieja   Entonces eres una sinvergüenza.   897
siquiera (17)
    MM 2,4 Alacranito   ¡Un bocado siquiera   710
    TC 6,1 Rosita   ¡Que no me lo digas siquiera!   779
    MP 1,6 Mariana   ¡Ni siquiera pensarlo!   802
    ZP 1,1 Zapatero   si tuviera cuarenta años o cuarenta y cinco,   916
                          siquiera...
    ZP 1,1 Zapatera   Pues si tarda siquiera dos minutos [...]   934
    ZP 2,1 Zapatera   Historietas antiguas que usted no habrá oído mentar   965
                          siquiera... y a mí me [...]
    PB 3,1 Belisa   Déjame ver tu rostro por un instante siquiera... ¡Ay! 1016
    CA 3,2 Criada   Yo le he regalado un ramito de rosas, pero eran tan   1132
                          pequeñas que no las han entrado siquiera en la
                          habitación.
    BS 1,3 Criada   Siquiera las medias. Dicen que son todas caladas.   1203
                          ¡Mujer!
    BS 2,1 Novia   Yo no debo hablarte siquiera.   1214
    BS 3,2 Madre   Una mujer que no tiene un hijo siquiera que poderse   1268
                          llevar a los labios.
    YE 3,1 Yerma   Dejarme libre siquiera la voz, ahora que voy entrando   1334
                          en
    YE 3,1 Yerma   Dejar que de mi cuerpo salga siquiera esta cosa   1335
                          hermosa y que llene el aire.
    YE 3,2 Vieja   Y en cuanto a tu marido, hay en mi casa entrañas y   1345
                          herramientas para que no cruce siquiera la calle.
    BA 1,1 Criada   Tuve durante el duelo [...] dieras agua de fregar   1452
                          siquiera para beber, [...]
    BA 2,1 La Poncia   ¡Siquiera allí se ríe y se oyen porrazos!   1484
    BA 2,1 Magdalena   Y ni nuestros ojos siquiera nos pertenecen.   1486
sirva (1)
    ZP 2,1 Zapatero   Respetable público: Oigan [...] paciencia, para que   958
                          sirva de escarmiento [...]
sirve (5)
    MP 2,5 Mariana   ¿De qué sirve mi sangre, Pedro, si tú murieras?   828
    DC 1,1 Enfermo   ¿Para qué sirve?   1026
    CA 3,2 Joven   Juan, sirve licor a estos señores.   1140
    YE 1,1 Yerma   ¿De qué me sirve?   1282
    RS 1,1 Ama   La boca sirve para comer,   1353
sirven (6)
    BS 2,2 Muchacha 2   ¿De qué? Pero los dos alfileres sirven para casarse,   1236
                          ¿verdad?
    YE 1,1 Yerma   Yo veo por mis ojos que [...] gentes dicen que no   1276
                          sirven para nada.
    YE 1,1 Yerma   "Los jaramagos no sirven para nada", pero yo bien los   1276
                          veo mover sus flores amarillas en el aire.
    RS 1,1 Ama   las piernas sirven para la danza.   1353
    RS 1,1 Tía   Ahora se enterará de que las telas no solo sirven para 1362
                          hacer flores, sino para empapar lágrimas.
    RS 2,1 Ama   Pues para lo único que sirven las rosas es para   1388
                          adornar las habitaciones.
sirves (1)
    BA 1,1 Bernarda   No tenemos. Me sirves y te pago. ¡Nada más!   1458
sirviendo (2)
    TC 2,1 Cristobita   No; de niño estuve en Italia y en Francia, sirviendo a 739
                          un tal don [...]

sirviendo (continuación)
  DC 1,1 Cristóbal   Pero en mi juventud estuve en Francia y en Italia,   1035
                          sirviendo a un tal don Pantaleón.
sirvieron (1)
  BA 1,1 Criada   Yo fui la que más te quiso de las que te sirvieron.   1445
sirvió (2)
  BS 2,1 Leonardo   ¿De qué me sirvió a mí el orgullo y el no mirarte y el   1214
                          dejarte despierta noches y noches?
  BS 2,1 Leonardo   ¡Sirvió para echarme fuego encima !   1214
sirvo (3)
  MP 1,7 Fernando   Te sirvo con alegría.   808
  PB 3,1 Marcolfa   Aunque no sirvo para estas cosas, [...]   1009
  RS 2,1 Ama   Ustedes me pagan y yo sirvo.   1384
sitio (29)
  MM 2,5 Gusano 1   vamos por este sitio.   714
  MP 1,5 Fernando   Pedrosa conoce el sitio   799
  MP 1,7 Fernando   Por aquel sitio no hay gente.   815
  MP 3,5 Mariana   el sitio donde guardo este secreto   875
  ZP 1,1 Zapatera   Hoy no comemos..., de manera que ya te puedes buscar   923
                          la comida por otro sitio.
  ZP 1,1 Mozo   No me muevo de este sitio sin el sí.   932
  ZP 2,1 Zapatera   Pues si dices tú, más [...] debe estarse en su sitio   942
                          como Dios manda.
  ZP 2,1 Zapatero   otra en semejante sitio   962
  ZP 2,1 Zapatero   Y ahora casi me alegro [...] con mi lengua en su   968
                          sitio, me parece que [...]
  CA 1,1 Amigo 2   Por cualquier sitio.   1073
  CA 3,1 Joven   al sitio donde las sedas   1121
  CA 3,1 Joven   me están llevando a otro sitio.   1122
  CA 3,1 Joven   Vámonos de este sitio.   1123
  BS 2,1 Novia   Mi madre era de un sitio donde había muchos árboles.   1206
  BS 2,2 Novio   Nada. En ningún sitio.   1243
  BS 3,2 Madre   y que se para en el sitio   1272
  BS 3,2 Madre   y allí se para, en el sitio   1272
  YE 1,2 Yerma   Usted me ha de decir lo que tengo que hacer, que yo   1288
                          haré lo que sea, aunque me mande clavarme agujas en el
                          sitio más débil de mis [...]
  YE 2,2 Víctor   La acequia por su sitio, el rebaño en el redil, la   1323
                          luna en el cielo y el hombre con su arado.
  YE 2,2 Juan   Ya no tenemos sitio donde meter tantas ovejas.   1324
  YE 3,1 Juan   ¿Qué haces en este sitio?   1331
  RS 2,1 Tío   No te sabes quedar en tu sitio.   1385
  RS 3,1 Rosita   Me he acostumbrado a [...] más vueltas por un sitio   1428
                          frío, buscando [...]
  BA 1,1 Bernarda   No es por eso... Pero desde aquel sitio las vecinas   1453
                          pueden verla desde su ventana.
  BA 2,1 Martirio   Aquí es el único sitio donde no se puede pronunciar   1478
                          esta palabra.
  BA 2,1 Bernarda   ¡Carbón ardiendo en el sitio de su pecado!   1506
  BA 3,1 La Poncia   Me estoy en mi sitio, y en paz.   1518
  BA 3,1 La Poncia   Es verdad que el año pasado anduvo detrás de Adela y   1520
                          ésta estaba loca por él, pero ella debió estarse en su
                          sitio y no provocarlo.
  BA 3,1 Martirio   No es ese el sitio de una mujer honrada.   1526
sitios (4)
  ZP 0,0 El Autor   En todos los sitios late y anima la [...]   912
  CA 1,1 Viejo   Yo he luchado toda mi vida por encender una luz en los   1072
                          sitios más oscuros.
  EP RR Figura De P   Cuando rondas el lecho y los objetos de la casa, te   1146
                          sigo, pero no te sigo a los sitios adonde tú, lleno
                          [...]
  BA 1,1 La Poncia   No, Bernarda, a cambiar... Claro que en otros sitios   1457
                          ellas resultan las pobres.
situación (5)
  MM 1,4 Curianito   ¡Qué triste situación!   689
  MP 2,7 Pedro   La situación es grave,   838
  MP 2,8 Conspirador 3   La situación no puede durar mucho.   842
  ZP 1,1 Zapatero   Pero comprenda mi situación: toda la vida [...]   919
  ZP 2,1 Zapatero   Yo comprendo mucho más [...] de reservas, que su   967
                          situación es..., sí, [...]
situadas (1)
  RS 3,1 Martín   Y créame usted que los [...] sentimiento, como a   1419
                          personas situadas en el último [...]
sobran (1)
  BA 1,1 La Poncia   Sobran.   1442
sobrando (1)
  TC 3,1 Joven   Me parece que las bromas están sobrando.   745
sobras (4)
  RS 2,1 Madre   Yo tengo una muchacha [...] peseta al mes y las   1395
                          sobras, que ya está bien [...]

Pág.

sobras (continuación)
BA 1,1 La Poncia   Treinta años lavando sus sábanas; treinta años   1442
                          comiendo sus sobras; noches en vela [...]
BA 1,1 Mendiga   Vengo por las sobras.   1444
BA 1,1 Criada   Por la puerta se va a la calle. Las sobras de hoy son   1444
                          para mí.
sobre (122)
sobresaltada (1)
YE 3,2 Yerma   Voy a descansar sin despertarme sobresaltada, para ver   1350
                          si la sangre me anuncia otra sangre nueva.
sobresalto (1)
ZP 2,1 Zapatera   ¡Jesús! Está una en un continuo sobresalto. ¿Quién es?   969
sobrina (1)
RS 2,1 Tía   Mi sobrina está comprometida.   1379
sobrinita (1)
RS 2,1 El Señor X   Póngame a los pies de su encantadora sobrinita, a la   1378
                          que deseo venturas en su celebrado onomástico.
sobrino (1)
RS 2,1 Ama   Era hermoso como un novicio cuando sale a cantar la   1380
                          primera misa, pero ya quisiera su sobrino tener aquel
                          talle, [...]
sobrinos (1)
RS 1,1 Tía   A los dos los quiero como sobrinos.   1359
sobro (1)
ZP 1,1 Zapatera   Pues si tarda siquiera dos minutos más, como yo sola,   934
                          que me basto y me sobro... ¡Con la comida [...]
socialísima (1)
PB 1,1 Duende 2   Por eso, que no se descubra todavía nuestra eficaz y   995
                          socialísima pantalla.
socorro (1)
MM 1,5 Curianita Silvia ¡¡Socorro, que nos come!!   696
sofá (1)
RS 1,1 Ama   Pero yo no digo que de tanto regar las flores y tanta   1352
                          agua por todas partes van a salir sapos en el sofá.
sofocación (1)
TC 6,1 Rosita   ¡Qué sofocación más grande!   779
sofocaciones (1)
ZP 2,1 Zapatera   ¡Y paso unas sofocaciones!...   974
sois (20)
sol (38)
MM 0,0   ¿Y por qué a vosotros [...] pradera tomando el sol en   670
                          la mañana tibia?
MM 1,4 Curianito   sol del gusanito buen madrugador.   685
MM 1,4 Curianita Silvia con un rayo de sol?   687
MM 2,2 Curiana N   que ella rompió los rayos del sol por vez primera.   705
TC 1,1 Hora   Mientras que aquí hace sol, en otras partes llueve.   734
TC 5,1 Jovencita   A los rayos del sol   759
TC 5,1 Jovencita   a los rayos del sol   761
MP 1,4 Mariana   siente cuando el sol se duerme en sus manos   790
MP 2,5 Mariana   Quiero tener abiertos mis balcones al sol   832
ZP 2,1 Zapatero   cuando el sol deja sin sombra   961
PB 0,0 Una Voz   nada como un pez el sol.   982
PB 0,0 Belisa   nada como un pez el sol.   987
PB 1,1 Perlimplín   Nunca había visto la salida del sol... Es un   1000
                          espectáculo que... parece mentira..., ¡me conmueve!
PB 3,1 Marcolfa   Yo le haré una corona de flores como un sol de   1018
                          mediodía.
DC 1,1 Rosita   Es que ya empieza la puesta del sol.   1040
CA 1,1 Viejo   Porque lo otro es morirse [...] levanta a las nubes el   1053
                          sol.
CA 1,1 Gata   ¡Ay clavelina del sol!   1067
CA 1,1 Niño   ¡Ay clavelina del sol!   1068
CA 1,1 Niño   después me dejarás mirar el sol...   1069
CA 2,1 Novia   Creo que me vas a quebrar [...] guitarra quemada por   1079
                          el sol, y no me quiebras.
CA 3,1 Mecanógrafa   Sí; que el sol es un milano.   1121
CA 3,1 Mecanógrafa   No: que el sol es un gran tronco,   1121
BS 1,3 Madre   La honra más limpia que una sábana puesta al sol.   1198
BS 1,3 Madre   Vamos. El sol no espera. ¿Conformes en todo?   1202
BS 2,1 Padre   Que ya ha salido el sol.   1222
YE 1,1 Yerma   Ahora tienes la cara blanca, como si no te diera en   1274
                          ella el sol.
YE 1,1 Yerma   ¡Que se agiten las ramas al sol   1277
YE 1,1 Yerma   ¡Que se agiten las ramas al sol   1278
YE 1,1 Yerma   ¡Que se agiten las ramas al sol   1278
YE 1,1 Víctor   Debe ser el sol...   1297
YE 1,2 Juan   Viene poca agua, es mía hasta la salida del sol y   1300
                          tengo que defenderla contra los ladrones.
YE 2,1 Lavandera 3   Parado, como un lagarto puesto al sol.   1304
RS 1,1 Tío   El sol se asoma a los vidrios   1357
RS 1,1 Rosita   el sol se asoma a los vidrios   1374

sol (continuación)
 RS 2,1 Rosita   El sol se asoma a los vidrios   1411
 RS 3,1 Ama   ¡Salga el sol por las esquinas!   1413
 BA 1,1 Mujer 3   Cae el sol como plomo.   1446
 BA 2,1 Martirio   ¡Con este sol!   1485
sola (59)
 MP 1,7 Mariana   de morirme sola aquí.   809
 MP 1,7 Mariana   ¡Pues iré sola!   812
 MP 2,5 Pedro   ¡Qué sola estás cercada de maliciosa gente!   828
 MP 2,9 Pedrosa   ¿no siente miedo de vivir tan sola?   852
 MP 3,4 Mariana   Y me quedo sola mientras   871
 MP 3,5 Mariana   Me dejan sola; ¿y qué? Uno vendría   875
 TB QM. Mujer   Yo, en cambio, estaré sola en la cama.   909
 ZP 1,1 Mozo   Y siempre sola... ¡Qué lástima!   931
 ZP 1,1 Zapatera   Pues si tarda siquiera dos minutos más, como yo sola, que me basto y [...]   934
 ZP 1,1 Zapatera   ¿Qué va a ser de mí sola en esta vida?   938
 ZP 2,1 Zapatera   Si no fuera porque tengo que ganarme la vida con estos vinillos y este trapicheo, porque estoy sola desde que se fue [...]   942
 ZP 2,1 Zapatera   No pueden ustedes hablar una sola palabra sin ofender... ¿De qué se ríe su ilustrísima?   949
 ZP 2,1 Zapatera   Mi marido me dejó por culpa de las gentes y ahora me encuentro sola, sin calor de nadie.   963
 ZP 2,1 Zapatera   Si estoy sola si soy joven y vivo ya solo de mis recuerdos...   967
 ZP 2,1 Zapatero   Y ahora casi me alegro de tenerme que marchar, porque usted sola, yo solo, usted [...]   968
 ZP 2,1 Zapatera   La navaja se contesta con la navaja y el palo con el palo, pero cuando de noche cierro esa puerta y me voy sola a mi cama..., me [...]   974
 ZP 2,1 Zapatera   Que yo sola meneo sin querer las perinolas de la cama, ¡susto doble!   974
 PB 1,1 Perlimplín   Desde que tú viniste de la iglesia está mi casa llena de rumores secretos, y el agua se entibia ella sola en los vasos.   988
 PB 2,1 Perlimplín   Observo que hablas... sola.   1003
 PB 3,1 Belisa   ¿Qué voces llenan de dulce armonía el aire de una sola pieza de la noche?   1012
 CA 1,1 Gata   Me iba sola.   1064
 CA 3,1 Joven   Corre por dentro de mí, como una hormiga sola dentro de una caja cerrada.   1125
 CA 3,2 Joven   Voy a cortar todas las [...] esa hierba que sale sola a medianoche...   1135
 BS 1,1 Madre   Es que me quedo sola.   1175
 BS 1,1 Madre   Porque con las uñas los desentierro y yo sola los machaco contra la tapia.   1176
 BS 1,1 Vecina   Vive sola con su padre allí, tan lejos, a diez leguas de la casa más cerca.   1180
 BS 2,1 Novia   Estoy deseando ser tu mujer y quedarme sola contigo, y no oír más voz que la tuya.   1222
 BS 2,2 Madre   Porque hoy me quedo sola en mi casa.   1228
 BS 2,2 Madre   No. Mi casa está sola.   1231
 BS 2,2 Novio   Sola.   1241
 BS 2,2 Madre   Sola, no. Que tengo la cabeza llena de cosas y de hombres y de luchas.   1241
 BS 3,1 Leñador 1   ¡Ay luna sola!   1248
 BS 3,1 Leñador 1   ¡Ay muerte sola!   1255
 BS 3,1 Novia   Desde aquí yo me iré sola.   1256
 BS 3,1 Novia   ¡Déjame sola! ¡Huye tú!   1258
 BS 3,2 Suegra   Valiente y sola en tu casa.   1264
 BS 3,2 Madre   Vuestras lágrimas son lágrimas de los ojos nada más, y las mías vendrán cuando yo esté sola, de las plantas [...]   1267
 YE 2,1 Lavandera 4   Y cuando no lo mira, porque está sola, porque no lo tiene delante, lo lleva retratado en los ojos.   1304
 YE 2,2 Juan   Pero ya sabéis que no me gusta que salga sola.   1311
 YE 2,2 Yerma   ¿Está sola?   1320
 YE 3,1 Yerma   ¡Ay, si los pudiera tener yo sola!   1329
 YE 3,1 Dolores   Antes de nada saldrán los rebaños y no conviene que te vean sola.   1330
 YE 3,1 Yerma   No te dejo hablar ni una sola palabra.   1332
 YE 3,1 Yerma   Mira que me quedo sola.   1334
 YE 3,2 Macho   Vete sola detrás de los muros,   1341
 YE 3,2 Yerma   Y sola.   1350
 RS 1,1 Tía   La lengua se me debió pegar en el cielo de la boca antes de consentir tu noviazgo; porque mi niña se queda sola en estas cuatro [...]   1363
 RS 1,1 Rosita   amor, sobre el alma sola,   1372
 RS 2,1 Ayola 1   Más discreto es que la leas tú sola, porque a lo mejor te dice algo verde.   1407

sola - solitaria

			Pág.
sola (continuación)			
RS 3,1	Ama	Cada una en una butaca de seda celeste que se meza ella sola, y unos abanicos de raso grana.	1425
RS 3,1	Tía	¡Porque ya no nos queda una sola dentro del corazón!	1425
RS 3,1	Rosita	Lo que tengo por dentro lo guardo para mí sola.	1430
RS 3,1	Rosita	Me entendéis si pido [...] cada vez que me quedo sola.	1430
BA 1,1	Criada	Es la que se queda más sola.	1440
BA 2,1	Angustias	Era la primera vez que estaba sola de noche con un hombre.	1475
BA 3,1	María Josefa	la puerta sola se abrirá	1523
BA 3,1	Adela	Vamos a dormir, vamos a dejar que se case con Angustias, ya no me importa, pero yo me iré a una casita sola donde él me verá [...]	1528
BA 3,1	Adela	Dios me ha debido dejar sola en medio de la oscuridad, porque te veo como si no te hubiera visto nunca.	1529
BA 3,1	Bernarda	¡Las lágrimas cuando estés sola!	1532
solamente (4)			
MP 3,8	Fernando	Solamente mi joven corazón te acompaña.	885
ZP 0,0	El Autor	Respetable público... No; respetable público, no; público solamente, y no es que [...]	911
DC 1,1	Poeta	Pero el dueño del teatro tiene a los personajes metidos en una cajita de hierro para que los vean solamente las señoras [...]	1036
CA 3,2	Jugador 1	En un tiro al blanco, que no solamente se clava sobre el acero más duro sino sobre la gasa más fina.	1138
solapa (1)			
CA 1,1	Amigo	Yo prefiero comerla verde, o, mejor todavía, me gusta cortar su flor para ponerla en mi solapa.	1072
solapas (1)			
CA 1,1	Amigo	Mira: te voy a coger por las solapas, te voy a pintar [...]	1056
solas (9)			
ZP 2,1	Zapatera	Parece que las manos se quieren escapar ellas solas.	963
BS 1,3	Madre	Buenas; pero demasiado solas.	1195
RS 1,1	Rosita	las tres y las cuatro solas.	1366
RS 1,1	Rosita	las tres y las cuatro solas.	1368
RS 1,1	Manola 1	las tres y las cuatro solas.	1369
RS 3,1	Tía	las tres y las cuatro solas.	1432
BA 1,1	La Poncia	¡Gracias a Dios que estamos solas un poquito!	1440
BA 1,1	Mendiga	Mujer, tú tienes quien te gane. ¡Mi niña y yo estamos solas!	1444
BA 3,1	Criada	Bernarda cree que nadie puede con ella y no sabe la fuerza que tiene un hombre entre mujeres solas.	1520
solazarte (1)			
YE 3,2	Yerma	No vengas a solazarte como los niños pequeños	1345
soldado (2)			
MP 1,7	Mariana	Evita guarda o soldado...	815
CA 2,1	Criada	Tuve un novio soldado que me clavaba los anillos y me hacía sangre; por eso lo despedí.	1084
soldados (3)			
MP 1,6	Mariana	enturbia la noche para los soldados.	806
EP RR	Figura De C	Allí hay una vaca que guisa la comida para los soldados.	1151
EP CV	Enfermero	Los soldados y los ingenieros están cerrando todas las salidas.	1156
soledad (5)			
ZP 1,1	Zapatero	Pero, benditísima soledad antigua.	926
ZP 2,1	Zapatera	Y todo esto no es más que el miedo a la soledad donde están los [...]	974
EP CV	Hombre 1	Soledad del hombre en el sueño lleno de ascensores, trenes donde tú vas a velocidades increíbles.	1169
EP CV	Hombre 1	Soledad de los edificios, de las esquinas de las playas, donde tú no aparecerás nunca.	1169
BS 1,1	Vecina	Acostumbrada a la soledad.	1180
soledades (2)			
MP 3,9	Mariana	¡Amor, amor, amor, y eternas soledades!	889
MP 3,9	Mariana	¡Amor, amor, amor, y eternas soledades!	891
solería (2)			
YE 2,1	Lavandera 4	Ella y sus cuñadas, sin [...] cristales, dan aceite a la solería, pues cuando [...]	1304
BA 1,1	La Poncia	¡Cómo han puesto la solería!	1450
soles (3)			
ZP 2,1	Zapatera	El venía con un traje [...] relumbraban como cuatro soles.	945
ZP 2,1	Vecina Roja	Dos hombres como dos soles.	972
YE 1,2	Vieja 1	Tengo nueve hijos como nueve soles pero como ninguno es hembra, aquí me tienes a mí de un lado para otro.	1287
solita (1)			
DC 1,1	Madre	Y está solita.	1030
solitaria (2)			
MM 2,5	Gusano 1	tan blanca y solitaria.	717

solitaria (continuación)
  MP 1,5 Mariana   por la calle solitaria.   796
solo (41)
  MM 1,1 Doña Curiana   y tan solo ahora la hemos de gozar.   674
  MM 1,3 Doña Curiana   solo pensando en ella.   685
  MM 1,3 Doña Curiana   Hazlo solo por mí.   685
  MM 2,5 Mariposa   de un solo canto. Un hilo   715
  TC 1,1 Cristobita   ¡Y para mí solo!   734
  TC 1,1 Cristobita   ¡Para mí solo!   734
  TC 6,1 Cristobita   Cuando yo era niño, me dieron un pastel más grande que   774
                            la luna y me lo comí yo solo.
  TC 6,1 Cristobita   Yo solo.   774
  TC 6,1 Rosita   ¡A ti solo, amor mío!   775
  MP 2,7 Conspirador 3   que aunque se finja desvalido y solo,   839
  MP 3,3 Alegrito   Solo el viento viene y va;   868
  MP 3,8 Fernando   Vengo solo, Mariana. ¿Qué sé yo de don Pedro?   884
  TB QM. Viejo   ¿Te acuerdas cómo saltaba la tapia, cómo se subía a   905
                            los árboles solo por verte?
  ZP 1,1 Zapatero   ¡Mi hermana , mi hermana tiene la culpa, mi hermana   919
                            que se empeñó: "Que si te vas a quedar solo", que si
                            qué sé [...]
  ZP 1,1 Zapatero   Que si te vas a quedar solo, que si qué sé yo, que si   926
                            qué sé yo cuántos.
  ZP 1,1 Zapatero   ¡Pero primero solo que señalado por el dedo de los   933
                            demás!
  ZP 2,1 Zapatera   Si estoy sola si soy joven y vivo ya solo de mis   967
                            recuerdos...
  ZP 2,1 Zapatero   Y ahora casi me alegro de tenerme que marchar, porque   968
                            usted sola, yo solo, usted tan guapa [...]
  PB 0,0 Marcolfa   ¿Y qué será de usted solo en este mundo?   981
  DC 1,1 Madre   Tuyo, solo tuyo.   1042
  CA 1,1 Amigo   Hombre solo, hombre serio, ¡y con este calor!   1056
  CA 1,1 Niño   Solo mares y montes de carbón,   1068
  CA 1,1 Niño   Yo iré solo, muy despacio,   1069
  CA 1,1 Amigo 2   Cuando yo tenía cinco años..., no, cuando yo tenía   1073
                            dos..., miento, uno, un año tan solo.
  CA 2,1 Novia   Un puñal, unas tijeras duran siempre, y este pecho mío   1087
                            dura solo un momento.
  CA 2,1 Novia   Dos días tan solo han bastado para sentirme cargada de   1095
                            cadenas.
  EP CV Traspunte   Solo faltan los candeleros, el cáliz y las ampollas de   1163
                            aceite alcanforado.
  EP CV Desnudo   Para la agonía del hombre solo, en las plataformas y   1164
                            en los trenes.
  BS 1,2 Mujer   solo relinchaba   1185
  BS 1,2 Suegra   ¿Vino solo?   1191
  YE 1,2 Vieja 1   y solo nosotras, las endemoniadas mujeres, nos hacemos   1287
                            polvo por cualquier cosa.
  YE 1,2 Voz De Víctor   ¿Por qué duermes solo, pastor?   1295
  YE 1,2 Voz De Víctor   ¿Por qué duermes solo, pastor?   1295
  YE 1,2 Voz De Víctor   ¿Por qué duermes solo, pastor?   1295
  YE 1,2 Yerma   ¿Por qué duermes solo, pastor?   1295
  RS 1,1 Tía   ¿Dura un día tan solo?   1357
  RS 1,1 Tía   Ahora se enterará de que las telas no solo sirven para   1362
                            hacer flores, sino para empapar lágrimas.
  RS 3,1 Martín   Ayer se empeñaron en [...] retrepado, y cuando estaba   1418
                            solo en el patio, se [...]
  RS 3,1 Ama   ¡No estaría tan solo en esta vida!   1422
  BA 2,1 Martirio   ¡Solo es interés por ti!   1479
  BA 2,1 La Poncia   Yo no acuso, Bernarda. Yo solo te digo: abre los ojos   1497
                            y verás.
sólo (3)
  MM 0,0   Los insectos estaban contentos, sólo se preocupaban de   669
                            [...]
  RS 1,1 Primo   sólo pensaré en quererte.   1372
  RS 2,1 Solterona 3   "Sólo en ti pongo mis ojos",   1403
solos (6)
  ZP 2,1 Zapatero   los dos solos, en tu mesa.   961
  BS 1,1 Madre   Yo no puedo dejar aquí solos a tu padre y a tu hermano.   1175
  YE 1,2 Yerma   Los niños no se pueden dejar solos.   1292
  YE 3,2 Vieja   Venís a pedir hijos al santo y resulta que cada año   1336
                            vienen más hombres solos a esta romería.
  YE 3,2 María   Un río de hombres solos baja esas sierras.   1338
  BA 1,1 Criada   También están solos los perros y viven.   1444
soltera (6)
  MM 1,2 Doña Curiana   que permaneció soltera   680
  MM 2,4 Alacranito   ¡Y tú loca y soltera!   712
  YE 3,2 Yerma   cuando eras soltera,   1336
  RS 2,1 Ayola 1   Con quien sea, pero no me quiero quedar soltera.   1400
  RS 3,1 Rosita   Pero lo sabían todos [...] grotesco a mi abanico de   1428
                            soltera.

soltera - sombrero

Pág.

soltera (continuación)
BA 2,1 La Poncia   La hija de la Librada, la soltera, tuvo un hijo no se   1505
                          sabe con quién.
solteras (4)
YE 1,2 Muchacha 2   Si seguimos así, no va a haber solteras más que las   1293
                          niñas.
YE 2,1 Lavandera 5   ¿Las solteras?   1301
BA 1,1 María Josefa   No quiero ver a estas mujeres solteras rabiando por   1470
                          [...]
BA 2,1 La Poncia   A vosotras que sois solteras, os conviene [...]   1476
solterona (3)
RS 3,1 Rosita   Y hoy se casa una amiga [...] dice: "Ahí está la   1428
                          solterona"; y otro, hermoso, [...]
RS 3,1 Rosita   Ya sé que se está usted acordando de su hermana la   1431
                          solterona..., solterona como yo.
solteronas (1)
RS 2,1 Ama   Ahí están las solteronas cursilonas.   1390
soltó (1)
MP 1,6 Clavela   Soltó las bridas y se fue volando   803
solucionarlos (1)
MP 1,6 Mariana   y tengo yo misma que solucionarlos.   805
solloza (1)
BS 3,1 Luna   ¿Quién se oculta? ¿Quién solloza   1249
sollozos (1)
RS 3,1 Rosita   Sabía que se había casado; [...] una ilusión llena de   1428
                          sollozos que aun a mí [...]

sombra (35)
MM 0,0   ¡Cuántas veces el enorme [...] abrirnos las puertas de   670
                          su sombra!
MM 2,7 Curianito   ¿Quieres volar? Hay mucha sombra encima   719
MM 2,7 Curianito   cuánta sombra en las ramas   719
MM 2,7 Curianito   y la sombra es el peso que nos duerme: 719
MM 2,7 Curianito   fresca sombra en estío y la tiniebla   720
MM 2,7 Curianito   ¿Quién me pierde entre sombra?   721
TC 4,1 Mozo   Mañana mismo, con un tal don Cristobita, rico,   751
                          dormilón, tan bruto, que hace pedazos su sombra...
                          Pero yo creo [...]
MP 1,7 Fernando   dan una sombra apretada.   815
MP 3,1 Novicia 1   en la sombra del cuarto.   860
MP 3,3 Mariana   fragatas de sombra y seda.   869
MP 3,8 Mariana   Y ahora ya no te quiero, porque soy una sombra.   887
ZP 1,1 Vecina   Tan buenísima sombra como ha tenido usted toda su vida. 919
ZP 1,1 Zapatera   ¡Qué mala sombra!   929
ZP 2,1 Zapatero   cuando el sol deja sin sombra   961
DC 1,1 Rosita   Es mi sombra.   1038
DC 1,1 Rosita   Sombra, vete.   1038
DC 1,1 Cristóbal   Vete, sombra.   1038
CA 2,1 Novia   Detrás de toda esta sombra hay como un trabazón [...]   1079
CA 3,1 Mecanógrafa   y tú la sombra de un río.   1121
CA 3,1 Mecanógrafa   Con la sombra de un río.   1122
EP RR Figura De C   Tú te convertirías en sombra de capitel y nada más.   1149
BS 2,1 Mozo 1   campanas de sombra.   1217
BS 3,1 Luna   ¡No haya sombra ni emboscada,   1250
BS 3,2 Niña   ¿Qué ruiseñor de sombra vuela y gime   1267
YE 3,1 Yerma   Te busco a ti, es a ti a quien busco día y noche, sin   1333
                          encontrar sombra donde respirar.
YE 3,2 Yerma   no me la dejéis en sombra.   1338
YE 3,2 Coro De Mujeres   no me la dejéis en sombra.   1338
YE 3,2 Coro   no me la dejéis en sombra.   1339
RS 1,1 Rosita   que ponen blanca la sombra,   1365
RS 1,1 Rosita   con sus colinas de sombra;   1367
RS 1,1 Manola 2   Por calles en sombra.   1368
RS 1,1 Primo   luz y sombra, noche y día,   1372
RS 2,1 Rosita   cuando la sombra volvía,   1404
BA 2,1 La Poncia   Sombra tuya he de ser.   1481
BA 3,1 Amelia   Siempre trae mala sombra.   1510
sombras (6)
TC 6,1 Rosita   La sierra de Córdoba tiene sombras bajo sus olivares,   774
                          sombras aplastadas, sombras muertas que nunca se van.
MP 3,8 Mariana   ¡Morir! ¡Qué largo sueño sin ensueños ni sombras!   886
ZP 1,1 Mirlo   Cuando las sombras crepusculares [...]   930
BS 3,1 Luna   No quiero sombras. Mis rayos   1250
sombrero (15)
TC 6,1 Cristobita   Yo también me voy a poner un gran sombrero y a colgar   768
                          cintas a la porra... Ahora vengo.
MP 2,2 Mariana   Un sombrero   825
TB PBK Buster Keaton   Porque ¿dónde dejaría mi sombrero?   896
ZP 1,1 Niño   Mira, zapaterita... Una mariposa, una mariposa...   935
                          ¿No tienes un sombrero?...
DC 1,1 Cristóbal   No tengo sombrero.   1029

sombrero (continuación)
CA 1,1 Viejo   Con permiso... Perdonen... Se me olvidará el   1059
                     sombrero.
CA 1,1 Viejo   Se me olvidará el sombrero... es decir, se me ha   1059
                     olvidado el sombrero.
BS 2,1 Muchacha 1   deja tu sombrero por el olivar!   1216
RS 1,1 Rosita   ¿Y mi sombrero?   1353
RS 1,1 Rosita   ¿Dónde está mi sombrero?   1353
RS 1,1 Rosita   ¿Será posible que no se sepa dónde está mi sombrero?   1354
RS 2,1 Madre   ¡Y qué angustia he pasado, señora, para que estas   1393
                     hijas puedan seguir usando sombrero ¡Cuántas lágrimas,
                     [...]
BA 2,1 Coro   para adornar su sombrero.   1487
BA 2,1 Adela   para adornar su sombrero.   1487
sombreros (2)
MP 1,4 Amparo   los anchos sombreros grises   793
PB 1,1 Perlimplín   ¿Y de quién son aquellos cinco sombreros que veo   998
                     debajo de los balcones ?
sombrilla (6)
RS 1,1 Rosita   Mi sombrilla.   1357
RS 1,1 Tío   Su sombrilla.   1357
RS 1,1 Tía   ¡La sombrilla!   1358
RS 1,1 Ama   ¡Aquí está la sombrilla!   1358
RS 1,1 Ama   ¡Por Dios, cierra la sombrilla, no se puede abrir bajo 1358
                     techado!
RS 2,1 Madre   Y allá vamos con unas patatas y un racimo de uvas,   1394
                     pero con capa de mongolia o sombrilla pintada o blusa
                     [...]
sombrío (1)
MM 1,1 Curiana N   y llenan de estrellas mi traje sombrío.   672
somos (6)
son (S) (1)
MM 1,4 Curianito   del dulce viento al son.   687
son (164)
sonaba (1)
RS 2,1 Rosita   cuerno de metal sonaba   1404
sonaban (1)
MP 3,7 Novicia 2   Desde el jardín; y sonaban   879
sonaron (1)
YE 1,2 Yerma   Otra vez el mismo Víctor, [...] entró un temblor que   1289
                     me sonaron los dientes.
sonetos (1)
RS 3,1 Martín   Claro que lo que más me gusta a mí son mis sonetos.   1422
sonó (1)
MP 2,8 Conspirador 4 sonó la fusilería,   844
sonoro (1)
MM 1,5 La Mariposa   con su vibrar sonoro...   699
sonreía (1)
TC 0,0 Mosquito   Abrí mi ojo todo lo que pude me lo quería cerrar el   724
                     dedo del viento- y bajo la estrella, un ancho río
                     sonreía surcado por lentas [...]
sonreír (1)
YE 2,2 Yerma   Si pudiera de pronto volverme vieja y tuviera la boca 1313
                     como una flor machacada, te podría sonreír y conllevar
                     la [...]
sonrisa (7)
MP 1,1 Angustias   Se le ha puesto la sonrisa casi blanca,   784
MP 2,8 Conspirador 4 no deshojó su sonrisa.   844
MP 3,1 Novicia 2   su sonrisa.   861
CA 2,1 Novia   ¿No tenías una sonrisa violenta que era como una garza 1093
                     sobre tu rostro?
BS 2,2 Madre   Mana de su bisabuelo, [...] cuchillos y gente de falsa 1227
                     sonrisa.
RS 3,1 Ama   En medio de las dos, [...] habitación; con la misma   1425
                     sonrisa, con la misma [...]
BA 1,1 La Poncia   Es capaz de sentarse encima de tu corazón y ver cómo   1441
                     te mueres durante un año sin que se le cierre esa
                     sonrisa fría que lleva [...]
soñaba (3)
ZP 2,1 Zapatero   Ella soñaba con un mundo que [...]   967
CA 2,1 Novia   Anoche soñaba que todos los [...]   1087
RS 3,1 Martín   Yo soñaba siempre ser poeta.   1419
soñada (1)
MP 1,5 Mariana   ¡Noche temida y soñada;   796
soñadora (1)
MM 1,5 Curiana N   ¡Pobre fantasma soñadora,   697
soñadores (1)
MM 1,2 Curianita Silvia soñadores de poeta.   682
soñáis (1)
MM 1,1 Doña Curiana   ¿Cómo soñáis eso?   671

Pág.

soñando (4)
MM 1,5 La Mariposa   el hilo está soñando   699
MM 2,1 Curianita 1   Cantaba triste, triste. Estaría soñando.   702
MP 1,6 Mariana   en esta realidad estar soñando!   803
MP 1,7 Fernando   de lo que estaba soñando!   812
soñar (6)
MM 1,1 Curiana N   Vengo de soñar que yo era una flor   671
MP 2,3 Mariana   Soñar en la verbena y el jardín   826
MP 3,2 Mariana   ¡Ay, qué buen soñar!   865
ZP 2,1 Zapatero   ¡Me vais a soñar!   973
CA 2,1 Novia   Yo no quiero soñar...   1094
BA 2,1 Bernarda   ¡Pero me vais a soñar!   1492
soñé (1)
RS 3,1 Martín   Soñé con el Parnaso y tengo que hacer de albañil y   1424
                         fontanero.

soñoliento (1)
MM 1,5 Curiana N   Dulce estrella caída de un ciprés soñoliento,   698
soñolientos (1)
BS 3,1 Luna   de soñolientos metales   1249
sopas (2)
ZP 1,1 Zapatero   Ayer estuvimos todo el día con unas sopas de huevo y   920
                         perejil; [...]
RS 3,1 Tía   Yo ya estoy entregada..., y un día sopas, otro día   1414
                         migas, [...]

soplar (1)
EP CV Enfermero   Mucho cuidado con que el aire que ha de soplar no se   1164
                         lleve vuestras pelucas.
sople (1)
ZP 1,1 Niño   ¿Quiere usted que le sople?   913
sopor (1)
RS 3,1 Martín   a la que en vil sopor rendida yace;   1420
soporta (1)
YE 3,2 Macho   y soporta mi cuerpo de tierra   1341
sorbo (1)
YE 1,2 Yerma   Una agujita, un sorbo de agua.   1292
sorda (3)
MP 2,7 Mariana   En una sorda lucha con mis ojos   837
MP 3,5 Mariana   Fuerte y sorda seré a vuestros halagos.   875
RS 3,1 Ama   ¿O será que me estoy volviendo sorda?   1417
sordo (1)
YE 2,1 Lavandera 3   El marido está como sordo.   1304
sordos (1)
ZP 2,1 Zapatera   Cuántas veces lo he dicho para que lo oyeran hasta los 969
                         sordos.
sorongo (3)
MP 1,2 Amparo   el vito, el ole, el sorongo,   786
DC 1,1 Madre   ¡Ay! con el sorongo, ¡ay! con el sorongo.   1031
sorprende (3)
MP 2,5 Pedro   ...sorprende nuestro grupo y hemos de morir...   830
CA 1,1 Joven   No se sorprende.   1045
BS 1,1 Madre   Así, de pronto, siempre me sorprende.   1175
sorprendida (1)
MP 1,4 Amparo   sorprendida siempre bajo el arrayán,   790
sorprendió (2)
MP 1,5 Mariana   y tu voz me sorprendió.   796
BS 1,2 Mujer   Por cierto que me sorprendió.   1188
sorpresa (1)
RS 1,1 Tío   Es una rosa que nunca has visto; una sorpresa que te   1356
                         tengo preparada.
sortija (1)
MP 2,9 Mariana   ¡Mi sortija!   853
sosa (1)
MM 1,3 Doña Curiana   ¡Mira, si es una sosa!   685
sosegados (1)
YE 1,1 Juan   Y bien sosegados.   1275
sosegar (1)
BS 2,2 Novia   Déjame sosegar un momento.   1240
sosiego (4)
BS 2,1 Muchacha 2   ¡Aires de sosiego   1220
YE 2,2 Juan   Yo tengo mis defectos pero quiero tener paz y sosiego 1313
                         contigo.
RS 1,1 Primo   nardos de espuma y sosiego   1371
BA 2,1 La Poncia   La encuentro sin sosiego, temblona, asustada, como si 1472
                         tuviese una lagartija entre los pechos.
sospechar (1)
ZP 2,1 Zapatero   ¡Y qué disparate no sospechar que mi mujer era de oro   971
                         puro, del mejor de la tierra!
sospechas (1)
MP 1,5 Fernando   ¿Sospechas de qué se trata?   798
sostener (1)
BS 2,2 Padre   Hay que sostener una batalla [...]   1228

sostenida (1)
  ZP 2,1 Zapatera   Nunca se rinde la que, como yo, está sostenida por el   974
                                 amor y la honradez.

sosteniendo (1)
  MM 0,0   Un viejo silfo del bosque escapado de un libro del   670
                                 gran Shakespeare, que anda por los prados sosteniendo
                               con unas [...]

Sotomayor (3)
  MP 1,7 Fernando   Un abrazo y el alma de tu amante- Pedro de Sotomayor."   811
  MP 2,9 Pedrosa   Un tal don Pedro de Sotomayor.   853
  MP 3,3 Alegrito   de Sotomayor se aleja   868
soy (127)
Stramonium (1)
  RS 2,1 El Señor X   Sí, pero aplicada: para [...] narcótico de la Datura   1376
                                 Stramonium.

su (350)
Su (1)
suave (4)
  BS 1,3 Padre   No habla nunca; suave como la lana, borda toda clase   1198
                               de bordados y puede cortar una maroma con los dientes.
  BS 2,2 Madre   Con tu mujer procura [...] mordisco y luego un beso   1241
                               suave.
  YE 1,1 Yerma   No andes mucho y cuando respires respira tan suave   1280
                               como si tuvieras una rosa entre los dientes.
  BA 1,1 Bernarda   ¡Suave! ¡Dulzarrona!   1455
suavemente (2)
  CA 1,1 Amigo 2   No hay más que ir despertando suavemente las cosas.   1075
  YE 1,1 María   Oye: dicen que más adelante te empuja suavemente con   1280
                               las piernecitas.
suaves (1)
  CA 3,2 Jugador 2   Hay que estar muy suaves con él para que no reaccione.   1137
suavidad (1)
  YE 3,2 Juan   Uno y otro, con suavidad, con agrado.   1349
suavona (1)
  BA 1,1 Bernarda   ¡Suavona !   1469
suba (1)
  MP 3,8 Mariana   ¡Tiene que estar! ¡Que suba!   884
súbase (1)
  TC 6,1 Currito   Súbase un poco las faldas.   765
sube (7)
  ZP 2,1 Zapatera   Me sube así un repeluzno.   958
  CA 2,1 Novia   Sube.   1078
  CA 2,1 Padre   En cuanto paso una irritación se me sube la sangre a   1089
                               los ojos y no veo.
  BS 3,1 Novia   me sube por la cabeza!   1256
  BS 3,1 Novia   me sube por la cabeza!   1257
  YE 3,1 Yerma   A veces, cuando ya estoy segura de que jamás,   1328
                               jamás..., me sube como una oleada [...]
  RS 3,1 Ama   ¡A ver si el agua sube hasta que no quede un niño vivo!   1424
suben (3)
  MP 3,8 Monja 1   ¡Ya suben la escalera!   888
  BS 3,1 Leonardo   Cállate. Ya suben.   1260
  RS 3,1 Tía   Las que suben a la Alhambra   1432
subía (5)
  TB QM. Viejo   ¿Te acuerdas cómo saltaba la tapia, cómo se subía a   905
                               los árboles solo por verte?
  CA 2,1 Criada   En mi pueblo había un muchacho que subía a la torre de   1086
                               la [...]
  CA 2,1 Joven   De pronto, mientras subía la escalera, vinieron [...]   1092
  EP CV Estudiante 3   Dicen que por las noches subía un caballo con ella a   1157
                               la terraza.
  BA 2,1 La Poncia   Era la una de la madrugada y subía fuego de la tierra.   1473
subíamos (1)
  EP CV Dama 3   Cuando subíamos por el monte [...]   1163
subían (1)
  YE 3,2 Hembra   Por el cuerpo le subían   1340
subido (3)
  CA 1,1 Amigo 2   Pero todavía no, todavía me veo subido en los   1075
                               cerezos... [...]
  BS 1,1 Madre   Hace veinte años que no he subido a lo alto de la   1178
                               calle.
  BS 2,2 Padre   Debe haber subido a la baranda.   1242
subieras (1)
  YE 1,1 Yerma   A mí me gustaría que fueras al río y nadaras y que te   1274
                               subieras al tejado cuando [...]

subimos (1)
  RS 1,1 Manola 1   Nos subimos a la Alhambra   1369
subió (2)
  BA 1,1 La Poncia   En el "Pater Noster" subió, subió la voz que parecía   1443
                               [...]

subir - suele

		Pág.
subir (4)		
CA 2,1 Joven	Ustedes me perdonen, pero de correr, de subir la escalera, estoy agitado.	1092
CA 3,2 Joven	No quiero subir y encontrármelo tendido en la cama tan grande, tan vacía.	1133
EP CV Estudiante 4	Cuando estaba encerrado en la torre los vi subir, agrupados, por la colina.	1157
YE 2,2 Yerma	Quiero beber agua y no hay vaso ni agua, quiero subir al monte y no tengo [...]	1314
subirán (1)		
BA 2,1 La Poncia	Pero en cuanto las dejes sueltas se te subirán al tejado.	1500
subiré (1)		
CA 1,1 Joven	Entonces yo subiré la escalera.	1057
subirse (1)		
YE 2,1 Lavandera 5	Estas machorras son así: cuando podían estar haciendo encajes o confituras de manzanas, les gusta subirse al tejado y andar [...]	1302
subiste (1)		
CA 2,1 Viejo	¿Por qué subiste?	1106
sublima (1)		
PB 1,1 Duende 2	El alma de Perlimplín, chica y asustada como un patito recién nacido, se enriquece y sublima en estos instantes.	995
sublimado (1)		
TC 1,1 Rosita	Yo me enveneno ahora mismo con mixtos o con sublimado corrosivo.	734
subo (4)		
DC 1,1 Director	Si no se calla usted, subo y le parto esa cara de pan de maíz que tiene.	1020
EP CV Estudiante 5	Porque están locos; pero a mí, que subo dos veces todos [...]	1167
EP CV Estudiante 5	Te enamoras también, yo te dejo, y te subo en hombros por los riscos.	1167
YE 1,2 Muchacha 2	Ya voy al arroyo, ya subo a tocar las campanas, ya me tomo un refresco de anís.	1294
suceda (1)		
BA 2,1 Adela	Nadie podrá evitar que suceda lo que tiene que suceder.	1482
suceder (1)		
BA 2,1 Adela	Nadie podrá evitar que suceda lo que tiene que suceder.	1482
suceso (2)		
MP 1,5 Fernando	el suceso.	798
MP 1,5 Mariana	¿Qué suceso?	798
sucia (2)		
BS 3,2 Mendiga	Sobre la flor del oro, sucia arena.	1266
BS 3,2 Muchacha 1	Sucia arena.	1266
sucias (1)		
MM 1,2 Doña Curiana	tenéis vuestras casas sucias	678
sucinto (1)		
RS 3,1 Tía	Lo que sacamos es lo sucinto, la silla para sentarnos y la cama para dormir.	1426
suculenta (1)		
TC 1,1 Cristobita	Es una hembrita suculenta.	734
sudar (1)		
YE 1,2 Vieja 1	Sudar, comer unos panes y morirse.	1287
sudará (1)		
TC 5,1 Fígaro	Por aquí, sudará resina.	761
sudor (5)		
EP RR Figura De C	mientras tú, debajo de los cojines, estarías tendido lleno de sudor, un sudor que no sería tuyo, [...]	1149
BS 1,2 Mujer	Eso dije. Pero el caballo estaba reventando de sudor.	1188
BA 1,1 Bernarda	Sí; para llenar mi casa con el sudor de sus refajos y el veneno de sus lenguas.	1450
BA 2,1 La Poncia	Me corría el sudor por todo el cuerpo.	1476
sudorosa (1)		
PB 3,1 Belisa	Jazminero flotante y sin raíces, el cielo caerá sobre mi espalda sudorosa... ¡Noche!,	1012
Suecia (1)		
CA 3,2 Jugador 2	Pero acuérdate del niño que en Suecia jugó con nosotros [...]	1137
suegra (1)		
MM 1,5 Alacranito	¿Os molesta vuestra suegra?	691
sueldo (1)		
BA 2,1 Bernarda	Es la obligación de los que viven a sueldo.	1500
suele (2)		
RS 2,1 El Señor X	El conde Zboronsky, muerto en el accidente, y Marcel Renault, o Renol, que de ambas maneras suele y puede decirse, [...]	1375
RS 2,1 El Señor X	Hoy día se abren camino un Juan Bautista Say o Se, que de ambas maneras suele y puede decirse, [...]	1376

suelo (12)
    MM 2,2 Curiana N   ¡Procurad que no rocen las alas con el suelo!   706
    MP 2,5 Mariana   para que llene el suelo de flores amarillas   832
    MP 2,8 Mariana   está cerca del suelo.   848
    PB 1,1 Perlimplín   ¿Por qué tienen los balcones cinco escalas que llegan 998
                             al suelo?
    DC 1,1 Rosita   en el suelo   1032
    EP RR Figura De P   Levántate del suelo, cobarde.   1150
    BS 2,1 Criada   ¿Qué castigo pides tirando al suelo la corona?   1208
    BS 2,2 Madre   Por eso es tan terrible ver la sangre de una derramada 1228
                             por el suelo.
    BS 3,1 Mendiga   aguardan por el suelo de la alcoba   1250
    RS 1,1 Tío   Ayer me encontré las semillas de dalias pisoteadas por 1352
                             el suelo.
    RS 2,1 Rosita   El otro día me lo encontré jugando al uni uni doli   1387
                             doli con tres chicos y todo el montón de cartas en el
                             suelo.
    BA 1,1 La Poncia   Que se sienten en el suelo.   1442
suelos (2)
    RS 3,1 Ama   Es mucho más difícil fregar sus suelos.   1413
    BA 1,1 Criada   Suelos barnizados con [...]   1444
suelta (6)
    MP 3,5 Mariana   Suelta, Pedrosa; vete. ¡Madre Carmen!   877
    PB 3,1 Perlimplín   Míralo por dónde viene... Suelta, Belisa... ¡Suelta! 1015
    CA 2,1 Novia   ¡Suelta!   1096
    BS 1,3 Novia   Suelta.   1203
    BS 1,3 Novia   Suelta he dicho.   1204
sueltas (1)
    BA 2,1 La Poncia   Pero en cuanto las dejes sueltas se te subirán al   1500
                             tejado.
suelte (1)
    EP CV Dama 2   ¡Por favor! ¡No me suelte usted de la mano!   1169
suelto (2)
    BS 1,3 Novia   Sería un caballo suelto de la manada.   1204
    BA 1,1 La Poncia   Paca la Roseta traía el pelo suelto y una corona de 1456
                             flores en la cabeza.
suena (6)
    ZP 1,1 Zapatera   Verdaderamente eso de "la quiero", "te quiero", suena 932
                             de un modo que [...]
    DC 1,1 Rosita   ¿No ves cómo suena?   1039
    DC 1,1 Cristóbal   Me parece que suena demasiado.   1039
    CA 3,1 Mecanógrafa   ¿Qué es eso que suena muy lejos?   1122
    CA 3,1 Mecanógrafa   ¿Qué es eso que suena tan lejos?   1122
    RS 3,1 Martín   ¿Y es que no suena bien de acento y de cesura este   1420
                             verso: "y el hórrido estertor de mi combate"?
suenan (4)
    TC 2,1 Cocoliche   Me suenan los oídos como si estuviera en lo alto de 737
                             una sierra.
    MP 2,5 Mariana   que mis palabras suenan claramente en la calle.   830
    ZP 2,1 Zapatera   Que suenan con el aguacero los cristales del   974
                             ventanillo, ¡otro susto!
    YE 2,2 Yerma   Muchas noches bajo yo [...] cobertizo mis pasos me   1318
                             suenan a pasos de hombre.
suene (1)
    TB QM. Viejo   Peor es que todo ande y que el río suene.   906
sueña (3)
    MM 2,6 Curianito   Pero pienso en el mundo con que mi madre sueña,   718
    CA 1,1 Viejo   Sueña tanto.   1050
    CA 2,1 Novia   Aquí no se sueña.   1094
sueñas (1)
    BS 3,1 Novia   para guardar lo que sueñas.   1259
sueño (V) (1)
    MM 1,1 Curiana N   Sueño que las dulces gotas de rocío   672
sueño (33)
    MM 2,5 Mariposa   ¿Por qué turbáis mi sueño?   716
    MP 1,4 Amparo   donde un pez de plata finge rojo sueño.   790
    MP 2,2 Clavela   Pronto será; los niños tienen sueño.   826
    MP 2,3 Mariana   y voy volando por mi propio sueño.   826
    MP 2,8 Mariana   ¡y yo me muero de sueño!   849
    MP 3,5 Pedrosa   puedo hacerla dormir un largo sueño.   876
    MP 3,8 Mariana   ¡Morir! ¡Qué largo sueño sin ensueños ni sombras!   886
    ZP 0,0 El Autor   También amanece así todos los días sobre las ciudades, 912
                             y el público olvida su medio mundo de sueño para
                             entrar en [...]
    PB 1,1 Perlimplín   ¿Tienes sueño?   989
    PB 1,1 Belisa   ¿Sueño?   989
    PB 1,1 Perlimplín   ¡Casi me pareces un sueño!   999
    CA 1,1 Amigo 2   Bendita sea, cuando hay pan tostado, aceite y sueño 1072
                             después.
    CA 1,1 Amigo 2   Mucho sueño.   1072
    CA 2,1 Joven   Porque te he esperado y ahora gano mi sueño.   1094

sueño (continuación)   Pág.

CA 2,1 Joven   Y no son sueño tus trenzas porque las haré yo mismo de   1094
                    tu cabello, ni es sueño tu cintura donde [...] lluvia,
                    y mío este sueño.
CA 2,1 Novia   Todo lo podías haber dicho menos la palabra sueño.   1094
CA 2,1 Joven   pájaros de sueño loco   1103
CA 3,1 Arlequín   El sueño va sobre el tiempo   1108
CA 3,1 Arlequín   en el corazón del sueño.   1108
CA 3,1 Arlequín   El tiempo va sobre el sueño   1108
CA 3,1 Arlequín   abrazados sueño y tiempo,   1108
CA 3,1 Arlequín   Y si el sueño finge muros   1109
EP CV Hombre 1   Soledad del hombre en el sueño lleno de ascensores,   1169
                    trenes donde tú vas a velocidades increíbles.
BS 1,2 Suegra   y sueño de ramas.   1185
BS 1,2 Muchacha   ¡El sueño de las mujeres en medias!   1191
BS 3,1 Leonardo   y el sueño me fue llenando   1258
BS 3,2 Madre   Yo haré con mi sueño una fría paloma de marfil que   1267
                    lleve camelias de escarcha sobre el camposanto.
YE 1,2 Vieja 1   ¿No te da así como un sueño cuando acerca sus labios?   1289
YE 2,1 Lavandera 4 Y abrir el vientre a pájaro sin sueño   1308
BA 3,1 Amelia   Está en el primer sueño.   1517
BA 3,1 Criada   Ganado tenemos el sueño. Bernarda no me deja descansar   1522
                    en todo el día
sueños (6)
MM 1,1 Doña Curiana   y que en vuestros sueños se convierta en flor.   674
MM 2,2 Curiana N   vigilando los sueños de la blanca durmiente.   707
MM 2,7 Curianito   que arrullará tus sueños por las noches   720
PB 2,1 Belisa   Las cartas de los otros [...] países ideales, de   1006
                        sueños y de corazones [...]
BS 1,2 Suegra   con rama de sueños   1185
BA 2,1 Bernarda   Te deslizas para llenarme de malos sueños.   1500
suerte (7)
MM 1,5 Curiana N   ¡Qué suerte de nosotras, repugnantes y tristes!   698
MM 1,6 Curiana N   Curianito, tu suerte   700
BS 1,1 Madre   Tuvo suerte.   1180
RS 1,1 Ama   ¡Llega la mala suerte!   1358
BA 1,1 Martirio   No hables así. La suerte viene a quien menos la   1464
                       aguarda.
BA 2,1 La Poncia   No. Ya me ha tocado en suerte este convento.   1484
BA 3,1 Magdalena   Peor suerte que tienes no vas a tener.   1510
suficiente (5)
ZP 1,1 Zapatero   El suficiente.   924
ZP 2,1 Zapatero   Y en mi pueblo vivía una mujer... en cierta época,   966
                       que tenía el suficiente mal corazón [...]
CA 3,1 Arlequín   Ahí dentro, en el circo, hay oro blando, suficiente   1119
                       para hacer una estatua del mismo tamaño... que usted.
CA 3,2 Criado   ¿Descansó lo suficiente después del viaje?   1133
RS 2,1 El Señor X   No tengo el suficiente volumen de experiencia sobre   1376
                       ellas.
sufre (3)
YE 1,1 María   Dicen que con los hijos se sufre mucho.   1283
YE 3,1 Dolores   Piensa que tu marido también sufre.   1329
YE 3,1 Yerma   No sufre. Lo que pasa es que él no ansía hijos.   1329
sufren (1)
RS 1,1 Rosita   mientras sufren en la umbría   1367
sufrí (1)
MP 2,5 Pedro   ¡Qué otoño interminable sufrí por esa sierra!   830
sufrid (2)
MM 2,1 Curianita Santa y sufrid en vosotras los defectos extraños.   703
MM 2,1 Curianita Santa "Sufrid sobre vosotras las heridas extrañas,   704
sufrido (1)
CA 1,1 Joven   La última vez que la [...] vieja, como si hubiera   1052
                       sufrido mucho.
sufriendo (1)
MP 3,2 Mariana   Nace el que muere sufriendo,   866
sufrimiento (1)
MP 3,3 Mariana   aumentar mi sufrimiento.   868
sufrir (8)
MM 1,2 Doña Curiana   ¡Ay cuánto debe sufrir!   683
MM 2,7 Curianito   ¿Quién me manda sufrir sin tener alas?   721
TC 0,0 Mosquito   Ahora que sale la luna [...] Rosita"... Preparaos a 724
                       sufrir el genio del puñeterillo [...]
MP 1,7 Fernando   para no verte sufrir,   815
EP CV Traspunte   ¡No hagan sufrir a los cristales!   1168
YE 1,1 Yerma   Hemos de sufrir para verlos crecer.   1283
YE 2,2 Yerma   que pido un hijo que sufrir, y el aire   1316
BA 1,1 Bernarda   ¡Cuánto hay que sufrir y luchar para hacer que las   1456
                       personas sean decentes y no tiren al monte demasiado!
sufrís (1)
MM 1,2 Doña Curiana   ¿De qué sufrís?   678

sufro (2)
    YE 2,2 Yerma   Vivo sumisa a ti, y lo que sufro lo guardo pegado a   1313
                                mis carnes.
    BA 3,1 Prudencia   No sé qué te diga. Yo sufro por esto.   1507
sujetad (1)
    MM 2,2 Curiana N   Sujetad las antenas, que las mueve la brisa   706
sujetado (1)
    CA 1,1 Viejo   Y cuando la gente ha ido a retorcer el cuello de la   1072
                                paloma, yo he sujetado la mano y la he ayudado a volar.
sujetarla (1)
    BA 1,1 Criada   Me ha costado mucho sujetarla.   1452
sujeto (1)
    CA 1,1 Joven   Novia..., ya lo sabe usted; si digo novia la veo sin   1051
                                querer amortajada en un cielo sujeto por enormes
                                trenzas [...]

sulfurata (1)
    RS 1,1 Tío   y la mirtifolia que viene de Bélgica y la sulfurata   1356
                                que brilla en la oscuridad.

sumisa (2)
    YE 2,2 Yerma   Vivo sumisa a ti, y lo que sufro lo guardo pegado a   1313
                                mis carnes.
    BA 1,1 Martirio   A ellos les importa la tierra, las yuntas, y una perra   1460
                                sumisa que les dé de comer.

sumo (1)
    RS 2,1 Madre   Con sumo gusto y fina voluntad, como se decía en mi   1406
                                época.

supe (3)
    MP 2,5 Pedro   vagué por la Alpujarra. Supe que en Gibraltar   831
    CA 3,1 Máscara   Y después fui al hospital y allí supe que el conde se   1116
                                [...]
    BA 2,1 Bernarda   Siempre os supe mujeres ventaneras y rompedoras de su   1503
                                luto.

supeditado (1)
    RS 2,1 Tía   No es justo que te des ese aire de hombre superior y   1386
                                mal servido, cuando todo en esta casa está supeditado
                                a tu comodidad [...]

superior (1)
    RS 2,1 Tía   No es justo que te des ese aire de hombre superior y   1386
                                mal servido, [...]

superiores (1)
    MM 2,6 Curianito   superiores a todo lo creado?   719
superlativamente (1)
    RS 2,1 El Señor X   Superlativamente; aunque un catedrático de Economía   1376
                                Política no puede discutir con un cultivador de rosas.

superstición (1)
    ZP 1,1 Zapatero   Si sabes que tengo esa superstición, y para mí esto es   928
                                como si me dieras un tiro, ¿por qué lo haces?

supiera (4)
    MP 2,9 Mariana   ¡Tenga piedad de mí! ¡Si usted supiera!   856
    MP 3,2 Mariana   ¡Si usted supiera!   866
    ZP 1,1 Zapatera   Dile a tu madre que ya sabe mi marido lo que tiene que   914
                                hacer, y que así supiera ella aliñar con [...]
    YE 3,1 Yerma   Yo quiero tener a mi [...] que digo: aunque ya supiera   1328
                                que mi hijo me [...]

supierais (1)
    MM 1,5 Alacranito   ¡Si supierais lo dulce que tenía la piel!   693
súplica (1)
    ZP 0,0 El Autor   Respetable público... [...] miedo, y una especie de   911
                                súplica para que el auditorio [...]

suplicio (1)
    TC 6,1 Rosita   Voy al suplicio como fue Marianita Pineda.   762
suplico (1)
    MM 0,0   Por eso, yo suplico a todos que no dejéis nunca libros   669
                                de versos en las

supo (1)
    MP 1,5 Fernando   ¡Bien supo el rey lo que se hizo   800
supone (1)
    PB 2,1 Perlimplín   Porque comprendo tu estado de ánimo te entrego este   1004
                                papel que tanto supone para ti... Yo [...]

supongo (2)
    ZP 2,1 Zapatero   Déjelos, señor Alcalde..., supongo que es usted, que   953
                                con ellos me gano la vida.
    CA 1,1 Joven   Supongo que no me romperás los muebles.   1056
suponía (1)
    BA 3,1 La Poncia   Yo te suponía dormida.   1522
suposiciones (2)
    YE 1,1 Juan   Todas esas cosas son suposiciones tuyas.   1275
    BA 3,1 Bernarda   Aquí no pasa nada. Ya estoy alerta contra tus   1519
                                suposiciones.

surca (1)
    CA 2,1 Joven   Velero que el agua surca   1103

surcado - susto

Pág.

surcado (1)
    TC 0,0 Mosquito   Abrí mi ojo todo lo que [...] un ancho río sonreía   724
                              surcado por lentas barcas.

surgen (1)
    CA 1,1 Joven   ¿Crees tú que yo puedo vencer las cosas materiales,   1071
                              los obstáculos que surgen y se aumentarán [...]

surges (1)
    TC 6,1 Cocoliche   Cada día me vas pareciendo más rosada; cada día parece 777
                              que te arrancas un velo, y surges desnuda.

surtidor (2)
    RS 1,1 Rosita   el surtidor y la rosa?   1367
    RS 2,1 Ama   En medio del terciopelo [...] lentejuelas azules, y el 1383
                              surtidor es el propio [...]

surtidores (1)
    CA 1,1 Niño   surtidores y abejas por la sala.   1062

sus (143)
suspenderla (1)
    RS 2,1 Tío   Ya ve usted lo que ha pasado en la carrera   1375
                              Paris-Madrid, que ha habido que suspenderla, porque
                              antes [...]

suspira (3)
    MM 2,2 Curiana N   Si suspira, le acercas este ramo bendito.   707
    TC 3,1 Espantanublos   Parece que suspira.   742
    TC 6,1 Cristobita   Y mi barriga un pastel, un gran pastel rosado, con   774
                              ciruelas y batatas... ¿Quién suspira?

suspirada (1)
    MP 2,5 Pedro   Por ti la Libertad suspirada por todos   829

suspirado (1)
    MM 1,5 Curianas   ¡Mirad, ha suspirado!   698

suspirando (1)
    RS 2,1 Rosita   se deshojó suspirando   1404

suspirar (3)
    RS 1,1 Rosita   También quiero suspirar.   1365
    RS 2,1 Tía   me hacía suspirar,   1411
    RS 3,1 Ama   Es querer y no encontrar el cuerpo; es llorar y no   1416
                              saber por quién se llora, es suspirar por alguien [...]

suspiras (1)
    TC 6,1 Cristobita   ¡Parece que suspiras!   772

suspirillos (1)
    TC 5,1 Currito   Son como dos vasitos de vino, como dos acericos de   757
                              monja, como dos suspirillos.

suspiro (1)
    RS 1,1 Manola 1   ¡Ponle una cinta al suspiro!   1366

suspiró (1)
    PB 3,1 Marcolfa   Suspiró nada más. Pero ¡de qué manera!   1010

suspiros (14)
    TC 0,0 Mosquito   abanica tanto rostro asombrado, llévate los suspiros   724
                              por encima de [...]
    TC 1,1 La Voz De C   los suspiros de mi amante,   727
    TC 1,1 Rosita   los suspiros de mi amante,   728
    TC 1,1 Voz   los suspiros de mi amante.   735
    TC 1,1 Rosita   Ya los veo entrar... los suspiros de mi amante.   735
    TC 1,1 Rosita   Los suspiros de mi amante...   735
    TC 3,1 Contrabandista 1 por los suspiros.   741
    TC 3,1 Contrabandista 1 por los suspiros.   741
    ZP 1,1 Mozo   Tantos suspiros doy a cada minuto por usted, por ti...   932
    ZP 2,1 Zapatero   y le dijo entre suspiros: 961
    YE 3,1 Juan   Mirándome con dos agujas, pasando las noches en vela   1332
                              con los ojos abiertos al lado mío y llenando de malos
                            suspiros mis almohadas.
    RS 1,1 Rosita   ¿Para quién son los suspiros   1364
    RS 2,1 Rosita   suspiros de amor, el nardo;   1405
    RS 3,1 Ama   Es querer y no encontrar [...] que no se merece los   1416
                            suspiros.

sustancias (1)
    BA 1,1 Bernarda   Los pobres son como los animales; parece como si   1445
                              estuvieran hechos de otras sustancias.

sustancioso (1)
    ZP 2,1 Zapatero   Respetable público: Oigan ustedes el romance verdadero   958
                            y sustancioso de la mujer [...]

sustituya (1)
    TC 4,1 Mozo   Pues es menester que te sustituya este.   753

susto (7)
    MM 1,5 Doña Curiana   ¡Qué susto les has dado!   694
    ZP 2,1 Zapatera   Historietas antiguas que usted no habrá oído mentar   965
                              siquiera... y a mí me daba un susto..., pero él me
                              [...]
    ZP 2,1 Zapatera   Que cruje la cómoda: ¡un susto!   974
    ZP 2,1 Zapatera   Que suenan con el aguacero los cristales del   974
                              ventanillo, ¡otro susto!

susto (continuación)
  ZP 2,1 Zapatera   Que yo sola meneo sin querer las perinolas de la cama,   974
                                 ¡susto doble!
  PB 2,1 Belisa   ¡Oh! Qué susto me has dado.   1003
  YE 1,1 Yerma   Siempre oí decir que las primerizas tienen susto.   1283
sutil (3)
  MM 1,4 Curianito   sin que se tronchara tu tallo sutil!   686
  MM 2,7 Curianito   es muy sutil y aplasta.   719
  RS 2,1 Tía   y aquel dulzor sutil   1411
suya (5)
suyo (7)
suyos (2)
taberna (5)
  TC 3,1 Mozo 2   Señores: don Cristobita viene a la taberna.   746
  ZP 2,1 Zapatera   Pero esto ¿es una taberna o un hospital?   942
  ZP 2,1 Mozo Del S   Has puesto taberna y podemos estar aquí dentro todo el   942
                                   tiempo que queramos.
  ZP 2,1 Niño   ha montado una taberna   947
  ZP 2,1 Voz   ha montado una taberna   977
tabernero (2)
  TC 3,1 Mozo 1   Eres un mal tabernero.   746
  TC 4,1 Mozo 2   Y qué porrazos le ha dado al pobre tabernero.   750
tabernilla (1)
  BA 2,1 La Poncia   A vosotras que sois solteras, [...] luego la mesa por 1476
                                   la tabernilla, y la que [...]
tabiques (1)
  BA 2,1 Bernarda   Estarán las vecinas con el oído pegado a los tabiques. 1492
taburete (1)
  DC 1,1 Poeta   La luna es un pan para los pobres y un taburete de   1036
                                   raso blanco para los ricos.
tafetán (1)
  MP 2,9 Pedrosa   De tafetán morado y verdes letras.   856
tajada (1)
  YE 1,2 Vieja 1   Yo he sido una mujer de faldas en el aire, he ido   1287
                                   flechada a la tajada de melón, a la [...]
tal (13)
talabartera (5)
  ZP 2,1 Zapatero   con una talabartera.   958
  ZP 2,1 Zapatero   tiene la talabartera,   959
  ZP 2,1 Zapatero   talabartera!   959
  ZP 2,1 Zapatero   daba la talabartera,   959
  ZP 2,1 Zapatero   la arisca talabartera.   961
talabartero (1)
  ZP 2,1 Zapatero   vivía un talabartero   958
talán (1)
  MP 1,8 Angustias   Tilín, talán; abuela,   817
talegos (1)
  TC 1,1 Padre   De los cinco talegos que heredamos de tu tío el   725
                                   Arcipreste, no queda ¡ni tanto así!
talento (1)
  RS 3,1 Tía   Y luego..., si él viviera, con aquella claridad que   1412
                                   tenía, con aquel talento...
tales (1)
  MP 3,5 Mariana   dentro de España tales villanías?   876
talones (1)
  BA 1,1 La Poncia   Pero yo soy buena perra; ladro cuando me lo dicen y 1442
                                   muerdo los talones de los que piden [...]
tallado (2)
  CA 3,2 Criado   Sí, señor. La de nogal tallado.   1134
  CA 3,2 Joven   La de nogal tallado.   1134
talle (9)
  TC 1,1 Cristobita   Pero ¡qué talle y qué garbo!   731
  ZP 1,1 Zapatera   Quién me hubiera dicho a mí, rubia con los ojos   913
                                   negros, que hay que ver el mérito que esto tiene, con
                                   este talle y estos colores [...]
  ZP 1,1 Alcalde   ¡Qué lástima de talle!   928
  ZP 2,1 Alcalde   Muchas mujeres he conocido [...] calentura, mujeres 949
                                   cuyo talle se puede abarcar [...]
  CA 1,1 Amigo   Pero si la vieras, ¡tiene un talle!...   1057
  CA 1,1 Amigo   No, aunque el talle lo tiene mucho mejor Matilde.   1057
  CA 1,1 Amigo   Mira, es un talle para la medida [...]   1057
  RS 2,1 Ama   Era hermoso como un novicio cuando sale a cantar la 1380
                                   primera misa, pero ya quisiera su sobrino tener aquel
                                   talle, aquel cuello de [...]
  BA 2,1 Magdalena   Desde luego que hay que reconocer que lo mejor que has 1472
                                   tenido siempre es el talle y la delicadeza.
tallo (6)
  MM 1,4 Curianito   sin que se tronchara tu tallo sutil!   686
  MP 1,4 Mariana   cuando sobre el tallo de la noche vea   790

tallo - también

                                                                           Pág.

tallo (continuación)
EP RR	Figura De C	Un hombre, tan hombre que siento un dolor agudo en los dientes cuando alguien quiebra un tallo, por diminuto que [...]	1149
BS 1,2	Muchacha	¡Una rosa con las semillas y el tallo! ¡Ay! ¡Todo en seda!	1191
YE 2,1	Lavandera 4	Porque se endulza el tallo de las ramas.	1308
RS 2,1	Rosita	tan caliente sobre el tallo,	1403

tallos (3)
BS 3,2	Niña	por los tallos de la viña?	1262
RS 1,1	Primo	coma tallos con rocío,	1372
RS 3,1	Ama	Con las puntillas de los dedos, con hilos, con tallos, con confituras; [...]	1413

tamaño (1)
CA 3,1	Arlequín	Ahí dentro, en el circo, hay oro blando, suficiente para hacer una estatua del mismo tamaño... que usted.	1119

también (91)
MM 0,0		También el viejo silfo [...]	670
MM 1,1	Doña Curiana	Lo noté también:	673
MM 1,1	Doña Curiana	¿También sois poeta, doctora vecina?	675
MM 1,5	Alacranito	también tiene sus pesares.	691
TC 0,0	Mosquito	Yo y mi compañía venimos [...] señoras... a dormirse también.	723
TC 1,1	Rosita	También la ley podía haberse estado en su casa.	733
TC 3,1	Joven	Me había interesado en la conversación porque yo tuve una novia que se llamaba también Rosita...	745
TC 6,1	Cristobita	Yo también me voy a poner un gran sombrero y a colgar cintas a la porra... Ahora vengo.	768
MP 2,3	Mariana	Que yo también estoy dormida, niños,	826
MP 2,8	Conspirador 4	lo iban llorando también	844
MP 2,9	Pedrosa	Sé también	856
MP 3,9	Mariana	¿dónde vas? Es preciso que tú también descanses.	888
TB DME	Doncella	También eres hermoso.	900
TB QM.	Enrique	Yo también.	906
ZP 0,0	El Autor	También amanece así todos [...]	912
ZP 1,1	Zapatera	También me aguanto yo..., piensa que tengo dieciocho años.	916
ZP 1,1	Zapatero	Así tuve yo una también..., son unas capas preciosísimas.	917
ZP 1,1	Zapatera	También tuve otro pretendiente... Aquel era medio señorito..., tendría dieciocho años, ¡se dice muy pronto!	917
ZP 1,1	Zapatero	También los tuve yo.	918
ZP 1,1	Zapatero	Mañana quizá la tengas que buscar tú también.	923
ZP 1,1	Mirlo	Zapaterilla blanca, como el corazón de las almendras, pero amargosilla también.	930
ZP 2,1	Niño	¡Y a mí también!	958
ZP 2,1	Vecina Roja	¡También lo ha conquistado!	973
PB 3,1	Marcolfa	Las criadas tenemos también vergüenza.	1011
DC 1,1		Y si un pájaro mueve un ala, que también lo oigamos; y si una hormiguita mueve la patita, que también la oigamos; y [...]	1019
CA 1,1	Viejo	Después, ¿verdad? Saben mejor. Yo también...	1046
CA 1,1	Joven	Aún está más vivo lo de adentro aunque también cambie.	1052
CA 1,1	Niño	También a mí me duele el corazón.	1062
CA 1,1	Niño	Yo también iba, ¡ay!, gata chata, barata,	1064
CA 2,1	Criada	¿También el traje de novia?	1098
CA 2,1	Joven	Yo también pregunto. Calla.	1101
CA 2,1	Joven	Yo también me voy.	1107
CA 3,1	Máscara	También Arturo tardará.	1117
CA 3,1	Joven	¿Está interceptada también la calle de los chopos?	1119
CA 3,2	Joven	También te llevas eso.	1135
EP CV	Dama 2	Las voces estaban vivas y sus apariencias también.	1159
EP CV	Estudiante 5	Te enamoras también, yo te dejo, y te subo en hombros por los riscos.	1167
BS 1,1	Vecina	Yo, también.	1183
BS 1,3	Padre	Mi hija también.	1198
BS 2,1	Novia	¡También yo vi el tuyo!	1213
BS 2,1	Madre	¿También están esos aquí?	1221
BS 2,1	Mujer	Así salí yo de mi casa también.	1224
BS 2,2	Mujer	¡Ojalá yo viviera también así de lejos!	1232
BS 2,2	Madre	Planta de mala madre, y él, él también, él.	1244
BS 3,1	Leonardo	También yo quiero dejarte	1260
BS 3,1	Leonardo	Tú también. Da un paso. Prueba.	1260
BS 3,2	Novia	Tú también te hubieras ido.	1269
YE 1,2	Vieja 1	También yo vengo de traer la comida a mi esposo.	1287
YE 1,2	Yerma	Y tú también, tú también te callas y te [...]	1291
YE 1,2	Muchacha 2	También tú me dirás loca, ¡la loca, la loca!	1294
YE 2,2	Juan	Y mi honra es también la vuestra.	1311
YE 2,2	Juan	Quiero dormir fuera y pensar que tú duermes también.	1313
YE 3,1	Dolores	Piensa que tu marido también sufre.	1329

también (continuación)
YE 3,1 Yerma	Si pudiera dar voces también las daría yo [...]	1332
YE 3,1 Juan	Cuando llego a un corro [...] despierto, me parece que también se callan las [...]	1333
YE 3,2 Juan	También es hora de que yo hable.	1346
RS 1,1 Rosita	También quiero suspirar.	1365
RS 2,1 El Señor X	Mi amigo, el señor Longoria, [...] agradable, ha comprado también un Panhard Levassor [...]	1375
RS 2,1 El Señor X	El conde Zboronsky, muerto [...] puede decirse, muerto también en el accidente, [...]	1375
RS 2,1 Tío	La botánica también es una ciencia.	1376
RS 2,1 Tío	Yo también.	1377
RS 2,1 Ama	¿También este pretende a Rosita?	1379
RS 2,1 Ama	Y yo también.	1385
RS 2,1 Solterona 3	Las violetas son también preciosas.	1392
RS 2,1 Ayola 2	Nada de tonterías. ¡Yo también!	1400
RS 2,1 Solterona 3	También puedo decir "Volverán las oscuras golondrinas de tu balcón los nidos a colgar".	1402
RS 2,1 Solterona 1	Lo triste es bonito también.	1402
RS 2,1 Madre	Saben también el lenguaje del [...]	1405
RS 3,1 Ama	No nos faltará. ¡También yo estoy vieja!	1413
RS 3,1 Tía	Todos los cristianos [...] ese modo vas a parar también al infierno de [...]	1425
BA 1,1 La Poncia	Entra y llévate también un puñado de garbanzos.	1440
BA 1,1 La Poncia	Pero debes poner también la tranca.	1440
BA 1,1 Criada	También están solos los perros y viven.	1444
BA 1,1 Mujer 1	Los pobres sienten también sus penas.	1445
BA 1,1 Bernarda	¿Y tú a qué fuiste también al portón?	1453
BA 1,1 La Poncia	Y los que fueron con ella son también hijos de forasteros.	1456
BA 1,1 Amelia	Yo también. Angustias tiene buenas condiciones.	1463
BA 2,1 Magdalena	Angustias. ¿Pongo también las iniciales de Pepe?	1471
BA 2,1 La Poncia	También me levanté yo.	1473
BA 2,1 Amelia	A mí también me pareció.	1474
BA 2,1 Adela	¡Ay, quién pudiera salir también a los campos!	1485
BA 2,1 La Poncia	En el pueblo hay gentes que leen también de lejos los pensamientos escondidos.	1499
BA 2,1 La Poncia	¡Y él también parece muy picado!	1501
BA 2,1 Martirio	Yo también lo sentí marcharse a las cuatro.	1501
BA 2,1 Adela	También hubiera hablado yo.	1503
BA 2,1 Martirio	Sí, y vamos a salir también nosotras.	1505
BA 3,1 Bernarda	Andar vosotras también.	1517
BA 3,1 Criada	¿Y Martirio también?	1521
BA 3,1 Adela	Ya puede estar cien años con Angustias, pero que me abrace a mí se le hace terrible, porque tú lo quieres también, lo quieres.	1527

tambor (1)
DC 1,1	Ya empieza a tocar el tambor.	1019

tampoco (17)
MP 3,1 Novicia 1	Yo tampoco los quiero.	863
ZP 1,1 Zapatero	Yo no me lo explico tampoco.	926
PB 2,1 Belisa	Tampoco he conseguido verlo.	1002
CA 1,1 Joven	Tampoco tengo yo culpa ninguna.	1055
CA 1,1 Amigo	Pero tampoco puedo estar serio.	1058
CA 1,1 Amigo 1	Tampoco.	1073
CA 2,1 Novia	¡Antes no existía yo tampoco!	1089
CA 2,1 Novia	Tampoco se ama. ¡Vete!	1094
BS 2,1 Leonardo	¡Ni yo tampoco!	1224
BS 2,2 Mujer	Es que no le encuentro y el caballo no está tampoco en el establo.	1239
BS 3,2 Niña	¡Tampoco fui yo!	1262
BS 3,2 Niña	¡Tampoco fui yo!	1262
YE 3,2 Juan	Ni yo tampoco. ¡Resígnate!	1349
RS 3,1 Ama	¡Ni yo tampoco!	1430
BA 2,1 Amelia	Yo tampoco.	1473
BA 3,1 Bernarda	Tampoco lo vemos.	1507
BA 3,1 Adela	No te importa que abrace a la que no quiere; a mí, tampoco.	1527

tan (7)
TC 1,1 Hora	¡Tan!	734
TC 1,1 Hora	¡Tan!	734
CA 1,1 Amigo	Tin, tin, tan,	1056
BA 1,1 Criada	Tin, tin, tan.	1443
BA 1,1 Criada	Tin, tin, tan.	1443
BA 1,1 Criada	Tin, tin, tan. ¡Que nos espere muchos años! Tin, tin, tan.	1444

tan (136)

Tancredo (3)
TC 3,1 Espantanublos	Está que ni don Tancredo, pero yo... ¿Qué pasa?	743
TC 6,1 Cristobita	Es la historia de Don Tancredo, montado en su pedestal.	772

Tancredo (continuación)   Pág.
    TC 6,1 Cristobita   Y la historia de don Juan Tenorio, primo de don   772
                             Tancredo y primo mío.
tanta (12)
tantas (4)
tanto (57)
tantos (10)
tapa (1)
    YE 2,1 Lavandera 4   Y yo la tapa del pecho de las fingidas.   1305
tapada (1)
    RS 3,1 Ama   Y esta nube... Así, bien tapada.   1437
tapado (1)
    BA 1,1 Bernarda   Ni el pañuelo con que le hemos tapado la cara.   1458
tapan (3)
    BS 2,1 Leonardo   Porque tú crees que el tiempo cura y que las paredes   1214
                            tapan, y no es verdad, no es verdad.
    RS 1,1 Rosita   que se tapan con las hojas.   1367
    BA 1,1 Martirio   Porque los hombres se tapan unos a otros las cosas de   1459
                            esta índole y nadie es capaz de delatar.
tapar (2)
    PB 1,1 Duende 2   ¿Y qué te parece? Siempre es bonito tapar las faltas   993
                            ajenas.
    PB 1,1 Duende 2   Y sin este tapar y destapar...   994
tapara (1)
    BA 3,1 Angustias   Muchas veces miro a Pepe con mucha fijeza y se me   1514
                            borra a través de los hierros, como si lo tapara una
                            nube de polvo [...]
taparé (1)
    TC 1,1 Rosita   Me taparé con el abanico.   729
taparle (1)
    BA 1,1 Criada   Tuve durante el duelo que taparle varias veces [...]   1452
tapia (2)
    TB QM. Viejo   ¿Te acuerdas cómo saltaba la tapia, cómo se subía a   905
                            los árboles solo por verte?
    BS 1,1 Madre   Porque con las uñas los desentierro y yo sola los   1176
                            machaco contra la tapia.
tapiado (1)
    BA 1,1 Bernarda   Hacemos cuenta que hemos tapiado con ladrillos puertas   1451
                            y ventanas.
tapias (2)
    PB 3,1 Perlimplín   Salta las tapias de mi jardín.   1014
    BA 3,1 Prudencia   Pone una escalera y salta las tapias y el corral.   1507
tapiz (1)
    RS 3,1 Martín   Y cuando Glucinio se va a encontrar con Isaías y   1420
                            levanta el tapiz de la tienda...
tapo (1)
    BA 3,1 La Poncia   Yo tapo más de lo que te figuras.   1519
tarantela (1)
    RS 2,1 Solterona 1   Cuando tocaba la tarantela de Popper.   1397
tarda (5)
    MP 2,7 Conspirador 3   ¿No tarda mucho?   839
    MP 3,7 Novicia 1   Pero su novio ya tarda.   880
    MP 3,7 Novicia 2   pero su novio se tarda!...   883
    ZP 1,1 Zapatera   Pues si tarda siquiera dos minutos [...]   934
    BS 2,2 Madre   Se tarda mucho.   1228
tardado (3)
    MP 1,3 Amparo   ¡Cuánto has tardado!   787
    PB 1,1 Perlimplín   He tardado en decidirme... Pero...   990
    RS 2,1 Tío   Si hubiera tardado dos horas más en cortarla te la   1411
                            hubiese dado blanca.
tardar (2)
    MP 2,7 Conspirador 3   Poco debe tardar.   837
    CA 3,1 Joven   ¡Sin tardar!   1128
tardará (2)
    CA 3,1 Mecanógrafa   Tardará.   1117
    CA 3,1 Máscara   También Arturo tardará.   1117
tardarán (1)
    MP 2,5 Pedro   hermosa Marianita! Ya no tardarán mucho   832
tarde (47)
    MM 1,1 Curiana N   Me dijo ayer tarde una golondrina: 672
    MM 1,1 Doña Curiana   ayer tarde su querer;   676
    MM 1,4 Curianita Silvia ¿Te acuerdas de la tarde   688
    MM 1,6 Curiana N   Medita hasta la tarde.   701
    TC 2,1 Cristobita   De manera que mañana a la tarde quiero tener echadas   739
                            las bendiciones.
    TC 5,1 Currito   Son como dos lágrimas de la luna de la tarde, como dos   757
                            torrecillas [...]
    MP 1,1 Angustias   ¡Si no vive! ¿Recuerdas?... Ayer tarde . .   785
    MP 1,4 Amparo   parecía que la tarde   793
    MP 1,4 Amparo   La plaza, al par que la tarde,   794
    MP 1,5 Mariana   Si toda la tarde fuera   795

tarde (continuación)
MP 1,5 Mariana	Ayer tarde yo bajaba	800
MP 2,7 Mariana	estuvo aquí toda la tarde,	837
MP 2,9 Mariana	¿Es muy tarde?	850
MP 2,9 Pedrosa	¡Sí! Muy tarde.	850
MP 3,2 Carmen	esta tarde a la novena?	866
MP 3,5 Pedrosa	Esta tarde vendrán.	876
MP 3,5 Pedrosa	Esta tarde;	876
MP 3,5 Pedrosa	y luego será tarde.	877
MP 3,7 Novicia 2	Es muy tarde.	882
MP 3,9 Novicia 1	que pondrá en los tejados de Granada la tarde.	890
TB PBK Buster Keaton	¡Qué hermosa tarde!	893
ZP 1,1 Zapatera	Pero si anda por ahí [...] oírle cantar hasta más tarde..., pin, pío, pío, [...]	930
PB 2,1 Perlimplín	¡Más tarde lo sabrás todo!	1008
PB 2,1 Perlimplín	¡Más tarde!	1008
PB 3,1 Marcolfa	Se dio cuenta demasiado tarde.	1018
DC 1,1	El poeta que ha interpretado [...] público culto de esta tarde sabrá recoger, [...]	1019
CA 1,1 Joven	Basta observar sobre la palma de la mano un insecto vivo, o mirar al mar una tarde poniendo atención [...]	1050
CA 1,1 Joven	¡Señor, qué tarde! Juan, ¿quién grita así?	1070
CA 1,1 Joven	Es demasiado tarde.	1077
CA 3,1 Mecanógrafa	Recuerdo que la tarde de mi partida había una gran tormenta de verano y había muerto el niño de la portera.	1115
CA 3,1 Mecanógrafa	ruiseñor gris de la tarde	1122
CA 3,1 Mecanógrafa	Más tarde...	1128
YE 2,2 Juan	Estuve podando los manzanos y a la caída de la tarde me puse a pensar [...]	1311
YE 2,2 Yerma	¡Que me esperen aunque sea tarde!	1321
RS 1,1 Tío	Es roja por la mañana, a la tarde se pone blanca y se deshoja por la noche.	1356
RS 1,1 Tío	y se desmaya la tarde	1357
RS 1,1 Tía	Yo sabía que más tarde o más temprano te tendrías que marchar con tus padres.	1362
RS 1,1 Rosita	una tarde por Granada	1372
RS 1,1 Rosita	y se desmaya la tarde	1374
RS 2,1 Rosita	pero la tarde llegaba,	1404
RS 3,1 Rosita	La tarde la pone blanca	1435
BA 2,1 Magdalena	¿Tan tarde? ¿A qué hora se fue?	1473
BA 2,1 Adela	Ya es tarde.	1482
BA 2,1 La Poncia	Como le dé por tener crías, vais a estar cosiendo mañana y tarde.	1484
BA 2,1 Martirio	Muy tarde.	1489
BA 3,1 Angustias	Tarde me parece.	1513
BA 3,1 Adela	Me gustaría quedarme hasta muy tarde para disfrutar el fresco del campo.	1517

tardecillo (1)
MP 1,4 Mariana	Tardecillo es. ¿Queréis	795

tardéis (1)
BA 1,1 Bernarda	¡Ojalá tardéis muchos años en pasar el arco de mi puerta!	1450

tarden (1)
BS 3,1 Luna	Pero que tarden mucho en morir. Que la sangre	1251

tardes (15)
MP 1,5 Fernando	Buenas tardes.	796
MP 3,5 Pedrosa	Buenas tardes.	877
TB PBK Americana	Buenas tardes.	895
ZP 1,1 Vecina Roja	Buenas tardes.	919
ZP 1,1 Zapatero	Buenas tardes.	919
ZP 1,1 Zapatera	Buenas tardes.	927
ZP 1,1 Zapatera	Y buenas tardes.	928
ZP 2,1 Zapatero	Buenas tardes.	953
ZP 2,1 Zapatera	Buenas tardes tenga usted, señor titiritero.	953
PB 0,0 Madre	Buenísimas tardes, encantador vecinito mío.	984
DC 1,1 Enfermo	Buenas tardes.	1024
RS 1,1 Rosita	dos tardes con amapolas.	1365
RS 2,1 Madre	Yo tengo una muchacha que nos arregla el piso por las tardes; ganaba lo que [...]	1395
RS 3,1 Obrero 1	Buenas tardes.	1420
RS 3,1 Tía	Buenas tardes.	1420

tardó (1)
YE 1,1 Yerma	Elena tardó tres años, y otras [...]	1282

tarjeta (1)
RS 2,1 Madre	Niñas, ¿habéis traído la tarjeta?	1392

tarjetas (2)
ZP 1,1 Mozo	Porque usted es digna de estar pintada en las tarjetas postales y no aquí..., en este portalillo.	931
ZP 1,1 Zapatera	A mí las tarjetas postales me gustan mucho, sobre todo las de novios que se van de viaje...	931

Pág.

taruguitos (1)
  EP CV Estudiante 1   Alegría de los muchachos y de las muchachas y de las   1168
                        ranas y de los pequeños taruguitos de madera.
tarumba (1)
  DC 1,1 Director   Llenemos el teatro de [...] saludemos hoy en "La   1043
                        Tarumba" a don Cristóbal [...]
tatará (9)
  MM 1,5 Alacranito   Tatará, tatará, tatará.   689
  MM 1,5 Alacranito   Tatará, tatará, tatará.   690
  MM 1,6 Alacranito   Tatará, tatará, tatará.   701
taza (1)
  RS 2,1 Ama   En medio del terciopelo [...] verdes; el agua de la   1383
                        taza es un grupo de lentejuelas [...]
te (679)
té (1)
  EP RR Figura De C   ¿Quieres un poco de té?   1151
teatro (14)
  TC 0,0 Mosquito   Yo y mi compañía venimos del teatro de los burgueses,   723
                        del teatro de los condes y de los marqueses, un teatro
                        de oro y cristales, [...]
  ZP 0,0 El Autor   Por este miedo absurdo, y por ser el teatro en muchas   911
                        ocasiones [...]
  DC 1,1 Poeta   Pero el dueño del teatro tiene a los personajes [...]   1036
  DC 1,1 Director   Llenemos el teatro de espigas frescas, [...] la vieja   1043
                        esencia del teatro.
  EP CV Estudiante 1   ¿No tiene foso el teatro?   1157
  EP CV Enfermero   Ya se ha enviado al teatro por el agua.   1157
  EP CV Estudiante 1   Precisamente ella fue la que vio, por una claraboya   1158
                        del teatro, todo lo que ocurría y dio la voz de alarma.
  EP CV Muchacho 1   Aquí está la gran equivocación de todos y por eso el   1160
                        teatro agoniza: el público [...]
  EP CV Estudiante 2   Vamos a ver la última Julieta verdaderamente femenina   1162
                        que se verá en el teatro.
  EP CV Dama 1   Es horrible perderse en un teatro y no encontrar la   1163
                        salida.
  RS 3,1 Tía   ¡Qué le vamos a hacer! Ya nos queda poco tiempo en   1423
                        este teatro.
techado (1)
  RS 1,1 Ama   ¡Por Dios, cierra la sombrilla, no se puede abrir bajo   1358
                        techado!
techo (4)
  MP 3,2 Mariana   como un techo de violetas,   865
  EP CV Estudiante 5   Los caballos lograron escapar rompiendo el techo de la   1157
                        escena.
  YE 1,2 Yerma   Entonces, ¿qué vas a pensar cuando te deja en la cama   1290
                        con los ojos tristes mirando al techo y se da media
                        vuelta [...]
  BA 1,1 Mujer 2   Ni el techo para tus hijas.   1449
techos (3)
  BA 1,1 La Poncia   Desde que murió el padre de Bernarda no han vuelto a   1442
                        entrar las gentes bajo estos techos.
  BA 3,1 Adela   He visto la muerte debajo de estos techos y he salido   1526
                        a buscar lo que era mío, lo que me pertenecía.
  BA 3,1 Adela   Ya no aguanto el horror de estos techos después de   1528
                        haber probado el sabor de su boca.
tedio (1)
  DC 1,1 Director   Llenemos el teatro de espigas frescas, debajo de las   1043
                        cuales vayan palabrotas que luchen en la escena con el
                        tedio y la vulgaridad [...]
teja (1)
  DC 1,1 Cristóbal   que se limpia el culito con una teja.   1030
tejadillo (2)
  TC 1,1 Hora   ¿Qué sabes tú los vientos que van a venir mañana para   734
                        hacer bailar la veleta de tu tejadillo?
  CA 1,1 Criado   Los niños arrojaron un gato que habían matado sobre el   1070
                        tejadillo del jardín, y hay necesidad de quitarlo.
tejado (9)
  MP 2,8 Mariana   saltarás fácilmente! Ese tejado   848
  ZP 1,1 Zapatera   Hasta en el tejado tendría yo macetas, en la puerta,   927
                        por las paredes.
  CA 1,1 Gato   Iba por el tejado, gata chata,   1064
  YE 1,1 Yerma   A mí me gustaría que fueras al río y nadaras y que te   1274
                        subieras al tejado cuando la lluvia [...]
  YE 2,1 Lavandera 5   Estas machorras son así: cuando podían estar haciendo   1302
                        encajes o confituras de manzanas, les gusta subirse al
                        tejado y andar descalzas [...]
  YE 3,1 Juan   Ni yo sé lo que busca una mujer a todas horas fuera de   1333
                        su tejado.
  YE 3,2 Vieja   Lo que está puesto encima del tejado.   1344
  RS 1,1 Rosita   pondrán loco mi tejado.   1373

tejado (continuación)
  BA 2,1 La Poncia   Pero en cuanto las dejes sueltas se te subirán al   1500
                            tejado.

tejados (6)
  TC 6,1 Rosita   ¡Qué noche tan clarita vive sobre los tejados!   774
  MP 3,9 Novicia 1   que pondrá en los tejados de Granada la tarde.   890
  PB 3,1 Voces   relumbra por los tejados.   1012
  DC 1,1 Rosita   vive sobre los tejados.   1032
  EP CV Estudiante 5   Los tejados y las familias.   1168
  BS 3,1 Luna   ¡Abrid tejados y pechos   1249

tejas (1)
  BA 3,1 Martirio   A mí las cosas de tejas arriba no me importan nada.   1515

tejerá (1)
  RS 1,1 Rosita   tejerá con tierra y ola   1372

tejieron (1)
  RS 1,1 Rosita   ¿Por qué tus manos tejieron,   1370

tela (2)
  BS 2,1 Muchacha 2   La tela es de lo que no hay.   1220
  YE 1,1 Yerma   La tibia tela de tu vestido.   1277

telas (3)
  CA 2,1 Maniquí   Telas que cubren la carne   1100
  CA 3,1 Joven   Te romperé las jaulas y las telas.   1130
  RS 1,1 Tía   Ahora se enterará de que las telas no solo sirven para 1362
                            hacer flores, sino para empapar lágrimas.

telones (1)
  EP CV Dama 3   Cuando subíamos por el monte de la ruina creíamos ver 1163
                            la luz de la aurora, pero tropezamos con los telones y
                            traigo mis [...]

temáis (1)
  MM 1,5 Alacranito   Mas no temáis, que yo   694

temas (8)
  MM 1,5 Alacranito   No temas, Curianito.   695
  MP 2,5 Pedro   ¡Marianita, no temas! ¡Mujer mía! ¡Vida mía!   829
  MP 2,5 Pedro   En el mayor sigilo conspiramos. ¡No temas!   829
  MP 2,5 Pedro   No temas; ya he burlado a Pedrosa en el campo,   830
  MP 2,8 Pedro   ¡No temas! Ya verás cómo no es nada.   847
  MP 2,9 Pedrosa   Pero no temas; soy amigo tuyo.   856
  PB 2,1 Perlimplín   No temas.   1005
  BS 2,1 Leonardo   Es la última vez que voy a hablar con ella. No temas   1215
                            nada.

temblaba (2)
  TC 0,0 Mosquito   Pero un día vi por el agujerito de la puerta una   724
                            estrella que temblaba como una fresca violeta de luz.
  MP 1,5 Mariana   ¡El notó que yo temblaba!   800

temblado (1)
  YE 1,1 Yerma   Yo conozco muchachas que han temblado y que lloraban   1276
                            antes de entrar en la cama con sus maridos.

temblando (10)
  MP 2,8 Mariana   allá en el Albaicín, y estoy temblando.   842
  DC 1,1 Madre   Ya estoy temblando.   1035
  CA 1,1 Mecanógrafa   Todavía tengo aquella sangre viva como una sierpe   1055
                            roja, temblando entre mis pechos.
  CA 2,1 Joven   traeré temblando de amor   1105
  CA 3,1 Joven   están temblando de frío.   1121
  YE 2,1 Lavandera 4   cuando a la puerta llama temblando el invierno.   1308
  RS 1,1 Ama   Déjese usted a sus propios hijos en una chocita   1360
                            temblando de hambre.
  RS 1,1 Ama   Temblando de todo, para que le digan a una: 1360
                            "¡Cállate!";
  RS 2,1 Ama   La cama y sus pinturas temblando de frío, y la camisa 1410
                            de novia en lo más oscuro del baúl.
  RS 3,1 Martín   Todos los días entro temblando en el colegio [...]   1419

temblar (4)
  MM 2,5 Gusano 2   temblar a los lirios.   712
  PB 2,1 Belisa   A veces pasa por debajo de mis balcones y mece su mano 1002
                            lentamente en un saludo que hace temblar mis pechos.
  DC 1,1 Cristóbal   Todo el que está delante de mí tiene que temblar,   1035
                            carajórum, tiene que temblar.

temblará (1)
  MP 2,5 Pedro   La bandera que bordas temblará por las calles   829

temblarían (1)
  YE 2,1 Lavandera 4   Si los trigos verdes tuvieran cabeza, temblarían de   1306
                            verlos venir.

temblona (1)
  BA 2,1 La Poncia   La encuentro sin sosiego, temblona, asustada, como si 1472
                            tuviese una lagartija entre los pechos.

temblor (8)
  MP 1,4 Amparo   Un temblor divino, como de agua clara,   790
  MP 1,4 Amparo   o temblor de luna sobre una pecera   790
  MP 1,6 Mariana   me siento vestida de temblor y llanto.   806

temblor - tendido

temblor (continuación)   Pág.
  ZP 0,0 El Autor   Respetable público... [...] hay como un delicado   911
                  temblor de miedo, y una [...]
  CA 3,1 Mecanógrafa   He huido tanto, que necesito contemplar el mar para   1126
                  poder evocar el temblor de tu boca.
  YE 1,2 Yerma   Otra vez el mismo Víctor, [...] acequia y me entró un   1289
                  temblor que me sonaron [...]
  YE 3,2 Hembra   y temblor a sus espaldas.   1340
  RS 3,1 Rosita   Y hoy se casa una amiga [...] igual, con el mismo   1428
                  temblor igual; yo, lo [...]

temblorcillo (2)
  TC 3,1 Joven   Pero tengo un temblorcillo dentro.   743
  ZP 2,1 Zapatera   Medio metro de agua y las chinas del fondo se veían   945
                  reír, reír con el temblorcillo.

temblorosa (1)
  MM 1,1 Curiana N   vi una estrella roja toda temblorosa   672

teme (2)
  RS 1,1 Tío   porque se teme quemar.   1356
  RS 1,1 Rosita   porque se teme quemar.   1374

temida (1)
  MP 1,5 Mariana   ¡Noche temida y soñada;   796

temiendo (1)
  ZP 1,1 Zapatero   Pero comprenda mi situación: toda la vida temiendo   919
                  casarme..., [...]

temo (3)
  MM 1,5 Curianito   No temo.   695
  MM 2,2 Curiana N   y temo que se tronchen. ¡Saltad el arroyuelo!   706
  BA 3,1 La Poncia   Bernarda, yo no quiero hablar porque temo tus   1519
                  intenciones.

temor (5)
  MM 0,0   Los insectos estaban [...] hijuelos en el santo temor   669
                  de sus dioses.
  MP 1,7 Fernando   desecha todo temor.   815
  PB 3,1 Perlimplín   Ya muerto, lo podrás acariciar siempre en tu cama, tan   1015
                  lindo y peripuesto, sin que tengas el temor de que
                  deje de [...]
  BA 1,1 Martirio   Los veía en el corral [...] miedo de crecer por temor   1460
                  de encontrarme [...]
  BA 2,1 Bernarda   Dilo sin temor.   1493

témpanos (2)
  CA 3,1 Arlequín   ¡Qué témpanos de hielo azul levanta!   1108
  CA 3,1 Arlequín   ¡Qué témpanos de hielo azul levanta!   1109

temperamento (1)
  CA 1,1 Joven   Nada. ¿No conoces mi temperamento?   1058

templada (1)
  MM 2,7 Curianito   que es mi cueva templada   720

templarios (1)
  ZP 2,1 Zapatera   ¡Ni los templarios de Roma!   978

tempranillo (1)
  TC 6,1 Rosita   ¡Viene gente! ¡Vete, bandido! ¡Tempranillo!   764

temprano (5)
  ZP 2,1 Alcalde   Pero que te vayas enterando que no por mucho   951
                  despreciar amanece más temprano.
  CA 3,2 Joven   Han venido muy temprano.   1138
  YE 1,1 Yerma   ¿De la tienda tan temprano?   1278
  RS 1,1 Tía   Yo sabía que más tarde o más temprano te tendrías que   1362
                  marchar con tus padres.
  RS 3,1 Tía   Debimos irnos temprano y haber hecho las cosas a   1426
                  nuestro gusto.

ten (7)
  MM 2,2 Curiana N   ¡Ten cuidado! ¡Si viene Alacranito!   707
  TC 1,1 Hora   Rosita: ten paciencia, ¿qué vas a hacer?   734
  TC 1,1 Hora   Rosita, ¡ten paciencia!   734
  MP 2,6 Mariana   pero ten en el patio   833
  BS 1,2 Mujer   Ten cuidado, que está dormido.   1189
  BS 3,2 Vecina   Ten caridad de ti misma.   1268
  BA 1,1 Bernarda   Ve con ella y ten cuidado que no se acerque al pozo.   1453

tenazas (1)
  RS 3,1 Ama   Y él dirá: "¡Que tengo veinte millones de pesetas, no   1425
                  me apretéis con las tenazas!

tenderte (1)
  EP RR Figura De C   Tú puedes tenderte detrás de aquel gran capitel.   1151

tendida (3)
  MM 1,5 Curiana C   ¡Compasión me dio el verla tendida en la vereda!   698
  MP 2,8 Mariana   "Luna tendida, marinero en pie",   846
  MP 2,8 Mariana   "Luna tendida, marinero en pie."   846

tendidas (1)
  ZP 2,1 Alcalde   Anteayer estuve enfermo toda la mañana porque vi   949
                  tendidas en el prado [...]

tendido (5)
  MP 1,8 Angustias   y se han tendido en ella   817

tendido (continuación)
CA 3,2 Joven   No quiero subir y encontrármelo tendido en la cama tan   1133
                      grande, tan vacía.
EP RR Figura De C   mientras tú, debajo de los cojines, estarías tendido   1149
                      lleno de sudor, [...]
BS 1,2 Suegra   Está abajo, tendido, con los ojos desorbitados, como   1189
                      si llegara del fin del mundo.
BS 3,1 Mendiga   ¿Cómo no te gusta estar tendido sobre ellas y no andar   1254
                      sobre las plantas de los pies, que son tan chicas?
tendidos (1)
BS 3,2 Muchacha 1   tendidos los vi.   1263
tendrá (8)
MM 1,1 Doña Curiana   Según él, es de algo que nunca tendrá.   673
ZP 1,1 Niño   Me lo llevaré, porque como yo sé que usted no tendrá   914
                      nunca niños...
ZP 1,1 Niño   Mi madre lo ha hablado el otro día, diciendo: "La   914
                      zapatera no tendrá hijos", y se reían [...]
CA 3,2 Criado   El señor tendrá necesidad de vestirse.   1135
EP CV Estudiante 2   Con gran alegría para su mujer, que ahora trabajará   1157
                      tanto que tendrá que ponerse dos grifos en las tetas.
RS 2,1 Ama   Tendrá el pelo de plata [...]   1380
BA 3,1 María Josefa   Este niño tendrá el pelo blanco y tendrá otro niño y   1524
                      éste otro, y todos con el pelo de nieve,
tendrán (3)
MP 3,8 Mariana   tendrán un nombre claro como la luna llena!   885
BS 2,2 Padre   Yo creo que tendrán de todo.   1228
BS 3,1 Luna   Pues esta noche tendrán   1249
tendrás (17)
MM 1,4 Curianito   Los tendrás.   687
TC 3,1 Mozo 1   Cocoliche: a las doce de la noche tendrás la puerta   744
                      abierta, y todo lo demás.
TC 3,1 Cristobita   Tendrás mucho vino, ¿verdad?   747
MP 2,2 Mariana   ¡Lo tendrás, primor mío!   825
DC 1,1 Madre   Por tu culpa ahora nos tendrás que dar todo tu dinero.   1040
CA 1,1 Amigo   Son truenos; tendrás que oírlos.   1060
CA 3,2 Jugador 2   Tendrás necesidad de ahondar mucho.   1139
BS 1,3 Novia   Cuando seas mi marido ya no lo tendrás.   1202
BS 2,2 Mozo 2   ¡Ya la tendrás en la madrugada!   1235
YE 1,1 Yerma   donde tendrás primera cuna!   1278
YE 1,1 Yerma   donde tendrás primera cuna!   1286
YE 1,2 Vieja 1   ¡Bah! ¡Ya tendrás!   1287
YE 3,1 Dolores   Ahora tendrás un hijo. Te lo puedo asegurar.   1328
RS 3,1 Tía   Ama, ¡ya no puedo pagar tus mensualidades! Tendrás que   1417
                      abandonarnos.
BA 1,1 La Poncia   No tendrás queja ninguna. Ha venido todo el pueblo.   1450
BA 3,1 Bernarda   Así no tendrás disgustos.   1513
BA 3,1 María Josefa   Tú tendrás el pelo blanco, pero no vendrán las vecinas.   1525
tendré (13)
TC 6,1 Rosita   Ella tuvo una gargantilla de hierro en sus bodas con   762
                      la muerte, y yo tendré un collar..., [...]
MP 1,4 Mariana   ¡Niñas, tendré que enfadarme!   791
MP 3,5 Pedrosa   Tendré un placer muy grande si me avisa.   877
MP 3,7 Mariana   Tendré que cambiarme el traje: 883
TB QM. Mujer   Tendré frío.   909
EP RR Figura De P   Tendré necesidad de desmayarme para que vengan los   1150
                      campesinos.
EP RR Figura De P   Tendré necesidad de llamar [...]   1150
EP RR Centurión   Y tendré todavía muchos más.   1152
YE 3,1 Yerma   Lo tendré porque lo tengo que tener.   1328
RS 3,1 Rosita   Yo sé que los ojos los tendré siempre jóvenes, y sé   1430
                      que la espalda se me irá curvando cada día.
BA 2,1 Bernarda   ¡Tendré que sentarles la mano!   1496
BA 2,1 Adela   ¡Lo tendré todo!   1504
BA 3,1 Prudencia   No me queda más consuelo que refugiarme en la iglesia,   1508
                      pero como me estoy quedando sin vista tendré que dejar
                      de venir [...]
tendremos (2)
MP 2,8 Conspirador 4 Tendremos que aplazar el alzamiento,   842
BA 3,1 María Josefa   Luego nos sentaremos todos y todos tendremos el   1525
                      cabello blanco y seremos espuma.
tendría (12)
MM 2,6 Curianito   tendría mi amargura fatal? Sobre las ramas,   719
TC 1,1 Rosita   Genoveva de Brabante tendría uno así cuando se ponía   731
                      en la torre de su castillo a esperar a su esposo.
TC 3,1 Mozo 1   Por lo mismo, no tendría yo ninguna pena.   743
TB QM. Viejo   Aunque viviera cien años, yo no tendría miedo al tren.   905
ZP 1,1 Zapatera   También tuve otro pretendiente... Aquel era medio   917
                      señorito..., tendría dieciocho años, ¡se dice muy
                      pronto!
ZP 1,1 Zapatera   Hasta en el tejado tendría yo macetas, en la puerta,   927
                      por las paredes.

tendría - tenemos

Pág.

tendría (continuación)
CA 1,1 Criado   Señor. ¿Tendría la bondad de dejarme las llaves de su   1070
                       dormitorio?
BS 1,1 Vecina   Tendría ella quince años.   1181
BS 1,3 Madre   Esa edad tendría mi hijo mayor si viviera.   1199
BA 2,1 Martirio   Bueno; pero él te lo tendría que decir.   1475
BA 2,1 Martirio   Si fuera rica la tendría de holanda.   1484
BA 2,1 Bernarda   Y no quiero entenderte, porque si llegara al alcance   1500
                       de todo lo que dices te tendría que arañar.

tendríamos (2)
MM 1,1 Doña Curiana   Tendríamos todas mucho que sentir.   672
TC 1,1 Padre   Ese hombre tiene mucho oro y a mí me conviene, porque   732
                       si no, mañana tendríamos que pedir limosna.

tendrías (2)
RS 1,1 Tía   Yo sabía que más tarde o más temprano te tendrías que   1362
                       marchar con tus padres.
RS 1,1 Tía   Tendrías que saltar por encima de mí y de tu tío.   1362

tened (6)
MM 1,5 Alacranito   Tened las lenguas quietas,   693
MM 2,1 Curianita Santa ¡Tened misericordia del lindo enamorado...!   704
MM 2,2 Curiana N   Tened mucho cuidado,   706
MM 2,2 Curiana N   Tened mucha presencia, señora. Sois inquieta.   707
TC 6,1 Rosita   ¡Tened piedad de mí!   768
BA 2,1 La Poncia   Tened cuidado con no entreabrirla mucho, porque son   1488
                       capaces de dar un empujón para ver quién mira.

tenéis (6)
MM 0,0   ¿Qué motivo tenéis para despreciar lo ínfimo de la   670
                       Naturaleza?
MM 1,2 Doña Curiana   ¿por qué tenéis la tristeza   678
MM 1,2 Doña Curiana   tenéis vuestras casas sucias   678
TC 6,1 Rosita   Pero... ¿tenéis cara?   763
BS 2,2 Novia   ¿Tantas ganas tenéis?   1237
YE 2,2 Yerma   Las mujeres cuando tenéis hijos no podéis pensar en   1318
                       las que no los tenemos.

tenemos (33)
MM 1,1 Doña Curiana   tenemos bastante.   675
MM 2,6 Curianita C   (Ya tenemos aquí   718
TC 5,1 Fígaro   Los barberos tenemos más olfato de las palabras   758
                       oscuras y los gestos misteriosos.
MP 2,8 Conspirador 4   Ahora mismo tenemos que callarnos.   842
MP 2,8 Pedro   Y tenemos razones para estarlo.   846
MP 3,4 Carmen   Tenemos que trabajar...   873
TB DME Doncella   No tenemos aljibe.   901
PB 3,1 Marcolfa   Las criadas tenemos también vergüenza.   1011
DC 1,1 Director   Llenemos el teatro de [...] vulgaridad a que la   1043
                       tenemos condenada, y [...]
CA 1,1 Viejo   Todavía cambian más las cosas que tenemos delante de   1052
                       los [...]
BS 1,3 Madre   Tenemos que volver a tiempo. ¡Qué lejos vive esta   1195
                       gente!
BS 2,2 Mujer   No tenemos dinero. ¡Y con el camino que llevamos!...   1232
YE 1,1 Juan   Las cosas de la labor van bien, no tenemos hijos que   1275
                       gasten.
YE 1,1 Yerma   No tenemos hijos... ¡Juan!   1275
YE 2,2 Yerma   Los hombres tienen otra vida; los ganados, los   1314
                       árboles, las conversaciones, y las mujeres no tenemos
                       más que esta [...]
YE 2,2 Yerma   Las mujeres cuando tenéis hijos no podéis pensar en   1318
                       las que no los tenemos.
YE 2,2 Juan   Ya no tenemos sitio donde meter tantas ovejas.   1324
YE 3,2 Juan   No tenemos culpa ninguna   1348
RS 1,1 Manola 2   ¿Tenemos novio?   1368
RS 2,1 Ama   Pero no hace falta que cante. En el jardín los tenemos   1383
                       vivos.
RS 2,1 Solterona 2   Nosotras tenemos en una maceta un rosal de San   1392
                       Francisco.
RS 3,1 Tía   Desde que murió mi marido está la casa tan vacía que   1412
                       parece el doble de grande, y hasta tenemos que
                       buscarnos.
RS 3,1 Tía   Estoy muy viejecita, ama. Tenemos encima una ruina muy   1413
                       grande.
RS 3,1 Tía   No hablamos y tenemos que hablar.   1427
BA 1,1 La Poncia   Nosotras tenemos nuestras manos y un hoyo en la tierra   1443
                       de la verdad.
BA 1,1 Criada   Esa es la única tierra que nos dejan a las que no   1443
                       tenemos nada.
BA 1,1 Bernarda   Es la única mujer mala que tenemos en el pueblo.   1456
BA 1,1 La Poncia   Contigo no se puede hablar. ¿Tenemos o no tenemos   1458
                       confianza?
BA 1,1 Bernarda   No tenemos. Me sirves y te pago. ¡Nada más!   1458
BA 2,1 Martirio   No tiene ni más ni menos que lo que tenemos todas.   1472

tenemos (continuación)
```
  BA 3,1 Angustias        Si le pregunto qué le pasa, me contesta: "Los hombres    1513
                          tenemos nuestras preocupaciones."
  BA 3,1 Criada           Ganado tenemos el sueño. Bernarda no me deja descansar   1522
                          en todo el día
tener (54)
  MM 2,7 Curianito        ¿Quién me manda sufrir sin tener alas?                   721
  TC 2,1 Cristobita       De manera que mañana a la tarde quiero tener echadas     739
                          las bendiciones.
  TC 6,1 Cocoliche        ¿Tener piedad de ti?                                     768
  MP 1,7 Fernando         Esta noche, disfrazado de contrabandista, tengo          811
                          absoluta necesidad de salir para Válor y Cadiar, donde
                          espero tener noticias de los [...]
  MP 2,5 Mariana          Quiero tener abiertos mis balcones al sol                832
  MP 2,8 Mariana          y de tener razones para estarlo...                       846
  MP 3,5 Mariana          a pesar de tener un corazón                              875
  ZP 1,1 Zapatera         ¡Tú qué ibas a tener!...                                 917
  ZP 1,1 Alcalde          Es una lástima que un hombre como tú no tenga el         927
                          carácter que debías tener.
  ZP 2,1 Mozo De La Faja  Este es otro al que voy a tener que...                   940
  ZP 2,1 Zapatera         Los voy a tener que plantar en lo ancho de la calle.     942
  ZP 2,1 Zapatera         Yo soy la que va a tener que hacer algo gordo.           970
  PB 2,1 Belisa           Debe tener la piel morena y sus besos deben perfumar y   1002
                          escocer al mismo tiempo como el azafrán y el clavo.
  CA 1,1 Joven            Pero en estos cinco años las volverá a tener.            1050
  CA 1,1 Viejo            Si ella tiene quince años, puede tener quince            1053
                          crepúsculos o quince cielos.
  CA 1,1 Joven            Yo quisiera quererla como quisiera tener sed delante .    1055
                          de las fuentes.
  CA 1,1 Amigo            Mira, es un talle para la medida de todos los brazos     1057
                          y, tan frágil, que se desea tener en la mano un hacha
                          [...]
  CA 2,1 Novia            Yo quiero tener plomo en los pies.                       1087
  CA 3,1 Viejo            Porque si él tiene veinte años puede tener veinte        1126
                          lunas.
  EP RR  Figura De P      Lo tiene porque nunca lo podrá tener.                    1154
  EP CV  Dama 3           Empiezo a tener frío con este traje.                     1169
  BS 2,1 Leonardo         ¿Qué intención iba a tener?                              1213
  BS 2,2 Madre            ¿Qué sangre va a tener?                                  1227
  YE 1,1 Yerma            Tener un hijo no es tener un ramo de rosas.              1283
  YE 1,1 Yerma            Hace tiempo estoy deseando tener conversación con        1288
                          mujer vieja.
  YE 2,2 Yerma            Para tener agua fresca en la comida.                     1311
  YE 2,2 Juan             Yo tengo mis defectos pero quiero tener paz y sosiego    1313
                          contigo.
  YE 2,2 Yerma            Yo no debo tener manos de madre.                         1317
  YE 3,1 Yerma            Lo tendré porque lo tengo que tener.                     1328
  YE 3,1 Yerma            Yo quiero tener a mi hijo en los [...]                   1328
  YE 3,1 Yerma            ¡Ay, si los pudiera tener yo sola!                       1329
  YE 3,2 María            Tiene hijos la que los tiene que tener.                  1337
  YE 3,2 Vieja            Para tener un hijo ha sido necesario que se junte el     1344
                          cielo con la tierra.
  RS 2,1 Ama              Era hermoso como un novicio cuando sale a cantar la      1380
                          primera misa, pero ya quisiera su sobrino tener aquel
                          talle, aquel [...]
  RS 3,1 Tía              Cuando pienso en la mala [...] mi familia, quisiera      1414
                          tener veinte años para [...]
  RS 3,1 Tía              Pero tiene buenas vistas y un patinillo con dos          1418
                          higueras donde se pueden tener flores.
  RS 3,1 Rosita           Todo está acabado... [...] es el sentimiento de tener    1429
                          la esperanza muerta.
  RS 3,1 Tía              Te has aferrado a tu idea sin ver la realidad y sin      1429
                          tener caridad de tu porvenir.
  BA 1,1 Criada           ¡Ya quisiera tener yo lo que ellas!                      1443
  BA 1,1 La Poncia        Angustias ya debe tener mucho más de los treinta.       1457
  BA 1,1 Amelia           Ya no sabe una si es mejor tener novio o no.            1459
  BA 1,1 María Josefa     Bernarda, yo quiero un varón para casarme y para tener  1470
                          alegría.
  BA 2,1 La Poncia        Como le dé por tener crías, vais a estar cosiendo        1484
                          mañana y tarde.
  BA 2,1 Amelia           Debiéramos tener cuidado. ¿No serán los gañanes?        1489
  BA 2,1 Bernarda         Nací para tener los ojos abiertos.                       1503
  BA 3,1 Bernarda         Debe tener calor.                                        1508
  BA 3,1 Magdalena        Peor suerte que tienes no vas a tener.                   1510
  BA 3,1 María Josefa     ¿Y cuándo vas a tener un niño?                           1524
  BA 3,1 María Josefa     Mejor es tener una oveja que no tener nada.              1524
  BA 3,1 María Josefa     Como tengo el pelo blanco crees que no puedo tener       1524
                          crías, y sí, crías y crías y crías y crías.
  BA 3,1 Bernarda         ¡Qué pobreza la mía, no poder tener un rayo entre los    1529
                          dedos!
  BA 3,1 Martirio         Dichosa ella mil veces que lo pudo tener.                1532
```

tenerlas - tengo

Pág.

tenerlas (1)
YE 2,2 Yerma	Porque estoy harta de tenerlas y no poderlas usar en cosa propia.	1317

tenerlos (4)
YE 1,2 Muchacha 2	De todos modos, tú y yo, con no tenerlos, vivimos más tranquilas.	1293
YE 2,1 Lavandera 4	Tiene hijos la que quiere tenerlos.	1302
YE 2,2 Yerma	Me figuro que se me van a helar los brazos de tenerlos.	1314
BA 2,1 Bernarda	Los tengo porque puedo tenerlos.	1498

tenerme (2)
ZP 2,1 Zapatero	Y ahora casi me alegro de tenerme que marchar, [...]	968
CA 1,1 Mecanógrafa	No quiere tenerme aquí.	1055

tenerte (2)
MM 1,4 Curianito	Yo siempre a mi lado quisiera tenerte	686
MP 2,5 Mariana	¡Mi victoria consiste en tenerte a mi vera!	831

tenga (24)
MM 1,1 Doña Curiana	no lo quiero hasta que tenga	676
MM 2,1 Curianita Santa	Estaré en oración porque tenga descanso.	705
TC 2,1 Cristobita	¡Tenga cuidado!	739
MP 2,9 Pedrosa	Tenga cuidado.	853
MP 2,9 Pedrosa	Tenga más calma.	854
MP 2,9 Mariana	¡Tenga piedad de mí! ¡Si usted supiera!	856
ZP 1,1 Niño	Dice mi madre que tenga cuidado de no darles [...]	914
ZP 1,1 Zapatera	Puede que los tenga más hermosos que [...]	915
ZP 1,1 Alcalde	Es una lástima que un hombre como tú no tenga el carácter que debías tener.	927
ZP 2,1 Zapatera	Buenas tardes tenga usted, señor titiritero.	953
PB 1,1 Marcolfa	Buena noche de boda tenga mi señor.	988
DC 1,1 Cristóbal	Buenas noches tenga usted.	1023
DC 1,1 Cristóbal	Tenga la bondad de sacar un poquito el cuello para que le pueda intervenir la carótida.	1025
CA 2,1 Joven	Para que no tenga que volver a empezar.	1096
CA 3,2 Jugador 1	Tenga la bondad de jugar.	1141
BS 1,2 Leonardo	Y quizá tenga razón. Ella es de cuidado.	1190
YE 1,2 Vieja 1	Buenos los tenga la hermosa muchacha. ¿Dónde vas?	1286
YE 1,2 Muchacha 2	En cambio, mi madre no hace más que darme yerbajos para que los tenga, y en octubre iremos [...]	1293
YE 2,2 Yerma	Cuando tenga la cabeza atada [...]	1314
YE 3,2 Yerma	aunque tenga mil espinas.	1339
RS 1,1 Ama	tenga malas noches	1364
RS 3,1 Ama	Mientras yo tenga brazos nada le faltará.	1417
BA 3,1 Adela	La que tenga que ahogarse que se ahogue.	1528
BA 3,1 Martirio	Eso no pasará mientras yo tenga una gota de sangre en el cuerpo.	1528

tengáis (2)
MP 2,8 Mariana	¡Pedro..., y todos, que tengáis cuidado!	848
RS 1,1 Tío	Es preciso que tengáis más respeto por mis plantas.	1352

tengamos (2)
BS 2,1 Madre	¡Que llevéis cuidado! No sea que tengamos mala hora.	1222
BA 3,1 La Poncia	¡Nunca tengamos ese fin!	1532

tengan (3)
ZP 2,1 Zapatera	¡De las que la tengan!	956
BS 2,2 Padre	Yo quiero que tengan muchos.	1228
BS 3,1 Luna	para que esta noche tengan	1250

tengas (8)
TB QM. Viejo	Yo, por unas monedillas, las más pequeñas que tengas, te las llevo.	905
ZP 0,0 El Autor	No tengas tanta impaciencia [...]	912
ZP 1,1 Zapatero	Mañana quizá la tengas que buscar tú también.	923
PB 2,1 Perlimplín	No tengas miedo de hablarme..., [...]	1005
PB 3,1 Perlimplín	Ya muerto, lo podrás acariciar siempre en tu cama, tan lindo y peripuesto, sin que tengas el temor de que [...]	1015
YE 2,2 María	Me da tristeza que tengas envidia.	1317
RS 1,1 Tía	Cuando tengas tu porvenir hecho.	1362
BA 1,1 Criada	No tengas miedo que se tire.	1453

tengo (210)
MM 1,2 Doña Curiana	dos meses tengo y soy vieja.	680
MM 1,2 Doña Curiana	que tengo ya muchos días	683
MM 1,2 Curianita Silvia	pues tengo amor y riquezas.	683
MM 1,4 Curianito	Yo tengo el agua clara	687
MM 1,5 Alacranito	Tengo mi filosofía,	691
MM 1,5 La Curianita	¡Ay madre, tengo miedo!...	697
MM 1,6 Curianito	¿Qué tengo en mi cabeza?	701
MM 2,5 Mariposa	Tengo las alas rotas	716
MM 2,5 Mariposa	¡Ay, que no tengo boca!	716
TC 1,1 Rosita	Uno, dos... ¡Ay, qué ganitas tengo de casarme!	725
TC 1,1 Rosita	dispone de mi mano, y no tengo más remedio que aguantarme porque lo manda la ley.	733
TC 1,1 Rosita	La una... Pero ¡maldita la gana que tengo de comer!	734

tengo (continuación)

TC 2,1	Cristobita	Esta porra que ve aquí ha matado muchos hombres franceses, italianos, húngaros... Tengo la lista en mi casa.	739
TC 3,1	Joven	Pero tengo un temblorcillo dentro.	743
TC 3,1	Mozo 1	Brindo por lo que brindo, porque tengo que brindar.	744
TC 4,1	Joven	Ahora me alegro de haber venido, pero tengo una rabia, que las palabras no me salen de la boca.	751
TC 4,1	Cocoliche	Me parece que la tengo ante mis ojos..., y esa música...	754
TC 5,1	Jovencita	Tengo los ojos puestos	759
TC 5,1	Jovencita	Tengo los ojos puestos	761
TC 6,1	Rosita	Tengo un relojito y tengo un espejo de plata ; pero, ¡qué desgraciada soy!	764
TC 6,1	Cristobita	¡Mira qué traje tengo!	772
MP 1,1	Clavela	¡Tengo un miedo!	783
MP 1,6	Mariana	y tengo yo misma que solucionarlos.	805
MP 1,6	Mariana	¡Tiene que ser pronto y no tengo a nadie!	805
MP 1,6	Mariana	¡Es preciso! ¡Tengo que atreverme a todo!	806
MP 1,6	Mariana	Tengo, sin embargo,	806
MP 1,7	Mariana	Porque tengo mucho miedo,	809
MP 1,7	Fernando	Esta noche, disfrazado de contrabandista, tengo absoluta necesidad [...]	811
MP 1,7	Fernando	ahora tengo que ayudar	812
MP 1,7	Fernando	que el corazón tengo herido	813
MP 1,7	Fernando	Ya tengo el alma cautiva;	815
MP 1,8	Mariana	Tengo el corazón loco	818
MP 2,2	Mariana	yo tengo que coserte una capita.	825
MP 2,5	Mariana	esta angustia que tengo y este sabor amargo;	828
MP 2,5	Mariana	Yo tengo mucho miedo.	829
MP 2,7	Pedro	¡Ay, qué impaciencia tengo!	838
MP 2,8	Pedro	Yo no sé qué pensar; que tengo abierta	842
MP 2,8	Mariana	pues a nadie tengo miedo.	849
MP 2,9	Mariana	Sepa que yo no tengo miedo a nadie.	854
MP 3,3	Mariana	No tengo miedo, ¿te enteras?	869
MP 3,5	Mariana	Tengo el cuello muy corto para ser	874
MP 3,7	Novicia 2	Yo no tengo gana	881
TB PBK	Joven	¿A quién tengo el honor de saludar?	896
TB DME	Estudiante	Tengo mucha fuerza en los brazos.	902
TB QM.	Enrique	No tengo ganas de bromas. Siempre estás así.	906
ZP 1,1	Zapatera	Ya sabía yo que con esta clase de gente no se podía hablar ni un segundo...; pero la culpa la tengo yo, yo y yo..., [...]	913
ZP 1,1	Niño	No se disguste usted conmigo, que yo no tengo la culpa y todos los días estudio muy bien la gramática.	914
ZP 1,1	Zapatero	Ya sé que tengo que aguantarme.	915
ZP 1,1	Zapatera	También me aguanto yo..., piensa que tengo dieciocho años.	916
ZP 1,1	Zapatero	Tú te creerás que yo no tengo vista, y tengo.	923
ZP 1,1	Zapatero	Afortunadamente creo que esto se acabará pronto; porque yo no sé cómo tengo paciencia.	923
ZP 1,1	Zapatero	Yo no tengo edad para resistir este jaleo.	926
ZP 1,1	Zapatero	Si sabes que tengo esa superstición, y para mí esto es como si me dieras un tiro, ¿por qué lo haces?	928
ZP 1,1	Mozo	¡Ay zapaterita, qué calentura tengo!	931
ZP 1,1	Zapatero	¡Tengo razón para marcharme!	931
ZP 1,1	Niño	¡Es verdad! ¡Pero yo no tengo la culpa!	937
ZP 2,1	Zapatera	Si no fuera porque tengo que ganarme la [...]	942
ZP 2,1	Zapatera	Y que no me asusto de nadie, ¿lo oyes?, que yo tengo la sangre de mi [...]	942
ZP 2,1	Mozo Del S	Tengo tanto coraje que [...]	943
ZP 2,1	Zapatera	Hoy tengo una onza de chocolate.	943
ZP 2,1	Niño	¿Interesadillo? ¿Ves este cardenal que tengo en la rodilla?	944
ZP 2,1	Zapatera	La gente me canta coplas, los vecinos se ríen en sus puertas, y como no tengo marido que vele [...]	948
ZP 2,1	Alcalde	Nada, pensaba... de que si tú fueras como debías ser, te hubieras enterado que tengo voluntad y valentía [...]	951
ZP 2,1	Zapatero	¡tengo navaja barbera!	961
ZP 2,1	Zapatera	Mire usted, tengo a todo el pueblo encima, quieren venir a matarme, y sin embargo no tengo ningún miedo.	974
ZP 2,1	Zapatero	Yo lo siento mucho, pero tengo que emprender mi camino antes que la noche se me eche encima.	975
PB 0,0	Perlimplín	Yo con mis libros tengo bastante.	981
PB 0,0	Marcolfa	Verá mi señor la razón que tengo.	982
PB 1,1	Belisa	¡Qué maridito tan bromista tengo!	999
PB 3,1	Marcolfa	¡Yo tengo la culpa!	1008
DC 1,1	Poeta	Respetable público: Como poeta tengo que deciros que don Cristóbal es malo.	1021
DC 1,1	Enfermo	Yo tengo carotiditis.	1026

tengo - tengo

tengo (continuación)

Pág.

DC 1,1 Enfermo	tengo un rollito		1027
DC 1,1 Cristóbal	No tengo sombrero.		1029
DC 1,1 Madre	Yo tengo una hija,		1029
DC 1,1 Cristóbal	Porque si no estamos, yo tengo la cachiporra y ya sabes lo que pasa.		1033
DC 1,1 Cristóbal	Di: tengo miedo.		1033
DC 1,1 Madre	Tengo miedo.		1033
DC 1,1 Rosita	Tengo miedo.		1037
CA 1,1 Mecanógrafa	Todavía tengo aquella sangre viva como una sierpe roja, temblando entre mis pechos.		1055
CA 1,1 Mecanógrafa	¿Qué culpa tengo yo, señor?		1055
CA 1,1 Joven	Tampoco tengo yo culpa ninguna.		1055
CA 1,1 Joven	Déjame. No tengo ganas de bromas.		1056
CA 1,1 Joven	Demasiado trabajo tengo con oírla llena de coches y gentes desorientadas.		1057
CA 1,1 Amigo	Yo, en cambio... Ayer [...] sin ninguna porque no tengo tiempo.		1057
CA 1,1 Amigo	No tengo tiempo, no tengo tiempo de nada, todo se me atropella.		1057
CA 1,1 Amigo	No tengo tiempo y lo siento.		1058
CA 1,1 Amigo	¡Abre la ventana! Tengo calor.		1060
CA 1,1 Gato	Sí. Tengo hambre.		1063
CA 1,1 Niño	¡Ay! ¡Espera! ¿No vienen? Tengo miedo,		1065
CA 1,1 Gata	Yo no tengo cuca.		1066
CA 2,1 Novia	Pero ¿para qué tengo yo que estar preparada?		1088
CA 2,1 Padre	¿Es que yo no tengo derecho a descansar?		1089
CA 2,1 Novia	¿Y qué culpa tengo yo? ¿Quieres que me vaya contigo?		1095
CA 2,1 Joven	Te tengo a ti.		1096
CA 3,1 Joven	Pero la sangre golpea mis sienes con sus nudillos de fuego, y ahora te tengo ya aquí.		1125
EP RR Figura De C	Y danzando es la única manera que tengo de amarte.		1146
EP RR Figura De C	¿Te figuras que tengo miedo a la sangre?		1147
EP RR Figura De C	Yo sé lo que deseas, pero tengo tiempo de huir.		1150
EP RR Centurión	Yo tengo doscientos hijos.		1152
EP CV Desnudo	Tengo sed.		1157
EP CV Estudiante 1	Tengo miedo de salir al aire.		1158
EP CV Estudiante 4	Vamos. Verás cómo tengo razón.		1162
EP CV Estudiante 5	Porque están locos; pero [...] de toros con los que tengo que luchar y vencer [...]		1167
EP CV Estudiante 5	Yo tengo cuatrocientos toros.		1168
BS 1,1 Madre	Tengo que ir todas las mañanas, y si me voy es fácil que muera uno		1175
BS 1,1 Madre	¡No te tengo más que a ti!		1177
BS 1,1 Madre	Es verdad... Pero oigo eso de Félix y es lo mismo Félix que llenárseme de cieno la boca y tengo que escupir, tengo que escupir por [...]		1182
BS 1,3 Padre	Una espina tengo en el corazón, [...]		1196
BS 2,1 Novia	Pero yo tengo orgullo.		1214
BS 2,1 Novia	Y me encerraré con mi marido, a quien tengo que querer por encima de todo.		1214
BS 2,1 Novia	Y sé que estoy loca y sé que tengo el pecho podrido [...]		1215
BS 2,1 Novio	Yo tengo fuerza en los brazos.		1222
BS 2,1 Mujer	Pero tengo un hijo.		1224
BS 2,2 Madre	Tengo en mi pecho un grito siempre puesto de pie a quien tengo que castigar y meter entre los mantos.		1227
BS 2,2 Madre	Cuando sale la conversación, tengo que hablar.		1228
BS 2,2 Novio	Tengo seguridad.		1232
BS 2,2 Novio	Yo tengo menos estatura.		1234
BS 2,2 Novia	Ni me importa. Tengo mucho que pensar.		1236
BS 2,2 Novia	No tengo nada. No te vayas.		1238
BS 2,2 Novia	¡Tengo como un golpe en las sienes!		1239
BS 2,2 Madre	Sí. Yo tengo que estar en mi casa.		1241
BS 2,2 Madre	Sola, no. Que tengo la cabeza llena de cosas y de hombres y de luchas.		1241
BS 2,2 Madre	Y como no lo tienes, tengo que ser yo la que te enseñe estas fortalezas.		1241
BS 2,2 Madre	Que le daré todo lo que tengo, mis ojos y hasta mi lengua...		1244
BS 3,1 Luna	¡Tengo frío! Mis cenizas		1249
BS 3,1 Mendiga	Tengo frío.		1253
BS 3,1 Leonardo	Que yo no tengo la culpa.		1258
BS 3,2 Madre	Porque tengo que reconocerla, para no clavarla mis dientes en el cuello.		1268
YE 1,1 Juan	Es que no tengo nada.		1275
YE 1,1 Juan	Calla. Demasiado trabajo tengo yo con oír en todo momento...		1276
YE 1,1 María	De lo que tengo que hacer. Le preguntaré a mi madre.		1280
YE 1,1 María	En medio de todo tengo vergüenza.		1281
YE 1,1 María	No sé lo que tengo.		1283

tengo (continuación)

YE 1,2 Vieja 1	Tengo nueve hijos como nueve soles pero como ninguno es hembra, aquí me tienes a mí de un lado para otro.	1287
YE 1,2 Yerma	Usted me ha de decir lo que tengo que hacer, que [...]	1288
YE 1,2 Yerma	Dime: ¿tengo yo la culpa?	1290
YE 1,2 Muchacha 2	Yo tengo diecinueve años y no me gusta guisar ni lavar.	1293
YE 1,2 Yerma	No soy triste; es que tengo motivos para estarlo.	1297
YE 1,2 Juan	Viene poca agua, es mía hasta la salida del sol y tengo que defenderla contra los ladrones.	1300
YE 2,2 Juan	Bien ganado tengo el pan que como.	1311
YE 2,2 Yerma	Aquí tengo todo lo que necesito.	1312
YE 2,2 Juan	Tú misma reconoces que tengo razón al quejarme.	1313
YE 2,2 Juan	¡Que tengo motivos para estar alerta!	1313
YE 2,2 Juan	Yo tengo mis defectos pero quiero tener paz y sosiego contigo.	1313
YE 2,2 Yerma	Quiero beber agua y no hay vaso ni agua, quiero subir al monte y no tengo pies, quiero bordar [...]	1314
YE 2,2 Juan	Yo no tengo fuerzas para estas cosas.	1315
YE 2,2 Yerma	Come tú con tus hermanas. Yo no tengo hambre todavía.	1316
YE 2,2 Yerma	Estos dos manantiales que yo tengo	1316
YE 2,2 Yerma	No es envidia lo que tengo; es pobreza.	1317
YE 2,2 Yerma	Cada vez tengo más deseos y menos esperanzas.	1318
YE 3,1 Yerma	Yo tengo la idea de que [...]	1327
YE 3,1 Yerma	Lo tendré porque lo tengo que tener.	1328
YE 3,1 Yerma	Yo pienso que tengo sed y no tengo libertad.	1328
YE 3,1 Juan	Me engañas, me envuelves y como soy un hombre que trabaja la tierra, no tengo ideas para tus astucias.	1332
YE 3,1 Yerma	Es en ese muro donde tengo que estrellar mi cabeza.	1334
YE 3,2 María	Le tengo miedo.	1337
YE 3,2 Juan	Que tengo el amargor en la garganta.	1347
YE 3,2 Juan	A mí me importa lo que tengo entre las manos.	1347
YE 3,2 Juan	¡Que te lo tengo que gritar al oído para que lo sepas, a ver si de una vez vives ya tranquila!	1348
RS 1,1 Ama	¡Qué ganas tengo de ver plantados en este jardín un peral, un cerezo, un caquí!	1353
RS 1,1 Tío	Es una rosa que nunca has visto; una sorpresa que te tengo preparada.	1356
RS 1,1 Sobrino	Yo no tengo culpa de querer a mi prima.	1362
RS 1,1 Ama	No... es que tengo así, una cosa que...	1369
RS 2,1 El Señor X	No tengo el suficiente volumen de experiencia sobre ellas.	1376
RS 2,1 Ama	Lo tengo demostrado, ¡y hechos!	1381
RS 2,1 Ama	Para eso tengo la campanilla de la lengua.	1382
RS 2,1 Ama	Yo doy todo lo que tengo por Rosita.	1383
RS 2,1 Rosita	Cuando no veo la gente estoy contenta, pero como la tengo que ver...	1389
RS 2,1 Rosita	Tengo las raíces muy hondas, muy bien hincadas en mi sentimiento.	1389
RS 2,1 Madre	Hijas, aquí tengo confianza.	1393
RS 2,1 Madre	Yo tengo una muchacha que [...]	1395
RS 2,1 Solterona 3	Ahora estudio poco. Tengo muchas labores que hacer.	1397
RS 2,1 Ayola 1	¡Tengo una gana de que Rosita se case!	1400
RS 3,1 Ama	Yo no tengo genio para aguantar [...]	1416
RS 3,1 Martín	No sé por qué escribo, porque no tengo ilusión, pero sin embargo es lo único que me gusta.	1421
RS 3,1 Martín	Soñé con el Parnaso y tengo que hacer de albañil y fontanero.	1424
RS 3,1 Ama	Y él dirá: "¡Que tengo veinte millones de pesetas, no me apretéis con las tenazas!	1425
RS 3,1 Tía	Alguna vez tengo que hablar alto.	1428
RS 3,1 Rosita	Lo que tengo por dentro lo guardo para mí sola.	1430
RS 3,1 Muchacho	Un poquito peor. Yo la tengo hecha a martillazos.	1432
RS 3,1 Solterona 3	Yo vengo a dar una lección de piano que tengo aquí cerca y me llegué por si necesitaban ustedes algo.	1435
RS 3,1 Ama	Ahora, cuando lleguemos, tengo la comida hecha.	1437
BA 1,1 Criada	Ya tengo el doble de esas campanas metido entre las sienes.	1439
BA 1,1 Criada	Sangre en las manos tengo de fregarlo todo.	1441
BA 1,1 Martirio	Yo no tengo calor.	1451
BA 1,1 Bernarda	En el arca tengo veinte piezas de hilo con el que podréis cortar sábanas y embozos.	1451
BA 1,1 María Josefa	Nada de lo que tengo quiero que sea para vosotras.	1470
BA 2,1 La Poncia	Yo tengo la escuela de tu madre.	1477
BA 2,1 Adela	Tengo mal cuerpo.	1478
BA 2,1 La Poncia	No os tengo ley a ninguna, pero quiero vivir en casa decente.	1482
BA 2,1 Adela	No por encima de ti, que eres una criada; por encima de mi madre saltaría para apagarme este fuego que tengo levantado por piernas [...]	1482
BA 2,1 Angustias	Yo no tengo la culpa de que Pepe el Romano se haya fijado en mí.	1495

tengo - tenía

Pág.

tengo (continuación)

BA 2,1 Bernarda	Pero todavía no soy anciana y tengo cinco cadenas para [...]	1495
BA 2,1 Bernarda	Los tengo porque puedo tenerlos.	1498
BA 2,1 Angustias	Yo tengo derecho de enterarme.	1503
BA 3,1 Martirio	Con lo que pasa dentro de las habitaciones tengo bastante.	1515
BA 3,1 La Poncia	A mí, con servir tu casa tengo bastante.	1518
BA 3,1 María Josefa	Como tengo el pelo blanco crees que no puedo tener crías, y sí, crías, crías y crías.	1524
BA 3,1 María Josefa	Yo tengo que marcharme, pero tengo miedo que los perros me muerdan.	1525
BA 3,1 Adela	Martirio, Martirio, yo no tengo la culpa.	1527
BA 3,1 Martirio	Tengo el corazón lleno de una fuerza tan mala, que, sin quererlo yo, a mí misma me ahoga.	1528

tenía (60)

MM 1,5 Alacranito	¡A su lado tenía la cría, un nene chico,	692
MM 1,5 Alacranito	¡si supierais lo dulce que tenía la piel!	693
MM 1,5 Alacranito	Tenía una pata rota	695
MM 2,6 Curianito	Yo tenía el silencio	718
TC 0,0 Mosquito	Cuatro hojillas tenía	724
TC 1,1 Rosita	¡Ay, qué barbas tenía mi tío el Arcipreste!	725
TC 1,1 Rosita	Yo tenía novio... ¡Y tiro el collar!	732
TC 1,1 Padre	Tú harás caso de todo [...] sea entre paréntesis, tenía una cara de luna, [...]	733
TC 2,1 Cocoliche	Cuando le regalé el chal [...] besos como varillas tenía.	737
MP 2,8 Conspirador 4	Esto es lo que tenía que contaros,	845
MP 3,1 Novicia 1	tenía el corazón en la garganta.	862
TB QM. Viejo	Ella no tenía miedo a los caballos.	905
ZP 1,1 Zapatera	Tú no has tenido en tu vida dieciocho años... Aquel sí que los tenía, y me decía unas cosas... Verás...	918
ZP 1,1 Zapatero	Yo tenía dinerillos, salud, y dije: ¡allá voy!	926
ZP 2,1 Niño	¡Ja, ja, ja! Me estás engañando. El señor Zapatero no tenía jaca.	945
ZP 2,1 Zapatera	Tenía jaca, claro que la tuvo, pero es..., es que tú no habías nacido.	945
ZP 2,1 Zapatera	El tenía la voz más dulce.	958
ZP 2,1 Zapatero	Que tenía mucha razón su marido de usted.	965
ZP 2,1 Zapatero	Y en mi pueblo vivía una mujer... en cierta época, que tenía el suficiente mal [...]	966
PB 2,1 Belisa	Las cartas de los otros hombres que yo he recibido... y que no he contestado, porque tenía a mi maridito, [...]	1006
DC 1,1 Director	¿Tenía dinero?	1028
CA 1,1 Joven	La última vez que la vi no podía mirarla muy de cerca porque tenía dos arruguitas [...]	1052
CA 1,1 Joven	Tenía necesidad de separarme para enfocarla, esta es la palabra, en mi corazón.	1052
CA 1,1 Amigo 2	Cuando yo tenía cinco años..., no, cuando yo tenía dos..., miento, uno, un año tan solo.	1073
CA 1,1 Amigo 2	Pero todavía no, todavía me veo subido en los cerezos... con aquel traje gris... Un traje gris que tenía unas anclas de [...]	1075
CA 1,1 Amigo 2	Bueno. Viejo tenía que ser. Usted, en cambio, no ha protestado.	1076
CA 2,1 Novia	Mi novio tenía los dientes helados; [...]	1079
CA 2,1 Novia	Tenía las manos llenas de anillos.	1093
CA 2,1 Joven	Que tenía en el centro la cabeza de un tigre. Y... ¿están rotos?	1098
CA 3,2 Criado	Por eso ha gastado todo lo que tenía en la ropa del niño y en la caja.	1131
CA 3,2 Joven	Mi casa tenía un patio enorme, donde jugaba con mis caballitos.	1132
CA 3,2 Joven	Yo tenía antes otra pequeña, ¿recuerdas?	1133
CA 3,2 Jugador 1	Estaba pálido, tan pálido que en la última jugada ya no tenía más remedio que echar el "as de coeur".	1136
CA 3,2 Jugador 1	Lo echó, y al ir a cogerlo para... tenía un as de copas [...]	1136
CA 3,2 Jugador 3	Yo jugué en la India con un viejo que cuando ya no tenía una gota de sangre [...]	1136
EP RR Figura De P	Y estuve toda la noche llorando porque me dolían las muñecas y los tobillos, y, sin embargo, no la tenía puesta.	1150
EP CV Estudiante 5	La que estaba en el escenario, la que tenía los pies más bellos del mundo.	1166
BS 1,1 Vecina	El tenía ocho años cuando las cuestiones.	1182
YE 1,1 María	El dinero lo tenía mi marido y me lo ha dado él mismo.	1278
YE 3,2 Juan	Piensa que tenía que pasar así.	1348
RS 1,1 Ama	Cuando chiquita tenía que contarle todos [...]	1354
RS 1,1 Tía	El novio creo que tenía que hacer.	1359

tenía (continuación)
RS 2,1 Madre   ¡Tenía mucho corazón!   1398
RS 2,1 Ayola 1   Cuando yo tenía seis años venía aquí y el novio de   1399
                            Rosita me acostumbró a beberlas.
RS 2,1 Ayola 2   ¿No tenía una cicatriz en el labio?   1399
RS 2,1 Rosita   ¿Una cicatriz? Tía, ¿tenía una cicatriz?   1400
RS 2,1 Tío   Lo he oído todo, y casi sin darme cuenta he cortado la   1410
                            única rosa mudable que tenía en mi invernadero.
RS 3,1 Tía   Y luego..., si él viviera, con aquella claridad que   1412
                            tenía, con aquel talento...
RS 3,1 Ama   Cuando yo enterré a mi marido lo sentí mucho, pero   1416
                            tenía en el fondo una [...]
RS 3,1 Martín   Tenía que ayudar a mi madre y me hice profesor.   1421
RS 3,1 Ama   El mismo se plancha los cuellos y cose sus calcetines,   1424
                            y cuando estuvo enfermo, que le llevé las natillas,
                            tenía una cama con unas [...]
RS 3,1 Tía   Y no había calamidad que no remediase... ni niños que   1427
                            no amparase, porque ..., porque... tenía el corazón
                            más [...]
BA 1,1 La Poncia   Lo que tenía que pasar.   1456
BA 1,1 Martirio   Luego aquí la abandonó y se fue con otra que tenía una   1459
                            hija y luego [...]
BA 1,1 Martirio   Luego se casó con otra que tenía más que yo.   1460
BA 1,1 Adela   Tenía mucha ilusión con el vestido.   1465
BA 2,1 Angustias   ¿Dónde está el retrato de Pepe que tenía yo debajo de   1490
                            mi almohada?
BA 3,1 La Poncia   Yo he dicho lo que tenía que decir.   1520
BA 3,1 María Josefa   Cuando mi vecina tenía un niño yo le llevaba [...]   1525
teníais (1)
MM 1,2 Doña Curiana   Lo teníais bien oculto.   682
teníamos (6)
TC 0,0 Mosquito   No os podéis imaginar qué pena teníamos.   724
ZP 1,1 Zapatero   Anteayer... despedazó el jamón que teníamos guardado   920
                            para estas Pascuas y nos lo comimos entero.
EP CV Dama 2   ¿Qué necesidad teníamos de lamer los esqueletos?   1159
RS 2,1 Tío   Con veinte años no teníamos estas conversaciones.   1386
RS 3,1 Rosita   ¡Teníamos!   1434
BA 1,1 Angustias   ¡Eso lo teníamos que ver!   1468
tenían (4)
MP 2,1 Niña   Tenían unas tijeras así... y cuatro   821
EP CV Dama 4   Ahora es seguro que el fuego romperá las puertas,   1164
                            porque cuando yo lo vi, hace un momento, ya los
                            guardianes tenían las manos achicharradas [...]
EP CV Estudiante 4   Por pura curiosidad, para ver lo que tenían dentro.   1166
RS 3,1 Martín   Hace un rato tenían un escándalo enorme, [...]   1419
tenías (2)
MP 1,4 Amparo   tenías en los ojos... ¿Qué dijo?   789
CA 2,1 Novia   ¿No tenías una sonrisa violenta que era como una garza   1093
                            sobre tu rostro?

tenido (26)
TB QM. Enrique   Sí, una ardilla para ti y además cinco pájaros que no   904
                            los haya tenido antes ningún niño.
ZP 1,1 Zapatera   Con tan buenos pretendientes como yo he tenido.   917
ZP 1,1 Zapatera   Tú no has tenido en tu vida dieciocho años... Aquel   918
                            sí que los tenía, y me decía unas cosas... Verás...
ZP 1,1 Vecina   Tan buenísima sombra como ha tenido usted toda su vida.   919
ZP 1,1 Zapatera   Yo siempre he tenido delirio por ella... Casi se me   929
                            saltan las lágrimas... ¡Qué primor!
ZP 1,1 Zapatera   Pero ¿habrá tenido el valor de marcharse [...]   934
ZP 1,1 Zapatera   Sí, lo quería, vaya si lo quería, que pretendientes   938
                            buenos y muy riquísimos he tenido y no les he dado
                            [...]
ZP 2,1 Zapatera   Y todo esto no es más [...] mi familia que han tenido   974
                            ojos en la cara.
DC 1,1 Director   Ha tenido cuatro niños.   1041
BS 1,3 Padre   Si yo hubiera tenido hijos hubiera comprado todo este   1197
                            monte hasta la parte del arroyo.
BS 2,2 Madre   Su padre pudo haber tenido conmigo muchos hijos.   1228
YE 1,1 María   ¿No has tenido nunca un pájaro vivo apretado en la   1280
                            mano?
YE 1,2 Vieja 1   He tenido dos maridos, catorce [...]   1287
YE 3,1 Yerma   Cuando me cubre cumple [...] yo, que siempre he tenido   1329
                            asco de las mujeres [...]
YE 3,1 Yerma   Te figuras tú y tu gente que sois vosotros los únicos   1333
                            que guardáis honra, y no sabes que mi casta no ha
                            tenido nunca nada que [...]
RS 2,1 Solterona 3   Ha tenido que contar los días para que llegue hoy.   1406
BA 1,1 La Poncia   Figúrate. Y no ha tenido nunca novio...   1457
BA 1,1 Bernarda   ¡No ha tenido novio ninguna ni les hace falta! Pueden   1457
                            pasarse muy bien.
BA 1,1 Magdalena   ¡Me he tenido que reír!   1462

tenido - terreras

                                                          Pág.

tenido (continuación)

BA 1,1 Magdalena	Aunque Angustias es nuestra [...] siempre ha sido la que ha tenido menos méritos [...]	1464
BA 1,1 Bernarda	¿Pero has tenido valor de echarte polvos en la cara?	1468
BA 1,1 Bernarda	¿Has tenido valor de lavarte la cara el día de la muerte de tu padre?	1468
BA 2,1 Magdalena	Desde luego que hay que reconocer que lo mejor que has tenido siempre es el talle y la delicadeza.	1472
BA 2,1 Adela	¡Pues me oirás! Te he tenido miedo. ¡Pero ya soy más fuerte que tú!	1482
BA 3,1 María Josefa	Yo he tenido este.	1524
BA 3,1 Adela	He tenido fuerza para adelantarme.	1526

teniendo (2)

ZP 1,1 Zapatero	Me han provocado, me han, a veces, hasta insultado, y no teniendo ni tanto así [...]	922
YE 1,2 Yerma	Otra vez el mismo Víctor, teniendo yo catorce años [...]	1289

teniéndolos (1)

YE 3,2 Juan	Yo soy feliz no teniéndolos.	1348

Tenorio (1)

TC 6,1 Cristobita	Y la historia de don Juan Tenorio, primo de don Tancredo y primo mío.	772

tenues (2)

MP 2,3 Mariana	los tenues vilanicos por el viento.	826
ZP 1,1 Mirlo	Cuando las sombras crepusculares invadan con sus tenues velos el mundo [...]	930

teñida (1)

BS 3,2 Mendiga	teñida en sangre falda y cabellera.	1266

teñirlo (1)

BA 1,1 Martirio	Lo que puedes hacer es teñirlo de negro.	1465

tercer (1)

EP CV Enfermero	Cállate. Ya es este el tercer termómetro que rompes.	1156

tercera (2)

EP CV Enfermero	Ya han dado la tercera campanada.	1163
BA 2,1 Angustias	Ya he cortado la tercera sábana.	1471

tercero (1)

DC 1,1 Poeta	Si el director de escena [...] cabellos en el acto tercero, donde cae la [...]	1036

terciopelo (2)

RS 2,1 Ama	En medio del terciopelo hay una fuente [...]	1383
RS 3,1 Rosita	Y un gran lazo de terciopelo en la cintura.	1433

termina (1)

DC 1,1 Director	El prólogo termina donde se dice: "Voy a planchar los trajes de la compañía."	1020

terminado (4)

ZP 1,1 Zapatera	Pero ¿habrá tenido el valor de marcharse al cafetín, dejando la puerta abierta... y sin haber terminado los borceguíes?	934
PB 0,0 Marcolfa	Esto está casi terminado.	985
DC 1,1 Poeta	Ya he terminado; me callaré.	1020
RS 2,1 Solterona 3	¿Has terminado el juego de encajes valenciennes?	1395

terminan (1)

EP CV Estudiante 5	Porque están locos; pero a mí, que subo dos veces todos los días la montaña y guardo, cuando terminan mis estudios, [...]	1167

terminar (1)

DC 1,1 Director	¿Quién es usted para terminar con esta ley de maldad?	1020

terminaste (2)

CA 1,1 Joven	¿Terminaste de escribir las cartas?	1053
BA 3,1 Bernarda	¿A qué hora terminaste anoche de hablar?	1513

terminé (1)

BA 3,1 Criada	Ya terminé de fregar los platos. ¿Manda usted algo, Bernarda?	1520

termómetro (2)

EP CV Enfermero	Cállate. Ya es este el tercer termómetro que rompes.	1156
RS 2,1 Ama	En medio del terciopelo [...] surtidor es el propio termómetro.	1383

ternezas (1)

TC 0,0 Mosquito	Ahora que sale la luna [...] Cristóbal y a llorar las ternezas de la señá Rosita [...]	724

tero (2)

TC 5,1 Un Granuja	¡Zapatero, tero, tero,	756

terraza (2)

CA 2,1 Padre	Ya no podré mirarlo desde la terraza.	1089
EP CV Estudiante 3	Dicen que por las noches subía un caballo con ella a la terraza.	1157

terrenos (1)

BA 2,1 La Poncia	La traen arrastrando por la calle abajo y por las trochas y los terrenos del olivar vienen [...]	1505

terreras (1)

BS 1,3 Madre	Yo estoy ya vieja para andar por las terreras del río.	1196

terrible (9)
    MM 0,0   ¡En cuántas antiguas historietas, una flor, un beso o   670
                          una mirada hacen el terrible oficio de puñal!
    MM 1,5 Curiana C   Cayó desde la punta de un terrible ciprés.   697
    MM 2,1 Curianita 1   ¡Es terrible esta plaga de gente perezosa!   704
    TC 2,1 Cocoliche   La luna es terrible para un enamorado de ocultis.   735
    BS 2,2 Madre   Por eso es tan terrible ver la sangre de una derramada   1228
                          por el suelo.
    RS 3,1 Tía   Cuando pienso en la mala acción que le han hecho y en   1414
                          el terrible engaño mantenido [...]
    RS 3,1 Rosita   Todo está acabado... y, sin embargo, con toda la   1429
                          ilusión perdida, me acuesto, y me levanto con el más
                          terrible de los sentimientos, [...]
    BA 1,1 Martirio   Y veo que todo es una terrible repetición.   1460
    BA 3,1 Adela   Ya puede estar cien años con Angustias, pero que me   1527
                          abrace a mí se te hace terrible, porque tú lo [...]
terribles (4)
    ZP 2,1 Zapatero   ¡ay, qué terribles paradores, qué malas comidas, qué   971
                          sábanas de lienzo moreno por esos caminos del mundo!
    CA 1,1 Joven   Es preciso luchar con toda idea de ruina; con esos   1046
                          terribles desconchados de las paredes.
    BS 3,2 Madre   Hemos de pasar días terribles.   1268
    YE 3,2 María   En cuatro leguas a la redonda no se oyen más que   1338
                          palabras terribles.
terrón (1)
    RS 3,1 Ama   Es una herida abierta [...] vendas o el precioso   1416
                          terrón de nieve.
tesoro (6)
    MM 1,5 La Mariposa   donde está mi tesoro;   699
    PB 3,1 Perlimplín   El amor de Belisa me ha dado un tesoro precioso que yo   1009
                          ignoraba... ¿Ves?
    CA 2,1 Joven   Es mi tesoro perdido.   1096
    BS 2,1 Padre   ¡Ya viene con sus bueyes por el tesoro!   1218
    RS 1,1 Ama   Ni padre, ni madre, ni perrito que le ladre, pero   1355
                          tiene un tío y una tía que valen un tesoro.
    RS 1,1 Primo   ¡Ay, prima, tesoro mío!,   1371
testimonios (1)
    BA 2,1 Bernarda   Si las gentes del pueblo quieren levantar falsos   1502
                          testimonios, se encontrarán con mi pedernal.
teta (2)
    BA 3,1 María Josefa yo te daré la teta y el pan.   1523
    BA 3,1 María Josefa yo te daré la teta y el pan.   1525
tetas (1)
    EP CV Estudiante 2   Con gran alegría para su mujer, que ahora trabajará   1157
                          tanto que tendrá que ponerse dos grifos en las tetas.
tetilla (1)
    ZP 2,1 Zapatero   una en la tetilla izquierda,   962
tetitas (1)
    DC 1,1 Madre   Que tiene dos tetitas   1034
ti (90)
tía (14)
    DC 1,1 Director   Llenemos el teatro de [...] gallego y cuñado de la tía   1043
                          Norica, de Cádiz; [...]
    RS 1,1 Ama   Ni padre, ni madre, ni perrito que le ladre, pero   1355
                          tiene un tío y una tía que valen un tesoro.
    RS 1,1 Sobrino   Tía.   1361
    RS 1,1 Ama   Niña, tu tía te llama.   1369
    RS 2,1 Rosita   ¡Pero, tía!   1389
    RS 2,1 Rosita   ¿Una cicatriz? Tía, ¿tenía una cicatriz?   1400
    RS 2,1 Rosita   ¡Tía! ¡Tía!   1408
    RS 2,1 Rosita   ¡Ay tía!   1408
    RS 3,1 Rosita   No se preocupe de mí, tía.   1427
    RS 3,1 Rosita   Tú, vete a arreglar cosas, que dentro de unos momentos   1430
                          salimos de este carmen; y usted, tía, no se preocupe
                          de [...]
    RS 3,1 Muchacho   Pues bajaba yo muerto [...] alcanfor, y de pronto mi   1433
                          tía se puso a llorar [...]
    RS 3,1 Tía   ¿Y tu tía la casada?   1433
    BA 1,1 Bernarda   Muy cerca de tu tía.   1447
tías (2)
    BA 1,1 Bernarda   Esa sale a sus tías; blancas y untuosas y que ponían   1456
                          los ojos de carnero al piropo de cualquier barberillo.
    BA 1,1 Bernarda   ¡Espejo de tus tías!   1469
tibia (7)
    MM 0,0   ¿Y por qué a vosotros [...] el sol en la mañana tibia?   670
    MM 1,4 Curianito   Pues mis besos tienen la tibia dulzura   686
    PB 0,0 Una Voz   Agua tibia entre los juncos,   982
    YE 1,1 Yerma   La tibia tela de tu vestido.   1277
    YE 2,2 Yerma   de leche tibia son en la espesura   1316
    YE 3,1 Yerma   Yo tengo la idea de que [...] ese arroyo de leche   1327
                          tibia que les va llenando

tibia - tiempo

Pág.

tibia (continuación)
YE 3,2	Yerma	arroyos de leche tibia	1339

tibias (1)
CA 2,1	Maniquí	dónde están las manos tibias	1101

tibio (1)
MM 1,5	Curiana N	y ponle un tibio paño	699

tiburones (1)
CA 3,1	Muchacha	Tiburones y peces	1109

tiembla (4)
TC 6,1	Cocoliche	Desde allí veremos cómo tiembla el mundo vestido con la luna.	777
MP 3,4	Mariana	Mi sangre se agita y tiembla,	871
BS 3,2	Madre	donde tiembla enmarañada	1272
BS 3,2	Madre	donde tiembla enmarañada	1272

tiemblan (2)
MM 2,5	Gusano 1	mientras las hojas tiemblan	715
YE 1,1	María	No me lo dice, pero se pone junto a mí y sus ojos tiemblan como dos hojas verdes.	1281

tiemblas (3)
MP 1,5	Fernando	¿Por qué tiemblas de ese modo?	801
MP 2,5	Pedro	¿Por qué tiemblas?	831
YE 1,2	Vieja 1	¿No tiemblas cuando se acerca a ti?	1289

tiemble (1)
DC 1,1	Cristóbal	Tiemble usted.	1035

tiemblo (1)
ZP 2,1	Zapatera	Mire, mire usted cómo tiemblo.	963

tiempo (65)
MM 0,0		El amor, lo mismo que [...] insectos donde hacía mucho tiempo era la vida apacible [...]	669
MM 1,2	Curianita Silvia	¿Niña me decís? Ha tiempo	676
MM 1,2	Curianita Silvia	mucho tiempo que llorar.	679
MM 1,2	Doña Curiana	En mi tiempo...	682
MM 2,6	Curianito	Era el tiempo dichoso de mis versos tranquilos,	718
TC 2,1	Rosita	Que mires a la izquierda y a la derecha del tiempo, y que tu corazón aprenda a estar tranquilo.	736
TC 2,1	Cristobita	Hace tiempo que la porra no funciona y se me escapa de las manos.	739
TC 3,1	Espantanublos	¿Hace tiempo que llegó?	742
TC 6,1	Rosita	No hay tiempo.	769
MP 1,6	Clavela	Dios dirá; los tiempos cambian con el tiempo.	806
MP 1,7	Fernando	El tiempo corre, y yo quiero	816
MP 1,8	Angustias	Mariana, ¡triste tiempo	818
MP 2,5	Mariana	se está fuera del tiempo,	831
MP 2,8	Conspirador 4	¡Tan malas como el tiempo!	841
MP 2,8	Conspirador 4	otro tiempo vendrá.	844
MP 2,8	Conspirador 2	¡Tiempo lejano!	845
TB QM.	Enrique	Estaré mucho tiempo en la sierra.	903
TB QM.	Viejo	Yo conozco hace mucho tiempo a la madre de ellos, a tu mujer.	905
ZP 0,0	El Autor	El poeta no pide benevolencia, sino atención, una vez que ha saltado hace mucho tiempo la barra espinosa [...]	911
ZP 2,1	Mozo Del S	Has puesto taberna y podemos estar aquí dentro todo el tiempo que queramos.	942
ZP 2,1	Vecina Amarilla	¡Le avisamos con tiempo!	972
ZP 2,1	Zapatera	¡Cuánto tiempo hace que se la perdoné!	977
PB 0,0	Marcolfa	La mujer es débil si se la asusta a tiempo.	987
PB 2,1	Belisa	Debe tener la piel morena y sus besos deben perfumar y escocer al mismo tiempo como el azafrán y el clavo.	1002
CA 1,1	Amigo	Yo, en cambio... Ayer [...] ninguna porque no tengo tiempo.	1057
CA 1,1	Amigo	No tengo tiempo, no tengo tiempo de nada, todo se me atropella.	1057
CA 1,1	Amigo	No tengo tiempo y lo siento.	1058
CA 2,1	Criada	Tanto tiempo esperándola.	1084
CA 2,1	Padre	Lo he estado esperando mucho tiempo.	1090
CA 3,1	Arlequín	El sueño va sobre el tiempo	1108
CA 3,1	Arlequín	El tiempo va sobre el sueño	1108
CA 3,1	Arlequín	abrazados sueño y tiempo,	1108
CA 3,1	Arlequín	en la llanura del tiempo,	1109
CA 3,1	Arlequín	el tiempo le hace creer	1109
CA 3,1	Joven	No quiero tiempo perdido.	1121
CA 3,2	Criado	Vivió mucho tiempo con un conde italiano riquísimo, padre del niño que acaban de enterrar.	1131
EP RR	Figura De C	Yo sé lo que deseas, pero tengo tiempo de huir.	1150
EP CV	Estudiante 5	Porque están locos; pero [...] instante, no me queda tiempo para pensar si [...]	1167
BS 1,1	Madre	Perdóname. ¿Cuánto tiempo llevas en relaciones?	1176
BS 1,1	Madre	A mí me habían dicho que la muchacha tuvo novio hace tiempo.	1181

tiempo (continuación)
  BS 1,3 Madre   Tenemos que volver a tiempo. ¡Qué lejos vive esta   1195
                                gente!
  BS 1,3 Padre   ¿Mucho tiempo de viaje?   1196
  BS 1,3 Padre   En mi tiempo, ni esparto daba esta tierra.   1196
  BS 2,1 Leonardo   Porque tú crees que el tiempo cura y que las paredes   1214
                                  tapan, y no es verdad, no es verdad.
  YE 1,1 María   De todas las novias de tu tiempo tú eres la única.   1282
  YE 1,1 Yerma   Claro que todavía es tiempo.   1282
  YE 1,1 Yerma   Elena tardó tres años, y otras antiguas, del tiempo de   1282
                                  mi marido, [...]
  YE 1,2 Vieja 1   ¿Llevas mucho tiempo de casada?   1286
  YE 1,2 Yerma   Hace tiempo estoy deseando tener conversación con   1288
                                  mujer vieja.
  YE 1,2 Vieja 1   Quizá por eso no hayas parido a tiempo.   1290
  YE 3,1 Dolores   La última vez hice la oración con una mujer mendicante   1327
                                  que estaba seca más tiempo que tú, y se le [...] río,
                                  porque no le daba tiempo de llegar a las [...]
  RS 2,1 Ama   Es que ya debe usarlos y romperlos, pero ella no se da   1380
                                  cuenta de cómo pasa el tiempo.
  RS 2,1 Rosita   Pero es que en la calle noto cómo pasa el tiempo y no   1389
                                  quiero perder las ilusiones.
  RS 2,1 Rosita   No quiero enterarme de cómo pasa el tiempo.   1389
  RS 2,1 Solterona 3   Es una niña vestida de rosa, que al mismo tiempo es   1392
                                  barómetro.
  RS 2,1 Rosita   Hace mucho tiempo que no te he oído.   1397
  RS 2,1 Ayola 2   A mí, Rosita y su novio me enseñaban las letras A, B,   1399
                                  C... ¿Cuánto tiempo hace de esto?
  RS 2,1 Madre   Habla y toca al mismo tiempo.   1402
  RS 3,1 Ama   Allí encontró la rica que iba buscando y se casó, pero   1415
                                  debió decirlo a tiempo.
  RS 3,1 Tía   ¡Qué le vamos a hacer! Ya nos queda poco tiempo en   1423
                                  este teatro.
  BA 1,1 Angustias   El mío murió hace tiempo.   1468
  BA 2,1 Martirio   No seguirás mucho tiempo.   1504
  BA 3,1 Prudencia   En mi tiempo las perlas significaban lágrimas.   1510
tiempos (9)
  MM 1,2 Doña Curiana   que en estos tiempos. Se cuenta   680
  TC 1,1 Padre   ¡Qué tiempos estos!   733
  MP 1,6 Clavela   Dios dirá; los tiempos cambian con el tiempo.   806
  ZP 1,1 Vecina   ¿Cuánto me vas a llevar por ellos?... Los tiempos van   920
                                  cada vez peor...
  ZP 2,1 Mozo De La Faja ¡Ay Dios mío, cómo cambian los tiempos!   941
  ZP 2,1 Zapatero   en tiempos de Primavera   959
  RS 2,1 Tío   Así lo dice el vals de las rosas, que es una de las   1388
                                  composiciones más bonitas de estos tiempos, pero no
                                  puedo [...]
  RS 2,1 Madre   Todavía me parece oír [...] duros"; ¡pero aquellos   1393
                                  tiempos pasaron!
  RS 2,1 Madre   Yo tengo una muchacha [...] está bien en estos   1395
                                  tiempos; pues el otro [...]
tienda (S) (1)
  RS 3,1 Martín   Y cuando Glucinio se va a encontrar con Isaías y   1420
                                  levanta el tapiz de la tienda...
tienda (5)
  BS 1,1 Vecina   Yo bajé a la tienda y vine a verte. ¡Vivimos tan   1178
                                  lejos!...
  BS 1,2 Muchacha   Llegó el novio a la tienda y ha comprado todo lo mejor   1191
                                  que había.
  YE 1,1 María   De la tienda.   1278
  YE 1,1 Yerma   ¿De la tienda tan temprano?   1278
  BA 2,1 La Poncia   Se empeña que con el calor que hace vaya a traerle no   1483
                                  sé qué de la tienda.
tiendas (1)
  YE 2,1 Lavandera 1   Y las tiendas del viento cubren a las montañas.   1308
tiende (1)
  BS 3,2 Madre   Bendito sea Dios, que nos tiende juntos para descansar.   1270
tiene (212)
  MM 0,0   También el viejo silfo [...] el mismo ritmo que tiene   670
                                  la hoja mecida por el aire tiene la estrella lejana,
                                  [...]
  MM 1,1 Curiana N   Mi alma tiene gran tristeza, ¡vecina!   672
  MM 1,1 Doña Curiana   La vida es amable, tiene pocos días,   674
  MM 1,2 Curianita Silvia Tiene un lunar amarillo   682
  MM 1,2 Doña Curiana   ¡Tiene magníficas rentas!   683
  MM 1,3 Doña Curiana   Ella tiene un cristal   684
  MM 1,3 Doña Curiana   Tiene casa espaciosa,   685
  MM 1,5 Alacranito   ¿Nada? ¡Tiene gracia!   691
  MM 1,5 Alacranito   también tiene sus pesares.   691
  MM 1,5 Curiana N   Tiene muy poca vida,   697
  MM 2,2 Curiana N   Tiene los ojos muertos y la boca cerrada.   706

tiene - tiene

		Pág.
tiene (continuación)		
MM 2,2 Doña Curiana	Toda, toda la culpa la tiene mi marido.	707
MM 2,4 Alacranito	donde tiene la herida!	710
MM 2,7 Curianito	¿Por qué si tiene el agua	720
MM 2,7 Curianito	no tiene amor mi alma?	720
TC 1,1 Rosita	... Porque mi novio Cocoliche tiene menos dinero que nosotros.	727
TC 1,1 Padre	Ese hombre tiene mucho oro y a mí me conviene, porque si no, mañana tendríamos que pedir limosna.	732
TC 2,1 Cocoliche	Tiene miedo a la luna.	735
TC 2,1 Padre	Tiene dieciséis años.	738
TC 3,1 Cocoliche	Espantanublos, cierra la puerta, que a pesar de estar cerca del mes de mayo, este señor parece que tiene mucho frío.	745
TC 4,1 Mozo 1	Malas pulgas tiene el tal don Cristobita.	750
TC 4,1 Cocoliche	Cristobita tiene una panza verde y una joroba verde.	754
TC 5,1 Fígaro	¡Qué hermosísima cabeza tiene usted!	759
TC 5,1 Fígaro	Don Cristobita tiene la cabeza de madera.	760
TC 5,1 Fígaro	En la frente tiene dos nudos.	761
TC 6,1 Currito	tiene su mercé!	766
TC 6,1 Cristobita	¡Qué par de jamoncitos tiene!	767
TC 6,1 Mosquito	La tierra tiene caminitos blancos, [...]	771
TC 6,1 Cristobita	¿Pero es que esta casa tiene miedo?	772
TC 6,1 Rosita	La sierra de Córdoba tiene sombras bajo sus olivares, sombras aplastadas, sombras muertas que nunca se van.	774
TC 6,1 Rosita	La sierra de Granada tiene pies de luz y peinado de nieve.	774
TC 6,1 Rosita	Sevilla no tiene sierras.	774
TC 6,1 Cristobita	No tiene sierras, no...	774
TC 6,1 Cocoliche	Oye: ¡no tiene sangre!	778
TC 6,1 Rosita	¿Que no tiene sangre?	778
MP 1,4 Mariana	Mi alma tiene el mismo color del vestido.	792
MP 1,6 Fernando	Tú sabes lo que tiene. ¿Qué le ocurre?	803
MP 1,6 Mariana	¡Tiene que ser pronto y no tengo a nadie!	805
MP 1,7 Mariana	tiene que ser al instante!	812
MP 2,5 Pedro	sobre tu cuello blanco, que tiene luz de luna.	832
MP 2,7 Pedro	Andalucía tiene todo el aire	838
MP 2,9 Mariana	¡Pedrosa, aquí me tiene!	857
MP 2,9 Angustias	Tiene miedo del aire y de la lluvia.	859
MP 3,3 Mariana	la que tiene menos culpa?	868
MP 3,5 Mariana	que para que yo muera tiene toda	874
MP 3,8 Mariana	¡Tiene que estar! ¡Que suba!	884
TB PBK Americana	¿Tiene usted una espada adornada con hojas de mirto?	895
TB PBK Americana	¿Tiene usted un anillo con la piedra envenenada?	895
TB DME Doncella	Mis almohadas no tienen iniciales y esto me da mucho miedo... Porque, ¿qué muchachilla en el mundo no tiene marcada su ropa?	897
TB QM. Mujer	El tiene ojos maravillosos; pero lo que yo amo es su fuerza.	909
ZP 1,1 Zapatera	Quién me hubiera dicho a mí, rubia con los ojos negros, que hay que ver el mérito que esto tiene, con este talle [...]	913
ZP 1,1 Niño	Son de mi hermana la grande, la que tiene	913
ZP 1,1 Niño	Son de mi hermana la grande, la que tiene el cutis fino y se pone dos lazos, que tiene dos, un día uno [...]	914
ZP 1,1 Zapatera	Dile a tu madre que ya sabe mi marido lo que tiene que hacer, y que [...]	914
ZP 1,1 Zapatero	¡Mi hermana , mi hermana tiene la culpa, mi hermana [...]	919
ZP 1,1 Alcalde	Eso tiene casarse a tu edad... [...]	924
ZP 1,1 Zapatero	Ahí lo tiene usted.	926
ZP 1,1 Zapatero	Mi hermana, mi hermana tiene la culpa.	926
ZP 1,1 Zapatera	Muchas que tiene usted en los balcones de su casa.	927
ZP 1,1 Zapatero	la baraja tiene cuatro:	928
ZP 1,1 Mozo	¿Cuántas semillas tiene el girasol?	932
ZP 1,1 Zapatera	¡Me tiene que oír!	934
ZP 2,1 Alcalde	Que la casa tiene una cama con coronación [...]	951
ZP 2,1 Zapatero	tiene la talabartera.	959
ZP 2,1 Vecina Roja	¡Siempre llora quien tiene por qué callar!	960
ZP 2,1 Zapatero	Y no tiene ni una mella.	961
ZP 2,1 Zapatera	Tiene usted razón, pero yo desde entonces no como, ni duermo, ni vivo; porque él era mi alegría, mi defensa.	964
ZP 2,1 Zapatera	Todo el mundo tiene sentimientos.	966
ZP 2,1 Zapatera	¡Qué cosas tiene!	968
ZP 2,1 Zapatero	Tiene más sentimiento que yo.	976
ZP 2,1 Zapatera	Y no se olvide de decirle que lo espero, que el invierno tiene las noches largas.	976
PB 0,0 Marcolfa	Por eso tiene que casarse.	981
PB 0,0 Marcolfa	El matrimonio tiene grandes encantos, mi señor.	981

tiene (continuación)

PB 0,0 Madre	Siempre dije a mi pobre hija que tiene usted la gracia [...]	984
PB 0,0 Madre	Don Perlimplín tiene muchas tierras; en las tierras hay muchos gansos y ovejas.	985
PB 1,1 Belisa	La criada perfumó esta [...] finas ropas de hilo que tiene Marcolfa... ¡Ay!	989
PB 1,1 Duende 1	El hombre se figura que no tiene necesidad de descubrirlas...	994
PB 1,1 Duende 2	Y tiene razón. ¿Vamos?	996
PB 2,1 Perlimplín	Eso no tiene importancia.	1001
PB 3,1 Perlimplín	Antes no podía pensar en las cosas extraordinarias que tiene el mundo... Me [...]	1009
PB 3,1 Perlimplín	Porque don Perlimplín no tiene honor y quiere divertirse.	1010
PB 3,1 Perlimplín	¡Don Perlimplín no tiene honor!	1010
PB 3,1 Perlimplín	¡No tiene honor!	1010
PB 3,1 Perlimplín	Me mató porque sabía que te amaba como nadie... Mientras me hería gritó: "¡Belisa ya tiene un alma!"	1016
DC 1,1	El poeta que ha interpretado y recogido de labios populares esta farsa de guiñol tiene la evidencia de [...]	1019
DC 1,1	Todo el guiñol popular tiene este ritmo, esta [...]	1019
DC 1,1 Director	Usted, como poeta, no tiene derecho a descubrir el secreto con el cual vivimos todos.	1020
DC 1,1 Director	Si no se calla usted, subo y le parto esa cara de pan de maíz que tiene.	1020
DC 1,1 Madre	porque ya tiene dos pechitos	1029
DC 1,1 Madre	Usted tiene plata, señor don Cristóbal.	1030
DC 1,1 Madre	Tiene veinte años.	1034
DC 1,1 Madre	Que tiene dos tetitas	1034
DC 1,1 Cristóbal	Todo el que está delante de mí tiene que temblar, carajorum, tiene que temblar.	1035
DC 1,1 Cristóbal	¡Ay! Qué jamoncitos tiene	1035
DC 1,1 Poeta	Pero el dueño del teatro tiene a los personajes [...]	1036
DC 1,1 Cristóbal	¿Qué tiene?	1041
CA 1,1 Joven	Tiene usted razón.	1046
CA 1,1 Viejo	Pero ¿por qué no decir que tiene quince nieves, quince aires, quince crepúsculos?	1049
CA 1,1 Viejo	O bien a decir: tiene quince rosas, quince alas, quince granitos de arena.	1049
CA 1,1 Viejo	Me permito recordarle que su novia... no tiene trenzas.	1050
CA 1,1 Joven	Ya sé que no tiene trenzas.	1050
CA 1,1 Viejo	Si ella tiene quince años, puede tener quince crepúsculos o quince cielos.	1053
CA 1,1 Amigo	Pero si la vieras, ¡tiene un talle!...	1057
CA 1,1 Amigo	No, aunque el talle lo tiene mucho mejor Matilde.	1057
CA 1,1 Amigo 2	Usted, con beber tiene bastante.	1076
CA 2,1 Novia	Anoche soñaba que todos los niños pequeños crecen por casualidad... Que basta la fuerza que tiene un beso para poder [...]	1087
CA 3,1 Máscara	Tiene en la mano derecha una cicatriz que le hicieron con un puñal...; por mí, desde luego.	1117
CA 3,1 Joven	Es tan pequeño... Aplasta las naricillas en el cristal de mi corazón y, sin embargo, no tiene aire.	1125
CA 3,1 Viejo	Porque si él tiene veinte años puede tener veinte lunas.	1126
CA 3,2 Jugador 2	No hay que fiarse de la gente pálida o de la gente que tiene hastío; juegan, pero reservan.	1136
CA 3,2 Jugador 1	¿Tiene usted la bondad de la carta?	1140
EP RR Figura De P	Lo tiene porque nunca lo podrá tener.	1154
EP CV Desnudo	Es la que tiene más vitaminas.	1156
EP CV Estudiante 1	¿No tiene foso el teatro?	1157
EP CV Dama 1	Era un drama delicioso y la revolución no tiene derecho para profanar las tumbas.	1159
EP CV Muchacho 1	Tiene razón.	1159
EP CV Estudiante 4	El público tiene sagacidad para descubrirlo todo y por eso protestó.	1160
BS 1,1 Vecina	Mujer, ¿qué culpa tiene Leonardo de nada?	1182
BS 1,2 Suegra	lo que tiene el agua	1184
BS 1,2 Mujer	tiene una almohada.	1186
BS 1,3 Madre	Mi hijo tiene y puede.	1198
BS 2,1 Novia	Son nublos. Un mal aire en el centro, ¿quién no lo tiene?	1208
BS 2,1 Leonardo	¿Y trajo ya el novio el azahar que se tiene que poner en el pecho?	1212
BS 2,2 Padre	Ese busca la desgracia. No tiene buena sangre.	1227
BS 2,2 Mujer	No, no. Con media tiene bastante.	1233
BS 2,2 Novio	¡Vamos detrás! ¿Quién tiene un caballo?	1244

tiene (continuación)   Pág.

BS 2,2 Madre   ¿Quién tiene un caballo ahora mismo, quién tiene un   1244
                   caballo?

BS 2,2 Madre   Porque tiene gente; que son sus primos del mar y todos 1244
                   los que llegan de tierra adentro.

BS 3,1 Novio   Y tiene tanto poderío, que   1252
BS 3,2 Madre   Una mujer que no tiene un hijo siquiera que poderse   1268
                   llevar a los labios.

BS 3,2 Madre   Ella no tiene la culpa, ¡ni yo!   1269
BS 3,2 Madre   ¿Quién la tiene, pues?   1269
YE 1,1 Yerma   Cada mujer tiene sangre para cuatro o cinco hijos, y   1283
                   cuando no los tienen se les vuelve [...]

YE 1,2 Muchacha 2 ¿Qué necesidad tiene mi marido de ser mi marido?   1293
YE 1,2 Yerma   El, sí. Tiene un carácter seco.   1297
YE 2,1 Lavandera 1 Ella no tiene hijos, pero no es por culpa suya.   1302
YE 2,1 Lavandera 4 Tiene hijos la que quiere tenerlos.   1302
YE 2,1 Lavandera 4 Y cuando no lo mira, porque está sola, porque no lo   1304
                   tiene delante, lo lleva retratado en los ojos.

YE 2,1 Lavandera 2 Todo esto son cuestiones de gente que no tiene   1304
                   conformidad con su sino.

YE 2,1 Lavandera 1 El tiene la culpa, él; cuando un padre no da hijos   1304
                   debe cuidar de su mujer.

YE 2,1 Lavandera 4 La culpa es de ella, que tiene por lengua un pedernal. 1304
YE 2,1 Lavandera 4 Olor de lo que una tiene.   1306
YE 2,1 Lavandera 1 ¡Ay de la que tiene los pechos de arena.   1307
YE 2,1 Lavandera 1 Y nuestro cuerpo tiene   1309
YE 2,1 Lavandera 1 ¡Ay de la que tiene los pechos de arena!   1310
YE 2,2 Juan   Cada hombre tiene su vida.   1312
YE 2,2 Yerma   Os quedáis frescas, ignorantes, como el que nada en   1318
                   agua dulce y no tiene idea de la sed.

YE 2,2 María   Cada criatura tiene su razón.   1318
YE 2,2 Yerma   De gente que no tiene la conciencia tranquila.   1319
YE 2,2 Yerma   ¡Tiene los mismos ojos que tienes tú!   1320
YE 3,2 María   Tiene una idea que no sé cuál es, pero desde luego es   1337
                   una idea mala.

YE 3,2 María   Tiene hijos la que los tiene que tener.   1337
YE 3,2 Yerma   El cielo tiene jardines   1338
YE 3,2 Macho   El cielo tiene jardines   1343
YE 3,2 Vieja   Cuando se tiene sed, se agradece el agua.   1345
RS 1,1 Ama   Como quien tiene boca... Como decían en mi pueblo: 1353
RS 1,1 Ama   Cuando chiquita tenía que contarle todos los días el   1354
                   cuento de cuando ella fuera vieja: "Mi Rosita ya tiene
                   ochenta años"..., [...]

RS 1,1 Tía   Claro es que nunca me ha gustado contradecirla, porque 1355
                   ¿quién apena a una criatura que no tiene padres?

RS 1,1 Ama   Ni padre, ni madre, ni perrito que le ladre, pero   1355
                   tiene un tío y una tía que valen un tesoro.

RS 1,1 Tío   Porque es increíble la "rosa declinata" de capullos   1356
                   caídos y la inermis que no tiene espinas; ¡qué
                   maravilla!,

RS 1,1 Tía   ¿Y tiene ya flor?   1357
RS 1,1 Tía   Soy yo la que te tiene que obligar a que tomes el   1362
                   vapor.

RS 2,1 Ama   No sé cómo tiene usted paciencia.   1378
RS 2,1 Ama   Una humilde criada que da lo que tiene y nada más.   1384
RS 2,1 Solterona 2 Desde que murió el pobre papá no tiene ganas.   1397
RS 2,1 Ayola 1   ¡Y si soy amiga de Rosita es porque sé que tiene novio! 1401
RS 2,1 Tío   Pero todavía, todavía tiene la brasa de su juventud.   1411
RS 3,1 Tía   Pero tiene buenas vistas y un patinillo con dos   1418
                   higueras donde se pueden tener flores.

RS 3,1 Martín   Ayer se empeñaron en que el pobre señor Canito,   1418
                   profesor nuevo de Geografía, llevaba corsé; porque
                   tiene un cuerpo algo [...]

RS 3,1 Ama   ¡Con la manera de hablar tan preciosa que tiene usted! 1422
RS 3,1 Ama   Pero aunque me ría, como ignorante, comprendo que don 1423
                   Martín tiene mucho mérito.

RS 3,1 Rosita   Y hoy se casa una amiga y otra y otra, y mañana tiene   1428
                   un hijo y crece, [...]

RS 3,1 Rosita   Quiero huir, quiero no ver, quiero quedarme serena,   1429
                   vacía... (¿es que no tiene derecho una pobre [...]

RS 3,1 Rosita   Y tiene la misma cara.   1432
RS 3,1 Rosita   ¿Tiene hijos?   1434
RS 3,1 Ama   Sí, sí; pero no me toque usted el corazón, no me   1436
                   levante la gasa de la pena, porque yo soy la que tiene
                   que dar ánimos [...]

BA 1,1 La Poncia   Tiene unos dedos como cinco ganzúas.   1440
BA 1,1 La Poncia   La quedan cinco mujeres, [...] del primer marido y   1442
                   tiene dineros, las demás, [...]

BA 1,1 La Poncia   Este cristal tiene unas motas.   1443
BA 1,1 Bernarda   Las mujeres en la iglesia no deben de mirar más hombre 1447
                   que al oficiante, y ese porque tiene faldas.

tiene (continuación)
BA 1,1	Bernarda	Es así como se tiene que hablar en este [...]	1450
BA 1,1	Bernarda	Eso tiene ser mujer.	1452
BA 1,1	Bernarda	Eso tiene la gente que nace con posibles.	1452
BA 1,1	Bernarda	Tiene a quién parecerse. Mi abuelo fue igual.	1452
BA 1,1	Martirio	¡Tiene mala intención!	1453
BA 1,1	Amelia	De todo tiene la culpa esta crítica que no nos deja vivir.	1459
BA 1,1	Martirio	Le tiene miedo a nuestra madre.	1459
BA 1,1	Amelia	Pero Adelaida no tiene culpa de esto.	1460
BA 1,1	Martirio	Y ella tiene el mismo sino de su madre y de su abuela, mujeres las dos del que la engendró.	1460
BA 1,1	Magdalena	Es la más joven de nosotras y tiene ilusión.	1462
BA 1,1	Amelia	Yo también. Angustias tiene buenas condiciones.	1463
BA 1,1	Magdalena	Porque si con veinte años parecía un palo vestido, ¡qué será ahora que tiene cuarenta!	1464
BA 1,1	Amelia	¡Angustias tiene todo el dinero [...]	1464
BA 1,1	Magdalena	Pepe el Romano tiene veinticinco años y es el mejor tipo de todos estos contornos.	1464
BA 1,1	Magdalena	Lo natural sería que te pretendiera a ti, Amelia, o a nuestra Adela, que tiene veinte años, pero [...]	1464
BA 2,1	La Poncia	Esta tiene algo.	1472
BA 2,1	Martirio	No tiene ni más ni menos que lo que tenemos todas.	1472
BA 2,1	Angustias	No tiene mal tipo.	1476
BA 2,1	Adela	Nadie podrá evitar que suceda lo que tiene que suceder.	1482
BA 2,1	Magdalena	¡Cada clase tiene que hacer lo suyo!	1485
BA 2,1	Angustias	¿Quién de vosotras lo tiene?	1490
BA 2,1	Angustias	¡Me gustaría saber cuál de vosotras lo tiene!	1491
BA 2,1	Bernarda	¡Esto tiene no ataros más cortas!	1492
BA 2,1	Adela	¡La mala lengua no tiene fin para inventar!	1494
BA 2,1	Bernarda	Angustias tiene que casarse en seguida.	1496
BA 3,1	La Poncia	Pero tiene la mejor manada de estos contornos.	1508
BA 3,1	Adela	Tiene el cielo unas estrellas como puños.	1515
BA 3,1	Criada	Bernarda cree que nadie puede con ella y no sabe la fuerza que tiene un hombre entre mujeres solas.	1520

tienen (38)
MM 1,2	Curianita Silvia	tienen estos mis pesares.	678
MM 1,4	Curianito	Pues mis besos tienen la tibia dulzura	686
MM 2,5	Gusano 3	y no tienen espíritu.	714
MM 2,5	Mariposa	y todas ellas tienen	714
MP 2,2	Clavela	Pronto será; los niños tienen sueño.	826
TB DME	Doncella	Mis almohadas no tienen iniciales y esto [...]	897
ZP 0,0	El Autor	El poeta no pide benevolencia, [...] miedo que los autores tienen a la sala.	911
ZP 2,1	Zapatera	Ellos, ellos son los que la tienen y los que me hacen desgraciada.	945
ZP 2,1	Alcalde	Muchas mujeres he conocido [...] a nardos y siempre tienen las manos con [...]	949
ZP 2,1	Zapatero	¡Cómo se conoce que no tienen que decirlo de memoria!	961
PB 1,1	Perlimplín	¿Por qué tienen los balcones cinco escalas que llegan al suelo?	998
CA 2,1	Maniquí	No quiero. Mis sedas tienen	1101
CA 3,2	Criado	Los que tienen cinta de seda negra.	1134
EP CV	Estudiante 4	No son las firmas disfrazadas las que levantan la vida, sino el cabello de barómetro que tienen detrás.	1161
EP CV	Estudiante 2	En último caso, ¿es que Romeo y Julieta tienen que ser necesariamente [...]	1161
BS 1,1	Novio	Las muchachas tienen que mirar con quién se casan.	1176
BS 1,2	Suegra	Ellos tienen dinero.	1191
BS 2,2	Padre	Y estos brazos tienen que ser de los dueños, que castiguen y que dominen, que hagan brotar las simientes.	1228
BS 2,2	Madre	Tienen por fuerza que manejar armas.	1228
BS 2,2	Padre	Mira el baile que tienen formado.	1231
YE 1,1	Yerma	¿Para qué los tienen?	1283
YE 1,1	Yerma	Cada mujer tiene sangre para cuatro o cinco hijos, y cuando no los tienen se les vuelve [...]	1283
YE 1,1	Yerma	Siempre oí decir que las primerizas tienen susto.	1283
YE 1,2	Vieja 1	Los hombres tienen que gustar, muchacha.	1290
YE 1,2	Yerma	Las muchachas que se crían en el campo, como yo, tienen cerradas todas las puertas.	1291
YE 1,2	Vieja 1	Son los hombres los que tienen que amparar.	1291
YE 2,2	Yerma	Los hombres tienen otra vida; los ganados, los	1313
YE 2,2	Juan	Y que las familias tienen honra y la honra es una carga que se lleva entre todos.	1315
YE 2,2	Víctor	Es todo lo mismo. Las mismas ovejas tienen la misma lana.	1322
YE 3,1	Yerma	¡Ay! Has puesto el dedo en la llaga más honda que tienen mis carnes.	1329
RS 1,1	Tía	Descuida. Los viejos son los que tienen que llevar los malos ratos.	1363

tienen - tienes

tienen (continuación)   Pág.
RS 1,1 Manola 3   Encajes de escarcha tienen   1368
RS 2,1 Madre   Esas plumas y esos alambres me tienen costado muchas 1393
                       noches en vela.
RS 2,1 Solterona 1   Las flores tienen su lengua   1405
RS 3,1 Muchacho   ¡Qué jardín más precioso tienen ustedes!   1434
BA 3,1 Martirio   Pero estas cosas nada tienen que ver con nosotros. 1516
BA 3,1 Bernarda   Mis hijas tienen la respiración tranquila.   1518
BA 3,1 Adela   Todo el pueblo contra [...] corona de espinas que   1528
                       tienen las que son queridas [...]

tienes (93)
MM 1,3 Doña Curiana   Tú lo que tienes ganas   684
MM 1,3 Doña Curiana   ¡Te tienes que casar!   685
MM 2,7 Curianito   y tienes rota un ala.   719
MM 2,7 Curianito   Tienes el cuerpo frío. Ven conmigo,   720
MM 2,7 Curianito   ¿No tienes corazón? ¿No te ha quemado   720
TC 3,1 Cocoliche   Me decía: tienes los labios como dos fresas sin   743
                       madurar, y...
TC 4,1 Joven   Tienes razón.   751
TC 6,1 Rosita   ¡Qué cosas tienes, Cristobita!   767
TC 6,1 Cristobita   ¡Tienes los amantes a pares!   778
MP 1,3 Amparo   ¡Pues parece que tienes quince!   788
MP 1,4 Lucía   Todo lo que tienes le parece bien.   789
MP 1,4 Amparo   ¿Qué tienes?   791
MP 1,5 Fernando   tienes..., llena de pinturas   797
MP 1,6 Fernando   Marianita, ¿qué tienes?   802
MP 1,7 Fernando   Necesito antes de las nueve el pasaporte que tienes en 811
                       tu poder y [...]
MP 1,8 Mariana   Sí, sí; tienes razón.   819
MP 1,8 Mariana   Tienes razón. ¡No pienso!   819
MP 2,4 Angustias   Tienes una visita.   827
MP 2,4 Mariana   Tienes razón. ¡Pero no puedo!   827
MP 2,8 Conspirador 3   No hay nada que tratar. Tienes razón.   845
MP 3,8 Fernando   ¡Tú tienes que vivir! ¡Mariana, por mi amor!   885
TB DME Marinero   ¡Qué hermosos muslos tienes!   900
TB QM. Viejo   Si no tienes miedo, no te enteras, y si te enteras, no 905
                       tienes miedo.
ZP 1,1 Zapatera   ¿Tienes valor de robar a este hombre de esa manera? 921
ZP 1,1 Zapatera   ¿Pero tienes el valor de llamarme escandalosa, cuando 922
                       he salido a defender tu dinero?
ZP 1,1 Zapatera   Me casé contigo, ¿no tienes la casa limpia?   922
ZP 1,1 Alcalde   Si tu mujer habla por [...] quieres, porque tú no   925
                       tienes arranque.
ZP 1,1 Mozo   Pero eso no puede ser. ¿Es que tienes otro compromiso? 932
ZP 1,1 Niño   Mira, zapaterita... Una mariposa, una mariposa...   935
                       ¿No tienes un sombrero?...
ZP 2,1 Zapatero   ¿Tienes revólver? ¡Mejor!,   961
PB 1,1 Perlimplín   ¿Tienes sueño?   989
PB 2,1 Perlimplín   Feliz como no tienes idea.   1002
DC 1,1 Cristóbal   ¿Tienes mucho dinerito?   1026
DC 1,1 Cristóbal   ¿Tienes miedo?   1033
CA 2,1 Novia   ¿Cuántos corazones tienes?   1079
CA 2,1 Novia   Y tienes preparada la llave del garage.   1088
CA 2,1 Padre   ¡Tienes que cumplir tu compromiso!   1090
CA 2,1 Maniquí   Mientes. Tú tienes la culpa.   1101
CA 3,1 Máscara   ¿No tienes un pedacito de pan para mí?   1116
CA 3,1 Máscara   ¿No tienes un pedacito de pan para mi hijo?   1116
CA 3,1 Mecanógrafa   No tienes tú ojos para verme desnuda, ni boca para 1126
                       besar mi cuerpo que nunca se acaba.
EP RR Centurión   Difícil es, pero ahí lo tienes.   1154
BS 1,1 Madre   ¡Que es verdad! ¡Que tienes razón! ¿Cuándo quieres que 1177
                       la pida?
BS 1,1 Madre   Que caves bien la parte del molinillo, que la tienes 1178
                       descuidada.
BS 1,1 Vecina   Y allí lo tienes.   1179
BS 1,1 Vecina   Tienes razón. Tu hijo vale mucho.   1181
BS 1,2 Suegra   ¿Qué necesidad tienes de ponerte a mal con las gentes? 1192
BS 1,3 Madre   Aquí tienes unos regalos.   1201
BS 1,3 Criada   ¿Tienes motivo?   1203
BS 1,3 Criada   Tienes más fuerza que un hombre.   1204
BS 2,1 Criada   Tú no tienes que hablar de lo pasado.   1213
BS 2,1 Novia   Tienes razón.   1214
BS 2,1 Novio   ¿Tienes prisa?   1221
BS 2,1 Mujer   ¿Por qué me miras así? Tienes una espina en cada ojo. 1224
BS 2,2 Padre   Ahora tienes que esperar. Mi hija es ancha y tu hijo 1229
                       es fuerte.
BS 2,2 Mozo 1   ¡Tienes que beber con nosotros!   1235
BS 2,2 Novio   ¿Qué tienes? ¡Estás como asustada!   1238
BS 2,2 Madre   Y como no lo tienes, tengo que ser yo la que te enseñe 1241
                       estas fortalezas.

tienes (continuación)
YE 1,1 Yerma   Trabajas mucho y no tienes tú cuerpo para resistir los   1274
                       trabajos.
YE 1,1 Yerma   Ahora tienes la cara blanca, como si no te diera en   1274
                       ella el sol.
YE 1,2 Vieja 1   ¿Tienes hijos?   1286
YE 1,2 Vieja 1   Tengo nueve hijos como nueve soles pero como ninguno   1287
                       es hembra, aquí me tienes a mí de un lado para otro.
YE 1,2 Vieja 1   ¿Quién puede decir que este cuerpo que tienes no es   1288
                       hermoso?
YE 1,2 Muchacha 1   No. Pero tienes razón. Voy de prisa.   1292
YE 1,2 Muchacha 1   Tienes razón.   1292
YE 1,2 Yerma   Sí. ¿Qué tienes aquí?   1297
YE 2,1 Yerma   tienes la risa.   1300
YE 2,1 Lavandera 4   tienes la risa.   1306
YE 2,1 Lavandera 2   tienes la risa.   1310
YE 2,2 Yerma   Tienes razón.   1317
YE 2,2 María   Pero tienes otras cosas. Si me oyeras podrías ser   1317
                       feliz.
YE 2,2 Yerma   ¡Tiene los mismos ojos que tienes tú!   1320
YE 3,1 Vieja 1   Está bien que una casada quiera hijos, pero si no los   1328
                       tienes, ¿por qué esa ansia de ellos?
YE 3,1 Dolores   Si tienes miedo te acompañaré hasta la esquina.   1330
YE 3,2 María   Ahí tienes el carro.   1337
YE 3,2 Vieja   Tienes hermanos y primos a cien leguas a la redonda.   1344
YE 3,2 Vieja   Pero tú tienes pies para marcharte de tu casa.   1344
RS 2,1 Solterona 1   ¿Tienes noticias?   1394
RS 3,1 Ama   Como he descolgado la percha, lo tienes enganchado en   1435
                       el tirador de la ventana.
BA 1,1 Mendiga   Mujer, tú tienes quien te gane. ¡Mi niña y yo estamos   1444
                       solas!
BA 1,1 Bernarda   Gracias a este hombre tienes colmada tu fortuna.   1468
BA 2,1 Adela   ¡Durmiendo o velando, no tienes por qué meterte en lo   1479
                       mío!
BA 2,1 Adela   Si quieres te daré mis ojos, que son frescos, y mis   1479
                       espaldas para que te compongas la joroba que tienes,
                       pero vuelve la [...]
BA 2,1 Martirio   ¿Qué tienes tú que olvidar?   1487
BA 2,1 Magdalena   ¿Tienes la desvergüenza de decir esto?   1491
BA 2,1 Bernarda   Habla, te conozco demasiado para saber que ya me   1497
                       tienes preparada la cuchilla.
BA 2,1 Bernarda   ¿Me tienes que prevenir algo?   1497
BA 2,1 Bernarda   Y tú no los tienes porque sabes muy bien cuál es tu   1498
                       origen.
BA 2,1 Bernarda   Tú no tienes derecho más que a obedecer.   1503
BA 3,1 Magdalena   Peor suerte que tienes no vas a tener.   1510
BA 3,1 Bernarda   Lo que pasa es que no tienes nada que decir.   1519
BA 3,1 Adela   El brío y el mérito que tú no tienes.   1526
tiente (1)
BA 2,1 La Poncia   Entonces Evaristo se [...] baja: "¡Ven que te tiente!"   1476
tierna (7)
MM 1,2 Doña Curiana   Límpiate esa cara tierna   683
MM 2,4 Alacranito   apetitosa y tierna?   711
MP 3,4 Mariana   con la marejada tierna.   871
ZP 2,1 Zapatero   casado con joven tierna,   960
RS 1,1 Rosita   pero, como tierna flor,   1371
RS 1,1 Rosita   Tierna gacela imprudente   1372
RS 2,1 Rosita   tan roja de sangre tierna,   1403
tiernas (2)
CA 2,1 Maniquí   sobre tus tiernas arrugas.   1105
YE 2,2 Yerma   Que estoy ofendida, ofendida [...] me enseña sus crías   1318
                       tiernas, adormiladas, [...]
tierno (3)
CA 1,1 Amigo 2   Yo era tierno y cantaba, y ahora [...]   1075
YE 2,1 Lavandera 2   ombligo, cáliz tierno de maravilla!   1309
YE 2,2 Yerma   Pan tierno y requesón y cordero asado como yo aquí, y   1312
                       pasto lleno de rocío tus ganados en el monte.
tiernos (2)
DC 1,1 Director   Entre los ojos de las [...] y entre los grupos tiernos   1043
                       de espigas mojadas, [...]
YE 2,2 Yerma   y nuestro vientre guarda tiernos hijos,   1316
tierra (51)
MM 1,2 Curianita Silvia No he visto más que esta tierra.   677
MM 2,1 Curianita Santa   que habéis de ser la tierra y habéis de ser el agua,   703
MM 2,3 Mariposa   las dicen las raíces bajo tierra.   709
MM 2,5 Gusano 2   Brotará de la tierra.   713
MM 2,5 Gusano 2   las hojas y la tierra.   714
TC 6,1 Mosquito   La tierra tiene caminitos [...]   771
MP 1,4 Amparo   que España cría en su tierra,   793
MP 2,5 Pedro   pisará tierra dura con anchos pies de plata.   829
MP 2,8 Conspirador 4   sobre la tierra de Mijas.   844

tierra - tierras

tierra (continuación)   Pág.

MP 3,2	Mariana	por las cosas de la tierra!	866
MP 3,4	Mariana	¡que se lo trague la tierra!	873
ZP 2,1	Zapatero	¡Porque se pudo casar con la mujer más preciosa de la tierra!	968
ZP 2,1	Zapatero	¡Y qué disparate no sospechar que mi mujer era de oro puro, del mejor de la tierra!	971
PB 2,1	Marcolfa	Representantes de las cinco razas de la tierra.	1001
DC 1,1		Así, pues, el poeta sabe que el público oirá con alegría y sencillez expresiones y vocablos que nacen de la tierra y que servirán [...]	1019
CA 1,1	Niño	No es el cielo. Es tierra dura	1066
CA 2,1	Novia	Quiero un hábito color tierra para ese hombre; un hábito de roca pelada con un cordón de esparto a la cintura.	1085
CA 2,1	Novia	Existían la tierra y el mar.	1089
EP RR	Figura De P	Yo me convertiría en tierra.	1147
EP RR	Figura De C	¿Y si yo me convirtiera en tierra?	1147
BS 1,3	Padre	En mi tiempo, ni esparto daba esta tierra.	1196
BS 1,3	Padre	Porque no es buena tierra; pero con brazos [...]	1197
BS 2,1	Novia	De tierra rica.	1206
BS 2,2	Criada	galana de la tierra,	1226
BS 2,2	Padre	Esta tierra necesita brazos que no sean pagados.	1228
BS 2,2	Madre	En una custodia de cristal y topacios pondría yo la tierra empapada por ella.	1229
BS 2,2	Madre	Porque tiene gente; que son sus primos del mar y todos los que llegan de tierra adentro.	1244
BS 3,1	Leñador 2	Pero la sangre que ve la luz se la bebe la tierra.	1246
BS 3,1	Mendiga	Te acompañaré. Conozco esta tierra.	1255
BS 3,1	Novia	allá en mi casa de tierra.	1256
BS 3,1	Leonardo	que la culpa es de la tierra	1258
BS 3,2	Madre	Pero no; camposanto, no, camposanto; no; lecho de tierra, cama que los cobija y que los mece por el cielo.	1268
BS 3,2	Madre	La tierra y yo.	1268
BS 3,2	Novia	Yo era una mujer quemada, [...] yo esperaba hijos, tierra, salud; pero el [...]	1269
BS 3,2	Madre	espejo de la tierra.	1270
YE 1,1	Yerma	Muchas noches salgo descalza al patio para pisar la tierra, no sé por qué.	1282
YE 2,2	Yerma	porque el agua da sal, la tierra fruta,	1316
YE 2,2	Yerma	La tierra es grande.	1325
YE 3,1	Juan	Me engañas, me envuelves y como soy un hombre que trabaja la tierra, no tengo ideas para tus astucias.	1332
YE 3,2	Yerma	la llama oscura de la tierra.	1338
YE 3,2	Macho	y soporta mi cuerpo de tierra	1341
YE 3,2	Vieja	Para tener un hijo ha sido necesario que se junte el cielo con la tierra.	1344
RS 1,1	Rosita	tejerá con tierra y ola	1372
RS 3,1	Ama	Del primer empujón que le doy a la caldera de Pedro Botero hago llegar el agua caliente a los confines de la tierra.	1425
BA 1,1	La Poncia	Nosotras tenemos nuestras manos y un hoyo en la tierra de la verdad.	1443
BA 1,1	Criada	Esa es la única tierra que nos dejan a las que no tenemos nada.	1443
BA 1,1	Criada	Suelos barnizados con [...] vivimos en las chozas de tierra con un plato y [...]	1444
BA 1,1	Bernarda	y las almas de tierra y mar.	1449
BA 1,1	Martirio	A ellos les importa la tierra, las yuntas, y una perra sumisa que les dé de comer.	1460
BA 2,1	La Poncia	Era la una de la madrugada y subía fuego de la tierra.	1473
BA 2,1	La Poncia	Entonces Pepe hará lo que hacen todos los viudos de esta tierra: se casará con [...]	1481

Tierra (1)

RS 2,1	El Señor X	Está entendido, la Tierra es un planeta mediocre, pero hay que ayudar a la civilización.	1376

tierras (14)

ZP 2,1	Zapatera	Pues puede que en las Filipinas esos zapateros sean tontos, que aquí en estas tierras los hay listos [...]	956
PB 0,0	Madre	Don Perlimplín tiene muchas tierras; en las tierras hay muchos gansos y ovejas.	985
BS 1,3	Novio	Pero estas tierras son buenas.	1195
BS 1,3	Padre	Lo que siento es que las tierras..., ¿entiendes?...	1196
BS 1,3	Padre	Una espina tengo en el corazón, y es la huertecilla esa metida entre mis tierras, que no me quieren [...]	1196
BS 2,1	Criada	En estas tierras no refresca ni al amanecer.	1206
BS 2,2	Novio	¿Por qué no compráis tierras?	1232
BS 2,	Madre	Es la roturación de las tierras, la plantación de árboles nuevos.	1240
YE 2,1	Lavandera 4	Desde ayer. El marido sale otra vez a sus tierras.	1302

tierras (continuación)
    YE 2,2 Yerma   ¿Cómo están las tierras?   1311
    RS 3,1 Tía   Ese es el defecto de las mujeres decentes de estas   1427
                       tierras.
    BA 1,1 La Poncia   Pero yo soy buena perra; [...] hijos trabajan en sus   1442
                       tierras y ya están los [...]
    BA 1,1 Martirio   Es la única que conoce la historia de su padre y el   1459
                       origen de sus tierras.

tieso (1)
    BA 1,1 Criada   Fastídiate, Antonio María Benavides, tieso con tu   1445
                       traje de paño y tus botas enterizas.

tigre (1)
    CA 2,1 Joven   Que tenía en el centro la cabeza de un tigre. Y...   1098
                       ¿están rotos?

tijeras (3)
    MP 2,1 Niña   Tenían unas tijeras así... y cuatro   821
    CA 2,1 Novia   Un puñal, unas tijeras duran siempre, y este pecho mío 1087
                       dura solo un momento.
    RS 2,1 Tío   Pero ¿dónde vas con esas tijeras?   1387
tijerillas (1)
    TC 4,1 Mosquito   El alma de doña Rosita [...] Valencia que llevan unas 751
                       tijerillas y un dedal.

tilín (1)
    MP 1,8 Angustias   Tilín, talán; abuela,   817
tímida (1)
    RS 2,1 Solterona 3   "Soy tímida", la violeta.   1403
timorata (1)
    MM 1,5 Alacranito   ¡No seas timorata!   696
tin (10)
    CA 1,1 Amigo   Tin, tin, tan,   1056
    BA 1,1 Criada   Tin, tin, tan.   1443
    BA 1,1 Criada   Tin, tin, tan.   1443
    BA 1,1 Criada   Tin, tin, tan. ¡Que nos espere muchos años! Tin, tin, 1444
                       tan.

tiniebla (1)
    MM 2,7 Curianito   fresca sombra en estío y la tiniebla   720
tinieblas (1)
    MM 2,3 Mariposa   para rezar en las tinieblas,   708
tinta (2)
    MP 3,5 Pedrosa   Con una pluma y un poco de tinta   876
    ZP 2,1 Alcalde   Muchas mujeres he conocido como amapolas, como rosas 949
                       de olor..., mujeres morenas con los ojos como tinta de
                       fuego, mujeres [...]

tintero (1)
    DC 1,1 Madre   de pluma y tintero.   1029
tiñen (1)
    CA 3,2 Jugador 1   La vida se le escapa por sus pupilas, que mojan la   1136
                       comisura de sus labios y le tiñen de azul la pechera
                       [...]

tiñó (1)
    CA 3,2 Jugador 3   Yo jugué en la India [...] lanzarme sobre él, tiñó de 1136
                       rojo con una [...]

tío (10)
    TC 1,1 Padre   De los cinco talegos que heredamos de tu tío el   725
                       Arcipreste, no queda ¡ni tanto así!
    TC 1,1 Rosita   ¡Ay, qué barbas tenía mi tío el Arcipreste!   725
    MP 2,9 Pedrosa   con su tío el infante don Antonio.   852
    DC 1,1 Director   Llenemos el teatro de [...] Guiñol, de París, y tío de 1043
                       don Arlequín, [...]
    YE 1,2 Vieja 1   Pude haberme casado con un tío tuyo.   *1287
    RS 1,1 Ama   Ni padre, ni madre, ni perrito que le ladre, pero   1355
                       tiene un tío y una tía que valen un tesoro.
    RS 1,1 Tía   Tendrías que saltar por encima de mí y de tu tío.   1362
    RS 2,1 Rosita   ¡Tío!   1410
    RS 3,1 Tía   Si yo lo hubiera sabido no hubiese consentido de   1426
                       ninguna manera que tu tío hubiera hipotecado [...]
    RS 3,1 Tía   Me gustaría que tu tío nos viera.   1427
tipo (3)
    BA 1,1 Magdalena   Si viniera por el tipo de Angustias, por Angustias   1463
                       como mujer, yo me alegraría; pero viene por el dinero.
    BA 1,1 Magdalena   Pepe el Romano tiene veinticinco años y es el mejor   1464
                       tipo de todos estos contornos.
    BA 2,1 Angustias   No tiene mal tipo.   1476
tiquití (1)
    RS 1,1 Ama   Que deje usted esos bolillos con ese tiquití, que me 1360
                       va a estallar la cabeza de tiquitís.

tiquitís (1)
    RS 1,1 Ama   Que deje usted esos bolillos con ese tiquití, que me 1360
                       va a estallar la cabeza de tiquitís.

tira (2)
    TC 5,1 Fígaro   A tira y afloja   757

		Pág.
tira (continuación)		
TC 5,1 Fígaro	A tira y afloja	757
tira (2)		
BS 3,2 Madre	¡Floja, delicada, mujer de mal dormir es quien tira una corona de azahar [...]	1269
BA 1,1 Martirio	Siempre que viene le tira puñaladas en el asunto.	1459
tiraba (1)		
YE 1,1 María	Lloraba como un torito, con la fuerza de mil cigarras cantando a la vez, y nos orinaba y nos tiraba de las trenzas, [...]	1282
tirado (1)		
BS 2,2 Padre	No será ella. Quizá se haya tirado al aljibe.	1244
tirador (1)		
RS 3,1 Ama	Como he descolgado la percha, lo tienes enganchado en el tirador de la ventana.	1435
tíralas (2)		
CA 2,1 Novia	Ya sabes que no me gustan las flores. Tíralas por el balcón.	1082
CA 2,1 Novia	¡Tíralas!	1082
tírame (1)		
ZP 1,1 Zapatera	¡Pégame, si te parece; anda, tírame el martillo!	918
tiran (1)		
BS 2,2 Madre	Al agua se tiran las honradas, las limpias; ¡esa, no!	1244
tirana (1)		
BA 1,1 La Poncia	Tirana de todos los que la rodean.	1441
tirando (1)		
BS 2,1 Criada	¿Qué castigo pides tirando al suelo la corona?	1208
tirándoles (1)		
BA 2,1 Bernarda	¡Ya las bajaré tirándoles cantos!	1501
tirándonos (1)		
RS 3,1 Ama	En medio de las dos, [...] así, y detrás el Señor tirándonos rosas como [...]	1425
tirar (1)		
RS 1,1 Tía	La lengua se me debió [...] y la escopeta para tirar al faisán.	1363
tiraría (1)		
ZP 1,1 Zapatera	Quién me hubiera dicho [...] ver casada con..., me tiraría del pelo.	913
tirarle (1)		
RS 2,1 Ama	A veces me gustaría tirarle un zapato a la cabeza.	1381
tiraron (1)		
CA 1,1 Gato	me tiraron los niños.	1063
tire (3)		
ZP 1,1 Zapatero	Lo que tú quieras... Ni que tire por allí ni que tire por aquí...	920
BA 1,1 Criada	No tengas miedo que se tire.	1453
tiren (1)		
BA 1,1 Bernarda	¡Cuánto hay que sufrir y luchar para hacer que las personas sean decentes y no tiren al monte demasiado!	1456
tires (1)		
BS 2,1 Novia	no tires demasiado.	1206
tiro (V) (1)		
TC 1,1 Rosita	Yo tenía novio... ¡Y tiro el collar!	732
tiro (3)		
ZP 1,1 Zapatero	Si sabes que tengo esa superstición, y para mí esto es como si me dieras un tiro, ¿por qué lo haces?	928
CA 3,2 Jugador 1	Yo guardo unas flechas en un tiro al blanco.	1137
CA 3,2 Jugador 1	En un tiro al blanco, que no solamente se clava sobre el acero más duro sino sobre la gasa más fina.	1138
tiró (1)		
ZP 2,1 Niño	Pues me lo ha hecho el [...] cara, y entonces él me tiró una piedra que, [...]	944
tiroteo (2)		
MP 2,8 Mariana	y se empezó el tiroteo.	849
ZP 1,1 Zapatera	y vamos al tiroteo!	926
tisú (1)		
EP CV Dama 3	Cuando subíamos por el [...] traigo mis zapatos de tisú manchados de petróleo.	1163
títeres (4)		
ZP 2,1 Zapatera	¡Títeres!	952
ZP 2,1 Vecina Roja	¡Títeres!	952
ZP 2,1 Vecina Morada	¡Títeres!	952
ZP 2,1 Niño	¡Haz ya los títeres!	954
titiritero (3)		
ZP 2,1 Zapatera	Buenas tardes tenga usted, señor titiritero.	953
ZP 2,1 Niño	¿No se parece el titiritero, hablando, a tu marido?	958
ZP 2,1 Zapatera	Pero ¿qué es lo que está usted diciendo, titiritero del demonio?	965

titiriteros (1)
RS 2,1 Ama   Ayer me tuvo todo el día acompañándola en la puerta   1380
del circo, porque se empeñó en que uno de los
titiriteros se parecía [...]

titulada (1)
TC 0,0 Mosquito   Ahora que sale la luna y las luciérnagas huyen   724
lentamente a sus cuevecitas, va a dar comienzo la gran
función titulada "Tragicomedia [...]

tiznaban (1)
RS 3,1 Ama   El mismo se plancha los [...] con unas sábanas que   1424
tiznaban como el carbón [...]

tizonazo (2)
RS 3,1 Ama   pero los demonios, tizonazo por aquí, tizonazo por   1425
allá, puntapié [...]

toalla (1)
BA 1,1 Criada   ¡Venga caja con filos dorados y toalla para llevarla! 1445
tobillos (1)
EP RR Figura De P   Y estuve toda la noche llorando porque me dolían las 1150
muñecas y los tobillos, y, sin embargo, [...]

toca (S) (1)
BS 2,2 Novio   Quitándose la toca.   1234
toca (11)
MP 2,9 Mariana   y me puedo manchar si usted me toca;   854
MP 3,4 Mariana   toca una blanda vihuela.   871
CA 3,1 Payaso   ¡Vamos, toca!   1112
CA 3,1 Payaso   Toca.   1114
BS 1,1 Vecina   A ti y a mí nos toca callar.   1183
RS 1,1 Tío   El rocío no la toca   1356
RS 1,1 Tío   Y cuando toca la noche   1357
RS 1,1 Rosita   el rocío no la toca   1374
RS 1,1 Rosita   y cuando toca la noche   1374
RS 2,1 Ayola 2   Toca "¡Viva Frascuelo!"   1402
RS 2,1 Madre   Habla y toca al mismo tiempo.   1402
tocaba (1)
RS 2,1 Solterona 1 Cuando tocaba la tarantela de Popper.   1397
tocado (3)
TC 2,1 Cocoliche El silbido ha tocado como una piedrecita de música en 735
el cristal de su balcón.
CA 2,1 Joven   Con muros que yo mismo he tocado.   1095
BA 2,1 La Poncia No. Ya me ha tocado en suerte este convento.   1484
tocamos (1)
RS 2,1 Tía   Bueno. ¿Por qué no tocamos un poquito?   1402
tocan (3)
BS 1,1 Madre   ¡Allí comen, allí fuman, allí tocan los instrumentos! 1173
RS 3,1 Ama   ¿Y a morir tocan?   1416
RS 3,1 Tía   Los cipreses de la glorieta casi tocan las paredes de 1437
mi cuarto.

tocando (1)
MP 3,9 Monja 1   pasar de madrugada tocando tus cristales.   890
tocar (3)
DC 1,1   Ya empieza a tocar el tambor.   1019
BS 1,2 Mujer   No quiso tocar   1185
YE 1,2 Muchacha 2 Ya voy al arroyo, ya subo a tocar las campanas, ya me 1294
tomo un refresco de anís.

tocara (2)
ZP 2,1 Niño   Y los hombres querían que el sacristán tocara las 970
campanas para cantar tus coplas...
BA 1,1 La Poncia Dicen que con los pechos fuera y Maximiliano la   1455
llevaba cogida como si tocara la guitarra.

tocarlo (1)
MP 3,5 Mariana   querrá tocarlo.   874
tocino (1)
ZP 1,1 Zapatera   Mi cocido, con sus patatas de la sierra, dos pimientos 934
verdes, pan blanco, un poquito magro de tocino, y
arrope con [...]

toco (3)
CA 3,1 Arlequín   Toco.   1112
CA 3,1 Arlequín   ¿Toco?   1114
RS 2,1 Solterona 3 Pero ¿qué toco?   1402
toda (63)
todas (70)
todavía (39)
TC 1,1 Criado   Todavía la merece mejor su merced.   734
ZP 1,1 Niño   ¿Estás disgustada todavía?   934
ZP 2,1 Zapatera   Todavía me parece sentir en la cara aquel aire tan 946
fresquito que venía por los árboles.
PB 1,1 Duende 2   Por eso, que no se descubra todavía nuestra eficaz y 995
socialísima pantalla.
PB 3,1 Perlimplín No. Todavía no es hora.   1008
CA 1,1 Viejo   Todavía cambian más las [...]   1052

todavía (continuación)   Pág.
    CA 1,1 Viejo   Porque lo otro es morirse ahora mismo, y es más   1053
                         hermoso pensar que todavía mañana veremos [...]
    CA 1,1 Mecanógrafa   Todavía tengo aquella sangre viva como una sierpe 1055
                         roja, temblando entre mis pechos.
    CA 1,1 Viejo   Pues todavía será más.   1069
    CA 1,1 Amigo   Yo prefiero comerla verde, o, mejor todavía, me gusta 1072
                         cortar su flor para ponerla en mi solapa.
    CA 1,1 Amigo 2   Pero todavía no, todavía me veo subido [...]   1075
    EP RR Centurión   Y tendré todavía muchos más.   1152
    EP CV Dama 1   ¿Estarán todavía los coches a la puerta?   1158
    BS 2,1 Criada   Todavía te puedes arrepentir.   1208
    BS 2,1 Criada   Siéntate. Todavía no se ha levantado nadie.   1211
    BS 2,1 Criada   Es la gente. Vienen lejos todavía.   1212
    YE 1,1 Yerma   Claro que todavía es tiempo.   1282
    YE 1,2 Vieja 1   Todavía trabaja.   1287
    YE 1,2 Vieja 1   Eres muy joven todavía.   1291
    YE 1,2 Juan   ¿Qué haces todavía aquí?   1299
    YE 2,2 Yerma   Come tú con tus hermanas. Yo no tengo hambre todavía. 1316
    YE 3,2 Vieja   Si entras en mi casa, todavía queda olor de cunas. 1345
    RS 2,1 Ama   Tendrá el pelo de plata y todavía estará cosiendo [...] 1380
    RS 2,1 Tía   No, todavía no.   1387
    RS 2,1 Madre   Todavía me parece oír [...]   1393
    RS 2,1 Tío   Todavía estaba roja.   1410
    RS 2,1 Tío   Pero todavía, todavía tiene la brasa de su juventud. 1411
    RS 3,1 Ama   ¡Que nos espere muchos años todavía cortando rosas! 1413
    RS 3,1 Martín   Y créame usted que los [...] de gente que lleva   1419
                         todavía corbata y cuello [...]
    RS 3,1 Rosita   Ayer le oí decir al ama que todavía podía yo casarme. 1429
    BA 1,1 Adela   Todavía estaba un grupo parado por fuera.   1454
    BA 2,1 La Poncia   Todavía estaba Angustias con Pepe en la ventana. 1473
    BA 2,1 Bernarda   Pero todavía no soy anciana [...]   1495
    BA 2,1 La Poncia   Ayer me contó mi hijo [...] yunta, estaban hablando 1501
                         todavía.
    BA 3,1 La Poncia   Todavía no.   1507
    BA 3,1 La Poncia   ¿Estás todavía aquí?   1518
    BA 3,1 Bernarda   ¿Siguen diciendo todavía la mala letanía de esta casa? 1519
todo (195)
todos (116)
tole (2)
    RS 2,1 Madre   Pero siempre estoy con el tole tole.   1397
tolerable (1)
    RS 1,1 Tío   Bien está que se pisen las semillas, pero no es   1355
                         tolerable que esté con [...]
tolerar (2)
    ZP 2,1 Zapatero   Yo no puedo tolerar esto; ¡no lo puedo tolerar!   963
Tolstoi (1)
    RS 2,1 El Señor X   Hoy día se abren camino [...] León Tolstuá, vulgo 1376
                         Tolstoi, tan galán en [...]
Tolstuá (1)
    RS 2,1 El Señor X   Hoy día se abren camino [...] decirse, o un conde León 1376
                         Tolstuá, vulgo Tolstoi, [...]
toma (27)
    MM 0,0   ¡Cuántas veces el enorme esqueleto portador de la   670
                         guadaña, que vemos pintado en los devocionarios, toma
                         la forma de una [...]
    TC 3,1 Cristobita   ¡Toma barriguita, toma barriguita, toma barriguita! 750
    TC 5,1 Cansa-Almas   Toma..., toma...   757
    TC 6,1 Cristobita   Toma, toma... ¿Qué es eso?   772
    TC 6,1 Cristobita   ¡Toma gana!   776
    TC 6,1 Cristobita   ¡Toma gana!   776
    TC 6,1 Cristobita   ¡Toma gana!   776
    TC 6,1 Cristobita   ¡Toma gana!   776
    MP 1,7 Mariana   Toma esta carta, Fernando.   810
    ZP 0,0 El Autor   En todos los sitios late [...] aparece violenta o toma 912
                         actitudes agrias, [...]
    ZP 1,1 Zapatera   Toma este muñequito.   914
    ZP 1,1 Mozo   ¿Se toma el fresco, zapaterita?   930
    ZP 2,1 Zapatera   Parece que me toma por tonta de capirote..., pero no 966
                         me negará usted que dichas historietas impresionan.
    DC 1,1 Cristóbal   Toma, toma, por... por... por....   1042
    CA 1,1 Niño   Toma mi pañuelo blanco.   1061
    CA 1,1 Niño   Toma mi corona blanca.   1061
    CA 1,1 Joven   Toma. No podía usted con él.   1071
    CA 3,1 Payaso   ¡Toma casa!   1119
    EP RR Figura De P   Toma un hacha y córtame las piernas.   1147
    RS 1,1 Rosita   bronces que la brisa toma.   1367
    RS 2,1 Rosita   ¡Toma! Ya he hecho otro de nansú con mariposa a la 1395
                         aguada.

tomad (1)
   MM 1,1 Curiana N   lavaos con rocío y no andéis; tomad   674
tomadlos (1)
   MM 1,1 Curiana N   tomadlos de noche con mastranzo.   674
tomado (2)
   BA 1,1 Amelia   ¿Has tomado la medicina?   1458
   BA 1,1 Amelia   Pero la has tomado.   1458
tomáis (1)
   BS 2,2 Criada   ¿No tomáis nada?   1233
tómalo (2)
   ZP 1,1 Zapatera   Tómalo.   935
   YE 2,2 Yerma   Tómalo, contigo está más a gusto.   1317
tomamos (1)
   BS 1,3 Padre   ¿No tomamos algo?   1201
tomando (4)
   MM 0,0   ¿Y por qué a vosotros [...] tranquilamente por la   670
                          pradera tomando el sol en la [...]
   TC 1,1 Rosita   Está tomando los baños.   728
   TC 3,1 Cristobita   ¿Es que tus toneles hablan, o es que me estás tomando   748
                          el pelo?
   BA 1,1 La Poncia   Ya están tomando en el patio.   1447
tomar (10)
   MM 1,5 Alacranito   son dulcecitas de tomar.   689
   MM 1,6 Alacranito   son dulcecitas, ay, de tomar.   701
   TC 1,1 Hora   ¿Qué sabes tú el giro que van a tomar las cosas?   734
   TC 3,1 Espantanublos   ¿Quiere su merced tomar algo?   741
   TB QM. Enrique   Vamos pronto. A las seis he de tomar el tren.   905
   ZP 2,1 Zapatera   ¿Qué va a tomar?   940
   ZP 2,1 Zapatera   Va usted a tomar copa, café, refresco, ¿diga?   941
   RS 2,1 Solterona 2   ¡Le puede gustar tomar el aire!   1401
   RS 3,1 Tía   Cuando pienso en la mala [...] tener veinte años para   1414
                          tomar un vapor y llegar [...]
   BA 3,1 Adela   Voy a llegarme hasta el portón para estirar las   1512
                          piernas y tomar un poco de fresco.
tomarais (1)
   TC 3,1 Mozo 2   Caballero, antes de marcharos yo quisiera que tomarais   746
                          con nosotros un vaso de vino.
tomarán (1)
   RS 2,1 Tía   Tomarán ustedes algo.   1394
tomaré (1)
   BS 1,3 Novio   Tomaré.   1201
tomas (1)
   YE 1,1 Yerma   ¿No tomas un vaso de leche?   1274
tomate (1)
   RS 2,1 Ayola 2   Por cierto que yo tomé cuatro huevos con picadillo de   1396
                          tomate, y casi no me podía levantar de la silla.
tome (9)
   TC 1,1 Cristobita   La boca un poquitín grande, [...] pero no quiero que   733
                          tome demasiada confianza.
   TC 2,1 Cristobita   Ahora, tome el dinero.   739
   ZP 1,1 Niño   Tome usted el muñequito, ¡no lo quiero!   915
   ZP 2,1 Alcalde   Pase usted, buen hombre, y tome lo que quiera, que yo   953
                          pago.
   ZP 2,1 Zapatero   En cuanto tome un vaso de vino.   954
   ZP 2,1 Zapatera   Tome un poquito de café caliente, que después de toda   967
                          esta tracamundana le servirá de salud.
   YE 2,1 Lavandera 1   para que tome al agua   1307
   BA 1,1 Adela   Tome usted.   1451
   BA 1,1 Martirio   Tome usted el mío.   1451
tomé (1)
   RS 2,1 Ayola 2   Por cierto que yo tomé cuatro huevos con picadillo de   1396
                          tomate, y casi no me podía levantar de la silla.
tomen (1)
   RS 2,1 Rosita   Tomen asiento.   1396
tomes (3)
   YE 1,1 Yerma   No lo tomes a mal.   1275
   YE 2,2 Juan   No lo tomes a mal.   1311
   RS 1,1 Tía   Soy yo la que te tiene que obligar a que tomes el   1362
                          vapor.
tomillo (3)
   ZP 2,1 Zapatero   brisa y tomillo en la sierra   961
   PB 1,1 Belisa   La criada perfumó esta habitación con tomillo y no con   988
                          menta, [...]
   YE 2,1 Lavandera 4   Yo planté un tomillo, yo lo vi crecer.   1301
tomo (1)
   YE 1,2 Muchacha 2   Ya voy al arroyo, ya subo a tocar las campanas, ya me   1294
                          tomo un refresco de anís.
toneles (2)
   TC 3,1 Cristobita   ¿Es que tus toneles hablan, o es que me estás tomando   748
                          el pelo?

			Pág.
toneles (continuación)			
YE 3,2	Muchacha 1	Más de cuarenta toneles de vino he visto en las espaldas de la ermita.	1338
tono (1)			
MM 0,0		También el viejo silfo [...] repite con el mismo tono el mar; dile al [...]	670
tonta (12)			
ZP 1,1	Zapatera	¡Ay, tonta, tonta, tonta!	917
ZP 1,1	Zapatera	¡Tonta, tonta, tonta!	918
ZP 1,1	Zapatera	Maldito sea mi compadre Manuel, malditos sean los vecinos, tonta, tonta, tonta.	918
ZP 2,1	Zapatera	Parece que me toma por tonta de capirote..., pero no me negará usted que dichas historietas impresionan.	966
DC 1,1	Poeta	Pero el dueño del teatro [...] pecho de seda y nariz tonta y los caballeros [...]	1036
RS 2,1	Rosita	Pero ¡qué discusión más tonta!	1401
tontería (2)			
TB QM.	Viejo	El tren es una tontería.	905
RS 3,1	Tía	¡Qué tontería!	1431
tonterías (5)			
PB 2,1	Perlimplín	No tengas miedo de hablarme..., [...] estoy lejos de las tonterías..., así es...	1005
BS 1,1	Novio	Tonterías.	1175
BS 1,1	Madre	Más que tonterías.	1175
YE 1,2	Muchacha 2	Tonterías de los viejos.	1293
RS 2,1	Ayola 2	Nada de tonterías. ¡Yo también!	1400
tonto (4)			
TB PBK	Una Voz	Tonto.	894
ZP 1,1	Zapatera	Merecías, por tonto, que colmara la calle a gritos.	923
ZP 1,1	Alcalde	Recapacita lo que has dicho que vas a hacer; que tú eres capaz de hacerlo, y no seas tonto.	927
RS 3,1	Tía	¡Viejo tonto!	1427
tontos (2)			
TC 6,1	Mosquito	La tierra tiene caminitos blancos, caminitos lisos, caminitos tontos... Pero, muchachos, [...]	771
ZP 2,1	Zapatera	Pues puede que en las Filipinas esos zapateros sean tontos, que aquí en estas [...]	956
tontuna (1)			
MM 2,1	Curianita 1	¡Pero a mí qué me importa tanta y tanta tontuna!	704
topacio (1)			
TC 3,1	Cocoliche	Serán muy bonitas nuestras lágrimas; lágrimas de topacio, de rubí... ¡Ay, muchachos, muchachos!	743
topacios (1)			
BS 2,2	Madre	En una custodia de cristal y topacios pondría yo la tierra empapada por ella.	1229
topo (5)			
TB QM.	Voz	Y yo un topo.	904
TB QM.	Voz	Ni yo el topo.	908
TB QM.	Voz	No, no; yo quiero mi topo.	908
TB QM.	Voz	No; el topo es para mí...	908
TB QM.	Niña	Pues ahora el topo va a ser para mí.	908
toque (V) (1)			
RS 3,1	Ama	Sí, sí; pero no me toque usted el corazón, [...]	1436
toque (3)			
EP CV	Enfermero	¿Cuándo va a comenzar el toque de agonía?	1164
BA 3,1	Prudencia	¿Han dado el último toque para el rosario?	1506
BA 3,1	Prudencia	El último toque.	1511
toquen (2)			
BS 2,1	Criada	¡Que toquen y repiquen!	1219
BA 2,1	La Poncia	Porque yo puedo dar voces, encender luces y hacer que toquen las campanas.	1482
torcer (1)			
MP 1,7	Fernando	Y torcer mi sentimiento	812
torciendo (1)			
MP 1,7	Fernando	torciendo el hondo sentir	815
torcieron (1)			
BA 2,1	Bernarda	Afortunadamente mis hijas me respetan y jamás torcieron mi voluntad.	1500
torció (1)			
EP CV	Estudiante 5	Con las maromas que torció mi padre los engancharemos a las rocas para partirlas y que salga un volcán.	1168
torea (1)			
MP 1,4	Amparo	toreó como él torea.	793
toreó (1)			
MP 1,4	Amparo	toreó como él torea.	793
torera (1)			
MP 1,4	Lucía	escuchando a esta torera,	794
torerillo (1)			
ZP 2,1	Zapatera	Que a pesar de sus cincuenta y tantos años, benditísimos cincuenta años, me resulta más juncal y torerillo que todos los [...]	976

torito (1)
    YE 1,1 María   Lloraba como un torito, con la fuerza [...]   1282
tormenta (7)
    CA 1,1 Joven   Hay un cielo de tormenta hermoso.   1047
    CA 1,1 Amigo   Un poco de tormenta.   1059
    CA 1,1 Amigo   Ya ha sido bastante. Creo que no te puedes escapar de   1070
                      la tormenta.
    CA 3,1 Mecanógrafa   Recuerdo que la tarde de mi partida había una gran   1115
                      tormenta de verano y había muerto el niño de la
                      portera.
    BA 2,1 Magdalena   Había un nublo negro de tormenta y hasta cayeron   1473
                      algunas gotas.
    BA 2,1 Bernarda   Yo veía la tormenta venir, pero no creía que estallara   1495
                      tan pronto.
    BA 3,1 La Poncia   Pues hay una tormenta en cada cuarto.   1520
tormentas (1)
    YE 3,2 Yerma   las alas como tormentas,   1339
tormento (1)
    CA 3,1 Máscara   ¡Oh, qué dulcísimo tormento, amiga mía!   1116
tormentoso (1)
    ZP 2,1 Zapatero   Ella soñaba con un mundo [...] costearle, y un día   967
                      tormentoso de viento [...]
torna (1)
    RS 3,1 Martín   ¡Oh madre excelsa! Torna tu mirada   1420
tornar (1)
    CA 1,1 Amigo   dejadme tornar.   1078
toro (4)
    ZP 2,1 Mozo Del S   Tengo tanto coraje que agarraría a un toro de los   943
                      cuernos, [...]
    DC 1,1 Cristóbal   Yo no soy un médico. Vamos al toro.   1023
    BS 1,1 Madre   ¿Y es justo y puede ser [...] un hombre, que es un   1173
                      toro?
    BS 2,1 Criada   ¡Como un toro, la boda   1220
toronjas (1)
    RS 1,1 Tía   La lengua se me debió [...] aquellos bosques de   1363
                      toronjas, y mi niña, [...]
toronjil (1)
    BS 2,1 Criada   Por el toronjil   1217
toros (9)
    MP 1,4 Amparo   la plaza de toros de la ilustre Ronda.   792
    MP 1,4 Mariana   ¿Estuviste en los toros?   792
    MP 1,4 Amparo   Cinco toros de azabache,   792
    MP 1,4 Amparo   frente a los toros zaínos   793
    MP 1,4 Amparo   Cinco toros mató; cinco,   793
    EP CV Estudiante 5   Porque están locos; pero [...] un enorme rebajo de   1167
                      toros con los que tengo [...]
    EP CV Estudiante 5   Yo tengo cuatrocientos toros.   1168
    YE 3,1 Yerma   A veces, cuando ya estoy [...] por la calle y los   1328
                      toros y las piedras me [...]
    YE 3,2 Macho   Los maridos son toros.   1342
torpeza (1)
    MM 1,2 Doña Curiana   Ella es rica. ¡Qué torpeza   683
Torre Eiffel (1)
    RS 2,1 El Señor X   Es una Torre Eiffel de nácar sobre dos palomas que   1377
                      llevan en sus picos la rueda de la industria.
torre (5)
    TC 1,1 Rosita   Genoveva de Brabante tendría uno así cuando se ponía   731
                      en la torre de su castillo a esperar a su esposo.
    MP 1,7 Fernando   "Adorada Marianita: Gracias [...] me he fugado de la   811
                      torre de Santa Catalina, [...]
    CA 2,1 Criada   En mi pueblo había un muchacho que subía a la torre de   1086
                      la iglesia para [...]
    EP CV Estudiante 4   Cuando estaba encerrado en la torre los vi subir,   1157
                      agrupados, por la colina.
    RS 3,1 Ama   Arriba, en la torre. Y usted, ¿dónde estaba?   1412
torrecillas (1)
    TC 5,1 Currito   Son como dos lágrimas de la luna de la tarde, como dos   757
                      torrecillas del país [...]
torrente (1)
    CA 2,1 Novia   Hay en tu pecho como un torrente donde yo me voy a   1079
                      ahogar.
torrentes (1)
    BS 3,2 Mendiga   Yo los vi; pronto llegan: dos torrentes   1266
torres (1)
    MP 2,7 Pedro   desde las viejas torres amarillas   838
Torrijos (3)
    MP 2,8 Conspirador 4   Torrijos, el general   843
    MP 2,8 Conspirador 4   como es quitar a Torrijos   843
    MP 2,8 Pedro   La muerte de Torrijos me enardece   844
torso (1)
    CA 2,1 Maniquí   quebrado torso de lluvia.   1100

torta - trabajos

Pág.

torta (1)
YE 1,2 Vieja 1 Yo he sido una mujer de faldas en el aire, he ido 1287
       flechada a la tajada de melón, a la fiesta, a la torta
       de azúcar.

tose (1)
BA 1,1 La Poncia Treinta años lavando sus sábanas; treinta años 1442
       comiendo sus sobras; noches en vela cuando tose; días
       enteros mirando [...]

toser (1)
BA 2,1 Amelia Lo sentí toser y oí los pasos de su jaca. 1473
toso (1)
RS 3,1 Tía Algunas noches, cuando toso en mi cuarto, oigo un eco 1412
       como si estuviera en una iglesia.

tostado (1)
CA 1,1 Amigo 2 Bendita sea, cuando hay pan tostado, aceite y sueño 1072
       después.

trabadlo (1)
BA 3,1 Bernarda ¡Trabadlo y que salga al corral! 1508
trabaja (4)
MM 2,1 Curianita 1 Si Curianito el Nene no trabaja y se aplica, 703
YE 1,2 Yerma Vengo de llevar la comida a mi esposo, que trabaja en 1286
       los olivos.
YE 1,2 Vieja 1 Todavía trabaja. 1287
YE 3,1 Juan Me engañas, me envuelves y como soy un hombre que 1332
       trabaja la tierra, no tengo ideas para tus astucias.

trabajado (3)
RS 3,1 Ama Nos llevamos poco, pero como yo he trabajado mucho, 1413
       estoy [...]
RS 3,1 Tía ¿Es que te parece que yo no he trabajado? 1413
RS 3,1 Ama Con las puntillas de los dedos, con hilos, con tallos, 1413
       con confituras; en cambio, yo he trabajado con las
       espaldas, [...]

trabajador (2)
BS 2,2 Novio Tu marido es un buen trabajador. 1232
YE 2,2 Yerma El fruto viene a las manos del trabajador que lo busca. 1324
trabajadora (1)
BS 1,1 Madre Trabajadora. 1175
trabajan (1)
BA 1,1 La Poncia Pero yo soy buena perra; [...] me azuza; mis hijos 1442
       trabajan en sus tierras [...]

trabajando (1)
MM 2,1 Curianita Santa que aquellos que se pasan la vida trabajando...; 703
trabajar (2)
MP 3,4 Carmen Tenemos que trabajar... 873
RS 3,1 Tía Entonces, gobernar una casa ¿no es trabajar? 1413
trabajará (1)
EP CV Estudiante 2 Con gran alegría para su mujer, que ahora trabajará 1157
       tanto que tendrá que ponerse dos grifos en las tetas.

trabajas (1)
YE 1,1 Yerma Trabajas mucho y no tienes tú cuerpo para resistir los 1274
       trabajos.

trabajillo (1)
TC 6,1 Padre Trabajillo me ha costado. 765
trabajo (V) (2)
ZP 1,1 Zapatero Trabajo para ti... y sea lo que Dios quiera... 916
YE 1,1 Juan Trabajo mucho. 1275
trabajo (16)
MP 1,5 Mariana ¡Con qué trabajo tan grande 796
MP 1,7 Fernando ¡ay qué trabajo me cuesta! 812
MP 2,8 Pedro Señores, a seguir nuestro trabajo. 844
ZP 1,1 Alcalde ¿En el trabajo? 923
ZP 1,1 Zapatero En el trabajo, señor alcalde. 923
ZP 2,1 Alcalde ¡Chist! ¿Y en qué consiste el trabajo de usted? 956
ZP 2,1 Zapatero Es un trabajo de poca apariencia y de mucha ciencia. 956
CA 1,1 Joven Demasiado trabajo tengo con oírla llena de coches y 1057
       gentes desorientadas.
CA 3,2 Jugador 1 Jugamos y ganamos; pero ¡qué trabajo nos cuesta! 1136
BS 1,3 Novio Y sería menos trabajo. 1197
BS 3,2 Novia Mira que mi cuello es blando; te costará menos trabajo 1270
       que segar una dalia de tu huerto.
YE 1,1 Juan Calla. Demasiado trabajo tengo yo con oír en todo 1276
       momento...
YE 1,1 Víctor Dile a tu marido que piense menos en el trabajo. 1285
YE 2,1 Lavandera 4 Le cuesta trabajo estar en su casa. 1302
BA 2,1 Magdalena Son los hombres que vuelven del trabajo. 1485
BA 2,1 La Poncia Pero les cuesta mucho trabajo desviarse de la 1500
       verdadera inclinación.

trabajos (6)
ZP 1,1 Zapatera Si hubiera reventado antes de nacer, no estaría 915
       pasando estos trabajos y estas tribulaciones.
BS 1,3 Novia ¿No he hecho yo trabajos de hombre? ¡Ojalá fuera! 1204

trabajos (continuación)
  YE 1,1 Yerma   Trabajas mucho y no tienes tú cuerpo para resistir los 1274
                        trabajos.
  YE 2,2 María   ¡Qué trabajos estás pasando, qué trabajos! 1319
  BA 1,1 Mujer 2   ¿Habéis empezado los trabajos en la era? 1446
trabazón (1)
  CA 2,1 Novia   Detrás de toda esta sombra hay como un trabazón de 1079
                        puentes de [...]

tracamundana (1)
  ZP 2,1 Zapatera   Tome un poquito de café caliente, que después de toda 967
                        esta tracamundana le servirá de salud.

trae (19)
  MM 1,1 Doña Curiana   mirad la alegría que nos trae la aurora. 675
  MM 1,2 Curianita Silvia que el aire me trae su aliento. 681
  TC 3,1 Contrabandista 2 ¡Trae vino de Málaga! 741
  TC 4,1 Mozo   Además te pagará bien. Trae dinero. 753
  MP 2,7 Conspirador 3   Bien venido, si buenas cartas trae. 840
  MP 3,7 Carmen   Un señor, que trae permiso 883
  ZP 2,1 Zapatera   ¿Yo? Me trae absolutamente sin cuidado, pero como lo 940
                        veo en la puerta. .
  ZP 2,1 Vecina Amarilla Pero o se va del pueblo o la echamos. Nos trae locas. 971
  BS 2,1 Novia   Trae. 1208
  BS 2,1 Criada   Trae el azahar. 1208
  YE 1,1 Yerma   Trae. 1283
  YE 2,1 Lavandera 4   Cómo me gusta el olor del fango rojo que trae el río 1306
                        por el invierno.
  YE 2,1 Lavandera 2   El me trae una rosa 1307
  YE 2,1 Lavandera 5   Cuando el hombre nos trae 1308
  RS 2,1 Rosita   Ama, trae los huesos de Santa Catalina. 1398
  BA 2,1 Adela   Trae cuatro mil bengalas amarillas y ponlas en las 1482
                        bardas del corral.
  BA 3,1 Bernarda   Trae un jarro de agua fresca. 1509
  BA 3,1 Amelia   Siempre trae mala sombra. 1510
  BA 3,1 Bernarda   ¡Trae un martillo! 1532
traed (1)
  EP CV Enfermero   Traed la sábana. 1164
tráele (1)
  MP 1,4 Amparo   Tráele 792
traen (7)
  BS 2,1 Criada   ¿Lo traen? 1212
  BS 3,2 Niña   traen a los novios del arroyo. 1267
  BS 3,2 Novia   traen a la muerte por el aire! 1271
  BS 3,2 Niña   Ya los traen. 1271
  BA 2,1 Angustias   No, porque cuando un hombre se acerca a una reja ya 1474
                        sabe por los que van y vienen, llevan y traen, que se
                        le va a [...]
  BA 2,1 La Poncia   Son ellos. Traen unos cantos preciosos. 1486
  BA 2,1 La Poncia   La traen arrastrando por [...] 1505
traer (6)
  ZP 2,1 Niño   Si quieres te puedo traer el espadón grande de mi 948
                        abuelo, el que se fue a la guerra.
  BS 1,1 Madre   ¿Me puede alguien traer a tu padre? 1173
  BS 1,3 Padre   Si pudiéramos con veinte pares de bueyes traer tus 1197
                        viñas aquí y ponerlas en la ladera.
  YE 1,2 Vieja 1   También yo vengo de traer la comida a mi esposo. 1287
  YE 1,2 Víctor   ¿Viniste a traer la comida? 1297
  BA 3,1 Bernarda   Si en esta casa hubiera hierbas ya te encargarías de 1519
                        traer a pastar las ovejas del vecindario.
traerán (2)
  MM 2,5 Gusano 1   o lo traerán los fríos? 712
  ZP 2,1 Niño   ¿Traerán monos? ¡Vamos! 952
traeré (4)
  MM 2,7 Curianito   Te traeré piedrecitas de la fuente 720
  CA 2,1 Joven   traeré temblando de amor 1105
  YE 1,1 Juan   Si necesitas algo me lo dices y lo traeré. 1277
  YE 2,2 Muchacha 2   Entonces, luego, yo traeré la blusa. 1321
traerle (1)
  BA 2,1 La Poncia   Se empeña que con el calor que hace vaya a traerle no 1483
                        sé qué de la tienda.
traerles (1)
  YE 1,2 Yerma   Con las faenas, los hombres están en los olivos, hay 1292
                        que traerles de comer.
traerlo (1)
  RS 3,1 Tía   Resucitarlo y traerlo con Rosita para respirar 1414
                        satisfecha con la honra de los míos.
traes (5)
  TB QM. Niña   Si me traes la ardilla, no te querré. 908
  PB 0,0 Perlimplín   Y si te soy franco, siento una sed... ¿Por qué no me 987
                        traes agua?
  BS 1,3 Madre   ¿Traes el reloj? 1195
  YE 2,2 Juan   ¿Por qué no te traes un hijo de tu hermano? 1314

traes - traje

			Pág.
traes (continuación)			
YE 3,1	Dolores	Cuando te sientas encinta me traes la fanega de trigo que me has prometido.	1330
tragar (2)			
TB QM.	Mujer	Ahora te podría tragar como si fueras un botón.	909
TB QM.	Mujer	Te podría tragar, Enrique...	909
tragaría (1)			
MM 2,4	Alacranito	¡cómo me tragaría	710
tragas (1)			
MM 2,5	Gusano 3	La gota que tú tragas	713
tragicomedia (1)			
TC 0,0	Mosquito	Ahora que sale la luna [...] gran función titulada "Tragicomedia de Don Cristóbal [...]	724
trague (1)			
MP 3,4	Mariana	¡que se lo trague la tierra!	873
traguemos (1)			
BA 1,1	Criada	Suelos barnizados con aceite, alacenas, pedestales, camas de acero, para que traguemos quina las que [...]	1444
traía (4)			
ZP 1,1	Zapatera	¡Y qué capa traía por el invierno!	917
CA 2,1	Criada	Traía este ramo de flores.	1082
BA 1,1	La Poncia	Paca la Roseta traía el pelo suelto y una corona de flores en la cabeza.	1456
BA 3,1	María Josefa	Cuando mi vecina tenía un niño yo le llevaba chocolate y luego ella me lo traía a mí y así siempre, [...]	1525
traían (1)			
BA 1,1	La Poncia	Luego estuvo detrás de una ventana oyendo la conversación que traían los hombres, que, [...]	1455
traición (4)			
EP RR	Figura De C	¡Traición! ¡Traición!	1154
EP RR	Hombre 1	¡Traición!	1154
EP RR	Director	¡Traición!	1154
traicionado (1)			
EP RR	Figura De C	¡Nos han traicionado!	1154
traída (1)			
YE 2,2	Yerma	Cada noche, cuando me acuesto, encuentro mi cama más nueva, más reluciente, como si estuviera recién traída de la ciudad.	1312
traído (3)			
ZP 1,1	Zapatero	Me han provocado, me [...] gentes y llevado y traído por comadres y [...]	922
RS 2,1	El Señor X	Estuve por haberla traído un cañoncito de [...]	1377
RS 2,1	Madre	Niñas, ¿habéis traído la tarjeta?	1392
traidores (1)			
RS 1,1	Rosita	¿Por qué tus ojos traidores	1370
traiga (4)			
MP 1,4	Lucía	¿Quieres que te traiga una novela?	792
MP 1,8	Angustias	que traiga banderolas	817
RS 3,1	Ama	Es una herida abierta que mana sin parar un hilito de sangre, y no hay nadie, nadie en el mundo, que traiga los algodones, [...]	1416
BA 2,1	Bernarda	Nadie me traiga ni me lleve.	1503
traigan (4)			
TC 6,1	Cristobita	Traigan dulces y vino... ¡Mucho vino!	772
MP 1,8	Angustias	que traigan encarnadas	817
MP 2,5	Mariana	en espera de gentes que te traigan ahogado.	832
BS 1,3	Padre	Los novios y nosotros [...] las caballerías que traigan.	1199
traigas (4)			
TB QM.	Niña	No me traigas la ardilla.	908
TB QM.	Niña	Queremos que nos traigas una colección de minerales.	908
TB QM.	Niña	Que me traigas la ardilla.	910
ZP 1,1	Zapatera	mañana que traigas la jaca blanca, la que a mí me gusta.	929
traigo (2)			
MM 2,1	Curianita Santa	¡Qué gran disgusto traigo, comadre, qué disgusto!	702
EP CV	Dama 3	Cuando subíamos por el monte de la ruina creíamos ver la luz de la aurora, pero tropezamos con los telones y traigo mis zapatos de [...]	1163
traje (V) (2)			
TC 2,1	Cocoliche	Cuando le traje el guardapelo de la feria de Mairena, me pasó la mano por la cara.	737
TC 2,1	Cocoliche	Cuando le regalé el chal de las rosas, me miró de una manera..., y cuando le traje el abanico de [...]	737
traje (33)			
MM 1,1	Curiana N	y llenan de estrellas mi traje sombrío.	672
MM 1,4	Curianito	Pintas sobre el cielo tu traje encarnado	685
MM 1,5	Curiana N	y aspirar el aroma del traje con que vistes!	698
TC 6,1	Cristobita	¡Mira qué traje tengo!	772
MP 1,4	Amparo	con traje color manzana,	793

traje (continuación)
MP 1,7 Fernando   "Adorada Marianita: Gracias al traje de capuchino, que   811
                          [...]
MP 3,7 Mariana   Tendré que cambiarme el traje: 883
ZP 0,0 El Autor   No tengas tanta impaciencia en salir; no es un traje   912
                          de larga cola y plumas inverosímiles el que sacas,
                          sino un traje roto, ¿lo oyes?, un traje de zapatera.
ZP 1,1 Zapatero   En cada casa un traje con ropa interior y todo.   931
ZP 2,1 Zapatera   El venía con un traje negro entallado, [...]   945
PB 3,1 Marcolfa   Ahora le amortajaremos con el rojo traje juvenil con   1017
                          que paseaba bajo sus mismos balcones.
CA 1,1 Amigo 2   Pero todavía no, todavía me veo subido en los   1075
                          cerezos... con aquel traje gris... Un traje gris que
                          tenía [...]
CA 2,1 Novia   ¿Qué traje me pongo?   1084
CA 2,1 Criada   ¿El traje hojas de otoño?   1085
CA 2,1 Padre   Te había regalado el hermoso traje de novia.   1089
CA 2,1 Criada   ¿También el traje de novia?   1098
CA 2,1 Maniquí   ¿Quién se pondrá mi traje? ¿Quién se lo pondrá?   1099
CA 2,1 Joven   Nadie se pondrá tu traje,   1100
CA 2,1 Maniquí   donde este traje se pudra.   1101
CA 2,1 Joven   Nadie se pondrá tu traje.   1102
CA 2,1 Maniquí   ¿Quién se pondrá mi traje?   1103
CA 2,1 Maniquí   Dame el traje.   1104
CA 2,1 Maniquí   ¿Quién se pondrá mi traje? ¿Quién se lo pondrá?   1107
CA 3,2 Joven   ¿Qué traje?   1133
EP CV Dama 3   Empiezo a tener frío con este traje.   1169
RS 3,1 Rosita   Era agria y odiaba a los niños y a toda la que se   1431
                          ponía un traje nuevo..., pero yo no seré así.
RS 3,1 Muchacho   Yo me impresioné, como es natural y dejé el traje y el   1433
                          antifaz sobre mi cama.
BA 1,1 Criada   Fastídiate, Antonio María Benavides, tieso con tu   1445
                          traje de paño y tus botas enterizas.
BA 1,1 Magdalena   Se ha puesto el traje verde que se hizo [...]   1462
BA 1,1 María Josefa   Ni mis anillos ni mi traje negro de "moaré".   1470
trajecito (1)
CA 2,1 Maniquí   Un trajecito   1102
trajecitos (1)
YE 1,1 Yerma   Te cortaré dos trajecitos.   1283
trajeron (3)
MP 1,3 Mariana   ¿Trajeron una carta?   788
BS 1,1 Vecina   Hace dos días trajeron al hijo de mi vecina con los   1179
                          dos brazos cortados por la máquina.
BS 2,1 Novia   ¿Por qué preguntas si trajeron el azahar?   1212
trajes (8)
DC 1,1   Yo voy a comer ahora [...] luego a planchar los trajes   1020
                          de la compañía.
DC 1,1 Director   El prólogo termina donde se dice: "Voy a planchar los   1020
                          trajes de la compañía."
CA 1,1 Viejo   Los trajes se rompen, las anclas se oxidan y vamos   1075
                          adelante.
CA 2,1 Novia   Todos mis trajes de color los metes en una maleta.   1087
EP CV Estudiante 2   Se amaban los esqueletos y estaban amarillos de llama,   1160
                          pero no se amaban los trajes y el público vio [...]
EP CV Estudiante 4   La gente se olvida de los trajes en las   1160
                          representaciones [...]
BS 1,1 Madre   Le compras unas medias caladas, y para ti dos   1177
                          trajes... ¡Tres!
RS 2,1 Tío   Por no discutir soy capaz de hacerme la cama, de   1386
                          limpiar mis trajes con jabón de palo [...]
trajo (3)
BS 2,1 Leonardo   ¿Y trajo ya el novio el azahar que se tiene que poner   1212
                          en el pecho?
BS 2,1 Novia   Lo trajo.   1212
YE 3,1 Dolores   La última vez hice la [...] casas, y ella misma las   1327
                          trajo en un pañal para [...]
tran (2)
TC 5,1 Fígaro   ¡Tran, larã, larã!   759
TC 5,1 Fígaro   ¡Excelencia, admirable! Yo estoy encantado. ¡Tran,   759
                          larã, larã!
tranca (1)
BA 1,1 La Poncia   Pero debes poner también la tranca.   1440
tranco (3)
YE 2,1 Lavandera 5   Anteanoche, ella la pasó sentada en el tranco, a pesar   1302
                          del frío.
BA 1,1 Martirio   Su novio no la deja salir ni al tranco de la calle.   1459
BA 2,1 La Poncia   Y para ocultar su vergüenza [...] lo han puesto en el   1505
                          tranco de su puerta.
tranquila (13)
MM 1,2 Curianita Silvia tranquila y fresca   679
MP 1,5 Mariana   tranquila, pero de pronto   800

		Pág.
tranquila (continuación)		
MP 2,7 Mariana	Yo no estoy muy tranquila, y os lo digo	837
MP 3,5 Mariana	de Calatrava. ¡Déjeme tranquila!	874
MP 3,8 Mariana	¡Voy a dormir tranquila!	887
BS 1,1 Madre	Que yo quiero bordar y hacer encaje y estar tranquila.	1177
BS 3,2 Madre	Y tranquila.	1267
YE 2,2 Yerma	De gente que no tiene la conciencia tranquila.	1319
YE 3,1 Yerma	Yo quiero tener a mi hijo en los brazos para dormir tranquila, y óyelo bien [...]	1328
YE 3,2 Juan	¡Que te lo tengo que gritar al oído para que lo sepas, a ver si de una vez vives ya tranquila!	1348
RS 3,1 Martín	Es una vida tranquila.	1421
BA 3,1 Magdalena	¡No la dejáis a una tranquila!	1517
BA 3,1 Bernarda	Mis hijas tienen la respiración tranquila.	1518
tranquilamente (3)		
MM 0,0	¿Y por qué a vosotros [...] gusanos que se pasean tranquilamente por la [...]	670
MP 2,3 Mariana	Dormir tranquilamente, niños míos,	826
MP 2,7 Mariana	tranquilamente a pasearse,	839
tranquilas (2)		
YE 1,2 Muchacha 2	De todos modos, tú y yo, con no tenerlos, vivimos más tranquilas.	1293
YE 3,2 Yerma	de las estrellas tranquilas.	1339
tranquilidad (2)		
MM 0,0	Con la misma tranquilidad y la certeza [...]	669
YE 3,2 Yerma	Buscabas la casa, la tranquilidad y una mujer.	1348
tranquilo (9)		
MM 0,0	Y si alguna honda lección [...] muletas un anochecer tranquilo, cuando se [...]	670
TC 2,1 Rosita	Que mires a la izquierda y a la derecha del tiempo, y que tu corazón aprenda a estar tranquilo.	736
PB 3,1 Marcolfa	Don Perlimplín, duerme tranquilo... ¿La estás oyendo?...	1018
EP RR Figura De C	Estoy tranquilo.	1148
BS 1,3 Padre	Porque no es buena tierra; [...] frutos y puedes dormir tranquilo.	1197
BS 2,1 Leonardo	No me quedo tranquilo si no te digo estas cosas.	1215
BS 2,2 Mujer	No es hombre tranquilo.	1233
BS 3,1 Novio	Y vamos pronto, que siento [...] imposible respirar tranquilo.	1253
YE 2,2 Juan	Para vivir en paz se necesita estar tranquilo.	1312
tranquilos (3)		
MM 0,0	Los insectos estaban contentos, sólo se preocupaban de beber tranquilos las gotas [...]	669
MM 2,5 Gusano 3	serenos y tranquilos,	713
MM 2,6 Curianito	Era el tiempo dichoso de mis versos tranquilos.	718
transatlánticos (1)		
CA 2,1 Padre	Tú no has bailado con nadie en los transatlánticos..., no te has interesado por nadie.	1089
transcurre (1)		
YE 2,1 Lavandera 4	Cada hora que transcurre aumenta el infierno en aquella casa.	1304
transcurrido (1)		
PB 3,1 Perlimplín	Me parece que han transcurrido cien años.	1009
transeúntes (1)		
ZP 1,1 Mirlo	Cuando las sombras crepusculares invadan con sus tenues velos el mundo y la vía pública se halle libre de transeúntes, volveré.	930
transida (1)		
RS 2,1 Rosita	se puso transida y blanca;	1404
transijo (1)		
ZP 2,1 Zapatero	No transijo.	975
transparente (2)		
MM 2,6 Curianito	ha llegado vestida de nieve transparente	718
MP 2,9 Pedrosa	este cuello de nardo transparente,	856
trapicheo (1)		
ZP 2,1 Zapatera	Si no fuera porque tengo que ganarme la vida con estos vinillos y este trapicheo, porque estoy [...]	942
trapo (1)		
ZP 1,1 Zapatera	Por lo que veo, en este pueblo no hay más que dos extremos: o monja o trapo de fregar...	932
tras (1)		
YE 3,1 Yerma	Yo quiero tener a mi [...] fantasma sentado año tras año encima de mi [...]	1328
traspasará (1)		
BA 2,1 Bernarda	Y si pasa algún día, estate segura que no traspasará las paredes.	1499
traspunte (1)		
EP CV Ladrones	Se ha equivocado el traspunte.	1162
trata (5)		
MP 1,5 Fernando	¿Sospechas de qué se trata?	798

trata (continuación)
  CA 2,1 Padre   Pues que como estás comprometida y se trata de tu   1088
                        vida, de [...]

  BA 2,1 La Poncia   Con la cabeza y las manos llenas de ojos cuando se   1480
                        trata de lo que se trata.

  BA 2,1 La Poncia   Se trata de lo tuyo.   1498
tratan (2)
  MM 1,5 Alacranito   y tratan de hacerse un nido?   690
  MM 2,7 Curianito   y estas manos que tratan   721
tratar (1)
  MP 2,8 Conspirador 3 No hay nada que tratar. Tienes razón.   845
tratas (1)
  ZP 2,1 Alcalde   Por lo que veo, este niño sabio y retorcido es la   949
                        única persona a quien tratas bien en el pueblo.

trates (1)
  DC 1,1 Madre   Que no me la trates mal. ¡Ay!, qué lástima de mi   1036
                        hijita.

trato (V) (1)
  PB PRO Madre   El agradecimiento de [...] veinte años que no trato a   986
                        un hombre.

trato (3)
  TC 1,1 Cristobita   La boca un poquitín grande, pero vaya canela en rama   733
                        de cuerpo... Aún no he cerrado el trato... Me
                        gustaría [...]
  TC 2,1 Cristobita   Conque cerramos el trato. ¿No es esto?   738
  TC 2,1 Cristobita   Cerramos el trato.   738
través (6)
  MP 3,8 Mariana   a través del gran río del mundo que abandono.   886
  PB 3,1 Belisa   El olor de su carne le pasa a través de su ropa.   1014
  CA 2,1 Joven   Y no son sueño tus trenzas [...] ganada lentamente a   1094
                        través de una lluvia, [...]
  EP CV Estudiante 2   El público se ha de dormir en la palabra, y no ha de   1161
                        ver a través de la columna [...]
  BA 2,1 La Poncia   Las viejas vemos a través de las paredes.   1480
  BA 3,1 Angustias   Muchas veces miro a Pepe con mucha fijeza y se me   1514
                        borra a través de los hierros, [...]

treinta (11)
  MP 1,3 Mariana   ¡Ya pasé los treinta!   788
  ZP 1,1 Niño   Tú no me regañarás, ¿verdad?, [...] pero a ti te   934
                        quiero treinta y dos y media...
  EP CV Estudiante 4   Romeo era un hombre de treinta años y Julieta un   1165
                        muchacho de quince.
  RS 1,1 Rosita   ¡Ya han dado las treinta campanadas en San Luis!   1353
  RS 1,1 Tía   En algunas ocasiones hace falta... Otro día que   1361
                        pase..., treinta y siete, treinta y ocho.
  RS 2,1 El Señor X   Mi amigo, el señor Longoria, [...] fantástica   1375
                        velocidad de treinta kilómetros por [...]
  BA 1,1 La Poncia   Treinta años lavando sus sábanas; treinta años   1442
                        comiendo [...]
  BA 1,1 La Poncia   Angustias ya debe tener mucho más de los treinta.   1457
  BA 1,1 Bernarda   Treinta y nueve justos.   1457
tren (6)
  TB QM. Enrique   Vamos pronto. A las seis he de tomar el tren.   905
  TB QM. Viejo   ¡Ah, el tren!   905
  TB QM. Viejo   El tren es una tontería.   905
  TB QM. Viejo   Aunque viviera cien años, yo no tendría miedo al tren.   905
  TB QM. Viejo   El tren no está vivo.   905
  CA 2,1 Novia   Pero yo dormía dulcemente en los almohadones del tren.   1089
trenes (2)
  EP CV Desnudo   Para la agonía del hombre solo, en las plataformas y   1164
                        en los trenes.
  EP CV Hombre 1   Soledad del hombre en el sueño lleno de ascensores,   1169
                        trenes donde tú vas a velocidades increíbles.

trenzas (16)
  PB 3,1 Marcolfa   Ella se puso encendida [...] apasionadamente sus   1010
                        hermosas trenzas de pelo.
  CA 1,1 Joven   Pero es que yo estoy [...] mundo apagado, sus trenzas   1050
                        de luz alrededor [...]
  CA 1,1 Viejo   Me permito recordarle que su novia... no tiene   1050
                        trenzas.
  CA 1,1 Joven   Ya sé que no tiene trenzas.   1050
  CA 1,1 Viejo   Y más hermosas que nunca. Serán unas trenzas...   1050
  CA 1,1 Viejo   Son unas trenzas con cuyo perfume se puede vivir sin   1050
                        necesidad de pan ni de agua.
  CA 1,1 Joven   Novia..., ya lo sabe usted; si digo novia la veo sin   1051
                        querer amortajada en un cielo sujeto por enormes
                        trenzas de nieve.
  CA 1,1 Amigo   Las trenzas aquí, apretadas, negrísimas, y luego...   1057
  CA 2,1 Novia   Yo me corté las trenzas porque le gustaban [...]   1079
  CA 2,1 Joven   Las trenzas...   1092
  CA 2,1 Novia   Nunca tuve trenzas.   1092

trenzas (continuación)   Pág.
  CA 2,1 Joven   Y no son sueño tus trenzas porque las haré [...]
  CA 2,1 Novia   Que busques otra mujer a quien puedas hacerle trenzas.   1094
  BS 3,1 Leonardo   de los pechos y las trenzas.   1094
  YE 1,1 María   Lloraba como un torito, con la fuerza de mil cigarras   1258
                        cantando a la vez, y nos orinaba y nos tiraba de las   1282
                        trenzas, y cuando tuvo [...]
  YE 1,2 Vieja 1   Han de deshacernos las trenzas y darnos de beber agua
                        en su misma boca.   1290
tres (61)
  TC 1,1 Rosita   Una, dos, tres, cuatro... ¡Ay!
  TC 1,1 Rosita   Heredó de su abuela tres duros y una caja de   725
                        membrillo, y... ¡nada más!   727
  MP 1,5 Fernando   he visto dos o tres grupos
  MP 2,8 Conspirador 4 sangrando por tres heridas,   798
  MP 2,9 Pedrosa   Pero hace ya tres meses que ando loco   844
  TB PBK Buster Keaton Uno, dos, tres y cuatro.   853
  ZP 0,0 El Autor   Por este miedo absurdo, [...] bola de humo o de que   893
                        tres peces, por amor de una mano y una palabra, se   911
                        conviertan en tres millones de peces [...]
  ZP 1,1 Zapatero   Y yo... cincuenta y tres.
  ZP 1,1 Zapatero   Una, dos, tres, cuatro... y mil.   916
  ZP 1,1 Zapatero   Ayer estuvimos todo el [...] esto, me hizo beber tres   918
                        vasos seguidos de [...]   920
  ZP 1,1 Zapatero   No me digas... Tres meses llevamos de casados, yo,
                        queriéndote..., y tú, poniéndome verde.   922
  ZP 1,1 Zapatera   Pues lo mismo se me da a mí que estés colmado como que   923
                        no estés, porque tú me importas tres pitos, ¡ya lo
                        sabes!
  ZP 2,1 Alcalde   Pues meter en la cárcel a dos o tres de los que venían   948
                        cantando.
  ZP 2,1 Niño   Se han hecho heridas con las navajas dos o tres mozos   970
                        y te echan a ti la culpa.
  DC 1,1 Enfermo   seis duritos y tres duritos,   1027
  DC 1,1 Cristóbal   una, dos y tres,   1028
  DC 1,1 Rosita   ¿A las tres de la mañana qué me harás?   1037
  CA 1,1 Amigo   Yo, en cambio... Ayer hice tres conquistas y como   1057
                        [...]
  CA 1,1 Amigo 2   Yo era tierno y cantaba, y ahora hay un hombre, un   1075
                        señor como usted, que anda por dentro de mí con dos o
                        tres caretas preparadas.
  CA 2,1 Novia   ¿Y no llevabas un caballo de las crines y matabas en   1093
                        un día tres mil faisanes?
  CA 2,1 Joven   Con tres góndolas hundidas...   1097
  CA 3,2 Jugador 2   Pero acuérdate del niño que en Suecia jugó con   1137
                        nosotros casi agonizante, y por poco si nos deja
                        ciegos a los tres con el chorro de [...]
  EP CV Enfermero   Tres estaciones, si queda bastante carbón.   1156
  BS 1,1 Madre   Primero, tu padre, que me olía a clavel y lo disfruté   1173
                        tres años escasos.
  BS 1,1 Novio   Tres años. Ya pude comprar la viña.   1176
  BS 1,1 Madre   Tres años. Ella tuvo un novio, ¿no?   1176
  BS 1,1 Madre   Le compras unas medias caladas, y para ti dos   1177
                        trajes... ¡Tres!
  BS 1,2 Suegra   ¿No ves que fue tres años novia suya?   1190
  BS 1,3 Madre   Los tres años que estuvo casado conmigo, plantó diez   1195
                        cerezos.
  BS 1,3 Madre   Los tres nogales del molino [...]   1195
  BS 1,3 Padre   Hace las migas a las tres, cuando el lucero.   1198
  BS 1,3 Criada   A las tres.   1204
  BS 2,2 Padre   Que en seguida tuvieran dos o tres hombres.   1228
  BS 2,2 Novio   Ponle tres docenas.   1233
  BS 3,2 Madre   en un día señalado, entre las dos y las tres,   1272
  BS 3,2 Novia   para que un día señalado, entre las dos y las tres,   1272
  YE 1,1 María   He comprado encajes, tres varas de hilo, cintas y   1278
                        lanas de color para hacer madroños.
  YE 1,1 Yerma   Elena tardó tres años, y otras antiguas, [...]   1282
  YE 1,2 Yerma   Tres años.   1286
  YE 2,1 Lavandera 2   y yo le doy tres.   1307
  YE 2,2 Yerma   Son tres contra mí.   1319
  YE 3,2 Vieja   Vete con él y viviremos los tres juntos.   1345
  RS 1,1 Ama   por las tres santas preguntas   1364
  RS 1,1 Rosita   de mis tres lindas manolas?   1364
  RS 1,1 Rosita   las tres y las cuatro solas.   1366
  RS 1,1 Rosita   ¿Quién serán aquellas tres   1367
  RS 1,1 Rosita   las tres y las cuatro solas.   1368
  RS 1,1 Manola 1   las tres y las cuatro solas.   1369
  RS 2,1 Ama   Con este señor y con el otro, don Confucio Montes de   1378
                        Oca, bautizado en la logia número cuarenta y tres, va
                        a arder la casa [...]

tres (continuación)
    RS 2,1 Rosita   El otro día me lo encontré jugando al uni uni doli   1387
                         doli con tres chicos y todo el [...]
    RS 2,1 Ama   La madre y las tres niñas.   1390
    RS 2,1 Madre   Y ellas me responden las tres a la vez : "Sillas."   1393
    RS 3,1 Ama   En medio de las dos, [...] tirándonos rosas como si   1425
                         las tres fuéramos un paso [...]
    RS 3,1 Ama   Tú hablas, te desahogas, nos hartamos de llorar las   1430
                         tres y nos repartimos el sentimiento.
    RS 3,1 Rosita   La mayor de las tres Manolas.   1431
    RS 3,1 Tía   las tres y las cuatro solas.   1432
    BA 1,1 Bernarda   Ya me lo has dicho tres veces y no te he querido   1468
                         replicar.
    BA 2,1 La Poncia   Hace un minuto dieron las tres.   1485
    BA 3,1 Bernarda   Vienen a pedirla dentro de tres días.   1509
    BA 3,1 Prudencia   Tres perlas.   1510
trescientos (2)
    TC 6,1 Cristobita   ¡Yo, que he matado trescientos ingleses, trescientos   778
                         constantinoplos!

tribulaciones (1)
    ZP 1,1 Zapatera   Si hubiera reventado antes de nacer, no estaría   915
                         pasando estos trabajos y estas tribulaciones.

trigo (16)
    EP CV Estudiante 4 Entonces que se paren las máquinas y arrojad los   1161
                         granos de trigo sobre un campo de acero.
    EP CV Estudiante 2 Lo que pasa es que se sabe lo que alimenta un grano de 1161
                         trigo y se ignora lo que alimenta un hongo.
    BS 1,1 Madre   Los hombres, hombres; el trigo, trigo.   1174
    BS 1,2 Leonardo   Estuve con los medidores del trigo. Siempre   1188
                         entretienen.
    BS 1,2 Mujer   Estuvo con los medidores del trigo.   1189
    BS 2,2 Padre   Prepara las bandejas de trigo.   1229
    YE 3,1 Dolores   Cuando te sientas encinta me traes la fanega de trigo 1330
                         que me has prometido.
    YE 3,1 Yerma   Yo no sé por qué empiezan los malos aires que   1333
                         revuelcan al trigo, ¡y mira tú si el trigo es bueno!
    BA 1,1 Mujer 4   El mismo trigo de tu casamiento lo sigas disfrutando. 1450
    BA 1,1 Martirio   Los veía en el corral uncir los bueyes y levantar los 1460
                         costales de trigo entre voces y zapatazos [...]
    BA 2,1 La Poncia   El que la contrataba era un muchacho de ojos verdes,   1485
                         apretado como una gavilla de trigo.
    BA 3,1 María Josefa Pero él os va a devorar porque vosotras sois granos de 1525
                         trigo.
    BA 3,1 María Josefa No granos de trigo.   1525
    BA 3,1 Martirio   ¡Estaba con él! ¡Mira esas enaguas llenas de paja de   1529
                         trigo!
trigos (3)
    BS 3,2 Madre   Benditos sean los trigos, porque mis hijos [...]   1270
    YE 2,1 Lavandera 4   Si los trigos verdes tuvieran cabeza, temblarían de   1306
                         verlos venir.
    YE 2,2 Yerma   Que estoy ofendida, ofendida y rebajada hasta lo   1318
                         último viendo que los trigos apuntan, que las [...]
Trinidad (2)
    MP 2,1 Clavela   la Santísima Trinidad,   822
    TB DME Vieja   ¿Te llamarás María, Rosa, Trinidad? ¿Segismunda?   897
triple (1)
    ZP 2,1 Zapatera   Pues todo eso es un ochavo comparado con lo que él   965
                         sabía..., él sabía... ¡el triple!

triste (36)
    MM 1,1 Curiana N   Ayer le vi triste.   673
    MM 1,2 Doña Curiana Tan joven y ya tan triste.   677
    MM 1,2 Doña Curiana verte triste y desolada   678
    MM 1,4 Curianito   ¡Qué triste situación!   689
    MM 2,1 Curianita 1   Cantaba triste, triste. Estaría soñando.   702
    TC 2,1 Cocoliche   Ponte triste si me ves; lo negro bajará luego hasta   735
                         los pies."
    TC 3,1 Mozo 1   ¡Lo que nosotros no podemos permitir es que estés   743
                         triste!
    MP 0,0 Mosquito   ¡Oh, qué día tan triste en Granada,   781
    MP 0,0 Mosquito   ¡Oh, qué día tan triste en Granada,   782
    MP 0,0 Niña   ¡Oh, qué día tan triste en Granada,   782
    MP 1,4 Lucía   ¡Te encuentro muy triste!   791
    MP 1,4 Amparo   conmigo mi triste amiga,   793
    MP 1,4 Amparo   conmigo mi triste amiga,   794
    MP 1,5 Fernando   ¡Qué triste es esto!   799
    MP 1,7 Fernando   triste angustia del momento!   812
    MP 1,8 Angustias   Mariana, ¡triste tiempo   818
    MP 2,9 Mariana   La noche estaba triste   850
    MP 3,9 Mariana   Contad mi triste historia a los niños que pasen.   890
    MP 3,9 Carmen   ¡Ay triste Marianita! ¡Rosa de los rosales!   890
    MP 3,9 Carmen   ¡Marianita, Marianita, de bello y triste nombre,   890

Pág.

triste (continuación)
  MP 3,9 Mariana   ¡Oh, qué día triste en Granada,   891
  CA 3,1 Mecanógrafa   para verte grande y triste   1121
  BS 2,1 Criada   No son horas de ponerse triste.   1208
  BS 3,1 Leñador 1   ¡Ay triste luna!   1249
  BS 3,1 Leñador 2   ¡Ay triste muerte!   1255
  YE 1,1 Yerma   Veinticuatro meses llevamos casados, y tú cada vez más   1274
                        triste, más enjuto, como si crecieras al revés.
  YE 1,2 Vieja 1   He tenido dos maridos, catorce hijos, cinco murieron   1287
                        y, sin embargo, no estoy triste, y quisiera vivir [...]
  YE 1,2 Víctor   Como tú triste.   1296
  YE 1,2 Yerma   No soy triste; es que tengo motivos para estarlo.   1297
  YE 1,2 Víctor   Y tu marido más triste que tú.   1297
  YE 3,2 Hembra   la esposa triste se bañaba.   1340
  YE 3,2 Macho   la triste casada!   1341
  RS 2,1 Ayola 1   Eso es muy triste.   1402
  RS 2,1 Solterona 1   Lo triste es bonito también.   1402
  RS 2,1 Rosita   y un rumor de nieve triste   1404
tristes (4)
  MM 1,5 Curiana N   ¡Qué suerte de nosotras, repugnantes y tristes!   698
  MM 2,5 Gusano 1   No nos pongamos tristes...   713
  YE 1,2 Yerma   Entonces, ¿qué vas a pensar cuando te deja en la cama   1290
                        con los ojos tristes mirando al techo [...]
  RS 1,1 Ama   A cosas tristes.   1352
tristeza (8)
  MM 1,1 Curiana N   Mi alma tiene gran tristeza, ¡vecina!   672
  MM 1,1 Doña Curiana   Desechad tristeza y melancolías;   674
  MM 1,2 Doña Curiana   ¿por qué tenéis la tristeza   678
  MM 1,6 Curianito   Me volveré tristeza sobre la noche oscura   701
  MM 2,2 Curiana N   la tristeza de aquella voz en el encinar   707
  TC 4,1 Cocoliche   Qué tristeza cuando te vi con el lazo en el pelo...   754
                        ¡Lo negro bajará hasta los pies!
  YE 1,2 Vieja 1   No pases tristeza.   1291
  YE 2,2 María   Me da tristeza que tengas envidia.   1317
tristezas (4)
  MM 1,2 Curianita Silvia   Tristezas.   677
  MM 1,2 Curianita Silvia   Tristezas que estoy pasando   677
  MM 1,6 Curianito   Calma las tristezas de este enamorado,   701
  RS 2,1 Madre   ¡Y qué angustia he pasado, [...] ¡Cuántas lágrimas,   1393
                            cuántas tristezas por una cinta [...]
trituro (1)
  TC 6,1 Cristobita   ¡Te mato, te trituro, te machaco los huesos!   776
triunfaremos (1)
  MP 2,8 Conspirador 3 Don Pedro, triunfaremos esperando.   842
triunfo (4)
  PB 3,1 Perlimplín   Ese es mi triunfo.   1014
  PB 3,1 Belisa   ¿Qué triunfo?   1014
  PB 3,1 Perlimplín   El triunfo de mi imaginación.   1014
  BA 3,1 Angustias   De aquí no sales tú con tu cuerpo en triunfo.   1530
trochas (1)
  BA 2,1 La Poncia   La traen arrastrando por la calle abajo y por las   1505
                        trochas y los terrenos [...]
troje (2)
  MM 1,1 Curiana N   Pero conservaba siempre el troje lleno.   674
  MM 1,3 Doña Curiana   el troje bien repleto.   685
tronco (4)
  CA 3,1 Mecanógrafa   No: que el sol es un gran tronco,   1121
  BS 2,1 Criada   por el tronco y la rama   1210
  BS 2,1 Criada   por el tronco y la rama   1216
  BA 2,1 Amelia   Yo duermo como un tronco.   1488
troncos (5)
  MM 1,1 Curiana N   Fui junto a los troncos del viejo encinar   672
  MP 2,7 Pedro   hasta los troncos de los olivares.   838
  CA 3,1 Muchacha   y en los troncos grandes   1109
  BS 3,1 Luna   y haya en los troncos oscuros   1250
  BS 3,1 Mendiga   apagará con el rumor de troncos   1250
tronchada (2)
  YE 1,1 Yerma   tronchada y rota soy para ti.   1278
  YE 1,1 Yerma   tronchada y rota soy para ti.   1285
tronchadas (2)
  CA 1,1 Niño   con las alas tronchadas y en el pico una flor.   1068
  RS 1,1 Tío   Bien está que se pisen las semillas, pero no es   1355
                        tolerable que esté con las hojitas tronchadas la
                        planta [...]
Tronchapinos (1)
  BA 1,1 La Poncia   Ahora que nadie como el antiguo sacristán Tronchapinos.   1443
tronchar (1)
  BA 3,1 Martirio   Esta se puso a mirarlas de modo que se iba a tronchar   1515
                        el cuello.
tronchara (1)
  MM 1,4 Curianito   sin que se tronchara tu tallo sutil!   686

tronchen (1)
MM 2,2 Curiana N   y temo que se tronchen. ¡Saltad el arroyuelo!   706
trono (1)
CA 2,1 Novia   Detrás de toda esta sombra [...] pronto en el salón   1079
    del trono, ¿verdad?, ¿verdad [...]
tropas (1)
MP 1,5 Fernando   un grupo de tropas hacia   799
tropecé (1)
YE 3,1 Yerma   Cuando salía por mis claveles me tropecé con el muro.   1334
tropezamos (1)
EP CV Dama 3   Cuando subíamos por el monte de la ruina creíamos ver   1163
    la luz de la aurora, pero tropezamos con los telones
    [...]
tropezó (1)
RS 2,1 Ayola 2   Tropezó esta y estuvo a punto de dar la vuelta de   1398
    campana...
tropieza (1)
BS 3,2 Niña   El hilo tropieza   1263
trotando (1)
ZP 2,1 Zapatero   Llegó su amigo trotando   961
trozo (2)
MM 1,3 Doña Curiana   que era un trozo de cielo.   685
CA 3,1 Payaso   su trozo de pan.   1113
truco (1)
EP CV Estudiante 4   ¿Pero no te has dado cuenta de que la Julieta que   1167
    estaba en el sepulcro era un joven disfrazado, un
    truco del director de [...]
truenos (1)
CA 1,1 Amigo   Son truenos; tendrás que oírlos.   1060
tu (359)
tú (344)
Tucumán (2)
RS 1,1 Tía   Cuarenta días de viaje hacen falta para llegar a   1362
    Tucumán.
RS 3,1 Tía   Cuando pienso en la mala [...] un vapor y llegar a   1414
    Tucumán y coger un látigo...
tucumana (1)
RS 1,1 Tía   Si antes no pegas la hebra con una tucumana.   1363
tuerto (2)
ZP 1,1 Zapatera   Que más vale estar casada con un viejo que con un   913
    tuerto, como tú estás.
BA 2,1 La Poncia   Sí, y por poco si le dejo tuerto.   1477
tules (1)
CA 2,1 Criada   ¿El de tules?   1085
tullidos (1)
PB 2,1 Belisa   El alma es patrimonio de los débiles, de los héroes   1006
    tullidos y las gentes enfermizas.
tumbado (1)
BS 2,2 Madre   Cuando yo llegué a ver a mi hijo, estaba tumbado en   1229
    mitad de la calle.
tumbarse (1)
MM 1,2 Doña Curiana   tumbarse sobre las hierbas.   681
tumbas (2)
EP CV Dama 1   Era un drama delicioso y la revolución no tiene   1159
    derecho para profanar las tumbas.
YE 2,2 Yerma   Cuando las casas no son tumbas.   1312
tumulto (3)
EP CV Enfermero   Cuando cese el tumulto.   1155
EP CV Estudiante 4   El tumulto comenzó cuando vieron que Romeo y Julieta   1160
    se amaban de verdad.
EP CV Estudiante 2   El tumulto comenzó cuando observaron que no se amaban,   1160
    que no podían amarse nunca.
tunante (3)
ZP 1,1 Alcalde   Entonces, grandísimo tunante, ¿por qué te has casado?   926
ZP 2,1 Zapatero   ¡qué tunante caballista   960
ZP 2,1 Zapatera   ¡Pillo, granuja, tunante, canalla!   977
tunda (2)
TC 5,1 Cristobita   ¡Tunda que tunda!   758
turba (1)
MP 2,5 Mariana   un gran desasosiego que me turba y me enoja;   830
turbáis (1)
MM 2,5 Mariposa   ¿Por qué turbáis mi sueño?   716
turbia (2)
MP 2,7 Conspirador 3   Y el Darro viene lleno de agua turbia.   836
CA 2,1 Maniquí   serán para el agua turbia.   1100
turbias (1)
PB 1,1 Duende 2   Y se va a las cosas turbias para descubrir en ellas   994
    secretos que ya sabía.
turbio (1)
MM 1,4 Curianito   con hojas marchitas y turbio color!   685

Pág.

turbios (2)
DC 1,1   Así, pues, el poeta sabe [...] errores y sentimientos   1019
                        turbios llegan hasta [...]
DC 1,1 Director   Entre los ojos de las [...] ambientes de las ciudades,   1043
                        turbios por el alcohol [...]
tus (90)
tuve (16)
TC 3,1 Joven   Me había interesado en la conversación porque yo tuve   745
                        una novia que se llamaba también Rosita...
MP 1,6 Clavela   hasta los ojos. Tuve mucho miedo.   803
MP 2,5 Pedro   ¡Ay, qué miedo tan grande tuve por él, Mariana!   828
ZP 1,1 Zapatero   Así tuve yo una también..., son unas capas   917
                        preciosísimas.
ZP 1,1 Zapatera   También tuve otro pretendiente... Aquel era medio   917
                        señorito..., tendría dieciocho años, ¡se dice muy
                        pronto!
ZP 1,1 Zapatero   También los tuve yo.   918
PB 0,0 Madre   Siempre dije a mi pobre [...] madre, a la cual no tuve   984
                        la dicha de conocer.
PB 1,1 Perlimplín   Belisa, con tantos encajes pareces una ola y me das el   988
                        mismo miedo que de niño tuve al mar.
CA 1,1 Amigo 2   un año cogí una de estas mujercillas de la lluvia y la   1073
                        tuve dos días en una pecera.
CA 2,1 Criada   Tuve un novio soldado que me clavaba los anillos y me   1084
                        hacía sangre; por eso lo despedí.
CA 2,1 Novia   Nunca tuve trenzas.   1092
CA 2,1 Maniquí   muerte que no tuve nunca   1100
CA 3,1 Mecanógrafa   Iba a morir de frío y tuve que buscar tu amor por   1127
                        donde no hay gente.
BA 1,1 Criada   Tuve durante el duelo [...]   1452
BA 1,1 Martirio   Desde niña les tuve miedo.   1460
BA 1,1 Martirio   Los veía en el corral uncir los bueyes y levantar los   1460
                        costales de trigo entre voces y zapatazos y siempre
                        tuve miedo de crecer [...]
tuviera (14)
TC 5,1 Currito   ¡Quién las tuviera   757
MP 1,2 Amparo   y ojalá siempre tuviera   786
MP 1,7 Mariana   Pues si mi pecho tuviera   813
MP 2,1 Niña   dale que le das. ¡Quién tuviera alguno!   821
MP 3,5 Mariana   ¡Quién tuviera unas alas cristalinas   876
ZP 1,1 Zapatero   si tuviera cuarenta años o cuarenta y cinco,   916
                        siquiera...
ZP 2,1 Zapatera   Yo viviré como si lo tuviera.   950
DC 1,1 Director   Si yo tuviera imaginación ya le habría puesto de   1037
                        patitas en la calle.
EP RR Figura De P   Si yo no tuviera esta flauta te [...]   1146
YE 1,2 Yerma   ¿Por qué? Aunque tuviera cuarenta.   1293
YE 2,2 Yerma   Si pudiera de pronto volverme vieja y tuviera la boca   1313
                        como [...]
YE 3,1 Yerma   Cuando me cubre cumple con su deber, pero yo le noto   1329
                        la cintura fría, como si tuviera el cuerpo muerto,
                        [...]
RS 2,1 Ama   Yo quise que tuviera cuerda y cantara, pero no pudo   1383
                        ser.
RS 3,1 Tía   ¡Ojalá tuviera yo tus años!   1413
tuvieran (3)
BS 2,2 Padre   Que en seguida tuvieran dos o tres hombres.   1228
YE 2,1 Lavandera 1   Todo esto se arreglaría si tuvieran criaturas.   1304
YE 2,1 Lavandera 4   Si los trigos verdes tuvieran cabeza, temblarían de   1306
                        verlos venir.
tuvieras (3)
BS 1,3 Criada   Por Dios. Está bien. Parece como si no tuvieras ganas   1203
                        de casarte.
YE 1,1 Yerma   No andes mucho y cuando respires respira tan suave   1280
                        como si tuvieras una rosa entre los dientes.
YE 1,2 Muchacha 2   Si tuvieras cuatro o cinco, no hablarías así.   1293
tuviese (1)
BA 2,1 La Poncia   La encuentro sin sosiego, temblona, asustada, como si   1472
                        tuviese una lagartija entre los pechos.
tuviésemos (1)
RS 3,1 Tía   Parece como si alguien quisiera poner el jardín feo   1437
                        para que no tuviésemos pena de dejarlo.
tuvimos (1)
BA 3,1 Bernarda   Nosotras tuvimos arca.   1511
tuviste (1)
BA 2,1 Amelia   ¿Y no tuviste miedo?   1489
tuvisteis (1)
MM 1,2 Curianita Silvia ¿No tuvisteis corazón   678
tuvo (14)
TC 6,1 Rosita   Ella tuvo una gargantilla [...]   762

tuvo (continuación)
  ZP 2,1 Zapatera   Tenía jaca, claro que la tuvo, pero es..., es que tú   945
                          no habías nacido.

  BS 1,1 Madre   Tres años. Ella tuvo un novio, ¿no?   1176
  BS 1,1 Madre   Sí, sí; y a ver si me alegras con seis nietos, o los   1177
                          que se dé la gana, ya que tu padre no tuvo lugar de
                          hacérmelos [...]
  BS 1,1 Madre   Tuvo suerte.   1180
  BS 1,1 Madre   A mí me habían dicho que la muchacha tuvo novio hace   1181
                          tiempo.
  BS 2,1 Mujer   El mismo sino tuvo mi madre.   1224
  YE 1,1 María   Una hermana de mi madre lo tuvo a los catorce años, ¡y 1282
                          si vieras qué hermosura de niño!
  YE 1,1 María   Lloraba como un torito, [...] las trenzas, y cuando   1282
                          tuvo cuatro meses nos [...]
  YE 3,1 Dolores   La última vez hice la [...] manera tan hermosa que   1327
                          tuvo dos criaturas ahí [...]
  RS 2,1 Ama   Ayer me tuvo todo el día acompañándola [...]   1380
  RS 3,1 Tía   Y no había calamidad [...] más grande que hombre   1427
                          tuvo..., el alma cristiana [...]
  BA 1,1 Martirio   Luego aquí la abandonó y se fue con otra que tenía una 1459
                          hija y luego tuvo relaciones con esta [...]
  BA 2,1 La Poncia   La hija de la Librada, la soltera, tuvo un hijo no se   1505
                          sabe con quién.
tuya (10)
tuyas (5)
tuyo (24)
tuyos (13)
u (1)
Ubeda (1)
  TC 3,1 Joven   Yo me acerqué a preguntaros una cosa, y me respondéis 745
                          por los cerros de Ubeda.
última (14)
  TC 1,1 Rosita   Cuatro veces me he pinchado ya en esta e última del "A 725
                          mi adorado padre."
  MP 3,8 Mariana   última débil brisa que se pierde en los álamos.   886
  ZP 1,1 Zapatero   Pero comprenda mi situación: toda la vida temiendo   919
                          casarme..., porque casarse es una cosa muy seria, y, a
                          última hora, ya lo está [...]
  ZP 1,1 Zapatero   Esta es mi última palabra.   922
  ZP 1,1 Alcalde   Eso tiene casarse a tu [...] Gómez, que ha sido la   924
                          última; buenas mozas [...]
  ZP 1,1 Alcalde   Rosa, Manuela, Visitación y Enriqueta Gómez, que ha   925
                          sido la última, te lo pueden [...]
  CA 1,1 Joven   La última vez que la vi [...]   1052
  CA 3,2 Jugador 1   Estaba pálido, tan pálido que en la última jugada ya 1136
                          no tenía más remedio que echar el "as de coeur".
  CA 3,2 Jugador 1   La última.   1142
  EP CV Estudiante 2 Vamos a ver la última Julieta verdaderamente femenina 1162
                          que se verá en el teatro.
  BS 2,1 Leonardo   Es la última vez que voy a hablar con ella. No temas   1215
                          nada.
  YE 1,2 Yerma   ¿En la última casa?   1294
  YE 3,1 Dolores   La última vez hice la oración [...]   1327
  RS 3,1 Rosita   Y sin embargo la esperanza [...] apretase sus dientes 1429
                          por última vez.
últimas (5)
  TC 0,0 Mosquito   Callad para que se asiente el barrillo de las últimas   723
                          conversaciones.
  MP 3,9 Mariana   En mis últimas horas yo quiero engalanarme.   889
  CA 2,1 Criada   Las últimas varillas se las llevó el chico del   1098
                          carbonero.
  CA 2,1 Joven   últimas olas oscuras.   1103
  RS 3,1 Tía   Quitando las últimas macetas del invernadero.   1412
último (12)
  MM 2,1 Curianita Santa que un amor imposible era su último canto   704
  PB 3,1 Perlimplín   Yo soy mi alma y tú eres tu cuerpo... Déjame en este 1017
                          último instante, puesto [...]
  EP CV Estudiante 2 En último caso, ¿es que [...]   1161
  YE 2,2 Juan   En último caso debes resignarte.   1314
  YE 2,2 Yerma   Que estoy ofendida, ofendida y rebajada hasta lo   1318
                          último viendo que los [...]
  YE 3,2 Vieja   Y, en último caso, vengo porque me da la gana.   1337
  YE 3,2 Juan   Ha llegado el último minuto de resistir [...]   1347
  RS 2,1 Rosita   El último correo me prometía novedades.   1394
  RS 3,1 Martín   Y créame usted que los [...] personas situadas en el   1419
                          último escalón de gente [...]
  BA 1,1 La Poncia   El último responso.   1443
  BA 3,1 Prudencia   ¿Han dado el último toque para el rosario?   1506
  BA 3,1 Prudencia   El último toque.   1511

			Pág.
últimos (1)			
	CA 2,1 Novia	Ha nevado mucho estos últimos años.	1092
ultrajados (1)			
	DC 1,1 Rosita	Son los leones del circo, son los maridos ultrajados que hablan en la calle.	1040
umbría (2)			
	MM 0,0	También el viejo silfo [...] dice la fuente en la umbría las repite con [...]	670
	RS 1,1 Rosita	mientras sufren en la umbría	1367
umbrías (1)			
	MM 1,5 Curiana N	allá entre las umbrías de la vieja floresta.	700
un (826)			
una (614)			
unas (43)			
uncir (1)			
	BA 1,1 Martirio	Los veía en el corral uncir los bueyes y levantar [...]	1460
une (1)			
	CA 3,2 Jugador 1	Las cartas beben rica sangre en las manos y es difícil cortar el hilo que las une.	1136
ungüento (1)			
	MM 2,2 Curiana N	¿Le pusisteis ungüento de mosca machacada?	706
uni uni doli doli (1)			
	RS 2,1 Rosita	El otro día me lo encontré jugando al uni uni doli doli con tres chicos y todo el montón de cartas en el suelo.	1387
única (12)			
	ZP 2,1 Alcalde	Por lo que veo, este niño sabio y retorcido es la única persona a quien tratas bien en el pueblo.	949
	EP RR Figura De C	Y danzando es la única manera que tengo de amarte.	1146
	EP RR Figura De C	Será la única manera de que puedas verme desnudo.	1147
	YE 1,1 María	De todas las novias de tu tiempo tú eres la única.	1282
	YE 3,1 Yerma	No lo quiero, no lo quiero y, sin embargo, es mi única salvación.	1329
	YE 3,1 Yerma	Mi única salvación.	1329
	RS 2,1 Tío	Lo he oído todo, y casi sin darme cuenta he cortado la única rosa mudable que tenía en mi invernadero.	1410
	BA 1,1 La Poncia	Era la única que quería al padre.	1440
	BA 1,1 Criada	Esa es la única tierra que nos dejan a las que no tenemos nada.	1443
	BA 1,1 Bernarda	Es la única mujer mala que tenemos en el pueblo.	1456
	BA 1,1 Martirio	Es la única que conoce la historia de su padre y el origen de sus tierras.	1459
	BA 1,1 Amelia	¡Angustias tiene todo el dinero de su padre, es la única rica de la casa [...]	1464
único (8)			
	BS 2,2 Criada	Tú eres el único que la puedes curar, porque tuya es.	1239
	BS 2, Madre	El único bueno.	1240
	YE 1,2 Muchacha 2	Yo te puedo decir lo único que he aprendido [...]	1294
	RS 2,1 Ama	Pues para lo único que sirven las rosas es para adornar las habitaciones.	1388
	RS 2,1 Tía	Pero ¿no te acuerdas, hija? Era lo único que le afeaba un poco.	1400
	RS 3,1 Martín	No sé por qué escribo, porque no tengo ilusión, pero sin embargo es lo único que me gusta.	1421
	RS 3,1 Rosita	Ahora lo único que me queda es mi dignidad.	1430
	BA 2,1 Martirio	Aquí es el único sitio donde no se puede pronunciar esta palabra.	1478
únicos (1)			
	YE 3,1 Yerma	Te figuras tú y tu gente que sois vosotros los únicos que guardáis honra, y no sabes	1332
Universidad (1)			
	RS 1,1 Tío	No os dais cuenta de [...] ni el botánico de la Universidad.	1352
universitaria (1)			
	RS 3,1 Martín	No se le da hoy mérito a la Retórica y Poética, ni a la cultura universitaria.	1423
uno (51)			
unos (30)			
untadas (1)			
	YE 2,1 Lavandera 4	Están untadas con cera.	1302
untuosas (1)			
	BA 1,1 Bernarda	Esa sale a sus tías; blancas y untuosas y que ponían los ojos de carnero al piropo de cualquier barberillo.	1456
unturas (1)			
	MM 2,2 Doña Curiana	Le puse dos unturas.	706
uña (1)			
	EP RR Figura De C	Un gigante, tan gigante, que puedo cortar una roca con la uña de un recién nacido.	1149
uñas (4)			
	TB QM. Niña	Los minerales me romperán las uñas.	910

uñas (continuación)
    BS 1,1 Madre   Porque con las uñas los desentierro y yo sola los   1176
                      machaco contra la tapia.
    RS 3,1 Ama   Con las puntillas de [...] las rodillas, con las uñas.   1413
    RS 3,1 Ama   ¡No quede de ellos ni las uñas de las manos!   1424
uri (2)
    TC 6,1 Un Cura   Uri memento.   779
    MP 1,8 Angustias   decían uri memento,   817
urraquita (4)
    DC 1,1 Madre   y una urraquita   1029
    DC 1,1 Madre   y una urraquita...   1034
    DC 1,1 Madre   Y una urraquita   1034
    DC 1,1 Rosita   cómo mi urraquita se pone a volar.   1038
usa (1)
    BA 2,1 La Poncia   A ver si ahora Angustias los usa en los suyos.   1484
usaban (1)
    BA 1,1 Magdalena   Una boda duraba diez días y no se usaban las malas   1461
                      lenguas.
usando (1)
    RS 2,1 Madre   ¡Y qué angustia he pasado, señora, para que estas   1393
                      hijas puedan seguir usando sombrero ¡Cuántas [...]
usar (1)
    YE 2,2 Yerma   Porque estoy harta de tenerlas y no poderlas usar en   1317
                      cosa propia.
usará (2)
    CA 2,1 Maniquí   ¿Quién usará la plata buena   1099
    CA 2,1 Maniquí   ¿Quién usará la ropa buena   1100
usarlos (2)
    RS 2,1 Ama   Es que ya debe usarlos y romperlos, pero ella no se da   1380
                      cuenta de cómo pasa el tiempo.
    BA 2,1 La Poncia   Yo nunca pude usarlos en los míos.   1484
usas (1)
    BS 1,2 Mujer   ¿Y no será que lo usas mucho?   1187
use (1)
    RS 3,1 Rosita   ¿El día que lo use?   1427
uses (1)
    RS 3,1 Tía   Y todo lo que se compró es digno de ti y será hermoso   1427
                      el día que lo uses.
uso (2)
    CA 2,1 Maniquí   dolor de velo sin uso,   1100
    YE 2,2 Yerma   Cuando las sillas se rompen y las sábanas de hilo se   1312
                      gastan con el uso.
usted (298)
ustedes (27)
útil (1)
    TC 4,1 Mozo   Mira: tú vas a ser muy útil a este caballero.   752
utilizo (1)
    BS 1,2 Leonardo   No. Casi no lo utilizo.   1187
uvas (7)
    ZP 2,1 Zapatero   Vino de uvas negras como el alma de algunas mujeres   956
                      que yo conozco.
    PB 3,1 Marcolfa   Yo le llevaba por las mañanas el café con leche y las   1009
                      uvas...
    PB 3,1 Perlimplín Sí..., ¡las uvas!,   1009
    PB 3,1 Perlimplín ¡las uvas!;   1009
    BS 1,1 Novio   Déjalo. Comeré uvas. Dame la navaja.   1172
    RS 2,1 Madre   Y allá vamos con unas patatas y un racimo de uvas,   1394
                      pero con capa de [...]
    BA 1,1 La Poncia   La quedan cinco mujeres, [...] de hilo, pero pan y   1442
                      uvas por toda herencia.
va (89)
    MM 1,1 Curiana N   Va a ser un poeta, y no es nada extraño: 673
    MM 1,5 La Mariposa El hilo va a la estrella   699
    MM 2,5 Mariposa   de plata va a los campos   716
    TC 0,0 Mosquito   Ahora que sale la luna y las luciérnagas huyen   724
                      lentamente a sus cuevecitas, va a dar comienzo la [...]
    TC 1,1 Padre   ¡Qué va a ser de nosotros!   726
    TC 5,1 Fígaro   ¿Se va usted a afeitar?   756
    TC 5,1 Cansa-Almas Se va a despertar.   760
    TC 6,1 Mosquito   Después de todo ..., la luna no es tan menguante, ni   771
                      el aire va, ni el aire viene...
    TC 6,1 Mosquito   Después de todo ..., la luna no es tan menguante, ni   772
                      el aire va, ni el aire viene... Ni va, ni viene.
    TC 6,1 Mosquito   Ni viene, ni va...   772
    MP 1,4 Amparo   ¡Este invierno va a ser de agua!   794
    MP 1,7 Fernando   ¿Y aquí va?...   814
    MP 2,1 Niña   porque a la guerra va."   823
    MP 2,8 Mariana   que va atada a la cola de un caballo.   848
    MP 3,3 Alegrito   Solo el viento viene y va;   868
    MP 3,7 Novicia 2   ¡Marianita va a morir!   880
    TB DME Estudiante Va demasiado de prisa.   900

va (continuación)   Pág.

TB DME Doncella	¿Quién va de prisa?	900
TB QM. Niña	Pues ahora el topo va a ser para mí.	908
ZP 1,1 Zapatera	¿Qué va a ser de mí sola en esta vida?	938
ZP 2,1 Zapatera	¿Qué va a tomar?	940
ZP 2,1 Zapatera	Va usted a tomar copa, café, refresco, ¿diga?	941
ZP 2,1 Zapatera	No me mire tanto, que se me va a derramar el jarabe.	941
ZP 2,1 Zapatera	¿Pero los va usted a hacer en mi casa?	954
ZP 2,1 Zapatera	¡Que si va con segunda, dígalo! ¡Sea valiente!	966
ZP 2,1 Zapatera	Yo soy la que va a tener que hacer algo gordo.	970
ZP 2,1 Vecina Amarilla	Pero o se va del pueblo o la echamos. Nos trae locas.	971
PB 0,0 Perlimplín	¿De qué me va a servir?	981
PB 0,0 Una Voz	¡Gallo, que se va la noche!	982
PB 0,0 Marcolfa	Esto va bien.	984
PB 0,0 Belisa	¡Gallo, que se va la noche!	987
PB 1,1 Duende 1	¿Y cómo te va por lo oscurillo?	993
PB 1,1 Duende 2	Y se va a las cosas turbias para descubrir en ellas secretos que ya sabía.	994
CA 1,1 Joven	la dibujo, la hago moverse blanca y viva; pero de pronto, ¿quién [...] llena de andrajos que va por mi pensamiento [...]	1052
CA 1,1 Viejo	El agua que viene por el río es completamente distinta de la que se va.	1052
CA 1,1 Niño	Apagado va por el cielo.	1068
CA 1,1 Amigo 2	Va a caer un aguacero..., pero aguacero bonito el que cayó el año pasado.	1073
CA 1,1 Joven	¿Dónde va usted? ¿Por qué se marcha así? ¡Espere!	1076
CA 2,1 Criada	¡Piense bien en lo que va a hacer!	1083
CA 2,1 Criada	¡Qué va usted a hacer!	1083
CA 2,1 Criada	El aire le va a quemar el cutis.	1087
CA 2,1 Padre	Pero, hija... ¿Qué va a decir ese hombre?	1089
CA 2,1 Criada	¡Le va a oír!	1092
CA 3,1 Arlequín	El sueño va sobre el tiempo	1108
CA 3,1 Arlequín	El tiempo va sobre el sueño	1108
CA 3,1 Arlequín	¿Dónde va?	1118
CA 3,1 Payaso	¿Pero dónde va? ¡Ja, ja, ja!	1119
CA 3,1 Arlequín	Dice que va a su casa.	1119
EP CV Enfermero	¿Cuándo va a comenzar el toque de agonía?	1164
EP CV Estudiante 1	Cuando la gente va al acuárium no asesina [...]	1165
BS 1,1 Madre	Un hombre hermoso, con su flor en la boca, que sale a las viñas o va a sus olivos propios, [...]	1173
BS 1,3 Padre	No debes estar seria. Al fin y al cabo ella va a ser tu madre.	1200
BS 2,2 Madre	¿Qué sangre va a tener?	1227
BS 2,2 Criada	¿Cómo lo va a dejar?	1227
BS 2,2 Leonardo	¿Va a haber fiesta?	1229
BS 2,2 Novio	¿Usted se va a ir?	1241
BS 3,1 Mendiga	Esa luna se va, y ellos se acercan.	1250
BS 3,1 Luna	El aire va llegando duro, con doble filo.	1251
YE 1,1 Yerma	Yo pienso que se nos va la mitad de nuestra sangre.	1283
YE 1,1 Yerma	Cada mujer tiene sangre para cuatro o cinco hijos, y cuando no los tienen se les vuelve veneno, como me va a pasar a mí.	1283
YE 1,1 Víctor	Quiere juntar dinero y lo juntará, pero ¿a quién lo va a dejar cuando se muera?	1285
YE 1,2 Muchacha 2	Si seguimos así, no va a haber solteras más que las niñas.	1293
YE 1,2 Muchacha 2	¡Ya se va la loca!	1295
YE 1,2 Víctor	¿Dónde va lo hermoso?	1296
YE 2,2 Yerma	Nunca se sabe lo que va a pasar.	1323
YE 3,1 Yerma	Yo tengo la idea de que [...] leche tibia que les va llenando	1327
YE 3,1 Yerma	El va con sus ovejas por sus caminos y cuenta el dinero por las noches.	1329
RS 1,1 Ama	Que deje usted esos bolillos con ese tiquití, que me va a estallar la cabeza de tiquitís.	1360
RS 1,1 Rosita	la que va detrás, paloma;	1367
RS 1,1 Rosita	Nadie va con ellas, nadie;	1367
RS 2,1 Ama	Con este señor y con el otro, don Confucio Montes de Oca, bautizado en la logia número cuarenta y tres, va a arder la casa un [...]	1378
RS 3,1 Martín	¡Qué se le va a hacer!	1418
RS 3,1 Tía	Sobre todo cuando ella va a morir y se acuerda de su madre y la llama.	1420
RS 3,1 Martín	Y cuando Glucinio se va a encontrar con Isaías y levanta el tapiz de la tienda...	1420
RS 3,1 Ama	¡Ya va...!	1424
RS 3,1 Ama	Sí. Parece que va a llover.	1436
RS 3,1 Tía	Como siga este viento no va a quedar una rosa viva.	1436
BA 1,1 Criada	Por la puerta se va a la calle. Las sobras de hoy son para mí.	1444

va (continuación)
BA 1,1	Martirio	¡Para lo que me va a servir!	1458
BA 1,1	Magdalena	Anoche estuvo rondando la casa y creo que pronto va a mandar un emisario.	1463
BA 1,1	María Josefa	Porque ninguna de vosotras se va a casar.	1470
BA 2,1	Angustias	No, porque cuando un hombre se acerca a una reja ya sabe por los que van y vienen, llevan y traen, que se le va a decir que sí.	1474
BA 2,1	La Poncia	¡Y así te va a ti con esos humos!	1498
BA 3,1	Adela	Así te va a ti.	1515
BA 3,1	Bernarda	A ella le va en lo suyo como a ti en lo tuyo.	1516
BA 3,1	Criada	No sé lo que va a pasar aquí.	1521
BA 3,1	Martirio	Abuela, ¿dónde va usted?	1524
BA 3,1	María Josefa	Pero, ¿por qué una oveja no va a ser un niño ?	1524
BA 3,1	María Josefa	Pero él os va a devorar porque vosotras sois granos de trigo.	1525

vaca (2)
| EP RR | Figura De C | Allí hay una vaca que guisa la comida para los soldados. | 1151 |
| RS 2,1 | Ama | Porque de tanto mirar al cielo se le van a poner los ojos de vaca. | 1381 |

vacía (5)
CA 3,2	Joven	No quiero subir y encontrármelo tendido en la cama tan grande, tan vacía.	1133
YE 1,2	Vieja 1	¡Y resulta que estás vacía!	1290
YE 1,2	Yerma	No, vacía, no, porque me estoy llenando de odio.	1290
RS 3,1	Tía	Desde que murió mi marido está la casa tan vacía que parece el doble de grande, y hasta tenemos que buscarnos.	1412
RS 3,1	Rosita	Quiero huir, quiero no ver, quiero quedarme serena, vacía... (¿es que no [...]	1429

vacías (2)
| MM 0,0 | | Parece que el niño Cupido duerme muchas veces en las cuevas vacías de su calavera. | 670 |
| YE 3,1 | Yerma | A veces, cuando ya estoy [...] pies y se me quedan vacías todas las cosas, [...] | 1328 |

vacío (2)
| MM 2,5 | Mariposa | está muerto y vacío. | 715 |
| BA 1,1 | Criada | Tuve durante el duelo que taparle varias veces la boca con un costal vacío porque quería llamarte [...] | 1452 |

vacíos (2)
| BS 3,1 | Leñador 1 | Pero ya habrán mezclado sus sangres y serán como dos cántaros vacíos , como dos arroyos secos. | 1247 |
| RS 3,1 | Tía | "Ahí está Fulano"; y él: "Que entre"; y entraba con los bolsillos vacíos y salía con ellos [...] | 1427 |

vago (1)
| MM 2,1 | Curianita 1 | ¡Un vago! | 702 |

vagué (1)
| MP 2,5 | Pedro | vagué por la Alpujarra. Supe que en Gibraltar | 831 |

vaho (1)
| YE 2,1 | Lavandera 4 | Ella y sus cuñadas, sin [...] cobres, limpian con vaho los cristales, dan [...] | 1304 |

vais (12)
MM 0,0		Señores: La comedia que vais a escuchar es humilde [...]	669
MM 1,1	Doña Curiana	¿Dónde vais, señora, de rocío llena?	671
MM 1,1	Curiana N	¡Ay doña Curiana, qué vais a decir!	672
MP 3,3	Alegrito	para lo que vais a oír!	867
ZP 2,1	Zapatero	¡Me vais a soñar!	973
YE 1,2	Vieja 1	¿Cuándo os vais a dar cuenta de que no existe?	1291
YE 2,2	Yerma	Vais a lo vuestro sin reparar en las delicadezas.	1322
BA 1,1	Bernarda	No os hagáis ilusiones de que vais a poder conmigo.	1470
BA 2,1	La Poncia	Como le dé por tener crías, vais a estar cosiendo mañana y tarde.	1484
BA 2,1	Bernarda	¡Pero me vais a soñar!	1492
BA 2,1	Bernarda	¿Dónde vais?	1503
BA 3,1	Prudencia	¿Vais a echarle las potras nuevas?	1508

vale (9)
ZP 1,1	Zapatera	Que más vale estar casada con un viejo que con un tuerto, como tú estás.	913
ZP 1,1	Niño	No, eso no vale.	936
DC 1,1	Poeta	Sin embargo, más vale que nos riamos todos.	1036
EP RR	Estudiante 2	Más vale quedarse.	1157
BS 1,1	Vecina	Tienes razón. Tu hijo vale mucho.	1181
BS 1,1	Madre	Vale.	1181
BS 3,1	Leñador 1	¿Y qué? Vale más ser muerto desangrado que vivo con ella podrida.	1246
RS 3,1	Martín	Más vale así.	1418
BA 2,1	Angustias	Y, además, ¡más vale onza en el arca que ojos negros en la cara!	1472

valen - vamos

Pág.

valen (4)
MM 2,1 Curianita Santa   Valen más en mi reino los que cantan y juegan   703
ZP 1,1 Zapatera   ¿Es que mi frescura y mi cara no valen todos los   916
                          dineros de este mundo?
BS 1,3 Padre   Las viñas valen un capital.   1196
RS 1,1 Ama   Ni padre, ni madre, ni perrito que le ladre, pero   1355
                          tiene un tío y una tía que valen un tesoro.
Valencay (1)
MP 2,9 Pedrosa   se entretuvo bordando en Valencay   851
Valencia (1)
TC 4,1 Mosquito   El alma de doña Rosita es como esos barquitos de nácar   751
                          que venden en las ferias, barquitos de Valencia que
                          llevan unas [...]
valenciennes (1)
RS 2,1 Solterona 3   ¿Has terminado el juego de encajes valenciennes?   1395
valentía (3)
MP 3,6 Mariana   tu valentía?   878
MP 3,6 Mariana   tu valentía?   878
ZP 2,1 Alcalde   Nada, pensaba... de que si tú fueras como debías ser,   951
                          te hubieras enterado que tengo voluntad y valentía
                          para hacer escritura, [...]
valga (1)
BA 1,1 Martirio   ¡Dios me valga!   1464
válgate (1)
ZP 1,1 Zapatera   ¡Válgate Dios!   915
valgo (1)
ZP 1,1 Zapatera   Si una no puede ser buena... ¿Y yo?, ¿es que no valgo   916
                          nada?
valiente (8)
MP 2,8 Conspirador 4   el valiente caballero,   844
MP 3,1 Novicia 2   ¡Qué mujer tan valiente! Cuando ayer   861
MP 3,5 Mariana   ¡Soy valiente, Pedrosa, soy valiente!   875
ZP 2,1 Zapatera   ¡Que si va con segunda, dígalo! ¡Sea valiente!   966
BS 3,2 Suegra   Valiente y sola en tu casa.   1264
YE 3,1 Dolores   Has estado valiente.   1326
BA 2,1 La Poncia   ¡Desde luego eres la más valiente!   1501
valor (5)
ZP 1,1 Zapatera   ¿Tienes valor de robar a este hombre de esa manera?   921
ZP 1,1 Zapatera   ¿Pero tienes el valor de llamarme escandalosa, cuando   922
                          he salido a defender tu dinero?
ZP 1,1 Zapatera   Pero ¿habrá tenido el valor de marcharse al [...]   934
BA 1,1 Bernarda   ¿Pero has tenido valor de echarte polvos en la cara?   1468
BA 1,1 Bernarda   ¿Has tenido valor de lavarte la cara el día de la   1468
                          muerte de tu padre?
Válor (1)
MP 1,7 Fernando   Esta noche, disfrazado de contrabandista, tengo   811
                          absoluta necesidad de salir para Válor y Cadiar, donde
                          [...]
vals (2)
CA 3,1 Payaso   Un vals.   1114
RS 2,1 Tío   Así lo dice el vals de las rosas, que [...]   1388
valle (1)
BS 3,1 Luna   por la maleza del valle?   1249
valles (2)
BS 1,2 Suegra   Por los valles grises   1186
BS 3,1 Luna   ¡Mira que ya mis valles de ceniza despiertan   1251
vámonos (13)
MP 1,4 Lucía   Vámonos, Amparo.   792
MP 3,7 Novicia 1   ¡Vámonos!   883
ZP 1,1 Niñas   ¡Ay, vámonos, vámonos, por Dios!   921
CA 1,1 Niño   Vámonos; de casa en casa   1066
CA 1,1 Gata   Vámonos por la escalera.   1067
CA 1,1 Gata   Vámonos por la ventana.   1067
CA 3,1 Joven   Vámonos pronto. Ahora mismo.   1121
CA 3,1 Joven   Vámonos de este sitio.   1123
BS 2,1 Novia   ¡Vámonos pronto a la iglesia!   1221
BA 3,1 La Poncia   Vámonos.   1522
BA 3,1 María Josefa   vámonos a la orilla del mar.   1523
BA 3,1 María Josefa   vámonos a la orilla del mar.   1525
vamos (140)
MM 1,5 Doña Orgullos   ¡Qué le vamos a hacer...!   698
MM 1,5 Curiana N   ¡Vamos a entrar a verla! ¡Es preciosa!   700
MM 2,1 Curianita 1   ¡Vamos a la casita, que ya es de noche!   705
MM 2,1 Curianita Santa ¡Vamos!   705
MM 2,5 Gusano 1   vamos por este sitio.   714
MM 2,5 Gusano 1   y vamos embriagados   716
MM 2,5 Gusano 2   Vamos a nuestro campo.   717
TC 2,1 Mozo 1   Vamos, vamos.   738
TC 2,1 Cristobita   ¿Qué hablas?... Vamos a avisar al cura.   740
TC 2,1 Padre   Vamos.   740
TC 4,1 Cansa-Almas   Qué le vamos a hacer.   753

vamos (continuación)

TC 5,1	Cristobita	¡Vamos!	759
TC 6,1	Cristobita	Vamos a casarnos en seguida... Y, ¡oye!,	767
TC 6,1	Cristobita	¡Ya vamos!	767
TC 6,1	Cristobita	¡Ole, ole, ya vamos!	767
TC 6,1	Cristobita	Vamos, Rosita.	770
TC 6,1	Mosquito	Vamos a enterrar	780
MP 1,4	Lucía	Si esperas visita, nos vamos.	791
MP 1,8	Mariana	Vamos pronto.	818
MP 2,8	Pedro	¡Vamos!	847
MP 3,5	Pedrosa	¿Quiénes son? Y sus nombres. ¡Vamos, pronto!	877
MP 3,7	Monja 1	¿Vamos a ensayar la Salve?	881
MP 3,7	Novicia 1	¡Vamos a la...!	882
MP 3,9	Mariana	¡Vamos pronto!	890
TB QM.	Enrique	Vamos pronto. A las seis he de tomar el tren.	905
TB QM.	Enrique	Vamos. Van a dar las seis de un momento a otro.	906
TB QM.	Enrique	Vamos, he dicho.	907
ZP 1,1	Zapatero	Porque vamos a ver: ¿por qué me habré casado?	918
ZP 1,1	Zapatera	Pero vamos a ver: ¿a mí qué me importa todo esto?	922
ZP 1,1	Alcalde	Vamos, lo estoy viendo [...]	925
ZP 1,1	Zapatera	y vamos al tiroteo!	926
ZP 1,1	Alcalde	¡Porque, vamos!	928
ZP 1,1	Zapatera	¡Vamos! ¿Quieres decirme lo que pasa? ¡Pronto!	937
ZP 2,1	Zapatera	Vamos.	941
ZP 2,1	Niño	¿Traerán monos? ¡Vamos!	952
ZP 2,1	Alcalde	¡Vamos a ver!	962
ZP 2,1	Zapatera	Vamos, quiero cerciorarme de la maldad de las gentes.	970
PB 0,0	Perlimplín	Vamos.	980
PB 0,0	Marcolfa	He decidido que vamos...	984
PB 0,0	Perlimplín	Hemos decidido que vamos...	984
PB 1,1	Duende 2	Y tiene razón. ¿Vamos?	996
PB 1,1	Duende 1	Vamos. Ya siento un dulce fresquillo por mis espaldas.	996
PB 1,1	Duende 2	¿Vamos por lo oscurillo?	997
PB 1,1	Duende 1	Vamos ya, compadrillo.	997
PB 2,1	Perlimplín	Tú eres joven y yo soy viejo..., ¡qué le vamos a hacer!...,	1005
DC 1,1	Director	Vamos, siga.	1021
DC 1,1	Director	Vamos, don Cristóbal; hay necesidad de empezar el drama.	1023
DC 1,1	Cristóbal	Yo no soy un médico. Vamos al toro.	1023
DC 1,1	Cristóbal	Vamos.	1025
CA 1,1	Viejo	Por eso vamos a... a no ir... o a esperar.	1053
CA 1,1	Amigo	Pero vamos a ver... Me quieren ustedes decir...	1061
CA 1,1	Niño	Yo no quiero que me entierren. ¡Vamos pronto!	1065
CA 1,1	Viejo	Los trajes se rompen, las anclas se oxidan y vamos adelante.	1075
CA 2,1	Padre	Eran unos abanicos buenos..., pero vamos...	1098
CA 3,1	Payaso	¡Vamos, toca!	1112
CA 3,1	Payaso	¡Vamos!	1114
CA 3,1	Mecanógrafa	¡Por eso vamos a reír!	1117
CA 3,1	Joven	No hables así, niña. Vamos.	1121
CA 3,1	Joven	Ni un minuto más. ¡Vamos!	1126
CA 3,1	Joven	Vamos.	1127
CA 3,1	Joven	¡Vamos!	1128
CA 3,1	Viejo	Vamos a no llegar, pero vamos a ir.	1130
CA 3,2	Jugador 3	Nada. Vamos a ver.	1140
CA 3,2	Jugador 2	Porque hay que ganar o perder... Vamos. Su carta.	1142
CA 3,2	Jugador 1	Vamos.	1143
EP CV	Muchacho 1	Vamos por la escalera.	1160
EP CV	Estudiante 4	Vamos. Verás cómo tengo razón.	1162
EP CV	Estudiante 2	Vamos a ver la última Julieta verdaderamente femenina que se verá en el teatro.	1162
EP CV	Estudiante 1	Vamos. ¡Vamos pronto!	1168
BS 1,1	Novio	Vamos a otro asunto.	1172
BS 1,1	Novio	¿Vamos a acabar?	1173
BS 1,1	Madre	No vamos a acabar.	1173
BS 1,1	Novio	¡Vamos!	1174
BS 1,2	Leonardo	Vamos a ver al niño.	1190
BS 1,3	Madre	Vamos. El sol no espera. ¿Conformes en todo?	1202
BS 1,3	Criada	Vamos a ver los regalos.	1203
BS 2,1	Novia	Vamos.	1209
BS 2,1	Padre	¡Vamos pronto!	1222
BS 2,1	Mujer	Vamos.	1223
BS 2,1	Leonardo	¡Vamos!	1224
BS 2,1	Mujer	Vamos andando.	1224
BS 2,1	Leonardo	Vamos.	1225
BS 2,2	Padre	¡Vamos a dejarlo!	1227
BS 2,2	Muchacha 1	Vamos a quitarle los alfileres.	1232
BS 2,2	Novio	Vamos.	1235
BS 2,2	Novio	Vamos un rato al baile.	1239
BS 2,2	Muchacha 1	¡Vengan los novios, que vamos a bailar la rueda!	1242

Pág.

vamos (continuación)
  BS 2,2 Novio   ¡Vamos detrás! ¿Quién tiene un caballo?   1244
  BS 2,2 Madre   Vamos a ayudar a mi hijo.   1244
  BS 3,1 Leñador 3   Ahora sale la luna. Vamos a darnos prisa.   1248
  BS 3,1 Novio   Y vamos pronto, que siento [...]   1253
  BS 3,1 Novio   ¡Pero vamos! ¿Por dónde?   1255
  BS 3,1 Leonardo   Vamos al rincón oscuro,   1259
  BS 3,1 Leonardo   ¡Vamos!   1259
  BS 3,1 Leonardo   Tú delante. ¡Vamos, digo!   1260
  BS 3,2 Novia   Vamos a meter las manos; tú por tu hijo; yo, por mi   1270
                      cuerpo.
  YE 1,1 Víctor   ¡Vamos!   1284
  YE 1,2 Muchacha 1   Por todas partes nos vamos encontrando gente.   1291
  YE 1,2 Juan   Vamos a dejarnos de conversación. Vete a la casa.   1300
  YE 2,2 Yerma   Vamos a callarnos.   1313
  YE 2,2 Juan   Vamos a comer. ¿Me has oído?   1316
  YE 2,2 Muchacha 2   Vamos.   1325
  YE 2,2 Yerma   Vamos.   1325
  YE 3,1 Juan   Calla. Vamos.   1334
  YE 3,1 Juan   Vamos. ¡Pronto!   1335
  YE 3,2 María   Vamos a las eras, que es donde está la gente.   1337
  RS 1,1 Tía   ¡Vamos, aquí está!   1354
  RS 1,1 Ama   Por qué, vamos a ver.   1360
  RS 1,1 Manola 1   Rosita está llorando, vamos a entrar.   1370
  RS 2,1 Madre   Y allá vamos con unas patatas [...]   1394
  RS 2,1 Tía   No sé dónde vamos a parar.   1396
  RS 2,1 Madre   ¡Ya nos vamos!   1398
  RS 2,1 Tía   ¡Vamos!   1402
  RS 2,1 Tía   ¡Vamos!   1402
  RS 3,1 Ama   Están muertos, vamos a llorar, se cierra la puerta, ¡y   1416
                      a vivir!
  RS 3,1 Ama   ¡Vamos!   1417
  RS 3,1 Martín   Y créame usted que los padres se ríen luego de las   1419
                      infamias, porque como somos los pasantes y no les
                      vamos a examinar los [...]
  RS 3,1 Tía   ¡Qué le vamos a hacer! Ya nos queda poco tiempo en   1423
                      este teatro.
  RS 3,1 Martín   Vamos allá.   1424
  RS 3,1 Rosita   Y yo lo oigo y no puedo gritar, sino vamos adelante,   1429
                      con la [...]
  RS 3,1 Rosita   ¡Vamos!   1430
  RS 3,1 Tía   ¡Vamos con el niño!   1434
  RS 3,1 Rosita   ¡Vamos, calla!   1434
  RS 3,1 Ama   ¡Vamos!   1437
  BA 1,1 Martirio   Nos vamos a cambiar de ropa.   1453
  BA 1,1 Bernarda   Vamos.   1458
  BA 1,1 Magdalena   ¡Vamos!   1463
  BA 1,1 Adela   Pensaba ponérmelo el día que vamos a comer sandías a   1465
                      la noria.
  BA 1,1 Magdalena   ¡Vamos a verlo!   1467
  BA 2,1 Adela   Vamos a verlos por la ventana de mi cuarto.   1488
  BA 2,1 Martirio   Sí, y vamos a salir también nosotras.   1505
  BA 3,1 Bernarda   ¡Vamos!   1510
  BA 3,1 María Josefa Vamos a los ramos del portal de Belén.   1523
  BA 3,1 María Josefa Vamos a los ramos del portal de Belén.   1523
  BA 3,1 Martirio   Vamos. Váyase a la cama.   1525
  BA 3,1 Adela   Vamos a dormir, vamos a dejar que se [...]   1528
van (62)
  MM 0,0   Se prendó de una visión [...] poeta de los pocos que   669
                      van al campo, y se envenenó [...]
  MM 1,1 Curiana N   "Todas las estrellas se van a apagar."   672
  MM 1,1 Curiana N   Todas las estrellas se van a apagar.   675
  TC 0,0 Mosquito   Yo y mi compañía venimos [...] cristales, donde los   723
                      hombres van a dormirse y las [...]
  TC 1,1 La Voz De C Por el aire van   727
  TC 1,1 La Voz De C por el aire van,   727
  TC 1,1 La Voz De C van por el aire.   727
  TC 1,1 Rosita   Por el aire van   728
  TC 1,1 Rosita   por el aire van,   728
  TC 1,1 Rosita   van por el aire.   728
  TC 1,1 Padre   ¿Van a mandar los hijos en los padres?   733
  TC 1,1 Hora   ¿Qué sabes tú el giro que van a tomar las cosas?   734
  TC 1,1 Hora   ¿Qué sabes tú los vientos que van a venir mañana para   734
                      hacer bailar la veleta de tu tejadillo?
  TC 1,1 Voz   Por el aire van   735
  TC 3,1 Joven   Los andaluces van a pintarnos con cal hasta las carnes.   743
  TC 6,1 Cocoliche   Ya van a casarse..., ¡ya me olvida para siempre!   771
  TC 6,1 Rosita   La sierra de Córdoba tiene sombras bajo sus olivares,   774
                      sombras aplastadas, sombras muertas que nunca se van.
  MP 2,1 Niña   sobre la caja van,   823
  MP 2,3 Mariana   como van, sin saber adónde van,   826

van - varas
Pág.

van (continuación)

MP 3,3	Mariana	¿Crees van a dejar que muera	868
TB QM.	Enrique	Vamos. Van a dar las seis de un momento a otro.	906
ZP 1,1	Zapatero	Mujer..., ¡que te van a oír los vecinos!	916
ZP 1,1	Vecina	¿Cuánto me vas a llevar por ellos?... Los tiempos van cada vez peor...	920
ZP 1,1	Zapatera	A mí las tarjetas postales me gustan mucho, sobre todo las de novios que se van de viaje...	931
ZP 1,1	Zapatera	¿Pero lo van a saber ustedes mejor que yo?	938
ZP 2,1	Zapatera	¡Van a dar lugar a que compre un revólver!	947
ZP 2,1	Zapatero	y van cayendo las verdes	961
PB 1,1	Belisa	De los borrachitos que van y vienen, Perlimplinillo. ¡Amor!	998
DC 1,1	Director	Ahí van.	1021
DC 1,1	Poeta	Pero el dueño del teatro [...] caballeros con barba que van al club y dicen: [...]	1036
CA 1,1	Gata	¿Y nos van a enterrar? ¿Cuándo?	1065
CA 1,1	Niño	Pero se van. Yo lo vi.	1065
CA 1,1	Amigo 2	En una caja así de pequeña, y ustedes se van a luchar con la	1074
EP RR	Figura De P	Tú has roto el hilo de la araña y ya siento que mis grandes pies se van volviendo pequeñitos y repugnantes.	1151
EP CV	Estudiante 2	El público se ha de [...] balan y las nubes que van por el cielo.	1161
EP CV	Estudiante 5	Ha llegado el juez y, antes de asesinarlos, les van a hacer repetir la escena del sepulcro.	1162
BS 1,2	Suegra	Se van a juntar dos buenos capitales.	1191
BS 2,2	Mujer	Van abrazados, como una exhalación.	1243
YE 1,1	Juan	Las cosas de la labor van bien, no tenemos hijos que gasten.	1275
YE 2,1	Lavandera 1	¿Se van ya los zagales?	1305
YE 2,1	Lavandera 5	Van juntos todos los rebaños.	1306
YE 2,2	Yerma	Me figuro que se me van a helar los brazos de tenerlos.	1314
YE 3,1	Vieja 1	Van a ser las claras del día cuando llegues a tu puerta.	1331
YE 3,1	Dolores	Van a pasar por aquí.	1335
RS 1,1	Ama	Pero yo no digo que de tanto regar las flores y tanta agua por todas partes van a salir sapos en el sofá.	1352
RS 1,1	Tío	mientras los aires se van,	1357
RS 1,1	Rosita	las que se van a la Alhambra,	1366
RS 1,1	Rosita	Las que van delante, garzas;	1367
RS 1,1	Rosita	las que se van a la Alhambra,	1368
RS 1,1	Rosita	mientras los aires se van,	1374
RS 2,1	Tío	Y digo yo: ¿adónde van con tanta prisa?	1375
RS 2,1	Ama	Porque de tanto mirar al cielo se le van a poner los ojos de vaca.	1381
RS 2,1	Tía	¿Cómo van esos pies?	1391
RS 2,1	Madre	Claro, ¿qué van a contestar?	1394
RS 3,1	Martín	Todos los días entro temblando en el colegio esperando lo que van a hacerme, aunque, [...]	1419
RS 3,1	Ama	Pero estoy segura que van al infierno de cabeza.	1424
RS 3,1	Rosita	Por eso yo comprendo muy bien a esas viejecillas borrachas que van por las calles queriendo [...]	1433
BA 2,1	Angustias	No, porque cuando un hombre se acerca a una reja ya sabe por los que van y vienen, llevan y traen, que se le [...]	1474
BA 2,1	Amelia	Chissss... ¡Que nos van a oír!	1476
BA 2,1	Martirio	¡Calla y no me hagas hablar, que si hablo se van a juntar las paredes unas con otras de vergüenza!	1494
BA 3,1	La Poncia	No nos van a dejar dormir.	1523

vano (1)

MP 2,8	Conspirador 4	Todo en vano.	841

vapor (2)

RS 1,1	Tía	Soy yo la que te tiene que obligar a que tomes el vapor.	1362
RS 3,1	Tía	Cuando pienso en la mala [...] años para tomar un vapor y llegar a Tucumán [...]	1414

vara (3)

ZP 1,1	Alcalde	Todas, sin excepción, han probado esta vara repetidas veces.	924
ZP 1,1	Alcalde	A las mujeres, buenos [...] hacer kikirikí, la vara, no hay otro remedio.	925
BA 3,1	Adela	Esto hago yo con la vara de la dominadora.	1529

varas (3)

BS 1,3	Madre	Un hombre, unos hijos y una pared de dos varas de ancho para todo lo demás.	1200
YE 1,1	María	He comprado encajes, tres varas de hilo, cintas y lanas de color para hacer madroños.	1278
BA 2,1	Bernarda	Sí, que vengan todos con varas de olivo y mangos de azadones, que vengan todos para matarla.	1505

varias - vas

Pág.

varias (2)
EP CV   Estudiante 2   Se amaban los esqueletos y estaban amarillos de llama,   1160
                           pero no se amaban los trajes y el público vio varias
                           veces la cola [...]

BA 1,1 Criada   Tuve durante el duelo que taparle varias veces la boca   1452
                           [...]

varilla (1)
ZP 1,1 Zapatera   Pero el que más me gustaba [...] espejitos, con una   917
                          varilla de mimbre en [...]

varillas (2)
TC 2,1 Cocoliche   Cuando le regalé el chal [...] dio tantos besos como   737
                          varillas tenía.

CA 2,1 Criada   Las últimas varillas se las llevó el chico del   1098
                          carbonero.

varita (1)
RS 1,1 Ama   y la varita de San José   1358
varón (7)
YE 3,1 Yerma   Haz conmigo lo que quieras, que soy tu mujer, pero   1333
                          guárdate de poner nombre de varón sobre mis pechos.
YE 3,2 Macho   el varón siempre manda.   1342
YE 3,2 Macho   El varón siempre manda.   1342
BA 1,1 La Poncia   ¡Sarmentosa por calentura de varón!   1448
BA 1,1 Bernarda   Látigo y mula para el varón.   1452
BA 1,1 María Josefa   Me escapé porque me quiero casar, porque quiero   1470
                          casarme con un varón hermoso de la orilla [...]

BA 1,1 María Josefa   Bernarda, yo quiero un varón para casarme y para tener   1470
                          alegría.

varones (1)
BS 2,2 Madre   ¡Los varones son del viento!   1228
varonil (1)
PB 2,1 Perlimplín   Jamás he visto un hombre en quien lo varonil y lo   1005
                          delicado se den de una manera tan armónica.

vas (81)
MM 2,2 Curiana N   te vas hacia los reinos donde el amor se hiela.   707
TC 1,1 Hora   Rosita: ten paciencia, ¿qué vas a hacer?   734
TC 4,1 Mozo   Mira: tú vas a ser muy útil a este caballero.   752
TC 4,1 Mozo   ¿Es verdad que vas mañana a poner los zapatos de novia   753
                          a la señá Rosita?
TC 4,1 Cansa-Almas   ¿Vas a seguir vendiendo naranjas?   754
TC 6,1 Rosita   ¿Cuándo me vas a contar las historias que me   772
                          prometiste?
TC 6,1 Cocoliche   Cada día me vas pareciendo más rosada; cada día parece   777
                          que te arrancas un velo, y surges desnuda.
MP 1,6 Mariana   ¿Ya te vas?   804
MP 1,7 Mariana   Si vas a marchar, al fin,   814
MP 2,9 Angustias   ¡Mariana! ¿Dónde vas? Tu niña llora.   859
MP 3,8 Fernando   ¡Sé que vas a morir! Dentro de unos instantes   885
MP 3,9 Mariana   ¿dónde vas? Es preciso que tú también descanses.   888
ZP 1,1 Zapatero   ¡Mi hermana , mi hermana tiene la culpa, mi hermana   919
                          que se empeñó: "Que si te vas a quedar solo", que [...]
ZP 1,1 Vecina   ¿Cuánto me vas a llevar por ellos?... Los tiempos van   920
                          cada vez peor...
ZP 1,1 Vecina   Bien despachado vas de mujer, ¡que te aproveche!   921
ZP 1,1 Zapatera   Lagarta..., lagarta..., qué, qué, qué..., ¿qué me vas   921
                          a decir?
ZP 1,1 Zapatero   Que si te vas a quedar solo, que si qué sé yo, que si   926
                          qué sé yo cuántos.
ZP 1,1 Alcalde   Recapacita lo que has dicho que vas a hacer; que tú   927
                          eres capaz de hacerlo, y no seas tonto.
ZP 1,1 Zapatera   Primorcito de su vecino, ¿dónde vas?   934
ZP 1,1 Zapatera   ¿Dónde vas?   937
ZP 2,1 Niño   ¿Dónde vas?   947
PB 0,0 Perlimplín   ¡Ay Marcolfa, Marcolfa! ¿En qué mundo me vas a meter?   986
PB 2,1 Belisa   ¿Dónde vas?   1008
PB 3,1 Belisa   ¿Qué vas a hacer?   1015
DC 1,1 Rosita   ¿Qué me vas a hacer?   1037
CA 2,1 Novia   Creo que me vas a quebrar entre tus [...]   1079
CA 2,1 Novia   ¿Dónde vas? Cierra la puerta.   1091
CA 2,1 Viejo   ¿Dónde vas?   1106
CA 3,1 La Voz De La M   ¿Dónde vas, amor mío,   1120
CA 3,1 Joven   ¿Dónde vas, amor mío,   1120
CA 3,1 Mecanógrafa   ¿Dónde vas, amor mío,   1123
EP RR Figura De P   ¿Dónde vas? ¿Dónde vas?   1148
EP CV Hombre 1   Soledad del hombre en el sueño lleno de ascensores,   1169
                          trenes donde tú vas a velocidades increíbles.
BS 1,2 Leonardo   ¿Vas a llorar ahora?   1190
BS 1,2 Mujer   ¿Adónde vas, hijo?   1193
BS 2,1 Criada   ¡Dichosa tú que vas a abrazar a un hombre, que lo vas   1207
                          a besar, que vas a sentir su peso!
BS 2,1 Criada   Vas a matar al animal con tanta carrera.   1211
BS 2,1 Convidado   qué galana vas a estar;   1218

vas (continuación)
BS 2,1 Mujer   A la iglesia. Pero no vas en el caballo. Vienes   1223
                      conmigo.
BS 2,2 Criada   Pero ¿vas a echarme requiebros, niño?   1234
BS 2,2 Mozo 1   Tú la vas a dirigir.   1242
BS 3,1 Leonardo   Pero voy donde tú vas.   1260
BS 3,2 Vecina   ¿Dónde vas?   1268
YE 1,1 Yerma   ¿Cuándo, mi niño, vas a venir?   1278
YE 1,1 Yerma   Te vas a hacer una blusa.   1278
YE 1,1 Yerma   ¿Cuándo, mi niño, vas a venir?   1286
YE 1,2 Vieja 1   Buenos los tenga la hermosa muchacha. ¿Dónde vas?   1286
YE 1,2 Vieja 1   Te vas a reír de mí.   1287
YE 1,2 Vieja 1   Ya sé lo que me vas a decir.   1288
YE 1,2 Yerma   Entonces, ¿qué vas a pensar cuando te [...]   1290
YE 1,2 Yerma   Y tú también, tú también te callas y te vas con aire   1291
                      de doctora, [...]
YE 2,2 Muchacha 2   Pero ¿vas a ir? ¿No te da miedo?   1320
YE 2,2 Yerma   ¿Te vas con tus hermanos?   1321
YE 2,2 Yerma   ¿Por qué te vas?   1322
YE 2,2 Juan   ¿Vas ya de camino?   1323
YE 3,1 Dolores   Como en seguida empezarán a abrir los portones, te vas   1330
                      dando un rodeo por la acequia.
YE 3,2 Yerma   ¡Y qué me vas a decir que ya no sepa!   1344
RS 1,1 Tía   Vas a clavar una flecha con cintas moradas sobre su   1362
                      corazón.
RS 1,1 Tía   La lengua se me debió [...] cuatro paredes, y tú te   1363
                      vas libre por el mar, [...]
RS 2,1 Tía   Pero ¿me vas a decir que nada más?   1384
RS 2,1 Tío   Pero ¿dónde vas con esas tijeras?   1387
RS 2,1 Solterona 2   ¿No vas ahora a la Alameda, Rosita?   1394
RS 2,1 Solterona 2   El día que te cases vas a llevar el mejor ajuar del   1395
                      mundo.
RS 2,1 Tía   ¿Dónde vas tú?   1407
RS 3,1 Ama   Y tú, ¿dónde vas?   1415
RS 3,1 Tía   ¡A ver si lo vas a enamorar!   1422
RS 3,1 Tía   Todos los cristianos [...] hablar de ese modo vas a   1425
                      parar también al [...]
BA 1,1 Criada   Te vas a hacer el gaznate polvo.   1443
BA 1,1 Amelia   Te los vas a pisar y te vas a caer.   1461
BA 1,1 Criada   ¿Tú no vas?   1467
BA 2,1 La Poncia   ¿Dónde vas de noche cuando te levantas?   1480
BA 3,1 Bernarda   Así es. ¿Dónde vas?   1509
BA 3,1 Magdalena   Peor suerte que tienes no vas a tener.   1510
BA 3,1 Magdalena   Además, ¡si te vas a ir antes de nada!   1513
BA 3,1 María Josefa   ¿Vas a abrirme la puerta? ¿Quién eres tú?   1524
BA 3,1 María Josefa   ¿Y cuándo vas a tener un niño?   1524
BA 3,1 Martirio   ¿Dónde vas?   1529
vasar (1)
RS 1,1 Ama   Un par de primos para ponerlos en un vasar de azúcar,   1359
                      y si se murieran, ¡Dios los libre!,
vasito (1)
RS 3,1 Tía   Yo ya estoy entregada..., y un día sopas, otro día   1414
                      migas, mi vasito de agua y mi rosario [...]
vasitos (1)
TC 5,1 Currito   Son como dos vasitos de vino, como dos acericos de   757
                      monja, como dos suspirillos.
vaso (10)
TC 3,1 Mozo 2   Caballero, antes de marcharos yo quisiera que tomarais   746
                      con nosotros un vaso de vino.
ZP 2,1 Zapatero   En cuanto tome un vaso de vino.   954
CA 3,1 La Voz De La M con el aire en un vaso   1120
CA 3,1 Joven   con el aire en un vaso   1120
CA 3,1 Mecanógrafa   con el aire en un vaso   1123
CA 3,2 Joven   Dame un vaso de agua fría.   1132
YE 1,1 Yerma   ¿No tomas un vaso de leche?   1274
YE 2,2 Yerma   Quiero beber agua y no hay vaso ni agua, quiero [...]   1314
YE 3,2 Yerma   Yo soy como un campo seco donde caben arando mil pares   1345
                      de bueyes y lo que tú me das es un pequeño vaso de
                      agua de pozo.
RS 2,1 Madre   ¡Un vaso de agua!   1408
vasos (3)
ZP 1,1 Zapatero   Ayer estuvimos todo el [...] me hizo beber tres vasos   920
                      seguidos de leche [...]
PB 1,1 Perlimplín   Desde que tú viniste [...] entibia ella sola en los   988
                      vasos.
EP CV Desnudo   ¿Cuántos vasos de sangre me habrán sacado?   1155
vaya (28)
TC 1,1 Cristobita   La boca un poquitín grande, pero vaya canela en rama   733
                      de [...]
TC 2,1 Cristobita   no vaya a danzar con todos ellos.   739
MP 1,7 Mariana   Que el Señor vaya contigo.   814

vaya - ve

Pág.

vaya (continuación)

MP 2,7 Mariana	que vaya a la Alameda del Salón	839
MP 2,9 Mariana	y vaya a pisarlo.	853
ZP 1,1 Vecina	Vaya..., te daré una...	921
ZP 1,1 Zapatera	¡Vaya mucho con Dios!	930
ZP 1,1 Zapatera	¡Qué hombres son los hombres, qué abusivos y qué..., qué..., vaya!	934
ZP 1,1 Niño	Ve tú, ve tú, ve tú, y nadie quería, y entonces: "Que vaya el niño", dijeron..., [...]	935
ZP 1,1 Zapatera	Sí, lo quería, vaya si lo quería, que [...]	938
ZP 2,1 Alcalde	Si yo te cogiera por mi cuenta, ¡vaya si te dominaba!	950
PB 0,0 Una Voz	¡que no se vaya, no!	982
PB 0,0 Belisa	Que no se vaya, no.	987
CA 2,1 Novia	¿Y qué culpa tengo yo? ¿Quieres que me vaya contigo?	1095
EP RR Figura De C	¿No dices que me vaya?	1148
YE 3,2 Yerma	¿Que yo vaya a pedirle lo que es mío como una esclava?	1345
RS 1,1 Primo	cuando me vaya a quemar.	1371
RS 2,1 Ama	¿A usted le parece bien que un hombre se vaya y deje quince años [...]	1380
RS 2,1 Tía	¡Vaya!	1381
RS 3,1 Ama	Don Martín, que vaya usted al colegio, [...]	1423
RS 3,1 Ama	Pero es mejor que no las vea. ¡Vaya por la otra casa!	1436
BA 1,1 Bernarda	¿Es decente que una mujer de tu clase vaya con el anzuelo detrás de un hombre el día de la misa de su padre?	1454
BA 2,1 Adela	Y siempre: "¡Qué lástima de cara", "¡qué lástima de cuerpo que no vaya a ser para nadie!"	1479
BA 2,1 La Poncia	Se empeña que con el calor que hace vaya a traerle no sé qué de la tienda.	1483
BA 3,1 Las Cinco A La V	Vaya usted con Dios.	1512
BA 3,1 Martirio	Vaya a acostarse.	1524
BA 3,1 Adela	Por eso procuras que no vaya con él.	1527
BA 3,1 Magdalena	¡Déjala que se vaya donde no la veamos nunca más!	1530

vayamos (3)

TC 3,1 Contrabandista 1	Mejor será que nos vayamos.	742
PB 2,1 Perlimplín	¿Quieres que vayamos a la confitería?	1003
CA 2,1 Novia	Es preciso que nos vayamos.	1079

vayan (5)

TC 6,1 Monaguillo	Que dice el señor cura que, cuando quieran, que vayan.	767
TC 6,1 Cristobita	Pues si los hay, que se vayan.	770
TC 6,1 Cristobita	¡Que se vayan!	770
DC 1,1 Director	Llenemos el teatro de espigas frescas, debajo de las cuales vayan palabrotas que [...]	1043
BS 1,3 Criada	Vayan ustedes con Dios.	1202

vayas (9)

ZP 1,1 Zapatera	¡Jesús!, pero si lo que yo estoy deseando es que te vayas.	929
ZP 2,1 Alcalde	Pero que te vayas enterando que no por mucho despreciar amanece más temprano.	951
ZP 2,1 Niño	Todas las mujeres han ido a ver al juez para que te vayas del pueblo, ¡ay!	970
EP RR Figura De P	No, no te vayas. ¿Y si yo me convirtiera en granito de arena?	1148
BS 1,1 Madre	Ya no me quedas más que tú y siento que te vayas.	1175
BS 2,2 Novia	No tengo nada. No te vayas.	1238
BS 2,2 Madre	No vayas.	1244
RS 1,1 Tía	Que te vayas.	1362
BA 2,1 La Poncia	Alimenta esa esperanza, olvídalo, lo que quieras, pero no vayas contra la ley de Dios.	1481

váyase (1)

BA 3,1 Martirio	Vamos. Váyase a la cama.	1525

ve (V) (7)

MP 2,8 Mariana	¡Ay! Caballo, ve ligero.	849
ZP 1,1 Niño	Ve tú, ve tú, ve tú, y nadie quería, [...]	935
BA 1,1 Bernarda	Ve con ella y ten cuidado que no se acerque al pozo.	1453
BA 1,1 Bernarda	Y tú ve guardando en el arca grande toda la ropa del muerto.	1458
BA 3,1 Adela	Entérate tú y ve al corral a decírselo.	1530

ve (21)

MM 2,2 Curiana N	Ella ni ve ni siente.	706
MM 2,5 Mariposa	donde se ve la vida.	715
MM 2,5 Mariposa	donde se ve la vida...	716
TC 2,1 Cristobita	Esta porra que ve aquí ha matado muchos hombres franceses, italianos, húngaros... Tengo la lista en mi casa.	739
MP 2,2 Niña	no se ve nada y hace mucho viento.	825
MP 3,5 Mariana	ajusticiada. Ya ve. No podrían.	874
ZP 1,1 Zapatero	¿Lo ve usted?	928
ZP 2,1 Zapatera	Es que me da mucha lástima y no puedo contenerme, ¿lo ve usted?, no puedo contenerme.	960

ve (continuación)

ZP 2,1 Zapatera   ¿Ve usted todos esos romances y chupaletrinas que   965
                      canta y cuenta por los pueblos?

PB 0,0 Marcolfa   No es lo que se ve por fuera.   981
PB 0,0 Marcolfa   Cosas que no están bien que sean dichas por una   981
                      servidora... Ya ve...
PB 0,0 Madre   ¿Ve usted su cara?   985
BS 3,1 Leñador 2   Pero la sangre que ve la luz se la bebe la tierra.   1246
RS 1,1 Ama   La sangre corre por debajo de las venas, pero no se ve. 1360
RS 1,1 Ama   Más se quiere a un primo segundo que se ve todos los   1360
                      días, que a un hermano que está lejos.
RS 2,1 Tío   Ya ve usted lo que ha pasado [...]   1375
BA 1,1 La Poncia   Si Bernarda no ve relucientes las cosas me arrancará   1441
                      los pocos pelos que me quedan.
BA 1,1 Amelia   ¡Si te ve nuestra madre te arrastra del pelo!   1465
BA 2,1 La Poncia   Nadie le ve a una en camisa.   1484
BA 3,1 Adela   No se ve a dos pasos de distancia.   1515
BA 3,1 La Poncia   Ve que el Romano no es para ella y hundiría el mundo   1521
                      si estuviera en su mano.

vea (8)

MM 1,2 Doña Curiana   para que te vea.   683
MM 1,4 Curianito   ¡Que cieguen mis ojos antes que te vea!   685
MM 2,4 Alacranito   ¡Déjame que la vea!   709
MP 1,4 Mariana   cuando sobre el tallo de la noche vea   790
MP 3,3 Mariana   para que nadie lo vea,   869
YE 2,2 Yerma   Muerta me vea y sin mortaja si alguna vez las dirijo 1319
                      la conversación.
RS 3,1 Ama   Pero es mejor que no las vea. ¡Vaya por la otra casa! 1436
BA 3,1 Bernarda   No procures descubrirlas, no le preguntes y, desde   1514
                      luego, que no te vea llorar jamás.

veamos (1)

BA 3,1 Magdalena   ¡Déjala que se vaya donde no la veamos nunca más!   1530

vean (7)

MP 3,3 Mariana   ¡Habla pronto, no nos vean!   867
DC 1,1 Poeta   Pero el dueño del teatro tiene a los personajes   1036
                      metidos en una cajita de hierro para que los vean
                      solamente las señoras [...]
BS 3,1 Novia   a que las gentes me vean   1259
BS 3,2 Madre   Porque vendrán las vecinas y no quiero que me vean tan 1268
                      pobre.
YE 3,1 Dolores   Antes de nada saldrán los rebaños y no conviene que te 1330
                      vean sola.
BA 1,1 La Poncia   Ella no quiere que la vean en su dominio.   1442
BA 2,1 Martirio   Verdaderamente es raro que dos personas que no se   1474
                      conocen se vean de pronto en una reja y ya novios.

veas (1)

RS 3,1 Tía   Que me veas vivir, para que aprendas.   1428

veces (49)

MM 0,0   ¡Cuántas veces el enorme esqueleto [...]   670
MM 0,0   Parece que el niño Cupido duerme muchas veces en las   670
                      cuevas vacías de su calavera.
MM 1,3 Curianito   Ya os he dicho mil veces   684
TC 1,1 Rosita   Cuatro veces me he pinchado ya en esta e última del "A 725
                      mi adorado padre."
MP 3,2 Mariana   y otras veces finge en mí   865
ZP 1,1 Zapatero   Me han provocado, me han, a veces, hasta insultado,   922
                      [...]
ZP 1,1 Alcalde   Todas, sin excepción, han probado esta vara repetidas 924
                      veces.
ZP 1,1 Niño   Tú no me regañarás, ¿verdad?, porque a mi madre, que 934
                      algunas veces me pega, la quiero [...]
ZP 2,1 Zapatera   Cuántas veces lo he dicho para que lo oyeran hasta los 969
                      sordos.
ZP 2,1 Zapatera   Y con serenidad de familia de caballistas que han   973
                      cruzado muchas veces la sierra, sin [...]
PB 2,1 Belisa   A veces pasa por debajo de mis balcones y mece su mano 1002
                      lentamente en un saludo que hace temblar mis pechos.
PB 2,1 Belisa   Dos veces.   1005
CA 1,1 Joven   Muchas veces   1046
CA 1,1 Joven   Te he dicho algunas veces que te esperaras, pero tú... 1054
CA 2,1 Criada   Mi padre estuvo en el Brasil dos veces y era tan chico 1083
                      que cabía en una maleta.
CA 3,2 Jugador 3   Hay veces en que la ropa nos cae tan bien, que ya no 1138
                      quisiéramos...
EP CV Estudiante 2   Se amaban los esqueletos y estaban amarillos de llama, 1160
                      pero no se amaban los trajes y el público vio varias
                      veces la cola de Julieta [...]
EP CV Estudiante 5   Porque están locos; pero a mí, que subo dos veces   1167
                      todos los días [...]
BS 1,1 Vecina   Muchas veces pienso que tu hijo [...]   1179

veces - vecino

Pág.

veces (continuación)
  BS 1,3 Novia — ¿No sería mi novio? Algunas veces ha pasado a esas horas. — 1205
  BS 2,1 Leonardo — Y la plata, que brilla tanto, escupe algunas veces. — 1213
  YE 1,2 Vieja 1 — Muchas veces me he asomado de [...] — 1287
  YE 3,1 Dolores — Muchas veces yo he hecho estas [...] — 1327
  YE 3,1 Yerma — A veces, cuando ya estoy [...] — 1328
  YE 3,1 Yerma — Necesitaba este desahogo. ¿Cuántas veces repito las oraciones? — 1330
  YE 3,1 Dolores — La oración del laurel dos veces, y al mediodía la oración de Santa Ana. — 1330
  YE 3,2 Macho — Siete veces gemía, — 1342
  YE 3,2 Macho — quince veces juntaron — 1342
  RS 2,1 Ama — A veces me gustaría tirarle un zapato a la cabeza. — 1381
  RS 2,1 Tía — A veces me parece que no. — 1381
  RS 2,1 Tía — Es que muchas veces se entretiene. — 1387
  RS 2,1 Tía — Muchas veces te he aconsejado que escribas a tu primo y te cases aquí con otro. — 1389
  RS 2,1 Madre — Muchas veces les pregunto: "¿Qué queréis, hijas de mi alma: huevo en el almuerzo o silla en el paseo?" — 1393
  RS 2,1 Tía — Hay que aguantarla; pero a veces me crispa los nervios. — 1395
  RS 2,1 Ayola 2 — Me acuerdo que algunas veces se le caían las lágrimas. — 1397
  RS 3,1 Tía — ¡Lo hemos leído cuatro o cinco veces! — 1419
  RS 3,1 Muchacho — Me ha visto usted muy pocas veces. — 1432
  BA 1,1 Criada — Tuve durante el duelo que taparle varias veces la boca con un [...] — 1452
  BA 1,1 Bernarda — Ya me lo has dicho tres veces y no te he querido replicar. — 1468
  BA 2,1 Martirio — ¿Es verdad que le pegaste algunas veces? — 1477
  BA 2,1 Adela — A veces se asoma a mi cuarto para ver si duermo. — 1479
  BA 2,1 Martirio — ¡A veces! — 1484
  BA 2,1 La Poncia — Has visto lo malo de las gentes a cien leguas; muchas veces creí que adivinabas los pensamientos. — 1497
  BA 2,1 Bernarda — ¡Y lo haría mil veces! — 1498
  BA 2,1 Bernarda — Hay a veces una ola de fango que levantan los demás para perdernos. — 1502
  BA 3,1 Bernarda — ¿Hay que decir las cosas dos veces? — 1509
  BA 3,1 Angustias — Muchas veces miro a Pepe con [...] — 1514
  BA 3,1 Criada — Hay quien cree que habló muchas veces con Adela. — 1521
  BA 3,1 Martirio — Dichosa ella mil veces que lo pudo tener. — 1532

vecina (10)
  MM 1,1 Curiana N — Que Dios te bendiga, ¡oh vecina buena! — 671
  MM 1,1 Curiana N — Mi alma tiene gran tristeza, ¡vecina! — 672
  MM 1,1 Doña Curiana — No penséis en eso, vecina doctora, — 675
  MM 1,1 Doña Curiana — ¿También sois poeta, doctora vecina? — 675
  MM 2,2 Doña Curiana — ¡Ay doctora vecina! Mi corazón presiente — 707
  ZP 1,1 Zapatero — ¡Ay vecina de mi alma, no me dé usted escándalos, por los clavitos de Nuestro Señor! — 919
  ZP 1,1 Vecina Morada — Vecina. — 939
  BS 1,1 Vecina — Hace dos días trajeron al hijo de mi vecina con los dos brazos cortados por la máquina. — 1179
  BA 2,1 La Poncia — Pero si fuera la vecina de enfrente, ¿qué sería? — 1498
  BA 3,1 María Josefa — Cuando mi vecina tenía un niño [...] — 1525

vecinas (10)
  BS 1,2 Mujer — Ayer me dijeron las vecinas que te habían visto al límite de los llanos. — 1187
  BS 3,2 Madre — Porque vendrán las vecinas y no quiero que me vean tan pobre. — 1268
  BS 3,2 Madre — Vecinas. — 1271
  BS 3,2 Madre — Vecinas: con un cuchillo, — 1271
  YE 2,2 Muchacha 2 — Con dos vecinas. — 1320
  BA 1,1 Bernarda — No es por eso... Pero desde aquel sitio las vecinas pueden verla desde su ventana. — 1453
  BA 2,1 Amelia — Mira tú cómo están las vecinas del callejón, sacrificadas por cuatro monigotes. — 1484
  BA 2,1 Bernarda — Estarán las vecinas con el oído pegado a los tabiques. — 1492
  BA 3,1 María Josefa — Tú tendrás el pelo blanco, pero no vendrán las vecinas. — 1525
  BA 3,1 María Josefa — Yo quiero casas, pero casas abiertas y las vecinas acostadas en [...] — 1525

vecindario (1)
  BA 3,1 Bernarda — Si en esta casa hubiera hierbas ya te encargarías de traer a pastar las ovejas del vecindario. — 1519

vecinita (2)
  ZP 1,1 Zapatero — Así es, vecinita de mi corazón, que le agradecería en el alma que se retirase. — 920
  ZP 1,1 Vecina Verde — Vecinita. — 939

vecinito (1)
  PB 0,0 Madre — Buenísimas tardes, encantador vecinito mío. — 984

vecino (1)
  ZP 1,1 Zapatera — Primorcito de su vecino, ¿dónde vas? — 934

vecinos (8)
ZP 1,1 Zapatero   Mujer..., ¡que te van a oír los vecinos!   916
ZP 1,1 Zapatera   Maldito sea mi compadre Manuel, malditos sean los   918
                     vecinos, tonta, tonta, tonta.
ZP 2,1 Zapatera   La gente me canta coplas, los vecinos se ríen en sus   948
                     [...]
YE 2,2 Juan   Mando a los pueblos vecinos por las cosas que te   1313
                     gustan.
RS 3,1 Rosita   De todos modos los vecinos estarán acechando.   1426
BA 1,1 La Poncia   Treinta años lavando [...] rendija para espiar a los   1442
                     vecinos y llevarle el [...]
BA 2,1 Criada   En lo alto de la calle hay un gran gentío y todos los   1503
                     vecinos están en sus puertas.
BA 3,1 Criada   ¡Se han levantado los vecinos!   1531
ved (1)
ZP 2,1 Zapatero   Ved cómo la cortejaban   959
vega (2)
MP 1,6 Fernando   Hacia la vega corre.   802
YE 3,1 Vieja 1   Pero ¿qué vega esperas dar a tu hijo ni qué felicidad   1328
                     ni qué silla de plata?
vegas (1)
ZP 1,1 Zapatera   Lo mejor de estas vegas.   917
veía (7)
ZP 2,1 Zapatera   Cuando le veía venir montado en su jaca blanca...   945
CA 1,1 Mecanógrafa   Cuando pequeñito yo le veía jugar desde mi balcón.   1055
CA 2,1 Criada   Decía que veía en la luna el retrato de su novia.   1086
CA 3,1 Mecanógrafa   Pero... lo veía por las rendijas...; [...]   1115
RS 2,1 El Señor X   Estuve por haberla traído un cañoncito de plata por   1377
                     cuyo agujero se veía la Virgen de Lurdes, [...]
BA 1,1 Martirio   Los veía en el corral uncir [...]   1460
BA 1,1 Bernarda   Yo veía la tormenta venir, pero no creía que estallara   1495
                     tan pronto.
veían (1)
ZP 2,1 Zapatera   Medio metro de agua y las chinas del fondo se veían   945
                     reír, reír con el temblorcillo.
veinte (25)
ZP 1,1 Niño   Tú no me regañarás, ¿verdad?, porque a mi madre, que   934
                     algunas veces me pega, la quiero veinte arrobas, pero
                     [...]
ZP 2,1 Zapatero   ella giraba en los veinte   958
PB 0,0 Marcolfa   Veinte y veinte son cuarenta...   980
PB PRO Madre   El agradecimiento de [...] a pesar de que hace veinte   986
                     años que no trato [...]
DC 1,1 Enfermo   Veinte duritos y veinte duritos,   1027
DC 1,1 Enfermo   con veinte duritos.   1027
DC 1,1 Rosita   y veinte mocitos   1032
DC 1,1 Madre   Tiene veinte años.   1034
CA 3,1 Viejo   Porque si él tiene veinte años puede tener veinte   1126
                     lunas.
CA 3,1 Mecanógrafa   Veinte rosas, veinte nortes de nieve.   1126
CA 3,2 Joven   Cuando lo vi, a los veinte años, era tan [...]   1132
BS 1,1 Madre   Hace veinte años que no he subido a lo alto de la   1178
                     calle.
BS 1,3 Padre   Si pudiéramos con veinte pares de bueyes traer tus   1197
                     viñas aquí y ponerlas en la ladera.
YE 1,1 Yerma   Elena tardó tres años, y otras antiguas, del tiempo de   1282
                     mi marido, mucho más; pero dos años y veinte días,
                     como yo, [...]
RS 2,1 Tío   Con veinte años no teníamos estas conversaciones.   1386
RS 2,1 Tía   No. Con veinte años se rompían los cristales...   1386
RS 3,1 Tía   Cuando pienso en la mala [...] familia, quisiera tener   1414
                     veinte años para tomar [...]
RS 3,1 Ama   Y él dirá: "¡Que tengo veinte millones de pesetas, no   1425
                     me apretéis con las tenazas!
BA 1,1 Bernarda   En el arca tengo veinte piezas de hilo con el que   1451
                     podréis cortar sábanas y embozos.
BA 1,1 Magdalena   Porque si con veinte años parecía un palo vestido,   1464
                     ¡qué será ahora que tiene cuarenta!
BA 1,1 Magdalena   Lo natural sería que te pretendiera a ti, Amelia, o a   1464
                     nuestra Adela, que tiene veinte años, pero no [...]
veinticinco (1)
BA 1,1 Magdalena   Pepe el Romano tiene veinticinco años y es el mejor   1464
                     tipo de todos estos contornos.
veinticuatro (2)
YE 1,1 Yerma   Veinticuatro meses llevamos casados, y tú cada vez más   1274
                     triste, más enjuto, como si crecieras al revés.
RS 2,1 El Señor X   Mi amigo, el señor Longoria, [...] Panhard Levassor de   1375
                     veinticuatro caballos.
veintidós (2)
BS 1,3 Padre   Día en que ella cumple veintidós años justos.   1198
BS 1,3 Madre   ¡Veintidós años!   1199

veis - vemos

		Pág.
veis (1)		
MM 1,1 Curiana N	"Amigas cigarras grité-, ¿veis las estrellas?"	672
vejestorio (1)		
RS 3,1 Muchacho	Pues bajaba yo muerto de risa con el vejestorio puesto, llenando [...]	1433
vejez (1)		
RS 3,1 Tía	A la vejez todo se nos vuelve de espaldas.	1417
vela (V) (1)		
MM 2,6 Curianito	¿no vela por nosotros aquel que nos hiciera	719
vela (4)		
TC 4,1 Mosquito	Ahora, este pondrá sobre la dura vela: "RECUERDO", y seguirá marchando, marchando...	751
YE 3,1 Juan	Mirándome con dos agujas, pasando las noches en vela con los ojos abiertos [...]	1332
RS 2,1 Madre	Esas plumas y esos alambres me tienen costado muchas noches en vela.	1393
BA 1,1 La Poncia	Treinta años lavando sus sábanas; treinta años comiendo sus sobras; noches en vela cuando tose; días [...]	1442
Vela (1)		
MP 3,7 Novicia 1	cuando se siente la Vela,	880
velando (1)		
BA 2,1 Adela	¡Durmiendo o velando, no tienes por qué meterte en lo mío!	1479
velar (1)		
BS 3,2 Muchacha 1	de noche velar.	1263
velas (2)		
MP 2,8 Conspirador 4	y las velas extendidas.	844
RS 1,1 Primo	con las velas de alegría;	1372
vele (1)		
ZP 2,1 Zapatera	La gente me canta coplas, los vecinos se ríen en sus puertas, y como no tengo marido que vele por mí, salgo yo [...]	948
velero (3)		
MP 3,6 Mariana	Que un velero bergantín	878
CA 2,1 Joven	Velero que el agua surca	1103
CA 3,1 Arlequín	flotando como un velero.	1108
veleros (1)		
MP 2,8 Mariana	las gentes de veleros y fragatas.	846
veleta (2)		
TC 1,1 Hora	¿Qué sabes tú los vientos que van a venir mañana para hacer bailar la veleta de tu tejadillo?	734
CA 3,2 Joven	¿Se encuentra bien una veleta girando como el viento quiere?	1133
veletas (1)		
TC 2,1 Rosita	El viento morisco hace girar ahora todas las veletas de Andalucía.	736
Vélez (1)		
MP 2,7 Pedro	Nos siguen pueblos como Nerja, Vélez,	838
velo (V) (1)		
BA 2,1 La Poncia	¡Velo!	1481
velo (9)		
TC 1,1 Rosita	Me pondré una flor amarilla sobre el cucuñé, y un velo que arrastrará por toda la calle.	725
TC 6,1 Rosita	Entonces... Me pondré el velo...	767
TC 6,1 Cocoliche	Cada día me vas pareciendo más rosada; cada día parece que te arrancas un velo, y surges desnuda.	777
CA 2,1 Novia	Pero con una corona de jazmines en el cuello y toda mi carne apretada por un velo mojado por el mar.	1085
CA 2,1 Maniquí	dolor de velo sin uso,	1100
CA 2,1 Joven	Dale el velo a las arañas	1100
BS 3,2 Suegra	Échate un velo en la cara.	1265
YE 3,2 Macho	no te pongas un velo de luto,	1341
BA 1,1 Magdalena	Hoy hay más finura, las novias se ponen de velo blanco como en las [...]	1461
velocidad (1)		
RS 2,1 El Señor X	Mi amigo, el señor Longoria, de Madrid, acaba de comprar un automóvil con el que se lanza a la fantástica velocidad de treinta [...]	1375
velocidades (1)		
EP CV Hombre 1	Soledad del hombre en el sueño lleno de ascensores, trenes donde tú vas a velocidades increíbles.	1169
velón (1)		
MP 2,6 Mariana	un velón prevenido,	834
velos (1)		
ZP 1,1 Mirlo	Cuando las sombras crepusculares invadan con sus tenues velos el mundo y la vía [...]	930
vemos (5)		
MM 0,0	¡Cuántas veces el enorme esqueleto portador de la guadaña, que vemos pintado en los [...]	670
RS 2,1 Ayola 2	Ya las vemos sentadas en sus sillas del paseo.	1396

vemos (continuación)
      BA 2,1 La Poncia   Las viejas vemos a través de las paredes.   1480
      BA 3,1 Bernarda   Espérate, mujer. No nos vemos nunca.   1506
      BA 3,1 Bernarda   Tampoco lo vemos.   1507
ven (V) (5)
      TC 5,1 Fígaro   Esta navaja que ven ustedes rompe el cascarón de los   758
                              secretos.
      DC 1,1 Poeta   ¿Lo ven ustedes?   1036
      DC 1,1 Poeta   Pero ni don Cristóbal ni doña Rosita ven la luna. 1036
      RS 2,1 Rosita   Dicen que los hombres se cansan de una si la ven   1395
                              siempre con el mismo vestido.
      RS 3,1 Martín   A mí, como me ven inútil, me respetan [...]   1418
ven (10)
      MM 2,7 Curianito   Tienes el cuerpo frío. Ven conmigo,   720
      TC 1,1 Cocoliche   ¡Ay, Rosita mía! ¡Ven! ¡Ven! ¡Acércate!   730
      TC 6,1 Rosita   Ven aquí.   766
      MP 2,5 Pedro   ¡Ven aquí!   829
      MP 3,4 Mariana   ¡corre más! ¡Ven a buscarme!   871
      MP 3,6 Mariana   o ven montado en el día.   878
      YE 1,1 María   Pero ven acá, criatura; hablas como si fueras una 1282
                              vieja.
      RS 3,1 Tía   Ven y corta unas flores.   1434
      BA 2,1 La Poncia   Entonces Evaristo se acercó, se acercó que se quería 1476
                              meter por los hierros, y dijo con voz muy baja: "¡Ven
                              que te tiente!"

vena (1)
      MP 1,5 Fernando   donde la vena es más ancha,   799
venas (7)
      MM 1,2 Doña Curiana   ¡Sangrecita de mis venas,   683
      PB 3,1 Belisa   ¿Quién te abrió tus venas para que llenases de sangre 1016
                              mi jardín?
      EP CV Estudiante 4   El director de escena abrió los escotillones, y la 1161
                              gente pudo ver cómo el veneno de las venas falsas
                              había causado [...]
      BS 2,2 Madre   Me duele hasta la punta de las venas.   1227
      BS 3,1 Novia   y el murmullo de tus venas.   1257
      RS 1,1 Ama   La sangre corre por debajo de las venas, pero no se ve. 1360
      RS 2,1 Ama   El pan me quitaría de la boca y la sangre de mis   1381
                              venas, si ella me los deseara.

vencer (3)
      MP 2,5 Pedro   y así pienso seguir hasta vencer contigo,   830
      CA 1,1 Joven   ¿Crees tú que yo puedo vencer las cosas materiales, 1071
                              [...]
      EP CV Estudiante 5   Porque están locos; pero [...] tengo que luchar y 1167
                              vencer cada instante, [...]
venceré (1)
      MP 2,5 Pedro   Venceré con tu ayuda, ¡Mariana de mi vida!   831
vencerlas (1)
      MP 2,9 Mariana   Pues yo sabré vencerlas. ¿Qué pretende?   854
vences (1)
      CA 2,1 Maniquí   Mientras tú vences y buscas   1105
venda (1)
      BA 3,1 Criada   Es tan orgullosa que ella misma se pone una venda en 1520
                              los ojos.
vendas (1)
      RS 3,1 Ama   Es una herida abierta [...] los algodones, las vendas 1416
                              o el precioso [...]
vende (1)
      TB DME Vieja   Esta vieja los vende.   897
vendéis (1)
      BS 1,3 Madre   Cuando yo me muera, vendéis aquello y compráis aquí al 1197
                              lado.
venden (1)
      TC 4,1 Mosquito   El alma de doña Rosita es como esos barquitos de nácar 751
                              que venden en las ferias, [...]
vender (4)
      TC 1,1 Rosita   ¡Si al menos pudiera vender mi alma al diablo!   733
      BS 1,3 Padre   Una espina tengo en el corazón, y es la huertecilla 1196
                              esa metida entre mis tierras, que no me quieren vender
                              por todo el oro [...]
      BS 1,3 Padre   Vender, ¡vender!   1197
venderlas (1)
      BA 1,1 Bernarda   Eso. ¡A venderlas!   1457
vendiendo (1)
      TC 4,1 Cansa-Almas   ¿Vas a seguir vendiendo naranjas?   754
vendrá (21)
      MM 1,2 Curianita Silvia que él aguarda no vendrá.   682
      TC 5,1 Fígaro   Pero ya vendrá a mi barbería.   757
      MP 2,6 Mariana   ¿Tú sabes quién vendrá?   833
      MP 2,8 Conspirador 4   otro tiempo vendrá.   844
      MP 3,3 Mariana   Don Pedro vendrá a caballo   869

Pág.

vendrá (continuación)
MP 3,3 Mariana	Y, si me matan, vendrá	869
MP 3,3 Mariana	El vendrá como un San Jorge	869
MP 3,3 Mariana	vendrá por la madrugada,	869
MP 3,5 Mariana	¡Pero vendrá para salvar mi vida!	875
MP 3,7 Novicia 1	¡No vendrá por su desgracia!	880
MP 3,8 Mariana	El vendrá muy cansado, pero entrará en seguida.	884
MP 3,8 Mariana	¿Vendrá? Dime, Fernando. ¡Aún es hora!	884
MP 3,8 Fernando	no vendrá, porque nunca te quiso, Marianita.	885
PB 3,1 Perlimplín	Esta noche vendrá el nuevo y desconocido amante de mi señora Belisa.	1010
PB 3,1 Perlimplín	Pues vendrá.	1013
CA 2,1 Novia	Mi novio vendrá.	1079
CA 3,1 Mecanógrafa	Aunque no vendrá hasta que deba venir.	1124
BS 1,1 Novio	Pero usted vendrá con nosotros.	1175
RS 2,1 Tía	Ya vendrá.	1387
RS 2,1 Rosita	Pero como le es imposible venir por ahora, la boda será por poderes y luego vendrá él.	1409
RS 2,1 Rosita	Pero él vendrá pronto.	1410

vendrán (11)
MP 2,6 Mariana	¿Cuántos vendrán?	834
MP 3,3 Mariana	porque sé que vendrán todos,	870
MP 3,5 Pedrosa	Esta tarde vendrán.	876
MP 3,5 Pedrosa	ya vendrán por la calle a recogerla.	876
MP 3,8 Fernando	vendrán por ti, Mariana. ¡Sálvate y di los nombres!	885
MP 3,8 Fernando	¡No sé qué hacer! ¡Qué angustia! ¡Ya vendrán a buscarte!	886
CA 1,1 Gata	¿Vendrán ya los lagartos, niño?	1068
BS 1,2 Mujer	Espero que vendrán a invitarnos.	1190
BS 3,2 Madre	Vuestras lágrimas son lágrimas de los ojos nada más, y las mías vendrán cuando yo esté [...]	1267
BS 3,2 Madre	Porque vendrán las vecinas y no quiero que me vean tan pobre.	1268
BA 3,1 María Josefa	Tú tendrás el pelo blanco, pero no vendrán las vecinas.	1525

vendrás (2)
| CA 2,1 Joven | ¡Pero vendrás! | 1096 |
| CA 3,1 Joven | Tú vendrás conmigo. | 1126 |

vendré (4)
EP CV Enfermero	Ahora te daré la hiel, y luego, a las ocho, vendré con el bisturí para ahondarte la herida del costado.	1156
BS 1,3 Novio	Mañana vendré.	1201
RS 1,1 Primo	juro que vendré a tu lado.	1373
BA 3,1 Prudencia	Ya vendré a que me enseñes la ropa.	1511

vendría (4)
MP 1,4 Lucía	que vendría a buscarnos, para saludarte.	789
MP 3,5 Mariana	Me dejan sola; ¿y qué? Uno vendría	875
PB 3,1 Marcolfa	Aunque no sirvo para estas cosas, le dije lo que me indicó el señor... , que ese joven... vendría esta noche a [...]	1009
EP RR Figura De C	Y luego vendría Elena a mi cama.	1149

vendrían (1)
| EP CV Estudiante 2 | Pasaría que vendrían los hongos, y los latidos se harían quizá menos intensos y apasionantes. | 1161 |

vendrías (1)
| MP 1,5 Mariana | de que vendrías a buscarlas. | 797 |

Venecia (1)
| CA 3,2 Jugador 1 | Fue en Venecia. | 1136 |

veneno (10)
EP CV Estudiante 4	El director de escena abrió los escotillones, y la gente pudo ver cómo el veneno de las venas falsas [...]	1161
BS 3,1 Leonardo	ni el veneno que nos echa.	1259
YE 1,1 Yerma	Cada mujer tiene sangre para cuatro o cinco hijos, y cuando no los tienen se les vuelve veneno, como me va a [...]	1283
YE 3,2 Yerma	Una maldición. Un charco de veneno sobre las espigas.	1344
RS 1,1 Ama	se le vuelva veneno la sal.	1364
RS 1,1 Rosita	Pero el veneno que vierte	1372
RS 3,1 Rosita	Y yo lo oigo y no puedo gritar, sino vamos adelante, con la boca llena de veneno y con unas ganas [...]	1429
BA 1,1 Bernarda	Sí; para llenar mi casa con el sudor de sus refajos y el veneno de sus lenguas.	1450
BA 2,1 Bernarda	Me hacéis al final de mi vida beber el veneno más amargo que una madre puede resistir.	1492
BA 3,1 La Poncia	Es un pozo de veneno.	1521

venga (15)
TC 6,1 Cocoliche	¡Que venga! Así verá cómo su novia se entiende con el amante.	769
TC 6,1 Cocoliche	¡Ábreme, que yo le mataré cuando venga!	776
PB 0,0 Marcolfa	No... Venga ahora mismo.	982
CA 3,1 Payaso	Venga una escalera.	1111
CA 3,1 Arlequín	Señor hombre, venga.	1114

venga (continuación)
  CA 3,1 Payaso   Venga.   1120
  CA 3,2 Jugador 3   Venga.   1142
  RS 2,1 El Señor X   El conde Zboronsky, muerto [...] altares el día en que   1375
                                venga la religión de [...]
  RS 2,1 Ayola 2   ¡Venga!   1408
  RS 2,1 Ama   ¡Que venga en persona y se case!   1410
  RS 2,1 Ama   ¡Que venga y que te coja del brazo y que menee el   1410
                                  azúcar de tu café y lo pruebe antes a ver si quema!
  BA 1,1 Criada   ¡Venga caja con filos dorados y toalla para llevarla!   1445
  BA 1,1 Magdalena   Lo natural sería que te pretendiera a ti, Amelia, o a   1464
                                  nuestra Adela, que tiene veinte años, pero no que
                                  venga a buscar lo más [...]
  BA 2,1 Angustias   ¡No me gastes bromas! Cuando venga se lo contaré.   1491
  BA 3,1 Adela   Vamos a dormir, vamos [...] cuando quiera, cuando le   1528
                                  venga en gana.

vengan (11)
  MP 1,6 Fernando   a mis hermanillas que vengan un rato,   805
  ZP 1,1 Zapatera   Vengan los zapatos.   921
  ZP 1,1 Zapatero   ¡Qué dirán los que vengan al rosario de la iglesia!   931
  EP RR Figura De P   Deja que vengan los insectos de la ruina y vete.   1147
  EP RR Figura De P   Tendré necesidad de desmayarme para que vengan los   1150
                                  campesinos.
  BS 2,2 Muchacha 1   ¡Vengan los novios, que vamos a bailar la rueda!   1242
  BS 3,2 Suegra   Y vengan lluvias y noches   1264
  RS 3,1 Ama   Vengan. ¡Ánimo!   1426
  BA 1,1 Criada   Sí, sí, ¡vengan clamores!   1445
  BA 2,1 Bernarda   Sí, que vengan todos con varas de olivo y mangos de   1505
                                  azadones, que vengan todos para matarla.

vengas (5)
  BS 1,2 Suegra   ¡No vengas! Detente,   1185
  BS 1,2 Suegra   ¡No vengas, no entres!   1186
  BS 1,2 Mujer   ¡No vengas, no entres!   1194
  BS 2,1 Novia   Pero se me calienta el alma de que vengas a verme y   1214
                                  atisbar mi boda y preguntes con intención por el
                                  azahar.
  YE 3,2 Yerma   No vengas a solazarte como los niños pequeños   1345
véngate (1)
  BS 3,2 Novia   Véngate de mí; ¡aquí estoy!   1270
vengo (30)
  MM 1,1 Curiana N   Vengo de soñar que yo era una flor   671
  MM 2,3 Mariposa   Vengo de un arca misteriosa   708
  TC 1,1 Hora   Yo, como vengo todos los días, te recordaré esto   734
                                  cuando seas vieja y hayas olvidado este momento.
  TC 4,1 Joven   Ya voy al puerto, ya vengo del puerto... ¡Si vieras!   751
  TC 6,1 Cristobita   Yo también me voy a poner un gran sombrero y a colgar   768
                                  cintas a la porra... Ahora vengo.
  MP 1,8 Angustias   está bien. Mas yo vengo   817
  MP 2,9 Pedrosa   Yo las sentí lejanas. Ahora vengo   851
  MP 2,9 Pedrosa   Vengo a salvarla.   855
  MP 3,8 Fernando   Vengo solo, Mariana. ¿Qué sé yo de don Pedro?   884
  ZP 1,1 Niño   Vengo con estos zapatos de charol, costaron cinco   913
                                  duros, para que los arregle su marido.
  ZP 2,1 Niño   ¡Ay, vengo corriendo para decírtelo!   970
  PB 1,1 Perlimplín   que vengo muy mal herido,   1000
  CA 2,1 Joven   Estás aquí, entre mis manos, en este mismo instante, y   1096
                                  no me puedes cerrar la puerta porque vengo mojado por
                                  una [...]
  BS 1,2 Leonardo   De allí vengo.   1187
  BS 1,2 Muchacha   Vengo a deciros lo que están comprando.   1191
  BS 1,3 Madre   Pero ahora da. No te quejes. Yo no vengo a pedirte   1196
                                  nada.
  BS 1,3 Madre   Tú sabes a lo que vengo.   1197
  BS 2,1 Leonardo   Por eso vengo.   1210
  BS 3,1 Luna   ¡Dejadme entrar! ¡Vengo helada   1249
  BS 3,2 Novia   Aquí vengo.   1268
  YE 1,2 Yerma   Vengo de llevar la comida a mi esposo, que trabaja en   1286
                                  los olivos.
  YE 1,2 Vieja 1   También yo vengo de traer la comida a mi esposo.   1287
  YE 2,1 Lavandera 1   vengo a lavar   1307
  YE 2,2 Víctor   Vengo a despedirme.   1321
  YE 3,2 Vieja   Y, en último caso, vengo porque me da la gana.   1337
  RS 1,1 Sobrino   Precisamente quiero quedarme aquí, y a eso vengo.   1362
  RS 3,1 Martín   Vengo de explicar mi clase de Preceptiva.   1418
  RS 3,1 Solterona 3   Yo vengo a dar una lección de piano que tengo aquí   1435
                                  cerca y me llegué por si necesitaban ustedes algo.
  BA 1,1 Mendiga   Vengo por las sobras.   1444
  BA 1,1 Magdalena   Vengo de correr las cámaras.   1461
venía (9)
  TC 6,1 Currito   Venía a probarle los zapatos de boda a la señá Rosita, 764
                                  porque Cansa-Almas no puede venir.

venía - venir

venía (continuación)   Pág.
MP 2,1 Niña   Venía un andaluz,   823
ZP 1,1 Zapatera   Pero el que más me gustaba a mí de todos era   917
                       Emiliano..., tú lo conociste... Emiliano, que venía
                       montado en una [...]
ZP 1,1 Niño   Yo venía a decirte una cosa que nadie quiere decirte.   935
ZP 2,1 Zapatera   El venía con un traje negro [...]   945
ZP 2,1 Zapatera   Todavía me parece sentir en la cara aquel aire tan   946
                       fresquito que venía por los árboles.
CA 3,1 Máscara   El conde Arturo, con una camelia entre los labios,   1116
                       venía en una pequeña [...]
YE 1,2 Vieja 1   Muchas veces me he asomado de madrugada a la puerta   1287
                       creyendo oír música de bandurrias que iba, que venía,
                       pero era el aire.
RS 2,1 Ayola 1   Cuando yo tenía seis años venía aquí y el novio de   1399
                       Rosita me acostumbró a beberlas.
venían (4)
MP 1,4 Amparo   Las niñas venían gritando   793
ZP 2,1 Alcalde   Pues meter en la cárcel a dos o tres de los que venían   948
                       cantando.
PB 2,1 Belisa   En mi paseo por la alameda venían todos detrás menos   1002
                       él.
RS 3,1 Tía   Yo notaba algo en las cartas; los poderes que no   1415
                       venían, un aire dudoso..., [...]
venid (7)
MM 2,2 Curiana N   ¡Venid acá! ¡Sin prisa!   706
MM 2,4 Curiana G   ¡Venid, que se la come!   711
ZP 1,1 Zapatera   Sí, sí, venid a verme, cascantes, comadricas, por   938
                       vuestra culpa ha sido...
ZP 2,1 Zapatera   Y venid, venid ahora, si queréis.   978
YE 3,2 Macho   ¡Venid a ver la lumbre!   1343
RS 1,1 Ama   Venid y os contaré.   1370
venido (25)
MM 2,5 Gusano 3   ¿de dónde habrán venido?"   713
TC 3,1 Espantanublos   ¿Pero quién demonios es ese hombre y a qué ha venido   746
                       aquí?
TC 4,1 Joven   Ahora me alegro de haber venido, pero tengo una rabia,   751
                       que las palabras no me salen de la boca.
TC 6,1 Currito   ¡No me iré! ¿Para qué he venido?   764
TC 6,1 Currito   He venido al pueblo para aprender cómo se puede   771
                       olvidar.
MP 1,4 Clavela   ¡Señora, no ha venido nadie!   791
MP 2,7 Conspirador 3   Bien venido, si buenas cartas trae.   840
ZP 2,1 Zapatera   ¿Cómo has venido?   969
ZP 2,1 Zapatera   ¡Ay, cómo me alegro de que hayas venido!   978
CA 3,2 Joven   Han venido muy temprano.   1138
BS 1,3 Padre   Habéis venido por el camino más largo.   1196
BS 2,2 Criada   Hicieron el camino como si hubieran venido a caballo.   1227
BS 2,2 Madre   Ramas enteras de familias han venido.   1230
BS 3,2 Novia   Déjala; he venido para que me mate y que me lleven con   1269
                       ellos.
YE 2,2 Yerma   Yo he venido a estas cuatro paredes para no resignarme.   1314
YE 3,1 Yerma   Yo he venido por el resultado. Creo que no eres mujer   1327
                       engañadora.
YE 3,1 Yerma   ¡No sé por qué he venido!   1330
YE 3,2 Muchacha 1   ¿Y ha venido?   1337
YE 3,2 Vieja   Dime, ¿para qué has venido?   1343
YE 3,2 Vieja   Mira qué maldición ha venido a caer sobre tu hermosura.   1344
RS 2,1 Rosita   Te he preguntado si ha venido el correo.   1388
BA 1,1 La Poncia   Han venido curas de todos los pueblos.   1439
BA 1,1 La Poncia   Yo he venido a comer.   1440
BA 1,1 Criada   ¿Han venido todos sus parientes?   1441
BA 1,1 La Poncia   No tendrás queja ninguna. Ha venido todo el pueblo.   1450
venimos (1)
TC 0,0 Mosquito   Yo y mi compañía venimos del teatro de [...]   723
venir (21)
TC 1,1 Hora   ¿Qué sabes tú los vientos que van a venir mañana para   734
                       hacer bailar la veleta de tu tejadillo?
TC 3,1 Joven   No he debido venir.   743
TC 6,1 Currito   Venía a probarle los zapatos de boda a la señá Rosita,   764
                       porque Cansa-Almas no puede venir.
MP 1,5 Fernando   antes de venir yo aquí,   798
ZP 2,1 Zapatera   Cuando le veía venir montado en su jaca blanca...   945
ZP 2,1 Zapatera   Pues aquí estoy, si se atreven a venir.   973
ZP 2,1 Zapatera   Mire usted, tengo a todo el pueblo encima, quieren   974
                       venir a matarme, y sin embargo no tengo ningún miedo.
CA 3,1 Mecanógrafa   Aunque no vendrá hasta que deba venir.   1124
CA 3,2 Jugador 3   Y aunque ni a la otra ni a la señorita mecanógrafa se   1137
                       les ocurrirá venir por aquí hasta [...]
BS 3,2 Niña   los siento venir.   1263
YE 1,1 Yerma   ¿Cuándo, mi niño, vas a venir?   1278

venir (continuación)
  YE 1,1 Yerma   ¿Cuándo, mi niño, vas a venir?   1286
  YE 2,1 Lavandera 4   Si los trigos verdes tuvieran cabeza, temblarían de   1306
                     verlos venir.
  YE 2,2 Yerma   Pero tú has de venir, amor, mi niño,   1316
  YE 3,1 Yerma   ¿Y pudo venir andando desde el río?   1327
  RS 2,1 Rosita   Pero como le es imposible venir por ahora, la boda   1409
                     será por poderes y luego vendrá él.
  BA 1,1 Martirio   Una vez estuve en camisa [...] su gañán que iba a   1460
                     venir y no vino.
  BA 2,1 Adela   Me gustaría segar para ir y venir. Así se olvida lo   1487
                     que nos muerde.
  BA 2,1 Bernarda   Yo veía la tormenta venir, pero no creía que estallara   1495
                     tan pronto.
  BA 2,1 La Poncia   ¿Por qué el mismo día que iba a venir a la ventana le   1498
                     mandaste recado que no viniera?
  BA 3,1 Prudencia   No me queda más consuelo [...] tendré que dejar de   1508
                     venir para que no jueguen [...]

venís (2)
  MM 1,2 Doña Curiana   Madrugadora venís,   676
  YE 3,2 Vieja   Venís a pedir hijos al santo y resulta que cada año   1336
                     vienen más hombres solos a esta romería.

ventana (34)
  TC 1,1 Rosita   Y cuando la niña del barbero se asome a su ventana, yo   725
                     le diré: [...]
  TC 6,1 Rosita   Un pájaro ha pasado ahora mismo por la ventana, con   773
                     unas alas... ¡así de grandes!
  MP 1,5 Mariana   asomarse a mi ventana   796
  MP 2,6 Mariana   y cierra la ventana del jardín.   834
  MP 2,8 Mariana   Es el viento que cierra una ventana.   846
  MP 2,8 Mariana   ¡Por aquella ventana del pasillo   848
  MP 3,7 Novicia 1   por una y otra ventana!   880
  ZP 1,1 Zapatero   Habla por la ventana con todos.   924
  ZP 1,1 Alcalde   Si tu mujer habla por la ventana con todos, si [...]   925
  ZP 2,1 Zapatero   Y en mi pueblo vivía [...] con sus amigos por la   966
                     ventana mientras el marido [...]
  ZP 2,1 Niño   Desde la ventana de tu cuarto puedes ver el jaleo de   970
                     la plaza.
  CA 1,1 Joven   Juan, cierra la ventana.   1049
  CA 1,1 Amigo   ¡Abre la ventana! Tengo calor.   1060
  CA 1,1 Niño   con estas rosas frente a la ventana.   1062
  CA 1,1 Gata   Vámonos por la ventana.   1067
  CA 1,1 Amigo 2   Por la ventana.   1073
  CA 3,1 Mecanógrafa   Esperaba siempre en pie toda la noche hasta que yo me   1115
                     asomaba a la ventana.
  BS 1,2 Suegra   cierra la ventana   1185
  BS 1,3 Criada   Porque lo vi. Estuvo parado en tu ventana. Me chocó   1205
                     mucho.
  RS 1,1 Ama   ¿Y no hay gatos y no hay perros, y no hay un golpe de   1356
                     aire que entra por la ventana?
  RS 3,1 Ama   ¡Qué airazo entra por la ventana!   1417
  RS 3,1 Ama   Como he descolgado la percha, lo tienes enganchado en   1435
                     el tirador de la ventana.
  BA 1,1 Bernarda   No es por eso... Pero desde aquel sitio las vecinas   1453
                     pueden verla desde su ventana.
  BA 1,1 La Poncia   Luego estuvo detrás de una ventana oyendo la   1455
                     conversación [...]
  BA 1,1 Martirio   Una vez estuve en camisa detrás de la ventana hasta   1460
                     que fue [...]
  BA 1,1 Criada   Como dará la vuelta a la esquina, desde la ventana de   1467
                     tu cuarto se verá mejor.
  BA 2,1 La Poncia   Todavía estaba Angustias con Pepe en la ventana.   1473
  BA 2,1 La Poncia   Oye, Angustias: ¿qué fue lo que te dijo la primera vez   1474
                     que se acercó a tu ventana?
  BA 2,1 La Poncia   Esas cosas pasan entre [...] el Colín vino a mi   1476
                     ventana... Ja, ja, ja.
  BA 2,1 La Poncia   ¿Por qué te pusiste casi desnuda con la luz encendida   1481
                     y la ventana abierta al pasar [...]
  BA 2,1 Adela   Vamos a verlos por la ventana de mi cuarto.   1488
  BA 2,1 La Poncia   ¿Por qué el mismo día que iba a venir a la ventana le   1498
                     mandaste recado que no viniera?
  BA 2,1 Martirio   No quise asomarme. ¿No habláis ahora por la ventana   1502
                     del callejón?
  BA 2,1 Angustias   Yo hablo por la ventana de mi dormitorio.   1502
ventanal (1)
  CA 3,2 Joven   ¿No era ese ventanal mucho más grande?   1132
ventanas (10)
  MP 2,7 Mariana   De noche, cuando cierro las ventanas,   837
  ZP 1,1 Zapatera   Cállate, larga de lengua, [...] están detrás de las   912
                     ventanas.

ventanas (continuación)   Pág.
  ZP 2,1 Zapatero   Sí, sí, canallas...; [...] sale por tus puertas y   971
                         ventanas!;

  CA 1,1 Joven   Juan. Cierra las ventanas.   1059
  BS 2,1 Muchacha 1   por las ventanas.   1219
  BS 3,2 Suegra   Clavaremos las ventanas.   1264
  BS 3,2 Madre   Otras madres se asomarán a las ventanas, azotadas por 1267
                         la lluvia, para ver el rostro de sus hijos.

  BA 1,1 Bernarda   Hacemos cuenta que hemos tapiado con ladrillos puertas 1451
                         y ventanas.

  BA 2,1 Coro   Abrir puertas y ventanas   1487
  BA 2,1 Martirio   Abrir puertas y ventanas   1487
ventaneras (1)
  BA 2,1 Bernarda   Siempre os supe mujeres ventaneras y rompedoras de su 1503
                         luto.

ventanillo (2)
  ZP 2,1 Zapatera   Que suenan con el aguacero los cristales del   974
                         ventanillo, ¡otro susto!

  YE 1,2 Yerma   ¿Me he de quedar en plena vida para cuidar aves o   1288
                         poner cortinitas planchadas en mi ventanillo?

vente (5)
  TC 2,1 Mozo 3   Vente, que la pena se te pasará cuando te dé el viento 738
                         del campo.

  TC 6,1 Currito   Vente conmigo. Te veo y me vuelvo loquito de celos.   764
  CA 2,1 Joven   Sí, sí, vente.   1095
  CA 3,1 Joven   Arriba se está mejor. ¡Vente!   1124
  BS 3,2 Vecina   Vente a mi casa; no te quedes aquí.   1267
ventura (1)
  MM 1,6 Curianito   ¿Quién será la que viene robando mi ventura   701
venturas (1)
  RS 2,1 El Señor X   Póngame a los pies de su encantadora sobrinita, a la 1378
                         que deseo venturas en su celebrado onomástico.

venturinas (1)
  ZP 1,1 Zapatera   ¿No llevas tu reloj, tan hermoso, con cadena de plata 922
                         y venturinas, al que le doy cuerda todas las noches?

veo (29)
  TC 1,1 Rosita   Ya los veo entrar... los suspiros de mi amante.   735
  TC 6,1 Currito   Vente conmigo. Te veo y me vuelvo loquito de celos.   764
  MP 1,8 Angustias   que derrumbarse veo,   818
  TB QM. Mujer   Te veo pequeño.   909
  ZP 1,1 Zapatera   Por lo que veo, en este pueblo no hay más que dos   932
                         extremos: o monja o trapo de fregar.

  ZP 2,1 Zapatera   ¿Yo? Me trae absolutamente sin cuidado, pero como lo   940
                         veo en la puerta. .

  ZP 2,1 Alcalde   Por lo que veo, este niño sabio y retorcido es la   949
                         única persona a quien tratas bien en el pueblo.

  ZP 2,1 Zapatero   Por lo que veo, su marido de usted era un hombre de   964
                         pocas luces.

  PB 1,1 Belisa   Ya lo veo.   993
  PB 1,1 Perlimplín   ¿Y de quién son aquellos cinco sombreros que veo   998
                         debajo de los balcones ?

  PB 3,1 Perlimplín   Ahora cierro los ojos y... veo lo que quiero...; [...] 1009
  DC 1,1 Director   Bravo. Veo que me ha entendido usted.   1023
  CA 1,1 Joven   Novia..., ya lo sabe usted; si digo novia la veo sin 1051
                         querer amortajada [...]

  CA 1,1 Amigo 2   Pero todavía no, todavía me veo subido en los   1075
                         cerezos... [...]

  CA 2,1 Novia   Entra. Hace dos días que no te veo.   1079
  CA 2,1 Padre   En cuanto paso una irritación se me sube la sangre a 1089
                         los ojos y no veo.

  CA 2,1 Padre   Y ahora yo no lo veo.   1090
  BS 2,2 Madre   En la frente de todos ellos yo no veo más que la mano 1227
                         con que mataron a lo que era mío.

  YE 1,1 Yerma   Yo veo por mis ojos que [...]   1276
  YE 1,1 Yerma   "Los jaramagos no sirven para nada", pero yo bien los 1276
                         veo mover sus flores amarillas en el aire.

  YE 2,2 Yerma   ¡Cómo no me voy a quejar cuando te veo a ti y a otras 1317
                         mujeres [...]

  YE 3,2 Yerma   La primera vez que veo que es verdad.   1346
  YE 3,2 Juan   Lo que veo por mis ojos.   1347
  RS 2,1 Rosita   Cuando no veo la gente estoy contenta, pero como la   1389
                         tengo que ver...

  RS 2,1 Madre   Y se me llenan los ojos de lágrimas cuando las veo   1394
                         alternar con las que pueden.

  RS 3,1 Tía   pero te veo a ti...   1427
  BA 1,1 Martirio   Y veo que todo es una terrible repetición.   1460
  BA 3,1 María Josefa   Tú eres Martirio, ya te veo.   1524
  BA 3,1 Adela   Dios me ha debido dejar sola en medio de la oscuridad,1529
                         porque te veo como si no te hubiera visto nunca.

ver (106)
  MM 1,2 Curianita Silvia a ver si un amante bueno   679

ver (continuación)
MM 2,4	Curiana G	¡A ver si la despiertas!	710
TC 1,1	Rosita	Esto es lo que me faltaba que ver.	734
TC 6,1	Voz	veríamos a ver.	762
TC 6,1	Currito	¿A ver otro poquito...?	765
MP 0,0	Mosquito	al ver que Marianita se muere	781
MP 1,3	Angustias	Voy a ver.	789
MP 1,5	Fernando	para ver si lo encontraban,	799
MP 1,7	Fernando	No quieras ver disgustado	808
MP 3,9	Mariana	al ver que Marianita se muere	891
ZP 1,1	Zapatera	Quién me hubiera dicho a mí, rubia con los ojos negros, que hay que ver el mérito que esto tiene, con este talle y estos colores tan hermosísimos, que me iba a ver casada con..., me [...]	913
ZP 1,1	Zapatero	Porque vamos a ver: ¿por qué me habré casado?	918
ZP 1,1	Vecina	¡Que salga, a ver si por delante de mí casca tanto como por detrás!	919
ZP 1,1	Zapatera	Pero vamos a ver: ¿a mí qué me importa todo esto?	922
ZP 1,1	Alcalde	Y a ver si se despeja esa cabeza.	928
ZP 1,1	Alcalde	¡Y hay que ver qué ondas en el pelo!	928
ZP 1,1	Zapatera	Por lo que veo, en este [...] lo que me quedaba de ver!	933
ZP 2,1	Zapatera	¿A ver?	944
ZP 2,1	Zapatera	¡Quisiera yo ver eso!	948
ZP 2,1	Alcalde	¡Vamos a ver!	962
ZP 2,1	Niño	Todas las mujeres han ido a ver al juez para que te vayas del pueblo, ¡ay!	970
ZP 2,1	Niño	Desde la ventana de tu cuarto puedes ver el jaleo de la plaza.	970
ZP 2,1	Vecina Roja	Muerta la quisiera ver.	971
ZP 2,1	Niño	Voy a ver lo que dicen.	973
ZP 2,1	Zapatera	Y todo esto no es más [...] porque no los he querido ver, pero que vieron [...]	974
PB 2,1	Belisa	Pero no se deja ver.	1005
PB 3,1	Belisa	Déjame ver tu rostro por un instante siquiera... ¡Ay!	1016
DC 1,1		Será necesario que las [...] encaje para oír y para ver las cosas de doña [...]	1019
DC 1,1	Cristóbal	veríamos a ver.	1031
DC 1,1	Cristóbal	para ver si despierta mi colorín.	1038
DC 1,1	Cristóbal	para ver si despierta mi palomar.	1039
CA 1,1	Amigo	Pero vamos a ver... Me quieren ustedes decir...	1061
CA 1,1	Niño	Voy a ver si te encuentro alguna rata.	1063
CA 1,1	Amigo 2	Por eso no quiero ver este.	1073
CA 1,1	Amigo 2	Yo no quiero ver gente como usted.	1074
CA 3,2	Jugador 3	Nada. Vamos a ver.	1140
EP CV	Estudiante 2	El público se ha de dormir en la palabra, y no ha de ver a través de la columna [...]	1161
EP CV	Estudiante 4	El director de escena abrió los escotillones, y la gente pudo ver cómo el veneno de las venas falsas había causado la muerte verdadera de muchos niños.	1161
EP CV	Estudiante 2	Vamos a ver la última Julieta verdaderamente femenina que se verá en el teatro.	1162
EP CV	Dama 3	Cuando subíamos por el monte de la ruina creíamos ver la luz de la aurora, [...]	1163
EP CV	Estudiante 4	Por pura curiosidad, para ver lo que tenían dentro.	1166
EP CV	Estudiante 5	Porque están locos; pero [...] mujer o niño, sino para ver que me gusta con [...]	1167
BS 1,1	Madre	Sí, sí; y a ver si me alegras con [...]	1177
BS 1,2	Leonardo	Vamos a ver al niño.	1190
BS 1,3	Criada	Que reviento por ver los regalos.	1203
BS 1,3	Criada	Vamos a ver los regalos.	1203
BS 2,1	Leonardo	A ver tu casamiento.	1213
BS 2,1	Novia	Y no ver más que tus ojos.	1222
BS 2,2	Madre	Por eso es tan terrible ver la sangre de una derramada por el suelo.	1228
BS 2,2	Madre	Cuando yo llegué a ver a mi hijo, estaba tumbado en mitad de la calle.	1229
BS 2,2	Mujer	¡Voy a ver!	1233
BS 2,2	Novio	¡Voy a ver!	1242
BS 3,2	Madre	Otras madres se asomarán a las ventanas, azotadas por la lluvia, para ver el rostro de sus hijos.	1267
BS 3,2	Madre	No quiero ver a nadie.	1268
YE 1,1	Víctor	Bueno, pues a ver si con el ejemplo te animas.	1285
YE 1,2	Vieja 1	¿A ver?	1288
YE 1,2	Yerma	Yo me entregué a mi marido por él, y me sigo entregando para ver si llega, pero nunca por divertirme.	1290
YE 1,2	Muchacha 2	Es lo que hay que ver.	1295
YE 2,1	Lavandera 4	A ver... No... Sí, sí, falta uno.	1306
YE 2,2	Juan	Por eso quiero ver cerrada esa puerta y cada persona en su casa.	1315
YE 2,2	Víctor	Tu marido ha de ver su hacienda colmada.	1324

Pág.

ver (continuación)

YE 3,1	Juan	Porque se necesita ser de bronce para ver a tu lado una mujer [...]	1332
YE 3,1	Yerma	A ver dónde encuentras un olor que no sea tuyo, que no sea de tu cuerpo.	1333
YE 3,2	Yerma	No te pude ver	1336
YE 3,2	Vieja	Y ahora, a ver a ese.	1336
YE 3,2	Vieja	A ver.	1337
YE 3,2	Vieja	Yo me vuelvo loca por ver.	1337
YE 3,2	Macho	¡Venid a ver la lumbre	1343
YE 3,2	Vieja	A ver si luego nos dejáis dormir.	1343
YE 3,2	Juan	¡Que te lo tengo que gritar al oído para que lo sepas, a ver si de una vez vives ya tranquila!	1348
YE 3,2	Yerma	Voy a descansar sin despertarme sobresaltada, para ver si la sangre me anuncia otra sangre nueva.	1350
RS 1,1	Ama	¡Qué ganas tengo de ver plantados en este jardín un peral, un cerezo, un caqui!	1353
RS 1,1	Tía	¡A ver si te equivocas!	1355
RS 1,1	Tío	Pero yo ese día lo pienso pasar al lado para ver cómo se pone blanca.	1357
RS 1,1	Ama	Por qué, vamos a ver.	1360
RS 1,1	Tía	Mira a ver a quién entra.	1360
RS 2,1	Tía	¿A ver?	1383
RS 2,1	Rosita	Cuando no veo la gente estoy contenta, pero como la tengo que ver...	1389
RS 2,1	Rosita	Veremos a ver este.	1394
RS 2,1	Solterona 3	a ver abrirse las flores	1403
RS 2,1	Solterona 3	a ver abrirse las flores	1405
RS 2,1	Ama	¡Que venga y que te coja del brazo y que menee el azúcar de tu café y lo pruebe antes a ver si quema!	1410
RS 3,1	Ama	Cuando yo enterré a mi [...] no..., golpetazos de ver que la enterrada [...]	1416
RS 3,1	Tía	¡A ver si lo vas a enamorar!	1422
RS 3,1	Ama	¡A ver si el agua sube hasta que no quede un niño vivo!	1424
RS 3,1	Tía	Todos los cristianos sabemos que ningún rico entra en el reino de los cielos, pero a ver si por hablar de [...]	1425
RS 3,1	Rosita	Quiero huir, quiero no ver, quiero quedarme [...]	1429
RS 3,1	Tía	Te has aferrado a tu idea sin ver la realidad y sin tener caridad de tu porvenir.	1429
RS 3,1	Muchacho	Pues bajaba yo muerto [...] exactamente igual que ver a mi madre.	1433
BA 1,1	La Poncia	Es capaz de sentarse encima de tu corazón y ver cómo te mueres durante [...]	1441
BA 1,1	Adela	Me llegué a ver si habían puesto las gallinas.	1454
BA 1,1	Martirio	Es preferible no ver a un hombre nunca.	1460
BA 1,1	Magdalena	De ver los cuadros bordados [...]	1461
BA 1,1	Angustias	¡Eso lo teníamos que ver!	1468
BA 1,1	María Josefa	No quiero ver a estas mujeres solteras [...]	1470
BA 2,1	Amelia	Abre la puerta del patio a ver si nos entra un poco de fresco.	1473
BA 2,1	Magdalena	Voy a ver.	1477
BA 2,1	Adela	A veces se asoma a mi cuarto para ver si duermo.	1479
BA 2,1	Adela	Mira a ver si puedes agarrar la liebre con tus manos.	1482
BA 2,1	La Poncia	A ver si ahora Angustias los usa en los suyos.	1484
BA 2,1	La Poncia	Tened cuidado con no entreabrirla mucho, porque son capaces de dar un empujón para ver quién mira.	1488
BA 2,1	La Poncia	¡Hay que ver el entusiasmo de Angustias con su novio!	1501
BA 3,1	Adela	A mí me gusta ver correr lleno de lumbre lo que está quieto y quieto años enteros.	1516
BA 3,1	Martirio	Pero estas cosas nada tienen que ver con nosotros.	1516
BA 3,1	Bernarda	Disfrutando este silencio y sin lograr ver por parte alguna "la cosa tan grande" que aquí pasa, según tú.	1518

vera (4)

MP 2,5	Mariana	¡Mi victoria consiste en tenerte a mi vera!	831
MP 3,3	Mariana	para morir a mi vera,	869
MP 3,4	Voz	A la vera del agua,	871
MP 3,4	Mariana	A la vera del agua,	872

verá (6)

TC 6,1	Cocoliche	¡Que venga! Así verá cómo su novia se entiende con el amante.	769
PB 0,0	Marcolfa	Verá mi señor la razón que tengo.	982
CA 1,1	Joven	Verá usted.	1054
EP CV	Estudiante 2	Vamos a ver la última Julieta verdaderamente femenina que se verá en el teatro.	1162
BA 1,1	Criada	Como dará la vuelta a la esquina, desde la ventana de tu cuarto se verá mejor.	1467
BA 3,1	Adela	Vamos a dormir, vamos [...] casita sola donde él me verá cuando quiera, cuando [...]	1528

verán (3)

MP 3,9	Novicia 1	Ya no verán tus ojos las naranjas de luz	890

verán (continuación)
CA 1,1 Niño   Por la escalera nos verán.   1067
BS 3,1 Leñador 1   Cuando salga la luna los verán.   1245
verano (5)
CA 1,1 Amigo   Una morena de esas que se echan de menos al mediodía   1058
                     de verano.
CA 3,1 Mecanógrafa   Recuerdo que la tarde de mi partida había una gran   1115
                     tormenta de verano y había muerto el niño de la
                     portera.
YE 2,1 Lavandera 1   cuando el verano seca la sangre al segador.   1308
RS 1,1 Primo   cuando el verano violento   1372
BA 2,1 Martirio   Estoy deseando que llegue noviembre, los días de   1488
                     lluvias, la escarcha todo lo que no sea este verano
                     interminable.
veras (1)
MP 2,7 Mariana   ¡Llueve de veras!   835
verás (17)
MM 1,4 Curianita Silvia La verás algún día.   687
MM 2,7 Curianito   y desde allí verás el prado verde   720
TC 6,1 Cristobita   Pues ya me verás.   767
TC 6,1 Currito   Me iré donde no me verás nunca.   775
MP 2,8 Pedro   ¡No temas! Ya verás cómo no es nada.   847
ZP 1,1 Zapatera   Tú no has tenido en tu vida dieciocho años... Aquel   918
                     sí que los tenía, y me decía unas cosas... Verás...
ZP 2,1 Niño   Verás: 947
PB 3,1 Perlimplín   El salió corriendo por el campo y no lo verás más   1016
                     nunca.
PB 3,1 Marcolfa   El hermoso adolescente al que nunca verás el rostro.   1018
DC 1,1 Cristóbal   Ahora verás.   1026
DC 1,1 Rosita   Y entonces verás   1038
CA 3,1 Arlequín   Tu amante verás   1110
EP CV Estudiante 4 Vamos. Verás cómo tengo razón.   1162
RS 1,1 Tío   Entra, entra y la verás.   1355
BA 1,1 Criada   ¡Ay Antonio María Benavides, que ya no verás estas   1445
                     paredes ni comerás el pan de esta casa!
BA 2,1 La Poncia   Yo no acuso, Bernarda. Yo solo te digo: abre los ojos   1497
                     y verás.
BA 2,1 Bernarda   ¿Y verás qué?   1497
verbena (1)
MP 2,3 Mariana   Soñar en la verbena y el jardín   826
verdad (99)
TC 1,1 Rosita   En verdad que el cañamazo es una labor difícil.   725
TC 3,1 Cristobita   Tendrás mucho vino, ¿verdad?   747
TC 4,1 Mozo   ¿Es verdad que vas mañana a poner los zapatos de novia   753
                     a la señá Rosita?
TC 4,1 Cansa-Almas   Yo me quedaré en casa... Y era verdad... Tu padre,   753
                     efectivamente, me quería muchísimo, muchísimo.
TC 4,1 Cocoliche   ¡Esta es la primera vez que lloro de verdad!   755
TC 6,1 Currito   La verdad es que...   766
TC 6,1 Cristobita   ¿Verdad que soy hermosísimo?   772
MP 1,4 Mariana   Es verdad que fuiste; ¿y has vuelto contenta?   791
MP 1,7 Mariana   Lo que dice es mi verdad   813
MP 2,1 Niña   "No dices la verdad: 823
MP 2,8 Pedro   ¡Es verdad!   846
MP 2,9 Pedrosa   Espero que dirás sus nombres, ¿verdad?   856
MP 3,3 Mariana   ¿Verdad que tú no lo crees?   869
MP 3,3 Mariana   Pues es muy verdad.   870
MP 3,8 Mariana   ¿verdad? Tú eres muy bueno.   884
TB QM. Viejo   Estuve de cochero en su casa; pero si te confieso la   905
                     verdad, ahora estoy mejor de mendigo.
TB QM. Enrique   Es verdad, pero me pesa esta ausencia.   906
ZP 1,1 Beata 1   Descansando, ¿verdad?   933
ZP 1,1 Niño   Tú no me regañarás, ¿verdad?, porque a mi [...]   934
ZP 1,1 Niño   ¡Es verdad! ¡Pero yo no tengo la culpa!   937
ZP 1,1 Niño   ¡Sí que es verdad, no me regañes!   937
ZP 2,1 Niño   ¡Es verdad!   961
ZP 2,1 Zapatero   ¡Eso no es verdad!   964
ZP 2,1 Zapatero   Digo que es una cosa tan... incomprensible que...   964
                     parece que no es verdad.
PB 1,1 Duende 2   Es verdad, compadrillo, que no es lo mismo decir: "Yo   996
                     he visto" que: "Se dice".
PB 3,1 Perlimplín   ¡Oh, sí!... ¡Como nunca mujer alguna lo hizo!, ¿verdad?   1010
PB 3,1 Belisa   ¡Es verdad que me ayudaste a quererlo!   1014
PB 3,1 Belisa   ¿Pero qué es esto? Y estás herido de verdad.   1016
DC 1,1 Director   No, señor; diga usted lo que es preciso que diga y lo   1021
                     que el público sabe que es verdad.
DC 1,1 Cristóbal   Es verdad.   1023
DC 1,1 Rosita   Qué molesta es la luna, ¿verdad, Cristóbal?   1039
DC 1,1 Rosita   Verdad, Cristobita,   1039
CA 1,1 Viejo   ¿Verdad?   1045
CA 1,1 Viejo   Después, ¿verdad? Saben mejor. Yo también...   1046

verdad - verdadera

Pág.

verdad (continuación)

CA 1,1	Joven	El gusto tuyo, ¿verdad?	1057
CA 1,1	Viejo	¡Es una verdad sin refutación posible!	1060
CA 1,1	Amigo	No es verdad.	1071
CA 1,1	Viejo	¡No es verdad!	1072
CA 1,1	Amigo 2	Es hermoso, ¿verdad?;	1073
CA 2,1	Novia	Detrás de toda esta sombra [...] el salón del trono, ¿verdad?, ¿verdad que sí?	1079
CA 2,1	Novia	Yo me corté las trenzas porque le gustaban mucho, como ahora voy descalza porque te gusta a ti, ¿verdad?, ¿verdad que sí?	1079
CA 3,1	Muchacha	Verdad.	1109
CA 3,1	Muchacha	Verdad.	1110
CA 3,1	Arlequín	Verdad.	1111
CA 3,1	Muchacha	Verdad.	1113
CA 3,1	Payaso	Verdad.	1113
CA 3,1	Mecanógrafa	¡Es verdad!	1117
CA 3,1	Máscara	¡Ja, ja, ja! Sí, ¿verdad? Saben mejor.	1117
CA 3,2	Jugador 1	Pero aquel muchacho jugaba de verdad.	1136
EP CV	Estudiante 4	El tumulto comenzó cuando vieron que Romeo y Julieta se amaban de verdad.	1160
BS 1,1	Madre	¿Verdad que sí?	1175
BS 1,1	Madre	¡Que es verdad! ¡Que tienes razón! ¿Cuándo quieres que la pida?	1177
BS 1,1	Vecina	No quisiera ofender; pero es verdad.	1181
BS 1,1	Madre	Es verdad... Pero oigo [...]	1182
BS 1,3	Novio	Buena de verdad.	1196
BS 2,1	Leonardo	Porque tú crees que el tiempo cura y que las paredes tapan, y no es verdad, no es verdad.	1214
BS 2,2	Muchacha 2	¿De qué? Pero los dos alfileres sirven para casarse, ¿verdad?	1236
BS 2,2	Novia	Es verdad!	1237
BS 2,2	Padre	¡No es verdad!	1243
BS 3,1	Novia	Yo misma. Verdad.	1257
BS 3,1	Leonardo	Es verdad. ¿No lo recuerdas?	1257
YE 1,1	Yerma	¡Y era verdad!	1276
YE 1,1	Yerma	Estarías cantando, ¿verdad? Yo canto. Tú..., dime...	1280
YE 1,1	María	¡Es verdad!	1282
YE 1,2	Yerma	Esta es la pura verdad.	1290
YE 1,2	Muchacha 2	Qué lástima no poder decir mi novio, ¿verdad?	1295
YE 1,2	Yerma	Es verdad.	1296
YE 2,1	Lavandera 5	¡No hay otra verdad!	1303
YE 3,1	Yerma	Los animales los lamen, ¿verdad?	1327
YE 3,2	Yerma	La primera vez que veo que es verdad.	1346
YE 3,2	Yerma	Eso es lo que yo quería oír de tus labios... No se siente la verdad cuando está dentro [...]	1348
YE 3,2	Yerma	¿Es verdad lo que digo?	1348
YE 3,2	Juan	Es verdad. Como todos.	1348
RS 1,1	Manola 2	¿Digo la verdad?	1368
RS 2,1	Ama	Es la pura verdad, señora.	1381
RS 2,1	Ama	¡Eso es verdad!	1382
RS 2,1	Ama	En medio del terciopelo hay una fuente hecha con caracoles de verdad; sobre la fuente, [...]	1383
RS 2,1	Tía	Es verdad. ¿Para qué te has metido en esto?	1383
RS 2,1	Madre	Es la verdad, hija mía.	1393
RS 3,1	Ama	Es verdad que la casa resulta demasiado grande.	1412
RS 3,1	Tía	Ocho años lleva de matrimonio, y hasta el mes pasado no me escribió el canalla la verdad.	1415
RS 3,1	Martín	Es fuerte, ¿verdad?	1420
RS 3,1	Martín	¿Verdad que sí?	1422
RS 3,1	Martín	Verdad es que hay que modernizarse.	1422
BA 1,1	La Poncia	Nosotras tenemos nuestras manos y un hoyo en la tierra de la verdad.	1443
BA 1,1	Amelia	¡Después de todo dice la verdad!	1464
BA 2,1	Martirio	¿Es verdad que le pegaste algunas veces?	1477
BA 2,1	Adela	¡Eso no es verdad!	1481
BA 2,1	Bernarda	¿Es verdad?	1493
BA 2,1	Martirio	¡Es verdad!	1493
BA 3,1	Amelia	Es verdad. Daba miedo. Parecía una aparición.	1515
BA 3,1	La Poncia	Eso es verdad.	1518
BA 3,1	La Poncia	Es verdad que el año pasado [...]	1520
BA 3,1	La Poncia	Es verdad. Y otras cosas.	1521
BA 3,1	María Josefa	Es verdad.	1524
BA 3,1	María Josefa	Sí, pero luego tú me abrirás, ¿verdad?	1525

verdadera (10)

MP 3,9	Mariana	¡Libertad de lo alto! Libertad verdadera,	890
ZP 1,1	Zapatero	Toda mi vida ha sido en mí una verdadera preocupación evitar el escándalo.	921
EP CV	Estudiante 4	La gente se olvida de los trajes en las representaciones y la revolución estalló cuando se encontraron a la verdadera Julieta amordazada [...]	1160

verdadera (continuación)
EP CV Estudiante 4   El director de escena [...] había causado la muerte   1161
                       verdadera de muchos niños.
EP CV Estudiante 1   Y que hayan asesinado a la verdadera Julieta, que   1166
                       gemía debajo de las butacas.
EP CV Estudiante 4   ¿Pero no te has dado [...] de escena, y que la   1167
                       verdadera Julieta estaba [...]
EP CV Muchacho 1   ¡Alguna puerta será la verdadera!   1169
YE 2,2 Juan   Lo que pasa es que no eres una mujer verdadera y   1315
                       buscas la ruina de un hombre sin voluntad.
BA 2,1 La Poncia   Adela. ¡Esa es la verdadera novia del Romano!   1500
BA 2,1 La Poncia   Pero les cuesta mucho trabajo desviarse de la   1500
                       verdadera inclinación.

verdaderamente (4)
MP 2,7 Conspirador 3 los verdaderamente liberales.   838
ZP 1,1 Zapatera   Verdaderamente eso de [...]   932
EP CV Estudiante 2   Vamos a ver la última Julieta verdaderamente femenina   1162
                       que se verá en el teatro.
BA 2,1 Martirio   Verdaderamente es raro que dos personas que no se   1474
                       conocen se vean de pronto en una reja y ya novios.

verdaderas (1)
ZP 2,1 Zapatero   ¡Eso está pero que muy bien! Así son las mujeres   969
                       verdaderas, ¡así!

verdadero (6)
MP 1,7 Mariana   Por este amor verdadero   813
ZP 2,1 Zapatero   Respetable público: Oigan ustedes el romance verdadero   958
                       y sustancioso [...]
CA 3,1 Máscara   Un verdadero encanto.   1115
RS 3,1 Martín   Un verdadero infierno.   1418
RS 3,1 Martín   Un drama verdadero.   1420
BA 2,1 Bernarda   Es un verdadero hombre. ¿Y con tu hija?   1507
verdaderos (1)
RS 2,1 Madre   Pero usted lo sabe muy bien: desde que faltó mi pobre   1393
                       marido hago verdaderos milagros para [...]

verdades (1)
EP CV Estudiante 3   Y toda la gente, pero [...] atropellar sin miedo a las   1166
                       verdades más inocentes.

verde (39)
MM 1,2 Curianita Silvia seré de este prado verde,   683
MM 2,7 Curianito   y desde allí verás el prado verde   720
TC 0,0 Mosquito   Entonces yo avisé a mis [...] mundo; bajo la luna   724
                        verde de las montañas, [...]
TC 4,1 Cocoliche   Cristobita tiene una panza verde y una joroba verde.   754
TC 5,1 Jovencita   a la verde oliva...   759
TC 5,1 Jovencita   a la verde oliva,   761
TC 6,1 Rosita   sentadita en el verde limón...   762
TC 6,1 Rosita   sentadita en el verde limón...   766
MP 1,4 Amparo   con divisa verde y negra.   792
MP 1,4 Amparo   con divisa verde y negra.   793
MP 1,5 Fernando   Ojo, que es un viejo verde.   800
MP 2,1 Clavela   A la verde, verde orilla   822
MP 2,1 Clavela   Y a la verde, verde orilla   824
MP 2,2 Mariana   con una cinta verde y dos naranja.   825
MP 2,3 Mariana   en las ramas del verde limonero.   826
MP 3,4 Mariana   y fuego en la verde brisa.   871
ZP 1,1 Zapatero   No me digas... Tres meses llevamos de casados, yo,   922
                        queriéndote..., y tú, poniéndome verde.
ZP 1,1 Niño   dorada y verde.   936
ZP 1,1 Niño   dorada y verde.   936
PB 3,1 Perlimplín   Viejo verde, monigote sin fuerza, tú no podías gozar   1016
                        el cuerpo de Belisa..., el cuerpo de
CA 1,1 Viejo   Es una palabra verde, jugosa.   1046
CA 1,1 Amigo   Yo prefiero comerla verde, o, mejor todavía, me gusta   1072
                        cortar su flor para ponerla en mi solapa.
CA 2,1 Criada   El verde.   1085
CA 3,1 Muchacha   Banderas de agua verde   1110
CA 3,2 Joven   El chartreuse es como una gran noche de luna verde   1142
                        dentro de un castillo [...]
BS 1,2 Suegra   por su verde sala?   1184
BS 2,1 Criada   con el ramo verde   1209
BS 2,1 Criada   con el ramo verde   1216
BS 3,1 Leñador 2   Deja para el amor la rama verde.   1255
BS 3,1 Leñador 1   ¡Deja para el amor la verde rama!   1255
RS 1,1 Rosita   Una vestida de verde,   1367
RS 2,1 Ayola 1   Más discreto es que la leas tú sola, porque a lo mejor   1407
                        te dice algo verde.
RS 3,1 Muchacho   En carnaval me puse un vestido de mi madre..., un   1432
                        vestido del año de la nana, verde...
RS 3,1 Rosita   Con lazos negros... y bullones de seda verde nilo.   1432
BA 1,1 Magdalena   Se ha puesto el traje verde que se hizo para [...]   1462

verde (continuación)   Pág.
    BA 1,1 Adela   No quiero que se me pongan [...] me pondré mi vestido   1466
                           verde y me echaré a pasear [...]
verderol (1)
    MP 2,1 Niña   y un verderol antiguo   823
verdes (8)
    MP 2,9 Pedrosa   De tafetán morado y verdes letras.   856
    ZP 1,1 Zapatera   Mi cocido, con sus patatas de la sierra, dos pimientos   934
                           verdes, pan blanco, un [...]
    ZP 2,1 Zapatero   y van cayendo las verdes   961
    BS 3,1 Leñador 1   ¡Luna de las verdes hojas!   1248
    YE 1,1 María   No me lo dice, pero se pone junto a mí y sus ojos   1281
                           tiemblan como dos hojas verdes.
    YE 2,1 Lavandera 4   Si los trigos verdes tuvieran cabeza, temblarían de   1306
                           verlos venir.
    RS 2,1 Ama   En medio del terciopelo [...] de alambre con rosas   1383
                           verdes; el agua de la [...]
    BA 2,1 La Poncia   El que la contrataba era un muchacho de ojos verdes,   1485
                           apretado como una gavilla de trigo.
veré (4)
    MM 2,5 Gusano 2   Pronto veré brillar   714
    TC 6,1 Rosita   ¿Cuándo veré a mi amor?   762
    TC 6,1 Rosita   ¡Ay, ay, cuándo veré a mi amor!   766
    MP 2,1 Clavela   ya no te veré más!   824
vereda (2)
    MM 1,5 Curiana C   ¡Compasión me dio el verla tendida en la vereda!   698
    BS 3,1 Mozo 1   Creo que se han ido por otra vereda.   1252
veremos (13)
    TC 3,1 Cristobita   Y en cuanto a eso de que bebe y duerme, ya veremos   749
                           quién bebe o duerme, si tú o yo.
    TC 6,1 Cocoliche   ¿Conque tú eres el amante de esa mujer? ¡Ya nos   770
                           veremos las caras!
    TC 6,1 Cocoliche   Desde allí veremos cómo tiembla el mundo vestido con   777
                           la luna.
    MP 2,9 Pedrosa   ¡Ya veremos!...   858
    MP 3,1 Carmen   costumbre? ¡Ya nos veremos!   863
    MP 3,2 Mariana   ¡Ya veremos!   865
    PB 1,1 Perlimplín   Como los dos hemos dormido lo bastante, veremos el   999
                           amanecer... ¿No te gusta?
    CA 1,1 Viejo   Porque lo otro es morirse ahora mismo, y es más   1053
                           hermoso pensar que todavía mañana veremos los cien
                           cuernos [...]
    CA 1,1 Niño   Nunca veremos la luz,   1067
    CA 3,2 Jugador 2   En fin, ya veremos.   1138
    YE 1,1 María   Veremos... Como tú coses tan bien...   1283
    RS 2,1 Rosita   Veremos a ver este.   1394
    BA 2,1 La Poncia   ¡Lo veremos!   1483
vergel (3)
    RS 2,1 Madre   en un vergel,   1406
    RS 2,1 Madre   vergel, vergel.   1406
vergonzosa (1)
    YE 1,2 Yerma   Pero es que yo he sido vergonzosa.   1289
vergüencilla (1)
    ZP 1,1 Zapatera   Qué cintillos tan preciosos llevas... No, no... Me   929
                           da vergüencilla... Pero, [...]
vergüenza (11)
    MM 1,2 Doña Curiana   como hablas tú. La vergüenza   680
    MP 1,2 Lucía   ¿No te da vergüenza?   787
    MP 3,1 Carmen   ¿No os da vergüenza?   863
    PB 3,1 Marcolfa   Las criadas tenemos también vergüenza.   1011
    YE 1,1 María   En medio de todo tengo vergüenza.   1281
    RS 1,1 Sobrino   Callo. Pero no confunda usted el respeto con la falta   1363
                           de vergüenza.
    BA 1,1 La Poncia   Me da vergüenza referirlas.   1456
    BA 2,1 Amelia   ¡A mí me da vergüenza de estas cosas!   1475
    BA 2,1 Martirio   ¡Calla y no me hagas hablar, que si hablo se van a   1494
                           juntar las paredes unas con otras de vergüenza!
    BA 2,1 La Poncia   Y para ocultar su vergüenza lo mató y lo [...]   1505
    BA 3,1 Bernarda   Abre. No creas que los muros defienden de la vergüenza. 1531
vería (2)
    MP 3,7 Novicia 1   lo vería en la distancia."   880
    DC 1,1 Poeta   Si el director de escena quisiera, don Cristóbal vería 1036
                           las ninfas del [...]
veríamos (2)
    TC 6,1 Voz   veríamos a ver.   762
    DC 1,1 Cristóbal   veríamos a ver.   1031
verla (12)
    MM 1,5 Curiana C   ¡Compasión me dio el verla tendida en la vereda!   698
    MM 1,5 Curiana N   ¡Vamos a entrar a verla! ¡Es preciosa!   700
    MM 2,5 Gusano 1   Me da miedo de verla   717
    TC 4,1 Joven   Quiero verla.   752

verla (continuación)
TC 4,1 Joven   Pues quiero verla, cueste lo que cueste.   752
BS 1,1 Novio   Me voy. Mañana iré a verla.   1177
RS 1,1 Tío   para verla relumbrar.   1357
RS 1,1 Rosita   para verla relumbrar.   1374
RS 2,1 Rosita   para verla relumbrar.   1411
BA 1,1 Bernarda   No es por eso... Pero desde aquel sitio las vecinas   1453
                      pueden verla desde su ventana.
BA 1,1 La Poncia   Ya me chocó a mí verla escabullirse hacia el patio.   1455
BA 1,1 Magdalena   Daría algo por verla feliz.   1462
verlas (2)
RS 2,1 Tío   Así lo dice el vals de [...] disgusto que me produce   1388
                     verlas en los búcaros.
BA 3,1 Amelia   Yo cierro los ojos para no verlas.   1516
verlo (11)
PB 2,1 Belisa   Tampoco he conseguido verlo.   1002
CA 2,1 Novia   No quiero verlo. Es preciso que yo viva. Habla   1089
                     demasiado.
CA 2,1 Novia   Lo que tú quieras. Yo no quiero verlo.   1090
BS 1,2 Leonardo   Voy a verlo.   1189
BS 1,3 Padre   Para verlo todo junto, ¡que junto es una hermosura!   1197
BS 2,1 Novia   Y sé que estoy loca y sé que tengo el pecho podrido de 1215
                     aguantar, y aquí estoy quieta por oírlo, por verlo
                     menear los brazos.
BA 1,1 La Poncia   Vinieron a verlo muerto y le hicieron la cruz.   1441
BA 1,1 Bernarda   No; pero les gusta verlo y comentarlo y se chupan los 1456
                     dedos de que esto ocurra.
BA 1,1 Magdalena   ¡Vamos a verlo!   1467
BA 2,1 Martirio   Para verlo yo. No necesito lucirme ante nadie.   1484
BA 3,1 La Poncia   Cuando una no puede con el mar lo más fácil es volver 1520
                     las espaldas para no verlo.
verlos (4)
BS 2,2 Padre   Me alegra el verlos. ¡Qué cambio para esta casa!   1231
YE 1,1 Yerma   Hemos de sufrir para verlos crecer.   1283
YE 2,1 Lavandera 4   Si los trigos verdes tuvieran cabeza, temblarían de   1306
                     verlos venir.
BA 2,1 Adela   Vamos a verlos por la ventana de mi cuarto.   1488
verme (7)
MP 1,7 Fernando   No hagas por verme, pues me consta que estás vigilada. 811
ZP 1,1 Zapatero   Me han provocado, me [...] almario, por el miedo de   922
                     verme rodeado de gentes [...]
ZP 1,1 Zapatera   Sí, sí, venid a verme, cascantes, comadricas, por   938
                     vuestra culpa ha sido...
CA 3,1 Mecanógrafa   No tienes tú ojos para verme desnuda, ni boca para   1126
                     besar mi cuerpo que nunca se acaba.
EP RR Figura De C   Será la única manera de que puedas verme desnudo.   1147
BS 2,1 Novia   Pero se me calienta el alma de que vengas a verme y   1214
                     atisbar mi boda y preguntes con intención por el
                     azahar.
YE 1,2 Yerma   Sí, pero era para verme muy chica, muy manejable, como 1290
                     si yo misma fuera hija mía
vernos (3)
BS 2,2 Novia   Pues... la gente. Pueden vernos.   1238
RS 3,1 Rosita   Así no habrá nadie en los balcones para vernos salir. 1437
BA 2,1 Bernarda   ¡Cómo gozarías de vernos a mí y a mis hijas camino del 1499
                     lupanar!
verso (1)
RS 3,1 Martín   ¿Y es que no suena bien de acento y de cesura este   1420
                     verso: "y el hórrido estertor de mi combate"?
versos (3)
MM 0,0   Se prendó de una visión que estaba muy lejos de su   669
                     vida... Quizá leyó con mucha dificultad algún libro
                     de versos que dejó abandonado [...]
MM 0,0   Por eso, yo suplico a todos que no dejéis nunca libros 669
                     de versos en las
MM 2,6 Curianito   Era el tiempo dichoso de mis versos tranquilos,   718
verte (17)
MM 1,2 Doña Curiana   verte triste y desolada   678
MM 1,4 Curianito   ¡Quién fuera una hormiga para poder verte   686
MM 1,5 Curiana N   ¡Qué desdicha de verte morir en esta aurora   697
TC 6,1 Voz   Rosita, por verte   762
MP 1,6 Fernando   Yo quisiera verte contenta. Diré   805
MP 1,7 Fernando   para no verte sufrir,   815
MP 2,5 Pedro   ¡Así me gusta verte,   832
TB DME Marinero   Para verte.   899
TB QM. Viejo   ¿Te acuerdas cómo saltaba la tapia, cómo se subía a   905
                     los árboles solo por verte?
ZP 2,1 Alcalde   ¡De verte tan hermosa y desperdiciada!   949
ZP 2,1 Alcalde   Anteayer estuve enfermo [...] celestes, que era como   949
                     verte a ti, zapatera [...]
DC 1,1 Cristóbal   Rosita, por verte   1031

Pág.

verte (continuación)
CA 3,1 Mecanógrafa	para verte grande y triste	1121
BS 1,1 Vecina	Yo bajé a la tienda y vine a verte. ¡Vivimos tan lejos!...	1178
BS 3,1 Novia	pero que al verte quisieran	1257
RS 1,1 Rosita	Yo ansío verte llegar	1372
BA 1,1 Criada	¿Y he de vivir yo después de verte marchar?	1445

ves (29)
MM 1,4 Curianito	¡Oh amapola roja que ves todo el prado,	685
MM 1,6 Curianito	¡Oh amapola roja que ves todo el prado!	701
TC 2,1 Cocoliche	Ponte triste si me ves; lo negro bajará luego hasta los pies."	735
MP 3,3 Mariana	¿No ves cómo estoy serena?	867
ZP 1,1 Zapatero	Ya ves..., y de camino llévate tus zapatos, que están arreglados.	920
ZP 1,1 Zapatero	¿No ves que ya no estoy para bromas?	922
ZP 1,1 Zapatera	Qué cintillos tan preciosos llevas... No, no... Me da vergüencilla... Pero, José María, ¿no ves que nos están viendo?	929
ZP 1,1 Niño	Cállate y habla en voz baja, ¿no ves que se espanta si no?	935
ZP 2,1 Niño	¿Interesadillo? ¿Ves este cardenal que tengo en la rodilla?	944
ZP 2,1 Zapatera	Ya ves tú..., cuando lo conocí estaba yo lavando en el arroyo del pueblo.	945
ZP 2,1 Niño	¿Lo ves?	960
PB 3,1 Perlimplín	El amor de Belisa me ha dado un tesoro precioso que yo ignoraba... ¿Ves?	1009
PB 3,1 Perlimplín	¡Ya ves!	1010
DC 1,1 Rosita	¿No ves qué luna tan grande hay?	1038
DC 1,1 Rosita	¿No ves cómo suena?	1039
CA 2,1 Novia	¿Lo ves? No te apretó.	1084
CA 3,1 Máscara	¿No la ves?	1117
CA 3,1 Máscara	Y aquí otra, ¿la ves?	1117
CA 3,1 Máscara	¿No ves qué contenta estoy?	1123
CA 3,1 Máscara	¿No ves cómo río?	1123
BS 1,1 Madre	Ya ves.	1178
BS 1,2 Suegra	¿No ves que fue tres años novia suya?	1190
BS 2,2 Madre	¿Tú me ves a mí?	1227
BS 3,1 Novio	¿Ves este brazo?	1252
BS 3,2 Madre	¿La ves?	1268
YE 2,1 Lavandera 2	Silencio. ¿No ves que por ahí vienen las cuñadas?	1305
YE 2,2 Yerma	¡Ya ves cómo vivo!	1318
YE 3,1 Yerma	Tú estás vieja y lo ves ya todo como un libro leído.	1328
BA 3,1 La Poncia	¿Tú ves este silencio?	1520

vestías (1)
| PB 1,1 Perlimplín | Yo no había podido imaginarme tu cuerpo hasta que lo vi por el ojo de la cerradura cuando te vestías de novia. | 991 |

vestida (7)
MM 2,6 Curianito	ha llegado vestida de nieve transparente	718
TC 4,1 Cocoliche	Era ella, vestida de luto.	754
MP 1,6 Mariana	me siento vestida de temblor y llanto.	806
PB 3,1 Marcolfa	Estás vestida por la sangre gloriosa de mi señor.	1018
RS 1,1 Rosita	Una vestida de verde,	1367
RS 2,1 Solterona 3	Es una niña vestida de rosa, que al mismo tiempo es barómetro.	1392
BA 2,1 La Poncia	Anoche llegó al pueblo una mujer vestida de lentejuelas [...]	1485

vestido (P) (4)
TC 6,1 Cocoliche	Desde allí veremos cómo tiembla el mundo vestido con la luna.	777
MP 2,1 Niño	muy vestido de fraile	823
ZP 0,0 El Autor	En todos los sitios late y anima la criatura poética que el autor ha vestido de zapatera [...]	912
BA 1,1 Magdalena	Porque si con veinte años parecía un palo vestido, ¡qué será ahora que tiene cuarenta!	1464

vestido (18)
MM 2,2 Curiana N	¿De qué reino llegaste con tu blanco vestido?	706
MM 2,5 Gusano 1	¡Es bello tu vestido!	716
MP 1,4 Mariana	Mi alma tiene el mismo color del vestido.	792
MP 2,1 Clavela	¡Me romperás el vestido!	820
ZP 1,1 Zapatera	Coge un pañuelo, que no quiero que me manches el vestido.	929
CA 3,1 Mecanógrafa	el color de mi vestido?	1121
BS 1,2 Mujer	Me hace falta un vestido y al niño una gorra con lazos.	1189
BS 2,2 Novio	Me hubiera gustado que llevaras en todo el vestido.	1232
BS 3,2 Muchacha 2	Jazmín de vestido,	1261
YE 1,1 Yerma	La tibia tela de tu vestido.	1277
YE 2,2 Yerma	¡Ay, pechos ciegos bajo mi vestido!	1316
RS 1,1 Rosita	el vestido de mi muerte.	1372

vestido (continuación)
  RS 2,1 Rosita   Dicen que los hombres se cansan de una si la ven   1395
                       siempre con el mismo vestido.
  RS 3,1 Muchacho   En carnaval me puse un vestido de mi madre..., un   1432
                       vestido del año de la nana, verde...
  BA 1,1 Adela   Tenía mucha ilusión con el vestido.   1465
  BA 1,1 Martirio   Es un vestido precioso.   1465
  BA 1,1 Adela   No quiero que se me pongan [...] mañana me pondré mi   1466
                       vestido verde y me echaré [...]
vestidos (4)
  MP 1,1 Angustias   Y si borda, que borde unos vestidos   784
  ZP 2,1 Niño   el paño de tus vestidos   947
  ZP 2,1 Voces   el paño de tus vestidos   978
  YE 3,1 Yerma   Acércate a mí y huele mis vestidos; ¡acércate!   1333
vestir (1)
  BS 2,1 Criada   Ahora mismo la voy a vestir.   1211
vestirla (1)
  BA 3,1 Bernarda   Llevadla a su cuarto y vestirla como una doncella.   1532
vestirme (1)
  CA 2,1 Novia   Voy a vestirme.   1081
vestirse (1)
  CA 3,2 Criado   El señor tendrá necesidad de vestirse.   1135
vete (50)
  MM 1,5 Curianito   Calla y vete a tu bosque.   692
  MM 1,5 Doña Curiana ¡Vete, bandido infame!   696
  MM 2,4 Curiana G   ¡Vete al bosque, borracho!   710
  MM 2,4 Curiana G   ¡Mira que grito! ¡Vete!   710
  MM 2,4 Curiana G   ¡Vete pronto a tu casa!   711
  MM 2,4 Curiana G   ¡Vete!   711
  TC 5,1 Currito   ¡Vete a la porra!   756
  TC 6,1 Rosita   ¡Ay Dios mío, vete!   763
  TC 6,1 Rosita   ¡Vete, vete!   763
  TC 6,1 Rosita   ¡Viene gente! ¡Vete, bandido! ¡Tempranillo!   764
  TC 6,1 Rosita   Vete a tu casa; ahora, yo moriré.   777
  MP 2,8 Mariana   ¡Pedro, vete!   847
  MP 2,8 Mariana   Sí, sí, vete en seguida. ¡Ponte a salvo!   848
  MP 3,5 Mariana   Suelta, Pedrosa; vete. ¡Madre Carmen!   877
  MP 3,8 Mariana   ¡Vete! ¿Quién eres tú? ¡Ya no conozco a nadie!   887
  MP 3,8 Mariana   ¡Vete!   887
  ZP 1,1 Zapatera   ¡Pues vete!   929
  ZP 1,1 Zapatera   Mira, vete.   932
  PB 0,0 Madre   Emocionadísima... Belisa..., vete dentro..., no está   985
                       bien que una doncella oiga ciertas conversaciones.
  PB 2,1 Perlimplín   Vete.   1002
  PB 3,1 Perlimplín   Mañana estarás libre como un pájaro... Aguarda hasta   1011
                       mañana... Ahora vete y cumple con tu [...]
  DC 1,1 Rosita   Sombra, vete.   1038
  DC 1,1 Cristóbal   Vete, sombra.   1038
  DC 1,1 Rosita   Vete ya, aparato.   1039
  CA 2,1 Novia   ¡Vete!   1080
  CA 2,1 Novia   Vete.   1087
  CA 2,1 Novia   Tampoco se ama. ¡Vete!   1094
  CA 2,1 Joven   ¡Silencio! ¡Déjame! Vete,   1102
  CA 2,1 Joven   Vete a la calle a buscar   1102
  EP RF Figura De P   Deja que vengan los insectos de la ruina y vete.   1147
  BS 1,2 Suegra   Vete a la montaña.   1186
  BS 1,2 Mujer   ¡Vete a la montaña!   1194
  BS 2,1 Novia   Vete y espera a tu mujer en la puerta.   1214
  BS 3,1 Novio   Vete por ahí y da la vuelta.   1253
  BS 3,1 Novia   ¡Vete! ¡Quiero que te vuelvas!   1256
  BS 3,1 Novia   ¡Vete!   1260
  BS 3,2 Niña   ¡Vete!   1265
  BS 3,2 Niña   Porque tú gimes: vete.   1265
  YE 1,2 Juan   Vamos a dejarnos de conversación. Vete a la casa.   1300
  YE 3,1 Vieja 1   Por encima de los montes ya empieza a clarear. Vete.   1330
  YE 3,2 Macho   Vete sola detrás de los muros,   1341
  YE 3,2 Vieja   Vete con él y viviremos los tres juntos.   1345
  YE 3,2 Yerma   Vete.   1345
  YE 3,2 Yerma   ¿Y qué? Déjame y vete a los cantos.   1346
  RS 1,1 Tía   No maldigas. Vete a tu hacienda.   1364
  RS 3,1 Rosita   Tú, vete a arreglar cosas, [...]   1430
  BA 1,1 Bernarda   Vete.   1445
  BA 1,1 Bernarda   ¡Ahora, vete!   1469
  BA 2,1 Martirio   Pues vete a servir con ellas.   1484
vez (64)
  MM 0,0   Tal vez os riáis al oír hablar a estos insectos como   670
                       hombrecitos, como adolescentes.
  MM 2,2 Curiana N   que ella rompió los rayos del sol por vez primera.   705
  TC 4,1 Cocoliche   ¡Esta es la primera vez que lloro de verdad!   755
  TC 4,1 Cocoliche   ¡La primera vez!   755
  MP 1,5 Fernando   en vez de ser ríos son   801

Pág.

vez (continuación)

ZP 0,0	El Autor	El poeta no pide benevolencia, sino atención, una vez que ha saltado hace [...]	911
ZP 1,1	Vecina	¿Cuánto me vas a llevar por ellos?... Los tiempos van cada vez peor...	920
ZP 2,1	Zapatera	Para que yo sepa de una vez lo que dicen.	946
PB 1,1	Duende 1	Su habitación exhalaba un perfume tan intenso, que una vez me quedé dormido [...]	995
PB 1,1	Perlimplín	¡Por primera vez en mi vida estoy contento!	999
PB 2,1	Perlimplín	Hace quince días vi a ese joven por primera vez.	1005
CA 1,1	Joven	La última vez que la vi no podía [...]	1052
CA 1,1	Amigo 2	No; se hizo cada vez más pequeña, más [...]	1074
CA 2,1	Joven	De pronto, mientras subía [...] quería cantar todas a la vez.	1092
CA 2,1	Maniquí	Y en vez de rumor caliente,	1100
EP RR	Figura De C	Si voy bajando por las ruinas iré encontrando amor y cada vez amor.	1148
EP RR	Figura De P	¿Otra vez?	1150
EP RR	Figura De P	¿Otra vez estás llorando?	1150
EP RR	Centurión	Pare por cuatro o cinco a la vez y nunca al mediodía debajo de los árboles.	1152
EP CV	Dama 4	Están representando otra vez la escena del sepulcro.	1164
EP CV	Dama 1	¿Otra vez la misma decoración? ¡Es horrible!	1169
BS 1,1	Novio	¿Necesito decírselo otra vez?	1175
BS 1,1	Novio	Vuelta otra vez.	1176
BS 2,1	Leonardo	Después de mi casamiento he pensado noche y día de quién era la culpa y cada vez que pienso sale una [...]	1214
BS 2,1	Leonardo	Es la última vez que voy a hablar con ella. No temas nada.	1215
BS 2,2	Madre	Ha llegado otra vez la hora de la sangre.	1244
BS 3,1	Leñador 2	Parece que se acercan por todos los caminos a la vez.	1245
YE 1,1	Yerma	Veinticuatro meses llevamos casados, y tú cada vez más triste, más enjuto, como si crecieras al revés.	1274
YE 1,1	Yerma	¿Lloré yo la primera vez que me acosté contigo?	1276
YE 1,1	María	Lloraba como un torito, con la fuerza de mil cigarras cantando a la vez, y nos orinaba y [...]	1282
YE 1,2	Yerma	Quizá... Una vez.... Víctor....	1289
YE 1,2	Yerma	Otra vez el mismo Víctor, [...]	1289
YE 2,1	Lavandera 4	Desde ayer. El marido sale otra vez a sus tierras.	1302
YE 2,2	Yerma	Cada vez tengo más deseos y menos esperanzas.	1318
YE 2,2	Yerma	Muerta me vea y sin mortaja si alguna vez las dirijo la conversación.	1319
YE 2,2	Yerma	Siendo zagalón me llevaste una vez en brazos, ¿no recuerdas?	1323
YE 3,1	Dolores	Que mi lengua se llene de hormigas, como está la boca de los muertos, si alguna vez he mentido.	1327
YE 3,1	Dolores	La última vez hice la oración con [...]	1327
YE 3,1	Juan	¡Déjame ya de una vez!	1334
YE 3,2	Yerma	Desde que me casé estoy dándole vueltas a esta palabra, pero es la primera vez que la oigo, la primera vez que me la dicen en [...]	1346
YE 3,2	Yerma	La primera vez que veo que es verdad.	1346
YE 3,2	Juan	¡Que te lo tengo que gritar al oído para que lo sepas, a ver si de una vez vives ya tranquila!	1348
RS 1,1	Tía	Es preciso comprar otra vez manzanilla.	1361
RS 1,1	Ama	Otra vez vienen los llantos a esta casa ¡Ay, señora!	1364
RS 2,1	El Señor X	Si Santos Dumont, en vez de estudiar Meteorología [...]	1376
RS 2,1	Tía	En vez de hacer encajes, podo las plantas.	1386
RS 2,1	Tío	Cada vez que cortáis una rosa es como si me cortaseis un dedo.	1388
RS 2,1	Madre	Cada vez peor.	1391
RS 2,1	Madre	Y ellas me responden las tres a la vez : "Sillas."	1393
RS 3,1	Martín	A mí, como me ven inútil, me respetan un poquito; alguna vez un alfiler que otro [...]	1418
RS 3,1	Tía	Alguna vez tengo que hablar alto.	1428
RS 3,1	Rosita	Y sin embargo la esperanza [...] dientes por última vez.	1429
RS 3,1	Rosita	Me entendéis si pido [...] abrasa el corazón cada vez que me quedo sola.	1430
RS 3,1	Muchacho	Escribe desde Barcelona. Cada vez menos.	1434
BA 1,1	Martirio	Una vez estuve en camisa [...]	1460
BA 2,1	La Poncia	Oye, Angustias: ¿qué fue lo que te dijo la primera vez que se acercó a tu ventana?	1474
BA 2,1	Angustias	Era la primera vez que estaba sola de noche con un hombre.	1475
BA 2,1	La Poncia	Esas cosas pasan entre personas ya un poco instruidas que hablan y dicen y mueven la mano... La primera vez que mi marido Evaristo [...]	1476
BA 2,1	La Poncia	En vez de darle por otra cosa le dio por criar colorines hasta que se murió.	1476
BA 2,1	Adela	En vez de limpiar la casa [...]	1481

vez (continuación)
    BA 2,1 Amelia   Ya pasará y volverá otra vez.   1488
    BA 2,1 Adela   Hasta que se pongan en cueros de una vez y se las   1495
                           lleve el río.
    BA 2,1 Bernarda   ¡Ya estamos otra vez!...   1500
vi (44)
    MM 1,1 Curiana N   vi una estrella roja toda temblorosa   672
    MM 1,1 Curiana N   La vi perecer   672
    MM 1,1 Curiana N   y vi muerta el hada del campo y del mar.   672
    MM 1,1 Curiana N   Ayer le vi triste.   673
    MM 1,1 Curiana N   ¡Ay, lo que yo vi junto al encinar!   675
    MM 2,1 Curianita 1   Yo le vi columpiarse sobre un hilo de araña.   702
    MM 2,5 Gusano 3   y no vi descender   713
    TC 0,0 Mosquito   Pero un día vi por el agujerito de la puerta una   724
                           estrella que temblaba como una fresca violeta de luz.
    TC 3,1 Joven   Cuando lo vi desde la Sierra, me entró la luz por los 743
                           ojos y me llegó hasta los pies.
    TC 4,1 Cocoliche   Qué tristeza cuando te vi con el lazo en el pelo...   754
                           ¡Lo negro bajará hasta los pies!
    MP 1,5 Mariana   vi a Pedrosa. Se acercaba,   800
    MP 2,1 Niña   Si ayer vi yo rezando   821
    MP 3,1 Novicia 1   la vi después llorando   862
    MP 3,7 Novicia 1   nunca vi tantos, y al alba,   880
    ZP 2,1 Alcalde   Anteayer estuve enfermo toda la mañana porque vi   949
                           tendidas en el prado [...]
    PB 1,1 Perlimplín   Yo no había podido imaginarme tu cuerpo hasta que lo 991
                           vi por el ojo de la cerradura cuando te vestías de
                           novia.
    PB 2,1 Marcolfa   Figúrese, ayer la vi con otro.   1001
    PB 2,1 Perlimplín   Hace quince días vi a ese joven por primera vez.   1005
    CA 1,1 Joven   La última vez que la vi no podía mirarla muy [...] y 1052
                           la ponían ajada, vieja, como si hubiera [...]
    CA 1,1 Niño   Pero se van. Yo lo vi.   1065
    CA 1,1 Amigo 2   Ahora, antes de entrar aquí vi a un niño que llevaban 1074
                           a enterrar con las primeras gotas de la lluvia.
    CA 2,1 Novia   Ayer no te vi, ¿sabes?   1079
    CA 3,2 Joven   Cuando lo vi, a los veinte años, [...]   1132
    CA 3,2 Joven   Recuerdo que siendo niño, vi nacer una luna enorme   1134
                           [...]
    EP CV Estudiante 4   Cuando estaba encerrado en la torre los vi subir,   1157
                           agrupados, por la colina.
    EP CV Muchacho 1   Pero yo descubrí la mentira cuando vi los pies de   1159
                           Julieta.
    EP CV Dama 4   Ahora es seguro que el fuego romperá las puertas,   1164
                           porque cuando yo lo vi, hace un momento, [...]
    BS 1,3 Criada   Porque lo vi. Estuvo parado en tu ventana. Me chocó   1205
                           mucho.
    BS 2,1 Novia   ¡También yo vi el tuyo!   1213
    BS 2,2 Criada   No lo vi.   1233
    BS 2,2 Criada   Siendo niña vi la boda de tu abuelo.   1234
    BS 3,1 Leñador 3   Yo lo vi salir.   1247
    BS 3,1 Leonardo   Y cuando te vi de lejos.   1257
    BS 3,2 Muchacha 1   tendidos los vi.   1263
    BS 3,2 Mendiga   Yo los vi; pronto llegan: dos torrentes   1266
    YE 1,1 Lavandera 4   Yo planté un tomillo, yo lo vi crecer.   1301
    YE 3,2 Vieja   Cuando te vi en la romería me dio un vuelco el corazón. 1345
    RS 1,1 Rosita   vi bajar dos querubines   1371
    RS 1,1 Rosita   alcé los ojos, te vi   1372
    RS 2,1 Tía   Porque mujer te vi   1411
    RS 3,1 Ama   Los vi por la Plaza Nueva.   1434
    BA 2,1 La Poncia   Lo vi acercarse y al llegar me dijo: "Buenas noches." 1476
    BA 2,1 La Poncia   Yo los vi de lejos.   1485
    BA 3,1 Prudencia   Nunca vi un mueble de estos.   1511
vía (1)
    ZP 1,1 Mirlo   Cuando las sombras crepusculares invadan con sus   930
                           tenues velos el mundo y la vía pública se halle [...]
viaje (9)
    ZP 1,1 Zapatera   A mí las tarjetas postales me gustan mucho, sobre todo 931
                           las de novios que se van de viaje...
    CA 1,1 Joven   Se fueron a un largo viaje. Casi me alegré...   1048
    CA 2,1 Padre   Tú le has escrito durante los cinco años que ha durado 1089
                           nuestro viaje.
    CA 2,1 Joven   Ha sido un viaje tan largo...   1091
    CA 2,1 Novia   Un viaje frío.   1092
    CA 3,2 Criado   ¿Descansó lo suficiente después del viaje?   1133
    BS 1,3 Padre   ¿Mucho tiempo de viaje?   1196
    RS 1,1 Tía   Cuarenta días de viaje hacen falta para llegar a   1362
                           Tucumán.
    BA 3,1 Bernarda   Fue de viaje.   1517
víbora (2)
    BS 3,1 Novia   como a víbora pequeña,   1256

víbora - vida

                                                                                     Pág.

víbora (continuación)
BS 3,2 Madre	¡Víbora!	1268

viborilla (1)
ZP 1,1 Zapatera	Cállate, larga de lengua, [...] hubiera arrastrado, viborilla empolvada; [...]	912

vibraba (1)
MP 1,4 Amparo	vibraba fuerte, violenta,	794

vibrar (1)
MM 1,5 La Mariposa	con su vibrar sonoro...	699

vicios (2)
MM 0,0	¿Y por qué a vosotros los hombres, llenos de pecados y de vicios incurables, os [...]	670
TC 1,1 Cristobita	La confianza es la madre de todos los vicios.	733

Víctor (5)
YE 1,1 Yerma	Adiós, Víctor.	1284
YE 1,2 Yerma	Quizá... Una vez.... Víctor....	1289
YE 1,2 Yerma	Otra vez el mismo Víctor, teniendo yo catorce [...]	1289
YE 2,1 Lavandera 4	El de Víctor.	1306
YE 2,2 Yerma	Víctor.	1322

victoria (1)
MP 2,5 Mariana	¡Mi victoria consiste en tenerte a mi vera!	831

vida (83)
MM 0,0	El amor, lo mismo que pasa con sus burlas y sus fracasos por la vida del hombre, pasa [...] mucho tiempo era la vida apacible y serena.	669
MM 0,0	Se prendó de una visión que estaba muy lejos de su vida... Quizá leyó con [...]	669
MM 0,0	También el viejo silfo [...] todos los planos de la vida; que el mismo ritmo [...]	670
MM 1,1 Doña Curiana	La vida es amable, tiene pocos días,	674
MM 1,5 Alacranito	de esta larga vida mía.	691
MM 1,5 Curiana N	Tiene muy poca vida.	697
MM 2,1 Curianita 1	El no piensa ganarse la vida honradamente.	702
MM 2,1 Curianita Santa	que aquellos que se pasan la vida trabajando...;	703
MM 2,1 Curianita 1	pero para esta vida no habló San Cucaracho...	703
MM 2,5 Mariposa	donde se ve la vida.	715
MM 2,5 Mariposa	donde se ve la vida...	716
MM 2,7 Curianito	¡Y con mi vida acaba!	721
MP 1,6 Clavela	¡Dios nos guarde, señora de mi vida!	804
MP 1,6 Mariana	¡Pedro de mi vida! ¿Pero quién irá?	805
MP 1,7 Mariana	Pero mi vida está fuera,	809
MP 2,1 Clavela	mi vida, ¡no bordar!,	823
MP 2,5 Pedro	con mi propio dolor y mi vida, Mariana!	828
MP 2,5 Pedro	¡Marianita, no temas! ¡Mujer mía! ¡Vida mía!	829
MP 2,5 Pedro	Venceré con tu ayuda, ¡Mariana de mi vida!	831
MP 2,5 Mariana	Ahora puedo perderte, puedo perder tu vida.	831
MP 2,7 Pedro	como vosotros exponen su vida	838
MP 2,9 Pedrosa	y ya está en mi poder como tu vida.	856
MP 2,9 Pedrosa	y me querrás porque te doy la vida.	856
MP 3,4 Mariana	Pero mi vida está aquí.	871
MP 3,5 Mariana	¡Pero vendrá para salvar mi vida!	875
MP 3,5 Mariana	bordé el amor más grande de mi vida.	876
MP 3,6 Mariana	para quitarme la vida!	878
MP 3,8 Mariana	Entonces, ¿cuándo viene para salvar mi vida?	884
MP 3,8 Fernando	¡Por tus hijos! ¡Por mí, que te ofrezco la vida!	885
ZP 1,1 Zapatera	Un zapatero no se ha puesto en su vida una prenda de esa clase...	917
ZP 1,1 Zapatera	Tú no has tenido en tu vida dieciocho años... Aquel sí que los tenía, y me decía unas cosas... Verás...	918
ZP 1,1 Zapatero	Pero comprenda mi situación: toda la vida temiendo casarme..., [...]	919
ZP 1,1 Vecina	Tan buenísima sombra como ha tenido usted toda su vida.	919
ZP 1,1 Zapatero	Toda mi vida ha sido en mí una verdadera preocupación evitar el escándalo.	921
ZP 1,1 Zapatera	¿No te pones cuellos y puños que en tu vida te los habías puesto?	922
ZP 1,1 Zapatero	Pues ya está usted viendo qué vida la mía.	924
ZP 1,1 Alcalde	Rosa, Manuela, Visitación y Enriqueta Gómez, que ha sido la última, te lo pueden decir desde la otra vida, si es que por casualidad [...]	925
ZP 1,1 Zapatera	Claro, toda la vida haciendo botas, ¡qué quiere usted!	928
ZP 1,1 Zapatera	¿Qué va a ser de mí sola en esta vida?	938
ZP 2,1 Zapatera	Si no fuera porque tengo que ganarme la vida con estos vinillos [...]	942
ZP 2,1 Zapatero	Déjelos, señor Alcalde..., supongo que es usted, que con ellos me gano la vida.	953
ZP 2,1 Zapatero	Enseño la vida por dentro.	956
ZP 2,1 Zapatero	Aleluyas con los hechos del zapatero mansurrón y la Fierabrás de Alejandría, vida de don Diego Corrientes, [...]	956

vida (continuación)
ZP 2,1 Zapatero	Voy en su busca para perdonarla y vivir con ella lo poco que me queda de vida.	967
ZP 2,1 Zapatero	¿Y por qué no cambia de vida?	974
ZP 2,1 Zapatero	Entonces, adiós... para toda la vida, porque a mi edad...	975
ZP 2,1 Zapatera	¡Qué vida te voy a dar!	978
PB 1,1 Perlimplín	¡Por primera vez en mi vida estoy contento!	999
DC 1,1 Cristóbal	A usted no le importa nada de mi vida.	1035
CA 1,1 Viejo	Yo he luchado toda mi vida por encender una luz en los sitios más oscuros.	1072
CA 2,1 Padre	Pues que como estás comprometida y se trata de tu vida, de tu felicidad, [...]	1088
CA 3,1 Joven	vida mía, amor mío,	1120
CA 3,1 Joven	¡Vida mía!	1121
CA 3,2 Jugador 1	La vida se le escapa por [...]	1136
EP RR Figura De C	Me costaría la vida.	1150
EP CV Estudiante 4	No son las firmas disfrazadas las que levantan la vida, sino el cabello de barómetro que tienen detrás.	1161
BS 1,3 Criada	¿Sientes dejar tu vida de reina?	1203
YE 1,2 Yerma	¿Me he de quedar en plena vida para cuidar aves o poner cortinitas planchadas en mi ventanillo?	1288
YE 1,2 Muchacha 2	Yo te puedo decir lo único que he aprendido en la vida: toda la gente está [...]	1294
YE 2,2 Juan	Mi vida está en el campo, pero mi honra está aquí.	1311
YE 2,2 Juan	Cada hombre tiene su vida.	1312
YE 2,2 Yerma	Si pudiera de pronto [...] sonreír y conllevar la vida contigo.	1313
YE 2,2 Yerma	Los hombres tienen otra vida: los ganados, los	1313
YE 3,2 Juan	Ha llegado el último minuto de resistir este continuo lamento por cosas oscuras, fuera de la vida, por cosas que están [...]	1347
YE 3,2 Yerma	¿Fuera de la vida, dices? ¿En el aire, dices?	1347
YE 3,2 Juan	Muchas mujeres serían felices de llevar tu vida.	1348
YE 3,2 Juan	Sin hijos es la vida más dulce.	1348
RS 1,1 Tía	Pero a mí me dejas la vida amargada.	1362
RS 2,1 Tío	Cada uno vive como puede o como sabe en esta vida diaria.	1376
RS 2,1 Ama	Usted le ha sacrificado su vida.	1384
RS 2,1 Tía	No me gusta la vida que llevas.	1389
RS 2,1 Madre	¡Pero a mí me cuesta la vida!	1394
RS 3,1 Martín	Mi vida de siempre.	1418
RS 3,1 Martín	Es una vida tranquila.	1421
RS 3,1 Ama	¡No estaría tan solo en esta vida!	1422
RS 3,1 Rosita	Llegan a hacernos la vida imposible.	1433
BA 1,1 La Poncia	Treinta años lavando [...] llevarle el cuento; vida sin secretos una [...]	1442
BA 1,1 La Poncia	Claro es que no la envidio la vida.	1442
BA 1,1 Adela	Pienso que este luto me ha cogido en la peor época de mi vida para pasarlo.	1466
BA 2,1 Bernarda	Me hacéis al final de mi vida beber el veneno más amargo que una madre puede resistir.	1492
BA 2,1 La Poncia	Seguro no se sabe nada en esta vida.	1502
BA 3,1 Bernarda	¡Ay, qué vida!	1509

vidas (1)
| MM 2,1 Curianita Santa | "Meditad con la hierba que nace vuestras vidas | 703 |

vidriado (1)
| BA 1,1 La Poncia | ¡Limpia, limpia ese vidriado! | 1441 |

vidrieras (1)
| MP 1,7 Mariana | vidrieras de cristal, | 813 |

vidrio (4)
CA 3,1 La Voz De La M	y el mar en un vidrio?	1120
CA 3,1 Joven	y el mar en un vidrio?	1120
CA 3,1 Mecanógrafa	Mejor: un halcón de vidrio.	1121
CA 3,1 Mecanógrafa	y el mar en un vidrio?	1123

vidrios (11)
MP 2,9 Mariana	¡Aunque en mi corazón clavaran vidrios	857
CA 1,1 Niño	Los niños por los vidrios me miraban.	1062
CA 1,1 Niño	gacela entre los vidrios desmayada.	1064
CA 1,1 Niño	Agremanes y vidrios adornan mi caja;	1065
BS 3,1 Novia	¡Qué vidrios se me clavan en la lengua!	1256
BS 3,1 Leonardo	¡Qué vidrios se me clavan en la lengua!	1257
YE 2,1 Lavandera 6	yertos vidrios del alba.	1309
RS 1,1 Tío	El sol se asoma a los vidrios	1357
RS 1,1 Rosita	el sol se asoma a los vidrios	1374
RS 2,1 Rosita	El sol se asoma a los vidrios	1411
BA 2,1 Bernarda	Mala puñalada te den, ¡mosca muerta! ¡Sembradura de vidrios!	1493

vieja (41)
| MM 0,0 | El amor pasaba de padres a hijos como una joya vieja y exquisita que [...] | 669 |

vieja - viejo

vieja (continuación)   Pág.

MM 1,2	Doña Curiana	¡Bueno que lo esté esa vieja	677
MM 1,2	Doña Curiana	dos meses tengo y soy vieja.	680
MM 1,5	Curiana N	allá entre las umbrías de la vieja floresta.	700
MM 1,6	Curiana N	Te lo dice tu amiga, ya vieja y achacosa.	701
TC 1,1	Hora	Yo, como vengo todos los días, te recordaré esto cuando seas vieja y hayas olvidado este momento.	734
MP 1,1	Angustias	como vieja flor abierta en un encaje.	784
MP 1,4	Amparo	que se vio en Ronda la vieja.	792
MP 2,4	Angustias	Vieja y honrada casa, ¡qué locura!	827
MP 2,5	Mariana	que navegara eterno sobre una barca vieja,	832
MP 2,8	Mariana	a casa de una vieja amiga mía,	842
TB DME	Vieja	Esta vieja los vende.	897
DC 1,1	Cristóbal	Y usted es vieja.	1030
DC 1,1	Director	Llenemos el teatro de [...] donde sigue pura la vieja esencia del teatro.	1043
CA 1,1	Joven	La última vez que la [...] y la ponían ajada, vieja, como si hubiera [...]	1052
CA 1,1	Viejo	¿A que en aquel momento que la vio vieja ella estaba completamente entregada a usted?	1052
EP RR	Centurión	¡Cállate, rata vieja! ¡Hijo de la escoba!	1154
BS 1,1	Madre	¿Qué hace en las viñas una vieja?	1174
BS 1,1	Novio	Vieja, revieja, requetevieja.	1174
BS 1,1	Vecina	Tú estás vieja.	1183
BS 1,3	Madre	Yo estoy ya vieja para andar por las terreras del río.	1196
BS 3,2	Muchacha 1	¡Calla, vieja, calla!	1266
BS 3,2	Novia	¡Tu hijo era mi fin y [...] aunque hubiera sido vieja y todos los hijos [...]	1269
YE 1,1	Yerma	Ya está vieja y habrá olvidado estas cosas.	1280
YE 1,1	María	Pero ven acá, criatura; hablas como si fueras una vieja.	1282
YE 1,2	Yerma	Hace tiempo estoy deseando tener conversación con mujer vieja.	1288
YE 1,2	Vieja 1	Soy vieja, y sé lo que digo.	1291
YE 2,2	Yerma	Si pudiera de pronto volverme vieja y tuviera la boca [...]	1313
YE 3,1	Yerma	Tú estás vieja y lo ves ya todo como un libro leído.	1328
RS 1,1	Ama	Cuando chiquita tenía que contarle todos los días el cuento de cuando ella fuera vieja: "Mi Rosita ya [...]	1354
RS 2,1	Ayola 2	Me parece que la vieja ha empinado el codo.	1406
RS 3,1	Ama	No nos faltará. ¡También yo estoy vieja!	1413
RS 3,1	Tía	Y no había calamidad [...] pura...; no, no, ¡cállate, vieja!	1427
RS 3,1	Rosita	Ya soy vieja.	1429
BA 1,1	La Poncia	La vieja. ¿Está bien cerrada?	1440
BA 1,1	Mujer 1	¡Vieja lagarta recocida!	1447
BA 1,1	Magdalena	Aunque Angustias es nuestra hermana, aquí estamos en familia y reconocemos que está vieja,	1463
BA 2,1	La Poncia	Es estrecha de cintura, vieja, y con mi conocimiento te digo que se morirá.	1481
BA 2,1	Adela	En vez de limpiar la casa y acostarte para rezar a tus muertos, buscas como una vieja marrana asuntos [...]	1481
BA 2,1	La Poncia	¡No quiero mancharme de vieja!	1482
BA 2,1	La Poncia	Estoy ya vieja.	1498

viejas (4)

MP 2,7	Pedro	desde las viejas torres amarillas	838
BS 2,2	Novio	Las viejas frescas como tú bailan mejor que las jóvenes.	1234
YE 1,2	Muchacha 2	Pero las viejas se empeñan en todas estas cosas.	1293
BA 2,1	La Poncia	Las viejas vemos a través de las paredes.	1480

viejecilla (1)

MP 1,4	Mariana	La misma alegría que la viejecilla	790

viejecillas (1)

RS 3,1	Rosita	Por eso yo comprendo muy bien a esas viejecillas borrachas [...]	1433

viejecita (1)

RS 3,1	Tía	Estoy muy viejecita, ama. Tenemos encima una ruina muy grande.	1413

viejísima (1)

DC 1,1	Director	Las malas palabras adquieren ingenuidad y frescura dichas por muñecos que miman el encanto de esta viejísima farsa rural.	1043

viejísimo (1)

ZP 2,1	Zapatera	Calle usted, viejísimo, calle usted; [...]	949

viejo (44)

MM 0,0		Un viejo silfo del bosque [...]	670
MM 0,0		Pero antes de empezar quiero haceros el mismo ruego que a él le hizo el viejo silfo aquel anochecer [...]	670
MM 0,0		También el viejo silfo le dijo al [...]	670
MM 0,0		Y nada más habló el viejo silfo.	670

viejo (continuación)
  MM 0,0   Y si alguna honda lección sacáis de ella, id al bosque   670
                    para darle las gracias al viejo silfo de las muletas
                    [...]
  MM 1,1 Curiana N   Fui junto a los troncos del viejo encinar   672
  MM 1,5 Alacranito   Yo soy un viejo inocente.   691
  MM 2,4 Alacranito   si yo un viejo no fuera,   710
  MM 2,5 Gusano 3   estoy viejo y marchito,   713
  MM 2,5 Gusano 3   Un viejo sabio ha dicho: 713
  TC 3,1 Mozo 1   Don Cristobita es un viejo gordo, borracho, dormilón,   743
                    que muy en breve...
  TC 6,1 Cristobita   Ya soy viejo y entiendo las cosas.   772
  MP 1,5 Mariana   Dolor de viejo lucero   796
  MP 1,5 Fernando   Ojo, que es un viejo verde.   800
  MP 1,7 Fernando   Me encuentro en la casa del viejo don Luis, que no lo   811
                    sepa nadie de tu familia.
  MP 1,8 Angustias   en el armario viejo   817
  TB QM. Enrique   Lo peor del mundo es un criado viejo, un mendigo.   907
  ZP 1,1 Zapatera   Que más vale estar casada con un viejo que con un   913
                    tuerto, como tú estás.
  ZP 1,1 Zapatera   ¿Quién me lo iba a decir, viejo pellejo, que me ibas a   918
                    dar tal pago?
  ZP 1,1 Zapatera   Pero si anda por ahí revoloteando un mirlo negro,   930
                    negro y viejo..., sepa que yo [...]
  ZP 2,1 Zapatera   ¡Que está usted muy viejo!   952
  ZP 2,1 Zapatero   Esposo viejo y decente,   960
  PB 2,1 Perlimplín   Tú eres joven y yo soy viejo..., ¡qué le vamos a   1005
                    hacer!...,
  PB 2,1 Perlimplín   Como soy un viejo, quiero sacrificarme por ti... Esto 1008
                    que yo hago no lo hizo nadie jamás.
  PB 3,1 Perlimplín   Viejo verde, monigote sin fuerza, tú no podías gozar 1016
                    el cuerpo de Belisa..., el cuerpo de
  DC 1,1 Madre   Mi Rosita es joven y usted es ya viejo.   1030
  DC 1,1 Madre   Viejo, viejo pellejo.   1030
  CA 1,1 Amigo   ¿Quién era ese viejo?   1056
  CA 1,1 Amigo   ¡Usted es demasiado viejo para saberlo!   1072
  CA 1,1 Amigo 2   Bueno. Viejo tenía que ser. Usted, en cambio, no ha   1076
                    protestado.
  CA 2,1 Novia   Llegará mi novio, el viejo, el lírico, y necesito   1078
                    apoyarme en ti.
  CA 2,1 Maniquí   Mi anillo, señor, mi anillo de oro viejo,   1099
  CA 2,1 Maniquí   Mi anillo, señor, mi anillo de oro viejo.   1101
  CA 2,1 Maniquí   Mi anillo, señor, mi anillo de oro viejo   1107
  CA 3,1 Arlequín   la lengua rota del viejo.   1108
  CA 3,2 Jugador 3   Yo jugué en la India con un viejo que cuando ya no   1136
                    [...]
  BS 2,2 Novio   Porque es viejo.   1238
  YE 1,1 Juan   Cada año seré más viejo.   1275
  YE 1,2 Vieja 1   Es viejo.   1287
  YE 2,2 Yerma   Ya debe estar viejo.   1321
  YE 2,2 Víctor   Sí. Muy viejo.   1322
  RS 1,1 Tía   Son muchas leguas de hacienda y tu padre está viejo. 1362
  RS 3,1 Tía   ¡Viejo tonto!   1427
viejos (6)
  MM 2,5 Gusano 3   Los viejos   713
  TC 6,1 Rosita   En esta hora, los niños cuentan las estrellas, y los   774
                    viejos se duermen sobre sus cabalgaduras.
  DC 1,1 Rosita   y los viejos se duermen   1032
  YE 1,2 Muchacha 2   Tonterías de los viejos.   1293
  YE 2,2 Yerma   ¡Qué pena más grande no poder sentir las enseñanzas de 1323
                    los viejos!
  RS 1,1 Tía   Descuida. Los viejos son los que tienen que llevar los 1363
                    malos ratos.
viendo (15)
  MM 1,2 Doña Curiana viendo a una joven bonita   681
  MP 3,7 Novicia 1   ¿No lo está viendo?   882
  ZP 1,1 Zapatero   Pero, mujer, ¿no estás viendo...?   917
  ZP 1,1 Zapatero   Pero comprenda mi situación: [...] hora, ya lo está 919
                    usted viendo.
  ZP 1,1 Zapatero   Pues ya está usted viendo qué vida la mía.   924
  ZP 1,1 Alcalde   Vamos, lo estoy viendo y me parece mentira [...]   925
  ZP 1,1 Zapatera   Qué cintillos tan preciosos [...] ¿no ves que nos   929
                    están viendo?
  ZP 1,1 Zapatera   ¿No estás viendo que te pisotean la oveja recién   934
                    nacida?
  ZP 2,1 Zapatero   Lo mismo que les estoy viendo a ustedes ahora.   955
  ZP 2,1 Zapatera   ¿Lo está usted viendo?   970
  CA 2,1 Novia   Pero estuve viendo al caballo.   1079
  BS 1,1 Madre   Mis muertos llenos de [...] presidio, frescos, viendo 1173
                    los montes...

viendo (continuación)

YE 2,2 Yerma	Que estoy ofendida, ofendida y rebajada hasta lo último viendo que los trigos [...]	1318
RS 3,1 Rosita	Y hoy se casa una amiga [...] cortando el mismo clavel; viendo las mismas nubes; [...]	1428
BA 3,1 Bernarda	¿Sigue tu hijo viendo a Pepe a las cuatro de la mañana?	1519

viéndome (1)

| YE 2,2 Yerma | ¡Cómo no me voy a quejar cuando te veo a ti y a otras mujeres llenas por dentro de flores, y viéndome yo inútil en [...] | 1317 |

viéndote (1)

| BS 1,1 Madre | No... Si hablo, es porque... ¿Cómo no voy a hablar viéndote salir por esa puerta? | 1174 |

viene (64)

MM 1,6 Curianito	¿Quién será la que viene robando mi ventura	701
MM 2,2 Doña Curiana	Ella viene del alba. Es una flor errante.	705
MM 2,2 Doña Curiana	Ella viene del alba. Es una flor que vuela.	706
MM 2,2 Curiana N	¡Ten cuidado! ¡Si viene Alacranito!	707
MM 2,5 Gusano 1	que la mañana viene.	715
TC 1,1 Padre	Pues me viene de perilla, ¡de perilla!	726
TC 1,1 Rosita	Ahora viene la gente.	731
TC 3,1 Mozo 2	Señores: don Cristobita viene a la taberna.	746
TC 5,1 Fígaro	Don Cristobita viene; don Cristobita, el de la porra.	755
TC 6,1 Rosita	¡Viene gente! ¡Vete, bandido! ¡Tempranillo!	764
TC 6,1 Rosita	¡Don Cristobita viene!	766
TC 6,1 Rosita	¡Que viene Cristobita! ¡Piedad, que viene Cristobita!	769
TC 6,1 Mosquito	Después de todo ..., la luna no es tan menguante, ni el aire va, ni el aire viene...	771
TC 6,1 Mosquito	Después de todo ..., la luna no es tan menguante, ni el aire va, ni el aire viene... Ni va, ni viene.	772
TC 6,1 Mosquito	Ni viene, ni va...	772
TC 6,1 Rosita	¿Te abro? ¡No te abro! Ahora viene, y nos matará.	777
MP 1,5 Mariana	y hasta viene por mi casa,	799
MP 2,7 Conspirador 3	Y el Darro viene lleno de agua turbia.	836
MP 2,8 Mariana	¡Ay! Que la ronda ya viene	849
MP 2,9 Pedrosa	que viene de la Alhambra.	851
MP 3,1 Carmen	¡Viene!	864
MP 3,3 Alegrito	Solo el viento viene y va;	868
MP 3,7 Carmen	del juez, viene a visitarla.	883
MP 3,8 Mariana	Entonces, ¿cuándo viene para salvar mi vida?	884
MP 3,8 Mariana	¿Cuándo viene a morir, si la muerte me acecha?	884
TB DME Estudiante	Del año que viene.	901
ZP 1,1 Zapatero	Ay, mujer..., no me des escándalos, ¡mira que viene la gente!	918
ZP 2,1 Alcalde	¿Viene usted de muy lejos?	954
PB 3,1 Perlimplín	Míralo por dónde viene... Suelta, Belisa... ¡Suelta!	1015
DC 1,1 Director	Ahí viene la madre de doña Rosita.	1028
CA 1,1 Viejo	El agua que viene por el río es completamente distinta de la que se va.	1052
CA 2,1 Criada	Viene muy contento.	1082
CA 2,1 Padre	Viene a casarse contigo.	1089
CA 2,1 Joven	¿Qué hago con esta hora que viene y que no conozco?	1099
CA 3,1 Mecanógrafa	Si viene el señor, que pase.	1124
CA 3,2 Criado	De esta época le viene su manía de grandeza.	1131
BS 1,3 Novia	¡Mentira! ¡Mentira! ¿A qué viene aquí?	1205
BS 2,1 Mozo 1	que por los campos viene	1217
BS 2,1 Mozo 1	porque viene el aire lloviendo azahar.	1218
BS 2,1 Padre	¡Ya viene con sus bueyes por el tesoro!	1218
BS 2,1 Mozo 1	¡Que viene aquí! ¡Que sale ya!	1219
BS 2,1 Mujer	Y otro que viene.	1224
BS 3,1 Leonardo	Viene gente.	1260
YE 1,2 Juan	Viene poca agua, es mía hasta la salida del sol y tengo que defenderla contra los ladrones.	1300
YE 2,1 Lavandera 4	Por el aire ya viene	1308
YE 2,2 Juan	Esa no viene... Una de vosotras [...]	1311
YE 2,2 Yerma	El fruto viene a las manos del trabajador que lo busca.	1324
YE 3,1 Dolores	¡Viene gente! Habla bajo.	1334
RS 1,1 Tío	y la mirtifolia que viene de Bélgica y la sulfurata que brilla en la oscuridad.	1356
RS 1,1 Rosita	La noche viene cargada	1367
RS 2,1 Ama	Ya viene el correo por los alamillos.	1399
RS 3,1 Rosita	Y hoy se casa una amiga y otra y otra, y mañana tiene un hijo y crece, y viene a enseñarme sus [...]	1428
BA 1,1 La Poncia	¡Ya viene!	1441
BA 1,1 Criada	Ahí está don Arturo, que viene a arreglar las particiones.	1458
BA 1,1 Martirio	Siempre que viene le tira puñaladas en el asunto.	1459
BA 1,1 Magdalena	Pepe el Romano viene a casarse con Angustias.	1463
BA 1,1 Magdalena	Si viniera por el tipo de Angustias, por Angustias como mujer, yo me alegraría; pero viene por el dinero.	1463

viene (continuación)
BA 1,1 Martirio   No hables así. La suerte viene a quien menos la   1464
                    aguarda.
BA 1,1 Amelia   ¡Angustias tiene todo [...] se harán particiones viene   1464
                    por ella!
BA 1,1 Criada   Pepe el Romano viene por lo alto de la calle.   1467
BA 3,1 Bernarda   ¿Viene esta noche?   1514
BA 3,1 Angustias   Sí. Esta noche no viene Pepe.   1516
BA 3,1 Martirio   ¿Cómo es que esta noche no viene el novio de Angustias? 1517
vienen (30)
TC 1,1 Rosita   Será un chiflado de esos que vienen del extranjero.   731
MP 1,1 Angustias   Marianita, sal, que vienen a buscarte.   785
MP 1,8 Angustias   Ya vienen los obispos,   817
MP 3,6 Mariana   ¡Pero pronto! ¡Que ya vienen   878
MP 3,8 Mariana   Ya vienen a buscarme.   887
MP 3,9 Carmen   ¡Ya vienen a buscarte!   888
ZP 2,1 Niño   ¡Vienen a tu casa!   952
PB 1,1 Belisa   De los borrachitos que van y vienen, Perlimplinillo.   998
                    ¡Amor!
CA 1,1 Niño   ¡Ay! ¡Espera! ¿No vienen? Tengo miedo,   1065
CA 1,1 Niño   Vienen a comernos.   1066
CA 1,1 Niño   ¡Ya vienen para enterrarnos!   1067
CA 3,2 Criado   Son los señoritos, que vienen a jugar.   1135
CA 3,2 Jugador 3   Y aunque ni a la otra [...] cinco años, si es que   1137
                    vienen.
CA 3,2 Jugador 3   Si es que vienen; ¡ja, ja, ja!   1137
BS 1,3 Criada   Ahora vienen.   1194
BS 2,1 Criada   Es la gente. Vienen lejos todavía.   1212
BS 3,1 Luna   ¡Allí vienen!   1251
BS 3,2 Muchacha 1   ¿Vienen ya?   1264
BS 3,2 Mendiga   Cubiertos con dos mantas ellos vienen   1266
YE 1,2 Víctor   Por aquí hay siempre muchos niños que vienen a robar   1298
                    fruta.
YE 2,1 Lavandera 2 Silencio. ¿No ves que por ahí vienen las cuñadas?   1305
YE 3,2 Vieja   Venís a pedir hijos al santo y resulta que cada año   1336
                    vienen más hombres solos a esta romería.
YE 3,2 Vieja   Aquí vienen las mujeres a conocer hombres nuevos.   1345
RS 1,1 Ama   Otra vez vienen los llantos a esta casa ¡Ay, señora!   1364
RS 2,1 Ama   ¿Es que me guardo yo las cartas cuando vienen?   1388
RS 3,1 Tía   ¡Mañana vienen los nuevos dueños!   1427
BA 1,1 Bernarda   A eso vienen a los duelos. ¿De qué hablaban?   1455
BA 2,1 Angustias   No, porque cuando un hombre se acerca a una reja ya   1474
                    sabe por los que van y vienen, llevan y traen, [...]
BA 2,1 La Poncia   La traen arrastrando por la calle abajo y por las   1505
                    trochas y los terrenos del olivar vienen los hombres
                    corriendo, [...]
BA 3,1 Bernarda   Vienen a pedirla dentro de tres días.   1509
vienes (14)
ZP 2,1 Zapatera   ¿Vienes por la meriendita?   943
CA 2,1 Novia   Entonces... ¿A qué vienes a buscarme?   1093
CA 2,1 Padre   ¿Vienes?   1099
EP RR Figura De C ¿Cómo no vienes conmigo, si me amas, hasta donde yo te   1146
                    lleve?
BS 2,1 Novia   ¿A qué vienes?   1213
BS 2,1 Mujer   A la iglesia. Pero no vas en el caballo. Vienes   1223
                    conmigo.
BS 3,1 Novio   ¿De dónde vienes?   1254
BS 3,2 Muchacha 1   ¿Vienes por el camino del arroyo?   1266
YE 1,1 Yerma   ¿De dónde vienes, amor, mi niño?   1277
YE 1,1 Yerma   ¿De dónde vienes?   1278
YE 2,2 Juan   ¿Vienes de la fuente?   1311
YE 3,2 Mujer 1   ¿A qué vienes aquí si no crees?   1336
YE 3,2 Macho   Si tú vienes a la romería   1341
BA 2,1 Magdalena   Adela, ¿no vienes?   1471
viento (35)
MM 0,0   Con la misma tranquilidad y la certeza que el polen de   669
                    las flores se entrega al viento, ellos se gozaban [...]
MM 1,1 Curiana N   el viento rumoroso   675
MM 1,4 Curianito   del dulce viento al son.   687
MM 1,6 Curianito   ¿Qué madejas de amores me ha enredado aquí el viento?   701
MM 2,2 Curiana N   que decía perdiéndose en el alma del viento,   707
MM 2,3 Mariposa   y el lamentar del viento en la montaña,   708
TC 0,0 Mosquito   Abrí mi ojo todo lo que pude me lo quería cerrar el   724
                    dedo del viento- y bajo la estrella, [...]
TC 0,0 Mosquito   Y ahora... ¡viento!:   724
TC 2,1 Rosita   El viento morisco hace girar ahora todas las veletas   736
                    de Andalucía.
TC 2,1 Mozo 3   Vente, que la pena se te pasará cuando te dé el viento   738
                    del campo.
MP 2,2 Niña   no se ve nada y hace mucho viento.   825
MP 2,3 Mariana   los tenues vilanicos por el viento.   826

Pág.

viento (continuación)

MP 2,8 Conspirador 4	El viento mueve la mar	844
MP 2,8 Mariana	Es el viento que cierra una ventana.	846
MP 3,3 Alegrito	Solo el viento viene y va;	868
TB QM. Mujer	Se ha levantado un viento frío.	909
ZP 2,1 Zapatero	Ella soñaba con un mundo [...] un día tormentoso de viento huracanado, me [...]	967
CA 1,1 Niño	y el viento como una espada.	1067
CA 1,1 Niño	ni el viento como una espada.	1067
CA 2,1 Maniquí	como una sierpe de viento	1101
CA 3,1 Arlequín	del viento y del mar.	1110
CA 3,1 Arlequín	del viento y el mar.	1113
CA 3,1 Arlequín	del viento y el mar.	1114
CA 3,1 Arlequín	Queda el viento.	1131
CA 3,2 Joven	¿Se encuentra bien una veleta girando como el viento quiere?	1133
CA 3,2 Criado	El señor pone unos ejemplos... Pero yo le preguntaría, si el señor lo permite..., ¿se encuentra bien el viento?	1133
BS 2,2 Madre	¡Los varones son del viento!	1228
YE 1,1 Yerma	en los árboles canta el viento.	1277
YE 2,1 Lavandera 4	nave de plata y viento	1307
YE 2,1 Lavandera 1	Y las tiendas del viento cubren a las montañas.	1308
YE 3,2 Hombre 1	con el viento y el agua!	1340
RS 1,1 Manola 2	Para el viento.	1365
RS 1,1 Primo	empañe el muro del viento,	1372
RS 3,1 Tía	Como siga este viento no va a quedar una rosa viva.	1436
BA 1,1 Bernarda	En ocho años que dure el luto no ha de entrar en esta casa el viento de la calle.	1451

vientos (3)

TC 1,1 Hora	¿Qué sabes tú los vientos que van a venir mañana para hacer bailar la veleta de tu tejadillo?	734
MP 2,9 Pedrosa	en su casa, al abrigo de los vientos,	851
RS 2,1 Rosita	y los vientos enlazados	1404

vientre (10)

CA 2,1 Maniquí	su vientre de carne rubia.	1104
EP RR Figura De P	¡No me golpees el vientre!	1148
YE 2,1 Lavandera 4	Es que las regalonas, las flojas, las endulzadas, no son a propósito para llevar el vientre arrugado.	1302
YE 2,1 Lavandera 4	Y abrir el vientre a pájaro sin sueño	1308
YE 2,1 Lavandera 5	del vientre redondo bajo la camisa!	1309
YE 2,2 Yerma	y nuestro vientre guarda tiernos hijos,	1316
YE 3,1 Dolores	La última vez hice la oración con una mujer mendicante que estaba seca más tiempo que tú, y se le endulzó el vientre de manera tan [...]	1327
YE 3,2 Yerma	Y en el vientre de tus siervas	1338
YE 3,2 Hombre 2	¡Ay, con el vientre seco	1341
YE 3,2 Macho	a pedir que tu vientre se abra,	1341

viera (8)

MP 0,0 Mosquito	"Si Pedrosa me viera bordando	782
MP 3,4 Voz	sin que nadie la viera,	871
MP 3,4 Mariana	sin que nadie la viera,	872
PB 0,0 Madre	¡Pues si la viera por dentro!...	985
YE 3,1 Juan	Si pudiera dar voces levantaría a todo el pueblo para que viera dónde iba la honra [...]	1331
RS 2,1 Rosita	Si no viera a la gente, me creería que hace una semana que se marchó.	1389
RS 3,1 Tía	Me gustaría que tu tío nos viera.	1427
BA 1,1 Criada	¡Si te viera Bernarda!...	1440

vieran (1)

YE 3,1 Yerma	Si pudiera dar voces también las daría yo para que se levantaran hasta los muertos y vieran esta limpieza [...]	1332

vieras (9)

TC 4,1 Joven	Ya voy al puerto, ya vengo del puerto... ¡Si vieras!	751
TC 4,1 Currito	¡Si vieras cómo te lo pagaría!...	753
MP 1,4 Mariana	¡Cuéntame! Si vieras	792
MP 1,7 Mariana	te asomaras y lo vieras	813
MP 3,7 Novicia 1	¡Si la vieras cómo mira	880
PB 3,1 Perlimplín	¡Oh! ¡Si vieras qué agradecimiento guarda mi corazón hacia ti!	1009
CA 1,1 Amigo	Pero si la vieras, ¡tiene un talle!...	1057
CA 1,1 Niño	Mucho ruido; ¡si vieras!... Me pusieron	1062
YE 1,1 María	Una hermana de mi madre lo tuvo a los catorce años, ¡y si vieras qué hermosura de niño!	1282

vieron (6)

MM 1,5 Curiana N	¿qué amarga aurora vieron tus ojos al caer?	698
MP 1,8 Mariana	¿Pero cómo la vieron?	817
MP 2,5 Mariana	¡Pedro! ¿No te persiguen? ¿Te vieron entrar?	829
MP 2,7 Mariana	¿Les vieron?	836

vieron (continuación)
    ZP 2,1 Zapatera   Y todo esto no es más [...] querido ver, pero que   974
                            vieron mi madre y mi [...]

    EP CV Estudiante 4   El tumulto comenzó cuando vieron que Romeo y Julieta   1160
                            se amaban de verdad.

vierte (1)
    RS 1,1 Rosita   Pero el veneno que vierte   1372
vigila (1)
    YE 3,2 Yerma   y un arcángel la vigila,   1339
vigilada (1)
    MP 1,7 Fernando   No hagas por verme, pues me consta que estás vigilada.   811
vigilan (2)
    MP 3,5 Mariana   y puedo con sus ojos que vigilan   875
    BA 3,1 La Poncia   Adela está decidida a lo que sea y las demás vigilan   1521
                            sin descanso.

vigilancia (2)
    BA 3,1 Bernarda   En esta casa no hay ni un sí ni un no. Mi vigilancia   1518
                            lo puede todo.
    BA 3,1 Bernarda   A la vigilancia de mis ojos se debe esto.   1519
vigilando (1)
    MM 2,2 Curiana N   vigilando los sueños de la blanca durmiente.   707
vigilante (1)
    MP 2,7 Conspirador 1 y él está siempre vigilante.   840
vigilar (2)
    YE 3,2 Vieja   El año pasado se mataron dos por una casada seca y   1337
                            quiero vigilar.
    BA 3,1 La Poncia   Pero ni tú ni nadie puede vigilar por el interior de   1518
                            los pechos.

vigilaré (1)
    BA 2,1 Bernarda   Ahora vigilaré sin cerrarlos ya hasta que me muera.   1503
vihuela (1)
    MP 3,4 Mariana   toca una blanda vihuela.   871
vil (1)
    RS 3,1 Martín   a la que en vil sopor rendida yace;   1420
vilanicos (1)
    MP 2,3 Mariana   los tenues vilanicos por el viento.   826
vilo (1)
    CA 2,1 Joven   Y la luna llevará en vilo tu corona de azahar.   1101
villanía (1)
    MP 2,8 Conspirador 4 antes de tal villanía,   843
villanías (1)
    MP 3,5 Mariana   dentro de España tales villanías?   876
vimos (1)
    BA 1,1 Bernarda   A ese lo vimos todas.   1447
vine (3)
    BS 1,1 Vecina   Yo bajé a la tienda y vine a verte. ¡Vivimos tan   1178
                            lejos!...
    BS 2,1 Leonardo   Yo vine a caballo. Ella se acerca por el camino.   1210
    BS 3,2 Mendiga   Por allí vine.   1266
viniendo (1)
    YE 3,2 Muchacha 1   Yo llegué con mi hermana. Lleva ocho años viniendo sin   1337
                            resultado.

viniera (4)
    ZP 2,1 Zapatera   ¡Ay, si viniera!   977
    CA 3,1 Mecanógrafa   Si viniera mi amigo tan [...]   1117
    BA 1,1 Magdalena   Si viniera por el tipo de Angustias, por Angustias   1463
                            como mujer, yo me alegraría; pero viene por el dinero.
    BA 2,1 La Poncia   ¿Por qué el mismo día que iba a venir a la ventana le   1498
                            mandaste recado que no viniera?

vinieran (1)
    YE 3,2 María   Me costó mucho que vinieran.   1337
vinieron (5)
    MP 3,1 Novicia 2   vinieron a leerle la sentencia   861
    CA 1,1 Niño   No vinieron los ángeles. No, Gato.   1062
    CA 2,1 Joven   De pronto, mientras subía la escalera, vinieron a mi   1092
                            memoria [...]
    BA 1,1 La Poncia   Vinieron a verlo muerto y le hicieron la cruz.   1441
    BA 2,1 La Poncia   Vinieron de los montes.   1485
vinillos (1)
    ZP 2,1 Zapatera   Si no fuera porque tengo que ganarme la vida con estos   942
                            vinillos y este trapicheo, [...]

vinimos (1)
    MP 2,7 Conspirador 2 ¡No! Vinimos separados   836

viniste (5)
    MP 3,8 Mariana   Tú viniste con él,   884
    PB 1,1 Perlimplín   Desde que tú viniste de la iglesia [...]   988
    CA 2,1 Maniquí   ¿Por qué no viniste antes?   1101
    BS 1,2 Mujer   ¡Cómo no viniste a comer!...   1188
    YE 1,2 Víctor   ¿Viniste a traer la comida?   1297

vino - vio

vino (3)   Pág.
  TC 3,1 Espantanublos   Hay vino dulce..., vino blanco..., vino... agrio,   748
                          vino que vino...
vino (V) (15)
  CA 1,1 Viejo   ¿Vino el padre de ella?   1048
  BS 1,2 Suegra   ¿Vino solo?   1191
  BS 1,3 Criada   Vino.   1205
  YE 2,1 Lavandera 5   Por el llano ya vino   1307
  YE 3,1 Dolores   Vino.   1327
  YE 3,2 Niño   Y en seguida vino la noche.   1341
  RS 2,1 Rosita   ¿Vino el correo?   1388
  RS 3,1 Rosita   Estaba atada, y además, ¿qué hombre vino a esta casa 1429
                          sincero y desbordante para procurarse mi cariño?
  BA 1,1 Amelia   Desde que vino el médico nuevo estás más animada.   1458
  BA 1,1 Martirio   Una vez estuve en camisa [...] que iba a venir y no 1460
                          vino.
  BA 2,1 La Poncia   Esas cosas pasan entre [...] marido Evaristo el Colín 1476
                          vino a mi ventana... [...]
  BA 2,1 La Poncia   ¿Por qué te pusiste casi desnuda con la luz encendida 1481
                          y la ventana abierta al pasar Pepe el segundo día que
                          vino a hablar con tu [...]
  BA 2,1 La Poncia   Hace años vino otra de estas y yo misma di dinero a mi 1486
                          hijo mayor para que fuera.
  BA 3,1 Martirio   Ese hombre sin alma vino por otra. Tú te has   1526
                          atravesado.
  BA 3,1 Adela   Vino por el dinero, pero sus ojos los puso siempre en 1526
                          mí.
vino (24)
  TC 3,1 Contrabandista 2 ¡Trae vino de Málaga!   741
  TC 3,1 Cocoliche   Espantanublos, danos vino hasta que se nos salga por 743
                          los ojos.
  TC 3,1 Mozo 2   Caballero, antes de marcharos yo quisiera que tomarais 746
                          con nosotros un vaso de vino.
  TC 3,1 Cristobita   Tendrás mucho vino, ¿verdad?   747
  TC 3,1 Espantanublos   Hay vino dulce..., vino blanco..., vino... agrio,   748
                          vino que vino...
  TC 3,1 Cristobita   Mañana me caso con la señá Rosita, y quiero que haya 748
                          mucho vino para ... bebérmelo yo.
  TC 5,1 Currito   Son como dos vasitos de vino, como dos acericos de 757
                          monja, como dos suspirillos.
  TC 5,1 Jovencita   con un jarro de vino   760
  TC 6,1 Cristobita   Traigan dulces y vino... ¡Mucho vino!   772
  TC 6,1 Cristobita   Me gustaría ser todo de vino y beberme yo mismo.   774
  ZP 2,1 Zapatero   En cuanto tome un vaso de vino.   954
  ZP 2,1 Zapatero   ¡Qué rico vino!   956
  ZP 2,1 Zapatero   ¡Qué requeterrico vino!   956
  ZP 2,1 Zapatero   Vino de uvas negras como el alma de algunas mujeres 956
                          que yo conozco.
  DC 1,1 Cristóbal   Me gustaría ser todo vino y beberme yo mismo.   1037
  BS 1,3 Padre   ¿Vino?   1201
  BS 2,2 Criada   ¡Prepara el vino!   1226
  BS 2,2 Criada   Te voy a envolver unos roscos de vino para tu madre, 1233
                          que a ella le gustan mucho.
  BS 2,2 Criada   Para la medianoche, como no dormiréis, os he preparado 1234
                          jamón y unas copas grandes de vino antiguo.
  YE 2,2 Juan   Esa no viene... Una [...] mantel y bebiendo mi vino. 1311
  YE 3,2 Muchacha 1   Más de cuarenta toneles de vino he visto en las   1338
                          espaldas de la ermita.
  BA 1,1 Magdalena   Hoy hay más finura, las novias se ponen de velo blanco 1461
                          como en las poblaciones y se bebe vino de botella,
                          pero [...]
viña (5)
  BS 1,1 Novio   A la viña.   1172
  BS 1,1 Novio   Tres años. Ya pude comprar la viña.   1176
  BS 1,1 Vecina   ¡Al fin compró la viña!   1180
  BS 1,3 Madre   Los tres nogales del molino toda una viña y una planta 1195
                          que [...]
  BS 3,2 Niña   por los tallos de la viña?   1262
viñas (5)
  BS 1,1 Madre   Un hombre hermoso, con su flor en la boca, que sale a 1173
                          las viñas o va a sus olivos [...]
  BS 1,1 Novio   Madre, ¿y si yo la llevara conmigo a las viñas?   1174
  BS 1,1 Madre   ¿Qué hace en las viñas una vieja?   1174
  BS 1,3 Padre   Las viñas valen un capital.   1196
  BS 1,3 Padre   Si pudiéramos con veinte pares de bueyes traer tus 1197
                          viñas aquí y ponerlas en la ladera.
vio (7)
  TC 3,1 Cristobita   ¿Cuándo se vio?   750
  MP 1,4 Amparo   que se vio en Ronda la vieja.   792
  CA 1,1 Viejo   ¿A que en aquel momento que la vio vieja ella estaba 1052
                          completamente entregada a usted?

vio (continuación)
  CA 2,1 Joven   A la mujer que me quiere. Usted la vio en mi casa, ¿no   1106
                           recuerda?
  EP CV Estudiante 1   Precisamente ella fue la que vio, por una claraboya   1158
                           del teatro, todo lo que ocurría y dio la voz de alarma.
  EP CV Estudiante 2   Se amaban los esqueletos y estaban amarillos de llama,   1160
                           pero no se amaban los trajes y el público vio varias
                           veces la cola [...]
  BS 2,2 Novio   En ninguna boda se vio tanta gente.   1230
violáceo (1)
  RS 1,1 Tía   Eléboro, fucsias y los crisantemos, Luis Passy   1351
                           violáceo y altair blanco plata con puntas heliotropo.
violenta (3)
  MP 1,4 Amparo   vibraba fuerte, violenta,   794
  ZP 0,0 El Autor   En todos los sitios late [...] público si aparece   912
                           violenta o toma actitudes [...]
  CA 2,1 Novia   ¿No tenías una sonrisa violenta que era como una garza   1093
                           sobre tu rostro?
violento (1)
  RS 1,1 Primo   cuando el verano violento   1372
violeta (3)
  MM 1,2 Curianita Silvia tus patas son de violeta.   680
  TC 0,0 Mosquito   Pero un día vi por el agujerito de la puerta una   724
                           estrella que temblaba como una fresca violeta de luz.
  RS 2,1 Solterona 3   "Soy tímida", la violeta.   1403
violetas (5)
  MP 3,2 Mariana   como un techo de violetas,   865
  BS 3,1 Novia   con los filos de violetas.   1257
  RS 1,1 Tío   en las violetas del mar,   1357
  RS 1,1 Rosita   en las violetas del mar,   1374
  RS 2,1 Solterona 3   Las violetas son también preciosas.   1392
violín (3)
  CA 3,1 Payaso   Y la música de tu violín.   1127
  CA 3,1 Payaso   Y la música de tu violín.   1129
  CA 3,1 Payaso   Y la música de tu violín.   1131
virgen (4)
  CA 2,1 Joven   hombros de virgen nocturna   1102
  BA 3,1 Bernarda   ¡Mi hija ha muerto virgen!   1532
  BA 3,1 Bernarda   Ella ha muerto virgen.   1532
  BA 3,1 Bernarda   Ella, la hija menor de Bernarda Alba, ha muerto virgen.   1532
Virgen (8)
  TC 4,1 Cocoliche   ¡Virgen del Espino!   754
  MP 2,2 Mariana   Una salve a la Virgen y dos credos   826
  MP 2,8 Mariana   ¡Y todos, Virgen santa! ¡Pronto!   847
  MP 2,9 Mariana   ¡Virgen Santa!   854
  MP 3,9 Carmen   ¡Que la Virgen te ampare!   889
  ZP 2,1 Vecina Roja   ¡Virgen Santísima!   962
  RS 2,1 El Señor X   Estuve por haberla traído un cañoncito de plata por   1377
                           cuyo agujero se veía la Virgen de Lurdes, o Lourdes,
                           [...]
  RS 2,1 Solterona 2   Y la plegaria de la Virgen.   1397
Virgilio (1)
  CA 3,1 Arlequín   El poeta Virgilio construyó una mosca de oro y   1119
                           murieron todas las moscas que envenenaban el aire de
                           Nápoles.
virtud (1)
  PB 2,1 Perlimplín   Por eso quiero ayudarte como debe hacer todo buen   1004
                           marido cuando su esposa es un dechado de virtud...
                           Mira.
visible (1)
  ZP 0,0 El Autor   En todos los sitios late [...] esta se hace realidad   912
                           visible.
visión (1)
  MM 0,0   Se prendó de una visión que estaba muy [...]   669
visita (6)
  TC 5,1 Fígaro   Hoy espero la gran visita.   755
  MP 1,4 Lucía   Si esperas visita, nos vamos.   791
  MP 2,4 Angustias   Tienes una visita.   827
  MP 2,9 Pedrosa   ¿Le extraña mi visita?   852
  MP 2,9 Pedrosa   Me debe agradecer esta visita.   855
  BA 3,1 Prudencia   Ya me voy. Os he hecho una visita larga.   1506
Visitación (2)
  ZP 1,1 Alcalde   Eso tiene casarse a tu [...] cuatro: Rosa, Manuela,   924
                           Visitación y Enriqueta [...]
  ZP 1,1 Alcalde   Rosa, Manuela, Visitación y Enriqueta [...]   925
visitarla (2)
  MP 2,9 Pedrosa   en su balcón y quise visitarla.   850
  MP 3,7 Carmen   del juez, viene a visitarla.   883

Pág.

visitaron (1)
PB 3,1 Perlimplín   Ahora cierro los ojos y... veo lo que quiero...; por   1009
ejemplo..., a mi madre cuando la visitaron las Hadas
de [...]
vista (8)
TC 3,1 Contrabandista 2   Al amanecer daremos vista al mar.   743
ZP 1,1 Niño   ¡Hasta la vista!   915
ZP 1,1 Zapatero   Tú te creerás que yo no tengo vista, y tengo.   923
PB 3,1 Perlimplín   Pues en vista de que le amas tanto, yo no quiero que   1015
te abandone.
DC 1,1 Enfermo   En vista de esto me he convencido de que es usted un   1024
gran médico que me puede curar.
RS 2,1 Ama   ¡Gracias a Dios que la voy a perder de vista!   1382
RS 2,1 Ayola 1   De vista.   1396
BA 3,1 Prudencia   No me queda más consuelo que refugiarme en la iglesia,   1508
pero como me estoy quedando sin vista tendré que dejar
[...]
vistamos (1)
MP 1,4 Lucía   Quiere que vistamos como tú te vistes.   789
vistas (1)
RS 3,1 Tía   Pero tiene buenas vistas y un patinillo con dos   1418
higueras donde se pueden tener flores.
viste (8)
BS 1,2 Leonardo   ¿Lo viste tú?   1188
BS 1,3 Novia   ¿Tú le viste?   1205
BS 3,1 Novio   ¿Viste un hombre y una mujer que corrían montados en   1254
un caballo?
BS 3,1 Novio   Dime, contesta, ¿los viste?   1254
BS 3,1 Novio   ¡Te digo si los viste! ¿Han pasado por aquí?   1254
RS 2,1 Tía   lo viste naufragar.   1411
BA 2,1 Angustias   Magdalena, ¿a qué preguntas, si lo viste?   1473
BA 2,1 Bernarda   Pero ¿lo viste con tus ojos?   1502
visteis (1)
MM 2,1 Curianita Santa   ¿Visteis a Curianito recitar en el prado?   702
vistes (2)
MM 1,5 Curiana N   y aspirar el aroma del traje con que vistes!   698
MP 1,4 Lucía   Quiere que vistamos como tú te vistes.   789
vistiéndose (1)
BS 1,3 Novio   Debe estar vistiéndose.   1195
visto (55)
MM 1,2 Curianita Silvia   No he visto más que esta tierra.   677
MM 1,5 Alacranito   Tú eres poeta, habrás visto   690
MM 1,6 Curianito   Amapola, ya he visto mi estrella misteriosa.   700
MM 2,5 Gusano 2   Ahora he visto en el lago   712
MM 2,7 Curianito   ¿Qué he visto en tus antenas?   720
TC 1,1 Padre   ¡Habráse visto!   733
TC 6,1 Cristobita   ¿tú no me has visto matar a nadie con la porra?   767
MP 1,1 Angustias   Yo lo he visto por el ojo de la llave.   783
MP 1,4 Amparo   ¡Si hubieras visto con qué   793
MP 1,5 Fernando   he visto dos o tres grupos   798
MP 2,9 Pedrosa   He visto luz   850
MP 3,1 Novicia 1   ¿Qué más da? ¿Se habrá visto?   862
MP 3,7 Novicia 1   ¡Y cuánto pájaro! ¿Has visto?   880
MP 3,7 Novicia 2   ¿Y ella?... ¿Tú la has visto? Ella   881
TB DME Doncella   ¿No has visto mi cara?   901
ZP 1,1 Zapatera   Mirlo de alambre, garabato de candil... Corre,   930
corre... ¿Se habrá visto?
ZP 1,1 Niño   Sí, sí, eso ha dicho en mi casa antes de montarse en   937
la diligencia, que lo he visto yo..., y nos encargó
[...]
ZP 2,1 Alcalde   ¿Habrá usted visto a los insurrectos?   955
ZP 2,1 Zapatera   ¿Ha visto usted qué infamia?   963
ZP 2,1 Zapatera   Y todo esto no es más que el miedo a la soledad donde   974
están los fantasmas, que yo no he visto porque no los
he [...]
PB 1,1 Duende 2   Es verdad, compadrillo, que no es lo mismo decir: "Yo   996
he visto" que: "Se dice".
PB 1,1 Perlimplín   Nunca había visto la salida del sol... Es un   1000
espectáculo que... parece mentira..., ¡me conmueve!
PB 2,1 Perlimplín   Jamás he visto un hombre en quien lo varonil y lo   1005
delicado se den de una manera tan armónica.
PB 2,1 Belisa   Yo no le he visto la cara..., pero...   1005
CA 1,1 Amigo 2   ¿No las habéis visto?   1073
CA 3,1 Mecanógrafa   Y, sin embargo, yo he levantado mi amor y te he   1126
cambiado y te he visto por los rincones de mi casa.
BS 1,1 Madre   ¿Has visto qué día de calor?   1183
BS 1,2 Leonardo   Por lo visto se las arranca con las piedras.   1187
BS 1,2 Mujer   Ayer me dijeron las vecinas que te habían visto al   1187
límite de los llanos.
YE 1,1 Yerma   Yo he visto a mi hermana dar [...]   1283
YE 2,1 Lavandera 1   Pero ¿vosotras la habéis visto con otro?   1303

visto (continuación)
YE 2,2 Yerma   ¿Los has visto?   1320
YE 3,1 Vieja 1   Ya has visto cómo he ayudado a los rezos.   1328
YE 3,2 Muchacha 1   Más de cuarenta toneles de vino he visto en las   1338
                      espaldas de la ermita.
YE 3,2 Yerma   ¿Y nunca has pensado en él cuando me has visto   1349
                      desearlo?
RS 1,1 Ama   ¿Cuándo la ha visto usted sentada a [...]   1354
RS 1,1 Ama   Está visto que en esta casa no la dejan hablar a una.   1356
RS 1,1 Tío   Es una rosa que nunca has visto; una sorpresa que te   1356
                      tengo preparada.
RS 2,1 Solterona 3   El fraile con la capucha está ya muy visto.   1392
RS 3,1 Ama   No la ha visto en toda la mañana.   1412
RS 3,1 Muchacho   Me ha visto usted muy pocas veces.   1432
BA 1,1 Bernarda   Ella ha visto a su madre.   1447
BA 1,1 Bernarda   A Pepe no lo ha visto ella ni yo.   1447
BA 1,1 Bernarda   ¡Andar a vuestras casas a criticar todo lo que habéis   1450
                      visto!
BA 1,1 Adela   La he visto asomada a las rendijas del portón.   1453
BA 1,1 Amelia   ¡Si la hubiera visto madre!   1462
BA 1,1 Magdalena   ¿Te han visto ya las gallinas?   1464
BA 2,1 Magdalena   ¿Has visto los encajes?   1483
BA 2,1 La Poncia   Lo visto, visto está.   1496
BA 2,1 La Poncia   Has visto lo malo de las gentes a cien leguas; muchas   1497
                      veces creí que adivinabas los pensamientos.
BA 2,1 Martirio   ¡He visto cómo te abrazaba!   1504
BA 3,1 Adela   He visto la muerte debajo de estos techos y he salido   1526
                      a buscar lo que era mío, lo que me pertenecía.
BA 3,1 Adela   Sabes, porque lo has visto, que me quiere a mí.   1527
BA 3,1 Adela   Dios me ha debido dejar sola en medio de la oscuridad,   1529
                      porque te veo como si no te hubiera visto nunca.
vitaminas (1)
EP CV Desnudo   Es la que tiene más vitaminas.   1156
vito (22)
TC 2,1 Rosita   Con el vito, vito, vito,   735
TC 2,1 Rosita   con el vito que me muero.   735
TC 2,1 Rosita   Con el vito, vito, vito,   740
TC 2,1 Rosita   con el vito, que me muero;   740
TC 4,1 Espectro De   Con el vito, vito, vito,   754
       Doña R
TC 4,1 Espectro De   con el vito, vito, claro...   754
       Doña R
TC 4,1 Rosita   Con el vito, vito, vito,   755
TC 4,1 Rosita   con el vito, que me muero...   755
MP 1,2 Amparo   el vito, el ole, el sorongo,   786
DC 1,1 Voz De Rosita Con el vito, vito, vito,   1031
DC 1,1 Voz De Rosita con el vito que me muero,   1031
viuda (1)
BA 1,1 Bernarda   ¿Es este el abanico que se da a una viuda?   1451
viudita (1)
MP 1,3 Mariana   ¡Viudita y con dos niños!   788
viudo (3)
ZP 1,1 Alcalde   Eso tiene casarse a tu edad... A tu edad se debe   924
                      estar viudo... de una, como [...]
ZP 2,1 Alcalde   Soy viudo.   950
BA 1,1 Bernarda   Quien sí estaba era el viudo de Darajalí.   1447
viudos (1)
BA 2,1 La Poncia   Entonces Pepe hará lo que hacen todos los viudos de   1481
                      esta tierra: [...]
viva (V) (8)
MP 1,7 Fernando   y lo seré mientras viva.   815
MP 2,8 Mariana   Pedro, mientras yo viva...   845
CA 2,1 Novia   No quiero verlo. Es preciso que yo viva. Habla   1089
                      demasiado.
CA 2,1 Joven   ¿Voy a dejar que la viva el aire?   1095
CA 3,1 Joven   Porque me quieres y porque es necesario que yo viva.   1126
RS 2,1 Ayola 2   Toca "¡Viva Frascuelo!"   1402
RS 2,1 Solterona 3   "No te querré mientras viva",   1403
BA 2,1 Bernarda   ¡Mi sangre no se junta con la de los Humanas mientras   1498
                      yo viva!
viva (9)
MP 2,3 Mariana   quemarse con su propia lumbre viva   826
CA 1,1 Joven   Que estoy en carne viva. Todo hacia dentro. Una   1051
                      quemadura.
CA 1,1 Joven   la dibujo, la hago moverse blanca y viva; pero de   1052
                      pronto, [...]
CA 1,1 Mecanógrafa   Todavía tengo aquella sangre viva como una sierpe   1055
                      roja, temblando entre mis pechos.
EP CV Estudiante 2   En último caso, ¿es que [...] produzca de manera viva   1161
                      y desgarradora?

viva - viviera

                                                                                    Pág.
viva (continuación)
    BS 1,1 Madre   Es que quisiera que ni a la viva ni a la muerta las   1181
                         conociera nadie.
    YE 3,1 Yerma   Sino agarrar las criaturas y lavarlas con agua viva.   1327
    RS 3,1 Rosita   Como que no hay cosa más viva que un recuerdo.   1433
    RS 3,1 Tía   Como siga este viento no va a quedar una rosa viva.   1436
vivan (4)
    TC 6,1 Invitado 1   ¡Vivan los novios!   770
    TC 6,1 Todos   ¡Vivan!   770
    BS 1,3 Madre   No. Que vivan todos, ¡eso! ¡Que vivan!   1200
vivas (4)
    CA 1,1 Joven   Pero las cosas vivas, ardiendo en su sangre, con todos   1047
                         sus perfiles intactos.
    CA 1,1 Viejo   Están las cosas más vivas dentro que ahí fuera,   1053
                         expuestas al aire o la muerte.
    EP CV Dama 2   Las voces estaban vivas y sus apariencias también.   1159
    BS 2,1 Criada   con vivas alrededor.   1218
vive (16)
    MM 1,4 Curianito   del fuego en que vive mi rara pasión;   686
    MM 2,1 Curianita 1   Sobre un hilo de araña nadie vive.   702
    TC 1,1 Cocoliche   ¿Quién vive?   728
    TC 1,1 Cocoliche   ¿No vive en esta casa por casualidad una tal Rosita?   728
    TC 6,1 Rosita   ¡Qué noche tan clarita vive sobre los tejados!   774
    MP 1,1 Angustias   ¡Si no vive! ¿Recuerdas?... Ayer tarde . .   785
    MP 2,8 Conspirador 4 España entera calla, ¡pero vive!   842
    MP 2,9 Pedrosa   que la gente no vive muy segura.   852
    MP 3,8 Fernando   ¡Ay, te abandonan todos! ¡Habla, quiéreme y vive!   886
    DC 1,1 Rosita   vive sobre los tejados.   1032
    BS 1,1 Vecina   Vive sola con su padre allí, tan lejos, a diez leguas   1180
                         de la casa más cerca.
    BS 1,3 Madre   Tenemos que volver a tiempo. ¡Qué lejos vive esta   1195
                         gente!
    BS 2,2 Madre   Mientras una vive, lucha.   1241
    YE 1,2 Yerma   Usted vive al otro lado del río.   1287
    YE 1,2 Yerma   ¿Tu madre vive en la puerta más alta del pueblo?   1294
    RS 2,1 Tío   Cada uno vive como puede o como sabe en esta vida   1376
                         diaria.
viven (7)
    CA 1,1 Viejo   Todavía cambian más las cosas que tenemos delante de   1052
                         los ojos que las que viven sin distancia debajo [...]
    RS 1,1 Rosita   donde viven las manolas,   1366
    RS 1,1 Rosita   donde viven las manolas,   1368
    RS 2,1 Tío   Llega un momento en que las personas que viven juntas   1386
                         muchos años [...]
    BA 1,1 Criada   También están solos los perros y viven.   1444
    BA 2,1 Bernarda   Es la obligación de los que viven a sueldo.   1500
    BA 3,1 La Poncia   Tus hijas están y viven como metidas en alacenas.   1518
vives (4)
    MP 2,5 Pedro   Vives en una calle silenciosa, y la noche   829
    PB 2,1 Perlimplín   Y aunque me hieren profundamente, comprendo que vives   1004
                         en un drama.
    YE 2,2 Juan   Con ese achaque vives alocada, sin pensar en lo que   1314
                         debías, y te empeñas en meter la cabeza por una roca.
    YE 3,2 Juan   ¡Que te lo tengo que gritar al oído para que lo sepas,   1348
                         a ver si de una vez vives ya tranquila!
vivía (2)
    ZP 2,1 Zapatero   vivía un talabartero   958
    ZP 2,1 Zapatero   Y en mi pueblo vivía una mujer... en [...]   966
vivido (1)
    CA 1,1 Viejo   Quince años que ha vivido ella, que son ella misma.   1049
vivienda (3)
    MP 2,9 Mariana   ¿Que penetre de noche en mi vivienda   855
    YE 1,1 Yerma   A mí me gustaría que fueras al río y nadaras y que te   1274
                         subieras al tejado cuando la lluvia cala nuestra
                         vivienda.
    YE 2,1 Lavandera 4   Ella y sus cuñadas, sin [...] cuando más relumbra la   1304
                         vivienda más arde por [...]
viviendo (1)
    MP 1,7 Mariana   si podré seguir viviendo.   810
viviente (1)
    RS 2,1 El Señor X   Yo me siento en la Polis viviente; no soy partidario   1376
                         de la Natura Naturata.
viviera (6)
    TB QM. Viejo   Aunque viviera cien años, yo no tendría miedo al tren.   905
    ZP 1,1 Vecina   ¡Ay, si viviera su hermana! Aquella sí que era...   920
    BS 1,1 Madre   Cien años que yo viviera no hablaría de otra cosa.   1173
    BS 1,3 Madre   Esa edad tendría mi hijo mayor si viviera.   1199
    BS 2,2 Mujer   ¡Ojalá yo viviera también así de lejos!   1232
    RS 3,1 Tía   Y luego..., si él viviera, con aquella claridad que   1412
                         tenía, con aquel talento...

vivieras (1)
    MP 3,8 Fernando   ¡Quién pudiera morir para que tú vivieras!   886
vivimos (5)
    DC 1,1 Director   Usted, como poeta, no tiene derecho a descubrir el   1020
                             secreto con el cual vivimos todos.
    BS 1,1 Vecina   Yo bajé a la tienda y vine a verte. ¡Vivimos tan   1178
                             lejos!...
    YE 1,2 Muchacha 2   De todos modos, tú y yo, con no tenerlos, vivimos más 1293
                             tranquilas.
    RS 3,1 Martín   Son los que pagan y vivimos con ellos.   1419
    BA 1,1 Criada   Suelos barnizados con aceite, alacenas, pedestales, 1444
                             camas de acero, para que traguemos quina las que
                             vivimos en las chozas [...]

vivió (2)
    MM 1,2 Doña Curiana   y vivió seis años. Yo   680
    CA 3,2 Criado   Vivió mucho tiempo con un conde italiano riquísimo, 1131
                             padre del niño que acaban de enterrar.

vivir (33)
    TC 6,1 Cocoliche   ¡Ya no podré vivir!   771
    MP 2,9 Pedrosa   ¿no siente miedo de vivir tan sola?   852
    MP 3,5 Mariana   de callar y vivir con alegría.   874
    MP 3,8 Mariana   para vivir y amar su pensamiento propio.   885
    MP 3,8 Fernando   ¡Tú tienes que vivir! ¡Mariana, por mi amor!   885
    MP 3,8 Mariana   Me querrás, muerta, tanto, que no podrás vivir.   887
    ZP 2,1 Zapatero   Voy en su busca para perdonarla y vivir con ella lo 967
                             poco que me queda de vida.
    ZP 2,1 Zapatera   Buen hombre, Dios quiera que encuentre usted a su   975
                             mujer, para que vuelva a vivir con el cuido y [...]
    CA 1,1 Viejo   Son unas trenzas con cuyo perfume se puede vivir sin 1050
                             necesidad de pan ni de agua.
    CA 1,1 Joven   Entonces... Es muy difícil vivir.   1053
    CA 1,1 Viejo   ¿Y por qué no? Esperar es creer y vivir.   1054
    CA 1,1 Amigo 2   Porque quiero vivir lo mío y me lo quitan.   1074
    CA 2,1 Joven   ¡He de vivir!   1104
    CA 3,1 Joven   Quiero vivir.   1122
    CA 3,1 Mecanógrafa   Quiero vivir.   1122
    CA 3,2 Joven   Juan, Juan. Hay que vivir.   1143
    BS 3,1 Leñador 1   Todos pueden vivir en él.   1245
    YE 1,2 Vieja 1   He tenido dos maridos, catorce hijos, cinco murieron 1287
                             y, sin embargo, no estoy triste, y quisiera vivir
                             mucho más.
    YE 2,1 Lavandera 4   Lo cierto es que el marido se ha llevado a vivir con 1301
                             ellos a sus dos hermanas.
    YE 2,1 Lavandera 4   Yo no podría vivir con ellas.   1301
    YE 2,1 Lavandera 4   Quiero vivir   1307
    YE 2,2 Yerma   Creo que puedes vivir en paz.   1312
    YE 2,2 Juan   Para vivir en paz se necesita estar tranquilo.   1312
    YE 3,2 Juan   Y a vivir en paz.   1349
    RS 2,1 Tío   De tanto vivir juntas, los encajes se os hacen espinas. 1385
    RS 3,1 Ama   Están muertos, vamos a llorar, se cierra la puerta, ¡y 1416
                             a vivir!
    RS 3,1 Tía   Que me veas vivir, para que aprendas.   1428
    RS 3,1 Rosita   Me he acostumbrado a vivir muchos años fuera [...]   1428
    BA 1,1 Criada   ¿Y he de vivir yo después de verte marchar?   1445
    BA 1,1 Criada   ¿Y he de vivir?   1445
    BA 1,1 Muchacha   Comer es necesario para vivir.   1445
    BA 1,1 Amelia   De todo tiene la culpa esta crítica que no nos deja 1459
                             vivir.
    BA 2,1 La Poncia   No os tengo ley a ninguna, pero quiero vivir en casa 1482
                             decente.

vivíré (2)
    TB DME Estudiante   Si me echas una escala, viviré esta noche contigo.   902
    ZP 2,1 Zapatera   Yo viviré como si lo tuviera.   950
viviremos (1)
    YE 3,2 Vieja   Vete con él y viviremos los tres juntos.   1345
viviría (2)
    MP 1,7 Mariana   su espíritu viviría.   813
    BS 1,3 Madre   Que viviría caliente y macho como era, si los hombres 1199
                             no hubieran inventado las navajas.
vivís (2)
    BA 2,1 Coro   las que vivís en el pueblo,   1487
    BA 2,1 Martirio   las que vivís en el pueblo...   1487
vivo (V) (5)
    TB DME Estudiante   Es que vivo de noche.   901
    ZP 2,1 Zapatera   Tiene usted razón, pero yo desde entonces no como, ni 964
                             duermo, ni vivo; porque él era mi alegría, mi defensa.
    ZP 2,1 Zapatera   Si estoy sola si soy joven y vivo ya solo de mis   967
                             recuerdos...
    YE 2,2 Yerma   Vivo sumisa a ti, y lo que sufro lo guardo pegado a 1313
                             mis carnes.
    YE 2,2 Yerma   ¡Ya ves cómo vivo!   1318

vivo - volar

vivo (11)   Pág.
    TB QM. Viejo   El tren no está vivo.   905
    ZP 0,0 El Autor   El autor ha preferido poner el ejemplo dramático en el   912
                          vivo ritmo de una zapaterita popular.
    CA 1,1 Joven   Basta observar sobre la palma de la mano un insecto 1050
                          vivo, o mirar al mar [...]
    CA 1,1 Joven   Aún está más vivo lo de adentro aunque también cambie. 1052
    BS 3,1 Leñador 1   ¿Y qué? Vale más ser muerto desangrado que vivo con 1246
                          ella podrida.
    BS 3,2 Suegra   Nunca. Ni muerto ni vivo.   1264
    YE 1,1 María   ¿No has tenido nunca un pájaro vivo apretado en la   1280
                          mano?
    YE 3,1 Yerma   Yo quiero tener a mi [...] llorar por un hombre vivo 1328
                          que nos apuñala [...]
    YE 3,2 Hembra   y dardos de oro vivo   1342
    RS 3,1 Ama   ¡A ver si el agua sube hasta que no quede un niño vivo! 1424
    BA 3,1 Bernarda   Pepe, tú irás corriendo vivo por lo oscuro de las   1532
                          alamedas, pero otro día caerás.
vivos (2)
    BS 3,2 Novia   Que la cruz ampare a muertos y vivos.   1271
    RS 2,1 Ama   Pero no hace falta que cante. En el jardín los tenemos 1383
                          vivos.
vizconde (1)
    MP 2,8 Conspirador 4 El vizconde de la Barthe,   843
vi[sita] (2)
    TC 5,1 Cansa-Almas   ¿Qué vi[sita]? ¿Qué vi[sita]?   755
vocablos (2)
    DC 1,1   Así, pues, el poeta sabe que el público oirá con   1019
                          alegría y sencillez expresiones y vocablos que nacen
                          de [...]
    DC 1,1 Director   Entre los ojos de las [...] las palabrotas y los   1043
                          vocablos que no resistimos [...]
vocerios (1)
    ZP 1,1 Zapatero   Yo no estoy acostumbrado a estos vocerios y a estar en   927
                          lenguas de todos.
voces (18)
    MM 2,5 Mariposa   pero todas las voces,   715
    TC 1,1 Padre   ¿Qué voces son esas?   733
    ZP 2,1 Alcalde   Niño, niño, basta de voces... ¿Sabes tú lo que he   948
                          hecho ahora?
    PB 3,1 Belisa   ¿Qué voces llenan de dulce armonía el aire de una sola 1012
                          pieza de la noche?
    EP CV Estudiante 4   Y aunque los poetas pusieron una escalera para   1158
                          asesinarla, ella siguió dando voces y acudió la
                          multitud.
    EP CV Dama 2   Las voces estaban vivas y sus apariencias también.   1159
    BS 2,1 Leonardo   No quiero hablar, porque soy hombre de sangre, y no 1213
                          quiero que todos estos cerros oigan mis voces.
    YE 3,1 Juan   Si pudiera dar voces levantaría a todo [...]   1331
    YE 3,1 Yerma   Si pudiera dar voces también las daría [...]   1332
    RS 3,1 Ama   Antes se daban voces.   1414
    RS 3,1 Ama   Ayer decía a voces: "No; ahí hay hipérbaton", [...] 1423
    BA 1,1 Martirio   Los veía en el corral uncir los bueyes y levantar los 1460
                          costales de trigo entre voces y zapatazos y siempre
                          [...]
    BA 1,1 Magdalena   Se ha puesto el traje [...] corral, y ha comenzado a 1462
                          voces: "¡Gallinas!
    BA 2,1 La Poncia   Porque yo puedo dar voces, encender luces y hacer que 1482
                          toquen las campanas.
    BA 2,1 La Poncia   ¡Dando voces y arrojando piedras!   1485
    BA 2,1 La Poncia   La traen arrastrando [...] corriendo, dando unas voces 1505
                          que estremecen [...]
    BA 3,1 Martirio   No dé voces.   1524
    BA 3,1 Adela   ¡Aquí se acabaron las voces de presidio!   1529
voila (1)
    RS 2,1 El Señor X   ¡Voila!   1376
volando (5)
    MM 2,7 Curianito   nos llevará volando en la mañana.   719
    MP 1,6 Clavela   Soltó las bridas y se fue volando   803
    MP 2,3 Mariana   y voy volando por mi propio sueño,   826
    MP 3,5 Mariana   para salir volando en busca tuya!   876
    RS 1,1 Ama   Es que todo lo quiere volando.   1354
volantes (3)
    YE 3,2 Hembra   rasgaré los volantes de mi enagua.   1341
    RS 1,1 Rosita   entre volantes de blonda;   1367
    RS 2,1 Ama   Tendrá el pelo de plata y todavía estará cosiendo   1380
                          cintas de raso liberti en los volantes de su camisa
                          [...]
volar (14)
    MM 1,5 La Mariposa   volar, quiero volar, el hilo es largo!   699
    MM 2,7 Curianito   ¿Quieres volar? Hay mucha sombra encima   719

volar (continuación)
    MM 2,7 Curianito   No insistas en volar. Es de noche. Mira   719
    MM 2,7 Curianito   No pienses en volar hacia los montes   720
    MP 2,5 Mariana   Un pájaro sin aire, ¿puede volar? ¡Entonces!...   828
    ZP 1,1 Niño   ¿No te quieres parar? ¿No quieres dejar de volar?   937
    DC 1,1 Rosita   cómo mi urraquita se pone a volar.   1038
    CA 1,1 Viejo   ¿No se atreve usted a huir?, ¿a volar?, ¿a ensanchar   1049
                              su amor por todo el cielo?
    CA 1,1 Viejo   Por eso hay que volar de una cosa a otra hasta   1053
                              perderse.
    CA 1,1 Viejo   Y cuando la gente ha ido a retorcer el cuello de la   1072
                              paloma, yo he sujetado la mano y la he ayudado a volar.
    CA 3,2 Joven   Cuando lo vi, a los veinte años, era tan pequeño que   1132
                              me parecía increíble que hubiera podido volar tanto
                              por él.
    BS 2,2 Mujer   Sí, pero le gusta volar demasiado.   1233
    RS 1,1 Ama   Se echa a volar y se nos pierde de las manos.   1354
volaré (2)
    MM 2,3 Mariposa   Volaré por el hilo de plata.   708
    MM 2,3 Mariposa   Volaré por el hilo de plata;   709
volcado (1)
    BA 3,1 Martirio   ¡Por ella! Hubiera volcado un río de sangre sobre su   1531
                              cabeza.
volcán (1)
    EP CV Estudiante 5   Con las maromas que torció mi padre los engancharemos   1168
                              a las rocas para partirlas y que salga un volcán.
volcó (1)
    RS 1,1 Tío   Yo me pregunto: ¿quién volcó la maceta?   1356
volumen (1)
    RS 2,1 El Señor X   No tengo el suficiente volumen de experiencia sobre   1376
                              ellas.
voluntad (6)
    ZP 1,1 Zapatera   Quiero hacer siempre mi santa voluntad.   922
    ZP 2,1 Alcalde   Nada, pensaba... de que si tú fueras como debías ser,   951
                              te hubieras enterado que tengo voluntad y valentía
                              para [...]
    YE 2,2 Juan   Lo que pasa es que no eres una mujer verdadera y   1315
                              buscas la ruina de un hombre sin voluntad.
    RS 2,1 Madre   Con sumo gusto y fina voluntad, como se decía en mi   1406
                              época.
    RS 3,1 Tía   ¡Cállate, habladora, y respeta la voluntad de Dios!   1427
    BA 2,1 Bernarda   Afortunadamente mis hijas me respetan y jamás   1500
                              torcieron mi voluntad.
volvéis (1)
    MM 1,2 Doña Curiana   Os volvéis loca.   679
volver (13)
    ZP 1,1 Niño   Pues mira..., tu marido, el zapatero, se ha ido para   937
                              no volver más.
    PB 2,1 Perlimplín   Acaba de volver la esquina.   1007
    CA 1,1 Amigo 2   dejadme volver.   1074
    CA 1,1 Amigo 2   dejadme volver.   1074
    CA 1,1 Amigo 2   dejadme volver.   1077
    CA 2,1 Joven   Para que no tenga que volver a empezar.   1096
    CA 3,1 Joven   Quiero volver. ¡Dejadme!   1131
    BS 1,3 Madre   Tenemos que volver a tiempo. ¡Qué lejos vive esta   1195
                              gente!
    BS 3,2 Mujer   Quiero volver para saberlo todo.   1264
    YE 3,2 Yerma   El agua no se puede volver atrás ni la luna llena sale   1345
                              al mediodía.
    RS 1,1 Primo   He de volver, prima mía,   1372
    BA 1,1 Bernarda   Volver la cabeza es buscar el calor de la pana.   1447
    BA 3,1 La Poncia   Cuando una no puede con el mar lo más fácil es volver   1520
                              las espaldas para no verlo.
volverá (6)
    TC 6,1 Mosquito   que no volverá.   780
    ZP 2,1 Alcalde   Pero tu marido te ha dejado y no volverá, estoy seguro.   950
    CA 1,1 Joven   Pero en estos cinco años las volverá a tener.   1050
    CA 1,1 Joven   Mañana volverá. Lo necesito.   1077
    YE 3,2 Vieja   La ceniza de tu colcha se te volverá pan y sal para   1345
                              las crías.
    BA 2,1 Amelia   Ya pasará y volverá otra vez.   1488
volverán (1)
    RS 2,1 Solterona 3   También puedo decir "Volverán las oscuras golondrinas   1402
                              de tu balcón los nidos a colgar".
volverás (4)
    MP 3,3 Mariana   ¡Volverás!   870
    MP 3,3 Mariana   Volverás para decirles   870
    RS 1,1 Rosita   ¿Volverás?   1373
    BA 1,1 Criada   ¡Ya no volverás a levantarme las enaguas detrás de la   1445
                              puerta de tu corral!

volveré - voy

Pág.

volveré (7)
MM 1,6 Curianito	Me volveré tristeza sobre la noche oscura	701
ZP 1,1 Mirlo	Cuando las sombras crepusculares [...] libre de transeúntes, volveré.	930
CA 1,1 Viejo	Volveré por aquí.	1053
CA 3,1 Joven	Entonces volveré atrás.	1119
RS 1,1 Sobrino	Porque volveré pronto.	1362
RS 1,1 Sobrino	Volveré dentro de unos instantes. Dígaselo usted.	1363
RS 1,1 Primo	Sí. ¡Volve_é!	1373

volveremos (1)
MP 1,4 Amparo	¡Gracias! Pronto volveremos.	795

volvería (1)
ZP 2,1 Zapatera	¡Me volvería loca de alegría!	976

volverme (1)
YE 2,2 Yerma	Si pudiera de pronto volverme vieja y tuviera [...]	1313

volví (4)
TC 5,1 Fígaro	lo volví a encontrar.	757
CA 3,1 Muchacha	los volví a encontrar.	1109
CA 3,1 Muchacha	los volví a encontrar.	1110
CA 3,1 Payaso	los volví a encontrar.	1113

volvía (2)
MP 1,5 Mariana	por el Zacatín. Volvía	800
RS 2,1 Rosita	cuando la sombra volvía,	1404

volviendo (2)
EP RR Figura De P	Tú has roto el hilo de la araña y ya siento que mis grandes pies se van volviendo pequeñitos y repugnantes.	1151
RS 3,1 Ama	¿O será que me estoy volviendo sorda?	1417

volviéndome (1)
YE 1,1 Yerma	Si sigo así, acabaré volviéndome mala.	1282

volvieron (1)
BA 1,1 La Poncia	Volvieron casi de día.	1456

volvió (2)
CA 3,1 Arlequín	los volvió a encontrar.	1114
BS 3,2 Niña	que nadie volvió?	1262

vos (2)
vosotras (25)
vosotros (7)
voy (150)
MM 1,1 Curiana N	Hasta luego, amiga, voy a descansar.	676
MM 1,1 Doña Curiana	Yo voy a barrer	676
MM 1,2 Doña Curiana	Voy a llamar a mi hijo	683
MM 1,3 Doña Curiana	Yo me voy a guisar,	685
MM 1,5 Curianita Silvia	Voy.	689
MM 1,5 Alacranito	Si os molesto, yo me voy,	690
MM 1,5 Alacranito	¡Os voy a devorar!	696
MM 2,3 Mariposa	y voy hacia la niebla.	708
MM 2,4 Alacranito	Ya me voy a mi cueva	711
TC 1,1 Rosita	Y cuando la niña del barbero se asome a su ventana, yo le diré: "Voy a casarme, pero antes [...]	725
TC 1,1 Cocoliche	En seguida voy a escribir una carta a París pidiendo un niño...	730
TC 2,1 Rosita	Lo que voy a decirte lleva el aguijón duro.	736
TC 4,1 Joven	Ya voy al puerto, ya vengo del puerto... ¡Si vieras!	751
TC 4,1 Espectro De Doña R	de ti me voy alejando.	754
TC 5,1 Cristobita	¡Quiero afeitarme ahora mismo, sí, señor, ahora mismo, porque me voy a casar!	758
TC 6,1 Rosita	Voy al suplicio como fue Marianita Pineda.	762
TC 6,1 Padre	Me voy.	765
TC 6,1 Cristobita	Yo también me voy a poner un gran sombrero y a colgar cintas a la porra... Ahora vengo.	768
TC 6,1 Currito	¡Yo voy a estallar!	770
MP 0,0 Niña	¡Ya voy!	782
MP 1,2 Amparo	Voy a llamar a su puerta.	787
MP 1,3 Angustias	Voy a ver.	789
MP 1,6 Fernando	voy al café de la Estrella.	804
MP 1,7 Fernando	Que voy con esta misión	815
MP 2,1 Niño	me voy para Sevilla,	824
MP 2,3 Mariana	y voy volando por mi propio sueño,	826
MP 2,5 Angustias	Yo me voy.	828
MP 2,5 Mariana	esta angustia de andar sin saber dónde voy,	829
MP 2,9 Mariana	yo me voy. Dame el chal.	858
MP 3,8 Mariana	¡Voy a dormir tranquila!	887
TB PBK Buster Keaton	No quiero decir nada. ¿Qué voy a decir?	894
TB DME Doncella	Voy a cerrar el balcón.	898
ZP 0,0 Zapatera	¡Ya voy!"	912
ZP 1,1 Zapatero	Yo tenía dinerillos, salud, y dije: ¡allá voy!	926
ZP 2,1 Mozo De La Faja	Este es otro al que voy a tener que...	940
ZP 2,1 Zapatera	No crea que me voy a echar a llorar.	941
ZP 2,1 Zapatera	Los voy a tener que plantar en lo ancho de la calle.	942
ZP 2,1 Zapatera	¡Yo voy a cerrar la puerta!	952

voy (continuación)

ZP 2,1 Zapatero	Voy en su busca para perdonarla y vivir con ella lo poco que me queda de vida.	967
ZP 2,1 Zapatero	Os voy a arrastrar del pelo.	972
ZP 2,1 Niño	Voy a ver lo que dicen.	973
ZP 2,1 Zapatera	La navaja se contesta con la navaja y el palo con el palo, pero cuando de noche cierro esa puerta y me voy sola a mi cama..., [...]	974
ZP 2,1 Zapatera	¿Qué voy a hacer?	974
ZP 2,1 Zapatera	¿Dónde voy así?	974
ZP 2,1 Zapatera	¡Qué vida te voy a dar!	978
PB 1,1 Belisa	¿Qué te voy a decir? ¡Yo quedé dormida mucho antes que tú!	997
PB 3,1 Belisa	Marcolfa, bájame la espada del comedor, que voy a atravesar la garganta de mi marido...	1016
DC 1,1	Yo voy a comer ahora un [...]	1020
DC 1,1 Director	El prólogo termina donde se dice: "Voy a planchar los trajes de la compañía."	1020
DC 1,1 Poeta	Ya voy, señor director. Y nunca podrá ser bueno.	1021
DC 1,1 Cristóbal	Ya voy.	1022
DC 1,1 Cristóbal	Ya voy, señor director.	1022
DC 1,1 Cristóbal	Voy por la porra.	1023
DC 1,1 Cristóbal	Pues te voy a curar.	1027
DC 1,1 Cristóbal	Te voy a poner la barriga caliente.	1030
DC 1,1 Cristóbal	Sí, señor, me voy a casar porque doña Rosita es un boccato di cardinali.	1034
DC 1,1 Rosita	Voy.	1037
DC 1,1 Cristóbal	Voy a descansar,	1039
DC 1,1 Cristóbal	Voy a descansar	1039
CA 1,1 Mecanógrafa	¿Qué razones voy a dar?	1055
CA 1,1 Amigo	Mira: te voy a coger por las solapas, te voy a pintar de colorete [...]	1056
CA 1,1 Amigo	Y con un bastón te voy a echar a la calle.	1057
CA 1,1 Joven	¿Y qué voy a hacer en ella?	1057
CA 1,1 Amigo	Y me voy.	1058
CA 1,1 Niño	Voy a ver si te encuentro alguna rata.	1063
CA 2,1 Novia	Hay en tu pecho como un torrente donde yo me voy a ahogar.	1079
CA 2,1 Novia	Me voy a ahogar y luego tú saldrás corriendo y me dejarás muerta por las orillas.	1079
CA 2,1 Novia	Yo me corté las trenzas porque le gustaban mucho, como ahora voy descalza porque te [...]	1079
CA 2,1 Novia	¡Ya voy! ¡Adiós!	1080
CA 2,1 Novia	Voy a vestirme.	1081
CA 2,1 Novia	¿Cómo voy a dejar que entres en mi alcoba cuando ya ha entrado otro?	1095
CA 2,1 Joven	¿Voy a dejar que la viva el aire?	1095
CA 2,1 Joven	¿Qué voy a hacer ahora?	1095
CA 2,1 Joven	¿Dónde voy?	1099
CA 2,1 Joven	Yo también me voy.	1107
CA 3,1 Arlequín	yo voy a cazar	1112
CA 3,1 Muchacha	Me voy a saltar	1112
CA 3,1 Payaso	voy a demostrar...	1114
CA 3,1 Payaso	Voy a demostrar...	1114
CA 3,1 Máscara	Voy a esconderme dentro de las zarzamoras dentro de las zarzamoras.	1123
CA 3,1 Joven	¿Dónde voy si tú me dejas?	1124
CA 3,2 Joven	Voy a cortar todas las [...]	1135
EP RR Figura De C	Si voy bajando por las ruinas iré encontrando amor y cada vez amor.	1148
BS 1,1 Novio	Me voy.	1171
BS 1,1 Madre	No... Si hablo, es porque... ¿Cómo no voy a hablar viéndote salir por esa puerta?	1174
BS 1,1 Madre	Tengo que ir todas las mañanas, y si me voy es fácil que muera uno	1175
BS 1,1 Novio	Me voy. Mañana iré a verla.	1177
BS 1,1 Novio	Me voy.	1178
BS 1,1 Vecina	Me voy, que pronto llegará mi gente del campo.	1183
BS 1,2 Leonardo	Voy a verlo.	1189
BS 1,3 Novio	Cuando me voy de tu lado siento un despego grande y así como un nudo en la garganta.	1202
BS 2,1 Criada	El azahar te lo voy a poner desde aquí hasta aquí, de modo que la corona luzca sobre el peinado.	1208
BS 2,1 Criada	Te voy a poner la corona.	1209
BS 2,1 Criada	Ahora mismo la voy a vestir.	1211
BS 2,1 Novia	Y me arrastra y sé que me ahogo, pero voy detrás.	1215
BS 2,1 Leonardo	Es la última vez que voy a hablar con ella. No temas nada.	1215
BS 2,1 Novio	Te voy a abrazar cuarenta años seguidos.	1222
BS 2,2 Criada	Te voy a envolver unos roscos de vino para tu madre, que a ella le gustan mucho.	1233

voy (continuación)   Pág.

BS 2,2 Mujer	¡Voy a ver!	1233
BS 2,2 Novio	¡Voy a ver!	1242
BS 3,1 Luna	Voy a alumbrar las piedras. ¿Qué necesitas?	1251
BS 3,1 Novia	porque me arrastras y voy,	1258
BS 3,1 Leonardo	Pero voy donde tú vas.	1260
YE 1,1 Juan	Voy.	1274
YE 1,1 Yerma	Voy a matar este cordero para hacerle un buen guiso de carne."	1275
YE 1,1 Yerma	Voy a guardar esta enjundia de gallina para aliviar su pecho, voy a llevarle esta piel [...]	1275
YE 1,1 Yerma	Los voy a rodear de encajes.	1285
YE 1,1 Víctor	Yo me voy con las ovejas.	1285
YE 1,2 Yerma	Hacia allá voy.	1292
YE 1,2 Muchacha 1	No. Pero tienes razón. Voy de prisa.	1292
YE 1,2 Muchacha 1	Voy corriendo.	1292
YE 1,2 Muchacha 2	Ya voy al arroyo, ya subo a tocar las campanas, ya me tomo un refresco de anís.	1294
YE 1,2 Muchacha 2	Allá tú... Mira, me voy a dar la comida a mi marido.	1295
YE 2,2 María	Cuando voy con el niño lo hago..., ¡como siempre lloras!...	1317
YE 2,2 Yerma	¡Cómo no me voy a quejar cuando te [...]	1317
YE 2,2 Yerma	Voy a ir.	1320
YE 3,1 Juan	Cuando llego a un corro todos callan; cuando voy a pesar la harina, [...]	1333
YE 3,1 Yerma	Dejarme libre siquiera la voz, ahora que voy entrando en	1334
YE 3,1 Yerma	Está escrito y no me voy a poner a luchar a brazo partido con los mares.	1335
YE 3,2 Yerma	Por el camino que voy seguiré.	1345
YE 3,2 Yerma	Voy a descansar sin despertarme sobresaltada, para ver si la sangre me anuncia otra sangre nueva.	1350
RS 1,1 Rosita	Voy con las manolas.	1359
RS 1,1 Ama	Ya voy.	1360
RS 1,1 Sobrino	¿Se imagina usted que me voy con gusto?	1362
RS 1,1 Rosita	Lo voy a decir...	1366
RS 2,1 Ama	¡Gracias a Dios que la voy a perder de vista!	1382
RS 2,1 Tía	Eso no lo puedes decir aquí. Me voy por no oírte.	1385
RS 2,1 Tío	¿Para qué voy a decir nada a estas alturas?	1386
RS 2,1 Rosita	Voy a cortar unas rosas.	1387
RS 3,1 Rosita	Voy al invernadero. ¿Se llevaron ya las macetas?	1416
RS 3,1 Ama	Voy a guisar. Una cazuela de jureles perfumada con hinojos.	1417
RS 3,1 Ama	Le voy a hacer un monte nevado con grageas de colores...	1417
RS 3,1 Ama	Cuando él explica en la sala baja del colegio, yo voy a la carbonería para oírlo: "¿Qué es idea?"	1423
RS 3,1 Rosita	¿Y qué os voy a decir?	1430
RS 3,1 Rosita	Sí, voy a echarme un abrigo.	1435
BA 1,1 La Poncia	Me voy a oírlo.	1443
BA 1,1 Magdalena	Sé que yo no me voy a casar.	1452
BA 2,1 Angustias	Afortunadamente, pronto voy a salir de este infierno.	1472
BA 2,1 Magdalena	Voy a ver.	1477
BA 2,1 Adela	¡Quisiera ser invisible, pasar por las habitaciones sin que me preguntarais dónde voy!	1479
BA 2,1 Martirio	No voy a llorar para darle gusto.	1494
BA 3,1 Prudencia	Ya me voy. Os he hecho una visita larga.	1506
BA 3,1 Adela	Voy a llegarme hasta el portón para estirar las piernas y tomar un poco de fresco.	1512
BA 3,1 Amelia	Yo voy contigo.	1512
BA 3,1 Adela	No me voy a perder.	1512
BA 3,1 Bernarda	Nada. Voy a descansar.	1520
BA 3,1 Bernarda	A ninguna. Esta noche voy a dormir bien.	1520
BA 3,1 Adela	Voy a beber agua.	1522

voz (26)

MM 1,4 Curianita Silvia	lo que dice esa voz.	688
MM 2,2 Curiana N	la tristeza de aquella voz en el encinar	707
MM 2,7 Curianito	mi voz apasionada?	719
TC 2,1 Cristobita	Ya la enseñaré a que ponga la voz bronca, ¡más natural!,	740
TC 6,1 Rosita	¿Qué voz es esta?	762
TC 6,1 Rosita	Esa voz...	763
MP 1,5 Mariana	y tu voz me sorprendió.	796
ZP 1,1 Alcalde	A las mujeres, buenos apretones en la cintura, pisadas fuertes y la voz siempre en alto, [...]	925
ZP 1,1 Niño	Cállate y habla en voz baja, ¿no ves que se espanta si no?	935
ZP 2,1 Zapatera	El tenía la voz más dulce.	958
CA 1,1 Gato	Por mi voz de plata.	1063
EP RR Figura De C	Y ahora yo serviré al emperador fingiendo la voz tuya.	1151

voz (continuación)
EP CV	Estudiante 1	Precisamente ella fue la que vio, por una claraboya	1158
		del teatro, todo lo que ocurría y dio la voz de alarma.	
BS 2,1	Novia	No puedo oír tu voz.	1215
BS 2,1	Novia	Estoy deseando ser tu mujer y quedarme sola contigo, y	1222
		no oír más voz que la tuya.	
BS 3,2	Madre	Mi hijo es ya una voz oscura detrás de los montes.	1267
YE 1,2	Yerma	y si oyes voz de mujer	1295
YE 1,2	Yerma	es la rota voz del agua.	1295
YE 1,2	Yerma	Y qué voz tan pujante.	1296
YE 1,2	Yerma	No. Es la voz de un niño pequeño.	1298
YE 3,1	Yerma	Dejarme libre siquiera la voz, ahora que voy entrando	1334
		en	
RS 2,1	Tía	¡No me levantes la voz!	1382
BA 1,1	La Poncia	En el "Pater Noster" subió, subió la voz que parecía	1443
		un cántaro [...]	
BA 2,1	La Poncia	Entonces Evaristo se acercó, se acercó que se quería	1476
		meter por los hierros, y dijo con voz muy baja: "¡Ven	
		que [...]	
BA 2,1	Adela	¡Baja la voz!	1480
BA 3,1	Martirio	No levantes esa voz que me irrita.	1528

vuela (2)
| MM 2,2 | Doña Curiana | Ella viene del alba. Es una flor que vuela. | 706 |
| BS 3,2 | Niña | ¿Qué ruiseñor de sombra vuela y gime | 1267 |

vuelco (1)
| YE 3,2 | Vieja | Cuando te vi en la romería me dio un vuelco el corazón. | 1345 |

vuelen (1)
| MP 1,7 | Fernando | Mariana, dejo que vuelen | 813 |

vuelo (2)
TC 6,1	Rosita	En tu pecho han levantado el vuelo miles de pájaros;	777
		amor mío,	
BS 3,1	Mendiga	el desgarrado vuelo de los gritos.	1250

vuelta (11)
MP 1,4	Mariana	¡Hasta la vuelta!	795
CA 3,1	Muchacha	y a la media vuelta	1110
CA 3,1	Arlequín	a la media vuelta	1110
CA 3,1	Arlequín	A la media vuelta	1113
CA 3,1	Payaso	Busca. Da la media vuelta y lo encontrarás.	1120
BS 1,1	Novio	Vuelta otra vez.	1176
BS 3,1	Novio	Vete por ahí y da la vuelta.	1253
YE 1,2	Yerma	Entonces, ¿qué vas a pensar cuando te deja en la cama	1290
		con los ojos tristes mirando al techo y se da media	
		vuelta y se duerme?	
RS 2,1	Ayola 2	Tropezó esta y estuvo a punto de dar la vuelta de	1398
		campana...	
BA 1,1	Criada	Como dará la vuelta a la esquina, desde la ventana de	1467
		tu cuarto se verá mejor.	
BA 2,1	La Poncia	Ahora dan vuelta a la esquina.	1488

vueltas (5)
ZP 1,1	Zapatera	¡Qué vueltas de pana azul y qué agremanes de seda!	917
YE 3,2	Yerma	Desde que me casé estoy dándole vueltas a esta	1346
		palabra, [...]	
RS 3,1	Rosita	Me he acostumbrado a [...] existen sigo dando vueltas	1428
		y más vueltas por un sitio [...]	
BA 1,1	Criada	Con dos vueltas de llave.	1440

vuelto (6)
TC 1,1	Padre	Pero, hija, ¿qué estás diciendo? ¿Te has vuelto loca?	726
MP 1,4	Mariana	Es verdad que fuiste; ¿y has vuelto contenta?	791
ZP 1,1	Alcalde	¿Se te ha vuelto el juicio?	926
ZP 2,1	Zapatera	¿Eh? ¿Se le ha vuelto el juicio?	965
BA 1,1	La Poncia	Desde que murió el padre de Bernarda no han vuelto a	1442
		entrar las gentes bajo estos techos.	
BA 3,1	Bernarda	Ahora te has vuelto callada.	1518

vuelva (8)
ZP 1,1	Zapatera	Pues cuando vuelva ¡me oirá!	934
ZP 2,1	Zapatero	Esta noche cuando vuelva	962
ZP 2,1	Zapatera	Soy capaz de seguir así hasta que se vuelva cana toda	974
		mi mata de pelo.	
ZP 2,1	Zapatera	Buen hombre, Dios quiera que encuentre usted a su	975
		mujer, para que vuelva a vivir con el [...]	
BS 3,1	Novia	y me dices que me vuelva	1258
YE 2,1	Lavandera 5	¡Que vuelva a relumbrar!	1310
YE 2,1	Lavandera 1	Y que vuelva a cantar.	1310
RS 1,1	Ama	se le vuelva veneno la sal.	1364

vuelvas (3)
ZP 1,1	Zapatera	¡Y aunque no vuelvas, indecente!	930
BS 2,1	Criada	No te vuelvas a acercar a ella.	1215
BS 3,1	Novia	¡Vete! ¡Quiero que te vuelvas!	1256

vuelve (15)
| MM 2,5 | Gusano 3 | no vuelve sobre el prado; | 713 |
| TC 6,1 | Currito | El que se fue por el mundo y vuelve a casarse contigo. | 763 |

vuelve - yugulares

vuelve (continuación)   Pág.
    TB QM. Mujer   Vuelve pronto.   909
    PB 3,1 Belisa   sí..., ¡vuelve, amor mío!   1012
    CA 3,1 Joven   el día que vuelve.   1122
    CA 3,1 Mecanógrafa   ¡Te espero, amor! ¡Te espero! ¡Vuelve pronto!   1130
    BS 1,1 Madre   ... y ese hombre no vuelve.   1173
    BS 1,1 Madre   O si vuelve es para ponerle una palma encima o un 1173
                             plato de sal gorda para que no se hinche.
    BS 3,2 Mendiga   Los dos cayeron, y la novia vuelve   1266
    YE 1,1 Yerma   Cada mujer tiene sangre para cuatro o cinco hijos, y 1283
                             cuando no los tienen se les vuelve veneno, como me
                             [...]
    YE 1,1 Yerma   Vuelve pronto.   1284
    YE 1,2 Yerma   Todo se vuelve medias palabras, gestos, porque todas 1291
                             estas cosas dicen que no se pueden saber.
    RS 3,1 Tía   A la vejez todo se nos vuelve de espaldas.   1417
    BA 2,1 Adela   Si quieres te daré mis ojos, que son frescos, y mis 1479
                             espaldas para que te compongas la joroba que tienes,
                             pero vuelve la cabeza cuando [...]
    BA 2,1 Bernarda   ¡Aquí no se vuelve a dar un paso sin que yo lo sienta! 1503
vuelven (2)
    TC 1,1 Cocoliche   No hubiera podido. A tu lado los pies se vuelven de 728
                             plomo.
    BA 2,1 Magdalena   Son los hombres que vuelven del trabajo.   1485
vuelvo (9)
    TC 6,1 Currito   Vente conmigo. Te veo y me vuelvo loquito de celos. 764
    TC 6,1 Rosita   ¡Yo me vuelvo loca!   768
    CA 1,1 Amigo 2   Yo vuelvo por mis alas,   1074
    CA 1,1 Amigo 2   Yo vuelvo por mis alas,   1074
    CA 1,1 Amigo 2   Yo vuelvo por mis alas,   1077
    CA 1,1 Amigo   Yo vuelvo por mis alas,   1078
    BS 2,2 Novia   Ahora vuelvo.   1232
    YE 3,2 Vieja   Yo me vuelvo loca por ver.   1337
    RS 2,1 El Señor X   Vuelvo a repetir...   1378
vuesa (1)
vuestra (12)
vuestras (7)
vuestro (6)
vuestros (3)
vulgar (1)
    MM 1,1 Curiana N   No seas vulgar.   675
vulgaridad (1)
    DC 1,1 Director   Llenemos el teatro de [...] escena con el tedio y la 1043
                             vulgaridad a que la tenemos [...]
vulgo (1)
    RS 2,1 El Señor X   Hoy día se abren camino [...] conde León Tolstuá, 1376
                             vulgo Tolstoi, tan galán [...]
Wandes (1)
    RS 1,1 Tío   No os dais cuenta de mi invernadero; desde el   1352
                             ochocientos siete, en que la condesa de Wandes obtuvo
                             la rosa [...]
whisky (1)
    CA 3,2 Joven   ¿Cómo, no hay whisky?   1141
y (2472)
ya (455)
yace (1)
    RS 3,1 Martín   a la que en vil sopor rendida yace;   1420
yerbabuena (1)
    ZP 2,1 Zapatero   a limón y a yerbabuena.   959
yerbajos (1)
    YE 1,2 Muchacha 2   En cambio, mi madre no hace más que darme yerbajos 1293
                             para que los [...]
Yerma (4)
    YE 2,2 Cuñada 1   ¡Yerma!   1326
    YE 2,2 Cuñada 2   ¡Yerma!   1326
    YE 2,2 Cuñada 1   ¡Yerma!   1326
    YE 3,1 Dolores   ¡Yerma!   1329
yertos (1)
    YE 2,1 Lavandera 6   yertos vidrios del alba.   1309
Yeyo (1)
    BA 1,1 Bernarda   ¡Yeyo!   1469
yo (950)
yucas (1)
    EP RR Figura De P   Tendré necesidad de llamar a los negros, a los enormes 1150
                             negros heridos por las navajas de las yucas que luchan
                             día [...]
yugulares (1)
    DC 1,1 Cristóbal   Apártese usted mismo con las manos las yugulares. 1025

yunta (1)
    BA 2,1 La Poncia   Ayer me contó mi hijo mayor que a las cuatro y media   1501
                                  de la madrugada, que pasó por la calle con la yunta,
                                  estaban hablando [...]
yuntas (2)
    YE 1,1 Juan   ¿Pasaron las yuntas?   1274
    BA 1,1 Martirio   A ellos les importa la tierra, las yuntas, y una perra   1460
                                    sumisa que les dé de comer.
Zacatín (2)
    MP 1,5 Mariana   por el Zacatín. Volvía   800
    MP 2,7 Conspirador 3   El Zacatín estaba intransitable.   835
zafia (1)
    RS 2,1 Tía   Bueno; y punto final. Bien está que la zafia hable,   1381
                                    pero que no ladre.
zagales (1)
    YE 2,1 Lavandera 1   ¿Se van ya los zagales?   1305
zagalón (2)
    YE 1,2 Yerma   Otra vez el mismo Víctor, teniendo yo catorce años (él   1289
                                    era un zagalón), me cogió en [...]
    YE 2,2 Yerma   Siendo zagalón me llevaste una vez en brazos, ¿no   1323
                                    recuerdas?
zaínos (1)
    MP 1,4 Amparo   frente a los toros zaínos   793
zapatazos (1)
    BA 1,1 Martirio   Los veía en el corral uncir los bueyes y levantar los   1460
                                    costales de trigo entre voces y zapatazos y siempre
                                    tuve [...]

zapatera (12)
    ZP 0,0 El Autor   En todos los sitios late y anima la criatura poética   912
                                    que el autor ha vestido de zapatera con aire de [...]
    ZP 0,0 El Autor   No tengas tanta impaciencia [...] oyes?, un traje de   912
                                    zapatera.
    ZP 1,1 Niño   Mi madre lo ha hablado el otro día, diciendo: "La   914
                                    zapatera no tendrá hijos", [...]
    ZP 1,1 Vecina Negra   Zapatera.   939
    ZP 2,1 Alcalde   Anteayer estuve enfermo [...] era como verte a ti,   949
                                    zapatera de mi alma.
    ZP 2,1 Zapatera   Siéntese usted en el [...] dátiles, que yo de zapatera   951
                                    no me muevo.
    ZP 2,1 Zapatero   ¡Que ya no puedo más, zapatera de mi corazón!   977
    ZP 2,1 Voz   La señora zapatera   977
    ZP 2,1 Voces   ¿Quién te compra, zapatera,   978
    ZP 2,1 Voces   Zapatera, zapatera,   978
    ZP 2,1 Voces   ¡zapatera, te has lucido!   978
Zapatera (5)
    ZP 2,1 Niño   La señora Zapatera,   947
    ZP 2,1 Niño   ¿Quién te compra, Zapatera,   947
    ZP 2,1 Niño   ¡Zapatera, Zapatera,   947
    ZP 2,1 Niño   Zapatera, te has lucido!   947
zapaterilla (3)
    ZP 0,0 El Autor   También amanece así todos [...] casa, en la escena,   912
                                    zapaterilla prodigiosa.
    ZP 1,1 Mirlo   Zapaterilla blanca, como el corazón de las almendras,   930
                                    pero amargosilla también.
    ZP 2,1 Zapatero   ¡Ay, qué zapaterilla de mi corazón!   969
zapaterillo (2)
    TC 6,1 Rosita   Ya hay bastante, zapaterillo.   765
    ZP 2,1 Zapatera   ¡Ay, qué zapaterillo de mi alma!   969
zapaterita (9)
    ZP 0,0 El Autor   El autor ha preferido poner el ejemplo dramático en el   912
                                    vivo ritmo de una zapaterita popular.
    ZP 1,1 Niño   Sí, señora Zapaterita. ¿Estaba usted llorando?   913
    ZP 1,1 Mirlo   Zapaterita..., junco de oro encendido... Zapaterita,   930
                                    bella Otero de mi corazón.
    ZP 1,1 Mozo   ¿Se toma el fresco, zapaterita?   930
    ZP 1,1 Mozo   ¡Ay zapaterita, qué calentura tengo!   931
    ZP 1,1 Mozo   ¡Ay mi zapaterita, dame tu palabra!   932
    ZP 1,1 Niño   Mira, zapaterita... Una mariposa, una mariposa...   935
                                    ¿No tienes un sombrero?...
    ZP 1,1 Vecina Verde   Zapaterita.   939
Zapaterita (1)
    ZP 2,1 Niño   No digas, Zapaterita.   945
zapatero (7)
    TC 4,1 Mozo   Este nos puede servir; es Cansa-Almas, el zapatero.   752
    TC 5,1 Un Granuja   ¡Zapatero, tero, tero,   756
    ZP 1,1 Zapatera   Un zapatero no se ha puesto en su vida una prenda de   917
                                    esa clase...
    ZP 1,1 Zapatero   El zapatero a tus zapatos se acabó para mí.   927
    ZP 1,1 Niño   Pues mira..., tu marido, el zapatero, se ha ido para   937
                                    no volver más.
    ZP 2,1 Zapatero   Aleluyas con los hechos del zapatero mansurrón y [...]   956

zapatero - zumbido

Pág.

zapatero (continuación)
PB 0,0 Perlimplín   Era zapatero.   981
Zapatero (1)
ZP 2,1 Niño   ¡Ja, ja, ja! Me estás engañando. El señor Zapatero no   945
tenía jaca.

zapateros (3)
ZP 2,1 Zapatero   Intratables. Figúrense ustedes que casi todos ellos   955
son zapateros.
ZP 2,1 Zapatero   Absolutamente. En las Islas Filipinas, zapateros.   956
ZP 2,1 Zapatera   Pues puede que en las Filipinas esos zapateros sean   956
tontos, [...]

zapatitos (1)
DC 1,1 Rosita   Me estoy poniendo los zapatitos.   1022
zapato (4)
EP CV Estudiante 5   Mirad, he conseguido un zapato de Julieta.   1166
EP CV Estudiante 5   Parecía muy hermosa, y si era un joven disfrazado no   1167
me importa nada; en cambio, no hubiese recogido el
zapato de aquella muchacha [...]
RS 2,1 Ama   A veces me gustaría tirarle un zapato a la cabeza.   1381
BA 1,1 Amelia   Llevas desabrochados los cordones de un zapato.   1461
zapatos (17)
TC 4,1 Mozo   ¿Es verdad que vas mañana a poner los zapatos de novia   753
a la señá Rosita?
TC 6,1 Currito   Venía a probarle los zapatos de boda a la señá Rosita,   764
porque Cansa-Almas no puede venir.
ZP 1,1 Niño   Vengo con estos zapatos de charol, costaron cinco   913
duros, para que los arregle su marido.
ZP 1,1 Zapatera   Dile a tu madre que ya [...] mi marido componer   914
zapatos.
ZP 1,1 Zapatero   Ya ves..., y de camino llévate tus zapatos, que están   920
arreglados.
ZP 1,1 Zapatera   Vengan los zapatos.   921
ZP 1,1 Zapatera   El zapatero a tus zapatos se acabó para mí.   927
ZP 2,1 Zapatero   Y en mi pueblo vivía [...] marido hacía botas y   966
zapatos de la mañana [...]
ZP 2,1 Zapatero   ¡Os pondré navajillas barberas en los zapatos!   973
CA 3,2 Joven   Me habrás puesto los zapatos de charol.   1134
CA 3,2 Joven   Y me dejas los zapatos de charol. Pero les cambias las   1135
cintas.
EP CV Dama 3   Cuando subíamos por el [...] telones y traigo mis   1163
zapatos de tisú manchados [...]
BS 2,1 Novia   ¿Por qué te pusiste esos zapatos?   1220
BS 2,2 Madre   Limpiarse el polvo de los zapatos.   1244
YE 3,1 Dolores   Con los zapatos y las enaguas empapadas en sangre...,   1327
pero con la cara reluciente.
RS 1,1 Rosita   una enseña los zapatos   1367
RS 3,1 Rosita   Y yo lo oigo y no puedo [...] huir, de quitarme los   1429
zapatos, de descansar [...]

zarzamora (1)
CA 2,1 Novia   Y si me caigo, no hacerme sangre; y si agarro una   1087
zarzamora, no herirme.

zarzamoras (3)
CA 1,1 Niño   a comer zarzamoras y manzanas   1065
CA 3,1 Máscara   Voy a esconderme dentro de las zarzamoras dentro de   1123
las zarzamoras.

zarzaparrilla (1)
ZP 1,1 Vecina Morada   De zarzaparrilla.   939
Zboronsky (1)
RS 2,1 El Señor X   El conde Zboronsky, muerto en [...]   1375
zodíaco (1)
MP 1,4 Amparo   giraba como un zodíaco   793
zorra (1)
TC 3,1 Cristobita   Que esconda el rabo la zorra,   748
zumbido (1)
MM 2,3 Mariposa   y el zumbido punzante   709

CONCORDANCE
TO THE POEMS

Each line of text is identified by three numbers: the page number in the Aguilar edition of 1969, a serially assigned poem number, and the line number. For a list of titles to poems in assigned order, see page ix; for a list of first lines in alphabetical order, see page xiv.

Indexed words are arranged in order of frequency, down through a frequency of five, on pages 1141-1145.

A (519)
ABAJO (7)
   ¡Más abajo del cieno tenebroso   279:61:7
   Y abajo Marzo es un momento.   364:141:6
   Por abajo canta el río: 437:226:39
   Por la calle abajo   566:293:4
   rueda monte abajo,   602:313:143
   Abajo   625:327:11
   marchan las navas abajo,   661:359:14
ABANDONA (2)
   Se abandona a los hombres   193:9:11
   abandona el estambre de la cruz   230:29:9
ABANDONABA (1)
   fugaz me abandonaba.   274:57:66
ABANDONADAS (1)
   están abandonadas   605:314:71
ABANDONADO (2)
   como niño abandonado   185:5:37
   Un traje abandonado pesa   495:251:18
   tanto en los hombros
ABANDONADOS (3)
   Enrique por el mundo de los   473:240:14
   muertos y los periódicos
   abandonados.
   rueden por las playas con   480:243:59
   los objetos abandonados.
   taladran y devoran   497:253:12
   abandonados niños.
ABANDONAN (2)
   como se abandonan las   282:62:30
   pasiones viejas!
   Los días abandonan   361:138:7
ABANDONARLA (1)
   ¡Dime en qué remanso podré   282:62:29
   abandonarla
ABANDONAS (1)
   ¿Por qué me abandonas   288:64:14
ABANDONE (1)
   Yo lo abandoné en la tierra,   278:59:24
ABANDONES (1)
   No me abandones nunca en mis   280:61:33
   pesares,
ABANICO (6)
   como un abanico.   296:69:4
   del abanico,   370:149:2
   del abanico   371:149:10
   (Mundo del abanico,   393:178:7
   abiertos en las plazas con   526:267:118
   fiebre de abanico
   Todo es abanico.   597:313:24
ABANICOS (3)
   pasiones mecidas por los   202:14:48
   abanicos
   y bebían agua por las   474:240:49
   fuentes los abanicos y los
   aplausos.
   La luna tiene un sueño de   496:252:11
   grandes abanicos
ABATE (1)
   de abate del diablo,   246:40:6
ABATIDO (1)
   Hoy estás abatido   223:24:9
ABATIENDO (1)
   abatiendo tu frente   260:47:5
ABEJA (6)
   ha cruzado una abeja.   179:2:153
   formado por la abeja de lo   199:13:16
   íntimo.)
   ¡Qué esfuerzo de la   506:259:4
   golondrina por ser abeja!
   ¡Qué esfuerzo de la abeja por   506:259:5
   ser caballo!
   Convexa resonancia donde la   646:345:31
   abeja se vuelve loca.
   abeja, rumor o vino   648:348:17
ABEJARUCO (4)
   ABEJARUCO.   403:194:1
   Abejaruco.   403:194:9
   Abejaruco.   403:194:17
   Abejaruco.   403:194:19
ABEJAS (8)

de las abejas. Seno de los   199:13:7
campos
de lirios y de abejas,   251:42:42
sus abejas la formaron.   257:46:14
y cual dulces abejas del sol,   270:55:25
liban
y sentí mil abejas campesinas   274:57:73
quisiéramos hacer miel, como   284:63:44
abejas,
Su hocico de abejas   503:257:4
-batalla de abejas lívidas-   561:288:7
ABEJITAS (1)
   Abejitas de oro   371:150:3
ABETO (2)
   lo mismo que es el abeto.   410:204:4
   rosa, niño y abeto a la   499:254:37
   orilla de este lago,
ABIERTA (7)
   profunda y abierta;   235:33:2
   ¡Oh granada abierta!, que eres   259:46:73
   abierta en el rosal.   268:54:14
   abierta como un inmenso   309:90:3
   abierta de piernas sobre las   490:247:34
   terrazas.
   y encontró su sangre abierta.   540:274:85
   torre de sangre abierta con   646:345:37
   las manos quemadas.
ABIERTAS (3)
   con las guitarras abiertas.   324:111:10
   con la barba hacia el polo   526:267:128
   y las manos abiertas.
   en ventanas abiertas,   607:315:17
ABIERTO (13)
   a través de los ojos que ha   185:6:4
   abierto sobre el mármol.
   a través de los ojos que ha   187:6:60
   abierto sobre el mármol.
   Se dejó el balcón abierto   305:82:9
   Guadalquivir abierto.   307:86:3
   Guadalquivir abierto.   307:86:9
   dejad el balcón abierto.   405:198:2
   dejad el balcón abierto!   405:198:8
   YA se ha abierto   409:203:1
   ay voz de mi abierto costado,   498:254:7
   como un negro cactus abierto   558:284:14
   en los juncos.
   [Niño] Su corazón abierto.   629:329:11
   por todas las esquinas del   633:332:4
   abierto domingo.
   con el corazón abierto;   648:348:8
ABIERTOS (7)
   ¿Tienes los ojos negros   187:6:37
   abiertos a la luz?
   de tus ojos abiertos;   211:17:38
   estaban abiertos   227:27:2
   abiertos al duro aire.   304:81:10
   soñando con los picos   489:247:6
   abiertos de los pájaros
   agonizantes,
   Haya un panorama de ojos   494:250:42
   abiertos
   abiertos en las plazas con   526:267:118
   fiebre de abanico
ABISMO (2)
   del abismo?   242:38:55
   un abismo sin noche ni día.   580:304:44
ABLANDE (1)
   Como pintor no quieres que   620:323:63
   te ablande la forma
ABOLLADO (1)
   el abollado mascarón danzaba.   485:245:16
ABRA (2)
   ni quien abra los linos del   520:266:17
   reposo,
   Abra la mi madre   666:364:49
ABRASABA (1)
   me abrasaba en tu cuerpo   560:286:13
ABRASADOR (1)
   el rayo abrasador con que se   270:55:26
   visten

ABRAZADAS (1)
  pero las tiene abrazadas   325:113:8
ABRAZAN (3)
  se miran y se abrazan.   583:305:21
  cuando de noche me abrazan,   664:363:12
  cuando de noche me abrazan.   664:363:14
ABRAZO (2)
  a dar su abrazo   216:21:56
  Qué largo abrazo te daría   378:158:7
ABRE (12)
  abre los ojos vivos;   243:38:84
  reja que nos abre surcos   253:43:25
  se abre y se cierra   296:69:3
  Abre en mis dedos antiguos   427:221:27
  que abre el camino del alba.   430:223:16
  abre la puerta al lucero   443:229:29
  Tu fulgor abre jazmines   443:229:41
  abre sus brazos sin hojas.   458:235:6
  Mujer, flor que se abre en   588:309:10
  el jardín:
  Hermano, abre los brazos.   597:313:25
  y nos abre las alas tenues   621:323:82
  de la sonrisa.
  abre el libro llorando   626:328:13
ABREN (7)
  se abren las campanadas.   312:94:6
  se abren las campanadas.   317:101:6
  que se abren las ropas en   521:266:24
  espera de la bala.
  abren con dedos seguros   541:274:125
  En los ojos se abren   599:313:70
  En tu jardín se abren   614:318:86
  Alas de pluma y lino, barcos   623:325:5
  y gallos abren.
ABRES (1)
  las rosas de mi pecho con tus   197:11:34
  sonidos abres.
ABRETE (1)
  Abrete, sésamo   605:314:78
ABRIA (2)
  y se abría el azogue   319:104:13
  con el cutis de sal, abría   617:322:37
  en la arena,
ABRID (1)
  abrid los escotillones para   494:250:48
  que vea bajo la luna
ABRIERON (2)
  y se me abrieron de pronto   434:225:10
  abrieron los toneles y los   475:240:63
  armarios,
ABRIGA (1)
  Un árbol grande se abriga   346:126:5
ABRIL (4)
  del abril canciones tiernas.   183:4:4
  ¡Abril divino, que vienes   184:4:23
  En abril de mi infancia yo   191:8:33
  cantaba,
  El cielo de abril   415:211:10
ABRIO (4)
  Y se abrió mi corazón   266:52:7
  abrió con mano gris mi vieja   413:209:3
  herida
  abrió sus ojos Amargo,   452:233:47
  y abrió su quebrada rosa de   502:256:41
  vidrios secos y manos blandas
ABRIR (1)
  Con el arroyo de venas   645:345:6
  ansioso de abrir sus
  manecitas.
ABRIRIAN (1)
  se abrirían muy lejos.   267:53:22
ABRIRSE (2)
  ¡Hay que abrirse del todo   268:54:19
  al abrirse la gran puerta.   647:347:12
ABRUMAIS (1)
  Todos me abrumáis con   282:62:40
  vuestras canciones;
ABSOLUTO (1)
  prohibiera en absoluto la   572:300:8
  entrada a la luna.
ABSURDO (1)

  con su absurdo cortejo   265:51:9
ABUELA (6)
  un día mi pobre abuela   177:2:72
  "Una hereje era tu abuela.   177:2:76
  -Madre abuela, ¿cuál es el   205:15:29
  camino,
  madre abuela, que yo no lo   205:15:30
  veo?
  -Madre abuela. ¿Dónde está   205:15:36
  Santiago?
  de la abuela.   650:351:8
ABUELITA (1)
  de mi abuelita.   614:318:109
ABUELITO (3)
  -¡Ay qué triste es el cuento,   586:307:3
  abuelito!
  -Abuelito, ¿cómo iba vestida   586:307:4
  -Cuenta, cuenta, abuelito,   587:307:23
  esa historia
ABUELO (3)
  ¡Rudo abuelo del prado!   223:24:17
  El abuelo me habló   277:59:3
  y escuchando la voz del   586:307:14
  abuelo.
ABUELOS (1)
  que llevaron tus abuelos.   402:193:4
ABURRIDAS (1)
  aburridas y enfermas.   176:2:29
ABURRIDO (1)
  que es tan aburrido,   240:38:16
ABUSO (1)
  del gran abuso   216:21:32
ACABA (3)
  se acaba,   195:10:12
  y acaba seriamente   219:22:65
  Es dolor que se acaba y amor   646:345:36
  que se consume,
ACABADO (1)
  la luz tiene un sabor de   513:263:38
  metal acabado
ACABAN (1)
  acaban de dar las once.   449:232:4
ACABARON (1)
  ¡Se acabaron los gitanos   446:230:35
ACABO (7)
  acabó su rosario.   262:48:16
  acabó con los más leves   485:245:25
  tallitos del canto
  Ya se acabó; ¿qué pasa?   543:275:162
  Contemplad su figura:
  Ya se acabó. La lluvia   543:275:165
  penetra por su boca.
  ya se acabó el alboroto   659:358:6
  ya se acabó el alboroto   660:358:13
  ya se acabó el alboroto   660:358:21
ACACIA (3)
  Yaces bajo una acacia.   230:29:14
  de la eterna acacia!   590:311:17
  de la eterna acacia!   594:312:21
ACACIAS (1)
  dos acacias,   255:44:53
ACADEMIA (2)
  Nostalgia de academia y   507:260:20
  cielo triste.
  Academia en el claustro de   617:322:30
  los iris
ACANTILADO (1)
  Sobre el acantilado,   366:144:4
ACARICIA (1)
  acaricia la cara del espacio   603:314:26
ACARICIANDO (1)
  acariciando con ternura   255:44:39
  humilde
ACARICIAR (2)
  acariciar de alas,   274:57:72
  ni puedes acariciar la fugaz   500:255:17
  hoja del helecho
ACARICIARON (1)
  la acariciaron   292:67:47

ACASO (6)
Acaso a las estrellas   180:2:165
¿Te dio lástima acaso de mi   210:17:19
vida,
y si acaso tienes pico   240:38:10
¿O acaso   247:40:29
Acaso, ¡oh maestro del   283:62:58
ritmo!, medites
Acaso tus hojas, manchadas de 283:62:60
luna,
ACASO (1)
índices y señales del acaso.   476:241:14
ACECHA (4)
Una ciudad que acecha   308:88:5
acecha mi lírica sombra   384:166:4
y el viento acecha troncos   499:254:29
descuidados.
el nadador de níquel que   500:255:21
acecha la onda más fina
ACECHAN (1)
las barcas de nieve que   518:265:32
acechan
ACECHAR (1)
y acechar un silencio que no   490:247:23
tenga
ACECHOS (1)
hacia un paisaje de acechos   512:263:11
pulverizados.
ACEITE (8)
¿Y el aceite divino?   242:38:59
aceite de palabras.   275:57:110
y corazones de aceite.   429:222:38
donde el Hudson se   516:264:38
emborracha con aceite.
donde el Hudson se   517:264:81
emborracha con aceite.
que untan de aceite las   520:266:11
lenguas militares
y rompan las prisiones del   522:266:70
aceite y la música,
con la rueda, el aceite, el   522:267:3
cuero y el martillo.
ACEITES (3)
las mujeres ahogadas en   522:266:60
aceites minerales,
para los diarios aceites y   572:300:10
la sábana blanca de mi
agonía.
en la llaga de aceites y   630:330:14
paño de agonía.
ACEITUNA (5)
del tiempo de la aceituna.   329:119:17
está cogiendo aceituna.   381:163:4
sigue cogiendo aceituna,   382:163:26
en las tierras de aceituna   437:226:21
con aceituna y jazmín.   448:231:32
ACEITUNADA (2)
¡Oh Salvador Dalí, de voz   619:323:37
aceitunada!
¡Oh Salvador Dalí, de voz   621:323:86
aceitunada!
ACEITUNAS (3)
y aceitunas en mi alforja.   380:161:4
Las aceitunas aguardan   446:230:21
de las aceitunas.   663:362:20
ACENTO (7)
y un eco de trompeta su acento 186:6:28
enamorado.
¡Qué gran acento el de tu   291:67:17
mirada
de duro acento romano,   453:233:55
que no encuentra el acento   508:260:41
de su primer sollozo.
adornos de las liras, poetas   580:304:61
sin acento.
en caballo andaluz de acento   637:336:7
duro
de tus ojos de estatua, y el   638:337:2
acento
ACENTOS (3)

Mas en vano escuchaste los   203:14:64
acentos del aire.
ondas recojan glaucas sus   617:322:11
acentos
y donde el agua oscura   630:330:10
pierde sus tres acentos,
ACEPTAN (1)
Eterna en los finales de   505:258:16
unas ondas que aceptan
ACEPTO (1)
[AMARGO] Pero yo no lo   337:121:67
acepto.
ACEQUIA (5)
a Dios desde la acequia..."   178:2:101
El agua de la acequia   318:102:7
Se mira en la acequia.   328:118:4
por el agua de la acequia.   385:169:2
reflejado, de la acequia.   386:169:12
ACEQUIAS (1)
Las acequias protestan   256:45:5
sordamente
ACERCA (2)
un niño que se acerca   353:130:10
galopando
Se acerca. Gime. No solloces   510:261:24
en sueños, amigo.
ACERCABA (2)
El jinete se acercaba   425:220:21
se acercaba de visita.   443:229:34
ACERCAN (3)
Las ranas se le acercan.   176:2:51
a Sevilla se acercan.   307:86:2
Pequeños dolores ilesos se   518:265:19
acercan a los hospitales
ACÉRCATE (1)
Sangre y espinas. Acércate.   378:158:3
ACERCO (2)
les acerco una flor   415:211:4
les acerco una rosa blanca.   415:211:13
ACERO (4)
con la rueca de hierro y de   186:6:24
acero lo hilado!
De acero, si puede ser,   431:223:37
Una rueda en la pura sintaxis 618:323:2
del acero.
Dice el compás de acero su   620:323:73
corto verso elástico.
ACERQUE (1)
Yo me acerqué para escuchar   272:57:13
su canto,
ACIDO (1)
helados arbolitos de ácido   502:256:48
bórico.
ACLAMADO (1)
aclamado por millones de   521:266:50
moribundos;
ACLARA (1)
que en su cáliz sus ansias   580:304:41
aclara.
ACOGED (1)
Acoged mis ofrendas dando al   623:325:23
aire de altura
ACOMPAÑASTE (1)
y tú la acompañaste sin   502:256:24
temblar
ACOMPAÑO (1)
que te acompaño yo.   388:172:12
ACORDEONES (1)
tocaban acordeones.   450:232:38
ACOSTAR (1)
¡Hay que acostar al cuerpo   268:54:22
ACOSTARSE (1)
mientras que el agrio cáncer   502:256:45
mudo que quiere acostarse
contigo
ACOSTUMBRA (1)
Jehová acostumbra   215:21:14
ACOSTUMBRE (1)
para que se acostumbre con   544:275:195
la muerte que lleva.

ACRIBILLABAN (1)
Enjambres de ventanas   486:245:53
acribillaban un muslo de la
noche.
ACRIBILLADO (3)
Lo negro, acribillado   254:44:7
acribillado de amapolas,   609:316:18
acribillado de cigarras.   609:316:20
ACRIBILLADOS (1)
levantando sus tiernos   542:275:154
brazos acribillados,
ACUEDUCTO (1)
y el horizonte sube como un   618:323:16
gran acueducto.
ACUERDATE (1)
Acuérdate de la Virgen   448:231:35
ADAN (5)
Adán sueña en la fiebre de la 353:130:9
arcilla
Pero otro Adán oscuro está   353:130:12
soñando
y Adán fecunda peces   498:254:16
deslumbrados.
Ni un solo momento, Adán de   524:267:45
sangre, macho,
Adán y Eva.   600:313:91
ADELAIDAS (1)
Adelaidas de Portugal.   526:267:115
ADELFA (7)
tu dolor de cal y adelfa?   299:73:14
Adelfa blanca.   345:124:3
Adelfa roja.   345:124:6
Adelfa negra.   346:124:9
BAJO la adelfa sin luna   400:190:1
en lo amargo de la adelfa.   400:190:6
a la amarga adelfa sollozar,   649:350:2
ADELFAS (4)
Las adelfas de mi patio.   333:121:2
mis adelfas y mi palma.   341:122:2
Entre adelfas y campanas   378:159:5
las adelfas de tu patio.   452:233:25
ADEMAN (1)
Sin ojos ni ademán   384:167:7
ADEMANES (1)
muchedumbres de gritos y   524:267:56
ademanes,
ADEMAS (1)
Además, Satanás me quiere   241:38:27
mucho,
ADENTRO (1)
tierras adentro.   463:236:61
ADIOS (3)
me dicen todas adiós   184:5:9
también me dicen adiós.   184:5:11
-Adiós, mi doncellita,   222:23:71
ADIVINAN (1)
y en los fondos se adivinan,   325:112:14
ADIVINO (2)
una mujer que adivino   190:7:55
La adivino lamiendo mis pies   498:254:3
ADJETIVO (1)
Dulcísima. Dulce. Este es tu   200:13:31
adjetivo.
ADMITES (2)
Admites en tu cueva   245:39:45
y admites la bandera como   620:323:72
una simple broma.
ADOLESCENTE (4)
al cuerno adolescente de la   617:322:8
luna.
No elogio tu imperfecto   619:323:38
pincel adolescente
No alabo tu imperfecto   621:323:88
pincel adolescente,
resplandor adolescente   648:348:3
ADONDE (3)
¿Adónde vas, siguiriya,   299:73:11
Mar, ¿adónde vas?   416:212:4
¿Dónde vas, adónde, dónde?   561:288:5
ADORAD (1)
y adorad al niño   586:307:19

ADORMECE (2)
¿Por qué nuestra esperanza   287:63:115
se adormece
pero el número dos adormece   532:271:25
a las mujeres
ADORMECIDA (2)
(Sueño flor adormecida   363:140:8
adormecida.   399:188:2
ADORMECIDO (1)
El agua ha adormecido en   286:63:96
plata vieja
ADORMIDERAS (1)
siete adormideras dobles,   450:232:44
ADORNA (1)
El mariquita se adorna   390:175:9
ADORNAR (1)
para adornar todos los   339:121:90
altares y poner una corona a
la torre.
ADORNOS (1)
adornos de las liras, poetas   580:304:61
sin acento.
ADQUIRIR (1)
y ponerse una inyección para   521:266:27
adquirir la lepra
ADVENIMIENTO (1)
el Santo Advenimiento,   610:317:6
AETERNAM (1)
¡Requiem aeternam!   245:39:53
AFAN (2)
con su casto afán de manzana   501:256:13
para que lo piquen los
ruiseñores.
con su afán impaciente de   631:331:6
cuello seccionado.
AFILA (2)
La rueda afila cuchillos   458:235:17
y aquel niño que afila su   504:257:11
navaja
AFILABAS (1)
pero, pasto de ruina, te   476:241:11
afilabas
AFILADAS (2)
Largas sombras afiladas   315:98:11
que despiden sus hojas   339:121:93
afiladas.
AFILADO (1)
sin afilado límite, porvenir   505:258:11
de diamante.
AFILANDO (1)
Más vale sollozar afilando   516:264:24
la navaja
AFINA (1)
mientras el bosque afina   635:333:28
AFIRMA (2)
un pie de mármol afirma   440:228:17
y se afirma el aroma de la   632:331:32
rosa templada.
AFRICA (1)
¡Cómo viene del Africa a New   484:245:2
York!
AGARRO (1)
corre que te agarro,   662:361:6
AGIL (1)
Montado en un ágil   461:236:5
AGILES (1)
con honestas pupilas sus   620:323:68
cuerpecillos ágiles.
AGITA (3)
los trigales agita?...   269:55:15
que agita los ramajes de mi   273:57:50
alma.
Una danza de muros agita   526:267:132
las praderas
AGITABA (3)
agitaba las rosas con un   474:240:51
largo dolor blanco.
El vómito agitaba   488:246:26
delicadamente sus tambores
agitaba las hojas y las almas. 616:322:4

AGITAN (1)
  Se agitan en mi cerebro   209:16:26
AGITANDO (1)
  agitando sus trenzas   393:178:6
  apretadas.
AGITE (1)
  un niño nuevo agite sus   492:249:29
  ramitos de venas,
AGOLPARON (1)
  y las barcas de nieve se   518:265:30
  agolparon
AGOLPO (1)
  la ciudad entera se agolpó   489:246:44
  en las barandillas del
  embarcadero.
AGONIA (18)
  pues sientes en la agonía   188:7:19
  Mi agonía buscaba su traje,   502:256:22
  tú buscaste en la hierba mi   502:256:43
  agonía,
  mi agonía con flores de   502:256:44
  terror,
  padre de tu agonía, camelia   525:267:75
  de tu muerte,
  Agonía, agonía, sueño,   525:267:81
  fermento y sueño.
  Este es el mundo, amigo,   525:267:82
  agonía, agonía.
  El cuarto se irisaba de   538:273:39
  agonía
  para formar un charco de   541:274:133
  agonía
  siempre, siempre: jardín de   557:283:13
  mi agonía,
  con la lengua llena de amor y   565:292:3
  de agonía.
  El niño y su agonía frente a   568:295:17
  frente,
  y su agonía se curvaba.   568:295:20
  para los diarios aceites y   572:300:10
  la sábana blanca de mi
  agonía.
  de crepúsculo gris de agonía,   581:304:72
  en la llaga de aceites y   630:330:14
  paño de agonía,
AGONIAS (1)
  que no radian las agonías,   517:264:76
AGONICA (1)
  Ajo de agónica plata   449:232:9
AGONIZABA (1)
  y la oscura ciudad agonizaba   533:272:24
  bajo el martillo de los
  carpinteros.
AGONIZABAN (1)
  donde los peces   495:251:40
  cristalizados agonizaban
  dentro de los troncos;
AGONIZAN (1)
  Las olas agonizan.   242:38:60
AGONIZANDO (1)
  La hormiga, agonizando,   180:2:154
AGONIZANTE (1)
  Hora de agonizante   611:318:18
AGONIZANTES (4)
  mondar las negras cabezas de   483:244:17
  los soldados agonizantes
  que vuelve del revés los   487:246:4
  pulpos agonizantes.
  soñando con los picos   489:247:6
  abiertos de los pájaros
  agonizantes,
  dos mil palomas para el   515:264:19
  gusto de los agonizantes,
AGOSTADA (1)
  EN la agostada senda   246:40:1
AGOSTEÑA (1)
  de la tarde agosteña   246:40:24
AGOSTO (7)
  bajo el cielo de agosto   223:24:10
  Día veintisiete de agosto   341:122:3
  AGOSTO.   366:145:1

  Agosto.   366:145:8
  la mirada de agosto?)   410:203:8
  Por el aire de agosto   412:206:7
  y el veinticinco de agosto   452:233:48
AGRANDAN (1)
  ¡Oh, cómo se agrandan   352:129:39
AGRANDANDO (1)
  Pero tus ojeras se van   202:14:38
  agrandando
AGREMAN (1)
  con agremán de alhelíes   664:363:3
AGRIAS (1)
  eriza sus pitas agrias.   430:223:20
AGRIO (4)
  en glóbulo duro y agrio,   259:46:70
  recorta en el agrio verde,   428:222:6
  agrio de espera y de boca.   437:226:26
  mientras que el agrio cáncer   502:256:45
  mudo que quiere acostarse
  contigo
AGRUPA (2)
  que muchas veces el cielo   495:251:19
  los agrupa en ásperas
  manadas.
  y agrupa flores grises en   526:267:122
  la orilla del cieno.
AGRUPADOS (3)
  crepitantes, mordientes,   514:263:71
  estremecidos, agrupados,
  agrupados en los bares,   524:267:48
  uva de niebla y montes   544:276:208
  agrupados,
AGRUPAN (1)
  y que se agrupan en grandes   647:346:11
  montones
AGUA (188)
  en el agua más serena,   177:2:68
  ¡Agua clara! ¡Luna nueva!   182:3:50
  el agua de mi tristeza.   183:4:12
  ¡con el agua que pasa junto a   187:6:52
  ti! ¡La del Dauro!
  Y la canción del agua   192:9:1
  del agua en las choperas.   193:9:18
  Mas la canción del agua   193:9:25
  sino Dios hecho agua   193:9:36
  cuando bebemos agua.   194:9:46
  "Confesaos con el agua,   194:9:60
  como al tomar el agua,   194:9:68
  Agua dulce en que tantos   195:9:77
  Son poetas del agua que han   197:11:25
  visto y que meditan
  y del ritmo turbio del agua   202:14:37
  estancada.
  con el agua de un cauce sereno. 204:15:4
  y en el agua la vayan   208:15:107
  hundiendo,
  en el agua del silencio.   208:16:12
  -Está muerto en el agua,   222:23:51
  El agua de la fuente su   224:25:4
  canción le decía.
  El agua de la fuente lo   224:25:10
  escuchaba sombría.
  Y el agua se lo lleva   224:25:16
  cantando de alegría.
  el agua se va durmiendo,   226:26:23
  Corre el agua del río   229:28:5
  mansamente.
  en el agua que va a la amarga   229:28:7
  muerte?
  una pompa de espuma sobre el   234:32:42
  agua
  como corchos sobre agua.   239:36:16
  como el agua   244:39:8
  como el agua   244:39:17
  como el agua   244:39:25
  como el agua   245:39:34
  como el agua   245:39:42
  como el agua   245:39:50
  el agua tenebrosa   247:40:40
  Mójalas en el agua   250:42:17
  Bebe el agua tranquila   251:42:25

tan lejos del agua limpia!	253:43:14
que no tiene agua.	255:44:55
-Vendo, señor, el agua	263:49:7
-Llevo, señor, el agua	263:49:11
-Lloro, señor, el agua	263:49:15
-¡Amarga mucho el agua	263:49:19
se inclinan sobre el agua:	267:54:2
como el agua del cauce	268:54:30
Sobre el agua dormida de la	271:56:6
fuente, las gotas	
el secreto del agua	272:57:6
las canciones del agua.	273:57:27
y el secreto del agua	273:57:39
Mas yo siento en el agua	273:57:48
el secreto del agua?	274:57:82
Echo mis redes sobre el agua	279:61:5
turbia	
Con el sol del otoño toda el	280:61:45
agua	
con que el agua envuelve las	281:62:17
cosas paradas	
El agua ha adormecido en	286:63:96
plata vieja	
sobre el agua del río?	289:65:8
¡Cómo me dice el agua	290:66:17
junto al agua del río.	290:67:2
por el agua de Granada	295:68:15
¡Quién dirá que el agua lleva	296:68:25
como llora el agua,	297:70:11
Agua clara	302:77:3
muy lenta el agua.	310:91:10
El agua de la acequia	318:102:7
dadme unos sorbitos de agua.	332:120:6
Agua con peces y barcos.	332:120:7
Agua, agua, agua, agua.	332:120:8
(Agua estancada)	345:123:2
(Agua cristalina)	345:123:4
(Agua profunda)	345:123:6
(Agua de pupila)	345:123:8
El remanso del agua	346:125:3
LA luna va por el agua.	347:127:1
en el camino de agua!	364:140:29
(Se quedó desnuda el agua.)	367:147:7
Luna sobre el agua.	368:148:5
de la luna del agua,	368:148:11
con pulseras de agua.	368:148:16
hoy una niña de agua.	369:148:34
a Nuestra Señora de Agua	370:148:46
se llena de agua	372:151:5
Yo quiero ser de agua.	375:155:6
con los remos en el agua	378:159:7
con un rayo en el agua.	383:165:9
por el agua de la acequia.	385:169:2
dentro del agua.	386:170:8
Cuando se perdió en el agua	386:170:12
¡Ay cómo corre el agua!	388:172:13
del agua.)	392:177:12
con agua salobre y nardos.	401:191:9
En una gota de agua	403:195:3
En una gota de agua	404:195:9
al agua.	405:197:2
al agua.	405:197:9
Y el agua errante se pondrá	414:209:12
amarilla,	
AGUA, ¿dónde vas?	416:212:1
Mira al agua.	418:216:7
Mira al agua.	419:216:14
Y los gitanos del agua	427:221:13
pañuelos y agua de nieve.	429:222:14
por donde retumba el agua.	431:223:52
la sostiene sobre el agua.	432:223:78
con agua de las alondras,	437:226:36
Y el agua se pone fría	438:227:13
Agua loca y descubierta	438:227:15
fragante de agua colonia	439:227:27
Un solo pez en el agua	441:228:27
Pero el pez, que dora el agua	441:228:39
Un solo pez en el agua	442:228:47
y los fue tirando al agua	445:230:11
rejones al agua gris,	447:231:14
Los densos bueyes del agua	451:233:14
donde los bueyes del agua	452:233:34
Agua y sombra, sombra y agua	455:234:55
Agua en vilo redoraba	458:235:7
por escalerillas de agua.	459:235:24
Bajo el agua	461:236:13
Sobre el agua	461:236:15
Bajo el agua	462:236:38
Sobre el peinado del agua	462:236:40
Bajo el agua	463:236:64
sobre las tierras sin agua	464:237:2
y el agua harapienta de los	471:238:8
pies secos.	
y bebían agua por las	474:240:49
fuentes los abanicos y los	
aplausos.	
la danza curva del agua en	477:242:12
la orilla.	
y patinan lúbricos por agua	477:242:15
y arenas	
y llegaban los tanques de	478:243:11
agua podrida.	
para el topo, la aguja del	481:243:89
agua.	
y diminutas bocas de agua	489:247:10
cantaba el oso de agua que	492:249:20
lo había de estrechar;	
y el toro sueña un toro de	496:252:12
agujeros y de agua.	
hasta la puerta del agua	502:256:25
oscura.	
pero sufren mucho más por el	504:258:2
agua que no desemboca.	
¡Ya vienen por las rampas!	505:258:19
¡Levántate del agua!	
No, que no desemboca. Agua	505:258:25
fija en un punto,	
¡Agua que no desemboca!	505:258:28
Es la piedra en el agua y es	508:260:26
la voz en la brisa	
No importa que estés lleno	510:261:15
de agua de mar.	
la lucha de la arena con el	511:262:9
agua.	
y el agua era una paloma,	518:265:5
un hombre de agua que las	518:265:33
ahogue,	
ignora que Cristo puede dar	521:266:33
agua todavía,	
que beben con asco el agua	525:267:98
de la prostitución,	
El agua duerme una hora	529:269:5
en un coche de agua negra.	530:270:4
en un coche de agua negra.	531:270:25
Porque la luna lavó con agua	533:272:31
sin tener agua curva ni	542:275:150
cipreses helados.	
YO quiero que el agua se	558:284:1
quede sin cauce.	
Todas las tardes el agua se	560:287:3
sienta	
Un gigante de agua cayó	561:287:13
sobre los montes	
quiebra la puerta del agua.	561:288:4
que la boca podrida sigue	563:290:6
pidiendo agua.	
y moja con agua dura mis	564:290:18
zapatos	
Ignorante del agua voy	565:292:16
buscando	
para ver al herido por el	568:295:24
agua.	
Sentados con el agua en las	570:297:13
rodillas	
y el jazmín es un agua sin	571:299:10
sangre	
se bañaba en el agua	573:302:2
y el agua se doraba.	573:302:3
era blanca en el agua	573:302:13
y el agua, llamarada.	573:302:14
y el agua la doraba.	574:302:25

que es un agua de vuestros 581:304:74
rosales.
Mujeres, derramad agua, 588:308:6
EL agua 590:311:1
de agua.) 590:311:15
EN el agua negra, 593:312:1
de agua.) 594:312:19
En el agua dormida 603:314:37
con espadas de agua 608:315:27
Pez mudo por el agua de ancho 616:322:5
ruido,
donde el agua se vuelve 617:322:33
mariposas,
Cadaqués, en el fiel del 619:323:25
agua y la colina.
y salen si mostramos un vaso 619:323:36
de agua dulce.
y la fuerza sin orden que 620:323:60
lleva el agua curva.
En la orilla del agua cantan 623:325:9
los marineros,
brota como el agua 625:327:26
y donde el agua oscura 630:330:10
pierde sus tres acentos,
Bares sin gente. Gritos. 632:331:12
Cabezas por el agua.
de flotar sobre el agua con 633:332:8
el torso de mármol.
que erige en agua su perpetuo 637:336:6
muro,
¿Dónde está el agua 643:344:3
que van al agua, 654:353:6
y con esclavina de agua. 664:363:4
beber agua fría. 664:364:10
AGUACERO (1)
A los que guardan todavía 493:250:31
huellas de zarpa y aguacero,
AGUADO (1)
con el bozo y lirio aguado 485:245:24
de sus montañas invisibles,
AGUANTA (1)
Aguanta tu sufrir, 276:58:18
AGUANTAS (1)
es tu virtud! Aguantas 255:44:51
AGUARDA (3)
¡Viejo chopo, aguarda! 236:34:16
aguarda grietas del alba 458:235:11
el miedo a la emoción que te 621:323:95
aguarda en la calle.
AGUARDABAN (1)
aguardaban la velocidad de 489:247:2
las últimas bicicletas.
AGUARDAD (1)
Aguardad bajo la sombra 482:243:104
vegetal de vuestro rey
Pero aguardad, muchachas, 624:326:14
AGUARDAN (2)
Las aceitunas aguardan 446:230:21
Aguardan a un galán 624:326:5
AGUARDIENTE (1)
Es preciso matar al rubio 479:243:22
vendedor de aguardiente,
AGUAS (14)
detenid a las aguas.) 224:25:15
nada queda en las aguas!) 224:25:18
caen sobre las aguas 240:37:25
y las aguas del mar. 268:54:11
que entiendan a las aguas! 275:57:106
corren sobre las aguas del 280:61:27
gran cauce
Y he soñado sobre las aguas, 379:160:11
que chapotean las aguas 497:253:4
podridas.
en lirios que no duermen, en 503:256:53
aguas que no copian,
por el punzón oscuro de las 568:295:4
aguas.
sin aguas 607:315:2
En las aguas del Sena un 618:323:7
iceberg de mármol

y el pájaro pretende lo que 632:331:24
las aguas vedan.
y decora las aguas de tu río 638:337:13
AGUDA (3)
mi alma, en tensión aguda. 421:219:20
y garfios de aguda comba: 458:235:18
¡qué flecha aguda exprime de 506:259:7
la rosa!,
AGUDAS (1)
luchando con el mundo de las 491:249:10
agudas velocidades,
AGUDO (2)
agudo norte de palma, 464:237:18
con el agudo quitasol que 489:247:7
pincha
AGUDOS (2)
Tercos fusiles agudos 456:234:97
o estremecida de agudos 464:237:11
AGUILA (3)
Aguila de los niños. 233:32:2
Y el águila a lo lejos: 285:63:81
El águila se pierde en la 286:63:100
montaña;
AGUILAS (4)
y quisiéramos ser como las 285:63:78
águilas
De las águilas es todo el 285:63:80
azul-.
vi dos águilas de mármol 355:133:11
vi dos águilas de nieve 574:303:11
AGUILITAS (2)
Aguilitas, les dije, 355:133:15
"Aguilitas", les dije, 575:303:15
AGUJA (8)
por la aguja del regato. 259:46:62
En la punta de una aguja 396:182:15
la aguja que mantiene presión 477:242:7
y rosa
para el topo, la aguja del 481:243:89
agua.
con el sexo atravesado por 523:267:36
una aguja,
tenía que pasar sin remedio 533:272:15
por el ojo de una aguja.
Punzado por tu Padre con 630:330:6
aguja de lumbre.
aire débil de alumbre y aguja 638:338:7
de quimera.
AGUJAS (3)
y agujas de cal mojada 452:233:30
y agujas instaladas en los 520:266:8
caños de la sangre,
un límite de agujas cercará 523:267:22
la memoria
AGUJEREADA (1)
En la agujereada 235:33:11
AGUJERO (2)
¡Grillo, sal de tu agujero! 209:16:22
Para tu horror perenne de 633:331:38
agujero sin fondo.
AGUJEROS (4)
tengo los agujeros 306:84:8
Por los rojos agujeros 459:235:35
y el toro sueña un toro de 496:252:12
agujeros y de agua.
y la vemos llenarse de 543:275:172
agujeros sin fondo.
AGUJETAS (1)
Cornetines de cobre clavan 623:325:13
sus agujetas,
AH (2)
-¡Ah Isis soñadora! 222:23:59
Pero tus ojos... ¡Ah! 387:171:9
AHI (1)
-¿Qué haces ahí, mora, 664:364:7
AHOGA (1)
Late sobre el ambiente una 271:56:23
pena que ahoga,
AHOGABAS (1)
cuando te ahogabas por el 561:287:12
río.

AHOGADA (2)
   y mariposa ahogada en el   471:238:10
   tintero.
   ahogada entre las yedras.   560:286:5
AHOGADAS (2)
   y una pila de Volta con   481:243:82
   avispas ahogadas.
   las mujeres ahogadas en   522:266:60
   aceites minerales,
AHOGADO (1)
   El mar ahogado en la arena.   531:270:31
AHOGADOS (1)
   los nombres de todos sus   475:240:70
   ahogados.
AHOGAR (1)
   y ahogar en sangre y ceniza   510:261:11
   los cementerios antiguos.
AHOGARTE (1)
   para no ahogarte en el río.   642:342:28
AHOGAS (1)
   y te ahogas en tu trino   326:115:9
AHOGUE (1)
   un hombre de agua que las   518:265:33
   ahogue,
AHORA (17)
   Ahora en el monte lejano   209:16:17
   Ahora maestro grave   236:33:21
   ¿Y esto que ahora pensamos se   271:56:16
   lo traga la sombra?
   ahora que estamos por el rayo   285:63:79
   heridos.
   Ahora tengo en la frente   287:63:133
   rosas blancas
   Ahora su melodía   320:104:21
   [JINETE] Ahora no te   341:121:121
   negarás a montar conmigo.
   Y ahora voy   350:128:60
   ¡Ahora mismo!   375:155:12
   Ahora entre los dos   408:201:14
   amatista de ayer y brisa de   417:214:2
   ahora mismo,
   Ahora monta cruz de fuego,   429:222:21
   No, por mis ojos no, que   508:260:46
   ahora me enseñas
   Pepín: ahora mismo en Sevilla   615:320:8
   y ahora empieza el tiroteo.   659:358:7
   y ahora empieza el tiroteo.   660:358:14
   y ahora empieza el tiroteo.   660:358:22
AHORCADO (1)
   ahorcado por un hilo,   234:32:19
AHUMADAS (1)
   de estrellas ahumadas   196:10:18
AHUMADOS (2)
   Yunques ahumados sus pechos,   436:226:7
   senos ahumados de Olalla.   459:235:50
AHUYENTA (1)
   y un faisán los ahuyenta por   570:297:8
   el polvo.
AI KO (1)
   (Ai Ko desnuda y temblando.)   644:344:28
AIRE (100)
   Aire del Norte,   173:1:18
   del aire-.   175:2:10
   Por el aire dulzón   179:2:152
   poniendo en el aire tibio   183:4:3
   y un aire blanco durmiente.   189:7:24
   Mas en vano escuchaste los   203:14:64
   acentos del aire.
   El aire del invierno   218:22:23
   y se curvaba el aire,   228:27:28
   vuelan, el aire en calma.   232:31:11
   se quedan mis palabras en el   239:36:15
   aire
   tiene un aire muy triste   246:40:9
   ni el aire del amor renovará   256:44:60
   con los senos al aire?   263:49:6
   algo que me estremece...,   273:57:49
   como un aire
   y el aire que recorre lo que   285:63:54
   quiere
   que se fue por el aire!   295:68:12

que se fue por el aire!   296:68:24
que se fue por el aire!   296:68:32
Se riza el aire gris.   297:69:11
y por el aire ascienden   300:74:6
abiertos al duro aire.   304:81:10
rizas el aire   326:115:7
EL remanso del aire   346:125:1
por los senderos del aire.   347:126:9
del aire, en el verano.   349:128:35
Hay flechas en el aire   351:129:5
(En el aire blanco   359:134:7
Aire, tierra y soledad.   360:135:3
LOS mancebos del aire   365:142:4
Cuatro palomas por el aire   365:143:2
van.
y al aire sus grises tetas   370:148:43
En el aire sonrosado,   379:159:15
Por tu amor me duele el aire,   380:162:3
¡Déjasela toda al aire!   382:164:11
en el aire de ayer.   391:176:4
en el aire de ayer.   391:176:16
El cielo flota sobre el aire   397:184:5
y aire tartamudo.   403:194:4
si el aire te lo dice.   408:201:5
Por el aire de agosto   412:206:7
El aire cristaliza bajo el   414:210:5
humo.
En el aire conmovido   425:220:5
El aire la vela, vela.   426:220:35
El aire la está velando.   426:220:36
por el aire del poniente.   429:222:36
Con el aire se batían   435:225:46
En los recodos del aire,   438:227:7
rompen las dalias del aire,   442:229:8
Ya San Gabriel en el aire   444:229:67
mueve en el aire Santiago.   452:233:43
en un aire donde estallan   457:234:111
¿Es Belén? Por el aire   462:236:28
Aire rizado venía   464:237:7
Hay un dolor de huecos por   472:239:20
el aire sin gente
Ni tú, ni yo, ni el aire, ni   476:241:44
las hojas.
de las últimas curvas del   478:243:13
aire,
El aire de la llanura,   486:245:59
empujado por los pastores,
y el aire a la salida de   491:249:17
todas las aldeas.
serán las delicadas criaturas   494:251:4
del aire
No está en el aire ni en   495:251:13
nuestra vida,
Es una cápsula de aire donde   495:251:31
nos duele todo el mundo,
porque el aire disuelve tus   500:255:16
dientes de azúcar,
Allí bajo las raíces y en la   500:255:19
médula del aire,
Cuatro pezuñas tiemblan en   504:257:15
el aire.
Puede el aire arrancar los   507:260:6
caracoles
El hueco de una hormiga   508:260:44
puede llenar el aire,
¡que ya va por el aire el   508:260:53
mío!
Así iba el aire.   510:262:3
y el aire una manzana oscura.   511:262:6
prepara tu esqueleto para el   511:262:26
aire.
Si el aire sopla blandamente   512:263:5
Si el aire se niega a salir   512:263:7
de los cañaverales
y las blancas entradas de   518:265:26
mármol que conducen al aire
duro
Quiero que el aire fuerte   526:267:134
de la noche más honda
y como el aire no hace caso   531:271:13
de los gemidos

hubo un aire de voces 540:274:100
secretas
Aire de Roma andaluza 541:274:111
El aire como loco deja su 543:275:166
pecho hundido,
No quedaba en el aire ni una 561:287:9
brizna de alondra
un galán y el aire! 566:293:11
levantaban al aire sus 568:295:8
espadas.
y con aire y con cielo y con 580:304:53
luz se formaron,
De los montes azules llega un 589:310:3
aire sonoro.
Por el aire, 593:312:7
en colmena de aire! 594:312:41
El aire multiplica. 597:313:29
El aire, 601:313:116
mi cara por el aire. 614:318:102
El aire pulimenta su prisma 618:323:15
sobre el mar
Las flautas de madera 619:323:27
pacifican el aire.
Viste y desnuda siempre tu 622:323:112
pincel en el aire,
aire definitivo en lo redondo, 622:324:2
un Ecuador sin lumbre y una 623:325:12
China sin aire.
Acoged mis ofrendas dando al 623:325:23
aire de altura
aire débil de alumbre y aguja 638:338:7
de quimera
Canta ya por el aire sin 639:339:9
cadena
El aire es inmortal. La 640:340:5
piedra inerte
y el aire pasa, herido. 642:342:16
que deja a veces por el aire 645:345:19
un duro perfil de Faraón!
y borrando mi apariencia por 646:345:41
el término del aire.
AIRES (6)
y gusta los aires fríos 452:233:38
tizna los aires helados. 460:235:54
Son mentira los aires. Solo 514:263:64
existe
por los aires.) 610:317:4
por los aires. 610:317:10
Aires oblicuos te besen 644:344:15
AIRON (1)
-Al airón y a la sombra 220:23:9
AISLADOS (1)
pero dientes que callarán 496:251:44
aislados por el raso negro.
AJADA (1)
dice una flor ajada. 233:31:17
AJADAS (1)
nombres viejos y cintas 519:265:48
ajadas.
AJEDREZ (1)
la luz juega el ajedrez 434:224:35
AJENJO (1)
o girando en las plataformas 524:267:51
del ajenjo,
AJO (1)
Ajo de agónica plata 449:232:9
AL (230)
ALA (3)
El día con un ala. 362:139:4
para tener un ala de mi 572:300:12
muerte.
Al coger tu paleta, con un 620:323:53
tiro en un ala,
ALABASTRO (1)
alabastro de espíritu. 195:10:9
ALABO (2)
pero alabo tus ansias de 619:323:40
eterno limitado.
No alabo tu imperfecto 621:323:88
pincel adolescente,
ALACRAN (1)

para que resbale la pinza de 564:290:19
su alacrán.
ALACRANES (2)
he de buscar las piedras de 476:241:25
alacranes
aunque un sol de alacranes me 559:285:5
coma la sien.
ALAMARES (1)
alamares de luna y de pena. 616:320:11
ALAMBRADAS (1)
y el cáncer sin alambradas 502:256:30
latiendo por las
habitaciones!
ALAMBRE (1)
Nueva York de alambre y de 523:267:25
muerte.
ALAMEDA (3)
En la alameda 175:2:11
mana de la alameda. 178:2:105
que tiene la alameda 179:2:129
ALAMEDAS (4)
(Llanto de las alamedas 226:26:41
Brisa en las alamedas.) 301:76:17
LAS alamedas se van, 412:207:1
Las alamedas se van, 412:207:3
ALAMILLOS (2)
los alamillos bailan 388:172:2
los alamillos bailan 388:172:16
ALAMOS (11)
los álamos cautivos, pero 173:1:10
vienes
de los álamos. 248:40:79
LOS álamos de plata 267:54:1
los álamos muertos, nidales 281:62:13
de hormigas;
los álamos del río -. 285:63:63
los álamos del río. 286:63:95
y azul como los álamos del 287:63:124
río.
bajo los álamos grandes. 347:126:12
Bajo los álamos grandes. 347:126:14
TRES álamos inmensos 379:160:1
de los álamos. 625:327:13
ALARGA (2)
se alarga impasible, 408:201:15
Pero el pozo te alarga 505:258:22
manecitas de musgo,
ALARGAN (1)
sus sombras se alargan, 314:97:14
ALARGUES (1)
Ya viene hacia la roca. ¡No 510:261:23
alargues tus raíces!
ALARIDO (1)
Un alarido blanco puso en pie 503:257:6
la mañana.
ALARIDOS (3)
¡qué rebaño de luces y 506:259:10
alaridos
y los terribles alaridos de 516:264:36
las vacas estrujadas
Y llegaban largos alaridos 532:272:8
por el Sur de la noche seca.
ALAS (30)
La luz me troncha las alas 181:3:5
las alas del ruiseñor, 184:5:2
y al querer alentarlo tus alas 186:6:8
se troncharon.
¡Son pájaros sin alas 193:9:19
nos ha dado sus alas. 195:9:82
los niños marchitos que hay 202:14:33
bajo sus alas.
tremolar plateado de alas 204:15:19
mis palomas sus alas 206:15:67
tendieron,
Y meditas allí ciega y sin 234:32:16
alas
acariciar de alas, 274:57:72
el amor a las alas. 275:57:98
[GITANO] He inventado unas 331:119:50
alas para volar, y vuelo.

[GITANO] Aunque no necesito   331:119:53
alas, porque vuelo sin ellas.
y recuerdan las alas   349:128:38
(Alas rastreras de plata.)   367:147:4
alas y flores con sus capas   393:178:10
negras.
de alas rotas y flores de   406:199:4
trapo.
Angeles con grandes alas   429:222:15
con sus ojos llenos de alas.   465:237:40
Canta el gallo y su canto   509:260:63
dura más que sus alas.
Los muertos llevan alas de   561:287:5
musgo.
con las alas quemadas.   574:302:22
Ellas prestan al alma sus   580:304:45
alas,
en Pegaso sin alas,   583:305:17
El búho bate sus alas   602:313:146
cortas alas   614:318:94
y nos abre las alas tenues   621:323:82
de la sonrisa.
No mires la clepsidra con   622:323:110
alas membranosas,
Alas de pluma y lino, barcos   623:325:5
y gallos abren.
Debajo de las alas del   632:331:21
dragón hay un niño.
ALBA (18)
y al alba por el balcón   305:82:10
que abre el camino del alba.   430:223:16
el alba meció sus hombros   457:234:115
aguarda grietas del alba   458:235:11
o los que comen por las   486:245:69
esquinas diminutas pirámides
del alba.
que mana de las ondas por   488:246:35
donde el alba no se atreve,
Alba no. Fábula inerte.   492:249:33
coronados por vivos   496:252:10
hormigueros del alba.
y amor al fin sin alba.   501:255:31
Amor. ¡Amor visible!
Ruedan los huecos puros, por   508:260:34
mí, por ti, en el alba
el duelo de las rocas con el   511:262:18
alba.
en el alba mentida de New   515:264:9
York.
que lloraba porque al alba   533:272:14
tus labios son un alba sin   571:298:14
contorno,
Pavimento infinito. Mapa.   571:299:2
Sala. Arpa. Alba.
Vino el alba sin mancha,   574:302:15
[Yo] ¿Voy al alba o a la   627:328:24
tarde?
Duerme por el alba, ¡duerme!   649:349:6
ALBACETE (2)
las navajas de Albacete,   428:222:2
de navajas de Albacete.   429:222:16
ALBAHACA (2)
Entre la albahaca   311:92:9
de hiel, de menta y de   432:223:66
albahaca.
ALBARCA (1)
por el pico de una albarca   661:359:29
ALBARCAS (1)
las albarcas y el sombrero   661:359:11
ALBERCA (1)
tanto en la alberca.   311:92:15
ALBOR (1)
y bendito tu pálido albor.   581:304:89
ALBORADA (2)
brotará una alborada.   203:14:73
siente junto a la alborada   212:19:2
ALBOROTADAS (1)
Van muy alborotadas,   178:2:108
ALBOROTO (3)
ya se acabó el alboroto   659:358:6
ya se acabó el alboroto   660:358:13

ya se acabó el alboroto   660:358:21
ALBURA (1)
dejan sobre la albura   217:22:9
ALCALDE (1)
Señor alcalde, sus niñas   329:119:22
ALCALDESA (1)
con un traje de alcaldesa   454:234:42
ALCANTARILLAS (2)
quiere echar las palomas a   502:256:35
las alcantarillas
saliendo en racimos de las   524:267:49
alcantarillas,
ALCANZA (1)
solo alcanza a las hierbas."   179:2:139
ALCANZARLO (1)
Creíamos alcanzarlo cuando   285:63:77
niños,
ALCOBA (8)
lámpara de mi alcoba.   237:35:14
de mi alcoba.   238:35:24
inundó la quimérica alcoba.   406:199:18
de la cocina a la alcoba.   437:226:30
en la alcoba de su torre,   438:227:18
en la alcoba de su torre,   439:227:46
Toda la alcoba sufría   465:237:39
en la alcoba silenciada,   465:237:54
ALCOBAS (2)
en las alcobas cerradas.   467:237:90
La sangre sonará por las   571:298:9
alcobas
ALCOHOL (3)
Yo vi la transparente   483:244:16
cigüeña de alcohol
esta mirada que tiembla   488:246:31
desnuda por el alcohol
Brisa y alcohol en las   531:270:27
ruedas.
ALDEA (3)
un cementerio de aldea   183:4:14
dicen los enebros temores de   281:62:22
aldea.
si cada aldea tuviera una   512:263:2
sirena.
ALDEAS (3)
olvidaban el musgo de las   478:243:7
aldeas.
y el aire a la salida de   491:249:17
todas las aldeas.
con tu madre fracturada por   502:256:27
los herreros de las aldeas,
ALEGORIAS (1)
ni la dura guadaña de las   622:323:111
alegorías.
ALEGRANDO (1)
alegrando la estrecha   587:307:35
calleja:
ALEGRE (1)
¡Oh, qué alegre tristeza me   270:55:28
causáis,
ALEGRES (5)
SALEN los niños alegres   183:4:1
y guitarras alegres.   389:174:6
LAS alegres fiebres huyeron a 517:265:1
las maromas de los barcos
Las alegres fiebres bailaban   519:265:46
por las cúpulas humedecidas
Pero los ramos son alegres,   570:297:9
ALEGRIA (15)
¡Qué alegría tiene el hondo   183:4:5
y que descanse al fin en la   212:18:23
alegría
Y el agua se lo lleva   224:25:16
cantando de alegría.
el dolor de la alegría,   253:43:24
¡ya lo sé! La alegría   279:61:14
mi alegría y mi persona.   436:226:14
con tres clavos de alegría.   443:229:40
por mi alegría de ruedas   474:240:45
dentadas y látigos,
la alegría eterna del   484:245:13

hipopótamo con las pezuñas
de ceniza
para entender que lo que   500:255:9
busco tendrá su blanco de
alegría
para entender que lo que   500:255:26
busco tendrá su blanco de
alegría
del Amor que reparte   525:267:104
coronas de alegría.
La tristeza que tuvo tu   545:276:219
valiente alegría.
tu regalo semeja sol y vieja   639:338:11
alegría.
puertas de alegría,   666:364:50
ALEGRISIMA (1)
Es la tierra alegrísima,   645:345:16
imperturbable nadadora,
ALEGRISIMOS (1)
y los alegrísimos saltos.   498:254:19
ALEJA (3)
y aturdido se aleja   180:2:161
donde se aleja tranquilo   451:233:6
La Guardia Civil se aleja   457:234:118
ALEJAN (2)
muy pensativas, se alejan,   177:2:85
por donde se alejan las   483:244:9
carretas.
ALEJARME (1)
alejarme del tumulto de los   563:290:2
cementerios.
ALEJARON (1)
y se alejaron a sus casas   533:272:38
por el tumulto de la calle
ALEJAS (1)
Ya te alejas dormida.   649:349:7
ALEJE (1)
Yo me alejé de tu lado   266:52:19
ALEJO (1)
y se alejó; yo estaba   413:209:4
deseando.
ALELUYA (3)
y todos cantaban aleluya,   492:249:21
aleluya. Cielo desierto.   492:249:22
Es lo mismo, ¡lo mismo!,   492:249:23
aleluya.
ALENTARLO (1)
y al querer alentarlo tus alas 186:6:8
se troncharon.
ALERO (1)
Su desnudo en el alero,   464:237:17
ALEROS (1)
Y yo, por los aleros,   506:259:17
ALERTA (7)
No es sueño la vida.   493:250:14
¡Alerta! ¡Alerta! ¡Alerta!
¡Alerta! ¡Alerta! ¡Alerta!   493:250:30
¡No haya cuartel! ¡Alerta!   526:267:123
ALEVE (1)
viudita aleve?   221:23:44
ALFABETO (1)
¿Qué alfabeto de auroras ha   273:57:28
compuesto
ALFABETOS (2)
huye por un ocaso de alfabetos, 195:10:2
colmillos, girasoles,   481:243:81
alfabetos
ALFILER (5)
No importa que el niño calle 489:247:17
cuando le clavan el último
alfiler,
Un alfiler que bucea   491:248:5
que tiene un viejo alfiler   499:254:21
oxidado
las muchedumbres en el   513:263:30
alfiler,
¿Qué alfiler de cactus breve   567:294:9
ALFILERES (1)
Emilio por el mundo de la   473:240:13
sangre y los alfileres
blancos;

ALFOMBRA (2)
-alfombra de sol-curtida!   252:43:8
sobre una muda alfombra   384:167:5
ALFORJA (1)
y aceitunas en mi alforja.   380:161:4
ALGA (3)
esperando en el alga o en la 417:214:5
silla su noche,
toro y sueño que junte la   525:267:74
rueda con el alga,
Alga y cristal en fuga ponen 631:331:3
plata mojada
ALGAS (4)
su cabellera de algas   370:148:42
lo defiende del hambre de   568:295:16
las algas.
Las algas y las ramas   573:302:4
las algas temblorosas   625:327:12
ALGO (9)
Por algo Jesucristo   193:9:39
Por algo las estrellas   194:9:41
Por algo madre Venus   194:9:43
algo de soñolencia resignada y 196:11:2
amable,
algo que me estremece...,   273:57:49
como un aire
algo recién nacido?   289:65:16
algo de mar sin luz   320:105:14
algo de topo y   322:108:9
[Maestro] Ella ¿le ofrece   629:329:10
algo?
ALGODON (6)
con algodón del viento.   214:20:27
pañales de algodón.   317:102:2
lirio de algodón y sombra,   385:168:6
ni importa la derrota de la   489:247:18
brisa en la corola del
algodón,
el algodón cambiante de una 620:323:64
nube imprevista
y olvidando, bajo las   646:345:29
sillas, diminutas carcajadas
de algodón.
ALGODONES (1)
El viento se llevó los   537:273:9
algodones
ALGUIEN (2)
Pero si alguien cierra los   494:250:40
ojos,
Pero si alguien tiene por la 494:250:47
noche exceso de musgo en las
sienes,
ALGUN (2)
nos dirá algún secreto   214:20:37
y algún perfil de yeso   508:260:36
tranquilo que dibuja
ALGUNA (3)
alguna vez? ¿Qué culpa   198:12:18
alguna vieja noria   217:22:13
de alguna fuente fría.   218:22:27
ALGUNAS (5)
entre algunas niñas de sangre 488:246:27
y algunas negras suben a los 502:256:33
pisos para repartir filtro
de rata.
Algunas veces el viento   562:289:13
de algunas muchachas.   625:327:22
de algunas viejas tablas.   625:327:24
ALGUNOS (3)
Y algunos niños idiotas han 495:251:24
encontrado por las cocinas
como me pierdo en el corazón 565:292:5
de algunos niños.
Como me pierdo en el corazón 565:292:14
de algunos niños,
ALHELI (1)
verónicas de alhelí,   447:231:16
ALHELIES (2)
La monja borda alhelíes   433:224:3
con agremán de alhelíes   664:363:3

ALICANTE (1)
    Floras de Alicante,   526:267:114
ALIENTA (1)
    ¿Quién la vida nos alienta   182:3:32
ALIENTO (3)
    cuyo aliento tiene blancor de   202:14:27
    biznagas.
    sin aliento y sin labios.   218:22:44
    la solitaria rosa de tu   638:337:4
    aliento.
ALIMENTA (1)
    pozo de ámbar que alimenta el   199:13:6
    ritmo
ALIMENTO (2)
    el divino alimento   210:17:10
    Brotáis para alimento de los   270:55:34
    hombres.
ALIMONADA (2)
    Te pusiste alimonada.   398:186:2
    alimonada...   398:186:7
ALISAN (1)
    donde las ondas alisan   440:228:3
ALISIO (1)
    Sangre que oxida el alisio   480:243:62
    descuidado en una huella
ALISIOS (1)
    Alisios destetados   174:1:40
ALISO (1)
    flor de aliso y perenne   522:266:72
    ternura desgranada,
ALIVIARA (1)
    aliviará la angustia de otro   514:263:60
    corazón
ALJABAS (1)
    y las aljabas   312:93:10
ALJAMIADO (1)
    El Arcángel aljamiado   441:228:43
ALJIBE (2)
    aljibe de madera.   314:96:11
    Sobre el rostro del aljibe   432:223:73
ALJIBES (1)
    Estanques, aljibes y fuentes   568:295:7
ALMA (80)
    en el alma de la niebla.   181:3:4
    También sobre el alma nieva.   181:3:14
    La nieve del alma tiene   181:3:15
    pero la del alma queda,   181:3:20
    Eras una paloma con alma   186:6:5
    gigantesca
    y el sol se lleva tu alma   189:7:48
    la historia de su alma.   194:9:50
    LA sombra de mi alma   195:10:1
    ¡La sombra de mi alma!   195:10:5
    (¡La sombra de mi alma!)   195:10:10
    ¡La sombra de mi alma!   196:10:21
    que hace vibrar el alma   196:11:4
    dormida del paisaje.
    y en el alma tristeza de lo   196:11:12
    que no se sabe.
    Mi alma tiene tristeza de la   197:11:39
    lluvia serena,
    das al alma las mismas   198:11:45
    nieblas y resonancias
    que pones en el alma dormida   198:11:46
    del paisaje!
    Alma y sangre doliente de las   199:13:11
    flores
    llegan alma y materia en   200:13:43
    unidad
    Y el alma superior es de las   200:13:45
    flores.
    muertas para siempre, y sobre   201:14:13
    tu alma
    ¡Qué tristeza tan honda   203:14:67
    tendrás dentro del alma
    que en el alma clavada la   207:15:83
    llevo.
    La tristeza que tiene mi   208:15:104
    alma,
    Cantar que vaya al alma de   212:18:21
    las cosas

    y al alma de los vientos   212:18:22
    de la médula del alma.   212:19:8
    y llena de noche el alma!   213:19:16
    es la sonda del alma   213:20:2
    mi alma te ofrece.   222:23:58
    Y despeino mi alma muerta   226:26:46
    guardaban su alma   227:27:10
    Así pájaro esfinge das tu alma   235:32:50
    cuando cruja mi alma,   237:34:20
    y por el alma.   238:36:8
    y la carne del alma.   238:36:13
    Mi alma está madura   240:37:19
    y ves el alma humana   242:38:75
    mi alma antigua de niño,   252:42:49
    Vuestras músicas vienen del   264:50:6
    alma de los pájaros,
    dentro del alma inquieta!   268:54:23
    ¡Hay que arañarse el alma con   268:54:32
    garras de tristeza
    con el alma sutil de la brisa.   269:55:4
    para formar el alma de la   270:55:27
    harina.
    ¿Todo el eco de estrellas que   271:56:13
    guardo sobre el alma
    ¿Y el alma verdadera se   271:56:15
    despierta en la muerte?
    que agita los ramajes de mi   273:57:50
    alma.
    del alma...   277:58:26
    ¡Oh laurel divino, de alma   282:62:45
    inaccesible,
    En mi alma perdiéronse   284:63:21
    solemnes
    carne y alma de Cristo,   284:63:22
    pensando en tu alma.   345:124:2
    Alma con siete voces   359:134:5
    jugaba al río mi alma.   369:148:18
    (Alma,   407:200:7
    Alma,   407:200:9
    ¡Alma,   407:200:17
    ¡Alma,   407:200:19
    donde flota sin alma tu   414:209:11
    belleza.
    mi alma dorada y plena.)   415:211:9
    Yo, para darles alma,   415:211:12
    mi alma impasible y ciega.)   415:211:17
    mi alma, en tensión aguda.   421:219:20
    Con el alma de charol   453:234:7
    tu alma tibia sin ti que no   476:241:18
    te entiende.
    Alma extraña de mi hueco de   476:241:30
    venas,
    Tu alma tibia sin ti que no   476:241:39
    te entiende.
    mi alma en fotografías y   528:268:41
    azucenas,
    vacilando sin alma por la   541:274:130
    niebla,
    Ellas prestan al alma sus   580:304:45
    alas,
    que sin ellas el alma moría,   580:304:46
    ilusiones que el alma quería.   580:304:48
    sollozad por ser alma y ser   581:304:93
    flor,
    ¡Ay!, incensarios carnales   582:304:100
    del alma,
    toda mi alma.   582:305:2
    este toda mi alma...   585:305:77
    Jesusito del alma,   587:307:36
    Alma higiénica, vives sobre   619:323:41
    mármoles nuevos.
    noche del alma para siempre   640:340:14
    oscura.
    animales sin alma, simples   646:346:5
    formas,
    me roba el alma.   654:353:8
ALMARIO (1)
    Mi almario está musgoso   174:1:30
ALMAS (18)
    ¡Almas rudas de las piedras!   182:3:52
    que dejaron sus almas   192:9:6

almas de fuentes claras y   197:11:32
humildes manantiales!
¡Oh licor que esas almas has   200:13:46
unido!
segaban almas de flores.   227:27:13
HAY almas que tienen   239:37:1
Otras almas tienen   239:37:9
¿Conocerás las almas   255:44:32
que encierran nuestras almas!   268:54:16
más allá de las almas...?   272:57:10
todos me mostraban sus almas   281:62:10
cual eran:
El sollozo de las almas   313:96:3
bocas, senos y almas vagas   579:304:3
perfumadas;
dulces lotos de las almas   579:304:5
estancadas;
que fabrican las almas.   584:305:57
Por el campo (que espera los   589:310:8
tropeles de almas),
agitaba las hojas y las almas.   616:322:4
las almas de los viejos   626:328:5
pájaros.

ALMENAS (1)
El pueblo corría por las   504:258:4
almenas rompiendo las cañas
de los pescadores.

ALMENDRA (4)
Corazón de almendra amarga.   333:121:3
Tres balas de almendra verde   444:229:65
que lleva en el dorso una   520:266:4
almendra de fuego,
-Almendra sin cuajar de verde   616:322:2
tacto-

ALMENDRAS (1)
con los collares de   454:234:44
almendras.

ALMERIA (1)
cortadas en Almería.   433:224:20

ALMIDON (1)
El almidón de su enagua   434:225:12

ALMIDONADO (2)
Sobre el pecho almidonado,   390:174:19
mi blancor almidonado.   425:220:20

ALMIZCLE (1)
Ciudad de dolor y almizcle,   454:234:23

ALMOHADA (3)
Bórdame en tu almohada.   375:155:10
Mientras la gente busca   505:258:13
silencios de almohada
nombre de niña en su   525:267:94
almohada,

ALMOHADAS (1)
y en el oscurísimo beso   521:266:47
punzante debajo de las
almohadas.

ALONDRA (3)
como alondra que mira   186:6:15
quebrarse el horizonte,
como quiere la alondra al   211:17:43
nuevo día,
No quedaba en el aire ni una   561:287:9
brizna de alondra

ALONDRAS (2)
con agua de las alondras,   437:226:36
esqueletos de alondras y   542:275:158
lobos de penumbra;

ALREDEDOR (10)
(Alrededor de mis ojos   253:43:9
nadarán alrededor.   377:157:8
Dame más vueltas alrededor,   410:204:13
alrededor de tu faja.   431:223:44
Alrededor de sus pies,   465:237:23
Alrededor de Thamar   466:237:85
y para que se quemen estas   490:247:44
gentes que pueden orinar
alrededor de un gemido
lloraba sus heridas   529:269:16
alrededor.
alrededor de la luna,   529:269:40
alrededor del sol,   530:269:42

ALTA (11)
en la parte más alta del   206:15:47
pueblo,
a la alta escuela,   236:33:22
Guadalquivir, alta torre   295:68:19
de Andalucía la alta   307:85:9
por la alta marea   310:90:7
La noche muerta y alta.   362:139:3
ALTA va la luna   368:148:1
¡tan alta!   462:236:19
que quería cortarse el   563:290:4
corazón en alta mar.
que quería cortarse el   564:290:23
corazón en alta mar.
En alta mar les sirve de   619:323:30
brújula una rosa.

ALTARES (1)
para adornar todos los   339:121:90
altares y poner una corona a
la torre.

ALTAS (7)
(Torres altas y hombres   305:83:7
con altas rubias   371:149:15
ALTAS torres.   402:193:1
Altas torres.   402:193:11
hasta las altas barandas,   431:223:48
hacia las altas barandas.   431:223:54
van detrás de Lutero por las   496:252:20
altas esquinas.

ALTO (10)
subí al árbol más alto   179:2:128
EN lo alto de aquel monte   347:128:1
Y Enero sigue tan alto.   364:141:3
¡ALTO pinar!   365:143:1
en el alto chopo están.)   416:212:13
(cielo alto).   418:215:12
alto de la celosía.   434:224:36
UNA rosa en el alto jardín   618:323:1
que tú deseas.
Y tú, arriba, en lo alto,   636:334:12
verde y frío,
moreno y alto.   654:353:4

ALTOS (6)
de los árboles más altos."   177:2:75
Por los altos corredores   351:129:14
Vienen altos caballeros   439:227:37
por los altos corredores?   449:232:2
en los altos corredores.   450:232:54
Thamar, en tus pechos altos   466:237:65

ALTURA (3)
Acoged mis ofrendas dando al   623:325:23
aire de altura
no hay altura posible   635:333:43
eres ya por las rocas de la   639:339:2
altura.

ALUCINACION (1)
Y una alucinación   196:10:22

ALUCINANTES (1)
en las alucinantes cacerías,   516:264:26

ALUMBRA (1)
Tu faro se apagó. ¡Ya los   273:57:36
alumbra

ALUMBRAN (2)
Alumbran el camino,   278:59:29
se alumbran de noche con el   339:121:93
brillo

ALUMBRE (1)
aire débil de alumbre y aguja   638:338:7
de quimera

ALUMINIO (1)
con el aluminio y las voces   498:254:13
de los borrachos.

ALLA (5)
El más allá del néctar,   199:13:3
más allá de esas sierras,   251:42:44
más allá de los mares,   252:42:45
Hay que cegar los ojos con   268:54:24
luz de más allá.
más allá de las almas...?   272:57:10

ALLI (20)
-Por allí marcha con su   205:15:37
cortejo,
Y meditas allí ciega y sin   234:32:16
alas
y allí nuestros besos,   267:53:19
[TENIENTE CORONEL] ¿Y qué   331:119:46
hacías allí?
[JINETE] Allí están mis   336:121:47
hermanos.
Entran buscando el sitio de   338:121:73
más calor y allí se paran.
[JINETE] Porque llegas   340:121:110
allí. ¿Qué haces?
y forma allí.   374:153:6
Allí mis pequeños ojos.   472:239:17
Allí, león, allí furia del   476:241:21
cielo,
allí, caballo azul de mi   476:241:23
locura,
Es allí donde sueñan los   478:242:25
torsos bajo la gula de la
hierba.
Allí los corales empapan la   478:242:26
desesperación de la tinta,
porque allí no hay mañana ni   497:253:10
esperanza posible.
allí donde mugen las vacas   499:254:48
que tienen patitas de paje
y allí donde flota mi cuerpo   499:254:49
entre los equilibrios
contrarios.
Allí no llega la escarcha de   500:255:11
los ojos apagados
Allí todas las formas   500:255:13
guardan entrelazadas
Allí bajo las raíces y en la   500:255:19
médula del aire,
AMA (2)
sollozad por la luna que os   581:304:96
ama,
de llorar lo que ama.   583:305:33
AMABA (1)
ninguno amaba las hojas   522:267:8
grandes,
AMABLE (1)
algo de soñolencia resignada y   196:11:2
amable,
AMAN (4)
¡Oh lluvia silenciosa que los   198:11:43
árboles aman
Aman el azul desierto,   477:242:9
que aman al hombre y queman   525:267:100
sus labios en silencio.
criaturas que aman sin ojos,   647:346:9
AMANECER (6)
Campanas de amanecer   306:85:3
y oh, campanas de amanecer   307:85:18
¡Oh golfo sin hormigas del   529:269:28
amanecer!
Buscaba el amanecer,   540:274:80
y el amanecer no era.   540:274:81
que trabaja antes del   563:290:9
amanecer.
AMANECIA (2)
AMANECIA   371:150:1
Amanecía   372:150:15
AMANEZCA (1)
Es necesario llegar antes   341:121:124
de que amanezca...
AMANTE (7)
-La estrella de mi amante   220:23:23
-La espada de mi amante   221:23:27
¿dónde hallaré a mi amante   221:23:49
y amante de los cuerpos bajo   523:267:39
la burda tela.
tengo a mi amante malo: 653:352:3
tengo a mi amante malo   653:352:7
tengo a mi amante malo   653:352:11
AMANTES (1)

Amantes olorosas de dulces   580:304:62
ruiseñores.
AMAPOLA (1)
¡Ay mis muslos de amapola!   437:226:34
AMAPOLAS (2)
y amapolas.   593:312:4
acribillado de amapolas,   609:316:18
AMAR (2)
de la lluvia nos hace amar la   233:32:10
lámpara,
¡cómo debes amar   255:44:37
AMARGA (12)
en el agua que va a la amarga   229:28:7
muerte?
Corazón de almendra amarga.   333:121:3
soñando en la mar amarga.   430:223:24
¿Dónde está tu niña amarga?   432:223:68
y amarga de muslo joven.   450:232:30
gustando la amarga frescura   477:242:16
de su milenaria saliva.
HAY una raíz amarga   561:288:1
y hay una raíz amarga.   561:288:8
Amarga.   561:288:9
muerde tu raíz amarga!   562:288:15
[Yo] Oh jardín de la amarga   627:328:26
fruta!
a la amarga adelfa sollozar,   649:350:2
AMARGA (1)
-¡Amarga mucho el agua   263:49:19
AMARGAS (2)
y amargas llagas encendidas.   494:250:43
ciñe frentes amargas y   619:323:34
cabellos de arena.
AMARGO (7)
se torna de repente monótono y   186:6:16
amargo.
lo amargo de Don Juan   309:88:19
Era moreno y amargo.   342:122:6
en lo amargo de la adelfa.   400:190:6
frente al mar amargo.   417:213:7
donde el amargo trópico se   489:246:42
fija.
gotas de sucia muerte con   526:267:106
amargo veneno.
AMARGO (8)
[UNA VOZ] Amargo.   333:121:1
Amargo.   333:121:4
[JOVEN 1.] ¡(En voz   333:121:10
alta.)}¡Amargo!
[JOVEN 2.] ¡(A   334:121:12
voces.)}¡Amargo!
[JOVEN 1.] ¡(Desde muy   335:121:28
lejos.)} ¡Amargo!
El Amargo está en la luna.   342:122:10
le dijeron a el Amargo: 452:233:23
abrió sus ojos Amargo,   452:233:47
AMARGOOO (1)
[JOVEN 2.] ¡(Casi perdido.)}   335:121:30
¡Amargooo! ¡(Silencio.)}
AMARGOS (1)
ignorante de los densos jugos   498:254:2
amargos.
AMARGURA (10)
oyendo la lluvia sobre la   203:14:60
amargura
¡Qué amargura tan honda   261:47:31
-Corazón, y esta amargura   263:49:17
Pero de tu amargura   276:58:9
AMARGURA dorada en el paisaje.   283:63:1
Y tengo la amargura solitaria   284:63:28
ríos de musgo y amargura de   502:256:32
pie
pulverizaba rojos paisajes   502:256:46
por las sábanas de mi amargura,
la amargura de mi corazón.   582:304:113
Poesía es amargura,   584:305:54
AMARILLA (9)
amarilla,   312:94:2
amarilla,   312:94:8
una serpiente amarilla,   325:112:6
amarilla.   348:128:16

su risa amarilla y dura. 366:145:7
Y el agua errante se pondrá 414:209:12
amarilla,
amarilla. 415:211:5
ni la rueda amarilla del 523:267:19
tamboril.
y amarilla a la vez. 579:304:16
AMARILLAS (7)
amarillas, 316:101:2
En las torres amarillas, 317:101:14
culebrinas amarillas. 321:107:2
culebrinas amarillas. 322:107:24
cabelleras amarillas 449:232:11
a las amarillas torres. 449:232:12
y esa noche de rocas 504:257:17
amarillas:
AMARILLO (16)
El jardín desangra en 271:56:22
amarillo.
amarillo, 312:94:5
y el débil trino amarillo 318:103:8
Limoncito amarillo, 322:107:15
amarillo.) 360:136:17
un árbol amarillo. 374:154:6
aquel pájaro amarillo! 386:170:6
amarillo de estrellas, 390:174:16
el amarillo de España. 400:190:4
-Ojo de gato triste y 414:210:6
amarillo-.
Cobre amarillo, su carne, 436:226:5
y estrellarse en una aurora 480:243:68
de tabaco y bajo amarillo.
y el geo amarillo de la miel. 529:269:32
Viene el hombre que mira con 619:323:22
el metro amarillo.
amarillo y... 625:327:6
y ese gran sol amarillo de 647:346:20
viejos peces aplastados.
AMARILLOS (6)
amarillos 317:101:5
Centuriones amarillos 459:235:43
este columbario que pone los 485:245:35
ojos amarillos.
atacarán los cielos 493:250:25
amarillos que se refugian en
los ojos de las vacas.
y los amarillos inunden la 558:284:8
seda.
amarillos. 591:311:39
AMARRADA (1)
sería una paloma amarrada a 572:300:6
mi corazón,
AMARRADO (1)
ni hubiese visto el mar 483:244:27
amarrado a los árboles
AMAS (2)
Amas una materia definida y 620:323:69
exacta
Amas la arquitectura que 620:323:71
construye en lo ausente
AMASA (1)
el desnudo que amasa la 513:263:31
sangre de todos,
AMASADO (1)
y este cutis amasado 448:231:31
AMATISTA (1)
amatista de ayer y brisa de 417:214:2
ahora mismo,
AMBAR (2)
pozo de ámbar que alimenta el 199:13:6
ritmo
y un olor de vino y ámbar 449:232:17
AMBIENTE (2)
la monotonía de tu ambiente 203:14:58
pobre
Late sobre el ambiente una 271:56:23
pena que ahoga,
AMBIENTES (1)
visiones de cunas en 201:14:16
ambientes quietos,
AME (1)

Yo amé mucho tiempo a un niño 510:261:16
AMENAZABA (1)
que casi te amenazaba? 398:186:4
AMENAZADA (1)
¡Ay, Harlem, amenazada por 482:243:112
un gentío de trajes sin
cabeza!
AMENAZANDO (1)
amenazando al viento! 327:116:6
AMERICA (1)
y América se anega de 526:267:133
máquinas y llanto.
AMERICANAS (1)
Las muchachas americanas 479:243:37
llevaban niños y monedas en
el vientre,
AMIANTO (2)
bajo el amianto de la luna, 479:243:28
Piel seca de uva neutra y 509:260:61
amianto de madrugada.
AMIGA (4)
amiga-le contesta 176:2:33
vieja amiga de las ranas 189:7:42
esquelética amiga. 280:61:34
a buscar amiga. 664:364:4
AMIGAS (3)
Amigas de poetas 579:304:7
deposito en vosotras, amigas; 581:304:77
él, amigas las llama. 584:305:41
AMIGO (13)
el corazón a un amigo. 241:38:20
otro nuevo a un amigo. 243:38:105
crepuscular, amigo? 246:40:16
¡Buenas noches, amigo 248:40:72
AMIGO, 509:261:1
Amigo, 510:261:12
Se acerca. Gime. No solloces 510:261:24
en sueños, amigo.
¡Amigo! 510:261:25
cuando el amigo come tu 524:267:63
manzana
Este es el mundo, amigo, 525:267:82
agonía, agonía.
que soy el pequeño amigo del 564:290:14
viento Oeste;
En mucho secreto, un amigo 628:328:28
delicado Giocondo, amigo mío. 636:334:14
AMIGOS (4)
a sus buenos amigos. 241:38:46
a todos los amigos de la 479:243:23
manzana y de la arena,
a conversar con sus amigos. 560:287:4
amigos, yo estoy muy malo; 661:359:34
AMISTAD (2)
Es primero el amor, la 622:323:101
amistad o la esgrima.
nuestra amistad pintada 622:323:105
como un juego de oca.
AMNON (5)
Amnón, delgado y concreto, 465:237:25
Amnón estaba mirando 465:237:33
Amnón a las tres y media 465:237:37
Amnón gime por la tela 465:237:49
Amnón huye con su jaca. 467:237:94
AMO (2)
yo te amo! 319:103:19
-¡te amo!-, desde mi olivar, 649:350:10
AMO (1)
no tienen amo 349:128:37
AMOR (181)
¿Y si el amor nos engaña? 182:3:31
si el Amor no tiene flechas? 182:3:44
empolvado. El amor 185:5:26
pues soy como el mismo Amor, 185:5:32
Soñabas que tu amor fuera como 186:6:9
el infante
Y, sin embargo, estabas para 186:6:29
el amor formada,
¿Dónde fue la tristeza de tu 187:6:40
amor desgraciado?
de mi amor ignorado, 191:8:38

Yo solo con mi amor   192:8:47
desconocido,
que amor de amor tomamos   194:9:45
Es el amor que corre   194:9:47
Veo la palabra amor   196:10:24
El amor se despierta en el   197:11:17
gris de su ritmo,
el oro derretido de su amor.   199:13:2
La miel es la epopeya del amor,   199:13:9
y tu amor de madre que sueña   201:14:15
lejanas
si el amor dormido tu cuerpo   201:14:19
tocara,
de amor tu sexo de azucena   210:17:15
en el amor y hermosos?   210:17:24
un cielo del amor,   210:17:34
mi amor no teme.   220:23:10
-¿Tú buscas el amor,   221:23:43
Tú buscas un amor   221:23:45
tú vas para el amor   222:23:73
¡Pater noster por mi amor!   226:26:40
-libro doliente de mi amor-   232:30:22
y habrá coplas de amor   233:31:22
a mi amor y a mis sueños   236:33:23
de mi amor desgarrada?   236:34:18
Mi amor errante,   245:39:36
ni el aire del amor renovará   256:44:60
de un amor inocente   261:47:29
Brotaría en la sombra del   269:54:35
amor carcomido
mi ilusión de ser grande en   271:56:25
el amor, las horas
ante la fuente turbia que del   271:56:31
amor me brota.
el amor a las alas.   275:57:98
Dame una voz que por amor   275:57:107
arranque
te redimió el amor.   276:58:10
del amor inmortal lleno de   283:63:13
Noche.
Pidiendo lo del hombre, Amor   287:63:123
inmenso
escarchado de amor y de   287:63:130
lirismo,
Amor. El viento en las   288:64:10
vidrieras,
¡amor mío!   288:64:11
Amor. El viento en las   288:64:22
vidrieras,
¡amor mío!   288:64:23
Amor. El viento en las   288:64:34
vidrieras,
¡amor mío!   288:64:35
Si a mi amor dejé muerto   289:65:13
¡Ay, amor   295:68:5
¡Ay, amor   295:68:11
¡Ay, amor   295:68:17
¡Ay, amor   296:68:23
¡Ay, amor   296:68:27
¡Ay, amor   296:68:31
Amor, cristal y piedra.   307:86:11
PERO como el amor   311:93:1
¡Ay, pero como el amor   312:93:12
¡Ay, amor,   317:102:5
¡Ay, amor,   318:102:11
¡Ay, amor,   318:102:16
ni cayado ni amor tienes.   348:128:10
(Nuestro amor se pone   360:136:16
ni Sevilla tiene amor.   377:157:2
Ay, amor.   377:157:10
¡Ni Sevilla tiene amor!   377:157:11
Por tu amor me duele el aire,   380:162:3
surcaba el amor por dentro.   385:168:10
del mal amor!   392:177:3
mi amor se arrojó a las   395:181:13
olas.)
está mi amor ¡girando!   396:182:16
se mueren de amor los ramos.   400:191:4
Se mueren de amor los ramos.   400:191:5
Se mueren de amor los ramos.   401:191:10
Se mueren de amor los ramos.   401:191:15

ponte color de amor.)   407:200:10
ponte color de amor!   407:200:20
Nunca te diré, amor mío,   410:204:7
jugando a la noria del amor.   410:204:14
Flor del amor.   411:205:5
Flor del amor.   411:205:12
¿qué ha de hacer, amor,   413:208:3
Llaga de amor que me dará la   414:209:5
vida
en los tejados del amor, con   472:239:12
gemidos y frescas manos,
Norma de amor te di, hombre   475:241:9
de Apolo,
¡Amor de siempre, amor, amor   476:241:32
de nunca!
¡Oh, sí! Yo quiero. ¡Amor,   476:241:33
amor! Dejadme.
Amor, amor, amor. Niñez del   476:241:38
mar.
Amor, amor, un vuelo de la   476:241:40
corza
Y tu niñez, amor, y tu niñez.   476:241:42
el amor por un solo rostro   481:243:84
invisible a flor de piedra.
Ese filo, amor, ese filo.   491:249:5
¡Oh filo de mi amor, oh   492:249:39
hiriente filo!
que sabían pronunciar la   495:251:26
palabra amor.
¡Ay voz antigua de mi amor,   498:254:5
quiero mi libertad, mi amor   499:254:25
humano
¡Mi amor humano!   499:254:27
cuando yo vuele mezclado con   500:255:10
el amor y las arenas.
cuando yo vuele mezclado con   500:255:27
el amor y las arenas.
y amor al fin sin alba.   501:255:31
Amor. ¡Amor visible!   507:260:5
amor mío!   507:260:19
dame tu mundo hueco, ¡amor
mío!
Dentro de ti, amor mío, por   507:260:22
tu carne,
¡qué cielo sin salida, amor,   507:260:25
qué cielo!
bordes de amor que escapan   508:260:27
de su tronco sangrante.
Basta tocar el pulso de   508:260:28
nuestro amor presente
Dame tus manos de laurel,   508:260:32
amor.
has venido, amor mío, a   508:260:43
cubrir mi tejado.
¡amor inexpugnable, amor   508:260:51
huido!
Mi mano, amor. ¡Las hierbas!   511:262:22
hay que buscar de prisa   511:262:29
amor, de prisa,
y mi amor que no es un   513:263:32
caballo ni una quemadura,
¡Mi amor!   513:263:34
Cuida tus pies, amor mío,   514:263:54
¡tus manos!,
pero debajo de las estatuas   521:266:41
no hay amor,
no hay amor bajo los ojos de   521:266:42
cristal definitivo.
El amor está en las carnes   521:266:43
desgarradas por la sed,
el amor está en los fosos   521:266:45
donde luchan las sierpes del
hambre,
dirá: Amor, amor, amor,   521:266:49
dirá: amor, amor, amor,   521:266:51
dirá: amor, amor, amor,   522:266:55
del Amor que reparte   525:267:104
coronas de alegría.
Porque te quiero, te quiero,   528:268:28
amor mío,

quiero, amor mío, amor mío,   528:268:43
dejar,
porque es la guitarra donde   532:271:20
el amor se desespera,
y el Amor, empapado con   543:275:167
lágrimas de nieve,
un colibrí de amor entre los   557:283:4
dientes.
¡Amor, enemigo mío,   562:288:14
eras junco de amor, jazmín   564:291:3
mojado.
con la lengua llena de amor y   565:292:3
de agonía.
¡Ay qué furia de amor, qué   568:295:9
hiriente filo,
del amor juvenil y arrogante   580:304:40
ellas son estrellas que   580:304:50
sienten el amor,
Llenas rosas de gracia y   581:304:82
amor,
sollozad, pues sois flores   581:304:91
de amor,
y también sollozad por mi   582:304:99
amor.
sollozad, pues sois flores   582:304:115
de amor.
del amor.   585:306:3
al amor de la lumbre   586:307:13
Tú viste mi amor roto   592:311:48
mi amor niño, mi amor   592:311:51
¡Amor de mi noche!   594:312:24
¡Amor de mi noche!   594:312:32
¡Muchacho sin amor,   599:313:86
Jardín donde el amor   600:313:110
(Oh noche de mi amor,   604:314:40
¿Y el oro del amor?   611:318:12
tu amor a lo que tiene   621:323:91
explicación posible.
Es primero el amor, la   622:323:101
amistad o la esgrima.
por amor de la carne que no   631:330:20
sabe tu nombre.
aquietaba la angustia del   632:331:26
amor desligado.
Sacramento inmutable de amor   633:331:40
y disciplina!
anunciaban el cuerpo sin amor   633:332:3
que llegaba
Amor entre paredes y besos   633:332:11
limitados,
AMOR de mis entrañas, viva   639:340:1
muerte,
Prado, amor, luz y arena.   641:341:25
yo te olvidé, amor mío.   642:342:20
Mi amor de paso, tránsito,   646:345:32
larga muerte gustada,
Es dolor que se acaba y amor   646:345:36
que se consume,
pero mi amor busca el huerto   648:348:9
pero mi amor busca pura   648:348:19
¿qué harías, amor mío?   649:350:3
¿qué harías, amor mío?   649:350:7
¿qué harías, amor mío?   649:350:11
AMORDAZAN (1)
las lágrimas amordazan al   569:296:11
viento,
AMORES (10)
y sin amores muertos.   211:18:8
el dolor de sus amores   212:19:3
-Vengo de los amores   220:23:17
Mi corazón despierto sus   224:25:7
amores decía.
A buscar amores que tú no me   378:158:10
das.
que no habrá paraíso ni   497:253:14
amores deshojados;
¿Ordenar los amores que   517:264:66
luego son fotografías,
mundos enemigos y amores   520:266:9
cubiertos de gusanos

Mañana los amores serán   525:267:90
rocas y el Tiempo
de tristezas, de amores   581:304:71
fatales,
AMOROSA (1)
la que amorosa y triste sobre   197:11:30
las cosas caes!
AMORTAJA (1)
amortaja a una doncella.   456:234:96
AMORTAJADA (2)
sobre el suelo amortajada.   369:148:36
yerta y amortajada   574:302:17
AMORTAJADO (2)
El viento está amortajado   412:207:5
yacerás amortajado.   452:233:41
AMPARO (3)
   AMPARO,   318:103:1
   Amparo,   319:103:14
   Amparo,   319:103:17
AMPLIA (1)
EN la amplia cocina, la lumbre   586:307:1
AMPLIO (1)
por el amplio elemento en que   269:55:7
moran
AMPOLLAS (1)
estrellaban ampollas de   533:272:29
laguna sobre las paredes del
templo.
ANA (1)
y ella que Ana.   656:355:20
ANACREONTE (1)
sois de los prados de   292:67:51
Anacreonte,
ANARQUISTAS (1)
para anarquistas.   215:21:13
ANATOMIA (1)
clínica y selva de la   476:241:37
anatomía.
ANCIANO (1)
anciano hermoso como la   523:267:34
niebla
ANCLADA (1)
Ecuestre por mi vida   509:260:71
definitivamente anclada.
ANCLADO (1)
Es así, Dios anclado, como   630:330:17
quiero tenerte.
ANCHA (2)
tu frente ancha,   291:67:15
Ancha luz de Minerva,   620:323:55
constructora de andamios,
ANCHO (3)
Frente al ancho crepúsculo de   272:57:3
invierno
Frente al ancho crepúsculo de   274:57:67
invierno
Pez mudo por el agua de ancho   616:322:5
ruido,
ANCHOS (2)
Anchos sombreros grises,   307:86:4
anchos hombros, fino talle,   442:229:2
AND (1)
-Yes, and you?   501:256:2
ANDA (7)
El color blanco, anda,   384:167:4
anda despacio y garboso.   445:230:6
-Anda, dinos cómo se llamaba   587:307:30
anda por mi corazón.   601:313:137
Anda jaleo, jaleo;   659:358:5
Anda jaleo, jaleo;   660:358:12
Anda jaleo, jaleo;   660:358:20
ANDABA (1)
andaba perdida,   354:132:14
ANDADO (4)
Lo traigo andado.   658:356:11
lo traigo andado.   658:356:13
Lo traigo andado;   658:356:14
lo traigo andado.   658:356:18
ANDALUCES (2)
los cien jinetes andaluces   313:95:15
corazones andaluces   325:112:15

ANDALUCIA (5)
Eres el espejo de una   202:14:46
Andalucia
Andalucia, a tus mares.   296:68:30
en la Andalucia del llanto!   302:77:12
de Andalucia la alta   307:85:9
Andalucia tiene   316:100:4
ANDALUZ (3)
Mi pegaso andaluz está cautivo   211:17:37
un andaluz tan claro, tan   545:276:221
rico de aventura.
en caballo andaluz de acento   637:336:7
duro
ANDALUZA (2)
Nadie te fecunda. Mártir   202:14:34
andaluza,
Aire de Roma andaluza   541:274:111
ANDALUZAS (1)
sobre jacas andaluzas,   381:163:8
ANDAMIOS (2)
He pasado toda la noche en   492:249:24
los andamios de los arrabales
Ancha luz de Minerva,   620:323:55
constructora de andamios,
ANDAMOS (1)
Andamos   597:313:31
ANDAN (1)
piel eterna y rubor, andan   506:259:16
buscando!
ANDANDO (4)
La cruz. ¡Y vamos andando!   342:122:5
y aun andando por un paisaje   493:250:28
de esponjas grises y barcos
mudos
iba yo andando, andando,   588:309:2
ANDAR (3)
Echó a andar e internóse   176:2:24
[JOVEN 1.] No me gusta andar   334:121:17
de noche.
y en las ondas oscuras de tu   528:268:42
andar
ANDARES (1)
(¡Oh mis torpes andares!)   210:17:18
ANDO (3)
de las margaritas ando.   349:128:49
de las margaritas ando.   350:128:59
de las margaritas ando.   350:128:67
ANDUVO (1)
Cristo anduvo por ti,   276:58:20
ANEGA (1)
y América se anega de   526:267:133
máquinas y llanto.
ANEMONAS (4)
En las anémonas del   483:244:20
ofertorio te encontraré,
¡corazón mío!,
por las anémonas de los   488:246:33
muelles.
Fachada de crin, de humo;   490:247:32
anémonas, guantes de goma.
¿Quién el sueño terrible de   523:267:28
tus anémonas manchadas?
ANFIBIO (1)
por un anfibio sendero   426:221:3
ANGEL (4)
es un ángel caído.   277:58:28
Un ángel marchoso pone   448:231:45
¿Qué ángel llevas oculto en   523:267:26
la mejilla?
el llanto es un ángel inmenso,   569:296:9
ANGELES (8)
Eran ángeles los caballeros.   205:15:22
Angeles negros traían   429:222:13
Angeles con grandes alas   429:222:15
Y ángeles negros volaban   429:222:35
Angeles de largas trenzas   429:222:37
Angeles y serafines   460:235:73
La sangre bajaba por el monte   532:272:4
y los ángeles la buscaban,
Hay muy pocos ángeles que   569:296:5
canten,

ANGOSTA (1)
dejad la angosta senda   248:40:63
ANGULO (4)
Angulo de luna llena.   395:181:7
Angulo de luna sola.)   395:181:8
ANGULO eterno,   615:319:1
Angulo inmenso,   615:319:5
ANGULOS (2)
buscan al rey por las calles   481:243:77
o en los ángulos del salitre.
donde todos los ángulos   631:330:30
toman sus luces fijas,
ANGUSTIA (9)
Y esta angustia mía   413:208:13
¡No hay angustia comparable   479:243:32
a tus ojos oprimidos,
por la angustia imperfecta   487:245:87
de Nueva York!
nardos de angustia dibujada.   497:253:8
Mira el ansia, la angustia   508:260:40
de un triste mundo fósil
aliviará la angustia de otro   514:263:60
corazón
vidriado por la angustia de   518:265:15
un millón de paisajes.
porque es una angustia y su   532:271:19
sombra,
aquietaba la angustia del   632:331:26
amor desligado.
ANGUSTIADOS (1)
angustiados por el testigo y   489:247:14
la vigilia de todas las cosas
ANGUSTIAS (1)
virginal de tristezas y de   212:18:15
angustias
ANHELANTE (1)
Detrás de tus cristales aún   203:14:66
miras anhelante.
ANHELO (1)
esta confusión por anhelo de   514:263:58
equilibrio,
ANHELOS (1)
esperanzas, anhelos, pasión,   581:304:76
ANIDARON (1)
Los pensamientos que anidaron   231:30:5
ANILLITO (2)
¡Ay, su anillito de plomo,   373:152:7
ay, su anillito plomado!   373:152:8
ANILLO (11)
anillo formidable   353:131:6
su anillo de desposados.   373:152:6
Toma el anillo de bodas   402:193:3
y el símbolo del anillo.   402:193:9
me haré con ella un anillo   404:195:6
TIRAD ese anillo   405:197:1
Tirad ese anillo. Tengo   405:197:5
Tirad ese anillo   405:197:8
veremos brillar nuestro   493:250:29
anillo y manar rosas de
nuestra lengua.
tú lates para siempre   505:258:14
definida en tu anillo.
Anillo formidable,   613:318:70
ANILLOS (4)
Nubes y anillos en mi sangre.   331:119:54
cinco anillos se mecían.   379:159:16
collares y anillos blancos.   425:220:12
que disolviera sus anillos y   521:266:29
sus teléfonos de diamante.
ANIMA (2)
ni el metálico rumor de   495:251:30
suicidio que nos anima cada
madrugada.
pides la luz que anima la   620:323:54
copa del olivo.
ANIMAL (2)
intenso animal.   291:67:9
como no tuvo otro animal.   292:67:58
ANIMALES (4)
o castran animales por un   476:241:36
cielo,

Era la gran reunión de los 484:245:11
animales muertos,
animales sin alma, simples 646:346:5
formas,
que tienen los pequeños 647:346:14
animales planos,
ANIMALITOS (4)
Con los animalitos de cabeza 471:238:7
rota
¡Oh mi Stanton, idiota y 502:256:26
bello entre los pequeños
animalitos,
de los animalitos que se 516:264:44
olvidan
me dé la pura luz de los 646:346:3
animalitos
ANIMAN (1)
por donde animan ordenan 453:234:10
ANIS (3)
La noche de anís y plata 401:191:11
Anís de tus muslos blancos. 401:191:14
y los escarabajos borrachos 478:243:6
de anís
ANOCHECER (2)
anochecer de otoño, cuando 233:32:8
mueren
La dulzura tenue del 283:62:62
anochecer,
ANSIA (9)
con tristeza y con ansia. 274:57:56
y filtraba un ansia de luz 488:246:10
en las circulaciones
subterráneas.
y el ovillo busca por la 490:247:30
grama su ansia de longitud
insatisfecha.
ni el ansia de asesinato que 495:251:29
nos oprime cada momento,
Mira el ansia, la angustia 508:260:40
de un triste mundo fósil
Déjame en un ansia de 558:284:15
oscuros planetas,
Verte desnuda es comprender 570:298:5
el ansia
que cruzamos con ansia 584:305:63
Canto el ansia de estatua 621:323:94
que persigues sin tregua,
ANSIAS (5)
Un retablo de nieve que 187:6:51
mitigue tus ansias,
entregar nuestras ansias 194:9:64
ninguno queréis sofocar las 282:62:42
ansias
que en su cáliz sus ansias 580:304:41
aclara.
pero alabo tus ansias de 619:323:40
eterno limitado.
ANSIOSAMENTE (1)
que el milano te mira 234:32:40
ansiosamente:
ANSIOSO (1)
Con el arroyo de venas 645:345:6
ansioso de abrir sus
manecitas.
ANSIOSOS (1)
los mulatos estiraban gomas, 480:243:49
ansiosos de llegar al torso
blanco,
ANTAÑO (4)
y el dolor del antaño. 219:22:56
tristezas de antaño 239:36:19
y un pozo del antaño 255:44:54
del hogar. Cosas de antaño. 258:46:52
ANTE (8)
Ante el bosque sombrío 176:2:48
ante el Poniente. 260:47:6
ante la fuente turbia que del 271:56:31
amor me brota.
Sin terror y sin miedo ante 287:63:129
la muerte,
(Ante una vidriera rota 395:181:15

para gemir al pie de las 480:243:67
camas ante el insomnio de
los lavabos
el cielo tendrá que huir 485:245:43
ante el tumulto de las
ventanas.
Pero ante todo canto un 621:323:98
común pensamiento
ANTEAYER (1)
Anteayer 214:20:11
ANTENAS (3)
tronchadas las antenas. 178:2:111
moviendo sus antenas: 179:2:141
las antenas de los insectos. 516:264:53
ANTEOJOS (1)
Y los anteojos para la 515:264:11
sabiduría.
ANTEQUERA (1)
y él de Antequera. 657:355:28
ANTES (13)
Antes tuvieron el iris. 181:3:13
antes que Dios y el tiempo, 219:22:71
mucho antes que el otoño 236:34:11
lo que antes fue puro y 258:46:46
blanco.
habiendo antes estado 276:58:7
Es necesario llegar antes 341:121:124
de que amanezca...
que antes fueron blancos 351:129:21
monjes
que antes fueron cazadores. 351:129:27
que antes fueron... 352:129:33
antes de llegar a Córdoba! 380:161:14
antes de que los jueces 494:251:10
levanten la tela.
que trabaja antes del 563:290:9
amanecer.
antes de las cuatro y media." 655:354:12
ANTIGUA (9)
mi alma antigua de niño, 252:42:49
la estrella más antigua. 256:45:12
una canción antigua, 280:61:36
y espada de plata antigua. 381:163:16
ERA mi voz antigua 498:254:1
¡Ay voz antigua de mi amor, 498:254:5
¡Oh voz antigua, quema con 499:254:30
tu lengua
Pides la luz antigua que se 620:323:57
queda en la frente,
antigua y recién nacida 648:348:13
ANTIGUAS (6)
muertas horas antiguas. 198:12:10
de mis antiguas inocencias 231:30:15
de campanas antiguas 349:128:30
Voces antiguas que cercan 447:231:3
plazas del cielo extraño 495:251:41
para las antiguas estatuas
ilesas
yerra por los tejados de las 618:323:14
casas antiguas.
ANTIGUO (6)
un chopo antiguo que mueve 209:16:15
mi corazón antiguo, 243:38:103
antiguo de la poesía, 253:43:12
En el bosque antiguo, lleno de 281:62:9
negrura,
¡Oh gran sacerdote del saber 283:62:54
antiguo!
¡Oh, qué antiguo sentimiento! 396:183:2
ANTIGUOS (2)
Abre en mis dedos antiguos 427:221:27
y ahogar en sangre y ceniza 510:261:11
los cementerios antiguos.
ANTIPATICOS (1)
de marineros antipáticos. 643:344:6
ANTOJA (1)
El cielo, se les antoja, 455:234:71
ANTONIO (5)
Juan Antonio el de Montilla 429:222:17
ANTONIO Torres Heredia, 445:230:1
Antonio Torres Heredia, 446:230:25

Antonio, ¿quién eres tú?   446:230:29
Antonio Torres Heredia,   447:231:19
ANTOÑITO (1)
¡Ay Antoñito el Camborio,   448:231:33
ANTORCHA (1)
qué antorcha iluminará   182:3:39
ANUDABAN (1)
anudaban cadenas en mis manos.   564:291:8
ANUNCIABAN (1)
anunciaban el cuerpo sin amor   633:332:3
que llegaba
ANUNCIACION (5)
Anunciación de los Reyes,   443:229:27
Dios te salve, Anunciación.   443:229:43
Dios te salve, Anunciación,   444:229:51
Dios te salve, Anunciación.   444:229:59
de Anunciación sorprendida.   444:229:64
ANUNCIE (1)
y un niño negro anuncie a   526:267:136
los blancos del oro
ANUNCIOS (2)
La nieve de Manhattan empuja   496:252:17
los anuncios
que en montes de carbón,   523:267:41
anuncios y ferrocarriles,
AÑEJA (3)
de la canción añeja.   250:42:18
de la canción añeja.   251:42:26
de la canción añeja.   251:42:36
AÑICOS (1)
que dejan los cielos hechos   516:264:23
añicos.
AÑIL (3)
desde su casa de añil   225:26:14
pone mis ojos de añil.   415:211:11
lo blanco en el añil.   415:211:15
AÑOS (12)
y la garra de los años   181:3:21
y los años dormidos   249:41:5
por la garra de los años.   257:46:6
más de cien años. ¡Silencio!   405:197:6
que se queja tres años   493:250:10
me quedan todavía tus diez   501:256:5
años,
brilla por muchos años el   502:256:17
fulgor de la quemadura.
Tus diez años serán las hojas   503:256:57
y vivimos cien años dentro   510:261:18
de un cuchillo.
Al cabo de mil años   594:312:30
sobre el cristal invisible   626:328:11
de los años.
-El toro tiene ocho años.   661:359:20
APAGA (6)
¿Si la esperanza se apaga   182:3:37
y la sed nos apaga.   194:9:54
Fuegos fatuos que apaga el   271:56:8
temblor de las ondas.
nunca se apaga;   291:67:25
Apaga tus verdes luces   455:234:59
Un ruiseñor apaga los   570:297:7
suspiros,
APAGABAN (1)
se apagaban en el negro de   518:265:24
los sombreros de copa.
APAGADA (2)
como una estrella apagada.   213:19:24
y en mi hora de estrella   582:304:106
apagada,
APAGADAS (2)
LAS estrellas apagadas   225:26:1
y las cerillas apagadas   483:244:14
APAGADO (3)
-¿Se ha apagado-dijéronle   207:15:80
otros-
un lucero apagado,   219:22:64
manantial apagado.   593:312:15
APAGADOS (3)
los montes apagados   248:40:75
Allí no llega la escarcha de   500:255:11
los ojos apagados

en un montón de perros   544:276:214
apagados.
APAGAN (1)
Los candiles se apagan.   300:74:3
APAGANDO (1)
La luz se va apagando.   242:38:58
APAGARON (1)
Se apagaron los faroles   434:225:6
APAGARTE (1)
basta para apagarte.   597:313:20
APAGO (1)
Tu faro se apagó. ¡Ya los   273:57:36
alumbra
APARECEN (1)
y aparecen las sendas   393:179:3
APARIENCIA (1)
y borrando mi apariencia por   646:345:41
el término del aire.
APARTANDO (1)
apartando las hierbas.   176:2:47
APARTO (1)
yo me aparto,   663:361:12
APENADAS (1)
en un ruido de ideas humildes   271:56:19
y apenadas
APERGAMINADO (1)
viejo y apergaminado,   257:46:8
APESTADO (1)
Tú, Madre siempre bromista.   647:346:22
Vecina del perejil {a}pestado
APETENCIA (1)
Tu apetencia de muerte y el   545:276:218
gusto de su boca.
APIOS (1)
Apios de Sevilla,   526:267:112
APLASTADAS (1)
aplastadas en el cristal   626:328:9
opaco,
APLASTADO (1)
al sapo recién aplastado,   489:247:8
APLASTADOS (1)
y ese gran sol amarillo de   647:346:20
viejos peces aplastados.
APLASTOSE (1)
Aplastóse doliente sobre letras   230:29:5
APLAUSOS (1)
y bebían agua por las   474:240:49
fuentes los abanicos y los
aplausos.
APOLO (6)
de un Apolo de sombra y de   274:57:58
nostalgia.
con savia potente de Apolo en   282:62:53
tus venas!
Norma de amor te di, hombre   475:241:9
de Apolo,
con el dolor de Apolo   476:241:19
detenido
ni tus muslos de Apolo   523:267:32
virginal,
Un Apolo de hueso borra el   638:338:5
cauce inhumano
APOSTOL (3)
el apóstol Santiago en   206:15:60
persona,
Era dulce el Apóstol divino,   206:15:70
Todo obra del Apóstol bueno.   207:15:95
APOYA (2)
(La sombra apoya sus dedos   405:197:3
Pero la noche es interminable   512:263:3
cuando se apoya en los
enfermos
APRENDAS (1)
para que aprendas, hijo, lo   503:256:54
que tu pueblo olvida.
APRENDE (3)
mi corazón aprende   289:66:3
mi corazón aprende   290:66:26
Aprende a cruzar las manos,   452:233:37

APRENDER (2)
vete para aprender   503:256:50
celestiales palabras
para aprender un llanto que   564:290:21
me limpie de tierra;
APRENDI (2)
"Tampoco: nunca aprendí."   177:2:64
Aprendí secretos de melancolía,   281:62:5
APRENDICES (1)
aprendices de Tobías   441:228:33
APRENDISTE (1)
¡bien aprendiste   291:67:26
APRETADAS (1)
agitando sus trenzas   393:178:6
apretadas.
APRETADO (1)
el apretado bucle de   622:323:104
Matilde la ingrata,
APRETANDO (1)
cuando el judío, apretando   519:265:57
los ojos,
APRIETA (2)
Aprieta un corazón   322:108:13
Una uña que aprieta el tallo.   490:248:4
APRISCO (1)
y el llanto del rebaño en el   286:63:103
aprisco.
APRISIONABAN (1)
Desfiladeros de cal   485:245:21
aprisionaban un cielo vacío
APUNTAN (1)
apuntan a la orilla de tu   524:267:62
sueño
APUNTILLADA (1)
instantáneo dolor de luna   508:260:37
apuntillada.
AQUEL (1)
son de aquél?   601:313:134
AQUEL (19)
Aquel de la blanca barba   258:46:29
"¡Es aquel de oro!", dijeron   277:59:8
aquel Silverio!   319:104:4
EN lo alto de aquel monte   347:128:1
del romero aquel.   372:150:10
¡Mira aquel pájaro! ¡Mira   386:170:5
aquel pájaro amarillo!   386:170:6
Aquel viejo cubierto de setas   478:243:8
a aquel muchacho que llora   493:250:32
porque no sabe la invención
del puente
o a aquel muerto que ya no   493:250:33
tiene más que la cabeza y un
zapato,
y aquel niño que afila su   504:257:11
navaja
con aquel camarada que   524:267:43
pondría en tu pecho
Quiero dormir el sueño de   563:290:3
aquel niño
porque quiero vivir con   564:290:22
aquel niño oscuro
Aquel guante de luna que   591:311:30
olvidé,
AQUEL camino   602:314:1
Aquel camino.   602:314:3
Aquel grillo   602:314:4
Aquel grillo.   602:314:6
AQUELLA (11)
Y de aquella chiquita, tan   192:8:43
bonita,
en aquella tarde clara?   213:19:22
La Lola aquella,   311:92:13
Aquella era pequeña   404:196:13
su aventura a aquella gente,   428:221:56
Aquella noche corrí   435:225:36
Será que la gente aquella   449:232:7
Aquella noche el rey de   479:243:42
Harlem,
¡Aquella luciérnaga   597:313:22
Aquella estrella romántica   604:314:45
Aquella estrella romántica   604:314:48

AQUELLAS (2)
-Se perdió por aquellas   207:15:88
montañas
[JINETE] ¿No son aquellas   339:121:104
las luces de Granada?
AQUELLO (1)
¿QUE es aquello que reluce   449:232:1
AQUELLOS (4)
AQUELLOS ojos míos de mil   472:239:1
novecientos diez
Aquellos ojos míos de mil   472:239:5
novecientos diez
Aquellos ojos míos en el   472:239:10
cuello de la jaca,
por aquellos prados   665:364:29
AQUI (23)
se llegue por aquí.   180:2:166
y una estrella dejóme aquí   207:15:77
dentro.
-¿Cómo son las estrellas aquí?   207:15:84
-¿A quién buscas aquí,   221:23:39
y aquí la miro entre mis dedos   231:30:3
MI corazón está aquí,   240:38:1
Aquí, Señor, te dejo   243:38:102
Aquí estoy, Lucía Martínez.   399:187:7
¡Aquí somos otra gente!   400:190:10
aquí pasó lo de siempre.   429:222:28
San Gabriel: Aquí me tienes   443:229:39
No hay dolor en la voz. Aquí   496:251:45
solo existe la Tierra.
Estás aquí bebiendo mi   498:254:10
sangre,
Aquí no canta nadie, ni   543:275:174
llora en el rincón,
aquí no quiero más que los   543:275:176
ojos redondos
Yo quiero ver aquí los   543:275:178
hombres de voz dura.
Aquí quiero yo verlos.   543:275:182
Delante de la piedra.
¡Por aquí has de pasar,   611:318:32
¡Por aquí,   611:318:34
Que nosotros aquí de noche y   639:339:12
día
-Aquí tenéis vuestro hijo   662:359:47
que aquí estoy ca[u]tiva.   665:364:16
plantó aquí esta oliva,   665:364:34
AQUIETABA (1)
aquietaba la angustia del   632:331:26
amor desligado.
ARADO (1)
como la reja del arado   302:78:3
ARADOS (1)
de los arados   609:316:4
ARAÑA (14)
bajo una araña. El sol   185:5:5
como otra araña me oculta   185:5:29
que presa por la araña gris del   190:8:3
tiempo
copa de tu vientre la araña   201:14:7
que teje
en la araña melódica,   219:22:50
araña del olvido.)   224:25:3
araña del olvido.)   224:25:6
(Araña del silencio,   224:25:8
(Araña del silencio,   224:25:11
En la araña   326:115:5
Vuelan en la araña gris,   433:224:5
porque tan solo el diminuto   490:247:25
banquete de la araña
Una araña   590:311:8
es una inmensa araña   611:318:37
ARAÑADO (2)
del rudo monte arañado.   259:46:64
Ramera con los senos de   632:331:10
cristal arañado.
ARAÑADOS (1)
Pero tú no buscabas los ojos   524:267:67
arañados,

ARAÑAN (1)
Son los muertos que arañan   488:246:22
con sus manos de tierra
APAÑARSE (1)
¡Hay que arañarse el alma con 268:54:32
garras de tristeza
ARAÑAS (5)
y las arañas tienden   175:2:7
con arañas de miradas   226:26:47
LAS arañas   248:41:1
Las arañas   249:41:22
arañas titiriteras.)   392:178:4
ARAÑAZOS (1)
y arañazos rojos hechos por   202:14:51
miradas.
ARAR (1)
se fueron a arar temprano,   660:359:2
ARBOL (25)
subí al árbol más alto   179:2:128
y sollozos del árbol?   217:22:4
del árbol de la ciencia,   245:39:30
las verdes hojas del árbol.   258:46:32
una llama sobre el árbol,   259:46:74
¡Hay que ser como el árbol   268:54:28
al árbol, el insecto y la   273:57:43
montaña?
¡Sé árbol!   273:57:51
¡Arbol que produces frutos de 282:62:50
silencio,
aunque me hiera el rayo como   287:63:131
al árbol
Un árbol grande se abriga   346:126:5
ARBOL de sangre moja la mañana 353:130:1
un árbol amarillo.   374:154:6
un árbol seco,   379:160:8
y un solo árbol,   396:182:2
y un solo árbol.   396:182:14
Arbol cuyos mil deditos   410:204:5
ay cómo canta en el árbol!   426:220:30
Olalla pende del árbol.   460:235:52
Olalla muerta en el árbol.   460:235:56
Olalla blanca en el árbol.   460:235:64
Con el árbol de muñones que   471:238:5
no canta
ni el mugido del árbol   500:255:12
asesinado por la oruga.
El poeta es un árbol   583:305:30
corazón del árbol.   593:312:9
ARBOLE (6)
ARBOLE arbolé   381:163:1
Arbolé arbolé   382:163:29
Y el arbolé,   388:172:4
Y el arbolé,   388:172:18
ARBOLEDAS (3)
y arboledas.)   226:26:42
POR las arboledas del Tamarit 569:297:1
Por las arboledas del Tamarit 570:297:17
ARBOLES (32)
entre los rudos árboles,   174:1:41
Los árboles extienden   175:2:3
de los árboles más altos."   177:2:75
Y los árboles se besan   184:5:12
Los árboles que cantan   193:9:21
¡Oh lluvia silenciosa que los 198:11:43
árboles aman
hacían de los árboles   228:27:30
SE ha puesto el sol. Los   232:31:1
árboles
Los árboles marchitos.   238:36:3
Los árboles son blancos,   262:48:2
los árboles son blancos.   262:48:18
¡ARBOLES!   264:50:1
¡Arboles!   264:50:9
y los árboles mustios   265:51:5
¡Quisiera en estos árboles   278:60:9
Los gusanos lloraron, y los   285:63:74
árboles,
que los árboles llueven.   289:66:5
que los árboles llueven.   290:66:28
En tus árboles oscuros.   403:194:2
En tus árboles oscuros.   403:194:10

los árboles han crecido,   435:225:17
los clamorosos árboles que   482:243:103
corta.
ni hubiese visto el mar   483:244:27
amarrado a los árboles
Se fueron los árboles de la   484:245:3
pimienta,
con árboles fermentados y   488:246:17
camareros incansables
que se asomarán a los arcos   489:247:20
y os helarán por detrás de
los árboles.
árboles y arroyos trepaban   503:257:2
por sus cuernos.
con árboles de lágrimas y   542:275:152
cintas y planetas.
como si fueran árboles, de   570:297:12
pronto.
Los árboles   590:311:4
árboles yacentes,   593:312:2
ni los muertos que mueven   645:345:13
sus lenguas bajo los árboles.
ARBOLILLOS (1)
Mil arbolillos de sangre   459:235:39
ARBOLITO (1)
hay un arbolito verde.   347:128:2
ARBOLITOS (2)
dos arbolitos locos.   389:173:4
helados arbolitos de ácido   502:256:48
bórico.
ARCA (2)
Es un arca de besos   194:9:55
Arca de piedras preciosas   258:46:33
ARCADUZ (1)
se hunde el arcaduz del día.   209:16:29
ARCAICOS (1)
empapadas de arcaicos   249:41:16
ARCANGEL (5)
Arcángel domesticado   439:227:21
El Arcángel aljamiado   441:228:43
para San Gabriel Arcángel,   443:229:20
El Arcángel San Gabriel,   443:229:31
era, muerto en la orilla, un   561:287:16
arcángel de frío.
ARCILLA (5)
Adán sueña en la fiebre de la 353:130:9
arcilla
llenan de nervios luminosos   477:242:14
la arcilla
Arcilla blanda o nieve, tu   526:267:129
lengua está llamando
es no tener la flor, pulpa o   638:337:7
arcilla,
silbo de luz y arcilla de   638:338:4
caliente verano.
ARCO (10)
Como un arco de viola   298:71:8
Bajo el arco del cielo,   309:88:12
(Sobre el cielo un arco   359:134:3
resonaban por el arco   449:232:21
Pero el arco de yeso,   506:259:19
quite flores y letras del   526:267:135
arco donde duermes
Por el arco del encuentro   563:289:21
POR el arco de Elvira   567:294:1
Por el arco de Elvira   567:294:11
Por el arco de Elvira   567:294:21
ARCO IRIS (3)
será un arco iris negro   298:71:5
y un arco iris niño   598:313:47
un arco iris tendido.   625:327:8
ARCOS (9)
Arcos azules.   360:136:7
sobre los arcos de triunfo.   441:228:22
pasa por arcos rotos.   462:236:32
Se perdió por los arcos un   482:244:3
viernes de todos los muertos.
que se asomarán a los arcos   489:247:20
y os helarán por detrás de
los árboles.

con un hermano bajo los
arcos, 502:256:28

y los arcos rotos donde
sufre el tiempo. 558:284:12

con las criaturas mudas que
pasan bajo los arcos. 645:345:5

la que yo encuentro en el
niño y en las criaturas que
pasan por los arcos. 645:345:17

ARCOS IRIS (1)
preñado de arcos iris, 601:313:117

ARDE (1)
que arde en mis venas 588:308:2

ARDIENDO (1)
está ardiendo 463:236:59

ARDIENTE (2)
moreno, ardiente, 173:1:2
¡Oh mujer esbelta, maternal y 202:14:42
ardiente!

ARDILLAS (2)
los niños machacaban 478:243:15
pequeñas ardillas
poner parejas de 482:243:108
microscopios en las cuevas
de las ardillas

ARENA (27)
Arena del Sur caliente 297:70:18
bajo la arena. 323:109:3
Sucia de besos y arena, 435:225:44
y miedos de fina arena. 453:234:12
Juego de luna y arena. 457:234:124
pueblos en la arena parda, 465:237:42
Tu cintura de arena sin 476:241:15
sosiego
a todos los amigos de la 479:243:23
manzana y de la arena,
Medio lado del mundo era de 485:245:17
arena,
¡Arena, caimán y miedo sobre 485:245:20
Nueva York!
y el dolor de las cocinas 488:246:12
enterradas bajo la arena,
la lucha de la arena con el 511:262:9
agua.
rubios del norte, negros de 524:267:55
la arena,
El mar ahogado en la arena. 531:270:31
y no la niña viva que 533:272:33
callaron en la arena.
de Ignacio sobre la arena. 539:274:57
derramadas en la arena, 539:274:71
con el cutis de sal, abría 617:322:37
en la arena,
Sus pescadores duermen, sin 619:323:29
ensueño, en la arena.
ciñe frentes amargas y 619:323:34
cabellos de arena.
Cantaban las mujeres en la 631:330:25
arena sin norte,
una sierpe de arena por el 632:331:8
rincón oscuro.
mi perfil en la arena será un 637:335:7
viejo
Luz y noche de arena. 640:341:6
Luz y noche de arena. 640:341:15
Prado, amor, luz y arena. 641:341:25
un nombre sobre la arena. 650:351:14

ARENALES (1)
los arenales de la madrugada! 568:295:12

ARENAS (5)
y patinan lúbricos por agua 477:242:15
y arenas
cuando yo vuele mezclado con 500:255:10
el amor y las arenas.
cuando yo vuele mezclado con 500:255:27
el amor y las arenas.
collar de llanto en las 617:322:34
arenas finas,
rosa débil seré por las 634:333:15
arenas.

ARIDOS (1)

Aridos lucen tus ojos, 444:229:61

ARISCA (1)
Mayor, la arisca 216:21:53

ARISTAS (3)
las aristas de las rocas. 458:235:8
con el mundo de aristas que 491:249:7
ven todos los ojos,
buscando entre las aristas 497:253:7

ARISTON (2)
y ha puesto la sordina a su 256:45:11
aristón
el aristón 611:318:29

ARMADOS (1)
tres mil hombres armados de 632:331:14
lucientes cuchillos.

ARMADURAS (1)
sus armaduras de plata. 459:235:46

ARMARIOS (1)
abrieron los toneles y los 475:240:63
armarios,

ARMONIA (6)
La armonía hecha carne tú 200:13:27
eres,
espectro de armonía, 218:22:39
la armonía sonora 219:22:67
HA roto la armonía 256:45:1
la armonía del mundo. 277:58:23
como telaraña de armonía 281:62:18
eterna.

ARMONIAS (1)
¡Qué armonías derrama 193:9:9

AROMA (8)
El aroma sereno de la tierra 270:56:3
mojada
el pinar, borracho de aroma y 281:62:11
sonido;
Aroma, rastro y penumbra. 360:135:2
Aroma. 419:217:3
Aunque no quede más que el 419:217:4
aroma.
y bendito tu aroma perenne, 581:304:88
Escala de aroma 596:312:71
y se afirma el aroma de la 632:331:32
rosa templada.

AROMAN (1)
y espumas de rojos claveles 202:14:32
que aroman

AROMARON (1)
¿Dónde las rosas que aromaron 231:30:7

AROMAS (3)
temblorosos de aromas y 199:13:8
zumbidos.
tus senos resbalan 202:14:40
escanciando aromas
Yo tengo sed de aromas y de 211:18:5
risas,

ARPA (7)
que la pulsen como las 202:14:25
cuerdas de un arpa.
cortó las cuerdas del arpa. 467:237:100
¡Arpa de troncos vivos, 531:270:22
caimán, flor de tabaco!
Pavimento infinito. Mapa. 571:299:2
Sala. Arpa. Alba.
hecho posible. Arpa 584:305:59
Arpa laberíntica. 606:314:85
El arpa y su lamento 635:333:36

ARPAS (2)
que sirven platos de sal 488:246:18
bajo las arpas de la saliva.
Stanton, vete al bosque con 503:256:49
tus arpas judías,

ARPIAS (1)
madres de lodo, arpías, 525:267:103
enemigos sin sueño

ARQUEOLOGICA (1)
cual arqueológica 215:21:7

ARQUEROS (2)
LOS arqueros oscuros 307:86:1
llena de arqueros finos. 308:88:2

ARQUITECTURA (4)
la arquitectura del humo,   440:228:16
Córdoba de arquitectura.   441:228:30
Amas la arquitectura que   620:323:71
construye en lo ausente
de silencio sin fin y   634:333:7
arquitectura,
ARQUITECTURAS (1)
Las arquitecturas de   518:265:21
escarcha,
ARRABAL (1)
Las tres en el arrabal   533:272:13
rodeaban a un camello blanco
ARRABALES (3)
He pasado toda la noche en   492:249:24
los andamios de los arrabales
Nosotros ignoramos que el   495:251:22
pensamiento tiene arrabales
por los dormitorios de los   515:264:7
arrabales,
ARRANCA (2)
Arranca los esqueletos   240:38:7
Pero arranca de mí el recuerdo 419:217:5
ARRANCABA (2)
arrancaba los ojos a los   478:243:2
cocodrilos
arrancaba los ojos a los   480:243:44
cocodrilos
ARRANCAME (1)
¡Señor, arráncame del suelo! 275:57:105
¡Dame oídos
ARRANCAN (1)
Arrancan a la tierra su oro   270:55:24
vivo
ARRANCANDO (1)
arrancando las raíces y   487:246:2
mojando el pergamino de los
tambores;
ARRANCAR (4)
arrancar un suspiro   214:20:22
y arrancar las estrellas que   268:54:27
nos puso Satán.
destrozaron tres esqueletos   475:240:64
para arrancar sus dientes de
oro.
Puede el aire arrancar los   507:260:6
caracoles
ARRANCARSELE (1)
Nunca podrá arrancársele   214:20:28
ARRANQUE (1)
Dame una voz que por amor   275:57:107
arranque
ARRASTRADO (1)
toda la plaza arrastrado;   661:359:30
ARRASTRAN (1)
Hoy arrastran tus ondas   219:22:53
ARRASTRANDO (1)
arrastrando tras ellas   178:2:109
ARRASTRARTE (1)
y a arrastrarte del cabello   399:187:9
ARRAYAN (1)
la de la niebla azul y el   187:6:56
arrayán romántico.
ARRAYANES (1)
Por los arrayanes   566:293:13
ARRECULARON (1)
arrecularon el carro.   662:359:46
ARREPIENTO (1)
me arrepiento   663:361:14
ARRIBA (15)
que estás arriba en tu sala!   332:120:10
Río arriba voy buscando   416:212:5
más arriba de los pinos,   428:221:45
como un oso panza arriba.   433:224:8
con veinte soles arriba.   434:224:30
Pero se supo que la sexta   475:240:68
luna huyó torrente arriba,
La sangre no tiene puertas   480:243:53
en vuestra noche boca arriba.
Arriba palidecen   504:257:13

¡Y el toro solo corazón   538:273:23
arriba!
CON la frente en el suelo y   588:309:1
el pensamiento arriba,
panza arriba.   604:314:57
Arriba el sol.   625:327:10
Y tú, arriba, en lo alto,   636:334:12
verde y frío,
la calle arriba   654:353:14
suben arriba,   656:355:14
ARRINCONADO (1)
ni el corazón que tiembla   472:239:4
arrinconado como un caballito
de mar.
ARRODILLARSE (1)
porque quiere arrodillarse.   442:229:18
ARROGANTE (1)
del amor juvenil y arrogante 580:304:40
ARROJANDO (1)
y la tierra despertó   533:272:42
arrojando temblorosos ríos
de polilla.
ARROJARA (1)
porque me arrojará puñados   564:290:17
de hormigas,
ARROJO (1)
mi amor se arrojó a las   395:181:13
olas.)
ARROPADAS (1)
arropadas con juncias,   256:45:6
ARROYO (10)
al pasar el arroyo imaginario. 191:8:12
¡arroyo claro,   249:42:3
¡Arroyo claro,   250:42:11
¡Arroyo claro,   250:42:19
¡Arroyo claro,   251:42:27
La fuente y el arroyo   251:42:35
¡arroyo claro,   252:42:55
del arroyo enamorado.   259:46:84
entre gargantas de arroyo   460:235:69
Con el arroyo de venas   645:345:6
ansioso de abrir sus
manecitas.
ARROYOS (8)
y arroyos de lágrimas.   236:34:5
Un corazón con arroyos   241:38:21
Corazón con arroyos   243:38:106
Plata de arroyos y espejos.   401:191:13
sobre el mar y los arroyos.   445:230:20
y arroyos de leche blanca.   459:235:38
arroyos en rubio mapa.   466:237:76
árboles y arroyos trepaban   503:257:2
por sus cuernos.
ARROZALES (1)
sobre los arrozales.   599:313:64
ARRUGA (1)
¿Quién arruga el sudario?   543:275:173
¡No es verdad lo que dice!
ARRUGADA (2)
arrugada por el viento,   227:27:11
Doña Muerte, arrugada,   265:51:7
ARRUGADO (1)
del monte está arrugado.   262:48:8
ARRUGAS (3)
en tus arrugas, ¿dónde están? 231:30:6
la noche llena de arrugas   278:59:27
las arrugas severas que   286:63:106
dejaron
ARRUMBADO (1)
arrumbado en la cómoda   238:35:20
ARSENICO (2)
peces de arsénico como   520:266:5
tiburones,
Las campanas de arsénico y   537:273:19
el humo
ARTE (2)
a los juegos sin arte, a   497:253:16
sudores sin fruto.
No es el Arte la luz que   622:323:100
nos ciega los ojos.

ARTERIAS (1)
  va por las arterias   607:315:12
ARTICULACIONES (1)
  con los especialistas de las 519:265:51
  articulaciones.
ARTIFICIOS (1)
  Rosa pura que limpia de   621:323:81
  artificios y croquis
ARTISTA (1)
  de artista fracasado,   246:40:12
ARZOBISPO (2)
  de arzobispo cristiano.   247:40:57
  [TENIENTE CORONEL] Me ha   329:119:7
  saludado el cardenal
  arzobispo
AS (3)
  As de bastos.   322:108:5
  As de bastos.   322:108:11
  As de bastos.   322:108:17
ASCENSORES (1)
  me llega tu rumor   482:243:114
  atravesando troncos y
  ascensores,
ASCETAS (1)
  de ascetas flacos y Satanás, 291:67:35
ASCIENDE (1)
  que asciende   596:312:76
ASCIENDEN (1)
  y por el aire ascienden   300:74:6
ASCO (1)
  que beben con asco el agua 525:267:98
  de la prostitución,
ASEPTICA (1)
  cortan la flor aséptica de la 618:323:6
  raíz cuadrada.
ASESINA (1)
  asesina tu cristal?   567:294:10
ASESINADO (4)
  ASESINADO por el cielo,   471:238:1
  ¡Asesinado por el cielo!   471:238:12
  comprendí que me habían   475:240:61
  asesinado.
  ni el mugido del árbol   500:255:12
  asesinado por la oruga.
ASESINAN (1)
  asesinan a nuestro Moisés 482:243:110
  casi en los juncos del
  cielo.
ASESINAR (1)
  o asesinar a los perros   516:264:25
ASESINATO (2)
  ni el ansia de asesinato que 495:251:29
  nos oprime cada momento,
  Para el asesinato del   632:331:13
  ruiseñor, venían
ASESINO (1)
  asesinó un pequeño conejo 517:264:70
ASESINO (1)
  y vi dos niños locos que   532:271:17
  empujaban llorando las
  pupilas de un asesino.
ASESINOS (1)
  ¡Maricas de todo el mundo, 526:267:116
  asesinos de palomas!
ASI (16)
  ¿Por qué así maltratáis   178:2:114
  (Así la miel del hombre es la 199:13:13
  poesía
  Así pájaro clown desapareces 235:32:48
  Así pájaro esfinge das tu alma 235:32:50
  Pero no era así.   404:196:2
  -Así.   491:248:9
  Así hablaba yo.   499:254:44
  Así hablaba yo cuando   499:254:45
  Saturno detuvo los trenes
  Así iba el aire.   510:262:3
  así llamó en sus versos   579:304:13
  Dejad que así os llame,   579:304:17
  así tú,   600:313:108
  así las flores de este libro 626:328:10

Es así, Dios anclado, como 630:330:17
quiero tenerte.
Es así, forma breve de rumor 631:330:21
inefable,
que así me pusieron   665:364:43
ASIRIO (2)
  al perro asirio.   509:261:3
  al perro asirio.   510:261:27
ASNOS (2)
  a los asnos que pasan   255:44:38
  y los asnos de blancos   519:265:50
  dientes
ASOMA (3)
  asoma la luna fría.)   253:43:28
  ¡Qué vieja y triste asoma! 264:51:2
  y se asoma temblando   326:114:10
ASOMADO (1)
  asomado a los cristales,   385:168:7
ASOMAN (1)
  asoman sus velones.)   298:71:13
ASOMARAN (1)
  que se asomarán a los arcos 489:247:20
  y os helarán por detrás de
  los árboles.
ASOMARNOS (1)
  Tenemos que asomarnos   268:54:25
ASOMARSE (1)
  pudo asomarse a sus ojos 304:81:9
ASOMBRABAN (1)
  en sombra la asombraban, 573:302:5
ASOMBRO (2)
  bajo el asombro del mundo 292:67:48
  astral.
  sin sentir el asombro   500:255:18
  definitivo del marfil.
ASOME (1)
  ¡Quién me grita que me asome! 540:274:93
ASOMO (1)
  Asomo la cabeza   369:148:21
ASPA (1)
  aspa,   609:316:13
ASPERAS (1)
  que muchas veces el cielo 495:251:19
  los agrupa en ásperas
  manadas.
ASPIRAN (1)
  aspiran los sollozos.   321:106:11
ASTA (1)
  Y un muslo con un asta   537:273:15
  desolada
ASTAS (1)
  unas astas de ciervo   414:210:2
  enfurecido.
ASTRAL (2)
  del horizonte astral!   268:54:34
  bajo el asombro del mundo 292:67:48
  astral.
ASTRO (5)
  era un astro de brillos   204:15:16
  intensos.
  La gota de sangre buscaba la 486:245:57
  luz de la yema del astro
  Tranquila en mi recuerdo, 504:258:7
  astro, círculo, meta,
  Rubor sin nombre ya, astro 572:300:14
  perpetuo.
  Y viudita de mi astro   594:312:25
ASTRONOMIA (2)
  una vaga astronomía   453:234:15
  se quiebran las blancas   502:256:15
  paredes en el delirio de la
  astronomía
ASTRONOMICO (1)
  Canto tu corazón astronómico 621:323:92
  y tierno,
ASTRONOMOS (1)
  ya parecen astrónomos.   309:89:6
ASTROS (8)
  cuando vienen los astros 198:12:3
  astros sin vida   216:21:25
  Si te vas a los astros,   218:22:32

el rigodón de los astros.	241:38:17	dejando atrás fugaces	456:234:91
y escuché el débil ruido de los astros	274:57:79	y deja atrás los grupos ligeros de ballenas.	645:345:15
Los astros de plomo giran	403:194:7	ATRAVESABA (1)	
al increíble cocodrilo quieto bajo la tierna protesta de los astros.	493:250:6	atravesaba montes	640:341:12
		ATRAVESADO (1)	
		con el sexo atravesado por una aguja,	523:267:36
son los astros que pasan	585:305:67	ATRAVESANDO (1)	
ASUSTADO (1)		me llega tu rumor atravesando troncos y ascensores,	482:243:114
y el caracol asustado,	177:2:86		
ASUSTADOS (1)		ATRAVIESA (2)	
Asustados por los gritos	428:221:47	que atraviesa de un salto	243:38:112
ASUSTAN (1)		que atraviesa el corazón de todos los niños pobres.	485:245:37
Los otros cuchillos son blandos y se asustan de la sangre.	338:121:71	ATREVE (1)	
		que mana de las ondas por donde el alba no se atreve,	488:246:35
ATA (1)		ATREVEN (1)	
ata en el vivo azúcar de su tronco!	506:259:11	ya se atreven	249:41:6
		ATROPELLAN (1)	
ATACARÁN (1)		que los cascos atropellan.	456:234:84
atacarán los cielos amarillos que se refugian en los ojos de las vacas.	493:250:25	ATURDIDO (2)	
		y aturdido se aleja	180:2:161
		aturdido e inquieto,	180:2:176
ATADA (2)		AULLAR (2)	
sin saber que lleva atada	208:16:7	levántate para que oigas aullar	509:261:2
Atada con una cinta.	382:164:7		
ATADO (1)		Levántate para que oigas aullar	510:261:26
para este capitán atado por la muerte.	543:275:185		
		AULLARÁN (1)	
ATALAYAS (1)		que aullarán, noche oscura, por tu tiempo sin luces,	486:245:47
en los muros y atalayas.	467:237:96		
ATAN (1)		AULLIDO (1)	
carne viva. Los besos atan las bocas	493:250:18	El aullido	510:261:20
		AUN (4)	
ATAQUE (1)		¿Aún cantas?	196:10:28
el ataque violento de la luna.	489:247:12	Detrás de tus cristales aún miras anhelante.	203:14:66
ATAR (1)		más aún que la luna de enero.	206:15:71
atar al tiempo	278:60:10	Las manos aún mojadas de misterio	233:32:6
ATARDECER (2)		AUN (4)	
con una mansedumbre de atardecer constante.	196:11:8	Es el tesoro que aun guardan	258:46:31
		que aun pueden cruzarse en tenue	459:235:33
en el atardecer	261:47:57		
ATAÚD (1)		y aun andando por un paisaje de esponjas grises y barcos mudos	493:250:28
Un ataúd con ruedas es la cama	538:273:33		
ATAÚDES (5)		y aun las vivas prisiones de fuego	518:265:8
He golpeado los ataúdes. ¡Mi hijo! ¡Mi hijo! ¡Mi hijo!	482:244:6		
		AUNQUE (16)	
y ponía sobre los ataúdes	502:256:47	Y aunque no me quisieras te querría	211:17:41
LAS estatuas sufren por los ojos con la oscuridad de los ataúdes,	504:258:1		
		aunque te llamen tristes	230:29:24
que hacen ataúdes sin cruz.	521:266:22	Y aunque no crees en nada dices esto,	234:32:34
y los ataúdes se llevarán a los que no trabajan.	523:267:23		
		aunque nunca mis redes pescarán	279:61:17
ATERIDAS (1)		aunque me hiera el rayo como al árbol	287:63:131
mi lengua de palomas ateridas	637:335:10		
ATERIDOS (3)		[GITANO] Aunque no necesito alas, porque vuelo sin ellas.	331:119:53
¡Ya vienen las hormigas y los pies ateridos!	496:252:5		
		Aunque sepa los caminos	380:161:5
y soplar los gusanos ateridos	507:260:8	aunque te pongas rosada.	395:180:19
resbalando por cuernos ateridos,	541:274:129	¡Ay! No puedo decirte, aunque quisiera,	410:204:15
ATERRA (1)		Aunque no quede más que el rumor.	419:217:2
el caracol se aterra.	176:2:49		
ATIENDE (1)		Aunque no quede más que el aroma.	419:217:4
atiende solo rastros que no escalan.	476:241:16		
		ha de gritar aunque le estrellen los sesos en el muro,	522:266:62
ATIRANTA (1)			
Honda luz sin un pliegue de niebla se atiranta,	623:325:3	aunque un sol de alacranes me coma la sien.	559:285:5
ATIS (1)		aunque pase mil noches sin lecho.	572:300:4
Dafne y Atis,	327:116:7		
ATLETA (1)		Y aunque nunca tendrá sabor de llama	637:335:9
el atleta grotesco que sonríe	234:32:18		
ATMÓSFERAS (1)			
atmósferas sin viento.	326:114:6		
ATRÁS (4)			
vuelve atrás. Ya en la senda	178:2:103		
No mires nunca atrás,	306:84:12		

aunque lo busque prestado. 660:359:8
AURELIO (1)
  -¿Qué dices, Marco Aurelio, 229:28:2
AURORA (26)
  Tenías en el pecho la 186:6:13
  formidable aurora
  Es la aurora del fruto. La que 196:11:9
  nos trae las flores
  Va a la aurora que brilla en 204:15:7
  el fondo
  que sabe a miel y aurora. 209:17:8
  La luz de la aurora lleva 212:19:5
  rodeado de la aurora 213:19:15
  que da a la aurora el 232:30:24
  ruiseñor?
  ombligo de la aurora. 237:35:8
  una fuente de aurora 269:54:36
  con gemas de aurora. 288:64:13
  que la aurora me ofrece 289:65:7
  La ilusión de la aurora 301:75:11
  y en la aurora se mecen 308:87:7
  la flor de la aurora. 409:203:2
  cavan buscando la aurora, 436:226:2
  cruje la aurora salobre. 438:227:8
  Rumores de tibia aurora 467:237:91
  y estrellarse en una aurora 480:243:68
  de tabaco y bajo amarillo.
  LA aurora de Nueva York tiene 497:253:1
  La aurora de Nueva York gime 497:253:5
  La aurora llega y nadie la 497:253:9
  recibe en su boca
  y hay cuerpos que no deben 525:267:80
  repetirse en la aurora.
  Cúbreme por la aurora con un 564:290:16
  velo,
  no buscaba la aurora: 572:301:2
  bajo la aurora perpetua. 595:312:52
  Llena de aurora, mi tumba 608:315:44
AURORAS (2)
  tembloroso de auroras 173:1:21
  ¿Qué alfabeto de auroras ha 273:57:28
  compuesto
AUSENCIA (3)
  Unicornio de ausencia 463:236:56
  bajaron a la ausencia de las 617:322:25
  ondas.
  Una ausencia de bosques, 618:323:13
  biombos y entrecejos
AUSENTE (3)
  una dulce gaita ausente. 427:221:24
  Amas la arquitectura que 620:323:71
  construye en lo ausente
  La seda reluce ausente 644:344:11
AUSTRO (1)
  puede llegar el viento Austro 531:271:12
AUTENTICA (1)
  En la auténtica y sucia 419:217:10
  batalla.
AUTOMOVIL (1)
  quebrada por el automóvil, 517:264:59
AUTOMOVILES (1)
  donde flotan sus 482:243:116
  automóviles cubiertos de
  dientes,
AUXILIARLO (1)
  para que vaya a auxiliarlo. 661:359:38
AVANCE (1)
  una sola expresión frenética 500:255:14
  de avance.
AVANCES (1)
  no avances por ese sitio. 642:342:26
AVANZA (2)
  ...Y la higuera me grita y 384:166:11
  avanza
  avanza sembrando hogueras, 456:234:102
AVANZAN (2)
  Avanzan de dos en fondo 455:234:65
  Avanzan de dos en fondo. 455:234:69
AVANZAR (1)
  No puedes avanzar por los 500:255:15
  enjambres de corolas

AVE (3)
  y está cautiva el ave 174:1:46
  de ave fénix al limbo. 235:32:51
  del ave en la espesura 634:333:9
AVE (4)
  ¡AVE rosas, estrellas 579:304:1
  solemnes!
  ¡ave rosas, estrellas 579:304:6
  solemnes!
  ¡ave rosas, estrellas 579:304:9
  ¡Ave rosas, estrellas 581:304:81
  solemnes!
AVENTURA (2)
  su aventura a aquella gente, 428:221:56
  un andaluz tan claro, tan 545:276:221
  rico de aventura.
AVESTRUZ (1)
  donde los huevos de avestruz 477:242:19
  quedan eternos
AVISA (1)
  Un murciélago me avisa 226:26:37
AVISAD (1)
  ¡Avisad a los jazmines 539:274:65
AVISO (1)
  Haces bien en poner 620:323:61
  banderines de aviso,
AVISPAS (2)
  avispas y vientecillos 466:237:63
  y una pila de Volta con 481:243:82
  avispas ahogadas.
AXA (5)
  Axa y Fátima y Marién. 658:357:3
  Axa y Fátima y Marién. 659:357:8
  Axa y Fátima y Marién. 659:357:13
  Axa y Fátima y Marién. 659:357:18
  Axa y Fátima y Marién. 659:357:23
AXILAS (1)
  Mi hueco traspasado con las 509:260:60
  axilas rotas.
AY (118)
  -¡Ay, yo soy la viudita, 221:23:35
  -¡Ay!, caballero errante 222:23:55
  ¡Ay, quién tala mis bosques 289:65:3
  ¡Ay, amor 295:68:5
  ¡Ay, amor 295:68:11
  ¡Ay, amor 295:68:17
  ¡Ay, amor 296:68:23
  ¡Ay, amor 296:68:27
  ¡Ay, amor 296:68:31
  ¡Ay! 298:71:7
  ¡Ay! 298:71:11
  ¡Ay! 298:71:14
  ¡Ay yayayay, 305:82:12
  ¡Ay, Guadalquivir! 307:86:6
  ¡Ay, Guadalquivir! 307:86:12
  ¡Ay, pero como el amor 312:93:12
  ¡AY, petenera gitana! 315:99:1
  ¡Ay, petenera gitana! 316:99:15
  ¡Ay, amor, 317:102:5
  ¡Ay, amor, 318:102:11
  ¡Ay, amor, 318:102:16
  [TENIENTE CORONEL] ¡Ay! 331:119:52
  ¡Ay, mandor de los civiles 332:120:9
  [AMARGO] Ay yayayay. 334:121:23
  Ay yayayay. 334:121:25
  [AMARGO] ¡Me da una 340:121:109
  desesperanza! ¡Ay yayayay!
  [AMARGO] ¡Ay yayayay! 341:121:126
  ¡Ay morena! 347:126:13
  ¡ay!, sobre la mar salada. 370:148:52
  ¡Ay, su anillito de plomo, 373:152:7
  ay, su anillito plomado! 373:152:8
  ¡Ay cómo lloran y lloran, 373:152:15
  ¡ay!, ¡ay!, cómo están 373:152:16
  llorando!
  Ay, amor. 377:157:10
  ¡Ay qué camino tan largo! 380:161:11
  ¡Ay mi jaca valerosa! 380:161:12
  ¡Ay que la muerte me espera, 380:161:13
  ¡AY qué trabajo me cuesta 380:162:1
  ¡Ay qué trabajo me cuesta 381:162:10

¡Ay cómo corre el agua!   388:172:13
¡Ay mi corazón!   388:172:14
¡Ay Sol! ¡Ay luna, luna!,   391:176:9
¡Ay de la niña   392:177:2
¡Ay de la niña,   392:177:5
¡Ay! No puedo decirte,   410:204:15
aunque quisiera,
¡ay!, sino perderse?   413:208:4
¡Ay qué dulce rumor en mi   414:209:9
cabeza!
ay cómo canta en el árbol!   426:220:30
¡Ay mis camisas de hilo!   437:226:33
¡Ay mis muslos de amapola!   437:226:34
¡Ay San Gabriel de mis ojos!   443:229:47
¡Ay San Gabriel que reluces!   444:229:55
¡Ay Antoñito el Camborio,   448:231:33
¡Ay Federico García,   448:231:37
¡Ay cómo lloraba   461:236:3
¡ay!, jugando con las ranas.   463:236:69
¡Ay Harlem! ¡Ay Harlem! ¡Ay   479:243:31
Harlem!
¡Ay, Harlem disfrazada!   482:243:111
¡Ay, Harlem, amenazada por   482:243:112
un gentío de trajes sin
cabeza!
¡Ay, Wall Street!   487:245:84
¡Ay de mí! ¡Ay de mí! ¡Ay de   488:246:29
mí!
-¡Ay, ay de mí!   491:248:13
¡Ay voz antigua de mi amor,   498:254:5
ay voz de mi verdad,   498:254:6
ay voz de mi abierto costado,   498:254:7
¡Ay de ti, ay de mí, de la   508:260:54
brisa!
mi rostro, ¡mi rostro!, ¡ay,   514:263:56
mi comido rostro!
Mientras tanto, mientras   522:266:57
tanto, ¡ay!, mientras tanto,
¡Ay, ay, ay, ay!   527:268:7
¡Ay, ay, ay, ay!   527:268:18
¡Ay, ay, ay, ay!   528:268:26
¡Ay, ay, ay, ay!   528:268:34
con el ay de las damas,   529:269:30
¡Ay qué terribles cinco de   538:273:50
la tarde!
ay, ay, ay, ay.   566:293:5
ay, ay, ay.   566:293:6
ay, ay.   566:293:9
Ay.   566:293:12
¡Ay qué furia de amor, qué   568:295:9
hiriente filo,
¡Ay!, incensarios carnales   582:304:100
del alma,
-¡Ay qué triste es el cuento,   586:307:3
abuelito!
¡Ay muchacha, muchacha,   641:342:5
¡Ay muchacha, muchacha,   641:342:11
¡Ay muchacho, muchacho,   642:342:17
¡Ay muchacho, muchacho,   642:342:23
¡Ay muchacha!   642:342:29
¡Ay muchacho!   642:342:30
¡Ay, sin blanco   644:344:29
Ay río de Sevilla,   658:356:19
Ay, Tarara loca.   663:362:17
-¡Ay prados! ¡Ay prados!,   665:364:31
AYER (14)
Ayer es lo marchito.   213:20:7
Ayer estabas verde,   223:24:5
Los sueños de ayer las buscan,   325:113:7
AYER.   363:140:1
Ayer.   363:140:10
Ayer.   364:140:19
Ayer, mañana, negro y verde,   384:166:7
en el aire de ayer.   391:176:4
en el aire de ayer.   391:176:16
amatista de ayer y brisa de   417:214:2
ahora mismo,
de un ayer de ruiseñores.   439:227:40
Pensamiento de enfrente, luz   476:241:13
de ayer,
Luz de ayer y mañana.   640:341:4

NORMA de ayer encontrada   648:348:1
AYES (1)
Con siete ayes clavados,   313:95:13
AYUDA (1)
pueden ser rocas blancas con   494:251:8
la ayuda de la luna
AYUDANDO (1)
ayudando a los marineros a   492:249:26
recoger las velas
desgarradas.
AYUDE (1)
será luz que me ayude a   271:56:14
luchar con mi forma?
AYY (1)
[TENIENTE CORONEL] ¡Ayy!   331:119:55
AYYYYY (2)
[TENIENTE CORONEL]   332:119:57
{(Retorciéndose.)} ¡Ayyyyy!
[TENIENTE CORONEL] ¡Ayyyyy!,   332:119:59
pum, pim, pam.
AZABACHE (1)
de azabache, carne y ropa.   437:226:32
AZABACHES (1)
Los azabaches recónditos   398:187:5
AZADAS (1)
donde claven sus azadas   190:7:60
AZAFRAN (2)
ciego de azafrán y pobre,   439:227:42
y en los montones de azafrán   478:243:14
AZAFRANES (2)
¡Qué azafranes y qué lunas,   433:224:15
Entre los azafranes   463:236:50
AZAHAR (3)
del azahar profanado,   258:46:44
Lleva azahar, lleva olivas,   296:68:29
[GITANO] En enero tengo   331:119:56
azahar.
AZAHARES (2)
de azahares.   173:1:7
de azahares marchitos.   317:101:9
AZOFAR (1)
de azófar con limonada.   342:122:8
AZOGUE (5)
y se abría el azogue   319:104:13
ilustran el azogue   366:144:6
cierra sus ojos de azogue   438:227:10
(¿Se ha roto el azogue?)   597:313:15
sin azogue,   597:313:33
AZOR (1)
¡Oh pupila de azor, corazón   637:336:11
sano!
AZOTA (1)
mientras la luna los azota   524:267:72
por las esquinas del terror.
AZOTABAN (1)
azotaban las llagas de mi   564:291:10
cuerpo.
AZOTADLO (2)
¡azotadlo, hijos míos,   494:250:41
azotadlo!
AZOTEAS (6)
cantan en las azoteas!   391:175:16
invaden las azoteas.   455:234:52
Brillan las azoteas   462:236:30
por los tejados y azoteas,   480:243:65
por todas partes,
a que cicutas y cardos y   482:243:105
ortigas turben postreras
azoteas.
porque por las azoteas,   524:267:47
AZUCAR (5)
de melocotón y azúcar,   366:145:3
de azúcar y yerbaluisa.   434:224:28
porque el aire disuelve tus   500:255:16
dientes de azúcar,
ata en el vivo azúcar de su   506:259:11
tronco!
Y el azúcar,   506:259:12
AZUCENA (5)
un olor de azucena y de   206:15:73
incienso.

de amor tu sexo de azucena   210:17:15
y una azucena.   250:42:16
entre azucena y sonrisa,   443:229:32
monte de luz y llaga de   639:339:11
azucena.
AZUCENAS (4)
  tres paisajes de nieve y una   474:240:28
  cabaña de azucenas
  mi alma en fotografías y   528:268:41
  azucenas,
  no hay canto ni diluvio de   542:274:144
  azucenas,
  en duelo de mordiscos y   640:340:11
  azucenas.
AZUFRE (2)
  Azufre y rosa en mis labios.   331:119:51
  diez rosas de azufre débil   503:256:59
AZUFRES (1)
  la muerte le ha cubierto de   543:275:163
  pálidos azufres
AZUL (59)
  ¿Si el azul es un ensueño,   182:3:41
  la de la niebla azul y el   187:6:56
  arrayán romántico.
  de un corazón todo azul.   188:7:13
  todo el peso del azul.   188:7:20
  por el cielo azul herido   190:7:53
  del azul.   190:7:65
  estrella azul sobre mi pecho   191:8:16
  intacto.
  Es un besar azul que recibe la   196:11:5
  Tierra,
  hilando en los labios lo azul   201:14:17
  de la nana.
  hace tu azul pedazos,   218:22:24
  tu azul mansión, has visto   234:32:39
  calavera azul   235:33:12
  ¡PASIONARIA azul!   237:35:1
  Clara estrella azul,   237:35:7
  guárdate tu cielo azul,   240:38:15
  ¿Buscáis el azul limosna   247:40:26
  caídas del azul?   264:50:3
  diamante azul que canta,   275:57:88
  frente al azul, estaba   275:57:94
  el Lucifer del azul.   276:58:2
  en la azul melodía.   280:61:38
  dijeron: -El azul es   285:63:76
  imposible.
  De las águilas es todo el   285:63:80
  azul-.
  Porque el azul lo tienen las   286:63:83
  estrellas
  Y la negra distancia: -El azul   286:63:87
  sobre el azul dormido,   286:63:109
  todo el azul?-.   287:63:118
  y azul como los álamos del   287:63:124
  río.
  Azul de corazones y de   287:63:125
  fuerza,
  el azul de mí mismo,   287:63:126
  sobre la noche azul.   298:71:6
  azul!)   351:129:19
  Corpus azul.   361:138:5
  Corpus azul.   362:138:15
  Corpus azul.   362:138:29
  Teta azul de la luna.   367:146:2
  Sobre un cristal azul   369:148:17
  Está en la flor azul,   372:150:7
  con trajes de azul y verde,   381:163:9
  la rosa azul de tu vientre.   427:221:28
  allí, caballo azul de mi   476:241:23
  locura,
  Aman el azul desierto,   477:242:9
  Es por el azul crujiente,   477:242:17
  azul sin un gusano ni una   477:242:18
  huella dormida,
  Es por el azul sin historia,   478:242:21
  azul de una noche sin temor   478:242:22
  de día,
  azul donde el desnudo del   478:242:23
  viento va quebrando

y la piel del camello se   494:250:37
eriza con un violento
escalofrío azul.
Solo un caballo azul y una   509:260:74
madrugada.
ninguno la lengua azul de la   522:267:9
playa.
que pinta de azul a los   528:268:23
muchachos.
y el toro circo azul sin   571:299:7
lidiadores,
flor que es vida y azul   580:304:39
fontana
copones de perfume que azul   580:304:59
se bebe el viento,
Por la vereda azul,   594:312:33
¡El hombre es azul!   596:313:12
sobre un azul borroso.   605:314:72
se mece en el azul.   607:315:22
y, sentada en el azul,   614:318:93
AZULADO (1)
  Corazón azulado,   237:35:13
AZULADOS (1)
  los ojos luminosos y azulados   278:59:30
AZULAR (1)
  quiere azular   603:314:21
AZULES (11)
  azules sollozando?   218:22:22
  de los azules pájaros   218:22:34
  azules luceros,   239:37:2
  por los montes azules declina.   269:55:11
  que cayeron envueltos en   284:63:19
  azules
  Arcos azules.   360:136:7
  azules.)   363:140:3
  Pon telegramas azules   450:232:41
  ni el millonario de dientes   487:245:73
  azules,
  De los montes azules llega un   589:310:3
  aire sonoro.
  sus párpados azules   603:314:30
BABA (1)
  bajo el bigote lento de la   503:257:5
  baba.
BABEL (1)
  y la Babel se comienza,   182:3:38
BABELES (1)
  Babeles sin ladrillos   242:38:69
BACANAL (1)
  os cierren las puertas de   526:267:126
  la bacanal.
BACANTE (1)
  siendo una bacante que   203:14:54
  hubiera danzado
BACO (1)
  Luz que temen las vides   620:323:59
  entrañables de Baco
BÁCULO (2)
  con un gran sol por báculo.   192:8:50
  sin báculo y sin rosa.   592:311:52
BAILA (4)
  Baila sobre lo verde.   388:172:10
  baila también.   388:172:20
  El mar baila por la playa,   439:227:29
  El ímpetu primitivo baila   485:245:38
  con el ímpetu mecánico,
BAILABA (1)
  Lyra bailaba en la fingida   617:322:13
  curva,
BAILABAN (1)
  Las alegres fiebres bailaban   519:265:46
  por las cúpulas humedecidas
BAILAN (8)
  bailan.   314:97:4
  bailan.   325:113:4
  los alamillos bailan   388:172:2
  bailan también.   388:172:6
  los alamillos bailan   388:172:16
  Pero no son los muertos los   486:245:61
  que bailan,

Son los otros los que bailan | 486:245:64
con el mascarón y su vihuela;
[El viajante] Los sueños | 627:328:21
bailan en tus cabellos.
BAILANDO (3)
LA Carmen está bailando | 324:112:1
Las tres ninfas del cáncer | 509:261:4
han estado bailando,
se irán bailando con él. | 529:269:38
BAILARA (1)
El mascarón bailará entre | 486:245:45
columnas de sangre y de
números,
BAILARE (1)
En Viena bailaré contigo | 528:268:36
BAILARINAS (4)
bailarinas sin caderas. | 455:234:54
y deambulan intactas las | 477:242:20
lluvias bailarinas.
ni las bailarinas secas de | 487:245:74
las catedrales,
Oh musas bailarinas, de | 623:325:21
tiernos pies rosados,
BAILARINES (1)
y quebraba las venas de los | 480:243:51
bailarines.
BAILE (3)
Niño, déjame que baile. | 425:220:13
¡Que no baile el Papa! | 486:245:70
¡No, que no baile el Papa! | 486:245:71
BAILE (2)
y va soñando en el baile | 325:112:9
¡Viva la tierra de mi pulso | 645:345:18
y del baile de los helechos,
BAJA (4)
baja Soledad Montoya. | 436:226:4
el tatuado sol que baja por | 481:243:97
el río
que baja | 596:312:72
Pero entonces baja la luna | 646:345:26
despeñada por las escaleras,
BAJA (4)
va con la cabeza baja | 189:7:23
y la baja. | 307:85:10
Entre los juncos y la baja | 414:210:11
tarde,
la luna redonda y baja, | 465:237:34
BAJABA (4)
La sangre bajaba por el monte | 532:272:4
y los ángeles la buscaban,
y la lluvia bajaba por las | 533:272:22
calles decidida a mojar el
corazón
y el río bajaba. | 610:317:2
Pero la luna subía y bajaba | 646:345:38
las escaleras,
BAJABAN (2)
bajaban su sangre de hombre, | 450:232:28
Hombres bajaban la calle | 453:233:50
BAJAN (4)
bajan de la nieve al trigo. | 295:68:4
bajan al llano caliente. | 348:128:6
esclavos suben y bajan. | 466:237:82
por las calles deshabitadas | 513:263:44
de la edad media que bajan
al río,
BAJAR (3)
QUIERO bajar al pozo, | 568:295:1
Quiero bajar al pozo, | 568:295:21
sin bajar a la boca ni al | 620:323:58
corazón del hombre.
BAJARON (1)
bajaron a la ausencia de las | 617:322:25
ondas.
BAJAS (1)
Sátiro de estrellas bajas | 427:221:41
BAJEIS (1)
¡No bajéis al jardín! | 608:315:32
BAJO (107)
bajo una araña. El sol | 185:5:28

¡oh princesa morena que | 187:6:36
duermes bajo el mármol!
¡oh princesa morena que | 187:6:44
duermes bajo el mármol!
pues mueres bajo la sangre | 188:7:12
los niños marchitos que hay | 202:14:33
bajo sus alas.
tus besos debieron ser bajo | 202:14:35
una parra
Bajo el oro solar del mediodía | 209:17:3
Déjame bajo el claro mediodía | 211:17:47
bajo el cielo de agosto | 223:24:10
como yo bajo el cielo | 223:24:11
Yaces bajo una acacia. | 230:29:14
Y húndete bajo el verde | 230:29:20
Húndete bajo el paño | 230:29:28
bajo el pueblo de grillos! | 248:40:71
como una flor bajo el cielo, | 266:52:8
Luchando bajo el peso de la | 272:57:11
sombra,
BAJO tu casta sombra, encina | 279:61:1
vieja,
bajo el asombro del mundo | 292:67:48
astral.
Bajo el arco del cielo, | 309:88:12
Bajo las estremecidas | 315:98:5
bajo la tierra seca. | 316:100:3
BAJO el naranjo lava | 317:102:1
bajo el naranjo en flor! | 317:102:6
bajo el naranjo en flor! | 318:102:12
bajo el naranjo en flor! | 318:102:17
bajo la arena. | 323:109:3
bajo la media luna! | 327:116:3
bajo la rama del eco. | 346:125:2
bajo fronda de luceros. | 346:125:4
bajo espesura de besos. | 346:125:6
bajo los álamos grandes. | 347:126:12
Bajo los álamos grandes. | 347:126:14
y el día bajo el viento. | 362:139:6
¡Bajo pinar! | 365:143:7
Bajo corre el viento. | 368:148:2
Luna bajo el viento. | 368:148:6
muerta bajo las manzanas. | 370:148:48
bajo las flores. | 371:149:22
bajo la luna llena. | 393:179:10
BAJO el Moisés del incienso, | 399:188:1
BAJO la adelfa sin luna | 400:190:1
Cien manos, bajo la tierra, | 402:193:5
a lo largo bajo el cielo. | 412:207:6
El aire cristaliza bajo el | 414:210:5
humo.
Hombre y pez en sus medios, | 417:214:4
bajo cosas flotantes,
(viento bajo). | 418:215:10
Bajo la luna gitana, | 430:223:10
bajo su mata de pelo | 435:225:22
bajo el rumor de las hojas. | 437:226:22
bajo el misterio confuso, | 440:228:14
bajo las ramas de un olmo, | 445:230:14
tiritando bajo el polvo. | 446:230:38
bajo una capa de seda. | 454:234:46
Bajo el agua | 461:236:13
Bajo el agua | 462:236:38
Bajo el agua | 463:236:64
bajo las nubes paradas. | 466:237:84
los pedazos de limón seco | 472:239:9
bajo el negro duro de las
botellas.
por los palomares donde la | 474:240:29
luna se pone plana bajo el
gallo.
bajo el cri cri de las | 475:240:60
margaritas,
Es allí donde sueñan los | 478:242:25
torsos bajo la gula de la
hierba.
los durmientes borran sus | 478:242:27
perfiles bajo la madeja de
los caracoles
bajo el amianto de la luna, | 479:243:28
bajo las pinzas y las | 480:243:56

retamas de la celeste luna
de cáncer.
y estrellarse en una aurora   480:243:68
de tabaco y bajo amarillo.
Aguardad bajo la sombra   482:243:104
vegetal de vuestro rey
Yo tenía un pez muerto bajo   483:244:11
las cenizas de los
incensarios.
donde sonaban las voces de   485:245:22
los que mueren bajo el guano.
y el dolor de las cocinas   488:246:12
enterradas bajo la arena,
que sirven platos de sal   488:246:18
bajo las arpas de la saliva.
bajo un silencio con mil   489:247:9
orejas
ni que el parto de la   492:249:30
víbora, desatado bajo las
ramas,
al increíble cocodrilo quieto   493:250:6
bajo la tierna protesta de
los astros.
abrid los escotillones para   494:250:48
que vea bajo la luna
y pequeñas criaturas del   495:251:38
cielo enterradas bajo la
nieve.
bajo los frágiles helechos   498:254:4
mojados.
Allí bajo las raíces y en la   500:255:19
médula del aire,
con un hermano bajo los   502:256:28
arcos,
bajo el bigote lento de la   503:257:5
baba.
bajo el diminuto griterío de   507:260:11
las yerbas
bajo sus dientecillos y   511:262:12
lancetas.
no hay amor bajo los ojos de   521:266:42
cristal definitivo.
los muchachos que tiemblan   522:266:59
bajo el terror pálido de los
directores,
y amante de los cuerpos bajo   523:267:39
la burda tela.
de los muchachos que juegan   524:267:66
bajo los puentes.
Los muertos se descomponen   525:267:83
bajo el reloj de las
ciudades,
y la oscura ciudad agonizaba   533:272:24
bajo el martillo de los
carpinteros.
que imitar a las raíces bajo   565:292:13
tierra.
bajo las rosas tibias de la   571:298:15
cama
bajo la brisa parda.   573:302:11
bajo la aurora perpetua.   595:312:52
bajo el gran espejo.   596:313:11
bajo la luna.)   608:315:37
El hombre bajo el sol   609:316:7
y, bajo la hora múltiple,   610:318:5
Nacemos bajo tus cuernos   614:318:88
bajo el éxtasis denso y   617:322:31
penetrable.
elevan tu columna de nardo   630:330:11
bajo nieve
Bajo el sol y la luna.   632:331:18
Triste noche del mundo.
y sangre bajo tierra.   640:341:2
bajo el pianísimo   643:343:11
bajo el pianísimo   643:343:17
con las criaturas mudas que   645:345:5
pasan bajo los arcos.
ni los muertos que mueven   645:345:13
sus lenguas bajo los árboles.
y olvidando, bajo las   646:345:29

sillas, diminutas carcajadas
de algodón.
bajo la dura inocencia del   647:346:16
zapato;
bajo la rama tendida;   648:348:12
BALA (2)
que se abren las ropas en   521:266:24
espera de la bala.
Es la tierra desnuda que   645:345:14
bala por el cielo
BALABA (2)
balaba por el cielo.   463:236:55
y les eché un cordero que   511:262:11
balaba
BALABAN (1)
balaban con los ojos   503:257:9
entornados.
BALALAN (5)
(balalán.)   387:171:4
(¡balalán!)   387:171:8
(balalán)   387:171:12
(balalán.)   387:171:16
balalán.   604:314:51
BALALIN (6)
(balalín)   387:171:2
(balalín.)   387:171:6
(balalín)   387:171:10
(balalín)   387:171:14
(balalín)   388:171:20
Balalín,   604:314:50
BALAN (1)
las ovejitas balan.   233:31:15
BALANDO (1)
Que ya se fue balando   504:257:19
BALAS (1)
Tres balas de almendra verde   444:229:65
BALAUSTRADAS (1)
Los grises oteando sus   618:323:4
balaustradas últimas.
BALBUCIENTE (1)
Noche de cielo balbuciente   403:194:3
BALCON (9)
Se dejó el balcón abierto   305:82:9
y al alba por el balcón   305:82:10
dejad el balcón abierto.   405:198:2
(Desde mi balcón lo veo.)   405:198:4
(Desde mi balcón lo siento.)   405:198:6
dejad el balcón abierto!   405:198:8
Por el balcón se veía una   406:199:9
torre.
El se sintió balcón y torre.   406:199:10
HE cerrado mi balcón   569:296:1
BALCONES (3)
Vio los balcones del Papa   419:216:12
un poema de balcones.   439:227:30
al cristal de los balcones,   449:232:14
BALIDO (1)
mientras la sangre los   533:272:40
seguía con un balido de
cordero.
BALIDOS (1)
con los balidos de lana.   464:237:8
BALSAMO (1)
-como un bálsamo blanco-   625:327:28
BALSAMOS (1)
y la casta colina da rumores   623:325:8
y bálsamos.
BALLENA (1)
Tú, Madre siempre temible.   647:346:21
Ballena de todos los cielos.
BALLENAS (1)
y deja atrás los grupos   645:345:15
ligeros de ballenas.
BAMBU (1)
canciones de bambú y   623:325:10
estribillos de nieve.
BANCO (1)
y el director del banco   485:245:31
observando el manómetro

BANCO (1)
    los que beben en el banco de   486:245:68
    lágrimas de niña muerta
BANCO (1)
    como lloran los niños del   499:254:33
    último banco,
BANDADA (2)
    (una bandada de palomas ciegas 212:18:19
    Una bandada   297:69:15
BANDADAS (4)
    las bandadas de coplas   218:22:19
    bandadas de letras giran.)   253:43:10
    mientras las hojas huyen en   572:300:16
    bandadas.
    como bandadas de moscas   614:318:105
BANDEJA (4)
    Labrando la bandeja   417:214:9
    puestos en una bandeja.   457:234:108
    El Cónsul pide bandeja   459:235:25
    el Cónsul porta en bandeja   459:235:49
BANDERA (2)
    Solo cuando izaron la   489:246:43
    bandera y llegaron los
    primeros canes
    y admites la bandera como   620:323:72
    una simple broma.
BANDERAS (2)
    En las esquinas banderas.   454:234:18
    En las esquinas banderas.   455:234:58
BANDERILLAS (1)
    banderillas de tiniebla!   541:274:122
BANDERINES (1)
    Haces bien en poner   620:323:61
    banderines de aviso,
BANDIDO (1)
    del bandido inmóvil   376:156:7
BANDOLEROS (1)
    de los bandoleros,   376:156:2
BANQUETE (2)
    porque tan solo el diminuto   490:247:25
    banquete de la araña
    Pero tu rostro cubre los   513:263:40
    cielos del banquete.
BANQUETES (1)
    y levantaba las furias de los   488:246:8
    banquetes de los siglos
    últimos
BAÑA (1)
    se baña,   461:236:17
BAÑABA (3)
    se bañaba en el agua   573:302:2
    se bañaba entre llamas,   574:302:20
    lascivo se bañaba en el   616:322:6
    temblante,
BAÑAN (1)
    que se bañan en las lunas   451:233:16
BAÑANDO (1)
    Hay un hombre descolorido   513:263:47
    que se está bañando en el
    mar;
BAÑISTA (1)
    como una espalda rosa de   623:325:4
    bañista desnudo.
BAÑISTAS (1)
    Negros torsos bañistas   401:192:5
    oscurecen
BAÑO (1)
    Bañó con sangre enemiga   447:231:9
BARAJA (3)
    a la baraja. ¡Es tan triste   209:16:19
    de baraja francesa y sin   621:323:93
    ninguna herida.
    la baraja tiene cuatro: 662:361:2
BARANDA (3)
    ella sueña en su baranda,   430:223:6
    Ella sigue en su baranda,   430:223:22
    en esta verde baranda!   432:223:72
BARANDALES (1)
    Barandales de la luna   431:223:51
BARANDAS (5)

    en las barandas de "Villa   401:192:3
    Leonarda".
    hasta las altas barandas,   431:223:48
    hasta las verdes barandas.   431:223:50
    hacia las altas barandas.   431:223:54
    SE ven desde las barandas,   438:227:1
BARANDILLAS (3)
    sin barandillas.   371:149:8
    la ciudad entera se agolpó   489:246:44
    en las barandillas del
    embarcadero.
    y solo he encontrado   495:251:37
    marineros echados sobre las
    barandillas
BARBA (6)
    Aquel de la blanca barba   258:46:29
    tiene tu barba,   291:67:14
    y oscilaciones la barba.   465:237:28
    he dejado de ver tu barba   523:267:30
    llena de mariposas,
    sobre tu barba luminosa y   524:267:54
    casta,
    con la barba hacia el polo   526:267:128
    y las manos abiertas.
BARBARO (1)
    Llega bárbaro puente de   617:322:32
    delfines
BARBAS (3)
    de bravas barbas!   292:67:42
    tiene las barbas granates.   295:68:8
    cuyas barbas llegan al mar. 482:243:119
BARBERILLO (1)
    y el barberillo   311:92:5
BARBUDO (1)
    Yo, como el barbudo mago de   281:62:3
    los cuentos,
BARCA (4)
    sobre la barca?   364:140:27
    sin rumbo nuestra barca.   584:305:65
    Tu barca es de madera por la   649:349:2
    orilla.
    ¡Tu barca es bruma, sueño,   649:349:8
    por la orilla!
BARCAS (5)
    escupe a las barcas rotas y   481:243:79
    se clava puntillas en los
    hombros;
    y las barcas de nieve se   518:265:30
    agolparon
    las barcas de nieve que   518:265:32
    acechan
    las barcas de los cementerios 518:265:34
    llega dando empujones a las   623:325:18
    barcas latinas.
BARCO (10)
    el barco silencioso sin   234:32:20
    remeros ni velamen,
    En tu barco de luces   310:90:5
    cien estrellas y su barco.   419:216:11
    El barco sobre la mar.   430:223:3
    El barco sobre la mar.   432:223:85
    cuánto barco en el puerto de   641:342:6
    Málaga!
    cuánto barco en el puerto de 641:342:12
    Málaga!
    Cuánto barco en el puerto   642:342:32
    El Japón es un barco   643:344:5
    no detengan a tu barco.   644:344:14
BARCOS (14)
    Para los barcos de vela   295:68:13
    Agua con peces y barcos.   332:120:7
    Muchos barcos escribieron en 339:121:91
    ellos sus nombres;
    cinco barcos se mecían,   378:159:6
    Expuesta a los tranvías y a   401:192:4
    los barcos.
    un sueño de trece barcos.   451:233:7
    con las gentes de los   488:246:25
    barcos, de las tabernas y de
    los jardines.
    y despide barcos increíbles   488:246:32

y aun andando por un paisaje   493:250:28
de esponjas grises y barcos
mudos
sobre grupos de brisas y   501:255:29
barcos encallados.
y hay barcos que buscan ser   512:263:4
mirados para poder hundirse
tranquilos.
LAS alegres fiebres huyeron a   517:265:1
las maromas de los barcos
frente a la mar poblada con   622:323:113
barcos y marinos.
Alas de pluma y lino, barcos   623:325:5
y gallos abren.
BARES (1)
los bares y las naranjas.   418:216:6
agrupados en los bares,   524:267:48
Bares sin gente. Gritos.   632:331:12
Cabezas por el agua.
BARRACA (1)
en la dura barraca donde la   508:260:48
luna prisionera
BARRANCO (1)
EN la mitad del barranco   428:222:1
BARRANCOS (1)
se esconde en los barrancos,   262:48:10
BARRERAS (1)
con sauces en las barreras.   539:274:62
BARRIDO (1)
y llamaba al demonio del pan   488:246:9
por las colinas del cielo
barrido
BARRIOS (1)
Por los barrios hay gentes   497:253:19
que vacilan insomnes
BARRO (4)
El Cristito de barro se ha   496:252:3
partido los dedos
¡Oh Cuba!¡Oh curva de   531:270:36
suspiro y barro!
sobre hierbas de muerte y   637:336:2
barro oscuro
la cara de barro.   662:361:8
BASTA (3)
basta para romper el   490:247:26
equilibrio de todo el cielo.
Basta tocar el pulso de   508:260:28
nuestro amor presente
Un diminuto guante corrosivo   514:263:51
me detiene. ¡Basta!
basta para apagarte.   597:313:20
BASTON (2)
Usad bastón, ya estáis   246:40:17
ni el bastón de un lucero   261:47:39
BASTOS (4)
As de bastos.   322:108:5
As de bastos.   322:108:11
As de bastos.   322:108:17
rey de espadas, rey de bastos. 662:361:4
BATALLA (4)
Batalla.   419:217:9
En la auténtica y sucia   419:217:10
batalla.
-batalla de abejas lívidas-   561:288:7
tocan en la batalla contra   623:325:16
el mar y sus gentes.
BATALLON (1)
hacia el batallón de puntas   512:263:10
desiguales,
BATE (2)
cae donde el mar bate y canta   426:221:7
El búho bate sus alas   602:313:146
BATIAN (1)
Con el aire se batían   435:225:46
BATIR (1)
que pone en mis entrañas un   271:56:20
batir de palomas.
BAUTISMO (1)
¿Qué es el santo bautismo,   193:9:35
BEBAN (1)

que no hay golondrinas que   542:274:142
se la beban,
BEBE (3)
Bebe el agua tranquila   251:42:25
que Preciosa no se bebe.   428:221:54
copones de perfume que azul   580:304:59
se bebe el viento,
BEBEMOS (1)
cuando bebemos agua.   194:9:46
BEBEN (5)
beben limonada todos.   446:230:42
beben los juncos soñando.   452:233:35
Ellos son los que beben el   479:243:40
whisky de plata junto a los
volcanes
los que beben en el banco de   486:245:68
lágrimas de niña muerta
que beben con asco el agua   525:267:98
de la prostitución,
BEBER (3)
a beber en la luna   198:12:4
para beber tus ojos   567:294:13
beber agua fría.   664:364:10
BEBIAN (2)
y bebían agua por las   474:240:49
fuentes los abanicos y los
aplausos.
En mis ojos bebían las   486:245:54
dulces vacas de los cielos.
BEBIAS (1)
Bebías vinagre a escondidas   650:351:7
BEBIENDO (2)
Estás aquí bebiendo mi   498:254:10
sangre,
bebiendo mi humor de niño   498:254:11
pesado,
BECERRO (1)
Y el becerro los estudia   612:318:59
BELEN (3)
En el portal de Belén   456:234:93
¿Es Belén? Por el aire   462:236:28
en el portal de Belén.   587:307:40
BELFO (1)
¡qué rosa gris levanta de su   506:259:8
belfo!
BELLA (1)
de la bella lagarta,   247:40:43
BELLAS (4)
Tus tristezas son bellas,   276:58:14
bellas de sangre contraria,   428:222:3
Rosas, rosas divinas y   582:304:114
bellas,
en bellas trinidades sobre   623:325:22
el jugoso césped.
BELLEZA (4)
donde flota sin alma tu   414:209:11
belleza.
y para que nadie dude de la   479:243:29
infinita belleza
Forma de la belleza sin   633:332:5
nostalgias ni sueño.
Cuerpo de la belleza que late 633:332:9
y que escapa.
BELLEZAS (1)
Equivales a todas las   200:13:39
bellezas,
BELLO (12)
bello y lindo se ha escondido 185:5:27
La niña de bello rostro   381:163:3
La niña del bello rostro   382:163:25
UN bello niño de junco,   442:229:1
Tendrás un niño más bello   443:229:45
¡Oh mi Stanton, idiota y   502:256:26
bello entre los pequeños
animalitos,
Y tú, bello Walt Whitman,   526:267:127
duerme a orillas del Hudson
Madres de todo lo bello,   581:304:63
Y bendito será el bello fruto 581:304:86
de tu bello evangelio   581:304:87
solemne,

Canto tu bello esfuerzo de   621:323:90
luces catalanas,
Bello de luz, oriente de la   633:332:13
mano que palpa.
BELLOS (1)
  enseña sus bellos muslos   438:227:19
BELLOTA (1)
  La bellota es la serena   259:46:55
BELLOTAS (2)
  hermana de la leche y las   199:13:19
  bellotas,
  bellotas metafísicas.   280:61:32
BENAMEJI (3)
  y Benamejí la oculta.   329:119:19
  hijos de Benamejí.   448:231:26
  llegan a Benamejí,   448:231:50
BENDICION (1)
  con bendición, licor santo.   258:46:50
BENDIJO (1)
  los que bendijo y sonrió   285:63:58
  triunfante
BENDITO (4)
  el óleo bendito   282:62:38
  Y bendito será el bello fruto   581:304:86
  y bendito tu aroma perenne,   581:304:88
  y bendito tu pálido albor.   581:304:89
BENDITOS (1)
  y benditos serán los maestros   581:304:84
BENEMERITA (1)
  que viene la benemérita.   455:234:60
BERBERISCO (1)
  en el primor berberisco   440:227:51
BERCEUSE (1)
  una berceuse a las naranjas.   394:180:13
BERGANTINES (1)
  Una dura corona de blancos   619:323:33
  bergantines
BESA (1)
  El manantial besa al viento   396:182:7
BESADO (1)
  HA besado la lluvia al jardín   270:56:1
  provinciano
BESAMOS (2)
  pues todos la besamos   194:9:53
  Nos besamos a través   594:312:42
BESAN (1)
  Y los árboles se besan   184:5:12
BESAR (2)
  Es un besar azul que recibe la   196:11:5
  Tierra,
  podréis besar con frenesí   482:243:107
  las ruedas de las
  bicicletas,
BESARA (1)
  Nadie besará tus muslos de   202:14:23
  brasa.
BESEN (1)
  Aires oblicuos te besen   644:344:15
BESO (14)
  el beso del surtidor,   184:5:6
  el secreto del beso y del   200:13:30
  grito.
  tarde de mi otro beso!   228:27:37
  MI beso era una granada,   235:33:1
  El primer beso   244:39:10
  que supo a beso y fue   244:39:11
  y me diste un beso.   265:52:4
  la mariposa del beso.   266:52:24
  del pan y del beso.   461:236:8
  ignora que la moneda quema   521:266:34
  el beso de prodigio
  y en el oscurísimo beso   521:266:47
  punzante debajo de las
  almohadas.
  No hay noche que, al dar un   565:292:6
  beso,
  beso de mis labios.   600:313:115
  El le dice que un beso   657:355:31
BESOS (22)
  copos de besos y escenas   181:3:16

¿Dónde fueron tus besos   187:6:39
lanzados a los vientos?
Es un arca de besos   194:9:55
fruto de los besos.   201:14:10
la pasión hambrienta de besos   201:14:14
de fuego
tus besos debieron ser bajo   202:14:35
una parra
Huelen tus besos como huele   210:17:27
el trigo
que un vendaval de besos   237:34:21
y migajas de besos.   239:37:18
con mis besos manchados   243:38:95
y allí nuestros besos,   267:53:19
maestro de besos y mago de   282:62:51
orquestas,
y los besos,   301:75:12
bajo espesura de besos.   346:125:6
Sucia de besos y arena,   435:225:44
Son tus besos en mi espalda   466:237:62
carne viva. Los besos atan   493:250:18
las bocas
llantos, ¡besos!, granos,   579:304:4
polen de la luna;
sollozad por mis besos   582:304:102
ocultos
y de últimos besos.   611:318:19
Amor entre paredes y besos   633:332:11
limitados,
Y yo te daba besos   650:351:1
BIBLIA (1)
  cantasteis en la Biblia,   270:55:31
BICICLETA (1)
  montada en bicicleta de   621:323:97
  corales y conchas
BICICLETAS (2)
  podréis besar con frenesí   482:243:107
  las ruedas de las
  bicicletas,
  aguardaban la velocidad de   489:247:2
  las últimas bicicletas.
BICHO (1)
  "Es un bicho muy cobarde   177:2:60
BIEN (15)
  -Mira bien y verás una cinta   205:15:31
  ¿Vives bien en el limo   237:35:3
  ¿Vives bien en la espuma   237:35:9
  ¿Lates bien sin mi sangre   237:35:15
  ¡bien aprendiste   291:67:26
  ¡Qué bien estás   327:116:2
  ¡Qué bien estás   327:116:5
  ¡Qué bien borda! ¡Con qué   433:224:9
  gracia!
  bien lunada y mal vestida,   443:229:28
  bien lunada y mal vestida.   444:229:52
  Sé muy bien que me darán una   483:244:31
  manga o la corbata;
  para que los marfiles se   530:269:44
  duerman bien.
  Ya está sobre la piedra   543:275:161
  Ignacio el bien nacido.
  Haces bien en poner   620:323:61
  banderines de aviso,
  qué bien pareces   658:356:20
BIEN (1)
  del Bien que quizá no exista,   182:3:35
BIENES (1)
  triste y sin bienes,   221:23:36
BIGOTE (1)
  bajo el bigote lento de la   503:257:5
  baba.
BILLAR (1)
  Lorenzo por el mundo de las   473:240:12
  hojas y las bolas de billar;
BINARIOS (1)
  La máquina eterniza sus   618:323:12
  compases binarios.
BIOMBO (2)
  biombo de días grises.   408:201:17
  (Revés de este biombo.)   644:344:19

BIOMBOS (2)
  En el laberinto de biombos   499:254:42
  es mi desnudo el que recibe
  Una ausencia de bosques,   618:323:13
  biombos y entrecejos
BISECTRIZ (2)
  (Con bisectriz   615:319:3
  (Con bisectriz de   615:319:7
BISNIETO (1)
  bisnieto de la Giralda,   443:229:33
BISONTES (1)
  manadas de bisontes   523:267:15
  empujadas por el viento.
BISTURI (1)
  al bisturí de las llamas.   459:235:42
BIZCO (1)
  ¿O eres bizco   242:38:73
BIZNAGAS (2)
  cuyo aliento tiene blancor de   202:14:27
  biznagas.
  y biznagas.   314:97:8
BLANCA (39)
  BLANCA tortuga,   215:21:1
  Blanca tortuga,   216:21:42
  blanca, vendría   217:21:61
  -¿Quién eres, blanca niña?   220:23:15
  Que ni la blanca monja,   230:29:30
  y gritas: "Blanca Flor no   234:32:30
  muere nunca,
  blanca, ¡oh camino!,   256:44:66
  Aquel de la blanca barba   258:46:29
  junto a una blanca serpiente   299:73:3
  EN la casa blanca muere   315:98:1
  en su vihuela blanca,   317:101:12
  Adelfa blanca.   345:124:3
  Ni luna blanca   348:128:19
  Blanca Nochebuena.   361:138:6
  Blanca Nochebuena.   362:138:16
  Blanca Nochebuena.   362:138:30
  de la niña blanca!   392:177:6
  les acerco una rosa blanca.   415:211:13
  la frente blanca de enero!   418:215:8
  lleva tu pechera blanca.   431:223:42
  Blanca Córdoba de juncos.   441:228:29
  cuadrada y blanca la noche.   450:232:36
  y arroyos de leche blanca.   459:235:38
  Olalla blanca en el árbol.   460:235:64
  Olalla blanca en lo blanco.   460:235:72
  vieron la blanca pared donde   472:239:6
  orinaban las niñas,
  Puede la piedra blanca latir   475:240:57
  en la sangre del ciervo
  sobre el pleamar de la blanca   477:242:2
  mejilla
  Un niño trajo la blanca sábana   537:273:3
  y en la maleza blanca del   544:275:193
  humo congelado.
  qué nocturno rumor, qué   568:295:10
  muerte blanca!
  para los diarios aceites y   572:300:10
  la sábana blanca de mi
  agonía.
  por la muchacha blanca.   573:302:7
  era blanca en el agua   573:302:13
  era blanca la garza   574:302:24
  ¡A la pobre virgen blanca   612:318:40
  Venus es una blanca   619:323:23
  naturaleza muerta
  Blanca princesa de nunca.   649:349:3
  por la primavera blanca   664:363:6
BLANCAS (33)
  Todas las rosas son blancas,   181:3:9
  tan blancas como mi pena,   181:3:10
  y no son las rosas blancas,   181:3:11
  tan blancas como mi pena.   182:3:56
  en envolturas blancas?"   194:9:66
  En tus manos blancas   201:14:11
  y de tus senos, rosas como la   203:14:75
  nieve blancas.
  con mis blancas palomas y el   207:15:89
  perro.

  (Manos blancas, lejanas,   224:25:14
  (¡Manos blancas, lejanas,   224:25:17
  ¡Pero mirad las blancas   270:55:35
  margaritas
  a las estrellas blancas.   275:57:100
  el musgo, nevado de blancas   281:62:14
  violetas.
  Ahora tengo en la frente   287:63:133
  rosas blancas
  que pide camelias blancas.   297:70:19
  y las pupilas blancas.   310:91:14
  y llevan blancas mantillas   316:99:7
  Ni ovejas blancas ni perro   348:128:9
  blancas metas de fábula que   353:130:6
  olvida
  blancas.)   363:140:6
  sobre las ramas blancas!   397:185:4
  ¡Sábanas blancas donde te   399:189:3
  desmayes!
  blancas, en la nieve.   413:208:12
  guardando las blancas torres   426:221:11
  cauterios de luces blancas.   464:237:12
  pueden ser rocas blancas con   494:251:8
  la ayuda de la luna
  se quiebran las blancas   502:256:15
  paredes en el delirio de la
  astronomía
  y las blancas entradas de   518:265:26
  mármol que conducen al aire
  duro
  negras en tierras blancas,   583:305:25
  Ecos de manos blancas   589:310:15
  ¿Cuándo esas lunas blancas   613:318:63
  blancas pupilas de inocentes   617:322:38
  conchas.
  lleno de velas blancas   658:356:21
BLANCO (57)
  ¡oso blanco del viento!   173:1:19
  y un aire blanco durmiente.   189:7:24
  al infinito blanco que les   197:11:22
  sirvió de madre.
  en caballo blanco como el   204:15:8
  hielo.
  por el blanco camino la dejo,   208:15:105
  lo que antes fue puro y   258:46:46
  blanco.
  Llora flecha sin blanco,   297:70:20
  (Lo blanco   305:83:15
  vestidas de blanco   314:97:3
  vestida de blanco!   318:103:3
  vestida de blanco!   319:103:16
  Sobre el humo blanco   322:108:7
  de un blanco silencio,   353:131:5
  (En el aire blanco   359:134:7
  de idioma blanco.   371:149:16
  blanco, para hacer pañuelos?   381:162:9
  EN el blanco infinito,   384:167:1
  El color blanco, anda,   384:167:4
  En el blanco infinito,   385:167:10
  En el blanco infinito.   385:167:13
  casi blanco.   396:182:12
  Carne pontifical y traje   401:192:2
  blanco,
  en el blanco diván de seda.   406:199:14
  lo blanco en el añil.   415:211:15
  Olalla blanca en lo blanco.   460:235:72
  y el niño con el blanco   471:238:6
  rostro de huevo.
  agitaba las rosas con un   474:240:51
  largo dolor blanco.
  los mulatos estiraban gomas,   480:243:49
  ansiosos de llegar al torso
  blanco,
  para entender que lo que   500:255:9
  busco tendrá su blanco de
  alegría
  para entender que lo que   500:255:26
  busco tendrá su blanco de
  alegría
  Un alarido blanco puso en pie   503:257:6
  la mañana.

Viajero por su propio torso   510:262:2
blanco.
Pero el hombre vestido de   521:266:30
blanco
y el mar blanco duerme cien.   529:269:6
Calor blanco, fruta muerta.   531:270:33
Las tres en el arrabal   533:272:13
rodeaban a un camello blanco
¡Oh blanco muro de España!   542:274:135
temblor de blanco cerezo   562:289:3
sed mi blanco y severo   582:304:108
sudario,
sin blanco, sobre el viento.   595:312:70
de un blanco   613:318:68
blanco inmóvil de inmóvil   617:322:14
geometría.
-como una bálsamo blanco-   625:327:28
tiro al blanco de insomnio   630:330:16
sin un pájaro negro.
Noche de rostro blanco. Nula   632:331:17
noche sin rostro.
fija en su blanco vuelo,   634:333:4
¡Flecha sin blanco!   643:344:2
para su cisne blanco?   643:344:4
Flecha sin blanco.   644:344:18
Sin blanco   644:344:20
blanco.   644:344:21
Sin blanco   644:344:23
blanco.   644:344:24
Sin blanco   644:344:26
blanco.   644:344:27
¡Ay, sin blanco   644:344:29
blanco!   644:344:30
BLANCOR (3)
cuyo aliento tiene blancor de   202:14:27
biznagas.
perdía su blancor   374:153:5
mi blancor almidonado.   425:220:20
BLANCOS (21)
Los árboles son blancos,   262:48:2
los árboles son blancos.   262:48:18
Tiene blancos los cabellos   324:112:3
que antes fueron blancos   351:129:21
monjes.
¡Oculta tus blancos,   366:144:13
con delantaritos blancos.   373:152:4
Anís de tus muslos blancos.   401:191:14
Por tus blancos ojos cruzan   411:205:7
pone mis ojos blancos.   415:211:2
Siguen yertos y blancos.   415:211:7
collares y anillos blancos.   425:220:12
Un cielo de mulos blancos   438:227:9
Paños blancos enrojecen   467:237:89
Emilio por el mundo de la   473:240:13
sangre y los alfileres
blancos;
por los blancos derribos de   474:240:37
Júpiter donde meriendan
muerte los borrachos.
blancos perros tendidos entre   496:252:2
linternas sordas.
y los asnos de blancos   519:265:50
dientes
y un niño negro anuncie a   526:267:136
los blancos del oro
Los pintores modernos, en sus   618:323:5
blancos estudios,
Una dura corona de blancos   619:323:33
bergantines
(Crisantemos blancos.)   644:344:22
BLANCURA (5)
por el pecho sin fin de la   476:241:41
blancura.
con su blancura pequeña!   539:274:66
blancura de su miel;   580:304:31
el doble cisne su blancura   634:333:22
canta.
en la gloria sin fin de la   639:339:6
blancura.
BLANDA (1)

Arcilla blanda o nieve, tu   526:267:129
lengua está llamando
BLANDAMENTE (1)
Si el aire sopla blandamente   512:263:5
BLANDAS (1)
y abrió su quebrada rosa de   502:256:41
vidrios secos y manos blandas
BLANDO (2)
tendrá bosque, dolor y nido   414:209:8
blando.
¡Qué blando con las espigas!   541:274:117
BLANDOS (1)
Los otros cuchillos son   338:121:71
blandos y se asustan de la
sangre.
BLANQUISIMA (1)
La luna pudo detenerse al fin   532:272:1
por la curva blanquísima de
los caballos.
BLANQUISIMO (2)
Con el hueco blanquísimo de   509:260:57
un caballo,
Con el hueco blanquísimo de   509:260:65
un caballo.
BLASFEMIAS (2)
¿No han hecho las blasfemias   242:38:68
blasfemias de cresta roja.   458:235:14
BOCA (36)
Llevas en la boca tu melancolía 201:14:5
JUNTA tu roja boca con la mía,   209:17:1
Píntame con tu boca   210:17:33
ensangrentada
Junta tu roja boca con la mía,   211:17:45
-¿Qué llevas en la boca   220:23:21
la que en boca de niños   222:23:61
tu boca era rosa   235:33:3
¿Qué sientes en tu boca   250:42:21
Cántame con tu boca vieja y   280:61:35
casta
supe del ensueño por boca del   281:62:7
nardo,
se escapa por su boca   313:96:5
pensando en tu boca.   345:124:5
El remanso de tu boca   346:125:5
Vengo a consumir tu boca   399:187:8
en la boca más que una   406:199:6
palabra.
en la boca un raro gusto   432:223:65
agrio de espera y de boca.   437:226:26
boca triste y ojos grandes,   442:229:4
No me tapen la boca los que   476:241:34
buscan
La sangre no tiene puertas   480:243:53
en vuestra noche boca arriba.
La aurora llega y nadie la   497:253:9
recibe en su boca
con tus caras marchitas   503:256:62
sobre mi boca,
ni quien cultive hierbas en   520:266:16
la boca del muerto,
Toma este vals con la boca   527:268:8
cerrada.
donde juegan tu boca y los   528:268:21
ecos.
Dejaré mi boca entre tus   528:268:40
piernas,
Ya se acabó. La lluvia   543:275:165
penetra por su boca.
con una boca llena de sol y   543:275:181
pedernales.
Tu apetencia de muerte y el   545:276:218
gusto de su boca.
la sangre de tus venas en mi   557:283:15
boca,
tu boca ya sin luz para mi   557:283:16
muerte.
que la boca podrida sigue   563:290:6
pidiendo agua.
ni de la luna con boca de   563:290:8
serpiente

que mi boca a vosotras os dio. 582:304:103

sin bajar a la boca ni al corazón del hombre. 620:323:58

donde número y boca construyen un presente 631:330:31

BOCAARRIBA (1)
¡qué silencio de trenes bocaarriba! 507:260:23

BOCANADAS (2)
y bocanadas de sangre? 517:264:68
quiero morir mi muerte a bocanadas, 568:295:22

BOCAS (9)
de las bocas humanas, 194:9:52
de bocas ya cerradas, 194:9:56
pues con bocas de mujeres 257:46:13
y vuestras bocas 292:67:46
y diminutas bocas de agua 489:247:10
carne viva. Los besos atan las bocas 493:250:18
el círculo de bocas del oxígeno. 513:263:23
de bocas de cartón y trapo seco. 519:265:55
bocas, senos y almas vagas perfumadas; 579:304:3

BODA (1)
si no son los gemidos que golpean las ventanas de la boda, 494:251:3

BODAS (1)
Toma el anillo de bodas 402:193:3

BOFETADAS (2)
VEINTICUATRO bofetadas. 332:120:1
Veinticinco bofetadas; 332:120:2

BOGABAN (1)
Los niños de Cristo bogaban y los judíos llenaban los muros 518:265:10

BOGAN (1)
Los rostros bogan impasibles 507:260:10

BOGAR (4)
Bogar, bogar, bogar, bogar, 512:263:9

BOLAS (1)
Lorenzo por el mundo de las hojas y las bolas de billar; 473:240:12

BOLSA (1)
que ya la Bolsa será una pirámide de musgo, 487:245:81

BOLSILLO (2)
solloza en el bolsillo. 393:179:16
Los relojes de bolsillo, 614:318:104

BONACHONA (1)
con su cara bonachona 225:26:11

BONDAD (2)
todo luz y bondad. 268:54:18
¡Oh música y bondad entretejida! 637:336:10

BONITA (1)
Y de aquella chiquita, tan bonita, 192:8:43

BONITAS (1)
¡Tan bonitas 624:326:3

BOÑIGA (1)
mi corazón tiene la forma de una milenaria boñiga de toro. 512:263:8

BORBOTAR (1)
y sentí borbotar los manantiales 275:57:89

BORDA (2)
La monja borda alhelíes 433:224:3
¡Qué bien borda! ¡Con qué gracia! 433:224:9

BORDADA (1)
Para mirar la luna bordada sobre el río 187:6:33

BORDADO (1)
En su chaleco bordado 443:229:35

BORDAME (1)
Bórdame en tu almohada. 375:155:10

BORDANDO (1)
te están bordando una capa 664:363:2

BORDAR (1)
ella quisiera bordar 433:224:11

BORDAS (2)
mientras bordas lentamente 318:103:12
Elenita que bordas 599:313:89

BORDE (1)
al borde del camino. 284:63:37

BORDES (2)
¡Pronto! ¡Los bordes! ¡De prisa! Y croaban las estrellas tiernas. 504:258:5
bordes de amor que escapan de su tronco sangrante. 508:260:27

BORDON (3)
—Con bordón de esmeraldas y perlas 206:15:64
y el bordón de una guitarra 315:98:13
Comenzaron los sones del bordón 537:273:17

BOREALES (1)
boreales, 173:1:22

BORICO (1)
helados arbolitos de ácido bórico. 502:256:48

BORLAS (1)
con sus veinticuatro borlas moradas. 329:119:8

BORRA (1)
Un Apolo de hueso borra el cauce inhumano 638:338:5

BORRACHA (1)
mueres borracha de luz. 188:7:4

BORRACHO (1)
el pinar, borracho de aroma y sonido; 281:62:11

BORRACHOS (12)
borrachos de luceros 349:128:45
Tres borrachos eternizan 403:194:5
borrachos cantan desnudos. 403:194:14
Guardias civiles borrachos 432:223:81
por los blancos derribos de Júpiter donde meriendan muerte los borrachos. 474:240:37
y los escarabajos borrachos de anís 478:243:6
son los otros, los borrachos de plata, los hombres fríos, 486:245:65
con el aluminio y las voces de los borrachos. 498:254:13
donde meriendan muerte los borrachos. 504:257:21
dando empujones a los borrachos y escupiendo sal de los sacrificios 533:272:39
que pisotean los borrachos de Brooklyn, 645:345:4
me quedo con los borrachos de Brooklyn 645:345:22

BORRAME (1)
Thamar, bórrame los ojos 466:237:57

BORRAN (3)
los durmientes borran sus perfiles bajo la madeja de los caracoles 478:242:27
que borran los programas de la selva, 517:264:77
de vidas que se borran, 583:305:15

BORRANDO (1)
y borrando mi apariencia por el término del aire. 646:345:41

BORRIQUITO (1)
o el triste borriquito 234:32:23

BORRO (1)
en cuento que se borró. 185:5:38

BORRON (1)
un borrón que parece de plata 205:15:33

BORROSA (1)
El cielo exalta cicatriz borrosa, 618:322:43

BORROSO (1)
  sobre un azul borroso.   605:314:72
BOSCAJE (1)
  Entre el boscaje   611:318:27
BOSQUE (23)
  en un bosque de yedras   176:2:25
  Ante el bosque sombrío   176:2:48
  Haced un bosque sonoro   209:16:23
  en el bosque solitario.   258:46:28
  En el bosque antiguo, lleno de   281:62:9
  negrura,
  Yo comprendo toda la pasión   282:62:23
  del bosque:
  Todos tus hermanos del bosque   283:62:56
  me hablan,
  El bosque innumerable.   284:63:25
  se ha tronchado en mi bosque?   289:65:10
  de qué bosque mitológico?   309:89:4
  EL bosque centenario   350:129:1
  pero el bosque está dentro   350:129:3
  tendrá bosque, dolor y nido   414:209:8
  blando.
  Hombre y Bosque.   416:213:5
  al brusco rumor del bosque,   450:232:52
  entre un bosque de cedros.   462:236:27
  porque el tuétano del bosque   481:243:71
  penetrará por las rendijas
  ¡Cómo escupe veneno de bosque   487:245:86
  al bosque de los desperezos   498:254:18
  Stanton, vete al bosque con   503:256:49
  tus arpas judías,
  y un bosque de palomas   527:268:3
  disecadas.
  Cantan en ese bosque   626:328:6
  comprimido
  mientras el bosque afina   635:333:28
BOSQUES (8)
  los bosques rumorosos   268:54:10
  Sabemos de las flores de los   284:63:38
  bosques,
  ¡Ay, quién tala mis bosques   289:65:3
  Sois de los bosques llenos de   292:67:49
  rosas
  El sol que se desliza por   481:243:94
  los bosques
  y por los establos más   502:256:16
  pequeños y en las cruces de
  los bosques
  valles y bosques tienen   595:312:55
  Una ausencia de bosques,   618:323:13
  biombos y entrecejos
BOTA (1)
  bota o mordisco de los   524:267:60
  domadores.
BOTAS (1)
  Les clavó sobre las botas   447:231:5
BOTELLAS (2)
  y el coñac de las botellas   456:234:78
  los pedazos de limón seco   472:239:9
  bajo el negro duro de las
  botellas.
BOTIN (1)
  y otro un botín con orugas   519:265:41
  parlantes
BOTONES (1)
  los pequeños botones de   484:245:4
  fósforo.
BOVINA (1)
  mugía la bovina cabeza   507:260:15
  recién cortada
BOVINAS (1)
  las vacilantes expresiones   477:242:10
  bovinas,
BOVINO (1)
  ¡Oh bovino frescor de   531:270:35
  cañavera!
BOYSO (2)
  CAMINA Don Boyso   664:364:1
  mi hermano Don Boyso   665:364:39
BOZO (1)

con el bozo y lirio aguado   485:245:24
de sus montañas invisibles,
BRAMA (2)
  Brama el toro de los yunques,   458:235:19
  y el toro es un sangriento   571:299:4
  crepúsculo que brama.
BRAMIDO (1)
  Vete, Ignacio: No sientas   544:275:196
  el caliente bramido.
BRASA (3)
  Nadie besará tus muslos de   202:14:23
  brasa.
  la inaplacable brasa   273:57:33
  la brasa viva.   654:353:16
BRAVAS (1)
  de bravas barbas!   292:67:42
BRAZO (5)
  Un brazo de la noche   368:148:13
  Un gran brazo moreno   368:148:15
  con el brazo gris del viento   382:163:27
  ¡cuánto brazo de momia   507:260:24
  florecido!
  cuatro ríos ceñidos en tu   508:260:47
  brazo,
BRAZOS (21)
  sus brazos a la tierra.   175:2:4
  y son los humos brazos   193:9:15
  tranquilo sus brazos muertos.   209:16:16
  Sentí sobre mis brazos dulces   274:57:71
  nidos,
  Al levantar mis brazos   275:57:93
  gigantescos
  dormirá en los brazos de la   282:62:26
  luz perfecta.
  La higuera me tiende sus   384:166:2
  brazos.
  tomarla en brazos ni   404:196:16
  vestirla.
  da a lo verde sus brazos.   418:215:6
  y tus brazos de viento!   421:219:24
  mueve la luna sus brazos   425:220:6
  San José mueve los brazos   454:234:45
  abre sus brazos sin hojas.   458:235:6
  cuando el sacerdote levante   483:244:21
  la mula y el buey con sus
  fuertes brazos
  yo, poeta sin brazos, perdido   488:246:36
  Toma este vals que se muere   528:268:27
  en mis brazos.
  levantando sus tiernos   542:275:154
  brazos acribillados,
  Hermano, abre los brazos.   597:313:25
  volante a la sin brazos   617:322:35
  cordillera.
  lo que valen son tus brazos   664:363:11
  lo que valen son tus brazos   664:363:13
BRECHA (1)
  brecha por donde se filtra.   188:7:16
BREVA (1)
  JUAN Breva tenía   320:105:1
BREVE (2)
  ¿Qué alfiler de cactus breve   567:294:9
  Es así, forma breve de rumor   631:330:21
  inefable,
BREVES (2)
  breves lutos celestiales.   442:229:10
  para los breves sueños   476:241:12
  indecisos.
BRIDAS (1)
  sin bridas y sin estribos.   435:225:39
BRILLA (3)
  Va a la aurora que brilla en   204:15:7
  el fondo
  Brilla sobre su campo de pre   232:31:8
  beso,
  brilla por muchos años el   502:256:17
  fulgor de la quemadura.
BRILLABA (1)
  (Cómo brillaba   392:177:8

BRILLAN (2)
le brillan entre los ojos.   445:230:8
Brillan las azoteas   462:236:30
BRILLANTE (1)
sube al trono brillante,   219:22:62
BRILLANTES (2)
de brillantes   173:1:5
y brillantes las pupilas.   324:112:4
BRILLAR (1)
veremos brillar nuestro   493:250:29
anillo y manar rosas de
nuestra lengua.
BRILLEN (1)
que brillen los dientes de la   558:284:7
calavera
BRILLO (3)
se alumbran de noche con el   339:121:93
brillo
relumbran con ese brillo.   435:225:31
Y en la plata sin brillo del   587:307:25
viejo
BRILLOS (2)
era un astro de brillos   204:15:16
intensos.
entre sus claros brillos-.   286:63:84
BRINCA (1)
POR la calle brinca y corre   458:235:1
BRINCAN (1)
brincan sus manos cortadas   459:235:32
BRINCO (1)
¡Qué brinco de mi sueño   417:215:3
BRINDO (1)
brindo por ti esta tarde   616:320:14
BRISA (34)
¿Verdad, chopo, maestro de la   174:1:53
brisa?
de la brisa,   261:47:38
con el alma sutil de la brisa.   269:55:4
entre la brisa helada.   274:57:70
Brisa en las alamedas.)   301:76:17
Brisa.   360:136:8
LAS niñas de la brisa   365:142:1
y las velas en la brisa.   378:159:8
desnuda de flor y brisa   385:168:3
De brisa, de risa y de oro.   389:173:5
amatista de ayer y brisa de   417:214:2
ahora mismo,
mientras que de pie, en la   434:224:34
brisa,
de la brisa, desplegada   441:228:21
que los tallos de la brisa.   443:229:46
y una corta brisa, ecuestre,   446:230:23
con la brisa que hiela el   474:240:36
corazón de todas las madres,
ni importa la derrota de la   489:247:18
brisa en la corola del
algodón,
Esa brisa de límites oscuros.   491:249:4
¡Oh brisa mía de límites que   492:249:38
no son míos!
en el rincón más oscuro de   499:254:26
la brisa que nadie quiera.
Es la piedra en el agua y es   508:260:26
la voz en la brisa
¡Ay de ti, ay de mí, de la   508:260:54
brisa!
y es plata, cemento o brisa   515:264:8
una brisa que viene dormida   525:267:91
por las ramas.
Brisa y alcohol en las   531:270:27
ruedas.
y recuerdo una brisa triste   545:276:223
por los olivos.
bajo la brisa parda.   573:302:11
La mano de la brisa   603:314:25
Palabras de cristal y brisa   617:322:28
oscura
La brisa   625:327:19
La brisa   625:327:25
Brisa y materia juntas en   631:330:19
expresión exacta,

Porque tu signo expresa la   632:331:33
brisa y el gusano.
locura de brisa y trino.   648:348:20
BRISAS (8)
Brisas, gnomos y vientos   174:1:36
seca de brisas,   216:21:31
Hay una juventud de brisas   254:44:17
locas
Brisas de caña mojada   449:232:19
Los sables cortan las brisas   456:234:83
Y las brisas de largos remos   486:245:55
sobre grupos de brisas y   501:255:29
barcos encallados.
las brisas del mar.   591:311:42
BRIZNA (2)
Los de plata cortan el   336:121:56
cuello como una brizna de
hierba.
No quedaba en el aire ni una   561:287:9
brizna de alondra
BROADWAY (1)
golpeaban los cenicientos   486:245:56
cristales de Broadway.
BROMA (3)
La luna estaba de broma   395:181:10
(Y la luz que se iba dio una   404:196:18
broma.
y admites la bandera como   620:323:72
una simple broma.
BROMISTA (1)
Tú, Madre siempre bromista.   647:346:22
Vecina del perejil [a]pestado
BRONCE (2)
bronce y sueño, los gitanos.   426:220:26
San José ve en el heno tres   496:252:14
espinas de bronce.
BRONX (1)
POR el East River y el Bronx,   522:267:1
BROOKLYN (2)
que pisotean los borrachos de   645:345:4
Brooklyn,
me quedo con los borrachos   645:345:22
de Brooklyn
BROTA (5)
ante la fuente turbia que del   271:56:31
amor me brota.
que la pena negra, brota   437:226:20
le brota de la garganta.   459:235:28
brota silencio en las jarras.   465:237:46
brota como el agua   625:327:26
BROTAIS (1)
Brotáis para alimento de los   270:55:34
hombres.
BROTANDO (2)
me va brotando en los dedos.   412:207:12
perpetua sangre y pura luz   414:209:6
brotando.
BROTAR (3)
al brotar de la peña!   193:9:10
brotar de tus senos otra vía   201:14:21
láctea.
Era un brotar de estrellas   272:57:15
invisibles
BROTARA (1)
brotará una alborada.   203:14:73
BROTARIA (1)
Brotaría en la sombra del   269:54:35
amor carcomido
BROTEN (1)
para que broten flores sobre   508:260:29
los otros niños.
BROTO (1)
brotó del seno que la noche   275:57:114
guarda.
BRUJULA (2)
En alta mar les sirve de   619:323:30
brújula una rosa.
En la brújula rota y   622:324:6
sumergida.

BRUMA (2)
y la bruma y el Sueño y la   499:254:46
Muerte me estaban buscando.
¡Tu barca es bruma, sueño,   649:349:8
por la orilla!
BRUMOSA (1)
Y en la tarde brumosa   290:66:25
BRUMOSO (1)
Todo estaba brumoso   180:2:170
BRUMOSOS (1)
los relatos brumosos del   205:15:43
cuento.
BRUSCO (1)
al brusco rumor del bosque,   450:232:52
BUCEA (1)
Un alfiler que bucea   491:248:5
BUCLE (1)
el apretado bucle de   622:323:104
Matilde la ingrata,
BUCLES (2)
los bucles de su cabeza.   390:175:6
Sus empavonados bucles   445:230:7
BUCOLICA (1)
La miel es la bucólica lejana   199:13:17
BUDAS (1)
los Budas de la Fauna,   255:44:44
BUEIS (1)
le piden los bueis y el   661:359:42
carro,
BUEN (3)
he visto al buen lagarto   246:40:2
¡qué buen caminito!   641:342:2
¡Qué buen caminito!   642:342:31
BUENA (2)
lluvia buena y pacífica que   197:11:29
eres la verdadera,
y la vida no es noble, ni   525:267:87
buena, ni sagrada.
BUENAS (4)
rodeada de buenas comadres   206:15:52
¡Buenas noches, amigo   248:40:72
buenas.   315:99:4
[JINETE] {(Parando el   335:121:37
caballo.)} ¡Buenas noches!
BUENO (3)
Todo obra del Apóstol bueno.   207:15:95
cuando era niño y bueno.   265:52:2
[AMARGO] Bueno.   336:121:46
BUENOS (8)
niños buenos del prado!,   190:8:2
niños buenos del prado,   190:8:6
niños buenos del prado,   191:8:22
niños buenos del prado,   191:8:34
Niños buenos del prado,   192:8:52
y más buenos: y pasan   194:9:70
a sus buenos amigos.   241:38:46
llegaron los buenos.   321:107:10
BUEY (2)
cuando el sacerdote levante   483:244:21
la mula y el buey con sus
fuertes brazos
El buey   602:314:10
BUEYES (12)
llevan los bueyes.   219:23:2
llevan los bueyes.   220:23:20
llevan los bueyes.   222:23:76
Los bueyes tienen ritmo   349:128:29
Los bueyes   349:128:40
Dos bueyes rojos en el campo   349:128:47
de oro.
Bueyes y rosas dormían.   450:232:23
Los densos bueyes del agua   451:233:14
donde los bueyes del agua   452:233:34
porque los pájaros están a   494:251:7
punto de ser bueyes;
que los bueyes hablen con las   558:284:5
grandes hojas
van tres bueyes.   593:312:6
BUHO (2)
El búho   601:313:138
El búho bate sus alas   602:313:146

BUHOS (1)
lejos de la profundidad   646:346:7
ficticia de los búhos,
BUJIAS (1)
Era que la luna quemaba con   532:272:9
sus bujías el falo de los
caballos.
BULLE (1)
el griterío chino que bulle   495:251:34
por el desembarcadero de la
sangre.
BUQUE (1)
buque fantasma del miedoso   234:32:22
insecto,
BURBUJAS (3)
en burbujas de sangre   283:63:11
invisibles
a las pequeñas judías que   479:243:25
tiemblan llenas de burbujas,
se llenó de burbujas   614:318:99
BURDA (1)
y amante de los cuerpos bajo   523:267:39
la burda tela.
BURGOS (1)
Y tu grito estremece los   186:6:17
cimientos de Burgos.
BURGUES (2)
burgués de la vereda,   175:2:15
burgués de la vereda,   180:2:175
BURLA (3)
Una estrella le hace burla   225:26:13
matando en mí la burla y la   499:254:39
sugestión del vocablo.
y ella misma se hace burla.   605:314:64
BUSCA (11)
busca marido.   371:149:12
EL niño busca su voz.   403:195:1
la noche busca llanuras   442:229:17
Sangre que busca por mil   480:243:57
caminos muertes enharinadas
y ceniza de nardo,
y el ovillo busca por la   490:247:30
grama su ansia de longitud
insatisfecha.
Mientras la gente busca   505:258:13
silencios de almohada
Busca su perfil seguro,   540:274:82
de la lluvia que busca débil   570:298:6
talle.
Níquel para el sollozo que   633:332:16
busca a Dios volando.
pero mi amor busca el huerto   648:348:9
pero mi amor busca pura   648:348:19
BUSCA (6)
en busca de tu gloria   230:29:22
¿Venís quizá a la busca   247:40:42
¡Voy en busca de magos   251:42:31
en busca del vado,   349:128:43
venía en la busca   461:236:7
se echaba mi vida en busca de   588:309:4
un deseo.
BUSCABA (18)
buscaba su voz el niño.   403:195:4
buscaba su voz el niño.   404:195:10
buscaba rumor y cuna.   441:228:46
La gota de sangre buscaba la   486:245:57
luz de la yema del astro
y la gente buscaba las   489:246:41
farmacias
si no encontré lo que buscaba.   500:255:2
si no encontré lo que   500:255:24
buscaba;
Mi agonía buscaba su traje,   502:256:22
ninguno buscaba los helechos   523:267:18
buscaba la plumilla del   529:269:14
trino.
Buscaba el amanecer,   540:274:80
Buscaba su hermoso cuerpo   540:274:84
no buscaba la aurora: 572:301:2
buscaba otra cosa.   572:301:4

no buscaba ni ciencia ni sombra: 573:301:6
buscaba otra cosa. 573:301:8
no buscaba la rosa. 573:301:10
buscaba otra cosa. 573:301:12
BUSCABAN (3)
buscaban la miel. 371:150:4
las formas que buscaban el giro de la sierpe. 507:260:17
La sangre bajaba por el monte y los ángeles la buscaban, 532:272:4
BUSCABAS (2)
Pero tú no buscabas los ojos arañados, 524:267:67
Tú buscabas un desnudo que fuera como un río, 525:267:73
BUSCAD (1)
Buscad el gran sol del centro 481:243:92
BUSCADOS (1)
Rosa del equilibrio sin dolores buscados. 621:323:84
BUSCÁIS (2)
¿Qué buscáis en la senda, 246:40:21
¿Buscáis el azul limosna 247:40:26
BUSCAN (11)
Los sueños de ayer las buscan, 325:113:7
y buscan a los gitanos 454:234:39
y las formas que buscan el cristal, 471:238:3
cuando buscan su curso encuentran su vacío. 472:239:19
No me tapen la boca los que buscan 476:241:34
buscan al rey por las calles o en los ángulos del salitre. 481:243:77
los que buscan la lombriz en el paisaje de las escaleras, 486:245:67
Mira formas concretas que buscan su vacío. 508:260:38
y hay barcos que buscan ser mirados para poder hundirse tranquilos. 512:263:4
Porque las rosas buscan en la frente 565:292:10
buscan ¡oh soledad! tu reino helado. 635:333:40
BUSCANDO (10)
buscando viejas espinas. 325:112:16
Entran buscando el sitio de más calor y allí se paran. 338:121:73
Río arriba voy buscando 416:212:5
cavan buscando la aurora, 436:226:2
buscando entre las aristas 497:253:7
y la bruma y el Sueño y la Muerte me estaban buscando. 499:254:46
Me estaban buscando 499:254:47
piel eterna y rubor, andan buscando! 506:259:16
Ignorante del agua voy buscando 565:292:16
Es tierra, ¡Dios mío!, tierra, lo que vengo buscando. 646:345:34
BUSCAR (10)
Voy a buscar al conde 222:23:69
A buscar amores que tú no me das. 378:158:10
Vengo a buscar lo que busco, 436:226:13
Pero yo he de buscar por los rincones 476:241:17
he de buscar las piedras de alacranes 476:241:25
te he de buscar pequeña y sin raíces. 476:241:31
Es inútil buscar el recodo 490:247:21
para buscar la quemadura que mantiene despiertas las cosas 495:251:36
hay que buscar de prisa, amor, de prisa, 511:262:29
a buscar amiga. 664:364:4
BUSCARA (1)

buscará a Margarita 241:38:31
BUSCAS (4)
-¿A quién buscas aquí, 221:23:39
-¿Tú buscas el amor, 221:23:43
Tú buscas un amor 221:23:45
A qué buscas la lumbre 654:353:13
BUSCASTE (1)
tú buscaste en la hierba mi agonía, 502:256:43
BUSCÓ (1)
Tu carne buscó en mi mapa 400:190:3
BUSCO (7)
-Busco el cuerpo del conde 221:23:41
Busco en mi carne las 396:182:5
Vengo a buscar lo que busco, 436:226:13
para entender que lo que busco tendrá su blanco de alegría 500:255:9
para entender que lo que busco tendrá su blanco de alegría 500:255:26
¡qué serafín de llamas busco y soy! 506:259:18
Cuando busco en la cama los rumores del hilo 508:260:42
BUSQUE (1)
Yo busqué, para darte, por mi pecho 557:283:11
BUSQUE (2)
Porque es justo que el hombre no busque su deleite 525:267:77
aunque lo busque prestado. 660:359:8
BUSQUÉIS (1)
No busquéis, negros, su grieta 481:243:90
BUSQUEN (1)
Que te busquen en mi frente. 457:234:123
BUTACA (1)
con la butaca y el libro muerto, 527:268:13
CABALGUÉ (1)
Cabalgué lentamente hacia los cielos. 191:8:17
CABALLERO (6)
Fui también caballero 191:8:13
-¡Ay!, caballero errante 222:23:55
-Caballero galante, 222:23:67
caballero. 261:47:40
el caballero! 461:236:4
del caballero. 461:236:12
CABALLEROS (6)
Eran ángeles los caballeros. 205:15:22
Los caballeros 371:149:5
Los caballeros 371:149:13
(Los caballeros, 371:149:23
Vienen altos caballeros 439:227:37
Hay cuatro caballeros 608:315:26
CABALLISTA (1)
paisajes de caballista. 444:229:62
CABALLISTAS (1)
galopan dos caballistas. 433:224:22
CABALLITO (6)
Caballito negro. 376:156:4
Caballito frío. 376:156:9
Caballito negro. 376:156:14
Caballito frío. 377:156:19
Caballito negro. 377:156:24
ni el corazón que tiembla arrinconado como un caballito de mar. 472:239:4
CABALLITOS (4)
(caballitos sin ojos). 236:33:24
Sobre caballitos 362:138:21
Mil caballitos persas se dormían 557:283:5
Caballitos de cardio por la estrella sin sangre. 632:331:22
CABALLO (42)
en caballo blanco como el hielo. 204:15:8

y el caballo que monta   204:15:15
Santiago
Mi caballo fantástico me lleva 278:59:20
[JINETE] ¡Caballo!   337:121:61
[JINETE] {(Tirando de las   338:121:85
bridas).} Pero ¡qué caballo
este!
[JINETE] Yo monto este   340:121:114
caballo y vendo cuchillos,
y el caballo en la montaña.   430:223:4
mi caballo por su casa,   431:223:26
Y el caballo en la montaña.   432:223:86
huele a caballo y a sombra.   436:226:6
caballo que se desboca   436:226:16
y grandes de mi caballo,   451:233:3
y el insomnio del caballo.   451:233:21
Un caballo malherido,   454:234:29
caballo de larga cola,   458:235:2
caballo sin freno,   461:236:6
el sombrío caballo   463:236:52
tres sombras de caballo,   474:240:27
y el ciervo puede soñar por   475:240:58
los ojos de un caballo.
allí, caballo azul de mi   476:241:23
locura,
sin caballo efusivo que corte   488:246:38
y el césped no conocía la   498:254:9
impasible dentadura del
caballo!
lloras por las orillas de un   504:258:8
ojo de caballo.
¡Qué esfuerzo del caballo por   506:259:2
ser perro!
¡Qué esfuerzo de la abeja por   506:259:5
ser caballo!
Y el caballo,   506:259:6
Con el hueco blanquísimo de   509:260:57
un caballo,
Con el hueco blanquísimo de   509:260:65
un caballo.
Solo un caballo azul y una   509:260:74
madrugada.
El caballo tenía un ojo en el   510:261:8
cuello
era una calavera de caballo   511:262:5
y mi amor que no es un   513:263:32
caballo ni una quemadura,
Caballo de nubes quietas,   539:274:60
olvide las inmóviles   565:292:9
calaveras de caballo.
en caballo andaluz de acento   637:336:7
duro
que las olas me llevan mi   642:342:18
caballo!
que las olas se llevan mi   642:342:24
caballo!
lejos de la escultórica   646:346:8
sapiencia del caballo,
los cascos de tu caballo   664:363:7
Deja mi caballo   664:364:9
-Reviente el caballo   665:364:11
Montóla a caballo   665:364:23
CABALLOS (18)
Esos caballos soñolientos   313:95:9
Pasan caballos negros   323:110:4
que yo siento sus caballos.   425:220:18
caballos enfurecidos   428:222:7
LOS caballos negros son.   453:234:1
con los caballos dormidos   456:234:87
Los cien caballos del rey   466:237:69
a través de los caballos   482:243:117
muertos y los crímenes
diminutos,
ya puede cantar desnuda con   485:245:41
las manadas de caballos:
con el mundo que no se puede   491:249:8
recorrer sin caballos.
los caballos vivirán en las   493:250:23
tabernas
los tres caballos ciegos,   501:256:6
LA luna pudo detenerse al fin   532:272:1

por la curva blanquísima de
los caballos.
Era que la luna quemaba con   532:272:9
sus bujías el falo de los
caballos.
las quemaduras de los   533:272:32
caballos
Los que doman caballos y   543:275:179
dominan los ríos:
ni caballos ni hormigas de   544:276:200
tu casa.
La tierra lisa, limpia de   570:298:2
caballos.
CABAÑA (1)
tres paisajes de nieve y una   474:240:28
cabaña de azucenas
CABAÑAS (3)
y vi las cabañas de goma   483:244:18
Las criaturas de la luna   492:250:3
huelen y rondan sus cabañas.
Las cabañas suspiran   595:312:51
CABE (2)
Toda la luz del mundo cabe   509:260:62
dentro de un ojo.
donde no cabe el sueño ni su   620:323:56
flora inexacta.
CABECEAN (1)
Cabecean los chopos hablando   269:55:3
CABECITAS (2)
y cabecitas   215:21:17
Son cabecitas,   269:55:18
CABELLERA (6)
Ni a tu cabellera llegarán   202:14:24
los dedos
Deja tu cabellera   210:17:30
oculta en la cabellera.   324:111:6
su cabellera de algas   370:148:42
se perdía su cabellera.   385:168:12
al escribir tu nombre de   638:338:2
tinta y cabellera
CABELLERAS (5)
y verdosas cabelleras   183:4:20
como las cabelleras   247:40:46
cabelleras amarillas   449:232:11
de cabelleras y nombres.   450:232:34
la sangre desató sus   511:262:24
cabelleras.
CABELLO (2)
y a arrastrarte del cabello   399:187:9
Ya la coge del cabello,   466:237:73
CABELLOS (9)
-Se fue de mis cabellos   220:23:13
tus manos ni tus cabellos.   266:52:22
los cabellos,   319:104:12
Tiene blancos los cabellos   324:112:3
dejaré crecer mis cabellos.   471:238:4
los cabellos de niebla   591:311:25
ciñe frentes amargas y   619:323:34
cabellos de arena.
como los cabellos   625:327:21
[El viajante] Los sueños   627:328:21
bailan en tus cabellos.
CABEN (1)
mil violines caben en la   569:296:7
palma de mi mano.
CABEZA (32)
sobre nuestra cabeza."   179:2:135
va con la cabeza baja   189:7:23
la cabeza llena de plumajes   205:15:38
quiébrale en su cabeza   219:22:63
y tu enorme cabeza centenaria, 260:47:19
con un ritmo sin cabeza?   299:73:12
con la cabeza.   311:92:8
en la cabeza,   316:99:12
En su cabeza se enrosca   325:112:7
Asomo la cabeza   369:148:21
la cabeza sin ojos   369:148:27
De la cabeza a sus muslos   369:148:37
la cabeza.   390:174:20
los bucles de su cabeza.   390:175:6

¡Ay qué dulce rumor en mi cabeza!   414:209:9
donde no irá mi cabeza.   417:214:10
Cuando la cabeza inclina   442:229:15
su cabeza en un cojín.   448:231:46
y ocultan en la cabeza   453:234:14
Con los animalitos de cabeza rota   471:238:7
¡Ay, Harlem, amenazada por un gentío de trajes sin cabeza!   482:243:112
o a aquel muerto que ya no tiene más que la cabeza y un zapato,   493:250:33
mugía la bovina cabeza recién cortada   507:260:15
ha de gritar con la cabeza llena de excremento,   522:266:66
cabeza de río.   528:268:38
Y una cabeza de cristal   529:269:21
Con la rubia cabeza de Fonseca.   530:270:12
Como nadie volvía la cabeza, el cielo pudo desnudarse.   533:272:18
levantaron la cabeza.   540:274:98
le doraba la cabeza   541:274:112
y le ha puesto cabeza de oscuro minotauro.   543:275:164
invade tu cabeza delicada.   636:334:6

CABEZAS (5)
como gigantes cabezas   183:4:18
moviendo sus cabezas pensativos,   285:63:75
Las cabezas levantadas   426:220:27
mondan las negras cabezas de los soldados agonizantes   483:244:17
Bares sin gente. Gritos. Cabezas por el agua.   632:331:12

CABLE (1)
con un cable de noche negra,   278:60:11

CABLES (1)
Cables y media luna con temblores de insecto.   632:331:11

CABO (1)
Al cabo de mil años   594:312:30

CABRA (1)
y el campo de todo un lustro cabrá en la mejilla de la moneda.   513:263:39

CABRA (2)
desde los puertos de Cabra.   431:223:30
Ella dice de Cabra   657:355:27

CABRA (1)
La cabra   291:67:28

CABRAS (1)
EL rebaño de cabras ha pasado   290:67:1

CABRIO (3)
un macho cabrío.   277:59:2
de mi macho cabrío.   278:59:31
el gran macho cabrío.   290:67:6

CABRIOS (1)
¡Machos cabríos!   292:67:53

CACERIAS (1)
en las alucinantes cacerías,   516:264:26

CACEROLAS (1)
de los plumeros, los ralladores, los cobres y las cacerolas de las cocinas.   479:243:30

CACTUS (2)
como un negro cactus abierto en los juncos.   558:284:14
¿Qué alfiler de cactus breve   567:294:9

CACHETE (1)
un cachete a la luna.   257:45:18

CADA (19)
Cada gota de lluvia tiembla en el cristal turbio   197:11:23
Cada piedra dice: 240:37:27
(Cada grano es una estrella,   257:46:3
cada velo es un ocaso.)   257:46:4

Tropezando con mi rostro distinto de cada día.   471:238:11
No importa que cada minuto   492:249:28
ni el ansia de asesinato que nos oprime cada momento,   495:251:29
ni el metálico rumor de suicidio que nos anima cada madrugada.   495:251:30
¡Cada punto de luz te dará una cadena!   505:258:20
si cada aldea tuviera una sirena.   512:263:2
y los muertos se van quitando un traje de sangre cada día.   518:265:20
porque queremos el pan nuestro de cada día,   522:266:71
cada vez con menos fuerza;   540:274:88
CADA canción   585:306:1
Cada lucero,   585:306:4
Y cada suspiro   585:306:9
en cada mano.   596:313:3
Detrás de cada espejo   598:313:45
Detrás de cada espejo   598:313:49

CADAQUES (1)
Cadaqués, en el fiel del agua y la colina.   619:323:25

CADAVERES (2)
cuando los cadáveres sienten en los pies   518:265:17
en el triste mar que mece los cadáveres de las gaviotas   521:266:46

CADENA (3)
una cadena en el cuello.   208:16:8
¡Cada punto de luz te dará una cadena!   505:258:20
Canta ya por el aire sin cadena   639:339:9

CADENAS (7)
Tiene recias cadenas   174:1:44
te lima las cadenas,   421:219:10
La luz es sepultada por cadenas y ruidos   497:253:17
y otro una lluvia nocturna cargada de cadenas   519:265:42
forjando cadenas para los niños que han de venir.   521:266:20
anudaban cadenas en mis manos.   564:291:8
y rompiendo cadenas,   634:333:14

CADENCIA (4)
(Los relojes llevan la misma cadencia,   265:52:5
(Los relojes llevan la misma cadencia,   266:52:11
(Los relojes llevan la misma cadencia,   266:52:17
(Los relojes llevan la misma cadencia,   266:52:25

CADENCIAS (2)
con sus dulces cadencias.   193:9:12
dejando emocionantes cadencias en las hojas.   270:56:2

CADERA (1)
Norma de seno y cadera   648:348:11

CADERAS (1)
bailarinas sin caderas.   455:234:54

CADIZ (5)
Sarasas de Cádiz,   526:267:111
Desde la sal de Cádiz a Granada,   637:336:5
DE Cádiz a Gibraltar   641:342:1
De Cádiz a Sevilla   641:342:7
Cádiz, que te cubre el mar,   642:342:25

CAE (4)
La nieve cae de las rosas,   181:3:19
que cae sobre los montes   218:22:21
cae donde el mar bate y canta   426:221:7
cae desmayada en los muslos   429:222:33

CAEMOS (1)
Nos caemos por las escaleras para comer la tierra húmeda   493:250:15

CAEN (1)
   caen sobre las aguas   240:37:25
CAER (2)
   para caer sobre las losas   230:29:11
   frías
   ¡Que te vas a caer al río!   386:170:2
CAERAN (2)
   caerán sobre ti. Caerán   520:266:10
   sobre la gran cúpula
CAEREMOS (1)
   y donde caeremos todos   516:264:45
CAES (1)
   la que amorosa y triste sobre 197:11:30
   las cosas caes!
CAFE (3)
   EN el café de Chinitas   655:354:1
   En el café de Chinitas   655:354:5
   se salieron del café   655:354:14
CAFES (1)
   Recorrieron los cafés y los   475:240:62
   cementerios y las iglesias,
CAIA (2)
   de la lluvia, caía.   397:185:2
   Y al quitarse los guantes,   406:199:7
   caía,
CAIDA (1)
   Y en la tarde caída   407:200:14
CAIDAS (1)
   caídas del azul?   264:50:3
CAIDO (5)
   Has caído   260:47:2
   Has caído   261:47:53
   El cielo caído   276:58:3
   es un ángel caído.   277:58:28
   Se me han caído los ojos   386:170:7
CAIGAN (2)
   a esperar que se caigan los   569:297:3
   ramos,
   a esperar que se caigan mis   570:297:19
   ramos,
CAIGO (1)
   caigo al suelo dormido-.   285:63:73
CAIMAN (2)
   ¡Arena, caimán y miedo sobre 485:245:20
   Nueva York!
   ¡Arpa de troncos vivos,   531:270:22
   caimán, flor de tabaco!
CAIMANES (2)
   y muge seguido de caimanes. 481:243:98
   yo no temería el sigilo de   483:244:26
   los caimanes,
CAJA (2)
   el reloj detenido en su caja. 406:199:12
   De la esfinge a la caja de   485:245:36
   caudales hay un hilo tenso
CAJAS (1)
   cajas que guardan silencio   472:239:15
   de cangrejos devorados
CAL (8)
   tu dolor de cal y adelfa?   299:73:14
   SILENCIO de cal y mirto.   433:224:1
   Fachadas de cal, ponían   450:232:35
   y agujas de cal mojada   452:233:30
   Desfiladeros de cal   485:245:21
   aprisionaban un cielo vacío
   Una espuerta de cal ya   537:273:5
   prevenida
   Sería un pálido lirio de cal, 572:300:5
   sobre paños de cal y sordo   634:333:17
   fuego,
CALABAZA (2)
   Con flores de calabaza,   437:226:41
   La luna y la calabaza   454:234:19
CALABAZAS (1)
   dos pequeñas calabazas   370:148:50
CALABOZO (2)
   lo llevan al calabozo,   446:230:40
   le cierran el calabozo,   446:230:44
CALAMARES (1)
   Como los calamares,   399:189:6
CALAVERA (7)

calavera azul   235:33:12
de mi gran calavera.   250:42:24
las copas falsas, el veneno 494:250:49
y la calavera de los teatros.
era una calavera de caballo 511:262:5
y les enseñaba una calavera 532:272:12
por los vidrios de la
ventana.
la flor de su calavera.   541:274:126
que brillen los dientes de la 558:284:7
calavera
CALAVERAS (5)
   con granos de calaveras.   183:4:16
   las floridas calaveras!   184:4:26
   de plomo las calaveras.   453:234:6
   y dejaba por los rincones   488:246:7
   pequeñas calaveras de paloma
   olvide las inmóviles   565:292:9
   calaveras de caballo.
CALCETA (1)
   mientras hace la ruda calceta 206:15:50
CALDERON (1)
   el calderón helado y soñoliento 256:45:3
CALENTURA (1)
   con calentura.   653:352:8
CALICES (1)
   pero los cálices eran de   532:272:5
   viento y al fin llenaba los
   zapatos.
CALIDO (1)
   cálido,   326:115:8
CALIDOS (1)
   y un torrente de cálidos   275:57:113
   luceros
CALIENTA (1)
   se calienta en la cumbre de 543:275:168
   las ganaderías.
CALIENTE (20)
   (Caliente, caliente,   245:39:33
   (Caliente, caliente,   245:39:41
   (Caliente, caliente,   245:39:49
   SOLO tu corazón caliente,   266:53:1
   Y tu corazón caliente,   267:53:23
   Arena del Sur caliente   297:70:18
   caliente.   311:93:7
   bajan al llano caliente.   348:128:6
   corazón caliente!   389:174:12
   con una espada caliente.   427:221:32
   nervio de plata caliente,   442:229:5
   de caliente piña.   479:243:21
   con las mujeres vacías, con 488:246:16
   niños de cera caliente,
   ¡Oh cintura caliente y gota 530:270:20
   de madera!
   Cojos perros fumaban sus   532:272:6
   pipas y un olor de cuero
   caliente
   Vete, Ignacio: No sientas   544:275:196
   el caliente bramido.
   silbo de luz y arcilla de   638:338:4
   caliente verano.
CALIENTES (1)
   y de rumores calientes   429:222:32
CALIZ (5)
   derramaste tu fuego sobre un 186:6:7
   cáliz de nieve
   para espantar los sapos   483:244:22
   nocturnos que rondan los
   helados paisajes del cáliz.
   Que no hay cáliz que la   542:274:141
   contenga,
   que en su cáliz sus ansias   580:304:41
   aclara.
   dadme un cáliz vacío, ya   581:304:78
   muerto,
CALMA (4)
   vuelan, el aire en calma.   232:31:11
   no se oirán en la calma   238:35:23
   va por ellos en calma.   584:305:45
   hay una calma eterna   598:313:50

CALME (1)
   calme la sed de sangre de   492:249:31
   los que miran el desnudo.
CALOR (4)
   el calor de tus miradas!   213:19:20
   Entran buscando el sitio de   338:121:73
   más calor y allí se paran.
   Calor blanco, fruta muerta.   531:270:33
   Calor de establo.   602:314:13
CALUROSO (1)
   o el caluroso hachazo   218:22:30
CALVARIO (1)
   un calvario.   302:77:2
CALLA (3)
   que sufre pasiones gigantes y   202:14:47
   calla,
   Despierta. Calla. Escucha.   510:261:19
   Incorpórate un poco.
   Calla... ¡Pero es posible!   597:313:21
CALLADAS (1)
   como tardes calladas de   581:304:65
   octubre,
CALLADO (3)
   la de las torres viejas y del   187:6:54
   jardín callado,
   el lamentar callado   218:22:26
   como en sombra os escucha   582:304:98
   callado,
CALLAN (1)
   y callan los papás, no se   234:32:46
   despierten
CALLARAN (1)
   pero dientes que callarán   496:251:44
   aislados por el raso negro.
CALLARLA (3)
   Es inútil callarla.   297:70:7
   callarla.   297:70:9
   callarla.   297:70:15
CALLARON (1)
   y no la niña viva que   533:272:33
   callaron en la arena.
CALLASE (1)
   que hubo necesidad de llamar   493:250:13
   a los perros para que
   callase.
CALLE (27)
   voy llorando por la calle,   184:5:14
   que tiene la vieja calle   203:14:61
   provinciana,
   Yo me salgo desnudo a la calle,   254:44:4
   La calle   303:79:5
   MUERTO se quedó en la calle   304:81:1
   de la calle!   304:81:7
   Que muerto se quedó en la   304:81:11
   calle
   por el río de la calle,   310:90:13
   No des vueltas en mi calle.   382:164:10
   ronda la desierta calle.   442:229:6
   que por la calle venía.   443:229:30
   Hombres bajaban la calle   453:233:50
   POR la calle brinca y corre   458:235:1
   y yo sé lo que esperan los   502:256:36
   que por la calle
   No es el infierno, es la   516:264:54
   calle.
   y se alejaron a sus casas   533:272:38
   por el tumulto de la calle
   SUBEN por la calle   566:293:1
   Por la calle abajo   566:293:4
   y en la calle.   586:307:11
   Por la calle del pueblo un   586:307:15
   gañán
   el miedo a la emoción que te   621:323:95
   aguarda en la calle.
   la calle arriba   654:353:14
   Al dar las cuatro en la calle   655:354:13
   y era Paquiro en la calle   655:354:15
   En la calle de los Muros   660:358:8
   lo echó a la calle.   662:360:4
   lo echó a la calle.   662:360:8
CALLE (2)

¡Calle el Eclesiastés!   277:58:24
No importa que el niño calle   489:247:17
   cuando le clavan el último
   alfiler,
CALLEJA (3)
   silencio de la calleja!   183:4:6
   POR la calleja vienen   309:89:1
   alegrando la estrecha   587:307:35
   calleja:
CALLEJAS (2)
   Por las callejas   302:77:5
   por las callejas.   316:99:14
CALLES (9)
   por las calles de Sevilla.   324:112:2
   Las calles están desiertas   325:112:13
   Por las calles de penumbra   456:234:85
   Por las calles empinadas   456:234:89
   buscan al rey por las calles   481:243:77
   o en los ángulos del salitre.
   corría por las calles y los   487:246:6
   pisos deshabitados
   por las calles deshabitadas   513:263:44
   de la edad media que bajan
   al río,
   y la lluvia bajaba por las   533:272:22
   calles decidida a mojar el
   corazón
   El hombre pisa fuerte las   618:323:9
   calles enlosadas.
CALLO (1)
   Lavó sus palabras y se calló.   418:216:9
CAMA (9)
   cuando juegue en su cama   214:20:38
   en la concha de la cama,   385:168:2
   decentemente en mi cama.   431:223:36
   se tendió sobre la cama.   465:237:38
   fresquísima de la cama.   465:237:50
   Cuando busco en la cama los   508:260:42
   rumores del hilo
   en nuestra cama de la luna   527:268:16
   Un ataúd con ruedas es la   538:273:33
   cama
   bajo las rosas tibias de la   571:298:15
   cama
CAMARADA (1)
   con aquel camarada que   524:267:43
   pondría en tu pecho
CAMARADAS (1)
   camaradas que velen tu   526:267:130
   gacela sin cuerpo.
CAMAREROS (2)
   cuando los camareros y los   481:243:75
   cocineros y los que limpian
   con la lengua
   con árboles fermentados y   488:246:17
   camareros incansables
CAMAS (2)
   Enrique por el mundo de las   473:240:5
   camas;
   para gemir al pie de las   480:243:67
   camas ante el insomnio de
   los lavabos
CAMBIA (1)
   ¿Por qué cambia mi traje   601:313:126
CAMBIAN (1)
   pámpanos y peces cambian.   467:237:92
CAMBIANTE (1)
   el algodón cambiante de una   620:323:64
   nube imprevista.
CAMBIAR (1)
   Compadre, quiero cambiar   431:223:25
CAMBIARAS (1)
   si me cambiaras el corazón?   384:166:10
CAMBORIO (4)
   Si te llamaras Camborio,   446:230:30
   ni legítimo Camborio.   446:230:34
   Camborio de dura crin,   447:231:20
   ¡Ay Antoñito el Camborio,   448:231:33
CAMBORIOS (3)
   hijo y nieto de Camborios,   445:230:2
   hijo y nieto de Camborios,   446:230:26

Rosa la de los Camborios,   456:234:105
CAMELIA (1)
padre de tu agonía, camelia   525:267:75
de tu muerte,
CAMELIAS (1)
que pide camelias blancas.   297:70:19
CAMELLO (2)
y la piel del camello se   494:250:37
eriza con un violento
escalofrío azul.
Las tres en el arrabal   533:272:13
rodeaban a un camello blanco
CAMELLOS (2)
los camellos sonámbulos de   478:242:24
las nubes vacías.
Se fueron los camellos de   484:245:5
carne desgarrada
CAMINA (1)
CAMINA Don Boyso   664:364:1
CAMINAN (1)
HACIA Roma caminan   656:355:1
CAMINANDO (2)
Y yo que estaba caminando   355:133:9
Y yo que estaba caminando   574:303:9
CAMINANTE (1)
ni lucero caminante.   442:229:14
CAMINAR (4)
y sigue el caminar.   238:36:2
y sigue el caminar.   239:36:22
o fácil caminar sobre las   284:63:46
hierbas,
Es necesario caminar, ¡de   513:263:43
prisa!, por las ondas, por
las ramas,
CAMINAS (1)
caminas!   215:21:4
CAMINERA (2)
Guardia civil caminera,   332:120:5
guardia civil caminera   445:230:15
CAMINITO (2)
¡qué buen caminito!   641:342:2
¡Qué buen caminito!   642:342:31
CAMINITOS (1)
señalan mil caminitos.   410:204:6
CAMINO (42)
Voy camino de la tarde,   183:4:9
dejando sobre el camino   183:4:11
eres sol que ilumina el   200:13:38
camino.
su camino de luz en el cielo.   204:15:2
-Madre abuela, ¿cuál es el   205:15:29
camino,
por el blanco camino la dejo,   208:15:105
y enturbian el camino   248:40:60
y el camino desierto: 248:40:76
¿Quién te enseñó el camino   251:42:33
Pero deja, camino,   255:44:27
blanca, ¡oh camino!,   256:44:66
El polvo del camino   262:48:9
-Ese es tu camino.   277:59:5
"Yo no tengo camino.   277:59:15
Alumbran el camino,   278:59:29
al borde del camino.   284:63:37
respondióles el polvo del   285:63:65
camino:
al polvo del camino.   286:63:97
en este camino?   288:64:15
Sevilla tiene un camino;   295:68:14
Por un camino va   317:101:7
del camino.)   328:118:3
[AMARGO] Me parece que   339:121:101
hemos perdido el camino.
en el camino de agua!   364:140:29
¡Ay qué camino tan largo!   380:161:11
que abre el camino del alba.   430:223:16
A la mitad del camino   445:230:9
Y a la mitad del camino,   445:230:13
Por el camino llano   463:236:46
EQUIVOCAR el camino   531:271:1
Equivocar el camino   531:271:5
Junto al camino gris   588:309:5

por el camino solo;   589:310:10
Por el camino muerto   593:312:5
Sigo por mi camino.   594:312:29
seguiré mi camino.   594:312:36
se va por el camino   599:313:84
AQUEL camino   602:314:1
Aquel camino.   602:314:3
El camino de Santiago.   604:314:39
el camino derecho.   615:319:6
En el medio del camino,   661:359:17
CAMINOS (11)
sus caminos de seda   175:2:8
los caminos en la Tierra?   182:3:40
por los turbios caminos del   208:15:101
sueño!
cruzando los caminos.   285:63:61
(Viento por los caminos.   301:76:16
largos caminos rojos.   316:100:5
por los hondos caminos   323:110:6
Aunque sepa los caminos   380:161:5
el mejor de los caminos,   435:225:37
Sangre que busca por mil   480:243:57
caminos muertes enharinadas
y ceniza de nardo,
sobre los caminos.   595:312:48
CAMISA (3)
la fantástica camisa   252:43:6
le despega la camisa,   433:224:24
ya la camisa le rasga.   466:237:74
CAMISAS (1)
¡Ay mis camisas de hilo!   437:226:33
CAMPAMENTO (1)
donde el hongo no pueda   620:323:70
poner su campamento.
CAMPANA (6)
UNA campana serena   236:34:1
dobla una campana.   312:94:3
cesa la campana.   312:94:9
la campana de la Vela   560:286:2
la campana de la Vela   560:286:7
la campana de la Vela   560:286:12
CAMPANADA (1)
de una campanada.   235:33:9
CAMPANADAS (3)
turbios y confusos de unas   203:14:63
campanadas.
se abren las campanadas.   312:94:6
se abren las campanadas.   317:101:6
CAMPANARIOS (1)
Campanarios lejanos   180:2:172
CAMPANAS (22)
cuando paso. Las campanas   184:5:10
Y choca con los ecos de las   186:6:19
lentas campanas
te hieren las campanas   218:22:17
Un doblar de campanas   250:42:7
de campanas perdidas,   251:42:41
CAMPANAS de Córdoba   306:85:1
Campanas de amanecer   306:85:3
¡Oh, campanas de Córdoba   307:85:16
y oh, campanas de amanecer   307:85:18
doblan las campanas.   316:101:3
cesan las campanas.   317:101:15
de campanas antiguas   349:128:30
Entre adelfas y campanas   378:159:5
Cuántas campanas ¿oyes?   387:171:5
las campanas golpean.   387:171:18
se pierden las campanas   393:179:2
Pide luces y campanas.   452:233:36
Subí a tocar las campanas,   483:244:13
pero las frutas tenían
gusanos
Las campanas de arsénico y   537:273:19
el humo
racimos de campanas   610:318:4
las campanas cautivas.   611:318:21
Las campanas de Roma   657:355:41
CAMPANILLAS (3)
se volvieron campanillas.   443:229:38
rodeado de miles de   520:266:14
campanillas.

Campanillas de oro.   599:313:61
CAMPESINA (1)
    del color de tu carne campesina 209:17:7
CAMPESINAS (2)
    dos palomas campesinas   209:16:27
    y sentí mil abejas campesinas   274:57:73
CAMPESINO (3)
    de un San Cristóbal   210:17:23
    campesino, lentos
    Un perro campesino   232:31:6
    de un joven campesino   243:38:111
CAMPESINOS (1)
    los cansados campesinos.   190:7:61
CAMPIÑA (2)
    de tu campiña   216:21:51
    sobre la campiña,   609:316:16
CAMPIÑAS (3)
    Tú sabes de las campiñas   188:7:5
    ¡Momias de oro sobre las   270:55:37
    campiñas!
    que desde el fondo de las   292:67:62
    campiñas
CAMPO (37)
    parece un campo sembrado   183:4:15
    Y mi sangre sobre el campo   190:7:58
    a danzar por el campo?...   191:8:32
    y el campo funeral   213:20:9
    todo el campo se lamenta   226:26:26
    UN pleno de cigarras tiene el   229:28:1
    campo.
    Brilla sobre su campo de pre   232:31:8
    beso,
    El fondo un campo de nieve.   235:33:5
    El fondo un campo de nieve.   235:33:10
    El fondo un campo de nieve.   235:33:15
    El fondo un campo de nieve.   236:33:20
    Y el fondo es un campo de   236:33:25
    nieve.
    se fue de vuestro campo?   247:40:49
    Ya está el campo sin gente,   248:40:74
    para iluminar el campo.   257:46:10
    todo pasión sobre el campo!   259:46:86
    Mi paraíso un campo   267:53:3
    en un campo de   267:53:16
    por un campo rojizo."   278:59:21
    en el campo desierto   290:66:12
    EL campo   296:69:1
    (Dejadme en este campo   303:80:3
    (Dejadme en este campo   303:80:7
    en este campo   304:80:12
    ¿De qué campo,   309:89:3
    en el campo de oro.   349:128:28
    Dos bueyes rojos en el campo   349:128:47
    de oro.
    por este campo   350:128:61
    LA hoguera pone al campo de   414:210:1
    la tarde
    cubren la nieve del campo,   460:235:60
    El campo se muerde la cola   490:247:29
    para unir las raíces en un
    punto
    y el campo de todo un lustro   513:263:39
    cabrá en la mejilla de la
    moneda.
    Por el campo (que espera los   589:310:8
    tropeles de almas),
    En el campo sin monte,   593:312:13
    que van al campo,   654:353:2
    No salgas, paloma, al campo,   660:358:15
    Al pasar un campo   665:364:27
CAMPOS (18)
    sobre los campos dormidos,   189:7:41
    sobre los campos divinos.   189:7:51
    que madura los campos.   192:9:4
    Cuando sobre los campos   197:11:33
    desciendes lentamente
    de las abejas. Seno de los   199:13:7
    campos
    y los campos en hondo   207:15:99
    silencio.

¡Qué haré yo sobre estos   213:19:13
    campos
    cuando sobre los campos   217:22:12
    Pero sal de los campos   256:44:62
    los campos sin verdores   265:51:4
    Vas por los campos   291:67:20
    por los campos de Ruth   349:128:42
    campos libres donde silban   490:247:39
    mansas cobras deslumbradas,
    de los malos campos,   564:291:2
    Cielos y campos   564:291:7
    Campos y cielos   564:291:9
    de esos campos ocultos.   599:313:75
    (Cerezos en los campos.)   644:344:25
CAMPOSANTO (1)
    No tendrás camposanto   255:44:58
CANARIO (1)
    del canario.   318:103:9
CANAS (1)
    Tendrás por verdes canas   261:47:47
CANCER (9)
    bajo las pinzas y las   480:243:56
    retamas de la celeste luna
    de cáncer.
    A las doce de la noche el   501:256:10
    cáncer salía por los pasillos
    el vivísimo cáncer lleno de   501:256:12
    nubes y termómetros
    En la casa donde no hay un   502:256:14
    cáncer
    y el cáncer sin alambradas   502:256:30
    latiendo por las
    habitaciones.
    El día que el cáncer te dio   502:256:39
    una paliza
    mientras que el agrio cáncer   502:256:45
    mudo que quiere acostarse
    contigo
    Las tres ninfas del cáncer   509:261:4
    han estado bailando,
    y unas sábanas duras donde   510:261:7
    estaba el cáncer dormido.
CANCION (20)
    y en mi lírica canción   185:5:24
    Y la canción del agua   192:9:1
    Mas la canción del agua   193:9:25
    El agua de la fuente su   224:25:4
    canción le decía.
    de la canción añeja.   250:42:18
    de la canción añeja.   251:42:26
    de la canción añeja.   251:42:36
    una canción antigua,   280:61:36
    ¡solo tú, severo, mi canción   283:62:57
    desprecias!
    una canción   317:101:11
    LA canción,   383:165:1
    La canción,   383:165:4
    la canción,   383:165:11
    Canción llena de labios   383:165:13
    Canción llena de horas   383:165:15
    Canción de estrella viva   383:165:17
    tu canción.   403:194:16
    muda canción de serpiente.   429:222:26
    CADA canción   585:306:1
    deliciosa canción de trote y   617:322:10
    flecha
CANCIONES (7)
    del abril canciones tiernas.   183:4:4
    las canciones del agua.   273:57:27
    canté con los lirios canciones   281:62:8
    serenas.
    Todos me abrumáis con   282:62:40
    vuestras canciones;
    gimen canciones redondas.   436:226:8
    Entonces salieron los fríos   533:272:34
    cantando sus canciones
    canciones de bambú y   623:325:10
    estribillos de nieve.
CANCOS (1)
    Cancos de Madrid,   526:267:113

CANDIL (6)
del candil   301:76:9
CIRIO, candil,   308:87:1
Cirio, candil,   308:87:9
del candil.   322:108:4
la llama del candil!   326:114:2
encendieron un candil.   448:231:48
CANDILES (1)
Los candiles se apagan.   300:74:3
CANELA (2)
[GITANO] Una torre de canela.   331:119:47
con las torres de canela.   454:234:24
CANES (1)
Solo cuando izaron la   489:246:43
bandera y llegaron los
primeros canes
CANGREJOS (1)
cajas que guardan silencio   472:239:15
de cangrejos devorados
CANSADO (5)
al sentir en el pecho ya   203:14:68
cansado y exhausto
TARDE lluviosa en gris cansado,   238:36:1
Tarde lluviosa en gris   239:36:21
cansado,
[AMARGO] Todavía no estoy   338:121:83
cansado.
Otros de rubor cansado,   448:231:47
CANSADOS (1)
los cansados campesinos.   190:7:61
CANSANCIO (3)
cansancio de ser poético   225:26:20
cansancio de la nieve.   290:66:22
Con todo lo que tiene   471:238:9
cansancio sordomudo
CANTA (38)
Loco reloj que canta   198:12:9
canta un cuco en la umbría   248:40:78
que canta melancólica   249:41:11
diamante azul que canta,   275:57:88
canta saetas.   311:92:2
la Lola canta   311:92:11
Canta y canta   317:101:10
y canta y canta y canta.   317:101:13
Un gallo canta en la luna.   329:119:21
Dentro le canta   372:151:2
La tarde canta   394:180:12
Mi hermanita canta: 394:180:14
La noche canta desnuda   401:191:6
¡Cómo canta la zumaya,   426:220:29
ay cómo canta en el árbol!   426:220:30
cae donde el mar bate y canta   426:221:7
Por abajo canta el río: 437:226:39
San Miguel canta en los   439:227:25
vidrios;
El niño canta en el seno   444:229:63
la cobra tendida canta.   465:237:48
Con el árbol de muñones que   471:238:5
no canta
Canta el gallo y su canto   509:260:63
dura más que sus alas.
y el sol canta por los   524:267:65
ombligos
Aquí no canta nadie, ni   543:275:174
llora en el rincón,
un raro sueño canta   589:310:12
canta.   597:313:28
(Canta, ranita,   604:314:52
(Un grillo canta   608:315:36
Y si el centauro canta en las   617:322:9
orillas
En lado opuesto, Filomela   617:322:17
canta,
mientras Favonio suena y   617:322:27
Tetis canta.
Canto la sirenita de la mar   621:323:96
que te canta
canta la luz herida por el   634:333:5
hielo.
el doble cisne su blancura   634:333:22
canta.

Canta ya por el aire sin   639:339:9
cadena
CANTABA (7)
En abril de mi infancia yo   191:8:33
cantaba,
un manantial cantaba.   272:57:12
cantaba un gorrión.   318:102:10
Cantaba la lombriz el terror   492:249:18
de la rueda
cantaba el oso de agua que   492:249:20
lo había de estrechar;
cantaba dentro de la toronja.   529:269:10
y el ruiseñor cantaba   573:302:6
CANTABAN (7)
Y los martillos cantaban   451:233:18
Gallos de vidrio cantaban   454:234:31
y todos cantaban aleluya,   492:249:21
Las niñas de Cristo cantaban   518:265:13
y las judías miraban la
muerte
los muchachos cantaban   522:267:2
enseñando sus cinturas,
CANTABAN las mujeres por el   630:330:1
muro clavado
Cantaban las mujeres en la   631:330:25
arena sin norte,
CANTAD (3)
¡Niños chicos, cantad en el   204:15:9
prado,
¡Niños chicos, cantad en el   205:15:23
prado,
¡Niños chicos, cantad en el   205:15:44
prado,
CANTAME (1)
Cántame con tu boca vieja y   280:61:35
casta
CANTAN (21)
Los árboles que cantan   193:9:21
CANTAN los niños   249:42:1
Los manantiales cantan.   272:57:2
CANTAN las siete   359:134:1
Los grillos cantan   371:149:17
Los grillos cantan   371:149:21
cantan las espuelas.   376:156:3
cantan en las azoteas!   391:175:16
borrachos cantan desnudos.   403:194:14
Cantan las flautas de umbría   427:221:35
Los niños tejen y cantan   440:228:9
con los dos ritmos que cantan   442:229:9
que harán decir a los que   483:244:34
duermen y a los que cantan
por las esquinas:
Lobos y sapos cantan en las   496:252:9
hogueras verdes
Ya cantan, gritan, gimen: 513:263:35
Rostro. ¡Tu rostro! Rostro.
¡Ya cantan!, ¡gritan!,   513:263:41
¡gimen!,
los hombres que les suena   543:275:180
el esqueleto y cantan
que los poetas cantan!   585:305:75
y los sabios cristales   621:323:76
cantan sus geometrías.
En la orilla del agua cantan   623:325:9
los marineros,
Cantan en ese bosque   626:328:6
comprimido
CANTANDO (14)
Que muera cantando lento   190:7:52
Y el agua se lo lleva   224:25:16
cantando de alegría.
Ya nos dejas cantando   250:42:9
Ya nos dejas cantando   252:42:53
pena cantando   320:105:6
dos mares cantando!   417:213:9
Thamar estaba cantando   464:237:21
Los vi perderse llorando y   474:240:41
cantando
Un río que viene cantando   515:264:6
Entonces salieron los fríos   533:272:34
cantando sus canciones

Y su sangre ya viene cantando: 541:274:127
cantando por marismas y praderas, 541:274:128
va cantando al Jesús que ha nacido: 586:307:16
donde naipe y herida se entrelazan cantando, 632:331:30
CANTAR (7)
¡Rana, empieza tu cantar! 209:16:21
Un cantar de mañana que estremezca 211:18:9
Un cantar luminoso y reposado 212:18:13
Cantar sin carne lírica que llene 212:18:17
Cantar que vaya al alma de las cosas 212:18:21
recién nacida, ese cantar oculto 272:57:7
donde tiembla el cantar. 313:95:12
CANTAR (3)
ya puede cantar desnuda con las manadas de caballos: 485:245:41
y los gallos que no saben cantar sobre la nieve. 531:271:10
que no os pueden cantar con dolor, 581:304:95
CANTARAN (1)
Cantarán los techos de palmera. 530:270:6
CANTARES (3)
marchita de cantares? 210:17:20
sed de cantares nuevos 211:18:6
con palabras de cantares. 346:126:6
CANTARIA (3)
¿cómo cantaría 319:104:3
CANTAS (3)
¿No cantas nunca?" "No canto", 177:2:62
¿Aún cantas? 196:10:28
¡Conozco el misterio que cantas, ciprés; 282:62:31
CANTASTEIS (1)
cantasteis en la Biblia, 270:55:31
CANTE (2)
De niño yo canté como vosotros, 190:8:5
canté con los lirios canciones serenas. 281:62:8
CANTE (1)
para que el rey de Harlem cante con su muchedumbre, 479:243:26
CANTEN (1)
Hay muy pocos ángeles que canten, 569:296:5
CANTO (1)
Como Homero cantó 320:105:12
CANTO (20)
su canto entre las hierbas. 175:2:13
nuestro canto, tendría 176:2:38
de Isabel de Segura. Melibea. Tu canto, 186:6:14
Ella es luz hecha canto 193:9:27
El canto primitivo que dices al silencio 197:11:35
Entúrbiame los ojos con tu canto. 210:17:29
el rocío del canto 217:22:6
humo de grito y canto. 218:22:40
por el canto del grillo, 254:44:8
Yo me acerqué para escuchar su canto, 272:57:13
del canto monocorde de los grillos, 284:63:39
EL canto quiere ser luz. 361:137:1
En lo oscuro el canto tiene 361:137:2
acabó con los más leves tallitos del canto 485:245:25
Canta el gallo y su canto dura más que sus alas. 509:260:63
y yo oigo el canto de la lombriz 517:264:60

no hay canto ni diluvio de azucenas, 542:274:144
que se pierda en la noche sin canto de los peces 544:275:192
mintiendo canto y esperando miedo 617:322:22
urna de canto sola y derramada. 637:336:4
CANTO (11)
Yo ya no canto más..." 176:2:42
¿No cantas nunca?" "No canto", 177:2:62
No te conoce nadie. No. Pero yo te canto. 545:276:215
Yo canto para luego tu perfil y tu gracia. 545:276:216
Yo canto su elegancia con palabras que gimen 545:276:222
pero canto la firme dirección de tus flechas. 621:323:89
Canto tu bello esfuerzo de luces catalanas, 621:323:90
Canto tu corazón astronómico y tierno, 621:323:92
Canto el ansia de estatua que persigues sin tregua, 621:323:94
Canto la sirenita de la mar que te canta 621:323:96
Pero ante todo canto un común pensamiento 621:323:98
CANTOS (7)
"Esos cantos modernos 176:2:30
cantos de tus hermanos. 260:47:22
La ciencia de los cantos por los cantos la tienen 268:54:9
Hay que ser todo cantos, 268:54:17
de cantos desprendidos 284:63:18
nueve cantos distintos y una sola palabra. 623:325:24
CAÑA (3)
CAÑA de voz y gesto, 391:176:1
como caña de maíz. 448:231:40
Brisas de caña mojada 449:232:19
CAÑADAS (1)
por las cañadas, 625:327:29
CAÑAMAZO (1)
letras sobre el cañamazo. 318:103:13
CAÑAS (1)
El pueblo corría por las almenas rompiendo las cañas de los pescadores. 504:258:4
CAÑAVERA (2)
la luz de la cañavera. 386:169:10
¡Oh bovino frescor de cañavera! 531:270:35
CAÑAVERALES (2)
Y por los cañaverales, 462:236:42
Si el aire se niega a salir de los cañaverales 512:263:7
CAÑOS (2)
Todo está roto por los tibios caños 490:247:35
y agujas instaladas en los caños de la sangre, 520:266:8
CAPA (5)
con tu capa de espectros 174:1:23
(Con una capa de viento 395:181:12
la capa de mi talento. 400:190:8
bajo una capa de seda. 454:234:46
te están bordando una capa 664:363:2
CAPAS (6)
largas capas lentas. 307:86:5
con largas capas oscuras. 381:163:10
alas y flores con sus capas negras. 393:178:10
sus negras capas ceñidas 428:221:49
Sobre las capas relucen 453:234:3
suben las capas siniestras, 456:234:90
CAPERUCITA (1)
Caperucita roja 271:56:28

CAPITALES (1)
    perseguido por siete novillos   630:330:4
    capitales.
CAPITAN (2)
    El sol, capitán redondo,   373:152:11
    para este capitán atado por   543:275:185
    la muerte.
CAPITANES (1)
    capitanes,   174:1:24
CAPITELES (1)
    Por los capiteles rotos de   509:260:68
    las mejillas desangradas.
CAPRICORNIO (1)
    la noche de Capricornio,   446:230:22
CAPSULA (1)
    Es una cápsula de aire donde   495:251:31
    nos duele todo el mundo.
CARA (16)
    con su cara bonachona   225:26:11
    para limpiarme la cara!   332:120:12
    Me pondrá la cara verde   377:157:5
    DICEN que tienes cara   387:171:1
    cara fresca, negro pelo,   432:223:71
    Niños de cara impasible   441:228:31
    sobre mi cara encendida.   443:229:42
    Os escupo en la cara.   516:264:47
    No quiero que le tapen la   544:275:194
    cara con pañuelos
    el interior de la cara,   562:288:11
    acaricia la cara del espacio   603:314:26
    mi cara por el aire.   614:318:102
    si de tu cara sale   654:353:15
    se le ha puesto la cara   657:355:35
    cara como la tuya   658:356:15
    la cara de barro.   662:361:8
CARABELAS (1)
    Llevo las carabelas de los   284:63:26
    sueños
CARABINEROS (1)
    los carabineros duermen   426:221:10
    tres carabineros vienen,   428:221:48
    Cornetines de cobre que los   623:325:15
    carabineros
CARACOL (16)
    Y el caracol, pacífico   175:2:14
    el caracol se aterra.   176:2:49
    Es el caracol. ¿Vienes,   177:2:56
    caracol, de otras tierras?"   177:2:57
    dice el caracol."¿Ni rezas?"   177:2:63
    -gime el caracol-. Sí creo   177:2:81
    y el caracol asustado   177:2:86
    al caracol que crea?"   178:2:95
    El pobre caracol   178:2:102
    El caracol exclama: 178:2:112
    Y el caracol pregunta   179:2:124
    El caracol pregunta: 179:2:132
    Y el caracol: "Mi vista   179:2:138
    Y el caracol sentencia: 179:2:147
    El caracol suspira   180:2:160
    y el caracol, pacífico   180:2:174
CARACOLA (2)
    ME han traído una caracola.   372:151:1
    Me han traído una caracola.   372:151:8
CARACOLAS (4)
    glorietas de caracolas   427:221:15
    Ni nardos ni caracolas   435:225:28
    El otoño vendrá con   544:276:207
    caracolas,
    eleva escalinatas y oculta   619:323:26
    caracolas.
CARACOLEA (1)
    caracolea el vientecillo.   414:210:4
CARACOLEAN (3)
    Cien jacas caracolean.   315:98:3
    Cien jacas caracolean.   315:98:9
    Cien jacas caracolean.   315:98:15
CARACOLES (3)
    los durmientes borran sus   478:242:27
    perfiles bajo la madeja de
    los caracoles

    y hablaba con los caracoles   501:256:11
    vacíos de los documentos,
    Puede el aire arrancar los   507:260:6
    caracoles
CARAMBANO (1)
    Un carámbano de luna   432:223:77
CARAS (2)
    con tus caras marchitas   503:256:62
    sobre mi boca,
    con mil caras de vaca,   574:302:16
CARAVANAS (1)
    y eternas caravanas   584:305:49
CARBON (4)
    En el carbón de la tarde   226:26:43
    Su desnudo de carbón   460:235:53
    y escupe carbón machacado   520:266:13
    que en montes de carbón,   523:267:41
    anuncios y ferrocarriles,
CARBONES (1)
    y son negros carbones   262:48:3
CARCAJ (1)
    y el carcaj el corazón.   185:5:34
CARCAJADAS (1)
    y olvidando, bajo las   646:345:29
    sillas, diminutas carcajadas
    de algodón.
CARCEL (1)
    ¡Maravillosa cárcel,   595:312:44
CARCOMIDO (1)
    Brotaría en la sombra del   269:54:35
    amor carcomido
CARDENAL (1)
    [TENIENTE CORONEL] Me ha   329:119:7
    saludado el cardenal
    arzobispo
CARDENO (1)
    (Lo cárdeno   305:83:3
CARDIO (1)
    Caballitos de cardio por la   632:331:22
    estrella sin sangre.
CARDOS (1)
    a que cicutas y cardos y   482:243:105
    ortigas turben postreras
    azoteas.
CARGADA (1)
    y otro una lluvia nocturna   519:265:42
    cargada de cadenas
CARGADO (2)
    cargado de sol y esencias,   184:4:24
    voy cargado de pena,   589:310:9
CARGADOS (3)
    los olivos viejos, cargados   281:62:12
    de ciencia;
    están cargados   297:69:13
    cargados de girasoles.   438:227:4
CARICIA (1)
    exploren la caricia   255:44:29
CARIÑO (1)
    LAS manos de mi cariño   664:363:1
CARMEN (2)
    LA Carmen está bailando   324:112:1
    Carmen.   399:189:8
CARMESI (1)
    su corbata carmesí,   447:231:10
CARMONA (1)
    De Sevilla a Carmona   641:342:13
CARNAL (2)
    La manzana es lo carnal,   258:46:39
    carnal...   291:67:12
CARNALES (1)
    ¡Ay!, incensarios carnales   582:304:100
    del alma,
CARNE (47)
    llegas sobre mi carne,   173:1:3
    Llegas sobre mi carne   173:1:20
    con la inquietud cercana del   197:11:16
    color de la carne.
    La armonía hecha carne tú   200:13:27
    eres,
    con la carne oscura de nardo   201:14:3
    marchito

del color de tu carne campesina 209:17:7
en un fondo de carne la morada 210:17:35
Cantar sin carne lírica que   212:18:17
llene
y no ha de sentir mi carne   213:19:19
Y me duele la carne del   238:36:12
corazón
y la carne del alma.   238:36:13
tu carne desgarrada!   255:44:40
hermana en carne de Venus,   259:46:75
¡Mi corazón es malo, Señor!   273:57:32
Siento en mi carne
haciendo heridas en la ruda   274:57:65
carne,
la carne y el rocío.   277:59:19
carne y alma de Cristo,   284:63:22
Tres de carne   325:113:5
Busco en mi carne las   396:182:5
Carne tuya me parece,   397:183:5
Tu carne buscó en mi mapa   400:190:3
Carne pontifical y traje   401:192:2
blanco,
mi carne ni mi llanto,   421:219:14
verde carne, pelo verde,   430:223:7
verde carne, pelo verde,   430:223:23
Verde carne, pelo verde,   432:223:75
Cobre amarillo, su carne,   436:226:5
de azabache, carne y ropa.   437:226:32
de carne gris, desvelada,   459:235:44
cubre su carne quemada.   465:237:52
para dejar en vuestra carne   481:243:72
una leve huella de eclipse
Se fueron los camellos de   484:245:5
carne desgarrada
carne viva. Los besos atan   493:250:18
las bocas
golpes y resonancias de carne   496:252:8
de molusco.
no veré el duelo del sol con   500:255:4
las criaturas en carne viva.
Dentro de ti, amor mío, por   507:260:22
tu carne,
turbios de lágrimas, carne   524:267:59
para fusta,
de carne tumefacta y   525:267:102
pensamiento inmundo,
confín de carne y sueño,   573:301:7
las rosas son como tu carne   588:309:11
virgen,
los crepúsculos, el eco   598:313:60
hecho carne.
al ver su carne convertida   618:322:44
en carne
por amor de la carne que no   631:330:20
sabe tu nombre.
Fuego para la carne sensible   633:332:15
que se quema.
no consigue clavar tu carne   634:333:10
oscura.
Sabes que yo comprendo la   647:346:23
carne mínima del mundo.
CARNES (2)
El amor está en las carnes   521:266:43
desgarradas por la sed,
¡Oh duro marfil de carnes   529:269:27
invisibles!
CARPINTERO (1)
su padre es carpintero   662:360:11
CARPINTEROS (2)
No hay más que un millón de   521:266:21
carpinteros
y la oscura ciudad agonizaba   533:272:24
bajo el martillo de los
carpinteros.
CARRETAS (1)
por donde se alejan las   483:244:9
carretas.
CARRETERA (2)
carretera de la muerte.   429:222:22
vienen por la carretera.   453:234:8
CARRO (4)

da a mi carro negros potros.   608:315:45
que te traigan en un carro,   661:359:10
le piden los bueis y el   661:359:42
carro,
arrecularon el carro.   662:359:46
CARROS (1)
cuatro carros dormidos,   255:44:52
CARTAGENA (2)
Pasé por el jardín de Cartagena   191:8:9
desgarré mi jardín de   560:286:8
Cartagena.
CARTAGINESES (1)
y cinco cartagineses.   429:222:30
CARTEL (1)
un torero de cartel.   655:354:16
CARTILLA (2)
su cartilla; es el maestro   209:16:14
la cartilla primera,   244:39:4
CARTON (1)
de bocas de cartón y trapo   519:265:55
seco.
CARTUCHERAS (1)
invade las cartucheras.   455:234:68
CARTUJANO (1)
Y oprime la salmodia del coro   186:6:18
cartujano.
CASA (23)
"Vengo de mi casa y quiero   177:2:58
Pero llena dejóme la casa   207:15:90
hacia mi casa intranquilo.   209:16:25
desde su casa de añil   225:26:14
¡Volved a vuestra casa   248:40:70
EN la casa blanca muere   315:98:1
¡qué sola estás en tu casa   318:103:2
¡qué sola estás en tu casa,   319:103:15
EN la casa se defienden   324:111:1
En tu casa queman tomillo.   382:164:3
En tu casa queman tomillo.   382:164:14
que rodea perenne mi casa!   419:217:12
entra en la casa que tiene,   428:221:44
mi caballo por su casa,   431:223:26
ni mi casa es ya mi casa.   431:223:34
ni mi casa es ya mi casa.   431:223:46
mi casa como una loca,   437:226:28
En la casa donde no hay un   502:256:14
cáncer
Por los cristales rotos de   511:262:23
la casa
ni caballos ni hormigas de   544:276:200
tu casa.
En la casa del muerto, los   632:331:7
niños perseguían
CASA (1)
[Maestro] ¿QUE doncella se   628:329:1
casa
CASADO (1)
que su madre ha casado,   192:8:44
CASADOS (1)
están casados,   371:149:14
CASARON (1)
ya se casaron.   657:355:44
CASAS (7)
de memoria las casas.   233:31:24
tienes entre las casas   255:44:48
Sobre las casas nuevas   351:129:9
por encima de las casas!   466:237:78
y se alejaron a sus casas   533:272:38
por el tumulto de la calle
Nochebuena templada en las   586:307:10
casas
yerra por los tejados de las   618:323:14
casas antiguas.
CASCABEL (1)
Cascabel vacío.   228:27:40
CASCABELES (1)
y de cascabeles.   663:362:8
CASCARA (1)
la cáscara de pluma y   511:262:14
celuloide

CASCARAS (1)
　trajes rotos y cáscaras y　490:247:24
　llanto,
CASCOS (3)
　que los cascos atropellan.　456:234:84
　Y cuando los cuatro cascos　467:237:97
　los cascos de tu caballo　664:363:7
CASE (1)
　a que los case el Papa,　656:355:3
CASI (11)
　herida y casi ciega-　176:2:35
　dice la casi ciega.　176:2:53
　casi marchita.　196:10:20
　casi blanco.　396:182:12
　que casi te amenazaba?　398:186:4
　y casi por compromiso.　434:225:5
　de nardos casi despiertos　458:235:21
　asesinan a nuestro Moisés　482:243:110
　casi en los juncos del
　cielo.
　casi muerte y casi piedra,　540:274:73
　casi eterna en su ramo,　572:301:3
CASINOS (1)
　ni contra los solitarios de　525:267:97
　los casinos
CASO (4)
　¡hazme caso!,　173:1:15
　¡hazme caso!,　174:1:33
　¡hazme caso!,　175:1:56
　y como el aire no hace caso　531:271:13
　de los gemidos
CASTA (10)
　La colmena es una estrella　199:13:5
　casta,
　casta Verónica　216:21:44
　de la casta llanura-　257:45:16
　sobre la hierba casta,　272:57:16
　BAJO tu casta sombra, encina　279:61:1
　vieja,
　Cántame con tu boca vieja y　280:61:35
　casta
　entre la espuma casta del mar, 292:67:45
　insospechada ondina de su　505:258:23
　casta ignorancia.
　sobre tu barba luminosa y　524:267:54
　casta,
　y la casta colina da rumores　623:325:8
　y bálsamos.
CASTAÑAS (1)
　Las castañas son la paz　258:46:51
CASTAÑUELAS (1)
　perdieron sus castañuelas,　454:234:38
CASTELLANO (1)
　cuyo nido fue sangre del suelo　186:6:6
　castellano,
CASTIGO (3)
　la luna de castigo y el　499:254:43
　reloj encenizado.
　y el castigo de la nueva　532:271:23
　resurrección sin finales.
　¡Qué voz para mi castigo　567:294:15
CASTILLA (1)
　que vino de la tierra dorada　187:6:47
　de Castilla
CASTILLO (4)
　en el frágil castillo　233:32:13
　y sombra en tu castillo.　234:32:37
　castillo sin firmeza,　245:39:37
　Al castillo de irás　599:313:82
CASTILLOS (1)
　Sobre cuentos de reinas y　284:63:16
　castillos,
CASTO (7)
　Todo el paisaje casto mi　271:56:18
　corazón transforma,
　¿Y el casto manantial no dice　273:57:47
　nada?
　de este fuego casto　282:62:43
　su casto fulgor enjuto.　440:228:18
　con su casto afán de manzana　501:256:13

para que lo piquen los
ruiseñores.
Este fuego casto para mi　514:263:57
deseo,
Mercurio de vigilia, casto　636:335:3
espejo
CASTOS (2)
　a dormir entre nieve y　187:6:48
　cipresales castos.
　y castos rincones　239:37:5
CASTRAN (1)
　o castran animales por un　476:241:36
　cielo,
CASUALIDAD (1)
　La casualidad　249:41:3
CATALANAS (1)
　Canto tu bello esfuerzo de　621:323:90
　luces catalanas,
CATALUÑA (1)
　rayen el corazón de　622:323:107
　Cataluña eterna.
CATAPULTAS (1)
　catapultas.　228:27:31
CATARATAS (1)
　La sangre que lleva las　515:264:14
　máquinas a las cataratas
CATEDRAL (2)
　En la catedral compraron dos　339:121:89
　mil
　Catedral de ceniza.　640:341:14
CATEDRALES (1)
　ni las bailarinas secas de　487:245:74
　las catedrales,
CATEDRATICO (1)
　de viejo catedrático.　246:40:10
CATORCE (1)
　Escribientes dormidos en el　632:331:9
　piso catorce.
CAUCE (9)
　con el agua de un cauce sereno. 204:15:4
　que da flores al cauce　210:17:11
　sosegado
　Las ranas hacen del cauce　225:26:7
　como el agua del cauce　268:54:30
　corren sobre las aguas del　280:61:27
　gran cauce
　¡Oh pena de cauce oculto　437:226:45
　YO quiero que el agua se　558:284:1
　quede sin cauce.
　cauce que cielo.　595:312:64
　Un Apolo de hueso borra el　638:338:5
　cauce inhumano
CAUCES (3)
　Están los cauces secos,　264:51:3
　y cauces donde corre　310:91:9
　y de cauces lejanos.　383:165:14
CAUDALES (1)
　De la esfinge a la caja de　485:245:36
　caudales hay un hilo tenso
CAUSA (1)
　ignorante de esfuerzos　621:323:80
　soterrados que causa.
CAUSAIS (1)
　¡Oh, qué alegre tristeza me　270:55:28
　causáis,
CAUTERIOS (1)
　cauterios de luces blancas.　464:237:12
CAUTIVA (8)
　y está cautiva el ave　174:1:46
　es eterna cautiva,　194:9:57
　La fragancia cautiva　223:24:13
　¡Oh tarde cautiva por las　227:27:19
　nubes,
　del tiempo cautiva.　354:132:16
　(La voz cautiva, a lo lejos,　404:195:11
　donde libre y cautiva,　634:333:3
　que aquí estoy ca{u}tiva.　665:364:16
CAUTIVAS (1)
　las campanas cautivas.　611:318:21

CAUTIVO (3)
Mi pegaso andaluz está cautivo 211:17:37
dolor de estar cautivo 219:22:49
¡Oh Cordero cautivo de tres 633:331:39
voces iguales!
CAUTIVOS (2)
los álamos cautivos, pero 173:1:10
vienes
de pájaros cautivos, 297:69:16
CAVAN (1)
cavan buscando la aurora, 436:226:2
CAYADO (1)
ni cayado ni amor tienes. 348:128:10
CAYENDO (1)
Va cayendo la nieve 290:66:11
CAYERON (1)
que cayeron envueltos en 284:63:19
azules
Se cayeron las estatuas 647:347:11
CAYO (4)
CAYO una hoja 528:269:1
porque cayó una hoja 529:269:18
Un gigante de agua cayó 561:287:13
sobre los montes
cayó la novia. 656:355:12
CAZADAS (1)
para no ser cazadas por la 542:275:155
piedra tendida
CAZADOR (1)
mira que soy cazador 660:358:16
CAZADORES (2)
Cazadores extrahumanos 208:16:9
que antes fueron cazadores. 351:129:27
CAZANDO (1)
están cazando luceros, 208:16:10
CAZAR (1)
para cazar suspiros, 314:96:9
CAZORLA (1)
Cazorla enseña su torre 329:119:18
CEBOLLAS (1)
esa muchedumbre china de 647:346:19
cebollas decapitadas
CEBRA (2)
rayado como una cebra. 391:175:14
Jamás sierpe, ni cebra, ni 482:243:100
mula
CECILIA (1)
como Inés, Cecilia, y la 203:14:53
dulce Clara,
CEDROS (2)
Mas decidme, ¡oh cedros!, si 282:62:25
mi corazón
entre un bosque de cedros. 462:236:27
CEGADORA (1)
HONDA luz cegadora de materia 633:332:1
crujiente,
CEGAR (2)
Hay que cegar los ojos con 268:54:24
luz de más allá.
tiburones como gotas de 520:266:6
llanto para cegar una
multitud,
CEGATO (1)
filósofo cegato, 246:40:22
CELDAS (1)
Vivimos en celdas 594:312:39
CELESTE (13)
en sonido y luz celeste. 189:7:33
¿Dónde va el peregrino celeste 204:15:5
Celeste Córdoba enjuta. 442:228:50
bajo las pinzas y las 480:243:56
retamas de la celeste luna
de cáncer.
y porque todavía en el suelo 489:247:15
celeste de negras huellas
La hierba celeste y sola de 518:265:25
la que huye con miedo el
rocío
por vena de coral o celeste 525:267:89
desnudo.

flor mariana celeste y 580:304:38
sedante,
miel celeste que mana 584:305:55
recorta sus perfiles en el 623:325:2
celeste duro.
Porque tu signo es clave de 632:331:29
llanura celeste
poniendo las ciudades de 646:345:27
hule celeste y talco
sensitivo,
Reina celeste de todo lo 646:346:2
criado,
CELESTES (2)
lleno de lenguas celestes, 427:221:22
que gritaban a toros 540:274:101
celestes,
CELESTIALES (2)
breves lutos celestiales. 442:229:10
vete para aprender 503:256:50
celestiales palabras
CELINDA (1)
celinda de primavera. 650:351:10
CELOSIA (1)
alto de la celosía. 434:224:36
CELULOIDE (1)
la cáscara de pluma y 511:262:14
celuloide
CEMENTERIO (6)
un cementerio de aldea 183:4:14
¿en qué oculto rincón de 192:8:45
cementerio
la vida en el cementerio! 209:16:20
van al cementerio. 463:236:49
Hay un muerto en el 493:250:9
cementerio más lejano
y todo el cementerio era una 519:265:54
queja
CEMENTERIOS (9)
Recorrieron los cafés y los 475:240:62
cementerios y las iglesias,
Son los cementerios, lo sé, 488:246:11
son los cementerios
y ahogar en sangre y ceniza 510:261:11
los cementerios antiguos.
las barcas de los cementerios 518:265:34
es pacer durante veinte 531:271:4
siglos las hierbas de los
cementerios.
tendremos que pacer otra vez 531:271:14
las hierbas de los
cementerios.
tendremos que pacer sin 532:271:29
descanso las hierbas de los
cementerios.
alejarme del tumulto de los 563:290:2
cementerios.
CEMENTO (3)
y es plata, cemento o brisa 515:264:8
que levanta sus montes de 516:264:42
cemento
los hombros de cemento de 631:331:4
todas las ciudades.
CENICIENTAS (1)
Pones cinchas cenicientas 327:117:2
CENICIENTO (1)
Un delirio de nardo ceniciento 636:334:5
CENICIENTOS (1)
golpeaban los cenicientos 486:245:56
cristales de Broadway.
CENIZA (18)
de la ceniza. 217:21:63
la ceniza sonora 219:22:55
llenan de ceniza el río 225:26:2
EL cielo es de ceniza. 262:48:1
El cielo es de ceniza, 262:48:17
de sus manos, suave ceniza. 406:199:8
el cielo ceniza de tu mirada 410:204:10
ni la feria de ceniza del que 472:239:3
llora por la madrugada,
Sangre que busca por mil 480:243:57

caminos muertes enharinadas
y ceniza de nardo,
la alegría eterna del   484:245:13
hipopótamo con las pezuñas
de ceniza
cubiertos de ceniza,   494:251:2
que ya se fue la vaca de   504:257:18
ceniza.
crines de ceniza. Plaza pura   509:260:58
y doblada.
y ahogar en sangre y ceniza   510:261:11
los cementerios antiguos.
ni tu voz como una columna   523:267:33
de ceniza;
y en la neutra ceniza de mi   638:338:3
verso quisiera
Catedral de ceniza.   640:341:14
No es la ceniza en vilo de   645:345:12
las cosas quemadas.
CENIZAS (2)
y queda el hueco de la danza   478:242:28
sobre las últimas cenizas.
Yo tenía un pez muerto bajo   483:244:11
las cenizas de los
incensarios.
CENTAURO (1)
Y si el centauro canta en las   617:322:9
orillas
CENTENARIA (2)
quiere dar con su mano   257:45:17
centenaria
y tu enorme cabeza centenaria,   260:47:19
CENTENARIO (3)
Mi chopo centenario de la vega   272:57:19
Yo me incrusté en el chopo   274:57:55
centenario
EL bosque centenario   350:129:1
CENTENARIOS (1)
y olivos centenarios.   302:77:4
CENTIMO (1)
¿Un céntimo de estrella?   247:40:28
CENTRO (2)
Buscad el gran sol del centro   481:243:92
pero en el centro de la misa   483:244:32
yo romperé el timón y
entonces
CENTURIONES (1)
Centuriones amarillos   459:235:43
CEÑIDAS (1)
sus negras capas ceñidas   428:221:49
CEÑIDO (2)
ceñido por la cintura.   382:163:28
rodeado y ceñido   584:305:52
CEÑIDOS (2)
ceñidos por los faroles.   438:227:20
cuatro ríos ceñidos en tu   508:260:47
brazo,
CERA (7)
de un panal con la cera del   199:13:15
recuerdo
de cera y de tormenta   265:51:12
corazón de cera!   390:174:22
como un limón de cera   396:182:11
manchas de tinta y de cera.   453:234:4
con las mujeres vacías, con   488:246:16
niños de cera caliente,
Yo vi dos dolorosas espigas   532:271:15
de cera
CERCA (11)
y del mal que late cerca?   182:3:36
cerca de las estrellas,   252:42:46
Más cerca,   309:89:5
cerca de los viejos coches   440:228:11
cerca del Guadalquivir.   447:231:2
cerca del Guadalquivir.   447:231:18
cerca del Guadalquivir.   448:231:24
cerca del Guadalquivir.   448:231:52
Cerca de las piedras sin jugo   500:255:3
y los insectos vacíos
cuando vio los cuernos cerca,   540:274:96
qué cerca cuando te vas!   567:294:20

CERCAN (3)
Te cercan las mariposas   259:46:77
Voces antiguas que cercan   447:231:3
mientras las llamas te   457:234:120
cercan.
CERCANA (2)
con la inquietud cercana del   197:11:16
color de la carne.
en la cercana cocina.   433:224:18
CERCARA (1)
un límite de agujas cercará   523:267:22
la memoria
CERCO (1)
rondas mi cerco de laureles.   384:166:8
CERDOS (2)
cinco millones de cerdos,   515:264:18
y los cerdos y los corderos   516:264:33
CEREBRO (4)
Se agitan en mi cerebro   209:16:26
y su cerebro   214:20:31
de la pasión, y el cerebro   252:43:3
que tienen el cerebro de oro   269:55:19
puro
CERES (4)
Como Ceres dieras tus espigas   201:14:18
de oro
de Ceres en retórica de   401:192:9
mármol.
CERES ha llorado   609:316:1
Ceres está muerta   609:316:15
CEREZA (2)
como si fuera una cereza.   362:138:24
¡Oh labios de cereza!   650:351:4
CEREZO (2)
Por las ramas del cerezo   355:133:19
temblor de blanco cerezo   562:289:3
CEREZOS (1)
(Cerezos en los campos.)   644:344:25
CERILLAS (1)
y las cerillas apagadas   483:244:14
CERRABA (2)
ese trato se cerraba.   431:223:32
La muchedumbre cerraba las   533:272:21
puertas
CERRADA (3)
Toma este vals con la boca   527:268:8
cerrada.
cerrada al porvenir: confín   570:298:4
de plata.
NOCHE de flor cerrada y vena   616:322:1
oculta.
CERRADAS (3)
de bocas ya cerradas,   194:9:56
(Estrellas cerradas.)   364:140:23
en las alcobas cerradas.   467:237:90
CERRADO (3)
¡Oh mudo solemne cerrado a   283:62:55
las quejas!
HE cerrado mi balcón   569:296:1
El Gobierno ha cerrado las   618:323:11
tiendas de perfume.
CERRADOS (4)
con los ojillos cerrados.   425:220:16
tiene los ojos cerrados.   425:220:24
COCHES cerrados llegaban   440:228:1
y es necesario dar con los   479:243:24
puños cerrados
CERRADURA (1)
de la cerradura   600:313:104
CERRANDO (1)
Cerrando un párpado   215:21:5
CERRARA (1)
y el muerto no cerrara   598:313:42
CERRARLOS (1)
se tendió para cerrarlos.   452:233:49
CERRARON (1)
No se cerraron sus ojos   540:274:95
CERVEZA (2)
la cerveza?   615:320:5
Con mi vaso de cerveza,   616:320:13

CESA (2)
    He llegado a la línea donde   195:10:6
    cesa
    cesa la campana.   312:94:9
CESAN (1)
    cesan las campanas.   317:101:15
CESARON (1)
    voces de muerte cesaron   448:231:51
CESO (1)
    cesó la triste música,   256:45:10
CESPED (2)
    y el césped no conocía la   498:254:9
    impasible dentadura del
    caballo!
    en bellas trinidades sobre   623:325:22
    el jugoso césped.
CETRO (1)
    hunde tu cetro en él, Señor.   240:38:3
CICATRIZ (1)
    El cielo exalta cicatriz   618:322:43
    borrosa,
CICATRIZADAS (1)
    de heridas cicatrizadas,   464:237:10
CICLOPES (2)
    UNICORNIOS y cíclopes.   365:144:1
    Unicornios y cíclopes.   366:144:8
CICUTA (2)
    o emboscados en yertos   526:267:119
    paisajes de cicuta.
    la cicuta está creciendo.   563:289:22
CICUTAS (2)
    porque cicutas y ortigas   452:233:28
    a que cicutas y cardos y   482:243:105
    ortigas turben postreras
    azoteas.
CIEGA (10)
    herida y casi ciega-   176:2:35
    dice la casi ciega.   176:2:53
    - exclama la rana ciega -.   177:2:61
    la rana herida y ciega.   178:2:93
    -dice la rana ciega-.   178:2:97
    Y meditas allí ciega y sin   234:32:16
    alas
    Y oiré una tarde ciega   243:38:97
    ¡Oh dolor de fuente ciega   253:43:17
    mi alma impasible y ciega.)   415:211:17
    Tranquila y concentrada como   621:323:79
    una estatua ciega,
CIEGA (2)
    ciega el ojo doliente   322:108:3
    No es el Arte la luz que   622:323:100
    nos ciega los ojos.
CIEGAS (2)
    (una bandada de palomas ciegas 212:18:19
    Unas muchachas ciegas   300:74:4
CIEGAS (1)
    ciegas desnuda en tinta de   399:189:7
    perfume.
CIEGO (5)
    ciego ya para siempre   219:22:51
    ¿Estás sordo? ¿Estás ciego?   242:38:72
    ciego. Su voz tenía,   320:105:13
    ciego de azafrán y pobre,   439:227:42
    limpio de luna, y ciego,   634:333:19
CIEGOS (5)
    ¿Somos pájaros ciegos   242:38:56
    están ciegos.   311:93:3
    están ciegos!   312:93:14
    los tres caballos ciegos,   501:256:6
    que a veces dejan ciegos a   518:265:35
    los visitantes.
CIELO (145)
    Tenías la pasión que da el   186:6:21
    cielo de España.
    por el cielo azul herido   190:7:53
    llena de cielo y mansa.   193:9:30
    que a ella que sube al cielo   194:9:65
    El contacto ya frío de cielo y   196:11:7
    tierra viejos
    nuestro cielo interior tiene   197:11:18
    un triunfo de sangre,

    todas las estrellas del cielo   202:14:44
    profundo
    su camino de luz en el cielo.   204:15:2
    ¡Escuchad! ¿Qué se siente en   205:15:26
    el cielo,
    peregrino en la tierra del   206:15:61
    cielo.
    -Hijo mío, igual que en el   207:15:85
    cielo.
    ¡Ha pasado Santiago en el   208:15:103
    cielo!
    ha rayado el hondo cielo,   208:16:2
    un cielo del amor,   210:17:34
    fiera del cielo   216:21:54
    -Estrellitas del cielo   221:23:47
    bajo el cielo de agosto   223:24:10
    como yo bajo el cielo   223:24:11
    El cielo estaba marchito.   227:27:18
    y otra hoja al cielo.)   229:29:4
    guárdate tu cielo azul,   240:38:15
    del cielo moribundo?   247:40:27
    un cielo cristalizado.   257:46:2
    Cielo seco y comprimido   257:46:5
    sangre del cielo sagrado,   259:46:60
    EL cielo es de ceniza.   262:48:1
    El cielo es de ceniza,   262:48:17
    labios de cielo.   263:49:4
    labios de cielo.   264:49:24
    como una flor bajo el cielo,   266:52:8
    La ciencia del silencio frente   268:54:7
    al cielo estrellado,
    El resumen de un cielo de   273:57:23
    verano
    sobre el cielo sin mancha.   273:57:54
    solo el cielo quedaba,   274:57:78
    Incliné mis ramajes hacia el   274:57:85
    cielo
    El cielo caído   276:58:3
    Mirando al cielo, pensaba: 277:59:14
    hay un cielo hundido   296:69:6
    cielo de tierra.   299:73:6
    cielo de tierra.   299:73:16
    desembocó todo el cielo.   305:82:11
    Bajo el arco del cielo,   309:88:12
    Cielo limpio y oscuro,   310:91:7
    por el cielo yacente   313:95:3
    y llegan hasta el cielo   314:97:15
    SOBRE el cielo negro,   321:107:1
    Sobre el cielo negro,   322:107:23
    ¡Cómo está el cielo tranquilo!   347:127:2
    Sobre el cielo   349:128:48
    Sobre el cielo   350:128:58
    Sobre el cielo   350:128:66
    y tiene el cielo enorme   351:129:11
    (Cielo   351:129:16
    ¡Cielo   351:129:18
    (Cielo   351:129:22
    ¡Cielo   351:129:24
    (Cielo   352:129:28
    ¡Cielo   352:129:30
    Cielo claro.   352:129:38
    Cielo claro.   352:129:41
    Cielo.   352:129:46
    Cielo.   352:129:49
    (Sobre el cielo un arco   359:134:3
    sigue en la noche del cielo.   364:141:5
    exploran el cielo.)   368:148:4
    me fui a la del cielo.   368:148:12
    Un cielo grande y sin gente   373:152:9
    El cielo monta gallardo   379:159:13
    El cielo flota sobre el aire   397:184:5
    Noche de cielo balbuciente   403:194:3
    el cielo ceniza de tu mirada.   410:204:10
    a lo largo bajo el cielo.   412:207:6
    SOBRE el cielo verde,   413:208:1
    sobre un cielo verde,   413:208:10
    EL cielo nublado   415:211:1
    El cielo de abril   415:211:10
    (cielo alto).   418:215:12
    Por el cielo va la luna   426:220:31
    volante de cielo y hojas.   437:226:40

Un cielo de mulos blancos   438:227:9
mientras el cielo reluce   446:230:45
Y el cielo daba portazos   450:232:51
manaba el cielo combado.   452:233:45
El cielo, se les antoja,   455:234:71
llegan al cielo sonando   459:235:45
balaba por el cielo.   463:236:55
LA luna gira en el cielo   464:237:1
ASESINADO por el cielo,   471:238:1
¡Asesinado por el cielo!   471:238:12
El tren y la mujer que llena   475:241:2
el cielo.
Allí, león, allí furia del   476:241:21
cielo,
o castran animales por un   476:241:36
cielo,
El tren y la mujer que llena   476:241:43
el cielo.
asesinan a nuestro Moisés   482:243:110
casi en los juncos del
cielo.
pero los muertos son más   483:244:24
fuertes y saben devorar
pedazos de cielo.
Desfiladeros de cal   485:245:21
aprisionaban un cielo vacío
Un cielo mondado y puro,   485:245:23
idéntico a sí mismo,
el cielo tendrá que huir   485:245:43
ante el tumulto de las
ventanas.
y llamaba al demonio del pan   488:246:9
por las colinas del cielo
barrido
basta para romper el   490:247:26
equilibrio de todo el cielo.
estaba solo por el cielo.   491:249:12
El mundo solo por el cielo   491:249:13
solo.
El mundo solo por el cielo   491:249:16
solo
aleluya. Cielo desierto.   492:249:22
NO duerme nadie por el cielo.   492:250:1
Nadie, nadie.
No duerme nadie por el   494:250:38
cielo. Nadie, nadie.
que muchas veces el cielo   495:251:19
los agrupa en ásperas
manadas.
y pequeñas criaturas del   495:251:38
cielo enterradas bajo la
nieve.
plazas del cielo extraño   495:251:41
para las antiguas estatuas
ilesas
Dos hilillos de sangre   496:252:6
quiebran el cielo duro.
Su hocico sangraba en el   503:257:3
cielo.
Nostalgia de academia y   507:260:20
cielo triste.
¡qué cielo sin salida, amor,   507:260:25
qué cielo!
y la luna estaba en un cielo   510:261:9
tan frío
por el cielo vacío   511:262:21
encuentra las otras   513:263:21
vertientes del cielo.
Lo sé. Pero yo no he venido   515:264:12
a ver el cielo.
y el cielo desembocaba por   523:267:14
los puentes y los tejados
las poleas rodarán para   523:267:21
turbar el cielo;
El cielo tiene playas donde   525:267:79
evitar la vida
Será el cielo para el viento   529:269:35
proyectó en el cielo el   532:272:3
instante de la circuncisión
de un niño muerto.

Como nadie volvía la cabeza,   533:272:18
el cielo pudo desnudarse.
Hay un cielo de mil ventanas   561:288:6
Si el cielo fuera un niño   571:299:5
pequeñito,
Pero el cielo es un elefante,   571:299:9
Inmóvil por el cielo   573:301:11
y con aire y con cielo y con   580:304:53
luz se formaron,
todo el cielo y la tierra   581:304:83
son vuestros
escribiendo en el cielo   585:305:70
una estrella volar hacia el   587:307:22
cielo.
esa estrella que voló hacia   587:307:31
el cielo.
En el prado del cielo,   589:310:4
cauce que cielo.   595:312:64
¿Por qué ves en el cielo   601:313:129
la tierra y el cielo.   615:319:2
CIELO de Claudio Lorena.   615:320:1
El cielo exalta cicatriz   618:322:43
borrosa,
en la manzana rosa del cielo   623:325:14
más lejano...
-¡oh cielo de mil pisos!-   624:326:10
¡La noche cuelga del cielo!)   628:328:31
Duerme cielo sin fin, nieve   637:336:12
tendida.
Cielo mortal de hierba.   640:341:5
Es la tierra desnuda que   645:345:14
bala por el cielo
CIELOS (14)
Cabalgué lentamente hacia los   191:8:17
cielos.
hacia el techo imposible de   192:8:49
los cielos
se ven cielos diminutos   459:235:37
sobre los cielos quemados,   460:235:68
cielos yertos en declive,   480:243:58
donde las colonias de
planetas
En mis ojos bebían las   486:245:54
dulces vacas de los cielos.
atacarán los cielos   493:250:25
amarillos que se refugian en
los ojos de las vacas.
por el derribo de los cielos   504:257:20
yertos
Pero tu rostro cubre los   513:263:40
cielos del banquete.
que dejan los cielos hechos   516:264:23
añicos.
de los malos cielos,   564:291:5
Cielos y campos   564:291:7
Campos y cielos   564:291:9
Tú, Madre siempre temible.   647:346:21
Ballena de todos los cielos.
CIEN (22)
CIEN jinetes enlutados,   313:95:1
los cien jinetes andaluces   313:95:15
Cien jacas caracolean.   315:98:3
Cien jacas caracolean.   315:98:9
Cien jacas caracolean.   315:98:15
LOS cien enamorados   316:100:1
donde poner cien cruces,   316:100:7
Los cien enamorados   316:100:9
Cien grillos quieren dorar   386:169:9
de cien rostros iguales.   393:179:14
Cien manos, bajo la tierra,   402:193:5
más de cien años. ¡Silencio!   405:197:6
Cien luceros verdes   413:208:9
no ven a cien torres   413:208:11
cien estrellas y su barco.   419:216:11
Madre de cien dinastías.   444:229:60
Los cien caballos del rey   466:237:69
Estaban uno, cien, mil   491:249:9
marineros,
y vivimos cien años dentro   510:261:18
de un cuchillo.
y el mar blanco duerme cien.   529:269:6

Lirios de espuma cien y cien 617:322:24
estrellas,
CIENCIA (11)
compasión. Y mi ciencia, 176:2:39
en la verdadera ciencia 182:3:34
Hecha con la corteza de la 234:32:28
ciencia
del árbol de la ciencia, 245:39:30
La ciencia del silencio frente 268:54:7
al cielo estrellado,
La ciencia de los cantos por 268:54:9
los cantos la tienen
y de ciencia ignorada. 275:57:92
los olivos viejos, cargados 281:62:12
de ciencia;
Con la ciencia del tronco y 477:242:13
del rastro
en impúdico reto de ciencia 497:253:18
sin raíces.
no buscaba ni ciencia ni 573:301:6
sombra;
CIENCIAS (1)
Yo veo en ti fetos de 231:30:13
ciencias,
CIENO (6)
¡Más abajo del cieno tenebroso 279:61:7
y saco piedras falsas entre 280:61:43
un cieno
cuatro columnas de cieno 497:253:2
saben que van al cieno de 497:253:15
números y leyes,
Nueva York de cieno, 523:267:24
y agrupa flores grises en 526:267:122
la orilla del cieno.
CIENOS (1)
sus ondas y sus cienos. 211:18:12
CIERRA (8)
¿Quién cierra tus heridas 217:22:11
se abre y se cierra 296:69:3
cierra sus ojos de azogue 438:227:10
Cierra la puerta, hijo mío, 449:232:3
Pero si alguien cierra los 494:250:40
ojos,
del manantial, se cierra, 598:313:54
cierra sus ojos 602:314:11
cierra sus ojos turbios. 603:314:18
CIERRAN (3)
y los ojos se cierran 287:63:117
comprendiendo
le cierran el calabozo, 446:230:44
no se cierran por la noche 451:233:4
CIÉRRATE (1)
Ciérrate, sésamo 605:314:80
CIERREN (2)
os cierren las puertas de 526:267:126
la bacanal.
que mis ojos se cierren al 582:304:107
sol,
CIERRO (1)
con llave cierro la puerta. 382:164:5
CIERTAMENTE (1)
[AMARGO] Sí, ciertamente. 341:121:120
CIERTO (1)
¿Es cierto, 245:39:47
CIERVO (3)
unas astas de ciervo 414:210:2
enfurecido.
Puede la piedra blanca latir 475:240:57
en la sangre del ciervo
y el ciervo puede soñar por 475:240:58
los ojos de un caballo.
CIGARRA (8)
¡CIGARRA! 188:7:1
¡Cigarra! 188:7:10
¡Cigarra! 188:7:17
Mas tú, cigarra encantada, 189:7:30
¡Cigarra! 189:7:34
¡Cigarra! 189:7:39
Sea mi corazón cigarra 189:7:50
¡Cigarra! 190:7:62
CIGARRAS (2)

UN pleno de cigarras tiene el 229:28:1
campo.
acribillado de cigarras. 609:316:20
CIGUEÑA (4)
Cigüeña incandescente 326:114:7
un éxtasis de cigüeña. 455:234:50
Yo vi la transparente 483:244:16
cigüeña de alcohol
Cuando la palma quiere ser 530:270:8
cigüeña.
CIMIENTOS (1)
Y tu grito estremece los 186:6:17
cimientos de Burgos.
CINCO (43)
por cinco espadas. 298:70:26
Tulipán de las cinco 362:138:19
cinco barcos se mecían, 378:159:6
Cinco voces contestaban 379:159:11
cinco anillos se mecían, 379:159:16
y cinco cartagineses. 429:222:30
Cinco toronjas se endulzan 433:224:17
Las cinco llagas de Cristo 433:224:19
entre los cinco tricornios. 446:230:28
de sangre con cinco chorros. 446:230:32
cinco palomas heladas. 465:237:24
cinco millones de cerdos, 515:264:18
A las cinco de la tarde. 537:273:1
Eran las cinco en punto de la 537:273:2
tarde.
a las cinco de la tarde. 537:273:4
a las cinco de la tarde. 537:273:6
a las cinco de la tarde. 537:273:8
a las cinco de la tarde. 537:273:10
a las cinco de la tarde. 537:273:12
a las cinco de la tarde. 537:273:14
a las cinco de la tarde. 537:273:16
a las cinco de la tarde. 537:273:18
a las cinco de la tarde. 537:273:20
a las cinco de la tarde. 537:273:22
A las cinco de la tarde, 538:273:24
a las cinco de la tarde, 538:273:26
a las cinco de la tarde, 538:273:28
a las cinco de la tarde. 538:273:30
A las cinco de la tarde. 538:273:31
A las cinco en punto de la 538:273:32
tarde.
a las cinco de la tarde. 538:273:34
a las cinco de la tarde. 538:273:36
a las cinco de la tarde. 538:273:38
a las cinco de la tarde. 538:273:40
a las cinco de la tarde. 538:273:42
a las cinco de la tarde. 538:273:44
a las cinco de la tarde, 538:273:46
a las cinco de la tarde. 538:273:48
A las cinco de la tarde. 538:273:49
¡Ay qué terribles cinco de 538:273:50
la tarde!
¡Eran las cinco en todos los 538:273:51
relojes!
¡Eran las cinco en sombra de 538:273:52
la tarde!
a las cinco de la tarde. 625:327:17
CINCHAS (1)
Pones cinchas cenicientas 327:117:2
CINIFE (1)
cínife color violeta. 386:169:8
CINTA (3)
—Mira bien y verás una cinta 205:15:31
Atada con una cinta. 382:164:7
En la cinta hay un letrero: 382:164:8
CINTAS (4)
de lentejuelas y cintas! 433:224:14
nombres viejos y cintas 519:265:48
ajadas.
violín y sepulcro, las 528:268:44
cintas del vals.
con árboles de lágrimas y 542:275:152
cintas y planetas.
CINTILLO (1)
este cintillo que tengo 381:162:7

CINTURA (16)
con la tierra a la cintura   355:133:10
la prende por la cintura.   381:163:6
delgaditos de cintura,   381:163:14
ceñido por la cintura.   382:163:28
Con la sombra en la cintura   430:223:5
y Merlines de cintura,   441:228:34
Tu cintura de arena sin   476:241:15
sosiego
Toma este vals de quebrada   527:268:19
cintura.
¡Oh cintura caliente y gota   530:270:20
de madera!
tu cintura, enemiga de la   557:283:8
nieve.
pero no me enseñes tu   558:284:16
cintura fresca.
con la tierra por la cintura   574:303:10
mi cintura cuajada: 634:333:13
¡Oh pequeña morena de   639:338:12
delgada cintura!
tigre y paloma, sobre tu   640:340:10
cintura
Mueve la cintura   663:362:18
CINTURAS (1)
los muchachos cantaban   522:267:2
enseñando sus cinturas,
CINTURON (1)
Yo el cinturón con revólver.   435:225:26
CIÑE (1)
ciñe frentes amargas y   619:323:34
cabellos de arena.
CIÑEN (1)
Se ciñen el talle   566:293:7
CIPRES (3)
¡Conozco el misterio que   282:62:31
cantas, ciprés;
una sombra de ciprés.   303:80:2
la del ciprés y su sombra!   395:181:6
CIPRESALES (1)
a dormir entre nieve y   187:6:48
cipresales castos.
CIPRESES (10)
Y han florecido cipreses   183:4:17
los cipreses, tus cirios; la   187:6:50
sierra, tu retablo.
de los cipreses,   222:23:56
Los verdes cipreses   227:27:9
de lejanos cipreses.   249:41:13
dichos por cipreses, ortigas y   281:62:6
yedras;
los cipreses con los pájaros,   318:103:11
CIPRESES.   345:123:1
Cuatro cipreses   409:202:5
sin tener agua curva ni   542:275:150
cipreses helados.
CIRCO (2)
En el circo del frío sin   509:260:67
perfil mutilado.
y el toro circo azul sin   571:299:7
lidiadores,
CIRCULA (1)
sobre el mundo de ruedas y   630:330:12
falos que circula.
CIRCULACIONES (1)
y filtraba un ansia de luz   488:246:10
en las circulaciones
subterráneas.
CIRCULO (4)
un círculo de pájaros y   462:236:41
llamas.
Tranquila en mi recuerdo,   504:258:7
astro, círculo, meta,
el círculo de bocas del   513:263:23
oxígeno.
en el círculo estrecho del   620:323:52
minuto presente.
CIRCULOS (1)
ha florecido en círculos   379:160:9
CIRCUNCISION (2)
la rosa de la circuncisión   523:267:13

proyectó en el cielo el   532:272:3
instante de la circuncisión
de un niño muerto.
CIRCUNDADA (1)
¡Oh nieve circundada por   631:330:35
témpanos de música!
CIRIO (2)
CIRIO, candil,   308:87:1
Cirio, candil,   308:87:9
CIRIOS (1)
los cipreses, tus cirios; la   187:6:50
sierra, tu retablo.
CISNE (5)
¡Oh cisne moreno!, cuyo lago   202:14:30
tiene
Un gran cisne me guiñó,   277:59:10
y los valles de luz que el   484:245:6
cisne levantaba con el pico.
el doble cisne su blancura   634:333:22
canta.
para su cisne blanco?   643:344:4
CISNES (2)
cisnes de plata maciza   208:16:11
seríamos como cisnes.   598:313:44
CISTERNA (1)
un temblor de cisterna.   595:312:56
CISTERNAS (1)
de las hondas cisternas.   301:76:12
CITA (1)
Punto de unión y cita del   632:331:34
siglo y el minuto.
CITARAS (2)
y cítaras enlunadas.   464:237:16
con cítaras sin cuerdas y   496:252:16
degolladas voces.
CIUDAD (19)
Una ciudad que acecha   308:88:5
de la ciudad,   310:90:8
penetra en la ciudad,   350:129:2
¡Oh ciudad de los gitanos!   454:234:17
¡Oh ciudad de los gitanos!   454:234:21
Ciudad de dolor y almizcle,   454:234:23
¡Oh ciudad de los gitanos!   455:234:57
¡Oh ciudad de los gitanos!   455:234:61
a la ciudad de la fiesta.   455:234:66
La ciudad libre de miedo,   456:234:73
¡Oh ciudad de los gitanos!   457:234:117
¡Oh ciudad de los gitanos!   457:234:121
A una ciudad lejana   462:236:24
Una ciudad de oro   462:236:26
La gran ciudad lejana   463:236:58
la ciudad entera se agolpó   489:246:44
en las barandillas del
embarcadero.
Mi hueco sin ti, ciudad, sin   509:260:70
tus muertos que comen.
y la oscura ciudad agonizaba   533:272:24
bajo el martillo de los
carpinteros.
con la ciudad dormida en la   568:295:14
garganta.
CIUDADES (7)
Desaparecerían ciudades en el   269:54:38
viento.
Tinteros de las ciudades   460:235:57
hasta que las ciudades   522:266:69
tiemblen como niñas
Los muertos se descomponen   525:267:83
bajo el reloj de las
ciudades,
Pero sí contra vosotros,   525:267:101
maricas de las ciudades,
los hombros de cemento de   631:331:4
todas las ciudades.
poniendo las ciudades de   646:345:27
hule celeste y talco
sensitivo,
CIVILES (1)
¡Ay, mandor de los civiles   332:120:9

CLAMABAN (2)
   las cuatro luces clamaban   450:232:25
   mientras clamaban las luces 450:232:53
CLAMO (1)
   "¡Déjame!", clamó, llorando, 278:59:22
CLAMOR (1)
   muchedumbre de luces y   631:330:34
   clamor escuchado!
CLAMORES (1)
   mientras que a lo lejos   203:14:62
   suenan los clamores
CLAMOROSOS (1)
   los clamorosos árboles que 482:243:103
   corta.
CLARA (14)
   ¡Agua clara! ¡Luna nueva! 182:3:50
   La mañana está clara.   193:9:13
   pasas en la tarde luminosa y 201:14:2
   clara
   ¡Noche clara, finales de   208:15:102
   julio!
   en aquella tarde clara?   213:19:22
   teje una noche clara.   232:31:13
   Clara estrella azul,   237:35:7
   ¡Qué clara   255:44:50
   Agua clara   302:77:3
   Fuente clara.   352:129:37
   Fuente clara.   352:129:42
   con una forma clara que   543:275:171
   tuvo ruiseñores
   Vino la noche clara,   573:302:8
   una laguna clara,   593:312:14
CLARA (1)
   como Inés, Cecilia, y la   203:14:53
   dulce Clara,
CLARAS (5)
   gotas claras de la luna   184:5:3
   almas de fuentes claras y   197:11:32
   humildes manantiales!
   muertos a las luces claras 213:19:18
   se clavan, levantando claras 271:56:7
   perlas de espuma.
   sin estrellas, sin fe, sin   580:304:47
   las claras
CLARIDAD (1)
   la terrible claridad de otra 518:265:18
   luna enterrada.
CLARO (14)
   y entre el claro gentío de los 174:1:51
   vientos
   por el claro infinito sendero? 204:15:6
   Déjame bajo el claro mediodía 211:17:47
   ¡arroyo claro,   249:42:3
   ¡Arroyo claro,   250:42:11
   ¡Arroyo claro,   250:42:19
   ¡Arroyo claro,   251:42:27
   ¡arroyo claro,   252:42:55
   hembra de las frutas. Claro 259:46:82
   Un reposo claro   267:53:18
   Cielo claro.   352:129:38
   Cielo claro.   352:129:41
   un andaluz tan claro, tan   545:276:221
   rico de aventura.
   Orbe claro de muertos y   633:331:35
   hormiguero de vivos
CLARO (2)
   en un claro del tiempo.   353:131:2
   en un claro del tiempo.   613:318:66
CLAROS (2)
   en ensoñares claros: 191:8:24
   entre sus claros brillos-. 286:63:84
CLASICOS (1)
   los clásicos, los   526:267:125
   señalados, los suplicantes
CLAUDIO (2)
   CIELO de Claudio Lorena. 615:320:1
   pintada por Claudio Lorena. 616:320:15
CLAUSTRO (1)
   Academia en el claustro de 617:322:30
   los iris
CLAVA (3)

   clava su lento dardo   217:22:14
   LA luna clava en el mar   397:184:1
   escupe a las barcas rotas y 481:243:79
   se clava puntillas en los
   hombros;
CLAVADA (4)
   que en el alma clavada la   207:15:83
   llevo.
   de flecha recién clavada.   465:237:32
   ¡Oh espina clavada en el   533:272:17
   hueso hasta que se oxiden
   los planetas!
   (Mariposa clavada que medita 621:323:83
   su vuelo.)
CLAVADAS (1)
   Virgen dolorosa que tiene   202:14:43
   clavadas
CLAVADO (1)
   CANTABAN las mujeres por el 630:330:1
   muro clavado
CLAVADOS (1)
   Con siete ayes clavados,   313:95:13
CLAVAN (5)
   clavan puñales al río   227:26:50
   se clavan, levantando claras 271:56:7
   perlas de espuma.
   Cuando las estrellas clavan 447:231:13
   No importa que el niño calle 489:247:17
   cuando le clavan el último
   alfiler,
   Cornetines de cobre clavan 623:325:13
   sus agujetas,
CLAVANDOSE (1)
   clavándose estrellas.   377:156:18
CLAVAR (2)
   a clavar los telares   249:41:7
   no consigue clavar tu carne 634:333:10
   oscura.
CLAVARME (1)
   ¡Clavarme un puñal!   649:350:12
CLAVE (2)
   en un negro y profundo   197:11:38
   pentágrama sin clave.
   Porque tu signo es clave de 632:331:29
   llanura celeste
CLAVEL (8)
   Clavel rojo en un valle   185:6:2
   profundo y desolado.
   pero tú fuiste un rojo clavel 187:6:46
   ensangrentado
   Clavel rojo en un valle   187:6:58
   profundo y desolado.
   a clavel de España.   310:91:4
   voz de clavel varonil.   447:231:4
   voz de clavel varonil: 447:231:22
   entregando a los sapos mi 559:285:12
   mordido clavel.
   ¡Qué clavel enajenado   567:294:17
CLAVELES (7)
   Y vi que en vez de rosas y   191:8:19
   claveles
   ¿quién será la que coge los 191:8:25
   claveles
   ¿Quién será la que corta los 191:8:41
   claveles
   ¿Quién será la que corta los 192:8:55
   claveles
   y espumas de rojos claveles 202:14:32
   que aroman
   De tus ojos saldrán dos   203:14:74
   claveles sangrientos,
   y de claveles.   222:23:54
CLAVELLINAS (1)
   un sillón de clavellinas.   443:229:50
CLAVEN (1)
   donde claven sus azadas   190:7:60
CLAVES (2)
   No me lo claves.   302:78:6
   No me lo claves.   302:78:13

CLAVO (1)
Les clavó sobre las botas   447:231:5
CLAVOS (3)
de los clavos.   306:84:9
con tres clavos de alegría.   443:229:40
¡Oh cruz! ¡Oh clavos! ¡Oh   533:272:16
espina!
CLEPSIDRA (1)
No mires la clepsidra con   622:323:110
alas membranosas,
CLINICA (1)
clínica y selva de la   476:241:37
anatomía.
CLOACAS (2)
pero lo que llega es una   521:266:38
reunión de cloacas
por las turbias cloacas de   559:285:14
la oscuridad.
CLOROFILA (1)
para quemar la clorofila de   480:243:66
las mujeres rubias,
CLOWN (1)
Así pájaro clown desaparece   235:32:48
COBARDE (1)
"Es un bicho muy cobarde   177:2:60
COBRA (2)
la cobra tendida canta.   465:237:48
y el espíritu a la lengua de   515:264:15
la cobra.
COBRA (1)
La noche cobra sus precisas   618:322:39
huellas
COBRAS (2)
Que ya las cobras silbarán   487:245:79
por los últimos pisos,
campos libres donde silban   490:247:39
mansas cobras deslumbradas,
COBRE (7)
entre sus muslos de cobre.   315:98:8
Cobre amarillo, su carne,   436:226:5
como planetas de cobre.   439:227:36
estará fregando el cobre.   449:232:8
entre nubes de cobre.   589:310:2
Cornetines de cobre clavan   623:325:13
sus agujetas,
Cornetines de cobre que los   623:325:15
carabineros
COBRES (1)
de los plumeros, los   479:243:30
ralladores, los cobres y las
cacerolas de las cocinas.
COCIENDO (1)
llama roja que va cociendo   588:308:4
COCINA (3)
en la cercana cocina.   433:224:18
de la cocina a la alcoba.   437:226:30
EN la amplia cocina, la lumbre   586:307:1
COCINAS (3)
de los plumeros, los   479:243:30
ralladores, los cobres y las
cacerolas de las cocinas.
y el dolor de las cocinas   488:246:12
enterradas bajo la arena,
Y algunos niños idiotas han   495:251:24
encontrado por las cocinas
COCINEROS (1)
cuando los camareros y los   481:243:75
cocineros y los que limpian
con la lengua
COCODRILO (3)
(gota de cocodrilo)   246:40:3
al increíble cocodrilo quieto   493:250:6
bajo la tierna protesta de
los astros,
silencio sin rubor de   637:335:8
cocodrilo.
COCODRILOS (3)
arrancaba los ojos a los   478:243:2
cocodrilos
para que los cocodrilos   479:243:27
duerman en largas filas

arrancaba los ojos a los   480:243:44
cocodrilos
COCHE (3)
en un coche de agua negra.   530:270:4
en un coche de agua negra.   531:270:25
del coche que la llevaba.   659:358:4
COCHES (4)
COCHES cerrados llegaban   440:228:1
Coches, que el Guadalquivir   440:228:5
cerca de los viejos coches   440:228:11
que llevan los maricas en   524:267:71
coches y terrazas
CODO (2)
lo llevó codo con codo.   445:230:16
COFRE (1)
En el cofre de plomo, dentro   187:6:41
de tu esqueleto,
COGE (4)
¿quién será la que coge los   191:8:25
claveles
que te coge el viento verde!   427:221:38
Ya la coge del cabello,   466:237:73
Porque la piedra coge   542:275:157
simientes y nublados,
COGEN (1)
Se cogen los garrochones,   661:359:13
COGER (4)
lo quería coger;   391:176:6
Al coger tu paleta, con un   620:323:53
tiro en un ala,
iban a coger olivas,   659:357:5
iban a coger manzanas   659:357:15
COGIDAS (2)
y hallábanlas cogidas   659:357:6
Y hallábanlas cogidas   659:357:9
COGIENDO (3)
cogiendo nidos y ramas,   213:19:14
está cogiendo aceituna.   381:163:4
sigue cogiendo aceituna,   382:163:26
COJIN (1)
su cabeza en un cojín.   448:231:46
COJOS (1)
Cojos perros fumaban sus   532:272:6
pipas y un olor de cuero
caliente
COLA (8)
En mi cola, dijo el sol.   354:133:7
En mi cola, dijo el sol.   355:133:17
caballo de larga cola,   458:235:2
El campo se muerde la cola   490:247:29
para unir las raíces en un
punto
que moja su cola en el mar.   527:268:11
"En mi cola", dijo el sol.   574:303:7
"En mi cola", dijo el sol.   575:303:17
su cola de seda   663:362:14
COLAS (4)
colas en lo sombrío.   297:69:18
largas colas de seda   321:106:13
Sus tardes son largas colas   361:138:13
van con sus largas colas.   365:142:2
COLECCIONISTAS (1)
y los coleccionistas de   619:323:24
mariposas huyen.
COLERA (1)
donde gritan las oscuras   521:266:39
ninfas del cólera.
COLERA (1)
finge una cólera dulce   439:227:23
COLGADA (1)
la tarde colgada a un hombro,   445:230:18
COLGADO (2)
el que estuvo colgado,   245:39:29
colgado de una estrella.   362:138:18
COLGANDO (1)
de los siniestros colgando.   661:359:12
COLGARE (1)
¿Te colgaré sobre los muros   232:30:17
COLIBRI (2)
y el plomo era un colibrí,   518:265:7

un colibrí de amor entre los   557:283:4
dientes.
COLINA (3)
  En el verde olivar de la colina 209:17:5
  Cadaqués, en el fiel del   619:323:25
  agua y la colina.
  y la casta colina da rumores   623:325:8
  y bálsamos.
COLINAS (2)
  y llamaba al demonio del pan   488:246:9
  por las colinas del cielo
  barrido
  Son las colinas de martillos   491:249:14
  y el triunfo de la hierba
  espesa.
COLMENA (4)
  La colmena es una estrella   199:13:5
  casta,
  Es colmena diminuta   257:46:11
  ¡Tenía una colmena de oro vivo 274:57:75
  en colmena de aire!   594:312:41
COLMILLOS (1)
  colmillos, girasoles,   481:243:81
  alfabetos
COLONIA (1)
  fragante de agua colonia   439:227:27
COLONIAS (1)
  cielos yertos en declive,   480:243:58
  donde las colonias de
  planetas
COLOR (19)
  con la inquietud cercana del   197:11:16
  color de la carne.
  al color, a la luz, a los   200:13:40
  sonidos.
  del color de tu carne campesina 209:17:7
  El débil color rosado   225:26:16
  con trajes color naranja   381:163:15
  El color blanco, anda,   384:167:4
  cínife color violeta.   386:169:8
  ponte color naranja.   407:200:8
  ponte color de amor.)   407:200:10
  ponte color naranja!   407:200:18
  ponte color de amor!   407:200:20
  y el color de las viejas   419:217:6
  horas.
  Zapatos color corinto,   448:231:29
  color de vena y Danubio,   465:237:55
  el color y la forma de   580:304:55
  nuestro corazón.
  garzas de color rosa   599:313:68
  tiene color de noche.   613:318:75
  ni tu color que ronda la   619:323:39
  color de tu tiempo,
COLORADO (1)
  y del traje colorado.   258:46:30
COLORES (6)
  Va vendiendo colores   265:51:11
  Con mi roce descubro los   283:63:7
  colores
  ¡Saltan vidrios de colores!   460:235:71
  de colores?   601:313:127
  y los colores errabundos   626:328:14
  y las colores perdidas   659:357:11
COLUMBARIO (1)
  este columbario que pone los   485:245:35
  ojos amarillos.
COLUMNA (4)
  de solitaria columna.   441:228:42
  ni tu voz como una columna   523:267:33
  de ceniza;
  y un corazón al pie de una   571:299:8
  columna.
  elevan tu columna de nardo   630:330:11
  bajo nieve
COLUMNAS (4)
  El mascarón bailará entre   486:245:45
  columnas de sangre y de
  números,
  cuatro columnas de cieno   497:253:2

Llegó la gente que come por   519:265:49
detrás de las yertas columnas
debía gritar desnudo entre   521:266:26
las columnas,
COLLADO (1)
  por el collado encendido   624:327:2
COLLAR (1)
  collar de llanto en las   617:322:34
  arenas finas,
COLLARES (4)
  Y en vez de flores, versos y   186:6:11
  collares de perlas,
  Te puse collares   288:64:12
  collares y anillos blancos.   425:220:12
  con los collares de   454:234:44
  almendras.
COMA (1)
  aunque un sol de alacranes me 559:285:5
  coma la sien.
COMADRE (4)
  -Y comadre, ¿cómo iba vestido? 206:15:62
  -Y comadre, ¿no le dijo nada? 207:15:74
  -Siga, siga la vieja comadre. 207:15:86
  -¡Grande suerte que tuvo,   207:15:96
  comadre!
COMADRES (1)
  rodeada de buenas comadres   206:15:52
COMAN (1)
  cuando os coman sin prisa   248:40:68
COMBA (1)
  y garfios de aguda comba: 458:235:18
COMBADO (1)
  manaba el cielo combado.   452:233:45
COMBATE (1)
  combate de raíces y soledad   505:258:17
  prevista.
COME (6)
  Nadie come naranjas   393:179:9
  El niño come naranjas.   405:198:3
  donde Eva come hormigas   498:254:15
  Llegó la gente que come por   519:265:49
  detrás de las yertas columnas
  cuando el amigo come tu   524:267:63
  manzana
  que come los huevos de la   645:345:2
  golondrina.
COMEDIDO (1)
  me hace ser muy comedido.   435:225:43
COMEN (4)
  los niños se comen la luna   362:138:23
  Los niños comen   366:145:9
  o los que comen por las   486:245:69
  esquinas diminutas pirámides
  del alba.
  Mi hueco sin ti, ciudad, sin   509:260:70
  tus muertos que comen.
COMENTA (1)
  los comenta llorando mi   197:11:37
  corazón desierto
COMENTAN (2)
  las hormigas comentan.   179:2:137
  Lo comentan los niños jugando 204:15:3
COMENZARON (1)
  Comenzaron los sones del   537:273:17
  bordón
COMER (3)
  Es preciso comer   393:179:11
  Nos caemos por las escaleras   493:250:15
  para comer la tierra húmeda
  de que ya se pueden comer la   504:257:12
  vaca.
COMERCIANTES (1)
  por los comerciantes de   516:264:31
  perfumes.
COMERSE (1)
  quiere comerse a Venus y le   232:31:7
  ladra.
COMIA (1)
  y comía granadas.   404:196:14

COMIAN (2)
  en un jardín donde los gatos 472:239:13
  se comían a las ranas.
  se comían los trigos de la 483:244:15
  primavera.
COMIDA (2)
  comida por la oruga 230:29:12
  de la lenta comida de los 645:345:25
  osos.
COMIDO (3)
  otro comido por los 502:256:29
  hormigueros,
  mi rostro, ¡mi rostro!, ¡ay, 514:263:56
  mi comido rostro!
  y me ofrezco a ser comido 517:264:78
COMIDOS (1)
  para ser comidos por los 647:346:12
  pájaros.
COMIENDO (1)
  Vienen manolas comiendo 439:227:33
COMIENZA (3)
  y la Babel se comienza, 182:3:38
  Nieve partida comienza. 460:235:63
  que comienza en el iris. 599:313:85
COMIERON (1)
  es tan tierno que los 513:263:48
  reflectores le comieron
  jugando el corazón.
COMIO (1)
  el gallo japonés que se 512:263:17
  comió los ojos,
COMO (46)
  cómo recuerda dulce el corazón 192:8:53
  -Y comadre, ¿cómo iba vestido? 206:15:62
  -¿Cómo son las estrellas aquí? 207:15:84
  ¿Cómo a mí te entregaste, luz 210:17:13
  morena?
  ¿Cómo no has preferido a mis 210:17:21
  lamentos
  ¿Cómo limpias, silencio, 217:22:5
  cómo miran la tarde 246:40:13
  ¡cómo debes amar 255:44:37
  No sé cómo son tus ojos, 266:52:21
  ¡Cómo me dice el agua 290:66:17
  ¡Cómo temblaba el farol! 304:81:4
  ¡Cómo temblaba el farolito 304:81:6
  ¿No ves cómo me estoy 306:84:10
  ¿cómo cantaría 319:104:3
  [TENIENTE CORONEL] ¿Cómo te 330:119:37
  llamas?
  [JINETE] Mira cómo 341:121:119
  relumbran los miradores.
  ¡Cómo está el cielo tranquilo! 347:127:2
  ¡Oh, cómo se agrandan 352:129:39
  ¡Oh, cómo relumbran 352:129:43
  ¡Oh, cómo el trigo 352:129:47
  ¡Oh, cómo el trigo 352:129:51
  cómo quiere cortarla 369:148:23
  ¡Ay cómo lloran y lloran, 373:152:15
  ¡ay!, ¡ay!, cómo están 373:152:16
  llorando!
  ¡Y cómo relumbraba 374:153:9
  ¡Ay cómo corre el agua! 388:172:13
  Mira cómo se mece 391:176:13
  (Cómo brillaba 392:177:8
  ¿No vendrá? ¿Cómo era? 404:196:17
  Vio, sin duda, cómo le miraba 406:199:11
  ¿cómo han de mirarnos 413:208:7
  ¡Desde marzo, cómo veo 418:215:7
  ¡Cómo canta la zumaya, 426:220:29
  ay cómo canta en el árbol! 426:220:30
  ¡Ay cómo lloraba 461:236:3
  ¡Cómo viene del Africa a New 484:245:2
  York!
  ¡Cómo escupe veneno de bosque 487:245:86
  ¿COMO fue? 490:248:1
  -¿Cómo, cómo fue? 491:248:8
  ¡Cómo vuelve el rostro 566:293:10
  -Abuelito, ¿cómo iba vestida 586:307:4
  -Anda, dinos cómo se llamaba 587:307:30

[Maestro] Decid cómo se 629:329:12
llama.
  cómo se llaman. 656:355:18
  -¿Y cómo te llamas? 665:364:41
COMO (207)
  como esfinges se quedan. 178:2:89
  tan blancas como mi pena, 181:3:10
  como Cristo nos enseña? 182:3:28
  tan blancas como mi pena. 182:3:56
  como gigantes cabezas 183:4:18
  como otra araña me oculta 185:5:29
  pues soy como el mismo Amor, 185:5:32
  como niño abandonado 185:5:37
  Soñabas que tu amor fuera como 186:6:9
  el infante
  como alondra que mira 186:6:15
  quebrarse el horizonte,
  Y Granada te guarda como santa 187:6:43
  reliquia,
  De niño yo canté como vosotros, 190:8:5
  como al tomar el agua, 194:9:68
  ¿Te querré como entonces 198:12:17
  La miel es como el sol de la 200:13:21
  mañana,
  sereno como un verso 200:13:26
  primitivo!
  Dulce como los vientres de 200:13:32
  las hembras.
  Dulce como los ojos de los 200:13:33
  niños.
  Dulce como las sombras de la 200:13:34
  noche.
  Dulce como una voz. 200:13:35
  O como un lirio. 200:13:36
  como en la hostia cuerpo y 200:13:44
  luz de Cristo.
  COMO un incensario lleno de 201:14:1
  deseos,
  Como Ceres dieras tus espigas 201:14:18
  de oro
  y como la virgen María 201:14:20
  pudieras
  Te marchitarás como la 202:14:22
  magnolia.
  que la pulsen como las 202:14:25
  cuerdas de un arpa.
  como Inés, Cecilia, y la 203:14:53
  dulce Clara.
  y de tus senos, rosas como la 203:14:75
  nieve blancas.
  como otra estrella digna de 203:14:77
  herirlas y eclipsarlas.
  en caballo blanco como el 204:15:8
  hielo.
  como ésta, sin ruidos ni 206:15:59
  vientos,
  como cosa de un encantamiento? 207:15:81
  Huelen tus besos como huele 210:17:27
  el trigo
  extendida y solemne como un 210:17:31
  manto
  como quiere la alondra al 211:17:43
  nuevo día,
  como una estrella apagada, 213:19:24
  como una fuente. 222:23:78
  como yo bajo el cielo 223:24:11
  Como la hemos visto siempre 226:26:22
  y las palabras como guadañas 227:27:12
  MI corazón, como una sierpe, 231:30:1
  meditan como estatuas. 232:31:2
  como una gran manzana. 232:31:9
  como el tallo de un lirio. 233:32:15
  como dormís vosotras, 238:35:26
  como corchos sobre agua. 239:36:16
  como una corriente 239:37:15
  jugar como si fuéramos 242:38:62
  como un membrillo 242:38:80
  como el agua 244:39:8
  como la lluvia fresca, 244:39:13
  como el agua 244:39:17
  como el agua 244:39:25

como el agua   245:39:34
como el agua   245:39:42
como el agua   245:39:50
verde como los trigos   247:40:44
como las cabelleras   247:40:46
La granada es como un seno   257:46:7
es duro como el humano,   257:46:22
¡Quién fuera como tú, fruta,   259:46:85
como un hada de cuento   265:51:13
como una flor bajo el cielo,   266:52:8
como el príncipe del cuento   266:52:14
¡Hay que ser como el árbol   268:54:28
como el agua del cauce   268:54:30
como se pierde el dulce   271:56:12
sonido de las frondas?
pasadas como ésta   271:56:26
contemplando la lluvia
como se pierde el dulce   271:56:33
sonido de las frondas?
como estrellas de plata.   272:57:22
algo que me estremece...,   273:57:49
como un aire
como de humano yo los   275:57:90
escuchara.
como las del principio.   277:59:17
como un tiovivo en que la   278:60:7
Muerte
y, como tus resinas,   280:61:26
Yo, como el barbudo mago de   281:62:3
los cuentos,
como telaraña de armonía   281:62:18
eterna.
como se abandonan las   282:62:30
pasiones viejas!
como tú, yo extraigo con mi   282:62:37
sentimiento
quisiéramos hacer miel, como   284:63:44
abejas,
y quisiéramos ser como las   285:63:78
águilas
enseña como un lirio   286:63:105
sollozando de mí como el   287:63:121
gusano
y azul como los álamos del   287:63:124
río.
aunque me hiera el rayo como   287:63:131
al árbol
como no tuvo otro animal.   292:67:58
como un abanico.   296:69:4
como llora el agua,   297:70:11
como llora el viento   297:70:12
Como un arco de viola   298:71:8
como la reja del arado   302:78:3
como un rayo de sol,   302:78:9
y reza como yo   306:84:14
como laberintos.   308:88:8
Como tallos de parra   308:88:9
abierta como un inmenso   309:90:3
PERO como el amor   311:93:1
¡Ay, pero como el amor   312:93:12
Y como la tarántula   314:96:7
Nada como su trino.   320:105:4
Como Homero cantó   320:105:12
como una medusa   322:108:2
Como un faquir indio   326:114:3
Los de plata cortan el   336:121:56
cuello como una brizna de
hierba.
[JINETE] Como te iba   338:121:87
diciendo, en Málaga están
mis tres hermanos.
[AMARGO] Como que está   340:121:107
deshabitado.
Como una sombra de oro,   348:128:12
su piel, como las culebras,   361:138:8
como si fuera una cereza.   362:138:24
como el hueso en una fruta.   366:145:5
redondas como sortijas.   379:159:12
quererte como te quiero!   380:162:2
quererte como te quiero!   381:162:11
Como una pantera, su sombra,   384:166:3

¿Quién te querría como yo,   384:166:9
Mi sombra va como inmenso   386:169:7
rayado como una cebra.   391:175:14
como un limón de cera   396:182:11
como una inmensa flor de loto.   397:184:6
Tus muslos como la tarde   398:187:3
Como los calamares,   399:189:6
sus hombros como una niña.)   404:196:6
(Y la luz como la ven todos,   404:196:11
un mes, como un   408:201:16
relucen como los peces.   428:222:4
como una pequeña plaza.   432:223:80
como un oso panza arriba.   433:224:8
como ramos de jacintos.   434:225:11
como una pieza de seda   434:225:14
como peces sorprendidos,   435:225:33
Me porté como quien soy.   436:225:48
Como un gitano legítimo.   436:225:49
mi casa como una loca,   437:226:28
como planetas de cobre.   439:227:36
como la grupa de un potro.   446:230:46
como caña de maíz.   448:231:40
como un pájaro en las zarzas.   459:235:30
ni el corazón que tiembla   472:239:4
arrinconado como un caballito
de mar.
como recién salidas de un   497:253:20
naufragio de sangre.
como lloran los niños del   499:254:33
último banco,
como los niños de las   516:264:50
porterías
peces de arsénico como   520:266:5
tiburones,
tiburones como gotas de   520:266:6
llanto para cegar una
multitud,
ha de gritar como todas las   522:266:67
noches juntas,
hasta que las ciudades   522:266:69
tiemblen como niñas
ni tu voz como una columna   523:267:33
de ceniza;
anciano hermoso como la   523:267:34
niebla
soñabas ser un río y dormir   524:267:42
como un río
como gatos y como las   524:267:57
serpientes,
ni las curvas heridas como   524:267:70
panza de sapo
Tú buscabas un desnudo que   525:267:73
fuera como un río,
duro como una pared   529:269:36
y como el aire no hace caso   531:271:13
de los gemidos
y como la mujer teme la luz   532:271:26
Como nadie volvía la cabeza,   533:272:18
el cielo pudo desnudarse.
Las heridas quemaban como   538:273:45
soles
mugieron como dos siglos   540:274:74
ni espada como su espada,   541:274:105
Como un río de leones   541:274:107
y como un torso de mármol   541:274:109
como una larga, oscura,   541:274:132
triste lengua,
El aire como loco deja su   543:275:166
pecho hundido,
Yo quiero que me enseñen un   543:275:186
llanto como un río
como todos los muertos de   544:276:212
la Tierra,
como todos los muertos que   544:276:213
se olvidan
como un negro cactus abierto   558:284:14
en los juncos.
mis ojos, como dos perros.   562:289:10
como me pierdo en el corazón   565:292:5
de algunos niños.

Como me pierdo en el corazón 565:292:14
de algunos niños,
los ramos son como nosotros. 570:297:10
como si fueran árboles, de 570:297:12
pronto.
como tardes calladas de 581:304:65
octubre,
porque al ser como sois la 581:304:68
poesía
como en sombra os escucha 582:304:98
callado,
luminosa como vuestra niñez. 587:307:33
las rosas son como tu carne 588:309:11
virgen,
como un garfio de oro. 589:310:7
seríamos como cisnes. 598:313:44
como concha de luz, 598:313:55
como en la selva virgen. 599:313:81
Como mi corazón, 600:313:107
como tallos de luz. 606:314:89
Como todas las cosas 607:315:7
como bandadas de moscas 614:318:105
y el horizonte sube como un 618:323:16
gran acueducto.
Como pintor no quieres que 620:323:63
te ablande la forma
y admites la bandera como 620:323:72
una simple broma.
Tranquila y concentrada como 621:323:79
una estatua ciega,
nuestra amistad pintada 622:323:105
como un juego de oca.
Estrellas como puños sin 622:323:108
halcón te relumbren,
como una espalda rosa de 623:325:4
bañista desnudo.
como son las estrellas! 624:326:4
como los cabellos 625:327:11
Como los marecitos 625:327:23
brota como el agua 625:327:26
-como un bálsamo blanco- 625:327:28
Como las naricillas de los 626:328:8
niños
palpitante y desnudo, como un 630:330:3
niño que corre
Latiendo como el pobre 630:330:7
corazón de la rana
Es así, Dios anclado, como 630:330:17
quiero tenerte.
como un corderito 643:343:15
Te pusiste como una 650:351:9
como una rosa. 657:355:36
cara como la tuya 658:356:15
como lo habéis demandado. 662:359:48
COMODA (1)
arrumbado en la cómoda 238:35:20
COMPADECIDOS (1)
los que jamás fueron 285:63:57
compadecidos,
COMPADRE (4)
Compadre, quiero cambiar 431:223:25
Compadre, vengo sangrando, 431:223:29
Compadre, quiero morir 431:223:35
¡Compadre! ¿Dónde está, dime? 432:223:67
COMPADRES (2)
Ya suben los dos compadres 431:223:53
Los dos compadres subieron. 432:223:63
COMPAÑA (1)
sin compaña y a estas horas? 436:226:10
COMPAÑERA (1)
a vuestra compañera? 178:2:115
COMPAÑERAS (1)
"¿Ha llegado el otoño, 233:31:16
compañeras?",
COMPAÑERO (2)
por compañero 231:29:43
fue compañero mío 241:38:28
COMPAÑEROS (2)
chirriar tus compañeros. 230:29:27
-Compañeros, yo me muero; 661:359:33
COMPAÑIA (1)

en compañía 216:21:39
COMPARABLE (2)
no hay nada comparable 195:9:79
¡No hay angustia comparable 479:243:32
a tus ojos oprimidos,
COMPARARSE (1)
no puede compararse 241:38:43
COMPARARSELE (1)
que comparársele pueda, 541:274:104
COMPAS (1)
Dice el compás de acero su 620:323:73
corto verso elástico.
COMPASES (1)
La máquina eterniza sus 618:323:12
compases binarios.
COMPASION (1)
compasión. Y mi ciencia, 176:2:39
COMPONIAN (1)
Médulas y corolas componían 481:243:85
sobre las nubes
COMPRADO (1)
La luna le ha comprado 265:51:15
COMPRARIA (1)
¿Quién me compraría a mí 381:162:6
COMPRARON (1)
En la catedral compraron dos 339:121:89
mil
COMPRENDA (1)
no hay quien llore porque 647:346:17
comprenda
COMPRENDE (2)
se comprende la verdad de 500:255:20
las cosas equivocadas,
El poeta comprende 584:305:38
COMPRENDEN (3)
o en los cristales donde se 490:247:45
comprenden las olas nunca
repetidas.
Todos comprenden el dolor 495:251:11
que se relaciona con la
muerte,
Los primeros que salen 497:253:13
comprenden con sus huesos
COMPRENDER (2)
¿No podrán comprender mis 274:57:81
dulces hojas
Verte desnuda es comprender 570:298:5
el ansia
COMPRENDERA (1)
te comprenderá. 291:67:33
COMPRENDES (1)
"Si no comprendes a los 275:57:103
manantiales,
COMPRENDI (3)
comprendí. Pero no explico. 386:170:13
comprendí que me habían 475:240:61
asesinado.
comprendí que mi niña era un 483:244:8
pez
COMPRENDIA (1)
NADIE comprendía el perfume 557:283:1
COMPRENDIENDO (1)
y los ojos se cierran 287:63:117
comprendiendo
COMPRENDO (3)
Os comprendo y me dejo 238:35:19
Yo comprendo toda la pasión 282:62:23
del bosque:
Sabes que yo comprendo la 647:346:23
carne mínima del mundo.
COMPRIMIDO (2)
Cielo seco y comprimido 257:46:5
Cantan en ese bosque 626:328:6
comprimido
COMPROMISO (1)
y casi por compromiso. 434:225:5
COMPUESTO (2)
que tu licor compuesto 242:38:50
¿Qué alfabeto de auroras ha 273:57:28
compuesto

COMUN (1)
Pero ante todo canto un común pensamiento   621:323:98

CON (525)

CONCENTRADA (1)
Tranquila y concentrada como una estatua ciega,   621:323:79

CONCENTRICAS (1)
y ondas concéntricas.   390:174:18

CONCENTRICOS (1)
concéntricos.   379:160:10

CONCIENCIA (3)
Yo juzgaré en conciencia.   178:2:117
de la conciencia humana?   273:57:41
justa conciencia de vosotros mismos,   285:63:67

CONCIERTO (1)
un concierto de liras.   270:55:33

CONCRETA (2)
sobre la superficie concreta del plato.   499:254:23
¡Oh Forma limitada para expresar concreta   631:330:33

CONCRETAS (1)
Mira formas concretas que buscan su vacío.   508:260:38

CONCRETO (2)
Sueño concreto y sin norte   462:236:44
Amnón, delgado y concreto,   465:237:25

CONCHA (4)
en la concha de la cama,   385:168:2
-concha y loto a la vez-   401:192:7
temblaba con un miedo de molusco sin concha.   486:245:60
como concha de luz,   598:313:55

CONCHAS (3)
en madrugada de conchas.   399:187:10
blancas pupilas de inocentes conchas.   617:322:38
montada en bicicleta de corales y conchas.   621:323:97

CONDE (3)
del conde del Laurel   221:23:37
-Busco el cuerpo del conde   221:23:41
Voy a buscar al conde   222:23:69

CONDENADO (1)
¡Pobre mar condenado   276:58:5

CONDENSADA (1)
condensada a través de otro espíritu.   199:13:12

CONDUCEN (1)
y las blancas entradas de mármol que conducen al aire duro   518:265:26

CONDUCIR (1)
Puede el hombre, si quiere, conducir su deseo   525:267:88

CONEJO (1)
asesinó un pequeño conejo   517:264:70

CONFESAOS (1)
"Confesaos con el agua,   194:9:60

CONFESAR (1)
No se pudo confesar,   661:359:39

CONFESOR (1)
-Que llamen al confesor,   661:359:37

CONFIN (2)
cerrada al porvenir: confín de plata.   570:298:4
confín de carne y sueño,   573:301:7

CONFIRMOSE (1)
en ella confirmóse.   193:9:40

CONFLICTO (1)
y el conflicto de luz y viento   477:242:3

CONFUNDIDOS (2)
Los negros lloraban confundidos   480:243:47
Que los confundidos, los puros,   526:267:124

CONFUSA (1)
Y mientras vibra confusa   459:235:47

CONFUSION (2)
lleno de confusión   180:2:162
esta confusión por anhelo de equilibrio,   514:263:58

CONFUSO (3)
Se fueron mis historias, hoy medito, confuso,   271:56:30
POR el horizonte confuso y doliente   281:62:1
bajo el misterio confuso,   440:228:14

CONFUSOS (1)
turbios y confusos de unas campanadas.   203:14:63

CONGELADO (1)
y en la maleza blanca del humo congelado.   544:275:193

CONGREGA (1)
Desván donde el polvo viejo congrega estatuas y musgos,   472:239:14

CONGREGAN (1)
los gitanos se congregan.   456:234:94

CONJUNTOS (1)
(por grandes conjuntos).   596:312:74

CONJURA (1)
Yo denuncio la conjura   517:264:74

CONJURO (1)
Flor eterna. Conjuro al suspiro.   580:304:34

CONMIGO (5)

CONMOVIDA (2)
de plata conmovida   289:65:6
LARGO espectro de plata conmovida,   413:209:1

CONMOVIDO (1)
En el aire conmovido   425:220:5

CONMUEVE (1)
conmueve a las espigas?   269:55:13

CONOCE (8)
NO te conoce el toro ni la higuera,   544:276:199
No te conoce el niño ni la tarde   544:276:201
No te conoce el lomo de la piedra,   544:276:203
No te conoce tu recuerdo mudo   544:276:205
No te conoce nadie. No. Pero yo te canto.   545:276:215
ni conoce la sombra ni la evita.   640:340:6
El mar conoce mi paso   641:342:3
El limonar me conoce   641:342:9

CONOCEN (3)
Me conocen los niños,   284:63:14
perros que no la conocen,   449:232:16
testigos que conocen lo que falta.   462:236:43

CONOCERAN (1)
¿Conocerán vuestras raíces toscas   264:50:10

CONOCERAS (1)
¿Conocerás las almas   255:44:32

CONOCERME (1)
vuelves sin conocerme.   420:219:4

CONOCES (1)
No conoces el sueño   399:189:4

CONOCI (4)
no te conocí.   408:201:2
No te conocí.   408:201:10
Sí te conocí.   408:201:12
no te conocí.   408:201:19

CONOCIA (3)
No lo conocía nadie.   304:81:3
y que no lo conocía nadie.   304:81:13
y el césped no conocía la impasible dentadura del caballo!   498:254:9

CONOCIDO (1)
ni labio conocido   635:333:44

CONOCIMIENTO (1)
La madurez insigne de tu conocimiento.   545:276:217

CONOCISTE (2)
Sí me conociste. 408:201:11
No me conociste. 408:201:13
CONOZCO (3)
Conozco la lira que 282:62:27
presientes, rosa;
¡Conozco el misterio que 282:62:31
cantas, ciprés;
¡Conozco tu encanto sin fin, 282:62:35
padre olivo,
CONSEGUIRA (1)
No conseguirá nunca 254:44:19
CONSEGUIRE (1)
conseguiré mi ventura, 185:5:31
CONSERJE (1)
a tu gran rey prisionero con 479:243:35
un traje de conserje!
CONSERVA (1)
con las guindas en conserva. 454:234:20
CONSERVANDO (1)
conservando las huellas de 508:260:35
las ramas de sangre
CONSIGO (2)
CONSIGUE (1)
no consigue clavar tu carne 634:333:10
oscura.
CONSOLADAS (1)
estaban consoladas por el 518:265:9
salto de la langosta.
CONSTANTE (2)
con una mansedumbre de 196:11:8
atardecer constante.
dispara la constante 309:88:14
CONSTELACION (1)
La constelación 308:87:3
CONSTELACIONES (1)
constelaciones de péndulos. 610:318:6
CONSTRUCTORA (1)
Ancha luz de Minerva, 620:323:55
constructora de andamios,
CONSTRUCTORES (1)
ni constructores, ni 487:245:75
esmeraldas, ni locos, ni
sodomitas.
CONSTRUYE (1)
Amas la arquitectura que 620:323:71
construye en lo ausente
CONSTRUYEN (1)
donde número y boca 631:330:31
construyen un presente
CONSUL (3)
el cónsul de los ingleses. 428:221:46
El Cónsul pide bandeja 459:235:25
el Cónsul porta en bandeja 459:235:49
CONSULTA (1)
consulta naipes helados. 451:233:13
CONSUMA (1)
una muerte de luz que me 565:292:17
consuma.
CONSUME (1)
Es dolor que se acaba y amor 646:345:36
que se consume,
CONSUMIR (2)
consumir la manzana. 211:17:48
Vengo a consumir tu boca 399:187:8
CONTACTO (3)
al contacto de mi voz 185:5:22
El contacto ya frío de cielo y 196:11:7
tierra viejos
de Satanás el contacto. 258:46:42
CONTADME (1)
Contadme lo que ha hecho. 178:2:116
CONTANDO (2)
va contando con ritmos tardíos 206:15:56
Mi ritmo va contando 290:66:23
CONTAR (1)
a contar olas y chinas, 378:159:2
CONTEMPLA (2)
el paisaje contempla. 175:2:17
el paisaje contempla. 180:2:177
CONTEMPLAD (1)

Ya se acabó; ¿qué pasa? 543:275:162
Contemplad su figura:
CONTEMPLAN (1)
el horizonte contemplan. 183:4:22
CONTEMPLANDO (2)
pasadas como ésta 271:56:26
contemplando la lluvia
se quedaron dormidas 511:262:17
contemplando
CONTEMPLAR (1)
al contemplar las gotas 197:11:20
muertas en los cristales.
CONTEMPLARLE (1)
y el corazón me impide que 197:11:42
corra a contemplarle.
CONTEMPLARTE (1)
No puedes contemplarte 606:314:86
CONTENGA (1)
Que no hay cáliz que la 542:274:141
contenga,
CONTENIDA (1)
ROSA futura y vena contenida, 417:214:1
CONTENTATE (1)
¡conténtate con eso! 230:29:19
CONTESTA (2)
amiga-le contesta 176:2:33
-la otra rana contesta-. 176:2:55
CONTESTABAN (1)
Cinco voces contestaban 379:159:11
CONTIGO (3)
CONTINUAS (1)
pero si continúas 243:38:85
CONTINUEIS (1)
y no continuéis 248:40:64
CONTORNO (1)
tus labios son un alba sin 571:298:14
contorno,
CONTRA (8)
contra el niño que escribe 525:267:93
ni contra el muchacho que se 525:267:95
viste de novia
ni contra los solitarios de 525:267:97
los casinos
ni contra los hombres de 525:267:99
mirada verde
Pero sí contra vosotros, 525:267:101
maricas de las ciudades,
Contra vosotros siempre, 526:267:105
que dais a los muchachos
Contra vosotros siempre, 526:267:107
tocan en la batalla contra 623:325:16
el mar y sus gentes.
CONTRAPONIENTES (1)
Contraponientes 366:145:2
CONTRARIA (1)
bellas de sangre contraria, 428:222:3
CONTRARIAS (1)
de sus contrarias 215:21:18
CONTRARIOS (1)
y allí donde flota mi cuerpo 499:254:49
entre los equilibrios
contrarios.
CONVENCEN (1)
Las sirenas convencen, pero 619:323:35
no sugestionan,
CONVENTO (1)
del convento, 230:29:35
CONVERSACION (2)
una conversación 321:106:5
[AMARGO] Con la 339:121:103
conversación.
CONVERSAR (1)
a conversar con sus amigos. 560:287:4
CONVERTIA (1)
mientras se convertía 369:148:31
CONVERTIDA (1)
al ver su carne convertida 618:322:44
en carne
CONVERTIRSE (1)
ven convertirse en pájaros 374:154:5

CONVEXA (1)
Convexa resonancia donde la   646:345:31
abeja se vuelve loca.
CONVIERTE (2)
pero nuestro optimismo se   197:11:19
convierte en tristeza
En la niebla se convierte   277:59:18
CONVIRTIOSE (1)
En untuosa resina convirtióse   274:57:61
COÑAC (2)
y el coñac de las botellas   456:234:78
de sí, de muerte y de coñac   527:268:10
COPA (8)
copa de tu vientre la araña   201:14:7
que teje
en la copa del monte,   248:40:59
soy copa de luz. Soy   284:63:17
incensario
y la copa rebosando vino.   287:63:134
y una copa de ginebra   428:221:53
En la copa de un olivo   429:222:9
se apagaban en el negro de   518:265:24
los sombreros de copa.
pides la luz que anima la   620:323:54
copa del olivo.
COPAS (6)
Se rompen las copas   297:70:3
Sin luz de plata en sus copas 435:225:16
quiebra el cristal de las   458:235:16
copas.
donde giraban las copas   483:244:19
llenas de lágrimas.
las copas falsas, el veneno   494:250:49
y la calavera de los teatros.
rey de oros, rey de copas,   662:361:3
COPIA (1)
Y la noche me copia   420:218:7
COPIABA (1)
y la luna copiaba en su   519:265:47
mármol
COPIABAN (1)
que las ondas copiaban,   274:57:86
COPIAN (1)
en lirios que no duermen, en 503:256:53
aguas que no copian,
COPIAS (1)
Estilizas o copias después   620:323:67
de haber mirado
COPLAS (2)
las bandadas de coplas   218:22:19
y habrá coplas de amor   233:31:22
COPO (2)
El copo del dolor   195:10:11
COPONES (1)
copones de perfume que azul 580:304:59
se bebe el viento,
COPOS (2)
copos de besos y escenas   181:3:16
pide copos a su vientre   464:237:19
CORAL (6)
de coral.   351:129:8
Torso mitad coral,   367:146:3
coral de rosas y dalias.   465:237:44
nubes rasgadas por una mano 520:266:3
de coral
por vena de coral o celeste 525:267:89
desnudo.
Mi coral en la tiniebla.   531:270:29
CORALES (3)
Corales tibios dibujan   466:237:75
Allí los corales empapan la 478:242:26
desesperación de la tinta,
montada en bicicleta de   621:323:97
corales y conchas.
CORAZA (1)
su coraza de hierro   214:20:25
CORAZON (187)
gira, corazón;   173:1:16
gira, corazón.   173:1:17
gira, corazón;   174:1:34
gira, corazón.   174:1:35

gira, corazón;   175:1:57
gira, corazón.   175:1:58
HOY siento en el corazón   181:3:1
¿Qué será del corazón   182:3:43
Hoy siento en el corazón   182:3:53
y el carcaj el corazón.   185:5:34
tendrás el corazón partido en 187:6:42
mil pedazos.
de un corazón todo azul.   188:7:13
Sea mi corazón cigarra   189:7:50
¡MI corazón es una mariposa, 190:8:1
sin corazón, sin llantos,   192:8:48
cómo recuerda dulce el corazón 192:8:53
del corazón hermana.   194:9:58
los comenta llorando mi   197:11:37
corazón desierto
y el corazón me impide que   197:11:42
corra a contemplarle.
tiene mi corazón?   198:12:19
en su corazón ya sin   202:14:45
esperanza.
del corazón eterno.   212:18:24
MI corazón oprimido   212:19:1
Nariz del corazón,   213:20:4
el corazón sediento.   214:20:35
Mi corazón te ofrezco.   222:23:63
Corazón tenue,   222:23:64
Mi corazón desangra   222:23:77
vendrá a mi corazón   223:24:15
MI corazón reposa junto a la 224:25:1
fuente fría.
Mi corazón despierto sus   224:25:7
amores decía.
Mi corazón se vuelca sobre la 224:25:13
fuente fría.
"¡Mi corazón!"   226:26:30
¡Chico es tu corazón!   229:28:12
EL duro corazón de la veleta 229:29:1
este corazón mío   231:29:44
MI corazón, como una sierpe, 231:30:1
el corazón y el libro.   233:32:11
Corazón azulado,   237:35:15
Y me duele la carne del   238:36:12
corazón
MI corazón está aquí,   240:38:1
el corazón a un amigo.   241:38:20
Un corazón con arroyos   241:38:21
¡Mira mi corazón   242:38:78
mi corazón antiguo,   243:38:103
Corazón con arroyos   243:38:106
corazón sin culebras   243:38:108
EL corazón   244:39:1
Pero mi corazón   245:39:27
¡Oh corazón perdido!   245:39:52
corazón en fiesta?   250:42:6
mi corazón de seda,   251:42:40
La granada es corazón   257:46:17
un corazón desdeñoso   257:46:19
un corazón que por fuera   257:46:21
de corazón y de cráneo.   259:46:72
y en tu corazón,   260:47:26
-Corazón, y esta amargura   263:49:17
mi corazón en tierra   264:50:11
Y se abrió mi corazón   266:52:7
SOLO tu corazón caliente,   266:53:1
Y tu corazón caliente,   267:53:23
inunda el corazón de tristeza 270:56:4
remota.
Todo el paisaje casto mi   271:56:18
corazón transforma,
mi corazón soñaba.   272:57:4
pero mi corazón no entiende 272:57:14
nada.
¡Mi corazón es malo, Señor! 273:57:32
Siento en mi carne
mi corazón de llamas!   273:57:37
El corazón se fue con las   274:57:63
raíces,
Pero mi corazón en las raíces 275:57:101
mi corazón pensativo.   278:59:23
y mi corazón da vueltas   278:60:5

Todo hablaba dulce a mi   281:62:15
corazón
Mas decidme, ¡oh cedros!, si   282:62:25
mi corazón
El corazón escucha.   283:63:2
Mi corazón durmióse en la   284:63:32
tristeza
Y el corazón: 286:63:92
mi corazón ve su ideal lejano   286:63:110
dejaré a tu lado mi corazón   287:64:7
frío.
mi corazón aprende   289:66:3
mi corazón aprende   290:66:26
Corazón malherido   298:70:25
tiene el corazón de plata   299:73:9
El corazón,   300:75:6
entra en el corazón   302:78:2
en el corazón.   303:79:4
en el corazón.   303:79:14
y el corazón es inmenso.   304:82:3
Gente con el corazón   316:99:11
Aprieta un corazón   322:108:13
Un corazón   322:108:15
Corazón de almendra amarga.   333:121:3
[JINETE] Los cuchillos de   336:121:55
oro van solos al corazón.
Corazón.   345:123:7
Este corazón, ¡Dios mío!   363:140:17
¡Este corazón que salta!   363:140:18
Mi corazón   372:151:4
el corazón   380:162:4
"Mi corazón está lejos."   382:164:9
si me cambiaras el corazón?   384:166:10
¡Ay mi corazón!   388:172:14
corazón caliente!   389:174:12
corazón de cera!   390:174:22
y el corazón se siente   393:179:7
Su corazón se iba llenando   406:199:3
quería ser corazón.   407:200:2
Corazón.   407:200:3
Corazón.   407:200:13
(Toma mi corazón   409:202:3
(Toma mi corazón   409:202:7
¡ni corazón   409:202:11
de mi corazón.   412:206:6
Y un corazón diminuto   412:207:11
SE trajo con el corazón   418:216:1
harían con tu corazón   425:220:11
se quiebra su corazón   434:224:27
y deja tu corazón   437:226:37
ni el corazón que tiembla   472:239:4
arrinconado como un caballito
de mar.
con la brisa que hiela el   474:240:36
corazón de todas las madres,
y tragan pedacitos de   479:243:41
corazón, por las heladas
montañas del oso.
y echaba un cubito de   482:244:5
hojalata en el corazón del
sacerdote.
En las anémonas del   483:244:20
ofertorio te encontraré,
¡corazón mío!,
que atraviesa el corazón de   485:245:37
todos los niños pobres.
El corazón salió solo.   491:248:12
y el que huye con el corazón   493:250:5
roto encontrará por las
esquinas
turbio de corazón y   507:260:13
mandolina.
y las hierbas de mi corazón   510:261:14
están en otro sitio.
MI corazón tendría la forma   512:263:1
de un zapato
mi corazón tiene la forma de   512:263:6
una niña.
mi corazón tiene la forma de   512:263:8
una milenaria boñiga de toro.
es tan tierno que los   513:263:48

reflectores le comieron
jugando el corazón.
aliviará la angustia de otro   514:263:60
corazón
en el corazón de muchas   517:264:61
niñas.
con un solo corazón de paloma   518:265:11
por las escalerillas de su   518:265:31
corazón:
Pero si la nieve se equivoca   531:271:11
de corazón
y la lluvia bajaba por las   533:272:22
calles decidida a mojar el
corazón
¡Y el toro solo corazón   538:273:23
arriba!
ni corazón tan de veras.   541:274:106
y mi corazón sin la flor del   558:284:4
oro;
para un corazón de yeso.   562:289:8
que quería cortarse el   563:290:4
corazón en alta mar.
que quería cortarse el   564:290:23
corazón en alta mar.
como me pierdo en el corazón   565:292:5
de algunos niños.
Como me pierdo en el corazón   565:292:14
de algunos niños,
para mirar el corazón pasado   568:295:3
quiero llenar mi corazón de   568:295:23
musgo,
el corazón de sapo o la   571:298:12
violeta.
y un corazón al pie de una   571:299:8
columna.
sería una paloma amarrada a   572:300:6
mi corazón,
y de mi corazón,   579:304:8
el color y la forma de   580:304:55
nuestro corazón.
volcaré mi fatal corazón.   581:304:80
sollozaré por tanto corazón   581:304:97
donde sangra mi gran   582:304:105
corazón,
la amargura de mi corazón.   582:304:113
que un corazón levanta!   583:305:13
mis pasiones en mi corazón.   588:308:5
pero el corazón mío   589:310:11
corazón del árbol.   593:312:9
quepa en mi corazón.   594:312:38
Proyectaba su corazón   596:313:6
Como mi corazón,   600:313:107
Mi corazón   601:313:120
¿es tu corazón?   601:313:121
anda por mi corazón.   601:313:137
y os herirán el corazón.   608:315:31
su corazón   609:316:19
su corazón de verde.   610:317:8
corazón!   611:318:33
corazón!   611:318:35
En mi corazón sonaba   614:318:107
Pepín, mi corazón tiene   616:320:10
sin bajar a la boca ni al   620:323:58
corazón del hombre.
Canto tu corazón astronómico   621:323:92
y tierno,
rayen el corazón de   622:323:107
Cataluña eterna.
LENTO perfume y corazón sin   622:324:1
gama,
corazón fijo, vencedor de   622:324:3
nortes,
Y mi corazón   625:327:14
[Niño] Su corazón abierto.   629:329:11
Latiendo como el pobre   630:330:7
corazón de la rana
Vuelve hecho luna y corazón   636:334:8
de nada.
¡Oh pupila de azor, corazón   637:336:11
sano!
tu corazón paloma desatada.   639:339:8

Corazón interior no necesita 640:340:7
El que quiera un corazón 642:342:21
con el corazón abierto; 648:348:8
CORAZONES (12)
¡Corazones de los niños! 182:3:51
-Vosotros me inventasteis, 286:63:91
corazones-.
Azul de corazones y de 287:63:125
fuerza,
corazones andaluces 325:112:15
Cuando den nuestros corazones 394:180:5
y corazones de aceite. 429:222:38
un final de corazones. 438:227:12
Lloraba el niño del velero y 489:247:13
se quebraban los corazones
donde laten los corazones 516:264:43
Ellas son refugio de muchos 580:304:49
corazones,
corazones y llamas. 584:305:61
corazones lanzados a 632:331:28
quinientos por hora.
CORBATA (3)
Yo me quité la corbata. 435:225:24
su corbata carmesí, 447:231:10
Sé muy bien que me darán una 483:244:31
manga o la corbata;
CORBATAS (1)
corbatas! 599:313:90
CORCHO (1)
y el definitivo silencio del 484:245:10
corcho.
CORCHOS (1)
como corchos sobre agua. 239:36:16
CORDAJE (1)
formé su cordaje con mi vida 282:62:28
muerta.
CORDERITO (1)
como un corderito 643:343:15
CORDERO (4)
y les eché un cordero que 511:262:11
balaba
y da la sangre del cordero 521:266:35
al pico idiota del faisán.
mientras la sangre iba 533:272:40
seguía con un balido de
cordero.
¡Oh Cordero cautivo de tres 633:331:39
voces iguales!
CORDEROS (2)
un millón de corderos 516:264:21
y los cerdos y los corderos 516:264:33
CORDILLERA (1)
volante a la sin brazos 617:322:35
cordillera.
CORDOBA (16)
CAMPANAS de Córdoba 306:85:1
¡Oh, campanas de Córdoba 307:85:16
Córdoba para morir. 308:88:4
¡Córdoba para morir! 309:88:16
Ni a Córdoba ni a Sevilla 313:95:5
Córdoba, olivos verdes 316:100:6
Córdoba. 380:161:1
yo nunca llegaré a Córdoba. 380:161:6
desde las torres de Córdoba. 380:161:10
antes de llegar a Córdoba! 380:161:14
Córdoba. 380:161:15
Pero Córdoba no tiembla 440:228:13
Blanca Córdoba de juncos. 441:228:29
Córdoba de arquitectura. 441:228:30
Córdoba quebrada en chorros. 442:228:49
Celeste Córdoba enjuta. 442:228:50
CORDOBAS (2)
que a las dos Córdobas junta: 441:228:28
Dos Córdobas de hermosura. 442:228:48
CORINTO (1)
Zapatos color corinto, 448:231:29
CORNETINES (2)
Cornetines de cobre clavan 623:325:13
sus agujetas,
Cornetines de cobre que los 623:325:15
carabineros

CORNUDOS (1)
¡Machos cornudos 292:67:41
CORO (2)
Y oprime la salmodia del coro 186:6:18
cartujano.
o subimos al filo de la 493:250:16
nieve con el coro de las
dalias muertas.
COROLA (1)
ni importa la derrota de la 489:247:18
brisa en la corola del
algodón,
COROLAS (3)
Médulas y corolas componían 481:243:85
sobre las nubes
No puedes avanzar por los 500:255:15
enjambres de corolas
las corolas de las 608:315:39
respuestas,
CORONA (5)
para adornar todos los 339:121:90
altares y poner una corona a
la torre.
te puse una corona de verbena. 560:286:3
con una corona de escarcha. 568:295:6
Una dura corona de blancos 619:323:33
bergantines
las flores de su corona. 660:358:11
CORONA (2)
la nueva luz se corona. 437:226:42
y Mérida se corona 458:235:20
CORONADA (2)
de pámpanos verdes y vid 203:14:55
coronada.
la muerte, coronada, 317:101:8
CORONADAS (2)
coronadas, 314:97:6
coronadas por vivos 496:252:10
hormigueros del alba.
CORONADO (2)
ni emperador coronado 442:229:13
coronado de laurel. 529:269:34
CORONAS (1)
del Amor que reparte 525:267:104
coronas de alegría.
CORONEL (4)
[TENIENTE CORONEL] Yo soy el 328:119:1
teniente coronel de la
Guardia Civil.
Yo soy el teniente coronel 329:119:11
de la Guardia Civil.
[TENIENTE CORONEL] Yo soy el 328:119:29
teniente coronel de la
Guardia Civil.
[SARGENTO] A la orden, mi 331:119:49
teniente coronel de la
Guardia Civil.
CORONITAS (1)
y coronitas de flores, 450:232:48
COROS (1)
Coros de siemprevivas 635:333:31
CORPIÑOS (1)
Ella sus cuatro corpiños. 435:225:27
CORPUS (3)
Corpus azul. 361:138:5
Corpus azul. 362:138:15
Corpus azul. 362:138:29
CORRA (1)
y el corazón me impide que 197:11:42
corra a contemplarle.
CORRE (16)
Es el amor que corre 194:9:47
Corre el agua del río 229:28:5
mansamente.
y cauces donde corre 310:91:9
Bajo corre el viento. 368:148:2
¡Ay cómo corre el agua! 388:172:13
por qué corre lento el río. 410:204:8
mientras corre mi sangre en 414:209:13
la maleza
y corre sin detenerse. 427:221:30

¡Preciosa, corre, Preciosa,	427:221:37	brincan sus manos cortadas	459:235:32
¡Preciosa, corre, Preciosa!	427:221:39	con el oído lleno de flores	565:292:2
POR la calle brinca y corre	458:235:1	recién cortadas,	
se corre.	602:313:145	CORTADO (1)	
palpitante y desnudo, como un	630:330:3	luminoso marfil, recién	617:322:7
niño que corre		cortado	
corre grave y hondo,	643:343:10	CORTADOS (1)	
Corre que te pillo,	662:361:5	con sus dos pechos cortados	457:234:107
corre que te agarro,	662:361:6	CORTAME (2)	
CORRECTO (1)		Córtame la sombra.	420:218:2
su talante correcto	246:40:7	Córtame la sombra.	420:218:14
CORRED (3)		CORTAN (6)	
corred las cortinas!	324:112:6	Ya las hoces cortan las	269:55:2
corred las cortinas!	325:112:12	espigas.	
corred las cortinas!	325:112:18	¡Dichosos los que cortan la	285:63:50
CORREDORES (5)		rosa	
Por los altos corredores	351:129:14	Los de plata cortan el	336:121:56
por los altos corredores?	449:232:2	cuello como una brizna de	
viene de los corredores.	449:232:18	hierba.	
Solo por los corredores	450:232:24	Los sables cortan las brisas	456:234:83
en los altos corredores.	450:232:54	sollozad por los niños que	581:304:92
CORREN (1)		os cortan,	
corren sobre las aguas del	280:61:27	cortan la flor aséptica de la	618:323:6
gran cauce		raíz cuadrada.	
CORRER (1)		CORTAR (4)	
Yo he visto lluvias grises	542:275:153	y el libro sin cortar...	238:36:6
correr hacia las olas		Ya puedes cortar si gustas	452:233:24
CORRESPONDIDA (2)		¡Qué fácil nos sería cortar	590:311:16
PRINCESA enamorada sin ser	185:6:1	las flores	
correspondida.		¡Qué fácil nos sería cortar	594:312:20
Princesa enamorada y mal	187:6:57	las flores	
correspondida.		CORTARE (2)	
CORRI (1)		Yo me cortaré la mano derecha.	647:347:2
Aquella noche corrí	435:225:36	Yo cortaré con mis manos	660:358:10
CORRIA (4)		CORTARLA (1)	
corría la fuente.	389:174:10	cómo quiere cortarla	369:148:23
corría por las calles y los	487:246:6	CORTARSE (2)	
pisos deshabitados		que quería cortarse el	563:290:4
El pueblo corría por las	504:258:4	corazón en alta mar.	
almenas rompiendo las cañas		que quería cortarse el	564:290:23
de los pescadores.		corazón en alta mar.	
los toros corría.	665:364:40	CORTAS (1)	
CORRIAN (1)		cortas alas	614:318:94
Y otras muchachas corrían	457:234:109	CORTAS (1)	
CORRIDA (1)		(Mis cortas miradas,	368:148:7
para ir a la corrida,	660:359:3	CORTE (1)	
CORRIENDO (1)		sin caballo efusivo que corte	488:246:38
Toda la noche, corriendo	562:289:11	CORTEJO (2)	
CORRIENTE (5)		-Por allí marcha con su	205:15:37
volará en la corriente	238:35:29	cortejo,	
como una corriente	239:37:15	con su absurdo cortejo	265:51:9
y un día la corriente	261:47:49	CORTEZA (3)	
en la corriente del viento.	305:82:7	Hecha con la corteza de la	234:32:28
La corriente del tiempo se	620:323:49	ciencia	
remansa y ordena		móndale su corteza	240:38:11
CORRO (1)		llevará tu corteza	261:47:50
¡Qué pena tan grande! Corro	437:226:27	CORTINAS (3)	
CORROSIVO (1)		corred las cortinas!	324:112:6
Un diminuto guante corrosivo	514:263:51	corred las cortinas!	325:112:12
me detiene. ¡Basta!		corred las cortinas!	325:112:18
CORTA (5)		CORTO (3)	
¿Quién será la que corta los	191:8:41	cortó limones redondos,	445:230:10
claveles		cortó las cuerdas del arpa.	467:237:100
¿Quién será la que corta los	192:8:55	se cortó las manos en	519:265:58
claveles		silencio	
corta el llanto de la viña.	348:128:24	CORTO (1)	
los clamorosos árboles que	482:243:103	Dice el compás de acero su	620:323:73
corta.		corto verso elástico.	
La media luna, corta,	642:342:15	CORZA (2)	
CORTA (1)		Amor, amor, un vuelo de la	476:241:40
y una corta brisa, ecuestre,	446:230:23	corza	
CORTADA (4)		Granada era una corza	560:286:9
tranquila de flor cortada	450:232:29	COSA (11)	
mugía la bovina cabeza	507:260:15	es una cosa eterna.	192:9:2
recién cortada		es una cosa eterna.	193:9:26
de noche recién cortada.	562:288:13	tristeza designada de cosa	197:11:40
Noche cortada demasiado	616:322:3	irrealizable,	
pronto,		como cosa de un encantamiento?	207:15:81
CORTADAS (4)		[GITANO] Cualquier cosa.	330:119:35
cortadas en Almería.	433:224:20	La tarde era otra cosa	404:196:3
Lleno de manos cortadas	450:232:47		

no se oye otra cosa que el llanto.   569:296:4

y no se oye otra cosa que el llanto.   569:296:12

buscaba otra cosa.   572:301:4

buscaba otra cosa.   573:301:8

buscaba otra cosa.   573:301:12

COSAS (25)
Las cosas que se van no vuelven nunca,   174:1:49

y de las cosas dormidas   182:3:47

la que amorosa y triste sobre las cosas caes!   197:11:30

Cantar que vaya al alma de las cosas   212:18:21

del hogar. Cosas de antaño.   258:46:52

con que el agua envuelve las cosas paradas   281:62:17

Llora por cosas   297:70:16

reflejos de cosas quietas.   386:169:6

Llegan mis cosas esenciales.   414:210:9

Hombre y pez en sus medios, bajo cosas flotantes,   417:214:4

las cosas la están mirando   430:223:11

las cosas que ella me dijo.   435:225:41

No preguntarme nada. He visto que las cosas   472:239:18

Era el momento de las cosas secas,   484:245:7

angustiados por el testigo y la vigilia de todas las cosas   489:247:14

El verdadero dolor que mantiene despiertas las cosas   495:251:15

para buscar la quemadura que mantiene despiertas las cosas   495:251:36

pero sí un pulso herido que sonda las cosas del otro lado.   499:254:35

se comprende la verdad de las cosas equivocadas,   500:255:20

que recuerda todas las cosas.   514:263:66

y a cosas que se odian,   584:305:40

pinta todas las cosas de oro.   586:307:2

Como todas las cosas   607:315:7

No es la ceniza en vilo de las cosas quemadas,   645:345:12

para marrar cosas cubiertas de tierra   647:346:15

COSECHA (1)
su cosecha de suspiros.   394:180:6

COSO (1)
coso mi lírica ropa.)   395:181:16

COSTADO (5)
sangraba el costado   376:156:12

nacerán en tu costado,   452:233:29

los picos en su costado.   460:235:66

ay voz de mi abierto costado,   498:254:7

en el siniestro costado.   644:344:16

COSTADOS (1)
de sus costados.   349:128:39

COSTUMBRE (1)
Todo llora por costumbre,   226:26:25

COSTURERO (1)
La regalé un costurero   436:225:50

CRANEO (2)
de tu escondido cráneo.   218:22:36

de corazón y de cráneo.   259:46:72

CREA (2)
hace que no lo crea.   176:2:41

al caracol que crea?"   178:2:95

CREA (1)
que crea el tiempo,   300:75:2

CREADOR (2)
Y fue un creador   320:104:17

Un creador de glorietas   320:104:19

CREAN (1)
te crean en un frío   233:32:7

CRECEN (1)
los que crecen en el cruce de los muslos y llamas duras,   486:245:66

CRECER (1)

dejaré crecer mis cabellos.   471:238:4

CRECIDO (1)
los árboles han crecido,   435:225:17

CRECIENDO (1)
la cicuta está creciendo.   563:289:22

CRECIENTE (1)
va la luna en creciente   589:310:6

CREERAS (1)
nosotras. Creerás en ella",   177:2:78

CREES (3)
"¿Ni crees en la vida eterna?"   177:2:65

"¿Crees tú en la vida eterna?"   178:2:91

Y aunque no crees en nada dices esto,   234:32:34

CREIA (1)
Cuando joven creía   176:2:36

CREIAMOS (1)
Creíamos alcanzarlo cuando niños,   285:63:77

CRENCHAS (1)
sin peines para sus crenchas.   455:234:64

CREO (2)
-gime el caracol-. Sí creo   177:2:81

¡Creo!   596:313:9

CREPITANTE (1)
¡Oh llama crepitante sobre todas las venas!   631:330:36

CREPITANTES (1)
crepitantes, mordientes, estremecidos, agrupados,   514:263:71

CREPITAR (1)
Crepitar de leños viejos,   259:46:53

CREPUSCULAR (1)
crepuscular, amigo?   246:40:16

CREPUSCULO (10)
si el crepúsculo nos hunde   182:3:33

en el crepúsculo. Yo   184:5:13

¡Oh princesa divina de crepúsculo rojo,   186:6:23

Frente al ancho crepúsculo de invierno   272:57:3

Frente al ancho crepúsculo de invierno   274:57:67

del crepúsculo.   284:63:33

por los páramos del crepúsculo   519:265:53

y el toro es un sangriento crepúsculo que brama.   571:299:4

de crepúsculo gris de agonía,   581:304:72

¿Cuándo será el crepúsculo   613:318:61

CREPUSCULOS (1)
los crepúsculos, el eco hecho carne.   598:313:60

CRESTA (1)
blasfemias de cresta roja.   458:235:14

CREYENDO (1)
creyendo que era mozuela,   434:225:2

CREYENDOTE (1)
creyéndote sol parado,   259:46:78

CRIA (1)
que se cría con suspiros y miradas!   612:318:41

CRIADO (1)
Reina celeste de todo lo criado,   646:346:2

CRIATURA (1)
criatura de pecho devorado.   513:263:33

CRIATURAS (8)
y en mis ojos criaturas vestidas ¡sin desnudo!   472:239:21

Las criaturas de la luna huelen y rondan sus cabañas.   492:250:3

serán las delicadas criaturas del aire   494:251:4

y pequeñas criaturas del cielo enterradas bajo la nieve.   495:251:38

no veré el duelo del sol con las criaturas en carne viva.   500:255:4

con las criaturas mudas que pasan bajo los arcos.   645:345:5

la que yo encuentro en el   645:345:17
niño y en las criaturas que
pasan los arcos.
criaturas que aman sin ojos,   647:346:9
CRI CRI (1)
  bajo el cri cri de las   475:240:60
  margaritas,
CRIMENES (1)
  a través de los caballos   482:243:117
  muertos y los crímenes
  diminutos,
CRIN (2)
  Camborio de dura crin,   447:231:20
  Fachada de crin, de humo;   490:247:32
  anémonas, guantes de goma.
CRINES (2)
  pasión de crines y espadas,   459:235:48
  crines de ceniza. Plaza pura   509:260:58
  y doblada.
CRISANTEMOS (1)
  (Crisantemos blancos.)   644:344:22
CRISPADA (1)
  LA mano crispada   322:108:1
CRISTAL (32)
  -rayas al cristal limpio   175:2:9
  Cada gota de lluvia tiembla   197:11:23
  en el cristal turbio
  tu cristal empañado   217:22:2
  en tu cristal inmenso?   217:22:15
  el pecho de cristal.   238:36:11
  Amor, cristal y piedra.   307:86:11
  y estrellas de cristal.   310:90:10
  LAMPARAS de cristal   320:106:1
  curvas de cristal.   351:129:12
  sin cristal, del mar.   366:144:7
  Sobre un cristal azul   369:148:17
  Mil panderos de cristal,   432:223:59
  tiende en su cristal maduro,   440:228:6
  al cristal de los balcones,   449:232:14
  quiebra el cristal de las   458:235:16
  copas.
  rompe en cristal su cuerno.   463:236:57
  y las formas que buscan el   471:238:3
  cristal,
  y eran duro cristal   507:260:16
  definitivo
  no hay amor bajo los ojos de   521:266:42
  cristal definitivo.
  Y una cabeza de cristal   529:269:21
  Y el óxido sembró cristal y   537:273:11
  níquel
  no hay cristal que la cubra   542:274:145
  de plata.
  asesina tu cristal?   567:294:10
  y ojos de cristal.   591:311:26
  de cristal,   594:312:40
  de cristal.   594:312:43
  sobre un cristal   598:313:34
  Palabras de cristal y brisa   617:322:28
  oscura
  aplastadas en el cristal   626:328:9
  opaco,
  sobre el cristal invisible   626:328:11
  de los años.
  Alga y cristal en fuga ponen   631:331:3
  plata mojada
  Ramera con los senos de   632:331:10
  cristal arañado.
CRISTALES (15)
  al contemplar las gotas   197:11:20
  muertas en los cristales.
  Detrás de tus cristales aún   203:14:66
  miras anhelante.
  Su voz deja cristales en la   353:130:3
  herida
  Detrás de los cristales,   374:154:3
  asomado a los cristales,   385:168:7
  de cristales y laureles.   426:221:4
  ni los cristales con luna   435:225:30
  y disuelve a las mariposas   480:243:63

en los cristales de la
ventana.
golpeaban los cenicientos   486:245:56
cristales de Broadway.
o en los cristales donde se   490:247:45
comprenden las olas nunca
repetidas.
Por los cristales rotos de   511:262:23
la casa
pero no da sonidos, ni   542:275:159
cristales, ni fuego,
Los cristales esquivan la   618:323:10
magia del reflejo.
y los sabios cristales   621:323:76
cantan sus geometrías.
en rumor de cristales y   635:333:30
madera.
CRISTALINA (2)
  La fuente cristalina pide   211:18:3
  labios
  (Agua cristalina)   345:123:4
CRISTALINO (1)
  mojé las hojas en el   275:57:87
  cristalino
CRISTALIZA (1)
  El aire cristaliza bajo el   414:210:5
  humo.
CRISTALIZADO (1)
  un cielo cristalizado.   257:46:2
CRISTALIZADOS (1)
  donde los peces   495:251:40
  cristalizados agonizaban
  dentro de los troncos;
CRISTIANA (3)
  flor de fauno y de virgen   580:304:36
  cristiana,
  Soy una cristiana   665:364:15
  -Si fueras cristiana   665:364:17
CRISTIANAS (1)
  Cristianas que éramos moras   659:357:21
CRISTIANO (1)
  de arzobispo cristiano.   247:40:57
CRISTITO (1)
  El Cristito de barro se ha   496:252:3
  partido los dedos
CRISTO (22)
  como Cristo nos enseña?   182:3:28
  Cristo debió decirnos: 194:9:59
  LA miel es la palabra de   199:13:1
  Cristo,
  como en la hostia cuerpo y   200:13:44
  luz de Cristo.
  para pedirle a Cristo   252:42:47
  La espiga es el pan. Es Cristo 258:46:35
  Cristo anduvo por ti,   276:58:20
  carne y alma de Cristo,   284:63:22
  CRISTO moreno   310:91:1
  Cristo moreno,   310:91:11
  Niñas que le dan a Cristo   316:99:5
  muerto
  Las cinco llagas de Cristo   433:224:19
  Los niños de Cristo dormían,   518:265:4
  Los niños de Cristo bogaban   518:265:10
  y los judíos llenaban los
  muros
  Las niñas de Cristo cantaban   518:265:13
  y las judías miraban la
  muerte
  Los niños de Cristo dormían   519:265:36
  Ya los niños de Cristo se   519:265:56
  dormían
  ignora que Cristo puede dar   521:266:33
  agua todavía,
  Que esta noche nace el Cristo 587:307:39
  CRISTO   596:313:1
  El gran llanto de Cristo   609:316:10
  Dios en mantillas, Cristo   631:330:22
  diminuto y eterno,
CROABAN (1)
  ¡Pronto! ¡Los bordes! ¡De   504:258:5

prisa! Y croaban las
estrellas tiernas.
CROMATICA (1)
  (cromática).   596:312:78
CROMATICOS (1)
  cromáticos enjambres, perlas 580:304:60
  del sentimiento,
CROO (1)
  con el croo de las ranas,   529:269:31
CROQUIS (1)
  Rosa pura que limpia de   621:323:81
  artificios y croquis
CROTALO (6)
  CROTALO.   326:115:1
  Crótalo.   326:115:2
  Crótalo.   326:115:3
  Crótalo.   327:115:11
  Crótalo.   327:115:12
  Crótalo.   327:115:13
CRUCE (1)
  los que crecen en el cruce   486:245:66
  de los muslos y llamas duras,
CRUCE (1)
  cruce tus finas ondas de   634:333:20
  sosiego.
CRUCES (6)
  con piedras negras y cruces   291:67:36
  toscas,
  cruces superpuestas.   308:87:8
  al laberinto de las cruces   313:95:11
  donde poner cien cruces,   316:100:7
  [TENIENTE CORONEL] Tengo tres 328:119:5
  estrellas y veinte cruces.
  y por los establos más   502:256:16
  pequeños y en las cruces de
  los bosques
CRUCIFICADA (1)
  crucificada en su ritmo   236:34:2
CRUCIFICADO (1)
  repetido mil veces, muerto, 631:330:23
  crucificado
CRUEL (1)
  que mide el cruel silencio   485:245:32
  de la moneda,
CRUJA (1)
  cuando cruja mi alma,   237:34:20
CRUJE (1)
  cruje la aurora salobre.   438:227:8
CRUJIA (1)
  mientras crujía la cuchara   478:243:10
  del rey
CRUJIENTE (2)
  Es por el azul crujiente,   477:242:17
  HONDA luz cegadora de materia 633:332:1
  crujiente,
CRUZ (14)
  abandona el estambre de la cruz 230:29:9
  Tijeras en cruz.   322:108:6
  Tijeras en cruz.   322:108:12
  Tijeras en cruz.   322:108:18
  LA cruz.   328:118:1
  La cruz. ¡Y vamos andando!   342:122:5
  La cruz. No llorad ninguna. 342:122:9
  Ahora monta cruz de fuego,   429:222:21
  Pinta una cruz en la puerta 452:233:26
  y los muchachos se   479:243:38
  desmayaban en la cruz del
  desperezo.
  que hacen ataúdes sin cruz. 521:266:22
  ¡Oh cruz! ¡Oh clavos! ¡Oh   533:272:16
  espina!
  (Cruz,   609:316:12
  si eres mi cruz y mi dolor 638:337:10
  mojado,
CRUZA (1)
  un pez la cruza, llamándola. 369:148:38
CRUZADO (2)
  ha cruzado una abeja.   179:2:153
  el sol que destruye números 481:243:96
  y no ha cruzado nunca un
  sueño,

CRUZAMOS (1)
  que cruzamos con ansia   584:305:63
CRUZAN (2)
  de las ideas, cruzan   247:40:39
  Por tus blancos ojos cruzan 411:205:7
CRUZANDO (1)
  cruzando los caminos.   285:63:61
CRUZAR (3)
  A veces se ve cruzar   418:216:3
  Aprende a cruzar las manos, 452:233:37
  Es preciso cruzar los puentes 479:243:17
CRUZARSE (1)
  que aun pueden cruzarse en   459:235:33
  tenue
CUADRADA (2)
  cuadrada y blanca la noche. 450:232:36
  cortan la flor aséptica de la 618:323:6
  raíz cuadrada.
CUADRO (1)
  Es primero que el cuadro   622:323:102
  que paciente dibujas
CUADROS (1)
  Digo lo que me dicen tu   621:323:87
  persona y tus cuadros.
CUAJA (2)
  que se cuaja en el verano,   258:46:48
  donde nace y se cuaja?   274:57:84
CUAJADA (2)
  tenemos la entraña cuajada de 282:62:33
  nidos,
  mi cintura cuajada: 634:333:13
CUAJADAS (2)
  cuajadas por su ilusión.   184:5:4
  con las enaguas cuajadas   439:227:47
CUAJADO (1)
  en vida y muerte cuajado.   258:46:36
CUAJAR (1)
  -Almendra sin cuajar de verde 616:322:2
  tacto-
CUAJO (1)
  Se cuajó con el sol, y suspira 269:55:6
CUAJO (1)
  y me cuajo en tristezas.   284:63:15
CUAL (1)
  -Madre abuela, ¿cuál es el 205:15:29
  camino,
CUAL (6)
  cual arqueológica   215:21:7
  cual milanos.   226:26:45
  y cual dulces abejas del sol, 270:55:25
  liban
  Cual Dafne varonil que huye 274:57:57
  miedosa
  todos me mostraban sus almas 281:62:10
  cual eran:
  cual negro rocío, tapizó la 283:62:63
  seda,
CUALQUIER (1)
  [GITANO] Cualquier cosa.   330:119:35
CUANDO (4)
  El leñador no sabe cuándo   482:243:102
  expiran
  ¿Cuándo será el crepúsculo   613:318:61
  ¿Cuándo esas lunas blancas   613:318:63
  cuándo su mariposa dejará   632:331:20
  los relojes.
CUANDO (98)
  Cuando joven creía   176:2:36
  "Cuando niño a mí me dijo   177:2:71
  cuando la muerte nos lleva? 181:3:24
  cuando paso. Las campanas   184:5:10
  y cuando esté ya expirando   190:7:54
  cuando bebemos agua.   194:9:46
  Cuando sobre los campos   197:11:33
  desciendes lentamente
  cuando vienen los astros   198:12:3
  Cuando hubo pasado la puerta, 206:15:66
  cuando los vea muertos.   211:17:40
  cuando juegue en su cama   214:20:38
  cuando se esté durmiendo.   215:20:47
  cuando sobre los campos   217:22:12

anochecer de otoño, cuando 233:32:8
mueren
cuando cruja mi alma, 237:34:20
cuando os coman sin prisa 248:40:68
solo de cuando en cuando 248:40:77
cuando viejos y heridos 255:44:45
deletrean
cuando era niño y bueno. 265:52:2
y tocáis cuando os rozan los 270:55:32
silencios
y cuando pienso ya en la luz 285:63:72
quedarme,
Creíamos alcanzarlo cuando 285:63:77
niños,
cuando tanto llueve 288:64:29
Luego, cuando la Lola 318:102:13
CUANDO yo me muera, 323:109:1
Cuando yo me muera, 323:109:4
Cuando yo me muera, 323:109:7
¡Cuando yo me muera! 323:109:10
Cuando la tarde se puso 381:163:19
Cuando se perdió en el agua 386:170:12
CUANDO sale la luna 393:179:1
Cuando sale la luna, 393:179:5
Cuando sale la luna 393:179:13
Cuando en la frente de los 394:180:3
chopos
Cuando den nuestros corazones 394:180:5
Cuando se pongan los tejados 394:180:7
Cuando vengan los gitanos, 425:220:14
cuando la llevaba al río. 436:225:55
cuando por el monte oscuro 436:226:3
Cuando la cabeza inclina 442:229:15
Cuando las estrellas clavan 447:231:13
cuando los erales sueñan 447:231:15
Y cuando los cuatro primos 448:231:49
Madre, cuando yo me muera, 450:232:39
Cuando llegaba la noche, 454:234:25
Cuando todos los tejados 457:234:113
De cuando en cuando sonaban 458:235:13
Y cuando los cuatro cascos 467:237:97
cuando buscan su curso 472:239:19
encuentran su vacío.
Cuando se hundieron las 475:240:59
formas puras
cuando los camareros y los 481:243:75
cocineros y los que limpian
con la lengua
cuando el sacerdote levante 483:244:21
la mula y el buey con sus
fuertes brazos
Cuando el chino lloraba en 485:245:29
el tejado
Solo cuando izaron la 489:246:43
bandera y llegaron los
primeros canes
No importa que el niño calle 489:247:17
cuando le clavan el último
alfiler,
cuando todas las rosas 498:254:8
manaban de mi lengua
Así hablaba yo cuando 499:254:45
Saturno detuvo los trenes
cuando yo vuele mezclado con 500:255:10
el amor y las arenas.
cuando yo vuele mezclado con 500:255:27
el amor y las arenas.
Cuando me quedo solo 501:256:4
cuando tus ojos eran dos 502:256:19
muros,
cuando tus manos eran dos 502:256:20
países
Cuando empiece el tumulto de 503:256:55
la guerra
Cuando busco en la cama los 508:260:42
rumores del hilo
Pero la noche es interminable 512:263:3
cuando se apoya en los
enfermos
cuando sus gritos llenan el 517:264:80
valle

cuando los cadáveres sienten 518:265:17
en los pies
cuando el judío, apretando 519:265:57
los ojos,
Cuando la luna salga 523:267:20
cuando el amigo come tu 524:267:63
manzana
CUANDO llegue la luna llena 530:270:1
Cuando la palma quiere ser 530:270:8
cigüeña.
Y cuando quiere ser medusa 530:270:10
el plátano.
Cuando el sudor de nieve fue 538:273:25
llegando
cuando la plaza se cubrió de 538:273:27
yodo
cuando vio los cuernos cerca, 540:274:96
que finge cuando niña 544:275:191
doliente res inmóvil;
cuando yo te encontré por 561:287:10
las grutas del vino.
cuando te ahogabas por el 561:287:12
río.
qué cerca cuando te vas! 567:294:20
cuando llora en las tardes, 584:305:51
cuando todo se quema, 588:308:8
cuando se muera el último 600:313:114
cuando estaba la pájara pinta 604:314:41
que tenía cuando niño. 611:318:31
Rueda helada la luna, cuando 617:322:36
Venus
que cuando yo me muera 624:326:15
cuando te vi, Dios fuerte, 630:330:2
vivo en el Sacramento,
cuando te vi presente sobre 631:330:26
tu Sacramento.
cuando roto ya el nudo, 634:333:18
te llama cuando se va, 649:350:6
cuando el toro lo dejó, 661:359:31
Cuando fuiste novio mío, 664:363:5
cuando de noche me abrazan, 664:363:12
cuando de noche me abrazan. 664:363:14
Cuando el rey mi padre 665:364:33
CUANTA (1)
¡Cuánta melancolía 255:44:47
CUANTAS (3)
Cuántas campanas ¿oyes? 387:171:5
¡Cuántas veces te esperó! 432:223:69
¡Cuántas veces te esperara, 432:223:70
CUANTO (4)
¡cuánto brazo de momia 507:260:24
florecido!
cuánto barco en el puerto de 641:342:6
Málaga!
cuánto barco en el puerto de 641:342:12
Málaga!
Cuánto barco en el puerto 642:342:32
CUANTOS (5)
¿Cuántos hijos tiene la 279:60:15
Muerte?
¡Cuántos encantos 291:67:13
[AMARGO] 336:121:48
[(Displicente.)]¿Cuántos?
[Yo] ¿Y cuántos siglos han 627:328:22
pasado?
¡cuántos limoncitos! 641:342:8
CUARENTA (1)
Cuarenta guardias civiles 456:234:75
CUARTEL (2)
¡No haya cuartel! La muerte 526:267:120
¡No haya cuartel! ¡Alerta! 526:267:123
CUARTO (5)
Mi cuarto, solitario 238:36:4
En mi cuarto sollozaba 266:52:13
DESDE mi cuarto 411:206:1
El cuarto se irisaba de 538:273:39
agonía
desde su cuarto: 657:355:38
CUATRO (42)
cuatro uñas de gato. 190:8:8
cuatro carros dormidos, 255:44:52

Cuatro palomas por el aire van.	365:143:2
Cuatro palomas sus cuatro sombras.	365:143:3
	365:143:6
Cuatro palomas en la tierra están.	365:143:8
Pasaron cuatro jinetes, con sus cuatro hojitas,	381:163:7 388:172:5
con sus cuatro hojitas,	388:172:19
NOCHE de cuatro lunas	396:182:1
Noche de cuatro lunas	396:182:13
CUATRO granados	409:202:1
Cuatro cipreses	409:202:5
(Cuatro pájaros sin rumbo	416:212:12
Han muerto cuatro romanos	429:222:29
Ella sus cuatro corpiños.	435:225:27
pero eran cuatro puñales	447:231:11
Mis cuatro primos Heredias	448:231:25
Y cuando los cuatro primos	448:231:49
relumbran cuatro faroles.	449:232:6
las cuatro luces clamaban	450:232:25
Y cuando los cuatro cascos	467:237:97
eran cuatro resonancias,	467:237:98
Estaban los cuatro marineros luchando con el mundo,	491:249:6
cuatro columnas de cieno	497:253:2
Cuatro pezuñas tiemblan en el aire.	504:257:15
cuatro ríos ceñidos en tu brazo,	508:260:47
cuatro millones de patos,	515:264:17
En Viena hay cuatro espejos	528:268:20
mientras que yo enlazaba cuatro noches	557:283:7
los cuatro galanes,	566:293:2
Hay cuatro caballeros	608:315:26
Las cuatro espadas hieren	608:315:29
DE los cuatro muleros,	654:353:1
De los cuatro muleros,	654:353:5
De los cuatro muleros,	654:353:9
antes de las cuatro y media."	655:354:12
Al dar las cuatro en la calle	655:354:13
cuatro mozos muy gallardos;	661:359:26
y este que meto son cuatro.	661:359:36
la baraja tiene cuatro;	662:361:2
cuatro sollozos de plata.	664:363:8
CUBA (3)	
iré a Santiago de Cuba.	530:270:2
Oh Cuba, ¡Oh ritmo de semillas secas!	530:270:18
¡Oh Cuba!¡Oh curva de suspiro y barro!	531:270:36
CUBANAS (1)	
y los pechos dorados de las cubanas.	419:216:13
CUBIERTAS (1)	
para marrar cosas cubiertas de tierra	647:346:15
CUBIERTO (4)	
cubierto con el silencio	189:7:28
cubierto de nostalgias	222:23:53
Aquel viejo cubierto de setas	478:243:8
la muerte le ha cubierto de pálidos azufres	543:275:163
CUBIERTOS (4)	
iban todos cubiertos de luces,	204:15:13
donde flotan sus automóviles cubiertos de dientes,	482:243:116
cubiertos de ceniza,	494:251:2
mundos enemigos y amores cubiertos de gusanos	520:266:9
CUBITO (1)	
y echaba un cubito de hojalata en el corazón del sacerdote.	482:244:5
CUBOS (1)	
Sol en cubos resistía	466:237:71
CUBRA (1)	
no hay cristal que la cubra de plata.	542:274:145

CUBRE (8)	
cubre las sementeras,	175:2:6
el velo infecundo que cubre la entraña	201:14:8
el mar cubre la tierra	393:179:6
cubre su carne quemada.	465:237:52
Pero tu rostro cubre los cielos del banquete.	513:263:40
La niebla cubre en silencio	563:289:19
una noche de otoño las cubre,	581:304:67
Cádiz, que te cubre el mar,	642:342:25
CUBREME (1)	
Cúbreme por la aurora con un velo,	564:290:16
CUBREN (3)	
le cubren toda la espalda	459:235:40
cubren la nieve del campo,	460:235:60
¡cubren!, ¡trepan!, ¡espantan!	513:263:42
CUBRIO (1)	
cuando la plaza se cubrió de yodo	538:273:27
CUBRIR (1)	
has venido, amor mío, a cubrir mi tejado.	508:260:43
CUCO (3)	
canta un cuco en la umbría	248:40:78
Relojes de cuco,	611:318:22
sin cuco.	611:318:23
CUCHARA (5)	
CON una cuchara,	478:243:1
Con una cuchara.	478:243:4
mientras crujía la cuchara del rey	478:243:10
con una durísima cuchara	479:243:43
Con una cuchara.	480:243:46
CUCHILLA (1)	
la cuchilla del viento.	369:148:24
CUCHILLO (11)	
[AMARGO] Un cuchillo no tiene que ser más que un cuchillo.	336:121:52
[JINETE] ¿Quieres un cuchillo?	337:121:64
[JINETE] ¡Qué hermoso cuchillo!	338:121:76
Y toma este cuchillo. ¡Te lo regalo!	341:121:125
con un cuchillo de oro.	341:122:4
¡Qué perfume de flor de cuchillo!	376:156:10
¡Qué perfume de flor de cuchillo!	377:156:20
mi cuchillo por su manta.	431:223:28
y vivimos cien años dentro de un cuchillo.	510:261:18
no hay un solo cuchillo.	641:342:14
CUCHILLOS (11)	
[JINETE] Son tres. Venden cuchillos. Ese es el negocio.	336:121:49
[JINETE] Los cuchillos de oro van solos al corazón.	336:121:55
[JINETE] Los otros cuchillos no sirven.	338:121:70
Los otros cuchillos son blandos y se asustan de la sangre.	338:121:71
¡Qué manera de vender cuchillos!	339:121:88
[JINETE] Yo monto este caballo y vendo cuchillos,	340:121:114
rasgada por diez cuchillos.	434:225:15
Están los viejos cuchillos	446:230:37
La rueda afila cuchillos	458:235:17
entre el tirite de cuchillos	521:266:54
y melones de dinamita;	
tres mil hombres armados de lucientes cuchillos.	632:331:14
CUELGA (1)	
¡La noche cuelga del cielo!)	628:328:31

CUELLO (7)
una cadena en el cuello.   208:16:8
y su cuello planchado,   246:40:8
Los de plata cortan el   336:121:56
cuello como una brizna de
hierba.
Aquellos ojos míos en el   472:239:10
cuello de la jaca,
¡Oh cuello mío recién   492:249:36
degollado!
El caballo tenía un ojo en el   510:261:8
cuello
con su afán impaciente de   631:331:6
cuello seccionado.
CUENTA (5)
Dice el hombre que cuenta la   204:15:17
historia
La luna cuenta los perros.   384:166:5
Y mientras cuenta, llorando,   428:221:55
-Cuenta, cuenta, abuelito,   587:307:23
esa historia
CUENTA (2)
sin darse cuenta.   226:26:27
sin darme cuenta   650:351:2
CUÉNTALO (1)
Cuéntalo tú, hormiguita."   178:2:118
CUENTAS (1)
y la historia sonora que   197:11:36
cuentas al ramaje
CUENTO (9)
¡Ya he enrollado la noche de   173:1:12
mi cuento
en cuento que se borró.   185:5:38
y el cuento del hada vieja   188:7:7
los relatos brumosos del   205:15:43
cuento.
su cuento vierte.   222:23:62
como un hada de cuento   265:51:13
como el príncipe del cuento   266:52:14
-¡Ay qué triste es el cuento,   586:307:3
abuelito!
esa del cuento   586:307:5
CUENTOS (2)
Yo, como el barbudo mago de   281:62:3
los cuentos,
Sobre cuentos de reinas y   284:63:16
castillos,
CUERDA (1)
de cuerda   303:79:7
CUERDAS (8)
que la pulsen como las   202:14:25
cuerdas de un arpa.
que los grillos refuerzan sus   205:15:27
cuerdas
de la lira sin cuerdas que   284:63:40
pulsamos,
largas cuerdas del viento.   298:71:10
cortó las cuerdas del arpa.   467:237:100
con cítaras sin cuerdas y   496:252:16
degolladas voces.
respirando con todos sus   505:258:26
violines sin cuerdas
que tiene en vez de cuerdas   584:305:60
CUERNECITOS (1)
"Tiene dos cuernecitos   176:2:54
CUERNO (5)
¡un grito! y el cuerno   377:156:22
un largo cuerno de luz.   397:184:2
rompe en cristal su cuerno.   463:236:57
por las tiendas de las   513:263:45
pieles donde suena un cuerno
de vaca herida,
al cuerno adolescente de la   617:322:8
luna.
CUERNOS (8)
Cuernos de oro   365:144:2
terrible de esos cuernos?   366:144:12
de sus cuernos ondulados.   451:233:17
Déjame pasar hombrecillos de   498:254:17
los cuernos

árboles y arroyos trepaban   503:257:2
por sus cuernos.
cuando vio los cuernos cerca,   540:274:96
resbalando por cuernos   541:274:129
ateridos,
Nacemos bajo tus cuernos   614:318:88
CUERO (3)
con la rueda, el aceite, el   522:267:3
cuero y el martillo.
Cojos perros fumaban sus   532:272:6
pipas y un olor de cuero
caliente
sobre la pana y el cuero   540:274:91
CUERPECILLOS (1)
con honestas pupilas sus   620:323:68
cuerpecillos ágiles.
CUERPO (39)
como en la hostia cuerpo y   200:13:44
luz de Cristo.
si el amor dormido tu cuerpo   201:14:19
tocara,
Tu cuerpo irá a la tumba   203:14:70
y de perlas muy finas el   205:15:39
cuerpo,
Me ofreces en tu cuerpo   210:17:9
requemado,
-Busco el cuerpo del conde   221:23:41
tu cuerpo era el ocaso   235:33:8
En tu cuerpo guardabas   260:47:23
¡Hay que acostar al cuerpo   268:54:22
formado del cuerpo rosado de   282:62:52
Dafne
cuerpo de gigante   320:105:2
La sombra manda a mi cuerpo   386:169:5
Roja y verde, eché a tu cuerpo   400:190:7
Lolita lava su cuerpo   401:191:8
su cuerpo lleno de lirios   429:222:19
Soledad: lava tu cuerpo   437:226:35
Ojos chicos de mi cuerpo   451:233:2
donde mi cuerpo sin venas   451:233:12
Odian la flecha sin cuerpo,   477:242:5
el olor de un solo cuerpo   490:247:43
con la doble vertiente de
lis y rata
y allí donde flota mi cuerpo   499:254:49
entre los equilibrios
contrarios.
y mi cuerpo rumor de hierba.   502:256:21
camaradas que velen tu   526:267:130
gacela sin cuerpo.
Buscaba su hermoso cuerpo   540:274:84
Estamos con un cuerpo   543:275:170
presente que se esfuma,
para ver ese cuerpo sin   543:275:177
posible descanso.
Delante de este cuerpo con   543:275:183
las riendas quebradas.
para llevar el cuerpo de   543:275:188
Ignacio y que se pierda
tu cuerpo fugitivo para   557:283:14
siempre,
me abrasaba en tu cuerpo   560:286:13
Tu cuerpo, con la sombra   561:287:15
violeta de mis manos,
el valle gris de tu cuerpo.   563:289:20
azotaban las llagas de mi   564:291:10
cuerpo.
cuerpo de luz humana con   631:330:32
músculos de harina!
anunciaban el cuerpo sin amor   633:332:3
que llegaba
Cuerpo de la belleza que late   633:332:9
y que escapa.
fue la norma del cuerpo que   637:335:6
yo dejo,
seré en el cuerpo de la   637:335:13
yerta rama
Cuerpo y tierra de nieve.   649:349:5
CUERPOS (2)
y amante de los cuerpos bajo   523:267:39
la burda tela.

y hay cuerpos que no deben   525:267:80
repetirse en la aurora.
CUERVO (1)
   al rubio cuervo   216:21:26
CUESTA (5)
   ¡AY qué trabajo me cuesta   380:162:1
   ¡Ay qué trabajo me cuesta   381:162:10
   ¡QUE trabajo me cuesta   420:219:1
   ¡Qué trabajo me cuesta   421:219:5
   ¡qué trabajo me cuesta   421:219:22
CUESTAS (1)
   con toda su muerte a cuestas. 540:274:79
CUEVA (3)
   Admites en tu cueva   245:39:45
   DE la cueva salen   305:83:1
   Y la cueva encalada   305:83:13
CUEVAS (3)
   con fieras mansas y cuevas   291:67:37
   hondas,
   (Las gentes de las cuevas   298:71:12
   poner parejas de   482:243:108
   microscopios en las cuevas
   de las ardillas
CUIDA (1)
   Cuida tus pies, amor mío,   514:263:54
   ¡tus manos!,
CUIDADO (2)
   Ten cuidado con mis hojitas. 410:204:12
   Duérmete sin cuidado,   600:313:112
CULEBRAS (3)
   corazón sin culebras   243:38:108
   roído de culebras,   245:39:28
   su piel, como las culebras, 361:138:8
CULEBRINAS (2)
   culebrinas amarillas.   321:107:2
   culebrinas amarillas.   322:107:24
CULO (1)
   viene tu culo   401:192:8
CULOS (1)
   los culos grandes y ocultos 439:227:35
CULPA (1)
   alguna vez? ¿Qué culpa   198:12:18
CULTIVE (1)
   ni quien cultive hierbas en 520:266:16
   la boca del muerto,
CUMBRE (2)
   la inmensa cumbre estrellada. 212:19:12
   se calienta en la cumbre de 543:275:168
   las ganaderías.
CUMPLA (1)
   porque queremos que se   522:266:73
   cumpla la voluntad de la
   Tierra
CUNA (3)
   Ya no serás la cuna   261:47:35
   buscaba rumor y cuna.   441:228:46
   no tiene cuna;   662:360:10
CUNAS (2)
   visiones de cunas en   201:14:16
   ambientes quietos,
   Se oyen las nanas a las   286:63:102
   cunas pobres,
CUNITA (1)
   una cunita en el desván   514:263:65
CUPULA (2)
   caerán sobre ti. Caerán   520:266:10
   sobre la gran cúpula
   en la cúpula neutra gustaban 631:330:28
   tu racimo.
CUPULAS (3)
   Las alegres fiebres bailaban 519:265:46
   por las cúpulas humedecidas
   Los maestros señalan con   521:266:40
   devoción las enormes cúpulas
   sahumadas;
   ha de gritar frente a las   522:266:63
   cúpulas,
CURA (1)
   La Virgen cura a los niños   456:234:99
CURSI (1)
   hace cursi el horizonte   225:26:17

CURSO (1)
   cuando buscan su curso   472:239:19
   encuentran su vacío.
CURTIDA (1)
   -alfombra de sol-curtida!   252:43:8
CURVA (7)
   la danza curva del agua en   477:242:12
   la orilla.
   ¡Oh Cuba!¡Oh curva de   531:270:36
   suspiro y barro!
   LA luna pudo detenerse al fin 532:272:1
   por la curva blanquísima de
   los caballos.
   sin tener agua curva ni   542:275:150
   cipreses helados.
   Lyra bailaba en la fingida   617:322:13
   curva,
   y la fuerza sin orden que   620:323:60
   lleva el agua curva.
   En la curva del río   634:333:21
CURVABA (2)
   y se curvaba el aire,   228:27:28
   y su agonía se curvaba.   568:295:20
CURVABAN (1)
   Los ritmos se curvaban   228:27:27
CURVARSE (1)
   y empieza a curvarse tu   202:14:41
   espléndida espalda.
CURVAS (3)
   curvas de cristal.   351:129:12
   de las últimas curvas del   478:243:13
   aire,
   ni las curvas heridas como   524:267:70
   panza de sapo
CUSTODIA (1)
   Una Custodia reluce   460:235:67
CUTIS (4)
   tienen el cutis tan fino,   435:225:29
   y este cutis amasado   448:231:31
   con el cutis de sal, abría   617:322:37
   en la arena,
   el seno de Teresa, la de   622:323:103
   cutis insomne,
CUYA (1)
CUYAS (2)
CUYO (4)
CUYOS (1)
CYRANO (1)
   con tristeza de Cyrano   184:5:16
CHALECO (2)
   lleva un chaleco de raso.   373:152:12
   En su chaleco bordado   443:229:35
CHAPINES (1)
   con chapines de fósforo y   618:322:40
   espuma.
CHAPOTEAN (1)
   que chapotean las aguas   497:253:4
   podridas.
CHARCO (1)
   para formar un charco de   541:274:133
   agonía
CHAROL (2)
   Sus zapatos de charol   442:229:7
   Con el alma de charol   453:234:7
CHAUFFEURS (1)
   temblando entre las piernas 524:267:50
   de los chauffeurs
CHICO (2)
   ¡Chico es tu corazón!   229:28:12
   La luna es un pozo chico,   664:363:9
CHICOS (5)
   ¡Niños chicos, cantad en el 204:15:9
   prado,
   ¡Niños chicos, cantad en el 205:15:23
   prado,
   ¡Niños chicos, cantad en el 205:15:44
   prado,
   ¡Niños chicos, pensad en   208:15:100
   Santiago
   Ojos chicos de mi cuerpo   451:233:2

CHIMENEAS (1)
  Obeliscos y chimeneas   228:27:21
CHINA (3)
  un pez del Mar de la China. 418:216:2
  un Ecuador sin lumbre y una 623:325:12
  China sin aire.
  esa muchedumbre china de 647:346:19
  cebollas decapitadas
CHINAS (2)
  a contar olas y chinas, 378:159:2
  (En las chinas 392:177:11
CHINAS (1)
  tres montañas chinas, 474:240:26
CHINITAS (2)
  EN el café de Chinitas 655:354:1
  En el café de Chinitas 655:354:5
CHINO (2)
  Cuando el chino lloraba en 485:245:29
  el tejado
  el griterío chino que bulle 495:251:34
  por el desembarcadero de la
  sangre.
CHINOS (1)
  donde el filósofo es 495:251:23
  devorado por los chinos y
  las orugas.
CHIQUILLO (1)
  -le pregunta un chiquillo 207:15:79
  travieso-.
CHIQUILLOS (2)
  y de sucios chiquillos 206:15:53
  traviesos,
  Los chiquillos están ya 207:15:98
  dormidos
CHIQUITA (1)
  Y de aquella chiquita, tan 192:8:43
  bonita,
CHIQUITO (2)
  piensa que el mundo es chiquito 304:82:2
  Este niño chiquito 662:360:9
CHIRRIAR (1)
  chirriar tus compañeros. 230:29:27
CHIST (3)
  (¡Chist... silencio! 628:328:30
  (¡Chist... silencio! 628:328:34
  (¡Chist... silencio! 628:328:36
CHOCA (1)
  Y choca con los ecos de las 186:6:19
  lentas campanas
CHOCABAN (2)
  chocaban con los doce 353:131:8
  flotantes
  chocaban con los doce 613:318:72
  flotantes
CHOCAR (1)
  al chocar con lo duro 625:327:31
CHOCOLATE (1)
  de papel de chocolate 454:234:43
CHOPERAS (1)
  del agua en las choperas. 193:9:18
CHOPINESCAS (2)
  chopinescas romanzas de 582:304:101
  olor,
  chopinescas romanzas de 582:304:109
  olor.
CHOPO (17)
  ¿Verdad, chopo, maestro de la 174:1:53
  brisa?
  un chopo antiguo que mueve 209:16:15
  DULCE chopo, 223:24:1
  dulce chopo, 223:24:2
  Mi viejo chopo 236:34:6
  ¡Viejo chopo, aguarda! 236:34:16
  y un chopo solitario-el 257:45:15
  Pitágoras
  ¡CHOPO viejo! 260:47:1
  ¡Chopo viejo! 261:47:52
  Mi chopo centenario de la vega 272:57:19
  era el gran chopo. 273:57:24
  Yo me incrusté en el chopo 274:57:55
  centenario

  Chopo. 345:123:3
  Chopo, y tú ¿qué harás? 416:212:7
  en el alto chopo están.) 416:212:13
CHOPO y torre. 616:321:1
  mi chopo 642:343:3
CHOPOS (5)
  Los chopos niños recitan 209:16:13
  de los chopos infantes del 260:47:16
  prado.
  Cabecean los chopos hablando 269:55:3
  Cuando en la frente de los 394:180:3
  chopos
  Los chopos dicen: No. 462:236:36
CHOQUES (1)
  de choques, líquidos y rumores 500:255:6
CHORREA (1)
  Chorrea la tristeza por los 238:36:7
  muebles
CHORRO (4)
  Al romperlo, un gran chorro 406:199:17
  de sombra
  Un chorro de venas verdes 459:235:27
  No quiero sentir el chorro 540:274:87
  ese chorro que ilumina 540:274:89
CHORROS (2)
  Córdoba quebrada en chorros. 442:228:49
  de sangre con cinco chorros. 446:230:32
CHOZA (2)
  en la choza diminuta que 521:266:44
  lucha con la inundación;
  en tu choza 604:314:53
DA (24)
  Tenías la pasión que da el 186:6:21
  cielo de España.
  ¡Qué tristeza tan seria me da 192:8:51
  sombra!
  que da flores al cauce 210:17:11
  sosegado
  que da a la aurora el 232:30:24
  ruiseñor?
  me da lo mismo, 240:38:14
  ¡Qué más da! 241:38:48
  pero da al que lo traspasa 258:46:23
  y mi corazón da vueltas 278:60:5
  [AMARGO] ¡Me da una 340:121:109
  desesperanza! ¡Ay yayayay!
  Da los negros melones de tus 399:188:7
  pechos
  da a lo verde sus brazos. 418:215:6
  El día me da vueltas. 420:218:6
  El inglés da a la gitana 428:221:51
  les da lección y equilibrio 441:228:41
  Quiero llorar porque me da 499:254:32
  la gana
  y da la sangre del cordero 521:266:35
  al pico idiota del faisán.
  que da sus frutos para todos. 522:266:74
  pero no da sonidos, ni 542:275:159
  cristales, ni fuego,
  No quiero enterarme de los 563:290:7
  martirios que da la hierba,
  Da lo mismo decir 595:312:62
  da teta a sus estrellas 604:314:56
  da a mi carro negros potros. 608:315:45
  Un viejo Dios silvestre da 619:323:28
  frutas a los niños.
  y la casta colina da rumores 623:325:8
  y bálsamos.
DABA (4)
  En la lucha daba saltos 447:231:7
  Y el cielo daba portazos 450:232:51
  daba equilibrio a la muerte 453:233:56
  Y yo te daba besos 650:351:1
DACTILOGRAFICAS (1)
  Huellas dactilográficas de 622:323:106
  sangre sobre el oro
DADME (3)
  dadme unos sorbitos de agua. 332:120:6
  Vecinas, dadme una jarra 342:122:7
  dadme un cáliz vacío, ya 581:304:78
  muerto,

DADO (4)
  nos ha dado sus alas.   195:9:82
  han dado racimos   609:316:5
  que le había dado.   657:355:32
  el remudo no le han dado. 660:359:6
DAFNE (3)
  Cual Dafne varonil que huye 274:57:57
  miedosa
  formado del cuerpo rosado de 282:62:52
  Dafne
  Dafne y Atis,   327:116:7
DAIS (1)
  Contra vosotros siempre,   526:267:105
  que dais a los muchachos
DALI (2)
  ¡Oh Salvador Dalí, de voz   619:323:37
  aceitunada!
  ¡Oh Salvador Dalí, de voz   621:323:86
  aceitunada!
DALIA (1)
  ser dalia de tu destino,   648:348:16
DALIAS (5)
  rompen las dalias del aire, 442:229:8
  coral de rosas y dalias.   465:237:44
  o subimos al filo de la   493:250:16
  nieve con el coro de las
  dalias muertas.
  las dalias son idénticas,   513:263:37
  y en el sinfín de dalias   637:335:14
  doloridas.
DAMA (1)
  La dama   529:269:7
DAMAS (2)
  y damas de triste porte,   439:227:38
  con el ay de las damas,   529:269:30
DAME (8)
  ¡Señor, arráncame del suelo! 275:57:105
  ¡Dame oídos
  Dame una voz que por amor   275:57:107
  arranque
  dame un racimo para mí.   378:158:2
  ¡Dame vueltas, morenita!   410:204:11
  Dame más vueltas alrededor, 410:204:13
  ¡dame tu guante de luna,   507:260:3
  dame tu mundo hueco, ¡amor 507:260:19
  mío!
  Dame tus manos de laurel, 508:260:32
  amor.
DAN (4)
  y dan voces los perros   205:15:28
  vegueros?
  Niñas que le dan a Cristo   316:99:5
  muerto
  Hay nodrizas que dan a los 502:256:31
  niños
  los ricos dan a sus queridas 525:267:85
DANAIDE (1)
  Danaide del placer eres   210:17:25
  conmigo.
DANDO (9)
  Dando vueltas al mundo,   255:44:56
  dando gritos, los gitanos. 426:220:34
  dando a la quieta penumbra 438:227:11
  dando una larga torera   445:230:19
  dando envidia a la otra   462:236:18
  dando empujones a los   533:272:39
  borrachos y escupiendo sal
  de los sacrificios
  llega dando empujones a las 623:325:18
  barcas latinas.
  Acoged mis ofrendas dando al 623:325:23
  aire de altura
  dando escobazos de plata a 646:345:40
  los niños de los muelles
DANTE (1)
  del Dante.   174:1:26
DANUBIO (1)
  color de vena y Danubio,   465:237:55
DANZA (6)
  la danza curva del agua en 477:242:12
  la orilla.

y queda el hueco de la danza 478:242:28
sobre las últimas cenizas.
No es extraño para la danza 485:245:34
No es extraño este sitio   486:245:44
para la danza, yo lo digo.
Una danza de muros agita   526:267:132
las praderas
y en la danza que sueña la 527:268:17
tortuga.
DANZABA (1)
  el abollado mascarón danzaba. 485:245:16
DANZADO (1)
  siendo una bacante que   203:14:54
  hubiera danzado
DANZAR (2)
  a danzar por el campo?...   191:8:32
  y danzar al fin, sin duda, 482:243:109
  mientras las flores erizadas
DANZARINES (1)
  de labios danzarines,   579:304:20
DAR (10)
  a dar su abrazo   216:21:56
  quiere dar con su mano   257:45:17
  centenaria
  ¡Hay que dar el perfume   268:54:15
  y dar monedas de oro   350:128:64
  acaban de dar las once.   449:232:4
  y es necesario dar con los 479:243:24
  puños cerrados
  ignora que Cristo puede dar 521:266:33
  agua todavía,
  No hay noche que, al dar un 565:292:6
  beso,
  y entornaba mis ojos para 630:330:15
  dar en el dulce
  Al dar las cuatro en la calle 655:354:13
DARA (3)
  no dará su vino.   288:64:19
  Llaga de amor que me dará la 414:209:5
  vida
  ¡Cada punto de luz te dará 505:258:20
  una cadena!
DARAN (2)
  no darán el licor que necesita 214:20:34
  Sé muy bien que me darán una 483:244:31
  manga o la corbata;
DARDO (1)
  clava su lento dardo   217:22:14
DARE (1)
  Daré todo a los demás   185:5:35
DARIA (1)
  Qué largo abrazo te daría   378:158:7
DARLES (2)
  Yo, para darles vida,   415:211:3
  Yo, para darles alma,   415:211:12
DARME (1)
  sin darme cuenta   650:351:2
DARNOS (1)
  al darnos la sangre que   282:62:36
  extraes de la Tierra,
DAROS (1)
  pueden daros un susto.   246:40:20
DARSE (1)
  sin darse cuenta.   226:26:27
DARTE (4)
  Y ojalá pudiera darte   231:29:42
  Pero nadie en lo oscuro   505:258:10
  podrá darte distancias,
  Yo busqué, para darte, por 557:283:11
  mi pecho
  No quieren darte posada   648:348:5
DAS (3)
  das al alma las mismas   198:11:45
  nieblas y resonancias
  Así pájaro esfinge das tu alma 235:32:50
  A buscar amores que tú no me 378:158:10
  das.
DAURO (2)
  ¡con el agua que pasa junto a 187:6:52
  ti! ¡La del Dauro!
  Dauro y Genil, torrecillas 296:68:21

DAVID (1)
  David con unas tijeras   467:237:99
DE (1)
  me dé la pura luz de los   646:346:3
  animalitos
DE (3201)
DEAMBULAN (1)
  y deambulan intactas las   477:242:20
  lluvias bailarinas.
DEBAJO (12)
  y pon tu nombre debajo,   452:233:27
  No hay rubor. Sangre furiosa   480:243:54
  por debajo de las pieles,
  DEBAJO de las multiplicaciones 515:264:1
  debajo de las divisiones   515:264:3
  debajo de las sumas, un río   515:264:5
  de sangre tierna.
  debajo de las   516:264:35
  multiplicaciones,
  pero debajo de las estatuas   521:266:41
  no hay amor.
  y en el oscurísimo beso   521:266:47
  punzante debajo de las
  almohadas.
  Debajo de las alas del   632:331:21
  dragón hay un niño.
  DEBAJO de la hoja   653:352:1
  Debajo de la hoja   653:352:5
  Debajo de la hoja   653:352:9
DEBEN (1)
  y hay cuerpos que no deben   525:267:80
  repetirse en la aurora.
DEBES (1)
  ¡cómo debes amar   255:44:37
DEBIA (2)
  El hombre que desprecia la   521:266:25
  paloma debía hablar,
  debía gritar desnudo entre   521:266:26
  las columnas,
DEBIERON (1)
  tus besos debieron ser bajo   202:14:35
  una parra
DEBIL (11)
  de sol débil y niebla.   180:2:171
  El débil color rosado   225:26:16
  por el débil tatuaje   255:44:33
  y el membrillo de oro débil   259:46:57
  y escuché el débil ruido de   274:57:79
  los astros
  y el débil trino amarillo   318:103:8
  Pétalos de lata débil   441:228:19
  diez rosas de azufre débil   503:256:59
  de la lluvia que busca débil   570:298:6
  talle,
  rosa débil seré por las   634:333:15
  arenas.
  aire débil de alumbre y aguja 638:338:7
  de quimera
DEBIO (1)
  Cristo debió decirnos: 194:9:59
DECAPITADA (2)
  oración decapitada.   459:235:34
  En la estrella polar   622:324:5
  decapitada.
DECAPITADAS (1)
  esa muchedumbre china de   647:346:19
  cebollas decapitadas
DECAPITAN (1)
  decapitan sirenas en los   619:323:18
  mares de plomo.
DECENTEMENTE (1)
  decentemente en mi cama.   431:223:36
DECIA (6)
  Yo decía en las noches la   191:8:37
  tristeza
  El agua de la fuente su   224:25:4
  canción le decía.
  Mi corazón despierto sus   224:25:7
  amores decía.
  YO decía: "Tarde."   404:196:1
  de que no te decía: 650:351:3

  por ver qué decía;   665:364:24
DECID (1)
  [Maestro] Decid cómo se   629:329:12
  llama.
DECIDIDA (1)
  y la lluvia bajaba por las   533:272:22
  calles decidida a mojar el
  corazón
DECIDME (1)
  Mas decidme, ¡oh cedros!, si   282:62:25
  mi corazón
DECIMOS (1)
  La verdad te la decimos   177:2:77
DECIR (4)
  No quiero decir, por hombre,   435:225:40
  que harán decir a los que   483:244:34
  duermen y a los que cantan
  por las esquinas:
  para decir mi verdad de   499:254:38
  hombre de sangre
  Da lo mismo decir   595:312:62
DECIRNOS (2)
  Cristo debió decirnos: 194:9:59
  Vienes para decirnos   218:22:41
DECIRTE (5)
  ¡y qué difícil decirte: 319:103:18
  No quise decirte nada.   389:173:2
  No quise decirte nada.   389:173:8
  ¡Ay! No puedo decirte,   410:204:15
  aunque quisiera,
  No quiero decirte nada.   416:212:8
DECLINA (1)
  por los montes azules declina. 269:55:11
DECLIVE (1)
  cielos yertos en declive,   480:243:58
  donde las colonias de
  planetas
DECORA (1)
  y decora las aguas de tu río   638:337:13
DECORARLA (1)
  he de decorarla   413:208:15
DEDITOS (1)
  Arbol cuyos mil deditos   410:204:5
DEDO (2)
  en su dedo pequeñito.   404:195:8
  Un dedo de la parra   412:206:3
DEDOS (16)
  ¡¡Si mis dedos pudieran   199:12:23
  Ni a tu cabellera llegarán   202:14:24
  los dedos
  con sus secos y temblones   206:15:51
  dedos,
  y aquí la miro entre mis dedos 231:30:3
  que en mis dedos zumbaban.   274:57:74
  una inmensa flor de dedos   402:193:8
  (La sombra apoya sus dedos   405:197:3
  me va brotando en los dedos.   412:207:12
  Abre en mis dedos antiguos   427:221:27
  y en las yemas de tus dedos   466:237:67
  El Cristito de barro se ha   496:252:3
  partido los dedos
  nos oprimen de pronto las   502:256:37
  yemas de los dedos.
  ¡También ése! ¡También!   524:267:61
  Dedos teñidos
  abren con dedos seguros   541:274:125
  [Yo] Tengo libres los diez   627:328:20
  dedos.
  viejas iras se enroscan en   628:328:37
  mis dedos.)
DEFIENDE (1)
  lo defiende del hambre de   568:295:16
  las algas.
DEFIENDEN (1)
  EN la casa se defienden   324:111:1
DEFIENDO (1)
  Me defiendo con esta mirada   488:246:34
DEFINE (1)
  define a la mañana   236:34:3

DEFINIDA (2)
  tú lates para siempre   505:258:14
  definida en tu anillo.
  Amas una materia definida y 620:323:69
  exacta
DEFINITIVA (1)
  Definitiva y pura.   320:104:23
DEFINITIVAMENTE (1)
  Ecuestre por mi vida   509:260:71
  definitivamente anclada.
DEFINITIVO (5)
  y el definitivo silencio del 484:245:10
  corcho.
  sin sentir el asombro   500:255:18
  definitivo del marfil.
  y eran duro cristal   507:260:16
  definitivo
  no hay amor bajo los ojos de 521:266:42
  cristal definitivo.
  aire definitivo en lo redondo, 622:324:2
DEFINITIVOS (1)
  porque hay un mundo de la   489:247:19
  muerte con marineros
  definitivos
DEGOLLADAS (1)
  con cítaras sin cuerdas y   496:252:16
  degolladas voces.
DEGOLLADO (4)
  Ese marinero recién degollado. 491:249:2
  y el marinero degollado   492:249:19
  ¡Oh cuello mío recién   492:249:36
  degollado!
  FLOR de jazmín y toro   571:299:1
  degollado.
DEJA (17)
  Deja tu cabellera   210:17:30
  Pero deja, camino,   255:44:27
  y deja en mi sub alma   279:61:11
  me deja estremecido?   289:65:12
  EL grito deja en el viento 303:80:1
  Su voz deja cristales en la 353:130:3
  herida
  Deja tu fruto de verde y   378:158:5
  sombra
  Niña, deja que levante   427:221:25
  y deja tu corazón   437:226:37
  Y el mar deja de moverse.   491:248:7
  es una larga lengua morada 510:261:21
  que deja
  El aire como loco deja su   543:275:166
  pecho hundido,
  Pero deja tu recuerdo,   563:289:23
  deja su meditación,   601:313:139
  y deja atrás los grupos   645:345:15
  ligeros de ballenas.
  que deja a veces por el aire 645:345:19
  un duro perfil de Faraón!
  Deja mi caballo   664:364:9
DEJABA (2)
  El largo viento, dejaba   432:223:64
  y dejaba por los rincones 488:246:7
  pequeñas calaveras de paloma
DEJAD (4)
  dejad la angosta senda   248:40:63
  dejad el balcón abierto.   405:198:2
  dejad el balcón abierto!   405:198:8
  Dejad que así os llame,   579:304:17
DEJADLA (2)
  "Dejadla que se vaya,   179:2:148
  Dejadla lejos del mar,   455:234:63
DEJADME (7)
  ¡dejadme!   174:1:43
  (Dejadme en este campo   303:80:3
  (Dejadme en este campo   303:80:7
  Dejadme subir al menos   431:223:47
  ¡dejadme subir!, dejadme   431:223:49
  ¡Oh, sí! Yo quiero. ¡Amor, 476:241:33
  amor! Dejadme.
DEJADO (5)
  ha dejado rendida,   237:34:23

El otoño ha dejado ya sin   286:63:94
hojas
Pero ha dejado flotando   412:207:7
he dejado de ver tu barba 523:267:30
llena de mariposas,
ya lo ha dejado muy malo. 661:359:32
DEJALO (2)
  Déjalo solo en mi pecho,   562:289:2
  déjalo solo en mi pecho.   563:289:24
DEJAME (10)
  Déjame bajo el claro mediodía 211:17:47
  "¡Déjame!", clamó, llorando, 278:59:22
  Niño, déjame que baile.   425:220:13
  Niño, déjame, no pises   425:220:19
  Déjame tranquila, hermano. 466:237:61
  -"¡Déjame! ¿De esa manera?" 491:248:10
  Déjame pasar la puerta   498:254:14
  Déjame pasar hombrecillos de 498:254:17
  los cuernos
  Déjame en un ansia de   558:284:15
  oscuros planetas,
  o déjame vivir en mi serena 640:340:13
DEJAN (9)
  y le dejan divinas heridas de 197:11:24
  diamante.
  dejan sobre la albura   217:22:9
  dejan rastros de lirio   311:93:6
  No me dejan.   387:171:7
  Pero no dejan tranquilo   411:205:15
  pero dejan su reflejo.   412:207:2
  pero nos dejan el viento.   412:207:4
  que dejan los cielos hechos 516:264:23
  añicos.
  que a veces dejan ciegos a 518:265:35
  los visitantes.
DEJANDO (5)
  dejando sobre el camino   183:4:11
  dejando emocionantes cadencias 270:56:2
  en las hojas.
  Dejando un rastro de sangre. 431:223:55
  Dejando un rastro de   431:223:56
  lágrimas.
  dejando atrás fugaces   456:234:91
DEJANDOME (1)
  dejándome la sangre por la 492:249:25
  escayola de los proyectos,
DEJAR (3)
  dejar sobre tu pecho   421:219:6
  para dejar en vuestra carne 481:243:72
  una leve huella de eclipse
  quiero, amor mío, amor mío, 528:268:43
  dejar,
DEJARA (3)
  otra vez dejará sus guirnaldas 279:61:15
  no nos dejará dormir,   533:272:37
  dijeron los fariseos,
  cuándo su mariposa dejará 632:331:20
  los relojes.
DEJARE (5)
  dejaré a tu lado mi corazón 287:64:7
  frío.
  dejaré crecer mis cabellos. 471:238:4
  te dejaré pacer en mis   476:241:22
  mejillas;
  dejaré un pedazo de queso 503:256:56
  para tu perro en la oficina.
  Dejaré mi boca entre tus   528:268:40
  piernas.
DEJARIA (3)
  DEJARIA en este libro   582:305:1
  Dejaría en el libro   585:305:76
  yo te dejaría.   665:364:22
DEJARON (2)
  que dejaron sus almas   192:9:6
  las arrugas severas que   286:63:106
  dejaron
DEJAROS (1)
  quiero dejaros y quedarme 622:324:4
  solo.

DEJARTE (1)
dejarte marchar, día!   420:219:2
DEJAS (2)
Ya nos dejas cantando   250:42:9
Ya nos dejas cantando   252:42:53
DEJASELA (1)
¡Déjasela toda al aire!   382:164:11
DEJE (1)
Si a mi amor dejé muerto   289:65:13
DEJEIS (1)
(Ya os he dicho que me dejéis   304:80:11
DEJES (1)
no me dejes perder lo que he   638:337:12
ganado
DEJO (6)
A su paso dejó por la senda   206:15:72
Se dejó el balcón abierto   305:82:9
dejó su fantasía!   385:167:12
(Nos dejó raíces   590:311:14
(Nos dejó raíces   594:312:18
cuando el toro lo dejó,   661:359:31
DEJO (6)
por el blanco camino la dejo,   208:15:105
Os comprendo y me dejo   238:35:19
Aquí, Señor, te dejo   243:38:102
te dejo.   594:312:23
En ti dejo olvidada   634:333:11
fue la norma del cuerpo que   637:335:6
yo dejo,
DEJOME (2)
y una estrella dejóme aquí   207:15:77
dentro.
Pero llena dejóme la casa   207:15:90
DEJOS (1)
y hay en su llanto dejos   320:105:10
DEL (594)
DELANTARITOS (1)
con delantaritos blancos.   373:152:4
DELANTE (7)
LA mujer gorda venía delante   487:246:1
La mujer gorda venía delante   488:246:24
Pero la mujer gorda seguía   489:246:40
delante
devora a un marinero delante   508:260:49
de los niños.
la luz tiembla delante de   532:271:27
los gallos
Aquí quiero yo verlos.   543:275:182
Delante de la piedra.
Delante de este cuerpo con   543:275:183
las riendas quebradas.
DELEITE (1)
Porque es justo que el   525:267:77
hombre no busque su deleite
DELETREAN (1)
cuando viejos y heridos   255:44:45
deletrean
DELFIN (1)
jabonados de delfín.   447:231:8
DELFINES (2)
Llega bárbaro puente de   617:322:32
delfines
Delfines en hilera juegan a   623:325:6
puentes rotos.
DELGADA (1)
¡Oh pequeña morena de   639:338:12
delgada cintura!
DELGADEZ (1)
la delgadez de la parra.   466:237:72
DELGADITOS (1)
delgaditos de cintura,   381:163:14
DELGADO (2)
Amnón, delgado y concreto,   465:237:25
resonante o delgado,   635:333:39
DELICADA (1)
invade tu cabeza delicada.   636:334:6
DELICADAMENTE (1)
El vómito agitaba   488:246:26
delicadamente sus tambores
DELICADAS (1)

serán las delicadas criaturas   494:251:4
del aire
DELICADO (1)
delicado Giocondo, amigo mío.   636:334:14
DELICIOSA (2)
deliciosa canción de trote y   617:322:10
flecha
Yo miraba tu forma deliciosa   630:330:13
flotando
DELIRIO (4)
tu delirio y mi delirio.   411:205:17
se quiebran las blancas   502:256:15
paredes en el delirio de la
astronomía
Un delirio de nardo ceniciento   636:334:5
DELIRIOS (1)
los gusanos dijeron sus   284:63:35
delirios.
DEMANDADO (1)
como lo habéis demandado.   662:359:48
DEMAS (5)
Las demás hormiguitas   180:2:158
Daré todo a los demás   185:5:35
Lo demás era muerte y solo   537:273:7
muerte
Lo demás todo pasa.   572:300:13
Lo demás es lo otro; viento   572:300:15
triste,
DEMASIADO (5)
¡demasiado tarde!   173:1:11
demasiado tarde.   174:1:29
demasiado otoñal   240:38:5
demasiado otoñal   242:38:81
Noche cortada demasiado   616:322:3
pronto,
DEMONIO (3)
¡Salve, demonio mudo!   291:67:7
y llamaba al demonio del pan   488:246:9
por las colinas del cielo
barrido
Los vientres del demonio   496:252:7
resuenan por los valles
DEMOSLE (1)
démosle con dulzura   214:20:42
DEMOSTRACION (1)
porque es la demostración de   532:271:21
otro infinito que no es suyo
DEN (1)
Cuando den nuestros corazones   394:180:5
DENSA (1)
La densa miel de Italia   319:104:5
DENSO (1)
bajo el éxtasis denso y   617:322:31
penetrable.
DENSOS (2)
Los densos bueyes del agua   451:233:14
ignorante de los densos jugos   498:254:2
amargos.
DENTADAS (1)
por mi alegría de ruedas   474:240:45
dentadas y látigos,
DENTADURA (2)
donde espera la dentadura   494:250:35
del oso,
y el césped no conocía la   498:254:9
impasible dentadura del
caballo!
DENTRO (26)
dentro de mis tinieblas."   179:2:131
En el cofre de plomo, dentro   187:6:41
de tu esqueleto,
¡Qué tristeza tan honda   203:14:67
tendrás dentro del alma
y una estrella dejóme aquí   207:15:77
dentro.
dentro del alma inquieta!   268:54:23
Dentro, hay una niña muerta   324:111:4
pero el bosque está dentro   350:129:3
y el sol dentro de la tarde,   366:145:4
Dentro le canta   372:151:2
¿Quién mira dentro la torre   379:159:9

Pero tiembla por dentro. 384:167:9
surcaba el amor por dentro. 385:168:10
dentro del agua. 386:170:8
dentro del surtidor. 412:206:10
Dentro de la fragua el niño, 425:220:23
Dentro de la fragua lloran, 426:220:33
Porque dentro de dos meses 452:233:40
a tu sangre estremecida 479:243:33
dentro del eclipse oscuro,
donde los peces 495:251:40
cristalizados agonizaban
dentro de los troncos;
Dentro de ti, amor mío, por 507:260:22
tu carne,
Toda la luz del mundo cabe 509:260:62
dentro de un ojo.
y vivimos cien años dentro 510:261:18
de un cuchillo.
Volaba dentro de una gota 511:262:13
cantaba dentro de la toronja. 529:269:10
Vivo estabas, Dios mío, 630:330:5
dentro del ostensorio.
tres pañuelos tengo dentro, 661:359:35
DENUNCIO (3)
Yo denuncio a toda la gente 516:264:39
No, no, no, no; yo denuncio. 517:264:73
Yo denuncio la conjura 517:264:74
DEPLORA (1)
deplora su destino. 287:63:122
DEPOSITO (1)
deposito en vosotras, amigas; 581:304:77
DERECHA (2)
A la izquierda, a la 481:243:87
derecha, por el Sur y por el
Norte,
Yo me cortaré la mano derecha. 647:347:2
DERECHO (1)
el camino derecho. 615:319:6
DERRAMA (4)
¡Qué armonías derrama 193:9:9
La que derrama vida sobre las 196:11:11
sementeras
derrama su olor frío. 410:203:6
y se derrama 625:327:27
DERRAMAD (1)
Mujeres, derramad agua, 588:308:6
DERRAMADA (1)
urna de canto sola y 637:336:4
derramada.
DERRAMADAS (1)
derramadas en la arena, 539:274:71
DERRAMANDO (3)
derramando son, te mueres 189:7:31
Vais derramando lujuria virgen 292:67:57
derramando una sangre que no 519:265:45
era la suya.
DERRAMASTE (1)
derramaste tu fuego sobre un 186:6:7
cáliz de nieve
DERRAME (1)
lo derrame con sus manos 190:7:56
DERRETIDAS (1)
-Yo soy todo de estrellas 283:63:5
derretidas,
DERRETIDO (1)
el oro derretido de su amor. 199:13:2
DERRIBO (1)
por el derribo de los cielos 504:257:20
yertos
DERRIBOS (2)
por los blancos derribos de 474:240:37
Júpiter donde meriendan
muerte los borrachos.
con un guante de humo 514:263:73
sentada en la puerta de sus
derribos.
DERROTA (1)
ni importa la derrota de la 489:247:18
brisa en la corola del
algodón,
DERRUMBA (1)

La noche se derrumba. 324:111:3
DERRUMBARSE (2)
En medio de la mesa, al 234:32:38
derrumbarse
para derrumbarse toda. 458:235:12
DES (2)
No des vueltas en mi calle. 382:164:10
No, no me des tu hueco, 508:260:52
DESAFINADA (1)
desafinada. 225:26:9
DESAFINAR (1)
Yo, por no desafinar, 226:26:28
DESAMPARO (1)
Mundo, ya tienes meta para 633:331:37
tu desamparo.
DESANGRA (2)
Mi corazón desangra 222:23:77
El jardín desangra en 271:56:22
amarillo.
DESANGRADAS (2)
Por los capiteles rotos de 509:260:68
las mejillas desangradas.
repartiendo lentejas 646:345:39
desangradas en los ojos,
DESANGRANDO (1)
desangrando? 306:84:11
DESANGRO (1)
te desangró la mejilla? 567:294:6
DESANIMAN (1)
los desaniman. 656:355:16
DESAPARECEN (1)
el grito, desaparecen 305:82:6
DESAPARECERIAN (1)
Desaparecerían ciudades en el 269:54:38
viento.
DESAPARECES (1)
Así pájaro clown desapareces 235:32:48
DESATA (1)
que desata sus miembros sin 542:275:156
empapar la sangre.
DESATADA (1)
tu corazón paloma desatada. 639:339:8
DESATADO (1)
ni que el parto de la 492:249:30
víbora, desatado bajo las
ramas,
DESATO (1)
la sangre desató sus 511:262:24
cabelleras.
DESBOCA (2)
caballo que se desboca, 436:226:16
donde la luz desboca su toro 632:331:31
relumbrante
DESCANSA (1)
y descansa. 255:44:26
DESCANSABA (1)
La gillette descansaba sobre 631:331:5
los tocadores
DESCANSAN (2)
en sus ondas descansan. 194:9:42
Y mientras que descansan las 286:63:108
estrellas
DESCANSAR (1)
fuente donde descansar. 416:212:6
DESCANSE (1)
y que descanse al fin en la 212:18:23
alegría.
DESCANSO (6)
¡MI soledad sin descanso! 451:233:1
su soledad con descanso. 453:233:53
a través del descanso de los 485:245:27
últimos desfiles,
y al que le duele su dolor 493:250:20
le dolerá sin descanso
tendremos que pacer sin 532:271:29
descanso las hierbas de los
cementerios.
para ver ese cuerpo sin 543:275:177
posible descanso.

DESCARRIADOS (1)
  peregrinos descarriados.   259:46:54
DESCENDER (1)
  Yo te vi descender   261:47:56
DESCIENDE (1)
  La luz es Dios que desciende,   188:7:14
DESCIENDES (1)
  Cuando sobre los campos   197:11:33
  desciendes lentamente
DESCOLORIDO (1)
  Hay un hombre descolorido   513:263:47
  que se está bañando en el
  mar;
DESCOMPONEN (1)
  Los muertos se descomponen   525:267:83
  bajo el reloj de las
  ciudades,
DESCONOCIDAS (2)
  desconocidas de la tierra.   362:138:28
  Desconocidas islas   620:323:74
  desmienten ya la esfera.
DESCONOCIDO (2)
  Yo solo con mi amor   192:8:47
  desconocido,
  a lo desconocido.   284:63:27
DESCUBIERTA (1)
  Agua loca y descubierta   438:227:15
DESCUBRE (1)
  o descubre transitorio   465:237:43
DESCUBRO (1)
  Con mi roce descubro los   283:63:7
  colores
DESCUIDADO (1)
  Sangre que oxida el alisio   480:243:62
  descuidado en una huella
DESCUIDADOS (1)
  y el viento acecha troncos   499:254:29
  descuidados.
DESCUIDO (1)
  ni el vómito del gato que se   488:246:21
  tragó una rana por descuido.
DESDE (23)
  a Dios desde la acequia..."   178:2:101
  viendo pasar gente desde tu   203:14:59
  ventana,
  desde su casa de añil   225:26:14
  las torres desde lejos   230:29:25
  desde el reino sombrío: 286:63:90
  que desde el fondo de las   292:67:62
  campiñas
  Desde los olivos   298:71:4
  desde su puerta,   311:92:6
  pica desde su nido   326:114:8
  Viejos desde que nacen   349:128:36
  desde las torres de Córdoba.   380:161:10
  (Desde mi balcón lo veo.)   405:198:4
  (Desde mi balcón lo siento.)   405:198:6
  DESDE mi cuarto   411:206:1
  ¡Desde marzo, cómo veo   418:215:7
  Desde Oriente a Occidente   421:219:17
  Desde Oriente a Occidente,   421:219:21
  desde los puertos de Cabra.   431:223:30
  desde el pecho a la garganta?   431:223:40
  SE ven desde las barandas,   438:227:1
  Desde la sal de Cádiz a   637:336:5
  Granada,
  -¡te amo!-, desde mi olivar,   649:350:10
  desde su cuarto: 657:355:38
DESDEÑOSO (1)
  un corazón desdeñoso   257:46:19
DESEANDO (1)
  y se alejó; yo estaba   413:209:4
  deseando.
DESEAS (1)
  UNA rosa en el alto jardín   618:323:1
  que tú deseas.
DESEMBARCADERO (1)
  el griterío chino que bulle   495:251:34
  por el desembarcadero de la
  sangre.
DESEMBOCA (11)

pero sufren mucho más por el   504:258:2
agua que no desemboca.
Que no desemboca.   504:258:3
... que no desemboca.   504:258:6
... que no desemboca.   504:258:9
... que no desemboca.   505:258:12
... que no desemboca.   505:258:15
... que no desemboca.   505:258:18
... que no desemboca.   505:258:21
... que no desemboca.   505:258:24
No, que no desemboca. Agua   505:258:25
fija en un punto,
¡Agua que no desemboca!   505:258:28
DESEMBOCABA (1)
  y el cielo desembocaba por   523:267:14
  los puentes y los tejados
DESEMBOCADURA (3)
  Y estoy con las manos vacías   492:249:27
  en el rumor de la
  desembocadura.
  Lo que importa es esto: 492:249:32
  hueco. Mundo solo.
  Desembocadura.
  Solo esto: Desembocadura.   492:249:34
DESEMBOCO (1)
  desembocó todo el cielo.   305:82:11
DESENGAÑO (2)
  tiene el polen fatal del   190:8:4
  desengaño.
  el desengaño del mundo,   440:228:10
DESEO (1)
  de su hogar, deseó   175:2:22
DESEO (7)
  fuente del deseo   300:75:2
  ¿Qué quieres de mi deseo?   397:183:8
  Este fuego casto para mi   514:263:57
  deseo,
  Puede el hombre, si quiere,   525:267:88
  conducir su deseo
  se echaba mi vida en busca de   588:309:4
  un deseo.
  deseo.)   615:319:8
  Un deseo de formas y límites   619:323:21
  nos gana.
DESEO (2)
  ¿Qué deseo, que no deseo,   416:212:10
  No, no, yo no pregunto, yo   499:254:40
  deseo,
DESEO (1)
  ¿Qué deseo, que no deseo,   416:212:10
DESEOS (3)
  COMO un incensario lleno de   201:14:1
  deseos,
  de todos mis deseos.   369:148:28
  los deseos.   628:329:5
DESESPERA (1)
  porque es la guitarra donde   532:271:20
  el amor se desespera,
DESESPERACION (1)
  Allí los corales empapan la   478:242:26
  desesperación de la tinta,
DESESPERADO (1)
  a través de tu gran rey   482:243:118
  desesperado,
DESESPERANZA (1)
  [AMARGO] ¡Me da una   340:121:109
  desesperanza! ¡Ay yayayay!
DESFALLECIDO (1)
  Naranjal desfallecido,   592:311:44
DESFILADEROS (3)
  a los desfiladeros.   327:117:5
  Desfiladeros de cal   485:245:21
  aprisionaban un cielo vacío
  en los desfiladeros que   489:247:11
  resisten
DESFILES (2)
  a través del descanso de los   485:245:27
  últimos desfiles,
  hacen nocturnos y desfiles   513:263:50
  entrecruzando sus propias
  venas.

DESGAJADAS (1)
  y las ramas desgajadas   529:269:37
DESGARRADA (4)
  de mi amor desgarrada?   236:34:18
  tu carne desgarrada!   255:44:40
  Se fueron los camellos de   484:245:5
  carne desgarrada
  ha de gritar con voz tan   522:266:68
  desgarrada
DESGARRADAS (3)
  y túnicas desgarradas.   466:237:80
  ayudando a los marineros a   492:249:26
  recoger las velas
  desgarradas.
  El amor está en las carnes   521:266:43
  desgarradas por la sed,
DESGARRADOS (1)
  me quedo con los signos   645:345:24
  desgarrados
DESGARRARSE (1)
  que tuvo que desgarrarse su   510:261:10
  monte de Venus
DESGARRE (1)
  desgarré mi jardín de   560:286:8
  Cartagena.
DESGARRE (1)
  para que yo desgarre   241:38:37
DESGRACIADO (1)
  ¿Dónde fue la tristeza de tu   187:6:40
  amor desgraciado?
DESGRANADA (1)
  flor de aliso y perenne   522:266:72
  ternura desgranada,
DESHABITADAS (1)
  por las calles deshabitadas   513:263:44
  de la edad media que bajan
  al río,
DESHABITADO (1)
  [AMARGO] Como que está   340:121:107
  deshabitado.
DESHABITADOS (2)
  corría por las calles y los   487:246:6
  pisos deshabitados
  en la escala de las heridas   505:258:27
  y los edificios deshabitados.
DESHACE (1)
  se deshace el nido.   288:64:31
DESHELARA (1)
  ¿Se deshelará la nieve   181:3:23
DESHIZO (4)
  ¡EL sueño se deshizo para   289:66:1
  siempre!
  El sueño se deshizo para   290:66:9
  siempre.
  que el sueño se deshizo para   290:66:18
  siempre!
  que el sueño se deshizo para   290:66:24
  siempre.
DESHOJA (1)
  pero el viento no las   608:315:40
  deshoja!
DESHOJADOS (1)
  que no habrá paraíso ni   497:253:14
  amores deshojados;
DESHOJAN (1)
  Se deshojan las rosas en el   229:28:9
  lodo.
DESHOJANDO (1)
  deshojando una rosa de olor   186:6:32
  entre los labios.
DESHOJAR (1)
  deshojar a la luna!!   199:12:24
DESIERTA (3)
  ronda la desierta calle.   442:229:6
  por mi muerte desierta con   474:240:47
  un solo paseante equivocado.
  En la gran plaza desierta   507:260:14
DESIERTAS (2)
  Las calles están desiertas   325:112:13
  de estas desiertas oficinas   517:264:75
DESIERTO (13)

  los comenta llorando mi   197:11:37
  corazón desierto
  y el camino desierto;   248:40:76
  en el campo desierto   290:66:12
  el desierto.)   300:75:5
  el desierto.)   300:75:10
  el desierto.   301:75:15
  desierto.   301:75:17
  Aman el azul desierto,   477:242:9
  un desierto de tallos sin   481:243:86
  una sola rosa.
  aleluya. Cielo desierto.   492:249:22
  Los pañales exhalan un rumor   496:252:15
  de desierto
  que en su fondo, mustiado y   581:304:79
  desierto,
  sino desierto gusto de   637:335:11
  retama,
DESIERTOS (2)
  y desiertos   214:20:16
  ¡Qué desiertos de luz iban   568:295:11
  hundiendo
DESIGNADA (1)
  tristeza designada de cosa   197:11:40
  irrealizable,
DESIGUALES (1)
  hacia el batallón de puntas   512:263:10
  desiguales,
DESLIGADO (1)
  aquietaba la angustia del   632:331:26
  amor desligado.
DESLIZA (1)
  El sol que se desliza por   481:243:94
  los bosques
DESLUMBRADAS (1)
  campos libres donde silban   490:247:39
  mansas cobras deslumbradas,
DESLUMBRADOS (1)
  y Adán fecunda peces   498:254:16
  deslumbrados.
DESLUMBRANTE (2)
  donde un hombre se orina en   520:266:12
  una deslumbrante paloma
  ¡Qué deslumbrante en la   541:274:120
  feria!
DESMAIDAS (1)
  y tornaban desmaídas   659:357:10
DESMAYA (1)
  y se desmaya   625:327:30
DESMAYABAN (1)
  y los muchachos se   479:243:38
  desmayaban en la cruz del
  desperezo.
DESMAYADA (2)
  desmayada!   246:40:14
  cae desmayada en los muslos   429:222:33
DESMAYAN (1)
  se desmayan sobre el   626:328:15
  herbario.
DESMAYES (1)
  ¡Sábanas blancas donde te   399:189:3
  desmayes!
DESMAYO (1)
  hecha para el suspiro, el mimo   186:6:30
  y el desmayo,
DESMEDIDA (1)
  para que venga la luz   490:247:41
  desmedida
DESMIENTA (1)
  [TENIENTE CORONEL] Y no hay   328:119:3
  quien me desmienta.
DESMIENTEN (1)
  Desconocidas islas   620:323:74
  desmienten ya la esfera.
DESMORONA (1)
  y se desmorona   240:37:21
DESMORONADA (2)
  desmoronada.   196:10:25
  Tarde desmoronada   228:27:41

DESNUDA (17)
  y una muchacha desnuda. 355:133:12
  (Se quedó desnuda el agua.) 367:147:7
  desnuda de flor y brisa 385:168:3
  ciegas desnuda en tinta de 399:189:7
  perfume.
  estabas fea desnuda. 400:190:2
  La noche canta desnuda 401:191:6
  donde joven y desnuda 456:234:103
  Flora desnuda se sube 459:235:23
  desnuda por la terraza. 464:237:22
  ya puede cantar desnuda con 485:245:41
  las manadas de caballos:
  esta mirada que tiembla 488:246:31
  desnuda por el alcohol
  VERTE desnuda es recordar la 570:298:1
  tierra.
  Verte desnuda es comprender 570:298:5
  el ansia
  y una muchacha desnuda. 574:303:12
  Desnuda la montaña de niebla 618:323:3
  impresionista.
  (Ai Ko desnuda y temblando.) 644:344:28
  Es la tierra desnuda que 645:345:14
  bala por el cielo
DESNUDA (1)
  Viste y desnuda siempre tu 622:323:112
  pincel en el aire,
DESNUDAN (1)
  en la orilla se desnudan, 441:228:32
DESNUDARSE (1)
  Como nadie volvía la cabeza, 533:272:18
  el cielo pudo desnudarse.
DESNUDAS (2)
  vi dos palomas desnudas. 355:133:20
  vi dos palomas desnudas. 575:303:20
DESNUDO (26)
  Yo me salgo desnudo a la calle, 254:44:4
  San Cristobalón desnudo, 427:221:21
  romano torso desnudo. 440:228:4
  El viento, vuelve desnudo 454:234:33
  Su desnudo de carbón 460:235:53
  Su desnudo en el alero, 464:237:17
  Su desnudo iluminado 465:237:29
  y en mis ojos criaturas 472:239:21
  vestidas ¡sin desnudo!
  azul donde el desnudo del 478:242:23
  viento va quebrando
  sin encontrar el desnudo de 485:245:30
  su mujer
  calme la sed de sangre de 492:249:31
  los que miran el desnudo.
  En el laberinto de biombos 499:254:42
  es mi desnudo el que recibe
  el desnudo que amasa la 513:263:31
  sangre de todos,
  debía gritar desnudo entre 521:266:26
  las columnas,
  Tú buscabas un desnudo que 525:267:73
  fuera como un río,
  por vena de coral o celeste 525:267:89
  desnudo.
  Pero no ilumines tu limpio 558:284:13
  desnudo
  ver al hombre desnudo 583:305:16
  como una espalda rosa de 623:325:4
  bañista desnudo.
  palpitante y desnudo, como un 630:330:3
  niño que corre
  Rosa de mi desnudo 634:333:16
  niño desnudo mide la ribera, 635:333:27
  Me quedo con el niño desnudo 645:345:3
  que pisan al niño desnudo; 645:345:23
  nunca la piel ilesa de tu 646:345:33
  desnudo huido.
  Ya mi desnudo quisiera 648:348:15
DESNUDOS (2)
  borrachos cantan desnudos. 403:194:14
  ¡qué luna sin establos, qué 506:259:15
  desnudos,
DESOLADA (1)

  Y un muslo con un asta 537:273:15
  desolada
DESOLADO (3)
  Clavel rojo en un valle 185:6:2
  profundo y desolado.
  Clavel rojo en un valle 187:6:58
  profundo y desolado.
  volará desolado y pensativo 211:17:39
DESORDEN (1)
  El mundo tiene sordas 620:323:45
  penumbras y desorden,
DESORIENTA (1)
  y el sueño lo desorienta. 540:274:83
DESPACIO (5)
  vete despacio 306:84:13
  anda despacio y garboso. 445:230:6
  El día se va despacio, 445:230:17
  vuelcan la tinta despacio. 460:235:58
  y remudar con despacio. 660:359:4
DESPEDIDA (2)
  de despedida 216:21:57
  el pañuelo exacto de la 477:242:6
  despedida,
DESPEGA (2)
  le despega la camisa, 433:224:24
  La luna de la tarde se 623:325:7
  despega redonda
DESPEINO (1)
  Y despeino mi alma muerta 226:26:46
DESPEÑADA (1)
  Pero entonces baja la luna 646:345:26
  despeñada por las escaleras,
DESPEÑAN (1)
  ¡También ése! ¡También! Y se 524:267:53
  despeñan
DESPEREZO (1)
  y los muchachos se 479:243:38
  desmayaban en la cruz del
  desperezo.
DESPEREZOS (1)
  al bosque de los desperezos 498:254:18
DESPERTARLA (1)
  mas no puede despertarla. 369:148:40
DESPERTO (1)
  y la tierra despertó 533:272:42
  arrojando temblorosos ríos
  de polilla.
DESPIDE (1)
  y despide barcos increíbles 488:246:32
DESPIDEN (1)
  que despiden sus hojas 339:121:93
  afiladas.
DESPIERTA (6)
  una música humilde se 196:11:3
  despierta con ella
  El amor se despierta en el 197:11:17
  gris de su ritmo,
  ¿Y el alma verdadera se 271:56:15
  despierta en la muerte?
  despierta, que los montes 510:261:13
  todavía no respiran
  Despierta. Calla. Escucha. 510:261:19
  Incorpórate un poco.
  pero despierta, 600:313:113
DESPIERTAS (2)
  El verdadero dolor que 495:251:15
  mantiene despiertas las cosas
  para buscar la quemadura que 495:251:36
  mantiene despiertas las cosas
DESPIERTAS (1)
  si no me despiertas, 287:64:6
DESPIERTEN (1)
  y callan los papás, no se 234:32:46
  despierten
DESPIERTO (1)
  Mi corazón despierto sus 224:25:7
  amores decía.
DESPIERTOS (3)
  los ensueños despiertos. 269:55:8
  de nardos casi despiertos 458:235:21

y sé del horror de unos ojos 499:254:22
despiertos
DESPINTADA (1)
despintada por el llanto. 227:27:4
DESPLEGADA (1)
de la brisa, desplegada 441:228:21
DESPOSADOS (1)
su anillo de desposados. 373:152:6
DESPRECIA (2)
con los tinteros que orina 474:240:35
el perro y desprecia el
vilano,
El hombre que desprecia la 521:266:25
paloma debía hablar,
DESPRECIABA (1)
que os despreciaba, y luego 247:40:48
DESPRECIABLE (1)
lejos de la despreciable 646:346:6
sabiduría del gato,
DESPRECIAS (1)
¡solo tú, severo, mi canción 283:62:57
desprecias!
DESPRENDIDO (1)
se ha desprendido de su piel, 231:30:2
DESPRENDIDOS (1)
de cantos desprendidos 284:63:18
DESPUES (6)
¿O después habrá otra nieve 181:3:25
después, mi madre, a la noche, 332:120:3
un minuto después. 391:176:8
un minuto después. 391:176:10
que ya vendrán lianas 487:245:82
después de los fusiles
Estilizas o copias después 620:323:67
de haber mirado
DESTEÑIDO (1)
y una falsa tristeza de 481:243:73
guante desteñido y rosa
química.
DESTETADOS (1)
Alisios destetados 174:1:40
DESTINO (4)
te ríes del Destino, 234:32:29
de no saber mi fin ni mi 284:63:29
destino-.
deplora su destino. 287:63:122
ser dalia de tu destino, 648:348:16
DESTROZARON (1)
destrozaron tres esqueletos 475:240:64
para arrancar sus dientes de
oro.
DESTROZAS (1)
ni el raso negro donde te 544:276:204
destrozas.
DESTRUYE (1)
el sol que destruye números 481:243:96
y no ha cruzado nunca un
sueño,
DESVAN (4)
Desván donde el polvo viejo 472:239:14
congrega estatuas y musgos,
una cunita en el desván 514:263:65
en el oscuro desván del 527:268:15
lirio,
en el desván donde juegan 528:268:29
los niños,
DESVANECE (1)
se desvanece. 300:75:8
DESVANECEN (2)
se desvanecen. 300:75:3
se desvanecen. 301:75:13
DESVELADA (1)
de carne gris, desvelada, 459:235:44
DESVELADOS (1)
escuderos desvelados, 451:233:9
DESVELO (1)
sobre piedra y rosal, muerte 634:333:2
y desvelo
DETENED (1)
detened a las aguas.) 224:25:15
DETENERSE (2)

y corre sin detenerse. 427:221:30
LA luna pudo detenerse al fin 532:272:1
por la curva blanquísima de
los caballos.
DETENGAN (1)
no detengan a tu barco. 644:344:14
DETENIA (1)
Pero ninguno se detenía, 523:267:16
DETENIDO (2)
el reloj detenido en su caja. 406:199:12
con el dolor de Apolo 476:241:19
detenido
DETIENE (1)
Un diminuto guante corrosivo 514:263:51
me detiene. ¡Basta!
DETRAS (17)
Detrás de tus cristales aún 203:14:66
miras anhelante.
de que hay sombra detrás de 234:32:36
las estrellas
detrás de una sonrisa. 320:105:7
[JOVEN 2.] Viene detrás. 333:121:9
Detrás de los cristales, 374:154:3
DETRAS de las inmóviles 392:178:1
vidrieras
Detrás va Pedro Domecq 455:234:47
Saqué una pata de gallina por 483:244:7
detrás de la luna y luego,
que se asomarán a los arcos 489:247:20
y os helarán por detrás de
los árboles.
que temen los ricos detrás 490:247:42
de sus lupas,
van detrás de Lutero por las 496:252:20
altas esquinas.
Detrás de la ventana, 511:262:7
Llegó la gente que come por 519:265:49
detrás de las yertas columnas
pero por detrás de los grises 569:296:3
muros
Detrás de cada espejo 598:313:45
Detrás de cada espejo 598:313:49
por detrás de la puerta. 641:341:22
DETUVO (1)
Así hablaba yo cuando 499:254:45
Saturno detuvo los trenes
DEVOCION (1)
Los maestros señalan con 521:266:40
devoción las enormes cúpulas
sahumadas;
DEVORA (1)
devora a un marinero delante 508:260:49
de los niños.
DEVORADO (3)
donde el filósofo es 495:251:23
devorado por los chinos y
las orugas.
criatura de pecho devorado. 513:263:33
devorado por las nebulosas. 514:263:61
DEVORADOS (1)
cajas que guardan silencio 472:239:15
de cangrejos devorados
DEVORAN (1)
taladran y devoran 497:253:12
abandonados niños.
DEVORANDO (2)
Los muertos están embebidos, 486:245:63
devorando sus propias manos.
devorando, orinando, volando 516:264:49
en su pureza.
DEVORAR (1)
pero los muertos son más 483:244:24
fuertes y saben devorar
pedazos de cielo.
DEVUELVA (1)
Señor que me devuelva 252:42:48
DI (2)
Norma de amor te di, hombre 475:241:9
de Apolo,
se la di yo por mi mano. 661:359:24

DIA (34)
un día mi pobre abuela	177:2:72
se hunde el arcaduz del día.	209:16:29
como quiere la alondra al nuevo día,	211:17:43
para ocultar con el día del día.	212:19:11 216:21:27
y un día la corriente	261:47:49
El día,	269:55:9
Día veintisiete de agosto reflejaba el día	341:122:3 354:132:8
Día gris.	360:136:4
El día va y viene.	362:139:2
El día con un ala.	362:139:4
y el día bajo el viento.	362:139:6
(Vino el día con sus hachas.)	367:147:2
sobre un perpetuo día.	383:165:18
ni el resplandor del día.	399:189:5
El día me da vueltas.	420:218:6
dejarte marchar, día!	420:219:2
El día se va despacio,	445:230:17
Tropezando con mi rostro distinto de cada día.	471:238:11
azul de una noche sin temor de día,	478:242:22
Un día	493:250:22
Otro día	493:250:26
El día que el cáncer te dio una paliza	502:256:39
Y en el Perú viven mil mujeres, ¡oh insectos!, que noche y día	513:263:49
y los muertos se van quitando un traje de sangre cada día.	518:265:20
porque queremos el pan nuestro de cada día,	522:266:71
El día no quiere venir	559:285:8
Ni la noche ni el día quieren venir	559:285:15
y el día es un muchacho herido.	561:287:8
un abismo sin noche ni día.	580:304:44
del día.	605:314:79
Que nosotros aquí de noche y día	639:339:12
Si yo te dijera un día	649:350:9

DIABLO (1)
de abate del diablo,	246:40:6

DIAMANTE (5)
y le dejan divinas heridas de diamante.	197:11:24
EL diamante de una estrella	208:16:1
diamante azul que canta,	275:57:88
sin afilado límite, porvenir de diamante.	505:258:11
que disolviera sus anillos y sus teléfonos de diamante.	521:266:29

DIANA (4)
Diana es dura,	475:240:55
¡Oh Diana, Diana, Diana vacía!	646:345:30

DIANTRE (1)
¡Pero vivir!, ¡qué diantre!,	247:40:52

DIARIOS (1)
para los diarios aceites y la sábana blanca de mi agonía.	572:300:10

DIAS (8)
los días ya lejanos...	192:8:54
de los seis días.	217:21:59
con galanes de otros días.	325:112:10
LOS días de fiesta	361:138:1
Los días abandonan	361:138:7
de los días de fiesta.	361:138:10
biombo de días grises.	408:201:17
Todos los días se matan en New York	515:264:16

DIBUJA (2)
que dibuja con trinos	174:1:47

y algún perfil de yeso tranquilo que dibuja	508:260:36

DIBUJABAN (1)
y los niños dibujaban escaleras y perspectivas.	522:267:5

DIBUJADA (2)
nardos de angustia dibujada.	497:253:8
su dibujada prudencia.	541:274:110

DIBUJAN (1)
Corales tibios dibujan	466:237:75

DIBUJAS (1)
Es primero que el cuadro que paciente dibujas	622:323:102

DICE (33)
dice la casi ciega.	176:2:53
dice el caracol."¿Ni rezas?"	177:2:63
"Yo no", dice muy triste	178:2:92
-dice la rana ciega-.	178:2:97
dice muy tristemente:	178:2:120
dice la hormiga herida.	179:2:146
y dice: "Es la que viene	180:2:156
nos dice tu vida rota y fracasada,	203:14:57
Dice un hombre que ha visto a Santiago	204:15:11
Dice el hombre que cuenta la historia	204:15:17
DICE la tarde: "¡Tengo sed de sombra!"	211:18:1
Dice la luna: "Yo, sed de luceros."	211:18:2
dice una flor ajada.	233:31:17
Cada piedra dice:	240:37:27
¿Y el casto manantial no dice nada?	273:57:47
"¡Sé ruiseñor!", dice una voz perdida	275:57:111
Y la esperanza dice quedamente	286:63:89
el viento dice: -Soy eterno ritmo-.	286:63:101
¡Cómo me dice el agua	290:66:17
el gallo os dice:	292:67:63
El viento le dice "niña",	369:148:39
La luna llorando dice:	395:180:16
si el aire te lo dice.	408:201:5
dice misa con dos filos	439:227:43
ve las lunas y dice:	462:236:22
¿Quién arruga el sudario?	543:275:173
¡No es verdad lo que dice!	
Dice el compás de acero su corto verso elástico	620:323:73
Dice la línea recta su vertical esfuerzo	621:323:75
El le dice que Pedro	656:355:19
Ella dice que quince	656:355:23
Ella dice de Cabra	657:355:27
El le dice que un beso	657:355:31
un letrero que dice:	657:356:4

DICEN (13)
dicen las ranas furiosas.	177:2:79
"¿Qué son las estrellas?", dicen	179:2:122
me dicen todas adiós	184:5:9
también me dicen adiós.	184:5:11
¿Qué labios las pronuncian?	273:57:30
¿Y qué dicen	
dicen los enebros temores de aldea.	281:62:22
dicen que se erizaban	319:104:11
DICEN que tienes cara	387:171:1
dicen: Santo, Santo, Santo.	460:235:74
Los chopos dicen: No.	462:236:36
¿Qué dicen? Un silencio con hedores reposa.	543:275:169
las letras de marfil que dicen siempre,	557:283:12
Digo lo que me dicen tu persona y tus cuadros.	621:323:87

DICES (4)
El canto primitivo que dices al silencio	197:11:35

-¿Qué dices, Marco Aurelio,   229:28:2
Y aunque no crees en nada   234:32:34
dices esto,
[TENIENTE CORONEL] ¿Qué   330:119:39
dices?
DICIENDO (5)
diciendo: "¡Vente conmigo!"   277:59:11
[JINETE] Como te iba   338:121:87
diciendo, en Málaga están
mis tres hermanos.
[JINETE] Tú lo estás   340:121:108
diciendo.
diciendo que era una rosa.   395:181:11
Quiero llorar diciendo mi   499:254:36
nombre,
DICHA (1)
y perdí la sortija de mi dicha   191:8:11
DICHO (5)
"¿Porqué hemos dicho, entonces,   178:2:94
(Ya os he dicho que me dejéis   304:80:11
[AMARGO] He dicho que no.   338:121:81
Ya lo he dicho.   494:250:45
Un hombre, ¿y qué? Lo dicho.   641:341:23
DICHOS (1)
dichos por cipreses, ortigas y   281:62:6
yedras;
DICHOSA (5)
¡Dichosa tú!,   188:7:2
¡Dichosa tú!,   188:7:11
¡Dichosa tú!,   188:7:18
¡Dichosa tú!,   189:7:35
¡Dichosa tú!,   190:7:63
DICHOSOS (5)
Dichosos los que nacen   285:63:48
mariposas
¡Dichosos los que cortan la   285:63:50
rosa
¡Dichosos los que dudan de la   285:63:52
muerte
Dichosos los gloriosos y los   285:63:56
fuertes,
-Dichosos, ¡oh gusanos!, que   285:63:66
tenéis
DIENTECILLOS (1)
bajo sus dientecillos y   511:262:12
lancetas.
DIENTES (14)
Dientes de espuma,   263:49:3
Dientes de espuma,   264:49:23
LA luna tiene dientes de marfil   264:51:1
sus dientes de nácar,   314:97:10
con un rumor entre dientes   465:237:31
destrozaron tres esqueletos   475:240:64
para arrancar sus dientes de
oro.
donde flotan sus   482:243:116
automóviles cubiertos de
dientes,
ni el millonario de dientes   487:245:73
azules,
No hay dolor en la voz. Solo   496:251:43
existen los dientes,
pero dientes que callarán   496:251:44
aislados por el raso negro.
porque el aire disuelve tus   500:255:16
dientes de azúcar,
y los asnos de blancos   519:265:50
dientes
un colibrí de amor entre los   557:283:4
dientes.
que brillen los dientes de la   558:284:7
calavera
DIERAS (1)
Como Ceres dieras tus espigas   201:14:18
de oro
DIESTRA (1)
y un puñal en la diestra.   299:73:10
DIEZ (11)
Eran las diez de la mañana.   406:199:2
rasgada por diez cuchillos.   434:225:15
diez rumores de Neptuno,   441:228:24

AQUELLOS ojos míos de mil   472:239:1
novecientos diez
Aquellos ojos míos de mil   472:239:5
novecientos diez
me quedan todavía tus diez   501:256:5
años,
Tus diez años serán las hojas   503:256:57
diez rosas de azufre débil   503:256:59
EN Viena hay diez muchachas,   527:268:1
[Yo] Tengo libres los diez   627:328:20
dedos.
y él diez y siete.   656:355:24
DIFICIL (1)
¡y qué difícil decirte: 319:103:18
DIFUSA (1)
morada, con luz difusa,   381:163:20
DIGAIS (2)
¡No me digáis que la vea!   540:274:86
¡No me digáis que la vea!   540:274:94
DIGNA (1)
como otra estrella digna de   203:14:77
herirlas y eclipsarlas.
DIGNO (2)
¡Todo es más digno que la   268:54:6
Humanidad!
digno de una Emperatriz!   448:231:34
DIGO (3)
digo por educación: 226:26:29
No es extraño este sitio   486:245:44
para la danza, yo lo digo.
Digo lo que me dicen tu   621:323:87
persona y tus cuadros.
DIJE (5)
Vecinitas, les dije,   354:133:5
Aguilitas, les dije,   355:133:15
Siempre dije que yo iría a   531:270:24
Santiago
"Vecinitas", les dije,   574:303:5
"Aguilitas", les dije,   575:303:15
DIJELES (1)
Díjeles: ¿Quién sois,   659:357:19
señoras,
DIJERA (2)
TU querías que yo te dijera   410:204:1
Si yo te dijera un día   649:350:9
DIJERON (7)
"¡Es aquel de oro!", dijeron   277:59:8
los gusanos dijeron sus   284:63:35
delirios.
dijeron: -El azul es   285:63:76
imposible.
le dijeron a el Amargo: 452:233:23
Entonces se oyó la gran voz   533:272:19
y los fariseos dijeron:
dijeron los fariseos.   533:272:21
no nos dejará dormir,   533:272:37
dijeron los fariseos,
DIJERONLE (1)
-¿Se ha apagado-dijéronle   207:15:80
otros-
DIJO (18)
"Cuando niño a mí me dijo   177:2:71
-Y comadre, ¿no le dijo nada?   207:15:74
(Dijo una voz en la   273:57:52
distancia.)
y me dijo: 277:59:4
el viento dijo: 283:63:4
En mi cola, dijo el sol.   354:133:7
En mi garganta, dijo la luna.   354:133:8
En mi cola, dijo el sol.   355:133:17
En mi garganta, dijo la luna.   355:133:18
las cosas que ella me dijo.   435:225:41
me dijo que era mozuela   436:225:54
"En mi cola", dijo el sol.   574:303:7
"En mi garganta", dijo la   574:303:8
luna.
"En mi cola", dijo el sol.   575:303:17
"En mi garganta", dijo la   575:303:18
luna.
dijo Paquiro a su hermano: 655:354:2
dijo Paquiro a Frascuelo: 655:354:6

y dijo de esta manera: 655:354:10
DILE (1)
  Dile a la luna que venga,   539:274:55
DILUVIO (2)
  y se fue al diluvio   485:245:26
  empaquetado de la savia,
  no hay canto ni diluvio de   542:274:144
  azucenas,
DIME (6)
  Dime, Señor,   242:38:52
  Dime, Señor,   242:38:64
  ¡Dime en qué remanso podré   282:62:29
  abandonarla
  Dime   408:201:4
  ¡Compadre! ¿Dónde está, dime?   432:223:67
  dime: ¿a ti qué se te   436:226:12
  importa?
DIMENSION (1)
  Pido la sola dimensión   647:346:13
DIMINUTA (3)
  Es colmena diminuta   257:46:11
  en la choza diminuta que   521:266:44
  lucha con la inundación;
  ¡diminuta!, se ríe y tiembla.   615:320:7
DIMINUTAS (4)
  o los que comen por las   486:245:69
  esquinas diminutas pirámides
  del alba.
  y diminutas bocas de agua   489:247:10
  las liras y gemidos que se   518:265:22
  escapan de las hojas
  diminutas
  y olvidando, bajo las   646:345:29
  sillas, diminutas carcajadas
  de algodón.
DIMINUTO (8)
  Tú diminuto y yo grande.   411:205:11
  Y un corazón diminuto   412:207:11
  diminuto por sus ojos.   418:216:4
  porque tan solo el diminuto   490:247:25
  banquete de la araña
  ¡qué grande, qué invisible,   506:259:20
  qué diminuto!,
  bajo el diminuto griterío de   507:260:11
  las yerbas
  Un diminuto guante corrosivo   514:263:51
  me detiene. ¡Basta!
  Dios en mantillas, Cristo   631:330:22
  diminuto y eterno,
DIMINUTOS (4)
  se ven cielos diminutos   459:235:37
  a través de los caballos   482:243:117
  muertos y los crímenes
  diminutos,
  y los puñales diminutos   506:259:14
  los muertos diminutos por   513:263:27
  las riberas,
DIMITIENDO (1)
  dimitiendo la sangre de la   617:322:16
  oveja.
DINAMITA (1)
  entre el tirite de cuchillos   521:266:54
  y melones de dinamita;
DINASTIAS (1)
  Madre de cien dinastías.   444:229:60
DINOS (1)
  -Anda, dinos cómo se llamaba   587:307:30
DIO (6)
  le dio valor y fe,   175:2:20
  te dio la Muerte rosas   186:6:12
  marchitas en un ramo.
  ¿Te dio lástima acaso de mi   210:17:19
  vida,
  (Y la luz que se iba dio una   404:196:18
  broma.
  El día que el cáncer te dio   502:256:39
  una paliza
  que mi boca a vosotras os   582:304:103
  dio.
DIONISIACA (1)

de pureza muerta, y en la   201:14:6
dionisíaca
DIONISIO (1)
  y lo perfecto de Dionisio.   309:88:20
DIOS (46)
  que si al fin Dios oyera   176:2:37
  a Dios desde la acequia..."   178:2:101
  La luz es Dios que desciende,   188:7:14
  sino Dios hecho agua   193:9:36
  antes que Dios y el tiempo,   219:22:71
  con Dios te quedes.   222:23:68
  ¡Oh dulce Juan de Dios!   229:28:50
  "¡Dios está muy lejos!"   240:37:28
  Dios mío,   240:38:2
  ¡Dios mío!   242:38:53
  ¡Dios mío!   242:38:65
  de los ojos de Dios,   264:50:7
  Y a Dios en una nube   269:54:39
  ¿Todo mi sufrimiento se ha de   271:56:11
  perder, Dios mío,
  ¿Todo mi sufrimiento se ha de   271:56:32
  perder, Dios mío,
  -¡Dios mío!-.   286:63:93
  -¡Dios mío!   286:63:112
  Pero, Dios mío, ¿a quién?   286:63:113
  ¿Quién es Dios mío?   286:63:114
  ¡Para siempre! ¡Dios mío!   290:66:10
  ¡Y he llegado, Dios mío!...   321:107:11
  [AMARGO] A la paz de Dios.   335:121:38
  Este corazón, ¡Dios mío!   363:140:17
  Dios te salve. Rezaremos   370:148:45
  ¡Dios mío!   386:170:9
  Dios te salve, Anunciación.   443:229:43
  Dios te salve, Anunciación.   444:229:51
  Dios te salve, Anunciación.   444:229:59
  Yo tenía un mar. ¿De qué?   483:244:12
  ¡Dios mío! ¡Un mar!
  flor de Dios y Luzbel.   580:304:33
  lo que solo Dios y yo   587:307:29
  sabemos.
  Dios es el punto.   597:313:26
  Dios te libre de la yedra   599:313:87
  roja!
  ¡Dios mío, he venido con   608:315:33
  ¡Dios mío, he llegado con   608:315:38
  ¡Dios mío, Lázaro soy!   608:315:43
  ¡Dios mío, me sentaré   609:315:48
  Un viejo Dios silvestre da   619:323:28
  frutas a los niños.
  cuando te vi, Dios fuerte,   630:330:2
  vivo en el Sacramento,
  Vivo estabas, Dios mío,   630:330:5
  dentro del ostensorio.
  Es así, Dios anclado, como   630:330:17
  quiero tenerte.
  Dios en mantillas, Cristo   631:330:22
  diminuto y eterno,
  Níquel para el sollozo que   633:332:16
  busca a Dios volando.
  Es tierra, ¡Dios mío!,   646:345:34
  tierra, lo que vengo
  buscando.
  PIDO a la divina Madre de   646:346:1
  Dios,
  -Permita Dios, si lo   661:359:9
  encuentras,
DIRA (8)
  nos dirá algún secreto   214:20:37
  ¡Quién dirá que el agua lleva   296:68:25
  dirá: Amor, amor, amor,   521:266:49
  dirá: amor, amor, amor,   521:266:51
  dirá: paz, paz, paz,   521:266:53
  dirá: amor, amor, amor,   522:266:55
  ¿Qué voz perfecta dirá las   523:267:27
  verdades del trigo?
  ¿QUIEN dirá que te vio, y en   636:334:1
  qué momento?
DIRE (4)
  que nunca diré,   383:165:2
  que nunca diré.   383:165:5
  que nunca diré.   383:165:12

Nunca te diré, amor mío,   410:204:7
DIRECCION (1)
    pero canto la firme   621:323:89
    dirección de tus flechas.
DIRECTOR (1)
    y el director del banco   485:245:31
    observando el manómetro
DIRECTORES (1)
    los muchachos que tiemblan   522:266:59
    bajo el terror pálido de los
    directores,
DIRIGEN (1)
    Negros le dirigen flechas   467:237:95
DISCIPLINA (1)
    Sacramento inmutable de amor   633:331:40
    y disciplina!
DISCRETO (1)
    con un río discreto   267:53:6
DISECA (1)
    el libro que diseca   598:313:59
DISECADAS (2)
    veremos la resurrección de   493:250:27
    las mariposas disecadas
    y un bosque de palomas   527:268:3
    disecadas.
DISFRAZ (1)
    con un disfraz que tenga   528:268:37
DISFRAZADA (3)
    disfrazada de mendigo.   277:59:7
    ¡Ay, Harlem disfrazada!   482:243:111
    La noche disfrazada con una   623:325:17
    piel de mulo
DISFRAZADOS (1)
    disfrazados de panteras   362:138:22
DISFRAZO (1)
    se disfrazó de noviembre   456:234:79
DISIPA (1)
    enfría las ventanas y disipa   618:323:8
    las yedras.
DISOLVIERA (1)
    que disolviera sus anillos y   521:266:29
    sus teléfonos de diamante.
DISPARA (1)
    dispara la constante   309:88:14
DISPENSA (1)
    Dispensa.   388:171:24
DISPERSA (1)
    y dispersa sus pétalos,   230:29:10
DISPOSICION (2)
    en disposición   306:84:2
    en disposición   306:84:17
DISTANCIA (5)
    y en la negra distancia   ⁻256:44:63
    (Dijo una voz en la   273:57:52
    distancia.)
    en la muerta distancia,   275:57:112
    Y la negra distancia: -El azul 286:63:87
    a distancia sin fondo.   589:310:14
DISTANCIAS (4)
    y el sueño de las distancias.   212:19:4
    Pero nadie en lo oscuro   505:258:10
    podrá darte distancias,
    y distancias inasibles   517:264:57
    -entrañables distancias-.   583:305:29
DISTE (3)
    ¿Por qué me diste llenos   210:17:14
    y me diste un beso.   265:52:4
    Llevo el No que me diste,   396:182:9
DISTINTO (1)
    Tropezando con mi rostro   471:238:11
    distinto de cada día.
DISTINTOS (1)
    nueve cantos distintos y una   623:325:24
    sola palabra.
DISTRAERSE (1)
    levantan por distraerse,   427:221:14
DISUELTO (1)
    Ya se ha disuelto el sol   248:40:58
DISUELVE (2)
    y disuelve a las mariposas   480:243:63

en los cristales de la
ventana.
    porque el aire disuelve tus   500:255:16
    dientes de azúcar,
DISUELVES (1)
    en el trigal te disuelves.   348:128:13
DISUELVO (1)
    Yo en el sol me disuelvo   285:63:70
DIVAN (1)
    en el blanco diván de seda.   406:199:14
DIVINA (10)
    La divina quietud   175:2:18
    ¡Oh princesa divina de   186:6:23
    crepúsculo rojo,
    ¡Oh fortuna divina   195:9:75
    la faz divina   215:21:21
    ¡Vierte en mis oídos tu   282:62:48
    historia divina,
    Pero no quiero mundo ni   499:254:24
    sueño, voz divina,
    una esencia divina: 579:304:28
    flor única y divina,   580:304:32
    Flor grandiosa, divina,   580:304:35
    enervante,
    PIDO a la divina Madre de   646:346:1
    Dios,
DIVINAS (4)
    y le dejan divinas heridas de 197:11:24
    diamante.
    Santas rosas divinas y   581:304:75
    varias,
    Solitarias, divinas y graves, 581:304:90
    Rosas, rosas divinas y   582:304:114
    bellas,
DIVINO (9)
    ¡Abril divino, que vienes   184:4:23
    todo manso y divino,   194:9:48
    ¡Oh divino licor de la   200:13:25
    humildad,
    ¡Oh! Divino licor de la   200:13:41
    esperanza,
    Era dulce el Apóstol divino,   206:15:70
    el divino alimento   210:17:10
    ¿Y el aceite divino?   242:38:59
    ¿Qué tiene tu divino   250:42:5
    ¡Oh laurel divino, de alma   282:62:45
    inaccesible,
DIVINOS (1)
    sobre los campos divinos.   189:7:51
DIVISABA (1)
    por ver si la divisaba   659:358:2
DIVISE (1)
    y solo divisé el polvo   659:358:3
DIVISIONES (1)
    debajo de las divisiones   515:264:3
DO (1)
    DO you like me?   501:256:1
DOBLA (1)
    dobla una campana.   312:94:3
DOBLADA (1)
    crines de ceniza. Plaza pura 509:260:58
    y doblada.
DOBLAN (1)
    doblan las campanas.   316:101:3
DOBLAR (1)
    Un doblar de campanas   250:42:7
DOBLE (7)
    por el doble latir de su   353:130:11
    mejilla.
    Doble nocturno de tela.   455:234:70
    en doble enjambre de flautas. 466:237:64
    el olor de un solo cuerpo   490:247:43
    con la doble vertiente de
    lis y rata
    y las ranas encendieron sus   533:272:35
    lumbres en la doble orilla
    del río.
    sin escuchar el doble   543:275:189
    resuello de los toros.
    el doble cisne su blancura   634:333:22
    canta.

DOBLES (1)
  siete adormideras dobles,   450:232:44
DOCE (5)
  chocaban con los doce   353:131:8
  flotantes
  en el gesto de las doce,   439:227:22
  A las doce de la noche el   501:256:10
  cáncer salía por los pasillos
  chocaban con los doce   613:318:72
  flotantes
  está fija en las doce.   613:318:79
DOCUMENTOS (1)
  y hablaba con los caracoles   501:256:11
  vacíos de los documentos,
DOLERA (1)
  y al que le duele su dolor   493:250:20
  le dolerá sin descanso
DOLIENTE (9)
  Nunca tuviste el nido, ni el   186:6:25
  madrigal doliente,
  y más doliente que la mansa   198:12:16
  lluvia.
  Alma y sangre doliente de las   199:13:11
  flores
  que el sol se esconde doliente   226:26:38
  Aplastóse doliente sobre letras   230:29:5
  -libro doliente de mi amor-   232:30:22
  POR el horizonte confuso y   281:62:1
  doliente
  ciega el ojo doliente   322:108:3
  que finge cuando niña   544:275:191
  doliente res inmóvil;
DOLIENTES (2)
  pensativos y dolientes   183:4:21
  dolientes espectros   239:37:10
DOLOR (69)
  y el dolor de mi tristeza   181:3:6
  El copo del dolor   195:10:11
  estrella de dolor.   210:17:36
  el dolor de sus amores   212:19:3
  tu dolor extrahumano,   218:22:48
  dolor de estar cautivo   219:22:49
  y el dolor del antaño.   219:22:56
  mi dolor salomónico.   236:33:19
  ¿No llega el dolor nuestro   242:38:66
  ¡Oh gran dolor!   245:39:44
  ¡OH, qué dolor el tener   252:43:1
  ¡Oh, qué dolor no tener   252:43:5
  ¡Oh, qué dolor el dolor   253:43:11
  este dolor pegajoso   253:43:13
  ¡Oh dolor de lamentarse   253:43:15
  ¡Oh dolor de fuente ciega   253:43:17
  ¡Oh, qué dolor no tener   253:43:19
  dolor y pasar la vida   253:43:20
  ¡Oh el más profundo dolor,   253:43:23
  el dolor de la alegría,   253:43:24
  ¡Oh dolor de la verdad!   253:43:29
  ¡Oh dolor de la mentira!   253:43:30
  virgen y sin dolor.   276:58:13
  Pero mi gran dolor   280:61:21
  trascendental
  es tu dolor, encina.   280:61:22
  Es el mismo dolor de las   280:61:23
  estrellas
  tu dolor de cal y adelfa?   299:73:14
  ¡Señor del mayor dolor!   321:107:5
  saben de tu dolor.   327:116:8
  Dolor de sien oprimida   403:194:11
  Mi dolor.   411:205:19
  Y mi dolor mismo.   411:205:20
  tendrá bosque, dolor y nido   414:209:8
  blando.
  sin dolor ni labio.   416:213:4
  Dolor.   419:217:7
  Frente al mágico y vivo dolor.   419:217:8
  Ciudad de dolor y almizcle,   454:234:23
  Hay un dolor de huecos por   472:239:20
  el aire sin gente
  por mi dolor lleno de   474:240:44
  rostros y punzantes
  esquirlas de luna,

  agitaba las rosas con un   474:240:51
  largo dolor blanco.
  con el dolor de Apolo   476:241:19
  detenido
  y el dolor de las cocinas   488:246:12
  enterradas bajo la arena,
  y al que le duele su dolor   493:250:20
  le dolerá sin descanso
  Todos comprenden el dolor   495:251:11
  que se relaciona con la
  muerte,
  pero el verdadero dolor no   495:251:12
  está presente en el espíritu.
  El verdadero dolor que   495:251:15
  mantiene despiertas las cosas
  Pero el verdadero dolor   495:251:39
  estaba en otras plazas
  No hay dolor en la voz. Solo   496:251:43
  existen los dientes,
  No hay dolor en la voz. Aquí   496:251:45
  solo existe la Tierra.
  Mi dolor sangraba por las   502:256:18
  tardes
  instantáneo dolor de luna   508:260:37
  apuntillada.
  dolor en longitud,   513:263:28
  este inocente dolor de   514:263:59
  pólvora en mis ojos,
  llenan de dolor el valle   516:264:37
  un pequeño dolor de   524:267:44
  ignorante leopardo.
  que no os pueden cantar con   581:304:95
  dolor,
  del dolor tan solo,   586:307:8
  y de dolor.   588:309:9
  ¡qué dolor,   605:314:68
  qué dolor,   605:314:69
  ¡Qué dolor,   605:314:73
  qué dolor,   605:314:74
  con un dolor sin límite, de   617:322:12
  nardos.
  ¡Qué dolor de penumbra   636:334:2
  iluminada!
  ¡Hombre! ¡Pasión! ¡Dolor de   636:334:7
  luz! Memento.
  si eres mi cruz y mi dolor   638:337:10
  mojado,
  Es dolor que se acaba y amor   646:345:36
  que se consume,
  para mí será el dolor,   660:358:18
DOLORES (5)
  de todos los dolores,   194:9:61
  los dolores vecinos.   234:32:47
  Pequeños dolores ilesos se   518:265:19
  acercan a los hospitales
  de dolores y penas   583:305:12
  Rosa del equilibrio sin   621:323:84
  dolores buscados.
DOLORIDAS (1)
  y en el sinfín de dalias   637:335:14
  doloridas.
DOLORIDO (2)
  que mana de su pecho dolorido,   199:13:14
  Gris pergamino dolorido   231:30:11
DOLOROSA (1)
  Virgen dolorosa que tiene   202:14:43
  clavadas
DOLOROSAS (2)
  Yo vi dos dolorosas espigas   532:271:15
  de cera
  las voces dolorosas   585:305:74
DOMADOR (3)
  domador de palomillas   443:229:21
  ¡Domador de sombrías   594:312:27
  domador de sombrías   594:312:34
DOMADORES (1)
  bota o mordisco de los   524:267:60
  domadores.
DOMAN (1)
  Los que doman caballos y   543:275:179
  dominan los ríos:

DOMECQ (1)
    Detrás va Pedro Domecq   455:234:47
DOMESTICADO (1)
    Arcángel domesticado   439:227:21
DOMINAN (1)
    Los que doman caballos y   543:275:179
    dominan los ríos:
DOMINGO (5)
    Era un domingo de pipirigallo. 191:8:18
    Domingo.   360:136:3
    Domingo.   360:136:9
    Domingo.   360:136:15
    por todas las esquinas del   633:332:4
    abierto domingo.
DON (11)
DONCELLA (4)
    iba una doncella   354:132:3
    amortaja a una doncella.   456:234:96
    [Maestro] ¿QUE doncella se 628:329:1
    casa
    [Niño] La doncella de todos   628:329:4
DONCELLAS (5)
    seis doncellas   325:113:3
    doncellas.   359:134:2
    las siete doncellas.   359:134:6
    doncellas.   359:134:10
    y sin doncellas.   607:315:19
DONCELLITA (1)
    -Adiós, mi doncellita,   222:23:71
DONDE (45)
    ¿Dónde fueron tus besos   187:6:39
    lanzados a tus vientos?
    ¿Dónde fue la tristeza de tu 187:6:40
    amor desgraciado?
    ¿Dónde va el peregrino celeste 204:15:5
    -Madre abuela. ¿Dónde está 205:15:36
    Santiago?
    -¿Dónde tienes guardada esa 207:15:78
    estrella?
    ¿Dónde iba el glorioso   207:15:87
    viajero?
    SILENCIO, ¿dónde llevas   217:22:1
    ¿Dónde vas si al ocaso   217:22:16
    ¿dónde llevas, silencio,   218:22:47
    -¿Dónde vas, niña mía,   220:23:3
    ¿De dónde vienes?   220:23:16
    ¿dónde hallaré a mi amante 221:23:49
    en tus arrugas, ¿dónde están? 231:30:6
    ¿Dónde las rosas que aromaron 231:30:7
    Ellos solos meditan dónde 255:44:41
    puede
    ¿de dónde vienen, madre?   263:49:14
    seria, ¿de dónde nace?   263:49:18
    ¡Miradlo por dónde viene!   310:91:5
    ¡Miradlo por dónde va!   310:91:15
    ¿dónde irán   313:95:2
    ¿dónde irán   313:95:14
    [TENIENTE CORONEL] ¿Dónde   330:119:42
    estabas?
    ¿dónde está mi sepultura?   354:133:6
    ¿dónde está mi sepultura?   355:133:16
    ¿Dónde estará   372:150:5
    ¿Dónde llevas tu jinete   376:156:5
    muerto?
    ¿Dónde llevas tu jinete   376:156:15
    muerto?
    ¿Dónde llevas tu jinete   377:156:25
    muerto?
    Zarzamora, ¿dónde vas?   378:158:9
    AGUA, ¿dónde vas?   416:212:1
    ¿Pero quién vendrá? ¿Y por 430:223:21
    dónde...?
    ¡Compadre! ¿Dónde está, dime? 432:223:67
    ¿Dónde está tu niña amarga? 432:223:68
    resonaba, no sé dónde.   450:232:50
    Yo quiero que me enseñen   543:275:184
    dónde está la salida
    ¿Dónde vas, adónde, dónde? 561:288:5
    pero tú no sabrás dónde se   571:298:11
    ocultan
    "¿dónde está mi sepultura?" 574:303:6

"¿dónde está mi sepultura?" 575:303:16
¿dónde está?   591:311:31
-¿Dónde?   603:314:35
[Yo] ¿Dónde está el herbario? 626:328:18
¿Dónde está el agua   643:344:3
de dónde eran.   657:355:26
DONDE (123)
    brecha por donde se filtra.   188:7:16
    donde claven sus azadas   190:7:60
    donde sale Pegaso.   191:8:36
    He llegado a la línea donde 195:10:6
    cesa
    donde a la perfección del   200:13:42
    equilibrio
    donde estaba prisionero   208:16:6
    Donde posas tus manos,   218:22:28
    donde en la noche eterna,   219:22:70
    donde estuvo pintada   244:39:3
    donde el llanto fructifica! 253:43:26
    donde no pican los pájaros, 257:46:20
    donde nace y se cuaja?   274:57:84
    o senos donde mamen nuestros 284:63:47
    hijos.
    donde te vieron entre la   292:67:38
    sombra
    donde la luz es huracán;   292:67:50
    donde resbalan valles y ecos 299:72:4
    y cauces donde corre   310:91:9
    donde tiembla el cantar.   313:95:12
    donde poner cien cruces,   316:100:7
    Quise llegar a donde   321:107:9
    por donde gime la recién   353:130:2
    parida.
    donde el niño de luz se irá 353:130:14
    quemando.
    donde los luceros   353:131:7
    ¡Sábanas blancas donde te 399:189:3
    desmayes!
    donde flota sin alma tu   414:209:11
    belleza.
    fuente donde descansar.   416:212:6
    donde no irá mi cabeza.   417:214:10
    ni los ríos en donde   421:219:15
    cae donde el mar bate y canta 426:221:7
    donde viven los ingleses.   426:221:12
    ¡Míralo por donde viene!   427:221:40
    por donde retumba el agua.   431:223:52
    donde las ondas alisan   440:228:3
    donde se aleja tranquilo   451:233:6
    donde mi cuerpo sin venas   451:233:12
    donde los bueyes del agua   452:233:34
    por donde animan ordenan   453:234:10
    donde joven y desnuda   456:234:103
    en un aire donde estallan   457:234:111
    donde sus pechos estaban   459:235:36
    vieron la blanca pared donde 472:239:6
    orinaban las niñas,
    en un jardín donde los gatos 472:239:13
    se comían a las ranas.
    Desván donde el polvo viejo 472:239:14
    congrega estatuas y musgos,
    en el sitio donde el sueño 472:239:16
    tropezaba con su realidad.
    por los palomares donde la 474:240:29
    luna se pone plana bajo el
    gallo.
    por los blancos derribos de 474:240:37
    Júpiter donde meriendan
    muerte los borrachos.
    donde los sabios vidrios se 475:241:6
    quebraban.
    Es tu yerta ignorancia donde 475:241:7
    estuvo
    donde los huevos de avestruz 477:242:19
    quedan eternos
    azul donde el desnudo del   478:242:23
    viento va quebrando
    Es allí donde sueñan los   478:242:25
    torsos bajo la gula de la
    hierba.

iba al sitio donde lloraban   478:243:9
los negros
cielos yertos en declive,   480:243:58
donde las colonias de
planetas
donde flotan sus   482:243:116
automóviles cubiertos de
dientes,
por donde se alejan las   483:244:9
carretas.
donde giraban las copas   483:244:19
llenas de lágrimas.
donde sonaban las voces de   485:245:22
los que mueren bajo el guano.
las puertas de pedernal   488:246:23
donde se pudren nublos y
postres.
que mana de las ondas por   488:246:35
donde el alba no se atreve,
donde el amargo trópico se   489:246:42
fija.
donde la noche olvida su   490:247:22
viaje
campos libres donde silban   490:247:39
mansas cobras deslumbradas,
o en los cristales donde se   490:247:45
comprenden las olas nunca
repetidas.
hay que llevarlos al muro   494:250:34
donde iguanas y sierpes
esperan,
donde espera la dentadura   494:250:35
del oso,
donde espera la mano   494:250:36
momificada del niño
donde el filósofo es   495:251:23
devorado por los chinos y
las orugas.
Es una cápsula de aire donde   495:251:31
nos duele todo el mundo,
es una escala indefinible   495:251:33
donde las nubes y rosas
olvidan
donde los peces   495:251:40
cristalizados agonizaban
dentro de los troncos;
donde Eva come hormigas   498:254:15
allí donde mugen las vacas   499:254:48
que tienen patitas de paje
y allí donde flota mi cuerpo   499:254:49
entre los equilibrios
contrarios.
y donde toda superficie es   500:255:8
evitada,
En la casa donde no hay un   502:256:14
cáncer
y te escupió en el   502:256:40
dormitorio donde murieron
los huéspedes en la epidemia
donde meriendan muerte los   504:257:21
borrachos.
en la dura barraca donde la   508:260:48
luna prisionera
y unas sábanas duras donde   510:261:7
estaba el cáncer dormido.
ni los herbolarios donde el   513:263:20
metafísico
por las tiendas de las   513:263:45
pieles donde suena un cuerno
de vaca herida,
donde el Hudson se   516:264:38
emborracha con aceite.
donde laten los corazones   516:264:43
y donde caeremos todos   516:264:45
a los huecos donde se oxidan   516:264:52
donde el Hudson se   517:264:81
emborracha con aceite.
donde un hombre se orina en   520:266:12
una deslumbrante paloma
donde gritan las oscuras   521:266:39
ninfas del cólera.

el amor está en los fosos   521:266:45
donde luchan las sierpes del
hambre,
ni el pantano oscurísimo   524:267:68
donde sumergen a los niños,
El cielo tiene playas donde   525:267:79
evitar la vida
quite flores y letras del   526:267:135
arco donde duermes
un hombro donde solloza la   527:268:2
muerte
donde juegan tu boca y los   528:268:21
ecos.
en el desván donde juegan   528:268:29
los niños,
porque es la guitarra donde   532:271:20
el amor se desespera,
donde su risa era un nardo   541:274:113
LA piedra es una frente   542:275:149
donde los sueños gimen
ni el raso negro donde te   544:276:204
destrozas.
y los arcos rotos donde   558:284:12
sufre el tiempo.
donde sangra mi gran   582:304:105
corazón,
Senos donde maman   591:311:41
Jardín donde el amor   600:313:110
donde los luceros   613:318:71
donde el agua se vuelve   617:322:33
mariposas,
Tu fantasía llega donde   619:323:43
llegan tus manos,
donde no cabe el sueño ni su   620:323:56
flora inexacta.
donde el hongo no pueda   620:323:70
poner su campamento.
Pero también la rosa del   621:323:77
jardín donde vives.
Piedra de soledad donde la   630:330:9
hierba gime
y donde el agua oscura   630:330:10
pierde sus tres acentos,
donde todos los ángulos   631:330:30
toman sus luces fijas,
donde número y boca   631:330:31
construyen un presente
donde naipe y herida se   632:331:30
entrelazan cantando,
donde la luz desboca su toro   632:331:31
relumbrante
donde libre y cautiva,   634:333:3
donde la planta en vilo   634:333:8
por donde llegue a ti   635:333:45
nuestro gemido.
donde se quiebra el pulso de   636:335:4
mi estilo.
donde mi sangre teje juncos   638:338:6
de primavera,
donde se queman los musgos   645:345:21
inocentes,
Convexa resonancia donde la   646:345:31
abeja se vuelve loca.
donde no muere tu estilo.   648:348:10
DOÑA (7)
DORA (1)
Pero el pez, que dora el agua 441:228:39
DORABA (3)
le doraba la cabeza   541:274:112
y el agua se doraba.   573:302:3
y el agua la doraba.   574:302:25
DORADA (6)
que vino de la tierra dorada   187:6:47
de Castilla
AMARGURA dorada en el paisaje.   283:63:1
mi alma dorada y plena.)   415:211:9
LA muchacha dorada   573:302:1
La muchacha dorada   574:302:23
tu sombra gime por la luz   637:336:8
dorada.

DORADAS (3)
en regiones doradas.   194:9:74
que nos une en las horas   621:323:99
oscuras y doradas.
y el mar pierde vergüenza y   623:325:20
virtudes doradas.
DORADO (4)
reinas supremas del dorado   199:13:20
siglo.
un resumen dorado del lirismo. 200:13:48
y el gran rumor dorado   218:22:20
prendido en nervios de metal   635:333:37
dorado,
DORADOS (2)
dorados y floridos!   289:65:4
y los pechos dorados de las   419:216:13
cubanas.
DORAR (1)
Cien grillos quieren dorar   386:169:9
DORARA (1)
lo dorara.   236:34:12
DORMIA (2)
Fuego de siempre dormía en   478:243:5
los pedernales
Pero ninguno se dormía,   522:267:6
DORMIAN (5)
Bueyes y rosas dormían.   450:232:23
Los niños de Cristo dormían,   518:265:4
Los niños de Cristo dormían   519:265:36
Ya los niños de Cristo se   519:265:56
dormían
Mil caballitos persas se   557:283:5
dormían
DORMID (1)
"Hijas mías, dormid, que   233:31:14
viene el lobo",
DORMIDA (17)
que hace vibrar el alma   196:11:4
dormida del paisaje.
que pones en el alma dormida   198:11:46
del paisaje!
que en la noche dormida se   204:15:18
oyeron
luna dormida,   215:21:2
¡luna dormida!,   216:21:29
luna dormida,   216:21:43
Sobre el agua dormida de la   271:56:6
fuente, las gotas
de Málaga la dormida,   320:105:9
(Grulla dormida la tarde,   398:186:8
en el seno traspasado de   472:239:11
Santa Rosa dormida,
azul sin un gusano ni una   477:242:18
huella dormida,
una brisa que viene dormida   525:267:91
por las ramas.
con la ciudad dormida en la   568:295:14
garganta.
o garfios de marfil o gente   571:299:14
dormida.
En el agua dormida   603:314:37
YA te vemos dormida.   649:349:1
Ya te alejas dormida.   649:349:7
DORMIDAS (5)
y de las cosas dormidas   182:3:47
de las fuentes dormidas,   247:40:47
de pasiones dormidas.   280:61:44
se quedaron dormidas   511:262:17
contemplando
mostraban su silencio roto   518:265:27
por las huellas dormidas de
los zapatos.
DORMIDO (15)
si el amor dormido tu cuerpo   201:14:19
tocara,
y mi perro, que estaba   206:15:68
dormido,
Si Jehová se ha dormido   219:22:61
dormido,   243:38:86
sangre del dormido lago.   259:46:66
del remanso dormido,   260:47:4

del remanso dormido.   261:47:55
LA sombra se ha dormido en la   272:57:1
pradera.
caigo al suelo dormido-.   285:63:73
sobre el azul dormido,   286:63:109
se ha dormido en mis labios.   383:165:3
mercurio y sol dormido el   485:245:18
otro medio.
y unas sábanas duras donde   510:261:7
estaba el cáncer dormido.
No piensan en la lluvia y se   570:297:11
han dormido,
Y el Tiempo se ha dormido   613:318:80
DORMIDOS (10)
sobre los campos dormidos,   189:7:41
Los chiquillos están ya   207:15:98
dormidos
y los años dormidos   249:41:5
cuatro carros dormidos,   255:44:52
de los fondos dormidos.   283:63:8
ondas y peces dormidos.   411:205:8
toqué sus pechos dormidos,   434:225:9
con los caballos dormidos   456:234:87
en los perros dormidos, en   503:256:52
el plomo, en el viento,
Escribientes dormidos en el   632:331:9
piso catorce.
DORMIR (8)
a dormir entre nieve y   187:6:48
cipresales castos.
[JOVEN 1.] La noche se hizo   334:121:19
para dormir.
soñabas ser un río y dormir   524:267:42
como un río
no nos dejará dormir,   533:272:37
dijeron los fariseos,
QUIERO dormir el sueño de las   563:290:1
manzanas,
Quiero dormir el sueño de   563:290:3
aquel niño
Quiero dormir un rato,   563:290:10
Porque quiero dormir el   564:290:20
sueño de las manzanas
DORMIRA (2)
dormirá su fracaso?   192:8:46
dormirá en los brazos de la   282:62:26
luz perfecta.
DORMIRE (1)
Me dormiré tranquilo   238:35:25
DORMIRME (1)
Yo voy a dormirme;   287:64:5
DORMIS (1)
como dormís vosotras,   238:35:26
DORMITAN (1)
mientras juegan o dormitan   458:235:3
DORMITORIO (1)
y te escupió en el   502:256:40
dormitorio donde murieron
los huéspedes en la epidemia
DORMITORIOS (1)
por los dormitorios de los   515:264:7
arrabales,
DORSO (1)
que lleva en el dorso una   520:266:4
almendra de fuego,
DOS (83)
había dos ranas viejas   176:2:27
Las dos ranas se quejan   176:2:43
"Tiene dos cuernecitos   176:2:54
Las dos ranas mendigas   178:2:88
Eloísa y Julieta fueron dos   187:6:45
margaritas,
De tus ojos saldrán dos   203:14:74
claveles sangrientos,
una virgen y dos gatos negros, 206:15:49
-le preguntan dos voces a un   206:15:63
tiempo-.
-le preguntan dos voces a un   207:15:75
tiempo-.
-sermonean dos voces a un   207:15:97
tiempo-.

dos palomas campesinas	209:16:27	Una... dos... y tres.	614:318:96
con dos trenzas de noche	241:38:35	Dos mitades opuestas y un	632:331:19
dos acacias,	255:44:53	hombre que no sabe	
Los dos ríos de Granada	295:68:3	hieren las dos mitades	635:333:34
Los dos ríos de Granada,	295:68:9	Dos voces suenan: el reloj y	636:334:3
En la catedral compraron dos mil	339:121:89	el viento,	
Dos bueyes rojos en el campo de oro.	349:128:47	mis dos niñas de sigilo,	648:348:6
		dos peregrinos,	656:355:2
se pasean dos señores	351:129:15	DOSCIENTOS (1)	
... se pasean dos señores	351:129:20	en tropel con doscientos guerreros;	204:15:12
...se pasean dos señores	351:129:26	DOSEL (1)	
... se pasean dos señores	352:129:32	teniendo de inmenso dosel a la noche,	283:62:64
van dos palomas oscuras.	354:133:2	DOY (1)	
vi dos águilas de mármol	355:133:11	Doy pena de lirio fresco	562:289:7
vi dos palomas desnudas,	355:133:20	DRAGON (3)	
y las dos eran ninguna.	355:133:22	¡oh dragón de las ranas!,	247:40:36
Eran dos.	367:147:3	Pagoda dragón.	599:313:62
Las voces de dos niñas	368:148:9	Debajo de las alas del	632:331:21
dos pequeñas calabazas	370:148:50	dragón hay un niño.	
dos arbolitos locos.	389:173:4	DUDA (2)	
Ahora entre los dos	408:201:14	Vio, sin duda, cómo le miraba	406:199:11
dos mares cantando!	417:213:9	y danzar al fin, sin duda,	482:243:109
lloran dos viejas mujeres.	429:222:10	mientras las flores erizadas	
Ya suben los dos compadres	431:223:53	DUDA (1)	
Los dos compadres subieron.	432:223:63	¿Quién duda la eficacia	366:144:11
galopan dos caballistas.	433:224:22	DUDAN (1)	
mis dos trenzas por el suelo,	437:226:29	¡Dichosos los que dudan de la muerte	285:63:52
dice misa con dos filos	439:227:43	DUDE (1)	
que a las dos Córdobas junta	441:228:28	y para que nadie dude de la infinita belleza	479:243:29
Dos Córdobas de hermosura.	442:228:48	DUELE (6)	
con los dos ritmos que cantan	442:229:9	Y me duele la carne del corazón	238:36:12
Porque dentro de dos meses	452:233:40	Por tu amor me duele el aire,	380:162:3
Avanzan de dos en fondo	455:234:65	y al que le duele su dolor	493:250:20
Avanzan de dos en fondo.	455:234:69	le dolerá sin descanso	
con sus dos pechos cortados	457:234:107	Es una cápsula de aire donde nos duele todo el mundo,	495:251:31
Dos mujeres y un viejo	462:236:33	Duele en la planta del pie	562:288:10
dos mujeres y un viejo	463:236:47	y duele en el tronco fresco	562:288:12
hay dos peces que me llaman,	466:237:66	DUELEN (1)	
y dos	474:240:39	[AMARGO] Porque no me duelen los pies.	335:121:44
Dos hilillos de sangre	496:252:6	DUELO (6)	
quiebran el cielo duro.		no veré el duelo del sol con las criaturas en carne viva.	500:255:4
cuando tus ojos eran dos muros,	502:256:19	el duelo de las rocas con el alba.	511:262:18
cuando tus manos eran dos países	502:256:20	Puedo ver el duelo de la noche herida	558:284:9
dos mil palomas para el gusto de los agonizantes,	515:264:19	En este duelo a muerte por la virgen poesía,	639:338:9
y dos millones de gallos,	516:264:22	duelo de rosa y verso, de número y locura,	639:338:10
y dos	528:269:2	en duelo de mordiscos y azucenas.	640:340:11
y dos	529:269:19	DUERMAN (2)	
dos a dos	529:269:25	para que los cocodrilos duerman en largas filas	479:243:27
dos a dos	530:269:41	para que los marfiles se duerman bien.	530:269:44
la mujer que mata dos gallos en un segundo,	531:271:8	DUERME (27)	
Yo vi dos dolorosas espigas de cera	532:271:15	En ti duerme la melancolía,	200:13:29
y vi dos niños locos que empujaban llorando las pupilas de un asesino.	532:271:17	duerme con los ecos.	320:104:22
		el viento que nunca duerme.	427:221:20
Pero el dos no ha sido nunca un número	532:271:18	NO duerme nadie por el cielo. Nadie, nadie.	492:250:1
Los muertos odian el número dos,	532:271:24	No duerme nadie.	492:250:2
pero el número dos adormece a las mujeres	532:271:25	No duerme nadie por el mundo. Nadie, nadie.	493:250:7
mugieron como dos siglos	540:274:74	No duerme nadie.	493:250:8
son dos faisanes que vuelan por las torres	561:287:7	No duerme nadie por el cielo. Nadie, nadie.	494:250:38
mis ojos, como dos perros.	562:289:10	No duerme nadie.	494:250:39
esos dos galanes.	566:293:8	No duerme nadie por el mundo. Nadie, nadie.	494:250:44
eran dos verdes lluvias enlazadas.	568:295:18	No duerme nadie.	494:250:46
dos valles esperaban al otoño.	570:297:14		
van dos palomas oscuras.	574:303:2		
vi dos águilas de nieve	574:303:11		
vi dos palomas desnudas.	575:303:20		
y las dos eran ninguna.	575:303:22		
Son dos encrucijadas	599:313:72		
¡Dos mil siglos!	608:315:24		

Y tú, bello Walt Whitman,   526:267:127
duerme a orillas del Hudson
Duerme, no queda nada.   526:267:131
El agua duerme una hora   529:269:5
y el mar blanco duerme cien.   529:269:6
Pero ya duerme sin fin.   541:274:123
Duerme, vuela, reposa: 544:275:197
¡También se muere el mar!
que duerme.   598:313:48
Duerme.   600:313:97
Duerme.   600:313:100
Duerme.   600:313:106
que se duerme.   602:314:8
Duerme cielo sin fin, nieve   637:336:12
tendida.
¡Duerme en olvido de tu   637:336:14
vieja vida!
¡Duerme por la noche oscura!   649:349:4
Duerme por el alba, ¡duerme!   649:349:6
DUERMEN (10)
y duermen los ramajes   198:12:5
duermen en mi recinto.   254:44:16
duermen para siempre   316:100:2
duermen para siempre.   316:100:10
los carabineros duermen   426:221:10
que harán decir a los que   483:244:34
duermen y a los que cantan
por las esquinas:
que duermen en los troncos,   503:256:51
en nubes, en tortugas,
en lirios que no duermen, en   503:256:53
aguas que no copian,
Ojos de lobo duermen en la   617:322:15
sombra
Sus pescadores duermen, sin   619:323:29
ensueño, en la arena.
DUERMES (4)
¡oh princesa morena que   187:6:36
duermes bajo el mármol!
¡oh princesa morena que   187:6:44
duermes bajo el mármol!
duermes tu siesta de oro.   421:219:16
quite flores y letras del   526:267:135
arco donde duermes
DUÉRMETE (1)
Duérmete sin cuidado,   600:313:112
DULCE (29)
del sol que dulce te hiere   189:7:46
sea rosado y dulce limo   190:7:59
cómo recuerda dulce el corazón   192:8:53
Agua dulce en que tantos   195:9:77
Dulcísima. Dulce. Este es tu   200:13:31
adjetivo.
Dulce como los vientres de   200:13:32
las hembras.
Dulce como los ojos de los   200:13:33
niños.
Dulce como las sombras de la   200:13:34
noche.
Dulce como una voz.   200:13:35
como Inés, Cecilia, y la   203:14:53
dulce Clara,
Nunca llegó a tus oídos la   203:14:65
dulce serenata.
Era dulce el Apóstol divino,   206:15:70
DULCE chopo,   223:24:1
dulce chopo,   223:24:2
¡Oh dulce Juan de Dios!   229:28:10
¡Oh dulce idilio roto   247:40:50
como se pierde el dulce   271:56:12
sonido de las frondas?
como se pierde el dulce   271:56:33
sonido de las frondas?
del espíritu, dulce melodía   272:57:9
Todo hablaba dulce a mi   281:62:15
corazón
o tener dulce voz o fuerte   284:63:45
grito,
Y en la dulce tristeza   289:66:6
¡Ay qué dulce rumor en mi   414:209:9
cabeza!

una dulce gaita ausente.   427:221:24
finge una cólera dulce   439:227:23
y salen si mostramos un vaso   619:323:36
de agua dulce.
y entornaba mis ojos para   630:330:15
dar en el dulce
tanto dulce instrumento   635:333:38
¡Oh dulce muerto de pequeña   637:336:9
mano!
DULCES (10)
con sus dulces cadencias.   193:9:12
poniendo dulces   216:21:24
y cual dulces abejas del sol,   270:55:25
liban
Sentí sobre mis brazos dulces   274:57:71
nidos,
¿No podrán comprender mis   274:57:81
dulces hojas
En mis ojos bebían las   486:245:54
dulces vacas de los cielos.
que tenga dulces nieblas y   543:275:187
profundas orillas,
dulces lotos de las almas   579:304:5
estancadas;
Amantes olorosas de dulces   580:304:62
ruiseñores.
Libros dulces de versos   585:305:66
DULCÍSIMA (1)
Dulcísima. Dulce. Este es tu   200:13:31
adjetivo.
DULCÍSIMAS (1)
dulcísimas espigas!   270:55:29
DULZAINA (1)
del pastor, la dulzaina y el   199:13:18
olivo,
DULZÓN (1)
Por el aire dulzón   179:2:152
DULZURA (4)
HAY dulzura infantil   175:2:1
y eres sobre el piano dulzura   198:11:44
emocionante;
démosle con dulzura   214:20:42
La dulzura tenue del   283:62:62
anochecer,
DURA (15)
su risa amarilla y dura.   366:145:7
Una dura luz de naipe   428:222:5
Camborio de dura crin,   447:231:20
Diana es dura,   475:240:55
Me envolveré sobre esta lona   483:244:30
dura para no sentir el frío
de los musgos.
Tropiezo vacilante por la   501:255:30
dura eternidad fija
en la dura barraca donde la   508:260:48
luna prisionera
¡Oh sangre dura de Ignacio!   542:274:137
Yo quiero ver aquí los   543:275:178
hombres de voz dura.
y moja con agua dura mis   564:290:18
zapatos
que participa de la estrella   618:322:45
dura
Una dura corona de blancos   619:323:33
bergantines
ni la dura guadaña de las   622:323:111
alegorías.
¡Oh España, oh luna muerta   639:338:14
sobre la piedra dura!
bajo la dura inocencia del   647:346:16
zapato;
DURA (1)
Canta el gallo y su canto   509:260:63
dura más que sus alas.
DURANDARTE (1)
Durandarte encantado,   309:89:9
DURANTE (1)
es pacer durante veinte   531:271:4
siglos las hierbas de los
cementerios.

DURAS (3)
...Las duras espuelas 376:156:6
los que crecen en el cruce 486:245:66
de los muslos y llamas duras,
y unas sábanas duras donde 510:261:7
estaba el cáncer dormido.
DURISIMA (1)
con una durísima cuchara 479:243:43
DURISIMOS (1)
durísimos de su hermana. 465:237:36
DURMIENDO (2)
cuando se esté durmiendo. 215:20:47
el agua se va durmiendo, 226:26:23
DURMIENTE (2)
y un aire blanco durmiente. 189:7:24
rosa durmiente, 222:23:72
DURMIENTES (2)
lirios durmientes de mi mal? 232:30:20
los durmientes borran sus 478:242:27
perfiles bajo la madeja de
los caracoles
DURMIOSE (1)
Mi corazón durmióse en la 284:63:32
tristeza
DURO (19)
EL duro corazón de la veleta 229:29:1
es duro como el humano, 257:46:22
en glóbulo duro y agrio, 259:46:70
abiertos al duro aire. 304:81:10
Su duro miriñaque 387:171:17
sus senos de duro estaño. 425:220:8
de duro acento romano, 453:233:55
los pedazos de limón seco 472:239:9
bajo el negro duro de las
botellas.
Dos hilillos de sangre 496:252:6
quiebran el cielo duro.
y eran duro cristal 507:260:16
definitivo
y las blancas entradas de 518:265:26
mármol que conducen al aire
duro
¡Oh duro marfil de carnes 529:269:27
invisibles!
duro como una pared 529:269:36
¡Qué duro con las espuelas! 541:274:118
un duro paisaje de hueso 565:292:11
recorta sus perfiles en el 623:325:2
celeste duro.
al chocar con lo duro 625:327:31
en caballo andaluz de acento 637:336:7
duro
que deja a veces por el aire 645:345:19
un duro perfil de Faraón!
DUROS (2)
Sino que limpios y duros 451:233:8
E (2)
EAST RIVER (2)
POR el East River y el Bronx, 522:267:1
Por el East River y el 523:267:10
Queensborough
EBANO (1)
¡Oh mujer potente de ébano y 202:14:26
de nardo!,
ECCE HOMO (1)
y el Ecce Homo, 309:89:8
ECLESIASTES (1)
¡Calle el Eclesiastés! 277:58:24
ECLIPSA (1)
y se eclipsa soñando 326:114:5
ECLIPSARLAS (1)
como otra estrella digna de 203:14:77
herirlas y eclipsarlas.
ECLIPSE (2)
a tu sangre estremecida 479:243:33
dentro del eclipse oscuro,
para dejar en vuestra carne 481:243:72
una leve huella de eclipse
ECO (6)
y un eco de trompeta su acento 186:6:28
enamorado.

del eco, 267:53:21
¿Todo el eco de estrellas que 271:56:13
guardo sobre el alma
bajo la rama del eco. 346:125:2
Eco de sollozo 416:213:3
los crepúsculos, el eco 598:313:60
hecho carne.
ECOS (11)
Y choca con los ecos de las 186:6:19
lentas campanas
Los ecos de los gritos 219:22:57
de los ecos. 230:29:13
con gusanos. Ecos 239:37:12
donde resbalan valles y ecos 299:72:4
duerme con los ecos. 320:104:22
¡Con los últimos ecos! 320:104:24
sobre los ríos sus ecos. 412:207:8
donde juegan tu boca y los 528:268:21
ecos.
Ecos de manos blancas 589:310:15
vienen los ecos de todos los 628:328:33
siglos.
ECUADOR (3)
(Ecuador entre el jazmín 318:103:4
y gimiera en las llamas de 525:267:76
tu ecuador oculto.
un Ecuador sin lumbre y una 623:325:12
China sin aire.
ECUESTRE (2)
y una corta brisa, ecuestre, 446:230:23
Ecuestre por mi vida 509:260:71
definitivamente anclada.
ECHA (1)
[JOVEN 2.] La noche se nos 333:121:7
echa encima.
ECHABA (2)
y echaba un cubito de 482:244:5
hojalata en el corazón del
sacerdote.
se echaba mi vida en busca de 588:309:4
un deseo.
ECHAD (1)
Echad los limoncitos 322:107:17
ECHADOS (1)
y solo he encontrado 495:251:37
marineros echados sobre las
barandillas
ECHANDO (1)
lo están echando de menos. 402:193:6
ECHAR (2)
Vuelvo otra vez a echar las 280:61:39
redes sobre
quiere echar las palomas a 502:256:35
las alcantarillas
ECHE (2)
Roja y verde, eché a tu cuerpo 400:190:7
y les eché un cordero que 511:262:11
balaba
ECHO (3)
Echó a andar e internóse 176:2:24
lo echó a la calle. 662:360:4
lo echó a la calle. 662:360:8
ECHO (1)
Echo mis redes sobre el agua 279:61:5
turbia
EDAD (2)
por las calles deshabitadas 513:263:44
de la edad media que bajan
al río,
que qué edad tienen. 656:355:22
EDADES (1)
Venís de las edades más 270:55:30
profundas,
EDEN (1)
esencias de un Edén, 579:304:19
EDIFICIOS (1)
en la escala de las heridas 505:258:27
y los edificios deshabitados.
EDIPO (1)
Edipo nacerá de una pupila. 612:318:44

EDUCACION (1)
digo por educación: 226:26:29
EFEBO (1)
efebo de tres mil noches, 439:227:26
EFICACIA (1)
¿Quién duda la eficacia 366:144:11
EFUSIVO (1)
sin caballo efusivo que corte 488:246:38
EJEMPLOS (1)
de ejemplos de ocaso.) 359:134:4
ÉL (11)
EL (1778)
ELASTICO (1)
Dice el compás de acero su 620:323:73
corto verso elástico.
ELEFANTE (4)
muertos sobre el pulmón del 507:260:7
elefante
La penumbra con paso de 570:297:15
elefante
Pero el cielo es un elefante, 571:299:9
En el jazmín un elefante y 571:299:15
nubes
ELEFANTES (1)
ni quien llore por las 520:266:18
heridas de los elefantes.
ELEGANCIA (1)
Yo canto su elegancia con 545:276:222
palabras que gimen
ELEGIA (1)
y escribo tu elegía, 261:47:58
ELEMENTO (1)
por el amplio elemento en que 269:55:7
moran
ELENITA (1)
Elenita que bordas 599:313:89
ELEVA (2)
de naipes que se eleva 233:32:14
tembloroso
eleva escalinatas y oculta 619:323:26
caracolas.
ELEVAN (1)
elevan tu columna de nardo 630:330:11
bajo nieve
ELIPSE (1)
LA elipse de un grito, 298:71:1
ELOGIO (1)
No elogio tu imperfecto 619:323:38
pincel adolescente
ELOISA (1)
Eloísa y Julieta fueron dos 187:6:45
margaritas,
ELVIRA (3)
POR el arco de Elvira 567:294:1
Por el arco de Elvira 567:294:11
Por el arco de Elvira 567:294:21
ELLA (31)
ELLAS (16)
ELLOS (10)
EMBARCADERO (1)
la ciudad entera se agolpó 489:246:44
en las barandillas del
embarcadero.
EMBARGO (2)
Y, sin embargo, estabas para 186:6:29
el amor formada,
de niebla, y sin embargo 349:128:33
EMBEBIDOS (1)
Los muertos están embebidos, 486:245:63
devorando sus propias manos.
EMBISTEN (1)
embisten a los muchachos 451:233:15
EMBOLOS (1)
Embolos y muslos juegan 466:237:83
EMBORRACHA (2)
donde el Hudson se 516:264:38
emborracha con aceite.
donde el Hudson se 517:264:81
emborracha con aceite.
EMBOSCADOS (1)

o emboscados en yertos 526:267:119
paisajes de cicuta.
EMBOZADOS (1)
hombres embozados, 302:77:6
EMBOZO (1)
Embozo de horizonte, latido 646:345:35
y sepultura.
EMIGRAN (1)
emigran el verano.) 612:318:54
EMILIO (8)
Emilio, 473:240:2
Emilio por el mundo de los 473:240:6
ojos y las heridas de las
manos;
Emilio, 473:240:9
Emilio por el mundo de la 473:240:13
sangre y los alfileres
blancos;
Emilio, 473:240:16
Emilio en la yerta ginebra 473:240:20
que se olvida en el vaso;
Emilio, 474:240:23
Emilio, 474:240:53
EMOCION (2)
Me lleno de emoción 178:2:98
el miedo a la emoción que te 621:323:95
aguarda en la calle.
EMOCIONANTE (1)
y eres sobre el piano dulzura 198:11:44
emocionante;
EMOCIONANTES (1)
dejando emocionantes cadencias 270:56:2
en las hojas.
EMOCIONES (1)
intacto de emociones. 203:14:71
EMPAÑABA (1)
y el viento empañaba espejos 480:243:50
EMPAÑADO (1)
tu cristal empañado 217:22:2
EMPAÑAN (1)
se empañan de inmensa noche. 438:227:6
EMPAPADAS (1)
empapadas de arcaicos 249:41:16
EMPAPADO (2)
miradas, empapado 173:1:6
y el Amor, empapado con 543:275:167
lágrimas de nieve,
EMPAPAN (1)
Allí los corales empapan la 478:242:26
desesperación de la tinta,
EMPAPAR (1)
que desata sus miembros sin 542:275:156
empapar la sangre.
EMPAQUETADO (1)
y se fue al diluvio 485:245:26
empaquetado de la savia,
EMPAVONADOS (1)
Sus empavonados bucles 445:230:7
EMPERADOR (1)
ni emperador coronado 442:229:13
EMPERATRIZ (1)
digno de una Emperatriz! 448:231:34
EMPIECE (1)
Cuando empiece el tumulto de 503:256:55
la guerra
EMPIEZA (8)
y empieza a curvarse tu 202:14:41
espléndida espalda.
¡Rana, empieza tu cantar! 209:16:21
EMPIEZA el llanto 297:70:1
Empieza el llanto 297:70:5
Se equivoca y empieza de 384:166:6
nuevo.
y ahora empieza el tiroteo. 659:358:7
y ahora empieza el tiroteo. 660:358:14
y ahora empieza el tiroteo. 660:358:22
EMPINADA (1)
¡Oh!, qué llanura empinada 434:224:29
EMPINADAS (1)
Por las calles empinadas 456:234:89

EMPLAZADO (1)
   para ver al emplazado,   453:233:51
EMPOLVADO (1)
   empolvado. El amor   185:5:26
EMPUJA (1)
   La nieve de Manhattan empuja   496:252:17
   los anuncios
EMPUJABA (1)
   empujaba las ramas y los   570:297:16
   troncos.
EMPUJABAN (1)
   y vi dos niños locos que   532:271:17
   empujaban llorando las
   pupilas de un asesino.
EMPUJADAS (1)
   manadas de bisontes   523:267:15
   empujadas por el viento.
EMPUJADO (1)
   El aire de la llanura,   486:245:59
   empujado por los pastores,
EMPUJAN (1)
   los que nos empujan en la   488:246:14
   garganta.
EMPUJO (2)
   y el judío empujó la verja   517:265:2
   con el pudor helado del
   interior
   El judío empujó la verja;   518:265:28
EMPUJONES (2)
   dando empujones a los   533:272:39
   borrachos y escupiendo sal
   de los sacrificios
   llega dando empujones a las   623:325:18
   barcas latinas.
EN (1149)
ENAGUA (2)
   en el valle de la enagua.)   363:140:9
   El almidón de su enagua   434:225:12
ENAGUAS (1)
   con las enaguas cuajadas   439:227:47
ENAJENADO (3)
   llanto con ruiseñor   475:241:10
   enajenado,
   ¡Qué clavel enajenado   567:294:17
   con hojas de mi otoño   638:337:14
   enajenado.
ENAMORADA (4)
   PRINCESA enamorada sin ser   185:6:1
   correspondida.
   Princesa enamorada y mal   187:6:57
   correspondida.
   la pasión de una niña recién   203:14:69
   enamorada!
   enamorada con humildad;   291:67:30
ENAMORADO (3)
   y un eco de trompeta su acento   186:6:28
   enamorado.
   del arroyo enamorado.   259:46:84
   Y yo estaba enamorado   650:351:11
ENAMORADOS (2)
   LOS cien enamorados   316:100:1
   Los cien enamorados   316:100:9
ENAMORAN (1)
   TRES moricas me enamoran   658:357:1
ENAMORARME (1)
   y no quise enamorarme   436:225:52
ENCADENADA (1)
   Va encadenada al temblor   299:73:7
ENCAJES (1)
   San Miguel lleno de encajes   438:227:17
ENCALADA (1)
   Y la cueva encalada   305:83:13
ENCALLADOS (1)
   sobre grupos de brisas y   501:255:29
   barcos encallados.
ENCAMINA (1)
   que os encamina   216:21:35
ENCANTADA (2)
   Mas tú, cigarra encantada,   189:7:30
   una siringa encantada,   225:26:8
ENCANTADAS (1)

   su secreto a las ondas   275:57:108
   encantadas,
ENCANTADO (1)
   Durandarte encantado,   309:89:9
ENCANTAMIENTO (1)
   como cosa de un encantamiento?   207:15:81
ENCANTO (2)
   ¡Conozco tu encanto sin fin,   282:62:35
   padre olivo,
   ¡Oh tu encanto secreto!...,   387:171:19
   tu...
ENCANTOS (1)
   ¡Cuántos encantos   291:67:13
ENCARNADA (1)
   con una rosa encarnada   324:111:5
ENCARNADAS (1)
   encarnadas se encuentra.   178:2:107
ENCENDER (1)
   para encender su faro solo   275:57:109
   pido
ENCENDERLE (1)
   que yo sabré encenderle   243:38:93
ENCENDIDA (2)
   sobre mi cara encendida.   443:229:42
   con el miedo seguro de la   633:332:12
   meta encendida.
ENCENDIDAS (1)
   y amargas llagas encendidas.   494:250:43
ENCENDIDO (2)
   tengo en el horizonte un   197:11:41
   lucero encendido
   ¿Qué muchacho ha encendido   597:313:17
   por el collado encendido   624:327:2
ENCENDIDOS (2)
   y hogares encendidos.   285:63:69
   encendidos.   308:88:10
ENCENDIERON (3)
   y se encendieron los grillos.   434:225:7
   encendieron un candil.   448:231:48
   y las ranas encendieron sus   533:272:35
   lumbres en la doble orilla
   del río.
ENCENIZADO (1)
   la luna de castigo y el   499:254:43
   reloj encenizado.
ENCERRADA (3)
   la idea de sangre, encerrada   259:46:69
   rumor de rosa encerrada.   466:237:68
   Tibia leche encerrada de las   474:240:50
   recién paridas
ENCERRADO (2)
   había encerrado a tres   532:272:11
   santas mujeres
   y el toro ya está encerrado.   661:359:16
ENCERRARSE (1)
   huir por las esquinas y   480:243:70
   encerrarse en los últimos
   pisos,
ENCIENDE (1)
   que se te enciende?   220:23:22
ENCIERRAN (1)
   que encierran nuestras almas!   268:54:16
ENCIMA (3)
   [JOVEN 2.] La noche se nos   333:121:7
   echa encima.
   Por encima de los techos   464:237:5
   por encima de las casas!   466:237:78
ENCINA (4)
   BAJO tu casta sombra, encina   279:61:1
   vieja,
   ¡oh solitaria encina,   279:61:10
   es tu dolor, encina.   280:61:22
   huye de mí la encina.   280:61:48
ENCINAR (1)
   se mueve un encinar   351:129:10
ENCINAS (1)
   tejen las encinas oros de   281:62:20
   leyendas,
ENCOGIA (1)
   (Y la luz encogía   404:196:5

ENCONTRADA (1)
NORMA de ayer encontrada   648:348:1
ENCONTRADO (4)
han encontrado muerto   463:236:51
Y algunos niños idiotas han   495:251:24
encontrado por las cocinas
y solo he encontrado   495:251:37
marineros echados sobre las
barandillas
no la he encontrado.   658:356:16
ENCONTRAR (8)
seguro de no encontrar una   481:243:95
ninfa,
sin encontrar el desnudo de   485:245:30
su mujer
hasta encontrar las raicillas   491:248:6
del grito.
ni los paisajes que se hacen   514:263:63
música al encontrar las
llaves oxidadas.
sin encontrar la luz de su   570:298:8
mejilla.
te vuelvo a encontrar   591:311:19
te vuelvo a encontrar,   591:311:24
te vuelvo a encontrar.   591:311:29
ENCONTRARA (1)
y el que huye con el corazón   493:250:5
roto encontrará por las
esquinas
ENCONTRARAN (1)
te encontrarán sobre el   425:220:15
yunque
ENCONTRARAS (1)
no encontrarás posada.   255:44:57
ENCONTRARE (1)
En las anémonas del   483:244:20
ofertorio te encontraré,
¡corazón mío!,
ENCONTRARIAS (1)
Me encontrarías llorando   347:126:11
ENCONTRARNOS (2)
de encontrarnos.   306:84:3
de encontrarnos.   306:84:18
ENCONTRARON (3)
Ya no me encontraron.   475:240:65
¿No me encontraron?   475:240:66
No. No me encontraron.   475:240:67
ENCONTRARSE (1)
SIN encontrarse.   510:262:1
ENCONTRE (6)
encontré la siguiente mañana.   207:15:94
[SARGENTO] Me lo encontré y   330:119:41
lo he traído.
si no encontré lo que buscaba.   500:255:2
si no encontré lo que   500:255:24
buscaba;
cuando yo te encontré por   561:287:10
las grutas del vino.
Me encontré con la muerte.   640:341:7
ENCONTRO (2)
pero se encontró, de pronto,   378:159:3
y encontró su sangre abierta.   540:274:85
ENCRUCIJADA (2)
encrucijada,   325:113:2
¡Todo es encrucijada!   601:313:128
ENCRUCIJADAS (2)
las encrucijadas.   307:85:15
Son dos encrucijadas   599:313:72
ENCUENTRA (5)
encarnadas se encuentra.   178:2:107
se encuentra ella misma,   361:137:6
al fin encuentra la mar   436:226:17
que no encuentra el acento   508:260:41
de su primer sollozo.
encuentra las otras   513:263:21
vertientes del cielo.
ENCUENTRAN (3)
para ver si la encuentran   208:15:106
los niños
para ver si las encuentran.   454:234:40

cuando buscan su curso   472:239:19
encuentran su vacío.
ENCUENTRAS (2)
de la pasión encuentras.   218:22:31
-Permita Dios, si lo   661:359:9
encuentras,
ENCUENTRES (1)
que ojalá encuentres.   221:23:46
ENCUENTRO (2)
te encuentro y.   594:312:26
la que yo encuentro en el   645:345:17
niño y en las criaturas que
pasan los arcos.
ENCUENTRO (2)
le salen al encuentro.   462:236:35
Por el arco del encuentro   563:289:21
ENDULZAN (1)
Cinco toronjas se endulzan   433:224:17
ENEBROS (1)
dicen los enebros temores de   281:62:22
aldea.
ENEMIGA (3)
Bañó con sangre enemiga   447:231:9
La mujer gorda, enemiga de la   487:246:5
luna,
tu cintura, enemiga de la   557:283:8
nieve.
ENEMIGO (4)
y enemigo de los sauces.   443:229:22
enemigo del sátiro,   523:267:37
enemigo de la vid   523:267:38
¡Amor, enemigo mío,   562:288:14
ENEMIGOS (2)
mundos enemigos y amores   520:266:9
cubiertos de gusanos
madres de lodo, arpías,   525:267:103
enemigos sin sueño
ENERO (7)
más aún que la luna de enero.   206:15:71
[GITANO] En enero tengo   331:119:56
azahar.
Y Enero sigue tan alto.   364:141:3
Enero,   364:141:4
Enero.   364:141:7
la frente blanca de enero!   418:215:8
en el martirio de enero.   562:289:4
ENERVANTE (1)
Flor grandiosa, divina,   580:304:35
enervante,
ENFERMAS (1)
aburridas y enfermas.   176:2:29
ENFERMO (1)
es un tulipán enfermo,   563:289:15
ENFERMOS (1)
Pero la noche es interminable   512:263:3
cuando se apoya en los
enfermos
ENFRENTE (1)
Pensamiento de enfrente, luz   476:241:13
de ayer,
ENFRIA (1)
enfría las ventanas y disipa   618:323:8
las yedras.
ENFRIADA (1)
Sobre la flor enfriada,   463:236:67
ENFRIE (1)
no hay escarcha de luz que   542:274:143
la enfríe,
ENFURECIDO (2)
unas astas de ciervo   414:210:2
enfurecido.
Violador enfurecido,   467:237:93
ENFURECIDOS (1)
caballos enfurecidos   428:222:7
ENGAÑA (1)
¿Y si el amor nos engaña?   182:3:31
ENGAÑAN (1)
Nos engañan   613:318:82
ENGAÑARLE (1)
Y es fácil engañarle;   214:20:40

ENGENDROSE (1)
en su seno engendróse,   194:9:44
ENHARINADAS (1)
Sangre que busca por mil   480:243:57
caminos muertes enharinadas
y ceniza de nardo,
ENIGMA (1)
Ella era entonces para mí el   191:8:15
enigma,
ENJAEZADA (1)
enjaezada, de Sevilla?   379:159:10
ENJAMBRE (1)
en doble enjambre de flautas.   466:237:64
ENJAMBRES (4)
Enjambres de ventanas   486:245:53
acribillaban un muslo de la
noche.
A veces las monedas en   497:253:11
enjambres furiosos
No puedes avanzar por los   500:255:15
enjambres de corolas
cromáticos enjambres, perlas   580:304:60
del sentimiento,
ENJUTA (1)
Celeste Córdoba enjuta.   442:228:50
ENJUTO (1)
su casto fulgor enjuto.   440:228:18
ENLAZABA (1)
mientras que yo enlazaba   557:283:7
cuatro noches
ENLAZADAS (1)
eran dos verdes lluvias   568:295:18
enlazadas.
ENLOSADAS (1)
El hombre pisa fuerte las   618:323:9
calles enlosadas.
ENLUNADAS (1)
y cítaras enlunadas.   464:237:16
ENLUTA (1)
y los mármoles enluta,   441:228:40
ENLUTADA (1)
soleá enlutada.   306:85:7
ENLUTADOS (1)
CIEN jinetes enlutados,   313:95:1
ENMOHECIDAS (1)
de sombras enmohecidas,   245:39:38
ENMUDECIDA (1)
Grieta en que Filomena   414:209:7
enmudecida
ENORME (7)
y huye del enorme nido   208:16:5
al viejo enorme   217:21:58
¡Quiromántico enorme!   255:44:31
llegar tu enorme lanza.   255:44:42
y tu enorme cabeza centenaria,   260:47:19
Una enorme luz   267:53:12
de enorme moscardón.   303:79:10
ENORMES (5)
Las pupilas enormes   252:42:57
y tiene el cielo enormes   351:129:11
Los maestros señalan con   521:266:40
devoción las enormes cúpulas
sahumadas;
y enormes mariposas   611:318:25
Sobre lunas enormes,   613:318:77
ENREDA (1)
enreda mi ilusión   196:10:19
ENREDABAN (1)
enredaban sus pies.   391:176:12
ENREDADERAS (1)
de peines y enredaderas.   390:175:12
ENREDADO (1)
Su sexo tiembla enredado   459:235:29
ENREDADORA (1)
mala y enredadora.   265:51:14
ENREDAN (1)
O se enredan serpientes a tus   187:6:38
senos exhaustos...
ENRIQUE (10)
mi ¡Enrique!, ¡Enrique!,   243:38:98
ENRIQUE,   473:240:1

Enrique por el mundo de las   473:240:5
camas;
Enrique.   473:240:10
Enrique por el mundo de los   473:240:14
muertos y los periódicos
abandonados.
Enrique.   473:240:17
Enrique en la hormiga, en el   473:240:21
mar y en los ojos vacíos de
los pájaros.
Enrique.   474:240:24
Enrique,   474:240:52
ENROJECEN (1)
Paños blancos enrojecen   467:237:89
ENROLLADO (1)
¡Ya he enrollado la noche de   173:1:12
mi cuento
ENROSCA (2)
y los enrosca   308:88:7
En su cabeza se enrosca   325:112:7
ENROSCADA (1)
luchando enroscada con el   558:284:10
mediodía.
ENROSCAN (1)
viejas iras se enroscan en   628:328:37
mis dedos.)
ENSANGRENTADA (1)
Píntame con tu boca   210:17:33
ensangrentada
ENSANGRENTADO (2)
pero tú fuiste un rojo clavel   187:6:46
ensangrentado
con panal ensangrentado,   257:46:12
ENSEÑA (7)
como Cristo nos enseña?   182:3:28
nos lo enseña la rosa   268:54:13
enseña como un lirio   286:63:105
Cazorla enseña su torre   329:119:18
y enseña, lúbrica y pura,   425:220:7
enseña sus bellos muslos   438:227:19
me enseña el herbario de los   628:328:29
ruidos.
ENSEÑABA (2)
por la noche que enseñaba su   474:240:43
esqueleto de tabaco,
y les enseñaba una calavera   532:272:12
por los vidrios de la
ventana.
ENSEÑAN (1)
Los maestros enseñan a los   521:266:36
niños
ENSEÑANDO (1)
los muchachos cantaban   522:267:2
enseñando sus cinturas,
ENSEÑAS (1)
No, por mis ojos no, que   508:260:46
ahora me enseñas
ENSEÑEN (2)
Yo quiero que me enseñen   543:275:184
dónde está la salida
Yo quiero que me enseñen un   543:275:186
llanto como un río
ENSEÑES (1)
pero no me enseñes tu   558:284:16
cintura fresca.
ENSEÑO (1)
¿Quién te enseñó el camino   251:42:33
ENSOÑARES (1)
en ensoñares claros: 191:8:24
ENSUEÑO (4)
¿Si el azul es un ensueño,   182:3:41
roídas de ensueño   240:37:24
supe del ensueño por boca del   281:62:7
nardo,
Sus pescadores duermen, sin   619:323:29
ensueño, en la arena.
ENSUEÑOS (2)
y virginal de ensueños.   212:18:16
los ensueños despiertos.   269:55:8

ENTENDER (3)
   ¿Quién pudiera entender los   272:57:5
   manantiales,
   para entender que lo que   500:255:9
   busco tendrá su blanco de
   alegría
   para entender que lo que   500:255:26
   busco tendrá su blanco de
   alegría
ENTENDIMIENTO (1)
   La luz del entendimiento   435:225:42
ENTERA (1)
   la ciudad entera se agolpó   489:246:44
   en las barandillas del
   embarcadero.
ENTERARME (1)
   No quiero enterarme de los   563:290:7
   martirios que da la hierba,
ENTERARSE (1)
   sin enterarse de que el mundo 491:249:11
ENTERE (1)
   Que se entere la luna   504:257:16
ENTEREN (3)
   no se enteren los niños   234:32:35
   que se enteren los señores.   450:232:40
   Que se enteren las raíces   504:257:10
ENTERRABAN (1)
   que enterraban un paisaje de 532:271:16
   volcanes
ENTERRADA (1)
   la terrible claridad de otra 518:265:18
   luna enterrada.
ENTERRADAS (3)
   de estrellas enterradas.   193:9:34
   y el dolor de las cocinas   488:246:12
   enterradas bajo la arena,
   y pequeñas criaturas del   495:251:38
   cielo enterradas bajo la
   nieve.
ENTERRADME (2)
   enterradme con mi guitarra   323:109:2
   enterradme si queréis   323:109:8
ENTERRADOS (1)
   Estaban los tres enterrados: 473:240:18
ENTERRAR (1)
   no vieron enterrar a los   472:239:2
   muertos,
ENTERRARON (1)
   y el niño que enterraron   493:250:12
   esta mañana lloraba tanto
ENTIENDAN (1)
   que entiendan a las aguas!   275:57:106
ENTIENDE (3)
   pero mi corazón no entiende   272:57:14
   nada.
   tu alma tibia sin ti que no   476:241:18
   te entiende,
   Tu alma tibia sin ti que no   476:241:39
   te entiende.
ENTIENDES (1)
   Los que nosotros vendemos   338:121:72
   son fríos. ¿Entiendes?
ENTIERRO (2)
   Tu entierro no tuvo niñas   315:99:3
   Tu entierro fue de gente   316:99:9
ENTONCES (14)
   "¿Porqué hemos dicho, entonces, 178:2:94
   Ella era entonces para mí el   191:8:15
   enigma,
   ¿Te querré como entonces   198:12:17
   Y entonces, luna   217:21:60
   Y entonces, ¡oh Señor!,   241:38:39
   Entonces yo soñé,   383:165:10
   Entonces, negros, entonces,   482:243:106
   entonces,
   pero en el centro de la misa   483:244:32
   yo romperé el timón y
   entonces
   Entonces se oyó la gran voz   533:272:19
   y los fariseos dijeron:

Entonces salieron los fríos   533:272:34
cantando sus canciones
Fue entonces   533:272:41
Pero entonces baja la luna   646:345:26
despeñada por las escaleras,
ENTORNABA (1)
   y entornaba mis ojos para   630:330:15
   dar en el dulce
ENTORNADOS (2)
   y los ojos entornados.   426:220:28
   balaban con los ojos   503:257:9
   entornados.
ENTORNAN (1)
   Las estrellas entornan   603:314:29
ENTRA (6)
   entra en el corazón   302:78:2
   entra y sale   323:110:2
   entra y sale,   324:110:13
   y sale y entra   324:110:14
   entra por mi ventana.   368:148:14
   entra en la casa que tiene,   428:221:44
ENTRADA (1)
   prohibiera en absoluto la   572:300:8
   entrada a la luna.
ENTRADAS (1)
   y las blancas entradas de   518:265:26
   mármol que conducen al aire
   duro
ENTRAN (2)
   Entran buscando el sitio de   338:121:73
   más calor y allí se paran.
   entran a saco por ellas.   456:234:76
ENTRAÑA (4)
   el velo infecundo que cubre la 201:14:8
   entraña
   en entraña de oro vago.   258:46:34
   tenemos la entraña cuajada de 282:62:33
   nidos,
   mira su entraña de oro   326:114:4
ENTRAÑABLE (1)
   Es la savia entrañable   192:9:3
ENTRAÑABLES (2)
   -entrañables distancias-.   583:305:29
   Luz que temen las vides   620:323:59
   entrañables de Baco
ENTRAÑAS (3)
   que pone en mis entrañas un   271:56:20
   batir de palomas.
   en las viejas entrañas!   274:57:76
   AMOR de mis entrañas, viva   639:340:1
   muerte,
ENTRAR (1)
   Para entrar en el gris   374:153:7
ENTRARON (1)
   y luego me entraron   408:201:8
ENTRE (1)
   ENTRE en la selva   610:318:1
ENTRE (72)
ENTRECEJOS (1)
   Una ausencia de bosques.   618:323:13
   biombos y entrecejos
ENTRECORTADA (1)
   En la voz entrecortada   305:83:9
ENTRECRUZANDO (1)
   hacen nocturnos y desfiles   513:263:50
   entrecruzando sus propias
   venas.
ENTREDOSES (1)
   de espejitos y entredoses.   439:227:48
ENTREGADO (1)
   EL trigal se ha entregado a la 269:55:1
   muerte.
ENTREGANDO (1)
   entregando a los sapos mi   559:285:12
   mordido clavel.
ENTREGAR (2)
   entregar nuestras ansias   194:9:64
   ya que yo tengo que entregar 514:263:55
   mi rostro,

ENTREGASTE (1)
    ¿Cómo a mí te entregaste, luz   210:17:13
    morena?
ENTREIS (1)
    Muchachos, no entréis a él;   661:359:21
ENTRELAZADAS (2)
    con palabras de tierra   280:61:37
    entrelazadas
    Allí todas las formas   500:255:13
    guardan entrelazadas
ENTRELAZAN (1)
    donde naipe y herida se   632:331:30
    entrelazan cántando,
ENTREN (1)
    para que entren las llamas   268:54:33
ENTRETEJIDA (1)
    ¡Oh música y bondad   637:336:10
    entretejida!
ENTRISTECIDA (1)
    ¿No fue por mi figura   210:17:17
    entristecida?
ENTRO (1)
    Thamar entró silenciosa   465:237:53
ENTURBIAME (1)
    Entúrbiame los ojos con tu   210:17:29
    canto.
ENTURBIAN (1)
    y enturbian el camino   248:40:60
ENVIDIA (1)
    dando envidia a la otra   462:236:18
ENVIDIABAN (2)
    Lo que en otros no   448:231:27
    envidiaban,
    ya lo envidiaban en mí.   448:231:28
ENVOLTURA (1)
    ¡Pobre envoltura que ha   231:30:9
    oprimido
ENVOLTURAS (1)
    en envolturas blancas?"   194:9:66
ENVOLVERE (1)
    Me envolveré sobre esta lona   483:244:30
    dura para no sentir el frío
    de los musgos.
ENVOLVERIA (1)
    yo te envolvería,   665:364:20
ENVUELTOS (1)
    que cayeron envueltos en   284:63:19
    azules
ENVUELVE (2)
    pues te envuelve con su manto   189:7:36
    con que el agua envuelve las   281:62:17
    cosas paradas
EPIDEMIA (1)
    y te escupió en el   502:256:40
    dormitorio donde murieron
    los huéspedes en la epidemia
EPOPEYA (1)
    La miel es la epopeya del amor,   199:13:9
EQUILIBRIO (8)
    donde a la perfección del   200:13:42
    equilibrio
    quiebra el gran equilibrio   218:22:35
    les da la lección y equilibrio   441:228:41
    daba equilibrio a la muerte   453:233:56
    basta para romper el   490:247:26
    equilibrio de todo el cielo.
    esta confusión por anhelo de   514:263:58
    equilibrio,
    Rosa del equilibrio sin   621:323:84
    dolores buscados.
    Solo tu Sacramento de luz en   632:331:25
    equilibrio
EQUILIBRIOS (1)
    y allí donde flota mi cuerpo   499:254:49
    entre los equilibrios
    contrarios.
EQUIVALES (1)
    Equivales a todas las   200:13:39
    bellezas,
EQUIVOCA (3)
    [JINETE] Se equivoca.   336:121:53

    Se equivoca y empieza de   384:166:6
    nuevo.
    Pero si la nieve se equivoca   531:271:11
    de corazón
EQUIVOCADA (1)
    LA tarde equivocada   374:154:1
EQUIVOCADAS (1)
    se comprende la verdad de   500:255:20
    las cosas equivocadas,
EQUIVOCADO (1)
    por mi muerte desierta con   474:240:47
    un solo paseante equivocado.
EQUIVOCADOS (2)
    Perros equivocados y   508:260:39
    manzanas mordidas.
    Mapas equivocados relucen en   623:325:11
    sus ojos,
EQUIVOCAR (2)
    EQUIVOCAR el camino   531:271:1
    Equivocar el camino   531:271:5
ERA (68)
ERALES (1)
    cuando los erales sueñan   447:231:15
ERAMOS (1)
ERAN (22)
ERAS (6)
ERES (22)
ERIGE (1)
    que erige en agua su perpetuo   637:336:6
    muro,
ERIZA (2)
    eriza sus pitas agrias.   430:223:20
    y la piel del camello se   494:250:37
    eriza con un violento
    escalofrío azul.
ERIZABAN (1)
    dicen que se erizaban   319:104:11
ERIZADAS (1)
    y danzar al fin, sin duda,   482:243:109
    mientras las flores erizadas
ERRABUNDOS (1)
    y los colores errabundos   626:328:14
ERRANTE (5)
    -¡Ay!, caballero errante   222:23:55
    ven, Satanás errante,   243:38:87
    Mi amor errante,   245:39:36
    Y el agua errante se pondrá   414:209:12
    amarilla,
    errante.   600:313:99
ES (271)
ESA (21)
ESAS (5)
ESBELTA (1)
    ¡Oh mujer esbelta, maternal y   202:14:42
    ardiente!
ESCALA (6)
    (La escala llega a la luna.)   360:135:4
    por una escala subía.   444:229:68
    es una escala indefinible   495:251:33
    donde las nubes y rosas
    olvidan
    en la escala de las heridas   505:258:27
    y los edificios deshabitados.
    Escala de aroma   596:312:71
    Escala de luna   596:312:75
ESCALAN (1)
    atiende solo rastros que no   476:241:16
    escalan.
ESCALAS (2)
    por las escalas, ¡sin   513:263:46
    miedo!, por las escalas.
ESCALENO (1)
    EL paisaje escaleno de   623:325:1
    espumas y de olivos
ESCALERAS (8)
    Por las escaleras tristes   466:237:81
    Le vi jugar en las últimas   482:244:4
    escaleras de la misa
    los que buscan la lombriz en   486:245:67
    el paisaje de las escaleras,

Nos caemos por las escaleras 493:250:15
para comer la tierra húmeda
por las inmensas escaleras 497:253:6
y los niños dibujaban 522:267:5
escaleras y perspectivas.
Pero entonces baja la luna 646:345:26
despeñada por las escaleras,
Pero la luna subía y bajaba 646:345:38
las escaleras,
ESCALERILLAS (2)
por escalerillas de agua. 459:235:24
por las escalerillas de su 518:265:31
corazón:
ESCALINATAS (1)
eleva escalinatas y oculta 619:323:26
caracolas.
ESCALOFRIO (2)
Yedra del escalofrío 465:237:51
y la piel del camello se 494:250:37
eriza con un violento
escalofrío azul.
ESCAMAS (1)
Tu juglar fue un mancebo con 186:6:27
escamas de plata
ESCANCIANDO (1)
tus senos resbalan 202:14:40
escanciando aromas
ESCANDALO (1)
El escándalo temblaba 391:175:13
ESCAPA (2)
se escapa por su boca 313:96:5
Cuerpo de la belleza que late 633:332:9
y que escapa.
ESCAPABA (1)
Un rayo de luz violeta que se 532:272:2
escapaba de la herida
ESCAPABAN (1)
Sus muslos se me escapaban 435:225:32
ESCAPAN (2)
bordes de amor que escapan 508:260:27
de su tronco sangrante.
las liras y gemidos que se 518:265:22
escapan de las hojas
diminutas
ESCAPAR (2)
escapar del universo 208:16:4
por el que todos querían 518:265:12
escapar.
ESCAPARON (1)
ellas son silencios que 580:304:51
lentos escaparon
ESCARABAJO (2)
Escarabajo sonoro. 326:115:4
Escarabajo sonoro. 327:115:14
ESCARABAJOS (1)
y los escarabajos borrachos 478:243:6
de anís
ESCARCHA (6)
Grandes estrellas de 430:223:14
escarcha,
Allí no llega la escarcha de 500:255:11
los ojos apagados
Las arquitecturas de 518:265:21
escarcha,
en el museo de la escarcha. 527:268:5
no hay escarcha de luz que 542:274:143
la enfríe,
con una corona de escarcha. 568:295:6
ESCARCHADO (1)
escarchado de amor y de 287:63:130
lirismo,
ESCARLATINA (1)
este mascarón de vieja 487:245:77
escarlatina,
ESCARNECEN (1)
que escarnecen, haciéndolo 234:32:24
Pegaso,
ESCAYOLA (1)
dejándome la sangre por la 492:249:25
escayola de los proyectos,
ESCENAS (1)

copos de besos y escenas 181:3:16
ESCLAVINA (1)
y con esclavina de agua. 664:363:4
ESCLAVOS (2)
esclavos suben y bajan. 466:237:82
Esclavos de la mujer, 526:267:117
perras de sus tocadores,
ESCOBAZOS (1)
dando escobazos de plata a 646:345:40
los niños de los muelles
ESCONDE (3)
que el sol se esconde doliente 226:26:38
se esconde en los barrancos, 262:48:10
que esconde en vuestros 580:304:30
pechos
ESCONDIDAS (1)
Bebías vinagre a escondidas 650:351:7
ESCONDIDO (4)
bello y lindo se ha escondido 185:5:27
con el sol escondido en el 205:15:41
pecho.
de tu escondido cráneo. 218:22:36
está entre nosotras escondido 286:63:86
-.
ESCONDIDOS (1)
escondidos. 225:26:6
ESCOTILLONES (1)
abrid los escotillones para 494:250:48
que vea bajo la luna
ESCRIBE (1)
contra el niño que escribe 525:267:93
ESCRIBEN (1)
escriben la sombra 314:97:11
ESCRIBIENDO (2)
escribiendo en el cielo 585:305:70
De otra que estaba 650:351:13
escribiendo
ESCRIBIENTES (1)
Escribientes dormidos en el 632:331:9
piso catorce.
ESCRIBIERON (1)
Muchos barcos escribieron en 339:121:91
ellos sus nombres;
ESCRIBIR (1)
al escribir tu nombre de 638:338:2
tinta y cabellera
ESCRIBO (1)
y escribo tu elegía, 261:47:58
ESCRITA (1)
en vano espero tu palabra 639:340:2
escrita
ESCUADRAS (1)
Escuadras de níquel juntan 460:235:65
ESCUCHA (7)
El corazón escucha. 283:63:2
La niña no los escucha. 381:163:12
La niña no los escucha. 381:163:18
Y la niña no lo escucha. 382:163:24
Despierta. Calla. Escucha. 510:261:19
Incorpórate un poco.
La otra mitad me escucha 516:264:48
como en sombra os escucha 582:304:98
callado,
ESCUCHABA (2)
El agua de la fuente lo 224:25:10
escuchaba sombría.
escuchaba los lejanos 260:47:21
ESCUCHAD (2)
Escuchad los romances 193:9:17
¡Escuchad! ¿Qué se siente en 205:15:26
el cielo,
ESCUCHADO (1)
muchedumbre de luces y 631:330:34
clamor escuchado!
ESCUCHAN (1)
Esta noche en la vega se 205:15:42
escuchan
ESCUCHANDO (1)
y escuchando la voz del 586:307:14
abuelo.

ESCUCHAR (4)
Yo me acerqué para escuchar   272:57:13
su canto,
para escuchar   292:67:61
al escuchar los primeros   519:265:59
gemidos.
sin escuchar el doble   543:275:189
resuello de los toros.
ESCUCHARA (1)
como de humano yo los   275:57:90
escuchara.
ESCUCHASTE (1)
Mas en vano escuchaste los   203:14:64
acentos del aire.
ESCUCHE (1)
y escuché el débil ruido de   274:57:79
los astros
ESCUDEROS (1)
escuderos desvelados,   451:233:9
ESCUDO (1)
es un escudo   254:44:23
ESCUELA (3)
de la escuela,   183:4:2
a la alta escuela,   236:33:22
que tenía en la escuela   244:39:2
ESCULTORICA (1)
lejos de la escultórica   646:346:8
sapiencia del caballo,
ESCUPE (3)
escupe a las barcas rotas y   481:243:79
se clava puntillas en los
hombros;
¡Cómo escupe veneno de bosque   487:245:86
y escupe carbón machacado   520:266:13
ESCUPIDERAS (1)
los negros que sacan las   522:266:58
escupideras,
ESCUPIENDO (1)
dando empujones a los   533:272:39
borrachos y escupiendo sal
de los sacrificios
ESCUPIO (1)
y te escupió en el   502:256:40
dormitorio donde murieron
los huéspedes en la epidemia
ESCUPO (1)
Os escupo en la cara.   516:264:47
ÉSE (2)
ESE (23)
ESENCIA (1)
una esencia divina: 579:304:28
ESENCIALES (1)
Llegan mis cosas esenciales.   414:210:9
ESENCIAS (2)
cargado de sol y esencias,   184:4:24
esencias de un Edén,   579:304:19
ESFERA (2)
(Esfera sin sabor.)   612:318:50
Desconocidas islas   620:323:74
desmienten ya la esfera.
ESFERAS (1)
de las esferas.   612:318:58
ESFINGE (7)
esfinge sin ojos!   227:27:20
Así pájaro esfinge das tu alma   235:32:50
La Quietud hecha esfinge   249:41:9
fruta esfinge del pecado,   258:46:40
esfinge de nieve.   288:64:25
De la esfinge a la caja de   485:245:36
caudales hay un hilo tenso
La verdadera esfinge   612:318:42
ESFINGES (1)
como esfinges se quedan.   178:2:89
ESFUERZO (10)
venían. Sin esfuerzo,   368:148:10
¡QUE esfuerzo!   506:259:1
¡Qué esfuerzo del caballo por   506:259:2
ser perro!
¡Qué esfuerzo del perro por   506:259:3
ser golondrina!

¡Qué esfuerzo de la   506:259:4
golondrina por ser abeja!
¡Qué esfuerzo de la abeja por   506:259:5
ser caballo!
sin esfuerzo.   506:259:21
porque reunían entre todos   519:265:39
con esfuerzo media paloma,
Dice la línea recta su   621:323:75
vertical esfuerzo
Canto tu bello esfuerzo de   621:323:90
luces catalanas,
ESFUERZOS (1)
ignorante de esfuerzos   621:323:80
soterrados que causa.
ESFUMA (2)
Si la niebla se esfuma,   198:12:20
Estamos con un cuerpo   543:275:170
presente que se esfuma,
ESGRIMA (1)
Es primero el amor, la   622:323:101
amistad o la esgrima.
ESMERALDAS (3)
-Con bordón de esmeraldas y   206:15:64
perlas
las esmeraldas líricas.   279:61:4
ni constructores, ni   487:245:75
esmeraldas, ni locos, ni
sodomitas.
ESO (17)
"¿Qué es eso?"   177:2:66
por eso,   214:20:41
Por eso, luna,   216:21:28
¡conténtate con eso!   230:29:19
Por eso al estallar, ríe   257:46:15
¿Qué es eso que suena   288:64:8
¿Qué es eso que suena   288:64:20
¿Qué es eso que suena   288:64:32
[GITANO] Eso.   330:119:38
[AMARGO] Eso parece.   335:121:42
¡Eso sí!   375:155:11
Tienen, por eso no lloran,   453:234:5
¡Eso es todo!   490:248:3
Por eso no levanto mi voz,   525:267:92
viejo Walt Whitman,
por eso todas ellas al nacer   580:304:54
imitaron
y por eso de noche   584:305:44
es eso: 595:312:68
ESOS (7)
ESPACIO (3)
es un pequeño espacio vivo   495:251:32
al loco unisón de la luz,
acaricia la cara del espacio   603:314:26
El espacio estrellado   606:314:82
ESPACIOS (2)
en los espacios   350:128:55
que en espacios profundos   583:305:20
ESPADA (6)
-La espada de mi amante   221:23:27
y espada de plata antigua.   381:163:16
con una espada caliente.   427:221:32
ni espada como su espada,   541:274:105
y vendrá con espada   571:298:10
fulgurante,
ESPADAS (11)
pues te hieren las espadas   190:7:64
invisibles
por cinco espadas.   298:70:26
las espadas de los lirios.   435:225:47
pasión de crines y espadas,   459:235:48
traspasados por las espadas   484:245:12
de la luz;
ya suenan sus espadas de   511:262:20
saliva
levantaban al aire sus   568:295:8
espadas.
con espadas de agua   608:315:27
Las cuatro espadas hieren   608:315:29
luz oblicua de espadas y   633:332:2
mercurio de estrella,
rey de espadas, rey de bastos.   662:361:4

ESPADINES (1)
    por los finos espadines de   520:266:2
    plata,
ESPADON (1)
    Espadón de nebulosa   452:233:42
ESPALDA (9)
    y empieza a curvarse tu   202:14:41
    espléndida espalda.
    que olvidan en tu espalda?   255:44:34
    sobre mi espalda.)   405:197:4
    Grave silencio, de espalda   452:233:44
    le cubren toda la espalda   459:235:40
    Son tus besos en mi espalda   466:237:62
    La piedra es una espalda   542:275:151
    para llevar al tiempo
    roza su tibia espalda sin   618:322:42
    venera.
    como una espalda rosa de   623:325:4
    bañista desnudo.
ESPALDAS (1)
    y granizo a sus espaldas.   464:237:20
ESPANTA (1)
    ni pica las espuelas, ni   543:275:175
    espanta la serpiente:
ESPANTAN (1)
    ¡cubren!, ¡trepan!,   513:263:42
    ¡espantan!
ESPANTAR (1)
    para espantar los sapos   483:244:22
    nocturnos que rondan los
    helados paisajes del cáliz.
ESPANTO (2)
    hormigas de espanto y licor   510:261:22
    de lirios.
    Tres mil judíos lloraban en   519:265:38
    el espanto de las galerías
ESPAÑA (7)
    Tenías la pasión que da el   186:6:21
    cielo de España.
    Las niñas de España,   307:85:11
    a clavel de España.   310:91:4
    De España.   310:91:6
    el amarillo de España.   400:190:4
    ¡Oh blanco muro de España!   542:274:135
    ¡Oh España, oh luna muerta   639:338:14
    sobre la piedra dura!
ESPARTO (1)
    del esparto   663:361:11
ESPARTOS (1)
    hecha de espartos   480:243:61
    exprimidos, néctares de
    subterráneos.
ESPASMOS (1)
    mar de espasmos gloriosos.   276:58:15
ESPECIALISTA (1)
    Un sastre especialista en   532:272:10
    púrpura
ESPECIALISTAS (1)
    con los especialistas de las   519:265:51
    articulaciones.
ESPECTADORES (1)
    Rodeado de espectadores que   509:260:66
    tienen hormigas en las
    palabras.
ESPECTRALES (1)
    Lianas espectrales.   606:314:84
ESPECTRO (3)
    espectro de armonía,   218:22:39
    LARGO espectro de plata   413:209:1
    conmovida,
    su propio espectro.   596:313:5
ESPECTROS (3)
    con tu capa de espectros   174:1:23
    dolientes espectros   239:37:10
    Ver pasar los espectros   583:305:14
ESPEJISMO (1)
    espejismo,   595:312:60
ESPEJITO (2)
    la toma por espejito.   347:127:6
    Con un espejito   354:132:7
ESPEJITOS (1)

de espejitos y entredoses.   439:227:48
ESPEJO (20)
    Eres el espejo de una   202:14:46
    Andalucía
    en el espejo   260:47:3
    en el espejo   261:47:54
    ¿Qué leo en el espejo   289:65:5
    con un hacha rompió el   406:199:16
    espejo.
    el espejo en que se miran   411:205:16
    mi montura por su espejo,   431:223:27
    levantando con el rabo   485:245:28
    pedazos de espejo.
    tenía un espejo   596:313:2
    bajo el gran espejo.   596:313:11
    sobre un espejo,   597:313:32
    Detrás de cada espejo   598:313:45
    Detrás de cada espejo   598:313:49
    El espejo es la momia   598:313:53
    El espejo   598:313:57
    partió el espejo   600:313:93
    espejo mío.   600:313:109
    con el espejo   612:318:46
    el espejo redondo de la luna   619:323:20
    en su mano.
    Mercurio de vigilia, casto   636:335:3
    espejo
ESPEJOS (11)
    de los espejos.   319:104:14
    y espejos verdes.   320:106:2
    Y en los espejos verdes,   321:106:12
    La noche sobre espejos   362:139:5
    Plata de arroyos y espejos.   401:191:13
    ¿Por qué nací entre espejos?   420:218:5
    Por los espejos sollozan   455:234:53
    y el viento empañaba espejos   480:243:50
    En Viena hay cuatro espejos   528:268:20
    Oímos por espejos.   597:313:30
    rompe sus espejos   601:313:118
ESPERA (10)
    ¿qué otra pasión me espera?   199:12:21
    [AMARGO] Espera un poco.   341:121:122
    ¡Ay que la muerte me espera,   380:161:13
    donde espera la dentadura   494:250:35
    del oso,
    donde espera la mano   494:250:36
    momificada del niño
    Por el campo (que espera los   589:310:8
    tropeles de almas),
    me espera.   600:313:111
    Espera.   647:347:3
    Espera.   647:347:6
    Espera.   647:347:9
ESPERA (2)
    agrio de espera y de boca.   437:226:26
    que se abren las ropas en   521:266:24
    espera de la bala.
ESPERABA (1)
    esperaba   236:34:8
ESPERABAN (3)
    esperaban la muerte de un   489:247:4
    niño en el velero japonés.
    dos valles esperaban al   570:297:14
    otoño.
    Los Padres esperaban   610:317:5
ESPERAN (2)
    hay que llevarlos al muro   494:250:34
    donde iguanas y sierpes
    esperan,
    y yo sé lo que esperan los   502:256:36
    que por la calle
ESPERANDO (5)
    esperando en el alga o en la   417:214:5
    silla su noche,
    los muertos gimen esperando   571:298:16
    turno.
    y esperando mi resurrección,   582:304:111
    esperando al que lleva   584:305:64
    mintiendo canto y esperando   617:322:22
    miedo

ESPERANZA (12)
    ¿Si la esperanza se apaga   182:3:37
    ¡Oh! Divino licor de la   200:13:41
    esperanza,
    en su corazón ya sin   202:14:45
    esperanza.
    del porvenir. Y llene de   211:18:11
    esperanza
    Ten esperanza,   216:21:48
    redes hechas con hilos de   280:61:41
    esperanza,
    lo tiene la esperanza en su   286:63:88
    recinto-.
    Y la esperanza dice quedamente 286:63:89
    ¿Por qué nuestra esperanza   287:63:115
    se adormece
    tiembla sin esperanza   391:176:3
    porque allí no hay mañana ni   497:253:10
    esperanza posible.
    a la esperanza.   612:318:39
ESPERANZAS (2)
    ¡Oh sol de las esperanzas!   182:3:49
    esperanzas, anhelos, pasión,   581:304:76
ESPERAR (4)
    a esperar que se caigan los   569:297:3
    ramos,
    a esperar que se quiebren   569:297:4
    ellos solos.
    a esperar que se caigan mis   570:297:19
    ramos,
    a esperar que se quiebren   570:297:20
    ellos solos.
ESPERARA (1)
    ¡Cuántas veces te esperara,   432:223:70
ESPERO (1)
    ¡Cuántas veces te esperó!   432:223:69
ESPERO (1)
    en vano espero tu palabra   639:340:2
    escrita
ESPESA (2)
    lleno de niebla espesa, de   275:57:95
    rocío
    Son las colinas de martillos   491:249:14
    y el triunfo de la hierba
    espesa.
ESPESO (1)
    de polvillo harinoso y espeso, 205:15:32
ESPESOS (1)
    los espesos musgos de mis   488:246:39
    sienes.
ESPESURA (3)
    bajo espesura de besos.   346:125:6
    Qué espesura de puñales   466:237:79
    del ave en la espesura   634:333:9
ESPIGA (4)
    La espiga es el pan. Es Cristo 258:46:35
    de la espiga en el ojo y el   484:245:8
    gato laminado,
    ignora el misterio de la   521:266:31
    espiga,
    la llegada del reino de la   526:267:137
    espiga.
ESPIGAS (9)
    Como Ceres dieras tus espigas 201:14:18
    de oro
    Ya las hoces cortan las   269:55:2
    espigas.
    conmueve a las espigas?   269:55:13
    ¡Parecen las espigas viejos   269:55:16
    pájaros
    dulcísimas espigas!   270:55:29
    espigas de Saturno por la   476:241:35
    nieve
    Yo vi dos dolorosas espigas   532:271:15
    de cera
    ¡Qué blando con las espigas! 541:274:117
    pone loco de espigas el   638:338:8
    silencio del grano.
ESPINA (4)
    la espina de la risa   218:22:29
    viva en la espina del puñal   480:243:55

    y en el pecho de los
    paisajes,
    ¡Oh cruz! ¡Oh clavos! ¡Oh   533:272:16
    espina!
    ¡Oh espina clavada en el   533:272:17
    hueso hasta que se oxiden
    los planetas!
ESPINAS (4)
    buscando viejas espinas.   325:112:16
    Sangre y espinas. Acércate.   378:158:3
    en la penumbra de mis espinas. 378:158:8
    San José ve en el heno tres   496:252:14
    espinas de bronce.
ESPINOS (1)
    los juncos y los espinos,   435:225:21
ESPIRALES (1)
    espirales de llanto.   300:74:7
ESPIRITU (11)
    alabastro de espíritu.   195:10:9
    y nos unge de espíritu santo   196:11:10
    de los mares.
    condensada a través de otro   199:13:12
    espíritu.
    de mi espíritu rojo.   223:24:12
    de espíritu   242:38:74
    el espíritu.   254:44:14
    Fue tu espíritu fuerte   260:47:13
    del espíritu, dulce melodía   272:57:9
    Mi espíritu fundióse con las   274:57:59
    hojas
    pero el verdadero dolor no   495:251:12
    está presente en el espíritu.
    y el espíritu a la lengua de   515:264:15
    la cobra.
ESPIRITUS (2)
    sus espíritus lavan,   195:9:78
    Pero la sangre mojó sus pies 533:272:28
    y los espíritus inmundos
ESPIRITU SANTO (1)
    el propio Espíritu Santo,   189:7:37
ESPLENDIDA (1)
    y empieza a curvarse tu   202:14:41
    espléndida espalda.
ESPOLEA (1)
    La noche espolea   377:156:16
ESPONJA (2)
    ¡ESA esponja gris!   491:249:1
    ¡Oh esponja mía gris!   492:249:35
ESPONJAS (1)
    y aun andando por un paisaje   493:250:28
    de esponjas grises y barcos
    mudos
ESPUELA (1)
    Sin la espuela del viento   267:53:8
ESPUELAS (5)
    cantan las espuelas.   376:156:3
    ...Las duras espuelas   376:156:6
    una vitrina de espuelas.   455:234:72
    ¡Qué duro con las espuelas! 541:274:118
    ni pica las espuelas, ni   543:275:175
    espanta la serpiente:
ESPUERTA (1)
    Una espuerta de cal ya   537:273:5
    prevenida
ESPUMA (10)
    una pompa de espuma sobre el   234:32:42
    agua
    ¿Vives bien en la espuma   237:35:9
    Dientes de espuma,   263:49:3
    Dientes de espuma,   264:49:23
    se clavan, levantando claras   271:56:7
    perlas de espuma.
    entre la espuma casta del mar, 292:67:45
    Entre la espuma de las   385:168:11
    sábanas
    llenas las ingles de espuma   465:237:27
    Lirios de espuma cien y cien 617:322:24
    estrellas,
    con chapines de fósforo y   618:322:40
    espuma.

ESPUMAS (2)
  y espumas de rojos claveles   202:14:32
  que aroman
  EL paisaje escaleno de   623:325:1
  espumas y de olivos
ESQUELETICA (1)
  esquelética amiga.   280:61:34
ESQUELETO (6)
  En el cofre de plomo, dentro   187:6:41
  de tu esqueleto,
  por la noche que enseñaba su 474:240:43
  esqueleto de tabaco,
  prepara tu esqueleto para el 511:262:26
  aire.
  Prepara tu esqueleto;   511:262:28
  los hombres que les suena   543:275:180
  el esqueleto y cantan
  y en el toro el esqueleto de 571:299:16
  la niña.
ESQUELETOS (5)
  momias de versos y esqueletos 231:30:14
  Arranca los esqueletos   240:38:7
  Los esqueletos de mil   254:44:15
  mariposas
  destrozaron tres esqueletos 475:240:64
  para arrancar sus dientes de
  oro.
  esqueletos de alondras y   542:275:158
  lobos de penumbra;
ESQUEMA (1)
  señalan el esquema perfecto 620:323:48
  de sus órbitas.
ESQUILA (4)
  lluvia mansa y serena de   197:11:28
  esquila y luz suave,
  la esquila del rebaño,   262:48:14
  Y esta esquila   602:314:7
  Esta esquila...   602:314:9
ESQUILONES (3)
  ESQUILONES de plata   219:23:1
  Esquilones de plata   220:23:19
  Esquilones de plata   222:23:75
ESQUINA (2)
  la esquina de la sorpresa, 454:234:34
  haremos en la esquina de la 639:339:13
  pena
ESQUINAS (13)
  En las últimas esquinas   434:225:8
  En las esquinas banderas.   454:234:18
  En las esquinas banderas.   455:234:58
  huir por las esquinas y   480:243:70
  encerrarse en los últimos
  pisos,
  que harán decir a los que 483:244:34
  duermen y a los que cantan
  por las esquinas:
  o los que comen por las   486:245:69
  esquinas diminutas pirámides
  del alba.
  ni para estas gentes ocultas 490:247:28
  que tropiezan con las
  esquinas.
  y el que huye con el corazón 493:250:5
  roto encontrará por las
  esquinas
  van detrás de Lutero por las 496:252:20
  altas esquinas.
  mientras la luna los azota 524:267:72
  por las esquinas del terror.
  ponía grises los labios   532:272:7
  redondos de los que vomitaban
  en las esquinas.
  En las esquinas grupos de   537:273:21
  silencio
  por todas las esquinas del 633:332:4
  abierto domingo.
ESQUIRLAS (1)
  por mi dolor lleno de   474:240:44
  rostros y punzantes
  esquirlas de luna,
ESQUIVA (1)

  Tu soledad esquiva en los   475:241:3
  hoteles
ESQUIVAN (1)
  Los cristales esquivan la   618:323:10
  magia del reflejo.
ÉSTA (2)
ESTÁ (75)
ESTA (32)
ESTABA (28)
ESTABAN (12)
ESTABAS (8)
ESTABLO (3)
  rubor de luz o miel de   503:257:8
  establo,
  que hay un establo de oro en 564:290:13
  mis labios;
  Calor de establo.   602:314:13
ESTABLOS (2)
  y por los establos más   502:256:16
  pequeños y en las cruces de
  los bosques
  iqué luna sin establos, qué 506:259:15
  desnudos,
ESTADO (2)
ESTADO (1)
  No hay estado perfecto   194:9:67
ESTAIS (3)
ESTALACTITAS (1)
  hicieron estalactitas   235:33:13
ESTALLAN (1)
  en un aire donde estallan 457:234:111
ESTALLAR (1)
  Por eso al estallar, ríe 257:46:15
ESTAMBRE (1)
  abandona el estambre de la cruz 230:29:9
ESTAMBRES (1)
  y los estambres de sueño. 266:52:10
ESTAMOS (5)
ESTAN (31)
ESTANCADA (3)
  y del ritmo turbio del agua 202:14:37
  estancada.
  (Agua estancada)   345:123:2
  Pero pondré en mi voz   410:204:9
  estancada
ESTANCADAS (1)
  dulces lotos de las almas 579:304:5
  estancadas;
ESTANCADO (2)
  Viento estancado.   625:327:9
  Viento estancado   625:327:16
ESTANCIA (1)
  la última estancia de la   397:184:8
  noche!)
ESTANDARTES (1)
  Estandartes y faroles   455:234:51
ESTANQUE (5)
  Al estanque se le ha muerto 369:148:33
  Está fuera del estanque,   369:148:35
  El estanque tiene suelta   370:148:41
  por la niña del estanque   370:148:47
  del estanque.   603:314:38
ESTANQUES (2)
  muertas sobre los estanques. 296:68:22
  Estanques, aljibes y fuentes 568:295:7
ESTANTE (1)
  en el estante!   173:1:13
ESTAÑO (1)
  sus senos de duro estaño. 425:220:8
ESTAR (2)
ESTARA (2)
ESTÁS (11)
ESTAS (7)
ESTATUA (5)
  jugaba a la estatua con el 404:196:12
  niño loco.)
  La Noche, negra estatua de 619:323:19
  la prudencia, tiene
  Tranquila y concentrada como 621:323:79
  una estatua ciega,

Canto el ansia de estatua   621:323:94
que persigues sin tregua,
de tus ojos de estatua, y el   638:337:2
acento
ESTATUAS (7)
meditan como estatuas.   232:31:2
Desván donde el polvo viejo   472:239:14
congrega estatuas y musgos,
plazas del cielo extraño   495:251:41
para las antiguas estatuas
ilesas
iré penetrando a voces las   503:256:63
verdes estatuas de la
Malaria.
LAS estatuas sufren por los   504:258:1
ojos con la oscuridad de los
ataúdes,
pero debajo de las estatuas   521:266:41
no hay amor,
Se cayeron las estatuas   647:347:11
ESTE (2)
ESTE (50)
ESTE (1)
VIENTO del Este: 303:79:1
ESTEPA (1)
Sobre la parda tierra de la   284:63:34
estepa
ESTES (1)
ESTILIZAS (1)
Estilizas o copias después   620:323:67
de haber mirado
ESTILO (3)
Soledad con estilo   634:333:6
donde se quiebra el pulso de   636:335:4
mi estilo.
donde no muere tu estilo.   648:348:10
ESTIO (4)
en la fuerza del Estío,   189:7:47
tiene toda la gracia del estío 200:13:22
de estío,   241:38:36
de estío,   243:38:92
ESTIRABAN (1)
los mulatos estiraban gomas,   480:243:49
ansiosos de llegar al torso
blanco,
ESTO (4)
Y aunque no crees en nada   234:32:34
dices esto,
¿Y esto que ahora pensamos se   271:56:16
lo traga la sombra?
Lo que importa es esto: 492:249:32
hueco. Mundo solo.
Desembocadura.
Solo esto: Desembocadura.   492:249:34
ESTOS (5)
ESTOY (10)
ESTRECHA (1)
alegrando la estrecha   587:307:35
calleja:
ESTRECHAR (1)
cantaba el oso de agua que   492:249:20
lo había de estrechar;
ESTRECHO (1)
en el círculo estrecho del   620:323:52
minuto presente.
ESTRELLA (47)
a llevarme a una estrella."   180:2:157
Estrella sonora   189:7:40
estrella azul sobre mi pecho   191:8:16
intacto.
estrella, suplicándole que   191:8:31
salga
La colmena es una estrella   199:13:5
casta,
como otra estrella digna de   203:14:77
herirlas y eclipsarlas.
y una estrella dejóme aquí   207:15:77
dentro.
-¿Dónde tienes guardada esa   207:15:78
estrella?

-No, hijos míos, la estrella   207:15:82
relumbra,
EL diamante de una estrella   208:16:1
estrella de dolor.   210:17:36
como una estrella apagada.   213:19:24
-La estrella de mi amante   220:23:23
Una estrella le hace burla   225:26:13
Clara estrella azul,   237:35:7
¿Un céntimo de estrella?   247:40:28
la estrella más antigua.   256:45:12
(Cada grano es una estrella,   257:46:3
cuyo pezón se hizo estrella   257:46:9
ni la estrella que quiere   267:53:10
a la estrella lejana?   273:57:31
La estrella Venus es   277:58:22
ritmo de la hoja, ritmo de la   282:62:24
estrella.
teje una gran estrella   314:96:8
ni estrella lucían.   348:128:20
colgado de una estrella.   362:138:18
y una estrella.   379:160:2
Canción de estrella viva   383:165:17
con salivilla de estrella.   456:234:100
Al Norte hay una estrella.   463:236:62
y en mi hora de estrella   582:304:106
apagada,
una estrella volar hacia el   587:307:22
cielo.
esa estrella que voló hacia   587:307:31
el cielo.
estrella.   590:311:11
estrella que naranja,   595:312:63
hay una estrella muerta   598:313:46
tanta estrella?   601:313:130
y una estrella   602:313:144
La estrella   603:314:16
La estrella   603:314:19
Aquella estrella romántica   604:314:45
Aquella estrella romántica   604:314:48
Estrella mohosa   611:318:24
que participa de la estrella   618:322:45
dura
En la estrella polar   622:324:5
decapitada.
Caballitos de cardio por la   632:331:22
estrella sin sangre.
luz oblicua de espadas y   633:332:2
mercurio de estrella,
ESTRELLA (2)
¡oh Estrella la gitana!   209:17:2
¡oh Estrella la gitana!   211:17:46
ESTRELLABAN (1)
estrellaban ampollas de   533:272:29
laguna sobre las paredes del
templo.
ESTRELLADA (2)
para ver si en la noche   208:15:108
estrellada
la inmensa cumbre estrellada.   212:19:12
ESTRELLADO (2)
La ciencia del silencio frente   268:54:7
al cielo estrellado,
El espacio estrellado   606:314:82
ESTRELLARSE (1)
y estrellarse en una aurora   480:243:68
de tabaco y bajo amarillo.
ESTRELLAS (88)
¡Oh pulidor de estrellas!   174:1:27
"Yo he visto las estrellas."   178:2:121
"¿Qué son las estrellas?",   179:2:122
dicen
pensativo: "¿Estrellas?"   179:2:125
he visto las estrellas,   179:2:127
"¿Pero qué son las estrellas?"   179:2:133
"Yo he visto a las estrellas",   179:2:145
Acaso a las estrellas   180:2:165
un vago temblor de estrellas,   181:3:2
un vago temblor de estrellas   182:3:54
sueño de estrellas humildes.   184:5:7
de estrellas enterradas.   193:9:34
Por algo las estrellas   194:9:41

de estrellas ahumadas 196:10:18
Más lejano que todas las 198:12:15
estrellas
todas las estrellas del cielo 202:14:44
profundo
Pero tu gran tristeza se irá 203:14:76
con las estrellas,
-¿Cómo son las estrellas aquí? 207:15:84
Taladrado de estrellas 218:22:45
LAS estrellas apagadas 225:26:1
Ya es de noche y las estrellas 227:26:49
de que hay sombra detrás de 234:32:36
las estrellas
pasionarias y estrellas, 238:35:27
de mirar las estrellas 248:40:67
cerca de las estrellas, 252:42:46
¿Han sido las estrellas? 264:50:5
y las noches tienen las mismas 265:52:6
estrellas.)
y las noches tienen las 266:52:12
mismas estrellas.)
y las noches tienen las 266:52:18
mismas estrellas.)
y las noches tienen las 266:52:26
mismas estrellas.)
y arrancar las estrellas que 268:54:27
nos puso Satán.
¿Todo el eco de estrellas que 271:56:13
guardo sobre el alma
Era un brotar de estrellas 272:57:15
invisibles
como estrellas de plata. 272:57:22
a las estrellas blancas. 275:57:100
Mas hoy en vez de estrellas 276:58:16
Es el mismo dolor de las 280:61:23
estrellas
venía la noche preñada de 281:62:2
estrellas.
que venía grave, preñada de 283:62:65
estrellas.
-Yo soy todo de estrellas 283:63:5
derretidas,
Nuestro ideal no llega a las 284:63:42
estrellas,
Porque el azul lo tienen las 286:63:83
estrellas
Las estrellas: -Tampoco lo 286:63:85
tenemos:
Y mientras que descansan las 286:63:108
estrellas
y estrellas de cristal. 310:90:10
estrellas con los velones, 315:98:6
de las estrellas. 324:111:2
[TENIENTE CORONEL] Tengo tres 328:119:5
estrellas y veinte cruces.
(Estrellas 363:140:2
(Estrellas 363:140:11
(Estrellas 363:140:14
de estrellas.) 364:140:21
(Estrellas cerradas.) 364:140:23
clavándose estrellas. 377:156:18
privadas de las estrellas. 385:169:4
amarillo de estrellas, 390:174:16
cien estrellas y su barco. 419:216:11
en todas sus estrellas. 420:218:8
El silencio sin estrellas, 426:221:5
Sátiro de estrellas bajas 427:221:41
Grandes estrellas de 430:223:14
escarcha,
Las estrellas de la noche 443:229:37
Las estrellas de la noche 444:229:69
Cuando las estrellas clavan 447:231:13
y estrellas de nariz rota, 458:235:10
¡Pronto! ¡Los bordes! ¡De 504:258:5
prisa! Y croaban las
estrellas tiernas.
junto al Guadalquivir de 541:274:134
las estrellas.
¡AVE rosas, estrellas 579:304:1
solemnes!

¡ave rosas, estrellas 579:304:6
solemnes!
¡ave rosas, estrellas 579:304:9
sin estrellas, sin fe, sin 580:304:47
las claras
ellas son estrellas que 580:304:50
sienten el amor,
¡Ave rosas, estrellas 581:304:81
solemnes!
de rosas y de estrellas 582:305:8
entre flores de estrellas, 589:310:5
estrellas 594:312:35
Las estrellas frías 595:312:0
miraran las estrellas, 598:313:41
Las estrellas entornan 603:314:29
da teta a sus estrellas 604:314:56
¡Estrellas niñas, herid: 604:314:60
Y las estrellas pobres, 605:314:66
las estrellas malditas. 614:318:87
Lirios de espuma cien y cien 617:322:24
estrellas,
Pero ya las estrellas 620:323:47
ocultando paisajes,
Estrellas como puños sin 622:323:108
halcón te relumbren,
LAS estrellas 624:326:1
como son las estrellas! 624:326:4
ESTRELLEN (1)
ha de gritar aunque le 522:266:62
estrellen los sesos en el
muro,
ESTRELLITA (1)
por Estrellita de oro 266:52:15
ESTRELLITAS (3)
-Estrellitas del cielo 221:23:47
(Estrellitas 363:140:5
estrellitas tiernas! 604:314:61
ESTREMECE (4)
Y tu grito estremece los 186:6:17
cimientos de Burgos.
La pena de la tarde estremece 271:56:9
a mi pena.
¿La niebla del misterio no 273:57:42
estremece
algo que me estremece..., 273:57:49
como un aire
ESTREMECERAN (1)
que ya las ortigas 487:245:80
estremecerán patios y
terrazas,
ESTREMECIDA (4)
estremecida. 360:136:14
o estremecida de agudos 464:237:11
a tu sangre estremecida 479:243:33
dentro del eclipse oscuro,
Oxido, fermento, tierra 517:264:62
estremecida.
ESTREMECIDAS (2)
Bajo las estremecidas 315:98:5
estremecidas de ranas. 370:148:44
ESTREMECIDO (3)
me deja estremecido? 289:65:12
estremecido, pero extático. 397:184:4
entre el tisú estremecido de 521:266:52
ternura;
ESTREMECIDOS (2)
crepitantes, mordientes, 514:263:71
estremecidos, agrupados,
Tierra para los manteles 645:345:8
estremecidos,
ESTREMEZCA (1)
Un cantar de mañana que 211:18:9
estremezca
ESTRIBILLOS (3)
Son estribillos de 414:210:10
estribillos.
canciones de bambú y 623:325:10
estribillos de nieve.
ESTRIBOS (1)
sin bridas y sin estribos. 435:225:39

ESTROFAS (1)
   sus estrofas de plata.   585:305:71
ESTRUENDO (1)
   El estruendo remoto   219:22:59
ESTRUJADAS (2)
   y los terribles alaridos de 516:264:36
   las vacas estrujadas
   por las vacas estrujadas   517:264:79
ESTUDIA (1)
   Y el becerro los estudia   612:318:59
ESTUDIASTEIS (1)
   estudiasteis un libro   247:40:30
ESTUDIOS (1)
   Los pintores modernos, en sus 618:323:5
   blancos estudios,
ESTUVO (3)
ETERNA (23)
   "¿Ni crees en la vida eterna?" 177:2:65
   por siempre en la vida eterna 177:2:82
   "¿Crees tú en la vida eterna?" 178:2:91
   es una cosa eterna.   192:9:2
   es una cosa eterna.   193:9:26
   de la eterna mañana.   193:9:32
   es eterna cautiva,   194:9:57
   con la música eterna,   219:22:66
   donde en la noche eterna, 219:22:70
   La mañana es eterna, es eterna 234:32:32
   como telaraña de armonía 281:62:18
   eterna.
   la alegría eterna del   484:245:13
   hipopótamo con las pezuñas
   de ceniza
   Eterna en los finales de   505:258:16
   unas ondas que aceptan
   piel eterna y rubor, andan 506:259:16
   buscando!
   casi eterna en su ramo,   572:301:3
   Flor eterna. Conjuro al   580:304:34
   suspiro.
   tibios sancta sanctorum de 580:304:57
   la eterna poesía,
   de la eterna acacia!   590:311:17
   de la eterna acacia!   594:312:21
   hay una calma eterna   598:313:50
   y sombra eterna.   616:321:3
   rayen el corazón de   622:323:107
   Cataluña eterna.
ETERNAMENTE (1)
   Eternamente   302:77:9
ETERNAS (2)
   sois eternas, magníficas, 581:304:64
   tristes
   y eternas caravanas   584:305:49
ETERNIDAD (3)
   fija en la eternidad!   268:54:31
   Tropiezo vacilante por la 501:255:30
   dura eternidad fija
   la Eternidad   613:318:78
ETERNIDADES (1)
   giran locos pidiendo   635:333:32
   eternidades.
ETERNIZA (1)
   La máquina eterniza sus   618:323:12
   compases binarios.
ETERNIZAN (1)
   Tres borrachos eternizan 403:194:5
ETERNO (11)
   por lo eterno. "La senda 180:2:163
   del corazón eterno.   212:18:24
   de lo eterno, si tallas   256:44:64
   a eterno movimiento   276:58:6
   el viento dice: -Soy eterno 286:63:101
   ritmo-.
   Místico eterno   291:67:10
   del eterno vado,   349:128:44
   del eterno poeta nocturno y 580:304:52
   soñador,
   ANGULO eterno,   615:319:1
   pero alabo tus ansias de 619:323:40
   eterno limitado.

Dios en mantillas, Cristo   631:330:22
   diminuto y eterno,
ETERNOS (3)
   y mirar los eternos jardines 187:6:35
   de la sombra,
   donde los huevos de avestruz 477:242:19
   quedan eternos
   en los filos eternos de la 496:252:4
   madera rota.
EUNUCO (1)
   hecho un eunuco   291:67:22
EVA (2)
   donde Eva come hormigas 498:254:15
   Adán y Eva.   600:313:91
EVANGELIO (1)
   de tu bello evangelio   581:304:87
   solemne,
EVITA (1)
   ni conoce la sombra ni la 640:340:6
   evita.
EVITADA (1)
   y donde toda superficie es 500:255:8
   evitada,
EVITAR (1)
   El cielo tiene playas donde 525:267:79
   evitar la vida
EVOCA (2)
   El gitano evoca   305:83:5
   Evoca los limoneros   320:105:8
EXACTA (2)
   Amas una materia definida y 620:323:69
   exacta
   Brisa y materia juntas en 631:330:19
   expresión exacta,
EXACTO (1)
   el pañuelo exacto de la   477:242:6
   despedida,
EXALTA (1)
   El cielo exalta cicatriz   618:322:43
   borrosa,
EXAMEN (1)
   en un examen de   241:38:29
EXCEPCION (1)
   con la sola excepción   361:138:9
EXCESO (1)
   Pero si alguien tiene por la 494:250:47
   noche exceso de musgo en las
   sienes,
EXCLAMA (3)
   - exclama la rana ciega -. 177:2:61
   El caracol exclama: 178:2:112
   no tiene fin-exclama-.   180:2:164
EXCLAMAN (1)
   Las hormigas exclaman   179:2:140
EXCREMENTO (1)
   ha de gritar con la cabeza 522:266:66
   llena de excremento,
EXENTA (2)
   VERDE rama exenta   416:213:1
   y sombra exenta.   616:321:5
EXHALAN (1)
   Los pañales exhalan un rumor 496:252:15
   de desierto
EXHAUSTO (1)
   al sentir en el pecho ya   203:14:68
   cansado y exhausto
EXHAUSTOS (1)
   O se enredan serpientes a tus 187:6:38
   senos exhaustos...
EXISTA (1)
   del Bien que quizá no exista, 182:3:35
EXISTE (3)
   No hay dolor en la voz. Aquí 496:251:45
   solo existe la Tierra.
   Son mentiras las formas.   513:263:22
   Solo existe
   Son mentira los aires. Solo 514:263:64
   existe
EXISTEN (2)
   No hay dolor en la voz. Solo 496:251:43
   existen los dientes,

Existen las montañas. Lo sé.   515:264:10
EXPIRAN (1)
    El leñador no sabe cuándo   482:243:102
    expiran
EXPIRANDO (2)
    y cuando esté ya expirando   190:7:54
    porque estaba ya expirando.   661:359:40
EXPLICA (1)
    que explica su grandeza   583:305:36
EXPLICACION (1)
    tu amor a lo que tiene   621:323:91
    explicación posible.
EXPLICO (1)
    comprendí. Pero no explico.   386:170:13
EXPLORA (1)
    que explora en la tiniebla   213:20:5
EXPLORAN (2)
    exploran el cielo.)   368:148:4
    exploran el suelo.)   368:148:8
EXPLOREN (1)
    exploren la caricia   255:44:29
EXPRESA (2)
    No es un pájaro el que   495:251:28
    expresa la turbia fiebre de
    laguna,
    Porque tu signo expresa la   632:331:33
    brisa y el gusano.
EXPRESADO (1)
    El olvido estaba expresado   481:243:83
    por tres gotas de tinta
    sobre el monóculo,
EXPRESAR (1)
    ¡Oh Forma limitada para   631:330:33
    expresar concreta
EXPRESION (2)
    una sola expresión frenética   500:255:14
    de avance.
    Brisa y materia juntas en   631:330:19
    expresión exacta,
EXPRESIONES (2)
    y expresiones tranquilas.   269:55:20
    las vacilantes expresiones   477:242:10
    bovinas,
EXPRESIVAS (1)
    Sus señas expresivas   635:333:33
EXPRIME (1)
    ¡qué flecha aguda exprime de   506:259:7
    la rosa!,
EXPRIMIDA (1)
    y naranja exprimida.   320:105:15
EXPRIMIDOS (1)
    hecha de espartos   480:243:61
    exprimidos, néctares de
    subterráneos.
EXPUESTA (1)
    Expuesta a los tranvías y a   401:192:4
    los barcos.
EXTASIS (2)
    un éxtasis de cigüeña.   455:234:50
    bajo el éxtasis denso y   617:322:31
    penetrable.
EXTATICO (1)
    estremecido, pero extático.   397:184:4
EXTENDIDA (1)
    extendida y solemne como un   210:17:31
    manto
EXTIENDEN (1)
    Los árboles extienden   175:2:3
EXTRAES (1)
    al darnos la sangre que   282:62:36
    extraes de la Tierra,
EXTRAHUMANO (1)
    tu dolor extrahumano,   218:22:48
EXTRAHUMANOS (1)
    Cazadores extrahumanos   208:16:9
EXTRAIGO (1)
    como tú, yo extraigo con mi   282:62:37
    sentimiento
EXTRAÑA (2)
    La tarde se pone extraña   390:175:11

Alma extraña de mi hueco de   476:241:30
venas,
EXTRAÑO (3)
    No es extraño para la danza   485:245:34
    No es extraño este sitio   486:245:44
    para la danza, yo lo digo.
    plazas del cielo extraño   495:251:41
    para las antiguas estatuas
    ilesas
EXTRAÑOS (1)
    extraños unicornios.   309:89:2
FABRICAN (1)
    que fabrican las almas.   584:305:57
FABULA (5)
    blancas metas de fábula que   353:130:6
    olvida
    SI, tu niñez ya fábula de   475:241:1
    fuentes.
    SI, tu niñez ya fábula de   476:241:29
    fuentes.
    SI, tu niñez ya fábula de   476:241:45
    fuentes.
    Alba no. Fábula inerte.   492:249:33
FACIL (5)
    Es fácil que muy pronto   179:2:150
    Y es fácil engañarle;   214:20:40
    o fácil caminar sobre las   284:63:46
    hierbas,
    ¡Qué fácil nos sería cortar   590:311:16
    las flores
    ¡Qué fácil nos sería cortar   594:312:20
    las flores
FACHADA (1)
    Fachada de crin, de humo;   490:247:32
    anémonas, guantes de goma.
FACHADAS (1)
    Fachadas de cal, ponían   450:232:35
FAENAS (1)
    seguid vuestras faenas.   179:2:149
FAERIES (1)
    Faeries de Norteamérica,   526:267:108
FAISAN (3)
    con un solo ojo de faisán,   518:265:14
    y da la sangre del cordero   521:266:35
    al pico idiota del faisán.
    y un faisán los ahuyenta por   570:297:8
    el polvo.
FAISANES (2)
    son los muertos, los   488:246:13
    faisanes y las manzanas de
    otra hora
    son dos faisanes que vuelan   561:287:7
    por las torres
FAJA (1)
    alrededor de tu faja.   431:223:44
FALDA (2)
    su falda de moaré tiembla   315:98:7
    volantes sobre tu falda.   466:237:60
FALDAS (1)
    y temblorosas faldas,   307:85:13
FALO (1)
    Era que la luna quemaba con   532:272:9
    sus bujías el falo de los
    caballos.
FALOS (1)
    sobre el mundo de ruedas y   630:330:12
    falos que circula.
FALSA (2)
    Esta es falsa, esta tiene   404:196:8
    y una falsa tristeza de   481:243:73
    guante desteñido y rosa
    química.
FALSAS (3)
    y saco piedras falsas entre   280:61:43
    un cieno
    las copas falsas, el veneno   494:250:49
    y la calavera de los teatros.
    y lleva gracia pura por las   496:252:18
    falsas ojivas.

FALTA (1)
    testigos que conocen lo que   462:236:43
    falta.
FANGO (3)
    Un viento sur de madera,   481:243:78
    oblicuo en el negro fango,
    ¡Qué ola de fango y   486:245:51
    luciérnaga sobre Nueva York!
    Son los vivísimos   491:249:15
    hormigueros y las monedas en
    el fango.
FANGOS (1)
    y sacar de los fangos de mi   279:61:3
    sombra
FANTASIA (5)
    perdió su fantasía.   384:167:3
    dejó su fantasía!   385:167:12
    flores de su fantasía.   433:224:12
    vislumbra su fantasía!   434:224:32
    Tu fantasía llega donde   619:323:43
    llegan tus manos,
FANTASMA (2)
    buque fantasma del miedoso   234:32:22
    insecto,
    si el fantasma indeciso   246:40:23
FANTASMAS (1)
    por sus propios fantasmas.   584:305:53
FANTASTICA (2)
    la fantástica camisa   252:43:6
    Sobre una fantástica rueda,   362:138:26
FANTASTICO (2)
    a mi fantástico lucero!   231:30:10
    Mi caballo fantástico me lleva 278:59:20
FANTASTICOS (1)
    Fantásticos Merlines   309:89:7
FAQUIR (1)
    Como un faquir indio   326:114:3
FARAON (1)
    que deja a veces por el aire 645:345:19
    un duro perfil de Faraón!
FARISEOS (3)
    Entonces se oyó la gran voz   533:272:19
    y los fariseos dijeron:
    dijeron los fariseos.   533:272:27
    no nos dejará dormir,   533:272:37
    dijeron los fariseos,
FARMACIAS (1)
    y la gente buscaba las   489:246:41
    farmacias
FARO (2)
    Tu faro se apagó. ¡Ya los   273:57:36
    alumbra
    para encender su faro solo   275:57:109
    pido
FAROL (4)
    un farol   303:79:2
    ¡Cómo temblaba el farol!   304:81:4
    farol y luciérnaga.   308:87:2
    farol y luciérnaga.   308:87:10
FAROLES (5)
    Se apagaron los faroles   434:225:6
    ceñidos por los faroles.   438:227:20
    relumbran cuatro faroles.   449:232:6
    Estandartes y faroles   455:234:51
    Una luna y mil faroles.   643:344:7
FAROLILLOS (1)
    farolillos de hojalata.   432:223:58
FAROLITO (1)
    ¡Cómo temblaba el farolito   304:81:6
FASTIDIAR (1)
    para fastidiar al pez   441:228:35
FATAL (3)
    tiene el polen fatal del   190:8:4
    desengaño.
    el fatal sentimiento de haber 197:11:14
    nacido tarde,
    volcaré mi fatal corazón.   581:304:80
FATALES (1)
    de tristezas, de amores   581:304:71
    fatales,
FATIMA (5)

Axa y Fátima y Marién.   658:357:3
Axa y Fátima y Marién.   659:357:8
Axa y Fátima y Marién.   659:357:13
Axa y Fátima y Marién.   659:357:18
Axa y Fátima y Marién.   659:357:23
FATUO (2)
    tiene ese fuego fatuo,   254:44:9
    un fuego fatuo de gritos!   296:68:26
FATUOS (1)
    Fuegos fatuos que apaga el   271:56:8
    temblor de las ondas.
FAUCE (1)
    ¡Oh fauce maravillosa   395:181:5
FAUNA (1)
    los Budas de la Fauna,   255:44:44
FAUNO (2)
    y los judíos vendían al   523:267:12
    fauno del río
    flor de fauno y de virgen   580:304:36
    cristiana,
FAUNOS (1)
    en que los faunos moran,   579:304:26
FAVONIO (1)
    mientras Favonio suena y   617:322:27
    Tetis canta.
FAVOR (1)
    por favor;   588:308:7
FAZ (2)
    la faz divina   215:21:21
    su faz rojiza.   216:21:47
FE (3)
    le dio valor y fe,   175:2:20
    ¡Pobre y triste es tu fe!   229:28:8
    sin estrellas, sin fe, sin   580:304:47
    las claras
FEA (2)
    estabas fea desnuda.   400:190:2
    Qué fea estabas, francesa,   400:190:5
FEBRILES (1)
    en los nardos febriles   324:110:10
FECUNDA (2)
    Nadie te fecunda. Mártir   202:14:34
    andaluza,
    y Adán fecunda peces   498:254:16
    deslumbrados.
FEDERICO (2)
    ¡qué raro que me llame   414:210:12
    Federico!
    ¡Ay Federico García,   448:231:37
FELIZ (1)
    del hombre feliz: la piel   252:43:7
FEMENINO (1)
    Femenino Silvano.   210:17:26
FENIX (1)
    de ave fénix al limbo.   235:32:51
FEO (1)
    que es un manto muy negro y   586:307:9
    muy feo.
FERIA (3)
    una feria sin músicas   265:51:21
    ni la feria de ceniza del que 472:239:3
    llora por la madrugada,
    ¡Qué deslumbrante en la   541:274:120
    feria!
FERIAS (1)
    en las ferias.   316:99:8
FERMENTADOS (1)
    con árboles fermentados y   488:246:17
    camareros incansables
FERMENTO (2)
    Oxido, fermento, tierra   517:264:62
    estremecida.
    Agonía, agonía, sueño,   525:267:81
    fermento y sueño.
FERROCARRILES (1)
    que en montes de carbón,   523:267:41
    anuncios y ferrocarriles,
FETO (1)
    en feto   214:20:33

FETOS (1)
  Yo veo en ti fetos de   231:30:13
  ciencias,
FICTICIA (1)
  lejos de la profundidad   646:346:7
  ficticia de los búhos,
FIEBRE (4)
  Adán sueña en la fiebre de la 353:130:9
  arcilla
  No es un pájaro el que   495:251:28
  expresa la turbia fiebre de
  laguna,
  abiertos en las plazas con   526:267:118
  fiebre de abanico
  o la fiebre del mar de   570:298:7
  inmenso rostro
FIEBRES (3)
  y las fiebres pequeñas   501:256:8
  heladas sobre las hojas del
  maíz.
  LAS alegres fiebres huyeron a 517:265:1
  las maromas de los barcos
  Las alegres fiebres bailaban   519:265:46
  por las cúpulas humedecidas
FIEL (1)
  Cadaqués, en el fiel del   619:323:25
  agua y la colina.
FIERA (1)
  fiera del cielo   216:21:54
FIERAS (1)
  con fieras mansas y cuevas   291:67:37
  hondas,
FIESTA (5)
  corazón en fiesta?   250:42:6
  LOS días de fiesta   361:138:1
  de los días de fiesta.   361:138:10
  a la ciudad de la fiesta.   455:234:66
  en la última fiesta de los   516:264:46
  taladros.
FIGURA (2)
  ¿No fue por mi figura   210:17:17
  entristecida?
  Ya se acabó; ¿qué pasa?   543:275:162
  Contemplad su figura:
FIJA (7)
  fija en la eternidad!   268:54:31
  con tu fija madrugada.   466:237:58
  Tropiezo vacilante por la   501:255:30
  dura eternidad fija
  No, que no desemboca. Agua   505:258:25
  fija en un punto,
  está fija en las doce.   613:318:79
  sobre la flauta fija de la   617:322:20
  fuente.
  fija en su blanco vuelo,   634:333:4
FIJA (2)
  Mientras la luz que viene   353:130:5
  fija y gana
  donde el amargo trópico se   489:246:42
  fija.
FIJABA (1)
  que fijaba sobre el muro   453:233:52
FIJAS (1)
  donde todos los ángulos   631:330:30
  toman sus luces fijas,
FIJO (1)
  corazón fijo, vencedor de   622:324:3
  nortes,
FILARMONICA (1)
  filarmónica?   237:35:16
FILAS (2)
  en largas filas que gimen   460:235:61
  para que los cocodrilos   479:243:27
  duerman en largas filas
FILO (6)
  Ese filo, amor, ese filo.   491:249:5
  ¡Oh filo de mi amor, oh   492:249:39
  hiriente filo!
  o subimos al filo de la   493:250:16
  nieve con el coro de las
  dalias muertas.

¡Ay qué furia de amor, qué   568:295:9
  hiriente filo,
FILOMELA (1)
  En lado opuesto, Filomela   617:322:17
  canta,
FILOMENA (1)
  Grieta en que Filomena   414:209:7
  enmudecida
FILOMNEDES (1)
  Nacisteis junto con Filomnedes 292:67:44
FILOS (3)
  dice misa con dos filos   439:227:43
  Las rosas huían por los filos 478:243:12
  en los filos eternos de la   496:252:4
  madera rota.
FILOSOFAS (1)
  de estas viejas filósofas del 229:28:3
  llano?
FILOSOFO (2)
  filósofo cegato,   246:40:22
  donde el filósofo es   495:251:23
  devorado por los chinos y
  las orugas.
FILTRA (1)
  brecha por donde se filtra.   188:7:16
FILTRABA (1)
  y filtraba un ansia de luz   488:246:10
  en las circulaciones
  subterráneas.
FILTRO (1)
  y algunas negras suben a los   502:256:33
  pisos para repartir filtro
  de rata.
FIN (19)
  ver el fin de la senda.   175:2:23
  que si al fin Dios oyera   176:2:37
  no tiene fin-exclama-.   180:2:164
  y que descanse al fin en la   212:18:23
  alegría
  que al fin la mariposa   238:35:28
  Las rosas del fin serán   277:59:16
  ¡Conozco tu encanto sin fin,   282:62:35
  padre olivo,
  de no saber mi fin ni mi   284:63:29
  destino-.
  al fin encuentra la mar   436:226:17
  por el pecho sin fin de la   476:241:41
  blancura.
  y danzar al fin, sin duda,   482:243:109
  mientras las flores erizadas
  y amor al fin sin alba.   501:255:31
  Amor. ¡Amor visible!
  LA luna pudo detenerse al fin 532:272:1
  por la curva blanquísima de
  los caballos.
  pero los cálices eran de   532:272:5
  viento y al fin llenaba los
  zapatos.
  Pero ya duerme sin fin.   541:274:123
  de silencio sin fin y   634:333:7
  arquitectura,
  Duerme cielo sin fin, nieve   637:336:12
  tendida.
  en la gloria sin fin de la   639:339:6
  blancura.
  sin fin de flores secas.   640:341:13
FINA (3)
  Con llave de plata fina.   382:164:6
  y miedos de fina arena.   453:234:12
  el nadador de níquel que   500:255:21
  acecha la onda más fina
FINAL (2)
  (Punto final   328:118:2
  un final de corazones.   438:227:12
FINALES (3)
  ¡Noche clara, finales de   208:15:102
  julio!
  Eterna en los finales de   505:258:16
  unas ondas que aceptan
  y el castigo de la nueva   532:271:23
  resurrección sin finales.

FINAS (4)
    y de perlas muy finas el cuerpo,   205:15:39
    Malvas en las hierbas finas.   433:224:2
    collar de llanto en las arenas finas,   617:322:34
    cruce tus finas ondas de sosiego.   634:333:20
FINCA (1)
    sembrar su finca   215:21:15
FINGE (3)
    finge una cólera dulce   439:227:23
    que finge cuando niña doliente res inmóvil;   544:275:191
    La niña finge un toro de jazmines   571:299:3
FINGIDA (2)
    Lyra bailaba en la fingida curva,   617:322:13
    Medula del presente. Seguridad fingida   633:332:7
FINGIR (1)
    para fingir una muerta semilla de manzana.   486:245:58
FINJO (1)
    y finjo la tristeza de la tarde   284:63:23
FINO (3)
    tan fino y leve?   220:23:26
    tienen el cutis tan fino,   435:225:29
    anchos hombros, fino talle,   442:229:2
FINOS (2)
    llena de arqueros finos.   308:88:2
    por los finos espadines de plata,   520:266:2
FIRMAMENTO (1)
    quieto en el firmamento!   276:58:8
FIRME (3)
    Ella es firme y suave,   193:9:29
    Pararse en firme   292:67:60
    pero canto la firme dirección de tus flechas.   621:323:89
FIRMEZA (3)
    al sentir la firmeza   178:2:99
    castillo sin firmeza,   245:39:37
    El olivo es la firmeza   258:46:37
FLACOS (1)
    de ascetas flacos y Satanás,   291:67:35
FLAMENCO (1)
    y flamenco,   319:104:2
FLAMMARION (1)
    Si eres Flammarión   255:44:35
FLAUTA (1)
    sobre la flauta fija de la fuente.   617:322:20
FLAUTAS (6)
    flautas en la tormenta,   174:1:42
    con vuestras flautas. Yo vuelo   209:16:24
    Cantan las flautas de umbría   427:221:35
    en doble enjambre de flautas.   466:237:64
    Huesos y flautas suenan en su oído   538:273:35
    Las flautas de madera pacifican el aire.   619:323:27
FLECHA (10)
    Llora flecha sin blanco,   297:70:20
    de flecha recién clavada.   465:237:32
    Odian la flecha sin cuerpo,   477:242:5
    ¡qué flecha aguda exprime de la rosa!,   506:259:7
    ¡Oh la flecha,   595:312:65
    la flecha!   595:312:66
    una flecha de oro,   595:312:69
    deliciosa canción de trote y flecha   617:322:10
    ¡Flecha sin blanco!   643:344:2
    Flecha sin blanco.   644:344:18
FLECHAS (8)
    si el Amor no tiene flechas?   182:3:44
    cuyas flechas son de llanto,   185:5:33
    ¿Habéis sido flechas   264:50:2
    y las flechas.   301:76:15
    Hay flechas en el aire   351:129:5
    forjaban soles y flechas.   454:234:28
    Negros le dirigen flechas   467:237:95
    pero canto la firme dirección de tus flechas.   621:323:89
FLOR (51)
    Lírica flor de torre   230:29:7
    dice una flor ajada.   233:31:17
    y gritas: "Blanca Flor no muere nunca,   234:32:30
    como una flor bajo el cielo,   266:52:8
    la posee la flor y el insecto no más.   268:54:8
    La flor silvestre nace para el sueño   270:55:38
    y de la flor marchita.   280:61:24
    bajo el naranjo en flor!   317:102:6
    bajo el naranjo en flor!   318:102:12
    bajo el naranjo en flor!   318:102:17
    (Sueño flor adormecida   363:140:8
    en flor de gasa el viento.   369:148:32
    Está en la flor azul,   372:150:7
    En la flor,   372:150:9
    ¡Qué perfume de flor de cuchillo!   376:156:10
    ¡Qué perfume de flor de cuchillo!   377:156:20
    desnuda de flor y brisa,   385:168:3
    virgen de flor y rama,   391:176:15
    como una inmensa flor de loto.   397:184:6
    una inmensa flor de dedos   402:193:8
    la flor de la aurora.   409:203:2
    Flor del amor.   411:205:5
    Flor del amor.   411:205:12
    Me tenderé junto a la flor sencilla   414:209:10
    les acerco una flor   415:211:4
    tranquila de flor cortada   450:232:29
    Sobre la flor enfriada,   463:236:67
    de su flor martirizada.   467:237:88
    el amor por un solo rostro invisible a flor de piedra.   481:243:84
    flor de aliso y perenne ternura desgranada,   522:266:72
    ¡Arpa de troncos vivos, caimán, flor de tabaco!   531:270:22
    la flor de su calavera.   541:274:126
    y mi corazón sin la flor del oro;   558:284:4
    FLOR de jazmín y toro degollado.   571:299:1
    flor única y divina,   580:304:32
    flor de Dios y Luzbel.   580:304:33
    Flor eterna. Conjuro al suspiro.   580:304:34
    Flor grandiosa, divina, enervante,   580:304:35
    flor de fauno y de virgen cristiana,   580:304:36
    flor de Venus furiosa y tonante,   580:304:37
    flor mariana celeste y sedante,   580:304:38
    flor que es vida y azul fontana   580:304:39
    que proclamen la voz de tu flor.   581:304:85
    sollozad por ser alma y ser flor,   581:304:93
    vi una vereda en flor   588:309:6
    Mujer, flor que se abre en el jardín: 588:309:10
    en la flor del limón.)   604:314:44
    NOCHE de flor cerrada y vena oculta.   616:322:1
    cortan la flor aséptica de la raíz cuadrada.   618:323:6
    es no tener la flor, pulpa o arcilla,   638:337:7

y pienso, con la flor que se   639:340:3
marchita,
FLORA (2)
    Flora desnuda se sube   459:235:23
    Lorenzo en un seno de Flora;   473:240:19
FLORA (1)
    donde no cabe el sueño ni su   620:323:56
    flora inexacta.
FLORACIONES (1)
    Hay floraciones de rocío   278:60:3
FLORAS (1)
    Floras de Alicante,   526:267:114
FLORECEN (1)
    mientras que tu pintura y   622:323:109
    tu vida florecen.
FLORECIDA (1)
    nunca florecida con las vivas 201:14:9
    rosas
    florecida.   261:47:44
FLORECIDO (3)
    Y han florecido cipreses   183:4:17
    ha florecido en círculos   379:160:9
    ¡cuánto brazo de momia   507:260:24
    florecido!
FLORECIERON (1)
    La sembré y no florecieron.   608:315:35
FLORES (38)
    entre flores de la huerta,   183:4:10
    Y en vez de flores, versos y   186:6:11
    collares de perlas,
    Es la aurora del fruto. La que 196:11:9
    nos trae las flores
    Alma y sangre doliente de las 199:13:11
    flores
    Y el alma superior es de las   200:13:45
    flores.
    que da flores al cauce   210:17:11
    sosegado
    segaban almas de flores.   227:27:13
    sabía el lenguaje de flores y 281:62:4
    piedras.
    Sabemos de las flores de los   284:63:38
    bosques,
    bajo las flores.   371:149:22
    Sesenta flores grises   391:176:11
    alas y flores con sus capas   393:178:10
    negras.
    de alas rotas y flores de   406:199:4
    trapo.
    flores de su fantasía.   433:224:12
    Pero sigue con sus flores,   434:224:33
    Con flores de calabaza,   437:226:41
    y lejano de las flores.   439:227:28
    entre láminas de flores   440:228:7
    si quiere flores de vino   441:228:37
    y coronitas de flores,   450:232:48
    y danzar al fin, sin duda,   482:243:109
    mientras las flores erizadas
    mi agonía con flores de   502:256:44
    terror,
    para que broten flores sobre   508:260:29
    los otros niños.
    y agrupa flores grises en   526:267:122
    la orilla del cieno.
    quite flores y letras del   526:267:135
    arco donde duermes
    con el oído lleno de flores   565:292:2
    recién cortadas,
    Ellas son las mujeres entre   580:304:56
    todas las flores,
    sollozad, pues sois flores   581:304:91
    de amor,
    sollozad, pues sois flores   582:304:115
    de amor.
    entre flores de estrellas,   589:310:5
    ¡Qué fácil nos sería cortar   590:311:16
    las flores
    ¡Qué fácil nos sería cortar   594:312:20
    las flores
    las flores de las lágrimas.)   599:313:77
    así las flores de este libro   626:328:10

¡Oh Forma sacratísima,   631:330:29
vértice de las flores,
sin fin de flores secas.   640:341:13
las flores de su corona.   660:358:11
las flores no valen nada,   664:363:10
FLORESTA (1)
    lucero de la floresta   259:46:83
FLORESTAS (1)
    y troncha tus florestas   218:22:25
FLORIDA (1)
    junto a una tierra florida   177:2:69
FLORIDAS (1)
    las floridas calaveras!   184:4:26
FLORIDOS (1)
    dorados y floridos!   289:65:4
FLOTA (5)
    La tristeza inmensa que flota 203:14:56
    en tus ojos
    El cielo flota sobre el aire   397:184:5
    donde flota sin alma tu   414:209:11
    belleza.
    y allí donde flota mi cuerpo   499:254:49
    entre los equilibrios
    contrarios.
    mientras flota sin ti la   636:334:4
    madrugada.
FLOTAN (2)
    que flotan en su negro   314:96:10
    donde flotan sus   482:243:116
    automóviles cubiertos de
    dientes,
FLOTANDO (2)
    Pero ha dejado flotando   412:207:7
    Yo miraba tu forma deliciosa   630:330:13
    flotando
FLOTANTES (3)
    chocaban con los doce   353:131:8
    flotantes
    Hombre y pez en sus medios,   417:214:4
    bajo cosas flotantes,
    chocaban con los doce   613:318:72
    flotantes
FLOTAR (1)
    de flotar sobre el agua con   633:332:8
    el torso de mármol.
FLOTE (1)
    para que se tenga a flote,   370:148:51
FLUIR (1)
    Era el mismo fluir lleno de   275:57:91
    música
FLUYE (2)
    Miel de luna que fluye   193:9:33
    fluye de su garganta,   635:333:24
FONDO (19)
    Va a la aurora que brilla en   204:15:7
    el fondo
    en un fondo de carne la morada 210:17:35
    El fondo un campo de nieve.   235:33:5
    El fondo un campo de nieve.   235:33:10
    El fondo un campo de nieve.   235:33:15
    El fondo un campo de nieve.   236:33:20
    Y el fondo es un campo de   236:33:25
    nieve.
    sobre un fondo de viejos   241:38:34
    olivos,
    al fondo de mi vida.   279:61:20
    que desde el fondo de las   292:67:62
    campiñas
    el fondo de la tarde?)   409:203:4
    Y el fondo del río.   411:205:3
    En el fondo de mis pechos   444:229:57
    Avanzan de dos en fondo   455:234:65
    Avanzan de dos en fondo.   455:234:69
    y la vemos llenarse de   543:275:172
    agujeros sin fondo.
    que en su fondo, mustiado y   581:304:79
    desierto,
    a distancia sin fondo.   589:310:14
    Para tu horror perenne de   633:331:38
    agujero sin fondo.

FONDOS (2)
    de los fondos dormidos.   283:63:8
    y en los fondos se adivinan,   325:112:14
FONSECA (1)
    Con la rubia cabeza de   530:270:12
    Fonseca.
FONTANA (2)
    de mi fontana vibra,   280:61:46
    flor que es vida y azul   580:304:39
    fontana
FORJABAN (1)
    forjaban soles y flechas.   454:234:28
FORJANDO (1)
    forjando cadenas para los   521:266:20
    niños que han de venir.
FORMA (16)
    Mas poseíste la forma: 230:29:18
    que tiene una vaga forma   259:46:71
    será luz que me ayude a   271:56:14
    luchar con mi forma?
    y forma allí.   374:153:6
    MI corazón tendría la forma   512:263:1
    de un zapato
    mi corazón tiene la forma de   512:263:6
    una niña.
    mi corazón tiene la forma de   512:263:8
    una milenaria boñiga de toro.
    con una forma clara que   543:275:171
    tuvo ruiseñores
    La tierra sin un junco, forma   570:298:3
    pura
    el color y la forma de   580:304:55
    nuestro corazón.
    Como pintor no quieres que   620:323:63
    te ablande la forma
    Yo miraba tu forma deliciosa   630:330:13
    flotando
    Es así, forma breve de rumor   631:330:21
    inefable,
    ¡Oh Forma sacratísima,   631:330:29
    vértice de las flores,
    ¡Oh Forma limitada para   631:330:33
    expresar concreta
    Forma de la belleza sin   633:332:5
    nostalgias ni sueño.
FORMADA (1)
    Y, sin embargo, estabas para   186:6:29
    el amor formada,
FORMADO (2)
    formado por la abeja de lo   199:13:16
    íntimo.)
    formado del cuerpo rosado de   282:62:52
    Dafne
FORMAR (2)
    para formar el alma de la   270:55:27
    harina.
    para formar un charco de   541:274:133
    agonía
FORMARON (2)
    sus abejas la formaron.   257:46:14
    y con aire y con cielo y con   580:304:53
    luz se formaron,
FORMAS (12)
    y formas y pasiones,   285:63:68
    entre las formas que van   471:238:2
    hacia la sierpe
    y las formas que buscan el   471:238:3
    cristal,
    Cuando se hundieron las   475:240:59
    formas puras
    Allí todas las formas   500:255:13
    guardan entrelazadas
    las formas que buscaban el   507:260:17
    giro de la sierpe.
    Mira formas concretas que   508:260:38
    buscan su vacío.
    Son mentiras las formas.   513:263:22
    Solo existe
    Un deseo de formas y límites   619:323:21
    nos gana.

    Huyes la oscura selva de   619:323:42
    formas increíbles.
    en las formas numéricas de   620:323:50
    un siglo y otro siglo.
    animales sin alma, simples   646:346:5
    formas,
FORME (1)
    formé su cordaje con mi vida   282:62:28
    muerta.
FORMIDABLE (4)
    Tenías en el pecho la   186:6:13
    formidable aurora
    formidable Satán.   276:58:19
    anillo formidable   353:131:6
    Anillo formidable,   613:318:70
FORMIDABLES (1)
    y muelas formidables   327:117:4
FÓRMULA (1)
    Porque si la rueda olvida su   485:245:40
    fórmula,
FORNICADO (1)
    para ser fornicado y herido   483:244:28
    por el tropel de los
    regimientos.
FORTUNA (1)
    ¡Oh fortuna divina   195:9:75
FÓSFORO (3)
    hilos de fósforo y luna.   361:137:3
    los pequeños botones de   484:245:4
    fósforo.
    con chapines de fósforo y   618:322:40
    espuma.
FOSIL (1)
    Mira el ansia, la angustia   508:260:40
    de un triste mundo fósil
FOSOS (1)
    el amor está en los fosos   521:266:45
    donde luchan las sierpes del
    hambre,
FOTOGRAFIAS (2)
    ¿Ordenar los amores que   517:264:66
    luego son fotografías,
    mi alma en fotografías y   528:268:41
    azucenas,
FRACASADA (1)
    nos dice tu vida rota y   203:14:57
    fracasada,
FRACASADO (1)
    de artista fracasado,   246:40:12
FRACASO (2)
    dormirá su fracaso?   192:8:46
    y sentimos el fracaso lírico   287:63:116
FRACTURADA (1)
    con tu madre fracturada por   502:256:27
    los herreros de las aldeas,
FRAGANCIA (2)
    La fragancia cautiva   223:24:13
    con su fragancia inefable y   588:309:12
    sutil
FRAGANTE (2)
    fragante de agua colonia   439:227:27
    la matinal fragante melodía,   639:339:10
FRAGIL (1)
    en el frágil castillo   233:32:13
FRAGILES (2)
    bajo los frágiles helechos   498:254:4
    mojados.
    que llevan frágiles palitos   516:264:51
FRAGMENTO (1)
    Hay un fragmento de la mañana   527:268:4
FRAGUA (3)
    LA luna vino a la fragua   425:220:1
    Dentro de la fragua el niño,   425:220:23
    Dentro de la fragua lloran,   426:220:33
FRAGUAS (1)
    los gitanos en sus fraguas   454:234:27
FRANCESA (2)
    Qué fea estabas, francesa,   400:190:5
    de baraja francesa y sin   621:323:93
    ninguna herida.

FRANCISCANA (1)
  ¡Oh lluvia franciscana que   197:11:31
  llevas a tus gotas
FRANCISCO (1)
  el hermano Francisco.   285:63:59
FRASCO (1)
  que los médicos ponen en el   630:330:8
  frasco de vidrio.
FRASCUELO (1)
  dijo Paquiro a Frascuelo: 655:354:6
FRECUENTA (1)
  en los primeros términos que   620:323:46
  el humano frecuenta.
FREGANDO (1)
  estará fregando el cobre.   449:232:8
FRENESI (1)
  con un rubor de frenesí   478:243:16
  manchado.
  podréis besar con frenesí   482:243:107
  las ruedas de las
  bicicletas,
  ignorantes en su frenesí de   485:245:39
  la luz original.
FRENETICA (2)
  una sola expresión frenética   500:255:14
  de avance.
  la frenética lluvia de mis   634:333:12
  venas,
FRENO (2)
  de pegasos sin freno.   214:20:14
  caballo sin freno,   461:236:6
FRENTE (19)
  abatiendo tu frente   260:47:5
  Solo me queda en la frente   266:52:23
  sobre mi frente herida,   279:61:16
  Ahora tengo en la frente   287:63:133
  rosas blancas
  tu frente ancha,   291:67:15
  de su frente limpia,   354:132:10
  Cuando en la frente de los   394:180:3
  chopos
  LA niña va por mi frente.   396:183:1
  la frente blanca de enero!   418:215:8
  Que te busquen en mi frente.   457:234:123
  El niño llora y mira con un   496:252:13
  tres en la frente.
  por el silencio oscuro de tu   528:268:33
  frente.
  El toro ya mugía por su   538:273:37
  frente
  LA piedra es una frente   542:275:149
  donde los sueños gimen
  en la plaza con luna de tu   557:283:6
  frente,
  Porque las rosas buscan en   565:292:10
  la frente
  CON la frente en el suelo y   588:309:1
  el pensamiento arriba,
  sobre mi frente fría   589:310:16
  Pides la luz antigua que se   620:323:57
  queda en la frente,
FRENTE (17)
  frente a la soledad   227:27:3
  que miraba de frente,   244:39:21
  La ciencia del silencio frente   268:54:7
  al cielo estrellado,
  frente a la noche negra,   268:54:20
  Frente al ancho crepúsculo de   272:57:3
  invierno
  Frente al ancho crepúsculo de   274:57:67
  invierno
  frente al azul, estaba   275:57:94
  frente al mar amargo.   417:213:7
  Frente al mágico y vivo dolor.   419:217:8
  ha de gritar frente a las   522:266:63
  cúpulas,
  El niño y su agonía frente a   568:295:17
  frente,
  del ojo nunca frente   607:315:5
  a frente.   607:315:6

Frente a frente piedra y   616:321:6
viento,
frente a la mar poblada con   622:323:113
barcos y marinos.
FRENTES (3)
  que nos unge las frentes   193:9:37
  y que inclina las frentes   299:72:5
  ciñe frentes amargas y   619:323:34
  cabellos de arena.
FRESCA (4)
  como la lluvia fresca,   244:39:13
  sobre la fresca juncia!   247:40:51
  cara fresca, negro pelo,   432:223:71
  pero no me enseñes tu   558:284:16
  cintura fresca.
FRESCAS (3)
  Para mis frescas manos.   364:141:10
  en los tejados del amor, con   472:239:12
  gemidos y frescas manos,
  Hay frescas guirnaldas de   528:268:25
  llanto.
FRESCO (5)
  del fresco río.   370:149:4
  rojo lirio, junco fresco.   397:183:6
  Vuelo fresco de siempre   501:255:28
  sobre lechos vacíos,
  y duele en el tronco fresco   562:288:12
  Doy pena de lirio fresco   562:289:7
FRESCOR (3)
  hacia el turbio frescor de la   353:130:8
  manzana.
  ¡Oh bovino frescor de   531:270:35
  cañavera!
  Que si la yedra y el frescor   637:335:5
  del hilo
FRESCURA (2)
  y la frescura vieja del otoño.   200:13:23
  gustando la amarga frescura   477:242:16
  de su milenaria saliva.
FRESQUISIMA (1)
  fresquísima de la cama.   465:237:50
FRESQUISIMAS (1)
  paisajes llenos de sepulcros   490:247:40
  que producen fresquísimas
  manzanas,
FRESQUITA (1)
  una tarde fresquita de mayo.   191:8:14
FRIA (19)
  de niebla fría,   215:21:23
  de alguna fuente fría.   218:22:27
  MI corazón reposa junto a la   224:25:1
  fuente fría.
  Mi corazón se vuelca sobre la   224:25:13
  fuente fría.
  asoma la luna fría.)   253:43:28
  que va a la noche fría.   280:61:28
  Mañanita fría   408:201:6
  con la niebla fría,   413:208:6
  con ojos de fría plata.   430:223:8
  con ojos de fría plata.   432:223:76
  Y el agua se pone fría   438:227:13
  en el salón de la nieve fría.   477:242:4
  sobre mi frente fría   589:310:16
  ¡La hora fría!   611:318:15
  ¡Hora fría!   614:318:90
  Me quedo con la mujer fría   645:345:20
  mañanita fría   664:364:2
  en la fuente fría.   664:364:6
  beber agua fría.   664:364:10
FRIAS (3)
  para caer sobre las losas   230:29:11
  frías
  Las estrellas frías   595:312:0
  ¿Y estas manos tan frías   601:313:133
FRIO (27)
  El contacto ya frío de cielo y   196:11:7
  tierra viejos
  verdoso y frío.   225:26:3
  verdoso y frío.   227:26:51
  te crean en un frío   233:32:7
  frío   242:38:79

(Frío, frío,   244:39:7
(Frío, frío,   244:39:16
(Frío, frío,   244:39:24
melancólico y frío.   284:63:24
dejaré a tu lado mi corazón   287:64:7
frío.
se vistió de frío.   374:154:2
tendrás mucho frío.   375:155:4
tendrás mucho frío.   375:155:8
Caballito frío.   376:156:9
Caballito frío.   377:156:19
derrama su olor frío.   410:203:6
la mitad llenos de frío.   435:225:35
Me envolveré sobre esta lona   483:244:30
dura para no sentir el frío
de los musgos.
En el circo del frío sin   509:260:67
perfil mutilado.
y la luna estaba en un cielo   510:261:9
tan frío
era, muerto en la orilla, un   561:287:16
arcángel de frío.
Húmeda voz sin frío   635:333:23
Y tú, arriba, en lo alto,   636:334:12
verde y frío,
y en la playa ¡qué frío!   642:342:33
FRIOS (7)
en sus hogares fríos.   286:63:99
de luceros fríos.   296:69:8
Los que nosotros vendemos   338:121:72
son fríos. ¿Entiendes?
y gusta los aires fríos   452:233:38
al son de panderos fríos   464:237:15
son los otros, los borrachos   486:245:65
de plata, los hombres fríos,
Entonces salieron los fríos   533:272:34
cantando sus canciones
FRONDA (4)
el héroe de la fronda   261:47:33
sobre la fronda,   267:53:9
bajo fronda de luceros.   346:125:4
sobre la fronda.   601:313:119
FRONDAS (5)
de las frondas ocultas.   198:12:6
de las frondas resecas.   252:42:58
como se pierde el dulce   271:56:12
sonido de las frondas?
como se pierde el dulce   271:56:33
sonido de las frondas?
Frondas de tic tac,   610:318:3
FRONTERA (1)
tendida en la frontera de la   486:245:49
nieve!
FROTA (1)
La higuera frota su viento   430:223:17
FRUCTIFICA (1)
donde el llanto fructifica!   253:43:26
FRUNCE (1)
Frunce su rumor el mar.   427:221:33
FRUTA (6)
fruta esfinge del pecado,   258:46:40
¡Quién fuera como tú, fruta,   259:46:85
como el hueso en una fruta.   366:145:5
fruta verde y helada.   393:179:12
Calor blanco, fruta muerta.   531:270:33
[Yo] Oh jardín de la amarga   627:328:26
fruta!
FRUTAS (5)
de pasiones. Frutas   239:37:11
hembra de las frutas. Claro   259:46:82
Subí a tocar las campanas,   483:244:13
pero las frutas tenían
gusanos
No es la muerte, es la   516:264:55
tienda de frutas.
Un viejo Dios silvestre da   619:323:28
frutas a los niños.
FRUTO (5)
Es la aurora del fruto. La que   196:11:9
nos trae las flores
fruto de los besos.   201:14:10

Deja tu fruto de verde y   378:158:5
sombra
a los juegos sin arte, a   497:253:16
sudores sin fruto.
Y bendito será el bello fruto   581:304:86
FRUTOS (4)
¡Arbol que produces frutos de   282:62:50
silencio,
que llevan al rubor de los   496:251:47
frutos.
que da sus frutos para todos.   522:266:74
con frutos de tristeza   583:305:31
FUE (21)
FUE (19)
¿Dónde fue la tristeza de tu   187:6:40
amor desgraciado?
fue tras él sus pisadas   206:15:69
lamiendo.
-Se fue de mis cabellos   220:23:13
se fue de vuestro campo?   247:40:49
que se fue de los torneos.   266:52:16
El corazón se fue con las   274:57:63
raíces,
que se fue y no vino!   295:68:6
que se fue por el aire!   295:68:12
que se fue y no vino!   295:68:18
que se fue por el aire!   296:68:24
que se fue y no vino!   296:68:28
que se fue por el aire!   296:68:32
MI niña se fue a la mar,   378:159:1
y los fue tirando al agua   445:230:11
y se fue al diluvio   485:245:26
empaquetado de la savia,
que ya se fue la vaca de   504:257:18
ceniza.
Que ya se fue balando   504:257:19
Cuando el sudor de nieve fue   538:273:25
llegando
y el valle fue rodando con   561:287:14
perros y con lirios.
FUEGO (20)
derramaste tu fuego sobre un   186:6:7
cáliz de nieve
la pasión hambrienta de besos   201:14:14
de fuego
de fuego,   230:29:23
tiene ese fuego fatuo,   254:44:9
pues se torna fuego y oro   258:46:45
de este fuego casto   282:62:43
un fuego fatuo de gritos!   296:68:26
de fuego.)   363:140:12
Morena, qué luz de fuego.   377:157:3
Ahora monta cruz de fuego,   429:222:21
mi torso limitado por el   475:241:8
fuego.
Fuego de siempre dormía en   478:243:5
los pedernales
Este fuego casto para mi   514:263:57
deseo,
y aun las vivas prisiones de   518:265:8
fuego
que lleva en el dorso una   520:266:4
almendra de fuego,
ha de gritar loca de fuego,   522:266:64
pero no da sonidos, ni   542:275:159
cristales, ni fuego,
de fuego.   609:316:9
Fuego para la carne sensible   633:332:15
que se quema.
sobre paños de cal y sordo   634:333:17
fuego,
FUEGOS (1)
Fuegos fatuos que apaga el   271:56:8
temblor de las ondas.
FUENTE (42)
en la fuente de la idea.   181:3:8
Tiene el mármol de la fuente   184:5:5
La fuente cristalina pide   211:18:3
labios
de alguna fuente fría.   218:22:27
como una fuente.   222:23:78

MI corazón reposa junto a la fuente fría. 224:25:1
El agua de la fuente su canción le decía. 224:25:4
El agua de la fuente lo escuchaba sombría. 224:25:10
Mi corazón se vuelca sobre la fuente fría. 224:25:13
La fuente no tiene trenzas. 225:26:4
la fuente del rocío." 234:32:33
de la fuente.) 245:39:35
de la fuente.) 245:39:43
de la fuente.) 245:39:51
que no tiene fuente. 249:41:21
fuente serena! 249:42:4
fuente serena! 250:42:12
fuente serena! 250:42:20
fuente serena! 251:42:28
La fuente y el arroyo 251:42:35
fuente serena! 252:42:56
¡Oh dolor de fuente ciega 253:43:17
El lirio de la fuente 268:54:4
una fuente de aurora 269:54:36
Sobre el agua dormida de la fuente, las gotas 271:56:6
ante la fuente turbia que del amor me brota. 271:56:31
la fuente de mis lágrimas. 274:57:62
quiero sondar la fuente de mi vida 279:61:2
la fuente de mi vida, 280:61:40
fuente del deseo, 300:75:7
Fuente clara. 352:129:37
Fuente clara. 352:129:42
Fuente. 352:129:45
Fuente. 352:129:50
corría la fuente. 389:174:10
fuente donde descansar. 416:212:6
hubieras hecho una fuente 446:230:31
de una terrible fuente silenciosa. 490:247:36
Fuente primitiva. 599:313:65
Fuente de la verdad. 599:313:66
sobre la flauta fija de la fuente. 617:322:20
en la fuente fría. 664:364:6
FUENTECILLA (1)
y una fuentecilla. 267:53:7
FUENTEFRIA (1)
junto a la fuentefría 591:311:20
FUENTES (11)
almas de fuentes claras y humildes manantiales! 197:11:32
y de las fuentes. 220:23:18
de las fuentes dormidas, 247:40:47
están las fuentes turbias 262:48:11
y bebían agua por las fuentes los abanicos y los aplausos. 474:240:49
Sí, tu niñez ya fábula de fuentes. 475:241:1
Sí, tu niñez ya fábula de fuentes. 476:241:29
Sí, tu niñez ya fábula de fuentes. 476:241:45
Estanques, aljibes y fuentes 568:295:7
y sin fuentes! 607:315:3
que requiere las fuentes del llanto. 626:328:7
FUERA (7)
FUERA (2)
un corazón que por fuera 257:46:21
Está fuera del estanque, 369:148:35
FUERAMOS (1)
FUERAN (1)
FUERAS (1)
FUERCE (1)
que fuerce al infinito. 287:63:128
FUERON (6)
FUERON (6)

¿Dónde fueron tus besos lanzados a los vientos? 187:6:39
que por siempre se fueron. 219:22:58
Se fueron mis historias, hoy medito, confuso, 271:56:30
Se fueron los árboles de la pimienta, 484:245:3
Se fueron los camellos de carne desgarrada 484:245:5
se fueron a arar temprano, 660:359:2
FUERTE (5)
Fue tu espíritu fuerte 260:47:13
o tener dulce voz o fuerte grito, 284:63:45
Quiero que el aire fuerte de la noche más honda 526:267:134
El hombre pisa fuerte las calles enlosadas. 618:323:9
cuando te vi, Dios fuerte, vivo en el Sacramento, 630:330:2
FUERTES (3)
Dichosos los gloriosos y los fuertes, 285:63:56
cuando el sacerdote levante la mula y el buey con sus fuertes brazos 483:244:21
pero los muertos son más fuertes y saben devorar pedazos de cielo. 483:244:24
FUERZA (6)
en la fuerza del Estío, 189:7:47
de la fuerza y el trabajo. 258:46:38
Azul de corazones y de fuerza, 287:63:125
cada vez con menos fuerza; 540:274:88
su maravillosa fuerza, 541:274:108
y la fuerza sin orden que lleva el agua curva. 620:323:60
FUESEIS (1)
FUGA (1)
Alga y cristal en fuga ponen plata mojada 631:331:3
FUGACES (1)
dejando atrás fugaces 456:234:91
FUGAZ (2)
fugaz me abandonaba. 274:57:66
ni puedes acariciar la fugaz hoja del helecho 500:255:17
FUGITIVO (1)
tu cuerpo fugitivo para siempre, 557:283:14
FUI (4)
FUI (1)
me fui a la del cielo. 368:148:12
FUISTE (2)
FULGOR (4)
con un fulgor humano. 247:40:37
su casto fulgor enjuto. 440:228:18
Tu fulgor abre jazmines 443:229:41
brilla por muchos años el fulgor de la quemadura. 502:256:17
FULGURANTE (1)
y vendrá con espada fulgurante, 571:298:10
FUMABAN (1)
Cojos perros fumaban sus pipas y un olor de cuero caliente 532:272:6
FUNDIDAS (1)
Las torres fundidas 413:208:5
FUNDIOSE (1)
Mi espíritu fundióse con las hojas 274:57:59
FUNERAL (1)
y el campo funeral 213:20:9
FURIA (2)
Allí, león, allí furia del cielo, 476:241:21
¡Ay qué furia de amor, qué hiriente filo, 568:295:9

FURIAS (1)
    y levantaba las furias de los   488:246:8
    banquetes de los siglos
    últimos
FURIOSA (2)
    No hay rubor. Sangre furiosa   480:243:54
    por debajo de las pieles,
    flor de Venus furiosa y   580:304:37
    tonante,
FURIOSAS (2)
    dicen las ranas furiosas.   177:2:79
    y las hormigas furiosas   493:250:24
FURIOSO (2)
    Orlando furioso.   309:89:10
    el viento, furioso, muerde.   428:221:58
FURIOSOS (1)
    A veces las monedas en   497:253:11
    enjambres furiosos
FUROR (1)
    con el furor de San Jorge.   450:232:26
FURTIVO (1)
    ni el rayo furtivo   600:313:103
FUSILES (2)
    Tercos fusiles agudos   456:234:97
    que ya vendrán lianas   487:245:82
    después de los fusiles
FUSTA (1)
    turbios de lágrimas, carne   524:267:59
    para fusta,
FUTURA (1)
    ROSA futura y vena contenida,   417:214:1
FUTURO (2)
    Pero el niño futuro   214:20:36
    el semen sin futuro de Pegaso.   261:47:27
GABRIELILLO (2)
    ¡Gabrielillo de mi vida!,   443:229:48
    ¡Gabrielillo de mi vida!   444:229:56
GACELA (2)
    y de la gacela con una   484:245:14
    siempreviva en la garganta.
    camaradas que velen tu   526:267:130
    gacela sin cuerpo.
GAFAS (1)
    limpia sus gafas   601:313:140
GAITA (1)
    una dulce gaita ausente.   427:221:24
GALAN (5)
    El viento, galán de torres,   381:163:5
    GALAN,   382:164:1
    Galán,   382:164:12
    un galán y el aire!   566:293:11
    Aguardan a un galán   624:326:5
GALANCILLO (2)
    galancillo.   382:164:2
    galancillo.   382:164:13
GALANES (6)
    con galanes de otros días.   325:112:10
    de galanes malos   350:128:63
    Los galanes replican haciendo   393:178:9
    los cuatro galanes,   566:293:2
    van los tres galanes,   566:293:5
    esos dos galanes,   566:293:8
GALANTE (2)
    -Caballero galante,   222:23:67
    ni galante.   399:189:2
GALAPAGUITO (1)
    ESTE galapaguito   662:360:1
GALAS (1)
    llevo galas de payaso   185:5:25
GALERIAS (1)
    Tres mil judíos lloraban en   519:265:38
    el espanto de las galerías
GALOPAN (1)
    galopan dos caballistas.   433:224:22
GALOPANDO (1)
    un niño que se acerca   353:130:10
    galopando
GALLARDO (1)
    El cielo monta gallardo   379:159:13
GALLARDOS (1)
    cuatro mozos muy gallardos;   661:359:26

GALLINA (2)
    por un huevo de gallina,   474:240:42
    Saqué una pata de gallina por   483:244:7
    detrás de la luna y luego,
GALLO (5)
    el gallo os dice: 292:67:63
    Un gallo canta en la luna.   329:119:21
    por los palomares donde la   474:240:29
    luna se pone plana bajo el
    gallo.
    Canta el gallo y su canto   509:260:63
    dura más que sus alas.
    el gallo japonés que se   512:263:17
    comió los ojos,
GALLOS (10)
    Llevaban gallos   389:174:5
    LAS piquetas de los gallos   436:226:1
    Gallos de vidrio cantaban   454:234:31
    y dos millones de gallos,   516:264:22
    la mujer que mata dos gallos   531:271:8
    en un segundo,
    la luz que no teme a los   531:271:9
    gallos
    y los gallos que no saben   531:271:10
    cantar sobre la nieve.
    la luz tiembla delante de   532:271:27
    los gallos
    y los gallos solo saben   532:271:28
    volar sobre la nieve
    Alas de pluma y lino, barcos   623:325:5
    y gallos abren.
GAMA (1)
    LENTO perfume y corazón sin   622:324:1
    gama,
GANA (2)
    Mientras la luz que viene   353:130:5
    fija y gana
    Un deseo de formas y límites   619:323:21
    nos gana.
GANA (1)
    Quiero llorar porque me da   499:254:32
    la gana
GANADERIAS (2)
    Y a través de las ganaderías,   540:274:99
    se calienta en la cumbre de   543:275:168
    las ganaderías.
GANADO (1)
    no me dejes perder lo que he   638:337:12
    ganado
GANAN (1)
    pierden juncos, ganan voces.   439:227:32
GANAS (1)
    ganas de reírme.   408:201:9
GANGRENA (1)
    A lo lejos ya viene la   538:273:41
    gangrena
GAÑAN (1)
    Por la calle del pueblo un   586:307:15
    gañán
GARBOSO (1)
    anda despacio y garboso.   445:230:6
GARCIA (1)
    ¡Ay Federico García,   448:231:37
GARDUÑO (1)
    y el monte, gato garduño,   430:223:19
GARFIO (1)
    como un garfio de oro.   589:310:7
GARFIOS (2)
    y garfios de aguda comba: 458:235:18
    o garfios de marfil o gente   571:299:14
    dormida.
GARGANTA (12)
    En mi garganta, dijo la luna.   354:133:8
    En mi garganta, dijo la luna.   355:133:18
    desde el pecho a la garganta?   431:223:40
    le brota de la garganta.   459:235:28
    pájaros en su garganta,   464:237:14
    y de la gacela con una   484:245:14
    siempreviva en la garganta.
    los que nos empujan en la   488:246:14
    garganta.

con la ciudad dormida en la garganta.   568:295:14
"En mi garganta", dijo la luna.   574:303:8
"En mi garganta", dijo la luna.   575:303:18
fluye de su garganta,   635:333:24
Una voz sin garganta, voz oscura   639:339:3

GARGANTAS (2)
y por las mantillas sobre las gargantas   202:14:49
entre gargantas de arroyo   460:235:69

GARRA (2)
y la garra de los años   181:3:21
por la garra de los años.   257:46:6

GARRAS (1)
¡Hay que arañarse el alma con garras de tristeza   268:54:32

GARRIDAS (1)
Tres moricas tan garridas   659:357:4

GARROCHONES (1)
Se cogen los garrochones,   661:359:13

GARZA (2)
y la madera era una garza,   518:265:6
era una blanca garza   574:302:24

GARZAS (1)
garzas de color rosa   599:313:68

GASA (2)
en flor de gasa el viento.   369:148:32
una gasa pintada   379:160:5

GASOLINA (1)
con un leve sabor de gasolina   524:267:64

GASTADOS (1)
ni tus hombros de pana gastados por la luna,   523:267:31

GASTE (1)
gaste todo el jabón   318:102:14

GATO (8)
cuatro uñas de gato.   190:8:8
-Ojo de gato triste y amarillo-.   414:210:6
y el monte, gato garduño,   430:223:19
de la espiga en el ojo y el gato laminado,   484:245:8
ni el vómito del gato que se tragó una rana por descuido.   488:246:21
en la patita de ese gato   517:264:58
con el gato.   612:318:48
lejos de la despreciable sabiduría del gato,   646:346:6

GATOS (3)
una virgen y dos gatos negros,   206:15:49
en un jardín donde los gatos se comían a las ranas.   472:239:13
como gatos y como las serpientes,   524:267:57

GAVILAN (1)
solté mi gavilán con las temibles   190:8:7

GAVILANES (1)
de los gavilanes líricos   240:38:8

GAVIOTAS (2)
vendrá a la piedra la locura de pingüinos y gaviotas   483:244:33
en el triste mar que mece los cadáveres de las gaviotas   521:266:46

GELIDOS (1)
junto a los gélidos y oscuros   232:30:19

GEMAS (1)
con gemas de aurora.   288:64:13

GEMIA (2)
y porque la media paloma gemía   519:265:44
El niño herido gemía   568:295:5

GEMIAS (1)
que gemías igual que un pájaro   523:267:35

GEMIDO (7)
No hay remedio para el gemido del velero japonés,   490:247:27
y para que se quemen estas gentes que pueden orinar alrededor de un gemido   490:247:44
ignora el gemido de la parturienta,   521:266:32
por donde llegue a ti nuestro gemido.   635:333:45

GEMIDOS (6)
en los tejados del amor, con gemidos y frescas manos,   472:239:12
entre huracanes de oro y gemidos de obreros parados   486:245:46
si no son los gemidos que golpean las ventanas de la boda,   494:251:3
las liras y gemidos que se escapan de las hojas diminutas   518:265:22
al escuchar los primeros gemidos.   519:265:59
y como el aire no hace caso de los gemidos   531:271:13

GEMIR (2)
Al gemir, la santa niña   458:235:15
para gemir al pie de las camas ante el insomnio de los lavabos   480:243:67

GENIAL (1)
el resumen genial de lo lírico.   200:13:28

GENIL (1)
Dauro y Genil, torrecillas   296:68:21

GENTE (22)
llaman gente a la iglesia,   180:2:173
viendo pasar gente desde tu ventana,   203:14:59
Ya está el campo sin gente,   248:40:74
Tu entierro fue de gente   316:99:9
Gente con el corazón   316:99:11
y gente siniestra   323:110:5
Un cielo grande y sin gente   373:152:9
¡Aquí somos otra gente!   400:190:10
¡Pero quita la gente invisible   419:217:11
su aventura a aquella gente,   428:221:56
Será que la gente aquella   449:232:7
Hay un dolor de huecos por el aire sin gente   472:239:20
y la gente buscaba las farmacias   489:246:41
Porque es verdad que la gente   502:256:34
Mientras la gente busca silencios de almohada   505:258:13
No nos salva la gente de las zapaterías,   514:263:62
Yo denuncio a toda la gente   516:264:39
Llegó la gente que come por detrás de las yertas columnas   519:265:49
o garfios de marfil o gente dormida.   571:299:14
y un hormiguero de gente   601:313:136
sin gente.   602:314:2
Bares sin gente. Gritos. Cabezas por el agua.   632:331:12

GENTES (14)
(Las gentes de las cuevas   298:71:12
Las gentes   321:106:10
Las gentes van suspirando   324:111:9
LAS gentes iban   389:174:1
Las gentes   389:174:3
Las gentes   390:174:13
Las gentes iban   390:174:23
con las gentes de los barcos, de las tabernas y de los jardines.   488:246:25
ni para estas gentes ocultas que tropiezan con las esquinas.   490:247:28
¡Oh gentes! ¡Oh mujercillas! ¡Oh soldados!   490:247:37
y para que se quemen estas   490:247:44

gentes que pueden orinar
alrededor de un gemido
Por los barrios hay gentes   497:253:19
que vacilan insomnes
no sienta la sonrisa de las   565:292:7
gentes sin rostro,
tocan en la batalla contra   623:325:16
el mar y sus gentes.
GENTIO (4)
y entre el claro gentío de los   174:1:51
vientos
¡Ay, Harlem, amenazada por   482:243:112
un gentío de trajes sin
cabeza!
No hay más que un gentío de   521:266:23
lamentos
y el gentío rompía las   538:273:47
ventanas
GEO (1)
y el geo amarillo de la miel.   529:269:32
GEOMETRIA (1)
blanco inmóvil de inmóvil   617:322:14
geometría.
GEOMETRIAS (1)
y los sabios cristales   621:323:76
cantan sus geometrías.
GEOMETRICO (1)
Y el joven rígido,   406:199:15
geométrico,
GESTO (3)
CAÑA de voz y gesto,   391:176:1
en el gesto de las doce,   439:227:22
por el hacha de un gesto.   592:311:49
GESTOS (1)
sus gestos de vino y luto.   403:194:6
GIBRALTAR (1)
DE Cádiz a Gibraltar   641:342:1
GIGANTE (4)
cuerpo de gigante   320:105:2
Yo tenía un hijo que era un   483:244:23
gigante,
Un gigante de agua cayó   561:287:13
sobre los montes
Mientras yerto gigante sin   618:322:41
latido
GIGANTES (2)
como gigantes cabezas   183:4:18
que sufre pasiones gigantes y   202:14:47
calla,
GIGANTESCA (1)
Eras una paloma con alma   186:6:5
gigantesca
GIGANTESCO (1)
en tropel gigantesco,   366:144:5
GIGANTESCOS (1)
Al levantar mis brazos   275:57:93
gigantescos
GILLETTE (1)
La gillette descansaba sobre   631:331:5
los tocadores
GIME (10)
-gime el caracol-. Sí creo   177:2:81
por donde gime la recién   353:130:2
parida.
Sangre resbalada gime   429:222:25
gime sentada en su puerta   456:234:106
Amnón gime por la tela   465:237:49
La aurora de Nueva York gime   497:253:5
Se acerca. Gime. No solloces   510:261:24
en sueños, amigo.
Piedra de soledad donde la   630:330:9
hierba gime
tu sombra gime por la luz   637:336:8
dorada.
La nieve gime y tiembla   641:341:21
GIMEN (8)
gimen canciones redondas.   436:226:8
en largas filas que gimen   460:235:61
Ya cantan, gritan, gimen: 513:263:35
Rostro. ¡Tu rostro! Rostro.

¡Ya cantan!, ¡gritan!,   513:263:41
¡gimen!,
y todavía sus labios gimen   517:264:71
LA piedra es una frente   542:275:149
donde los sueños gimen
Yo canto su elegancia con   545:276:222
palabras que gimen
los muertos gimen esperando   571:298:16
turno.
GIMIENDO (1)
pero tú vas gimiendo sin   508:260:45
norte por mis ojos.
GIMIERA (1)
y gimiera en las llamas de   525:267:76
tu ecuador oculto.
GINEBRA (2)
y una copa de ginebra   428:221:53
Emilio en la yerta ginebra   473:240:20
que se olvida en el vaso;
GIOCONDO (1)
delicado Giocondo, amigo mío.   636:334:14
GIRA (11)
gira, corazón;   173:1:16
gira, corazón.   173:1:17
gira, corazón;   174:1:34
gira, corazón.   174:1:35
gira, corazón;   175:1:57
gira, corazón.   175:1:58
El tío vivo gira   362:138:17
La luna gira en el cielo   464:237:1
(Gira la naranja   608:315:41
(Gira la naranja   609:315:51
Con su tomo de olor, gira.   626:328:3
GIRABAN (1)
donde giraban las copas   483:244:19
llenas de lágrimas.
GIRALDA (1)
bisnieto de la Giralda,   443:229:33
GIRAN (3)
bandadas de letras giran.)   253:43:10
Los astros de plomo giran   403:194:7
giran locos pidiendo   635:333:32
eternidades.
GIRANDO (4)
veletas girando.   302:77:8
girando.   302:77:10
está mi amor ¡girando!   396:182:16
o girando en las plataformas   524:267:51
del ajenjo,
GIRASOL (1)
¡Qué girasol! ¡Qué magnolia   433:224:13
GIRASOLES (4)
cargados de girasoles.   438:227:4
semillas de girasoles,   439:227:34
colmillos, girasoles,   481:243:81
alfabetos
Verdes girasoles temblaban   519:265:52
GIRO (1)
las formas que buscaban el   507:260:17
giro de la sierpe.
GITANA (8)
¡oh Estrella la gitana!   209:17:2
¡oh Estrella la gitana!   211:17:46
¡AY, petenera gitana!   315:99:1
¡Ay, petenera gitana!   316:99:15
El inglés le da a la gitana   428:221:51
Bajo la luna gitana,   430:223:10
se mecía la gitana.   432:223:74
lo parió una gitana,   662:360:3
GITANAS (3)
seis gitanas,   314:97:2
huyen las gitanas viejas   456:234:86
gritan vírgenes gitanas   466:237:86
GITANILLO (1)
del gitanillo muerto.   326:114:12
GITANO (8)
El gitano evoca   305:83:5
[SARGENTO] ¡Un gitano!   329:119:25
[GITANO] Un gitano.   330:119:33
[TENIENTE CORONEL] ¿Y qué es   330:119:34
un gitano?

[GITANO] Gitano.   330:119:40
Como un gitano legítimo.   436:225:49
más torero y más gitano."   655:354:4
más gitano y más torero."   655:354:8
GITANOS (18)
Si vinieran los gitanos,   425:220:10
Cuando vengan los gitanos,   425:220:14
bronce y sueño, los gitanos.   426:220:26
dando gritos, los gitanos.   426:220:34
Y los gitanos del agua   427:221:13
¡Oh pena de los gitanos!   437:226:43
no olvides que los gitanos   443:229:25
¡Se acabaron los gitanos   446:230:35
Serafines y gitanos   450:232:37
¡Oh ciudad de los gitanos!   454:234:17
¡Oh ciudad de los gitanos!   454:234:21
los gitanos en sus fraguas   454:234:27
y buscan a los gitanos   454:234:39
¡Oh ciudad de los gitanos!   455:234:57
¡Oh ciudad de los gitanos!   455:234:61
los gitanos se congregan.   456:234:94
¡Oh ciudad de los gitanos!   457:234:117
¡Oh ciudad de los gitanos!   457:234:121
GLAUCAS (1)
ondas recojan glaucas sus   617:322:11
acentos
GLOBO (1)
monta en su globo a los   373:152:10
pájaros.
GLOBOS (1)
San Miguel, rey de los globos 440:227:49
GLOBULO (1)
en glóbulo duro y agrio,   259:46:70
GLORIA (2)
en busca de tu gloria   230:29:22
en la gloria sin fin de la   639:339:6
blancura.
GLORIETAS (2)
Un creador de glorietas   320:104:19
glorietas de caracolas   427:221:15
GLORIOSO (1)
¿Dónde iba el glorioso   207:15:87
viajero?
GLORIOSOS (4)
gloriosos.   223:24:8
¿Qué ves en estos pétalos   229:28:11
gloriosos?
mar de espasmos gloriosos.   276:58:15
Dichosos los gloriosos y los   285:63:56
fuertes,
GNOMO (1)
del viejo gnomo del prado,   258:46:26
GNOMOS (1)
Brisas, gnomos y vientos   174:1:36
GOBIERNA (1)
Gobierna rígido   215:21:20
GOBIERNO (1)
El Gobierno ha cerrado las   618:323:11
tiendas de perfume.
GOLFO (1)
¡Oh golfo sin hormigas del   529:269:28
amanecer!
GOLONDRINA (5)
¡UNA golondrina vuela   278:60:1
¡Una golondrina viene   279:60:17
¡Qué esfuerzo del perro por   506:259:3
ser golondrina!
¡Qué esfuerzo de la   506:259:4
golondrina por ser abeja!
que come los huevos de la   645:345:2
golondrina.
GOLONDRINAS (3)
pequeñas golondrinas con   495:251:25
muletas
que no hay golondrinas que   542:274:142
se la beban,
(Golondrinas hieráticas   612:318:53
GOLPE (2)
En el golpe   595:312:53
¡En el golpe   595:312:57
GOLPEABA (2)

y golpeaba el trasero de los   478:243:3
monos.
y golpeaba el trasero de los   480:243:45
monos.
GOLPEABAN (2)
en la puerta golpeaban.   432:223:82
golpeaban los cenicientos   486:245:56
cristales de Broadway.
GOLPEADO (1)
He golpeado los ataúdes. ¡Mi   482:244:6
hijo! ¡Mi hijo! ¡Mi hijo!
GOLPEAN (3)
Golpean rayos de luna   346:126:2
las campanas golpean.   387:171:18
si no son los gemidos que   494:251:3
golpean las ventanas de la
boda,
GOLPEE (1)
nos golpee las sienes con su   479:243:20
vestido
GOLPES (2)
Tres golpes de sangre tuvo   448:231:41
golpes y resonancias de carne   496:252:8
de molusco.
GOMA (4)
silencios de goma oscura   453:234:11
y vi las cabañas de goma   483:244:18
Fachada de crin, de humo;   490:247:32
anémonas, guantes de goma.
Los médicos ponen en el   518:265:16
níquel sus tijeras y guantes
de goma
GOMAS (1)
los mulatos estiraban gomas,   480:243:49
ansiosos de llegar al torso
blanco,
GONDOLAS (1)
Las góndolas sin remos   247:40:38
GONG (1)
y el liso gong de la nieve.   427:221:36
GORDA (5)
LA mujer gorda venía delante   487:246:1
la mujer gorda   487:246:3
La mujer gorda, enemiga de la   487:246:5
luna,
La mujer gorda venía delante   488:246:24
Pero la mujer gorda seguía   489:246:40
delante
GORRION (1)
cantaba un gorrión.   318:102:10
GORRO (1)
con el gorro de plumas   252:42:51
GORROS (1)
y los gorros en las sienes.   428:221:50
GOTA (11)
y la gota de llanto se   195:10:8
transforma
Cada gota de lluvia tiembla   197:11:23
en el cristal turbio
(gota de cocodrilo)   246:40:3
gota de siglos que guarda   258:46:41
En una gota de agua   403:195:3
En una gota de agua   404:195:9
La gota de sangre buscaba la   486:245:57
luz de la yema del astro
Volaba dentro de una gota   511:262:13
hay una gota de sangre de   515:264:2
pato;
hay una gota de sangre de   515:264:4
marinero;
¡Oh cintura caliente y gota   530:270:20
de madera!
GOTAS (14)
TIENEN gotas de rocío   184:5:1
gotas claras de la luna   184:5:3
al contemplar las gotas   197:11:20
muertas en los cristales.
Y son las gotas: ojos de   197:11:21
infinito que miran
¡Oh lluvia franciscana que   197:11:31
llevas a tus gotas

GOTAS - GRANATES

van gotas de humorismo.	234:32:27
Sus metálicas gotas	238:35:22
La yedra de las gotas	249:41:14
Sobre el agua dormida de la fuente, las gotas	271:56:6
y otras recogen las gotas	467:237:87
El olvido estaba expresado por tres gotas de tinta sobre el monóculo,	481:243:83
ponen sus gotas de sangre	516:264:34
tiburones como gotas de llanto para cegar una multitud,	520:266:6
gotas de sucia muerte con amargo veneno.	526:267:106

GOZA (1)

mientras él goza	216:21:38

GOZANDO (1)

gozando de los ritmos ignorados	274:57:69

GOZAS (1)

Y gozas el soneto del mar en tu ventana.	619:323:44

GRACIA (8)

con su sangre de gracia?	193:9:38
tiene toda la gracia del estío	200:13:22
Robusto, con la gracia	243:38:110
¡Qué bien borda! ¡Con qué gracia!	433:224:9
y lleva gracia pura por las falsas ojivas.	496:252:18
Yo canto para luego tu perfil y tu gracia.	545:276:216
Llenas rosas de gracia y amor,	581:304:82
El talle de la gracia queda lleno de sombra	623:325:19

GRACIAS (1)

[AMARGO] Gracias.	336:121:54

GRADAS (1)

Por las gradas sube Ignacio	540:274:78

GRAFICO (1)

y un gráfico de hueso en la ventana.	353:130:4

GRAMA (1)

y el ovillo busca por la grama su ansia de longitud insatisfecha.	490:247:30

GRAMINEO (1)

en el gramíneo rubor de la sonrisa.	477:242:8

GRAN (44)

Pero mi gran torpeza	180:2:167
con un gran sol por báculo.	192:8:50
Pero tu gran tristeza se irá con las estrellas,	203:14:76
La gran tumba de la noche	212:19:9
del gran abuso	216:21:32
que el Gran Lenín	216:21:50
y el gran rumor dorado	218:22:20
quiebra el gran equilibrio	218:22:35
como una gran manzana.	232:31:9
¡Oh gran dolor!	245:39:44
en esa gran papada	247:40:56
de mi gran calavera.	250:42:24
era el gran chopo.	273:57:24
Tuve la gran tristeza vegetal,	275:57:97
Un gran cisne me guiñó,	277:59:10
Pero mi gran dolor trascendental	280:61:21
corren sobre las aguas del gran cauce	280:61:27
¡Oh gran sacerdote del saber antiguo!	283:62:54
que me ponga en las manos la gran llave	287:63:127
¿Qué gran olmo de idea	289:65:9
el gran macho cabrío.	290:67:6
¡Qué gran acento el de tu mirada	291:67:17
teje una gran estrella	314:96:8

Un gran brazo moreno	368:148:15
Al romperlo, un gran chorro de sombra	406:199:17
Tu gran luz que sostiene	421:219:19
La gran ciudad lejana	463:236:58
a tu gran rey prisionero con un traje de conserje!	479:243:35
Buscad el gran sol del centro	481:243:92
a través de tu gran rey desesperado,	482:243:118
Era la gran reunión de los animales muertos,	484:245:11
En la gran plaza desierta	507:260:14
caerán sobre ti. Caerán sobre la gran cúpula	520:266:10
Entonces se oyó la gran voz y los fariseos dijeron:	533:272:19
¡Qué gran torero en la plaza!	541:274:115
¡Qué gran serrano en la sierra!	541:274:116
donde sangra mi gran corazón,	582:304:105
bajo el gran espejo.	596:313:11
recoge el gran llanto	609:316:8
El gran llanto de Cristo	609:316:10
y el horizonte sube como un gran acueducto.	618:323:16
y ese gran sol amarillo de viejos peces aplastados.	647:346:20
al abrirse la gran puerta.	647:347:12
¡Qué gran romántica	650:351:5

GRANADA (21)

Y Granada te guarda como santa reliquia,	187:6:43
Granada era tu lecho de muerte, Doña Juana,	187:6:49
Granada era tu lecho de muerte, Doña Juana,	187:6:53
Los dos ríos de Granada	295:68:3
Los dos ríos de Granada,	295:68:9
por el agua de Granada	295:68:15
en Granada.	306:85:4
en Granada!	307:85:19
Ni a Granada la que suspira	313:95:7
[JINETE] ¿Va usted a Granada?	335:121:39
[AMARGO] A Granada voy.	335:121:40
[JINETE] ¿No son aquellas las luces de Granada?	339:121:104
{(Pausa.)} [JINETE] Estamos llegando a Granada.	340:121:117
a la morenita de Granada.	379:160:12
"Vente a Granada, muchacha."	381:163:11
"Vente a Granada, muchacha."	382:163:23
Granada era una luna	560:286:4
Granada era una corza	560:286:9
TODAS las tardes en Granada,	560:287:1
quiero subir los muros de Granada,	568:295:2
Desde la sal de Cádiz a Granada,	637:336:5

GRANADA (9)

MI beso era una granada,	235:33:1
ES la granada olorosa	257:46:1
La granada es como un seno	257:46:7
La granada es corazón	257:46:17
La granada es el tesoro	258:46:25
Mas la granada es la sangre,	259:46:59
La granada es la prehistoria	259:46:67
¡Oh granada abierta!, que eres	259:46:73
y una granada en las sienes.	429:222:20

GRANADAS (1)

y comía granadas.	404:196:14

GRANADOS (1)

CUATRO granados	409:202:1

GRANATE (1)

a tu violencia granate sordomuda en la penumbra,	479:243:34

GRANATES (1)

tiene las barbas granates.	295:68:8

GRANDE (12)
    -¡Grande suerte que tuvo,   207:15:96
    comadre!
    mi ilusión de ser grande en   271:56:25
    el amor, las horas
    [JINETE] El mundo es muy   339:121:106
    grande.
    Un árbol grande se abriga   346:126:5
    Un cielo grande y sin gente   373:152:9
    Jaca negra, luna grande,   380:161:3
    Tú diminuto y yo grande.   411:205:11
    grande de raso pajizo,   436:225:51
    ¡Qué pena tan grande! Corro   437:226:27
    Ese río grande.   491:249:3
    ¡Oh río grande mío!   492:249:37
    ¡qué grande, qué invisible,   506:259:20
    qué diminuto!,
GRANDES (14)
    bajo los álamos grandes.   347:126:12
    Bajo los álamos grandes.   347:126:14
    Angeles con grandes alas   429:222:15
    Grandes estrellas de   430:223:14
    escarcha,
    los culos grandes y ocultos   439:227:35
    boca triste y ojos grandes,   442:229:4
    y grandes de mi caballo,   451:233:3
    del óxido de hierro de los   484:245:9
    grandes puentes
    La luna tiene un sueño de   496:252:11
    grandes abanicos
    ninguno amaba las hojas   522:267:8
    grandes,
    que los bueyes hablen con las   558:284:5
    grandes hojas
    (por grandes conjuntos).   596:312:74
    junta los grandes vidrios   619:323:32
    del pez y de la luna.
    y que se agrupan en grandes   647:346:11
    montones
GRANDEZA (1)
    que explica su grandeza   583:305:36
GRANDIOSA (1)
    Flor grandiosa, divina,   580:304:35
    enervante,
GRANDIOSAS (1)
    neáporis grandiosas de todo   580:304:58
    pensamiento,
GRANDOTA (1)
    Esta es grandota y verde, yo   404:196:15
    no puedo
GRANIZO (1)
    y granizo a sus espaldas.   464:237:20
GRANO (2)
    (Cada grano es una estrella,   257:46:3
    pone loco de espigas el   638:338:8
    silencio del grano.
GRANOS (2)
    con granos de calaveras.   183:4:16
    llantos, ¡besos!, granos,   579:304:4
    polen de la luna;
GRAVE (9)
    Pero una grave tristeza   226:26:31
    Ahora maestro grave   236:33:21
    sobre este grave patio   249:41:20
    ni fue el hachazo grave   260:47:9
    que venía grave, preñada de   283:62:65
    estrellas.
    ¡OH, qué grave medita   326:114:1
    Grave silencio, de espalda,   452:233:44
    Grave hora que sueñan   611:318:20
    corre grave y hondo,   643:343:10
GRAVES (1)
    Solitarias, divinas y graves,   581:304:90
GRECIA (1)
    Grecia vieja   291:67:32
GRIETA (3)
    Grieta en que Filomena   414:209:7
    enmudecida
    No busquéis, negros, su   481:243:90
    grieta
    -Una grieta en la mejilla.   490:248:2

GRIETAS (1)
    aguarda grietas del alba   458:235:11
GRIFFON (1)
    el pájaro Griffón   374:153:2
GRILLO (6)
    ¡Grillo, sal de tu agujero!   209:16:22
    por el canto del grillo,   254:44:8
    se ponía un traje de grillo.)   404:195:12
    Aquel grillo   602:314:4
    Aquel grillo.   602:314:6
    (Un grillo canta   608:315:36
GRILLOS (10)
    y de los oscuros grillos,   189:7:43
    que los grillos refuerzan sus   205:15:27
    cuerdas
    bajo el pueblo de grillos!   248:40:71
    del canto monocorde de los   284:63:39
    grillos,
    Los grillos cantan   371:149:17
    Los grillos cantan   371:149:21
    Cien grillos quieren dorar   386:169:9
    (La tenía el rey de los   403:195:2
    grillos.)
    y se encendieron los grillos.   434:225:7
    grillos ocultos palpitan.   443:229:36
GRIS (30)
    que presa por la araña gris del 190:8:3
    tiempo
    El amor se despierta en el   197:11:17
    gris de su ritmo,
    Gris pergamino dolorido   231:30:11
    TARDE lluviosa en gris cansado, 238:36:1
    Tarde lluviosa en gris   239:36:21
    cansado,
    Suena en un gris rojizo   262:48:13
    Se riza el aire gris.   297:69:11
    Día gris.   360:136:4
    Gris.   360:136:5
    EN el gris,   374:153:1
    se vestía de gris.   374:153:3
    Para entrar en el gris   374:153:7
    me pinté de gris.   374:153:8
    en el gris!   374:153:10
    ZARZAMORA con el tronco gris,   378:158:1
    con el brazo gris del viento   382:163:27
    Unicornio gris y verde,   397:184:3
    abrió con mano gris mi vieja   413:209:3
    herida
    Vuelan en la araña gris,   433:224:5
    rejones al agua gris,   447:231:14
    de carne gris, desvelada,   459:235:44
    ¡ESA esponja gris!   491:249:1
    ¡Oh esponja mía gris!   492:249:35
    ¡qué rosa gris levanta de su   506:259:8
    belfo!
    y la plaza gris del sueño   539:274:61
    el valle gris de tu cuerpo.   563:289:20
    ¿Qué luna gris de las nueve   567:294:5
    de crepúsculo gris de agonía,   581:304:72
    Junto al camino gris   588:309:5
    Sueña invierno de lumbre,   637:336:13
    gris verano.
GRISES (14)
    Se rasgan nubes grises en el   271:56:5
    mudo horizonte.
    Anchos sombreros grises,   307:86:4
    y al aire sus grises tetas   370:148:43
    Sesenta flores grises   391:176:11
    biombo de días grises.   408:201:17
    recaman los grises puros   441:228:20
    a través de lágrimas grises,   482:243:115
    y aun andando por un paisaje   493:250:28
    de esponjas grises y barcos
    mudos
    la guerra pasa llorando con   525:267:84
    un millón de ratas grises,
    y agrupa flores grises en   526:267:122
    la orilla del cieno.
    ponía grises los labios   532:272:7
    redondos de los que vomitaban
    en las esquinas.

Yo he visto lluvias grises   542:275:153
correr hacia las olas
pero por detrás de los grises 569:296:3
muros
Los grises oteando sus   618:323:4
balaustradas últimas.
GRITA (3)
no grita su tristeza.   268:54:5
...Y la higuera me grita y   384:166:11
avanza
¡Quién me grita que me asome! 540:274:93
GRITABAN (2)
gritaban nombres oscuros,   489:247:16
salivas y radios de níquel.
que gritaban a toros   540:274:101
celestes,
GRITAN (5)
Por los patios gritan loros,   390:175:7
gritan vírgenes gitanas   466:237:86
Ya cantan, gritan, gimen: 513:263:35
Rostro. ¡Tu rostro! Rostro.
¡Ya cantan!, ¡gritan!,   513:263:41
¡gimen!,
donde gritan las oscuras   521:266:39
ninfas del cólera.
GRITAR (9)
Quiere gritar. No puede.   176:2:50
debía gritar desnudo entre   521:266:26
las columnas,
ha de gritar aunque le   522:266:62
estrellen los sesos en el
muro,
ha de gritar frente a las   522:266:63
cúpulas,
ha de gritar loca de fuego,   522:266:64
ha de gritar loca de nieve,   522:266:65
ha de gritar con la cabeza   522:266:66
llena de excremento,
ha de gritar como todas las   522:266:67
noches juntas,
ha de gritar con voz tan   522:266:68
desgarrada
GRITAS (1)
y gritas: "Blanca Flor no   234:32:30
muere nunca,
GRITERÍO (2)
el griterío chino que bulle   495:251:34
por el desembarcadero de la
sangre.
bajo el diminuto griterío de   507:260:11
las yerbas
GRITO (1)
"¡Es ese!", gritó mi sombra,   277:59:6
GRITO (14)
Y tu grito estremece los   186:6:17
cimientos de Burgos.
el secreto del beso y del   200:13:30
grito.
humo de grito y canto.   218:22:40
o tener dulce voz o fuerte   284:63:45
grito,
quiero lanzar mi grito,   287:63:120
y me quede sin hojas y sin   287:63:132
grito.
LA elipse de un grito,   298:71:1
el grito ha hecho vibrar   298:71:9
EL grito deja en el viento   303:80:1
el grito, desaparecen   305:82:6
Su grito fue terrible.   319:104:9
¡un grito! y el cuerno   377:156:22
hasta encontrar las raicillas 491:248:6
del grito.
del grito.   585:306:11
GRITOS (15)
y riyéndote a gritos   174:1:25
Los ecos de los gritos   219:22:57
recordarán tus gritos   230:29:36
los gritos?   242:38:71
un fuego fatuo de gritos!   296:68:26
de gritos.   297:69:14
dando gritos, los gitanos.   426:220:34

Asustados por los gritos   428:221:47
de gritos y miradores.   440:227:52
Siete gritos, siete sangres,   450:232:43
Un vuelo de gritos largos   456:234:81
¡Oh, qué gritos se sentían   466:237:77
cuando sus gritos llenan el   517:264:80
valle
muchedumbres de gritos y   524:267:56
ademanes,
Bares sin gente. Gritos.   632:331:12
Cabezas por el agua.
GROTESCO (2)
grotesco y sin solución,   184:5:15
el atleta grotesco que sonríe 234:32:18
GRULLA (1)
(Grulla dormida la tarde,   398:186:8
GRUÑE (3)
La iglesia gruñe a lo lejos   433:224:7
Gruñe   604:314:58
y gruñe.   604:314:59
GRUPA (2)
[JINETE] ¿Por qué no monta   335:121:43
en la grupa?
como la grupa de un potro.   446:230:46
GRUPO (2)
Con un grupo de hormigas   178:2:106
en un grupo   249:41:12
GRUPOS (3)
sobre grupos de brisas y   501:255:29
barcos encallados.
En las esquinas grupos de   537:273:21
silencio
y deja atrás los grupos   645:345:15
ligeros de ballenas.
GRUTAS (1)
cuando yo te encontré por   561:287:10
las grutas del vino.
GUADALQUIVIR (13)
EL río Guadalquivir   295:68:1
El río Guadalquivir   295:68:7
Guadalquivir, alta torre   295:68:19
Guadalquivir abierto.   307:86:3
¡Ay, Guadalquivir!   307:86:6
Guadalquivir abierto.   307:86:9
¡Ay, Guadalquivir!   307:86:12
Coches, que el Guadalquivir   440:228:5
cerca del Guadalquivir.   447:231:2
cerca del Guadalquivir.   447:231:18
cerca del Guadalquivir?   448:231:24
cerca del Guadalquivir.   448:231:52
junto al Guadalquivir de   541:274:134
las estrellas.
GUADAÑA (1)
ni la dura guadaña de las   622:323:111
alegorías.
GUADAÑAS (1)
y las palabras como guadañas   227:27:12
GUANO (1)
donde sonaban las voces de   485:245:22
los que mueren bajo el guano.
GUANTE (7)
y una falsa tristeza de   481:243:73
guante desteñido y rosa
química.
¡dame tu guante de luna,   507:260:3
tu otro guante perdido en la   507:260:4
hierba,
Un diminuto guante corrosivo   514:263:51
me detiene. ¡Basta!
con un guante de humo   514:263:73
sentada en la puerta de sus
derribos.
Aquel guante de luna que   591:311:30
olvidé,
Tengo un guante de mercurio y 647:347:5
otro de seda.
GUANTES (3)
Y al quitarse los guantes,   406:199:7
caía,
Fachada de crin, de humo;   490:247:32
anémonas, guantes de goma.

Los médicos ponen en el   518:265:16
níquel sus tijeras y guantes
de goma
GUARDA (8)
    La tumba que te guarda rezuma   185:6:3
    tu tristeza
    Y Granada te guarda como santa   187:6:43
    reliquia,
    La tumba que te guarda rezuma   187:6:59
    tu tristeza
    que lo guarda.   254:44:24
    gota de siglos que guarda   258:46:41
    brotó del seno que la noche   275:57:114
    guarda.
    La panocha guarda intacta   366:145:6
    guarda lira de sombra, sol   637:336:3
    maduro,
GUARDABAN (1)
    guardaban su alma   227:27:10
GUARDABAS (1)
    En tu cuerpo guardabas   260:47:23
GUARDADA (1)
    -¿Dónde tienes guardada esa   207:15:78
    estrella?
GUARDADO (1)
    en ti quedóse guardado.   188:7:9
GUARDAN (5)
    que guardan un viejo   239:37:6
    Es el tesoro que aun guardan   258:46:31
    cajas que guardan silencio   472:239:15
    de cangrejos devorados
    A los que guardan todavía   493:250:31
    huellas de zarpa y aguacero,
    Allí todas las formas   500:255:13
    guardan entrelazadas
GUARDANDO (1)
    guardando las blancas torres   426:221:11
GUÁRDATE (2)
    guárdate tu cielo azul,   240:38:15
    ¡Guárdate del viajero!   599:313:88
GUARDIA CIVIL (10)
    [TENIENTE CORONEL] Yo soy el   328:119:1
    teniente coronel de la
    Guardia Civil.
    Yo soy el teniente coronel   329:119:11
    de la Guardia Civil.
    [TENIENTE CORONEL] Yo soy el   328:119:29
    teniente coronel de la
    Guardia Civil.
    [SARGENTO] A la orden, mi   331:119:49
    teniente coronel de la
    Guardia Civil.
    Guardia civil caminera,   332:120:5
    El juez, con guardia civil,   429:222:23
    guardia civil caminera   445:230:15
    llama a la Guardia Civil!   448:231:38
    Pero la Guardia Civil   456:234:101
    La Guardia Civil se aleja   457:234:118
GUARDIÁN (1)
    sería el guardián que en la   572:300:7
    noche de mi tránsito
GUARDIAS CIVILES (4)
    Señores guardias civiles: 429:222:27
    Guardias civiles borrachos   432:223:81
    mientras los guardias civiles   446:230:41
    Cuarenta guardias civiles   456:234:75
GUARDO (2)
    ¿Todo el eco de estrellas que   271:56:13
    guardo sobre el alma
    ¿QUE es lo que guardo en estos   289:65:1
GUEDEJAS (2)
    con las guedejas quemadas,   310:91:12
    sus guedejas,   316:99:6
GUERRA (2)
    Cuando empiece el tumulto de   503:256:55
    la guerra
    la guerra pasa llorando con   525:267:84
    un millón de ratas grises,
GUERREROS (2)
    en tropel con doscientos   204:15:12
    guerreros;

guerreros de niebla   228:27:29
¿Qué terribles guerreros os   264:50:4
lanzaron?
y guerreros que van   351:129:6
GUILLOTINA (1)
    En esta guillotina   369:148:25
GUINDAS (1)
    con las guindas en conserva.   454:234:20
GUIÑO (1)
    Un gran cisne me guiñó,   277:59:10
GUIRNALDA (1)
    una guirnalda de melancolía.   639:339:14
GUIRNALDAS (6)
    con rosadas guirnaldas.   194:9:72
    con guirnaldas de verdes   204:15:14
    luceros,
    otra vez dejará sus guirnaldas   279:61:15
    con guirnaldas de minutos.   403:194:12
    Hay frescas guirnaldas de   528:268:25
    llanto.
    con heladas guirnaldas.   574:302:18
GUISANDO (1)
    y los toros de Guisando,   540:274:72
GUITARRA (11)
    del vino de Málaga y de la   202:14:29
    guitarra.
    de la guitarra.   297:70:2
    de la guitarra.   297:70:6
    ¡Oh guitarra!   298:70:24
    LA guitarra,   313:96:1
    y el bordón de una guitarra   315:98:13
    enterradme con mi guitarra   323:109:2
    de la guitarra.   323:110:7
    ¡La guitarra!   325:113:10
    de madera de guitarra.   462:236:45
    porque es la guitarra donde   532:271:20
    el amor se desespera,
GUITARRAS (3)
    con las guitarras abiertas.   324:111:10
    y guitarras alegres.   389:174:6
    Las guitarras suenan solas   443:229:19
GULA (1)
    Es allí donde sueñan los   478:242:25
    torsos bajo la gula de la
    hierba.
GUSANO (4)
    sollozando de mí como el   287:63:121
    gusano
    azul sin un gusano ni una   477:242:18
    huella dormida,
    Porque tu signo expresa la   632:331:33
    brisa y el gusano.
    para el gusano de mi   638:337:8
    sufrimiento.
GUSANOS (10)
    con gusanos. Ecos   239:37:12
    los gusanos.   248:40:69
    huyen de ti los gusanos.   259:46:80
    los gusanos dijeron sus   284:63:35
    delirios.
    -Dichosos, ¡oh gusanos!, que   285:63:66
    tenéis
    Los gusanos lloraron, y los   285:63:74
    árboles,
    Los gusanos se hunden   286:63:98
    soñolientos
    Subí a tocar las campanas,   483:244:13
    pero las frutas tenían
    gusanos
    y soplar los gusanos ateridos   507:260:8
    mundos enemigos y amores   520:266:9
    cubiertos de gusanos
GUSTA (4)
    El que te gusta no sabe que   200:13:47
    traga
    [JOVEN 1.] No me gusta andar   334:121:17
    de noche.
    y gusta los aires fríos   452:233:38
    Pepín, ¿por qué no te gusta   615:320:4

GUSTABAN (1)
  en la cúpula neutra gustaban   631:330:28
  tu racimo.
GUSTADA (1)
  Mi amor de paso, tránsito,   646:345:32
  larga muerte gustada.
GUSTAN (2)
  para herirte, o te gustan   242:38:70
  de Lamartine, y os gustan   247:40:31
GUSTANDO (1)
  gustando la amarga frescura   477:242:16
  de su milenaria saliva.
GUSTAS (1)
  Ya puedes cortar si gustas   452:233:24
GUSTO (4)
  en la boca un raro gusto   432:223:45
  dos mil palomas para el   515:264:19
  gusto de los agonizantes,
  Tu apetencia de muerte y el   545:276:218
  gusto de su boca.
  sino desierto gusto de   637:335:11
  retama.
HA (81)
HA (12)
  y no ha de sentir mi carne   213:19:19
  ¿Todo mi sufrimiento se ha de   271:56:11
  perder, Dios mío,
  ¿Todo mi sufrimiento se ha de   271:56:32
  perder, Dios mío,
  ¿qué ha de hacer, amor,   413:208:3
  ha de gritar aunque le   522:266:62
  estrellen los sesos en el
  muro,
  ha de gritar frente a las   522:266:63
  cúpulas,
  ha de gritar loca de fuego,   522:266:64
  ha de gritar loca de nieve,   522:266:65
  ha de gritar con la cabeza   522:266:66
  llena de excremento,
  ha de gritar como todas las   522:266:67
  noches juntas,
  ha de gritar con voz tan   522:266:68
  desgarrada
  "Este toro ha de morir   655:354:11
HABANA (1)
  Pájaros de la Habana,   526:267:109
HABEIS (3)
HABER (3)
HABERTE (1)
HABIA (4)
HABIA (3)
  había dos ranas viejas   176:2:27
  había una luciérnaga,   383:165:7
  cantaba el oso de agua que   492:249:20
  lo había de estrechar;
HABIAN (1)
HABIENDO (1)
HABITACIONES (1)
  y el cáncer sin alambradas   502:256:30
  latiendo por las
  habitaciones!
HABLA (1)
  Con habla de pensamiento.   189:7:25
HABLABA (4)
  Todo hablaba dulce a mi   281:62:15
  corazón
  Así hablaba yo.   499:254:44
  Así hablaba yo cuando   499:254:45
  Saturno detuvo los trenes
  y hablaba con los caracoles   501:256:11
  vacíos de los documentos,
HABLAN (4)
  Todos tus hermanos del bosque   283:62:56
  me hablan,
  Quisiéramos saber lo que nos   285:63:62
  hablan
  Las muchachas hablan de sus   393:178:5
  novios
  redondas sí, los peces mudos   618:322:29
  hablan.
HABLANDO (1)

  Cabecean los chopos hablando   269:55:3
HABLAR (3)
  Y al hablar,   238:36:14
  No la quiero para hablar;   404:195:5
  El hombre que desprecia la   521:266:25
  paloma debía hablar,
HABLARA (1)
  no hablara la niña.   665:364:26
HABLARAN (1)
  ellos todo lo saben, pero   267:54:3
  nunca hablarán.
HABLEN (1)
  que los bueyes hablen con las   558:284:5
  grandes hojas
HABLO (2)
  el que habló con niña Rosa   258:46:27
  El abuelo me habló   277:59:3
HABRA (4)
  ¿O después habrá otra nieve   181:3:25
  y habrá coplas de amor   233:31:22
  ¡No habrá pañuelos de seda   332:120:11
  que no habrá paraíso ni   497:253:14
  amores deshojados;
HABREIS (1)
HACE (17)
  hace que no lo crea.   176:2:41
  hace un sudario con ellas.   181:3:22
  que hace vibrar el alma   196:11:4
  dormida del paisaje.
  mientras hace la ruda calceta   206:15:50
  hace tu azul pedazos,   218:22:24
  Una estrella le hace burla   225:26:13
  hace cursi el horizonte   225:26:17
  de la lluvia nos hace amar la   233:32:10
  lámpara,
  hace mucho tiempo,   240:37:20
  hace proras de plata.   312:94:11
  hace llorar a los sueños.   313:96:2
  me hace ser muy comedido.   435:225:43
  y como el aire no hace caso   531:271:13
  de los gemidos
  hace a la luna   590:311:10
  y ella misma se hace burla.   605:314:64
  ¡Hace un instante!   607:315:20
  Hace un momento.   608:315:23
HACED (1)
  Haced un bosque sonoro   209:16:23
HACEN (6)
  Las ranas hacen del cauce   225:26:7
  hacen proras de plata.   317:101:17
  hacen nocturnos y desfiles   513:263:50
  entrecruzando sus propias
  venas.
  ni los paisajes que se hacen   514:263:63
  música al encontrar las
  llaves oxidadas.
  que hacen ataúdes sin cruz.   521:266:22
  y hacen líricas señas   624:326:11
HACER (4)
  quisiéramos hacer miel, como   284:63:44
  abejas,
  blanco, para hacer pañuelos?   381:162:9
  ¿qué ha de hacer, amor,   413:208:3
  ¿Qué voy a hacer? ¿Ordenar   517:264:65
  los paisajes?
HACERLA (2)
  para hacerla luz.   189:7:49
  para hacerla viva,   413:208:14
HACERLO (1)
  Mas si no quieres hacerlo,   240:38:13
HACES (3)
  [JINETE] Porque llegas   340:121:110
  allí. ¿Qué haces?
  Haces bien en poner   620:323:61
  banderines de aviso,
  -¿Qué haces ahí, mora,   664:364:7
HACIA (1)
  qué llantos hacía.   665:364:30
HACIA (19)
  Cabalgué lentamente hacia los   191:8:17
  cielos.

hacia el techo imposible de   192:8:49
los cielos
hacia mi casa intranquilo.   209:16:25
Incliné mis ramajes hacia el   274:57:85
cielo
hacia muy lejos!...   278:60:2
hacia el sereno triunfo   283:63:12
hacia el suelo.   299:72:6
hacia el turbio frescor de la   353:130:8
manzana.
Señalan hacia el sitio   412:206:5
hacia las altas barandas.   431:223:54
entre las formas que van   471:238:2
hacia la sierpe
Ya viene hacia la roca. ¡No   510:261:23
alargues tus raíces!
hacia el batallón de puntas   512:263:10
desiguales,
hacia un paisaje de acechos   512:263:11
pulverizados.
con la barba hacia el polo   526:267:128
y las manos abiertas.
Yo he visto lluvias grises   542:275:153
correr hacia las olas
una estrella volar hacia el   587:307:22
cielo.
esa estrella que voló hacia   587:307:31
el cielo.
HACIA Roma caminan   656:355:1
HACIAN (2)
hacían pompas de jabón.   228:27:22
hacían de los árboles   228:27:30
HACIAS (1)
[TENIENTE CORONEL] ¿Y qué   331:119:46
hacías allí?
HACIENDO (2)
haciendo heridas en la ruda   274:57:65
carne,
Los galanes replican haciendo   393:178:9
HACIENDOLO (1)
que escarnecen, haciéndolo   234:32:24
Pegaso,
HACHA (4)
con un hacha rompió el   406:199:16
espejo.
por el hacha de un gesto.   592:311:49
del hacha   595:312:54
del hacha!   595:312:58
HACHAS (1)
(Vino el día con sus hachas.)   367:147:2
HACHAZO (2)
o el caluroso hachazo   218:22:30
ni fue el hachazo grave   260:47:9
HADA (2)
y el cuento del hada vieja   188:7:7
como un hada de cuento   265:51:13
HAGO (1)
[AMARGO] ¿Qué hago?   340:121:111
HALCON (1)
Estrellas como puños sin   622:323:108
halcón te relumbren,
HALO (1)
con la rosa y el halo.   350:128:57
HALLABANLAS (3)
y hallábanlas cogidas   659:357:6
Y hallábanlas cogidas   659:357:9
y hallábanlas tomadas   659:357:16
HALLAR (1)
para hallar la máscara   481:243:91
infinita.
HALLARE (1)
¿dónde hallaré a mi amante   221:23:49
HALLARSE (1)
al hallarse sin nidos,   260:47:15
olvidado
HALLOLA (1)
Hallóla lavando   664:364:5
HAMBRE (2)
el amor está en los fosos   521:266:45
donde luchan las sierpes del
hambre,

lo defiende del hambre de   568:295:16
las algas.
HAMBRIENTA (1)
la pasión hambrienta de besos   201:14:14
de fuego
HAN (26)
HAN (2)
¿cómo han de mirarnos   413:208:7
forjando cadenas para los   521:266:20
niños que han de venir.
HARA (1)
y le hará una.   662:360:12
HARAN (1)
que harán decir a los que   483:244:34
duermen y a los que cantan
por las esquinas:
HARAPIENTA (1)
y el agua harapienta de los   471:238:8
pies secos.
HARAS (1)
Chopo, y tú ¿qué harás?   416:212:7
HARE (3)
¡Qué haré yo sobre estos   213:19:13
campos
¡Qué haré si tienes tus ojos   213:19:17
me haré con ella un anillo   404:195:6
HAREMOS (1)
haremos en la esquina de la   639:339:13
pena
HARIAN (1)
harían con tu corazón   425:220:11
HARIAS (3)
¿qué harías, amor mío?   649:350:3
¿qué harías, amor mío?   649:350:7
¿qué harías, amor mío?   649:350:11
HARINA (5)
y molino sin harina!   253:43:18
para formar el alma de la   270:55:27
harina.
Panderito de harina para el   630:330:18
recién nacido.
cuerpo de luz humana con   631:330:32
músculos de harina!
Con su rosa de harina   635:333:26
HARINOSO (1)
de polvillo harinoso y espeso,   205:15:32
HARLEM (7)
para que el rey de Harlem   479:243:26
cante con su muchedumbre,
¡Ay Harlem! ¡Ay Harlem! ¡Ay   479:243:31
Harlem!
Aquella noche el rey de   479:243:42
Harlem,
¡Ay, Harlem disfrazada!   482:243:111
¡Ay, Harlem, amenazada por   482:243:112
un gentío de trajes sin
cabeza!
HARTOS (1)
hartos de pisar la tierra.   540:274:75
HAS (12)
HAS (2)
has de volver   260:47:11
¡Por aquí has de pasar,   611:318:32
HASTA (11)
¡hasta el mar!   310:90:14
y llegan hasta el cielo   314:97:15
hasta las altas barandas,   431:223:48
hasta las verdes barandas.   431:223:50
hasta que la puso de oro.   445:230:12
hasta encontrar las raicillas   491:248:6
del grito.
hasta la puerta del agua   502:256:25
oscura.
hasta que se le pongan de   522:266:56
plata los labios.
hasta que las ciudades   522:266:69
tiemblen como niñas
¡Oh espina clavada en el   533:272:17
hueso hasta que se oxiden
los planetas!
Hasta que el Universo   594:312:37

HASTIO (1)
  de hastío.   240:38:12
HAY (85)
  HAY dulzura infantil   175:2:1
  No hay estado perfecto   194:9:67
  no hay nada comparable   195:9:79
  los niños marchitos que hay   202:14:33
  bajo sus alas.
  hay una torre mora,   209:17:6
  Hay en mi pecho una hondura   226:26:35
  de que hay sombra detrás de   234:32:36
  las estrellas
  HAY almas que tienen   239:37:1
  Hay una juventud de brisas   254:44:17
  locas
  Hay floraciones de rocío   278:60:3
  hay un cielo hundido   296:69:6
  y hay en su llanto dejos   320:105:10
  Y hay un olor a sal   324:110:8
  Dentro, hay una niña muerta   324:111:4
  [TENIENTE CORONEL] Y no hay   328:119:3
  quien me desmienta.
  hay un arbolito verde.   347:128:2
  Hay flechas en el aire   351:129:5
  En la cinta hay un letrero: 382:164:8
  En lo hondo hay una rosa   386:170:3
  y en la rosa hay otro río.   386:170:4
  ¡Hay en mis pupilas   417:213:8
  no hay palma que se le   442:229:12
  iguale,
  Al Norte hay una estrella.   463:236:62
  hay dos peces que me llaman,   466:237:66
  Hay un dolor de huecos por   472:239:20
  el aire sin gente
  ¡No hay angustia comparable   479:243:32
  a tus ojos oprimidos,
  No hay rubor. Sangre furiosa   480:243:54
  por debajo de las pieles,
  De la esfinge a la caja de   485:245:36
  caudales hay un hilo tenso
  Sin remedio, hijo mío,   488:246:19
  ¡vomita! No hay remedio.
  porque hay un mundo de la   489:247:19
  muerte con marineros
  definitivos
  No hay remedio para el   490:247:27
  gemido del velero japonés,
  Hay un muerto en el   493:250:9
  cementerio más lejano
  Pero no hay olvido, ni sueño: 493:250:17
  No hay dolor en la voz. Solo   496:251:43
  existen los dientes,
  No hay dolor en la voz. Aquí   496:251:45
  solo existe la Tierra.
  porque allí no hay mañana ni   497:253:10
  esperanza posible.
  Por los barrios hay gentes   497:253:19
  que vacilan insomnes
  En la casa donde no hay un   502:256:14
  cáncer
  Hay nodrizas que dan a los   502:256:31
  niños
  No hay siglo nuevo ni luz   509:260:73
  reciente.
  y hay barcos que buscan ser   512:263:4
  mirados para poder hundirse
  tranquilos.
  Hay un hombre descolorido   513:263:47
  que se está bañando en el
  mar;
  hay una gota de sangre de   515:264:2
  pato;
  hay una gota de sangre de   515:264:4
  marinero;
  Hay un mundo de ríos   517:264:56
  quebrados
  Porque ya no hay quien   520:266:15
  reparta el pan ni el vino,
  No hay más que un millón de   520:266:19
  herreros

  No hay más que un millón de   521:266:21
  carpinteros
  No hay más que un gentío de   521:266:23
  lamentos
  pero debajo de las estatuas   521:266:41
  no hay amor,
  no hay amor bajo los ojos de   521:266:42
  cristal definitivo.
  y hay cuerpos que no deben   525:267:80
  repetirse en la aurora.
  EN Viena hay diez muchachas,   527:268:1
  Hay un fragmento de la mañana   527:268:4
  Hay un salón con mil ventanas.   527:268:6
  En Viena hay cuatro espejos   528:268:20
  Hay una muerte para piano   528:268:22
  Hay mendigos por los tejados.   528:268:24
  Hay frescas guirnaldas de   528:268:25
  llanto.
  Que no hay cáliz que la   542:274:141
  contenga,
  que no hay golondrinas que   542:274:142
  se la beban,
  no hay escarcha de luz que   542:274:143
  la enfríe,
  no hay canto ni diluvio de   542:274:144
  azucenas,
  no hay cristal que la cubra   542:274:145
  de plata.
  HAY una raíz amarga   561:288:1
  Hay un cielo de mil ventanas   561:288:6
  y hay una raíz amarga.   561:288:8
  que hay un establo de oro en   564:290:13
  mis labios;
  No hay noche que, al dar un   565:292:6
  beso,
  ni hay nadie que, al tocar un   565:292:8
  recién nacido,
  Hay muy pocos ángeles que   569:296:5
  canten,
  hay muy pocos perros que   569:296:6
  ladren,
  hay muchos niños de velado   570:297:18
  rostro
  Hay quien va y quien viene   595:312:49
  hay una estrella muerta   598:313:46
  hay una calma eterna   598:313:50
  hay luciérnagas.)   603:314:24
  Hay un lucero quieto,   603:314:33
  hay niños.   605:314:77
  Hay cuatro caballeros   608:315:26
  Hay una hora tan solo   611:318:13
  Debajo de las alas del   632:331:21
  dragón hay un niño.
  no hay altura posible   635:333:43
  no hay un solo cuchillo.   641:342:14
  no hay quien llore porque   647:346:17
  comprenda
HAY (11)
  No hay que pensar en ellas."   180:2:169
  ¡Hay que dar el perfume   268:54:15
  Hay que ser todo cantos,   268:54:17
  ¡Hay que abrirse del todo   268:54:19
  ¡Hay que acostar al cuerpo   268:54:22
  Hay que cegar los ojos con   268:54:24
  luz de más allá.
  ¡Hay que ser como el árbol   268:54:28
  ¡Hay que arañarse el alma con   268:54:32
  garras de tristeza
  Hay que huir,   480:243:69
  hay que llevarlos al muro   494:250:34
  donde iguanas y sierpes
  esperan,
  hay que buscar de prisa,   511:262:29
  amor, de prisa,
HAYA (3)
  Haya un panorama de ojos   494:250:42
  abiertos
  ¡No haya cuartel! La muerte   526:267:120
  ¡No haya cuartel! ¡Alerta!   526:267:123

HAZME (3)
  ¡hazme caso!,   173:1:15
  ¡hazme caso!,   174:1:33
  ¡hazme caso!,   175:1:56
HE (39)
HE (4)
  he de decorarla   413:208:15
  Pero yo he de buscar por los   476:241:17
  rincones
  he de buscar las piedras de   476:241:25
  alacranes
  te he de buscar pequeña y   476:241:31
  sin raíces.
HECHA (6)
  hecha para el suspiro, el mimo 186:6:30
  y el desmayo,
  Ella es luz hecha canto   193:9:27
  La armonía hecha carne tú   200:13:27
  eres,
  Hecha con la corteza de la   234:32:28
  ciencia
  La Quietud hecha esfinge   249:41:9
  hecha de espartos   480:243:61
  exprimidos, néctares de
  subterráneos.
HECHAS (1)
  redes hechas con hilos de   280:61:41
  esperanza,
HECHO (12)
  Contadme lo que ha hecho.   178:2:116
  Un silencio hecho pedazos   183:4:7
  sino Dios hecho agua   193:9:36
  Licor hecho con llanto.   241:38:47
  ¿No han hecho las blasfemias 242:38:68
  hecho un eunuco   291:67:22
  el grito ha hecho vibrar   298:71:9
  hubieras hecho una fuente   446:230:31
  hecho posible. Arpa   584:305:59
  los crepúsculos, el eco   598:313:60
  hecho carne.
  Vuelve hecho luna y corazón 636:334:8
  de nada.
  Vuelve hecho luna: con mi   636:334:9
  propia mano
HECHOS (3)
  y arañazos rojos hechos por 202:14:51
  miradas.
  hechos una piña zumbadora.   481:243:93
  que dejan los cielos hechos 516:264:23
  añicos.
HEDORES (1)
  ¿Qué dicen? Un silencio con 543:275:169
  hedores reposa.
HELADA (6)
  entre la brisa helada.   274:57:70
  fruta verde y helada.   393:179:12
  ni la saliva helada,   524:267:69
  Rueda helada la luna, cuando 617:322:36
  Venus
  UNA viola de luz yerta y   639:339:1
  helada
  la miel helada que la luna   640:340:8
  vierte.
HELADAS (4)
  cinco palomas heladas.   465:237:24
  y tragan pedacitos de   479:243:41
  corazón, por las heladas
  montañas del oso.
  y las fiebres pequeñas   501:256:8
  heladas sobre las hojas del
  maíz.
  con heladas guirnaldas.   574:302:18
HELADO (3)
  el calderón helado y soñoliento 256:45:3
  y el judío empujó la verja   517:265:2
  con el pudor helado del
  interior
  buscan ¡oh soledad! tu reino 635:333:40
  helado.
HELADOS (7)
  consulta naipes helados.   451:233:13

tizna los aires helados.   460:235:54
Estaban los tres helados: 473:240:4
para espantar los sapos   483:244:22
nocturnos que rondan los
helados paisajes del cáliz.
y si una llama quema los   485:245:42
helados proyectos,
helados arbolitos de ácido 502:256:48
bórico.
sin tener agua curva ni   542:275:150
cipreses helados.
HELARAN (1)
  que se asomarán a los arcos 489:247:20
  y os helarán por detrás de
  los árboles.
HELARSE (1)
  de helarse o de perderse.   290:66:16
HELECHO (1)
  ni puedes acariciar la fugaz 500:255:17
  hoja del helecho
HELECHOS (3)
  bajo los frágiles helechos 498:254:4
  mojados.
  ninguno buscaba los helechos 523:267:18
  ¡Viva la tierra de mi pulso 645:345:18
  y del baile de los helechos,
HEMBRA (2)
  hembra de las frutas. Claro 259:46:82
  y a sangre de hembra,   324:110:9
HEMBRAS (1)
  Dulce como los vientres de 200:13:32
  las hembras.
HEMOS (4)
HENDIDURA (1)
  Tenía la noche una hendidura 479:243:36
  y quietas salamandras de
  marfil.
HENO (1)
  San José ve en el heno tres 496:252:14
  espinas de bronce.
HERBARIO (7)
  lleva un herbario.   626:328:2
  se desmayan sobre el   626:328:15
  herbario.
  trae el herbario de los   626:328:17
  sueños.
  [Yo] ¿Dónde está el herbario? 626:328:18
  [El viajante] Una sola hora 627:328:23
  tiene mi herbario.
  [El viajante] Peor es el   627:328:27
  herbario de la luna.
  me enseña el herbario de los 628:328:29
  ruidos.
HERBOLARIOS (1)
  ni los herbolarios donde el 513:263:20
  metafísico
HEREDIA (3)
  ANTONIO Torres Heredia,   445:230:1
  Antonio Torres Heredia,   446:230:25
  Antonio Torres Heredia,   447:231:19
HEREDIAS (1)
  Mis cuatro primos Heredias 448:231:25
HEREJE (1)
  "Una hereje era tu abuela.   177:2:76
HERIAN (1)
  herían la madrugada.   432:223:60
HERID (1)
  ¡Estrellas niñas, herid;   604:314:60
HERIDA (10)
  herida y casi ciega   176:2:35
  la rana herida y ciega.   178:2:93
  dice la hormiga herida.   179:2:146
  sangre de la tierra herida 259:46:61
  sobre mi frente herida,   279:61:16
  SE tendió la vaca herida;   503:257:1
  por las tiendas de las   513:263:45
  pieles donde suena un cuerno
  de vaca herida,
  Puedo ver el duelo de la   558:284:9
  noche herida

una mano herida, si es posible. 572:300:2
canta la luz herida por el hielo. 634:333:5

HERIDA (9)
la herida del Ocaso, 262:48:6
Su voz deja cristales en la herida 353:130:3
¡qué pura y larga herida 385:167:11
abrió con mano gris mi vieja herida 413:209:3
¿No ves la herida que tengo 431:223:39
Un rayo de luz violeta que se escapaba de la herida 532:272:2
la muerte puso huevos en la herida 538:273:29
de baraja francesa y sin ninguna herida. 621:323:93
donde naipe y herida se entrelazan cantando, 632:331:30

HERIDAS (16)
y le dejan divinas heridas de diamante. 197:11:24
¿Quién cierra tus heridas 217:22:11
llena de heridas y de miel. 231:30:4
haciendo heridas en la ruda carne, 274:57:65
Llevan heridas 365:143:5
un lunar y tres heridas. 444:229:54
San José, lleno de heridas, 456:234:95
de heridas cicatrizadas, 464:237:10
Emilio por el mundo de los ojos y las heridas de las manos; 473:240:6
las heridas de los millonarios 481:243:76
en la escala de las heridas y los edificios deshabitados. 505:258:27
ni quien llore por las heridas de los elefantes. 520:266:18
lloraba sus heridas alrededor. 529:269:16
Las heridas quemaban como soles 538:273:45
Las profundas heridas 609:316:3
para las heridas recientes y el húmedo pensamiento. 645:345:10

HERIDAS (3)
heridas por el viento, 252:42:59
MANZANAS levemente heridas 520:266:1
ni las curvas heridas como panza de sapo 524:267:70

HERIDO (8)
por el cielo azul herido 190:7:53
herido por los ojos 222:23:65
Voy herido de místicas miradas, 283:63:9
para ser fornicado y herido 483:244:28
por el tropel de los regimientos.
pero sí un pulso herido que sonda las cosas del otro lado. 499:254:35
y el día es un muchacho herido. 561:287:8
El niño herido gemía 568:295:5
y el aire pasa, herido. 642:342:16

HERIDO (1)
para ver al herido por el agua. 568:295:24

HERIDOS (6)
cuando viejos y heridos deletrean 255:44:45
ahora que estamos por el rayo heridos. 285:63:79
Los instantes heridos 369:148:19
heridos de los jinetes. 429:222:34
y son siempre muchachos heridos 494:251:9
El horizonte virgen de pañuelos heridos 619:323:31

HERIR (5)

herir el horizonte. 254:44:21
Sevilla para herir, 308:88:3
¡Sevilla para herir! 308:88:11
Sevilla para herir. 309:88:21
¡Siempre Sevilla para herir! 309:88:22

HERIRAN (2)
te herirán. 600:313:105
y os herirán el corazón. 608:315:31

HERIRLAS (1)
como otra estrella digna de herirlas y eclipsarlas. 203:14:77

HERIRTE (1)
para herirte, o te gustan 242:38:70

HERMANA (5)
del corazón hermana. 194:9:58
hermana de la leche y las bellotas. 199:13:19
hermana en carne de Venus, 259:46:75
durísimos de su hermana. 465:237:36
mi hermana serías. 666:364:48

HERMANITA (1)
Mi hermanita canta: 394:180:14

HERMANO (8)
soy hermano tuyo en noche y en pena; 282:62:32
el hermano Francisco. 285:63:59
Déjame tranquila, hermano. 466:237:61
con un hermano bajo los arcos, 502:256:28
Hermano, abre los brazos. 597:313:25
¿Hermano, eres tú 601:313:131
dijo Paquiro a su hermano: 655:354:2
mi hermano Don Boyso 665:364:39

HERMANOS (5)
¿A quién mejor, hermanos, 194:9:63
cantos de tus hermanos. 260:47:22
Todos tus hermanos del bosque me hablan, 283:62:56
[JINETE] Allí están mis hermanos. 336:121:47
[JINETE] Como te iba diciendo, en Málaga están mis tres hermanos. 338:121:87

HERMOSA (1)
hermosa madrina? 586:307:6

HERMOSO (5)
[JINETE] ¡Qué hermoso cuchillo! 338:121:76
Ni un solo momento, viejo hermoso Walt Whitman, 523:267:29
anciano hermoso como la niebla 523:267:34
hombre solo en el mar, viejo hermoso Walt Whitman, 524:267:46
Buscaba su hermoso cuerpo 540:274:84

HERMOSOS (2)
en el amor y hermosos? 210:17:24
[JOVEN 1.] ¡Qué hermosos olivares! 334:121:14

HERMOSURA (3)
[AMARGO] Es una hermosura. 339:121:94
Dos Córdobas de hermosura. 442:228:48
Ni un solo momento, hermosura viril 523:267:40

HEROE (1)
el héroe de la fronda 261:47:33

HERRADURAS (1)
Las herraduras son negras. 453:234:2

HERREROS (2)
con tu madre fracturada por los herreros de las aldeas, 502:256:27
No hay más que un millón de herreros 520:266:19

HICE (1)
hice un hoyo sobre el limo. 435:225:23

HICIERA (1)
pero si no lo hiciera, ¿qué pasaría? 340:121:115

HICIERON (2)
hicieron estalactitas 235:33:13
que hicieron al poeta 584:305:50

HIEL (1)
    de hiel, de menta y de   432:223:66
    albahaca.
HIELA (1)
    con la brisa que hiela el   474:240:36
    corazón de todas las madres,
HIELO (3)
    en caballo blanco como el   204:15:8
    hielo.
    Nochebuena vestida de hielo   586:307:12
    canta la luz herida por el   634:333:5
    hielo.
HIERA (1)
    aunque me hiera el rayo como   287:63:131
    al árbol.
HIERATICAS (1)
    (Golondrinas hieráticas   612:318:53
HIERBA (14)
    que nacer hierba sentía   188:7:8
    sobre la hierba incolora   253:43:21
    sobre la hierba casta,   272:57:16
    Los de plata cortan el   336:121:56
    cuello como una brizna de
    hierba.
    Es allí donde sueñan los   478:242:25
    torsos bajo la gula de la
    hierba.
    Son las colinas de martillos   491:249:14
    y el triunfo de la hierba
    espesa.
    y mi cuerpo rumor de hierba.   502:256:21
    tú buscaste en la hierba mi   502:256:43
    agonía,
    tu otro guante perdido en la   507:260:4
    hierba,
    La hierba celeste y sola de   518:265:25
    la que huye con miedo el
    rocío
    Ya los musgos y la hierba   541:274:124
    No quiero enterarme de los   563:290:7
    martirios que da la hierba,
    Piedra de soledad donde la   630:330:9
    hierba gime
    Cielo mortal de hierba.   640:341:5
HIERBAAAS (1)
    ¡¡Las hierbaaas!!   647:347:13
HIERBABUENA (3)
    y la hierbabuena,   311:92:10
    y la hierbabuena.   323:109:6
    y la hierbabuena.   663:362:16
HIERBAS (21)
    su canto entre las hierbas.   175:2:13
    apartando las hierbas.   176:2:47
    solo alcanza a las hierbas."   179:2:139
    perdidos entre hierbas!   193:9:20
    poner entre las hierbas   236:34:9
    o fácil caminar sobre las   284:63:46
    hierbas,
    Malvas en las hierbas finas.   433:224:2
    y las hierbas de mi corazón   510:261:14
    están en otro sitio.
    Yo vi llegar las hierbas   511:262:10
    Vienen las hierbas, hijo;   511:262:19
    Mi mano, amor. ¡Las hierbas!   511:262:22
    las hierbas masticadas.   512:263:18
    ni quien cultive hierbas en   520:266:16
    la boca del muerto,
    es pacer durante veinte   531:271:4
    siglos las hierbas de los
    cementerios.
    tendremos que pacer otra vez   531:271:14
    las hierbas de los
    cementerios.
    tendremos que pacer sin   532:271:29
    descanso las hierbas de los
    cementerios.
    sobre hierbas de muerte y   637:336:2
    barro oscuro
    LAS hierbas.   647:347:1
    Las hierbas.   647:347:4
    ¡Las hierbas!   647:347:7

    ¡Las hierbas!   647:347:10
HIERE (2)
    del sol que dulce te hiere   189:7:46
    que siempre hiere.   221:23:32
HIEREN (5)
    pues te hieren las espadas   190:7:64
    invisibles
    te hieren las campanas   218:22:17
    rosas que hieren   520:266:7
    Las cuatro espadas hieren   608:315:29
    hieren las dos mitades   635:333:34
HIERRO (5)
    con la rueca de hierro y de   186:6:24
    acero lo hilado!
    su coraza de hierro   214:20:25
    porque eras de hierro...   230:29:17
    y un ruiseñor de hierro   241:38:23
    del óxido de hierro de los   484:245:9
    grandes puentes
HIERROS (1)
    Mis manos eran hierros   235:33:6
HIGIENICA (1)
    Alma higiénica, vives sobre   619:323:41
    mármoles nuevos.
HIGUERA (4)
    La higuera me tiende sus   384:166:2
    brazos.
    ...Y la higuera me grita y   384:166:11
    avanza
    La higuera frota su viento   430:223:17
    NO te conoce el toro ni la   544:276:199
    higuera,
HIGUERAS (1)
    La tarde loca de higueras   429:222:31
HIJA (4)
    No puede ser, hija mía,   395:180:18
    hija de judía?   664:364:8
    ni hija de judía.   665:364:14
    le traigo su hija.   666:364:52
HIJAS (1)
    "Hijas mías, dormid, que   233:31:14
    viene el lobo",
HIJO (29)
    -Hijo mío, igual que en el   207:15:85
    cielo.
    OYE, hijo mío, el silencio.   299:72:1
    Hijo,   375:155:3
    Hijo,   375:155:7
    hijo y nieto de Camborios,   445:230:2
    hijo y nieto de Camborios,   446:230:26
    Ni tú eres hijo de nadie,   446:230:33
    Cierra la puerta, hijo mío,   449:232:3
    YO tenía un hijo que se   482:244:1
    llamaba Juan.
    Yo tenía un hijo.   482:244:2
    He golpeado los ataúdes. ¡Mi   482:244:6
    hijo! ¡Mi hijo! ¡Mi hijo!
    Yo tenía un hijo que era un   483:244:23
    gigante,
    él tenía un hijo.   483:244:35
    ¡Un hijo! ¡Un hijo! ¡Un hijo   483:244:36
    que no era más que suyo,   483:244:37
    porque era su hijo!
    ¡Su hijo! ¡Su hijo! ¡Su hijo!   483:244:38
    Sin remedio, hijo mío,   488:246:19
    ¡vomita! No hay remedio.
    Stanton, hijo mío, Stanton.   501:256:9
    para que aprendas, hijo, lo   503:256:54
    que tu pueblo olvida.
    hijo mío.   509:261:5
    Vienen las hierbas, hijo;   511:262:19
    Al hijo de la viuda,   660:359:5
    -Aquí tenéis vuestro hijo   662:359:47
HIJOS (8)
    con que llaman mis hijos   178:2:100
    -No, hijos míos, la estrella   207:15:82
    relumbra,
    ¿Cuántos hijos tiene la   279:60:15
    Muerte?
    o senos donde mamen nuestros   284:63:47
    hijos.

hijos de Benamejí.   448:231:26
¡azotadlo, hijos míos,   494:250:41
azotadlo!
-Para qué, hijos míos   587:307:27
queridos...
Hijos míos, no queráis saber   587:307:28
HIJUELOS (1)
pasea a sus hijuelos.   278:60:8
HILADO (1)
con la rueca de hierro y de   186:6:24
acero lo hilado!
HILANDO (1)
hilando en los labios lo azul   201:14:17
de la nana.
HILERA (1)
Delfines en hilera juegan a   623:325:6
puentes rotos.
HILILLOS (1)
Dos hilillos de sangre   496:252:6
quiebran el cielo duro.
HILO (6)
ahorcado por un hilo,   234:32:19
y esta tristeza de hilo   381:162:8
¡Ay mis camisas de hilo!   437:226:33
De la esfinge a la caja de   485:245:36
caudales hay un hilo tenso
Cuando busco en la cama los   508:260:42
rumores del hilo
Que si la yedra y el frescor   637:335:5
del hilo
HILOS (6)
(Llénala con tus hilos,   224:25:2
(Llénala con tus hilos,   224:25:5
redes hechas con hilos de   280:61:41
esperanza,
temblando en los hilos de   281:62:16
sonora seda
hilos de fósforo y luna.   361:137:3
Mis hilos de sangre tejen   466:237:59
HINOJO (1)
HINOJO, serpiente y junco.   360:135:1
HIPOPOTAMO (1)
la alegría eterna del   484:245:13
hipopótamo con las pezuñas
de ceniza
HIRIENDOTE (1)
hiriéndote los pies.   421:219:12
HIRIENTE (2)
¡Oh filo de mi amor, oh   492:249:39
hiriente filo!
¡Ay qué furia de amor, qué   568:295:9
hiriente filo,
HIRIERON (1)
que tanto, tanto lo hirieron,   240:38:9
HISTORIA (6)
la historia de su alma.   194:9:50
y la historia sonora que   197:11:36
cuentas al ramaje
Dice el hombre que cuenta la   204:15:17
historia
¡Vierte en mis oídos tu   282:62:48
historia divina,
Es por el azul sin historia,   478:242:21
-Cuenta, cuenta, abuelito,   587:307:23
esa historia
HISTORIAS (1)
Se fueron mis historias, hoy   271:56:30
medito, confuso,
HIZO (3)
cuyo pezón se hizo estrella   257:46:9
mas también lo hizo Pan.   276:58:21
[JOVEN 1.] La noche se hizo   334:121:19
para dormir.
HOCES (1)
Ya las hoces cortan las   269:55:2
espigas.
HOCICO (4)
el hocico del toro, la seta   472:239:7
venenosa
Su hocico sangraba en el   503:257:3
cielo.

Su hocico de abejas   503:257:4
sobre un hocico de sangres   539:274:70
HOGAR (4)
de su hogar, deseó   175:2:22
del hogar. Cosas de antaño.   258:46:52
Sobre el paisaje viejo y el   287:63:119
hogar humeante
sin hogar.   602:314:5
HOGARES (3)
Los hogares humean,   193:9:14
y hogares encendidos.   285:63:69
en sus hogares fríos.   286:63:99
HOGUERA (2)
largo de la hoguera.   377:156:23
LA hoguera pone al campo de   414:210:1
la tarde
HOGUERAS (3)
está mordido de hogueras.   304:80:10
avanza sembrando hogueras,   456:234:102
Lobos y sapos cantan en las   496:252:9
hogueras verdes
HOJA (12)
Es la hoja marchita y es el   200:13:24
trigo.
(Una hoja la tierra   229:29:3
y otra hoja el cielo.)   229:29:4
ser hoja.   267:53:11
ritmo de la hoja, ritmo de la   282:62:24
estrella.
porque yo no soy un hombre,   499:254:34
ni un poeta, ni una hoja,
ni puedes acariciar la fugaz   500:255:17
hoja del helecho
CAYO una hoja   528:269:1
porque cayó una hoja   529:269:18
DEBAJO de la hoja   653:352:1
Debajo de la hoja   653:352:5
Debajo de la hoja   653:352:9
HOJALATA (3)
farolillos de hojalata.   432:223:58
y echaba un cubito de   482:244:5
hojalata en el corazón del
sacerdote.
esta voz de hojalata y de   499:254:31
talco!
HOJAS (32)
sobre las hojas más tiernas   177:2:74
entre hojas del tiempo,   239:37:4
lloran las hojas muertas.   252:42:60
las verdes hojas del árbol.   258:46:32
sin nidos y sin hojas.   265:51:6
dejando emocionantes cadencias   270:56:2
en las hojas.
sus hojas meneaba,   272:57:20
y eran hojas trémulas de ocaso   272:57:21
Mi espíritu fundióse con las   274:57:59
hojas
¿No podrán comprender mis   274:57:81
dulces hojas
mojé las hojas en el   275:57:87
cristalino
Acaso tus hojas, manchadas de   283:62:60
luna,
El otoño ha dejado ya sin   286:63:94
hojas
y me quede sin hojas y sin   287:63:132
grito.
de las hojas muertas,   287:64:2
que despiden sus hojas   339:121:93
afiladas.
hojas y mis pájaros.   420:218:12
bajo el rumor de las hojas.   437:226:22
volante de cielo y hojas.   437:226:40
abre sus brazos sin hojas.   458:235:6
Lorenzo por el mundo de las   473:240:12
hojas y las bolas de billar;
Ni tú, ni yo, ni el aire, ni   476:241:44
las hojas.
y las fiebres pequeñas   501:256:8
heladas sobre las hojas del
maíz.

Tus diez años serán las hojas 503:256:57
las liras y gemidos que se   518:265:22
escapan de las hojas
diminutas
ninguno amaba las hojas   522:267:8
grandes,
que los bueyes hablen con las 558:284:5
grandes hojas
mientras las hojas huyen en   572:300:16
bandadas.
los versos son las hojas   583:305:24
y con hojas marchitas   583:305:32
agitaba las hojas y las almas. 616:322:4
con hojas de mi otoño   638:337:14
enajenado.
HOJITAS (3)
con sus cuatro hojitas,   388:172:5
con sus cuatro hojitas,   388:172:19
Ten cuidado con mis hojitas.   410:204:12
HOLANDA (1)
con las sábanas de holanda.   431:223:38
HOMBRE (39)
(Así la miel del hombre es la 199:13:13
poesía
Dice un hombre que ha visto a 204:15:11
Santiago
Dice el hombre que cuenta la   204:15:17
historia
del hombre feliz: la piel   252:43:7
...Y el hombre miserable   277:58:27
Pidiendo lo del hombre, Amor   287:63:123
inmenso
Hombre y Bosque.   416:213:5
Hombre y pez en sus medios,   417:214:4
bajo cosas flotantes,
No quiero decir, por hombre,   435:225:40
bajaban su sangre de hombre,   450:232:28
y un hombre va llorando   463:236:60
Norma de amor te di, hombre   475:241:9
de Apolo.
porque yo no soy un hombre,   499:254:34
ni un poeta, ni una hoja,
para decir la verdad de   499:254:38
hombre de sangre
Hay un hombre descolorido   513:263:47
que se está bañando en el
mar;
un hombre de agua que las   518:265:33
ahogue,
donde un hombre se orina en   520:266:12
una deslumbrante paloma
El hombre que desprecia la   521:266:25
paloma debía hablar,
Pero el hombre vestido de   521:266:30
blanco
hombre solo en el mar, viejo   524:267:46
hermoso Walt Whitman,
Porque es justo que el   525:267:77
hombre no busque su deleite
Puede el hombre, si quiere,   525:267:88
conducir su deseo
que aman al hombre y queman   525:267:100
sus labios en silencio.
y las manos del hombre no   565:292:12
tienen más sentido
ver al hombre desnudo   583:305:16
niño querido que... al hombre 587:307:37
¡El hombre es azul!   596:313:12
El hombre bajo el sol   609:316:7
El hombre pisa fuerte las   618:323:9
calles enlosadas.
Viene el hombre que mira con   619:323:22
el metro amarillo.
sin bajar a la boca ni al   620:323:58
corazón del hombre.
por la impura palabra del   631:330:24
hombre sudoroso.
Dos mitades opuestas y un   632:331:19
hombre que no sabe
con el hombre de nieves y el   633:331:36
negro de la llama.

¡Hombre! ¡Pasión! ¡Dolor de   636:334:7
luz! Memento.
Una muerte y yo un hombre.   641:341:17
Un hombre solo, y ella   641:341:18
Un hombre, ¿y qué? Lo dicho.   641:341:23
Un hombre solo y ella.   641:341:24
HOMBRECILLO (1)
ME quedo con el transparente   645:345:1
hombrecillo
HOMBRECILLOS (1)
Déjame pasar hombrecillos de   498:254:17
los cuernos
HOMBRES (15)
Se abandona a los hombres   193:9:11
te llevarán los hombres   231:29:40
Brotáis para alimento de los   270:55:34
hombres.
hombres embozados,   302:77:6
(Torres altas y hombres   305:83:7
la perdición de los hombres.   315:98:2
[JINETE] Los hombres parten   337:121:58
el pan con las manos.
para mujeres y hombres.   439:227:44
Hombres bajaban la calle   453:233:50
son los otros, los borrachos   486:245:65
de plata, los hombres fríos,
Vendrán las iguanas vivas a   493:250:4
morder a los hombres que no
sueñan
ni contra los hombres de   525:267:99
mirada verde
Yo quiero ver aquí los   543:275:178
hombres de voz dura.
los hombres que les suena   543:275:180
el esqueleto y cantan
tres mil hombres armados de   632:331:14
lucientes cuchillos.
HOMBRO (3)
la tarde colgada a un hombro, 445:230:18
en el hombro de mi madrugada. 503:256:60
un hombro donde solloza la   527:268:2
muerte
HOMBRON (1)
El viento-hombrón la persigue 427:221:31
HOMBROS (11)
sus hombros como una niña.)   404:196:6
(Entre mis hombros vuela   415:211:8
(Entre mis hombros vuela   415:211:16
anchos hombros, fino talle,   442:229:2
el alba meció sus hombros   457:234:115
escupe a las barcas rotas y   481:243:79
se clava puntillas en los
hombros;
y el que teme la muerte la   493:250:21
llevará sobre sus hombros.
Un traje abandonado pesa   495:251:18
tanto en los hombros
ni tus hombros de pana   523:267:31
gastados por la luna,
los hombros de cemento de   631:331:4
todas las ciudades.
sobre mis hombros   643:343:14
HOMERO (1)
Como Homero cantó   320:105:12
HONDA (7)
si una tristeza honda   195:9:81
¡Qué tristeza tan honda   203:14:67
tendrás dentro del alma
¡Qué amargura tan honda   261:47:31
Quiero que el aire fuerte   526:267:134
de la noche más honda
¡Qué tristeza tan honda   583:305:10
Honda luz sin un pliegue de   623:325:3
niebla se atiranta,
HONDA luz cegadora de materia   633:332:1
crujiente,
HONDA (1)
En la marchita soledad sin   485:245:15
honda

HONDAS (4)
¡Oh ser de hondas leyendas   291:67:34
santas
con fieras mansas y cuevas   291:67:37
hondas,
de las hondas cisternas.   301:76:12
¡Oh, qué penas tan hondas   585:305:72
HONDO (6)
¡Qué alegría tiene el hondo   183:4:5
y los campos en hondo   207:15:99
silencio.
ha rayado el hondo cielo,   208:16:2
iba en el hondo llanto   319:104:7
En lo hondo hay una rosa   386:170:3
corre grave y hondo,   643:343:10
HONDONADAS (1)
hondonadas.   302:78:11
HONDOS (1)
por los hondos caminos   323:110:6
HONDURA (3)
Hay en mi pecho una hondura   226:26:35
y quedóse tu hondura   276:58:12
con hondura de lirios.   284:63:31
HONESTAS (1)
con honestas pupilas sus   620:323:68
cuerpecillos ágiles.
HONGO (1)
donde el hongo no pueda   620:323:70
poner su campamento.
HORA (17)
Es hora de marcharse,   248:40:62
son los muertos, los   488:246:13
faisanes y las manzanas de
otra hora
Y las que mueren de parto   495:251:20
saben en la última hora
El agua duerme una hora   529:269:5
y en mi hora de estrella   582:304:106
apagada,
y, bajo la hora múltiple,   610:318:5
Hay una hora tan solo   611:318:13
¡Una hora tan solo!   611:318:14
¡La hora fría!   611:318:15
por la hora mortal.   611:318:17
Hora de agonizante   611:318:18
Grave hora que sueñan   611:318:20
¡Hora fría!   614:318:90
Sonó la hora en la selva.   614:318:97
¡Sonó la hora en la selva!   614:318:103
[El viajante] Una sola hora   627:328:23
tiene mi herbario.
corazones lanzados a   632:331:28
quinientos por hora.
HORADAN (1)
horadan la naranja   349:128:34
HORADANDO (3)
horadando con risas al viento!   204:15:10
horadando con risas al viento!   205:15:24
horadando con risas al viento!   205:15:45
HORAS (11)
muertas horas antiguas.   198:12:10
de las horas?   237:35:4
de las horas   238:35:30
mi ilusión de ser grande en   271:56:25
el amor, las horas
Canción llena de horas   383:165:15
y el color de las viejas   419:217:6
horas.
sin compaña y a estas horas?   436:226:10
y vivido horas santas.   582:305:5
de las horas muertas,   610:318:8
de las horas niñas.   610:318:10
que nos une en las horas   621:323:99
oscuras y doradas.
HORIZONTE (17)
el horizonte contemplan.   183:4:22
como alondra que mira   186:6:15
quebrarse el horizonte,
tengo en el horizonte un   197:11:41
lucero encendido
y en el horizonte, ¡lejos!,   209:16:28

hace cursi el horizonte   225:26:17
ha roto el horizonte?   246:40:25
herir el horizonte.   254:44:21
del horizonte astral!   268:54:34
Se rasgan nubes grises en el   271:56:5
mudo horizonte.
POR el horizonte confuso y   281:62:1
doliente
El horizonte sin luz   304:80:9
Y loca de horizonte,   309:88:17
vienen del turbio horizonte,   315:98:12
y un horizonte de perros   435:225:18
y el horizonte sube como un   618:323:16
gran acueducto.
El horizonte virgen de   619:323:31
pañuelos heridos
Embozo de horizonte, latido   646:345:35
y sepultura.
HORIZONTES (2)
horizontes.   599:313:79
horizontes.   613:318:85
HORMIGA (7)
a otra hormiga que tiene   178:2:110
La hormiga, medio muerta,   178:2:119
"Sí-repite la hormiga-,   179:2:126
dice la hormiga herida.   179:2:146
La hormiga, agonizando,   180:2:154
Enrique en la hormiga, en el   473:240:21
mar y en los ojos vacíos de
los pájaros.
El hueco de una hormiga   508:260:44
puede llenar el aire,
HORMIGAS (15)
Con un grupo de hormigas   178:2:106
las hormigas comentan.   179:2:137
Las hormigas exclaman   179:2:140
y de hormigas.   261:47:46
los álamos muertos, nidales   281:62:13
de hormigas;
Y hormigas y vilanos,   420:218:10
y las hormigas furiosas   493:250:24
¡Ya vienen las hormigas y los   496:252:5
pies ateridos!
donde Eva come hormigas   498:254:15
Rodeado de espectadores que   509:260:66
tienen hormigas en las
palabras.
hormigas de espanto y licor   510:261:22
de lirios.
¡Oh golfo sin hormigas del   529:269:28
amanecer!
ni caballos ni hormigas de   544:276:200
tu casa.
porque me arrojará puñados   564:290:17
de hormigas,
una lluvia de lenguas y   632:331:16
hormigas voladoras.
HORMIGUERO (2)
y un hormiguero de gente   601:313:136
Orbe claro de muertos y   633:331:35
hormiguero de vivos
HORMIGUEROS (3)
Son los vivísimos   491:249:15
hormigueros y las monedas en
el fango.
coronadas por vivos   496:252:10
hormigueros del alba.
otro comido por los   502:256:29
hormigueros,
HORMIGUITA (1)
Cuéntalo tú, hormiguita."   178:2:118
HORMIGUITAS (3)
"Hormiguitas, paciencia.   178:2:113
las hormiguitas inquietas.   179:2:123
Las demás hormiguitas   180:2:158
HORROR (3)
y sé del horror de unos ojos   499:254:22
despiertos
Mientras en medio del horror   617:322:21
oscuro

Para tu horror perenne de   633:331:38
agujero sin fondo.
HOSANNA (1)
¡Hosanna!   596:313:13
HOSPITALES (1)
Pequeños dolores ilesos se   518:265:19
acercan a los hospitales
HOSTIA (1)
como en la hostia cuerpo y   200:13:44
luz de Cristo.
HOTELES (1)
Tu soledad esquiva en los   475:241:3
hoteles
HOY (12)
HOY siento en el corazón   181:3:1
Hoy siento en el corazón   182:3:53
Hoy mi pecho está reseco   213:19:23
Hoy arrastran tus ondas   219:22:53
Hoy estás abatido   223:24:9
Se fueron mis historias, hoy   271:56:30
medito, confuso,
Mas hoy en vez de estrellas   276:58:16
Hoy.   363:140:7
Hoy.   363:140:16
Hoy...   364:140:24
¡Oh los puentes del Hoy   364:140:28
hoy una niña de agua.   369:148:34
HOYO (1)
hice un hoyo sobre el limo.   435:225:23
HUBIERA (5)
HUBIERAS (1)
HUBIESE (1)
HUBO (1)
HUBO (4)
Y hubo un torrente de luceros   273:57:53
que hubo necesidad de llamar   493:250:13
a los perros para que
callase.
hubo un aire de voces   540:274:100
secretas
No hubo príncipe en Sevilla   541:274:103
HUDSON (3)
donde el Hudson se   516:264:38
emborracha con aceite.
donde el Hudson se   517:264:81
emborracha con aceite.
Y tú, bello Walt Whitman,   526:267:127
duerme a orillas del Hudson
HUECO (11)
Y yo me siento hueco   198:12:7
Alma extraña de mi hueco de   476:241:30
venas,
y queda el hueco de la danza   478:242:28
sobre las últimas cenizas.
Lo que importa es esto: 492:249:32
hueco. Mundo solo.
Desembocadura.
dame tu mundo hueco, ¡amor   507:260:19
mío!
El hueco de una hormiga   508:260:44
puede llenar el aire,
No, no me des tu hueco,   508:260:52
Con el hueco blanquísimo de   509:260:57
un caballo,
Mi hueco traspasado con las   509:260:60
axilas rotas.
Con el hueco blanquísimo de   509:260:65
un caballo.
Mi hueco sin ti, ciudad, sin   509:260:70
tus muertos que comen.
HUECOS (5)
Hay un dolor de huecos por   472:239:20
el aire sin gente
para ver los huecos y los   507:260:2
vestidos,
Para ver los huecos de nubes   508:260:31
y ríos.
Ruedan los huecos puros, por   508:260:34
mí, por ti, en el alba
a los huecos donde se oxidan   516:264:52
HUELE (4)

huele la tarde inmensa,   180:2:155
Huelen tus besos como huele   210:17:27
el trigo
Tu sangre rezuma y huele   431:223:43
huele a caballo y a sombra.   436:226:6
HUELEN (2)
Huelen tus besos como huele   210:17:27
el trigo
Las criaturas de la luna   492:250:3
huelen y rondan sus cabañas.
HUELLA (4)
azul sin un gusano ni una   477:242:18
huella dormida,
Sangre que oxida el alisio   480:243:62
descuidado en una huella
para dejar en vuestra carne   481:243:72
una leve huella de eclipse
que todo rumor será piedra y   495:251:21
toda huella latido.
HUELLAS (8)
huellas de tus labios.   396:182:6
turbia de huellas lejanas.   465:237:56
y porque todavía en el suelo   489:247:15
celeste de negras huellas
A los que guardan todavía   493:250:31
huellas de zarpa y aguacero,
conservando las huellas de   508:260:35
las ramas de sangre
mostraban su silencio roto   518:265:27
por las huellas dormidas de
los zapatos.
La noche cobra sus precisas   618:322:39
huellas
Huellas dactilográficas de   622:323:106
sangre sobre el oro
HUERTA (1)
entre flores de la huerta,   183:4:10
HUERTO (10)
risa del huerto oreado.   259:46:76
EN la noche del huerto,   314:97:1
En la noche del huerto,   314:97:5
En la noche del huerto,   314:97:9
Y en la noche del huerto,   314:97:13
tiene tu huerto.   409:202:2
tendrá tu huerto.   409:202:6
ni huerto!   409:202:12
Toda la noche, en el huerto   562:289:9
pero mi amor busca el huerto   648:348:9
HUESO (5)
y un gráfico de hueso en la   353:130:4
ventana.
como el hueso en una fruta.   366:145:5
¡Oh espina clavada en el   533:272:17
hueso hasta que se oxiden
los planetas!
un duro paisaje de hueso   565:292:11
Un Apolo de hueso borra el   638:338:5
cauce inhumano
HUESOS (3)
El sabor de los huesos   250:42:23
Los primeros que salen   497:253:13
comprenden con sus huesos
Huesos y flautas suenan en   538:273:35
su oído
HUESPEDES (1)
y te escupió en el   502:256:40
dormitorio donde murieron
los huéspedes en la epidemia
HUEVO (2)
y el niño con el blanco   471:238:6
rostro de huevo.
por un huevo de gallina,   474:240:42
HUEVOS (3)
donde los huevos de avestruz   477:242:19
quedan eternos
la muerte puso huevos en la   538:273:29
herida
que come los huevos de la   645:345:2
golondrina.

HUIAN (1)
Las rosas huían por los filos 478:243:12
HUIDA (1)
el tumulto de venas en la   353:130:7
huida
HUIDO (2)
¡amor inexpugnable, amor   508:260:51
huido!
nunca la piel ilesa de tu   646:345:33
desnudo huido.
HUIR (3)
Hay que huir,   480:243:69
huir por las esquinas y   480:243:70
encerrarse en los últimos
pisos,
el cielo tendrá que huir   485:245:43
ante el tumulto de las
ventanas.
HULE (2)
poniendo las ciudades de   646:345:27
hule celeste y talco
sensitivo,
Sombrerito de hule   656:355:5
HUMANA (4)
y ves el alma humana   242:38:75
de la conciencia humana?   273:57:41
y mi pasión humana,   274:57:64
cuerpo de luz humana con   631:330:32
músculos de harina!
HUMANAS (1)
de las bocas humanas,   194:9:52
HUMANIDAD (1)
¡Todo es más digno que la   268:54:6
Humanidad!
HUMANO (6)
con un fulgor humano.   247:40:37
es duro como el humano,   257:46:22
como de humano yo los   275:57:90
escuchara.
quiero mi libertad, mi amor 499:254:25
humano
¡Mi amor humano!   499:254:27
en los primeros términos que 620:323:46
el humano frecuenta.
HUMEAN (1)
Los hogares humean,   193:9:14
HUMEANTE (1)
Sobre el paisaje viejo y el 287:63:119
hogar humeante
HUMEDA (3)
En la tristeza húmeda   283:63:3
Nos caemos por las escaleras 493:250:15
para comer la tierra húmeda
Húmeda voz sin frío   635:333:23
HUMEDADES (2)
pero me iré al primer   500:255:25
paisaje de humedades y
latidos
humedades de yedras y   617:322:18
jacintos,
HUMEDECIDAS (1)
Las alegres fiebres bailaban 519:265:46
por las cúpulas humedecidas
HUMEDO (1)
para las heridas recientes y 645:345:10
el húmedo pensamiento.
HUMEDOS (1)
y oponen húmedos troncos   459:235:41
HUMILDAD (2)
¡Oh divino licor de la   200:13:25
humildad,
enamorada con humildad;   291:67:30
HUMILDE (3)
ignorado y humilde,   175:2:16
una música humilde se   196:11:3
despierta con ella
acariciando con ternura   255:44:39
humilde
HUMILDES (4)
sueño de estrellas humildes. 184:5:7

almas de fuentes claras y   197:11:32
humildes manantiales!
en un ruido de ideas humildes 271:56:19
y apenadas
los pescadores más humildes 339:121:92
de la orilla del mar
HUMO (10)
humo de grito y canto.   218:22:40
Sobre el humo blanco   322:108:7
El aire cristaliza bajo el   414:210:5
humo.
la arquitectura del humo,   440:228:16
Fachada de crin, de humo;   490:247:32
anémonas, guantes de goma.
ni en estas terrazas llenas 495:251:14
de humo.
con un guante de humo   514:263:73
sentada en la puerta de sus
derribos.
Las campanas de arsénico y   537:273:19
el humo
y en la maleza blanca del   544:275:193
humo congelado.
por selvas de humo.   595:312:50
HUMOR (1)
bebiendo mi humor de niño   498:254:11
pesado,
HUMORISMO (1)
van gotas de humorismo.   234:32:27
HUMOS (1)
y son los humos brazos   193:9:15
HUNDE (5)
si el crepúsculo nos hunde   182:3:33
se hunde el arcaduz del día. 209:16:29
hunde tu cetro en él, Señor. 240:38:3
¡Hunde en mi pecho tus ramajes 279:61:9
santos!,
que les hunde en los pechos 583:305:28
HUNDEN (1)
Los gusanos se hunden   286:63:98
soñolientos
HUNDES (1)
¿Nos hundes en la sombra   242:38:54
HUNDETE (3)
Y húndete bajo el verde   230:29:20
Húndete bajo el paño   230:29:28
Húndete lentamente,   231:29:38
HUNDIDO (2)
hay un cielo hundido   296:69:6
El aire como loco deja su   543:275:166
pecho hundido,
HUNDIENDO (2)
y en el agua la vayan   208:15:107
hundiendo,
¡Qué desiertos de luz iban   568:295:11
hundiendo
HUNDIERON (2)
que se hundieron en la sombra 181:3:17
Cuando se hundieron las   475:240:59
formas puras
HUNDIRAN (1)
se hundirán por los montes? 613:318:64
HUNDIRSE (1)
y hay barcos que buscan ser 512:263:4
mirados para poder hundirse
tranquilos.
HUNGRIA (1)
soñando viejas luces de   528:268:30
Hungría
HURACAN (2)
donde la luz es huracán;   292:67:50
y un huracán de negras palomas 497:253:3
HURACANES (1)
entre huracanes de oro y   486:245:46
gemidos de obreros parados
HUSARES (1)
No es el vómito de los   488:246:20
húsares sobre los pechos de
la prostituta,

HUYE (10)
huye por un ocaso de alfabetos,   195:10:2
y huye del enorme nido   208:16:5
Cual Dafne varonil que huye   274:57:57
miedosa
huye de mí la encina.   280:61:48
Huye luna, luna, luna.   425:220:9
Huye luna, luna, luna,   425:220:17
Amnón huye con su jaca.   467:237:94
y el que huye con el corazón   493:250:5
roto encontrará por las
esquinas
La hierba celeste y sola de   518:265:25
la que huye con miedo el
rocío
Tierra para todo lo que huye   645:345:11
de la tierra.
HUYEN (6)
huyen al verla muerta.   180:2:159
huyen de ti los gusanos.   259:46:80
huyen por el roto muro.   441:228:26
huyen las gitanas viejas   456:234:86
mientras las hojas huyen en   572:300:16
bandadas.
y los coleccionistas de   619:323:24
mariposas huyen.
HUYENDO (2)
Huyendo del sonido   218:22:37
huyendo del sonsonete,   426:221:6
HUYERON (1)
LAS alegres fiebres huyeron a   517:265:1
las maromas de los barcos
HUYES (2)
y huyes sobre los montes   421:219:11
Huyes la oscura selva de   619:323:42
formas increíbles.
HUYO (1)
Pero se supo que la sexta   475:240:68
luna huyó torrente arriba,
IBA (15)
-Y comadre, ¿cómo iba vestido?   206:15:62
¿Dónde iba el glorioso   207:15:87
viajero?
iba por el sendero...   271:56:29
IBA yo montado sobre   277:59:1
iba llena de sol,   318:102:8
iba en el hondo llanto   319:104:7
[JINETE] Como te iba   338:121:87
diciendo, en Málaga están
mis tres hermanos.
iba una doncella   354:132:3
(Y la luz que se iba dio una   404:196:18
broma.
Su corazón se iba llenando   406:199:3
iba al sitio donde lloraban   478:243:9
los negros
Así iba el aire.   510:262:3
iba por el pino a la piña.   529:269:12
-Abuelito, ¿cómo iba vestida   586:307:4
iba yo andando, andando,   588:309:2
IBAN (12)
iban todos cubiertos de luces,   204:15:13
iban por los laureles.   248:41:2
iban por los laureles.   249:41:23
LAS gentes iban   389:174:1
iban a lo verde.   389:174:4
iban a lo verde.   390:174:14
Las gentes iban   390:174:23
que iban por el monte solos!   446:230:36
¡Qué desiertos de luz iban   568:295:11
hundiendo
iban y venían.   614:318:106
iban a coger olivas,   659:357:5
iban a coger manzanas   659:357:15
ICEBERG (1)
En las aguas del Sena un   618:323:7
iceberg de mármol
ID (1)
id sorbiendo con vuestras   582:304:112
raíces
IDEA (4)

en la fuente de la idea.   181:3:8
la idea de sangre, encerrada   259:46:69
que tiene la idea!   282:62:39
¿Qué gran olmo de idea   289:65:9
IDEAL (3)
Nuestro ideal no llega a las   284:63:42
estrellas,
mi corazón ve su ideal lejano   286:63:110
a su ideal Venecia.   624:326:7
IDEALES (1)
ideales, se mecen   607:315:8
IDEAS (4)
Madriguera de ideas moribundas   214:20:13
de marchitas ideas   214:20:32
de las ideas, cruzan   247:40:39
en un ruido de ideas humildes   271:56:19
y apenadas
IDÉNTICAS (1)
las dalias son idénticas,   513:263:37
IDÉNTICO (1)
Un cielo mondado y puro,   485:245:23
idéntico a sí mismo,
IDILIO (1)
¡Oh dulce idilio roto   247:40:50
IDIOMA (1)
de idioma blanco.   371:149:16
IDIOTA (2)
¡Oh mi Stanton, idiota y   502:256:26
bello entre los pequeños
animalitos,
y da la sangre del cordero   521:266:35
al pico idiota del faisán.
IDIOTAS (3)
Será preciso viajar por los   490:247:38
ojos de los idiotas,
Y algunos niños idiotas han   495:251:24
encontrado por las cocinas
Sacerdotes idiotas y   496:252:19
querubes de pluma
IDO (7)
PARA ver que todo se ha ido,   507:260:1
Para ver que todo se ha ido   507:260:18
¡Para ver que todo se ha ido!   507:260:21
Para ver que todo se ha ido.   508:260:30
¡Para ver que todo se ha ido!   508:260:33
Para ver que todo se ha ido   508:260:50
Para ver que todo se ha ido.   508:260:55
IGLESIA (3)
llaman gente a la iglesia,   180:2:173
de las que la iglesia saca,   258:46:49
La iglesia gruñe a lo lejos   433:224:7
IGLESIAS (2)
Recorrieron los cafés y los   475:240:62
cementerios y las iglesias,
por las torres de las   517:264:72
iglesias.
IGNACIO (6)
de Ignacio sobre la arena.   539:274:57
Por las gradas sube Ignacio   540:274:78
¡Oh sangre dura de Ignacio!   542:274:137
Ya está sobre la piedra   543:275:161
Ignacio el bien nacido.
para llevar el cuerpo de   543:275:188
Ignacio y que se pierda
Vete, Ignacio: No sientas   544:275:196
el caliente bramido.
IGNORA (5)
que ignora la otra mitad,   516:264:40
ignora el misterio de la   521:266:31
espiga,
ignora el gemido de la   521:266:32
parturienta,
ignora que Cristo puede dar   521:266:33
agua todavía,
ignora que la moneda quema   521:266:34
el beso de prodigio
IGNORADA (2)
por ninguno ignorada!   195:9:76
y de ciencia ignorada.   275:57:92

IGNORADO - IMPIDE

IGNORADO (2)
ignorado y humilde,   175:2:16
de mi amor ignorado,   191:8:38
IGNORADOS (1)
gozando de los ritmos   274:57:69
ignorados
IGNORAMOS (1)
Nosotros ignoramos que el   495:251:22
pensamiento tiene arrabales
IGNORAN (1)
Marineros que ignoran el   619:323:17
vino y la penumbra
IGNORANCIA (3)
Es tu yerta ignorancia donde   475:241:7
estuvo
Tu ignorancia es un monte de   502:256:38
leones, Stanton.
insospechada ondina de su   505:258:23
casta ignorancia.
IGNORANTE (4)
ignorante de los densos jugos   498:254:2
amargos.
un pequeño dolor de   524:267:44
ignorante leopardo.
Ignorante del agua voy   565:292:16
buscando
ignorante de esfuerzos   621:323:80
soterrados que causa.
IGNORANTES (1)
ignorantes en su frenesí de   485:245:39
la luz original.
IGUAL (4)
-Hijo mío, igual que en el   207:15:85
cielo.
Noche igual de la nieve, de   512:263:12
los sistemas suspendidos.
que gemías igual que un   523:267:35
pájaro
¡Todo igual!   611:318:11
IGUALE (1)
no hay palma que se le   442:229:12
iguale,
IGUALES (2)
de cien rostros iguales,   393:179:14
¡Oh Cordero cautivo de tres   633:331:39
voces iguales!
IGUANAS (2)
Vendrán las iguanas vivas a   493:250:4
morder a los hombres que no
sueñan
hay que llevarlos al muro   494:250:34
donde iguanas y sierpes
esperan,
IJARES (1)
sus negros ijares   377:156:17
ILESA (1)
nunca la piel ilesa de tu   646:345:33
desnudo huido.
ILESAS (1)
plazas del cielo extraño   495:251:41
para las antiguas estatuas
ilesas
ILESOS (1)
Pequeños dolores ilesos se   518:265:19
acercan a los hospitales
ILUMINA (3)
eres sol que ilumina el   200:13:38
camino.
ese chorro que ilumina   540:274:89
UNA luz de jacinto me ilumina   638:338:1
la mano
ILUMINABA (1)
y una luna incomprensible que   472:239:8
iluminaba por los rincones
ILUMINADA (1)
¡Qué dolor de penumbra   636:334:2
iluminada!
ILUMINADO (1)
Su desnudo iluminado   465:237:29
ILUMINADOS (2)
¡Iluminados del Mediodía!   292:67:59

pequeños moribundos   525:267:86
iluminados,
ILUMINAR (1)
para iluminar el campo.   257:46:10
ILUMINARA (1)
qué antorcha iluminará   182:3:39
ILUMINES (1)
Pero no ilumines tu limpio   558:284:13
desnudo
ILUSIÓN (7)
cuajadas por su ilusión.   184:5:4
enreda mi ilusión   196:10:19
o la ilusión inquieta de un   197:11:15
mañana imposible
mi ilusión de ser grande en   271:56:25
el amor, las horas
pierdan la ilusión de la   283:62:61
primavera.
la ilusión, que va lejos,   290:66:15
La ilusión de la aurora   301:75:11
ILUSIONES (4)
de ilusiones románticas.   193:9:28
llevas la madeja de tus   201:14:12
ilusiones,
de ilusiones remotas.   265:51:10
ilusiones que el alma quería. 580:304:48
ILUSTRAN (1)
ilustran el azogue   366:144:6
IMAGINACIÓN (1)
la imaginación se quema.   456:234:104
IMAGINARIO (1)
al pasar el arroyo imaginario. 191:8:12
IMAGINO (1)
Yo imagino esta tarde   349:128:50
IMANTADOS (1)
por los montes imantados,   452:233:33
IMITAR (1)
que imitar a las raíces bajo   565:292:13
tierra.
IMITARON (1)
por eso todas ellas al nacer   580:304:54
imitaron
IMPACIENTE (1)
con su afán impaciente de   631:331:6
cuello seccionado.
IMPASIBLE (5)
se alarga impasible,   408:201:15
mi alma impasible y ciega.)   415:211:17
Niños de cara impasible   441:228:31
se levanta el muro impasible   481:243:88
y el césped no conocía la   498:254:9
impasible dentadura del
caballo!
IMPASIBLES (1)
Los rostros bogan impasibles   507:260:10
IMPECABLE (1)
Y la sábana impecable,   453:233:54
IMPEDIRÁ (1)
me impedirá llegar.   180:2:168
IMPENETRABLE (1)
la ella impenetrable del   191:8:35
romance
IMPENETRABLES (1)
impenetrables.   393:179:4
IMPERFECTA (1)
por la angustia imperfecta   487:245:87
de Nueva York!
IMPERFECTO (2)
No elogio tu imperfecto   619:323:38
pincel adolescente
No alabo tu imperfecto   621:323:88
pincel adolescente,
IMPERTURBABLE (1)
Es la tierra alegrísima,   645:345:16
imperturbable nadadora,
ÍMPETU (2)
El ímpetu primitivo baila   485:245:38
con el ímpetu mecánico,
IMPIDE (1)
y el corazón me impide que   197:11:42
corra a contemplarle.

IMPORTA (6)
   dime: ¿a ti qué se te   436:226:12
   importa?
   No importa que el niño calle   489:247:17
   cuando le clavan el último
   alfiler,
   ni importa la derrota de la   489:247:18
   brisa en la corola del
   algodón,
   No importa que cada minuto   492:249:28
   Lo que importa es esto: 492:249:32
   hueco. Mundo solo.
   Desembocadura.
   No importa que estés lleno   510:261:15
   de agua de mar.
IMPOSIBLE (6)
   hacia el techo imposible de   192:8:49
   los cielos
   o la ilusión inquieta de un   197:11:15
   mañana imposible
   dijeron: -El azul es   285:63:76
   imposible.
   Es imposible   297:70:8
   Es imposible   297:70:14
   Poesía es lo imposible   584:305:58
IMPOSIBLES (3)
   de imposibles infinitos   184:5:19
   de imposibles minutos!   421:219:8
   son todos imposibles,   584:305:43
IMPRESIONISTA (1)
   Desnuda la montaña de niebla   618:323:3
   impresionista.
IMPREVISTA (1)
   el algodón cambiante de una   620:323:64
   nube imprevista.
IMPUDICA (1)
   ¡oh salvaje Norteamérica!,   486:245:48
   ¡oh impúdica!, ¡oh salvaje,
IMPUDICO (1)
   en impúdico reto de ciencia   497:253:18
   sin raíces.
IMPURA (1)
   por la impura palabra del   631:330:24
   hombre sudoroso.
INACCESIBLE (2)
   ¡Oh laurel divino, de alma   282:62:45
   inaccesible,
   Mientras tú, inaccesible   635:333:41
INAPLACABLE (1)
   la inaplacable brasa   273:57:33
INASIBLES (1)
   y distancias inasibles   517:264:57
INCANDESCENTE (1)
   Cigüeña incandescente   326:114:7
INCANSABLES (1)
   con árboles fermentados y   488:246:17
   camareros incansables
INCENDIA (1)
   incendia las terribles   302:78:10
INCENSARIO (2)
   COMO un incensario lleno de   201:14:1
   deseos,
   soy copa de luz. Soy   284:63:17
   incensario
INCENSARIOS (2)
   Yo tenía un pez muerto bajo   483:244:11
   las cenizas de los
   incensarios.
   ¡Ay!, incensarios carnales   582:304:100
   del alma,
INCIENSO (3)
   un olor de azucena y de   206:15:73
   incienso.
   del incienso, tiene   322:108:8
   BAJO el Moisés del incienso,   399:188:1
INCIERTA (1)
   yo solo os pregunto por la   282:62:41
   mía incierta;
INCIERTO (1)
   ¡tan incierto!   231:29:45
INCLINA (2)

   y que inclina las frentes   299:72:5
   Cuando la cabeza inclina   442:229:15
INCLINAN (1)
   se inclinan sobre el agua: 267:54:2
INCLINE (1)
   Incliné mis ramajes hacia el   274:57:85
   cielo
INCOLORA (1)
   sobre la hierba incolora   253:43:21
INCOLORO (1)
   y el papel incoloro   262:48:7
INCOMPRENSIBLE (2)
   y una luna incomprensible que   472:239:8
   iluminaba por los rincones
   todo lo incomprensible,   584:305:39
INCONCRETAS (1)
   de pistolas inconcretas.   453:234:16
INCONSCIENTE (1)
   de tristeza inconsciente que   279:61:19
   reluce
INCORPORATE (1)
   Despierta. Calla. Escucha.   510:261:19
   Incorpórate un poco.
INCREIBLE (1)
   al increíble cocodrilo quieto   493:250:6
   bajo la tierna protesta de
   los astros.
INCREIBLES (2)
   y despide barcos increíbles   488:246:32
   Huyes la oscura selva de   619:323:42
   formas increíbles.
INCRUSTE (1)
   Yo me incrusté en el chopo   274:57:55
   centenario
INDECISA (2)
   de la vereda indecisa!   253:43:22
   mariposa indecisa.   322:108:10
INDECISAS (4)
   indecisas   354:132:2
   indecisas.   354:132:6
   indecisas.   354:132:12
   indecisas.   354:132:18
INDECISO (1)
   si el fantasma indeciso   246:40:23
INDECISOS (1)
   para los breves sueños   476:241:12
   indecisos.
INDEFINIBLE (1)
   es una escala indefinible   495:251:33
   donde las nubes y rosas
   olvidan
INDICES (1)
   índices y señales del acaso.   476:241:14
INDIO (1)
   Como un faquir indio   326:114:3
INDUSTRIA (1)
   los muchachos luchaban con   523:267:11
   la industria,
INEFABLE (2)
   con su fragancia inefable y   588:309:12
   sutil
   Es así, forma breve de rumor   631:330:21
   inefable,
INERTE (2)
   Alba no. Fábula inerte.   492:249:33
   El aire es inmortal. La   640:340:5
   piedra inerte
INES (1)
   como Inés, Cecilia, y la   203:14:53
   dulce Clara,
INEXACTA (1)
   donde no cabe el sueño ni su   620:323:56
   flora inexacta.
INEXPLICABLE (1)
   Inexplicable.   327:116:9
INEXPUGNABLE (1)
   ¡amor inexpugnable, amor   508:260:51
   huido!
INEXTINGUIBLE (1)
   que manan la sangre nueva por   494:251:5
   la oscuridad inextinguible.

INFAMIAS - INOCENCIA

INFAMIAS (1)
    de todas las infamias.   194:9:62
INFANCIA (2)
    En abril de mi infancia yo   191:8:33
    cantaba,
    yo siento la nostalgia de mi   271:56:24
    infancia intranquila,
INFANTE (1)
    Soñabas que tu amor fuera como   186:6:9
    el infante
INFANTES (1)
    de los chopos infantes del   260:47:16
    prado.
INFANTIL (5)
    HAY dulzura infantil   175:2:1
    infantil.   225:26:15
    (¡Oh poeta infantil,   237:35:5
    (¡Oh poeta infantil,   237:35:11
    (¡Oh poeta infantil,   237:35:17
INFANTILES (1)
    mis sueños infantiles,   235:33:17
INFECUNDO (1)
    el velo infecundo que cubre la   201:14:8
    entraña
INFIERNO (2)
    del infierno   291:67:11
    No es el infierno, es la   516:264:54
    calle.
INFINITA (4)
    la palabra infinita   218:22:43
    y para que nadie dude de la   479:243:29
    infinita belleza
    para hallar la máscara   481:243:91
    infinita.
    es una pequeña quemadura   495:251:16
    infinita
INFINITO (19)
    Y son las gotas: ojos de   197:11:21
    infinito que miran
    al infinito blanco que les   197:11:22
    sirvió de madre.
    la materialidad de lo   199:13:10
    infinito.
    por el claro infinito sendero?   204:15:6
    Y tu Infinito,   241:38:18
    del infinito.   254:44:3
    sangre del infinito.   283:63:6
    seguro de infinito!   285:63:55
    que fuerce al infinito.   287:63:128
    ¿El sueño es infinito?   290:66:19
    EN el blanco infinito,   384:167:1
    En el blanco infinito,   385:167:10
    En el blanco infinito.   385:167:13
    viendo el tránsito infinito.   385:168:8
    isla en el infinito.   393:179:8
    porque es la demostración de   532:271:21
    otro infinito que no es suyo
    Pavimento infinito. Mapa.   571:299:2
    Sala. Arpa. Alba.
    Rosas, rosas, joyas vivas de   579:304:2
    infinito;
    con un solo sentido de   647:346:10
    infinito ondulado
INFINITOS (2)
    de imposibles infinitos   184:5:19
    infinitos senderos.   599:313:71
INFUNDIR (2)
    No consigo infundir   415:211:14
    para no infundir sospechas.   456:234:80
INGLES (1)
    El inglés da a la gitana   428:221:51
INGLES (2)
    llenas las ingles de espuma   465:237:27
    Trompa de lirio por las   538:273:43
    verdes ingles
INGLESES (2)
    donde viven los ingleses.   426:221:12
    el cónsul de los ingleses.   428:221:46
INGRATA (1)
    el apretado bucle de   622:323:104
    Matilde la ingrata,

INHABITABLE (1)
    [El viajante] El pasado está   627:328:25
    inhabitable.
INHUMANO (1)
    Un Apolo de hueso borra el   638:338:5
    cauce inhumano
INMENSA (10)
    huele la tarde inmensa,   180:2:155
    La tristeza inmensa que flota   203:14:56
    en tus ojos
    la inmensa cumbre estrellada.   212:19:12
    La Penélope inmensa de la luz   232:31:12
    como una inmensa flor de loto.   397:184:6
    una inmensa flor de dedos   402:193:8
    se empañan de inmensa noche.   438:227:6
    que soy la sombra inmensa de   564:290:15
    mis lágrimas.
    inmensa   590:311:9
    es una inmensa araña   611:318:37
INMENSAS (2)
    inmensas.   301:76:4
    por las inmensas escaleras   497:253:6
INMENSO (13)
    en tu cristal inmenso?   217:22:15
    teniendo de inmenso dosel a   283:62:64
    la noche,
    Pidiendo lo del hombre, Amor   287:63:123
    inmenso
    y el corazón es inmenso.   304:82:3
    abierta como un inmenso   309:90:3
    llenó el instante inmenso,   369:148:30
    Mi sombra va como inmenso   386:169:7
    Pero el llanto es un perro   569:296:8
    inmenso,
    el llanto es un ángel inmenso,   569:296:9
    el llanto es un violín   569:296:10
    inmenso,
    o la fiebre del mar de   570:298:7
    inmenso rostro
    por el inmenso pavimento   571:299:12
    oscuro.
    Angulo inmenso,   615:319:5
INMENSOS (1)
    TRES álamos inmensos   379:160:1
INMORTAL (4)
    para que nos llenemos de   268:54:21
    rocío inmortal!
    del amor inmortal lleno de   283:63:13
    Noche.
    llenos con sangre de lo   292:67:52
    inmortal.
    El aire es inmortal. La   640:340:5
    piedra inerte
INMOVIL (6)
    del bandido inmóvil   376:156:7
    inmóvil sufre un sueño.   384:167:8
    que finge cuando niña   544:275:191
    doliente res inmóvil;
    Inmóvil por el cielo   573:301:11
    blanco inmóvil de inmóvil   617:322:14
    geometría.
INMOVILES (2)
    DETRAS de las inmóviles   392:178:1
    vidrieras
    olvide las inmóviles   565:292:9
    calaveras de caballo.
INMUNDO (1)
    de carne tumefacta y   525:267:102
    pensamiento inmundo,
INMUNDOS (1)
    Pero la sangre mojó sus pies   533:272:28
    y los espíritus inmundos
INMUTABLE (1)
    Sacramento inmutable de amor   633:331:40
    y disciplina!
INNUMERABLE (1)
    El bosque innumerable.   284:63:25
INOCENCIA (2)
    qué será de la inocencia?   182:3:42
    bajo la dura inocencia del   647:346:16
    zapato;

INOCENCIAS (1)
  de mis antiguas inocencias   231:30:15
INOCENTE (2)
  de un amor inocente   261:47:29
  este inocente dolor de   514:263:59
  pólvora en mis ojos,
INOCENTES (3)
  en los ojos inocentes de los   495:251:17
  otros sistemas.
  blancas pupilas de inocentes   617:322:38
  conchas.
  donde se queman los musgos   645:345:21
  inocentes,
INQUIETA (3)
  o la ilusión inquieta de un   197:11:15
  mañana imposible
  dentro del alma inquieta!   268:54:23
  voz inquieta de náufrago   617:322:23
  sonaba.
INQUIETAS (1)
  las hormiguitas inquietas.   179:2:123
INQUIETO (1)
  aturdido e inquieto,   180:2:176
INQUIETUD (1)
  con la inquietud cercana del   197:11:16
  color de la carne.
INSACIABLES (1)
  mas tus pasiones son   291:67:31
  insaciables;
INSATISFECHA (1)
  y el ovillo busca por la   490:247:30
  grama su ansia de longitud
  insatisfecha.
INSECTO (5)
  buque fantasma del miedoso   234:32:22
  insecto,
  al insecto del tiempo.   238:35:21
  la posee la flor y el insecto   268:54:8
  no más.
  al árbol, el insecto y la   273:57:43
  montaña?
  Cables y media luna con   632:331:11
  temblores de insecto.
INSECTOS (6)
  Cerca de las piedras sin jugo   500:255:3
  y los insectos vacíos
  Los insectos,   513:263:26
  Y en el Perú viven mil   513:263:49
  mujeres, ¡oh insectos!, que
  noche y día
  Los insectos,   514:263:69
  los insectos solos,   514:263:70
  las antenas de los insectos.   516:264:53
INSERVIBLE (1)
  que posee una rueca   206:15:48
  inservible,
INSIGNE (1)
  La madurez insigne de tu   545:276:217
  conocimiento.
INSOMNE (1)
  el seno de Teresa, la de   622:323:103
  cutis insomne,
INSOMNES (1)
  Por los barrios hay gentes   497:253:19
  que vacilan insomnes
INSOMNIO (4)
  el insomnio del jinete   451:233:20
  y el insomnio del caballo.   451:233:21
  para gemir al pie de las   480:243:67
  camas ante el insomnio de
  los lavabos
  tiro al blanco de insomnio   630:330:16
  sin un pájaro negro.
INSOSPECHADA (1)
  insospechada ondina de su   505:258:23
  casta ignorancia.
INSTALADAS (1)
  y agujas instaladas en los   520:266:8
  caños de la sangre,
INSTANTANEO (1)

  instantáneo dolor de luna   508:260:37
  apuntillada.
INSTANTE (3)
  llenó el instante inmenso,   369:148:30
  proyectó en el cielo el   532:272:3
  instante de la circuncisión
  de un niño muerto.
  ¡Hace un instante!   607:315:20
INSTANTES (1)
  Los instantes heridos   369:148:19
INSTRUMENTO (1)
  tanto dulce instrumento   635:333:38
INTACTA (1)
  La panocha guarda intacta   366:145:6
INTACTAS (1)
  y deambulan intactas las   477:242:20
  lluvias bailarinas.
INTACTO (3)
  estrella azul sobre mi pecho   191:8:16
  intacto.
  intacto de emociones.   203:14:71
  VERDE rumor intacto.   384:166:1
INTELIGENCIA (1)
  de sal y de inteligencia.   541:274:114
INTENCION (1)
  ¿Qué intención viste en mi   398:186:3
  mano
INTENSO (1)
  intenso animal.   291:67:9
INTENSOS (1)
  era un astro de brillos   204:15:16
  intensos.
INTERIOR (4)
  nuestro cielo interior tiene   197:11:18
  un triunfo de sangre,
  y el judío empujó la verja   517:265:2
  con el pudor helado del
  interior
  el interior de la cara,   562:288:11
  Corazón interior no necesita   640:340:7
INTERIORES (1)
  del pecado. Mis mares   273:57:34
  interiores
INTERMINABLE (1)
  Pero la noche es interminable   512:263:3
  cuando se apoya en los
  enfermos
INTERMINABLES (2)
  los interminables trenes de   516:264:28
  leche,
  los interminables trenes de   516:264:29
  sangre
INTERNE (1)
  Me interné   611:318:16
INTERNOSE (1)
  Echó a andar e internóse   176:2:24
INTIMA (1)
  La noche se puso íntima   432:223:79
INTIMIDAD (1)
  y para la tierna intimidad   495:251:42
  de los volcanes.
INTIMO (1)
  formado por la abeja de lo   199:13:16
  íntimo.)
INTRANQUILA (1)
  yo siento la nostalgia de mi   271:56:24
  infancia intranquila,
INTRANQUILO (2)
  Yo siempre fui intranquilo,   191:8:21
  hacia mi casa intranquilo.   209:16:25
INTRANSITABLE (1)
  un minuto intransitable   450:232:33
INUNDA (1)
  inunda el corazón de tristeza   270:56:4
  remota.
INUNDACION (1)
  en la choza diminuta que   521:266:44
  lucha con la inundación;
INUNDEN (1)
  y los amarillos inunden la   558:284:8
  seda.

INUNDO (1)
    inundó la quimérica alcoba.   406:199:18
INUTIL (6)
    es inútil quejarse.   174:1:52
    ¡Es inútil quejarse!   174:1:54
    lo inútil del triste llorar   283:62:59
    del poeta.
    Es inútil callarla.   297:70:7
    "Tarde." ¡Pero es inútil!   404:196:7
    Es inútil buscar el recodo   490:247:21
INUTILES (1)
    son inútiles." "Todos,   176:2:32
INVADE (2)
    invade las cartucheras.   455:234:68
    invade tu cabeza delicada.   636:334:6
INVADEN (1)
    invaden las azoteas.   455:234:52
INVADIDO (1)
    ha invadido mis recuerdos. 412:207:10
INVENCION (1)
    a aquel muchacho que llora 493:250:32
    porque no sabe la invención
    del puente
INVENTADO (1)
    [GITANO] He inventado unas 331:119:50
    alas para volar, y vuelo.
INVENTARLOS (1)
    No quieres inventarlos en el 620:323:66
    mar o en el viento.
INVENTASTEIS (1)
    -Vosotros me inventasteis, 286:63:91
    corazones-.
INVERTIDOS (1)
    con tonos invertidos?   242:38:76
INVIERNO (7)
    El aire del invierno   218:22:23
    del invierno.   230:29:37
    Frente al ancho crepúsculo de 272:57:3
    invierno
    Frente al ancho crepúsculo de 274:57:67
    invierno
    con las moscas del invierno, 474:240:34
    la madrugada de invierno.   563:289:16
    Sueña invierno de lumbre,   637:336:13
    gris verano.
INVIERNOS (1)
    los inviernos.   612:318:52
INVISIBLE (7)
    invisible, ¿la veis?   322:108:14
    invisible, yo he puesto   369:148:26
    ¡Pero quita la gente   419:217:11
    invisible
    el amor por un solo rostro 481:243:84
    invisible a flor de piedra.
    ¡qué grande, qué invisible, 506:259:20
    qué diminuto!,
    de un panal invisible   584:305:56
    sobre el cristal invisible 626:328:11
    de los años.
INVISIBLES (6)
    pues te hieren las espadas 190:7:64
    invisibles
    Era un brotar de estrellas 272:57:15
    invisibles
    y tú plenas las ramas de   280:61:31
    invisibles
    en burbujas de sangre   283:63:11
    invisibles
    con el bozo y lirio aguado 485:245:24
    de sus montañas invisibles,
    ¡Oh duro marfil de carnes 529:269:27
    invisibles!
INVOCANDO (1)
    la verbena invocando   191:8:10
INYECCION (1)
    y ponerse una inyección para 521:266:27
    adquirir la lepra
IR (5)
    ni yo pueda ir.   559:285:3
    ni yo pueda ir.   559:285:10
    y no puedo ir.   653:352:12

    para ir a la corrida,   660:359:3
    -Al toro tengo de ir,   660:359:7
IRA (5)
    Tu cuerpo irá a la tumba   203:14:70
    Pero tu gran tristeza se irá 203:14:76
    con las estrellas,
    que irá tranquila   216:21:55
    donde el niño de luz se irá 353:130:14
    quemando.
    donde no irá mi cabeza.   417:214:10
IRAN (3)
    ¿dónde irán,   313:95:2
    ¿dónde irán   313:95:14
    se irán bailando con él.   529:269:38
IRAS (1)
    Al castillo de irás   599:313:82
IRAS (1)
    viejas iras se enroscan en 628:328:37
    mis dedos.)
IRE (24)
    y yo me iré muy lejos,   251:42:43
    Pero me iré al primer paisaje 500:255:5
    pero me iré al primer   500:255:25
    paisaje de humedades y
    latidos
    iré penetrando a voces las 503:256:63
    verdes estatuas de la
    Malaria.
    iré a Santiago de Cuba.   530:270:2
    Iré a Santiago   530:270:3
    Iré a Santiago   530:270:5
    Iré a Santiago.   530:270:7
    Iré a Santiago.   530:270:9
    Iré a Santiago.   530:270:11
    Iré a Santiago.   530:270:13
    Iré a Santiago.   530:270:15
    Iré a Santiago.   530:270:17
    Iré a Santiago.   530:270:19
    Iré a Santiago.   530:270:21
    Iré a Santiago.   531:270:23
    Iré a Santiago.   531:270:26
    Iré a Santiago.   531:270:28
    Iré a Santiago.   531:270:30
    Iré a Santiago.   531:270:32
    Iré a Santiago.   531:270:34
    Iré a Santiago.   531:270:37
    Pero yo iré   559:285:4
    Pero yo iré   559:285:11
IRENE (1)
    ¡Irene!   388:172:7
IRIA (2)
    que al morirme yo me iría   177:2:73
    Siempre dije que yo iría a 531:270:24
    Santiago
IRIS (4)
    Antes tuvieron el iris.   181:3:13
    de tus iris quemados.)   247:40:41
    que comienza en el iris.   599:313:85
    Academia en el claustro de 617:322:30
    los iris
IRISABA (1)
    El cuarto se irisaba de   538:273:39
    agonía
IRISADA (2)
    irisada de la tierra.)   608:315:42
    irisada de la tierra.)   609:315:52
IRONICA (1)
    en irónica pregunta   441:228:36
IRREALIZABLE (1)
    tristeza designada de cosa 197:11:40
    irrealizable,
IRREDIMIBLE (1)
    la mitad irredimible   516:264:41
ISABEL (2)
    de Isabel de Segura. Melibea. 186:6:14
    Tu canto,
    Isabel.   372:150:8
ISIS (1)
    -¡Ah Isis soñadora!   222:23:59

ISLA (1)
    isla en el infinito.   393:179:8
ISLAS (1)
    Desconocidas islas   620:323:74
    desmienten ya la esfera.
ITALIA (1)
    La densa miel de Italia   319:104:5
ITALIANO (1)
    ENTRE italiano   319:104:1
IZARON (1)
    Solo cuando izaron la   489:246:43
    bandera y llegaron los
    primeros canes
IZQUIERDA (2)
    A la izquierda, a la   481:243:87
    derecha, por el Sur y por el
    Norte,
    Sola mi mano izquierda   640:341:11
JABALI (1)
    mordiscos de jabalí.   447:231:6
JABON (3)
    hacían pompas de jabón.   228:27:22
    gaste todo el jabón   318:102:14
    Tenía la lengua de jabón.   418:216:8
JABONADOS (1)
    jabonados de delfín.   447:231:8
JACA (6)
    Jaca negra, luna grande,   380:161:3
    jaca negra, luna roja.   380:161:8
    ¡Ay mi jaca valerosa!   380:161:12
    Amnón huye con su jaca.   467:237:94
    Aquellos ojos míos en el   472:239:10
    cuello de la jaca,
    en mi jaca de niebla.   624:326:17
JACAS (4)
    Cien jacas caracolean.   315:98:3
    Cien jacas caracolean.   315:98:9
    Cien jacas caracolean.   315:98:15
    sobre jacas andaluzas,   381:163:8
JACINTO (1)
    UNA luz de jacinto me ilumina   638:338:1
    la mano
JACINTOS (3)
    como ramos de jacintos.   434:225:11
    ¡Mira qué orillas tengo de   528:268:39
    jacintos!
    humedades de yedras y   617:322:18
    jacintos,
JAEN (5)
    en Jaén: 658:357:2
    en Jaén: 659:357:7
    en Jaén: 659:357:12
    en Jaén: 659:357:17
    en Jaén: 659:357:22
JALEO (6)
    Anda jaleo, jaleo;   659:358:5
    Anda jaleo, jaleo;   660:358:12
    Anda jaleo, jaleo;   660:358:20
JAMAS (2)
    los que jamás fueron   285:63:57
    compadecidos,
    Jamás sierpe, ni cebra, ni   482:243:100
    mula
JAMONA (1)
    de jamona.   225:26:12
JAPON (1)
    El Japón es un barco   643:344:5
JAPONES (3)
    esperaban la muerte de un   489:247:4
    niño en el velero japonés.
    No hay remedio para el   490:247:27
    gemido del velero japonés,
    el gallo japonés que se   512:263:17
    comió los ojos,
JAPONIZAN (1)
    japonizan en los míos.   411:205:10
JARDIN (17)
    la de las torres viejas y del   187:6:54
    jardín callado,
    Pasé por el jardín de Cartagena   191:8:9

HA besado la lluvia al jardín   270:56:1
provinciano
Se ha llenado el jardín de   271:56:10
ternura monótona.
¡Oh, qué tranquilidad del   271:56:17
jardín con la lluvia!
El jardín desangra en   271:56:22
amarillo.
Puerta de jardín.   360:136:2
en un jardín donde los gatos   472:239:13
se comían a las ranas.
siempre, siempre: jardín de   557:283:13
mi agonía,
desgarré mi jardín de   560:286:8
Cartagena.
Mujer, flor que se abre en   588:309:10
el jardín:
Jardín donde el amor   600:313:110
¡No bajéis al jardín!   608:315:32
En tu jardín se abren   614:318:86
UNA rosa en el alto jardín   618:323:1
que tú deseas.
Pero también la rosa del   621:323:77
jardín donde vives.
[Yo] Oh jardín de la amarga   627:328:26
fruta!
JARDINERA (1)
    (Jardinera que troncha   599:313:76
JARDINERO (1)
    y un jardinero.   320:104:18
JARDINES (5)
    Las niñas de los jardines   184:5:8
    y mirar los eternos jardines   187:6:35
    de la sombra,
    con las gentes de los   488:246:25
    barcos, de las tabernas y de
    los jardines.
    EL viajante de jardines   626:328:1
    El viajante de jardines   626:328:12
JARRA (1)
    Vecinas, dadme una jarra   342:122:7
JARRAS (1)
    brota silencio en las jarras.   465:237:46
JASPE (1)
    sobre su pecho de jaspe,   442:229:16
JAULA (1)
    El pez en la pecera y el   620:323:65
    pájaro en la jaula.
JAZMIN (8)
    (Ecuador entre el jazmín   318:103:4
    con un jazmín sinvergüenza.   390:175:10
    con aceituna y jazmín.   448:231:32
    eras junco de amor, jazmín   564:291:3
    mojado.
    FLOR de jazmín y toro   571:299:1
    degollado.
    y el jazmín es un agua sin   571:299:10
    sangre
    Entre el jazmín y el toro   571:299:13
    En el jazmín un elefante y   571:299:15
    nubes
JAZMINEROS (1)
    de rosales y de jazmineros,   207:15:91
JAZMINES (5)
    Tu fulgor abre jazmines   443:229:41
    ¡Avisad a los jazmines   539:274:65
    Entre yeso y jazmines, tu   557:283:9
    mirada
    La niña finge un toro de   571:299:3
    jazmines
    los jazmines tendrían mitad   571:299:6
    de noche oscura,
JEHOVA (3)
    Jehová acostumbra   215:21:14
    de ese Jehová   216:21:34
    Si Jehová se ha dormido   219:22:61
JEREZ DE LA FRONTERA (2)
    por Jerez de la Frontera.   454:234:32
    por Jerez de la Frontera.   455:234:56

JESUCRISTO (2)
    Por algo Jesucristo   193:9:39
    a Jesucristo y a Satán?   231:30:8
JESUS (2)
    va cantando al Jesús que ha   586:307:16
    nacido:
    ¡Jesús, qué pena!   651:352:4
JESUSITO (1)
    Jesusito del alma,   587:307:36
JINETE (5)
    ¿Dónde llevas tu jinete   376:156:5
    muerto?
    ¿Dónde llevas tu jinete 376:156:15
    muerto?
    ¿Dónde llevas tu jinete 377:156:25
    muerto?
    El jinete se acercaba   425:220:21
    el insomnio del jinete   451:233:20
JINETES (8)
    CIEN jinetes enlutados,   313:95:1
    los cien jinetes andaluces 313:95:15
    Sus jinetes están muertos. 315:98:4
    Sus jinetes están muertos. 315:98:10
    Sus jinetes están muertos. 315:98:16
    Pasaron cuatro jinetes,   381:163:7
    y perfiles de jinetes.   428:222:8
    heridos de los jinetes.   429:222:34
JOROBADOS (1)
    Jorobados y nocturnos,   453:234:9
JOTOS (1)
    Jotos de Méjico,   526:267:110
JOVEN (11)
    Cuando joven creía   176:2:36
    de un joven campesino   243:38:111
    -¿Qué vendes, oh joven turbia 263:49:5
    -¿Qué llevas, oh negro joven, 263:49:9
    mientras que una rama joven 347:127:5
    pasó un joven que llevaba 381:163:21
    LA joven muerta   385:168:1
    La joven muerta,   385:168:9
    Y el joven rígido,   406:199:15
    geométrico,
    y amarga de muslo joven. 450:232:30
    donde joven y desnuda   456:234:103
JOVENCITO (1)
    EL jovencito se olvidaba. 406:199:1
JOYAS (1)
    Rosas, rosas, joyas vivas de 579:304:2
    infinito;
JUAN (8)
    ¡Oh dulce Juan de Dios! 229:28:10
    rudo Don Juan!   291:67:16
    lo amargo de Don Juan   309:88:19
    JUAN Breva tenía   320:105:1
    Juan Antonio el de Montilla 429:222:17
    YO tenía un hijo que se   482:244:1
    llamaba Juan.
JUANA (2)
    Granada era tu lecho de   187:6:49
    muerte, Doña Juana,
    Granada era tu lecho de   187:6:53
    muerte, Doña Juana,
JUDEA (1)
    de lirio de Judea   310:91:3
JUDIA (2)
    hija de judía?   664:364:8
    ni hija de judía.   665:364:14
JUDIAS (3)
    a las pequeñas judías que 479:243:25
    tiemblan llenas de burbujas,
    Stanton, vete al bosque con 503:256:49
    tus arpas judías,
    Las niñas de Cristo cantaban 518:265:13
    y las judías miraban la
    muerte
JUDIO (5)
    y el judío empujó la verja 517:265:2
    con el pudor helado del
    interior
    El judío empujó la verja; 518:265:28

    pero el judío no era un   518:265:29
    puerto,
    y el judío ocupó su litera. 519:265:37
    cuando el judío, apretando 519:265:57
    los ojos,
JUDIOS (3)
    Los niños de Cristo bogaban 518:265:10
    y los judíos llenaban los
    muros
    Tres mil judíos lloraban en 519:265:38
    el espanto de las galerías
    y los judíos vendían al   523:267:12
    fauno del río
JUECES (1)
    antes de que los jueces   494:251:10
    levanten la tela.
JUEGA (1)
    la luz juega el ajedrez   434:224:35
JUEGAN (7)
    las muchachas juegan con sus 392:178:2
    risas.
    mientras juegan o dormitan 458:235:3
    Embolos y muslos juegan 466:237:83
    de los muchachos que juegan 524:267:66
    bajo los puentes.
    donde juegan tu boca y los 528:268:21
    ecos.
    en el desván donde juegan 528:268:29
    los niños,
    Delfines en hilera juegan a 623:325:6
    puentes rotos.
JUEGO (2)
    Juego de luna y arena.   457:234:124
    nuestra amistad pintada 622:323:105
    como un juego de oca.
JUEGOS (1)
    a los juegos sin arte, a 497:253:16
    sudores sin fruto.
JUEGUE (1)
    cuando juegue en su cama 214:20:38
JUEZ (1)
    El juez, con guardia civil, 429:222:23
JUGABA (2)
    jugaba al río mi alma.   369:148:18
    jugaba a la estatua con el 404:196:12
    niño loco.)
JUGANDO (5)
    Lo comentan los niños jugando 204:15:3
    jugando a la noria del amor. 410:204:14
    ¡ay!, jugando con las ranas. 463:236:69
    es tan tierno que los   513:263:48
    reflectores le comieron
    jugando el corazón.
    Está jugando a la rueda   605:314:63
JUGAR (2)
    jugar como si fuéramos   242:38:62
    Le vi jugar en las últimas 482:244:4
    escaleras de la misa
JUGARAN (2)
    jugarán todos los muertos 209:16:18
    Ya jugarán los niños en la 233:31:20
    puerta
JUGLAR (1)
    Tu juglar fue un mancebo con 186:6:27
    escamas de plata
JUGLARESCO (1)
    ni el laúd juglaresco que 186:6:26
    solloza lejano.
JUGO (1)
    Cerca de las piedras sin jugo 500:255:3
    y los insectos vacíos
JUGOS (1)
    ignorante de los densos jugos 498:254:2
    amargos.
JUGOSO (1)
    en bellas trinidades sobre 623:325:22
    el jugoso césped.
JULIETA (2)
    Eloísa y Julieta fueron dos 187:6:45
    margaritas,

Y con el rosa de Romeo y   530:270:14
Julieta.
JULIO (1)
¡Noche clara, finales de   208:15:102
julio!
JUNCIA (1)
sobre la fresca juncia!   247:40:51
JUNCIAS (1)
arropadas con juncias,   256:45:6
JUNCO (6)
Tiembla junco y penumbra   296:69:9
HINOJO, serpiente y junco.   360:135:1
rojo lirio, junco fresco.   397:183:6
UN bello niño de junco,   442:229:1
eras junco de amor, jazmín   564:291:3
mojado.
La tierra sin un junco, forma 570:298:3
pura
JUNCOS (10)
Entre los juncos y la baja   414:210:11
tarde,
los juncos y los espinos,   435:225:21
pierden juncos, ganan voces.   439:227:32
a las orillas de juncos   440:228:2
Blanca Córdoba de juncos.   441:228:29
beben los juncos soñando.   452:233:35
asesinan a nuestro Moisés   482:243:110
casi en los juncos del
cielo.
como un negro cactus abierto   558:284:14
en los juncos.
y por los juncos rueda y se   635:333:25
levanta.
donde mi sangre teje juncos   638:338:6
de primavera,
JUNIO (2)
El veinticinco de junio   452:233:22
El veinticinco de junio   452:233:46
JUNTA (4)
JUNTA tu roja boca con la mía, 209:17:1
Junta tu roja boca con la mía, 211:17:45
que a las dos Córdobas junta: 441:228:28
junta los grandes vidrios   619:323:32
del pez y de la luna.
JUNTAN (1)
Escuadras de níquel juntan   460:235:65
JUNTAS (2)
ha de gritar como todas las   522:266:67
noches juntas,
Brisa y materia juntas en   631:330:19
expresión exacta,
JUNTE (1)
toro y sueño que junte la   525:267:74
rueda con el alga,
JUNTO (17)
junto a una tierra florida   177:2:69
¡con el agua que pasa junto a 187:6:52
ti! ¡La del Dauro!
siente junto a la alborada   212:19:2
MI corazón reposa junto a la   224:25:1
fuente fría.
junto a los gélidos y oscuros 232:30:19
junto al agua del río.   290:67:2
Nacisteis junto con Filomnedes 292:67:44
junto a una blanca serpiente   299:73:3
Me tenderé junto a la flor   414:209:10
sencilla
Ellos son los que beben el   479:243:40
whisky de plata junto a los
volcanes
junto al Guadalquivir de   541:274:134
las estrellas.
Vosotras junto al mármol   579:304:22
Junto al camino gris   588:309:5
junto a la fuentefría   591:311:20
JUNTOS (1)
[JINETE] Pues vamos juntos.   335:121:41
JUPITER (1)
por los blancos derribos de   474:240:37
Júpiter donde meriendan
muerte los borrachos.

JURAMENTOS (1)
el mar de los juramentos   450:232:49
JUSTA (1)
justa conciencia de vosotros   285:63:67
mismos,
JUSTO (1)
Porque es justo que el   525:267:77
hombre no busque su deleite
JUVENIL (2)
Esta tristeza juvenil se pasa, 279:61:13
del amor juvenil y arrogante   580:304:40
JUVENILES (1)
Piedras juveniles   240:37:23
JUVENTUD (1)
Hay una juventud de brisas   254:44:17
locas
JUZGARE (1)
Yo juzgaré en conciencia.   178:2:117
KIKIRIKI (1)
Y la niña Kikirikí   374:153:4
LA (2115)
LABERINTICA (1)
Arpa laberíntica.   606:314:85
LABERINTO (4)
Un turbio laberinto   196:10:17
Y van a un laberinto.   307:86:10
al laberinto de las cruces   313:95:11
En el laberinto de biombos   499:254:42
es mi desnudo el que recibe
LABERINTOS (2)
LOS laberintos   300:75:1
como laberintos.   308:88:8
LABIO (2)
sin dolor ni labio.   416:213:4
ni labio conocido   635:333:44
LABIOS (27)
deshojando una rosa de olor   186:6:32
entre los labios.
ponía entre sus labios!   191:8:40
de mi viejo mediodía de   195:10:14
labios,
hilando en los labios lo azul 201:14:17
de la nana.
La fuente cristalina pide   211:18:3
labios
sin aliento y sin labios.   218:22:44
tiñe mis labios manchados   226:26:32
Y tú vas a sus labios   234:32:44
luminosos
para mis labios niños   244:39:12
con púrpuras de mil labios... 257:46:16
labios de cielo.   263:49:4
labios de cielo.   264:49:24
¿Qué labios las pronuncian?   273:57:30
¿Y qué dicen
Azufre y rosa en mis labios.   331:119:51
se ha dormido en mis labios.   383:165:3
Canción llena de labios   383:165:13
huellas de tus labios.   396:182:6
y todavía sus labios gimen   517:264:71
hasta que se le pongan de   522:266:56
plata los labios.
que aman al hombre y queman   525:267:100
sus labios en silencio.
ponía grises los labios   532:272:7
redondos de los que vomitaban
en las esquinas.
que hay un establo de oro en   564:290:13
mis labios;
tus labios son un alba sin   571:298:14
contorno,
de labios danzarines,   579:304:20
labios...   587:307:38
beso de mis labios.   600:313:115
¡Oh labios de cereza!   650:351:4
LABRANDO (1)
Labrando la bandeja   417:214:9
LACERADA (1)
lacerada.   237:34:24

LACRE (1)
Trajeron unas montañas de   510:261:6
lacre rojo
LACTEA (1)
brotar de tus senos otra vía   201:14:21
láctea.
LADO (7)
Yo me alejé de tu lado   266:52:19
dejaré a tu lado mi corazón   287:64:7
frío.
Yo luego pondré a su lado   370:148:49
ni miran al otro lado   451:233:5
Medio lado del mundo era de   485:245:17
arena,
pero sí un pulso herido que   499:254:35
sonda las cosas del otro
lado.
En lado opuesto, Filomela   617:322:17
canta,
LADRA (2)
quiere comerse a Venus y le   232:31:7
ladra.
ladra muy lejos del río.   435:225:19
LADREN (1)
hay muy pocos perros que   569:296:6
ladren,
LADRILLOS (1)
Babeles sin ladrillos   242:38:69
LAGARTA (3)
de la bella lagarta,   247:40:43
La lagarta está llorando.   373:152:2
El lagarto y la lagarta   373:152:3
LAGARTO (5)
he visto al buen lagarto   246:40:2
muy viejo, Don Lagarto,   246:40:18
Don Lagarto!   248:40:73
EL lagarto está llorando.   373:152:1
El lagarto y la lagarta   373:152:3
LAGARTOS (1)
¡Que viejos son los lagartos!   373:152:14
LAGO (3)
¡Oh cisne moreno!, cuyo lago   202:14:30
tiene
sangre del dormido lago.   259:46:66
rosa, niño y abeto a la   499:254:37
orilla de este lago,
LAGRIMAS (18)
y arroyos de lágrimas.   236:34:5
tus lágrimas mudéjares   249:41:19
-Esas lágrimas salobres   263:49:13
la fuente de mis lágrimas.   274:57:62
Mis lágrimas resbalan a la   280:61:25
tierra
Dejando un rastro de   431:223:56
lágrimas.
a través de lágrimas grises,   482:243:115
donde giraban las copas   483:244:19
llenas de lágrimas.
los que beben en el banco de   486:245:68
lágrimas de niña muerta
turbios de lágrimas, carne   524:267:59
para fusta,
con árboles de lágrimas y   542:275:152
cintas y planetas.
y el Amor, empapado con   543:275:167
lágrimas de nieve,
que soy la sombra inmensa de   564:290:15
mis lágrimas.
las lágrimas amordazan al   569:296:11
viento,
La muchacha de lágrimas   574:302:19
las flores de las lágrimas.)   599:313:77
sus lágrimas de oro.   609:316:2
de lágrimas.   609:316:6
LAGUNA (3)
No es un pájaro el que   495:251:28
expresa la turbia fiebre de
laguna,
estrellaban ampollas de   533:272:29
laguna sobre las paredes del
templo.

una laguna clara,   593:312:14
LAMARTINE (1)
de Lamartine, y os gustan   247:40:31
LAMENTA (1)
todo el campo se lamenta   226:26:26
LAMENTAR (1)
el lamentar callado   218:22:26
LAMENTARSE (1)
¡Oh dolor de lamentarse   253:43:15
LAMENTO (1)
El arpa y su lamento   635:333:36
LAMENTOS (2)
¿Cómo no has preferido a mis   210:17:21
lamentos
No hay más que un gentío de   521:266:23
lamentos
LAMES (1)
voz mía libertada que me   499:254:41
lames las manos.
LAMIENDO (2)
fue tras él sus pisadas   206:15:69
lamiendo.
La adivino lamiendo mis pies   498:254:3
LAMINADO (1)
de la espiga en el ojo y el   484:245:8
gato laminado,
LAMINAS (1)
entre láminas de flores   440:228:7
LAMPARA (2)
de la lluvia nos hace amar la   233:32:10
lámpara,
lámpara de mi alcoba.   237:35:14
LAMPARAS (1)
LAMPARAS de cristal   320:106:1
LANA (1)
con los balidos de lana.   464:237:8
LANCETAS (1)
bajo sus dientecillos y   511:262:12
lancetas.
LANGOSTA (1)
estaban consoladas por el   518:265:9
salto de la langosta.
LANGUIDO (1)
al lánguido Verlaine,   579:304:14
LANZA (2)
tu lanza   254:44:20
llegar tu enorme lanza.   255:44:42
LANZADAS (1)
lanzadas al misterio.)   212:18:20
LANZADOS (2)
¿Dónde fueron tus besos   187:6:39
lanzados a los vientos?
corazones lanzados a   632:331:28
quinientos por hora.
LANZAR (1)
quiero lanzar mi grito,   287:63:120
LANZARE (1)
lanzaré tu manzana sobre el   636:334:10
río
LANZARON (1)
¿Qué terribles guerreros os   264:50:4
lanzaron?
LANZARSE (1)
Para poder lanzarse con los   275:57:99
vientos
LAOCONTE (1)
LAOCONTE salvaje.   327:116:1
LARGA (6)
¡qué pura y larga herida   385:167:11
dando una larga torera   445:230:19
caballo de larga cola,   458:235:2
es una larga lengua morada   510:261:21
que deja
como una larga, oscura,   541:274:132
triste lengua,
Mi amor de paso, tránsito,   646:345:32
larga muerte gustada.
LARGAS (11)
largas cuerdas del viento.   298:71:10
largas capas lentas.   307:86:5
Largas sombras afiladas   315:98:11

largas colas de seda 321:106:13
Sus tardes son largas colas 361:138:13
van con sus largas colas. 365:142:2
(Mis largas miradas, 368:148:3
con largas capas oscuras. 381:163:10
Angeles de largas trenzas 429:222:37
en largas filas que gimen 460:235:61
para que los cocodrilos 479:243:27
duerman en largas filas
LARGO (10)
 a lo largo del río. 374:154:8
 largo de la hoguera. 377:156:23
 Qué largo abrazo te daría 378:158:7
 ¡Ay qué camino tan largo! 380:161:11
 un largo cuerno de luz. 397:184:2
 a lo largo bajo el cielo. 412:207:6
 LARGO espectro de plata 413:209:1
 conmovida,
 El largo viento, dejaba 432:223:64
 en largo perfil de piedra. 457:234:116
 agitaba las rosas con un 474:240:51
 largo dolor blanco.
LARGOS (9)
 largos sollozos. 305:83:2
 largos ritmos, 308:88:6
 largos caminos rojos. 316:100:5
 siete largos pájaros.) 359:134:8
 Largos ríos 402:193:2
 Largos ríos 402:193:12
 Un vuelo de gritos largos 456:234:81
 Y las brisas de largos remos 486:245:55
 Y llegaban largos alaridos 532:272:8
 por el Sur de la noche seca.
LARGUISIMAS (1)
 que mueven sus larguísimas 297:69:17
LAS (976)
LASCIVO (1)
 lascivo se bañaba en el 616:322:6
 temblante,
LASTIMA (2)
 ¿Te dio lástima acaso de mi 210:17:19
 vida,
 ¡Qué lástima! 395:180:21
LASTIMOSA (1)
 ¡Qué pena tan lastimosa! 437:226:24
LATA (1)
 Pétalos de lata débil 441:228:19
LATE (4)
 y del mal que late cerca? 182:3:36
 que late sobre el sembrado, 257:46:18
 Late sobre el ambiente una 271:56:23
 pena que ahoga,
 Cuerpo de la belleza que late 633:332:9
 y que escapa.
LATEN (1)
 donde laten los corazones 516:264:43
LATES (2)
 ¿Lates bien sin mi sangre 237:35:15
 tú lates para siempre 505:258:14
 definida en tu anillo.
LATIDO (2)
 que todo rumor será piedra y 495:251:21
 toda huella latido.
 Mientras yerto gigante sin 618:322:41
 latido
 Embozo de horizonte, latido 646:345:35
 y sepultura.
LATIDOS (2)
 pero me iré al primer 500:255:25
 paisaje de humedades y
 latidos
 mientras la tarde se puso 533:272:23
 turbia de latidos y leñadores
LATIENDO (2)
 y el cáncer sin alambradas 502:256:30
 latiendo por las
 habitaciones!
 Latiendo como el pobre 630:330:7
 corazón de la rana
LATIGOS (2)

por mi alegría de ruedas 474:240:45
dentadas y látigos,
con látigos y luces, se sentía 511:262:8
LATINAS (1)
 llega dando empujones a las 623:325:18
 barcas latinas.
LATIR (3)
 No podías latir 230:29:16
 por el doble latir de su 353:130:11
 mejilla.
 Puede la piedra blanca latir 475:240:57
 en la sangre del ciervo
LAUD (1)
 ni el laúd juglaresco que 186:6:26
 solloza lejano.
LAUREL (8)
 del conde del Laurel 221:23:37
 Y observo que el laurel tiene 225:26:19
 ¡Oh laurel divino, de alma 282:62:45
 inaccesible,
 POR las ramas del laurel 354:133:1
 Dame tus manos de laurel, 508:260:32
 amor.
 coronado de laurel. 529:269:34
 POR las ramas del laurel 574:303:1
 Por las ramas del laurel 575:303:19
LAURELES (7)
 de los Laureles! 221:23:38
 de los Laureles. 221:23:42
 de los Laureles. 222:23:70
 iban por los laureles. 248:41:2
 iban por los laureles. 249:41:23
 rondas mi cerco de laureles. 384:166:8
 de cristales y laureles. 426:221:4
LAVA (3)
 BAJO el naranjo lava 317:102:1
 Lolita lava su cuerpo 401:191:8
 Soledad: lava tu cuerpo 437:226:35
LAVABOS (1)
 para gemir al pie de las 480:243:67
 camas ante el insomnio de
 los lavabos
LAVAN (1)
 sus espíritus lavan, 195:9:78
LAVANDO (1)
 Hallóla lavando 664:364:5
LAVAS (1)
 las lavas 260:47:24
LAVO (2)
 Lavó sus palabras y se calló. 418:216:9
 Porque la luna lavó con agua 533:272:31
LAZARO (1)
 ¡Dios mío, Lázaro soy! 608:315:43
LE (56)
LECCION (2)
 Viva lección 215:21:12
 les da lección y equilibrio 441:228:41
LECHE (8)
 hermana de la leche y las 199:13:19
 bellotas,
 un vaso de tibia leche, 428:221:52
 ya nace la leche tibia. 444:229:58
 y arroyos de leche blanca. 459:235:38
 Tibia leche encerrada de las 474:240:50
 recién paridas
 los interminables trenes de 516:264:28
 leche,
 Esa maldita vaca tiene las 533:272:20
 tetas llenas de leche.
 que la leche que mamó 661:359:23
LECHO (5)
 Granada era tu lecho de 187:6:49
 muerte, Doña Juana,
 Granada era tu lecho de 187:6:53
 muerte, Doña Juana,
 que sobre el lecho de tierra 188:7:3
 verdoso de tu lecho. 230:29:29
 aunque pase mil noches sin 572:300:4
 lecho.

LECHOS - LENTAMENTE

LECHOS (1)
Vuelo fresco de siempre   501:255:28
sobre lechos vacíos,
LECHUGA (2)
de la lechuga.   517:265:3
de la lechuga   653:352:6
LEE (1)
y la voz que los lee   583:305:26
LEGAMO (1)
légamo,   230:29:21
LEGITIMO (2)
Como un gitano legítimo.   436:225:49
ni legítimo Camborio.   446:230:34
LEGUAS (1)
en las siete leguas   665:364:25
LEJANA (8)
La miel es la bucólica lejana   199:13:17
Ella vio en una noche lejana   206:15:58
por la sierra lejana!   233:31:19
a la estrella lejana?   273:57:31
Lejana y sola.   380:161:2
Lejana y sola.   380:161:16
A una ciudad lejana   462:236:24
La gran ciudad lejana   463:236:58
LEJANAS (5)
y tu amor de madre que sueña   201:14:15
lejanas
(Manos blancas, lejanas,   224:25:14
(¡Manos blancas, lejanas,   224:25:17
lejanas.   297:70:17
turbia de huellas lejanas.   465:237:56
LEJANIA (1)
versos en la lejanía   252:43:2
LEJANIAS (1)
en las yertas lejanías,   433:224:26
LEJANO (11)
ni el laúd juglaresco que   186:6:26
solloza lejano.
más lejano que nunca.   198:12:14
Más lejano que todas las   198:12:15
estrellas
Ahora en el monte lejano   209:16:17
Tema lejano de mi sombra,   228:27:38
mi corazón ve su ideal lejano   286:63:110
un punto lejano.   300:74:2
un punto lejano.   300:74:9
y lejano de las flores.   439:227:28
Hay un muerto en el   493:250:9
cementerio más lejano
en la manzana rosa del cielo 623:325:14
más lejano...
LEJANOS (7)
Campanarios lejanos   180:2:172
los días ya lejanos...   192:8:54
que los mares lejanos   217:22:8
miro mis ojos lejanos,   226:26:44
de lejanos cipreses.   249:41:13
escuchaba los lejanos   260:47:21
y de cauces lejanos.   383:165:14
LEJOS (35)
mientras que a lo lejos   203:14:62
suenan los clamores
a muy lejos la llevan los   208:15:109
vientos.
y en el horizonte, ¡lejos!,   209:16:28
-El prado está muy lejos.   220:23:7
Yo voy lejos del paisaje.   226:26:34
las torres desde lejos   230:29:25
que viene de lejos   239:37:14
"¡Dios está muy lejos!"   240:37:28
¿Por qué te vas tan lejos   251:42:29
¿Te vas lejos, muy lejos   251:42:37
y yo me iré muy lejos,   251:42:43
tan lejos del agua limpia!   253:43:14
sonríe a lo lejos.   263:49:2
sonríe a lo lejos.   264:49:22
se abrirían muy lejos.   267:53:22
hacia muy lejos!...   278:60:2
de muy lejos!   279:60:18
Y el águila a lo lejos: 285:63:81
muy lejos?   288:64:9

Si te vas muy lejos,   288:64:16
muy lejos?   288:64:21
muy lejos?   288:64:33
la ilusión, que va lejos,   290:66:15
"Mi corazón está lejos."   382:164:9
(La voz cautiva, a lo lejos,   404:195:11
La iglesia gruñe a lo lejos   433:224:7
ladra muy lejos del río.   435:225:19
Dejadla lejos del mar,   455:234:63
A lo lejos ya viene la   538:273:41
gangrena
¡Qué lejos estoy contigo,   567:294:19
A lo lejos,   599:313:67
lejos de la despreciable   646:346:6
sabiduría del gato,
lejos de la profundidad   646:346:7
ficticia de los búhos,
lejos de la escultórica   646:346:8
sapiencia del caballo,
LEMA (1)
El lema de "Me opongo   247:40:54
LENGUA (16)
sobre mi lengua, zarzamora.   378:158:6
Tenía la lengua de jabón.   418:216:8
cuando los camareros y los   481:243:75
cocineros y los que limpian
con la lengua
veremos brillar nuestro   493:250:29
anillo y manar rosas de
nuestra lengua.
cuando todas las rosas   498:254:8
manaban de mi lengua
¡Oh voz antigua, quema con   499:254:30
tu lengua
que tenía una plumilla en la   510:261:17
lengua
es una larga lengua morada   510:261:21
que deja
y el espíritu a la lengua de   515:264:15
la cobra.
ninguno la lengua azul de la   522:267:9
playa.
Arcilla blanda o nieve, tu   526:267:129
lengua está llamando
pasaba su triste lengua   539:274:69
como una larga, oscura,   541:274:132
triste lengua,
con la lengua quemada por la   559:285:7
lluvia de sal.
con la lengua llena de amor y   565:292:3
de agonía.
mi lengua de palomas ateridas 637:335:10
LENGUAJE (1)
sabía el lenguaje de flores y   281:62:4
piedras.
LENGUAS (5)
lleno de lenguas celestes,   427:221:22
con sus lenguas relucientes.   427:221:42
que untan de aceite las   520:266:11
lenguas militares
una lluvia de lenguas y   632:331:16
hormigas voladoras.
ni los muertos que mueven   645:345:13
sus lenguas bajo los árboles.
LENIN (1)
que el Gran Lenin   216:21:50
LENTA (4)
lenta te va siguiendo,   291:67:29
muy lenta el agua.   310:91:10
Sangre que mira lenta con el   480:243:60
rabo del ojo,
de la lenta comida de los   645:345:25
osos.
LENTAMENTE (8)
Cabalgué lentamente hacia los   191:8:17
cielos.
Cuando sobre los campos   197:11:33
desciendes lentamente
¡qué lentamente   215:21:3
Húndete lentamente,   231:29:38
mientras bordas lentamente   318:103:12

Va segando lentamente 347:127:3
y lentamente pasan! 582:305:9
lentamente... 602:314:12
LENTAS (2)
Y choca con los ecos de las 186:6:19
lentas campanas
largas capas lentas. 307:86:5
LENTEJAS (1)
repartiendo lentejas 646:345:39
desangradas en los ojos,
LENTEJUELAS (3)
de moaré y lentejuelas. 361:138:14
de lentejuelas y cintas! 433:224:14
de lentejuelas oscuras, 441:228:44
LENTO (5)
Que muera cantando lento 190:7:52
clava su lento dardo 217:22:14
por qué corre lento el río. 410:204:8
bajo el bigote lento de la 503:257:5
baba.
LENTO perfume y corazón sin 622:324:1
gama,
LENTOS (2)
de un San Cristóbal 210:17:23
campesino, lentos
ellas son silencios que 580:304:51
lentos escaparon
LEÑADOR (4)
del leñador, que sabe 260:47:10
LEÑADOR. 420:218:1
Leñador. 420:218:13
El leñador no sabe cuándo 482:243:102
expiran
LEÑADORES (1)
mientras la tarde se puso 533:272:23
turbia de latidos y leñadores
LEÑOS (1)
Crepitar de leños viejos, 259:46:53
LEO (1)
¿Qué leo en el espejo 289:65:5
LEON (1)
Allí, león, allí furia del 476:241:21
cielo,
LEONARDA (2)
SUNTUOSA Leonarda. 401:192:1
en las barandas de "Villa 401:192:3
Leonarda".
LEONES (2)
Tu ignorancia es un monte de 502:256:38
leones, Stanton.
Como un río de leones 541:274:107
LEOPARDO (2)
un pequeño dolor de 524:267:44
ignorante leopardo.
Ya luchan la paloma y el 537:273:13
leopardo
LEPRA (2)
y ponerse una inyección para 521:266:27
adquirir la lepra
para la verde lepra del 635:333:42
sonido,
LES (16)
LETRA (1)
que tienen una sola letra en 646:346:4
su vocabulario,
LETRAS (6)
Aplastóse doliente sobre letras 230:29:5
Con las plumas de letras, 233:32:3
bandadas de letras giran.) 253:43:10
letras sobre el cañamazo. 318:103:13
quite flores y letras del 526:267:135
arco donde duermes
las letras de marfil que 557:283:12
dicen siempre,
LETRERO (2)
En la cinta hay un letrero: 382:164:8
un letrero que dice: 657:356:4
LEVANTA (7)
su negro velo levanta 212:19:10
pues si la sombra levanta 440:228:15
se levanta el muro impasible 481:243:88

¡qué rosa gris levanta de su 506:259:8
belfo!
que levanta sus montes de 516:264:42
cemento
que un corazón levanta! 583:305:13
y por los juncos rueda y se 635:333:25
levanta.
LEVANTABA (2)
y los valles de luz que el 484:245:6
cisne levantaba con el pico.
y levantaba las furias de los 488:246:8
banquetes de los siglos
últimos
LEVANTABAN (1)
levantaban al aire sus 568:295:8
espadas.
LEVANTADA (1)
ESTA piedra que vemos 637:336:1
levantada
LEVANTADAS (1)
Las cabezas levantadas 426:220:27
LEVANTADO (1)
Al verla se ha levantado 427:221:19
LEVANTAN (2)
que levantan la niebla. 193:9:16
levantan por distraerse, 427:221:14
LEVANTANDO (3)
se clavan, levantando claras 271:56:7
perlas de espuma.
levantando con el rabo 485:245:28
pedazos de espejo.
levantando sus tiernos 542:275:154
brazos acribillados,
LEVANTAR (1)
Al levantar mis brazos 275:57:93
gigantescos
LEVANTARON (1)
levantaron la cabeza. 540:274:98
LEVANTAS (1)
levantas por el mercado! 567:294:16
LEVANTATE (3)
¡Ya vienen por las rampas! 505:258:19
¡Levántate del agua!
levántate para que oigas 509:261:2
aullar
Levántate para que oigas 510:261:26
aullar
LEVANTE (2)
Niña, deja que levante 427:221:25
cuando el sacerdote levante 483:244:21
la mula y el buey con sus
fuertes brazos
LEVANTEN (1)
antes de que los jueces 494:251:10
levanten la tela.
LEVANTO (1)
se levantó en las veletas. 456:234:82
LEVANTO (1)
Por eso no levanto mi voz, 525:267:92
viejo Walt Whitman,
LEVE (3)
tan fino y leve? 220:23:26
para dejar en vuestra carne 481:243:72
una leve huella de eclipse
con un leve sabor de gasolina 524:267:64
LEVEMENTE (1)
MANZANAS levemente heridas 520:266:1
LEVES (1)
acabó con los más leves 485:245:25
tallitos del canto
LEVITA (1)
Con su verde levita 246:40:5
LEVITAS (1)
con sus levitas, 371:149:6
LEY (1)
El trabajo es tu ley." 179:2:144
LEYENDAS (3)
madura de leyendas, 252:42:50
tejen las encinas oros de 281:62:20
leyendas,

LEYENDAS - LIMONCITOS

¡Oh ser de hondas leyendas santas   291:67:34
LEYES (1)
  saben que van al cieno de números y leyes,   497:253:15
LIANAS (2)
  que ya vendrán lianas después de los fusiles   487:245:82
  Lianas espectrales.   606:314:84
LIBAN (1)
  y cual dulces abejas del sol, liban   270:55:25
LIBERTAD (1)
  quiero mi libertad, mi amor humano   499:254:25
LIBERTADA (1)
  voz mía libertada que me lames las manos.   499:254:41
LIBERTADAS (1)
  Rumor de superficies libertadas y locas.   633:332:6
LIBRAME (2)
  Líbrame del suplicio   420:218:3
  Líbrame del suplicio   420:218:15
LIBRAR (1)
  a librar a las niñas   350:128:62
LIBRE (3)
  La ciudad libre de miedo,   456:234:73
  donde libre y cautiva,   634:333:3
  libre signo de normas oprimidas   637:335:12
LIBRE (1)
  Dios te libre de la yedra roja!   599:313:87
LIBRES (2)
  campos libres donde silban mansas cobras deslumbradas,   490:247:39
  [Yo] Tengo libres los diez dedos.   627:328:20
LIBRO (14)
  entre el libro del tiempo.   229:29:2
  -libro doliente de mi amor-   232:30:22
  el corazón y el libro.   233:32:11
  y el libro sin cortar...   238:36:6
  estudiasteis un libro   247:40:30
  tu libro sin palabras.   255:44:46
  con la butaca y el libro muerto,   527:268:13
  DEJARIA en este libro   582:305:1
  Este libro que ha visto   582:305:3
  Un libro de poesías   583:305:22
  Dejaría en el libro   585:305:76
  el libro que diseca   598:313:59
  así las flores de este libro   626:328:10
  abre el libro llorando   626:328:13
LIBROS (4)
  niebla de libros   195:10:3
  ¡Qué pena de los libros   582:305:6
  En los libros de versos,   584:305:46
  Libros dulces de versos   585:305:66
LICOR (8)
  ¡Oh divino licor de la humildad,   200:13:25
  ¡Oh! Divino licor de la esperanza,   200:13:41
  ¡Oh licor que esas almas has unido!   200:13:46
  no darán el licor que necesita   214:20:34
  Licor hecho con llanto.   241:38:47
  que tu licor compuesto   242:38:50
  con bendición, licor santo.   258:46:50
  hormigas de espanto y licor de lirios.   510:261:22
LIDIADORES (1)
  y el toro circo azul sin lidiadores,   571:299:7
LIGEROS (1)
  y deja atrás los grupos ligeros de ballenas.   645:345:15
LIJA (1)
  con la lija de sus ramas,   430:223:18

LIKE (1)
  DO you like me?   501:256:1
LIMA (2)
  la sombra con tu lima   256:44:65
  -zumo de lima y limón-,   377:157:6
LIMA (1)
  te lima las cadenas,   421:219:10
LIMBO (1)
  de ave fénix al limbo.   235:32:51
LIMITA (1)
  Limita al Norte   612:318:45
LIMITADA (1)
  ¡Oh Forma limitada para expresar concreta   631:330:33
LIMITADO (2)
  mi torso limitado por el fuego.   475:241:8
  pero alabo tus ansias de eterno limitado.   619:323:40
LIMITADOS (1)
  Amor entre paredes y besos limitados,   633:332:11
LIMITAS (1)
  y limitas.   614:318:95
LIMITE (5)
  sin afilado límite, porvenir de diamante.   505:258:11
  un límite de agujas cercará la memoria   523:267:22
  con un dolor sin límite, de nardos.   617:322:12
  y el molusco sin límite de miedo.   618:322:46
  en el límite oscuro que relumbra de noche.   620:323:62
LIMITES (4)
  En sus límites de ópalo,   361:137:5
  Esa brisa de límites oscuros.   491:249:4
  ¡Oh brisa mía de límites que no son míos!   492:249:38
  Un deseo de formas y límites nos gana.   619:323:21
LIMO (3)
  sea rosado y dulce limo   190:7:59
  ¿Vives bien en el limo   237:35:3
  hice un hoyo sobre el limo.   435:225:23
  Limo de voces perdidas.   463:236:66
LIMON (10)
  con el limón nuestro,   319:104:6
  Y un olor de limón   369:148:29
  -zumo de lima y limón-,   377:157:6
  NARANJA y limón.   392:177:1
  Limón y naranja.   392:177:4
  Limón.   392:177:7
  como un limón de cera   396:182:11
  Lloras zumo de limón   437:226:25
  los pedazos de limón seco bajo el negro duro de las botellas.   472:239:9
  en la flor del limón.)   604:314:44
LIMONADA (2)
  de azófar con limonada.   342:122:8
  beben limonada todos.   446:230:42
LIMONAR (9)
  del limonar.   591:311:21
  Limonar.   591:311:33
  Limonar.   591:311:36
  Limonar.   591:311:40
  Limonar.   592:311:43
  Limonar.   592:311:47
  Limonar,   592:311:50
  Limonar.   592:311:53
  El limonar me conoce   641:342:9
LIMONARES (1)
  Evoca los limonares   320:105:8
LIMONCITO (2)
  Limoncito amarillo,   322:107:15
  Ni siquiera limoncito.   395:180:20
LIMONCITOS (2)
  Echad los limoncitos   322:107:17
  ¡cuántos limoncitos!   641:342:8

LIMONERO (1)
  limonero.   322:107:16
LIMONES (1)
  cortó limones redondos,   445:230:10
LIMOSNA (2)
  pidiendo una limosna   176:2:44
  ¿Buscáis el azul limosna   247:40:26
LIMPIA (4)
  tan lejos del agua limpia!   253:43:14
  de su frente limpia.   354:132:10
  Pena limpia y siempre sola.   437:226:44
  La tierra lisa, limpia de   570:298:2
  caballos.
LIMPIA (2)
  limpia sus gafas   601:313:140
  Rosa pura que limpia de   621:323:81
  artificios y croquis
LIMPIAN (1)
  cuando los camareros y los   481:243:75
  cocineros y los que limpian
  con la lengua
LIMPIARME (1)
  para limpiarme la cara!   332:120:12
LIMPIAS (2)
  del sol que limpias   216:21:45
  ¿Cómo limpias, silencio,   217:22:5
LIMPIE (1)
  para aprender un llanto que   564:290:21
  me limpie de tierra;
LIMPIEZA (1)
  la limpieza de lo sano.   259:46:58
LIMPIO (6)
  -rayas al cristal limpio   175:2:9
  sobre su llano limpio,   309:88:13
  Cielo limpio y oscuro,   310:91:7
  Pero no ilumines tu limpio   558:284:13
  desnudo
  El viento nublado y el viento   561:287:6
  limpio
  limpio de luna, y ciego,   634:333:19
LIMPIOS (2)
  sus muslos limpios.   241:38:38
  Sino que limpios y duros   451:233:8
LIN (3)
  lín   388:171:21
  lín   388:171:22
  lín...)   388:171:23
LINDA (1)
  una linda rosa   666:364:45
LINDO (1)
  bello y lindo se ha escondido   185:5:27
LINEA (2)
  He llegado a la línea donde   195:10:6
  cesa
  Dice la línea recta su   621:323:75
  vertical esfuerzo
LINFA (1)
  Linfa de pozo oprimida   465:237:45
LINO (1)
  Alas de pluma y lino, barcos   623:325:5
  y gallos abren.
LINOS (1)
  ni quien abra los linos del   520:266:17
  reposo,
LINTERNA (1)
  su linterna?   597:313:18
LINTERNAS (1)
  blancos perros tendidos entre   496:252:2
  linternas sordas.
LIQUIDOS (1)
  de choques, líquidos y rumores   500:255:6
LIRA (5)
  Para el que lleva la pena y   200:13:37
  la lira,
  Las rosas estaban soñando en   281:62:19
  la lira,
  Conozco la lira que   282:62:27
  presientes, rosa;
  de la lira sin cuerdas que   284:63:40
  pulsamos,

  guarda lira de sombra, sol   637:336:3
  maduro,
LIRAS (4)
  ni liras,   267:53:5
  un concierto de liras.   270:55:33
  las liras y gemidos que se   518:265:22
  escapan de las hojas
  diminutas
  adornos de las liras, poetas   580:304:61
  sin acento.
LIRICA (6)
  y en mi lírica canción   185:5:24
  Cantar sin carne lírica que   212:18:17
  llene
  Lírica flor de torre   230:29:7
  por sorber la vena lírica!   253:43:16
  acecha mi lírica sombra   384:166:4
  coso mi lírica ropa.)   395:181:16
LIRICAS (3)
  las esmeraldas líricaˉ.   279:61:4
  a las mariposas líricas   614:318:92
  y hacen líricas señas   624:326:11
LIRICO (5)
  el resumen genial de lo   200:13:28
  lírico.
  el lírico   234:32:21
  lírico,   243:38:99
  y sentimos el fracaso lírico   287:63:116
  (Por el monte lírico   608:315:46
LIRICOS (1)
  de los gavilanes líricos   240:38:8
LIRIO (14)
  O como un lirio.   200:13:36
  como el tallo de un lirio.   233:32:15
  El lirio de la fuente   268:54:4
  enseña como un lirio   286:63:105
  de lirio de Judea   310:91:3
  dejan rastros de lirio   311:93:6
  lirio de algodón y sombra,   385:168:6
  rojo lirio, junco fresco.   397:183:6
  con el bozo y lirio aguado   485:245:24
  de sus montañas invisibles,
  en el oscuro desván del   527:268:15
  lirio,
  Trompa de lirio por las   538:273:43
  verdes ingles
  Doy pena de lirio fresco   562:289:7
  Sería un pálido lirio de cal,   572:300:5
  Con un lirio en la mano   594:312:22
LIRIOS (20)
  Y veo secarse los lirios   185:5:21
  ella tronchaba lirios con sus   191:8:20
  manos.
  sin lunas y sin lirios,   211:18:7
  lirios durmientes de mi mal?   232:30:20
  de lirios.   243:38:96
  ni lirios.   243:38:109
  de lirios y de abejas,   251:42:42
  y los lirios que nacen porque   270:55:36
  sí!
  canté con los lirios canciones   281:62:8
  serenas.
  con hondura de lirios.   284:63:31
  su cuerpo lleno de lirios   429:222:19
  las espadas de los lirios.   435:225:47
  en lirios que no duermen, en   503:256:53
  aguas que no copian,
  hormigas de espanto y licor   510:261:22
  de lirios.
  viendo ovejas y lirios de   528:268:32
  nieve
  y el valle fue rodando con   561:287:14
  perros y con lirios.
  Si los lirios nacieran   598:313:36
  Los lirios negros   610:318:7
  los lirios negros   610:318:9
  Lirios de espuma cien y cien   617:322:24
  estrellas,
LIRISMO (2)
  un resumen dorado del lirismo.   200:13:48

escarchado de amor y de   287:63:130
lirismo,
LIS (1)
el olor de un solo cuerpo   490:247:43
con la doble vertiente de
lis y rata
LISA (1)
La tierra lisa, limpia de   570:298:2
caballos.
LISO (1)
y el liso gong de la nieve.   427:221:36
LISTAS (1)
Las ranas, ¡qué listas son!   411:205:14
LITERA (1)
y el judío ocupó su litera.   519:265:37
LIVIDAS (1)
-batalla de abejas lívidas-   561:288:7
LO (188)
LOBO (3)
"Hijas mías, dormid, que   233:31:14
viene el lobo",
Ojos de lobo duermen en la   617:322:15
sombra
muerto por el lobo   643:343:16
LOBOS (2)
Lobos y sapos cantan en las   496:252:9
hogueras verdes
esqueletos de alondras y   542:275:158
lobos de penumbra;
LOCA (10)
¡está la luna loca!   265:51:18
Y loca de horizonte,   309:88:17
La tarde loca de higueras   429:222:31
mi casa como una loca,   437:226:28
Agua loca y descubierta   438:227:15
ha de gritar loca de fuego,   522:266:64
ha de gritar loca de nieve,   522:266:65
se ha vuelto loca.   604:314:49
Convexa resonancia donde la   646:345:31
abeja se vuelve loca.
Ay, Tarara loca.   663:362:17
LOCAS (2)
Hay una juventud de brisas   254:44:17
locas
Rumor de superficies   633:332:6
libertadas y locas.
LOCO (9)
Loco reloj que canta   198:12:9
un verde loco   223:24:6
jugaba a la estatua con el   404:196:12
niño loco.)
Separó al niño loco de su   404:196:19
sombra.)
es un pequeño espacio vivo   495:251:32
al loco unísón de la luz,
El aire como loco deja su   543:275:166
pecho hundido,
con una queja en vilo de Sur   617:322:19
loco,
pone loco de espigas el   638:338:8
silencio del grano.
loco.   643:343:6
LOCOS (4)
dos arbolitos locos.   389:173:4
ni constructores, ni   487:245:75
esmeraldas, ni locos, ni
sodomitas.
y vi dos niños locos que   532:271:17
empujaban llorando las
pupilas de un asesino.
giran locos pidiendo   635:333:32
eternidades.
LOCURA (6)
allí, caballo azul de mi   476:241:23
locura,
vendrá a la piedra la locura   483:244:33
de pingüinos y gaviotas
duelo de rosa y verso, de   639:338:10
número y locura,
Llena, pues, de palabras mi   640:340:12
locura

de tu número y locura;   648:348:18
locura de brisa y trino.   648:348:20
LODO (3)
Se deshojan las rosas en el   229:28:9
lodo.
para salpicar de lodo la⁊   502:256:42
pupilas de los que navegan,
madres de lodo, arpías,   525:267:103
enemigos sin sueño
LOLA (4)
La Lola   311:92:1
la Lola canta   311:92:11
La Lola aquella,   311:92:13
Luego, cuando la Lola   318:102:13
LOLITA (2)
y en los pechos de Lolita   400:191:3
Lolita lava su cuerpo   401:191:8
LOMBRIZ (4)
los que buscan la lombriz en   486:245:67
el paisaje de las escaleras,
Cantaba la lombriz el terror   492:249:18
de la rueda
y yo oigo el canto de la   517:264:60
lombriz
y que la lombriz se muera de   558:284:6
sombra;
LOMO (1)
No te conoce el lomo de la   544:276:203
piedra,
LOMOS (2)
a lomos de Pegaso?   191:8:28
Todo el valle se tiende. Por   414:210:3
sus lomos,
LONA (1)
Me envolveré sobre esta lona   483:244:30
dura para no sentir el frío
de los musgos.
LONGITUD (2)
y el ovillo busca por la   490:247:30
grama su ansia de longitud
insatisfecha.
dolor en longitud,   513:263:28
LONTANANZAS (1)
los niños ven lontananzas   362:138:27
LORENA (2)
CIELO de Claudio Lorena.   615:320:1
pintada por Claudio Lorena.   616:320:15
LORENZO (8)
Lorenzo.   473:240:3
Lorenzo por el mundo de las   473:240:7
universidades sin tejados.
Lorenzo,   473:240:8
Lorenzo por el mundo de las   473:240:12
hojas y las bolas de billar;
Lorenzo,   473:240:15
Lorenzo en un seno de Flora;   473:240:19
Lorenzo,   473:240:22
Lorenzo.   474:240:54
LOROS (1)
Por los patios gritan loros,   390:175:7
LOS (1126)
LOSAS (1)
para caer sobre las losas   230:29:11
frías
LOTO (2)
como una inmensa flor de loto.   397:184:6
-concha y loto a la vez-   401:192:7
LOTOS (2)
lotos de saetas, olas de   202:14:31
naranjas
dulces lotos de las almas   579:304:5
estancadas;
LOYOLA (1)
San Ignacio de Loyola   517:264:69
LOZANAS (1)
Tres moricas tan lozanas   659:357:14
LUBRICA (1)
y enseña, lúbrica y pura,   425:220:7
LUBRICOS (1)
y patinan lúbricos por agua   477:242:15
y arenas

LUCE (1)
Luce mi Tarara   663:362:13
LUCEN (1)
Aridos lucen tus ojos,   444:229:61
LUCERO (13)
tengo en el horizonte un   197:11:41
lucero encendido
un lucero apagado,   219:22:64
ni el lucero,   230:29:33
a mi fantástico lucero!   231:30:10
lucero de la floresta   259:46:83
ni el bastón de un lucero   261:47:39
un lucero verde,   413:208:2
ni lucero caminante.   442:229:14
abre la puerta al lucero   443:229:29
Cada lucero,   585:306:4
Hay un lucero quieto,   603:314:33
un lucero sin párpados.   603:314:34
-Un lucero...   603:314:36
LUCEROS (14)
con guirnaldas de verdes   204:15:14
luceros,
están cazando luceros,   208:16:10
y luceros al viento.   210:17:12
Dice la luna: "Yo, sed de   211:18:2
luceros."
de luceros.   214:20:39
azules luceros,   239:37:2
Y hubo un torrente de luceros   273:57:53
y un torrente de cálidos   275:57:113
luceros
de luceros fríos.   296:69:8
bajo fronda de luceros.   346:125:4
borrachos de luceros   349:128:45
donde los luceros   353:131:7
Cien luceros verdes   413:208:9
donde los luceros   613:318:71
LUCES (20)
"Son luces que llevamos   179:2:134
iban todos cubiertos de luces,   204:15:13
muertos a las luces claras   213:19:18
Se ha llenado de luces   251:42:39
que han llenado de luces   307:85:14
En tu barco de luces   310:90:5
[JINETE] ¿No son aquellas   339:121:104
las luces de Granada?
las cuatro luces clamaban   450:232:25
mientras clamaban las luces   450:232:53
Pide luces y campanas.   452:233:36
Apaga tus verdes luces   455:234:59
cauterios de luces blancas.   464:237:12
que aullarán, noche oscura,   486:245:47
por tu tiempo sin luces,
luces y yugulares.   504:257:14
¡qué rebaño de luces y   506:259:10
alaridos
con látigos y luces, se sentía   511:262:8
soñando viejas luces de   528:268:30
Hungría
Canto tu bello esfuerzo de   621:323:90
luces catalanas,
donde todos los ángulos   631:330:30
toman sus luces fijas,
muchedumbre de luces y   631:330:34
clamor escuchado!
LUCIA (2)
LUCIA Martínez.   398:187:1
Aquí estoy, Lucía Martínez.   399:187:7
LUCIAN (1)
ni estrella lucían.   348:128:20
LUCIENTES (1)
tres mil hombres armados de   632:331:14
lucientes cuchillos.
LUCIERNAGA (7)
luciérnaga   267:53:14
farol y luciérnaga.   308:87:2
farol y luciérnaga.   308:87:10
había una luciérnaga,   383:165:7
¡Qué ola de fango y   486:245:51
luciérnaga sobre Nueva York!
¡Aquella luciérnaga   597:313:22

Una luciérnaga   602:313:142
LUCIERNAGAS (2)
El mundo de las luciérnagas   412:207:9
hay luciérnagas.)   603:314:24
LUCIFER (1)
el Lucifer del azul.   276:58:2
LUCHA (3)
En la lucha daba saltos   447:231:7
la lucha de la arena con el   511:262:9
agua.
Tu vientre es una lucha de   571:298:13
raíces.
LUCHA (1)
en la choza diminuta que   521:266:44
lucha con la inundación;
LUCHABAN (1)
los muchachos luchaban con   523:267:11
la industria,
LUCHAN (2)
el amor está en los fosos   521:266:45
donde luchan las sierpes del
hambre,
Ya luchan la paloma y el   537:273:13
leopardo
LUCHANDO (5)
Luchando bajo el peso de la   272:57:11
sombra,
Yo estaba en la terraza   486:245:52
luchando con la luna.
Estaban los cuatro marineros   491:249:6
luchando con el mundo,
luchando con el mundo de las   491:249:10
agudas velocidades,
luchando enroscada con el   558:284:10
mediodía.
LUCHAR (1)
será luz que me ayude a   271:56:14
luchar con mi forma?
LUEGO (18)
que si no, luego,   231:29:39
que os despreciaba, y luego   247:40:48
Que lugar tendréis luego   248:40:66
y pintar luego   278:60:12
Luego, cuando la Lola   318:102:13
Y luego,   321:107:6
Pero luego,   321:107:12
¡Ya lo sabéis!... Porque   322:107:19
luego,
luego,   322:107:20
Yo luego pondré a su lado   370:148:49
Luego vendrán las lluvias   388:172:8
y luego me entraron   408:201:8
Luego...   409:202:10
Saqué una pata de gallina por   483:244:7
detrás de la luna y luego,
¿Ordenar los amores que   517:264:66
luego son fotografías,
que luego son pedazos de   517:264:67
madera
Yo canto para luego tu   545:276:216
perfil y tu gracia.
Luego se pondrá violeta,   625:327:5
LUGAR (1)
Que lugar tendréis luego   248:40:66
LUISITO (1)
ni se muere Luisito.   234:32:31
LUJURIA (4)
lujuria, y el pícaro   241:38:30
Las vides son la lujuria   258:46:47
los pétalos de lujuria   266:52:9
Vais derramando lujuria virgen   292:67:57
LUMBRE (7)
la mitad llenos de lumbre,   435:225:34
EN la amplia cocina, la lumbre   586:307:1
al amor de la lumbre   586:307:13
un Ecuador sin lumbre y una   623:325:12
China sin aire.
Punzado por tu Padre con   630:330:6
aguja de lumbre.
Sueña invierno de lumbre,   637:336:13
gris verano.

A qué buscas la lumbre 654:353:13
LUMBRES (1)
y las ranas encendieron sus 533:272:35
lumbres en la doble orilla
del río.
LUMINOSA (4)
pasas en la tarde luminosa y 201:14:2
clara
sobre tu barba luminosa y 524:267:54
casta,
de luminosa Sión! 579:304:10
luminosa como vuestra niñez. 587:307:33
LUMINOSO (2)
Un cantar luminoso y reposado 212:18:13
luminoso marfil, recién 617:322:7
cortado
LUMINOSOS (3)
Y tú vas a sus labios 234:32:44
luminosos
los ojos luminosos y azulados 278:59:30
llenan de nervios luminosos 477:242:14
la arcilla
LUNA (218)
Pones roja la luna 173:1:8
¡Agua clara! ¡Luna nueva! 182:3:50
gotas claras de la luna 184:5:3
Para mirar la luna bordada 187:6:33
sobre el río
y la luna lunera, ¡qué sonrisa 191:8:39
Miel de luna que fluye 193:9:33
a beber en la luna 198:12:4
deshojar a la luna!! 199:12:24
Es la noche de luna menguante. 205:15:25
con la luna rendida a sus 205:15:40
plantas,
más aún que la luna de enero. 206:15:71
Dice la luna: "Yo, sed de 211:18:2
luceros."
luna dormida, 215:21:2
Por eso, luna, 216:21:28
¡luna dormida!, 216:21:29
luna dormida, 216:21:43
Y entonces, luna 217:21:60
una noche de luna 222:23:57
Sale del monte la luna, 225:26:10
y luna de los vientos, 230:29:8
ni la luna menguante, 230:29:32
y taladró a la luna 236:33:18
asoma la luna fría.) 253:43:28
No sueñes con la sangre de la 255:44:25
luna
de la media luna. 256:45:4
un cachete a la luna. 257:45:18
de la luna, 261:47:36
LA luna tiene dientes de marfil 264:51:1
La luna le ha comprado 265:51:15
¡está la luna loca! 265:51:18
Acaso tus hojas, manchadas de 283:62:60
luna,
o tienen luz de luna en su 285:63:49
vestido.
¿Qué luna recogerá 299:73:13
preguntan a la luna, 300:74:5
La quilla de la luna 312:93:8
bajo la media luna! 327:116:3
Luna, luna, luna, luna, 329:119:16
Luna, luna, luna, luna, 329:119:20
Un gallo canta en la luna. 329:119:21
están mirando a la luna. 329:119:23
El Amargo está en la luna. 342:122:10
Golpean rayos de luna 346:126:2
LA luna va por el agua. 347:127:1
Ni luna blanca 348:128:19
Me pusieron la luna 350:128:52
neutra luna de piedra sin 353:130:13
semilla
la otra la luna. 354:133:4
En mi garganta, dijo la luna. 354:133:8
En mi garganta, dijo la luna. 355:133:18
(La escala llega a la luna.) 360:135:4
hilos de fósforo y luna. 361:137:3

los niños se comen la luna 362:138:23
saltan sobre la luna. 365:142:5
pan moreno y rica luna. 366:145:10
Teta azul de la luna. 367:146:2
ALTA va la luna 368:148:1
Luna sobre el agua. 368:148:5
Luna bajo el viento. 368:148:6
de la luna del agua, 368:148:11
EN la luna negra 376:156:1
En la luna negra 376:156:11
En la luna negra, 377:156:21
Jaca negra, luna grande, 380:161:3
jaca negra, luna roja. 380:161:8
rosas y mirtos de luna. 381:163:22
y la luna picaba 383:165:8
La luna cuenta los perros. 384:166:5
de luna llena. 387:171:3
¡Ay Sol! ¡Ay luna, luna!, 391:176:9
CUANDO sale la luna 393:179:1
Cuando sale la luna, 393:179:5
bajo la luna llena. 393:179:10
Cuando sale la luna 393:179:13
LA luna está muerta, muerta; 394:180:1
La luna está muerta, muerta; 394:180:9
La luna llorando dice: 395:180:16
Angulo de luna llena.) 395:181:7
Angulo de luna sola.) 395:181:8
La luna estaba de broma 395:181:10
Morena de luna llena. 397:183:7
LA luna clava en el mar 397:184:1
¡Oh la luna redonda 397:185:3
BAJO la adelfa sin luna 400:190:1
media luna de plomo. 404:196:9
Sol y luna. 409:202:9
El nardo de la luna 410:203:5
de la luna al viento! 417:215:4
LA luna vino a la fragua 425:220:1
mueve la luna sus brazos 425:220:6
Huye luna, luna, luna. 425:220:9
Huye luna, luna, luna, 426:220:31
Por el cielo va la luna 426:220:31
SU luna de pergamino 426:221:1
Su luna de pergamino 427:221:17
Bajo la luna gitana, 430:223:10
Barandales de la luna 431:223:51
Un carámbano de luna 432:223:77
ni los cristales con luna 435:225:30
Las orillas de la luna 439:227:31
o saltos de media luna. 441:228:38
Moreno de verde luna 445:230:5
moreno de verde luna, 447:231:21
la luna menguante, pone 449:232:10
La luna y la calabaza 454:234:19
La media luna, soñaba 455:234:49
Juego de luna y arena. 457:234:124
una luna redonda 461:236:16
LA luna gira en el cielo 464:237:1
la luna redonda y baja, 465:237:34
y vio en la luna los pechos 465:237:35
y una luna incomprensible que 472:239:8
iluminaba por los rincones
por los palomares donde la 474:240:29
luna se pone plana bajo el
gallo.
por mi dolor lleno de 474:240:44
rostros y punzantes
esquirlas de luna,
Yo había matado la quinta 474:240:48
luna
Pero se supo que la sexta 475:240:68
luna huyó torrente arriba,
que quitó luna de la sien 476:241:28
del muerto.
la mentirosa luna de los 477:242:11
polos,
bajo el amianto de la luna, 479:243:28
bajo las pinzas y las 480:243:56
retamas de la celeste luna
de cáncer.
Saqué una pata de gallina por 483:244:7
detrás de la luna y luego,

Yo estaba en la terraza   486:245:52
luchando con la luna.
La mujer gorda, enemiga de la   487:246:5
luna,
que pedían protección a la   488:246:28
luna.
el ataque violento de la   489:247:12
luna.
¡La luna! Los policías. ¡Las   490:247:31
sirenas de los
transatlánticos!
Las criaturas de la luna   492:250:3
huelen y rondan sus cabañas.
abrid los escotillones para   494:250:48
que vea bajo la luna
pueden ser rocas blancas con   494:251:8
la ayuda de la luna
La luna tiene un sueño de   496:252:11
grandes abanicos
la luna de castigo y el   499:254:43
reloj encenizado.
Que se entere la luna   504:257:16
¡qué luna sin establos, qué   506:259:15
desnudos,
¡dame tu guante de luna,   507:260:3
instantáneo dolor de luna   508:260:37
apuntillada.
en la dura barraca donde la   508:260:48
luna prisionera
y la luna estaba en un cielo   510:261:9
tan frío
Pronto se vio que la luna   511:262:4
Y la luna.   512:263:13
¡La luna!   512:263:14
Pero no la luna.   512:263:15
Y la luna.   513:263:24
Pero no la luna.   513:263:25
Y la luna.   514:263:67
Pero no la luna.   514:263:68
y la luna   514:263:72
¡¡La luna!!   514:263:74
la terrible claridad de otra   518:265:18
luna enterrada.
y la luna copiaba en su   519:265:47
mármol
Cuando la luna salga   523:267:20
ni tus hombros de pana   523:267:31
gastados por la luna,
mientras la luna los azota   524:267:72
por las esquinas del terror.
en nuestra cama de la luna   527:268:16
Por la luna nadaba un pez.   528:269:4
alrededor de la luna,   529:269:40
CUANDO llegue la luna llena   530:270:1
LA luna pudo detenerse al fin   532:272:1
por la curva blanquísima de
los caballos.
Era que la luna quemaba con   532:272:9
sus bujías el falo de los
caballos.
Porque la luna lavó con agua   533:272:31
Dile a la luna que venga,   539:274:55
La luna de par en par.   539:274:59
Que se pierda en la plaza   544:275:190
redonda de la luna
en la plaza con luna de tu   557:283:6
frente,
Granada era una luna   560:286:4
ni de la luna con boca de   563:290:8
serpiente
¿Qué luna gris de las nueve   567:294:5
prohibiera en absoluto la   572:300:8
entrada a la luna.
la otra la luna.   574:303:4
"En mi garganta", dijo la   574:303:8
luna.
"En mi garganta", dijo la   575:303:18
luna.
llantos, ¡besos!, granos,   579:304:4
polen de la luna;

sollozad por la luna que os   581:304:96
ama,
va la luna en creciente   589:310:6
hace a la luna   590:311:10
de la luna?   590:311:13
Aquel guante de luna que   591:311:30
olvidé,
de la luna?   593:312:17
es la luna!   595:312:46
Escala de luna   596:312:75
Doña Luna.   597:313:14
es la luna!   597:313:23
Doña Luna no ha salido.   605:314:62
Luna lunera.   605:314:65
bajo la luna.)   608:315:37
se pone la luna.)   608:315:47
Doña Luna es una Venus.   612:318:49
y la luna sobre la Residencia. 615:320:3
En mi vaso la luna redonda,   615:320:6
alamares de luna y de pena.   616:320:11
al cuerno adolescente de la   617:322:8
luna.
Rueda helada la luna, cuando   617:322:36
Venus
el espejo redondo de la luna   619:323:20
en su mano.
junta los grandes vidrios   619:323:32
del pez y de la luna.
La luna de la tarde se   623:325:7
despega redonda
[El viajante] Peor es el   627:328:27
herbario de la luna.
Cables y media luna con   632:331:11
temblores de insecto.
Bajo el sol y la luna.   632:331:18
Triste noche del mundo.
limpio de luna, y ciego,   634:333:19
Vuelve hecho luna y corazón   636:334:8
de nada.
Vuelve hecho luna: con mi   636:334:9
propia mano
¡Oh España, oh luna muerta   639:338:14
sobre la piedra dura!
la miel helada que la luna   640:340:8
vierte.
La media luna, corta,   642:342:15
Una luna y mil faroles.   643:344:7
Pero entonces baja la luna   646:345:26
despeñada por las escaleras,
Pero la luna subía y bajaba   646:345:38
las escaleras,
morenas de luna en vilo   648:348:7
La luna es un pozo chico,   664:363:9
LUNADA (2)
bien lunada y mal vestida,   443:229:28
bien lunada y mal vestida.   444:229:52
LUNAR (1)
un lunar y tres heridas.   444:229:54
LUNARES (1)
lunares sonoros   267:53:20
LUNARITOS (1)
con lunaritos verdes.   379:160:6
LUNAS (11)
sin lunas y sin lirios,   211:18:7
NOCHE de cuatro lunas   396:182:1
Noche de cuatro lunas   396:182:13
¡Qué azafranes y qué lunas,   433:224:15
quebraron opacas lunas   450:232:45
que se bañan en las lunas   451:233:16
ve las lunas y dice: 462:236:22
¿Cuándo esas lunas blancas   613:318:63
Sobre lunas enormes,   613:318:77
PRADO mortal de lunas   640:341:1
Prado mortal de lunas.   641:341:20
LUNERA (2)
y la luna lunera, ¡qué sonrisa   191:8:39
Luna lunera.   605:314:65
LUPAS (1)
que temen los ricos detrás   490:247:42
de sus lupas,

LUSTRO (1)
    y el campo de todo un lustro   513:263:39
    cabrá en la mejilla de la
    moneda.
LUTERO (1)
    van detrás de Lutero por las   496:252:20
    altas esquinas.
LUTO (1)
    sus gestos de vino y luto.   403:194:6
LUTOS (1)
    breves lutos celestiales.   442:229:10
LUZ (121)
    La luz me troncha las alas   181:3:5
    o en la luz del que las piensa.   181:3:18
    manchada de luz sangrienta,   185:5:23
    ¿Tienes los ojos negros   187:6:37
    abiertos a la luz?
    mueres borracha de luz.   188:7:4
    La luz es Dios que desciende,   188:7:14
    en sonido y luz celeste.   189:7:33
    que es la luz.   189:7:38
    para hacerla luz.   189:7:49
    Ella es luz hecha canto   193:9:27
    lluvia mansa y serena de   197:11:28
    esquila y luz suave,
    la momia de la luz del paraíso.   199:13:4
    al color, a la luz, a los   200:13:40
    sonidos.
    como en la hostia cuerpo y   200:13:44
    luz de Cristo.
    su camino de luz en el cielo.   204:15:2
    pájaro de luz que quiere   208:16:3
    ¿Cómo a mí te entregaste, luz   210:17:13
    morena?
    La luz de la aurora lleva   212:19:5
    de luz, y mientras tanto,   219:22:68
    La Penélope inmensa de la luz   232:31:12
    La luz se va apagando.   242:38:58
    Si tu luz va a llegar,   243:38:83
    Esa luz musical   254:44:12
    Porque eres luz de la vida,   259:46:81
    Una enorme luz   267:53:12
    todo luz y bondad.   268:54:18
    Hay que cegar los ojos con   268:54:24
    luz de más allá.
    ya maduro de luz y sonido,   269:55:10
    será luz que me ayude a   271:56:14
    luchar con mi forma?
    y de luz marchitada.   275:57:96
    por querer ser la luz.   276:58:4
    dormirá en los brazos de la   282:62:26
    luz perfecta.
    soy copa de luz. Soy   284:63:17
    incensario
    o tienen luz de luna en su   285:63:49
    vestido.
    y cuando pienso ya en la luz   285:63:72
    quedarme,
    donde la luz es huracán;   292:67:50
    Tierra de luz,   299:73:5
    Tierra de luz,   299:73:15
    El horizonte sin luz   304:80:9
    algo de mar sin luz   320:105:14
    Mientras la luz que viene   353:130:5
    fija y gana
    donde el niño de luz se irá   353:130:14
    quemando.
    EL canto quiere ser luz.   361:137:1
    La luz no sabe qué quiere.   361:137:4
    Morena, qué luz de fuego.   377:157:3
    morada, luz difusa,   381:163:20
    surgía en la luz perenne.   385:168:4
    la luz de la cañavera.   386:169:10
    Una luz nace en mi pecho,   386:169:11
    un largo cuerno de luz.   397:184:2
    van de la luz a la sombra.   398:187:4
    (Y la luz encogía   404:196:5
    (Y la luz como la ven todos,   404:196:11
    (Y la luz que se iba dio una   404:196:18
    broma.

perpetua sangre y pura luz   414:209:6
brotando.
llevo tu luz redonda.   421:219:9
Tu gran luz que sostiene   421:219:19
Una dura luz de naipe   428:222:5
la luz juega el ajedrez   434:224:35
Sin luz de plata en sus copas   435:225:16
La luz del entendimiento   435:225:42
la nueva luz se corona.   437:226:42
La luz, maciza, sepulta   465:237:41
Pensamiento de enfrente, luz   476:241:13
de ayer,
y el conflicto de luz y viento   477:242:3
y los valles de luz que el   484:245:6
cisne levantaba con el pico.
traspasados por las espadas   484:245:12
de la luz;
ignorantes en su frenesí de   485:245:39
la luz original.
La gota de sangre buscaba la   486:245:57
luz de la yema del astro
y filtraba un ansia de luz   488:246:10
en las circulaciones
subterráneas.
para que venga la luz   490:247:41
desmedida
es un pequeño espacio vivo   495:251:32
al loco unisón de la luz,
La luz es sepultada por   497:253:17
cadenas y ruidos
rubor de luz o miel de   503:257:8
establo,
¡Cada punto de luz te dará   505:258:20
una cadena!
de las yemas de luz o las   507:260:9
manzanas.
Toda la luz del mundo cabe   509:260:62
dentro de un ojo.
No hay siglo nuevo ni luz   509:260:73
reciente.
la luz tiene un sabor de   513:263:38
metal acabado
una luz maravillosa que   521:266:35
viene del monte;
la mujer que no teme la luz,   531:271:7
la luz que no teme a los   531:271:9
gallos
y como la mujer teme la luz   532:271:26
la luz tiembla delante de   532:271:27
los gallos
Un rayo de luz violeta que se   532:272:2
escapaba de la herida
no hay escarcha de luz que   542:274:143
la enfríe,
tu boca ya sin luz para mi   557:283:16
muerte.
una muerte de luz que me   565:292:17
consuma.
¡Qué desiertos de luz iban   568:295:11
hundiendo
sin encontrar la luz de su   570:298:8
mejilla.
y con aire y con cielo y con   580:304:53
luz se formaron,
llena de luz, llena de vida   588:309:8
como concha de luz   598:313:55
las que no tienen luz,   605:314:65
como tallos de luz.   606:314:89
pides la luz que anima la   620:323:54
copa del olivo.
Ancha luz de Minerva,   620:323:55
constructora de andamios,
Pides la luz antigua que se   620:323:57
queda en la frente,
Luz que temen las vides   620:323:59
entrañables de Baco
No es el Arte la luz que   622:323:100
nos ciega los ojos.
Honda luz sin un pliegue de   623:325:3
niebla se atiranta,
A la luz de un puerto perdido   628:328:32

cuerpo de luz humana con músculos de harina!   631:330:32
Solo tu Sacramento de luz en equilibrio   632:331:25
donde la luz desboca su toro relumbrante   632:331:31
HONDA luz cegadora de materia crujiente,   633:332:1
luz oblicua de espadas y mercurio de estrella,   633:332:2
Bello de luz, oriente de la mano que palpa.   633:332:13
canta la luz herida por el hielo.   634:333:5
¡Hombre! ¡Pasión! ¡Dolor de luz! Memento.   636:334:7
tu sombra gime por la luz dorada.   637:336:8
UNA luz de jacinto me ilumina la mano   638:338:1
silbo de luz y arcilla de caliente verano.   638:338:4
UNA viola de luz yerta y helada   639:339:1
monte de luz y llaga de azucena.   639:339:11
Luz de ayer y mañana.   640:341:4
Luz y noche de arena.   640:341:6
Luz y noche de arena.   640:341:15
Prado, amor, luz y arena.   641:341:25
me dé la pura luz de los animalitos   646:346:3
Si tú vieras que la luz   649:350:5

LUZBEL (1)
flor de Dios y Luzbel.   580:304:33

LYRA (1)
Lyra bailaba en la fingida curva,   617:322:13

LLAGA (3)
Llaga de amor que me dará la vida   414:209:5
en la llaga de aceites y paño de agonía,   630:330:14
monte de luz y llaga de azucena.   639:339:11

LLAGAS (3)
Las cinco llagas de Cristo   433:224:19
y amargas llagas encendidas.   494:250:43
azotaban las llagas de mi cuerpo.   564:291:10

LLAMA (11)
una llama sobre el árbol,   259:46:74
soplar la llama   292:67:39
la llama del candil!   326:114:2
rumores de tigre y llama.   464:237:4
y si una llama quema los helados proyectos,   485:245:42
Con sur y llama   564:291:4
llama roja que va cociendo llama.)   588:308:4
   609:316:14
¡Oh llama crepitante sobre todas las venas!   631:330:36
con el hombre de nieves y el negro de la llama.   633:331:36
Y aunque nunca tendrá sabor de llama   637:335:9

LLAMA (6)
La llama,   321:106:7
llama a la Guardia Civil!   448:231:38
La noche llama temblando   449:232:13
él, amigas las llama.   584:305:41
[Maestro] Decid cómo se llama.   629:329:12
te llama cuando se va,   649:350:6

LLAMABA (5)
llamaba a todas las puertas.   454:234:30
YO tenía un hijo que se llamaba Juan.   482:244:1
y llamaba al demonio del pan por las colinas del cielo barrido   488:246:9

-Anda, dinos cómo se llamaba   587:307:30
-Se llamaba Piedad de los Pobres,   587:307:32

LLAMADO (1)
nunca le hubiera llamado,   661:359:28

LLAMAMOS (1)
con tristeza llamamos   191:8:30

LLAMAN (4)
con que llaman mis hijos   178:2:100
llaman gente a la iglesia,   180:2:173
hay dos peces que me llaman,   466:237:66
cómo se llaman.   656:355:18

LLAMANDO (1)
Arcilla blanda o nieve, tu lengua está llamando   526:267:129

LLAMANDOLA (1)
un pez la cruza, llamándola.   369:148:38

LLAMAR (2)
y la vuelve a llamar.   321:106:9
que hubo necesidad de llamar a los perros para que callase.   493:250:13

LLAMARADA (2)
de llamarada en la nieve?   567:294:8
y el agua, llamarada.   573:302:14

LLAMARAS (1)
Si te llamaras Camborio,   446:230:30

LLAMAS (10)
para que entren las llamas   268:54:33
mi corazón de llamas!   273:57:37
mientras las llamas te cercan.   457:234:120
al bisturí de las llamas.   459:235:42
un círculo de pájaros y llamas.   462:236:41
los que crecen en el cruce de los muslos y llamas duras,   486:245:66
¡qué serafín de llamas busco y soy!   506:259:18
y gimiera en las llamas de tu ecuador oculto.   525:267:76
se bañaba entre llamas,   574:302:20
corazones y llamas.   584:305:61

LLAMAS (2)
[TENIENTE CORONEL] ¿Cómo te llamas?   330:119:37
-¿Y cómo te llamas?   665:364:41

LLAME (2)
¡qué raro que me llame Federico!   414:210:12
Dejad que así os llame,   579:304:17

LLAMEN (2)
aunque te llamen tristes   230:29:24
-Que llamen al confesor,   661:359:37

LLAMO (3)
el que llamó a la muerte,   260:47:14
así llamó en sus versos   579:304:13
Manuel Sánchez llamó al toro;   661:359:27

LLANO (6)
de estas viejas filósofas del llano?   229:28:3
sobre su llano limpio,   309:88:13
bajan al llano caliente.   348:128:6
Por el llano, por el viento,   380:161:7
tocando el tambor del llano.   425:220:22
Por el camino llano   463:236:46

LLANTO (39)
cuyas flechas son de llanto,   185:5:33
La pasión del puñal, de la ojera y el llanto.   186:6:22
y la gota de llanto se transforma   195:10:8
(Llanto de las alamedas despintada por el llanto.   226:26:41
   227:27:4
vacíos de llanto   239:37:17
Licor hecho con llanto.   241:38:47
donde el llanto fructifica!   253:43:26
y el llanto del rebaño en el aprisco.   286:63:103
uno llanto y otro sangre.   295:68:10
EMPIEZA el llanto   297:70:1

Empieza el llanto   297:70:5
espirales de llanto.   300:74:7
en la Andalucía del llanto!   302:77:12
iba en el hondo llanto   319:104:7
y hay en su llanto dejos   320:105:10
corta el llanto de la viña.   348:128:24
mi carne ni mi llanto,   421:219:14
por el llanto oscuro   461:236:11
llanto con ruiseñor   475:241:10
enajenado,
llanto de media noche y paño   476:241:27
roto
trajes rotos y cáscaras y   490:247:24
llanto,
tiburones como gotas de   520:266:6
llanto para cegar una
multitud,
y llorar un llanto tan   521:266:28
terrible
y América se anega de   526:267:133
máquinas y llanto.
Hay frescas guirnaldas de   528:268:25
llanto.
Yo quiero que me enseñen un   543:275:186
llanto como un río
para aprender un llanto que   564:290:21
me limpie de tierra;
porque no quiero oír el   569:296:2
llanto,
no se oye otra cosa que el   569:296:4
llanto.
Pero el llanto es un perro   569:296:8
inmenso,
el llanto es un ángel inmenso,   569:296:9
el llanto es un violín   569:296:10
inmenso,
y no se oye otra cosa que el   569:296:12
llanto.
con llanto de mis ojos!   589:310:18
recoge el gran llanto   609:316:8
El gran llanto de Cristo   609:316:10
collar de llanto en las   617:322:34
arenas finas,
que requiere las fuentes del   626:328:7
llanto.
LLANTOS (4)
sin corazón, sin llantos,   192:8:48
a rumiarse sus llantos.   349:128:46
llantos, ¡besos!, granos,   579:304:4
polen de la luna;
qué llantos hacía.   665:364:30
LLANURA (5)
de la casta llanura-   257:45:16
¡Oh!, qué llanura empinada   434:224:29
El aire de la llanura,   486:245:59
empujado por los pastores,
Porque tu signo es clave de   632:331:29
llanura celeste
llenando los pies de mármol   646:345:28
la llanura sin recodos,
LLANURAS (2)
Y se tornan llanuras   193:9:23
la noche busca llanuras   442:229:17
LLAVE (4)
y he perdido la llave.   174:1:31
que me ponga en las manos la   287:63:127
gran llave
con llave cierro la puerta.   382:164:5
Con llave de plata fina.   382:164:6
LLAVES (1)
ni los paisajes que se hacen   514:263:63
música al encontrar las
llaves oxidadas.
LLEGA (14)
¿No llega el dolor nuestro   242:38:66
Nuestro ideal no llega a las   284:63:42
estrellas,
de un ritmo que nunca llega;   299:73:8
(La escala llega a la luna.)   360:135:4
Me llega tu rumor,   482:243:113
me llega tu rumor   482:243:114

atravesando troncos y
ascensores,
La aurora llega y nadie la   497:253:9
recibe en su boca
Allí no llega la escarcha de   500:255:11
los ojos apagados
pero lo que llega es una   521:266:38
reunión de cloacas
De los montes azules llega un   589:310:3
aire sonoro.
La muerte llega siempre   599:313:74
Llega bárbaro puente de   617:322:32
delfines
Tu fantasía llega donde   619:323:43
llegan tus manos,
llega dando empujones a las   623:325:18
barcas latinas.
LLEGABA (4)
pero llegaba siempre   391:176:7
Cuando llegaba la noche,   454:234:25
el mascarón llegaba al Wall   485:245:33
Street.
anunciaban el cuerpo sin amor   633:332:3
que llegaba
LLEGABAN (4)
COCHES cerrados llegaban   440:228:1
y llegaban los tanques de   478:243:11
agua podrida.
Llegaban los rumores de la   488:246:15
selva del vómito
Y llegaban largos alaridos   532:272:8
por el Sur de la noche seca.
LLEGAD (1)
pastores llegad,   586:307:18
LLEGADA (1)
la llegada del reino de la   526:267:137
espiga.
LLEGADO (6)
He llegado a la línea donde   195:10:6
cesa
"¿Ha llegado el otoño,   233:31:16
compañeras?",
¡Y he llegado, Dios mío!...   321:107:11
ha llegado Don Pedro.   462:236:25
¡Dios mío, he llegado con   608:315:38
Han llegado a Palacio,   656:355:13
LLEGAN (7)
llegan alma y materia en   200:13:43
unidad
y llegan hasta el cielo   314:97:15
Llegan mis cosas esenciales.   414:210:9
llegan a Benamejí,   448:231:50
llegan al cielo sonando   459:235:45
cuyas barbas llegan al mar.   482:243:119
Tu fantasía llega donde   619:323:43
llegan tus manos,
LLEGANDO (2)
((Pausa.)} [JINETE] Estamos   340:121:117
llegando a Granada.
Cuando el sudor de nieve fue   538:273:25
llegando
LLEGAR (14)
me impedirá llegar.   180:2:168
Si tu luz va a llegar,   243:38:83
llegar tu enorme lanza.   255:44:42
Quise llegar a donde   321:107:9
[JOVEN 1.] Vamos a llegar   333:121:6
tarde.
Es necesario llegar antes   341:121:124
de que amanezca...
antes de llegar a Córdoba!   380:161:14
y llegar al rubor negro   479:243:18
los mulatos estiraban gomas,   480:243:49
ansiosos de llegar al torso
blanco,
Yo vi llegar las hierbas   511:262:10
es llegar a la nieve   531:271:2
y llegar a la nieve   531:271:3
es llegar a la mujer,   531:271:6
puede llegar el viento Austro   531:271:12

LLEGARA (1)
  Llegará un torso de sombra   529:269:33
LLEGARAN (3)
  Ni a tu cabellera llegarán   202:14:24
  los dedos
  ¿Llegarán mis raíces a los   274:57:83
  reinos
  llegarán.   313:95:6
LLEGARE (1)
  yo nunca llegaré a Córdoba.   380:161:6
LLEGARON (2)
  llegaron los buenos.   321:107:10
  Solo cuando izaron la   489:246:43
  bandera y llegaron los
  primeros canes
LLEGAS (3)
  llegas sobre mi carne,   173:1:3
  Llegas sobre mi carne   173:1:20
  [JINETE] Porque llegas   340:121:110
  allí. ¿Qué haces?
LLEGO (2)
  Nunca llegó a tus oídos la   203:14:65
  dulce serenata.
  Llegó la gente que come por   519:265:49
  detrás de las yertas columnas
LLEGUE (3)
  se llegue por aquí.   180:2:166
  CUANDO llegue la luna llena   530:270:1
  por donde llegue a ti   635:333:45
  nuestro gemido.
LLENA (26)
  llena de cielo y mansa.   193:9:30
  la cabeza llena de plumajes   205:15:38
  Pero llena dejóme la casa   207:15:90
  y llena de noche el alma!   213:19:16
  llena de heridas y de miel.   231:30:4
  la noche llena de arrugas   278:59:27
  llena de paz romántica,   290:67:4
  llena de arqueros finos.   308:88:2
  iba llena de sol,   318:102:8
  Canción llena de labios   383:165:13
  Canción llena de horas   383:165:15
  de luna llena.   387:171:3
  bajo la luna llena.   393:179:10
  Angulo de luna llena.   395:181:7
  Morena de luna llena.   397:183:7
  su noche llena de peces.   426:221:8
  Preciosa, llena de miedo,   428:221:43
  La tierra se ofrece llena   464:237:9
  ha de gritar con la cabeza   522:266:66
  llena de excremento,
  he dejado de ver tu barba   523:267:30
  llena de mariposas,
  CUANDO llegue la luna llena   530:270:1
  con una boca llena de sol y   543:275:181
  pedernales.
  con la lengua llena de amor y   565:292:3
  de agonía.
  llena de luz, llena de vida   588:309:8
  Llena de aurora, mi tumba   608:315:44
LLENA (5)
  llena con nidos de oro   184:4:25
  se llena de agua   372:151:5
  El tren y la mujer que llena   475:241:2
  el cielo.
  El tren y la mujer que llena   476:241:43
  el cielo.
  Llena, pues, de palabras mi   640:340:12
  locura
LLENABA (1)
  pero los cálices eran de   532:272:5
  viento y al fin llenaba los
  zapatos.
LLENABAN (1)
  Los niños de Cristo bogaban   518:265:10
  y los judíos llenaban los
  muros
LLENADO (2)
  Se ha llenado de luces   251:42:39
  Se ha llenado el jardín de   271:56:10
  ternura monótona.

que han llenado de luces   307:85:14
LLENALA (2)
  (Llénala con tus hilos,   224:25:2
  (Llénala con tus hilos,   224:25:5
LLENAN (7)
  llenan de ceniza el río   225:26:2
  se llenan de rocío.   243:38:101
  se llenan de rocío.   312:93:11
  llenan de nervios luminosos   477:242:14
  la arcilla
  llenan de dolor el valle   516:264:37
  cuando sus gritos llenan el   517:264:80
  valle
  que nos llenan las manos   582:305:7
LLENANDO (2)
  Su corazón se iba llenando   406:199:3
  llenando los pies de mármol   646:345:28
  la llanura sin recodos,
LLENAR (2)
  El hueco de una hormiga   508:260:44
  puede llenar el aire,
  quiero llenar mi corazón de   568:295:23
  musgo.
LLENARONSE (1)
  Llenáronse de moho   235:33:16
LLENARSE (1)
  y la vemos llenarse de   543:275:172
  agujeros sin fondo.
LLENAS (8)
  llenas las ingles de espuma   465:237:27
  a las pequeñas judías que   479:243:25
  tiemblan llenas de burbujas,
  donde giraban las copas   483:244:19
  llenas de lágrimas.
  ni en estas terrazas llenas   495:251:14
  de humo.
  Esa maldita vaca tiene las   533:272:20
  tetas llenas de leche.
  tiene las tetas llenas de   533:272:26
  perdigones,
  estáis llenas de otoño, de   581:304:69
  tardes,
  Llenas rosas de gracia y   581:304:82
  amor,
LLENE (2)
  del porvenir. Y llene de   211:18:11
  esperanza
  Cantar sin carne lírica que   212:18:17
  llene
LLENEMOS (1)
  para que nos llenemos de   268:54:21
  rocío inmortal!
LLENO (2)
  llenó el instante inmenso,   369:148:30
  se llenó de burbujas   614:318:99
LLENO (23)
  lleno de confusión   180:2:162
  COMO un incensario lleno de   201:14:1
  deseos,
  maduraron, y mi troje lleno   207:15:93
  Era el mismo fluir lleno de   275:57:91
  música
  lleno de niebla espesa, de   275:57:95
  rocío
  lleno de tristeza.   278:59:25
  lleno de tedio,   278:60:6
  En el bosque antiguo, lleno de   281:62:9
  negrura,
  lleno de nobleza!   282:62:47
  del amor inmortal lleno de   283:63:13
  Noche.
  Te vas lleno de mí,   420:219:3
  lleno de lenguas celestes,   427:221:22
  su cuerpo lleno de lirios   429:222:19
  San Miguel lleno de encajes   438:227:17
  Lleno de manos cortadas   450:232:47
  San José, lleno de heridas,   456:234:95
  por mi dolor lleno de   474:240:44
  rostros y punzantes
  esquirlas de luna,

el vivísimo cáncer lleno de nubes y termómetros   501:256:12

No importa que estés lleno de agua de mar.   510:261:15

con el oído lleno de flores recién cortadas,   565:292:2

El talle de la gracia queda lleno de sombra   623:325:19

lleno de velas blancas   658:356:21

lleno de volantes   663:362:7

LLENO (2)

Me lleno de emoción   178:2:98

mira que te lleno   662:361:7

LLENOS (8)

¿Por qué me diste llenos   210:17:14

llenos de rocío.   287:64:4

Sois de los bosques llenos de rosas   292:67:49

llenos con sangre de lo inmortal.   292:67:52

la mitad llenos de lumbre,   435:225:34

la mitad llenos de frío.   435:225:35

con sus ojos llenos de alas.   465:237:40

paisajes llenos de sepulcros que producen fresquísimas manzanas,   490:247:40

LLEVA (25)

cuando la muerte nos lleva?   181:3:24

y sentir la nostalgia que en sí lleva el rebaño   187:6:34

y el sol se lleva tu alma   189:7:48

Ella lleva secretos   194:9:51

Para el que lleva la pena y la lira,   200:13:37

sin saber que lleva atada   208:16:7

La luz de la aurora lleva   212:19:5

Y el agua se lo lleva cantando de alegría.   224:25:16

Mi caballo fantástico me lleva   278:59:20

¡Quién dirá que el agua lleva   296:68:25

Lleva azahar, lleva olivas,   296:68:29

y los lleva.   361:138:4

lleva un chaleco de raso.   373:152:12

lleva tu pechera blanca.   431:223:42

un viento sur que lleva   481:243:80

y lleva gracia pura por las falsas ojivas.   496:252:18

La sangre que lleva las máquinas a las cataratas   515:264:14

que lleva en el dorso una almendra de fuego,   520:266:4

para que se acostumbre con la muerte que lleva.   544:275:195

esperando al que lleva   584:305:64

y la fuerza sin orden que lleva el agua curva.   620:323:60

lleva un herbario.   626:328:2

lleva el mozuelo,   656:355:6

Lleva mi Tarara   663:362:5

LLEVABA (4)

pasó un joven que llevaba   381:163:21

cuando la llevaba al río.   436:225:55

llevaba y traía   614:318:101

del coche que la llevaba.   659:358:4

LLEVABAN (2)

Llevaban gallos   389:174:5

Las muchachas americanas llevaban niños y monedas en el vientre,   479:243:37

LLEVAMOS (2)

"Son luces que llevamos   179:2:134

de la sangre que llevamos,   259:46:68

LLEVAN (20)

a muy lejos la llevan los vientos.   208:15:109

llevan los bueyes.   219:23:2

llevan los bueyes.   220:23:20

llevan los bueyes.   222:23:76

(Los relojes llevan la misma cadencia,   265:52:5

(Los relojes llevan la misma cadencia,   266:52:11

(Los relojes llevan la misma cadencia,   266:52:17

(Los relojes llevan la misma cadencia,   266:52:25

todas llevan   270:55:22

y llevan blancas mantillas   316:99:7

LO llevan puesto en mi sábana   341:122:1

Llevan heridas   365:143:5

lo llevan al calabozo,   446:230:40

que llevan al rubor de los frutos.   496:251:47

que llevan frágiles palitos   516:264:51

que llevan los maricas en coches y terrazas   524:267:71

Los muertos llevan alas de musgo.   561:287:5

que las olas me llevan mi caballo!   642:342:18

que las olas se llevan mi caballo!   642:342:24

Llevan las sevillanas   657:356:2

LLEVAR (3)

La piedra es una espalda para llevar al tiempo   542:275:151

para llevar el cuerpo de Ignacio y que se pierda   543:275:188

pa[ra] llevar a Manuel Sánchez,   662:359:43

LLEVARA (3)

llevará tu corteza   261:47:50

que llevará mi silencio   404:195:7

y el que teme la muerte la llevará sobre sus hombros.   493:250:21

LLEVARAN (3)

te llevarán los hombres   231:29:40

los llevarán,   313:95:10

y los ataúdes se llevarán a los que no trabajan.   523:267:23

LLEVARIA (1)

yo te llevaría   665:364:18

LLEVARLOS (1)

hay que llevarlos al muro donde iguanas y sierpes esperan,   494:250:34

LLEVARME (1)

a llevarme a una estrella."   180:2:157

LLEVARON (1)

que llevaron tus abuelos.   402:193:4

LLEVARTE (1)

llevarte con tus pájaros   421:219:23

LLEVAS (15)

¡Oh lluvia franciscana que llevas a tus gotas   197:11:31

Llevas en la boca tu melancolía   201:14:5

llevas la madeja de tus ilusiones,   201:14:12

SILENCIO, ¿dónde llevas   217:22:1

¿dónde llevas, silencio,   218:22:47

-¿Qué llevas en la boca   220:23:21

-¿Qué llevas en el pecho,   220:23:25

-¿Qué llevas en los ojos,   221:23:29

-¿Por qué llevas un manto   221:23:33

-¿Qué llevas, oh negro joven,   263:49:9

¿Dónde llevas tu jinete muerto?   376:156:5

¿Dónde llevas tu jinete muerto?   376:156:15

¿Dónde llevas tu jinete muerto?   377:156:25

con que he roto la máscara que llevas.   476:241:20

¿Qué ángel llevas oculto en la mejilla?   523:267:26

LLEVE (2)

Y que yo me la llevé al río   434:225:1

yo me la llevé del río.   435:225:45

LLEVES (1)

NO te lleves tu recuerdo.   562:289:1

LLEVO (2)
    lo llevó codo con codo.   445:230:16
    El viento se llevó los   537:273:9
    algodones
LLEVO (7)
    llevo galas de payaso   185:5:25
    que en el alma clavada la   207:15:83
    llevo.
    -Llevo, señor, el agua   263:49:11
    yo llevo los suspiros   283:63:10
    Llevo las carabelas de los   284:63:26
    sueños
    Llevo el No que me diste,   396:182:9
    llevo tu luz redonda.   421:219:18
LLEVOSE (1)
    que en sus ondas llevóse el   204:15:20
    silencio.
LLORA (14)
    Todo llora por costumbre,   226:26:25
    ¡Oh torre vieja! Llora   249:41:18
    mi pájaro llora   288:64:17
    Llora monótona   297:70:10
    como llora el agua,   297:70:11
    como llora el viento   297:70:12
    Llora por cosas   297:70:16
    Llora flecha sin blanco,   297:70:20
    San Gabriel: El niño llora   443:229:23
    ni la feria de ceniza del que   472:239:3
    llora por la madrugada,
    a aquel muchacho que llora   493:250:32
    porque no sabe la invención
    del puente
    El niño llora y mira con un   496:252:13
    tres en la frente.
    Aquí no canta nadie, ni   543:275:174
    llora en el rincón,
    cuando llora en las tardes,   584:305:51
LLORABA (7)
    ¡Ay cómo lloraba   461:236:3
    Cuando el chino lloraba en   485:245:29
    el tejado
    Lloraba el niño del velero y   489:247:13
    se quebraban los corazones
    y el niño que enterraron   493:250:12
    esta mañana lloraba tanto
    lloraba sus heridas   529:269:16
    alrededor.
    que lloraba porque al alba   533:272:14
    y el ruiseñor lloraba   574:302:21
LLORABAN (5)
    lloraban al pie del monte,   450:232:32
    iba al sitio donde lloraban   478:243:9
    los negros
    Los negros lloraban   480:243:47
    confundidos
    Tres mil judíos lloraban en   519:265:38
    el espanto de las galerías
    Viejas y sacerdotes lloraban   632:331:15
    resistiendo
LLORAD (1)
    La cruz. No llorad ninguna.   342:122:9
LLORADO (1)
    CERES ha llorado   609:316:1
LLORAN (9)
    lloran las hojas muertas.   252:42:60
    que lloran a la tierna   306:85:6
    Seis ruiseñores la lloran   324:111:7
    ¡Ay cómo lloran y lloran,   373:152:15
    Dentro de la fragua lloran,   426:220:33
    lloran dos viejas mujeres.   429:222:10
    Tienen, por eso no lloran,   453:234:5
    como lloran los niños del   499:254:33
    último banco,
LLORANDO (19)
    voy llorando por la calle,   184:5:14
    los comenta llorando mi   197:11:37
    corazón desierto
    "¡Déjame!", clamó, llorando,   278:59:22
    llorando.)   303:80:4
    llorando.)   303:80:8
    llorando.)   304:80:13

    que te siguió llorando   316:99:13
    Me encontrarías llorando   347:126:11
    llorando rocío,   354:132:15
    EL lagarto está llorando.   373:152:1
    La lagarta está llorando.   373:152:2
    ¡ay!, ¡ay!, cómo están   373:152:16
    llorando!
    La luna llorando dice: 395:180:16
    Y mientras cuenta, llorando,   428:221:55
    y un hombre va llorando   463:236:60
    Los vi perderse llorando y   474:240:41
    cantando
    la guerra pasa llorando con   525:267:84
    un millón de ratas grises,
    y vi dos niños locos que   532:271:17
    empujaban llorando las
    pupilas de un asesino.
    abre el libro llorando   626:328:13
LLORAR (10)
    para llorar tristeza sobre el   186:6:31
    pecho querido
    lo inútil del triste llorar   283:62:59
    del poeta.
    hace llorar a los sueños.   313:96:2
    Quiero llorar porque me da   499:254:32
    la gana
    Quiero llorar diciendo mi   499:254:36
    nombre,
    y llorar un llanto tan   521:266:28
    terrible
    y ponerme a llorar.   567:294:4
    y ponerme a llorar.   567:294:14
    y ponerme a llorar.   567:294:24
    de llorar lo que ama.   583:305:33
LLORARE (1)
    y lloraré mi pasión   185:5:36
LLORARON (1)
    Los gusanos lloraron, y los   285:63:74
    árboles,
LLORAS (2)
    Lloras zumo de limón   437:226:25
    lloras por las orillas de un   504:258:8
    ojo de caballo.
LLORE (2)
    ni quien llore por las   520:266:18
    heridas de los elefantes.
    no hay quien llore porque   647:346:17
    comprenda
LLORO (2)
    -Lloro, señor, el agua   263:49:15
    Lloro   417:213:6
LLOVER (1)
    Vuelve a llover.   271:56:34
LLOVIA (1)
    Tu rosario llovía.   399:188:4
LLUEVE (1)
    cuando tanto llueve   288:64:29
LLUEVEN (2)
    que los árboles llueven.   289:66:5
    que los árboles llueven.   290:66:28
LLUVIA (26)
    LA lluvia tiene un vago   196:11:1
    secreto de ternura,
    Cada gota de lluvia tiembla   197:11:23
    en el cristal turbio
    ¡Oh lluvia silenciosa, sin   197:11:27
    tormentas ni vientos,
    lluvia mansa y serena de   197:11:28
    esquila y luz suave,
    lluvia buena y pacífica que   197:11:29
    eres la verdadera,
    ¡Oh lluvia franciscana que   197:11:31
    llevas a tus gotas
    Mi alma tiene tristeza de la   197:11:39
    lluvia serena,
    ¡Oh lluvia silenciosa que los   198:11:43
    árboles aman
    y más doliente que la mansa   198:12:16
    lluvia.
    oyendo la lluvia sobre la   203:14:60
    amargura

de la lluvia nos hace amar la   233:32:10
lámpara,
como la lluvia fresca,   244:39:13
HA besado la lluvia al jardín   270:56:1
provinciano
¡Oh, qué tranquilidad del   271:56:17
jardín con la lluvia!
pasadas como ésta   271:56:26
contemplando la lluvia
¿Qué lluvia de silencio   289:65:11
y una lluvia oscura   296:69:7
de la lluvia, caía.   397:185:2
y otro una lluvia nocturna   519:265:42
cargada de cadenas
y la lluvia bajaba por las   533:272:22
calles decidida a mojar el
corazón
Ya se acabó. La lluvia   543:275:165
penetra por su boca.
con la lengua quemada por la   559:285:7
lluvia de sal.
No piensan en la lluvia y se   570:297:11
han dormido,
de la lluvia que busca débil   570:298:6
talle,
una lluvia de lenguas y   632:331:16
hormigas voladoras.
la frenética lluvia de mis   634:333:12
venas,
LLUVIAS (4)
Luego vendrán las lluvias   388:172:8
y deambulan intactas las   477:242:20
lluvias bailarinas.
Yo he visto lluvias grises   542:275:153
correr hacia las olas
eran dos verdes lluvias   568:295:18
enlazadas.
LLUVIOSA (3)
TARDE lluviosa en gris cansado,   238:36:1
Tarde lluviosa en gris   239:36:21
cansado,
En la tarde lluviosa   289:66:2
MACARENA (3)
visten a la Macarena.   615:320:9
La Macarena y todo   658:356:12
La Macarena y todo   658:356:17
MACILENTOS (1)
pájaros macilentos   390:174:17
MACIZA (2)
cisnes de plata maciza   208:16:11
La luz, maciza, sepulta   465:237:41
MACIZAS (1)
a las sombras macizas,   326:114:9
MACHACABAN (1)
los niños machacaban   478:243:15
pequeñas ardillas
MACHACADO (1)
y escupe carbón machacado   520:266:13
MACHO (4)
un macho cabrío.   277:59:2
de mi macho cabrío.   278:59:31
el gran macho cabrío.   290:67:6
Ni un solo momento, Adán de   524:267:45
sangre, macho,
MACHOS (2)
¡Machos cornudos   292:67:41
¡Machos cabríos!   292:67:53
MADEJA (2)
llevas la madeja de tus   201:14:12
ilusiones,
los durmientes borran sus   478:242:27
perfiles bajo la madeja de
los caracoles
MADERA (12)
¿No sientes la madera   236:34:17
y el sable de madera.   252:42:52
aljibe de madera.   314:96:11
de madera de guitarra.   462:236:45
Un viento sur de madera,   481:243:78
oblicuo en el negro fango,

en los filos eternos de la   496:252:4
madera rota.
que luego son pedazos de   517:264:67
madera
y la madera era una garza,   518:265:6
¡Oh cintura caliente y gota   530:270:20
de madera!
Las flautas de madera   619:323:27
pacifican el aire.
en rumor de cristales y   635:333:30
madera.
Tu barca es de madera por la   649:349:2
orilla.
MADRE (26)
que su madre ha casado,   192:8:44
Por algo madre Venus   194:9:43
al infinito blanco que les   197:11:22
sirvió de madre.
y tu amor de madre que sueña   201:14:15
lejanas
—Madre abuela, ¿cuál es el   205:15:29
camino,
madre abuela, que yo no lo   205:15:30
veo?
—Madre abuela. ¿Dónde está   205:15:36
Santiago?
¿de dónde vienen, madre?   263:49:14
Madre.   304:81:5
después, mi madre, a la noche,   332:120:3
en el vientre de su madre.   443:229:24
Madre de cien dinastías.   444:229:60
Madre, cuando yo me muera,   450:232:39
y los vestidos de tu madre   476:241:26
niña,
con tu madre fracturada por   502:256:27
los herreros de las aldeas,
es la madre-rocío,   598:313:58
PIDO a la divina Madre de   646:346:1
Dios,
Tú, Madre siempre temible.   647:346:21
Ballena de todos los cielos.
Tú, Madre siempre bromista.   647:346:22
Vecina del perejil [a] pestado
no tiene ma[d]re   662:360:2
No tiene ma[d]re, sí;   662:360:5
no tiene ma[d]re, no;   662:360:6
no tiene ma[d]re,   662:360:7
SI tu madre quiere un rey,   662:361:1
la reina mi madre   665:364:37
Abra la mi madre   666:364:49
MADRES (5)
de nuestras madres viejas.   361:138:12
con la brisa que hiela el   474:240:36
corazón de todas las madres,
madres de lodo, arpías,   525:267:103
enemigos sin sueño
pero las madres terribles   540:274:97
Madres de todo lo bello,   581:304:63
MADRESELVAS (1)
Sobre las madreselvas   383:165:6
MADRID (1)
Cancos de Madrid,   526:267:113
MADRIGAL (1)
Nunca tuviste el nido, ni el   186:6:25
madrigal doliente,
MADRIGUERA (1)
Madriguera de ideas moribundas   214:20:13
MADRINA (2)
hermosa madrina?   586:307:6
tropezó la madrina,   656:355:11
MADRUGADA (18)
de la madrugada.   297:70:4
Era madrugada. Nadie   304:81:8
en la madrugada.   306:85:2
en la madrugada,   307:85:17
en madrugada de conchas   399:187:10
herían la madrugada.   432:223:60
y madrugada remota!   437:226:46
con tu fija madrugada.   466:237:58
ni la feria de ceniza del que   472:239:3
llora por la madrugada,

ni el metálico rumor de   495:251:30
suicidio que nos anima cada
madrugada.
en el hombro de mi madrugada. 503:256:60
Piel seca de uva neutra y   509:260:61
amianto de madrugada.
Solo un caballo azul y una   509:260:74
madrugada.
que resistir en la madrugada 516:264:27
la madrugada de invierno.   563:289:16
los arenales de la madrugada! 568:295:12
La madrugada tiene   612:318:55
mientras flota sin ti la   636:334:4
madrugada.

MADRUGADAS (1)
  esas madrugadas   288:64:28

MADURA (3)
  Mi alma está madura   240:37:19
  madura de leyendas,   252:42:50
  Y en la tarde madura   407:200:4

MADURA (1)
  que madura los campos.   192:9:4

MADURARON (1)
  maduraron, y mi troje lleno 207:15:93

MADUREZ (1)
  La madurez insigne de tu   545:276:217
  conocimiento.

MADURO (5)
  y maduro de música,   218:22:46
  maduro de versos   254:44:5
  ya maduro de luz y sonido, 269:55:10
  tiende en su cristal maduro, 440:228:6
  guarda lira de sombra, sol 637:336:3
  maduro,

MADUROSE (1)
  ¡pasión que maduróse   589:310:17

MAESTRO (5)
  ¿Verdad, chopo, maestro de la 174:1:53
  brisa?
  su cartilla; es el maestro 209:16:14
  Ahora maestro grave   236:33:21
  maestro de besos y mago de 282:62:51
  orquestas,
  Acaso, ¡oh maestro del   283:62:58
  ritmo!, medites

MAESTROS (3)
  Los maestros enseñan a los 521:266:36
  niños
  Los maestros señalan con   521:266:40
  devoción las enormes cúpulas
  sahumadas;
  y benditos serán los maestros 581:304:84

MAGIA (1)
  Los cristales esquivan la   618:323:10
  magia del reflejo.

MAGICA (1)
  ni la mágica risa   261:47:37

MAGICO (1)
  Frente al mágico y vivo dolor. 419:217:8

MAGNIFICAS (1)
  sois eternas, magníficas,   581:304:64
  tristes

MAGNIFICO (1)
  EL magnífico sauce   397:185:1

MAGNOLIA (3)
  Te marchitarás como la   202:14:22
  magnolia.
  ¡Qué girasol! ¡Qué magnolia 433:224:13
  de la oscura magnolia de tu 557:283:2
  vientre.

MAGNOLIAS (2)
  oscurecen tus magnolias.   398:187:6
  (para las magnolias,   604:314:46

MAGO (2)
  Yo, como el barbudo mago de 281:62:3
  los cuentos,
  maestro de besos y mago de 282:62:51
  orquestas,

MAGOS (1)
  ¡Voy en busca de magos   251:42:31

MAIZ (2)

como caña de maíz.   448:231:40
y las fiebres pequeñas   501:256:8
heladas sobre las hojas del
maíz.

MAL (5)
  Princesa enamorada y mal   187:6:57
  correspondida.
  del mal amor!   392:177:3
  bien lunada y mal vestida, 443:229:28
  bien lunada y mal vestida, 444:229:52
  si mal no recuerdo.   608:315:25

MAL (3)
  y del mal que late cerca?   182:3:36
  lirios durmientes de mi mal? 232:30:20
  sufro yo este mal,   239:36:18

MALA (2)
  mala y enredadora.   265:51:14
  turbia de plata mala,   573:302:9

MALAGA (6)
  del vino de Málaga y de la 202:14:29
  guitarra.
  de Málaga la dormida,   320:105:9
  [JINETE] Yo vengo de Málaga. 336:121:45
  [JINETE] Como te iba   338:121:87
  diciendo, en Málaga están
  mis tres hermanos.
  cuánto barco en el puerto de 641:342:6
  Málaga!
  cuánto barco en el puerto de 641:342:12
  Málaga!

MALARIA (1)
  iré penetrando a voces las 503:256:63
  verdes estatuas de la
  Malaria.

MALDITA (6)
  Esa maldita vaca tiene las 533:272:20
  tetas llenas de leche.
  Esa maldita vaca   533:272:25
  Esa maldita vaca, maldita, 533:272:36
  maldita, maldita

MALDITAS (1)
  las estrellas malditas.   614:318:87

MALEZA (2)
  mientras corre mi sangre en 414:209:13
  la maleza
  y en la maleza blanca del 544:275:193
  humo congelado.

MALEZAS (1)
  Malezas de memorias   214:20:15

MALHERIDO (2)
  Corazón malherido   298:70:25
  Un caballo malherido,   454:234:29

MALO (7)
  ¡Mi corazón es malo, Señor! 273:57:32
  Siento en mi carne
  tengo a mi amante malo: 653:352:3
  tengo a mi amante malo   653:352:7
  tengo a mi amante malo   653:352:11
  mirar que el toro es muy 661:359:22
  malo,
  ya lo ha dejado muy malo. 661:359:32
  amigos, yo estoy muy malo; 661:359:34

MALOS (6)
  de galanes malos   350:128:63
  un muro de malos sueños.   562:289:6
  Un muro de malos sueños   563:289:17
  de los malos campos,   564:291:2
  de los malos cielos,   564:291:5
  sollozad por los malos poetas 581:304:94

MALTRATAIS (1)
  ¿Por qué así maltratáis   178:2:114

MALVAS (1)
  Malvas en las hierbas finas. 433:224:2

MAMA (3)
  MAMA.   375:155:1
  Mamá.   375:155:5
  Mamá.   375:155:9

MAMAN (1)
  Senos donde maman   591:311:41

MAMEN (1)
o senos donde mamen nuestros   284:63:47
hijos.
MAMO (1)
que la leche que mamó   661:359:23
MANA (5)
mana de la alameda.   178:2:105
que mana de su pecho dolorido,   199:13:14
que mana de las ondas por   488:246:35
donde el alba no se atreve,
mana de vuestros ojos   526:267:121
miel celeste que mana   584:305:55
MANABA (1)
manaba el cielo combado.   452:233:45
MANABAN (1)
cuando todas las rosas   498:254:8
manaban de mi lengua
MANABAS (1)
manabas sosegado.   219:22:72
MANADA (2)
con tu manada,   291:67:21
Las nubes, en manada,   511:262:16
MANADAS (3)
ya puede cantar desnuda con   485:245:41
las manadas de caballos:
que muchas veces el cielo   495:251:19
los agrupa en ásperas
manadas.
manadas de bisontes   523:267:15
empujadas por el viento.
MANAN (1)
que manan la sangre nueva por   494:251:5
la oscuridad inextinguible.
MANANTIAL (8)
un manantial recita   175:2:11
tu manantial sagrado?   219:22:52
vuelve a tu manantial,   219:22:69
un manantial cantaba.   272:57:12
¿Y el casto manantial no dice   273:57:47
nada?
El manantial besa al viento   396:182:7
manantial apagado.   593:312:15
del manantial, se cierra,   598:313:54
MANANTIALES (5)
almas de fuentes claras y   197:11:32
humildes manantiales!
Los manantiales cantan.   272:57:7
¿Quién pudiera entender los   272:57:5
manantiales,
y sentí borbotar los   275:57:89
manantiales
"Si no comprendes a los   275:57:103
manantiales,
MANAR (1)
veremos brillar nuestro   493:250:29
anillo y manar rosas de
nuestra lengua.
MANCEBO (3)
Tu juglar fue un mancebo con   186:6:27
escamas de plata
Y la voz del mancebo resuena   587:307:34
Vendaval y mancebo de rizos   633:332:14
y moluscos.
MANCEBOS (1)
LOS mancebos del aire   365:142:4
MANCHA (3)
por un sexo sin mancha.   272:57:18
sobre el cielo sin mancha.   273:57:54
Vino el alba sin mancha,   574:302:15
MANCHADA (1)
manchada de luz sangrienta,   185:5:23
MANCHADAS (2)
Acaso tus hojas, manchadas de   283:62:60
luna,
¿Quién el sueño terrible de   523:267:28
tus anémonas manchadas?
MANCHADO (2)
todo manchado de tinta!   252:43:4
con un rubor de frenesí   478:243:16
manchado.
MANCHADOS (2)

tiñe mis labios manchados   226:26:32
con mis besos manchados   243:38:95
MANCHAS (2)
y las manchas sonoras   217:22:7
manchas de tinta y de cera.   453:234:4
MANDA (1)
La sombra manda a mi cuerpo   386:169:5
MANDOLINA (1)
turbio de corazón y   507:260:13
mandolina.
MANDOR (1)
¡Ay, mandor de los civiles   332:120:9
MANECITAS (2)
Pero el pozo te alarga   505:258:22
manecitas de musgo,
Con el arroyo de venas   645:345:6
ansioso de abrir sus
manecitas.
MANERA (3)
¡Qué manera de vender   339:121:88
cuchillos!
-"¡Déjame! ¿De esa manera?"   491:248:10
y dijo de esta manera: 655:354:10
MANGA (1)
Sé muy bien que me darán una   483:244:31
manga o la corbata;
MANHATTAN (1)
La nieve de Manhattan empuja   496:252:17
los anuncios
MANIATADAS (1)
y los trenes de rosas   516:264:30
maniatadas
MANILA (2)
Venus del mantón de Manila   202:14:28
que sabe
Y el obispo de Manila,   439:227:41
MANIQUIES (1)
Negros maniquíes de sastre   460:235:59
MANJAR (1)
que a un rico manjar sustenta."   177:2:70
MANO (29)
quiere dar con su mano   257:45:17
centenaria
LA mano crispada   322:108:1
de la mano   326:115:6
el pañuelo y la mano.)   393:178:8
en la palma de la mano,   396:182:10
¿Qué intención viste en mi   398:186:3
mano
abrió con mano gris mi vieja   413:209:3
herida
con un niño de la mano.   426:220:32
donde espera la mano   494:250:36
momificada del niño
Mi mano, amor. ¡Las hierbas!   511:262:22
nubes rasgadas por una mano   520:266:3
de coral
Ni la mano más pequeña   561:288:3
mil violines caben en la   569:296:7
palma de mi mano.
YO no quiero más que una mano,   572:300:1
una mano herida, si es   572:300:2
posible.
Yo no quiero más que una mano,   572:300:9
Yo no quiero más que esa mano   572:300:11
Con un lirio en la mano   594:312:22
en cada mano.   596:313:3
La mano de la brisa   603:314:25
el espejo redondo de la luna   619:323:20
en su mano.
Bello de luz, oriente de la   633:332:13
mano que palpa.
Vuelve hecho luna: con mi   636:334:9
propia mano
¡Oh dulce muerto de pequeña   637:336:9
mano!
UNA luz de jacinto me ilumina   638:338:1
la mano
Sola mi mano izquierda   640:341:11
Yo me cortaré la mano derecha.   647:347:2

se la di yo por mi mano. 661:359:24
MANOLAS (1)
  Vienen manolas comiendo 439:227:33
MANOMETRO (2)
  y el director del banco 485:245:31
  observando el manómetro
  Solo tu Sacramento, 632:331:27
  manómetro que salva
MANOS (47)
  lo derrame con sus manos 190:7:56
  ella tronchaba lirios con sus 191:8:20
  manos.
  En tus manos blancas 201:14:11
  Donde posas tus manos, 218:22:28
  (Manos blancas, lejanas, 224:25:14
  (¡Manos blancas, lejanas, 224:25:17
  Las manos aún mojadas de 233:32:6
  misterio
  Mis manos eran hierros 235:33:6
  ¿Qué tienes en tus manos 250:42:13
  Tus manos me rozaron 265:52:3
  tus manos ni tus cabellos. 266:52:22
  que me ponga en las manos la 287:63:127
  gran llave
  En las manos, 306:84:7
  [JINETE] Los hombres parten 337:121:58
  el pan con las manos.
  en las manos. 350:128:53
  Para mis frescas manos. 364:141:10
  Cien manos, bajo la tierra, 402:193:5
  Voy a sentir en mis manos 402:193:7
  de sus manos, suave ceniza. 406:199:8
  Lleno de manos cortadas 450:232:47
  Aprende a cruzar las manos, 452:233:37
  brincan tus manos cortadas 459:235:32
  en los tejados del amor, con 472:239:12
  gemidos y frescas manos,
  Emilio por el mundo de los 473:240:6
  ojos y las heridas de las
  manos;
  Fueron los tres en mis manos 474:240:25
  Los muertos están embebidos, 486:245:63
  devorando sus propias manos.
  Son los muertos que arañan 488:246:22
  con sus manos de tierra
  Y estoy con las manos vacías 492:249:27
  en el rumor de la
  desembocadura.
  voz mía libertada que me 499:254:41
  lames las manos.
  cuando tus manos eran dos 502:256:20
  países
  y abrió su quebrada rosa de 502:256:41
  vidrios secos y manos blandas
  Dame tus manos de laurel, 508:260:32
  amor.
  Cuida tus pies, amor mío, 514:263:54
  ¡tus manos!,
  se cortó las manos en 519:265:58
  silencio
  Pero el viejo de las manos 521:266:48
  traslúcidas
  con la barba hacia el polo 526:267:128
  y las manos abiertas.
  Tu cuerpo, con la sombra 561:287:15
  violeta de mis manos,
  anudaban cadenas en mis manos. 564:291:8
  y las manos del hombre no 565:292:12
  tienen más sentido
  que nos llenan las manos 582:305:7
  Ecos de manos blancas 589:310:15
  ¿Y estas manos tan frías 601:313:133
  Tu fantasía llega donde 619:323:43
  llegan tus manos,
  [El viajante] Lo tienes en 627:328:19
  tus manos.
  torre de sangre abierta con 646:345:37
  las manos quemadas.
  Yo cortaré con mis manos 660:358:10
  LAS manos de mi cariño 664:363:1
MANSA (3)

llena de cielo y mansa. 193:9:30
lluvia mansa y serena de 197:11:28
esquila y luz suave,
y más doliente que la mansa 198:12:16
lluvia.
MANSAMENTE (1)
  Corre el agua del río 229:28:5
  mansamente.
MANSAS (3)
  Mansas 273:57:25
  con fieras mansas y cuevas 291:67:37
  hondas,
  campos libres donde silban 490:247:39
  mansas cobras deslumbradas,
MANSEDUMBRE (1)
  con una mansedumbre de 196:11:8
  atardecer constante.
MANSION (1)
  tu azul mansión, has visto 234:32:39
MANSO (1)
  todo manso y divino, 194:9:48
MANTA (4)
  un velón y una manta 321:107:7
  un velón y una manta 321:107:13
  un velón y una manta 322:107:21
  mi cuchillo por su manta. 431:223:28
MANTEL (1)
  en el mantel de la misa! 433:224:16
MANTELES (1)
  Tierra para los manteles 645:345:8
  estremecidos,
MANTIENE (3)
  la aguja que mantiene presión 477:242:7
  y rosa
  El verdadero dolor que 495:251:15
  mantiene despiertas las cosas
  para buscar la quemadura que 495:251:36
  mantiene despiertas las cosas
MANTILLA (1)
  en la mantilla 657:356:3
MANTILLAS (3)
  y por las mantillas sobre las 202:14:49
  gargantas
  y llevan blancas mantillas 316:99:7
  Dios en mantillas, Cristo 631:330:22
  diminuto y eterno,
MANTO (8)
  que te sigue sumiso recogiendo 186:6:10
  tu manto.
  que es el manto de la muerte. 189:7:29
  pues te envuelve con su manto 189:7:36
  extendida y solemne como un 210:17:31
  manto
  serena de tu manto? 217:22:10
  -¿Por qué llevas un manto 221:23:33
  -Con el manto 586:307:7
  que es un manto muy negro y 586:307:9
  muy feo.
MANTON (1)
  Venus del mantón de Manila 202:14:28
  que sabe
MANTOS (4)
  VESTIDA con mantos negros 304:82:1
  Vestida con mantos negros. 304:82:4
  Vestida con mantos negros. 305:82:8
  que vestida con mantos negros! 305:82:13
MANUEL (2)
  Manuel Sánchez llamó al toro; 661:359:27
  pa{ra} llevar a Manuel 662:359:43
  Sánchez,
MANZANA (16)
  morderé la manzana. 209:17:4
  consumir la manzana. 211:17:48
  como una gran manzana. 232:31:9
  La manzana es lo carnal, 258:46:39
  hacia el turbio frescor de la 353:130:8
  manzana.
  Y un rubor de manzana 374:154:9
  piel de nocturna manzana, 442:229:3
  a todos los amigos de la 479:243:23
  manzana y de la arena,

para fingir una muerta   486:245:58
semilla de manzana.
con su casto afán de manzana   501:256:13
para que lo piquen los
ruiseñores.
y el aire una manzana oscura.   511:262:6
cuando el amigo come tu   524:267:63
manzana
con una manzana de sollozos.   570:297:6
y la manzana   600:313:95
en la manzana rosa del cielo   623:325:14
más lejano...
lanzaré tu manzana sobre el   636:334:10
río
MANZANAS (12)
muerta bajo las manzanas.   370:148:48
Quise las manzanas verdes.   398:186:5
No las manzanas rosadas...   398:186:6
son los muertos, los   488:246:13
faisanes y las manzanas de
otra hora
paisajes llenos de sepulcros   490:247:40
que producen fresquísimas
manzanas,
de las yemas de luz o las   507:260:9
manzanas.
Perros equivocados y   508:260:39
manzanas mordidas.
Las manzanas son unas,   513:263:36
MANZANAS levemente heridas   520:266:1
QUIERO dormir el sueño de las   563:290:1
manzanas,
Porque quiero dormir el   564:290:20
sueño de las manzanas
iban a coger manzanas   659:357:15
MANZANO (5)
MI manzano   417:215:1
Mi manzano   418:215:5
Mi manzano...   418:215:9
Mi manzano...   418:215:11
El Tamarit tiene un manzano   570:297:5
MAÑANA (26)
en la mañana quieta.   175:2:2
La mañana está clara.   193:9:13
de la eterna mañana.   193:9:32
o la ilusión inquieta de un   197:11:15
mañana imposible
La miel es como el sol de la   200:13:21
mañana,
encontré la siguiente mañana.   207:15:94
Un cantar de mañana que   211:18:9
estremezca
La mañana es eterna, es eterna   234:32:32
define a la mañana   236:34:3
la tarde sin mañana,   297:70:21
ARBOL de sangre moja la mañana   353:130:1
Mañana.   363:140:4
Mañana.   363:140:13
Mañana.   364:140:22
(¡Mañana!)   364:140:25
Ayer, mañana, negro y verde,   384:166:7
Eran las diez de la mañana.   406:199:2
EN la mañana verde,   407:200:1
En la mañana viva,   407:200:11
y el niño que enterraron   493:250:12
esta mañana lloraba tanto
porque allí no hay mañana ni   497:253:10
esperanza posible.
Un alarido blanco puso en pie   503:257:6
la mañana.
en la selva de sangre de la   525:267:78
mañana próxima.
Mañana los amores serán   525:267:90
rocas y el Tiempo
Hay un fragmento de la mañana   527:268:4
Luz de ayer y mañana.   640:341:4
MAÑANAS (2)
mañanas marchitas   239:37:3
Son para las mañanas   349:128:32
MAÑANITA (2)
Mañanita fría   408:201:6

mañanita fría   664:364:2
MAPA (5)
un mar de mapa.   372:151:3
Tu carne buscó en mi mapa   400:190:3
arroyos en rubio mapa.   466:237:76
Pavimento infinito. Mapa.   571:299:2
Sala. Arpa. Alba.
del mapa que rezuma   635:333:35
soledades.
MAPAS (2)
Mapas equivocados relucen en   623:325:11
sus ojos,
y mapas superpuestos.   629:329:9
MAQUINA (1)
La máquina eterniza sus   618:323:12
compases binarios.
MAQUINAS (2)
La sangre que lleva las   515:264:14
máquinas a las cataratas
y América se anega de   526:267:133
máquinas y llanto.
MAR (83)
del mar, momificado.   219:22:60
del mar y de la tierra?   251:42:38
Sangre de la mar tranquila,   259:46:65
EL mar   263:49:1
El mar   264:49:21
y las aguas del mar.   268:54:11
EL mar es   276:58:1
¡Pobre mar condenado   276:58:5
mar de espasmos gloriosos.   276:58:15
entre la espuma casta del mar,   292:67:45
¡hasta el mar!   310:90:14
por el mar.   313:95:8
algo de mar sin luz   320:105:14
los pescadores más humildes   339:121:92
de la orilla del mar
del mar.   350:129:4
Mar con orillas.   360:136:10
sin cristal, del mar.   366:144:7
¡ay!, sobre la mar salada.   370:148:52
un mar de mapa.   372:151:3
LA mar no tiene naranjas,   377:157:1
La mar no tiene naranjas,   377:157:9
MI niña se fue a la mar,   378:159:1
el mar cubre la tierra   393:179:6
LA luna clava en el mar   397:184:1
la ribera del mar. Oscilando   401:192:6
a las orillas del mar.   416:212:3
Mar, ¿adónde vas?   416:212:4
por el río y por la mar?   416:212:11
frente al mar amargo.   417:213:7
un pez del Mar de la China.   418:216:2
Mundo plano, mar rizado,   419:216:10
cae donde el mar bate y canta   426:221:7
Frunce su rumor el mar.   427:221:33
El barco sobre la mar.   430:223:3
soñando en la mar amarga.   430:223:24
El barco sobre la mar.   432:223:85
al fin encuentra la mar   436:226:17
No me recuerdes el mar,   437:226:19
El mar baila por la playa,   439:227:29
En la ribera del mar   442:229:11
sobre el mar y los arroyos.   445:230:20
el mar de los juramentos   450:232:49
Dejadla lejos del mar,   455:234:63
ni el corazón que tiembla   472:239:4
arrinconado como un caballito
de mar.
Enrique en la hormiga, en el   473:240:21
mar y en los ojos vacíos de
los pájaros.
y que el mar recordó ¡de   475:240:69
pronto!
Es la niñez del mar y tu   475:241:5
silencio
Amor, amor, amor. Niñez del   476:241:38
mar.
cuyas barbas llegan al mar.   482:243:119
Yo tenía un mar. ¿De qué?   483:244:12
¡Dios mío! ¡Un mar!

ni hubiese visto el mar   483:244:27
amarrado a los árboles
Y el mar deja de moverse.   491:248:7
No importa que estés lleno   510:261:15
de agua de mar.
Hay un hombre descolorido   513:263:47
que se está bañando en el
mar;
en el triste mar que mece   521:266:46
los cadáveres de las gaviotas
hombre solo en el mar, viejo   524:267:46
hermoso Walt Whitman,
que moja su cola en el mar.   527:268:11
y el mar blanco duerme cien.   529:269:6
Mar de papel y plata de   530:270:16
monedas.
El mar ahogado en la arena.   531:270:31
Duerme, vuela, reposa: 544:275:197
¡También se muere el mar!
que quería cortarse el   563:290:4
corazón en alta mar.
que quería cortarse el   564:290:23
corazón en alta mar.
ME he perdido muchas veces   565:292:1
por el mar
Muchas veces me he perdido   565:292:4
por el mar,
me he perdido muchas veces   565:292:15
por el mar.
o la fiebre del mar de   570:298:7
inmenso rostro
las brisas del mar.   591:311:42
en el mar.   606:314:87
Seda en tambor, el mar queda   617:322:26
tirante,
El aire pulimenta su prisma   618:323:15
sobre el mar
En alta mar les sirve de   619:323:30
brújula una rosa.
y gozas del soneto del mar en   619:323:44
tu ventana.
No quieres inventarlos en el   620:323:66
mar o en el viento.
Canto la sirenita de la mar   621:323:96
que te canta
frente a la mar poblada con   622:323:113
barcos y marinos.
tocan en la batalla contra   623:325:16
el mar y sus gentes.
y el mar pierde vergüenza y   623:325:20
virtudes doradas.
El mar conoce mi paso   641:342:3
Cádiz, que te cubre el mar,   642:342:25
Olas de la mar pajiza   644:344:13
Pensaría en el mar.   649:350:8
MARAÑA (1)
en una maraña de venas   493:250:19
recientes
MARAVILLA (3)
Morena de maravilla.   443:229:44
¡Oh qué maravilla   607:315:14
TENGO miedo a perder la   638:337:1
maravilla
MARAVILLOSA (4)
(¡Oh fauce maravillosa   395:181:5
una luz maravillosa que   521:266:37
viene del monte;
su maravillosa fuerza,   541:274:108
¡Maravillosa cárcel,   595:312:44
MARAVILLOSOS (1)
Oyes los maravillosos   318:103:6
MARCO (2)
-¿Qué dices, Marco Aurelio,   229:28:2
¡Rabia, rabia, Marco Polo!   362:138:25
MARCHA (1)
-Por allí marcha con su   205:15:37
cortejo,
MARCHADO (2)
que ya se había marchado.   404:196:4
El niño triste se ha   616:320:12
marchado.

MARCHAN (1)
marchan las navas abajo,   661:359:14
MARCHAR (1)
dejarte marchar, día!   420:219:2
MARCHARSE (1)
Es hora de marcharse,   248:40:62
MARCHITA (5)
casi marchita.   196:10:20
Es la hoja marchita y es el   200:13:24
trigo.
marchita de cantares?   210:17:20
y de la flor marchita.   280:61:24
En la marchita soledad sin   485:245:15
honda
MARCHITA (1)
y pienso, con la flor que se   639:340:3
marchita,
MARCHITADA (1)
y de luz marchitada.   275:57:96
MARCHITARAS (1)
Te marchitarás como la   202:14:22
magnolia.
MARCHITAS (5)
te dio la Muerte rosas   186:6:12
marchitas en un ramo.
de marchitas ideas   214:20:32
mañanas marchitas   239:37:3
con tus caras marchitas   503:256:62
sobre mi boca,
y con hojas marchitas   583:305:32
MARCHITO (4)
con la carne oscura de nardo   201:14:3
marchito
Ayer es lo marchito.   213:20:7
El cielo estaba marchito.   227:27:18
y el volcán marchito.   599:313:69
MARCHITOS (4)
los niños marchitos que hay   202:14:33
bajo sus alas.
Los árboles marchitos.   238:36:3
¡Esos ojos marchitos   246:40:11
de azahares marchitos.   317:101:9
MARCHOSO (1)
Un ángel marchoso pone   448:231:45
MAREA (1)
por la alta marea   310:90:7
MAREARE (1)
¿Me mearearé quizá   364:140:26
MARECITOS (1)
Como los marecitos   625:327:23
MARES (12)
y nos unge de espíritu santo   196:11:10
de los mares.
que los mares lejanos   217:22:8
más allá de los mares,   252:42:45
de los mares.   263:49:8
de los mares.   263:49:12
de los mares.   263:49:16
de los mares!   263:49:20
del pecado. Mis mares   273:57:34
interiores
Andalucía, a tus mares.   296:68:30
dos mares cantando!   417:213:9
decapitan sirenas en los   619:323:18
mares de plomo.
a los mares de sombra   624:326:12
MARFIL (8)
La luna tiene dientes de marfil 264:51:1
medallones de marfil,   448:231:30
Tenía la noche una hendidura   479:243:36
y quietas salamandras de
marfil.
sin sentir el asombro   500:255:18
definitivo del marfil.
¡Oh duro marfil de carnes   529:269:27
invisibles!
las letras de marfil que   557:283:12
dicen siempre,
o garfios de marfil o gente   571:299:14
dormida.

luminoso marfil, recién   617:322:7
cortado
MARFILES (1)
para que los marfiles se   530:269:44
duerman bien.
MARGARITA (3)
buscará a Margarita   241:38:31
Margarita morena,   241:38:33
ponme la Margarita   243:38:89
MARGARITAS (8)
Eloísa y Julieta fueron dos   187:6:45
margaritas,
-Voy a las margaritas   220:23:5
¡Pero mirad las blancas   270:55:35
margaritas
de las margaritas ando.   349:128:49
de las margaritas ando.   350:128:59
de las margaritas ando.   350:128:67
bajo el cri cri de las   475:240:60
margaritas,
margaritas   593:312:3
MARGENES (1)
en las márgenes puras   607:315:9
MARIA (5)
y como la virgen María   201:14:20
pudieras
María de Nazaret,   580:304:29
María del Reposo,   591:311:18
María del Reposo,   591:311:23
María del Reposo,   591:311:28
MARIANA (1)
flor mariana celeste y   580:304:38
sedante,
MARICAS (6)
los maricas, Walt Whitman,   524:267:52
te soñaban.
los maricas, Walt Whitman,   524:267:58
los maricas
que llevan los maricas en   524:267:71
coches y terrazas
Pero sí contra vosotros,   525:267:101
maricas de las ciudades,
¡Maricas de todo el mundo,   526:267:116
asesinos de palomas!
MARIDO (4)
busca marido.   371:149:12
pero tenía marido.   434:225:3
porque teniendo marido   436:225:53
es mi mari{d}o.   654:353:12
MARIEN (5)
Axa y Fátima y Marién.   658:357:3
Axa y Fátima y Marién.   659:357:8
Axa y Fátima y Marién.   659:357:13
Axa y Fátima y Marién.   659:357:18
Axa y Fátima y Marién.   659:357:23
MARINA (2)
de sal marina.   320:105:11
de la marina.   324:110:11
MARINERO (5)
Al Sur un marinero.   463:236:63
Ese marinero recién degollado. 491:249:2
y el marinero degollado   492:249:19
devora a un marinero delante   508:260:49
de los niños.
hay una gota de sangre de   515:264:4
marinero;
MARINEROS (8)
porque hay un mundo de la   489:247:19
muerte con marineros
definitivos
Estaban los cuatro marineros   491:249:6
luchando con el mundo,
Estaban uno, cien, mil   491:249:9
marineros,
ayudando a los marineros a   492:249:26
recoger las velas
desgarradas.
y solo he encontrado   495:251:37
marineros echados sobre las
barandillas

Marineros que ignoran el   619:323:17
vino y la penumbra
En la orilla del agua cantan   623:325:9
los marineros,
de marineros antipáticos.   643:344:6
MARINO (1)
Olvida siendo marino   418:216:5
MARINOS (2)
Esos perros marinos se   499:254:28
persiguen
frente a la mar poblada con   622:323:113
barcos y marinos.
MARIPOSA (10)
"¿Es una mariposa?",   176:2:52
¡MI corazón es una mariposa,   190:8:1
que al fin la mariposa   238:35:28
la mariposa del beso.   266:52:24
mariposa indecisa.   322:108:10
y mariposa ahogada en el   471:238:10
tintero.
Solo una mariposa   597:313:19
Ni la mariposa,   600:313:101
(Mariposa clavada que medita   621:323:83
su vuelo.)
cuándo su mariposa dejará   632:331:20
los relojes.
MARIPOSAS (14)
Yunque de mariposas.   237:35:2
Los esqueletos de mil   254:44:15
mariposas
Te cercan las mariposas   259:46:77
Dichosos los que nacen   285:63:48
mariposas
ENTRE mariposas negras,   299:73:1
Pájaros y mariposas   411:205:9
y disuelve a las mariposas   480:243:63
en los cristales de la
ventana.
veremos la resurrección de   493:250:27
las mariposas disecadas
he dejado de ver tu barba   523:267:30
llena de mariposas,
mariposas!   594:312:28
y enormes mariposas   611:318:25
a las mariposas líricas   614:318:92
donde el agua se vuelve   617:322:33
mariposas,
y los coleccionistas de   619:323:24
mariposas huyen.
MARIQUITA (3)
EL mariquita se peina   390:175:1
El mariquita organiza   390:175:5
El mariquita se adorna   390:175:9
MARIQUITAS (1)
¡Los mariquitas del Sur   391:175:15
MARISMAS (1)
cantando por marismas y   541:274:128
praderas,
MARMOL (15)
Tiene el mármol de la fuente   184:5:5
a través de los ojos que ha   185:6:4
abierto sobre el mármol.
¡oh princesa morena que   187:6:36
duermes bajo el mármol!
¡oh princesa morena que   187:6:44
duermes bajo el mármol!
a través de los ojos que ha   187:6:60
abierto sobre el mármol.
vi dos águilas de mármol   355:133:11
de Ceres en retórica de   401:192:9
mármol.
un pie de mármol afirma   440:228:17
y las blancas entradas de   518:265:26
mármol que conducen al aire
duro
y la luna copiaba en su   519:265:47
mármol
y como un torso de mármol   541:274:109
Vosotras junto al mármol   579:304:22
En las aguas del Sena un   618:323:7
iceberg de mármol

de flotar sobre el agua con 633:332:8
el torso de mármol.
llenando los pies de mármol 646:345:28
la llanura sin recodos,
MARMOLES (2)
y los mármoles enluta, 441:228:40
Alma higiénica, vives sobre 619:323:41
mármoles nuevos.
MAROMAS (1)
LAS alegres fiebres huyeron a 517:265:1
las maromas de los barcos
MARRAR (1)
para marrar cosas cubiertas 647:346:15
de tierra
MARTILLO (4)
el martillo 241:38:25
la muchedumbre de martillo, 522:266:61
de violín o de nube,
con la rueda, el aceite, el 522:267:3
cuero y el martillo.
y la oscura ciudad agonizaba 533:272:24
bajo el martillo de los
carpinteros.
MARTILLOS (2)
Y los martillos cantaban 451:233:18
Son las colinas de martillos 491:249:14
y el triunfo de la hierba
espesa.
MARTINEZ (2)
LUCIA Martínez. 398:187:1
Aquí estoy, Lucía Martínez. 399:187:7
MARTIR (1)
Nadie te fecunda. Mártir 202:14:34
andaluza,
MARTIRIO (1)
en el martirio de enero. 562:289:4
MARTIRIOS (1)
No quiero enterarme de los 563:290:7
martirios que da la hierba,
MARTIRIZABAS (1)
Nadie sabía que martirizabas 557:283:3
MARTIRIZADA (1)
de su flor martirizada. 467:237:88
MARZO (5)
MARZO 364:141:1
Y abajo Marzo es un momento. 364:141:6
Marzo. 364:141:9
sobre los puentes de marzo. 401:191:7
¡Desde marzo, cómo veo 418:215:7
MAS (73)
Yo ya no canto más..." 176:2:42
en el agua más serena, 177:2:68
sobre las hojas más tiernas 177:2:74
de los árboles más altos." 177:2:75
subí al árbol más alto 179:2:128
y otras rosas más perfectas? 181:3:26
nos volvemos más niños 194:9:69
y más buenos: y pasan 194:9:70
más lejano que nunca. 198:12:14
Más lejano que todas las 198:12:15
estrellas
y más doliente que la mansa 198:12:16
lluvia.
El más allá del néctar, 199:13:3
en la parte más alta del 206:15:47
pueblo,
más aún que la luna de enero. 206:15:71
o más que tú. 241:38:41
¡Qué más da! 241:38:48
nada más que la sombra. 245:39:46
más allá de esas sierras, 251:42:44
más allá de los mares, 252:42:45
¡Oh el más profundo dolor, 253:43:23
la estrella más antigua. 256:45:12
y nada más. 266:53:2
nada más. 267:53:24
¡Todo es más digno que la 268:54:6
Humanidad!
la posee la flor y el insecto 268:54:8
no más.

Hay que cegar los ojos con 268:54:24
luz de más allá.
Venís de las edades más 270:55:30
profundas,
más allá de las almas...? 272:57:10
¡Más abajo del cieno tenebroso 279:61:7
Eres el más 291:67:8
No queda más que el silencio. 303:80:6
Más cerca, 309:89:5
[AMARGO] Un cuchillo no 336:121:52
tiene que ser más que un
cuchillo.
Entran buscando el sitio de 338:121:73
más calor y allí se paran.
los pescadores más humildes 339:121:92
de la orilla del mar
más de cien años. ¡Silencio! 405:197:6
en la boca más que una 406:199:6
palabra.
Dame más vueltas alrededor, 410:204:13
Aunque no quede más que el 419:217:2
rumor.
Aunque no quede más que el 419:217:4
aroma.
más arriba de los pinos, 428:221:45
Tendrás un niño más bello 443:229:45
pero los muertos son más 483:244:24
fuertes y saben devorar
pedazos de cielo.
que no era más que suyo, 483:244:37
porque era su hijo!
acabó con las más leves 485:245:25
tallitos del canto
Hay un muerto en el 493:250:9
cementerio más lejano
o a aquel muerto que ya no 493:250:33
tiene más que la cabeza y un
zapato,
Yo sé el uso más secreto 499:254:20
en el rincón más oscuro de 499:254:26
la brisa que nadie quiera.
el nadador de níquel que 500:255:21
acecha la onda más fina
y por los establos más 502:256:16
pequeños y en las cruces de
los bosques
pero sufren mucho más por el 504:258:2
agua que no desemboca.
Canta el gallo y su canto 509:260:63
dura más que sus alas.
Más vale sollozar afilando 516:264:24
la navaja
No hay más que un millón de 520:266:19
herreros
No hay más que un millón de 521:266:21
carpinteros
No hay más que un gentío de 521:266:23
lamentos
Quiero que el aire fuerte 526:267:134
de la noche más honda
aquí no quiero más que los 543:275:176
ojos redondos
Ni la mano más pequeña 561:288:3
y las manos del hombre no 565:292:12
tienen más sentido
YO no quiero más que una mano, 572:300:1
Yo no quiero más que una mano, 572:300:3
Yo no quiero más que esa mano 572:300:9
Yo no quiero más que esa mano 572:300:11
en la manzana rosa del cielo 623:325:14
más lejano...
tronco sin ramas; y lo que 638:337:6
más siento
"Soy más valiente que tú, 655:354:3
más torero y más gitano." 655:354:4
"Soy más valiente que tú, 655:354:7
más gitano y más torero." 655:354:8
MAS (12)
Mas tú, cigarra encantada, 189:7:30
Mas la canción del agua 193:9:25

Mas en vano escuchaste los   203:14:64
acentos del aire.
Mas poseíste la forma: 230:29:18
Mas si no quieres hacerlo,   240:38:13
Mas la granada es la sangre,   259:46:59
Mas yo siento en el agua   273:57:48
Mas hoy en vez de estrellas   276:58:16
mas también lo hizo Pan.   276:58:21
Mas decidme, ¡oh cedros!, si   282:62:25
mi corazón
mas tus pasiones son   291:67:31
insaciables;
mas no puede despertarla.   369:148:40
MASCARA (3)
y tu máscara pura de otro   475:241:4
signo.
con que he roto la máscara   476:241:20
que llevas.
para hallar la máscara   481:243:91
infinita.
MASCARON (15)
EL mascarón. ¡Mirad el   484:245:1
mascarón!
el abollado mascarón danzaba.   485:245:16
El mascarón. ¡Mirad el   485:245:19
mascarón!
el mascarón llegaba al Wall   485:245:33
Street.
El mascarón bailará entre   486:245:45
columnas de sangre y de
números,
El mascarón. ¡Mirad el   486:245:50
mascarón!
Son los otros los que bailan   486:245:64
con el mascarón y su vihuela;
Solo este mascarón,   487:245:76
este mascarón de vieja   487:245:77
escarlatina,
¡solo este mascarón!   487:245:78
El mascarón. ¡Mirad el   487:245:85
mascarón!
MASTICADAS (1)
las hierbas masticadas.   512:263:18
MATA (1)
la mujer que mata dos gallos   531:271:8
en un segundo,
MATA (1)
bajo su mata de pelo   435:225:22
MATADO (2)
Yo había matado la quinta   474:240:48
luna
que el torito le ha matado.   662:359:44
MATAN (1)
Todos los días se matan en   515:264:16
New York
MATANDO (1)
matando en mí la burla y la   499:254:39
sugestión del vocablo.
MATAR (1)
Es preciso matar al rubio   479:243:22
vendedor de aguardiente,
MATAREMOS (1)
"Te mataremos; eres   179:2:142
MATARON (1)
mataron a una paloma.   660:358:9
MATERIA (4)
llegan alma y materia en   200:13:43
unidad
Amas una materia definida y   620:323:69
exacta
Brisa y materia juntas en   631:330:19
expresión exacta,
HONDA luz cegadora de materia   633:332:1
crujiente,
MATERIALIDAD (1)
la materialidad de lo   199:13:10
infinito.
MATERNA (1)
y la noria materna   262:48:15
MATERNAL (2)

¡Oh mujer esbelta, maternal y   202:14:42
ardiente!
tranquila y maternal.   269:54:37
MATILDE (1)
el apretado bucle de   622:323:104
Matilde la ingrata,
MATINAL (1)
la matinal fragante melodía,   639:339:10
MATO (1)
y si te tiro y te mato   660:358:17
MAYO (6)
una tarde fresquita de mayo.   191:8:14
y las rosas de mayo?   191:8:26
y las rosas de mayo?   191:8:42
y las rosas de mayo?   192:8:56
de mayo,   247:40:45
olor y sangre de mayo.   258:46:24
MAYOR (3)
Mayor, la arisca   216:21:53
¡Señor del mayor dolor!   321:107:5
La osa mayor   604:314:55
MAYORALES (1)
mayorales de pálida niebla.   540:274:102
ME (222)
MECANICO (1)
El ímpetu primitivo baila   485:245:38
con el ímpetu mecánico,
MECE (3)
Mira cómo se mece   391:176:13
en el triste mar que mece   521:266:46
los cadáveres de las gaviotas
se mece en el azul.   607:315:22
MECEN (2)
y en la aurora se mecen   308:87:7
ideales, se mecen   607:315:8
MECIA (1)
se mecía la gitana.   432:223:74
MECIAN (2)
cinco barcos se mecían,   378:159:6
cinco anillos se mecían.   379:159:16
MECIDAS (1)
pasiones mecidas por los   202:14:48
abanicos
MECIO (1)
el alba meció sus hombros   457:234:115
MEDALLONES (1)
medallones de marfil,   448:231:30
MEDIA (14)
de la media luna.   256:45:4
bajo la media luna!   327:116:3
media luna de plomo.   404:196:9
o saltos de media luna.   441:228:38
roto de la media noche.   449:232:22
La media luna, soñaba   455:234:49
Amnón a las tres y media   465:237:37
llanto de media noche y paño   476:241:27
roto
por las calles deshabitadas   513:263:44
de la edad media que bajan
al río,
porque reunían entre todos   519:265:39
con esfuerzo media paloma.
y porque la media paloma   519:265:44
gemía
Cables y media luna con   632:331:11
temblores de insecto.
La media luna, corta,   642:342:15
antes de las cuatro y media."   655:354:12
MEDICOS (2)
Los médicos ponen en el   518:265:16
níquel sus tijeras y guantes
de goma
que los médicos ponen en el   630:330:8
frasco de vidrio.
MEDIEVAL (1)
¡Resumen negro a lo medieval!   292:67:43
MEDIO (11)
y de ortigas. En medio   176:2:26
La hormiga, medio muerta,   178:2:119
Pero en medio de tu meditación   234:32:26

En medio de la mesa, al 234:32:38
derrumbarse
medio. 351:129:23
Medio monte de Minervas 458:235:5
Medio lado del mundo era de 485:245:17
arena,
mercurio y sol dormido el 485:245:18
otro medio.
por medio de palabras. 583:305:37
Mientras en medio del horror 617:322:21
oscuro
En el medio del camino, 661:359:17
MEDIODIA (6)
de mi viejo mediodía de 195:10:14
labios,
de mi viejo mediodía 195:10:15
Bajo el oro solar del mediodía 209:17:3
Déjame bajo el claro mediodía 211:17:47
¡Iluminados del Mediodía! 292:67:59
luchando enroscada con el 558:284:10
mediodía.
MEDIOS (1)
Hombre y pez en sus medios, 417:214:4
bajo cosas flotantes,
MEDITA (2)
¡OH, qué grave medita 326:114:1
(Mariposa clavada que medita 621:323:83
su vuelo.)
MEDITACION (2)
Pero en medio de tu meditación 234:32:26
deja su meditación, 601:313:139
MEDITAN (4)
Son poetas del agua que han 197:11:25
visto y que meditan
meditan como estatuas. 232:31:2
Ellos solos meditan dónde 255:44:41
puede
un secreto profundo que 270:55:23
meditan.
MEDITANDO (3)
meditando. 246:40:4
meditando. 248:40:65
y sigue meditando. 602:313:147
MEDITAS (1)
Y meditas allí ciega y sin 234:32:16
alas
MEDITES (1)
Acaso, ¡oh maestro del 283:62:58
ritmo!, medites
MEDITO (1)
Se fueron mis historias, hoy 271:56:30
medito, confuso,
MEDIUM (1)
El poeta es el médium 583:305:34
MEDULA (2)
de la médula del alma. 212:19:8
Allí bajo las raíces y en la 500:255:19
médula del aire,
MEDULA (1)
Medula del presente. 633:332:7
Seguridad fingida
MEDULAS (1)
Médulas y corolas componían 481:243:85
sobre las nubes
MEDUSA (2)
como una medusa 322:108:2
Y cuando quiere ser medusa 530:270:10
el plátano.
MEFISTOFELICA (1)
mefistofélica 291:67:18
MEJICO (1)
Jotos de Méjico, 526:267:110
MEJILLA (8)
por el doble latir de su 353:130:11
mejilla.
sobre el pleamar de la blanca 477:242:2
mejilla
-Una grieta en la mejilla. 490:248:2
y el campo de todo un lustro 513:263:39
cabrá en la mejilla de la
moneda.

¿Qué ángel llevas oculto en 523:267:26
la mejilla?
te desangró la mejilla? 567:294:6
sin encontrar la luz de su 570:298:8
mejilla.
que de noche me pone en la 638:337:3
mejilla
MEJILLAS (2)
te dejaré pacer en mis 476:241:22
mejillas;
Por los capiteles rotos de 509:260:68
las mejillas desangradas.
MEJOR (2)
¿A quién mejor, hermanos, 194:9:63
el mejor de los caminos, 435:225:37
MELANCOLIA (7)
En ti duerme la melancolía, 200:13:29
Llevas en la boca tu melancolía 201:14:5
¡Cuánta melancolía 255:44:47
Aprendí secretos de melancolía, 281:62:5
de pesares, de melancolía, 581:304:70
¡Oh Perú de metal y de 639:338:13
melancolía!
una guirnalda de melancolía. 639:339:14
MELANCOLICA (1)
que canta melancólica 249:41:11
MELANCOLICAS (1)
que al morir, melancólicas, 581:304:66
vagas,
MELANCOLICO (2)
melancólico y frío. 284:63:24
por el melancólico pasillo, 527:268:14
MELIBEA (1)
de Isabel de Segura. Melibea. 186:6:14
Tu canto,
MELOCOTON (1)
de melocotón y azúcar, 366:145:3
MELODIA (4)
del espíritu, dulce melodía 272:57:9
en la azul melodía. 280:61:38
Ahora su melodía 320:104:21
la matinal fragante melodía, 639:339:10
MELODICA (1)
en la araña melódica, 219:22:50
MELONES (2)
Da los negros melones de tus 399:188:7
pechos
entre el tirite de cuchillos 521:266:54
y melones de dinamita;
MEMBRANOSAS (1)
No mires la clepsidra con 622:323:110
alas membranosas,
MEMBRILLO (3)
Es un membrillo 240:38:4
como un membrillo 242:38:80
y el membrillo de oro débil 259:46:57
MEMBRILLOS (1)
los membrillos de veneno. 562:289:12
MEMENTO (2)
¡Memento! 230:29:15
¡Hombre! ¡Pasión! ¡Dolor de 636:334:7
luz! Memento.
MEMORIA (4)
de memoria las casas. 233:31:24
(Memoria 364:140:20
un límite de agujas cercará 523:267:22
la memoria
En mi memoria tendría 593:312:10
MEMORIAS (1)
Malezas de memorias 214:20:15
MENDIGAS (1)
Las dos ranas mendigas 178:2:88
MENDIGO (1)
disfrazada de mendigo. 277:59:7
MENDIGOS (1)
Hay mendigos por los tejados. 528:268:24
MENEABA (1)
sus hojas meneaba, 272:57:20
MENEABAN (1)
Se meneaban. 389:173:6

MENGUANTE (3)
Es la noche de luna menguante. 205:15:25
ni la luna menguante, 230:29:32
la luna menguante, pone 449:232:10
MENOS (3)
lo están echando de menos. 402:193:6
Dejadme subir al menos 431:223:47
cada vez con menos fuerza; 540:274:88
MENTA (1)
de hiel, de menta y de 432:223:66
albahaca.
MENTIDA (1)
en el alba mentida de New 515:264:9
York.
MENTIRA (2)
¡Oh dolor de la mentira! 253:43:30
Son mentira los aires. Solo 514:263:64
existe
MENTIRAS (1)
Son mentiras las formas. 513:263:22
Solo existe
MENTIROSA (1)
la mentirosa luna de los 477:242:11
polos,
MENUDO (1)
de pie menudo 307:85:12
MERCADO (2)
levantas por el mercado! 567:294:16
el millón de muertecitas que 647:346:18
tiene el mercado,
MERCURIO (4)
mercurio y sol dormido el 485:245:18
otro medio.
luz oblicua de espadas y 633:332:2
mercurio de estrella,
Mercurio de vigilia, casto 636:335:3
espejo
Tengo un guante de mercurio y 647:347:5
otro de seda.
MERIDA (1)
y Mérida se corona 458:235:20
MERIENDAN (2)
por los blancos derribos de 474:240:37
Júpiter donde meriendan
muerte los borrachos
donde meriendan muerte los 504:257:21
borrachos.
MERLINES (2)
Fantásticos Merlines 309:89:7
y Merlines de cintura, 441:228:34
MES (1)
un mes, como un 408:201:16
MESA (1)
En medio de la mesa, al 234:32:38
derrumbarse
MESES (1)
Porque dentro de dos meses 452:233:40
META (3)
Tranquila en mi recuerdo, 504:258:7
astro, círculo, meta,
Mundo, ya tienes meta para 633:331:37
tu desamparo.
con el miedo seguro de la 633:332:12
meta encendida.
METAFISICAS (1)
bellotas metafísicas. 280:61:32
METAFISICO (1)
ni los herbolarios donde el 513:263:20
metafísico
METAL (4)
nervios de metal sonaban. 464:237:6
la luz tiene un sabor de 513:263:38
metal acabado
prendido en nervios de metal 635:333:37
dorado,
¡Oh Perú de metal y de 639:338:13
melancolía!
METALES (2)
de metales y peñascos 451:233:11
de metales y peñascos. 452:233:39
METALICAS (1)

Sus metálicas gotas 238:35:22
METALICO (1)
ni el metálico rumor de 495:251:30
suicidio que nos anima cada
madrugada.
METAMORFOSIS (1)
Sois metamorfosis 292:67:54
METAS (2)
blancas metas de fábula que 353:130:6
olvida
Metas. 360:136:11
METO (1)
y este que meto son cuatro. 661:359:36
METRO (1)
Viene el hombre que mira con 619:323:22
el metro amarillo.
MEZCLA (1)
mezcla en su vino, 309:88:18
MEZCLADO (3)
mezclado con tu sangre? 263:49:10
cuando yo vuele mezclado con 500:255:10
el amor y las arenas.
cuando yo vuele mezclado con 500:255:27
el amor y las arenas.
MI (24)
MI (422)
MIA (15)
MIAS (1)
MICROSCOPIOS (1)
poner parejas de 482:243:108
microscopios en las cuevas
de las ardillas
MIDE (2)
que mide el cruel silencio 485:245:32
de la moneda,
niño desnudo mide la ribera, 635:333:27
MIEDO (17)
y miedo tienes. 220:23:8
y por miedo de quemarse 259:46:79
Sin terror y sin miedo ante 287:63:129
la muerte,
TENGO mucho miedo 287:64:1
miedo de los prados 287:64:3
Preciosa, llena de miedo, 428:221:43
La ciudad libre de miedo, 456:234:73
¡Arena, caimán y miedo sobre 485:245:20
Nueva York!
temblaba con un miedo de 486:245:60
molusco sin concha.
por las escalas, ¡sin 513:263:46
miedo!, por las escalas.
La hierba celeste y sola de 518:265:25
la que huye con miedo el
rocío
es un tulipán de miedo, 562:289:14
mintiendo canto y esperando 617:322:22
miedo
y el molusco sin límite de 618:322:46
miedo.
el miedo a la emoción que te 621:323:95
aguarda en la calle.
con el miedo seguro de la 633:332:12
meta encendida.
TENGO miedo a perder la 638:337:1
maravilla
MIEDOS (1)
y miedos de fina arena. 453:234:12
MIEDOSA (1)
Cual Dafne varonil que huye 274:57:57
miedosa
MIEDOSO (1)
buque fantasma del miedoso 234:32:22
insecto,
MIEL (17)
Miel de luna que fluye 193:9:33
LA miel es la palabra de 199:13:1
Cristo,
La miel es la epopeya del amor, 199:13:9
(Así la miel del hombre es la 199:13:13
poesía
La miel es la bucólica lejana 199:13:17

La miel es como el sol de la 200:13:21
mañana,
que sabe a miel y aurora. 209:17:8
llena de heridas y de miel. 231:30:4
quisiéramos hacer miel, como 284:63:44
abejas,
La densa miel de Italia 319:104:5
buscaban la miel. 371:150:4
la miel? 372:150:6
rubor de luz o miel de 503:257:8
establo,
y el geo amarillo de la miel. 529:269:32
blancura de su miel; 580:304:31
miel celeste que mana 584:305:55
la miel helada que la luna 640:340:8
vierte.
MIELES (1)
Niña sin mieles, 222:23:60
MIEMBROS (1)
que desata sus miembros sin 542:275:156
empapar la sangre.
MIENTRAS (44)
mientras que a lo lejos 203:14:62
suenan los clamores
mientras hace la ruda calceta 206:15:50
mientras él goza 216:21:38
de luz, y mientras tanto, 219:22:68
mientras ríen los niños, 234:32:45
mientras nace en mi tronco 238:35:31
mientras todos mis sueños 243:38:100
Yo mientras tanto pongo 265:51:19
Y mientras que descansan las 286:63:108
estrellas
mientras bordas lentamente 318:103:12
mientras que una rama joven 347:127:5
Mientras la luz que viene 353:130:5
fija y gana
mientras se convertía 369:148:31
mientras corre mi sangre en 414:209:13
la maleza
Y mientras cuenta, llorando, 428:221:55
mientras que de pie, en la 434:224:34
brisa,
Y mientras el puente sopla 441:228:23
mientras los guardias civiles 446:230:41
mientras el cielo reluce 446:230:45
mientras clamaban las luces 450:232:53
mientras las llamas te 457:234:120
cercan.
mientras juegan o dormitan 458:235:3
Y mientras vibra confusa 459:235:47
mientras el verano siembra 464:237:3
mientras crujía la cuchara 478:243:10
del rey
y danzar al fin, sin duda, 482:243:109
mientras las flores erizadas
mientras mis ojos se 498:254:12
quiebran en el viento
mientras que el agrio cáncer 502:256:45
mudo que quiere acostarse
contigo
Mientras la gente busca 505:258:13
silencios de almohada
Mientras tanto, mientras 522:266:57
tanto, ¡ay!, mientras tanto,
mientras la luna los azota 524:267:72
por las esquinas del terror.
mientras la tarde se puso 533:272:23
turbia de latidos y leñadores
mientras la sangre los 533:272:40
seguía con un balido de
cordero.
mientras que yo enlazaba 557:283:7
cuatro noches
mientras las hojas huyen en 572:300:16
bandadas.
Mientras en medio del horror 617:322:21
oscuro
mientras Favonio suena y 617:322:27
Tetis canta.

Mientras yerto gigante sin 618:322:41
latido
mientras que tu pintura y 622:323:109
tu vida florecen.
mientras el bosque afina 635:333:28
Mientras tú, inaccesible 635:333:41
mientras flota sin ti la 636:334:4
madrugada.
MIGA (1)
No quedaba en la tierra ni 561:287:11
una miga de nube
MIGAJAS (1)
y migajas de besos. 239:37:18
MIGUEL (3)
¡MIGUEL PIZARRO! 643:344:1
¡la roca!, Miguel Pizarro 644:344:10
Miguel Pizarro. 644:344:17
MIL (34)
tendrás el corazón partido en 187:6:42
mil pedazos.
Los esqueletos de mil 254:44:15
mariposas
con púrpuras de mil labios... 257:46:16
y sentí mil abejas campesinas 274:57:73
En la catedral compraron dos 339:121:89
mil
Arbol cuyos mil deditos 410:204:5
señalan mil caminitos. 410:204:6
Mil panderos de cristal, 432:223:59
efebo de tres mil noches, 439:227:26
perseguidas por los mil 449:232:15
Mil arbolillos de sangre 459:235:39
AQUELLOS ojos míos de mil 472:239:1
novecientos diez
Aquellos ojos míos de mil 472:239:5
novecientos diez
Sangre que busca por mil 480:243:57
caminos muertes enharinadas
y ceniza de nardo,
bajo un silencio con mil 489:247:9
orejas
Estaban uno, cien, mil 491:249:9
marineros,
Y en el Perú viven mil 513:263:49
mujeres, ¡oh insectos!, que
noche y día
dos mil palomas para el 515:264:19
gusto de los agonizantes,
Tres mil judíos lloraban en 519:265:38
el espanto de las galerías
Noventa mil mineros sacaban 522:267:4
la plata de las rocas
Hay un salón con mil ventanas. 527:268:6
Mil caballitos persas se 557:283:5
dormían
y un mundo de mil terrazas. 561:288:2
Hay un cielo de mil ventanas 561:288:6
mil violines caben en la 569:296:7
palma de mi mano.
aunque pase mil noches sin 572:300:4
lecho.
con mil caras de vaca, 574:302:16
Al cabo de mil años 594:312:30
en mil pedazos, 600:313:94
¡Dos mil siglos! 608:315:24
-¡oh cielo de mil pisos!- 624:326:10
repetido mil veces, muerto, 631:330:23
crucificado
tres mil hombres armados de 632:331:14
lucientes cuchillos.
Una luna y mil faroles. 643:344:7
MILANO (1)
que el milano te mira 234:32:40
ansiosamente:
MILANOS (1)
cual milanos. 226:26:45
MILENARIA (2)
gustando la amarga frescura 477:242:16
de su milenaria saliva.
mi corazón tiene la forma de 512:263:8
una milenaria boñiga de toro.

MILES - MIRADAS

MILES (3)
    y vi miles de ojos   179:2:130
    rodeado de miles de   520:266:14
    campanillas.
    tropezando con miles de   541:274:131
    pezuñas
MILICIAS (1)
    milicias.   215:21:19
MILITARES (1)
    que untan de aceite las   520:266:11
    lenguas militares
MILLON (7)
    un millón de vacas,   516:264:20
    un millón de corderos   516:264:21
    vidriado por la angustia de 518:265:15
    un millón de paisajes.
    No hay más que un millón de 520:266:19
    herreros
    No hay más que un millón de 521:266:21
    carpinteros
    la guerra pasa llorando con 525:267:84
    un millón de ratas grises,
    el millón de muertecitas que 647:346:18
    tiene el mercado.
MILLONARIO (1)
    ni el millonario de dientes 487:245:73
    azules,
MILLONARIOS (1)
    las heridas de los   481:243:76
    millonarios
MILLONES (4)
    cuatro millones de patos,   515:264:17
    cinco millones de cerdos,   515:264:18
    y dos millones de gallos,   516:264:22
    aclamado por millones de   521:266:50
    moribundos;
MIMBRE (3)
    Mimbre.   345:123:5
    con una vara de mimbre   445:230:3
    viene sin vara de mimbre   446:230:27
MIMO (1)
    hecha para el suspiro, el mimo 186:6:30
    y el desmayo,
MINERALES (1)
    las mujeres ahogadas en   522:266:60
    aceites minerales,
MINEROS (1)
    Noventa mil mineros sacaban 522:267:4
    la plata de las rocas
MINERVA (1)
    Ancha luz de Minerva,   620:323:55
    constructora de andamios,
MINERVAS (1)
    Medio monte de Minervas   458:235:5
MINIMA (1)
    Sabes que yo comprendo la   647:346:23
    carne mínima del mundo.
MINOTAURO (1)
    y le ha puesto cabeza de   543:275:164
    oscuro minotauro.
MINTIENDO (1)
    mintiendo canto y esperando 617:322:22
    miedo
MINUTERO (1)
    pulso de nebulosa y minutero, 476:241:24
MINUTO (7)
    un minuto después.   391:176:8
    un minuto después.   391:176:10
    un minuto intransitable   450:232:33
    No importa que cada minuto   492:249:28
    un rato, un minuto, un siglo; 563:290:11
    en el círculo estrecho del   620:323:52
    minuto presente.
    Punto de unión y cita del   632:331:34
    siglo y el minuto.
MINUTOS (3)
    Naces para vivir unos minutos 233:32:12
    con guirnaldas de minutos.   403:194:12
    de imposibles minutos!   421:219:8
MIO (56)
MIOS (9)

MIRA (26)
    como alondra que mira   186:6:15
    quebrarse el horizonte,
    -Mira bien y verás una cinta 205:15:31
    que el milano te mira   234:32:40
    ansiosamente:
    ¡Mira mi corazón   242:38:78
    mira su entraña de oro   326:114:4
    Se mira en la acequia.   328:118:4
    [JINETE] Mira que te lo   337:121:66
    regalo.
    [JINETE] Mira cómo   341:121:119
    relumbran los miradores.
    ¿Quién mira dentro la torre 379:159:9
    ¡Mira aquel pájaro! ¡Mira 386:170:5
    Mira cómo se mece   391:176:13
    Mira al agua.   418:216:7
    Mira al agua.   419:216:14
    El niño la mira mira.   425:220:3
    mira a la niña tocando   427:221:23
    Sangre que mira lenta con el 480:243:60
    rabo del ojo,
    El niño llora y mira con un 496:252:13
    tres en la frente.
    Mira formas concretas que   508:260:38
    buscan su vacío.
    Mira el ansia, la angustia 508:260:40
    de un triste mundo fósil
    ¡Mira qué orillas tengo de 528:268:39
    jacintos!
    El niño triste que nos mira 615:320:2
    Viene el hombre que mira con 619:323:22
    el metro amarillo.
    mira que soy cazador   660:358:16
    mira que te lleno   662:361:7
MIRABA (5)
    que miraba de frente,   244:39:21
    que se miraba   311:92:14
    Vio, sin duda, cómo le miraba 406:199:11
    en la torre la miraba,   465:237:26
    Yo miraba tu forma deliciosa 630:330:13
    flotando
MIRABAN (2)
    Ojos de toro te miraban.   399:188:3
    Las niñas de Cristo cantaban 518:265:13
    y las judías miraban la
    muerte
MIRAD (5)
    ¡Pero mirad las blancas   270:55:35
    margaritas
    EL mascarón. ¡Mirad el   484:245:1
    mascarón!
    El mascarón. ¡Mirad el   485:245:19
    mascarón!
    El mascarón. ¡Mirad el   486:245:50
    mascarón!
    El mascarón. ¡Mirad el   487:245:85
    mascarón!
MIRADA (10)
    y el sexo potente sobre tu 201:14:4
    mirada.
    ¡Qué gran acento el de tu   291:67:17
    mirada
    la mirada de agosto?)   410:203:8
    el cielo ceniza de tu mirada. 410:204:10
    Esta mirada mía fue mía,   488:246:30
    pero ya no es mía,
    esta mirada que tiembla   488:246:31
    desnuda por el alcohol
    Me defiendo con esta mirada 488:246:34
    ni contra los hombres de   525:267:99
    mirada verde
    Entre yeso y jazmines, tu 557:283:9
    mirada
    No temas la mirada   600:313:98
MIRADAS (15)
    miradas, empapado   173:1:6
    de miradas.   195:10:16
    me ordeña las miradas.   196:10:23
    y arañazos rojos hechos por 202:14:51
    miradas.

el calor de tus miradas!   213:19:20
con arañas de miradas   226:26:47
de mis miradas   236:34:14
miradas rotas.   267:53:17
a todas las miradas   272:57:8
Voy herido de místicas miradas,   283:63:9
(Mis largas miradas,   368:148:3
(Mis cortas miradas,   368:148:7
en las miradas   596:313:7
Tus miradas se tronchan   606:314:88
que se cría con suspiros y   612:318:41
   miradas!
MIRADLO (2)
   ¡Miradlo por dónde viene!   310:91:5
   ¡Miradlo por dónde va!   310:91:15
MIRADLOS (1)
   ¡Miradlos qué viejos son!   373:152:13
MIRADO (1)
   Estilizas o copias después   620:323:67
   de haber mirado
MIRADORES (2)
   [JINETE] Mira cómo   341:121:119
   relumbran los miradores.
   de gritos y miradores.   440:227:52
MIRADOS (1)
   y hay barcos que buscan ser   512:263:4
   mirados para poder hundirse
   tranquilos.
MIRALO (1)
   ¡Míralo por donde viene!   427:221:40
MIRAN (10)
   Y son las gotas: ojos de   197:11:21
   infinito que miran
   cómo miran la tarde   246:40:13
   LOS niños miran   300:74:1
   Las montañas miran   300:74:8
   miran el puente   371:149:7
   el espejo en que se miran   411:205:16
   ni miran al otro lado   451:233:5
   mis ojos miran un norte   451:233:10
   calme la sed de sangre de   492:249:31
   los que miran el desnudo.
   se miran y se abrazan.   583:305:21
MIRANDO (6)
   Mirando al cielo, pensaba: 277:59:14
   están mirando a la luna.   329:119:23
   La muerte me está mirando   380:161:9
   El niño la está mirando.   425:220:4
   las cosas la están mirando   430:223:11
   Amnón estaba mirando   465:237:33
MIRAR (8)
   Para mirar la luna bordada   187:6:33
   sobre el río
   y mirar los eternos jardines   187:6:35
   de la sombra,
   de mirar las estrellas   248:40:67
   y al mirar nubes y montes   433:224:25
   pero nadie querrá mirar tus   544:276:209
   ojos
   para mirar el corazón pasado   568:295:3
   es mirar los retablos   583:305:11
   mirar que el toro es muy   661:359:22
   malo.
MIRAR (1)
   por tu mirar sombrío,   211:17:42
MIRARAN (1)
   miraran las estrellas,   598:313:41
MIRARLAS (1)
   y ella no puede mirarlas.   430:223:12
MIRARNOS (1)
   ¿cómo han de mirarnos   413:208:7
MIRAS (3)
   Detrás de tus cristales aún   203:14:66
   miras anhelante.
   de sombras, miras   215:21:6
   (Miras al sol poniente,   247:40:34
MIRE (4)
   YO te miré a los ojos   265:52:1
   ME miré en tus ojos   345:124:1
   Me miré en tus ojos   345:124:4
   Me miré en tus ojos.   346:124:7

MIRES (2)
   No mires nunca atrás,   306:84:12
   No mires la clepsidra con   622:323:110
   alas membranosas,
MIRIÑAQUE (3)
   VIRGEN con miriñaque,   309:90:1
   Virgen con miriñaque,   310:90:11
   Su duro miriñaque   387:171:17
MIRO (1)
   -Al pasar me miró sonriente   207:15:76
MIRO (3)
   miro mis ojos lejanos,   226:26:44
   y aquí la miro entre mis dedos   231:30:3
   yo miro   290:67:5
MIRTO (1)
   SILENCIO de cal y mirto.   433:224:1
MIRTOS (1)
   rosas y mirtos de luna.   381:163:22
MIS (118)
MISA (5)
   al rumor de la misa.   399:188:8
   en el mantel de la misa!   433:224:16
   dice misa con dos filos   439:227:43
   Le vi jugar en las últimas   482:244:4
   escaleras de la misa
   pero en el centro de la misa   483:244:32
   yo romperé el timón y
   entonces
MISERABLE (1)
   ...Y el hombre miserable   277:58:27
MISERERES (1)
   misereres.   249:41:17
MISMA (9)
   ¿Será esa misma la que en los   191:8:29
   rondones
   ¡siempre la misma!,   216:21:37
   (Los relojes llevan la misma   265:52:5
   cadencia,
   (Los relojes llevan la misma   266:52:11
   cadencia,
   (Los relojes llevan la misma   266:52:17
   cadencia,
   (Los relojes llevan la misma   266:52:25
   cadencia,
   Era la misma   320:105:5
   se encuentra ella misma,   361:137:6
   y ella misma se hace burla.   605:314:64
MISMAS (5)
   das al alma las mismas   198:11:45
   nieblas y resonancias
   y las noches tienen las mismas   265:52:6
   estrellas.)
   y las noches tienen las   266:52:12
   mismas estrellas.)
   y las noches tienen las   266:52:18
   mismas estrellas.)
   y las noches tienen las   266:52:26
   mismas estrellas.)
MISMO (19)
   pues soy como el mismo Amor,   185:5:32
   eres sonido mismo,   218:22:38
   me da lo mismo,   240:38:14
   Es lo mismo   241:38:49
   Todas piensan lo mismo,   270:55:21
   Era el mismo fluir lleno de   275:57:91
   música
   Es el mismo dolor de las   280:61:23
   estrellas
   el azul de mí mismo,   287:63:126
   ¡Ahora mismo!   375:155:12
   ... y en la rosa estoy yo   386:170:11
   mismo.
   lo mismo que es el abeto.   410:204:4
   Y mi dolor mismo.   411:205:20
   amatista de ayer y brisa de   417:214:2
   ahora mismo,
   Un cielo mondado y puro,   485:245:23
   idéntico a sí mismo,
   Es lo mismo, ¡lo mismo!,   492:249:23
   aleluya.
   Tierra tú mismo que nadas   517:264:63

Da lo mismo decir 595:312:62
Pepín: ahora mismo en Sevilla 615:320:8
MISMOS (2)
 justa conciencia de vosotros 285:63:67
 mismos,
 Estos son los mismos 361:138:11
MISTERIO (10)
 lanzadas al misterio.) 212:18:20
 en el misterio. 213:20:3
 téjele tu misterio.) 224:25:9
 téjele tu misterio.) 224:25:12
 Las manos aún mojadas de 233:32:6
 misterio
 turbia de misterio. 240:37:22
 ¿La niebla del misterio no 273:57:42
 estremece
 ¡Conozco el misterio que 282:62:31
 cantas, ciprés;
 bajo el misterio confuso, 440:228:14
 ignora el misterio de la 521:266:31
 espiga,
MISTERIOS (1)
 ¿son misterios tan solo para 273:57:40
 el ojo
MISTERIOSO (1)
 ¿Qué misterioso pensamiento 269:55:12
MISTERIOSOS (1)
 misteriosos.) 305:83:8
MISTICAS (1)
 Voy herido de místicas miradas, 283:63:9
MISTICO (1)
 Místico eterno 291:67:10
MITAD (11)
 Torso mitad coral, 367:146:3
 mitad plata y penumbra. 367:146:4
 EN la mitad del barranco 428:222:1
 la mitad llenos de lumbre, 435:225:34
 la mitad llenos de frío. 435:225:35
 A la mitad del camino 445:230:9
 Y a la mitad del camino, 445:230:13
 que ignora la otra mitad, 516:264:40
 la mitad irredimible 516:264:41
 La otra mitad me escucha 516:264:48
 los jazmines tendrían mitad 571:299:6
 de noche oscura,
MITADES (2)
 Dos mitades opuestas y un 632:331:19
 hombre que no sabe
 hieren las dos mitades 635:333:34
MITIGUE (1)
 Un retablo de nieve que 187:6:51
 mitigue tus ansias,
MITIN (1)
 en el mitin de las ondas 441:228:45
MITO (1)
 el mito primitivo que vuelve a 196:11:6
 realizarse.
MITOLOGICO (1)
 de qué bosque mitológico? 309:89:4
MOARE (2)
 su falda de moaré tiembla 315:98:7
 de moaré y lentejuelas. 361:138:14
MOCITO (1)
 Si yo pudiera, mocito, 431:223:31
MODERNOS (2)
 "Esos cantos modernos 176:2:30
 Los pintores modernos, en sus 618:323:5
 blancos estudios,
MOHO (1)
 Llenáronse de moho 235:33:16
MOHOSA (1)
 Estrella mohosa 611:318:24
MOISES (2)
 BAJO el Moisés del incienso, 399:188:1
 asesinan a nuestro Moisés 482:243:110
 casi en los juncos del
 cielo.
MOJA (3)
 ARBOL de sangre moja la mañana 353:130:1
 que moja su cola en el mar. 527:268:11

y moja con agua dura mis 564:290:18
 zapatos
MOJADA (7)
 El aroma sereno de la tierra 270:56:3
 mojada
 La mojada tristeza del 286:63:104
 paisaje
 olorosa y mojada de la 414:209:14
 orilla.
 Brisas de caña mojada 449:232:19
 y agujas de cal mojada 452:233:30
 La muchacha mojada 573:302:12
 Alga y cristal en fuga ponen 631:331:3
 plata mojada
MOJADAS (1)
 Las manos aún mojadas de 233:32:6
 misterio
MOJADO (2)
 eras junco de amor, jazmín 564:291:3
 mojado.
 si eres mi cruz y mi dolor 638:337:10
 mojado,
MOJADOS (1)
 bajo los frágiles helechos 498:254:4
 mojados.
MOJALAS (1)
 Mójalas en el agua 250:42:17
MOJANDO (4)
 va mojando los recuerdos 181:3:7
 se está la noche mojando 400:191:2
 arrancando las raíces y 487:246:2
 mojando el pergamino de los
 tambores;
 en otoño, mojando las 518:265:23
 últimas vertientes,
MOJAR (1)
 y la lluvia bajaba por las 533:272:22
 calles decidida a mojar el
 corazón
MOJE (1)
 mojé las hojas en el 275:57:87
 cristalino
MOJO (1)
 Pero la sangre mojó sus pies 533:272:28
 y los espíritus inmundos
MOLINO (1)
 y molino sin harina! 253:43:18
MOLUSCO (3)
 temblaba con un miedo de 486:245:60
 molusco sin concha.
 golpes y resonancias de carne 496:252:8
 de molusco.
 y el molusco sin límite de 618:322:46
 miedo.
MOLUSCOS (1)
 Vendaval y mancebo de rizos 633:332:14
 y moluscos.
MOMENTO (11)
 Y abajo Marzo es un momento. 364:141:6
 Era el momento de las cosas 484:245:7
 secas,
 ni el ansia de asesinato que 495:251:29
 nos oprime cada momento,
 Ni un solo momento, viejo 523:267:29
 hermoso Walt Whitman,
 Ni un solo momento, 523:267:40
 hermosura viril
 Ni un solo momento, Adán de 524:267:45
 sangre, macho,
 Se supo el momento preciso 533:272:30
 de la salvación de nuestra
 vida.
 Momento 591:311:34
 Hace un momento. 608:315:23
 Un momento de venas y 633:332:10
 ternura de ombligo.
 ¿QUIEN dirá que te vio, y en 636:334:1
 qué momento?
MOMENTOS (1)
 momentos de tristeza? 289:65:2

MOMIA (3)
    la momia de la luz del paraíso. 199:13:4
    ¡cuánto brazo de momia   507:260:24
    florecido!
    El espejo es la momia   598:313:53
MOMIAS (2)
    momias de versos y esqueletos 231:30:14
    ¡Momias de oro sobre las   270:55:37
    campiñas!
MOMIFICADA (1)
    donde espera la mano   494:250:36
    momificada del niño
MOMIFICADO (1)
    del mar, momificado.   219:22:60
MOMIFICADOS (1)
    Estaban los tres momificados, 474:240:33
MONDADO (1)
    Un cielo mondado y puro,   485:245:23
    idéntico a sí mismo,
MONDALE (1)
    móndale su corteza   240:38:11
MONDAR (1)
    mondar las negras cabezas de 483:244:17
    los soldados agonizantes
MONEDA (5)
    la moneda de plata   393:179:15
    Viva moneda que nunca   448:231:43
    que mide el cruel silencio   485:245:32
    de la moneda,
    y el campo de todo un lustro 513:263:39
    cabrá en la mejilla de la
    moneda.
    ignora que la moneda quema 521:266:34
    el beso de prodigio
MONEDAS (6)
    y dar monedas de oro   350:128:64
    y las orzas de monedas.   456:234:88
    Las muchachas americanas   479:243:37
    llevaban niños y monedas en
    el vientre,
    Son los vivísimos   491:249:15
    hormigueros y las monedas en
    el fango.
    A veces las monedas en   497:253:11
    enjambres furiosos
    Mar de papel y plata de   530:270:16
    monedas.
MONJA (4)
    Que ni la blanca monja,   230:29:30
    La monja borda alhelíes   433:224:3
    Por los ojos de la monja   433:224:21
    La monja   529:269:9
MONJES (1)
    que antes fueron blancos   351:129:21
    monjes.
MONLEON (2)
    LOS mozos de Monleón   660:359:1
    Al rico de Monleón   661:359:41
MONOCORDE (1)
    del canto monocorde de los   284:63:39
    grillos,
MONOCULO (1)
    El olvido estaba expresado   481:243:83
    por tres gotas de tinta
    sobre el monóculo,
MONOS (2)
    y golpeaba el trasero de los 478:243:3
    monos.
    y golpeaba el trasero de los 480:243:45
    monos.
MONOTONA (2)
    Se ha llenado el jardín de   271:56:10
    ternura monótona.
    Llora monótona   297:70:10
MONOTONIA (1)
    la monotonía de tu ambiente   203:14:58
    pobre
MONOTONO (1)
    se torna de repente monótono y 186:6:16
    amargo.
MONTA (5)

y el caballo que monta   204:15:15
Santiago
[JINETE] ¿Por qué no monta   335:121:43
en la grupa?
monta en su globo a los   373:152:10
pájaros.
El cielo monta gallardo   379:159:13
Ahora monta cruz de fuego,   429:222:21
MONTADA (1)
    montada en bicicleta de   621:323:97
    corales y conchas.
MONTADO (3)
    IBA yo montado sobre   277:59:1
    montado en potra de nácar   435:225:38
    Montado en un ágil   461:236:5
MONTAÑA (8)
    La montaña   254:44:22
    de la montaña oscura,   256:45:14
    al árbol, el insecto y la   273:57:43
    montaña?
    El águila se pierde en la   286:63:100
    montaña;
    y el caballo en la montaña.   430:223:4
    Y el caballo en la montaña.   432:223:86
    Desnuda la montaña de niebla 618:323:3
    impresionista.
    de la montaña.   625:327:32
MONTAÑAS (10)
    las montañas serenas.   193:9:24
    -Se perdió por aquellas   207:15:88
    montañas
    y el respirar de las montañas. 274:57:80
    Las montañas miran   300:74:8
    tres montañas chinas,   474:240:26
    y tragan pedacitos de   479:243:41
    corazón, por las heladas
    montañas del oso.
    con el bozo y lirio aguado   485:245:24
    de sus montañas invisibles,
    Trajeron unas montañas de   510:261:6
    lacre rojo
    Existen las montañas. Lo sé. 515:264:10
    con peladas montañas   573:302:10
MONTAR (1)
    [JINETE] Ahora no te   341:121:121
    negarás a montar conmigo.
MONTE (32)
    En el monte solitario,   183:4:13
    Ahora en el monte lejano   209:16:17
    Sale del monte la luna,   225:26:10
    del monte.   225:26:18
    en la copa del monte,   248:40:59
    (Por un monte de papel   253:43:27
    del rudo monte arañado.   259:46:64
    del monte está arrugado.   262:48:8
    va de monte   298:71:2
    a monte.   298:71:3
    SOBRE el monte pelado   302:77:1
    EN lo alto de aquel monte   347:128:1
    y el monte, gato garduño,   430:223:19
    cuando por el monte oscuro   436:226:3
    por el monte, monte, monte,   438:227:2
    por el monte, monte solos!   438:227:16
    que iban por el monte solos! 446:230:36
    lloraban al pie de las nievas, 450:232:32
    Medio monte de Minervas   458:235:5
    Tu ignorancia es un monte de 502:256:38
    leones, Stanton.
    que tuvo que desgarrarse su 510:261:10
    monte de Venus
    una luz maravillosa que   521:266:37
    viene del monte;
    La sangre bajaba por el monte 532:272:4
    y los ángeles la buscaban,
    En el campo sin monte,   593:312:13
    rueda monte abajo,   602:313:143
    (En los pinos del monte   603:314:23
    (Por el monte lírico   608:315:46
    monte de luz y llaga de   639:339:11
    azucena.

MONTES (16)
que cae sobre los montes 218:22:21
los montes apagados 248:40:75
por los montes azules declina. 269:55:11
al vientre de los montes, 327:117:3
y huyes sobre los montes 421:219:11
y al mirar nubes y montes 433:224:25
salta los montes de plomo. 446:230:24
por los montes imantados, 452:233:33
despierta, que los montes 510:261:13
todavía no respiran
que levanta sus montes de 516:264:42
cemento
que en montes de carbón, 523:267:41
anuncios y ferrocarriles,
uva de niebla y montes 544:276:208
agrupados,
Un gigante de agua cayó 561:287:13
sobre los montes
De los montes azules llega un 589:310:3
aire sonoro.
se hundirán por los montes? 613:318:64
atravesaba montes 640:341:12
MONTILLA (1)
Juan Antonio el de Montilla 429:222:17
MONTO (1)
[JINETE] Yo monto este 340:121:114
caballo y vendo cuchillos,
MONTOLA (1)
Montóla a caballo 665:364:23
MONTON (1)
en un montón de perros 544:276:214
apagados.
MONTONES (3)
y en los montones de azafrán 478:243:14
en los montones de trigo! 567:294:18
y que se agrupan en grandes 647:346:11
montones
MONTOYA (2)
baja Soledad Montoya. 436:226:4
en paz, Soledad Montoya. 437:226:38
MONTURA (1)
mi montura por su espejo, 431:223:27
MORA (4)
hay una torre mora, 209:17:6
-¿Qué haces ahí, mora, 664:364:7
que yo no soy mora 665:364:13
pero si eres mora 665:364:21
MORADA (3)
en un fondo de carne la morada 210:17:35
morada, con luz difusa, 381:163:20
es una larga lengua morada 510:261:21
que deja
MORADAS (4)
rompe nubes moradas 312:93:9
moradas. 314:97:16
con sus veinticuatro borlas 329:119:8
moradas.
moradas.) 363:140:15
MORADO (1)
morado!) 351:129:25
MORAN (2)
por el amplio elemento en que 269:55:7
moran
en que los faunos moran, 579:304:26
MORAS (1)
Cristianas que éramos moras 659:357:21
MORDER (1)
Vendrán las iguanas vivas a 493:250:4
morder a los hombres que no
sueñan
MORDERAN (1)
te morderán los zapatos. 452:233:31
MORDERE (1)
morderé la manzana. 209:17:4
MORDIA (1)
Y una serpiente mordía 277:59:12
MORDIDA (1)
polvorienta, mordida por los 502:256:23
perros,
MORDIDAS (1)

Perros equivocado· y 508:260:39
manzanas mordidas.
MORDIDO (3)
está mordido de hogueras. 304:80:10
El silencio mordido 379:160:3
entregando a los sapos mi 559:285:12
mordido clavel.
MORDIENTES (1)
crepitantes, mordientes, 514:263:71
estremecidos, agrupados,
MORDISCO (1)
bota o mordisco de los 524:267:60
domadores.
MORDISCOS (2)
mordiscos de jabalí. 447:231:6
en duelo de mordiscos y 640:340:11
azucenas.
MORENA (13)
¡oh princesa morena que 187:6:36
duermes bajo el mármol!
¡oh princesa morena que 187:6:44
duermes bajo el mármol!
¿Cómo a mí te entregaste, luz 210:17:13
morena?
Margarita morena, 241:38:33
morena en los olivos 243:38:90
va una muchacha morena 299:73:2
¡Ay morena! 347:126:13
Vendimiadora morena 348:128:23
de Sierra Morena. 376:156:13
Morena, qué luz de fuego. 377:157:3
Morena de luna llena. 397:183:7
Morena de maravilla. 443:229:44
¡Oh pequeña morena de 639:338:12
delgada cintura!
MORENAS (3)
Trescientas rosas morenas 431:223:41
morenas por la nostalgia 439:227:39
morenas de luna en vilo 648:348:7
MORENITA (2)
a la morenita de Granada. 379:160:12
¡Dame vueltas, morenita! 410:204:11
MORENO (10)
moreno, ardiente, 173:1:2
¡Oh cisne moreno!, cuyo lago 202:14:30
tiene
CRISTO moreno 310:91:1
Cristo moreno, 310:91:11
Era moreno y amargo. 342:122:6
pan moreno y rica luna. 366:145:10
Un gran brazo moreno 368:148:15
Moreno de verde luna 445:230:5
moreno de verde luna, 447:231:21
moreno y alto. 654:353:4
MORIA (1)
que sin ellas el alma moría, 580:304:46
MORIBUNDAS (1)
Madriguera de ideas moribundas 214:20:13
MORIBUNDO (2)
del cielo moribundo? 247:40:27
naranjal moribundo, 592:311:45
MORIBUNDOS (2)
aclamado por millones de 521:266:50
moribundos;
pequeños moribundos 525:267:86
iluminados,
MORICAS (3)
TRES moricas me enamoran 658:357:1
Tres moricas tan garridas 659:357:4
Tres moricas tan lozanas 659:357:14
MORIMOS (1)
y morimos. 614:318:89
MORIR (8)
Córdoba para morir. 308:88:4
¡Córdoba para morir! 309:88:16
Compadre, quiero morir 431:223:35
porque te vas a morir. 448:231:36
palidecieron al morir. 482:243:101
quiero morir mi muerte a 568:295:22
bocanadas,

que al morir, melancólicas, 581:304:66
vagas,
"Este toro ha de morir 655:354:11
MORIRME (1)
que al morirme yo me iría 177:2:73
MORO (1)
para el moro. 372:150:12
MOROS (1)
a tierra de moros 664:364:3
MORTAJA (2)
ni mortaja, 256:44:59
MORTAL (5)
por la hora mortal. 611:318:17
PRADO mortal de lunas 640:341:1
Cielo mortal de hierba. 640:341:5
Prado mortal de tierra. 640:341:8
Prado mortal de lunas. 641:341:20
MOSCARDON (1)
de enorme moscardón. 303:79:10
MOSCAS (2)
con las moscas del invierno, 474:240:34
como bandadas de moscas 614:318:105
MOSQUITOS (2)
Mosquitos de la rosa 174:1:38
Los mosquitos-Pegasos del 232:31:10
rocío-
MOSTRABAN (2)
todos me mostraban sus almas 281:62:10
cual eran:
mostraban su silencio roto 518:265:27
por las huellas dormidas de
los zapatos.
MOSTRAMOS (1)
y salen si mostramos un vaso 619:323:36
de agua dulce.
MOVERSE (2)
Y el mar deja de moverse. 491:248:7
a ver moverse las ramas. 609:315:50
MOVIENDO (2)
moviendo sus antenas: 179:2:141
moviendo sus cabezas 285:63:75
pensativos,
MOVIMIENTO (1)
a eterno movimiento 276:58:6
MOZOS (2)
LOS mozos de Monleón 660:359:1
cuatro mozos muy gallardos; 661:359:26
MOZUELA (2)
creyendo que era mozuela, 434:225:2
me dijo que era mozuela 436:225:54
MOZUELO (1)
lleva el mozuelo, 656:355:6
MUCHA (1)
Pasamos mucha pena 285:63:60
MUCHACHA (18)
va una muchacha morena 299:73:2
y una muchacha desnuda. 355:133:12
y la muchacha era ninguna. 355:133:14
"Vente a Granada, muchacha." 381:163:11
"Vente a Sevilla, muchacha." 381:163:17
"Vente a Granada, muchacha." 382:163:23
LA muchacha dorada 573:302:1
por la muchacha blanca. 573:302:7
La muchacha mojada 573:302:12
La muchacha de lágrimas 574:302:19
La muchacha dorada 574:302:23
y una muchacha desnuda. 574:303:12
y la muchacha era ninguna. 575:303:14
¡Ay muchacha, muchacha, 641:342:5
¡Ay muchacha, muchacha, 641:342:11
¡Ay muchacha! 642:342:29
MUCHACHAS (11)
Unas muchachas ciegas 300:74:4
Os sienten todas las muchachas 306:85:5
Las muchachas, 307:85:8
las muchachas juegan con sus 392:178:2
risas.
Las muchachas hablan de sus 393:178:5
novios
Y otras muchachas corrían 457:234:109
Las muchachas americanas 479:243:37

llevaban niños y monedas en
el vientre,
EN Viena hay diez muchachas, 527:268:1
y las muchachas pintan 610:317:7
Pero aguardad, muchachas, 624:326:14
de algunas muchachas. 625:327:22
MUCHACHO (12)
[JINETE] ¡Muchacho, súbete 338:121:82
conmigo!
¡Que se resbala! ¡Muchacho! 386:170:10
a aquel muchacho que llora 493:250:32
porque no sabe la invención
del puente
ni contra el muchacho que se 525:267:95
viste de novia
y el día es un muchacho 561:287:8
herido.
¿Qué muchacho ha encendido 597:313:17
¡Muchacho sin amor, 599:313:86
¡Ay muchacho, muchacho, 642:342:17
¡Ay muchacho, muchacho, 642:342:23
¡Ay muchacho! 642:342:30
MUCHACHOS (12)
a todos los muchachos. 350:128:65
embisten a los muchachos 451:233:15
y los muchachos se 479:243:38
desmayaban en la cruz del
desperezo.
y son siempre muchachos 494:251:9
heridos
los muchachos que tiemblan 522:266:59
bajo el terror pálido de los
directores.
los muchachos cantaban 522:267:2
enseñando sus cinturas,
los muchachos luchaban con 523:267:11
la industria,
de los muchachos que juegan 524:267:66
bajo los puentes.
Contra vosotros siempre, 526:267:105
que dais a los muchachos
que pinta de azul a los 528:268:23
muchachos.
Muchachos, no entréis a él; 661:359:21
para los muchachos 663:362:19
MUCHAS (6)
que muchas veces el cielo 495:251:19
los agrupa en ásperas
manadas.
Yo muchas veces me he perdido 495:251:35
en el corazón de muchas 517:264:61
niñas.
ME he perdido muchas veces 565:292:1
por el mar
Muchas veces me he perdido 565:292:4
por el mar,
me he perdido muchas veces 565:292:15
por el mar.
MUCHEDUMBRE (7)
lo que la muchedumbre de los 197:11:26
ríos no sabe.
para que el rey de Harlem 479:243:26
cante con su muchedumbre,
la muchedumbre de martillo, 522:266:61
de violín o de nube,
La muchedumbre cerraba las 533:272:21
puertas
de muchedumbre sedienta. 540:274:92
muchedumbre de luces y 631:330:34
clamor escuchado!
esa muchedumbre china de 647:346:19
cebollas decapitadas
MUCHEDUMBRES (2)
las muchedumbres en el 513:263:30
alfiler,
muchedumbres de gritos y 524:267:56
ademanes,
MUCHO (14)
pues ya he vivido mucho, 176:2:40
mucho antes que el otoño 236:34:11
hace mucho tiempo, 240:37:20

MUCHO - MUERTAS

Además, Satanás me quiere mucho, 241:38:27
-¡Amarga mucho el agua 263:49:19
TENGO mucho miedo 287:64:1
lo mucho que yo 288:64:26
[AMARGO] ¿Vale mucho? 338:121:77
tendrás mucho frío. 375:155:4
tendrás mucho frío. 375:155:8
pero sufren mucho más por el agua que no desemboca. 504:258:2
Yo amé mucho tiempo a un niño 510:261:16
Tardará mucho tiempo en nacer, si es que nace, 545:276:220
En mucho secreto, un amigo 628:328:28

MUCHOS (4)
Muchos barcos escribieron en ellos sus nombres; 339:121:91
brilla por muchos años el fulgor de la quemadura. 502:256:17
hay muchos niños de velado rostro 570:297:18
Ellas son refugio de muchos corazones, 580:304:49

MUDA (3)
Y en la muda tristeza de la tarde 285:63:64
sobre una muda alfombra 384:167:5
muda canción de serpiente. 429:222:26

MUDAS (2)
se han quedado mudas. 256:45:8
con las criaturas mudas que pasan bajo los arcos. 645:345:5

MUDÉJARES (1)
tus lágrimas mudéjares 249:41:19

MUDO (7)
Se rasgan nubes grises en el mudo horizonte. 271:56:5
¡Oh mudo solemne cerrado a las quejas! 283:62:55
¡Salve, demonio mudo! 291:67:7
mientras que el agrio cáncer mudo que quiere acostarse contigo 502:256:45
No te conoce tu recuerdo mudo 544:276:205
por el silencio mudo 585:305:68
Pez mudo por el agua de ancho ruido. 616:322:5

MUDOS (2)
y aun andando por un paisaje de esponjas grises y barcos mudos 493:250:28
redondas sí, los peces mudos hablan. 618:322:29

MUEBLES (1)
Chorrea la tristeza por los muebles 238:36:7

MUECINES (1)
y las ranas, muecines de la sombra, 256:45:7

MUELAS (1)
y muelas formidables 327:117:4

MUELLES (2)
por las anémonas de los muelles. 488:246:33
dando escobazos de plata a los niños de los muelles 646:345:40

MUERA (11)
ya rendida se muera." 179:2:151
Que muera cantando lento 190:7:52
CUANDO yo me muera, 323:109:1
Cuando yo me muera, 323:109:4
Cuando yo me muera, 323:109:7
¡Cuando yo me muera! 323:109:10
Madre, cuando yo me muera, 450:232:39
y que la lombriz se muera de sombra; 558:284:6
para que por ti muera 559:285:16
cuando se muera el último 600:313:114
que cuando yo me muera 624:326:15

MUERAS (1)
y tú mueras por mí. 559:285:17

MUERDE (3)
el viento, furioso, muerde. 428:221:58
El campo se muerde la cola para unir las raíces en un punto 490:247:29
muerde tu raíz amarga! 562:288:15

MUERE (12)
que vive y muere. 220:23:24
que vive y muere. 221:23:28
que vive y muere? 221:23:50
y gritas: "Blanca Flor no muere nunca, 234:32:30
ni se muere Luisito. 234:32:31
¡muere y troncha tus ramas!" 275:57:104
del paisaje que muere 289:66:7
EN la casa blanca muere 315:98:1
Toma este vals que se muere en mis brazos. 528:268:27
Duerme, vuela, reposa: ¡También se muere el mar! 544:275:197
todas las tardes se muere un niño. 560:287:2
donde no muere tu estilo. 648:348:10

MUEREN (8)
anochecer de otoño, cuando mueren 233:32:8
Mueren las siete 359:134:9
se mueren de amor los ramos. 400:191:4
Se mueren de amor los ramos. 400:191:5
Se mueren de amor los ramos. 401:191:10
Se mueren de amor los ramos. 401:191:15
donde sonaban las voces de los que mueren bajo el guano. 485:245:22
Y las que mueren de parto saben en la última hora 495:251:20

MUERES (3)
mueres borracha de luz. 188:7:4
pues mueres bajo la sangre 188:7:12
derramando son, te mueres 189:7:31

MUERO (3)
SI muero, 405:198:1
¡Si muero, 405:198:7
-Compañeros, yo me muero; 661:359:33

MUERTA (27)
La hormiga, medio muerta, 178:2:119
huyen al verla muerta. 180:2:159
la de la yedra muerta sobre los muros rojos, 187:6:55
de pureza muerta, y en la dionisíaca 201:14:6
muerta pupila, 216:21:49
Y despeino mi alma muerta 226:26:46
en la muerta distancia, 275:57:112
formé su cordaje con mi vida muerta. 282:62:28
Dentro, hay una niña muerta 324:111:4
¡Pero estabas muerta! 346:124:8
La noche muerta y alta. 362:139:3
muerta bajo las manzanas. 370:148:48
LA joven muerta 385:168:1
La joven muerta 385:168:9
LA luna está muerta, muerta; 394:180:1
La luna está muerta, muerta; 394:180:9
Olalla muerta en el árbol. 460:235:56
para fingir una muerta 486:245:58
semilla de manzana. 486:245:68
los que beben en el banco de lágrimas de niña muerta
estaba muerta en la rama. 529:269:8
Calor blanco, fruta muerta. 531:270:33
hay una estrella muerta 598:313:46
Ceres está muerta 609:316:15
Venus es una blanca naturaleza muerta 619:323:23
¡Oh España, oh luna muerta sobre la piedra dura! 639:338:14

MUERTAS (10)
al contemplar las gotas muertas en los cristales. 197:11:20
muertas horas antiguas. 198:12:10

muertas para siempre, y sobre   201:14:13
tu alma
lloran las hojas muertas.   252:42:60
de las hojas muertas,   287:64:2
muertas sobre los estanques.   296:68:22
o subimos al filo de la   493:250:16
nieve con el coro de las
dalias muertas.
Las vacas muertas y las vivas,   503:257:7
de las horas muertas,   610:318:8
Por las salinas muertas   642:342:19
MUERTE (82)
cuando la muerte nos lleva?   181:3:24
¿Si la muerte es la muerte,   182:3:45
te dio la Muerte rosas   186:6:12
marchitas en un ramo.
Granada era tu lecho de   187:6:49
muerte, Doña Juana,
Granada era tu lecho de   187:6:53
muerte, Doña Juana,
por las puertas de la muerte   189:7:22
que es el manto de la muerte.   189:7:29
de Doña Muerte,   216:21:40
negro de muerte?   221:23:34
y yo a la muerte.   222:23:74
en el agua que va a la amarga   229:28:7
muerte?
se ríe de la Muerte   249:41:10
en vida y muerte cuajado.   258:46:36
el que llamó a la muerte,   260:47:14
Doña Muerte, arrugada,   265:51:7
pinturas a la Muerte.   265:51:16
EL trigal se ha entregado a la   269:55:1
muerte.
¿Y el alma verdadera se   271:56:15
despierta en la muerte?
como un tiovivo en que la   278:60:7
Muerte
¿Cuántos hijos tiene la   279:60:15
Muerte?
¡Dichosos los que dudan de la   285:63:52
muerte
Sin terror y sin miedo ante   287:63:129
la muerte,
de la muerte sin ojos   301:76:14
la muerte, coronada,   317:101:8
con la muerte.   321:106:6
LA muerte   323:110:1
La muerte   324:110:12
la muerte   324:110:15
Yo le pregunté a la muerte.   334:121:24
La muerte me está mirando   380:161:9
¡Ay que la muerte me espera,   380:161:13
carretera de la muerte.   429:222:22
VOCES de muerte sonaron   447:231:1
voces de muerte sonaron   447:231:17
voces de muerte cesaron   448:231:51
daba equilibrio a la muerte   453:233:56
por los blancos derribos de   474:240:37
Júpiter donde meriendan
muerte los borrachos.
por mi muerte desierta con   474:240:47
un solo paseante equivocado.
esperaban la muerte de un   489:247:4
niño en el velero japonés.
porque hay un mundo de la   489:247:19
muerte con marineros
definitivos
y el que teme la muerte la   493:250:21
llevará sobre sus hombros.
Todos comprenden el dolor   495:251:11
que se relaciona con la
muerte,
y la bruma y el Sueño y la   499:254:46
Muerte me estaban buscando.
donde meriendan muerte los   504:257:21
borrachos.
No es la muerte, es la   516:264:55
tienda de frutas.
Las niñas de Cristo cantaban   518:265:13

y las judías miraban la
muerte
Nueva York de alambre y de   523:267:25
muerte.
padre de tu agonía, camelia   525:267:75
de tu muerte,
gotas de sucia muerte con   526:267:106
amargo veneno.
¡No haya cuartel! La muerte   526:267:120
un hombro donde solloza la   527:268:2
muerte
de sí, de muerte y de coñac   527:268:10
Hay una muerte para piano   528:268:22
Lo demás era muerte y solo   537:273:7
muerte
la muerte puso huevos en la   538:273:29
herida
casi muerte y casi piedra,   540:274:73
con toda su muerte a cuestas.   540:274:79
la muerte le ha cubierto de   543:275:163
pálidos azufres
para este capitán atado por   543:275:185
la muerte.
para que se acostumbre con   544:275:195
la muerte que lleva.
Tu apetencia de muerte y el   545:276:218
gusto de su boca.
tu boca ya sin luz para mí   557:283:16
muerte.
una muerte de luz que me   565:292:17
consuma.
qué nocturno rumor, qué   568:295:10
muerte blanca!
quiero morir mi muerte a   568:295:22
bocanadas,
para tener un ala de mi   572:300:12
muerte.
ver la vida y la muerte,   583:305:18
La muerte llega siempre   599:313:74
de la Muerte.   607:315:10
Y la Muerte vencida se   620:323:51
refugia temblando
sobre piedra y rosal, muerte   634:333:2
y desvelo
sobre hierbas de muerte y   637:336:2
barro oscuro
En este duelo a muerte por la   639:338:9
virgen poesía,
AMOR de mis entrañas, viva   639:340:1
muerte,
Me encontré con la muerte.   640:341:7
Una muerte pequeña.   640:341:9
Una muerte pequeña.   640:341:16
Una muerte y yo un hombre.   641:341:17
una muerte pequeña.   641:341:19
Mi amor de paso, tránsito,   646:345:32
larga muerte gustada,
MUERTECITAS (1)
el millón de muertecitas que   647:346:18
tiene el mercado,
MUERTES (1)
Sangre que busca por mil   480:243:57
caminos muertes enharinadas
y ceniza de nardo,
MUERTO (38)
es lo muerto.   214:20:12
-Está muerto en el agua,   222:23:51
muerto,   254:44:10
Si a mi amor dejé muerto   289:65:13
y el primer pájaro muerto   298:70:22
MUERTO se quedó en la calle   304:81:1
Que muerto se quedó en la   304:81:11
calle
Niñas que le dan a Cristo   316:99:5
muerto
del gitanillo muerto.   326:114:12
Al estanque se le ha muerto   369:148:33
¿Dónde llevas tu jinete   376:156:5
muerto?
¿Dónde llevas tu jinete   376:156:15
muerto?

MUERTO - MUJER

¿Dónde llevas tu jinete muerto? 377:156:25
rueda muerto la pendiente, 429:222:18
Han muerto cuatro romanos 429:222:29
han encontrado muerto 463:236:51
que quitó luna de la sien del muerto. 476:241:28
Yo tenía un pez muerto bajo las cenizas de los incensarios. 483:244:11
Hay un muerto en el cementerio más lejano 493:250:9
o a aquel muerto que ya no tiene más que la cabeza y un zapato, 493:250:33
ni quien cultive hierbas en la boca del muerto, 520:266:16
con la butaca y el libro muerto, 527:268:13
y es las murallas del muerto 532:271:22
proyectó en el cielo el instante de la circuncisión de un niño muerto. 532:272:3
porque te has muerto para siempre. 544:276:202
porque te has muerto para siempre. 544:276:206
porque te has muerto para siempre. 544:276:210
Porque te has muerto para siempre, 544:276:211
era, muerto en la orilla, un arcángel de frío. 561:287:16
pero que todos sepan que no he muerto; 564:290:12
dadme un cáliz vacío, ya muerto, 581:304:78
es el otoño muerto: 583:305:23
Por el camino muerto 593:312:5
y el muerto no cerrara 598:313:42
repetido mil veces, muerto, crucificado 631:330:23
En la casa del muerto, los niños perseguían 632:331:7
¡Oh dulce muerto de pequeña mano! 637:336:9
muerto por el lobo 643:343:16
MUERTOS (36)
tranquilo sus brazos muertos. 209:16:16
jugarán todos los muertos 209:16:18
cuando los vea muertos. 211:17:40
y sin amores muertos. 211:18:8
muertos a las luces claras 213:19:18
con ojos muertos 215:21:16
los álamos muertos, nidales de hormigas; 281:62:13
Sus jinetes están muertos. 315:98:4
Sus jinetes están muertos. 315:98:10
Sus jinetes están muertos. 315:98:16
no vieron enterrar a los muertos, 472:239:2
Enrique por el mundo de los muertos y los periódicos abandonados. 473:240:14
a través de los caballos muertos y los crímenes diminutos, 482:243:117
Se perdió por los arcos un viernes de todos los muertos. 482:244:3
pero los muertos son más fuertes y saben devorar pedazos de cielo. 483:244:24
Era la gran reunión de los animales muertos, 484:245:11
Pero no son los muertos los que bailan, 486:245:61
Los muertos están embebidos, devorando sus propias manos. 486:245:63
son los muertos, los faisanes y las manzanas de otra hora 488:246:13
Son los muertos que arañan con sus manos de tierra 488:246:22
que vuelan en los trajes de los muertos, 503:256:58
muertos sobre el pulmón del elefante 507:260:7
Mi hueco sin ti, ciudad, sin tus muertos que comen. 509:260:70
los muertos diminutos por las riberas, 513:263:27
y los muertos se van quitando un traje de sangre cada día. 518:265:20
Los muertos se descomponen bajo el reloj de las ciudades, 525:267:83
Los muertos odian el número dos, 532:271:24
como todos los muertos de la Tierra, 544:276:212
como todos los muertos que se olvidan 544:276:213
Los muertos llevan alas de musgo. 561:287:5
Me separa de los muertos 562:289:5
me separa de los muertos. 563:289:18
No quiero que me repitan que los muertos no pierden la sangre: 563:290:5
los muertos gimen esperando turno. 571:298:16
Orbe claro de muertos y hormiguero de vivos 633:331:35
ni los muertos que mueven sus lenguas bajo los árboles. 645:345:13
MUEVAS (1)
no te muevas, Virginia. 399:188:6
MUEVE (6)
un chopo antiguo que mueve 209:16:15
se mueve un encinar 351:129:10
mueve la luna sus brazos 425:220:6
mueve en el aire Santiago. 452:233:43
San José mueve los brazos 454:234:45
Mueve la cintura 663:362:18
MUEVEN (3)
que mueven sus larguísimas 297:69:17
se mueven. 321:106:14
ni los muertos que mueven sus lenguas bajo los árboles. 645:345:13
MUGE (1)
y muge seguido de caimanes. 481:243:98
MUGEN (1)
allí donde mugen las vacas que tienen patitas de paje 499:254:48
MUGÍA (2)
mugía la bovina cabeza recién cortada 507:260:15
El toro ya mugía por su frente 538:273:37
MUGIDO (1)
ni el mugido del árbol asesinado por la oruga. 500:255:12
MUGIERON (1)
mugieron como dos siglos 540:274:74
MUJER (21)
una mujer que adivino 190:7:55
¡Oh mujer potente de ébano y de nardo!, 202:14:26
¡Oh mujer esbelta, maternal y ardiente! 202:14:42
para su mujer.) 372:150:14
El tren y la mujer que llena el cielo. 475:241:2
El tren y la mujer que llena el cielo. 476:241:43
sin encontrar el desnudo de su mujer 485:245:30
LA mujer gorda venía delante 487:246:1
la mujer gorda 487:246:3
La mujer gorda, enemiga de la luna, 487:246:5

La mujer gorda venía delante   488:246:24
Pero la mujer gorda seguía   489:246:40
delante
y el rebaño de vacas   500:255:22
nocturnas con rojas patitas
de mujer.
Esclavos de la mujer,   526:267:117
perras de sus tocadores,
es llegar a la mujer,   531:271:6
la mujer que no teme la luz,   531:271:7
la mujer que mata dos gallos   531:271:8
en un segundo,
y como la mujer teme la luz   532:271:26
de senos de mujer.   579:304:21
Mujer, flor que se abre en   588:309:10
el jardín:
Me quedo con la mujer fría   645:345:20
MUJERCILLAS (1)
¡Oh gentes! ¡Oh mujercillas!   490:247:37
¡Oh soldados!
MUJERES (18)
de las mujeres.   222:23:66
pues con bocas de mujeres   257:46:13
lloran dos viejas mujeres.   429:222:10
para mujeres y hombres.   439:227:44
Tristes mujeres del valle   450:232:27
Viejas mujeres del río   450:232:31
Dos mujeres y un viejo   462:236:33
dos mujeres y un viejo   463:236:47
para quemar la clorofila de   480:243:66
las mujeres rubias,
con las mujeres vacías, con   488:246:16
niños de cera caliente,
Y en el Perú viven mil   513:263:49
mujeres, ¡oh insectos!, que
noche y día
las mujeres ahogadas en   522:266:60
aceites minerales,
pero el número dos adormece   532:271:25
a las mujeres
había encerrado a tres   532:272:11
santas mujeres
Ellas son las mujeres entre   580:304:56
todas las flores,
Mujeres, derramad agua,   588:308:6
CANTABAN las mujeres por el   630:330:1
muro clavado
Cantaban las mujeres en la   631:330:25
arena sin norte,
MULA (5)
Jamás sierpe, ni cebra, ni   482:243:100
mula
cuando el sacerdote levante   483:244:21
la mula y el buey con sus
fuertes brazos
el de la mula torda,   654:353:3
el de la mula torda,   654:353:7
el de la mula torda   654:353:11
MULATOS (1)
los mulatos estiraban gomas,   480:243:49
ansiosos de llegar al torso
blanco,
MULEROS (3)
DE los cuatro muleros,   654:353:1
De los cuatro muleros,   654:353:5
De los cuatro muleros,   654:353:9
MULETAS (1)
pequeñas golondrinas con   495:251:25
muletas
MULO (1)
La noche disfrazada con una   623:325:17
piel de mulo
MULOS (3)
mulos y sombras de mulos   438:227:3
Un cielo de mulos blancos   438:227:9
MULTIPLE (2)
Múltiple pelotari.   327:116:4
y, bajo la hora múltiple,   610:318:5
MULTIPLICA (1)
El aire multiplica.   597:313:29
MULTIPLICABA (2)

multiplicaba sus puertas.   456:234:74
Multiplicaba   596:313:4
MULTIPLICACIONES (2)
DEBAJO de las multiplicaciones 515:264:1
debajo de las   516:264:35
multiplicaciones,
MULTIPLICADA (1)
terrible y multiplicada.   384:166:12
MULTITUD (2)
entre la multitud que vomita, 488:246:37
tiburones como gotas de   520:266:6
llanto para cegar una
multitud,
MUNDO (51)
todo el mundo lo sabe,   174:1:50
es la vida del mundo,   194:9:49
Dando vueltas al mundo,   255:44:56
la armonía del mundo.   277:58:23
bajo el asombro del mundo   292:67:48
astral.
Todo se ha roto en el mundo.   303:80:5
piensa que el mundo es chiquito 304:82:2
Vine a este mundo con ojos   321:107:3
[JINETE] El mundo es muy   339:121:106
grande.
Quedaba el mundo,   385:168:5
(Mundo del abanico,   393:178:7
El mundo de las luciérnagas   412:207:9
Mundo plano, mar rizado,   419:216:10
el desengaño del mundo,   440:228:10
Enrique por el mundo de las   473:240:5
camas;
Emilio por el mundo de los   473:240:6
ojos y las heridas de las
manos;
Lorenzo por el mundo de las   473:240:7
universidades sin tejados.
Lorenzo por el mundo de las   473:240:12
hojas y las bolas de billar;
Emilio por el mundo de la   473:240:13
sangre y los alfileres
blancos;
Enrique por el mundo de los   473:240:14
muertos y los periódicos
abandonados.
Medio lado del mundo era de   485:245:17
arena,
porque hay un mundo de la   489:247:19
muerte con marineros
definitivos
Estaban los cuatro marineros   491:249:6
luchando con el mundo,
con el mundo de aristas que   491:249:7
ven todos los ojos,
con el mundo que no se puede   491:249:8
recorrer sin caballos.
luchando con el mundo de las   491:249:10
agudas velocidades,
sin enterarse de que el mundo 491:249:11
El mundo solo por el cielo   491:249:13
solo.
El mundo solo por el cielo   491:249:16
solo
Lo que importa es esto: 492:249:32
hueco. Mundo solo.
Desembocadura.
No duerme nadie por el mundo. 493:250:7
Nadie, nadie.
No duerme nadie por el   494:250:44
mundo. Nadie, nadie.
Es una cápsula de aire donde   495:251:31
nos duele todo el mundo,
Pero no quiero mundo ni   499:254:24
sueño, voz divina,
dame tu mundo hueco, ¡amor   507:260:19
mío!
Mira el ansia, la angustia   508:260:40
de un triste mundo fósil
Toda la luz del mundo cabe   509:260:62
dentro de un ojo.

Hay un mundo de ríos quebrados	517:264:56
Este es el mundo, amigo, agonía, agonía.	525:267:82
¡Maricas de todo el mundo, asesinos de palomas!	526:267:116
y la nieve podría con el mundo	529:269:23
La vaca del viejo mundo	539:274:68
y un mundo de mil terrazas.	561:288:2
la síntesis del mundo,	583:305:19
el mundo de las rosas	608:315:30
El mundo tiene sordas penumbras y desorden,	620:323:45
sobre el mundo de ruedas y falos que circula.	630:330:12
Bajo el sol y la luna. Triste noche del mundo.	632:331:18
Mundo, ya tienes meta para tu desamparo.	633:331:37
¡olvídame! y olvida al mundo vano,	636:334:13
Sabes que yo comprendo la carne mínima del mundo.	647:346:23

MUNDOS (1)

mundos enemigos y amores cubiertos de gusanos	520:266:9

MUÑONES (1)

Con el árbol de muñones que no canta	471:238:5

MURALLAS (1)

y es las murallas del muerto	532:271:22

MURCIELAGO (1)

Un murciélago me avisa	226:26:37

MURCIELAGOS (1)

Los murciélagos nacen	612:318:57

MURIERON (1)

y te escupió en el dormitorio donde murieron los huéspedes en la epidemia	502:256:40

MURIO (1)

y se murió de perfil.	448:231:42

MURMURABA (2)

-murmuraba una de ellas-	176:2:31
triste me murmuraba:	275:57:102

MURO (10)

huyen por el roto muro.	441:228:26
que fijaba sobre el muro	453:233:52
se levanta el muro impasible	481:243:88
hay que llevarlos al muro donde iguanas y sierpes esperan,	494:250:34
ha de gritar aunque le estrellen los sesos en el muro,	522:266:62
¡Oh blanco muro de España!	542:274:135
un muro de malos sueños.	562:289:6
Un muro de malos sueños	563:289:17
CANTABAN las mujeres por el muro clavado	630:330:1
que erige en agua su perpetuo muro,	637:336:6

MUROS (10)

la de la yedra muerta sobre los muros rojos,	187:6:55
¿Te colgaré sobre los muros	232:30:17
en los muros y atalayas.	467:237:96
cuando tus ojos eran dos muros,	502:256:19
Los niños de Cristo bogaban y los judíos llenaban los muros	518:265:10
Una danza de muros agita las praderas	526:267:132
sino plazas y plazas y otras plazas sin muros.	542:275:160
quiero subir los muros de Granada,	568:295:2
pero por detrás de los grises muros	569:296:3
En la calle de los Muros	660:358:8

MUSAS (1)

Oh musas bailarinas, de tiernos pies rosados,	623:325:21

MUSCULOS (2)

Sus músculos de siglos	214:20:30
cuerpo de luz humana con músculos de harina!	631:330:32

MUSEO (2)

de mi museo sentimental,	232:30:18
en el museo de la escarcha.	527:268:5

MUSGO (10)

el musgo, nevado de blancas violetas.	281:62:14
En el musgo de los troncos olvidaban el musgo de las aldeas.	465:237:47 / 478:243:7
que ya la Bolsa será una pirámide de musgo,	487:245:81
Pero si alguien tiene por la noche exceso de musgo en las sienes,	494:250:47
ríos de musgo y amargura de pie	502:256:32
Pero el pozo te alarga manecitas de musgo,	505:258:22
Los muertos llevan alas de musgo.	561:287:5
quiero llenar mi corazón de musgo,	568:295:23
en el musgo de un norte sin reflejo.	636:335:2

MUSGOS (5)

Desván donde el polvo viejo congrega estatuas y musgos,	472:239:14
Me envolveré sobre esta lona dura para no sentir el frío de los musgos.	483:244:30
los espesos musgos de mis sienes.	488:246:39
Ya los musgos y la hierba	541:274:124
donde se queman los musgos inocentes,	645:345:21

MUSGOSO (1)

Mi almario está musgoso	174:1:30

MUSICA (11)

una música humilde se despierta con ella	196:11:3
de pasión y de música.	198:12:8
y maduro de música,	218:22:46
con la música eterna,	219:22:66
cesó la triste música,	256:45:10
Era el mismo fluir lleno de música	275:57:91
ni los paisajes que se hacen música al encontrar las llaves oxidadas.	514:263:63
y rompan las prisiones del aceite y la música,	522:266:70
¡Oh nieve circundada por témpanos de música!	631:330:35
su música primera	635:333:29
¡Oh música y bondad entretejida!	637:336:10

MUSICAL (1)

Esa luz musical	254:44:12

MUSICAS (2)

Vuestras músicas vienen del alma de los pájaros,	264:50:6
una feria sin músicas	265:51:21

MUSLO (3)

y amarga de muslo joven.	450:232:30
Enjambres de ventanas acribillaban un muslo de la noche.	486:245:53
Y un muslo con un asta desolada	537:273:15

MUSLOS (15)

Nadie besará tus muslos de brasa.	202:14:23
los muslos sudorosos	210:17:22
sus muslos limpios.	241:38:38

entre sus muslos de cobre.   315:98:8
De la cabeza a sus muslos   369:148:37
Tus muslos como la tarde   398:187:3
Anís de tus muslos blancos.   401:191:14
cae desmayada en los muslos   429:222:33
Sus muslos se me escapaban   435:225:32
¡Ay mis muslos de amapola!   437:226:34
enseña sus bellos muslos   438:227:19
Embolos y muslos juegan   466:237:83
los que crecen en el cruce   486:245:66
de los muslos y llamas duras,
ni tus muslos de Apolo   523:267:32
virginal,
para sentir tus muslos   567:294:23
MUSTIADO (1)
que en su fondo, mustiado y   581:304:79
desierto,
MUSTIOS (1)
y los árboles mustios   265:51:5
MUTILADO (2)
su silencio mutilado.   460:235:62
En el circo del frío sin   509:260:67
perfil mutilado.
MUY (39)
NACAR (3)
o de nácar. ¿Lo ves?   205:15:34
sus dientes de nácar,   314:97:10
montado en potra de nácar   435:225:38
NACE (8)
mientras nace en mi tronco   238:35:31
seria, ¿de dónde nace?   263:49:18
La flor silvestre nace para   270:55:38
el sueño
donde nace y se cuaja?   274:57:84
Una luz nace en mi pecho,   386:169:11
ya nace la leche tibia.   444:229:58
Tardará mucho tiempo en   545:276:220
nacer, si es que nace,
Que esta noche nace el Cristo   587:307:39
NACEIS (1)
y vosotras nacéis para la   270:55:39
vida.
NACEMOS (1)
Nacemos bajo tus cuernos   614:318:88
NACEN (4)
y los lirios que nacen porque   270:55:36
sí!
Dichosos los que nacen   285:63:48
mariposas
Viejos desde que nacen   349:128:36
Los murciélagos nacen   612:318:57
NACER (5)
que nacer hierba sentía   188:7:8
para nacer en otro sitio.   235:32:49
a nacer.   260:47:12
Tardará mucho tiempo en   545:276:220
nacer, si es que nace,
por eso todas ellas al nacer   580:304:54
imitaron
NACERA (1)
Edipo nacerá de una pupila.   612:318:44
NACERAN (1)
nacerán en tu costado,   452:233:29
NACES (1)
Naces para vivir unos minutos   233:32:12
NACI (1)
¿Por qué nací entre espejos?   420:218:5
NACIDA (3)
recién nacida, ese cantar   272:57:7
oculto
antigua y recién nacida   648:348:13
porque al ser nacida   665:364:44
NACIDO (10)
el fatal sentimiento de haber   197:11:14
nacido tarde,
"Es un recién nacido,   234:32:41
algo recién nacido?   289:65:16
que trasmina a niño recién   500:255:7
nacido
Ya está sobre la piedra   543:275:161
Ignacio el bien nacido.

ni hay nadie que, al tocar un   565:292:8
recién nacido,
va cantando al Jesús que ha   586:307:16
nacido:
que ha nacido ya.   586:307:20
recién nacido.   609:316:11
Panderito de harina para el   630:330:18
recién nacido.
NACIERAN (2)
Si los lirios nacieran   598:313:36
si las rosas nacieran   598:313:38
NACIMIENTO (1)
nacimiento del Verbo de la   272:57:17
tierra
NACISTEIS (1)
Nacisteis junto con Filomnedes   292:67:44
NADA (21)
no hay nada comparable   195:9:79
-Y comadre, ¿no le dijo nada?   207:15:74
Nada turba los siglos   214:20:19
nada queda en las aguas!)   224:25:18
Y aunque no crees en nada   234:32:34
dices esto,
nada más que la sombra.   245:39:46
y nada más.   266:53:2
nada más.   267:53:24
pero mi corazón no entiende   272:57:14
nada.
¿Y el casto manantial no dice   273:57:47
nada?
Nada como su trino.   320:105:4
No quise decirte nada.   389:173:2
No quise decirte nada.   389:173:8
¡No preguntadme nada!   405:197:7
No quiero decirte nada.   416:212:8
No preguntarme nada. He   472:239:18
visto que las cosas
Duerme, no queda nada.   526:267:131
al reino de la Nada,   585:305:69
Vuelve hecho luna y corazón   636:334:8
de nada.
que suena en todo sin sonar   639:339:4
en nada.
las flores no valen nada,   664:363:10
NADABA (1)
Por la luna nadaba un pez.   528:269:4
NADADOR (1)
el nadador de níquel que   500:255:21
acecha la onda más fina
NADADORA (1)
Es la tierra alegrísima,   645:345:16
imperturbable nadadora,
NADARAN (1)
nadarán alrededor.   377:157:8
NADAS (1)
Tierra tú mismo que nadas   517:264:63
NADIE (39)
que ya nadie las recuerda?   182:3:48
Nadie besará tus muslos de   202:14:23
brasa.
Nadie te fecunda. Mártir   202:14:34
andaluza,
si a nadie quieres?   221:23:40
No lo conocía nadie.   304:81:3
Era madrugada. Nadie   304:81:8
y que no lo conocía nadie.   304:81:13
nadie puede verlas.   359:134:14
Nadie come naranjas   393:179:9
para que nadie la toque.   438:227:14
Ni tú eres hijo de nadie,   446:230:33
y para que nadie dude de la   479:243:29
infinita belleza
NO duerme nadie por el cielo.   492:250:1
Nadie, nadie.
No duerme nadie.   492:250:2
No duerme nadie por el mundo.   493:250:7
Nadie, nadie.
No duerme nadie.   493:250:8
No duerme nadie por el   494:250:38
cielo. Nadie, nadie.
No duerme nadie.   494:250:39

No duerme nadie por el   494:250:44
mundo. Nadie, nadie.
No duerme nadie.   494:250:46
La aurora llega y nadie la   497:253:9
recibe en su boca
en el rincón más oscuro de   499:254:26
la brisa que nadie quiera.
Pero nadie en lo oscuro   505:258:10
podrá darte distancias,
Como nadie volvía la cabeza,   533:272:18
el cielo pudo desnudarse.
Aquí no canta nadie, ni   543:275:174
llora en el rincón,
pero nadie querrá mirar tus   544:276:209
ojos
No te conoce nadie. No.   545:276:215
Pero yo te canto.
NADIE comprendía el perfume   557:283:1
Nadie sabía que martirizabas   557:283:3
ni hay nadie que, al tocar un   565:292:8
recién nacido,
se pasea nadie.   566:293:14
NAIPE (2)
Una dura luz de naipe   428:222:5
donde naipe y herida se   632:331:30
entrelazan cantando,
NAIPES (2)
de naipes que se eleva   233:32:14
tembloroso
consulta naipes helados.   451:233:13
NANA (1)
hilando en los labios lo azul   201:14:17
de la nana.
NANAS (1)
Se oyen las nanas a las   286:63:102
cunas pobres,
NARANJA (14)
La naranja es la tristeza   258:46:43
y naranja exprimida.   320:105:15
horadan la naranja   349:128:34
con trajes color naranja   381:163:15
NARANJA y limón.   392:177:1
Limón y naranja.   392:177:4
Naranja.   392:177:10
La tierra es una naranja.   394:180:15
Yo quiero ser una naranja.   395:180:17
ponte color naranja.   407:200:8
ponte color naranja!   407:200:18
estrella que naranja,   595:312:63
(Gira la naranja   608:315:41
(Gira la naranja   609:315:51
NARANJAL (5)
del naranjal?   313:95:4
del naranjal?   313:95:16
Naranjal desfallecido,   592:311:44
naranjal moribundo,   592:311:45
naranjal sin sangre.   592:311:46
NARANJALES (1)
y viento en los naranjales.   295:68:20
NARANJAS (9)
lotos de saetas, olas de   202:14:31
naranjas
[GITANO] Y naranjas en la   332:119:58
nieve.
las naranjas!   352:129:44
LA mar no tiene naranjas,   377:157:1
La mar no tiene naranjas.   377:157:9
Nadie come naranjas   393:179:9
una berceuse a las naranjas.   394:180:13
El niño come naranjas.   405:198:3
los bares y las naranjas.   418:216:6
NARANJEL (2)
en el naranjel.   371:150:2
en el naranjel.   372:150:16
NARANJO (4)
BAJO el naranjo lava   317:102:1
bajo el naranjo en flor!   317:102:6
bajo el naranjo en flor!   318:102:12
bajo el naranjo en flor!   318:102:17
NARANJOS (2)
va entre naranjos y olivos.   295:68:2

entre los naranjos   323:109:5
NARCISO (4)
NARCISO.   411:205:1
Narciso.   411:205:6
Narciso.   411:205:13
Narciso.   411:205:18
NARDO (11)
con la carne oscura de nardo   201:14:3
marchito
¡Oh mujer potente de ébano y   202:14:26
de nardo!,
supe del ensueño por boca del   281:62:7
nardo,
y el nardo.)   318:103:5
nieve, nardo y salina,   384:167:2
Nieve. Nardo. Salina.   385:167:14
El nardo de la luna   410:203:5
Sangre que busca por mil   480:243:57
caminos muertes enharinadas
y ceniza de nardo,
donde su risa era un nardo   541:274:113
elevan tu columna de nardo   630:330:11
bajo nieve
Un delirio de nardo ceniciento 636:334:5
NARDOS (7)
en los nardos febriles   324:110:10
con agua salobre y nardos.   401:191:9
con su polisón de nardos.   425:220:2
Ni nardos ni caracolas   435:225:28
de nardos casi despiertos   458:235:21
nardos de angustia dibujada.   497:253:8
con un dolor sin límite, de   617:322:12
nardos.
NARICILLAS (1)
Como las naricillas de los   626:328:8
niños
NARIZ (2)
Nariz del corazón,   213:20:4
y estrellas de nariz rota,   458:235:10
NATIVA (1)
con tristeza nativa.   271:56:27
NATURALEZA (6)
de la Naturaleza   175:2:19
de la Naturaleza.   192:9:8
no tenga por mi Naturaleza   238:36:10
Naturaleza!   366:144:14
de la Naturaleza   583:305:35
Venus es una blanca   619:323:23
naturaleza muerta
NAUFRAGIO (1)
como recién salidas de un   497:253:20
naufragio de sangre.
NAUFRAGO (1)
voz inquieta de náufrago   617:322:23
sonaba.
NAVAJA (2)
y aquel niño que afila su   504:257:11
navaja
Más vale sollozar afilando   516:264:24
la navaja
NAVAJAS (2)
las navajas de Albacete,   428:222:2
de navajas de Albacete.   429:222:16
NAVAS (1)
marchan las navas abajo,   661:359:14
NAVEGAN (1)
para salpicar de lodo las   502:256:42
pupilas de los que navegan,
NAZARET (1)
María de Nazaret,   580:304:29
NEAPORIS (1)
neáporis grandiosas de todo   580:304:58
pensamiento,
NEBULOSA (2)
Espadón de nebulosa   452:233:42
pulso de nebulosa y minutero,   476:241:24
NEBULOSAS (1)
devorado por las nebulosas.   514:263:61
NECESARIO (3)
Es necesario llegar antes   341:121:124
de que amanezca...

y es necesario dar con los   479:243:24
puños cerrados
Es necesario caminar, ¡de   513:263:43
prisa!, por las ondas, por
las ramas,
NECESIDAD (1)
que hubo necesidad de llamar   493:250:13
a los perros para que
callase.
NECESITA (2)
no darán el licor que necesita   214:20:34
Corazón interior no necesita   640:340:7
NECESITO (1)
[GITANO] Aunque no necesito   331:119:53
alas, porque vuelo sin ellas.
NECTAR (1)
El más allá del néctar,   199:13:3
NECTARES (1)
hecha de espartos   480:243:61
exprimidos, néctares de
subterráneos.
NEGAR (1)
[JINETE] ¿Quién lo puede   339:121:95
negar?
NEGARAS (1)
[JINETE] Ahora no te   341:121:121
negarás a montar conmigo.
NEGOCIO (1)
[JINETE] Son tres. Venden   336:121:49
cuchillos. Ese es el negocio.
NEGRA (22)
noche negra?   244:39:6
noche negra?   244:39:15
noche negra?   244:39:23
noche negra?   245:39:32
noche negra?   245:39:40
noche negra?   245:39:48
y en la negra distancia   256:44:63
frente a la noche negra,   268:54:20
con un cable de noche negra,   278:60:11
Y la negra distancia: -El azul   286:63:87
Adelfa negra.   346:124:9
EN la luna negra   376:156:1
En la luna negra   376:156:11
En la luna negra,   377:156:21
Jaca negra, luna grande,   380:161:3
jaca negra, luna roja.   380:161:8
que la pena negra, brota   437:226:20
rosas de pólvora negra.   457:234:112
en un coche de agua negra.   530:270:4
en un coche de agua negra.   531:270:25
EN el agua negra,   593:312:1
La Noche, negra estatua de   619:323:19
la prudencia, tiene
NEGRAS (11)
con piedras negras y cruces   291:67:36
toscas,
ENTRE mariposas negras,   299:73:1
alas y flores con sus capas   393:178:10
negras.
sus negras capas ceñidas   428:221:49
Las herraduras son negras.   453:234:2
mondar las negras cabezas de   483:244:17
los soldados agonizantes
y porque todavía en el suelo   489:247:15
celeste de negras huellas
y un huracán de negras palomas   497:253:3
y algunas negras suben a los   502:256:33
pisos para repartir filtro
de rata.
negras en tierras blancas,   583:305:25
negras.   596:313:8
NEGRO (33)
en un negro y profundo   197:11:38
pentágrama sin clave.
y tu pelo negro va siendo de   202:14:39
plata;
con las sierras perdidas en   206:15:55
negro,
su negro velo levanta   212:19:10
negro y solemne?   221:23:30

negro de muerte?   221:23:34
Lo negro, acribillado   254:44:7
-¿Qué llevas, oh negro joven,   263:49:9
Pero el negro secreto de la   273:57:38
noche
cual negro rocío, tapizó la   283:62:63
seda,
¡Resumen negro a lo medieval!   292:67:43
será un arco iris negro   298:71:5
(Lo negro   305:83:11
que flotan en su negro   314:96:10
SOBRE el cielo negro,   321:107:1
Sobre el cielo negro,   322:107:23
Caballito negro.   376:156:4
Caballito negro.   376:156:14
Caballito negro.   377:156:24
Ayer, mañana, negro y verde,   384:166:7
cara fresca, negro pelo,   432:223:71
los pedazos de limón seco   472:239:9
bajo el negro duro de las
botellas.
y llegar al rubor negro   479:243:18
Un viento sur de madera,   481:243:78
oblicuo en el negro fango,
pero dientes que callarán   496:251:44
aislados por el raso negro.
se apagaban en el negro de   518:265:24
los sombreros de copa.
y un niño negro anuncie a   526:267:136
los blancos del oro
¡Oh negro toro de pena!   542:274:136
ni el raso negro donde te   544:276:204
destrozas.
como un negro cactus abierto   558:284:14
en los juncos.
que es un manto muy negro y   586:307:9
muy feo.
tiro al blanco de insomnio   630:330:16
sin un pájaro negro.
con el hombre de nieves y el   633:331:36
negro de la llama.
NEGROS (35)
¿Tienes los ojos negros   187:6:37
abiertos a la luz?
una virgen y dos gatos negros,   206:15:49
y son negros carbones   262:48:3
VESTIDA con mantos negros   304:82:1
Vestida con mantos negros.   304:82:4
Vestida con mantos negros.   305:82:8
que vestida con mantos negros!   305:82:13
Pasan caballos negros   323:110:4
números negros.   353:131:9
sus negros ijares   377:156:17
Da los negros melones de tus   399:188:7
pechos
Negros torsos bañistas   401:192:5
oscurecen
Angeles negros traían   429:222:13
Y ángeles negros volaban   429:222:35
LOS caballos negros son.   453:234:1
Negros maniquíes de sastre   460:235:59
Negros le dirigen flechas   467:237:95
iba al sitio donde lloraban   478:243:9
los negros
Los negros lloraban   480:243:47
confundidos
Negros, Negros, Negros,   480:243:52
Negros.
No busquéis, negros, su   481:243:90
grieta
Negros, Negros, Negros,   481:243:99
Negros.
Entonces, negros, entonces,   482:243:106
entonces,
los negros que sacan las   522:266:58
escupideras,
rubios del norte, negros de   524:267:55
la arena,
da a mi carro negros potros.   608:315:45
Los lirios negros   610:318:7
los lirios negros   610:318:9

números negros.   613:318:73
NEGRURA (1)
  En el bosque antiguo, lleno de   281:62:9
  negrura,
NEL (1)
NEPTUNO (1)
  diez rumores de Neptuno,   441:228:24
NERVIO (1)
  nervio de plata caliente,   442:229:5
NERVIOS (3)
  nervios de metal sonaban.   464:237:6
  llenan de nervios luminosos   477:242:14
  la arcilla
  prendido en nervios de metal   635:333:37
  dorado,
NEUTRA (4)
  neutra luna de piedra sin   353:130:13
  semilla
  Piel seca de uva neutra y   509:260:61
  amianto de madrugada.
  en la cúpula neutra gustaban   631:330:28
  tu racimo.
  y en la neutra ceniza de mi   638:338:3
  verso quisiera
NEVADA (2)
  sobre la nevada.   297:70:13
  que se opone a la nevada.   648:348:4
NEVADO (2)
  que ha nevado sobre ellas.   181:3:12
  el musgo, nevado de blancas   281:62:14
  violetas.
NEW YORK (3)
  ¡Cómo viene del Africa a New   484:245:2
  York!
  en el alba mentida de New   515:264:9
  York.
  Todos los días se matan en   515:264:16
  New York
NI (160)
NIDAL (1)
  Serás nidal de ranas   261:47:45
NIDALES (2)
  los álamos muertos, nidales   281:62:13
  de hormigas;
NIDO (9)
  cuyo nido fue sangre del suelo   186:6:6
  castellano,
  Nunca tuviste el nido, ni el   186:6:25
  madrigal doliente,
  y huye del enorme nido   208:16:5
  y sin nido.   233:32:5
  se deshace el nido.   288:64:31
  pica desde su nido   326:114:8
  tendrá bosque, dolor y nido   414:209:8
  blando.
  Nido   591:311:37
  y un nido de silencios   598:313:51
NIDOS (9)
  llena con nidos de oro   184:4:25
  cogiendo nidos y ramas,   213:19:14
  Ya se han quemado los nidos   225:26:5
  ¡Ya vendrán los pastores con   233:31:18
  sus nidos
  sin nidos?   242:38:57
  al hallarse sin nidos,   260:47:15
  olvidado
  sin nidos y sin hojas.   265:51:6
  Sentí sobre mis brazos dulces   274:57:71
  nidos,
  tenemos la entraña cuajada de   282:62:33
  nidos,
NIEBLA (31)
  de sol débil y niebla.   180:2:171
  en el alma de la niebla.   181:3:4
  la de la niebla azul y el   187:6:56
  arrayán romántico.
  que levantan la niebla.   193:9:16
  Ella es niebla y es rosa   193:9:31
  niebla de libros   195:10:3
  Si la niebla se esfuma,   198:12:20

Te vas por la niebla del   203:14:52
otoño, virgen
perdidos en la niebla   214:20:17
de niebla fría,   215:21:23
guerreros de niebla   228:27:29
con peluca de niebla   236:34:4
perdidas en la niebla.   250:42:8
¿La niebla del misterio no   273:57:42
estremece
lleno de niebla espesa, de   275:57:95
rocío
En la niebla se convierte   277:59:18
La niebla lo sostiene,   290:66:20
y la niebla es tan solo   290:66:21
de niebla.   299:73:4
de niebla, y sin embargo   349:128:33
con la niebla fría,   413:208:6
anciano hermoso como la   523:267:34
niebla
mayorales de pálida niebla.   540:274:102
vacilando sin alma por la   541:274:130
niebla,
uva de niebla y montes   544:276:208
agrupados,
La niebla cubre en silencio   563:289:19
Sollozad por la niebla de   582:304:104
tumba
los cabellos de niebla   591:311:25
Desnuda la montaña de niebla   618:323:3
impresionista.
Honda luz sin un pliegue de   623:325:3
niebla se atiranta,
en mi jaca de niebla.   624:326:17
NIEBLAS (2)
das al alma las mismas   198:11:45
nieblas y resonancias
que tenga dulces nieblas y   543:275:187
profundas orillas,
NIEGA (1)
Si el aire se niega a salir   512:263:7
de los cañaverales
NIETO (2)
hijo y nieto de Camborios,   445:230:2
hijo y nieto de Camborios,   446:230:26
NIEVA (1)
También sobre el alma nieva.   181:3:14
NIEVE (64)
La nieve del alma tiene   181:3:15
La nieve cae de las rosas,   181:3:19
¿Se deshelará la nieve   181:3:23
¿O después habrá otra nieve   181:3:25
derramaste tu fuego sobre un   186:6:7
cáliz de nieve
a dormir entre nieve y   187:6:48
cipresales castos.
Un retablo de nieve que   187:6:51
mitigue tus ansias,
que tienen temblores de   202:14:50
sangre, de nieve,
y de tus senos, rosas como la   203:14:75
nieve blancas.
de sol y nieve?   220:23:4
de sol y nieve.   220:23:12
niña de nieve,   222:23:52
El fondo un campo de nieve.   235:33:5
El fondo un campo de nieve.   235:33:10
El fondo un campo de nieve.   235:33:15
El fondo un campo de nieve.   236:33:20
Y el fondo es un campo de   236:33:25
nieve.
se va tornando en nieve,   249:41:4
esfinge de nieve,   288:64:25
Va cayendo la nieve   290:66:11
cansancio de la nieve.   290:66:22
bajan de la nieve al trigo   295:68:4
[GITANO] Y naranjas en la   332:119:58
nieve.
nieve, nardo y salina,   384:167:2
Nieve. Nardo. Salina.   385:167:14
blancas, en la nieve.   413:208:12
y el liso gong de la nieve.   427:221:36

pañuelos y agua de nieve. 429:222:14
Nieve ondulada reposa. 460:235:51
cubren la nieve del campo, 460:235:60
Nieve partida comienza. 460:235:63
tres paisajes de nieve y una 474:240:28
cabaña de azucenas
espigas de Saturno por la 476:241:35
nieve
en el salón de la nieve fría. 477:242:4
tendida en la frontera de la 486:245:49
nieve!
o subimos al filo de la 493:250:16
nieve con el coro de las
dalias muertas.
y pequeñas criaturas del 495:251:38
cielo enterradas bajo la
nieve.
UN pastor pide teta por la 496:252:1
nieve que ondula
La nieve de Manhattan empuja 496:252:17
los anuncios
Noche igual de la nieve, de 512:263:12
los sistemas suspendidos.
y las barcas de nieve se 518:265:30
agolparon
las barcas de nieve que 518:265:32
acechan
ha de gritar loca de nieve, 522:266:65
Arcilla blanda o nieve, tu 526:267:129
lengua está llamando
viendo ovejas y lirios de 528:268:32
nieve
y la nieve podría con el 529:269:23
mundo
es llegar a la nieve 531:271:2
y llegar a la nieve 531:271:3
y los gallos que no saben 531:271:10
cantar sobre la nieve.
Pero si la nieve se equivoca 531:271:11
de corazón
y los gallos solo saben 532:271:28
volar sobre la nieve
Cuando el sudor de nieve fue 538:273:25
llegando
y el Amor, empapado con 543:275:167
lágrimas de nieve,
tu cintura, enemiga de la 557:283:8
nieve.
eras rumor de nieve por mi 564:291:6
pecho.
de llamarada en la nieve? 567:294:8
vi dos águilas de nieve 574:303:11
canciones de bambú y 623:325:10
estribillos de nieve.
elevan tu columna de nardo 630:330:11
bajo nieve
¡Oh nieve circundada por 631:330:35
témpanos de música!
Duerme cielo sin fin, nieve 637:336:12
tendida.
Tu pensamiento es nieve 639:339:5
resbalada
La nieve gime y tiembla 641:341:21
Cuerpo y tierra de nieve. 649:349:5
NIEVES (2)
y las nieves. 388:172:9
con el hombre de nieves y el 633:331:36
negro de la llama.
NIHILISTA (1)
que soy nihilista.) 217:21:65
NINFA (1)
seguro de no encontrar una 481:243:95
ninfa,
NINFAS (2)
Las tres ninfas del cáncer 509:261:4
han estado bailando,
donde gritan las oscuras 521:266:39
ninfas del cólera.
NINGUN (3)
Sin ningún viento, 173:1:14
Sin ningún viento, 174:1:32

Sin ningún viento, 175:1:55
NINGUNA (7)
de ninguna parte. 174:1:37
La cruz. No llorad ninguna. 342:122:9
y la muchacha era ninguna. 355:133:14
y las dos eran ninguna. 355:133:22
y la muchacha era ninguna. 575:303:14
y las dos eran ninguna. 575:303:22
de baraja francesa y sin 621:323:93
ninguna herida.
NINGUNO (10)
por ninguno ignorada! 195:9:76
ninguno queréis sofocar las 282:62:42
ansias
Era ninguno. 367:147:6
Pero ninguno se dormía, 522:267:6
ninguno quería ser el río, 522:267:7
ninguno amaba las hojas 522:267:8
grandes,
ninguno la lengua azul de la 522:267:9
playa.
Pero ninguno se detenía, 523:267:16
ninguno quería ser nube, 523:267:17
ninguno buscaba los helechos 523:267:18
NIÑA (45)
la pasión de una niña recién 203:14:69
enamorada!
-¿Dónde vas, niña mía, 220:23:3
-Teme al sol, niña mía, 220:23:11
-¿Quién eres, blanca niña? 220:23:15
niña de nieve, 222:23:52
Niña sin mieles, 222:23:60
La niña de las trenzas 244:39:20
el que habló con niña Rosa 258:46:27
y voz de niña. 320:105:3
Dentro, hay una niña muerta 324:111:4
hoy una niña de agua. 369:148:34
El viento le dice "niña", 369:148:39
por la niña del estanque 370:148:47
Y la niña Kikirikí 374:153:4
MI niña se fue a la mar, 378:159:1
La niña de bello rostro 381:163:3
La niña no los escucha. 381:163:12
La niña no los escucha. 381:163:18
Y la niña no lo escucha. 382:163:24
La niña del bello rostro 382:163:25
La niña suspirando 391:176:5
¡Ay de la niña 392:177:2
¡Ay de la niña, 392:177:5
de la niña blanca! 392:177:6
LA niña va por mi frente. 396:183:1
sus hombros como una niña.) 404:196:6
mira a la niña tocando 427:221:23
Niña, deja que levante 427:221:25
¿Dónde está tu niña amarga? 432:223:68
Al gemir, la santa niña 458:235:15
y los vestidos de tu madre 476:241:26
niña,
comprendí que mi niña era un 483:244:8
pez
Yo tenía una niña. 483:244:10
los que beben en el banco de 486:245:68
lágrimas de niña muerta
mi corazón tiene la forma de 512:263:6
una niña.
nombre de niña en su 525:267:94
almohada,
La niña 529:269:11
y no la niña viva que 533:272:33
callaron en la arena.
que finge cuando niña 544:275:191
doliente res inmóvil;
La niña finge un toro de 571:299:3
jazmines
y la niña es un ramo nocturno 571:299:11
y en el toro el esqueleto de 571:299:16
la niña.
la Tarara, niña, 663:362:3
la Tarara, niña, 663:362:11
no hablara la niña. 665:364:26

NIÑAS (19)
Las niñas de los jardines   184:5:8
Las niñas de España,   307:85:11
Tu entierro no tuvo niñas   315:99:3
Niñas que le dan a Cristo   316:99:5
muerto
¡Niñas,   324:112:5
¡Niñas,   325:112:11
¡Niñas,   325:112:17
Señor alcalde, sus niñas   329:119:22
a librar a las niñas   350:128:62
LAS niñas de la brisa   365:142:1
Las voces de dos niñas   368:148:9
vieron la blanca pared donde   472:239:6
orinaban las niñas,
entre algunas niñas de sangre   488:246:27
en el corazón de muchas   517:264:61
niñas.
Las niñas de Cristo cantaban   518:265:13
y las judías miraban la
muerte
hasta que las ciudades   522:266:69
tiemblen como niñas
¡Estrellas niñas, herid;   604:314:60
de las horas niñas.   610:318:10
mis dos niñas de sigilo,   648:348:6
NIÑEZ (8)
Sí, tu niñez ya fábula de   475:241:1
fuentes.
Es la niñez del mar y tu   475:241:5
silencio
Sí, tu niñez ya fábula de   476:241:29
fuentes.
Amor, amor, amor. Niñez del   476:241:38
mar.
Y tu niñez, amor, y tu niñez.   476:241:42
Sí, tu niñez ya fábula de   476:241:45
fuentes.
luminosa como vuestra niñez.   587:307:33
NIÑO (70)
"Cuando niño a mí me dijo   177:2:71
como niño abandonado   185:5:37
De niño yo canté como vosotros,   190:8:5
Pero el niño futuro   214:20:36
mi alma antigua de niño,   252:42:49
cuando era niño y bueno.   265:52:2
un niño que se acerca   353:130:10
galopando
donde el niño de luz se irá   353:130:14
quemando.
NIÑO.   386:170:1
EL niño busca su voz.   403:195:1
buscaba su voz el niño.   403:195:4
buscaba su voz el niño.   404:195:10
jugaba a la estatua con el   404:196:12
niño loco.)
Separó al niño loco de su   404:196:19
sombra.)
El niño come naranjas.   405:198:3
El niño la mira mira.   425:220:3
El niño la está mirando.   425:220:4
Niño, déjame que baile.   425:220:13
Niño, déjame, no pises   425:220:19
Dentro de la fragua el niño,   425:220:32
con un niño de la mano.   426:220:21
UN bello niño de junco,   442:229:1
San Gabriel: El niño llora   443:229:23
Tendrás un niño más bello   443:229:45
Tu niño tendrá en el pecho   444:229:53
El niño canta en el seno   444:229:63
un niño,   462:236:21
y el niño con el blanco   471:238:6
rostro de huevo.
Si mi niño hubiera sido un   483:244:25
oso,
¡Si mi niño hubiera sido un   483:244:29
oso!
esperaban la muerte de un   489:247:4
niño en el velero japonés.
Lloraba el niño del velero y   489:247:13
se quebraban los corazones

No importa que el niño calle   489:247:17
cuando le clavan el último
alfiler,
un niño nuevo agite sus   492:249:29
ramitos de venas,
y el niño que enterraron   493:250:12
esta mañana lloraba tanto
donde espera la mano   494:250:36
momificada del niño
El niño llora y mira con un   496:252:13
tres en la frente.
bebiendo mi humor de niño   498:254:11
pesado,
rosa, niño y abeto a la   499:254:37
orilla de este lago,
que trasmina a niño recién   500:255:7
nacido
y aquel niño que afila su   504:257:11
navaja
Yo amé mucho tiempo a un niño   510:261:16
contra el niño que escribe   525:267:93
y un niño negro anuncie a   526:267:136
los blancos del oro
proyectó en el cielo el   532:272:3
instante de la circuncisión
de un niño muerto.
Un niño trajo la blanca sábana   537:273:3
No te conoce el niño ni la   544:276:201
tarde
todas las tardes se muere un   560:287:2
niño.
Quiero dormir el sueño de   563:290:3
aquel niño
porque quiero vivir con   564:290:22
aquel niño oscuro
El niño herido gemía   568:295:5
El niño estaba solo   568:295:13
El niño y su agonía frente a   568:295:17
frente,
El niño se tendía por la   568:295:19
tierra
Si el cielo fuera un niño   571:299:5
pequeñito,
y adoraré al niño   586:307:19
pone risa un niño travieso: 587:307:26
niño querido que... al hombre   587:307:37
mi amor niño, mi amor   592:311:51
y un arco iris niño   598:313:47
que tenía cuando niño.   611:318:31
El niño triste que nos mira   615:320:2
El niño triste se ha   616:320:12
marchado.
palpitante y desnudo, como un   630:330:3
niño que corre
Debajo de las alas del   632:331:21
dragón hay un niño.
niño desnudo mide la ribera,   635:333:27
Me quedo con el niño desnudo   645:345:3
la que yo encuentro en el   645:345:17
niño y en las criaturas que
pasan los arcos.
que pisan al niño desnudo;   645:345:23
Este niño chiquito   662:360:9
NIÑOS (67)
¡Corazones de los niños!   182:3:51
SALEN los niños alegres   183:4:1
niños buenos del prado',   190:8:2
niños buenos del prado,   190:8:6
niños buenos del prado,   191:8:22
¿Y por qué la verán solo los   191:8:27
niños
niños buenos del prado,   191:8:34
Niños buenos del prado,   192:8:52
nos volvemos más niños   194:9:69
Dulce como los ojos de los   200:13:33
niños.
los niños marchitos que hay   202:14:33
bajo sus alas.
Lo comentan los niños jugando   204:15:3
¡Niños chicos, cantad en el   204:15:9
prado,

¡Niños chicos, cantad en el prado, 205:15:23
¡Niños chicos, cantad en el prado, 205:15:44
¡Niños chicos, pensad en Santiago 208:15:100
para ver si la encuentran los niños 208:15:106
Los chopos niños recitan 209:16:13
la que en boca de niños 222:23:61
Ya jugarán los niños en la puerta 233:31:20
Aguila de los niños. 233:32:2
los soplos de los niños. 234:32:25
no se enteren los niños 234:32:35
mientras ríen los niños, 234:32:45
para mis labios niños 244:39:12
y los niños del pueblo 246:40:19
CANTAN los niños 249:42:1
Me conocen los niños, 284:63:14
Creíamos alcanzarlo cuando niños, 285:63:77
LOS niños miran 300:74:1
los niños se comen la luna 362:138:23
los niños ven lontananzas 362:138:27
Los niños comen 366:145:9
turbios, todos los niños, 374:154:4
Los niños tejen y cantan 440:228:9
Niños de cara impasible 441:228:31
La Virgen cura a los niños 456:234:99
los niños machacaban pequeñas ardillas 478:243:15
Las muchachas americanas llevaban niños y monedas en el vientre, 479:243:37
que atraviesa el corazón de todos los niños pobres. 485:245:37
con las mujeres vacías, con niños de cera caliente, 488:246:16
Y algunos niños idiotas han encontrado por las cocinas 495:251:24
taladran y devoran abandonados niños. 497:253:12
como lloran los niños del último banco, 499:254:33
Hay nodrizas que dan a los niños 502:256:31
para que broten flores sobre los otros niños. 508:260:29
devora a un marinero delante de los niños. 508:260:49
como los niños de las porterías 516:264:50
Los niños de Cristo dormían, 518:265:4
Los niños de Cristo bogaban 518:265:10
y los judíos llenaban los muros
Los niños de Cristo dormían 519:265:36
Ya los niños de Cristo se dormían 519:265:56
forjando cadenas para los niños que han de venir. 521:266:20
Los maestros enseñan a los niños 521:266:36
y los niños dibujaban escaleras y perspectivas. 522:267:5
ni el pantano oscurísimo donde sumergen a los niños, 524:267:68
en el desván donde juegan los niños, 528:268:29
y vi dos niños locos que empujaban llorando las pupilas de un asesino. 532:271:17
como me pierdo en el corazón de algunos niños. 565:292:5
Como me pierdo en el corazón de algunos niños. 565:292:14
hay muchos niños de velado rostro 570:297:18
sollozad por los niños que os cortan, 581:304:92

hay niños. 605:314:77
Un viejo Dios silvestre da frutas a los niños. 619:323:28
Como las naricillas de los niños 626:328:8
En la casa del muerto, los niños perseguían 632:331:7
dando escobazos de plata a los niños de los muelles 646:345:40

NIQUEL (6)
Escuadras de níquel juntan gritaban nombres oscuros, 460:235:65
salivas y radios de níquel. 489:247:16
el nadador de níquel que acecha la onda más fina 500:255:21
Los médicos ponen en el níquel sus tijeras y guantes de goma 518:265:16
Y el óxido sembró cristal y níquel 537:273:11
Níquel para el sollozo que busca a Dios volando. 633:332:16

NO (454)

NOBLE (1)
y la vida no es noble, ni buena, ni sagrada. 525:267:87

NOBLEZA (1)
lleno de nobleza! 282:62:47

NOCTURNA (2)
piel de nocturna manzana, 442:229:3
y otro una lluvia nocturna cargada de cadenas 519:265:42

NOCTURNAS (1)
y el rebaño de vacas nocturnas con rojas patitas de mujer. 500:255:22

NOCTURNO (5)
perdidos en el nocturno. 440:228:12
Doble nocturno de tela. 455:234:70
qué nocturno rumor, qué muerte blanca! 568:295:10
y la niña es un ramo nocturno 571:299:11
del eterno poeta nocturno y soñador, 580:304:52

NOCTURNOS (3)
Jorobados y nocturnos, 453:234:9
para espantar los sapos nocturnos que rondan los helados paisajes del cáliz. 483:244:22
hacen nocturnos y desfiles entrecruzando sus propias venas. 513:263:50

NOCHE (168)
¡Ya he enrollado la noche de mi cuento 173:1:12
en esta noche oscura, 198:12:12
Dulce como las sombras de la noche. 200:13:34
plenos del silencio que tiene la noche 202:14:36
ESTA noche ha pasado Santiago 204:15:1
que en la noche dormida se oyeron 204:15:18
Es la noche de luna menguante. 205:15:25
Esta noche en la vega se escuchan 205:15:42
en la paz de la noche tranquila, 206:15:54
Ella vio en una noche lejana 206:15:58
¡Noche clara, finales de julio! 208:15:102
para ver si en la noche estrellada 208:15:108
La gran tumba de la noche 212:19:9
y llena de noche el alma! 213:19:16
donde en la noche eterna, 219:22:70
una noche de luna 222:23:57
Ya es de noche y las estrellas 227:26:49
teje una noche clara. 232:31:13
con dos trenzas de noche 241:38:35
con las trenzas de noche 243:38:91

noche negra?   244:39:6
noche negra?   244:39:15
noche negra?   244:39:23
noche negra?   245:39:32
noche negra?   245:39:40
noche negra?   245:39:48
en la noche quieta;   249:42:2
EL silencio redondo de la noche 254:44:1
de la noche profunda   256:45:2
En esta noche turbia   265:51:17
frente a la noche negra,   268:54:20
Pero el negro secreto de la   273:57:38
noche
brotó del seno que la noche   275:57:114
guarda.
la noche llena de arrugas   278:59:27
con un cable de noche negra,   278:60:11
que va a la noche fría.   280:61:28
venía la noche preñada de   281:62:2
estrellas.
soy hermano tuyo en noche y   282:62:32
en pena;
teniendo de inmenso dosel a   283:62:64
la noche,
del amor inmortal lleno de   283:63:13
Noche.
sobre la noche azul.   298:71:6
Sobre la noche verde,   311:93:4
EN la noche del huerto,   314:97:1
En la noche del huerto,   314:97:5
En la noche del huerto,   314:97:9
Y en la noche del huerto,   314:97:13
La noche se derrumba.   324:111:3
después, mi madre, a la noche, 332:120:3
[JOVEN 2.] La noche se nos   333:121:7
echa encima.
[JOVEN 1.] No me gusta andar   334:121:17
de noche.
[JOVEN 1.] La noche se hizo   334:121:19
para dormir.
[AMARGO] Es la noche.   337:121:62
se alumbran de noche con el   339:121:93
brillo
YA viene la noche.   346:126:1
Ya viene la noche.   346:126:4
Ya viene la noche.   346:126:7
Ya viene la noche.   347:126:10
Noche.   352:129:34
LA noche quieta siempre.   362:139:1
La noche muerta y alta.   362:139:3
La noche sobre espejos   362:139:5
sigue en la noche del cielo.   364:141:5
Un brazo de la noche   368:148:13
La noche espolea   377:156:16
NOCHE de cuatro lunas   396:182:1
Noche de cuatro lunas   396:182:13
la última estancia de la   397:184:8
noche!)
se está la noche mojando   400:191:2
La noche canta desnuda   401:191:6
La noche de anís y plata   401:191:11
Noche de cielo balbuciente   403:194:3
el viento de la noche   413:209:2
suspirando
esperando en el alga o en la   417:214:5
silla su noche,
Y la noche me copia   420:218:7
su noche llena de peces.   426:221:8
La noche se puso íntima   432:223:79
Fue la noche de Santiago   434:225:4
Aquella noche corrí   435:225:36
se empañan de inmensa noche.   438:227:6
la noche busca llanuras   442:229:17
Las estrellas de la noche   443:229:37
Las estrellas de la noche   444:229:69
la noche de Capricornio,   446:230:22
A las nueve de la noche   446:230:39
Y a las nueve de la noche   446:230:43
La noche llama temblando   449:232:13
roto de la media noche.   449:232:22
cuadrada y blanca la noche.   450:232:36

no se cierran por la noche   451:233:4
Será de noche, en lo oscuro,   452:233:32
Cuando llegaba la noche,   454:234:25
noche que noche nochera,   454:234:26
en la noche platinoche   454:234:35
noche, que noche nochera.   454:234:36
por toda la noche suenan.   456:234:98
Noche de torsos yacentes   458:235:9
Noche tirante reluce.   460:235:55
-¡Noche; toca los platillos!   462:236:23
por la noche que enseñaba su   474:240:43
esqueleto de tabaco.
llanto de media noche y paño   476:241:27
roto
azul de una noche sin temor   478:242:22
de día,
Tenía la noche una hendidura   479:243:36
y quietas salamandras de
marfil.
Aquella noche el rey de   479:243:42
Harlem,
La sangre no tiene puertas   480:243:53
en vuestra noche boca arriba.
que aullarán, noche oscura,   486:245:47
por tu tiempo sin luces,
Enjambres de ventanas   486:245:53
acribillaban un muslo de la
noche.
donde la noche olvida su   490:247:22
viaje
Todo está roto por la noche,   490:247:33
He pasado toda la noche en   492:249:24
los andamios de los arrabales
Pero si alguien tiene por la   494:250:47
noche exceso de musgo en las
sienes,
A las doce de la noche el   501:256:10
cáncer salía por los pasillos
y esa noche de rocas   504:257:17
amarillas:
Pero la noche es interminable 512:263:3
cuando se apoya en los
enfermos
Noche igual de la nieve, de   512:263:12
los sistemas suspendidos.
Y en el Perú viven mil   513:263:49
mujeres, ¡oh insectos!, que
noche y día
Quiero que el aire fuerte   526:267:134
de la noche más honda
Y llegaban largos alaridos   532:272:8
por el Sur de la noche seca.
que se pierda en la noche   544:275:192
sin canto de los peces
Quiero que la noche se quede   558:284:3
sin ojos
Puedo ver el duelo de la   558:284:9
noche herida
LA noche no quiere venir   559:285:1
Ni la noche ni el día   559:285:15
quieren venir
de noche recién cortada.   562:288:13
Toda la noche, en el huerto   562:289:9
Toda la noche, corriendo   562:289:11
No hay noche que, al dar un   565:292:6
beso,
los jazmines tendrían mitad   571:299:6
de noche oscura,
sería el guardián que en la   572:300:7
noche de mi tránsito
Vino la noche clara,   573:302:8
un abismo sin noche ni día.   580:304:44
una noche de otoño las cubre, 581:304:67
y por eso de noche   584:305:44
-En mis tiempos yo vi en   587:307:21
esta noche
Que esta noche nace el Cristo 587:307:39
¡Amor de mi noche!   594:312:24
¡Amor de mi noche!   594:312:32
por la noche.   598:313:56
de la noche.   602:314:15

(Oh noche de mi amor,	604:314:40
de la noche.	605:314:81
Noche de la tierra.	606:314:90
La sangre de la noche	607:315:11
y está la noche oscura.	608:315:28
tiene color de noche.	613:318:75
De una noche quieta.	613:318:76
NOCHE de flor cerrada y vena oculta.	616:322:1
Noche cortada demasiado pronto,	616:322:3
La noche cobra sus precisas huellas	618:322:39
La Noche, negra estatua de la prudencia, tiene	619:323:19
en el límite oscuro que relumbra de noche.	620:323:62
La noche disfrazada con una piel de mulo	623:325:17
¡La noche cuelga del cielo!)	628:328:31
¡La noche oscila en el viento!)	628:328:35
NOCHE de los tejados y la planta del pie,	631:331:1
Noche de rostro blanco. Nula noche sin rostro.	632:331:17
Bajo el sol y la luna. Triste noche del mundo.	632:331:18
que de noche me pone en la mejilla	638:337:3
Que nosotros aquí de noche y día	639:339:12
noche del alma para siempre oscura.	640:340:14
Luz y noche de arena.	640:341:6
Luz y noche de arena.	640:341:15
sobre mi noche presente;	648:348:2
¡Duerme por la noche oscura!	649:349:4
cuando de noche me abrazan,	664:363:12
cuando de noche me abrazan.	664:363:14
NOCHEBUENA (5)	
Blanca Nochebuena.	361:138:6
Blanca Nochebuena.	362:138:16
Blanca Nochebuena.	362:138:30
Nochebuena templada en las casas	586:307:10
Nochebuena vestida de hielo	586:307:12
NOCHERA (2)	
noche que noche nochera,	454:234:26
noche, que noche nochera.	454:234:36
NOCHES (16)	
Yo decía en las noches la tristeza	191:8:37
en las noches oscuras,	198:12:2
en las noches oscuras	218:22:42
¡Buenas noches, amigo	248:40:72
y las noches tienen las mismas estrellas.)	265:52:6
y las noches tienen las mismas estrellas.)	266:52:12
y las noches tienen las mismas estrellas.)	266:52:18
y las noches tienen las mismas estrellas.)	266:52:26
de noches	301:76:3
[JINETE] {(Parando el caballo.)} ¡Buenas noches!	335:121:37
efebo de tres mil noches,	439:227:26
ha de gritar como todas las noches juntas,	522:266:67
mientras que yo enlazaba cuatro noches	557:283:7
aunque pase mil noches sin lecho.	572:300:4
Todas las noches salen	624:326:8
Por las noches vienen a sus ramas	626:328:4
NODRIZAS (1)	
Hay nodrizas que dan a los niños	502:256:31
NOMBRE (12)	

YO pronuncio tu nombre	198:12:1
Yo pronuncio tu nombre,	198:12:11
y tu nombre me suena	198:12:13
y pon tu nombre debajo,	452:233:27
Quiero llorar diciendo mi nombre,	499:254:36
nombre de niña en su almohada,	525:267:94
para saber tu nombre	567:294:3
Rubor sin nombre ya, astro perpetuo.	572:300:14
[Niño] Su nombre es un secreto.	629:329:13
por amor de la carne que no sabe tu nombre.	631:330:20
al escribir tu nombre de tinta y cabellera	638:338:2
un nombre sobre la arena.	650:351:14
NOMBRES (5)	
Muchos barcos escribieron en ellos sus nombres;	339:121:91
de cabelleras y nombres.	450:232:34
los nombres de todos sus ahogados.	475:240:70
gritaban nombres oscuros, salivas y radios de níquel.	489:247:16
nombres viejos y cintas ajadas.	519:265:48
NONES (1)	
y de los números nones,	440:227:50
NORIA (4)	
¡Terrible noria del tiempo!	209:16:30
alguna vieja noria	217:22:13
y la noria materna	262:48:15
jugando a la noria del amor.	410:204:14
NORIAS (1)	
de las norias paradas!	232:31:5
NORMA (5)	
Por el suelo, ya sin norma,	459:235:31
Norma de amor te di, hombre de Apolo,	475:241:9
fue la norma del cuerpo que yo dejo,	637:335:6
NORMA de ayer encontrada	648:348:1
Norma de seno y cadera	648:348:11
NORMAS (1)	
libre signo de normas oprimidas	637:335:12
NORTE (15)	
Aire del Norte,	173:1:18
van por el Norte.)	371:149:24
que vayan del Sur al Norte.	450:232:42
mis ojos miran un norte	451:233:10
Sueño concreto y sin norte	462:236:44
Al Norte hay una estrella.	463:236:62
agudo norte de palma,	464:237:18
A la izquierda, a la derecha, por el Sur y por el Norte,	481:243:87
pero tú vas gimiendo sin norte por mis ojos.	508:260:45
rubios del norte, negros de la arena,	524:267:55
al Norte	596:312:77
Limita al Norte	612:318:45
¡Siempre la rosa, siempre, norte y sur de nosotros!	621:323:78
Cantaban las mujeres en la arena sin norte,	631:330:25
en el musgo de un norte sin reflejo.	636:335:2
NORTEAMERICA (2)	
¡oh salvaje Norteamérica!, ¡oh impúdica!, ¡oh salvaje,	486:245:48
Faeries de Norteamérica,	526:267:108
NORTES (1)	
corazón fijo, vencedor de nortes,	622:324:3
NOS (51)	

NOSOTRAS (3)
NOSOTROS (8)
NOSTALGIA (8)
    y sentir la nostalgia que en   187:6:34
    sí lleva el rebaño
    la nostalgia,   195:10:7
    La nostalgia terrible de una   197:11:13
    vida perdida,
    yo siento la nostalgia de mi   271:56:24
    infancia intranquila,
    de un Apolo de sonbra y de   274:57:58
    nostalgia.
    morenas por la nostalgia   439:227:39
    Nostalgia de academia y   507:260:20
    cielo triste.
    y su nostalgia de lo triste.   588:309:13
NOSTALGIAS (4)
    semilleros de nostalgias   212:19:6
    cubierto de nostalgias   222:23:53
    rumor de nostalgias   239:37:7
    Forma de la belleza sin   633:332:5
    nostalgias ni sueño.
NOTADO (1)
    (Ya habréis notado   217:21:64
NOTO (1)
    Notó que ya no le quedaba   406:199:5
NOTO (1)
    y noto que sacando sus raíces   280:61:47
NOVECIENTOS (2)
    AQUELLOS ojos míos de mil   472:239:1
    novecientos diez
    Aquellos ojos míos de mil   472:239:5
    novecientos diez
NOVENTA (1)
    Noventa mil mineros sacaban   522:267:4
    la plata de las rocas
NOVIA (2)
    ni contra el muchacho que se   525:267:95
    viste de novia
    cayó la novia.   656:355:12
NOVIEMBRE (1)
    se disfrazó de noviembre   456:234:79
NOVILLOS (1)
    perseguido por siete novillos   630:330:4
    capitales.
NOVIO (2)
    no tienen novio.   624:326:2
    Cuando fuiste novio mío,   664:363:5
NOVIOS (1)
    Las muchachas hablan de sus   393:178:5
    novios
NUBE (6)
    Y a Dios en una nube   269:54:39
    la muchedumbre de martillo,   522:266:61
    de violín o de nube,
    ninguno quería ser nube,   523:267:17
    No quedaba en la tierra ni   561:287:11
    una miga de nube
    el algodón cambiante de una   620:323:64
    nube imprevista.
    para la pupila viciosa de   645:345:9
    nube,
NUBES (20)
    ¡Oh tarde cautiva por las   227:27:19
    nubes,
    Se rasgan nubes grises en el   271:56:5
    mudo horizonte.
    rompe nubes moradas   312:93:9
    Nubes y anillos en mi sangre.   331:119:54
    se van las nubes. Yo,   412:206:8
    y al mirar nubes y montes   433:224:25
    y las nubes. Don Pedro   462:236:31
    bajo las nubes paradas.   466:237:84
    los camellos sonámbulos de   478:242:24
    las nubes vacías.
    Médulas y corolas componían   481:243:85
    sobre las nubes
    es una escala indefinible   495:251:33
    donde las nubes y rosas
    olvidan

    el vivísimo cáncer lleno de   501:256:12
    nubes y termómetros
    que duermen en los troncos,   503:256:51
    en nubes, en tortugas,
    Para ver los huecos de nubes   508:260:31
    y ríos.
    Las nubes, en manada,   511:262:16
    nubes rasgadas por una mano   520:266:3
    de coral
    Caballo de nubes quietas,   539:274:60
    En el jazmín un elefante y   571:299:15
    nubes
    entre nubes de cobre.   589:310:2
    sin nubes.   598:313:35
NUBLADO (2)
    EL cielo nublado   415:211:1
    El viento nublado y el viento   561:287:6
    limpio
NUBLADOS (2)
    pero a veces tiene los   475:240:56
    pechos nublados.
    Porque la piedra coge   542:275:157
    simientes y nublados,
NUBLOS (2)
    y resonancia de nublos.   440:228:8
    las puertas de pedernal   488:246:23
    donde se pudren nublos y
    postres.
NUDO (2)
    Un nudo   585:306:7
    cuando roto ya el nudo,   634:333:18
NUDOS (1)
    nudos de poesía,   280:61:42
NUERA (1)
    por traerla nuera   666:364:51
NUESTRA (9)
NUESTRAS (4)
NUESTRO (15)
NUESTROS (3)
NUEVA (7)
    a una ranita nueva   176:2:45
    ¡Agua clara! ¡Luna nueva!   182:3:50
    por risas de plata nueva.   183:4:8
    la nueva luz se corona.   437:226:42
    que manan la sangre nueva por   494:251:5
    la oscuridad inextinguible.
    y el castigo de la nueva   532:271:23
    resurrección sin finales.
    nueva   603:314:20
NUEVAS (1)
    Sobre las casas nuevas   351:129:9
NUEVA YORK (7)
    ¡Arena, caimán y miedo sobre   485:245:20
    Nueva York!
    ¡Qué ola de fango y   486:245:51
    luciérnaga sobre Nueva York!
    por la angustia imperfecta   487:245:87
    de Nueva York!
    LA aurora de Nueva York tiene   497:253:1
    La aurora de Nueva York gime   497:253:5
    Nueva York de cieno,   523:267:24
    Nueva York de alambre y de   523:267:25
    muerte.
NUEVE (5)
    (¿Por qué no han sido nueve?   359:134:11
    A las nueve de la noche   446:230:39
    Y a las nueve de la noche   446:230:43
    ¿Qué luna gris de las nueve   567:294:5
    nueve cantos distintos y una   623:325:24
    sola palabra.
NUEVO (7)
    como quiere la alondra al   211:17:43
    nuevo día,
    otro nuevo a un amigo.   243:38:105
    nuevo.   351:129:17
    Se equivoca y empieza de   384:166:6
    nuevo.
    nuevo.)   409:202:4
    un niño nuevo agite sus   492:249:29
    ramitos de venas,

No hay siglo nuevo ni luz 509:260:73
reciente.
NUEVOS (2)
   sed de cantares nuevos 211:18:6
   Alma higiénica, vives sobre 619:323:41
   mármoles nuevos.
NULA (1)
   Noche de rostro blanco. Nula 632:331:17
   noche sin rostro.
NUMEN (1)
   Con el numen de las ramas, 529:269:29
NUMÉRICAS (1)
   en las formas numéricas de 620:323:50
   un siglo y otro siglo.
NUMERO (6)
   Pero el dos no ha sido nunca 532:271:18
   un número
   Los muertos odian el número 532:271:24
   dos,
   pero el número dos adormece 532:271:25
   a las mujeres
   donde número y boca 631:330:31
   construyen un presente
   duelo de rosa y verso, de 639:338:10
   número y locura,
   de tu número y locura; 648:348:18
NUMEROS (7)
   números negros. 353:131:9
   y de los números nones, 440:227:50
   el sol que destruye números 481:243:96
   y no ha cruzado nunca un
   sueño,
   El mascarón bailará entre 486:245:45
   columnas de sangre y de
   números,
   saben que van al cieno de 497:253:15
   números y leyes,
   por los números de la 517:264:64
   oficina.
   números negros. 613:318:73
NUNCA (36)
   Las cosas que se van no 174:1:49
   vuelven nunca,
   ¿No cantas nunca?" "No canto", 177:2:62
   "Tampoco: nunca aprendí." 177:2:64
   ¿O nunca será posible 182:3:29
   Nunca tuviste el nido, ni el 186:6:25
   madrigal doliente,
   más lejano que nunca. 198:12:14
   nunca florecida con las vivas 201:14:9
   rosas
   Nunca llegó a tus oídos la 203:14:65
   dulce serenata.
   Nunca podrá arrancársele 214:20:28
   y gritas: "Blanca Flor no 234:32:30
   muere nunca,
   No conseguirá nunca 254:44:19
   ellos todo lo saben, pero 267:54:3
   nunca hablarán.
   aunque nunca mis redes 279:61:17
   pescarán
   No me abandones nunca en mis 280:61:33
   pesares,
   Tú no sabrás nunca, 288:64:24
   nunca se apaga; 291:67:25
   de un ritmo que nunca llega; 299:73:8
   No mires nunca atrás, 306:84:12
   yo nunca llegaré a Córdoba. 380:161:6
   que nunca diré, 383:165:2
   que nunca diré. 383:165:5
   que nunca diré. 383:165:12
   La otra no vendrá nunca. 404:196:10
   Nunca te diré, amor mío, 410:204:7
   el viento que nunca duerme. 427:221:20
   Viva moneda que nunca 448:231:43
   ¡Amor de siempre, amor, amor 476:241:32
   de nunca!
   el sol que destruye números 481:243:96
   y no ha cruzado nunca un
   sueño,
   o en los cristales donde se 490:247:45

   comprenden las olas nunca
   repetidas.
   Pero el dos no ha sido nunca 532:271:18
   un número
   y nunca remediadas, 585:305:73
   del ojo nunca frente 607:315:5
   Y aunque nunca tendrá sabor 637:335:9
   de llama
   nunca la piel ilesa de tu 646:345:33
   desnudo huido.
   Blanca princesa de nunca. 649:349:3
   nunca le hubiera llamado, 661:359:28
O (55)
OBELISCOS (1)
   Obeliscos y chimeneas 228:27:21
OBISPO (1)
   Y el obispo de Manila, 439:227:41
OBJETOS (1)
   rueden por las playas con 480:243:59
   los objetos abandonados.
OBLICUA (1)
   luz oblicua de espadas y 633:332:2
   mercurio de estrella,
OBLICUO (1)
   Un viento sur de madera, 481:243:78
   oblicuo en el negro fango,
OBLICUOS (1)
   Aires oblicuos te besen 644:344:15
OBRA (1)
   Todo obra del Apóstol bueno. 207:15:95
OBREROS (1)
   entre huracanes de oro y 486:245:46
   gemidos de obreros parados
OBSEQUIA (1)
   con que Satán obsequia 241:38:45
OBSERVANDO (1)
   y el director del banco 485:245:31
   observando el manómetro
OBSERVO (1)
   Y observo que el laurel tiene 225:26:19
OCA (1)
   nuestra amistad pintada 622:323:105
   como un juego de oca.
OCASION (1)
   [JINETE] No tendrás otra 337:121:68
   ocasión.
OCASO (10)
   huye por un ocaso de alfabetos, 195:10:2
   en el ocaso 216:21:46
   ¿Dónde vas si al ocaso 217:22:16
   tu cuerpo era el ocaso 235:33:8
   cada velo es un ocaso.) 257:46:4
   por el sol de ocaso. 261:47:30
   la herida del Ocaso, 262:48:6
   y eran hojas trémulas de ocaso 272:57:21
   de ejemplos de ocaso.) 359:134:4
   Resisto un ocaso de verde 558:284:11
   veneno
OCASOS (1)
   Me veo por los ocasos, 601:313:135
OCCIDENTE (2)
   Desde Oriente a Occidente 421:219:17
   Desde Oriente a Occidente, 421:219:21
OCTUBRE (1)
   como tardes calladas de 581:304:65
   octubre,
OCULTA (4)
   la oculta pedrería 279:61:18
   oculta en la cabellera. 324:111:6
   de una pasión oculta 589:310:13
   NOCHE de flor cerrada y vena 616:322:1
   oculta.
OCULTA (4)
   como otra araña me oculta 185:5:29
   y Benamejí la oculta. 329:119:19
   ¡Oculta tus blancos, 366:144:13
   eleva escalinatas y oculta 619:323:26
   caracolas.
OCULTADME (1)
   Ocultadme en un valle 582:304:110
   tranquilo,

OCULTAN (3)
¿qué zarzales me ocultan   289:65:15
y ocultan en la cabeza   453:234:14
pero tú no sabrás dónde se   571:298:11
ocultan
OCULTANDO (1)
Pero ya las estrellas   620:323:47
ocultando paisajes,
OCULTAR (1)
para ocultar con el día   212:19:11
OCULTAS (2)
de las frondas ocultas.   198:12:6
ni para estas gentes ocultas   490:247:28
que tropiezan con las
esquinas.
OCULTO (7)
¿en qué oculto rincón de   192:8:45
cementerio
recién nacida, ese cantar   272:57:7
oculto
del oculto sendero que   284:63:41
seguimos.
¡Oh pena de cauce oculto   437:226:45
¿Qué ángel llevas oculto en   523:267:26
la mejilla?
y gimiera en las llamas de   525:267:76
tu ecuador oculto.
Si tú eres el tesoro oculto   638:337:9
mío,
OCULTOS (4)
los culos grandes y ocultos   439:227:35
grillos ocultos palpitan.   443:229:36
sollozad por mis besos   582:304:102
ocultos
de esos campos ocultos.   599:313:75
OCUPO (1)
y el judío ocupó su litera.   519:265:37
OCHO (1)
-El toro tiene ocho años.   661:359:20
ODIAN (4)
ODIAN la sombra del pájaro   477:242:1
Odian la flecha sin cuerpo,   477:242:5
Los muertos odian el número   532:271:24
dos,
y a cosas que se odian,   584:305:40
OESTE (2)
por el Oeste.   371:149:18
que soy el pequeño amigo del   564:290:14
viento Oeste;
OFERTORIO (1)
En las anémonas del   483:244:20
ofertorio te encontraré,
¡corazón mío!,
OFICINA (2)
dejaré un pedazo de queso   503:256:56
para tu perro en la oficina.
por los números de la   517:264:64
oficina.
OFICINAS (1)
de estas desiertas oficinas   517:264:75
OFRECE (4)
mi alma te ofrece.   222:23:58
que la aurora me ofrece   289:65:7
La tierra se ofrece llena   464:237:9
[Maestro] Ella ¿le ofrece   629:329:10
algo?
OFRECES (1)
Me ofreces en tu cuerpo   210:17:9
requemado,
OFRECIDO (1)
-me lo tiene ofrecido-.   241:38:32
OFRENDAS (1)
Acoged mis ofrendas dando al   623:325:23
aire de altura
OFREZCO (2)
Mi corazón te ofrezco.   222:23:63
y me ofrezco a ser comido   517:264:78
OH (137)
OIDO (3)
me sonaba en el oído,   434:225:13

Huesos y flautas suenan en   538:273:35
su oído
con el oído lleno de flores   565:292:2
recién cortadas,
OIDOS (5)
Nunca llegó a tus oídos la   203:14:65
dulce serenata.
y tapa sus oídos   214:20:26
a tus oídos?   242:38:67
¡Señor, arráncame del suelo!   275:57:105
¡Dame oídos
¡Vierte en mis oídos tu   282:62:48
historia divina,
OIGAS (3)
y oigas en las veletas   230:29:26
levántate para que oigas   509:261:2
aullar
Levántate para que oigas   510:261:26
aullar
OIGO (2)
oigo el surtidor.   411:206:2
y yo oigo el canto de la   517:264:60
lombriz
OIMOS (1)
Oímos por espejos.   597:313:30
OIR (4)
SOLAMENTE por oír   560:286:1
Solamente por oír   560:286:6
Solamente por oír   560:286:11
porque no quiero oír el   569:296:2
llanto,
OIRAN (1)
no se oirán en la calma   238:35:23
OIRE (1)
Y oiré una tarde ciega   243:38:97
OJALA (2)
que ojalá encuentres.   221:23:46
Y ojalá pudiera darte   231:29:42
OJERA (1)
La pasión del puñal, de la   186:6:22
ojera y el llanto.
OJERAS (2)
Pero tus ojeras se van   202:14:38
agrandando
... perdona, tus ojeras...   387:171:11
OJILLOS (1)
con los ojillos cerrados.   425:220:16
OJIVAS (1)
y lleva gracia pura por las   496:252:18
falsas ojivas.
OJO (11)
¿son misterios tan solo para   273:57:40
el ojo
ciega el ojo doliente   322:108:3
-Ojo de gato triste y   414:210:6
amarillo-.
Sangre que mira lenta con el   480:243:60
rabo del ojo,
de la espiga en el ojo y el   484:245:8
gato laminado,
lloras por las orillas de un   504:258:8
ojo de caballo.
Toda la luz del mundo cabe   509:260:62
dentro de un ojo.
El caballo tenía un ojo en el   510:261:8
cuello
con un solo ojo de faisán,   518:265:14
tenía que pasar sin remedio   533:272:15
por el ojo de una aguja.
del ojo nunca frente   607:315:5
OJOS (127)
y vi miles de ojos   179:2:130
a través de los ojos que ha   185:6:4
abierto sobre el mármol.
¿Tienes los ojos negros   187:6:37
abiertos a la luz?
a través de los ojos que ha   187:6:60
abierto sobre el mármol.
Y los ojos se pierden   194:9:73
Y son las gotas: ojos de   197:11:21
infinito que miran

Dulce como los ojos de los   200:13:33
niños.
La tristeza inmensa que flota   203:14:56
en tus ojos
De tus ojos saldrán dos   203:14:74
claveles sangrientos,
Entúrbiame los ojos con tu   210:17:29
canto.
de tus ojos abiertos;   211:17:38
y la tristeza sin ojos   212:19:7
¡Qué haré si tienes tus ojos   213:19:17
con ojos muertos   215:21:16
-¿Qué llevas en los ojos,   221:23:29
herido por los ojos   222:23:65
miro mis ojos lejanos,   226:26:44
TODOS los ojos   227:27:1
esfinge sin ojos!   227:27:20
(caballitos sin ojos).   236:33:24
Solo por tus ojos   239:36:17
abre los ojos vivos;   243:38:84
sus ojos pensativos   243:38:94
¡Esos ojos marchitos   246:40:11
y tus ojos relucen,   247:40:35
(Alrededor de mis ojos   253:43:9
de los ojos de Dios,   264:50:7
YO te miré a los ojos   265:52:1
No sé cómo son tus ojos,   266:52:21
Hay que cegar los ojos con   268:54:24
luz de más allá.
los ojos luminosos y azulados   278:59:30
los ojos pensadores de los   286:63:107
siglos.
y los ojos se cierran   287:63:117
comprendiendo
de la muerte sin ojos   301:76:14
pudo asomarse a sus ojos   304:81:9
van sus ojos.   305:83:10
Tiene verdes los ojos   317:102:3
Vine a este mundo con ojos   321:107:3
a los ojos redondos   326:114:11
ME miré en tus ojos   345:124:1
Me miré en tus ojos   345:124:4
Me miré en tus ojos.   346:124:7
y ojos de pájaro.   349:128:31
Para tus ojos viejos.   364:141:8
y ojos verdes.   365:144:3
la cabeza sin ojos   369:148:27
Sin ojos ni ademán   384:167:7
Se me han caído los ojos   386:170:7
Pero tus ojos... ¡Ah!   387:171:9
Vi en tus ojos   389:173:3
Ojos de toro te miraban.   399:188:3
Por tus blancos ojos cruzan   411:205:7
Yo, en mis ojos, paseo por   414:210:7
las ramas.
pone mis ojos blancos.   415:211:2
pone mis ojos de añil.   415:211:11
diminuto por sus ojos.   418:216:4
tiene los ojos cerrados.   425:220:24
y los ojos entornados.   426:220:28
con ojos de fría plata.   430:223:8
con ojos de fría plata.   432:223:76
Por los ojos de la monja   433:224:21
Sus ojos en las umbrías   438:227:5
cierra sus ojos de azogue   438:227:10
boca triste y ojos grandes,   442:229:4
¡Ay San Gabriel de mis ojos!   443:229:47
Áridos lucen tus ojos,   444:229:61
le brillan entre los ojos.   445:230:8
En mis ojos, sin querer,   449:232:5
Ojos chicos de mi cuerpo   451:233:2
mis ojos miran un norte   451:233:10
abrió sus ojos Amargo,   452:233:47
con sus ojos llenos de alas.   465:237:40
Thamar, bórrame los ojos   466:237:57
AQUELLOS ojos míos de mil   472:239:1
novecientos diez
Aquellos ojos míos de mil   472:239:5
novecientos diez
Aquellos ojos míos en el   472:239:10
cuello de la jaca,

Allí mis pequeños ojos.   472:239:17
y en mis ojos criaturas   472:239:21
vestidas ¡sin desnudo!
Emilio por el mundo de los   473:240:6
ojos y las heridas de las
manos;
Enrique en la hormiga, en el   473:240:21
mar y en los ojos vacíos de
los pájaros.
y el ciervo puede soñar por   475:240:58
los ojos de un caballo.
arrancaba los ojos a los   478:243:2
cocodrilos
¡No hay angustia comparable   479:243:32
a tus ojos oprimidos,
arrancaba los ojos a los   480:243:44
cocodrilos
este columbario que pone los   485:245:35
ojos amarillos.
En mis ojos bebían las   486:245:54
dulces vacas de los cielos.
Será preciso viajar por los   490:247:38
ojos de los idiotas,
con el mundo de aristas que   491:249:7
ven todos los ojos,
atacarán los cielos   493:250:25
amarillos que se refugian en
los ojos de las vacas.
Pero si alguien cierra los   494:250:40
ojos,
Haya un panorama de ojos   494:250:42
abiertos
en los ojos inocentes de los   495:251:17
otros sistemas.
mientras mis ojos se   498:254:12
quiebran en el viento
y sé del horror de unos ojos   499:254:22
despiertos
Allí no llega la escarcha de   500:255:11
los ojos apagados
cuando tus ojos eran dos   502:256:19
muros,
balaban con los ojos   503:257:9
entornados.
LAS estatuas sufren por los   504:258:1
ojos con la oscuridad de los
ataúdes,
pero tú vas gimiendo sin   508:260:45
norte por mis ojos.
No, por mis ojos no, que   508:260:46
ahora me enseñas
el gallo japonés que se   512:263:17
comió los ojos,
este inocente dolor de   514:263:59
pólvora en mis ojos,
cuando el judío, apretando   519:265:57
los ojos,
no hay amor bajo los ojos de   521:266:42
cristal definitivo.
Pero tú no buscabas los ojos   524:267:67
arañados,
mana de vuestros ojos   526:267:121
No se cerraron sus ojos   540:274:95
aquí no quiero más que los   543:275:176
ojos redondos
pero nadie querrá mirar tus   544:276:209
ojos
Quiero que la noche se quede   558:284:3
sin ojos
mis ojos, como dos perros.   562:289:10
para beber tus ojos   567:294:13
que mis ojos se cierren al   582:304:107
sol,
con llanto de mis ojos!   589:310:18
y ojos de cristal.   591:311:26
sus ojos,   598:313:43
En los ojos se abren   599:313:70
cierra sus ojos   602:314:11
cierra sus ojos turbios.   603:314:18
Ojos de lobo duermen en la   617:322:15
sombra

No es el Arte la luz que   622:323:100
nos ciega los ojos.
Mapas equivocados relucen en 623:325:11
sus ojos,
y entornaba mis ojos para   630:330:15
dar en el dulce
silbaba por los ojos secos de 631:331:2
las palomas.
de tus ojos de estatua, y el   638:337:2
acento
repartiendo lentejas   646:345:39
desangradas en los ojos,
criaturas que aman sin ojos, 647:346:9

OLA (1)
¡Qué ola de fango y   486:245:51
luciérnaga sobre Nueva York!

OLALLA (6)
para los senos de Olalla.   459:235:26
senos ahumados de Olalla.   459:235:50
Olalla pende del árbol.   460:235:52
Olalla muerta en el árbol.   460:235:56
Olalla blanca en el árbol.   460:235:64
Olalla blanca en lo blanco.   460:235:72

OLAS (10)
lotos de saetas, olas de   202:14:31
naranjas
Las olas agonizan.   242:38:60
a contar olas y chinas,   378:159:2
mi amor se arrojó a las   395:181:13
olas.)
y se lo tragan las olas.   436:226:18
o en los cristales donde se   490:247:45
comprenden las olas nunca
repetidas.
Yo he visto lluvias grises   542:275:153
correr hacia las olas
que las olas me llevan mi   642:342:18
caballo!
que las olas se llevan mi   642:342:24
caballo!
Olas de la mar pajiza   644:344:13

OLEO (1)
el óleo bendito   282:62:38

OLIVA (1)
plantó aquí esta oliva,   665:364:34

OLIVAR (5)
En el verde olivar de la colina 209:17:5
Sobre el olivar   296:69:5
(Viento en el olivar,   301:76:5
Por el olivar venían,   426:220:25
-¡te amo!-, desde mi olivar, 649:350:10

OLIVARES (2)
[JOVEN 1.] ¡Qué hermosos   334:121:14
olivares!
por los olivares viene.   429:222:24

OLIVARITO (1)
en el olivarito   318:102:9

OLIVAS (3)
Lleva azahar, lleva olivas,   296:68:29
iban a coger olivas,   659:357:5
de verdes olivas   665:364:28

OLIVO (6)
del pastor, la dulzaina y el   199:13:18
olivo,
El olivo es la firmeza   258:46:37
¡Conozco tu encanto sin fin,   282:62:35
padre olivo,
En la copa de un olivo   429:222:9
pides la luz que anima la   620:323:54
copa del olivo.
Del olivo   663:361:9

OLIVOS (13)
sobre un fondo de viejos   241:38:34
olivos,
morena en los olivos   243:38:90
los olivos viejos, cargados   281:62:12
de ciencia;
va entre naranjos y olivos.   295:68:2
de olivos   296:69:2
Los olivos,   297:69:12
Desde los olivos   298:71:4

y olivos centenarios.   302:77:4
Córdoba, olivos verdes   316:100:6
Los olivos palidecen.   427:221:34
y recuerdo una brisa triste 545:276:223
por los olivos.
LOS olivos subían   610:317:1
EL paisaje escaleno de   623:325:1
espumas y de olivos

OLMO (2)
¿Qué gran olmo de idea   289:65:9
bajo las ramas de un olmo,   445:230:14

OLOR (13)
deshojando una rosa de olor   186:6:32
entre los labios.
un olor de azucena y de   206:15:73
incienso.
olor y sangre de mayo.   258:46:24
Y hay un olor a sal   324:110:8
Y un olor de limón   369:148:29
derrama su olor frío.   410:203:6
Tu olor.   411:205:2
y un olor de vino y ámbar   449:232:17
el olor de un solo cuerpo   490:247:43
con la doble vertiente de
lis y rata
Cojos perros fumaban sus   532:272:6
pipas y un olor de cuero
caliente
chopinescas romanzas de   582:304:101
olor,
chopinescas romanzas de   582:304:109
olor.
Con su tomo de olor, gira.   626:328:3

OLORES (1)
pero si fueseis olores   579:304:24

OLOROSA (2)
ES la granada olorosa   257:46:1
olorosa y mojada de la   414:209:14
orilla.

OLOROSAS (1)
Amantes olorosas de dulces   580:304:62
ruiseñores.

OLVIDA (8)
blancas metas de fábula que   353:130:6
olvida
Olvida siendo marino   418:216:5
Emilio en la yerta ginebra   473:240:20
que se olvida en el vaso;
Porque si la rueda olvida su 485:245:40
fórmula,
donde la noche olvida su   490:247:22
viaje
para que aprendas, hijo, lo   503:256:54
que tu pueblo olvida.
El unicornio quiere lo que   632:331:23
la rosa olvida,
¡olvídame! y olvida al mundo 636:334:13
vano,

OLVIDABA (1)
EL jovencito se olvidaba.   406:199:1

OLVIDABAN (1)
olvidaban el musgo de las   478:243:7
aldeas.

OLVIDADA (1)
En ti dejo olvidada   634:333:11

OLVIDADAS (1)
olvidadas.   226:26:48

OLVIDADO (2)
al hallarse sin nidos,   260:47:15
olvidado
está Don Pedro olvidado,   463:236:68

OLVIDAME (1)
¡olvídame! y olvida al mundo 636:334:13
vano,

OLVIDAN (4)
que olvidan en tu espalda?   255:44:34
es una escala indefinible   495:251:33
donde las nubes y rosas
olvidan
de los animalitos que se   516:264:44
olvidan

como todos los muertos que   544:276:213
se olvidan
OLVIDANDO (2)
   y olvidando las penas   175:2:21
   y olvidando, bajo las   646:345:29
   sillas, diminutas carcajadas
   de algodón.
OLVIDARLAS (2)
   ¡quiero olvidarlas!   417:214:3
   ¡quiero olvidarlas!   417:214:6
OLVIDE (2)
   Aquel guante de luna que   591:311:30
   olvidé,
   yo te olvidé, amor mío.   642:342:20
OLVIDE (1)
   olvide las inmóviles   565:292:9
   calaveras de caballo.
OLVIDES (1)
   no olvides que los gitanos   443:229:25
OLVIDO (7)
   araña del olvido.)   224:25:3
   araña del olvido.)   224:25:6
   El olvido estaba expresado   481:243:83
   por tres gotas de tinta
   sobre el monóculo,
   Pero no hay olvido, ni sueño: 493:250:17
   Y yo, Stanton, yo solo, en   503:256:61
   olvido,
   ¡Duerme en olvido de tu   637:336:14
   vieja vida!
   que pregunte por mi olvido.   642:342:22
OMBLIGO (2)
   ombligo de la aurora.   237:35:8
   Un momento de venas y   633:332:10
   ternura de ombligo.
OMBLIGOS (1)
   y el sol canta por los   524:267:65
   ombligos
ONCE (1)
   acaban de dar las once.   449:232:4
ONDA (1)
   el nadador de níquel que   500:255:21
   acecha la onda más fina
ONDAS (18)
   en sus ondas descansan.   194:9:42
   que en sus ondas llevóse el   204:15:20
   silencio.
   sus ondas y sus cienos.   211:18:12
   Hoy arrastran tus ondas   219:22:53
   Fuegos fatuos que apaga el   271:56:8
   temblor de las ondas.
   que las ondas copiaban,   274:57:86
   su secreto a las ondas   275:57:108
   encantadas,
   y ondas concéntricas.   390:174:18
   ondas y peces dormidos.   411:205:8
   donde las ondas alisan   440:228:3
   en el mitin de las ondas   441:228:45
   que mana de las ondas por   488:246:35
   donde el alba no se atreve,
   Eterna en los finales de   505:258:16
   unas ondas que aceptan
   Es necesario caminar, ¡de   513:263:43
   prisa!, por las ondas, por
   las ramas,
   y en las ondas oscuras de tu 528:268:42
   andar
   ondas recojan glaucas sus   617:322:11
   acentos
   bajaron a la ausencia de las 617:322:25
   ondas.
   cruce tus finas ondas de   634:333:20
   sosiego.
ONDINA (1)
   insospechada ondina de su   505:258:23
   casta ignorancia.
ONDULA (1)
   UN pastor pide teta por la   496:252:1
   nieve que ondula
ONDULADA (1)
   Nieve ondulada reposa.   460:235:51

es ondulada   625:327:20
ONDULADO (4)
   un silencio ondulado   178:2:104
   Es un silencio ondulado,   299:72:2
   Un ondulado   301:75:16
   con un solo sentido de   647:346:10
   infinito ondulado
ONDULADOS (1)
   de sus cuernos ondulados.   451:233:17
OPACAS (1)
   quebraron opacas lunas   450:232:45
OPACO (1)
   aplastadas en el cristal   626:328:9
   opaco,
OPALO (1)
   En sus límites de ópalo,   361:137:5
OPONE (1)
   que se opone a la nevada.   648:348:4
OPONEN (1)
   y oponen húmedos troncos   459:235:41
OPONGO (1)
   El lema de "Me opongo   247:40:54
OPRIME (2)
   Y oprime la salmodia del coro 186:6:18
   cartujano.
   ni el ansia de asesinato que 495:251:29
   nos oprime cada momento,
OPRIMEN (1)
   nos oprimen de pronto las   502:256:37
   yemas de los dedos.
OPRIMIDA (2)
   Dolor de sien oprimida   403:194:11
   Linfa de pozo oprimida   465:237:45
OPRIMIDAS (1)
   libre signo de normas   637:335:12
   oprimidas
OPRIMIDO (2)
   MI corazón oprimido   212:19:1
   ¡Pobre envoltura que ha   231:30:9
   oprimido
OPRIMIDOS (1)
   ¡No hay angustia comparable 479:243:32
   a tus ojos oprimidos,
OPTIMISMO (1)
   pero nuestro optimismo se   197:11:19
   convierte en tristeza
OPUESTAS (1)
   Dos mitades opuestas y un   632:331:19
   hombre que no sabe
OPUESTO (1)
   En lado opuesto, Filomela   617:322:17
   canta,
ORACION (1)
   oración decapitada.   459:235:34
ORBE (1)
   Orbe claro de muertos y   633:331:35
   hormiguero de vivos
ORBITAS (2)
   que con órbitas vacías   183:4:19
   señalan el esquema perfecto 620:323:48
   de sus órbitas.
ORDEN (2)
   [SARGENTO] A la orden, mi   331:119:49
   teniente coronel de la
   Guardia Civil.
   y la fuerza sin orden que   620:323:60
   lleva el agua curva.
ORDENA (1)
   La corriente del tiempo se   620:323:49
   remansa y ordena
ORDENAN (1)
   por donde animan ordenan   453:234:10
ORDENAR (2)
   ¿Qué voy a hacer? ¿Ordenar 517:264:65
   los paisajes?
   ¿Ordenar los amores que   517:264:66
   luego son fotografías,
ORDEÑA (1)
   me ordeña las miradas.   196:10:23

OREADO (1)
  risa del huerto oreado.   259:46:76
OREJAS (1)
  bajo un silencio con mil   489:247:9
  orejas
ORGANIZA (1)
  El mariquita organiza   390:175:5
ORIENTE (2)
  Desde Oriente a Occidente   421:219:17
  Desde Oriente a Occidente,   421:219:21
ORIENTE (1)
  Bello de luz, oriente de la   633:332:13
  mano que palpa.
ORIGINAL (1)
  ignorantes en su frenesí de   485:245:39
  la luz original.
ORILLA (17)
  a la orilla del río.   296:69:10
  los pescadores más humildes   339:121:92
  de la orilla del mar
  al río, de orilla a orilla.   379:159:14
  olorosa y mojada de la   414:209:14
  orilla.
  en la orilla se desnudan,   441:228:32
  En la orilla,   462:236:20
  la danza curva del agua en   477:242:12
  la orilla.
  rosa, niño y abeto a la   499:254:37
  orilla de este lago,
  apuntan a la orilla de tu   524:267:62
  sueño
  y agrupa flores grises en   526:267:122
  la orilla del cieno.
  y las ranas encendieron sus   533:272:35
  lumbres en la doble orilla
  del río.
  era, muerto en la orilla, un   561:287:16
  arcángel de frío.
  En la orilla del agua cantan   623:325:9
  los marineros,
  Tengo pena de ser en esta   638:337:5
  orilla
  Tu barca es de madera por la   649:349:2
  orilla.
  ¡Tu barca es bruma, sueño,   649:349:8
  por la orilla!
ORILLAS (11)
  con tus orillas santas   195:9:80
  Mar con orillas.   360:136:10
  POR las orillas del río   400:191:1
  a las orillas del mar.   416:212:3
  Las orillas de la luna   439:227:31
  a las orillas de juncos   440:228:2
  lloras por las orillas de un   504:258:8
  ojo de caballo.
  Y tú, bello Walt Whitman,   526:267:127
  duerme a orillas del Hudson
  ¡Mira qué orillas tengo de   528:268:39
  jacintos!
  que tenga dulces nieblas y   543:275:187
  profundas orillas,
  Y si el centauro canta en las   617:322:9
  orillas
ORILLO (6)
  Orillo, orillo,   348:128:17
  Orillo, orillo,   348:128:21
  Orillo, orillo,   348:128:25
ORINA (2)
  con los tinteros que orina   474:240:35
  el perro y desprecia el
  vilano,
  donde un hombre se orina en   520:266:12
  una deslumbrante paloma
ORINABAN (1)
  vieron la blanca pared donde   472:239:6
  orinaban las niñas,
ORINANDO (1)
  devorando, orinando, volando   516:264:49
  en su pureza,
ORINAR (1)
  y para que se quemen estas   490:247:44

  gentes que pueden orinar
  alrededor de un gemido
ORLANDO (1)
  Orlando furioso.   309:89:10
ORO (57)
  llena con nidos de oro   184:4:25
  con sus patas de oro. No   185:5:30
  tienes sepulcros de oro   189:7:44
  el oro derretido de su amor.   199:13:2
  Como Ceres dieras tus espigas   201:14:18
  de oro
  Bajo el oro solar del mediodía   209:17:3
  de oro.   223:24:4
  de oro.   223:24:20
  ¡sin rayo de oro!   228:27:39
  en entraña de oro vago.   258:46:34
  pues se torna fuego y oro   258:46:45
  y el membrillo de oro débil   259:46:57
  por Estrellita de su amor.   266:52:15
  que tienen el cerebro de oro   269:55:19
  puro
  Arrancan a la tierra su oro   270:55:24
  vivo
  ¡Momias de oro sobre las   270:55:37
  campiñas!
  ¡Tenía una colmena de oro vivo   274:57:75
  "¡Es aquel de oro!", dijeron   277:59:8
  tiembla en el oro.   305:83:14
  Ventanitas de oro   308:87:5
  un Polifemo de oro.   325:113:9
  mira su entraña de oro   326:114:4
  [JINETE] De plata y oro.   336:121:51
  [JINETE] Los cuchillos de   336:121:55
  oro van solos al corazón.
  con un cuchillo de oro.   341:122:4
  Como una sombra de oro,   348:128:12
  en el campo de oro.   349:128:28
  Dos bueyes rojos en el campo   349:128:47
  de oro.
  y dar monedas de oro   350:128:64
  de oro!)   352:129:31
  Cuernos de oro   365:144:2
  Abejitas de oro   371:150:3
  (Sillita de oro   372:150:11
  y esa rosa de oro   387:171:13
  De brisa, de risa y de oro.   389:173:5
  duermes tu siesta de oro.   421:219:16
  hasta que la puso de oro.   445:230:12
  Una ciudad de oro   462:236:26
  destrozaron tres esqueletos   475:240:64
  para arrancar sus dientes de
  oro.
  entre paraguas y soles de   480:243:48
  oro,
  entre huracanes de oro y   486:245:46
  gemidos de obreros parados
  y un niño negro anuncie a   526:267:136
  los blancos del oro
  y mi corazón sin la flor del   558:284:4
  oro;
  que hay un establo de oro en   564:290:13
  mis labios;
  pinta todas las cosas de oro.   586:307:2
  como un garfio de oro.   589:310:7
  una flecha de oro,   595:312:69
  Campanillas de oro.   599:313:61
  sus lágrimas de oro.   609:316:2
  ¿Y el oro del amor?   611:318:12
  y un péndulo de oro   614:318:100
  Huellas dactilográficas de   622:323:106
  sangre sobre el oro
  [Niño] Remolinos de oro   629:329:8
  del oro,   642:343:2
  del oro.   643:343:8
  del oro.   643:343:12
  del oro.   643:343:18
OROPEL (1)
  Silla de oropel   372:150:13
OROS (2)
  tejen las encinas oros de   281:62:20
  leyendas,

rey de oros, rey de copas,   662:361:3
ORQUESTAS (1)
    maestro de besos y mago de   282:62:51
    orquestas,
ORTIGAS (6)
    y de ortigas. En medio   176:2:26
    las ortigas,   261:47:48
    dichos por cipreses, ortigas y 281:62:6
    yedras;
    porque cicutas y ortigas   452:233:28
    a que cicutas y cardos y   482:243:105
    ortigas turben postreras
    azoteas.
    que ya las ortigas   487:245:80
    estremecerán patios y
    terrazas,
ORUGA (2)
    comida por la oruga   230:29:12
    ni el mugido del árbol   500:255:12
    asesinado por la oruga.
ORUGAS (2)
    donde el filósofo es   495:251:23
    devorado por los chinos y
    las orugas.
    y otro un botín con orugas   519:265:41
    parlantes
ORZAS (1)
    y las orzas de monedas.   456:234:88
OS (22)
OSA (2)
    será la Osa   216:21:52
    La osa mayor   604:314:55
OSCILA (1)
    ¡La noche oscila en el   628:328:35
    viento!)
OSCILACIONES (1)
    y oscilaciones la barba.   465:237:28
OSCILANDO (1)
    la ribera del mar. Oscilando   401:192:6
OSCURA (21)
    en esta noche oscura,   198:12:12
    con la carne oscura de nardo   201:14:3
    marchito
    Sobre la oscura tierra   203:14:72
    de la montaña oscura,   256:45:14
    y una lluvia oscura   296:69:7
    silencios de goma oscura   453:234:11
    que aullarán, noche oscura,   486:245:47
    por tu tiempo sin luces,
    hasta la puerta del agua   502:256:25
    oscura.
    y el aire una manzana oscura.   511:262:6
    y la oscura ciudad agonizaba   533:272:24
    bajo el martillo de los
    carpinteros.
    como una larga, oscura,   541:274:132
    triste lengua,
    de la oscura magnolia de tu   557:283:2
    vientre.
    los jazmines tendrían mitad   571:299:6
    de noche oscura,
    y está la noche oscura.   608:315:28
    Palabras de cristal y brisa   617:322:28
    oscura
    Huyes la oscura selva de   619:323:42
    formas increíbles.
    y donde el agua oscura   630:330:10
    pierde sus tres acentos,
    no consigue clavar tu carne   634:333:10
    oscura.
    Una voz sin garganta, voz   639:339:3
    oscura
    noche del alma para siempre   640:340:14
    oscura.
    ¡Duerme por la noche oscura!   649:349:4
OSCURAS (10)
    en las noches oscuras,   198:12:2
    en las noches oscuras   218:22:42
    sus oscuras palabras?   273:57:29
    van dos palomas oscuras.   354:133:2
    con largas capas oscuras.   381:163:10

de lentejuelas oscuras,   441:228:44
    donde gritan las oscuras   521:266:39
    ninfas del cólera.
    y en las ondas oscuras de tu   528:268:42
    andar
    van dos palomas oscuras.   574:303:2
    que nos une en las horas   621:323:99
    oscuras y doradas.
OSCURECEN (2)
    oscurecen tus magnolias.   398:187:6
    Negros torsos bañistas   401:192:5
    oscurecen
OSCURIDAD (4)
    que manan la sangre nueva por   494:251:5
    la oscuridad inextinguible.
    LAS estatuas sufren por los   504:258:1
    ojos con la oscuridad de los
    ataúdes,
    en la oscuridad del ropero,   525:267:96
    por las turbias cloacas de   559:285:14
    la oscuridad.
OSCURISIMO (2)
    y en el oscurísimo beso   521:266:47
    punzante debajo de las
    almohadas.
    ni el pantano oscurísimo   524:267:68
    donde sumergen a los niños,
OSCURO (21)
    Cielo limpio y oscuro,   310:91:7
    Sobre el tablado oscuro,   321:106:3
    [AMARGO] Es lo oscuro.   338:121:86
    {Pausa.}
    Pero otro Adán oscuro está   353:130:12
    soñando
    En lo oscuro el canto tiene   361:137:2
    cuando por el monte oscuro   436:226:3
    Será de noche, en lo oscuro,   452:233:32
    por el llanto oscuro   461:236:11
    a tu sangre estremecida   479:243:33
    dentro del eclipse oscuro,
    en el rincón más oscuro de   499:254:26
    la brisa que nadie quiera.
    Pero nadie en lo oscuro   505:258:10
    podrá darte distancias,
    en el oscuro desván del   527:268:15
    lirio,
    por el silencio oscuro de tu   528:268:33
    frente.
    y le ha puesto cabeza de   543:275:164
    oscuro minotauro.
    porque quiero vivir con   564:290:22
    aquel niño oscuro
    por el punzón oscuro de las   568:295:4
    aguas.
    por el inmenso pavimento   571:299:12
    oscuro.
    Mientras en medio del horror   617:322:21
    oscuro
    en el límite oscuro que   620:323:62
    relumbra de noche.
    una sierpe de arena por el   632:331:8
    rincón oscuro.
    sobre hierbas de muerte y   637:336:2
    barro oscuro
OSCUROS (9)
    y de los oscuros grillos,   189:7:43
    junto a los gélidos y oscuros   232:30:19
    LOS arqueros oscuros   307:86:1
    En tus árboles oscuros.   403:194:2
    En tus árboles oscuros.   403:194:10
    en los oscuros salones.   450:232:46
    gritaban nombres oscuros,   489:247:16
    salivas y radios de níquel.
    Esa brisa de límites oscuros.   491:249:4
    Déjame en un ansia de   558:284:15
    oscuros planetas,
OSO (7)
    ¡oso blanco del viento!   173:1:19
    como un oso panza arriba.   433:224:8
    y tragan pedacitos de   479:243:41

corazón, por las heladas
montañas del oso.
Si mi niño hubiera sido un   483:244:25
oso,
¡Si mi niño hubiera sido un   483:244:29
oso!
cantaba el oso de agua que   492:249:20
lo había de estrechar;
donde espera la dentadura   494:250:35
del oso,

OSOS (1)
de la lenta comida de los   645:345:25
osos.

OSTENSORIO (1)
Vivo estabas, Dios mío,   630:330:5
dentro del ostensorio.

OTEANDO (1)
Los grises oteando sus   618:323:4
balaustradas últimas.

OTOÑAL (4)
demasiado otoñal   240:38:5
demasiado otoñal   242:38:81
la tragedia otoñal   289:66:4
la tragedia otoñal   290:66:27

OTOÑO (17)
y la frescura vieja del otoño.   200:13:23
Te vas por la niebla del   203:14:52
otoño, virgen
"¿Ha llegado el otoño,   233:31:16
compañeras?",
anochecer de otoño, cuando   233:32:8
mueren
mucho antes que el otoño   236:34:11
Con el sol del otoño toda el   280:61:45
agua
El otoño ha dejado ya sin   286:63:94
hojas
y el otoño venía.   389:174:2
El otoño venía.   390:174:15
y el otoño venía.   390:174:24
en otoño, mojando las   518:265:23
últimas vertientes,
El otoño vendrá con   544:276:207
caracolas,
dos valles esperaban al   570:297:14
otoño.
una noche de otoño las cubre,   581:304:67
estáis llenas de otoño, de   581:304:69
tardes,
es el otoño muerto: 583:305:23
con hojas de mi otoño   638:337:14
enajenado.

OTRA (41)
la otra rana, que estaba   176:2:34
-la otra rana contesta-.   176:2:55
a otra hormiga que tiene   178:2:110
¿O después habrá otra nieve   181:3:25
como otra araña me oculta   185:5:29
¿qué otra pasión me espera?   199:12:21
brotar de tus senos otra vía   201:14:21
láctea.
como otra estrella digna de   203:14:77
herirlas y eclipsarlas.
y otra hoja el cielo.)   229:29:4
de otra,   267:53:15
otra vez dejará sus guirnaldas   279:61:15
Vuelvo otra vez a echar las   280:61:39
redes sobre
[JINETE] No tendrás otra   337:121:68
ocasión.
Yo la puse otra vez   350:128:54
la otra la luna.   354:133:4
La una era la otra   355:133:13
la una era la otra   355:133:21
una vez y otra vez   391:176:2
una y otra vez,   391:176:14
puso en tierra la otra pata.)   398:186:9
¡Aquí somos otra gente!   400:190:10
La tarde era otra cosa   404:196:3
La otra no vendrá nunca.   404:196:10
dando envidia a la otra   462:236:18

son los muertos, los   488:246:13
faisanes y las manzanas de
otra hora
que ignora la otra mitad,   516:264:40
La otra mitad me escucha   516:264:48
la terrible claridad de otra   518:265:18
luna enterrada.
tendremos que pacer otra vez   531:271:14
las hierbas de los
cementerios.
no se oye otra cosa que el   569:296:4
llanto.
y no se oye otra cosa que el   569:296:12
llanto.
buscaba otra cosa.   572:301:4
buscaba otra cosa.   573:301:8
buscaba otra cosa.   573:301:12
la otra la luna.   574:303:4
La una era la otra   575:303:13
La una era la otra   575:303:21
y otra vez.   603:314:28
y otra vez.   603:314:32
de otra. ¿No ves qué pena?   650:351:12
De otra que estaba   650:351:13
escribiendo

OTRAS (8)
caracol, de otras tierras?"   177:2:57
y otras rosas más perfectas?   181:3:26
Otras almas tienen   239:37:9
Y otras muchachas corrían   457:234:109
y otras recogen las gotas   467:237:87
Pero el verdadero dolor   495:251:39
estaba en otras plazas
encuentra las otras   513:263:21
vertientes del cielo.
sino plazas y plazas y   542:275:160
otras plazas sin muros.

OTRO (27)
condensada a través de otro   199:13:12
espíritu.
tarde de mi otro beso!   228:27:37
para nacer en otro sitio.   235:32:49
otro nuevo a un amigo.   243:38:105
como no tuvo otro animal.   292:67:58
uno llanto y otro sangre.   295:68:10
Pero otro Adán oscuro está   353:130:12
soñando
y en la rosa hay otro río.   386:170:4
uno con otro.   388:172:3
uno con otro.   388:172:17
ni miran al otro lado   451:233:5
y tu máscara pura de otro   475:241:4
signo.
mercurio y sol dormido el   485:245:18
otro medio.
Otro día   493:250:26
pero sí un pulso herido que   499:254:35
sonda las cosas del otro
lado.
otro comido por los   502:256:29
hormigueros,
tu otro guante perdido en la   507:260:4
hierba,
y las hierbas de mi corazón   510:261:14
están en otro sitio.
aliviará la angustia de otro   514:263:60
corazón
y otro un botín con orugas   519:265:41
parlantes
y otro una lluvia nocturna   519:265:42
cargada de cadenas
y otro la uña de un ruiseñor   519:265:43
que estaba vivo;
porque es la demostración de   532:271:21
otro infinito que no es suyo
Lo demás es lo otro; viento   572:300:15
triste,
en las formas numéricas de   620:323:50
un siglo y otro siglo.
Tengo un guante de mercurio y   647:347:5
otro de seda.

para otro tanto!   657:355:40
OTROS (10)
  -¿Se ha apagado-dijéronle   207:15:80
  otros-
  con galanes de otros días.   325:112:10
  [JINETE] Los otros cuchillos 338:121:70
  no sirven.
  Los otros cuchillos son   338:121:71
  blandos y se asustan de la
  sangre.
  Lo que en otros no   448:231:27
  envidiaban,
  Otros de rubor cansado,   448:231:47
  Son los otros los que bailan 486:245:64
  con el mascarón y su vihuela;
  son los otros, los borrachos 486:245:65
  de plata, los hombres fríos,
  en los ojos inocentes de los 495:251:17
  otros sistemas.
  para que broten flores sobre 508:260:29
  los otros niños.
OVEJA (1)
  dimitiendo la sangre de la   617:322:16
  oveja.
OVEJAS (2)
  Ni ovejas blancas ni perro   348:128:9
  viendo ovejas y lirios de   528:268:32
  nieve
OVEJITAS (1)
  las ovejitas balan.   233:31:15
OVILLO (1)
  y el ovillo busca por la   490:247:30
  grama su ansia de longitud
  insatisfecha.
OXIDA (1)
  Sangre que oxida el alisio   480:243:62
  descuidado en una huella
OXIDADAS (1)
  ni los paisajes que se hacen 514:263:63
  música al encontrar las
  llaves oxidadas.
OXIDADO (1)
  que tiene un viejo alfiler   499:254:21
  oxidado
OXIDAN (1)
  a los huecos donde se oxidan 516:264:52
OXIDEN (1)
  ¡Oh espina clavada en el   533:272:17
  hueso hasta que se oxiden
  los planetas!
OXIDO (2)
  del óxido de hierro de los   484:245:9
  grandes puentes
  Y el óxido sembró cristal y   537:273:11
  níquel
OXIDO (1)
  Oxido, fermento, tierra   517:264:62
  estremecida.
OXIGENO (1)
  el círculo de bocas del   513:263:23
  oxígeno.
OYE (3)
  OYE, hijo mío, el silencio.   299:72:1
  no se oye otra cosa que el   569:296:4
  llanto.
  y no se oye otra cosa que el 569:296:12
  llanto.
OYEN (1)
  Se oyen las nanas a las   286:63:102
  cunas pobres,
OYENDO (1)
  oyendo la lluvia sobre la   203:14:60
  amargura
OYERA (1)
  que si al fin Dios oyera   176:2:37
OYERAS (1)
  SI tú oyeras   649:350:1
OYERON (1)
  que en la noche dormida se   204:15:18
  oyeron
OYES (2)

  Oyes los maravillosos   318:103:6
  Cuántas campanas ¿oyes?   387:171:5
OYO (1)
  Entonces se oyó la gran voz   533:272:19
  y los fariseos dijeron:
PACER (4)
  te dejaré pacer en mis   476:241:22
  mejillas;
  es pacer durante veinte   531:271:4
  siglos las hierbas de los
  cementerios.
  tendremos que pacer otra vez 531:271:14
  las hierbas de los
  cementerios.
  tendremos que pacer sin   532:271:29
  descanso las hierbas de los
  cementerios.
PACIENCIA (1)
  "Hormiguitas, paciencia.   178:2:113
PACIENTE (1)
  Es primero que el cuadro   622:323:102
  que paciente dibujas
PACIFICA (1)
  lluvia buena y pacífica que   197:11:29
  eres la verdadera,
PACIFICAN (1)
  Las flautas de madera   619:323:27
  pacifican el aire.
PACIFICO (2)
  Y el caracol, pacífico   175:2:14
  y el caracol, pacífico   180:2:174
PADRE (6)
  ¡Conozco tu encanto sin fin, 282:62:35
  padre olivo,
  del padre Pan!   291:67:27
  padre de tu agonía, camelia   525:267:75
  de tu muerte,
  Punzado por tu Padre con   630:330:6
  aguja de lumbre.
  su padre es carpintero   662:360:11
  Cuando el rey mi padre   665:364:33
PADRES (1)
  Los Padres esperaban   610:317:5
PAGODA (1)
  Pagoda dragón.   599:313:62
PAISAJE (21)
  el paisaje contempla.   175:2:17
  el paisaje contempla.   180:2:177
  que hace vibrar el alma   196:11:4
  dormida del paisaje.
  que pones en el alma dormida 198:11:46
  del paisaje!
  Yo voy lejos del paisaje.   226:26:34
  para el paisaje,   261:47:32
  Todo el paisaje casto mi   271:56:18
  corazón transforma,
  El paisaje y la tierra se   274:57:77
  perdieron,
  AMARGURA dorada en el paisaje. 283:63:1
  La mojada tristeza del   286:63:104
  paisaje
  Sobre el paisaje viejo y el   287:63:119
  hogar humeante
  del paisaje que muere   289:66:7
  los que buscan la lombriz en 486:245:67
  el paisaje de las escaleras,
  porque tiene un paisaje seco 493:250:11
  en la rodilla;
  y aun andando por un paisaje 493:250:28
  de esponjas grises y barcos
  mudos
  Pero me iré al primer paisaje 500:255:5
  pero me iré al primer   500:255:25
  paisaje de humedades y
  latidos
  hacia un paisaje de acechos   512:263:11
  pulverizados.
  que enterraban un paisaje de 532:271:16
  volcanes
  un duro paisaje de hueso   565:292:11

EL paisaje escaleno de   623:325:1
espumas y de olivos
PAISAJES (12)
  paisajes de caballista.   444:229:62
  tres paisajes de nieve y una 474:240:28
  cabaña de azucenas
  viva en la espina del puñal   480:243:55
  y en el pecho de los
  paisajes,
  para espantar los sapos   483:244:22
  nocturnos que rondan los
  helados paisajes del cáliz.
  paisajes llenos de sepulcros   490:247:40
  que producen fresquísimas
  manzanas,
  pulverizaba rojos paisajes   502:256:46
  por las sábanas de amargura,
  ni los paisajes que se hacen   514:263:63
  música al encontrar las
  llaves oxidadas.
  ¿Qué voy a hacer? ¿Ordenar   517:264:65
  los paisajes?
  vidriado por la angustia de   518:265:15
  un millón de paisajes.
  o emboscados en yertos   526:267:119
  paisajes de cicuta.
  conmigo los paisajes   582:305:4
  Pero ya las estrellas   620:323:47
  ocultando paisajes,
PAISES (3)
  países remotos.   305:83:6
  países de la pena.   307:86:8
  cuando tus manos eran dos   502:256:20
  países
PAJARA (1)
  cuando estaba la pájara pinta 604:314:41
PAJARITA (1)
  ¡OH pajarita de papel!   233:32:1
PAJARO (20)
  pájaro de luz que quiere   208:16:3
  Así pájaro clown desapareces 235:32:48
  Así pájaro esfinge das tu alma 235:32:50
  mi pájaro llora   288:64:17
  y el primer pájaro muerto   298:70:22
  y ojos de pájaro.   349:128:31
  el pájaro Griffón   374:153:2
  ¡Mira aquel pájaro! ¡Mira   386:170:5
  aquel pájaro amarillo!   386:170:6
  y un solo pájaro.   396:182:4
  de ritmo y de pájaro.   416:213:2
  como un pájaro en las zarzas. 459:235:30
  ODIAN la sombra del pájaro   477:242:1
  No es un pájaro el que   495:251:28
  expresa la turbia fiebre de
  laguna,
  que gemías igual que un   523:267:35
  pájaro
  Un pájaro tan solo   597:313:27
  El pez en la pecera y el   620:323:65
  pájaro en la jaula.
  tiro al blanco de insomnio   630:330:16
  sin un pájaro negro.
  y el pájaro pretende lo que   632:331:24
  las aguas vedan.
  Sin un pájaro   643:343:5
PAJAROS (35)
  ¡Son pájaros sin alas   193:9:19
  de los azules pájaros   218:22:34
  de pájaros   223:24:7
  los pájaros y el ruido   233:32:9
  ¿Somos pájaros ciegos   242:38:56
  de los pájaros?   247:40:33
  donde no pican los pájaros,   257:46:20
  Vuestras músicas vienen del   264:50:6
  alma de los pájaros,
  ¡Parecen las espigas viejos   269:55:16
  pájaros
  de pájaros cautivos,   297:69:16
  los cipreses con los pájaros, 318:103:11
  los pájaros!   352:129:40
  siete largos pájaros.)   359:134:8

  monta en su globo a los   373:152:10
  pájaros.
  ven convertirse en pájaros   374:154:5
  pájaros macilentos   390:174:17
  Pájaros y mariposas   411:205:9
  (Cuatro pájaros sin rumbo   416:212:12
  tiene ya sombra y pájaros.   417:215:2
  hojas y mis pájaros.   420:218:12
  llevarte con tus pájaros   421:219:23
  siete pájaros del prisma.   433:224:6
  un círculo de pájaros y   462:236:41
  llamas.
  pájaros en su garganta,   464:237:14
  Enrique en la hormiga, en el   473:240:21
  mar y en los ojos vacíos de
  los pájaros.
  soñando con los picos   489:247:6
  abiertos de los pájaros
  agonizantes,
  SI no son los pájaros   494:251:1
  Pero no, no son los pájaros,   494:251:6
  porque los pájaros están a   494:251:7
  punto de ser bueyes;
  No, no son los pájaros.   495:251:27
  Pájaros de la Habana,   526:267:109
  Sin pájaros.   625:327:18
  las almas de los viejos   626:328:5
  pájaros.
  y a la roca vienen pájaros.   644:344:12
  para ser comidos por los   647:346:12
  pájaros.
PAJE (1)
  allí donde mugen las vacas   499:254:48
  que tienen patitas de paje
PAJIZA (3)
  sobre una tela pajiza.   433:224:4
  Sobre la tela pajiza,   433:224:10
  Olas de la mar pajiza   644:344:13
PAJIZO (1)
  grande de raso pajizo,   436:225:51
PALABRA (9)
  Veo la palabra amor   196:10:24
  LA miel es la palabra de   199:13:1
  Cristo,
  la palabra infinita   218:22:43
  en la boca más que una   406:199:6
  palabra.
  que sabían pronunciar la   495:251:26
  palabra amor.
  ni la palabra,   600:313:102
  nueve cantos distintos y una 623:325:24
  sola palabra.
  por la impura palabra del   631:330:24
  hombre sudoroso.
  en vano espero tu palabra   639:340:2
  escrita
PALABRAS (22)
  y palabras.   195:10:4
  de risas, de palabras   217:22:3
  y las palabras como guadañas   227:27:12
  y palabras   237:34:22
  se quedan mis palabras en el   239:36:15
  aire
  tu libro sin palabras.   255:44:46
  sus oscuras palabras?   273:57:29
  aceite de palabras.   275:57:110
  con palabras de tierra   280:61:37
  entrelazadas
  Las palabras del viento eran   284:63:30
  suaves
  con palabras de cantares.   346:126:6
  tus palabras-pececillos-   377:157:7
  Lavó sus palabras y se calló. 418:216:9
  siguen las palabras.   461:236:14
  siguen las palabras.   462:236:39
  están las palabras.   463:236:65
  vete para aprender   503:256:50
  celestiales palabras
  Podeado de espectadores que   509:260:66
  tienen hormigas en las
  palabras.

Yo canto su elegancia con   545:276:222
palabras que gimen
por medio de palabras.   583:305:37
Palabras de cristal y brisa   617:322:28
oscura
Llena, pues, de palabras mi   640:340:12
locura
PALACIO (1)
Han llegado a Palacio,   656:355:13
PALETA (1)
Al coger tu paleta, con un   620:323:53
tiro en un ala,
PALIDA (1)
mayorales de pálida niebla.   540:274:102
PALIDAS (2)
pálidas de mis recuerdos!   278:60:14
pálidas.   611:318:26
PALIDECEN (2)
Los olivos palidecen.   427:221:34
Arriba palidecen   504:257:13
PALIDECIERON (1)
palidecieron al morir.   482:243:101
PALIDO (4)
los muchachos que tiemblan   522:266:59
bajo el terror pálido de los
directores,
era un pálido ramo de   557:283:10
simientes.
Sería un pálido lirio de cal,   572:300:5
y bendito tu pálido albor.   581:304:89
PALIDOS (1)
la muerte le ha cubierto de   543:275:163
pálidos azufres
PALITOS (1)
que llevan frágiles palitos   516:264:51
PALIZA (1)
El día que el cáncer te dio   502:256:39
una paliza
PALMA (4)
mis adelfas y mi palma.   341:122:2
no hay palma que se le   442:229:12
iguale,
agudo norte de palma,   464:237:18
Cuando la palma quiere ser   530:270:8
cigüeña.
PALMA (2)
en la palma de la mano,   396:182:10
mil violines caben en la   569:296:7
palma de mi mano.
PALMERA (1)
Cantarán los techos de   530:270:6
palmera.
PALO (1)
de palo.   326:115:10
PALOMA (16)
Eras una paloma con alma   186:6:5
gigantesca
de plumas de paloma.   384:167:6
y dejaba por los rincones   488:246:7
pequeñas calaveras de paloma
de la primer paloma.   511:262:15
y el agua era una paloma,   518:265:5
con un solo corazón de paloma   518:265:11
porque reunían entre todos   519:265:39
con esfuerzo media paloma,
y porque la media paloma   519:265:44
gemía
donde un hombre se orina en   520:266:12
una deslumbrante paloma
El hombre que desprecia la   521:266:25
paloma debía hablar,
Ya luchan la paloma y el   537:273:13
leopardo
sería una paloma amarrada a   572:300:6
mi corazón,
tu corazón paloma desatada.   639:339:8
tigre y paloma, sobre tu   640:340:10
cintura
mataron a una paloma.   660:358:9
No salgas, paloma, al campo,   660:358:15
PALOMARES (1)

por los palomares donde la   474:240:29
luna se pone plana bajo el
gallo.
PALOMAS (22)
mis palomas sus alas   206:15:67
tendieron,
con mis blancas palomas y el   207:15:89
perro.
dos palomas campesinas   209:16:27
(una bandada de palomas ciegas   212:18:19
que pone en mis entrañas un   271:56:20
batir de palomas.
van dos palomas oscuras.   354:133:2
vi dos palomas desnudas,   355:133:20
Cuatro palomas por el aire   365:143:2
van.
Cuatro palomas   365:143:3
Cuatro palomas en la tierra   365:143:8
están.
cinco palomas heladas.   465:237:24
por mi pecho turbado por las   474:240:46
palomas,
y un huracán de negras palomas   497:253:3
quiere echar las palomas a   502:256:35
las alcantarillas
dos mil palomas para el   515:264:19
gusto de los agonizantes,
Los patos y las palomas,   516:264:32
¡Maricas de todo el mundo,   526:267:116
asesinos de palomas!
y un bosque de palomas   527:268:3
disecadas.
van dos palomas oscuras.   574:303:2
vi dos palomas desnudas.   575:303:20
silbaba por los ojos secos de   631:331:2
las palomas.
mi lengua de palomas ateridas   637:335:10
PALOMILLAS (1)
domador de palomillas   443:229:21
PALOMO (1)
sin palomo   233:32:4
PALPA (1)
Bello de luz, oriente de la   633:332:13
mano que palpa.
PALPITAN (1)
grillos ocultos palpitan.   443:229:36
PALPITANTE (1)
palpitante y desnudo, como un   630:330:3
niño que corre
PAM (1)
[TENIENTE CORONEL] ¡Ayyyyy!,   332:119:59
pum, pim, pam.
PAMPANOS (2)
de pámpanos verdes y vid   203:14:55
coronada.
pámpanos y peces cambian.   467:237:92
PAN (8)
La espiga es el pan. Es Cristo   258:46:35
[AMARGO] ¿No sirven para   337:121:57
partir el pan?
[JINETE] Los hombres parten   337:121:58
el pan con las manos.
pan moreno y rica luna.   366:145:10
del pan y del beso.   461:236:8
y llamaba al demonio del pan   488:246:9
por las colinas del cielo
barrido
Porque ya no hay quien   520:266:15
reparta el pan ni el vino,
porque queremos el pan   522:266:71
nuestro de cada día,
PAN (2)
mas también lo hizo Pan.   276:58:21
del padre Pan!   291:67:27
PANA (2)
ni tus hombros de pana   523:267:31
gastados por la luna,
sobre la pana y el cuero   540:274:91
PANAL (3)
de un panal con la cera del   199:13:15
recuerdo

con panal ensangrentado,   257:46:12
de un panal invisible   584:305:56
PANDERITO (1)
    Panderito de harina para el   630:330:18
    recién nacido.
PANDERO (1)
    Preciosa tira el pandero   427:221:29
PANDEROS (2)
    Mil panderos de cristal,   432:223:59
    al son de panderos fríos   464:237:15
PANIDAS (4)
    Panidas, sí, Panidas;   579:304:11
    Panidas, sí, Panidas,   579:304:18
PANOCHA (1)
    La panocha guarda intacta   366:145:6
PANORAMA (1)
    Haya un panorama de ojos   494:250:42
    abiertos
PANTANO (1)
    ni el pantano oscurísimo   524:267:68
    donde sumergen a los niños,
PANTERA (1)
    Como una pantera, su sombra,   384:166:3
PANTERAS (1)
    disfrazados de panteras   362:138:22
PANZA (3)
    como un oso panza arriba.   433:224:8
    ni las curvas heridas como   524:267:70
    panza de sapo
    panza arriba: 604:314:57
PAÑALES (2)
    pañales de algodón.   317:102:8
    Los pañales exhalan un rumor   496:252:15
    de desierto
PAÑO (3)
    Húndete bajo el paño   230:29:28
    llanto de media noche y paño   476:241:27
    roto
    en la llaga de aceites y   630:330:14
    paño de agonía.
PAÑOS (4)
    con las rectas de sus paños.   453:233:57
    Paños blancos enrojecen   467:237:89
    sobre paños de cal y sordo   634:333:17
    fuego,
    y en paños de seda   665:364:19
PAÑUELO (3)
    el pañuelo y la mano.)   393:178:8
    el pañuelo exacto de la   477:242:6
    despedida,
    En mi pañuelo he sentido el   514:263:52
    tris
PAÑUELOS (6)
    ¡No habrá pañuelos de seda   332:120:11
    blanco, para hacer pañuelos?   381:162:9
    pañuelos y agua de nieve.   429:222:14
    No quiero que le tapen la   544:275:194
    cara con pañuelos
    El horizonte virgen de   619:323:31
    pañuelos heridos
    tres pañuelos tengo dentro,   661:359:35
PAPA (10)
    Vio los balcones del Papa   419:216:12
    ¡Que no baile el Papa!   486:245:70
    ¡No, que no baile el Papa!   486:245:71
    a que los case el Papa,   656:355:3
    y en la sala del Papa   656:355:15
    Le ha preguntado el Papa   656:355:17
    Le ha preguntado el Papa   656:355:21
    Le ha preguntado el Papa   657:355:25
    Le ha preguntado el Papa   657:355:29
    Y ha respondido el Papa   657:355:37
PAPADA (1)
    en esa gran papada   247:40:56
PAPAS (1)
    y callan los papás, no se   234:32:46
    despierten
PAPEL (11)
    ¡OH pajarita de papel!   233:32:1
    de papel.   235:33:4
    (Por un monte de papel   253:43:27

y el papel incoloro   262:48:7
con rosas de papel   314:97:7
me pondrá en papel de plata.   332:120:4
la tinta, el papel y el verso?   396:183:4
de papel de chocolate   454:234:43
y un violín de papel   529:269:22
Mar de papel y plata de   530:270:16
monedas.
Sueño de papel pintado.   643:344:8
PAQUIRO (4)
    dijo Paquiro a su hermano: 655:354:2
    dijo Paquiro a Frascuelo: 655:354:6
    Sacó Paquiro el reló   655:354:9
    y era Paquiro en la calle   655:354:15
PAR (2)
    La luna de par en par.   539:274:59
PARA (215)
PARADAS (3)
    de las norias paradas!   232:31:5
    con que el agua envuelve las   281:62:17
    cosas paradas
    bajo las nubes paradas.   466:237:84
PARADO (1)
    creyéndote sol parado,   259:46:78
PARADOS (1)
    entre huracanes de oro y   486:245:46
    gemidos de obreros parados
PARAGUAS (1)
    entre paraguas y soles de   480:243:48
    oro,
PARAISO (5)
    la momia de la luz del paraíso.   199:13:4
    Mi paraíso un campo   267:53:3
    Paraíso perdido.   277:58:30
    teniendo Paraíso,   285:63:53
    que no habrá paraíso ni   497:253:14
    amores deshojados;
PARAMOS (1)
    por los páramos del   519:265:53
    crepúsculo
PARAN (1)
    Entran buscando el sitio de   338:121:73
    más calor y allí se paran.
PARARON (1)
    Los relojes se pararon,   456:234:77
PARARSE (1)
    Pararse en firme   292:67:60
PARATE (1)
    ¡Párate,   390:174:21
PARDA (3)
    Sobre la parda tierra de la   284:63:34
    estepa
    pueblos en la arena parda,   465:237:42
    bajo la brisa parda.   573:302:11
PARECE (5)
    parece un campo sembrado   183:4:15
    un borrón que parece de plata   205:15:33
    [AMARGO] Eso parece.   335:121:42
    [AMARGO] Me parece que   339:121:101
    hemos perdido el camino.
    Carne tuya me parece,   397:183:5
PARECEN (2)
    ¡Parecen las espigas viejos   269:55:16
    pájaros
    ya parecen astrónomos.   309:89:6
PARECES (1)
    qué bien pareces   658:356:20
PARED (2)
    vieron la blanca pared donde   472:239:6
    orinaban las niñas,
    duro como una pared   529:269:36
PAREDES (5)
    tapiza las paredes   249:41:15
    se sube por las paredes.   429:222:12
    se quiebran las blancas   502:256:15
    paredes en el delirio de la
    astronomía
    estrellaban ampollas de   533:272:29
    laguna sobre las paredes del
    templo.

Amor entre paredes y besos   633:332:11
limitados,
PAREJAS (1)
poner parejas de   482:243:108
microscopios en las cuevas
de las ardillas
PARIDA (1)
por donde gime la recién   353:130:2
parida.
PARIDAS (1)
Tibia leche encerrada de las   474:240:50
recién paridas
PARIO (1)
lo parió una gitana,   662:360:3
PARISTE (1)
Pariste a Venus pura,   276:58:11
PARLANTES (1)
y otro un botín con orugas   519:265:41
parlantes
PAROSE (1)
¿Qué sería que el río paróse?   205:15:21
PARPADO (1)
Cerrando un párpado   215:21:5
PARPADOS (2)
sus párpados azules   603:314:30
un lucero sin párpados.   603:314:34
PARRA (5)
tus besos debieron ser bajo   202:14:35
una parra
y las uvas verdes de la parra   207:15:92
Como tallos de parra   308:88:9
Un dedo de la parra   412:206:3
la delgadez de la parra.   466:237:72
PARRALA (1)
la Parrala sostiene   321:106:4
PARTE (2)
de ninguna parte.   174:1:37
en la parte más alta del   206:15:47
pueblo,
PARTEN (1)
[JINETE] Los hombres parten   337:121:58
el pan con las manos.
PARTES (3)
Por todas partes   303:79:11
partes de la tierra.   362:138:20
por los tejados y azoteas,   480:243:65
por todas partes,
PARTICIPA (1)
que participa de la estrella   618:322:45
dura
PARTIDA (1)
Nieve partida comienza.   460:235:63
PARTIDO (2)
tendrás el corazón partido en   187:6:42
mil pedazos.
El Cristito de barro se ha   496:252:3
partido los dedos
PARTIO (1)
partió el espejo   600:313:93
PARTIR (1)
[AMARGO] ¿No sirven para   337:121:57
partir el pan?
PARTO (2)
ni que el parto de la   492:249:30
víbora, desatado bajo las
ramas,
Y las que mueren de parto   495:251:20
saben en la última hora
PARTURIENTA (1)
ignora el gemido de la   521:266:32
parturienta,
PASA (12)
que pasa presumida   176:2:46
¡con el agua que pasa junto a   187:6:52
ti! ¡La del Dauro!
Todo lo vivo que pasa   189:7:21
Esta tristeza juvenil se pasa,   279:61:13
pasa   310:91:2
[TENIENTE CORONEL] ¿Qué pasa?   329:119:24
pasa volando,   364:141:2
pasa por arcos rotos.   462:236:32

la guerra pasa llorando con   525:267:84
un millón de ratas grises,
Ya se acabó; ¿qué pasa?   543:275:162
Contemplad su figura:
Lo demás todo pasa.   572:300:13
y el aire pasa, herido.   642:342:16
PASABA (2)
Pasaba por los tonos   319:104:15
pasaba su triste lengua   539:274:69
PASABAN (1)
por el reloj pasaban.   369:148:20
PASADAS (2)
pasadas como ésta   271:56:26
contemplando la lluvia
Pasadas las zarzamoras,   435:225:20
PASADO (9)
ESTA noche ha pasado Santiago   204:15:1
Cuando hubo pasado la puerta,   206:15:66
¡Ha pasado Santiago en el   208:15:103
cielo!
El pasado se pone   214:20:24
EL rebaño de cabras ha pasado   290:67:1
He pasado toda la noche en   492:249:24
los andamios de los arrabales
para mirar el corazón pasado   568:295:3
[Yo] ¿Y cuántos siglos han   627:328:22
pasado?
[El viajante] El pasado está   627:328:25
inhabitable.
PASADOS (1)
pasados.   214:20:20
PASAMOS (1)
Pasamos mucha pena   285:63:60
PASAN (8)
y más buenos: y pasan   194:9:70
a los asnos que pasan   255:44:38
Pasan caballos negros   323:110:4
Pasan, si quieren pasar,   453:234:13
y lentamente pasan!   582:305:9
son los astros que pasan   585:305:67
con las criaturas mudas que   645:345:5
pasan bajo los arcos.
la que yo encuentro en el   645:345:17
niño y en las criaturas que
pasan los arcos.
PASANDO (1)
van pasando las tristes   584:305:48
PASAR (17)
al pasar el arroyo imaginario.   191:8:12
viendo pasar gente desde tu   203:14:59
ventana,
-Al pasar me miró sonriente   207:15:76
dolor y pasar la vida   253:43:20
veríamos pasar.   269:54:40
¡Salud!, al pasar.   292:67:64
Pasan, si quieren pasar,   453:234:13
Déjame pasar la puerta   498:254:14
Déjame pasar hombrecillos de   498:254:17
los cuernos
tenía que pasar sin remedio   533:272:15
por el ojo de una aguja.
quiero verte pasar.   567:294:2
voy a verte pasar,   567:294:12
voy a verte pasar,   567:294:22
Ver pasar los espectros   583:305:14
¡Por aquí has de pasar,   611:318:32
Al pasar por el puente   656:355:9
Al pasar un campo   665:364:27
PASARAS (1)
¡pasarás por el puente   256:44:67
PASARIA (2)
pero si no lo hiciera,   340:121:115
¿qué pasaría?
[AMARGO] ¿Qué pasaría?   340:121:116
PASARON (2)
Pasaron cuatro jinetes,   381:163:7
Pasaron tres torerillos   381:163:13
PASAS (1)
pasas en la tarde luminosa y   201:14:2
clara

PASE (1)
Pasé por el jardín de Cartagena   191:8:9
PASE (1)
aungue pase mil noches sin   572:300:4
lecho.
PASEA (3)
pasea por sauzales   265:51:8
pasea a sus hijuelos.   278:60:8
se pasea nadie.   566:293:14
PASEAN (5)
se pasean dos señores.   351:129:15
... se pasean dos señores   351:129:20
...se pasean dos señores   351:129:26
... se pasean dos señores   352:129:32
Las ramas se pasean por el   414:210:8
río.
PASEANDO (1)
(¡Oh, tú sola paseando   397:184:7
PASEANTE (1)
por mi muerte desierta con   474:240:47
un solo paseante equivocado.
PASEO (1)
Yo, en mis ojos, paseo por   414:210:7
las ramas.
PASEO (1)
¿Es este su paseo   246:40:15
PASILLO (1)
por el melancólico pasillo,   527:268:14
PASILLOS (1)
A las doce de la noche el   501:256:10
cáncer salía por los pasillos
PASION (21)
y lloraré mi pasión   185:5:36
Tenías la pasión que da el   186:6:21
cielo de España.
La pasión del puñal, de la   186:6:22
ojera y el llanto.
de pasión y de música.   198:12:8
¿qué otra pasión me espera?   199:12:21
la pasión hambrienta de besos   201:14:14
de fuego
la pasión de una niña recién   203:14:69
enamorada!
de la pasión encuentras.   218:22:31
de la pasión, y el cerebro   252:43:3
todo pasión sobre el campo!   259:46:86
de tu pasión,   260:47:25
de la pasión perfecta.   264:50:8
y mi pasión humana,   274:57:64
tus secretos y tu pasión   279:61:12
tranquila!
Yo comprendo toda la pasión   282:62:23
del bosque:
pasión de crines y espadas,   459:235:48
esperanzas, anhelos, pasión,   581:304:76
de una pasión oculta   589:310:13
¡pasión que maduróse   589:310:17
esta pasión   601:313:124
¡Hombre! ¡Pasión! ¡Dolor de   636:334:7
luz! Memento.
PASIONAL (1)
y pasional!   291:67:19
PASIONARIA (1)
¡PASIONARIA azul!   237:35:1
PASIONARIAS (1)
pasionarias y estrellas,   238:35:27
PASIONES (8)
que sufre pasiones gigantes y   202:14:47
calla,
pasiones mecidas por los   202:14:48
abanicos
de pasiones. Frutas   239:37:11
de pasiones dormidas.   280:61:44
como se abandonan las   282:62:30
pasiones viejas!
y formas y pasiones,   285:63:68
mas tus pasiones son   291:67:31
insaciables;
mis pasiones en mi corazón.   588:308:5
PASO (2)
pasó un joven que llevaba   381:163:21

aquí pasó lo de siempre.   429:222:28
PASO (4)
A su paso dejó por la senda   206:15:72
La penumbra con paso de   570:297:15
elefante
El mar conoce mi paso   641:342:3
Mi amor de paso, tránsito,   646:345:32
larga muerte gustada,
PASO (1)
cuando paso. Las campanas   184:5:10
PASTO (1)
pero, pasto de ruina, te   476:241:11
afilabas
PASTOR (8)
del pastor, la dulzaina y el   199:13:18
olivo,
Pastor que vas,   347:128:3
pastor que vienes.   347:128:4
Pastor que vas,   348:128:7
pastor que vienes.   348:128:8
Pastor que vas.   348:128:11
Pastor que vienes.   348:128:14
UN pastor pide teta por la   496:252:1
nieve que ondula
PASTORCILLO (3)
pastorcillo.   348:128:18
pastorcillo.   348:128:22
pastorcillo.   348:128:26
PASTORES (4)
¡Ya vendrán los pastores con   233:31:18
sus nidos
El aire de la llanura,   486:245:59
empujado por los pastores,
Pastores venid,   586:307:17
pastores llegad,   586:307:18
PATA (2)
puso en tierra la otra pata.)   398:186:9
Saqué una pata de gallina por   483:244:7
detrás de la luna y luego,
PATAS (1)
con sus patas de oro. No   185:5:30
PATER NOSTER (1)
¡Pater noster por mi amor!   226:26:40
PATINAN (1)
y patinan lúbricos por agua   477:242:15
y arenas
PATIO (5)
sobre este grave patio   249:41:20
surtidores de tu patio,   318:103:7
Las adelfas de mi patio.   333:121:2
las adelfas de tu patio.   452:233:25
en el patio relinchaban.   466:237:70
PATIOS (2)
Por los patios gritan loros,   390:175:7
que ya las ortigas   487:245:80
estremecerán patios y
terrazas,
PATITA (1)
en la patita de ese gato   517:264:58
PATITAS (2)
allí donde mugen las vacas   499:254:48
que tienen patitas de paje
y el rebaño de vacas   500:255:22
nocturnas con rojas patitas
de mujer.
PATO (1)
hay una gota de sangre de   515:264:2
pato;
PATOS (2)
cuatro millones de patos,   515:264:17
Los patos y las palomas,   516:264:32
PAVESAS (1)
solo las pavesas vuelan   588:308:9
PAVIMENTO (2)
Pavimento infinito. Mapa.   571:299:2
Sala. Arpa. Alba.
por el inmenso pavimento   571:299:12
oscuro
PAYASO (1)
llevo galas de payaso   185:5:25

PAZ (9)
¿Será la paz con nosotros 182:3:27
en la paz de la noche 206:15:54
tranquila,
Las castañas son la paz 258:46:51
llena de paz romántica, 290:67:4
[AMARGO] A la paz de Dios. 335:121:38
en paz, Soledad Montoya. 437:226:38
dirá: paz, paz, paz, 521:266:53
PECADO (3)
fruta esfinge del pecado, 258:46:40
del pecado. Mis mares 273:57:34
interiores
que si han pecado. 657:355:30
PECADOS (1)
de pecados. 226:26:33
PECECILLOS (2)
con pececillos 372:151:6
tus palabras-pececillos- 377:157:7
PECERA (1)
El pez en la pecera y el 620:323:65
pájaro en la jaula.
PECES (14)
Agua con peces y barcos. 332:120:7
ondas y peces dormidos. 411:205:8
su noche llena de peces. 426:221:8
relucen como los peces. 428:222:4
como peces sorprendidos, 435:225:33
hay dos peces que me llaman, 466:237:66
pámpanos y peces cambian, 467:237:92
donde los peces 495:251:40
cristalizados agonizaban
dentro de los troncos;
y Adán fecunda peces 498:254:16
deslumbrados.
peces de arsénico como 520:266:5
tiburones,
que se pierda en la noche 544:275:192
sin canto de los peces
redondas sí, los peces mudos 618:322:29
hablan.
turbio de rojos peces y 636:334:11
verano.
y ese gran sol amarillo de 647:346:20
viejos peces aplastados.
PECHERA (1)
lleva tu pechera blanca. 431:223:42
PECHITO (1)
y en el rincón está el 507:260:12
pechito de la rana
PECHO (36)
Tenías en el pecho la 186:6:13
formidable aurora
para llorar tristeza sobre el 186:6:31
pecho querido
estrella azul sobre mi pecho 191:8:16
intacto.
las rosas de mi pecho con tus 197:11:34
sonidos abres.
que mana de su pecho dolorido, 199:13:14
al sentir en el pecho ya 203:14:68
cansado y exhausto
con el sol escondido en el 205:15:41
pecho.
Hoy mi pecho está reseco 213:19:23
-¿Qué llevas en el pecho, 220:23:25
Hay en mi pecho una hondura 226:26:35
el pecho de cristal. 238:36:11
en mi pecho sombrío 265:51:20
a la sombra del pecho, 268:54:26
¡Todos están en mi pecho! 279:60:16
¡Hunde en mi pecho tus ramajes 279:61:9
santos!,
que el pecho me quema. 282:62:44
con un puñal en el pecho. 304:81:2
que con un puñal en el pecho 304:81:12
Una luz nace en mi pecho, 386:169:11
Sobre el pecho almidonado, 390:174:19
dejar sobre tu pecho 421:219:6
desde el pecho a la garganta? 431:223:40
sobre su pecho de jaspe, 442:229:16

Tu niño tendrá en el pecho 444:229:53
por mi pecho turbado por las 474:240:46
palomas,
por el pecho sin fin de la 476:241:41
blancura.
viva en la espina del puñal 480:243:55
y en el pecho de los
paisajes,
criatura de pecho devorado. 513:263:33
con aquel camarada que 524:267:43
pondría en tu pecho
El aire como loco deja su 543:275:166
pecho hundido,
Yo busqué, para darte, por 557:283:11
mi pecho
Déjalo solo en mi pecho, 562:289:2
déjalo solo en mi pecho. 563:289:24
eras rumor de nieve por mi 564:291:6
pecho.
su pecho 609:316:17
nél pecho tenía. 666:364:46
PECHOS (14)
Da los negros melones de tus 399:188:7
pechos
y en los pechos de Lolita 400:191:3
y los pechos dorados de las 419:216:13
cubanas.
toqué sus pechos dormidos, 434:225:9
Yunques ahumados sus pechos, 436:226:7
En el fondo de mis pechos 444:229:57
con sus dos pechos cortados 457:234:107
donde sus pechos estaban 459:235:36
y vio en la luna los pechos 465:237:35
Thamar, en tus pechos altos 466:237:65
pero a veces tiene los 475:240:56
pechos nublados.
No es el vómito de los 488:246:20
húsares sobre los pechos de
la prostituta,
que esconde en vuestros 580:304:30
pechos
que les hunde en los pechos 583:305:28
PEDACITOS (1)
y tragan pedacitos de 479:243:41
corazón, por las heladas
montañas del oso.
PEDAZO (1)
dejaré un pedazo de queso 503:256:56
para tu perro en la oficina.
PEDAZOS (8)
Un silencio hecho pedazos 183:4:7
tendrás el corazón partido en 187:6:42
mil pedazos.
hace tu azul pedazos, 218:22:24
los pedazos de limón seco 472:239:9
bajo el negro duro de las
botellas.
pero los muertos son más 483:244:24
fuertes y saben devorar
pedazos de cielo.
levantando con el rabo 485:245:28
pedazos de espejo.
que luego son pedazos de 517:264:67
madera
en mil pedazos, 600:313:94
PEDERNAL (1)
las puertas de pedernal 488:246:23
donde se pudren nublos y
postres.
PEDERNALES (2)
Fuego de siempre dormía en 478:243:5
los pedernales
con una boca llena de sol y 543:275:181
pedernales.
PEDIAN (1)
que pedían protección a la 488:246:28
luna.
PEDIR (1)
voy a pedir prestado 243:38:104

PEDIRE (1)
  que yo pediré prestado   241:38:19
PEDIRLE (1)
  para pedirle a Cristo   252:42:47
PEDRADA (1)
  tus quince rostros con el   501:256:7
  rostro de la pedrada
PEDRERIA (1)
  la oculta pedrería   279:61:18
PEDRERIAS (2)
  están mis pedrerías!   279:61:8
  yo con mis pedrerías,   280:61:30
PEDRO (7)
  Detrás va Pedro Domecq   455:234:47
  venía Don Pedro.   461:236:2
  ha llegado Don Pedro.   462:236:25
  y las nubes. Don Pedro   462:236:31
  de Don Pedro.   463:236:53
  está Don Pedro olvidado,   463:236:68
  El le dice que Pedro   656:355:19
PEGAJOSO (1)
  este dolor pegajoso   253:43:13
PEGASO (6)
  a lomos de Pegaso?   191:8:28
  donde sale Pegaso.   191:8:36
  Mi pegaso andaluz está cautivo   211:17:37
  que escarnecen, haciéndolo   234:32:24
  Pegaso,
  el semen sin futuro de Pegaso.   261:47:27
  en Pegaso sin alas,   583:305:17
PEGASOS (2)
  de pegasos sin freno.   214:20:14
  Los mosquitos-Pegasos del   232:31:10
  rocío-
PEINA (1)
  EL mariquita se peina   390:175:1
PEINADO (1)
  Sobre el peinado del agua   462:236:40
PEINADOR (1)
  en su peinador de seda.   390:175:2
PEINES (2)
  de peines y enredaderas.   390:175:12
  sin peines para sus crenchas.   455:234:64
PELADAS (1)
  con peladas montañas   573:302:10
PELADO (1)
  SOBRE el monte pelado   302:77:1
PELEGRINITA (2)
  y la pelegrinita   656:355:7
  Y la pelegrinita,   657:355:33
PELEGRINO (1)
  ¡Quién fuera pelegrino   657:355:39
PELEGRINOS (2)
  dos pelegrinos,   656:355:2
  porque los pelegrinos   657:355:43
PELO (6)
  y tu pelo negro va siendo de   202:14:39
  plata;
  verde carne, pelo verde,   430:223:7
  verde carne, pelo verde,   430:223:23
  cara fresca, negro pelo,   432:223:71
  Verde carne, pelo verde,   432:223:75
  bajo su mata de pelo   435:225:22
PELOTARI (1)
  Múltiple pelotari.   327:116:4
PELUCA (1)
  con peluca de niebla   236:34:4
PENA (30)
  tan blancas como mi pena,   181:3:10
  tan blancas como mi pena.   182:3:56
  Para el que lleva la pena y   200:13:37
  la lira,
  La pena de la tarde estremece   271:56:9
  a mi pena.
  Late sobre el ambiente una   271:56:23
  pena que ahoga,
  soy hermano tuyo en noche y   282:62:32
  en pena;
  Pasamos mucha pena   285:63:60
  y la pena.   301:76:10
  países de la pena.   307:86:8

  pena cantando   320:105:6
  que la pena negra, brota   437:226:20
  ¡Soledad, qué pena tienes!   437:226:23
  ¡Qué pena tan lastimosa!   437:226:24
  ¡Qué pena tan grande! Corro   437:226:27
  ¡Qué pena! Me estoy poniendo   437:226:31
  ¡Oh pena de los gitanos!   437:226:43
  Pena limpia y siempre sola.   437:226:44
  ¡Oh pena de cauce oculto   437:226:45
  ¡Oh negro toro de pena!   542:274:136
  Doy pena de lirio fresco   562:289:7
  ¡Qué pena de los libros!   582:305:6
  voy cargado de pena,   589:310:9
  qué pena!   605:314:70
  qué pena!   605:314:75
  alamares de luna y de pena.   616:320:11
  Tengo pena de ser en esta   638:337:5
  orilla
  haremos en la esquina de la   639:339:13
  pena
  de otra. ¿No ves qué pena?   650:351:12
  ¡Jesús, qué pena!   653:352:4
PENAS (4)
  y olvidando las penas   175:2:21
  nuestras penas vestidas   194:9:71
  de dolores y penas   583:305:17
  ¡Oh, qué penas tan hondas   585:305:72
PENDE (1)
  Olalla pende del árbol.   460:235:52
PENDIENTE (1)
  rueda muerto la pendiente,   429:222:18
PENDULO (1)
  y un péndulo de oro   614:318:100
PENDULOS (1)
  constelaciones de péndulos.   610:318:6
PENELOPE (1)
  La Penélope inmensa de la luz   232:31:12
PENETRA (2)
  penetra en la ciudad,   350:129:2
  Ya se acabó. La lluvia   543:275:165
  penetra por su boca.
PENETRABLE (1)
  bajo el éxtasis denso y   617:322:31
  penetrable.
PENETRANDO (1)
  iré penetrando a voces las   503:256:63
  verdes estatuas de la
  Malaria.
PENETRARA (1)
  porque el tuétano del bosque   481:243:71
  penetrará por las rendijas
PENSABA (1)
  Mirando al cielo, pensaba: 277:59:14
PENSAD (1)
  ¡Niños chicos, pensad en   208:15:100
  Santiago
PENSADORES (1)
  los ojos pensadores de los   286:63:107
  siglos.
PENSAMIENTO (15)
  Con habla de pensamiento.   189:7:25
  pleno de pensamiento,   212:18:14
  turbias de pensamiento   219:22:54
  -Mi pensamiento triste   221:23:31
  ¡Pobre es tu pensamiento!   229:28:4
  de pensamiento,   260:47:18
  ¿Qué misterioso pensamiento   269:55:12
  Pensamiento de enfrente, luz   476:241:13
  de ayer,
  Nosotros ignoramos que el   495:251:22
  pensamiento tiene arrabales
  de carne tumefacta y   525:267:102
  pensamiento inmundo,
  neáporis grandiosas de todo   580:304:58
  pensamiento,
  CON la frente en el suelo y   588:309:1
  el pensamiento arriba,
  Pero ante todo canto un   621:323:98
  común pensamiento
  Tu pensamiento es nieve   639:339:5
  resbalada

para las heridas recientes y 645:345:10
el húmedo pensamiento.
PENSAMIENTOS (3)
Los pensamientos que anidaron 231:30:5
de mis pensamientos. 240:37:26
¿Quién me refleja 601:313:122
pensamientos?
PENSAMOS (1)
¿Y esto que ahora pensamos se 271:56:16
lo traga la sombra?
PENSANDO (2)
pensando en tu alma. 345:124:2
pensando en tu boca. 345:124:5
PENSAR (3)
No hay que pensar en ellas." 180:2:169
PENSARIA (1)
Pensaría en el mar. 649:350:8
PENSATIVA (1)
SOLEDAD pensativa 634:333:1
PENSATIVAS (1)
muy pensativas, se alejan, 177:2:85
PENSATIVO (3)
pensativo: "¿Estrellas?" 179:2:125
volará desolado y pensativo 211:17:39
mi corazón pensativo. 278:59:23
PENSATIVOS (3)
pensativos y dolientes 183:4:21
sus ojos pensativos 243:38:94
moviendo sus cabezas 285:63:75
pensativos,
PENTAGRAMA (1)
en un negro y profundo 197:11:38
pentágrama sin clave.
PENTAGRAMA (1)
sobre el pentagrama 254:44:2
PENUMBRA (12)
y turbias de penumbra yo 273:57:26
sentía
Tiembla junco y penumbra 296:69:9
Aroma, rastro y penumbra. 360:135:2
mitad plata y penumbra. 367:146:4
en la penumbra de mis espinas. 378:158:8
dando a la quieta penumbra 438:227:11
Por las calles de penumbra 456:234:85
a tu violencia granate 479:243:34
sordomuda en la penumbra,
esqueletos de alondras y 542:275:158
lobos de penumbra;
La penumbra con paso de 570:297:15
elefante
Marineros que ignoran el 619:323:17
vino y la penumbra
¡Qué dolor de penumbra 636:334:2
iluminada!
PENUMBRAS (1)
El mundo tiene sordas 620:323:45
penumbras y desorden,
PEÑA (1)
al brotar de la peña! 193:9:10
PEÑASCOS (2)
de metales y peñascos 451:233:11
de metales y peñascos. 452:233:39
PEOR (1)
[El viajante] Peor es el 627:328:27
herbario de la luna.
PEPIN (3)
Pepín, ¿por qué no te gusta 615:320:4
Pepín: ahora mismo en Sevilla 615:320:8
Pepín, mi corazón tiene 616:320:10
PEQUEÑA (11)
Aquella era pequeña 404:196:13
como una pequeña plaza. 432:223:80
te he de buscar pequeña y 476:241:31
sin raíces.
es una pequeña quemadura 495:251:16
infinita
con su blancura pequeña! 539:274:66
Ni la mano más pequeña 561:288:3
¡Oh dulce muerto de pequeña 637:336:9
mano!

¡Oh pequeña morena de 639:338:12
delgada cintura!
Una muerte pequeña. 640:341:9
Una muerte pequeña. 640:341:16
una muerte pequeña. 641:341:19
PEQUEÑAS (7)
dos pequeñas calabazas 370:148:50
los niños machacaban 478:243:15
pequeñas ardillas
a las pequeñas judías que 479:243:25
tiemblan llenas de burbujas,
y dejaba por los rincones 488:246:7
pequeñas calaveras de paloma
pequeñas golondrinas con 495:251:25
muletas
y pequeñas criaturas del 495:251:38
cielo enterradas bajo la
nieve.
y las fiebres pequeñas 501:256:8
heladas sobre las hojas del
maíz.
PEQUEÑITO (2)
en su dedo pequeñito. 404:195:8
Si el cielo fuera un niño 571:299:5
pequeñito,
PEQUEÑO (4)
es un pequeño espacio vivo 495:251:32
al loco unísón de la luz,
asesinó un pequeño conejo 517:264:70
un pequeño dolor de 524:267:44
ignorante leopardo.
que soy el pequeño amigo del 564:290:14
viento Oeste;
PEQUEÑOS (7)
Allí mis pequeños ojos. 472:239:17
los pequeños botones de 484:245:4
fósforo.
y por los establos más 502:256:16
pequeños y en las cruces de
los bosques
¡Oh mi Stanton, idiota y 502:256:26
bello entre los pequeños
animalitos,
Pequeños dolores ilesos se 518:265:19
acercan a los hospitales
pequeños moribundos 525:267:86
iluminados,
que tienen los pequeños 647:346:14
animales planos,
PERCIBE (1)
que percibe 254:44:13
PERDEMOS (1)
Nos perdemos en ellas 599:313:80
PERDER (4)
¿Todo mi sufrimiento se ha de 271:56:11
perder, Dios mío,
¿Todo mi sufrimiento se ha de 271:56:32
perder, Dios mío,
TENGO miedo a perder la 638:337:1
maravilla
no me dejes perder lo que he 638:337:12
ganado
PERDERSE (4)
perderse en los senderos 192:9:7
de helarse o de perderse. 290:66:16
¡ay!, sino perderse? 413:208:4
Los vi perderse llorando y 474:240:41
cantando
PERDERTE (1)
que si vivo sin mí quiero 639:340:4
perderte.
PERDI (2)
y perdí la sortija de mi dicha 191:8:11
¿Por qué te perdí por siempre 213:19:21
PERDIA (4)
perdía su blancor 374:153:5
se perdía su cabellera. 385:168:12
(Sólo yo me perdía 610:317:3
(Sólo yo me perdía 610:317:9

PERDICION (1)
la perdición de los hombres.   315:98:2
PERDIDA (3)
La nostalgia terrible de una   197:11:13
vida perdida,
"¡Sé ruiseñor!", dice una   275:57:111
voz perdida
andaba perdida,   354:132:14
PERDIDAS (7)
con las sierras perdidas en   206:15:55
negro,
perdidas en la niebla.   250:42:8
de campanas perdidas,   251:42:41
perdidas,   313:96:4
perdidas en la sombra.   383:165:16
Limo de voces perdidas.   463:236:66
y las colores perdidas   659:357:11
PERDIDO (13)
y he perdido la llave.   174:1:31
¡Oh corazón perdido!   245:39:52
Paraíso perdido.   277:58:30
¡Oh pueblo perdido,   302:77:11
[AMARGO] Me parece que   339:121:101
hemos perdido el camino.
Han perdido sin querer   373:152:5
yo, poeta sin brazos, perdido   488:246:36
Yo muchas veces me he perdido   495:251:35
tu otro guante perdido en en la   507:260:4
hierba,
ME he perdido muchas veces   565:292:1
por el mar
Muchas veces me he perdido   565:292:4
por el mar,
me he perdido muchas veces   565:292:15
por el mar.
A la luz de un puerto perdido   628:328:32
PERDIDOS (6)
perdidos entre hierbas!   193:9:20
perdidos en la niebla   214:20:17
perdidos.   254:44:6
perdidos ya.   292:67:56
perdidos entre ramas   351:129:7
perdidos en el nocturno.   440:228:12
PERDIENDO (1)
se va perdiendo en la selva.   177:2:87
PERDIENDOSE (1)
perdiéndose en la sombra   186:6:20
tembloroso y rasgado.
PERDIERON (2)
El paisaje y la tierra se   274:57:77
perdieron,
perdieron sus castañuelas,   454:234:38
PERDIERONSE (1)
En mi alma perdiéronse   284:63:21
solemnes
PERDIGONES (1)
tiene las tetas llenas de   533:272:26
perdigones,
PERDIO (5)
-Se perdió por aquellas   207:15:88
montañas
que perdió las riendas.   376:156:8
perdió su fantasía.   384:167:3
Cuando se perdió en el agua   386:170:12
Se perdió por los arcos un   482:244:3
viernes de todos los muertos.
PERDONA (1)
... perdona, tus ojeras...   387:171:11
PEREGRINO (5)
¿Dónde va el peregrino celeste   204:15:5
peregrino en la tierra del   206:15:61
cielo.
sangriento peregrino,   243:38:88
mi sayal de peregrino.   277:59:13
siguiendo al peregrino,   285:63:71
PEREGRINOS (1)
peregrinos descarriados.   259:46:54
PEREJIL (2)
Tú, Madre siempre bromista.   647:346:22
Vecina del perejil [a] pestado
del perejil   653:352:10

PERENNE (6)
surgía en la luz perenne.   385:168:4
que rodea perenne mi casa!   419:217:12
flor de aliso y perenne   522:266:72
ternura desgranada,
y bendito tu aroma perenne,   581:304:88
Para tu horror perenne de   633:331:38
agujero sin fondo.
Tu perfil es perenne   639:339:7
quemadura,
PEREZOSA (1)
perezosa y perversa.   179:2:143
PERFECCION (1)
donde a la perfección del   200:13:42
equilibrio
PERFECTA (3)
de la pasión perfecta.   264:50:8
dormirá en los brazos de la   282:62:26
luz perfecta.
¿Qué voz perfecta dirá las   523:267:27
verdades del trigo?
PERFECTAS (1)
y otras rosas más perfectas?   181:3:26
PERFECTO (3)
No hay estado perfecto   194:9:67
y lo perfecto de Dionisio.   309:88:20
señalan el esquema perfecto   620:323:48
de sus órbitas.
PERFIL (11)
y se murió de perfil.   448:231:42
en largo perfil de piedra.   457:234:116
y algún perfil de yeso   508:260:36
tranquilo que dibuja
En el circo del frío sin   509:260:67
perfil mutilado.
nuestro perfil sin sueño.   511:262:30
Busca su perfil seguro,   540:274:82
Yo canto para luego tu   545:276:216
perfil y tu gracia.
YO sé que mi perfil será   636:335:1
tranquilo
mi perfil en la arena será un   637:335:7
viejo
Tu perfil es perenne   639:339:7
quemadura,
que deja a veces por el aire   645:345:19
un duro perfil de Faraón!
PERFILES (3)
y perfiles de jinetes.   428:222:8
los durmientes borran sus   478:242:27
perfiles bajo la madeja de
los caracoles
recorta sus perfiles en el   623:325:2
celeste duro.
PERFUMADAS (1)
bocas, senos y almas vagas   579:304:3
perfumadas;
PERFUME (10)
¡Hay que dar el perfume   268:54:15
¡Qué perfume de flor de   376:156:10
cuchillo!
¡Qué perfume de flor de   377:156:20
cuchillo!
ciegas desnuda en tinta de   399:189:7
perfume.
para que el perfume de pulmón   479:243:19
NADIE comprendía el perfume   557:283:1
copones de perfume que azul   580:304:59
se bebe el viento,
de perfume.   590:311:7
El Gobierno ha cerrado las   618:323:11
tiendas de perfume.
LENTO perfume y corazón sin   622:324:1
gama,
PERFUMES (1)
por los comerciantes de   516:264:31
perfumes.
PERGAMINO (4)
Gris pergamino dolorido   231:30:11
SU luna de pergamino   426:221:1
Su luna de pergamino   427:221:17

arrancando las raíces y   487:246:2
mojando el pergamino de los
tambores;
PERIODICOS (1)
   Enrique por el mundo de los   473:240:14
muertos y los periódicos
abandonados.
PERLAS (5)
   Y en vez de flores, versos y   186:6:11
collares de perlas,
   y de perlas muy finas el   205:15:39
cuerpo,
   -Con bordón de esmeraldas y   206:15:64
perlas
   se clavan, levantando claras   271:56:7
perlas de espuma.
   cromáticos enjambres, perlas   580:304:60
del sentimiento,
PERMITA (1)
   -Permita Dios, si lo   661:359:9
encuentras,
PERO (153)
PERPETUA (2)
   perpetua sangre y pura luz   414:209:6
brotando.
   bajo la aurora perpetua.   595:312:52
PERPETUO (3)
   sobre un perpetuo día.   383:165:18
   Rubor sin nombre ya, astro   572:300:14
perpetuo.
   que erige en agua su perpetuo   637:336:6
muro,
PERRAS (1)
   Esclavos de la mujer,   526:267:117
perras de sus tocadores,
PERRO (14)
   y mi perro, que estaba   206:15:68
dormido,
   con mis blancas palomas y el   207:15:89
perro.
   ni el perro,   230:29:31
   Un perro campesino   232:31:6
   Ni ovejas blancas ni perro   348:128:9
   con los tinteros que orina   474:240:35
el perro y desprecia el
vilano,
   dejaré un pedazo de queso   503:256:56
para tu perro en la oficina.
   ¡Qué esfuerzo del caballo por   506:259:2
ser perro!
   ¡Qué esfuerzo del perro por   506:259:3
ser golondrina!
   al perro asirio.   509:261:3
   al perro asirio.   510:261:27
   Pero el llanto es un perro   569:296:8
inmenso,
   si soy el perro de tu   638:337:11
señorío,
   El perro en el tejado.   640:341:10
PERROS (17)
   y dan voces los perros   205:15:28
vegueros?
   La luna cuenta los perros.   384:166:5
   y un horizonte de perros   435:225:18
   perros que no la conocen,   449:232:16
   que hubo necesidad de llamar   493:250:13
a los perros para que
callase.
   blancos perros tendidos entre   496:252:2
linternas sordas.
   Esos perros marinos se   499:254:28
persiguen
   polvorienta, mordida por los   502:256:23
perros,
   en los perros dormidos, en   503:256:52
el plomo, en el viento,
   Perros equivocados y   508:260:39
manzanas mordidas.
   o asesinar a los perros   516:264:25
   Cojos perros fumaban sus   532:272:6

pipas y un olor de cuero
caliente
   en un montón de perros   544:276:214
apagados.
   y el valle fue rodando con   561:287:14
perros y con lirios.
   mis ojos, como dos perros.   562:289:10
   hay muy pocos perros que   569:296:6
ladren,
   han venido los perros de plomo   569:297:2
PERSAS (1)
   Mil caballitos persas se   557:283:5
dormían
PERSEGUIAN (1)
   En la casa del muerto, los   632:331:7
niños perseguían
PERSEGUIDAS (2)
   perseguidas por los mil   449:232:15
   perseguidas por sus trenzas,   457:234:110
PERSEGUIDO (1)
   perseguido por siete novillos   630:330:4
capitales.
PERSEO (1)
   En la tarde, un Perseo   421:219:9
PERSIA (1)
   con tres sultanes de Persia.   455:234:48
PERSIGUE (1)
   El viento-hombrón la persigue   427:221:31
PERSIGUEN (1)
   Esos perros marinos se   499:254:28
persiguen
PERSIGUES (1)
   Canto el ansia de estatua   621:323:94
que persigues sin tregua,
PERSONA (3)
   el apóstol Santiago en   206:15:60
persona,
   mi alegría y mi persona.   436:226:14
   Digo lo que me dicen tu   621:323:87
persona y tus cuadros.
PERSPECTIVAS (1)
   y los niños dibujaban   522:267:5
escaleras y perspectivas.
PERU (2)
   Y en el Perú viven mil   513:263:49
mujeres, ¡oh insectos!, que
noche y día
   ¡Oh Perú de metal y de   639:338:13
melancolía!
PERVERSA (1)
   perezosa y perversa.   179:2:143
PESA (1)
   Un traje abandonado pesa   495:251:18
tanto en los hombros
PESADO (1)
   bebiendo mi humor de niño   498:254:11
pesado,
PESARES (3)
   No me abandones nunca en mis   280:61:33
pesares,
   Soledad de mis pesares,   436:226:15
   de pesares, de melancolía,   581:304:70
PESCADORES (3)
   los pescadores más humildes   339:121:92
de la orilla del mar
   El pueblo corría por las   504:258:4
almenas rompiendo las cañas
de los pescadores.
   Sus pescadores duermen, sin   619:323:29
ensueño, en la arena.
PESCARAN (1)
   aunque nunca mis redes   279:61:17
pescarán
PESO (2)
   todo el peso del azul.   188:7:20
   Luchando bajo el peso de la   272:57:11
sombra,
PESPUNTE (1)
   Pespunte de seda virgen   403:194:15

PETALOS (5)
de pétalos pirámides.   174:1:39
¿Qué ves en estos pétalos   229:28:11
gloriosos?
y dispersa sus pétalos,   230:29:10
los pétalos de lujuria   266:52:9
Pétalos de lata débil   441:228:19
PETENERA (4)
¡AY, petenera gitana!   315:99:1
¡Yayay, petenera!   315:99:2
¡Ay, petenera gitana!   316:99:15
¡Yayay, petenera!   316:99:16
PETRIFICADO (2)
PULPO petrificado.   327:117:1
Pulpo petrificado.   327:117:6
PEZ (14)
un pez la cruza, llamándola.   369:148:38
Hombre y pez en sus medios,   417:214:4
bajo cosas flotantes,
un pez del Mar de la China.   418:216:2
vienen con el pez de sombra   430:223:15
Un solo pez en el agua   441:228:31
para fastidiar al pez   441:228:35
Pero el pez, que dora el agua   441:228:39
Un solo pez en el agua.   442:228:47
comprendí que mi niña era un   483:244:8
pez
Yo tenía un pez muerto bajo   483:244:11
las cenizas de los
incensarios.
Por la luna nadaba un pez.   528:269:4
Pez mudo por el agua de ancho   616:322:5
ruido,
junta los grandes vidrios   619:323:32
del pez y de la luna.
El pez en la pecera y el   620:323:65
pájaro en la jaula.
PEZON (1)
cuyo pezón se hizo estrella   257:46:9
PEZUÑAS (3)
la alegría eterna del   484:245:13
hipopótamo con las pezuñas
de ceniza
Cuatro pezuñas tiemblan en   504:257:15
el aire.
tropezando con miles de   541:274:131
pezuñas
PIADOSO (1)
piadoso.   223:24:16
PIANISIMO (4)
SOBRE el pianísimo   642:343:1
Sobre el pianísimo   643:343:7
bajo el pianísimo   643:343:11
bajo el pianísimo   643:343:17
PIANO (2)
y eres sobre el piano dulzura   198:11:44
emocionante;
Hay una muerte para piano   528:268:22
PIANOS (2)
(En los pianos vacíos,   392:178:3
sin pianos   607:315:18
PICA (2)
pica desde su nido   326:114:8
ni pica las espuelas, ni   543:275:175
espanta la serpiente:
PICABA (1)
y la luna picaba   383:165:8
PICAN (1)
donde no pican los pájaros,   257:46:20
PICARO (1)
lujuria, y el pícaro   241:38:30
PICO (4)
y si acaso tienes pico   240:38:10
y los valles de luz que el   484:245:6
cisne levantaba con el pico.
y da la sangre del cordero   521:266:35
al pico idiota del faisán.
por el pico de una albarca   661:359:29
PICOS (3)
En los picos de la sierra   426:221:9
los picos en su costado.   460:235:66

soñando con los picos   489:247:6
abiertos de los pájaros
agonizantes,
PIDE (6)
La fuente cristalina pide   211:18:3
labios
que pide camelias blancas.   297:70:19
Pide luces y campanas.   452:233:36
El Cónsul pide bandeja   459:235:25
pide copos a su vientre   464:237:19
UN pastor pide teta por la   496:252:1
nieve que ondula
PIDEN (1)
le piden los bueis y el   661:359:42
carro,
PIDES (2)
pides la luz que anima la   620:323:54
copa del olivo.
Pides la luz antigua que se   620:323:57
queda en la frente,
PIDIENDO (4)
pidiendo una limosna   176:2:44
Pidiendo lo del hombre, Amor   287:63:123
inmenso
que la boca podrida sigue   563:290:6
pidiendo agua.
giran locos pidiendo   635:333:32
eternidades.
PIDO (3)
para encender su faro solo   275:57:109
pido
PIDO a la divina Madre de   646:346:1
Dios,
Pido la sola dimensión   647:346:13
PIE (13)
de pie menudo   307:85:12
sobre un pie.   403:194:8
¡Qué ríos puestos de pie   434:224:31
mientras que de pie, en la   434:224:34
brisa,
un pie de mármol afirma   440:228:17
lloraban al pie del monte,   450:232:32
para gemir al pie de las   480:243:67
camas ante el insomnio de
los lavabos
ríos de musgo y amargura de   502:256:32
pie
Un alarido blanco puso en pie   503:257:6
la mañana.
Duele en la planta del pie   562:288:10
y un corazón al pie de una   571:299:8
columna.
NOCHE de los tejados y la   631:331:1
planta del pie,
Sevilla, ponte de pie   642:342:27
PIEDAD (1)
-Se llamaba Piedad de los   587:307:32
Pobres,
PIEDRA (27)
Cada piedra dice: 240:37:27
Amor, cristal y piedra.   307:86:11
neutra luna de piedra sin   353:130:13
semilla
en largo perfil de piedra.   457:234:116
Puede la piedra blanca latir   475:240:57
en la sangre del ciervo
el amor por un solo rostro   481:243:84
invisible a flor de piedra.
vendrá a la piedra la locura   483:244:33
de pingüinos y gaviotas
que todo rumor será piedra y   495:251:21
toda huella latido.
Es la piedra en el agua y es   508:260:26
la voz en la brisa.
casi muerte y casi piedra,   540:274:73
LA piedra es una frente   542:275:149
donde los sueños gimen.
La piedra es una espalda   542:275:151
para llevar al tiempo
para no ser cazadas por la   542:275:155
piedra tendida

Porque la piedra coge   542:275:157
simientes y nublados,
Ya está sobre la piedra   543:275:161
Ignacio el bien nacido.
Aquí quiero yo verlos.   543:275:182
Delante de la piedra.
No te conoce el lomo de la   544:276:203
piedra,
piedra de rocío.   593:312:12
fue la piedra.   600:313:96
Pones un techo de piedra   614:318:91
Frente a frente piedra y   616:321:6
viento,
sombra y piedra.   616:321:7
Piedra de soledad donde la   630:330:9
hierba gime
sobre piedra y rosal, muerte   634:333:2
y desvelo
ESTA piedra que vemos   637:336:1
levantada
¡Oh España, oh luna muerta   639:338:14
sobre la piedra dura!
El aire es inmortal. La   640:340:5
piedra inerte
PIEDRAS (9)
¡Almas rudas de las piedras!   182:3:52
Piedras juveniles   240:37:23
Arca de piedras preciosas   258:46:33
las piedras y las plantas?   273:57:45
y saco piedras falsas entre   280:61:43
un cieno
sabía el lenguaje de flores y   281:62:4
piedras.
con piedras negras y cruces   291:67:36
toscas,
he de buscar las piedras de   476:241:25
alacranes
Cerca de las piedras sin jugo 500:255:3
y los insectos vacíos
PIEL (9)
se ha desprendido de su piel, 231:30:2
del hombre feliz: la piel   252:43:7
su piel, como las culebras,   361:138:8
piel de nocturna manzana,   442:229:3
y la piel del camello se   494:250:37
eriza con un violento
escalofrío azul.
piel eterna y rubor, andan   506:259:16
buscando!
Piel seca de uva neutra y   509:260:61
amianto de madrugada.
La noche disfrazada con una   623:325:17
piel de mulo
nunca la piel ilesa de tu   646:345:33
desnudo huido.
PIELES (2)
No hay rubor. Sangre furiosa   480:243:54
por debajo de las pieles,
por las tiendas de las   513:263:45
pieles donde suena un cuerno
de vaca herida,
PIENSA (3)
o en la luz del que las piensa. 181:3:18
piensa que el mundo es chiquito 304:82:2
Piensa que el suspiro tierno,   305:82:5
PIENSAN (2)
Todas piensan lo mismo,   270:55:21
No piensan en la lluvia y se   570:297:11
han dormido,
PIENSO (3)
y cuando pienso ya en la luz   285:63:72
quedarme,
Yo pienso   607:315:16
y pienso, con la flor que se   639:340:3
marchita,
PIERDA (3)
para llevar el cuerpo de   543:275:188
Ignacio y que se pierda
Que se pierda en la plaza   544:275:190
redonda de la luna

que se pierda en la noche   544:275:192
sin canto de los peces
PIERDAN (1)
pierdan la ilusión de la   283:62:61
primavera.
PIERDE (6)
pero mi senda se pierde   181:3:3
como se pierde el dulce   271:56:12
sonido de las frondas?
como se pierde el dulce   271:56:33
sonido de las frondas?
El águila se pierde en la   286:63:100
montaña;
y el mar pierde vergüenza y   623:325:20
virtudes doradas.
y donde el agua oscura   630:330:10
pierde sus tres acentos,
PIERDEN (4)
Y los ojos se pierden   194:9:73
se pierden las campanas   393:179:2
pierden juncos, ganan voces.   439:227:32
No quiero que me repitan que   563:290:5
los muertos no pierden la
sangre:
PIERDO (2)
como me pierdo en el corazón   565:292:5
de algunos niños;
Como me pierdo en el corazón   565:292:14
de algunos niños,
PIERNAS (3)
abierta de piernas sobre las   490:247:34
terrazas.
temblando entre las piernas   524:267:50
de los chauffeurs
Dejaré mi boca entre tus   528:268:40
piernas,
PIES (13)
[AMARGO] Porque no me duelen   335:121:44
los pies.
enredaba sus pies.   391:176:12
hiriéndote los pies.   421:219:12
Alrededor de sus pies,   465:237:23
y el agua harapienta de los   471:238:8
pies secos.
¡Ya vienen las hormigas y los   496:252:5
pies ateridos!
La adivino lamiendo mis pies   498:254:3
Cuida tus pies, amor mío,   514:263:54
¡tus manos!,
cuando los cadáveres sienten   518:265:17
en los pies
Pero la sangre mojó sus pies   533:272:28
y los espíritus inmundos
Oh musas bailarinas, de   623:325:21
tiernos pies rosados,
El río a mis pies   643:343:9
llenando los pies de mármol   646:345:28
la llanura sin recodos,
PIEZA (1)
como una pieza de seda   434:225:14
PILA (1)
y una pila de Volta con   481:243:82
avispas ahogadas.
PILLO (1)
Corre que te pillo,   662:361:5
PIM (1)
[TENIENTE CORONEL] ¡Ayyyyy!,   332:119:59
pum, pim, pam.
PIMIENTA (1)
Se fueron los árboles de la   484:245:3
pimienta,
PINAR (3)
el pinar, borracho de aroma y   281:62:11
sonido;
¡ALTO pinar!   365:143:1
¡Bajo pinar!   365:143:7
PINCEL (3)
No elogio tu imperfecto   619:323:38
pincel adolescente
No alabo tu imperfecto   621:323:88
pincel adolescente,

Viste y desnuda siempre tu   622:323:112
pincel en el aire,
PINCHA (1)
con el agudo quitasol que   489:247:7
pincha
PINGÜINOS (1)
vendrá a la piedra la locura   483:244:33
de pingüinos y gaviotas
PINO (4)
y ramas de pino verde.   427:221:16
iba por el pino a la piña.   529:269:12
Y el pino   529:269:13
YO me subí a un pino verde   659:358:1
PINOS (5)
¿O te pondré sobre los pinos   232:30:21
y pinos,   241:38:22
y pinos,   243:38:107
más arriba de los pinos,   428:221:45
(En los pinos del monte   603:314:23
PINTA (3)
Pinta una cruz en la puerta   452:233:26
que pinta de azul a los   528:268:23
muchachos.
pinta todas las cosas de oro. 586:307:2
PINTA (3)
cuando estaba la pájara pinta 604:314:41
pinta   604:314:42
pinta   604:314:43
PINTADA (4)
donde estuvo pintada   244:39:3
una gasa pintada   379:160:5
pintada por Claudio Lorena.   616:320:15
nuestra amistad pintada   622:323:105
como un juego de oca.
PINTADO (1)
Sueño de papel pintado.   643:344:8
PINTAME (1)
Píntame con tu boca   210:17:33
ensangrentada
PINTAN (1)
y las muchachas pintan   610:317:7
PINTAR (1)
y pintar luego   278:60:12
PINTE (1)
me pinté de gris.   374:153:8
PINTOR (1)
Como pintor no quieres que   620:323:63
te ablande la forma
PINTORES (1)
Los pintores modernos, en sus 618:323:5
blancos estudios,
PINTURA (1)
mientras que tu pintura y   622:323:109
tu vida florecen.
PINTURAS (1)
pinturas a la Muerte.   265:51:16
PINZA (1)
para que resbale la pinza de   564:290:19
su alacrán.
PINZAS (1)
bajo las pinzas y las   480:243:56
retamas de la celeste luna
de cáncer.
PIÑA (3)
de caliente piña.   479:243:21
hechos una piña zumbadora.   481:243:93
iba por el pino a la piña.   529:269:12
PIPAS (1)
Cojos perros fumaban sus   532:272:6
pipas y un olor de cuero
caliente
PIPIRIGALLO (1)
Era un domingo de pipirigallo. 191:8:18
PIQUEN (1)
con su casto afán de manzana   501:256:13
para que lo piquen los
ruiseñores.
PIQUETAS (1)
LAS piquetas de los gallos   436:226:1
PIRAMIDE (1)

que ya la Bolsa será una   487:245:81
pirámide de musgo,
PIRAMIDES (2)
de pétalos pirámides.   174:1:39
o los que comen por las   486:245:69
esquinas diminutas pirámides
del alba.
PIRAS (1)
sobre piras de silencio.   228:27:42
PISA (1)
El hombre pisa fuerte las   618:323:9
calles enlosadas.
PISADAS (2)
fue tras él sus pisadas   206:15:69
lamiendo.
de las pisadas,   255:44:36
PISAN (1)
que pisan al niño desnudo;   645:345:23
PISAR (1)
hartos de pisar la tierra.   540:274:75
PISES (1)
Niño, déjame, no pises   425:220:19
PISO (1)
Escribientes dormidos en el   632:331:9
piso catorce.
PISOS (5)
huir por las esquinas y   480:243:70
encerrarse en los últimos
pisos,
Que ya las cobras silbarán   487:245:79
por los últimos pisos,
corría por las calles y los   487:246:6
pisos deshabitados
y algunas negras suben a los   502:256:33
pisos para repartir filtro
de rata.
-¡oh cielo de mil pisos!-   624:326:10
PISOTEAN (1)
que pisotean los borrachos de 645:345:4
Brooklyn,
PISTOLAS (1)
de pistolas inconcretas.   453:234:16
PITAGORAS (1)
y un chopo solitario-el   257:45:15
Pitágoras
PITAS (1)
eriza sus pitas agrias.   430:223:20
PIZARRA (1)
en las tejas de pizarra   428:221:57
PIZARRO (3)
¡MIGUEL PIZARRO!   643:344:1
¡la roca!, Miguel Pizarro.   644:344:10
Miguel Pizarro.   644:344:17
PLACER (1)
Danaide del placer eres   210:17:25
conmigo.
PLANA (1)
por los palomares donde la   474:240:29
luna se pone plana bajo el
gallo.
PLANCHADO (1)
y su cuello planchado,   246:40:8
PLANETAS (6)
surtidores de planetas.   390:175:8
como planetas de cobre.   439:227:36
cielos yertos en declive,   480:243:58
donde las colonias de
planetas
¡Oh espina clavada en el   533:272:17
hueso hasta que se oxiden
los planetas!
con árboles de lágrimas y   542:275:152
cintas y planetas.
Déjame en un ansia de   558:284:15
oscuros planetas,
PLANO (1)
Mundo plano, mar rizado,   419:216:10
PLANOS (1)
que tienen los pequeños   647:346:14
animales planos,

PLANTA (3)
Duele en la planta del pie   562:288:10
NOCHE de los tejados y la   631:331:1
  planta del pie,
donde la planta en vilo   634:333:8
PLANTARA (1)
él se la plantara,   665:364:35
PLANTAS (2)
con la luna rendida a sus   205:15:40
  plantas,
que mis plantas   255:44:28
PLANTAS (1)
las piedras y las plantas?   273:57:45
PLANTO (1)
plantó aquí esta oliva,   665:364:34
PLATA (54)
por risas de plata nueva.   183:4:8
Tu juglar fue un mancebo con   186:6:27
  escamas de plata
y tu pelo negro va siendo de   202:14:39
  plata;
un borrón que parece de plata   205:15:33
cisnes de plata maciza   208:16:11
ESQUILONES de plata   219:23:1
Esquilones de plata   220:23:19
Esquilones de plata   222:23:75
LOS álamos de plata   267:54:1
como estrellas de plata.   272:57:22
El agua ha adormecido en   286:63:96
  plata vieja
de plata conmovida   289:65:6
tiene el corazón de plata   299:73:9
hace proras de plata.   312:94:11
hacen proras de plata.   317:101:17
y tres de plata.   325:113:6
me pondrá en papel de plata.   332:120:4
[JINETE] De plata y oro.   336:121:51
Los de plata cortan el   336:121:56
  cuello como una brizna de
  hierba.
mitad plata y penumbra.   367:146:4
(Alas rastreras de plata.)   367:147:4
de sombra y plata.   372:151:7
Yo quiero ser de plata.   375:155:2
y espada de plata antigua.   381:163:16
Con llave de plata fina.   382:164:6
la moneda de plata   393:179:15
La noche de anís y plata   401:191:11
Plata de arroyos y espejos.   401:191:13
LARGO espectro de plata   413:209:1
  conmovida,
con ojos de fría plata.   430:223:8
con ojos de fría plata.   432:223:76
Sin luz de plata en sus copas   435:225:16
nervio de plata caliente,   442:229:5
Ajo de agónica plata   449:232:9
sus armaduras de plata.   459:235:46
con velones de plata   462:236:34
con velones de plata   463:236:48
Ellos son los que beben el   479:243:40
  whisky de plata junto a los
  volcanes
son los otros, los borrachos   486:245:65
  de plata, los hombres fríos,
y es plata, cemento o brisa   515:264:8
por los finos espadines de   520:266:2
  plata,
hasta que se le pongan de   522:266:56
  plata los labios.
Noventa mil mineros sacaban   522:267:4
  la plata de las rocas
Mar de papel y plata de   530:270:16
  monedas.
no hay cristal que la cubra   542:274:145
  de plata.
cerrada al porvenir: confín   570:298:4
  de plata.
turbia de plata mala,   573:302:9
sus estrofas de plata.   585:305:71
Y en la plata sin brillo del   587:307:25
  viejo

de plata.   590:311:3
con un recuerdo de plata,   593:312:11
Alga y cristal en fuga ponen   631:331:3
  plata mojada
dando escobazos de plata a   646:345:40
  los niños de los muelles
cuatro sollozos de plata.   664:363:8
PLATAFORMAS (1)
o girando en las plataformas   524:267:51
  del ajenjo,
PLATANO (1)
Y cuando quiere ser medusa   530:270:10
  el plátano.
PLATEADO (1)
tremolar plateado de alas   204:15:19
PLATERESCOS (1)
los trinos platerescos   247:40:32
PLATILLOS (1)
-¡Noche; toca los platillos!   462:236:23
PLATINOCHE (1)
en la noche platinoche   454:234:35
PLATO (1)
sobre la superficie concreta   499:254:23
  del plato.
PLATOS (1)
que sirven platos de sal   488:246:18
  bajo las arpas de la saliva.
PLAYA (3)
El mar baila por la playa,   439:227:29
ninguno la lengua azul de la   522:267:9
  playa.
y en la playa ¡qué frío!   642:342:33
PLAYAS (3)
se quedaron sin playas.   273:57:35
rueden por las playas con   480:243:59
  los objetos abandonados.
El cielo tiene playas donde   525:267:79
  evitar la vida
PLAZA (10)
como una pequeña plaza.   432:223:80
En la gran plaza desierta   507:260:14
crines de ceniza. Plaza pura   509:260:58
  y doblada.
cuando la plaza se cubrió de   538:273:27
  yodo
y la plaza gris del sueño   539:274:61
¡Qué gran torero en la   541:274:115
  plaza!
Que se pierda en la plaza   544:275:190
  redonda de la luna
en la plaza con luna de tu   557:283:6
  frente,
Se presentan en la plaza   661:359:25
toda la plaza arrastrado;   661:359:30
PLAZAS (6)
Pero el verdadero dolor   495:251:39
  estaba en otras plazas
plazas del cielo extraño   495:251:41
  para las antiguas estatuas
  ilesas
abiertos en las plazas con   526:267:118
  fiebre de abanico
sino plazas y plazas y   542:275:160
  otras plazas sin muros.
PLAZUELA (3)
en la plazuela,   250:42:10
de la plazuela?   251:42:30
en la plazuela,   252:42:54
PLEAMAR (2)
sobre el pleamar de la blanca   477:242:2
  mejilla
un pleamar de relojes.   612:318:56
PLENA (1)
mi alma dorada y plena.)   415:211:9
PLENAS (1)
y tú plenas las ramas de   280:61:31
  invisibles
PLENO (2)
pleno de pensamiento,   212:18:14
UN pleno de cigarras tiene el   229:28:1
  campo.

PLENOS (1)
plenos del silencio que tiene   202:14:36
la noche
PLIEGUE (1)
Honda luz sin un pliegue de   623:325:3
niebla se atiranta,
PLOMADO (1)
ay, su anillito plomado!   373:152:8
PLOMO (10)
En el cofre de plomo, dentro   187:6:41
de tu esqueleto,
¡Ay, su anillito de plomo,   373:152:7
Los astros de plomo giran   403:194:7
media luna de plomo.   404:196:9
salta los montes de plomo.   446:230:24
de plomo las calaveras.   453:234:6
en los perros dormidos, en   503:256:52
el plomo, en el viento,
y el plomo era un colibrí,   518:265:7
han venido los perros de plomo   569:297:2
decapitan sirenas en los   619:323:18
mares de plomo.
PLUMA (3)
Sacerdotes idiotas y   496:252:19
querubes de pluma
la cáscara de pluma y   511:262:14
celuloide
Alas de pluma y lino, barcos   623:325:5
y gallos abren.
PLUMAJES (1)
la cabeza llena de plumajes   205:15:38
PLUMAS (4)
Con las plumas de letras,   233:32:3
con el gorro de plumas   252:42:51
de plumas de paloma.   384:167:6
de plumas y ruiseñores.   439:227:24
PLUMEROS (1)
de los plumeros, los   479:243:30
ralladores, los cobres y las
cacerolas de las cocinas.
PLUMILLA (2)
que tenía una plumilla en la   510:261:17
lengua
buscaba la plumilla del   529:269:14
trino.
POBLADA (1)
frente a la mar poblada con   622:323:113
barcos y marinos.
POBLADO (2)
del poblado!   255:44:49
En la vieja taberna del poblado   256:45:9
POBRE (11)
un día mi pobre abuela   177:2:72
El pobre caracol   178:2:102
la monotonía de tu ambiente   203:14:58
pobre
Una vieja que vive muy pobre   206:15:46
¡Pobre es tu pensamiento!   229:28:4
¡Pobre y triste es tu fe!   229:28:8
¡Pobre envoltura que ha   231:30:9
oprimido
¡Pobre mar condenado   276:58:5
ciego de azafrán y pobre,   439:227:42
¡A la pobre virgen blanca   612:318:40
Latiendo como el pobre   630:330:7
corazón de la rana
POBRES (4)
Se oyen las nanas a las   286:63:102
cunas pobres,
que atraviesa el corazón de   485:245:37
todos los niños pobres.
-Se llamaba Piedad de los   587:307:32
Pobres,
Y las estrellas pobres,   605:314:66
POCO (2)
[AMARGO] Espera un poco.   341:121:122
Despierta. Calla. Escucha.   510:261:19
Incorpórate un poco.
POCOS (2)
Hay muy pocos ángeles que   569:296:5
canten,

hay muy pocos perros que   569:296:6
ladren,
PODEMOS (1)
No podemos   214:20:21
PODER (2)
Para poder lanzarse con los   275:57:99
vientos
y hay barcos que buscan ser   512:263:4
mirados para poder hundirse
tranquilos.
PODIAS (1)
No podías latir   230:29:16
PODRA (2)
Nunca podrá arrancársele   214:20:28
Pero nadie en lo oscuro   505:258:10
podrá darte distancias,
PODRAN (1)
¿No podrán comprender mis   274:57:81
dulces hojas
PODRE (3)
¡Dime en qué remanso podré   282:62:29
abandonarla
YO no podré quejarme   500:255:1
Yo no podré quejarme   500:255:23
PODREIS (1)
podréis besar con frenesí   482:243:107
las ruedas de las
bicicletas,
PODRIA (1)
y la nieve podría con el   529:269:23
mundo
PODRIDA (2)
y llegaban los tanques de   478:243:11
agua podrida.
que la boca podrida sigue   563:290:6
pidiendo agua.
PODRIDAS (1)
que chapotean las aguas   497:253:4
podridas.
PODRIDO (2)
y está podrido.   240:38:6
que está podrido!   242:38:82
POEMA (1)
un poema de balcones.   439:227:30
POESIA (11)
(Así la miel del hombre es la   199:13:13
poesía
antiguo de la poesía,   253:43:12
poesía de lo rancio,   259:46:56
nudos de poesía,   280:61:42
tibios sancta sanctorum de   580:304:57
la eterna poesía.
porque al ser como sois la   581:304:68
poesía
que sois tristes, al ser la   581:304:73
poesía
Poesía es amargura,   584:305:54
Poesía es lo imposible   584:305:58
Poesía es la vida   584:305:62
En este duelo a muerte por la   639:338:9
virgen poesía,
POESIAS (1)
Un libro de poesías   583:305:22
POETA (12)
(¡Oh poeta infantil,   237:35:5
(¡Oh poeta infantil,   237:35:11
(¡Oh poeta infantil,   237:35:17
lo inútil del triste llorar   283:62:59
del poeta.
NI quiero ser poeta,   399:189:1
yo, poeta sin brazos, perdido   488:246:36
porque yo no soy un hombre,   499:254:34
ni un poeta, ni una hoja,
del eterno poeta nocturno y   580:304:52
soñador,
El poeta es un árbol   583:305:30
El poeta es el médium   583:305:34
El poeta comprende   584:305:38
que hicieron al poeta   584:305:50

POETAS (8)
qué será de los poetas 182:3:46
Es sangre de poetas 192:9:5
Son poetas del agua que han 197:11:25
visto y que meditan
de los poetas? 251:42:34
Amigas de poetas 579:304:7
adornos de las liras, poetas 580:304:61
sin acento.
sollozad por los malos poetas 581:304:94
que los poetas cantan! 585:305:75
POETICO (1)
cansancio de ser poético 225:26:20
POLAR (1)
En la estrella polar 622:324:5
decapitada.
POLEAS (1)
las poleas rodarán para 523:267:21
turbar el cielo;
POLEN (2)
tiene el polen fatal del 190:8:4
desengaño.
llantos, ¡besos!, granos, 579:304:4
polen de la luna;
POLICIAS (1)
¡La luna! Los policías. ¡Las 490:247:31
sirenas de los
transatlánticos!
POLIFEMO (1)
un Polifemo de oro. 325:113:9
POLILLA (1)
y la tierra despertó 533:272:42
arrojando temblorosos ríos
de polilla.
POLISON (1)
con su polisón de nardos. 425:220:2
POLO (1)
con la barba hacia el polo 526:267:128
y las manos abiertas.
POLO (1)
¡Rabia, rabia, Marco Polo! 362:138:25
POLOS (1)
la mentirosa luna de los 477:242:11
polos,
POLVAREDA (1)
Todavía la polvareda 607:315:21
POLVILLO (1)
de polvillo harinoso y espeso, 205:15:32
POLVO (10)
por el polvo. 190:7:57
El polvo del camino 262:48:9
respondióles el polvo del 285:63:65
camino:
al polvo del camino. 286:63:97
El viento con el polvo 312:94:10
El viento con el polvo 317:101:16
tiritando bajo el polvo. 446:230:38
Desván donde el polvo viejo 472:239:14
congrega estatuas y musgos,
y un faisán los ahuyenta por 570:297:8
el polvo.
y solo divisé el polvo 659:358:3
POLVORA (2)
rosas de pólvora negra. 457:234:112
este inocente dolor de 514:263:59
pólvora en mis ojos,
POLVORIENTA (1)
polvorienta, mordida por los 502:256:23
perros,
POMPA (1)
una pompa de espuma sobre el 234:32:42
agua
POMPAS (1)
hacían pompas de jabón. 228:27:22
POMULOS (1)
los pómulos salientes 310:91:13
PON (2)
Pon telegramas azules 450:232:41
y pon tu nombre debajo, 452:233:27
PONDRA (1)
me pondrá en papel de plata. 332:120:4

Me pondrá la cara verde 377:157:5
Y el agua errante se pondrá 414:209:12
amarilla,
Luego se pondrá violeta, 625:327:5
PONDRE (3)
¿O te pondré sobre los pinos 232:30:21
Yo luego pondré a su lado 370:148:49
Pero pondré en mi voz 410:204:9
estancada
PONDRIA (1)
con aquel camarada que 524:267:43
pondría en tu pecho
PONE (16)
El pasado se pone 214:20:24
que pone en mis entrañas un 271:56:20
batir de palomas.
(Nuestro amor se pone 360:136:16
La tarde se pone extraña 390:175:11
LA hoguera pone al campo de 414:210:1
la tarde
pone mis ojos blancos. 415:211:2
pone mis ojos de añil. 415:211:11
Y el agua se pone fría 438:227:13
Un ángel marchoso pone 448:231:45
la luna menguante, pone 449:232:10
por los palomares donde la 474:240:29
luna se pone plana bajo el
gallo.
este columbario que pone los 485:245:35
ojos amarillos.
pone risa un niño travieso: 587:307:26
se pone la luna.) 608:315:47
que de noche me pone en la 638:337:3
mejilla
pone loco de espigas el 638:338:8
silencio del grano.
PONEN (4)
ponen sus gotas de sangre 516:264:34
Los médicos ponen en el 518:265:16
níquel sus tijeras y guantes
de goma
que los médicos ponen en el 630:330:8
frasco de vidrio.
Alga y cristal en fuga ponen 631:331:3
plata mojada
PONER (6)
poner entre las hierbas 236:34:9
donde poner cien cruces, 316:100:7
para adornar todos los 339:121:90
altares y poner una corona a
la torre.
poner parejas de 482:243:108
microscopios en las cuevas
de las ardillas
Haces bien en poner 620:323:61
banderines de aviso,
donde el hongo no pueda 620:323:70
poner su campamento.
PONERME (3)
y ponerme a llorar. 567:294:4
y ponerme a llorar. 567:294:14
y ponerme a llorar. 567:294:24
PONERSE (1)
y ponerse una inyección para 521:266:27
adquirir la lepra
PONES (4)
Pones roja la luna 173:1:8
que pones en el alma dormida 198:11:46
del paisaje!
Pones cinchas cenicientas 327:117:2
Pones un techo de piedra 614:318:91
PONGA (1)
que me ponga en las manos la 287:63:127
gran llave
PONGAN (2)
Cuando se pongan los tejados 394:180:7
hasta que se le pongan de 522:266:56
plata los labios.
PONGAS (1)
aunque te pongas rosada. 395:180:19

PONGO (1)
  Yo mientras tanto pongo   265:51:19
PONIA (4)
  ponía entre sus labios!   191:8:40
  se ponía un traje de grillo.)   404:195:12
  y ponía sobre los ataúdes   502:256:47
  ponía grises los labios   532:272:7
  redondos de los que vomitaban
  en las esquinas.
PONIAN (1)
  Fachadas de cal, ponían   450:232:35
PONIENDO (4)
  poniendo en el aire tibio   183:4:3
  poniendo dulces   216:21:24
  ¡Qué pena! Me estoy poniendo   437:226:31
  poniendo las ciudades de   646:345:27
  hule celeste y talco
  sensitivo,
PONIENTE (4)
  en el poniente.   226:26:39
  (Miras al sol poniente,   247:40:34
  ante el Poniente.   260:47:6
  por el aire del poniente.   429:222:36
PONME (1)
  ponme la Margarita   243:38:89
PONTE (5)
  ponte color naranja.   407:200:8
  ponte color de amor.)   407:200:10
  ponte color naranja!   407:200:18
  ponte color de amor!   407:200:20
  Sevilla, ponte de pie   642:342:27
PONTIFICAL (1)
  Carne pontifical y traje   401:192:2
  blanco,
POR (573)
PORQUÉ (1)
PORQUE (63)
PORTA (1)
  el Cónsul porta en bandeja   459:235:49
PORTAL (2)
  En el portal de Belén   456:234:93
  en el portal de Belén.   587:307:40
PORTAZOS (1)
  Y el cielo daba portazos   450:232:51
PORTE (1)
  Me porté como quien soy.   436:225:48
PORTE (1)
  y damas de triste porte,   439:227:38
PORTERIAS (1)
  como los niños de las   516:264:50
  porterías
PORTUGAL (1)
  Adelaidas de Portugal.   526:267:115
PORVENIR (3)
  del porvenir. Y llene de   211:18:11
  esperanza
  sin afilado límite, porvenir   505:258:11
  de diamante.
  cerrada al porvenir: confín   570:298:4
  de plata.
POSADA (3)
  de la vieja posada,   233:31:21
  no encontrarás posada.   255:44:57
  No quieren darte posada   648:348:5
POSAS (1)
  Donde posas tus manos,   218:22:28
POSEE (2)
  que posee una rueca   206:15:48
  inservible,
  la posee la flor y el insecto   268:54:8
  no más.
POSEISTE (1)
  Mas poseíste la forma: 230:29:18
POSIBLE (9)
  ¿O nunca será posible   182:3:29
  [AMARGO] ¿Es posible?   340:121:118
  porque allí no hay mañana ni   497:253:10
  esperanza posible.
  para ver ese cuerpo sin   543:275:177
  posible descanso.

  una mano herida, si es   572:300:2
  posible.
  hecho posible. Arpa   584:305:59
  Calla... ¡Pero es posible!   597:313:21
  tu amor a lo que tiene   621:323:91
  explicación posible.
  no hay altura posible   635:333:43
POSIBLES (1)
  posibles realidades   421:219:7
POSTRERAS (2)
  en sus ventanas postreras.   390:175:4
  a que cicutas y cardos y   482:243:105
  ortigas turben postreras
  azoteas.
POSTRES (1)
  las puertas de pedernal   488:246:23
  donde se pudren nublos y
  postres.
POTENCIA (1)
  y una potencia.   366:144:10
POTENTE (3)
  y el sexo potente sobre tu   201:14:4
  mirada.
  ¡Oh mujer potente de ébano y   202:14:26
  de nardo!,
  con savia potente de Apolo en   282:62:53
  tus venas!
POTRA (1)
  montado en potra de nácar   435:225:38
POTRO (1)
  como la grupa de un potro.   446:230:46
POTROS (1)
  da a mi carro negros potros.   608:315:45
POZO (7)
  pozo de ámbar que alimenta el   199:13:6
  ritmo
  y un pozo del antaño   255:44:54
  Linfa de pozo oprimida   465:237:45
  Pero el pozo te alarga   505:258:22
  manecitas de musgo,
  QUIERO bajar al pozo,   568:295:1
  Quiero bajar al pozo,   568:295:21
  La luna es un pozo chico,   664:363:9
PRADERA (3)
  de sombra en la pradera.   210:17:32
  Tiéndete en la pradera   237:34:19
  LA sombra se ha dormido en la   272:57:1
  pradera.
PRADERAS (2)
  Una danza de muros agita   526:267:132
  las praderas
  cantando por marismas y   541:274:128
  praderas,
PRADO (19)
  niños buenos del prado!,   190:8:2
  niños buenos del prado,   190:8:6
  niños buenos del prado,   191:8:22
  niños buenos del prado,   191:8:34
  Niños buenos del prado,   192:8:52
  ¡Niños chicos, cantad en el   204:15:9
  prado,
  ¡Niños chicos, cantad en el   205:15:23
  prado,
  ¡Niños chicos, cantad en el   205:15:44
  prado,
  del prado verde.   220:23:6
  -El prado está muy lejos   220:23:7
  ¡Rudo abuelo del prado!   223:24:17
  del viejo gnomo del prado,   258:46:26
  de los chopos infantes del   260:47:16
  prado.
  En el prado del cielo,   589:310:4
  PRADO mortal de lunas   640:341:1
  Prado de sangre vieja.   640:341:3
  Prado mortal de tierra.   640:341:8
  Prado mortal de lunas.   641:341:20
  Prado, amor, luz y arena.   641:341:25
PRADOS (6)
  miedo de los prados   287:64:3
  sois de los prados de   292:67:51
  Anacreonte,

por aquellos prados 665:364:29
-¡Ay prados! ¡Ay prados!, 665:364:31
prados de mi vida. 665:364:32
PRE BESO (1)
Brilla sobre su campo de pre 232:31:8
beso,
PRECIOSA (9)
Preciosa tocando viene 426:221:2
Preciosa tocando viene. 427:221:18
Preciosa tira el pandero 427:221:29
¡Preciosa, corre, Preciosa, 427:221:37
¡Preciosa, corre, Preciosa! 427:221:39
Preciosa, llena de miedo, 428:221:43
que Preciosa no se bebe. 428:221:54
PRECIOSAS (1)
Arca de piedras preciosas 258:46:33
PRECISAS (1)
La noche cobra sus precisas 618:322:39
huellas
PRECISO (5)
Es preciso comer 393:179:11
Es preciso cruzar los puentes 479:243:17
Es preciso matar al rubio 479:243:22
vendedor de aguardiente,
Será preciso viajar por los 490:247:38
ojos de los idiotas,
Se supo el momento preciso 533:272:30
de la salvación de nuestra
vida.
PREDICAIS (1)
que me predicáis..." 177:2:83
PREFERIDO (1)
¿Cómo no has preferido a mis 210:17:21
lamentos
PREGUNTA (5)
Una de ellas pregunta: 178:2:90
Y el caracol pregunta 179:2:124
El caracol pregunta: 179:2:132
-le pregunta un chiquillo 207:15:79
travieso-.
y pregunta: 286:63:111
PREGUNTA (2)
en irónica pregunta 441:228:36
sin pregunta y con respuesta! 609:315:49
PREGUNTADME (1)
¡No preguntadme nada! 405:197:7
PREGUNTADO (4)
Le ha preguntado el Papa 656:355:17
Le ha preguntado el Papa 656:355:21
Le ha preguntado el Papa 657:355:25
Le ha preguntado el Papa 657:355:29
PREGUNTAN (4)
-le preguntan dos voces a un 206:15:63
tiempo-.
-le preguntan dos voces a un 207:15:75
tiempo-.
preguntan a la luna, 300:74:5
preguntan al viento, 461:236:10
PREGUNTANDO (1)
preguntando por el toro, 661:359:15
PREGUNTARME (1)
No preguntarme nada. He 472:239:18
visto que las cosas
PREGUNTARON (1)
al vaquero preguntaron. 661:359:18
PREGUNTAS (1)
Soledad, ¿por quién preguntas 436:226:9
PREGUNTAS (1)
la semilla de las preguntas! 608:315:34
PREGUNTE (1)
Yo le pregunté a la muerte. 334:121:24
PREGUNTE (3)
Pregunte por quien pregunte, 436:226:11
que pregunte por mi olvido. 642:342:22
PREGUNTO (3)
yo solo os pregunto por la 282:62:41
mía incierta;
¿De qué me sirve, pregunto, 396:183:3
No, no, yo no pregunto, yo 499:254:40
deseo,
PREHISTORIA (1)

La granada es la prehistoria 259:46:67
PRELUDIO (1)
Este es el preludio 602:314:14
PREMIO (1)
y el Señor me premió 350:128:56
PRENDE (1)
la prende por la cintura. 381:163:6
PRENDIDO (1)
prendido en nervios de metal 635:333:37
dorado,
PREÑADA (2)
venía la noche preñada de 281:62:2
estrellas.
que venía grave, preñada de 283:62:65
estrellas.
PREÑADO (1)
preñado de arcos iris, 601:313:117
PREOCUPADO (1)
preocupado. 612:318:60
PREPARA (2)
prepara tu esqueleto para el 511:262:26
aire.
Prepara tu esqueleto; 511:262:28
PRESA (1)
que presa por la araña gris del 190:8:3
tiempo
PRESENTAN (1)
Se presentan en la plaza 661:359:25
PRESENTE (6)
pero el verdadero dolor no 495:251:12
está presente en el espíritu.
Basta tocar el pulso de 508:260:28
nuestro amor presente
Estamos con un cuerpo 543:275:170
presente que se esfuma,
en el círculo estrecho del 620:323:52
minuto presente.
cuando te vi presente sobre 631:330:26
tu Sacramento.
sobre mi noche presente; 648:348:2
PRESENTE (2)
donde número y boca 631:330:31
construyen un presente
Medula del presente. 633:332:7
Seguridad fingida
PRESENTIMIENTO (2)
EL presentimiento 213:20:1
del presentimiento 215:20:45
PRESIENTES (1)
Conozco la lira que 282:62:27
presientes, rosa;
PRESION (1)
la aguja que mantiene presión 477:242:7
y rosa
PRESTA (1)
¿Quién me presta 601:313:123
PRESTADO (3)
que yo pediré prestado 241:38:19
voy a pedir prestado 243:38:104
aunque lo busque prestado. 660:359:8
PRESTAME (1)
Préstame tu quitasol. 377:157:4
PRESTAN (1)
Ellas prestan al alma sus 580:304:45
alas,
PRESUMIDA (1)
que pasa presumida 176:2:46
PRETENDE (1)
y el pájaro pretende lo que 632:331:24
las aguas vedan.
PREVENIDA (1)
Una espuerta de cal ya 537:273:5
prevenida
PREVISTA (1)
combate de raíces y soledad 505:258:17
prevista.
PRIMAVERA (12)
de primavera? 250:42:14
No tornará la primavera 261:47:41
pierdan la ilusión de la 283:62:61
primavera.

pero resucita en la primavera. 394:180:2
pero resucita en la 394:180:10
primavera.
el secreto de la primavera. 410:204:2
el secreto de la primavera. 410:204:16
se comían los trigos de la 483:244:15
primavera.
donde mi sangre teje juncos 638:338:6
de primavera,
virtud de la primavera. 648:348:14
celinda de primavera. 650:351:10
por la primavera blanca 664:363:6

PRIMER (7)
El primer beso 244:39:10
Mi primer verso. 244:39:19
y el primer pájaro muerto 298:70:22
Pero me iré al primer paisaje 500:255:5
pero me iré al primer 500:255:25
paisaje de humedades y
latidos
que no encuentra el acento 508:260:41
de su primer sollozo.
de la primer paloma. 511:262:15

PRIMERA (5)
la cartilla primera, 244:39:4
LA primera vez 408:201:1
La primera vez 408:201:18
de la primera vena que se 514:263:53
rompe.
su música primera 635:333:29

PRIMERO (2)
Es primero el amor, la 622:323:101
amistad o la esgrima.
Es primero que el cuadro 622:323:102
que paciente dibujas

PRIMEROS (4)
Solo cuando izaron la 489:246:43
bandera y llegaron los
primeros canes
Los primeros que salen 497:253:13
comprenden con sus huesos
al escuchar los primeros 519:265:59
gemidos.
en los primeros términos que 620:323:46
el humano frecuenta.

PRIMITIVA (1)
Fuente primitiva. 599:313:65

PRIMITIVO (4)
el mito primitivo que vuelve a 196:11:6
realizarse.
El canto primitivo que dices 197:11:35
al silencio
sereno como un verso 200:13:26
primitivo!
El ímpetu primitivo baila 485:245:38
con el ímpetu mecánico,

PRIMOR (1)
en el primor berberisco 440:227:51

PRIMOS (3)
Mis cuatro primos Heredias 448:231:25
Y cuando los cuatro primos 448:231:49
porque son primos. 656:355:4

PRINCESA (6)
PRINCESA enamorada sin ser 185:6:1
correspondida.
¡Oh princesa divina de 186:6:23
crepúsculo rojo,
¡oh princesa morena que 187:6:36
duermes bajo el mármol!
¡oh princesa morena que 187:6:44
duermes bajo el mármol!
Princesa enamorada y mal 187:6:57
correspondida.
Blanca princesa de nunca. 649:349:3

PRINCESAS (1)
y de princesas! 251:42:32

PRINCIPE (2)
como el príncipe del cuento 266:52:14
No hubo príncipe en Sevilla 541:274:103

PRINCIPIO (1)
como las del principio. 277:59:17

PRISA (6)
cuando os coman sin prisa 248:40:68
[JINETE] ¡Vamos, sube! Sube 341:121:123
de prisa.
¡Pronto! ¡Los bordes! ¡De 504:258:5
prisa! Y croaban las
estrellas tiernas.
hay que buscar de prisa, 511:262:29
amor, de prisa,
Es necesario caminar, ¡de 513:263:43
prisa!, por las ondas, por
las ramas,

PRISIONERA (1)
en la dura barraca donde la 508:260:48
luna prisionera

PRISIONERO (2)
donde estaba prisionero 208:16:6
a tu gran rey prisionero con 479:243:35
un traje de conserje!

PRISIONES (2)
y aun las vivas prisiones de 518:265:8
fuego
y rompan las prisiones del 522:266:70
aceite y la música,

PRISMA (2)
siete pájaros del prisma. 433:224:6
El aire pulimenta su prisma 618:323:15
sobre el mar

PRIVADAS (1)
privadas de las estrellas. 385:169:4

PROBABLE (1)
La tierra es el probable 277:58:29

PROBLEMA (1)
la solución del problema? 182:3:30

PROCLAMEN (1)
que proclamen la voz de tu 581:304:85
flor.

PRODIGIO (1)
ignora que la moneda quema 521:266:34
el beso de prodigio

PRODUCEN (1)
paisajes llenos de sepulcros 490:247:40
que producen fresquísimas
manzanas,

PRODUCES (1)
¡Árbol que produces frutos de 282:62:50
silencio,

PROFANADO (1)
del azahar profanado, 258:46:44

PROFETICO (1)
y profético. 225:26:21

PROFUNDA (5)
profunda y abierta; 235:33:2
de la noche profunda 256:45:2
tu sabiduría profunda y 282:62:49
sincera!
(Agua profunda) 345:123:6
Con ese traje de profunda 399:188:5
seda,

PROFUNDAS (3)
Venís de las edades más 270:55:30
profundas,
que tenga dulces nieblas y 543:275:187
profundas orillas,
Las profundas heridas 609:316:3

PROFUNDIDAD (1)
lejos de la profundidad 646:346:7
ficticia de los búhos.

PROFUNDO (8)
Clavel rojo en un valle 185:6:2
profundo y desolado.
Clavel rojo en un valle 187:6:58
profundo y desolado.
en un negro y profundo 197:11:38
pentágrama sin clave.
todas las estrellas del cielo 202:14:44
profundo
¡Oh el más profundo dolor, 253:43:23
El silencio profundo de la 268:54:12
vida en la tierra,

un secreto profundo que
meditan.   270:55:23

Venus es lo profundo   277:58:25

PROFUNDOS (1)
que en espacios profundos   583:305:20

PROGRAMAS (1)
que borran los programas de   517:264:77
la selva,

PROHIBIERA (1)
prohibiera en absoluto la   572:300:8
entrada a la luna.

PRONTO (13)
volverme muy pronto a ella."   177:2:59
Es fácil que muy pronto   179:2:150
pero se encontró, de pronto,   378:159:3
y se me abrieron de pronto   434:225:10
y que el mar recordó ¡de   475:240:69
pronto!
y muy pronto, muy pronto,   487:245:83
muy pronto.
nos oprimen de pronto las   502:256:37
yemas de los dedos.
¡Pronto! ¡Los bordes! ¡De   504:258:5
prisa! Y croaban las
estrellas tiernas.
Pronto se vio que la luna   511:262:4
como si fueran árboles, de   570:297:12
pronto.
Noche cortada demasiado   616:322:3
pronto,

PRONUNCIAN (1)
¿Qué labios las pronuncian?   273:57:30
¿Y qué dicen

PRONUNCIAR (1)
que sabían pronunciar la   495:251:26
palabra amor.

PRONUNCIO (2)
YO pronuncio tu nombre   198:12:1
Yo pronuncio tu nombre,   198:12:11

PROPIA (1)
Vuelve hecho luna: con mi   636:334:9
propia mano

PROPIAS (2)
Los muertos están embebidos,   486:245:63
devorando sus propias manos.
hacen nocturnos y desfiles   513:263:50
entrecruzando sus propias
venas.

PROPIO (3)
el propio Espíritu Santo,   189:7:37
Viajero por su propio torso   510:262:2
blanco.
su propio espectro.   596:313:5

PROPIOS (1)
por sus propios fantasmas.   584:305:53

PRORAS (2)
hace proras de plata.   312:94:11
hacen proras de plata.   317:101:17

PROSTITUCION (1)
que beben con asco el agua   525:267:98
de la prostitución,

PROSTITUTA (1)
No es el vómito de los   488:246:20
húsares sobre los pechos de
la prostituta,

PROTECCION (1)
que pedían protección a la   488:246:28
luna.

PROTESTA (1)
al increíble cocodrilo quieto   493:250:6
bajo la tierna protesta de
los astros.

PROTESTAN (1)
Las acequias protestan   256:45:5
sordamente

PROTESTANDO (1)
vas protestando   216:21:30

PROVINCIANA (1)
que tiene la vieja calle   203:14:61
provinciana,

PROVINCIANO (1)

HA besado la lluvia al jardín   270:56:1
provinciano

PROXIMA (1)
en la selva de sangre de la   525:267:78
mañana próxima.

PROYECTABA (1)
Proyectaba su corazón   596:313:6

PROYECTO (1)
proyectó en el cielo el   532:272:3
instante de la circuncisión
de un niño muerto.

PROYECTOS (2)
y si una llama quema los   485:245:42
helados proyectos,
dejándome la sangre por la   492:249:25
escayola de los proyectos,

PRUDENCIA (2)
su dibujada prudencia.   541:274:110
La Noche, negra estatua de   619:323:19
la prudencia, tiene

PUDIERA (3)
Y ojalá pudiera darte   231:29:42
¿Quién pudiera entender los   272:57:5
manantiales,
Si yo pudiera, mocito,   431:223:31

PUDIERAN (1)
¡¡Si mis dedos pudieran   199:12:23

PUDIERAS (1)
y como la virgen María   201:14:20
pudieras

PUDISTE (1)
que pudiste haber sido   234:32:17

PUDO (4)
pudo asomarse a sus ojos   304:81:9
LA luna pudo detenerse al fin   532:272:1
por la curva blanquísima de
los caballos.
Como nadie volvía la cabeza,   533:272:18
el cielo pudo desnudarse.
No se pudo confesar,   661:359:39

PUDOR (1)
y el judío empujó la verja   517:265:2
con el pudor helado del
interior

PUDREN (1)
las puertas de pedernal   488:246:23
donde se pudren nublos y
postres.

PUEBLO (7)
en la parte más alta del   206:15:47
pueblo,
y los niños del pueblo   246:40:19
bajo el pueblo de grillos!   248:40:71
¡Oh pueblo perdido,   302:77:11
para que aprendas, hijo, lo   503:256:54
que tu pueblo olvida.
El pueblo corría por las   504:258:4
almenas rompiendo las cañas
de los pescadores.
Por la calle del pueblo un   586:307:15
gañán

PUEBLOS (1)
pueblos en la arena parda,   465:237:42

PUEDA (4)
que comparársele pueda,   541:274:104
ni yo pueda ir.   559:285:3
ni yo pueda ir.   559:285:10
donde el hongo no pueda   620:323:70
poner su campamento.

PUEDE (18)
Quiere gritar. No puede.   176:2:50
no puede compararse   241:38:43
Ellos solos meditan dónde   255:44:41
puede
[JINETE] ¿Quién lo puede   339:121:95
negar?
nadie puede verlas.   359:134:14
mas no puede despertarla.   369:148:40
No puede ser, hija mía,   395:180:18
y ella no puede mirarlas.   430:223:12
De acero, si puede ser,   431:223:37

Puede la piedra blanca latir 475:240:57
en la sangre del ciervo
y el ciervo puede soñar por 475:240:58
los ojos de un caballo.
ya puede cantar desnuda con 485:245:41
las manadas de caballos:
con el mundo que no se puede 491:249:8
recorrer sin caballos.
Puede el aire arrancar los 507:260:6
caracoles
El hueco de una hormiga 508:260:44
puede llenar el aire,
ignora que Cristo puede dar 521:266:33
agua todavía,
Puede el hombre, si quiere, 525:267:88
conducir su deseo
puede llegar el viento Austro 531:271:12
PUEDEN (8)
pueden daros un susto. 246:40:20
que no pueden volar! 269:55:17
No pueden seducirte 421:219:13
que aun pueden cruzarse en 459:235:33
tenue
y para que se quemen estas 490:247:44
gentes que pueden orinar
alrededor de un gemido
pueden ser rocas blancas con 494:251:8
la ayuda de la luna
de que ya se pueden comer la 504:257:12
vaca.
que no os pueden cantar con 581:304:95
dolor,
PUEDES (4)
Ya puedes cortar si gustas 452:233:24
No puedes avanzar por los 500:255:15
enjambres de corolas
ni puedes acariciar la fugaz 500:255:17
hoja del helecho
No puedes contemplarte 606:314:86
PUEDO (6)
y esa... no puedo, esa... 387:171:15
Porque quiero, y porque 399:187:11
puedo.
Esta es grandota y verde, yo 404:196:15
no puedo
¡Ay! No puedo decirte, 410:204:15
aunque quisiera,
Puedo ver el duelo de la 558:284:9
noche herida
y no puedo ir. 651:352:12
PUENTE (8)
¡pasarás por el puente 256:44:67
[GITANO] En el puente de los 330:119:43
ríos.
va por el puente 370:149:3
miran el puente 371:149:7
Y mientras el puente sopla 441:228:23
a aquel muchacho que llora 493:250:32
porque no sabe la invención
del puente
Llega bárbaro puente de 617:322:32
delfines
Al pasar por el puente 656:355:9
PUENTES (7)
¡Oh los puentes del Hoy 364:140:28
sobre los puentes de marzo. 401:191:7
Es preciso cruzar los puentes 479:243:17
del óxido de hierro de los 484:245:9
grandes puentes
y el cielo desembocaba por 523:267:14
los puentes y los tejados
de los muchachos que juegan 524:267:66
bajo los puentes.
Delfines en hilera juegan a 623:325:6
puentes rotos.
PUERTA (18)
Cuando hubo pasado la puerta, 206:15:66
Ya jugarán los niños en la 233:31:20
puerta
desde su puerta, 311:92:6
Puerta de jardín. 360:136:2

con llave cierro la puerta. 382:164:5
en la puerta golpeaban. 432:223:82
abre la puerta al lucero 443:229:29
Cierra la puerta, hijo mío, 449:232:3
Pinta una cruz en la puerta 452:233:26
gime sentada en su puerta 456:234:106
Déjame pasar la puerta 498:254:14
hasta la puerta del agua 502:256:25
oscura.
con un guante de humo 514:263:73
sentada en la puerta de sus
derribos.
quiebra la puerta del agua. 561:288:4
cuya puerta 595:312:45
por detrás de la puerta. 641:341:22
al abrirse la gran puerta. 647:347:12
A la puerta de la viuda 662:359:45
PUERTAS (9)
por las puertas de la muerte 189:7:22
llamaba a todas las puertas. 454:234:30
multiplicaba sus puertas. 456:234:74
La sangre no tiene puertas 480:243:53
en vuestra noche boca arriba.
las puertas de pedernal 488:246:23
donde se pudren nublos y
postres.
La tierra con sus puertas de 496:251:46
siempre
os cierren las puertas de 526:267:126
la bacanal.
La muchedumbre cerraba las 533:272:21
puertas
puertas de alegría, 666:364:50
PUERTO (5)
pero el judío no era un 518:265:29
puerto,
A la luz de un puerto perdido 628:328:32
cuánto barco en el puerto de 641:342:6
Málaga!
cuánto barco en el puerto de 641:342:12
Málaga!
Cuánto barco en el puerto 642:342:32
PUERTOS (1)
desde los puertos de Cabra. 431:223:30
PUES (16)
pues ya he vivido mucho, 176:2:40
"Pues vivir siempre 177:2:67
pues soy como el mismo Amor, 185:5:32
pues mueres bajo la sangre 188:7:12
pues sientes en la agonía 188:7:19
pues te envuelve con su manto 189:7:36
pues te hieren las espadas 190:7:64
invisibles
pues todos la besamos 194:9:53
pues con bocas de mujeres 257:46:13
pues se torna fuego y oro 258:46:45
[JINETE] Pues vamos juntos. 335:121:41
pues si la sombra levanta 440:228:15
sollozad, pues sois flores 581:304:91
de amor,
sollozad, pues sois flores 582:304:115
de amor.
Llena, pues, de palabras mi 640:340:12
locura
-Pues tú, por las señas, 666:364:47
PUESTO (9)
te has puesto 223:24:3
nos hemos puesto 223:24:19
SE ha puesto el sol. Los 232:31:1
árboles
y ha puesto la sordina a su 256:45:11
aristón
LO llevan puesto en mi sábana 341:122:1
invisible, yo he puesto 369:148:36
y le ha puesto cabeza de 543:275:164
oscuro minotauro.
y se ha puesto verde, verde 624:327:3
se le ha puesto la cara 657:355:35
PUESTOS (2)
¡Qué ríos puestos de pie 434:224:31
puestos en una bandeja. 457:234:108

PULIDOR (1)
  ¡Oh pulidor de estrellas!   174:1:27
PULIMENTA (1)
  El aire pulimenta su prisma   618:323:15
  sobre el mar
PULMON (2)
  para que el perfume de pulmón 479:243:19
  muertos sobre el pulmón del   507:260:7
  elefante
PULPA (1)
  es no tener la flor, pulpa o   638:337:7
  arcilla,
PULPO (2)
  PULPO petrificado.   327:117:1
  Pulpo petrificado.   327:117:6
PULPOS (2)
  tienes pulpos verdosos.   276:58:17
  que vuelve del revés los   487:246:4
  pulpos agonizantes.
PULSAMOS (1)
  de la lira sin cuerdas que   284:63:40
  pulsamos,
PULSEN (1)
  que la pulsen como las   202:14:25
  cuerdas de un arpa.
PULSERAS (1)
  con pulseras de agua.   368:148:16
PULSO (5)
  pulso de nebulosa y minutero, 476:241:24
  pero si un pulso herido que   499:254:35
  sonda las cosas del otro
  lado.
  Basta tocar el pulso de   508:260:28
  nuestro amor presente
  donde se quiebra el pulso de   636:335:4
  mi estilo.
  ¡Viva la tierra de mi pulso   645:345:18
  y del baile de los helechos,
PULVERIZABA (1)
  pulverizaba rojos paisajes   502:256:46
  por las sábanas de amargura,
PULVERIZADOS (1)
  hacia un paisaje de acechos   512:263:11
  pulverizados.
PUM (1)
  [TENIENTE CORONEL] ¡Ayyyyy!, 332:119:59
  pum, pim, pam.
PUNTA (1)
  En la punta de una aguja   396:182:15
PUNTALES (1)
  Pero los puntales   236:34:13
PUNTAS (1)
  hacia el batallón de puntas   512:263:10
  desiguales,
PUNTILLAS (1)
  escupe a las barcas rotas y   481:243:79
  se clava puntillas en los
  hombros;
PUNTO (12)
  un punto lejano.   300:74:2
  un punto lejano.   300:74:9
  (Punto final   328:118:2
  El campo se muerde la cola   490:247:29
  para unir las raíces en un
  punto
  porque los pájaros están a   494:251:7
  punto de ser bueyes;
  ¡Cada punto de luz te dará   505:258:20
  una cadena!
  No, que no desemboca. Agua   505:258:25
  fija en un punto,
  yodo en un punto,   513:263:29
  Eran las cinco en punto de la 537:273:2
  tarde.
  A las cinco en punto de la   538:273:32
  tarde.
  Dios es el punto.   597:313:26
  Punto de unión y cita del   632:331:34
  siglo y el minuto.
PUNTOS (1)
  (Puntos suspensivos.)   328:118:5

PUNZADO (1)
  Punzado por tu Padre con   630:330:6
  aguja de lumbre.
PUNZANTE (1)
  y en el oscurísimo beso   521:266:47
  punzante debajo de las
  almohadas.
PUNZANTES (1)
  por mi dolor lleno de   474:240:44
  rostros y punzantes
  esquirlas de luna,
PUNZON (1)
  por el punzón oscuro de las   568:295:4
  aguas.
PUÑADOS (1)
  porque me arrojará puñados   564:290:17
  de hormigas,
PUÑAL (10)
  La pasión del puñal, de la   186:6:22
  ojera y el llanto.
  y un puñal en la diestra.   299:73:10
  EL puñal   302:78:1
  El puñal,   302:78:8
  y el puñal   303:79:3
  veo el puñal   303:79:13
  con un puñal en el pecho.   304:81:2
  que con un puñal en el pecho 304:81:12
  viva en la espina del puñal   480:243:55
  y en el pecho de los
  paisajes,
  ¡Clavarme un puñal!   649:350:12
PUÑALES (4)
  clavan puñales al río   227:26:50
  pero eran cuatro puñales   447:231:11
  Qué espesura de puñales   466:237:79
  y los puñales diminutos   506:259:14
PUÑALITOS (1)
  ¡qué puñalitos sueña en su   506:259:13
  vigilia!;
PUÑOS (2)
  y es necesario dar con los   479:243:24
  puños cerrados
  Estrellas como puños sin   622:323:108
  halcón te relumbren,
PUPILA (7)
  pupila.   215:21:8
  muerta pupila,   216:21:49
  (Agua de pupila)   345:123:8
  Una pupila   366:144:9
  Edipo nacerá de una pupila.   612:318:44
  ¡Oh pupila de azor, corazón   637:336:11
  sano!
  para la pupila viciosa de   645:345:9
  nube,
PUPILAS (9)
  Las pupilas enormes   252:42:57
  y las pupilas blancas.   310:91:14
  y brillantes las pupilas.   324:112:4
  ¡Hay en mis pupilas   417:213:8
  para salpicar de lodo las   502:256:42
  pupilas de los que navegan,
  y vi dos niños locos que   532:271:17
  empujaban llorando las
  pupilas de un asesino.
  Las pupilas no tienen   599:313:78
  blancas pupilas de inocentes 617:322:38
  conchas.
  con honestas pupilas sus   620:323:68
  cuerpecillos ágiles.
PURA (14)
  ¿Será tranquila y pura?   199:12:22
  Pariste a Venus pura,   276:58:11
  Definitiva y pura.   320:104:23
  ¡qué pura y larga herida   385:167:11
  perpetua sangre y pura luz   414:209:6
  brotando.
  y enseña, lúbrica y pura,   425:220:7
  y tu máscara pura de otro   475:241:4
  signo.
  y lleva gracia pura por las   496:252:18
  falsas ojivas.

crines de ceniza. Plaza pura 509:260:58
y doblada.
La tierra sin un junco, forma 570:298:3
pura
Una rueda en la pura sintaxis 618:323:2
del acero.
Rosa pura que limpia de 621:323:81
artificios y croquis
me dé la pura luz de los 646:346:3
animalitos
pero mi amor busca pura 648:348:19
PURAS (2)
Cuando se hundieron las 475:240:59
formas puras
en las márgenes puras 607:315:9
PUREZA (2)
de pureza muerta, y en la 201:14:6
dionisíaca
devorando, orinando, volando 516:264:49
en su pureza,
PURO (4)
el puro reino 217:21:62
lo que antes fue puro y 258:46:46
blanco.
que tienen el cerebro de oro 269:55:19
puro
Un cielo mondado y puro, 485:245:23
idéntico a sí mismo,
PUROS (3)
recaman los grises puros 441:228:20
Ruedan los huecos puros, por 508:260:34
mí, por ti, en el alba
Que los confundidos, los 526:267:124
puros,
PURPURA (1)
Un sastre especialista en 532:272:10
púrpura
PURPURAS (1)
con púrpuras de mil labios... 257:46:16
PUSE (4)
Te puse collares 288:64:12
Yo la puse otra vez 350:128:54
yo me puse triste, 408:201:7
te puse una corona de verbena. 560:286:3
PUSIERON (2)
Me pusieron la luna 350:128:52
que así me pusieron 665:364:43
PUSISTE (2)
Te pusiste alimonada. 398:186:2
Te pusiste como una 650:351:9
PUSO (8)
y arrancar las estrellas que 268:54:27
nos puso Satán.
Cuando la tarde se puso 381:163:19
puso en tierra la otra pata.) 398:186:9
La noche se puso íntima 432:223:79
hasta que la puso de oro. 445:230:12
Un alarido blanco puso en pie 503:257:6
la mañana.
mientras la tarde se puso 533:272:23
turbia de latidos y leñadores
la muerte puso huevos en la 538:273:29
herida
QUE (228)
QUE (1086)
QUEBRABA (1)
y quebraba las venas de los 480:243:51
bailarines.
QUEBRABAN (2)
donde los sabios vidrios se 475:241:6
quebraban.
Lloraba el niño del velero y 489:247:13
se quebraban los corazones
QUEBRADA (4)
Córdoba quebrada en chorros. 442:228:49
y abrió su quebrada rosa de 502:256:41
vidrios secos y manos blandas
quebrada por el automóvil, 517:264:59
Toma este vals de quebrada 527:268:19
cintura.
QUEBRADAS (1)

Delante de este cuerpo con 543:275:183
las riendas quebradas.
QUEBRADO (2)
Ya mi talle se ha quebrado 448:231:39
SE ha quebrado el sol 589:310:1
QUEBRADOS (1)
Hay un mundo de ríos 517:264:56
quebrados
QUEBRANDO (1)
azul donde el desnudo del 478:242:23
viento va quebrando
QUEBRANTO (1)
para mí será el quebranto. 660:358:19
QUEBRARON (2)
mis voces se quebraron. 289:66:8
quebraron opacas lunas 450:232:45
QUEBRARSE (1)
como alondra que mira 186:6:15
quebrarse el horizonte,
QUEDA (13)
pero la del alma queda, 181:3:20
pero queda la razón y la 195:10:13
sustancia
nada queda en las aguas!) 224:25:18
Solo me queda en la frente 266:52:23
(Solo queda 300:75:4
(Solo queda 300:75:9
Solo queda 301:75:14
No queda más que el silencio. 303:80:6
y queda el hueco de la danza 478:242:28
sobre las últimas cenizas.
Duerme, no queda nada. 526:267:131
Seda en tambor, el mar queda 617:322:26
tirante,
Pides la luz antigua que se 620:323:57
queda en la frente,
El talle de la gracia queda 623:325:19
lleno de sombra
QUEDABA (5)
solo el cielo quedaba, 274:57:78
Quedaba el mundo, 385:168:5
Notó que ya no le quedaba 406:199:5
No quedaba en el aire ni una 561:287:9
brizna de alondra
No quedaba en la tierra ni 561:287:11
una miga de nube
QUEDADO (1)
se han quedado mudas. 256:45:8
QUEDAMENTE (1)
Y la esperanza dice quedamente 286:63:89
QUEDAMOS (2)
Tú solo y yo quedamos; 511:262:25
Yo solo y tú quedamos. 511:262:27
QUEDAN (4)
como esfinges se quedan. 178:2:89
se quedan mis palabras en el 239:36:15
aire
donde los huevos de avestruz 477:242:19
quedan eternos
me quedan todavía tus diez 501:256:5
años,
QUEDARME (3)
y cuando pienso ya en la luz 285:63:72
quedarme,
Quiero quedarme a tu vera. 411:205:4
quiero dejaros y quedarme 622:324:4
solo.
QUEDARON (5)
se quedaron sin playas. 273:57:35
SE quedaron solos: 489:247:1
Se quedaron solas: 489:247:3
Se quedaron solos y solas, 489:247:5
se quedaron dormidas 511:262:17
contemplando
QUEDAS (1)
y quedas transfigurada 189:7:32
QUEDE (6)
y me quede sin hojas y sin 287:63:132
grito.
Aunque no quede más que el 419:217:2
rumor.

Aunque no quede más que el aroma.   419:217:4
YO quiero que el agua se quede sin cauce.   558:284:1
Yo quiero que el viento se quede sin valles.   558:284:2
Quiero que la noche se quede sin ojos   558:284:3

QUEDES (1)
con Dios te quedes.   222:23:68

QUEDO (3)
MUERTO se quedó en la calle   304:81:1
Que muerto se quedó en la calle   304:81:11
(Se quedó desnuda el agua.)   367:147:7

QUEDO (6)
Cuando me quedo solo   501:256:4
ME quedo con el transparente hombrecillo   645:345:1
Me quedo con el niño desnudo   645:345:3
Me quedo con la mujer fría   645:345:20
me quedo con los borrachos de Brooklyn   645:345:22
me quedo con los signos desgarrados   645:345:24

QUEDOSE (2)
en ti quedóse guardado.   188:7:9
y quedóse tu hondura   276:58:12

QUEENSBOROUGH (1)
Por el East River y el Queensborough   523:267:10

QUEJA (2)
y todo el cementerio era una queja   519:265:54
con una queja en vilo de Sur loco,   617:322:19

QUEJA (1)
que se queja tres años   493:250:10

QUEJAN (1)
Las dos ranas se quejan   176:2:43

QUEJARME (2)
YO no podré quejarme   500:255:1
Yo no podré quejarme   500:255:23

QUEJARSE (2)
es inútil quejarse.   174:1:52
¡Es inútil quejarse!   174:1:54

QUEJAS (1)
¡Oh mudo solemne cerrado a las quejas!   283:62:55

QUEMA (8)
que el pecho me quema.   282:62:44
la imaginación se quema.   456:234:104
y si una llama quema los helados proyectos,   485:245:42
¡Oh voz antigua, quema con tu lengua   499:254:30
ignora que la moneda quema el beso de prodigio   521:266:34
Que mi recuerdo se quema.   539:274:64
cuando todo se quema,   588:308:8
Fuego para la carne sensible que se quema.   633:332:15

QUEMABA (1)
Era que la luna quemaba con sus bujías el falo de los caballos.   532:272:9

QUEMABAN (1)
Las heridas quemaban como soles   538:273:45

QUEMADA (4)
de una voz quemada   239:37:13
quemada.   314:97:12
cubre su carne quemada.   465:237:52
con la lengua quemada por la lluvia de sal.   559:285:7

QUEMADAS (4)
con las guedejas quemadas,   310:91:12
con las alas quemadas.   574:302:22
No es la ceniza en vilo de las cosas quemadas,   645:345:12

torre de sangre abierta con las manos quemadas.   646:345:37

QUEMADO (1)
Ya se han quemado los nidos   225:26:5

QUEMADOS (4)
de tus iris quemados.)   247:40:41
los rastrojos quemados.   262:48:4
sobre los cielos quemados,   460:235:68
Estaban los tres quemados: 473:240:11

QUEMADURA (5)
es una pequeña quemadura infinita   495:251:16
para buscar la quemadura que mantiene despiertas las cosas   495:251:36
brilla por muchos años el fulgor de la quemadura.   502:256:17
y mi amor que no es un caballo ni una quemadura,   513:263:32
Tu perfil es perenne quemadura,   639:339:7

QUEMADURAS (1)
las quemaduras de los caballos   533:272:32

QUEMAN (4)
En tu casa queman tomillo.   382:164:3
En tu casa queman tomillo.   382:164:14
que aman al hombre y queman sus labios en silencio.   525:267:100
donde se queman los musgos inocentes,   645:345:21

QUEMANDO (1)
donde el niño de luz se irá quemando.   353:130:14

QUEMAR (1)
para quemar la clorofila de las mujeres rubias,   480:243:66

QUEMARSE (1)
y por miedo de quemarse   259:46:79

QUEMEN (1)
y para que se quemen estas gentes que pueden orinar alrededor de un gemido   490:247:44

QUEPA (1)
quepa en mi corazón.   594:312:38

QUERAIS (1)
Hijos míos, no queráis saber   587:307:28

QUEREIS (2)
ninguno queréis sofocar las ansias   282:62:42
enterradme si queréis   323:109:8

QUEREMOS (3)
porque queremos el pan nuestro de cada día,   522:266:71
porque queremos que se cumpla la voluntad de la Tierra   522:266:73
que queremos saber el secreto...   587:307:24

QUERER (4)
y al querer alentarlo tus alas se troncharon.   186:6:8
por querer ser la luz.   276:58:4
Han perdido sin querer   373:152:5
En mis ojos, sin querer,   449:232:5

QUERERES (1)
son mis quereres,   221:23:48

QUERERTE (2)
quererte como te quiero!   380:162:2
quererte como te quiero!   381:162:11

QUERIA (10)
lo quería coger;   391:176:6
quería ser corazón.   407:200:2
quería ser ruiseñor.   407:200:5
yo quería ser yo.   407:200:12
quería ser mi voz.   407:200:15
ninguno quería ser el río,   522:267:7
ninguno quería ser nube,   523:267:17
que quería cortarse el corazón en alta mar.   563:290:4
que quería cortarse el corazón en alta mar.   564:290:23

ilusiones que el alma quería. 580:304:48

QUERIAN (1)
por el que todos querían escapar. 518:265:12

QUERIAS (1)
TU querías que yo te dijera 410:204:1

QUERIDA (1)
que es su querida... 216:21:41

QUERIDAS (1)
los ricos dan a sus queridas 525:267:85

QUERIDO (6)
para llorar tristeza sobre el pecho querido 186:6:31
¿Has querido 242:38:61
te hubiera querido 288:64:27
¡Yo la he querido tanto! 306:84:5
niño querido que... al hombre 587:307:37
de haberte querido tanto. 663:361:15

QUERIDOS (1)
-Para qué, hijos míos queridos... 587:307:27

QUERIENDOTE (1)
queriéndote sin saberlo. 266:52:20

QUERRA (1)
pero nadie querrá mirar tus ojos 544:276:209

QUERRE (2)
¿Te querré como entonces 198:12:17
Si tú me quieres, yo te querré. 378:158:4

QUERRIA (2)
Y aunque no me quisieras te querría 211:17:41
¿Quién te querría como yo, 384:166:9

QUERUBES (1)
Sacerdotes idiotas y querubes de pluma 496:252:19

QUESO (1)
dejaré un pedazo de queso para tu perro en la oficina. 503:256:56

QUIEBRA (8)
quiebra el gran equilibrio 218:22:35
quiebra tu reloj!) 237:35:6
quiebra tu reloj!) 237:35:12
quiebra tu reloj!) 237:35:18
se quiebra su corazón 434:224:27
quiebra el cristal de las copas. 458:235:16
quiebra la puerta del agua. 561:288:4
donde se quiebra el pulso de mi estilo. 636:335:4

QUIEBRALE (1)
quiébrale en su cabeza 219:22:63

QUIEBRAN (4)
y quiebran tu remanso 218:22:18
Dos hilillos de sangre quiebran el cielo duro. 496:252:6
mientras mis ojos se quiebran en el viento 498:254:12
se quiebran las blancas paredes en el delirio de la astronomía 502:256:15

QUIEBREN (2)
a esperar que se quiebren ellos solos. 569:297:4
a esperar que se quiebren ellos solos. 570:297:20

QUIEN (41)
¿Quién la vida nos alienta 182:3:32
¿quién será la que coge los claveles 191:8:25
¿Quién será la que corta los claveles 191:8:41
¿Quién será la que corta los claveles 192:8:55
¿A quién mejor, hermanos, 194:9:63
¿Quién cierra tus heridas 217:22:11
-¿Quién eres, blanca niña? 220:23:15
-¿A quién buscas aquí, 221:23:39
¿Quién te enseñó el camino 251:42:33
¡Quién fuera como tú, fruta, 259:46:85

¿Quién pudiera entender los manantiales, 272:57:5
Pero, Dios mío, ¿a quién? 286:63:113
¿Quién es Dios mío? 286:63:114
¡Ay, quién tala mis bosques 289:65:3
¡Quién dirá que el agua lleva 296:68:25
[TENIENTE CORONEL] ¿Tú quién eres? 330:119:32
[AMARGO] ¿Quién sabe? 337:121:69
[JINETE] ¿Quién lo puede negar? 339:121:95
¿Quién duda la eficacia 366:144:11
¿Quién mira dentro la torre 379:159:9
¿Quién me compraría a mí 381:162:6
¿Quién te querría como yo, 384:166:9
¿Pero quién vendrá? ¿Y por dónde...? 430:223:21
Soledad, ¿por quién preguntas 436:226:9
Antonio, ¿quién eres? 446:230:29
¿Quién te ha quitado la vida 448:231:23
¿Quién te vio y no te recuerda? 454:234:22
¿Quién te vio y no te recuerda? 455:234:62
¿Quién te vio y no te recuerda? 457:234:122
¿Quién el sueño terrible de tus anémonas manchadas? 523:267:28
¡Quién me grita que me asome! 540:274:93
¿Quién arruga el sudario? 543:275:173
¡No es verdad lo que dice! sin saber de quién dije. 560:286:14
¿Quién recoge tu semilla 567:294:7
¿Quién segó el tallo 590:311:12
¿Quién segó el tallo 593:312:16
¿Quién me refleja pensamientos? 601:313:122
¿Quién me presta 601:313:123
¿QUIEN dirá que te vio, y en qué momento? 636:334:1
¡Quién fuera pelegrino 657:355:39
Díjeles: ¿Quién sois, señoras, 659:357:19

QUIEN (11)
[TENIENTE CORONEL] Y no hay quien me desmienta. 328:119:3
Me porté como quien soy. 436:225:48
Pregunte por quien pregunte, 436:226:11
Porque ya no hay quien reparta el pan ni el vino, 520:266:15
ni quien cultive hierbas en la boca del muerto, 520:266:16
ni quien abra los linos del reposo, 520:266:17
ni quien llore por las heridas de los elefantes. 520:266:18
Hay quien va y quien viene 595:312:49
no hay quien llore porque comprenda 647:346:17
y quien lo traía, 665:364:12

QUIERA (2)
en el rincón más oscuro de la brisa que nadie quiera. 499:254:26
El que quiera un corazón 642:342:21

QUIERE (24)
Quiere gritar. No puede. 176:2:50
pájaro de luz que quiere como quiere la alondra al nuevo día, 208:16:3 211:17:43
quiere comerse a Venus y le ladra. 232:31:7
Además, Satanás me quiere mucho, 241:38:27
quiere dar con su mano centenaria 257:45:17
ni la estrella que quiere 267:53:10
El trigal solo quiere silencio. 269:55:5
y el aire que recorre lo que quiere 285:63:54
EL canto quiere ser luz. 361:137:1
La luz no sabe qué quiere. 361:137:4

cómo quiere cortarla 369:148:23
si quiere flores de vino 441:228:37
porque quiere arrodillarse. 442:229:18
quiere echar las palomas a 502:256:35
las alcantarillas
mientras que el agrio cáncer 502:256:45
mudo que quiere acostarse
contigo
Puede el hombre, si quiere, 525:267:88
conducir su deseo
Cuando la palma quiere ser 530:270:8
cigüeña.
Y cuando quiere ser medusa 530:270:10
el plátano.
LA noche no quiere venir 559:285:1
El día no quiere venir 559:285:8
quiere azular 603:314:21
El unicornio quiere lo que 632:331:23
la rosa olvida,
SI tu madre quiere un rey, 662:361:1
QUIEREN (4)
Cien grillos quieren dorar 386:169:9
Pasan, si quieren pasar, 453:234:13
Ni la noche ni el día 559:285:15
quieren venir
No quieren darte posada 648:348:5
QUIERES (9)
si a nadie quieres? 221:23:40
Mas si no quieres hacerlo, 240:38:13
[JINETE] ¿Quieres un 337:121:64
cuchillo?
[JINETE] Pero ¿no quieres 338:121:78
este?
[JINETE] Y si te estás en 340:121:112
tu sitio, ¿para qué quieres
estar?
Si tú me quieres, yo te 378:158:4
querré.
¿Qué quieres de mi deseo? 397:183:8
Como pintor no quieres que 620:323:63
te ablande la forma
No quieres inventarlos en el 620:323:66
mar o en el viento.
QUIERO (79)
"Vengo de mi casa y quiero 177:2:58
de lo que quise y ya no 231:30:12
quiero.
mis te quiero. 235:33:14
quiero sondar la fuente de mi 279:61:2
vida
quiero lanzar mi grito, 287:63:120
Yo quiero ser de plata. 375:155:2
Yo quiero ser de agua. 375:155:6
quererte como te quiero! 380:162:2
quererte como te quiero! 381:162:11
Yo quiero ser una naranja. 395:180:17
Porque quiero, y porque 399:187:11
puedo.
NI quiero ser poeta, 399:189:1
No lo quiero. 402:193:10
No la quiero para hablar; 404:195:5
Quiero quedarme a tu vera. 411:205:4
No quiero decirte nada. 416:212:8
¡quiero olvidarlas! 417:214:1
¡quiero olvidarlas! 417:214:6
Quiero vivir sin verme. 420:218:9
VERDE que te quiero verde. 430:223:1
Verde que te quiero verde. 430:223:9
Verde que te quiero verde. 430:223:13
Compadre, quiero cambiar 431:223:25
Compadre, quiero morir 431:223:35
Verde que te quiero verde, 432:223:61
Verde que te quiero verde. 432:223:83
No quiero decir, por hombre, 435:225:40
¡Oh, sí! Yo quiero. ¡Amor, 476:241:33
amor! Dejadme.
Pero no quiero mundo ni 499:254:24
sueño, voz divina,
quiero mi libertad, mi amor 499:254:25
humano

Quiero llorar porque me da 499:254:32
la gana
Quiero llorar diciendo mi 499:254:36
nombre,
Quiero que el aire fuerte 526:267:134
de la noche más honda
Te quiero, te quiero, te 527:268:12
quiero,
Porque te quiero, te quiero, 528:268:28
amor mío,
Toma este vals del "Te 528:268:35
quiero siempre".
quiero, amor mío, amor mío, 528:268:43
dejar,
¡QUE no quiero verla! 539:274:54
que no quiero ver la sangre 539:274:56
¡Que no quiero verla! 539:274:58
¡Que no quiero verla! 539:274:63
¡Que no quiero verla! 539:274:67
¡Que no quiero verla! 540:274:77
No quiero sentir el chorro 540:274:87
¡Que no quiero verla! 542:274:140
¡¡Yo no quiero verla!! 542:274:147
aquí no quiero más que los 543:275:176
ojos redondos
Yo quiero ver aquí los 543:275:178
hombres de voz dura.
Aquí quiero yo verlos. 543:275:182
Delante de la piedra.
Yo quiero que me enseñen 543:275:184
dónde está la salida
Yo quiero que me enseñen un 543:275:186
llanto como un río
No quiero que le tapen la 544:275:194
cara con pañuelos
YO quiero que el agua se 558:284:1
quede sin cauce.
Yo quiero que el viento se 558:284:2
quede sin valles.
Quiero que la noche se quede 558:284:3
sin ojos
QUIERO dormir el sueño de las 563:290:1
manzanas,
Quiero dormir el sueño de 563:290:3
aquel niño
No quiero que me repitan que 563:290:5
los muertos no pierden la
sangre:
No quiero enterarme de los 563:290:7
martirios que da la hierba,
Quiero dormir un rato, 563:290:10
Porque quiero dormir el 564:290:20
sueño de las manzanas
porque quiero vivir con 564:290:22
aquel niño oscuro
quiero verte pasar, 567:294:2
QUIERO bajar al pozo, 568:295:1
quiero subir los muros de 568:295:2
Granada,
Quiero bajar al pozo, 568:295:21
quiero morir mi muerte a 568:295:22
bocanadas,
quiero llenar mi corazón de 568:295:23
musgo,
porque no quiero oír el 569:296:2
llanto,
YO no quiero más que una mano, 572:300:1
Yo no quiero más que una mano, 572:300:3
Yo no quiero más que esa mano 572:300:9
Yo no quiero más que esa mano 572:300:11
quiero dejaros y quedarme 622:324:4
solo.
Es así, Dios anclado, como 630:330:17
quiero tenerte.
que si vivo sin mí quiero 639:340:4
perderte.
QUIETA (7)
en la mañana quieta. 175:2:2
en la noche quieta; 249:42:2
tierra quieta 301:76:2
LA noche quieta siempre. 362:139:1

Vio su sombra tendida y
quieta   406:199:13
dando a la quieta penumbra   438:227:11
De una noche quieta.   613:318:76
QUIETAS (3)
reflejos de cosas quietas.   386:169:6
Tenía la noche una hendidura   479:243:36
y quietas salamandras de
marfil.
Caballo de nubes quietas,   539:274:60
QUIETO (4)
quieto en el firmamento!   276:58:8
San Miguel se estaba quieto   439:227:45
al increíble cocodrilo quieto   493:250:6
bajo la tierna protesta de
los astros.
Hay un lucero quieto,   603:314:33
QUIETOS (3)
visiones de cunas en   201:14:16
ambientes quietos,
a los remansos quietos   211:18:10
y quietos los remansos.   262:48:12
QUIETUD (2)
La divina quietud   175:2:18
La Quietud hecha esfinge   249:41:9
QUIJOTE (1)
y de Quijote,   184:5:17
QUILLA (1)
La quilla de la luna   312:93:8
QUIMERA (1)
aire débil de alumbre y aguja   638:338:7
de quimera
QUIMERICA (1)
inundó la quimérica alcoba.   406:199:18
QUIMICA (1)
y una falsa tristeza de   481:243:73
guante desteñido y rosa
química.
QUINCE (2)
tus quince rostros con el   501:256:7
rostro de la pedrada
Ella dice que quince   656:355:23
QUINIENTOS (2)
Quinientos serafines de   631:330:27
resplandor y tinta
corazones lanzados a   632:331:28
quinientos por hora.
QUINTA (1)
Yo había matado la quinta   474:240:48
luna
QUIROMANTICO (1)
¡Quiromántico enorme!   255:44:31
QUISE (9)
"¿Por qué quise ver la senda?   177:2:80
de lo que quise y ya no   231:30:12
quiero.
Quise llegar a donde   321:107:9
NO quise.   389:173:1
No quise decirte nada.   389:173:2
No quise.   389:173:7
No quise decirte nada.   389:173:8
Quise las manzanas verdes.   398:186:5
y no quise enamorarme   436:225:52
QUISIERA (5)
¡Quisiera en estos árboles   278:60:9
¡Ay! No puedo decirte,   410:204:15
aunque quisiera,
ella quisiera bordar   433:224:11
y en la neutra ceniza de mi   638:338:3
verso quisiera
Ya mi desnudo quisiera   648:348:15
QUISIERAMOS (3)
quisiéramos hacer miel, como   284:63:44
abejas,
Quisiéramos saber lo que nos   285:63:62
hablan
y quisiéramos ser como las   285:63:78
águilas
QUISIERAS (1)
Y aunque no me quisieras te   211:17:41
querría

QUITA (1)
¡Pero quita la gente   419:217:11
invisible
QUITADO (1)
¿Quién te ha quitado la vida   448:231:23
QUITANDO (1)
y los muertos se van   518:265:20
quitando un traje de sangre
cada día.
QUITARSE (1)
Y al quitarse los guantes,   406:199:7
caía,
QUITASOL (2)
Préstame tu quitasol.   377:157:4
con el agudo quitasol que   489:247:7
pincha
QUITE (1)
Yo me quité la corbata.   435:225:24
QUITE (1)
quite flores y letras del   526:267:135
arco donde duermes
QUITO (2)
Ella se quitó el vestido.   435:225:25
que quitó luna de la sien   476:241:28
del muerto.
QUIZA (5)
del Bien que quizá no exista,   182:3:35
Que quizá sea...   215:21:9
Quizá   238:36:9
¿Venís quizá en la busca   247:40:42
¿Me marearé quizá   364:140:26
RABIA (1)
¡Rabia, rabia, Marco Polo!   362:138:25
RABILLO (1)
Se ven con el rabillo   607:315:4
RABO (2)
Sangre que mira lenta con el   480:243:60
rabo del ojo,
levantando con el rabo   485:245:28
pedazos de espejo.
RACIMO (2)
dame un racimo para mí.   378:158:2
en la cúpula neutra gustaban   631:330:28
tu racimo.
RACIMOS (3)
saliendo en racimos de las   524:267:49
alcantarillas,
han dado racimos   609:316:5
racimos de campanas   610:318:4
RADIAN (1)
que no radian las agonías,   517:264:76
RADIOS (1)
gritaban nombres oscuros,   489:247:16
salivas y radios de níquel.
RAICES (20)
¿Conocerán vuestras raíces   264:50:10
toscas
El corazón se fue con las   274:57:63
raíces,
¿Llegarán mis raíces a los   274:57:83
reinos
Pero mi corazón en las raíces   275:57:101
y noto que sacando sus raíces   280:61:47
te he de buscar pequeña y   476:241:31
sin raíces.
arrancando las raíces y   487:246:2
mojando el pergamino de los
tambores;
El campo se muerde la cola   490:247:29
para unir las raíces en un
punto
en impúdico reto de ciencia   497:253:18
sin raíces.
Allí bajo las raíces y en la   500:255:19
médula del aire,
Que se enteren las raíces   504:257:10
combate de raíces y soledad   505:258:17
prevista.
Ya viene hacia la roca. ¡No   510:261:23
alargues tus raíces!

que imitar a las raíces bajo   565:292:13
tierra.
Tu vientre es una lucha de   571:298:13
raíces,
id sorbiendo con vuestras   582:304:112
raíces
(Nos dejó raíces   590:311:14
(Nos dejó raíces   594:312:18
si todas las raíces   598:313:40
sin raíces?   601:313:125

RAICILLAS (1)
hasta encontrar las raicillas   491:248:6
del grito.

RAIZ (4)
HAY una raíz amarga   561:288:1
y hay una raíz amarga.   561:288:8
muerde tu raíz amarga!   562:288:15
cortan la flor aséptica de la   618:323:6
raíz cuadrada.

RALLADORES (1)
de los plumeros, los   479:243:30
ralladores, los cobres y las
cacerolas de las cocinas.

RAMA (9)
y en la rama seca   288:64:30
sobre la rama.   298:70:23
bajo la rama del eco.   346:125:2
mientras que una rama joven   347:127:5
virgen de flor y rama,   391:176:15
VERDE rama exenta   416:213:1
estaba muerta en la rama.   529:269:8
seré en el cuerpo de la   637:335:13
yerta rama
bajo la rama tendida;   648:348:12

RAMAJE (2)
y la historia sonora que   197:11:36
cuentas al ramaje
sin ramaje!   261:47:34

RAMAJES (4)
y duermen los ramajes   198:12:5
que agita los ramajes de mi   273:57:50
alma.
Incliné mis ramajes hacia el   274:57:85
cielo
¡Hunde en mi pecho tus ramajes   279:61:9
santos!,

RAMAS (35)
cogiendo nidos y ramas,   213:19:14
sus ramas   236:34:10
yo torcía las ramas   274:57:68
¡muere y troncha tus ramas!"   275:57:104
y tú plenas las ramas de   280:61:31
invisibles
perdidos entre ramas   351:129:7
POR las ramas   354:132:1
Por las ramas   354:132:5
Por las ramas   354:132:11
Por las ramas   354:132:17
POR las ramas del laurel   354:133:1
Por las ramas del cerezo   355:133:19
sobre las ramas blancas!   397:185:4
Yo, en mis ojos, paseo por   414:210:7
las ramas.
Las ramas se pasean por el   414:210:8
río.
y ramas de pino verde.   427:221:16
Verde viento. Verdes ramas.   430:223:2
con la lija de sus ramas,   430:223:18
verde viento, verdes ramas.   432:223:62
Verde viento. Verdes ramas.   432:223:84
bajo las ramas de un olmo,   445:230:14
ni que el parto de la   492:249:30
víbora, desatado bajo las
ramas,
conservando las huellas de   508:260:35
las ramas de sangre
Es necesario caminar, ¡de   513:263:43
prisa!, por las ondas, por
las ramas,
una brisa que viene dormida   525:267:91
por las ramas.

Con el numen de las ramas,   529:269:29
y las ramas desgajadas   529:269:37
empujaba las ramas y los   570:297:16
troncos.
Las algas y las ramas   573:302:4
POR las ramas del laurel   574:303:1
Por las ramas del laurel   575:303:19
a ver moverse las ramas.   609:315:50
Por las noches vienen a sus   626:328:4
ramas
tronco sin ramas; y lo que   638:337:6
más siento
y ramas verdes.   658:356:22

RAMERA (1)
Ramera con los senos de   632:331:10
cristal arañado.

RAMITOS (1)
un niño nuevo agite sus   492:249:29
ramitos de venas,

RAMO (4)
te dio la Muerte rosas   186:6:12
marchitas en un ramo.
era un pálido ramo de   557:283:10
simientes.
y la niña es un ramo nocturno   571:299:11
casi eterna en su ramo,   572:301:3

RAMOS (10)
se mueren de amor los ramos.   400:191:4
Se mueren de amor los ramos.   400:191:5
Se mueren de amor los ramos.   401:191:15
Se mueren de amor los ramos.   401:191:15
como ramos de jacintos.   434:225:11
y ruiseñores en ramos.   460:235:70
a esperar que se caigan los   569:297:3
ramos,
Pero los ramos son alegres,   570:297:9
los ramos son como nosotros.   570:297:10
a esperar que se caigan mis   570:297:19
ramos,

RAMPAS (1)
¡Ya vienen por las rampas!   505:258:19
¡Levántate del agua!

RANA (9)
la otra rana, que estaba   176:2:34
-la otra rana contesta-.   176:2:55
- exclama la rana ciega -.   177:2:61
la rana herida y ciega.   178:2:93
-dice la rana ciega-.   178:2:97
¡Rana, empieza tu cantar!   209:16:21
ni el vómito del gato que se   488:246:21
tragó una rana por descuido.
y en el rincón está el   507:260:12
pechito de la rana
Latiendo como el pobre   630:330:7
corazón de la rana

RANAS (19)
había dos ranas viejas   176:2:27
Las dos ranas se quejan   176:2:43
Las ranas se le acercan.   176:2:51
dicen las ranas furiosas.   177:2:79
Las ranas,   177:2:84
Las dos ranas mendigas   178:2:88
vieja amiga de las ranas   189:7:42
Las ranas hacen del cauce   225:26:7
¡oh dragón de las ranas!,   247:40:36
y las ranas, muecines de la   256:45:7
sombra,
Serás nidal de ranas   261:47:45
estremecidas de ranas.   370:148:44
por las ranas, semeja   379:160:4
Por mi sombra están las ranas   385:169:3
Las ranas, ¡qué listas son!   411:205:14
¡ay!, jugando con las ranas.   463:236:69
en un jardín donde los gatos   472:239:13
se comían a las ranas.
con el croo de las ranas,   529:269:31
y las ranas encendieron sus   533:272:35
lumbres en la doble orilla
del río.

RANCIO (1)
    poesía de lo rancio,   259:46:56
RANITA (2)
    a una ranita nueva   176:2:45
    (Canta, ranita,   604:314:52
RAPOSA (1)
    La raposa de las tabernas,   512:263:16
RAPTARE (1)
    os raptaré una a una   624:326:16
RARO (3)
    ¡qué raro que me llame   414:210:12
    Federico!
    en la boca un raro gusto   432:223:65
    un raro sueño canta   589:310:12
RASGA (1)
    ya la camisa le rasga.   466:237:74
RASGADA (1)
    rasgada por diez cuchillos.   434:225:15
RASGADAS (1)
    nubes rasgadas por una mano   520:266:3
    de coral
RASGADO (1)
    perdiéndose en la sombra   186:6:20
    tembloroso y rasgado.
RASGAN (1)
    Se rasgan nubes grises en el   271:56:5
    mudo horizonte.
RASGUE (1)
    Pero yo te sufrí. Rasgué mis   640:340:9
    venas,
RASO (4)
    lleva un chaleco de raso.   373:152:12
    grande de raso pajizo,   436:225:51
    pero dientes que callarán   496:251:44
    aislados por el raso negro.
    ni el raso negro donde te   544:276:204
    destrozas.
RASTRERAS (1)
    (Alas rastreras de plata.)   367:147:4
RASTRO (4)
    Aroma, rastro y penumbra.   360:135:2
    Dejando un rastro de sangre.   431:223:55
    Dejando un rastro de   431:223:56
    lágrimas.
    Con la ciencia del tronco y   477:242:13
    del rastro
RASTROJOS (1)
    los rastrojos quemados.   262:48:4
RASTROS (2)
    dejan rastros de lirio   311:93:6
    atiende solo rastros que no   476:241:16
    escalan.
RATA (2)
    el olor de un solo cuerpo   490:247:43
    con la doble vertiente de
    lis y rata
    y algunas negras suben a los   502:256:33
    pisos para repartir filtro
    de rata.
RATAS (2)
    la guerra pasa llorando con   525:267:84
    un millón de ratas grises,
RATO (2)
    Quiero dormir un rato,   563:290:10
    un rato, un minuto, un siglo;   563:290:11
RAYADO (2)
    ha rayado el hondo cielo,   208:16:2
    rayado como una cebra.   391:175:14
RAYAS (1)
    -rayas al cristal limpio   175:2:9
RAYEN (1)
    rayen el corazón de   622:323:107
    Cataluña eterna.
RAYO (9)
    ¡sin rayo de oro!   228:27:39
    el rayo abrasador con que se   270:55:26
    visten
    ahora que estamos por el rayo   285:63:79
    heridos.
    aunque me hiera el rayo como   287:63:131
    al árbol

    como un rayo de sol,   302:78:9
    con un rayo en el agua.   383:165:9
    y un rayo de sol.   412:206:4
    Un rayo de luz violeta que se   532:272:2
    escapaba de la herida
    ni el rayo furtivo   600:313:103
RAYOS (2)
    en los rayos tremolinos   189:7:45
    Golpean rayos de luna   346:126:2
RAZON (1)
    pero queda la razón y la   195:10:13
    sustancia
REALIDAD (1)
    en el sitio donde el sueño   472:239:16
    tropezaba con su realidad.
REALIDADES (1)
    posibles realidades   421:219:7
REALIZARSE (1)
    el mito primitivo que vuelve a   196:11:6
    realizarse.
REBAÑO (6)
    y sentir la nostalgia que en   187:6:34
    sí lleva el rebaño
    la esquila del rebaño,   262:48:14
    y el llanto del rebaño en el   286:63:103
    aprisco.
    EL rebaño de cabras ha pasado   290:67:1
    y el rebaño de vacas   500:255:22
    nocturnas con rojas patitas
    de mujer.
    ¡qué rebaño de luces y   506:259:10
    alaridos
REBAÑOS (1)
    los rebaños.   248:40:61
REBOSANDO (1)
    y la copa rebosando vino.   287:63:134
RECAMAN (1)
    recaman los grises puros   441:228:20
RECIAS (1)
    Tiene recias cadenas   174:1:44
RECIBE (3)
    Es un besar azul que recibe la   196:11:5
    Tierra,
    La aurora llega y nadie la   497:253:9
    recibe en su boca
    En el laberinto de biombos   499:254:42
    es mi desnudo el que recibe
RECIEN (20)
    la pasión de una niña recién   203:14:69
    enamorada!
    "Es un recién nacido,   234:32:41
    recién nacida, ese cantar   272:57:7
    oculto
    algo recién nacido?   289:65:16
    por donde gime la recién   353:130:2
    parida.
    de flecha recién clavada.   465:237:32
    Tibia leche encerrada de las   474:240:50
    recién paridas
    al sapo recién aplastado,   489:247:8
    Ese marinero recién degollado.   491:249:2
    ¡Oh cuello mío recién   492:249:36
    degollado!
    como recién salidas de un   497:253:20
    naufragio de sangre.
    que trasmina a niño recién   500:255:7
    nacido
    mugía la bovina cabeza   507:260:15
    recién cortada
    de noche recién cortada.   562:288:13
    con el oído lleno de flores   565:292:2
    recién cortadas,
    ni hay nadie que, al tocar un   565:292:8
    recién nacido,
    recién nacido.   609:316:11
    luminoso marfil, recién   617:322:7
    cortado
    Panderito de harina para el   630:330:18
    recién nacido.
    antigua y recién nacida   648:348:13

RECIENTE (1)
    No hay siglo nuevo ni luz   509:260:73
    reciente.
RECIENTES (2)
    en una maraña de venas   493:250:19
    recientes
    para las heridas recientes y   645:345:10
    el húmedo pensamiento.
RECINTO (2)
    duermen en mi recinto.   254:44:16
    lo tiene la esperanza en su   286:63:88
    recinto-.
RECITA (1)
    un manantial recita   175:2:12
RECITAN (1)
    Los chopos niños recitan   209:16:13
RECODO (1)
    Es inútil buscar el recodo   490:247:21
RECODOS (2)
    En los recodos del aire,   438:227:7
    llenando los pies de mármol   646:345:28
    la llanura sin recodos,
RECOGE (2)
    ¿Quién recoge tu semilla   567:294:7
    recoge el gran llanto   609:316:8
RECOGEN (2)
    y recogen el trigo!   285:63:51
    y otras recogen las gotas   467:237:87
RECOGER (1)
    ayudando a los marineros a   492:249:26
    recoger las velas
    desgarradas.
RECOGERA (1)
    ¿Qué luna recogerá   299:73:13
RECOGIENDO (1)
    que te sigue sumiso recogiendo   186:6:10
    tu manto.
RECOJAN (1)
    ondas recojan glaucas sus   617:322:11
    acentos
RECONDITOS (1)
    Los azabaches recónditos   398:187:5
RECORDAR (1)
    VERTE desnuda es recordar la   570:298:1
    tierra.
RECORDARAN (1)
    recordarán tus gritos   230:29:36
RECORDO (1)
    y que el mar recordó ide   475:240:69
    pronto!
RECORRE (1)
    y el aire que recorre lo que   285:63:54
    quiere
RECORRER (1)
    con el mundo que no se puede   491:249:8
    recorrer sin caballos.
RECORRIERON (1)
    Recorrieron los cafés y los   475:240:62
    cementerios y las iglesias,
RECORTA (2)
    recorta en el agrio verde,   428:222:6
    recorta sus perfiles en el   623:325:2
    celeste duro.
RECTA (1)
    Dice la línea recta su   621:323:75
    vertical esfuerzo
RECTAS (1)
    con las rectas de sus paños.   453:233:57
RECUERDA (6)
    que ya nadie las recuerda?   182:3:48
    cómo recuerda dulce el corazón   192:8:53
    ¿Quién te vio y no te   454:234:22
    recuerda?
    ¿Quién te vio y no te   455:234:62
    recuerda?
    ¿Quién te vio y no te   457:234:122
    recuerda?
    que recuerda todas las cosas.   514:263:66
RECUERDAN (1)
    y recuerdan las alas   349:128:38
RECUERDAS (2)

(¿Recuerdas   409:203:3
(¿Recuerdas   410:203:7
RECUERDEN (1)
    que los recuerden.   316:100:8
RECUERDES (1)
    No me recuerdes el mar,   437:226:19
RECUERDO (10)
    mi recuerdo,   174:1:45
    de un panal con la cera del   199:13:15
    recuerdo
    del recuerdo.   213:20:10
    Pero arranca de mí el recuerdo   419:217:5
    Tranquila en mi recuerdo,   504:258:7
    astro, círculo, meta,
    Que mi recuerdo se quema.   539:274:64
    No te conoce tu recuerdo   544:276:205
    mudo
    NO te lleves tu recuerdo.   562:289:1
    Pero deja tu recuerdo,   563:289:23
    con un recuerdo de plata,   593:312:11
RECUERDO (2)
    y recuerdo una brisa triste   545:276:223
    por los olivos.
    si mal no recuerdo.   608:315:25
RECUERDOS (4)
    va mojando los recuerdos   181:3:7
    de sombra. Recuerdos   239:37:16
    pálidas de mis recuerdos!   278:60:14
    ha invadido mis recuerdos.   412:207:10
RED (1)
    que teje una red sonora   612:318:38
REDENTOR (1)
    redentor   184:5:18
REDES (4)
    Echo mis redes sobre el agua   279:61:5
    turbia
    aunque nunca mis redes   279:61:17
    pescarán
    Vuelvo otra vez a echar las   280:61:39
    redes sobre
    redes hechas con hilos de   280:61:41
    esperanza,
REDIMIO (1)
    te redimió el amor.   276:58:10
REDONDA (9)
    redonda.   313:96:6
    EN la redonda   325:113:1
    ¡Oh la luna redonda   397:185:3
    llevo tu luz redonda.   421:219:18
    una luna redonda   461:236:16
    la luna redonda y baja,   465:237:34
    Que se pierda en la plaza   544:275:190
    redonda de la luna
    En mi vaso la luna redonda,   615:320:6
    La luna de la tarde se   623:325:7
    despega redonda
REDONDAS (3)
    redondas como sortijas.   379:159:12
    gimen canciones redondas.   436:226:8
    redondas sí, los peces mudos   618:322:29
    hablan.
REDONDO (4)
    EL silencio redondo de la noche 254:44:1
    El sol, capitán redondo,   373:152:11
    el espejo redondo de la luna   619:323:20
    en su mano.
    aire definitivo en lo redondo,   622:324:2
REDONDOS (4)
    a los ojos redondos   326:114:11
    cortó limones redondos,   445:230:10
    ponía grises los labios   532:272:7
    redondos de los que vomitaban
    en las esquinas.
    aquí no quiero más que los   543:275:176
    ojos redondos
REDORABA (1)
    Agua en vilo redoraba   458:235:7
REFLECTORES (1)
    es tan tierno que los   513:263:48
    reflectores le comieron
    jugando el corazón.

REFLEJA (2)
¿Quién me refleja
pensamientos?   601:313:122
se refleja en sonidos.   606:314:83
REFLEJABA (1)
reflejaba el día   354:132:8
REFLEJADO (2)
reflejado en el viento.   322:108:16
reflejado, de la acequia.   386:169:12
REFLEJO (4)
pero dejan su reflejo.   412:207:2
reflejo.   595:312:61
Los cristales esquivan la   618:323:10
magia del reflejo.
en el musgo de un norte sin   636:335:2
reflejo.
REFLEJOS (1)
reflejos de cosas quietas.   386:169:6
REFUERZAN (1)
que los grillos refuerzan sus   205:15:27
cuerdas
REFUGIA (1)
Y la Muerte vencida se   620:323:51
refugia temblando
REFUGIAN (1)
atacarán los cielos   493:250:25
amarillos que se refugian en
los ojos de las vacas.
REFUGIO (1)
Ellas son refugio de muchos   580:304:49
corazones,
REGALA (1)
[Maestro] ¿Qué le regala   628:329:6
REGALARON (1)
te regalaron el traje.   443:229:26
REGALE (1)
La regalé un costurero   436:225:50
REGALO (2)
[JINETE] Mira que te lo   337:121:66
regalo.
Y toma este cuchillo. ¡Te   341:121:125
lo regalo!
REGALO (1)
tu regalo semeja sol y vieja   639:338:11
alegría.
REGATO (1)
por la aguja del regato.   259:46:62
REGIMIENTOS (1)
para ser fornicado y herido   483:244:28
por el tropel de los
regimientos.
REGIONES (1)
en regiones doradas.   194:9:74
REINA (2)
Reina celeste de todo lo   646:346:2
criado,
la reina mi madre   665:364:37
REINAS (2)
reinas supremas del dorado   199:13:20
siglo.
Sobre cuentos de reinas y   284:63:16
castillos,
REINO (6)
el puro reino   217:21:62
desde el reino sombrío: 286:63:90
Por el reino   389:174:7
la llegada del reino de la   526:267:137
espiga.
al reino de la Nada,   585:305:69
buscan ¡oh soledad! tu reino   635:333:40
helado.
REINOS (1)
¿Llegarán mis raíces a los   274:57:83
reinos
REIRME (1)
ganas de reírme.   408:201:9
REJA (3)
reja que nos abre surcos   253:43:25
como la reja del arado   302:78:3
en la reja.   324:111:8
REJAS (1)

a las rejas   624:326:9
REJONES (1)
rejones al agua gris,   447:231:14
RELACIONA (1)
Todos comprenden el dolor   495:251:11
que se relaciona con la
muerte,
RELATOS (1)
los relatos brumosos del   205:15:43
cuento.
RELINCHABAN (1)
en el patio relinchaban.   466:237:70
RELIQUIA (2)
Y Granada te guarda como santa   187:6:43
reliquia,
una reliquia.   215:21:11
RELO (1)
Sacó Paquiro el reló   655:354:9
RELOJ (13)
con el ritmo del reloj.   184:5:20
Loco reloj que canta   198:12:9
quiebra tu reloj!)   237:35:6
quiebra tu reloj!)   237:35:12
quiebra tu reloj!)   237:35:18
por el reloj pasaban.   369:148:20
el reloj detenido en su caja.   406:199:12
la luna de castigo y el   499:254:43
reloj encenizado.
porque uno tenía la rueda de   519:265:40
un reloj
Los muertos se descomponen   525:267:83
bajo el reloj de las
ciudades,
es el reloj.   612:318:43
el reloj sobredorado   614:318:108
Dos voces suenan: el reloj y   636:334:3
el viento,
RELOJES (14)
(Los relojes llevan la misma   265:52:5
cadencia,
(Los relojes llevan la misma   266:52:11
cadencia,
(Los relojes llevan la misma   266:52:17
cadencia,
(Los relojes llevan la misma   266:52:25
cadencia,
Los relojes se pararon,   456:234:77
¡Eran las cinco en todos los   538:273:51
relojes!
de los relojes.   610:318:2
Relojes de cuco,   611:318:22
Los relojes nos traen   612:318:51
un pleamar de relojes.   612:318:56
de todos los relojes?   613:318:62
todos los relojes.   613:318:83
Los relojes de bolsillo,   614:318:104
cuándo su mariposa dejará   632:331:20
los relojes.
RELUCE (6)
de tristeza inconsciente que   279:61:19
reluce
mientras el cielo reluce   446:230:45
¿QUE es aquello que reluce   449:232:1
Noche tirante reluce.   460:235:55
Una Custodia reluce   460:235:67
La seda reluce ausente   644:344:11
RELUCEN (4)
y tus ojos relucen,   247:40:35
relucen como los peces.   428:222:4
Sobre las capas relucen   453:234:3
Mapas equivocados relucen en   623:325:11
sus ojos,
RELUCES (1)
¡Ay San Gabriel que reluces!   444:229:55
RELUCIENTES (1)
con sus lenguas relucientes.   427:221:42
RELUMBRA (3)
-No, hijos míos, la estrella   207:15:82
relumbra,
relumbra por los tejados.   401:191:12

en el límite oscuro que   620:323:62
relumbra de noche.
RELUMBRABA (1)
¡Y cómo relumbraba   374:153:9
RELUMBRAN (4)
[JINETE] Mira cómo   341:121:119
relumbran los miradores.
¡Oh, cómo relumbran   352:129:43
relumbran con ese brillo.   435:225:31
relumbran cuatro faroles.   449:232:6
RELUMBRANTE (1)
donde la luz desboca su toro   632:331:31
relumbrante
RELUMBREN (1)
Estrellas como puños sin   622:323:108
halcón te relumbren,
REMAN (1)
solo reman los suspiros.   295:68:16
REMANSA (1)
La corriente del tiempo se   620:323:49
remansa y ordena
REMANSO (12)
y quiebran tu remanso   218:22:18
del remanso dormido,   260:47:4
del remanso dormido.   261:47:55
¡Dime en qué remanso podré   282:62:29
abandonarla
EL remanso del aire   346:125:1
El remanso del agua   346:125:3
El remanso de tu boca   346:125:5
Era un remanso   353:131:3
es un remanso   585:306:2
un remanso   585:306:5
un remanso   585:306:10
Era un remanso de silencio,   613:318:67
REMANSOS (2)
a los remansos quietos   211:18:10
y quietos los remansos.   262:48:12
REMEDIADAS (1)
y nunca remediadas,   585:305:73
REMEDIO (4)
Sin remedio, hijo mío,   488:246:19
¡vomita! No hay remedio.
No hay remedio para el   490:247:27
gemido del velero japonés,
tenía que pasar sin remedio   533:272:15
por el ojo de una aguja.
REMEROS (1)
el barco silencioso sin   234:32:20
remeros ni velamen.
REMOLINOS (2)
remolinos de tijeras.   456:234:92
[Niño] Remolinos de oro   629:329:8
REMONTE (1)
que las remonte   624:326:6
REMOS (3)
Las góndolas sin remos   247:40:38
con los remos en el agua   378:159:7
Y las brisas de largos remos   486:245:55
REMOTA (1)
inunda el corazón de tristeza   270:56:4
remota.
y madrugada remota!   437:226:46
REMOTAS (1)
de ilusiones remotas.   265:51:10
REMOTO (1)
El estruendo remoto   219:22:59
REMOTOS (2)
países remotos.   305:83:6
Vienen de los remotos   307:86:7
REMUDAR (1)
y remudar con despacio.   660:359:4
REMUDO (1)
el remudo no le han dado.   660:359:6
RENDIDA (3)
ya rendida se muera."   179:2:151
con la luna rendida a sus   205:15:40
plantas,
ha dejado rendida,   237:34:23
RENDIJAS (1)

porque el tuétano del bosque   481:243:71
penetrará por las rendijas
RENOVARA (1)
ni el aire del amor renovará   256:44:60
REPARTA (1)
Porque ya no hay quien   520:266:15
reparta el pan ni el vino,
REPARTE (1)
del Amor que reparte   525:267:104
coronas de alegría.
REPARTIENDO (1)
repartiendo lentejas   646:345:39
desangradas en los ojos,
REPARTIR (1)
y algunas negras suben a los   502:256:33
pisos para repartir filtro
de rata.
REPENTE (1)
se torna de repente monótono y   186:6:16
amargo.
REPETIDAS (1)
o en los cristales donde se   490:247:45
comprenden las olas nunca
repetidas.
REPETIDO (1)
repetido mil veces, muerto,   631:330:23
crucificado
REPETIR (1)
se volverá a repetir.   448:231:44
REPETIRSE (1)
y hay cuerpos que no deben   525:267:80
repetirse en la aurora.
REPICARON (1)
ya repicaron   657:355:42
REPITAN (1)
No quiero que me repitan que   563:290:5
los muertos no pierden la
sangre:
REPITE (1)
"Sí-repite la hormiga-,   179:2:126
REPLICAN (1)
Los galanes replican haciendo   393:178:9
REPOSA (4)
MI corazón reposa junto a la   224:25:1
fuente fría.
Nieve ondulada reposa.   460:235:51
¿Qué dicen? Un silencio con   543:275:169
hedores reposa.
Duerme, vuela, reposa: 544:275:197
¡También se muere el mar!
REPOSADO (1)
Un cantar luminoso y reposado   212:18:13
REPOSO (5)
Un reposo claro   267:53:18
ni quien abra los linos del   520:266:17
reposo,
María del Reposo,   591:311:18
María del Reposo,   591:311:23
María del Reposo,   591:311:28
REQUEMADO (1)
Me ofreces en tu cuerpo   210:17:9
requemado,
REQUIEM (1)
¡Requiem aeternam!   245:39:53
REQUIERE (1)
que requiere las fuentes del   626:328:7
llanto.
RES (1)
que finge cuando niña   544:275:191
doliente res inmóvil;
RESBALA (1)
¡Que se resbala! ¡Muchacho!   386:170:10
RESBALADA (2)
Sangre resbalada gime   429:222:25
Tu pensamiento es nieve   639:339:5
resbalada
RESBALAN (3)
tus senos resbalan   202:14:40
escanciando aromas
Mis lágrimas resbalan a la   280:61:25
tierra

donde resbalan valles y ecos   299:72:4
RESBALANDO (1)
     resbalando por cuernos   541:274:129
     ateridos,
RESBALAREMOS (1)
     Y nosotros también   280:61:29
     resbalaremos,
RESBALE (1)
     para que resbale la pinza de 564:290:19
     su alacrán.
RESECA (1)
     Tiene sangre reseca   262:48:5
RESECAS (1)
     de las frondas resecas   252:42:58
RESECO (2)
     reseco del verano.   210:17:28
     Hoy mi pecho está reseco   213:19:23
RESIDENCIA (1)
     y la luna sobre la Residencia. 615:320:3
RESIGNADA (1)
     algo de soñolencia resignada y 196:11:2
     amable,
RESINA (1)
     En untuosa resina convirtióse 274:57:61
RESINAS (1)
     y, como tus resinas,   280:61:26
RESISTA (1)
     que resista   241:38:24
RESISTEN (1)
     en los desfiladeros que   489:247:11
     resisten
RESISTIA (1)
     Sol en cubos resistía   466:237:71
RESISTIENDO (1)
     Viejas y sacerdotes lloraban 632:331:15
     resistiendo
RESISTIR (1)
     que resistir en la madrugada 516:264:27
RESISTO (1)
     Resisto un ocaso de verde   558:284:11
     veneno
RESONABA (1)
     resonaba, no sé dónde.   450:232:50
RESONABAN (1)
     resonaban por el arco   449:232:21
RESONANCIA (2)
     y resonancia de nublos.   440:228:8
     Convexa resonancia donde la 646:345:31
     abeja se vuelve loca.
RESONANCIAS (3)
     das al alma las mismas   198:11:45
     nieblas y resonancias
     eran cuatro resonancias,   467:237:98
     golpes y resonancias de carne 496:252:8
     de molusco.
RESONANTE (1)
     resonante o delgado,   635:333:39
RESPIRAN (1)
     despierta, que los montes   510:261:13
     todavía no respiran
RESPIRANDO (1)
     respirando con todos sus   505:258:26
     violines sin cuerdas
RESPIRAR (1)
     y el respirar de las montañas. 274:57:80
RESPLANDOR (4)
     que era un resplandor   354:132:9
     ni el resplandor del día.   399:189:5
     Quinientos serafines de   631:330:27
     resplandor y tinta
     resplandor adolescente   648:348:3
RESPONDIDO (1)
     Y ha respondido el Papa   657:355:37
RESPONDIOLES (1)
     respondióles el polvo del   285:63:65
     camino:
RESPUESTA (1)
     sin pregunta y con respuesta! 609:315:49
RESPUESTAS (1)
     las corolas de las   608:315:39
     respuestas,

RESUCITA (2)
     pero resucita en la primavera. 394:180:2
     pero resucita en la   394:180:10
     primavera.
RESUELLO (1)
     sin escuchar el doble   543:275:189
     resuello de los toros.
RESUENA (1)
     Y la voz del mancebo resuena 587:307:34
RESUENAN (1)
     Los vientres del demonio   496:252:7
     resuenan por los valles
RESUMEN (4)
     el resumen genial de lo   200:13:28
     lírico.
     un resumen dorado del lirismo. 200:13:48
     El resumen de un cielo de   273:57:23
     verano
     ¡Resumen negro a lo medieval! 292:67:43
RESURRECCION (3)
     veremos la resurrección de   493:250:27
     las mariposas disecadas
     y el castigo de la nueva   532:271:23
     resurrección sin finales.
     y esperando mi resurrección, 582:304:111
RETABLO (2)
     los cipreses, tus cirios; la 187:6:50
     sierra, tu retablo.
     Un retablo de nieve que   187:6:51
     mitigue tus ansias,
RETABLOS (1)
     es mirar los retablos   583:305:11
RETAMA (1)
     sino desierto gusto de   637:335:11
     retama,
RETAMAS (2)
     bajo las pinzas y las   480:243:56
     retamas de la celeste luna
     de cáncer.
     sobre las retamas   663:362:15
RETIRO (1)
     me retiro,   663:361:10
RETO (1)
     en impúdico reto de ciencia 497:253:18
     sin raíces.
RETORICA (1)
     de Ceres en retórica de   401:192:9
     mármol.
RETRATOS (1)
     Y los retratos viejos   238:36:5
RETUMBA (1)
     por donde retumba el agua.   431:223:52
REUNIAN (1)
     porque reunían entre todos   519:265:39
     con esfuerzo media paloma,
REUNION (2)
     Era la gran reunión de los   484:245:11
     animales muertos,
     pero lo que llega es una   521:266:38
     reunión de cloacas
REVES (4)
     que vuelve del revés los   487:246:4
     pulpos agonizantes.
     al revés,   598:313:37
     al revés,   598:313:39
     (Revés de este biombo.)   644:344:19
REVIENTE (1)
     -Reviente el caballo   665:364:11
REVOLVER (1)
     Yo el cinturón con revólver. 435:225:26
REY (17)
     (La tenía el rey de los   403:195:2
     grillos.)
     San Miguel, rey de los globos 440:227:49
     Los cien caballos del rey   466:237:69
     mientras crujía la cuchara   478:243:10
     del rey
     para que el rey de Harlem   479:243:26
     cante con su muchedumbre,
     a tu gran rey prisionero con 479:243:35
     un traje de conserje!

Aquella noche el rey de 479:243:42
Harlem,
buscan al rey por las calles 481:243:77
o en los ángulos del salitre.
Aguardad bajo la sombra 482:243:104
vegetal de vuestro rey
a través de tu gran rey 482:243:118
desesperado,
Ni el Rey, 486:245:72
SI tu madre quiere un rey, 662:361:1
rey de oros, rey de copas, 662:361:3
rey de espadas, rey de bastos. 662:361:4
Cuando el rey mi padre 665:364:33
REYERTA (1)
El toro de la reyerta 429:222:11
REYES (1)
Anunciación de los Reyes, 443:229:27
REZA (1)
y reza como yo 306:84:14
REZANDO (1)
que siempre está rezando, 268:54:29
REZAREMOS (1)
Dios te salve. Rezaremos 370:148:45
REZAS (1)
dice el caracol."¿Ni rezas?" 177:2:63
REZUMA (4)
La tumba que te guarda rezuma 185:6:3
tu tristeza
La tumba que te guarda rezuma 187:6:59
tu tristeza
Tu sangre rezuma y huele 431:223:43
del mapa que rezuma 635:333:35
soledades.
RIBERA (4)
en la ribera triste, 289:65:14
la ribera del mar. Oscilando 401:192:6
En la ribera del mar 442:229:11
niño desnudo mide la ribera, 635:333:27
RIBERAS (2)
con mi sangre las riberas 278:60:13
los muertos diminutos por 513:263:27
las riberas,
RICA (1)
pan moreno y rica luna. 366:145:10
RICE (1)
se rice el viento del Sur. 394:180:4
RICO (4)
que a un rico manjar sustenta." 177:2:70
seré tan rico 241:38:40
un andaluz tan claro, tan 545:276:221
rico de aventura.
Al rico de Monleón 661:359:41
RICOS (2)
que temen los ricos detrás 490:247:42
de sus lupas,
los ricos dan a sus queridas 525:267:85
RIE (3)
se ríe de la Muerte 249:41:10
Por eso al estallar, ríe 257:46:15
¡diminuta!, se ríe y tiembla. 615:320:7
RIEN (1)
mientras ríen los niños, 234:32:45
RIENDAS (2)
que perdió las riendas. 376:156:8
Delante de este cuerpo con 543:275:183
las riendas quebradas.
RIES (1)
te ríes del Destino, 234:32:29
RIGIDO (2)
Gobierna rígido 215:21:20
Y el joven rígido, 406:199:15
geométrico,
RIGODON (1)
el rigodón de los astros. 241:38:17
RINCON (5)
¿en qué oculto rincón de 192:8:45
cementerio
en el rincón más oscuro de 499:254:26
la brisa que nadie quiera.
y en el rincón está el 507:260:12
pechito de la rana

Aquí no canta nadie, ni 543:275:174
llora en el rincón.
una sierpe de arena por el 632:331:8
rincón oscuro.
RINCONES (4)
y castos rincones 239:37:5
y una luna incomprensible que 472:239:8
iluminaba por los rincones
Pero yo he de buscar por los 476:241:17
rincones
y dejaba por los rincones 488:246:7
pequeñas calaveras de paloma
RIO (70)
Para mirar la luna bordada 187:6:33
sobre el río
¿Qué sería que el río parose? 205:15:21
llenan de ceniza el río 225:26:2
clavan puñales al río 227:26:50
Corre el agua del río 229:28:5
mansamente.
el río. 243:38:113
del río.) 244:39:9
del río.) 244:39:18
del río.) 244:39:26
sobre el río. 254:44:18
con un río discreto 267:53:6
los álamos del río -. 285:63:63
los álamos del río. 286:63:95
y azul como los álamos del 287:63:124
río.
sobre el agua del río? 289:65:8
junto al agua del río. 290:67:2
EL río Guadalquivir 295:68:1
El río Guadalquivir 295:68:7
a la orilla del río. 296:69:10
saeta de su río. 309:88:15
por el río de la calle, 310:90:13
el temblor viejo del río 347:127:4
El río las trae, 359:134:13
jugaba al río mi alma. 369:148:18
del fresco río. 370:149:4
a lo largo del río. 374:154:8
con el río de Sevilla. 378:159:4
al río, de orilla a orilla. 379:159:14
En el río, 379:160:7
¡Que te vas a caer al río! 386:170:2
y en la rosa hay otro río. 386:170:4
El río soñaba, 389:174:9
POR las orillas del río 400:191:1
por qué corre lento el río. 410:204:8
Y el fondo del río. 411:205:3
Las ramas se pasean por el 414:210:8
río.
Riyendo voy por el río 416:212:2
Río arriba voy buscando 416:212:5
por el río y por la mar? 416:212:11
Y que yo me la llevé al río 434:225:1
ladra muy lejos del río. 435:225:19
yo me la llevé del río. 435:225:45
cuando la llevaba al río. 436:225:55
Por abajo canta el río: 437:226:39
Viejas mujeres del río 450:232:31
el tatuado sol que baja por 481:243:97
el río
Ese río grande. 491:249:3
¡Oh río grande mío! 492:249:37
por las calles deshabitadas 513:263:44
de la edad media que bajan
al río,
debajo de las sumas, un río 515:264:5
de sangre tierna.
Un río que viene cantando 515:264:6
ninguno quería ser el río, 522:267:7
y los judíos vendían al 523:267:12
fauno del río
soñabas ser un río y dormir 524:267:42
como un río
Tú buscabas un desnudo que 525:267:73
fuera como un río,
cabeza de río. 528:268:38
y las ranas encendieron sus 533:272:35

lumbres en la doble orilla del río.
Como un río de leones	541:274:107
Yo quiero que me enseñen un llanto como un río	543:275:186
cuando te ahogabas por el río.	561:287:12
y el río bajaba.	610:317:2
por el río.	624:327:4
En la curva del río	634:333:21
lanzaré tu manzana sobre el río	636:334:10
y decora las aguas de tu río	638:337:13
para no ahogarte en el río.	642:342:28
El río a mis pies	643:343:9
que van al río,	654:353:10
Ay río de Sevilla,	658:356:19

RIOS (17)
lo que la muchedumbre de los ríos no sabe.	197:11:26
Los dos ríos de Granada	295:68:3
Los dos ríos de Granada,	295:68:9
[GITANO] En el puente de los ríos.	330:119:43
[TENIENTE CORONEL] Pero ¿de qué ríos?	331:119:44
[GITANO] De todos los ríos.	331:119:45
Largos ríos	402:193:2
Largos ríos	402:193:12
sobre los ríos sus ecos.	412:207:8
ni los ríos en donde	421:219:15
¡Qué ríos puestos de pie	434:224:31
ríos de musgo y amargura de pie	502:256:32
Para ver los huecos de nubes y ríos.	508:260:31
cuatro ríos ceñidos en tu brazo,	508:260:47
Hay un mundo de ríos quebrados	517:264:56
y la tierra despertó arrojando temblorosos ríos de polilla.	533:272:42
Los que doman caballos y dominan los ríos:	543:275:179

RISA (7)
la espina de la risa	218:22:29
risa del huerto oreado.	259:46:76
ni la mágica risa	261:47:37
su risa amarilla y dura.	366:145:7
De brisa, de risa y de oro.	389:173:5
donde su risa era un nardo	541:274:113
pone risa un niño travieso:	587:307:26

RISAS (8)
por risas de plata nueva.	183:4:8
horadando con risas al viento!	204:15:10
horadando con risas al viento!	205:15:24
horadando con risas al viento!	205:15:45
Yo tengo sed de aromas y de risas,	211:18:5
de risas el silencio	212:18:18
de risas, de palabras	217:22:3
las muchachas juegan con sus risas.	392:178:2

RITMO (18)
con el ritmo del reloj.	184:5:20
El amor se despierta en el gris de su ritmo,	197:11:17
pozo de ámbar que alimenta el ritmo	199:13:6
y del ritmo turbio del agua estancada.	202:14:37
crucificada en su ritmo	236:34:2
¿Qué ritmo de tristeza soñadora	269:55:14
ritmo de la hoja, ritmo de la estrella.	282:62:24
Acaso, ¡oh maestro del ritmo!, medites	283:62:58
transparencias de ritmo.	284:63:20

el viento dice: -Soy eterno ritmo-.	286:63:101
Mi ritmo va contando	290:66:23
de un ritmo que nunca llega;	299:73:8
con un ritmo sin cabeza?	299:73:12
Los bueyes tienen ritmo	349:128:29
de ritmo y de pájaro.	416:213:2
Oh Cuba, ¡Oh ritmo de semillas secas!	530:270:18
Una senda sin ritmo ni sangre,	580:304:43

RITMOS (6)
va contando con ritmos tardíos	206:15:56
Los ritmos se curvaban	228:27:27
gozando de los ritmos ignorados	274:57:69
largos ritmos,	308:88:6
sigue los ritmos	311:92:7
con los dos ritmos que cantan	442:229:9

RIYENDO (1)
Riyendo voy por el río	416:212:2

RIYENDOTE (1)
y riyéndote a gritos	174:1:25

RIZA (1)
Se riza el aire gris.	297:69:11

RIZADO (2)
Mundo plano, mar rizado,	419:216:10
Aire rizado venía	464:237:7

RIZAS (1)
rizas el aire	326:115:7

RIZOS (1)
Vendaval y mancebo de rizos y moluscos.	633:332:14

ROBA (1)
me roba el alma.	654:353:8

ROBADORAS (1)
de mi vida robadoras?	659:357:20

ROBLES (1)
y entre la tristeza viril de los robles	281:62:21

ROBUSTO (1)
Robusto, con la gracia	243:38:110

ROCA (4)
Ya viene hacia la roca. ¡No alargues tus raíces!	510:261:23
Entre la roca y la seda,	644:344:9
¡la roca!, Miguel Pizarro.	644:344:10
y a la roca vienen pájaros.	644:344:12

ROCAS (7)
las aristas de las rocas.	458:235:8
pueden ser rocas blancas con la ayuda de la luna	494:251:8
y esa noche de rocas amarillas:	504:257:17
el duelo de las rocas con el alba.	511:262:18
Noventa mil mineros sacaban la plata de las rocas	522:267:4
Mañana los amores serán rocas y el Tiempo	525:267:90
eres ya por las rocas de la altura.	639:339:2

ROCE (1)
Con mi roce descubro los colores	283:63:7

ROCIADA (1)
de la rociada.	255:44:30

ROCIO
TIENEN gotas de rocío	184:5:1
solo por el rocío.	211:17:44
el rocío del canto	217:22:6
Los mosquitos-Pegasos del rocío-	232:31:10
la fuente del rocío."	234:32:33
se llenan de rocío.	243:38:101
para que nos llenemos de rocío inmortal!	268:54:21
lleno de niebla espesa, de rocío	275:57:95
la carne y el rocío.	277:59:19
Hay floraciones de rocío	278:60:3

cual negro rocío, tapizó la seda,	283:62:63
llenos de rocío.	287:64:4
se llenan de rocío.	312:93:11
llorando rocío,	354:132:15
La hierba celeste y sola de la que huye con miedo el rocío	518:265:25
¡Qué tierno con el rocío!	541:274:119
piedra de rocío.	593:312:12
es la madre-rocío,	598:313:58

RODANDO (1)
y el valle fue rodando con perros y con lirios. 561:287:14

RODARÁN (1)
las poleas rodarán para turbar el cielo; 523:267:21

RODEA (1)
que rodea perenne mi casa! 419:217:12

RODEABAN (1)
Las tres en el arrabal rodeaban a un camello blanco 533:272:13

RODEADA (1)
rodeada de buenas comadres 206:15:52

RODEADO (4)
rodeado de la aurora 213:19:15
Rodeado de espectadores que tienen hormigas en las palabras. 509:260:66
rodeado de miles de campanillas. 520:266:14
rodeado y ceñido 584:305:52

RODEAN (2)
la rodean, 311:92:4
que las rodean. 624:326:13

RODILLA (1)
porque tiene un paisaje seco en la rodilla; 493:250:11

RODILLAS (1)
Sentados con el agua en las rodillas 570:297:13

ROIDAS (1)
roídas de ensueño 240:37:24

ROIDO (1)
roído de culebras, 245:39:28

ROJA (16)
Pones roja la luna 173:1:8
JUNTA tu roja boca con la mía, 209:17:1
Junta tu roja boca con la mía, 211:17:45
roja y sedienta? 250:42:22
Caperucita roja 271:56:28
Adelfa roja. 345:124:6
TETA roja del sol. 367:146:1
jaca negra, luna roja. 380:161:8
Umbría de seda roja. 398:187:2
Umbría de seda roja. 399:187:12
Roja y verde, eché a tu cuerpo 400:190:7
Verde y roja, roja y verde. 400:190:9
blasfemias de cresta roja. 458:235:14
llama roja que va cociendo 588:308:4
Dios te libre de la yedra roja! 599:313:87

ROJAS (2)
con rojas sonrisas. 413:208:16
y el rebaño de vacas nocturnas con rojas patitas de mujer. 500:255:22

ROJIZA (1)
su faz rojiza. 216:21:47

ROJIZO (2)
Suena en un gris rojizo 262:48:13
por un campo rojizo." 278:59:21

ROJO (11)
Clavel rojo en un valle profundo y desolado. 185:6:2
¡Oh princesa divina de crepúsculo rojo, 186:6:23
pero tú fuiste un rojo clavel ensangrentado 187:6:46
Clavel rojo en un valle profundo y desolado. 187:6:58

de mi espíritu rojo.	223:24:12
sobre lo rojo.)	305:83:4
sobre lo rojo.)	305:83:12
sobre lo rojo.)	305:83:16
rojo lirio, junco fresco.	397:183:6
Trajeron unas montañas de lacre rojo	510:261:6
EL viento venía rojo	624:327:1

ROJOS (8)
la de la yedra muerta sobre los muros rojos, 187:6:55
y espumas de rojos claveles que aroman 202:14:32
y arañazos rojos hechos por miradas. 202:14:51
largos caminos rojos. 316:100:5
Dos bueyes rojos en el campo de oro. 349:128:47
Por los rojos agujeros 459:235:35
pulverizaba rojos paisajes 502:256:46
por las sábanas de amargura, turbio de rojos peces y verano. 636:334:11

ROMA (4)
viejos soldados de Roma. 458:235:4
Aire de Roma andaluza 541:274:111
HACIA Roma caminan 656:355:1
Las campanas de Roma 657:355:41

ROMANCE (2)
el ella del romance me sumía 191:8:23
la ella impenetrable del romance 191:8:35

ROMANCES (1)
Escuchad los romances 193:9:17

ROMANO (2)
romano torso desnudo. 440:228:4
de duro acento romano, 453:233:55

ROMANOS (1)
Han muerto cuatro romanos 429:222:29

ROMANTICA (4)
llena de paz romántica, 290:67:4
Aquella estrella romántica 604:314:45
Aquella estrella romántica 604:314:48
¡Qué gran romántica 650:351:5

ROMANTICAS (1)
de ilusiones románticas. 193:9:28

ROMANTICO (1)
la de la niebla azul y el arrayán romántico. 187:6:56

ROMANTICOS (1)
y mis románticos secretos. 231:30:16

ROMANZAS (2)
chopinescas romanzas de olor, 582:304:101
chopinescas romanzas de olor. 582:304:109

ROMEO (1)
Y con el rosa de Romeo y Julieta. 530:270:14

ROMERO (2)
del romero aquel. 372:150:10
yerbaluisa y romero. 462:236:29

ROMPAN (1)
y rompan las prisiones del aceite y la música, 522:266:70

ROMPE (5)
rompe nubes moradas 312:93:9
se rompe. 315:98:14
rompe en cristal su cuerno. 463:236:57
de la primera vena que se rompe. 514:263:53
rompe sus espejos 601:313:118

ROMPEN (2)
Se rompen las copas 297:70:3
rompen las dalias del aire, 442:229:8

ROMPER (1)
basta para romper el equilibrio de todo el cielo. 490:247:26

ROMPERE (1)
pero en el centro de la misa 483:244:32

yo romperé el timón y |
entonces
ROMPERLO (1)
Al romperlo, un gran chorro 406:199:17
de sombra
ROMPERLOS (1)
sin romperlos. 319:104:16
ROMPIA (1)
y el gentío rompía las 538:273:47
ventanas
ROMPIENDO (2)
El pueblo corría por las 504:258:4
almenas rompiendo las cañas
de los pescadores.
y rompiendo cadenas, 634:333:14
ROMPIO (2)
el que rompió tu tronco, 260:47:8
con un hacha rompió el 406:199:16
espejo.
RONCO (1)
No fue el vendaval ronco 260:47:7
RONDA (2)
ronda la desierta calle. 442:229:6
ni tu color que ronda la 619:323:39
color de tu tiempo,
RONDAN (2)
para espantar los sapos 483:244:22
nocturnos que rondan los
helados paisajes del cáliz.
Las criaturas de la luna 492:250:3
huelen y rondan sus cabañas.
RONDAS (1)
rondas mi cerco de laureles. 384:166:8
RONDONES (1)
¿Será esa misma la que en los 191:8:29
rondones
ROPA (2)
coso mi lírica ropa.) 395:181:16
de azabache, carne y ropa. 437:226:32
ROPAS (1)
que se abren las ropas en 521:266:24
espera de la bala.
ROPERO (1)
en la oscuridad del ropero, 525:267:96
ROSA (64)
Mosquitos de la rosa 174:1:38
deshojando una rosa de olor 186:6:32
entre los labios.
Ella es niebla y es rosa 193:9:31
rosa durmiente, 222:23:72
tu boca era rosa 235:33:3
la rosa. 238:35:32
Una rosa de sangre 250:42:15
nos lo enseña la rosa 268:54:13
Conozco la lira que 282:62:27
presientes, rosa;
¡Dichosos los que cortan la 285:63:50
rosa
En la tarde de rosa y de 290:67:3
zafiro,
con una rosa encarnada 324:111:5
Azufre y rosa en mis labios. 331:119:51
con la rosa y el halo. 350:128:57
En lo hondo hay una rosa 386:170:3
y en la rosa hay otro río. 386:170:4
... y en la rosa estoy yo 386:170:11
mismo.
y esa rosa de oro 387:171:13
diciendo que era una rosa. 395:181:11
ERAS rosa. 398:186:1
les acerco una rosa blanca. 415:211:13
ROSA futura y vena contenida, 417:214:1
la rosa azul de tu vientre. 427:221:28
rumor de rosa encerrada. 466:237:68
la aguja que mantiene presión 477:242:7
y rosa
y una falsa tristeza de 481:243:73
guante desteñido y rosa
química.
un desierto de tallos sin 481:243:86
una sola rosa.

rosa, niño y abeto a la 499:254:37
orilla de este lago,
y abrió su quebrada rosa de 502:256:41
vidrios secos y manos blandas
¡qué flecha aguda exprime de 506:259:7
la rosa!,
¡qué rosa gris levanta de su 506:259:8
belfo!
y la rosa, 506:259:9
la rosa de la circuncisión 523:267:13
Y con el rosa de Romeo y 530:270:14
Julieta.
rosa por las veletas. 560:286:10
LA rosa 572:301:1
La rosa, 573:301:5
La rosa, 573:301:9
no buscaba la rosa. 573:301:10
que era rosa sangrienta 579:304:15
y una rosa 588:309:7
¡Viva la rosa en su rosal! 591:311:22
¡Viva la rosa en su rosal! 591:311:27
¡Viva la rosa en su rosal! 591:311:32
sin báculo y sin rosa. 592:311:52
garzas de color rosa 599:313:68
UNA rosa en el alto jardín 618:323:1
que tú deseas.
En alta mar les sirve de 619:323:30
brújula una rosa.
Pero también la rosa del 621:323:77
jardín donde vives.
¡Siempre la rosa, siempre, 621:323:78
norte y sur de nosotros!
Rosa pura que limpia de 621:323:81
artificios y croquis
Rosa del equilibrio sin 621:323:84
dolores buscados.
¡Siempre la rosa! 621:323:85
como una espalda rosa de 623:325:4
bañista desnudo.
en la manzana rosa del cielo 623:325:14
más lejano...
El unicornio quiere lo que 632:331:23
la rosa olvida,
y se afirma el aroma de la 632:331:32
rosa templada.
rosa débil seré por las 634:333:15
arenas.
Rosa de mi desnudo 634:333:16
Con su rosa de harina 635:333:26
la solitaria rosa de tu 638:337:4
aliento.
duelo de rosa y verso, de 639:338:10
número y locura,
como una rosa. 657:355:36
una linda rosa 666:364:45
ROSA (2)
el que habló con niña Rosa 258:46:27
Rosa la de los Camborios, 456:234:105
ROSADA (1)
aunque te pongas rosada. 395:180:19
ROSADAS (2)
con rosadas guirnaldas. 194:9:72
No las manzanas rosadas... 398:186:6
ROSADO (3)
sea rosado y dulce limo 190:7:59
El débil color rosado 225:26:16
formado del cuerpo rosado de 282:62:52
Dafne
ROSADOS (1)
Oh musas bailarinas, de 623:325:21
tiernos pies rosados,
ROSAL (5)
abierta en el rosal. 268:54:14
¡Viva la rosa en su rosal! 591:311:22
¡Viva la rosa en su rosal! 591:311:27
¡Viva la rosa en su rosal! 591:311:32
sobre piedra y rosal, muerte 634:333:2
y desvelo
ROSALES (2)
de rosales y de jazmineros, 207:15:91

que es un agua de vuestros   581:304:74
rosales.
ROSALINDA (1)
-Yo soy Rosalinda,   665:364:42
ROSARIO (2)
acabó su rosario.   262:48:16
Tu rosario llovía.   399:188:4
ROSAS (53)
Todas las rosas son blancas,   181:3:9
y no son las rosas blancas,   181:3:11
La nieve cae de las rosas,   181:3:19
y otras rosas más perfectas?   181:3:26
y todas las rosas son   182:3:55
te dio la Muerte rosas   186:6:12
marchitas en un ramo.
Y vi que en vez de rosas y   191:8:19
claveles
y las rosas de mayo?   191:8:26
y las rosas de mayo?   191:8:42
y las rosas de mayo?   192:8:56
las rosas de mi pecho con tus   197:11:34
sonidos abres.
nunca florecida con las vivas   201:14:9
rosas
y de tus senos, rosas como la   203:14:75
nieve blancas.
Se deshojan las rosas en el   229:28:9
lodo.
¿Dónde las rosas que aromaron   231:30:7
Las rosas del fin serán   277:59:16
Las rosas estaban soñando en   281:62:19
la lira,
Ahora tengo en la frente   287:63:133
rosas blancas
Sois de los bosques llenos de   292:67:49
rosas
con rosas de papel   314:97:7
rosas y mirtos de luna.   381:163:22
Trescientas rosas morenas   431:223:41
Bueyes y rosas dormían.   450:232:23
rosas de pólvora negra.   457:234:112
coral de rosas y dalias.   465:237:44
agitaba las rosas con un   474:240:51
largo dolor blanco.
Las rosas huían por los filos   478:243:12
veremos brillar nuestro   493:250:29
anillo y manar rosas de
nuestra lengua.
es una escala indefinible   495:251:33
donde las nubes y rosas
olvidan
cuando todas las rosas   498:254:8
manaban de mi lengua
diez rosas de azufre débil   503:256:59
y los trenes de rosas   516:264:30
maniatadas
rosas que hieren   520:266:7
Porque las rosas buscan en   565:292:10
la frente
bajo las rosas tibias de la   571:298:15
cama
¡AVE rosas, estrellas   579:304:1
solemnes!
Rosas, rosas, joyas vivas de   579:304:2
infinito;
¡ave rosas, estrellas   579:304:6
solemnes!
¡ave rosas, estrellas   579:304:9
¡Qué sería la vida sin rosas!   580:304:42
Santas rosas divinas y   581:304:75
varias,
¡Ave rosas, estrellas   581:304:81
solemnes!
Llenas rosas de gracia y   581:304:82
amor,
Rosas, rosas divinas y   582:304:114
bellas,
de rosas y de estrellas   582:305:8
entre rosas de sangre,   584:305:47
las rosas son como tu carne   588:309:11
virgen,

y las rosas lo tiñen   590:311:6
si las rosas nacieran   598:313:38
para las rosas).   604:314:47
el mundo de las rosas   608:315:30
ROSTRO (21)
La niña de bello rostro   381:163:3
La niña del bello rostro   382:163:25
Sobre el rostro del aljibe   432:223:73
y el niño con el blanco   471:238:6
rostro de huevo.
Tropezando con mi rostro   471:238:11
distinto de cada día.
el amor por un solo rostro   481:243:84
invisible a flor de piedra.
tus quince rostros con el   501:256:7
rostro de la pedrada
Ya cantan, gritan, gimen: 513:263:35
Rostro. ¡Tu rostro! Rostro.
Pero tu rostro cubre los   513:263:40
cielos del banquete.
ya que yo tengo que entregar   514:263:55
mi rostro,
mi rostro, ¡mi rostro!, ¡ay,   514:263:56
mi comido rostro!
no sienta la sonrisa de las   565:292:7
gentes sin rostro,
¡Cómo vuelve el rostro   566:293:10
hay muchos niños de velado   570:297:18
rostro
o la fiebre del mar de   570:298:7
inmenso rostro
Noche de rostro blanco. Nula   632:331:17
noche sin rostro.
ROSTROS (4)
de cien rostros iguales,   393:179:14
por mi dolor lleno de   474:240:44
rostros y punzantes
esquirlas de luna,
tus quince rostros con el   501:256:7
rostro de la pedrada
Los rostros bogan impasibles   507:260:10
ROTA (6)
nos dice tu vida rota y   203:14:57
fracasada,
(Ante una vidriera rota   395:181:15
y estrellas de nariz rota,   458:235:10
Con los animalitos de cabeza   471:238:7
rota
en los filos eternos de la   496:252:4
madera rota.
En la brújula rota y   622:324:6
sumergida.
ROTAS (4)
miradas rotas.   267:53:17
de alas rotas y flores de   406:199:4
trapo.
escupe a las barcas rotas y   481:243:79
se clava puntillas en los
hombros;
Mi hueco traspasado con las   509:260:60
axilas rotas.
ROTO (15)
ha roto el horizonte?   246:40:25
¡Oh dulce idilio roto   247:40:50
HA roto la armonía   256:45:1
Todo se ha roto en el mundo.   303:80:5
huyen por el roto muro.   441:228:26
roto de la media noche.   449:232:22
con que he roto la máscara   476:241:20
que llevas.
llanto de media noche y paño   476:241:27
roto
Todo está roto por la noche,   490:247:33
Todo está roto por los   490:247:35
tibios caños
y el que huye con el corazón   493:250:5
roto encontrará por las
esquinas
mostraban su silencio roto   518:265:27
por las huellas dormidas de
los zapatos.

Tú viste mi amor roto 592:311:48
(¿Se ha roto el azogue?) 597:313:15
cuando roto ya el nudo, 634:333:18
ROTOS (6)
pasa por arcos rotos. 462:236:32
trajes rotos y cáscaras y 490:247:24
llanto,
Por los capiteles rotos de 509:260:68
las mejillas desangradas.
Por los cristales rotos de 511:262:23
la casa
y los arcos rotos donde 558:284:12
sufre el tiempo.
Delfines en hilera juegan a 623:325:6
puentes rotos.
ROZA (1)
roza su tibia espalda sin 618:322:42
venera.
ROZAN (1)
y tocáis cuando os rozan los 270:55:32
silencios
ROZARON (1)
Tus manos me rozaron 265:52:3
RUBEN (1)
el trágico Rubén 579:304:12
RUBIA (1)
Con la rubia cabeza de 530:270:12
Fonseca.
RUBIAS (2)
con altas rubias 371:149:15
para quemar la clorofila de 480:243:66
las mujeres rubias,
RUBIO (3)
al rubio cuervo 216:21:26
arroyos en rubio mapa. 466:237:76
Es preciso matar al rubio 479:243:22
vendedor de aguardiente,
RUBIOS (1)
rubios del norte, negros de 524:267:55
la arena,
RUBOR (11)
Y un rubor de manzana 374:154:9
Otros de rubor cansado, 448:231:47
en el gramíneo rubor de la 477:242:8
sonrisa.
con un rubor de frenesí 478:243:16
manchado.
y llegar al rubor negro 479:243:18
No hay rubor. Sangre furiosa 480:243:54
por debajo de las pieles,
que llevan al rubor de los 496:251:47
frutos.
rubor de luz o miel de 503:257:8
establo,
piel eterna y rubor, andan 506:259:16
buscando!
Rubor sin nombre ya, astro 572:300:14
perpetuo.
silencio sin rubor de 637:335:8
cocodrilo.
RUDA (2)
mientras hace la ruda calceta 206:15:50
haciendo heridas en la ruda 274:57:65
carne,
RUDAS (1)
¡Almas rudas de las piedras! 182:3:52
RUDO (3)
¡Rudo abuelo del prado! 223:24:17
del rudo monte arañado. 259:46:64
rudo Don Juan! 291:67:16
RUDOS (1)
entre los rudos árboles, 174:1:41
RUECA (2)
con la rueca de hierro y de 186:6:24
acero lo hilado!
que posee una rueca 206:15:48
inservible,
RUEDA (10)
Sobre una fantástica rueda, 362:138:26
La rueda afila cuchillos 458:235:17

Porque si la rueda olvida su 485:245:40
fórmula,
Cantaba la lombriz el terror 492:249:18
de la rueda
porque uno tenía la rueda de 519:265:40
un reloj
con la rueda, el aceite, el 522:267:3
cuero y el martillo.
ni la rueda amarilla del 523:267:19
tamboril.
toro y sueño que junte la 525:267:74
rueda con el alga,
Está jugando a la rueda 605:314:63
Una rueda en la pura sintaxis 618:323:2
del acero.
RUEDA (4)
rueda muerto la pendiente, 429:222:18
rueda monte abajo, 602:313:143
Rueda helada la luna, cuando 617:322:36
Venus
y por los juncos rueda y se 635:333:25
levanta.
RUEDAN (1)
Ruedan los huecos puros, por 508:260:34
mí, por ti, en el alba
RUEDAS (6)
van sobre ruedas. 361:138:2
por mi alegría de ruedas 474:240:45
dentadas y látigos,
podréis besar con frenesí 482:243:107
las ruedas de las
bicicletas,
Brisa y alcohol en las 531:270:27
ruedas.
Un ataúd con ruedas es la 538:273:33
cama
sobre el mundo de ruedas y 630:330:12
falos que circula.
RUEDEN (1)
rueden por las playas con 480:243:59
los objetos abandonados.
RUIDO (4)
los pájaros y el ruido 233:32:9
en un ruido de ideas humildes 271:56:19
y apenadas
y escuché el débil ruido de 274:57:79
los astros
Pez mudo por el agua de ancho 616:322:5
ruido,
RUIDOS (3)
como ésta, sin ruidos ni 206:15:59
vientos,
La luz es sepultada por 497:253:17
cadenas y ruidos
me enseña el herbario de los 628:328:29
ruidos.
RUINA (1)
pero, pasto de ruina, te 476:241:11
afilabas
RUISEÑOR (20)
las alas del ruiseñor, 184:5:2
¡Ruiseñor mío! 196:10:26
¡Ruiseñor! 196:10:27
que da a la aurora el 232:30:24
ruiseñor?
y un ruiseñor de hierro 241:38:23
sin ruiseñor 267:53:4
"¡Sé ruiseñor!", dice una 275:57:111
voz perdida
quería ser ruiseñor. 407:200:5
Ruiseñor. 407:200:6
Ruiseñor. 407:200:16
Y el ruiseñor: Veremos. 462:236:37
llanto con ruiseñor 475:241:10
enajenado,
y otro la uña de un ruiseñor 519:265:43
que estaba vivo;
Pero el ruiseñor 529:269:15
¡Oh ruiseñor de sus venas! 542:274:138
Un ruiseñor apaga los 570:297:7
suspiros,

y el ruiseñor cantaba 573:302:6
y el ruiseñor lloraba 574:302:21
el ruiseñor, 593:312:8
Para el asesinato del 632:331:13
ruiseñor, venían
RUISEÑORES (9)
turbio de ruiseñores 236:34:7
tú de ruiseñores y yo de 282:62:34
tristezas!
Seis ruiseñores la lloran 324:111:7
de plumas y ruiseñores. 439:227:24
de un ayer de ruiseñores. 439:227:40
y ruiseñores en ramos. 460:235:70
con su casto afán de manzana 501:256:13
para que lo piquen los
ruiseñores.
con una forma clara que 543:275:171
tuvo ruiseñores
Amantes olorosas de dulces 580:304:62
ruiseñores.
RUMBO (2)
(Cuatro pájaros sin rumbo 416:212:12
sin rumbo nuestra barca. 584:305:65
RUMIARSE (1)
a rumiarse sus llantos. 349:128:46
RUMOR (30)
y el rumor de tus senos? 210:17:16
y el gran rumor dorado 218:22:20
rumor de nostalgias 239:37:7
VERDE rumor intacto. 384:166:1
al rumor de la misa. 399:188:8
¡Ay qué dulce rumor en mi 414:209:9
cabeza!
RUMOR. 419:217:1
Aunque no quede más que el 419:217:2
rumor.
Frunce su rumor el mar. 427:221:33
Un rumor último y sordo 433:224:23
bajo el rumor de las hojas. 437:226:22
buscaba rumor y cuna. 441:228:46
y rumor de viejas voces, 449:232:20
al brusco rumor del bosque, 450:232:52
Un rumor de siemprevivas 455:234:67
con un rumor entre dientes 465:237:31
rumor de rosa encerrada. 466:237:68
Me llega tu rumor, 482:243:113
me llega tu rumor 482:243:114
atravesando troncos y
ascensores,
Y estoy con las manos vacías 492:249:27
en el rumor de la
desembocadura.
que todo rumor será piedra y 495:251:21
toda huella latido.
ni el metálico rumor de 495:251:30
suicidio que nos anima cada
madrugada.
Los pañales exhalan un rumor 496:252:15
de desierto
y mi cuerpo rumor de hierba. 502:256:21
eras rumor de nieve por mi 564:291:6
pecho.
qué nocturno rumor, qué 568:295:10
muerte blanca!
Es así, forma breve de rumor 631:330:21
inefable,
Rumor de superficies 633:332:6
libertadas y locas.
en rumor de cristales y 635:333:30
madera.
abeja, rumor o vino 648:348:17
RUMORES (9)
y de rumores calientes 429:222:32
diez rumores de Neptuno 441:228:24
rumores de tigre y llama. 464:237:4
Rumores de tibia aurora 467:237:91
Llegaban los rumores de la 488:246:15
selva del vómito
de choques, líquidos y rumores 500:255:6
Cuando busco en la cama los 508:260:42
rumores del hilo

por los rumores de la tarde 528:268:31
tibia,
y la casta colina da rumores 623:325:8
y bálsamos.
RUMOROSOS (1)
los bosques rumorosos 268:54:10
RUTH (1)
por los campos de Ruth 349:128:42
SABADO (3)
SABADO. 360:136:1
Sábado. 360:136:6
Sábado. 360:136:12
SABANA (4)
LO llevan puesto en mi sábana 341:122:1
Y la sábana impecable, 453:233:54
Un niño trajo la blanca sábana 537:273:3
para los diarios aceites y 572:300:10
la sábana blanca de mi
agonía.
SABANAS (5)
Entre la espuma de las 385:168:11
sábanas
¡Sábanas blancas donde te 399:189:3
desmayes!
con las sábanas de holanda. 431:223:38
pulverizaba rojos paisajes 502:256:46
por las sábanas de amargura,
y unas sábanas duras donde 510:261:7
estaba el cáncer dormido.
SABE (13)
todo el mundo lo sabe, 174:1:50
y en el alma tristeza de lo 196:11:12
que no se sabe.
lo que la muchedumbre de los 197:11:26
ríos no sabe.
El que te gusta no sabe que 200:13:47
traga
Venus del mantón de Manila 202:14:28
que sabe
del leñador, que sabe 260:47:10
[AMARGO] ¿Quién sabe? 337:121:69
La luz no sabe qué quiere. 361:137:4
El leñador no sabe cuándo 482:243:102
expiran
a aquel muchacho que llora 493:250:32
porque no sabe la invención
del puente
Sabe que los senderos 584:305:42
por amor de la carne que no 631:330:20
sabe tu nombre.
Dos mitades opuestas y un 632:331:19
hombre que no sabe
SABE (1)
que sabe a miel y aurora. 209:17:8
SABEIS (1)
¡Ya lo sabéis!... Porque 322:107:19
luego,
SABEMOS (2)
Sabemos de las flores de los 284:63:38
bosques,
lo que solo Dios y yo 587:307:29
sabemos.
SABEN (8)
que ya se saben 233:31:23
ellos todo lo saben, pero 267:54:3
nunca hablarán.
saben de tu dolor. 327:116:8
pero los muertos son más 483:244:24
fuertes y saben devorar
pedazos de cielo.
Y las que mueren de parto 495:251:20
saben en la última hora
saben que van al cieno de 497:253:15
números y leyes,
y los gallos que no saben 531:271:10
cantar sobre la nieve.
y los gallos solo saben 532:271:28
volar sobre la nieve
SABER (8)
sin saber que lleva atada 208:16:7

¡Oh gran sacerdote del saber antiguo! 283:62:54
de no saber mi fin ni mi destino-. 284:63:29
Quisiéramos saber lo que nos hablan 285:63:62
sin saber de quién era. 560:286:14
para saber tu nombre 567:294:3
que queremos saber el secreto... 587:307:24
Hijos míos, no queráis saber 587:307:28
SABERLO (1)
queriéndote sin saberlo. 266:52:20
SABES (3)
Tú sabes de las campiñas 188:7:5
Tú... por lo que ya sabes. 306:84:4
Sabes que yo comprendo la carne mínima del mundo. 647:346:23
SABIA (2)
sabía el lenguaje de flores y piedras. 281:62:4
Nadie sabía que martirizabas 557:283:3
SABIAN (1)
que sabían pronunciar la palabra amor. 495:251:26
SABIDURIA (3)
tu sabiduría profunda y sincera! 282:62:49
Y los anteojos para la sabiduría. 515:264:11
lejos de la despreciable sabiduría del gato, 646:346:6
SABIOS (2)
donde los sabios vidrios se quebraban. 475:241:6
y los sabios cristales cantan sus geometrías. 621:323:76
SABLE (1)
y el sable de madera. 252:42:52
SABLES (1)
Los sables cortan las brisas 456:234:83
SABOR (5)
El sabor de los huesos 250:42:23
la luz tiene un sabor de metal acabado 513:263:38
con un leve sabor de gasolina 524:267:64
(Esfera sin sabor.) 612:318:50
Y aunque nunca tendrá sabor de llama 637:335:9
SABRAS (2)
Tú no sabrás nunca, 288:64:24
pero tú no sabrás dónde se ocultan 571:298:11
SABRE (1)
que yo sabré encenderle 243:38:93
SACA (1)
de las que la iglesia saca, 258:46:49
SACABAN (1)
Noventa mil mineros sacaban la plata de las rocas 522:267:4
SACAN (1)
los negros que sacan las escupideras, 522:266:58
SACANDO (1)
y noto que sacando sus raíces 280:61:47
SACAR (1)
y sacar de los fangos de mi sombra 279:61:3
SACERDOTE (3)
¡Oh gran sacerdote del saber antiguo! 283:62:54
y echaba un cubito de hojalata en el corazón del sacerdote. 482:244:5
cuando el sacerdote levante la mula y el buey con sus fuertes brazos 483:244:21
SACERDOTES (2)
Sacerdotes idiotas y querubes de pluma 496:252:19

Viejas y sacerdotes lloraban resistiendo 632:331:15
SACO (1)
Sacó Paquiro el reló 655:354:9
SACO (2)
y las saco vacías. 279:61:6
y saco piedras falsas entre un cieno 280:61:43
SACO (1)
entran a saco por ellas. 456:234:76
SACRAMENTO (5)
cuando te vi, Dios fuerte, vivo en el Sacramento, 630:330:2
cuando te vi presente sobre tu Sacramento. 631:330:26
Solo tu Sacramento de luz en equilibrio 632:331:25
Solo tu Sacramento, manómetro que salva 632:331:27
Sacramento inmutable de amor y disciplina! 633:331:40
SACRATISIMA (1)
¡Oh Forma sacratísima, vértice de las flores, 631:330:29
SACRIFICIOS (1)
dando empujones a los borrachos y escupiendo sal de los sacrificios 533:272:39
SACRISTAN (1)
ni el turbio sacristán 230:29:34
SAETA (2)
de la saeta. 308:87:4
saeta de su río. 309:88:15
SAETAS (5)
lotos de saetas, olas de naranjas 202:14:31
entre saetas turbias 310:90:9
canta saetas. 311:92:2
saetas. 311:92:12
las saetas 311:93:5
SAETEROS (2)
los saeteros 311:93:2
los saeteros 312:93:13
SAGRADA (1)
y la vida no es noble, ni buena, ni sagrada. 525:267:87
SAGRADO (2)
tu manantial sagrado? 219:22:52
sangre del cielo sagrado, 259:46:60
SAHUMADAS (1)
Los maestros señalan con devoción las enormes cúpulas sahumadas; 521:266:40
SAL (8)
de sal marina. 320:105:11
Y hay un olor a sal 324:110:8
que sirven platos de sal bajo las arpas de la saliva. 488:246:18
dando empujones a los borrachos y escupiendo sal de los sacrificios 533:272:39
de sal y de inteligencia. 541:274:114
con la lengua quemada por la lluvia de sal. 559:285:7
con el cutis de sal, abría en la arena, 617:322:37
Desde la sal de Cádiz a Granada, 637:336:5
SAL (2)
¡Grillo, sal de tu agujero! 209:16:22
Pero sal de los campos 256:44:62
SALA (3)
que estás arriba en tu sala! 332:120:10
Pavimento infinito. Mapa. 571:299:2
Sala. Arpa. Alba.
y en la sala del Papa 656:355:15
SALADA (1)
¡ay!, sobre la mar salada. 370:148:52
SALAMANDRAS (1)
Tenía la noche una hendidura 479:243:36

y quietas salamandras de
marfil.
SALDRÁN (1)
  De tus ojos saldrán dos   203:14:74
claveles sangrientos,
SALE (10)
  donde sale Pegaso.   191:8:36
  Sale del monte la luna,   225:26:10
  Sale el sol.   271:56:21
  entra y sale   323:110:2
  entra y sale,   324:110:13
  y sale y entra   324:110:14
  CUANDO sale la luna   393:179:1
  Cuando sale la luna,   393:179:5
  Cuando sale la luna   393:179:13
  si de tu cara sale   654:353:15
SALEN (6)
  SALEN los niños alegres   183:4:1
  DE la cueva salen   305:83:1
  le salen al encuentro.   462:236:35
  Los primeros que salen   497:253:13
  comprenden con sus huesos
  y salen si mostramos un vaso 619:323:36
  de agua dulce.
  Todas las noches salen   624:326:8
SALGA (2)
  estrella, suplicándole que   191:8:31
salga
  Cuando la luna salga   523:267:20
SALGAS (1)
  No salgas, paloma, al campo, 660:358:15
SALGO (1)
  Yo me salgo desnudo a la calle, 254:44:4
SALIA (1)
  A las doce de la noche el   501:256:10
  cáncer salía por los pasillos
SALIDA (3)
  y el aire a la salida de   491:249:17
  todas las aldeas.
  ¡qué cielo sin salida, amor, 507:260:25
  qué cielo!
  Yo quiero que me enseñen   543:275:184
  dónde está la salida
SALIDAS (1)
  como recién salidas de un   497:253:20
  naufragio de sangre.
SALIDO (1)
  Doña Luna no ha salido.   605:314:62
SALIENDO (1)
  saliendo en racimos de las   524:267:49
  alcantarillas,
SALIENTES (1)
  los pómulos salientes   310:91:13
SALIERON (2)
  Entonces salieron los fríos 533:272:34
  cantando sus canciones
  se salieron del café   655:354:14
SALINA (2)
  nieve, nardo y salina,   384:167:2
  Nieve. Nardo. Salina.   385:167:14
SALINAS (1)
  Por las salinas muertas   642:342:19
SALIO (1)
  El corazón salió solo.   491:248:12
SALIR (1)
  Si el aire se niega a salir 512:263:7
  de los cañaverales
SALITRE (1)
  buscan al rey por las calles 481:243:77
  o en los ángulos del salitre.
SALIVA (4)
  gustando la amarga frescura 477:242:16
  de su milenaria saliva.
  que sirven platos de sal   488:246:18
  bajo las arpas de la saliva.
  ya suenan sus espadas de   511:262:20
  saliva
  ni la saliva helada,   524:267:69
SALIVAS (1)
  gritaban nombres oscuros,   489:247:16
  salivas y radios de níquel.

SALIVILLA (1)
  con salivilla de estrella.   456:234:100
SALMODIA (1)
  Y oprime la salmodia del coro 186:6:18
  cartujano.
SALOBRE (2)
  con agua salobre y nardos.   401:191:9
  cruje la aurora salobre.   438:227:8
SALOBRES (1)
  -Esas lágrimas salobres   263:49:13
SALOMONICO (1)
  mi dolor salomónico.   236:33:19
SALON (2)
  en el salón de la nieve fría. 477:242:4
  Hay un salón con mil ventanas. 527:268:6
SALONES (1)
  en los oscuros salones.   450:232:46
SALPICAR (1)
  para salpicar de lodo las   502:256:42
  pupilas de los que navegan,
SALTA (3)
  ¡Este corazón que salta!   363:140:18
  ¡Salta,   389:174:11
  salta los montes de plomo.   446:230:24
SALTAN (2)
  saltan sobre la luna.   365:142:5
  ¡Saltan vidrios de colores! 460:235:71
SALTO (2)
  que atraviesa de un salto   243:38:112
  estaban consoladas por el   518:265:9
  salto de la langosta.
SALTOS (3)
  o saltos de media luna.   441:228:38
  En la lucha daba saltos   447:231:7
  y los alegrísimos saltos.   498:254:19
SALUD (2)
  ¡Salud!, al pasar.   292:67:64
  [AMARGO] De salud les sirva. 336:121:50
SALUDADO (1)
  [TENIENTE CORONEL] Me ha   329:119:7
  saludado el cardenal
  arzobispo
SALVA (2)
  No nos salva la gente de las 514:263:62
  zapaterías,
  Solo tu Sacramento,   632:331:27
  manómetro que salva
SALVACION (1)
  Se supo el momento preciso 533:272:30
  de la salvación de nuestra
  vida.
SALVADOR (2)
  ¡Oh Salvador Dalí, de voz   619:323:37
  aceitunada!
  ¡Oh Salvador Dalí, de voz   621:323:86
  aceitunada!
SALVAJE (3)
  LAOCONTE salvaje.   327:116:1
  ¡oh salvaje Norteamérica!, 486:245:48
  ¡oh impúdica!, ¡oh salvaje,
SALVAN (1)
  No nos salvan las solitarias 513:263:19
  en los vidrios,
SALVE (5)
  ¡Salve, demonio mudo!   291:67:7
  Dios te salve. Rezaremos   370:148:45
  Dios te salve, Anunciación. 443:229:43
  Dios te salve, Anunciación, 444:229:51
  Dios te salve, Anunciación. 444:229:59
SAN CAYETANO (1)
  a San Cayetano,   306:84:15
SAN CRISTOBAL (1)
  de un San Cristóbal   210:17:23
  campesino, lentos
SAN CRISTOBALON (1)
  San Cristobalón desnudo,   427:221:21
SANCTA SANCTORUM (1)
  tibios sancta sanctorum de 580:304:57
  la eterna poesía,

SANCHEZ (2)
Manuel Sánchez llamó al toro;   661:359:27
pa{ra} llevar a Manuel   662:359:43
Sánchez,
SAN GABRIEL (7)
para San Gabriel Arcángel,   443:229:20
San Gabriel: El niño llora   443:229:23
El Arcángel San Gabriel,   443:229:31
San Gabriel: Aquí me tienes   443:229:39
¡Ay San Gabriel de mis ojos!   443:229:47
¡Ay San Gabriel que reluces!   444:229:55
Ya San Gabriel en el aire   444:229:67
SANGRA (1)
donde sangra mi gran   582:304:105
corazón,
SANGRABA (3)
sangraba el costado   376:156:12
Mi dolor sangraba por las   502:256:18
tardes
Su hocico sangraba en el   503:257:3
cielo.
SANGRANDO (1)
Compadre, vengo sangrando,   431:223:29
SANGRANTE (1)
bordes de amor que escapan   508:260:27
de su tronco sangrante.
SANGRE (109)
cuyo nido fue sangre del suelo   186:6:6
castellano,
pues mueres bajo la sangre   188:7:12
Y mi sangre sobre el campo   190:7:58
Es sangre de poetas   192:9:5
con su sangre de gracia?   193:9:38
nuestro cielo interior tiene   197:11:18
un triunfo de sangre,
Alma y sangre doliente de las 199:13:11
flores
que tienen temblores de   202:14:50
sangre, de nieve,
¿Lates bien sin mi sangre   237:35:15
Una rosa de sangre   250:42:15
No sueñes con la sangre de la 255:44:25
luna
olor y sangre de mayo.   258:46:24
Mas la granada es la sangre,   259:46:59
sangre del cielo sagrado,   259:46:60
sangre de la tierra herida   259:46:61
Sangre del viento que viene   259:46:63
Sangre de la mar tranquila,   259:46:65
sangre del dormido lago.   259:46:66
de la sangre que llevamos,   259:46:68
la idea de sangre, encerrada   259:46:69
Tiene sangre reseca   262:48:5
mezclado con tu sangre?   263:49:10
y fue mi sangre savia.   274:57:60
con mi sangre las riberas   278:60:13
al darnos la sangre que   282:62:36
extraes de la Tierra,
sangre del infinito.   283:63:6
en burbujas de sangre   283:63:11
invisibles
llenos con sangre de lo   292:67:52
inmortal.
uno llanto y otro sangre.   295:68:10
y a sangre de hembra,   324:110:9
Nubes y anillos en mi sangre. 331:119:54
Los otros cuchillos son   338:121:71
blandos y se asustan de la
sangre.
ARBOL de sangre moja la mañana 353:130:1
Sangre y espinas. Acércate.   378:158:3
perpetua sangre y pura luz   414:209:6
brotando.
mientras corre mi sangre en   414:209:13
la maleza
bellas de sangre contraria,   428:222:3
Sangre resbalada gime   429:222:25
Tu sangre rezuma y huele   431:223:43
Dejando un rastro de sangre.   431:223:55
de sangre con cinco chorros.   446:230:32
Baño con sangre enemiga   447:231:9

Tres golpes de sangre tuvo   448:231:41
bajaban su sangre de hombre,   450:232:28
Mil arbolillos de sangre   459:235:39
Mis hilos de sangre tejen   466:237:59
Emilio por el mundo de la   473:240:13
sangre y los alfileres
blancos;
Puede la piedra blanca latir   475:240:57
en la sangre del ciervo
a tu sangre estremecida   479:243:33
dentro del eclipse oscuro,
La sangre no tiene puertas   480:243:53
en vuestra noche boca arriba.
No hay rubor. Sangre furiosa   480:243:54
por debajo de las pieles,
Sangre que busca por mil   480:243:57
caminos muertes enharinadas
y ceniza de nardo,
Sangre que mira lenta con el   480:243:60
rabo del ojo,
Sangre que oxida el alisio   480:243:62
descuidado en una huella
Es la sangre que viene, que   480:243:64
vendrá
El mascarón bailará entre   486:245:45
columnas de sangre y de
números,
La gota de sangre buscaba la   486:245:57
luz de la yema del astro
entre algunas niñas de sangre 488:246:27
dejándome la sangre por la   492:249:25
escayola de los proyectos,
calme la sed de sangre de   492:249:31
los que miran el desnudo.
que manan la sangre nueva por 494:251:5
la oscuridad inextinguible.
el griterío chino que bulle   495:251:34
por el desembarcadero de la
sangre.
Dos hilillos de sangre   496:252:6
quiebran el cielo duro.
como recién salidas de un   497:253:20
naufragio de sangre.
Estás aquí bebiendo mi   498:254:10
sangre,
para decir mi verdad de   499:254:38
hombre de sangre
conservando las huellas de   508:260:35
las ramas de sangre
y ahogar en sangre y ceniza   510:261:11
los cementerios antiguos.
la sangre desató sus   511:262:24
cabelleras.
el desnudo que amasa la   513:263:31
sangre de todos,
hay una gota de sangre de   515:264:2
pato;
hay una gota de sangre de   515:264:4
marinero;
debajo de las sumas, un río   515:264:5
de sangre tierna.
Yo he venido para ver la   515:264:13
turbia sangre.
La sangre que lleva las   515:264:14
máquinas a las cataratas
los interminables trenes de   516:264:29
sangre
ponen sus gotas de sangre   516:264:34
y bocanadas de sangre?   517:264:68
y los muertos se van   518:265:20
quitando un traje de sangre
cada día.
derramando una sangre que no   519:265:45
era la suya.
y agujas instaladas en los   520:266:8
caños de la sangre,
y da la sangre del cordero   521:266:35
al pico idiota del faisán.
Ni un solo momento, Adán de   524:267:45
sangre, macho,

en la selva de sangre de la   525:267:78
mañana próxima.
La sangre bajaba por el monte 532:272:4
y los ángeles la buscaban,
Pero la sangre mojó sus pies 533:272:28
y los espíritus inmundos
mientras la sangre los 533:272:40
seguía con un balido de
cordero.
que no quiero ver la sangre 539:274:56
y encontró su sangre abierta. 540:274:85
Y su sangre ya viene 541:274:127
cantando:
¡Oh sangre dura de Ignacio! 542:274:137
que desata sus miembros sin 542:275:156
empapar la sangre.
la sangre de tus venas en mi 557:283:15
boca,
No quiero que me repitan que 563:290:5
los muertos no pierden la
sangre:
La sangre sonará por las 571:298:9
alcobas
y el jazmín es un agua sin 571:299:10
sangre
la sangre sois de él, 579:304:23
Una senda sin ritmo ni 580:304:43
sangre,
entre rosas de sangre, 584:305:47
sangre, 588:308:3
naranjal sin sangre. 592:311:46
La sangre de la noche 607:315:11
dimitiendo la sangre de la 617:322:16
oveja.
Huellas dactilográficas de 622:323:106
sangre sobre el oro
Caballitos de cardio por la 632:331:22
estrella sin sangre.
donde mi sangre teje juncos 638:338:6
de primavera,
y sangre bajo tierra. 640:341:2
Prado de sangre vieja. 640:341:3
torre de sangre abierta con 646:345:37
las manos quemadas.
SANGRES (2)
  Siete gritos, siete sangres, 450:232:43
  sobre un hocico de sangres 539:274:70
SANGRIENTA (2)
  manchada de luz sangrienta, 185:5:23
  que era rosa sangrienta 579:304:15
SANGRIENTO (2)
  sangriento peregrino, 243:38:88
  y el toro es un sangriento 571:299:4
  crepúsculo que brama.
SANGRIENTOS (1)
  De tus ojos saldrán dos 203:14:74
  claveles sangrientos,
SAN IGNACIO (1)
  San Ignacio de Loyola 517:264:69
SAN JORGE (1)
  con el furor de San Jorge. 450:232:26
SAN JOSE (4)
  La Virgen y San José, 454:234:37
  San José mueve los brazos 454:234:45
  San José, lleno de heridas, 456:234:95
  San José ve en el heno tres 496:252:14
  espinas de bronce.
SAN MIGUEL (4)
  San Miguel lleno de encajes 438:227:17
  San Miguel canta en los 439:227:25
  vidrios;
  San Miguel se estaba quieto 439:227:45
  San Miguel, rey de los globos 440:227:49
SANO (2)
  la limpieza de lo sano. 259:46:58
  ¡Oh pupila de azor, corazón 637:336:11
  sano!
SANTA (2)
  Y Granada te guarda como santa 187:6:43
  reliquia,
  Al gemir, la santa niña 458:235:15

SANTA CLARA (1)
  de Santa Clara! 256:44:68
SANTA ROSA (1)
  en el seno traspasado de 472:239:11
  Santa Rosa dormida,
SANTAS (5)
  con tus orillas santas 195:9:80
  ¡Oh ser de hondas leyendas 291:67:34
  santas
  había encerrado a tres 532:272:11
  santas mujeres
  Santas rosas divinas y 581:304:75
  varias,
  y vivido horas santas. 582:305:5
SANTIAGO (29)
  ESTA noche ha pasado Santiago 204:15:1
  Dice un hombre que ha visto a 204:15:11
  Santiago
  y el caballo que monta 204:15:15
  Santiago
  -Madre abuela. ¿Dónde está 205:15:36
  Santiago?
  el apóstol Santiago en 206:15:60
  persona,
  ¡Niños chicos, pensad en 208:15:100
  Santiago
  ¡Ha pasado Santiago en el 208:15:103
  cielo!
  Fue la noche de Santiago 434:225:4
  mueve en el aire Santiago. 452:233:43
  iré a Santiago de Cuba. 530:270:2
  Iré a Santiago. 530:270:3
  Iré a Santiago. 530:270:5
  Iré a Santiago. 530:270:7
  Iré a Santiago. 530:270:9
  Iré a Santiago. 530:270:11
  Iré a Santiago. 530:270:13
  Iré a Santiago. 530:270:15
  Iré a Santiago. 530:270:17
  Iré a Santiago. 530:270:19
  Iré a Santiago. 530:270:21
  Iré a Santiago. 531:270:23
  Siempre dije que yo iría a 531:270:26
  Santiago
  Iré a Santiago. 531:270:26
  Iré a Santiago. 531:270:28
  Iré a Santiago. 531:270:30
  Iré a Santiago. 531:270:32
  Iré a Santiago. 531:270:34
  Iré a Santiago. 531:270:37
  El camino de Santiago. 604:314:39
SANTO (8)
  ¿Qué es el santo bautismo, 193:9:35
  y nos unge de espíritu santo 196:11:10
  de los mares.
  con bendición, licor santo. 258:46:50
  que soy santo. 349:128:51
  dicen: Santo, Santo, Santo. 460:235:74
  el Santo Advenimiento, 610:317:6
SANTOS (1)
  ¡Hunde en mi pecho tus ramajes 279:61:9
  santos!,
SAPIENCIA (1)
  lejos de la escultórica 646:346:8
  sapiencia del caballo,
SAPIENTISIMO (1)
  Es por el silencio 481:243:74
  sapientísimo
SAPO (3)
  al sapo recién aplastado, 489:247:8
  ni las curvas heridas como 524:267:70
  panza de sapo
  el corazón de sapo o la 571:298:12
  violeta.
SAPOS (3)
  para espantar los sapos 483:244:22
  nocturnos que rondan los
  helados paisajes del cáliz.
  Lobos y sapos cantan en las 496:252:9
  hogueras verdes

entregando a los sapos mi 559:285:12
mordido clavel.
SAQUE (1)
Saqué una pata de gallina por 483:244:7
detrás de la luna y luego,
SARASAS (1)
Sarasas de Cádiz, 526:267:111
SARGENTO (1)
[TENIENTE CORONEL] ¡Sargento! 331:119:48
SARMIENTO (1)
del sarmiento 663:361:13
SASTRE (2)
Negros maniquíes de sastre 460:235:59
Un sastre especialista en 532:272:10
púrpura
SATÁN (5)
(Satán es tuerto) 215:21:10
a Jesucristo y a Satán? 231:30:8
con que Satán obsequia 241:38:45
y arrancar las estrellas que 268:54:27
nos puso Satán.
formidable Satán. 276:58:19
SATANAS (4)
Además, Satanás me quiere 241:38:27
mucho,
ven, Satanás errante, 243:38:87
de Satanás el contacto. 258:46:42
de ascetas flacos y Satanás, 291:67:35
SATIRO (2)
Sátiro de estrellas bajas 427:221:41
enemigo del sátiro, 523:267:37
SATIROS (1)
de viejos sátiros 292:67:55
SATURNO (2)
espigas de Saturno por la 476:241:35
nieve
Así hablaba yo cuando 499:254:45
Saturno detuvo los trenes
SAUCE (1)
EL magnífico sauce 397:185:1
SAUCES (2)
y enemigo de los sauces. 443:229:22
con sauces en las barreras. 539:274:62
SAUZALES (1)
pasea por sauzales 265:51:8
SAVIA (4)
Es la savia entrañable 192:9:3
y fue mi sangre savia. 274:57:60
con savia potente de Apolo en 282:62:53
tus venas!
y se fue al diluvio 485:245:26
empaquetado de la savia,
SAYAL (1)
mi sayal de peregrino. 277:59:13
SE (13)
"Por qué... No sé por qué 178:2:96
No sé cómo son tus ojos, 266:52:21
¡ya lo sé! La alegría 279:61:14
[AMARGO] No sé. 339:121:105
resonaba, no sé dónde. 450:232:50
Sé muy bien que me darán una 483:244:31
manga o la corbata;
Son los cementerios, lo sé, 488:246:11
son los cementerios
Yo sé el uso más secreto 499:254:20
y sé del horror de unos ojos 499:254:22
despiertos
y yo sé lo que esperan los 502:256:36
que por la calle
Existen las montañas. Lo sé. 515:264:10
Lo sé. Pero yo no he venido 515:264:12
a ver el cielo.
YO sé que mi perfil será 636:335:1
tranquilo
SÉ (2)
SE (501)
SEA (3)
SECA (6)
seca de brisas, 216:21:31
y en la rama seca 288:64:30
TIERRA seca, 301:76:1

bajo la tierra seca. 316:100:3
Piel seca de uva neutra y 509:260:61
amianto de madrugada.
Y llegaban largos alaridos 532:272:8
por el Sur de la noche seca.
SECAN (1)
se tronchan y se secan. 193:9:22
SECARSE (1)
Y veo secarse los lirios 185:5:21
SECAS (4)
Era el momento de las cosas 484:245:7
secas,
ni las bailarinas secas de 487:245:74
las catedrales,
Oh Cuba, ¡Oh ritmo de 530:270:18
semillas secas!
sin fin de flores secas. 640:341:13
SECCIONADO (1)
con su afán impaciente de 631:331:6
cuello seccionado.
SECO (7)
Cielo seco y comprimido 257:46:5
un árbol seco, 379:160:8
seco y verde. 381:163:2
seco y verde. 382:163:30
los pedazos de limón seco 472:239:9
bajo el negro duro de las
botellas.
porque tiene un paisaje seco 493:250:11
en la rodilla;
de bocas de cartón y trapo 519:265:55
seco.
SECOS (5)
con sus secos y temblones 206:15:51
dedos,
Están los cauces secos, 264:51:3
y el agua harapienta de los 471:238:8
pies secos.
y abrió su quebrada rosa de 502:256:41
vidrios secos y manos blandas
silbaba por los ojos secos de 631:331:2
las palomas.
SECRETA (1)
Voz secreta de tarde 463:236:54
SECRETAS (1)
hubo un aire de voces 540:274:100
secretas
SECRETO (19)
el secreto de la vida, 188:7:6
LA lluvia tiene un vago 196:11:1
secreto de ternura,
el secreto del beso y del 200:13:30
grito.
un secreto. 214:20:29
nos dirá algún secreto 214:20:37
un secreto profundo que 270:55:23
meditan.
el secreto del agua 272:57:6
Pero el negro secreto de la 273:57:38
noche
y el secreto del agua 273:57:39
el secreto del agua? 274:57:82
su secreto a las ondas 275:57:108
encantadas,
¡Oh tu encanto secreto!..., 387:171:19
tu...
el secreto de la primavera. 410:204:2
Y yo soy para el secreto 410:204:3
el secreto de la primavera. 410:204:16
Yo sé el uso más secreto 499:254:20
que queremos saber el 587:307:24
secreto...
En mucho secreto, un amigo 628:328:28
[Niño] Su nombre es un 629:329:13
secreto.
SECRETOS (4)
Ella lleva secretos 194:9:51
y mis románticos secretos. 231:30:16
tus secretos y tu pasión 279:61:12
tranquila!
Aprendí secretos de melancolía, 281:62:5

SED (8)
  y la sed nos apaga.   194:9:54
  DICE la tarde: "¡Tengo sed de   211:18:1
  sombra!"
  Dice la luna: "Yo, sed de   211:18:2
  luceros."
  Yo tengo sed de aromas y de   211:18:5
  risas,
  sed de cantares nuevos   211:18:6
  Tu sed de sexo   291:67:24
  calme la sed de sangre de   492:249:31
  los que miran el desnudo.
  El amor está en las carnes   521:266:43
  desgarradas por la sed,
SED (1)
SEDA (22)
  sus caminos de seda   175:2:8
  mi corazón de seda,   251:42:40
  temblando en los hilos de   281:62:16
  sonora seda
  cual negro rocío, tapizó la 283:62:63
  seda,
  largas colas de seda   321:106:13
  ¡No habrá pañuelos de seda   332:120:11
  en su peinador de seda.   390:175:2
  Umbría de seda roja.   398:187:2
  Umbría de seda roja.   399:187:12
  Con ese traje de profunda   399:188:5
  seda,
  Pespunte de seda virgen   403:194:15
  en el blanco diván de seda. 406:199:14
  como una pieza de seda   434:225:14
  bajo una capa de seda.   454:234:46
  y los amarillos inunden la   558:284:8
  seda.
  Seda en tambor, el mar queda 617:322:26
  tirante,
  Entre la roca y la seda,   644:344:9
  La seda reluce ausente   644:344:11
  Tengo un guante de mercurio y 647:347:5
  otro de seda.
  su cola de seda   663:362:14
  y en paños de seda   665:364:19
  la seda torcía,   665:364:38
SEDANTE (1)
  flor mariana celeste y   580:304:38
  sedante,
SEDIENTA (2)
  roja y sedienta?   250:42:22
  de muchedumbre sedienta.   540:274:92
SEDIENTO (2)
  el corazón sediento.   214:20:35
  Fue que estabas sediento   260:47:17
SEDUCIRTE (1)
  No pueden seducirte   421:219:13
SEGABAN (1)
  segaban almas de flores.   227:27:13
SEGADO (1)
  Ya está el trigo segado.   232:31:3
SEGADOR (1)
  El segador siega el trigo. 405:198:5
SEGANDO (1)
  Va segando lentamente   347:127:3
SEGO (2)
  ¿Quién segó el tallo   590:311:12
  ¿Quién segó el tallo   593:312:16
SEGUIA (2)
  Pero la mujer gorda seguía 489:246:40
  delante
  mientras la sangre los   533:272:40
  seguía con un balido de
  cordero.
SEGUID (1)
  seguid vuestras faenas.   179:2:149
SEGUIDO (1)
  y muge seguido de caimanes. 481:243:98
SEGUIMOS (1)
  del oculto sendero que   284:63:41
  seguimos.
SEGUIRE (1)
  seguiré mi camino.   594:312:36

SEGUNDA (2)
  La segunda, sí.   408:201:3
  La segunda, sí.   408:201:20
SEGUNDO (1)
  la mujer que mata dos gallos 531:271:8
  en un segundo,
SEGURA (1)
  de Isabel de Segura. Melibea. 186:6:14
  Tu canto,
SEGURIDAD (1)
  Medula del presente.   633:332:7
  Seguridad fingida
SEGURO (5)
  seguro de infinito!   285:63:55
  seguro de no encontrar una 481:243:95
  ninfa,
  estoy seguro.   486:245:62
  Busca su perfil seguro,   540:274:82
  con el miedo seguro de la   633:332:12
  meta encendida.
SEGUROS (1)
  abren con dedos seguros   541:274:125
SEIS (4)
  de los seis días.   217:21:59
  seis gitanas,   314:97:2
  Seis ruiseñores la lloran   324:111:7
  seis doncellas   325:113:3
SELVA (11)
  se va perdiendo en la selva. 177:2:87
  clínica y selva de la   476:241:37
  anatomía.
  Llegaban los rumores de la 488:246:15
  selva del vómito
  que borran los programas de 517:264:77
  la selva,
  en la selva de sangre de la 525:267:78
  mañana próxima.
  como en la selva virgen.   599:313:81
  ENTRE en la selva   610:318:1
  Toda la selva turbia   611:318:36
  Sonó la hora en la selva.   614:318:97
  ¡Sonó la hora en la selva! 614:318:103
  Huyes la oscura selva de   619:323:42
  formas increíbles.
SELVAS (1)
  por selvas de humo.   595:312:50
SEMBRADO (2)
  parece un campo sembrado   183:4:15
  que late sobre el sembrado, 257:46:18
SEMBRADOS (1)
  Será sobre los sembrados   625:327:7
SEMBRANDO (1)
  avanza sembrando hogueras, 456:234:102
SEMBRAR (1)
  sembrar su finca   215:21:15
SEMBRE (1)
  La sembré y no florecieron. 608:315:35
SEMBRO (1)
  Y el óxido sembró cristal y 537:273:11
  níquel
SEMEJA (2)
  por las ranas, semeja   379:160:4
  tu regalo semeja sol y vieja 639:338:11
  alegría.
SEMEN (1)
  el semen sin futuro de Pegaso. 261:47:27
SEMENTERA (1)
  ni verás la sementera   261:47:43
SEMENTERAS (2)
  cubre las sementeras,   175:2:6
  La que derrama vida sobre las 196:11:11
  sementeras
SEMILLA (6)
  trayéndome semilla   173:1:4
  neutra luna de piedra sin   353:130:13
  semilla
  Semilla   360:136:13
  para fingir una muerta   486:245:58
  semilla de manzana.
  ¿Quién recoge tu semilla   567:294:7
  la semilla de las preguntas! 608:315:34

SEMILLAS - SEÑALADOS

SEMILLAS (2)
    semillas de girasoles,   439:227:34
    Oh Cuba, ¡Oh ritmo de   530:270:18
    semillas secas!
SEMILLEROS (1)
    semilleros de nostalgias   212:19:6
SENA (1)
    En las aguas del Sena un   618:323:7
    iceberg de mármol
SENCILLA (1)
    Me tenderé junto a la flor   414:209:10
    sencilla
SENCILLO (1)
    es sereno, sencillo;   284:63:43
SENDA (12)
    ver el fin de la senda.   175:2:23
    "¿Por qué quise ver la senda?   177:2:80
    vuelve atrás. Ya en la senda   178:2:103
    por lo eterno. "La senda   180:2:163
    pero mi senda se pierde   181:3:3
    A su paso dejó por la senda   206:15:72
    por una senda,   216:21:36
    EN la agostada senda   246:40:1
    ¿Qué buscáis en la senda,   246:40:21
    dejad la angosta senda   248:40:63
    Una senda sin ritmo ni   580:304:43
    sangre,
    y en la senda del tiempo   588:309:3
SENDAS (1)
    y aparecen las sendas   393:179:3
SENDERO (4)
    por el claro infinito sendero?   204:15:6
    iba por el sendero...   271:56:29
    del oculto sendero que   284:63:41
    seguimos.
    por un anfibio sendero   426:221:3
SENDEROS (4)
    perderse en los senderos   192:9:7
    por los senderos del aire.   347:126:9
    Sabe que los senderos   584:305:42
    infinitos senderos.   599:313:71
SENO (10)
    en su seno engendróse,   194:9:44
    de las abejas. Seno de los   199:13:7
    campos
    nuestro seno.   214:20:43
    La granada es como un seno   257:46:7
    brotó del seno que la noche   275:57:114
    guarda.
    El niño canta en el seno   444:229:63
    en el seno traspasado de   472:239:11
    Santa Rosa dormida,
    Lorenzo en un seno de Flora;   473:240:19
    el seno de Teresa, la de   622:323:103
    cutis insomne,
    Norma de seno y cadera   648:348:11
SENOS (15)
    O se enredan serpientes a tus   187:6:38
    senos exhaustos...
    brotar de tus senos otra vía   201:14:21
    láctea.
    tus senos resbalan   202:14:40
    escanciando aromas
    y de tus senos, rosas como la   203:14:75
    nieve blancas.
    y el rumor de tus senos?   210:17:16
    con los senos al aire?   263:49:6
    o senos donde mamen nuestros   284:63:47
    hijos.
    sus senos de duro estaño.   425:220:8
    para los senos de Olalla.   459:235:26
    senos ahumados de Olalla.   459:235:50
    bocas, senos y almas vagas   579:304:3
    perfumadas;
    de senos de mujer.   579:304:21
    de senos   591:311:38
    Senos donde maman   591:311:41
    Ramera con los senos de   632:331:10
    cristal arañado.
SENSIBLE (1)

    Fuego para la carne sensible   633:332:15
    que se quema.
SENSITIVO (1)
    poniendo las ciudades de   646:345:27
    hule celeste y talco
    sensitivo,
SENTADA (3)
    gime sentada en su puerta   456:234:106
    con un guante de humo   514:263:73
    sentada en la puerta de sus
    derribos.
    y, sentada en el azul,   614:318:93
SENTADO (1)
    El viento se ha sentado en   256:45:13
    los torcales
SENTADOS (1)
    Sentados con el agua en las   570:297:13
    rodillas
SENTARE (1)
    ¡Dios mío, me sentaré   609:315:48
SENTARTE (1)
    para sentarte yo sueño   443:229:49
SENTE (2)
    ME senté   353:131:1
    Me senté   613:318:65
SENTENCIA (1)
    Y el caracol sentencia: 179:2:147
SENTI (3)
    Sentí sobre mis brazos dulces   274:57:71
    nidos,
    y sentí mil abejas campesinas   274:57:73
    y sentí borbotar los   275:57:89
    manantiales
SENTIA (3)
    que nacer hierba sentía   188:7:8
    y turbias de penumbra yo   273:57:26
    sentía
    con látigos y luces, se sentía   511:262:8
SENTIAN (1)
    ¡Oh, qué gritos se sentían   466:237:77
SENTIDO (2)
    y las manos del hombre no   565:292:12
    tienen más sentido
    con un solo sentido de   647:346:10
    infinito ondulado
SENTIDO (1)
    En mi pañuelo he sentido el   514:263:52
    tris
SENTIMENTAL (1)
    de mi museo sentimental,   232:30:18
SENTIMIENTO (5)
    el fatal sentimiento de haber   197:11:14
    nacido tarde,
    El sentimiento   213:20:8
    como tú, yo extraigo con mi   282:62:37
    sentimiento
    ¡Oh, qué antiguo sentimiento!   396:183:2
    cromáticos enjambres, perlas   580:304:60
    del sentimiento,
SENTIMOS (1)
    y sentimos el fracaso lírico   287:63:116
SENTIR (9)
    al sentir la firmeza   178:2:99
    y sentir la nostalgia que en   187:6:34
    sí lleva el rebaño
    al sentir en el pecho ya   203:14:68
    cansado y exhausto
    y no ha de sentir mi carne   213:19:19
    Voy a sentir en mis manos   402:193:7
    Me envolveré sobre esta lona   483:244:30
    dura para no sentir el frío
    de los musgos.
    sin sentir el asombro   500:255:18
    definitivo del marfil.
    No quiero sentir el chorro   540:274:87
    para sentir tus muslos   567:294:23
SEÑALADOS (1)
    los clásicos, los   526:267:125
    señalados, los suplicantes

SEÑALAN (4)
  señalan mil caminitos.   410:204:6
  Señalan hacia el sitio   412:206:5
  Los maestros señalan con   521:266:40
  devoción las enormes cúpulas
  sahumadas;
  señalan el esquema perfecto   620:323:48
  de sus órbitas.
SEÑALES (1)
  índices y señales del acaso.   476:241:14
SEÑAS (3)
  y hacen líricas señas   624:326:11
  Sus señas expresivas   635:333:33
  -Pues tú, por las señas,   666:364:47
SEÑOR (4)
  -Vendo, señor, el agua   263:49:7
  -Llevo, señor, el agua   263:49:11
  -Lloro, señor, el agua   263:49:15
  Señor alcalde, sus niñas   329:119:22
SEÑOR (11)
  hunde tu cetro en él, Señor.   240:38:3
  Y entonces, ¡oh Señor!,   241:38:39
  Dime, Señor,   242:38:52
  Dime, Señor,   242:38:64
  ¡Oh Señor soñoliento!   242:38:77
  Aquí, Señor, te dejo   243:38:102
  Señor que me devuelva   252:42:48
  ¡Mi corazón es malo, Señor!   273:57:32
  Siento en mi carne
  ¡Señor, arráncame del suelo!   275:57:105
  ¡Dame oídos
  ¡Señor del mayor dolor!   321:107:5
  y el Señor me premió   350:128:56
SEÑORA (1)
  a Nuestra Señora de Agua   370:148:46
SEÑORAS (1)
  Díjeles: ¿Quién sois,   659:357:19
  señoras,
SEÑORES (6)
  se pasean dos señores.   351:129:15
  ... se pasean dos señores   351:129:20
  ...se pasean dos señores   351:129:26
  ... se pasean dos señores   352:129:32
  Señores guardias civiles: 429:222:27
  que se enteren los señores.   450:232:40
SEÑORIO (1)
  si soy el perro de tu   638:337:11
  señorío,
SEÑORITA (3)
  LA señorita   370:149:1
  La señorita   371:149:9
  (La señorita,   371:149:19
SEPA (1)
  Aunque sepa los caminos   380:161:5
SEPAN (1)
  pero que todos sepan que no   564:290:12
  he muerto;
SEPARA (2)
  Me separa de los muertos   562:289:5
  me separa de los muertos.   563:289:18
SEPARO (1)
  Separó al niño loco de su   404:196:19
  sombra.)
SEPAS (1)
  para que sepas de los trinos   232:30:23
SEPULCRO (1)
  violín y sepulcro, las   528:268:44
  cintas del vals.
SEPULCROS (2)
  tienes sepulcros de oro   189:7:44
  paisajes llenos de sepulcros   490:247:40
  que producen fresquísimas
  manzanas,
SEPULTA (1)
  La luz, maciza, sepulta   465:237:41
SEPULTADA (1)
  La luz es sepultada por   497:253:17
  cadenas y ruidos
SEPULTURA (6)
  de sepultura.   226:26:36
  ¿dónde está mi sepultura?   354:133:6

¿dónde está mi sepultura?   355:133:16
"¿dónde está mi sepultura?"   574:303:6
"¿dónde está mi sepultura?"   575:303:16
Embozo de horizonte, latido   646:345:35
y sepultura.
SER (45)
  PRINCESA enamorada sin ser   185:6:1
  correspondida.
  tus besos debieron ser bajo   202:14:35
  una parra
  cansancio de ser poético   225:26:20
  ser hoja.   267:53:11
  Hay que ser todo cantos,   268:54:17
  ¡Hay que ser como el árbol   268:54:28
  mi ilusión de ser grande en   271:56:25
  el amor, las horas
  por querer ser la luz.   276:58:4
  y quisiéramos ser como las   285:63:78
  águilas
  [AMARGO] Un cuchillo no   336:121:52
  tiene que ser más que un
  cuchillo.
  EL canto quiere ser luz.   361:137:1
  Yo quiero ser de plata.   375:155:2
  Yo quiero ser de agua.   375:155:6
  Yo quiero ser una naranja.   395:180:17
  No puede ser, hija mía,   395:180:18
  NI quiero ser poeta,   399:189:1
  quería ser corazón.   407:200:2
  quería ser ruiseñor.   407:200:5
  yo quería ser yo.   407:200:12
  quería ser mi voz.   407:200:15
  De acero, si puede ser,   431:223:37
  me hace ser muy comedido.   435:225:43
  para ser fornicado y herido   483:244:28
  por el tropel de los
  regimientos.
  porque los pájaros están a   494:251:7
  punto de ser bueyes;
  pueden ser rocas blancas con   494:251:8
  la ayuda de la luna
  ¡Qué esfuerzo del caballo por   506:259:2
  ser perro!
  ¡Qué esfuerzo del perro por   506:259:3
  ser golondrina!
  ¡Qué esfuerzo de la   506:259:4
  golondrina por ser abeja!
  ¡Qué esfuerzo de la abeja por   506:259:5
  ser caballo!
  y hay barcos que buscan ser   512:263:4
  mirados para poder hundirse
  tranquilos.
  y me ofrezco a ser comido   517:264:78
  ninguno quería ser el río,   522:267:7
  ninguno quería ser nube,   523:267:17
  soñabas ser un río y dormir   524:267:42
  como un río
  Cuando la palma quiere ser   530:270:8
  cigüeña.
  Y cuando quiere ser medusa   530:270:10
  el plátano.
  para no ser cazadas por la   542:275:155
  piedra tendida
  porque al ser como sois la   581:304:68
  poesía
  que sois tristes, al ser la   581:304:73
  poesía
  sollozad por ser alma y ser   581:304:93
  flor,
  Tengo pena de ser en esta   638:337:5
  orilla
  para ser comidos por los   647:346:12
  pájaros.
  ser dalia de tu destino,   648:348:16
  porque al ser nacida   665:364:44
SER (2)
  ¡Oh ser de hondas leyendas   291:67:34
  santas
  tenéis en vuestro ser   579:304:27

SERA (26)
SERAFIN (1)
    ¡qué serafín de llamas busco   506:259:18
    y soy!
SERAFINES (3)
    Serafines y gitanos   450:232:37
    Angeles y serafines   460:235:73
    Quinientos serafines de   631:330:27
    resplandor y tinta
SERAN (5)
SERAS (2)
SERE (3)
SERENA (12)
    en el agua más serena,   177:2:68
    lluvia mansa y serena de   197:11:28
    esquila y luz suave,
    Mi alma tiene tristeza de la   197:11:39
    lluvia serena,
    serena de tu manto?   217:22:10
    UNA campana serena   236:34:1
    fuente serena!   249:42:4
    fuente serena!   250:42:12
    fuente serena!   250:42:20
    fuente serena!   251:42:28
    fuente serena!   252:42:56
    La bellota es la serena   259:46:55
    o déjame vivir en mi serena   640:340:13
SERENAS (2)
    las montañas serenas.   193:9:24
    canté con los lirios canciones   281:62:8
    serenas.
SERENATA (1)
    Nunca llegó a tus oídos la   203:14:65
    dulce serenata.
SERENO (5)
    sereno como un verso   200:13:26
    primitivo!
    con el agua de un cauce sereno.   204:15:4
    El aroma sereno de la tierra   270:56:3
    mojada
    hacia el sereno triunfo   283:63:12
    es sereno, sencillo;   284:63:43
SERIA (7)
SERIA (2)
    ¡Qué tristeza tan seria me da   192:8:51
    sombra!
    seria, ¿de dónde nace?   263:49:18
SERIAMENTE (1)
    y acaba seriamente   219:22:65
SERIAMOS (1)
SERIAS (1)
SERMONEAN (1)
    -sermonean dos voces a un   207:15:97
    tiempo-.
SERPIENTE (9)
    a la serpiente" triunfa   247:40:55
    Y una serpiente mordía   277:59:12
    junto a una blanca serpiente   299:73:3
    una serpiente amarilla,   325:112:8
    HINOJO, serpiente y junco.   360:135:1
    muda canción de serpiente.   429:222:26
    ni pica las espuelas, ni   543:275:175
    espanta la serpiente:
    ni de la luna con boca de   563:290:8
    serpiente
    La serpiente   600:313:92
SERPIENTES (2)
    O se enredan serpientes a tus   187:6:38
    senos exhaustos...
    como gatos y como las   524:267:57
    serpientes,
SERRANO (1)
    ¡Qué gran serrano en la   541:274:116
    sierra!
SESAMO (2)
    Abrete, sésamo   605:314:78
    Ciérrate, sésamo   605:314:80
SESENTA (1)
    Sesenta flores grises   391:176:11
SESOS (1)
    ha de gritar aunque le   522:266:62

    estrellen los sesos en el
    muro,
SETA (1)
    el hocico del toro, la seta   472:239:7
    venenosa
SETAS (1)
    Aquel viejo cubierto de setas   478:243:8
SEVERAS (1)
    las arrugas severas que   286:63:106
    dejaron
SEVERO (2)
    ¡solo tú, severo, mi canción   283:62:57
    desprecias!
    sed mi blanco y severo   582:304:108
    sudario,
SEVILLA (24)
    Sevilla tiene un camino;   295:68:14
    a Sevilla se acercan.   307:86:2
    SEVILLA es una torre   308:88:1
    Sevilla para herir,   308:88:3
    ¡Sevilla para herir!   308:88:11
    Sevilla para herir.   309:88:21
    ¡Siempre Sevilla para herir!   309:88:22
    Ni a Córdoba ni a Sevilla   313:95:5
    por las calles de Sevilla.   324:112:2
    ni Sevilla tiene amor.   377:157:2
    ¡Ni Sevilla tiene amor!   377:157:11
    con el río de Sevilla.   378:159:4
    enjaezada, de Sevilla?   379:159:10
    "Vente a Sevilla, muchacha."   381:163:17
    va a Sevilla a ver los toros.   445:230:4
    Apios de Sevilla,   526:267:112
    No hubo príncipe en Sevilla   541:274:103
    Pepín: ahora mismo en Sevilla   615:320:8
    De Cádiz a Sevilla   641:342:7
    De Sevilla a Carmona   641:342:13
    Sevilla, ponte de pie   642:342:27
    ¡VIVA Sevilla!   657:356:1
    ¡Viva Sevilla!   657:356:5
    Ay río de Sevilla,   658:356:19
SEVILLANAS (2)
    Llevan las sevillanas   657:356:2
    y sevillanas!   658:356:10
SEVILLANOS (1)
    ¡Vivan los sevillanos   658:356:9
SEXO (6)
    y el sexo potente sobre tu   201:14:4
    mirada.
    de amor tu sexo de azucena   210:17:15
    por un sexo sin mancha.   272:57:18
    Tu sed de sexo   291:67:24
    Su sexo tiembla enredado   459:235:29
    con el sexo atravesado por   523:267:36
    una aguja,
SEXTA (1)
    Pero se supo que la sexta   475:240:68
    luna huyó torrente arriba,
SEXUAL (1)
    de lo sexual!   292:67:40
SI (31)
    -gime el caracol-. Sí creo   177:2:81
    "Sí-repite la hormiga-,   179:2:126
    y sentir la nostalgia que en   187:6:34
    sí lleva el rebaño
    y los lirios que nacen porque   270:55:36
    sí!
    [SARGENTO] Sí.   328:119:3
    [SARGENTO] Sí.   329:119:6
    [SARGENTO] Sí.   329:119:9
    [GITANO] Sí.   330:119:31
    [JOVEN 2.] Sí.   334:121:15
    [JINETE] [(Parando el   339:121:102
    caballo.)]¿Sí?
    [AMARGO] Sí, ciertamente.   341:121:120
    ¡Eso sí!   375:155:11
    La segunda, sí.   408:201:3
    Sí me conociste.   408:201:11
    Sí te conocí.   408:201:12
    La segunda, sí.   408:201:20
    SI, tu niñez ya fábula de   475:241:1
    fuentes.

Sí, tu niñez ya fábula de fuentes.	476:241:29	porque te has muerto para siempre.	544:276:202
¡Oh, sí! Yo quiero. ¡Amor, amor! Dejadme.	476:241:33	porque te has muerto para siempre.	544:276:206
Sí, tu niñez ya fábula de fuentes.	476:241:45	porque te has muerto para siempre.	544:276:210
Un cielo mondado y puro, idéntico a sí mismo,	485:245:23	Porque te has muerto para siempre,	544:276:211
-sí.	491:248:11	las letras de marfil que dicen siempre,	557:283:12
pero sí un pulso herido que sonda las cosas del otro lado.	499:254:35	siempre, siempre: jardín de mi agonía,	557:283:13
Pero sí contra vosotros, maricas de las ciudades,	525:267:101	tu cuerpo fugitivo para siempre,	557:283:14
de sí, de muerte y de coñac	527:268:10	La muerte llega siempre	599:313:74
Panidas, sí, Panidas;	579:304:11	para siempre en su torre.	613:318:81
Panidas, sí, Panidas,	579:304:18	¡Siempre la rosa, siempre, norte y sur de nosotros!	621:323:78
redondas sí, los peces mudos hablan.	618:322:29	¡Siempre la rosa!	621:323:85
No tiene ma{d}re, sí;	662:360:5	Viste y desnuda siempre tu pincel en el aire,	622:323:112
LA Tarara, sí;	663:362:1	noche del alma para siempre oscura.	640:340:14
La Tarara, sí;	663:362:9	Tú, Madre siempre temible. Ballena de todos los cielos.	647:346:21
SI (93)		Tú, Madre siempre bromista. Vecina del perejil {a}pestado	647:346:22
SIDO (9)		**SIEMPREVIVA (1)**	
SIEGA (1)		y de la gacela con una siempreviva en la garganta.	484:245:14
El segador siega el trigo.	405:198:5	**SIEMPREVIVAS (3)**	
SIEMBRA (1)		se volvieron siemprevivas.	444:229:70
mientras el verano siembra	464:237:3	Un rumor de siemprevivas	455:234:67
SIEMPRE (54)		Coros de siemprevivas	635:333:31
"Pues vivir siempre	177:2:67	**SIEN (3)**	
por siempre en la vida eterna	177:2:82	Dolor de sien oprimida	403:194:11
Yo siempre fui intranquilo,	191:8:21	que quitó luna de la sien del muerto.	476:241:28
muertas para siempre, y sobre tu alma	201:14:13	aunque un sol de alacranes me coma la sien.	559:285:5
¿Por qué te perdí por siempre	213:19:21	**SIENDO (4)**	
¡siempre la misma!,	216:21:37	**SIENES (5)**	
ciego ya para siempre	219:22:51	y los gorros en las sienes.	428:221:50
que por siempre se fueron.	219:22:58	y una granada en las sienes.	429:222:20
ya para siempre.	220:23:14	nos golpee las sienes con su vestido	479:243:20
que siempre hiere.	221:23:32	los espesos musgos de mis sienes.	488:246:39
Como la hemos visto siempre	226:26:22	Pero si alguien tiene por la noche exceso de musgo en las sienes,	494:250:47
del siempre.	249:41:8	**SIENTA (1)**	
que siempre está rezando,	268:54:29	no sienta la sonrisa de las gentes sin rostro,	565:292:7
siempre silencioso,	282:62:46	**SIENTA (1)**	
¡EL sueño se deshizo para siempre!	289:66:1	Todas las tardes el agua se sienta	560:287:3
El sueño se deshizo para siempre.	290:66:9	**SIENTAN (1)**	
¡Para siempre! ¡Dios mío!	290:66:10	No solloces. Silencio, que no nos sientan.	647:347:8
que el sueño se deshizo para siempre!	290:66:18	**SIENTAS (1)**	
que el sueño se deshizo para siempre.	290:66:24	Vete, Ignacio: No sientas el caliente bramido.	544:275:196
¡Siempre Sevilla para herir!	309:88:22	**SIENTE (3)**	
duermen para siempre	316:100:2	¡Escuchad! ¿Qué se siente en el cielo,	205:15:26
duermen para siempre.	316:100:10	siente junto a la alborada	212:19:2
siempre van suspirando	349:128:41	y el corazón se siente	393:179:7
LA noche quieta siempre.	362:139:1	**SIENTEN (4)**	
pero llegaba siempre	391:176:7	¿El terror de las sombras no lo sienten	273:57:44
aquí pasó lo de siempre.	429:222:28	Os sienten todas las muchachas	306:85:5
Pena limpia y siempre sola.	437:226:44	cuando los cadáveres sienten en los pies	518:265:17
¡Amor de siempre, amor, amor de nunca!	476:241:32	ellas son estrellas que sienten el amor,	580:304:50
Fuego de siempre dormía en los pedernales	478:243:5	**SIENTES (3)**	
y son siempre muchachos heridos	494:251:9	pues sientes en la agonía	188:7:19
La tierra con sus puertas de siempre	496:251:46	¿No sientes la madera	236:34:17
Vuelo fresco de siempre sobre lechos vacíos,	501:255:28	¿Qué sientes en tu boca	250:42:21
tú lates para siempre definida en tu anillo.	505:258:14		
Contra vosotros siempre, que dais a los muchachos	526:267:105		
Contra vosotros siempre,	526:267:107		
Toma este vals del "Te quiero siempre".	528:268:35		
Siempre dije que yo iría a Santiago	531:270:24		

SIENTO (10)
HOY siento en el corazón   181:3:1
Hoy siento en el corazón   182:3:53
Y yo me siento hueco   198:12:7
yo siento la nostalgia de mi   271:56:24
  infancia intranquila,
¡Mi corazón es malo, Señor!   273:57:32
  Siento en mi carne
Mas yo siento en el agua   273:57:48
(Desde mi balcón lo siento.)   405:198:6
que ya siento sus caballos.   425:220:18
SIENTO   588:308:1
tronco sin ramas; y lo que   638:337:6
  más siento
SIERPE (5)
MI corazón, como una sierpe,   231:30:1
entre las formas que van   471:238:2
  hacia la sierpe
Jamás sierpe, ni cebra, ni   482:243:100
  mula
las formas que buscaban el   507:260:17
  giro de la sierpe.
una sierpe de arena por el   632:331:8
  rincón oscuro.
SIERPES (2)
hay que llevarlos al muro   494:250:34
  donde iguanas y sierpes
  esperan,
el amor está en los fosos   521:266:45
  donde luchan las sierpes del
  hambre,
SIERRA (6)
los cipreses, tus cirios; la   187:6:50
  sierra, tu retablo.
por la sierra lejana!   233:31:19
viento en la sierra.)   301:76:6
de Sierra Morena.   376:156:13
En los picos de la sierra   426:221:9
¡Qué gran serrano en la   541:274:116
  sierra!
SIERRAS (2)
con las sierras perdidas en   206:15:55
  negro,
más allá de esas sierras,   251:42:44
SIESTA (1)
duermes tu siesta de oro.   421:219:16
SIETE (13)
Con siete ayes clavados,   313:95:13
CANTAN las siete   359:134:1
Alma con siete voces   359:134:5
las siete doncellas.   359:134:6
siete largos pájaros.)   359:134:8
Mueren las siete   359:134:9
siete pájaros del prisma.   433:224:6
Siete gritos, siete sangres,   450:232:43
siete adormideras dobles,   450:232:44
perseguido por siete novillos   630:330:4
  capitales.
y él diez y siete.   656:355:24
en las siete leguas   665:364:25
SIGA (2)
-Siga, siga la vieja comadre.   207:15:86
SIGILO (2)
yo no temería el sigilo de   483:244:26
  los caimanes,
mis dos niñas de sigilo,   648:348:6
SIGLO (6)
reinas supremas del dorado   199:13:20
  siglo.
No hay siglo nuevo ni luz   509:260:73
  reciente.
un rato, un minuto, un siglo;   563:290:11
en las formas numéricas de   620:323:50
  un siglo y otro siglo.
Punto de unión y cita del   632:331:34
  siglo y el minuto.
SIGLOS (11)
Nada turba los siglos   214:20:19
Sus músculos de siglos   214:20:30
de los siglos.   241:38:26
gota de siglos que guarda   258:46:41

los ojos pensadores de los   286:63:107
  siglos.
y levantaba las furias de los   488:246:8
  banquetes de los siglos
  últimos
es pacer durante veinte   531:271:4
  siglos las hierbas de los
  cementerios.
mugieron como dos siglos   540:274:74
¡Dos mil siglos!   608:315:24
[Yo] ¿Y cuántos siglos han   627:328:22
  pasado?
vienen los ecos de todos los   628:328:33
  siglos.
SIGNO (4)
y tu máscara pura de otro   475:241:4
  signo.
Porque tu signo es clave de   632:331:29
  llanura celeste
Porque tu signo expresa la   632:331:33
  brisa y el gusano.
libre signo de normas   637:335:12
  oprimidas
SIGNOS (1)
me quedo con los signos   645:345:24
  desgarrados
SIGO (1)
Sigo por mi camino.   594:312:29
SIGUE (12)
que te sigue sumiso recogiendo   186:6:10
  tu manto.
y sigue el caminar.   238:36:2
y sigue el caminar.   239:36:22
Sigue esa veredita.   306:84:6
sigue los ritmos   311:92:7
Y Enero sigue tan alto.   364:141:3
sigue en la noche del cielo.   364:141:5
sigue cogiendo aceituna.   382:163:26
Ella sigue en su baranda,   430:223:22
Pero sigue con sus flores,   434:224:33
que la boca podrida sigue   563:290:6
  pidiendo agua.
y sigue meditando.   602:313:147
SIGUEN (3)
Siguen yertos y blancos.   415:211:7
siguen las palabras.   461:236:14
siguen las palabras.   462:236:39
SIGUIENDO (2)
siguiendo al peregrino,   285:63:71
lenta te va siguiendo,   291:67:29
SIGUIENTE (1)
encontré la siguiente mañana.   207:15:94
SIGUIO (1)
que te siguió llorando   316:99:13
SIGUIRIYA (1)
¿Adónde vas, siguiriya,   299:73:11
SIGUIRIYERO (1)
del siguiriyero.   319:104:8
SILBABA (1)
silbaba por los ojos secos de   631:331:2
  las palomas.
SILBAN (1)
campos libres donde silban   490:247:39
  mansas cobras deslumbradas,
SILBARAN (1)
Que ya las cobras silbarán   487:245:79
  por los últimos pisos,
SILBO (1)
silbo de luz y arcilla de   638:338:4
  caliente verano.
SILENCIADA (1)
en la alcoba silenciada,   465:237:54
SILENCIO (65)
un silencio ondulado   178:2:104
silencio de la calleja!   183:4:6
Un silencio hecho pedazos   183:4:7
cubierto con el silencio   189:7:28
El canto primitivo que dices   197:11:35
  al silencio
plenos del silencio que tiene   202:14:36
  la noche

que en sus ondas llevóse el   204:15:20
silencio.
y los campos en hondo   207:15:99
silencio.
en el agua del silencio.   208:16:12
de risas el silencio   212:18:18
SILENCIO, ¿dónde llevas   217:22:1
¿Cómo limpias, silencio,   217:22:5
¿dónde llevas, silencio,   218:22:47
(Araña del silencio,   224:25:8
(Araña del silencio,   224:25:11
sobre piras de silencio.   228:27:42
EL silencio redondo de la noche   254:44:1
La ciencia del silencio frente   268:54:7
al cielo estrellado,
El silencio profundo de la   268:54:12
vida en la tierra,
El trigal solo quiere silencio.   269:55:5
¡Árbol que produces frutos de   282:62:50
silencio,
¿Qué lluvia de silencio   289:65:11
OYE, hijo mío, el silencio.   299:72:1
Es un silencio ondulado,   299:72:2
un silencio,   299:72:3
No queda más que el silencio.   303:80:6
para el silencio.   320:104:20
de silencio,   353:131:4
de un blanco silencio,   353:131:5
El silencio mordido   379:160:3
¿Y tu silencio? Los tres   403:194:13
que llevará mi silencio   404:195:7
más de cien años. ¡Silencio!   405:197:6
El silencio sin estrellas,   426:221:5
SILENCIO de cal y mirto.   433:224:1
Grave silencio, de espalda,   452:233:44
por un túnel de silencio   457:234:119
su silencio mutilado.   460:235:62
brota silencio en las jarras.   465:237:46
cajas que guardan silencio   472:239:15
de cangrejos devorados
Es la niñez del mar y tu   475:241:5
silencio
Es por el silencio   481:243:74
sapientísimo
y el definitivo silencio del   484:245:10
corcho.
que mide el cruel silencio   485:245:32
de la moneda,
bajo un silencio con mil   489:247:9
orejas
y acechar un silencio que no   490:247:23
tenga
¡qué silencio de trenes   507:260:23
bocaarriba!
mostraban su silencio roto   518:265:27
por las huellas dormidas de
los zapatos.
se cortó las manos en   519:265:58
silencio
que aman al hombre y queman   525:267:100
sus labios en silencio.
por el silencio oscuro de tu   528:268:33
frente.
En las esquinas grupos de   537:273:21
silencio
¿Qué dicen? Un silencio con   543:275:169
hedores reposa.
La niebla cubre en silencio   563:289:19
por el silencio mudo   585:305:68
Era un remanso de silencio,   613:318:67
silencio.   613:318:69
El silencio   614:318:98
(¡Chist... silencio!   628:328:30
(¡Chist... silencio!   628:328:34
(¡Chist... silencio!   628:328:36
de silencio sin fin y   634:333:7
arquitectura,
silencio sin rubor de   637:335:8
cocodrilo.
pone loco de espigas el   638:338:8
silencio del grano.

No solloces. Silencio, que no   647:347:8
nos sientan.
SILENCIOS (5)
y tocáis cuando os rozan los   270:55:32
silencios
silencios de goma oscura   453:234:11
Mientras la gente busca   505:258:13
silencios de almohada
ellas son silencios que   580:304:51
lentos escaparon
y un nido de silencios   598:313:51
SILENCIOSA (5)
¡Oh lluvia silenciosa, sin   197:11:27
tormentas ni vientos,
¡Oh lluvia silenciosa que los   198:11:43
árboles aman
MI sombra va silenciosa   385:169:1
Thamar entró silenciosa   465:237:53
de una terrible fuente   490:247:36
silenciosa.
SILENCIOSO (3)
Que el topo silencioso   215:20:44
el barco silencioso sin   234:32:20
remeros ni velamen,
siempre silencioso,   282:62:46
SILVANO (1)
Femenino Silvano.   210:17:26
SILVERIO (1)
aquel Silverio?   319:104:4
SILVESTRE (2)
La flor silvestre nace para   270:55:38
el sueño
Un viejo Dios silvestre da   619:323:28
frutas a los niños.
SILLA (2)
Silla de oropel   372:150:13
esperando en el alga o en la   417:214:5
silla su noche,
SILLAS (1)
y olvidando, bajo las   646:345:29
sillas, diminutas carcajadas
de algodón.
SILLITA (1)
(Sillita de oro   372:150:11
SILLON (1)
un sillón de clavellinas.   443:229:50
SIMBOLO (1)
y el símbolo del anillo.   402:193:9
SIMIENTE (1)
La terrible simiente   261:47:28
SIMIENTES (3)
de las simientes.   389:174:8
Porque la piedra coge   542:275:157
simientes y nublados,
era un pálido ramo de   557:283:10
simientes.
SIMPATICO (1)
me habéis sido simpático.   247:40:53
SIMPLE (1)
y admites la bandera como   620:323:72
una simple broma.
SIMPLES (1)
animales sin alma, simples   646:346:5
formas,
SIN (272)
SINCERA (1)
tu sabiduría profunda y   282:62:49
sincera!
SINFIN (1)
y en el sinfín de dalias   637:335:14
doloridas.
SINIESTRA (1)
siniestra.   316:99:10
y gente siniestra   323:110:5
SINIESTRAS (1)
suben las capas siniestras,   456:234:90
SINIESTRO (1)
en el siniestro costado.   644:344:16
SINIESTROS (1)
de los siniestros colgando.   661:359:12

SINO (5)
sino Dios hecho agua	193:9:36
¡ay!, sino perderse?	413:208:4
Sino que limpios y duros	451:233:8
sino plazas y plazas y otras plazas sin muros.	542:275:160
sino desierto gusto de retama,	637:335:11

SINTAXIS (1)
| Una rueda en la pura sintaxis del acero. | 618:323:2 |

SINTESIS (1)
| la síntesis del mundo, | 583:305:19 |

SINTIO (1)
| El se sintió balcón y torre. | 406:199:10 |

SINVERGÜENZA (1)
| con un jazmín sinvergüenza. | 390:175:10 |

SION (1)
| de luminosa Sión! | 579:304:10 |

SIQUIERA (1)
| Ni siquiera limoncito. | 395:180:20 |

SIRENA (1)
| si cada aldea tuviera una sirena. | 512:263:2 |

SIRENAS (3)
¡La luna! Los policías. ¡Las sirenas de los transatlánticos!	490:247:31
decapitan sirenas en los mares de plomo.	619:323:18
Las sirenas convencen, pero no sugestionan,	619:323:35

SIRENITA (1)
| Canto la sirenita de la mar que te canta | 621:323:96 |

SIRINGA (1)
| una siringa encantada, | 225:26:8 |

SIRIO (1)
| En Sirio | 605:314:76 |

SIRVA (1)
| [AMARGO] De salud les sirva. | 336:121:50 |

SIRVE (2)
| ¿De qué me sirve, pregunto, | 396:183:3 |
| En alta mar les sirve de brújula una rosa. | 619:323:30 |

SIRVEN (3)
[AMARGO] ¿No sirven para partir el pan?	337:121:57
[JINETE] Los otros cuchillos no sirven.	338:121:70
que sirven platos de sal bajo las arpas de la saliva.	488:246:18

SIRVIO (1)
| al infinito blanco que les sirvió de madre. | 197:11:22 |

SISTEMAS (2)
| en los ojos inocentes de los otros sistemas. | 495:251:17 |
| Noche igual de la nieve, de los sistemas suspendidos. | 512:263:12 |

SITIO (9)
para nacer en otro sitio.	235:32:49
Entran buscando el sitio de más calor y allí se paran.	338:121:73
[JINETE] Y si te estás en tu sitio, ¿para qué quieres estar?	340:121:112
Señalan hacia el sitio	412:206:5
en el sitio donde el sueño tropezaba con su realidad.	472:239:16
iba al sitio donde lloraban los negros	478:243:9
No es extraño este sitio para la danza, yo lo digo.	486:245:44
y las hierbas de mi corazón están en otro sitio.	510:261:14
no avances por ese sitio.	642:342:26

SOBRE (215)

SOBREDORADO (1)
| el reloj sobredorado | 614:318:108 |

SOCORRO (1)

| [SARGENTO] ¡Socorro! | 332:119:62 |

SOCRATES (1)
| -¡Oh Sócrates! ¿Qué ves | 229:28:6 |

SODOMITAS (1)
| ni constructores, ni esmeraldas, ni locos, ni sodomitas. | 487:245:75 |

SOFOCAR (1)
| ninguno queréis sofocar las ansias | 282:62:42 |

SOIS (10)

SOL (62)
que tomaban el sol,	176:2:28
de sol débil y niebla.	180:2:171
¡Oh sol de las esperanzas!	182:3:49
cargado de sol y esencias,	184:4:24
bajo una araña. El sol	185:5:28
y el sol	188:7:15
del sol que dulce te hiere	189:7:46
y el sol se lleva tu alma	189:7:48
con un gran sol por báculo.	192:8:50
La miel es como el sol de la mañana,	200:13:21
eres sol que ilumina el camino.	200:13:38
con el sol escondido en el pecho.	205:15:41
del sol que limpias	216:21:45
de sol y nieve?	220:23:4
-Teme al sol, niña mía,	220:23:11
de sol y nieve.	220:23:12
que el sol se esconde doliente	226:26:38
SE ha puesto el sol. Los árboles	232:31:1
(Miras al sol poniente,	247:40:34
Ya se ha disuelto el sol	248:40:58
-alfombra de sol-curtida!	252:43:8
creyéndote sol parado,	259:46:78
por el sol de ocaso.	261:47:30
Se cuajó con el sol, y suspira	269:55:6
y cual dulces abejas del sol, liban	270:55:25
Sale el sol.	271:56:21
Con el sol del otoño toda el agua	280:61:45
Yo en el sol me disuelvo	285:63:70
como un rayo de sol,	302:78:9
iba loba de sol,	318:102:8
La una era el sol,	354:133:3
En mi cola, dijo el sol.	354:133:7
En mi cola, dijo el sol.	355:133:17
y el sol dentro de la tarde,	366:145:4
TETA roja del sol.	367:146:1
El sol, capitán redondo,	373:152:11
¡Ay Sol! ¡Ay luna, luna!,	391:176:9
el sol.)	392:177:9
Sol y luna.	409:202:9
y un rayo de sol.	412:206:4
Sol en cubos resistía	466:237:71
Buscad el gran sol del centro	481:243:92
El sol que se desliza por los bosques	481:243:94
el sol que destruye números y no ha cruzado nunca un sueño,	481:243:96
el tatuado sol que baja por el río	481:243:97
mercurio y sol dormido el otro medio.	485:245:18
no veré el duelo del sol con las criaturas en carne viva.	500:255:4
y el sol canta por los ombligos	524:267:65
alrededor del sol,	530:269:42
con una boca llena de sol y pedernales.	543:275:181
aunque un sol de alacranes me coma la sien.	559:285:5
La una era el sol,	574:303:3
"En mi cola", dijo el sol.	574:303:7
"En mi cola", dijo el sol.	575:303:17

que mis ojos se cierren al   582:304:107
sol,
SE ha quebrado el sol   589:310:1
El hombre bajo el sol   609:316:7
Arriba el sol.   625:327:10
Bajo el sol y la luna.   632:331:18
Triste noche del mundo.
guarda lira de sombra, sol   637:336:3
maduro,
tu regalo semeja sol y vieja   639:338:11
alegría.
y ese gran sol amarillo de   647:346:20
viejos peces aplastados.
SOLA (18)
¡qué sola estás en tu casa   318:103:2
¡qué sola estás en tu casa,   319:103:15
con la sola excepción   361:138:9
Lejana y sola.   380:161:2
Lejana y sola.   380:161:16
Angulo de luna sola.)   395:181:8
con una sola sombra   396:182:3
(¡Oh, tú sola paseando   397:184:7
Pena limpia y siempre sola.   437:226:44
un desierto de tallos sin   481:243:86
una sola rosa.
una sola expresión frenética   500:255:14
de avance.
La hierba celeste y sola de   518:265:25
la que huye con miedo el
rocío
nueve cantos distintos y una   623:325:24
sola palabra.
[El viajante] Una sola hora   627:328:23
tiene mi herbario.
urna de canto sola y   637:336:4
derramada.
Sola mi mano izquierda   640:341:11
que tienen una sola letra en   646:346:4
su vocabulario,
Pido la sola dimensión   647:346:13
SOLAMENTE (3)
SOLAMENTE por oír   560:286:1
Solamente por oír   560:286:6
Solamente por oír   560:286:11
SOLAR (1)
Bajo el oro solar del mediodía   209:17:3
SOLAS (3)
Las guitarras suenan solas   443:229:19
Se quedaron solas: 489:247:3
Se quedaron solos y solas,   489:247:5
SOLDADITOS (1)
soldaditos?   242:38:63
SOLDADOS (3)
viejos soldados de Roma.   458:235:4
mondar las negras cabezas de   483:244:17
los soldados agonizantes
¡Oh gentes! ¡Oh mujercillas!   490:247:37
¡Oh soldados!
SOLEA (1)
soleá enlutada.   306:85:7
SOLEDAD (12)
frente a la soledad   227:27:3
virgen de la Soledad,   309:90:2
Aire, tierra y soledad.   360:135:3
¡MI soledad sin descanso!   451:233:1
su soledad con descanso.   453:233:53
Tu soledad esquiva en los   475:241:3
hoteles
En la marchita soledad sin   485:245:15
honda
combate de raíces y soledad   505:258:17
prevista.
Piedra de soledad donde la   630:330:9
hierba gime
SOLEDAD pensativa   634:333:1
Soledad con estilo   634:333:6
buscan ¡oh soledad! tu reino   635:333:40
helado.
SOLEDAD (6)
baja Soledad Montoya.   436:226:4
Soledad, ¿por quién preguntas   436:226:9

Soledad de mis pesares,   436:226:15
¡Soledad, qué pena tienes!   437:226:23
Soledad: lava tu cuerpo   437:226:35
en paz, Soledad Montoya.   437:226:38
SOLEDADES (1)
del mapa que rezuma   635:333:35
soledades.
SOLEMNE (5)
extendida y solemne como un   210:17:31
manto
el zumbido solemne   218:22:33
negro y solemne?   221:23:30
¡Oh mudo solemne cerrado a   283:62:55
las quejas!
de tu bello evangelio   581:304:87
solemne,
SOLEMNES (4)
En mi alma perdiéronse   284:63:21
solemnes
¡AVE rosas, estrellas   579:304:1
solemnes!
¡ave rosas, estrellas   579:304:6
solemnes!
¡Ave rosas, estrellas   581:304:81
solemnes!
SOLES (4)
con veinte soles arriba.   434:224:30
forjaban soles y flechas.   454:234:28
entre paraguas y soles de   480:243:48
oro,
Las heridas quemaban como   538:273:45
soles
SOLITARIA (5)
solitaria,   260:47:20
¡oh solitaria encina,   279:61:10
Y tengo la amargura solitaria   284:63:28
de solitaria columna.   441:228:42
la solitaria rosa de tu   638:337:4
aliento.
SOLITARIAS (2)
No nos salvan las solitarias   513:263:19
en los vidrios,
Solitarias, divinas y graves,   581:304:90
SOLITARIO (4)
En el monte solitario,   183:4:13
Mi cuarto, solitario   238:36:4
y un chopo solitario-el   257:45:15
Pitágoras
en el bosque solitario.   258:46:28
SOLITARIOS (1)
ni contra los solitarios de   525:267:97
los casinos
SOLO (2)
(Sólo yo me perdía   610:317:3
(Sólo yo me perdía   610:317:9
SOLO (84)
solo alcanza a las hierbas."   179:2:139
¿Y por qué la verán solo los   191:8:27
niños
Yo solo con mi amor   192:8:47
desconocido,
solo por el rocío.   211:17:44
Solo por tus ojos   239:36:17
solo de cuando en cuando   248:40:77
Solo me queda en la frente   266:52:23
SOLO tu corazón caliente,   266:53:1
El trigal solo quiere silencio.   269:55:5
¿son misterios tan solo para   273:57:40
el ojo
¿Es sonido tan solo esta voz   273:57:46
mía?
solo el cielo quedaba,   274:57:78
para encender su faro solo   275:57:109
pido
yo solo os pregunto por la   282:62:41
mía incierta;
¡solo tú, severo, mi canción   283:62:57
desprecias!
y la niebla es tan solo   290:66:21
solo reman los suspiros.   295:68:16
(Solo queda   300:75:4

(Solo queda	300:75:9	¡Una hora tan solo!	611:318:14
Solo queda	301:75:14	quiero dejaros y quedarme	622:324:4
y un solo árbol,	396:182:2	solo.	
y un solo pájaro.	396:182:4	Solo tu Sacramento de luz en	632:331:25
y un solo árbol.	396:182:14	equilibrio	
¡Solo yo!	417:214:8	Solo tu Sacramento,	632:331:27
¡Solo yo!	417:214:11	manómetro que salva	
Un solo pez en el agua	441:228:27	Un hombre solo, y ella	641:341:18
Un solo pez en el agua.	442:228:47	Un hombre solo y ella.	641:341:24
Solo por los corredores	450:232:24	no hay un solo cuchillo.	641:342:14
por mi muerte desierta con	474:240:47	solo.	642:343:4
un solo paseante equivocado.		Tierra tan solo. Tierra.	645:345:7
atiende solo rastros que no	476:241:16	con un solo sentido de	647:346:10
escalan.		infinito ondulado	
el amor por un solo rostro	481:243:84	y solo divisé el polvo	659:358:3
invisible a flor de piedra.		SOLOS (9)	
Solo este mascarón,	487:245:76	Ellos solos meditan dónde	255:44:41
¡solo este mascarón!	487:245:78	puede	
Solo cuando izaron la	489:246:43	Ellos solos, que son	255:44:43
bandera y llegaron los		[JINETE] Los cuchillos de	336:121:55
primeros canes		oro van solos al corazón.	
porque tan solo el diminuto	490:247:25	que iban por el monte solos!	446:230:36
banquete de la araña		SE quedaron solos:	489:247:1
el olor de un solo cuerpo	490:247:43	Se quedaron solos y solas,	489:247:5
con la doble vertiente de		los insectos solos,	514:263:70
lis y rata		a esperar que se quiebren	569:297:4
El corazón salió solo.	491:248:12	ellos solos.	
estaba solo por el cielo.	491:249:12	a esperar que se quiebren	570:297:20
El mundo solo por el cielo	491:249:13	ellos solos.	
solo.		SOLTE (1)	
El mundo solo por el cielo	491:249:16	solté mi gavilán con las	190:8:7
solo		temibles	
Lo que importa es esto:	492:249:32	SOLUCION (2)	
hueco. Mundo solo.		la solución del problema?	182:3:30
Desembocadura.		grotesco y sin solución,	184:5:15
Solo esto: Desembocadura.	492:249:34	SOLLOCES (2)	
y solo he encontrado	495:251:37	Se acerca. Gime. No solloces	510:261:24
marineros echados sobre las		en sueños, amigo.	
barandillas		No solloces. Silencio, que no	647:347:8
No hay dolor en la voz. Solo	496:251:43	nos sientan.	
existen los dientes,		SOLLOZA (3)	
No hay dolor en la voz. Aquí	496:251:45	ni el laúd juglaresco que	186:6:26
solo existe la Tierra.		solloza lejano.	
Cuando me quedo solo	501:256:4	solloza en el bolsillo.	393:179:16
Y yo, Stanton, yo solo, en	503:256:61	un hombro donde solloza la	527:268:2
olvido,		muerte	
Solo un caballo azul y una	509:260:74	SOLLOZABA (1)	
madrugada.		En mi cuarto sollozaba	266:52:13
Tú solo y yo quedamos;	511:262:25	SOLLOZAD (10)	
Yo solo y tú quedamos.	511:262:27	sollozad, pues sois flores	581:304:91
Son mentiras las formas.	513:263:22	de amor,	
Solo existe		sollozad por los niños que	581:304:92
Son mentira los aires. Solo	514:263:64	os cortan,	
existe		sollozad por ser alma y ser	581:304:93
con un solo corazón de paloma	518:265:11	flor,	
con un solo ojo de faisán,	518:265:14	sollozad por los malos poetas	581:304:94
Ni un solo momento, viejo	523:267:29	sollozad por la luna que os	581:304:96
hermoso Walt Whitman,		ama,	
Ni un solo momento,	523:267:40	sollozad por tanto corazón	581:304:97
hermosura viril		y también sollozad por mi	582:304:99
Ni un solo momento, Adán de	524:267:45	amor.	
sangre, macho,		sollozad por mis besos	582:304:102
hombre solo en el mar, viejo	524:267:46	ocultos	
hermoso Walt Whitman,		Sollozad por la niebla de	582:304:104
y los gallos solo saben	532:271:28	tumba	
volar sobre la nieve		sollozad, pues sois flores	582:304:115
Lo demás era muerte y solo	537:273:7	de amor.	
muerte		SOLLOZAN (1)	
¡Y el toro solo corazón	538:273:23	Por los espejos sollozan	455:234:53
arriba!		SOLLOZANDO (2)	
Déjalo solo en mi pecho,	562:289:2	azules sollozando?	218:22:22
déjalo solo en mi pecho.	563:289:24	sollozando de mí como el	287:63:121
El niño estaba solo	568:295:13	gusano	
del dolor tan solo,	586:307:8	SOLLOZANTES (1)	
lo que solo Dios y yo	587:307:29	y sollozantes	173:1:9
sabemos.		SOLLOZAR (2)	
solo las pavesas vuelan	588:308:9	Más vale sollozar afilando	516:264:24
por el camino solo;	589:310:10	la navaja	
Solo una mariposa	597:313:19	a la amarga adelfa sollozar,	649:350:2
Un pájaro tan solo	597:313:27		
Hay una hora tan solo	611:318:13		

SOLLOZO (4)
El sollozo de las almas 313:96:3
Eco de sollozo 416:213:3
que no encuentra el acento 508:260:41
de su primer sollozo.
Níquel para el sollozo que 633:332:16
busca a Dios volando.
SOLLOZOS (5)
y sollozos del árbol? 217:22:4
largos sollozos. 305:83:2
aspiran los sollozos. 321:106:11
con una manzana de sollozos. 570:297:6
cuatro sollozos de plata. 664:363:8
SOMBRA (85)
que se hundieron en la sombra 181:3:17
perdiéndose en la sombra 186:6:20
tembloroso y rasgado.
y mirar los eternos jardines 187:6:35
de la sombra,
¡Qué tristeza tan seria me da 192:8:51
sombra!
LA sombra de mi alma 195:10:1
¡La sombra de mi alma! 195:10:5
(¡La sombra de mi alma!) 195:10:10
¡La sombra de mi alma! 196:10:21
de sombra en la pradera. 210:17:32
DICE la tarde: "¡Tengo sed de 211:18:1
sombra!"
-Al airón y a la sombra 220:23:9
Tema lejano de mi sombra, 228:27:38
de que hay sombra detrás de 234:32:36
las estrellas
y sombra en tu castillo. 234:32:37
de la sombra? 237:35:10
de sombra. Recuerdos 239:37:16
¿Nos hundes en la sombra 242:38:54
nada más que la sombra. 245:39:46
la sombra con tu lima 256:44:65
y las ranas, muecines de la 256:45:7
sombra,
con las tiendas de sombra. 265:51:22
a la sombra del pecho, 268:54:26
Brotaría en la sombra del 269:54:35
amor carcomido
¿Y esto que ahora pensamos se 271:56:16
lo traga la sombra?
LA sombra se ha dormido en la 272:57:1
pradera.
Luchando bajo el peso de la 272:57:11
sombra,
de un Apolo de sombra y de 274:57:58
nostalgia.
"¡Es ese!", gritó mi sombra, 277:59:6
BAJO tu casta sombra, encina 279:61:1
vieja,
y sacar de los fangos de mi 279:61:3
sombra
donde te vieron entre la 292:67:38
sombra
una sombra de ciprés. 303:80:2
escriben la sombra 314:97:11
Como una sombra de oro, 348:128:12
de sombra y plata. 372:151:7
Deja tu fruto de verde y 378:158:5
sombra
perdidas en la sombra. 383:165:16
Como una pantera, su sombra, 384:166:3
acecha mi lírica sombra 384:166:4
lirio de algodón y sombra, 385:168:6
MI sombra va silenciosa 385:169:1
Por mi sombra están las ranas 385:169:3
La sombra manda a mi cuerpo 386:169:5
Mi sombra va como inmenso 386:169:7
la del ciprés y su sombra! 395:181:6
con una sola sombra 396:182:3
van de la luz a la sombra. 398:187:4
Separó al niño loco de su 404:196:19
sombra.)
(La sombra apoya sus dedos 405:197:3
Vio su sombra tendida y 406:199:13
quieta

Al romperlo, un gran chorro 406:199:17
de sombra
tiene ya sombra y pájaros. 417:215:2
Córtame la sombra. 420:218:2
Córtame la sombra. 420:218:14
Con la sombra en la cintura 430:223:5
vienen con el pez de sombra 430:223:15
huele a caballo y a sombra. 436:226:6
pues si la sombra levanta 440:228:15
Agua y sombra, sombra y agua 455:234:55
ODIAN la sombra del pájaro 477:242:1
Aguardad bajo la sombra 482:243:104
vegetal de vuestro rey
Llegará un torso de sombra 529:269:33
porque es una angustia y su 532:271:19
sombra,
¡Eran las cinco en sombra de 538:273:52
la tarde!
y que la lombriz se muera de 558:284:6
sombra;
Tu cuerpo, con la sombra 561:287:15
violeta de mis manos,
que soy la sombra inmensa de 564:290:15
mis lágrimas.
no buscada ni ciencia ni 573:301:6
sombra:
en sombra la asombraban, 573:302:5
como en sombra os escucha 582:304:98
callado,
de la sombra. 599:313:73
la sombra. 603:314:22
de sombra.) 604:314:54
Sombra viva 616:321:2
y sombra eterna. 616:321:3
Sombra de verdes voces 616:321:4
y sombra exenta. 616:321:5
sombra y piedra. 616:321:7
Ojos de lobo duermen en la 617:322:15
sombra
El talle de la gracia queda 623:325:19
lleno de sombra
a los mares de sombra 624:326:12
guarda lira de sombra, sol 637:336:3
maduro,
tu sombra gime por la luz 637:336:8
dorada.
ni conoce la sombra ni la 640:340:6
evita.
SOMBRAS (12)
Dulce como las sombras de la 200:13:34
noche.
de sombras, miras 215:21:6
de sombras enmohecidas, 245:39:38
El viento va trayendo a las 271:56:35
sombras.
¿El terror de las sombras no 273:57:44
lo sienten
y de sombras. 278:59:28
sus sombras se alargan, 314:97:14
Largas sombras afiladas 315:98:11
a las sombras macizas, 326:114:9
sus cuatro sombras. 365:143:6
mulos y sombras de mulos 438:227:3
tres sombras de caballo, 474:240:27
SOMBRERITO (1)
Sombrerito de hule 656:355:5
SOMBRERITOS (1)
sus sombreritos de yerba. 394:180:8
SOMBRERO (2)
y el sombrero. 380:162:5
las albarcas y el sombrero 661:359:11
SOMBREROS (2)
Anchos sombreros grises, 307:86:4
se apagaban en el negro de 518:265:24
los sombreros de copa.
SOMBRIA (1)
El agua de la fuente lo 224:25:10
escuchaba sombría.
SOMBRIAS (2)
¡Domador de sombrías 594:312:27
domador de sombrías 594:312:34

SOMBRIO (6)
Ante el bosque sombrío   176:2:48
por tu mirar sombrío,   211:17:42
en mi pecho sombrío   265:51:20
desde el reino sombrío: 286:63:90
colas en lo sombrío.   297:69:18
el sombrío caballo   463:236:52
SOMOS (2)
SON (84)
SON (2)
derramando son, te mueres   189:7:31
al son de panderos fríos   464:237:15
SONABA (4)
me sonaba en el oído,   434:225:13
sonaba   611:318:30
En mi corazón sonaba   614:318:107
voz inquieta de náufrago   617:322:23
sonaba.
SONABAN (3)
De cuando en cuando sonaban   458:235:13
nervios de metal sonaban.   464:237:6
donde sonaban las voces de   485:245:22
los que mueren bajo el guano.
SONAJAS (1)
nos traerá sus sonajas   215:20:46
SONAMBULOS (2)
sobre los yunques sonámbulos,   451:233:19
los camellos sonámbulos de   478:242:24
las nubes vacías.
SONANDO (1)
llegan al cielo sonando   459:235:45
SONAR (1)
que suena en todo sin sonar   639:339:4
en nada.
SONARA (1)
La sangre sonará por las   571:298:9
alcobas
SONARON (2)
VOCES de muerte sonaron   447:231:1
voces de muerte sonaron   447:231:17
SONDA (1)
pero sí un pulso herido que   499:254:35
sonda las cosas del otro
lado.
SONDA (1)
es la sonda del alma   213:20:2
SONDAR (1)
quiero sondar la fuente de mi   279:61:2
vida
SONES (1)
Comenzaron los sones del   537:273:17
bordón
SONETO (1)
y gozas el soneto del mar en   619:323:44
tu ventana.
SONIDO (10)
en sonido y luz celeste.   189:7:33
Huyendo del sonido   218:22:37
eres sonido mismo,   218:22:38
del sonido.   254:44:11
ya maduro de luz y sonido,   269:55:10
como se pierde el dulce   271:56:12
sonido de las frondas?
como se pierde el dulce   271:56:33
sonido de las frondas?
¿Es sonido tan solo esta voz   273:57:46
mía?
el pinar, borracho de aroma y   281:62:11
sonido;
para la verde lepra del   635:333:42
sonido,
SONIDOS (5)
Sin sonidos...   189:7:26
las rosas de mi pecho con tus   197:11:34
sonidos abres.
al color, a la luz, a los   200:13:40
sonidos.
pero no da sonidos, ni   542:275:159
cristales, ni fuego,
se refleja en sonidos.   606:314:83
SONO (2)

Sonó la hora en la selva.   614:318:97
¡Sonó la hora en la selva!   614:318:103
SONORA (6)
Estrella sonora   189:7:40
y la historia sonora que   197:11:36
cuentas al ramaje
la ceniza sonora   219:22:55
la armonía sonora   219:22:67
temblando en los hilos de   281:62:16
sonora seda
que teje una red sonora   612:318:38
SONORAS (1)
y las manchas sonoras   217:22:7
SONORO (4)
Haced un bosque sonoro   209:16:23
Escarabajo sonoro.   326:115:4
Escarabajo sonoro.   327:115:14
De los montes azules llega un   589:310:3
aire sonoro.
SONOROS (1)
lunares sonoros   267:53:20
SONRIE (3)
el atleta grotesco que sonríe   234:32:18
sonríe a lo lejos.   263:49:2
sonríe a lo lejos.   264:49:22
SONRIEN (1)
Los vecinos se sonríen   390:175:3
SONRIENTE (1)
-Al pasar me miró sonriente   207:15:76
SONRIO (1)
los que bendijo y sonrió   285:63:58
triunfante
SONRISA (6)
y la luna lunera, ¡qué sonrisa   191:8:39
detrás de una sonrisa.   320:105:7
entre azucena y sonrisa,   443:229:32
en el gramíneo rubor de la   477:242:8
sonrisa.
no sienta la sonrisa de las   565:292:7
gentes sin rostro,
y nos abre las alas tenues   621:323:82
de la sonrisa.
SONRISAS (1)
con rojas sonrisas.   413:208:16
SONRIYENDO (1)
sonriyendo.   226:26:24
SONROSADO (1)
En el aire sonrosado,   379:159:15
SONSONETE (1)
huyendo del sonsonete,   426:221:6
SOÑABA (3)
mi corazón soñaba.   272:57:4
El río soñaba,   389:174:9
La media luna, soñaba   455:234:49
SOÑABAN (1)
los maricas, Walt Whitman,   524:267:52
te soñaban.
SOÑABAS (2)
Soñabas que tu amor fuera como   186:6:9
el infante
soñabas ser un río y dormir   524:267:42
como un río
SOÑADO (1)
Y he soñado sobre las aguas,   379:160:11
SOÑADOR (1)
del eterno poeta nocturno y   580:304:52
soñador,
SOÑADORA (2)
-¡Ah Isis soñadora!   222:23:59
¿Qué ritmo de tristeza   269:55:14
soñadora
SOÑANDO (9)
Las rosas estaban soñando en   281:62:19
la lira,
y va soñando en el baile   325:112:9
y se eclipsa soñando   326:114:5
Pero otro Adán oscuro está   353:130:12
soñando
soñando en la mar amarga.   430:223:24
beben los juncos soñando.   452:233:35
Thamar estaba soñando   464:237:13

soñando con los picos   489:247:6
abiertos de los pájaros
agonizantes,
soñando viejas luces de   528:268:30
Hungría
SOÑAR (1)
y el ciervo puede soñar por   475:240:58
los ojos de un caballo.
SOÑARE (1)
soñaré que son mis   420:218:11
SOÑE (1)
Entonces yo soñé,   383:165:10
SOÑOLENCIA (1)
algo de soñolencia resignada y   196:11:2
amable.
SOÑOLIENTO (2)
¡Oh Señor soñoliento!   242:38:77
el calderón helado y soñoliento 256:45:3
SOÑOLIENTOS (3)
Los gusanos se hunden   286:63:98
soñolientos
Esos caballos soñolientos   313:95:9
Olivares soñolientos   348:128:5
SOPLA (2)
Y mientras el puente sopla   441:228:23
Si el aire sopla blandamente   512:263:5
SOPLAR (2)
soplar la llama   292:67:39
y soplar los gusanos ateridos 507:260:8
SOPLO (1)
es el soplo del viento   583:305:27
SOPLOS (1)
los soplos de los niños.   234:32:25
SOPORTAMOS (1)
-Soportamos tristezas   284:63:36
SORBER (1)
por sorber la vena lírica!   253:43:16
SORBIENDO (1)
id sorbiendo con vuestras   582:304:112
raíces
SORBITOS (1)
dadme unos sorbitos de agua.   332:120:6
SORDAMENTE (1)
Las acequias protestan   256:45:5
sordamente
SORDAS (2)
blancos perros tendidos entre 496:252:2
linternas sordas.
El mundo tiene sordas   620:323:45
penumbras y desorden,
SORDINA (1)
y ha puesto la sordina a su   256:45:11
aristón
SORDO (3)
¿Estás sordo? ¿Estás ciego?   242:38:72
Un rumor último y sordo   433:224:23
sobre paños de cal y sordo   634:333:17
fuego,
SORDOMUDA (1)
a tu violencia granate   479:243:34
sordomuda en la penumbra,
SORDOMUDO (1)
Con todo lo que tiene   471:238:9
cansancio sordomudo
SORPRENDIDA (1)
de Anunciación sorprendida.   444:229:64
SORPRENDIDOS (1)
como peces sorprendidos,   435:225:33
SORPRESA (1)
la esquina de la sorpresa,   454:234:34
SORTIJA (1)
y perdí la sortija de mi dicha 191:8:11
SORTIJAS (1)
redondas como sortijas.   379:159:12
SOSEGADO (2)
que da flores al cauce   210:17:11
sosegado
manabas sosegado.   219:22:72
SOSIEGO (1)
Tu cintura de arena sin   476:241:15
sosiego

cruce tus finas ondas de   634:333:20
sosiego.
SOSPECHAS (1)
para no infundir sospechas.   456:234:80
SOSTENIAN (1)
lo sostenían.   236:34:15
SOSTIENE (4)
La niebla lo sostiene,   290:66:20
la Parrala sostiene   321:106:4
Tu gran luz que sostiene   421:219:19
la sostiene sobre el agua.   432:223:78
SOTERRADOS (1)
ignorante de esfuerzos   621:323:80
soterrados que causa.
SOTO (2)
EN el soto,   388:172:1
En el soto,   388:172:15
SOY (33)
STANTON (6)
Stanton, hijo mío, Stanton.   501:256:9
¡Oh mi Stanton, idiota y   502:256:26
bello entre los pequeños
animalitos,
Tu ignorancia es un monte de   502:256:38
leones, Stanton.
Stanton, vete al bosque con   503:256:49
tus arpas judías,
Y yo, Stanton, yo solo, en   503:256:61
olvido,
SU (275)
SUAVE (1)
lluvia mansa y serena de   197:11:28
esquila y luz süave,
SUAVE (2)
Ella es firme y suave,   193:9:29
de sus manos, suave ceniza.   406:199:8
SUAVES (1)
Las palabras del viento eran   284:63:30
suaves
SUB ALMA (1)
y deja en mi sub alma   279:61:11
SUBE (8)
que a ella que sube al cielo   194:9:65
sube al trono brillante,   219:22:62
[JINETE] ¡Vamos, sube! Sube   341:121:123
de prisa.
se sube por las paredes.   429:222:12
Flora desnuda se sube   459:235:23
Por las gradas sube Ignacio   540:274:78
y el horizonte sube como un   618:323:16
gran acueducto.
SUBEN (6)
Ya suben los dos compadres   431:223:53
suben las capas siniestras,   456:234:90
esclavos suben y bajan.   466:237:82
y algunas negras suben a los   502:256:33
pisos para repartir filtro
de rata.
SUBEN por la calle   566:293:1
suben arriba,   656:355:14
SUBETE (1)
[JINETE] ¡Muchacho, súbete   338:121:82
conmigo!
SUBI (3)
subí al árbol más alto   179:2:128
Subí a tocar las campanas,   483:244:13
pero las frutas tenían
gusanos
YO me subí a un pino verde   659:358:1
SUBIA (2)
por una escala subía.   444:229:68
Pero la luna subía y bajaba   646:345:38
las escaleras,
SUBIAN (1)
LOS olivos subían   610:317:1
SUBIERON (1)
Los dos compadres subieron.   432:223:63
SUBIMOS (1)
o subimos al filo de la   493:250:16
nieve con el coro de las
dalias muertas.

SUBIR (3)
Dejadme subir al menos   431:223:47
¡dejadme subir!, dejadme   431:223:49
quiero subir los muros de   568:295:2
Granada,
SUBTERRANEAS (1)
y filtraba un ansia de luz   488:246:10
en las circulaciones
subterráneas.
SUBTERRANEOS (1)
hecha de espartos   480:243:61
exprimidos, néctares de
subterráneos.
SUCIA (3)
En la auténtica y sucia   419:217:10
batalla.
Sucia de besos y arena,   435:225:44
gotas de sucia muerte con   526:267:106
amargo veneno.
SUCIOS (1)
y de sucios chiquillos   206:15:53
traviesos,
SUCUMBIR (1)
y tuvo que sucumbir.   447:231:12
SUDARIO (3)
hace un sudario con ellas.   181:3:22
¿Quién arruga el sudario?   543:275:173
¡No es verdad lo que dice!
sed mi blanco y severo   582:304:108
sudario,
SUDOR (1)
Cuando el sudor de nieve fue   538:273:25
llegando
SUDORES (1)
a los juegos sin arte, a   497:253:16
sudores sin fruto.
SUDOROSO (1)
por la impura palabra del   631:330:24
hombre sudoroso.
SUDOROSOS (1)
los muslos sudorosos   210:17:22
SUELO (13)
cuyo nido fue sangre del suelo   186:6:6
castellano,
¡Señor, arráncame del suelo!   275:57:105
¡Dame oídos
caigo al suelo dormido-.   285:63:73
hacia el suelo.   299:72:6
en el suelo.   321:107:8
en el suelo.   321:107:14
en el suelo.   322:107:22
exploran el suelo.)   368:148:8
sobre el suelo amortajada.   369:148:36
mis dos trenzas por el suelo, 437:226:29
Por el suelo, ya sin norma,   459:235:31
y porque todavía en el suelo   489:247:15
celeste de negras huellas
CON la frente en el suelo y   588:309:1
el pensamiento arriba,
SUELTA (1)
El estanque tiene suelta   370:148:41
SUENA (9)
y tu nombre me suena   198:12:13
Suena en un gris rojizo   262:48:13
¿Qué es eso que suena   288:64:8
¿Qué es eso que suena   288:64:20
¿Qué es eso que suena   288:64:32
por las tiendas de las   513:263:45
pieles donde suena un cuerno
de vaca herida,
los hombres que les suena   543:275:180
el esqueleto y cantan
mientras Favonio suena y   617:322:27
Tetis canta.
que suena en todo sin sonar   639:339:4
en nada.
SUENAN (6)
mientras que a lo lejos   203:14:62
suenan los clamores
Las guitarras suenan solas   443:229:19
por toda la noche suenan.   456:234:98

ya suenan sus espadas de   511:262:20
saliva
Huesos y flautas suenan en   538:273:35
su oído
Dos voces suenan: el reloj y 636:334:3
el viento,
SUEÑA (7)
y tu amor de madre que sueña 201:14:15
lejanas
Adán sueña en la fiebre de la 353:130:9
arcilla
ella sueña en su baranda,   430:223:6
y el toro sueña un toro de   496:252:12
agujeros y de agua.
¡qué puñalitos sueña en su   506:259:13
vigilia!;
y en la danza que sueña la   527:268:17
tortuga.
Sueña invierno de lumbre,   637:336:13
gris verano.
SUEÑAN (4)
cuando los erales sueñan   447:231:15
Es allí donde sueñan los   478:242:25
torsos bajo la gula de la
hierba.
Vendrán las iguanas vivas a   493:250:4
morder a los hombres que no
sueñan
Grave hora que sueñan   611:318:20
SUEÑES (1)
No sueñes con la sangre de la 255:44:25
luna
SUEÑO (43)
sueño de estrellas humildes.   184:5:7
por los turbios caminos del   208:15:101
sueño!
y el sueño de las distancias.   212:19:4
y los estambres de sueño.   266:52:10
La flor silvestre nace para   270:55:38
el sueño
sobre mi sueño,   278:60:4
¡EL sueño se deshizo para   289:66:1
siempre!
El sueño se deshizo para   290:66:9
siempre.
que el sueño se deshizo para 290:66:18
siempre!
¿El sueño es infinito?   290:66:19
que el sueño se deshizo para 290:66:24
siempre.
inmóvil sufre un sueño.   384:167:8
No conoces el sueño   399:189:4
¡Qué brinco de mi sueño   417:215:3
bronce y sueño, los gitanos. 426:220:26
un sueño de trece barcos.   451:233:7
Sueño concreto y sin norte   462:236:44
en el sitio donde el sueño   472:239:16
tropezaba con su realidad.
el sol que destruye números   481:243:96
y no ha cruzado nunca un
sueño,
No es sueño la vida.   493:250:14
¡Alerta! ¡Alerta! ¡Alerta!
Pero no hay olvido, ni sueño: 493:250:17
La luna tiene un sueño de   496:252:11
grandes abanicos
Pero no quiero mundo ni   499:254:24
sueño, voz divina,
y la bruma y el Sueño y la   499:254:46
Muerte me estaban buscando.
nuestro perfil sin sueño.   511:262:30
¿Quién el sueño terrible de   523:267:28
tus anémonas manchadas?
apuntan a la orilla de tu   524:267:62
sueño
toro y sueño que junte la   525:267:74
rueda con el alga,
Agonía, agonía, sueño,   525:267:81
fermento y sueño.
madres de lodo, arpías,   525:267:103
enemigos sin sueño

y la plaza gris del sueño   539:274:61
y el sueño lo desorienta.   540:274:83
QUIERO dormir el sueño de las   563:290:1
manzanas,
Quiero dormir el sueño de   563:290:3
aquel niño
Porque quiero dormir el   564:290:20
sueño de las manzanas
confín de carne y sueño,   573:301:7
un raro sueño canta   589:310:12
de mi sueño.   591:311:35
donde no cabe el sueño ni su   620:323:56
flora inexacta.
Forma de la belleza sin   633:332:5
nostalgias ni sueño.
Sueño de papel pintado.   643:344:8
¡Tu barca es bruma, sueño,   649:349:8
por la orilla!
SUEÑO (3)
(Sueño flor adormecida   363:140:8
sueño que no sueño   412:206:9
para sentarte yo sueño   443:229:49
SUEÑO (1)
sueño que no sueño   412:206:9
SUEÑOS (17)
de los sueños.   214:20:18
mis sueños infantiles,   235:33:17
a mi amor y a mis sueños   236:33:23
y sueños.   239:37:8
mientras todos mis sueños   243:38:100
Llevo las carabelas de los   284:63:26
sueños
hace llorar a los sueños.   313:96:2
Los sueños de ayer las buscan,   325:113:7
para los breves sueños   476:241:12
indecisos.
Se acerca. Gime. No solloces   510:261:24
en sueños, amigo.
LA piedra es una frente   542:275:149
donde los sueños gimen
un muro de malos sueños.   562:289:6
Un muro de malos sueños   563:289:17
Un surtidor que viene de los   568:295:15
sueños
SURTIDORES de los sueños   607:315:1
trae el herbario de los   626:328:17
sueños.
[El viajante] Los sueños   627:328:21
bailan en tus cabellos.
SUERTE (1)
-¡Grande suerte que tuvo,   207:15:96
comadre!
SUFRE (3)
que sufre pasiones gigantes y   202:14:47
calla,
inmóvil sufre un sueño.   384:167:8
y los arcos rotos donde   558:284:12
sufre el tiempo.
SUFREN (2)
LAS estatuas sufren por los   504:258:1
ojos con la oscuridad de los
ataúdes,
pero sufren mucho más por el   504:258:2
agua que no desemboca.
SUFRI (1)
Pero yo te sufrí. Rasgué mis   640:340:9
venas,
SUFRIA (1)
Toda la alcoba sufría   465:237:39
SUFRIMIENTO (4)
del sufrimiento vivo."   234:32:43
¿Todo mi sufrimiento se ha de   271:56:11
perder, Dios mío,
¿Todo mi sufrimiento se ha de   271:56:32
perder, Dios mío,
para el gusano de mi   638:337:8
sufrimiento.
SUFRIR (1)
Aguanta tu sufrir,   276:58:18
SUFRO (1)
sufro yo este mal,   239:36:18

SUGESTION (1)
matando en mí la burla y la   499:254:39
sugestión del vocablo.
SUGESTIONAN (1)
Las sirenas convencen, pero   619:323:35
no sugestionan,
SUICIDIO (1)
ni el metálico rumor de   495:251:30
suicidio que nos anima cada
madrugada.
SULTAN (1)
¡siendo un sultán!   291:67:23
SULTANES (1)
con tres sultanes de Persia.   455:234:48
SUMAS (1)
debajo de las sumas, un río   515:264:5
de sangre tierna.
SUMERGEN (1)
ni el pantano oscurísimo   524:267:68
donde sumergen a los niños,
SUMERGIDA (1)
En la brújula rota y   622:324:6
sumergida.
SUMIA (1)
el ella del romance me sumía   191:8:23
SUMISO (1)
que te sigue sumiso recogiendo   186:6:10
tu manto.
SUNTUOSA (1)
SUNTUOSA Leonarda.   401:192:1
SUPE (1)
supe del ensueño por boca del   281:62:7
nardo,
SUPERFICIE (2)
sobre la superficie concreta   499:254:23
del plato.
y donde toda superficie es   500:255:8
evitada,
SUPERFICIES (1)
Rumor de superficies   633:332:6
libertadas y locas.
SUPERIOR (1)
Y el alma superior es de las   200:13:45
flores.
SUPERPUESTAS (1)
cruces superpuestas.   308:87:8
SUPERPUESTOS (1)
y mapas superpuestos.   629:329:9
SUPLICANDOLE (1)
estrella, suplicándole que   191:8:31
salga
SUPLICANTES (1)
los clásicos, los   526:267:125
señalados, los suplicantes
SUPLICIO (2)
Líbrame del suplicio   420:218:3
Líbrame del suplicio   420:218:15
SUPO (2)
Pero se supo que la sexta   475:240:68
luna huyó torrente arriba,
Se supo el momento preciso   533:272:30
de la salvación de nuestra
vida.
SUPO (1)
que supo a beso y fue   244:39:11
SUPREMAS (1)
reinas supremas del dorado   199:13:20
siglo.
SUR (17)
VIENTO del Sur,   173:1:1
Arena del Sur caliente   297:70:18
¡Los mariquitas del Sur   391:175:15
se rice el viento del Sur.   394:180:4
que vayan del Sur al Norte,   450:232:42
Al Sur un marinero.   463:236:63
Un viento sur de madera,   481:243:78
oblicuo en el negro fango,
un viento sur que lleva   481:243:80
A la izquierda, a la   481:243:87
derecha, por el Sur y por el
Norte,

Y llegaban largos alaridos   532:272:8
por el Sur de la noche seca.
Con sur y llama   564:291:4
Sur,   595:312:59
El Sur   595:312:67
al Sur   596:312:73
y al Sur   612:318:47
con una queja en vilo de Sur   617:322:19
loco,
¡Siempre la rosa, siempre,   621:323:78
norte y sur de nosotros!
SURCABA (1)
surcaba el amor por dentro.   385:168:10
SURCOS (2)
reja que nos abre surcos   253:43:25
eran surcos en la tierra,   457:234:114
SURGIA (1)
surgía en la luz perenne.   385:168:4
SURTIDOR (4)
el beso del surtidor,   184:5:6
oigo el surtidor.   411:206:2
dentro del surtidor.   412:206:10
Un surtidor que viene de los   568:295:15
sueños
SURTIDORES (4)
surtidores de tu patio,   318:103:7
surtidores de planetas.   390:175:8
SURTIDORES de los sueños   607:315:1
de los surtidores.   607:315:13
SUS (213)
SUSPENDIDOS (1)
Noche igual de la nieve, de   512:263:12
los sistemas suspendidos.
SUSPENSIVOS (1)
(Puntos suspensivos.)   328:118:5
SUSPIRA (5)
El caracol suspira   180:2:160
y suspira el viento.   211:18:4
Se cuajó con el sol, y suspira   269:55:6
Ni a Granada la que suspira   313:95:7
y suspira.   601:313:141
SUSPIRAN (1)
Las cabañas suspiran   595:312:51
SUSPIRANDO (4)
Las gentes van suspirando   324:111:9
siempre van suspirando   349:128:41
La niña suspirando   391:176:5
el viento de la noche   413:209:2
suspirando
SUSPIRAR (1)
¡Suspirar!   649:350:4
SUSPIRO (6)
hecha para el suspiro, el mimo   186:6:30
y el desmayo,
arrancar un suspiro   214:20:22
Piensa que el suspiro tierno,   305:82:5
¡Oh Cuba!¡Oh curva de   531:270:36
suspiro y barro!
Flor eterna. Conjuro al   580:304:34
suspiro.
Y cada suspiro   585:306:9
SUSPIROS (9)
yo llevo los suspiros   283:63:10
solo reman los suspiros.   295:68:16
para cazar suspiros,   314:96:9
su cosecha de suspiros.   394:180:6
Un ruiseñor apaga los   570:297:7
suspiros,
de suspiros   611:318:28
que se cría con suspiros y   612:318:41
miradas!
por los suspiros.   641:342:4
por los suspiros.   641:342:10
SUSTANCIA (2)
pero queda la razón y la   195:10:13
sustancia
tu sustancia.   256:44:61
SUSTENTA (1)
que a un rico manjar sustenta."   177:2:70
SUSTO (1)
pueden daros un susto.   246:40:20

SUTIL (2)
con el alma sutil de la brisa.   269:55:4
con su fragancia inefable y   588:309:12
sutil
SUYA (1)
SUYO (2)
TABACO (4)
vendedores de tabaco   441:228:25
por la noche que enseñaba su   474:240:43
esqueleto de tabaco,
y estrellarse en una aurora   480:243:68
de tabaco y bajo amarillo.
¡Arpa de troncos vivos,   531:270:22
caimán, flor de tabaco!
TABERNA (3)
En la vieja taberna del poblado   256:45:9
de la taberna.   323:110:3
de la taberna.   324:110:16
TABERNAS (3)
con las gentes de los   488:246:25
barcos, de las tabernas y de
los jardines.
los caballos vivirán en las   493:250:23
tabernas
La raposa de las tabernas,   512:263:16
TABLADO (1)
Sobre el tablado oscuro,   321:106:3
TABLAS (1)
de algunas viejas tablas.   625:327:24
TACTO (1)
-Almendra sin cuajar de verde   616:322:2
tacto-
TALA (1)
¡Ay, quién tala mis bosques   289:65:3
TALADRADO (1)
Taladrado de estrellas   218:22:45
TALADRAN (1)
taladran y devoran   497:253:12
abandonados niños.
TALADRO (1)
y taladró a la luna   236:33:18
TALADROS (1)
en la última fiesta de los   516:264:46
taladros.
TALANTE (1)
su talante correcto   246:40:7
TALCO (2)
esta voz de hojalata y de   499:254:31
talco!
poniendo las ciudades de   646:345:27
hule celeste y talco
sensitivo,
TALENTO (1)
la capa de mi talento.   400:190:8
TALLAS (1)
de lo eterno, si tallas   256:44:64
TALLE (5)
anchos hombros, fino talle,   442:229:2
Ya mi talle se ha quebrado   448:231:39
Se ciñen el talle   566:293:7
de la lluvia que busca débil   570:298:6
talle,
El talle de la gracia queda   623:325:19
lleno de sombra
TALLITOS (1)
acabó con los más leves   485:245:25
tallitos del canto
TALLO (4)
como el tallo de un lirio.   233:32:15
Una uña que aprieta el tallo.   490:248:4
¿Quién segó el tallo   590:311:12
¿Quién segó el tallo   593:312:16
TALLOS (5)
Como tallos de parra   308:88:9
que los tallos de la brisa.   443:229:46
y tallos de zarzamora.   458:235:22
un desierto de tallos sin   481:243:86
una sola rosa.
como tallos de luz.   606:314:89

TAMARIT (3)
POR las arboledas del Tamarit   569:297:1
El Tamarit tiene un manzano   570:297:5
Por las arboledas del Tamarit   570:297:17
TAMBIEN (15)
Tambien sobre el alma nieva.   181:3:14
tambien me dicen adiós.   184:5:11
Fui tambien caballero   191:8:13
mas tambien lo hizo Pan.   276:58:21
Y nosotros tambien   280:61:29
resbalaremos,
bailan tambien.   388:172:6
baila tambien.   388:172:20
¡Tambien ése! ¡Tambien! Y se   524:267:53
despeñan
¡Tambien ése! ¡Tambien!   524:267:61
Dedos teñidos
Y yo tambien   529:269:17
Duerme, vuela, reposa: 544:275:197
¡Tambien se muere el mar!
y tambien sollozad por mi   582:304:99
amor.
Pero tambien la rosa del   621:323:77
jardín donde vives.
TAMBOR (3)
tocando el tambor del llano.   425:220:22
toca su tambor   590:311:2
Seda en tambor, el mar queda   617:322:26
tirante,
TAMBORES (2)
arrancando las raíces y   487:246:2
mojando el pergamino de los
tambores;
El vómito agitaba   488:246:26
delicadamente sus tambores
TAMBORIL (1)
ni la rueda amarilla del   523:267:19
tamboril.
TAMPOCO (3)
"Tampoco: nunca aprendí."   177:2:64
Las estrellas: -Tampoco lo   286:63:85
tenemos:
[JOVEN 2.] Ni a mí tampoco.   334:121:18
TAN (41)
tan blancas como mi pena,   181:3:10
tan blancas como mi pena.   182:3:56
Y de aquella chiquita, tan   192:8:43
bonita,
¡Qué tristeza tan seria me da   192:8:51
sombra!
¡Qué tristeza tan honda   203:14:67
tendrás dentro del alma
a la baraja. ¡Es tan triste   209:16:19
tan fino y leve?   220:23:26
¡tan incierto!   231:29:45
que es tan aburrido,   240:38:16
seré tan rico   241:38:40
¿Por qué te vas tan lejos   251:42:29
tan lejos del agua limpia!   253:43:14
¡Qué amargura tan honda   261:47:31
¿son misterios tan solo para   273:57:40
el ojo
¿Es sonido tan solo esta voz   273:57:46
mía?
y la niebla es tan solo   290:66:21
Y Enero sigue tan alto.   364:141:3
¡Ay qué camino tan largo!   380:161:11
tienen el cutis tan fino,   435:225:29
¡Qué pena tan lastimosa!   437:226:24
¡Qué pena tan grande! Corro   437:226:27
¡tan alta!   462:236:19
porque tan solo el diminuto   490:247:25
banquete de la araña
y la luna estaba en un cielo   510:261:9
tan frío
es tan tierno que los   513:263:48
reflectores le comieron
jugando el corazón.
y llorar un llanto tan   521:266:28
terrible

ha de gritar con voz tan   522:266:68
desgarrada
ni corazón tan de veras.   541:274:106
un andaluz tan claro, tan   545:276:221
rico de aventura.
¡Qué tristeza tan honda   583:305:10
¡Oh, qué penas tan hondas   585:305:72
del dolor tan solo,   586:307:8
Un pájaro tan solo   597:313:27
¿Y estas manos tan frías   601:313:133
Hay una hora tan solo   611:318:13
¡Una hora tan solo!   611:318:14
¡Tan bonitas   624:326:3
Tierra tan solo. Tierra.   645:345:7
Tres moricas tan garridas   659:357:4
Tres moricas tan lozanas   659:357:14
TAN (10)
TANQUES (1)
y llegaban los tanques de   478:243:11
agua podrida.
TANTA (1)
tanta estrella?   601:313:130
TANTO (16)
de luz, y mientras tanto,   219:22:68
que tanto, tanto lo hirieron,   240:38:9
Yo mientras tanto pongo   265:51:19
cuando tanto llueve   288:64:29
¡Yo la he querido tanto!   306:84:5
tanto en la alberca.   311:92:15
y el niño que enterraron   493:250:12
esta mañana lloraba tanto
Un traje abandonado pesa   495:251:18
tanto en los hombros
Mientras tanto, mientras   522:266:57
tanto, ¡ay!, mientras tanto,
sollozad por tanto corazón   581:304:97
tanto dulce instrumento   635:333:38
para otro tanto!   657:355:40
de haberte querido tanto.   663:361:15
TANTOS (1)
Agua dulce en que tantos   195:9:77
TAPA (1)
y tapa sus oídos   214:20:26
TAPEN (2)
No me tapen la boca los que   476:241:34
buscan
No quiero que le tapen la   544:275:194
cara con pañuelos
TAPIZA (1)
tapiza las paredes   249:41:15
TAPIZO (1)
cual negro rocío, tapizó la   283:62:63
seda,
TARANTULA (1)
Y como la tarántula   314:96:7
TARARA (9)
LA Tarara, sí;   663:362:1
la Tarara, no;   663:362:2
la Tarara, niña,   663:362:3
Lleva mi Tarara   663:362:5
La Tarara, sí;   663:362:9
la Tarara, no;   663:362:10
la Tarara, niña,   663:362:11
Luce mi Tarara   663:362:13
Ay, Tarara loca.   663:362:17
TARDARA (1)
Tardará mucho tiempo en   545:276:220
nacer, si es que nace,
TARDE (88)
¡demasiado tarde!   173:1:11
demasiado tarde.   174:1:29
la tarde.   174:1:48
huele la tarde inmensa,   180:2:155
Voy camino de la tarde,   183:4:9
una tarde fresquita de mayo.   191:8:14
el fatal sentimiento de haber   197:11:14
nacido tarde,
pasas en la tarde luminosa y   201:14:2
clara
DICE la tarde: "¡Tengo sed de   211:18:1
sombra!"

en aquella tarde clara? 213:19:22
En el carbón de la tarde 226:26:43
¡Oh tarde cautiva por las 227:27:19
nubes,
¡Oh tarde, 228:27:36
tarde de mi otro beso! 228:27:37
Tarde desmoronada 228:27:41
TARDE lluviosa en gris cansado, 238:36:1
Tarde lluviosa en gris 239:36:21
cansado,
Y oiré una tarde ciega 243:38:97
cómo miran la tarde 246:40:13
de la tarde agosteña 246:40:24
La pena de la tarde estremece 271:56:9
a mi pena.
y finjo la tristeza de la 284:63:23
tarde
Y en la muda tristeza de la 285:63:64
tarde
En la tarde lluviosa 289:66:2
Y en la tarde brumosa 290:66:25
En la tarde de rosa y de 290:67:3
zafiro,
la tarde sin mañana, 297:70:21
Por la tarde ves temblar 318:103:10
[JOVEN 1.] Vamos a llegar 333:121:6
tarde.
sobre el yunque de la tarde. 346:126:3
Yo imagino esta tarde 349:128:50
y el sol dentro de la tarde, 366:145:4
LA tarde equivocada 374:154:1
La tarde está tendida 374:154:7
Cuando la tarde se puso 381:163:19
La tarde se pone extraña 390:175:11
La tarde canta 394:180:12
(Grulla dormida la tarde, 398:186:8
Tus muslos como la tarde 398:187:3
YO decía: "Tarde." 404:196:1
La tarde era otra cosa 404:196:3
"Tarde." ¡Pero es inútil! 404:196:7
Y en la tarde madura 407:200:4
Y en la tarde caída 407:200:14
el fondo de la tarde?) 409:203:4
LA hoguera pone al campo de 414:210:1
la tarde
Entre los juncos y la baja 414:210:11
tarde,
En la tarde, un Perseo 421:219:9
La tarde loca de higueras 429:222:31
la tarde colgada a un hombro, 445:230:18
Voz secreta de tarde 463:236:54
por los rumores de la tarde 528:268:31
tibia,
mientras la tarde se puso 533:272:23
turbia de latidos y leñadores
A las cinco de la tarde. 537:273:1
Eran las cinco en punto de la 537:273:2
tarde.
a las cinco de la tarde. 537:273:4
a las cinco de la tarde. 537:273:6
a las cinco de la tarde. 537:273:8
a las cinco de la tarde. 537:273:10
a las cinco de la tarde. 537:273:12
a las cinco de la tarde. 537:273:14
a las cinco de la tarde. 537:273:16
a las cinco de la tarde. 537:273:18
a las cinco de la tarde. 537:273:20
a las cinco de la tarde. 537:273:22
a las cinco de la tarde, 538:273:24
a las cinco de la tarde, 538:273:26
a las cinco de la tarde. 538:273:28
a las cinco de la tarde. 538:273:30
A las cinco de la tarde. 538:273:31
A las cinco en punto de la 538:273:32
tarde.
a las cinco de la tarde. 538:273:34
a las cinco de la tarde. 538:273:36
a las cinco de la tarde. 538:273:38
a las cinco de la tarde. 538:273:40
a las cinco de la tarde. 538:273:42
a las cinco de la tarde. 538:273:44

a las cinco de la tarde, 538:273:46
a las cinco de la tarde. 538:273:48
A las cinco de la tarde. 538:273:49
¡Ay qué terribles cinco de 538:273:50
la tarde!
¡Eran las cinco en sombra de 538:273:52
la tarde!
No te conoce el niño ni la 544:276:201
tarde
brindo por ti esta tarde 616:320:14
La luna de la tarde se 623:325:7
despega redonda
a las cinco de la tarde. 625:327:17
[Yo] ¿Voy al alba o a la 627:328:24
tarde?
Y yo con la tarde 643:343:13
TARDES (8)
Sus tardes son largas colas 361:138:13
Mi dolor sangraba por las 502:256:18
tardes
TODAS las tardes en Granada, 560:287:1
todas las tardes se muere un 560:287:2
niño.
Todas las tardes el agua se 560:287:3
sienta
como tardes calladas de 581:304:65
octubre,
estáis llenas de otoño, de 581:304:69
tardes,
cuando llora en las tardes, 584:305:51
TARDIOS (1)
va contando con ritmos tardíos 206:15:56
TARTAMUDO (1)
y aire tartamudo. 403:194:4
TATUADO (1)
el tatuado sol que baja por 481:243:97
el río
TATUAJE (1)
por el débil tatuaje 255:44:33
TE (182)
TEATROS (1)
las copas falsas, el veneno 494:250:49
y la calavera de los teatros.
TECHO (2)
hacia el techo imposible de 192:8:49
los cielos
Pones un techo de piedra 614:318:91
TECHOS (2)
Por encima de los techos 464:237:5
Cantarán los techos de 530:270:6
palmera.
TEDIO (1)
lleno de tedio, 278:60:6
TEJADILLOS (1)
tiembla en los tejadillos. 374:154:10
TEJADO (3)
Cuando el chino lloraba en 485:245:29
el tejado
has venido, amor mío, a 508:260:43
cubrir mi tejado.
El perro en el tejado. 640:341:10
TEJADOS (12)
de tejados viejos. 230:29:6
Cuando se pongan los tejados 394:180:7
relumbra por los tejados. 401:191:12
Temblaban en los tejados 432:223:57
Cuando todos los tejados 457:234:113
en los tejados del amor, con 472:239:12
gemidos y frescas manos,
Lorenzo por el mundo de las 473:240:7
universidades sin tejados.
por los tejados y azoteas, 480:243:65
por todas partes,
y el cielo desembocaba por 523:267:14
los puentes y los tejados
Hay mendigos por los tejados. 528:268:24
yerra por los tejados de las 618:323:14
casas antiguas.
NOCHE de los tejados y la 631:331:1
planta del pie,

TEJAS (1)
en las tejas de pizarra   428:221:57
TEJE (5)
copa de tu vientre la araña   201:14:7
que teje
teje una noche clara.   232:31:13
teje una gran estrella   314:96:8
que teje una red sonora   612:318:38
donde mi sangre teje juncos   638:338:6
de primavera,
TEJELE (2)
téjele tu misterio.)   224:25:9
téjele tu misterio.)   224:25:12
TEJEN (4)
tejen las encinas oros de   281:62:20
leyendas,
Los niños tejen y cantan   440:228:9
Mis hilos de sangre tejen   466:237:59
tejen el viento   590:311:5
TELA (6)
sobre una tela pajiza.   433:224:4
Sobre la tela pajiza,   433:224:10
Doble nocturno de tela.   455:234:70
Amnón gime por la tela   465:237:49
antes de que los jueces   494:251:10
levanten la tela.
y amante de los cuerpos bajo   523:267:39
la burda tela.
TELARAÑA (1)
como telaraña de armonía   281:62:18
eterna.
TELARES (1)
a clavar los telares   249:41:7
TELEFONOS (1)
que disolviera sus anillos y   521:266:29
sus teléfonos de diamante.
TELEGRAMAS (1)
Pon telegramas azules   450:232:41
TEMA (1)
Tema lejano de mi sombra,   228:27:38
TEMAS (1)
No temas la mirada   600:313:98
TEMBLABA (4)
¡Cómo temblaba el farol!   304:81:4
¡Cómo temblaba el farolito   304:81:6
El escándalo temblaba   391:175:13
temblaba con un miedo de   486:245:60
molusco sin concha.
TEMBLABAN (2)
Temblaban en los tejados   432:223:57
Verdes girasoles temblaban   519:265:52
TEMBLANDO (7)
temblando en los hilos de   281:62:16
sonora seda
y se asoma temblando   326:114:10
La noche llama temblando   449:232:13
temblando entre las piernas   524:267:50
de los chauffeurs
Y la Muerte vencida se   620:323:51
refugia temblando
temblando.   625:327:15
(Ai Ko desnuda y temblando.)   644:344:28
TEMBLANTE (1)
lascivo se bañaba en el   616:322:6
temblante,
TEMBLAR (3)
Por la tarde ves temblar   318:103:10
Yo... ¡temblar!   416:212:9
y tú la acompañaste sin   502:256:24
temblar
TEMBLONES (1)
con sus secos y temblones   206:15:51
dedos,
TEMBLOR (10)
un vago temblor de estrellas,   181:3:2
un vago temblor de estrellas   182:3:54
Fuegos fatuos que apaga el   271:56:8
temblor de las ondas.
Va encadenada al temblor   299:73:7
tiene un temblor   303:79:6
un temblor   303:79:9

el temblor viejo del río   347:127:4
temblor de blanco cerezo   562:289:3
un temblor de cisterna.   595:312:56
de temblor!   607:315:15
TEMBLORES (2)
que tienen temblores de   202:14:50
sangre, de nieve,
Cables y media luna con   632:331:11
temblores de insecto.
TEMBLOROSAS (2)
y temblorosas faldas,   307:85:13
las algas temblorosas   625:327:12
TEMBLOROSO (4)
tembloroso de auroras   173:1:21
Un vaho tembloroso   175:2:5
perdiéndose en la sombra   186:6:20
tembloroso y rasgado.
de naipes que se eleva   233:32:14
tembloroso
TEMBLOROSOS (2)
temblorosos de aromas y   199:13:8
zumbidos.
y la tierra despertó   533:272:42
arrojando temblorosos ríos
de polilla.
TEME (7)
mi amor no teme.   220:23:10
-Teme al sol, niña mía,   220:23:11
y teme   290:66:14
y el que teme la muerte la   493:250:21
llevará sobre sus hombros.
la mujer que no teme la luz,   531:271:7
la luz que no teme a los   531:271:9
gallos
y como la mujer teme la luz   532:271:26
TEMEN (2)
que temen los ricos detrás   490:247:42
de sus lupas,
Luz que temen las vides   620:323:59
entrañables de Baco
TEMERIA (1)
yo no temería el sigilo de   483:244:26
los caimanes.
TEMIBLE (1)
Tú, Madre siempre temible.   647:346:21
Ballena de todos los cielos.
TEMIBLES (1)
solté mi gavilán con las   190:8:7
temibles
TEMOR (1)
azul de una noche sin temor   478:242:22
de día,
TEMORES (1)
dicen los enebros temores de   281:62:22
aldea.
TEMPANOS (1)
¡Oh nieve circundada por   631:330:35
témpanos de música!
TEMPLADA (2)
Nochebuena templada en las   586:307:10
casas
y se afirma el aroma de la   632:331:32
rosa templada.
TEMPLO (1)
estrellaban ampollas de   533:272:29
laguna sobre las paredes del
templo.
TEMPRANO (1)
se fueron a arar temprano,   660:359:2
TEN (2)
Ten esperanza,   216:21:48
Ten cuidado con mis hojitas.   410:204:12
TENDERE (1)
Me tenderé junto a la flor   414:209:10
sencilla
TENDIA (2)
se tendía en la terraza,   465:237:30
El niño se tendía por la   568:295:19
tierra

TENDIDA (7)

La tarde está tendida 374:154:7
Vio su sombra tendida y 406:199:13
quieta
la cobra tendida canta. 465:237:48
tendida en la frontera de la 486:245:49
nieve!
para no ser cazadas por la 542:275:155
piedra tendida
Duerme cielo sin fin, nieve 637:336:12
tendida.
bajo la rama tendida; 648:348:12

TENDIDO (1)

un arco iris tendido. 625:327:8

TENDIDOS (2)

blancos perros tendidos entre 496:252:2
linternas sordas.
los tendidos y se vuelca 540:274:90

TENDIERON (1)

mis palomas sus alas 206:15:67
tendieron,

TENDIO (3)

se tendió para cerrarlos. 452:233:49
se tendió sobre la cama. 465:237:38
SE tendió la vaca herida; 503:257:1

TENDRA (7)

tendrá tu huerto. 409:202:6
tendrá bosque, dolor y nido 414:209:8
blando.
Tu niño tendrá en el pecho 444:229:53
el cielo tendrá que huir 485:245:43
ante el tumulto de las
ventanas.
para entender que lo que 500:255:9
busco tendrá su blanco de
alegría
para entender que lo que 500:255:26
busco tendrá su blanco de
alegría
Y aunque nunca tendrá sabor 637:335:9
de llama

TENDRAS (8)

tendrás el corazón partido en 187:6:42
mil pedazos.
¡Qué tristeza tan honda 203:14:67
tendrás dentro del alma
No tendrás camposanto 255:44:58
Tendrás por verdes canas 261:47:47
[JINETE] No tendrás otra 337:121:68
ocasión.
tendrás mucho frío. 375:155:4
tendrás mucho frío. 375:155:8
Tendrás un niño más bello 443:229:45

TENDREIS (1)

Que lugar tendréis luego 248:40:66

TENDREMOS (2)

tendremos que pacer otra vez 531:271:14
las hierbas de los
cementerios.
tendremos que pacer sin 532:271:29
descanso las hierbas de los
cementerios.

TENDRIA (3)

nuestro canto, tendría 176:2:38
MI corazón tendría la forma 512:263:1
de un zapato.
En mi memoria tendría 593:312:10

TENDRIAN (1)

los jazmines tendrían mitad 571:299:6
de noche oscura,

TENEBROSA (1)

el agua tenebrosa 247:40:40

TENEBROSO (1)

¡Más abajo del cieno tenebroso 279:61:7

TENEIS (3)

-Dichosos, ¡oh gusanos!, que 285:63:66
tenéis
tenéis en vuestro ser 579:304:27
-Aquí tenéis vuestro hijo 662:359:47

TENEMOS (3)

Tenemos que asomarnos 268:54:25

tenemos la entraña cuajada de 282:62:33
nidos,
Las estrellas: -Tampoco lo 286:63:85
tenemos:

TENER (7)

¡OH, qué dolor el tener 252:43:1
¡Oh, qué dolor no tener 252:43:5
¡Oh, qué dolor no tener 253:43:19
o tener dulce voz o fuerte 284:63:45
grito,
sin tener agua curva ni 542:275:150
cipreses helados.
para tener un ala de mi 572:300:12
muerte.
es no tener la flor, pulpa o 638:337:7
arcilla,

TENERTE (1)

Es así, Dios anclado, como 630:330:17
quiero tenerte.

TENGA (5)

no tenga para mí Naturaleza 238:36:10
para que se tenga a flote, 370:148:51
y acechar un silencio que no 490:247:23
tenga
con un disfraz que tenga 528:268:37
que tenga dulces nieblas y 543:275:187
profundas orillas,

TENGO (24)

tengo en el horizonte un 197:11:41
lucero encendido
DICE la tarde: "¡Tengo sed de 211:18:1
sombra!"
Yo tengo sed de aromas y de 211:18:5
risas,
"Yo no tengo camino. 277:59:15
Y tengo la amargura solitaria 284:63:28
Ahora tengo en la frente 287:63:133
rosas blancas
TENGO mucho miedo 287:64:1
tengo los agujeros 306:84:8
[TENIENTE CORONEL] Tengo tres 328:119:5
estrellas y veinte cruces.
[GITANO] En enero tengo 331:119:56
azahar.
este cintillo que tengo 381:162:7
Tirad ese anillo. Tengo 405:197:5
¿No ves la herida que tengo 431:223:39
ya que yo tengo que entregar 514:263:55
mi rostro,
¡Mira qué orillas tengo de 528:268:39
jacintos!
[Yo] Tengo libres los diez 627:328:20
dedos.
TENGO miedo a perder la 638:337:1
maravilla
Tengo pena de ser en esta 638:337:5
orilla
Tengo un guante de mercurio y 647:347:5
otro de seda.
tengo a mi amante malo: 651:352:3
tengo a mi amante malo 651:352:7
tengo a mi amante malo 651:352:11
-Al toro tengo de ir, 660:359:7
tres pañuelos tengo dentro, 661:359:35

TENIA (23)

que tenía en la escuela 244:39:2
¡Tenía una colmena de oro vivo 274:57:75
JUAN Breva tenía 320:105:1
ciego. Su voz tenía, 320:105:13
(La tenía el rey de los 403:195:2
grillos.)
Tenía la lengua de jabón. 418:216:8
pero tenía marido. 434:225:3
Tenía la noche una hendidura 479:243:36
y quietas salamandras de
marfil.
YO tenía un hijo que se 482:244:1
llamaba Juan.
Yo tenía un hijo. 482:244:2
Yo tenía una niña. 483:244:10
Yo tenía un pez muerto bajo 483:244:11

las cenizas de los
incensarios.
Yo tenía un mar. ¿De qué?   483:244:12
¡Dios mío! ¡Un mar!
Yo tenía un hijo que era un   483:244:23
gigante,
él tenía un hijo.   483:244:35
El caballo tenía un ojo en el   510:261:8
cuello
que tenía una plumilla en la   510:261:17
lengua
porque uno tenía la rueda de   519:265:40
un reloj
tenía que pasar sin remedio   533:272:15
por el ojo de una aguja.
tenía un espejo   596:313:2
que tenía cuando niño.   611:318:31
yo se la tenía.   665:364:36
nél pecho tenía.   666:364:46
TENIAN (1)
Subí a tocar las campanas,   483:244:13
pero las frutas tenían
gusanos
TENIAS (2)
Tenías en el pecho la   186:6:13
formidable aurora
Tenías la pasión que da el   186:6:21
cielo de España.
TENIENDO (3)
teniendo de inmenso dosel a   283:62:64
la noche,
teniendo Paraíso,   285:63:53
porque teniendo marido   436:225:53
TENIENTE (6)
[TENIENTE CORONEL] Yo soy el   328:119:1
teniente coronel de la
Guardia Civil.
[TENIENTE CORONEL] Yo soy el   329:119:10
teniente. Yo soy el teniente.
Yo soy el teniente coronel   329:119:11
de la Guardia Civil.
[TENIENTE CORONEL] Yo soy el   328:119:29
teniente coronel de la
Guardia Civil.
[SARGENTO] A la orden, mi   331:119:49
teniente coronel de la
Guardia Civil.
TENSION (2)
en tensión,   303:79:8
mi alma, en tensión aguda.   421:219:20
TENSO (1)
De la esfinge a la caja de   485:245:36
caudales hay un hilo tenso
TENUE (3)
Corazón tenue,   222:23:64
La dulzura tenue del   283:62:62
anochecer,
que aun pueden cruzarse en   459:235:33
tenue
TENUES (1)
y nos abre las alas tenues   621:323:82
de la sonrisa.
TEÑIDOS (1)
¡También ése! ¡También!   524:267:61
Dedos teñidos
TERCIOPELO (2)
y una túnica de terciopelo.   206:15:65
de terciopelo.   656:355:8
TERCOS (1)
Tercos fusiles agudos   456:234:97
TERESA (1)
el seno de Teresa, la de   622:323:103
cutis insomne,
TERMINO (1)
y borrando mi apariencia por   646:345:41
el término del aire.
TERMINOS (1)
en los primeros términos que   620:323:46
el humano frecuenta.
TERMOMETROS (1)

el vivísimo cáncer lleno de   501:256:12
nubes y termómetros
TERNURA (6)
LA lluvia tiene un vago   196:11:1
secreto de ternura,
acariciando con ternura   255:44:39
humilde
Se ha llenado el jardín de   271:56:10
ternura monótona.
entre el tisú estremecido de   521:266:52
ternura;
flor de aliso y perenne   522:266:72
ternura desgranada,
Un momento de venas y   633:332:10
ternura de ombligo.
TERRAZA (3)
desnuda por la terraza.   464:237:22
se tendía en la terraza,   465:237:30
Yo estaba en la terraza   486:245:52
luchando con la luna.
TERRAZAS (5)
que ya las ortigas   487:245:80
estremecerán patios y
terrazas,
abierta de piernas sobre las   490:247:34
terrazas.
ni en estas terrazas llenas   495:251:14
de humo.
que llevan los maricas en   524:267:71
coches y terrazas
y un mundo de mil terrazas.   561:288:2
TERRIBLE (10)
La nostalgia terrible de una   197:11:13
vida perdida.
¡Terrible noria del tiempo!   209:16:30
La terrible simiente   261:47:28
Su grito fue terrible.   319:104:9
terrible de esos cuernos?   366:144:12
terrible y multiplicada.   384:166:12
de una terrible fuente   490:247:36
silenciosa.
la terrible claridad de otra   518:265:18
luna enterrada.
y llorar un llanto tan   521:266:28
terrible
¿Quién el sueño terrible de   523:267:28
tus anémonas manchadas?
TERRIBLES (5)
¿Qué terribles guerreros os   264:50:4
lanzaron?
incendia las terribles   302:78:10
y los terribles alaridos de   516:264:36
las vacas estrujadas
¡Ay qué terribles cinco de   538:273:50
la tarde!
pero las madres terribles   540:274:97
TERROR (6)
¿El terror de las sombras no   273:57:44
lo sienten
Sin terror y sin miedo ante   287:63:129
la muerte,
Cantaba la lombriz el terror   492:249:18
de la rueda
mi agonía con flores de   502:256:44
terror,
los muchachos que tiemblan   522:266:59
bajo el terror pálido de los
directores,
mientras la luna los azota   524:267:72
por las esquinas del terror.
TESORO (3)
La granada es el tesoro   258:46:25
Es el tesoro que aun guardan   258:46:31
Si tú eres el tesoro oculto   638:337:9
mío,
TESTIGO (1)
angustiados por el testigo y   489:247:14
la vigilia de todas las cosas
TESTIGOS (1)
testigos que conocen lo que   462:236:43
falta.

TETA (4)
TETA roja del sol.   367:146:1
Teta azul de la luna.   367:146:2
UN pastor pide teta por la   496:252:1
nieve que ondula
da teta a sus estrellas   604:314:56
TETAS (3)
y al aire sus grises tetas   370:148:43
Esa maldita vaca tiene las   533:272:20
tetas llenas de leche.
tiene las tetas llenas de   533:272:26
perdigones,
TETIS (1)
mientras Favonio suena y   617:322:27
Tetis canta.
THAMAR (6)
Thamar estaba soñando   464:237:13
Thamar estaba cantando   464:237:21
Thamar entró silenciosa   465:237:53
Thamar, bórrame los ojos   466:237:57
Thamar, en tus pechos altos   466:237:65
Alrededor de Thamar   466:237:85
TI (24)
TIBIA (8)
un vaso de tibia leche,   428:221:52
ya nace la leche tibia.   444:229:58
Rumores de tibia aurora   467:237:91
Tibia leche encerrada de las   474:240:50
recién paridas
tu alma tibia sin ti que no   476:241:18
te entiende.
Tu alma tibia sin ti que no   476:241:39
te entiende.
por los rumores de la tarde   528:268:31
tibia,
roza su tibia espalda sin   618:322:42
venera.
TIBIAS (1)
bajo las rosas tibias de la   571:298:15
cama
TIBIO (1)
poniendo en el aire tibio   183:4:3
TIBIOS (3)
Corales tibios dibujan   466:237:75
Todo está roto por los   490:247:35
tibios caños
tibios sancta sanctorum de   580:304:57
la eterna poesía,
TIBURONES (2)
peces de arsénico como   520:266:5
tiburones,
tiburones como gotas de   520:266:6
llanto para cegar una
multitud,
TIC TAC (1)
Frondas de tic tac,   610:318:3
TIEMBLA (15)
Cada gota de lluvia tiembla   197:11:23
en el cristal turbio
Tiembla junco y penumbra   296:69:9
tiembla en el oro.   305:83:14
donde tiembla el cantar.   313:95:12
su falda de moaré tiembla   315:98:7
tiembla en los tejadillos.   374:154:10
Pero tiembla por dentro.   384:167:9
tiembla sin esperanza   391:176:3
Pero Córdoba no tiembla   440:228:13
Su sexo tiembla enredado   459:235:29
ni el corazón que tiembla   472:239:4
arrinconado como un caballito
de mar.
esta mirada que tiembla   488:246:31
desnuda por el alcohol
la luz tiembla delante de   532:271:27
los gallos
¡diminuta!, se ríe y tiembla.   615:320:7
La nieve gime y tiembla   641:341:21
TIEMBLAN (5)
tiemblan,   308:87:6
tiemblan en su vocecita.   444:229:66

a las pequeñas judías que   479:243:25
tiemblan llenas de burbujas,
Cuatro pezuñas tiemblan en   504:257:15
el aire.
los muchachos que tiemblan   522:266:59
bajo el terror pálido de los
directores,
TIEMBLEN (1)
hasta que las ciudades   522:266:69
tiemblen como niñas
TIEMPO (33)
que presa por la araña gris del   190:8:3
tiempo
-le preguntan dos voces a un   206:15:63
tiempo-.
-le preguntan dos voces a un   207:15:75
tiempo-.
-sermonean dos voces a un   207:15:97
tiempo-.
¡Terrible noria del tiempo!   209:16:30
del tiempo.   213:20:6
antes que Dios y el tiempo,   219:22:71
entre el libro del tiempo.   229:29:2
al insecto del tiempo.   238:35:21
entre hojas del tiempo,   239:37:4
hace mucho tiempo,   240:37:20
atar al tiempo   278:60:10
que crea el tiempo,   300:75:2
del tiempo de la aceituna.   329:119:17
en un claro del tiempo.   353:131:2
del tiempo cautiva.   354:132:16
que aullarán, noche oscura,   486:245:47
por tu tiempo sin luces,
Yo amé mucho tiempo a un niño   510:261:16
Mañana los amores serán   525:267:90
rocas y el Tiempo
La piedra es una espalda   542:275:151
para llevar al tiempo
Tardará mucho tiempo en   545:276:220
nacer, si es que nace,
y los arcos rotos donde   558:284:12
sufre el tiempo.
del tiempo.   585:306:6
del tiempo.   585:306:8
y en la senda del tiempo   588:309:3
en un claro del tiempo.   613:318:66
El Tiempo   613:318:74
Y el Tiempo se ha dormido   613:318:80
El Tiempo tiene ya   613:318:84
ni tu color que ronda la   619:323:39
color de tu tiempo,
La corriente del tiempo se   620:323:49
remansa y ordena
El viajante del tiempo   626:328:16
-¿Qué tiempo tiene el toro?   661:359:19
TIEMPOS (2)
la visión que ella tuvo en   206:15:57
sus tiempos.
-En mis tiempos yo vi en   587:307:21
esta noche
TIENDA (1)
No es la muerte, es la   516:264:55
tienda de frutas.
TIENDAS (3)
con las tiendas de sombra.   265:51:22
por las tiendas de las   513:263:45
pieles donde suena un cuerno
de vaca herida,
El Gobierno ha cerrado las   618:323:11
tiendas de perfume.
TIENDE (3)
La higuera me tiende sus   384:166:2
brazos.
Todo el valle se tiende. Por   414:210:3
sus lomos,
tiende en su cristal maduro,   440:228:6
TIENDEN (1)
y las arañas tienden   175:2:7
TIENDETE (1)
Tiéndete en la pradera   237:34:19

TIENE (94)

Tiene recias cadenas	174:1:44
"Tiene dos cuernecitos	176:2:54
a otra hormiga que tiene	178:2:110
que tiene la alameda	179:2:129
no tiene fin-exclama-.	180:2:164
La nieve del alma tiene	181:3:15
si el Amor no tiene flechas?	182:3:44
¡Qué alegría tiene el hondo	183:4:5
Tiene el mármol de la fuente	184:5:5
tiene el polen fatal del desengaño.	190:8:4
LA lluvia tiene un vago secreto de ternura,	196:11:1
nuestro cielo interior tiene un triunfo de sangre,	197:11:18
Mi alma tiene tristeza de la lluvia serena,	197:11:39
tiene mi corazón?	198:12:19
tiene toda la gracia del estío	200:13:22
cuyo aliento tiene blancor de biznagas.	202:14:27
¡Oh cisne moreno!, cuyo lago tiene	202:14:30
plenos del silencio que tiene la noche	202:14:36
Virgen dolorosa que tiene clavadas	202:14:43
que tiene la vieja calle provinciana,	203:14:61
La tristeza que tiene mi alma,	208:15:104
La fuente no tiene trenzas.	225:26:4
Y observo que el laurel tiene	225:26:19
UN pleno de cigarras tiene el campo.	229:28:1
-me lo tiene ofrecido-.	241:38:32
tiene un aire muy triste	246:40:9
que no tiene fuente.	249:41:21
¿Qué tiene tu divino	250:42:5
tiene ese fuego fatuo,	254:44:9
que no tiene agua.	255:44:55
que tiene una vaga forma	259:46:71
Tiene sangre reseca	262:48:5
LA luna tiene dientes de marfil	264:51:1
¿Cuántos hijos tiene la Muerte?	279:60:15
que tiene la idea!	282:62:39
lo tiene la esperanza en su recinto-.	286:63:88
tiene tu barba,	291:67:14
tiene las barbas granates.	295:68:8
Sevilla tiene un camino;	295:68:14
tiene el corazón de plata	299:73:9
tiene un temblor	303:79:6
Andalucía tiene	316:100:4
Tiene verdes los ojos	317:102:3
del incienso, tiene	322:108:8
Tiene blancos los cabellos	324:112:3
pero las tiene abrazadas	325:113:8
[AMARGO] Un cuchillo no tiene que ser más que un cuchillo.	336:121:52
y tiene el cielo enormes	351:129:11
En lo oscuro el canto tiene	361:137:2
El estanque tiene suelta	370:148:41
LA mar no tiene naranjas,	377:157:1
ni Sevilla tiene amor.	377:157:2
La mar no tiene naranjas.	377:157:9
¡Ni Sevilla tiene amor!	377:157:11
Esta es falsa, esta tiene	404:196:8
tiene tu huerto.	409:202:2
tiene ya sombra y pájaros.	417:215:2
tiene los ojos cerrados.	425:220:24
entra en la casa que tiene,	428:221:44
Con todo lo que tiene	471:238:9
cansancio sordomudo	
pero a veces tiene los pechos nublados.	475:240:56
La sangre no tiene puertas en vuestra noche boca arriba.	480:243:53

porque tiene un paisaje seco en la rodilla;	493:250:11
o a aquel muerto que ya no tiene más que la cabeza y un zapato,	493:250:33
Pero si alguien tiene por la noche exceso de musgo en las sienes,	494:250:47
Nosotros ignoramos que el pensamiento tiene arrabales	495:251:22
La luna tiene un sueño de grandes abanicos	496:252:11
LA aurora de Nueva York tiene	497:253:1
que tiene un viejo alfiler oxidado	499:254:21
mi corazón tiene la forma de una niña.	512:263:6
mi corazón tiene la forma de una milenaria boñiga de toro.	512:263:8
la luz tiene un sabor de metal acabado	513:263:38
El cielo tiene playas donde evitar la vida	525:267:79
Esa maldita vaca tiene las tetas llenas de leche.	533:272:20
tiene las tetas llenas de perdigones.	533:272:26
El Tamarit tiene un manzano	570:297:5
que tiene en vez de cuerdas	584:305:60
La madrugada tiene	612:318:55
tiene color de noche.	613:318:75
El Tiempo tiene ya	613:318:84
Pepín, mi corazón tiene	616:320:10
La Noche, negra estatua de la prudencia, tiene	619:323:19
El mundo tiene sordas penumbras y desorden,	620:323:45
tu amor a lo que tiene explicación posible.	621:323:91
[El viajante] Una sola hora tiene mi herbario.	627:328:23
el millón de muertecitas que tiene el mercado.	647:346:18
-¿Qué tiempo tiene el toro?	661:359:19
-El toro tiene ocho años.	661:359:20
no tiene ma{d}re;	662:360:2
No tiene ma{d}re, sí;	662:360:5
no tiene ma{d}re, no;	662:360:6
no tiene ma{d}re,	662:360:7
no tiene cuna	662:360:10
la baraja tiene cuatro:	662:361:2

TIENEN (26)

TIENEN gotas de rocío	184:5:1
que tienen temblores de sangre, de nieve,	202:14:50
HAY almas que tienen	239:37:1
Otras almas tienen	239:37:9
y las noches tienen las mismas estrellas.)	265:52:6
y las noches tienen las mismas estrellas.)	266:52:12
y las noches tienen las mismas estrellas.)	266:52:18
y las noches tienen las mismas estrellas.)	266:52:26
La ciencia de los cantos por los cantos la tienen	268:54:9
que tienen el cerebro de oro puro	269:55:19
o tienen luz de luna en su vestido.	285:63:49
Porque el azul lo tienen las estrellas	286:63:83
Los bueyes tienen ritmo	349:128:29
no tienen amo	349:128:37
tienen el cutis tan fino,	435:225:29
Tienen, por eso no lloran,	453:234:5
allí donde mugen las vacas	499:254:48
que tienen patitas de paje	
Rodeado de espectadores que	509:260:66

TIENEN - TIERRA

tienen hormigas en las
palabras.
y las manos del hombre no   565:292:12
tienen más sentido
valles y bosques tienen   595:312:55
Las pupilas no tienen   599:313:78
las que no tienen luz,   605:314:67
no tienen novio.   624:326:2
que tienen una sola letra en   646:346:4
su vocabulario,
que tienen los pequeños   647:346:14
animales planos,
que qué edad tienen.   656:355:22
TIENES (15)
¿Tienes los ojos negros   187:6:37
abiertos a la luz?
tienes sepulcros de oro   189:7:44
-¿Dónde tienes guardada esa   207:15:78
estrella?
¡Qué haré si tienes tus ojos   213:19:17
y miedo tienes.   220:23:8
y si acaso tienes pico   240:38:10
¿Qué tienes en tus manos   250:42:13
tienes entre las casas   255:44:48
tienes pulpos verdosos.   276:58:17
ni cayado ni amor tienes.   348:128:10
DICEN que tienes cara   387:171:1
¡Soledad, qué pena tienes!   437:226:23
San Gabriel: Aquí me tienes   443:229:39
[El viajante] Lo tienes en   627:328:19
tus manos.
Mundo, ya tienes meta para   633:331:37
tu desamparo.
TIERNA (4)
que lloran a la tierna   306:85:6
al increíble cocodrilo quieto   493:250:6
bajo la tierna protesta de
los astros.
y para la tierna intimidad   495:251:42
de los volcanes.
debajo de las sumas, un río   515:264:5
de sangre tierna.
TIERNAS (4)
sobre las hojas más tiernas   177:2:74
del abril canciones tiernas.   183:4:4
¡Pronto! ¡Los bordes! ¡De   504:258:5
prisa! Y croaban las
estrellas tiernas.
estrellitas tiernas!   604:314:61
TIERNO (5)
Piensa que el suspiro tierno,   305:82:5
es tierno!   352:129:48
es tan tierno que los   513:263:48
reflectores le comieron
jugando el corazón.
¡Qué tierno con el rocío!   541:274:119
Canto tu corazón astronómico   621:323:92
y tierno,
TIERNOS (2)
levantando sus tiernos   542:275:154
brazos acribillados,
Oh musas bailarinas, de   623:325:21
tiernos pies rosados,
TIERRA (85)
sus brazos a la tierra.   175:2:4
junto a una tierra florida   177:2:69
los caminos en la Tierra?   182:3:40
que vino de la tierra dorada   187:6:47
de Castilla
que sobre el lecho de tierra   188:7:3
Es un besar azul que recibe la   196:11:5
Tierra,
El contacto ya frío de cielo y   196:11:7
tierra viejos
Sobre la oscura tierra   203:14:72
peregrino en la tierra del   206:15:61
cielo.
(Una hoja la tierra   229:29:3
del mar y de la tierra?   251:42:38
sangre de la tierra herida   259:46:61
mi corazón en tierra?   264:50:11

El silencio profundo de la   268:54:12
vida en la tierra,
Arrancan a la tierra su oro   270:55:24
vivo
El aroma sereno de la tierra   270:56:3
mojada
nacimiento del Verbo de la   272:57:17
tierra
El paisaje y la tierra se   274:57:77
perdieron,
La tierra es el probable   277:58:29
Yo lo abandoné en la tierra,   278:59:24
Mis lágrimas resbalan a la   280:61:25
tierra
con palabras de tierra   280:61:37
entrelazadas
al darnos la sangre que   282:62:36
extraes de la Tierra,
Sobre la parda tierra de la   284:63:34
estepa
Tierra de luz,   299:73:5
cielo de tierra.   299:73:6
Tierra de luz,   299:73:15
cielo de tierra.   299:73:16
TIERRA seca,   301:76:1
tierra quieta   301:76:2
Tierra   301:76:7
Tierra   301:76:11
Tierra   301:76:13
tierra tostada,   310:91:8
bajo la tierra seca.   316:100:3
La tierra estaba   348:128:15
con la tierra a la cintura   355:133:10
Aire, tierra y soledad.   360:135:3
partes de la tierra.   362:138:20
desconocidas de la tierra.   362:138:28
Cuatro palomas en la tierra   365:143:8
están.
el mar cubre la tierra   393:179:6
La tierra es una naranja.   394:180:15
puso en tierra la otra pata.)   398:186:9
Cien manos, bajo la tierra,   402:193:5
eran surcos en la tierra,   457:234:114
La tierra se ofrece llena   464:237:9
Son los muertos que arañan   488:246:22
con sus manos de tierra
Nos caemos por las escaleras   493:250:15
para comer la tierra húmeda
No hay dolor en la voz. Aquí   496:251:45
solo existe la Tierra.
La tierra con sus puertas de   496:251:46
siempre
Oxido, fermento, tierra   517:264:62
estremecida.
Tierra tú mismo que nadas   517:264:63
porque queremos que se   522:266:73
cumpla la voluntad de la
Tierra
y la tierra despertó   533:272:42
arrojando temblorosos ríos
de polilla.
hartos de pisar la tierra.   540:274:75
como todos los muertos de   544:276:212
la Tierra,
No quedaba en la tierra ni   561:287:11
una miga de nube
para aprender un llanto que   564:290:21
me limpie de tierra;
que imitar a las raíces bajo   565:292:13
tierra.
El niño se tendía por la   568:295:19
tierra
VERTE desnuda es recordar la   570:298:1
tierra.
La tierra lisa, limpia de   570:298:2
caballos.
La tierra sin un junco, forma   570:298:3
pura
con la tierra por la cintura   574:303:10
todo el cielo y la tierra   581:304:83
son vuestros

Noche de la tierra.   606:314:90
irisada de la tierra.)   608:315:42
irisada de la tierra.)   609:315:52
la tierra y el cielo.   615:319:2
y sangre bajo tierra.   640:341:2
Prado mortal de tierra.   640:341:8
Tierra tan solo. Tierra.   645:345:7
Tierra para los manteles   645:345:8
estremecidos,
Tierra para todo lo que huye   645:345:11
de la tierra.
Es la tierra desnuda que   645:345:14
bala por el cielo
Es la tierra alegrísima,   645:345:16
imperturbable nadadora,
¡Viva la tierra de mi pulso   645:345:18
y del baile de los helechos,
Es tierra, ¡Dios mío!,   646:345:34
tierra, lo que vengo
buscando.
para marrar cosas cubiertas   647:346:15
de tierra
Cuerpo y tierra de nieve.   649:349:5
a tierra de moros   664:364:3
TIERRAS (5)
caracol, de otras tierras?"   177:2:57
en las tierras de aceituna   437:226:21
tierras adentro.   463:236:61
sobre las tierras sin agua   464:237:2
negras en tierras blancas,   583:305:25
TIGRE (2)
rumores de tigre y llama.   464:237:4
tigre y paloma, sobre tu   640:340:10
cintura
TIJERAS (6)
Tijeras en cruz.   322:108:6
Tijeras en cruz.   322:108:12
Tijeras en cruz.   322:108:18
remolinos de tijeras.   456:234:92
David con unas tijeras   467:237:99
Los médicos ponen en el   518:265:16
níquel sus tijeras y guantes
de goma
TILIN (2)
Tilín, tilín,   599:313:63
TIMON (1)
pero en el centro de la misa   483:244:32
yo romperé el timón y
entonces
TIN (10)
TINIEBLA (3)
que explora en la tiniebla.   213:20:5
Mi coral en la tiniebla.   531:270:29
banderillas de tiniebla!   541:274:122
TINIEBLAS (2)
dentro de mis tinieblas."   179:2:131
Sobre las tinieblas   354:132:13
TINTA (9)
todo manchado de tinta!   252:43:4
la tinta, el papel y el verso? 396:183:4
ciegas desnuda en tinta de   399:189:7
perfume.
manchas de tinta y de cera.   453:234:4
vuelcan la tinta despacio.   460:235:58
Allí los corales empapan la   478:242:26
desesperación de la tinta,
El olvido estaba expresado   481:243:83
por tres gotas de tinta
sobre el monóculo,
Quinientos serafines de   631:330:27
resplandor y tinta
al escribir tu nombre de   638:338:2
tinta y cabellera
TINTERO (1)
y mariposa ahogada en el   471:238:10
tintero.
TINTEROS (2)
Tinteros de las ciudades   460:235:57
con los tinteros que orina   474:240:35
el perro y desprecia el
vilano,

TIÑE (1)
tiñe mis labios manchados   226:26:32
TIÑEN (1)
y las rosas lo tiñen   590:311:6
TIO VIVO (2)
El tío vivo los trae,   361:138:3
El tío vivo gira   362:138:17
TIOVIVO (1)
como un tiovivo en que la   278:60:7
Muerte
TIRA (1)
Preciosa tira el pandero   427:221:29
TIRAD (3)
TIRAD ese anillo   405:197:1
Tirad ese anillo. Tengo   405:197:5
Tirad ese anillo   405:197:8
TIRANDO (1)
y los fue tirando al agua   445:230:11
TIRANIA (1)
la tiranía   216:21:33
TIRANTE (2)
Noche tirante reluce.   460:235:55
Seda en tambor, el mar queda 617:322:26
tirante,
TIRITANDO (1)
tiritando bajo el polvo.   446:230:38
TIRITE (2)
entre el tirite de cuchillos   521:266:54
y melones de dinamita;
TIRO (2)
Al coger tu paleta, con un   620:323:53
tiro en un ala,
tiro al blanco de insomnio   630:330:16
sin un pájaro negro.
TIRO (1)
y si te tiro y te mato   660:358:17
TIROTEO (3)
y ahora empieza el tiroteo.   659:358:7
y ahora empieza el tiroteo.   660:358:14
y ahora empieza el tiroteo.   660:358:22
TISU (1)
entre el tisú estremecido de   521:266:52
ternura;
TITIRITERAS (1)
arañas titiriteras.)   392:178:4
TIZNA (1)
tizna los aires helados.   460:235:54
TOBIAS (1)
aprendices de Tobías   441:228:33
TOCA (2)
-¡Noche; toca los platillos! 462:236:23
toca su tambor   590:311:2
TOCABAN (1)
tocaban acordeones.   450:232:38
TOCADORES (2)
Esclavos de la mujer,   526:267:117
perras de sus tocadores,
La gillette descansaba sobre   631:331:5
los tocadores
TOCAIS (1)
y tocáis cuando os rozan los   270:55:32
silencios
TOCAN (1)
tocan en la batalla contra   623:325:16
el mar y sus gentes.
TOCANDO (4)
tocando el tambor del llano.   425:220:22
Preciosa tocando viene.   426:221:2
Preciosa tocando viene.   427:221:18
mira a la niña tocando   427:221:23
TOCAR (3)
Subí a tocar las campanas,   483:244:13
pero las frutas tenían
gusanos
Basta tocar el pulso de   508:260:28
nuestro amor presente
ni hay nadie que, al tocar un 565:292:8
recién nacido,
TOCARA (1)
si el amor dormido tu cuerpo 201:14:19
tocara,

TOCARLO (1)
    sin tocarlo.   396:182:8
TODA (20)
TODAS (35)
TODAVIA (8)
    [AMARGO] Todavía no estoy   338:121:83
    cansado.
    y porque todavía en el suelo   489:247:15
    celeste de negras huellas
    A los que guardan todavía   493:250:31
    huellas de zarpa y aguacero,
    me quedan todavía tus diez   501:256:5
    años,
    despierta, que los montes   510:261:13
    todavía no respiran
    y todavía sus labios gimen   517:264:71
    ignora que Cristo puede dar   521:266:33
    agua todavía,
    Todavía la polvareda   607:315:21
TODO (62)
TODOS (44)
TOMA (9)
    Y toma este cuchillo. ¡Te   341:121:125
    lo regalo!
    la toma por espejito.   347:127:6
    Toma el anillo de bodas   402:193:3
    (Toma mi corazón   409:202:3
    (Toma mi corazón   409:202:7
    Toma este vals con la boca   527:268:8
    cerrada.
    Toma este vals de quebrada   527:268:19
    cintura.
    Toma este vals que se muere   528:268:27
    en mis brazos.
    Toma este vals del "Te   528:268:35
    quiero siempre".
TOMABAN (1)
    que tomaban el sol,   176:2:28
TOMADAS (1)
    y hallábanlas tomadas   659:357:16
TOMAMOS (1)
    que amor de amor tomamos   194:9:45
TOMAN (1)
    donde todos los ángulos   631:330:30
    toman sus luces fijas,
TOMAR (1)
    como al tomar el agua,   194:9:68
TOMARLA (1)
    tomarla en brazos ni   404:196:16
    vestirla.
TOMILLO (2)
    En tu casa queman tomillo.   382:164:3
    En tu casa queman tomillo.   382:164:14
TOMO (1)
    Con su tomo de olor, gira.   626:328:3
TONANTE (1)
    flor de Venus furiosa y   580:304:37
    tonante,
TONELES (1)
    abrieron los toneles y los   475:240:63
    armarios,
TONOS (2)
    con tonos invertidos?   242:38:76
    Pasaba por los tonos   319:104:15
TOPO (3)
    Que el topo silencioso   215:20:44
    algo de topo y   322:108:9
    para el topo, la aguja del   481:243:89
    agua.
TOQUE (1)
    toqué sus pechos dormidos,   434:225:9
TOQUE (1)
    para que nadie la toque.   438:227:14
TORCALES (1)
    El viento se ha sentado en   256:45:13
    los torcales
TORCIA (2)
    yo torcía las ramas   274:57:68
    la seda torcía,   665:364:38
TORDA (3)
    el de la mula torda,   654:353:3

    el de la mula torda,   654:353:7
    el de la mula torda   654:353:11
TORERA (1)
    dando una larga torera   445:230:19
TORERILLOS (2)
    vendrán los torerillos.   318:102:15
    Pasaron tres torerillos   381:163:13
TORERITOS (1)
    Los toreritos   311:92:3
TORERO (4)
    ¡Qué gran torero en la   541:274:115
    plaza!
    más torero y más gitano."   655:354:4
    más gitano y más torero."   655:354:8
    un torero de cartel   655:354:16
TORITO (1)
    que el torito le ha matado.   662:359:44
TORMENTA (2)
    flautas en la tormenta,   174:1:42
    de cera y de tormenta   265:51:12
TORMENTAS (1)
    ¡Oh lluvia silenciosa, sin   197:11:27
    tormentas ni vientos,
TORNA (2)
    se torna de repente monótono y   186:6:16
    amargo.
    pues se torna fuego y oro   258:46:45
TORNABAN (1)
    y tornaban desmaídas   659:357:10
TORNAN (2)
    Y se tornan llanuras   193:9:23
    vuelan y tornan.   365:143:4
TORNANDO (1)
    se va tornando en nieve,   249:41:4
TORNARA (1)
    No tornará la primavera   261:47:41
TORNEOS (1)
    que se fue de los torneos.   266:52:16
TORO (28)
    Ojos de toro te miraban.   399:188:3
    El toro de la reyerta   429:222:11
    Brama el toro de los yunques,   458:235:19
    el hocico del toro, la seta   472:239:7
    venenosa
    y el toro sueña un toro de   496:252:12
    agujeros y de agua.
    mi corazón tiene la forma de   512:263:8
    una milenaria boñiga de toro.
    toro y sueño que junte la   525:267:74
    rueda con el alga,
    ¡Y el toro solo corazón   538:273:23
    arriba!
    El toro ya mugía por su   538:273:37
    frente
    ¡Oh negro toro de pena!   542:274:136
    NO te conoce el toro ni la   544:276:199
    higuera,
    FLOR de jazmín y toro   571:299:1
    degollado.
    La niña finge un toro de   571:299:3
    jazmines
    y el toro es un sangriento   571:299:4
    crepúsculo que brama.
    y el toro circo azul sin   571:299:7
    lidiadores,
    Entre el jazmín y el toro   571:299:13
    y en el toro el esqueleto de   571:299:16
    la niña.
    donde la luz desboca su toro   632:331:31
    relumbrante
    "Este toro ha de morir   655:354:11
    -Al toro tengo de ir,   660:359:7
    preguntando por el toro,   661:359:15
    y el toro ya está encerrado.   661:359:16
    -¿Qué tiempo tiene el toro?   661:359:19
    -El toro tiene ocho años.   661:359:20
    mirar que el toro es muy   661:359:22
    malo,
    Manuel Sánchez llamó al toro;   661:359:27
    cuando el toro lo dejó,   661:359:31

TORONJA (1)
  cantaba dentro de la toronja. 529:269:10
TORONJAS (3)
  de verme sin toronjas. 420:218:4
  de verme sin toronjas. 420:218:16
  Cinco toronjas se endulzan 433:224:17
TOROS (5)
  va a Sevilla a ver los toros. 445:230:4
  y los toros de Guisando, 540:274:72
  que gritaban a toros 540:274:101
  celestes,
  sin escuchar el doble 543:275:189
  resuello de los toros.
  los toros corría. 665:364:40
TORPES (1)
  (¡Oh mis torpes andares!) 210:17:18
TORPEZA (1)
  Pero mi gran torpeza 180:2:167
TORRE (19)
  hay una torre mora, 209:17:6
  Lírica flor de torre 230:29:7
  ¡Oh torre vieja! Llora 249:41:18
  Guadalquivir, alta torre 295:68:19
  SEVILLA es una torre 308:88:1
  EN la torre 312:94:1
  En la torre 312:94:7
  Cazorla enseña su torre 329:119:18
  [GITANO] Una torre de canela. 331:119:47
  para adornar todos los 339:121:90
  altares y poner una corona a
  la torre.
  ¿Quién mira dentro la torre 379:159:9
  Por el balcón se veía una 406:199:9
  torre.
  El se sintió balcón y torre. 406:199:10
  en la alcoba de su torre, 438:227:18
  en la alcoba de su torre, 439:227:46
  en la torre la miraba, 465:237:26
  para siempre en su torre. 613:318:81
  CHOPO y torre. 616:321:1
  torre de sangre abierta con 646:345:37
  las manos quemadas.
TORRECILLAS (1)
  Dauro y Genil, torrecillas 296:68:21
TORRENTE (3)
  Y hubo un torrente de luceros 273:57:53
  y un torrente de cálidos 275:57:113
  luceros
  Pero se supo que la sexta 475:240:68
  luna huyó torrente arriba,
TORRES (17)
  la de las torres viejas y del 187:6:54
  jardín callado,
  las torres desde lejos 230:29:25
  y en las torres 302:77:7
  (Torres altas y hombres 305:83:7
  EN las torres 316:101:1
  En las torres amarillas 317:101:14
  desde las torres de Córdoba. 380:161:10
  El viento, galán de torres, 381:163:5
  ALTAS torres. 402:193:1
  Altas torres. 402:193:11
  Las torres fundidas 413:208:5
  no ven a cien torres 413:208:11
  guardando las blancas torres 426:221:11
  a las amarillas torres. 449:232:12
  con las torres de canela. 454:234:24
  por las torres de las 517:264:72
  iglesias.
  son dos faisanes que vuelan 561:287:7
  por las torres
TORRES (3)
  ANTONIO Torres Heredia, 445:230:1
  Antonio Torres Heredia, 446:230:25
  Antonio Torres Heredia, 447:231:19
TORSO (8)
  Torso mitad coral, 367:146:3
  romano torso desnudo. 440:228:4
  mi torso limitado por el 475:241:8
  fuego.
  los mulatos estiraban gomas, 480:243:49

ansiosos de llegar al torso
blanco,
  Viajero por su propio torso 510:262:2
  blanco.
  Llegará un torso de sombra 529:269:33
  y como un torso de mármol 541:274:109
  de flotar sobre el agua con 633:332:8
  el torso de mármol.
TORSOS (3)
  Negros torsos bañistas 401:192:5
  oscurecen
  Noche de torsos yacentes 458:235:9
  Es allí donde sueñan los 478:242:25
  torsos bajo la gula de la
  hierba.
TORTUGA (3)
  BLANCA tortuga, 215:21:1
  Blanca tortuga, 216:21:42
  y en la danza que sueña la 527:268:17
  tortuga.
TORTUGAS (1)
  que duermen en los troncos, 503:256:51
  en nubes, en tortugas,
TOSCAS (2)
  ¿Conocerán vuestras raíces 264:50:10
  toscas
  con piedras negras y cruces 291:67:36
  toscas,
TOSTADA (1)
  tierra tostada, 310:91:8
TRABAJA (1)
  que trabaja antes del 563:290:9
  amanecer.
TRABAJAN (1)
  y los ataúdes se llevarán a 523:267:23
  los que no trabajan.
TRABAJO (7)
  El trabajo es tu ley." 179:2:144
  de la fuerza y el trabajo. 258:46:38
  ¡AY qué trabajo me cuesta 380:162:1
  ¡Ay qué trabajo me cuesta 381:162:10
  ¡QUE trabajo me cuesta 420:219:1
  ¡Qué trabajo me cuesta 421:219:5
  ¡qué trabajo me cuesta 421:219:22
TRAE (4)
  Es la aurora del fruto. La que 196:11:9
  nos trae las flores
  El río las trae, 359:134:13
  El tío vivo los trae, 361:138:3
  trae el herbario de los 626:328:17
  sueños.
TRAEN (1)
  Los relojes nos traen 612:318:51
TRAERA (1)
  nos traerá sus sonajas 215:20:46
TRAERLA (1)
  por traerla nuera 666:364:51
TRAGA (2)
  El que te gusta no sabe que 200:13:47
  traga
  ¿Y esto que ahora pensamos se 271:56:16
  lo traga la sombra?
TRAGAN (2)
  y se lo tragan las olas. 436:226:18
  y tragan pedacitos de 479:243:41
  corazón, por las heladas
  montañas del oso.
TRAGEDIA (2)
  la tragedia otoñal 289:66:4
  la tragedia otoñal 290:66:27
TRAGICO (1)
  el trágico Rubén 579:304:12
TRAGO (1)
  ni el vómito del gato que se 488:246:21
  tragó una rana por descuido.
TRAIA (2)
  llevaba y traía 614:318:101
  y quien lo traía, 665:364:12
TRAIAN (1)
  Angeles negros traían 429:222:13

TRAIDO (3)
  [SARGENTO] Me lo encontré y   330:119:41
  lo he traído.
  ME han traído una caracola.   372:151:1
  Me han traído una caracola.   372:151:8
TRAIGAN (1)
  que te traigan en un carro,   661:359:10
TRAIGO (5)
  Lo traigo andado.   658:356:11
  lo traigo andado.   658:356:13
  Lo traigo andado;   658:356:14
  lo traigo andado.   658:356:18
  le traigo su hija.   666:364:52
TRAJE (11)
  y del traje colorado.   258:46:30
  Con ese traje de profunda   399:188:5
  seda,
  Carne pontifical y traje   401:192:2
  blanco,
  se ponía un traje de grillo.)   404:195:12
  te regalaron el traje.   443:229:26
  con un traje de alcaldesa   454:234:42
  a tu gran rey prisionero con   479:243:35
  un traje de conserje!
  Un traje abandonado pesa   495:251:18
  tanto en los hombros
  Mi agonía buscaba su traje,   502:256:22
  y los muertos se van   518:265:20
  quitando un traje de sangre
  cada día.
  ¿Por qué cambia mi traje   601:313:126
TRAJERON (1)
  Trajeron unas montañas de   510:261:6
  lacre rojo
TRAJES (5)
  con trajes de azul y verde,   381:163:9
  con trajes color naranja   381:163:15
  ¡Ay, Harlem, amenazada por   482:243:112
  un gentío de trajes sin
  cabeza!
  trajes rotos y cáscaras y   490:247:24
  llanto,
  que vuelan en los trajes de   503:256:58
  los muertos,
TRAJO (2)
  SE trajo en el corazón   418:216:1
  Un niño trajo la blanca sábana   537:273:3
TRANQUILA (11)
  ¿Será tranquila y pura?   199:12:22
  en la paz de la noche   206:15:54
  tranquila,
  que irá tranquila   216:21:55
  Bebe el agua tranquila   251:42:25
  Sangre de la mar tranquila,   259:46:65
  tranquila y maternal.   269:54:37
  tus secretos y tu pasión   279:61:12
  tranquila!
  tranquila de flor cortada   450:232:29
  Déjame tranquila, hermano.   466:237:61
  Tranquila en mi recuerdo,   504:258:7
  astro, círculo, meta,
  Tranquila y concentrada como   621:323:79
  una estatua ciega,
TRANQUILAS (1)
  y expresiones tranquilas.   269:55:20
TRANQUILIDAD (1)
  ¡Oh, qué tranquilidad del   271:56:17
  jardín con la lluvia!
TRANQUILO (8)
  tranquilo sus brazos muertos.   209:16:16
  Me dormiré tranquilo   238:35:25
  ¡Cómo está el cielo tranquilo!   347:127:2
  Pero no dejan tranquilo   411:205:15
  donde se aleja tranquilo   451:233:6
  y algún perfil de yeso   508:260:36
  tranquilo que dibuja
  Ocultadme en un valle   582:304:110
  tranquilo,
  YO sé que mi perfil será   636:335:1
  tranquilo
TRANQUILOS (1)

y hay barcos que buscan ser   512:263:4
mirados para poder hundirse
tranquilos.
TRANSATLANTICOS (1)
  ¡La luna! Los policías. ¡Las   490:247:31
  sirenas de los
  transatlánticos!
TRANSFIGURADA (1)
  y quedas transfigurada   189:7:32
TRANSFORMA (2)
  y la gota de llanto se   195:10:8
  transforma
  Todo el paisaje casto mi   271:56:18
  corazón transforma,
TRANSITO (3)
  viendo el tránsito infinito.   385:168:8
  sería el guardián que en la   572:300:7
  noche de mi tránsito
  Mi amor de paso, tránsito,   646:345:32
  larga muerte gustada,
TRANSITORIO (1)
  o descubre transitorio   465:237:43
TRANSPARENCIAS (1)
  transparencias de ritmo.   284:63:20
TRANSPARENTE (2)
  Yo vi la transparente   483:244:16
  cigüeña de alcohol
  ME quedo con el transparente   645:345:1
  hombrecillo
TRANVIAS (1)
  Expuesta a los tranvías y a   401:192:4
  los barcos.
TRAPO (2)
  de alas rotas y flores de   406:199:4
  trapo.
  de bocas de cartón y trapo   519:265:55
  seco.
TRAPOS (1)
  de los trapos viejos.   231:29:41
TRAS (2)
  arrastrando tras ellas   178:2:109
  fue tras él sus pisadas   206:15:69
  lamiendo.
TRASCENDENTAL (1)
  Pero mi gran dolor   280:61:21
  trascendental
TRASERO (2)
  y golpeaba el trasero de los   478:243:3
  monos.
  y golpeaba el trasero de los   480:243:45
  monos.
TRASLUCIDAS (1)
  Pero el viejo de las manos   521:266:48
  traslúcidas
TRASMINA (1)
  que trasmina a niño recién   500:255:7
  nacido
TRASPASA (1)
  pero da al que lo traspasa   258:46:23
TRASPASADO (2)
  en el seno traspasado de   472:239:11
  Santa Rosa dormida,
  Mi hueco traspasado con las   509:260:60
  axilas rotas.
TRASPASADOS (1)
  traspasados por las espadas   484:245:12
  de la luz;
TRATO (1)
  ese trato se cerraba.   431:223:32
TRAVES (9)
  a través de los ojos que ha   185:6:4
  abierto sobre el mármol.
  a través de los ojos que ha   187:6:60
  abierto sobre el mármol.
  condensada a través de otro   199:13:12
  espíritu.
  a través de lágrimas grises,   482:243:115
  a través de los caballos   482:243:117
  muertos y los crímenes
  diminutos,

a través de tu gran rey   482:243:118
desesperado,
a través del descanso de los   485:245:27
últimos desfiles,
Y a través de las ganaderías, 540:274:99
Nos besamos a través   594:312:42
TRAVIESO (2)
-le pregunta un chiquillo   207:15:79
travieso-.
pone risa un niño travieso: 587:307:26
TRAVIESOS (1)
y de sucios chiquillos   206:15:53
traviesos,
TRAYENDO (1)
El viento va trayendo a las   271:56:35
sombras.
TRAYENDOME (1)
trayéndome semilla   173:1:4
TRECE (1)
un sueño de trece barcos.   451:233:7
TREGUA (1)
Canto el ansia de estatua   621:323:94
que persigues sin tregua,
TREMENDO (1)
¡Qué tremendo con las   541:274:121
últimas
TREMOLAR (1)
tremolar plateado de alas   204:15:19
TREMOLINOS (1)
en los rayos tremolinos   189:7:45
TREMULAS (1)
y eran hojas trémulas de ocaso 272:57:21
TREN (2)
El tren y la mujer que llena   475:241:2
el cielo.
El tren y la mujer que llena   476:241:43
el cielo.
TRENES (5)
Así hablaba yo cuando   499:254:45
Saturno detuvo los trenes
¡qué silencio de trenes   507:260:23
bocaarriba!
los interminables trenes de   516:264:28
leche,
los interminables trenes de   516:264:29
sangre
y los trenes de rosas   516:264:30
maniatadas
TRENZAS (8)
La fuente no tiene trenzas.   225:26:4
con dos trenzas de noche   241:38:35
con las trenzas de noche   243:38:91
La niña de las trenzas   244:39:20
agitando sus trenzas   393:178:6
apretadas.
Angeles de largas trenzas   429:222:37
mis dos trenzas por el suelo, 437:226:29
perseguidas por sus trenzas, 457:234:110
TREPABAN (1)
árboles y arroyos trepaban   503:257:2
por sus cuernos.
TREPAN (1)
¡cubren!, ¡trepan!,   513:263:42
¡espantan!
TRES (53)
Tres de carne   325:113:5
y tres de plata.   325:113:6
[TENIENTE CORONEL] Tengo tres 328:119:5
estrellas y veinte cruces.
[JINETE] Son tres. Venden   336:121:49
cuchillos. Ese es el negocio.
[JINETE] Como te iba   338:121:87
diciendo, en Málaga están
mis tres hermanos.
ERAN tres.   367:147:1
TRES álamos inmensos   379:160:1
Pasaron tres torerillos   381:163:13
Tres borrachos eternizan   403:194:5
¿Y tu silencio? Los tres   403:194:13
tres carabineros vienen,   428:221:48
efebo de tres mil noches,   439:227:26

con tres clavos de alegría.   443:229:40
un lunar y tres heridas.   444:229:54
Tres balas de almendra verde 444:229:65
Tres golpes de sangre tuvo   448:231:41
con tres sultanes de Persia. 455:234:48
Amnón a las tres y media   465:237:37
Estaban los tres helados: 473:240:4
Estaban los tres quemados: 473:240:11
Estaban los tres enterrados: 473:240:18
Fueron los tres en mis manos 474:240:25
tres montañas chinas,   474:240:26
tres sombras de caballo,   474:240:27
tres paisajes de nieve y una 474:240:28
cabaña de azucenas
Estaban los tres momificados, 474:240:33
Tres   474:240:38
destrozaron tres esqueletos 475:240:64
para arrancar sus dientes de
oro.
El olvido estaba expresado   481:243:83
por tres gotas de tinta
sobre el monóculo,
que se queja tres años   493:250:10
El niño llora y mira con un 496:252:13
tres en la frente.
San José ve en el heno tres 496:252:14
espinas de bronce.
los tres caballos ciegos,   501:256:6
Las tres ninfas del cáncer   509:261:4
han estado bailando,
Tres mil judíos lloraban en 519:265:38
el espanto de las galerías
y tres.   528:269:3
y tres.   529:269:20
y tres a tres.   529:269:26
y tres a tres   530:269:43
había encerrado a tres   532:272:11
santas mujeres
Las tres en el arrabal   533:272:13
rodeaban a un camello blanco
van los tres galanes,   566:293:5
van tres bueyes.   593:312:6
Una... dos... y tres.   614:318:96
y donde el agua oscura   630:330:10
pierde sus tres acentos,
tres mil hombres armados de 632:331:14
lucientes cuchillos.
¡Oh Cordero cautivo de tres 633:331:39
voces iguales!
TRES moricas me enamoran   658:357:1
Tres moricas tan garridas   659:357:4
Tres moricas tan lozanas   659:357:14
tres pañuelos tengo dentro, 661:359:35
TRESCIENTAS (1)
Trescientas rosas morenas   431:223:41
TRIANA (2)
¡Viva Triana!   658:356:6
los de Triana!   658:356:8
TRIANEROS (1)
¡Vivan los trianeros,   658:356:7
TRICORNIOS (1)
entre los cinco tricornios. 446:230:28
TRIGAL (3)
EL trigal se ha entregado a la 269:55:1
muerte.
El trigal solo quiere silencio. 269:55:5
en el trigal te disuelves. 348:128:13
TRIGALES (1)
los trigales agita?...   269:55:15
TRIGO (10)
Es la hoja marchita y es el 200:13:24
trigo.
Huelen tus besos como huele 210:17:27
el trigo
Ya está el trigo segado.   232:31:3
y recogen el trigo!   285:63:51
bajan de la nieve al trigo. 295:68:4
¡Oh, cómo el trigo   352:129:47
¡Oh, cómo el trigo   352:129:51
El segador siega el trigo. 405:198:5

TRIGO - TRISTEZAS

¿Qué voz perfecta dirá las verdades del trigo?   523:267:27

en los montones de trigo!   567:294:18

TRIGOS (2)

verde como los trigos   247:40:44

se comían los trigos de la primavera.   483:244:15

TRINIDADES (1)

en bellas trinidades sobre el jugoso césped.   623:325:22

TRINO (5)

y el débil trino amarillo   318:103:8

Nada como su trino.   320:105:4

y te ahogas en tu trino   326:115:9

buscaba la plumilla del trino.   529:269:14

locura de brisa y trino.   648:348:20

TRINOS (4)

que dibuja con trinos   174:1:47

para que sepas de los trinos   232:30:23

de trinos.   242:38:51

los trinos platerescos   247:40:32

TRIS (1)

En mi pañuelo he sentido el tris   514:263:52

TRISTE (29)

"Yo no", dice muy triste   178:2:92

la que amorosa y triste sobre las cosas caes!   197:11:30

a la baraja. ¡Es tan triste   209:16:19

-Mi pensamiento triste   221:23:31

triste y sin bienes,   221:23:36

¡Pobre y triste es tu fe!   229:28:8

o el triste borriquito   234:32:23

tiene un aire muy triste   246:40:9

cesó la triste música,   256:45:10

¡Qué vieja y triste asoma!   264:51:2

triste me murmuraba: 275:57:102

lo inútil del triste llorar del poeta.   283:62:59

en la ribera triste,   289:65:14

yo me puse triste,   408:201:7

-ojo de gato triste y amarillo-.   414:210:6

y damas de triste porte,   439:227:38

boca triste y ojos grandes,   442:229:4

Nostalgia de academia y cielo triste.   507:260:20

Mira el ansia, la angustia de un triste mundo fósil   508:260:40

en el triste mar que mece los cadáveres de las gaviotas   521:266:46

pasaba su triste lengua   539:274:69

como una larga, oscura, triste lengua,   541:274:132

y recuerdo una brisa triste por los olivos.   545:276:223

Lo demás es lo otro; viento triste,   572:300:15

-¡Ay qué triste es el cuento, abuelito!   586:307:3

y su nostalgia de lo triste.   588:309:13

El niño triste que nos mira   615:320:2

El niño triste se ha marchado.   616:320:12

Bajo el sol y la luna. Triste noche del mundo.   632:331:18

TRISTEMENTE (2)

dice muy tristemente: 178:2:120

Tristemente,   189:7:27

TRISTES (6)

aunque te llamen tristes   230:29:24

Tristes mujeres del valle   450:232:27

Por las escaleras tristes   466:237:81

sois eternas, magníficas, tristes   581:304:64

que sois tristes, al ser la poesía   581:304:73

van pasando las tristes   584:305:48

TRISTEZA (49)

y el dolor de mi tristeza   181:3:6

el agua de mi tristeza.   183:4:12

con tristeza de Cyrano   184:5:16

La tumba que te guarda rezuma tu tristeza   185:6:3

para llorar tristeza sobre el pecho querido   186:6:31

¿Dónde fue la tristeza de tu amor desgraciado?   187:6:40

La tumba que te guarda rezuma tu tristeza   187:6:59

con tristeza llamamos   191:8:30

Yo decía en las noches la tristeza   191:8:37

¡Qué tristeza tan seria me da sombra!   192:8:51

si una tristeza honda   195:9:81

y en el alma tristeza de lo que no se sabe.   196:11:12

pero nuestro optimismo se convierte en tristeza   197:11:19

Mi alma tiene tristeza de la lluvia serena,   197:11:39

tristeza designada de cosa irrealizable,   197:11:40

La tristeza inmensa que flota en tus ojos   203:14:56

¡Qué tristeza tan honda tendrás dentro del alma   203:14:67

Pero tu gran tristeza se irá con las estrellas,   203:14:76

La tristeza que tiene mi alma,   208:15:104

y la tristeza sin ojos   212:19:7

Pero una grave tristeza   226:26:31

¡Qué tristeza   232:31:4

Chorrea la tristeza por los muebles   238:36:7

La naranja es la tristeza   258:46:43

con tristeza.   261:47:51

no grita su tristeza.   268:54:5

¡Hay que arañarse el alma con garras de tristeza   268:54:32

¿Qué ritmo de tristeza soñadora   269:55:14

¡Oh, qué alegre tristeza me causáis,   270:55:28

inunda el corazón de tristeza remota.   270:56:4

con tristeza nativa.   271:56:27

con tristeza y con ansia.   274:57:56

Tuve la gran tristeza vegetal   275:57:97

lleno de tristeza.   278:59:25

Esta tristeza juvenil se pasa,   279:61:13

de tristeza inconsciente que reluce   279:61:19

y entre la tristeza viril de los robles   281:62:21

En la tristeza húmeda   283:63:3

y finjo la tristeza de la tarde   284:63:23

Mi corazón durmióse en la tristeza   284:63:32

Y en la muda tristeza de la tarde   285:63:64

La mojada tristeza del paisaje   286:63:104

momentos de tristeza?   289:65:2

Y en la dulce tristeza   289:65:6

y esta tristeza de hilo   381:162:8

y una falsa tristeza de guante desteñido y rosa química.   481:243:73

La tristeza que tuvo tu valiente alegría.   545:276:219

¡Qué tristeza tan honda   583:305:10

con frutos de tristeza   583:305:31

TRISTEZAS (7)

virginal de tristezas y de angustias   212:18:15

tristezas de antaño   239:36:19

Tus tristezas son bellas,   276:58:14

tú de ruiseñores y yo de 282:62:34
tristezas!
y me cuajo en tristezas. 284:63:15
-Soportamos tristezas 284:63:36
de tristezas, de amores 581:304:71
fatales,
TRIUNFA (1)
a la serpiente" triunfa 247:40:55
TRIUNFANTE (1)
los que bendijo y sonrió 285:63:58
triunfante
TRIUNFO (4)
nuestro cielo interior tiene 197:11:18
un triunfo de sangre,
hacia el sereno triunfo 283:63:12
sobre los arcos de triunfo. 441:228:22
Son las colinas de martillos 491:249:14
y el triunfo de la hierba
espesa.
TROJE (1)
maduraron, y mi troje lleno 207:15:93
TROMPA (1)
Trompa de lirio por las 538:273:43
verdes ingles
TROMPETA (1)
y un eco de trompeta su acento 186:6:28
enamorado.
TRONCO (9)
de tu tronco 223:24:14
mientras nace en mi tronco 238:35:31
el que rompió tu tronco, 260:47:8
ZARZAMORA con el tronco gris, 378:158:1
Con la ciencia del tronco y 477:242:13
del rastro
ata en el vivo azúcar de su 506:259:11
tronco!
bordes de amor que escapan 508:260:27
de su tronco sangrante.
y duele en el tronco fresco 562:288:12
tronco sin ramas; y lo que 638:337:6
más siento
TRONCOS (8)
y oponen húmedos troncos 459:235:41
En el musgo de los troncos 465:237:47
me llega tu rumor 482:243:114
atravesando troncos y
ascensores,
donde los peces 495:251:40
cristalizados agonizaban
dentro de los troncos;
y el viento acecha troncos 499:254:29
descuidados.
que duermen en los troncos, 503:256:51
en nubes, en tortugas,
¡Arpa de troncos vivos, 531:270:22
caimán, flor de tabaco!
empujaba las ramas y los 570:297:16
troncos.
TRONCHA (4)
La luz me troncha las alas 181:3:5
y troncha tus florestas 218:22:25
¡muere y troncha tus ramas!" 275:57:104
(Jardinera que troncha 599:313:76
TRONCHABA (1)
ella tronchaba lirios con sus 191:8:20
manos.
TRONCHADAS (1)
tronchadas las antenas. 178:2:111
TRONCHADO (1)
se ha tronchado en mi bosque? 289:65:10
TRONCHAN (2)
se tronchan y se secan. 193:9:22
Tus miradas se tronchan 606:314:88
TRONCHARON (1)
y al querer alentarlo tus alas 186:6:8
se troncharon.
TRONO (1)
sube al trono brillante, 219:22:62
TROPEL (3)
en tropel con doscientos 204:15:12
guerreros;

en tropel gigantesco, 366:144:5
para ser fornicado y herido 483:244:28
por el tropel de los
regimientos.
TROPELES (1)
Por el campo (que espera los 589:310:8
tropeles de almas),
TROPEZABA (1)
en el sitio donde el sueño 472:239:16
tropezaba con su realidad.
TROPEZANDO (2)
Tropezando con mi rostro 471:238:11
distinto de cada día.
tropezando con miles de 541:274:131
pezuñas
TROPEZO (1)
tropezó la madrina, 656:355:11
TROPICO (1)
donde el amargo trópico se 489:246:42
fija.
TROPIEZAN (1)
ni para estas gentes ocultas 490:247:28
que tropiezan con las
esquinas.
TROPIEZO (1)
Tropiezo vacilante por la 501:255:30
dura eternidad fija
TROTE (1)
deliciosa canción de trote y 617:322:10
flecha
TÚ (68)
TU (315)
TUERTO (1)
(Satán es tuerto) 215:21:10
TUETANO (1)
porque el tuétano del bosque 481:243:71
penetrará por las rendijas
TULIPAN (4)
tulipán. 309:90:4
Tulipán de las cinco 362:138:19
es un tulipán de miedo, 562:289:14
es un tulipán enfermo, 563:289:15
TUMBA (6)
La tumba que te guarda rezuma 185:6:3
tu tristeza
La tumba que te guarda rezuma 187:6:59
tu tristeza
Tu cuerpo irá a la tumba 203:14:70
La gran tumba de la noche 212:19:9
Sollozad por la niebla de 582:304:104
tumba
Llena de aurora, mi tumba 608:315:44
TUMEFACTA (1)
de carne tumefacta y 525:267:102
pensamiento inmundo,
TUMULTO (5)
el tumulto de venas en la 353:130:7
huida
el cielo tendrá que huir 485:245:43
ante el tumulto de las
ventanas.
Cuando empiece el tumulto de 503:256:55
la guerra
y se alejaron a sus casas 533:272:38
por el tumulto de la calle
alejarme del tumulto de los 563:290:2
cementerios.
TUNEL (1)
por un túnel de silencio 457:234:119
TUNICA (1)
y una túnica de terciopelo. 206:15:65
TUNICAS (1)
y túnicas desgarradas. 466:237:80
TURBA (1)
Nada turba los siglos 214:20:19
TURBADO (1)
por mi pecho turbado por las 474:240:46
palomas,
TURBANTE (1)
con su turbante 215:21:22

TURBAR - UNICORNIO

TURBAR (1)
  las poleas rodarán para   523:267:21
  turbar el cielo;
TURBARLOS (1)
  No consigo turbarlos.   415:211:6
TURBEN (1)
  a que cicutas y cardos y   482:243:105
  ortigas turben postreras
  azoteas.
TURBIA (11)
  turbia de misterio.   240:37:22
  -¿Qué vendes, oh joven turbia 263:49:5
  En esta noche turbia   265:51:17
  ante la fuente turbia que del 271:56:31
  amor me brota.
  Echo mis redes sobre el agua 279:61:5
  turbia
  turbia de huellas lejanas.   465:237:56
  No es un pájaro el que   495:251:28
  expresa la turbia fiebre de
  laguna,
  Yo he venido para ver la   515:264:13
  turbia sangre.
  mientras la tarde se puso   533:272:23
  turbia de latidos y leñadores
  turbia de plata mala,   573:302:9
  Toda la selva turbia   611:318:36
TURBIAS (5)
  turbias de pensamiento   219:22:54
  están las fuentes turbias   262:48:11
  y turbias de penumbra yo   273:57:26
  sentía
  entre saetas turbias   310:90:9
  por las turbias cloacas de   559:285:14
  la oscuridad.
TURBIO (9)
  Un turbio laberinto   196:10:17
  Cada gota de lluvia tiembla 197:11:23
  en el cristal turbio
  y del ritmo turbio del agua 202:14:37
  estancada.
  ni el turbio sacristán   230:29:34
  turbio de ruiseñores   236:34:7
  vienen del turbio horizonte, 315:98:12
  hacia el turbio frescor de la 353:130:8
  manzana.
  turbio de corazón y   507:260:13
  mandolina.
  turbio de rojos peces y   636:334:11
  verano.
TURBIOS (5)
  turbios y confusos de unas   203:14:63
  campanadas.
  por los turbios caminos del   208:15:101
  sueño!
  turbios, todos los niños,   374:154:4
  turbios de lágrimas, carne   524:267:59
  para fusta,
  cierra sus ojos turbios.   603:314:18
TURNO (1)
  los muertos gimen esperando 571:298:16
  turno.
TUS (115)
TUVE (1)
  Tuve la gran tristeza vegetal, 275:57:97
TUVIERA (1)
  si cada aldea tuviera una   512:263:2
  sirena.
TUVIERON (1)
  Antes tuvieron el iris.   181:3:13
TUVISTE (1)
  Nunca tuviste el nido, ni el 186:6:25
  madrigal doliente,
TUVO (9)
  la visión que ella tuvo en   206:15:57
  sus tiempos.
  -¡Grande suerte que tuvo,   207:15:96
  comadre!
  como no tuvo otro animal.   292:67:58
  Tu entierro no tuvo niñas   315:99:3
  y tuvo que sucumbir.   447:231:12

Tres golpes de sangre tuvo   448:231:41
que tuvo que desgarrarse su 510:261:10
monte de Venus
con una forma clara que   543:275:171
tuvo ruiseñores
La tristeza que tuvo tu   545:276:219
valiente alegría.
TUYA (2)
TUYO (1)
UCO (4)
  Uco uco uco uco.   403:194:18
ULTIMA (3)
  la última estancia de la   397:184:8
  noche!)
  Y las que mueren de parto 495:251:20
  saben en la última hora
  en la última fiesta de los 516:264:46
  taladros.
ULTIMAS (8)
  En las últimas esquinas   434:225:8
  y queda el hueco de la danza 478:242:28
  sobre las últimas cenizas.
  de las últimas curvas del   478:243:13
  aire,
  Le vi jugar en las últimas   482:244:4
  escaleras de la misa
  aguardaban la velocidad de 489:247:2
  las últimas bicicletas.
  en otoño, mojando las   518:265:23
  últimas vertientes,
  ¡Qué tremendo con las   541:274:121
  últimas
  Los grises oteando sus   618:323:4
  balaustradas últimas.
ULTIMO (4)
  Un rumor último y sordo   433:224:23
  No importa que el niño calle 489:247:17
  cuando le clavan el último
  alfiler,
  como lloran los niños del   499:254:33
  último banco,
  cuando se muera el último   600:313:114
ULTIMOS (6)
  ¡Con los últimos ecos!   320:104:24
  huir por las esquinas y   480:243:70
  encerrarse en los últimos
  pisos,
  a través del descanso de los 485:245:27
  últimos desfiles,
  Que ya las cobras silbarán   487:245:79
  por los últimos pisos,
  y levantaba las furias de los 488:246:8
  banquetes de los siglos
  últimos
  y de últimos besos.   611:318:19
UMBRIA (4)
  canta un cuco en la umbría   248:40:78
  Umbría de seda roja.   398:187:2
  Umbría de seda roja.   399:187:12
  Cantan las flautas de umbría 427:221:35
UMBRIAS (1)
  Sus ojos en las umbrías   438:227:5
UN (608)
UNA (354)
UNAS (9)
UNE (1)
  que nos une en las horas   621:323:99
  oscuras y doradas.
UNGE (2)
  que nos unge las frentes   193:9:37
  y nos unge de espíritu santo 196:11:10
  de los mares.
UNICA (1)
  flor única y divina,   580:304:32
UNICORNIO (3)
  Unicornio gris y verde,   397:184:3
  Unicornio de ausencia   463:236:56
  El unicornio quiere lo que   632:331:23
  la rosa olvida,

UNICORNIOS (3)
  extraños unicornios.   309:89:2
  UNICORNIOS y cíclopes.   365:144:1
  Unicornios y cíclopes.   366:144:8
UNIDAD (1)
  llegan alma y materia en   200:13:43
  unidad
UNIDO (1)
  ¡Oh licor que esas almas has 200:13:46
  unido!
UNION (1)
  Punto de unión y cita del   632:331:34
  siglo y el minuto.
UNIR (1)
  El campo se muerde la cola   490:247:29
  para unir las raíces en un
  punto
UNISON (1)
  es un pequeño espacio vivo   495:251:32
  al loco unisón de la luz,
UNIVERSIDADES (1)
  Lorenzo por el mundo de las 473:240:7
  universidades sin tejados.
UNIVERSO (2)
  escapar del universo   208:16:4
  Hasta que el Universo   594:312:37
UNO (10)
UNOS (3)
UNTAN (1)
  que untan de aceite las   520:266:11
  lenguas militares
UNTUOSA (1)
  En untuosa resina convirtióse 274:57:61
UÑA (2)
  Una uña que aprieta el tallo. 490:248:4
  y otro la uña de un ruiseñor 519:265:43
  que estaba vivo;
UÑAS (1)
  cuatro uñas de gato.   190:8:8
URNA (1)
  urna de canto sola y   637:336:4
  derramada.
USAD (1)
  Usad bastón, ya estáis   246:40:17
USO (1)
  Yo sé el uso más secreto   499:254:20
USTED (1)
UVA (2)
  Piel seca de uva neutra y   509:260:61
  amianto de madrugada.
  uva de niebla y montes   544:276:208
  agrupados,
UVAS (1)
  y las uvas verdes de la parra 207:15:92
VA (52)
  se va perdiendo en la selva. 177:2:87
  va mojando los recuerdos   181:3:7
  va con la cabeza baja   189:7:23
  y tu pelo negro va siendo de 202:14:39
  plata;
  ¿Dónde va el peregrino celeste 204:15:5
  Va a la aurora que brilla en 204:15:7
  el fondo
  va contando con ritmos tardíos 206:15:56
  el agua se va durmiendo,   226:26:23
  en el agua que va a la amarga 229:28:7
  muerte!
  La luz se va apagando.   242:38:58
  Si tu luz va a llegar,   243:38:83
  se va tornando en nieve,   249:41:4
  Va vendiendo colores   265:51:11
  El viento va trayendo a las 271:56:35
  sombras.
  que va a la noche fría.   280:61:28
  Va cayendo la nieve   290:66:11
  la ilusión, que va lejos, 290:66:15
  Mi ritmo va contando   290:66:23
  lenta te va siguiendo,   291:67:29
  va entre naranjos y olivos. 295:68:2
  va de monte   298:71:2
  va una muchacha morena   299:73:2

  Va encadenada al temblor   299:73:7
  ¡Miradlo por dónde va!   310:91:15
  Por un camino va   317:101:7
  y va soñando en el baile   325:112:9
  [JINETE] ¿Va usted a Granada? 335:121:39
  LA luna va por el agua.   347:127:1
  Va segando lentamente   347:127:3
  El día va y viene.   362:139:2
  ALTA va la luna   368:148:1
  va por el puente   370:149:3
  va por lo verde.)   371:149:20
  MI sombra va silenciosa   385:169:1
  Mi sombra va como inmenso 386:169:7
  LA niña va por mi frente. 396:183:1
  me va brotando en los dedos. 412:207:12
  Por el cielo va la luna   426:220:31
  va a Sevilla a ver los toros. 445:230:4
  El día se va despacio,   445:230:17
  Detrás va Pedro Domecq   455:234:47
  y un hombre va llorando   463:236:60
  azul donde el desnudo del 478:242:23
  viento va quebrando
  ¡que ya va por el aire el 508:260:53
  mío!
  va por ellos en calma.   584:305:45
  va cantando al Jesús que ha 586:307:16
  nacido:
  llama roja que va cociendo 588:308:4
  va la luna en creciente   589:310:6
  Hay quien va y quien viene 595:312:49
  se va por el camino   599:313:84
  va por las arterias   607:315:12
  te llama cuando se va,   649:350:6
VACA (9)
  SE tendió la vaca herida; 503:257:1
  de que ya se pueden comer la 504:257:12
  vaca.
  que ya se fue la vaca de   504:257:18
  ceniza.
  por las tiendas de las   513:263:45
  pieles donde suena un cuerno
  de vaca herida,
  Esa maldita vaca tiene las 533:272:20
  tetas llenas de leche.
  Esa maldita vaca   533:272:25
  Esa maldita vaca, maldita, 533:272:36
  maldita, maldita
  La vaca del viejo mundo   539:274:68
  con mil caras de vaca,   574:302:16
VACAS (8)
  En mis ojos bebían las   486:245:54
  dulces vacas de los cielos.
  atacarán los cielos   493:250:25
  amarillos que se refugian en
  los ojos de las vacas.
  allí donde mugen las vacas 499:254:48
  que tienen patitas de paje
  y el rebaño de vacas   500:255:22
  nocturnas con rojas patitas
  de mujer.
  Las vacas muertas y las vivas, 503:257:7
  un millón de vacas,   516:264:20
  y los terribles alaridos de 516:264:36
  las vacas estrujadas
  por las vacas estrujadas 517:264:79
VACIA (1)
  ¡Oh Diana, Diana, Diana   646:345:30
  vacía!
VACIAS (5)
  que con órbitas vacías   183:4:19
  y las saco vacías.   279:61:6
  los camellos sonámbulos de 478:242:24
  las nubes vacías.
  con las mujeres vacías, con 488:246:16
  niños de cera caliente
  Y estoy con las manos vacías 492:249:27
  en el rumor de la
  desembocadura.
VACILAN (1)
  Por los barrios hay gentes 497:253:19
  que vacilan insomnes

VACILANDO (1)
vacilando sin alma por la   541:274:130
niebla,
VACILANTE (1)
Tropiezo vacilante por la   501:255:30
dura eternidad fija
VACILANTES (1)
las vacilantes expresiones   477:242:10
bovinas,
VACIO (7)
Cascabel vacío.   228:27:40
porque el vacío   241:38:42
cuando buscan su curso   472:239:19
encuentran su vacío.
Desfiladeros de cal   485:245:21
aprisionaban un cielo vacío
Mira formas concretas que   508:260:38
buscan su vacío.
por el cielo vacío.   511:262:21
dadme un cáliz vacío, ya   581:304:78
muerto,
VACIOS (6)
vacíos de llanto   239:37:17
(En los pianos vacíos,   392:178:3
Enrique en la hormiga, en el   473:240:21
mar y en los ojos vacíos de
los pájaros.
Cerca de las piedras sin jugo   500:255:3
y los insectos vacíos
Vuelo fresco de siempre   501:255:28
sobre lechos vacíos,
y hablaba con los caracoles   501:256:11
vacíos de los documentos,
VADO (2)
en busca del vado,   349:128:43
del eterno vado,   349:128:44
VAGA (2)
que tiene una vaga forma   259:46:71
una vaga astronomía   453:234:15
VAGAS (2)
bocas, senos y almas vagas   579:304:3
perfumadas;
que al morir, melancólicas,   581:304:66
vagas,
VAGO (4)
un vago temblor de estrellas,   181:3:2
un vago temblor de estrellas   182:3:54
LA lluvia tiene un vago   196:11:1
secreto de ternura,
en entraña de oro vago.   258:46:34
VAHO (1)
Un vaho tembloroso   175:2:5
VAIS (1)
Vais derramando lujuria virgen 292:67:57
VALE (2)
[AMARGO] ¿Vale mucho?   338:121:77
Más vale sollozar afilando   516:264:24
la navaja
VALEN (3)
las flores no valen nada,   664:363:10
lo que valen son tus brazos   664:363:11
lo que valen son tus brazos   664:363:13
VALEROSA (1)
¡Ay mi jaca valerosa!   380:161:12
VALIENTE (3)
La tristeza que tuvo tu   545:276:219
valiente alegría.
"Soy más valiente que tú,   655:354:3
"Soy más valiente que tú,   655:354:7
VALOR (1)
le dio valor y fe,   175:2:20
VALS (8)
Toma este vals con la boca   527:268:8
cerrada.
Este vals, este vals, este   527:268:9
vals,
Toma este vals de quebrada   527:268:19
cintura.
Toma este vals que se muere   528:268:27
en mis brazos.

Toma este vals del "Te   528:268:35
quiero siempre".
violín y sepulcro, las   528:268:44
cintas del vals.
VALLE (10)
Clavel rojo en un valle   185:6:2
profundo y desolado.
Clavel rojo en un valle   187:6:58
profundo y desolado.
en el valle de la enagua.)   363:140:9
Todo el valle se tiende. Por   414:210:3
sus lomos,
Tristes mujeres del valle   450:232:27
llenan de dolor el valle   516:264:37
cuando sus gritos llenan el   517:264:80
valle
y el valle fue rodando con   561:287:14
perros y con lirios.
el valle gris de tu cuerpo.   563:289:20
Ocultadme en un valle   582:304:110
tranquilo,
VALLES (6)
donde resbalan valles y ecos   299:72:4
y los valles de luz que el   484:245:6
cisne levantaba con el pico.
Los vientres del demonio   496:252:7
resuenan por los valles
Yo quiero que el viento se   558:284:2
quede sin valles.
dos valles esperaban al   570:297:14
otoño.
valles y bosques tienen   595:312:55
VAMOS (4)
[JOVEN 1.] Vamos a llegar   333:121:6
tarde.
[JINETE] Pues vamos juntos.   335:121:41
[JINETE] ¡Vamos, sube! Sube   341:121:123
de prisa.
La cruz. ¡Y vamos andando!   342:122:5
VAN (31)
Las cosas que se van no   174:1:49
vuelven nunca,
Van muy alborotadas,   178:2:108
Pero tus ojeras se van   202:14:38
agrandando
van gotas de humorismo.   234:32:27
van sus ojos.   305:83:10
Y van a un laberinto.   307:86:10
Las gentes van suspirando   324:111:9
[JINETE] Los cuchillos de   336:121:55
oro van solos al corazón.
siempre van suspirando   349:128:41
y guerreros que van   351:129:6
van dos palomas oscuras.   354:133:2
van sobre ruedas.   361:138:2
van con sus largas colas.   365:142:2
Cuatro palomas por el aire   365:143:2
van.
van por el Norte.)   371:149:24
van de la luz a la sombra.   398:187:4
se van las nubes. Yo,   412:206:8
LAS alamedas se van,   412:207:1
Las alamedas se van,   412:207:3
van al cementerio.   463:236:49
entre las formas que van   471:238:2
hacia la sierpe
van detrás de Lutero por las   496:252:20
altas esquinas.
saben que van al cieno de   497:253:15
números y leyes,
y los muertos se van   518:265:20
quitando un traje de sangre
cada día.
van los tres galanes,   566:293:5
van dos palomas oscuras.   574:303:2
van pasando las tristes   584:305:48
van tres bueyes.   593:312:6
que van al campo,   654:353:2
que van al agua,   654:353:6
que van al río,   654:353:10

VANO (3)
Mas en vano escuchaste los   203:14:64
acentos del aire.
¡olvídame! y olvida al mundo   636:334:13
vano,
en vano espero tu palabra   639:340:2
escrita
VAQUERO (1)
al vaquero preguntaron.   661:359:18
VARA (2)
con una vara de mimbre   445:230:3
viene sin vara de mimbre   446:230:27
VARIAS (1)
Santas rosas divinas y   581:304:75
varias,
VARONIL (3)
Cual Dafne varonil que huye   274:57:57
miedosa
voz de clavel varonil.   447:231:4
voz de clavel varonil: 447:231:22
VAS (26)
Te vas por la niebla del   203:14:52
otoño, virgen
vas protestando   216:21:30
¿Dónde vas si al ocaso   217:22:16
Si te vas a los astros,   218:22:32
-¿Dónde vas, niña mía,   220:23:3
tú vas para el amor   222:23:73
Y tú vas a sus labios   234:32:44
luminosos
¿Por qué te vas tan lejos   251:42:29
¿Te vas lejos, muy lejos   251:42:37
Si te vas muy lejos,   288:64:16
Vas por los campos   291:67:20
¿Adónde vas, siguiriya,   299:73:11
vas   310:90:6
tú vas   310:90:12
Pastor que vas,   347:128:3
Pastor que vas,   348:128:7
Pastor que vas,   348:128:11
Zarzamora, ¿dónde vas?   378:158:9
¡Que te vas a caer al río!   386:170:2
AGUA, ¿dónde vas?   416:212:1
Mar, ¿adónde vas?   416:212:4
Te vas lleno de mí,   420:219:3
porque te vas a morir.   448:231:36
pero tú vas gimiendo sin   508:260:45
norte por mis ojos.
¿Dónde vas, adónde, dónde?   561:288:5
qué cerca cuando te vas!   567:294:20
VASO (5)
un vaso de tibia leche,   428:221:52
Emilio en la yerta ginebra   473:240:20
que se olvida en el vaso;
En mi vaso la luna redonda,   615:320:6
Con mi vaso de cerveza,   616:320:13
y salen si mostramos un vaso   619:323:36
de agua dulce.
VAYA (3)
"Dejadla que se vaya,   179:2:148
Cantar que vaya al alma de   212:18:21
las cosas
para que vaya a auxiliarlo.   661:359:38
VAYAN (2)
y en el agua la vayan   208:15:107
hundiendo,
que vayan del Sur al Norte.   450:232:42
VAYAS (1)
Ni que vayas, ni que vengas,   382:164:4
VE (4)
mi corazón ve su ideal lejano   286:63:110
A veces se ve cruzar   418:216:3
ve las lunas y dice: 462:236:22
San José ve en el heno tres   496:252:14
espinas de bronce.
VEA (4)
cuando los vea muertos.   211:17:40
abrid los escotillones para   494:250:48
que vea bajo la luna
¡No me digáis que la vea!   540:274:86
¡No me digáis que la vea!   540:274:94

VECES (14)
A veces se ve cruzar   418:216:3
¡Cuántas veces te esperó!   432:223:69
¡Cuántas veces te esperara,   432:223:70
pero a veces tiene los   475:240:56
pechos nublados.
que muchas veces el cielo   495:251:19
los agrupa en ásperas
manadas.
Yo muchas veces me he perdido   495:251:35
A veces las monedas en   497:253:11
enjambres furiosos
que a veces dejan ciegos a   518:265:35
los visitantes.
Algunas veces el viento   562:289:13
ME he perdido muchas veces   565:292:1
por el mar
Muchas veces me he perdido   565:292:4
por el mar,
me he perdido muchas veces   565:292:15
por el mar.
repetido mil veces, muerto,   631:330:23
crucificado
que deja a veces por el aire   645:345:19
un duro perfil de Faraón!
VECINA (1)
Tú, Madre siempre bromista.   647:346:22
Vecina del perejil [a]pestado
VECINAS (1)
Vecinas, dadme una jarra   342:122:7
VECINITAS (2)
Vecinitas, les dije,   354:133:5
"Vecinitas", les dije,   574:303:5
VECINOS (2)
los dolores vecinos.   234:32:47
Los vecinos se sonríen   390:175:3
VEDAN (1)
y el pájaro pretende lo que   632:331:24
las aguas vedan.
VEGA (2)
Esta noche en la vega se   205:15:42
escuchan
Mi chopo centenario de la vega   272:57:19
VEGETAL (2)
Tuve la gran tristeza vegetal,   275:57:97
Aguardad bajo la sombra   482:243:104
vegetal de vuestro rey
VEGUEROS (1)
y dan voces los perros   205:15:28
vegueros?
VEIA (1)
Por el balcón se veía una   406:199:9
torre.
VEINTE (4)
[TENIENTE CORONEL] Tengo tres   328:119:5
estrellas y veinte cruces.
¿Por qué no han sido veinte?)   359:134:12
con veinte soles arriba.   434:224:30
es pacer durante veinte   531:271:4
siglos las hierbas de los
cementerios.
VEINTICINCO (4)
Veinticinco bofetadas;   332:120:2
El veinticinco de junio   452:233:22
El veinticinco de junio   452:233:46
y el veinticinco de agosto   452:233:48
VEINTICUATRO (2)
con sus veinticuatro borlas   329:119:8
moradas.
VEINTICUATRO bofetadas.   332:120:1
VEINTISIETE (1)
Día veintisiete de agosto   341:122:3
VEIS (1)
invisible, ¿la veis?   322:108:14
VELA (3)
la campana de la Vela   560:286:2
la campana de la Vela   560:286:7
la campana de la Vela   560:286:12
VELA (1)
Para los barcos de vela   295:68:13

VELA (2)
El aire la vela, vela.   426:220:35
VELADO (1)
hay muchos niños de velado   570:297:18
rostro
VELAMEN (1)
el barco silencioso sin   234:32:20
remeros ni velamen,
VELANDO (1)
El aire la está velando.   426:220:36
VELAS (3)
y las velas en la brisa.   378:159:8
ayudando a los marineros a   492:249:26
recoger las velas
desgarradas.
lleno de velas blancas   658:356:21
VELEN (1)
camaradas que velen tu   526:267:130
gacela sin cuerpo.
VELERO (3)
esperaban la muerte de un   489:247:4
niño en el velero japonés.
Lloraba el niño del velero y   489:247:13
se quebraban los corazones
No hay remedio para el   490:247:27
gemido del velero japonés,
VELETA (2)
EL duro corazón de la veleta   229:29:1
en una veleta.   323:109:9
VELETAS (4)
y oigas en las veletas   230:29:26
veletas girando.   302:77:8
se levantó en las veletas.   456:234:82
rosa por las veletas.   560:286:10
VELO (4)
el velo infecundo que cubre la   201:14:8
entraña
su negro velo levanta   212:19:10
cada velo es un ocaso.)   257:46:4
Cúbreme por la aurora con un   564:290:16
velo,
VELOCIDAD (1)
aguardaban la velocidad de   489:247:2
las últimas bicicletas.
VELOCIDADES (1)
luchando con el mundo de las   491:249:10
agudas velocidades,
VELON (3)
un velón y una manta   321:107:7
un velón y una manta   321:107:13
un velón y una manta   322:107:21
VELONES (4)
asoman sus velones.)   298:71:13
estrellas de los velones,   315:98:6
con velones de plata   462:236:34
con velones de plata   463:236:48
VEMOS (4)
"Nosotras no las vemos",   179:2:136
y la vemos llenarse de   543:275:172
agujeros sin fondo.
ESTA piedra que vemos   637:336:1
levantada
YA te vemos dormida.   649:349:1
VEN (8)
los niños ven lontananzas   362:138:27
ven convertirse en pájaros   374:154:5
(Y la luz como la ven todos,   404:196:11
no ven a cien torres   413:208:11
SE ven desde las barandas,   438:227:1
se ven cielos diminutos   459:235:37
con el mundo de aristas que   491:249:7
ven todos los ojos,
Se ven con el rabillo   607:315:4
VEN (1)
ven, Satanás errante,   243:38:87
VENA (6)
por sorber la vena lírica!   253:43:16
ROSA futura y vena contenida,   417:214:1
color de vena y Danubio,   465:237:55
de la primera vena que se   514:263:53
rompe.

por vena de coral o celeste   525:267:89
desnudo.
NOCHE de flor cerrada y vena   616:322:1
oculta.
VENAS (17)
con savia potente de Apolo en   282:62:53
tus venas!
el tumulto de venas en la   353:130:7
huida
donde mi cuerpo sin venas   451:233:12
Un chorro de venas verdes   459:235:27
Alma extraña de mi hueco de   476:241:30
venas,
y quebraba las venas de los   480:243:51
bailarines.
un niño nuevo agite sus   492:249:29
ramitos de venas,
en una maraña de venas   493:250:19
recientes
hacen nocturnos y desfiles   513:263:50
entrecruzando sus propias
venas.
¡Oh ruiseñor de sus venas!   542:274:138
la sangre de tus venas en mi   557:283:15
boca,
que arde en mis venas   588:308:2
¡Oh llama crepitante sobre   631:330:36
todas las venas!
Un momento de venas y   633:332:10
ternura de ombligo.
la frenética lluvia de mis   634:333:12
venas,
Pero yo te sufrí. Rasgué mis   640:340:9
venas,
Con el arroyo de venas   645:345:6
ansioso de abrir sus
manecitas.
VENCEDOR (1)
corazón fijo, vencedor de   622:324:3
nortes,
VENCIDA (1)
Y la Muerte vencida se   620:323:51
refugia temblando
VENDAVAL (3)
que un vendaval de besos   237:34:21
No fue el vendaval ronco   260:47:7
Vendaval y mancebo de rizos   633:332:14
y moluscos.
VENDEDOR (1)
Es preciso matar al rubio   479:243:22
vendedor de aguardiente,
VENDEDORES (1)
vendedores de tabaco   441:228:25
VENDEMOS (1)
Los que nosotros vendemos   338:121:72
son fríos. ¿Entiendes?
VENDEN (1)
[JINETE] Son tres. Venden   336:121:49
cuchillos. Ese es el negocio.
VENDER (1)
¡Qué manera de vender   339:121:88
cuchillos!
VENDES (1)
-¿Qué vendes, oh joven turbia   263:49:5
VENDIAN (1)
y los judíos vendían al   523:267:12
fauno del río
VENDIENDO (1)
Va vendiendo colores   265:51:11
VENDIMIADORA (1)
Vendimiadora morena   348:128:23
VENDO (2)
-Vendo, señor, el agua   263:49:7
[JINETE] Yo monto este   340:121:114
caballo y vendo cuchillos,
VENDRA (8)
vendrá a mi corazón   223:24:15
La otra no vendrá nunca.   404:196:10
¿No vendrá? ¿Cómo era?   404:196:17
¿Pero quién vendrá? ¿Y por   430:223:21
dónde...?

Es la sangre que viene, que   480:243:64
vendrá
vendrá a la piedra la locura   483:244:33
de pingüinos y gaviotas
El otoño vendrá con   544:276:207
caracolas,
y vendrá con espada   571:298:10
fulgurante,
VENDRAN (6)
¡Ya vendrán los pastores con   233:31:18
sus nidos
y las que vendrán.   239:36:20
vendrán los torerillos.   318:102:15
Luego vendrán las lluvias   388:172:8
que ya vendrán lianas   487:245:82
después de los fusiles
Vendrán las iguanas vivas a   493:250:4
morder a los hombres que no
sueñan
VENDRAS (2)
Pero tú vendrás   559:285:6
Pero tú vendrás   559:285:13
VENDRIA (1)
blanca, vendría   217:21:61
VENECIA (1)
a su ideal Venecia.   624:326:7
VENENO (5)
¡Cómo escupe veneno de bosque   487:245:86
las copas falsas, el veneno   494:250:49
y la calavera de los teatros.
gotas de sucia muerte con   526:267:106
amargo veneno.
Resisto un ocaso de verde   558:284:11
veneno
los membrillos de veneno.   562:289:12
VENENOSA (1)
el hocico del toro, la seta   472:239:7
venenosa
VENERA (1)
roza su tibia espalda sin   618:322:42
venera.
VENGA (2)
para que venga la luz   490:247:41
desmedida
Dile a la luna que venga,   539:274:55
VENGAN (1)
Cuando vengan los gitanos,   425:220:14
VENGAS (3)
Ni que vayas, ni que vengas,   382:164:4
para que tú no vengas,   559:285:2
para que tú no vengas,   559:285:9
VENGO (7)
"Vengo de mi casa y quiero   177:2:58
-Vengo de los amores   220:23:17
[JINETE] Yo vengo de Málaga.   336:121:45
Vengo a consumir tu boca   399:187:8
Compadre, vengo sangrando,   431:223:29
Vengo a buscar lo que busco,   436:226:13
Es tierra, ¡Dios mío!,   646:345:34
tierra, lo que vengo
buscando.
VENIA (12)
venía la noche preñada de   281:62:2
estrellas.
que venía grave, preñada de   283:62:65
estrellas.
y el otoño venía.   389:174:2
El otoño venía   390:174:15
y el otoño venía.   390:174:24
que por la calle venía.   443:229:30
venía Don Pedro.   461:236:2
venía en la busca   461:236:7
Aire rizado venía   464:237:7
LA mujer gorda venía delante   487:246:1
La mujer gorda venía delante   488:246:24
EL viento venía rojo   624:327:1
VENIAN (4)
venían. Sin esfuerzo,   368:148:10
Por el olivar venían,   426:220:25
iban y venían.   614:318:106

Para el asesinato del   632:331:13
ruiseñor, venían
VENID (1)
Pastores venid,   586:307:17
VENIDO (5)
has venido, amor mío, a   508:260:43
cubrir mi tejado.
Lo sé. Pero yo no he venido   515:264:12
a ver el cielo.
Yo he venido para ver la   515:264:13
turbia sangre.
han venido los perros de plomo 569:297:2
¡Dios mío, he venido con   608:315:33
VENIR (4)
forjando cadenas para los   521:266:20
niños que han de venir.
LA noche no quiere venir   559:285:1
El día no quiere venir   559:285:8
Ni la noche ni el día   559:285:15
quieren venir
VENIS (2)
¿Venís quizá en la busca   247:40:42
Venís de las edades más   270:55:30
profundas,
VENTANA (8)
viendo pasar gente desde tu   203:14:59
ventana,
y un gráfico de hueso en la   353:130:4
ventana.
entra por mi ventana.   368:148:14
por mi ventana, y veo   369:148:22
y disuelve a las mariposas   480:243:63
en los cristales de la
ventana.
Detrás de la ventana,   511:262:7
y les enseñaba una calavera   532:272:12
por los vidrios de la
ventana.
y gozas el soneto del mar en   619:323:44
tu ventana.
VENTANAS (10)
en sus ventanas postreras.   390:175:4
Todas las ventanas   461:236:9
el cielo tendrá que huir   485:245:43
ante el tumulto de las
ventanas.
Enjambres de ventanas   486:245:53
acribillaban un muslo de la
noche.
si no son los gemidos que   494:251:3
golpean las ventanas de la
boda,
Hay un salón con mil ventanas. 527:268:6
y el gentío rompía las   538:273:47
ventanas
Hay un cielo de mil ventanas   561:288:6
en ventanas abiertas,   607:315:17
enfría las ventanas y disipa   618:323:8
las yedras.
VENTANITAS (2)
Ventanitas de oro   308:87:5
con sus ventanitas?   413:208:8
VENTE (4)
diciendo: "¡Vente conmigo!"   277:59:11
"Vente a Granada, muchacha."   381:163:11
"Vente a Sevilla, muchacha."   381:163:17
"Vente a Granada, muchacha."   382:163:23
VENTURA (1)
conseguiré mi ventura,   185:5:31
VENUS (12)
Por algo madre Venus   194:9:43
Venus del mantón de Manila   202:14:28
que sabe
quiere comerse a Venus y le   232:31:7
ladra.
hermana en carne de Venus,   259:46:75
Pariste a Venus pura.   276:58:11
La estrella Venus es   277:58:22
Venus es lo profundo   277:58:25
que tuvo que desgarrarse su   510:261:10
monte de Venus

flor de Venus furiosa y tonante,   580:304:37
Doña Luna es una Venus.   612:318:49
Rueda helada la luna, cuando Venus   617:322:36
Venus es una blanca naturaleza muerta   619:323:23
VEO (10)
Y veo secarse los lirios   185:5:21
Veo la palabra amor   196:10:24
madre abuela, que yo no lo veo?   205:15:30
-Ya lo veo.   205:15:35
Yo veo en ti fetos de ciencias,   231:30:13
veo el puñal   303:79:13
por mi ventana, y veo   369:148:22
(Desde mi balcón lo veo.)   405:198:4
¡Desde marzo, cómo veo   418:215:7
Me veo por los ocasos,   601:313:135
VER (31)
ver el fin de la senda.   175:2:23
"¿Por qué quise ver la senda?   177:2:80
para ver si la encuentran los niños   208:15:106
para ver si en la noche estrellada   208:15:108
va a Sevilla a ver los toros.   445:230:4
para ver al emplazado,   453:233:51
para ver si las encuentran.   454:234:40
PARA ver que todo se ha ido,   507:260:1
para ver los huecos y los vestidos,   507:260:2
Para ver que todo se ha ido   507:260:18
¡Para ver que todo se ha ido!   507:260:21
Para ver que todo se ha ido.   508:260:30
Para ver los huecos de nubes y ríos. 508:260:31
¡Para ver que todo se ha ido!   508:260:33
Para ver que todo se ha ido.   508:260:50
Para ver que todo se ha ido.   508:260:55
Lo sé. Pero yo no he venido a ver el cielo.   515:264:12
Yo he venido para ver la turbia sangre.   515:264:13
he dejado de ver tu barba llena de mariposas, 523:267:30
que no quiero ver la sangre   539:274:56
para ver ese cuerpo sin posible descanso.   543:275:177
Yo quiero ver aquí los hombres de voz dura.   543:275:178
Puedo ver el duelo de la noche herida   558:284:9
para ver al herido por el agua.   568:295:24
Ver pasar los espectros   583:305:14
ver al hombre desnudo   583:305:16
ver la vida y la muerte,   583:305:18
a ver moverse las ramas.   609:315:50
al ver su carne convertida en carne   618:322:44
por ver si la divisaba   659:358:2
por ver qué decía;   665:364:24
VERA (1)
Quiero quedarme a tu vera.   411:205:4
VERAN (1)
¿Y por qué la verán solo los niños   191:8:27
VERANO (9)
reseco del verano.   210:17:28
que se cuaja en el verano,   258:46:48
El resumen de un cielo de verano   273:57:23
del aire, en el verano.   349:128:35
mientras el verano siembra   464:237:3
emigran el verano.   612:318:54
turbio de rojos peces y verano.   636:334:11
Sueña invierno de lumbre, gris verano.   637:336:13

silbo de luz y arcilla de caliente verano.   638:338:4
VERAS (3)
-Mira bien y verás una cinta   205:15:31
ni verás la sementera   261:47:43
me verás.   594:312:31
VERAS (1)
ni corazón tan de veras.   541:274:106
VERBENA (3)
la verbena invocando   191:8:10
te puse una corona de verbena.   560:286:3
de la verbena   653:352:2
VERBO (1)
nacimiento del Verbo de la tierra   272:57:17
VERDAD (11)
¿Verdad, chopo, maestro de la brisa? 174:1:53
La verdad te la decimos   177:2:77
¡Oh dolor de la verdad!   253:43:29
[JOVEN 2.] Es verdad.   334:121:20
[AMARGO] ¡Es verdad!   337:121:59
ay voz de mi verdad,   498:254:6
para decir mi verdad de hombre de sangre   499:254:38
se comprende la verdad de las cosas equivocadas, 500:255:20
Porque es verdad que la gente   502:256:34
¿Quién arruga el sudario?   543:275:173
¡No es verdad lo que dice!
Fuente de la verdad.   599:313:66
VERDADERA (4)
en la verdadera ciencia   182:3:34
lluvia buena y pacífica que   197:11:29
eres la verdadera,
¿Y el alma verdadera se despierta en la muerte?   271:56:15
La verdadera esfinge   612:318:42
VERDADERO (3)
pero el verdadero dolor no está presente en el espíritu.   495:251:12
El verdadero dolor que mantiene despiertas las cosas   495:251:15
Pero el verdadero dolor estaba en otras plazas   495:251:39
VERDADES (1)
¿Qué voz perfecta dirá las verdades del trigo?   523:267:27
VERDE (2)
seco y verde.   381:163:2
seco y verde.   382:163:30
VERDE (70)
En el verde olivar de la colina   209:17:5
del prado verde.   220:23:6
Ayer estabas verde,   223:24:5
un verde loco   223:24:6
Y húndete bajo el verde   230:29:20
Con su verde levita   246:40:5
verde como los trigos   247:40:44
y la verde viña   288:64:18
Sobre la noche verde,   311:93:4
hay un arbolito verde.   347:128:2
es verde!   352:129:52
va por lo verde.)   371:149:20
Me pondrá la cara verde   377:157:5
Deja tu fruto de verde y sombra   378:158:5
con trajes de azul y verde,   381:163:9
VERDE rumor intacto.   384:166:1
Ayer, mañana, negro y verde,   384:166:7
Baila sobre lo verde.   388:172:10
Sobre lo verde verde,   388:172:11
iban a lo verde.   389:174:4
iban a lo verde.   390:174:14
fruta verde y helada.   393:179:12
Unicornio gris y verde,   397:184:3
Roja y verde, eché a tu cuerpo   400:190:7
Verde y roja, roja y verde.   400:190:9
Esta es grandota y verde, yo no puedo 404:196:15
EN la mañana verde,   407:200:1

SOBRE el cielo verde,   413:208:1
un lucero verde,   413:208:2
sobre un cielo verde,   413:208:10
VERDE rama exenta   416:213:1
da a lo verde sus brazos.   418:215:6
y ramas de pino verde.   427:221:16
que te coge el viento verde!   427:221:38
recorta en el agrio verde,   428:222:6
VERDE que te quiero verde.   430:223:1
Verde viento. Verdes ramas.   430:223:2
verde carne, pelo verde,   430:223:7
Verde que te quiero verde.   430:223:9
Verde que te quiero verde.   430:223:13
verde carne, pelo verde,   430:223:23
Verde que te quiero verde,   432:223:61
verde viento, verdes ramas.   432:223:62
en esta verde baranda!   432:223:72
Verde carne, pelo verde,   432:223:75
Verde que te quiero verde.   432:223:83
Verde viento. Verdes ramas.   432:223:84
Tres balas de almendra verde   444:229:65
Moreno de verde luna,   445:230:5
moreno de verde luna,   447:231:21
ni contra los hombres de   525:267:99
mirada verde
Resisto un ocaso de verde   558:284:11
veneno
su corazón de verde.   610:317:8
-Almendra sin cuajar de verde   616:322:2
tacto-
y se ha puesto verde, verde   624:327:3
para la verde lepra del   635:333:42
sonido,
Y tú, arriba, en lo alto,   636:334:12
verde y frío,
YO me subí a un pino verde   659:358:1
un vestido verde   663:362:6
VERDES (28)
de pámpanos verdes y vid   203:14:55
coronada.
con guirnaldas de verdes   204:15:14
luceros,
y las uvas verdes de la parra   207:15:92
Los verdes cipreses   227:27:9
las verdes hojas del árbol.   258:46:32
Tendrás por verdes canas   261:47:47
Córdoba, olivos verdes   316:100:6
Tiene verdes los ojos   317:102:3
y espejos verdes.   320:106:2
Y en los espejos verdes,   321:106:12
y ojos verdes.   365:144:3
con lunaritos verdes.   379:160:6
Quise las manzanas verdes.   398:186:5
Cien luceros verdes   413:208:9
Verde viento. Verdes ramas.   430:223:2
hasta las verdes barandas.   431:223:50
verde viento, verdes ramas.   432:223:62
Verde viento. Verdes ramas.   432:223:84
Apaga tus verdes luces   455:234:59
Un chorro de venas verdes   459:235:27
Lobos y sapos cantan en las   496:252:9
hogueras verdes
iré penetrando a voces las   503:256:63
verdes estatuas de la
Malaria.
Verdes girasoles temblaban   519:265:52
Trompa de lirio por las   538:273:43
verdes ingles
eran dos verdes lluvias   568:295:18
enlazadas.
Sombra de verdes voces   616:321:4
y ramas verdes.   658:356:22
de verdes olivas   665:364:28
VERDORES (1)
los campos sin verdores   265:51:4
VERDOSAS (1)
y verdosas cabelleras   183:4:20
VERDOSO (3)
verdoso y frío.   225:26:3
verdoso y frío.   227:26:51
verdoso de tu lecho.   230:29:29

VERDOSOS (1)
tienes pulpos verdosos.   276:58:17
VERE (1)
no veré el duelo del sol con   500:255:4
las criaturas en carne viva.
VEREDA (6)
burgués de la vereda,   175:2:15
burgués de la vereda,   180:2:175
de la vereda indecisa!   253:43:22
POR una vereda   461:236:1
vi una vereda en flor   588:309:6
Por la vereda azul,   594:312:33
VEREDITA (1)
Sigue esa veredita.   306:84:6
VEREMOS (3)
Y el ruiseñor: Veremos.   462:236:37
veremos la resurrección de   493:250:27
las mariposas disecadas
veremos brillar nuestro   493:250:29
anillo y manar rosas de
nuestra lengua.
VERGEL (1)
del vergel   579:304:25
VERGONZOSA (1)
que es vergonzosa,   657:355:34
VERGÜENZA (1)
y el mar pierde vergüenza y   623:325:20
virtudes doradas.
VERIAMOS (1)
veríamos pasar.   269:54:40
VERJA (2)
y el judío empujó la verja   517:265:2
con el pudor helado del
interior
El judío empujó la verja;   518:265:28
VERLA (9)
huyen al verla muerta.   180:2:159
Al verla se ha levantado   427:221:19
¡QUE no quiero verla!   539:274:54
¡Que no quiero verla!   539:274:58
¡Que no quiero verla!   539:274:63
¡Que no quiero verla!   539:274:67
¡Que no quiero verla!   540:274:77
¡Que no quiero verla!   542:274:140
¡¡Yo no quiero verla!!   542:274:147
VERLAINE (1)
al lánguido Verlaine,   579:304:14
VERLAS (1)
nadie puede verlas.   359:134:14
VERLOS (1)
Aquí quiero yo verlos.   543:275:182
Delante de la piedra.
VERME (4)
Si tú vinieras a verme   347:126:8
de verme sin toronjas.   420:218:4
Quiero vivir sin verme.   420:218:9
de verme sin toronjas.   420:218:16
VERONICA (1)
casta Verónica   216:21:44
VERONICAS (1)
verónicas de alhelí,   447:231:16
VERSO (6)
sereno como un verso   200:13:26
primitivo!
Mi primer verso.   244:39:19
la tinta, el papel y el verso?   396:183:4
Dice el compás de acero su   620:323:73
corto verso elástico.
y en la neutra ceniza de mi   638:338:3
verso quisiera
duelo de rosa y verso, de   639:338:10
número y locura,
VERSOS (8)
Y en vez de flores, versos y   186:6:11
collares de perlas,
momias de versos y esqueletos   231:30:14
versos en la lejanía   252:43:2
maduro de versos   254:44:5
así llamó en sus versos   579:304:13
los versos son las hojas   583:305:24
En los libros de versos,   584:305:46

Libros dulces de versos   585:305:66
VERTE (6)
  tu vestido para verte.   427:221:26
  quiero verte pasar,   567:294:2
  voy a verte pasar,   567:294:12
  voy a verte pasar,   567:294:22
  VERTE desnuda es recordar la   570:298:1
  tierra.
  Verte desnuda es comprender   570:298:5
  el ansia
VERTICAL (1)
  Dice la línea recta su   621:323:75
  vertical esfuerzo
VERTICE (1)
  ¡Oh Forma sacratísima,   631:330:29
  vértice de las flores,
VERTIENTE (1)
  el olor de un solo cuerpo   490:247:43
  con la doble vertiente de
  lis y rata
VERTIENTES (2)
  encuentra las otras   513:263:21
  vertientes del cielo.
  en otoño, mojando las   518:265:23
  últimas vertientes,
VES (9)
  o de nácar. ¿Lo ves?   205:15:34
  -¡Oh Sócrates! ¿Qué ves   229:28:6
  ¿Qué ves en estos pétalos   229:28:11
  gloriosos?
  y ves el alma humana   242:38:75
  ¿No ves cómo me estoy   306:84:10
  Por la tarde ves temblar   318:103:10
  ¿No ves la herida que tengo   431:223:39
  ¿Por qué ves en el cielo   601:313:129
  de otra. ¿No ves qué pena?   650:351:12
VESTIA (1)
  se vestía de gris.   374:153:3
VESTIDA (11)
  VESTIDA con mantos negros   304:82:1
  Vestida con mantos negros.   304:82:4
  Vestida con mantos negros.   305:82:8
  que vestida con mantos negros!   305:82:13
  vestida de blanco!   318:103:3
  vestida de blanco!   319:103:16
  bien lunada y mal vestida,   443:229:28
  bien lunada y mal vestida.   444:229:52
  La Virgen viene vestida   454:234:41
  -Abuelito, ¿cómo iba vestida   586:307:4
  Nochebuena vestida de hielo   586:307:12
VESTIDAS (3)
  nuestras penas vestidas   194:9:71
  vestidas de blanco   314:97:3
  y en mis ojos criaturas   472:239:21
  vestidas ¡sin desnudo!
VESTIDO (5)
  o tienen luz de luna en su   285:63:49
  vestido.
  tu vestido para verte.   427:221:26
  Ella se quitó el vestido.   435:225:25
  nos golpee las sienes con su   479:243:20
  vestido
  un vestido verde   663:362:6
VESTIDO (2)
  -Y comadre, ¿cómo iba vestido? 206:15:62
  Pero el hombre vestido de   521:266:30
  blanco
VESTIDOS (3)
  mis vestidos.   277:59:9
  y los vestidos de tu madre   476:241:26
  niña,
  para ver los huecos y los   507:260:2
  vestidos,
VESTIRLA (1)
  tomarla en brazos ni   404:196:16
  vestirla.
VETE (4)
  vete despacio   306:84:13
  Stanton, vete al bosque con   503:256:49
  tus arpas judías,

vete para aprender   503:256:50
celestiales palabras
Vete, Ignacio: No sientas   544:275:196
el caliente bramido.
VEZ (21)
  Y en vez de flores, versos y   186:6:11
  collares de perlas,
  Y vi que en vez de rosas y   191:8:19
  claveles
  alguna vez? ¿Qué culpa   198:12:18
  Mas hoy en vez de estrellas   276:58:16
  otra vez dejará sus guirnaldas 279:61:15
  Vuelvo otra vez a echar las   280:61:39
  redes sobre
  Yo la puse otra vez   350:128:54
  una vez y otra vez   391:176:2
  una y otra vez,   391:176:14
  -concha y loto a la vez-   401:192:7
  LA primera vez   408:201:1
  La primera vez   408:201:18
  tendremos que pacer otra vez 531:271:14
  las hierbas de los
  cementerios.
  cada vez con menos fuerza;   540:274:88
  y amarilla a la vez.   579:304:16
  que tiene en vez de cuerdas   584:305:60
  una vez   603:314:27
  y otra vez.   603:314:28
  una vez   603:314:31
  y otra vez.   603:314:32
VI (19)
  y vi miles de ojos   179:2:130
  Y vi que en vez de rosas y   191:8:19
  claveles
  Yo te vi descender   261:47:56
  vi dos águilas de mármol   355:133:11
  vi dos palomas desnudas,   355:133:20
  Vi en tus ojos   389:173:3
  Los vi perderse llorando y   474:240:41
  cantando
  Le vi jugar en las últimas   482:244:4
  escaleras de la misa
  Yo vi la transparente   483:244:16
  cigüeña de alcohol
  y vi las cabañas de goma   483:244:18
  Yo vi llegar las hierbas   511:262:10
  Yo vi dos dolorosas espigas   532:271:15
  de cera
  y vi dos niños locos que   532:271:17
  empujaban llorando las
  pupilas de un asesino.
  vi dos águilas de nieve   574:303:11
  vi dos palomas desnudas.   575:303:20
  -En mis tiempos yo vi en   587:307:21
  esta noche
  vi una vereda en flor   588:309:6
  cuando te vi, Dios fuerte,   630:330:2
  vivo en el Sacramento.
  cuando te vi presente sobre   631:330:26
  tu Sacramento.
VIA (1)
  brotar de tus senos otra vía   201:14:21
  láctea.
VIAJANTE (3)
  EL viajante de jardines   626:328:1
  El viajante de jardines   626:328:12
  El viajante del tiempo   626:328:16
VIAJAR (1)
  Será preciso viajar por los   490:247:38
  ojos de los idiotas,
VIAJE (1)
  donde la noche olvida su   490:247:22
  viaje
VIAJERO (3)
  ¿Dónde iba el glorioso   207:15:87
  viajero?
  Viajero por su propio torso   510:262:2
  blanco.
  ¡Guárdate del viajero,   599:313:88

VIBORA (1)
ni que el parto de la   492:249:30
víbora, desatado bajo las
ramas,
VIBRA (2)
de mi fontana vibra,   280:61:46
Y mientras vibra confusa   459:235:47
VIBRAR (2)
que hace vibrar el alma   196:11:4
dormida del paisaje.
el grito ha hecho vibrar   298:71:9
VICIOSA (1)
para la pupila viciosa de 645:345:9
nube,
VICTORIA (1)
de la Victoria,   656:355:10
VID (2)
de pámpanos verdes y vid   203:14:55
coronada.
enemigo de la vid   523:267:38
VIDA (45)
"¿Ni crees en la vida eterna?" 177:2:65
por siempre en la vida eterna   177:2:82
"¿Crees tú en la vida eterna?" 178:2:91
¿Quién la vida nos alienta 182:3:32
el secreto de la vida,   188:7:6
es la vida del mundo,   194:9:49
La que derrama vida sobre las 196:11:11
sementeras
La nostalgia terrible de una 197:11:13
vida perdida,
nos dice tu vida rota y   203:14:57
fracasada,
la vida en el cementerio!   209:16:20
¿Te dio lástima acaso de mi 210:17:19
vida,
astros sin vida   216:21:25
dolor y pasar la vida   253:43:20
en vida y muerte cuajado. 258:46:36
Porque eres luz de la vida, 259:46:81
de tu vida,   261:47:42
El silencio profundo de la 268:54:12
vida en la tierra,
y vosotras nacéis para la 270:55:39
vida.
quiero sondar la fuente de mi 279:61:2
vida
al fondo de mi vida.   279:61:20
la fuente de mi vida,   280:61:40
formé su cordaje con mi vida 282:62:28
muerta.
de mi vida,   290:66:13
que era la vida.   354:132:4
Llaga de amor que me dará la 414:209:5
vida
Yo, para darles vida,   415:211:3
¡Gabrielillo de mi vida!, 443:229:48
¡Gabrielillo de mi vida!   444:229:56
¿Quién te ha quitado la vida 448:231:23
No es sueño la vida.   493:250:14
¡Alerta! ¡Alerta! ¡Alerta!
No está en el aire ni en   495:251:13
nuestra vida,
Ecuestre por mi vida   509:260:71
definitivamente anclada.
El cielo tiene playas donde 525:267:79
evitar la vida
y la vida no es noble, ni 525:267:87
buena, ni sagrada.
Se supo el momento preciso 533:272:30
de la salvación de nuestra
vida.
flor que es vida y azul   580:304:39
fontana
¡Qué sería la vida sin rosas! 580:304:42
ver la vida y la muerte,   583:305:18
Poesía es la vida   584:305:62
se echaba mi vida en busca de 588:309:4
un deseo.
llena de luz, llena de vida 588:309:8

mientras que tu pintura y 622:323:109
tu vida florecen.
¡Duerme en olvido de tu   637:336:14
vieja vida!
de mi vida robadoras?   659:357:20
prados de mi vida.   665:364:32
VIDAS (1)
de vidas que se borran,   583:305:15
VIDES (2)
Las vides son la lujuria   258:46:47
Luz que temen las vides   620:323:59
entrañables de Baco
VIDRIADO (1)
vidriado por la angustia de 518:265:15
un millón de paisajes.
VIDRIERA (1)
(Ante una vidriera rota   395:181:15
VIDRIERAS (4)
Amor. El viento en las   288:64:10
vidrieras,
Amor. El viento en las   288:64:22
vidrieras,
Amor. El viento en las   288:64:34
vidrieras,
DETRAS de las inmóviles   392:178:1
vidrieras
VIDRIO (2)
Gallos de vidrio cantaban 454:234:31
que los médicos ponen en el 630:330:8
frasco de vidrio.
VIDRIOS (7)
San Miguel canta en los   439:227:25
vidrios;
¡Saltan vidrios de colores! 460:235:71
donde los sabios vidrios se 475:241:6
quebraban.
y abrió su quebrada rosa de 502:256:41
vidrios secos y manos blandas
No nos salvan las solitarias 513:263:19
en los vidrios,
y les enseñaba una calavera 532:272:12
por los vidrios de la
ventana.
junta los grandes vidrios 619:323:32
del pez y de la luna.
VIEJA (22)
y el cuento del hada vieja 188:7:7
vieja amiga de las ranas   189:7:42
y la frescura vieja del otoño 200:13:23
que tiene la vieja calle   203:14:61
provinciana,
Una vieja que vive muy pobre 206:15:46
-Siga, siga la vieja comadre. 207:15:86
alguna vieja noria   217:22:13
de la vieja posada,   233:31:21
¡Oh torre vieja! Llora   249:41:18
En la vieja taberna del poblado 256:45:9
¡Qué vieja y triste asoma! 264:51:2
BAJO tu casta sombra, encina 279:61:1
vieja,
Cántame con tu boca vieja y 280:61:35
casta
El agua ha adormecido en   286:63:96
plata vieja
Grecia vieja   291:67:32
vieja   301:76:8
abrió con mano gris mi vieja 413:209:3
herida
este mascarón de vieja   487:245:77
escarlatina,
vieja   603:314:17
¡Duerme en olvido de tu   637:336:14
vieja vida!
tu regalo semeja sol y vieja 639:338:11
alegría.
Prado de sangre vieja.   640:341:3
VIEJAS (16)
había dos ranas viejas   176:2:27
la de las torres viejas y del 187:6:54
jardín callado,

de estas viejas filósofas del llano?   229:28:3
en las viejas entrañas!   274:57:76
como se abandonan las pasiones viejas!   282:62:30
buscando viejas espinas.   325:112:16
de nuestras madres viejas.   361:138:12
y el color de las viejas horas.   419:217:6
lloran dos viejas mujeres.   429:222:10
y rumor de viejas voces,   449:232:20
Viejas mujeres del río   450:232:31
huyen las gitanas viejas   456:234:86
soñando viejas luces de Hungría   528:268:30
de algunas viejas tablas.   625:327:24
viejas iras se enroscan en mis dedos.)   628:328:37
Viejas y sacerdotes lloraban resistiendo   632:331:15

VIEJO (30)
de mi viejo mediodía de labios,   195:10:14
de mi viejo mediodía   195:10:15
de lo viejo.   214:20:23
al viejo enorme   217:21:58
Mi viejo chopo   236:34:6
¡Viejo chopo, aguarda!   236:34:16
que guardan un viejo   239:37:6
de viejo catedrático.   246:40:10
muy viejo, Don Lagarto,   246:40:18
viejo y apergaminado,   257:46:8
del viejo gnomo del prado,   258:46:26
¡CHOPO viejo!   260:47:1
¡Chopo viejo!   261:47:52
Sobre el paisaje viejo y el hogar humeante   287:63:119
el temblor viejo del río viejo.   347:127:4
viejo.)   352:129:29
   409:202:8
Dos mujeres y un viejo   462:236:33
dos mujeres y un viejo   463:236:47
Desván donde el polvo viejo congrega estatuas y musgos,   472:239:14
Aquel viejo cubierto de setas   478:243:8
que tiene un viejo alfiler oxidado   499:254:21
Pero el viejo de las manos traslúcidas   521:266:48
Ni un solo momento, viejo hermoso Walt Whitman,   523:267:29
hombre solo en el mar, viejo hermoso Walt Whitman,   524:267:46
Por eso no levanto mi voz, viejo Walt Whitman,   525:267:92
La vaca del viejo mundo   539:274:68
Y en la plata sin brillo del viejo   587:307:25
Un viejo Dios silvestre da frutas a los niños.   619:323:28
mi perfil en la arena será un viejo   637:335:7

VIEJOS (21)
El contacto ya frío de cielo y tierra viejos   196:11:7
de tejados viejos.   230:29:6
de los trapos viejos.   231:29:41
Y los retratos viejos   238:36:5
sobre un fondo de viejos olivos,   241:38:34
cuando viejos y heridos deletrean   255:44:45
Crepitar de leños viejos,   259:46:53
¡Parecen las espigas viejos pájaros   269:55:16
los olivos viejos, cargados de ciencia;   281:62:12
de viejos sátiros   292:67:55
Los viejos   319:104:10
Viejos desde que nacen   349:128:36
Para mis ojos viejos.   364:141:8

¡Miradlos qué viejos son!   373:152:13
¡Que viejos son los lagartos!   373:152:14
cerca de los viejos coches   440:228:11
Están los viejos cuchillos   446:230:37
viejos soldados de Roma.   458:235:4
nombres viejos y cintas ajadas.   519:265:48
las almas de los viejos pájaros.   626:328:5
y ese gran sol amarillo de viejos peces aplastados.   647:346:20

VIENA (3)
EN Viena hay diez muchachas,   527:268:1
En Viena hay cuatro espejos   528:268:20
En Viena bailaré contigo   528:268:36

VIENDO (3)
viendo pasar gente desde tu ventana,   203:14:59
viendo el tránsito infinito.   385:168:8
viendo ovejas y lirios de nieve   528:268:32

VIENE (34)
y dice: "Es la que viene   180:2:156
"Hijas mías, dormid, que viene el lobo",   233:31:14
que viene de lejos   239:37:14
Sangre del viento que viene   259:46:63
¡Una golondrina viene   279:60:17
¡Miradlo por dónde viene!   310:91:5
no viene,   321:106:8
[JOVEN 2.] Viene detrás.   333:121:9
YA viene la noche.   346:126:1
Ya viene la noche.   346:126:4
Ya viene la noche.   346:126:7
Ya viene la noche.   347:126:10
Mientras la luz que viene fija y gana   353:130:5
El día va y viene.   362:139:2
viene tu culo   401:192:8
Preciosa tocando viene   426:221:2
Preciosa tocando viene.   427:221:18
¡Míralo por donde viene!   427:221:40
por los olivares viene,   429:222:24
viene sin vara de mimbre   446:230:27
viene de los corredores.   449:232:18
La Virgen viene vestida   454:234:41
que viene la benemérita.   455:234:60
Es la sangre que viene, que vendrá   480:243:64
¡Cómo viene del Africa a New York!   484:245:2
Ya viene hacia la roca. ¡No alargues tus raíces!   510:261:23
Un río que viene cantando   515:264:6
una luz maravillosa que viene del monte;   521:266:37
una brisa que viene dormida por las ramas.   525:267:91
A lo lejos ya viene la gangrena   538:273:41
Y su sangre ya viene cantando: 541:274:127
Un surtidor que viene de los sueños   568:295:15
Hay quien va y quien viene   595:312:49
Viene el hombre que mira con el metro amarillo.   619:323:22

VIENEN (17)
cuando vienen los astros   198:12:3
¿de dónde vienen, madre?   263:49:14
Vuestras músicas vienen del alma de los pájaros,   264:50:6
Vienen de los remotos   307:86:7
POR la calleja vienen   309:89:1
vienen del turbio horizonte,   315:98:12
tres carabineros vienen,   428:221:48
vienen con el pez de sombra   430:223:15
Vienen manolas comiendo   439:227:33
Vienen altos caballeros   439:227:37
vienen por la carretera.   453:234:8

¡Ya vienen las hormigas y los pies ateridos! 496:252:5
¡Ya vienen por las rampas! 505:258:19
¡Levántate del agua!
Vienen las hierbas, hijo; 511:262:19
Por las noches vienen a sus ramas 626:328:4
vienen los ecos de todos los siglos. 628:328:33
y a la roca vienen pájaros. 644:344:12
VIENES (9)
  los álamos cautivos, pero vienes 173:1:10
  Pero vienes 174:1:28
  Es el caracol. ¿Vienes, 177:2:56
  ¡Abril divino, que vienes 184:4:23
  Vienes para decirnos 218:22:41
  ¿De dónde vienes? 220:23:16
  pastor que vienes. 347:128:4
  pastor que vienes. 348:128:8
  Pastor que vienes. 348:128:14
VIENTECILLO (1)
  caracolea el vientecillo. 414:210:4
VIENTECILLOS (1)
  avispas y vientecillos 466:237:63
VIENTO (105)
  VIENTO del Sur, 173:1:1
  Sin ningún viento, 173:1:14
  ¡oso blanco del viento! 173:1:19
  Sin ningún viento, 174:1:32
  Sin ningún viento, 175:1:55
  horadando con risas al viento! 204:15:10
  horadando con risas al viento! 205:15:24
  horadando con risas al viento! 205:15:45
  y luceros al viento. 210:17:12
  y suspira el viento. 211:18:4
  con algodón del viento. 214:20:27
  arrugada por el viento, 227:27:11
  heridas por el viento, 252:42:59
  El viento se ha sentado en los torcales 256:45:13
  Sangre del viento que viene 259:46:63
  Sin la espuela del viento 267:53:8
  Desaparecerían ciudades en el viento. 269:54:38
  El viento va trayendo a las sombras. 271:56:35
  el viento dijo: 283:63:4
  Las palabras del viento eran suaves 284:63:30
  el viento dice: -Soy eterno ritmo-. 286:63:101
  Amor. El viento en las vidrieras, 288:64:10
  Amor. El viento en las vidrieras, 288:64:22
  Amor. El viento en las vidrieras, 288:64:34
  y viento en los naranjales. 295:68:20
  como llora el viento 297:70:12
  largas cuerdas del viento. 298:71:10
  (Viento en el olivar, 301:76:5
  viento en la sierra.) 301:76:6
  (Viento por los caminos. 301:76:16
  VIENTO del Este: 303:79:1
  EL grito deja en el viento 303:80:1
  en la corriente del viento. 305:82:7
  Sobre el viento 312:94:4
  El viento con el polvo 312:94:10
  El viento con el polvo 317:101:16
  al viento. 322:107:18
  reflejado en el viento. 322:108:16
  atmósferas sin viento. 326:114:6
  amenazando al viento! 327:116:6
  y el día bajo el viento. 362:139:6
  Bajo viento el viento. 368:148:2
  Luna bajo el viento. 368:148:6
  la cuchilla del viento. 369:148:24
  en flor de gasa el viento. 369:148:32
  El viento le dice "niña", 369:148:39
  Por el llano, por el viento, 380:161:7

El viento, galán de torres, 381:163:5
con el brazo gris del viento 382:163:27
se rice el viento del Sur. 394:180:4
(Con una capa de viento 395:181:12
El manantial besa al viento 396:182:7
pero nos dejan el viento. 412:207:4
El viento está amortajado 412:207:5
el viento de la noche suspirando 413:209:2
de la luna al viento! 417:215:4
(viento bajo). 418:215:10
y tus brazos de viento! 421:219:24
el viento que nunca duerme. 427:221:20
El viento-hombrón la persigue 427:221:31
que te coge el viento verde! 427:221:38
el viento, furioso, muerde. 428:221:58
Verde viento. Verdes ramas. 430:223:2
La higuera frota su viento 430:223:17
verde viento, verdes ramas. 432:223:62
El largo viento, dejaba 432:223:81
Verde viento. Verdes ramas. 432:223:84
El viento, vuelve desnudo 454:234:33
preguntan al viento, 461:236:10
y el conflicto de luz y viento 477:242:3
azul donde el desnudo del 478:242:23
viento va quebrando
y el viento empañaba espejos 480:243:50
Un viento sur de madera, 481:243:78
oblicuo en el negro fango,
un viento sur que lleva 481:243:80
mientras mis ojos se 498:254:12
quiebran en el viento
y el viento acecha troncos 499:254:29
descuidados.
en los perros dormidos, en 503:256:52
el plomo, en el viento,
manadas de bisontes 523:267:15
empujadas por el viento.
Será el cielo para el viento 529:269:35
puede llegar el viento Austro 531:271:12
pero los cálices eran de 532:272:5
viento y al fin llenaba los
zapatos.
El viento se llevó los 537:273:9
algodones
Yo quiero que el viento se 558:284:2
quede sin valles.
El viento nublado y el viento 561:287:6
limpio
Algunas veces el viento 562:289:13
que soy el pequeño amigo del 564:290:14
viento Oeste;
las lágrimas amordazan al 569:296:11
viento,
Lo demás es lo otro; viento 572:300:15
triste,
copones de perfume que azul 580:304:59
se bebe el viento,
es el soplo del viento 583:305:27
al viento. 588:308:10
tejen el viento 590:311:5
sin blanco, sobre el viento. 595:312:10
pero el viento no las 608:315:40
deshoja!
de viento.) 615:319:4
Frente a frente piedra y 616:321:6
viento,
No quieres inventarlos en el 620:323:66
mar o en el viento.
EL viento venía rojo 624:327:1
Viento estancado. 625:327:9
Viento estancado 625:327:16
¡La noche oscila en el 628:328:35
viento!)
con el viento? 628:329:3
el viento? 628:329:7
Dos voces suenan: el reloj y 636:334:3
el viento,
VIENTOS (10)
  Brisas, gnomos y vientos 174:1:36

y entre el claro gentío de los   174:1:51
vientos
¿Dónde fueron tus besos   187:6:39
lanzados a los vientos?
¡Oh lluvia silenciosa, sin   197:11:27
tormentas ni vientos,
como ésta, sin ruidos ni   206:15:59
vientos,
a muy lejos la llevan los   208:15:109
vientos.
y al alma de los vientos   212:18:22
y luna de los vientos,   230:29:8
Para poder lanzarse con los   275:57:99
vientos
Sobre los vientos   317:101:4
VIENTRE (8)
copa de tu vientre la araña   201:14:7
que teje
al vientre de los montes,   327:117:3
la rosa azul de tu vientre.   427:221:28
en el vientre de su madre.   443:229:24
pide copos a su vientre   464:237:19
Las muchachas americanas   479:243:37
llevaban niños y monedas en
el vientre,
de la oscura magnolia de tu   557:283:2
vientre.
Tu vientre es una lucha de   571:298:13
raíces.
VIENTRES (2)
Dulce como los vientres de   200:13:32
las hembras.
Los vientres del demonio   496:252:7
resuenan por los valles
VIERAS (1)
Si tú vieras que la luz   649:350:5
VIERNES (1)
Se perdió por los arcos un   482:244:3
viernes de todos los muertos.
VIERON (3)
donde te vieron entre la   292:67:38
sombra
no vieron enterrar a los   472:239:2
muertos,
vieron la blanca pared donde   472:239:6
orinaban las niñas,
VIERTE (3)
su cuento vierte.   222:23:62
¡Vierte en mis oídos tu   282:62:48
historia divina,
la miel helada que la luna   640:340:8
vierte.
VIGILIA (3)
angustiados por el testigo y   489:247:14
la vigilia de todas las cosas
¡qué puñalitos sueña en su   506:259:13
vigilia!;
Mercurio de vigilia, casto   636:335:3
espejo
VIHUELA (2)
en su vihuela blanca,   317:101:12
Son los otros los que bailan   486:245:64
con el mascarón y su vihuela;
VILANO (1)
con los tinteros que orina   474:240:35
el perro y desprecia el
vilano,
VILANOS (1)
Y hormigas y vilanos,   420:218:10
VILO (5)
Agua en vilo redoraba   458:235:7
con una queja en vilo de Sur   617:322:19
loco,
donde la planta en vilo   634:333:8
No es la ceniza en vilo de   645:345:12
las cosas quemadas,
morenas de luna en vilo   648:348:7
VILLA (1)
en las barandas de "Villa   401:192:3
Leonarda".
VINAGRE (1)
Bebías vinagre a escondidas   650:351:7
VINE (1)
Vine a este mundo con ojos   321:107:3
VINIERAN (1)
Si vinieran los gitanos,   425:220:10
VINIERAS (1)
Si tú vinieras a verme   347:126:8
VINO (12)
del vino de Málaga y de la   202:14:29
guitarra.
al vino   241:38:44
y la copa rebosando vino.   287:63:134
no dará su vino.   288:64:19
mezcla en su vino,   309:88:18
sus gestos de vino y luto.   403:194:6
si quiere flores de vino   441:228:37
y un olor de vino y ámbar   449:232:17
Porque ya no hay quien   520:266:15
reparta el pan ni el vino,
cuando yo te encontré por   561:287:10
las grutas del vino.
Marineros que ignoran el   619:323:17
vino y la penumbra
abeja, rumor o vino   648:348:17
VINO (9)
que vino de la tierra dorada   187:6:47
de Castilla
Vino   278:59:26
que se fue y no vino!   295:68:6
que se fue y no vino!   295:68:18
que se fue y no vino!   296:68:28
(Vino el día con sus hachas.)   367:147:2
LA luna vino a la fragua   425:220:1
Vino la noche clara,   573:302:8
Vino el alba sin mancha,   574:302:15
VIÑA (2)
y la verde viña   288:64:18
corta el llanto de la viña.   348:128:24
VIO (11)
Ella vio en una noche lejana   206:15:58
Vio, sin duda, cómo le miraba   406:199:11
Vio su sombra tendida y   406:199:13
quieta
Vio los balcones del Papa   419:216:12
¿Quién te vio y no te   454:234:22
recuerda?
¿Quién te vio y no te   455:234:62
recuerda?
¿Quién te vio y no te   457:234:122
recuerda?
y vio en la luna los pechos   465:237:35
Pronto se vio que la luna   511:262:4
cuando vio los cuernos cerca,   540:274:96
¿QUIEN dirá que te vio, y en   636:334:1
qué momento?
VIOLA (2)
Como un arco de viola   298:71:8
UNA viola de luz yerta y   639:339:1
helada
VIOLADOR (1)
Violador enfurecido,   467:237:93
VIOLENCIA (1)
a tu violencia granate   479:243:34
sordomuda en la penumbra,
VIOLENTO (2)
el ataque violento de la   489:247:12
luna.
y la piel del camello se   494:250:37
eriza con un violento
escalofrío azul.
VIOLETA (6)
y violeta la voz.   317:102:4
cínife color violeta.   386:169:8
Un rayo de luz violeta que se   532:272:2
escapaba de la herida
Tu cuerpo, con la sombra   561:287:15
violeta de mis manos,
el corazón de sapo o la   571:298:12
violeta.
Luego se pondrá violeta,   625:327:5

VIOLETAS (1)
    el musgo, nevado de blancas   281:62:14
    violetas.
VIOLIN (4)
    la muchedumbre de martillo,   522:266:61
    de violín o de nube,
    violín y sepulcro, las   528:268:44
    cintas del vals.
    y un violín de papel   529:269:22
    el llanto es un violín   569:296:10
    inmenso,
VIOLINES (2)
    respirando con todos sus   505:258:26
    violines sin cuerdas
    mil violines caben en la   569:296:7
    palma de mi mano.
VIRGEN (21)
    y como la virgen María   201:14:20
    pudieras
    Virgen dolorosa que tiene   202:14:43
    clavadas
    Te vas por la niebla del   203:14:52
    otoño, virgen
    una virgen y dos gatos negros,   206:15:49
    virgen y sin dolor.   276:58:13
    Vais derramando lujuria virgen   292:67:57
    VIRGEN con miriñaque,   309:90:1
    virgen de la Soledad,   309:90:2
    Virgen con miriñaque,   310:90:11
    virgen de flor y rama,   391:176:15
    Pespunte de seda virgen   403:194:15
    Acuérdate de la Virgen   448:231:35
    La Virgen y San José,   454:234:37
    La Virgen viene vestida   454:234:41
    La Virgen cura a los niños   456:234:99
    flor de fauno y de virgen   580:304:36
    cristiana,
    las rosas son como tu carne   588:309:11
    virgen,
    como en la selva virgen.   599:313:81
    ¡A la pobre virgen blanca   612:318:40
    El horizonte virgen de   619:323:31
    pañuelos heridos
    En este duelo a muerte por la   639:338:9
    virgen poesía,
VIRGENES (1)
    gritan vírgenes gitanas   466:237:86
VIRGINAL (3)
    virginal de tristezas y de   212:18:15
    angustias
    y virginal de ensueños.   212:18:16
    ni tus muslos de Apolo   523:267:32
    virginal,
VIRGINIA (1)
    no te muevas, Virginia.   399:188:6
VIRIL (2)
    y entre la tristeza viril de   281:62:21
    los robles
    Ni un solo momento,   523:267:40
    hermosura viril
VIRTUD (2)
    es tu virtud! Aguantas   255:44:51
    virtud de la primavera.   648:348:14
VIRTUDES (1)
    y el mar pierde vergüenza y   623:325:20
    virtudes doradas.
VISIBLE (1)
    y amor al fin sin alba.   501:255:31
    Amor. ¡Amor visible!
VISION (1)
    la visión que ella tuvo en   206:15:57
    sus tiempos.
VISIONES (1)
    visiones de cunas en   201:14:16
    ambientes quietos,
VISITA (1)
    se acercaba de visita.   443:229:34
VISITANTES (1)
    que a veces dejan ciegos a   518:265:35
    los visitantes.
VISLUMBRA (1)

    vislumbra su fantasía!   434:224:32
VISTA (1)
    Y el caracol: "Mi vista   179:2:138
VISTE (2)
    ni contra el muchacho que se   525:267:95
    viste de novia
    Viste y desnuda siempre tu   622:323:112
    pincel en el aire,
VISTE (2)
    ¿Qué intención viste en mi   398:186:3
    mano
    Tú viste mi amor roto   592:311:48
VISTEN (2)
    el rayo abrasador con que se   270:55:26
    visten
    visten a la Macarena.   615:320:9
VISTIO (1)
    se vistió de frío.   374:154:2
VISTO (14)
    "Yo he visto las estrellas."   178:2:121
    he visto las estrellas,   179:2:127
    "Yo he visto a las estrellas",   179:2:145
    Son poetas del agua que han   197:11:25
    visto y que meditan
    Dice un hombre que ha visto a   204:15:11
    Santiago
    Como la hemos visto siempre   226:26:22
    tu azul mansión, has visto   234:32:39
    he visto al buen lagarto   246:40:2
    No preguntarme nada. He   472:239:18
    visto que las cosas
    ni hubiese visto el mar   483:244:27
    amarrado a los árboles
    Yo he visto lluvias grises   542:275:153
    correr hacia las olas
    Este libro que ha visto   582:305:3
    que la he visto yo.   663:362:4
    que la he visto yo.   663:362:12
VITRINA (1)
    una vitrina de espuelas.   455:234:72
VIUDA (2)
    Al hijo de la viuda,   660:359:5
    A la puerta de la viuda   662:359:45
VIUDITA (3)
    -¡Ay, yo soy la viudita,   221:23:35
    viudita aleve?   221:23:44
    Y viudita de mi astro   594:312:25
VIVA (12)
    Viva lección   215:21:12
    Canción de estrella viva   383:165:17
    En la mañana viva,   407:200:11
    para hacerla viva   413:208:14
    Viva moneda que nunca   448:231:43
    viva en la espina del puñal   480:243:55
    y en el pecho de los
    paisajes,
    carne viva. Los besos atan   493:250:18
    las bocas
    no veré el duelo del sol con   500:255:4
    las criaturas en carne viva.
    y no la niña viva que   533:272:33
    callaron en la arena.
    Sombra viva   616:321:2
    AMOR de mis entrañas, viva   639:340:1
    muerte,
    la brasa viva.   654:353:16
VIVA (7)
    ¡Viva la rosa en su rosal!   591:311:22
    ¡Viva la rosa en su rosal!   591:311:27
    ¡Viva la rosa en su rosal!   591:311:32
    ¡Viva la tierra de mi pulso   645:345:18
    y del baile de los helechos,
    ¡VIVA Sevilla!   657:356:1
    ¡Viva Sevilla!   657:356:5
    ¡Viva Triana!   658:356:6
VIVAN (2)
    ¡Vivan los trianeros,   658:356:7
    ¡Vivan los sevillanos   658:356:9
VIVAS (5)
    nunca florecida con las vivas   201:14:9
    rosas

Vendrán las iguanas vivas a morder a los hombres que no sueñan   493:250:4

Las vacas muertas y las vivas,   503:257:7
y aun las vivas prisiones de fuego   518:265:8

Rosas, rosas, joyas vivas de infinito;   579:304:2

VIVE (4)
Una vieja que vive muy pobre   206:15:46
que vive y muere.   220:23:24
que vive y muere.   221:23:28
que vive y muere?   221:23:50

VIVEN (2)
donde viven los ingleses.   426:221:12
Y en el Perú viven mil mujeres, ¡oh insectos!, que noche y día   513:263:49

VIVES (4)
¿Vives bien en el limo   237:35:3
¿Vives bien en la espuma   237:35:9
Alma higiénica, vives sobre mármoles nuevos.   619:323:41
Pero también la rosa del jardín donde vives.   621:323:77

VIVIDO (2)
pues ya he vivido mucho,   176:2:40
y vivido horas santas.   582:305:5

VIVIMOS (3)
y vivimos cien años dentro de un cuchillo.   510:261:18
Vivimos en celdas   594:312:39
Vivimos   596:313:10

VIVIR (6)
"Pues vivir siempre   177:2:67
Naces para vivir unos minutos   233:32:12
¡Pero vivir!, ¡qué diantre!,   247:40:52
Quiero vivir sin verme.   420:218:9
porque quiero vivir con aquel niño oscuro   564:290:22
o déjame vivir en mi serena   640:340:13

VIVIRAN (1)
los caballos vivirán en las tabernas   493:250:23

VIVISIMO (1)
el vivísimo cáncer lleno de nubes y termómetros   501:256:12

VIVISIMOS (1)
Son los vivísimos hormigueros y las monedas en el fango.   491:249:15

VIVO (10)
Todo lo vivo que pasa   189:7:21
del sufrimiento vivo."   234:32:43
Arranca a la tierra su oro vivo   270:55:24
¡Tenía una colmena de oro vivo   274:57:75
Frente al mágico y vivo dolor.   419:217:8
es un pequeño espacio vivo   495:251:32
al loco unísón de la luz, ata en el vivo azúcar de su tronco!   506:259:11
y otro la uña de un ruiseñor que estaba vivo;   519:265:43
cuando te vi, Dios fuerte, vivo en el Sacramento,   630:330:2
Vivo estabas, Dios mío, dentro del ostensorio.   630:330:5

VIVO (1)
que si vivo sin mí quiero perderte.   639:340:4

VIVOS (4)
abre los ojos vivos;   243:38:84
coronadas por vivos hormigueros del alba.   496:252:10
¡Arpa de troncos vivos, caimán, flor de tabaco!   531:270:22
Orbe claro de muertos y hormiguero de vivos   633:331:35

VOCABLO (1)

matando en mí la burla y la sugestión del vocablo.   499:254:39

VOCABULARIO (1)
que tienen una sola letra en su vocabulario,   646:346:4

VOCECITA (1)
tiemblan en su vocecita.   444:229:66

VOCES (24)
y dan voces los perros vequeros?   205:15:28
-le preguntan dos voces a un tiempo-.   206:15:63
-le preguntan dos voces a un tiempo-.   207:15:75
-sermonean dos voces a un tiempo-.   207:15:97
mis voces se quebraron.   289:66:8
Alma con siete voces   359:134:5
Las voces de dos niñas   368:148:9
Cinco voces contestaban   379:159:11
pierden juncos, ganan voces.   439:227:32
VOCES de muerte sonaron   447:231:1
Voces antiguas que cercan   447:231:3
voces de muerte sonaron   447:231:17
voces de muerte cesaron   448:231:51
y rumor de viejas voces,   449:232:20
Limo de voces perdidas.   463:236:66
donde sonaban las voces de los que mueren bajo el guano.   485:245:22
con cítaras sin cuerdas y degolladas voces.   496:252:16
con el aluminio y las voces de los borrachos.   498:254:13
iré penetrando a voces las verdes estatuas de la Malaria.   503:256:63
hubo un aire de voces secretas   540:274:100
las voces dolorosas   585:305:74
Sombra de verdes voces   616:321:4
¡Oh Cordero cautivo de tres voces iguales!   633:331:39
Dos voces suenan: el reloj y el viento,   636:334:3

VOLABA (1)
Volaba dentro de una gota   511:262:13

VOLABAN (1)
Y ángeles negros volaban   429:222:35

VOLADO (1)
que no han volado.   598:313:52

VOLADORAS (1)
una lluvia de lenguas y hormigas voladoras.   632:331:16

VOLANDO (3)
pasa volando.   364:141:2
devorando, orinando, volando en su pureza,   516:264:49
Níquel para el sollozo que busca a Dios volando.   633:332:16

VOLANTE (2)
volante de cielo y hojas.   437:226:40
volante a la sin brazos cordillera   617:322:35

VOLANTES (3)
y los volantes,   371:149:11
volantes sobre tu falda.   466:237:60
lleno de volantes   663:362:7

VOLAR (4)
que no pueden volar!   269:55:17
[GITANO] He inventado unas alas para volar, y vuelo.   331:119:50
y los gallos solo saben volar sobre la nieve   532:271:28
una estrella volar hacia el cielo.   587:307:22

VOLARA (2)
volará desolado y pensativo   211:17:39
volará en la corriente   238:35:29

VOLCAN (1)
y el volcán marchito.   599:313:69

VOLCANES (3)
Ellos son los que beben el   479:243:40
whisky de plata junto a los
volcanes
y para la tierna intimidad   495:251:42
de los volcanes.
que enterraban un paisaje de   532:271:16
volcanes
VOLCARE (1)
volcaré mi fatal corazón.   581:304:80
VOLO (1)
esa estrella que voló hacia   587:307:31
el cielo.
VOLTA (1)
y una pila de Volta con   481:243:82
avispas ahogadas.
VOLUNTAD (1)
porque queremos que se   522:266:73
cumpla la voluntad de la
Tierra
VOLVED (1)
¡Volved a vuestra casa   248:40:70
VOLVEMOS (1)
nos volvemos más niños   194:9:69
VOLVER (1)
has de volver   260:47:11
VOLVERA (1)
se volverá a repetir.   448:231:44
VOLVERAS (1)
y no volverás   599:313:83
VOLVERME (1)
volverme muy pronto a ella."   177:2:59
VOLVIA (1)
Como nadie volvía la cabeza,   533:272:18
el cielo pudo desnudarse.
VOLVIERON (2)
se volvieron campanillas.   443:229:38
se volvieron siemprevivas.   444:229:70
VOMITA (2)
Sin remedio, hijo mío,   488:246:19
¡vomita! No hay remedio.
entre la multitud que vomita,   488:246:37
VOMITABAN (1)
ponía grises los labios   532:272:7
redondos de los que vomitaban
en las esquinas.
VOMITO (4)
Llegaban los rumores de la   488:246:15
selva del vómito
No es el vómito de los   488:246:20
húsares sobre los pechos de
la prostituta,
ni el vómito del gato que se   488:246:21
tragó una rana por descuido.
El vómito agitaba   488:246:26
delicadamente sus tambores
VOSOTRAS (5)
VOSOTROS (6)
VOY (23)
Voy camino de la tarde,   183:4:9
voy llorando por la calle,   184:5:14
-Voy a las margaritas   220:23:5
Voy a buscar al conde   222:23:69
Yo voy lejos del paisaje.   226:26:34
voy a pedir prestado   243:38:104
¡Voy en busca de magos   251:42:31
Voy herido de místicas miradas,   283:63:9
Yo voy a dormirme;   287:64:5
y me voy sin ellos.   321:107:4
[AMARGO] {(Lejos.)}Ya voy.   333:121:11
[AMARGO] {(Con calma.)}¡Ya   334:121:13
voy!
[AMARGO] A Granada voy.   335:121:40
Y ahora voy   350:128:60
Voy a sentir en mis manos   402:193:7
Riyendo voy por el río   416:212:2
Río arriba voy buscando   416:212:6
¿Qué voy a hacer? ¿Ordenar   517:264:65
los paisajes?
Ignorante del agua voy   565:292:16
buscando

voy a verte pasar,   567:294:12
voy a verte pasar,   567:294:22
voy cargado de pena,   589:310:9
[Yo] ¿Voy al alba o a la   627:328:24
tarde?
VOZ (51)
al contacto de mi voz   185:5:22
Dulce como una voz.   200:13:35
de una voz quemada   239:37:13
¿Es sonido tan solo esta voz   273:57:46
mía?
(Dijo una voz en la   273:57:52
distancia.)
Dame una voz que por amor   275:57:107
arranque
"¡Sé ruiseñor!", dice una   275:57:111
voz perdida
o tener dulce voz o fuerte   284:63:45
grito,
En la voz entrecortada   305:83:9
y violeta la voz.   317:102:4
y voz de niña.   320:105:3
ciego. Su voz tenía,   320:105:13
Su voz deja cristales en la   353:130:3
herida
CAÑA de voz y gesto,   391:176:1
EL niño busca su voz.   403:195:1
buscaba su voz el niño.   403:195:4
buscaba su voz el niño.   404:195:10
(La voz cautiva, a lo lejos,   404:195:11
quería ser mi voz.   407:200:15
Pero pondré en mi voz   410:204:9
estancada
voz de clavel varonil.   447:231:4
voz de clavel varonil: 447:231:22
Voz secreta de tarde   463:236:54
No hay dolor en la voz. Solo   496:251:43
existen los dientes.
No hay dolor en la voz. Aquí   496:251:45
solo existe la Tierra.
ERA mi voz antigua   498:254:1
¡Ay voz antigua de mi amor,   498:254:5
ay voz de mi verdad,   498:254:6
ay voz de mi abierto costado,   498:254:7
Pero no quiero mundo ni   499:254:24
sueño, voz divina,
¡Oh voz antigua, quema con   499:254:30
tu lengua
esta voz de hojalata y de   499:254:31
talco!
voz mía libertada que me   499:254:41
lames las manos.
Es la piedra en el agua y es   508:260:26
la voz en la brisa
ha de gritar con voz tan   522:266:68
desgarrada
¿Qué voz perfecta dirá las   523:267:27
verdades del trigo?
ni tu voz como una columna   523:267:33
de ceniza;
Por eso no levanto mi voz,   525:267:92
viejo Walt Whitman,
Entonces se oyó la gran voz   533:272:19
y los fariseos dijeron:
Yo quiero ver aquí los   543:275:178
hombres de voz dura.
¡Qué voz para mi castigo   567:294:15
que proclamen la voz de tu   581:304:85
flor.
y la voz que los lee   583:305:26
y escuchando la voz del   586:307:14
abuelo.
Y la voz del mancebo resuena   587:307:34
voz inquieta de náufrago   617:322:23
sonaba.
¡Oh Salvador Dalí, de voz   619:323:37
aceitunada!
¡Oh Salvador Dalí, de voz   621:323:86
aceitunada!
Húmeda voz sin frío   635:333:23

Una voz sin garganta, voz   639:339:3
oscura
VUELA (4)
¡UNA golondrina vuela   278:60:1
(Entre mis hombros vuela   415:211:8
(Entre mis hombros vuela   415:211:16
Duerme, vuela, reposa: 544:275:197
¡También se muere el mar!
VUELAN (6)
vuelan, el aire en calma.   232:31:11
vuelan y tornan.   365:143:4
Vuelan en la araña gris,   433:224:5
que vuelan en los trajes de   503:256:58
los muertos,
son dos faisanes que vuelan   561:287:7
por las torres
solo las pavesas vuelan   588:308:9
VUELCA (2)
Mi corazón se vuelca sobre la   224:25:13
fuente fría.
los tendidos y se vuelca   540:274:90
VUELCAN (1)
vuelcan la tinta despacio.   460:235:58
VUELE (2)
cuando yo vuele mezclado con   500:255:10
el amor y las arenas.
cuando yo vuele mezclado con   500:255:27
el amor y las arenas.
VUELO (5)
Un vuelo de gritos largos   456:234:81
Amor, amor, un vuelo de la   476:241:40
corza
Vuelo fresco de siempre   501:255:28
sobre lechos vacíos,
(Mariposa clavada que medita   621:323:83
su vuelo.)
fija en su blanco vuelo,   634:333:4
VUELO (3)
con vuestras flautas. Yo vuelo   209:16:24
[GITANO] He inventado unas   331:119:50
alas para volar, y vuelo.
[GITANO] Aunque no necesito   331:119:53
alas, porque vuelo sin ellas.
VUELTAS (6)
Dando vueltas al mundo,   255:44:56
y mi corazón da vueltas   278:60:5
No des vueltas en mi calle.   382:164:10
¡Dame vueltas, morenita!   410:204:11
Dame más vueltas alrededor,   410:204:13
El día me da vueltas.   420:218:6
VUELTO (1)
se ha vuelto loca.   604:314:49
VUELVE (13)
vuelve atrás. Ya en la senda   178:2:103
el mito primitivo que vuelve a   196:11:6
realizarse.
vuelve a tu manantial,   219:22:69
Vuelve a llover.   271:56:34
y la vuelve a llamar.   321:106:9
y vuelve.   361:137:7
El viento, vuelve desnudo   454:234:33
que vuelve del revés los   487:246:4
pulpos agonizantes.
¡Cómo vuelve el rostro   566:293:10
donde el agua se vuelve   617:322:33
mariposas,
Vuelve hecho luna y corazón   636:334:8
de nada.
Vuelve hecho luna: con mi   636:334:9
propia mano
Convexa resonancia donde la   646:345:31
abeja se vuelve loca.
VUELVEN (2)
Las cosas que se van no   174:1:49
vuelven nunca,
VUELVES (1)
vuelves sin conocerme.   420:219:4
VUELVO (4)
Vuelvo otra vez a echar las   280:61:39
redes sobre
te vuelvo a encontrar   591:311:19

te vuelvo a encontrar,   591:311:24
te vuelvo a encontrar.   591:311:29
VUESTRA (5)
VUESTRAS (7)
VUESTRO (4)
VUESTROS (4)
WALT WHITMAN (6)
Ni un solo momento, viejo   523:267:29
hermoso Walt Whitman,
hombre solo en el mar, viejo   524:267:46
hermoso Walt Whitman,
los maricas, Walt Whitman,   524:267:52
te soñaban.
los maricas, Walt Whitman,   524:267:58
los maricas
Por eso no levanto mi voz,   525:267:92
viejo Walt Whitman,
Y tú, bello Walt Whitman,   526:267:127
duerme a orillas del Hudson
WALL STREET (2)
el mascarón llegaba al Wall   485:245:33
Street.
¡Ay, Wall Street!   487:245:84
WHISKY (1)
Ellos son los que beben el   479:243:40
whisky de plata junto a los
volcanes
Y (1836)
YA (123)
¡Ya he enrollado la noche de   173:1:12
mi cuento
pues ya he vivido mucho,   176:2:40
Yo ya no canto más..."   176:2:42
vuelve atrás. Ya en la senda   178:2:103
ya rendida se muera.   179:2:151
que ya nadie las recuerda?   182:3:48
y cuando esté ya expirando   190:7:54
los días ya lejanos...   192:8:54
de bocas ya cerradas,   194:9:56
El contacto ya frío de cielo y   196:11:7
tierra viejos
en su corazón ya sin   202:14:45
esperanza.
al sentir en el pecho ya   203:14:68
cansado y exhausto
-Ya lo veo.   205:15:35
Los chiquillos están ya   207:15:98
dormidos
(Ya habréis notado   217:21:64
ciego ya para siempre   219:22:51
ya para siempre.   220:23:14
Ya se han quemado los nidos   225:26:5
Ya es de noche y las estrellas   227:26:49
de lo que quise y ya no   231:30:12
quiero.
Ya está el trigo segado.   232:31:3
¡Ya vendrán los pastores con   233:31:18
sus nidos
Ya jugarán los niños en la   233:31:20
puerta
que ya se saben   233:31:23
Usad bastón, ya estáis   246:40:17
Ya se ha disuelto el sol   248:40:58
Ya está el campo sin gente,   248:40:74
ya se atreven   249:41:6
Ya nos dejas cantando   250:42:9
Ya nos dejas cantando   252:42:53
Ya no serás la cuna   261:47:35
Ya las hoces cortan las   269:55:2
espigas.
ya maduro de luz y sonido,   269:55:10
Tu faro se apagó. ¡Ya los   273:57:36
alumbra
¡ya lo sé! La alegría   279:61:14
y cuando pienso ya en la luz   285:63:72
quedarme,
El otoño ha dejado ya sin   286:63:94
hojas
perdidos ya.   292:67:56
(Ya os he dicho que me dejéis   304:80:11
Tú... por lo que ya sabes.   306:84:4

ya parecen astrónomos. 309:89:6
¡Ya lo sabéis!... Porque 322:107:19
luego,
[AMARGO] {(Lejos.)}Ya voy. 333:121:11
[AMARGO] {(Con calma.)}¡Ya 334:121:13
voy!
YA viene la noche. 346:126:1
Ya viene la noche. 346:126:4
Ya viene la noche. 346:126:7
Ya viene la noche. 347:126:10
que ya se había marchado. 404:196:4
Notó que ya no le quedaba 406:199:5
YA se ha abierto 409:203:1
tiene ya sombra y pájaros. 417:215:2
que ya siento sus caballos. 425:220:18
Pero ya no soy yo, 431:223:33
ni mi casa es ya mi casa. 431:223:34
Pero yo ya no soy yo, 431:223:45
ni mi casa es ya mi casa. 431:223:46
Ya suben los dos compadres 431:223:53
ya nace la leche tibia. 444:229:58
Ya San Gabriel en el aire 444:229:67
ya lo envidiaban en mí. 448:231:28
Ya mi talle se ha quebrado 448:231:39
Ya puedes cortar si gustas 452:233:24
Por el suelo, ya sin norma, 459:235:31
Ya la coge del cabello, 466:237:73
ya la camisa le rasga. 466:237:74
Ya no me encontraron. 475:240:65
SI, tu niñez ya fábula de 475:241:1
fuentes.
Sí, tu niñez ya fábula de 476:241:29
fuentes.
Sí, tu niñez ya fábula de 476:241:45
fuentes.
ya puede cantar desnuda con 485:245:41
las manadas de caballos:
Que ya las cobras silbarán 487:245:79
por los últimos pisos,
que ya las ortigas 487:245:80
estremecerán patios y
terrazas,
que ya la Bolsa será una 487:245:81
pirámide de musgo,
que ya vendrán lianas 487:245:82
después de los fusiles
Esta mirada mía fue mía, 488:246:30
pero ya no es mía,
o a aquel muerto que ya no 493:250:33
tiene más que la cabeza y un
zapato,
Ya lo he dicho. 494:250:45
¡Ya vienen las hormigas y los 496:252:5
pies ateridos!
de que ya se pueden comer la 504:257:12
vaca.
que ya se fue la vaca de 504:257:18
ceniza.
Que ya se fue balando 504:257:19
¡Ya vienen por las rampas! 505:258:19
¡Levántate el agua!
¡que ya va por el aire el 508:260:53
mío!
Ya viene hacia la roca. ¡No 510:261:23
alargues tus raíces!
ya suenan sus espadas de 511:262:20
saliva
Ya cantan, gritan, gimen: 513:263:35
Rostro. ¡Tu rostro! Rostro.
¡Ya cantan!, ¡gritan!, 513:263:41
¡gimen!
ya que yo tengo que entregar 514:263:55
mi rostro,
Ya los niños de Cristo se 519:265:56
dormían
Porque ya no hay quien 520:266:15
reparta el pan ni el vino,
Una espuerta de cal ya 537:273:5
prevenida
Ya luchan la paloma y el 537:273:13
leopardo

El toro ya mugía por su 538:273:37
frente
A lo lejos ya viene la 538:273:41
gangrena
Pero ya duerme sin fin. 541:274:123
Ya los musgos y la hierba 541:274:124
Y su sangre ya viene 541:274:127
cantando:
Ya está sobre la piedra 543:275:161
Ignacio el bien nacido.
Ya se acabó; ¿qué pasa? 543:275:162
Contemplad su figura:
Ya se acabó. La lluvia 543:275:165
penetra por su boca.
tu boca ya sin luz para mi 557:283:16
muerte.
Rubor sin nombre ya, astro 572:300:14
perpetuo.
dadme un cáliz vacío, ya 581:304:78
muerto,
que ha nacido ya. 586:307:20
El Tiempo tiene ya 613:318:84
Pero ya las estrellas 620:323:47
ocultando paisajes,
Desconocidas islas 620:323:74
desmienten ya la esfera.
Mundo, ya tienes meta para 633:331:37
tu desamparo.
cuando roto ya el nudo, 634:333:18
eres ya por las rocas de la 639:339:2
altura.
Canta ya por el aire sin 639:339:9
cadena
Ya mi desnudo quisiera 648:348:15
YA te vemos dormida. 649:349:1
Ya te alejas dormida. 649:349:7
ya repicaron 657:355:42
ya se casaron. 657:355:44
ya se acabó el alboroto 659:358:6
ya se acabó el alboroto 660:358:13
ya se acabó el alboroto 660:358:21
y el toro ya está encerrado. 661:359:16
ya lo ha dejado muy malo. 661:359:32
porque estaba ya expirando. 661:359:40
YACENTE (1)
por el cielo yacente 313:95:3
YACENTES (2)
Noche de torsos yacentes 458:235:9
árboles yacentes, 593:312:2
YACERAS (1)
yacerás amortajado. 452:233:41
YACES (1)
Yaces bajo una acacia. 230:29:14
YAYAY (2)
¡Yayay, petenera! 315:99:2
¡Yayay, petenera! 316:99:16
YAYAYAY (4)
[AMARGO] Ay yayayay. 334:121:23
Ay yayayay. 334:121:25
[AMARGO] ¡Me da una 340:121:109
desesperanza! ¡Ay yayayay!
[AMARGO] ¡Ay yayayay! 341:121:126
YAYAYAYAY (1)
¡Ay yayayayay, 305:82:12
YEDRA (5)
la de la yedra muerta sobre 187:6:55
los muros rojos,
La yedra de las gotas 249:41:14
Yedra del escalofrío 465:237:51
Dios te libre de la yedra 599:313:87
roja!
Que si la yedra y el frescor 637:335:5
del hilo
YEDRAS (5)
en un bosque de yedras 176:2:25
dichos por cipreses, ortigas y 281:62:6
yedras;
ahogada entre las yedras. 560:286:5
humedades de yedras y 617:322:18
jacintos,

enfría las ventanas y disipa 618:323:8
las yedras.
YEMA (1)
    La gota de sangre buscaba la 486:245:57
    luz de la yema del astro
YEMAS (3)
    y en las yemas de tus dedos 466:237:67
    nos oprimen de pronto las 502:256:37
    yemas de los dedos.
    de las yemas de luz o las 507:260:9
    manzanas.
YERBA (1)
    sus sombreritos de yerba. 394:180:8
YERBALUISA (2)
    de azúcar y yerbaluisa. 434:224:28
    yerbaluisa y romero. 462:236:29
YERBAS (1)
    bajo el diminuto griterío de 507:260:11
    las yerbas
YERMO (1)
    en el yermo. 302:78:4
YERRA (1)
    yerra por los tejados de las 618:323:14
    casas antiguas.
YERTA (5)
    Emilio en la yerta ginebra 473:240:20
    que se olvida en el vaso;
    Es tu yerta ignorancia donde 475:241:7
    estuvo
    yerta y amortajada 574:302:17
    seré en el cuerpo de la 637:335:13
    yerta rama
    UNA viola de luz yerta y 639:339:1
    helada
YERTAS (2)
    en las yertas lejanías, 433:224:26
    Llegó la gente que come por 519:265:49
    detrás de las yertas columnas
YERTO (1)
    Mientras yerto gigante sin 618:322:41
    latido
YERTOS (4)
    Siguen yertos y blancos. 415:211:7
    cielos yertos en declive, 480:243:58
    donde las colonias de
    planetas
    por el derribo de los cielos 504:257:20
    yertos
    o emboscados en yertos 526:267:119
    paisajes de cicuta.
YES (3)
    -Yes, and you? 501:256:2
    -Yes, yes. 501:256:3
YESO (5)
    Pero el arco de yeso, 506:259:19
    y algún perfil de yeso 508:260:36
    tranquilo que dibuja
    Entre yeso y jazmines, tu 557:283:9
    mirada
    para un corazón de yeso. 562:289:8
    CON todo el yeso 564:291:1
YO (231)
YODO (2)
    yodo en un punto, 513:263:29
    cuando la plaza se cubrió de 538:273:27
    yodo
YOU (2)

DO you like me? 501:256:1
-Yes, and you? 501:256:2
YUGULARES (1)
    luces y yugulares. 504:257:14
YUNQUE (3)
    Yunque de mariposas. 237:35:2
    sobre el yunque de la tarde. 346:126:3
    te encontrarán sobre el 425:220:15
    yunque
YUNQUES (4)
    para los yunques; 235:33:7
    Yunques ahumados sus pechos, 436:226:7
    sobre los yunques sonámbulos, 451:233:19
    Brama el toro de los yunques, 458:235:19
ZAFIRO (1)
    En la tarde de rosa y de 290:67:3
    zafiro,
ZAPATERIAS (1)
    No nos salva la gente de las 514:263:62
    zapaterías,
ZAPATO (4)
    o a aquel muerto que ya no 493:250:33
    tiene más que la cabeza y un
    zapato.
    MI corazón tendría la forma 512:263:1
    de un zapato
    bajo la dura inocencia del 647:346:16
    zapato;
ZAPATOS (6)
    Sus zapatos de charol 442:229:7
    Zapatos color corinto, 448:231:29
    te morderán los zapatos. 452:233:31
    mostraban su silencio roto 518:265:27
    por las huellas dormidas de
    los zapatos.
    pero los cálices eran de 532:272:5
    viento y al fin llenaba los
    zapatos.
    y moja con agua dura mis 564:290:18
    zapatos
ZARPA (1)
    A los que guardan todavía 493:250:31
    huellas de zarpa y aguacero,
ZARZALES (1)
    ¿qué zarzales me ocultan 289:65:15
ZARZAMORA (4)
    ZARZAMORA con el tronco gris, 378:158:1
    sobre mi lengua, zarzamora. 378:158:6
    Zarzamora, ¿dónde vas? 378:158:9
    y tallos de zarzamora. 458:235:22
ZARZAMORAS (1)
    Pasadas las zarzamoras, 435:225:20
ZARZAS (1)
    como un pájaro en las zarzas. 459:235:30
ZUMAYA (1)
    ¡Cómo canta la zumaya, 426:220:29
ZUMBABAN (1)
    que en mis dedos zumbaban. 274:57:74
ZUMBADORA (1)
    hechos una piña zumbadora. 481:243:93
ZUMBIDO (1)
    el zumbido solemne 218:22:33
ZUMBIDOS (1)
    temblorosos de aromas y 199:13:8
    zumbidos.
ZUMO (2)
    -zumo de lima y limón-, 377:157:6
    Lloras zumo de limón 437:226:25

APPENDIXES PERTAINING TO THE PLAYS

Appendix I

*Indexed Words in the Plays, in
Order of Frequency*

de (3023)
que (2939)
y (2472)
la (2288)
no (2152)
el (1655)
a (1601)
me (1302)
en (1228)
las (984)
los (971)
qué (956)
yo (950)
lo (943)
es (916)
por (898)
se (898)
con (861)
un (826)
mi (710)
te (679)
pero (647)
una (614)
para (476)
ya (455)
como (439)
si (411)
más (378)
del (368)
tu (359)
su (350)
tú (344)
ay (343)
sí (301)
usted (298)
está (295)
le (284)
quiero (267)
porque (258)
al (255)
ha (235)
cuando (233)
he (220)
tiene (212)
tengo (210)
aquí (198)
hay (197)
todo (195)
eso (191)
mí (186)
quién (180)
mujer (174)
esta (172)
ahora (170)
muy (170)
son (164)
bien (162)
casa (161)
ella (161)
sin (160)
ni (158)
nada (156)
dos (155)
voy (150)
cómo (145)
hombre (143)
sus (143)
este (142)
amor (141)
siempre (141)
vamos (140)
así (138)
tan (136)
nos (135)
estoy (133)
sé (133)
o (129)
mis (128)
soy (127)
pues (124)
noche (123)
Dios (122)
sobre (122)

mucho (120)
agua (116)
todos (116)
niño (115)
era (114)
has (114)
nadie (112)
cosas (109)
ser (108)
sangre (107)
puede (106)
ver (106)
nunca (105)
mío (104)
hasta (103)
ojos (102)
madre (101)
esto (99)
verdad (99)
corazón (97)
dónde (96)
día (95)
él (95)
tienes (93)
años (91)
marido (91)
también (91)
ti (90)
tus (90)
Rosita (89)
va (89)
hijo (87)
mismo (87)
hace (85)
aire (84)
gente (84)
don (83)
están (83)
señor (83)
vida (83)
luna (81)
otro (81)
parece (81)
puedo (81)
vas (81)
quiere (80)
donde (79)
quieres (79)
pronto (77)
esa (75)
han (75)
otra (75)
estás (74)
niña (74)
mundo (73)
pasa (73)
hombres (72)
mañana (72)
eres (71)
decir (70)
todas (70)
caballo (68)
miedo (67)
cosa (66)
entre (66)
os (66)
tiempo (65)
mar (64)
mejor (64)
padre (64)
puerta (64)
señora (64)
vez (64)
viene (64)
toda (63)
gusta (62)
van (62)
dentro (61)
hijos (61)
tres (61)
hacer (60)
tenía (60)
da (59)

estas (59)
manos (59)
sola (59)
dicho (58)
estaba (58)
estar (58)
luego (58)
mira (58)
sea (58)
antes (57)
cada (57)
novio (57)
tanto (57)
novia (56)
cara (55)
cuatro (55)
ese (55)
sabes (55)
visto (55)
flor (54)
hablar (54)
tener (54)
cuerpo (53)
sabe (53)
será (53)
calle (52)
flores (52)
hija (52)
grande (51)
tierra (51)
uno (51)
desde (50)
Mariana (50)
poco (50)
vete (50)
cinco (49)
gran (49)
mujeres (49)
veces (49)
calla (48)
entonces (48)
adiós (47)
cabeza (47)
digo (47)
tarde (47)
claro (46)
niños (46)
quisiera (46)
ahí (45)
aunque (45)
buenas (45)
culpa (45)
días (45)
dice (45)
ellos (44)
hora (44)
ja (44)
luz (44)
mal (44)
vi (44)
viejo (44)
blanca (43)
mía (43)
noches (43)
pasado (43)
unas (43)
alegría (42)
boca (42)
boda (42)
bueno (42)
gracias (42)
muchas (42)
oh (42)
demasiado (41)
importa (41)
mano (41)
muerte (41)
solo (41)
vieja (41)
contigo (40)
estos (40)
plata (40)
pueblo (40)

algo (39)
alma (39)
hecho (39)
todavía (39)
verde (39)
debe (38)
esas (38)
menos (38)
muerto (38)
sol (38)
tienen (38)
cama (37)
después (37)
dicen (37)
misma (37)
rosa (37)
silencio (37)
ayer (36)
detrás (36)
manera (36)
triste (36)
déjame (35)
dijo (35)
fuera (35)
hubiera (35)
mala (35)
pecho (35)
pies (35)
sombra (35)
viento (35)
buena (34)
iba (34)
les (34)
Pepe (34)
salir (34)
sido (34)
ventana (34)
Belisa (33)
Bernarda (33)
deja (33)
mientras (33)
puedes (33)
sueño (33)
tenemos (33)
traje (33)
vivir (33)
allí (32)
creo (32)
llorar (32)
quien (32)
río (32)
Angustias (31)
bajo (31)
campo (31)
fue (31)
gentes (31)
ninguna (31)
oro (31)
Pedro (31)
ramas (31)
siento (31)
ah (30)
blanco (30)
cuello (30)
dinero (30)
frío (30)
Granada (30)
joven (30)
Marianita (30)
Perlimplín (30)
puesto (30)
rosas (30)
unos (30)
vengo (30)
vienen (30)
buenos (29)
fuera (A) (29)
Juan (29)
quería (29)
sitio (29)
veo (29)
ves (29)
alas (28)

debes (13)
dejadme (13)
delante (13)
difícil (13)
entra (13)
favor (13)
Fernando (13)
frente (13)
fría (13)
garganta (13)
hierbas (13)
loco (13)
llorando (13)
Magdalena (13)
malas (13)
pájaros (13)
pequeña (13)
pequeño (13)
pesar (13)
poder (13)
podía (13)
puso (13)
rama (13)
rey (13)
rosal (13)
ruina (13)
serán (13)
tal (13)
tendré (13)
tranquila (13)
tuyos (13)
vámonos (13)
veremos (13)
volver (13)
abajo (12)
adelante (12)
adónde (12)
andar (12)
besos (12)
caballero (12)
casarme (12)
cristal (12)
dejado (12)
encontrar (12)
escarcha (12)
esperando (12)
esposo (12)
estará (12)
falta (V) (12)
hable (12)
hacía (12)
ido (12)
juncos (12)
justo (12)
larga (12)
llegan (12)
llegar (12)
llegó (12)
llevan (12)
Marcolfa (12)
mirando (12)
mirar (12)
modo (12)
monte (12)
murió (12)
música (12)
necesario (12)
negra (12)
noticias (12)
olor (12)
otros (12)
paciencia (12)
parecía (12)
pase (12)
pasó (12)
patio (12)
perdona (12)
persona (12)
piensa (12)
primero (12)
primo (12)
pudo (12)
puertas (12)

quedo (12)
querer (12)
quise (12)
quiso (12)
recuerdo (12)
salud (12)
seas (12)
sed (S) (12)
Señor (12)
suelo (12)
tanta (12)
tendría (12)
tonta (12)
último (12)
única (12)
vais (12)
verla (12)
vuestra (12)
zapatera (12)
arriba (11)
bebe (11)
capaz (11)
cola (11)
color (11)
contra (11)
cuál (11)
daba (11)
daré (11)
das (11)
débil (11)
demás (11)
demonio (11)
desnuda (11)
dije (11)
dirá (11)
director (11)
eh (11)
empieza (11)
enamorado (11)
encaje (11)
Enrique (11)
eran (11)
gustan (11)
hermano (11)
hermosura (11)
hierba (11)
idea (11)
ilusión (11)
jazmín (11)
Libertad (11)
lumbre (11)
mamá (11)
marchita (11)
meter (11)
míos (11)
muchachas (11)
muchachos (11)
muera (11)
muero (11)
navaja (11)
nubes (11)
ojo (11)
ovejas (11)
pájaro (11)
pez (11)
podría (11)
porra (11)
preciosa (11)
quedan (11)
rayo (11)
rebaños (11)
retrato (11)
rostro (11)
sal (11)
santa (11)
sean (11)
sepa (11)
seré (11)
toca (11)
treinta (11)
vendrán (11)
vengan (11)
vergüenza (11)

verlo (11)
vidrios (11)
vivo (11)
vuelta (11)
acuérdate (10)
alegre (10)
amigos (10)
angustia (10)
anillo (10)
anoche (10)
árbol (10)
azahar (10)
borda (10)
brisa (10)
busca (10)
caja (10)
caminos (10)
canalla (10)
Clavela (10)
corral (10)
corriendo (10)
cortar (10)
criatura (10)
cuántas (10)
descansa (10)
dichosa (10)
dormido (10)
duérmete (10)
edad (10)
escalera (10)
espejo (10)
esperanza (10)
feliz (10)
había (10)
hagas (10)
hambre (10)
instante (10)
Jesús (10)
leguas (10)
libertad (10)
limón (10)
llevas (10)
maldita (10)
manda (10)
María (10)
mas (10)
mayor (10)
mire (10)
nana (10)
necesita (10)
nueva (10)
ole (10)
olvida (10)
paloma (10)
perdí (10)
poca (10)
polvo (10)
prima (10)
pude (10)
querido (10)
quieren (10)
rato (10)
rica (10)
sábanas (10)
sales (10)
sentí (10)
serena (10)
tantos (10)
temblando (10)
tin (10)
tío (10)
tomar (10)
tuya (10)
vaso (10)
vecina (10)
vecinas (10)
ven (10)
veneno (10)
ventanas (10)
verdadera (10)
vientre (10)
acaba (9)
aguarda (9)

Arturo (9)
barriguita (9)
beso (9)
bonito (9)
campanas (9)
carnes (9)
casa (V) (9)
casta (9)
cerrada (9)
cinta (9)
cintas (9)
conoce (9)
conoces (9)
contrario (9)
coral (9)
criada (9)
criaturas (9)
deben (9)
debías (9)
decente (9)
decirte (9)
dejas (9)
di (9)
dile (9)
doncella (9)
dormida (9)
entiendo (9)
época (9)
estarán (9)
estaré (9)
estaría (9)
girasol (9)
hablado (9)
hablas (9)
hables (9)
haciendo (9)
haya (9)
jaca (9)
jugar (9)
largo (9)
Leonardo (9)
levanta (9)
ley (9)
libre (9)
luto (9)
llora (9)
madrugada (9)
malo (9)
marchar (9)
mediodía (9)
mesa (9)
meses (9)
minuto (9)
mirad (9)
morirme (9)
nace (9)
natural (9)
naturalmente (9)
ningún (9)
nombre (9)
novios (9)
olvidado (9)
papá (9)
piedra (9)
podéis (9)
podemos (9)
podido (9)
ramo (9)
ramos (9)
remedio (9)
risa (9)
rota (9)
rumor (9)
siente (9)
Silvia (9)
solas (9)
talle (9)
tatará (9)
tejado (9)
terrible (9)
tiempos (9)
tome (9)
toros (9)

tranquilo (9)
vale (9)
vayas (9)
velo (9)
venía (9)
viaje (9)
vieras (9)
viva (9)
vuelvo (9)
zapaterita (9)
abro (8)
abuelo (8)
acabó (8)
agonía (8)
ama (8)
antigua (8)
ardilla (8)
atrás (8)
azul (8)
bravo (8)
bueyes (8)
busca (S) (8)
busco (8)
cabellos (8)
capa (8)
carta (8)
cincuenta (8)
conocí (8)
cruz (8)
cuanto (8)
cuidar (8)
dale (8)
dejan (8)
dejo (8)
duelo (8)
duro (8)
empezar (8)
espada (8)
espaldas (8)
España (8)
fondo (8)
fresca (8)
gata (8)
habrá (8)
hada (8)
haya (8)
huele (8)
huir (8)
inútil (8)
juego (8)
leche (8)
lentamente (8)
levantado (8)
lleve (8)
malos (8)
matar (8)
montaña (8)
muro (8)
negros (8)
oigo (8)
oyendo (8)
pasen (8)
paso (8)
pasos (8)
pequeñas (8)
perder (8)
perdido (8)
perdone (8)
personas (8)
plaza (8)
pobres (8)
pongo (8)
propio (8)
pura (8)
quedar (8)
queréis (8)
quita (8)
rojo (8)
roto (8)
ruido (8)
sal (V) (8)
sufrir (8)
temas (8)

temblor (8)
tendrá (8)
tengas (8)
trajes (8)
tristeza (8)
único (8)
valiente (8)
vea (8)
vecinos (8)
verdes (8)
viera (8)
Virgen (8)
vista (8)
viste (8)
viva (V) (8)
vuelva (8)
abuela (7)
afortunadamente (7)
alguien (7)
algún (7)
Alhambra (7)
alrededor (7)
amarillas (7)
anís (7)
aquello (7)
aquellos (7)
aurora (7)
barco (7)
blancas (7)
blancos (7)
bordar (7)
botas (7)
broma (7)
cabe (7)
cabello (7)
cae (7)
caer (7)
calle (V) (7)
cambiar (7)
cante (7)
capitán (7)
carta (S) (7)
casó (7)
cera (7)
colcha (7)
colegio (7)
comadre (7)
como (V) (7)
compañía (7)
contesta (7)
correo (7)
corta (7)
costado (7)
cree (7)
crías (7)
cuesta (7)
Curianito (7)
chist (7)
dedo (7)
déjala (7)
deseo (7)
desgracia (7)
drama (7)
duermes (7)
dura (7)
duros (7)
enorme (7)
enterarme (7)
enterrar (7)
entrado (7)
espere (7)
estabas (7)
estado (7)
estés (7)
faldas (7)
fuentes (7)
fui (7)
gloria (7)
gota (7)
grupo (7)
guardo (7)
habías (7)
hablan (7)

harás (7)
hermanas (7)
hubiera (7)
hubiese (7)
infierno (7)
inocente (7)
invierno (7)
jazmines (7)
juntos (7)
lana (7)
látigo (7)
limpia (7)
linda (7)
Luis (7)
llanto (7)
llegue (7)
Málaga (7)
manolas (7)
matado (7)
metida (7)
mirada (7)
morena (7)
muchacho (7)
muebles (7)
nuestras (7)
nueve (7)
ocurre (7)
ocho (7)
pañuelo (7)
papel (7)
parte (7)
partes (7)
pasaba (7)
pasan (7)
paseo (7)
pensaba (7)
permiso (7)
perros (7)
piensas (7)
pierde (7)
piernas (7)
pin (7)
pío (7)
polvos (7)
pondré (7)
pongas (7)
poniendo (7)
preciosos (7)
prefiero (7)
punta (7)
puñal (7)
puse (7)
quedado (7)
recién (7)
refresco (7)
reina (7)
reír (7)
ríos (7)
romería (7)
Rosa (7)
sábana (7)
sabemos (7)
salen (7)
salido (7)
salió (7)
sentada (7)
sentido (7)
sentimiento (7)
sentir (7)
siéntate (7)
siga (7)
sillas (7)
sino (S) (7)
sonrisa (7)
sube (7)
suerte (7)
susto (7)
suyo (7)
tan (7)
ten (7)
tibia (7)
tierna (7)
tormenta (7)

traen (7)
uvas (7)
varón (7)
ve (V) (7)
vean (7)
veía (7)
venas (7)
venid (7)
verme (7)
vestida (7)
vio (7)
viven (7)
volveré (7)
vosotros (7)
vuestras (7)
zapatero (7)
abanico (6)
abanicos (6)
acechando (6)
aceite (6)
acércate (6)
acero (6)
agujas (6)
aires (6)
ala (6)
alta (6)
amaba (6)
amaban (6)
amas (6)
amo (6)
anillos (6)
aparta (6)
araña (6)
arenas (6)
asco (6)
asunto (6)
aún (6)
azúcar (6)
bendita (6)
besado (6)
bonitas (6)
bordado (6)
bosque (6)
brazo (6)
buscando (6)
buscas (6)
caballeros (6)
calma (6)
Cansa Almas (6)
cantan (6)
carótida (6)
casamiento (6)
caso (V) (6)
casualidad (6)
Cocoliche (6)
come (6)
comprado (6)
confianza (6)
conocer (6)
corría (6)
cuántos (6)
cuenta (V) (6)
cuento (6)
cuestiones (6)
charol (6)
dando (6)
deje (6)
dejes (6)
dejó (6)
delicioso (6)
den (6)
derecho (6)
des (6)
deseando (6)
dijiste (6)
doce (6)
doctora (6)
duda (6)
echan (6)
echar (6)
enferma (6)
entero (6)
escapar (6)

espalda (6)	podrá (6)	arca (5)	golpe (5)
esperaba (6)	podré (6)	armario (5)	grises (5)
espigas (6)	pones (6)	asoma (5)	grita (5)
fácil (6)	pozo (6)	atención (5)	gritos (5)
fea (6)	precisamente (6)	azules (5)	guapa (5)
felicidad (6)	pregunto (6)	baja (5)	guardar (5)
fresco (6)	preparada (6)	blancura (5)	guarde (5)
fueron (6)	primor (6)	bondad (5)	gustado (5)
fuese (6)	puedan (6)	bonita (5)	habían (5)
fuiste (6)	puesta (6)	bordando (5)	habitación (5)
gato (6)	quedarme (6)	borracho (5)	habló (5)
giraba (6)	quédate (6)	bromas (5)	habrán (5)
gracia (6)	quede (6)	brrrrr (5)	hacéis (5)
guapo (6)	queriendo (6)	cadena (5)	hacemos (5)
guarda (6)	querrá (6)	café (5)	hacías (5)
gustó (6)	querré (6)	callo (5)	haría (5)
hablaban (6)	raíces (6)	cambia (5)	hecha (5)
hablando (6)	rayos (6)	cantaba (5)	hemos (5)
hablo (6)	recuerdas (6)	cantando (5)	hicieron (5)
hayas (6)	resistir (6)	carbón (5)	hierros (5)
herida (6)	revolución (6)	cárcel (5)	hilos (5)
hice (6)	Romeo (6)	cerrado (5)	hondo (5)
historia (6)	rueda (6)	cerrar (5)	honrada (5)
hombros (6)	saben (6)	cicatriz (5)	huesos (5)
huido (6)	sabrá (6)	cierro (5)	huye (5)
infame (6)	sabré (6)	clara (5)	ibas (5)
insectos (6)	salgas (6)	clavos (5)	instantes (5)
interesa (6)	salida (6)	coger (5)	intención (5)
invernadero (6)	San Cucaracho (6)	collar (5)	irte (5)
junto (6)	sé (V) (6)	comienza (5)	jaleo (5)
ladrones (6)	seca (6)	completamente (5)	jóvenes (5)
lagarta (6)	secretos (6)	comprar (5)	juez (5)
lagarto (6)	según (6)	conocido (5)	juntar (5)
larán (6)	semillas (6)	contento (5)	juventud (5)
laurel (6)	señá (6)	conversaciones (5)	lazos (5)
lenguas (6)	sepulcro (6)	coplas (5)	lenguaje (5)
levantan (6)	sigo (6)	coro (5)	levantar (5)
liberales (6)	silla (6)	corra (5)	locura (5)
libro (6)	sirven (6)	creí (5)	llave (5)
limpia (V) (6)	solos (6)	cueva (5)	llegará (5)
lindo (6)	soltera (6)	cuna (5)	llenas (5)
luces (6)	sombras (6)	chorro (5)	llevamos (5)
luchar (6)	sombrilla (6)	danza (5)	llévate (5)
llenando (6)	somos (6)	daño (5)	llevo (5)
llevaba (6)	soñar (6)	deber (5)	llores (5)
lloraba (6)	suelta (6)	debió (5)	malditos (5)
madeja (6)	suena (6)	debo (5)	marcharse (5)
Martín (6)	sueños (6)	dedal (5)	marfil (5)
mataron (6)	tallo (6)	definitivamente (5)	marinero (5)
mató (6)	tejados (6)	dejadla (5)	mata (5)
medianoche (6)	tened (6)	dejaste (5)	matando (5)
medias (6)	tenéis (6)	deshojar (5)	maté (5)
médico (6)	teníamos (6)	dijera (5)	matrimonio (5)
mejilla (6)	tesoro (6)	dilo (5)	mece (5)
metes (6)	trabajos (6)	dineros (5)	memoria (5)
miel (6)	traer (6)	dirán (5)	merced (5)
mitad (6)	través (6)	doble (5)	mes (5)
modos (6)	tren (6)	duelen (5)	mías (5)
montado (6)	verá (6)	duermo (5)	minutos (5)
mosca (6)	verdadero (6)	dulces (S) (5)	mírame (5)
muros (6)	viejos (6)	duritos (5)	mires (5)
nacen (6)	vieron (6)	echa (5)	Mirlo (5)
navajas (6)	visita (6)	encontrado (5)	monja (5)
necesitas (6)	viviera (6)	encuentra (5)	morirá (5)
ninguno (6)	voluntad (6)	engañado (5)	mortaja (5)
nube (6)	volverá (6)	entres (5)	motivo (5)
nuevas (6)	vuelto (6)	eras (5)	mover (5)
nuevo (6)	vuestro (6)	escapa (5)	movía (5)
oí (6)	abren (5)	escopeta (5)	mozos (5)
oiga (6)	acabar (5)	escucha (5)	muere (5)
olas (6)	acerca (5)	espejos (5)	muslos (5)
orillas (6)	acuerdas (5)	espina (5)	nácar (5)
oscuras (6)	aguanto (5)	espinas (5)	nacer (5)
oveja (6)	alegro (5)	esposa (5)	nardo (5)
pastel (6)	amargura (5)	espuma (5)	negras (5)
pensado (6)	amarilla (5)	esquina (5)	noble (5)
pequeños (6)	amores (5)	Félix (5)	obligación (5)
perlas (6)	ancho (5)	feria (5)	ocasión (5)
perro (6)	Andalucía (5)	fina (5)	oírlo (5)
pide (6)	ansia (5)	forma (5)	ola (5)
plomo (6)	antenas (5)	fruta (5)	oliva (5)
pocos (6)	apagado (5)	galán (5)	olivar (5)
poderes (6)	apenas (5)	gallinas (5)	olivos (5)

onza (5)
oración (5)
padres (5)
pague (5)
palomo (5)
pañuelos (5)
parar (5)
pareció (5)
París (5)
pasando (5)
pasará (5)
pasaría (5)
patas (5)
pecado (5)
peces (5)
pensamientos (5)
pido (5)
piel (5)
ponte (5)
portón (5)
preguntado (5)
preguntas (5)
preguntes (5)
prenda (5)
primos (5)
pueblos (5)
puerto (5)
pun (5)
puntas (5)
punto (5)
quema (5)
quemar (5)
queriéndome (5)
quieta (5)
quieto (5)
realidad (5)
recuerda (5)
redonda (5)
reino (5)
reloj (5)
reluciente (5)
respetable (5)
respirar (5)
resulta (5)
rico (5)
roca (5)
rompe (5)
ruego (5)
ruiseñores (5)
sacado (5)
sala (5)
salgo (5)
seca (V) (5)
sedas (5)
seguiré (5)
señoras (5)
servir (5)
sientes (5)
siglo (5)
silfo (5)
sirve (5)
situación (5)
soledad (5)
subía (5)
sudor (5)
suficiente (5)
suya (5)
taberna (5)
talabartera (5)
tarda (5)
temor (5)
temprano (5)
tendido (5)
tienda (5)
tonterías (5)
topo (5)
torre (5)
traes (5)
trata (5)
troncos (5)
tuyas (5)
últimas (5)
vacía (5)

valor (5)
vayan (5)
vemos (5)
ven (V) (5)
vengas (5)
vente (5)
verano (5)
Víctor (5)
vinieron (5)
viniste (5)
viña (5)
viñas (5)
violetas (5)
vivimos (5)
vivo (V) (5)
volando (5)
vueltas (5)
Zapatera (5)

Appendix II

Concordance to Asides, Stage Directions,
and Similar Material

a (520)
abajo (1)
  CA 1,1 1057
abalorios (1)
  PB 0,0 984
abandonada (1)
  MP 2,5 828
abanican (2)
  CA 1,1 1069 BA 1,1 1446
abanico (8)
  TC 1,1 728 TC 1,1 730 TC 5,1 761
  CA 1,1 1069 BA 1,1 1451 BA 1,1 1451
abanicos (4)
  ZP 2,1 941 BS 1,3 1194 RS 2,1 1390
  BA 1,1 1445
abatida (2)
  BS 2,1 1208 YE 3,2 1343
abatido (2)
  CA 2,1 1095 CA 2,1 1097
abierta (1)
  ZP 1,1 933
abiertas (2)
  MP 2,8 841 CA 3,2 1131
abierto (1)
  CA 2,1 1090
abiertos (4)
  MP 1,2 785 PB 1,1 997 CA 2,1 1078
  CA 2,1 1105
abismo (1)
  TB DME 903
abraza (19)
  ZP 2,1 957 ZP 2,1 977 PB 1,1 999
  PB 1,1 999 PB 3,1 1017 DC 1,1 1038
  CA 2,1 1079 CA 2,1 1079 CA 2,1 1094
  CA 3,1 1127 BS 2,2 1237 BS 2,2 1238
  BS 3,1 1259 YE 1,1 1276 YE 3,2 1348
  YE 3,2 1349 RS 1,1 1355 RS 2,1 1409
  RS 3,1 1417
abrazado (1)
  EP RR 1154
abrazados (3)
  TC 6,1 780 BS 1,2 1190 BS 3,1 1261
abrazan (4)
  MP 2,9 859 DC 1,1 1038 CA 2,1 1079
  RS 1,1 1373
abrazando (2)
  MM 2,7 720 BS 2,2 1237
abrazándola (12)
  MM 1,2 683 TC 6,1 777 MP 2,5 831
  MP 2,9 856 MP 2,9 859 PB 3,1 1015
  PB 3,1 1015 BS 2,2 1239 BS 3,1 1261
  RS 2,1 1409 RS 3,1 1428 BA 3,1 1527
abrazándole (2)
  TC 4,1 754 PB 3,1 1016
abrazándolo (1)
  EP RR 1153
abrazándose (3)
  MM 1,5 696 MP 2,9 856 YE 3,1 1333
abrazarla (2)
  TC 6,1 764 ZP 1,1 932
abre (19)
  TC 1,1 734 TC 1,1 735 TC 2,1 738
  TC 5,1 759 TC 5,1 761 TC 6,1 766
  TC 6,1 769 TC 6,1 770 TC 6,1 772
  TC 6,1 775 TC 6,1 777 TC 6,1 779
  MP 1,3 787 PB 0,0 982 BS 2,1 1210
  BS 2,1 1222 BS 3,1 1261 RS 1,1 1356
  RS 3,1 1438
abren (1)
  ZP 1,1 938
abriendo (6)
  MM 2,4 711 TC 6,1 763 TC 6,1 776
  ZP 1,1 913 ZP 2,1 968 RS 1,1 1358
abrigo (2)
  CA 3,2 1135 RS 3,1 1437
abrir (1)
  TC 6,1 766
abrirla (1)
  TC 6,1 776
abrirle (2)
  TC 6,1 776 TC 6,1 777

absoluto (1)
  BS 3,1 1261
absorto (1)
  CA 1,1 1047
acaloradamente (1)
  MM 2,2 705
acantilado (1)
  TB DME 903
acaricia (2)
  TC 5,1 757 ZP 1,1 913
acariciador (1)
  MP 2,8 847
acariciadora (1)
  MM 1,1 674
acariciándola (1)
  MP 1,3 788
acariciándole (1)
  PB 2,1 1006
acariciarían (1)
  TB PBK 894
acciona (1)
  CA 3,1 1108
accionando (1)
  TC 5,1 756
acecho (2)
  MP 1,5 801 BA 3,1 1523
acento (1)
  CA 3,1 1115
acentúa (1)
  YE 1,2 1297
acerca (25)
  MM 1,4 688 MM 2,4 710 MM 2,4 712
  MM 2,7 720 TC 4,1 750 TC 5,1 760
  MP 1,6 804 MP 3,1 863 MP 3,5 875
  ZP 2,1 953 PB 0,0 982 PB 0,0 987
  PB 1,1 999 PB 3,1 1017 DC 1,1 1036
  CA 1,1 1056 CA 1,1 1068 CA 2,1 1092
  BS 2,1 1214 YE 1,1 1284 YE 1,2 1297
  YE 2,2 1315 YE 3,2 1341 RS 1,1 1353
  RS 2,1 1383
acercado (1)
  MM 2,5 714
acercan (3)
  MM 1,5 697 MP 3,1 860 MP 3,7 881
acercando (3)
  TC 4,1 750 BS 1,1 1180 BA 2,1 1486
acercándose (17)
  MM 2,4 709 MM 2,7 719 TC 2,1 736
  TC 3,1 744 TC 6,1 764 TC 6,1 778
  MP 2,9 855 ZP 1,1 930 ZP 2,1 975
  PB 2,1 1003 PB 2,1 1004 EP RR 1149
  BS 1,2 1194 BS 2,1 1213 YE 3,2 1348
  BA 2,1 1488 BA 3,1 1527
acercarse (1)
  MP 3,8 887
ácido (1)
  MP 1,2 786
acomete (1)
  TC 6,1 776
acompañada (1)
  ZP 1,1 929
acompañado (1)
  TC 1,1 727
acompañamiento (2)
  MP 0,0 781 ZP 2,1 947
acompañan (1)
  ZP 1,1 919
acordeón (2)
  TC 5,1 759 TB DME 900
actitud (18)
  MP 1,5 801 MP 1,7 810 MP 2,5 827
  MP 3,7 882 MP 3,8 884 MP 3,8 885
  ZP 1,1 938 ZP 2,1 953 CA 1,1 1075
  CA 2,1 1080 CA 2,1 1105 CA 2,1 1105
  CA 3,1 1114 CA 3,1 1129 BS 1,3 1199
  BS 2,2 1231 YE 1,1 1284 YE 1,1 1286
actitudes (1)
  MP 2,6 833
actividad (1)
  ZP 1,1 934

acto (8)
MP 3,5 874 ZP 2,1 940 CA 3,1 1109
CA 3,1 1123 CA 3,1 1123 CA 3,2 1131
BS 2,2 1234 YE 3,2 1336
actor (2)
ZP 2,1 940 CA 1,1 1072
acude (2)
YE 1,1 1286 YE 3,2 1350
acusado (1)
ZP 1,1 929
achica (1)
TB PBK 894
Adán (1)
TB PBK 894
Adela (29)
BA 1,1 1452 BA 1,1 1453 BA 1,1 1464
BA 1,1 1467 BA 1,1 1467 BA 1,1 1467
BA 2,1 1478 BA 2,1 1479 BA 2,1 1481
BA 2,1 1483 BA 2,1 1484 BA 2,1 1491
BA 2,1 1491 BA 2,1 1502 BA 2,1 1503
BA 2,1 1506 BA 3,1 1509 BA 3,1 1509
BA 3,1 1509 BA 3,1 1515 BA 3,1 1517
BA 3,1 1522 BA 3,1 1522 BA 3,1 1523
BA 3,1 1526 BA 3,1 1529 BA 3,1 1529
BA 3,1 1529 BA 3,1 1529
adelantándose (3)
TC 3,1 745 MP 2,9 849 CA 3,1 1114
ademán (4)
TC 1,1 728 MP 2,6 834 ZP 1,1 926
BS 3,2 1268
adentro (1)
CA 1,1 1068
admirable (2)
MP 2,8 849 MP 2,9 849
admiración (2)
ZP 2,1 955 YE 1,1 1279
admitir (1)
TB PBK 895
adopta (2)
MP 2,5 827 PB 2,1 1004
adoptan (2)
MP 2,6 833 ZP 1,1 938
adoptando (2)
CA 2,1 1080 CA 3,1 1114
adoptiva (1)
MP 1,1 783
adorándola (1)
ZP 2,1 976
adornado (2)
MP 2,8 841 ZP 1,1 912
adornos (1)
RS 1,1 1353
adquiere (4)
TC 4,1 754 PB 3,1 1017 BS 3,1 1249
BS 3,1 1261
adquiriendo (1)
MP 3,9 888
adulona (1)
ZP 2,1 956
afable (1)
BS 1,3 1194
afectación (1)
MP 1,7 811
afilando (1)
TC 5,1 755
afirmativo (1)
TC 5,1 758
aflautada (1)
TC 3,1 747
afligida (2)
MM 2,6 718 TB DME 899
agarra (3)
TC 3,1 748 DC 1,1 1025 DC 1,1 1042
agarrada (1)
YE 1,1 1279
agarrados (1)
CA 1,1 1068
agarran (1)
ZP 2,1 958
ágiles (1)
MM 1,2 676

agita (3)
TC 1,1 727 YE 3,2 1340 YE 3,2 1341
agitación (4)
CA 1,1 1069 CA 2,1 1105 CA 3,1 1125
RS 2,1 1408
agitada (2)
MP 1,6 804 CA 3,1 1116
agitan (1)
YE 3,2 1340
agoniza (1)
TB DME 898
agonizante (2)
CA 3,2 1142 CA 3,2 1143
agonizantes (1)
TB PBK 896
agremanes (1)
TC 2,1 735
agresividad (1)
DC 1,1 1025
agresivo (2)
DC 1,1 1027 CA 1,1 1069·
agreste (1)
ZP 1,1 912
agria (9)
MP 2,9 855 ZP 1,1 931 ZP 1,1 931
ZP 2,1 966 PB 0,0 980 CA 2,1 1082
BS 1,3 1203 BS 3,2 1264 BA 1,1 1451
agrio (6)
MP 1,2 786 ZP 1,1 965 CA 1,1 1073
CA 2,1 1106 BS 1,2 1189 BS 1,2 1193
agrupan (1)
BS 3,2 1265
agua (8)
MM 2,1 702 MM 2,1 705 TB PBK 894
TB PBK 895 ZP 0,0 912 ZP 2,1 940
RS 1,1 1364 BA 3,1 1518
aguardentosa (2)
MM 1,5 689 MM 2,4 712
agudísimamente (1)
TC 6,1 778
agudísimos (1)
TC 6,1 776
agudo (1)
MP 3,8 886
aguja (2)
TC 1,1 725 YE 1,1 1277
ahogada (7)
TC 2,1 736 MP 2,8 847 MP 2,9 856
MP 3,8 887 MP 3,8 887 YE 1,1 1285
RS 2,1 1409
ahora (2)
TC 4,1 754 PB 3,1 1012
airada (1)
ZP 1,1 930
aire (15)
TC 4,1 754 TC 5,1 755 MP 1,1 783
MP 1,8 818 MP 2,8 841 MP 3,5 873
ZP 1,1 912 ZP 1,1 912 ZP 2,1 940
PB 2,1 1005 CA 1,1 1058 CA 3,2 1143
BS 2,1 1206 YE 1,1 1286 RS 3,1 1417
al (220)
ala (1)
MM 1,5 697
alacena (2)
YE 2,2 1315 BA 1,1 1443
alacrán (2)
MM 1,5 695 MM 1,5 696
Alacranito (9)
MM 1,5 689 MM 1,5 696 MM 1,5 697
MM 1,6 701 MM 2,4 709 MM 2,4 710
MM 2,4 711 MM 2,4 712
alambre (1)
ZP 1,1 929
alarga (2)
TC 3,1 746 BA 3,1 1510
alargan (1)
ZP 2,1 958
alargando (1)
TC 5,1 758
alargándole (1)
CA 1,1 1051

alarmada (1)
  MM 2,4 710
alas (4)
  MM 2,3 709   MP 2,8 841   TB PBK 895
  BS 3,1 1261
Alcalde (5)
  ZP 1,1 923   ZP 1,1 924   ZP 2,1 947
  ZP 2,1 952   ZP 2,1 954
alcance (1)
  RS 1,1 1373
alcoba (1)
  CA 2,1 1078
aldabonazo (1)
  MP 2,8 846
aldabonazos (2)
  MP 2,8 846   BS 2,1 1210
aleccionado (1)
  MM 1,3 684
alegre (20)
  ZP 2,1 952   ZP 2,1 954   CA 1,1 1046
  CA 1,1 1063   CA 3,1 1120   CA 3,1 1122
  CA 3,2 1137   CA 3,2 1140   BS 1,1 1177
  BS 1,2 1187   BS 1,2 1190   BS 2,2 1228
  BS 2,2 1230   BS 2,2 1234   BS 2,2 1239
  YE 1,1 1273   YE 1,2 1296   YE 3,2 1336
  YE 3,2 1343   RS 3,1 1432
alegremente (3)
  MP 1,1 785   ZP 1,1 937   YE 1,2 1295
alegres (2)
  TC 3,1 743   BS 2,2 1229
alegría (8)
  TC 0,0 723   ZP 1,1 912   CA 1,1 1048
  CA 1,1 1050   CA 1,1 1064   CA 2,1 1084
  CA 2,1 1106   RS 2,1 1396
alegrísima (1)
  CA 3,1 1108
alegrísimo (1)
  EP CV 1166
Alegrito (1)
  MP 3,3 867
aleja (1)
  ZP 2,1 947
alejando (1)
  BA 2,1 1487
alfiler (1)
  RS 1,1 1361
algazara (9)
  ZP 1,1 939   BS 2,1 1216   BS 2,1 1221
  BS 2,2 1235   BS 2,2 1242   YE 2,1 1304
  RS 2,1 1406   RS 2,1 1408   RS 2,1 1411
algo (3)
  MP 1,4 792   CA 1,1 1076   YE 1,1 1286
alguien (1)
  MP 3,4 871
algunas (2)
almas (1)
  MP 2,9 850
almazarrón (1)
  ZP 2,1 957
almohadas (2)
  PB 1,1 1000   EP CV 1157
alojaba (1)
  MM 1,1 671
alrededor (6)
  TC 5,1 761   TC 6,1 775   TB DME 903
  ZP 1,1 938   BS 2,1 1209   YE 3,2 1336
alrededores (1)
  MM 2,1 702
alta (20)
  MM 1,3 685   TC 4,1 752   PB 1,1 992
  PB 1,1 993   CA 1,1 1059   CA 1,1 1060
  CA 3,1 1110   CA 3,1 1110   CA 3,1 1114
  CA 3,1 1114   CA 3,1 1123   EP CV 1164
  BS 2,2 1226   BS 2,2 1226   RS 1,1 1370
  RS 2,1 1376   BA 1,1 1452   BA 3,1 1509
  BA 3,1 1526   BA 3,1 1526
altas (1)
  MP 2,7 837
altivo (1)
  MP 3,5 878

alto (13)
  TC 6,1 765   TC 6,1 770   TC 6,1 778
  MP 1,7 807   MP 2,1 824   TB PBK 896
  TB QM. 909   BS 2,1 1217   YE 2,1 1309
  YE 2,2 1326   YE 3,1 1334   RS 2,1 1382
  BA 2,1 1480
Altolaguirre (1)
  TB DME 903
alza (1)
  YE 1,1 1277
alzándola (1)
  CA 2,1 1080
allá (2)
  MM 1,1 671   TC 5,1 755
allí (6)
  MM 2,2 708   TC 6,1 766   MP 3,3 867
  BS 3,2 1268   YE 1,1 1286   BA 3,1 1525
Ama (20)
  RS 1,1 1353   RS 1,1 1363   RS 1,1 1364
  RS 1,1 1369   RS 1,1 1369   RS 1,1 1370
  RS 2,1 1388   RS 2,1 1388   RS 2,1 1398
  RS 2,1 1407   RS 2,1 1411   RS 3,1 1412
  RS 3,1 1421   RS 3,1 1423   RS 3,1 1424
  RS 3,1 1430   RS 3,1 1430   RS 3,1 1430
  RS 3,1 1437   RS 3,1 1438
amable (1)
  CA 1,1 1045
amablemente (1)
  MP 2,7 835
amanecer (1)
  MM 1,1 671
amaneciendo (1)
  YE 3,1 1326
amante (1)
  MP 1,7 813
amapola (1)
  MM 1,6 700
amargamente (1)
  MP 1,7 815
amargo (1)
  MP 2,5 830
amargura (2)
  MP 1,3 788   MP 3,7 882
amarilla (4)
  TC 4,1 750   TC 4,1 754   CA 3,1 1123
  EP RR 1151
amarillas (1)
  MP 3,7 879
amarillento (1)
  MP 0,0 781
amarillo (10)
  MM 2,6 718   TC 1,1 734   TC 5,1 759
  MP 0,0 781   MP 2,1 823   CA 3,1 1115
  CA 3,1 1115   BS 1,1 1171
amatista (1)
  MP 1,7 810
ambiente (2)
  MP 1,8 816   BS 3,1 1245
Amelia (7)
  BA 1,1 1458   BA 1,1 1467   BA 2,1 1476
  BA 2,1 1483   BA 2,1 1490   BA 3,1 1515
  BA 3,1 1530
América (1)
  TB PBK 896
amigo (1)
  TB PBK 895
Amigo (7)
  CA 1,1 1060   CA 1,1 1069   CA 1,1 1071
  CA 1,1 1072   CA 1,1 1073   CA 1,1 1076
  CA 1,1 1076
amorosa (1)
  MP 3,8 884
amorosamente (1)
  YE 1,1 1284
amoroso (1)
  MP 2,5 832
Amparo (2)
  MP 1,2 785   MP 1,2 786
amplia (2)
  TC 3,1 741   PB 3,1 1016

amplias - aquella

amplias (2)
 MP 2,7 835 ZP 2,1 940
amplio (1)
 MP 1,3 788
anaqueles (1)
 CA 3,2 1142
anciano (1)
 BS 1,3 1195
ancha (1)
 TC 2,1 738
anda (1)
 CA 1,1 1049
andaluz (2)
 TC 0,0 723 TC 2,1 735
andaluza (3)
 TC 5,1 755 MP 3,6 878 RS 1,1 1363
andan (1)
 CA 1,1 1068
andando (4)
 TB PBK 894 CA 1,1 1070 CA 3,1 1123
 RS 2,1 1397
andar (1)
 CA 3,1 1118
anea (1)
 BA 1,1 1439
ángeles (6)
 TB PBK 894 CA 2,1 1078 CA 2,1 1078
 CA 2,1 1086 CA 2,1 1091 CA 2,1 1099
angustia (22)
 MM 1,2 679 MP 1,4 791 MP 1,5 796
 MP 1,5 799 MP 1,6 802 MP 1,6 805
 MP 1,7 810 MP 2,8 841 MP 2,8 847
 MP 2,9 853 MP 2,9 858 MP 3,6 878
 MP 3,8 886 MP 3,8 887 CA 1,1 1050
 CA 1,1 1069 CA 2,1 1090 CA 2,1 1091
 CA 3,1 1130 CA 3,2 1134 BS 3,2 1269
 YE 1,1 1285
angustiada (8)
 MP 1,6 802 MP 1,7 810 MP 2,8 842
 MP 3,3 869 MP 3,3 870 CA 3,1 1122
 BS 2,2 1239 YE 2,2 1325
angustiadas (1)
 BS 3,2 1264
angustiado (9)
 MP 3,8 887 ZP 2,1 962 ZP 2,1 972
 PB 0,0 981 CA 2,1 1103 CA 3,1 1127
 CA 3,2 1140 CA 3,2 1141 EP RR 1148
Angustias (31)
 MP 1,1 783 MP 1,1 785 MP 1,2 785
 MP 1,2 785 MP 1,3 788 MP 1,3 788
 MP 1,3 789 MP 1,8 816 MP 2,4 827
 MP 2,5 827 MP 2,5 828 MP 2,5 828
 MP 2,9 859 BA 1,1 1447 BA 1,1 1449
 BA 1,1 1455 BA 1,1 1462 BA 1,1 1462
 BA 1,1 1462 BA 1,1 1468 BA 1,1 1469
 BA 2,1 1482 BA 2,1 1483 BA 2,1 1501
 BA 2,1 1501 BA 2,1 1504 BA 3,1 1510
 BA 3,1 1511 BA 3,1 1512 BA 3,1 1530
 BA 3,1 1530
angustioso (1)
 BA 3,1 1523
anhelante (3)
 MM 1,4 685 MP 2,8 843 CA 1,1 1046
anillo (1)
 MP 2,9 854
animado (1)
 BS 2,2 1234
animosa (1)
 BS 2,1 1208
anochecer (1)
 YE 3,2 1338
anochecido (1)
 YE 3,2 1340
ansia (2)
 CA 1,1 1077 RS 3,1 1420
ansiedad (2)
 YE 1,1 1282 YE 1,2 1287
ansiosa (1)
 BA 1,1 1440
ansiosamente (3)
 MP 1,5 798 MP 1,6 803 MP 1,7 808

ante (3)
 TC 1,1 725 TC 6,1 764 MP 3,7 879
antenas (4)
 MM 1,3 684 MM 1,4 685 MM 2,1 703
 MM 2,2 708
anteriores (1)
 BA 2,1 1490
antes (3)
antigua (2)
 MP 2,1 819 ZP 1,1 929
antipático (1)
 MP 2,9 849
antorchas (1)
 TC 6,1 779
año (3)
 MM 1,2 676 MP 0,0 782 RS 3,1 1435
años (5)
 MP 1,1 783 MP 1,5 797 MP 2,5 827
 RS 3,1 1412 RS 3,1 1431
apaga (2)
 MP 2,8 847 PB 1,1 992
aparece (100)
aparecen (16)
aparecido (1)
 MM 1,5 696
apareciendo (8)
 DC 1,1 1023 CA 3,1 1120 CA 3,1 1125
 EP CV 1168 BS 2,1 1212 YE 2,1 1309
 RS 1,1 1358 RS 3,1 1423
aparición (1)
 TC 4,1 754
aparta (3)
 MM 2,7 720 BS 1,2 1190 YE 3,1 1334
apartara (1)
 CA 1,1 1051
aparte (21)
 MM 1,2 681 MM 1,2 683 MM 1,3 684
 MM 1,4 686 MM 1,5 692 MM 1,5 694
 MM 1,5 695 TC 3,1 746 TC 6,1 770
 MP 1,6 802 MP 1,6 803 MP 2,4 827
 MP 2,5 828 ZP 2,1 969 PB 0,0 986
 CA 1,1 1057 CA 3,2 1142 EP CV 1158
 BS 1,1 1178 BA 1,1 1447 BA 3,1 1506
apasionada (3)
 MP 2,7 840 MP 3,2 865 CA 3,1 1126
apasionadamente (3)
 MP 1,5 797 MP 2,9 856 BS 2,1 1207
apasionado (5)
 MP 1,7 807 MP 2,5 828 MP 2,8 848
 CA 3,1 1124 CA 3,1 1128
apenada (1)
 MP 3,2 866
apenas (3)
 TC 3,1 743 MP 1,8 816 BS 3,1 1250
aplasta (2)
 CA 2,1 1078 CA 2,1 1079
aplausos (3)
 ZP 2,1 974 EP CV 1155 EP CV 1157
aplicaduras (1)
 MP 2,8 841
apoya (5)
 MM 2,2 708 MP 3,4 871 ZP 2,1 940
 CA 2,1 1079 RS 3,1 1438
apoyada (1)
 MP 3,9 891
apoyándose (1)
 BS 1,2 1194
apresuradamente (1)
 MM 1,5 689
aprieta (3)
 ZP 2,1 961 YE 3,2 1350 YE 3,2 1350
aproximación (1)
 ZP 2,1 957
apuntador (1)
 PB 1,1 993
apura (1)
 ZP 2,1 956
apurando (1)
 CA 1,1 1076
aquella (1)

árabe (1)
  MP 0,0 781
árabes (1)
  MP 3,1 860
arabesco (1)
  MM 1,1 671
árbol (1)
  MM 1,3 684
arco (7)
  TC 6,1 762   MP 0,0 781   MP 0,0 782
  MP 3,7 879   BS 3,2 1261   BA 1,1 1439
  BA 2,1 1506
arcos (9)
  TC 6,1 770   MP 3,1 860   MP 3,9 888
  EP CV 1155   EP CV 1164   EP CV 1165
  EP CV 1165   EP CV 1168   BS 3,2 1261
ardor (1)
  ZP 2,1 940
Arlequín (11)
  CA 3,1 1108   CA 3,1 1112   CA 3,1 1112
  CA 3,1 1112   CA 3,1 1112   CA 3,1 1114
  CA 3,1 1114   CA 3,1 1119   CA 3,1 1120
  CA 3,1 1127   CA 3,1 1127
armado (1)
  ZP 1,1 922
arman (1)
  ZP 1,1 939
armario (8)
  TC 6,1 766   TC 6,1 768   TC 6,1 768
  TC 6,1 768   TC 6,1 768   TC 6,1 769
  TC 6,1 775   TC 6,1 775
armarios (3)
  TC 6,1 762   TC 6,1 773   TC 6,1 774
arranca (2)
  CA 1,1 1063   CA 1,1 1069
arrancándose (1)
  MP 2,9 854
arranque (11)
  MM 1,2 678   MP 1,6 806   MP 1,7 809
  MP 1,7 810   MP 2,5 832   MP 2,9 857
  MP 3,5 875   ZP 2,1 964   BS 2,2 1243
  YE 3,1 1333   BA 3,1 1527
arrastra (1)
  BS 3,1 1259
arrastran (1)
  BA 1,1 1471
arrastrando (1)
  TC 6,1 778
arrayanes (1)
  MP 3,1 860
arrebata (2)
  MM 1,5 696   BA 3,1 1529
arrebatándoselo (1)
  CA 2,1 1105
arregla (5)
  MP 1,3 788   MP 3,7 883   CA 2,1 1081
  CA 2,1 1091   EP CV 1157
arreglando (4)
  ZP 1,1 934   BS 2,2 1225   RS 2,1 1397
  BA 3,1 1512
arreglar (1)
  CA 2,1 1086
arriba (2)
  MM 1,6 700   TC 6,1 778
arrimada (2)
  TB DME 898   BA 2,1 1496
arrimándose (1)
  EP CV 1164
arrobada (1)
  MM 1,3 684
arrodilla (4)
  TC 6,1 764   MP 3,8 886   BS 3,2 1268
  YE 1,2 1290
arrodillada (1)
  RS 3,1 1428
arrodilladas (2)
  MP 3,9 891   BS 3,2 1272
arrodillan (1)
  YE 3,2 1338
arrodillándose (4)
  MP 3,9 890   MP 3,9 890   MP 3,9 890

  TB PBK 896
arrogante (1)
  MM 1,2 676
arroja (2)
  MP 2,9 853   CA 2,1 1082
arrojando (1)
  BA 1,1 1451
arrojándole (1)
  EP CV 1167
arrojándose (1)
  MP 2,9 859
arrollada (1)
  PB 2,1 1003
arrugas (1)
  ZP 1,1 918
arrumbado (1)
  ZP 2,1 940
as (2)
  CA 3,2 1142   CA 3,2 1142
asco (1)
  ZP 1,1 930
asiento (2)
  TC 5,1 759   MP 2,9 851
asintiendo (1)
  ZP 1,1 924
asoma (10)
  MM 2,4 709   TC 5,1 758   TC 5,1 761
  MP 0,0 782   MP 1,5 795   MP 2,9 858
  ZP 1,1 920   ZP 1,1 934   CA 1,1 1069
  CA 2,1 1092
asomada (3)
  TC 5,1 760   MP 2,8 848   DC 1,1 1042
asoman (4)
  TC 6,1 770   TC 6,1 772   TC 6,1 774
  BA 2,1 1504
asomando (2)
  TC 6,1 768   RS 1,1 1359
asomándose (5)
  MM 1,1 671   TC 1,1 728   MP 1,6 806
  CA 2,1 1078   BS 3,2 1263
asombrada (2)
  ZP 2,1 940   CA 3,2 1131
asombrado (4)
  MP 1,7 811   CA 2,1 1105   CA 3,1 1120
  RS 2,1 1388
asombro (5)
  CA 1,1 1073   EP CV 1167   YE 2,2 1315
  YE 3,2 1347   RS 2,1 1380
aspira (2)
  MP 1,5 797   CA 3,1 1123
aspirando (1)
  YE 2,1 1305
aspirara (1)
  YE 1,1 1286
asustada (9)
  MM 1,2 679   TC 6,1 763   MP 1,5 796
  MP 3,1 863   MP 3,2 865   MP 3,4 873
  CA 3,1 1110   CA 3,1 1111   CA 3,1 1112
asustadísima (1)
  MM 1,5 694
asustadísimo (1)
  MM 1,5 694
asustado (2)
  ZP 1,1 915   ZP 2,1 947
asustados (1)
  TB PBK 894
asustan (1)
  ZP 1,1 921
asustándose (1)
  TC 1,1 725
asustarlas (1)
  MM 1,5 696
atada (2)
  MM 1,4 688   MM 1,5 696
atardece (1)
  YE 2,2 1311
atardecer (1)
  RS 3,1 1437
ataúd (2)
  TC 6,1 779   RS 3,1 1421

ataviada (1)
  BA 1,1 1470
aterrada (11)
  MM 2,4   711   TC 6,1   763   TC 6,1   772
  MP 1,8   817   MP 2,5   829   MP 2,9   849
  MP 2,9   851   MP 2,9   858   MP 3,5   876
  ZP 1,1   937   BA 3,1 1530
aterrado (3)
  TC 2,1   739   TC 3,1   747   CA 2,1 1094
atildado (1)
  MM 1,3   684
atraganta (2)
  TC 6,1   762   TC 6,1   766
atrás (5)
  TB DME   898   BS 3,2 1268   YE 3,2 1339
  YE 3,2 1350   BA 3,1 1532
atravesado (2)
  TC 5,1   755   MP 3,7   879
atraviesa (2)
  MP 1,5   795   RS 2,1 1386
atreven (1)
  MP 3,8   887
atreverse (1)
  BA 2,1 1503
aumento (1)
  CA 2,1 1099
aunque (3)
  MP 1,7   811   MP 2,1   819   TB PBK   895
aurora (1)
  MM 1,1   671
automóvil (3)
  TB DME   898   CA 2,1 1078   CA 2,1 1106
autor (3)
  ZP 0,0   912   ZP 0,0   912   ZP 2,1   940
Autor (1)
  ZP 0,0   911
autoritaria (3)
  CA 2,1 1082   CA 3,1 1125   BA 1,1 1466
autoritario (3)
  MP 3,5   877   ZP 1,1   925   ZP 2,1   957
avanza (9)
  MP 1,3   787   MP 2,6   835   ZP 1,1   916
  ZP 1,1   934   CA 1,1 1069   RS 1,1 1370
  BA 3,1 1525   BA 3,1 1526   BA 3,1 1532
avanzan (3)
  MM 2,5   712   MP 2,9   854   CA 1,1 1061
avanzando (4)
  MP 2,2   824   ZP 2,1   974   BA 1,1 1455
  BA 2,1 1493
avejentada (1)
  RS 3,1 1415
avestruz (1)
  TB PBK   894
ávidamente (1)
  MP 1,6   803
avispa (1)
  TB PBK   896
ayes (2)
  ZP 2,1   942   ZP 2,1   963
Ayola (8)
  RS 2,1 1396   RS 2,1 1396   RS 2,1 1396
  RS 2,1 1398   RS 2,1 1407   RS 2,1 1411
  RS 2,1 1411   RS 2,1 1411
ayuda (2)
  MP 3,9   889   RS 3,1 1424
ayudada (1)
  CA 2,1 1081
ayudados (1)
  TC 6,1   776
azabache (2)
  MM 1,2   676   TC 6,1   762
azadas (1)
  MM 1,5   697
azahar (5)
  BS 2,1 1208   BS 2,1 1208   BS 2,1 1208
  BS 2,1 1212   BS 2,1 1220
azorado (2)
  MP 1,6   804   RS 3,1 1434
azúcar (3)
  TC 6,1   762   TB PBK   894   TB PBK   895

azucena (1)
  MM 1,3   684
azucenas (1)
  MM 1,1   671
azul (17)
  TC 3,1   741   TC 3,1   743   TC 4,1   750
  TC 4,1   754   MP 0,0   781   ZP 1,1   923
  CA 1,1 1045   CA 1,1 1061   CA 1,1 1069
  CA 2,1 1099   CA 2,1 1105   CA 2,1 1105
  CA 3,1 1125   EP CV 1165   BS 3,1 1249
  BS 3,1 1261   BS 3,2 1261
azulada (2)
  CA 1,1 1061   CA 2,1 1080
azuladas (1)
  BA 3,1 1506
azulado (1)
  TC 4,1   754
azules (11)
  MM 1,1   671   TC 3,1   741   MP 3,1   860
  PB 1,1   996   CA 1,1 1072   CA 3,1 1115
  CA 3,1 1118   CA 3,1 1123   EP CV 1155
  BS 1,3 1194   BS 2,2 1225
bahía (1)
  TB DME   898
baila (3)
  TC 6,1   767   BS 2,1 1209   RS 2,1 1411
bailan (3)
  TB PBK   895   RS 2,1 1411   RS 2,1 1411
bailando (2)
  TC 6,1   768   YE 3,2 1343
bailar (1)
  ZP 1,1   929
bailarín (1)
  CA 3,1 1108
baile (3)
  ZP 1,1   938   CA 3,1 1120   EP CV 1165
baja (V) (3)
  MM 1,5   689   CA 3,1 1123   BS 3,1 1261
baja (45)
  TC 1,1   725   TC 3,1   746   TC 6,1   765
  TC 6,1   775   MP 1,5   801   MP 3,4   871
  MP 3,4   871   ZP 1,1   936   ZP 2,1   944
  PB 1,1   992   PB 1,1   992   PB 1,1   993
  PB 1,1   999   PB 1,1   999   PB 2,1 1005
  CA 1,1 1069   CA 2,1 1080   CA 3,1 1114
  CA 3,1 1114   CA 3,1 1123   CA 3,1 1129
  CA 3,2 1139   CA 3,2 1139   CA 3,2 1141
  CA 3,2 1141   CA 3,1 1143   EP RR 1149
  EP CV 1164   BS 1,3 1199   BS 2,1 1206
  YE 1,1 1279   YE 2,2 1326   RS 1,1 1370
  RS 3,1 1412   RS 3,1 1412   BA 1,1 1447
  BA 1,1 1447   BA 2,1 1480   BA 2,1 1488
  BA 3,1 1508   BA 3,1 1512   BA 3,1 1521
  BA 3,1 1526   BA 3,1 1528   BA 3,1 1531
bajan (1)
  EP CV 1158
bajando (9)
  MP 2,9   856   TB DME   897   PB 0,0   985
  CA 1,1 1047   CA 1,1 1066   CA 3,2 1136
  BS 1,1 1173   YE 1,2 1288   YE 2,2 1315
bajándose (1)
  ZP 1,1   935
bajar (1)
  CA 3,1 1129
bajas (1)
  BA 2,1 1471
bajito (3)
  TC 6,1   774   BS 1,2 1186   BS 1,2 1187
bajo (P) (3)
  MM 1,1   671   TC 6,1   762   BA 2,1 1506
bajo (12)
  MP 2,2   825   MP 2,5   828   MP 2,8   845
  TB PBK   896   TB PBK   896   CA 3,2 1139
  CA 3,2 1139   BS 1,2 1184   YE 3,1 1335
  RS 1,1 1353   RS 3,1 1417   RS 3,1 1435
balbuciente (1)
  MP 1,7   815
balcón (28)
  TC 2,1   736   TC 2,1   737   TC 4,1   754
  MP 2,8   848   TB DME   903   PB 0,0   979
  PB 0,0   982   PB 0,0   982   PB 0,0   983

balcón (continuación)
 PB 0,0 987 PB 0,0 987 PB 2,1 1003
 PB 2,1 1007 CA 2,1 1078 CA 2,1 1078
 CA 2,1 1080 CA 2,1 1080 CA 2,1 1082
 CA 2,1 1085 CA 2,1 1090 CA 2,1 1090
 CA 2,1 1090 CA 2,1 1099 CA 2,1 1107
 CA 2,1 1107 CA 2,1 1107 RS 3,1 1438
balconcillo (1)
 TC 2,1 735
balconcillos (1)
 MP 1,1 783
balcones (8)
 TC 6,1 762 PB 1,1 997 PB 1,1 1000
 CA 2,1 1078 CA 2,1 1080 CA 2,1 1092
 CA 2,1 1099 CA 2,1 1105
banco (8)
 TC 2,1 735 TC 5,1 755 MP 3,4 871
 MP 3,5 874 MP 3,6 878 MP 3,7 882
 MP 3,8 884 PB 3,1 1016
bancos (1)
 MP 3,1 860
bandada (1)
 PB 0,0 987
bandadas (1)
 PB 1,1 1000
bandas (2)
 TC 1,1 725 TC 6,1 762
bandeja (3)
 MP 2,7 837 CA 3,2 1138 BA 1,1 1446
bandejas (2)
 BS 1,3 1198 BS 2,2 1225
bandera (1)
 MP 2,1 823
banderas (1)
 TB DME 898
banderita (1)
 TC 6,1 779
banquillo (7)
 ZP 1,1 912 ZP 1,1 915 ZP 1,1 915
 ZP 1,1 923 ZP 2,1 940 ZP 2,1 977
 ZP 2,1 978
baraja (1)
 CA 3,2 1137
baranda (1)
 TB DME 903
barandilla (2)
 DC 1,1 1026 DC 1,1 1042
barba (2)
 CA 1,1 1045 EP CV 1165
barbados (1)
 EP RR 1154
barbas (1)
 TC 3,1 741
barbería (1)
 TC 5,1 755
barbilla (2)
 MP 1,4 790 BS 1,3 1200
barquillo (1)
 BS 2,2 1225
barrer (1)
 MM 1,1 676
barriles (1)
 TC 3,1 741
barrocas (1)
 CA 3,1 1108
bastidor (2)
 TC 1,1 725 TC 1,1 725
bastón (3)
 TC 2,1 738 RS 2,1 1376 BA 3,1 1529
bastonazo (1)
 ZP 2,1 940
bata (1)
 CA 2,1 1078
bate (1)
 RS 2,1 1411
Beatas (1)
 ZP 1,1 933
bebe (6)
 TC 6,1 767 TC 6,1 772 ZP 2,1 968
 CA 1,1 1076 BA 3,1 1518 BA 3,1 1522

beben (1)
 MP 2,8 846
beber (2)
 TC 6,1 772 TC 6,1 774
bebiendo (2)
 CA 1,1 1074 CA 1,1 1076
becas (1)
 EP CV 1156
Belisa (13)
 PB 0,0 979 PB 0,0 982 PB 0,0 985
 PB 0,0 987 PB 1,1 988 PB 1,1 989
 PB 1,1 997 PB 1,1 1000 PB 2,1 1002
 PB 2,1 1004 PB 3,1 1012 PB 3,1 1017
 PB 3,1 1018
bella (1)
 MP 2,7 836
belleza (1)
 YE 3,2 1340
bellísimos (1)
 TB PBK 894
bergantines (1)
 TB DME 903
Bernarda (18)
 BA 1,1 1439 BA 1,1 1445 BA 1,1 1446
 BA 1,1 1449 BA 1,1 1467 BA 1,1 1470
 BA 2,1 1471 BA 2,1 1471 BA 2,1 1493
 BA 2,1 1495 BA 2,1 1496 BA 2,1 1503
 BA 2,1 1505 BA 3,1 1506 BA 3,1 1506
 BA 3,1 1512 BA 3,1 1529 BA 3,1 1532
besa (26)
 TC 5,1 757 TC 6,1 772 TC 6,1 773
 MP 1,2 785 MP 1,4 792 MP 1,4 792
 MP 1,4 794 MP 1,7 815 MP 2,2 825
 MP 2,9 854 TB PBK 896 ZP 1,1 914
 DC 1,1 1039 CA 2,1 1079 CA 2,1 1079
 CA 2,1 1080 CA 2,1 1105 CA 3,1 1128
 BS 1,3 1202 BS 2,1 1207 BS 2,1 1209
 BS 2,2 1239 YE 1,1 1276 YE 1,1 1284
 RS 1,1 1358 RS 2,1 1390
besan (6)
 TC 1,1 731 TC 6,1 778 MP 1,4 795
 ZP 2,1 943 BS 2,1 1220 RS 2,1 1390
besando (3)
 MP 2,2 825 MP 3,9 890 BS 2,1 1221
besándola (3)
 MP 1,3 787 MP 1,3 787 BS 1,1 1183
besar (1)
 DC 1,1 1039
besarlas (1)
 MP 1,2 785
besarlo (1)
 BS 1,1 1178
beso (2)
 TC 5,1 757 CA 2,1 1080
besos (3)
 TC 1,1 725 DC 1,1 1038 DC 1,1 1039
bestia (1)
 TB PBK 894
Bibarrambla (1)
 MP 0,0 781
biblioteca (4)
 CA 1,1 1045 CA 3,1 1123 CA 3,2 1131
 CA 3,2 1142
bicicleta (9)
 TB PBK 893 TB PBK 894 TB PBK 894
 TB PBK 894 TB PBK 894 TB PBK 894
 TB PBK 895 TB PBK 896 TB PBK 896
bidones (1)
 TB PBK 893
bien (1)
 MP 2,9 853
biombo (3)
 CA 1,1 1061 CA 1,1 1069 EP RR 1154
birrete (1)
 TB DME 898
blanca (15)
 MM 1,4 685 MM 1,5 697 TC 6,1 779
 MP 1,7 808 ZP 1,1 912 ZP 1,1 912
 PB 0,0 979 PB 1,1 997 CA 1,1 1045
 CA 2,1 1088 CA 3,1 1115 CA 3,1 1129
 BS 3,1 1249 BS 3,2 1261 BA 2,1 1471

blancas (13)
TC 3,1 741   TC 5,1 755   MP 1,1 783
MP 3,1 860   CA 1,1 1061   CA 3,1 1108
BS 2,1 1206   BS 3,2 1261   RS 3,1 1438
BA 1,1 1446   BA 3,1 1506   BA 3,1 1522
blanco (16)
MP 2,1 819   MP 3,2 864   CA 1,1 1061
CA 1,1 1061   CA 1,1 1072   CA 3,1 1112
CA 3,1 1127   CA 3,2 1135   EP RR 1153
EP RR 1154   BS 1,3 1194   BS 1,3 1195
BS 2,1 1206   BS 3,2 1261   YE 1,1 1273
RS 3,1 1437
blancos (4)
MP 2,1 819   CA 2,1 1088   CA 3,1 1123
BS 2,2 1225
blancura (1)
EP RR 1152
blanquísima (1)
BA 1,1 1439
boca (6)
TC 1,1 725   TC 1,1 734   MP 2,1 822
CA 1,1 1057   CA 2,1 1079   RS 2,1 1406
bocamanga (1)
MP 2,8 841
boda (1)
TC 6,1 770
bodas (1)
TC 6,1 772
bofetada (1)
CA 3,1 1119
boina (1)
CA 3,1 1114
bolillos (2)
RS 1,1 1359   RS 1,1 1360
bolsa (2)
CA 2,1 1078   BA 1,1 1450
bombillas (2)
CA 2,1 1091   CA 2,1 1099
bondad (1)
MP 3,7 882
borda (2)
MM 1,1 671   BA 2,1 1471
bordadas (1)
BS 2,1 1206
bordado (1)
CA 1,1 1061
bordados (1)
MP 2,8 841
bordando (1)
TC 1,1 725
borde (1)
PB 1,1 1000
borlas (2)
MP 2,8 841   CA 2,1 1078
borrachera (1)
MM 1,5 697
borracho (4)
MM 1,5 689   MM 1,5 695   TC 3,1 743
TC 4,1 750
borrachos (1)
TB DME 898
bosque (7)
MM 1,5 689   MM 2,1 702   MM 2,1 7-5
CA 3,1 1108   CA 3,1 1114   BS 3,1 1245
BS 3,1 1255
bosquecillo (1)
TC 1,1 725
bostezando (1)
PB 1,1 992
bostezo (1)
YE 1,1 1277
bota (2)
TC 5,1 755   TC 6,1 765
botas (3)
TC 5,1 757   TC 5,1 757   TC 5,1 757
botella (2)
TC 6,1 767   TC 6,1 774
botellas (2)
TC 6,1 772   ZP 2,1 940
botitas (1)
TC 5,1 757

botones (3)
MP 2,8 841   ZP 1,1 915   CA 1,1 1072
bravía (1)
MP 2,9 855
brazo (5)
PB 1,1 999   CA 2,1 1106   BS 1,1 1174
BS 2,1 1222   BS 2,2 1229
brazos (20)
MM 1,5 697   TC 6,1 768   TC 6,1 768
MP 1,2 785   MP 2,5 827   ZP 2,1 940
ZP 2,1 940   ZP 2,1 944   ZP 2,1 977
PB 1,1 988   CA 1,1 1056   CA 2,1 1080
EP RR 1151   BS 1,1 1174   BS 1,2 1184
BS 1,2 1193   BS 2,1 1206   YE 1,1 1277
YE 2,2 1317   BA 3,1 1523
brilla (4)
MM 1,2 676   MM 2,1 702   MM 2,5 712
TB PBK 895
brío (1)
ZP 1,1 919
brizna (1)
MM 1,4 688
broma (3)
ZP 1,1 936   PB 2,1 1004   CA 3,2 1138
bromas (1)
MP 1,2 785
brusca (4)
MM 1,1 675   ZP 1,1 922   ZP 1,1 932
ZP 2,1 956
bruscamente (6)
MM 2,5 714   MM 2,7 720   PB 1,1 999
BS 1,2 1190   BS 3,1 1261   YE 3,1 1334
brusco (1)
BS 2,2 1238
bucles (5)
MP 1,3 787   MP 3,7 883   PB 0,0 979
CA 2,1 1078   RS 3,1 1415
bujías (1)
MP 2,9 849
bulto (1)
ZP 1,1 933
burla (2)
TC 1,1 731   MP 2,1 821
burlón (1)
PB 2,1 1004
busca (1)
MP 2,9 853
buscan (1)
RS 1,1 1353
buscando (2)
YE 1,1 1286   YE 2,2 1325
buscándola (1)
BS 1,1 1172
Buster (7)
TB PBK 893   TB PBK 894   TB PBK 894
TB PBK 894   TB PBK 895   TB PBK 895
TB PBK 895
caballero (1)
MP 2,5 829
caballeros (3)
MP 2,7 835   MP 2,7 835   MP 2,7 837
caballitos (1)
TC 1,1 731
caballo (1)
BS 1,3 1205
caballos (1)
EP RR 1151
cabecita (3)
MM 1,6 701   TC 3,1 743   TC 6,1 777
cabecitas (1)
TC 6,1 770
cabello (4)
CA 2,1 1078   CA 2,1 1091   BS 1,3 1195
BA 1,1 1445
cabellos (1)
PB 2,1 1006
cabeza (60)
MM 1,5 689   MM 1,5 698   TC 3,1 743
TC 4,1 754   TC 5,1 758   TC 5,1 758
TC 5,1 760   TC 6,1 769   TC 6,1 775
MP 1,4 790   MP 2,5 828   MP 2,5 831

cabeza (continuación)
MP 3,4 871   MP 3,7 882   MP 3,8 886
TB PBK 896   ZP 1,1 918   ZP 1,1 919
ZP 1,1 924   ZP 1,1 929   ZP 1,1 929
ZP 2,1 940   ZP 2,1 940   ZP 2,1 942
ZP 2,1 943   ZP 2,1 958   ZP 2,1 963
PB 0,0 982   PB 1,1 988   DC 1,1 1042
CA 1,1 1059   CA 1,1 1061   CA 1,1 1061
CA 1,1 1063   CA 1,1 1069   CA 1,1 1076
CA 2,1 1079   CA 2,1 1105   CA 3,1 1111
CA 3,1 1112   CA 3,2 1131   BS 1,1 1173
BS 1,1 1178   BS 1,3 1195   BS 1,3 1199
BS 2,1 1208   BS 3,2 1266   YE 1,1 1279
YE 2,2 1311   YE 2,2 1311   YE 2,2 1315
YE 2,2 1325   YE 3,2 1343   RS 1,1 1359
RS 1,1 1370   RS 3,1 1435   BA 1,1 1458
BA 1,1 1470   BA 2,1 1488   BA 3,1 1530
cabos (1)
ZP 1,1 923
cada (7)
cadena (1)
BS 1,3 1194
cadenas (1)
RS 2,1 1390
caderas (1)
BS 2,1 1220
cae (9)
MM 2,1 705   MM 2,7 719   TC 1,1 731
TC 6,1 768   TC 6,1 778   TC 6,1 778
TB PBK 894   TB PBK 896   ZP 2,1 962
PB 1,1 1000   PB 2,1 1003   CA 1,1 1057
CA 3,1 1119   EP RR 1150   BS 3,2 1268
YE 3,1 1334   YE 3,2 1350   RS 2,1 1382
RS 3,1 1438
caer (3)
MP 2,9 850   ZP 2,1 967   BS 2,1 1208
café (1)
ZP 2,1 967
caída (1)
MP 3,7 882
caídas (1)
BS 1,3 1199
caídos (1)
ZP 2,1 940
caja (2)
TC 6,1 780   BS 1,3 1203
cajón (1)
RS 3,1 1412
calañés (1)
TC 2,1 735
calavera (1)
CA 3,1 1111
cálido (1)
MP 2,9 855
caliente (1)
TB PBK 895
calma (1)
BA 1,1 1467
calmada (1)
RS 2,1 1409
calofrío (1)
MP 1,2 786
calor (1)
CA 1,1 1069
calla (1)
PB 1,1 989
callan (1)
RS 2,1 1397
calle (V) (3)
MP 1,8 818   MP 2,5 832   MP 2,6 834
calle (12)
MM 1,4 688   TC 3,1 743   TC 5,1 755
MP 2,8 848   TB DME 896   ZP 1,1 912
ZP 1,1 912   ZP 1,1 915   ZP 1,1 928
ZP 1,1 934   ZP 2,1 949   CA 2,1 1091
cama (13)
PB 1,1 988   PB 1,1 993   PB 1,1 997
PB 1,1 997   PB 1,1 998   PB 1,1 1000
PB 1,1 1000   CA 2,1 1078   CA 2,1 1078
CA 2,1 1079   EP CV 1155   EP CV 1162
EP CV 1165

cambia (1)
YE 1,1 1273
cambiado (1)
RS 2,1 1386
cambiando (1)
CA 2,1 1085
cambio (1)
TB PBK 894
camino (2)
MM 1,1 671   BS 1,1 1183
camisa (1)
TC 3,1 741
campana (3)
TC 1,1 734   TC 1,1 735   ZP 2,1 978
campanadas (1)
RS 3,1 1421
campanas (11)
TC 6,1 771   PB 1,1 1000   PB 3,1 1018
DC 1,1 1036   BA 1,1 1439   BA 1,1 1441
BA 1,1 1443   BA 1,1 1443   BA 1,1 1444
BA 1,1 1445   BA 3,1 1511
campanela (1)
RS 2,1 1386
campaneo (4)
TC 6,1 772   MP 3,9 890   MP 3,9 891
MP 3,9 891
campanilla (3)
MP 1,1 785   CA 3,2 1135   RS 2,1 1389
campanillas (2)
TC 1,1 731   TC 1,1 731
campanilleros (1)
YE 3,2 1340
campanillos (1)
BA 2,1 1484
Campesina (1)
MM 2,2 707
Campesinas (4)
MM 1,5 697   MM 2,1 702   MM 2,2 706
MM 2,2 706
campesino (1)
MP 2,8 841
campillo (1)
TB PBK 894
campo (1)
YE 1,2 1286
canción (2)
MP 2,8 848   MP 3,4 872
candelabro (10)
MP 1,8 816   MP 1,8 816   MP 1,8 816
MP 1,8 819   MP 2,9 849   PB 1,1 988
CA 2,1 1105   CA 2,1 1105   CA 2,1 1107
CA 3,2 1144
candelabros (3)
MP 1,5 801   MP 2,1 819   MP 2,8 847
candelero (1)
MP 1,7 816
candil (1)
ZP 1,1 934
candilejas (1)
TC 6,1 778
candiles (1)
TC 3,1 741
canoa (1)
TB DME 898
canoas (1)
TB PBK 895
Cansa Almas (5)
TC 4,1 752   TC 5,1 755   TC 5,1 758
TC 5,1 758   TC 5,1 758
cansado (2)
TB DME 900   RS 2,1 1398
cansancio (1)
YE 3,2 1343
cansina (1)
ZP 2,1 959
canta (10)
TC 3,1 748   TC 4,1 754   TC 6,1 762
TC 6,1 769   MP 0,0 782   ZP 1,1 936
PB 3,1 1014   DC 1,1 1037   EP RR 1152
BA 1,1 1449

cantado (1)
  YE 3,2 1346
cantan (8)
  TC 2,1 737   TC 3,1 741   MP 3,9 891
  CA 1,1 1068   YE 2,1 1300   YE 2,1 1310
  YE 3,2 1343   RS 2,1 1411
cantando (29)
  MM 1,1 676   MM 1,5 689   MM 1,5 690
  MM 1,6 701   MM 2,4 711   TC 1,1 727
  TC 1,1 728   TC 4,1 754   TC 5,1 759
  TC 6,1 766   TC 6,1 779   TB DME 898
  ZP 1,1 926   ZP 1,1 928   ZP 1,1 929
  ZP 2,1 947   PB 0,0 982   PB 0,0 987
  PB 3,1 1010   DC 1,1 1031   CA 3,1 1120
  BS 2,1 1212   BS 2,1 1215   BS 3,2 1262
  YE 1,1 1278   YE 1,2 1295   RS 3,1 1413
  BA 1,1 1449   BA 3,1 1523
cantar (5)
  TC 6,1 762   MP 2,8 848   MP 2,8 849
  BA 2,1 1486   BA 2,1 1487
cantarán (1)
  MP 0,0 781
cántaros (3)
  YE 2,2 1311   YE 2,2 1311   YE 2,2 1315
canto (8)
  TB DME 898   ZP 2,1 946   ZP 2,1 946
  ZP 2,1 947   YE 1,1 1273   YE 2,1 1300
  YE 3,2 1336   BA 1,1 1443
caótico (1)
  MM 1,6 700
capa (13)
  TC 3,1 741   TC 6,1 763   MP 1,6 804
  MP 1,7 814   MP 3,5 873   ZP 1,1 923
  ZP 1,1 933   PB 1,1 989   PB 3,1 1012
  PB 3,1 1016   PB 3,1 1016   CA 3,1 1114
  CA 3,1 1129
caparazón (2)
  MM 1,2 676   MM 1,5 695
caparazones (1)
  MM 2,2 706
capas (5)
  TC 6,1 779   MP 2,7 835   MP 2,7 835
  MP 2,8 847   CA 3,2 1135
capita (1)
  TC 2,1 735
capitel (1)
  EP RR 1145
capiteles (1)
  EP RR 1151
captarle (1)
  CA 1,1 1051
capuchas (1)
  PB 1,1 996
cara (26)
  MM 1,3 684   MM 2,6 718   TC 1,1 728
  TC 1,1 729   TC 2,1 738   MP 1,2 787
  MP 2,1 820   ZP 1,1 930   ZP 1,1 930
  ZP 2,1 940   ZP 2,1 945   PB 1,1 993
  PB 3,1 1016   CA 1,1 1049   CA 1,1 1075
  CA 2,1 1079   CA 2,1 1088   CA 2,1 1095
  CA 2,1 1099   CA 3,1 1125   EP CV 1169
  BS 1,2 1190   BS 3,1 1249   YE 1,2 1297
  YE 2,2 1311   BA 1,1 1468
carabineros (1)
  TB DME 903
caracolas (3)
  YE 2,2 1323   YE 2,2 1325   YE 2,2 1326
caramelo (1)
  TB PBK 894
caras (2)
  CA 3,1 1108   CA 3,1 1123
carcajadas (6)
  MM 1,5 695   MM 2,4 711   TC 3,1 750
  MP 1,2 785   CA 3,1 1111   RS 2,1 1398
careta (4)
  CA 3,1 1108   CA 3,1 1108   CA 3,1 1108
  CA 3,1 1108
caretas (2)
  CA 3,1 1108   YE 3,2 1340
carga (1)
  ZP 2,1 975

caricatura (1)
  MP 2,9 849
cariñosa (2)
  MM 1,2 679   MP 1,3 787
cariñoso (1)
  PB 2,1 1003
Carmen (4)
  MP 3,1 863   MP 3,2 866   MP 3,5 877
  MP 3,8 884
carmesí (1)
  TC 5,1 759
carne (1)
  EP RR 1151
carrañacas (1)
  BA 2,1 1486
carro (2)
  YE 3,2 1336   YE 3,2 1346
carroza (3)
  TC 1,1 731   TC 1,1 731   TC 1,1 731
carrusel (1)
  TB DME 898
carta (S) (3)
  CA 3,2 1140   CA 3,2 1140   CA 3,2 1142
carta (11)
  MP 1,6 803   MP 1,6 803   MP 1,6 803
  MP 1,7 810   MP 1,7 810   MP 1,7 810
  MP 1,7 810   MP 1,7 811   ZP 0,0 911
  PB 2,1 1003   RS 2,1 1407
cartas (S) (1)
  RS 3,1 1426
cartas (6)
  CA 3,2 1139   CA 3,2 1139   CA 3,2 1140
  CA 3,2 1140   CA 3,2 1140   CA 3,2 1141
cartel (1)
  TC 3,1 741   ZP 2,1 959
cartelón (4)
  ZP 2,1 953   ZP 2,1 957   ZP 2,1 975
  ZP 2,1 975
cartón (1)
  TC 1,1 731
casa (23)
  MM 1,1 671   MM 1,1 671   MM 1,5 694
  MM 1,5 698   MM 1,5 699   TC 1,1 725
  TC 2,1 735   TC 2,1 738   TC 5,1 755
  TC 6,1 762   MP 0,0 782   MP 1,1 783
  MP 2,1 819   ZP 1,1 912   PB 0,0 979
  PB 0,0 982   BS 2,1 1206   YE 2,2 1311
  YE 3,1 1326   RS 2,1 1375   BA 1,1 1439
  BA 2,1 1471   BA 3,1 1506
casaca (2)
  PB 0,0 979   PB 1,1 997
casados (1)
  PB 1,1 988
casas (2)
  TC 5,1 755   MP 0,0 781
cascabeles (4)
  TC 2,1 738   EP RR 1145   YE 3,2 1340
  YE 3,2 1340
cascada (2)
  MM 2,1 702   PB 1,1 988
casco (1)
  CA 2,1 1078
casi (21)
  MM 1,1 671   TC 2,1 736   MP 2,5 827
  MP 2,8 847   MP 2,9 856   MP 3,8 887
  MP 3,8 887   ZP 2,1 940   ZP 2,1 946
  ZP 2,1 966   PB 0,0 987   CA 1,1 1050
  CA 3,2 1135   YE 1,1 1285   YE 2,2 1315
  YE 2,2 1325   RS 2,1 1382   RS 2,1 1409
  RS 3,1 1412   BA 3,1 1513   BA 3,1 1523
caso (1)
  MM 2,2 707
casta (1)
  MM 1,1 671
causa (1)
  MM 1,5 695
cautelosamente (1)
  PB 3,1 1012
cavernosa (2)
  MM 1,5 696   MM 1,6 701

cayendo (3)
    CA 3,1 1115   EP RR 1149   RS 3,1 1435
caza (2)
    ZP 1,1 935   CA 3,1 1109
cazador (1)
    MP 3,3 867
cebras (1)
    TB PBK 896
cejas (2)
    ZP 1,1 927   CA 2,1 1099
celeste (2)
    MP 0,0 781   TB PBK 895
celos (1)
    BA 2,1 1494
celosía (1)
    TC 6,1 768
celosías (3)
    TC 6,1 762   TC 6,1 770   TC 6,1 772
cena (1)
    PB 2,1 1001
centeno (1)
    TB PBK 894
central (6)
    TC 3,1 741   TC 6,1 765   TC 6,1 770
    TC 6,1 772   TC 6,1 779   ZP 1,1 923
centro (15)
    TC 5,1 756   MP 2,1 819   PB 1,1 988
    CA 2,1 1078   CA 3,1 1108   EP RR 1145
    EP CV 1155   BS 1,2 1184   BS 3,1 1261
    BS 3,2 1270   RS 1,1 1370   RS 2,1 1386
    RS 3,1 1412   BA 3,1 1506   BA 3,1 1523
Centurión (2)
    EP RR 1151   EP RR 1153
cepilla (1)
    MP 1,6 803
cera (1)
    CA 1,1 1061
cerámica (1)
    BS 2,2 1225
cerca (13)
    MM 2,4 711   MP 2,5 828   MP 2,8 841
    MP 2,9 856   MP 3,5 876   MP 3,8 886
    MP 3,9 888   ZP 1,1 932   ZP 2,1 946
    ZP 2,1 947   ZP 2,1 962   ZP 2,1 976
    BS 2,1 1215
cercano (1)
    CA 1,1 1060
ceremonioso (1)
    MP 2,9 858
Cerny (1)
    RS 1,1 1370
cerquísima (1)
    ZP 2,1 978
cerrada (2)
    MM 2,1 705   TC 6,1 766
cerradura (2)
    MP 3,1 860   MP 3,1 860
cerrando (6)
    ZP 1,1 932   CA 1,1 1077   CA 1,1 1077
    EP CV 1165   RS 1,1 1358   RS 1,1 1364
cesa (3)
    MP 0,0 782   MP 3,9 891   ZP 1,1 929
cesan (2)
    BA 1,1 1441   BA 1,1 1444
cesar (2)
    CA 2,1 1078   CA 3,1 1123
césped (1)
    TB PBK 896
cesta (2)
    TB DME 898   YE 1,2 1286
ciego (1)
    ZP 2,1 957
cielo (3)
    TC 4,1 750   TB PBK 893   CA 2,1 1090
cierra (12)
    TC 1,1 734   TC 2,1 737   TC 5,1 758
    TC 5,1 761   MP 2,8 848   TB PBK 895
    ZP 1,1 921   ZP 2,1 963   PB 2,1 1004
    PB 3,1 1017   CA 1,1 1049   BA 3,1 1525
cierran (1)
    TC 6,1 772

cierta (2)
    MP 2,9 851   BA 1,1 1444
cierto (1)
    BA 1,1 1456
ciertos (1)
    MP 2,1 819
cigarro (2)
    CA 2,1 1079   CA 2,1 1079
cigarros (1)
    CA 2,1 1078
cinco (5)
    PB 1,1 989   PB 1,1 992   PB 1,1 993
    PB 1,1 997   BA 1,1 1445
cine (1)
    ZP 2,1 940
cinematográfica (1)
    EP CV 1165
cínicamente (1)
    MM 2,4 711
cintas (6)
    MP 1,7 807   PB 0,0 984   YE 3,2 1339
    YE 3,2 1340   RS 1,1 1353   RS 2,1 1390
cintura (1)
    TB PBK 896
cinturones (1)
    TB PBK 894
ciprés (1)
    MM 1,1 671
cipreses (4)
    MP 3,1 860   MP 3,7 879   MP 3,9 888
    PB 3,1 1008
circo (3)
    CA 3,1 1111   CA 3,1 1114   CA 3,1 1119
circular (1)
    TB PBK 895
círculo (1)
    MM 1,6 701
cirio (1)
    CA 1,1 1061
cirios (3)
    EP CV 1162   EP CV 1164   YE 3,2 1338
ciudad (2)
    TB PBK 895   TB DME 898
clara (1)
    ZP 2,1 975
claramente (1)
    ZP 2,1 977
claras (2)
    TC 6,1 762   ZP 2,1 947
clarear (1)
    BS 2,1 1216
claridad (2)
    BS 3,1 1248   BS 3,1 1249
clarines (1)
    TC 0,0 723
claro (3)
    MP 1,3 787   MP 2,1 823   RS 3,1 1415
clase (1)
    MM 1,2 676
clásica (2)
    MP 1,7 807   EP RR 1152
clásico (1)
    PB 0,0 979
clásicos (1)
    TC 3,1 741
clavado (2)
    TC 6,1 776   PB 3,1 1016
clavel (1)
    MP 1,2 785
Clavela (22)
    MP 1,1 783   MP 1,1 785   MP 1,2 785
    MP 1,4 791   MP 1,5 801   MP 1,5 801
    MP 1,6 803   MP 1,6 804   MP 1,6 805
    MP 1,7 807   MP 1,7 807   MP 2,1 819
    MP 2,1 819   MP 2,1 822   MP 2,2 825
    MP 2,7 837   MP 2,7 838   MP 2,8 847
    MP 2,8 848   MP 2,8 848   MP 2,9 849
    MP 2,9 858
claxon (5)
    CA 2,1 1078   CA 2,1 1078   CA 2,1 1085
    CA 2,1 1106   CA 2,1 1107

cobijada - conforme

cobijada (1)
  MP 3,7 879
cobres (1)
  BS 1,2 1184
cocktail (1)
  CA 1,1 1058
cocodrilos (1)
  TB PBK 895
Cocoliche (15)
  TC 2,1 735   TC 3,1 743   TC 3,1 747
  TC 4,1 750   TC 4,1 750   TC 4,1 750
  TC 4,1 754   TC 6,1 768   TC 6,1 768
  TC 6,1 769   TC 6,1 770   TC 6,1 772
  TC 6,1 772   TC 6,1 778   TC 6,1 780
codo (3)
  ZP 1,1 920   CA 3,1 1115   RS 2,1 1390
codos (2)
  MP 2,5 829   MP 2,8 841
coeur (2)
  CA 3,2 1142   CA 3,2 1142
cofia (1)
  PB 1,1 988
coge (39)
  TC 6,1 767   TC 6,1 768   TC 6,1 772
  TC 6,1 772   MP 1,2 786   MP 1,4 790
  MP 1,4 790   MP 1,6 803   MP 1,7 810
  MP 1,7 816   MP 1,8 819   MP 2,5 829
  MP 2,9 855   MP 3,8 886   TB PBK 893
  ZP 1,1 928   ZP 2,1 947   ZP 2,1 953
  ZP 2,1 975   PB 0,0 982   PB 2,1 1004
  CA 1,1 1056   CA 1,1 1059   CA 2,1 1106
  CA 2,1 1107   CA 3,1 1126   BS 1,1 1174
  BS 1,3 1200   BS 1,3 1203   BS 2,1 1208
  YE 1,1 1284   YE 1,1 1284   YE 1,1 1286
  YE 2,2 1317   RS 1,1 1354   RS 1,1 1358
  RS 1,1 1364   RS 1,1 1373   BA 1,1 1471
cogen (1)
  MP 2,8 845
coger (1)
  TC 6,1 780
cogido (1)
  CA 1,1 1061
cogidos (1)
  BS 2,2 1229
cogiendo (7)
  MP 2,9 854   TB QM. 905   ZP 1,1 928
  ZP 2,1 966   BS 2,1 1215   YE 1,1 1283
  BA 2,1 1493
cogiéndola (1)
  BS 1,3 1203
cogiéndole (5)
  MP 2,5 829   MP 2,5 831   MP 3,2 865
  MP 3,5 877   BS 2,1 1222
cogiéndose (1)
  BA 2,1 1506
cohetes (1)
  TC 6,1 771
cohibido (1)
  ZP 0,0 912
cojeando (1)
  MM 1,5 694
cojín (1)
  CA 1,1 1058
cola (5)
  TC 6,1 778   CA 2,1 1078   CA 3,1 1115
  CA 3,1 1118   BS 2,1 1220
colgada (1)
  MP 1,1 783
colgados (1)
  CA 2,1 1088
colgaduras (1)
  CA 2,1 1078
coloca (1)
  MP 1,5 801
colocando (1)
  ZP 2,1 940
colocándose (1)
  MM 1,3 684
color (11)
  TC 2,1 738   TC 5,1 757   ZP 1,1 919
  CA 1,1 1072   CA 2,1 1078   CA 3,1 1114

  CA 3,1 1115   BS 1,1 1178   BS 2,2 1225
  BS 3,2 1261
colores (4)
  TC 6,1 770   MP 2,8 841   ZP 1,1 938
  ZP 2,1 957
columna (2)
  EP RR 1152   EP RR 1154
collar (4)
  TC 1,1 731   TC 2,1 738   TC 6,1 762
  YE 3,2 1340
colleras (1)
  YE 3,2 1340
come (1)
  TB PBK 893
comedor (1)
  PB 2,1 1001
comenta (1)
  YE 3,2 1340
comentando (1)
  MM 2,5 716
cómica (2)
  TC 2,1 736   ZP 1,1 938
cómicamente (4)
  MM 1,5 690   TC 2,1 736   ZP 1,1 929
  ZP 2,1 962
comiendo (2)
  BA 1,1 1439   BA 3,1 1506
comienza (4)
  MP 2,5 832   TB DME 898   YE 1,1 1286
  YE 1,2 1297
comienzan (1)
  MP 3,7 879
comienzo (1)
  MP 1,7 810
comiquísima (1)
  ZP 2,1 960
comiquísimo (1)
  ZP 2,1 952
comitiva (1)
  TC 6,1 780
como (82)
cómoda (3)
  MP 1,7 783   MP 1,3 788   MP 1,7 814
compás (5)
  TC 2,1 737   ZP 1,1 929   ZP 2,1 947
  ZP 2,1 947   CA 3,1 1112
compasión (1)
  MM 1,5 697
completamente (1)
  ZP 1,1 912
completando (1)
  MM 3,5 874
complicadísimas (1)
  TC 6,1 762
cómplice (1)
  YE 2,2 1321
componiendo (2)
  MP 1,7 807   MP 2,7 836
comprender (1)
  TB PBK 895
compuesta (1)
  BA 1,1 1468
compungida (2)
  MM 1,2 683   CA 2,1 1105
comunica (1)
  RS 2,1 1396
comunión (1)
  CA 1,1 1061
con (505)
concupiscente (1)
  PB 3,1 1013
concha (1)
  PB 1,1 993
conducen (1)
  EP CV 1155
conejo (1)
  MM 1,5 694
confidencial (1)
  BS 1,1 1180
conforme (1)
  MP 1,3 787

confuso (1)
  MP 2,8 847
conjunto (1)
  ZP 2,1 940
conjuradora (1)
  YE 3,1 1326
conmovida (5)
  MP 1,7 810   ZP 1,1 913   ZP 1,1 916
  ZP 2,1 966   ZP 2,1 975
conmovido (3)
  MP 2,8 845   ZP 2,1 974   ZP 2,1 975
consecuencia (1)
  MM 1,1 671
conseguido (1)
  TC 6,1 776
conservando (1)
  MP 2,1 819
consiste (1)
  MM 1,3 684
consola (1)
  MP 2,1 819
consolarla (1)
  MM 1,4 688
Conspirador (3)
  MP 2,7 835   MP 2,8 841   MP 2,8 843
Conspiradores (2)
  MP 2,8 848   MP 2,9 859
constantemente (2)
  MP 3,3 867   ZP 1,1 921
contando (2)
  TC 1,1 725   TB PBK 893
contándose (1)
  ZP 1,1 918
contemplando (1)
  TC 6,1 765
contener (1)
  ZP 2,1 960
contenerse (1)
  RS 2,1 1396
contenida (1)
  BA 1,1 1465
contenido (2)
  MP 1,7 810   BA 3,1 1512
conteniendo (2)
  MP 2,9 853   RS 2,1 1398
conteniéndose (2)
  MP 1,6 805   RS 1,1 1369
contentísimo (1)
  ZP 2,1 969
contesta (3)
  MM 2,7 719   BS 1,3 1202   YE 2,2 1311
contiene (1)
  MP 2,9 855
continúa (2)
  TC 5,1 756   MP 0,0 782
continuando (3)
  MP 1,6 804   MP 2,1 822   MP 2,1 823
contra (1)
  BA 3,1 1512
contrabandista (1)
  MP 2,8 848
Contrabandistas (1)
  TC 3,1 741
contrario (1)
  ZP 1,1 928
contraste (1)
  BA 2,1 1490
convencerse (1)
  CA 1,1 1046
convencido (2)
  MP 2,7 839   MP 3,1 863
convento (2)
  MP 3,1 860   MP 3,3 867
conversación (3)
  MP 2,9 853   CA 1,1 1057   BS 2,1 1211
Convidados (1)
  BS 2,1 1217
copa (S) (1)
  ZP 0,0 912
copa (3)
  MP 2,8 846   MP 2,8 846   CA 1,1 1058

copas (10)
  MP 2,7 837   MP 2,8 845   MP 2,8 846
  MP 2,8 847   ZP 2,1 940   ZP 2,1 940
  CA 1,1 1076   CA 3,2 1138   BS 1,3 1198
  BS 2,2 1225
coplas (3)
  ZP 2,1 977   ZP 2,1 978   ZP 2,1 978
coquetea (1)
  ZP 1,1 928
coquetear (1)
  MM 1,3 684
coquetonamente (1)
  MM 1,2 677
corazón (4)
  TC 5,1 755   MP 3,7 879   TB PBK 895
  CA 3,2 1142
corbata (2)
  ZP 1,1 915   CA 1,1 1072
cornucopia (1)
  MP 3,7 883
coro (7)
  MP 0,0 782   MP 0,0 782   MP 3,9 891
  YE 2,1 1310   YE 3,2 1346   YE 3,2 1350
  YE 3,2 1350
corona (4)
  TC 4,1 754   CA 1,1 1061   BS 2,1 1212
  BS 2,1 1220
coronado (1)
  EP CV 1155
corpiño (2)
  BS 2,1 1206   BA 3,1 1522
corral (3)
  BA 3,1 1518   BA 3,1 1523   BA 3,1 1525
corre (13)
  TC 1,1 725   TC 1,1 725   TC 1,1 727
  TC 4,1 754   TC 6,1 766   MP 2,7 838
  MP 2,8 848   TB PBK 894   ZP 2,1 947
  ZP 2,1 948   ZP 2,1 963   CA 2,1 1090
  BA 3,1 1529
corrección (1)
  MP 2,9 849
correctamente (1)
  MP 2,5 827
correcto (1)
  MP 3,4 873
corren (6)
  MP 1,3 787   ZP 1,1 938   PB 1,1 993
  PB 1,1 997   BA 1,1 1467   BA 2,1 1503
correo (1)
  RS 2,1 1406
correr (3)
  ZP 1,1 933   ZP 1,1 935   BS 2,2 1237
correrían (1)
  TB PBK 894
corrido (2)
  YE 2,1 1300   YE 3,2 1336
corriendo (35)
  MM 1,5 694   TC 0,0 724   TC 5,1 756
  TC 6,1 778   MP 1,2 787   MP 1,5 801
  MP 1,6 804   MP 1,6 806   MP 2,4 827
  MP 2,5 827   MP 2,6 835   MP 3,1 860
  MP 3,1 864   ZP 1,1 915   ZP 1,1 929
  ZP 1,1 937   ZP 1,1 937   ZP 1,1 937
  ZP 1,1 938   ZP 2,1 973   ZP 2,1 973
  PB 2,1 1007   PB 3,1 1015   CA 2,1 1107
  BS 1,2 1190   BS 2,1 1215   BS 2,2 1235
  BS 2,2 1239   BS 2,2 1241   YE 3,2 1339
  RS 1,1 1354   BA 1,1 1455   BA 2,1 1476
  BA 3,1 1530   BA 3,1 1530
corrigiendo (1)
  MP 1,7 813
corta (V) (1)
  BS 3,1 1261
Corta Mimbres (3)
  MM 1,5 689   MM 1,5 697   MM 1,6 701
corta (1)
  PB 1,1 990
cortar (1)
  YE 1,1 1284
corte (1)
  CA 1,1 1072

cortecita (1)
  MM 1,3 684
cortejo (2)
  TC 6,1 772   TC 6,1 780
cortes (1)
  CA 3,2 1143
corteza (1)
  MM 1,4 685
cortina (13)
cortinajes (2)
  CA 2,1 1078   BS 1,3 1194
cortinas (6)
  MP 2,9 849   PB 0,0 987   CA 3,1 1108
  CA 3,1 1123   RS 3,1 1438   BA 1,1 1439
corto (2)
  ZP 1,1 915   ZP 1,1 929
cosas (1)
  RS 2,1 1397
coser (2)
  YE 1,1 1277   YE 1,1 1286
cosiendo (3)
  TC 5,1 755   YE 1,1 1278   BA 2,1 1471
cosquillas (1)
  CA 1,1 1058
costado (1)
  MP 2,8 841
costura (3)
  YE 1,1 1273   YE 1,1 1277   YE 1,1 1286
crece (3)
  TC 4,1 750   CA 2,1 1105   YE 3,2 1340
crecer (1)
  BA 2,1 1504
crecida (1)
  BA 2,1 1499
creciendo (1)
  ZP 0,0 912
creer (1)
  MP 3,8 884
crepúsculo (3)
  MM 2,1 702   MP 3,5 876   MP 3,9 888
crescendo (1)
  YE 3,2 1339
criada (1)
  PB 0,0 979
Criada (41)
  CA 2,1 1081   CA 2,1 1082   CA 2,1 1090
  CA 2,1 1091   CA 2,1 1092   CA 2,1 1092
  CA 2,1 1105   CA 2,1 1105   CA 2,1 1105
  CA 2,1 1105   CA 3,2 1131   CA 3,2 1132
  BS 1,3 1198   BS 1,3 1199   BS 1,3 1202
  BS 2,1 1206   BS 2,1 1206   BS 2,1 1209
  BS 2,1 1210   BS 2,1 1213   BS 2,2 1233
  BS 2,2 1238   BS 2,2 1239   BS 2, 1240
  BS 2,2 1241   BA 1,1 1439   BA 1,1 1441
  BA 1,1 1443   BA 1,1 1445   BA 1,1 1445
  BA 1,1 1445   BA 1,1 1452   BA 1,1 1453
  BA 1,1 1453   BA 1,1 1458   BA 1,1 1466
  BA 1,1 1467   BA 1,1 1470   BA 1,1 1471
  BA 2,1 1473   BA 3,1 1532
Criadas (2)
  BA 1,1 1458   BA 1,1 1458
Criado (18)
  TC 1,1 733   TC 6,1 772   CA 1,1 1049
  CA 1,1 1070   CA 1,1 1076   CA 3,1 1123
  CA 3,1 1124   CA 3,1 1129   CA 3,2 1131
  CA 3,2 1132   CA 3,2 1134   CA 3,2 1134
  CA 3,2 1138   CA 3,2 1141   CA 3,2 1141
  CA 3,2 1141   CA 3,2 1144
Criados (1)
  CA 3,1 1123
crisis (1)
  ZP 2,1 977
cristal (3)
  MP 1,1 783   MP 2,1 819   MP 2,7 837
cristales (2)
  MP 1,5 795   CA 1,1 1059
Cristóbal (6)
  TC 6,1 772   DC 1,1 1028   DC 1,1 1036
  DC 1,1 1038   DC 1,1 1039   DC 1,1 1042
Cristobita (15)
  TC 2,1 738   TC 3,1 750   TC 5,1 760

  TC 5,1 761   TC 6,1 770   TC 6,1 772
  TC 6,1 774   TC 6,1 774   TC 6,1 775
  TC 6,1 775   TC 6,1 776   TC 6,1 776
  TC 6,1 778   TC 6,1 778   TC 6,1 780
cruce (1)
  BS 2,2 1234
crueldad (1)
  BA 2,1 1498
cruz (2)
  BS 1,3 1194   RS 1,1 1364
cruza (16)
  TC 1,1 731   MP 1,4 791   MP 3,8 887
  TB PBK 894   TB DME 898   PB 1,1 989
  PB 3,1 1012   CA 1,1 1047   CA 1,1 1070
  CA 1,1 1077   CA 3,1 1123   CA 3,1 1125
  BS 2,2 1236   RS 1,1 1373   RS 3,1 1412
  BA 1,1 1462
cruzadas (6)
  MP 1,6 806   MP 2,9 858   MP 3,7 882
  MP 3,8 886   MP 3,8 887   ZP 2,1 969
cruzan (7)
  MP 3,5 877   MP 3,7 879   ZP 1,1 918
  ZP 2,1 941   ZP 2,1 952   PB 1,1 1000
  CA 3,1 1108
cruzando (3)
  ZP 2,1 960   CA 1,1 1062   CA 1,1 1067
cruzar (3)
  MP 2,9 859   ZP 1,1 918   BS 2,2 1238
cuadros (3)
  ZP 2,1 957   CA 3,1 1118   BA 1,1 1439
cuales (2)
cuando (7)
cuarto (2)
  BS 2,1 1215   BS 2, 1240
cuatro (5)
  MM 2,2 706   TB PBK 893   TB PBK 895
  EP RR 1151   BA 3,1 1506
cubierta (1)
  EP RR 1145   EP RR 1145   BS 3,1 1250
cubierto (1)
  MM 1,1 671
cubiertos (S) (1)
  BA 3,1 1506
cubre (7)
  PB 1,1 988   PB 1,1 1000   CA 1,1 1049
  CA 1,1 1075   CA 2,1 1095   CA 3,1 1129
  BA 3,1 1523
cubrirle (1)
  PB 3,1 1016
cucaracha (1)
  MM 1,1 671
cucuné (1)
  TB PBK 896
cucurucho (1)
  MM 1,1 671
Cucharas (1)
  MP 0,0 781
cuelga (2)
  TC 1,1 731   MP 1,6 804
cuello (10)
  MP 1,4 794   MP 2,8 841   MP 3,7 881
  ZP 1,1 930   DC 1,1 1028   DC 1,1 1028
  CA 2,1 1079   CA 2,1 1088   CA 3,1 1117
  BA 3,1 1532
cuenta (3)
  MM 1,2 676   MP 2,8 843   MP 3,5 876
cuerdas (1)
  CA 3,1 1112
cuerno (1)
  YE 3,2 1340   YE 3,2 1341
cuernos (2)
  PB 1,1 997   YE 2,2 1326
cuero (2)
  MP 2,8 841   MP 3,1 860
cuerpo (2)
  MM 1,5 695   ZP 2,1 977
cuerpos (1)
  TB PBK 893
cueva (2)
  BS 1,3 1194   BS 2,2 1225

cuevas (2)
  MM 1,1 671   MM 2,1 705
cuevecita (2)
  MM 1,5 694   MM 1,6 700
cuidado (1)
  TC 6,1 775
culo (1)
  TB PBK 894
cumbre (1)
  MM 1,5 697
cumple (1)
  BS 2,1 1221
Cuñadas (4)
  YE 2,1 1305   YE 2,1 1306   YE 2,2 1311
  YE 3,1 1331
Curas (1)
  TC 6,1 779
curiana (1)
  MM 1,2 676
Curiana (20)
  MM 1,1 671   MM 1,3 684   MM 1,5 694
  MM 1,5 694   MM 1,5 696   MM 1,5 697
  MM 1,5 698   MM 1,5 699   MM 1,5 699
  MM 1,5 699   MM 2,1 703   MM 2,2 705
  MM 2,2 706   MM 2,2 706   MM 2,2 707
  MM 2,2 707   MM 2,4 712
Curianas (3)
  MM 1,5 697   MM 1,5 697   MM 1,5 699
Curianita (6)
  MM 1,2 676   MM 1,5 689   MM 1,5 696
  MM 2,2 708   MM 2,6 718   MM 2,7 720
Curianitas (3)
  MM 1,4 688   MM 2,1 702   MM 2,2 706
Curianito (16)
  MM 1,3 684   MM 1,4 686   MM 1,5 689
  MM 1,5 690   MM 1,5 690   MM 1,5 692
  MM 1,5 694   MM 1,5 695   MM 1,5 695
  MM 1,5 695   MM 1,5 696   MM 1,6 700
  MM 2,2 705   MM 2,6 718   MM 2,7 720
  MM 2,7 720
Curiano (1)
  MM 1,4 685
curiosa (1)
  BA 2,1 1475
curiosamente (1)
  ZP 1,1 924
curiosidad (4)
  CA 3,2 1137   YE 1,1 1279   BA 1,1 1455
  BA 2,1 1497
Currito (10)
  TC 5,1 756   TC 6,1 764   TC 6,1 765
  TC 6,1 766   TC 6,1 770   TC 6,1 772
  TC 6,1 772   TC 6,1 776   TC 6,1 776
  DC 1,1 1038
Curro (1)
  TC 5,1 756
cursi (2)
  TC 2,1 736   TC 6,1 774
cursilonas (1)
  RS 2,1 1390
Cursilonas (1)
  RS 2,1 1396
cuya (1)
  MM 1,3 684
chal (1)
  RS 3,1 1435
chaleco (1)
  CA 1,1 1072
Chancillería (1)
  MP 1,2 785
chapoteando (1)
  TB DME 903
chaqué (1)
  CA 1,1 1045
chaqueta (1)
  MP 2,8 841
charca (1)
  MM 1,1 671
chasca (1)
  ZP 2,1 956

chata (1)
  TC 3,1 741
chico (1)
  CA 3,1 1130
chilla (1)
  TC 3,1 750
chillan (1)
  ZP 1,1 921
chillando (2)
  TC 5,1 758   TC 6,1 778
chillidos (2)
  TC 6,1 766   TC 6,1 776
choca (1)
  TC 5,1 756
chorizo (1)
  BA 1,1 1439
chorro (1)
  ZP 0,0 912
chumberas (1)
  BS 2,2 1225
da (48)
  MM 2,6 718   TC 3,1 750   TC 4,1 750
  TC 6,1 775   TC 6,1 775   TC 6,1 776
  TC 6,1 780   MP 1,2 786   MP 1,3 787
  MP 1,6 805   MP 1,7 810   MP 1,7 814
  MP 2,8 848   ZP 1,1 929   ZP 1,1 930
  ZP 1,1 934   ZP 2,1 954   ZP 2,1 960
  PB 0,0 987   PB 3,1 1014   DC 1,1 1041
  CA 1,1 1047   CA 1,1 1056   CA 1,1 1057
  CA 2,1 1079   CA 2,1 1080   CA 2,1 1084
  CA 2,1 1105   CA 3,1 1111   CA 3,1 1125
  CA 3,2 1132   CA 3,2 1138   CA 3,2 1139
  CA 3,2 1139   CA 3,2 1143   CA 3,2 1144
  YE 2,2 1325   YE 2,2 1325   YE 3,2 1343
  YE 3,2 1350   RS 3,1 1412   RS 3,1 1434
  BA 1,1 1449   BA 1,1 1451   BA 2,1 1496
  BA 3,1 1532   BA 3,1 1532   BA 3,1 1532
dado (2)
  YE 2,2 1325   BA 3,1 1508
dama (1)
  TB PBK 895
Damas (2)
  EP CV 1158   EP CV 1163
dan (10)
  TC 6,1 772   TC 6,1 772   MP 2,7 835
  ZP 1,1 938   ZP 2,1 940   CA 1,1 1069
  BS 1,3 1195   RS 3,1 1412   BA 2,1 1471
  BA 3,1 1506
dando (14)
  MM 1,6 701   TC 6,1 766   TC 6,1 768
  MP 1,2 785   MP 2,7 835   MP 2,9 854
  ZP 1,1 913   ZP 1,1 920   ZP 1,1 938
  ZP 2,1 947   ZP 2,1 950   ZP 2,1 960
  CA 2,1 1091   CA 3,1 1119
dándole (6)
  MM 1,5 690   TC 4,1 753   ZP 1,1 928
  ZP 2,1 944   DC 1,1 1027   DC 1,1 1027
dándose (2)
  MP 3,5 876   CA 1,1 1076
danza (4)
  MM 2,7 719   MM 2,7 720   EP RR 1145
  YE 3,2 1340
danzar (1)
  EP RR 1146
dar (6)
  TB DME 903   CA 3,1 1120   EP CV 1165
  YE 2,2 1325   RS 3,1 1412   BA 2,1 1503
dará (1)
  MP 2,5 827
darle (2)
  ZP 1,1 928   ZP 2,1 940
de (852)
De (17)
debajo (3)
  MP 0,0 782   CA 1,1 1063   EP CV 1165
debe (8)
  TC 2,1 735   MP 3,5 873   ZP 2,1 940
  ZP 2,1 940   PB 3,1 1016   CA 3,1 1112
  CA 3,1 1115   YE 2,2 1325
debemos (1)
  TB PBK 895

deben - desesperada

deben (1)
    PB 1,1   993
deber (1)
    BS 2,1 1221
débil (4)
    EP RR 1147   EP RR   1148   EP CV 1169
    RS 3,1 1437
decía (1)
    TB PBK 896
decidida (2)
    MP 1,7   810   PB 1,1   989
decidido (3)
    MP 1,7   808   MP 2,7   835   PB 2,1 1007
decidir (1)
    MM 1,3   684
decir (1)
    MP 1,7   813
declamando (1)
    MM 1,6   701
declamatoriamente (1)
    MM 2,6   718
declamatorio (1)
    TC 6,1   771
decoración (1)
    ZP 2,1   940
decorado (2)
    ZP 0,0   912   BA 3,1 1506
dedica (1)
    MM 1,3   684
dedo (3)
    TC 1,1   725   ZP 2,1   969   CA 3,1 1120
dedos (2)
    CA 1,1 1057   CA 1,1 1078
defensa (1)
    CA 1,1 1075
definitiva (1)
    RS 3,1 1417
deja (13)
    MP 2,7   837   MP 2,9   849   MP 3,4   873
    ZP 1,1   933   ZP 2,1   940   ZP 2,1   953
    ZP 2,1   967   CA 2,1 1105   CA 3,2 1138
    CA 3,2 1139   BS 2,1 1208   BS 2,2 1238
    YE 2,2 1311
dejan (1)
    CA 3,1 1123
dejando (6)
    MP 1,1   783   MP 1,8   816   MP 2,8   841
    TB DME   898   ZP 2,1   964   EP RR 1146
dejo (1)
    MP 1,3   788
del (109)
Del (1)
delante (7)
    TC 6,1   778   TC 6,1   779   PB 1,1   999
    CA 2,1 1081   RS 3,1 1428   BA 1,1 1449
    BA 3,1 1529
delectación (1)
    BS 3,2 1266
delicada (1)
    CA 2,1 1088
delicadas (1)
    MM 1,2   676
delicadísima (2)
    MP 2,9   850   CA 2,1 1105
delicadísimas (1)
    MM 1,5   698
delicadísimo (1)
    MP 3,5   874
delicado (2)
    MP 3,7   883   CA 1,1 1076
deliciosa (1)
    MP 2,1   819
deliciosamente (1)
    PB 2,1 1001
delicioso (1)
    MM 1,2   676
delirante (2)
    MP 3,8   886   MP 3,9   891
delirio (2)
    MP 3,5   874   MP 3,7   883

demás (3)
    MP 3,7   882   MP 3,9   891   CA 3,2 1139
densa (1)
    MM 1,1   671
dentro (21)
    TC 2,1   735   TC 2,1   740   TC 5,1   755
    TC 5,1   759   TB DME   898   TB QM.   903
    ZP 0,0   912   ZP 0,0   912   ZP 1,1   926
    ZP 2,1   977   ZP 2,1   978   PB 0,0   982
    PB 1,1   988   DC 1,1 1041   DC 1,1 1042
    CA 1,1 1069   YE 1,1 1273   YE 2,2 1324
    RS 1,1 1355   RS 2,1 1377   BA 1,1 1440
derecha (27)
    MM 1,3   684   MM 2,1   702   MM 2,1   705
    MM 2,2   705   MM 2,4   709   TC 2,1   735
    TC 3,1   741   TC 4,1   752   TC 6,1   766
    MP 1,1   785   MP 2,8   848   ZP 1,1   912
    ZP 1,1   934   ZP 2,1   940   PB 1,1   988
    CA 1,1 1067   CA 1,1 1068   CA 1,1 1076
    CA 1,1 1076   CA 2,1 1105   CA 3,1 1130
    CA 3,2 1131   EP CV 1155   BS 2,2 1232
    BS 3,2 1261   BS 3,2 1268   YE 3,2 1339
derecho (1)
    TB PBK 895
derretida (1)
    ZP 2,1   968
desalentado (1)
    MP 1,7   811
desaliento (2)
    MP 1,7   810   YE 3,1 1330
desaparece (6)
    TC 4,1   754   CA 3,2 1142   EP CV 1165
    BS 2,2 1241   BS 3,1 1250   BA 3,1 1523
desaparecen (1)
    EP CV 1165
desaparecer (1)
    CA 1,1 1069
desaparecido (1)
    MP 0,0   781
desapareciendo (1)
    BS 1,3 1204
desasiéndose (1)
    CA 2,1 1094
desazonada (1)
    MP 1,7   814
descalzas (2)
    YE 3,2 1336   YE 3,2 1338
descalzos (1)
    BS 3,1 1250
desciende (2)
    MP 3,9   888   CA 1,1 1061
descompuesta (1)
    MP 1,5   801
descorre (2)
    ZP 0,0   912   PB 0,0   987
descorren (1)
    CA 3,1 1123
descubriéndose (3)
    TC 1,1   728   TC 4,1   752   PB 3,1 1016
descubrirse (1)
    TC 3,1   741
descuidar (1)
    CA 2,1 1105
desde (18)
    TC 1,1   731   TC 1,1   731   TC 3,1   746
    TC 3,1   747   TC 3,1   748   TC 3,1   748
    TC 3,1   749   TC 3,1   750   TC 6,1   765
    TC 6,1   768   MP 0,0   782   TB DME   903
    ZP 1,1   929   PB 0,0   984   PB 1,1   988
    CA 2,1 1080   CA 3,1 1109   RS 3,1 1426
desdobla (2)
    MP 1,7   810   EP RR 1154
desengañados (1)
    TC 5,1   755
desenrolla (1)
    ZP 2,1   957
desesperación (2)
    MP 2,9   856   MP 3,5   876
desesperada (5)
    MP 1,7   809   MP 2,9   854   MP 3,8   884
    PB 3,1 1016   YE 3,2 1348

desesperadamente (2)
TC 6,1 778 MP 2,9 850
desesperado (7)
TC 1,1 729 MP 2,8 842 MP 2,8 849
MP 3,8 885 MP 3,8 885 ZP 1,1 931
CA 3,1 1130
desesperanza (1)
CA 3,2 1132
desfallecido (1)
EP RR 1147
desfallecimiento (1)
CA 3,2 1132
desfilando (2)
BA 1,1 1449 BA 1,1 1449
desgarrados (1)
BS 3,1 1261
deshace (2)
MM 1,5 696 CA 3,1 1123
deshoja (1)
CA 1,1 1069
deshojando (1)
CA 1,1 1069
desmaya (3)
TB PBK 896 CA 1,1 1069 CA 2,1 1107
desmayada (2)
MM 1,5 697 MP 2,9 856
desmayo (1)
RS 3,1 1438
desnuda (V) (1)
TB QM. 909
desnuda (3)
PB 0,0 982 PB 0,0 987 PB 3,1 1017
desnudo (2)
PB 1,1 999 EP RR 1153
Desnudo (3)
EP CV 1155 EP CV 1157 EP CV 1165
desnudos (1)
PB 1,1 988
desolada (1)
BA 2,1 1496
desorientada (1)
MP 1,8 818
despabilando (1)
ZP 1,1 934
despacio (3)
ZP 1,1 923 BS 2,2 1237 BS 3,1 1261
despavorida (1)
MM 1,5 697
despectivo (1)
RS 2,1 1376
despechada (1)
BA 3,1 1527
despeinada (1)
BA 3,1 1526
despertando (4)
MM 2,3 708 PB 1,1 997 CA 2,1 1094
BS 1,1 1180
despertándose (1)
BS 3,1 1254
despiden (1)
TC 6,1 772
despierta (5)
TC 6,1 775 PB 1,1 997 DC 1,1 1038
DC 1,1 1039 YE 1,1 1273
desplomada (1)
ZP 1,1 937
despoja (1)
EP RR 1153
desprecio (1)
MP 3,5 877
después (8)
MM 2,4 712 TC 6,1 769 MP 2,8 843
MP 2,8 844 EP RR 1152 YE 1,1 1286
BA 1,1 1458 BA 1,1 1467
destaca (1)
TC 4,1 750
destacan (1)
MP 3,7 879
destapa (1)
PB 1,1 993

desvanecimiento (1)
MP 2,9 853
desvelada (1)
TC 4,1 754
desvía (1)
YE 1,2 1298
detalles (2)
ZP 1,1 912 CA 2,1 1088
deteniéndola (1)
YE 1,2 1288
deteniéndose (1)
CA 1,1 1069
detiene (10)
TC 1,1 731 ZP 1,1 912 ZP 2,1 940
CA 3,2 1140 BS 1,1 1183 BS 3,1 1261
BS 3,2 1263 BS 3,2 1268 RS 1,1 1353
RS 1,1 1370
detrás (22)
MM 1,5 694 TC 3,1 741 TC 3,1 747
TC 5,1 756 MP 1,3 787 TB PBK 894
ZP 1,1 920 ZP 1,1 938 ZP 2,1 940
PB 0,0 983 PB 3,1 1011 CA 1,1 1061
CA 1,1 1069 CA 1,1 1076 CA 1,1 1076
EP RR 1151 EP RR 1152 EP RR 1154
BS 2,2 1231 BS 2,2 1237 YE 3,2 1346
BA 3,1 1530
devanando (1)
BS 3,2 1261
devolviéndole (1)
MP 2,9 851
devorado (1)
MM 1,5 695
día (1)
BS 2,1 1216
diálogo (1)
MP 1,3 787
diamantes (1)
MP 1,3 787
dibujar (1)
ZP 2,1 940
dice (5)
MP 1,2 785 MP 2,8 848 MP 2,9 850
RS 1,1 1353 BA 2,1 1496
diciendo (1)
TC 6,1 776
dicho (1)
TC 1,1 727
dieciochesca (1)
PB 0,0 984
dieciocho (2)
MP 1,5 797 RS 3,1 1431
dientes (9)
MP 1,2 786 MP 2,9 852 ZP 2,1 940
ZP 2,1 950 CA 1,1 1059 BS 1,1 1172
BS 1,1 1182 BA 1,1 1448 BA 2,1 1489
dieron (1)
MM 1,1 671
diez (2)
PB 3,1 1014 RS 3,1 1412
diferencia (1)
TB PBK 895
dificultad (1)
MM 1,6 701
digna (2)
MP 2,9 852 MP 3,9 888
dignidad (1)
RS 3,1 1417
digno (2)
MP 1,6 804 MP 1,7 814
dimensión (1)
TB PBK 894
diminuta (1)
MM 1,2 676
dirá (1)
MP 2,9 849
director (1)
ZP 2,1 940
Director (1)
EP RR 1154
dirige (44)
TC 6,1 768 TC 6,1 768 TC 6,1 775

dirige - dosel

dirige (continuación)
MP 1,1	785	MP 1,4	792	MP 2,8	848
MP 3,3	867	MP 3,4	871	MP 3,5	876
MP 3,5	877	MP 3,7	883	MP 3,9	889
ZP 1,1	915	ZP 1,1	933	ZP 2,1	942
ZP 2,1	943	PB 1,1	988	PB 1,1	999
PB 1,1	1000	CA 1,1	1067	CA 2,1	1085
CA 2,1	1090	CA 3,1	1123	EP RR	1151
BS 1,1	1178	BS 1,1	1183	BS 2,1	1220
BS 2,	1240	BS 3,1	1253	BS 3,2	1268
BS 3,2	1268	YE 1,1	1277	YE 2,2	1315
YE 2,2	1320	YE 2,2	1323	YE 2,2	1325
YE 2,2	1325	YE 3,1	1331	YE 3,2	1346
RS 2,1	1382	RS 2,1	1411	BA 3,1	1509
BA 3,1	1525	BA 3,1	1529		

dirigen (3)
MP 2,7 840   MP 3,7 882   YE 2,2 1326

dirigiéndose (16)
MM 1,5	690	MM 1,5	694	MM 1,5	695
MM 1,5	699	MM 1,6	700	MM 2,2	706
MM 2,2	707	MP 1,2	785	MP 2,5	828
MP 2,6	833	MP 3,4	871	ZP 2,1	951
ZP 2,1	977	ZP 2,1	978	BS 3,2	1270
YE 2,2	1326				

disciplente (1)
EP CV 1168

discípulo (1)
MM 1,3 684

discretamente (1)
MP 2,9 850

discreto (1)
MP 1,6 804

discuten (2)
CA 1,1 1070   EP CV 1158

disfraz (1)
ZP 2,1 977

disfrazado (1)
ZP 2,1 953

disgustada (3)
MM 1,1 675   MP 1,2 785   BA 3,1 1517

disgustado (1)
RS 2,1 1376

disimulan (1)
RS 2,1 1396

disimulo (2)
MP 3,7 882   ZP 2,1 953

dispara (1)
CA 3,2 1142

disparo (1)
BA 3,1 1530

displicente (1)
EP RR 1152

distinguiendo (1)
ZP 2,1 947

distrae (1)
MP 1,4 791

distraída (1)
CA 2,1 1080

distraído (3)
PB 0,0 981   CA 1,1 1057   CA 2,1 1088

distribuye (1)
BA 1,1 1446

diván (2)
RS 3,1 1421   RS 3,1 1421

dividida (1)
ZP 2,1 957

divina (1)
MP 3,7 882

divisa (1)
MM 1,5 696

doblada (1)
RS 3,1 1423

doblar (1)
BA 1,1 1439

doblarla (1)
RS 3,1 1422

doce (2)
CA 3,2 1144   RS 3,1 1435

doctor (1)
TB DME 898

doctoral (1)
MP 2,1 821

documento (1)
MP 1,7 814

doliente (2)
MM 2,6 718   MP 2,8 841

dolor (2)
MP 1,7 810   CA 3,2 1142

Dolores (4)
MP 3,7 879   YE 3,1 1326   YE 3,1 1326
YE 3,1 1331

doloroso (1)
MP 1,1 784

domina (1)
RS 2,1 1398

dominador (1)
MP 2,9 855

don (2)

Don (26)

Doncella (2)
TB DME 898   TB DME 903

donde (22)
MM 1,1	671	MM 1,3	684	MM 2,1	705
TC 0,0	723	MP 1,5	795	MP 2,8	848
MP 2,9	854	MP 2,9	859	MP 3,8	884
TB DME	898	ZP 2,1	940	EP CV	1155
BS 1,3	1194	YE 1,1	1286	YE 2,1	1300
YE 2,2	1320	YE 2,2	1323	YE 3,2	1336
RS 1,1	1360	RS 1,1	1370	BA 3,1	1506
BA 3,1	1525				

donjuanescamente (1)
MM 1,6 701

doña (3)

Doña (34)

dorada (2)
MP 3,7 879   PB 1,1 1000

dorados (4)
MP 1,5 795   PB 1,1 997   CA 2,1 1099
EP RR 1145

dormida (2)
TC 1,1 735   CA 3,1 1108   YE 1,1 1273
BA 3,1 1513

dormido (5)
TC 4,1 750   TC 5,1 760   TC 5,1 761
TC 6,1 774   CA 1,1 1077

dormilón (1)
TC 6,1 776

dormir (1)
PB 1,1 988

dormitorios (1)
BA 2,1 1471

dos (77)
MM 1,4	688	MM 1,5	690	MM 2,1	702
MM 2,1	705	MM 2,2	706	TC 0,0	723
TC 3,1	747	TC 3,1	750	TC 6,1	762
TC 6,1	771	MP 1,3	787	MP 1,5	801
MP 2,9	850	MP 2,9	859	MP 3,1	860
MP 3,4	872	MP 3,5	877	MP 3,6	879
MP 3,8	887	MP 3,8	887	TB PBK	894
TB PBK	896	ZP 1,1	912	ZP 1,1	918
ZP 1,1	918	ZP 1,1	933	ZP 2,1	940
ZP 2,1	941	ZP 2,1	946	ZP 2,1	952
ZP 2,1	973	PB 1,1	993	PB 1,1	993
CA 1,1	1061	CA 3,1	1108	CA 3,1	1108
CA 3,1	1112	CA 3,1	1123	CA 3,1	1125
EP CV	1158	BS 1,3	1198	BS 2,2	1234
BS 2,2	1235	BS 2,2	1237	BS 2,2	1244
BS 2,2	1244	BS 3,1	1245	BS 3,1	1255
BS 3,1	1261	BS 3,1	1261	BS 3,2	1261
YE 1,2	1291	YE 1,2	1297	YE 2,1	1305
YE 2,1	1306	YE 2,2	1311	YE 2,2	1311
YE 2,2	1316	YE 2,2	1326	YE 3,1	1326
YE 3,1	1331	YE 3,2	1340	YE 3,2	1343
YE 3,2	1349	RS 1,1	1370	RS 2,1	1382
RS 3,1	1416	RS 3,1	1420	RS 3,1	1421
RS 3,1	1422	RS 3,1	1435	BA 1,1	1445	BA 3,1 1525
BA 3,1	1529				

doscientas (1)
BA 1,1 1445

dosel (1)
PB 1,1 988

dramática (11)
MP 2,8 848   MP 2,9 858   MP 3,3 868
MP 3,6 878   BS 1,2 1194   BS 2,1 1222
BS 3,1 1255   BS 3,1 1259   YE 1,2 1300
YE 2,2 1325   BA 3,1 1527
dramáticamente (1)
MP 1,8 817
dramático (6)
MP 1,7 812   MP 3,8 885   ZP 2,1 960
BS 2,2 1243   BS 3,1 1252   YE 3,2 1347
duda (2)
MP 1,7 810   YE 3,1 1331
dudando (1)
BA 1,1 1467
duende (1)
TC 0,0 723
Duendes (1)
PB 1,1 993
duerme (1)
BA 3,1 1513
dulce (19)
TC 2,1 735   MP 1,5 800   MP 2,5 827
MP 2,8 841   ZP 1,1 912   ZP 1,1 914
PB 1,1 993   PB 3,1 1011   CA 1,1 1054
CA 2,1 1104   CA 2,1 1106   CA 3,1 1127
CA 3,2 1141   BS 1,3 1201   YE 2,2 1316
RS 2,1 1386   RS 2,1 1406   RS 3,1 1425
RS 3,1 1437
dulcemente (1)
RS 2,1 1382
dulces (1)
BS 1,3 1198
dulzura (1)
RS 2,1 1385
dúo (1)
TC 6,1 777
durante (7)
MM 1,5 696   TC 6,1 776   MP 2,5 827
MP 3,5 874   ZP 1,1 934   CA 3,1 1109
BS 2,2 1234
duro (1)
BS 1,3 1194
duros (1)
BS 2,1 1220
e (5)
echa (8)
TC 6,1 769   ZP 1,1 935   ZP 2,1 947
PB 1,1 989   PB 1,1 997   CA 2,1 1079
CA 3,2 1140   BA 1,1 1443
echada (1)
DC 1,1 1042
echado (3)
ZP 1,1 930   DC 1,1 1026   CA 3,1 1108
echan (4)
TC 6,1 780   PB 1,1 996   BS 2,2 1237
BA 3,1 1532
echando (2)
MP 2,5 828   ZP 1,1 933
echándose (3)
MM 1,5 696   ZP 1,1 927   BS 3,2 1268
echándoselo (2)
MP 2,1 820   PB 1,1 999
echar (1)
ZP 2,1 967
edad (1)
MM 1,2 676
efecto (1)
CA 3,1 1115
efusivo (2)
MP 2,5 827   MP 2,5 828
eje (1)
EP CV 1165
el (615)
El (5)
MM 1,3 684   MM 1,5 689   MM 1,5 697
MM 2,6 718   CA 2,1 1092
él (9)
eléctricas (2)
CA 2,1 1078   EP CV 1165
elegantemente (1)
MP 1,5 797

eleva (1)
TB DME 898
elevada (1)
MP 3,5 876
eligiendo (1)
CA 2,1 1086
elogios (1)
TC 5,1 756
ella (21)
ellas (7)
ellos (6)
embarazo (1)
CA 2,1 1091
embarazoso (1)
BA 2,1 1492
embarracada (1)
MM 1,5 696
embobado (1)
PB 1,1 998
emborracharse (1)
MM 1,5 689
embozado (4)
TC 3,1 744   TC 4,1 751   TC 5,1 756
TC 6,1 763
embriagados (1)
TC 4,1 750
Emilio (1)
TB DME 903
emoción (4)
MP 2,9 850   MP 3,8 887   RS 3,1 1437
BA 1,1 1465
emocionada (1)
MP 1,4 794
emocionadísimo (1)
MP 3,8 887
emocionado (1)
ZP 2,1 977
empapada (1)
TB PBK 894
Emperador (5)
EP RR 1151   EP RR 1151   EP RR 1152
EP RR 1154   EP RR 1154
empieza (24)
TC 6,1 772   TC 6,1 774   TC 6,1 775
TC 6,1 777   MP 2,8 848   MP 3,5 876
MP 3,9 890   MP 3,9 891   ZP 1,1 928
ZP 1,1 929   ZP 1,1 929   ZP 2,1 946
PB 3,1 1011   CA 1,1 1076   CA 1,1 1077
CA 3,1 1114   CA 3,1 1118   CA 3,1 1124
CA 3,1 1129   BS 2,1 1216   YE 1,1 1284
YE 3,2 1338   YE 3,2 1350   YE 3,2 1350
empiezan (5)
ZP 1,1 938   PB 1,1 997   BS 2,1 1222
YE 3,2 1341   BA 1,1 1445
empolvada (1)
CA 3,1 1111
empuja (3)
CA 1,1 1068   YE 2,2 1320   BA 3,1 1525
empujándole (1)
MM 2,4 711
empujón (1)
BA 3,1 1532
empuña (1)
YE 3,2 1340
en (533)
enaguas (5)
BS 2,1 1206   BS 2,1 1212   BA 3,1 1522
BA 3,1 1523   BA 3,1 1529
enamoradísimo (1)
MP 1,7 811
enardecida (2)
ZP 1,1 916   RS 3,1 1414
encaje (4)
CA 3,1 1123   BS 1,3 1194   BS 1,3 1194
RS 1,1 1359
encajes (6)
PB 1,1 988   CA 1,1 1072   CA 2,1 1078
BS 2,1 1206   BS 2,1 1220   BA 2,1 1483
encantada (1)
MP 2,1 822

encantadora - escandalizadas

encantadora (1)
  MM 1,2 676
encantando (1)
  ZP 1,1 936
encañonadas (1)
  BS 2,1 1206
encargado (1)
  ZP 2,1 940
encender (1)
  ZP 1,1 934
encendido (4)
  MP 0,0 782   TB DME 902   ZP 2,1 940
  CA 3,2 1144
encendidos (1)
  EP CV 1162
enciende (4)
  CA 2,1 1078   CA 2,1 1079   CA 2,1 1080
  CA 2,1 1086
encienden (2)
  CA 2,1 1091   EP CV 1168
encierra (1)
  TC 6,1 766
encima (4)
  MM 1,5 696   MP 1,1 783   CA 3,1 1114
  RS 2,1 1390
encoge (1)
  TB PBK 895
encogida (1)
  RS 3,1 1417
encogidas (1)
  CA 1,1 1076
encogiéndose (1)
  CA 1,1 1076
encomiando (1)
  MM 1,3 684
encontrarla (1)
  BS 2,2 1235
encuadrado (1)
  MP 0,0 781
encuentran (1)
  TC 6,1 766
encuentro (1)
  MP 1,3 787
endurecido (1)
  BS 2,2 1225
energía (2)
  CA 1,1 1049   CA 2,1 1093
enérgica (16)
  MM 1,2 679   MM 2,1 704   MP 2,1 821
  ZP 1,1 937   ZP 2,1 965   ZP 2,1 965
  ZP 2,1 966   PB 0,0 981   CA 2,1 1083
  CA 2,1 1086   CA 3,1 1116   EP RR 1147
  BS 1,2 1193   BS 3,1 1254   BS 3,2 1264
  BA 2,1 1498
enérgicamente (2)
  CA 1,1 1059   CA 1,1 1071
enérgico (19)
  MP 2,8 848   MP 3,8 885   ZP 1,1 935
  ZP 2,1 948   ZP 2,1 956   PB 3,1 1013
  DC 1,1 1024   CA 1,1 1050   CA 1,1 1066
  CA 1,1 1075   CA 2,1 1090   CA 2,1 1096
  CA 2,1 1106   CA 3,1 1128   CA 3,2 1140
  CA 3,2 1141   CA 3,2 1141   CA 3,2 1142
  BS 3,1 1252
enfadada (2)
  MP 1,2 786   MP 1,4 790
enfadado (1)
  MM 1,5 690
enfática (1)
  CA 1,1 1064
enfático (2)
  TC 6,1 779   CA 3,1 1119
Enfermero (2)
  EP CV 1157   EP CV 1165
Enfermo (3)
  DC 1,1 1026   DC 1,1 1028   DC 1,1 1039
enfrente (4)
  MP 1,8 816   PB 0,0 982   PB 1,1 988
  BA 3,1 1523
enfurece (1)
  MM 2,4 712

enfurecida (2)
  ZP 1,1 913   ZP 1,1 929
engañan (1)
  TB DME 903
enguantadas (1)
  MP 1,7 807
enharinados (1)
  TB DME 903
enhebra (1)
  YE 1,1 1277
enjugando (1)
  PB 3,1 1011
enlaza (3)
  MP 2,5 828   MP 2,9 854   RS 1,1 1370
enorme (3)
  TC 2,1 735   TC 2,1 738   TC 6,1 779
enormes (6)
  MP 1,2 785   DC 1,1 1038   CA 1,1 1045
  CA 1,1 1061   CA 1,1 1072   CA 2,1 1078
enrollado (1)
  ZP 2,1 953
enseña (3)
  ZP 2,1 963   PB 3,1 1016   CA 2,1 1102
enseñan (1)
  CA 3,2 1140
enternecido (1)
  TC 6,1 773
entonación (3)
  MP 2,1 819   MP 3,6 878   BS 2,2 1225
entorna (1)
  CA 2,1 1085
entra (102)
entrada (2)
  MP 2,8 841   PB 1,1 988
entran (37)
entrando (68)
entrar (14)
entre (40)
entredoses (1)
  PB 1,1 988
entrega (1)
  MM 2,7 720
entró (1)
  YE 2,2 1320
entusiasma (1)
  BS 2,1 1209
entusiasmada (1)
  BS 2,1 1209
entusiasmado (7)
  MM 1,5 693   TC 5,1 757   MP 2,5 832
  PB 3,1 1010   CA 1,1 1050   CA 1,1 1075
  CA 2,1 1104
entusiasta (1)
  MP 2,7 839
envuelto (5)
  TC 2,1 735   TC 3,1 741   PB 3,1 1012
  PB 3,1 1016   BA 2,1 1499
época (7)
  MP 1,2 785   MP 1,5 797   MP 1,7 807
  MP 2,1 819   MP 2,8 841   MP 3,3 867
  RS 2,1 1396
equilibrio (1)
  TB PBK 894
equivocadas (1)
  PB 2,1 1001
ermita (1)
  YE 3,2 1336   YE 3,2 1336
es (44)
escala (1)
  RS 2,1 1405
escalera (5)
  MP 2,8 849   CA 3,1 1123   CA 3,1 1123
  CA 3,1 1124   CA 3,1 1129
escaleras (6)
  CA 3,1 1124   EP CV 1155   EP CV 1158
  EP CV 1165   EP CV 1169   BS 3,2 1261
escalerilla (1)
  CA 3,1 1108
escandalizadas (1)
  ZP 2,1 941

escándalo (1)
  CA 1,1 1056
escapa (1)
  TB PBK   894
escapar (1)
  MP 3,4 873
escaparate (2)
  CA 2,1 1099   CA 2,1 1105
escape (1)
  MP 2,9 853
escena (112)
Escena (1)
escenario (8)
escenas (1)
  MP 0,0 781
escénico (1)
  MP 2,8 843
escenita (6)
  CA 3,1 1123   CA 3,1 1124   CA 3,1 1124
  CA 3,1 1124   CA 3,1 1125   CA 3,1 1125
escoba (1)
  MM 1,1 671
escobazo (1)
  MM 1,1 671
esconde (4)
  MM 1,5 694   TC 5,1 758   TC 6,1   769
  PB 3,1 1011
esconden (1)
  TC 3,1 747
escondiéndose (1)
  PB 0,0 983
escote (2)
  TC 6,1 762   MP 3,7 883
escribiendo (1)
  MM 1,3 684
escrutador (1)
  MP 2,8 841
escucha (1)
  BA 3,1 1521
escuchan (2)
  ZP 2,1 946   YE 3,1 1331
escuchando (7)
  MP 2,6 834   MP 2,8 849   PB 0,0 980
  CA 2,1 1087   YE 1,2 1295   YE 1,2 1298
  BA 2,1 1503
escuchar (1)
  MP 2,9 853
escupe (2)
  EP RR 1152   BS 1,1 1182
escupiendo (1)
  EP RR 1152
ese (1)
esfuerzos (1)
  RS 2,1 1396
eso (1)
esos (2)
espadas (2)
  TC 5,1 755   EP CV 1159
espalda (5)
  ZP 2,1 953   ZP 2,1 967   CA 3,1 1108
  CA 3,1 1120   EP CV 1165
espaldas (7)
  ZP 0,0 912   ZP 1,1 916   ZP 1,1 930
  CA 3,1 1120   BS 1,1 1178   BS 3,1 1261
  RS 2,1 1398
espantada (1)
  PB 3,1 1016
Espantanublos (2)
  TC 3,1 741   TC 3,1 750
espanto (1)
  RS 2,1 1409
espectáculos (1)
  TB PBK   896
espejito (2)
  TC 1,1 731   BS 2,1 1206
espejo (6)
  TC 5,1 755   ZP 1,1 918   ZP 1,1 918
  CA 1,1 1075   BS 2,1 1207   BS 2,1 1208
espejos (1)
  BS 1,3 1194

espera (1)
  MM 1,3 684
esperando (2)
  TC 5,1 755   CA 1,1 1077
espesura (1)
  MM 2,1 702
espía (2)
  ZP 1,1 920   BA 2,1 1476
espiando (1)
  RS 2,1 1406
espinas (1)
  EP CV 1155
espléndida (1)
  CA 2,1 1078
espléndidamente (1)
  PB 3,1 1012
espléndidas (1)
  MM 1,1 671
espléndido (2)
  MP 3,2 864   CA 3,1 1111
esposo (1)
  YE 3,2 1350
esquilas (2)
  ZP 1,1 934   YE 2,1 1305
esquilón (1)
  MP 3,7 879
esquina (2)
  TC 6,1 766   BS 1,2 1184
esta (25)
está (59)
estaba (2)
estaban (1)
estado (8)
estallando (1)
  ZP 2,1 949
estallará (1)
  MP 3,5 874
estampa (3)
  MP 0,0 781   MP 1,7 807   MP 2,7 836
están (23)
estancia (2)
  MP 2,1 819   PB 1,1 989
estando (1)
estará (3)
estarán (1)
estatuas (1)
  BS 1,3 1194
este (32)
estilo (3)
  TC 6,1 777   MP 2,1 819   CA 2,1 1078
estirándose (1)
  CA 1,1 1057
esto (1)
estornuda (1)
  ZP 1,1 930
estos (1)
estrado (1)
  MP 2,1 819
estrecha (3)
  MP 1,6 805   MP 2,5 827   MP 2,8 841
estrella (1)
  TB PBK   896
estrellas (4)
  MM 1,1 671   TC 4,1 750   TC 6,1 779
  CA 1,1 1061
estremece (1)
  YE 2,2 1321
estremecen (1)
  TB PBK   895
estremecido (1)
  CA 3,1 1130
estrépito (2)
  TC 6,1 778   CA 1,1 1059
estrujando (1)
  CA 1,1 1071
Estudiante (2)
  EP CV 1158   EP CV 1168
Estudiantes (4)
  EP CV 1156   EP CV 1158   EP CV 1165
  EP CV 1168

estudio - Filadelfia

estudio (1)
  RS 1,1 1370
estupefacta (1)
  MP 3,8 884
estupefacto (1)
  TC 6,1 778
estuviera (1)
Eva (1)
  TB PBK 894
evitar (1)
  MP 2,9 853
evoca (1)
  MP 2,1 823
exageraciones (1)
  MP 2,9 850
exageradamente (1)
  ZP 2,1 968
exageradísima (1)
  RS 2,1 1396
exageradísimo (1)
  CA 1,1 1072
exageradísimos (1)
  RS 2,1 1390
exagerar (1)
  ZP 2,1 940
exagere (1)
  ZP 2,1 940
exaltada (4)
  MP 3,5 876   MP 3,7 882   MP 3,8 885
  ZP 1,1 912
exaltado (2)
  CA 1,1 1052   CA 1,1 1053
examinándola (1)
  MM 2,2 706
examinar (1)
  MM 2,4 712
excelente (1)
  TC 2,1 737
excesivo (1)
  MP 2,9 850
excitada (1)
  YE 3,2 1348
excitado (3)
  ZP 1,1 927   CA 3,2 1133   CA 3,2 1140
exclamación (1)
  MP 3,4 873
exige (1)
  ZP 2,1 940
existe (1)
  TB PBK 895
expectación (4)
  TC 3,1 741   MP 2,8 843   ZP 2,1 958
  ZP 2,1 961
expectante (3)
  MP 1,5 801   MP 1,7 810   ZP 2,1 953
expresan (1)
  BS 3,1 1255
expresión (6)
  MP 3,8 887   ZP 2,1 940   CA 2,1 1085
  CA 3,1 1108   CA 3,1 1108
expresiones (1)
  ZP 2,1 961
exquisita (1)
  MP 1,5 795
exquisitamente (3)
  MP 1,6 802   MP 3,4 872   MP 3,9 888
exquisito (1)
  MP 1,7 810
extasiada (1)
  ZP 2,1 955
éxtasis (1)
  TC 6,1 778
extática (1)
  CA 3,1 1129
exterior (1)
  BS 2,2 1225
extiende (1)
  BA 1,1 1439
extraña (1)
  YE 1,1 1273

extrañada (3)
  PB 3,1 1014   PB 3,1 1018   BA 2,1 1493
extrañadísima (2)
  TC 5,1 760   ZP 2,1 965
extrañado (1)
  MP 1,7 810
extrañeza (2)
  MP 2,7 837   ZP 2,1 954
extrañísima (1)
  MP 3,9 888
extraños (1)
  CA 2,1 1078
extraviada (1)
  YE 1,1 1280
extremo (1)
  MM 1,2 683
fagot (1)
  TC 6,1 780
Faja (3)
  ZP 1,1 930   ZP 2,1 940   ZP 2,1 942
falda (1)
  RS 2,1 1386
faldas (5)
  TC 1,1 731   MP 1,2 785   ZP 1,1 938
  ZP 2,1 940   BA 1,1 1445
faldones (1)
  ZP 2,1 953
falta (1)
  MM 1,1 671
fama (1)
  MM 2,1 702
fantasmas (1)
  MP 3,5 877
fantástico (1)
  MM 1,1 671
farsa (1)
  ZP 2,1 940
fastidiada (1)
  PB 2,1 1003
fastidio (3)
  CA 1,1 1071   CA 3,2 1135   CA 3,2 1138
feísimos (1)
  TB PBK 894
felicidad (1)
  TC 6,1 777
feria (1)
  TC 0,0 723
Fernando (14)
  MP 1,5 797   MP 1,5 801   MP 1,6 803
  MP 1,6 804   MP 1,6 805   MP 1,7 807
  MP 1,7 807   MP 1,7 810   MP 1,7 810
  MP 1,7 813   MP 1,8 816   MP 3,8 884
  MP 3,8 887   MP 3,8 887
fiera (8)
  MP 2,9 855   MP 3,5 874   MP 3,5 875
  MP 3,5 877   ZP 1,1 923   ZP 2,1 942
  BA 2,1 1492   BA 2,1 1493
fieramente (1)
  MP 3,5 876
fiero (1)
  MP 3,5 877
Fígaro (3)
  TC 5,1 755   TC 5,1 756   TC 5,1 756
figura (3)
  EP RR 1145   EP RR 1145   BS 3,1 1250
Figura (2)
  EP RR 1150   EP RR 1154
figuras (2)
  CA 3,1 1108   BS 2,2 1234
fija (4)
  CA 2,1 1092   BS 2,2 1231   YE 2,2 1323
  YE 3,2 1343
fijamente (7)
  MP 2,9 850   ZP 2,1 940   ZP 2,1 977
  YE 1,1 1273   YE 1,2 1298   YE 2,2 1313
  BA 2,1 1479
fijos (1)
  YE 1,1 1286
Filadelfia (3)
  TB PBK 895   TB PBK 895   TB PBK 896

filigrana (1)
  MP 2,8 841
filo (1)
  RS 3,1 1437
fin (1)
  YE 2,2 1325
fina (1)
  MP 1,3 789
final (4)
  MP 3,5 874   MP 3,9 888   MP 3,9 888
  CA 2,1 1099
fingida (1)
  RS 2,1 1398
fingiendo (6)
  MM 1,2 683   TC 1,1 728   TC 6,1 772
  PB 1,1 997   CA 2,1 1080   CA 3,1 1112
fino (1)
  MP 1,8 816
firme (3)
  MP 1,7 807   MP 2,9 852   YE 1,1 1284
físico (1)
  CA 3,2 1132
flauta (4)
  TC 4,1 750   TC 5,1 755   ZP 1,1 929
  EP RR 1145
flautas (2)
  PB 1,1 993   PB 1,1 997
flautín (2)
  TC 5,1 755   TC 6,1 780
flecha (1)
  CA 3,2 1142
flor (2)
  CA 1,1 1069   BS 2,1 1220
floreado (1)
  ZP 2,1 952
florecillas (1)
  MM 2,1 702
flores (8)
  MP 2,1 819   TB PBK 895   CA 1,1 1061
  CA 2,1 1082   BS 1,2 1184   BS 1,3 1194
  BA 1,1 1451   BA 1,1 1470
fondo (45)
forma (2)
  MM 1,5 695   RS 2,1 1386
formando (1)
  YE 3,2 1336
formidables (1)
  MM 1,1 671
foro (7)
  TC 6,1 776   MP 3,1 863   MP 3,4 872
  MP 3,7 882   MP 3,9 888   ZP 1,1 912
  PB 1,1 997
fortepiano (2)
  MP 2,8 848   MP 2,9 849
fortísimo (2)
  ZP 2,1 962   RS 2,1 1382
fortuna (1)
  MM 1,3 684
forzadamente (1)
  RS 2,1 1401
frac (4)
  ZP 1,1 929   CA 3,2 1135   CA 3,2 1138
  EP CV 1165
franco (1)
  MP 2,7 835
frasco (2)
  MP 2,7 837   CA 3,1 1123
frase (3)
  TC 5,1 755   TC 5,1 755   MP 1,6 804
frases (1)
  MP 2,9 849
frecuentemente (1)
  MM 1,5 689
fregar (1)
  ZP 2,1 940
frente (13)
  TC 6,1 762   MP 1,7 807   MP 3,8 887
  ZP 1,1 917   CA 1,1 1076   CA 3,1 1129
  EP RR 1152   EP CV 1155   BS 3,2 1267
  YE 3,2 1344   RS 1,1 1370   BA 3,1 1529

fría (2)
  MM 1,1 671   MP 3,2 865
frialdad (1)
  MP 2,9 853
friega (2)
  ZP 2,1 940   ZP 2,1 940
frío (10)
  MP 1,1 783   MP 2,9 854   MP 2,9 855
  MP 2,9 857   MP 2,9 858   MP 3,4 873
  MP 3,5 873   MP 3,5 876   MP 3,5 877
  TB PBK 895
fríos (1)
  BS 2,2 1225
frota (2)
  PB 1,1 989   CA 1,1 1058
fruta (2)
  MP 1,1 783   MP 1,2 786
frutas (1)
  MP 0,0 781
frutero (1)
  MP 1,1 783
fuente (1)
  YE 2,2 1315
fuentecillas (1)
  MP 3,1 860
fuera (34)
fuerte (52)
fuertemente (6)
fuertes (2)
fuerza (4)
  MM 1,5 693   MP 2,1 820   PB 3,1 1015
  CA 1,1 1071
fuerzas (1)
  CA 2,1 1090
fulgor (1)
  BA 3,1 1506
fulminante (1)
  BS 3,2 1268
fuma (1)
  CA 2,1 1079
fúnebre (1)
  TC 6,1 779
furia (4)
  MM 1,5 694   ZP 1,1 923   ZP 1,1 938
  CA 2,1 1078
furiosa (12)
  MM 1,5 695   MM 2,4 710   ZP 1,1 912
  ZP 1,1 921   ZP 2,1 949   PB 0,0 984
  CA 2,1 1083   BA 1,1 1454   BA 1,1 1457
  BA 2,1 1490   BA 3,1 1509   BA 3,1 1529
furiosamente (4)
  TC 3,1 749   ZP 1,1 916   ZP 1,1 918
  ZP 2,1 978
furioso (5)
  TC 5,1 756   TB QM. 907   CA 1,1 1050
  CA 1,1 1059   CA 1,1 1076
furor (1)
  MP 2,9 854
gachona (2)
  ZP 2,1 965   PB 2,1 1004
gafas (1)
  ZP 2,1 977
galante (2)
  ZP 2,1 968   CA 1,1 1063
gañanes (1)
  BA 3,1 1509
garbo (1)
  TC 2,1 735
García (1)
  MP 2,8 848
garganta (2)
  YE 3,2 1350   YE 3,2 1350
gasa (1)
  TB PBK 895
gasas (1)
  BS 2,1 1220
gasolina (1)
  TB PBK 893
Gata (2)
  CA 1,1 1068   CA 1,1 1068

Gato (4)
  CA 1,1 1061 CA 1,1 1061 CA 1,1 1061
  CA 1,1 1063
gemido (2)
  CA 1,1 1049 CA 2,1 1099
general (1)
  FS 2,1 1406
género (1)
  MP 3,3 867
gente (4)
  ZP 2,1 953 BS 2,2 1244 YE 3,2 1340
  YE 3,2 1350
gentil (1)
  MM 1,3 684
geométrico (1)
  TB PBK 895
gesto (9)
  MP 1,1 784 MP 1,7 810 MP 2,1 824
  MP 2,5 830 MP 2,7 837 MP 3,3 868
  CA 1,1 1051 YE 1,2 1297 YE 2,2 1317
gestos (1)
  MP 2,1 823
gigantescas (1)
  MM 2,1 702
gira (2)
  TB DME 903 EP CV 1165
giran (1)
  ZP 1,1 938
glosando (1)
  MP 2,1 823
glotón (1)
  MM 1,5 689
golpe (13)
  DC 1,1 1027 DC 1,1 1028 DC 1,1 1028
  DC 1,1 1041 DC 1,1 1042 DC 1,1 1042
  DC 1,1 1042 CA 1,1 1076 RS 3,1 1437
  BA 2,1 1496 BA 3,1 1508 BA 3,1 1508
  BA 3,1 1531
golpea (10)
  TC 6,1 768 ZP 1,1 916 ZP 1,1 917
  ZP 1,1 917 ZP 2,1 952 DC 1,1 1042
  CA 1,1 1057 CA 1,1 1059 CA 1,1 1078
  BS 3,2 1268
golpean (1)
  YE 2,1 1310
golpeando (2)
  ZP 1,1 918 BA 1,1 1470
golpeándola (2)
  BA 1,1 1455 BA 2,1 1493
golpeándose (1)
  ZP 1,1 918
golpear (2)
  RS 1,1 1360 RS 3,1 1438
golpes (2)
  ZP 2,1 947 ZP 2,1 969
goma (1)
  TB PBK 893
gracia (1)
  TC 0,0 723
graciosa (1)
  TC 6,1 780
graciosamente (1)
  MM 1,2 676
graciosísima (1)
  MM 2,4 709
graciosísimamente (1)
  MM 2,6 718
gracioso (2)
  CA 3,1 1109 CA 3,1 1110
gramófono (1)
  TB PBK 896
gran (62)
Granada (2)
  MP 0,0 781 MP 3,1 860
granadino (1)
  MP 3,9 888
grande (3)
grandes (23)
grandioso (1)
  PB 2,1 1008

granulada (1)
  EP CV 1165
gravedad (1)
  YE 1,1 1284
gravemente (1)
  CA 1,1 1059
graves (1)
  CA 3,1 1109
gregoriano (1)
  BA 1,1 1449
griega (1)
  CA 3,1 1109
gris (9)
  TC 2,1 738 MP 2,1 819 ZP 0,0 911
  ZP 1,1 912 CA 1,1 1045 CA 1,1 1061
  CA 3,1 1118 EP RR 1151 BS 3,2 1261
grises (5)
  MP 2,1 819 MP 2,7 835 TB PBK 894
  PB 1,1 993 BS 2,2 1225
grita (3)
  DC 1,1 1041 DC 1,1 1042 YE 3,2 1340
gritando (12)
  MM 1,5 696 TC 1,1 733 TC 2,1 737
  MP 1,5 801 MP 2,8 847 MP 3,9 889
  ZP 1,1 938 ZP 2,1 977 DC 1,1 1036
  CA 1,1 1060 CA 3,1 1119 YE 3,2 1343
gritar (1)
  BA 1,1 1445
grito (11)
  TC 6,1 772 TC 6,1 773 MP 2,9 854
  ZP 2,1 962 ZP 2,1 962 EP RR 1152
  BS 3,1 1261 YE 3,2 1350 BA 2,1 1505
  BA 3,1 1532 BA 3,1 1532
gritos (5)
  MM 1,5 696 MM 1,5 697 ZP 1,1 939
  BS 3,1 1261 YE 3,1 1334
gros (1)
  TB PBK 895
grotescas (1)
  YE 3,2 1340
gruesos (2)
  BS 3,2 1261 BA 1,1 1439
grupo (6)
  MM 1,5 697 MM 2,5 712 TC 3,1 741
  TC 3,1 743 MP 3,8 886 YE 3,2 1350
grupos (2)
  BS 2,2 1229 BS 2,2 1244
guantes (6)
  CA 1,1 1072 CA 2,1 1088 CA 3,1 1115
  EP RR 1152 RS 2,1 1390
guarda (3)
  TC 5,1 758 ZP 1,1 918 PB 2,1 1004
guardándose (1)
  MP 1,7 814
Guardiana (3)
  MM 2,2 708 MM 2,4 712 MM 2,7 720
guasa (4)
  MM 2,4 711 TC 1,1 727 TC 5,1 761
  ZP 2,1 965
guasona (5)
  ZP 2,1 950 ZP 2,1 951 ZP 2,1 969
  PB 1,1 991 PB 1,1 993
guiña (1)
  MP 1,2 786
guiñando (1)
  MM 1,5 690
guirnalda (1)
  CA 3,1 1109
guirnaldas (1)
  MP 0,0 781
guisa (2)
  MM 1,1 671 MM 1,2 676
guitarra (6)
  TC 1,1 727 TC 2,1 735 TC 2,1 737
  TC 4,1 754 MP 3,4 871 ZP 1,1 929
guitarras (8)
  TC 3,1 743 TC 3,1 744 PB 1,1 989
  BS 2,1 1220 BS 2,1 1223 BS 2,2 1231
  BS 2,2 1242 YE 3,2 1341
Gusanos (3)
  MM 2,5 712 MM 2,5 716 MM 2,5 717

gusto (1)
  MM 1,5 692
ha (25)
haber (1)
habitación (17)
  MP 1,7 810   MP 2,1 819   ZP 1,1 912
  PB 1,1 988   CA 1,1 1048   BS 1,1 1171
  BS 1,2 1184   BS 3,2 1261   BS 3,2 1261
  YE 1,1 1286   RS 1,1 1351   RS 1,1 1370
  RS 3,1 1421   RS 3,1 1431   BA 1,1 1439
  BA 1,1 1467   BA 2,1 1471
habitantes (1)
  TB PBK 895
hábito (1)
  CA 2,1 1086
habla (13)
  MM 1,5 689   MM 1,5 695   MM 2,5 714
  MP 1,2 786   MP 1,5 797   MP 2,5 827
  MP 2,7 836   MP 2,7 837   ZP 1,1 923
  CA 2,1 1079   CA 3,1 1115   YE 3,2 1343
  RS 3,1 1437
hablan (7)
  MM 2,2 705   TC 3,1 746   PB 0,0 985
  BS 2,1 1221   BS 2,2 1230   BS 3,1 1255
  RS 3,1 1435
hablando (5)
  MP 2,9 850   ZP 1,1 931   CA 2,1 1085
  RS 1,1 1361   BA 3,1 1509
hablar (2)
  MP 1,4 789   MP 2,5 827
hablara (2)
  MP 3,4 871   YE 1,1 1277
habrá (2)
hace (22)
  MM 2,7 719   TC 0,0 724   TC 5,1 756
  TC 6,1 769   MP 1,4 790   MP 2,5 830
  MP 2,5 832   MP 2,6 834   MP 3,3 868
  MP 3,7 882   ZP 1,1 926   CA 1,1 1051
  CA 1,1 1058   CA 2,1 1090   CA 2,1 1097
  BS 1,2 1184   YE 2,2 1317   RS 1,1 1364
  RS 2,1 1396   RS 2,1 1405   RS 2,1 1411
  BA 2,1 1473
hacen (6)
  MP 1,7 810   MP 2,1 821   MP 2,1 824
  MP 2,7 837   ZP 2,1 955   ZP 2,1 973
hacer (2)
  ZP 1,1 929   RS 1,1 1359
hacerle (1)
  MM 2,2 707
hacerlo (1)
  MP 1,4 790
hacerlos (1)
  TB PBK 895
hacerse (1)
  MP 3,5 873
hacia (29)
haciendo (15)
  MM 1,6 701   TC 1,1 727   TC 1,1 728
  TC 1,1 731   TC 1,1 731   TC 1,1 733
  TC 4,1 753   MP 1,8 818   MP 2,9 851
  ZP 1,1 914   ZP 1,1 933   ZP 2,1 942
  ZP 2,1 943   BS 1,2 1188   BS 1,3 1195
haciéndole (1)
  BA 3,1 1529
hachas (1)
  BS 3,1 1255
haga (1)
  CA 1,1 1072
han (9)
hará (1)
  CA 1,1 1072
hasta (16)
hay (21)
haya (1)
hecha (3)
  MM 1,5 694   ZP 1,1 923   ZP 1,1 938
hembra (2)
  YE 3,2 1340   YE 3,2 1340
heredados (1)
  MP 2,1 819

heridas (1)
  MM 1,5 698
herido (1)
  PB 3,1 1016
Hermana (15)
  YE 2,2 1311   YE 2,2 1311   YE 2,2 1311
  YE 2,2 1311   YE 2,2 1311   YE 2,2 1315
  YE 2,2 1315   YE 2,2 1315   YE 2,2 1315
  YE 2,2 1319   YE 2,2 1323   YE 2,2 1324
  YE 2,2 1325   YE 2,2 1326   RS 2,1 1406
Hermanas (3)
  YE 2,2 1316   YE 2,2 1316   BA 3,1 1532
hermoso (1)
  YE 1,1 1277
hermosura (1)
  PB 0,0 982
herramientas (1)
  ZP 1,1 912
hiciera (1)
  ZP 1,1 929
hiedras (2)
  MM 2,1 702   MM 2,1 705
hierba (1)
  MM 1,1 671
hierbas (2)
  MM 1,1 671   TC 4,1 753
hija (3)
  MM 1,2 676   BS 1,2 1193   BA 2,1 1497
Hija (2)
  BA 3,1 1532   BA 3,1 1532
hijas (3)
  MP 1,2 785   ZP 1,1 919   ZP 1,1 920
Hijas (4)
  BA 1,1 1445   BA 1,1 1453   BA 2,1 1471
  BA 3,1 1506
Hijo (3)
  BS 1,3 1194   BS 1,3 1198   BS 2,2 1244
hijos (1)
  TB PBK 893
hipando (1)
  ZP 2,1 960
hipocresía (1)
  BS 1,3 1194
histérica (1)
  TC 6,1 776
historia (1)
  ZP 2,1 957
hoces (1)
  MM 1,5 697
hombre (3)
  TC 3,1 741   MP 2,5 827   MP 2,8 841
Hombre (6)
  PB 3,1 1012   PB 3,1 1012   PB 3,1 1016
  PB 3,1 1016   EP CV 1165   EP CV 1169
hombres (2)
  TB PBK 894   RS 3,1 1421
Hombres (3)
  EP RR 1154   RS 3,1 1421   RS 3,1 1421
hombro (4)
  MM 1,6 700   MP 2,5 828   BS 3,1 1255
  RS 1,1 1370
hombros (6)
  MM 1,5 697   MP 1,6 804   TB PBK 895
  ZP 2,1 947   PB 1,1 989   CA 1,1 1076
honda (1)
  MP 1,6 802
honradez (1)
  CA 1,1 1076
hora (3)
  MM 1,1 671   MP 1,5 795
Hora (2)
  TC 1,1 734   TC 1,1 735
horizonte (2)
  MM 1,1 671   TB PBK 896
horno (1)
  TB PBK 894
horrible (1)
  MM 1,5 695
horror (1)
  MP 2,5 830

horrorizan (1)
MM 1,5 692
huele (1)
ZP 1,1 933
huerto (1)
MP 3,4 871
huesos (1)
RS 2,1 1398
huir (1)
MP 2,9 849
humanos (1)
TB PBK 894
húmedos (1)
BS 3,1 1245
humilde (4)
MM 1,1 671   MP 1,7 812   ZP 2,1 966
BS 1,3 1194
humo (1)
CA 2,1 1079
humor (1)
ZP 1,1 933
huye (7)
MM 1,5 696   MM 1,5 697   TC 6,1 776
TB DME 898   TB QM. 909   ZP 1,1 929
ZP 2,1 943
huyendo (1)
EP CV 1168
idea (2)
MP 2,1 823   YE 3,2 1343
idilio (1)
TC 6,1 777
ido (1)
BA 1,1 1450
iglesia (4)
TC 6,1 771   DC 1,1 1036   BS 3,2 1261
YE 3,2 1338
igual (3)
RS 1,1 1364   RS 1,1 1364   RS 1,1 1364
ilumina (5)
TC 2,1 735   TC 2,1 738   ZP 0,0 912
PB 3,1 1012   EP CV 1169
iluminada (5)
TC 3,1 743   TC 4,1 750   MP 0,0 781
MP 2,8 848   YE 2,2 1323
iluminadas (1)
BA 3,1 1506
iluminado (1)
CA 3,2 1142
imagen (1)
CA 1,1 1051
imaginarios (1)
ZP 1,1 929
imita (1)
BS 1,2 1191
imitada (1)
MP 2,9 850
imitan (1)
MP 2,1 822
imitándolo (1)
BA 1,1 1443
impaciencia (2)
MP 3,3 868   CA 1,1 1057
impaciente (5)
MP 1,5 797   MP 2,8 841   CA 3,1 1126
BS 3,1 1251   BS 3,1 1255
impasible (1)
MP 2,9 854
impecable (1)
CA 1,1 1072
imperceptible (1)
YE 2,2 1325
imperceptibles (1)
MP 2,9 850
imperio (1)
MP 2,1 819
imperiosa (1)
YE 2,2 1326
impertérrito (2)
MM 1,5 692   CA 1,1 1075
ímpetu (1)
CA 1,1 1057   CA 2,1 1079

impiden (1)
RS 3,1 1438
inclina (7)
MM 2,1 703   MP 2,9 851   MP 2,9 854
ZP 0,0 912   CA 1,1 1076   YE 2,2 1311
RS 1,1 1370
inclinada (2)
CA 2,1 1105   BS 1,3 1195
inclinan (1)
BS 3,2 1266
inconsciente (1)
MM 2,7 720
incontenible (1)
RS 2,1 1396
incorpora (1)
EP CV 1157
incorporándose (1)
YE 3,2 1348
incorporarla (1)
YE 3,2 1348
incrédula (1)
MP 3,3 868
indica (1)
PB 3,1 1012
indican (1)
ZP 2,1 943
indicando (2)
MP 2,9 851   CA 3,2 1134
indiferente (1)
MP 2,9 856
indiferentes (1)
MP 2,6 833
indignación (2)
MM 1,2 678   MP 2,9 853
indignada (2)
MM 2,4 711   ZP 2,1 965
indignado (4)
MM 1,5 691   ZP 2,1 952   ZP 2,1 965
CA 1,1 1060
inefable (1)
TB PBK 894
infantil (3)
TC 2,1 736   MP 2,1 819   ZP 2,1 959
infantiles (1)
RS 3,1 1417
infinitos (1)
TB PBK 894
ingenuamente (1)
MM 1,2 677
ingenuo (2)
MM 1,1 671   RS 2,1 1376
inicia (11)
inician (4)
iniciando (2)
iniciativa (1)
YE 1,1 1276
inmensa (2)
PB 1,1 988   PB 3,1 1016
inmensas (1)
BS 3,1 1261
inmenso (1)
MP 3,7 879
inmensos (2)
ZP 2,1 941   RS 2,1 1390
inmóvil (2)
MM 2,2 708   BS 1,2 1193
inmóviles (1)
BS 1,3 1194
inocencia (1)
TB PBK 894
inquieta (9)
MP 1,4 791   MP 1,4 792   MP 1,5 797
MP 2,5 831   CA 3,1 1111   BS 2,2 1235
BS 2,2 1239   BS 2,2 1242   RS 1,1 1361
inquieto (5)
MP 1,6 802   MP 1,6 803   MP 1,6 804
MP 2,7 840   ZP 1,1 917
inquietos (1)
TC 3,1 746
inquietud (6)
MP 1,3 787   MP 2,8 847   MP 3,4 873

inquietud (continuación)
  CA 3,2 1140 BS 2,1 1213 YE 3,1 1331
inquisitivo (2)
  PB 2,1 1007 CA 1,1 1045
insaciable (1)
  MM 1,5 689
insecto (2)
  MM 1,2 676 TC 0,0 723
insectos (1)
  MM 1,1 671
insomnio (1)
  TB DME 898
instantáneos (1)
  MP 2,9 850
instante (2)
  PB 1,1 999 BA 1,1 1467
instintivamente (1)
  MP 3,7 881
intención (21)
intensa (3)
  MP 2,9 849 PB 1,1 1000 BS 3,1 1251
intensamente (1)
  MP 3,4 873
intensificando (1)
  MP 3,9 888
intenso (2)
  CA 2,1 1105 CA 3,1 1114
interés (1)
  MP 2,1 824
interior (5)
  BS 1,3 1194 BS 2,2 1235 BA 1,1 1439
  BA 2,1 1471 BA 3,1 1506
interiores (1)
  BA 3,1 1506
interrumpe (1)
  MP 1,4 789
interrumpido (1)
  BA 3,1 1506
interrumpiendo (6)
  MP 1,8 817 ZP 2,1 956 CA 1,1 1046
  CA 3,2 1138 BS 2,2 1236 BA 3,1 1508
interrumpiéndola (1)
  RS 3,1 1414
interrumpiéndole (6)
  TC 3,1 743 MP 1,5 797 ZP 1,1 917
  ZP 2,1 945 CA 3,1 1120 RS 3,1 1420
intervalos (1)
  CA 3,1 1109
interviniendo (1)
  BA 3,1 1511
intrigada (5)
  MM 1,2 681 MP 1,1 783 ZP 1,1 935
  ZP 2,1 967 PB 1,1 991
intrigado (3)
  MM 2,5 717 PB 2,1 1001 PB 2,1 1006
invade (6)
  TC 4,1 754 MP 1,8 816 MP 3,9 891
  MP 3,9 891 ZP 1,1 912 CA 1,1 1061
invadido (1)
  TB PBK 895
invadiendo (1)
  TC 4,1 754
invernadero (3)
  RS 1,1 1351 RS 1,1 1352 RS 1,1 1373
invernaderos (1)
  TB PBK 895
inverosímiles (1)
  BA 1,1 1439
invisible (1)
  MM 1,1 671
Invitados (3)
  TC 6,1 770 BS 2,2 1229 BS 2,2 1243
ira (2)
  MP 2,9 855 BA 1,1 1466
irá (1)
  MP 3,9 888
iracunda (1)
  MM 2,4 709
ironía (5)
  MP 2,9 849 MP 2,9 851 ZP 0,0 912
  RS 1,1 1363 BA 2,1 1473

irónica (2)
irónico (7)
irritación (1)
irritada (9)
irritado (7)
irritándose (1)
Isabel (1)
  MP 1,1 783
italiano (1)
  CA 3,1 1115
izquierda (41)
izquierdo (2)
jadeante (1)
  ZP 2,1 970
jamón (2)
  RS 1,1 1353 RS 2,1 1386
Jardín del Carmen (1)
  RS 3,1 1412
jardín (10)
  MM 2,1 702 MP 3,4 871 MP 3,4 871
  TB PBK 895 PB 3,1 1008 PB 3,1 1008
  PB 3,1 1012 PB 3,1 1012 PB 3,1 1015
  RS 2,1 1375
jardinero (1)
  MP 3,3 867
jarra (2)
  YE 2,2 1315 YE 2,2 1315
jarras (1)
  TC 3,1 741
jarritas (1)
  BA 1,1 1446
jarro (2)
  CA 2,1 1082 RS 1,1 1364
jarros (1)
  BS 1,3 1194
jocoso (1)
  CA 3,1 1112
joroba (1)
  TC 2,1 738
Josefa (5)
  BA 1,1 1470 BA 1,1 1471 BA 3,1 1523
  BA 3,1 1523 BA 3,1 1525
joven (4)
  MM 1,1 671 MP 1,7 810 CA 1,1 1072
  BS 3,1 1249
Joven (40)
  TC 3,1 741 TC 3,1 743 TC 4,1 751
  TB PBK 896 TB PBK 896 CA 1,1 1045
  CA 1,1 1054 CA 1,1 1055 CA 1,1 1055
  CA 1,1 1055 CA 1,1 1057 CA 1,1 1058
  CA 1,1 1059 CA 1,1 1069 CA 1,1 1071
  CA 1,1 1074 CA 1,1 1078 CA 2,1 1091
  CA 2,1 1097 CA 2,1 1097 CA 2,1 1097
  CA 2,1 1098 CA 2,1 1099 CA 2,1 1105
  CA 2,1 1106 CA 3,1 1118 CA 3,1 1120
  CA 3,1 1120 CA 3,1 1122 CA 3,1 1123
  CA 3,1 1124 CA 3,1 1129 CA 3,2 1132
  CA 3,2 1134 CA 3,2 1138 CA 3,2 1138
  CA 3,2 1140 CA 3,2 1140 CA 3,2 1142
  CA 3,2 1144
Jovencita (1)
  TC 5,1 759
jóvenes (2)
  TC 2,1 737 CA 1,1 1059
Juan (3)
  YE 1,2 1298 YE 2,2 1311 YE 3,1 1331
juega (2)
  MM 1,2 676 MP 2,9 853
juegan (1)
  TC 3,1 741
juego (2)
  MP 2,8 843 RS 2,1 1411
Juez (2)
  MP 3,9 889 MP 3,9 890
Jugador (12)
  CA 2,1 1078 CA 2,1 1079 CA 2,1 1079
  CA 2,1 1079 CA 2,1 1079 CA 2,1 1079
  CA 2,1 1080 CA 2,1 1080 CA 2,1 1080
  CA 3,2 1141 CA 3,2 1142 CA 3,2 1143
jugadores (1)
  CA 3,2 1141

1100

Jugadores (2)
  CA 3,2 1135   CA 3,2 1140
jugando (1)
  RS 2,1 1376
juncos (1)
  TB PBK 894
juntitos (1)
  MM 1,4 688
junto (6)
  MM 1,5 696   MM 1,6 700   TC 5,1 755
  MP 1,5 801   MP 1,7 807   MP 2,8 843
juntos (2)
  DC 1,1 1036   RS 3,1 1420
Keaton (8)
  TB PBK 893   TB PBK 894   TB PBK   894
  TB PBK 894   TB PBK 894   TB PBK   895
  TB PBK 895   TB PBK 895
la (1196)
La (17)
labios (5)
  MP 2,9 856   CA 1,1 1061   CA 2,1 1099
  CA 3,1 1120
lado (17)
  MM 1,2 676   MM 1,3 684   MM 1,3 684
  TC 5,1 756   TC 5,1 756   MP 1,3 788
  MP 2,9 854   ZP 1,1 934   ZP 1,1 937
  PB 1,1 997   DC 1,1 1039   CA 3,1 1119
  BS 2,1 1220   BS 2,2 1235   YE 1,1 1286
  BA 1,1 1456   BA 3,1 1523
lados (6)
  MP 2,1 819   MP 2,9 849   MP 3,1 860
  ZP 1,1 924   PB 1,1 993   CA 3,2 1136
Ladrones (3)
  EP CV 1158   EP CV 1162   EP CV 1165
lágrimas (3)
  PB 3,1 1011   RS 2,1 1382   RS 3,1 1416
lagrimeando (1)
  MM 1,2 680
lamentos (1)
  TC 6,1 780
lana (1)
  CA 1,1 1072
lánguidamente (1)
  PB 0,0 987
lanza (1)
  PB 1,1 988
lanzarse (1)
  TB DME 903
larga (8)
  TC 6,1 778   ZP 1,1 923   CA 2,1 1078
  CA 3,1 1115   CA 3,1 1115   BS 1,3 1194
  BS 1,3 1204   BS 2,1 1220
largas (4)
  MM 1,5 698   CA 3,2 1135   YE 3,2 1339
  RS 2,1 1390
largo (5)
  TC 1,1 727   TC 5,1 755   CA 1,1 1049
  EP RR 1152   YE 2,2 1323
largos (1)
  BS 3,1 1261
las (258)
Las (1)
laterales (1)
  MP 2,1 819
lavan (1)
  YE 2,1 1300
Lavanderas (1)
  YE 2,1 1300
lavar (1)
  YE 2,1 1305
lazo (1)
  CA 1,1 1061
lazos (2)
  CA 2,1 1078   BS 1,3 1194
le (70)
lebrillo (1)
  ZP 2,1 940
lectura (1)
  MP 1,1 783
lecho (3)
  PB 1,1 988   PB 1,1 1000   EP CV 1165

lee (4)
  TC 6,1 764   MP 1,6 803   MP 1,7 810
  RS 1,1 1362
lejana (4)
  MM 2,1 705   TB QM. 909   ZP 2,1 978
  CA 3,1 1108
lejanas (1)
  MP 3,1 860
lejanísimas (1)
  BA 3,1 1511
lejano (11)
  TC 6,1 772   MP 3,9 890   MP 3,9 891
  ZP 2,1 946   CA 1,1 1060   CA 1,1 1065
  CA 2,1 1107   CA 3,2 1144   YE 3,2 1346
  BA 2,1 1486   BA 2,1 1487
lejanos (6)
  MP 2,8 846   ZP 2,1 974   CA 3,1 1109
  BS 3,1 1255   BA 2,1 1484   BA 2,1 1503
lejísimo (1)
  RS 1,1 1370
lejísimos (1)
  CA 1,1 1066
lejos (9)
  MM 2,4 712   TC 1,1 731   MP 0,0 782
  MP 0,0 782   TB PBK 895   TB PBK 895
  BS 2,1 1212   RS 1,1 1361   RS 1,1 1373
lengua (2)
  MP 2,1 821   ZP 2,1 956
lentamente (26)
  MM 2,2 708   MM 2,5 712   TC 1,1 731
  MP 0,0 782   MP 1,6 804   MP 1,7 810
  MP 1,7 814   MP 2,1 822   MP 2,3 826
  MP 3,9 891   TB PBK 895   CA 3,1 1124
  CA 3,1 1125   CA 3,1 1129   BS 1,1 1183
  BS 1,2 1193   BS 1,2 1194   YE 1,1 1298
  YE 2,2 1315   YE 2,2 1315   YE 2,2 1323
  RS 3,1 1421   RS 3,1 1426   BA 1,1 1445
  BA 1,1 1458   BA 3,1 1518
lentejuelas (2)
  CA 3,1 1111   CA 3,1 1115
lentes (1)
  CA 1,1 1045
lentitud (2)
  MM 1,4 685   MM 2,3 709
lentos (1)
  BS 3,1 1255
leñador (2)
  MM 1,5 689   BS 3,1 1249
Leñadores (2)
  BS 3,1 1245   BS 3,1 1255
Leonardo (18)
  BS 1,2 1184   BS 1,2 1187   BS 1,2 1191
  BS 1,2 1192   BS 1,2 1193   BS 2,1 1215
  BS 2,1 1215   BS 2,1 1215   BS 2,1 1223
  BS 2,2 1229   BS 2,2 1231   BS 2,2 1232
  BS 2,2 1236   BS 2,2 1236   BS 2,2 1238
  BS 2,2 1243   BS 3,1 1255   BS 3,2 1264
les (3)
  MP 1,4 790   CA 3,2 1135   CA 3,2 1138
letra (1)
  TB DME 903
letras (1)
  TB DME 898
letrero (1)
  TC 5,1 755
levanta (36)
levantadas (1)
  CA 2,1 1105
levantado (2)
  CA 3,1 1120   CA 3,2 1141
levantan (9)
levantando (3)
levantándola (1)
levantándose (37)
levantar (1)
levantarse (12)
leve (2)
  CA 3,1 1115   RS 2,1 1398
levita (1)
  MP 1,7 814

leyenda (1)
  BA 1,1 1439
leyendo (6)
  MM 1,4 685   MP 1,1 783   MP 1,7 811
  MP 1,7 811   RS 1,1 1374   RS 2,1 1392
lezna (1)
  TC 5,1 757
libre (2)
  TC 0,0 723   TC 5,1 755
libreas (1)
  CA 3,1 1123
libro (4)
  MP 1,3 788   MP 2,1 823   RS 1,1 1356
  RS 1,1 1373
libros (1)
  TB PBK 894
ligeramente (2)
  YE 2,2 1321   BA 3,1 1506
ligerísimo (1)
  TC 6,1 762
ligero (1)
  MP 2,9 853
limbo (1)
  MM 1,6 700
limones (1)
  TC 6,1 762
limpia (A) (1)
  MP 2,1 819
limpia (4)
  MM 1,5 698   BA 1,1 1443   BA 1,1 1444
  BA 1,1 1451
limpian (1)
  RS 3,1 1416
limpiándose (3)
  ZP 1,1 927   EP RR 1152   RS 2,1 1382
limpiar (1)
  RS 1,1 1359
linterna (1)
  EP CV 1169
linternas (2)
  EP CV 1165   EP CV 1168
lío (2)
  YE 1,1 1278   YE 1,1 1283
lírica (2)
  MP 1,1 784   CA 3,1 1126
líricamente (1)
  MP 1,7 810
lírico (1)
  MP 1,5 797
lirio (1)
  CA 1,1 1061
lirios (1)
  TB PBK 894
listas (1)
  TB PBK 896
litografía (1)
  MP 2,1 819
lo (64)
loca (3)
  MP 2,8 847   MP 3,8 886   ZP 2,1 977
loco (1)
  TB PBK 894
loro (1)
  TB PBK 893
los (221)
Los (1)
luce (1)
  TB PBK 896
lucecitas (1)
  TC 4,1 754
luces (5)
  MP 1,5 801   MP 1,7 810   CA 2,1 1078
  CA 2,1 1086   CA 2,1 1091
Lucía (2)
  MP 1,2 785   MP 1,4 789
lucha (3)
  BS 2,2 1235   YE 1,2 1297   BA 3,1 1529
luchan (2)
  MP 2,9 850   CA 1,1 1059
luego (2)
  TC 6,1 778   MP 2,8 848

lúgubre (1)
  ZP 2,1 958
lujo (2)
  MP 2,1 819   CA 2,1 1099
lujosa (1)
  PB 3,1 1016
luminosidad (1)
  CA 1,1 1061
luna (10)
  MM 2,1 705   TC 2,1 738   TC 4,1 750
  TC 4,1 754   MP 0,0 781   TB PBK 895
  TB DME 903   PB 3,1 1012   CA 2,1 1078
  CA 2,1 1099
Luna (5)
  BS 3,1 1249   BS 3,1 1249   BS 3,1 1251
  BS 3,1 1261   BS 3,1 1261
lunares (2)
  TC 5,1 761   CA 3,1 1115
luto (2)
  YE 2,1 1305   RS 3,1 1435
Luto (1)
  BA 1,1 1445
luz (48)
  MM 1,6 701   MM 2,1 702   TC 2,1 735
  TC 3,1 743   TC 4,1 750   MP 0,0 781
  MP 1,5 795   MP 1,5 799   MP 3,5 876
  MP 3,7 879   MP 3,9 888   MP 3,9 888
  MP 3,9 888   MP 3,9 891   TB QM. 909
  ZP 0,0 912   ZP 0,0 912   ZP 0,0 912
  ZP 1,1 912   ZP 1,1 933   PB 1,1 992
  PB 1,1 997   PB 1,1 1000   PB 3,1 1017
  CA 1,1 1061   CA 1,1 1068   CA 1,1 1069
  CA 2,1 1080   CA 2,1 1080   CA 2,1 1099
  CA 2,1 1099   CA 2,1 1099   CA 2,1 1105
  CA 2,1 1105   CA 2,1 1105   EP CV 1165
  EP CV 1165   BS 1,3 1204   BS 3,1 1250
  BS 3,1 1251   BS 3,1 1261   YE 1,1 1273
  YE 1,1 1273   YE 2,2 1323   YE 2,2 1325
  BA 3,1 1506
Luz (1)
  MM 2,5 712
llama (3)
  TC 3,1 741   MP 1,1 785   MP 1,2 787
llamada (1)
  CA 1,1 1077
llaman (4)
  MP 1,5 801   ZP 1,1 913   ZP 1,1 913
  YE 3,1 1331
llamando (4)
  MM 2,2 706   MP 1,2 785   PB 0,0 985
  YE 2,2 1321
llamarada (1)
  CA 3,1 1115
llantas (1)
  TB PBK 893
llanto (2)
  RS 2,1 1383   BA 1,1 1450
llave (1)
  MP 3,1 863
llega (12)
  MM 1,2 676   MM 1,5 694   MM 1,5 695
  MM 1,5 696   MM 1,5 698   MM 1,6 700
  TC 5,1 756   TC 6,1 765   MP 2,5 827
  MP 3,8 888   ZP 1,1 934   BS 2,2 1237
llegada (1)
  RS 2,1 1406
llegado (1)
  MP 2,8 841
llegan (3)
  CA 3,2 1135   EP CV 1159   BS 3,2 1264
llegar (4)
  MM 1,5 689   TC 5,1 756   YE 3,2 1350
  RS 1,1 1370
llegará (1)
  MP 2,9 850
llena (V) (3)
  ZP 2,1 978   CA 1,1 1058   YE 2,2 1315
llena (25)
  MM 1,6 701   TC 4,1 754   MP 1,4 791
  MP 1,5 799   MP 2,8 847   MP 2,8 847
  MP 2,9 858   MP 3,5 877   MP 3,6 878

llena - malicia

llena (continuación)
MP 3,7	883	MP 3,8	886	TB DME	898	
TB DME	898	PB 0,0	979	PB 0,0	984	
CA 2,1	1078	CA 2,1	1078	CA 2,1	1078	
BS 1,3	1194	BS 3,1	1260	YE 3,2	1340	
RS 2,1	1406	BA 1,1	1446	BA 2,1	1489	
BA 2,1	1494					

llenando (1)
MP 2,8   846
llenar (2)
MP 2,9   850   BA 1,1 1445
llenas (2)
ZP 1,1   938   BS 2,1 1206
lleno (13)
TC 1,1	725	TC 2,1	735	TC 6,1	762	
MP 1,1	783	MP 1,1	783	MP 1,7	809	
MP 2,7	837	MP 2,9	855	TB PBK	894	
ZP 0,0	912	PB 1,1	988	CA 2,1	1078	
CA 3,1	1111					

llenos (3)
TC 5,1   761   MP 2,8   847   CA 2,1 1078
lleva (41)
MM 1,4	688	TC 0,0	723	TC 1,1	725	
TC 2,1	738	TC 3,1	741	MP 1,7	810	
MP 2,7	835	ZP 0,0	911	ZP 1,1	912	
ZP 2,1	940	ZP 2,1	947	ZP 2,1	969	
PB 1,1	988	CA 1,1	1069	CA 1,1	1072	
CA 1,1	1077	CA 2,1	1078	CA 2,1	1078	
CA 2,1	1079	CA 2,1	1088	CA 2,1	1088	
CA 2,1	1105	CA 3,1	1108	CA 3,1	1112	
CA 3,1	1115	CA 3,1	1125	CA 3,1	1129	
CA 3,2	1142	BS 1,3	1194	BS 1,3	1195	
BS 2,1	1220	BS 2,1	1220	BS 3,1	1250	
BS 3,2	1267	YE 1,1	1273	YE 1,1	1284	
YE 2,2	1325	RS 1,1	1370	RS 1,1	1371	
RS 3,1	1417	BA 3,1	1532			

llevaba (1)
RS 3,1 1435
llevado (1)
MP 3,8   887
llevan (11)
MM 1,5	699	TC 2,1	738	TC 3,1	747	
TC 6,1	779	MP 3,6	879	ZP 1,1	938	
CA 2,1	1091	EP CV	1165	BS 3,1	1255	
YE 3,2	1338	YE 3,2	1340			

llevando (2)
YE 2,2 1319   BA 1,1 1443
llevándose (5)
TC 1,1   725   MP 1,7   812   MP 3,5   875
MP 3,7   881   YE 3,2 1344
llevar (1)
ZP 1,1   929
llevará (1)
CA 1,1 1072
llora (30)
MM 1,6	701	MM 2,2	707	TC 1,1	726	
TC 1,1	733	TC 2,1	736	TC 2,1	736	
TC 2,1	736	TC 2,1	737	TC 4,1	753	
TC 6,1	762	TC 6,1	771	TC 6,1	773	
TC 6,1	780	MP 3,7	879	ZP 1,1	913	
ZP 1,1	923	ZP 1,1	939	ZP 2,1	960	
ZP 2,1	967	PB 0,0	986	CA 1,1	1055	
CA 1,1	1065	CA 2,1	1079	CA 3,1	1116	
CA 3,1	1123	CA 3,1	1123	RS 1,1	1363	
RS 2,1	1383	BA 1,1	1455	BA 2,1	1481	

lloran (2)
TC 6,1   771   BS 3,2 1272
llorando (45)
MM 1,3	684	MM 1,4	688	MM 1,5	694	
MM 1,5	696	MM 1,5	698	MM 2,2	707	
TC 1,1	726	TC 6,1	766	MP 3,6	878	
MP 3,8	888	ZP 2,1	946	PB 0,0	981	
PB 2,1	1001	PB 2,1	1004	PB 3,1	1008	
PB 3,1	1010	PB 3,1	1017	PB 3,1	1017	
DC 1,1	1036	CA 1,1	1047	CA 2,1	1107	
CA 3,1	1113	CA 3,1	1123	BS 1,2	1192	
BS 1,2	1194	BS 1,2	1194	BS 1,2	1194	
BS 2,1	1222	BS 2,1	1224	BS 3,2	1267	
YE 2,2	1320	RS 1,1	1363	RS 1,1	1363	
RS 1,1	1373	RS 2,1	1382	RS 2,1	1382	
RS 2,1	1382	RS 2,1	1382	RS 2,1	1382	

llorar (8)
RS 2,1	1383	RS 2,1	1409	RS 3,1	1412	
BA 1,1	1445	BA 1,1	1445	BA 3,1	1525	

llorar (8)
MP 2,9	854	TB QM.	910	ZP 2,1	960	
ZP 2,1	963	ZP 2,1	964	RS 1,1	1369	
RS 2,1	1382	BA 1,1	1466			

llorosa (5)
TC 1,1   735   CA 1,1 1054   CA 2,1 1081
CA 2,1 1081   CA 2,1 1098
lloroso (2)
ZP 2,1   966   ZP 2,1   967
llover (3)
MP 2,5   832   CA 1,1 1076   CA 1,1 1077
lluvia (6)
MP 2,6	834	MP 2,7	835	MP 2,8	846	
MP 2,9	850	MP 2,9	858	TB DME	898	

macho (2)
YE 3,2 1340   YE 3,2 1340
madeja (2)
BS 3,2 1261   BS 3,2 1263
madera (1)
TB PBK   893
Madre Sor Carmen Borja (1)
MP 3,1   863
madre (5)
MM 1,5   696   MM 1,5   698   MP 1,1   783
BA 1,1 1470   BA 3,1 1529
Madre (23)
MP 3,1	863	MP 3,5	877	MP 3,8	884	
PB 0,0	984	DC 1,1	1036	BS 1,1	1174	
BS 1,1	1178	BS 1,3	1194	BS 1,3	1194	
BS 1,3	1194	BS 1,3	1195	BS 1,3	1199	
BS 1,3	1202	BS 2,2	1231	BS 2,2	1240	
BS 3,2	1267	BS 3,2	1269	BS 3,2	1270	
RS 2,1	1390	RS 2,1	1391	RS 2,1	1396	
RS 2,1	1401	RS 2,1	1406			

madrigueras (1)
MM 1,1   671
madroños (1)
BA 1,1 1439
madrugada (1)
PB 1,1   997
madrugadora (1)
MM 1,2   676
maduro (1)
MM 2,1   702
Magdalena (12)
BA 1,1	1450	BA 1,1	1450	BA 1,1	1461	
BA 1,1	1461	BA 1,1	1467	BA 2,1	1471	
BA 2,1	1478	BA 2,1	1483	BA 2,1	1491	
BA 2,1	1504	BA 3,1	1510	BA 3,1	1512	

mágica (1)
PB 3,1 1017
magníficamente (1)
PB 1,1   988
maja (1)
MP 1,1   783
Maja (1)
TC 5,1   761
Majas (1)
ZP 2,1   941
majestuosamente (1)
ZP 1,1   928
majestuoso (1)
ZP 2,1   947
mal (1)
ZP 1,1   933
mala (1)
MM 1,5   689
malas (1)
RS 2,1 1390
maleta (2)
CA 1,1 1077   RS 3,1 1412
maletas (2)
TB QM.   905   CA 3,2 1131
malhumorada (1)
BA 3,1 1517
malhumorado (1)
ZP 2,1   961
malicia (1)
BS 2,2 1234

maliciosamente (1)
  MM 1,5 690
malos (1)
  TB PBK 894
malva (1)
  MP 1,3 787
malla (1)
  EP RR 1150
mamá (2)
  MM 2,2 705   RS 2,1 1390
manantial (2)
  MM 2,1 702   MM 2,1 705
manchado (1)
  CA 3,1 1125
manchas (1)
  CA 1,1 1061
mando (1)
  ZP 1,1 923
manera (9)
  TC 2,1 736   TC 6,1 776   TC 6,1 776
  TC 6,1 780   MP 2,5 827   MP 2,9 856
  ZP 2,1 940   ZP 2,1 959   ZP 2,1 960
manga (1)
  MP 1,6 803
mangas (3)
  TC 3,1 741   RS 1,1 1353 RS 2,1 1386
Manila (1)
  ZP 2,1 947
maniquí (2)
  CA 2,1 1099 CA 3,2 1131
Maniquí (2)
  CA 2,1 1099 CA 2,1 1105
mano (64)
  MM 1,6 700   TC 1,1 731   TC 4,1 753
  TC 4,1 754   TC 5,1 757   TC 6,1 774
  TC 6,1 778   MP 1,3 787   MP 1,6 805
  MP 1,7 808   MP 1,7 812   MP 1,7 815
  MP 2,1 822   MP 2,5 829   MP 2,7 835
  MP 2,7 835   MP 2,8 841   MP 2,8 846
  MP 2,9 849   MP 2,9 853   MP 3,2 865
  MP 3,8 887   TB PBK 893   ZP 0,0 911
  ZP 1,1 933   ZP 2,1 945   ZP 2,1 946
  ZP 2,1 947   ZP 2,1 968   PB 0,0 982
  PB 1,1 988   PB 3,1 1012 DC 1,1 1042
  CA 1,1 1053 CA 1,1 1061 CA 1,1 1068
  CA 1,1 1069 CA 2,1 1079 CA 2,1 1091
  CA 2,1 1091 CA 2,1 1092 CA 2,1 1092
  CA 2,1 1105 CA 3,1 1108 CA 3,1 1117
  CA 3,1 1123 CA 3,1 1125 CA 3,1 1129
  CA 3,2 1138 CA 3,2 1140 CA 3,2 1141
  BS 1,3 1202 BS 1,3 1203 BS 2,1 1206
  YE 1,1 1273 YE 1,1 1277 YE 2,2 1311
  YE 2,2 1325 YE 2,2 1325 YE 3,2 1340
  RS 1,1 1373 RS 2,1 1386 RS 3,1 1426
  BA 1,1 1462
manojito (1)
  MM 1,1 671
Manolito (1)
  TB DME 903
manos (50)
  MM 1,6 701   TC 2,1 735   TC 6,1 778
  MP 1,2 787   MP 1,4 790   MP 1,6 806
  MP 1,7 807   MP 1,7 810   MP 2,5 827
  MP 2,9 858   MP 3,4 871   MP 3,5 875
  MP 3,5 877   MP 3,7 881   MP 3,7 882
  MP 3,8 886   MP 3,8 887   TB DME 898
  ZP 2,1 943   ZP 2,1 958   ZP 2,1 960
  ZP 2,1 962   ZP 2,1 963   ZP 2,1 963
  ZP 2,1 969   PB 1,1 989   PB 1,1 989
  CA 1,1 1049 CA 1,1 1062 CA 1,1 1067
  CA 1,1 1075 CA 1,1 1077 CA 2,1 1078
  CA 2,1 1091 CA 2,1 1095 CA 2,1 1105
  CA 2,1 1105 CA 3,1 1108 CA 3,2 1131
  CA 3,2 1142 EP RR 1152   BS 1,2 1190
  BS 1,3 1195 BS 1,3 1199 BS 3,2 1267
  YE 1,1 1284 YE 3,2 1339 YE 3,2 1344
  BA 2,1 1488 BA 3,1 1532
manotazo (1)
  TC 4,1 750
manotazos (1)
  TC 6,1 775

mantas (2)
  YE 3,2 1336 YE 3,2 1346
mantel (1)
  BS 1,2 1184
mantilla (3)
  MP 3,9 889   ZP 1,1 918   BS 1,3 1194
mantillas (1)
  MP 1,2 785
manto (6)
  MM 1,1 671   PB 1,1 1000 CA 3,1 1115
  BS 2,2 1227 BS 3,1 1252 BS 3,1 1261
mantón (3)
  YE 2,2 1325 BA 3,1 1523 BA 3,1 1529
mantoncillo (1)
  ZP 2,1 947
mantos (1)
  EP CV 1156
Manuel (1)
  MP 2,8 848
mañana (3)
  TC 5,1 755   BS 1,2 1184 YE 1,1 1273
máquina (2)
  TB PBK 894   TB PBK 895
mar (1)
  TB DME 903
maravillosa (1)
  MP 3,9 891
marcadores (1)
  TB DME 898
marcando (1)
  CA 3,1 1120
Marcolfa (8)
  PB 0,0 979   PB 0,0 987   PB 0,0 987
  PB 1,1 988   PB 1,1 988   PB 2,1 1002
  PB 3,1 1008 PB 3,1 1017
marcha (1)
  TC 6,1 779
marchado (1)
  MP 3,1 863
marchando (1)
  ZP 1,1 933
marchándose (4)
  TC 3,1 746   MP 1,2 785   MP 1,7 807
  MP 2,6 834
marche (1)
  CA 3,2 1134
marfiles (1)
  MP 2,1 819
margarita (5)
  MM 1,2 676   MM 1,2 679   MM 1,3 684
  MM 1,4 685   MM 2,2 708
margaritas (3)
  MM 2,1 702   MM 2,1 705   MM 2,7 720
margen (1)
  MP 0,0 781
María (9)
  YE 1,1 1278 YE 2,2 1317 YE 2,2 1320
  YE 3,2 1337 BA 1,1 1470 BA 1,1 1471
  BA 3,1 1523 BA 3,1 1523 BA 3,1 1525
Mariana (79)
  MP 1,1 783   MP 1,1 783   MP 1,3 787
  MP 1,3 787   MP 1,4 790   MP 1,4 791
  MP 1,4 792   MP 1,4 792   MP 1,4 792
  MP 1,5 795   MP 1,5 798   MP 1,5 798
  MP 1,5 801   MP 1,5 801   MP 1,6 803
  MP 1,6 804   MP 1,7 807   MP 1,7 810
  MP 1,7 811   MP 1,7 812   MP 1,7 814
  MP 1,7 814   MP 1,8 816   MP 1,8 818
  MP 2,1 819   MP 2,1 819   MP 2,1 819
  MP 2,1 823   MP 2,2 825   MP 2,4 827
  MP 2,4 827   MP 2,5 827   MP 2,5 827
  MP 2,5 830   MP 2,5 832   MP 2,6 833
  MP 2,6 835   MP 2,7 835   MP 2,7 835
  MP 2,7 837   MP 2,7 838   MP 2,8 841
  MP 2,8 841   MP 2,8 843   MP 2,8 848
  MP 2,9 849   MP 2,9 853   MP 2,9 853
  MP 2,9 854   MP 2,9 854   MP 2,9 856
  MP 2,9 856   MP 2,9 859   MP 3,2 864
  MP 3,2 866   MP 3,3 867   MP 3,3 868
  MP 3,4 872   MP 3,4 873   MP 3,4 873

Mariana (continuación)
    MP 3,5 874   MP 3,5 876   MP 3,5 876
    MP 3,5 877   MP 3,6 879   MP 3,7 882
    MP 3,7 882   MP 3,7 883   MP 3,8 884
    MP 3,8 884   MP 3,8 885   MP 3,9 888
    MP 3,9 889   MP 3,9 890   MP 3,9 891
Marianita (1)
    MP 1,7 810
marido (10)
    ZP 1,1 916   ZP 1,1 921   ZP 2,1 978
    YE 1,1 1276   YE 1,1 1277   YE 2,2 1313
    YE 2,2 1315   YE 2,2 1320   YE 3,1 1333
    YE 3,2 1346
marinas (1)
    MP 0,0 781
Marinero (1)
    TB DME 900
marineros (1)
    TB DME 898
mariposa (4)
    ZP 1,1 935   ZP 1,1 936   ZP 1,1 936
    ZP 1,1 937
Mariposa (16)
    MM 1,5 697   MM 1,5 698   MM 1,5 699
    MM 2,2 706   MM 2,3 709   MM 2,4 710
    MM 2,4 710   MM 2,4 711   MM 2,4 712
    MM 2,5 714   MM 2,7 719   MM 2,7 719
    MM 2,7 719   MM 2,7 719   MM 2,7 720
    MM 2,7 720
mariposas (1)
    TB PBK 894
martillo (1)
    ZP 1,1 916
martillos (1)
    MM 1,1 671
Martín (2)
    RS 3,1 1417   RS 3,1 1424
martinico (1)
    TC 0,0 723
Martirio (16)
    BA 1,1 1458   BA 1,1 1467   BA 2,1 1479
    BA 2,1 1479   BA 2,1 1483   BA 2,1 1483
    BA 2,1 1488   BA 2,1 1491   BA 2,1 1493
    BA 2,1 1503   BA 3,1 1515   BA 3,1 1518
    BA 3,1 1523   BA 3,1 1525   BA 3,1 1529
    BA 3,1 1530
más (36)
máscara (1)
    CA 3,1 1115
Máscara (2)
    CA 3,1 1115   CA 3,1 1123
Máscaras (2)
    CA 3,1 1125   YE 3,2 1340
mata (1)
    TB PBK 893
matarle (1)
    YE 3,2 1350
material (1)
    BS 1,3 1194
maternal (1)
    MP 1,1 783
matinales (1)
    PB 1,1 1000
matiz (1)
    RS 2,1 1398
matizan (1)
    MP 3,9 888
matizar (1)
    MP 2,9 850
máxima (1)
    ZP 2,1 961
mayor (1)
    YE 2,2 1311
Mecanógrafa (10)
    CA 1,1 1047   CA 1,1 1053   CA 1,1 1077
    CA 1,1 1077   CA 1,1 1077   CA 3,1 1114
    CA 3,1 1123   CA 3,1 1123   CA 3,1 1125
    CA 3,1 1129
mece (1)
    BS 1,2 1184

media (S) (1)
    BS 1,2 1184
media (1)
    ZP 1,1 912
medias (1)
    CA 3,1 1118
medidos (1)
    CA 3,1 1109
medio (13)
    TC 6,1 766   MP 1,8 816   MP 2,8 846
    MP 2,9 856   TB PBK 894   ZP 2,1 977
    PB 0,0 982   PB 3,1 1017   CA 1,1 1077
    BS 1,1 1183   BS 3,1 1261   YE 2,1 1305
    BA 2,1 1492
mejor (2)
    MM 1,2 676   MM 2,7 720
melancolía (2)
    MP 1,3 788   TB PBK 894
melancólica (2)
    MP 3,4 873   RS 3,1 1432
melancólico (4)
    MP 2,7 835   MP 2,7 836   CA 3,1 1113
    YE 2,2 1323
melodía (1)
    TC 4,1 754
melosa (1)
    ZP 1,1 913
meloso (2)
    TC 1,1 728   ZP 2,1 968
membrillo (1)
    MP 1,2 786
membrillos (2)
    MP 1,1 783   MP 1,8 816
memoria (1)
    BS 1,3 1195
mendiga (1)
    BS 3,1 1253
Mendiga (5)
    BS 3,1 1250   BS 3,1 1252   BS 3,1 1253
    BS 3,1 1261   BS 3,2 1265
Mendigo (1)
    TC 5,1 759
mendrugos (1)
    TB DME 898
menor (2)
    YE 1,2 1297   YE 2,2 1311
menos (2)
    TC 4,1 750   TC 6,1 780
menuditos (1)
    ZP 2,1 941
menudo (1)
    MP 1,5 797
mesa (24)
    TC 3,1 741   TC 6,1 774   MP 1,1 783
    ZP 1,1 938   ZP 2,1 947   ZP 2,1 953
    ZP 2,1 967   PB 2,1 1001   CA 1,1 1057
    CA 1,1 1078   CA 2,1 1105   CA 3,2 1131
    CA 3,2 1138   CA 3,2 1139   CA 3,2 1140
    CA 3,2 1142   BS 1,2 1184   BS 1,2 1194
    BS 2,2 1225   BA 3,1 1506   BA 3,1 1509
    BA 3,1 1509   BA 3,1 1512   BA 3,1 1522
mesas (1)
    ZP 2,1 940
mesetas (1)
    BS 2,2 1225
mete (1)
    DC 1,1 1028
metiendo (1)
    TC 5,1 757
metro (1)
    DC 1,1 1028
miedo (11)
    MM 1,5 695   TC 5,1 760   TC 6,1 778
    MP 3,5 877   MP 3,8 887   TB DME 903
    CA 1,1 1076   CA 2,1 1088   CA 3,1 1112
    YE 1,2 1298   YE 3,1 1330
mientras (4)
    TC 6,1 766   TC 6,1 767   BS 3,1 1255
    RS 3,1 1421
mil (2)
    TB PBK 896   BS 2,1 1220

milímetro (1)
  TB PBK 894
mímicamente (1)
  MP 1,7 812
mimosa (5)
  MM 1,2 683   ZP 1,1 920   PB 1,1 991
  PB 1,1 998   PB 1,1 999
mimoso (1)
  CA 1,1 1063
mínimo (1)
  ZP 2,1 940
minuciosamente (1)
  MP 2,9 849
minúsculo (1)
  MM 1,1 671
miopía (1)
  CA 2,1 1088
mira (55)
  TC 1,1 731   MP 1,4 790   MP 1,4 791
  MP 1,5 795   MP 1,5 797   MP 1,7 810
  MP 2,8 841   MP 3,1 863   MP 3,4 873
  MP 3,8 886   TB PBK 895   ZP 0,0 912
  ZP 1,1 920   ZP 1,1 924   ZP 1,1 925
  ZP 1,1 928   ZP 2,1 940   ZP 2,1 940
  ZP 2,1 956   ZP 2,1 959   ZP 2,1 977
  PB 1,1 988   PB 1,1 998   DC 1,1 1020
  CA 1,1 1058   CA 1,1 1071   CA 1,1 1075
  CA 1,1 1077   CA 2,1 1079   CA 2,1 1090
  CA 2,1 1092   CA 2,1 1099   CA 3,2 1136
  BS 1,3 1195   BS 2,1 1206   BS 2,1 1207
  BS 2,1 1208   BS 2,1 1208   BS 2,1 1213
  BS 2,2 1238   BS 3,1 1254   YE 1,1 1280
  YE 1,2 1288   YE 1,2 1297   YE 1,2 1298
  YE 2,2 1315   YE 2,2 1316   YE 3,1 1334
  YE 3,1 1334   RS 1,1 1370   BA 1,1 1458
  BA 2,1 1479   BA 3,1 1523   BA 3,1 1530
mirada (3)
  MP 3,5 877   YE 1,2 1298   YE 2,2 1315
miradas (3)
  MP 3,4 873   ZP 2,1 940   ZP 2,1 963
miran (6)
  MP 3,1 860   ZP 2,1 940   ZP 2,1 941
  ZP 2,1 955   YE 2,1 1306   YE 2,2 1326
mirando (43)
  TC 5,1 760   TC 5,1 760   MP 1,7 807
  MP 1,7 811   MP 2,6 834   MP 2,7 837
  MP 2,7 837   MP 3,1 860   MP 3,1 863
  ZP 1,1 928   ZP 2,1 941   ZP 2,1 942
  PB 1,1 994   PB 3,1 1015   CA 1,1 1059
  CA 1,1 1077   CA 2,1 1097   CA 2,1 1099
  CA 2,1 1105   CA 3,1 1114   CA 3,2 1140
  CA 3,2 1140   EP CV 1164   BS 1,2 1186
  BS 2,1 1220   BS 3,2 1263   YE 1,1 1273
  YE 2,1 1306   YE 2,2 1313   YE 2,2 1319
  YE 2,2 1325   YE 3,2 1339   RS 1,1 1361
  RS 1,1 1369   RS 2,1 1388   RS 2,1 1411
  BA 1,1 1456   BA 2,1 1484   BA 2,1 1491
  BA 2,1 1491   BA 2,1 1506   BA 3,1 1517
  BA 3,1 1518
mirándola (5)
  MP 1,7 815   MP 2,1 822   MP 2,9 850
  ZP 2,1 941   YE 1,1 1279
mirándole (3)
  CA 2,1 1092   BS 1,1 1176   BS 2,2 1231
mirándolo (1)
  ZP 2,1 953
mirándose (4)
  TC 6,1 772   ZP 1,1 918   CA 2,1 1091
  RS 1,1 1370
mirar (3)
  MP 3,1 860   ZP 1,1 930   CA 1,1 1063
mirará (2)
  MP 2,9 849   ZP 2,1 954
mirarlo (1)
  RS 1,1 1361
Mirlo (7)
  ZP 1,1 929   ZP 1,1 930   ZP 2,1 940
  ZP 2,1 940   ZP 2,1 942   ZP 2,1 943
  ZP 2,1 943
misma (6)
  MP 1,1 783   MP 3,8 887   ZP 2,1 940

CA 3,2 1131   YE 1,1 1284   BA 3,1 1526
mismo (15)
  MM 2,2 707   TC 2,1 738   MP 1,1 783
  MP 2,9 854   ZP 1,1 912   ZP 1,1 919
  ZP 1,1 933   ZP 2,1 973   CA 1,1 1072
  CA 3,1 1115   BS 2,1 1206   BS 3,2 1261
  YE 3,2 1346   RS 2,1 1411   BA 1,1 1447
misterio (2)
  MM 1,3 684   PB 2,1 1005
misterioso (2)
  TC 0,0 723   PB 2,1 1007
mitad (3)
  TC 0,0 723
moda (7)
  MP 0,0 782   MP 1,2 785   MP 1,5 797
  MP 2,1 819   RS 2,1 1386   RS 2,1 1396
  RS 3,1 1415
modesta (2)
  MP 2,1 819   BS 1,3 1199
modo (7)
  MM 1,2 676   CA 3,1 1108   BS 2,2 1238
  YE 2,2 1315   YE 3,2 1340   BA 1,1 1449
  BA 2,1 1490
molestísimos (1)
  MM 1,5 690
momento (18)
  TC 4,1 754   TC 6,1 772   TC 6,1 775
  TC 6,1 776   TC 6,1 776   MP 1,6 805
  MP 1,7 810   MP 2,5 827   MP 2,9 854
  MP 3,5 874   PB 1,1 989   CA 2,1 1091
  CA 2,1 1105   CA 2,1 1105   CA 3,1 1109
  CA 3,2 1141   CA 3,2 1142   YE 3,1 1331
momentos (1)
  MP 3,4 873
monja (1)
  MP 3,5 877
Monja (5)
  MP 3,7 883   MP 3,8 886   MP 3,8 887
  MP 3,8 887   MP 3,9 889
monjas (2)
  MP 3,1 860   MP 3,7 879
Monjas (11)
  MP 3,4 872   MP 3,4 873   MP 3,4 873
  MP 3,5 877   MP 3,6 879   MP 3,7 881
  MP 3,8 887   MP 3,8 887   MP 3,8 887
  MP 3,9 888   MP 3,9 891
monjil (1)
  TC 1,1 727
monólogo (1)
  ZP 1,1 934
monstruosa (1)
  MM 1,5 689
montada (1)
  TB PBK 896
montaña (2)
  YE 1,1 1286   YE 3,2 1336
montar (1)
  TC 5,1 755
montaran (1)
  TB PBK 895
monumental (1)
  BS 3,2 1261
moradas (1)
  RS 2,1 1390
morder (1)
  MM 2,4 710
mordiéndose (1)
  BS 1,3 1203
morenísima (1)
  MP 1,2 785
moribundo (1)
  PB 3,1 1017
mosca (3)
  MM 1,4 688   MM 1,5 696   MM 1,5 696
Mosquito (7)
  TC 0,0 723   TC 0,0 723   TC 4,1 750
  TC 4,1 750   TC 6,1 775   TC 6,1 775
  TC 6,1 779
mostrador (6)
  TC 3,1 741   ZP 2,1 940   ZP 2,1 940
  ZP 2,1 940   ZP 2,1 940   ZP 2,1 967

mostrando (1)
  CA 3,1 1117
mostrándolos (1)
  DC 1,1 1042
motas (1)
  ZP 1,1 934
moviendo (3)
  MM 1,5 690   MM 2,2 708   BS 2,1 1216
moviéndose (1)
  ZP 1,1 934
movimiento (3)
  ZP 2,1 957   CA 2,1 1097   YE 2,2 1325
movimientos (1)
  MP 1,2 785
Mozo (10)
  TC 4,1 751   ZP 1,1 930   ZP 2,1 940
  ZP 2,1 940   ZP 2,1 940   ZP 2,1 940
  ZP 2,1 940   ZP 2,1 942   BS 3,1 1252
  BS 3,1 1253
mozos (1)
  BS 2,2 1244
Mozos (3)
  TC 3,1 747   TC 3,1 750   TC 4,1 750
muchacha (3)
  TC 5,1 760   TC 5,1 760   CA 1,1 1072
Muchacha (6)
  CA 3,1 1109   CA 3,1 1111   CA 3,1 1113
  BS 1,2 1190   YE 2,2 1321   YE 3,2 1337
muchachas (1)
  MP 1,3 787
Muchachas (10)
  BS 2,1 1220   BS 2,2 1234   BS 2,2 1235
  BS 3,2 1261   BS 3,2 1265   BS 3,2 1266
  YE 1,2 1291   YE 3,2 1339   YE 3,2 1340
  YE 3,2 1343
muchacho (2)
  MM 1,3 684   RS 3,1 1431
Muchacho (2)
  EP CV 1169   RS 3,1 1434
muchachos (1)
  TC 3,1 743
mucho (5)
muebles (3)
  MP 2,1 819   PB 0,0 979   CA 2,1 1078
muelles (1)
  TC 6,1 778
muerde (1)
  MP 1,2 786
muere (2)
  DC 1,1 1042   CA 3,2 1144
muerta (1)
  EP CV 1169
muerte (2)
  MP 2,1 823   MP 3,5 876
Muerte (1)
  BS 3,1 1253
muerto (2)
  CA 1,1 1061   CA 3,1 1125
muestra (1)
  YE 3,2 1343
muestras (8)
  MP 1,3 787   MP 2,5 827   ZP 1,1 934
  CA 1,1 1069   CA 2,1 1079   CA 2,1 1105
  CA 3,1 1125   CA 3,2 1132
mueve (4)
  MM 1,4 685   MM 2,3 709   MM 2,4 710
  ZP 1,1 929
mueven (1)
  YE 2,1 1310
mujer (5)
  ZP 1,1 920   ZP 2,1 959   BS 1,2 1190
  RS 2,1 1388   BA 2,1 1505
Mujer (11)
  MP 0,0 782   BS 1,2 1184   BS 1,2 1191
  BS 1,2 1193   BS 2,1 1223   BS 2,2 1231
  BS 2,2 1238   BS 2,2 1239   BS 2,2 1243
  BS 3,2 1264   BS 3,2 1268
mujeres (6)
  MP 2,9 859   ZP 1,1 921   YE 2,1 1300
  YE 3,1 1331   YE 3,2 1338   RS 3,1 1416

Mujeres (6)
  ZP 2,1 952   ZP 2,1 958   YE 3,2 1336
  BA 1,1 1445   BA 1,1 1445   BA 2,1 1503
muleta (1)
  RS 3,1 1417
mundo (2)
  TC 5,1 755   PB 3,1 1018
muñecas (2)
  CA 3,1 1126   BS 1,3 1203
muñeco (1)
  ZP 1,1 929
muñecos (3)
  TC 6,1 771   TC 6,1 774   DC 1,1 1042
Muñecos (1)
  TC 6,1 779
Muñequitos (1)
  TC 6,1 779
murmullos (5)
  ZP 2,1 959   ZP 2,1 974   EP CV 1159
  YE 2,1 1305   YE 3,1 1331
murmuran (1)
  ZP 2,1 960
muro (1)
  MP 3,7 879
muros (5)
  BS 3,2 1261   BA 1,1 1439   BA 2,1 1484
  BA 2,1 1496   BA 3,1 1508
musgo (1)
  MM 1,1 671
música (15)
  TC 2,1 738   TC 3,1 750   TC 4,1 754
  TC 6,1 770   TC 6,1 771   TC 6,1 772
  TC 6,1 780   ZP 1,1 929   PB 1,1 989
  PB 1,1 989   PB 1,1 989   DC 1,1 1022
  DC 1,1 1031   CA 3,1 1108   BS 3,1 1261
muslo (1)
  BS 1,2 1191
mutis (20)
muy (41)
nacida (1)
  TB PBK 894
nadie (1)
  ZP 2,1 940
naranja (2)
  MP 3,9 888   ZP 1,1 912
naranjos (2)
  TC 1,1 725   PB 3,1 1008
nardos (1)
  TC 4,1 754
nariz (2)
  TC 3,1 741   CA 1,1 1058
natural (2)
  MP 1,7 814   YE 2,2 1325
naturalidad (1)
  ZP 2,1 940
navaja (1)
  TC 5,1 755
nebulosamente (1)
  MP 3,6 878
necesitan (1)
  TB PBK 895
negativa (1)
  MP 2,9 851
negra (3)
  TC 5,1 755   EP CV 1165   BS 1,3 1194
negras (1)
  MP 0,0 781
negro (16)
  MP 3,5 873   ZP 1,1 929   PB 0,0 979
  PB 0,0 987   CA 1,1 1061   CA 1,1 1069
  CA 2,1 1088   CA 3,1 1108   CA 3,1 1108
  CA 3,1 1109   BS 1,3 1194   BS 2,1 1220
  BS 3,2 1268   RS 2,1 1390   BA 3,1 1523
  BA 3,1 1529
Negro (1)
  TB PBK 893
negros (5)
  TC 2,1 735   TC 6,1 779   EP RR 1152
  EP CV 1156   BA 1,1 1445
Nene (2)
  MM 1,3 684   MM 2,6 718

nerviosa (6)
  TC 1,1 726   MP 1,4 791   MP 2,5 831
  MP 2,9 853   MP 3,7 882   CA 2,1 1091
nerviosamente (1)
  ZP 1,1 915
nervioso (4)
  TC 3,1 746   MP 1,7 814   MP 2,9 853
  ZP 2,1 962
neutro (1)
  TB PBK 893
ni (3)
Nigromántica (4)
  MM 1,3 684   MM 1,5 697   MM 1,5 698
  MM 2,2 705
niker (1)
  CA 3,1 1118
ninfas (1)
  BA 1,1 1439
ningún (1)
  YE 3,2 1340
ninguna (1)
  YE 2,2 1325
niña (2)
  TC 5,1 760   BA 1,1 1444
Niña (4)
  MM 1,5 696   MP 0,0 782   MP 2,1 822
  BS 3,2 1270
niñas (2)
  MM 1,4 688   MP 0,0 781
Niñas (1)
  RS 2,1 1396
niño (10)
  TB PBK 894   CA 2,1 1102   CA 3,1 1114
  BS 1,2 1184   BS 1,2 1187   YE 1,1 1277
  YE 2,2 1317   YE 2,2 1317   YE 2,2 1317
  YE 2,2 1319
Niño (24)
  ZP 1,1 935   ZP 1,1 935   ZP 1,1 937
  ZP 1,1 938   ZP 1,1 938   ZP 2,1 943
  ZP 2,1 944   ZP 2,1 947   ZP 2,1 953
  ZP 2,1 954   ZP 2,1 957   ZP 2,1 961
  ZP 2,1 970   CA 1,1 1061   CA 1,1 1061
  CA 1,1 1061   CA 1,1 1068   CA 1,1 1069
  CA 1,1 1069   CA 1,1 1069   CA 3,1 1125
  EP RR 1150   EP RR 1151   YE 1,1 1273
niños (5)
  MP 1,8 818   MP 2,1 819   MP 2,2 824
  TB QM. 904   PB 1,1 993
Niños (6)
  MP 2,1 819   MP 2,1 821   MP 2,1 822
  MP 2,1 824   MP 3,9 891   MP 3,9 891
no (26)
noble (1)
  RS 3,1 1417
nocturnos (1)
  CA 3,1 1115
noche (8)
  MM 2,1 705   TC 3,1 741   MP 2,1 819
  PB 1,1 988   EP CV 1158   BS 2,1 1206
  BS 3,1 1245   BA 3,1 1506
normal (1)
  CA 2,1 1105
nostalgia (1)
  BA 2,1 1487
notar (2)
  MP 2,9 850   MP 3,5 873
notará (1)
  ZP 2,1 961
novecientos (2)
  BS 2,1 1220   RS 1,1 1353
novia (3)
  TC 6,1 762   CA 2,1 1099   CA 3,2 1131
Novia (40)
  CA 2,1 1078   CA 2,1 1079   CA 2,1 1079
  CA 2,1 1085   CA 2,1 1088   CA 2,1 1091
  CA 2,1 1092   CA 2,1 1097   CA 2,1 1098
  CA 2,1 1099   BS 1,3 1194   BS 1,3 1195
  BS 1,3 1195   BS 1,3 1199   BS 1,3 1201
  BS 1,3 1201   BS 1,3 1202   BS 1,3 1202
  BS 2,1 1206   BS 2,1 1206   BS 2,1 1206
  BS 2,1 1207   BS 2,1 1208   BS 2,1 1209

  BS 2,1 1220   BS 2,1 1220   BS 2,1 1220
  BS 2,1 1221   BS 2,2 1225   BS 2,2 1230
  BS 2,2 1231   BS 2,2 1235   BS 2,2 1237
  BS 2, 1240   BS 3,1 1255   BS 3,1 1260
  BS 3,2 1268   BS 3,2 1268   BS 3,2 1268
  BS 3,2 1270
Novicias (3)
  MP 3,1 860   MP 3,7 879   MP 3,9 888
novio (1)
  TC 6,1 777
Novio (14)
  BS 1,1 1178   BS 1,3 1194   BS 1,3 1194
  BS 1,3 1195   BS 1,3 1201   BS 1,3 1201
  BS 2,1 1220   BS 2,2 1232   BS 2,2 1237
  BS 2,2 1239   BS 2,2 1242   BS 2,2 1243
  BS 3,1 1252   BS 3,1 1253
novios (2)
  TC 6,1 771   ZP 1,1 929
Novios (2)
  BS 2,2 1229   BS 2,2 1238
nubes (1)
  CA 2,1 1078
nuestro (1)
nunca (1)
  TB PBK 895
o (3)
objeto (1)
  RS 2,1 1382
objetos (1)
  PB 2,1 1001
Obreros (1)
  RS 3,1 1420
observa (1)
  CA 3,1 1125
observado (1)
  DC 1,1 1020
oculta (4)
  MP 2,8 841   PB 2,1 1002   PB 3,1 1016
  CA 3,2 1140
ocultan (1)
  CA 1,1 1061
ocultándose (1)
  CA 3,2 1141
ocultar (1)
  BA 2,1 1497
ocultas (1)
  CA 3,1 1108
ocurre (1)
  MP 1,4 792
ocho (1)
  MP 1,7 810
odio (4)
  ZP 2,1 963   BA 2,1 1498   BA 2,1 1499
  BA 3,1 1512
ofendida (1)
  CA 1,1 1066
ofrece (2)
  ZP 2,1 968   CA 2,1 1092
ofrendas (1)
  YE 3,2 1336
oh (1)
oído (3)
  TC 4,1 750   PB 0,0 987   CA 1,1 1074
Oidor (1)
  MP 1,2 785
oiga (1)
  TC 5,1 761
oír (4)
  MM 1,5 693   MM 2,7 720   MP 2,8 844
  MP 2,9 853
oírse (1)
  ZP 2,1 946
ojiabierta (1)
  ZP 2,1 952
ojo (2)
  MP 3,1 860   MP 3,1 863
ojos (21)
  MP 1,2 785   MP 1,4 790   MP 1,7 812
  TB PBK 894   TB PBK 894   TB PBK 894
  TB PBK 894   TB PBK 894   TB PBK 895
  TB DME 897   ZP 2,1 941   ZP 2,1 943

ojos (continuación)
  ZP 2,1   961   ZP 2,1   968   PB 3,1 1017
  CA 1,1 1061   CA 1,1 1077   CA 1,1 1077
  CA 2,1 1085   EP CV 1165   YE 1,1 1286
olas (1)
  TB DME   903
olvidándolo (1)
  TC 6,1   777
onza (1)
  ZP 2,1   944
ópera (1)
  TC 6,1   777
optimismo (1)
  ZP 1,1   912
opuesto (3)
  TC 5,1   756   CA 3,1 1119   BS 2,2 1235
opuestos (1)
  PB 1,1   993
orden (1)
  MP 1,2   785
oreja (2)
  MP 1,3   787   BS 2,1 1220
órgano (1)
  MP 3,1   860
Orgullos (2)
  MM 1,2   676   MM 1,5   698
orgullosa (2)
  MP 1,7   812   MP 1,7   813
original (1)
  MP 2,8   848
originalidad (1)
  MM 1,3   684
orla (1)
  MP 3,9   890
oro (5)
  CA 1,1 1045   CA 1,1 1061   CA 3,1 1112
  CA 3,1 1115   BS 1,3 1194
orquestilla (1)
  TC 6,1   776
oscilan (1)
  RS 3,1 1438
oscura (2)
  TC 2,1   735   BS 3,1 1250
oscuras (4)
  EP CV 1169   BS 3,1 1251   YE 2,2 1325
  BA 3,1 1523
oscurece (1)
  CA 2,1 1099
oscurecida (1)
  TC 4,1   751
oscurísima (1)
  YE 2,2 1326
oscuro (8)
  TC 4,1   754   MP 1,1   783   MP 1,1   783
  ZP 1,1   923   BS 1,1 1178   BS 3,1 1245
  BS 3,2 1261   RS 3,1 1435
oscuros (2)
  TB DME   898   TB DME   903
otoñal (1)
  MP 1,8   816
otoño (1)
  MP 1,1   783
Otoño (1)
  TB PBK   895
otra (35)
otras (3)
otro (19)
otros (3)
oveja (1)
  BA 3,1 1523
oye (50)
oyen (45)
oyéndola (1)
oyese (1)
paciencia (1)
  ZP 1,1   922
Padre (10)
  TC 2,1   738   TC 6,1   764   CA 2,1 1088
  CA 2,1 1092   CA 2,1 1092   CA 2,1 1097
  BS 1,3 1195   BS 1,3 1202   BS 2,1 1221
  BS 2,2 1243

paisaje (2)
  TB PBK   894   BS 2,2 1225
paisajes (1)
  BA 1,1 1439
paja (1)
  TB PBK   893
pájaro (1)
  BS 3,1 1261
pájaros (3)'
  PB 0,0   984   PB 0,0   987   PB 1,1 1000
palcos (3)
  EP CV 1155   EP CV 1158   EP CV 1162
pálida (1)
  RS 3,1 1437
palidecidas (1)
  TB DME   898
palidez (1)
  MP 2,9   849
palidísima (2)
  MP 1,5   801   MP 3,2   864
palidísimas (1)
  CA 3,1 1123
pálido (1)
  MP 3,8   884
pálidos (1)
  CA 3,1 1123
palillos (2)
  TC 5,1   759   BS 2,1 1223
palito (1)
  MM 1,6   701
palmas (3)
  TB DME   898   YE 3,2 1343   RS 2,1 1411
palmera (3)
  TC 2,1   735   TC 4,1   750   TC 4,1   754
palmotea (1)
  CA 3,1 1112
Pámpano (2)
  EP RR 1150   EP RR 1154
pámpanos (2)
  EP RR 1145   EP RR 1153
pan (4)
  TB PBK   894   TB DME   898   YE 2,2 1319
  BA 1,1 1439
pana (2)
  BS 1,3 1194   RS 3,1 1420
panderetas (1)
  BS 2,1 1223
pandero (1)
  TC 2,1   737
panderos (2)
  ZP 2,1   947   BA 2,1 1486
panorama (1)
  BS 2,2 1225
pantalón (3)
  MP 2,8   841   ZP 1,1   915   ZP 1,1   929
pantalla (1)
  EP CV 1165
pantera (1)
  MM 1,5   695
pantorrilla (1)
  BS 1,2 1191
panza (2)
  MM 1,6   700   TC 6,1   778
paño (1)
  MP 2,8   841
paños (3)
  BS 3,1 1250   YE 2,1 1310   RS 2,1 1395
pañuelo (11)
  TC 1,1   726   TC 1,1   727   TC 4,1   753
  ZP 1,1   937   PB 0,0   986   CA 2,1 1105
  CA 3,1 1115   CA 3,1 1123   CA 3,1 1125
  BS 1,1 1178   BA 1,1 1469
pañuelos (1)
  BA 1,1 1445
papel (6)
  TC 6,1   770   MP 3,7   879   PB 0,0   987
  PB 1,1 1000   PB 2,1 1004   CA 1,1 1072
papeles (2)
  MP 1,7   814   MP 1,7   814
paquete (1)
  RS 3,1 1426

par (4)
  PB 1,1   997   CA 2,1 1105
para (V) (2)
  ZP 1,1   930   RS 2,1 1405
para (18)
parada (1)
  YE 2,2 1311
paradas (1)
  YE 3,1 1331
parar (1)
  CA 1,1 1076
pardo (1)
  RS 2,1 1390
parecer (1)
  MP 3,9   888
pared (7)
  TC 1,1   734   TC 1,1   735   MP 3,7   883
  TB DME   898   BS 3,2 1261   BA 3,1 1512
  BA 3,1 1530
paredes (9)
  TC 3,1   741   TC 6,1   762   MP 0,0   781
  MP 1,1   783   PB 0,0   979   PB 1,1   988
  CA 2,1 1078   BS 1,3 1194   BA 3,1 1506
pareja (1)
  RS 2,1 1411
parte (V) (1)
  BA 3,1 1529
parte (2)
  MM 2,1   702   TC 6,1   762
partido (1)
  MM 1,2   676
parto (1)
  DC 1,1 1042
pasa (6)
  MP 3,8   886   PB 0,0   987   CA 3,1 1125
  BS 1,3 1199   YE 1,1 1277   YE 2,2 1311
pasado (1)
  RS 3,1 1412
pasan (5)
  MM 1,4   688   TC 6,1   770   ZP 2,1   941
  BS 2,2 1234   BS 3,1 1255
pasándole (2)
  ZP 2,1   945   CA 2,1 1079
pasar (2)
  MP 3,7   879   YE 3,2 1343
pasea (4)
  MP 1,7   810   MP 2,8   842   PB 1,1   989
  RS 3,1 1431
pasión (11)
  MP 1,7   809   MP 1,8   818   MP 2,5   827
  MP 2,5   829   MP 2,5   829   MP 2,8   847
  MP 3,6   878   MP 3,8   886   CA 2,1 1093
  YE 1,1 1285   BA 2,1 1487
pasional (1)
  MP 2,5   832
paso (4)
  CA 1,1 1069   CA 3,1 1120   EP CV   1165
  BA 2,1 1503
pasó (1)
  MM 1,5   696
pasos (3)
  MP 2,8   849   ZP 2,1   941   BA 3,1 1525
Pastor (2)
  YE 1,1 1273   YE 1,1 1273
pastores (2)
  YE 2,2 1323   YE 2,2 1326
pata mano (1)
  MM 1,4   685
pata (3)
  MM 1,3   684   CA 1,1 1061   CA 1,1 1065
patas manos (1)
  MM 1,3   684
patas (2)
  MM 1,1   671   MM 1,2   676
pateando (2)
  TC 2,1   737   TC 2,1   737
patética (1)
  BS 2,2 1226
patillas (1)
  MP 2,7   835

patio (2)
  BA 1,1 1449   BA 3,1 1506
patita (1)
  MM 1,3   684
pausa (111)
pausadamente (1)
  MP 2,7   836
pausas (1)
Payaso (7)
  CA 3,1 1111   CA 3,1 1112   CA 3,1 1113
  CA 3,1 1127   CA 3,1 1127   CA 3,1 1130
  CA 3,1 1130
pechera (1)
  MP 1,7   808
pechito (1)
  CA 1,1 1061
pecho (17)
  TC 6,1   776   TC 6,1   777   MP 1,7   810
  MP 2,9   849   MP 2,9   858   MP 3,5   875
  MP 3,8   886   PB 1,1   989   PB 2,1 1004
  PB 3,1 1016   CA 2,1 1079   CA 2,1 1091
  CA 2,1 1105   CA 3,1 1115   CA 3,1 1122
  CA 3,1 1125   BA 1,1 1470
pedales (1)
  TB PBK   894
Pedro (15)
  MP 2,5   827   MP 2,5   827   MP 2,5   828
  MP 2,5   832   MP 2,6   833   MP 2,6   833
  MP 2,6   834   MP 2,7   835   MP 2,7   835
  MP 2,7   840   MP 2,8   841   MP 2,8   841
  MP 2,8   843   MP 2,8   845   MP 2,8   847
Pedrosa (12)
  MP 2,8   849   MP 2,9   849   MP 2,9   849
  MP 2,9   851   MP 2,9   854   MP 2,9   854
  MP 2,9   856   MP 2,9   856   MP 3,4   872
  MP 3,4   873   MP 3,5   873   MP 3,5   876
pegando (2)
  TC 5,1   758   ZP 1,1   930
pegar (1)
  MM 2,4   711
pegarla (1)
  CA 2,1 1090
peina (1)
  BS 2,1 1206
peinada (1)
  RS 3,1 1415
peinadas (1)
  MP 1,2   785
peinado (2)
  MP 1,3   787   BS 2,1 1220
peinándola (1)
  BS 2,1 1207
peineta (1)
  MP 1,3   787
pelean (1)
  ZP 0,0   912
pelo (8)
  TC 3,1   741   TC 5,1   759   ZP 1,1   912
  PB 1,1   988   PB 1,1   999   CA 3,1 1115
  BS 3,2 1268   RS 3,1 1417
peluca (4)
  TC 2,1   738   PB 0,0   979   PB 0,0   984
  CA 2,1 1088
pena (3)
  MP 3,9   888   ZP 1,1   938   RS 3,1 1435
penachos (2)
  TC 1,1   731   PB 1,1   988
pendientes (1)
  RS 2,1 1390
penetrando (1)
  MM 2,1   705
penetrante (1)
  TC 3,1   743
pensando (1)
  CA 3,2 1134
pensativa (3)
  MM 1,2   677   MP 1,3   788   YE 1,1 1286
pensativo (1)
  CA 3,2 1134
penumbra (7)
  MP 1,5   800   PB 0,0   987   PB 1,1   993

penumbra (continuación)
    EP CV 1162   EP CV 1168   YE 2,2 1322
    RS 3,1 1437
pequeña (1)
    MM 1,1 671
pequeñas (1)
    EP CV 1165
pequeño (1)
    BA 3,1 1523
pequeños (3)
    ZP 1,1 912   ZP 2,1 957   BS 1,3 1194
perdiéndose (1)
    MM 2,1 702
perdió (1)
    MM 1,1 671
pereza (1)
    TC 3,1 741
perfecta (1)
    BA 3,1 1506
perfil (1)
    MP 1,7 807
perfume (1)
    MP 1,8 816
pericón (1)
    TC 1,1 728
pericones (1)
    ZP 2,1 941
periódico (1)
    TC 6,1 764
perjudiquen (1)
    MP 2,9 850
perlas (1)
    TC 1,1 731
Perlimplín (19)
    PB 0,0 979   PB 0,0 979   PB 0,0 985
    PB 1,1 988   PB 1,1 988   PB 1,1 988
    PB 1,1 988   PB 1,1 989   PB 1,1 997
    PB 1,1 997   PB 1,1 998   PB 1,1 1000
    PB 1,1 1000   PB 2,1 1001   PB 2,1 1002
    PB 2,1 1003   PB 3,1 1008   PB 3,1 1011
    PB 3,1 1012
permanecido (1)
    BS 1,2 1193
pero (22)
perpendicular (1)
    EP CV 1155
perseguido (1)
    TC 6,1 776
persianas (1)
    RS 3,1 1412
persigna (1)
    MP 2,1 822
persignándose (1)
    ZP 2,1 968
persiguiendo (1)
    ZP 1,1 937
persona (2)
    MM 1,5 689   YE 3,2 1343
personaje (4)
    TC 0,0 723   CA 2,1 1099   CA 3,1 1115
    BS 3,1 1250
personajes (8)
    MM 1,5 690   TC 6,1 776   MP 2,8 841
    MP 2,9 850   CA 1,1 1061   CA 1,1 1069
    CA 2,1 1091   YE 1,2 1297
perspectiva (2)
    MP 0,0 781   BS 3,2 1261
perspectivas (1)
    PB 2,1 1001
pesadumbre (1)
    ZP 1,1 930
pianísimo (1)
    TC 5,1 761
pianísimos (1)
    TC 6,1 766
piano (9)
    TB PBK 895   PB 0,0 981   PB 0,0 987
    PB 0,0 987   RS 1,1 1370   RS 1,1 1373
    RS 2,1 1403   RS 2,1 1405   RS 2,1 1411
pianoforte (1)
    MP 2,1 819

pie (20)
    MM 2,1 702   MP 1,4 792   MP 1,5 801
    MP 2,7 836   MP 2,8 841   MP 2,8 845
    TB PBK 895   TB PBK 895   ZP 2,1 965
    CA 1,1 1049   CA 1,1 1059   CA 2,1 1079
    BS 1,2 1193   BS 1,3 1201   YE 2,2 1311
    RS 2,1 1376   BA 1,1 1449   BA 1,1 1449
    BA 2,1 1492   BA 2,1 1496
piedra (3)
    MM 1,5 694   MM 1,6 701   PB 2,1 1003
piedras (2)
    MM 1,1 671   MP 3,9 888
piedrecita (1)
    MM 1,4 685
pieles (1)
    TB PBK 895
piensa (1)
    TB DME 903
pierden (2)
    CA 2,1 1107   EP RR 1151
pierna (3)
    TC 6,1 765   MP 2,8 841   RS 3,1 1417
piernas (3)
    TB PBK 896   CA 1,1 1059   CA 1,1 1076
pies (13)
    TC 6,1 764   TC 6,1 774   PB 1,1 988
    PB 3,1 1016   CA 1,1 1049   CA 1,1 1070
    CA 1,1 1076   CA 3,1 1120   CA 3,1 1123
    CA 3,2 1135   EP CV 1162   BS 3,1 1250
    YE 1,1 1273
pijama (1)
    CA 1,1 1045
pimientos (1)
    TC 6,1 779
pincha (1)
    TC 1,1 725
pintada (6)
    MP 0,0 781   ZP 2,1 957   ZP 2,1 959
    EP CV 1155   BS 1,1 1171   BS 1,2 1184
pintadas (1)
    MM 2,1 702
pintado (2)
    MM 2,6 718   CA 1,1 1061
pintados (6)
    TC 6,1 779   MP 1,1 783   ZP 2,1 957
    PB 0,0 979   PB 2,1 1001   CA 2,1 1078
pintarse (1)
    MM 1,3 684
pinza (5)
    MM 1,5 689   MM 1,5 690   MM 1,5 690
    MM 2,4 709   MM 2,4 711
piso (1)
    CA 2,1 1079
pisotadas (1)
    ZP 1,1 938
pistola (1)
    CA 3,2 1142
pito (1)
    TC 5,1 756
pitos (2)
    TC 6,1 776   TC 6,1 779
plan (2)
    TB PBK 895   BS 1,1 1180
plancha (1)
    MM 1,1 671
plano (3)
    TC 3,1 741   ZP 1,1 930   ZP 2,1 940
    CA 3,1 1112   YE 3,2 1340
planos (1)
    YE 2,1 1300
plantado (1)
    MM 2,1 702
plantas (1)
    MM 2,1 702
plástico (1)
    CA 3,1 1108
plata (5)
    TC 4,1 754   TC 4,1 754   ZP 1,1 915
    ZP 1,1 923   EP RR 1150
plateadas (1)
    MP 3,7 879

plateado (1)
  EP CV 1165
plateados (1)
  BS 2,2 1225
plato (1)
  ZP 2,1 968
platos (1)
  BA 3,1 1506
plaza (4)
  TC 2,1 735   TC 2,1 738   TC 4,1 750
  MP 0,0 781
plena (2)
  TC 6,1 777   YE 3,2 1336
pliegues (2)
  CA 2,1 1078   BS 3,1 1250
plisadas (1)
  BS 2,1 1220
plumajes (1)
  CA 2,1 1078
plumas (3)
  TC 1,1 731   PB 1,1 988   RS 2,1 1390
poca (1)
  TC 2,1 738
poco (10)
  MM 1,1 675   TC 1,1 727   MP 1,2 787
  MP 1,7 807   MP 2,7 836   ZP 0,0 912
  ZP 2,1 969   BS 2,2 1238   RS 3,1 1438
  BA 3,1 1526
podrán (1)
  TB PBK 895
poema (2)
  MM 1,3 684   TB PBK 895
poesía (2)
  TC 0,0 723   MP 1,5 795
poeta (2)
  MM 1,3 684   DC 1,1 1019
Poeta (1)
  DC 1,1 1039
poética (3)
  TC 2,1 736   TB PBK 895   BS 2,2 1226
polainas (1)
  MP 2,8 841
polen (1)
  MM 1,3 684
policías (1)
  TB PBK 896
polisón (2)
  TC 1,1 725   TC 1,1 734
polka (1)
  RS 2,1 1411
polquita (1)
  ZP 1,1 929
polvera (1)
  ZP 1,1 927
polvoriento (1)
  TB DME 900
polvos (2)
  ZP 1,1 927   BA 1,1 1469
Poncia (14)
  BA 1,1 1451   BA 1,1 1458   BA 1,1 1467
  BA 2,1 1471   BA 2,1 1473   BA 2,1 1491
  BA 2,1 1492   BA 2,1 1492   BA 2,1 1496
  BA 2,1 1503   BA 2,1 1503   BA 3,1 1506
  BA 3,1 1530   BA 3,1 1532
pone (18)
  MM 1,1 676   TC 6,1 765   TC 6,1 774
  MP 3,1 860   TB DME 898   ZP 1,1 929
  ZP 1,1 934   DC 1,1 1039   CA 1,1 1063
  CA 1,1 1064   CA 2,1 1086   CA 3,1 1108
  CA 3,1 1108   CA 3,2 1142   RS 1,1 1359
  RS 3,1 1437   BA 1,1 1449   BA 3,1 1529
ponen (4)
  MM 1,1 671   MP 2,8 845   YE 2,1 1305
  RS 3,1 1422
ponerse (1)
  MP 3,9 889
poniendo (2)
  TC 6,1 777   RS 1,1 1361
poniéndole (2)
  MM 1,6 700   BS 2,1 1220

poniéndose (4)
  MP 1,7 808   MP 1,7 814   MP 1,7 815
  PB 2,1 1004
popular (5)
  TC 2,1 735   MP 0,0 781   MP 1,7 813
  MP 2,8 841   BS 2,2 1225
populares (3)
  TC 2,1 737   BS 1,2 1184   YE 3,2 1340
por (177)
porque (2)
porra (13)
  TC 2,1 738   TC 3,1 748   TC 3,1 749
  TC 3,1 750   TC 5,1 758   TC 5,1 758
  TC 6,1 772   TC 6,1 772   TC 6,1 773
  TC 6,1 773   TC 6,1 778   DC 1,1 1026
  DC 1,1 1027
portada (1)
  EP CV 1155
portazo (1)
  ZP 1,1 913
portón (3)
  TC 5,1 755   BS 2,1 1206   BS 2,1 1222
posada (4)
  TC 5,1 755   TC 5,1 759   TC 5,1 759
  TC 5,1 761
posible (1)
  CA 1,1 1072
postura (1)
  CA 2,1 1105
pradito (1)
  MM 1,1 671
prado (4)
  MM 1,1 671   MM 1,1 671   MM 1,1 671
  MM 1,6 700
Prados (1)
  TB DME 903
precauciones (1)
  MP 3,3 867
precede (1)
  MP 1,7 807
preciosas (1)
  MP 3,9 888
precioso (1)
  TB PBK 895
precipitadamente (2)
  CA 2,1 1090   EP CV 1158
preciso (1)
  BS 3,2 1261
pregón (1)
  TC 5,1 756
preocupada (1)
  MP 1,3 787
presa (1)
  BS 2,1 1213
presencian (1)
  CA 3,1 1125
presto (1)
  MM 2,4 710
presurosa (1)
  MM 1,5 698
presurosas (1)
  BA 1,1 1467
primavera (1)
  YE 1,1 1273
primer (8)
  MM 2,1 705   MP 3,9 888   ZP 2,1 940
  CA 3,1 1123   CA 3,1 1123   CA 3,2 1131
  YE 3,2 1336   YE 3,2 1336
primera (8)
  TC 5,1 755   MP 3,7 882   PB 1,1 988
  PB 1,1 988   PB 1,1 988   CA 1,1 1061
  CA 3,1 1115   EP RR 1154
primero (1)
  CA 1,1 1069
primitiva (1)
  PB 2,1 1001
primitivo (1)
  EP CV 1155
Primo (3)
  RS 1,1 1370   RS 1,1 1370   RS 1,1 1373

principal - radiante

principal (1)
  MP 2,1 819
principio (1)
  YE 1,1 1284
principios (1)
  TC 2,1 735
prisa (1)
  TC 5,1 756
prismáticos (2)
  CA 2,1 1088 CA 2,1 1092
procesional (1)
  YE 2,2 1315
procurando (1)
  MP 2,9 850
profunda (3)
  MP 2,5 827 RS 3,1 1437 BA 2,1 1487
profundo (2)
  CA 3,2 1137 YE 1,1 1284
profundos (1)
  MP 1,2 785
prontitud (1)
  ZP 1,1 938
pronto (2)
  RS 3,1 1430 RS 3,1 1438
protesta (1)
  MP 1,7 812
protestando (1)
  MP 3,5 876
provocativamente (1)
  MM 1,5 698
Prudencia (3)
  BA 3,1 1506 BA 3,1 1507 BA 3,1 1512
prueba (2)
  TC 6,1 766 BS 2,1 1208
pruebas (1)
  ZP 1,1 930
público (7)
  MP 1,7 807 ZP 0,0 912 ZP 0,0 912
  PB 1,1 993 DC 1,1 1042 CA 1,1 1061
  CA 3,1 1111
pucheros (1)
  ZP 1,1 914
pudiendo (1)
  MP 3,8 884
pueblo (8)
  MM 1,1 671 MM 1,2 676 MM 1,5 689
  TC 0,0 723 TC 2,1 735 TC 3,1 741
  TC 4,1 751 YE 2,1 1300
puede (2)
  TB PBK 894 TB PBK 895
puerta (132)
puertas (10)
puertecilla (1)
  MP 2,8 848
puertecitas (1)
  ZP 1,1 912
puerto (1)
  TB DME 898
Puerto (1)
  TC 5,1 756
pues (1)
puesta (2)
  MP 2,9 849 BS 2,1 1212
puestas (1)
  MP 2,8 847
puesto (3)
  TC 2,1 735 CA 3,2 1131 RS 2,1 1376
pulsera (1)
  TC 2,1 738
pulseras (1)
  RS 2,1 1390
puntadas (1)
  TC 1,1 725
puntas (7)
  MM 1,3 684 CA 1,1 1049 CA 1,1 1070
  CA 1,1 1076 CA 3,1 1120 CA 3,1 1123
  BS 2,1 1206
puntiagudo (1)
  MP 2,8 841
puntillas (8)
  TC 1,1 725 MP 3,1 860 PB 1,1 988

  PB 1,1 988 PB 1,1 988 PB 1,1 1000
  CA 3,1 1129 YE 1,1 1273
punto (S) (1)
  BS 1,2 1184
punto (1)
  YE 1,1 1286
puñal (6)
  TC 4,1 754 TC 6,1 776 TC 6,1 776
  TB PBK 893 PB 3,1 1015 PB 3,1 1016
puñales (1)
  MP 3,7 879
pura (1)
  YE 3,2 1340
puro (1)
  CA 2,1 1079
puros (1)
  CA 2,1 1078
que (173)
qué (2)
queda (56)
quedado (1)
  TC 6,1 774
quedamente (1)
  MM 1,5 699
quedan (12)
quedando (1)
  EP CV 1168
quedándose (1)
  PB 1,1 998
queja (1)
  DC 1,1 1026
quejándose (2)
  BS 3,1 1253 BS 3,1 1253
quema (1)
  MM 1,3 684
quemada (1)
  ZP 2,1 955
querer (1)
  MP 2,5 831
queriendo (4)
  MP 1,6 804 MP 2,9 850 ZP 1,1 917
  BA 2,1 1497
queriéndolo (1)
  MP 3,8 884
queriéndose (1)
  ZP 2,1 960
quicio (1)
  ZP 1,1 933
quiebra (1)
  YE 3,2 1343
quien (2)
quiera (1)
  TC 0,0 723
quiere (1)
  CA 1,1 1051
quietos (1)
  CA 2,1 1091
quinqué (1)
  BA 3,1 1506
quisieran (1)
  TB PBK 894
quisiese (1)
  MM 2,7 719
quita (9)
  TC 1,1 730 MP 2,8 847 ZP 0,0 912
  ZP 1,1 934 CA 3,1 1108 CA 3,1 1108
  EP RR 1152 BS 2,2 1227 BA 1,1 1469
quitan (2)
  MP 2,7 835 TB DME 903
quitándose (2)
  ZP 1,1 934 ZP 2,1 977
rábanos (1)
  TC 6,1 779
rabia (5)
  TC 6,1 772 BS 1,3 1203 BS 2,1 1214
  BS 3,2 1267 BS 3,2 1268
rabioso (2)
  ZP 1,1 912 CA 3,1 1115
radiante (3)
  MP 2,5 831 MP 3,5 874 MP 3,7 883

ramas (1)
  PB 3,1 1016
ramo (1)
  BS 2,1 1208
ramos (5)
  MP 1,1 783   MP 2,1 819   CA 2,1 1078
  CA 2,1 1091   BS 1,2 1184
rapé (1)
  ZP 1,1 930
rápida (17)
  MP 1,1 784   MP 1,1 784   MP 1,1 785
  MP 1,4 790   MP 1,7 812   TB QM.   910
  ZP 2,1 967   ZP 2,1 970   ZP 2,1 971
  ZP 2,1 971   RS 1,1 1353   RS 1,1 1369
  RS 2,1 1386   RS 2,1 1387   RS 3,1 1417
  RS 3,1 1423   BA 1,1 1467
rápidamente (33)
  TC 4,1 750   MP 1,4 791   MP 1,5 795
  MP 1,6 806   MP 1,7 814   MP 2,5 829
  MP 2,8 848   MP 2,8 848   MP 2,9 854
  MP 3,3 867   MP 3,7 882   MP 3,8 887
  ZP 0,0 911   ZP 1,1 921   ZP 1,1 923
  ZP 1,1 933   ZP 2,1 943   ZP 2,1 943
  ZP 2,1 963   ZP 2,1 964   CA 1,1 1069
  CA 1,1 1076   CA 1,1 1076   CA 1,1 1077
  CA 2,1 1091   CA 2,1 1105   CA 2,1 1107
  EP CV 1155   EP CV 1162   BS 2,2 1241
  BS 3,1 1253   YE 2,2 1325
rápidas (2)
  RS 2,1 1385   BA 1,1 1467
rapidez (3)
  TC 1,1 727   MP 3,8 887   ZP 2,1 962
rapidísima (1)
  TC 6,1 775
rapidísimamente (1)
  ZP 2,1 963
rápido (5)
  MP 1,7 814   ZP 1,1 922   ZP 1,1 937
  ZP 2,1 970   ZP 2,1 973
rápidos (2)
  MP 1,2 785   BS 3,1 1255
rara (1)
  TC 6,1 776
rasca (1)
  MM 1,5 689
rascándose (2)
  ZP 1,1 919   PB 0,0 982
rasga (1)
  MP 1,6 803
rasgos (1)
  MP 3,1 860
raso (2)
  CA 3,2 1135   BS 1,3 1194
rata (2)
  TC 3,1 750   TC 5,1 758
rayas (1)
  PB 0,0 979
rayo (1)
  MM 2,1 705
ra[m]as (1)
  BS 3,1 1250
reacciona (2)
  BS 1,1 1178   BA 2,1 1496
reaccionando (8)
  MP 2,9 856   MP 3,8 886   ZP 1,1 915
  ZP 2,1 969   ZP 2,1 975   ZP 2,1 977
  PB 1,1 999   RS 1,1 1364
realidad (2)
  MM 1,1 675   CA 3,1 1112
realizado (1)
  MP 2,8 843
rebaños (2)
  ZP 1,1 934   YE 2,2 1325
recado (1)
  PB 0,0 987
recelo (1)
  ZP 1,1 925
receloso (1)
  MM 1,5 695
reciben (1)
  MP 2,7 835

recién (2)
  MP 2,8 841   TB PBK 894
recitar (1)
  RS 3,1 1420
recoge (4)
  MP 1,3 788   MP 3,4 873   PB 2,1 1003
  CA 3,1 1118
recogerlo (1)
  MP 2,9 854
recogiéndose (1)
  PB 1,1 999
reconviniéndola (1)
  MP 2,9 857
recordando (8)
  MM 2,2 706   MP 2,1 822   MP 2,9 851
  MP 2,9 853   ZP 1,1 921   CA 2,1 1097
  BS 2,1 1211   YE 1,2 1289
recordar (1)
  MP 2,5 831
recordara (1)
  CA 1,1 1076
rechaza (2)
  MP 2,9 856   BA 3,1 1527
redecilla (1)
  TC 5,1 755
redondas (1)
  BS 1,3 1194
redondo (1)
  BA 1,1 1451
redondos (1)
  BS 1,3 1194
reducida (1)
  CA 3,1 1123
reflejada (1)
  MP 3,9 888
refresco (2)
  ZP 2,1 940   BS 1,2 1188
refrescos (1)
  ZP 1,1 938
refugia (1)
  ZP 1,1 938
refugiándose (1)
  CA 3,1 1122
refugiarse (1)
  MM 1,5 694
refunfuñando (1)
  BA 3,1 1517
refunfuñona (1)
  MM 2,1 705
regañona (1)
  MM 1,1 672
rehaciéndose (1)
  MP 2,9 851
reír (2)
  EP CV 1167   RS 2,1 1398
reja (8)
  TC 1,1 725   TC 1,1 725   TC 1,1 725
  TC 1,1 725   TC 1,1 727   TC 1,1 728
  TC 1,1 731   TC 1,1 731
relación (1)
  ZP 2,1 943
relamiéndose (2)
  MM 1,5 692   MM 1,5 693
reloj (17)
  TC 1,1 734   TC 1,1 735   TC 5,1 758
  MP 1,6 806   MP 1,7 810   MP 1,7 810
  MP 2,6 834   MP 2,7 837   MP 2,7 837
  PB 3,1 1014   CA 1,1 1047   CA 1,1 1058
  CA 3,2 1144   EP CV 1164   YE 1,1 1273
  RS 3,1 1412   RS 3,1 1412
relojes (1)
  MP 1,5 795
reluciente (3)
  MM 1,1 671   BS 1,3 1195   BS 3,2 1261
remanga (1)
  CA 3,1 1111
remata (1)
  DC 1,1 1028
rematada (1)
  ZP 1,1 923

rematadas (1)
  BA 1,1 1439
remeda (1)
  TC 5,1 756
remedándola (2)
  TC 6,1 773 BA 1,1 1463
removiéndose (1)
  TC 5,1 761
rendida (1)
  PB 1,1 1000
rendija (1)
  MP 2,8 848
repartiendo (1)
  CA 3,2 1139
reparto (1)
  BS 3,1 1250
repeluzno (1)
  ZP 1,1 934
repente (1)
  TC 6,1 772
repitiendo (1)
  MP 3,4 872
reponerse (1)
  MP 1,6 804
reponiéndose (3)
  MP 1,5 796 MP 1,5 796 MP 1,6 806
reprendiéndola (1)
  MP 2,1 821
representa (4)
  MM 1,1 671 TC 0,0 723 TC 2,1 735
  TC 5,1 755
representando (1)
  MP 0,0 781
reprimiendo (1)
  MP 1,6 802
repugnante (1)
  MM 1,2 676
resaltan (1)
  CA 1,1 1061
reservada (1)
  MP 2,5 827
reservado (1)
  MP 2,9 857
resignada (2)
  MP 1,4 792 MP 1,7 807
resistir (1)
  MP 3,8 884
respira (2)
  MP 3,5 875 YE 1,1 1286
resplandeciente (1)
  PB 0,0 982
resplandor (1)
  BS 3,1 1249
responden (1)
  ZP 1,1 913
retintín (1)
  ZP 2,1 951
retira (4)
  TC 4,1 750 ZP 0,0 912 CA 2,1 1092
  BA 3,1 1532
retiran (3)
  MM 2,5 716 TC 6,1 780 MP 3,7 882
retirando (1)
  MP 1,5 799
retirándolo (1)
  MP 3,8 886
retirándose (2)
  MM 2,4 711 MP 2,9 854
retirarse (1)
  TC 1,1 728
retrato (1)
  TC 6,1 762
retrepada (1)
  BA 3,1 1512
retrocede (1)
  ZP 1,1 933
retrocediendo (1)
  ZP 1,1 931
reverencia (2)
  TC 1,1 731 TB PBK 896

reverso (1)
  EP CV 1165
revolotea (1)
  TB PBK 893
revoltosas (1)
  MM 1,4 688
revuelve (1)
  ZP 1,1 917
reyes (1)
  BA 1,1 1439
ricamente (1)
  RS 2,1 1396
rico (1)
  MP 2,8 841
ríe (25)
  TC 4,1 751 TC 5,1 756 TC 6,1 776
  MP 1,4 789 MP 1,4 790 MP 3,3 867
  TB QM. 905 ZP 1,1 929 ZP 1,1 931
  PB 0,0 983 PB 0,0 987 CA 1,1 1046
  CA 1,1 1058 CA 3,1 1111 CA 3,1 1112
  BS 1,1 1174 YE 1,1 1285 YE 1,2 1287
  YE 1,2 1294 YE 1,2 1294 YE 1,2 1295
  YE 1,2 1295 YE 3,2 1336 RS 2,1 1398
  RS 3,1 1434
ríen (23)
  TC 3,1 750 MP 1,4 792 ZP 2,1 944
  ZP 2,1 954 ZP 2,1 957 ZP 2,1 959
  PB 1,1 994 PB 1,1 995 PB 1,1 995
  CA 3,2 1138 YE 2,1 1301 YE 2,1 1302
  YE 2,1 1304 RS 1,1 1358 RS 2,1 1396
  RS 2,1 1398 RS 2,1 1401 RS 2,1 1407
  RS 2,1 1410 BA 1,1 1453 BA 1,1 1465
  BA 2,1 1476 BA 2,1 1477
rienda (1)
  MP 1,6 805
riendo (21)
  MM 1,5 695 MM 2,4 711 MP 1,2 786
  MP 2,1 820 MP 2,1 820 MP 2,2 825
  ZP 1,1 924 PB 1,1 990 CA 1,1 1059
  CA 3,1 1112 CA 3,1 1115 CA 3,2 1137
  BS 1,1 1172 BS 1,1 1174 BS 2,1 1220
  YE 1,1 1283 YE 1,2 1295 RS 1,1 1360
  RS 2,1 1378 BA 1,1 1443 BA 2,1 1476
riéndose (3)
  MP 1,2 786 ZP 1,1 927 ZP 2,1 944
rígida (1)
  BS 2,2 1231
rígido (1)
  CA 2,1 1105
rincón (1)
  TC 3,1 747 PB 2,1 1002 CA 2,1 1092
riñen (1)
  TB QM. 908
risa (5)
  MM 1,5 694 RS 2,1 1396 RS 2,1 1396
  RS 2,1 1398 RS 2,1 1398
risas (9)
  TC 3,1 744 TC 3,1 744 TC 3,1 745
  MP 1,8 818 TB QM. 904 YE 2,1 1304
  RS 1,1 1359 RS 1,1 1364 RS 2,1 1410
rítmicamente (1)
  BS 3,2 1266
ritmo (3)
  ZP 1,1 929 ZP 1,1 938 YE 2,1 1310
rizado (1)
  CA 1,1 1061
rizados (2)
  CA 1,1 1072 YE 3,2 1338
rocío (1)
  MM 1,1 671
rodea (1)
  ZP 2,1 953
rodeada (2)
  MM 1,1 671 BS 2,1 1220
rodeado (1)
  CA 3,1 1108
rodillas (5)
  ZP 1,1 935 ZP 1,1 935 ZP 2,1 952
  ZP 2,1 957 YE 3,2 1348
rodilleras (1)
  CA 2,1 1078

roja (5)
ZP 1,1   915   PB 3,1 1012   PB 3,1 1016
EP RR   1150   BS 3,2 1261
rojas (4)
TC 6,1   779   CA 1,1 1061   EP CV   1156
BA 1,1 1451
rojo (7)
MM 1,1   671   MP 2,7   837   ZP 2,1   940
PB 1,1   989   PB 1,1 1000   CA 1,1 1069
RS 3,1 1417
rojos (2)
EP RR   1145   EP RR   1152
rollo (1)
ZP 2,1   953
romance (5)
MP 0,0   781   MP 2,1   823   MP 2,1   824
MP 2,8   844   MP 3,9   891
Romanos (1)
EP RR   1151
romántica (2)
MM 1,2   680   TC 6,1   774
romería (2)
YE 3,2 1350   YE 3,2 1350
romeros (1)
YE 3,2 1346
rompe (4)
MP 2,9   854   ZP 2,1   960   ZP 2,1   978
RS 1,1 1369
rompen (1)
RS 2,1 1398
rompiendo (7)
TB QM.   910   ZP 2,1   963   EP CV   1167
RS 2,1 1382   RS 3,1 1420   BA 1,1 1445
BA 1,1 1466
ronca (1)
DC 1,1 1038
roncando (1)
TC 5,1   760
rondando (1)
TC 2,1   735
ronquidos (1)
DC 1,1 1022
ropa (2)
ZP 1,1   933   YE 1,1 1278
rosa (23)
TC 1,1   725   TC 1,1   727   TC 2,1   738
TC 5,1   757   TC 5,1   759   TC 6,1   762
TC 6,1   769   MP 0,0   781   MP 1,3   787
MP 3,9   888   ZP 1,1   927   CA 1,1 1063
CA 2,1 1078   CA 2,1 1088   CA 2,1 1102
BS 1,2 1184   BS 1,3 1194   BS 1,3 1194
RS 1,1 1353   RS 2,1 1386   RS 2,1 1410
RS 2,1 1411   RS 3,1 1415
rosado (1)
TC 6,1   762
rosales (1)
PB 3,1 1011
rosas (7)
TC 6,1   770   MP 1,1   783   MP 3,7   879
TB PBK   895   ZP 1,1   912   CA 1,1 1061
RS 1,1 1373
Rosita (51)
TC 1,1   725   TC 1,1   725   TC 2,1   735
TC 2,1   736   TC 2,1   738   TC 4,1   754
TC 4,1   754   TC 6,1   762   TC 6,1   762
TC 6,1   764   TC 6,1   765   TC 6,1   768
TC 6,1   770   TC 6,1   772   TC 6,1   776
TC 6,1   776   TC 6,1   778   TC 6,1   778
TC 6,1   780   TC 6,1   780   DC 1,1 1031
DC 1,1 1038   DC 1,1 1039   DC 1,1 1039
DC 1,1 1041   DC 1,1 1042   DC 1,1 1042
RS 1,1 1354   RS 1,1 1358   RS 1,1 1369
RS 1,1 1370   RS 1,1 1370   RS 1,1 1373
RS 1,1 1373   RS 2,1 1375   RS 2,1 1386
RS 2,1 1394   RS 2,1 1395   RS 2,1 1396
RS 2,1 1396   RS 2,1 1398   RS 2,1 1399
RS 2,1 1406   RS 2,1 1407   RS 2,1 1407
RS 2,1 1411   RS 2,1 1411   RS 3,1 1415
RS 3,1 1416   RS 3,1 1426   RS 3,1 1437
rostro (2)
CA 1,1 1061   BS 3,1 1250

rostros (1)
MP 3,9   888
rota (2)
MM 1,5   697   MM 2,2   708
rotundo (1)
CA 2,1 1104
rotundos (1)
MP 2,9   850
rubia (1)
MP 1,2   785
ruborizándose (1)
MM 1,2   683
rueda (1)
TB DME   903
ruedas (2)
TB PBK   894   YE 3,2 1336
Rugby (4)
CA 2,1 1078   CA 2,1 1079   CA 2,1 1079
CA 2,1 1079
rugido (1)
BA 3,1 1531
ruido (9)
MM 1,5   697   TC 1,1   731   MP 2,9   850
ZP 1,1   934   ZP 2,1   978   CA 3,2 1142
BS 1,3 1205   YE 3,2 1340   BA 3,1 1506
ruidos (2)
EP CV   1159   YE 3,2 1339
ruiseñor (2)
TB PBK   896   PB 3,1 1014
ruiseñores (1)
TB PBK   896
rumor (1)
BA 2,1 1505
rumores (2)
ZP 2,1   955   BA 2,1 1503
runrún (1)
ZP 2,1   977
rústica (1)
YE 3,2 1336
rutilante (1)
TB PBK   896
sábana (1)
RS 3,1 1423
sabe (1)
MP 3,3   868
saben (1)
TB PBK   895
saca (10)
TC 1,1   726   MP 1,7   810   TB PBK   893
PB 0,0   986   DC 1,1 1028   CA 1,1 1075
CA 3,1 1115   CA 3,2 1137   CA 3,2 1142
BS 1,3 1195
sacan (1)
RS 3,1 1421
sacando (6)
TC 4,1   753   TC 6,1   776   MP 1,7   814
MP 2,1   821   PB 3,1 1015   CA 2,1 1090
sacar (1)
MP 1,7   810
sacaran (1)
RS 3,1 1421
sacuden (1)
MP 2,7   835
sacudiendo (1)
MP 1,4   790
sala (4)
TC 1,1   725   MP 2,1   819   PB 1,1   988
RS 3,1 1412
saldrá (1)
TC 0,0   723
sale (155)
salen (50)
sales (1)
CA 3,1 1123
salida (4)
PB 1,1   988   YE 2,2 1325   RS 1,1 1351
BA 2,1 1503
salido (4)
MP 1,8   816   MP 2,8   848   MP 2,9   859
BA 3,1 1525
saliendo (39)

salió - ser

salió (1)
  RS 1,1 1370
salir (15)
  MP 1,6 805   MP 2,5 828   CA 1,1 1069
  CA 1,1 1070   CA 3,2 1135   BS 1,1 1172
  BS 1,2 1193   BS 2,1 1222   YE 1,1 1274
  YE 1,2 1296   RS 2,1 1385   BA 1,1 1458
  BA 2,1 1479   BA 2,1 1503   BA 3,1 1530
saliva (1)
  ZP 1,1 921
salón (1)
  RS 2,1 1375
saloncillo (1)
  TC 5,1 755
salta (2)
  ZP 2,1 953   CA 2,1 1078
saltando (5)
  MM 2,4 711   TC 5,1 757   PB 1,1 998
  CA 3,1 1109   BA 2,1 1494
salto (3)
  TC 6,1 768   TB DME 903   CA 1,1 1057
saludan (1)
  RS 2,1 1396
salva (2)
  EP CV 1155   EP CV 1157
salvaje (1)
  MP 2,9 856
sana (1)
  MP 3,3 867
sangre (3)
  MP 3,2 865   CA 1,1 1061   CA 3,1 1125
Santa María Egipcíaca (1)
  MP 3,1 860
Santa Rosa de Lima (1)
  TC 6,1 762
santa (1)
  MM 2,1 702
santigua (2)
  BS 1,1 1183   BA 3,1 1532
santiguan (3)
  MP 3,7 879   ZP 2,1 941   BA 1,1 1449
santiguándose (1)
  BA 1,1 1448
santo (1)
  MM 1,5 697
sarcasmo (2)
  YE 3,2 1337   BA 2,1 1483
sarcástica (3)
  EP RR 1146   BS 3,1 1259   BS 3,2 1269
sastre (1)
  ZP 2,1 940
satisfacción (3)
  MP 2,1 824   MP 3,5 876   PB 3,1 1009
satisfecho (1)
  YE 2,2 1324
se (629)
seca (6)
  MM 1,4 688   MM 1,5 698   CA 3,1 1125
  BS 2,2 1238   BS 3,2 1264   BA 2,1 1471
seco (5)
  MM 1,1 671   MP 2,7 839   MP 2,9 849
  CA 1,1 1061   CA 3,2 1133
secreto (1)
  ZP 2,1 942
seda (7)
  MP 1,1 783   MP 2,1 819   MP 2,8 841
  TB PBK 894   TB DME 898   CA 2,1 1105
  CA 3,1 1115
seguidas (1)
  MP 3,4 872
seguido (2)
  MP 2,1 824   MP 3,5 878
según (1)
  MP 0,0 782
segunda (3)
  TC 5,1 755   BS 2,2 1237   BA 2,1 1489
segundo (A) (1)
  BS 3,1 1261
segundo (1)
  MP 1,8 816

segura (1)
  MP 1,7 808
seguro (1)
  TB PBK 894
seis (6)
  MP 2,5 827   PB 1,1 988   CA 1,1 1047
  YE 3,2 1338   RS 3,1 1412   RS 3,1 1412
semblante (1)
  MP 1,6 803
sembrado (1)
  CA 3,1 1115
sencillez (1)
  ZP 2,1 940
sencillo (1)
  CA 2,1 1086
sensación (1)
  CA 3,1 1111
sensual (1)
  MP 2,9 856
sensualidad (1)
  BS 3,1 1260
sentada (11)
  TC 1,1 725   MP 1,1 783   MP 2,1 819
  MP 2,8 843   ZP 1,1 928   ZP 1,1 938
  EP RR 1145· BS 1,1 1178   YE 1,2 1297
  BA 2,1 1488   BA 3,1 1506
sentadas (1)
  BA 2,1 1471
sentado (8)
  MM 1,5 694   TC 5,1 755   ZP 2,1 940
  PB 1,1 1000   CA 1,1 1045   CA 1,1 1045
  CA 1,1 1063   YE 2,2 1311
sentados (1)
  BS 1,3 1194
sentándose (12)
  MP 2,1 820   MP 2,9 851   MP 2,9 854
  ZP 1,1 924   ZP 1,1 937   ZP 2,1 954
  CA 1,1 1057   CA 2,1 1095   BA 2,1 1485
  BA 2,1 1485   BA 2,1 1485   BA 2,1 1485
sentarse (1)
  YE 1,1 1286
sentido (S) (1)
  ZP 1,1 928
sentido (2)
  BS 3,2 1261   YE 3,2 1340
sentimiento (2)
  MP 2,1 824   MP 2,8 849
seña (1)
  MP 2,9 851
señá (2)
  TC 2,1 735   TC 6,1 772
señal (1)
  MP 3,7 882
señala (7)
  MP 2,9 854   ZP 2,1 962   BS 1,2 1191
  BS 1,2 1191   BS 1,2 1191   YE 1,2 1297
  RS 3,1 1421
señalando (11)
  MP 2,9 859   MP 3,7 882   ZP 2,1 958
  CA 1,1 1048   CA 3,1 1113   CA 3,1 1117
  CA 3,1 1130   CA 3,1 1130   CA 3,2 1135
  BA 1,1 1462   BA 3,1 1529
señas (3)
  MP 1,8 818   MP 2,5 832   ZP 2,1 943
señora (1)
señoritas (1)
  sepa (1)
  MP 2,1 822
separa (4)
  MM 1,5 689   MP 2,5 829   PB 1,1 999
  BS 2,2 1244
separados (1)
  ZP 2,1 977
separándose (1)
  CA 2,1 1080
separarlas (1)
  BS 3,2 1269
ser (9)
  MM 1,5 695   ZP 1,1 920   PB 1,1 993
  PB 3,1 1016   CA 1,1 1072   CA 1,1 1072
  CA 3,1 1112   CA 3,1 1115   BA 3,1 1506

será (3)
serafines (1)
  TB PBK 895
serán (1)
serena (2)
  MP 2,9 851 BS 1,1 1183
serenándose (1)
  CA 3,1 1116
serenata (1)
  PB 3,1 1011
serenidad (3)
  MP 2,9 849 MP 2,9 851 YE 2,2 1321
sereno (3)
  MP 2,5 827 MP 2,6 833 MP 3,5 877
seria (15)
  MM 1,6 700 TC 1,1 729 MP 1,4 789
  MP 1,4 792 ZP 1,1 922 ZP 2,1 954
  PB 0,0 984 BS 1,1 1175 BS 1,1 1177
  BS 1,3 1200 BS 2,1 1207 BS 2,1 1212
  BS 2,2 1243 RS 2,1 1386 RS 2,1 1399
serias (1)
  RS 2,1 1396
serio (12)
  MM 1,5 691 MM 2,4 710 TC 2,1 739
  MP 1,5 800 MP 2,9 852 ZP 2,1 965
  CA 1,1 1048 CA 1,1 1073 CA 1,1 1076
  CA 3,2 1134 EP CV 1166 BS 1,2 1190
setas (1)
  MM 2,1 702
severa (2)
  MM 2,1 704 MP 3,5 877
severamente (1)
  CA 1,1 1072
severo (2)
  CA 3,1 1113 CA 3,2 1134
si (15)
Siberia (1)
  TB DME 898
siempre (13)
  TC 5,1 756 MP 1,3 788 MP 1,3 789
  MP 1,4 789 ZP 2,1 940 CA 1,1 1070
  CA 1,1 1076 CA 2,1 1099 CA 2,1 1105
  CA 3,1 1123 EP CV 1165 BS 3,1 1253
  BA 2,1 1498
sien (2)
  MP 1,2 785 ZP 2,1 969
siendo (1)
sienta (52)
sientan (14)
siente (V) (1)
  MP 2,1 820
siente (7)
  MM 1,2 683 MM 1,5 695 MM 2,4 712
  TC 6,1 778 MP 1,7 810 BS 1,3 1205
  BA 2,1 1504
sienten (2)
  TC 1,1 731 TC 3,1 743
siete (3)
  TC 5,1 755 MP 1,1 783 YE 3,2 1340
sigilo (5)
  MP 3,1 860 MP 3,1 863 CA 1,1 1047
  CA 1,1 1055 BA 3,1 1523
sigilosamente (1)
  YE 2,2 1325
siglo (3)
  TC 2,1 735 MP 1,5 795 TB DME 900
signando (2)
  RS 1,1 1353 RS 1,1 1353
sigue (9)
  TC 3,1 741 TC 5,1 757 MP 1,4 792
  TB PBK 894 ZP 1,1 924 PB 0,0 987
  PB 1,1 989 CA 2,1 1085 RS 3,1 1421
siguen (2)
  ZP 1,1 931 BA 2,1 1476
siguiendo (1)
  ZP 2,1 947
silba (2)
  TC 2,1 735 TC 5,1 756
silbando (1)
  CA 2,1 1080

silbato (3)
  EP RR 1150 EP RR 1150 EP RR 1150
silbido (4)
  TC 1,1 725 TC 1,1 725 TC 1,1 725
  BA 3,1 1529
silbidos (3)
  PB 1,1 989 PB 1,1 992 PB 1,1 993
silencio (28)
  MM 2,2 707 TC 3,1 747 MP 2,8 846
  MP 2,9 849 MP 3,8 884 ZP 2,1 940
  ZP 2,1 956 CA 1,1 1047 CA 2,1 1091
  BS 1,3 1195 BS 1,3 1202 BS 3,1 1261
  YE 1,2 1297 YE 2,1 1305 YE 2,2 1325
  RS 1,1 1360 RS 1,1 1369 RS 3,1 1412
  RS 3,1 1412 RS 3,1 1421 RS 3,1 1426
  BA 1,1 1439 BA 2,1 1486 BA 2,1 1492
  BA 2,1 1492 BA 2,1 1492 BA 3,1 1506
  BA 3,1 1531
silencios (3)
  MP 2,9 850 MP 2,9 850 BA 2,1 1490
silenciosa (1)
  YE 2,2 1320
silenciosos (1)
  CA 3,2 1141
Silvia (9)
  MM 1,2 676 MM 1,2 676 MM 1,3 684
  MM 1,4 685 MM 1,5 689 MM 1,5 690
  MM 1,5 692 MM 1,5 694 MM 1,5 695
silla (19)
  TC 6,1 764 TC 6,1 765 MP 1,7 807
  ZP 1,1 928 ZP 1,1 928 ZP 1,1 928
  ZP 1,1 929 ZP 2,1 944 ZP 2,1 966
  CA 2,1 1092 CA 2,1 1095 BS 1,1 1180
  BS 2,1 1206 RS 2,1 1376 RS 3,1 1412
  RS 3,1 1438 BA 2,1 1488 BA 3,1 1512
sillas (7)
  MP 3,1 860 ZP 1,1 934 ZP 2,1 977
  PB 0,0 979 CA 1,1 1063 BA 1,1 1439
  BA 2,1 1471
sillín (1)
  TB PBK 894
sillón (3)
  TC 5,1 755 CA 1,1 1076 CA 1,1 1076
simpático (1)
  MP 2,5 827
simple (1)
  BS 3,2 1261
simplicidad (1)
  BA 3,1 1506
sin (24)
sinfonía (1)
  TC 6,1 780
Singer (1)
  TB PBK 895
siniestra (1)
  MP 1,3 787
sino (2)
siquiera (1)
  BS 3,2 1261
sirenas (1)
  TB DME 903
sirve (5)
  TC 2,1 738 ZP 2,1 949 PB 1,1 988
  CA 3,2 1132 BA 3,1 1506
sisean (1)
  ZP 2,1 960
sitio (5)
  MM 2,4 712 MP 2,9 854 MP 2,9 859
  MP 3,8 884 YE 1,1 1286
situadas (1)
  YE 2,1 1300
sobre (55)
sobrecogida (1)
  BA 2,1 1480
sobresaltada (1)
  MP 3,1 864
sobresalto (1)
  BS 2,2 1237
Sobrino (2)
  RS 1,1 1361 RS 1,1 1363

sofá - suelo

sofá (9)
  MP 1,3 788   MP 2,8 843   MP 2,9 859
  CA 1,1 1057   CA 1,1 1057   CA 1,1 1057
  CA 2,1 1079   CA 2,1 1107   CA 3,2 1144
sofocada (2)
  MP 1,2 787   PB 2,1 1007
sol (3)
  MM 1,3 684   MM 1,4 685   BA 2,1 1486
sola (8)
  TC 1,1 735   TC 2,1 738   TB PBK 894
  BS 3,2 1267   RS 1,1 1361   RS 1,1 1370
  RS 3,1 1438   BA 1,1 1439
solapa (1)
  MP 2,9 854
solapas (1)
  BS 2,1 1215
solemne (1)
  MP 3,9 891
solitaria (2)
  MP 1,8 816   MP 3,1 860
solo (3)
  TC 2,1 737   TC 3,1 743   CA 3,1 1125
sólo (1)
  CA 2,1 1079
solos (1)
  BS 2,1 1223
soltando (3)
  MM 1,2 679   TC 6,1 772   ZP 1,1 928
soltarle (1)
  CA 2,1 1092
Soltera (2)
  RS 2,1 1411   RS 2,1 1411
Solterona (4)
  RS 2,1 1397   RS 2,1 1411   RS 3,1 1435
  RS 3,1 1436
Solteronas (8)
  RS 2,1 1390   RS 2,1 1390   RS 2,1 1395
  RS 2,1 1396   RS 2,1 1398   RS 2,1 1398
  RS 2,1 1401   RS 2,1 1411
sollozando (1)
  MP 1,6 805
sollozos (1)
  RS 1,1 1363
sombra (3)
  MM 1,1 671   CA 3,2 1135   BS 3,2 1261
sombrerillo (1)
  TC 2,1 735
sombrerito (1)
  TC 3,1 741
sombrero (13)
  MP 1,6 803   MP 1,7 807   MP 1,7 815
  MP 2,8 841   TB PBK 893   ZP 0,0 912
  ZP 1,1 930   ZP 2,1 940   ZP 2,1 969
  CA 1,1 1071   CA 3,1 1115   BS 2,1 1217
  RS 2,1 1390
Sombrero (1)
  ZP 2,1 940
sombreros (2)
  TC 6,1 779   RS 2,1 1390
sombría (4)
  BS 2,2 1230   BS 2,2 1237   YE 1,1 1277
  YE 2,2 1325
sombrilla (4)
  MM 1,2 676   RS 1,1 1358   RS 1,1 1358
  RS 1,1 1364
sombríos (1)
  BS 2,2 1225
son (9)
sonando (1)
  PB 0,0 987
sonar (4)
  PB 1,1 997   PB 3,1 1011   YE 3,2 1341
  BA 1,1 1445
sonarán (1)
  TC 0,0 723
sonata (1)
  PB 0,0 979
sonido (2)
  PB 1,1 1000   YE 2,2 1323
sonreír (2)
  MP 2,9 850   MP 2,9 852

sonríe (5)
  MP 1,5 797   MP 3,3 868   MP 3,5 875
  TB PBK 895   RS 3,1 1433
sonriendo (14)
sonriente (6)
sonrisa (2)
  MP 2,9 855   MP 3,3 867
sonrisas (1)
  YE 3,2 1343
soñando (10)
  MM 1,1 675   MM 1,2 683   MM 1,4 686
  MM 2,5 714   MP 2,1 823   MP 2,5 828
  MP 3,6 878   ZP 1,1 922   BS 1,2 1193
  YE 2,2 1316
soñoliento (1)
  BS 2,1 1211
Sor Carmen (3)
  MP 3,5 878   MP 3,9 888   MP 3,9 891
sorbiendo (1)
  RS 2,1 1383
sorbos (1)
  ZP 2,1 968
sorna (5)
  MM 2,1 703   ZP 1,1 923   CA 1,1 1074
  YE 3,2 1336   BA 2,1 1498
sorprendida (4)
  MP 3,4 873   ZP 2,1 969   PB 3,1 1013
  BS 2,1 1210
sorprendido (1)
  PB 3,1 1012
sorpresa (2)
  MP 1,7 811   TB PBK 895
sortija (3)
  MP 1,3 787   MP 2,9 853   MP 2,9 853
sostenida (1)
  RS 3,1 1438
sostenido (2)
  CA 2,1 1078   EP RR   1152
sostiene (1)
  RS 3,1 1417
su (90)
suave (14)
  MM 2,1 702   MP 1,2 787   MP 1,7 814
  MP 2,5 828   MP 2,9 854   MP 3,3 867
  MP 3,9 888   ZP 1,1 912   PB 1,1 989
  CA 1,1 1070   CA 3,1 1119   CA 3,2 1140
  YE 2,2 1322   RS 1,1 1363
suavemente (4)
  TB DME 903   CA 1,1 1078   CA 2,1 1105
  YE 2,2 1320
suavidad (1)
  BA 2,1 1499
suavizador (1)
  TC 5,1 755
suavizar (1)
  ZP 1,1 917
subiendo (1)
  CA 3,1 1124
subir (1)
  CA 3,1 1124
súbita (1)
  MP 3,5 876
súbitamente (1)
  TC 6,1 763
subrayando (1)
  MP 2,7 837
sudoroso (1)
  ZP 2,1 970
Suegra (2)
  BS 1,2 1184   BS 3,2 1264
suelo (27)
  MM 1,2 679   MM 1,5 697   MM 2,1 702
  MM 2,7 719   TC 2,1 737   TC 2,1 737
  TB PBK 894   TB PBK 894   ZP 1,1 938
  ZP 2,1 941   ZP 2,1 947   ZP 2,1 950
  ZP 2,1 969   CA 3,1 1119   CA 3,1 1123
  EP RR 1149   EP RR 1151   BS 3,2 1261
  BS 3,2 1268   BS 3,2 1272   YE 3,1 1334
  YE 3,2 1349   RS 1,1 1364   BA 1,1 1451
  BA 1,1 1451   BA 1,1 1470   BA 2,1 1496

suelta (5)
  TC 1,1 725   TC 6,1 773   MP 1,6 805
  CA 2,1 1092   CA 2,1 1097
suelto (1)
  PB 1,1 988
suena (15)
  TC 1,1 735   TC 6,1 780   TC 6,1 780
  MP 1,1 785   MP 3,7 879   PB 1,1 989
  CA 3,1 1108   CA 3,2 1135   EP RR 1150
  EP RR 1150   EP RR 1151   YE 1,1 1273
  RS 2,1 1389   BA 3,1 1530   BA 3,1 1531
suenan (9)
  TC 6,1 771   MP 3,1 860   PB 1,1 993
  PB 3,1 1018   DC 1,1 1036   BS 2,1 1220
  YE 2,2 1325   BA 1,1 1443   BA 1,1 1443
sueña (2)
  TC 4,1 754   MP 1,5 795
sueñan (1)
  TB PBK 894
sueño (4)
  MP 3,4 873   PB 1,1 993   CA 3,1 1127
  YE 1,1 1273
sueños (8)
  MM 1,5 699   TC 4,1 754   MP 2,8 846
  PB 1,1 1000   CA 1,1 1077   CA 1,1 1078
  CA 3,1 1122   CA 3,1 1130
suficiente (1)
  MP 2,9 853
sujeta (1)
  BA 1,1 1455
sujetándola (1)
  BA 3,1 1530
sujetándole (1)
  PB 3,1 1015
sujeto (1)
  MP 2,8 841
superior (2)
  TC 6,1 762   YE 3,2 1340
suplicante (5)
  MM 2,4 710   MP 1,6 804   MP 2,9 856
  CA 3,1 1116   BA 2,1 1504
surge (1)
  BS 3,1 1248
sus (51)
suspenso (1)
  ZP 1,1 937
suspira (2)
  MM 1,3 684   MM 1,4 685
suspiran (1)
  TC 6,1 774
suspirando (3)
  TB PBK 895   ZP 2,1 961   EP RR 1153
suspiro (1)
  TC 6,1 772
suspiros (2)
  TC 6,1 780   ZP 2,1 960
sutil (1)
  CA 1,1 1049
sutilísima (1)
  TB PBK 895
tabanque (1)
  YE 1,1 1273
taberna (1)
  TC 3,1 741
tabernas (1)
  TB DME 898
tabernero (1)
  TC 3,1 741
tabladillo (1)
  CA 3,1 1108
taburete (1)
  CA 1,1 1063
taburetes (3)
  MP 2,1 819   CA 3,1 1123   CA 3,1 1127
talento (1)
  TC 5,1 756
tallado (1)
  MP 2,7 837
talle (3)
  MP 2,5 828   RS 1,1 1370   BA 3,1 1523

tamaño (1)
  TC 5,1 755
tambaleándose (2)
  MM 1,5 689   MM 1,5 696
también (15)
  MP 2,1 820   MP 2,8 842   MP 2,9 850
  MP 3,1 863   ZP 1,1 912   ZP 1,1 937
  DC 1,1 1039   CA 1,1 1045   CA 3,1 1108
  CA 3,1 1120   BS 3,2 1261   YE 1,2 1298
  RS 2,1 1398   BA 1,1 1467   BA 3,1 1523
tambor (2)
  TC 0,0 723   TC 0,0 723
tapa (4)
  MM 1,4 685   ZP 2,1 943   ZP 2,1 961
  BS 3,1 1252
tapada (1)
  TC 1,1 729
tapan (1)
  ZP 2,1 941
tapando (1)
  MP 2,1 822
tapándole (1)
  YE 2,2 1325
tapándose (1)
  TC 1,1 728
tarascar (1)
  MM 2,4 712
tarde (6)
  MP 1,1 783   MP 1,5 795   ZP 1,1 912
  YE 2,2 1323   RS 3,1 1412   RS 3,1 1435
tartamudo (1)
  TB DME 898
taza (3)
  TB PBK 895   ZP 2,1 968
té (2)
  TB PBK 895
teatralísimo (1)
  TC 4,1 754
teatrillo (1)
  TC 2,1 735
teatro (9)
  MM 2,1 702   PB 0,0 987   PB 1,1 993
  DC 1,1 1042   CA 3,1 1108   CA 3,1 1123
  EP CV 1155   EP CV 1159   YE 2,2 1325
techo (6)
  TC 6,1 762   MP 1,1 783   MP 3,9 888
  ZP 2,1 942   CA 2,1 1080   EP RR 1150
telón (17)
tema (1)
  MM 2,2 707
temblando (17)
  TC 1,1 733   TC 1,1 734   TC 2,1 740
  TC 3,1 748   TC 6,1 766   TC 6,1 776
  MP 3,7 882   ZP 2,1 976   PB 0,0 983
  PB 1,1 989   DC 1,1 1033   CA 1,1 1076
  CA 2,1 1087   BS 2,1 1215   YE 1,1 1285
  YE 1,2 1298   BA 1,1 1470
temblar (1)
  MP 1,7 810
temblará (1)
  MP 1,5 797
temblorosa (3)
  MM 1,5 695   MP 1,7 808   EP RR 1147
temerosamente (1)
  ZP 1,1 913
temiendo (1)
  MP 1,2 785
temor (1)
  BA 1,1 1456
tenderse (1)
  TB PBK 894
tendido (4)
  PB 3,1 1016   CA 1,1 1057   CA 2,1 1107
  EP CV 1165
tendiéndole (1)
  CA 1,1 1053
tendiéndose (1)
  CA 1,1 1057
tendrá (3)
  MP 3,5 874   ZP 1,1 912   BS 3,2 1261

tenis (1)
  CA 3,1 1114
tenoriesco (1)
  ZP 2,1   951
tenue (3)
  ZP 0,0   912   CA 1,1 1068   BA 3,1 1506
tenues (1)
  BS 3,1 1250
teñidos (1)
  EP CV 1165
teñirse (1)
  MP 3,7   879
terciopelo (4)
  TC 3,1   741   MP 2,8   841   ZP 1,1   915
  PB 1,1   989
teresita (1)
  MM 1,2   676
termina (3)
  TC 5,1   755   TC 5,1   755   CA 2,1 1086
terminan (1)
  BA 1,1 1445
término (2)
  MP 3,9   888   YE 3,2 1336
ternura (4)
  MM 1,2   683   MM 2,1   705   MP 1,7   807
  MP 1,7   815
terrible (1)
  MP 3,5   877
terrón (1)
  TB PBK   895
terror (2)
  MP 2,9   858   CA 1,1 1069
testa (1)
  TC 5,1   758
Tía (11)
  RS 1,1 1353   RS 1,1 1354   RS 1,1 1355
  RS 1,1 1359   RS 1,1 1364   RS 2,1 1385
  RS 2,1 1402   RS 2,1 1411   RS 3,1 1412
  RS 3,1 1434   RS 3,1 1438
tiembla (5)
  MM 2,1   705   TC 5,1   756   ZP 1,1   929
  ZP 1,1   930   CA 1,1 1063
tiemblan (2)
  TB PBK   896   ZP 2,1   962
tiempo (3)
  MP 1,1   783   MP 2,9   854   ZP 1,1   912
tienda (S) (1)
  YE 3,2 1336
tiende (1)
  MP 2,5   827
tiene (22)
  MM 2,1   702   TC 2,1   735   MP 1,1   783
  MP 1,1   783   MP 1,3   787   MP 1,4   789
  MP 1,5   797   MP 1,6   803   MP 1,7   810
  MP 1,7   810   MP 2,5   827   MP 2,9   853
  TB PBK   894   TB PBK   894   TB PBK   896
  ZP 1,1   912   ZP 1,1   930   CA 2,1 1088
  CA 2,1 1099   CA 2,1 1105   CA 3,1 1123
  YE 1,1 1273
tienen (5)
  MM 2,1   705   TC 6,1   762   MP 3,8   884
  MP 3,9   888   ZP 2,1   961
tientas (1)
  CA 1,1 1068
tierna (8)
  MP 1,6   804   MP 1,7   809   MP 2,9   856
  MP 3,6   878   ZP 1,1   916   ZP 2,1   940
  PB 2,1 1004   BS 1,2 1188
tierno (1)
  MP 1,7   809
tierra (3)
  MM 1,6   701   TB PBK   893   YE 3,2 1340
tieso (1)
  TC 3,1   741
tiestos (1)
  TC 2,1   735
tijeras (3)
  CA 3,2 1143   YE 1,1 1284   RS 2,1 1386
tímida (5)
  MP 2,7   839   CA 3,1 1129   BS 1,2 1189
  BS 3,2 1266   YE 1,1 1283

tímidamente (1)
  EP RR 1146
timidez (2)
  MP 1,7   813   BA 1,1 1445
tímido (2)
  DC 1,1 1024   CA 3,2 1135
tinte (2)
  TC 4,1   754   EP CV 1165
Tío (7)
  RS 1,1 1358   RS 1,1 1373   RS 1,1 1373
  RS 1,1 1374   RS 2,1 1385   RS 2,1 1410
  RS 2,1 1411
tíos (1)
  RS 1,1 1358
tipo (4)
  MP 2,9   849   ZP 2,1   940   ZP 2,1   940
  RS 3,1 1417
tira (5)
  TC 1,1   725   ZP 2,1   977   CA 1,1 1058
  EP RR 1154   BS 2,1 1208
tirada (1)
  TC 1,1   731
tirando (4)
  MP 2,1   820   MP 2,1   820   ZP 2,1   950
  ZP 2,1   969
tirándole (1)
  MP 2,1   819
tirándose (1)
  BA 1,1 1445
tirante (1)
  ZP 1,1   912
toallas (1)
  BA 1,1 1462
tobillo (1)
  BS 1,2 1191
toca (V) (1)
  MM 1,2   676
toca (10)
  TC 4,1   750   TC 6,1   772   TB DME   900
  ZP 1,1   929   CA 2,1 1078   CA.3,1 1112
  EP RR 1145   EP RR 1150   RS 1,1 1370
  RS 2,1 1411
tocador (4)
  CA 2,1 1078   CA 2,1 1081   CA 2,1 1086
  CA 2,1 1105
tocan (3)
  TC 3,1   744   TB PBK   895   CA 3,1 1129
tocando (3)
  TC 4,1   751   TC 5,1   759   TC 6,1   779
tocar (4)
  TC 6,1   775   MP 2,9   849   ZP 2,1   978
  CA 3,1 1114
toda (9)
todas (19)
todavía (2)
  MM 1,1   671   BS 2,1 1212
todo (19)
todos (22)
toma (11)
  TC 5,1   759   ZP 1,1   930   ZP 2,1   940
  ZP 2,1   944   CA 1,1 1065   CA 2,1 1105
  EP RR 1151   EP CV 1165   BS 1,3 1201
  YE 2,2 1325
toman (1)
  CA 2,1 1099
tomando (1)
  YE 1,1 1276
tomar (2)
  MP 3,5   876   YE 2,2 1317
tonel (3)
  TC 3,1   748   TC 3,1   748   TC 3,1   749
toneles (2)
  TC 3,1   747   TC 3,1   750
tono (6)
  TC 6,1   762   MP 3,5   876   ZP 2,1   958
  PB 1,1   993   CA 1,1 1069   CA 1,1 1070
tonos (3)
  PB 1,1   993   CA 3,1 1123   BS 2,2 1225
tonto (1)
  TB PBK   894

topa (1)
  ZP 1,1 933
topacio (1)
  MP 1,7 810
toque (1)
  ZP 2,1 952
toquitas (1)
  MP 3,1 860
tormenta (1)
  CA 1,1 1061
toro (1)
  YE 3,2 1340
toros (1)
  TC 3,1 741
torrente (2)
  YE 2,1 1300 YE 2,1 1309
toser (1)
  BA 1,1 1443
tostada (1)
  MP 1,2 785
total (1)
  RS 3,1 1438
totalmente (2)
  EP RR 1145 BS 3,1 1250
trabajando (2)
  TC 5,1 759 ZP 1,1 924
trabucos (1)
  TC 3,1 741
trae (15)
  MM 1,2 676 MM 1,3 684 MM 1,4 685
  MM 1,5 698 MM 2,6 718 TC 2,1 737
  MP 2,8 841 ZP 2,1 953 CA 1,1 1061
  CA 1,1 1061 CA 3,1 1125 CA 3,1 1127
  BS 1,3 1199 YE 1,2 1286 BA 2,1 1483
traen (8)
  MM 1,5 697 MM 1,5 697 MM 2,2 706
  TC 4,1 750 TC 6,1 770 TC 6,1 779
  CA 3,2 1135
traga (2)
  MM 1,5 696 ZP 1,1 921
trágico (3)
  MP 1,7 809 MP 1,8 818 BS 2,2 1243
trago (1)
  ZP 2,1 968
traje (23)
  TC 1,1 725 TC 2,1 735 TC 6,1 762
  MP 2,8 841 MP 3,2 864 MP 3,3 867
  ZP 1,1 912 ZP 1,1 915 ZP 2,1 940
  PB 0,0 979 PB 1,1 988 CA 1,1 1072
  CA 1,1 1072 CA 2,1 1086 CA 2,1 1088
  CA 2,1 1102 CA 3,1 1114 CA 3,1 1115
  CA 3,1 1118 CA 3,2 1131 BS 2,1 1220
  BS 2,1 1220 RS 1,1 1353
trajes (5)
  TC 2,1 737 MP 3,1 860 CA 2,1 1084
  RS 2,1 1390 RS 3,1 1420
transición (1)
  MM 1,1 675
transida (1)
  BS 3,2 1268
tránsito (1)
  MP 3,7 882
trapos (1)
  TB DME 898
tras (1)
  CA 3,1 1108
traspasada (1)
  MP 3,9 888
traspasado (1)
  BA 2,1 1486
Traspunte (2)
  EP CV 1162 EP CV 1163
trata (2)
  MP 2,9 853 BS 3,2 1269
tratando (2)
  MP 2,9 852 CA 1,1 1046
través (1)
  BA 2,1 1484
treinta (2)
  MP 1,1 783 MP 2,5 827

tres (21)
  TC 3,1 741 MP 2,7 835 MP 2,9 849
  TB PBK 895 TB DME 903 ZP 2,1 942
  CA 1,1 1061 CA 1,1 1069 CA 2,1 1091
  CA 3,2 1135 CA 3,2 1138 CA 3,2 1140
  EP RR 1154 BS 2,1 1217 BS 2,2 1243
  BS 3,1 1245 YE 3,1 1331 YE 3,2 1339
  RS 2,1 1390 RS 2,1 1390 BA 2,1 1488
triste (19)
  MM 1,5 691 MM 2,1 705 TC 3,1 745
  MP 1,4 791 MP 1,7 811 MP 2,5 827
  MP 2,5 828 MP 3,8 884 TB DME 897
  TB DME 899 TB QM. 909 ZP 2,1 940
  ZP 2,1 945 ZP 2,1 975 BS 1,1 1179
  YE 1,2 1291 RS 1,1 1369 RS 2,1 1398
  RS 3,1 1433
tristemente (1)
  MM 1,1 672
tristes (1)
  TB PBK 894
tristeza (8)
  MM 1,4 687 MP 1,7 807 MP 1,7 813
  MP 2,8 841 MP 3,9 888 CA 1,1 1050
  RS 3,1 1417 BA 1,1 1440
trompa (1)
  EP RR 1151
trompas (3)
  CA 3,1 1109 CA 3,1 1114 CA 3,1 1117
trompeta (3)
  TC 6,1 779 ZP 2,1 952 ZP 2,1 953
trompetas (1)
  EP RR 1151
trompetazo (1)
  TC 6,1 775
trompetilla (5)
  TC 0,0 723 TC 4,1 750 TC 4,1 751
  TC 6,1 772 TC 6,1 775
tronco (1)
  MM 2,2 708
troncos (7)
  MM 2,7 720 CA 3,1 1108 CA 3,1 1108
  CA 3,1 1115 BS 3,1 1245 BS 3,1 1250
  BS 3,1 1255
tropieza (5)
  ZP 2,1 947 BS 3,1 1253 YE 1,2 1296
  YE 2,2 1315 RS 2,1 1385
trueno (4)
  CA 1,1 1060 CA 1,1 1060 CA 1,1 1061
  CA 1,1 1065
truenos (1)
  CA 1,1 1066
tufos (1)
  TC 5,1 755
tumbado (2)
  MM 1,5 697 MM 1,6 700
tumbos (1)
  MM 1,6 701
tumulto (1)
  BA 2,1 1504
túnica (2)
  CA 3,1 1109 EP RR 1151
turbada (7)
  MP 1,5 797 MP 1,6 802 MP 1,7 807
  MP 1,7 815 MP 2,9 855 MP 3,7 882
  YE 3,1 1330
turbado (5)
  TC 3,1 748 MP 3,3 868 MP 3,3 869
  ZP 2,1 964 CA 1,1 1054
turbará (1)
  MP 1,5 797
última (3)
  MP 1,5 795 YE 2,2 1323 RS 2,1 1405
último (3)
  ZP 2,1 962 ZP 2,1 968 CA 1,1 1076
umbroso (1)
  BA 1,1 1439
un (349)
una (279)
unas (16)
une (1)
  CA 3,1 1108

única (1)
   TB PBK   894
Universidad (2)
   EP CV   1155   EP CV   1168
uno (4)
unos (17)
urbe (1)
   TB PBK   895
urna (1)
   MP 2,1   819
va (89)
vacila (3)
   BS 3,1 1260   RS 3,1 1438   BA 3,1 1525
vacilante (1)
   PB 3,1 1016
vaga (2)
   MP 1,1   784   PB 1,1   990
valiente (4)
   MP 3,3   867   MP 3,4   873   ZP 2,1   973
   RS 3,1 1437
vals (1)
   TB PBK   895
van (28)
vanse (2)
   MM 2,1   705   MM 2,2   708
vara (4)
   ZP 1,1   923   ZP 2,1   947   ZP 2,1   950
   ZP 2,1   960
variando (1)
   BS 2,1 1211
varias (4)
   MM 2,6   718   MP 3,7   879   CA 3,2 1131
   EP CV   1158
varilla (2)
   ZP 2,1   958   ZP 2,1   962
varios (5)
   TC 2,1   737   TC 6,1   776   TC 6,1   779
   YE 2,1 1300   BA 2,1 1484
varonil (1)
   MP 2,8   841
vase (5)
   MM 1,3   685   MM 1,5   698   MM 1,6   701
   ZP 1,1   928   BS 1,1 1178
vaso (8)
   TB PBK   894   TB PBK   894   ZP 2,1   949
   ZP 2,1   950   ZP 2,1   954   ZP 2,1   956
   CA 1,1 1051   BA 3,1 1522
vasos (3)
   MP 2,8   846   ZP 1,1   938   ZP 2,1   940
ve (6)
   TC 1,1   725   MP 1,5   795   MP 2,9   854
   MP 3,4   872   TB PBK   895   BS 2,2 1236
vean (2)
   MP 0,0   781   MP 3,1   860
veces (1)
   MP 1,5   797
Vecina (12)
   BS 1,1 1178   BS 1,1 1180   BS 3,2 1267
   BS 3,2 1267   BS 3,2 1267   BS 3,2 1268
   BS 3,2 1268   BS 3,2 1268   BS 3,2 1269
   BS 3,2 1269   BS 3,2 1270   BS 3,2 1270
vecinas (1)
   ZP 2,1   957
Vecinas (7)
   ZP 1,1   918   ZP 1,1   918   ZP 1,1   938
   ZP 1,1   939   ZP 2,1   955   ZP 2,1   973
   BS 3,2 1272
vecinos (1)
   ZP 1,1   938
Vecinos (10)
   ZP 2,1   953   ZP 2,1   954   ZP 2,1   955
   ZP 2,1   957   ZP 2,1   958   ZP 2,1   959
   ZP 2,1   960   ZP 2,1   961   ZP 2,1   962
   ZP 2,1   978
vehemencia (1)
   CA 1,1 1046
vehementísima (1)
   MP 2,5   827
velada (2)
   MP 2,9   849   RS 3,1 1437

velador (1)
   MP 2,7   837
velas (1)
   MP 1,7   810
velo (2)
   TC 6,1   769   RS 3,1 1435
velón (4)
   TC 6,1   762   MP 0,0   782   ZP 1,1   934
   YE 2,2 1325
ven (1)
   MM 1,1   671
ventana (34)
   TC 1,1   733   TC 5,1   761   TC 6,1   767
   TC 6,1   768   MP 0,0   782   MP 1,4   794
   MP 1,6   806   MP 2,9   858   TB QM.   905
   TB QM.   909   ZP 1,1   912   ZP 1,1   918
   ZP 1,1   919   ZP 1,1   921   ZP 1,1   928
   ZP 1,1   928   ZP 1,1   929   ZP 1,1   930
   ZP 1,1   930   ZP 1,1   932   ZP 1,1   934
   ZP 1,1   934   ZP 1,1   935   ZP 1,1   938
   ZP 2,1   941   ZP 2,1   948   ZP 2,1   952
   ZP 2,1   952   ZP 2,1   953   ZP 2,1   962
   ZP 2,1   963   ZP 2,1   973   ZP 2,1   978
   BS 1,3 1205
ventanal (1)
   CA 1,1 1049
ventanas (2)
   ZP 1,1   912   RS 3,1 1412
ventanillo (2)
   TC 5,1   758   TC 5,1   760
ver (9)
   MM 1,5   689   MP 1,5   801   MP 2,8   841
   MP 2,9   856   MP 3,2   866   MP 3,8   885
   RS 1,1 1373   RS 2,1 1401   RS 2,1 1411
vera (1)
   MM 1,1   671
verá (3)
   TC 3,1   743   PB 0,0   979   BS 3,1 1250
verano (1)
   BA 1,1 1439
verdad (1)
   MP 3,3   868
verdadera (1)
   TC 4,1   754
verdadero (1)
   MM 2,1   702
verde (10)
   MM 1,1   671   TC 2,1   735   TC 2,1   738
   TC 5,1   755   MP 0,0   781   MP 3,9   888
   ZP 0,0   912   ZP 1,1   912   PB 0,0   979
   CA 3,1 1108
verdeoscuros (1)
   BS 3,1 1250
verdes (3)
   PB 0,0   979   RS 3,1 1412   BA 1,1 1451
veredita (1)
   MM 1,1   671
vergonzosa (1)
   BS 2,2 1237
vergüenza (1)
   RS 3,1 1417
verla (2)
   MP 3,7   882   BS 2,1 1209
verso (1)
   ZP 2,1   962
vestida (17)
   TC 1,1   725   TC 1,1   734   TC 4,1   754
   TC 5,1   759   TC 6,1   762   MP 0,0   782
   MP 1,3   787   MP 2,1   823   PB 1,1   988
   PB 3,1 1012   CA 3,1 1109   BS 1,1 1178
   RS 1,1 1353   RS 2,1 1386   RS 3,1 1415
   RS 3,1 1435   RS 3,1 1437
vestidas (7)
   ZP 1,1   919   ZP 1,1   938   CA 3,1 1108
   EP CV   1158   BS 3,2 1261   YE 2,1 1305
   RS 2,1 1396
vestido (21)
   TC 2,1   735   TC 2,1   738   TC 2,1   738
   TC 5,1   755   MP 2,1   819   MP 2,1   820
   MP 3,9   890   ZP 1,1   934   PB 1,1   988
   PB 1,1   997   CA 1,1 1061   CA 1,1 1072

vestido (continuación)
CA 2,1 1078   CA 2,1 1091   CA 2,1 1099
CA 3,1 1114   CA 3,1 1125   CA 3,2 1138
EP RR 1150   YE 1,1 1273   RS 3,1 1437
vestidos (4)
TC 2,1 737   TC 3,1 741   CA 3,1 1123
RS 3,1 1420
vestirlo (1)
ZP 2,0 940
vez (15)
MM 1,5 695   MM 2,4 712   TC 1,1 735
TC 4,1 751   TC 6,1 779   TC 6,1 780
MP 2,9 858   TB PBK 896   ZP 1,1 913
ZP 1,1 929   CA 3,2 1139   EP RR 1150
YE 1,1 1286   BA 3,1 1508   BA 3,1 1509
vibrante (2)
PB 3,1 1010   EP RR 1147
Víctor (8)
YE 1,1 1284   YE 1,1 1286   YE 1,2 1296
YE 1,2 1297   YE 1,2 1298   YE 2,2 1321
YE 2,2 1325   YE 2,2 1325
vida (1)
MM 1,3 684
vieja (2)
MP 0,0 781   BA 1,1 1471
Vieja (4)
TB DME 898   YE 1,2 1286   YE 3,2 1336
YE 3,2 1343
viejas (4)
MM 2,1 702   MP 3,1 860   TB PBK 893
RS 2,1 1390
Viejas (1)
YE 3,1 1326
viejísima (2)
MM 1,1 671   BA 1,1 1470
viejo (7)
MM 1,5 689   TC 3,1 741   MP 2,1 823
TB PBK 895   CA 2,1 1088   EP CV 1155
RS 3,1 1417
Viejo (14)
TC 5,1 759   CA 1,1 1045   CA 1,1 1055
CA 1,1 1055   CA 1,1 1056   CA 1,1 1069
CA 1,1 1071   CA 1,1 1071   CA 1,1 1073
CA 1,1 1075   CA 1,1 1076   CA 2,1 1105
CA 2,1 1106   CA 3,1 1125
viejos (1)
RS 2,1 1411
viendo (5)
TC 4,1 750   MP 1,5 798   MP 1,6 806
BS 3,2 1268   RS 2,1 1395
viene (30)
MM 1,3 684   MM 1,5 689   MM 1,5 697
MM 1,5 697   TC 2,1 738   TC 5,1 756
TC 6,1 779   MP 3,8 887   TB PBK 896
ZP 1,1 912   ZP 1,1 920   ZP 1,1 929
ZP 2,1 947   PB 3,1 1016   CA 1,1 1061
CA 1,1 1072   CA 2,1 1078   CA 2,1 1091
CA 3,1 1109   CA 3,1 1115   CA 3,1 1125
CA 3,1 1125   EP RR 1151   BS 3,2 1267
YE 1,1 1278   RS 1,1 1353   RS 2,1 1386
RS 3,1 1415   RS 3,1 1437   BA 3,1 1526
vienen (10)
MM 2,1 702   TC 6,1 779   MP 1,2 785
MP 3,1 860   MP 3,6 879   CA 3,2 1135
EP RR 1151   YE 3,2 1336   RS 2,1 1390
RS 2,1 1396
viento (4)
MP 2,5 832   MP 2,6 834   RS 3,1 1436
RS 3,1 1438
vientre (6)
MM 1,5 690   TC 2,1 738   TC 4,1 753
YE 1,1 1277   YE 1,1 1284   BA 2,1 1506
vieran (1)
TB PBK 894
vilo (1)
MP 1,5 798
vino (2)
MP 2,7 837   ZP 2,1 949
violenta (2)
BS 3,1 1260   YE 3,2 1347

violentamente (2)
ZP 1,1 932   BA 1,1 1469
violentos (2)
ZP 1,1 938   ZP 2,1 957
violín (2)
CA 3,1 1112   CA 3,1 1127
violines (4)
BS 3,1 1245   BS 3,1 1255   BS 3,1 1261
BS 3,1 1261
violinista (1)
TC 6,1 774
Virgen (1)
MP 3,7 879
vis a vis (2)
RS 1,1 1371   RS 1,1 1373
visera (1)
BS 2,1 1220
visionario (1)
MM 1,3 684
vista (1)
ZP 1,1 920
viste (19)
MP 1,1 783   MP 1,1 783   MP 1,5 797
MP 2,5 827   MP 2,8 841   MP 3,3 867
MP 3,5 873   ZP 1,1 912   ZP 1,1 915
ZP 1,1 923   ZP 1,1 929   ZP 2,1 940
CA 1,1 1045   CA 3,1 1108   CA 3,1 1114
CA 3,1 1115   CA 3,1 1118   BS 1,3 1194
RS 2,1 1390
visten (4)
MP 1,2 785   MP 2,1 819   MP 3,1 860
EP CV 1156
visto (1)
MP 3,5 876
vitalidad (1)
CA 2,1 1079
vito (1)
TC 4,1 754
viva (1)
CA 1,1 1069
vivan (2)
TC 6,1 771   TC 6,1 771
vive (2)
MM 1,5 689   BS 1,3 1194
viven (1)
MM 2,1 702
vivir (1)
TC 0,0 723
vivísima (2)
MP 1,3 787   MP 2,8 843
vivo (2)
MP 3,9 891   BS 3,1 1249
voces (37)
TC 6,1 762   MP 1,2 785   BA 1,1 1439
volar (1)
MM 2,7 719
voluntad (1)
CA 2,1 1090
volverá (1)
ZP 2,1 942
volviendo (3)
MM 1,1 675   MM 1,5 698   MP 2,2 825
volviéndose (9)
MM 1,4 686   MM 2,2 706   MM 2,5 714
MP 3,2 864   ZP 1,1 930   ZP 2,1 960
PB 2,1 1003   BS 1,2 1193   YE 2,2 1320
voz (88)
vuela (1)
ZP 1,1 936
vuelta (4)
TC 6,1 780   MP 3,8 884   ZP 1,1 930
RS 2,1 1398
vueltas (7)
MM 2,6 718   MP 2,8 841   ZP 1,1 928
ZP 1,1 928   ZP 1,1 929   ZP 1,1 938
CA 1,1 1056
vuelto (1)
CA 3,1 1120
vuelve (23)
MM 2,4 712   TC 0,0 724   TC 5,1 756

vuelve - zozobra

vuelve (continuación)
MP 3,8 884	ZP 1,1 916	ZP 2,1 967
PB 3,1 1012	CA 1,1 1069	CA 1,1 1077
CA 2,1 1080	CA 2,1 1099	CA 3,1 1112
CA 3,1 1118	BS 1,2 1193	BS 2,2 1238
BS 3,1 1250	BS 3,1 1251	YE 1,1 1286
YE 2,2 1321	YE 2,2 1325	RS 1,1 1354
RS 3,1 1412	BA 1,1 1458	

vuelven (8)
TC 6,1 780	ZP 1,1 918	ZP 1,1 934
ZP 2,1 940	CA 1,1 1069	BS 3,1 1255
YE 3,2 1343	BA 1,1 1445	

xix (1)
   TC 2,1 735
xvii (1)
   TB DME 900
y (819)
Y (3)
ya (11)
yendo (2)
   MM 2,4 711   ZP 2,1 978
yéndose (7)
MM 1,4 689	MM 2,4 712	TC 5,1 757
PB 3,1 1011	CA 2,1 1107	BS 3,2 1262
YE 1,2 1291		

yerba (1)
   MM 1,4 688
yerbas (2)
   MM 1,5 698   MM 2,5 712
yerguen (1)
   YE 2,1 1306
Yerma (36)
YE 1,1 1273	YE 1,1 1273	YE 1,1 1273
YE 1,1 1276	YE 1,1 1277	YE 1,1 1278
YE 1,1 1279	YE 1,1 1284	YE 1,1 1284
YE 1,1 1286	YE 1,2 1286	YE 1,2 1297
YE 2,1 1305	YE 2,2 1311	YE 2,2 1311
YE 2,2 1311	YE 2,2 1315	YE 2,2 1320
YE 2,2 1320	YE 2,2 1324	YE 2,2 1324
YE 2,2 1325	YE 2,2 1325	YE 2,2 1325
YE 2,2 1325	YE 2,2 1325	YE 3,1 1326
YE 3,1 1331	YE 3,1 1334	YE 3,2 1336
YE 3,2 1338	YE 3,2 1343	YE 3,2 1343
YE 3,2 1343	YE 3,2 1346	YE 3,2 1350

yeso (3)
   CA 3,1 1108   CA 3,1 1115   EP RR 1153
yute (1)
   BA 1,1 1439
z (1)
   TB DME 903
zaguán (1)
   BS 2,1 1206
zamarreándola (1)
   BS 3,1 1254
Zapatera (40)
ZP 0,0 912	ZP 0,0 912	ZP 1,1 912
ZP 1,1 920	ZP 1,1 923	ZP 1,1 927
ZP 1,1 928	ZP 1,1 928	ZP 1,1 929
ZP 1,1 929	ZP 1,1 930	ZP 1,1 931
ZP 1,1 933	ZP 1,1 935	ZP 1,1 938
ZP 1,1 939	ZP 2,1 940	ZP 2,1 940
ZP 2,1 940	ZP 2,1 940	ZP 2,1 940
ZP 2,1 942	ZP 2,1 943	ZP 2,1 943
ZP 2,1 946	ZP 2,1 947	ZP 2,1 947
ZP 2,1 951	ZP 2,1 953	ZP 2,1 955
ZP 2,1 955	ZP 2,1 956	ZP 2,1 957
ZP 2,1 957	ZP 2,1 960	ZP 2,1 961
ZP 2,1 962	ZP 2,1 963	ZP 2,1 977
ZP 2,1 977		

zapatería (3)
   TC 5,1 755   TC 5,1 755   TC 5,1 756
Zapaterita (1)
   ZP 1,1 934
zapatero (1)
   ZP 1,1 912
Zapatero (19)
ZP 1,1 915	ZP 1,1 917	ZP 1,1 917
ZP 1,1 921	ZP 1,1 921	ZP 1,1 924
ZP 1,1 927	ZP 1,1 929	ZP 1,1 929
ZP 1,1 933	ZP 2,1 953	ZP 2,1 953
ZP 2,1 954	ZP 2,1 954	ZP 2,1 957

ZP 2,1 962	ZP 2,1 967	ZP 2,1 970
ZP 2,1 977		

zapato (3)
   ZP 1,1 916   ZP 1,1 917   EP CV 1167
zapatos (4)
   TB PBK 895   TB PBK 895   TB PBK 895
   CA 1,1 1072
zozobra (1)
   MP 3,8 886

Appendix III

*Asides, Stage Directions, and Similar Material,
in Order of Frequency*

la (1196)	balcón (28)	temblando (17)
de (852)	silencio (28)	unos (17)
y (819)	van (28)	vestida (17)
se (629)	derecha (27)	aparecen (16)
el (615)	suelo (27)	blanco (16)
en (533)	besa (26)	cruza (16)
a (520)	cara (26)	Curianito (16)
con (505)	Don (26)	dirigiéndose (16)
un (349)	lentamente (26)	enérgica (16)
una (279)	no (26)	hasta (16)
las (258)	acerca (25)	Mariposa (16)
los (221)	esta (25)	Martirio (16)
al (220)	ha (25)	negro (16)
por (177)	llena (25)	unas (16)
que (173)	ríe (25)	aire (15)
sale (155)	empieza (24)	blanca (15)
puerta (132)	mesa (24)	centro (15)
escena (112)	Niño (24)	Cocoliche (15)
pausa (111)	sin (24)	Cristobita (15)
del (109)	casa (23)	haciendo (15)
entra (102)	están (23)	Hermana (15)
aparece (100)	grandes (23)	mismo (15)
su (90)	Madre (23)	música (15)
va (89)	ríen (23)	Pedro (15)
voz (88)	rosa (23)	salir (15)
como (82)	traje (23)	seria (15)
Mariana (79)	vuelve (23)	si (15)
dos (77)	angustia (22)	suena (15)
le (70)	Clavela (22)	también (15)
entrando (68)	detrás (22)	trae (15)
lo (64)	donde (22)	vez (15)
mano (64)	hace (22)	dando (14)
gran (62)	pero (22)	entrar (14)
cabeza (60)	tiene (22)	Fernando (14)
está (59)	todos (22)	Novio (14)
queda (56)	aparte (21)	Poncia (14)
mira (55)	casi (21)	sientan (14)
sobre (55)	dentro (21)	sonriendo (14)
fuerte (52)	ella (21)	suave (14)
sienta (52)	hay (21)	Viejo (14)
Rosita (51)	intención (21)	alto (13)
sus (51)	ojos (21)	Belisa (13)
manos (50)	riendo (21)	blancas (13)
oye (50)	tres (21)	cama (13)
salen (50)	vestido (21)	capa (13)
da (48)	alegre (20)	cerca (13)
luz (48)	alta (20)	corre (13)
baja (45)	Ama (20)	cortina (13)
fondo (45)	brazos (20)	deja (13)
llorando (45)	Curiana (20)	frente (13)
oyen (45)	mutis (20)	golpe (13)
dirige (44)	pie (20)	habla (13)
es (44)	abraza (19)	lleno (13)
mirando (43)	abre (19)	medio (13)
Criada (41)	cae (19)	pies (13)
izquierda (41)	dulce (19)	porra (13)
lleva (41)	enérgico (19)	siempre (13)
muy (41)	otro (19)	sombrero (13)
entre (40)	Perlimplín (19)	abrazándola (12)
Joven (40)	silla (19)	bajo (12)
Novia (40)	todas (19)	calle (12)
Zapatera (40)	todo (19)	cierra (12)
coge (39)	triste (19)	furiosa (12)
saliendo (39)	viste (19)	gritando (12)
entran (37)	Zapatero (19)	Jugador (12)
levantándose (37)	actitud (18)	levantarse (12)
voces (37)	Bernarda (18)	llega (12)
levanta (36)	Criado (18)	Magdalena (12)
más (36)	desde (18)	Pedrosa (12)
Yerma (36)	Leonardo (18)	quedan (12)
corriendo (35)	momento (18)	sentándose (12)
otra (35)	para (18)	serio (12)
Doña (34)	pone (18)	Vecina (12)
fuera (34)	acercándose (17)	Arlequín (11)
ventana (34)	azul (17)	arranque (11)
rápidamente (33)	De (17)	aterrada (11)
este (32)	habitación (17)	azules (11)
Angustias (31)	La (17)	campanas (11)
llora (30)	lado (17)	carta (11)
viene (30)	pecho (17)	color (11)
Adela (29)	rápida (17)	dramática (11)
cantando (29)	reloj (17)	grito (11)
hacia (29)	telón (17)	inicia (11)

lejano (11)
llevan (11)
miedo (11)
Monjas (11)
Mujer (11)
pañuelo (11)
pasión (11)
sentada (11)
señalando (11)
Tía (11)
toma (11)
ya (11)
amarillo (10)
asoma (10)
candelabro (10)
canta (10)
copas (10)
cuello (10)
Currito (10)
dan (10)
detiene (10)
frío (10)
golpea (10)
jardín (10)
luna (10)
marido (10)
Mecanógrafa (10)
Mozo (10)
Muchachas (10)
niño (10)
Padre (10)
poco (10)
puertas (10)
saca (10)
soñando (10)
toca (10)
Vecinos (10)
verde (10)
vienen (10)
agria (9)
Alacranito (9)
algazara (9)
angustiado (9)
arcos (9)
asustada (9)
avanza (9)
bajando (9)
bicicleta (9)
dientes (9)
él (9)
gesto (9)
gris (9)
han (9)
inquieta (9)
irritada (9)
lejos (9)
levantan (9)
manera (9)
María (9)
paredes (9)
piano (9)
quita (9)
risas (9)
ruido (9)
ser (9)
sigue (9)
Silvia (9)
sofá (9)
son (9)
suenan (9)
teatro (9)
toda (9)
ver (9)
volviéndose (9)
abanico (8)
acto (8)
agua (8)
alegría (8)
angustiada (8)
apareciendo (8)
armario (8)
Ayola (8)
balcones (8)

banco (8)
cantan (8)
canto (8)
debe (8)
después (8)
echa (8)
escenario (8)
estado (8)
fiera (8)
flores (8)
guitarras (8)
Keaton (8)
larga (8)
llorar (8)
Marcolfa (8)
muestras (8)
noche (8)
oscuro (8)
pelo (8)
personajes (8)
primer (8)
primera (8)
pueblo (8)
puntillas (8)
reaccionando (8)
recordando (8)
reja (8)
sentado (8)
sola (8)
Solteronas (8)
sueños (8)
tierna (8)
traen (8)
tristeza (8)
vaso (8)
Víctor (8)
vuelven (8)
ahogada (7)
Amelia (7)
Amigo (7)
arco (7)
banquillo (7)
bosque (7)
Buster (7)
cada (7)
cogiendo (7)
coro (7)
cruzan (7)
cuando (7)
cubre (7)
delante (7)
desesperado (7)
durante (7)
ellas (7)
entusiasmado (7)
época (7)
escuchando (7)
espaldas (7)
fijamente (7)
foro (7)
hablan (7)
huye (7)
inclina (7)
irónico (7)
irritado (7)
Mirlo (7)
moda (7)
modo (7)
Mosquito (7)
pared (7)
Payaso (7)
penumbra (7)
público (7)
puntas (7)
rojo (7)
rompiendo (7)
rosas (7)
seda (7)
señala (7)
siente (7)
sillas (7)
Tío (7)
troncos (7)

turbada (7)
Vecinas (7)
vestidas (7)
viejo (7)
vueltas (7)
yéndose (7)
abriendo (6)
agrio (6)
alrededor (6)
allí (6)
ángeles (6)
bebe (6)
besan (6)
boca (6)
bruscamente (6)
carcajadas (6)
cartas (6)
central (6)
cerrando (6)
cintas (6)
corren (6)
cortinas (6)
Cristóbal (6)
cruzadas (6)
Curianita (6)
dándole (6)
dar (6)
dejando (6)
desaparece (6)
dramático (6)
ellos (6)
encajes (6)
enormes (6)
escaleras (6)
escenita (6)
espejo (6)
expresión (6)
fingiendo (6)
fuertemente (6)
grupo (6)
guantes (6)
guitarra (6)
hacen (6)
Hombre (6)
hombros (6)
inquietud (6)
interrumpiendo (6)
interrumpiéndole (6)
invade (6)
junto (6)
lados (6)
lejanos (6)
leyendo (6)
lluvia (6)
manto (6)
miran (6)
misma (6)
mostrador (6)
Muchacha (6)
mujeres (6)
Mujeres (6)
nerviosa (6)
Niños (6)
papel (6)
pasa (6)
pintada (6)
pintados (6)
puñal (6)
sacando (6)
seca (6)
seis (6)
sonriente (6)
tarde (6)
techo (6)
tono (6)
ve (6)
vientre (6)
Alcalde (5)
años (5)
apasionado (5)
apoya (5)
arregla (5)
asomándose (5)

asombro (5)
atrás (5)
azahar (5)
brazo (5)
bucles (5)
Cansa Almas (5)
cantar (5)
capas (5)
cinco (5)
claxon (5)
cogiéndole (5)
cola (5)
compás (5)
conmovida (5)
cuatro (5)
desesperada (5)
despierta (5)
dice (5)
dormido (5)
e (5)
El (5)
Emperador (5)
empiezan (5)
enaguas (5)
envuelto (5)
escalera (5)
espalda (5)
faldas (5)
furioso (5)
grises (5)
gritos (5)
guasona (5)
hablando (5)
ilumina (5)
iluminada (5)
impaciente (5)
inquieto (5)
interior (5)
intrigada (5)
ironía (5)
Josefa (5)
labios (5)
largo (5)
luces (5)
Luna (5)
llevándose (5)
llorosa (5)
madre (5)
margarita (5)
Mendiga (5)
mimosa (5)
mirándola (5)
Monja (5)
mucho (5)
mujer (5)
murmullos (5)
muros (5)
negros (5)
niños (5)
oro (5)
pasan (5)
pinza (5)
plano (5)
plata (5)
popular (5)
rabia (5)
ramos (5)
rápido (5)
risa (5)
rodillas (5)
roja (5)
romance (5)
saltando (5)
seco (5)
sigilo (5)
sirve (5)
sitio (5)
sonríe (5)
sorna (5)
suelta (5)
suplicante (5)
tiembla (5)
tienen (5)

tímida (5)
tira (5)
trajes (5)
trompetilla (5)
tropieza (5)
turbado (5)
varios (5)
vase (5)
viendo (5)

Appendix IV

Characters Speaking, in Order of Frequency

Mariana MP (253)
Yerma YE (244)
Joven CA (230)
Tía RS (206)
Zapatera ZP (196)
Bernarda BA (193)
La Poncia BA (162)
Perlimplín PB (143)
Ama RS (142)
Madre BS (140)
Zapatero ZP (135)
Martirio BA (128)
Novio BS (121)
Rosita RS (120)
Novia BS (114)
Rosita TC (110)
Belisa PB (102)
Adela BA (101)
Novia CA (91)
Juan YE (87)
Criada BS (86)
Cristóbal DC (80)
Viejo CA (73)
Leonardo BS (71)
Amelia BA (70)
Fernando MP (70)
Angustias BA (69)
Cristobita TC (68)
Niño ZP (66)
Cocoliche TC (63)
Doña Curiana MM (63)
Magdalena BA (62)
Mujer BS (59)
Mecanógrafa CA (56)
Marcolfa PB (53)
Criada CA (52)
Curianita Silvia MM (52)
Clavela MP (51)
Padre BS (51)
Tío RS (51)
María YE (50)
Criada BA (49)
Alcalde ZP (48)
Pedro MP (48)
Pedrosa MP (46)
Víctor YE (44)
Currito TC (43)
Arlequín CA (39)
Curianito MM (37)
Curiana Nigromántica MM (36)
Alacranito MM (35)
Amigo CA (34)
Doncella TB (33)
Figura De Cascabel EP (33)
Padre TC (33)
Madre DC (32)
Niño CA (32)
Suegra BS (32)
Vecina BS (32)
Carmen MP (31)
Figura De Pámpano EP (31)
Vieja 1 YE (31)
Director DC (30)
Madre RS (30)
Angustias MP (28)
Lavandera 4 YE (28)
Muchacha 1 BS (28)
Lavandera 1 YE (27)
Novicia 1 MP (27)
Martín RS (26)
Padre CA (26)
Solterona 3 RS (26)
Amparo MP (24)
Criado CA (23)
Novicia 2 MP (23)
Payaso CA (23)
Dolores YE (22)
Duende 1 PB (22)
Mendiga BS (22)
Prudencia BA (22)
Ayola 1 RS (21)
Duende 2 PB (21)
Enfermo DC (21)

Jugador 1 CA (21)
Lucía MP (21)
Rosita DC (21)
Vecina Roja ZP (21)
Enfermero EP (20)
Enrique TB (20)
Joven TC (20)
Muchacha 2 YE (20)
Espantanublos TC (19)
Maniquí CA (19)
Ayola 2 RS (18)
Fígaro TC (18)
Gata CA (18)
Jugador 2 CA (18)
Leñador 1 BS (18)
Estudiante 4 EP (17)
Jugador 3 CA (17)
Muchacha 2 BS (17)
Amigo 2 CA (16)
Cansa Almas TC (16)
Desnudo EP (16)
El Señor X RS (16)
Leñador 2 BS (16)
Mozo 2 TC (16)
Viejo TB (16)
Lavandera 5 YE (15)
Máscara CA (15)
Mozo 1 BS (15)
Niña MP (15)
Vieja YE (15)
Estudiante TB (14)
Estudiante 1 EP (14)
Gato CA (14)
Gusano 1 MM (14)
Leñador 3 BS (14)
Manola 1 RS (14)
María Josefa BA (14)
Muchacho RS (14)
Alegrito MP (13)
Buster Keaton TB (13)
Muchacha CA (13)
Conspirador 4 MP (12)
Estudiante 2 EP (12)
Estudiante 5 EP (12)
Lavandera 2 YE (12)
Mozo 1 TC (12)
Poeta DC (12)
Solterona 1 RS (12)
Conspirador 1 MP (11)
Conspirador 3 MP (11)
Curiana Guardiana MM (11)
Curianita Santa MM (11)
Manola 2 RS (11)
Niño MP (11)
Sobrino RS (11)
Solterona 2 RS (11)
Vecina Amarilla ZP (11)
Curianita 1 MM (10)
Lavandera 3 YE (10)
Marinero TB (10)
Mariposa MM (10)
Mozo TC (10)
Mozo ZP (10)
Muchacho 1 EP (10)
Niña BS (10)
Vecina ZP (10)
Madre PB (9)
Manola 3 RS (9)
Muchacha 1 YE (9)
Todos TC (9)
Voz TB (9)
Emperador EP (8)
Todas BA (8)
Voz CA (8)
Amigo 1 CA (7)
Centurión EP (7)
Gusano 2 MM (7)
Gusano 3 MM (7)
Mozo De La Faja ZP (7)
Muchacha BS (7)
Mujer TB (7)
Primo RS (7)
Vieja TB (7)

Appendix V

Characters Addressed, in Order of Frequency

Adela BA (101)
Alacranito MM (35)
Alcalde ZP (48)
Alegrito MP (13)
Ama RS (142)
Amelia BA (70)
Americana TB (4)
Amigo CA (34)
Amigo 1 CA (7)
Amigo 2 CA (16)
Amparo MP (24)
Angustias BA (69)
Angustias MP (28)
Arlequín CA (39)
Ayola 1 RS (21)
Ayola 2 RS (18)
Beata 1 ZP (2)
Beata 2 ZP (2)
Belisa PB (102)
Bernarda BA (193)
Buster Keaton TB (13)
Cansa Almas TC (16)
Carmen MP (31)
Centurión EP (7)
Clavela MP (51)
Cocoliche TC (63)
Conspirador 3 MP (1)
Conspirador 1 MP (11)
Conspirador 2 MP (4)
Conspirador 3 MP (11)
Conspirador 4 MP (12)
Contrabandista 1 TC (4)
Contrabandista 2 TC (4)
Convidado BS (3)
Coro BA (2)
Coro De Mujeres YE (1)
Coro YE (1)
Criada BA (49)
Criada BS (86)
Criada CA (52)
Criado CA (23)
Criado TC (4)
Cristóbal DC (80)
Cristobita TC (68)
Cuñada 1 YE (2)
Cuñada 2 YE (2)
Curiana Campesina MM (3)
Curiana Guardiana MM (11)
Curiana Nigromántica MM (36)
Curianas MM (2)
Curianita Campesina MM (2)
Curianita MM (1)
Curianita Santa MM (11)
Curianita Silvia MM (52)
Curianita 1 MM (10)
Curianito MM (37)
Currito TC (43)
Dama 1 EP (6)
Dama 2 EP (6)
Dama 3 EP (4)
Dama 4 EP (2)
Desnudo EP (16)
Director DC (30)
Director EP (1)
Dolores YE (22)
Doncella TB (33)
Doña Curiana MM (63)
Doña Orgullos MM (2)
Duende 1 PB (22)
Duende 2 PB (21)
Eco CA (6)
El Autor ZP (3)
El Búho TB (2)
El Padre TC (2)
El Señor X RS (16)
Emperador EP (8)
Enfermero EP (20)
Enfermo DC (21)
Enrique TB (20)
Espantanublos TC (19)
Espectro De Doña Rosita TC (1)
Estudiante TB (14)
Estudiante 1 EP (14)

Estudiante 2 EP (12)
Estudiante 3 EP (6)
Estudiante 4 EP (17)
Estudiante 5 EP (12)
Fernando MP (70)
Fígaro TC (18)
Figura De Cascabel EP (33)
Figura De Pámpano EP (31)
Gallo TB (2)
Gata CA (18)
Gato CA (14)
Gusano 1 MM (14)
Gusano 2 MM (7)
Gusano 3 MM (7)
Hembra YE (4)
Hombre 1 EP (5)
Hombre 1 YE (4)
Hombre 2 YE (4)
Hombre 3 YE (1)
Hombres YE (1)
Hora TC (1)
Invitado 1 TC (1)
Joven CA (230)
Joven TB (1)
Joven TC (20)
Jovencita TC (3)
Juan CA (1)
Juan YE (87)
Juez MP (1)
Jugador 1 CA (21)
Jugador 2 CA (18)
Jugador 3 CA (17)
La Curianita MM (2)
La Madre TB (1)
La Mariposa MM (2)
La Poncia BA (162)
La Voz De Cocoliche TC (1)
La Voz De La Mecanógrafa CA (1)
Ladrones EP (4)
Las Cinco A La Vez BA (1)
Las Curianitas MM (2)
Lavandera 1 YE (27)
Lavandera 2 YE (12)
Lavandera 3 YE (10)
Lavandera 4 YE (28)
Lavandera 5 YE (15)
Lavandera 6 YE (3)
Leñador 1 BS (18)
Leñador 2 BS (16)
Leñador 3 BS (14)
Leonardo BS (71)
Lucía MP (21)
Luna BS (5)
Macho YE (5)
Madre BS (140)
Madre DC (32)
Madre PB (9)
Madre RS (30)
Magdalena BA (62)
Maniquí CA (19)
Manola 1 RS (14)
Manola 2 RS (11)
Manola 3 RS (9)
Marcolfa PB (53)
María Josefa BA (14)
María YE (50)
Mariana MP (253)
Marinero TB (10)
Mariposa MM (10)
Martín RS (26)
Martirio BA (128)
Máscara Amarilla CA (1)
Máscara CA (15)
Mecanógrafa CA (56)
Mendiga BA (5)
Mendiga BS (22)
Mirlo ZP (5)
Monaguillo MM (1)
Monja 1 MP (5)
Mosquito TC (4)
Mozo De La Faja ZP (7)
Mozo Del Sombrero ZP (4)
Mozo TC (10)

APPENDIXES PERTAINING TO THE POEMS

Appendix VI

Indexed Words in the Poems, in Order of Frequency

DE (3201)	AZUL (59)	VIEJO (30)	ESPEJO (20)
LA (2115)	ELANCO (57)	DULCE (29)	FUEGO (20)
Y (1836)	ORO (57)	HIJO (29)	LIRIOS (20)
EL (1778)	LE (56)	MANO (29)	LUCES (20)
EN (1149)	MIO (56)	SANTIAGO (29)	LLEVAN (20)
LCS (1126)	C (55)	TRISTE (29)	NUBES (20)
QUE (1086)	ELATA (54)	ESTABA (28)	PAJARO (20)
LAS (976)	SIEMPRE (54)	TORO (28)	RAICES (20)
UN (608)	ROSAS (53)	VERDES (28)	RECIEN (20)
DEL (594)	TRES (53)	ARENA (27)	RUISEÑOR (20)
POR (573)	VA (52)	CALLE (27)	TODA (20)
CON (525)	FLOR (51)	DUERME (27)	AQUEL (19)
A (519)	MUNDO (51)	FRIO (27)	CADA (19)
SE (501)	NOS (51)	LABIOS (27)	CIUDAD (19)
NO (454)	VOZ (51)	MUERTA (27)	COLOR (19)
MI (422)	ESTE (50)	OTRO (27)	DURO (19)
UNA (354)	TRISTEZA (49)	PIEDRA (27)	FIN (19)
TU (315)	CARNE (47)	AURORA (26)	FONDO (19)
SU (275)	ESTRELLA (47)	DENTRO (26)	FRENTE (19)
SIN (272)	MANOS (47)	DESNUDO (26)	FRIA (19)
ES (271)	COMO (46)	HAN (26)	FUE (19)
YO (231)	DIOS (46)	LLENA (26)	HACIA (19)
AL (230)	DONDE (45)	LLUVIA (26)	INFINITO (19)
QUE (228)	NINA (45)	MADRE (26)	LLORANDO (19)
ME (222)	SER (45)	MAÑANA (26)	MISMO (19)
LUNA (218)	VIDA (45)	MIRA (26)	NIÑAS (19)
PARA (215)	GRAN (44)	SERA (26)	PRADO (19)
SOBRE (215)	MIENTRAS (44)	TIENEN (26)	RANAS (19)
SUS (213)	TODOS (44)	VAS (26)	SECRETO (19)
COMO (207)	CINCO (43)	ARBOL (25)	TORRE (19)
AGUA (188)	SUEÑO (43)	COSAS (25)	VI (19)
LO (188)	CABALLO (42)	LLEVA (25)	AGONIA (18)
CORAZON (187)	CAMINO (42)	DA (24)	ALBA (18)
TE (182)	CUATRO (42)	IBE (24)	ALMAS (18)
AMOR (181)	FUENTE (42)	MÍ (24)	BUSCABA (18)
NOCHE (168)	OTRA (41)	QUIERE (24)	CABALLOS (18)
NI (160)	QUIEN (41)	SEVILLA (24)	CAMPOS (18)
PERO (153)	TAN (41)	TENGO (24)	CENIZA (18)
CIELO (145)	ELANCA (39)	TI (24)	DIJO (18)
OH (137)	CUERPO (39)	VOCES (24)	GITANOS (18)
OJOS (127)	HE (39)	AQUI (23)	LAGRIMAS (18)
DONDE (123)	HOMBRE (39)	BOSQUE (23)	LUEGO (18)
YA (123)	LLANTO (39)	CASA (23)	MADRUGADA (18)
LUZ (121)	MUY (39)	DESDE (23)	MUCHACHA (18)
AY (118)	NADIE (39)	ESE (23)	MUJERES (18)
MIS (118)	CANTA (38)	ETERNA (23)	ONDAS (18)
TUS (115)	FLORES (38)	LLENO (23)	PUEDE (18)
SANGRE (109)	MUERTO (38)	TENIA (23)	PUERTA (18)
BAJO (107)	CAMPO (37)	VOY (23)	RITMO (18)
VIENTO (105)	BOCA (36)	BESOS (22)	ROCIO (18)
AIRE (100)	MUERTOS (36)	CAMPANAS (22)	SOLA (18)
CUANDO (98)	NUNCA (36)	CIEN (22)	AHORA (17)
TIENE (94)	FECHO (36)	CRISTO (22)	CHOPO (17)
SI (93)	LEJCS (35)	ERAN (22)	DEJA (17)
ESTRELLAS (88)	NEGROS (35)	ERES (22)	DESNUDA (17)
TARDE (88)	PAJAROS (35)	GENTE (22)	DETRAS (17)
HAY (85)	RAMAS (35)	NEGRA (22)	DORMIDA (17)
SOMBRA (85)	TODAS (35)	OS (22)	ESO (17)
TIERRA (85)	ERISA (34)	PALABRAS (22)	FRENTE (17)
SOLO (84)	DIA (34)	PALOMAS (22)	HACE (17)
SON (84)	MIL (34)	SEDA (22)	HORA (17)
DOS (83)	VIENE (34)	VIEJA (22)	HORIZONTE (17)
MAR (83)	ELANCAS (33)	BLANCOS (21)	JARDIN (17)
MUERTE (82)	DICE (33)	BRAZOS (21)	MIEDO (17)
HA (81)	NEGRO (33)	CANTAN (21)	MIEL (17)
ALMA (80)	SOY (33)	ESA (21)	ORILLA (17)
QUIERO (79)	TIEMPO (33)	FUE (21)	OTOÑO (17)
ESTÁ (75)	ARBOLES (32)	GRANADA (21)	PASAR (17)
MAS (73)	CABEZA (32)	HIERBAS (21)	PERROS (17)
ENTRE (72)	CRISTAL (32)	MUJER (21)	REY (17)
NIÑO (70)	ESTA (32)	NADA (21)	RIOS (17)
RIO (70)	HOJAS (32)	OSCURA (21)	SUEÑOS (17)
VERDE (70)	MONTE (32)	OSCURO (21)	SUR (17)
DOLOR (69)	ELLA (31)	PAISAJE (21)	TORRES (17)
ERA (68)	ESTAN (31)	PASION (21)	VENAS (17)
TÚ (68)	NIEBLA (31)	ROSTRO (21)	VIENEN (17)
NIÑOS (67)	SI (31)	VEZ (21)	AMARILLO (16)
SILENCIO (65)	VAN (31)	VIEJOS (21)	ASI (16)
NIEVE (64)	VER (31)	VIRGEN (21)	AUNQUE (16)
ROSA (64)	ALAS (30)	ALLI (20)	CARA (16)
PORQUE (63)	GRIS (30)	CALIENTE (20)	CARACOL (16)
SOL (62)	PENA (30)	CANCION (20)	CINTURA (16)
TODO (62)	RUMOR (30)	CANTO (20)	CORDOBA (16)

CORPE (16)	ESQUINAS (13)	ESPADAS (11)	JUNCOS (10)
DEDOS (16)	GUADALQUIVIR (13)	ESPEJOS (11)	LARGO (10)
ELLAS (16)	INMENSO (13)	ESPIRITU (11)	LIMON (10)
FORMA (16)	LUCERO (13)	ESTÁS (11)	LOCA (10)
HERIDAS (16)	MORENA (13)	ETERNO (11)	LLAMAS (10)
LENGUA (16)	OLIVOS (13)	FUENTES (11)	LLORAR (10)
LES (16)	OLOR (13)	GIRA (11)	MARIPOSA (10)
MANZANA (16)	PERDIDO (13)	GOTA (11)	MIRADA (10)
MONTES (16)	PIE (13)	GUITARRA (11)	MIRAN (10)
NOCHES (16)	PIES (13)	HASTA (11)	MISTERIO (10)
PALOMA (16)	PRONTO (13)	HAY (11)	MONTAÑAS (10)
PONE (16)	QUEDA (13)	HOMBROS (11)	MORENO (10)
PUES (16)	RELOJ (13)	HORAS (11)	MUERTAS (10)
ROJA (16)	SABE (13)	HUECO (11)	MURO (10)
TANTO (16)	SE (13)	JOVEN (11)	MUROS (10)
VIEJAS (16)	SIETE (13)	LARGAS (11)	MUSGO (10)
ALEGRIA (15)	SUELO (13)	LEJANO (11)	NACIDO (10)
ARRIBA (15)	VUELVE (13)	LUNAS (11)	NINGUNO (10)
BIEN (15)	ABRE (12)	LLAMA (11)	OCASO (10)
CRISTALES (15)	AMARGA (12)	MEDIO (11)	OLAS (10)
DORMIDO (15)	AÑOS (12)	MITAD (11)	OSCURAS (10)
DURA (15)	BELLO (12)	MOMENTO (11)	OTROS (10)
GRITOS (15)	BORRACHOS (12)	MUCHACHAS (11)	PAPA (10)
HOMBRES (15)	BUEYES (12)	MUERA (11)	PERFUME (10)
HORMIGAS (15)	CORAZONES (12)	MUSICA (11)	PLAZA (10)
IBA (15)	DEBAJO (12)	NARDO (11)	PLOMO (10)
LLEVAS (15)	ESPERANZA (12)	NEGRAS (11)	POLVO (10)
MARMOL (15)	ESTABAN (12)	OJO (11)	PUÑAL (10)
MASCARON (15)	FORMAS (12)	ORILLAS (11)	QUERIA (10)
MIA (15)	GARGANTA (12)	PAPEL (11)	RAMOS (10)
MIRADAS (15)	GRANDE (12)	PEQUEÑA (11)	RECUERDO (10)
MUSLOS (15)	HA (12)	PERFIL (11)	RUEDA (10)
NORTE (15)	HAS (12)	POBRE (11)	SALE (10)
NUESTRO (15)	HECHO (12)	POESIA (11)	SENO (10)
PENSAMIENTO (15)	HOJA (12)	QUIEN (11)	SIENTO (10)
ROTO (15)	HOY (12)	ROJO (11)	SOIS (10)
SENOS (15)	IBAN (12)	RUBOR (11)	SOLLOZAD (10)
TAMBIEN (15)	MADERA (12)	SELVA (11)	SONIDO (10)
TIEMBLA (15)	MANZANAS (12)	SEÑOR (11)	TAN (10)
TIENES (15)	MARES (12)	SIGLOS (11)	TEMBLOR (10)
AGUAS (14)	MAS (12)	TRAJE (11)	TERRIBLE (10)
ARAÑA (14)	MUCHACHO (12)	TRANQUILA (11)	TIN (10)
AYER (14)	MUCHACHOS (12)	TURBIA (11)	TRIGO (10)
BARCOS (14)	MUERE (12)	VERDAD (11)	UNO (10)
BESO (14)	NOMBRE (12)	VESTIDA (11)	VALLE (10)
CANTANDO (14)	PAISAJES (12)	VIO (11)	VENTANAS (10)
CIELOS (14)	PASA (12)	ALREDEDOR (10)	VEO (10)
CLARA (14)	PENUMBRA (12)	ALTO (10)	VIENTOS (10)
CLARO (14)	POETA (12)	AMARGURA (10)	VIVO (10)
CRUZ (14)	PRIMAVERA (12)	AMARILLA (10)	ALGO (9)
DIENTES (14)	PUNTO (12)	AMORES (10)	ANGUSTIA (9)
ENTONCES (14)	REMANSO (12)	ARCO (10)	ANSIA (9)
GENTES (14)	SENDA (12)	ARROYO (10)	ANTIGUA (9)
GOTAS (14)	SERENA (12)	BARCO (10)	ARCOS (9)
GRANDES (14)	SIGUE (12)	BUSCANDO (10)	BALCON (9)
GRISES (14)	SOLEDAD (12)	BUSCAR (10)	BOCAS (9)
GRITO (14)	SOMBRAS (12)	CASTA (10)	CABELLOS (9)
HIERBA (14)	TEJADOS (12)	CIEGA (10)	CALLES (9)
JUNTO (14)	VENIA (12)	CIPRESES (10)	CAMA (9)
LIBRO (14)	VENUS (12)	CREPUSCULO (10)	CANCER (9)
LIRIO (14)	VINO (12)	DAR (10)	CAUCE (9)
LUCEROS (14)	VIVA (12)	DEJAME (10)	CEMENTERIOS (9)
LLEGA (14)	ALAMOS (11)	DIVINA (10)	CUENTO (9)
LLEGAR (14)	ALTA (11)	DORMIDOS (10)	DANDO (9)
LLORA (14)	ANILLO (11)	DUERMEN (10)	DEJAN (9)
MARIPOSAS (14)	AQUELLA (11)	DULCES (10)	DIVINO (9)
MEDIA (14)	AZULES (11)	ELLOS (10)	DOLIENTE (9)
MUCHO (14)	BUSCA (11)	ENRIQUE (10)	ESPALDA (9)
NARANJA (14)	BUSCAN (11)	ESFUERZO (10)	ESPIGAS (9)
PECES (14)	CAMINOS (11)	ESPERA (10)	GRANADA (9)
PECHOS (14)	CANTO (11)	ESPUMA (10)	GRAVE (9)
PERRO (14)	CASI (11)	ESTOY (10)	GRITAR (9)
PEZ (14)	CERCA (11)	FLECHA (10)	HERIDA (9)
PURA (14)	CIENCIA (11)	GALLOS (10)	LARGOS (9)
RELOJES (14)	COSA (11)	GIME (10)	LIMONAR (9)
VECES (14)	CUCHILLO (11)	GRILLOS (10)	LOCO (9)
VISTO (14)	CUCHILLOS (11)	GUARDIA CIVIL (10)	LLORAN (9)
ABIERTO (13)	DEBIL (11)	GUSANOS (10)	MIOS (9)
AMIGO (13)	DESEMBOCA (11)	HERIDA (10)	MISMA (9)
ANTES (13)	DIEZ (11)	HUERTO (10)	NARANJAS (9)
CELESTE (13)	DON (11)	HUMO (10)	NIDO (9)
DESIERTO (13)	ECOS (11)	HUYE (10)	NIDOS (9)
DICEN (13)	ÉL (11)	INMENSA (10)	NUESTRA (9)

OSCUROS (9)
PALABRA (9)
PASADO (9)
PAZ (9)
PIEDRAS (9)
PIEL (9)
POSIBLE (9)
PRECIOSA (9)
PUERTAS (9)
PUESTO (9)
PUPILAS (9)
QUIERES (9)
QUISE (9)
RAMA (9)
RANA (9)
RAYO (9)
REDONDA (9)
RUISEÑORES (9)
RUMORES (9)
SENTIR (9)
SERPIENTE (9)
SIDO (9)
SITIO (9)
SOLOS (9)
SOÑANDO (9)
SUEÑA (9)
SUSPIROS (9)
TARARA (9)
TINTA (9)
TOMA (9)
TRAVES (9)
TRONCO (9)
TURBIO (9)
TUVO (9)
UNAS (9)
VACA (9)
VERANO (9)
VERLA (9)
VES (9)
VIENES (9)
VINO (9)
ABEJAS (8)
ACEITE (8)
AGUJA (8)
ALCOBA (8)
AMARGO (8)
ANGELES (8)
ANTE (8)
AROMA (8)
ARROYOS (8)
ASTROS (8)
BAILAN (8)
BOSQUES (8)
BRISAS (8)
BUENOS (8)
CAL (8)
CAUTIVA (8)
CIERRA (8)
CIGARRA (8)
CLAVEL (8)
COLA (8)
CONOCE (8)
CONTRA (8)
COPA (8)
CRIATURAS (8)
CUBRE (8)
CUERDAS (8)
CUERNOS (8)
DAME (8)
DIAS (8)
DIMINUTO (8)
DIRA (8)
DORMIR (8)
EMILIO (8)
EMPIEZA (8)
ENCONTRAR (8)
EQUILIBRIO (8)
ESCALERAS (8)
ESTABAS (8)
FLECHAS (8)
GATO (8)
GIMEN (8)
GITANA (8)

GITANO (8)
GRACIA (8)
GUARDA (8)
HERIDO (8)
HERMANO (8)
HIJOS (8)
HUELLAS (8)
JAZMIN (8)
JINETES (8)
LAUREL (8)
LECHE (8)
LEJANA (8)
LENTAMENTE (8)
LICOR (8)
LORENZO (8)
LLENAS (8)
LLENOS (8)
MANANTIAL (8)
MANTO (8)
MARFIL (8)
MARGARITAS (8)
MARINEROS (8)
MEJILLA (8)
MIRAR (8)
MONTAÑA (8)
MORIR (8)
MUEREN (8)
NACE (8)
NIÑEZ (8)
NOSOTROS (8)
NOSTALGIA (8)
OLVIDA (8)
OTRAS (8)
PAN (8)
PASAN (8)
PASIONES (8)
PASTOR (8)
PEDAZOS (8)
POETAS (8)
PROFUNDO (8)
PUEDEN (8)
FUENTE (8)
PUSO (8)
QUEMA (8)
QUIEBRA (8)
RISAS (8)
ROJOS (8)
SABEN (8)
SABER (8)
SAL (8)
SANTO (8)
SED (8)
SUBE (8)
TARDES (8)
TENDRAS (8)
TIBIA (8)
TODAVIA (8)
TORSO (8)
TRANQUILO (8)
TRENZAS (8)
TRONCOS (8)
ULTIMAS (8)
VACAS (8)
VALS (8)
VEN (8)
VENDRA (8)
VENTANA (8)
VERSOS (8)
VIENTRE (8)
ABAJO (7)
ABIERTA (7)
ABIERTOS (7)
ABREN (7)
ACABO (7)
ACENTO (7)
ADELFA (7)
AGOSTO (7)
ALERTA (7)
ALTAS (7)
AMANTE (7)
AMARGO (7)
AMARILLAS (7)
ANDA (7)

ARPA (7)
BUSCO (7)
CADENAS (7)
CALAVERA (7)
CANCIONES (7)
CANTABA (7)
CANTABAN (7)
CANTAR (7)
CANTOS (7)
CASAS (7)
CASTO (7)
CERA (7)
CIUDADES (7)
CLAVELES (7)
COBRE (7)
CUELLO (7)
CURVA (7)
DEJADME (7)
DELANTE (7)
DESEO (7)
DIJERON (7)
DOBLE (7)
DOÑA (7)
ENERO (7)
ENORME (7)
ENSEÑA (7)
ESCUCHA (7)
ESFINGE (7)
ESOS (7)
ESPAÑA (7)
ESTAS (7)
ESTATUAS (7)
FIJA (7)
FRIOS (7)
FUERA (7)
GUANTE (7)
HARLEM (7)
HELADOS (7)
HERBARIO (7)
HONDA (7)
HORMIGA (7)
IDO (7)
ILUSION (7)
INVIERNO (7)
INVISIBLE (7)
JUEGAN (7)
LADO (7)
LAURELES (7)
LEJANOS (7)
LEVANTA (7)
LUCIERNAGA (7)
LUMBRE (7)
LLEGAN (7)
LLENAN (7)
LLEVO (7)
LLORABA (7)
MALO (7)
MELANCOLIA (7)
MILLON (7)
MINUTO (7)
MOJADA (7)
MUCHEDUMBRE (7)
MUDO (7)
NARDOS (7)
NINGUNA (7)
NUEVA (7)
NUEVA YORK (7)
NUEVO (7)
NUMEROS (7)
OCULTO (7)
OLVIDO (7)
OSO (7)
PEDRO (7)
PEQUEÑAS (7)
PEQUEÑOS (7)
PERDIDAS (7)
POZO (7)
PRIMER (7)
PUEBLO (7)
PUENTES (7)
PUPILA (7)
QUIETA (7)
RISA (7)

ROCAS (7)
SAN GABRIEL (7)
SECO (7)
SERIA (7)
SUENA (7)
TEMBLANDO (7)
TEME (7)
TENDIDA (7)
TENDRA (7)
TENER (7)
TRABAJO (7)
TRISTEZAS (7)
VACIO (7)
VENGO (7)
VIDRIOS (7)
VIVA (7)
VUESTRAS (7)
ABANICO (6)
ABEJA (6)
ABUELA (6)
ACASO (6)
AIRES (6)
ALGODON (6)
ALTOS (6)
AMANECER (6)
AMARILLOS (6)
ANTIGUAS (6)
ANTIGUO (6)
APAGA (6)
APOLO (6)
ARBOLE (6)
ARMONIA (6)
AZOTEAS (6)
BALALIN (6)
BARBA (6)
BUSCA (6)
CABALLERO (6)
CABALLEROS (6)
CABALLITO (6)
CABELLERA (6)
CAMPANA (6)
CANDIL (6)
CAPAS (6)
CEMENTERIO (6)
CIENO (6)
COLORES (6)
COME (6)
COPAS (6)
CORAL (6)
CORTAN (6)
CROTALO (6)
CRUCES (6)
CUAL (6)
DANZA (6)
DECIA (6)
DEJO (6)
DEJO (6)
DESCANSO (6)
DESPIERTA (6)
DESPUES (6)
DIME (6)
DIO (6)
DORADA (6)
DUELE (6)
DUELO (6)
ECO (6)
ENCONTRE (6)
ENTRA (6)
ERAS (6)
ESCALA (6)
ESCARCHA (6)
ESPADA (6)
ESQUELETO (6)
FILO (6)
FLAUTAS (6)
FRUTA (6)
FUERON (6)
FUERON (6)
FUERZA (6)
GALANES (6)
GEMIDOS (6)
GRILLO (6)
GUIRNALDAS (6)

HACEN (6)
HECHA (6)
HELADA (6)
HERIDOS (6)
HILO (6)
HILOS (6)
HISTORIA (6)
HONDO (6)
HUMANO (6)
HUYEN (6)
IGNACIO (6)
IMPORTA (6)
IMPOSIBLE (6)
INMOVIL (6)
INSECTOS (6)
INUTIL (6)
INVISIBLES (6)
JACA (6)
JALEC (6)
JUAN (6)
JUNCO (6)
LARGA (6)
LETRAS (6)
LIMPIO (6)
LIRICA (6)
LOCURA (6)
LLAMA (6)
LLANO (6)
LLEGADO (6)
MALAGA (6)
MALDITA (6)
MALOS (6)
MARICAS (6)
MAYO (6)
MEDIODIA (6)
MIRANDO (6)
MONEDAS (6)
MUCHAS (6)
MUEVE (6)
NATURALEZA (6)
NIQUEL (6)
NUBE (6)
NUMERO (6)
OLALLA (6)
OLIVO (6)
ORILLO (6)
ORTIGAS (6)
PADRE (6)
PAÑUELOS (6)
PEGASO (6)
PELO (6)
PERDIDOS (6)
PERENNE (6)
PIDE (6)
PIERDE (6)
PLANETAS (6)
PLAZAS (6)
PONER (6)
PRADOS (6)
PRESENTE (6)
PRINCESA (6)
PRISA (6)
PUEDO (6)
QUEDE (6)
QUEDO (6)
QUERIDO (6)
REBAÑO (6)
RECUERDA (6)
REINO (6)
RELUCE (6)
RITMOS (6)
ROTA (6)
ROTOS (6)
RUEDAS (6)
SALEN (6)
SECA (6)
SEMILLA (6)
SEÑORES (6)
SEPULTURA (6)
SEXO (6)
SIERRA (6)
SIGLO (6)
SOLEDAD (6)

SOMBRIO (6)
SONORA (6)
SONRISA (6)
STANTON (6)
SUBEN (6)
SUENAN (6)
SUSPIRO (6)
TELA (6)
TENIENTE (6)
TERNURA (6)
TERROR (6)
THAMAR (6)
TIJERAS (6)
TRISTES (6)
TUMBA (6)
ULTIMOS (6)
VACIOS (6)
VALLES (6)
VENA (6)
VENDRAN (6)
VEREDA (6)
VERSO (6)
VERTE (6)
VIOLETA (6)
VIVIR (6)
VOSOTROS (6)
VUELAN (6)
VUELTAS (6)
WALT WHITMAN (6)
ZAPATOS (6)
ACEITUNA (5)
ACEQUIA (5)
ADAN (5)
ALEGRES (5)
ALFILER (5)
ALGUNAS (5)
ALLA (5)
AMNON (5)
ANDALUCIA (5)
ANSIAS (5)
ANTONIO (5)
ANUNCIACION (5)
ARAÑAS (5)
ARCANGEL (5)
ARCILLA (5)
ARENAS (5)
ASTRO (5)
ATAUDES (5)
AXA (5)
AZOGUE (5)
AZUCAR (5)
AZUCENA (5)
BALALAN (5)
BARANDAS (5)
BARCAS (5)
BEBEN (5)
BLANCURA (5)
ERAZO (5)
BROTA (5)
CABELLERAS (5)
CABEZAS (5)
CADIZ (5)
CAIDO (5)
CALAVERAS (5)
CALIZ (5)
CANSADO (5)
CAPA (5)
CIEGO (5)
CIEGOS (5)
CISNE (5)
CLARAS (5)
CLAVAN (5)
CONMIGO (5)
CORONA (5)
CORREDORES (5)
CORRIENTE (5)
CORTA (5)
COSTADO (5)
CUANTOS (5)
CUARTO (5)
CUCHARA (5)
CUENTA (5)
CUERNO (5)

CUESTA (5)
CHICOS (5)
CHOPOS (5)
DALIAS (5)
DECIRTE (5)
DEFINITIVO (5)
DEJADO (5)
DEJANDO (5)
DEJARE (5)
DEMAS (5)
DEMASIADO (5)
DESPACIO (5)
DIAMANTE (5)
DICIENDO (5)
DICHO (5)
DICHOSA (5)
DICHOSOS (5)
DIJE (5)
DISTANCIA (5)
DOCE (5)
DOLORES (5)
DOMINGO (5)
DONCELLAS (5)
DORMIAN (5)
DORMIDAS (5)
ENCUENTRA (5)
ENORMES (5)
ERRANTE (5)
ESAS (5)
ESPERANDO (5)
ESPUELAS (5)
ESQUELETOS (5)
ESTAMOS (5)
ESTANQUE (5)
ESTATUA (5)
ESTOS (5)
FABULA (5)
FACIL (5)
FANTASIA (5)
FAROLES (5)
FATIMA (5)
FIESTA (5)
FLOTA (5)
FRESCO (5)
FRONDAS (5)
FRUTAS (5)
FRUTO (5)
FUERTE (5)
GALAN (5)
GALLO (5)
GOLONDRINA (5)
GORDA (5)
GRITAN (5)
GUARDAN (5)
HARINA (5)
HERIR (5)
HERMANA (5)
HERMANOS (5)
HERMOSO (5)
HIEREN (5)
HIERRO (5)
HUBIERA (5)
HUECOS (5)
HUESO (5)
HUNDE (5)
IGNORA (5)
IMPASIBLE (5)
INFANTIL (5)
INSECTO (5)
IR (5)
IRA (5)
JAEN (5)
JARDINES (5)
JAZMINES (5)
JINETE (5)
JUDIO (5)
JUGANDO (5)
LAGARTO (5)
LECHO (5)
LEJANAS (5)
LENGUAS (5)
LENTO (5)
LIMITE (5)

LIRA (5)
LIRICO (5)
LUCHANDO (5)
LLAMABA (5)
LLANURA (5)
LLENA (5)
LLORABAN (5)
MADRES (5)
MADURO (5)
MAESTRO (5)
MAL (5)
MANA (5)
MANANTIALES (5)
MANZANO (5)
MAPA (5)
MARCHITA (5)
MARCHITAS (5)
MARIA (5)
MARIEN (5)
MARINERO (5)
MARZO (5)
MIRABA (5)
MIRAD (5)
MISA (5)
MISMAS (5)
MONEDA (5)
MONTA (5)
MORTAL (5)
MULA (5)
MUSGOS (5)
NACER (5)
NARANJAL (5)
NOCTURNO (5)
NOCHEBUENA (5)
NOMBRES (5)
NORMA (5)
NUEVE (5)
OIDOS (5)
OLIVAR (5)
PARAISO (5)
PARECE (5)
PAREDES (5)
PARRA (5)
PASEAN (5)
PATIO (5)
PERDIO (5)
PEREGRINO (5)
PERLAS (5)
PETALOS (5)
PINOS (5)
PISOS (5)
PONTE (5)
PRECISO (5)
PREGUNTA (5)
PRIMERA (5)
PROFUNDA (5)
PUERTO (5)
PULSO (5)
QUEDABA (5)
QUEDARON (5)
QUEMADURA (5)
QUISIERA (5)
QUIZA (5)
REPOSO (5)
RINCON (5)
ROMPE (5)
ROSAL (5)
SABANAS (5)
SABOR (5)
SACRAMENTO (5)
SAETAS (5)
SALVE (5)
SANTAS (5)
SATAN (5)
SECOS (5)
SEGURO (5)
SENTIMIENTO (5)
SERAN (5)
SERENO (5)
SIENES (5)
SIERPE (5)
SILENCIOS (5)
SILENCIOSA (5)

SINO (5)
SOLEMNE (5)
SOLITARIA (5)
SOLLOZOS (5)
SONIDOS (5)
SUSPIRA (5)
TALLE (5)
TALLOS (5)
TEJE (5)

TENGA (5)
TERRAZAS (5)
TERRIBLES (5)
TIEMBLAN (5)
TIERNO (5)
TIERRAS (5)
TOROS (5)
TRAIGO (5)
TRAJES (5)

TRENES (5)
TRINO (5)
TUMULTO (5)
TURBIAS (5)
TURBIOS (5)
VACIAS (5)
VASO (5)
VENENO (5)
VENIDO (5)

VESTIDO (5)
VILO (5)
VIVAS (5)
VOSOTRAS (5)
VUELO (5)
VUESTRA (5)
YEDRA (5)
YEDRAS (5)
YERTA (5)
YESO (5)

Appendix VII

Concordance to Poem Titles, Subtitles, and Other Peripheral Material

Each line of text is identified by three numbers: the page number in the Aguilar edition of 1969, a serially assigned poem number, and the line number (given as 0 if the line is a title or subtitle). Lines within pointed brackets are preceded and followed by a letter identifying the substance of the line, as follows: a: name of an author cited by Lorca; c: a quotation, usually an epigraph; d: name of the person to whom a poem is dedicated; f: date of composition ("fecha"); p: place of composition; s: subtitle; and t: main title.

Lines within braces are stage directions from the two dramatic poems of the *Poema del Cante Jondo;* lines within brackets are speakers' names from the same poems.

A (112)
ABAJO (1)
<s Abajo s>   606:314:0
ABANDONADA (1)
<t IGLESIA ABANDONADA t>   482:244:0
ABANDONO (1)
<s Abandono s>   608:315:0
AERAZAN (1)
{se abrazan sobre el jardín   329:119:13
de tabaco de la caja de
puros.}
ABRE (1)
{La serpiente gorda del Sur   339:121:97
abre sus ojos}
ABRIL (4)
<f Abril de 1918 f>   190:8:0
<f Abril de 1919 f>   212:19:0
<f Abril de 1919 f>   276:58:0
<t CANCION DE NOVIEMBRE Y   415:211:0
ABRIL t>
ACACIA (2)
<s Acacia s>   590:311:0
<s Acacia s>   593:312:0
ACARICIA (1)
{El militar acaricia el   329:119:14
cañón de un fusil}
ACENTO (1)
{(El grito de su canto pone   334:121:26
un acento circunflejo}
ACOMPAÑAMIENTO (1)
{(Con acompañamiento de   387:171:0
campanas)}
ADAN (1)
<t ADAN t>   353:130:0
ADELINA (1)
<t ADELINA DE PASEO t>   377:157:0
ADIVINANZA (1)
<t ADIVINANZA DE LA GUITARRA   325:113:0
t>
AGARRASE (1)
{como si agarrase un pedazo   338:121:75
de oro.)}
AGIGANTA (1)
{ensombrece y agiganta los   329:119:27
ojirris}
AGNUS (1)
<c Agnus Dei qui tcllis   631:331:0
pecata mundi. Miserere
nobis. c>
AGOSTO (11)
<f 3 de Agosto de 1918 f>   188:7:0
<f 7 de Agosto de 1918 f>   192:9:0
<f Agosto de 1920 f>   209:17:0
<f Agosto de 1920 f>   211:18:0
<f Agosto de 1920 f>   213:20:0
<f Agosto de 1920 f>   215:21:0
<f Agosto de 1920 f>   223:24:0
<f Agosto de 1920 f>   232:31:0
<f Agosto de 1920 f>   237:35:0
<t (AGOSTO) t>   366:145:0
<d dormida piadosamente el   370:149:0
día 8 de Agosto de 1928 d>
AGUA (4)
<t LA BALADA DEL AGUA DEL MAR   263:49:0
t>
<t (AGUA, ¿DONDE VAS?) t>   416:212:0
<t CASIDA DEL HERIDO POR EL   568:295:0
AGUA t>
<t SUITE DEL AGUA t>   593:312:0
AHIJADA (2)
<d A Isabel Clara, mi   352:129:36
ahijada d>
<d A mi ahijada Isabel Clara   370:149:0
d>
AHOGA (1)
<s Donde se ahoga el sueño s> 612:318:0
AHOGADA (1)
<t NIÑA AHOGADA EN EL POZO t> 504:258:0
AIRE (4)
<t AIRE DE NOCTURNO t>   287:64:0
<t PRECIOSA Y EL AIRE t>   426:221:0

<t CASIDA DEL SUEÑO AL AIRE   571:299:0
LIBRE t>
<s Aire s>   601:313:0
AL (10)
ALADREN (1)
<d Para Emilio Aladrén d>   451:233:0
ALAMOS (1)
<t LOS ALAMOS DE PLATA t>   267:54:0
ALAS (1)
<s (Con alas y flechas) s>   407:200:0
ALBA (2)
<t ALBA t>   212:19:0
<t ALBA t>   306:85:0
ALBENIZ (1)
<t EPITAFIO A ISAAC ALBENIZ   637:336:0
t>
ALBERTI (1)
<d A Rafael Alberti d>   414:210:0
ALEIXANDRE (1)
<a Vicente Aleixandre a>   484:245:0
ALMA (3)
<t LA SOMBRA DE MI ALMA t>   195:10:0
{(El alma de tabaco y café   332:119:61
con leche del Teniente
Coronel de la Guardia Civil
sale por la ventana.)}
<s Alma ausente s>   544:276:0
ALMAGRO (1)
<d A Melchor Fernández Almagro 185:6:0
d>
ALMAS (1)
<t HAY ALMAS QUE TIENEN... t> 239:37:0
ALONSO (1)
<d A Dámaso Alonso d>   426:221:0
ALREDEDOR (1)
{y se ciñe la chaqueta de   335:121:33
pana alrededor del talle.}
ALTA (1)
[JOVEN 1.] {(En voz   333:121:10
alta.)} ¡Amargo!
ALTAR (1)
<t ODA AL SANTISIMO   630:330:0
SACRAMENTO DEL ALTAR t>
ALTAS (1)
{Altas montañas le rodean.   335:121:34
Su gran reloj de plata}
ALTOLAGUIRRE (1)
<d A Concha Méndez y Manuel   501:256:0
Altolaguirre d>
ALZA (1)
<c y alza en blando   512:263:0
movimiento c>
AMANECER (1)
<t MURIO AL AMANECER t>   396:182:0
AMARGA (1)
<t GACELA DE LA RAIZ AMARGA   561:288:0
t>
AMARGO (37)
<t DIALOGO DEL AMARGO t>   333:121:0
[AMARGC] {(Lejos.)}Ya voy.   333:121:11
[AMARGO] {(Con calma.)}¡Ya   334:121:13
voy!
[AMARGO] Ay yayayay.   334:121:23
[AMARGO] A la paz de Dios.   335:121:38
[AMARGO] A Granada voy.   335:121:40
[AMARGO] Eso parece.   335:121:42
[AMARGO] Porque no me   335:121:44
duelen los pies.
[AMARGO] Bueno.   336:121:46
[AMARGO] {(Displicente.)}   336:121:48
¿Cuántos?
[AMARGO] De salud les sirva.   336:121:50
[AMARGO] Un cuchillo no   336:121:52
tiene que ser más que un
cuchillo.
[AMARGO] Gracias.   336:121:54
[AMARGO] ¿No sirven para   337:121:57
partir el pan?
[AMARGC] ¡Es verdad!   337:121:59
[AMARGO] Es la noche.   337:121:62
[AMARGO] No.   337:121:65

[AMARGO] Pero yo no lo acepto.   337:121:67

[AMARGO] ¿Quién sabe?   337:121:69

[AMARGO] ¿Vale mucho?   338:121:77

[AMARGO] He dicho que no.   338:121:81

[AMARGO] Todavía no estoy cansado.   338:121:83

[AMARGO] Es lo oscuro. {Pausa.}   338:121:86

[AMARGO] Es una hermosura.   339:121:94

[AMARGO] Me parece que hemos perdido el camino.   339:121:101

[AMARGO] Con la conversación.   339:121:103

[AMARGO] No sé.   339:121:105

[AMARGO] Como que está deshabitado.   340:121:107

[AMARGO] ¡Me da una desesperanza! ¡Ay yayayay!   340:121:109

[AMARGO] ¿Qué hago?   340:121:111

[AMARGO] ¿Para qué?   340:121:113

[AMARGO] ¿Qué pasaría?   340:121:116

[AMARGO] ¿Es posible?   340:121:118

[AMARGO] Sí, ciertamente.   341:121:120

[AMARGO] Espera un poco.   341:121:122

[AMARGO] ¡Ay yayayay!   341:121:126

<t CANCION DE LA MADRE DEL AMARGO t>   341:122:0

AMARGO (4)

{El Amargo camina con las manos en la cintura.)}   334:121:22

{(El Amargo está solo en medio de la carretera}   335:121:31

{(El Amargo se calla. Su mano derecha se le enfría}   338:121:74

{(El Jinete ayuda al Amargo.}   341:121:127

AMARILLAS (1)

<t CUATRO BALADAS AMARILLAS t>   347:128:0

AMIGA (1)

<s (A Laurita, amiga de mi hermana) s>   394:180:0

AMIGO (1)

<d A mi amigo Miguel Pérez Ferrero d>   565:292:0

AMIGO (1)

<d A Joaquín Amigo d>   418:216:0

AMIGOS (1)

<t FABULA Y RUEDA DE LOS TRES AMIGOS t>   473:240:0

AMNON (1)

<t THAMAR Y AMNCN t>   464:237:0

AMOR (12)

<t AMOR t>   407:200:0

<t MUERTO DE AMOR t>   449:232:0

<c Furia color de amor, c>   471:238:0

<c amor color de olvido. c>   471:238:0

<s (Poema de amor) s>   512:263:0

<t GACELA DEL AMOR IMPREVISTO t>   557:283:0

<t GACELA DEL AMOR DESESPERADO t>   559:285:0

<t GACELA DEL AMOR QUE NO SE DEJA VER t>   560:286:0

<t GACELA DEL RECUERDO DE AMOR t>   562:289:0

<t GACELA DEL AMOR MARAVILLOSO t>   564:291:0

<t GACELA DEL AMOR CON CIEN AÑOS t>   566:293:0

<t EL POETA PIDE A SU AMOR QUE LE ESCRIBA t>   639:340:0

AMPARO (1)

<t AMPARO t>   318:103:0

AMPLIA (1)

<t (EN LA AMPLIA COCINA, LA LUMBRE) t>   586:307:0

ANCHOS (1)

{(Llegan tres jóvenes con anchos sombreros.)}   333:121:5

ANDA (1)

<t ANDA JALEO t>   659:358:0

ANDALUCES (1)

<t CANTO NOCTURNO DE LOS MARINEROS ANDALUCES t>   641:342:0

ANDALUZ (1)

{{Ranas y grillos hacen la glorieta del estío andaluz.}   334:121:21

ANDALUZAS (1)

<t ANDALUZAS t>   376:156:0

ANGELES (2)

<d A Manuel Angeles d>   283:63:0

<d A Manuel Angeles Ortiz d>   402:193:0

ANGULO (1)

<t (ANGULO ETERNO) t>   615:319:0

ANIMAL (1)

{{El camino ondulante salomoniza la sombra del animal.}   337:121:63

ANIVERSARIO (2)

<t PRIMER ANIVERSARIO t>   396:183:0

<t SEGUNDO ANIVERSARIO t>   397:184:0

ANOCHECER (1)

<s (Anochecer de Coney Island) s>   487:246:0

ANSIA (1)

<t ANSIA DE ESTATUA t>   419:217:0

ANTOÑITO (2)

<t PRENDIMIENTO DE ANTOÑITO EL CAMBORIO t>   445:230:0

<t MUERTE DE ANTOÑITO EL CAMBORIO t>   447:231:0

AÑOS (2)

{(La noche es espesa como un vino de cien años}   339:121:96

<t GACELA DEL AMOR CON CIEN AÑOS t>   566:293:0

APALEADO (1)

<t CANCION DEL GITANO APALEADO t>   332:120:0

APALEAN (1)

{(En el patio del cuartel, cuatro guardias civiles apalean al gitanillo.)}   332:119:63

APARTE (1)

<s Aparte s>   607:315:0

ARAGON (1)

<d Para Luis Cardoza y Aragón d>   531:271:0

ARBOL (1)

<t ARBOL DE CANCION t>   391:176:0

ARBOLE (1)

<t (ARBOLE ARBOLE) t>   381:163:0

ARBOLES (2)

<t ARBOLES t>   264:50:0

<t CORTARON TRES ARBOLES t>   367:147:0

ARCO IRIS (1)

<s (Teoría del arco iris) s>   359:134:0

ARLEQUIN (1)

<t ARLEQUIN t>   367:146:0

ARQUEROS (1)

<t ARQUEROS t>   307:86:0

ARROJARSE (1)

{de arrojarse por el balcón a la magia perversa}   339:121:99

ARROYO (1)

{con los pies en el arroyo?)}   379:160:0

ASESINATO (1)

<t ASESINATO t>   490:248:0

ASI (1)

{Así te vi}   385:168:0

ASIRIO (1)

<t PAISAJE CON DOS TUMBAS Y UN PERRO ASIRIO t>   509:261:0

ASOMA (1)

<t LA LUNA ASOMA t>   393:179:0

AURORA (1)

<t LA AURORA t>   497:253:0

AUSENCIA (1)

<c total, perenne ausencia? c>   634:333:0

AUSENTE (1)
<s Alma ausente s>   544:276:0
AVENTURERO (1)
<t LOS ENCUENTECS DE UN   175:2:0
CARACOL AVENTURERO t>
AY (1)
<t ¡AY! t>   303:80:0
AYUDA (2)
{(El Jinete ayuda al   341:121:127
Amargo.}
{(El poeta pide ayuda a la   646:346:0
Virgen)}
AZUL (1)
<c olas de plata y azul. c>   512:263:0
BACO (1)
<t BACO t>   384:166:0
BAILE (1)
<t BAILE t>   324:112:0
BAJO (1)
<t MEDITACION BAJO LA LLUVIA   270:56:0
t>
BALADA (7)
<t BALADA TRISTE t>   190:8:0
<s (Balada ingenua) s>   204:15:0
<t BALADA DE UN DIA DE JULIC   219:23:0
t>
<t BALADA INTERIOR t>   244:39:0
<t BALADA DE LA PLACETA t>   249:42:0
<t LA BALADA DEL AGUA DEL MAR   263:49:0
t>
<s (Balada de la gran   482:244:0
guerra) s>
BALADAS (1)
<t CUATRO BALADAS AMARILLAS   347:128:0
t>
BAIADILLA (1)
<t BALADILLA DE LCS TRES RIOS   295:68:0
t>
BALANZA (1)
<t BALANZA t>   362:139:0
EALCON (2)
<t BALCON t>   311:92:0
{de arrojarse por el balcón   339:121:99
a la magia perversa}
BANDERAS (1)
<s Cuarto de banderas s>   328:119:0
EARAJA (1)
<t LOS REYES DE LA BARAJA t>   662:361:0
BARRADAS (1)
<f Montevideo, 1934. Dia del   643:343:0
homenaje a Barradas. f>
BARRIO (1)
<t BARRIO DE CORDOBA t>   324:111:0
BASTON (1)
<t EROS CON BASTCN t>   398:186:0
EATTERY PLACE (1)
<s (Nocturno de Battery   489:247:0
Place) s>
BELLO (1)
<d A Pepín Bello d>   398:186:0
BENITEZ (1)
<d A Miguel Benítez d>   321:107:0
BERCEUSE (1)
<s Berceuse al espejo   600:313:0
dormido s>
BERGAMIN (1)
<d A José Bergamín d>   361:138:0
BESOS (1)
<c dice que el tiempo de los   484:245:0
besos no ha llegado. c>
ELANCA (1)
<c ¿Busca el mundo una   634:333:0
blanca, c>
EIANCC (1)
{(Romeo y Julieta, celeste,   329:119:12
blanco y oro,}
BIANDO (1)
<c y alza en blando   512:263:0
movimiento c>
BOLSILLO (1)

{le suena oscuramente en el   335:121:35
bolsillo a cada paso.})
BORDCN (1)
<s Bordón s>   312:94:0
BOYSO (1)
<t ROMANCE DE DON BOYSO t>   664:364:0
BREVA (1)
<t JUAN BREVA t>   320:105:0
BRIDAS (1)
[JINETE] {(Tirando de las   338:121:85
bridas).} Pero ¡qué caballo
este!
BRILLA (1)
{(Saca un cuchillo de oro.   338:121:79
La punta brilla}
BROOKLYN BRIDGE (1)
<s (Nocturno del Brooklyn   492:250:0
Bridge) s>
BUIGAS (1)
<d A Diego Buigas de Dalmáu   438:227:0
d>
BUÑUEL (1)
<d Dedicados a la cabeza de   387:171:0
Luis Buñuel en Grand Plain
(sic)d>
BURLA (1)
<t BURLA DE DON PEDRC A   461:236:0
CABALLO t>
BUSCA (1)
<c ¿Busca el mundo una   634:333:0
blanca, c>
CABALLO (6)
[JINETE] {(Parando el   335:121:37
caballo.)} ¡Buenas noches!
{(El caballo se inquieta.)}   337:121:60
{(El caballo se vuelve a   338:121:84
espantar.)}
[JINETE] {(Parando el   339:121:102
caballo.)}¿Sí?
<t BURLA DE DON PEDRC A   461:236:0
CABALLO t>
<s Romance de don Pedro a   461:236:0
caballo s>
CABAÑA (1)
<t EN LA CABAÑA DEL FARMER t>   501:256:0
CABEZA (1)
<d Dedicados a la cabeza de   387:171:0
Luis Buñuel en Grand Plain
(sic)d>
CABRERA (1)
<d A Lydia Cabrera y a su   434:225:0
negrita d>
CABRIO (1)
<t EL MACHO CABRIO t>   290:67:0
CADA (2)
{le suena oscuramente en el   335:121:35
bolsillo a cada paso.})
<t CADA CANCION t>   585:306:0
CAE (1)
{(Cae muerto.)}   332:119:60
CAFE (3)
<t CAFE CANTANTE t>   320:106:0
{(El alma de tabaco y café   332:119:61
con leche del Teniente
Coronel de la Guardia Civil
sale pcr la ventana.)}
<t EL CAFE DE CHINITAS t>   655:354:0
CAJA (1)
{se abrazan sobre el jardín   329:119:13
de tabaco de la caja de
puros.}
CALMA (1)
[AMARGC] {(Con calma.)}¡Ya   334:121:13
voy!
CALLA (1)
{(El Amargo se calla. Su   338:121:74
mano derecha se le enfría}
CALLE (1)
<t LA CALLE DE LOS MUDOS t>   392:178:0

CALLES (1)
  <t CALLES Y SUEÑOS t>   484:245:0
CAMBORIO (2)
  <t PRENDIMIENTO DE ANTOÑITO 445:230:0
  EL CAMBORIO t>
  <t MUERTE DE ANTOÑITO EL   447:231:0
  CAMBORIO t>
CAMINA (1)
  {El Amargo camina con las   334:121:22
  manos en la cintura.)}
CAMINO (5)
  <s El camino s>   254:44:0
  <t CAMINO t>   313:95:0
  {(El camino ondulante   337:121:63
  salomoniza la sombra del
  animal.}
  {Los dos emprenden el   341:121:128
  camino de Granada.}
  <t EN EL CAMINO DE SEVILLA t> 445:230:0
CAMPANA (2)
  <t UNA CAMPANA t>   236:34:0
  <t CAMPANA t>   312:94:0
CAMPANAS (1)
  {(Con acompañamiento de   387:171:0
  campanas)}
CAMPO (3)
  <t CAMPO t>   262:48:0
  <t CAMPO t>   333:121:0
  <s (Campo de Newburg) s>   501:256:0
CANCION (33)
  <t CANCION OTOÑAL t>   181:3:0
  <t CANCION PRIMAVERAL t>   183:4:0
  <t CANCION MENOR t>   184:5:0
  <t CANCION PARA LA LUNA t> 215:21:0
  <t CANCION ORIENTAL t>   257:46:0
  <t OTRA CANCION t>   289:66:0
  <t CANCION DEL GITANO   332:120:0
  APALEADO t>
  <t CANCION DE LA MADRE DEL 341:122:0
  AMARGO t>
  <t REMANSO, CANCION FINAL t> 346:126:0
  <t CANCION t>   354:133:0
  <t CANCION DE LAS SIETE   359:134:0
  DONCELLAS t>
  <t LA CANCION DEL COLEGIAL t> 360:136:0
  <t CANCION CON MOVIMIENTO t> 363:140:0
  <t CANCION CHINA EN EUROPA t> 370:149:0
  <t CANCION CANTADA t>   374:153:0
  <t CANCION TONTA t>   375:155:0
  <t CANCION DE JINETE t>   376:156:0
  <t CANCION DE JINETE t>   380:161:0
  <t CANCION DEL MARIQUITA t> 390:175:0
  <t ARBOL DE CANCION t>   391:176:0
  <t CANCION DE NOVIEMBRE Y   415:211:0
  ABRIL t>
  <t CANCION INUTIL t>   417:214:0
  <t CANCION DEL NARANJO SECO 420:218:0
  t>
  <t CANCION DEL DIA QUE SE VA 420:219:0
  t>
  <t CADA CANCION t>   585:306:0
  <t CANCION DE LA   610:317:0
  DESESPERANZA t>
  <t CANCION t>   622:324:0
  <t CANCION DE LA MUERTE   640:341:0
  PEQUEÑA t>
  <t CANCION t>   642:343:0
  <t CANCION DE CUNA t>   649:349:0
  <t CANCION t>   649:350:0
  <t CANCION t>   650:351:0
  <s Canción popular del siglo 658:357:0
  XV s>
CANCIONCILLA (2)
  <t CANCIONCILLA SEVILLANA t> 371:150:0
  <t CANCIONCILLA DEL PRIMER 407:200:0
  DESEO t>
CANCIONERO (1)
  <s (Ledesma, Cancionero   660:359:0
  salmantino) s>
CANCIONES (4)
  <t PRIMERAS CANCIONES t>   345:123:0

<t CANCIONES PARA NIÑOS t>   370:149:0
<t CANCIONES DE LUNA t>   393:179:0
<t CANCIONES PARA TERMINAR t> 414:210:0
CANDIL (2)
  <t CANDIL t>   326:114:0
  {como una llama de candil.)} 338:121:80
CANTADA (1)
  <t CANCION CANTADA t>   374:153:0
CANTANTE (1)
  <t CAFE CANTANTE t>   320:106:0
CANTARES (1)
  <t CANTARES POPULARES t>   651:352:0
CANTE (1)
  <t POEMA DEL CANTE JONDO t> 295:68:0
CANTO (4)
  <t EL CANTO DE LA MIEL t> 199:13:0
  {(El grito de su canto pone 334:121:26
  un acento circunflejo}
  <t (EL CANTO QUIERE SER LUZ) 361:137:0
  t>
  <t CANTO NOCTURNO DE LOS   641:342:0
  MARINEROS ANDALUCES t>
CANTOS (1)
  <t CANTOS NUEVOS t>   211:18:0
CAÑON (1)
  {El militar acaricia el   329:119:14
  cañón de un fusil}
CAPRICHO (1)
  <s Capricho s>   598:313:0
CAPRICHOS (1)
  <t SEIS CAPRICHOS t>   325:113:0
CARABINERO (1)
  <t LA SIRENA Y EL CARABINERO 623:325:0
  t>
CARACOL (1)
  <t LOS ENCUENTROS DE UN   175:2:0
  CARACOL AVENTURERO t>
CARACOLA (1)
  <t CARACOLA t>   372:151:0
CARDOZA (1)
  <d Para Luis Cardoza y   531:271:0
  Aragón d>
CARMELA (1)
  <t A CARMELA, LA PERUANA t> 638:338:0
CARMENCICA (1)
  <d A Rita, Concha, Pepe y 374:154:0
  Carmencica d>
CARRETERA (2)
  {(El Amargo está solo en   335:121:31
  medio de la carretera}
  {(Un Jinete viene galopando 335:121:36
  por la carretera.)}
CASADA (1)
  <t LA CASADA INFIEL t>   434:225:0
CASI (1)
  [JOVEN 2.] {(Casi   335:121:30
  perdido.)} ¡Amargooo!
  {(Silencio.)}
CASIDA (9)
  <t CASIDA DEL HERIDO POR EL 568:295:0
  AGUA t>
  <t CASIDA DEL LLANTO t>   569:296:0
  <t CASIDA DE LOS RAMOS t> 569:297:0
  <t CASIDA DE LA MUJER   570:298:0
  TENDIDA t>
  <t CASIDA DEL SUEÑO AL AIRE 571:299:0
  LIBRE t>
  <t CASIDA DE LA MANO   572:300:0
  IMPOSIBLE t>
  <t CASIDA DE LA ROSA t>   572:301:0
  <t CASIDA DE LA MUCHACHA   573:302:0
  DORADA t>
  <t CASIDA DE LAS PALOMAS   574:303:0
  OSCURAS t>
CASIDAS (1)
  <t CASIDAS t>   568:295:0
CASSOU (1)
  <d A Jean Cassou d>   461:236:0
CAUTIVA (1)
  <t CAUTIVA t>   354:132:0

CAZADOR (2)
    <d A Emilio Prados (cazador   263:49:0
    de nubes) d>
    <t CAZADOR t>   365:143:0
CELESTE (1)
    {(Romeo y Julieta, celeste,   329:119:12
    blanco y oro,}
CEMENTERIC (1)
    <t CEMENTERIO JUDIO t>   517:265:0
CERNUDA (1)
    <a Luis Cernuda a>   471:238:0
CICUTAS (1)
    {La sierra del fondo se   341:121:129
    cubre de cicutas y de
    ortigas. }
CIEGO (1)
    <t PANORAMA CIEGO DE NUEVA   494:251:0
    YORK t>
CIELO (4)
    <s Cielo s>   365:142:0
    <t CIELO VIVO t>   500:255:0
    <s Rincón del cielo s>   603:314:0
    <t ESTAMPA DEL CIELO t>   624:326:0
CIEN (2)
    {(La noche es espesa como   339:121:96
    un vino de cien años}
    <t GACELA DEL AMOR CCN CIEN   566:293:0
    AÑOS t>
CIENFUEGCS (1)
    <d A Pepe Cienfuegos d>   281:62:0
CIGARRA (1)
    <t ¡CIGARRA! t>   188:7:0
CINTURA (1)
    {El Amargo camina con las   334:121:22
    manos en la cintura.)}
CIÑE (1)
    {y se ciñe la chaqueta de   335:121:33
    pana alrededor del talle.}
CIRCUNFLEJO (1)
    {(El grito de su canto pone   334:121:26
    un acento circunflejo}
CIRIA (2)
    <d A la memoria de José   368:148:0
    Ciria y Escalante, poeta d>
    <t SCNETOS EN LA MUERTE DE   636:334:0
    JOSE DE CIRIA Y ESCALANTE t>
CIUDAD (3)
    <s Ciudad s>   350:129:0
    <t CIUDAD SIN SUEÑO t>   492:250:0
    <t VUELTA A LA CIUDAD t>   515:264:0
CIUDADES (1)
    <t TRES CIUDADES t>   323:110:0
CIVILES (1)
    {(En el patio del cuartel,   332:119:63
    cuatro guardias civiles
    apalean al gitanillo.)}
CIVILIZACION (1)
    <s Dos valses hacia la   527:268:0
    civilización s>
CLAMOR (1)
    <t CLAMOR t>   316:101:0
CLARA (2)
    <d A Isabel Clara, mi   352:129:36
    ahijada d>
    <d A mi ahijada Isabel Clara   370:149:0
    d>
CLARO (1)
    <t CLARO DE RELOJ t>   353:131:0
COCINA (1)
    <t (EN LA AMPLIA COCINA, LA   586:307:0
    LUMBRE) t>
COGIDA (1)
    <s La cogida y la muerte s>   537:273:0
COLEGIAL (1)
    <t LA CANCICN DEL COLEGIAL t>   360:136:0
CCLEGIO (1)
    {(La ventana del colegio   629:329:14
    tiene una cortina de
    luceros.)}
CCLMENA (1)
    <s Colmena s>   594:312:0

COLOR (2)
    <c Furia color de amor, c>   471:238:0
    <c amor color de olvido. c>   471:238:0
COLUMBIA UNIVERSITY (1)
    <t POEMAS DE LA SOLEDAD EN   471:238:0
    COLUMBIA UNIVERSITY t>
COMEDOR (1)
    <s Susto en el comedor s>   398:186:0
COMETA (1)
    <s Cometa s>   605:314:0
COMO (3)
    {como si agarrase un pedazo   338:121:75
    de oro.)}
    {como una llama de candil.)}   338:121:80
    {(La noche es espesa como   339:121:96
    un vino de cien años}
CON (15)
CONCIERTO (1)
    <t EL CONCIERTO INTERRUMPIDO   256:45:0
    t>
CONCHA (1)
    <d A Rita, Concha, Pepe y   374:154:0
    Carmencica d>
CONEY ISLAND (1)
    <s (Anochecer de Coney   487:246:0
    Island) s>
CONFUSION (1)
    <s Confusión s>   601:313:0
CONJURO (1)
    <t CONJURO t>   322:108:0
CONSUL (1)
    <d A Juan Guerrero, Cónsul   453:234:0
    General de la Poesía d>
CONSULTA (1)
    <t CONSULTA t>   237:35:0
CORAZON (2)
    <t CCRAZON NUEVO t>   231:30:0
    {sobre el corazón de los   334:121:27
    que lo han oído.)}
CORDOBA (2)
    <t BARRIO DE CORDOBA t>   324:111:0
    <s (Córdoba) s>   440:228:0
CORONEL (22)
    <t ESCENA DEL TENIENTE   328:119:0
    CORONEL DE LA GUARDIA CIVIL
    t>
    [TENIENTE CORONEL] Yo soy el   328:119:1
    teniente coronel de la
    Guardia Civil.
    [TENIENTE CORONEL] Y no hay   328:119:3
    quien me desmienta.
    [TENIENTE CORONEL] Tengo   328:119:5
    tres estrellas y veinte
    cruces.
    [TENIENTE CORONEL] Me ha   329:119:7
    saludado el cardenal
    arzobispo
    [TENIENTE CORONEL] Yo soy   329:119:10
    el teniente. Yo soy el
    teniente.
    [TENIENTE CORONEL] ¿Qué   329:119:24
    pasa?
    {del Teniente Coronel de la   329:119:28
    Guardia Civil.)}
    [TENIENTE CORONEL] Yo soy   328:119:29
    el teniente coronel de la
    Guardia Civil.
    [TENIENTE CORONEL] ¿Tú   330:119:32
    quién eres?
    [TENIENTE CORONEL] ¿Y qué   330:119:34
    es un gitano?
    [TENIENTE CORONEL] ¿Cómo te   330:119:37
    llamas?
    [TENIENTE CORONEL] ¿Qué   330:119:39
    dices?
    [TENIENTE CORONEL] ¿Dónde   330:119:42
    estabas?
    [TENIENTE CORONEL] Pero ¿de   331:119:44
    qué ríos?
    [TENIENTE CORONEL] ¿Y qué   331:119:46
    hacías allí?

[TENIENTE CORONEL]   331:119:48
¡Sargento!
[TENIENTE CORONEL] ¡Ay!   331:119:52
[TENIENTE CORONEL] ¡Ayy!   331:119:55
[TENIENTE CORONEL]   332:119:57
{(Retorciéndose.)} ¡Ayyyyy!
[TENIENTE CORONEL]   332:119:59
¡Ayyyyy!, pum, pim, pam.
{(El alma de tabaco y café   332:119:61
con leche del Teniente
Coronel de la Guardia Civil
sale por la ventana.)}
CORPORIS (1)
   <c Pange lingua gloriosi   630:330:0
   corporis misterium. c>
CORREDOR (1)
   <s Corredor s>   351:129:0
CORTARON (1)
   <t CORTARON TRES ARBOLES t>   367:147:0
CORTINA (1)
   {(La ventana del colegio   629:329:14
   tiene una cortina de
   luceros.)}
CRIADA (1)
   <t A IRENE GARCIA (criada) t> 388:172:0
CRISTO (1)
   <t NACIMIENTO DE CRISTO t>   496:252:0
CROSELLES (1)
   <d A Juan Izquierdo   440:228:0
   Croselles d>
CROTALO (1)
   <t CROTALO t>   326:115:0
CRUZ (1)
   <t CRUZ t>   328:118:0
CRYSLER BUILDING (1)
   <s (Desde la torre del   520:266:0
   Crysler Building) s>
CUARTEL (1)
   {(En el patio del cuartel,   332:119:63
   cuatro guardias civiles
   apalean al gitanillo.)}
CUARTO (1)
   <s Cuarto de banderas s>   328:119:0
CUATRO (3)
   {(En el patio del cuartel,   332:119:63
   cuatro guardias civiles
   apalean al gitanillo.)}
   <t CUATRO BALADAS AMARILLAS   347:128:0
   t>
   <t LOS CUATRO MULEROS t>   654:353:0
CUBA (1)
   <t SON DE NEGROS EN CUBA t>   530:270:0
CUERE (1)
   {La sierra del fondo se   341:121:129
   cubre de cicutas y de
   ortigas. }
CUCHILLO (1)
   {(Saca un cuchillo de oro.   338:121:79
   La punta brilla}
CUERDAS (1)
   <t LAS SEIS CUERDAS t>   313:96:0
CUERPO (1)
   <s Cuerpo presente s>   542:275:0
CUEVA (1)
   <t CUEVA t>   305:83:0
CUNA (1)
   <t CANCION DE CUNA t>   649:349:0
CURVA (1)
   <s Curva s>   594:312:0
CHAQUETA (1)
   {y se ciñe la chaqueta de   335:121:33
   pana alrededor del talle.}
CHINA (1)
   <t CANCION CHINA EN EUROPA t> 370:149:0
CHINITAS (1)
   <t EL CAFE DE CHINITAS t>   655:354:0
CHOPO (2)
   <t CHOPO MUERTO t>   260:47:0
   <t (CHOPO Y TORRE) t>   616:321:0
CHUMBERA (1)
   <t CHUMBERA t>   327:116:0

DALI (2)
   <d Para Ana María Dalí d>   391:176:0
   <t ODA A SALVADOR DALI t>   618:323:0
DALMAU (1)
   <d A Diego Buigas de Dalmáu   438:227:0
   d>
DANZA (2)
   <t DANZA t>   314:97:0
   <t DANZA DE LA MUERTE t>   484:245:0
DE (215)
DEBUSSY (1)
   <t DEBUSSY t>   385:169:0
DEDICADOS (1)
   <d Dedicados a la cabeza de   387:171:0
   Luis Buñuel en Grand Plain
   (sic) d>
DEDICATORIA (1)
   <d Dedicatoria especial: A   615:319:0
   Filín d>
DEI (1)
   <c Agnus Dei qui tollis   631:331:0
   pecata mundi. Miserere
   nobis. c>
DEJA (1)
   <t GACELA DEL AMOR QUE NO SE   560:286:0
   DEJA VER t>
DEL (56)
DELGADEZ (1)
   <c Difícil delgadez: c>   634:333:0
DEMONIO (1)
   <t DEMONIO t>   633:332:0
DENUNCIA (1)
   <s Oficina y denuncia s>   515:264:0
DERECHA (1)
   {(El Amargo se calla. Su   338:121:74
   mano derecha se le enfría}
DERRAMADA (1)
   <s La sangre derramada s>   539:274:0
DESDE (2)
   [JOVEN 1.] {(Desde muy   335:121:28
   lejos.)} ¡Amargo!
   <s (Desde la torre del   520:266:0
   Crysler Building) s>
DESEO (3)
   <t DESEO t>   266:53:0
   {y hay en los durmientes un 339:121:98
   deseo infinito}
   <t CANCIONCILLA DEL PRIMER   407:200:0
   DESEO t>
DESESPERADO (1)
   <t GACELA DEL AMOR   559:285:0
   DESESPERADO t>
DESESPERANZA (1)
   <t CANCION DE LA   610:317:0
   DESESPERANZA t>
DESHOJAR (1)
   <t SI MIS MANOS PUDIERAN   198:12:0
   DESHOJAR t>
DESPEDIDA (1)
   <t DESPEDIDA t>   405:198:0
DESPOSORIO (1)
   <t DESPOSORIO t>   405:197:0
DESPUES (2)
   <t DESPUES DE PASAR t>   300:74:0
   <t Y DESPUES t>   300:75:0
DETENERSE (1)
   <t (LA LUNA PUDO DETENERSE   532:272:0
   AL FIN) t>
DIA (4)
   <t BALADA DE UN DIA DE JULIO   219:23:0
   t>
   <d dormida piadosamente el   370:149:0
   día 8 de Agosto de 1928 d>
   <t CANCION DEL DIA QUE SE VA   420:219:0
   t>
   <f Montevideo, 1934. Día del   643:343:0
   homenaje a Barradas. f>
DIALOGO (1)
   <t DIALOGO DEL AMARGO t>   333:121:0

DIAMANTE (1)
  <t EL DIAMANTE t>   208:16:0
DICE (1)
  <c dice que el tiempo de los   484:245:0
besos no ha llegado. c>
DICIEMBRE (6)
  <f Diciembre de 1918 f>   175:2:0
  <f Diciembre de 1918 f>   184:5:0
  <f Diciembre de 1918 f>   185:6:0
  <f Diciembre de 1919 f>   195:10:0
  <f Diciembre de 1918 f>   201:14:0
  <f Diciembre de 1920 f>   229:29:0
DIFICIL (1)
  <c Difícil delgadez: c>   634:333:0
DISPLICENTE (1)
  [AMARGO] {(Displicente.)}   336:121:48
¿Cuántos?
DIVAN (1)
  <t DIVAN DEL TAMARIT t>   557:283:0
DOBLE (1)
  <t POEMA DOBLE DEL LAGO EDEM 498:254:0
t>
DONCELLAS (1)
  <t CANCION DE LAS SIETE   359:134:0
DONCELLAS t>
DONDE (2)
  <t (AGUA, ¿DONDE VAS?) t> 416:212:0
  <s Donde se ahoga el sueño s> 612:318:0
DORADA (1)
  <t CASIDA DE LA MUCHACHA   573:302:0
DORADA t>
DORMIDA (1)
  <d dormida piadosamente el 370:149:0
día 8 de Agosto de 1928 d>
DORMIDO (1)
  <s Berceuse al espejo   600:313:0
dormido s>
DOS (8)
  <t DOS MUCHACHAS t>   317:102:0
  {Los dos emprenden el   341:121:128
camino de Granada.}
  <t DOS LUNAS DE TARDE t>   394:180:0
  <t DOS MARINOS EN LA ORILLA 418:216:0
t>
  <s (Dos voces de madrugada 490:248:0
en Riverside Drive) s>
  <t PAISAJE CON DOS TUMBAS Y 509:261:0
UN PERRO ASIRIO t>
  <t DOS ODAS t>   520:266:0
  <s Dos valses hacia la   527:268:0
civilización s>
DURAN (2)
  <d A Gustavo Durán d>   365:142:0
  <d A Enrique Durán d>   410:204:0
DURMIENTES (1)
  {y hay en los durmientes un 339:121:98
deseo infinito}
ECO (2)
  <t ECO t>   409:203:0
  <s Eco del reloj s>   613:318:0
EDEM (1)
  <t POEMA DOBLE DEL LAGO EDEM 498:254:0
t>
EDEM MILLS (1)
  <t POEMAS DEL LAGO EDEM   498:254:0
MILLS t>
EDITOR (1)
  <d A mi editor Armando   520:266:0
Guibert d>
EL (74)
EL (1)
  <s El s>   612:318:0
ELEGIA (3)
  <t ELEGIA A DOÑA JUANA LA LOCA 185:6:0
t>
  <t ELEGIA t>   201:14:0
  <t ELEGIA DEL SILENCIO t> 217:22:0
EMOCIONADA (1)
  <s Suite para piano y voz 602:314:0
emocionada.) s>
EMPLAZADO (1)

  <t ROMANCE DEL EMPLAZADO t> 451:233:0
EMPRENDEN (1)
  {Los dos emprenden el   341:121:128
camino de Granada.}
EN (36)
ENCINA (1)
  <t ENCINA t>   279:61:0
ENCRUCIJADA (2)
  <t ENCRUCIJADA t>   252:43:0
  <t ENCRUCIJADA t>   303:79:0
ENCUENTRO (2)
  <t ENCUENTRO t>   306:84:0
  <s Encuentro s>   591:311:0
ENCUENTROS (1)
  <t LOS ENCUENTROS DE UN   175:2:0
CARACOL AVENTURERO t>
ENERO (2)
  <f Enero de 1919 f>   196:11:0
  <f 3 de Enero de 1919 f> 270:56:0
ENFRIA (1)
  {(El Amargo se calla. Su 338:121:74
mano derecha se le enfría}
ENGAÑOSO (1)
  <t EL ESPEJO ENGAÑOSO t> 416:213:0
ENSOMBRECE (1)
  {ensombrece y agiganta los 329:119:27
ojirris}
ENTORNA (1)
  {Entorna sus grandes ojos 335:121:32
verdes}
EPITAFIO (1)
  <t EPITAFIO A ISAAC ALBENIZ 637:336:0
t>
EROS (1)
  <t EROS CON BASTON t>   398:186:0
ES (3)
ESCALANTE (2)
  <d A la memoria de José   368:148:0
Ciria y Escalante, poeta d>
  <t SONETOS EN LA MUERTE DE 636:334:0
JOSE DE CIRIA Y ESCALANTE t>
ESCENA (2)
  <t ESCENA DEL TENIENTE   328:119:0
CORONEL DE LA GUARDIA CIVIL
t>
  <t ESCENA t>   402:193:0
ESCRIBA (1)
  <t EL POETA PIDE A SU AMOR 639:340:0
QUE LE ESCRIBA t>
ESCUELA (1)
  <t ESCUELA t>   628:329:0
ESFINGE (1)
  <s La hora esfinge s>   614:318:0
ESPANTAR (1)
  {(El caballo se vuelve a 338:121:84
espantar.)}
ESPAÑOLA (1)
  <t ROMANCE DE LA GUARDIA 453:234:0
CIVIL ESPAÑOLA t>
ESPECIAL (1)
  <d Dedicatoria especial: A 615:319:0
Filín d>
ESPEJO (3)
  <t EL ESPEJO ENGAÑOSO t> 416:213:0
  <s El gran espejo s>   596:313:0
  <s Berceuse al espejo   600:313:0
dormido s>
ESPEJOS (1)
  <t SUITE DE LOS ESPEJOS t> 596:313:0
ESPESA (1)
  {(La noche es espesa como 339:121:96
un vino de cien años}
ESPIGAS (1)
  <t ESPIGAS t>   269:55:0
ESPIRA (1)
  <c Nuestro ganado pace, el 498:254:0
viento espira. c>
ESPRONCEDA (1)
  <a Espronceda a>   512:263:0

ESQUEMATICO (1)
<t NCCTURNO ESQUEMATICO t>   360:135:0
ESTÁ (2)
ESTABA (1)
ESTAMPA (1)
<t ESTAMPA DEL CIELO t>   624:326:0
ESTATUA (1)
<t ANSIA DE ESTATUA t>   419:217:0
ESTE (2)
<t ESTE ES EL PROLOGO t>   582:305:0
<s Este s>   596:312:0
ESTIO (2)
{(Ranas y grillos hacen la   334:121:21
glorieta del estío andaluz.}
<t ESTIO t>   609:316:0
ESTRELLAS (1)
<t HORA DE ESTRELLAS t>   254:44:0
ESTUDIANTES (1)
<p Residencia de   370:148:53
Estudiantes, 1923. p>
ETERNO (1)
<t (ANGULO ETERNO) t>   615:319:0
EUROPA (1)
<t CANCION CHINA EN EUROPA t> 370:149:0
EXPOSICION (1)
<t EXPOSICION t>   630:330:0
FABULA (3)
<t FABULA t>   365:144:0
<t FABULA Y RUEDA DE LOS   473:240:0
TRES AMIGOS t>
<c Sí, tu niñez ya fábula de 475:241:0
fuentes. c>
FALSETA (1)
<t FALSETA t>   315:99:0
FALLA (1)
<d Homenaje a Manuel de   630:330:0
Falla d>
FARAON (1)
<d Que tiene tronco de   319:104:0
faraón d>
FARMER (1)
<t EN LA CABAÑA DEL FARMER t> 501:256:0
FEBRERO (1)
<f 8 de Febrero de 1920 f>   239:37:0
FERNANDEZ (1)
<d A Melchor Fernández Almagro 185:6:0
d>
FERREIRO (1)
<d Para Alfredo Mario   642:343:0
Ferreiro d>
FERRERO (1)
<d A mi amigo Miguel Pérez   565:292:0
Ferrero d>
FILIN (1)
<d Dedicatoria especial: A   615:319:0
Filín d>
FIN (1)
<t (LA LUNA PUDC DETENERSE   532:272:0
AL FIN) t>
FINAL (1)
<t REMANSO, CANCION FINAL t> 346:126:0
FLAMENCAS (1)
<t VIÑETAS FLAMENCAS t>   319:104:0
FLECHAS (1)
<s (Con alas y flechas) s>   407:200:0
FLOR (1)
<t FLOR t>   397:185:0
FONDO (1)
{La sierra del fondo se   341:121:129
cubre de cicutas y de
ortigas. }
FRAGMENTC (3)
<s (Fragmento) s>   270:56:0
<s (Fragmento) s>   272:57:0
<s (Fragmento) s>   630:330:0
FRAGMENTOS (2)
<s (Fragmentos) s>   590:311:0
<s (Fragmentos) s>   623:325:0
FRANCONETTI (1)
<t RETRATO DE SILVERIO   319:104:0
FRANCONETTI t>

FRANJA (1)
<s Franja s>   604:314:0
FRENTE (1)
<t (CON LA FRENTE EN EL   588:309:0
SUELC) t>
FRISO (1)
<t FRISO t>   365:142:0
FUE (1)
FUE (1)
<t (MI NIÑA SE FUE A LA MAR) 378:159:0
t>
FUENTES (1)
<c Sí, tu niñez ya fábula de 475:241:0
fuentes. c>
FUENTE VAQUEROS (4)
<p (Fuente Vaqueros, Granada) 173:1:0
p>
<p (Fuente Vaqueros, Granada) 188:7:0
p>
<p (Fuente Vaqueros, Granada) 192:9:0
p>
<p (Fuente Vaqueros, Granada) 204:15:0
p>
FUERA (1)
{lleno de sombra submarina.   329:119:15
Una voz fuera.)}
FURIA (1)
<c Furia color de amor, c>   471:238:0
FUSIL (1)
{El militar acaricia el   329:119:14
cañón de un fusil}
GABRIEL (1)
<d A Gabriel d>   244:39:0
GACELA (12)
<t GACELA DEL AMOR   557:283:0
IMPREVISTO t>
<t GACELA DE LA TERRIBLE   558:284:0
PRESENCIA t>
<t GACELA DEL AMOR   559:285:0
DESESPERADO t>
<t GACELA DEL AMOR QUE NO SE 560:286:0
DEJA VER t>
<t GACELA DEL NIÑO MUERTO t> 560:287:0
<t GACELA DE LA RAIZ AMARGA   561:288:0
t>
<t GACELA DEL RECUERDO DE   562:289:0
AMOR t>
<t GACELA DE LA MUERTE   563:290:0
OSCURA t>
<t GACELA DEL AMOR   564:291:0
MARAVILLOSO t>
<t GACELA DE LA HUIDA t>   565:292:0
<t GACELA DEL AMOR CON CIEN   566:293:0
AÑOS t>
<t GACELA DEL MERCADO   567:294:0
MATUTINO t>
GACELAS (1)
<s Gacelas s>   557:283:0
GALAN (1)
<t (GALAN) t>   382:164:0
GALOPANDO (1)
{(Un Jinete viene galopando   335:121:36
por la carretera.})
GANADO (1)
<c Nuestro ganado pace, el   498:254:0
viento espira. c>
GARCIA (3)
<t A IRENE GARCIA (criada) t> 388:172:0
<d A Conchita García Lorca d> 425:220:0
<d Para Alfonso   464:237:0
García-Valdecasas d>
GARCILASO (1)
<a Garcilaso a>   498:254:0
GENERAL (2)
<d A Juan Guerrero, Cónsul   453:234:0
General de la Poesía d>
<s Vista general s>   611:318:0
GENTES (1)
<t (LAS GENTES IBAN) t>   389:174:C

GEOMETRIA (1)
  <s(Quizá fue por no saberte   406:199:0
la Geometría)s>
GIME (1)
  <c en la lona gime el viento 512:263:0
c>
GINER (1)
  <d A Gloria Giner Y Fernando 430:223:0
de los Ríos d>
GITANA (2)
  <t POEMA DE LA SIGUIRIYA   296:69:0
GITANA t>
  <t LA MONJA GITANA t>   433:224:0
GITANILLO (2)
  {(La mirada de mulo joven   329:119:26
del gitanillo}
  {(En el patio del cuartel,   332:119:63
cuatro guardias civiles
apalean al gitanillo.)}
GITANO (14)
  [GITANO] Sí.   330:119:31
  [GITANO] Un gitano.   330:119:33
  [GITANO] Cualquier cosa.   330:119:35
  [GITANO] Eso.   330:119:38
  [GITANO] Gitano.   330:119:40
  [GITANO] En el puente de   330:119:43
los ríos.
  [GITANO] De todos los ríos. 331:119:45
  [GITANO] Una torre de   331:119:47
canela.
  [GITANO] He inventado unas 331:119:50
alas para volar, y vuelo.
  [GITANO] Aunque no necesito 331:119:53
alas, porque vuelo sin
ellas.
  [GITANO] En enero tengo   331:119:56
azahar.
  [GITANO] Y naranjas en la 332:119:58
nieve.
  <t CANCION DEL GITANO   332:120:0
APALEADO t>
  <t ROMANCERO GITANO t>   425:220:0
GLORIA (1)
  <s Infierno y gloria s>   460:235:0
GLORIETA (1)
  {(Ranas y grillos hacen la 334:121:21
glorieta del estío andaluz.}
GLORIOSI (1)
  <c Pange lingua gloriosi   630:330:0
corporis misterium. c>
GORDA (1)
  {La serpiente gorda del Sur 339:121:97
abre sus ojos}
GRAFICO (1)
  <t GRAFICO DE LA PETENERA t> 312:94:0
GRAN (4)
  {Altas montañas le rodean. 335:121:34
Su gran reloj de plata}
  <s (Balada de la gran   482:244:0
guerra) s>
  <s El gran espejo s>   596:313:0
  <s La gran tristeza s>   606:314:0
GRANADA (21)
  <p (Fuente Vaqueros, Granada) 173:1:0
p>
  <p (Granada) p>   175:2:0
  <p (Granada) p>   181:3:0
  <p (Granada) p>   183:4:0
  <p (Granada) p>   184:5:0
  <p (Granada) p>   185:6:0
  <p (Fuente Vaqueros, Granada) 188:7:0
p>
  <p (Granada) p>   190:8:0
  <p (Fuente Vaqueros, Granada) 192:9:0
p>
  <p (Granada) p>   196:11:0
  <p (Granada) p>   198:12:0
  <p (Granada) p>   199:13:0
  <p (Granada) p>   201:14:0
  <p (Fuente Vaqueros, Granada) 204:15:0
p>
  <p (Granada) p>   208:16:0
  <p (Granada) p>   212:19:0
  <p (Granada) p>   231:30:0
  {Los dos emprenden el   341:121:128
camino de Granada.}
  <t GRANADA Y 1850 t>   411:206:0
  <s (Granada) s>   438:227:0
  <s (Granada y Newburg) s> 504:258:0
GRANDES (1)
  {Entorna sus grandes ojos 335:121:32
verdes}
GRAND PLAIN (1)
  <d Dedicados a la cabeza de 387:171:0
Luis Buñuel en Grand Plain
(sic) d>
GRILLOS (1)
  {(Ranas y grillos hacen la 334:121:21
glorieta del estío andaluz.}
GRIS (1)
  <t (ZARZAMORA CON EL TRONCO 378:158:0
GRIS) t>
GRITO (3)
  <t EL GRITO t>   298:71:0
  {(El grito de su canto pone 334:121:26
un acento circunflejo}
  <t GRITO HACIA ROMA t>   520:266:0
GUARDIA CIVIL (4)
  <t ESCENA DEL TENIENTE   328:119:0
CORONEL DE LA GUARDIA CIVIL
t>
  {del Teniente Coronel de la 329:119:28
Guardia Civil.)}
  {(El alma de tabaco y café 332:119:61
con leche del Teniente
Coronel de la Guardia Civil
sale por la ventana.)}
  <t ROMANCE DE LA GUARDIA   453:234:0
CIVIL ESPAÑOLA t>
GUARDIAS (1)
  {(En el patio del cuartel,   332:119:63
cuatro guardias civiles
apalean al gitanillo.)}
GUERRA (1)
  <s (Balada de la gran   482:244:0
guerra) s>
GUERRERO (1)
  <d A Juan Guerrero, Cónsul 453:234:0
General de la Poesía d>
GUIBERT (1)
  <d A mi editor Armando   520:266:0
Guibert d>
GUILLEN (4)
  <d A mademoiselle Teresita 373:152:0
Guillén d>
  <d Jorge Guillén d>   475:241:0
  <d A Claudio Guillén d>   574:303:0
  <a Jorge Guillén a>   634:333:0
GUITARRA (2)
  <t LA GUITARRA t>   297:70:0
  <t ADIVINANZA DE LA GUITARRA 325:113:0
t>
HA (3)
HABANA (1)
  . <t EL POETA LLEGA A LA   530:270:0
HABANA t>
HACEN (1)
  {(Ranas y grillos hacen la 334:121:21
glorieta del estío andaluz.}
HACIA (2)
  <t GRITO HACIA ROMA t>   520:266:0
  <s Dos valses hacia la   527:268:0
civilización s>
HACKFORTH (1)
  <d A Colin Hackforth d>   397:185:0
HADA (1)
  <s Hada s>   402:193:0
HALFFTER (1)
  <d A Ernesto Halffter d> 367:147:0
HAN (2)

HARLEM (1)
  <t ODA AL REY DE HARLEM t>   478:243:0
HAY (2)
  <t HAY ALMAS QUE TIENEN... t> 239:37:0
  {y hay en los durmientes un 339:121:98
  deseo infinito}
HERBARIOS (1)
  <t HERBARIOS t>   626:328:0
HERIDO (1)
  <t CASIDA DEL HERIDO POR EL 568:295:0
  AGUA t>
HERMANA (2)
  <s (A Laurita, amiga de mi 394:180:0
  hermana) s>
  <s (A Isabelita, mi hermana) 394:180:0
  s>
HERNANDEZ (1)
  <d Para Antonio Hernández 515:264:0
  Soriano d>
HISTORICOS (1)
  <t TRES ROMANCES HISTORICOS 458:235:0
  t>
HISTORIETAS (1)
  <t TRES HISTORIETAS DEL 624:327:0
  VIENTO t>
HOJAS (1)
  <t LAS TRES HOJAS t> 651:352:0
HOMENAJE (4)
  <s (Homenaje a Lope de Vega) 400:191:0
  s>
  <d Homenaje a Manuel de 630:330:0
  Falla d>
  <s (Homenaje a Fray Luis de 634:333:0
  León) s>
  <f Montevideo, 1934. Día del 643:343:0
  homenaje a Barradas. f>
HORA (2)
  <t HORA DE ESTRELLAS t> 254:44:0
  <s La hora esfinge s> 614:318:0
HOSPICIO (1)
  <s Hospicio s> 605:314:0
HUDSON (1)
  <t NAVIDAD EN EL HUDSON t> 491:249:0
HUECO (1)
  <t NOCTURNO DEL HUECO t> 507:260:0
HUERTO (2)
  <s En el huerto de la 314:97:0
  petenera s>
  <t HUERTO DE MARZO t> 417:215:0
HUIDA (2)
  <t HUIDA DE NUEVA YORK t> 527:268:0
  <t GACELA DE LA HUIDA t> 565:292:0
HUMEDO (1)
  <t PATIO HUMEDO t> 248:41:0
IBAN (1)
  <t (LAS GENTES IBAN) t> 389:174:0
IDILIC (1)
  <t IDILIO t> 410:204:0
IGLESIA (1)
  <t IGLESIA ABANDONADA t> 482:244:0
IGLESIAS (1)
  <d A Francisco Iglesias d> 307:86:0
IGNACIO (1)
  <t LLANTO POR IGNACIO 537:273:0
  SANCHEZ MEJIAS t>
IMPOSIBLE (1)
  <t CASIDA DE LA MANO 572:300:0
  IMPOSIBLE t>
IMPREVISTO (1)
  <t GACELA DEL AMOR 557:283:0
  IMPREVISTO t>
IN (1)
  <t IN MEMORIAM t> 223:24:0
INEDITA (1)
  <x (Inédita) para siempre. x> 643:343:0
INFANCIA (1)
  <t TU INFANCIA EN MENTON t> 475:241:0
INFIEL (1)
  <t LA CASADA INFIEL t> 434:225:0
INFIERNO (1)
  <s Infierno y gloria s> 460:235:0

INFINITO (2)
  {y hay en los durmientes un 339:121:98
  deseo infinito}
  <t PEQUEÑO POEMA INFINITO t> 531:271:0
INGENUA (1)
  <s (Balada ingenua) s> 204:15:0
INITIUM (1)
  <s Initium s> 600:313:0
INQUIETA (1)
  {(El caballo se inquieta.)} 337:121:60
INSECTOS (2)
  <t LUNA Y PANORAMA DE LOS 512:263:0
  INSECTOS t>
  <t LUNA Y PANORAMA DE LOS 646:346:0
  INSECTOS t>
INSEGURA (1)
  <t SOLEDAD INSEGURA t> 616:322:0
INSTITUTO (1)
  <t EN EL INSTITUTO Y EN LA 408:201:0
  UNIVERSIDAD t>
INTERIOR (2)
  <t BALADA INTERIOR t> 244:39:0
  <t INTERIOR t> 399:189:0
INTERMEDIO (1)
  <s (Intermedio) s> 472:239:0
INTERRUMPIDO (1)
  <t EL CONCIERTO INTERRUMPIDO 256:45:0
  t>
INTRODUCCION (1)
  <t INTRODUCCION A LA MUERTE 506:259:0
  t>
INUTIL (1)
  <t CANCION INUTIL t> 417:214:0
INVOCACION (1)
  <t INVOCACION AL LAUREL t> 281:62:0
IRREGULARIDAD (1)
  <d (en la irregularidad 376:156:0
  simétrica del Japón) d>
ISABEL (2)
  <d A Isabel Clara, mi 352:129:36
  ahijada d>
  <d A mi ahijada Isabel Clara 370:149:0
  d>
ISABELITA (1)
  <s (A Isabelita, mi hermana) 394:180:0
  s>
IZQUIERDO (1)
  <d A Juan Izquierdo 440:228:0
  Croselles d>
JAEN (1)
  <t LAS MORILLAS DE JAEN t> 658:357:0
JALEO (1)
  <t ANDA JALEO t> 659:358:0
JAPON (1)
  <d (en la irregularidad 376:156:0
  simétrica del Japón) d>
JARDIN (3)
  {se abrazan sobre el jardín 329:119:13
  de tabaco de la caja de
  puros.}
  <t EL JARDIN DE LAS MORENAS 590:311:0
  t>
  <s Jardín s> 608:315:0
JEREZ (1)
  <d A Manuel Torres, "Niño de 319:104:0
  Jerez". d>
JIMENEZ (2)
  <d A Natalita Jiménez d> 372:151:0
  <t JUAN RAMON JIMENEZ t> 384:167:0
JINETE (37)
  {(Un Jinete viene galopando 335:121:36
  por la carretera.)}
  [JINETE] {(Parando el 335:121:37
  caballo.)} ¡Buenas noches!
  [JINETE] ¿Va usted a 335:121:39
  Granada?
  [JINETE] Pues vamos juntos. 335:121:41
  [JINETE] ¿Por qué no monta 335:121:43
  en la grupa?
  [JINETE] Yo vengo de Málaga. 336:121:45

[JINETE] Allí están mis   336:121:47
hermanos.
[JINETE] Son tres. Venden   336:121:49
cuchillos. Ese es el
negocio.
[JINETE] De plata y oro.   336:121:51
[JINETE] Se equivoca.   336:121:53
[JINETE] Los cuchillos de   336:121:55
oro van solos al corazón.
[JINETE] Los hombres parten   337:121:58
el pan con las manos.
[JINETE] ¡Caballo!   337:121:61
[JINETE] ¿Quieres un   337:121:64
cuchillo?
[JINETE] Mira que te lo   337:121:66
regalo.
[JINETE] No tendrás otra   337:121:68
ocasión.
[JINETE] Los otros   338:121:70
cuchillos no sirven.
[JINETE] ¡Qué hermoso   338:121:76
cuchillo!
[JINETE] Pero ¿no quieres   338:121:78
este?
[JINETE] ¡Muchacho, súbete   338:121:82
conmigo!
[JINETE] {(Tirando de las   338:121:85
bridas).} Pero ¡qué caballo
este!
[JINETE] Como te iba   338:121:87
diciendo, en Málaga están
mis tres hermanos.
[JINETE] ¿Quién lo puede   339:121:95
negar?
[JINETE] {(Parando el   339:121:102
caballo.)}¿Sí?
[JINETE] ¿No son aquellas   339:121:104
las luces de Granada?
[JINETE] El mundo es muy   339:121:106
grande.
[JINETE] Tú lo estás   340:121:108
diciendo.
[JINETE] Porque llegas   340:121:110
allí. ¿Qué haces?
[JINETE] Y si te estás en   340:121:112
tu sitio, ¿para qué
quieres estar?
[JINETE] Yo monto este   340:121:114
caballo y vendo cuchillos,
{(Pausa.)} [JINETE]   340:121:117
Estamos llegando a Granada.
[JINETE] Mira cómo   341:121:119
relumbran los miradores.
[JINETE] Ahora no te   341:121:121
negarás a montar conmigo.
[JINETE] ¡Vamos, sube!   341:121:123
Sube de prisa.
{(El Jinete ayuda al   341:121:127
Amargo.}
<t CANCION DE JINETE t>   376:156:0
<t CANCION DE JINETE t>   380:161:0
JONDO (1)
<t POEMA DEL CANTE JONDO t>   295:68:0
JOVEN (15)
{(La mirada de mulo joven   329:119:26
del gitanillo}
[JOVEN 1.] Vamos a llegar   333:121:6
tarde.
[JOVEN 2.] La noche se nos   333:121:7
echa encima.
[JOVEN 1.] ¿Y ese?   333:121:8
[JOVEN 2.] Viene detrás.   333:121:9
[JOVEN 1.] {(En voz   333:121:10
alta.)}¡Amargo!
[JOVEN 2.] {(A   334:121:12
voces.)}¡Amargo!
[JOVEN 1.] ¡Qué hermosos   334:121:14
olivares!
[JOVEN 2.] Sí.   334:121:15
[JOVEN 1.] No me gusta   334:121:17
andar de noche.

[JOVEN 2.] Ni a mí tampoco.   334:121:18
[JOVEN 1.] La noche se hizo   334:121:19
para dormir.
[JOVEN 2.] Es verdad.   334:121:20
[JOVEN 1.] {(Desde muy   335:121:28
lejos.)} ¡Amargo!
[JOVEN 2.] {(Casi   335:121:30
perdido.)} ¡Amargooo!
{(Silencio.)}
JOVENES (1)
{(Llegan tres jóvenes con   333:121:5
anchos sombreros.)}
JUANA (1)
<t ELEGIA A DOÑA JUANA LA LOCA   185:6:0
t>
JUDIO (1)
<t CEMENTERIO JUDIO t>   517:265:0
JUEGOS (1)
<t JUEGOS t>   387:171:0
JUEVES (1)
<t TARDECILLA DEL JUEVES   615:320:0
SANTO t>
JULIETA (1)
{(Romeo y Julieta, celeste,   329:119:12
blanco y oro,}
JULIO (10)
<f JULIO DE 1920 f>   173:1:0
<f 25 de Julio de 1918 f>   204:15:0
<f Julio de 1920 f>   217:22:0
<t BALADA DE UN DIA DE JULIO   219:23:0
t>
<f Julio de 1919 f>   219:23:0
<f Julio de 1920 f>   233:32:0
<f 24 de Julio de 1920 f>   240:38:0
<f 16 de Julio de 1920 f>   244:39:0
<f 26 de Julio de 1920 f>   246:40:0
<f Julio de 1920 f>   252:43:0
JUNIO (3)
<f Junio de 1920 f>   225:26:0
<f Junio de 1918 f>   231:30:0
<f Junio de 1919 f>   269:55:0
LA (107)
LACASA (1)
<d A Luis Lacasa d>   503:257:0
LAGARTO (2)
<t EL LAGARTO VIEJO t>   246:40:0
<t (EL LAGARTO ESTA   373:152:0
LLORANDO) t>
LAGO (2)
<t POEMAS DEL LAGO EDEM   498:254:0
MILLS t>
<t POEMA DOBLE DEL LAGO EDEM   498:254:0
t>
LAGUNA (3)
<s Primera laguna s>   461:236:0
<s Segunda laguna s>   462:236:0
<s Ultima laguna s>   463:236:0
LAGUNAS (1)
<s Romance con lagunas s>   461:236:0
LAMENTACION (1)
<t LAMENTACION DE LA MUERTE   321:107:0
t>
LARGO (1)
{(Largo silencio.)}   334:121:16
LAS (11)
LAUREL (1)
<t INVOCACION AL LAUREL t>   281:62:0
LAURITA (1)
<s (A Laurita, amiga de mi   394:180:0
hermana) s>
LE (4)
LECHE (1)
{(El alma de tabaco y café   332:119:61
con leche del Teniente
Coronel de la Guardia Civil
sale por la ventana.)}
LEDESMA (1)
<s (Ledesma, Cancionero   660:359:0
salmantino) s>

LEJANIA (1)
    {del perfume y la   339:121:100
    lejanía.)}
LEJOS (2)
    [AMARGO] {(Lejos.)}Ya voy.   333:121:11
    [JOVEN 1.] {(Desde muy   335:121:28
    lejos.)} ¡Amargo!
LEON (1)
    <s (Homenaje a Fray Luis de   634:333:0
    León) s>
LIBRE (1)
    <t CASIDA DEL SUEÑO AL AIRE   571:299:0
    LIBRE t>
LIBRO (1)
    <s Libro s>   626:328:0
LIMON (1)
    <t (NARANJA Y LIMON) t>   392:177:0
LIMONAR (1)
    <s Limonar s>   591:311:0
LINGUA (1)
    <c Pange lingua gloriosi   630:330:0
    corporis misterium. c>
LO (1)
LOCA (1)
    <t ELEGIA A DOÑA JUANA LA LOCA   185:6:0
    t>
LOCO (1)
    <t EL NIÑO LOCO t>   404:196:0
LOLA (1)
    <t LA LOLA t>   317:102:0
LONA (1)
    <c en la lona gime el viento   512:263:0
    c>
LOPE (1)
    <s (Homenaje a Lope de Vega)   400:191:0
    s>
LORCA (1)
    <d A Conchita García Lorca d>   425:220:0
LCS (33)
LUCERO (1)
    <s Un lucero s>   603:314:0
LUCEROS (1)
    {(La ventana del colegio   629:329:14
    tiene una cortina de
    luceros.)}
LUCIA (2)
    {(¿Estaba mi Lucía}   379:160:0
    <t LUCIA MARTINEZ t>   398:187:0
LUIS (1)
    <s (Homenaje a Fray Luis de   634:333:0
    Leon) s>
LUISA (1)
    <d A María Luisa d>   188:7:0
LUMBRE (1)
    <t (EN LA AMPLIA CCCINA, LA   586:307:0
    LUMBRE) t>
LUNA (12)
    <t CANCION PARA LA LUNA t>   215:21:0
    <t LA LUNA Y LA MUERTE t>   264:51:0
    <t MEDIA LUNA t>   347:127:0
    <t CANCIONES DE LUNA t>   393:179:0
    <t LA LUNA ASOMA t>   393:179:0
    <t ROMANCE DE LA LUNA, LUNA   425:220:0
    t>
    <t LUNA Y PANORAMA DE LOS   512:263:0
    INSECTOS t>
    <c La luna en el mar riela,   512:263:0
    c>
    <t (LA LUNA PUDC DETENERSE   532:272:0
    AL FIN) t>
    <t TIERRA Y LUNA t>   645:345:0
    <t LUNA Y PANORAMA DE LOS   646:346:0
    INSECTOS t>
LUNAS (1)
    <t DOS LUNAS DE TARDE t>   394:180:0
LUNES (1)
    <t LUNES, MIERCCLES Y   395:181:0
    VIERNES t>
LUZ (1)
    <t (EL CANTO QUIERE SER LUZ)   361:137:0
    t>

LLAMA (1)
    {como una llama de candil.)} 338:121:80
LLANTO (2)
    <t LLANTO POR IGNACIO   537:273:0
    SANCHEZ MEJIAS t>
    <t CASIDA DEL LLANTO t>   569:296:0
LLEGA (1)
    <t EL POETA LLEGA A LA   530:270:0
    HABANA t>
LLEGADO (1)
    <c dice que el tiempo de los   484:245:0
    besos no ha llegado. c>
LLEGAN (1)
    {(Llegan tres jóvenes con   333:121:5
    anchos sombreros.)}
LLENO (1)
    {lleno de sombra submarina.   329:119:15
    Una voz fuera.)}
LLORANDC (1)
    <t (EL LAGARTO ESTA   373:152:0
    LLORANDO) t>
LLUVIA (2)
    <t LLUVIA t>   196:11:0
    <t MEDITACION BAJO LA LLUVIA   270:56:0
    t>
MACHO (1)
    <t EL MACHO CABRIO t>   290:67:0
MADEMOISELLE (1)
    <d A mademoiselle Teresita   373:152:0
    Guillén d>
MADRE (2)
    <t CANCION DE LA MADRE DEL   341:122:0
    AMARGO t>
    <s Madre s>   604:314:0
MADRID (3)
    <p (Madrid) p>   195:10:0
    <p (Madrid) p>   229:29:0
    <p (Madrid) p>   235:33:0
MADRIGAL (3)
    <t MADRIGAL DE VERANO t>   209:17:0
    <t MADRIGAL t>   235:33:0
    <t MADRIGAL t>   265:52:0
MADRIGALILLO (1)
    <t MADRIGALILLC t>   409:202:0
MADRUGADA (3)
    <t MADRUGADA t>   311:93:0
    {en la madrugada,}   339:121:97
    <s (Dos voces de madrugada   490:248:0
    en Riverside Drive) s>
MAESTRO (4)
    [Maestro] ¿QUE doncella se   628:329:1
    casa
    [Maestro] ¿Qué le regala   628:329:6
    [Maestro] Ella ¿le ofrece   629:329:10
    algo?
    [Maestro] Decid cómo se   629:329:12
    llama.
MAGIA (1)
    {de arrojarse por el balcón   339:121:99
    a la magia perversa}
MALAGA (1)
    <t EN MALAGA t>   401:192:0
MALAGUEÑA (1)
    <t MALAGUEÑA t>   323:110:0
MALESTAR (1)
    <t MALESTAR Y NOCHE t>   403:194:0
MALEZA (1)
    <s Maleza s>   611:318:0
MANANTIAL (1)
    <t MANANTIAL t>   272:57:0
MANO (2)
    {(El Amargo se calla. Su   338:121:74
    mano derecha se le enfría}
    <t CASIDA DE LA MANO   572:300:0
    IMPOSIBLE t>
MANOS (2)
    <t SI MIS MANOS PUDIERAN   198:12:0
    DESHOJAR t>
    {El Amargo camina con las   334:121:22
    manos en la cintura.)}

MANSO (1)
  <d A Margarita Manso d>   449:232:0
MAÑANA (1)
  <t MAÑANA t>   192:9:0
MAR (4)
  <t LA BALADA DEL AGUA DEL MAR 263:49:0
  t>
  <t MAR t>   276:58:0
  <t (MI NIÑA SE FUE A LA MAR) 378:159:0
  t>
  <c La luna en el mar riela,   512:263:0
  c>
MARAVILLA (1)
  <t (TENGO MIEDO A PERDER LA   638:337:0
  MARAVILLA) t>
MARAVILLOSA (1)
  <d A la maravillosa niña   370:149:0
  Colomba Morla Vicuña, d>
MARAVILLOSO (1)
  <t GACELA DEL AMOR   564:291:0
  MARAVILLOSO t>
MARCHESI (1)
  <d A Fernando Marchesi d>   192:9:0
MARINEROS (1)
  <t CANTO NOCTURNO DE LOS   641:342:0
  MARINEROS ANDALUCES t>
MARINOS (1)
  <t DOS MARINOS EN LA ORILLA 418:216:0
  t>
MARIQUITA (1)
  <t CANCION DEL MARIQUITA t> 390:175:0
MARTINEZ (2)
  <t LUCIA MARTINEZ t>   398:187:0
  <d A Rafael Martínez Nadal d> 458:235:0
MARTIRIO (2)
  <t MARTIRIO DE SANTA OLALLA   458:235:0
  t>
  <s El martirio s>   459:235:0
MARZO (2)
  <f 28 de Marzo de 1919 f>   183:4:0
  <t HUERTO DE MARZO t>   417:215:0
MATUTINO (1)
  <t GACELA DEL MERCADO   567:294:0
  MATUTINO t>
MAYO (4)
  <f Mayo de 1919 f>   224:25:0
  <f Mayo de 1918 f>   229:28:0
  <f Mayo de 1919 f>   267:54:0
  <f Mayo de 1919 f>   277:59:0
MAZA (2)
  <d A Regino Sainz de la Maza 325:113:0
  d>
  <d A Regino Sainz de la Maza 510:262:0
  d>
MEDIA (1)
  <t MEDIA LUNA t>   347:127:0
MEDIO (1)
  {(El Amargo está solo en   335:121:31
  medio de la carretera}
MEDITACION (2)
  <t MEDITACION BAJO LA LLUVIA 270:56:0
  t>
  <s Meditación primera y   613:318:0
  última s>
MEJIAS (1)
  <t LLANTO POR IGNACIO   537:273:0
  SANCHEZ MEJIAS t>
MEMENTO (1)
  <t MEMENTO t>   323:109:0
MEMORIA (1)
  <d A la memoria de José   368:148:0
  Ciria y Escalante, poeta d>
MEMORIAM (1)
  <t IN MEMORIAM t>   223:24:0
MENDEZ (2)
  <d A Rafael Méndez d>   428:222:0
  <d A Concha Méndez y Manuel 501:256:0
  Altolaguirre d>
MENOR (1)
  <t CANCION MENOR t>   184:5:0
MENTON (1)

  <t TU INFANCIA EN MENTON t> 475:241:0
MERCADO (1)
  <t GACELA DEL MERCADO   567:294:0
  MATUTINO t>
MERCEDES (2)
  <t A MERCEDES EN SU VUELO t> 639:339:0
  <d A Mercedes, muerta d>   649:349:0
MERIDA (1)
  <s Panorama de Mérida s>   458:235:0
MI (10)
MIEDO (1)
  <t (TENGO MIEDO A PERDER LA 638:337:0
  MARAVILLA) t>
MIEL (1)
  <t EL CANTO DE LA MIEL t>   199:13:0
MIERCOLES (1)
  <t LUNES, MIERCOLES Y   395:181:0
  VIERNES t>
MILITAR (1)
  {El militar acaricia el   329:119:14
  cañón de un fusil}
MIRADA (1)
  {(La mirada de mulo joven   329:119:26
  del gitanillo}
MIS (1)
  <t LA SOLTERA EN MISA t>   399:188:0
MISA (1)
MISERERE (1)
  <c Agnus Dei qui tollis   631:331:0
  pecata mundi. Miserere
  nobis. c>
MISTERIUM (1)
  <c Pange lingua gloriosi   630:330:0
  corporis misterium. c>
MODO (1)
  <t DE OTRO MODO t>   414:210:0
MONJA (1)
  <t LA MONJA GITANA t>   433:224:0
MONLEON (1)
  <t LOS MOZOS DE MONLEON t> 660:359:0
MONTAÑAS (1)
  {Altas montañas le rodean. 335:121:34
  Su gran reloj de plata}
MONTES (1)
  <d A Eugenio Montes d>   312:94:0
MONTESINOS (1)
  <d A José F. Montesinos d> 393:179:0
MONTEVIDEO (1)
  <f Montevideo, 1934. Día del 643:343:0
  homenaje a Barradas. f>
MORA (1)
  <d A José Mora d>   270:56:0
MORALES (1)
  <d A Carmen Morales d>   420:218:0
MORENAS (1)
  <t EL JARDIN DE LAS MORENAS 590:311:0
  t>
MORENO (2)
  <d A José Moreno Villa d>   350:129:0
  <d A José Moreno Villa d>   433:224:0
MORILLAS (1)
  <t LAS MORILLAS DE JAEN t> 658:357:0
MORLA (2)
  <d A Carlos Morla Vicuña d> 296:69:0
  <d A la maravillosa niña   370:149:0
  Colomba Morla Vicuña, d>
MOVIMIENTO (2)
  <t CANCION CON MOVIMIENTO t> 363:140:0
  <c y alza en blando   512:263:0
  movimiento c>
MOZOS (1)
  <t LOS MOZOS DE MONLEON t> 660:359:0
MUCHACHA (2)
  <t AL OIDO DE UNA MUCHACHA t> 389:173:0
  <t CASIDA DE LA MUCHACHA   573:302:0
  DORADA t>
MUCHACHAS (1)
  <t DOS MUCHACHAS t>   317:102:0
MUDO (1)
  <t EL NIÑO MUDO t>   403:195:0

MUDOS (1)
  <t LA CALLE DE LCS MUDOS t>   392:178:0
MUERTA (1)
  <d A Mercedes, muerta d>   649:349:0
MUERTE (11)
  <t LA LUNA Y IA MUERTE t>   264:51:0
  <t MUERTE DE LA PETENERA t>   315:98:0
  <t LAMENTACION DE LA MUERTE   321:107:0
  t>
  <t MUERTE DE ANTOÑITO EL   447:231:0
  CAMBORIO t>
  <t DANZA DE LA MUERTE t>   484:245:0
  <t INTRODUCCION A LA MUERTE   506:259:0
  t>
  <t MUERTE t>   506:259:0
  <s La cogida y la muerte s>   537:273:0
  <t GACELA DE IA MUERTE   563:290:0
  OSCURA t>
  <t SCNETOS EN LA MUERTE DE   636:334:0
  JOSE LE CIRIA Y ESCALANTE t>
  <t CANCION DE LA MUERTE   640:341:0
  PEQUEÑA t>
MUERTO (4)
  <t CHOPO MUERTO t>   260:47:0
  {(Cae muerto.)}   332:119:60
  <t MUERTO DE AMOR t>   449:232:0
  <t GACELA DEL NIÑO MUERTO t>   560:287:0
MUERTOS (1)
  <s (Poema para muertos) s>   647:347:0
MUJER (1)
  <t CASILA DE LA MUJER   570:298:0
  TENDIDA t>
MULEFOS (1)
  <t LOS CUATRO MULEBOS t>   654:353:0
MULO (1)
  {(La mirada de mulo joven   329:119:26
  del gitanillo}
MULTITUD (2)
  <t PAISAJE DE LA MULTITUD   487:246:0
  QUE VCMITA t>
  <t PAISAJE DE LA MULTITUD   489:247:0
  QUE ORINA t>
MUNDI (1)
  <c Agnus Dei qui tollis   631:331:0
  pecata mundi. Miserere
  nobis. c>
MUNDC (2)
  <t MUNDO t>   631:331:0
  <c ¿Busca el mundo una   634:333:0
  blanca, c>
MURIO (1)
  <t MURIO AL AMANECER t>   396:182:0
MUY (1)
  [JOVEN 1.] {(Desde muy   335:121:28
  lejos.)} ¡Amargo!
NACIMIENTO (1)
  <t NACIMIENTO DE CRISTO t>   496:252:0
NADAL (1)
  <d A Rafael Martínez Nadal d>   458:235:0
NANA (1)
  <t NANA DE SEVILLA t>   662:360:0
NARANJA (1)
  <t (NARANJA Y LIMCN) t>   392:177:0
NARANJO (1)
  <t CANCION DEL NARANJO SECO   420:218:0
  t>
NARCISO (2)
  <t NARCISO t>   386:170:0
  <t (NARCISC) t>   411:205:0
NAVARRO (1)
  <d A José Navarro Pardo d>   436:226:0
NAVIDAD (1)
  <t NAVIDAD EN EL HUDSON t>   491:249:0
NEGRA (1)
  <t ROMANCE DE LA PENA NEGRA   436:226:0
  t>
NEGRITA (1)
  <d A Lydia Cabrera y a su   434:225:0
  negrita d>
NEGROS (3)
  <t LOS NEGROS t>   477:242:0

  <s Norma y paraíso de los   477:242:0
  negros s>
  <t SON DE NEGROS EN CUBA t>   530:270:0
NEW YORK (1)
  <t NEW YORK t>   515:264:0
NEWBURG (2)
  <s (Campo de Newburg) s>   501:256:0
  <s (Granada y Newburg) s>   504:258:0
NIDO (1)
  <t NIDO t>   289:65:0
NIÑA (3)
  <d A la maravillosa niña   370:149:0
  Colomba Morla Vicuña, d>
  <t (MI NIÑA SE FUE A LA MAR)   378:159:0
  t>
  <t NIÑA AHOGADA EN EL POZO t>   504:258:0
NIÑEZ (1)
  <c Sí, tu niñez ya fábula de   475:241:0
  fuentes. c>
NIÑO (9)
  <d A Manuel Torres, "Niño de   319:104:0
  Jerez". d>
  <t EL NIÑO MUDO t>   403:195:0
  <t EL NIÑO LOCO t>   404:196:0
  <s El niño Stanton s>   501:256:0
  <t GACELA DEL NIÑO MUERTO t>   560:287:0
  [Niño] La doncella de todos   628:329:4
  [Niño] Remolinos de oro   629:329:8
  [Niño] Su corazón abierto.   629:329:11
  [Niño] Su nombre es un   629:329:13
  secreto.
NIÑOS (8)
  <s Los niños s>   250:42:0
  <s Los niños s>   250:42:0
  <s Los niños s>   250:42:0
  <s Los niños s>   251:42:0
  <s Los niños s>   251:42:0
  <s Los niños s>   251:42:0
  <s Los niños s>   252:42:0
  <t CANCIONES PARA NIÑOS t>   370:149:0
NO (3)
  <s(Quizá fue por no saberte   406:199:0
  la Geometría)s>
  <c dice que el tiempo de los   484:245:0
  besos no ha llegado. c>
  <t GACELA DEL AMOR QUE NO SE   560:286:0
  DEJA VER t>
NOBIS (1)
  <c Agnus Dei qui tollis   631:331:0
  pecata mundi. Miserere
  nobis. c>
NOCTURNO (7)
  <t AIRE DE NOCTURNO t>   287:64:0
  <s Tópico nocturno s>   324:111:0
  <t NOCTURNO ESQUEMATICO t>   360:135:0
  <s (Nocturno de Battery   489:247:0
  Place) s>
  <s (Nocturno del Brooklyn   492:250:0
  Bridge) s>
  <t NCCTURNO DEL HUECO t>   507:260:0
  <t CANTO NOCTURNO DE LOS   641:342:0
  MARINEROS ANDALUCES t>
NOCTURNOS (1)
  <t NOCTURNOS DE LA VENTANA t>   368:148:0
NOCHE (5)
  <t NOCHE t>   308:87:0
  {(La noche es espesa como   339:121:96
  un vino de cien años}
  <t MALESTAR Y NOCHE t>   403:194:0
  <t NOCHE t>   602:314:0
  <s Noche s>   616:322:0
NORMA (1)
  <s Norma y paraíso de los   477:242:0
  negros s>
NORMAS (1)
  <t NORMAS t>   648:348:0
NORTE (1)
  <s Norte s>   595:312:0
NOTAS (1)
  <d tocando un piano de siete   373:152:0
  notas d>

NOVIEMBRE (8)
<f Noviembre de 1918 f>   181:3:0
<f 10 de Noviembre de 1919 f>   198:12:0
<f Noviembre de 1918 f>   199:13:0
<f Noviembre de 1920 f>   208:16:0
<t NOVIEMBRE t>   227:27:0
<f Noviembre de 1920 f>   227:27:0
<f Noviembre de 1919 f>   238:36:0
<t CANCION DE NOVIEMBRE Y   415:211:0
ABRIL t>
NU (1)
<t NU t>   400:190:0
NUBES (1)
<d A Emilio Prados (cazador   263:49:0
de nubes) d>
NUESTRO (1)
NUEVA YORK (2)
<t PANORAMA CIEGO DE NUEVA   494:251:0
YORK t>
<t HUIDA DE NUEVA YORK t>   527:268:0
NUEVO (1)
<t CORAZON NUEVO t>   231:30:0
NUEVOS (1)
<t CANTOS NUEVOS t>   211:18:0
OCTUBRE (2)
<f Octubre de 1920 f>   235:33:0
<f Octubre de 1920 f>   236:34:0
ODA (4)
<t ODA AL REY DE HARLEM t>   478:243:0
<t ODA A WALT WHITMAN t>   522:267:0
<t ODA A SALVADOR DALI t>   618:323:0
<t ODA AL SANTISIMO   630:330:0
SACRAMENTO DEL ALTAR t>
ODAS (1)
<t DOS ODAS t>   520:266:0
OESTE (1)
<s Oeste s>   596:312:0
OFICINA (1)
<s Oficina y denuncia s>   515:264:0
OIDO (2)
{sobre el corazón de los   334:121:27
que lo han oído.)}
<t AL OIDO DE UNA MUCHACHA t> 389:173:0
OJIRRIS (1)
{ensombrece y agiganta los   329:119:27
ojirris}
OJOS (3)
{Entorna sus grandes ojos   335:121:32
verdes}
{La serpiente gorda del Sur   339:121:97
abre sus ojos}
<s Los ojos s>   599:313:0
OLAS (1)
<c olas de plata y azul. c>   512:263:0
OLVIDO (1)
<c amor color de olvido. c>   471:238:0
OMEGA (1)
<t OMEGA t>   647:347:0
ONDULANTE (1)
{(El camino ondulante   337:121:63
salomoniza la sombra del
animal.}
ORACION (1)
<t LA ORACION DE LAS ROSAS t> 579:304:0
ORIENTAL (1)
<t CANCION ORIENTAL t>   257:46:0
ORILLA (1)
<t DOS MARINOS EN LA ORILLA   418:216:0
t>
ORINA (1)
<t PAISAJE DE LA MULTITUD   489:247:0
QUE ORINA t>
ORO (3)
{(Romeo y Julieta, celeste,   329:119:12
blanco y oro,}
{como si agarrase un pedazo   338:121:75
de oro.)}
{(Saca un cuchillo de oro.   338:121:79
La punta brilla}
ORTIGAS (1)
{La sierra del fondo se   341:121:129

cubre de cicutas y de
ortigas. }
ORTIZ (2)
<d A Manuel Angeles Ortiz d>   402:193:0
<d A don Fernando Ortiz d>   530:270:0
OSCURA (1)
<t GACELA DE LA MUERTE   563:290:0
OSCURA t>
OSCURAMENTE (1)
{le suena oscuramente en el   335:121:35
bolsillo a cada paso.})
OSCURAS (1)
<t CASIDA DE LAS PALOMAS   574:303:0
OSCURAS t>
OTOÑAL (1)
<t CANCION OTOÑAL t>   181:3:0
OTOÑO (2)
<t RITMO DE OTOÑO t>   283:63:0
<s (Otoño) s>   289:66:0
OTRA (1)
<t OTRA CANCION t>   289:66:0
OTRO (2)
<t OTRO SUEÑO t>   278:60:0
<t DE OTRO MODO t>   414:210:0
PACE (1)
<c Nuestro ganado pace, el   498:254:0
viento espira. c>
PAGINA (1)
<s Primera página s>   352:129:0
PAIS (2)
<s País s>   593:312:0
<s País s>   607:315:0
PAISAJE (6)
<t PAISAJE t>   225:26:0
<t PAISAJE t>   296:69:0
<t PAISAJE t>   374:154:0
<t PAISAJE DE LA MULTITUD   487:246:0
QUE VOMITA t>
<t PAISAJE DE LA MULTITUD   489:247:0
QUE ORINA t>
<t PAISAJE CON DOS TUMBAS Y   509:261:0
UN PERRO ASIRIO t>
PAJARITA (1)
<t PAJARITA DE PAPEL t>   233:32:0
PAJARO (1)
<c Un pájaro de papel en el   484:245:0
pecho c>
PALIMPSESTOS (1)
<t PALIMPSESTOS t>   350:129:0
PALOMAS (1)
<t CASIDA DE LAS PALOMAS   574:303:0
OSCURAS t>
PANA (1)
{y se ciñe la chaqueta de   335:121:33
pana alrededor del talle.}
PANGE (1)
<c Pange lingua gloriosi   630:330:0
corporis misterium. c>
PANORAMA (4)
<s Panorama de Mérida s>   458:235:0
<t PANORAMA CIEGO DE NUEVA   494:251:0
YORK t>
<t LUNA Y PANORAMA DE LOS   512:263:0
INSECTOS t>
<t LUNA Y PANORAMA DE LOS   646:346:0
INSECTOS t>
PAPEL (2)
<t PAJARITA DE PAPEL t>   233:32:0
<c Un pájaro de papel en el   484:245:0
pecho c>
PARA (14)
PARAISO (1)
<s Norma y paraíso de los   477:242:0
negros s>
PARANDO (2)
[JINETE] {(Parando el   335:121:37
caballo.)} ¡Buenas noches!
[JINETE] {(Parando el   339:121:102
caballo.)}¿Sí?

PARDO (1)
    <d A José Navarro Pardo d>   436:226:0
PASAR (1)
    <t DESPUES DE PASAR t>   300:74:0
PASEO (2)
    <t ADELINA DE PASEO t>   377:157:0
    <t VUELTA DE PASEO t>   471:238:0
PASO (3)
    <t EL PASO DE LA SIGUIRIYA t>   299:73:0
    <t PASO t>   309:90:0
    {le suena oscuramente en el   335:121:35
    bolsillo a cada paso.}}
PATIO (2)
    <t PATIO HUMEDO t>   248:41:0
    {(En el patio del cuartel,   332:119:63
    cuatro guardias civiles
    apalean al gitanillo.)}
PAUSA (2)
    [AMARGO] Es lo oscuro.   338:121:86
    {Pausa.}
    {(Pausa.)} [JINETE]   340:121:117
    Estamos llegando a Granada.
PECATA (1)
    <c Agnus Dei qui tollis   631:331:0
    pecata mundi. Miserere
    nobis. c>
PECHO (1)
    <c Un pájaro de papel en el   484:245:0
    pecho c>
PEDAZO (1)
    {como si agarrase un pedazo   338:121:75
    de oro.)}
PEDRO (2)
    <t BURLA DE DON PEDRO A   461:236:0
    CABALLO t>
    <s Romance de don Pedro a   461:236:0
    caballo s>
PELEGRINITOS (1)
    <t LOS PELEGRINITOS t>   656:355:0
PENA (1)
    <t ROMANCE DE LA PENA NEGRA   436:226:0
    t>
PEPE (2)
    <d A Pepe Cienfuegos d>   281:62:0
    <d A Rita, Concha, Pepe y   374:154:0
    Carmencica d>
PEQUEÑA (1)
    <t CANCION DE LA MUERTE   640:341:0
    PEQUEÑA t>
PEQUEÑO (3)
    <s Pequeño poema s>   190:8:0
    <t PEQUEÑO VAIS VIENES t>   527:268:0
    <t PEQUEÑO POEMA INFINITO t>   531:271:0
PERDER (1)
    <t (TENGO MIEDO A PERDER LA   638:337:0
    MARAVILLA) t>
PERDIDO (1)
    [JOVEN 2.] {(Casi   335:121:30
    perdido.)} ¡Amargooo!
    {(Silencio.)}
PERENNE (1)
    <c total, perenne ausencia?   634:333:0
    c>
PEREZ (1)
    <d A mi amigo Miguel Pérez   565:292:0
    Ferrero d>
PERFIL (1)
    <t (YO SE QUE MI PERFIL SERA   636:335:0
    TRANQUILO) t>
PERFUME (1)
    {del perfume y la   339:121:100
    lejanía.)}
PERRO (1)
    <t PAISAJE CON DOS TUMBAS Y   509:261:0
    UN PERRO ASIRIO t>
PERUANA (1)
    <t A CARMELA, LA PERUANA t>   638:338:0
PERVERSA (1)
    {de arrojarse por el balcón   339:121:99
    a la magia perversa}
PETENERA (3)

    <t GRAFICO DE LA PETENERA t>   312:94:0
    <s En el huerto de la   314:97:0
    petenera s>
    <t MUERTE DE LA PETENERA t>   315:98:0
PIADOSAMENTE (1)
    <d dormida piadosamente el   370:149:0
    día 8 de Agosto de 1928 d>
PIANO (2)
    <d tocando un piano de siete   373:152:0
    notas d>
    <s Suite para piano y voz   602:314:0
    emocionada.) s>
PIDE (2)
    <t EL POETA PIDE A SU AMOR   639:340:0
    QUE LE ESCRIBA t>
    {(El poeta pide ayuda a la   646:346:0
    Virgen)}
PIES (1)
    {con los pies en el arroyo?)}   379:160:0
PITA (1)
    <t PITA t>   327:117:0
PIZARRO (2)
    <d A Miguel Pizarro d>   376:156:0
    <t MIGUEL PIZARRO t>   643:344:0
PLACETA (1)
    <t BALADA DE LA PLACETA t>   249:42:0
PLATA (3)
    <t LOS ALAMOS DE PLATA t>   267:54:0
    {Altas montañas le rodean.   335:121:34
    Su gran reloj de plata}
    <c olas de plata y azul. c>   512:263:0
POEMA (9)
    <s Pequeño poema s>   190:8:0
    <t POEMA DEL CANTE JONDO t>   295:68:0
    <t POEMA DE LA SIGUIRIYA   296:69:0
    GITANA t>
    <t POEMA DE LA SOLEA t>   301:76:0
    <t POEMA DE LA SAETA t>   307:86:0
    <t POEMA DOBLE DEL LAGO EDEM   498:254:0
    t>
    <s (Poema de amor) s>   512:263:0
    <t PEQUEÑO POEMA INFINITO t>   531:271:0
    <s (Poema para muertos) s>   647:347:0
POEMAS (3)
    <t POEMAS DE LA SOLEDAD EN   471:238:0
    COLUMBIA UNIVERSITY t>
    <t POEMAS DEL LAGO EDEM   498:254:0
    MILLS t>
    <s Poemas de la soledad en   506:259:0
    Vermont s>
POESIA (1)
    <d A Juan Guerrero, Cónsul   453:234:0
    General de la Poesía d>
POETA (4)
    <d a la memoria de José   368:148:0
    Ciria y Escalante, poeta d>
    <t EL POETA LLEGA A LA   530:270:0
    HABANA t>
    <t EL POETA PIDE A SU AMOR   639:340:0
    QUE LE ESCRIBA t>
    {(El poeta pide ayuda a la   646:346:0
    Virgen)}
PONE (1)
    {(El grito de su canto pone   334:121:26
    un acento circunflejo}
POPULAR (1)
    <s Canción popular del siglo   658:357:0
    XV s>
POPULARES (1)
    <t CANTARES POPULARES t>   651:352:0
POR (6)
PORTICO (1)
    <t PORTICO t>   590:311:0
POZO (1)
    <t NIÑA AHOGADA EN EL POZO t>   504:258:0
PRADOS (1)
    <d A Emilio Prados (cazador   263:49:0
    de nubes) d>
PRECIOSA (1)
    <t PRECIOSA Y EL AIRE t>   426:221:0

PREGUNTAS (1)
  <t PREGUNTAS t>   229:28:0
PRELUDIO (3)
  <t PRELUDIO t>   412:207:0
  <t (PRELUDIC) t>   413:208:0
  <s Preludio s>   602:314:0
PRENDIMIENTO (1)
  <t PRENDIMIENTO DE ANTOÑITO   445:230:0
  EL CAMBORIO t>
PRESENCIA (1)
  <t GACELA DE LA TERRIBLE   558:284:0
  PRESENCIA t>
PRESENTE (1)
  <s Cuerpo presente s>   542:275:0
PRESENTIMIENTO (1)
  <t EL PRESENTIMIENTO t>   213:20:0
PRIMAVERAL (1)
  <t CANCION PRIMAVERAL t>   183:4:0
PRIMER (2)
  <t PRIMER ANIVERSARIO t>   396:183:0
  <t CANCIONCILLA DEL PRIMER   407:200:0
  DESEO t>
PRIMERA (3)
  <s Primera página s>   352:129:0
  <s Primera laguna s>   461:236:0
  <s Meditación primera y   613:318:0
  última s>
PRIMERAS (1)
  <t PRIMERAS CANCICNES t>   345:123:0
PROCESION (1)
  <t PROCESICN t>   309:89:0
PROFUNDIS (1)
  <t DE PROFUNDIS t>   316:100:0
PROLOGO (2)
  <t PROLOGO t>   240:38:0
  <t ESTE ES EI PRCLCGC t>   582:305:0
PUDIERAN (1)
  <t SI MIS MANOS PUDIERAN   198:12:0
  DESHOJAR t>
PUDO (1)
  <t (LA LUNA PUDO DETENERSE   532:272:0
  AL FIN) t>
PUEBLO (1)
  <t PUEBLO t>   302:77:0
PUESTO (1)
  <t SE HA PUESTO EL SOL t>   232:31:0
PUNTA (1)
  {(Saca un cuchillo de oro.   338:121:79
  La punta brilla}
PUÑAL (1)
  <t PUÑAL t>   302:78:0
PUROS (1)
  {se abrazan sobre el jardín 329:119:13
  de tabaco de la caja de
  puros.}
QUE (10)
QUEBRADO (1)
  <t (SE HA QUEBRADO EL SOL) t> 589:310:0
QUI (1)
  <c Agnus Dei gui tollis   631:331:0
  pecata mundi. Miserere
  nobis. c>
QUIERE (1)
  <t (EL CANTO QUIERE SER LUZ) 361:137:0
  t>
QUIJANO (1)
  <d A Máximo Quijano d>   317:102:0
QUINTERO (1)
  <d A Salvador Quintero d>   295:68:0
QUIZA (1)
  <s (Quizá fue por no saberte   406:199:0
  la Geometría) s>
RAIZ (1)
  <t GACELA DE IA RAIZ AMARGA   561:288:0
  t>
RAMAS (1)
  <t VALS EN IAS RAMAS t>   528:269:0
RAMOS (1)
  <t CASIDA DE LOS RAMOS t>   569:297:0
RANAS (1)

{(Ranas y grillos hacen la   334:121:21
glorieta del estío andaluz.}
RAPUN (1)
  <d A Rafael R. Rapún d>   484:245:0
RASGOS (1)
  <s Rasgos s>   602:314:0
RAYOS (1)
  <s Rayos s>   597:313:0
RECUERDO (2)
  <t GACELA DEL RECUERDO DE   562:289:0
  AMOR t>
  <s Recuerdo s>   605:314:0
REFLEJO (1)
  <s Reflejo s>   597:313:0
REFRAN (1)
  <t REFRAN t>   364:141:0
RELOJ (3)
  {Altas montañas le rodean.   335:121:34
  Su gran reloj de plata}
  <t CIARO DE RELOJ t>   353:131:0
  <s Eco del reloj s>   613:318:0
RELOJES (1)
  <t LA SELVA DE LOS RELOJES t> 610:318:0
REMANSILLO (1)
  <t REMANSILLO t>   345:124:0
REMANSO (2)
  <t REMANSO, CANCION FINAL t> 346:126:0
  <s Remanso s>   601:313:0
REMANSOS (1)
  <t REMANSOS t>   345:123:0
REPLICA (1)
  <s Réplica s>   597:313:0
RESIDENCIA (1)
  <p Residencia de   370:148:53
  Estudiantes, 1923. p>
RETORCIENDOSE (1)
  [TENIENTE CORONEL]   332:119:57
  {(Retorciéndose.)} ¡Ayyyyy!
RETRATO (1)
  <t RETRATO DE SILVERIO   319:104:0
  FRANCONETTI t>
RETRATOS (1)
  <t TRES RETRATOS CON SOMBRAS 383:165:0
  t>
REY (1)
  <t ODA AL REY DE HARLEM t>   478:243:0
REYERTA (1)
  <t REYERTA t>   428:222:0
REYES (1)
  <t LOS REYES DE LA BARAJA t> 662:361:0
RIBEREÑAS (1)
  <s Ribereñas s>   387:171:0
RIELA (1)
  <c La luna en el mar riela, 512:263:0
  c>
RINCON (1)
  <s Rincón del cielo s>   603:314:0
RIO (1)
  <d Para Angel del Río d>   477:242:0
RIOS (2)
  <t BALADILLA DE LOS TRES RIOS 295:68:0
  t>
  <d A Gloria Giner Y Fernando 430:223:0
  de los Ríos d>
RITA (1)
  <d A Rita, Concha, Pepe y   374:154:0
  Carmencica d>
RITMO (1)
  <t RITMO DE OTOÑO t>   283:63:0
RIVERSIDE DRIVE (1)
  <s (Dos voces de madrugada   490:248:0
  en Riverside Drive) s>
RODA (1)
  <d A Ramón P. Roda d>   175:2:0
RODEAN (1)
  {Altas montañas le rodean.   335:121:34
  Su gran reloj de plata}
ROMA (1)
  <t GRITO HACIA ROMA t>   520:266:0

ROMANCE (8)
  <t ROMANCE DE LA LUNA, LUNA 425:220:0
  t>
  <t ROMANCE SONAMBULO t> 430:223:0
  <t ROMANCE DE LA PENA NEGRA 436:226:0
  t>
  <t ROMANCE DEL EMPLAZADO t> 451:233:0
  <t ROMANCE DE LA GUARDIA 453:234:0
  CIVIL ESPANOLA t>
  <s Romance con lagunas s> 461:236:0
  <s Romance de don Pedro a 461:236:0
  caballo s>
  <t ROMANCE DE DON BOYSO t> 664:364:0
ROMANCERO (1)
  <t ROMANCERO GITANO t> 425:220:0
ROMANCES (1)
  <t TRES ROMANCES HISTORICOS 458:235:0
  t>
ROMEO (1)
  {(Romeo y Julieta, celeste, 329:119:12
  blanco y oro,}
ROSA (1)
  <t CASIDA DE LA ROSA t> 572:301:0
ROSAS (1)
  <t LA ORACION DE LAS ROSAS t> 579:304:0
RUBIO (1)
  <d A José Antonio Rubio 447:231:0
  Sacristán d>
RUEDA (1)
  <t FABULA Y RUEDA DE LOS 473:240:0
  TRES AMIGOS t>
RUINA (1)
  <t RUINA t> 510:262:0
SABERTE (1)
  <s(Quizá fue por no saberte 406:199:0
  la Geometría)s>
SACA (1)
  {(Saca un cuchillo de oro. 338:121:79
  La punta brilla}
SACRAMENTO (1)
  <t ODA AL SANTISIMO 630:330:0
  SACRAMENTO DEL ALTAR t>
SACRISTAN (1)
  <d A José Antonio Rubio 447:231:0
  Sacristán d>
SAETA (2)
  <t POEMA DE LA SAETA t> 307:86:0
  <t SAETA t> 310:91:0
SAINZ (2)
  <d A Regino Sainz de la Maza 325:113:0
  d>
  <d A Regino Sainz de la Maza 510:262:0
  d>
SALAZAR (1)
  <d A Adolfo Salazar d> 256:45:0
SALE (1)
  {(El alma de tabaco y café 332:119:61
  con leche del Teniente
  Coronel de la Guardia Civil
  sale por la ventana.)}
SALINAS (1)
  <d A Solita Salinas d> 371:150:0
SALMANTINO (1)
  <s (Ledesma, Cancionero 660:359:0
  salmantino) s>
SALOMONIZA (1)
  {(El camino ondulante 337:121:63
  salomoniza la sombra del
  animal.}
SANCHEZ (2)
  <d Para Rafael Sánchez 506:259:0
  Ventura d>
  <t LLANTO POR IGNACIO 537:273:0
  SANCHEZ MEJIAS t>
SAN GABRIEL (1)
  <t SAN GABRIEL t> 442:229:0
SANGRE (1)
  <s La sangre derramada s> 539:274:0
SAN MIGUEL (1)
  <t SAN MIGUEL t> 438:227:0
SAN RAFAEL (1)

  <t SAN RAFAEL t> 440:228:0
SANTA OLALLA (1)
  <t MARTIRIO DE SANTA OLALLA 458:235:0
  t>
SANTIAGO (1)
  <t SANTIAGO t> 204:15:0
SANTISIMO (1)
  <t ODA AL SANTISIMO 630:330:0
  SACRAMENTO DEL ALTAR t>
SANTO (1)
  <t TARDECILLA DEL JUEVES 615:320:0
  SANTO t>
SARGENTO (8)
  [SARGENTO] Sí. 328:119:2
  [SARGENTO] No. 328:119:4
  [SARGENTO] Sí. 329:119:6
  [SARGENTO] Sí. 329:119:9
  [SARGENTO] ¡Un gitano! 329:119:25
  [SARGENTO] Me lo encontré y 330:119:41
  lo he traído.
  [SARGENTO] A la orden, mi 331:119:49
  teniente coronel de la
  Guardia Civil.
  [SARGENTO] ¡Socorro! 332:119:62
SE (13)
SE (1)
  <t (YO SE QUE MI PERFIL SERA 636:335:0
  TRANQUILO) t>
SECO (1)
  <t CANCION DEL NARANJO SECO 420:218:0
  t>
SEGUNDA (1)
  <s Segunda laguna s> 462:236:0
SEGUNDO (1)
  <t SEGUNDO ANIVERSARIO t> 397:184:0
SEIS (2)
  <t LAS SEIS CUERDAS t> 313:96:0
  <t SEIS CAPRICHOS t> 325:113:0
SELVA (1)
  <t LA SELVA DE LOS RELOJES t> 610:318:0
SER (1)
  <t (EL CANTO QUIERE SER LUZ) 361:137:0
  t>
SERA (1)
  <t (YO SE QUE MI PERFIL SERA 636:335:0
  TRANQUILO) t>
SERENATA (1)
  <t SERENATA t> 400:191:0
SERNA (1)
  <d A Luis de la Serna d> 506:259:0
SERPIENTE (1)
  {La serpiente gorda del Sur 339:121:97
  abre sus ojos}
SEVILLA (4)
  <t SEVILLA t> 308:88:0
  <s (Sevilla) s> 442:229:0
  <t EN EL CAMINO DE SEVILLA t> 445:230:0
  <t NANA DE SEVILLA t> 662:360:0
SEVILLANA (1)
  <t CANCIONCILLA SEVILLANA t> 371:150:0
SEVILLANAS (1)
  <t SEVILLANAS DEL SIGLO 657:356:0
  XVIII t>
SI (2)
SI (1)
  <c Sí, tu niñez ya fábula de 475:241:0
  fuentes. c>
SIEMPRE (1)
  <x (Inédita) para siempre. x> 643:343:0
SIENTO (1)
  <t (SIENTO) t> 588:308:0
SIERRA (1)
  {La sierra del fondo se 341:121:129
  cubre de cicutas y de
  ortigas. }
SIETE (2)
  <t CANCION DE LAS SIETE 359:134:0
  DONCELLAS t>
  <d tocando un piano de siete 373:152:0
  notas d>

SIGLO (2)
<t SEVILLANAS DEL SIGLO   657:356:0
XVIII t>
<s Canción popular del siglo   658:357:0
XV s>
SIGUE (2)
<s Sigue s>   462:236:0
<s Sigue s>   463:236:0
SIGUIRIYA (2)
<t POEMA DE LA SIGUIRIYA   296:69:0
GITANA t>
<t EL PASO DE LA SIGUIRIYA t>   299:73:0
SILENCIO (4)
<t ELEGIA DEL SILENCIO t>   217:22:0
<t EL SILENCIO t>   299:72:0
{(Largo silencio.)}   334:121:16
[JOVEN 2.] {(Casi   335:121:30
perdido.)} ¡Amargooo!
{(Silencio.)}
SIMBOLO (1)
<s Símbolo s>   596:313:0
SIMETRICA (1)
<d (en la irregularidad   376:156:0
simétrica del Japón) d>
SIN (1)
SINTO (1)
<s Sinto s>   599:313:0
SIRENA (1)
<t LA SIRENA Y EL CARABINERO   623:325:0
t>
SOBRE (3)
SOL (2)
<t SE HA PUESTO EL SOL t>   232:31:0
<t (SE HA QUEERADO EI SOL) t>   589:310:0
SOLEA (2)
<t POEMA DE LA SOLEA t>   301:76:0
<t LA SCLEA t>   304:82:0
SOLEDAD (4)
<t POEMAS DE LA SOLEDAD EN   471:238:0
COLUMBIA UNIVERSITY t>
<s Poemas de la soledad en   506:259:0
Vermont s>
<t SOLEDAD INSEGURA t>   616:322:0
<t SOLEDAD t>   634:333:0
SCIO (1)
{(El Amargo está solc en   335:121:31
medio de la carretera}
SCLTERA (1)
<t LA SOLTERA EN MISA t>   399:188:0
SCMBRA (3)
<t LA SOMBRA DE MI ALMA t>   195:10:0
{lleno de scmtra submarina.   329:119:15
Una voz fuera.)}
{(El camino ondulante   337:121:63
salomoniza la scmbra del
animal.}
SCMBRAS (1)
<t TRES RETRATOS CON SOMBRAS   383:165:0
t>
SOMBREROS (1)
{(Llegan tres jóvenes con   333:121:5
anchos sombreros.)}
SON (1)
<t SON DE NEGROS EN CUBA t>   530:270:0
SONAMBULC (1)
<t ROMANCE SCNAMBULO t>   430:223:0
SCNETO (1)
<t SONETO t>   413:209:0
SONETOS (1)
<t SONETOS EN LA MUERTE DE   636:334:0
JCSE DE CIRIA Y ESCALANTE t>
SORIANO (1)
<d Para Antonio Hernández   515:264:0
Soriano d>
SORPRESA (1)
<t SORPRESA t>   304:81:0
STANTON (1)
<s El niño Stanton s>   501:256:0
SU (6)
SUEMARINA (1)

{lleno de sombra submarina.   329:119:15
Una voz fuera.)}
SUELO (1)
<t (CON LA FRENTE EN EL   588:309:0
SUELO) t>
SUENA (1)
{le suena oscuramente en el   335:121:35
bolsillo a cada paso.})
SUEÑO (6)
<t SUEÑO t>   224:25:0
<t SUEÑO t>   277:59:0
<t OTRO SUEÑO t>   278:60:0
<t CIUDAD SIN SUEÑO t>   492:250:0
<t CASIDA DEL SUEÑO AL AIRE   571:299:0
LIBRE t>
<s Donde se ahoga el sueño s>   612:318:0
SUEÑOS (1)
<t CALLES Y SUEÑOS t>   484:245:0
SUICIDIO (1)
<t SUICIDIO t>   406:199:0
SUITE (3)
<t SUITE DEL AGUA t>   593:312:0
<t SUITE DE LOS ESPEJOS t>   596:313:0
<s Suite para piano y voz   602:314:0
emocionada.) s>
SUITES (1)
<t SUITES t>   593:312:0
SUR (2)
{La serpiente gorda del Sur   339:121:97
abre sus ojos}
<s Sur s>   595:312:0
SURTIDORES (1)
<t SURTIDORES t>   607:315:0
SUS (2)
SUSTO (1)
<s Susto en el comedor s>   398:186:0
TABACO (2)
{se abrazan sobre el jardín   329:119:13
de tabaco de la caja de
puros.}
{(El alma de tabaco y café   332:119:61
con leche del Teniente
Coronel de la Guardia Civil
sale por la ventana.)}
TALLE (1)
{y se ciñe la chaqueta de   335:121:33
pana alrededor del talle.}
TAMARIT (1)
<t DIVAN DEL TAMARIT t>   557:283:0
TARARA (1)
<t LA TARARA t>   663:362:0
TARDE (3)
<t TARDE t>   238:36:0
<t TARDE t>   379:160:0
<t DOS LUNAS DE TARDE t>   394:180:0
TARDECILLA (1)
<t TARDECILLA DEL JUEVES   615:320:0
SANTO t>
TE (1)
TEMBLOR (1)
<s Temblor s>   593:312:0
TENDIDA (1)
<t CASIDA DE LA MUJER   570:298:0
TENDIDA t>
TENGO (1)
<t (TENGO MIEDO A PERDER LA   638:337:0
MARAVILLA) t>
TENIENTE (22)
<t ESCENA DEL TENIENTE   328:119:0
CORONEL DE LA GUARDIA CIVIL
t>
[TENIENTE CORONEL] Yo soy el   328:119:1
teniente coronel de la
Guardia Civil.
[TENIENTE CORONEL] Y no hay   328:119:3
quien me desmienta.
[TENIENTE CORONEL] Tengo   328:119:5
tres estrellas y veinte
cruces.
[TENIENTE CORONEL] Me ha   329:119:7

saludado el cardenal
arzobispo
[TENIENTE CORONEL] Yo soy   329:119:10
el teniente. Yo soy el
teniente.
[TENIENTE CORONEL] ¿Qué   329:119:24
pasa?
{del Teniente Coronel de la   329:119:28
Guardia Civil.)}
[TENIENTE CORONEL] Yo soy   328:119:29
el teniente coronel de la
Guardia Civil.
[TENIENTE CORONEL] ¿Tú   330:119:32
quién eres?
[TENIENTE CORONEL] ¿Y qué   330:119:34
es un gitano?
[TENIENTE CORONEL] ¿Cómo te   330:119:37
llamas?
[TENIENTE CORONEL] ¿Qué   330:119:39
dices?
[TENIENTE CORONEL] ¿Dónde   330:119:42
estabas?
[TENIENTE CORONEL] Pero ¿de   331:119:44
qué ríos?
[TENIENTE CORONEL] ¿Y qué   331:119:46
hacías allí?
[TENIENTE CORONEL]   331:119:48
¡Sargento!
[TENIENTE CORONEL] ¡Ay!   331:119:52
[TENIENTE CORONEL] ¡Ayy!   331:119:55
[TENIENTE CORONEL]   332:119:57
{(Retorciéndose.)} ¡Ayyyyy!
[TENIENTE CORONEL]   332:119:59
¡Ayyyyy!, pum, pim, pam.
{(El alma de tabaco y café   332:119:61
con leche del Teniente
Coronel de la Guardia Civil
sale por la ventana.)}
TEORIA (1)
    <s (Teoría del arco iris) s> 359:134:0
TEORIAS (1)
    <t TEORIAS t>   359:134:0
TERMINAR (1)
    <t CANCIONES PARA TERMINAR t> 414:210:0
TERRIBLE (1)
    <t GACELA DE LA TERRIBLE 558:284:0
    PRESENCIA t>
THAMAR (1)
    <t THAMAR Y AMNON t>   464:237:0
TIEMPO (2)
    <c dice que el tiempo de los 484:245:0
    besos no ha llegado. c>
TIENE (2)
    <d Que tiene tronco de   319:104:0
    faraón d>
    {(La ventana del colegio 629:329:14
    tiene una cortina de
    luceros.)}
TIENEN (1)
    <t HAY ALMAS QUE TIENEN... t> 239:37:0
TIERRA (3)
    <s Tierra s>   365:142:0
    <s Tierra s>   597:313:0
    <t TIERRA Y LUNA t>   645:345:0
TIO VIVO (1)
    <t TIO VIVO t>   361:138:0
TIRANDO (1)
    [JINETE] {(Tirando de las 338:121:85
    bridas).} Pero ¡qué caballo
    este!
TOCANDO (1)
    <d tocando un piano de siete 373:152:0
    notas d>
TOLLIS (1)
    <c Agnus Dei qui tollis   631:331:0
    pecata mundi. Miserere
    nobis. c>
TONTA (1)
    <t CANCION TONTA t>   375:155:0
TOPICO (1)
    <s Tópico nocturno s>   324:111:0

TORRE (3)
    <s (Desde la torre del   520:266:0
    Crysler Building) s>
    <t (CHOPO Y TORRE) t>   616:321:0
    <d A Guillermo de Torre d> 623:325:0
TORRES (1)
    <d A Manuel Torres, "Niño de 319:104:0
    Jerez". d>
TOTAL (2)
    <s Total s>   603:314:0
    <c total, perenne ausencia? 634:333:0
    c>
TRANQUILO (1)
    <t (YO SE QUE MI PERFIL SERA 636:335:0
    TRANQUILO) t>
TRASMUNDO (1)
    <t TRASMUNDO t>   402:193:0
TRES (9)
    <t BALADILLA DE LOS TRES RIOS 295:68:0
    t>
    <t TRES CIUDADES t>   323:110:0
    {(Llegan tres jóvenes con 333:121:5
    anchos sombreros.)}
    <t CORTARON TRES ARBOLES t> 367:147:0
    <t TRES RETRATOS CON SOMBRAS 383:165:0
    t>
    <t TRES ROMANCES HISTORICOS 458:235:0
    t>
    <t FABULA Y RUEDA DE LOS 473:240:0
    TRES AMIGOS t>
    <t TRES HISTORIETAS DEL   624:327:0
    VIENTO t>
    <t LAS TRES HOJAS t>   651:352:0
TRISTE (1)
    <t BALADA TRISTE t>   190:8:0
TRISTEZA (1)
    <s La gran tristeza s>   606:314:0
TRONCO (2)
    <d Que tiene tronco de   319:104:0
    faraón d>
    <t (ZARZAMORA CON EL TRONCO 378:158:0
    GRIS) t>
TU (2)
TUMBAS (1)
    <t PAISAJE CON DOS TUMBAS Y 509:261:0
    UN PERRO ASIRIO t>
UGARTE (1)
    <d A Eduardo Ugarte d>   498:254:0
ULTIMA (2)
    <s Ultima laguna s>   463:236:0
    <s Meditación primera y   613:318:0
    última s>
UN (13)
UNA (7)
UNA (1)
    <s Una s>   604:314:0
UNIVERSIDAD (1)
    <t EN EL INSTITUTO Y EN LA 408:201:0
    UNIVERSIDAD t>
VA (1)
    <t CANCION DEL DIA QUE SE VA 420:219:0
    t>
VACA (1)
    <t VACA t>   503:257:0
VALDECASAS (1)
    <d Para Alfonso   464:237:0
    García-Valdecasas d>
VALS (2)
    <t PEQUEÑO VALS VIENES t> 527:268:0
    <t VALS EN LAS RAMAS t>   528:269:0
VALSES (1)
    <s Dos valses hacia la   527:268:0
    civilización s>
VARIACION (1)
    <t VARIACION t>   346:125:0
VAS (1)
    <t (AGUA, ¿DONDE VAS?) t> 416:212:0
VEGA (7)
    <p (Vega de Zujaira) p>   209:17:0
    <p (Vega de Zujaira) p>   211:18:0
    <p (Vega de Zujaira) p>   213:20:0

<p(Vega de Zujaira) p>   240:38:0
<p(Vega de Zujaira) p>   244:39:0
<p(Vega de Zujaira) p>   246:40:0
<s (Homenaje a Lope de Vega)   400:191:0
s>
VELA (1)
  <d A Fernando Vela d>   515:264:0
VELETA (2)
  <t VELETA t>   173:1:0
  <t LA VELETA YACENTE t>   229:29:0
VENTANA (3)
  {(El alma de tabaco y café   332:119:61
  con leche del Teniente
  Coronel de la Guardia Civil
  sale por la ventana.)}
  <t NOCTURNOS DE LA VENTANA   368:148:0
  t>
  {(La ventana del colegio   629:329:14
  tiene una cortina de
  luceros.)}
VENTURA (1)
  <d Para Rafael Sánchez   506:259:0
  Ventura d>
VENUS (2)
  <t VENUS t>   385:168:0
  <s Venus s>   605:314:0
VER (1)
  <t GACELA DEL AMOR QUE NO SE   560:286:0
  DEJA VER t>
VERANO (1)
  <t MADRIGAL DE VERANO t>   209:17:0
VERDAD (1)
  <t ES VERDAD t>   380:162:0
VERDES (1)
  {Entorna sus grandes ojos   335:121:32
  verdes}
VERLAINE (1)
  <t VERLAINE t>   383:165:0
VERMONT (1)
  <s Poemas de la soledad en   506:259:0
  Vermont s>
VI (1)
  {Así te vi}   385:168:0
VIAJANTE (5)
  [El viajante] Lo tienes en   627:328:19
  tus manos.
  [El viajante] Los sueños   627:328:21
  bailan en tus cabellos.
  [El viajante] Una sola hora   627:328:23
  tiene mi herbario.
  [El viajante] El pasado   627:328:25
  está inhabitable.
  [El viajante] Peor es el   627:328:27
  herbario de la luna.
VICENTE (1)
  <a Vicente Aleixandre a>   484:245:0
VICUÑA (2)
  <d A Carlos Morla Vicuña d>   296:69:0
  <d A la maravillosa niña   370:149:0
  Colomba Morla Vicuña, d>
VIEJO (1)
  <t EL LAGARTO VIEJO t>   246:40:0
VIENE (1)
  {(Un Jinete viene galopando   335:121:36
  por la carretera.})
VIENES (1)
  <t PEQUEÑO VALS VIENES t>   527:268:0
VIENTO (3)
  <c Nuestro ganado pace, el   498:254:0
  viento espira. c>
  <c en la lona gime el viento   512:263:0
  c>

<t TRES HISTORIETAS DEL   624:327:0
VIENTO t>
VIERNES (1)
  <t LUNES, MIERCOLES Y   395:181:0
  VIERNES t>
VILLA (2)
  <d A José Moreno Villa d>   350:129:0
  <d A José Moreno Villa d>   433:224:0
VINO (1)
  {(La noche es espesa como   339:121:96
  un vino de cien años}
VIÑETAS (1)
  <t VIÑETAS FLAMENCAS t>   319:104:0
VIÑUALES (1)
  <d A D. Agustín Viñuales d>   442:229:0
VIRGEN (1)
  {(El poeta pide ayuda a la   646:346:0
  Virgen)}
VISTA (1)
  <s Vista general s>   611:318:0
VIVO (1)
  <t CIELO VIVO t>   500:255:0
VOCES (2)
  [JOVEN 2.] {(A   334:121:12
  voces.)}¡Amargo!
  <s (Dos voces de madrugada   490:248:0
  en Riverside Drive) s>
VOMITA (1)
  <t PAISAJE DE LA MULTITUD   487:246:0
  QUE VOMITA t>
VOZ (4)
  {lleno de sombra submarina.   329:119:15
  Una voz fuera.)}
  [UNA VOZ] Amargo.   333:121:1
  [JOVEN 1.] {(En voz   333:121:10
  alta.)}¡Amargo!
  <s Suite para piano y voz   602:314:0
  emocionada.)s>
VUELO (1)
  <t A MERCEDES EN SU VUELO t>   639:339:0
VUELTA (2)
  <t VUELTA DE PASEO t>   471:238:0
  <t VUELTA A LA CIUDAD t>   515:264:0
VUELVE (1)
  {(El caballo se vuelve a   338:121:84
  espantar.)}
WALT WHITMAN (1)
  <t ODA A WALT WHITMAN t>   522:267:0
XIRGU (1)
  <d A Margarita Xirgu d>   445:230:0
Y (45)
YA (1)
  <c Sí, tu niñez ya fábula de   475:241:0
  fuentes. c>
YACENTE (1)
  <t LA VELETA YACENTE t>   229:29:0
YO (13)
ZALAMEA (1)
  <d A Jorge Zalamea d>   301:76:0
ZARZAMORA (1)
  <t (ZARZAMORA CON EL TRONCO   378:158:0
  GRIS) t>
ZORONGO (1)
  <t ZORONGO t>   664:363:0
ZUBIAURRE (1)
  <d A Pilar Zubiaurre d>   323:110:0
ZUJAIRA (6)
  <p (Vega de Zujaira) p>   209:17:0
  <p (Vega de Zujaira) p>   211:18:0
  <p (Vega de Zujaira) p>   213:20:0
  <p (Vega de Zujaira) p>   240:38:0
  <p (Vega de Zujaira) p>   244:39:0
  <p (Vega de Zujaira) p>   246:40:0

Appendix VIII

Concordance to Six Galician Poems

A (34)
  <t MADRIGAL A CIBDA DE   549:277:0
  SANTIAGO t>
  cobren a valeira lúa.   549:277:8
  Olla a choiva pol-a rúa,   549:277:9
  e a sua barca!   549:278:3
  A Virxen era pequena   550:278:4
  e a súa coroa de prata.   550:278:5
  que no seu carro a levaban. 550:278:7
  a choiva pol-a montana.   550:278:9
  ¡Virxen, deixa a túa cariña 550:278:12
  Pol-a testa de Galicia   550:278:16
  xa ven salaiando a i-alba. 550:278:17
  A Virxen mira pra o mar   550:278:18
  dend'a porta da súa casa. 550:278:19
  e a sua barca!   550:278:22
  Sinteu a muiñeira d'ágoa   551:279:14
  cobrindo de lirios a montana 551:280:8
  núa.
  sobre a verde lúa, coma un 552:280:18
  tamboril!
  dende Santiago a Belén.   552:281:6
  Dende Belén a Santiago   552:281:7
  que trai a door de Galicia. 552:281:10
  e a negra fonte dos teus   553:281:14
  cabelos.
  E a lúa que baila   553:282:3
  Nai: A lúa está bailando   553:282:7
  ¡E a lúa! ¡E a lúa   553:282:11
  ¡E a lúa! ¡E a lúa   554:282:15
  Nai: A lúa está bailando   554:282:19
  Non é o ar, é a triste lúa 554:282:23
  Nai: E lúa, é a lúa   554:282:27
  ¡Si, a lúa, a lúa   554:282:29
ADOESCENTE (3)
  <t NOITURNIO DO ADOESCENTE 551:280:0
  MORTO t>
  pra ver o adoescente afogado. 551:280:2
  pra ver o adoescente   552:280:12
  afogado!
AFOGADO (2)
  pra ver o adoescente afogado. 551:280:2
  pra ver o adoescente   552:280:12
  afogado!
AGOA (2)
  Sinteu a muiñeira d'ágoa   551:279:14
  onde van e vên vellos bois 552:280:16
  de ágoa.
AGOA (2)
  Agoa da mañán anterga   549:277:15
  Agoa despenada baixaba da lúa 551:280:7
AGOAS (1)
  creban o vidro das ágoas. 551:279:20
AI (1)
  ¡Ai filla, co ar do cêo   554:282:21
AIRES (1)
  BOS Aires ten unha gaita   550:279:1
AIXIÑA (1)
  ¡Mozos, imos, vinde,   552:280:19
  aixiña, chegar
ALAS (1)
  coa boca frolida d'alas;   551:279:24
ALBA (1)
  xa ven salaiando a i-alba. 550:278:17
ALBRES (1)
  ¡Ay, como cantaban os   552:280:17
  albres do Sil
ALMA (1)
  Súa i-alma choraba, ferida e 551:280:5
  pequena
ALO (1)
  Aló, na rúa Esmeralda,   550:279:6
AMADA (2)
  ¡Erguete, miña amada,   552:281:3
  ¡Erguete, miña amada,   553:281:19
AMIGA (2)
  ¡ERGUETE, miña amiga,   552:281:1
  ¡Erguete, miña amiga,   553:281:17
AMOR (1)
  meu doce amor.   549:277:2
AMORTALLADA (1)

as frores da amortallada!   550:278:15
AMORTECIDA (1)
  víu na tarde amortecida   551:279:27
ANTERGA (1)
  Agoa da mañán anterga   549:277:15
ANTES (2)
  antes que ise río o leve pro 551:280:4
  mar.
  antes que ise río o leve   552:280:14
  pro mar!
ANXO (1)
  un anxo ven en un barco.   552:281:8
AO (2)
  Ao longo das rúas infindas 551:279:9
  Cabelos que van ao mar   553:281:15
AQUEL (1)
  ¡FITA aquel branco galán,   553:282:1
AR (4)
  Camelia branca do ar   549:277:3
  Imos silandeiros veiriña do 551:280:3
  ar,
  ¡Ai filla, co ar do cêo   554:282:21
  Non é o ar, é a triste lúa 554:282:23
ARADOS (1)
  Os arados van e vên   552:281:5
ARUMES (1)
  embaixo os arumes de pinos e 551:280:6
  d'herbas.
AS (3)
  pol-as congostras chegaban. 550:278:11
  as frores da amortallada!   550:278:15
  onde as nubens teñen seu   553:281:16
  nídio pombal.
ATOPOU (1)
  Non atopou o xemido   551:279:21
AY (3)
  ¡AY ruada, ruada, ruada   549:278:1
  ¡AY ruada, ruada, ruada   550:278:20
  ¡Ay, como cantaban os   552:280:17
  albres do Sil
BAILA (4)
  E a lúa que baila   553:282:3
  que baila, e baila, e baila 554:282:31
BAILANDO (2)
  Nai: A lúa está bailando   553:282:7
  Nai: A lúa está bailando   554:282:19
BAIXABA (1)
  Agoa despenada baixaba da lúa 551:280:7
BARCA (3)
  <t ROMAXE DE NOSA SEÑORA DA 549:278:0
  BARCA t>
  e a sua barca!   549:278:3
  e a sua barca!   550:278:22
BARCO (2)
  un anxo ven en un barco.   552:281:8
  Un barco de prata fina   552:281:9
BASOIRA (2)
  basoira que te basoira   550:279:7
BELEN (2)
  dende Santiago a Belén.   552:281:6
  Dende Belén a Santiago   552:281:7
BERMELLO (1)
  bermello muro de lama.   551:279:28
BOCA (3)
  coa súa gris boca mollada. 550:279:4
  coa boca frolida d'alas;   551:279:24
  na lumieira murcha da súa   552:280:10
  triste boca.
BOI (1)
  d'imenso boi melancônico? 554:282:26
BOIS (3)
  Marelos os catro bois   550:278:6
  mentres sete bois da lúa   551:279:15
  onde van e vên vellos bois 552:280:16
  de ágoa.
BOS (1)
  BOS Aires ten unha gaita   550:279:1
BRANCA (2)
  Camelia branca do ar   549:277:3
  vôlvome branca de pronto! 554:282:22

BRANCAS (1)
O leve pro mar de curtiñas   552:280:15
brancas
BRANCO (1)
¡FITA aquel branco galán,   553:282:1
BRILA (1)
brila entebrecida ô sol.   549:277:4
BRUA (1)
¿Quén brúa co-este xemido   554:282:25
CABALOS (1)
Sauces e cabalos múos   551:279:19
CABELOS (2)
e a negra fonte dos teus   553:281:14
cabelos.
Cabelos que van ao mar   553:281:15
CAIXAS (1)
polvo d'estantes e caixas.   550:279:8
CAMELIA (1)
Camelia branca do ar   549:277:3
CAMELIAS (1)
O vento deixaba camelias de   552:280:9
soma
CANTABAN (1)
¡Ay, como cantaban os   552:280:17
albres do Sil
CANTAN (2)
que xa cantan os galos do   552:281:2
día!
que xa cantan os galos do   553:281:18
día!
CANTIGA (1)
<t CANTIGA DO NENO DA TENDA   550:279:0
t>
CANZON (1)
<t CANZON DE CUNA t>   552:281:0
CARIÑA (1)
¡Virxen, deixa a túa cariña   550:278:12
CARRO (1)
que no seu carro a levaban.   550:278:7
CASA (1)
dend'a porta da súa casa.   550:278:19
CASTRO (1)
<d Pra Rosalía Castro, morta   552:281:0
d>
CATRO (1)
Marelos os catro bois   550:278:6
CEO (1)
¡Ai filla, co ar do cêo   554:282:21
CIBDA (1)
<t MADRIGAL A CIBDA DE   549:277:0
SANTIAGO t>
CINZA (2)
soma e cinza do teu mar.   549:277:12
Soma e cinza do teu mar   549:277:13
CO (2)
¡Ai filla, co ar do cêo   554:282:21
¿Quén brúa co-este xemido   554:282:25
COA (2)
coa súa gris boca mollada.   550:279:4
coa boca frolida d'alas;   551:279:24
COBREN (2)
cobren a valeira lúa.   549:277:8
Herbas que cobren têu leito,   553:281:13
COBRINDO (1)
cobrindo de lirios a montana   551:280:8
núa.
COMA (2)
sobre a verde lúa, coma un   552:280:18
tamboril!
porque o vento muxe, coma   552:281:4
unha vaca!
COMO (2)
¡Ay, como cantaban os   552:280:17
albres do Sil
porque o vento muxe, como   553:281:20
unha vaca!
CON (1)
soñando con froles d'ouro   554:282:18
CONGOSTRAS (1)
pol-as congostras chegaban.   550:278:11
CORAZON (1)

trema no meu corazôn.   549:277:16
COROA (1)
e a súa coroa de prata.   550:278:5
COROADA (1)
coroada de toxos,   554:282:30
CORPO (2)
olla seu transido corpo!   553:282:2
Fita seu corpo transido,   553:282:5
CREBAN (1)
creban o vidro das âgoas.   551:279:20
CRISTAL (1)
laio de pedra e cristal.   549:277:10
CUME (1)
¡Vinde xente escura do cume   552:280:13
e do val
CUNA (1)
<t CANZON DE CUNA t>   552:281:0
CURTIÑAS (1)
O leve pro mar de curtiñas   552:280:15
brancas
CHEGABAN (1)
pol-as congostras chegaban.   550:278:11
CHEGAR (1)
¡Mozos, imos, vinde,   552:280:19
aixiña, chegar
CHEOS (1)
cheos de nubens seus ollos?   553:282:14
CHOIVA (2)
Olla a choiva pol-a rúa,   549:277:9
a choiva pol-a montana.   550:278:9
CHORABA (1)
Súa i-alma choraba, ferida e   551:280:5
pequena
CHOVE (2)
CHOVE en Santiago   549:277:1
Chove en Santiago   549:277:5
D (8)
polvo d'estantes e caixas.   550:279:8
Sinteu a muiñeira d'âgoa   551:279:14
coa boca frolida d'alas;   551:279:24
embaixo os arumes de pinos e   551:280:6
d'herbas.
<d Pra Rosalía Castro, morta   552:281:0
d>
soñando con froles d'ouro   554:282:18
d'imenso boi melancônico?   554:282:26
DA (16)
Agoa da mañán anterga   549:277:15
<t ROMAXE DE NOSA SEÑORA DA   549:278:0
BARCA t>
da Virxen pequena   549:278:2
as frores da amortallada!   550:278:15
dend'a porta da súa casa.   550:278:19
da Virxen pequena   550:278:21
<t CANTIGA DO NENO DA TENDA   550:279:0
t>
sobor do Río da Prata,   550:279:2
na verde riba da pampa.   551:279:12
mentres sete bois da lúa   551:279:15
veira do Río da Prata.   551:279:18
malencônico da gaita,   551:279:22
veira do Río da Prata,   551:279:26
Agoa despenada baixaba da lúa   551:280:7
na lumieira murcha da súa   552:280:10
triste boca.
<t DANZA DA LUA EN SANTIAGO   553:282:0
t>
DANZA (1)
<t DANZA DA LUA EN SANTIAGO   553:282:0
t>
DAS (3)
nos doces ollos das vacas   550:278:13
Ao longo das rúas infindas   551:279:9
creban o vidro das âgoas.   551:279:20
DE (27)
<t MADRIGAL A CIBDA DE   549:277:0
SANTIAGO t>
Herbas de prata e de sono   549:277:7
laio de pedra e cristal.   549:277:10
<t ROMAXE DE NOSA SEÑORA DA   549:278:0
BARCA t>

e a súa coroa de prata.   550:278:5
Pombas de vidro traguían   550:278:8
Mortas e mortos de néboa   550:278:10
Pol-a testa de Galicia   550:278:16
¡Triste Ramón de Sismundi!   550:279:5
¡Triste Ramón de Sismundi!   551:279:13
triste Ramón de Sismundi,   551:279:25
bermello muro de lama.   551:279:28
embaixo os arumes de pinos e   551:280:6
d'herbas.
cobrindo de lirios a montana   551:280:8
núa.
O vento deixaba camelias de   552:280:9
soma
O leve pro mar de curtiñas   552:280:15
brancas
onde van e vén vellos bois   552:280:16
de ágoa.
<t CANZON DE CUNA t>   552:281:0
Un barco de prata fina   552:281:9
que trai a door de Galicia.   552:281:10
transida de tristes herbas.   553:281:12
negro de somas e lobos.   553:282:6
¿Quén fire potro de pedra   553:282:9
cheos de nubens seus ollos?   553:282:14
vólvome branca de pronto!   554:282:22
coroada de toxos,   554:282:30
DEITADA (1)
  Galicia deitada e queda   553:281:11
DEIXA (1)
  ¡Virxen, deixa a túa cariña   550:278:12
DEIXABA (1)
  O vento deixaba camelias de   552:280:9
  soma
DEIXAME (1)
  Déixame morrer no leito   554:282:17
DEND (1)
  dend'a porta da súa casa.   550:278:19
DENDE (2)
  dende Santiago a Belén.   552:281:6
  Dende Belén a Santiago   552:281:7
DESPENADA (1)
  Agoa despenada baixaba da lúa   551:280:7
DIA (2)
  que xa cantan os galos do   552:281:2
  día!
  que xa cantan os galos do   553:281:18
  día!
DO (22)
  Camelia branca do ar   549:277:3
  soma e cinza do teu mar.   549:277:12
  Soma e cinza do teu mar   549:277:13
  Santiago, lonxe do sol;   549:277:14
  <t CANTIGA DO NENO DA TENDA   550:279:0
  t>
  sobor do Río da Prata,   550:279:2
  que toca o vento do norde   550:279:3
  Foise pra veira do río,   551:279:17
  veira do Río da Prata.   551:279:18
  veira do Río da Prata,   551:279:26
  <t NOITURNIO DO ADOESCENTE   551:280:0
  MORTO t>
  IMOS silandeiros orela do   551:280:1
  vado
  Imos silandeiros veiriña do   551:280:3
  ar,
  ¡Vinde mozos loiros do   552:280:11
  monte e do prado
  ¡Vinde xente escura do cume   552:280:13
  e do val
  ¡Ay, como cantaban os   552:280:17
  albres do Sil
  que xa cantan os galos do   552:281:2
  día!
  que xa cantan os galos do   553:281:18
  día!
  na mesma porta do sono?   553:282:10
  ¡Ai filla, co ar do céo   554:282:21
DOCE (1)
  meu doce amor.   549:277:2
DOCES (1)

nos doces ollos das vacas   550:278:13
DOOR (1)
  que trai a door de Galicia.   552:281:10
DOS (9)
  e a negra fonte dos teus   553:281:14
  cabelos.
  na Quintana dos mortos.   553:282:4
  na Quintana dos mortos.   553:282:8
  na Quintana dos mortos!   553:282:12
  na Quintana dos mortos!   554:282:16
  na Quintana dos mortos.   554:282:20
  na Quintana dos mortos.   554:282:24
  na Quintana dos mortos.   554:282:28
  na Quintana dos mortos!   554:282:32
E (9)
  E a lúa que baila   553:282:3
  ¡E a lúa! ¡E a lúa   553:282:11
  ¡E a lúa! ¡E a lúa   554:282:15
  Non é o ar, é a triste lúa   554:282:23
  Nai: E lúa, é a lúa   554:282:27
E (22)
  Herbas de prata e de sono   549:277:7
  laio de pedra e cristal.   549:277:10
  soma e cinza do teu mar.   549:277:12
  Soma e cinza do teu mar   549:277:13
  e a súa barca!   549:278:3
  e a súa coroa de prata.   550:278:5
  Mortas e mortos de néboa   550:278:10
  e leva sobr'o teu manto   550:278:14
  e a sua barca!   550:278:22
  polvo d'estantes e caixas.   550:279:8
  Sauces e cabalos múos   551:279:19
  Súa i-alma choraba, ferida e   551:280:5
  pequena
  embaixo os arumes de pinos e   551:280:6
  d'herbas.
  ¡Vinde mozos loiros do   552:280:11
  monte e do prado
  ¡Vinde xente escura do cume   552:280:13
  e do val
  onde van e vén vellos bois   552:280:16
  de ágoa.
  Os arados van e vén   552:281:5
  Galicia deitada e queda   553:281:11
  e a negra fonte dos teus   553:281:14
  cabelos.
  negro de somas e lobos.   553:282:6
  que baila, e baila, e baila   554:282:31
EMBAIXO (1)
  embaixo os arumes de pinos e   551:280:6
  d'herbas.
EN (4)
  CHOVE en Santiago   549:277:1
  Chove en Santiago   549:277:5
  un anxo ven en un barco.   552:281:8
  <t DANZA DA LUA EN SANTIAGO   553:282:0
  t>
ENTEBRECIDA (1)
  brila entebrecida ô sol.   549:277:4
ERA (1)
  A Virxen era pequena   550:278:4
ERGUETE (4)
  ¡ERGUETE, miña amiga,   552:281:1
  ¡Erguete, miña amada,   552:281:3
  ¡Erguete, miña amiga,   553:281:17
  ¡Erguete, miña amada,   553:281:19
ESCURA (2)
  na noite escura.   549:277:6
  ¡Vinde xente escura do cume   552:280:13
  e do val
ESMERALDA (1)
  Aló, na rúa Esmeralda,   550:279:6
ESTA (2)
  Nai: A lúa está bailando   553:282:7
  Nai: A lúa está bailando   554:282:19
ESTANTES (1)
  polvo d'estantes e caixas.   550:279:8
ESTE (1)
  ¿Quén brúa co-este xemido   554:282:25

ESVAIDO (1)
Olla no vento esvaído   549:277:11

FERIDA (1)
Súa i-alma choraba, ferida e   551:280:5
pequena

FILLA (1)
¡Ai filla, co ar do cêo   554:282:21

FINA (1)
Un barco de prata fina   552:281:9

FIRE (1)
¿Quén fire potro de pedra   553:282:9

FITA (3)
¡FITA aquel branco galán,   553:282:1
Fita, seu corpo transido,   553:282:5
¿Quén fita meus grises   553:282:13
vidros

FOISE (1)
Foise pra veira do río,   551:279:17

FONTE (1)
e a negra fonte dos teus   553:281:14
cabelos.

FROLES (1)
soñando con froles d'ouro   554:282:18

FROLIDA (1)
coa boca frolida d'alas;   551:279:24

FRORES (1)
as frores da amortallada!   550:278:15

GAITA (2)
BOS Aires ten unha gaita   550:279:1
malencónico da gaita,   551:279:22

GAITEIRO (1)
non víu o imenso gaiteiro   551:279:23

GALAN (1)
¡FITA aquel branco galán,   553:282:1

GALEGOS (2)
<t SEIS POEMAS GALEGOS t>   549:277:0
os galegos paseiaban   551:279:10

GALICIA (3)
Pol-a testa de Galicia   550:278:16
que trai a door de Galicia.   552:281:10
Galicia deitada e queda   553:281:11

GALOS (2)
que xa cantan os galos do   552:281:2
día!
que xa cantan os galos do   553:281:18
día!

GRIS (1)
coa súa gris boca mollada.   550:279:4

GRISES (1)
¿Quén fita meus grises   553:282:13
vidros

HERBAS (4)
Herbas de prata e de sono   549:277:7
embaixo os arumes de pinos e   551:280:6
d'herbas.
transida de tristes herbas.   553:281:12
Herbas que cobren têu leito,   553:281:13

I (2)
xa ven salaiando a i-alba.   550:278:17
Súa i-alma choraba, ferida e   551:280:5
pequena

IMENSO (2)
non víu o imenso gaiteiro   551:279:23
d'imenso boi melancónico?   554:282:26

IMOS (3)
IMOS silandeiros orela do   551:280:1
vado
Imos silandeiros veiriña do   551:280:3
ar,
¡Mozos, imos, vinde,   552:280:19
aixiña, chegar

IMPOSIBEL (1)
soñando un val imposibel   551:279:11

INFINDAS (1)
Ao longo das rúas infindas   551:279:9

ISE (3)
antes que ise río o leve pro   551:280:4
mar.
antes que ise río o leve   552:280:14
pro mar!

LAIO (1)
laio de pedra e cristal.   549:277:10

LAMA (1)
bermello muro de lama.   551:279:28

LEITO (2)
Herbas que cobren têu leito,   553:281:13
Déixame morrer no leito   554:282:17

LEMBRANZA (1)
pacían na súa lembranza.   551:279:16

LEVA (2)
e leva sobr'o teu manto   550:278:14
porque xa ise río m'o leva   552:280:20
pra o mar!

LEVABAN (1)
que no seu carro a levaban.   550:278:7

LEVE (3)
antes que ise río o leve pro   551:280:4
mar.
antes que ise río o leve   552:280:14
pro mar!
O leve pro mar de curtiñas   552:280:15
brancas

LIRIOS (1)
cobrindo de lirios a montana   551:280:8
núa.

LOBOS (1)
negro de somas e lobos.   553:282:6

LOIROS (1)
¡Vinde mozos loiros do   552:280:11
monte e do prado

LONGO (1)
Ao longo das rúas infindas   551:279:9

LONXE (1)
Santiago, lonxe do sol;   549:277:14

LUA (16)
cobren a valeira lúa.   549:277:8
mentres sete bois da lúa   551:279:15
Agoa despenada baixaba da lúa 551:280:7
sobre a verde lúa, coma un   552:280:18
tamboril!
E a lúa que baila   553:282:3
Nai: A lúa está bailando   553:282:7
¡E a lúa! ¡E a lúa   553:282:11
¡E a lúa! ¡E a lúa   554:282:15
Nai: A lúa está bailando   554:282:19
Non é o ar, é a triste lúa   554:282:23
Nai: E lúa, é a lúa   554:282:27
¡Si, a lúa, a lúa   554:282:29

LUA (1)
<t DANZA DA LUA EN SANTIAGO   553:282:0
t>

LUMIEIRA (1)
na lumieira murcha da súa   552:280:10
triste boca.

M (1)
porque xa ise río m'o leva   552:280:20
pra o mar!

MADRIGAL (1)
<t MADRIGAL A CIBDA DE   549:277:0
SANTIAGO t>

MALENCONICO (1)
malencónico da gaita,   551:279:22

MANTO (1)
e leva sobr'o teu manto   550:278:14

MAÑAN (1)
Agoa da mañán anterga   549:277:15

MAR (8)
soma e cinza do teu mar.   549:277:12
Soma e cinza do teu mar   549:277:13
A Virxen mira pra o mar   550:278:18
antes que ise río o leve pro   551:280:4
mar.
antes que ise río o leve   552:280:14
pro mar!
O leve pro mar de curtiñas   552:280:15
brancas
porque xa ise río m'o leva   552:280:20
pra o mar!
Cabelos que van ao mar   553:281:15

MARELOS (1)
Marelos os catro bois   550:278:6
MELANCONICO (1)
d'imenso boi melancônico?   554:282:26
MENTRES (1)
mentres sete bois da lûa   551:279:15
MESMA (1)
na mesma porta do sono?   553:282:10
MEU (2)
meu doce amor.   549:277:2
trema no meu corazôn.   549:277:16
MEUS (1)
¿Quén fita meus grises   553:282:13
vidros
MIÑA (4)
¡ERGUETE, miña amiga,   552:281:1
¡Erguete, miña amada,   552:281:3
¡Erguete, miña amiga,   553:281:17
¡Erguete, miña amada,   553:281:19
MIRA (1)
A Virxen mira pra o mar   550:278:18
MOLLADA (1)
coa sûa gris boca mollada.   550:279:4
MONTANA (2)
a choiva pol-a montana.   550:278:9
cobrindo de lirios a montana   551:280:8
nûa.
MONTE (1)
¡Vinde mozos loiros do   552:280:11
monte e do prado
MORRER (1)
Déixame morrer no leito   554:282:17
MORTA (1)
<d Pra Rosalía Castro, morta   552:281:0
d>
MORTAS (1)
Mortas e mortos de nêboa   550:278:10
MORTO (1)
<t NOITURNIO DO ADOESCENTE   551:280:0
MORTO t>
MORTOS (9)
Mortas e mortos de nêboa   550:278:10
na Quintana dos mortos.   553:282:4
na Quintana dos mortos.   553:282:8
na Quintana dos mortos!   553:282:12
na Quintana dos mortos!   554:282:16
na Quintana dos mortos.   554:282:20
na Quintana dos mortos.   554:282:24
na Quintana dos mortos.   554:282:28
na Quintana dos mortos!   554:282:32
MOZOS (2)
¡Vinde mozos loiros do   552:280:11
monte e do prado
¡Mozos, imos, vinde,   552:280:19
aixiña, chegar
MUIÑEIRA (1)
Sinteu a muiñeira d'âgoa   551:279:14
MUOS (1)
Sauces e cabalos mûos   551:279:19
MURCHA (1)
na lumieira murcha da sûa   552:280:10
triste boca.
MURO (1)
bermello muro de lama.   551:279:28
MUXE (2)
porque o vento muxe, coma   552:281:4
unha vaca!
porque o vento muxe, como   553:281:20
unha vaca!
NA (15)
na noite escura.   549:277:6
Alô, na rûa Esmeralda,   550:279:6
na verde riba da pampa.   551:279:12
pacían na sûa lembranza.   551:279:16
víu na tarde amortecida   551:279:27
na lumieira murcha da sûa   552:280:10
triste boca.
na Quintana dos mortos.   553:282:4
na Quintana dos mortos.   553:282:8
na mesma porta do sono?   553:282:10
na Quintana dos mortos!   553:282:12

na Quintana dos mortos!   554:282:16
na Quintana dos mortos.   554:282:20
na Quintana dos mortos.   554:282:24
na Quintana dos mortos.   554:282:28
na Quintana dos mortos!   554:282:32
NAI (3)
Nai: A lûa está bailando   553:282:7
Nai: A lûa está bailando   554:282:19
Nai: E lûa, ê a lûa   554:282:27
NEBOA (1)
Mortas e mortos de nêboa   550:278:10
NEGRA (1)
e a negra fonte dos teus   553:281:14
cabelos.
NEGRO (1)
negro de somas e lobos.   553:282:6
NENO (1)
<t CANTIGA DO NENO DA TENDA   550:279:0
t>
NIDIO (1)
onde as nubens teñen seu   553:281:16
nídio pombal.
NO (4)
Olla no vento esvaído   549:277:11
trema no meu corazôn.   549:277:16
que no seu carro a levaban   550:278:7
Déixame morrer no leito   554:282:17
NOITE (1)
na noite escura.   549:277:6
NOITURNIO (1)
<t NOITURNIO DO ADOESCENTE   551:280:0
MORTO t>
NON (3)
Non atopou o xemido   551:279:21
non víu o imenso gaiteiro   551:279:23
Non ê o ar, ê a triste lûa   554:282:23
NORDE (1)
que toca o vento do norde   550:279:3
NOS (1)
nos doces ollos das vacas   550:278:13
NOSA (1)
<t ROMAXE DE NOSA SEÑORA DA   549:278:0
BARCA t>
NUA (1)
cobrindo de lirios a montana   551:280:8
nûa.
NUBENS (2)
onde as nubens teñen seu   553:281:16
nídio pombal.
cheos de nubens seus ollos?   553:282:14
O (1)
brila entebrecida ô sol.   549:277:4
O (17)
e leva sobr'o teu manto   550:278:14
A Virxen mira pra o mar   550:278:18
que toca o vento do norde   550:279:3
creban o vidro das âgoas   551:279:20
Non atopou o xemido   551:279:21
non víu o imenso gaiteiro   551:279:23
pra ver o adoescente afogado.   551:280:2
antes que ise río o leve pro   551:280:4
mar.
O vento deixaba camelias de   552:280:9
soma
pra ver o adoescente   552:280:12
afogado!
antes que ise río o leve   552:280:14
pro mar!
O leve pro mar de curtiñas   552:280:15
brancas
porque xa ise río m'o leva   552:280:20
pra o mar!
porque o vento muxe, coma   552:281:4
unha vaca!
porque o vento muxe, como   553:281:20
unha vaca!
Non ê o ar, ê a triste lûa   554:282:23
OLLA (3)
Olla a choiva pol-a rûa,   549:277:9
Olla no vento esvaído   549:277:11
olla seu transido corpo!   553:282:2

OLLOS (2)
  nos doces ollos das vacas   550:278:13
  cheos de nubens seus ollos? 553:282:14
ONDE (2)
  onde van e vēn vellos bois   552:280:16
  de ágoa.
  onde as nubens teñen seu   553:281:16
  nídio pombal.
ORELA (1)
  IMOS silandeiros orela do   551:280:1
  vado
OS (7)
  Marelos os catro bois   550:278:6
  os galegos paseiaban   551:279:10
  embaixo os arumes de pinos e 551:280:6
  d'herbas.
  ¡Ay, como cantaban os   552:280:17
  albres do Sil
  que xa cantan os galos do   552:281:2
  día!
  Os arados van e vēn   552:281:5
  que xa cantan os galos do   553:281:18
  día!
OURO (1)
  soñando con froles d'ouro   554:282:18
PACIAN (1)
  pacían na súa lembranza.   551:279:16
PAMPA (1)
  na verde riba da pampa.   551:279:12
PASEIABAN (1)
  os galegos paseiaban   551:279:10
PEDRA (2)
  laio de pedra e cristal.   549:277:10
  ¿Quén fire potro de pedra   553:282:9
PEQUENA (4)
  da Virxen pequena   549:278:2
  A Virxen era pequena   550:278:4
  da Virxen pequena   550:278:21
  Súa i-alma choraba, ferida e 551:280:5
  pequena
PINOS (1)
  embaixo os arumes de pinos e 551:280:6
  d'herbas.
POEMAS (1)
  <t SEIS POEMAS GALEGOS t>   549:277:0
POL (4)
  Olla a choiva pol-a rúa,   549:277:9
  a choiva pol-a montana.   550:278:9
  pol-as congostras chegaban. 550:278:11
  Pol-a testa de Galicia.   550:278:16
POLVO (1)
  polvo d'estantes e caixas. 550:279:8
POMBAL (1)
  onde as nubens teñen seu   553:281:16
  nídio pombal.
POMBAS (1)
  Pombas de vidro traguían   550:278:8
PORQUE (3)
  porque xa ise río m'o leva 552:280:20
  pra o mar!
  porque o vento muxe, coma   552:281:4
  unha vaca!
  porque o vento muxe, como   553:281:20
  unha vaca!
PORTA (2)
  dend'a porta da súa casa.   550:278:19
  na mesma porta do sono?   553:282:10
POTRO (1)
  ¿Quén fire potro de pedra   553:282:9
PRA (6)
  A Virxen mira pra o mar   550:278:18
  Foise pra veira do río,   551:279:17
  pra ver o adoescente afogado. 551:280:2
  pra ver o adoescente   552:280:12
  afogado!
  porque xa ise río m'o leva 552:280:20
  pra o mar!
  <d Pra Rosalía Castro, morta 552:281:0
  d>
PRADO (1)

¡Vinde mozos loiros do   552:280:11
monte e do prado
PRATA (6)
  Herbas de prata e de sono   549:277:7
  e a súa coroa de prata.   550:278:5
  sobor do Río da Prata,   550:279:2
  veira do Río da Prata.   551:279:18
  veira do Río da Prata,   551:279:26
  Un barco de prata fina   552:281:9
PRO (3)
  antes que ise río o leve pro 551:280:4
  mar.
  antes que ise río o leve   552:280:14
  pro mar!
  O leve pro mar de curtiñas 552:280:15
  brancas
PRONTO (1)
  vólvome branca de pronto!   554:282:22
QUE (12)
  que no seu carro a levaban. 550:278:7
  que toca o vento do norde   550:279:3
  basoira que te basoira   550:279:7
  antes que ise río o leve pro 551:280:4
  mar.
  antes que ise río o leve   552:280:14
  pro mar!
  que xa cantan os galos do   552:281:2
  día!
  que trai a door de Galicia. 552:281:10
  Herbas que cobren tēu leito, 553:281:13
  Cabelos que van ao mar   553:281:15
  que xa cantan os galos do   553:281:18
  día!
  E a lúa que baila   553:282:3
  que baila, e baila, e baila 554:282:31
QUEDA (1)
  Galicia deitada e queda   553:281:11
QUEN (3)
  ¿Quén fire potro de pedra   553:282:9
  ¿Quén fita meus grises   553:282:13
  vidros
  ¿Quén brúa co-este xemido   554:282:25
QUINTANA (8)
  na Quintana dos mortos.   553:282:4
  na Quintana dos mortos.   553:282:8
  na Quintana dos mortos!   553:282:12
  na Quintana dos mortos!   554:282:16
  na Quintana dos mortos.   554:282:20
  na Quintana dos mortos.   554:282:24
  na Quintana dos mortos.   554:282:28
  na Quintana dos mortos!   554:282:32
RAMON (3)
  ¡Triste Ramón de Sismundi! 550:279:5
  ¡Triste Ramón de Sismundi! 551:279:13
  triste Ramón de Sismundi,   551:279:25
RIBA (1)
  na verde riba da pampa.   551:279:12
RIO (7)
  sobor do Río da Prata,   550:279:2
  Foise pra veira do río,   551:279:17
  veira do Río da Prata.   551:279:18
  veira do Río da Prata,   551:279:26
  antes que ise río o leve pro 551:280:4
  mar.
  antes que ise río o leve   552:280:14
  pro mar!
  porque xa ise río m'o leva 552:280:20
  pra o mar!
ROMAXE (1)
  <t ROMAXE DE NOSA SEÑORA DA 549:278:0
  BARCA t>
ROSALIA (1)
  <d Pra Rosalía Castro, morta 552:281:0
  d>
RUA (2)
  Olla a choiva pol-a rúa,   549:277:9
  Aló, na rúa Esmeralda,   550:279:6
RUADA (6)
  ¡AY ruada, ruada, ruada   549:278:1
  ¡Ay ruada, ruada, ruada   550:278:20

RUAS (1)
  Ao longo das rûas infindas   551:279:9
SALAIANDO (1)
  xa ven salaiando a i-alba.   550:278:17
SANTIAGO (7)
  <t MADRIGAL A CIBDA DE   549:277:0
  SANTIAGO t>
  CHOVE en Santiago   549:277:1
  Chove en Santiago   549:277:5
  Santiago, lonxe do sol;   549:277:14
  dende Santiago a Belén.   552:281:6
  Dende Belén a Santiago   552:281:7
  <t DANZA DA LUA EN SANTIAGO   553:282:0
  t>
SAUCES (1)
  Sauces e cabalos mûos   551:279:19
SEIS (1)
  <t SEIS POEMAS GALEGOS t>   549:277:0
SEÑORA (1)
  <t ROMAXE DE NOSA SEÑORA DA   549:278:0
  BARCA t>
SETE (1)
  mentres sete bois da lûa   551:279:15
SEU (4)
  que no seu carro a levaban.   550:278:7
  onde as nubens teñen seu   553:281:16
  nídio pombal.
  olla seu transido corpo!   553:282:2
  Fita seu corpo transido,   553:282:5
SEUS (1)
  cheos de nubens seus ollos?   553:282:14
SI (1)
  ¡Si, a lûa, a lûa   554:282:29
SIL (1)
  ¡Ay, como cantaban os   552:280:17
  albres do Sil
SILANDEIROS (2)
  IMOS silandeiros orela do   551:280:1
  vado
  Imos silandeiros veiriña do   551:280:3
  ar,
SINTEU (1)
  Sinteu a muiñeira d'âgoa   551:279:14
•SISMUNDI (3)
  ¡Triste Ramón de Sismundi!   550:279:5
  ¡Triste Ramón de Sismundi!   551:279:13
  triste Ramón de Sismundi,   551:279:25
SOBOR (1)
  sobor do Río da Prata,   550:279:2
SOBR (1)
  e leva sobr'o teu manto   550:278:14
SOBRE (1)
  sobre a verde lûa, coma un   552:280:18
  tamboril!
SOL (2)
  brila entebrecida ô sol.   549:277:4
  Santiago, lonxe do sol;   549:277:14
SOMA (3)
  soma e cinza do teu mar.   549:277:12
  Soma e cinza do teu mar   549:277:13
  O vento deixaba camelias de   552:280:9
  soma
SOMAS (1)
  negro de somas e lobos.   553:282:6
SONO (2)
  Herbas de prata e de sono   549:277:7
  na mesma porta do sono?   553:282:10
SOÑANDO (2)
  soñando un val imposibel   551:279:11
  soñando con froles d'ouro   554:282:18
SUA (6)
  e a sûa coroa de prata.   550:278:5
  dend'a porta da sûa casa.   550:278:19
  coa sûa gris boca mollada.   550:279:4
  pacían na sûa lembranza.   551:279:16
  Sûa i-alma choraba, ferida e   551:280:5
  pequena
  na lumieira murcha da sûa   552:280:10
  triste boca.
SUA (2)
  e a sua barca!   549:278:3

e a sua barca!   550:278:22
TAMBORIL (1)
  sobre a verde lûa, coma un   552:280:18
  tamboril!
TARDE (1)
  víu na tarde amortecida   551:279:27
TE (1)
  basoira que te basoira   550:279:7
TEN (1)
  BOS Aires ten unha gaita   550:279:1
TENDA (1)
  <t CANTIGA DO NENO DA TENDA   550:279:0
  t>
TEÑEN (1)
  onde as nubens teñen seu   553:281:16
  nídio pombal.
TESTA (1)
  Pol-a testa de Galicia   550:278:16
TEU (1)
  Herbas que cobren tûu leito,   553:281:13
TEU (3)
  soma e cinza do teu mar.   549:277:12
  Soma e cinza do teu mar   549:277:13
  e leva sobr'o teu manto   550:278:14
TEUS (1)
  e a negra fonte dos teus   553:281:14
  cabelos.
TOCA (1)
  que toca o vento do norde   550:279:3
TOXOS (1)
  coroada de toxos,   554:282:30
TRAGUIAN (1)
  Pombas de vidro traguían   550:278:8
TRAI (1)
  que trai a door de Galicia.   552:281:10
TRANSIDA (1)
  transida de tristes herbas.   553:281:12
TRANSIDO (2)
  olla seu transido corpo!   553:282:2
  Fita seu corpo transido,   553:282:5
TREMA (1)
  trema no meu corazôn.   549:277:16
TRISTE (5)
  ¡Triste Ramón de Sismundi!   550:279:5
  ¡Triste Ramón de Sismundi!   551:279:13
  triste Ramón de Sismundi,   551:279:25
  na lumieira murcha da sûa   552:280:10
  triste boca.
  Non é o ar, é a triste lûa   554:282:23
TRISTES (1)
  transida de tristes herbas.   553:281:12
TUA (1)
  ¡Virxen, deixa a tûa cariña   550:278:12
UN (5)
  soñando un val imposibel   551:279:11
  sobre a verde lûa, coma un   552:280:18
  tamboril!
  un anxo ven en un barco.   552:281:8
  Un barco de prata fina   552:281:9
UNHA (3)
  BOS Aires ten unha gaita   550:279:1
  porque o vento muxe, coma   552:281:4
  unha vaca!
  porque o vento muxe, como   553:281:20
  unha vaca!
VACA (2)
  porque o vento muxe, coma   552:281:4
  unha vaca!
  porque o vento muxe, como   553:281:20
  unha vaca!
VACAS (1)
  nos doces ollos das vacas   550:278:13
VADO (1)
  IMOS silandeiros orela do   551:280:1
  vado
VAL (2)
  soñando un val imposibel   551:279:11
  ¡Vinde xente escura do cume   552:280:13
  e do val

VALEIRA - XENTE

VALEIRA (1)
  cobren a valeira lúa.   549:277:8
VAN (3)
  onde van e vên vellos bois 552:280:16
  de ágoa.
  Os arados van e vên 552:281:5
  Cabelos que van ao mar 553:281:15
VEIRA (3)
  Foise pra veira do río, 551:279:17
  veira do Río da Prata. 551:279:18
  veira do Río da Prata, 551:279:26
VEIRIÑA (1)
  Imos silandeiros veiriña do 551:280:3
  ar,
VELLOS (1)
  onde van e vên vellos bois 552:280:16
  de ágoa.
VÊN (2)
  onde van e vên vellos bois 552:280:16
  de ágoa.
  Os arados van e vên 552:281:5
VEN (2)
  xa ven salaiando a i-alba. 550:278:17
  un anxo ven en un barco. 552:281:8
VENTO (5)
  Olla no vento esvaído 549:277:11
  que toca o vento do norde 550:279:3
  O vento deixaba camelias de 552:280:9
  soma
  porque o vento muxe, coma 552:281:4
  unha vaca!
  porque o vento muxe, como 553:281:20
  unha vaca!
VER (2)
  pra ver o adoescente afogado. 551:280:2
  pra ver o adoescente 552:280:12
  afogado!
VERDE (2)
  na verde riba da pampa. 551:279:12

  sobre a verde lúa, coma un 552:280:18
  tamboril!
VIDRO (2)
  Pombas de vidro traguían 550:278:8
  creban o vidro das ágoas. 551:279:20
VIDROS (1)
  ¿Quén fita meus grises 553:282:13
  vidros
VINDE (3)
  ¡Vinde mozos loiros do 552:280:11
  monte e do prado
  ¡Vinde xente escura do cume 552:280:13
  e do val
  ¡Mozos, imos, vinde, 552:280:19
  aixiña, chegar
VIRXEN (5)
  da Virxen pequena 549:278:2
  A Virxen era pequena 550:278:4
  ¡Virxen, deixa a túa cariña 550:278:12
  A Virxen mira pra o mar 550:278:18
  da Virxen pequena 550:278:21
VIU (2)
  non víu o imenso gaiteiro 551:279:23
  víu na tarde amortecida 551:279:27
VOLVOME (1)
  vólvome branca de pronto! 554:282:22
XA (4)
  xa ven salaiando a i-alba. 550:278:17
  porque xa ise río m'o leva 552:280:20
  pra o mar!
  que xa cantan os galos do 552:281:2
  día!
  que xa cantan os galos do 553:281:18
  día!
XEMIDO (2)
  Non atopou o xemido 551:279:21
  ¿Quén brúa co-este xemido 554:282:25
XENTE (1)
  ¡Vinde xente escura do cume 552:280:13
  e do val